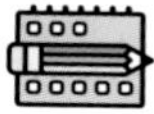

# 4주 28일 완성 학습계획표

- 마더텅 기출문제집을 100% 활용할 수 있도록 도와주는 학습계획표입니다. 계획표를 활용하여 학습 일정을 계획하고 자신의 성적을 체크해 보세요.
  꼭 4주 완성을 목표로 하지 않더라도, 스스로 학습 현황을 체크하면서 공부하는 습관은 문제집을 끝까지 푸는 데 도움을 줍니다.
- 날짜별로 정해진 분량에 맞춰 공부하고 학습 결과를 기록합니다.
- 계획은 도중에 틀어질 수 있습니다. 하지만 계획을 세우고 지키는 과정은 그 자체로 효율적인 학습에 큰 도움이 됩니다.
  학습 중 계획이 변경될 경우에 대비해 마더텅 홈페이지에서 학습계획표 PDF 파일을 제공하고 있습니다.

2026 **마더텅 수능기출문제집**
국어 독서

| 주차 | Day | 학습 내용 | | 성취도 | | | | |
|---|---|---|---|---|---|---|---|---|
| | | | | 100% | 99~75% | 74~50% | 49~25% | 24~0% |
| 1주차 | 1일차 | Ⅰ. 인문, 독서 | 001번 ~ 018번 | | | | | |
| | 2일차 | | 019번 ~ 038번 | | | | | |
| | 3일차 | | 039번 ~ 060번 | | | | | |
| | 4일차 | | 061번 ~ 083번 | | | | | |
| | 5일차 | | 084번 ~ 104번 | | | | | |
| | 6일차 | | 105번 ~ 127번 | | | | | |
| | 7일차 | | 128번 ~ 151번 | | | | | |
| 2주차 | 8일차 | | 152번 ~ 172번 | | | | | |
| | 9일차 | | 173번 ~ 213번 | | | | | |
| | 10일차 | Ⅱ. 사회 | 001번 ~ 022번 | | | | | |
| | 11일차 | | 023번 ~ 047번 | | | | | |
| | 12일차 | | 048번 ~ 069번 | | | | | |
| | 13일차 | | 070번 ~ 094번 | | | | | |
| | 14일차 | | 095번 ~ 117번 | | | | | |
| 3주차 | 15일차 | | 118번 ~ 144번 | | | | | |
| | 16일차 | | 145번 ~ 169번 | | | | | |
| | 17일차 | Ⅲ. 과학 | 001번 ~ 025번 | | | | | |
| | 18일차 | | 026번 ~ 050번 | | | | | |
| | 19일차 | | 051번 ~ 075번 | | | | | |
| | 20일차 | | 076번 ~ 102번 | | | | | |
| | 21일차 | Ⅳ. 기술 | 001번 ~ 025번 | | | | | |
| 4주차 | 22일차 | | 026번 ~ 050번 | | | | | |
| | 23일차 | | 051번 ~ 072번 | | | | | |
| | 24일차 | | 073번 ~ 100번 | | | | | |
| | 25일차 | Ⅴ. 예술 | 001번 ~ 027번 | | | | | |
| | 26일차 | | 028번 ~ 047번 | | | | | |
| | 27일차 | Ⅵ. 복합 지문 | 001번 ~ 018번 | | | | | |
| | 28일차 | | 019번 ~ 036번 | | | | | |

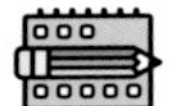

# 주제를 골고루 학습하기 4주 28일 완성 학습계획표

- 마더텅 기출문제집을 100% 활용할 수 있도록 도와주는 학습계획표입니다. 계획표를 활용하여 학습 일정을 계획하고 자신의 성적을 체크해 보세요.
  꼭 4주 완성을 목표로 하지 않더라도, 스스로 학습 현황을 체크하면서 공부하는 습관은 문제집을 끝까지 푸는 데 도움을 줍니다.
- 날짜별로 정해진 분량에 맞춰 공부하고 학습 결과를 기록합니다.
- 계획은 도중에 틀어질 수 있습니다. 하지만 계획을 세우고 지키는 과정은 그 자체로 효율적인 학습에 큰 도움이 됩니다.
  학습 중 계획이 변경될 경우에 대비해 마더텅 홈페이지에서 학습계획표 PDF 파일을 제공하고 있습니다.

인 인문, 독서 사 사회 과 과학 기 기술 예 예술 복 복합 지문

| 주차 | Day | 학습 내용 | 성취도 | | | | |
|---|---|---|---|---|---|---|---|
| | | | 100% | 99~75% | 74~50% | 49~25% | 24~0% |
| 1주차 | 1일차 | 인 001~006번 사 001~004번 과 001~004번 기 001~004번 복 001~006번 | | | | | |
| | 2일차 | 인 007~012번 사 005~008번 과 005~006번 과 007~008번 기 005~008번 예 001~006번 | | | | | |
| | 3일차 | 인 013~018번 사 009~014번 과 009~012번 기 009~012번 복 007~012번 | | | | | |
| | 4일차 | 인 019~024번 사 015~019번 사 020~022번 과 013~014번 과 015~016번 예 007~010번 | | | | | |
| | 5일차 | 인 025~028번 인 029~032번 사 023~027번 과 017~018번 과 019~020번 예 011~014번 | | | | | |
| | 6일차 | 인 033~038번 사 028~032번 과 021~023번 과 024~025번 기 013~017번 | | | | | |
| | 7일차 | 인 039~042번 인 043~046번 사 033~038번 과 026~027번 과 028~030번 예 015~018번 | | | | | |
| 2주차 | 8일차 | 인 047~050번 인 051~054번 사 039~042번 과 031~034번 기 018~022번 | | | | | |
| | 9일차 | 인 055~060번 사 043~047번 사 048~051번 과 035~038번 기 023~025번 | | | | | |
| | 10일차 | 인 061~065번 사 052~055번 사 056~059번 과 039~042번 기 026~028번 예 023~027번 | | | | | |
| | 11일차 | 인 066~070번 사 060~064번 과 043~046번 기 029~031번 기 032~034번 | | | | | |
| | 12일차 | 인 071~075번 인 076~079번 사 065~069번 과 047~050번 기 035~037번 | | | | | |
| | 13일차 | 인 080~083번 인 084~085번 사 070~075번 기 038~041번 | | | | | |
| | 14일차 | 인 086~090번 사 076~080번 과 051~053번 과 054~056번 기 042~045번 예 019~022번 | | | | | |
| 3주차 | 15일차 | 인 091~094번 사 081~084번 과 057~059번 기 046~048번 기 049~050번 복 013~018번 | | | | | |
| | 16일차 | 인 095~098번 인 105~108번 사 085~088번 사 089~090번 과 060~063번 복 019~024번 | | | | | |
| | 17일차 | 인 099~104번 사 091~094번 과 064~067번 기 051~054번 기 055~058번 | | | | | |
| | 18일차 | 인 109~114번 사 095~098번 과 068~071번 기 059~061번 기 062~064번 예 028~033번 | | | | | |
| | 19일차 | 인 115~118번 인 119~121번 사 099~103번 과 072~075번 기 065~068번 예 034~037번 | | | | | |
| | 20일차 | 인 122~127번 사 104~108번 과 076~081번 기 069~072번 복 025~030번 | | | | | |
| | 21일차 | 인 128~133번 사 109~113번 과 082~085번 기 073~077번 복 031~036번 | | | | | |
| 4주차 | 22일차 | 인 134~139번 사 114~117번 사 118~121번 과 086~089번 기 078~081번 | | | | | |
| | 23일차 | 인 140~145번 사 122~125번 과 090~091번 과 092~094번 기 082~085번 예 038~040번 | | | | | |
| | 24일차 | 인 146~151번 사 126~129번 사 130~135번 과 095~097번 기 086~091번 | | | | | |
| | 25일차 | 인 152~157번 인 158~163번 사 136~139번 사 140~144번 과 098~102번 예 041~043번 | | | | | |
| | 26일차 | 인 164~168번 인 169~172번 사 145~148번 사 149~152번 기 092~094번 | | | | | |
| | 27일차 | 인 173~193번 사 153~156번 사 157~160번 기 095~097번 예 044~047번 | | | | | |
| | 28일차 | 인 194~213번 사 161~164번 사 165~166번 사 167~169번 기 098~100번 | | | | | |

# 2026 마더텅 수능기출문제집
# 국어 독서

**대학수학능력시험의 완벽한 대비를 위한 기출문제집!**
**풀면 풀수록 국어 독서의 원리가 정리되는 문제집!**

**풍부하고 다양한 문항구성**

10개년 (2016~2025학년도) 수능·모의평가 전 문항 수록 + 2022학년도 수능 예시문항 수록 + 7개년 (2009~2015학년도) 수능·모의평가 고난도 문항 선별 수록

＊ 총 701문항 174개 지문을 6개의 유형별로 배치

**체계적 학습에 최적화된 문제편**

영역별·주제별로 세분화된 분류 → 수능 대비 실전 연습 가능!
174개 지문의 난도에 따른 문제 풀이 시간 제공 → 수능 대비 실전 연습 가능!

**친절하고 자세한 해설편**

＊ 학습에 용이하게 해설편에 문제가 한 번 더!
＊ 친절하고 자세한 해설, 핵심 내용에 꼼꼼한 첨삭!
＊ 지문 내 근거를 바탕으로 한 풀이 과정!
＊ 지문의 핵심 내용을 구조화·시각화하여 체계적으로 정리한 지문 구조도!
＊ 정확한 내용 이해를 위한 지문 속 어려운 어휘나 구절 풀이!
＊ 문제 이해를 깊어지게 하는 풍부한 시각 자료!
＊ 편리한 문항 분석을 위한 문제 유형, 원문항 번호, 정답률 명시!
＊ 평가원 이의 신청 답변 수록!

# 목차

## Ⅰ. 인문, 독서



## Ⅱ. 사회

## Ⅲ. 과학



## Ⅳ. 기술



## Ⅴ. 예술



## Ⅵ. 복합 지문



* 복합은 '인문과 예술, 사회와 과학' 등 서로 다른 영역으로 구성된 지문입니다.

## 미니모의고사

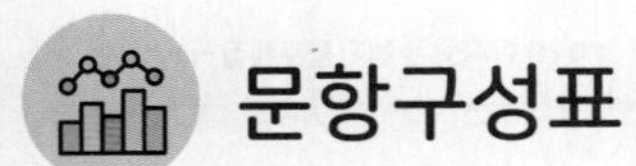

# 문항구성표

## 2026 마더텅 수능기출문제집 국어 독서는 총 701문항을 6개의 단원으로 나누어 수록하였습니다.

- 2016~2025학년도 10개년 수능·모의평가 기출문제 전 문항 수록
- 2022학년도 수능 예시문항 수록
- 2009~2015학년도 7개년 수능·모의평가 기출문제 고난도 문항 선별 수록
- 총 701문제, 174지문의 최다 지문 수록
  - 인문, 사회, 과학, 기술, 예술, 복합 유형 총망라
- 실전 대비를 위한 미니모의고사 2회분 수록

| 유형별 문항 구성표 | | | |
|---|---|---|---|
| 인문, 독서 | 223 | 사회 | 177 |
| 과학 | 110 | 기술 | 104 |
| 예술 | 51 | 복합 지문 | 36 |
| 총 수록 문항 수 | | 701 | |

| 연도별 문항 구성표 | | | | |
|---|---|---|---|---|
| 시행년도 (학년도) | 6월 | 9월 | 수능 | 연도별 문항 수 |
| 2025 | 17 | 17 | 17 | 51 |
| 2024 | 17 | 17 | 17 | 51 |
| 2023 | 17 | 17 | 17 | 51 |
| 2022 | 17 | 17 | 17 | 68 (예시문항 포함) |
| 2021 | 15 | 15 | 15 | 45 |
| 2020 | 15 | 15 | 15 | 45 |
| 2019 | 15 | 15 | 15 | 45 |
| 2018 | 15 | 15 | 15 | 45 |
| 2017 | 15 | 15 | 15 | 45 |
| 2016 | 25 | 25 | 25 | 75 |
| 2015 | 8 | 5 | 17 | 30 |
| 2014 | 13 | 13 | 16 | 42 |
| 2013 | 10 | 10 | 11 | 31 |
| 2012 | — | 3 | 18 | 21 |
| 2011 | 10 | 7 | 10 | 27 |
| 2010 | 14 | 9 | — | 23 |
| 2009 | 6 | — | — | 6 |
| 합계 | 229 | 215 | 240 | 701 |

## 2025학년도 6월/9월 모의평가 및 대학수학능력시험 국어 영역 문항 배치표

- 문학 : 2026 마더텅 수능기출문제집 국어 문학
- 독서 : 2026 마더텅 수능기출문제집 국어 독서
- 언어와 매체 : 2026 마더텅 수능기출문제집 국어 언어와 매체
- 화법과 작문 : 2026 마더텅 수능기출문제집 국어 화법과 작문

<table>
<tr><th colspan="2" rowspan="2">원문항 번호</th><th rowspan="2">교재</th><th colspan="3">수록 위치 및 문항 번호</th></tr>
<tr><th>6월 모평</th><th>9월 모평</th><th>수능</th></tr>
<tr><td rowspan="34">공통 과목</td><td>1</td><td rowspan="17">독서</td><td rowspan="3">p. 85<br>179~181번</td><td rowspan="3">p. 83<br>176~178번</td><td rowspan="3">p. 82<br>173~175번</td></tr>
<tr><td>2</td></tr>
<tr><td>3</td></tr>
<tr><td>4</td><td rowspan="4">p. 148<br>118~121번</td><td rowspan="4">p. 136<br>091~094번</td><td rowspan="6">p. 60<br>122~127번</td></tr>
<tr><td>5</td></tr>
<tr><td>6</td></tr>
<tr><td>7</td></tr>
<tr><td>8</td><td rowspan="4">p. 188<br>035~038번</td><td rowspan="4">p. 222<br>005~008번</td></tr>
<tr><td>9</td></tr>
<tr><td>10</td><td rowspan="4">p. 220<br>001~004번</td></tr>
<tr><td>11</td></tr>
<tr><td>12</td><td rowspan="6">p. 31<br>055~060번</td><td rowspan="6">p. 266<br>001~006번</td></tr>
<tr><td>13</td></tr>
<tr><td>14</td><td rowspan="4">p. 146<br>114~117번</td></tr>
<tr><td>15</td></tr>
<tr><td>16</td></tr>
<tr><td>17</td></tr>
<tr><td>18</td><td rowspan="17">문학</td><td rowspan="4">p. 272<br>005~008번</td><td rowspan="4">p. 310<br>076~079번</td><td rowspan="4">p. 270<br>001~004번</td></tr>
<tr><td>19</td></tr>
<tr><td>20</td></tr>
<tr><td>21</td></tr>
<tr><td>22</td><td rowspan="5">p. 126<br>049~053번</td><td rowspan="6">p. 122<br>043~048번</td><td rowspan="6">p. 120<br>037~042번</td></tr>
<tr><td>23</td></tr>
<tr><td>24</td></tr>
<tr><td>25</td></tr>
<tr><td>26</td></tr>
<tr><td>27</td><td rowspan="4">p. 252<br>113~116번</td></tr>
<tr><td>28</td><td rowspan="4">p. 242<br>094~097번</td><td rowspan="4">p. 232<br>075~078번</td></tr>
<tr><td>29</td></tr>
<tr><td>30</td></tr>
<tr><td>31</td><td rowspan="4">p. 12<br>010~013번</td></tr>
<tr><td>32</td><td rowspan="3">p. 70<br>031~033번</td><td rowspan="3">p. 68<br>028~030번</td></tr>
<tr><td>33</td></tr>
<tr><td>34</td></tr>
<tr><td rowspan="7">선택 과목</td><td>35~45</td><td>화법과 작문</td><td>p. 4<br>01~11번</td><td>p. 10<br>12~22번</td><td>p. 16<br>23~33번</td></tr>
<tr><td>35</td><td rowspan="6">언어와 매체</td><td rowspan="2">p. 247<br>051~052번</td><td rowspan="2">p. 248<br>053~054번</td><td rowspan="2">p. 288<br>121~122번</td></tr>
<tr><td>36</td></tr>
<tr><td>37</td><td>p. 103<br>012번</td><td>p. 58<br>023번</td><td>p. 143<br>011번</td></tr>
<tr><td>38</td><td>p. 59<br>025번</td><td>p. 208<br>024번</td><td>p. 55<br>013번</td></tr>
<tr><td>39</td><td>p. 198<br>001번</td><td>p. 107<br>026번</td><td>p. 166<br>060번</td></tr>
<tr><td>40~45</td><td>p. 382<br>013~018번</td><td>p. 390<br>025~030번</td><td>p. 397<br>037~042번</td></tr>
</table>

# 시행 연도별 지문 색인

## Ⅰ. 인문, 독서



## Ⅱ. 사회

| 원문항번호 | 우리 책 문항번호 | 문제편 | 해설편 |
|---|---|---|---|
| 2021학년도 수능 [26~30] | 사회[099~103] | 140 | 198 |
| 2021학년도 9월 모평 [26~30] | 사회[060~064] | 124 | 174 |
| 2021학년도 6월 모평 [29~33] | 사회[023~027] | 108 | 152 |
| 2020학년도 수능 [37~42] | 사회[009~014] | 101 | 142 |
| 2020학년도 9월 모평 [27~31] | 사회[104~108] | 142 | 201 |
| 2020학년도 6월 모평 [27~31] | 사회[028~032] | 110 | 155 |
| 2019학년도 수능 [16~20] | 사회[109~113] | 144 | 205 |
| 2019학년도 9월 모평 [21~25] | 사회[015~019] | 104 | 147 |
| 2019학년도 6월 모평 [22~26] | 사회[065~069] | 126 | 177 |
| 2018학년도 수능 [27~32] | 사회[033~038] | 112 | 158 |
| 2018학년도 9월 모평 [38~42] | 사회[140~144] | 158 | 226 |
| 2018학년도 6월 모평 [22~25] | 사회[039~042] | 114 | 162 |
| 2017학년도 수능 [37~42] | 사회[070~075] | 128 | 180 |
| 2017학년도 9월 모평 [35~39] | 사회[076~080] | 130 | 183 |
| 2016학년도 수능AB [27~30] | 사회[081~084] | 132 | 186 |
| 2016학년도 수능B [21~24] | 사회[145~148] | 160 | 229 |
| 2016학년도 9월 모평A [22~26] | 사회[043~047] | 116 | 164 |
| 2016학년도 9월 모평B [21~24] | 사회[149~152] | 162 | 231 |
| 2016학년도 6월 모평AB [27~30] | 사회[085~088] | 133 | 189 |
| 2016학년도 6월 모평B [21~24] | 사회[153~156] | 164 | 233 |
| 2015학년도 수능B [21~24] | 사회[157~160] | 166 | 235 |
| 2014학년도 6월 모평A [28~29] | 사회[089~090] | 135 | 191 |
| 2013학년도 6월 모평 [47~50] | 사회[161~164] | 168 | 237 |
| 2012학년도 수능 [29~30] | 사회[165~166] | 169 | 239 |
| 2012학년도 9월 모평 [35~37] | 사회[167~169] | 170 | 240 |
| 2011학년도 수능 [44~46] | 사회[020~022] | 106 | 149 |
| 2011학년도 9월 모평 [28~31] | 사회[048~051] | 118 | 166 |

## Ⅲ. 과학

| 원문항번호 | 우리 책 문항번호 | 문제편 | 해설편 |
|---|---|---|---|
| 2025학년도 6월 모평 [8~11] | 과학[035~038] | 188 | 271 |
| 2024학년도 수능 [8~11] | 과학[060~063] | 200 | 288 |
| 2024학년도 6월 모평 [8~11] | 과학[039~042] | 190 | 274 |
| 2023학년도 수능 [14~17] | 과학[064~067] | 202 | 290 |
| 2023학년도 6월 모평 [10~13] | 과학[043~046] | 192 | 276 |
| 2022학년도 6월 모평 [14~17] | 과학[068~071] | 204 | 293 |
| 2021학년도 9월 모평 [34~37] | 과학[072~075] | 206 | 297 |
| 2020학년도 수능 [26~29] | 과학[001~004] | 172 | 243 |
| 2020학년도 6월 모평 [37~42] | 과학[076~081] | 208 | 300 |
| 2019학년도 6월 모평 [35~38] | 과학[082~085] | 210 | 304 |
| 2017학년도 수능 [33~36] | 과학[086~089] | 212 | 307 |
| 2017학년도 9월 모평 [31~34] | 과학[047~050] | 194 | 279 |
| 2016학년도 수능A [16~18] | 과학[021~023] | 181 | 260 |
| 2016학년도 수능B [29~30] | 과학[024~025] | 182 | 262 |
| 2016학년도 9월 모평A [19~21] | 과학[051~053] | 196 | 282 |
| 2016학년도 9월 모평B [25~26] | 과학[005~006] | 173 | 246 |
| 2016학년도 6월 모평A [19~21] | 과학[054~056] | 197 | 283 |
| 2016학년도 6월 모평B [25~26] | 과학[013~014] | 177 | 252 |
| 2015학년도 수능B [25~26] | 과학[015~016] | 178 | 253 |
| 2015학년도 6월 모평A [26~27] | 과학[090~091] | 214 | 310 |
| 2015학년도 6월 모평B [25~26] | 과학[017~018] | 179 | 256 |
| 2014학년도 수능B [26~27] | 과학[019~020] | 180 | 258 |
| 2014학년도 9월 모평A [16~18] | 과학[092~094] | 215 | 311 |
| 2014학년도 9월 모평B [28~29] | 과학[026~027] | 184 | 264 |
| 2014학년도 6월 모평B [28~29] | 과학[007~008] | 174 | 248 |
| 2013학년도 수능 [29~31] | 과학[057~059] | 198 | 285 |
| 2013학년도 9월 모평 [44~46] | 과학[028~030] | 185 | 266 |
| 2013학년도 6월 모평 [23~25] | 과학[095~097] | 216 | 313 |
| 2012학년도 수능 [21~24] | 과학[009~012] | 175 | 249 |
| 2012학년도 수능 [47~50] | 과학[031~034] | 186 | 268 |
| 2011학년도 수능 [32~36] | 과학[098~102] | 218 | 315 |

## Ⅳ. 기술

| 원문항번호 | 우리 책 문항번호 | 문제편 | 해설편 |
|---|---|---|---|
| 2025학년도 수능 [10~13] | 기술[001~004] | 220 | 319 |
| 2025학년도 9월 모평 [8~11] | 기술[005~008] | 222 | 321 |
| 2024학년도 9월 모평 [8~11] | 기술[051~054] | 244 | 353 |
| 2023학년도 9월 모평 [14~17] | 기술[038~041] | 238 | 344 |
| 2022학년도 수능 [14~17] | 기술[065~068] | 251 | 363 |
| 2022학년도 9월 모평 [14~17] | 기술[069~072] | 252 | 366 |

## Ⅴ. 예술



## Ⅵ. 복합 지문



## 미니모의고사

# 인문, 독서 | 1. 그는 어떤 사상을 가졌었나?

[001~006] 2024학년도 수능 12번~17번 정답과 해설편 p.002

**다음 글을 읽고 물음에 답하시오.** 6문항을 20분 안에 풀어보세요. 

(가)

『한비자』는 중국 전국 시대의 한비자가 제시한 사상이 ⓐ 담긴 저작이다. 여러 나라가 패권을 다투던 혼란기를 맞아 엄격한 법치를 통해 부국강병을 꾀한 한비자는 『노자』에 대한 해석을 통해 자신의 법치 사상을 뒷받침했고, 이러한 면모는 『한비자』의 「해로」, 「유로」 등에서 확인할 수 있다.

『노자』에서 '도(道)'는 만물 생성의 근원으로 묘사된다. 도를 천지 만물의 존재와 본질의 근거라고 본 한비자의 이해도 이와 다르지 않다. 그는 자연과 인간 사회의 모든 현상은 도의 영향을 받지 않을 수 없다고 보고, 인간 사회의 일은 도에 따라 제대로 행했는가의 여부에 따라 그 성패가 드러나는 것이라고 이해했다.

한비자는 『노자』에 제시된 영구불변하는 도의 항상성에 대해 도가 천지와 더불어 영원히 존재한다는 것을 의미하는 것이지, 도가 모습과 이치를 일정하게 유지하는 것은 아니라고 이해했다. 그리고 도는 형체가 없을 뿐 아니라 일정하게 고정되어 있지 않기 때문에 때와 상황에 따라 유연하게 변화하는 것이라고 파악했다. 도가 가변성을 가지고 있어야 도가 일정한 곳에만 있지 않게 되고, 그래야만 도가 모든 사물의 존재와 본질의 근거가 될 수 있다고 파악한 것이다. 그는 도가 가변적이기 때문에 통치술도 고정되어서는 안 된다고 주장했다.

한편, 한비자는 도를 구체적인 사물과 사건에 내재한 개별 법칙의 통합으로 보고, 『노자』의 도에 시비 판단의 근거라는 새로운 의미를 부여했다. 항상 존재하는 도는 개별 법칙을 포괄하기 때문에 다양한 개별 사건의 시비를 판단하는 기준이 될 수 있고, 이러한 도에 근거해서 입법해야 다양한 사건을 판단할 수 있다고 본 것이다. 이러한 이해를 바탕으로 그는 만족을 모르는 인간의 욕망을 사회 혼란의 원인으로 지목한 『노자』의 견해에 동의하면서도, 『노자』에서처럼 욕망을 없애야 한다고 주장하지 않고 인간은 욕망을 필연적으로 가질 수밖에 없음을 지적하며 욕망을 제어하기 위해 법이 필요하다고 강조했다.

(나)

유학자들은 도를 인간 삶의 올바른 길을 의미하는 것이라고 보았다. 중국 송나라 이후, 유학자들은 이러한 유학의 도를 기반으로 현상 세계 너머의 근원으로서 도가의 도에 주목하여 『노자』 주석을 전개했다.

혼란기를 거친 송나라 초기에 중앙집권화가 추진된 이후 정치적 갈등이 드러나면서 개혁의 분위기가 조성됐다. 이러한 분위기하에서 유학자이자 개혁 사상가인 왕안석은 『노자주』를 저술했다. 그는 『노자』의 도를 만물의 물질적 근원인 '기(氣)'라고 파악하고, 현상 세계에 앞서 존재하는 기의 작용에 의해 사물이 형성된다고 보았다. 그는 기가 시시각각 변화하듯 현상 세계도 변화한다고 이해했다. 인위적인 것을 제거해야만 도가 드러나고 인간 사회가 안정된다는 『노자』를 비판한 그는 자연과 달리 인간 사회의 안정을 위해서는 제도와 규범의 제정과 같은 인간의 적극적인 개입이 필요하다고 주장했다. 지혜와 덕이 뛰어난 사람이 제정한 사회 제도와 규범도 현실 사회의 변화에 따라 새롭게 해야 한다고 주장한 것이다. 『노자』의 이상 정치가 실현되려면 유학 이념이 실질적 수단으로 사용되어야 한다고 주장하는 등 왕안석은 『노자』를 유학의 실천적 측면과 결부하여 이해했다.

송 이후 원나라에 이르러 성행하던 도교는 유학과 불교 등을 받아들여 체계화되었지만, 오징에게는 주술적인 종교에 불과했다. ㉠ 유학자의 입장에서 그는 잘못된 가르침을 펴는 도교에 사람들이 빠지는 것을 경계했다. 그는 도교의 시조로 간주된 노자의 가르침이 공자의 학문과 크게 다르지 않음을 밝히고자 『도덕진경주』를 저술했다. 그는 도와 유학 이념을 관련짓는 구절을 추가하는 등 『노자』의 일부 내용을 바꾸고 기존 구성 체제를 재편했다. 『노자』의 도를 근원적인 불변하는 도로 본 그는 모든 이치를 내재한 도가 현실화하여 천지 만물이 생성된다고 이해했다. 이런 관점에서 그는 유학의 인의예지가 도의 쇠퇴 때문에 나타난 것이라는 『노자』와 달리 도가 현실화하여 드러난 것으로 해석하고, 인간이 마땅히 따라야 할 사회 규범과 사회 질서 체계도 도가 현실화한 결과로 파악했다.

원이 쇠퇴하고 명나라가 들어선 이후 유학과 도가 등 여러 사상이 합류하는 사조가 무르익는 가운데, 유학자인 설혜는 자신의 ㉡ 학문적 소신에 따라 『노자』를 주석한 『노자집해』를 저술했다. 그는 공자도 존중했던 스승이 노자이므로 노자 사상에 대한 오해를 불식해야 한다고 보았다. 그는 기존의 주석서가 『노자』의 진정한 의미를 제대로 밝히지 못했기 때문에 유학자들이 노자 사상을 이단으로 치부했다고 파악한 것이다. 다양한 경전을 인용하여 『노자』를 해석하면서 그는 『노자』의 도를 인간의 도덕 본성과 그것의 근거인 천명으로 이해하고, 본성과 천명의 이치를 탐구한다는 점에서 노자 사상과 유학이 다르지 않다고 보았다. 또한 그는 『노자』에서 인의 등을 비판한 것은 도덕을 근본으로 삼게 하기 위한 충고라고 파악했다.

## 001

**(가), (나)에 대한 설명으로 가장 적절한 것은?**

① (가)는 『한비자』의 철학사적 의의를 설명하고 『한비자』와 『노자』의 사회적 파급력을 비교하고 있다.
② (가)는 한비자가 추구한 이상적인 사회를 소개하고 그 실현을 위해 『노자』를 수용한 입장의 한계를 설명하고 있다.
③ (나)는 특정 개념을 중심으로 『노자』에 대한 여러 학자의 견해를 시간의 흐름에 따라 제시하고 있다.
④ (나)는 여러 유학자가 『노자』를 해석한 의도를 각각 제시하고 그 차이로 인해 발생한 학자 간의 이견을 절충하고 있다.
⑤ (가)와 (나)는 모두, 『노자』에 대해 다양한 시각에서 제시된 비판이 심화되는 과정을 구체적 사례와 함께 설명하고 있다.

## 002

**(가)에 제시된 한비자의 견해로 적절하지 않은 것은?**

① 사건의 시비에 따라 달라지는 도에 근거하여 법이 제정되어야 한다.
② 인간은 무엇을 가지거나 누리고자 하는 마음에서 벗어날 수 없다.
③ 도는 고정된 모습 없이 때와 형편에 따라 변화하며 영원히 존재한다.
④ 인간 사회의 흥망성쇠는 사람이 도에 따라 올바르게 행하였는가의 여부에 좌우되는 것이다.
⑤ 도는 만물의 근원이면서 동시에 현실 사회의 개별 사물과 사건에 내재한 법칙을 포괄하는 것이다.

## 003

**㉠과 ㉡에 대한 이해로 가장 적절한 것은?**

① ㉠은 유학 덕목의 등장을 긍정적으로 평가한 『노자』의 견해를 수용하는, ㉡은 유학 덕목에 대한 『노자』의 비판에 담긴 긍정적 의도를 밝히려는 것으로 표출되었다.
② ㉠은 유학에 유입되고 있는 주술성을 제거하는, ㉡은 노자 사상이 탐구하는 대상에 대한 이해를 근거로 노자 사상과 유학의 공통점을 제시하려는 것으로 표출되었다.
③ ㉠은 유학의 가르침을 차용한 종교가 사람들을 현혹하는 상황에 대응하는, ㉡은 『노자』를 해석한 경전들을 참고하여 유학 이론의 독창성을 밝히려는 것으로 표출되었다.
④ ㉠은 유학을 노자 사상과 연관 지어 유교적 사회 질서의 정당성을 확인하는, ㉡은 유학에서 이단으로 치부하는 사상의 진의를 밝혀 오해를 바로잡으려는 것으로 표출되었다.
⑤ ㉠은 특정 종교에서 추앙하는 사상가와 유학 이론의 관련성을 제시하는, ㉡은 유학의 사상적 우위를 입증하여 다른 학문을 통합할 수 있는 근거를 제시하려는 것으로 표출되었다.

## 004

**(나)의 왕안석과 오징의 입장에서 다음의 ㄱ ~ ㄹ에 대해 판단한 것으로 가장 적절한 것은?**

ㄱ. 도는 만물을 통해 드러나는 것이지 만물에 앞서서 존재하는 것은 아니다.
ㄴ. 인간 사회의 규범은 이치를 내재한 근원적 존재인 도가 현실에 드러난 것이다.
ㄷ. 도는 현상 세계의 너머에만 머물러 있지 않고 세상일과 유기적으로 관련되는 것이다.
ㄹ. 도가 변화하듯이 현상 세계가 변하니, 현실 사회의 변화에 따라 인간 사회의 규범도 변해야 한다.

① 왕안석은 ㄱ에 동의하지 않고 ㄴ에 동의하겠군.
② 왕안석은 ㄴ과 ㄹ에 동의하겠군.
③ 왕안석은 ㄷ에 동의하고 ㄹ에 동의하지 않겠군.
④ 오징은 ㄱ과 ㄹ에 동의하지 않겠군.
⑤ 오징은 ㄴ에 동의하고 ㄷ에 동의하지 않겠군.

## 005

**<보기>를 참고할 때, (가), (나)의 사상가에 대한 왕부지의 평가로 적절하지 않은 것은?** [3점]

| 보기 |

청나라 초기의 유학자 왕부지는 『노자』의 본래 뜻을 드러내어 노자 사상을 비판하고자 『노자연』을 저술했다. 노자 사상의 비현실성을 드러내어 유학의 실용적 가치를 부각하고자 했던 그는 기존의 『노자』 주석서가 노자 사상이 아닌 사상을 기준으로 삼았기 때문에 『노자』뿐만 아니라 주석자의 사상마저 왜곡했다고 비판했다. 『노자』에서 아무런 행동을 하지 않아도 천하가 다스려진다고 한 것 등을 비판한 그는, 『노자』에서처럼 단순히 인간의 이기적 욕망을 없애는 것이 아니라 사회 질서 유지를 위해 유학 규범을 활용해야 한다고 강조했다.

① 왕부지는 인간의 욕망에 대한 『노자』의 대응 방식을 부정적으로 보았으므로, (가)의 한비자가 『노자』와 달리 사회에 대한 인위적 개입이 필요하다고 한 것에 대해서는 수긍하겠군.
② 왕부지는 『노자』에 제시된 소극적인 삶의 태도를 부정적으로 보았으므로, (나)의 왕안석이 사회 제도에 대한 『노자』의 견해를 비판하며 유학 이념의 활용을 주장한 것은 긍정하겠군.
③ 왕부지는 『노자』의 본래 뜻을 파악해야 한다고 보았으므로, (나)의 오징이 『노자』를 주석하면서 자신의 이해에 따라 원문의 구성과 내용을 수정한 것이 잘못이라고 보겠군.
④ 왕부지는 주석자가 유학을 기준으로 『노자』를 이해하면 주석자의 사상도 왜곡된다고 보았으므로, (나)의 오징이 유학의 인의예지를 『노자』의 도가 현실화한 것으로 본 것을 비판하겠군.
⑤ 왕부지는 『노자』에 담긴 비현실성을 드러내야 한다고 보았으므로, (나)의 설혜가 기존의 『노자』 주석서들을 비판하며 드러낸 학문적 입장이 유학의 실용적 가치를 부각한다고 보겠군.

## 006

**ⓐ와 문맥상 의미가 가장 가까운 것은?**

① 과일이 접시에 예쁘게 <u>담겨</u> 있다.
② 상자에 탁구공이 가득 <u>담겨</u> 있다.
③ 시원한 계곡물에 수박이 <u>담겨</u> 있다.
④ 화폭에 봄 경치가 그대로 <u>담겨</u> 있다.
⑤ 매실이 설탕물에 한 달째 <u>담겨</u> 있다.

[007~012] 2023학년도 9월 모평 4번~9번 정답과 해설편 p.006

**다음 글을 읽고 물음에 답하시오.** 6문항을 11분 안에 풀어보세요.

(가)

아도르노는 문화 산업에 의해 양산되는 대중 예술이 이윤 극대화를 위한 상품으로 전락함으로써 예술의 본질을 상실했을 뿐 아니라 현대 사회의 모순과 부조리를 은폐하고 있다고 지적했다. 아도르노가 보는 대중 예술은 창작의 구성에서 표현까지 표준화되어 생산되는 상품에 불과하다. 그는 대중 예술의 규격성으로 인해 개인의 감상 능력 역시 표준화되고, 개인의 개성은 다른 개인의 그것과 다르지 않게 된다고 보았다. 특히 모든 것을 상품의 교환 가치로 환원하려는 자본주의 사회에서, 대중 예술은 개인의 정체성마저 상품으로 ⓐ 전락시키는 기제로 작용한다는 것이다.

아도르노는 서로 다른 가치 체계를 하나의 가치 체계로 통일시키려는 속성을 동일성으로, 하나의 가치 체계로의 환원을 거부하는 속성을 비동일성으로 규정하고, 예술은 이러한 환원을 거부하는 비동일성을 지녀야 한다고 주장한다. 그렇기 때문에 예술은 대중이 원하는 아름다운 상품이 되기를 거부하고, 그 자체로 추하고 불쾌한 것이 되어야 한다는 것이다. 그에게 있어 예술은 예술가가 직시한 세계의 본질을 감상자들에게 체험하게 해야 한다. 예술은 동일화되지 않으려는, 일정한 형식이 없는 비정형화된 모습으로 나타남으로써 현대 사회의 부조리를 체험하게 하는 매개여야 한다는 것이다.

아도르노는 쇤베르크의 음악과 같은 전위 예술이 그 자체로 동일화에 저항하면서도, 저항이나 계몽을 직접적으로 드러내지 않는다는 것을 높게 평가한다. 저항이나 계몽을 직접 표현하는 것에는 비동일성을 동일화하려는 폭력적 의도가 내재되어 있다고 보기 때문이다. 불협화음으로 가득 찬 쇤베르크의 음악이 감상자들에게 불쾌함을 느끼게 했던 것처럼 예술은 그것에 드러난 비동일성을 체험하게 함으로써 동일화의 폭력에 저항해야 한다는 것이다.

아도르노에게 있어 예술은 사회적 산물이며, 그래서 미학은 작품에 침전된 사회의 고통스러운 상태를 읽기 위해 존재한다. 그는 비동일성 그 자체를 속성으로 하는 전위 예술을 예술이 추구해야 할 바람직한 모습으로 제시했다.

(나)

아도르노의 미학은 예술과 사회의 관계를 통해 예술의 자율성을 추구했다는 점에서 긍정적으로 평가된다. 예술은 사회적인 것인 동시에 사회에서 떨어져 사회의 본질을 직시하는 것이어야 한다고 보기 때문이다. 그의 미학은 기존의 예술에 대한 비판적 관점을 제공한다. 가령 사과를 표현한 세잔의 작품을 아도르노의 미학으로 읽어 낸다면, 이 그림은 사회의 본질과 ⓑ 유리된 '아름다운 가상'을 표현한 것에 불과할 것이다.

하지만 세잔의 작품은 예술가의 주관적 인상을 붉은색과 회색 등의 색채와 기하학적 형태로 표현한 미메시스일 수 있다. 미메시스란 세계를 바라보는 주체의 관념을 재현하는 것, 즉 감각될 수 없는 것을 감각 가능한 것으로 구현하는 것을 의미한다. 다시 말해 세잔의 작품은 눈에 보이는 특정의 사과가 아닌 예술가의 시선에 포착된 세계의 참모습, 곧 자연의 생명력과 그에 얽힌 농부의 삶 그리고 이를 ⓒ 응시하는 예술가의 사유를 재현한 것이 된다.

아도르노는 예술이 예술가에게 포착된 세계의 본질을 감상자로 하여금 체험하게 하는 것이어야 한다고 본다. 그러나 그는 이러한 미적 체험을 현대 사회의 부조리에 국한시킴으로써, 진정한 예술을 감각적 대상인 형태 그 자체의 비정형성에 대한 체험으로 한정한다. 결국 ㉠ 아도르노의 미학에서는 주관의 재현이라는 미메시스가 부정되고 있다.

한편 아도르노의 미학은 예술의 영역을 극도로 축소시키고 있다. 즉 그 자신은 동일화의 폭력을 비판하지만, 자신이 추구하는 전위 예술만이 진정한 예술이라고 주장하며 ㉡ 전위 예술의 관점에서 예술의 동일화를 시도하고 있다. 특히 이는 현실 속 다양한 예술의 가치가 발견될 기회를 ⓓ 박탈한다. 실수로 찍혀 작가의 어떠한 주관도 결여된 사진에서조차 새로운 예술 정신을 ⓔ 발견하는 것이 가능하다는 베냐민의 지적처럼, 전위 예술이 아닌 예술에서도 미적 가치를 발견할 수 있다. 또한 대중음악이 사회적 저항의 메시지를 전달하는 사례도 있듯이, 자본의 논리에 편승한 대중 예술이라 하더라도 사회에 대한 비판적 기능을 수행하는 경우도 있다.

## 007

**다음은 (가)와 (나)를 읽고 수행한 독서 활동지의 일부이다. Ⓐ~Ⓔ 중 적절하지 않은 것은?**

| | (가) | (나) |
|---|---|---|
| 글의 화제 | 아도르노의 예술관 ······ Ⓐ | |
| 서술 방식의 공통점 | 구체적인 예를 제시하고 그것에 담긴 의미를 설명함. ······ Ⓑ | |
| 서술 방식의 차이점 | (가)는 (나)와 달리 화제와 관련된 개념을 정의하고 개념의 변화 과정을 제시함. ······ Ⓒ | (나)는 (가)와 달리 논지를 강화하기 위해 다른 이의 견해를 인용함. ······ Ⓓ |
| 서술된 내용 간의 관계 | (가)에서 소개한 이론에 대해 (나)에서 의의를 밝히고 한계를 지적함. ······ Ⓔ | |

① Ⓐ ② Ⓑ ③ Ⓒ ④ Ⓓ ⑤ Ⓔ

## 008

**아도르노가 보는 대중 예술에 대한 이해로 적절하지 않은 것은?**

① 문화 산업을 통해 상품화된 개인의 정체성과 대립적 관계를 형성한다.
② 일정한 규격에 맞춰 생산될 뿐 아니라 대중의 감상 능력을 표준화한다.
③ 자본주의의 교환 가치 체계에 종속된 것으로서 예술로 포장된 상품에 불과하다.
④ 모든 것을 상품의 교환 가치로 환원하려는 자본주의 사회의 속성을 은폐한다.
⑤ 문화 산업의 이윤 극대화 과정에서 개인들이 지닌 개성의 차이를 상실시킨다.

## 009

**㉠의 이유를 추론한 내용으로 가장 적절한 것은?**

① 비정형적 형태뿐 아니라 정형적 형태 역시 재현되기 때문이다.
② 재현의 주체가 예술가로부터 예술 작품의 감상자로 전환되기 때문이다.
③ 미적 체험의 대상이 사회의 부조리에서 세계의 본질로 변화되기 때문이다.
④ 미적 체험의 과정에서 비정형적인 형태가 예술가의 주관으로 왜곡되기 때문이다.
⑤ 예술가의 주관이 가려지고 작품에 나타난 형태에 대한 체험만이 강조되기 때문이다.

## 010

**(가)의 '아도르노'의 관점을 바탕으로 할 때, ㉡에 대해 반박할 수 있는 말로 가장 적절한 것은?**

① 동일화는 애초에 예술과 무관하므로 예술의 동일화는 실현 불가능하다.
② 전위 예술의 속성은 부조리 그 자체를 폭로하는 것이므로 비동일성은 결국 동일성으로 귀결된다.
③ 동일성으로 환원된 대중 예술에서도 비동일성을 발견할 수 있으므로 예술의 동일화는 무의미하다.
④ 전위 예술은 동일성과 비동일성의 구분을 거부하므로 전위 예술로의 동일화는 새로운 차원의 비동일성으로 전환된다.
⑤ 동일화를 거부하는 속성이 전위 예술의 본질이므로 전위 예술을 추구하는 것은 동일화가 아니라 비동일화를 지향하는 것이다.

## 011

**다음은 학생이 미술관에 다녀와서 작성한 감상문이다. 이에 대해 (가)의 '아도르노'의 관점(A)과 (나)의 글쓴이의 관점(B)에서 설명한 내용으로 적절하지 않은 것은?** 3점

> 주말 동안 미술관에서 작품을 관람했다. 기억에 남는 세 작품이 있었다. 첫 번째 작품의 제목은 「자화상」이었지만 얼굴의 형상을 전혀 찾아볼 수 없는 기괴한 모습이었고, 제각각의 형태와 색채들이 이곳저곳 흩어져 있어 불편한 감정만 느껴졌다. 두 번째 작품은 사회에 비판적인 유명 연예인의 얼굴을 묘사한 그림으로, 대량 복제되어 유통되는 작품이었다. 그리고 사용된 색채와 구도가 TV에서 본 상업 광고의 한 장면같이 익숙하게 느껴져서 좋았다. 세 번째 작품은 시골 마을의 서정적인 풍경을 사실적으로 묘사한 그림으로 색감과 조형미가 뛰어나 오랫동안 기억에 잔상으로 남았다.

① A : 첫 번째 작품에서 학생이 기괴함과 불편함을 느낀 것은 부조리한 사회에 대한 예술적 체험의 충격 때문일 수 있습니다.
② A : 두 번째 작품에서 학생이 느낀 익숙함은 현대 사회의 모순에 대한 무감각과 같은 것일 수 있습니다. 이는 문화 산업의 논리에 동일화되어 감각이 무뎌진 결과라 할 수 있습니다.
③ A : 세 번째 작품에 표현된 서정성과 조형미는 부조리에 대한 저항과는 괴리가 있습니다. 사회에 대한 저항을 직접적으로 드러낸 예술이어야 진정한 예술이라고 할 수 있습니다.
④ B : 첫 번째 작품의 흩어져 있는 형태와 색채가 예술가의 표현 의도를 담고 있지 않더라도 그 작품에서 예술적 가치를 발견할 수 있습니다.
⑤ B : 두 번째 작품은 대량 생산을 통해 제작된 것이지만 그 연예인의 사회 비판적 이미지를 이용해 현대 사회의 문제점을 고발하는 것일 수 있습니다.

## 012

**문맥상 ⓐ~ⓔ와 바꿔 쓰기에 적절하지 않은 것은?**

① ⓐ : 맞바꾸는
② ⓑ : 동떨어진
③ ⓒ : 바라보는
④ ⓓ : 빼앗는다
⑤ ⓔ : 찾아내는

[013~018] 2023학년도 6월 모평 4번~9번 정답과 해설편 p.010

## 다음 글을 읽고 물음에 답하시오.

6문항을 20분 안에 풀어보세요.

(가)

전국 시대의 혼란을 종식한 진(秦)은 분서갱유를 단행하며 사상 통제를 ⓐ 기도했다. 당시 권력자였던 이사(李斯)에게 역사 지식은 전통만 따지는 허언이었고, 학문은 법과 제도에 대해 논란을 일으키는 원인에 불과했다. 이에 따라 전국 시대의 『순자』처럼 다른 사상을 비판적으로 ⓑ 흡수하여 통합 학문의 틀을 보여 준 분위기는 일시적으로 약화되었다. 이에 한(漢) 초기 사상가들의 과제는 진의 멸망 원인을 분석하고 이에 기초한 안정적 통치 방안을 제시하며, 힘의 지배를 ⓒ 숭상하던 당시 지배 세력의 태도를 극복하는 것이었다. 이러한 과제에 부응한 대표적 사상가는 육가(陸賈)였다.

순자의 학문을 계승한 그는 한 고조의 치국 계책 요구에 부응해 『신어』를 저술하였다. 이 책을 통해 그는 진의 단명 원인을 가혹한 형벌의 남용, 법률에만 의거한 통치, 군주의 교만과 사치, 그리고 현명하지 못한 인재 등용 등으로 지적하고, 진의 사상 통제가 낳은 폐해를 거론하며 한 고조에게 지식과 학문이 중요함을 설득하고자 하였다. 그에게 지식의 핵심은 현실 정치에 도움을 주는 역사 지식이었다. 그는 역사를 관통하는 자연의 이치에 따라 천문·지리·인사 등 천하의 모든 일을 포괄한다는 ㉠ 통물(統物)과, 역사 변화 과정에 대한 통찰로서 상황에 맞는 조치를 취하고 기존 규정을 고수하지 않는다는 ㉡ 통변(通變)을 제시하였다. 통물과 통변이 정치의 세계에 드러나는 것이 ㉢ 인의(仁義)라고 파악한 그는 힘에 의한 권력 창출을 긍정하면서도 권력의 유지와 확장을 위한 왕도 정치를 제안하며 인의의 실현을 위해 유교 이념과 현실 정치의 결합을 시도하였다.

인의가 실현되는 정치를 위해 육가는 유교의 범위를 벗어나지 않는 한에서 타 사상을 수용하였다. 예와 질서를 중시하며 교화의 정치를 강조하는 유교를 중심으로 도가의 무위와 법가의 권세를 끌어들였다. 그에게 무위는 형벌을 가벼이 하고 군주의 수양을 강조하는 것으로 평온한 통치의 결과를 의미했고, 권세도 현명한 신하의 임용을 통해 정치권력의 안정을 도모하는 방향성을 가진 것이었기에 원래의 그것과는 차별된 것이었다.

육가의 사상은 과도한 융통성으로 사상적 정체성이 문제가 되기도 했지만, 군주의 정치 행위에 따라 천명이 결정됨을 지적하고 인의의 실현을 강조한 통합의 사상이었다. 그의 사상은 한 무제 이후 유교 독존의 시대를 여는 데 기여하였다.

(나)

조선 초기에 진행된 고려 관련 역사서 편찬은 고려 멸망의 필연성과 조선 건국의 정당성을 드러내는 작업이었다. 편찬자들은 다양한 방식으로 고려와 조선의 차별성을 부각하고, 고려보다 조선이 뛰어남을 설득하고자 하였다.

태조의 명으로 고려 말에 찬술되었던 자료들을 모아 고려에 관한 역사서가 편찬되었지만, 왕실이 아닌 편찬자의 주관이 ⓓ 개입되었다는 비판이 제기되는 등 여러 문제점이 지적되었다. 이에 태종은 고려의 역사서를 다시 만들라는 명을 내렸다. 이후 고려의 용어들을 그대로 싣자는 주장과 유교적 사대주의에 따른 명분에 맞추어 고쳐 쓰자는 주장이 맞서는 등 세종 대까지도 논란이 ⓔ 계속되었지만, 문종 대에 이르러 『고려사』 편찬이 완성되었다. 이 과정에서 역사 연구에 관심을 기울인 세종은 경서(經書)가 학문의 근본이라면 역사서는 학문을 현실에서 구현하는 것으로 파악하고, 집현전 학자들과의 경연을 통해 경서와 역사서에 대한 이해를 쌓아 갔다.

이런 분위기에서 세종은 중국과 우리나라의 흥망성쇠를 담은 『치평요람』의 편찬을 명하였고, 집현전 학자들은 원(元)까지의 중국 역사와 고려까지의 우리 역사를 정리하였다. 정리 과정에서 주자학적 역사관이 담긴 『자치통감강목』에 따라 역대 국가를 정통과 비정통으로 구분했지만, 편찬 형식 측면에서는 강목체를 따르지 않았다. 또한 올바른 정치의 여부에 따라 국가의 운명이 다하고 천명이 옮겨 간다는 내용을 드러내고자 기존 역사서와 달리 국가 간 전쟁과 외교 문제, 국가 말기의 혼란과 새 국가 초기의 혼란 수습 등을 부각하였다.

이러한 편찬 방식은 국가의 흥망성쇠를 거울삼아 국가를 잘 운영하겠다는 목적 이외에 새 국가의 토대를 마련하려는 의도가 전제된 것이었다. 이런 의도가 집중적으로 반영된 곳은 『치평요람』의 「국조(國朝)」 부분이었다. 이 부분의 편찬자들은 유교적 시각에서 고려 정치를 바라보며 불교 사상의 폐단을 비롯한 문제점들을 다각도로 드러냈고, 이를 통해 유교적 사회로의 변화를 주장하였다. 이성계의 능력과 업적을 담기는 했지만 이것이 조선 건국을 정당화하기에는 불충분했기에 세종은 역사적 사실을 배경으로 조선 왕조의 우수성을 부각한 『용비어천가』의 편찬을 지시했다. 이는 왕조의 우수성과 정통성을 경전과 역사의 다양한 근거를 통해 보여 주고자 한 것이었다.

## 013

**(가)와 (나)의 차이점을 중심으로 두 글을 비교하며 읽는 방법으로 가장 적절한 것은?**

① (가)는 한(漢)에서, (나)는 조선에서 쓰인 책을 설명하고 있으니, 시대 상황과 사상이 책에 반영된 양상을 비교하며 읽는다.

② (가)는 피지배 계층을, (나)는 지배 계층을 대상으로 한 책을 설명하고 있으니, 예상 독자의 반응 양상을 비교하며 읽는다.

③ (가)는 동일한 시대에, (나)는 서로 다른 시대에 쓰인 책들을 설명하고 있으니, 시대에 따른 창작 환경을 비교하며 읽는다.

④ (가)는 학문적 성격의, (나)는 실용적 성격의 책을 설명하고 있으니, 다양한 분야의 책에 담긴 보편성을 확인하며 읽는다.

⑤ (가)는 국가 주도로, (나)는 개인 주도로 편찬된 책들을 설명하고 있으니, 각 주체별 관심 분야의 차이를 확인하며 읽는다.

## 014

**(가), (나)의 내용과 일치하지 않는 것은?**

① 진의 권력자인 이사는 역사 지식과 학문을 부정적인 것으로 인식하였다.
② 전국 시대에는 『순자』처럼 여러 사상을 통합하려는 학문 경향이 있었다.
③ 『치평요람』은 『자치통감강목』의 편찬 형식에 따라 역대 국가를 정통과 비정통으로 구분하여 정리하였다.
④ 『치평요람』의 「국조」는 고려의 문제점들을 보임으로써 사회의 변화를 이끌어야 한다는 주장을 드러내었다.
⑤ 『용비어천가』에는 조선 왕조의 우수성을 드러내고 건국의 정당성을 확보하려는 목적이 담겨 있다.

## 015

**㉠~㉢에 대한 이해로 가장 적절한 것은?**

① ㉠은 역사 속에서 각광을 받았던 학문 분야들의 개별적 특징을 이해한 것이다.
② ㉡은 도가나 법가 사상을 중심 이념으로 삼아 정치 상황의 변화에 대응하려는 것이다.
③ ㉢은 현명한 신하의 임용과 엄한 형벌의 집행을 전제로 한 평온한 정치의 결과를 의미한다.
④ ㉢은 군주가 부단한 수양과 안정된 권력을 바탕으로 교화의 정치를 펼쳐야 실현되는 것이다.
⑤ ㉠과 ㉡은 역사 지식과 현실 정치를 긴밀히 연결하여 힘으로 권력을 창출하는 것을 의미한다.

## 016

**윗글에서 '육가'와 '집현전 학자들'이 공통적으로 드러내고자 한 내용에 해당하는 것만을 〈보기〉에서 있는 대로 고른 것은?**

| 보기 |
ㄱ. 옛 국가의 역사를 거울삼아 새 국가를 안정적으로 통치하도록 한다.
ㄴ. 옛 국가의 멸망 원인은 잘못된 정치 운영에 있지 않고 새 국가로 천명이 옮겨 온 것에 있다.
ㄷ. 옛 국가에서 드러난 사상적 공백을 채우기 위해 새 국가의 군주는 유교에 따라 통치하도록 한다.

① ㄱ ② ㄴ ③ ㄱ, ㄴ
④ ㄱ, ㄷ ⑤ ㄴ, ㄷ

## 017

**〈보기〉는 동양 역사가들의 견해이다. 〈보기〉를 바탕으로 (가), (나)를 이해한 내용으로 적절하지 않은 것은?** [3점]

| 보기 |
ㄱ. 대부분 옛일의 성패를 논하기 좋아하고 그 일의 진위를 자세히 살피지 않는다. 하지만 진위를 분명히 한 후에야 성패가 어긋나지 않을 수 있다. 이는 역사 서술의 근원인 자료를 바로잡고 깨끗이 한다는 뜻이다.
ㄴ. 고금의 흥망은 현실의 객관적 형세인 시세의 흐름에 따르는 것이며, 사림(士林)의 재주와 덕행으로 말미암은 것은 아니었다. 그러므로 천하의 일은 시세가 제일 중요하고, 행복과 불행이 다음이며, 옳고 그름의 구분은 마지막이라고 하는 것이다.
ㄷ. 도(道)의 본체는 경서에 있지만 그것의 큰 쓰임은 역사서에 담겨 있다. 역사란 선을 높이고 악을 낮추며 선을 권면하고 악을 징계하는 것이다.

① ㄱ의 관점에 따르면, 『신어』에 제시된 진의 멸망 원인에 대한 지적은 관련 내용의 진위에 대한 명확한 판별 이후에 이루어져야 하는 것이겠군.
② ㄱ의 관점에 따르면, 『고려사』 편찬 과정에서 고려의 용어를 고쳐 쓰자고 한 의견은 역사 서술의 근원인 자료를 바로잡고 깨끗이 하자는 것이라고 볼 수 있겠군.
③ ㄴ의 관점에 따르면, 『치평요람』에 서술된 국가의 흥망은 그 원인이 인물들의 능력보다는 객관적 형세인 시세의 흐름에 있다고 보아야겠군.
④ ㄷ의 관점에 따르면, 『신어』에 제시된 진에 대한 비판은 악을 낮추고 징계하는 것으로 볼 수 있겠군.
⑤ ㄷ의 관점에 따르면, 『치평요람』 편찬과 관련한 세종의 생각에서 학문의 근본은 도의 본체에, 현실에서 학문의 구현은 도의 큰 쓰임에 대응하겠군.

## 018

**문맥상 ⓐ~ⓔ와 바꿔 쓰기에 적절하지 않은 것은?**

① ⓐ : 꾀했다
② ⓑ : 받아들여
③ ⓒ : 믿던
④ ⓓ : 끼어들었다는
⑤ ⓔ : 이어졌지만

[019~024] 2022학년도 수능 4번~9번 정답과 해설편 p.015

다음 글을 읽고 물음에 답하시오. 6문항을 18분 안에 풀어보세요. 

(가)

㉠ 정립-반정립-종합. 변증법의 논리적 구조를 일컫는 말이다. 변증법에 따라 철학적 논증을 수행한 인물로는 단연 헤겔이 거명된다. 변증법은 대등한 위상을 지니는 세 범주의 병렬이 아니라, 대립적인 두 범주가 조화로운 통일을 이루어 가는 수렴적 상향성을 구조적 특징으로 한다. 헤겔에게서 변증법은 논증의 방식임을 넘어, 논증 대상 자체의 존재 방식이기도 하다. 즉 세계의 근원적 질서인 '이념'의 내적 구조도, 이념이 시·공간적 현실로서 드러나는 방식도 변증법적이기에, 이념과 현실은 하나의 체계를 이루며, 이 두 차원의 원리를 밝히는 철학적 논증도 변증법적 체계성을 ⓐ 지녀야 한다.

헤겔은 미학도 철저히 변증법적으로 구성된 체계 안에서 다루고자 한다. 그에게서 미학의 대상인 예술은 종교, 철학과 마찬가지로 '절대정신'의 한 형태이다. 절대정신은 절대적 진리인 '이념'을 인식하는 인간 정신의 영역을 ⓑ 가리킨다. 예술·종교·철학은 절대적 진리를 동일한 내용으로 하며, 다만 인식 형식의 차이에 따라 구분된다. 절대정신의 세 형태에 각각 대응하는 형식은 [직관·표상·사유]이다. '직관'은 주어진 물질적 대상을 감각적으로 지각하는 지성이고, '표상'은 물질적 대상의 유무와 무관하게 내면에서 심상을 떠올리는 지성이며, '사유'는 대상을 개념을 통해 파악하는 순수한 논리적 지성이다. 이에 세 형태는 각각 '직관하는 절대정신', '표상하는 절대정신', '사유하는 절대정신'으로 규정된다. 헤겔에 따르면 직관의 외면성과 표상의 내면성은 사유에서 종합되고, 이에 맞춰 예술의 객관성과 종교의 주관성은 철학에서 종합된다.

형식 간의 차이로 인해 내용의 인식 수준에는 중대한 차이가 발생한다. 헤겔에게서 절대정신의 내용인 절대적 진리는 본질적으로 논리적이고 이성적인 것이다. 이러한 내용을 예술은 직관하고 종교는 표상하며 철학은 사유하기에, 이 세 형태 간에는 단계적 등급이 매겨진다. 즉 예술은 초보 단계의, 종교는 성장 단계의, 철학은 완숙 단계의 절대정신이다. 이에 따라 ㉡ 예술-종교-철학 순의 진행에서 명실상부한 절대정신은 최고의 지성에 의거하는 것, 즉 철학뿐이며, 예술이 절대정신으로 기능할 수 있는 것은 인류의 보편적 지성이 미발달된 머나먼 과거로 한정된다.

(나)

변증법의 매력은 '종합'에 있다. 종합의 범주는 두 대립적 범주 중 하나의 일방적 승리로 ⓒ 끝나도 안 되고, 두 범주의 고유한 본질적 규정이 소멸되는 중화 상태로 나타나도 안 된다. 종합은 양자의 본질적 규정이 유기적 조화를 이루어 질적으로 고양된 최상의 범주가 생성됨으로써 성립하는 것이다.

헤겔이 강조한 변증법의 탁월성도 바로 이것이다. 그러기에 변증법의 원칙에 최적화된 엄밀하고도 정합적인 학문 체계를 조탁하는 것이 바로 그의 철학적 기획이 아니었던가. 그런데 그가 내놓은 성과물들은 과연 그 기획을 어떤 흠결도 없이 완수한 것으로 평가될 수 있을까? 미학에 관한 한 '그렇다'는 답변은 쉽지 않을 것이다. 지성의 형식을 직관-표상-사유 순으로 구성하고 이에 맞춰 절대정신을 예술-종교-철학 순으로 편성한 전략은 외관상으로는 변증법 모델에 따른 전형적 구성으로 보인다. 그러나 실질적 내용을 ⓓ 보면 직관으로부터 사유에 이르는 과정에서는 외면성이 점차 지워지고 내면성이 점증적으로 강화·완성되고 있음이, 예술로부터 철학에 이르는 과정에서는 객관성이 점차 지워지고 주관성이 점증적으로 강화·완성되고 있음이 확연히 드러날 뿐, 진정한 변증법적 종합은 ⓔ 이루어지지 않는다. 직관의 외면성 및 예술의 객관성의 본질은 무엇보다도 감각적 지각성인데, 이러한 핵심 요소가 그가 말하는 종합의 단계에서는 완전히 소거되고 만다.

변증법에 충실하려면 헤겔은 철학에서 성취된 완전한 주관성이 재객관화되는 단계의 절대정신을 추가했어야 할 것이다. 예술은 '철학 이후'의 자리를 차지할 수 있는 유력한 후보이다. 실제로 많은 예술 작품은 '사유'를 매개로 해서만 설명되지 않는가. 게다가 이는 누구보다도 풍부한 예술적 체험을 한 헤겔 스스로가 잘 알고 있지 않은가. 이 때문에 방법과 철학 체계 간의 이러한 불일치는 더욱 아쉬움을 준다.

## 019

**(가)와 (나)에 대한 설명으로 가장 적절한 것은?**

① (가)와 (나)는 모두 특정한 철학적 방법에 기반한 체계를 바탕으로 예술의 상대적 위상을 제시하고 있다.
② (가)와 (나)는 모두 특정한 철학적 방법에 대한 상반된 평가를 바탕으로 더 설득력 있는 미학 이론을 모색하고 있다.
③ (가)와 달리 (나)는 특정한 철학적 방법의 시대적 한계를 지적하고 이에 맞서는 혁신적 방법을 제안하고 있다.
④ (가)와 달리 (나)는 특정한 철학적 방법에서 파생된 미학 이론을 바탕으로 예술 장르를 범주적으로 유형화하고 있다.
⑤ (나)와 달리 (가)는 특정한 철학적 방법의 통시적인 변화 과정을 적용하여 철학사를 단계적으로 설명하고 있다.

## 020

**(가)에서 알 수 있는 헤겔의 생각으로 적절하지 않은 것은?**

① 예술·종교·철학 간에는 인식 내용의 동일성과 인식 형식의 상이성이 존재한다.
② 세계의 근원적 질서와 시·공간적 현실은 하나의 변증법적 체계를 이룬다.
③ 절대정신의 세 가지 형태는 지성의 세 가지 형식이 인식하는 대상이다.
④ 변증법은 철학적 논증의 방법이자 논증 대상의 존재 방식이다.
⑤ 절대정신의 내용은 본질적으로 논리적이고 이성적인 것이다.

## 021

**(가)에 따라 직관·표상·사유의 개념을 적용한 것으로 적절하지 않은 것은?**

① 먼 타향에서 밤하늘의 별들을 바라보는 것은 직관을 통해, 같은 곳에서 고향의 하늘을 상기하는 것은 표상을 통해 이루어지겠군.
② 타임머신을 타고 미래로 가는 자신의 모습을 상상하는 것과, 그 후 판타지 영화의 장면을 떠올려 보는 것은 모두 표상을 통해 이루어지겠군.
③ 초현실적 세계가 묘사된 그림을 보는 것은 직관을 통해, 그 작품을 상상력 개념에 의거한 이론에 따라 분석하는 것은 사유를 통해 이루어지겠군.
④ 예술의 새로운 개념을 설정하는 것은 사유를 통해, 이를 바탕으로 새로운 감각을 일깨우는 작품의 창작을 기획하는 것은 직관을 통해 이루어지겠군.
⑤ 도덕적 배려의 대상을 생물학적 상이성 개념에 따라 규정하는 것과, 이에 맞서 감수성 소유 여부를 새로운 기준으로 제시하는 것은 모두 사유를 통해 이루어지겠군.

## 022

**(나)의 글쓴이의 관점에서 ㉠과 ㉡에 대한 헤겔의 이론을 분석한 것으로 적절하지 않은 것은?**

① ㉠과 ㉡ 모두에서 첫 번째와 두 번째의 범주는 서로 대립한다.
② ㉠과 ㉡ 모두에서 두 번째와 세 번째 범주 간에는 수준상의 차이가 존재한다.
③ ㉠과 달리 ㉡에서는 범주 간 이행에서 첫 번째 범주의 특성이 갈수록 강해진다.
④ ㉡과 달리 ㉠에서는 세 번째 범주에서 첫 번째와 두 번째 범주의 조화로운 통일이 이루어진다.
⑤ ㉡과 달리 ㉠에서는 범주 간 이행에서 수렴적 상향성이 드러난다.

## 023

**<보기>는 헤겔과 (나)의 글쓴이가 나누는 가상의 대화의 일부이다. ㉮에 들어갈 내용으로 가장 적절한 것은?** [3점]

| 보기 |
헤겔 : 괴테와 실러의 문학 작품을 읽을 때 놓치지 않아야 할 점이 있네. 이 두 천재도 인생의 완숙기에 이르러서야 비로소 최고의 지성적 통찰을 진정한 예술미로 승화시킬 수 있었네. 그에 비해 초기의 작품들은 미적으로 세련되지 못해 결코 수준급이라 할 수 없었는데, 이는 그들이 아직 지적으로 미성숙했기 때문이었네.
(나)의 글쓴이 : 방금 그 말씀과 선생님의 기본 논증 방법을 연결하면 [ ㉮ ] 는 말이 됩니다.

① 이론에서는 대립적 범주들의 종합을 이루어야 하는 세 번째 단계가 현실에서는 그 범주들을 중화한다
② 이론에서는 외면성에 대응하는 예술이 현실에서는 내면성을 바탕으로 하는 절대정신일 수 있다
③ 이론에서는 반정립 단계에 위치하는 예술이 현실에서는 정립 단계에 있는 것으로 나타난다
④ 이론에서는 객관성을 본질로 하는 예술이 현실에서는 객관성이 사라진 주관성을 지닌다
⑤ 이론에서는 절대정신으로 규정되는 예술이 현실에서는 진리의 인식을 수행할 수 없다

## 024

**문맥상 ⓐ~ⓔ와 바꾸어 쓰기에 가장 적절한 것은?**

① ⓐ : 소지(所持)하여야
② ⓑ : 포착(捕捉)한다
③ ⓒ : 귀결(歸結)되어도
④ ⓓ : 간주(看做)하면
⑤ ⓔ : 결성(結成)되지

[025~028] 2020학년도 6월 모평 19번~22번 정답과 해설편 p.018

**다음 글을 읽고 물음에 답하시오.** 4문항을 7분 안에 풀어보세요.

고대 그리스 시대의 사람들은 신에 의해 우주가 운행된다고 믿는 결정론적 세계관 속에서 신에 대한 두려움이나, 신이 야기한다고 생각되는 자연재해나 천체 현상 등에 대한 두려움을 떨치지 못했다. 에피쿠로스는 당대의 사람들이 이러한 잘못된 믿음에서 벗어나도록 하는 것이 중요하다고 보았고, 이를 위해 인간이 행복에 이를 수 있도록 자연학을 바탕으로 자신의 사상을 전개하였다.

에피쿠로스는 신의 존재는 인정하나 신의 존재 방식이 인간이 생각하는 것과는 다르다고 보고, 신은 우주들 사이의 중간 세계에 살며 인간사에 개입하지 않는다는 ㉠ 이신론(理神論)적 관점을 주장한다. 그는 불사하는 존재인 신은 최고로 행복한 상태이며, 다른 어떤 것에게도 고통을 주지 않고, 모든 고통은 물론 분노와 호의와 같은 것으로부터 자유롭다고 말한다. 따라서 에피쿠로스는 인간의 세계가 신에 의해 결정되지 않으며, 인간의 행복도 자율적 존재인 인간 자신에 의해 완성된다고 본다.

한편 에피쿠로스는 인간의 영혼도 육체와 마찬가지로 미세한 입자로 구성된다고 본다. 영혼은 육체와 함께 생겨나고 육체와 상호 작용하며 육체가 상처를 입으면 영혼도 고통을 받는다. 더 나아가 육체가 소멸하면 영혼도 함께 소멸하게 되어 인간은 사후(死後)에 신의 심판을 받지 않으므로, 살아 있는 동안 인간은 사후에 심판이 있다고 생각하여 두려워할 필요가 없게 된다. 이러한 생각은 인간으로 하여금 죽음에 대한 모든 두려움에서 벗어나게 하는 근거가 된다.

이러한 에피쿠로스의 ㉡ 자연학은 우주와 인간의 세계에 대한 비결정론적인 이해를 가능하게 한다. 이는 원자의 운동에 관한 에피쿠로스의 설명에서도 명확히 드러난다. 그는 원자들이 수직 낙하 운동이라는 법칙에서 벗어나기도 하여 비스듬히 떨어지고 충돌해서 튕겨 나가는 우연적인 운동을 한다고 본다. 그리고 우주는 이러한 원자들에 의해 이루어졌으므로, 우주 역시 우연의 산물이라고 본다. 따라서 우주와 인간의 세계에 신의 관여는 없으며, 인간의 삶에서도 신의 섭리는 찾을 수 없다고 한다. 에피쿠로스는 이러한 생각을 인간이 필연성에 얽매이지 않고 자신의 삶을 주체적으로 살아갈 수 있게 하는 자유 의지의 단초로 삼는다.

에피쿠로스는 이를 토대로 자유로운 삶의 근본을 규명하고 인생의 궁극적 목표인 행복으로 이끄는 ㉢ 윤리학을 펼쳐 나간다. 결국 그는 인간이 신의 개입과 우주의 필연성, 사후 세계에 대한 두려움에서 벗어날 수 있도록 함으로써, 자신의 삶을 자율적이고 주체적으로 살 수 있는 길을 열어 주었다. 그리고 쾌락주의적 윤리학을 바탕으로 영혼이 안정된 상태에서 행복 실현을 추구할 수 있는 방안을 제시하였다.

## 025

**윗글의 표제와 부제로 가장 적절한 것은?**

① 에피쿠로스 사상의 성립 배경
　— 인간과 자연의 관계를 중심으로
② 에피쿠로스 사상의 목적과 의의
　— 신, 인간, 우주에 대한 이해를 중심으로
③ 에피쿠로스 사상에 대한 비판과 옹호
　— 사상의 한계와 발전적 계승을 중심으로
④ 에피쿠로스 사상을 둘러싼 논쟁과 이견
　— 당대 세계관과의 비교를 중심으로
⑤ 에피쿠로스 사상의 현대적 수용과 효용성
　— 행복과 쾌락의 상관성을 중심으로

## 026

**㉠~㉢에 대한 이해로 가장 적절한 것은?**

① ㉠은 인간이 두려움을 갖는 이유를, ㉡과 ㉢은 신에 대한 의존에서 벗어나게 하는 방법을 제시한다.
② ㉠은 우주가 신에 의해 운행된다고 믿는 근거를, ㉡과 ㉢은 인간의 사후에 대해 탐구하는 방법을 제시한다.
③ ㉠과 ㉡은 인간이 영혼과 육체의 관계를 탐구하는 이유를, ㉢은 모든 두려움에서 벗어나는 방법을 제시한다.
④ ㉠과 ㉡은 인간이 잘못된 믿음에서 벗어날 수 있는 근거를, ㉢은 행복에 이르도록 하는 방법을 제시한다.
⑤ ㉠과 ㉡은 인간의 존재 이유와 존재 위치에 대한 탐색의 결과를, ㉢은 인간이 우주의 근원을 연구하는 방법을 제시한다.

## 027

**윗글을 읽은 학생이 '에피쿠로스'에 대해 비판한다고 할 때, 비판 내용으로 적절한 것만을 <보기>에서 있는 대로 고른 것은?**

| 보기 |

ㄱ. 신이 분노와 호의로부터 자유로운 상태라면 인간의 세계에 개입을 하지 않는다는 뜻일 텐데, 왜 신의 섭리에 따라 인간의 삶을 이해하려고 하는가?

ㄴ. 원자가 법칙에서 벗어나 우연적인 운동을 한다는 것은 인과 관계 없이 뜻하지 않게 움직인다는 뜻일 텐데, 그것이 자유 의지의 단초가 될 수 있는가?

ㄷ. 인간이 죽음에 대해 두려움을 느낀다면 죽음에 이르는 고통 때문일 수도 있을 텐데, 사후에 대한 두려움을 떨쳐 버리는 것만으로 그것이 해소될 수 있는가?

ㄹ. 인간이 자연재해를 무서워한다면 자연재해 그 자체 때문일 수도 있을 텐데, 신이 일으키지 않았다고 해서 자연재해에 대한 두려움에서 벗어날 수 있는가?

① ㄱ, ㄴ　② ㄱ, ㄹ　③ ㄷ, ㄹ
④ ㄱ, ㄴ, ㄷ　⑤ ㄴ, ㄷ, ㄹ

## 028

**윗글의 '에피쿠로스'의 사상과 <보기>에 나타난 생각을 비교한 내용으로 적절하지 않은 것은?** [3점]

| 보기 |

신은 인간의 세계에 속해 있지는 않으나, 모든 일의 목적인 존재라네. 하늘과 땅 그리고 바다에 있는 모든 것들의 원인이며, 일체의 훌륭함에 있어서도 탁월한 존재이지. 언제나 신은 필연성을 따르는 지성을 조력자로 삼아 성장과 쇠퇴, 분리와 결합에 있어 모든 것들을 바르고 행복한 상태에 이르도록 이끈다네.

① 신을 '모든 것들의 원인'으로 보는 <보기>의 생각은, 신이 '인간사에 개입'한다는 것을 부정하는 에피쿠로스의 사상과 차이점이 있군.

② 신이 '지성'을 조력자로 삼아 모든 것들을 이끈다고 보는 <보기>의 생각은, 우주를 '우연의 산물'로 보는 에피쿠로스의 사상과 차이점이 있군.

③ 신을 '모든 일의 목적인 존재'로 보는 <보기>의 생각과 신이 '불사하는 존재'라고 보는 에피쿠로스의 사상은 신의 존재를 인정한다는 공통점이 있군.

④ 신이 '모든 것들'을 '바르고 행복한 상태'에 도달하게 한다는 <보기>의 생각은, 행복이 '인간 자신에 의해 완성'된다고 본 에피쿠로스의 사상과 차이점이 있군.

⑤ 신이 '인간의 세계'에 속해 있지 않다고 보는 <보기>의 생각과 신이 '중간 세계'에 있다고 본 에피쿠로스의 사상은 신의 영향력이 인간 세계의 외부에서 온다고 보는 공통점이 있군.

# [029~032]

2018학년도 수능 16번~19번 정답과 해설편 p.021

**다음 글을 읽고 물음에 답하시오.** 4문항을 6분 안에 풀어보세요.

자연에서 발생하는 모든 일은 목적 지향적인가? 자기 몸통보다 더 큰 나뭇가지나 잎사귀를 허둥대며 운반하는 개미들은 분명히 목적을 가진 듯이 보인다. 그런데 가을에 지는 낙엽이나 한밤중에 쏟아지는 우박도 목적을 가질까? 아리스토텔레스는 모든 자연물이 목적을 추구하는 본성을 타고나며, 외적 원인이 아니라 내재적 본성에 따른 운동을 한다는 목적론을 제시한다. 그는 자연물이 단순히 목적을 갖는 데 그치는 것이 아니라 목적을 실현할 능력도 타고나며, 그 목적은 방해받지 않는 한 반드시 실현될 것이고, 그 본성적 목적의 실현은 운동 주체에 항상 바람직한 결과를 가져온다고 믿는다. 아리스토텔레스는 이러한 자신의 견해를 "자연은 헛된 일을 하지 않는다!"라는 말로 요약한다.

근대에 접어들어 모든 사물이 생명력을 갖지 않는 일종의 기계라는 견해가 강조되면서, 아리스토텔레스의 목적론은 비과학적이라는 이유로 많은 비판에 직면한다. 갈릴레이는 목적론적 설명이 과학적 설명으로 사용될 수 없다고 주장하며, 베이컨은 목적에 대한 탐구가 과학에 무익하다고 평가하고, 스피노자는 목적론이 자연에 대한 이해를 왜곡한다고 비판한다. 이들의 비판은 목적론이 인간 이외의 자연물도 이성을 갖는 것으로 의인화한다는 것이다. 그러나 이런 비판과는 달리 아리스토텔레스는 자연물을 생물과 무생물로, 생물을 식물·동물·인간으로 나누고, 인간만이 이성을 지닌다고 생각했다.

일부 현대 학자들은, 근대 사상가들이 당시 과학에 기초한 기계론적 모형이 더 설득력을 갖는다는 일종의 교조적 믿음에 의존했을 뿐, 아리스토텔레스의 목적론을 거부할 충분한 근거를 제시하지 못했다고 비판한다. 이런 맥락에서 볼로틴은 근대 과학이 자연에 목적이 없음을 보이지도 못했고 그렇게 하려는 시도조차 하지 않았다고 지적한다. 또한 우드필드는 목적론적 설명이 과학적 설명은 아니지만, 목적론의 옳고 그름을 확인할 수 없기 때문에 목적론이 거짓이라 할 수도 없다고 지적한다.

17 세기의 과학은 실험을 통해 과학적 설명의 참·거짓을 확인할 것을 요구했고, 그런 경향은 생명체를 비롯한 세상의 모든 것이 물질로만 구성된다는 물질론으로 이어졌으며, 물질론 가운데 일부는 모든 생물학적 과정이 물리·화학 법칙으로 설명된다는 환원론으로 이어졌다. 이런 환원론은 살아 있는 생명체가 죽은 물질과 다르지 않음을 함축한다. 하지만 아리스토텔레스는 자연물의 물질적 구성 요소를 알면 그것의 본성을 모두 설명할 수 있다는 엠페도클레스의 견해를 반박했다. 이 반박은 자연물이 단순히 물질로만 이루어진 것이 아니며, 또한 그것의 본성이 단순히 물리·화학적으로 환원되지도 않는다는 주장을 내포한다.

첨단 과학의 발전에도 불구하고 생명체의 존재 원리와 이유를 정확히 규명하는 과제는 아직 진행 중이다. 자연물의 구성 요소에 대한 아리스토텔레스의 탐구는 자연물이 존재하고 운동하는 원리와 이유를 밝히려는 것이었고, 그의 목적론은 지금까지 이어지는 그러한 탐구의 출발점이라 할 수 있다.

## 029

**윗글의 논지 전개 방식으로 가장 적절한 것은?**

① 대립되는 두 이론을 소개하고 각 이론의 장단점을 비교하고 있다.
② 특정 이론에 대한 상반된 주장을 제시하여 절충 방안을 모색하고 있다.
③ 특정 이론에 대한 다양한 비판의 타당성을 검토한 후 새로운 이론을 도출하고 있다.
④ 특정 이론에 대한 비판들을 시대순으로 제시하여 그 이론의 부당성을 주장하고 있다.
⑤ 특정 이론에 대한 비판들을 검토하고 그 이론에 대한 해석을 제시하여 의의를 밝히고 있다.

## 030

**윗글에 나타난 아리스토텔레스의 견해에 대한 이해로 가장 적절한 것은?**

① 개미의 본성적 운동은 이성에 의한 것으로 설명된다.
② 자연물의 목적 실현은 때로는 그 자연물에 해가 된다.
③ 본성적 운동의 주체는 본성을 실현할 능력을 갖고 있다.
④ 낙엽의 운동은 본성적 목적 개념으로는 설명되지 않는다.
⑤ 자연물의 본성적 운동은 외적 원인에 의해 야기되기도 한다.

## 031

**윗글에 나타난 목적론에 대한 논의를 적절하게 진술한 것은?**

① 갈릴레이와 볼로틴은 목적론이 근대 과학에 기초한 기계론적 모형이라고 비판한다.
② 갈릴레이와 우드필드는 목적론적 설명이 과학적 설명이 아니라는 데 동의한다.
③ 베이컨과 우드필드는 목적론적 설명이 교조적 신념에 의존했다고 비판한다.
④ 스피노자와 볼로틴은 목적론이 자연에 대한 이해를 확장한다고 주장한다.
⑤ 스피노자와 우드필드는 목적론이 사물을 의인화하기 때문에 거짓이라고 주장한다.

## 032

**윗글을 바탕으로 <보기>를 이해한 내용으로 가장 적절한 것은?** 3점

| 보기 |

생물학자 마이어는 생명체의 특징을 보여 주는 이론으로 창발론을 제시한다. 그는 생명체가 분자, 세포, 조직에서 개체, 개체군에 이르기까지 단계적으로 점점 더 복잡한 체계를 구성하며, 세포 이상의 단계에서 각 체계의 고유 활동은 미리 정해진 목적을 수행한다고 생각한다. 창발론은 복잡성의 수준이 한 단계씩 오를 때마다 구성 요소에 관한 지식만으로는 예측할 수 없는 특성들이 나타난다는 이론이다. 마이어는 여전히 생명체가 물질만으로 구성된다고 보지만, 물리·화학적 법칙으로 모두 설명되지는 않는다고 본다.

① 마이어는 아리스토텔레스처럼, 엠페도클레스의 물질론적 견해가 적절하다고 보겠군.
② 마이어는 아리스토텔레스처럼, 자연물이 물질만으로 구성된다는 물질론에 동의하겠군.
③ 마이어는 아리스토텔레스처럼, 생명체의 특성들은 구성 요소들에 관한 지식만으로 예측할 수 없다고 보겠군.
④ 마이어는 아리스토텔레스와 달리, 모든 자연물이 목적 지향적으로 운동한다고 보겠군.
⑤ 마이어는 아리스토텔레스와 달리, 모든 자연물의 본성에 대한 물리·화학적 환원을 인정하겠군.

**다음 글을 읽고 물음에 답하시오.** 6문항을 11분 안에 풀어보세요.

유학은 ㉠ 수기치인(修己治人)을 통해 성인(聖人)이 되기 위한 학문으로 성학(聖學)이라고도 불린다. '수기'는 사물을 탐구하고 앎을 투철히 하고 뜻을 성실하게 하고 마음을 바르게 하여 자신을 닦는 일이며, '치인'은 집안을 바르게 하고 나라를 통치하고 세상을 평화롭게 하는 것을 의미한다. 수기치인을 통해 하늘의 도리인 천도(天道)와 합일되는 경지에 도달한 사람이 바로 '성인'이다. 이러한 유학의 이념을 적극 수용했던 율곡 이이는 수기치인의 도리를 밝힌 『성학집요』(1575)를 지어 이 땅에 유학의 이상 사회가 구현되기를 소망했다.

율곡은 수기를 위한 수양론과 치인을 위한 경세론을 전개하는데, 그 바탕은 만물을 '이(理)'와 '기(氣)'로 설명하는 이기론이다. 존재론의 측면에서 율곡은 '이'를 형체도 없고 시간과 공간의 제약을 받지 않고 존재하는 만물의 법칙이자 원리로 보고, '기'를 시간적인 선후와 공간적인 시작과 끝을 가지면서 끊임없이 변화하며 작동하는 물질적 요소로 본다. '이'와 '기'는 사물의 구성 요소로서 서로 다른 성질을 갖지만, '이'는 현실 세계에서 항상 '기'와 더불어 실제로 존재한다. 율곡은 이처럼 서로 구별되면서도 분리됨이 없이 존재하는 '이'와 '기'의 관계를 이기지묘(理氣之妙)라 표현한다.

수양론의 한 가지 기반으로, 율곡은 이통기국(理通氣局)을 주장한다. 이것은 만물이 하나의 동일한 '이'를 공유하지만, 다양한 '기'의 성질로 인해 서로 다른 모습으로 나타날 수 있음을 의미한다. 또한 이러한 이통기국론은, 성인과 일반인이 기질의 차이는 있지만 동일한 '이'를 갖기 때문에 일반인이라도 기질상의 병폐를 제거하고 탁한 기질을 정화하면 '이'의 선한 본성이 회복되어 성인의 경지에 이를 수 있다는 기질 변화론으로 이어진다. 율곡은 흐트러진 마음을 거두어들이는 거경(居敬), 경전을 읽고 공부하여 시비를 분별하는 궁리(窮理), 그리고 몸과 마음을 다스려 사욕을 극복하는 역행(力行)을 기질 변화를 위한 중요한 수양 방법으로 제시한다. 인간에게 내재된 천도를 실현하려는 율곡의 수양론은 사회의 폐단을 제거하여 천도를 실현하려는 경세론으로 이어진다.

대사상가인 동시에 탁월한 경세가였던 율곡은 많은 논설에서 법제 개혁론을 폈쳤는데, 이는 「만언봉사」(1574)에서 잘 나타난다. 선조는 "'이'는 빈틈없는 완전함이 있고, '기'는 변화하는 움직임이 있다."라고 말하면서 근래 하늘과 땅에서 일어난 재앙으로부터 깨우쳐야 할 도리를 신하들에게 물었고, 율곡이 그에 대한 답변을 올린 것이 「만언봉사」이다. 여기서 율곡은 "때에 따라 변할 수 있는 것은 법제이며, 시대를 막론하고 변할 수 없는 것이 왕도요, 어진 정치요, 삼강이요, 오륜입니다."라고 말하면서 법제 개혁의 필요성을 주장한다. 곧, '이'라 할 수 있는 왕도나 오륜을 고치려 하는 것이 아니라, 그것을 구현할 수 있도록 법제를 개혁하여야 한다는 것이다.

조선에서 법전의 기본적인 원천은 '수교(受敎)'이다. 어떤 사건이 매우 중대하다고 여겨지면 국왕은 조정의 회의를 열고 처리 지침을 만들어 사건을 해결한다. 이 지침이 앞으로도 같은 종류의 사건을 해결하는 데 적합하겠다고 판단되면, 국왕의 하명 형식을 갖는 법령으로 만들어지는데, 이를 수교라 한다. 그리고 이후의 시행 과정에서 폐단이 없고 유용하다고 확인된 수교들은 다시 다듬어지고 정리되어 '록(錄)'이라는 이름이 붙은 법전에 실린다. 여기에 수록된 규정들 가운데에 지속적인 적용을 거치면서 영구히 시행할 만한 것이라 판정된 것은 마침내 '대전(大典)'이라는 법전에 오르게 된다.

성종 때에 확정된 ≪경국대전≫(1485)은 이 과정을 거친 규정들을 체계적으로 집대성한 통일 법전이다. 꾸준한 정련을 거쳐 '대전'에 오른 이 규정들은 '양법미의(良法美意)'라 하였다. 백성들에게 항구히 시행할 만한 아름다운 규범이라는 의미이다. 실제로 이 ≪경국대전≫은 조선 왕조가 끝날 때까지 국가 기본 법전의 역할을 수행해 왔고, 그 안에 실린 규정들은 개정되지 않았다. 선왕들이 심혈을 기울여 만들고 오랜 시행으로 검증하여 영원토록 시행할 것으로 판정된 규범은 '조종성헌(祖宗成憲)'이라 불렸고, 이는 함부로 고칠 수 없다고 생각되었다. 왕도에 근접하였다고 여긴 것이다. '대전'에 실린 규정은 조종성헌으로 받아들여졌고, 따라서 국왕이라 해도 그것을 어길 수 없었다.

율곡의 법제 개혁론은 조종성헌을 변혁하자는 것이 아니다. 그는 성종을 이은 연산군 때 제정된 조세 법령이 여전히 백성의 삶을 피폐하게 하는데도 고쳐지지 않는 실정을 지적하는 등 폐단이 있는 여러 법령들을 거론한다. 이런 법령들은 고수할 것이 아니라 바꾸어야만 한다고 역설한다. 그래야 오히려 조종성헌이 회복된다는 것이다. 결국 조종성헌에 해당하지 않는 부당한 법령을 오래된 선왕의 법이라며 고칠 수 없다고 고집하는 권세가들에 대하여, 그런 법령은 변하지 않아야 할 '이'의 영역에 속하는 것이 아니라는 이론적인 공박을 펼친 것이다. 자신의 이기론을 바탕으로 더 나은 세상을 이루려 했던 율곡 이이의 노력은 수기치인의 실천이라 할 만하다.

## 033

**윗글의 내용과 일치하지 않는 것은?**

① 성학은 하늘의 도리와 합일된 사람이 되기 위한 학문이다.
② 『성학집요』에는 유학의 이념이 조선에서 실현되기를 바라는 마음이 담겨 있다.
③ '수교'는 특정한 사안을 해결하는 과정을 거쳐 제정된다.
④ '대전'에 오르는 규정은 지속적으로 시행되면서 폐단이 없었다는 요건을 갖추어야 한다.
⑤ ≪경국대전≫은 확정된 이후에도 시대에 맞게 규정이 개정되면서 기본 법전으로서의 지위를 유지하였다.

## 034

'율곡'의 관점에서 '이'와 '기'에 대해 설명한 것으로 적절하지 않은 것은?

① 천재지변은 '기'의 현상으로서 여기에도 '이'가 더불어 존재한다.
② '기'는 만물에 내재된 법칙이라는 점에서, 시공을 초월하는 '이'와 대비된다.
③ 법제는 '이'에 속하지 않지만 '이'를 드러낼 수 있도록 다듬어져야 할 대상이다.
④ 탁한 기질을 깨끗하게 변화시켜 '이'라 할 수 있는 선한 본성이 드러나게 할 수 있다.
⑤ 모든 사물들은 동일한 '이'를 갖지만 서로 다른 '기'로 말미암아 다양한 모습으로 나타난다.

## 035

㉠에 관한 이해로 가장 적절한 것은?

① '수기'와 '치인'은 각각 '이'와 '기'의 정화를 통해 '성인'이 됨을 목표로 한다.
② '이기지묘'는 '수기'와 '치인'의 상호 대립적이고 분리 가능한 특징을 설명해 준다.
③ '수기'를 위한 수양론과 '치인'을 위한 경세론은 모두 천도의 실현을 목적으로 한다.
④ '이통기국'은 '수기'와 '치인'을 통해 '성인'이 지닌 기질적 병폐의 극복이 가능함을 말해 준다.
⑤ '수기'와 '치인'을 위한 기질 변화 방법으로는 독서와 공부를 통해 시비를 분별하는 '역행'이 있다.

## 036

윗글의 '율곡'과 〈보기〉의 '플라톤'의 견해를 비교하여 이해한 것으로 가장 적절한 것은?

| 보기 |

플라톤은 물질적이고 가변적인 사물들이 존재하는 현실 세계와 비물질적이고 불변적이고 완벽한 이데아들이 존재하는 이상 세계를 구분한다. 이데아는 물질로부터 떨어져 있고 또한 시간과 공간의 제약도 받지 않지만, 마음속의 추상적 개념이 아니라 실제로 존재하는 것이다. 이상 세계에서 영혼으로 존재하면서 이데아를 직접 접했던 인간은, 태어나기 위해 이 땅에 내려오는 과정에서 그에 대한 모든 기억을 상실한다. 물질의 한계로 인해 이데아의 완벽함이 현실 세계에서 똑같이 구현되지는 않지만, 그래도 이데아를 가장 잘 기억하는 사람이 통치자가 되어 그것을 이 땅에서 구현해 내려 한다면 그만큼 좋은 국가를 만들게 될 것이다. 이 통치자가 바로 플라톤이 말하는 '철학자 왕'이다.

① 율곡의 '이'는 플라톤의 '이데아'와 달리 물질과 분리됨이 없이 존재한다.
② 율곡의 '이'는 플라톤의 '이데아'와 달리 시간과 공간의 제약을 받지 않는다.
③ 율곡의 '성인'은 플라톤의 '철학자 왕'과 달리 수양보다는 기억에 의존하여 통치한다.
④ 율곡의 '이'는 플라톤의 '이데아'와 마찬가지로 마음속에 존재하는 추상적 개념이다.
⑤ 율곡이 생각하는 이상 사회는 플라톤의 이상 세계와 마찬가지로 현실에서 완전하게 실현될 수 있다.

## 037

윗글에 나타난 '율곡'의 법제 개혁론에 대한 설명으로 적절하지 않은 것은?

① 이기론을 바탕으로 한 경세론의 실천으로서 법제 개혁을 주장한다.
② '이'와 '기'에 대해 잘못된 견해를 제시하는 국왕에게 선왕의 법을 개혁할 것을 건의한다.
③ 조종성헌 존중의 전통을 악용하는 이들에 의해 법제 개혁이 가로막히는 경향을 비판한다.
④ 삼강과 같은 불변적 가치를 거론하는 까닭은 결국 법제 개혁의 방향을 제시하기 위한 것이다.
⑤ ≪경국대전≫이 확정된 이후 연산군 때 제정된 악법들은 개혁 대상이 되어야 한다고 본다.

## 038

**윗글을 바탕으로 <보기>의 '숙종'을 이해한 반응으로 가장 적절한 것은?** [3점]

| 보기 |

숙종 25년(1699) 회양부사 갑은 자신이 행차하는데 무례했다는 이유로 선비 을을 잡아 곤장을 쳐서 죽게 하였다. 이 사건에 대해 숙종은 사형에 해당하는 죄라고 보았으나, 대신들은 형벌을 집행하다가 일어난 일이니 사형에 해당하지는 않는다는 의견을 올렸다. 이에 숙종은 꾸짖었다. "≪경국대전≫은 역대 선왕들께서 만들어 한결같이 시행해 온 성스러운 규범이다. 결코 멋대로 적용해서는 아니 된다. 국왕에게 법을 잘못 적용하라고 하는가? 갑이 살아서 나가게 되면 무법의 나라가 된다."

여기서 숙종과 대신들은 아래의 규정들 가운데 어느 규정을 적용할지에 대하여 의견 대립을 보이고 있다.

(가) ≪경국대전≫ "≪대명률≫을 형법으로 적용한다."
(나) ≪경국대전≫ "관리가 형벌 집행을 남용하여 죽음에 이르게 한 경우에는 곤장 100 대에 처하고 영구히 관리로 임용하지 않는다."
(다) ≪대명률≫ "사람을 죽인 자는 사형에 처한다."

① 숙종은 갑의 행위에 (다)를 적용하는 것이 조종성헌을 존중하는 것이라고 보고 있군.
② 숙종은 완성된 지 200 년이 넘었다는 이유로 ≪경국대전≫의 규정을 적용하지 않으려 하는군.
③ 숙종이 ≪대명률≫의 규정인 (다)를 적용하려는 것은 '대전'의 규정을 따르지 않는 태도라 해야겠군.
④ 숙종이 (나)의 적용을 찬성하지 않는 이유는 (나)가 양법미의가 될 수 없다고 생각하기 때문이군.
⑤ 숙종은 선왕의 법을 적용하는 대신들의 방식에는 불만이지만 갑의 행위가 정당한 형벌 집행이라고 보는 데는 동의하는군.

## [039~042] 2016학년도 6월 모평B 17번~20번 정답과 해설편 p.028

**다음 글을 읽고 물음에 답하시오.** 4문항을 7분 안에 풀어보세요.

나비가 되어 자신조차 잊을 만큼 즐겁게 날아다니는 꿈을 꾸다 깨어난 장자(莊子)는 자신이 나비가 되는 꿈을 꾼 것인지 나비가 자신이 된 꿈을 꾸고 있는 것인지 의아해한다. 이 호접몽 이야기는 나를 잊은 상태를 묘사함으로써 '물아일체(物我一體)' 사상을 그 결론으로 제시하고 있다. 이 이야기 외에도『장자』에는 '나를 잊는다'는 구절이 나오는 일화 두 편이 있다.

하나는 장자가 타인의 정원에 넘어 들어갔다는 것도 모른 채, 기이한 새의 뒤를 ㉠ 홀린 듯 쫓는 이야기이다. 여기서 장자는 바깥 사물에 마음을 통째로 빼앗겨 자신조차 잊어버리는 고도의 몰입을 대상에 사로잡혀 끌려 다니는 꼴에 불과한 것으로 보았다. 이때 마음은 자신이 원하는 하나의 대상에만 과도하게 집착하여 그 어떤 것도 돌아보지 못한다. 이런 마음은 맹목적 욕망일 뿐이어서 감각적 체험을 있는 그대로 받아들이지 못하고 자신에게 이롭다거나 좋다고 생각하는 것만을 과장하거나 왜곡해서 ㉡ 받아들이고 그렇지 않은 것들은 배격하게 된다.

다른 하나는 "스승님의 마음은 불 꺼진 재와 같습니다."라는 말을 제자에게 들은 남곽자기(南郭子綦)라는 사람이 "나는 나 자신을 잊었다."라고 대답한 이야기이다. 여기서 '나 자신'은 마음을 가리키며, 마음을 잊었다는 것은 불꽃처럼 마음속에 치솟던 분별 작용이 사라졌음을 뜻한다. 달리 말해, 이는 텅 빈 마음이 되었다는 말이며 흔히 명경지수(明鏡止水)의 비유로 표현되는 정적(靜寂)의 상태를 뜻한다. 이런 고요한 마음을 유지해야 천지만물을 있는 그대로 받아들일 수 있다.

그렇다면 첫째 이야기에서는 온전하게 회복해야 할 '참된 자아'를 잊은 것이고 둘째 이야기에서는 세상을 기웃거리면서 시비를 따지려 드는 '편협한 자아'를 잊은 것이라고 볼 수 있다. 참된 자아를 잊은 채 대상에 탐닉하는 식으로 자아와 세계가 관계를 맺게 되면 그 대상에 꼼짝없이 종속되어 괴로움이 증폭된다고 장자는 생각한다. 한편 편협한 자아를 잊었다는 것은 편견과 아집의 상태에서 ㉢ 벗어나 세계와 자유롭게 소통하는 합일의 경지에 도달할 수 있음을 의미한다.

장자는 이 경지를 만물의 상호 의존성으로 설명한다. 자아와 타자는 서로의 존재를 온전히 전제할 때 자신들의 존재가 ㉣ 드러날 수 있다고 그는 말한다. 예컨대, 내가 편견 없는 눈의 감각으로 꽃을 응시하면 그 꽃으로 인해 나의 존재가 성립되고 나로 인해 그 꽃 또한 존재의 의미를 획득하게 된다는 것이다. 이런 관계가 성립되기 위해서는 끊임없이 타자를 위해 마음의 공간을 비워 두는 수행이 필요하다. 장자는 이런 수행을 통해서 개체로서의 자아를 ㉤ 뛰어넘어 세계의 모든 존재와 일체를 이루는 자아에 도달할 수 있다고 주장한다. 장자가 나비가 되어 자신조차 잊은 채 자유롭게 날 수 있었던 것은 나비를 있는 그대로 온전하게 받아들일 수 있었기 때문에 가능했다. 만물과 조화롭게 합일한다는 '물아일체'로 호접몽 이야기를 끝맺는 까닭이 여기에 있다.

## 039

**윗글의 중심 화제로 가장 적절한 것은?**

① 고도의 몰입을 통한 소통과 합일의 의의
② 장자의 호접몽 이야기에 담긴 물아일체의 진정한 의미
③ 정신과 육체의 조화를 위해 장자가 제시한 수행의 방법
④ 자아와 세계의 상호 의존적 관계를 위한 정적 상태의 극복
⑤ 마음의 두 가지 상태와 그 상보적 관계에 대한 장자의 견해

## 040

**윗글을 읽고 추론한 내용으로 적절하지 않은 것은?**

① 불 꺼진 재와 같은 마음의 소유자라면 만물과 자유롭게 소통하겠군.
② 참된 자아가 세계와 관계를 맺으려면 감각적 체험을 배제해야 하겠군.
③ 마음을 바깥 사물에 빼앗긴다는 것은 참된 자아를 잊는다는 것과 같겠군.
④ 편협한 자아를 잊는 것은 타자와의 상호 의존적 관계 형성을 위한 바탕이 되겠군.
⑤ 장자가 꿈속에서 나비가 되어 자신조차 잊었다는 것은 마음이 명경지수와 같은 상태였다는 말이군.

## 041

**<보기>에 나타난 순자의 입장에서 윗글의 장자 사상을 비판한 내용으로 적절하지 않은 것은?** [3점]

> **| 보기 |**
> 순자는 자연과 인간을 구별하면서 인간 우위의 문명 건설에 중점을 둔다. 그는 인간의 질서와 혼란이 자연 세계가 아니라 인간 세상의 문제로부터 비롯된다고 본다. 인간의 현실 문제를 해결하기 위해 그는 인간과 인간을 둘러싼 세계에 대한 지속적인 학습을 강조한다. 또한 인간은 만물의 변화에 주도적으로 참여하여 만물을 이끌고 길러 주어야 한다고 주장한다. 장자의 말처럼 자연 세계와 온전하게 합일하는 것으로는 인간 사회의 제도적 질서를 세울 수 없다고 본다.

① 마음의 공간을 비우는 수행은 현실 문제 해결에 도움이 되지 않는다.
② 자아를 잊고 만물과 소통하는 것으로는 인간 사회의 제도를 세울 수 없다.
③ 만물과 상호 의존적 관계를 맺는 것은 만물을 이끌고 길러 주는 바탕이 된다.
④ 만물에 대한 분별 작용이 사라지는 것은 인간 우위의 문명 건설에 도움이 되지 않는다.
⑤ 세계의 존재와 일체를 이루는 자아에 도달하는 것으로는 만물의 변화에 주도적으로 참여할 수 없다.

## 042

**문맥상 ㉠~㉤과 바꿔 쓰기에 적절하지 않은 것은?**

① ㉠ : 미혹(迷惑)된
② ㉡ : 수용(受容)하고
③ ㉢ : 탈피(脫皮)하여
④ ㉣ : 출현(出現)할
⑤ ㉤ : 초월(超越)하여

[043~046] 2015학년도 수능B 17번~20번 정답과 해설편 p.030

다음 글을 읽고 물음에 답하시오. 4문항을 6분 안에 풀어보세요.

역사가 신채호는 역사를 아(我)와 비아(非我)의 투쟁 과정이라고 정의한 바 있다. 그가 무장 투쟁의 필요성을 역설한 독립운동가이기도 했다는 사실 때문에, 그의 이러한 생각은 그를 투쟁만을 강조한 강경론자처럼 비춰지게 하곤 한다. 하지만 그는 식민지 민중과 제국주의 국가에서 제국주의를 반대하는 민중 간의 연대를 지향하기도 했다. 그의 사상에서 투쟁과 연대는 모순되지 않는 요소였던 것이다. 이를 바르게 이해하기 위해서는 그의 사상의 핵심 개념인 '아'를 정확하게 이해할 필요가 있다.

신채호의 사상에서 아란 자기 ㉠ 본위에서 자신을 ㉡ 자각하는 주체인 동시에 항상 나와 상대하고 있는 존재인 비아와 마주 선 주체를 의미한다. 자신을 자각하는 누구나 아가 될 수 있다는 상대성을 지니면서 또한 비아와의 관계 속에서 비로소 아가 생성된다는 상대성도 지닌다. 신채호는 조선 민족의 생존과 발전의 길을 모색하기 위해 『조선 상고사』를 저술하여 아의 이러한 특성을 규정했다. 그는 아의 자성(自性), 곧 '나의 나 됨'은 스스로의 고유성을 유지하려는 항성(恒性)과 환경의 변화에 대응하여 적응하려는 변성(變性)이라는 두 요소로 이루어져 있다고 하였다. 아는 항성을 통해 아 자신에 대해 자각하며, 변성을 통해 비아와의 관계 속에서 자기의식을 갖게 되는 것으로 ㉢ 설정하였다. 그리고 자성이 시대와 환경에 따라 변화한다고 하였다.

신채호는 아를 소아와 대아로 구별하였다. 그에 따르면, 소아는 개별화된 개인적 아이며, 대아는 국가와 사회 차원의 아이다. 소아는 자성은 갖지만 상속성(相續性)과 보편성(普遍性)을 갖지 못하는 반면, 대아는 자성을 갖고 상속성과 보편성을 가질 수 있다. 여기서 상속성이란 시간적 차원에서 아의 생명력이 지속되는 것을 뜻하며, 보편성이란 공간적 차원에서 아의 영향력이 ㉣ 파급되는 것을 뜻한다. 상속성과 보편성은 긴밀한 관계를 가지는데, 보편성의 확보를 통해 상속성이 실현되며 상속성의 유지를 통해 보편성이 실현된다. 대아가 자성을 자각한 이후, 항성과 변성의 조화를 통해 상속성과 보편성을 실현할 수 있다. 만약 대아의 항성이 크고 변성이 작으면 환경에 순응하지 못하여 멸절(滅絶)할 것이며, 항성이 작고 변성이 크면 환경에 주체적으로 대응하지 못하여 우월한 비아에게 정복당한다고 하였다.

이러한 아의 개념을 통해 우리는 투쟁과 연대에 관한 신채호의 인식을 정확히 이해할 수 있다. 일본의 제국주의 침략에 ㉤ 직면하여 그는 신국민이라는 새로운 개념을 제시하고 조선 민족이 신국민이 될 때 민족 생존이 가능하다고 보았다. 신국민은 상속성과 보편성을 지닌 대아로서, 역사적 주체 의식이라는 항성과 제국주의 국가에 대응하여 생긴 국가 정신이라는 변성을 갖춘 조선 민족의 근대적 대아에 해당한다. 또한 그는 일본을 중심으로 서구 열강에 대항하자는 동양주의에 반대했다. 동양주의는 비아인 일본이 아가 되어 동양을 통합하는 길이기에, 조선 민족인 아의 생존이 위협받는다고 보았기 때문이다.

식민 지배가 심화될수록 일본에 동화되는 세력이 증가하면서 신채호는 아 개념을 더욱 명료화할 필요가 있었다. 이에 그는 조선 민중을 아의 중심에 놓으면서, 아에도 일본에 동화된 '아 속의 비아'가 있고, 일본이라는 비아에도 아와 연대할 수 있는 '비아 속의 아'가 있음을 밝혔다. 민중은 비아에 동화된 자들을 제외한 조선 민족을 의미한 것이었다. 그는 조선 민중을, 민족 내부의 압제와 위선을 제거함으로써 참된 민족 생존과 번영을 달성할 수 있는 주체이자 제국주의 국가에서 제국주의를 반대하는 민중과의 연대를 통하여 부당한 폭력과 억압을 강제하는 제국주의에 함께 저항할 수 있는 주체로 보았다. 이러한 민중 연대를 통해 '인류로서 인류를 억압하지 않는' 자유를 지향했다.

## 043

**윗글에서 다룬 내용으로 적절하지 않은 것은?**

① 신채호 사상의 핵심 개념에 대한 이해의 필요성
② 신채호 사상에서의 자성의 의미
③ 신채호가 밝힌 대아와 소아의 차이
④ 신채호 사상에서의 대아의 역사적 기원
⑤ 신채호가 지향한 민중 연대의 의의

## 044

**윗글의 자성(自性)에 관한 이해로 가장 적절한 것은?**

① 자성을 갖춘 모든 아는 상속성과 보편성을 갖는다.
② 소아의 항성과 변성이 조화를 이루면, 상속성과 보편성이 모두 실현된다.
③ 대아의 항성이 작고 변성이 크면, 상속성은 실현되어도 보편성은 실현되지 않는다.
④ 항성과 변성이 조화를 이루지 못하면, 대아의 상속성과 보편성은 실현되지 않는다.
⑤ 소아의 항성이 크고 변성이 작으면, 상속성은 실현되어도 보편성은 실현되지 않는다.

## 045

**윗글에 대한 이해로 적절하지 않은 것은?** [3점]

① 신채호가 『조선 상고사』를 쓴 것은, 대아인 조선 민족의 자성을 역사적으로 어떻게 유지·계승할 수 있는지 모색하기 위한 것이겠군.

② 신채호가 동양주의를 비판한 것은, 동양주의로 인해 아의 항성이 작아짐으로써 아의 자성을 유지하기 어렵게 될 것으로 보았기 때문이겠군.

③ 신채호가 신국민이라는 개념을 설정한 것은, 대아인 조선 민족이 시대적 환경에 대응하여 비아와의 연대를 통해 아의 생존을 꾀할 수 있다고 보았기 때문이겠군.

④ 신채호가 독립 투쟁을 한 것은, 비아인 일본 제국주의의 침략이 아의 상속성과 보편성 유지를 불가능하게 하기에 일본 제국주의와 투쟁해야 한다고 생각했기 때문이겠군.

⑤ 신채호가 제국주의 국가에서 제국주의를 반대하는 민중과 식민지 민중의 연대를 지향한 것은, 아가 비아 속의 아와 연대하여 억압을 이겨 내고 자유를 얻을 수 있다고 생각했기 때문이겠군.

## 046

**㉠~㉤의 사전적 의미로 적절하지 않은 것은?**

① ㉠ : 판단이나 행동에서 중심이 되는 기준.

② ㉡ : 자기의 처지나 능력 따위를 스스로 깨달음.

③ ㉢ : 여럿 가운데서 어떤 것을 뽑아 정함.

④ ㉣ : 어떤 일의 여파나 영향이 다른 데로 미침.

⑤ ㉤ : 어떠한 일이나 사물을 직접 당하거나 접함.

[047~050] 2014학년도 9월 모평B 17번~20번 정답과 해설편 p.032

다음 글을 읽고 물음에 답하시오. 4문항을 6분 안에 풀어보세요.

고대 중국에서 '대학'은 교육 기관을 가리키는 말이었다. 이 '대학'에서 가르쳐야 할 내용을 전하고 있는 책이 『대학』이다. 유학자들은 『대학』의 '명명덕(明明德)'과 '친민(親民)'을 공자의 말로 여기지만, 그 해석에 있어서는 차이가 있다. 경문 해석의 차이는 글자와 문장의 정확성을 따지는 훈고(訓詁)가 다르기 때문이기도 하지만 해석자의 사상적 관심이 다르기 때문이기도 하다.

주희와 정약용은 ⓐ '명명덕'과 '친민'에 대해 서로 다르게 해석한다. 주희는 '명덕(明德)'을 인간이 본래 지니고 있는 마음의 밝은 능력으로 해석한다. 인간이 올바른 행동을 할 수 있는 것은 명덕을 지니고 있어서인데 기질에 가려 명덕이 발휘되지 못하게 되면 잘못된 행동을 하게 된다. 따라서 도덕 실천을 위해서는 명덕이 발휘되도록 기질을 교정하는 공부가 필요하다. '명명덕'은 바로 명덕이 발휘되도록 공부한다는 뜻이다. 반면, 정약용은 명덕을 '효(孝)', '제(弟)', '자(慈)'의 덕목으로 해석한다. 명덕은 마음이 지닌 능력이 아니라 행위를 통해 실천해야 하는 구체적 덕목이다. 어떤 사람을 효자라고 부르는 것은 그가 효를 실천할 수 있는 마음의 능력을 가지고 있어서가 아니라 실제로 효를 실천했기 때문이다. '명명덕'은 구체적으로 효, 제, 자를 실천하도록 한다는 뜻이다.

유학자들은 자신이 먼저 인격자가 될 것을 강조하지만 궁극적으로는 자신뿐 아니라 백성 또한 올바른 행동을 할 수 있도록 ㉠ 이끌어야 한다는 생각을 원칙으로 삼는다. 주희도 자신이 명덕을 밝힌 후에는 백성들도 그들이 지닌 명덕을 밝혀 새로운 사람이 될 수 있도록 ㉡ 가르쳐야 한다고 본다. 백성을 가르쳐 그들을 새롭게 만드는 것이 바로 ⓑ '신민(新民)'이다. 주희는 『대학』을 새로 편찬하면서 고본(古本) 『대학』의 '친민'을 '신민'으로 ㉢ 고쳤다. '친(親)'보다는 '신(新)'이 '백성을 새로운 사람으로 만든다'는 취지를 더 잘 표현한다고 보았던 것이다. 반면, 정약용은 친민을 신민으로 고치는 것은 옳지 않다고 본다. 정약용은 '친민'을 백성들이 효, 제, 자의 덕목을 실천하도록 이끄는 것이라 해석한다. 즉 백성들로 하여금 자식이 어버이를 사랑하여 효도하고 어버이가 자식을 사랑하여 자애의 덕행을 실천하도록 이끄는 것이 친민이다. 백성들이 이전과 달리 효, 제, 자를 실천하게 되었다는 점에서 새롭다는 뜻은 있지만 본래 글자를 고쳐서는 안 된다고 보았다.

주희와 정약용 모두 개인의 인격 완성과 인륜 공동체의 실현을 이상으로 하였다. 하지만 그 이상의 실현 방법에 있어서는 생각이 달랐다. 주희는 개인이 마음을 어떻게 수양하여 도덕적 완성에 ㉣ 이를 것인가에 관심을 둔 반면, 정약용은 당대의 학자들이 마음 수양에 치우쳐 개인과 사회를 위한 구체적인 덕행의 실천에는 한 걸음도 나아가지 못하는 문제를 ㉤ 바로잡고자 하는 데 관심이 있었다.

## 047

**윗글을 읽고 추론한 내용으로 가장 적절한 것은?**

① '대학'은 백성을 가르치기 위해 공자가 건립한 교육 기관이다.
② 주희는 사람들이 명덕을 교정하지 못하여 잘못된 행위를 한다고 보았다.
③ 주희와 정약용의 경전 해석에서 글자의 훈고에 대해서는 언급되지 않았다.
④ 주희와 정약용 모두 도덕 실천이 공동체 차원으로 확장되어야 한다고 보았다.
⑤ 정약용의 『대학』 해석에는 마음 수양의 중요성에 대한 그의 관심이 반영되었다.

## 048

**ⓐ, ⓑ에 대한 설명으로 적절한 것은?**

① ⓐ에 대한 주희와 정약용의 해석은 일치한다.
② 주희와 정약용 모두 ⓐ를 이루기 위한 수단으로 ⓑ를 강조하였다.
③ 주희는 ⓐ를 '효', '제', '자'라는 구체적 덕목을 실천하는 것으로 보았다.
④ ⓑ에는 백성 또한 도덕적 존재가 될 수 있다는 주희의 생각이 반영되어 있다.
⑤ 정약용은 ⓑ가 고본 『대학』의 '친민'의 본래 의미를 잘 나타내었다고 보았다.

## 049

**윗글과 <보기>를 근거로 판단한 내용으로 적절한 것은?** 3점

> | 보기 |
>
> 왕양명은 당시에 통용되던 『대학』의 '신민'을 고본 『대학』에 따라 '친민'으로 고쳤다. 그는 백성이 가르쳐야 할 대상인 동시에 사랑해야 할 대상이라는 점에서 가르침에 치중한 '신'보다는 '친'이 적합하다고 보았다. 그러나 정약용은 왕양명이 '명덕'을 마음의 밝은 능력으로 해석한 점을 지적하면서, 왕양명이 '명덕'을 바르게 이해하지 못해 '친민' 또한 바르게 해석하지 못했다고 하였다.

① 왕양명과 정약용은 '명덕'을 동일한 의미로 해석하였다.
② 정약용은 왕양명의 '명덕' 해석이 주희와 다르다고 보았다.
③ 왕양명의 '친민' 해석은 주희가 아닌 정약용의 해석과 일치한다.
④ 왕양명과 정약용은 고본 『대학』의 '친민'을 수정해야 한다고 보았다.
⑤ 왕양명은 '친민'을 '신민'으로 고친 주희의 해석이 백성을 가르침의 대상으로 한정한 문제가 있다고 보았다.

## 050

**문맥상 ㉠~㉤을 바꿔 쓰기에 가장 적절한 것은?**

① ㉠ : 인도(引導)해야
② ㉡ : 지시(指示)해야
③ ㉢ : 개편(改編)했다
④ ㉣ : 도착(到着)할
⑤ ㉤ : 쇄신(刷新)하고자



## [051~054]

2012학년도 수능 17번~20번 정답과 해설편 p.035

**다음 글을 읽고 물음에 답하시오.** 4문항을 10분 안에 풀어보세요.

비트겐슈타인이 1918년에 쓴 『논리 철학 논고』는 '빈학파'의 논리실증주의를 비롯하여 20 세기 현대 철학에 큰 영향을 주었다. 그는 많은 철학적 논란들이 언어를 애매하게 사용하여 발생한다고 보았기 때문에 언어를 분석하고 비판하여 명료화하는 것을 철학의 과제로 삼았다.

그는 이 책에서 언어가 세계에 대한 그림이라는 '그림 이론'을 주장한다. 이 이론을 세우는 데 그에게 영감을 주었던 것은, 교통사고를 다루는 재판에서 장난감 자동차와 인형 등을 이용한 ㉠ 모형을 통해 ㉡ 사건을 설명했다는 기사였다. 그런데 모형을 가지고 사건을 설명할 수 있는 이유는 무엇일까? 그것은 모형이 실제의 자동차와 사람 등에 대응하기 때문이다. 그는 언어도 이와 같다고 보았다. 언어가 의미를 갖는 것은 언어가 세계와 대응하기 때문이다. 다시 말해 언어가 세계에 존재하는 것들을 가리키고 있기 때문이다. 언어는 명제들로 구성되어 있으며, 세계는 사태들로 구성되어 있다. 그리고 명제들과 사태들은 각각 서로 대응하고 있다. 이처럼 언어와 세계의 논리적 구조는 동일하며, 언어는 세계를 그림처럼 기술함으로써 의미를 가진다.

'그림 이론'에서 명제에 대응하는 '사태'는 '사실'이 아니라 사실이 될 수 있는 논리적 가능성을 의미한다. 따라서 언어를 구성하는 명제들은 사실적 그림이 아니라 논리적 그림이다. 사태가 실제로 일어나서 사실이 되면 그것을 기술하는 명제는 참이 되지만, 사태가 실제로 일어나지 않는다면 그 명제는 거짓이 된다. 어떤 명제가 '의미 있는 명제'가 되기 위해서는 그 명제가 실재하는 대상이나 사태에 대해 언급해야 하며, 그것에 대해서는 참, 거짓을 따질 수 있다. 만약 어떤 명제가 실재하지 않는 대상이나 사태가 아닌 것에 대해 언급하면 그것은 '의미 없는 명제'가 되며, 그것에 대해 참, 거짓을 따질 수 없다. 따라서 경험적 세계에 대해 언급하는 명제만이 의미 있는 것이 된다.

이러한 관점에서 비트겐슈타인은 기존의 철학자들이 다루었던 신, 영혼, 형이상학적 주체, 윤리적 가치 등과 관련된 논의가 의미 없는 말들에 불과하다고 보았다. 왜냐하면 그 말들이 가리키는 대상이 세계 속에 존재하지 않는, 즉 경험 가능하지 않은 대상이기 때문이다. 이와 같은 형이상학적 문제와 관련된 명제나 질문들은 의미가 없는 말들이다. 그러한 문제는 우리의 삶을 통해 끊임없이 드러나는 신비한 것들이지만 이에 대해 말로 답변하거나 설명할 수는 없다. 그래서 비트겐슈타인은 "말할 수 없는 것에 대해서는 침묵해야 한다."라고 말했다.

## 051

**비트겐슈타인의 이론에 대한 이해로 적절하지 않은 것은?**

① 언어의 문제를 철학의 중요한 과제로 보았다.
② '그림 이론'으로 논리실증주의에 큰 영향을 주었다.
③ '사태'와 '사실'의 개념을 구별하였다.
④ 경험적 대상을 언급하는 명제는 참이라고 보았다.
⑤ 형이상학적 문제를 다룬 기존 철학을 비판하였다.

## 052

**윗글의 '의미 없는 명제'에 해당하는 것은?** 1점

① 곰팡이는 생물의 일종이다.
② 물은 1 기압에서 90 °C에 끓는다.
③ 피카소는 1881년 스페인에서 태어났다.
④ 우리 반 학생의 절반 이상이 헌혈을 했다.
⑤ 선생님은 한평생 바람직한 삶을 살아왔다.

## 053

**㉠ : ㉡의 관계에 해당하는 것만을 <보기>에서 있는 대로 고른 것은?**

| 보기 |
ㄱ. 언어 : 세계
ㄴ. 명제 : 사태
ㄷ. 논리적 그림 : 의미 있는 명제
ㄹ. 형이상학적 주체 : 경험적 세계

① ㄱ, ㄴ
② ㄱ, ㄷ
③ ㄴ, ㄹ
④ ㄱ, ㄴ, ㄷ
⑤ ㄴ, ㄷ, ㄹ

## 054

**윗글로 미루어 볼 때, 비트겐슈타인이 <보기>와 같이 말한 이유로 가장 적절한 것은?** 3점

| 보기 |
사다리를 딛고 올라간 후에 그 사다리를 던져 버리듯이, 『논리 철학 논고』를 이해한 사람은 거기에 나오는 내용을 버려야 한다. ㉮ 이 책의 내용은 의미 있는 언어의 한계를 넘어선 것이기 때문에 엄밀하게 보면 '말할 수 있는 것'의 범주에 속하지 않는다.

① ㉮는 자신이 내세웠던 철학의 과제를 넘어서는 주제들을 다루고 있기 때문이다.
② ㉮는 객관적 세계에 존재하는 대상을 과학적으로 분석하여 서술하고 있기 때문이다.
③ ㉮는 실재하는 대상이 아니라 논리적으로 가능한 사태에 대해 기술하고 있기 때문이다.
④ ㉮는 경험적 세계가 아니라 언어와 세계의 논리적 관계에 대해 언급하고 있기 때문이다.
⑤ ㉮는 기존의 철학자들이 다루었던 형이상학적 물음에 대해 관념적으로 답하고 있기 때문이다.

# 2. 어떤 방식으로 논증할 수 있을까?



**[055~060]** 2025학년도 6월 모평 12번~17번 정답과 해설편 p.037

**다음 글을 읽고 물음에 답하시오.** 6문항을 20분 안에 풀어보세요.

(가)

전통적인 윤리학의 주요 주제는 '선', '올바름'과 같은 도덕 용어에 대한 해명을 바탕으로 무엇이 옳고 그른지를 판정하는 객관적 근거를 ⓐ 찾는 것이다. 그러나 윤리학은 오랫동안 그에 대한 만족스러운 답을 ⓑ 내놓지 못했다. 이러한 상황에서 에이어는 도덕적으로 옳고 그름에 관한 문장인 도덕 문장이 진리 적합성, 즉 참 또는 거짓일 수 있다는 성질을 갖지 않는다는 주장을 ⓒ 펼쳤다.

에이어는 진리 적합성을 갖는 모든 문장은 그 문장에 사용된 단어의 정의를 통해 검증되는 분석적 문장이거나 경험적 관찰에 의해 검증되는 종합적 문장이라는 원리를 바탕으로 도덕 문장은 진리 적합성이 없다고 주장했다. 우선 그는 도덕 문장은 분석적이지 않다는 기존의 논의를 수용했다. '선은 A이다.'라는 도덕 문장이 분석적이려면, 술어인 'A'가 주어인 '선'이라는 개념 속에 내포되어 있어야 한다. 하지만 '선'은 속성이나 내용을 더 이상 분석할 수 없는 단순 개념이므로 해당 문장은 분석적이지 않다. 그렇다고 해서 '선은 A이다.'라는 도덕 문장이 경험적 관찰로 검증될 수 있는 것도 아니다. '선' 그 자체는 우리의 감각으로 검증할 수 없기 때문이다.

도덕 문장은 다양한 감정이나 태도를 표현하고 타인의 감정을 ⓓ 불러일으키는 정서적 의미를 갖는다고 에이어는 주장했다. 그는 많은 사람들이 도덕 문장이 진리 적합성을 갖는다고 오해하는 것은 도덕 용어의 두 가지 용법을 구분하지 못해서라고 주장한다. 그에 따르면 도덕 용어는 감정을 표현하는 표현적 용법으로도, 세계에 관한 어떤 사실을 기술하는 기술적 용법으로도 사용될 수 있다. 만약 '도둑질은 나쁘다.'가 도둑질이 사회적으로 배척된다는 사실을 기술하는 문장이라면, 이 문장은 도덕적으로 옳고 그름에 관한 것이 아니다. 따라서 이 문장은 도덕 문장이 아니고, 경험적으로 검증이 가능하다. 반대로 그 문장이 도둑질에 대한 화자의 감정을 표현한 문장이라면 이는 도덕 문장이며 어떤 사실을 기술한 것이 아니다. 에이어에게는 '도둑질은 나쁘다.'와 같은 도덕 문장을 진술하는 것은 감정을 담은 어조로 '네가 도둑질을 하다니!'라고 말하는 것과 다름없기 때문이다. 그의 주장대로라면 도덕 문장은 감정을 표현하는 도덕 주체로부터 독립적으로 존재하는 무언가를 기술할 수 없다. 이는 전통적인 윤리학자들의 기본 가정을 부정하는 급진적 주장이지만 윤리학에 새로운 사고를 ⓔ 열어 준 선구적인 면도 있다.

(나)

논리학에서 제기된 의문이 윤리학의 특정 견해에 대한 비판이 되기도 한다. 다음 논의는 이를 보여 준다. 'P이면 Q이다. P이다. 따라서 Q이다.'인 논증을 전건 긍정식이라 한다. 전건 긍정식은 'P이면 Q이다.'와 'P이다.'라는 두 전제가 참이면 결론 'Q이다.'는 반드시 참이라는 뜻에서 타당하다. 그런데 어떤 문장이 단독으로 진술되는 경우에는 감정이나 태도를 표현할 수 있지만 그 문장이 조건문인 'P이면 Q이다.'의 부분으로 포함되는 경우에는 그렇지 않다. '귤은 맛있다.'는 화자의 선호라는 감정을 표현한다. 하지만 그 문장이 '귤은 맛있다면 귤은 비싸다.'처럼 조건문의 일부가 되면 귤에 관한 화자의 선호를 표현하지 않는다. 이에 전건 긍정식의 P가 감정이나 태도를 표현하는 문장일 때 'P이면 Q이다.'의 P와 'P이다.'의 P 사이에 내용의 차이가 생기므로, 전건 긍정식임에도 두 전제의 참이 결론 'Q이다.'의 참을 보장하지 않는다는 것이 ㉠ 몇몇 논리학자들이 제기한 문제였다. 전건 긍정식인 '표절은 나쁘다면 표절을 돕는 것은 나쁘다. 표절은 나쁘다. 따라서 표절을 돕는 것은 나쁘다.'라는 논증은 직관적으로 타당해 보인다. 하지만 '표절은 나쁘다.'가 감정을 표현했다면, 위 논증은 타당하지 않다고 해야 한다. 그러므로 에이어의 윤리학 견해를 고수하려면, 도덕 문장을 포함하는 전건 긍정식의 타당성을 부정하거나, 전건 긍정식은 도덕 문장을 포함할 수 없다고 해야 한다. 이 쟁점에 대해 핵크스는 다음과 같이 논의를 전개하였다.

[A] '표절은 나쁘다.'라는 문장은 표절이라는 대상에 나쁨이라는 속성을 부여하는 내용을 가진다. 그리고 화자의 문장 진술은 그 내용과 완전히 무관할 수는 없기 때문에 그런 문장은 단독으로 진술되든 그렇지 않든 판단적이다. 문장이 판단적이라는 것은, 대상에 속성을 부여하는 내용을 지니는 것이 그 문장의 본질이라는 것을 뜻한다. 도덕 문장을 비롯한 모든 판단적 문장은 참 또는 거짓일 수 있다. 조건문에 포함된 문장도 판단적이라는 점에서 단독으로 진술될 때와 내용의 차이가 없다. 그러므로 도덕 문장을 포함하는 전건 긍정식은 타당해 보일 뿐 아니라 실제로도 타당하다. 그렇다면 'P이면 Q이다.'에 포함된 'P이다.'가 단독으로 진술된 경우와 다른 점은 무엇인가? 가령 '귤은 맛있다.'는, '귤은 맛있다면 귤은 비싸다.'라는 조건문에 포함되는 경우 화자가 대상에 속성을 부여하는 행위를 하는 것은 아니기에 그것의 판단적 본질을 발현하지 못한다. 그러나 이 맥락에서도 조건문에 포함된 '귤은 맛있다.'는 판단적 본질을 여전히 잃지 않는다. 다시 말해, 그 문장 자체는 대상에 속성을 부여하는 내용을 지닌다.

## 055

**(가)에 나타난 에이어의 입장으로 적절하지 않은 것은?**

① 도덕 용어를 기술적 용법으로 사용한 문장은 검증이 가능하다.
② 표현적 용법을 활용한 도덕 문장은 자신의 감정을 표현하는 문장과 동일한 의미를 표현한다.
③ 주어와 술어의 의미 관계를 통해 어떤 문장을 검증할 수 있다면 그 문장은 분석적 문장이다.
④ 도덕 용어의 용법은 도덕 용어가 기술하는 사실의 종류에 따라 기술적 용법과 표현적 용법으로 구분할 수 있다.
⑤ 도덕 문장에 진리 적합성이 있다는 오해는 도덕 문장을 세계에 대한 어떠한 사실을 기술한 것으로 해석한 데에 기인한다.

## 056

**[A]로부터 추론한 내용으로 가장 적절한 것은?**

① '귤은 맛있다면 귤은 비싸다.'에 포함된 '귤은 맛있다.'는 판단적이지 않다.
② '표절은 나쁘다.'는 단독으로 진술되었을 때에만 참 또는 거짓일 수 있다.
③ '귤은 맛있다.'는 조건문의 일부로 진술될 때는 대상에 속성을 부여하는 내용을 지니지 않는다.
④ 화자는 귤이 맛있음의 속성을 가진다는 내용과 완전히 무관한 채로 '귤은 맛있다.'를 진술할 수 있다.
⑤ '표절은 나쁘다.'는 화자가 표절에 나쁨을 부여하지 않는 맥락에서도 그것의 판단적 본질을 유지할 수 있다.

## 057

**다음은 윗글을 읽고 학생이 작성한 학습 활동지이다. 윗글을 바탕으로 할 때, 적절하지 않은 것은?**

※ 다음의 진술에 대해 윗글에 제시된 학자들이 보일 수 있는 견해를 작성해 봅시다.

[진술 1] 객관적으로 존재하는 도덕적 사실이 있다.

- 전통적인 윤리학자 : 옳다. 도덕적 판단의 근거는 도덕 주체로부터 독립적으로 존재하기 때문이다. ……… ①
- 에이어 : 옳지 않다. 도덕 문장은 도덕 주체로부터 독립적일 수 없기 때문이다. ……… ②

[진술 2] 도덕 문장은 참 또는 거짓이라는 속성을 갖는다.

- 에이어 : 옳지 않다. 도덕 문장은 분석적이지도 종합적이지도 않기 때문이다. ……… ③
- 행크스 : 옳다. 도덕 문장은 도덕 용어가 나타내는 속성에 비추어 참 또는 거짓이 정해지기 때문이다.

[진술 3] 전건 긍정식의 두 전제에 공통으로 포함된 도덕 문장은 내용이 다르다.

- 에이어 : 옳다. 도덕 문장은 전건 긍정식의 전제로 사용되면 진리 적합성을 갖기 때문이다. ……… ④
- 행크스 : 옳지 않다. 단독으로 진술된 문장은 조건문의 일부로 사용된 때와 내용 차이가 없기 때문이다. ……… ⑤

## 058

**윗글을 바탕으로 ㉠을 이해한 내용으로 적절하지 않은 것은?**

① 에이어의 윤리학 견해가 옳다면 전건 긍정식이 직관적으로 타당해 보이게 된다는 점에서, ㉠은 에이어에 대한 비판이 된다.
② ㉠에 따르면, 도덕 문장을 포함하는 전건 긍정식이 타당하다면 도덕 문장이 감정을 표현한다는 견해는 수용될 수 없다.
③ ㉠은 전건 긍정식이 타당하려면 두 전제 모두에 나타난 문장의 내용이 일치해야 함에 기초한다.
④ ㉠은 도덕 문장뿐 아니라 개인적 선호를 나타내는 문장에 대해서도 제기될 수 있다.
⑤ 도덕 문장을 판단적이라고 보는 이론에 따르면 ㉠은 애당초 발생하지 않는다.

## 059

**윗글과 〈보기〉를 비교하여 이해한 내용으로 적절하지 않은 것은?** [3점]

| 보기 |

'자선은 옳다.'는 자선에 대한 찬성, '폭력은 나쁘다.'는 폭력에 대한 반대라는 태도를 표현한다. 도덕 문장을 포함하는 '자선은 옳다면 봉사는 옳다.'라는 조건문은 '태도에 대한 태도'를 표현한다. 위와 같은 주관적 태도들에는 참, 거짓이 없다. '자선은 옳다면 봉사는 옳다.'와 '자선은 옳다.'가 나타내는 태도를 지니면서, '봉사는 옳다.'에 반대하는 것은 비일관적이다. '자선은 옳다면 봉사는 옳다. 자선은 옳다. 따라서 봉사는 옳다.'가 타당하다는 것은 이런 뜻이다.

① 도덕 문장이 태도나 감정을 표현한다는 주장은, 도덕 문장을 포함하는 조건문이 '태도에 대한 태도'를 표현한다는 〈보기〉의 주장과 상충하는군.
② 논증의 타당성이 전제와 결론의 참에 의해 규정된다는 주장은, 타당성을 논증에 나타난 태도 사이의 관계에 의해 규정할 수 있다는 〈보기〉의 주장과 상충하는군.
③ 무엇이 윤리적으로 옳고 그른지에 대한 객관적 기준을 세워야 한다는 주장은, 도덕 문장은 찬성과 반대라는 주관적 태도를 나타낸다는 〈보기〉의 주장과 상충하는군.
④ '귤은 맛있다.'가 귤에 대한 화자의 선호를 표현한다는 주장은, '자선은 옳다.'가 자선에 대한 화자의 찬성을 표현한다는 〈보기〉의 주장과 상충하지 않는군.
⑤ '도둑질은 나쁘다.'가 화자의 정서를 표출하므로 진리 적합성이 없다는 주장은, 폭력에 대한 화자의 태도를 표현하는 문장이 참, 거짓일 수 없다는 〈보기〉의 주장과 상충하지 않는군.

## 060

**문맥상 ⓐ~ⓔ와 바꿔 쓰기에 가장 적절한 것은?**

① ⓐ : 수색하는
② ⓑ : 제시하지
③ ⓒ : 전파했다
④ ⓓ : 발산하는
⑤ ⓔ : 공개하여

## 다음 글을 읽고 물음에 답하시오.

5문항을 11분 안에 풀어보세요. 

㉠ 논리실증주의자와 포퍼는 지식을 수학적 지식이나 논리학 지식처럼 경험과 무관한 것과 과학적 지식처럼 경험에 의존하는 것으로 구분한다. 그중 과학적 지식은 과학적 방법에 의해 누적된다고 주장한다. 가설은 과학적 지식의 후보가 되는 것인데, 그들은 가설로부터 논리적으로 도출된 예측을 관찰이나 실험 등의 경험을 통해 맞는지 틀리는지 판단함으로써 그 가설을 시험하는 과학적 방법을 제시한다. 논리실증주의자는 예측이 맞을 경우에, 포퍼는 예측이 틀리지 않는 한, 그 예측을 도출한 가설이 하나씩 새로운 지식으로 추가된다고 주장한다.

하지만 ㉡ 콰인은 가설만 가지고서 예측을 논리적으로 도출할 수 없다고 본다. 예를 들어 ⓐ 새로 발견된 금속 M은 열을 받으면 팽창한다는 가설만 가지고는 ⓑ 열을 받은 M이 팽창할 것이라는 예측을 이끌어낼 수 없다. 먼저 지금까지 관찰한 모든 금속은 열을 받으면 팽창한다는 기존의 지식과 M에 열을 가했다는 조건 등이 필요하다. 이렇게 예측은 가설, 기존의 지식들, 여러 조건 등을 모두 합쳐야만 논리적으로 도출된다는 것이다. 그러므로 예측이 거짓으로 밝혀지면 정확히 무엇 때문에 예측에 실패한 것인지 알 수 없다는 것이다. 이로부터 콰인은 개별적인 가설뿐만 아니라 ⓒ 기존의 지식들과 여러 조건 등을 모두 포함하는 전체 지식이 경험을 통한 시험의 대상이 된다는 총체주의를 제안한다.

논리실증주의자와 포퍼는 수학적 지식이나 논리학 지식처럼 경험과 무관하게 참으로 판별되는 분석 명제와, 과학적 지식처럼 경험을 통해 참으로 판별되는 종합 명제를 서로 다른 종류라고 구분한다. 그러나 콰인은 총체주의를 정당화하기 위해 이 구분을 부정하는 논증을 다음과 같이 제시한다. 논리실증주의자와 포퍼의 구분에 따르면 "총각은 총각이다."와 같은 동어 반복 명제와, "총각은 미혼의 성인 남성이다."처럼 동어 반복 명제로 환원할 수 있는 것은 모두 분석 명제이다. 그런데 후자가 분석 명제인 까닭은 전자로 환원할 수 있기 때문이다. 이러한 환원이 가능한 것은 '총각'과 '미혼의 성인 남성'이 동의적 표현이기 때문인데 그게 왜 동의적 표현인지 물어보면, 이 둘을 서로 대체하더라도 명제의 참 또는 거짓이 바뀌지 않기 때문이라고 할 것이다. 하지만 이것만으로는 두 표현의 의미가 같다는 것을 보장하지 못해서, 동의적 표현은 언제나 반드시 대체 가능해야 한다는 필연성 개념에 다시 의존하게 된다. 이렇게 되면 동의적 표현이 동어 반복 명제로 환원 가능하게 하는 것이 되어, 필연성 개념은 다시 분석 명제 개념에 의존하게 되는 순환론에 빠진다. 따라서 콰인은 종합 명제와 구분되는 분석 명제가 존재한다는 주장은 근거가 없다는 결론에 ⓔ 도달한다.

콰인은 분석 명제와 종합 명제로 지식을 엄격히 구분하는 대신, 경험과 직접 충돌하지 않는 중심부 지식과, 경험과 직접 충돌할 수 있는 주변부 지식을 상정한다. 경험과 직접 충돌하여 참과 거짓이 쉽게 바뀌는 주변부 지식과 달리 주변부 지식의 토대가 되는 중심부 지식은 상대적으로 견고하다. 그러나 이 둘의 경계를 명확히 나눌 수 없기 때문에, 콰인은 중심부 지식과 주변부 지식을 다른 종류라고 하지 않는다. 수학적 지식이나 논리학 지식은 중심부 지식의 한가운데에 있어 경험에서 가장 멀리 떨어져 있지만 그렇다고 경험과 무관한 것은 아니라는 것이다. 그런데 주변부 지식이 경험과 충돌하여 거짓으로 밝혀지면 전체 지식의 어느 부분을 수정해야 할지 고민하게 된다. 주변부 지식을 수정하면 전체 지식의 변화가 크지 않지만 중심부 지식을 수정하면 관련된 다른 지식이 많기 때문에 전체 지식도 크게 변화하게 된다. 그래서 대부분의 경우에는 주변부 지식을 수정하는 쪽을 선택하겠지만 실용적 필요 때문에 중심부 지식을 수정하는 경우도 있다. 그리하여 콰인은 중심부 지식과 주변부 지식이 원칙적으로 모두 수정의 대상이 될 수 있고, 지식의 변화도 더 이상 개별적 지식이 단순히 누적되는 과정이 아니라고 주장한다.

총체주의는 특정 가설에 대해 제기되는 반박이 결정적인 것처럼 보이더라도 그 가설이 실용적으로 필요하다고 인정되면 언제든 그와 같은 반박을 피하는 방법을 강구하여 그 가설을 받아들일 수 있다. 그러나 총체주의는 "A이면서 동시에 A가 아닐 수는 없다."와 같은 논리학의 법칙처럼 아무도 의심하지 않는 지식은 분석 명제로 분류해야 하는 것이 아니냐는 비판에 답해야 하는 어려움이 있다.

## 061

**윗글을 바탕으로 할 때, ㉠과 ㉡이 모두 '아니요'라고 답변할 질문은?**

① 과학적 지식은 개별적으로 누적되는가?
② 경험을 통하지 않고 가설을 시험할 수 있는가?
③ 경험과 무관하게 참이 되는 지식이 존재하는가?
④ 예측은 가설로부터 논리적으로 도출될 수 있는가?
⑤ 수학적 지식과 과학적 지식은 종류가 다른 것인가?

## 062

**윗글에 대해 이해한 내용으로 가장 적절한 것은?**

① 포퍼가 제시한 과학적 방법에 따르면, 예측이 틀리지 않았을 경우보다는 맞을 경우에 그 예측을 도출한 가설이 지식으로 인정된다.
② 논리실증주의자에 따르면, "총각은 미혼의 성인 남성이다."가 분석 명제인 것은 총각을 한 명 한 명 조사해 보니 모두 미혼의 성인 남성으로 밝혀졌기 때문이다.
③ 콰인은 관찰과 실험에 의존하는 지식이 관찰과 실험에 의존하지 않는 지식과 근본적으로 다르다고 한다.
④ 콰인은 분석 명제가 무엇인지는 동의적 표현이란 무엇인지에 의존하고, 다시 이는 필연성 개념에, 필연성 개념은 다시 분석 명제 개념에 의존한다고 본다.
⑤ 콰인은 어떤 명제에, 의미가 다를 뿐만 아니라 서로 대체할 경우 그 명제의 참 또는 거짓이 바뀌는 표현을 사용할 수 있으면, 그 명제는 동어반복 명제라고 본다.

## 063

**윗글을 바탕으로 총체주의의 입장에서 ⓐ~ⓒ에 대해 평가한 것으로 적절하지 <u>않은</u> 것은?** [3점]

① ⓑ가 거짓으로 밝혀지더라도 그것이 ⓐ 때문이라고 단정하지 못하겠군.
② ⓑ가 거짓으로 밝혀지면 ⓒ의 어느 부분을 수정하느냐는 실용적 필요에 따라 달라지겠군.
③ ⓑ는 ⓐ와 ⓒ로부터 논리적으로 도출된다고 하겠군.
④ ⓑ가 거짓으로 밝혀지면 ⓑ는 ⓒ의 주변부에서 경험과 직접 충돌한 것이라고 하겠군.
⑤ ⓑ가 거짓으로 밝혀지면 ⓒ를 수정하는 방법으로는 ⓐ를 받아들일 수 없다고 하겠군.

## 064

**윗글의 총체주의에 대한 비판으로 가장 적절한 것은?**

① 가설로부터 논리적으로 도출된 예측이 경험과 충돌하더라도 그 충돌 때문에 가설이 틀렸다고 할 수 없다.
② 논리학 지식이나 수학적 지식이 중심부 지식의 한가운데에 위치한다고 해서 경험과 무관한 것은 아니다.
③ 전체 지식은 어떤 결정적인 반박일지라도 피할 수 있기 때문에 수정 대상을 주변부 지식으로 한정하는 것은 잘못이다.
④ 중심부 지식을 수정하면 주변부 지식도 수정해야 하겠지만, 주변부 지식을 수정한다고 해서 중심부 지식을 수정해야 하는 것은 아니다.
⑤ 중심부 지식과 주변부 지식 간의 경계가 불분명하다 해도 중심부 지식 중에는 주변부 지식들과 종류가 다른 지식이 존재한다.

## 065

**문맥상 ⓔ과 바꿔 쓰기에 가장 적절한 것은?**

① 잇따른다　② 다다른다　③ 봉착한다
④ 회귀한다　⑤ 기인한다

[066~070] 2017학년도 6월 모평 20번~24번 정답과 해설편 p.044

**다음 글을 읽고 물음에 답하시오.** 5문항을 13분 안에 풀어보세요.

(가)

유비 논증은 두 대상이 몇 가지 점에서 유사하다는 사실이 확인된 상태에서 어떤 대상이 추가적 특성을 갖고 있음이 알려졌을 때 다른 대상도 그 추가적 특성을 가지고 있다고 추론하는 논증이다. 유비 논증은 이미 알고 있는 전제에서 새로운 정보를 결론으로 도출하게 된다는 점에서 유익하기 때문에 일상생활과 과학에서 흔하게 쓰인다. 특히 의학적인 목적에서 포유류를 대상으로 행해지는 동물 실험이 유효하다는 주장과 그에 대한 비판은 유비 논증을 잘 이해할 수 있게 해 준다.

(나)

유비 논증을 활용해 동물 실험의 유효성을 주장하는 쪽은 인간과 ⓐ 실험동물이 ⓑ 유사성을 보유하고 있기 때문에 신약이나 독성 물질에 대한 실험동물의 ⓒ 반응 결과를 인간에게 안전하게 적용할 수 있다고 추론한다. 이를 바탕으로 이들은 동물 실험이 인간에게 명백하고 중요한 이익을 준다고 주장한다.

(다)

도출한 새로운 정보가 참일 가능성을 유비 논증의 개연성이라 한다. 개연성이 높기 위해서는 비교 대상 간의 유사성이 커야 하는데 이 유사성은 단순히 비슷하다는 점에서의 유사성이 아니고 새로운 정보와 관련 있는 유사성이어야 한다. 예를 들어 ㉠ 동물 실험의 유효성을 주장하는 쪽은 실험동물로 많이 쓰이는 포유류가 인간과 공유하는 유사성, 가령 비슷한 방식으로 피가 순환하며 허파로 호흡을 한다는 유사성은 실험 결과와 관련 있는 유사성으로 보기 때문에 자신들의 유비 논증은 개연성이 높다고 주장한다. 반면에 인간과 꼬리가 있는 실험동물은 꼬리의 유무에서 유사성을 갖지 않지만 그것은 실험과 관련이 없는 특성이므로 무시해도 된다고 본다.

(라)

그러나 ㉡ 동물 실험을 반대하는 쪽은 유효성을 주장하는 쪽을 유비 논증과 관련하여 두 가지 측면에서 비판한다. 첫째, 인간과 실험동물 사이에는 위와 같은 유사성이 있다고 말하지만 그것은 기능적 차원에서의 유사성일 뿐이라는 것이다. 인간과 실험동물의 기능이 유사하다고 해도 그 기능을 구현하는 인과적 메커니즘은 동물마다 차이가 있다는 과학적 근거가 있는데도 말이다. 둘째, 기능적 유사성에만 주목하면서도 막상 인간과 동물이 고통을 느낀다는 기능적 유사성에는 주목하지 않는다는 것이다. 인간은 자신의 고통과 달리 동물의 고통은 직접 느낄 수 없지만 무엇인가에 맞았을 때 신음 소리를 내거나 몸을 움츠리는 동물의 행동이 인간과 기능적으로 유사하다는 것을 보고 유비 논증으로 동물이 고통을 느낀다는 것을 알 수 있는데도 말이다.

(마)

요컨대 첫째 비판은 동물 실험의 유효성을 주장하는 유비 논증의 개연성이 낮다고 지적하는 반면 둘째 비판은 동물도 고통을 느낀다는 점에서 동물 실험의 윤리적 문제를 제기하는 것이다. 인간과 동물 모두 고통을 느끼는데 인간에게 고통을 ⓔ 끼치는 실험은 해서는 안 되고 동물에게 고통을 끼치는 실험은 해도 된다고 생각하는 것은 공평하지 않다고 생각하기 때문이다. 결국 윤리성의 문제도 일관되지 않게 쓰인 유비 논증에서 비롯된 것이다.

## 066

**(가) ~ (마)에 대한 이해로 적절하지 않은 것은?**

① (가) : 유비 논증의 개념과 유용성을 소개하고 있다.
② (나) : 동물 실험의 유효성 주장에 유비 논증이 활용되고 있음을 언급하고 있다.
③ (다) : 동물 실험을 예로 들어 유비 논증이 높은 개연성을 갖기 위한 조건을 설명하고 있다.
④ (라) : 동물 실험 유효성 주장이 유비 논증을 잘못 적용하고 있다는 비판을 소개하고 있다.
⑤ (마) : 동물 실험 유효성 주장이 갖는 현실적 문제들을 유비 논증의 차원을 넘어서 살펴보고 있다.

## 067

**윗글을 바탕으로 추론한 내용으로 가장 적절한 것은?**

① 유비 논증의 개연성은 이미 알고 있는 정보와 관련이 없는 새로운 대상이 추가될 때 높아진다.
② 인간은 자신이 고통을 느낀다는 것이나 동물이 고통을 느낀다는 것이나 모두 유비 논증에 의해 안다.
③ 인간이 꼬리가 있는 실험동물과 차이가 있다는 사실은 동물 실험의 유효성을 주장하는 논증의 개연성을 낮춘다.
④ 동물 실험이 인간에게 중대한 이익을 가져다준다는 것은 동물 실험의 유효성과 상관없이 알 수 있는 정보이다.
⑤ 동물 실험에 윤리적 문제가 있다는 주장에는 인간과 동물의 고통을 공평한 기준으로 대해야 한다는 생각이 전제되어 있다.

## 068

**㉠과 ㉡에 대한 설명으로 가장 적절한 것은?**

① ㉠과 ㉡은 모두 인간과 동물이 기능적으로 유사하면 인과적 메커니즘도 유사하다고 생각한다.
② ㉠이 ㉡의 비판에 적절히 대응하기 위해서는 인간과 동물이 기능적으로 유사하지 않다는 것을 보여 주면 된다.
③ ㉡은 ㉠이 인간과 동물 사이의 기능적 차원의 유사성과 인과적 메커니즘의 차이점 중 전자에만 주목한다고 비판한다.
④ ㉡은 ㉠과 달리 인간과 동물이 유사하지 않으면 동물 실험 결과는 인간에게 적용할 수 없다고 생각한다.
⑤ ㉡은 ㉠과 달리 인간이 고통을 느끼는 것과 동물이 고통을 느끼는 것은 기능적으로 유사하지 않다고 생각한다.

## 069

**<보기>는 유비 논증의 하나이다. 유비 논증에 대한 윗글의 설명을 참고할 때, ⓐ~ⓒ에 해당하는 것을 ㉮~㉱ 중에서 골라 알맞게 짝지은 것은?** [3점]

> | 보 기 |
> 내가 알고 있는 ㉮ 어떤 개는 ㉯ 몹시 사납고 물려는 버릇이 있다. 나는 공원에서 산책을 하다가 그 개와 ㉰ 비슷하게 생긴 ㉱ 다른 개를 만났다. 그래서 이 개도 사납고 물려는 버릇이 있을 것이라고 추측했다.

| | ⓐ | ⓑ | ⓒ |
|---|---|---|---|
| ① | ㉮ | ㉯ | ㉱ |
| ② | ㉮ | ㉰ | ㉯ |
| ③ | ㉱ | ㉮ | ㉰ |
| ④ | ㉱ | ㉯ | ㉰ |
| ⑤ | ㉱ | ㉰ | ㉯ |

## 070

**문맥상 ㉢과 바꿔 쓰기에 적절하지 않은 것은?**

① 맡기는 ② 가하는 ③ 주는
④ 안기는 ⑤ 겪게 하는

**다음 글을 읽고 물음에 답하시오.** 5문항을 8분 안에 풀어보세요.

귀납은 현대 논리학에서 연역이 아닌 모든 추론, 즉 전제가 결론을 개연적으로 뒷받침하는 모든 추론을 가리킨다. 귀납은 기존의 정보나 관찰 증거 등을 근거로 새로운 사실을 추가하는 지식 확장적 특성을 지닌다. 이 특성으로 인해 귀납은 근대 과학 발전의 방법적 토대가 되었지만, 한편으로 귀납 자체의 논리적 한계를 지적하는 문제들에 부딪히기도 한다.

먼저 흄은 과거의 경험을 근거로 미래를 예측하는 귀납이 정당한 추론이 되려면 미래의 세계가 과거에 우리가 경험해 온 세계와 동일하다는 자연의 일양성, 곧 한결같음이 가정되어야 한다고 보았다. 그런데 자연의 일양성은 선험적으로 알 수 있는 것이 아니라 경험에 기대어야 알 수 있는 것이다. 즉 "귀납이 정당한 추론이다."라는 주장은 "자연은 일양적이다."라는 다른 지식을 전제로 하는데 그 지식은 다시 귀납에 의해 정당화되어야 하는 경험적 지식이므로 귀납의 정당화는 순환 논리에 ⓐ <u>빠져</u> 버린다는 것이다. 이것이 귀납의 정당화 문제이다.

귀납의 정당화 문제로부터 과학의 방법인 귀납을 옹호하기 위해 라이헨바흐는 이 문제에 대해 현실적 구제책을 제시한다. 라이헨바흐는 자연이 일양적일 수도 있고 그렇지 않을 수도 있음을 전제한다. 먼저 자연이 일양적일 경우, 그는 지금까지의 우리의 경험에 따라 귀납이 점성술이나 예언 등의 다른 방법보다 성공적인 방법이라고 판단한다. 자연이 일양적이지 않다면, 어떤 방법도 체계적으로 미래 예측에 계속해서 성공할 수 없다는 논리적 판단을 통해 귀납은 최소한 다른 방법보다 나쁘지 않은 추론이라고 확언한다. 결국 자연이 일양적인지 그렇지 않은지 알 수 없는 상황에서는 귀납을 사용하는 것이 옳은 선택이라는 라이헨바흐의 논증은 귀납의 정당화 문제를 현실적 차원에서 해소하려는 시도로 볼 수 있다.

귀납의 또 다른 논리적 한계로 어떤 현대 철학자는 미결정성의 문제를 지적한다. 이 문제는 관찰 증거만으로는 여러 가설 중에 어느 하나를 더 나은 것으로 결정할 수 없다는 것이다. 가령 몇 개의 점들이 발견되었을 때 그 점들을 모두 지나는 곡선은 여러 개이기 때문에 어느 하나로 결정되지 않는다. 예측의 경우도 마찬가지이다. 다음에 발견될 점을 예측할 때, 기존에 발견된 점들만으로는 다음에 찍힐 점이 어디에 나타날지 확정할 수 없다. 아무리 많은 점들을 관찰 증거로 추가하더라도 하나의 예측이 다른 예측보다 더 낫다고 결정하는 것은 여전히 불가능하다는 것이다.

그러나 미결정성의 문제가 있다고 하더라도 대부분의 현대 철학자들은 귀납을 과학의 방법으로 인정하고 있다. 이들은 귀납의 문제를 직접 해결하려 하기보다 확률을 도입하여 개연성이라는 귀납의 특징을 강조하려 한다. 이에 따르면 관찰 증거가 가설을 지지하는 정도 즉 전제와 결론 사이의 개연성은 확률로 표현될 수 있다. 또한 하나의 가설이 다른 가설보다, 하나의 예측이 다른 예측보다 더 낫다고 확률적 근거에 의해 판단할 수 있다는 것이다. 이처럼 확률 논리로 설명되는 개연성은 일상적인 직관에도 잘 들어맞는다. 이러한 시도는 귀납의 문제를 근본적으로 해결하는 것은 아니지만, 귀납은 여전히 과학의 방법으로서 그 지위를 지킬 만하다는 사실을 보여 준다.

## 071

**윗글의 내용 전개에 대한 설명으로 가장 적절한 것은?**

① 귀납에 대한 흄의 평가를 병렬적으로 소개하고 있다.
② 귀납이 지닌 장단점을 연역과 비교하여 설명하고 있다.
③ 귀납의 위상이 격상되어 온 과정을 역사적으로 고찰하고 있다.
④ 귀납의 다양한 유형을 소개하고 각각의 특징을 상호 비교하고 있다.
⑤ 귀납에 내재된 논리적 한계와 그에 대한 해소 방안을 검토하고 있다.

## 072

**윗글을 이해한 내용으로 적절하지 <u>않은</u> 것은?**

① 많은 관찰 증거를 확보하면 귀납의 정당화에서 나타나는 순환 논리 문제는 해소된다.
② 직관에 들어맞는 확률 논리라 하더라도 귀납의 논리적 문제를 근본적으로 해결하지 못한다.
③ 관찰 증거가 가설을 지지하는 정도를 확률로 표현할 수 있다는 입장은 귀납을 옹호한다.
④ 흄에 따르면, 귀납의 정당화는 귀납에 의한 정당화를 필요로 하는 지식에 근거해야 가능하다.
⑤ 귀납의 지식 확장적 특성은 이미 알고 있는 사실을 근거로 아직 알지 못하는 사실을 추론하는 데에서 비롯된다.

## 073

**라이헨바흐의 논증에 대한 평가로 적절하지 않은 것은?**

① 귀납이 지닌 논리적 허점을 완전히 극복한 것은 아니라는 비판의 여지가 있다.
② 귀납을 과학의 방법으로 사용할 수 있음을 지지하려는 목적에서 시도하였다는 데 의미가 있다.
③ 귀납과 다른 방법을 비교하기 위해 경험적 판단과 논리적 판단을 모두 활용한 것이 특징이다.
④ 귀납과 견주어 미래 예측에 더 성공적인 방법이 없다는 판단을 근거로 귀납의 가치를 보여 주고 있다.
⑤ 귀납이 현실적으로 옳은 추론 방법임을 밝히기 위해 자연의 일양성이 선험적 지식임을 증명한 데 의의가 있다.

## 074

**윗글을 바탕으로 할 때, 〈보기〉의 (ㄱ), (ㄴ)에 대한 A와 B의 입장을 추론한 것으로 적절하지 않은 것은?** [3점]

| 보기 |

ㅇ 어떤 천체의 표면 온도를 매년 같은 날 관측했더니 100, 110, 120, 130, 140 °C로 해마다 10 °C씩 높아졌다. 이로부터 과학자들은 다음 두 가지 예측을 제시하였다.

(ㄱ) 1 년 뒤 관측한 그 천체의 표면 온도는 150 °C일 것이다.
(ㄴ) 1 년 뒤 관측한 그 천체의 표면 온도는 200 °C일 것이다.

ㅇ A와 B는 예측의 방법으로 귀납을 인정한다. 하지만 귀납의 미결정성의 문제에 대해 A는 확률 논리에 따라 해결할 수 있다는 입장인 반면, B는 어떤 방법으로도 해결할 수 없다는 입장이다.

① A와 B는 둘 다 과학자들이 예측한 (ㄱ)과 (ㄴ)이 모두 기존의 관찰 근거에 따른 것이라고 보겠군.
② A는 (ㄱ)과 (ㄴ) 중 하나가 더 나은 예측임을 결정할 수 있다고 하겠군.
③ A는 그 천체의 표면 온도가 100 °C이기 1 년 전에 90 °C였다는 정보를 추가로 얻으면 (ㄱ)이 옳을 개연성이 더 높아진다고 판단하겠군.
④ B는 (ㄱ)에 대해서 가능한 예측이라고 할지언정 (ㄴ)보다 더 나은 예측이라고 결정하지는 않겠군.
⑤ B는 그 천체의 표면 온도가 100 °C이기 1 년 전에 60 °C였다는 정보를 추가로 얻으면 (ㄴ)을 (ㄱ)보다 더 나은 예측으로 채택하겠군.

## 075

**ⓐ의 문맥적 의미와 가장 가까운 것은?**

① 혼란에 빠진 적군은 지휘 계통이 무너졌다.
② 그의 말을 듣자 모든 사람들이 기운이 빠졌다.
③ 그는 무릎 위까지 푹푹 빠지는 눈길을 헤쳐 왔다.
④ 그의 강연에 자신의 주장이 빠져 모두 아쉬워했다.
⑤ 우리 제품은 타사 제품에 빠지지 않는 우수한 것이다.

[076~079] 2016학년도 9월 모평B 17번~20번 정답과 해설편 p.050

다음 글을 읽고 물음에 답하시오. 4문항을 7분 안에 풀어보세요. 

'왜?'라는 질문에 대한 답으로 제시되는 '설명'이 무엇인지를 분명히 하고자 과학철학에서는 여러 가지 설명 이론을 제시해 왔다.

처음으로 체계적인 설명 이론을 제시한 헴펠에 따르면 설명은 몇 가지 요건을 충족하는 논증이어야 한다. 기본적으로 논증은 전제로부터 결론이 논리적으로 도출되는 형식을 띤다. 따라서 설명을 하는 부분인 설명항은 전제에 해당하며 설명되어야 하는 부분인 피설명항은 결론에 해당한다. 헴펠에 따르면 설명은 세 가지 조건을 모두 충족해야 한다. 첫째, 설명항에는 '모든 사람은 죽는다.'처럼 보편 법칙 또는 보편 법칙의 역할을 하는 명제가 하나 이상 있어야 한다. 둘째, 보편 법칙이 구체적으로 적용되는 맥락을 나타내는 '소크라테스는 사람이다.'와 같은 선행 조건이 설명항에 하나 이상 있어야 한다. 셋째, 피설명항은 설명항으로부터 '건전한 논증'을 통해 도출되어야 한다. 이때 건전한 논증은 '논증의 전제가 모두 참'이라는 조건과 '논증의 전제가 모두 참이라면 결론도 반드시 참'이라는 조건을 모두 만족하는 논증이다. 이처럼 헴펠의 설명 이론은 피설명항이 보편 법칙의 개별 사례로서 마땅히 일어날 만한 일이었음을 보여 주기 위한 설명의 요건을 제시했다는 점에서 의의가 있다.

하지만 헴펠의 설명 이론은 설명에 대한 우리의 일상적 직관, 즉 경험적으로 파악할 수 없는 추상적 문제에 대해 대부분의 사람들이 공유하는 상식적 판단과 충돌하기도 하는 문제가 있다. 먼저 일상적 직관에 따르면 설명으로 인정되지만, 헴펠에 따르면 설명이 아니라고 판단해야 하는 경우가 있다. 또 일상적 직관에 따르면 설명이 되지 못하지만, 헴펠에 따르면 설명으로 분류해야 하는 경우가 있다. 이는 헴펠의 이론이 설명을 몇 가지 요건을 충족하는 논증으로 국한했기 때문에 이들 요건을 충족하는 논증이기만 하면 모두 설명으로 인정해야 하는 동시에, 그렇지 않으면 모두 설명에서 배제해야 하는 데서 비롯된 것이다.

헴펠과 달리 샐먼은 설명이 논증은 아니라고 판단하여 인과 개념에 주목했다. 피설명항을 결과로 보고 이를 일으키는 원인을 밝히는 것이 설명이라는 샐먼의 인과적 설명 이론은 헴펠의 이론보다 우리의 일상적 직관에 더 부합한다는 장점이 있다. 하지만 어떤 설명 이론이라도 인과 개념을 도입하는 순간 ㉠ 원인과 결과 사이의 관계가 분명하지 않다는 철학적 문제를 해결해야 한다. 왜냐하면 결과를 일으키는 원인은 무수히 많고 연쇄적으로 서로 얽혀 있기 때문이다. 예를 들어 소크라테스가 죽게 된 원인은 독을 마신 것이지만, 독을 마시게 된 원인은 사형 선고를 받은 것이고, 사형 선고를 받게 된 원인도 여러 가지를 떠올릴 수 있다. 이에 결과를 일으킨 원인을 골라내는 문제는 결국 원인과 결과가 시공간적으로 어떻게 연결되는가에 대한 철학적 분석을 필요로 한다. 그것이 없다면, 설명을 인과로 이해하려는 시도는 설명이라는 불명료한 개념을 인과라는 또 하나의 불명료한 개념으로 대체하는 것에 불과할 수 있기 때문이다. 이에 현대 철학자들은 현대 과학의 성과를 반영하는 철학적 탐구를 통해 새로운 설명 이론을 제시하기 위한 고민을 계속하고 있다.

## 076

**윗글에서 다룬 내용이 아닌 것은?**

① 헴펠의 설명 이론이 지니는 의의
② 헴펠의 설명 이론이 지니는 문제점
③ 헴펠의 설명 이론에서의 설명과 논증의 관계
④ 샐먼의 설명 이론이 헴펠 이론에 비해 지니는 장점
⑤ 샐먼의 설명 이론이 현대 과학의 성과를 받아들인 결과

## 077

**윗글에 따를 때, 헴펠의 설명 이론에 관한 이해로 적절하지 않은 것은?**

① 어떤 것이 건전한 논증이면 그것은 반드시 설명이다.
② 일상적 직관에서 설명으로 인정된다고 해서 모두 설명은 아니다.
③ 어떤 것이 설명이라면 설명항에 포함되는 명제들은 반드시 참이다.
④ 피설명항은 특정한 맥락에서 보편 법칙에 따라 발생한 개별 사례이다.
⑤ 어떤 것이 설명이라면 피설명항은 반드시 설명항에서 논리적으로 도출된다.

## 078

**윗글로 미루어 볼 때 ㉠에 대한 이해로 가장 적절한 것은?**

① 설명 개념이 인과 개념보다 불명료하다는 문제
② 원인과 결과의 시공간적 연결은 불필요하다는 문제
③ 인과 개념이 설명의 형식을 제시하지 못한다는 문제
④ 결과를 야기한 정확한 원인을 확정하기 어렵다는 문제
⑤ 피설명항에 원인을 제시하는 명제가 들어갈 수 없다는 문제

## 079

**<보기>의 [물음]에 대해 헴펠의 이론에 따라 [설명]을 한다고 할 때, (가)~(다)에 들어갈 [명제]를 바르게 고른 것은?** 3점

| 보 기 |

[물음] 평면거울 A에 대한 광선 B의 반사각은 왜 30°일까?

[설명]

설명항
- 보편 법칙 : (가)
- 선행 조건 : (나)

피설명항 : (다)

[명제]
ㄱ. A는 광선을 잘 반사하는 평면거울이다.
ㄴ. 평면거울 A에 대한 광선 B의 입사각은 30°이다.
ㄷ. 평면거울 A에 대한 광선 B의 반사각은 30°이다.
ㄹ. 광선을 반사하는 평면에 대한 광선의 반사각은 입사각과 같다.

| | (가) | (나) | (다) |
|---|---|---|---|
| ① | ㄱ, ㄴ | ㄷ | ㄹ |
| ② | ㄱ, ㄹ | ㄴ | ㄷ |
| ③ | ㄴ, ㄷ | ㄱ | ㄹ |
| ④ | ㄹ | ㄱ, ㄴ | ㄷ |
| ⑤ | ㄹ | ㄱ, ㄷ | ㄴ |

## [080~083]

2013학년도 수능 21번~24번 정답과 해설편 p.052

**다음 글을 읽고 물음에 답하시오.** 4문항을 7분 안에 풀어보세요.

논증은 크게 연역과 귀납으로 나뉜다. 전제가 참이면 결론이 확실히 참인 연역 논증은 결론에서 지식이 확장되는 것처럼 보이지만, 실제로는 전제에 이미 포함된 결론을 다른 방식으로 확인하는 것일 뿐이다. 반면 귀납 논증은 전제들이 모두 참이라고 해도 결론이 확실히 참이 되는 것은 아니지만 우리의 지식을 확장해 준다는 장점이 있다. 여러 귀납 논증 중에서 가장 널리 ⓐ 쓰이는 것은 수많은 사례들을 관찰한 다음에 그것을 일반화하는 것이다. ㉠ 우리는 수많은 까마귀를 관찰한 후에 우리가 관찰하지 않은 까마귀까지 포함하는 '모든 까마귀는 검다.'라는 새로운 지식을 얻게 되는 것이다.

철학자들은 과학자들이 귀납을 이용하기 때문에 과학적 지식에 신뢰를 보낼 수 있다고 생각했다. 그러나 모든 귀납에는 논리적인 문제가 있다. 수많은 까마귀를 관찰한 사례에 근거해서 '모든 까마귀는 검다.'라는 지식을 정당화하는 것은 합리적으로 보이지만, 아무리 치밀하게 관찰하여도 아직 관찰되지 않은 까마귀 중에서 검지 않은 까마귀가 ⓑ 있을 수 있기 때문이다.

포퍼는 귀납의 논리적 문제는 도저히 해결할 수 없지만, 귀납이 아닌 연역만으로 과학을 할 수 있는 방법이 있으므로 과학적 지식은 정당화될 수 있다고 주장한다. 어떤 지식이 반증 사례 때문에 거짓이 된다고 추론하는 것은 순전히 연역적인데, 과학은 이 반증에 의해 발전하기 때문이다. 다음 논증을 보자.

(ㄱ) 모든 까마귀가 검다면 어떤 까마귀는 검어야 한다.
(ㄴ) 어떤 까마귀는 검지 않다.

(ㄷ) 따라서 모든 까마귀가 다 검은 것은 아니다.

'모든 까마귀는 검다.'라는 지식은 귀납에 의해서 참임을 ⓒ 보여 줄 수는 없지만, 이 논증에서처럼 전제 (ㄴ)이 참임이 밝혀진다면 확실히 거짓임을 보여 줄 수 있다. 그러나 아직 (ㄴ)이 참임이 밝혀지지 않았다면 그 지식을 거짓이라고 말할 수 없다.

포퍼에 따르면, 지금 우리가 받아들이는 과학적 지식들은 이런 반증의 시도로부터 잘 ⓓ 견뎌 온 것들이다. 참신하고 대담한 가설을 제시하고 그것이 거짓이라는 증거를 제시하려는 노력을 진행해서, 실제로 반증이 되면 실패한 과학적 지식이 되지만 수많은 반증의 시도로부터 끝까지 살아남으면 성공적인 과학적 지식이 되는 것이다. 그런데 포퍼는 반증 가능성이 ⓔ 없는 지식, 곧 아무리 반증을 해 보려 해도 경험적인 반증이 아예 불가능한 지식은 과학적 지식이 될 수 없다고 비판한다. 가령 '관찰할 수 없고 찾아낼 수 없는 힘이 항상 존재한다.'처럼 경험적으로 반박할 수 있는 사례를 생각할 수 없는 주장이 그것이다.

## 080

**윗글을 통해 알 수 있는 것은?**

① 연역 논증은 결론에서 지식의 확장이 일어난다.
② 귀납 논증은 전제가 참이면 결론은 항상 참이다.
③ 치밀하게 관찰한 후 도출된 귀납의 결론은 확실히 참이다.
④ 과학적 지식은 새로운 지식이라는 점에서 연역의 결과이다.
⑤ 전제에 없는 새로운 지식이 귀납의 논리적인 문제를 낳는다.

## 081

**윗글로 미루어 볼 때, 포퍼의 견해를 표현한 것으로 가장 적절한 것은?**

① 충분한 관찰에 근거한 지식은 반증 없이 정당화할 수 있음을 인정하라.
② 과감하게 가설을 세우고 그것이 거짓임을 증명하려고 시도하라.
③ 실패한 지식이 곧 성공적인 지식임을 명심하라.
④ 수많은 반증의 시도에 일일이 대응하지 말라.
⑤ 과학적 지식을 귀납 논증으로 정당화하라.

## 082

**윗글의 (ㄱ)~(ㄷ)과 <보기>에 대한 설명으로 적절하지 않은 것은?** [3점]

| 보 기 |

㉠은 다음과 같은 논증으로 표현할 수 있다.

(가)
내가 오늘 관찰한 까마귀는 모두 검다.
내가 어제 관찰한 까마귀는 모두 검다.
내가 그저께 관찰한 까마귀는 모두 검다.
⋮

(나) 따라서 모든 까마귀는 검다.

① (가)가 확실히 참이어도 검지 않은 까마귀가 내일 관찰된다면 (나)는 거짓이 된다.
② (ㄴ)과 (가)가 참임을 밝히는 작업은 모두 경험적이다.
③ '모든 까마귀는 검다.'는 (ㄴ)만으로 거짓임이 밝혀지지만 (가)만으로는 참임을 밝힐 수 없다.
④ (ㄱ), (ㄴ)에서 (ㄷ)이 도출되는 것이나 (가)에서 (나)가 도출되는 것은 모두 지식이 확장되는 것이다.
⑤ 포퍼에 따르면 ㉠의 '모든 까마귀가 검다.'가 과학적 지식임은 (가)~(나)의 논증이 아니라 (ㄱ)~(ㄷ)의 논증을 통해 증명된다.

## 083

**문맥상 ⓐ~ⓔ를 바꿔 쓰기에 적절하지 않은 것은?**

① ⓐ : 사용(使用)되는
② ⓑ : 실재(實在)할
③ ⓒ : 입증(立證)할
④ ⓓ : 인내(忍耐)해
⑤ ⓔ : 전무(全無)한

[084~085] 2011학년도 6월 모평 13번~14번 정답과 해설편 p.054

**다음 글을 읽고 물음에 답하시오.** 2문항을 4분 안에 풀어보세요.

추론은 이미 제시된 명제인 전제를 토대로, 다른 새로운 명제인 결론을 도출하는 사고 과정이다. 논리학에서는 어떤 추론의 전제가 참일 때 결론이 거짓일 가능성이 없으면 그 추론은 '**타당하다**'고 말한다. "서울은 강원도에 있다. 따라서 당신이 서울에 가면 강원도에 간 것이다."[**추론 1**]라는 추론은, 전제가 참이라고 할 때 결론이 거짓이 되는 경우는 전혀 생각할 수 없으므로 타당하다. 반면에 "비가 오면 길이 젖는다. 길이 젖어 있다. 따라서 비가 왔다."[**추론 2**]라는 추론은 전제들이 참이라고 해도 결론이 반드시 참이 되지는 않으므로 타당하지 않은 추론이다.

'추론 1'의 전제는 실제에서는 물론 거짓이다. 그러나 혹시 행정구역이 개편되어 서울이 강원도에 속하게 되었다고 가정하면, '추론 1'의 결론은 참일 수밖에 없다. 반면에 '추론 2'는 결론이 실제로 참일 수는 있지만 반드시 참이 되는 것은 아니다. 다른 이유로 길이 젖는 경우를 얼마든지 상상할 수 있기 때문이다. '추론 2'와 같은 추론은 비록 타당하지 않지만 결론이 참일 가능성이 꽤 높다. 그런 추론은 '**개연성이 높다**'고 말한다. 결론이 참일 가능성이 낮은 추론은 개연성이 낮을 것이다. 한편 추론이 타당하면서 전제가 모두 실제로 참이기까지 하면 그 추론은 '**건전하다**'고 정의한다.

그런데 '추론 1'은 건전하지 못하므로 얼핏 보기에 좋은 추론이 아닌 것처럼 보인다. 그런데도 논리학이 타당한 추론에 관심을 갖는 까닭은 실제 추론에서 전제가 참인지 거짓인지를 모르는 경우가 많기 때문이다. 아직 참임이 밝혀지지 않은 명제에서 출발해서 어떤 결론을 도출하는 추론은 과학에서 흔히 사용하는 방법이다. 그래서 논리학은 전제가 참이라는 가정 하에서 결론이 반드시 따라 나오는지에 관심이 있는 것이다.

## 084

**윗글에 따라 추론을 구분하는 과정을 도식화할 때, ㉠~㉢에 들어갈 내용으로 알맞은 것은?**

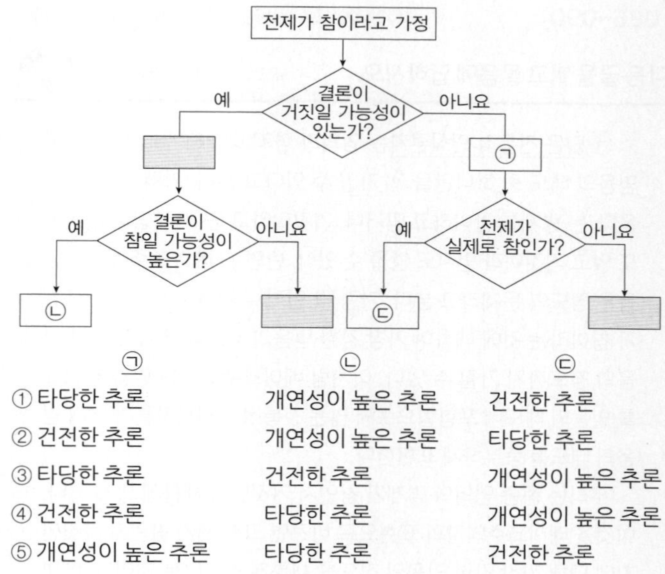


| | ㉠ | ㉡ | ㉢ |
|---|---|---|---|
| ① | 타당한 추론 | 개연성이 높은 추론 | 건전한 추론 |
| ② | 건전한 추론 | 개연성이 높은 추론 | 타당한 추론 |
| ③ | 타당한 추론 | 건전한 추론 | 개연성이 높은 추론 |
| ④ | 건전한 추론 | 타당한 추론 | 개연성이 높은 추론 |
| ⑤ | 개연성이 높은 추론 | 타당한 추론 | 건전한 추론 |

## 085

**윗글을 바탕으로 <보기>를 판단한 내용으로 적절하지 않은 것은?** [3점]

| 보 기 |

남자 : 이 책에 우유를 많이 마시면 키가 큰다고 쓰여 있어.
여자 : 나도 그렇게 생각해. 그래서 나도 우유를 많이 마셔.
남자 : 맞아. 농구 선수들은 다들 키가 엄청나게 크잖아. 틀림없이 우유를 많이 마셨을 거야.
여자 : 너의 추론은 타당하지 않아. 우유를 많이 마셔서 키가 큰 사람보다 우유를 안 마시고도 키 큰 사람이 훨씬 더 많아.

① 남자의 추론은 '추론 1'과 달리 전제가 실제로 참이므로 건전하다.
② 여자의 말이 사실이라고 한다면, 남자의 추론은 '추론 2'와 달리 개연성이 낮다.
③ 여자는 남자의 추론에서 결론이 실제로 참일 수 있음을 부인하지는 않는다.
④ 남자의 추론이 타당하지 않은 이유는 우유를 안 마시고도 키 큰 사람을 상상할 수 있기 때문이다.
⑤ 여자의 말이 사실이라고 한다면, 남자의 추론은 결론이 반드시 참이 되는 것은 아니라는 점에서 '추론 2'와 같다.

# 3. 참이란 무엇인가?

[086~090] 2020학년도 수능 16번~20번 정답과 해설편 p.056

**다음 글을 읽고 물음에 답하시오.** 5문항을 9분 안에 풀어보세요. 

㉠ 많은 전통적 인식론자는 임의의 명제에 대해 우리가 세 가지 믿음의 태도 중 하나만을 ⓐ 가질 수 있다고 본다. 가령 '내일 눈이 온다.'는 명제를 참이라고 믿거나, 거짓이라고 믿거나, 참이라 믿지도 않고 거짓이라 믿지도 않을 수 있다. 반면 ㉡ 베이즈주의자는 믿음은 정도의 문제라고 본다. 가령 각 인식 주체는 '내일 눈이 온다.'가 참이라는 것에 대하여 가장 강한 믿음의 정도에서 가장 약한 믿음의 정도까지 가질 수 있다. 이처럼 베이즈주의자는 믿음의 정도를 믿음의 태도에 포함함으로써 많은 전통적 인식론자들과 달리 믿음의 태도를 풍부하게 표현한다.

우리는 종종 임의의 명제가 참인지 거짓인지 새롭게 알게 된다. 이것을 베이즈주의자의 표현으로 바꾸면 그 명제가 참인지 거짓인지에 대해 가장 강한 믿음의 정도를 새롭게 갖는다는 것이다. 베이즈주의는 이런 경우에 믿음의 정도가 어떤 방식으로 변해야 하는지에 대해 정교한 설명을 제공한다. 이에 따르면, 인식 주체가 특정 시점에 임의의 명제 A가 참이라는 것만을 또는 거짓이라는 것만을 새롭게 알게 됐을 때, 다른 임의의 명제 B에 대한 인식 주체의 기존 믿음의 정도의 변화는 조건화 원리의 적용을 받는다. 이는 믿음의 정도의 변화에 관한 원리로서, 만약 인식 주체가 A가 참이라는 것만을 새롭게 알게 된다면, B가 참이라는 것에 대한 그 인식 주체의 믿음의 정도는 애초의 믿음의 정도에서 A가 참이라는 조건하에 B가 참이라는 것에 대한 믿음의 정도로 되어야 함을 의미한다. 예를 들어 갑이 '내일 비가 온다.'가 참이라는 것을 약하게 믿고 있고, '오늘 비가 온다.'가 참이라는 조건하에서는 '내일 비가 온다.'가 참이라는 것을 강하게 믿는다고 해 보자. 조건화 원리에 따르면, 갑이 실제로 '오늘 비가 온다.'가 참이라는 것만을 새롭게 알게 될 때, '내일 비가 온다.'가 참이라는 것을 그 이전보다 더 강하게 믿는 것이 합리적이다. 조건화 원리는 새롭게 알게 된 명제가 동시에 둘 이상인 경우에도 마찬가지로 적용된다. 다만 이 원리는 믿음의 정도에 관한 것이지 행위에 관한 것은 아니다.

명제들 중에는 위의 예에서처럼 참인지 거짓인지 새롭게 알게 된 명제와 관련된 것도 있지만 그렇지 않은 것도 있다. 조건화 원리에 ⓑ 따르면, 어떤 명제가 참인지 거짓인지 새롭게 알게 되더라도 그 명제와 관련 없는 명제에 대한 믿음의 정도는 변하지 않아야 한다. 예를 들어 위에서처럼 갑이 '오늘 비가 온다.'가 참이라는 것만을 새롭게 알게 되더라도 그것과 관련 없는 명제 '다른 은하에는 외계인이 존재한다.'에 대한 그의 믿음의 정도는 변하지 않아야 한다. 이처럼 베이즈주의자는 특별한 이유가 없는 한 우리의 믿음의 정도는 유지되어야 한다고 ⓒ 본다.

베이즈주의자는 이렇게 상식적으로 당연하게 여겨지는 생각을 정당화하기 위해 기존의 믿음의 정도를 유지함으로써 ⓓ 얻을 수 있는 실용적 효율성에 호소할 수 있다. 특별한 이유 없이 학교를 옮기는 행위는 어떠한 방식으로든 우리의 에너지를 불필요하게 소모한다. 베이즈주의자는 특별한 이유 없이 기존의 믿음의 정도를 ⓔ 바꾸는 것도 이와 유사하게 에너지를 불필요하게 소모한다고 볼 수 있다. 이 관점에서는 실용적 효율성을 추구한다면, 특별한 이유가 없는 한 기존의 믿음의 정도를 유지하는 것이 합리적이다.

## 086

**윗글에서 답을 찾을 수 있는 질문에 해당하지 않는 것은?**

① 믿음의 정도와 관련하여 상식적으로 당연하게 여겨지는 생각을 어떻게 정당화할 수 있을까?
② 특별한 이유 없이 믿음의 정도를 바꾸어야 하는 이유는 무엇일까?
③ 믿음의 정도를 어떤 경우에 바꾸고 어떤 경우에 바꾸지 말아야 할까?
④ 믿음의 정도를 바꾸어야 한다면 어떤 방식으로 바꾸어야 할까?
⑤ 임의의 명제에 대해 어떤 믿음의 태도를 가질 수 있을까?

## 087

**㉠, ㉡에 대한 이해로 적절하지 않은 것은?**

① 만약 을이 ㉠이라면 을은 동시에 ㉡일 수 없다.
② ㉠은 을이 '내일 눈이 온다.'가 거짓이라 믿는 것은 그 명제가 거짓임을 강한 정도로 믿는다는 의미라고 주장한다.
③ ㉠은 을이 '내일 눈이 온다.'가 참이라고 믿는다면 을은 '내일 눈이 온다.'가 거짓이라고 믿을 수는 없다고 주장한다.
④ ㉡은 을의 '내일 눈이 온다.'가 참이라는 것에 대한 믿음의 정도와 '내일 눈이 온다.'가 거짓이라는 것에 대한 믿음의 정도가 같을 수 있다고 본다.
⑤ ㉡은 을이 '내일 눈이 온다.'와 '내일 비가 온다.'가 모두 거짓이라고 믿더라도 후자를 전자보다 더 강하게 거짓이라고 믿을 수 있다고 주장한다.

## 088

**조건화 원리에 대해 설명한 내용으로 가장 적절한 것은?**

① 에너지를 불필요하게 소모하더라도 특별한 이유 없이 믿음의 정도를 바꾸는 것은 합리적이라고 설명한다.
② 어떤 행위를 할 특별한 이유가 있더라도 믿음의 정도의 변화 없이 그 행위를 해서는 안 된다고 말해 준다.
③ 새롭게 알게 된 명제와는 관련 없는 명제에 대해 우리의 믿음의 정도가 어떠해야 하는지에 대해서 말해 주지 않는다.
④ 어떤 명제가 참인 것을 새롭게 알게 되고 동시에 그와 다른 명제가 거짓인 것을 새롭게 알게 되었을 때에도 적용될 수 있다.
⑤ 임의의 명제를 새롭게 알기 전에 그와 다른 명제에 대해 가장 강하지도 않고 가장 약하지도 않은 믿음의 정도를 가지고 있는 인식 주체에게는 적용될 수 없다.

## 089

**다음은 윗글을 읽은 학생의 독서 활동 기록이다. 윗글을 참고할 때, [A]에 들어갈 내용으로 적절하지 않은 것은?** 3점

**[독서 후 심화 활동]**

글의 내용을 다른 상황에 적용해 보자.

○상황

병과 정은 공동 발표 내용을 기록한 흰색 수첩 하나를 잃어버렸다는 것을 알게 되었다. 그 수첩에는 병의 이름이 적혀 있다. 이와 관련해 병과 정은 다음 명제 ㉮가 참이라고 믿지만 믿음의 정도가 아주 강하지는 않다.

㉮ 병의 수첩은 체육관에 있다.

병 혹은 정이 참이라고 새롭게 알게 될 수 있는 명제는 다음과 같다.

㉯ 체육관에 누군가의 이름이 적힌 흰색 수첩이 있다.
㉰ 병의 이름이 적혀 있지만 어떤 색인지 확인이 안 된 수첩이 병의 집에 있다.

병과 정은 ㉯와 ㉰ 이외에는 ㉮와 관련이 있는 어떤 명제도 새롭게 알게 되지 않고, 조건화 원리에 의해서만 자신들의 믿음의 정도를 바꾼다.

○적용

[A]

① 병이 ㉮와 관련이 없는 다른 명제만을 새롭게 알게 된다면, ㉮에 대한 병의 믿음의 정도는 변하지 않겠군.
② 병이 ㉯만을 알게 된다면, 그 후에 ㉮가 참이라는 것에 대한 병의 믿음의 정도는 그 전보다 더 강해질 수 있겠군.
③ 병이 ㉯를 알게 된 후에 ㉰를 추가로 알게 된다면, ㉮가 참이라는 것에 대한 병의 믿음의 정도는 ㉰를 추가로 알기 전보다 더 약해질 수 있겠군.
④ 병이 ㉯와 ㉰를 동시에 알게 된다면, ㉮가 참이라는 것에 대한 병의 믿음의 정도는 ㉯와 ㉰가 참이라는 조건하에 ㉮가 참이라는 것에 대한 믿음의 정도로 변하겠군.
⑤ 병과 정이 ㉯를 알게 되기 전에 ㉮가 참이라는 것에 대한 믿음의 정도가 서로 다르다면, ㉯만을 알게 된 후에는 ㉮가 참이라는 것에 대한 병과 정의 믿음의 정도가 같을 수 없겠군.

## 090

**문맥상 ⓐ~ⓔ의 단어와 가장 가까운 의미로 쓰인 것은?**

① ⓐ : 어제 친구들과 함께 만나는 자리를 가졌다.
② ⓑ : 법에 따라 모든 절차가 공정하게 진행됐다.
③ ⓒ : 우리는 지금 아이를 봐 줄 분을 찾고 있다.
④ ⓓ : 그는 젊었을 때 얻은 병을 아직 못 고쳤다.
⑤ ⓔ : 매장에서 헌 냉장고를 새 선풍기와 바꿨다.

[091~094] 2019학년도 수능 39번~42번 정답과 해설편 p.059

## 다음 글을 읽고 물음에 답하시오.

4문항을 14분 안에 풀어보세요. 

두 명제가 모두 참인 것도 모두 거짓인 것도 가능하지 않은 관계를 모순 관계라고 한다. 예를 들어, 임의의 명제를 P라고 하면 P와 ~P는 모순 관계이다.(기호 '~'은 부정을 나타낸다.) P와 ~P가 모두 참인 것은 가능하지 않다는 법칙을 무모순율이라고 한다. 그런데 "㉠ 다보탑은 경주에 있다."와 "㉡ 다보탑은 개성에 있을 수도 있었다."는 모순 관계가 아니다. 현실과 다르게 다보탑을 경주가 아닌 곳에 세웠다면 다보탑의 소재지는 지금과 달라졌을 것이다. 철학자들은 이를 두고, P와 ~P가 모두 참인 혹은 모두 거짓인 가능세계는 없지만 다보탑이 개성에 있는 가능세계는 있다고 표현한다.

'가능세계'의 개념은 일상 언어에서 흔히 쓰이는 필연성과 가능성에 관한 진술을 분석하는 데 중요한 역할을 한다. 'P는 가능하다'는 P가 적어도 하나의 가능세계에서 성립한다는 뜻이며, 'P는 필연적이다'는 P가 모든 가능세계에서 성립한다는 뜻이다. "만약 Q이면 Q이다."를 비롯한 필연적인 명제들은 모든 가능세계에서 성립한다. "다보탑은 경주에 있다."와 같이 가능하지만 필연적이지는 않은 명제는 우리의 현실세계를 비롯한 어떤 가능세계에서는 성립하고 또 어떤 가능세계에서는 성립하지 않는다.

가능세계를 통한 담론은 우리의 일상적인 몇몇 표현들을 보다 잘 이해하는 데 도움이 된다. 다음 상황을 생각해 보자. 나는 현실에서 아침 8시에 출발하는 기차를 놓쳤고, 지각을 했으며, 내가 놓친 기차는 제시간에 목적지에 도착했다. 그리고 나는 "만약 내가 8시 기차를 탔다면, 나는 지각을 하지 않았다."라고 주장한다. 그런데 전통 논리학에서는 "만약 A이면 B이다."라는 형식의 명제는 A가 거짓인 경우에는 B의 참 거짓에 상관없이 참이라고 규정한다. 그럼에도 ⓐ 내가 만약 그 기차를 탔다면 여전히 지각을 했을 것이라고 주장하지는 않는 이유는 무엇일까? 내가 그 기차를 탄 가능세계들을 생각해 보면 그 이유를 알 수 있다. 그 가능세계 중 어떤 세계에서 나는 여전히 지각을 한다. 가령 내가 탄 그 기차가 고장으로 선로에 멈춰 운행이 오랫동안 지연된 세계가 그런 예이다. 하지만 내가 기차를 탄 세계들 중에서, 내가 기차를 타고 별다른 이변 없이 제시간에 도착한 세계가 그렇지 않은 세계보다 우리의 현실세계와의 유사성이 더 높다. 일반적으로, A가 참인 가능세계들 중에 비교할 때, B도 참인 가능세계가 B가 거짓인 가능세계보다 현실세계와 더 유사하다면, 현실세계의 나는 A가 실현되지 않은 경우에, 만약 A라면 ~B가 아닌 B이라고 말할 수 있다.

가능세계는 다음의 네 가지 성질을 갖는다. 첫째는 가능세계의 일관성이다. 가능세계는 명칭 그대로 가능한 세계이므로 어떤 것이 가능하지 않다면 그것이 성립하는 가능세계는 없다. 둘째는 가능세계의 포괄성이다. 이것은 어떤 것이 가능하다면 그것이 성립하는 가능세계는 존재한다는 것이다. 셋째는 가능세계의 완결성이다. 어느 세계에서든 임의의 명제 P에 대해 "P이거나 ~P이다."라는 배중률이 성립한다. 즉 P와 ~P 중 하나는 반드시 참이라는 것이다. 넷째는 가능세계의 독립성이다. 한 가능세계는 모든 시간과 공간을 포함해야만 하며, 연속된 시간과 공간에 포함된 존재들은 모두 동일한 하나의 세계에만 속한다. 한 가능세계 W1의 시간과 공간이, 다른 가능세계 W2의 시간과 공간으로 이어질 수는 없다. W1과 W2는 서로 시간과 공간이 전혀 다른 세계이다.

가능세계의 개념은 철학에서 갖가지 흥미로운 질문과 통찰을 이끌어 내며, 그에 관한 연구 역시 활발히 진행되고 있다. 나아가 가능세계를 활용한 논의는 오늘날 인지 과학, 언어학, 공학 등의 분야로 그 응용의 폭을 넓히고 있다.

## 091

**윗글의 내용과 일치하는 것은?**

① 배중률은 모든 가능세계에서 성립한다.
② 모든 가능한 명제는 현실세계에서 성립한다.
③ 필연적인 명제가 성립하지 않는 가능세계가 있다.
④ 무모순율에 의하면 P와 ~P가 모두 참인 것은 가능하다.
⑤ 전통 논리학에 따르면 "만약 A이면 B이다."의 참 거짓은 A의 참 거짓과 상관없이 결정된다.

## 092

**㉠, ㉡에 대한 이해로 적절하지 않은 것은?**

① ㉠이 성립하지 않는 가능세계가 존재한다.
② "만약 다보탑이 개성에 있다면, 다보탑은 개성에 있다."가 성립하는 가능세계 중에는 ㉠이 거짓인 가능세계는 없다.
③ ㉡과 "다보탑은 개성에 있지 않다."는 모순 관계가 아니다.
④ 만약 ㉡이 거짓이라면 어떤 가능세계에서도 다보탑이 개성에 있지 않다.
⑤ ㉠과 ㉡은 현실세계에서 둘 다 참인 것이 가능하다.

## 093

**윗글을 바탕으로 할 때, ⓐ에 대한 답으로 가장 적절한 것은?**

① 내가 그 기차를 타지 않은 가능세계들끼리 비교할 때 지각을 한 가능세계와 지각을 하지 않은 가능세계가 현실세계와의 유사성의 정도가 다르기 때문이다.

② 내가 그 기차를 타지 않은 가능세계들끼리 비교할 때 기차 고장이 자주 일어나지 않는 가능세계가 현실세계와의 유사성이 높기 때문이다.

③ 내가 그 기차를 탄 가능세계들끼리 비교할 때 내가 지각을 한 가능세계가 내가 지각을 하지 않은 가능세계에 비해 현실세계와의 유사성이 더 낮기 때문이다.

④ 내가 그 기차를 탄 가능세계들끼리 비교할 때 그 가능세계들의 대다수에서 내가 지각을 하지 않았기 때문이다.

⑤ 내가 그 기차를 탄 것이 현실세계에서 거짓이기 때문이다.

## 094

**윗글을 참고할 때, <보기>를 이해한 내용으로 적절한 것은?** 3점

| 보기 |

명제 "모든 학생은 연필을 쓴다."와 "어떤 학생도 연필을 쓰지 않는다."는 반대 관계이다. 이 말은, 두 명제 다 참인 것은 가능하지 않지만, 둘 중 하나만 참이거나 둘 다 거짓인 것은 가능하다는 뜻이다.

① 가능세계의 완결성과 독립성에 따르면, 모든 학생이 연필을 쓰는 가능세계가 존재한다는 것과 어떤 학생도 연필을 쓰지 않는 가능세계가 존재한다는 것 중 하나는 반드시 참이고, 그중 한 세계의 시간과 공간이 다른 세계로 이어질 수 없겠군.

② 가능세계의 포괄성과 독립성에 따르면, "어떤 학생도 연필을 쓰지 않는다."가 성립하면서 그 세계에 속한 한 명의 학생이 연필을 쓰는 가능세계들이 존재하고, 그 세계들의 시간과 공간은 서로 단절되어 있겠군.

③ 가능세계의 완결성에 따르면, 어느 세계에서든 "어떤 학생은 연필을 쓴다."와 "어떤 학생은 연필을 쓰지 않는다." 중 하나는 반드시 참이겠군.

④ 가능세계의 포괄성에 따르면, "'모든 학생은 연필을 쓴다."가 참이거나 "어떤 학생도 연필을 쓰지 않는다."가 참'인 가능세계들이 있겠군.

⑤ 가능세계의 일관성에 따르면, 학생들 중 절반은 연필을 쓰고 절반은 연필을 쓰지 않는 가능세계가 존재하겠군.

[095~098] 2015학년도 6월 모평B 21번~24번 정답과 해설편 p.061

다음 글을 읽고 물음에 답하시오. 4문항을 7분 안에 풀어보세요.  7분

어떤 명제가 참이라는 것은 무슨 뜻인가? 이 질문에 대한 답변 중 하나가 정합설이다. 정합설에 따르면, 어떤 명제가 참인 것은 그 명제가 다른 명제와 정합적이기 때문이다. 그러면 '정합적이다'는 무슨 의미인가? 정합적이라는 것은 명제들 간의 특별한 관계인데, 이 특별한 관계가 무엇인지에 대해 전통적으로는 '모순 없음'과 '함축', 그리고 최근에는 '설명적 연관' 등으로 정의해 왔다.

먼저 '정합적이다'를 모순 없음으로 정의하는 경우, 추가되는 명제가 이미 참이라고 ㉠ 인정한 명제와 모순이 없으면 정합적이고, 모순이 있으면 정합적이지 않다. 여기서 모순이란 "은주는 민수의 누나이다."와 "은주는 민수의 누나가 아니다."처럼 ㉮ 동시에 참이 될 수도 없고 또 동시에 거짓이 될 수도 없는 명제들 간의 관계를 말한다. '정합적이다'를 모순 없음으로 정의하는 입장에 따르면, "은주는 민수의 누나이다."가 참일 때 추가되는 명제 "은주는 학생이다."는 앞의 명제와 모순이 되지 않기 때문에 정합적이고, 정합적이기 때문에 참이다. 그런데 '정합적이다'를 모순 없음으로 이해하면, 앞의 예에서처럼 전혀 관계가 없는 명제들도 모순이 ㉡ 발생하지 않는다는 이유 하나만으로 모두 정합적이고 참이 될 수 있다는 문제가 생긴다.

이 문제를 ㉢ 해결하기 위해서 '정합적이다'를 함축으로 정의하기도 한다. 함축은 "은주는 민수의 누나이다."가 참일 때 "은주는 여자이다."는 반드시 참이 되는 것과 같은 관계를 이른다. 명제 A가 명제 B를 함축한다는 것은 'A가 참일 때 B가 반드시 참'이라는 의미이다. '정합적이다'를 함축으로 이해하면, 명제 "은주는 민수의 누나이다."가 참일 때 이와 무관한 명제 "은주는 학생이다."는 모순이 없다고 해도 정합적이지 않다. 왜냐하면 "은주는 학생이다."는 "은주는 민수의 누나이다."에 의해 함축되지 않기 때문이다.

그런데 '정합적이다'를 함축으로 정의할 경우에는 참이 될 수 있는 명제가 ㉣ 과도하게 제한된다. 그래서 '정합적이다'를 설명적 연관으로 정의하기도 한다. 명제 "민수는 운동 신경이 좋다."는 "민수는 농구를 잘한다."는 명제를 함축하지는 않지만, 민수가 농구를 잘하는 이유를 그럴듯하게 설명해 준다. 그 역의 관계도 마찬가지이다. 두 경우 각각 설명의 대상이 되는 명제와 설명해 주는 명제 사이에는 서로 설명적 연관이 있다고 말한다. 설명적 연관이 있는 두 명제는 서로 정합적이기 때문에 그중 하나가 참이면 추가되는 다른 하나도 참이다. 설명적 연관으로 '정합적이다'를 정의하게 되면 함축 관계를 이루는 명제들까지도 ㉤ 포괄할 수 있는 장점이 있다. 함축 관계를 이루는 명제들은 필연적으로 설명적 연관이 있기 때문이다. '정합적이다'를 설명적 연관으로 정의하면, 함축으로 이해하는 것보다는 많은 수의 명제를 참으로 추가할 수 있다.

그러나 설명적 연관이 정확하게 어떤 의미인지, 그리고 그 연관의 긴밀도가 어떻게 측정될 수 있는지는 아직 완전히 해결되지 않은 문제이다. 이 문제와 관련된 최근 연구는 확률 이론을 활용하여 정합설을 발전시키고 있다.

## 095

**윗글의 내용과 일치하지 않는 것은?**

① 정합설에서 참 또는 거짓을 판단하는 기준은 명제들 간의 관계이다.
② 정합설에서 이미 참이라고 인정한 명제와 어떤 새로운 명제가 정합적이면, 그 새로운 명제도 참이다.
③ '정합적이다'를 모순 없음으로 이해했을 때 참이 아닌 명제는 함축으로 이해했을 때에도 참이 아니다.
④ 함축 관계에 있는 명제들은 설명적 연관이 있는 명제들일 수는 있지만 모순 없는 명제들일 수는 없다.
⑤ '정합적이다'를 설명적 연관으로 이해한다고 해도 연관의 긴밀도 문제 때문에 정합설은 아직 한계가 있다.

## 096

**㉮의 사례로 적절한 것은?**

① 민수는 은주보다 키가 크다. - 민수는 은주보다 키가 크지 않다.
② 민수는 농구를 좋아한다. - 민수는 농구보다 축구를 좋아한다.
③ 그것은 민수에게 이익이다. - 그것은 민수에게 손해이다.
④ 오늘은 화요일이 아니다. - 오늘은 수요일이 아니다.
⑤ 민수의 말이 옳다. - 은주의 말이 틀리다.

## 097

**<보기>의 명제를 참이라고 할 때, 윗글을 바탕으로 추론한 내용으로 적절하지 않은 것은?** [3점]

| 보기 |
ㅇ 우리 동네 전체가 정전되었다.

① '정합적이다'를 모순 없음으로 이해하면, "우리 동네에는 솔숲이 있다."를 참인 명제로 추가할 수 있다.
② '정합적이다'를 함축으로 이해하면, "우리 집이 정전되었다."를 참인 명제로 추가할 수 있다.
③ '정합적이다'를 설명적 연관으로 이해하면, "예비 전력의 부족으로 전력 공급이 중단됐다."를 참인 명제로 추가할 수 있다.
④ '정합적이다'를 함축으로 이해하면, "우리 동네에는 솔숲이 있다."를 참인 명제로 추가할 수 없다.
⑤ '정합적이다'를 설명적 연관으로 이해하면, "우리 집이 정전되었다."를 참인 명제로 추가할 수 없다.

## 098

**문맥상 ㉠~㉤을 바꿔 쓰기에 적절하지 않은 것은?**

① ㉠ : 받아들인
② ㉡ : 일어나지
③ ㉢ : 밝혀내기
④ ㉣ : 지나치게
⑤ ㉤ : 아우를

# 4. 우리는 어떤 존재인가?

[099~104] 2024학년도 6월 모평 12번~17번 정답과 해설편 p.064

**다음 글을 읽고 물음에 답하시오.** 6문항을 14분 안에 풀어보세요.

(가)

심리 철학에서 동일론은 의식이 뇌의 물질적 상태와 동일하다고 ⓐ 본다. 이와 달리 기능주의는 의식은 기능이며, 서로 다른 물질에서 같은 기능이 구현될 수 있다고 주장한다. 이때 기능이란 어떤 입력이 주어졌을 때 특정한 출력을 내놓는 함수적 역할로 정의되며, 함수적 역할의 일치는 입력과 출력의 쌍이 일치함을 의미한다. 실리콘 칩으로 구성된 로봇이 찔림이라는 입력에 대해 고통을 출력으로 내놓는 기능을 가진다면, 로봇과 우리는 같은 의식을 가진다는 것이다. 이처럼 기능주의는 의식을 구현하는 물질이 무엇인지는 중요하지 않다고 본다.

설(Searle)은 기능주의를 반박하는 사고 실험을 제시한다. '중국어 방' 안에 중국어를 모르는 한 사람만 있다고 하자. 그는 중국어로 된 입력이 들어오면 정해진 규칙에 따라 중국어로 된 출력을 내놓는다. 설에 의하면 방 안의 사람은 중국어 사용자와 함수적 역할이 같지만 중국어를 아는 것은 아니다. 기능이 같으면서 의식은 다른 사례가 있다는 것이다.

동일론, 기능주의, 설은 모두 의식에 대한 논의를 의식을 구현하는 몸의 내부로만 한정하고 있다. 하지만 의식의 하나인 '인지' 즉 '무언가를 알게 됨'은 몸 바깥에서 ⓑ 일어나는 일과 맞물려 벌어진다. 기억나지 않는 정보를 노트북에 저장된 파일을 열람하여 확인하는 것이 한 예이다. 로랜즈의 확장 인지 이론은 이를 설명하는 이론이다.

그에 ⓒ 따르면 인지 과정은 주체에게 '심적 상태'가 생겨나게 하는 과정이다. 기억이나 믿음이 심적 상태의 예이다. 심적 상태는 어떤 것에도 의존함이 없이 주체에게 의미를 나타낸다. 예를 들어, 무언가를 기억하는 사람은 자기의 기억이 무엇인지 ⓓ 알아보기 위해 아무것에도 의존할 필요가 없다. 이와 달리 '파생적 상태'는 주체의 해석에 의존해서만 또는 사회적 합의에 의존해서만 의미를 나타내는 상태로 정의된다. 앞의 예에서 노트북에 저장된 정보는 전자적 신호가 나열된 상태로서 파생적 상태이다. 주체에 의해 열람된 후에도 노트북의 정보는 여전히 파생적 상태이다. 하지만 열람 후 주체에게는 기억이 생겨난다. 로랜즈에게 인지 과정은 파생적 상태가 심적 상태로 변환되는 과정이 아니라, 파생적 상태를 조작함으로써 심적 상태를 생겨나게 하는 과정이다. 심적 상태가 주체의 몸 외부로 확장되는 것이 아니라, 심적 상태를 생겨나게 하는 인지 과정이 확장되는 것이다. 이러한 ㉠ 확장된 인지 과정은 인지 주체의 것일 때에만, 다시 말해 환경의 변화를 탐지하고 그에 맞춰 행위를 조절하는 주체와 통합되어 있을 때에만 성립할 수 있다. 즉 로랜즈에게 주체 없는 인지란 있을 수 없다. 확장 인지 이론은 의식의 문제를 몸 안으로 한정하지 않고 바깥으로까지 넓혀 설명한다는 의의를 지닌다.

(나)

일반적으로 '지각'이란 몸의 감각 기관을 통해 사물에 대해 아는 것을 의미한다. 이러한 지각을 분석할 때 두 가지 사실에 직면한다. 첫째, 그 사물과 내 몸은 물질세계에 있다. 둘째, 그 사물에 대한 나의 의식은 물질세계가 아닌 다른 세계에 있다. 즉 몸으로서의 나는 사물과 같은 세계에 속하는 동시에 의식으로서의 나는 사물과 다른 세계에 속한다.

이에 대한 객관주의 철학의 입장은 두 가지로 나뉜다. 의식을 포함한 모든 것을 물질로 환원하여 의식은 물질에 불과하다고 주장하거나, 의식을 물질과 구분되는 독자적 실체로 규정함으로써 의식과 물질의 본질적 차이를 주장한다. 전자에 의하면 지각은 사물로부터의 감각 자극에 따른 주체의 물질적 반응으로 이해되며, 후자에 의하면 지각은 감각된 사물에 대한 주체 즉 의식의 판단으로 이해된다. 이처럼 양자 모두 주체와 대상의 분리를 전제하고 지각을 이해한다. 주체와 대상은 지각 이전에 이미 확정되어 각각 존재한다는 것이다.

하지만 지각은 주체와 대상이 각자로서 존재하기 이전에 나타나는 얽힘의 체험이다. 예를 들어 다른 사람과 손이 맞닿을 때 내가 누군가의 손을 ⓔ 만지는 동시에 나의 손 역시 누군가에 의해 만져진다. 감각하는 것이 동시에 감각되는 것이 되는 얽힘의 순간에, 나는 나와 대상을 확연히 구분한다. 지각이라는 얽힘의 작용이 있어야 주체와 대상이 분리될 수 있다. 다시 말해 주체와 대상은 지각이 일어난 이후 비로소 확정된다. 따라서 ㉡ 지각과 감각은 서로 구분되지 않는다.

지각은 물질적 반응이나 의식의 판단이 아니라, 내 몸의 체험이다. 지각은 나의 몸에 의해 이루어지는 것이고, 지각이 이루어지게 하는 것은 모두 나의 몸이다.

## 099

**다음은 윗글을 읽은 학생이 정리한 내용이다. ㉮와 ㉯에 들어갈 말로 가장 적절한 것은?**

> (가)는 기능주의를 소개한 후 [ ㉮ ]은/는 같지 않다는 설(Searle)의 비판을 제시하고 있다. 그리고 인지 과정이 몸 바깥으로까지 확장된다고 주장하는 확장 인지 이론을 설명하고 있다. (나)는 인지 중에서도 감각 기관을 통한 인지, 즉 지각을 주제로 하고 있다. (나)는 지각에 대한 객관주의 철학의 입장을 비판하고, [ ㉯ ]으로서의 지각을 주장하고 있다.

| | ㉮ | ㉯ |
|---|---|---|
| ① | 의식과 함수적 역할 | 내 몸의 체험 |
| ② | 의식과 함수적 역할 | 물질적 반응 |
| ③ | 의식과 뇌의 상태 | 의식의 판단 |
| ④ | 의식과 뇌의 상태 | 내 몸의 체험 |
| ⑤ | 입력과 출력 | 의식의 판단 |

## 100

**(가)에서 알 수 있는 내용으로 적절하지 <u>않은</u> 것은?**

① 동일론자들은 뇌가 존재하지 않으면 의식도 존재하지 않는다고 볼 것이다.
② 설(Searle)은 '중국어 방' 안의 사람과 중국어를 아는 사람의 의식이 다르다고 볼 것이다.
③ 로랜즈는 기억이 주체의 몸 바깥으로 확장될 수 있다고 볼 것이다.
④ 로랜즈는 인지 과정이 파생적 상태를 조작하는 과정을 포함한다고 볼 것이다.
⑤ 로랜즈는 노트북에 저장된 정보가 그 자체로는 심적 상태가 아니라고 볼 것이다.

## 101

**(나)의 필자의 관점에서 ㉠을 평가한 내용으로 가장 적절한 것은?**

① 확장된 인지 과정이 인지 주체의 것일 때에만 성립할 수 있다는 주장은, 지각 이전에 확정된 주체를 전제한 것이므로 타당하지 않다.
② 확장된 인지 과정이 인지 주체의 것일 때에만 성립할 수 있다는 주장은, 의식이 세계를 구성하는 독자적 실체라고 규정하는 것이므로 타당하다.
③ 주체와 통합된 경우에만 확장된 인지 과정이 성립할 수 있다는 주장은, 의식은 물질에 불과하다고 본 것이므로 타당하다.
④ 주체와 통합된 경우에만 확장된 인지 과정이 성립할 수 있다는 주장은, 외부 세계에 대한 지각이 이루어질 수 없다고 보는 것이므로 타당하지 않다.
⑤ 주체와 통합된 경우에만 확장된 인지 과정이 성립할 수 있다는 주장은, 주체와 대상의 분리를 통해서만 지각이 이루어질 수 있다고 보는 것이므로 타당하다.

## 102

**㉡의 이유로 가장 적절한 것은?**

① 감각과 지각 모두 물질세계에서 이루어지기 때문에
② 감각하는 것이 동시에 감각되는 것이 되는 얽힘의 작용이 지각이기 때문에
③ 지각은 몸에 의해 이루어지지만 감각은 몸에 의해 이루어지지 않기 때문에
④ 지각은 의식으로서의 주체가 외부의 대상을 감각하여 판단한 결과이기 때문에
⑤ 주체와 대상이 분리되기 이전에 감각과 지각이 분리된 채로 존재하기 때문에

# 103

**(가), (나)를 바탕으로 <보기>의 상황을 이해한 내용으로 적절하지 않은 것은?** [3점]

| 보 기 |

빛이 완전히 차단된 암실에 A와 B 두 명의 사람이 있다. A는 막대기로 주변을 더듬어 사물의 위치를 파악한다. 막대기 사용에 익숙한 A는 사물에 부딪친 막대기의 진동을 통해 사물의 위치를 파악할 수 있다. B는 초음파 센서로 탐지한 사물의 위치 정보를 '뇌-컴퓨터 인터페이스(BCI)'를 사용하여 전달받는다. 이를 통해 B는 사물의 위치를 파악할 수 있다. BCI는 사람의 뇌에 컴퓨터를 연결하여 외부 정보를 뇌에 전달할 수 있는 기술이다.

① (가)의 기능주의에 따르면, A와 B가 암실 내 동일한 사물의 위치를 묻는 질문에 동일한 대답을 내놓는 경우 이때 둘의 의식은 차이가 없겠군.
② (가)의 확장 인지 이론에 따르면, BCI로 암실 내 사물의 위치를 파악하는 것이 B의 인지 과정인 경우 B에게 사물의 위치에 대한 심적 상태가 생겨나겠군.
③ (가)의 확장 인지 이론에 따르면, 암실 내 사물에 부딪친 막대기의 진동이 A의 해석에 의존해서만 의미를 나타내는 경우 그 진동 상태는 파생적 상태가 아니겠군.
④ (나)에서 몸에 의한 지각을 주장하는 입장에 따르면, 막대기에 의해 A가 사물의 위치를 지각하는 경우 막대기는 A의 몸의 일부라고 할 수 있겠군.
⑤ (나)에서 의식을 물질로 환원하는 입장에 따르면, BCI를 통해 입력된 정보로부터 B의 지각이 일어난 경우 BCI를 통해 들어온 자극에 따른 B의 물질적 반응이 일어난 것이겠군.

# 104

**문맥상 ⓐ~ⓔ의 단어와 가장 가까운 의미로 쓰인 것은?**

① ⓐ : 그간의 사정을 봐서 그를 용서해 주었다.
② ⓑ : 이사 후에 가난하던 살림살이가 일어났다.
③ ⓒ : 개발에 따른 자연 훼손 문제가 심각해졌다.
④ ⓓ : 단어의 뜻을 알아보기 위해 사전을 펼쳤다.
⑤ ⓔ : 그는 컴퓨터 프로그램을 제법 만질 줄 안다.

[105~108] 2022학년도 9월 모평 10번~13번 정답과 해설편 p.068

**다음 글을 읽고 물음에 답하시오.** 4문항을 9분 안에 풀어보세요.

인간의 본성에 관한 서로 다른 두 관점이 있다. 종교적 인간관에 따르면, 인간에게는 물리적 실체인 몸 이외에 비물리적 실체인 영혼이 있다. 영혼은 물리적 몸과 완전히 구별되며 인간의 결정의 원천이다. 반면 유물론적 인간관에 따르면, 인간은 물리적 몸에 지나지 않는다. 물리적 몸 이외에 영혼은 존재하지 않는다. 따라서 인간의 결정은 단지 뇌에서 일어나는 신경 사건이다. 이러한 두 관점 중 유물론적 인간관을 가정할 때, 인간은 자유롭게 선택할 수 있을까? 즉 인간에게 자유의지가 있을까? 가령 갑이 냉장고 문을 여니 딸기 우유와 초코 우유만 있다고 해 보자. 갑은 이것들 중 하나를 자유의지로 선택할 수 있을까?

이러한 질문과 관련하여 반자유의지 논증은 갑에게 자유의지가 없다고 결론 내린다. 우선 임의의 선택은 이전 사건들에 의해 선결정되거나 무작위로 일어난다. 여기서 무작위로 일어난다는 것은 선결정되지 않는다는 것을 의미한다. 이러한 전제하에 반자유의지 논증은 선결정 가정과 무작위 가정을 모두 고려한다. 첫 번째로 임의의 선택이 그 이전 사건들에 의해 선결정된다고 가정해 보자. 반자유의지 논증에서는 이 경우 우리에게 자유의지가 없다고 결론 내린다. 가령 갑의 딸기 우유 선택이 심지어 갑이 태어나기도 전에 선결정된 것이라면 갑이 자유의지로 그것을 선택한 것이라고 보기 어려울 것이다. 두 번째로 임의의 선택이 무작위로 일어난 것이라 가정해 보자. 반자유의지 논증에서는 이 경우에도 우리에게 자유의지가 없다고 결론 내린다. 가령 갑의 딸기 우유 선택이 단지 갑의 뇌에서 무작위로 일어난 신경 사건이라고 한다면, 그것은 자유의지의 산물이라고 보기 어려울 것이다.

그러나 이 논증에 관한 다양한 비판이 가능하다. ㉠ 반자유의지 논증을 비판하는 한 입장에 따르면 반자유의지 논증의 선결정 가정을 고려할 때의 결론은 받아들여야 하지만, 무작위 가정을 고려할 때의 결론은 받아들일 필요가 없다. 따라서 반자유의지 논증의 결론도 받아들일 필요가 없다고 주장한다. 그 이유는 아래와 같다.

임의의 선택이 나의 자유의지의 산물이 되기 위해서는 다음 두 가지 조건을 모두 충족해야 한다. 첫째, 내가 그 선택의 주체여야 한다. 둘째, 나의 선택은 그 이전 사건들에 의해 선결정되지 않아야 한다. 그런데 어떤 선택이 그 이전 사건들에 의해 선결정되어 있다면, 이것은 자유의지를 위한 둘째 조건과 충돌한다. 따라서 반자유의지 논증의 선결정 가정을 고려할 때의 결론인 우리에게 자유의지가 없다는 점을 받아들여야 한다. 물론 이러한 자유의지와 다른 의미를 지닌 자유의지가 있을 수 있다. 만약 '내가 자유롭게 선택했다'는 말이 단지 '내가 하고자 원했던 것을 했다'는 ⓐ 욕구 충족적 자유의지를 의미한다면, 나의 선택이 그 이전 사건들에 의해 선결정되어 있든 그렇지 않든 그것은 내 자유의지의 산물일 수 있다. 그러나 이러한 자유의지는 ⓑ 여기서 염두에 두는 두 가지 조건을 모두 충족하는 자유의지와 다르다.

다음으로, 어떤 선택이 무작위로 일어난 것이라고 하더라도 그 선택의 주체는 나일 수 있다. 유물론적 인간관에 따르면 '갑이 딸기 우유를 선택했다'는 것은 '선택 시점에 갑의 뇌에서 신경 사건이 발생했다'는 것을 의미한다. 갑의 이러한 신경 사건이 이전 사건들에 의해 선결정되지 않은 것으로 가정해 보자. 이러한 가정 아래에서도 갑은 그 선택의 주체일 수 있다. 왜냐하면 이 가정은 선택 시점에 발생한 뇌의 신경 사건으로서 '갑이 딸기 우유를 선택했다'는 사실을 바꾸지 않기 때문이다. 결국 ㉡ 반자유의지 논증의 무작위 가정을 고려할 때의 결론은 받아들일 필요가 없다.

## 105

**윗글에 대한 설명으로 적절하지 않은 것은?**

① 유물론적 인간관은 영혼의 존재를 인정하지 않는다.
② 유물론적 인간관은 인간의 선택을 물리적 사건으로 본다.
③ 종교적 인간관은 인간이 물리적 실체로만 구성된다고 보지 않는다.
④ 종교적 인간관은 인간의 선택에서 비물리적 실체가 하는 역할을 인정한다.
⑤ 반자유의지 논증은 임의의 선택이 선결정되지 않을 가능성을 고려하지 않는다.

## 106

**ⓐ, ⓑ를 이해한 내용으로 적절한 것은?**

① 어떤 선택을 원해서 한다면 그 선택을 한 사람에게 ⓐ가 있을 수 없다.
② 어떤 선택을 원해서 한다면 그 선택을 한 사람에게 ⓑ가 있을 수 없다.
③ 어떤 선택이 선결정되어 있다면 그 선택을 한 사람에게 ⓐ가 있을 수 없다.
④ 어떤 선택이 선결정되어 있다면 그 선택을 한 사람에게 ⓑ가 있을 수 없다.
⑤ 어떤 선택을 원해서 하고 그 선택이 선결정되어 있지 않다면 그 선택을 한 사람에게 ⓐ와 ⓑ 중 어느 것도 있을 수 없다.

## 107

**㉡의 이유로 가장 적절한 것은?**

① 비물리적 실체인 영혼은 존재하지 않기 때문이다.
② 어떤 선택은 무작위로 일어난 것이 아니기 때문이다.
③ 어떤 선택은 선결정되어 있지만 욕구 충족적 자유의지의 산물이기 때문이다.
④ 반자유의지 논증의 선결정 가정을 고려할 때의 결론이 받아들여져야 하기 때문이다.
⑤ 어떤 선택은 자유의지의 산물이 되기 위한 두 가지 조건을 모두 충족할 수 있기 때문이다.

## 108

**윗글의 ㉠에 입각하여 학생이 <보기>와 같은 탐구 활동을 한다고 할 때, [A]에 들어갈 내용으로 적절한 것은?** [3점]

| 보기 |

자유의지와 관련된 H의 가설과 실험을 보고, 반자유의지 논증에 대해 논의해 보자.

- **H의 가설**
  인간이 결정을 내릴 때 발생하는 신경 사건이 있기 전에 그가 어떤 선택을 할지 알게 해 주는 다른 신경 사건이 그의 뇌에서 매번 발생한다.
- **H의 실험**
  피실험자의 왼손과 오른손에 각각 버튼 하나가 주어진다. 피실험자는 두 버튼 중 어떤 버튼을 누를지 특정 시점에 결정한다. 그 결정의 시점과 그 이전에 발생하는 뇌의 신경 사건을 동일한 피실험자에게서 100 차례 관측한다.

○ **논의** : [A]

① H의 가설이 실험 결과에 의해 입증된다면, 선결정 가정을 고려할 때의 결론을 거부해야 한다.
② H의 가설이 실험 결과에 의해 입증된다면, 무작위 가정은 참일 수밖에 없다.
③ H의 가설이 실험 결과에 의해 입증되지 않는다면, 선결정 가정은 참일 수밖에 없다.
④ H의 가설이 실험 결과에 의해 입증되지 않는다면, 무작위 가정을 고려할 때의 결론을 받아들여야 하는 것은 아니다.
⑤ H의 가설의 실험 결과에 의한 입증 여부와 상관없이, 반자유의지 논증의 결론을 받아들여야 한다.

**다음 글을 읽고 물음에 답하시오.** 6문항을 10분 안에 풀어보세요. 

인간은 이 세상에서 정신과 물질을 동시에 지닌 유일한 존재로 여겨진다. 정신은 과연 물질, 곧 육체와 별도로 존재하는 것일까? ㉠ 컴퓨터와 같은 완전히 물리적인 체계는 정신을 가질 수 없는가? 오래전부터 정신을 비물리적 대상으로 간주하는 사람이 많았고 지금도 크게 다르지 않다. 이렇게 육체는 원자로 이루어져 있으며 화학적 조성을 띠지만 정신은 비물리적 대상이라고 주장하는 이론이 이원론이다. 이에 견줘 동일론은 정신은 육체, 그중에서 두뇌의 물리적 상태와 동일한 것으로 존재하지, 육체와 독립되어 존재하지 않는다고 주장한다. 무엇인가가 독립되어 존재하지 않는다는 것을 증명하기 위해서는 그것이 독립적으로 존재할 모든 가능성을 들여다보며 "여기도 없군. 저기도 없네." 하며 철저히 점검할 필요는 없다. 다만 그것이 존재한다고 말하는 주장들을 조목조목 반박해 나가면 된다. 그런 식으로 동일론은 이원론을 반박한다.

원자나 엑스선은 눈으로 볼 수 없지만 그것을 가정함으로써 다양한 현상들을 가장 잘 설명할 수 있다. 이원론자는 정신도 ⓐ 눈에 보이지 않지만 그것을 가정해야만 설명할 수 있는 특성들이 있다고 주장한다. 라이프니츠는 만일 X와 Y가 동일하다면 이들이 똑같은 특성을 갖는다는 '동일자 식별 불가능성 원리'를 제시했는데, 어떠한 물리적 대상도 갖지 못할 특성을 정신이 갖는다면, 이 원리에 따라 정신은 물리적 대상과는 다를 것이다.

[A] 대표적 이원론자인 데카르트는 그런 특성으로 언어와 수학적 추론을 제시한다. 그는 완전히 물리적인 체계가 사람처럼 언어를 사용하거나 수학적인 추론을 해낼 수는 없으리라고 보았다. 그러나 이런 주장은 그 힘이 처음 생각했던 것보다 약하다. 먼저 컴퓨터 언어라는 개념은 이제 상식적인 것이 되었다. 컴퓨터 언어는 인간이 쓰는 언어에 비해서 구조와 내용의 면에서 단순하지만 그 차이라 하는 것은 종류의 차이가 아니라 정도의 차이이다. 한편 데카르트의 저술이 나타난 이래로 수세기 동안 여러 학자들은 수학적 추론의 일반적 원리들을 이럭저럭 찾아낼 수 있게 되었고, 컴퓨터 기술자들은 그런 원리를 바탕으로 하여 데카르트를 깜짝 놀라게 했을 법한 ⓑ 기계를 만들어 내게 되었다. 독립적인 정신을 가정하지 않고서도 언어와 수학적 추론을 설명할 수 있는 가능성이 생긴 것이다. 이와 같이 더 복잡한 것을 끌어들이지 않고 무언가를 충분히 설명할 수 있다면, 그것을 끌어들이지 말라는 '단순성의 원리'에 의해 독립적인 정신을 가정할 필요가 없다.

데카르트는 동일자 식별 불가능성 원리로 이원론을 지지하는 또 다른 논증으로, 육체의 존재는 얼마든지 의심할 수 있지만 정신은 의심할 수 없다는 것을 든다. 의심하기 위해서는 내 정신이 ⓒ 또렷하게 존재해야 하기 때문이다. 그렇다면 육체와 정신 중 하나는 의심 가능하다는 특성을 갖지만 다른 하나는 갖지 않으므로 그 둘은 ⓓ 동일하지 않다는 결론이 나온다. 이 논증을 평가하기 위해 사실은 같은 사람인 정약용과 다산을 생각해 보자. 『목민심서』를 정약용이 썼다는 것을 의심하지 않더라도 다산이 썼다는 것은 얼마든지 의심할 수 있다. 다산이 썼어도 쓰지 않았다고 의심하는 것은 논리적으로 모순된 것이 아니기 때문이다. 그렇다고 해서 정약용과 다산이 ⓔ 동일한 존재가 아닌 것은 아니다. 동일자 식별 불가능성 원리는, 식별하는 데 사용되는 특성이 의심이나 생각 같은 것을 포함한 경우에는 적용되지 않는 것이다.

## 109

**독서의 목적을 고려하여 윗글을 추천하고자 할 때, ㉮에 들어갈 내용으로 가장 적절한 것은?**

| ㉮ 분에게 추천합니다. |
|---|

① 감정을 정화하기 위해 감동적인 경험을 소개하는 글을 읽으려는
② 인간관계를 유지하고 발전시키기 위해 타인의 일상을 담은 글을 읽으려는
③ 학문적인 정보를 얻기 위해 기술에 적용된 원리를 설명하는 글을 읽으려는
④ 사회적 문제를 해결하는 방안을 찾기 위해 사회 현상의 원인을 분석한 글을 읽으려는
⑤ 인간과 세계를 이해하기 위해 인간과 사물의 본질을 논쟁적으로 다룬 글을 읽으려는

## 110

**윗글을 통해 알 수 있는 내용으로 가장 적절한 것은?**

① 현실에서 발생한 일이라도 발생하지 않았다고 의심은 할 수 있다.
② 이원론은 완전히 물리적인 체계에도 정신이 독립적으로 있다고 본다.
③ 원자나 엑스선은 눈에 보이지 않는다는 점에서 물리적 대상이 아니다.
④ 라이프니츠는 물리적 대상이 정신과 똑같은 특성을 갖더라도 그 둘은 다르다고 보았다.
⑤ 데카르트는 언어를 사용하거나 수학적 추론을 할 수 있는 기계가 출현하리라고 예상했다.

## 111

**㉠에 대한 동일론자의 대답으로 가장 적절한 것은?**

① 기술이 발달하면 컴퓨터도 인간과 같은 정신을 가질 것이다.
② 기술이 발달하면 컴퓨터는 인간과 달리 정신을 가질 것이다.
③ 기술이 발달하면 컴퓨터는 인간과 종류가 다른 정신을 가질 것이다.
④ 기술이 발달하더라도 컴퓨터는 인간과 달리 정신을 가지지 않을 것이다.
⑤ 기술이 발달하더라도 컴퓨터도 인간과 같이 정신을 가지지 않을 것이다.

## 112

**윗글을 참고하여 <보기>를 이해한 내용으로 적절하지 않은 것은?** 3점

| 보기 |
(가) 악령의 존재를 가정할 필요 없이 병원체의 존재를 가정함으로써 감염병의 발생을 가장 잘 설명할 수 있다.
(나) '하늘에 태양이 존재하면서 동시에 존재하지 않는다'고 생각할 수 없지만, '왼손은 있다'고 생각하면서 '오른손은 사라졌다'고 생각할 수 있다.

① (가)에서는 단순성의 원리에 의해 악령을 끌어들일 필요가 없는 것이겠군.
② (가)에서 '악령이 존재한다'는 주장을 반박하기 위해서 악령이 존재할 모든 가능성을 들여다볼 필요는 없겠군.
③ (가)에서 병원체의 존재가 감염병을 가장 잘 설명해 주기 때문에 병원체가 존재한다고 판단하겠군.
④ (나)에서 왼손과 오른손은 동일자 식별 불가능성 원리에 따라 동일한 대상이 아니겠군.
⑤ (나)에서 생각의 가능성에 차이가 있는 까닭은 논리적으로 모순인 것과 아닌 것의 차이 때문이겠군.

## 113

**[A]에 드러난 동일론의 주장에 대해 이원론이 비판한다고 할 때, 비판의 내용으로 적절하지 않은 것은?**

① 인간과 같은 수준의 언어를 사용하는 기계가 있을 수 있다고 하는데, 있다고 하더라도 정말로 그 뜻을 이해하고 사용하는 것은 아니다.
② 인간과 같은 수준의 언어를 사용하는 기계가 있을 수 있다고 하는데, 있다고 하더라도 그것은 행동적인 측면만 따라할 뿐이고 사랑이나 두려움 같은 감성적 측면은 따라할 수 없다.
③ 수학적 추론을 하는 기계가 있을 수 있다고 하는데, 기계가 정신을 가지지 못한다고 말하면서도 수학적 추론을 한다는 것은 성립할 수 없다.
④ 수학적 추론을 하는 기계가 있을 수 있다고 하는데, 있다고 하더라도 그것은 프로그램에 따라 작동하는 것에 불과하지 선택에 따른 행동이라고 볼 수 없다.
⑤ 수학적 추론을 하는 기계가 있을 수 있다고 하는데, 비행 시뮬레이션이 실제 비행의 모방에 불과한 것처럼 기계의 수학적 추론은 인간의 수학적 추론을 모방한 것에 불과하다.

## 114

**문맥상 ⓐ~ⓔ와 바꿔 쓰기에 적절하지 않은 것은?**

① ⓐ : 원자나 엑스선과 유사한 특성이 있다고
② ⓑ : 완전히 물리적인 체계를
③ ⓒ : 화학적인 조성을 띠어야
④ ⓓ : 똑같은 특성을 지니지 않는다는
⑤ ⓔ : 독립적인 존재인

[115~118] 2016학년도 수능B 17번~20번 정답과 해설편 p.074

**다음 글을 읽고 물음에 답하시오.** 4문항을 9분 안에 풀어보세요.

우리 삶에서 운이 작용해서 결과가 달라지는 일은 흔하다. 그러나 외적으로 드러나는 행위에 초점을 맞추는 '의무 윤리'든 행위의 ⓐ 기반이 되는 성품에 초점을 맞추는 '덕의 윤리'든, 도덕의 문제를 다루는 철학자들은 도덕적 평가가 운에 따라 달라져서는 안 된다고 생각한다. 이들의 생각처럼 도덕적 평가는 스스로가 통제할 수 있는 것에 대해서만 이루어져야 한다. 운은 자신의 의지에 따라 통제할 수 없어서, 운에 따라 누구는 도덕적이게 되고 누구는 아니게 되는 일은 공평하지 않기 때문이다.

그런데 ㉠ 어떤 철학자들은 운에 따라 도덕적 평가가 달라지는 일이 실제로 일어난다고 주장하고, 그런 운을 '도덕적 운'이라고 부른다. 그들에 따르면 세 가지 종류의 도덕적 운이 ⓑ 거론된다. 첫째는 태생적 운이다. 우리의 행위는 성품에 의해 결정되며 이런 성품은 태어날 때 이미 결정되므로, 성품처럼 우리가 통제할 수 없는 요인이 도덕적 평가에 ⓒ 개입되는 불공평한 일이 일어난다는 것이다.

둘째는 상황적 운이다. 똑같은 성품이더라도 어떤 상황에 처하느냐에 따라 그 성품이 발현되기도 하고 안 되기도 한다는 것이다. 가령 남의 것을 탐내는 성품을 똑같이 가졌는데 결핍된 상황에 처한 사람은 그 성품이 발현되는 반면에 풍족한 상황에 처한 사람은 그렇지 않다면, 전자만 비난하는 것은 공평하지 못하다는 것이다. 어떤 상황에 처하느냐는 통제할 수 없는 요인이기 때문이다.

셋째는 우리가 통제할 수 없는 결과에 의해 도덕적 평가가 좌우되는 결과적 운이다. 어떤 화가가 자신의 예술적 이상을 달성하기 위해 가족을 버리고 멀리 떠났다고 해 보자. 이 경우 그가 화가로서 성공했을 때보다 실패했을 때 그의 무책임함을 더 비난하는 것을 '상식'으로 받아들이는 경우가 많다. 그러나 도덕적 운을 인정하는 철학자들은 그가 가족을 버릴 당시에는 예측할 수 없었던 결과에 의해 그의 행위를 달리 평가하는 것 역시 불공평하다고 생각한다.

그들의 주장에 따라 도덕적 운의 존재를 인정하면 불공평한 평가만 할 수 있을 뿐인데, 이는 결국 도덕적 평가 자체가 불가능해짐을 의미한다. ㉡ 도덕적 평가가 불가능한 대상은 강제나 무지와 같이 스스로가 통제할 수 없는 요인에 의해 결정되는 것에만 국한되어야 한다. 그런데 도덕적 운의 존재를 인정하면 그동안 도덕적 평가의 대상이었던 성품이나 행위에 대해 도덕적 평가를 내릴 수 없는 난점에 직면하게 되는 것이다.

하지만 관점을 바꾸어 도덕적 운의 존재를 부정하고 도덕적 평가가 불가능한 경우를 강제나 무지에 의한 행위에 ⓓ 국한한다면 이와 같은 난점에서 벗어날 수 있다. 도덕적 운의 존재를 부정하기 위해서는 도덕적 운이라고 생각되는 예들이 실제로는 도덕적 운이 아님을 보여 주면 된다. 우선 행위는 성품과는 별개의 것이므로 태생적 운의 존재가 부정된다. 또한 나쁜 상황에서 나쁜 행위를 할 것이라는 추측만으로 어떤 사람을 ⓔ 폄하하는 일은 정당하지 못하므로 상황적 운의 존재도 부정된다. 끝으로 어떤 화가가 결과적으로 성공을 했든 안 했든 무책임함에 대해서는 똑같이 비난받아야 하므로 결과적 운의 존재도 부정된다. 실패한 화가를 더 비난하는 '상식'이 통용되는 것은 화가의 무책임한 행위가 그가 실패했을 때보다 성공했을 때 덜 부각되기 때문이다.

## 115

**㉠과 글쓴이의 견해에 대한 설명으로 가장 적절한 것은?**

① ㉠과 달리 글쓴이는 도덕적 평가는 '상식'을 존중해야 한다고 생각한다.
② ㉠은 글쓴이와 달리 운은 우리가 통제할 수 없는 것이라고 생각한다.
③ ㉠과 글쓴이는 모두 같은 성품을 가진 사람은 같은 행위를 한다고 생각한다.
④ ㉠과 글쓴이는 모두 도덕의 영역에서는 운에 따라 도덕적 평가가 달라지는 일은 없다고 생각한다.
⑤ ㉠과 글쓴이는 모두 도덕적 운의 존재를 인정하는 것은 도덕적 평가를 불공평하게 만든다고 생각한다.

## 116

**㉡의 관점에 따를 때, '도덕적 평가'의 대상으로 볼 수 있는 것만을 <보기>에서 있는 대로 고른 것은?**

| 보 기 |

ㄱ. 거친 성격의 사람이 자신의 성격을 억누르고 주위 사람들을 다정하게 대했다.
ㄴ. 복잡한 지하철에서 누군가에게 떠밀린 사람이 어쩔 수 없이 앞 사람의 발을 밟게 되었다.
ㄷ. 글을 모르는 어린아이가 바닥에 떨어진 중요한 서류가 실수로 버려진 것인 줄 모르고 찢으며 놀았다.
ㄹ. 풍족한 나라의 한 종교인이 가난한 나라로 발령을 받자 자신의 종교적 신념에 따라 가난한 사람들을 돕는 활동을 했다.

① ㄱ, ㄹ ② ㄴ, ㄷ ③ ㄷ, ㄹ
④ ㄱ, ㄴ, ㄷ ⑤ ㄱ, ㄴ, ㄹ

## 117

**윗글에 근거하여 <보기>를 설명한 내용으로 가장 적절한 것은?**

| 보 기 |

동료 선수와 협동하지 않고 무모한 공격을 감행한 축구선수 A와 B가 있다. A는 상대팀 골키퍼가 실수를 하여 골을 넣었는데, B는 골키퍼가 실수를 하지 않아 골을 넣지 못했다. 두 사람은 무모하고 독선적인 성품이나 행위와 동기는 같은데도, 통상 사람들은 A보다 B를 도덕적으로 더 비난한다.

① 도덕적 운의 존재를 인정하지 않는 철학자는 A는 B에 비해 무모함과 독선이 사람들에게 덜 부각되었을 뿐이라고 본다.
② 도덕적 운의 존재를 인정하는 철학자는 A가 B의 처지라면 골을 넣지 못했으리라는 추측만으로 A를 비난하는 것은 정당하지 못하다고 본다.
③ 태생적 운의 존재를 인정하는 철학자는 B가 A에 비해 무모하고 독선적인 성품을 천부적으로 더 가지고 있으므로 더 비난받아야 한다고 본다.
④ 상황적 운의 존재를 인정하지 않는 철학자는 A가 B의 상황이라면 무모함과 독선이 발현되지 않을 것이기 때문에 똑같이 비난받아서는 안 된다고 본다.
⑤ 결과적 운의 존재를 인정하는 철학자는 A보다 B가 더 무모한 공격을 했기 때문에 더 비난받아야 한다고 본다.

## 118

**ⓐ~ⓔ의 사전적 의미로 적절하지 않은 것은?**

① ⓐ : 기초가 되는 바탕. 또는 사물의 토대.
② ⓑ : 어떤 사항을 논제로 삼아 제기하거나 논의함.
③ ⓒ : 자신과 직접적 관계가 없는 일에 끼어듦.
④ ⓓ : 알맞게 이용하거나 어떤 상황에 맞추어 씀.
⑤ ⓔ : 어떤 대상이 지닌 가치를 깎아내림.

[119~121] 2014학년도 수능B 19번~21번 정답과 해설편 p.076

**다음 글을 읽고 물음에 답하시오.** 3문항을 6분 안에 풀어보세요. 

정신적 사건과 물질적 사건은 구분된다고 생각하는 것이 우리의 상식이다. 이러한 상식에 따르면 인간의 정신적 사건과 육체적 사건도 구분되는 것으로 보게 된다. 하지만 정신적 사건과 육체적 사건이 서로 긴밀히 연결되어 있다고 보는 것 또한 우리의 상식이다. 위가 텅 비어 있으면 정신적인 고통을 느끼는 현상, 두려움을 느끼면 가슴이 더 빨리 뛰는 현상 등이 그런 예이다. 문제는 정신적 사건과 육체적 사건의 이질성과 관련성이라는 두 가지 상식을 조화시키기가 쉽지 않다는 것이다. 정신적 사건과 육체적 사건이 서로 다른 종류의 것이라고 주장하는 이론, 곧 심신 이원론은 그 두 종류의 사건이 관련되어 있음을 설명하기 위해 다양한 방법을 시도한다.

먼저 정신적 사건과 육체적 사건이 서로에게 인과적으로 영향을 주고받는다는 상호 작용론이 있다. 이는 위가 텅 비었다는 육체적 사건이 원인이 되어 고통을 느낀다는 정신적 사건이 결과로 일어나고, 두려움이라는 정신적 사건이 원인이 되어 가슴이 더 빨리 뛰는 육체적 사건이 결과로 일어난다고 설명한다. 그러나 서양 근세 철학의 관점에서 보면 공간을 차지하고 있지 않은 정신이 어떻게 공간을 차지하고 있는 육체에 영향을 미칠 수 있느냐 하는 문제가 생긴다.

이에 비해 평행론은 정신적 사건과 육체적 사건 사이에는 어떤 인과 관계도 성립하지 않으며, 정신적 사건은 정신적 사건대로, 육체적 사건은 육체적 사건대로 인과 관계가 성립한다고 주장하는 이원론이다. 이 이론에 따르면 정신적 사건과 육체적 사건이 상호 작용하는 것처럼 보이는 것은 어떤 정신적 사건이 일어날 때 거기에 해당하는 육체적 사건도 평행하게 항상 일어나기 때문이다. 물질로 이루어진 세계의 모든 사건은 다른 물질적 사건이 원인이 되어 일어난다는 생각, 즉 물질적 사건의 원인을 설명하기 위해서 물질세계 밖으로 나갈 필요가 없다는 생각은 근대 과학의 기본 전제이다. 평행론은 이 전제와 충돌하지 않는다는 장점이 있다. 그러나 서로 다른 종류의 사건들이 동시에 일어난다는 사실은 이해하기 힘들다.

부수 현상론은 모든 정신적 사건은 육체적 사건에 의해서 일어나지만 그 역은 성립하지 않는다고 주장하여 두 가지 상식 사이의 조화를 설명하려는 이원론이다. 이에 따르면 ㉠ <u>육체적 사건</u>은 ㉡ <u>정신적 사건</u>을 일으키고 또 다른 육체적 사건의 원인도 된다. 하지만 정신적 사건은 육체적 사건에 동반되는 부수 현상일 뿐, 정신적 사건이든 육체적 사건이든 어떠한 사건에도 아무런 영향을 미치지 못한다. 그러나 정신적 사건이 아무 일도 못하면서 따라 나올 뿐이라는 주장은, 아무 일도 하지 못한다면 도대체 정신적 사건이 왜 존재해야 하는가 하는 의문을 불러일으킨다.

정신적 사건과 육체적 사건을 구분하면서 그 둘이 관련 있음을 설명하려는 이론들은 모두 각자의 문제점에 봉착한다. 그래서 정신적 사건과 육체적 사건은 별개의 사건이 아니라 두 사건이 문자 그대로 동일한 사건이라는 동일론, 곧 심신 일원론이 제기된다. 과학의 발달로 그동안 정신적 사건이라고 알려졌던 것이 사실은 육체적 사건에 불과하다는 것이 밝혀짐에 따라, 인과 관계는 오로지 물질적 사건들 사이에서만 존재한다고 보게 된 것이다.

## 119

**윗글을 통해 알 수 있는 내용으로 적절하지 <u>않은</u> 것은?**

① '심신 이원론'에서는 정신적 사건과 육체적 사건이 구분된다는 상식을 포기하지 않는다.

② '상호 작용론'에서는 정신적 사건이 육체적 사건의 원인이 되기도 하고 결과가 되기도 한다고 생각한다.

③ '평행론'에서는 정신적 사건이 육체적 사건의 원인이 되지 않으면서도 함께 일어날 수 있다고 주장한다.

④ '부수 현상론'에서는 육체적 사건이 정신적 사건을 일으킬 수 있다고 본다.

⑤ '동일론'은 정신적 사건과 육체적 사건에 대한 두 가지 상식이 모두 성립함을 보여 준다.

## 120

**'평행론'과 '동일론'에서 모두 동의할 수 있는 진술로 적절한 것은?**

① 정신적 사건들 사이에는 인과 관계가 존재하지 않는다.
② 육체적 사건과 정신적 사건은 서로 대응되며 별개의 세계에 존재한다.
③ 물질적 사건의 원인을 설명하기 위해서 물질세계 밖으로 나갈 필요가 없다.
④ 공간을 차지하고 있지 않은 정신이 공간을 차지하고 있는 육체에 영향을 미칠 수 있다.
⑤ 정신적 사건이든 육체적 사건이든 어떠한 사건에도 영향을 미치지 못하는 정신적 사건이 존재한다.

## 121

**<보기>는 '부수 현상론'을 설명하기 위한 비유이다. ㉠과 ㉡에 대응하는 것을 ⓐ~ⓒ에서 골라 바르게 짝지은 것은?** [3점]

| 보기 |

ⓐ 지구, 달, 태양의 상대적인 위치에 의해 ⓑ 조수 간만이 나타나기도 하고 보름달, 초승달과 같이 ⓒ 달의 모양이 달리 보이기도 한다. 이때 조수 간만은 다시 개펄의 형성 등과 같은 또 다른 일의 원인이 된다. 반면에 달의 모양은 세 천체의 상대적인 위치로 인해서 생겨난 결과일 뿐, 어떠한 인과적 역할도 하지 않는다.

| | ㉠ '육체적 사건' | ㉡ '정신적 사건' |
|---|---|---|
| ① | ⓐ | ⓑ |
| ② | ⓐ | ⓒ |
| ③ | ⓑ | ⓐ |
| ④ | ⓒ | ⓐ |
| ⑤ | ⓒ | ⓑ |

# 5. 그 밖의 인문학적 이야기들

[122~127] 2025학년도 수능 4번~9번 정답과 해설편 p.079

**다음 글을 읽고 물음에 답하시오.** 6문항을 18분 안에 풀어보세요.

(가)

서양의 과학과 기술, 천주교의 수용을 반대했던 이항로를 비롯한 척사파의 주장은 개항 이후에도 지속되었지만, [개화]는 거스를 수 없는 대세로 자리 잡았다. 개물성무(開物成務)와 화민성속(化民成俗)의 앞 글자를 딴 개화는 개항 이전에는 통치자의 통치 행위로서 변화하는 세상에 대한 지식 확장과 피통치자에 대한 교화를 의미했다.

개항 이후 서양 문명에 대한 긍정적 인식이 확산되면서 서양 문명의 수용을 뜻하는 개화 개념이 자리 잡았다. 임오군란 이후, 고종은 자강 정책을 추진하면서 반(反)서양 정서의 교정을 위해『한성순보』를 발간했다. 이 신문의 개화 개념은 서양 기술과 제도의 도입을 통한 인지의 발달과 풍속의 진보를 뜻했다. 이 개념에는 인민이 국가의 독립 주권의 소중함을 깨닫는 의식의 변화가 내포되었고, 통치자의 입장에서 수용 가능한 문명의 장점을 받아들여 국가의 진보를 달성한다는 의미도 담겼다.

개화당의 한 인사가 제시한 개화 개념은 성문화된 규정에 따른 대민 정치에서의 법적 처리 절차 실현 등 서양 근대 국가의 통치 방식으로의 변화를 내포하는 것이었다. 그는 개화 실행 주체를 여전히 왕으로 생각했고, 개화 실행 주체로서 왕의 역할이 사라진 것은 갑신정변에서였다. 풍속의 진보와 통치 방식 변화라는 의미를 내포한 갑신정변의 개화 개념은 통치권에 대한 도전으로뿐 아니라 개인의 사욕을 위한 것으로 표상되었다. 이후 개화 개념은 국가 구성원을 조직하고 동원하기 위해 부정적 이미지에서 벗어나야 했고, 유길준은『서유견문』을 저술하며 개화 개념에 덧씌워진 부정적 이미지를 떼어 내고자 했다. 이후 간행된『대한매일신보』등의 개화 개념은 국가 구성원 전체를 실행 주체로 하여 근대 국가 주권을 향해 그들을 조직하고 동원하는 것을 의미했다.

을사늑약 이후, 개화 논의는 문명에 대한 본격적인 논의로 이어졌다. 대한 자강회의 주요 인사들은 서양 근대 문명을 수용하여 근대 국가를 건설하고자, 앞서 문명화를 이룬 일본의 지도를 받아야 한다고 보았다. 이들은 서양 근대 문명의 주체를 주체 인식의 준거로 삼았기 때문에 민족 주체성을 간과했다. 이러한 상황에서 박은식은 ㉠ <u>근대 국가 건설과 새로운 주체의 형성에 주목하여 문명에 대한 견해를 제시했다</u>. 그의 기본 전략은 문명의 물질적 측면인 과학은 서양으로부터 수용하되, 문명의 정신적 측면인 철학은 유학을 혁신하여 재구성하는 것이었다. 그는 생존과 편리 증진을 위해 과학 연구가 시급하지만, 가치관 정립과 인격 수양을 위해 철학 또한 필수적이라고 보았다. 자국 철학 전통의 정립이라는 당시 동아시아의 사상적 흐름 속에서 그가 제시한 근대 주체는 과학적·철학적 인식의 주체이자 실천적 도덕 수양의 주체로서의 성격을 띠는 것이었다.

(나)

중국이 서양의 과학과 기술에 전면적인 관심을 기울인 때는 아편 전쟁 이후였다. 전쟁 패배에 따른 위기감은 반세기에 걸쳐 근대화의 추진과 함께 의욕적인 기술 수용으로 이어졌지만, 청일 전쟁의 패배는 기술 수용만으로는 부족하다는 인식을 낳았다. 이에 따라 20 세기 초반 진정한 근대를 이루기 위해 기술 배후에서 작용하는 과학 정신을 사회 전체에 이식하려는 시도가 구체화되었다.

옌푸는 국가 간에 벌어지는 약육강식의 경쟁을 부각하고, 경쟁에서 승리하려면 기술뿐 아니라 국민의 정신적 자질이 뒷받침되어야 한다고 보았다. 정신적 자질 중 과학적 사유 능력이 가장 중요하다고 파악한 그에게 과학 정신이 전제되지 않은 정치적 변혁은 뿌리내릴 수 없는 것이었다. 그는 인과 실증의 방법에 근거한 근대 학문 전체를 과학이라 파악하고, 과학을 습득하여 전통 학문의 폐단에서 벗어나야 한다고 주장했다. 그의 입장은 1910년대 후반 신문화 운동을 주도한 천두슈에게 이어졌다.

천두슈를 비롯한 신문화 운동의 지식인들은 ㉡ <u>과학의 근거 위에서만 민주 정치의 실현이 가능하다고 주장했다</u>. 중국이 달성해야 할 신문화는 과학 및 과학의 방법에 근거한 문화라 보고, 신문화를 이루기 위해 전통문화 전반에 대해 철저한 부정과 비판을 시도했다. 사상이나 철학이 과학의 방법을 이용하지 않으면 공상(空想)에 ⓐ <u>그칠</u> 뿐이라고 주장한 천두슈는 사회와 인간의 삶에 대한 연구도 과학의 연구 방법을 이용해야 한다고 보았다. 그는 제1차 세계대전의 비극은 과학을 이용해 저지른 죄악의 결과일 뿐 과학 자체의 죄악이 아니라고 주장하며 과학에 대한 자신의 생각을 지속했다.

한편, 제1차 세계 대전 이후 유럽을 시찰했던 장쥔마이는 통제되지 않은 과학이 불러온 역작용을 목도한 후, 과학이 어떻게 발달하든 그것이 인생관의 문제를 해결할 수는 없다며 서양 근대 문명을 비판했다. 근대 과학 문명에서 초래된 사상적 위기가 주체의 책임 부재에서 비롯된 것이라는 주장에 동의했던 그는 과학적 방법을 부정하지 않았지만, 인생관의 문제에는 과학적 방법이 적용될 수 없다고 지적했다. 그는 인생관을 과학과 별개로 파악했고, 과학만능주의에 기초한 신문화 운동에 의해 부정된 중국 전통 가치관의 수호를 내세웠다.

## 122

**윗글에 대한 이해로 적절하지 않은 것은?**

① (가) : 서양 과학과 기술의 국내 유입을 반대하는 주장이 개항 이후에도 이어졌다.
② (가) : 유학을 혁신하여 철학으로 재구성하는 것이 필요하다는 견해가 을사늑약 이후에 제기되었다.
③ (나) : 진정한 근대를 이루려면 기술 수용의 차원을 넘어서야 한다는 인식이 등장하였다.
④ (나) : 과학 정신이 사회에 자리 잡으려면 정치적 변혁이 선행되어야 한다는 주장이 제기되었다.
⑤ (나) : 근대 과학 문명에 대한 비판적 인식을 바탕으로 전통 가치관에 주목하는 견해가 제시되었다.

## 123

**개화에 대한 이해로 적절하지 않은 것은?**

① 개항 이전의 개화 개념은 백성을 다스리는 통치자로서의 역할과 관련 있었다.
②『한성순보』의 개화 개념은 서양 기술과 제도의 선별적 수용을 통한 국가 진보의 의미를 포함하였다.
③『한성순보』와 개화당의 한 인사의 개화 개념은 통치권자인 왕을 개화의 실행 주체로 상정하였다.
④ 개화의 실행 주체로 왕에게 역할을 부여하지 않은 갑신정변의 개화 개념은 통치권에 대한 도전으로 이해되었다.
⑤『대한매일신보』의 발간에 이르러서야 국가의 주권과 결부한 개화 개념이 제기되었다.

## 124

**(나)의 '천두슈'와 '장쥔마이'가 모두 동의할 수 있는 진술로 가장 적절한 것은?**

① 전통 사상은 과학 및 과학 정신과 양립할 수 없는 관계에 놓여 있다.
② 전통 사상의 폐단은 과학 정신이 뿌리내리지 못한 사회 체질에서 비롯된 것이다.
③ 과학을 이용하는 과정에서 문제가 발생했다고 해도 과학적 방법을 부정할 수 없다.
④ 서양의 과학 정신을 전면적으로 도입하면 당면한 국가의 위기를 충분히 극복할 수 있다.
⑤ 국가의 위기는 과학적 방법으로 사상을 재구성할 필요가 있다는 인식이 부재한 데에서 비롯된 것이다.

## 125

**㉠과 ㉡에 대한 이해로 가장 적절한 것은?**

① ㉠은 인격의 수양을 동반하는 근대 주체의 정립에, ㉡은 전통적 사유 방식에 기반을 둔 신문화의 달성에 동의하는 입장이다.
② ㉠은 주체 인식의 준거가 서양 근대 문명의 주체라는 인식에, ㉡은 철학이 과학의 방법에 근거할 수 없다는 생각에 반대하는 입장이다.
③ ㉠은 생존과 편리 증진을 위한 과학 연구의 시급성을, ㉡은 과학의 방법에 영향 받지 않는 사상이나 철학을 부인하는 입장이다.
④ ㉠은 앞서 근대 문명을 이룬 국가를 추종하는 태도를, ㉡은 전쟁의 폐해가 과학을 오용한 자들의 탓이라는 주장을 비판하는 입장이다.
⑤ ㉠은 과학과 철학이 문명의 두 축을 이루는 학문이라는 견해에, ㉡은 철학보다 과학이 우위임을 인정할 수 없다는 견해에 동의하는 입장이다.

## 126

**(가), (나)를 이해한 학생이 <보기>에 대해 보인 반응으로 적절하지 않은 것은?** [3점]

| 보기 |

A 마을은 가난했지만 전통문화와 공동체적 삶을 중시하며 이웃 마을들과 조화롭게 살아왔다. 오래전, 정부는 마을의 경제 발전을 목표로 서양의 생산 기술을 도입하는 정책을 시행했다. 마을 사람들은 정책의 필요성에 공감하면서도 자신들이 발전을 이뤄 낼 수 있다는 확신이 부족했다. 이에 정부는 마을 사람들을 독려하기 위해 마을의 역량으로 달성할 수 있는 미래상을 지속해서 홍보했다. 이후 마을은 물질적 풍요를 누리게 되었지만 경제적 이권을 두고 이웃 마을들과 경쟁하며 갈등하게 되었다. 격화된 경쟁에서 A 마을은 새로운 기술의 수용만을 우선시했고, 과거에 중시되었던 협력과 나눔의 인생관은 낡은 관념이 되었다. 젊은이들에게 전통문화는 서양 문화에 비해 열등한 것으로 여겨졌다.

① (가)에서 『한성순보』를 간행한 취지는 서양에 대한 반감을 줄이는 데에 있다는 점에서, <보기>에서 정부가 서양의 생산 기술 도입으로 변화하게 될 마을을 홍보한 취지와 부합하겠군.
② (가)에서 개화당의 한 인사의 개화 개념에 내포된 개화의 지향점은 통치 방식의 변화와 관련 있다는 점에서, <보기>에서 정부가 서양의 생산 기술을 도입하며 내세운 목표와 다르겠군.
③ (가)에서 박은식은 과학과 구별되는 철학의 중요성을 강조했으므로, <보기>에서 젊은이들의 자문화에 대한 인식 변화는 가치관 정립을 위한 철학이 부재했기 때문이라고 보겠군.
④ (나)에서 옌푸는 경쟁에서 승리하기 위한 조건으로 기술과 정신적 자질을 강조했으므로, <보기>에서 마을이 기술의 수용만을 중시하면 마을 간 경쟁에서 승리할 수 없다고 보겠군.
⑤ (나)에서 장쥔마이는 과학적 방법의 한계를 지적했으므로, <보기>에서 마을이 과거에 중시했던 인생관이 더 이상 유효하지 않게 된 문제는 과학적 방법으로 해결할 수 없다고 보겠군.

## 127

**ⓐ와 문맥상 의미가 가장 가까운 것은?**

① 다행히 비는 그사이에 그쳐 있었다.
② 우리 학교는 이번에 16강에 그쳤다.
③ 아이 울음이 좀처럼 그치지 않았다.
④ 그는 만류에도 말을 그치지 않았다.
⑤ 저 사람들은 불평이 그칠 날이 없다.

**다음 글을 읽고 물음에 답하시오.** 6문항을 16분 안에 풀어보세요.

(가)

조선 왕조의 기본 법전인『경국대전』에 규정된 신분제는 신분을 양인과 천인으로 나눈 양천제이다. 양인은 과거에 응시할 수 있었지만, 납세와 군역 등의 의무를 져야 했다. 천인은 개인이나 국가에 소속되어 천역(賤役)을 담당했다. 관료 집단을 뜻하던 양반이 16 세기 이후 세습적으로 군역 면제 등의 차별적 특혜를 받는 신분으로 굳어짐에 따라 양인은 사회적으로 양반, 중인, 상민으로 분화되었다. 이러한 법적, 사회적 신분제는 갑오개혁으로 철폐되기 이전까지 조선 사회의 근간이 되었다.

조선 후기에 접어들어 농업 생산력의 증대와 상공업의 발달로 같은 신분 안에서도 분화가 확대되었고, 이에 따라 신분제에 변화가 일어났다. 천인의 대다수를 구성했던 노비는 속량과 도망 등의 방식으로 신분적 억압에서 점차 벗어났다. 영조 연간에 편찬된 법전인『속대전』에서는 노비가 속량할 수 있는 값을 100 냥으로 정하는 규정을 둠으로써 속량을 제도화했다. 이는 국가의 재정 운영상 노비제의 유지보다 그들을 양인 납세자로 전환하는 것이 유리했기 때문이었다. 몰락한 양반들은 노비의 유지가 어려워졌기 때문에 몸값을 받고 속량해 주는 길을 선택했다.

18 세기 이후 경제적으로 성장한 상민층에서는 '유학(幼學)' 직역*을 얻고자 하는 현상이 나타났다. 유학은 벼슬을 하지 않은 유생(儒生)을 지칭했으나, 이 시기에는 관료로 진출하지 못한 이들을 가리키는 직역 명칭으로 ⓐ 굳어졌다. 호적상 유학은 군역 면제라는 특권이 있어서 상민층이 원하는 직역이었다. 유학 직역의 획득은 제도적으로 양반이 되는 것을 의미하였으나 그것이 곧 온전한 양반으로 인정받는 것을 의미하는 것은 아니었다. 당시 양반 집단의 일원으로 인정받기 위해서는 ㉠ 유교적 의례의 준행, 문중과 족보에의 편입 등 다양한 조건이 필요했다. 이에 따라 일부 상민층은 유학 직역을 발판으로 양반 문화를 모방하면서 양반으로 인정받고자 했다.

조선 후기에는 신분 상승 현상이 일어나면서 양반의 하한선과 비(非)양반층의 상한선이 근접하는 모습이 나타났다. 양반들이 비양반층의 진입을 막는 힘은 여전히 작동하고 있었지만, 비양반층이 양반에 접근하고자 하는 힘은 더 강하게 작동했다. 유학의 증가는 이러한 현상의 단면을 보여 준다.

* 직역 : 신분에 따라 정해진 의무로서의 역할

(나)

『경국대전』 체제에서 양인은 관료가 될 수 있다는 점에서 능력주의가 일부 작동하는 것처럼 보이지만, 실제로는 양반 이외의 신분에서는 관료가 되기 어려웠다. 이러한 상황에서 17 세기의 유형원은『반계수록』을 통해, 19 세기의 정약용은『경세유표』 등을 통해 각각 도덕적 능력주의에 기초한 [일련의 개혁론]을 제시했다.

유형원의 기본적인 생각은 국가 공동체를 성리학적 가치와 규범에 따라 운영하고, 구성원도 도덕적으로 만드는 도덕 국가의 건설이었다. 신분 세습을 비판한 그는 현명한 인재라도 노비로 태어나면 노비로 살아야 하는 것이 천하의 도리에 어긋난다고 보고, 노비제 폐지를 주장했다. 아울러 비도덕적 직업이라고 생각한 광대와 같은 직업군을 철폐하고, 사농공상(士農工商)의 사민(四民)으로 편성하고자 했다. 그는 과거제 대신 공거제를 통해 도덕적 능력이 뛰어난 자를 추천으로 선발하여 여러 단계의 교육을 한 후, 최소한의 학식을 확인하여 관료로 임명해야 한다고 제안했다. 도덕을 기준으로 관료를 선발하고 지방에도 관료 선발 인원을 적절히 분배하면 향촌 사회의 풍속도 도덕적으로 이끌 수 있다고 본 것이다.

정약용은 신분제가 동요하는 상황에서 사민이 뒤섞여 사는 것이 교화에 도움이 되지 않는다고 보고, 사농공상별로 구분하여 거주하는 것을 포함한 행정 구역 개편을 구상했다. 이에 맞춰 사(士) 집단을 재편하고자 했다. 도덕적 능력의 여부에 따라 추천으로 예비 관료인 '선사'를 선발하고 일정한 교육을 한 후, 여러 단계의 시험을 거쳐 관료를 선발할 것을 제안했다. ㉡ 사 거주지에서 더 많은 선사를 선발하도록 했지만, 농민과 상공인에도 선사의 선발 인원을 배정하는 등 노비 이외에서 사 집단으로 진출할 수 있도록 했다. 노비제에 대해서는 사를 뒷받침하기 위해 유지되어야 한다고 주장했다.

도덕적 능력주의와 관련하여 두 사람은 모두 사회 지배층으로서의 사에 주목했다. 유형원은 다스리는 자인 사와 다스림을 받는 민의 구분을 분명히 하는 것이 천하의 이치라고 보고 ㉢ 도덕적 능력이 뛰어난 사람들로 지배층인 사를 구성하고자 했다. 정약용도 양반의 세습을 비판하며 도덕적 능력에 따라 사회 지배층을 재편하는 데 입장을 같이했다. 또한 두 사람은 사회 전체의 도덕 실천을 이끌기 위해 사 집단에 정치권력, 경제력 등을 집중시키려 했고, 지배층과 피지배층 간의 차등을 엄격하게 유지하고자 했다. 내용에서 일부 차이가 있었지만, 두 사람은 사회 지배층의 재구성을 통해 도덕 국가 체제를 추구했다.

## 128

**(가)를 읽고 이해한 내용으로 적절하지 않은 것은?**

① 『속대전』의 규정을 적용받아 속량된 사람들은 납세의 의무를 지게 되었다.
② 『경국대전』 반포 이후 갑오개혁까지 조선의 법적 신분제에는 두 개의 신분이 존재했다.
③ 조선 후기 양반 중에는 노비를 양인 신분으로 풀어 주고 금전적 이익을 얻은 이들이 있었다.
④ 조선 후기 '유학'의 증가 현상은 『경국대전』의 신분 체계가 작동하지 않는 현상을 보여 주는 것이었다.
⑤ 조선 후기에 상민이 '유학'의 직역을 얻었을 때, 양반의 특권을 일부 가지게 되지만 온전한 양반으로 인정받지는 못했다.

## 129

**일련의 개혁론에 대한 이해로 적절하지 않은 것은?**

① 유형원은 자신이 구상한 공동체의 성격에 적합하지 않은 특정 직업군을 없애는 방안을 구상했다.
② 유형원은 지방 사회의 도덕적 기풍을 진작하기 위해 관료 선발 인원을 지방에도 할당하는 방안을 구상했다.
③ 정약용은 지배층인 사 집단이 주도권을 가지고 사회를 운영하는 방안을 구상했다.
④ 정약용은 직업별로 거주지를 달리하는 것을 포함한 행정 구역 개편 방안을 구상했다.
⑤ 유형원과 정약용은 모두 시험으로 도덕적 능력이 우수한 이를 선발하여 교육한 후 관료로 임명하는 방안을 제시했다.

## 130

**㉠~㉢에 대한 설명으로 가장 적절한 것은?**

① ㉠은 경제적 영향으로 신분 상승 현상이 나타나는 상황에서 신분적 정체성을 지키려는 양반층의 노력이고, ㉡은 이러한 양반층의 노력을 뒷받침하기 위한 정책적 방안이다.
② ㉠은 호적상 유학 직역이 증가하는 상황에서 양반 집단이 기득권을 지키기 위한 자율적 노력이고, ㉡은 기존의 양반들이 가진 기득권을 제도적으로 강화하기 위한 방안이다.
③ ㉠은 상민층이 유학 직역을 얻는 것이 확대되는 상황에서 양반으로 인정받는 것을 억제하는 장치이고, ㉢은 능력주의를 통해 인재 등용에 신분의 벽을 두지 않으려는 방안이다.
④ ㉠은 능력주의가 작동하기 어려운 현실적인 상황에서 신분 구분을 강화하여 불평등을 심화하는 제도이고, ㉢은 사회 지배층의 인원을 늘려 도덕 실천을 이끌기 위한 방안이다.
⑤ ㉡은 양반층의 특권이 점차 사라져 가고 있는 상황에서 신분적 구분을 명확하게 하기 위한 장치이고, ㉢은 양반과 비양반층의 신분적 구분을 없애기 위한 방안이다.

## 131

**(나)를 바탕으로 다음의 ㄱ~ㄹ에 대해 판단한 것으로 가장 적절한 것은?**

> ㄱ. 아래로 농공상이 힘써 일하고, 위로 사(士)가 효도하고 공경하니, 이는 나라의 기풍이 흐트러지지 않는 것이다.
> ㄴ. 사농공상 누구나 인의(仁義)를 실천한다면 비록 농부의 자식이 관직에 나아가더라도 지나친 일이 아닐 것이다.
> ㄷ. 덕행으로 인재를 판정하면 천하가 다투어 이에 힘쓸 것이니, 나라 안의 모든 이에게 존귀하게 될 기회가 열릴 것이다.
> ㄹ. 양반과 상민의 구분은 엄연하니, 그 경계를 넘지 않아야 상하의 위계가 분명해지고 나라가 편안하게 다스려질 것이다.

① 유형원은 ㄱ과 ㄹ에 동의하겠군.
② 유형원은 ㄴ과 ㄷ에 동의하지 않겠군.
③ 유형원은 ㄴ에 동의하지 않고, ㄹ에 동의하겠군.
④ 정약용은 ㄴ과 ㄹ에 동의하겠군.
⑤ 정약용은 ㄱ에 동의하고, ㄷ에 동의하지 않겠군.

## 132

**(가), (나)를 바탕으로 <보기>에 대해 보인 반응으로 적절하지 않은 것은?** 3점

| 보기 |
16 세기 초 영국의 토머스 모어는 '유토피아'라는 가상 국가를 통해 당대 사회를 비판했다. 그가 제시한 유토피아에서는 현실 국가와 달리 모두가 일을 하고, 사치에 필요한 일은 하지 않기 때문에 하루 6 시간만 일해도 경제적으로 풍요롭다. 하지만 이곳에서도 노동을 면제받는 '학자 계급'이 존재한다. 성직자, 관료 등의 권력층은 이 학자 계급에서만 나오도록 하였는데, 학자 계급은 의무가 면제되는 대신 연구와 공공의 일에 전념한다. 학자 계급은 능력 있는 이를 성직자가 추천하고, 대표들이 승인하는 절차를 거쳐야 될 수 있다. 그러나 학자 계급도 성과가 부족하면 '노동 계급'으로 환원될 수 있고, 노동 계급도 공부에 진전이 있으면 학자 계급으로 승격될 수 있다.

① 유토피아에서 연구와 공공의 일에 전념하는 사람들은 선발의 과정을 거친다는 점에서, (가)의 '유학'보다 (나)의 '선사'에 가깝군.
② 유토피아에서 관료는 노동을 면제받지만 그 특권이 세습되지 않는다는 점에서, (가)에서 차별적 특혜를 받던 16 세기 이후의 '양반'과는 다르군.
③ 유토피아에서 '학자 계급'에서만 권력층이 나오도록 한 것은, (나)에서 우월한 집단인 '사 집단'에 정치권력을 집중시키고자 한 유형원, 정약용의 생각과 유사하군.
④ 유토피아에서 '노동 계급'이 '학자 계급'으로 승격되는 것은 학업 능력을 기준으로 추천받는다는 점에서, (가)의 상민 출신인 '유학'이 '양반'으로 인정받는 것과는 다르군.
⑤ 유토피아에서 '노동 계급'과 '학자 계급' 간의 이동이 가능한 것은 계급 간 차등이 없음을 전제하므로, (나)에서 차등을 엄격하게 유지하고자 한 유형원, 정약용의 구상과는 다르군.

## 133

**ⓐ와 문맥상 의미가 가장 가까운 것은?**

① 관용이 우리 집의 가훈으로 확고하게 굳어졌다.
② 어젯밤 적당하게 내린 비로 대지가 더욱 굳어졌다.
③ 포기하지 않겠다는 결심이 어머니의 격려로 굳어졌다.
④ 길에서 버스를 기다리던 사람들의 몸이 추위로 굳어졌다.
⑤ 갑작스러운 소식에 나도 모르게 얼굴이 딱딱하게 굳어졌다.

[134~139] 2023학년도 수능 4번~9번 정답과 해설편 p.088

**다음 글을 읽고 물음에 답하시오.** 6문항을 11분 안에 풀어보세요. 

## (가)

[A] 중국에서 비롯된 유서(類書)는 고금의 서적에서 자료를 수집하고 항목별로 분류, 정리하여 이용에 편리하도록 편찬한 서적이다. 일반적으로 유서는 기존 서적에서 필요한 부분을 뽑아 배열할 뿐 상호 비교하거나 편찬자의 해석을 가하지 않았다. 유서는 모든 주제를 망라한 일반 유서와 특정 주제를 다룬 전문 유서로 나눌 수 있으며, 편찬 방식은 책에 따라 다른 경우가 많았다. 중국에서는 대체로 왕조 초기에 많은 학자를 동원하여 국가 주도로 대규모 유서를 편찬하여 간행하였다. 이를 통해 이전까지의 지식을 집성하고 왕조의 위엄을 과시할 수 있었다.

고려 때 중국 유서를 수용한 이후, 조선에서는 중국 유서를 활용하는 한편, 중국 유서의 편찬 방식에 ⓐ 따라 필요에 맞게 유서를 편찬하였다. 조선의 유서는 대체로 국가보다 개인이 소규모로 편찬하는 경우가 많았고, 목적에 따른 특정 주제의 전문 유서가 집중적으로 편찬되었다. 전문 유서 가운데 편찬자가 미상인 유서가 많은데, 대체로 간행을 염두에 두지 않고 기존 서적에서 필요한 부분을 발췌, 기록하여 시문 창작, 과거 시험 등 개인적 목적으로 유서를 활용하고자 하였기 때문이었다.

이 같은 유서 편찬 경향이 지속되는 가운데 17 세기부터 실학의 학풍이 하나의 조류를 형성하면서 유서 편찬에 변화가 나타났다. ㉮ 실학자들의 유서는 현실 개혁의 뜻을 담았고, 편찬 의도를 지식의 제공과 확산에 두었다. 또한 단순 정리를 넘어 지식을 재분류하여 범주화하고 평가를 더하는 등 저술의 성격을 드러냈다. 독서와 견문을 통해 주자학에서 중시되지 않았던 지식을 집적했고, 증거를 세워 이론적으로 밝히는 고증과 이에 대한 의견 등 '안설'을 덧붙이는 경우가 많았다. 주자학의 지식을 ⓑ 이어받는 한편, 주자학이 아닌 새로운 지식을 수용하는 유연성과 개방성을 보였다. 광범위하게 정리한 지식을 식자층이 ⓒ 쉽게 접할 수 있어야 한다고 생각했고, 객관적 사실 탐구를 중시하여 박물학과 자연 과학에 관심을 기울였다.

조선 후기 실학자들이 편찬한 유서가 주자학의 관념적 사유에 국한되지 않고 새로운 지식의 축적과 확산을 촉진한 것은 지식의 역사에서 적지 않은 의미를 지닌다.

## (나)

예수회 선교사들이 중국에 소개한 서양의 학문, 곧 서학은 조선 후기 유서(類書)의 지적 자원 중 하나로 활용되었다. 조선 후기 실학자들 가운데 이수광, 이익, 이규경 등이 편찬한 백과전서식 유서는 주자학의 지적 영역 내에서 서학의 지식을 어떻게 수용하였는지를 보여 주는 대표적인 사례이다.

17 세기의 이수광은 주자학뿐 아니라 다른 학문에 대해서도 열린 태도를 가지고 있었다. 주자학에 기초하여 도덕에 관한 학문과 경전에 관한 학문 등이 주류였던 당시 상황에서, 그는 『지봉유설』을 통해 당대 조선의 지식을 망라하여 항목화하고 자신의 견해를 덧붙였을 뿐 아니라 사신의 일원으로 중국에서 접한 서양 관련 지식을 객관적으로 소개했다. 이에 대해 심성 수양에 절실하지 않을뿐더러 주자학이 아닌 것이 ⓓ 뒤섞여 순수하지 않다는 ㉯ 일부 주자학자의 비판이 있었지만, 그가 소개한 서양 관련 지식은 중국과 큰 시간 차이 없이 주변에 알려졌다.

18 세기의 이익은 서학 지식 자체를 ㉠ 『성호사설』의 표제어로 삼았고, 기존의 학설을 정당화하거나 배제하는 근거로 서학을 수용하는 등 서학을 지적 자원으로 활용하였다. 특히 그는 서학의 세부 내용을 다른 분야로 확대하며 상호 참조하는 방식으로 지식을 심화하고 확장하여 소개하였다. 서학의 해부학과 생리학을 그 자체로 수용하지 않고 주자학 심성론의 하위 이론으로 재분류하는 등 지식의 범주를 ⓔ 바꾸어 수용하였다. 또한 서학의 수학을 주자학의 지식 영역 안에서 재구성하기도 하였다.

19 세기의 이규경도 ㉡ 『오주연문장전산고』를 편찬하면서 서학을 적극 활용하였다. 그는 『성호사설』의 분류 체계를 적용하였고 이익과 마찬가지로 서학의 천문학, 우주론 등의 내용을 수록하였다. 그가 주로 유서의 지적 자원으로 활용한 중국의 서학 연구서들은 서학을 소화하여 중국의 학문과 절충한 것이었고, 서학이 가지는 진보성의 토대가 중국이라는 서학 중국 원류설을 반영한 것이었다. 이에 따라 이규경은 이 책들에 담긴 중국화한 서학 지식과 서학 중국 원류설을 받아들였고, 문명의 척도로 여겨진 기존의 중화 관념에서 탈피하지 않으면서도 서학 수용의 이질감과 부담감에서 자유로울 수 있었다. 이렇듯 이규경은 중국의 서학 연구서들을 활용해 매개적 방식으로 서학을 수용하였다.

---

## 134

**(가)와 (나)에 대한 설명으로 가장 적절한 것은?**

① (가)는 유서의 유형을 분류하였고, (나)는 유서의 분류 기준과 적절성 여부를 평가하였다.
② (가)는 유서의 개념과 유용성을 소개하였고, (나)는 국가별 유서의 변천 과정을 설명하였다.
③ (가)는 유서의 기원에 대한 다양한 학설을 검토하였고, (나)는 유서 편찬자들 간의 견해 차이를 분석하였다.
④ (가)는 유서의 특성과 의의를 설명하였고, (나)는 유서 편찬에서 특정 학문의 수용 양상을 시기별로 소개하였다.
⑤ (가)는 유서에 대한 평가가 시대별로 달라진 원인을 분석하였고, (나)는 역사적으로 대표적인 유서의 특징을 제시하였다.

## 135

**[A]에 대한 이해로 적절하지 않은 것은?**

① 조선에서 편찬자가 미상인 유서가 많았던 것은 편찬자의 개인적 목적으로 유서를 활용하려 했기 때문이다.
② 조선에서는 시문 창작, 과거 시험 등에 필요한 내용을 담은 유서가 편찬되는 경우가 적지 않았다.
③ 조선에서는 중국의 편찬 방식을 따르면서도 대체로 국가보다는 개인에 의해 유서가 편찬되었다.
④ 중국에서는 많은 학자를 동원하여 대규모로 편찬한 유서를 통해 왕조의 위엄을 드러내었다.
⑤ 중국에서는 주로 서적에서 발췌한 내용을 비교하고 해석을 덧붙여 유서를 편찬하였다.

## 136

**㉮에 대한 이해를 바탕으로 ㉠, ㉡에 대해 파악한 내용으로 적절하지 않은 것은?**

① 지식의 제공이라는 ㉮의 편찬 의도는, ㉠에서 지식을 심화하고 확장하여 소개한 것에서 나타난다.
② 지식을 재분류하여 범주화한 ㉮의 방식은, ㉠에서 해부학과 생리학을 주자학 심성론의 하위 이론으로 수용한 것에서 나타난다.
③ 평가를 더하는 저술로서 ㉮의 성격은, ㉡에서 중국 학문의 진보성을 확인하고자 서학을 활용한 것에서 나타난다.
④ 사실 탐구를 중시하며 자연 과학에 대해 드러낸 ㉮의 관심은, ㉡에서 천문학과 우주론의 내용을 수록한 것에서 나타난다.
⑤ 새로운 지식을 수용하는 ㉮의 유연성과 개방성은, ㉠과 ㉡에서 서학을 지적 자원으로 받아들인 것에서 나타난다.

## 137

**㉯를 반박하기 위한 '이수광'의 말로 가장 적절한 것은?**

① 학문에서 의리를 앞세우고 이익을 뒤로하는 것보다 중한 것이 없으니, 심성을 수양하는 것은 그다음의 일이다.
② 주자학에 매몰되어 세상의 여러 이치를 연구하지 않는 것은 널리 배우고 익히는 앎의 바른 방법이 아닐 것이다.
③ 주자의 가르침이 쇠퇴하게 되면 주자학이 아닌 학문이 날로 번성하게 되니, 주자의 도가 분명히 밝혀져야 한다.
④ 유학 경전에서 쓰이지 않은 글자를 한 글자라도 더하는 일을 용납하는 것은 바른 학문을 해치는 길이 될 것이다.
⑤ 참되게 알고 참되게 행하는 것이 어려우니, 우리 학문의 여러 경전으로부터 널리 배우고 면밀히 익혀야 할 것이다.

## 138

**(가), (나)를 읽은 학생이 <보기>의 『임원경제지』에 대해 보인 반응으로 적절하지 않은 것은?** [3점]

| 보기 |

서유구의 『임원경제지』는 19 세기까지의 조선과 중국 서적들에서 향촌 관련 부분을 발췌, 분류하고 고증한 유서이다. 국가를 위한다는 목적의식을 명시한 이 유서에는 향촌 사대부의 이상적인 삶을 제시하는 과정에서 향촌 구성원 전체의 삶의 조건을 개선할 수 있는 방안이 실렸고, 향촌 실생활에서 활용할 수 있는 내용이 집성되었다. 주자학을 기반으로 실증과 실용의 자세를 견지했던 서유구의 입장, 서학 중국 원류설, 중국과 비교한 조선의 현실 등이 반영되었다. 안설을 부기했으며, 제한적으로 색인을 넣어 검색이 가능하도록 하였다.

① 현실 개혁의 뜻을 담았던 (가)의 실학자들의 유서와 마찬가지로 현실의 문제를 개선하려는 목적의식이 확인되겠군.
② 증거를 제시하여 이론적으로 밝히거나 의견을 제시하는 경우가 많았던 (가)의 실학자들의 유서와 마찬가지로 편찬자의 고증과 의견이 반영된 것이 확인되겠군.
③ 당대 지식을 망라하고 서양 관련 지식을 소개하고자 한 (나)의 『지봉유설』에 비해 특정한 주제를 중심으로 편찬되는 전문 유서의 성격이 두드러지게 드러나겠군.
④ 기존 학설의 정당화 내지 배제에 관심을 두었던 (나)의 『성호사설』에 비해 향촌 사회 구성원의 삶에 필요한 실용적인 지식의 활용에 대한 관심이 드러나겠군.
⑤ 중국을 문명의 척도로 받아들였던 (나)의 『오주연문장전산고』와 달리 중화 관념에 구애되지 않고 중국의 현실과 조선의 현실을 비교한 내용이 확인되겠군.

## 139

**문맥상 ⓐ~ⓔ와 바꾸어 쓰기에 적절하지 않은 것은?**

① ⓐ : 의거(依據)하여
② ⓑ : 계몽(啓蒙)하는
③ ⓒ : 용이(容易)하게
④ ⓓ : 혼재(混在)되어
⑤ ⓔ : 변경(變更)하여

다음 글을 읽고 물음에 답하시오. 6문항을 12분 안에 풀어보세요.

### (가)

근대 이후 서양의 철학자들은 과학적 세계관이 대두하면서 이전과는 달리 인과를 물리적 작용 사이의 관계로 국한하려는 경향을 보였다. 문제는 흄이 지적했듯이 인과 관계 그 자체는 직접 관찰할 수 없다는 것이다. 원인과 결과에 해당하는 사건만을 관찰할 수 있을 뿐이다. 가령 "추위 때문에 강물이 얼었다."는 직접 관찰한 물리적 사실을 진술한 것이 아니다. 그래서 인과가 과학적 개념인지에 대한 의심이 철학자들 사이에 제기되었다. 이에 인과를 과학적 세계관에 입각하여 이해하려는 시도가 새먼의 과정 이론이다.

야구공을 던지면 땅 위의 공 그림자도 따라 움직인다. 공이 움직여서 그림자가 움직인 것이지 그림자 자체가 움직여서 그림자의 위치가 변한 것은 아니다. 과정 이론은 이 차이를 다음과 같이 설명한다. 과정은 대상의 시공간적 궤적이다. 날아가는 야구공은 물론이고 땅에 멈추어 있는 공도 시간은 흘러가고 있기에 시공간적 궤적을 그리고 있다. 공이 멈추어 있는 상태도 과정인 것이다. 그런데 모든 과정이 인과적 과정은 아니다. 어떤 과정은 다른 과정과 한 시공간적 지점에서 만난다. 즉, 두 과정이 교차한다. 만약 교차에서 표지, 즉 대상의 변화된 물리적 속성이 도입되면 이후의 모든 지점에서 그 표지를 전달할 수 있는 과정이 인과적 과정이다.

[A] 가령 바나나가 a 지점에서 b 지점까지 이동하는 과정을 과정 1이라고 하자. a와 b의 중간 지점에서 바나나를 한 입 베어 내는 과정 2가 과정 1과 교차했다. 이 교차로 표지가 과정 1에 도입되었고 이 표지는 b까지 전달될 수 있다. 즉, 바나나는 베어 낸 만큼이 없어진 채로 줄곧 b까지 이동할 수 있다. 따라서 과정 1은 인과적 과정이다. 바나나가 이동한 것이 바나나가 b에 위치한 결과의 원인인 것이다. 한편, 바나나의 그림자가 스크린에 생긴다고 하자. 바나나의 그림자가 스크린상의 a′ 지점에서 b′ 지점까지 움직이는 과정을 과정 3이라 하자. 과정 1과 과정 2의 교차 이후 스크린상의 그림자 역시 변한다. 그런데 a′과 b′ 사이의 스크린 표면의 한 지점에 울퉁불퉁한 스티로폼이 부착되는 과정 4가 과정 3과 교차했다고 하자. 그림자가 그 지점과 겹치면서 일그러짐이라는 표지가 과정 3에 도입되지만, 그 지점을 지나가면 그림자는 다시 원래대로 돌아오고 스티로폼은 그대로이다. 이처럼 과정 3은 다른 과정과의 교차로 도입된 표지를 전달할 수 없다.

과정 이론은 규범이나 마음과 같은, 물리적 세계 바깥의 측면을 해명하기 어렵다는 한계를 지닌다. 예컨대 내가 사회 규범을 어긴 것과 내가 벌을 받아야 하는 것 사이에는 인과 관계가 있지만 과정 이론은 이를 잘 다루지 못한다.

### (나)

자연 현상과 인간사를 인과 관계로 설명하는 동아시아의 대표적 논의는 재이론(災異論)이다. 한대(漢代)의 동중서는 하늘이 덕을 잃은 군주에게 재이를 내려 견책한다는 천견설과, 인간과 하늘에 공통된 음양의 기(氣)를 통해 하늘과 인간이 서로 감응한다는 천인감응론을 결합하여 재이론을 체계화하였다. 그에 따르면, 군주가 실정(失政)을 저지르면 그로 말미암아 변화된 음양의 기를 통해 감응한 하늘이 가뭄과 홍수, 일식과 월식 등 재이를 통해 경고를 내린다. 이때 재이는 군주권이 하늘로부터 비롯된 것임을 입증하는 것이자 군주의 실정에 대한 경고였다.

양면적 성격의 재이론은 신하가 정치적 논의에 참여할 수 있는 명분을 제공하였고, 재이가 발생하면 군주가 직언을 구하고 신하가 이에 응하는 전통으로 구체화되었다. 하지만 동중서 이후, 원인으로서의 인간사와 결과로서의 재이를 일대일로 대응시켜 설명하는 개별적 대응 방식은 억지가 심하다는 평가를 받았다. 이 방식은 오히려 ㉠ 예언화 경향으로 이어져 재이를 인간사의 징조로, 인간사를 재이의 결과로 대응시키는 풍조를 낳기도 하였고, 요망한 말로 백성을 미혹시켰다는 이유로 군주가 직언을 하는 신하를 탄압하는 빌미가 되기도 하였다.

이후 재이에 대한 예언적 해석은 비판의 대상이 되었고, 천인감응론 또한 부정되기도 하였다. 하지만 재이론은 여전히 정치 현장에서 사라지지 않았다. 송대(宋代)에 이르러, 주희는 천문학의 발달로 예측 가능하게 된 일월식을 재이로 간주하지 않는 경향을 수용하였고, 재이를 근본적으로 이치에 의해 설명되기 어려운 자연 현상으로 간주하였다. 하지만 당시까지도 재이에 대해 군주의 적극적인 대응을 유도하며 안전한 언론 활동의 기회를 제공했던 재이론이 폐기되는 것은, 신하의 입장에서 유용한 정치적 기제를 잃는 것이었다. 이 때문에 그는 군주를 경계하는 적절한 방법을 ⓐ 찾고자 재이론을 고수하였다. 그는 재이에 대한 개별적 대응 대신 군주에게 허물과 잘못이 쌓이면 이에 하늘이 감응하여 변칙적인 자연 현상이 일어날 것이라는 ㉡ 전반적 대응설을 제시하고, 재이를 군주의 심성 수양 문제로 귀결시키며 재이론의 역사적 수명을 연장하였다.

## 140

**다음은 (가)와 (나)를 읽은 학생이 작성한 학습 활동지의 일부이다. ㄱ ~ ㅁ에 들어갈 내용으로 적절하지 않은 것은?**

| 학습 항목 | 학습 내용 | |
|---|---|---|
| | (가) | (나) |
| 도입 문단의 내용 제시 방식 파악하기 | ㄱ | ㄴ |
| ⋮ | ⋮ | ⋮ |
| 글의 내용 전개 방식 이해하기 | ㄷ | ㄹ |
| 특정 개념과 관련하여 두 글을 통합적으로 이해하기 | ㅁ | |

① ㄱ : '인과'에 대한 특정 이론이 등장하게 된 배경을 철학자들의 인식 변화와 관련지어 제시하였음.
② ㄴ : '인과'와 연관된 특정 이론의 배경 사상과 중심 내용을 제시하였음.
③ ㄷ : '인과'에 대한 특정 이론을 정의한 뒤 구체적인 사례와 관련지어 그 이론의 한계와 전망을 제시하였음.
④ ㄹ : '인과'와 연관된 특정 이론을 제시하고 그 이론이 변용되는 양상을 시대의 흐름에 따라 제시하였음.
⑤ ㅁ : '인과'와 관련하여 동서양의 특정 이론들에 나타나는 관점을 비교해 보도록 하였음.

## 141

**윗글에 대한 이해로 적절하지 않은 것은?**

① 과정 이론은 물리적 세계의 테두리 안에서 인과를 해명하는 이론이다.
② 사회 규범 위반과 처벌 당위성 사이의 인과 관계는 표지의 전달로 설명되기 어렵다.
③ 인과가 과학적 세계관과 부합하지 않는다고 생각하는 철학자가 근대 이후 서양에 나타났다.
④ 한대의 재이론에서 전제된 하늘은 음양의 변화에 반응하지 않지만 경고를 하는 의지를 가진 존재였다.
⑤ 천문학의 발달에 따라 일월식이 예측 가능해지면서 송대에는 이를 설명 가능한 자연 현상으로 보는 경향이 있었다.

## 142

**[A]에 대한 이해로 적절하지 않은 것은?**

① 바나나와 그 그림자는 서로 다른 시공간적 궤적을 그린다.
② 과정 1이 과정 2와 교차하기 이전과 이후에서, 바나나가 지닌 물리적 속성은 다르다.
③ 과정 1과 달리 과정 3은 인과적 과정이 아니다.
④ 바나나의 일부를 베어 냄으로써 변화된 바나나 그림자의 모양은 과정 3이 과정 2와 교차함으로써 도입된 표지이다.
⑤ 과정 3과 과정 4의 교차로 도입된 표지는 과정 3으로도 과정 4로도 전달되지 않는다.

## 143

**㉠, ㉡에 대한 설명으로 가장 적절한 것은?**

① ㉠은 군주의 과거 실정에 대한 경고로서 재이의 의미가 강조되어 신하의 직언을 활성화하는 방향으로 활용되었다.
② ㉠은 이전과 달리 인간사와 재이의 인과 관계를 역전시켜 재이를 인간사의 미래를 알려 주는 징조로 삼는 데 활용되었다.
③ ㉡은 개별적인 재이 현상을 물리적 작용이라 보고 정치와 무관하게 재이를 이해하는 기초로 활용되었다.
④ ㉡은 누적된 실정과 특정한 재이 현상을 연결 짓는 방식으로 이어져 군주의 권력을 강화하는 데 활용되었다.
⑤ ㉡은 과학적 인식을 기반으로 군주의 지배력과 변칙적인 자연 현상이 무관하다는 인식을 강화하는 기초로 활용되었다.

## 144

**<보기>는 윗글의 주제와 관련한 동서양 학자들의 견해이다. 윗글을 읽은 학생이 <보기>에 대해 보인 반응으로 적절하지 않은 것은?** [3점]

| 보기 |

㉮ 만약 인과 관계가 직접 관찰될 수 없다면, 물리적 속성의 변화와 전달과 같은 관찰 가능한 현상을 탐구하는 것이 인과 개념을 과학적으로 규명하는 올바른 경로이다.

㉯ 인과 관계란 서로 다른 대상들이 물리적 성질들을 서로 주고받는 관계일 수밖에 없다. 그러한 두 대상은 시공간적으로 연결되어 있어야만 한다.

㉰ 덕이 잘 닦인 치세에서는 재이를 찾아볼 수 없었고, 세상의 변고는 모두 난세의 때에 출현했으니, 하늘과 인간이 서로 통하는 관계임을 알 수 있다.

㉱ 홍수가 자주 발생하는 강 하류 지방의 지방관은 반드시 실정을 한 것이고, 홍수가 발생하지 않는 산악 지방의 지방관은 반드시 청렴한가? 실제로는 그렇지 않다.

① 흄의 문제 제기와 ㉮로부터, 과정 이론이 인과 개념을 과학적으로 규명하려는 시도의 하나임을 이끌어낼 수 있겠군.
② 인과 관계를 대상 간의 물리적 상호 작용으로 국한하는 ㉯의 입장은 대상 간의 감응을 기반으로 한 동중서의 재이론이 보여 준 입장과 부합하겠군.
③ 치세와 난세의 차이를 재이의 출현 여부로 설명하는 ㉰에 대해 동중서와 주희는 모두 재이론에 입각하여 수용 가능한 견해라는 입장을 취하겠군.
④ 덕이 물리적 세계 바깥의 현상에 해당한다면, 덕과 세상의 변화 사이에 인과 관계가 있다고 본 ㉰는 새먼의 이론에 입각하여 설명되기 어렵겠군.
⑤ 지방관의 실정에서 도입된 표지가 홍수로 이어지는 과정으로 전달될 수 없다면, 새먼은 실정이 홍수의 원인이 아니라는 점에서 ㉱에 동의하겠군.

## 145

**ⓐ와 문맥상 의미가 가장 가까운 것은?**

① 모두가 만족하는 대책을 찾으려 머리를 맞대었다.
② 모르는 단어가 나오면 국어사전을 찾아서 확인해라.
③ 건강을 위해 친환경 농산물을 찾는 사람이 많아졌다.
④ 아직 완전하지는 않지만 서서히 건강을 찾는 중이다.
⑤ 선생은 독립을 다시 찾는 것을 일생의 사명으로 여겼다.

[146~151] 2021학년도 수능 16번~21번 정답과 해설편 p.096

**다음 글을 읽고 물음에 답하시오.** 6문항을 11분 안에 풀어보세요.

(가)

18 세기 북학파들은 청에 다녀온 경험을 연행록으로 기록하여 청의 문물제도를 수용하자는 북학론을 구체화하였다. 이들은 개인적인 학문 성향과 관심에 따라 주목한 영역이 서로 달랐기 때문에 이들의 북학론도 차이를 보였다. 이들에게는 동아시아에서 문명의 척도로 여겨진 중화 관념이 청의 현실에 대한 인식에 각각 다르게 반영된 것이다. 1778년 함께 연행길에 올라 동일한 일정을 소화했던 박제가와 이덕무의 연행록에서도 이러한 차이가 확인된다.

[A] 북학이라는 목적의식이 강했던 박제가가 인식한 청의 현실은 단순한 현실이 아니라 조선이 지향할 가치 기준이었다. 그가 쓴 『북학의』에 묘사된 청의 현실은 특정 관점에 따라 선택 및 추상화된 것이었으며, 그런 청의 현실은 그에게 중화가 손상 없이 ⓐ 보존된 것이자 조선의 발전 방향이기도 하였다. 중화 관념의 절대성을 인정하였기 때문에 당시 조선은 나름의 독자성을 유지하기보다 중화와 합치되는 방향으로 나아가야 한다는 생각이 그의 북학론의 밑바탕이 되었다. 명에 대한 의리를 중시하는 당시 주류의 견해에 대해 그는 의리 문제는 청이 천하를 차지한 지 백여 년이 지나며 자연스럽게 소멸된 것으로 여기고, 청 문물제도의 수용이 가져다주는 이익을 논하며 북학론의 당위성을 설파하였다. 대체로 이익 추구에 대해 부정적이었던 주자학자들과 달리, 이익 추구를 인간의 자연스러운 욕망으로 긍정하고 양반도 이익을 추구하자는 등 실용적인 입장을 보였다.

이덕무는 「입연기」를 저술하면서 청의 현실을 객관적 태도로 기록하고자 하였다. 잘 정비된 마을의 모습을 기술하며 그는 황제의 행차에 대비하여 이루어진 일련의 조치가 민생과 무관하다고 지적하였다. 하지만 청 문물의 효용을 ⓑ 도외시하지 않고 박제가와 마찬가지로 물질적 삶을 중시하는 이용후생에 관심을 보였다. 스스로 평등견이라 불렀던 인식 태도를 바탕으로 그는 당시 청에 대한 찬반의 이분법에서 벗어나 청과 조선의 현실적 차이뿐만 아니라 양쪽 모두의 가치를 인정하였다. 이런 시각에서 그는 청과 조선은 구분되지만 서로 배타적이지 않다고 보았다. 즉 청을 배우는 것과 조선 사람이 조선 풍토에 맞게 살아가는 것은 서로 모순되지 않는다는 것이다. 하지만 그는 중국인들의 외양이 만주족처럼 변화된 것을 보고 비통한 감정을 토로하며 중화의 중심이라 여겼던 명에 대한 의리를 중시하는 등 자신이 제시한 인식 태도에서 벗어나는 모습을 보이기도 하였다.

(나)

18 세기 후반의 중국은 명대 이래의 경제 발전이 정점에 달해 있었다. 대부분의 주민들이 접근할 수 있는 향촌의 정기 시장부터 인구 100만의 대도시의 시장에 이르는 여러 단계의 시장들이 그물처럼 연결되어 국내 교역이 활발하게 이루어지고 있었다. 장거리 교역의 상품이 사치품에 ⓒ 한정되지 않고 일상적 물건으로까지 확대되었다. 상인 조직의 발전과 신용 기관의 확대는 교역의 질과 양이 급변하고 있었음을 보여 준다. 대외 무역의 발전과 은의 유입은 중국의 경제적 번영에 영향을 미친 외부적 요인이었다. 은의 유입, 그리고 이를 통해 가능해진 은을 매개로 한 과세는 상품 경제의 발전을 ⓓ 자극하였다. 은과 상품의 세계적 순환으로 중국 경제가 세계 경제와 긴밀하게 연결되었다.

그러나 청의 번영은 지속되지 않았고, 19 세기에 접어들 무렵부터는 심각한 내외의 위기에 직면해 급속한 하락의 시대를 겪게 된다. 북학파들이 연행을 했던 18 세기 후반에도 이미 위기의 징후들이 나타나고 있었다. 급격한 인구 증가로 인한 여러 문제는 새로운 작물 재배, 개간, 이주, 농경 집약화 등 민간의 노력에도 불구하고 해결되지 않았다. 인구 증가로 이주 및 도시화가 진행되는 가운데 전통적인 사회적 유대가 약화되거나 단절된 사람들이 상호 부조 관계를 맺는 결사 조직이 ⓔ 성행하였다. 이런 결사 조직은 불법적인 활동으로 연결되곤 했고 위기 상황에서는 반란의 조직적 기반이 되었다. 인맥에 기초한 관료 사회의 부정부패가 심화된 것 역시 인구 증가와 무관하지 않았다. 교육받은 지식인들이 늘어났지만 이들을 흡수할 수 있는 관료 조직의 규모는 정체되어 있었고, 경쟁의 심화가 종종 불법적인 행위로 연결되었다. 이와 같이 18 세기 후반 청의 화려한 번영의 그늘에는 ㉠ 심각한 위기의 씨앗들이 뿌려지고 있었다.

통치자들도 번영 속에서 불안을 느끼고 있었다. 조정에는 외국과의 접촉으로부터 백성들을 차단하려는 경향이 있었으며, 서양 선교사들의 선교 활동 확대로 인해 이런 경향이 강화되기도 하였다. 이 때문에 18 세기 후반에 청 조정은 서양에 대한 무역 개방을 축소하는 모습을 보였다. 그러나 그때까지는 위기가 본격화되지는 않았고, 소수의 지식인들만이 사회 변화의 부정적 측면을 염려하거나 개혁 방안을 모색하였다.

## 146

**(가), (나)에 대한 설명으로 가장 적절한 것은?**

① (가)는 18 세기 중국에 대한 학자들의 견해를 제시하면서 그러한 견해의 형성 배경 및 견해 간의 차이를 설명하고 있다.
② (가)는 18 세기 중국을 바라보는 사상적 관점을 제시하면서 각 관점이 지닌 역사적 의의와 한계를 서로 비교하고 있다.
③ (나)는 18 세기 중국의 사회상을 제시하면서 다양한 사회상을 시대별 기준에 따라 분류하여 서술하고 있다.
④ (나)는 18 세기 중국의 사상적 변화를 제시하면서 그러한 변화가 지니는 긍정적 측면과 부정적 측면을 분석하고 있다.
⑤ (가)와 (나)는 모두 18 세기 중국의 현실을 제시하면서 그러한 현실이 다른 나라에 미친 영향을 예를 들어 설명하고 있다.

## 147

**(가)의 '박제가'와 '이덕무'에 대한 이해로 적절하지 않은 것은?**

① 박제가는 청의 문물을 도입하는 것이 중화를 이루는 방도라고 간주하였다.
② 박제가는 자신이 파악한 청의 현실을 조선을 평가하는 기준이라고 생각하였다.
③ 이덕무는 청의 현실을 관찰하면서 이면에 있는 민생의 문제를 간과하지 않았다.
④ 이덕무는 청 문물의 효용성을 긍정하면서 청이 중화를 보존하고 있음을 인정하였다.
⑤ 박제가와 이덕무는 모두 중화 관념 자체에 대해서는 긍정적인 태도를 견지하였다.

## 148

**평등견에 대한 이해로 가장 적절한 것은?**

① 조선의 풍토를 기준으로 삼아 청의 제도를 개선하자는 인식 태도이다.
② 조선의 고유한 삶의 방식을 청의 방식에 따라 개혁해야 한다는 인식 태도이다.
③ 청과 조선의 가치를 평등하게 인정하고 풍토로 인한 차이를 해소하려는 인식 태도이다.
④ 중국인의 외양이 변화된 모습을 명에 대한 의리 문제와 관련지어 파악하려는 인식 태도이다.
⑤ 청에 대한 배타적 태도를 지양하고 청과 구분되는 조선의 독자성을 유지하자는 인식 태도이다.

## 149

**문맥을 고려할 때 ㉠의 의미를 파악한 내용으로 가장 적절한 것은?**

① 새로운 작물의 보급 증가가 경제적 번영으로 이어지는 상황을 가리키는 것이군.
② 신용 기관이 확대되고 교역의 질과 양이 급변하고 있는 상황을 가리키는 것이군.
③ 반란의 위험성 증가 등 인구 증가로 인한 문제점들이 나타나는 상황을 가리키는 것이군.
④ 이주나 농경 집약화 등 조정에서 추진한 정책들이 실패한 상황을 가리키는 것이군.
⑤ 사회적 유대의 약화로 인하여 관료 사회의 부정부패가 심화되는 상황을 가리키는 것이군.

## 150

**〈보기〉는 (가)에 제시된 『북학의』의 일부이다. [A]와 (나)를 참고하여 〈보기〉에 대해 비판적 읽기를 수행한 학생의 반응으로 적절하지 않은 것은?** [3점]

> | 보기 |
> 우리나라에서는 자기가 사는 지역에서 많이 나는 산물을 다른 데서 산출되는 필요한 물건과 교환하여 풍족하게 살려는 백성이 많으나 힘이 미치지 못한다. … 중국 사람은 가난하면 장사를 한다. 그렇더라도 정말 사람만 현명하면 원래 가진 풍류와 명망은 그대로다. 그래서 유생이 거리낌 없이 서점을 출입하고, 재상조차도 직접 융복사 앞 시장에 가서 골동품을 산다. … 우리나라는 해마다 은 수만 냥을 연경에 실어 보내 약재와 비단을 사 오는 반면, 우리나라 물건을 팔아 저들의 은으로 바꿔 오는 일은 없다. 은이란 천년이 지나도 없어지지 않는 물건이지만, 약은 사람에게 먹여 반나절이면 사라져 버리고 비단은 시신을 감싸서 묻으면 반년 만에 썩어 없어진다.

① 〈보기〉에 제시된 중국인들의 상업에 대한 인식은 [A]에서 제시한 실용적인 입장에 부합하는 것이라 볼 수 있어.
② 〈보기〉에 제시된 조선의 산물 유통에 대한 서술은 [A]에서 제시한 북학론의 당위성을 뒷받침하는 근거라 볼 수 있어.
③ 〈보기〉에 제시된 중국인들의 상행위에 대한 서술은 (나)에 제시된 중국 국내 교역의 양상과 상충되지 않는다고 볼 수 있어.
④ 〈보기〉에 제시된 은에 대한 평가는 (나)에 제시된 중국의 경제적 번영에 기여한 요소를 참고할 때, 은의 효용적 측면을 간과한 평가라 볼 수 있어.
⑤ 〈보기〉에 제시된 중국의 관료에 대한 묘사는 (나)에 제시된 관료 사회의 모습을 참고할 때, 지배층의 전체 면모가 드러나지 않는 진술이라 볼 수 있어.

## 151

**문맥상 ⓐ~ⓔ와 바꿔 쓰기에 가장 적절한 것은?**

① ⓐ : 드러난
② ⓑ : 생각하지
③ ⓒ : 그치지
④ ⓓ : 따라갔다
⑤ ⓔ : 일어났다

[152~157] 2021학년도 6월 모평 16번~21번 정답과 해설편 p.099

**다음 글을 읽고 물음에 답하시오.** 6문항을 8분 안에 풀어보세요. 

(가)

한국, 중국 등 동아시아 사회에서 오랫동안 유지되었던 과거제는 세습적 권리와 무관하게 능력주의적인 시험을 통해 관료를 선발하는 제도라는 점에서 합리성을 갖추고 있었다. 정부의 관직을 ⓐ 두고 정기적으로 시행되는 공개 시험인 과거제가 도입되어, 높은 지위를 얻기 위해서는 신분이나 추천보다 시험 성적이 더욱 중요해졌다.

명확하고 합리적인 기준에 따른 관료 선발 제도라는 공정성을 바탕으로 과거제는 보다 많은 사람들에게 사회적 지위 획득의 기회를 줌으로써 개방성을 제고하여 사회적 유동성 역시 증대시켰다. 응시 자격에 일부 제한이 있었다 하더라도, 비교적 공정한 제도였음은 부정하기 어렵다. 시험 과정에서 ㉠ 익명성의 확보를 위한 여러 가지 장치를 도입한 것도 공정성 강화를 위한 노력을 보여 준다.

과거제는 여러 가지 사회적 효과를 가져왔는데, 특히 학습에 강력한 동기를 제공함으로써 교육의 확대와 지식의 보급에 크게 기여했다. 그 결과 통치에 참여할 능력을 갖춘 지식인 집단이 폭넓게 형성되었다. 시험에 필요한 고전과 유교 경전이 주가 되는 학습의 내용은 도덕적인 가치 기준에 대한 광범위한 공유를 이끌어 냈다. 또한 최종 단계까지 통과하지 못한 사람들에게도 국가가 여러 특권을 부여하고 그들이 지방 사회에 기여하도록 하여 경쟁적 선발 제도가 가져올 수 있는 부작용을 완화하고자 노력했다.

동아시아에서 과거제가 천 년이 넘게 시행된 것은 과거제의 합리성이 사회적 안정에 기여했음을 보여 준다. 과거제는 왕조의 교체와 같은 변화에도 불구하고 동질적인 엘리트층의 연속성을 가져왔다. 그리고 이러한 연속성은 관료 선발 과정뿐 아니라 관료제에 기초한 통치의 안정성에도 기여했다.

과거제를 장기간 유지한 것은 세계적으로 드문 현상이었다. 과거제에 대한 정보는 선교사들을 통해 유럽에 전해져 많은 관심을 불러일으켰다. 일군의 유럽 계몽사상가들은 학자의 지식이 귀족의 세습적 지위보다 우위에 있는 체제를 정치적인 합리성을 갖춘 것으로 보았다. 이러한 관심은 사상적 동향뿐 아니라 실질적인 사회 제도에까지 영향을 미쳐서, 관료 선발에 시험을 통한 경쟁이 도입되기도 했다.

(나)

조선 후기의 대표적인 관료 선발 제도 개혁론인 유형원의 공거제 구상은 능력주의적, 결과주의적 인재 선발의 약점을 극복하려는 의도와 함께 신분적 세습의 문제점도 의식한 것이었다. 중국에서는 17 세기 무렵 관료 선발에서 세습과 같은 봉건적인 요소를 부분적으로 재도입하려는 개혁론이 등장했다. 고염무는 관료제의 상층에는 능력주의적 제도를 유지하되, ㉮ 지방관인 지현들은 어느 정도의 검증 기간을 거친 이후 그 지위를 평생 유지시켜 주고 세습의 길까지 열어 놓는 방안을 제안했다. 황종희는 지방의 관료가 자체적으로 관리를 초빙해서 시험한 후에 추천하는 '벽소'와 같은 옛 제도를 ⓑ 되살리는 방법으로 과거제를 보완하자고 주장했다.

이러한 개혁론은 갑작스럽게 등장한 것이 아니었다. 과거제를 시행했던 국가들에서는 수백 년에 ⓒ 걸쳐 과거제를 개선하라는 압력이 있었다. 시험 방식이 가져오는 부작용들은 과거제의 중요한 문제였다. 치열한 경쟁은 학문에 대한 깊이 있는 학습이 아니라 합격만을 목적으로 하는 형식적 학습을 하게 만들었고, 많은 인재들이 수험 생활에 장기간 ⓓ 매달리면서 재능을 낭비하는 현상도 낳았다. 또한 학습 능력 이외의 인성이나 실무 능력을 평가할 수 없다는 이유로 시험의 ㉡ 익명성에 대한 회의도 있었다.

과거제의 부작용에 대한 인식은 과거제를 통해 임용된 관리들의 활동에 대한 비판적 시각으로 연결되었다. 능력주의적 태도는 시험뿐 아니라 관리의 업무에 대한 평가에도 적용되었다. 세습적이지 않으면서 몇 년의 임기마다 다른 지역으로 이동하는 관리들은 승진을 위해서 빨리 성과를 낼 필요가 있었기에, 지역 사회를 위해 장기적인 전망을 가지고 정책을 추진하기보다 가시적이고 단기적인 결과만을 중시하는 부작용을 가져왔다. 개인적 동기가 공공성과 상충되는 현상이 나타났던 것이다. 공동체 의식의 약화 역시 과거제의 부정적 결과로 인식되었다. 과거제 출신의 관리들이 공동체에 대한 소속감이 낮고 출세 지향적이기 때문에 세습 엘리트나 지역에서 천거된 관리에 비해 공동체에 대한 충성심이 약했던 것이다.

과거제가 지속되는 시기 내내 과거제 이전에 대한 향수가 존재했던 것은 그 외의 정치 체제를 상상하기 ⓔ 어려웠던 상황에서, 사적이고 정서적인 관계에서 볼 수 있는 소속감과 충성심을 과거제로 확보하기 어렵다는 판단 때문이었다. 봉건적 요소를 도입하여 과거제를 보완하자는 주장은 단순히 복고적인 것이 아니었다. 합리적인 제도가 가져온 역설적 상황을 역사적 경험과 주어진 사상적 자원을 활용하여 보완하고자 하는 시도였다.

## 152

**(가)와 (나)의 서술 방식으로 가장 적절한 것은?**

① (가)와 (나) 모두 특정 제도가 사회에 미친 영향을 인과적으로 서술하고 있다.

② (가)와 (나) 모두 특정 제도를 분석하는 두 가지 이론을 구분하여 소개하고 있다.

③ (가)는 (나)와 달리 구체적 사상가들의 견해를 언급하며 특정 제도에 대한 관점을 드러내고 있다.

④ (나)는 (가)와 달리 특정 제도에 대한 선호와 비판의 근거들을 비교하면서 특정 제도의 특징을 제시하고 있다.

⑤ (가)는 특정 제도의 발전을 통시적으로, (나)는 특정 제도에 대한 학자들의 상반된 입장을 공시적으로 언급하고 있다.

## 153

**(가)의 내용과 일치하지 않는 것은?**

① 시험을 통한 관료 선발 제도는 동아시아뿐만 아니라 유럽에서도 실시되었다.
② 과거제는 폭넓은 지식인 집단을 형성하여 관료제에 기초한 통치에 기여했다.
③ 과거 시험의 최종 단계까지 통과하지 못한 사람도 국가로부터 혜택을 받을 수 있었다.
④ 경쟁을 바탕으로 한 과거제는 더 많은 사람들이 지방의 관료에 의해 초빙될 기회를 주었다.
⑤ 귀족의 지위보다 학자의 지식이 우위에 있는 체제가 합리적이라고 여긴 계몽사상가들이 있었다.

## 154

**(나)를 참고할 때, ㉮와 같은 제안이 등장하게 된 배경을 추론한 내용으로 적절하지 않은 것은?**

① 과거제로 등용된 관리들이 근무지를 자주 바꾸게 되어 근무지에 대한 소속감이 약했기 때문이었을 것이다.
② 과거제로 등용된 관리들의 봉건적 요소에 대한 지향이 공공성과 상충되는 세태로 나타났기 때문이었을 것이다.
③ 과거제로 선발한 관료들은 세습 엘리트에 비해 개인적 동기가 강해서 공동체 의식이 높지 않았기 때문이었을 것이다.
④ 과거제를 통해 배출된 관료들이 출세 지향적이어서 장기적 안목보다는 근시안적인 결과에 치중했기 때문이었을 것이다.
⑤ 과거제가 낳은 능력주의적 태도로 인해 관리들이 승진을 위해 가시적인 성과만을 내려는 경향이 강해졌기 때문이었을 것이다.

## 155

**(가)와 (나)를 참고하여 ㉠과 ㉡을 이해한 내용으로 가장 적절한 것은?**

① ㉠은 모든 사람에게 응시 기회를 보장했지만, ㉡은 결과주의의 지나친 확산에서 비롯되었다.
② ㉠은 정치적 변화에도 사회적 안정을 보장했지만, ㉡은 대대로 관직을 물려받는 문제에서 비롯되었다.
③ ㉠은 지역 공동체의 전체 이익을 증진시켰지만, ㉡은 지나친 경쟁이 유발한 국가 전체의 비효율성에서 비롯되었다.
④ ㉠은 사회적 지위 획득의 기회를 확대하는 데 기여했지만, ㉡은 관리 선발 시 됨됨이 검증의 곤란함에서 비롯되었다.
⑤ ㉠은 관료들이 지닌 도덕적 가치 기준의 다양성을 확대했지만, ㉡은 사적이고 정서적인 관계 확보의 어려움에서 비롯되었다.

## 156

**<보기>는 과거제에 대한 조선 시대 선비들의 견해를 재구성한 것이다. (가)와 (나)를 읽은 학생이 <보기>에 대해 보인 반응으로 적절하지 않은 것은?** 3점

| 보기 |

○ 갑 : 변변치 못한 집안 출신이라 차별받는 것에 불만이 있는 사람들이 많았는데, 과거를 통해 관직을 얻으면서 불만이 많이 해소되어 사회적 갈등이 완화된 것은 바람직하다.

○ 을 : 과거제를 통해 조선 사회에 유교적 가치가 광범위하게 자리를 잡아 좋다. 그런데 많은 선비들이 오랜 시간 과거를 준비하느라 자신의 뛰어난 능력을 펼치지 못한다는 점이 안타깝다.

○ 병 : 요즘 과거 시험 준비를 위해 나오는 책들을 보면 시험에 자주 나왔던 내용만 정리되어 있어서 학습의 깊이가 없으니 문제이다. 그래도 과거제 덕분에 더 많은 사람들이 공부를 하려는 생각을 가지게 된 것은 다행이라고 생각한다.

① '갑'이 과거제로 인해 사회적 유동성이 증가했다는 점을 긍정적으로 본 것은, 능력주의에 따른 공정성과 개방성이라는 시험의 성격에 주목한 것이겠군.
② '을'이 과거제로 인해 많은 선비들이 재능을 낭비한다는 점을 부정적으로 본 것은, 치열한 경쟁을 유발하는 시험의 성격에 주목한 것이겠군.
③ '을'이 과거제로 인해 사회의 도덕적 가치 기준에 대한 광범위한 공유가 가능해졌다는 점을 긍정적으로 본 것은, 고전과 유교 경전 위주의 시험 내용에 주목한 것이겠군.
④ '병'이 과거제로 인해 심화된 공부를 하기 어렵다는 점을 부정적으로 본 것은, 형식적인 학습을 유발한 시험 방식에 주목한 것이겠군.
⑤ '병'이 과거제로 인해 교육에 대한 동기가 강화되었다는 점을 긍정적으로 본 것은, 실무 능력을 중심으로 평가하는 시험 방식에 주목한 것이겠군.

## 157

**문맥상 ⓐ~ⓔ의 단어와 가장 가까운 의미로 쓰인 것은?**

① ⓐ : 그가 열쇠를 방 안에 두고 문을 잠가 버렸다.
② ⓑ : 우리는 그 당시의 행복했던 기억을 되살렸다.
③ ⓒ : 협곡 사이에 구름다리가 멋지게 걸쳐 있었다.
④ ⓓ : 사소한 일에만 매달리면 중요한 것을 놓친다.
⑤ ⓔ : 형편이 어려울수록 모두가 힘을 합쳐야 한다.

[158~163] 2019학년도 6월 모평 16번~21번 정답과 해설편 p.103

**다음 글을 읽고 물음에 답하시오.** 6문항을 10분 안에 풀어보세요.

17 세기 초부터 ⓐ 유입되기 시작한 서학(西學) 서적에 담긴 서양의 과학 지식은 당시 조선의 지식인들에게 적지 않은 지적 충격을 주며 사상의 변화를 이끌었다. 하지만 ㉠ 19 세기 중반까지 서양 의학의 영향력은 천문·지리 지식에 비해 미미하였다. 일부 유학자들이 서양 의학 서적들을 읽었지만, 이에 대해 논평을 남긴 인물은 극히 제한적이었다.

이런 가운데 18 세기 실학자 이익은 주목할 만한 인물이다. 그는 「서국의(西國醫)」라는 글에서 아담 샬이 쓴 『주제군징(主制群徵)』의 일부를 채록하면서 자신의 생각을 ⓑ 제시하였다. 『주제군징』에는 당대 서양 의학의 대변동을 이끈 근대 해부학 및 생리학의 성과나 그에 따른 기계론적 인체관은 담기지 않았다. 대신 기독교를 효과적으로 ⓒ 전파하기 위해 신의 존재를 증명하려 했던 로마 시대의 생리설, 중세의 해부 지식 등이 실려 있었다. 한정된 서양 의학 지식이었지만 이익은 그 우수성을 인정하고 내용을 부분적으로 수용하였다. 뇌가 몸의 운동과 지각 활동을 주관한다는 아담 샬의 설명에 대해, 이익은 몸의 운동을 뇌가 주관한다는 것은 긍정하였지만, 지각 활동은 심장이 주관한다는 전통적인 심주지각설(心主知覺說)을 고수하였다.

이익 이후에도 서양 의학이 조선 사회에 끼친 영향은 두드러지지 않았다. 당시 유학자들은 서양 의학의 필요성을 느끼지 못하였고, 의원들의 관심에서도 서양 의학은 비껴나 있었다. 당시에 전해진 서양 의학 지식은 내용 면에서도 부족했을 뿐 아니라, 지구가 둥글다거나 움직인다는 주장만큼 충격적이지는 않았다. 서양 해부학이 야기하는 윤리적 문제도 서양 의학의 영향력을 제한하는 요인으로 작용하였으며, 서학에 대한 조정(朝廷)의 금지 조치도 걸림돌이었다. 그러던 중 19 세기 실학자 최한기는 당대 서양에서 주류를 이루고 있던 최신 의학 성과를 담은 홉슨의 책들을 접한 후 해부학 전반과 뇌 기능을 중심으로 문제의식을 본격화하였다. 인체에 대한 이전 유학자들의 논의가 도덕적 차원에 초점이 있었던 것과 달리, 그는 지각적·생리적 기능에 주목하였다.

최한기의 인체관을 함축하는 개념 중 하나는 '몸기계'였다. 그는 이 개념을 본격적으로 사용하기에 앞서 인체를 형체와 내부 장기로 구성된 일종의 기계로 파악하고 있었다. 이러한 생각은 『전체신론(全體新論)』 등 홉슨의 저서를 접한 후 더 분명해져서 인체를 복잡한 장치와 그 작동으로 이루어진 몸기계로 형상화하면서도, 인체가 외부 동력에 의한 기계적 인과 관계에 지배되는 것이 아니라 그 자체가 생명력을 가지고 자발적인 운동을 한다고 보았다. 이는 인체를 '신기(神氣)'와 결부하여 이해한 결과였다. 기계적 운동의 인과 관계를 설명하려면 원인을 찾는 과정이 꼬리에 꼬리를 물고 이어지게 된다. 따라서 이러한 무한 소급을 끝맺으려면 운동의 최초 원인을 상정해야만 한다. 이 문제를 해결하기 위해 의료 선교사인 홉슨은 창조주와 같은 질적으로 다른 존재를 상정하였다. 기독교적 세계관을 부정했던 최한기는 인체를 구성하는 신기를 신체 운동의 원인으로 규정하여 이 문제를 해결하려 하였다.

최한기는 『전체신론』에 ⓓ 수록된, 뇌로부터 온몸에 뻗어 있는 신경계 그림을 접하고, 신체 운동을 주관하는 뇌의 역할과 중요성을 인정하였다. 하지만 뇌가 운동뿐만 아니라 지각을 주관한다는 홉슨의 뇌주지각설(腦主知覺說)에 관심을 기울이면서도, 뇌주지각설은 완전한 체계를 이루기에 불충분하다고 보았다. 뇌가 지각을 주관하는 과정을 창조주의 섭리로 보고 지각 작용과 기독교적 영혼 사이의 연관성을 부각하려 한 『전체신론』의 견해를 부정하고, 대신 '심'이 지각 운용을 주관한다는 심주지각설이 더 유용하다고 주장하였다.

그러나 종래의 심주지각설을 그대로 수용한 것은 아니었다. 기존의 심주지각설이 '심'을 심장으로 보았던 것과 달리 그는 신기의 '심'으로 파악하였다. 그에 따르면, 신기는 신체와 함께 생성되고 소멸되는 것으로, 뇌나 심장 같은 인체 기관이 아니라 몸을 구성하면서 형체가 없이 몸속을 두루 돌아다니는 것이다. 신기는 유동적인 성질을 지녔는데 그 중심이 '심'이다. 신기는 상황에 따라 인체의 특정 부분에 더 높은 밀도로 몰린다. 그래서 특수한 경우에는 다른 곳으로 중심이 이동하는데, 신기가 균형을 이루어야 생명 활동과 지각이 제대로 이루어질 수 있다. 그는 경험 이전에 아무런 지각 내용을 내포하지 않고 있는 신기가 감각 기관을 통한 지각 활동에 의해 외부 세계의 정보를 받아들여 기억으로 저장한다고 파악하였다. 신기는 한 몸을 주관하며 그 자체가 하나로 통합되어 있기 때문에 감각을 통합할 수 있으며, 지각 내용의 종합과 확장, 곧 스스로의 사유를 통해 지각 내용을 조정하고, 그러한 작용에 적응하여 온갖 세계의 변화에 대응할 수 있다고 보았다.

최한기의 인체관은 서양 의학과 신기 개념의 접합을 통해 새롭게 정립된 것이었다. 비록 양자 사이의 결합이 완전하지는 않았지만, 서양 의학을 ⓔ 맹신하지 않고 주체적으로 수용하여 정합적인 체계를 이루고자 한 그의 시도는 조선 사상사에서 주목할 만한 성취라 평가할 수 있을 것이다.

## 158

**윗글의 전개 방식으로 가장 적절한 것은?**

① 조선에서 인체관이 분화하는 과정을 서양과 대조하여 단계적으로 서술하고 있다.
② 서학의 수용으로 일어난 인체관의 변화를 조선 시대 학자들의 견해를 통해 제시하고 있다.
③ 인체관과 관련된 유학자들의 주장이 지닌 문제점을 열거하여 역사적인 시각에서 비판하고 있다.
④ 우리나라 근대의 인체관 가운데 서로 충돌되는 견해를 절충하여 새로운 결론을 도출하고 있다.
⑤ 동양과 서양의 지식인들이 서로 영향을 주고받으며 인체관을 정립하는 과정을 인과적으로 설명하고 있다.

## 159

**윗글에 대한 이해로 적절하지 않은 것은?**

① 최한기는 홉슨의 저서를 접하기 전부터 인체를 일종의 기계로 파악하였다.
② 아담 샬과 달리 이익은 심장을 중심으로 인간의 지각 활동을 이해하였다.
③ 이익과 홉슨은 신체의 동작을 뇌가 주관한다는 것에서 공통적인 견해를 보였다.
④ 아담 샬과 홉슨은 각자가 활동했던 당시에 유력했던 기계론적 의학 이론을 동양에 소개하였다.
⑤『주제군징』과『전체신론』에는 기독교적인 세계관이 투영된 서양 의학 이론이 포함되어 있었다.

## 160

**윗글을 참고할 때, ㉠의 이유로 적절하지 않은 것은?**

① 조선에서 서양 학문을 정책적으로 배척했기 때문이다.
② 전래된 서양 의학이 내용 면에서 불충분했기 때문이다.
③ 당대 의원들이 서양 의학의 한계를 지적했기 때문이다.
④ 서양 해부학이 조선의 윤리 의식에 위배되었기 때문이다.
⑤ 서양 의학이 천문 지식에 비해 충격적이지 않았기 때문이다.

## 161

**<보기>는 인체에 관한 조선 시대 학자들의 견해이다. 윗글에 제시된 '최한기'의 견해와 부합하는 것을 <보기>에서 고른 것은?**

| 보 기 |

ㄱ. 심장은 오장(五臟)의 하나이지만 한 몸의 군주가 되어 지각이 거기에서 나온다.
ㄴ. 귀에 쏠린 신기가 눈에 쏠린 신기와 통하여, 보고 들음을 합하여 하나로 만들 수 있다.
ㄷ. 인간의 신기는 온몸의 기관이 갖추어짐에 따라 생기고, 지각 작용에 익숙해져 변화에 대응하는 것이다.
ㄹ. 신기는 대소(大小)로 구분되어 있는 것이니, 한 몸에 퍼지는 신기가 있고 심장에서 운용하는 신기가 있다.

① ㄱ, ㄴ ② ㄱ, ㄷ ③ ㄴ, ㄷ
④ ㄴ, ㄹ ⑤ ㄷ, ㄹ

## 162

**윗글의 '최한기'와 <보기>의 '데카르트'를 비교하여 이해한 내용으로 적절하지 않은 것은?** [3점]

| 보 기 |

서양 근세의 철학자 데카르트는 물질과 정신을 구분하여, 물질은 공간을 차지한다는 특징을 갖는 반면 정신은 사유라는 특징을 갖는다고 보았다. 물질의 기계적 운동을 옹호했던 그는 정신이 깃든 곳은 물질의 하나인 두뇌이지만 정신과 물질은 서로 독립적이라고 주장하였다. 그러나 정신과 물질이 영향을 주고받음을 설명할 수 없다는 비판을 받았다.

① 데카르트의 '정신'과 달리 최한기의 '신기'는 신체와 독립적이지 않겠군.
② 데카르트와 최한기는 모두 인간의 사고 작용이 일어나는 곳은 두뇌라고 보았겠군.
③ 데카르트의 '정신'과 최한기의 '신기'는 모두 그 자체로는 형체를 갖지 않는 것이겠군.
④ 데카르트와 달리 최한기는 인간의 사고가 신체와 영향을 주고받음을 설명할 수 없다는 비판을 받지는 않겠군.
⑤ 데카르트의 견해에서도 최한기에서처럼 기계적 운동의 최초 원인을 상정하면 무한 소급의 문제를 해결할 수 있겠군.

## 163

**문맥상 ⓐ~ⓔ와 바꿔 쓰기에 적절하지 않은 것은?**

① ⓐ : 들어오기
② ⓑ : 드러내었다
③ ⓒ : 퍼뜨리기
④ ⓓ : 실린
⑤ ⓔ : 가리지

[164~168] 2016학년도 6월 모평A 22번~26번 정답과 해설편 p.107

## 다음 글을 읽고 물음에 답하시오.

5문항을 9분 안에 풀어보세요. 

(가)

우리는 일상에서 '약자를 돕는 것은 옳다'와 같은 도덕적 판단을 한다. 이렇게 구체적 행위에 대한 도덕적 판단 문제를 다루는 것이 규범 윤리학이라면, 옳음의 의미 문제, 도덕적 진리의 존재 문제 등과 같이 규범 윤리학에서 사용하는 개념과 원칙에 대해 다루는 것은 메타 윤리학이다. 메타 윤리학에서 도덕 실재론과 정서주의는 '옳음'과 '옳지 않음'의 의미를 이해하는 방식과 도덕적 진리의 존재 여부에 대해 상반된 주장을 펼친다.

(나)

도덕 실재론에서는 도덕적 판단과 도덕적 진리를 과학적 판단 및 과학적 진리와 마찬가지라고 본다. 즉 과학적 판단이 '참' 또는 '거짓'을 ⓐ 판정할 수 있는 명제를 나타내고 이때 참으로 판정된 명제를 과학적 진리라고 부르는 것처럼, 도덕적 판단도 참 또는 거짓으로 판정할 수 있는 명제를 나타내고 참으로 판정된 명제가 곧 도덕적 진리라고 ⓑ 규정하는 것이다. 그런데 도덕 실재론에서 주장하듯, '도둑질은 옳지 않다'가 도덕적 진리라면, 그것이 참임을 판정하기 위해서는 도덕적으로 옳지 않음이라는 객관적으로 실재하는 성질을 도둑질에서 찾아낼 수 있어야 한다.

(다)

한편 정서주의에서는 어떤 도덕적 행위에 대해 도덕적으로 옳음이나 도덕적으로 옳지 않음이라는 성질은 객관적으로 존재하지 않는 것이고 도덕적 판단도 참 또는 거짓으로 판정되는 명제를 나타내지 않는다. 따라서 정서주의에서는 '옳다' 혹은 '옳지 않다'는 도덕적 판단을 내리지만 도덕 실재론과 달리 과학적 진리와 같은 도덕적 진리는 없다는 입장을 보인다. 그렇다면 정서주의에서는 옳음이나 옳지 않음의 의미를 무엇으로 볼까? 도둑질과 같은 구체적인 행위에 대한 감정과 태도가 곧 옳음과 옳지 않음이라고 한다. 즉 '도둑질은 옳다'는 판단은 도둑질에 대한 승인 감정을 표현한 것이고, '도둑질은 옳지 않다'는 판단은 도둑질에 대한 부인 감정을 표현한 것으로 이해한다.

(라)

이런 정서주의에서는 도덕적 판단이 윤리적 행위를 하도록 동기를 부여하는 것에 대해 도덕 실재론보다 단순하게 설명할 수 있다. 윤리적 행위의 동기 부여를 설명할 때 도덕적 판단이 나타내는 승인 감정 또는 부인 감정 이외에 다른 것이 필요하지 않기 때문이다. 승인 감정은 어떤 행위를 좋다고 여기는 것이고 그것이 일어나길 욕망하는 것이기에 결국 그것을 해야 한다는 동기 부여까지 직접 연결된다는 것이다. 부인 감정도 마찬가지로 작동한다. 이에 비해 도덕 실재론에서는 도덕적 판단 이외에도 인간의 욕망과 감정에 관한 이해가 반드시 필요하다. 예컨대 '약자를 돕는 것은 옳다'에 덧붙여 '사람들은 약자가 어려운 처지에 빠지지 않기를 바란다'와 같이 인간의 욕망과 감정에 대한 법칙을 추가해야 한다. 그래야만 도덕 실재론에서는 약자를 돕는 윤리적 행위를 해야겠다는 동기 부여에 대해 설명할 수 있다. 인간의 욕망과 감정에 대한 법칙을 쉽게 확보할 수 있는 것은 아니기에 그것 없이도 윤리적 행위의 동기 부여를 설명할 수 있는 정서주의는 도덕 실재론에 비해 높이 평가된다.

또한 옳음과 옳지 않음의 의미를 승인 감정과 부인 감정의 표현으로 이해하는 정서주의에 따르면 사람들 간의 도덕적 판단의 차이도 간단하게 설명할 수 있다. 윤리적인 문제에 대해 서로 ⓒ 합의하지 못하는 의견 차이에 대해서도 굳이 어느 한쪽 의견이 틀렸기 때문이라고 말할 필요가 없이 서로 감정과 태도가 다를 뿐이라고 설명할 수 있다. 이런 설명은 도덕적 판단의 차이로 인한 극단적인 대립을 피할 수 있게 해 준다는 점에서 의의가 있다.

(마)

하지만 옳음과 옳지 않음을 감정과 동일시하는 정서주의에도 몇 가지 문제점이 ⓓ 제기될 수 있다. 첫째, 감정이 변할 때마다 도덕적 판단도 변한다고 해야 하지만, 도덕적 판단은 수시로 바뀌지 않는다. 둘째, ㉠ 감정은 아무 이유 없이 변할 수 있지만 도덕적 판단은 뚜렷한 근거 없이 바뀔 수 없다. 셋째, 감정이 없다면 '도덕적으로 옳음'과 '도덕적으로 옳지 않음'도 없다고 해야 하지만, '도덕적으로 옳음'과 '도덕적으로 옳지 않음'이 없다는 것은 보편적 인식과 ⓔ 배치된다.

## 164

**(가) ~ (마)에 대한 설명으로 적절하지 않은 것은?**

① (가) : 규범 윤리학과 메타 윤리학을 구별하고 메타 윤리학의 두 견해를 제시하고 있다.
② (나) : 도덕적 판단과 도덕적 진리에 대한 도덕 실재론의 견해를 소개하고 있다.
③ (다) : 도덕적 판단과 도덕적 진리에 대한 정서주의의 견해를 소개하고 있다.
④ (라) : 도덕 실재론의 장점과 의의를 정서주의와 비교하여 설명하고 있다.
⑤ (마) : 정서주의에 대해 제기할 수 있는 문제를 나열하고 있다.

## 165

**윗글에 대한 이해로 적절하지 않은 것은?**

① 메타 윤리학은 규범 윤리학에서 사용하는 개념과 원칙 자체에 대해 연구한다.
② 정서주의에 따르면, 도덕적 판단은 윤리적 행위의 동기 부여와 직접 연결된다.
③ 정서주의에 따르면, 과학적 진리와 마찬가지의 도덕적 진리는 존재하지 않는다.
④ 도덕 실재론과 정서주의는 '옳음'과 '옳지 않음'의 의미를 이해하는 방식이 다르다.
⑤ 도덕 실재론에 따르면, 도덕적 판단은 승인 감정에 의해 '옳음'의 태도를 표현한다.

## 166

**㉠을 이해한 것으로 가장 적절한 것은?**

① 도덕적 판단의 변화에는 뚜렷한 근거가 필요 없다.
② 감정도 수시로 변하고, 도덕적 판단도 수시로 변한다.
③ 도덕적 판단과 달리 감정이 바뀔 때에는 이유가 필요하다.
④ 감정 없는 사람도 없고, 도덕적 판단을 하지 않는 사람도 없다.
⑤ 감정과 달리 도덕적 판단을 바꿀 때에는 뚜렷한 근거가 필요하다.

## 167

**윗글을 바탕으로 <보기>를 이해한 내용으로 가장 적절한 것은?** [3점]

| 보 기 |

A는 정서주의자이고, B는 도덕 실재론자이다. 두 사람은 모두 '옳음'과 '옳지 않음'이 각각 '아름다움'과 '아름답지 않음'에 대응한다고 본다. 또한 다음 두 예술적 판단에 대해, A는 도덕적 판단에 대한 정서주의의 설명을 똑같이 적용할 수 있다고 보고, B는 도덕적 판단에 대한 도덕 실재론의 설명을 똑같이 적용할 수 있다고 본다.
(ㄱ) 예술 작품 △△는 아름답다.
(ㄴ) 예술 작품 △△는 아름답지 않다.

① A와 B는 모두 예술적 진리가 존재하지 않는다고 생각하겠군.
② A는 '아름다움'이라는 성질이 객관적으로 실재한다고 생각하겠군.
③ A는 (ㄱ)과 (ㄴ) 중 하나는 '참'인 명제라고 생각하겠군.
④ B는 (ㄱ)과 (ㄴ) 중 하나는 '거짓'인 명제라고 생각하겠군.
⑤ B는 (ㄱ)과 (ㄴ)은 모두 예술 작품 △△에 대한 감정과 태도를 표현한다고 생각하겠군.

## 168

**ⓐ~ⓔ의 사전적 뜻풀이로 옳지 않은 것은?**

① ⓐ : 판별하여 결정함.
② ⓑ : 규칙에 의해 일정한 한도를 정함.
③ ⓒ : 서로 의견이 일치함.
④ ⓓ : 의견이나 문제를 내어 놓음.
⑤ ⓔ : 서로 반대되어 어긋남.

[169~172] 2014학년도 6월 모평B 17번~20번 정답과 해설편 p.109

**다음 글을 읽고 물음에 답하시오.** 4문항을 7분 안에 풀어보세요. 

흔히 어떤 대상이 반드시 가져야만 하고 그것을 다른 대상과 구분해 주는 속성을 ⓐ 본질이라고 한다. X의 본질이 무엇인지 알고 싶으면 X에 대한 필요충분한 속성을 찾으면 된다. 다시 말해서 모든 X에 대해 그리고 오직 X에 대해서만 해당되는 것을 찾으면 된다. ⓑ 예컨대 모든 까투리가 그리고 오직 까투리만이 꿩이면서 동시에 암컷이므로, '암컷인 꿩'은 까투리의 본질이라고 생각된다. 그러나 암컷인 꿩은 애초부터 까투리의 정의라고 우리가 규정한 것이므로 그것을 본질이라고 말하기에는 허망하다. 다시 말해서 본질은 따로 존재하여 우리가 발견한 것이 아니라 까투리라는 낱말을 만들면서 사후적으로 구성된 것이다.

서로 다른 개체를 동일한 종류의 것이라고 판단하고 의사소통에 성공하기 위해서는 개체들이 공유하는 무엇인가가 필요하다. 본질주의는 ⓒ 그것이 우리와 무관하게 개체 내에 본질로서 존재한다고 주장한다. ⓓ 반면에 반(反)본질주의는 그런 본질이란 없으며, 인간이 정한 언어 약정이 본질주의에서 말하는 본질의 역할을 충분히 달성할 수 있다고 주장한다. ⓔ 이른바 본질은 우리가 관습적으로 부여하는 의미를 표현한 것에 불과하다는 것이다.

'본질'이 존재론적 개념이라면 거기에 언어적으로 상관하는 것은 '정의'이다. 그런데 어떤 대상에 대해서 약정적이지 않으면서 완벽하고 정확한 정의를 내리기 어렵다는 사실은 반본질주의의 주장에 힘을 실어 준다. 사람을 예로 들어 보자. 이성적 동물은 사람에 대한 정의로 널리 알려져 있다. 그러면 이성적이지 않은 갓난아이를 사람의 본질에 반례로 제시할 수 있다. 이번에는 ㉠ '사람은 사회적 동물이다.'라고 정의를 제시할 수도 있다. 그러나 사회를 이루고 산다고 해서 모두 사람인 것은 아니다. ㉡ 개미나 벌도 사회를 이루고 살지만 사람은 아니다.

서양의 철학사는 본질을 찾는 과정이라고 말할 수 있다. 본질주의는 사람뿐만 아니라 자유나 지식 등의 본질을 찾는 시도를 계속해 왔지만, 대부분의 경우 아직까지 본질적인 것을 명확히 찾는 데 성공하지 못했다. 그래서 숨겨진 본질을 밝히려는 철학적 탐구는 실제로는 부질없는 일이라고 반본질주의로부터 비판을 받는다. 우리가 본질을 명확히 찾지 못하는 까닭은 우리의 무지 때문이 아니라 그런 본질이 있다는 잘못된 가정에서 출발했기 때문이라는 것이다. 사물의 본질이라는 것은 단지 인간의 가치가 투영된 것에 지나지 않는다는 것이 반본질주의의 주장이다.

## 169

**'반본질주의'의 견해로 볼 수 있는 것은?**

① 어떤 대상이라도 그 개념을 언어로 약정할 수 없다.
② 개체의 본질은 인식 여부와 상관없이 개체에 내재하고 있다.
③ 어떤 대상이든지 다른 대상과 구분되는 불변의 고유성이 있다.
④ 어떤 대상에 의미가 부여됨으로써 그 대상은 다른 대상과 구분된다.
⑤ 같은 종류에 속하는 개체들이 공유하는 속성은 객관적으로 실재한다.

## 170

**문맥상 ㉠과 ㉡의 관계와 같은 것은?**

| | ㉠ | ㉡ |
|---|---|---|
| ① | 가위는 자를 수 있는 도구이다 | 칼 |
| ② | 노인은 65 세 이상인 사람이다 | 64 세인 사람 |
| ③ | 이모는 어머니의 여자 형제이다 | 어머니의 여동생 |
| ④ | 고래는 헤엄칠 수 있는 포유동물이다 | 헤엄칠 수 없는 고래 |
| ⑤ | 연필은 흑연을 나무로 둘러싼 필기도구이다 | 흑연 심 |

## 171

**윗글을 바탕으로 <보기>에 대해 추론한 내용으로 적절하지 않은 것은?** [3점]

> | 보 기 |
>
> (가) 금은 오랫동안 색깔이나 밀도처럼 쉽게 확인할 수 있는 특성으로 정의되어 왔지만 이제는 현대 화학에 입각해 정의되고 있다.
>
> (나) 누군가가 사자와 바위와 컴퓨터를 묶어 '사바컴'으로 정의했지만 그 정의는 널리 쓰이지 않았다.

① 본질주의자는 (가)를 숨겨져 있는 정확하고 엄격한 본질을 찾아 가는 과정으로 해석하겠네.

② 본질주의자는 (나)를 근거로 들어 본질은 사후적으로 구성되는 것이 아니라고 하겠네.

③ 반본질주의자는 (가)에서처럼 널리 믿어지던 정의가 바뀌는 것을 보고 약정적이지 않은 정의는 없다고 주장하겠네.

④ 반본질주의자는 (나)에 대해 그 세 가지가 지니는 근원적 속성이 발견되지 않아서 일어나는 현상이라고 하겠네.

⑤ 본질주의자와 반본질주의자는 모두 (가)를 들어 의사소통을 위해서는 개체들을 동일한 종류의 것으로 판단할 수 있는 무엇인가가 필요하다고 생각하겠네.

## 172

**글의 특성과 문맥을 고려할 때, ⓐ~ⓔ를 활용한 독서 방안으로 적절하지 않은 것은?**

① 개념의 정확한 이해가 중요하므로 핵심어인 ⓐ가 글에서 어떤 의미로 쓰이는지 확인해야겠어.

② 글에서 다루는 내용이 추상적이므로 ⓑ에 이어진 사례를 통해 앞의 설명에서 이해가 부족했던 부분을 보완해야겠어.

③ 내용 간의 논리적인 관계를 따지는 것이 중요하므로 ⓒ가 지시하는 내용이 무엇인지 확인해야겠어.

④ 상반된 두 입장이 제시되어 있으므로 ⓓ로 이어진 앞뒤의 내용이 어떤 점에서 다른지 살펴보아야겠어.

⑤ 사실과 글쓴이의 의견을 구별하는 것이 중요하므로 ⓔ를 통해 강조되는 글쓴이의 주장이 타당한지 따져 보아야겠어.

# 6. 독서는 어떻게 이루어지나?

[173~175] 2025학년도 수능 1번~3번 정답과 해설편 p.112

**다음 글을 읽고 물음에 답하시오.** 3문항을 5분 안에 풀어보세요.

밑줄 긋기는 일상적으로 유용하게 활용할 수 있는 독서 전략이다. 밑줄 긋기는 정보를 머릿속에 저장하고 기억한 내용을 떠올리는 데 도움이 된다. 독자로 하여금 표시한 부분에 주의를 기울이도록 해 정보를 머릿속에 저장하도록 돕고, 표시한 부분이 독자에게 시각적 자극을 주어 기억한 내용을 떠올리는 데 단서가 되기 때문이다. 이러한 점에서 밑줄 긋기는 일반적인 독서 상황뿐 아니라 학습 상황에서도 유용하다. 또한 밑줄 긋기는 방대한 정보들 가운데 주요한 정보를 추리는 데에도 효과적이며, 표시한 부분이 일종의 색인과 같은 역할을 하여 독자가 내용을 다시 찾아보는 데에도 용이하다.

통상적으로 독자는 글을 읽는 중에 바로바로 밑줄 긋기를 한다. 그러다 보면 밑줄이 많아지고 복잡해져 밑줄 긋기의 효과가 줄어든다. 또한 밑줄 긋기를 신중하게 하지 않으면 잘못 표시한 밑줄을 삭제하기 위해 되돌아가느라 독서의 흐름이 방해받게 되므로 효과적으로 밑줄 긋기를 하는 것이 중요하다.

밑줄 긋기의 효과를 얻기 위한 방법에는 몇 가지가 있다. 우선 글을 읽는 중에는 문장이나 문단에 나타난 정보 간의 상대적 중요도를 결정할 때까지 밑줄 긋기를 잠시 늦추었다가 주요한 정보에 밑줄 긋기를 한다. 이때 주요한 정보는 독서 목적에 따라 달라질 수 있다는 점을 고려한다. 또한 자신만의 밑줄 긋기 표시 체계를 세워 밑줄 이외에 다른 기호도 사용할 수 있다. 밑줄 긋기 표시 체계는 밑줄 긋기가 필요한 부분에 특정 기호를 사용하여 표시하기로 독자가 미리 정해 놓는 것이다. 예를 들면 하나의 기준으로 묶을 수 있는 정보들에 동일한 기호를 붙이거나 순차적인 번호를 붙이기로 하는 것 등이다. 이는 기본적인 밑줄 긋기를 확장한 방식이라 할 수 있다.

밑줄 긋기는 어떠한 수준의 독자라도 쉽게 사용할 수 있다는 점 때문에 연습 없이 능숙하게 사용할 수 있다고 오해되어 온 경향이 있다. 그러나 본질적으로 밑줄 긋기는 주요한 정보가 무엇인지에 대한 판단이 선행되어야 한다는 점에서 단순하지 않다. ㉠ 밑줄 긋기의 방법을 이해하고 잘 사용하는 것은 글을 능동적으로 읽어 나가는 데 도움이 될 수 있다.

## 173

**윗글의 내용과 일치하지 않는 것은?**

① 밑줄 긋기는 일반적인 독서 상황에서 도움이 된다.
② 밑줄 이외의 다른 기호를 밑줄 긋기에 사용하는 것이 가능하다.
③ 밑줄 긋기는 누구나 연습 없이도 능숙하게 사용할 수 있는 전략이다.
④ 밑줄 긋기로 표시한 부분은 독자가 내용을 다시 찾아보는 데 유용하다.
⑤ 밑줄 긋기로 표시한 부분이 독자에게 시각적인 자극을 주어 기억한 내용을 떠올리는 데 도움이 된다.

## 174

**㉠에 해당하는 내용으로 가장 적절한 것은?**

① 글을 다시 읽을 때를 대비해서 되도록 많은 부분에 밑줄 긋기를 하며 읽는다.
② 글 전체에 주의를 기울일 수 있도록 글을 읽고 있을 때에는 밑줄 긋기를 하지 않는다.
③ 정보의 중요도를 판정하기 어려우면 우선 밑줄 긋기를 한 후 잘못 그은 밑줄을 삭제한다.
④ 주요한 정보를 추릴 수 있도록 자신이 만든 밑줄 긋기 표시 체계에 따라 밑줄 긋기를 한다.
⑤ 글에 반복되는 어휘나 의미가 비슷한 문장이 나올 때마다 바로바로 밑줄 긋기를 하며 글을 읽는다.

# 175

**윗글을 바탕으로 학생이 다음과 같이 밑줄 긋기를 했다고 할 때, 이에 대한 평가로 적절하지 않은 것은?** [3점]

> [독서 목적] 고래의 외형적 특징에 대한 정보 습득
> [표시 기호] [ ], 1)  · 2) , ✓, ~~~~
>
> [독서 자료]
> 고래는 육지 [포유동물]에서 기원했지만, 수중 생활에 적응하여 새끼를 수중에서 낳는다. 1) 암컷들은 새끼를 낳을 때 서로 도와주며, 2) 어미들은 새끼들을 정성껏 보호한다.
> [고래의 생김새]는 고래의 종류마다 다른데, ✓대체로 몸길이는 1.3m에서 30m에 이른다. ✓피부에는 털이 없거나 아주 짧게 나 있다. 지느러미는 배를 젓는 노와 같은 형태이고, 헤엄칠 때 수평을 유지하는 기능을 한다.
> 고래는 폐로 호흡하므로 물속에서 숨을 쉴 수 없다. 고래의 머리 꼭대기에는 분수공이 있다. 물속에서 참았던 숨을 분수공으로 내뿜고 다시 숨을 들이마신 뒤 잠수한다. 작은 고래들은 몇 분밖에 숨을 참지 못하지만, 큰 고래들은 1시간 정도 물속에 머물 수 있다.

① 독서 목적을 고려하면, 1문단에서 '[ ]'로 표시한 부분은 적절하지 않게 밑줄 긋기를 하였군.
② 독서 목적을 고려하면, 1문단에서 '1)', '2)'와 같이 순차적인 번호로 표시한 부분은 적절하지 않게 밑줄 긋기를 하였군.
③ 2문단에서 '[ ]'로 표시한 부분을 보니, 독서 목적에 관련된 주요 어구에 밑줄 긋기를 하였군.
④ 독서 목적을 고려하면, 2문단에서는 '지느러미는 배를 젓는 노와 같은 형태'에 '✓'를 누락하였군.
⑤ '~~~~'로 표시한 부분을 보니, 독서 목적을 고려하여 3문단 내에서 정보 간의 상대적인 중요도를 판단해 주요한 문장에 밑줄 긋기를 하였군.

[176~178] 2025학년도 9월 모평 1번~3번 정답과 해설편 p.113

**다음 글을 읽고 물음에 답하시오.** 3문항을 5분 안에 풀어보세요.

학습 목적으로 글을 읽을 때 독자는 문자 이외에 그림, 사진 등의 시각 자료가 포함된 글을 접하곤 한다. 시각 자료가 글 내용을 이해하는 데 도움을 준다는 견해에 따르면, 시각 자료는 문자 외에 또 다른 학습 단서가 된다. 문자로만 구성된 글을 읽을 때 독자는 머릿속으로 문자가 제공하는 정보, 즉 '문자 정보'만을 처리하지만, 시각 자료가 포함된 글을 읽을 때는 '이미지 정보'도 함께 처리한다. 이 두 정보들은 서로 참조되면서 연결되어 독자가 글 내용을 이해하는 데 상호 보완적으로 기여한다. 독자가 문자 정보를 떠올리지 못할 때 이미지 정보가 단서가 되어 글 내용을 기억하는 데도 도움을 준다.

시각 자료는 글 내용과 관련하여 어떤 목적으로 쓰이는가에 따라 예시적, 설명적, 보충적 시각 자료로 구분할 수 있다. 예시적 시각 자료는 글 내용을 시각화하여 보여 주는 데 목적이 있다. 설명적 시각 자료는 글 내용을 시각화하여 제시하는 목적에 더하여 글에서 다룬 내용을 보완하는 목적으로 쓰인다. 보충적 시각 자료는 글의 주제와 관련이 있지만 글에서 다루어지지 않은 내용을 추가하여 보충하는 목적으로 쓰인다. 이에 따라 보충적 시각 자료는 글 내용의 범위를 확장하는 특징이 있다. 이 외에 독자의 흥미를 유발하거나 글 내용과 관련 없이 여백을 메우는 목적으로 장식적 시각 자료가 쓰이기도 한다.

㉠ 글 내용과 관련된 시각 자료를 포함한 글을 읽을 때, 독자는 글의 내용과 시각 자료의 관계를 살피고 시각 자료로 강조된 중요한 정보를 파악해야 한다. 또한 시각 자료가 설명 대상이나 개념을 적절하게 표현하는지, 글에서 효과적으로 쓰이는지를 판단해야 한다. 이를 토대로, 독자는 글 내용과 이에 적합한 시각 자료를 종합하여 의미를 구성해야 한다. 독자는 매력적인 시각 자료에 사로잡혀 읽기의 목적을 잃지 않고, 낯설고 복잡한 시각 자료도 읽어 내는 능동성을 발휘할 필요가 있다.

# 176

**윗글의 내용과 일치하지 않는 것은?**

① 시각 자료는 여백을 채우는 목적으로 쓰이기도 한다.
② 글에서 중요한 정보를 시각 자료를 통해 부각할 수 있다.
③ 독자가 시각 자료에 끌리다 보면 글을 읽는 목적을 잃을 수 있다.
④ 시각 자료의 용도는 머릿속에서 처리되는 정보의 종류에 따라 구분된다.
⑤ 독자는 낯선 시각 자료도 읽어 내는 능동적 자세를 가질 필요가 있다.

## 177

**㉠에 대한 이해로 적절하지 않은 것은?**

① 글의 의미는 글 내용과 시각 자료를 종합하여 구성할 수 있다.
② 문자 정보와 이미지 정보는 상호 참조되어 보완적으로 작용할 수 있다.
③ 문자로만 구성된 글보다 내용을 이해하기가 쉬웠다면 이미지 정보가 단서가 되었을 수 있다.
④ 글에서 설명하는 개념과 시각 자료의 관련성을 따지고 시각 자료의 적절성을 판단할 필요가 있다.
⑤ 문자 정보 처리와 이미지 정보 처리를 통해 연결된 정보를 독자가 떠올려야 글의 내용을 기억할 수 있다.

## 178

**<보기>는 학생이 쓴 독서 일지의 일부이다. 윗글을 바탕으로 <보기>를 설명한 내용으로 가장 적절한 것은?** [3점]

| 보 기 |

'이집트의 기록 문화'라는 제목의 글을 읽었다. 제목 옆에 비행기 그림이 있었다. 글은 "파피루스 줄기를 잘라, 줄기를 가로세로로 겹치고 서로 붙여 종이를 만들었다."라는 내용만 있어서 이해하기 어려웠다. 글 속에 있는 그림을 보니, 그림 1에서 파피루스 줄기를 같은 길이로 길고 얇게 자른다는 것을, 그림 2에서 그것들을 가로세로로 겹치고 서로 붙여 종이를 만든다는 것을 알 수 있었다. 그림 3은 이집트 상형 문자가 벽에 새겨진 모습을 담고 있었다.

① 비행기 그림은 글 내용을 시각적으로 보여 주는 예시적 시각 자료이다.
② 그림 1은 글 내용을 시각화해 보여 주면서 글 내용도 보완해 주는 설명적 시각 자료이다.
③ 그림 2는 글에서 다루지 않은 내용을 보여 주는 보충적 시각 자료이다.
④ 그림 3은 글 내용에 있는 설명 대상을 표현하여 글의 주제와의 관계를 보여 주고 있다.
⑤ 그림 2와 3은 글에서 다룬 내용을 보완하여 글의 범위를 확장하고 있다.

[179~181] 2025학년도 6월 모평 1번~3번 정답과 해설편 p.115

**다음 글을 읽고 물음에 답하시오.** 3문항을 4분 안에 풀어보세요.

여러 글에서 다양한 정보를 종합하며 읽는 능력은 많은 정보가 산재해 있는 디지털 환경에서 더욱 중요해졌다. 궁금증 해소나 글쓰기 등 문제 해결을 위한 목적으로 글 읽기를 할 때에 한 편의 글에 원하는 정보가 충분하지 않다면, 여러 글을 읽으며 이를 해결할 수 있다.

독자는 우선 문제 해결에 도움이 되는 글들을 찾아야 한다. 읽을 글을 선정할 때에는 믿을 만한 글인지와 읽기 목적과 관련이 있는 글인지를 평가하는 것이 중요하다. ㉠ 신뢰성 평가는 글의 저자, 생산 기관, 출판 시기 등 출처에 관한 정보를 확인하여 그 글이 믿을 만한지 판단하는 것이다. ㉡ 관련성 평가는 글의 내용에 읽기 목적과 부합하는 정보가 있는지 판단하는 것인데, 이를 위해서는 읽기 목적을 지속적으로 떠올리며 평가해 가야 한다.

문제를 해결하기에 적절한 글들을 선정했다면, 다음으로는 읽기 목적에 맞게 글을 읽어야 한다. 이때 글의 정보는 독자가 이해한 의미로 재구성되고 이 과정에서 독자는 선택하기, 연결하기, 조직하기 전략을 활용한다. 이들 세 전략은 꼭 순서대로 사용하는 것은 아니며 반복해서 활용할 수 있다.

선택하기란 읽은 글에서 필요한 정보를 추출하는 전략이다. 연결하기란 읽은 글들에서 추출한 정보들을 정교화하며 연결하여, 읽은 글에서는 나타나지 않던 의미를 구성하거나 심화된 의미로 나아가는 전략이다. 글의 정보를 재구조화하는 것은 조직하기라고 한다. 예를 들어, 시간의 순서에 따른 글과 정보 나열의 글을 읽고, 읽은 글의 구조와는 다른 비교·대조의 구조로 의미를 구성할 수 있다.

이러한 전략을 적극적으로 활용하면, 정보의 홍수 속에서 유용한 정보를 찾아 삶의 여러 문제를 해결하는 데에도 도움이 될 것이다.

## 179

**윗글의 내용과 일치하지 <u>않는</u> 것은?**

① 글을 선정하는 과정에서 글을 평가하는 것은 중요하다.
② 여러 글 읽기에서 정보를 연결하는 것은 문제 해결에 유용한 방법이 될 수 있다.
③ 궁금증을 해소하기 위한 읽기에서 글의 의미를 재구성하는 전략이 사용될 수 있다.
④ 여러 글에서 필요한 정보를 추출하는 과정은 문제를 해결하기 위한 읽기 목적과 관련된다.
⑤ 필요한 정보를 한 편의 글에서 얻지 못할 때는 다른 글을 찾기보다 그 글을 반복해서 읽는다.

## 180

**㉠, ㉡에 대한 설명으로 가장 적절한 것은?**

① 글 내용이 수행 과제와 관련 있는지 평가하는 것은 ㉠에 해당한다.
② 읽을 글을 선정하기 위해 출판사의 공신력을 따지는 것은 ㉠을 고려한 것이다.
③ ㉡에서는 글이 언제 작성되었는지를 중심으로 판단해야 한다.
④ 정보가 산재해 있는 디지털 환경에서는 ㉠의 필요성이 사라지고 ㉡에 대한 요청이 증가한다.
⑤ 글 내용에 목적에 맞는 정보가 있는지 확인하는 것은 ㉠에, 저자의 경력 정보를 확인하는 것은 ㉡에 관련된다.

## 181

**다음은 여러 글 읽기를 수행한 학생의 독서록이다. 윗글을 참고하여 ⓐ~ⓔ에 대해 이해한 내용으로 적절하지 <u>않은</u> 것은?** [3점]

동물이 그린 그림의 판매에 대한 궁금증이 생겼다. 동물의 행동 사례를 열거하여 소개한 〈동물은 예술가〉라는 글에서 ⓐ <u>'동물의 그림도 예술 상품이 될 수 있다'는 정보를 얻을 수 있었다.</u> 이어서 동물에게의 유산 상속이 성공한 사례와 실패한 경우를 비교·대조한 〈동물에게 상속할 수 있는가〉라는 글을 읽으며 ⓑ <u>'동물도 재산상의 권리를 가질 수 있다'는 정보를 찾을 수 있었다.</u> 그리고 ⓒ <u>이 정보를 〈동물은 예술가〉에서 추출한 정보와 연결하여 '동물의 그림에도 저작권이 있겠다'는 새로운 의미를 떠올렸다.</u> 동물이 저작권을 가질 수 있는지 알기 위해, 저작권의 개념을 시대순으로 정리한 〈저작권의 역사〉라는 글을 읽고 저작권의 의의를 이해하여 동물도 저작권을 가질 수 있다고 판단하였다. 이를 바탕으로 ⓓ <u>세 글의 정보를 종합하여 '동물 저작권의 성립 요건'에 관해 인과 관계 구조로 정리하였다.</u> 그러면서 동물이 소유권의 주체가 될 수 있는지에 대한 이해가 더 필요하여 〈동물에게 상속할 수 있는가〉에서 ⓔ <u>'동물 소유권에 관한 다양한 논의'에 대한 정보를 추출하였다.</u>

① ⓐ : 〈동물은 예술가〉를 읽으며 선택하기 전략을 활용했겠군.
② ⓑ : 〈동물에게 상속할 수 있는가〉를 읽으며 연결하기 전략에 앞서 조직하기 전략을 활용했겠군.
③ ⓒ : 〈동물은 예술가〉와 〈동물에게 상속할 수 있는가〉를 읽으며 선택한 정보들로 연결하기 전략을 활용했겠군.
④ ⓓ : 새로운 구조로 정리하여 의미를 구성하기 위해 조직하기 전략을 활용했겠군.
⑤ ⓔ : 〈동물에게 상속할 수 있는가〉를 읽으며 선택하기 전략을 다시 활용했겠군.

[182~184] 2024학년도 수능 1번~3번 정답과 해설편 p.117

**다음 글을 읽고 물음에 답하시오.** 3문항을 4분 안에 풀어보세요.  4분

독서는 독자가 목표한 결과에 도달하기 위해 글을 읽고 의미를 구성하는 인지 행위이다. 성공적인 독서를 위해서는 초인지가 중요하다. 독서에서의 초인지는 독자가 자신의 독서 행위에 대해 인지하는 것으로서 자신의 독서 과정을 점검하고 조정하는 역할을 한다.

[A] 초인지는 글을 읽기 시작한 후 지속적으로 이루어지는 점검 과정에 동원된다. 독자는 가장 적절하다고 판단한 독서 전략을 사용하여 독서를 진행하는데, 그 전략이 효과적이고 문제가 없는지를 평가하며 점검한다. 효과적이지 않거나 문제가 있다고 판단하면 이를 해결해야 한다. 문제가 무엇인지 분명하지 않은 경우에는 독서 중에 떠오르는 생각들을 살펴보고 그중 독서의 진행을 방해하는 생각들을 분류해 보는 방법으로 문제점이 무엇인지 파악할 수 있다. 독서가 중단 없이 이어지는 상태이지만 문제가 발생한 것을 독자 자신이 인지하지 못하는 경우도 있다. 의도한 목표에 부합하지 않는 방법으로 읽기를 진행하거나 자신이 이해한 정도를 판단하지 못하는 예가 그것이다. 문제 발생 여부의 점검을 위해서는 독서 진행 중간중간에 이해한 내용을 정리하는 방법을 사용할 수 있다.

초인지는 문제를 해결하기 위해 독서 전략을 조정하는 과정에도 동원된다. 독서 목표를 고려하여, 독자는 ㉠ <u>지금 사용하고 있는 전략을 계속 사용할 것인지</u>를 판단해야 한다. 또 ㉡ <u>문제 해결을 위한 다른 전략에는 무엇이 있는지</u>, ㉢ <u>각 전략의 특징과 사용 절차, 조건 등은 무엇인지</u> 알아야 한다. 또한 독자 자신이 사용할 수 있는 전략이 무엇인지, ㉣ <u>전략들의 적절한 적용 순서가 무엇인지</u>, ㉤ <u>현재의 상황에서 최적의 전략이 무엇인지</u> 판단하여 새로운 전략을 선택한다. 선택한 전략을 수행하는 과정에서 독자는 초인지를 활용하여 점검과 조정을 되풀이하며 능동적으로 의미를 구성해 간다.

## 182

**윗글을 이해한 내용으로 적절하지 않은 것은?**

① 독서 전략을 선택할 때 독서의 목표를 고려할 필요가 있다.
② 독서 전략의 선택을 위해 개별 전략들에 대한 지식이 필요하다.
③ 독서 목표의 달성을 위해 독자는 자신의 독서 행위에 대해 인지해야 한다.
④ 독서 문제의 해결을 위해 독자는 자신이 사용할 수 있는 전략이 무엇인지 알아야 한다.
⑤ 독서 문제를 해결하기 위해 새로 선택한 전략은 점검과 조정의 대상에서 제외할 필요가 있다.

## 183

**[A]에서 알 수 있는 내용으로 가장 적절한 것은?**

① 독서 진행 중 이해한 내용을 정리하는 것은 독자 스스로 독서 진행의 문제를 점검하는 데에 적합하지 않다.
② 독서 진행 중 독자가 자신이 얼마나 이해하고 있는지 파악하지 못할 때에는 점검을 잠시 보류해야 한다.
③ 독서 진행에 문제가 없어 보이더라도 목표에 부합하지 않는 독서가 이루어지는 경우가 있다.
④ 독서 중에 떠오르는 생각을 분류하는 것은 독서 문제의 발생을 막는다.
⑤ 독서가 멈추지 않고 진행될 때에는 초인지의 역할이 필요 없다.

## 184

**<보기>는 윗글을 읽은 학생이 독서 중 떠올린 생각이다. ㉠~㉤과 관련하여 ⓐ~ⓔ를 설명한 내용으로 적절하지 않은 것은?** [3점]

| 보 기 |

◦ 이 용어가 무슨 뜻인지 모르겠어.
◦ 처음 나왔을 때는 무시하고 읽었는데 다시 등장했으니, 문맥을 통해 의미를 가정하고 읽어 봐야겠어. ………… ⓐ

◦ 더 읽어 보았지만 여전히 정확한 뜻을 모르겠네. 그럼 어떻게 하지?
◦ 관련된 내용을 앞부분에서 다시 찾아 읽든가, 인터넷 자료를 검색해 보든가, 다른 책들을 찾아볼 수 있겠네. ………… ⓑ
◦ 검색을 하려면 인터넷 접속이 필요하겠네. ………… ⓒ
◦ 검색은 나중에 하고, 먼저 앞부분을 다시 읽어 봐야겠다. 그다음에 다른 책을 찾아봐야지. ………… ⓓ
◦ 그럼 일단 앞부분에 관련된 내용이 있었는지 읽어 보자.

◦ 앞부분에는 관련된 내용이 없어서 도움이 안 되네.
◦ 이 용어와 관련된 분야의 책을 찾아보는 것이 가장 좋겠어. ‥ ⓔ

◦ 이제 이 용어의 뜻이 이해되네. 그럼 계속 읽어 볼까?

① ⓐ : ㉠을 판단하여 사용 중인 전략을 계속 사용하기로 결정했다.
② ⓑ : ㉡을 고려하여 선택할 수 있는 전략들을 떠올렸다.
③ ⓒ : ㉢을 고려하여 전략의 사용 조건을 확인했다.
④ ⓓ : ㉣을 판단하여 전략들의 적용 순서를 결정했다.
⑤ ⓔ : ㉤을 판단하여 최적이라고 생각한 전략을 선택했다.

[185~187] 2024학년도 9월 모평 1번~3번 정답과 해설편 p.119

**다음 글을 읽고 물음에 답하시오.** 3문항을 4분 안에 풀어보세요.

흔히 읽기는 듣기·말하기와 달리 영·유아가 글자를 깨치고 나서야 시작된다고 생각한다. 그러나 대부분의 읽기 발달 연구에서는 그 전에도 읽기 발달이 진행된다고 본다. 이 연구들에서는 읽기 행동의 특성이나 글에 대한 이해 수준 등에 따라 읽기 발달 단계를 위계화한다. 대개 '읽기 준비'를 하나의 단계로 보고, 이후의 단계를 '글자를 익히고 소리 내어 읽기', '의미를 이해하며 읽기', '학습 목적으로 읽기', '다양한 관점으로 읽기', '의미를 재구성하며 읽기'의 순으로 나눈다.

여기서 읽기 준비 단계는 읽기의 기초가 형성되는 중요한 시기이다. 이 시기의 영·유아는 글자를 깨치지는 못하더라도 글자의 형태에 익숙해지며, 글자와 소리의 대응 관계도 어렴풋이 알게 된다. 이 과정에서 글자가 뜻이 있고 음성으로 표현된다는 것을 알게 되는 유의미한 경험을 한다.

이 연구들에 따르면 ㉠ <u>읽기 준비 단계</u>에서 영·유아의 읽기 발달은 타인의 읽기 행위를 관찰하고 글자에 대한 다양한 경험을 쌓으며 진행된다. 영·유아는 타인의 책 읽는 모습을 보며 글의 시작 부분, 글자를 읽는 방향, 책장을 넘기는 방식 등을 알게 된다. 읽어 주는 사람의 표정이나 몸짓을 기억해 모방하기도 한다. 의사소통의 각 영역인 듣기·말하기·읽기·쓰기는 서로 영향을 주며 함께 발달한다. 글자를 모르는 영·유아가 책을 넘기며 중얼거리고 책 읽는 흉내를 내는 것, 책 읽는 소리를 들으며 따라 말하는 것, 들은 단어나 구절을 사용해 문장을 지어 말하는 것, 읽어 주는 것을 들으며 그림이나 글자 형태로 끄적거리는 것이 이에 해당한다.

[A] 읽기 발달은 일정한 시기에 급격히 이루어지는 것이 아니라 글자를 깨치기 이전부터 점진적으로 진행된다. 따라서 이 시기에 생활 속에서, 책을 자주 읽어 주며 생각을 묻는 등 의사소통의 각 영역이 같이 발달할 수 있도록 하는 자연스러운 지도가 읽기 발달에 도움을 준다. 읽기 준비 단계에서의 경험은 이후의 단계에 중요한 영향을 미친다.

## 185

**대부분의 읽기 발달 연구의 내용과 일치하지 <u>않는</u> 것은?**

① 의미를 재구성하며 읽는 단계는 읽기 발달의 마지막 단계이다.
② 영·유아의 의사소통 각 영역은 상호 간의 작용 없이 발달한다.
③ 영·유아는 글자와 소리가 관계를 맺고 있다는 것을 막연하게 알게 된다.
④ 읽기 행동의 특성이나 글에 대한 이해 수준 등에 따라 읽기 발달의 단계를 나눈다.
⑤ 글자를 습득하고 소리 내어 읽는 단계는 학습을 목적으로 읽는 단계에 선행한다.

## 186

**㉠에 대한 이해로 적절하지 <u>않은</u> 것은?**

① 타인이 책을 읽어 줄 때 들었던 구절을 사용하여 말하는 행동이 관찰된다.
② 책에서 글이 시작되는 부분을 찾거나 일정한 방향으로 글자를 보는 행위가 관찰된다.
③ 글에 나타난 여러 단어의 뜻을 명확히 알고 소리 내어 글자를 읽는 행동이 관찰된다.
④ 책 읽어 주는 것을 들으며 그림이나 글자와 비슷한 형태로 나타내는 행위가 관찰된다.
⑤ 책을 볼 때 부모가 손가락으로 짚어 가며 읽어 준 행동을 기억하여 유사한 행동을 하는 것이 관찰된다.

## 187

**[A]와 〈보기〉를 비교한 내용으로 가장 적절한 것은?** [3점]

| 보 기 |

읽기 지도는 신체적, 정신적으로 어느 정도 성숙한 이후에 해야 한다. 그 전에는 읽기 지도를 하지 않는 것이 바람직하다. 듣기·말하기와 달리 읽기 발달은 글자를 읽을 수 있는 기초 기능을 배운 후부터 시작되기 때문이다. 따라서 듣기와 말하기를 먼저 가르친 후 읽기, 쓰기의 순으로 가르치는 것이 효과적이다.

① [A]와 달리 〈보기〉는 일상에서의 자연스러운 읽기 지도를 강조하는군.
② [A]와 달리 〈보기〉는 글자를 깨치기 전의 경험이 읽기 발달에 영향을 준다고 보는군.
③ [A]와 달리 〈보기〉는 글자 읽기의 기초 기능을 배운 후부터 읽기 발달이 시작된다고 보는군.
④ [A]와 〈보기〉는 모두 읽기 이후에 쓰기를 가르쳐야 한다고 강조하는군.
⑤ [A]와 〈보기〉는 모두 신체적, 정신적으로 어느 정도 성숙한 이후에 읽기를 가르치는 것이 효과적이라고 보는군.

[188~190] 2024학년도 6월 모평 1번~3번 정답과 해설편 p.120

**다음 글을 읽고 물음에 답하시오.** 3문항을 4분 안에 풀어보세요.

선생님의 권유나 친구의 추천, 자기 계발 등 우리가 독서를 하게 되는 동기는 다양하다. 독서 동기는 '독서를 이끌어 내고, 지속하는 힘'으로 정의되는데, 이 정의에는 독서의 시작과 지속이라는 두 측면이 포함되어 있다. 이러한 독서 동기는 슈츠가 제시한 '때문에 동기'와 '위하여 동기'라는 두 유형을 적용하여 설명할 수 있다.

[A] 독서의 '때문에 동기'는 독서 행위를 하게 만든 이유를 의미한다. 이는 독서 행위를 유발한 계기가 되므로 독서 이전 시점에 이미 발생한 사건이나 경험에 해당한다. 독서의 '위하여 동기'는 독서 행위를 통해 달성하고자 하는 목적을 의미한다. 그 목적은 독서 행위의 결과로 달성되므로 독서 이후 시점의 상태에 대한 기대나 예측이라는 성격을 가지며, 달성하지 못할 가능성을 내포한다. 예를 들어, 친구에게 책을 선물로 받아서 읽게 되었다고 할 때, 선물로 책을 받은 것은 이 독서 행위의 '때문에 동기'이다. 그리고 책을 읽고 친구와 책에 대해 대화를 나누는 것을 목적으로 설정했다면 이는 '위하여 동기'가 된다. 또한 독서 행위를 통해 성취감이나 감동을 느끼는 것, 선물로 받은 책을 읽어서 친구를 실망시키지 않는 것 등도 이 독서 행위의 결과로 기대할 수 있는 것이므로 역시 '위하여 동기'가 된다고 할 수 있다.

이러한 동기 개념은 독서 습관의 형성 과정을 설명하는 데 도움이 된다. 성공적인 독서 경험의 핵심은 독서 행위를 통해 즐거움과 유익함을 경험하는 것인데, 이러한 경험을 하게 되면 다른 책을 더 읽고 싶다는 마음이 들고 그러한 마음은 새로운 독서 행위로 연결된다. 독서의 즐거움과 유익함은 새로운 독서 행위의 이유가 된다는 점에서 '때문에 동기'가 된다. 동시에, 새로운 독서 행위를 통해 다시 경험하고 싶어지는 '위하여 동기'가 되기도 한다. 이러한 선순환을 통해 독서 경험이 반복되고 심화되면서 독서 습관이 자연스럽게 형성된다. 따라서 독서 습관을 형성하려면 '때문에 동기'와 '위하여 동기'를 바탕으로 우선 독서 행위를 시작하는 것과, 성공적인 독서 경험을 통해 독서 행위를 지속하는 것이 중요하다.

## 188

**윗글의 내용에 대한 이해로 적절하지 <u>않은</u> 것은?**

① 타인의 권유나 추천이 독서를 하는 이유가 될 수 있다.
② 슈츠는 동기의 두 측면을 합쳐 하나의 유형으로 제시했다.
③ 독서 습관을 형성하기 위해서는 독서 행위를 시작하는 것이 필요하다.
④ 독서 동기의 정의는 독서를 시작하게 하는 힘과 계속하게 하는 힘을 포함한다.
⑤ 독서의 '때문에 동기'와 '위하여 동기'는 독서 습관의 형성 과정을 설명하는 데 유용하다.

## 189

**다음은 학생의 메모이다. [A]를 참고할 때, ㉮~㉰에 대한 설명으로 가장 적절한 것은?** [3점]

나는 ㉮ <u>학교에서 '한 학기에 책 한 권 읽기' 과제를 받았다</u>. 그래서 이번 학기에 읽을 책으로 철학 분야의 책을 선택했다. 책을 다 읽고 나면 ㉯ <u>철학에 대해 많이 알게 되겠지</u>. 그리고 ㉰ <u>어려운 책을 읽어 냈다는 뿌듯함도 느낄 수 있을 거야</u>.

① ㉮는 독서를 통해 달성하고자 하는 목적이므로 '위하여 동기'라고 할 수 있다.
② ㉯는 독서를 하도록 만든 사건에 해당하므로 '때문에 동기'라고 할 수 있다.
③ ㉮와 ㉯는 이미 발생하여 독서의 계기가 되었으므로 '때문에 동기'라고 할 수 있다.
④ ㉮와 ㉰는 독서 이전 시점에 경험한 일에 해당하므로 '때문에 동기'라고 할 수 있다.
⑤ ㉯와 ㉰는 독서의 결과로 얻게 될 기대에 해당하므로 '위하여 동기'라고 할 수 있다.

## 190

**윗글을 바탕으로 할 때, <보기>를 설명한 내용으로 적절하지 <u>않은</u> 것은?**

| 보기 |

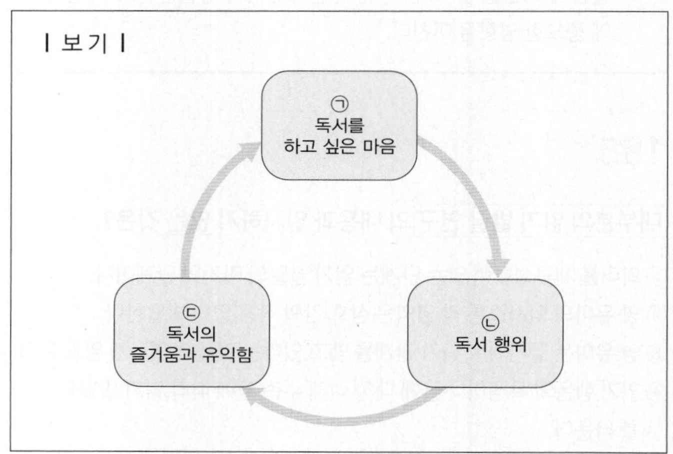


① ㉠으로 시작해 ㉢을 경험하면 ㉠은 자연스럽게 사라진다.
② ㉡으로 ㉢을 얻는 것이 성공적 독서 경험의 핵심이다.
③ ㉢의 경험을 통하여 ㉠이 생기면 ㉡으로 이어질 수 있다.
④ ㉢은 ㉡의 결과인 동시에 새로운 ㉡의 목적이 될 수 있다.
⑤ ㉠, ㉡, ㉢의 선순환을 통해 독서 경험이 반복되고 심화된다.

[191~193] 2023학년도 수능 1번~3번 정답과 해설편 p.122

**다음 글을 읽고 물음에 답하시오.** 3문항을 5분 안에 풀어보세요. 

사람들이 지속적으로 책을 읽는 이유 중 하나는 즐거움이다. 독서의 즐거움에는 여러 가지가 있겠지만 그 중심에는 '소통의 즐거움'이 있다.

독자는 독서를 통해 책과 소통하는 즐거움을 경험한다. 독서는 필자와 간접적으로 대화하는 소통 행위이다. 독자는 자신이 속한 사회나 시대의 영향 아래 필자가 속해 있거나 드러내고자 하는 사회나 시대를 경험한다. 직접 경험하지 못했던 다양한 삶을 필자를 매개로 만나고 이해하면서 독자는 더 넓은 시야로 세계를 바라볼 수 있다. 이때 같은 책을 읽은 독자라도 독자의 배경지식이나 관점 등의 독자 요인, 읽기 환경이나 과제 등의 상황 요인이 다르므로, 필자가 보여 주는 세계를 그대로 수용하지 않고 저마다 소통 과정에서 다른 의미를 구성할 수 있다.

[A] 이러한 소통은 독자가 책의 내용에 대해 질문하고 답을 찾아내는 과정에서 가능해진다. 독자는 책에서 답을 찾는 질문, 독자 자신에게서 답을 찾는 질문 등을 제기할 수 있다. 전자의 경우 책에 명시된 내용에서 답을 발견할 수 있고, 책의 내용들을 관계 지으며 답에 해당하는 내용을 스스로 구성할 수도 있다. 또한 후자의 경우 책에는 없는 독자의 경험에서 답을 찾을 수 있다. 이런 질문들을 풍부히 생성하고 주체적으로 답을 찾을 때 소통의 즐거움은 더 커진다.

한편 독자는 ㉠ <u>다른 독자와 소통하는 즐거움</u>을 경험할 수도 있다. 책과의 소통을 통해 개인적으로 형성한 의미를 독서 모임이나 독서 동아리 등에서 다른 독자들과 나누는 일이 이에 해당한다. 비슷한 해석에 서로 공감하며 기존 인식을 강화하거나 관점의 차이를 확인하고 기존 인식을 조정하는 과정에서, 독자는 자신의 인식을 심화·확장할 수 있다. 최근 소통 공간이 온라인으로 확대되면서 독서를 통해 다른 독자들과 소통하며 즐거움을 누리는 양상이 더 다양해지고 있다. 자신의 독서 경험을 담은 글이나 동영상을 생산·공유함으로써, 책을 읽지 않은 타인이 책과 소통하도록 돕는 것도 책을 통한 소통의 즐거움을 나누는 일이다.

## 191

**윗글의 내용과 일치하지 <u>않는</u> 것은?**

① 같은 책을 읽은 독자라도 서로 다른 의미를 구성할 수 있다.
② 다른 독자와의 소통은 독자가 인식의 폭을 확장하도록 돕는다.
③ 독자는 직접 경험해 보지 못했던 다양한 삶을 책의 필자를 매개로 접할 수 있다.
④ 독자의 배경지식, 관점, 읽기 환경, 과제는 독자의 의미 구성에 영향을 주는 독자 요인이다.
⑤ 독자는 책을 읽을 때 자신이 속한 사회나 시대의 영향을 받으며 필자와 간접적으로 대화한다.

## 192

**다음은 학생이 독서 후 작성한 글의 일부이다. [A]를 바탕으로 ⓐ~ⓔ를 이해한 내용으로 가장 적절한 것은?** [3점]

ⓐ <u>'음악 시간에 들었던 베토벤의 교향곡 「합창」이 위대한 작품인 이유는 무엇일까?'</u> 하는 생각에, 베토벤에 대한 책을 빌렸다. 책에서는 기악만으로 구성됐던 교향곡에 성악을 결합해 개성을 드러냈다는 점에서 ⓑ <u>이 곡이 낭만주의 음악의 특징을 보여 준다고 했다.</u>

「합창」을 해설한 부분에 이어, 베토벤의 생애에 관한 뒷부분도 읽었는데, ⓒ <u>이 내용들을 종합해, 절망적 상황에서도 열정적으로 자신이 좋아하는 일을 했기에 교향곡 구성의 새로움을 보여 준 명작이 탄생했음을 알게 됐다.</u> 이후 ⓓ <u>내가 진정으로 좋아하는 일이 무엇인지 나에게 묻게 되었다.</u> ⓔ <u>글 쓰는 일에서 가장 큰 행복을 느꼈던 나를 발견</u>할 수 있었고, 나도 어떤 상황에서든 좋아하는 일을 계속해야겠다고 생각했다.

① ⓐ와 ⓑ에는 모두 '독자 자신에게서 답을 찾는 질문'이 나타난다.
② ⓒ와 ⓓ에는 모두 '책에 명시된 내용'에서 질문의 답을 찾아내는 모습이 나타난다.
③ ⓐ에는 '책에서 답을 찾는 질문'이, ⓔ에는 그에 대한 답을 '독자의 경험'에서 찾아내는 모습이 나타난다.
④ ⓑ에는 '책에서 답을 찾는 질문'이, ⓒ에는 그에 대한 답을 '책의 내용들을 관계 지으며' 찾아내는 모습이 나타난다.
⑤ ⓓ에는 '독자 자신에게서 답을 찾는 질문'이, ⓔ에는 그에 대한 답을 '독자의 경험'에서 찾아내는 모습이 나타난다.

## 193

**윗글을 읽고 ㉠에 대해 보인 반응으로 적절하지 <u>않은</u> 것은?**

① 스스로 독서 계획을 세우고 자신에게 필요한 책을 찾아 개인적으로 읽는 과정에서 경험할 수 있겠군.
② 독서 모임에서 서로 다른 관점을 확인하고 자신의 관점을 조정하는 과정에서 경험할 수 있겠군.
③ 개인적으로 형성한 의미를, 독서 동아리를 통해 심화하는 과정에서 경험할 수 있겠군.
④ 자신의 독서 경험을 담은 콘텐츠를 생산하고 공유하는 과정에서 경험할 수 있겠군.
⑤ 오프라인뿐 아니라 온라인 공간에서 해석을 나누는 과정에서도 경험할 수 있겠군.

[194~196] 2023학년도 9월 모평 1번~3번 정답과 해설편 p.124

다음 글을 읽고 물음에 답하시오. 3문항을 5분 안에 풀어보세요.  5분

글을 읽는 동안 독자의 사고 과정을 밝힐 수 있는 방법 중 하나가 눈동자 움직임 분석 방법이다. 이것은 사고 과정이 눈동자의 움직임에 반영된다고 보고 그 특성을 분석하는 방법이다.

[A] 눈동자 움직임에 주목한 연구에 따르면, 글을 읽을 때 독자는 자신이 중요하다고 판단한 단어나 생소하다고 생각한 단어를 중심으로 읽는다. 글을 읽을 때 독자는 눈동자를 단어에 멈추는 고정, 고정과 고정 사이에 일어나는 도약을 보였는데, 도약은 한 단어에서 다음 단어로 이동하는 짧은 도약과 단어를 건너뛰는 긴 도약으로 구분된다. 고정이 관찰될 때는 단어의 의미 이해가 이루어졌지만, 도약이 관찰될 때는 건너뛴 단어의 의미 이해가 이루어지지 않았다. 글을 읽을 때 독자가 생각하는 단어의 중요도나 친숙함에 따라 눈동자의 고정 시간과 횟수, 도약의 길이와 방향도 달랐다. 독자가 중요하거나 생소하다고 생각한 단어일수록 고정 시간이 길었다. 이러한 단어는 독자가 글의 진행 방향대로 읽어 가다가 되돌아와 다시 읽는 경우도 있어 고정 횟수도 많았고, 이때의 도약은 글의 진행 방향과는 다르게 나타났다. 중요한 단어나 생소한 단어가 연속될 때는 그 단어마다 눈동자가 멈추면서 도약의 길이가 짧았다.

눈동자 움직임의 양상은 독자의 읽기 능력이 발달하면서 변화한다. 읽기 능력이 발달하면 이전과 같은 수준의 글을 읽거나 전에 읽었던 글을 다시 읽을 때, 단어마다 눈동자를 고정하지는 않게 되어 ㉠ 이전보다 고정 횟수와 고정 시간이 줄어들고 단어를 건너뛰는 긴 도약이 자주 일어나는 모습이 관찰된다. 학습 경험과 독서 경험이 쌓이면서 글의 구조에 대한 지식과 아는 단어, 배경지식이 늘어나기 때문이다. 또한 읽기 목적을 분명하게 인식하게 되면서 글에서 중요한 단어를 정확하게 선택할 수 있게 되는 것도 그 이유 중의 하나이다. 이때 문맥을 파악하기 위해 이미 읽은 단어를 다시 확인하려는 도약, 앞으로 읽을 단어를 먼저 탐색하는 도약 등이 빈번하게 나타난다.

## 194

**윗글에 대한 이해로 가장 적절한 것은?**

① 글을 읽을 때 눈동자의 움직임은 독자의 사고 과정에 영향을 받는다.
② 눈동자 움직임 분석 방법을 사용하지 않으면 독자의 사고 과정을 밝힐 수 없다.
③ 독자가 느끼는 글의 어려움의 정도는 독자의 눈동자 움직임의 양상에 영향을 주지 않는다.
④ 눈동자 움직임 분석 방법에 따르면 독자는 자신에게 친숙한 단어일수록 중요하다고 판단한다.
⑤ 글을 읽을 때 독자가 중요하다고 생각하는 단어의 빈도는 눈동자의 움직임에 영향을 주지 않는다.

## 195

**다음은 학생이 자신의 읽기 과정을 기록한 글이다. [A]를 바탕으로 ⓐ~ⓔ를 분석한 내용으로 적절하지 않은 것은?** [3점]

<독서의 새로운 공간>이라는 글을 읽으며 우선 글 전체에서 ⓐ 중요하다고 생각하는 단어만 확인하는 읽기를 했다. 이를 통해 '도서관'에 대한 내용이라는 것을 확인하고 ⓑ 글의 진행 방향에 따라 읽어 나갔다. '장서'의 의미를 알 수 없어서 ⓒ 앞에 읽었던 부분으로 돌아가서 다시 읽고 나니 문맥을 통해 '도서관에 소장된 책'이라는 의미임을 알게 되었다. 이후 도서관의 등장과 역할 변화가 글의 주제라는 것을 파악하고서 ⓓ 그와 관련된 단어들에 집중하며 읽어 나갔다. '파피루스를 대신하여 양피지가 사용되었다.'라는 문장을 읽을 때 ⓔ '대신하여'와 달리 '파피루스'와 '양피지'처럼 생소한 단어는 하나씩 확인하며 읽었다.

① ⓐ : 중요하다고 생각하는 단어에서는 고정이 일어났을 것이다.
② ⓑ : 도약이 진행되는 동안에는 건너뛴 단어의 의미 이해가 이루어지지 않았을 것이다.
③ ⓒ : 글이 진행되는 방향과 반대 방향의 도약이 나타났을 것이다.
④ ⓓ : 글의 주제와 관련이 없는 단어들을 읽을 때보다 고정 시간이 짧고 고정 횟수가 적었을 것이다.
⑤ ⓔ : 중요하지 않고 익숙한 단어들로만 이루어진 동일한 길이의 문장을 읽을 때보다 고정 시간이 길었을 것이다.

## 196

**다음은 윗글을 읽은 학생이 ㉠에 대해 보인 반응이다. [가]에 들어갈 내용으로 적절하지 않은 것은?**

> 읽기 능력이 발달하면, [가] 나에게도 이러한 현상이 나타날 수 있겠군.

① 글을 깊이 있게 이해하기 위해 꼼꼼히 읽을 때
② 글과 관련된 배경지식을 적극적으로 활용하여 읽을 때
③ 다양한 글을 읽어서 글의 구조를 잘 이해할 수 있을 때
④ 배우고 익힌 내용이 쌓여 글에 아는 단어가 많아졌을 때
⑤ 읽기 목적에 따라 중요한 단어를 정확하게 고를 수 있을 때

[197~199] 2023학년도 6월 모평 1번~3번 정답과 해설편 p.126

**다음 글을 읽고 물음에 답하시오.** 3문항을 5분 안에 풀어보세요.

글을 읽으려면 글자 읽기, 요약, 추론 등의 읽기 기능, 어휘력, 읽기 흥미나 동기 등이 필요하다. 글 읽는 능력이 발달하려면 읽기에 필요한 이러한 요소를 잘 갖추어야 한다.

[A] 읽기 요소들 중 어휘력 발달에 관한 연구들에서는, 학년이 올라감에 따라 ㉠ 어휘력이 높은 학생들과 ㉡ 어휘력이 낮은 학생들 간의 어휘력 격차가 점점 더 커짐이 보고되었다. 여기서 어휘력 격차는 읽기의 양과 관련된다. 즉 어휘력이 높으면 이를 바탕으로 점점 더 많이 읽게 되고, 많이 읽을수록 글 속의 어휘를 습득할 기회가 많아지며, 이것이 다시 어휘력을 높인다는 것이다. 반대로, 어휘력이 부족하면 읽는 양도 적어지고 어휘 습득의 기회도 줄어 다시 어휘력이 상대적으로 부족하게 됨으로써, 나중에는 커져 버린 격차를 극복하는 데에 많은 노력이 필요하게 된다.

이렇게 읽기 요소를 잘 갖춘 독자는 점점 더 잘 읽게 되어 그렇지 않은 독자와의 차이가 갈수록 커지게 되는데, 이를 매튜 효과로 설명하기도 한다. 매튜 효과란 사회적 명성이나 물질적 자산이 많을수록 그로 인해 더 많이 가지게 되고, 그 결과 그렇지 않은 사람과의 차이가 점점 커지는 현상을 일컫는다. 이는 주로 사회학에서 사용되었으나 읽기에도 적용된다.

그러나 ⓐ 글 읽는 능력을 매튜 효과로만 설명하는 데에는 문제가 있다. 우선, 읽기와 관련된 요소들에서 매튜 효과가 항상 나타나는 것은 아니다. 인지나 정서의 발달은 개인마다 다르며, 한 개인 안에서도 그 속도는 시기마다 다르기 때문이다. 예컨대 읽기 흥미나 동기의 경우, 어릴 때는 상승 곡선을 그리며 발달하다가 어느 시기부터 떨어지기도 한다. 또한 읽기 요소들은 상호 간에 영향을 미쳐 매튜 효과와 다른 결과를 낳기도 한다. 가령 읽기 기능이 부족한 독자라 하더라도 읽기 흥미나 동기가 높은 경우 이것이 읽기 기능의 발달을 견인할 수 있다.

그럼에도 불구하고 읽기를 매튜 효과로 설명하는 연구는 단순히 지능의 차이에 따라 글 읽는 능력이 달라진다고 보던 관점에서 벗어나, 읽기 요소들이 글을 잘 읽도록 하는 중요한 동력임을 인식하게 하는 계기가 되었다.

## 197

**윗글의 내용과 일치하지 않는 것은?**

① 읽기 기능에는 어휘력, 읽기 흥미나 동기 등이 포함된다.
② 매튜 효과에 따르면 읽기 요소를 잘 갖출수록 더 잘 읽게 된다.
③ 매튜 효과는 주로 사회학에서 사용되는 개념이었다.
④ 읽기 요소는 다른 읽기 요소들에 영향을 미치기도 한다.
⑤ 읽기 연구에서 매튜 효과는 읽기 요소의 가치를 인식하게 했다.

## 198

**다음은 어휘력 발달에서 나타나는 매튜 효과를 도식화한 것이다. [A]를 바탕으로 ㉠과 ㉡에 대해 이해한 것으로 가장 적절한 것은?**

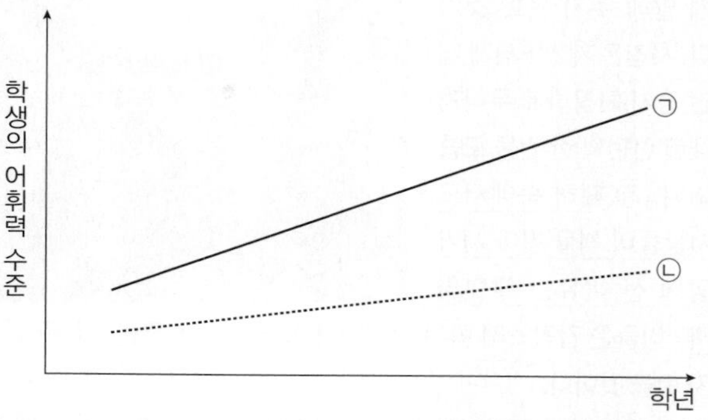


① ㉠은 ㉡에 비해 읽기 양이 적지만 어휘력은 더 큰 폭으로 높아진다.
② ㉡은 학년이 올라갈수록 ㉠과의 어휘력 격차를 줄일 수 있는 가능성이 커진다.
③ ㉡은 학년이 올라가면 ㉠에 비해 적은 노력으로도 어휘력 부족에서 벗어날 수 있다.
④ ㉠과 ㉡ 간의 어휘력 격차가 점점 커지는 것은 지능의 차이 때문이다.
⑤ ㉠과 ㉡ 간의 어휘력 격차가 점점 커지는 것은 읽기 양의 차이가 누적되기 때문이다.

## 199

**<보기>의 관점에서 ⓐ를 뒷받침할 수 있는 내용으로 가장 적절한 것은?** 3점

| 보기 |
인간의 사고는 자연적으로 발달하기보다는 공동체 내 언어적 상호 작용에 의해 발달한다. 따라서 고차적 사고에 속하는 읽기도 타인과 상호 작용함으로써 점진적으로 발달한다.

① 읽기 발달의 속도는 한 개인 안에서도 시기마다 다르다.
② 읽기 발달은 읽기 속도나 취향 등 개인차에 따라 각기 다르다.
③ 읽기 흥미나 동기 등은 타고난 개인적 성향으로서 변하지 않는다.
④ 읽기 발달은 개인의 읽기 경험을 공유하는 사회적 환경에 따라 달라질 수 있다.
⑤ 충분한 시간과 몰입할 수 있는 장소가 주어진다면 혼자서도 읽기를 잘할 수 있다.

[200~202] 2022학년도 수능 1번~3번 정답과 해설편 p.127

**다음 글을 읽고 물음에 답하시오.** 3문항을 4분 안에 풀어보세요.

어떤 독서 이론도 이 한 장의 사진만큼 독서의 위대함을 분명하게 말해 주지 못할 것이다. 사진은 제2차 세계 대전 당시 처참하게 무너져 내린 런던의 한 건물 모습이다. ㉠ 폐허 속에서도 사람들이 책을 찾아 서가 앞에 선 이유는 무엇일까? 이들은 갑작스레 닥친 상황에서 독서를 통해 무언가를 구하고자 했을 것이다.

독서는 자신을 살피고 돌아볼 계기를 제공함으로써 어떻게 살 것인가의 문제를 생각하게 한다. 책은 인류의 지혜와 경험이 담겨 있는 문화유산이며, 독서는 인류와의 만남이자 끝없는 대화이다. 독자의 경험과 책에 담긴 수많은 경험들의 만남은 성찰의 기회를 제공함으로써 독자의 내면을 성장시켜 삶을 바꾼다. 이런 의미에서 독서는 자기 성찰의 행위이며, 성찰의 시간은 깊이 사색하고 스스로에게 질문을 던지는 시간이어야 한다. 이들이 책을 찾은 것도 혼란스러운 현실을 외면하려 한 것이 아니라 자신의 삶에 대한 숙고의 시간이 필요했기 때문이다.

또한 ㉡ 독서는 자신을 둘러싼 현실을 올바로 인식하고 당면한 문제를 해결할 논리와 힘을 지니게 한다. 책은 세상에 대한 안목을 키우는 데 필요한 지식을 담고 있으며, 독서는 그 지식을 얻는 과정이다. 독자의 생각과 오랜 세월 축적된 지식의 만남은 독자에게 올바른 식견을 갖추고 당면한 문제를 해결할 방법을 모색하도록 함으로써 세상을 바꾼다. 세상을 변화시킬 동력을 얻는 이 시간은 책에 있는 정보를 이해하는 데 그치는 것이 아니라 그 정보가 자신의 관점에서 문제를 해결할 수 있는 타당한 정보인지를 판단하고 분석하는 시간이어야 한다. 서가 앞에 선 사람들도 시대적 과제를 해결할 실마리를 책에서 찾으려 했던 것이다.

독서는 자기 내면으로의 여행이며 외부 세계로의 확장이다. 폐허 속에서도 책을 찾은 사람들은 독서가 지닌 힘을 알고, 자신과 현실에 대한 이해를 구하고자 책과의 대화를 시도하고 있었던 것이다.

## 200

**윗글을 바탕으로 할 때, ㉠의 답으로 적절하지 않은 것은?**

① 인류의 지혜와 경험을 배우기 위해
② 현실로부터 도피할 방법을 구하기 위해
③ 시대적 과제를 해결할 실마리를 찾기 위해
④ 자신의 삶에 대해 숙고할 시간을 갖기 위해
⑤ 세상에 대한 안목을 키우는 지식을 얻기 위해

## 201

**<보기>는 ㉡과 같이 독서하기 위해 학생이 찾은 독서 방법이다. 이에 대한 반응으로 적절하지 않은 것은?** [3점]

| 보 기 |

해결하려는 문제와 관련하여 관점이 다른 책들을 함께 읽는 것은 해법을 찾는 한 방법이다. 먼저 문제가 무엇인지를 명확히 하고, 이와 관련된 서로 다른 관점의 책을 찾는다. 책을 읽을 때는 자신의 관점에서 각 관점들을 비교·대조하면서 정보의 타당성을 비판적으로 검토하고 평가한 내용을 통합한다. 이를 통해 문제를 다각적·심층적으로 이해하게 됨으로써 자신의 관점을 분명히 하고, 나아가 생각을 발전시켜 관점을 재구성하게 됨으로써 해법을 찾을 수 있다.

① 읽을 책을 선택하기 전에 해결하려는 문제가 무엇인지를 명확하게 인식해야겠군.
② 서로 다른 관점을 비교·대조하면서 검토함으로써 편협한 시각에서 벗어나 문제를 폭넓게 보아야겠군.
③ 문제의 해결을 위해 서로 다른 관점을 비판적으로 통합하여 문제에 대한 생각을 새롭게 구성할 수 있어야겠군.
④ 정보를 이해하는 수준을 넘어, 각 관점의 타당성을 검토하고 평가 내용을 통합함으로써 문제를 깊이 이해해야겠군.
⑤ 문제에 대한 여러 관점을 다각도로 검토하고, 비판적 판단을 유보함으로써 자신의 관점이 지닌 타당성을 견고히 해야겠군.

## 202

**다음은 윗글을 읽은 학생의 독서 기록장 일부이다. 이에 대한 설명으로 가장 적절한 것은?**

나의 독서 대부분은 정보 습득을 위한 것이었다. 책의 내용이 그대로 내 머릿속으로 옮겨져 지식이 쌓이기만을 바랐지 내면의 성장을 생각하지 못했다. 윤동주 평전을 읽으며 스스로에게 질문을 던지는 이 시간이 나에 대해 사색하며 삶을 가꾸는 소중한 시간임을 새삼 느낀다. 오늘 나는 책장을 천천히 넘기며 나에게로의 여행을 떠나 보려 한다.

① 삶을 성찰하게 하는 독서의 가치를 깨닫고 이를 실천하려는 모습을 보이고 있다.
② 문학 분야에 편중되었던 독서 습관을 버리고 다양한 분야의 책을 읽으려는 노력을 보이고 있다.
③ 독서를 지속적으로 실천하지 못한 태도를 반성하고 문제 해결을 위해 장기적인 독서 계획을 세우고 있다.
④ 내면적 성장을 위한 도구로서의 독서의 중요성을 인식하고 다양한 매체를 활용한 독서의 방법을 제안하고 있다.
⑤ 개인의 지적 성장에 머무는 독서의 한계를 지적하고 타인과 경험을 공유하는 독서 토론의 필요성을 강조하고 있다.

[203~205] 2022학년도 9월 모평 1번~3번 정답과 해설편 p.129

**다음은 학생이 쓴 독서 일지이다. 물음에 답하시오.**

3문항을 4분 안에 풀어보세요. 

미술사를 다루고 있는 좋은 책이 많지만 학술적인 지식이 부족하면 이해하기 어려운 경우가 많다고 한다. 이런 점에서 미술에 대해 막 알아 가기 시작한 나와 같은 독자도 이해할 수 있다고 알려진, 곰브리치의 『서양 미술사』를 택해 서양 미술의 흐름을 살펴본 것은 좋은 결정이었다.

이 책을 통해 저자는 미술사를 어떻게 이해할 것인가를 설명한다. 저자는 서론에서 '미술이라는 것은 사실상 존재하지 않는다. 다만 미술가들이 있을 뿐이다.'라고 밝히며, 미술가와 미술 작품에 주목하여 미술사를 이해하려는 자신의 관점을 설명한다. 저자는 27장에서도 해당 구절을 들어 자신의 관점을 다시 설명하고 있었기 때문에, 27 장의 내용을 서론의 내용과 비교하여 읽으면서 저자의 관점을 더 잘 이해할 수 있었다.

책의 제목을 처음 접했을 때는, 이 책이 유럽만을 대상으로 삼고 있을 거라고 생각했다. 하지만 책의 본문을 읽기 전에 목차를 살펴보니, 총 28 장으로 구성된 이 책이 유럽 외의 지역도 포함하고 있음을 알 수 있었다. 1~7 장에서는 아메리카, 이집트, 중국 등의 미술도 설명하고 있었고, 8~28 장에서는 6 세기 이후 유럽 미술에서부터 20 세기 미국의 실험적 미술까지 다루고 있었다. 이처럼 책이 다룬 내용이 방대하기 때문에, 이전부터 관심을 두고 있었던 유럽의 르네상스에 대한 부분을 먼저 읽은 후 나머지 부분을 읽는 방식으로 이 책을 읽어 나갔다.

㉠<u>『서양 미술사』는 자료가 풍부하고 해설을 이해하기 어렵지 않아서, 저자가 해설한 내용을 저자의 관점에 따라 받아들이는 것만으로도 충분히 만족스러웠다</u>. 물론 분량이 700여 쪽에 달하는 점은 부담스러웠지만, 하루하루 적당한 분량을 읽도록 계획을 세워서 꾸준히 실천하다 보니 어느새 다 읽었을 만큼 책의 내용은 흥미로웠다.

## 203

**윗글을 쓴 학생이 책을 선정할 때 고려한 사항 중, 윗글에서 확인할 수 있는 것은?**

① 자신의 지식수준에 비추어 적절한 책인가?
② 다수의 저자들이 참여하여 집필한 책인가?
③ 다양한 연령대의 독자에게서 추천받은 책인가?
④ 이전에 읽은 책과 연관된 내용을 담고 있는 책인가?
⑤ 최신의 학술 자료를 활용하여 믿을 만한 내용을 담고 있는 책인가?

## 204

**윗글에 나타난 독서 방법으로 적절하지 않은 것은?**

① 책에서 내용상 관련된 부분을 비교하며 읽는다.
② 책의 목차를 통해 책의 구성을 파악하고 읽는다.
③ 자신의 경험과 저자의 경험을 연관 지으며 읽는다.
④ 책의 분량을 고려하여 독서 계획을 세워서 읽는다.
⑤ 자신의 관심에 따라서 읽을 순서를 정하여 읽는다.

## 205

**윗글을 쓴 학생에게 ㉠과 관련하여 〈보기〉를 바탕으로 조언할 때, 그 내용으로 가장 적절한 것은?** 3점

| 보 기 |
예술 분야의 책을 읽을 때, 책에 담긴 저자의 해설 외에도 다양한 해설이 있다는 점을 염두에 두어야 한다. 저자의 해설에도 저자가 속한 시대의 사회·문화적 환경에서 비롯된 영향이 반영되기 마련이다. 이러한 점을 고려하여, 독자는 책의 내용을 무비판적으로 수용하기보다는 자신의 주관을 가지고 책의 내용에 대해 판단할 필요가 있다.

① 책의 자료를 자의적 기준에 의해 정리하기보다는 저자의 관점에 따라 정리하는 게 좋겠어.
② 책이 유발한 사회·문화적 영향을 파악하기보다는 책에 대한 다양한 해설을 찾아보는 게 좋겠어.
③ 다양한 분야를 균형 있게 다룬 책보다는 하나의 분야를 집중적으로 다루고 있는 책을 읽는 게 좋겠어.
④ 책의 내용을 자신의 취향에 따라 골라 읽기보다는 전문가인 저자가 책을 구성한 방식대로 읽는 게 좋겠어.
⑤ 책의 내용을 그대로 받아들이려 하기보다는 자신의 관점을 바탕으로 저자의 관점을 판단하며 읽는 게 좋겠어.

[206~208] 2022학년도 6월 모평 1번~3번 정답과 해설편 p.131

**다음 글을 읽고 물음에 답하시오.** 3문항을 5분 안에 풀어보세요.

㉠ 특정 주제를 깊이 있게 탐구하기 위한 독서는 지식을 습득하고 이를 비판적·종합적으로 탐구하는 독서이다. 이러한 독서는 목차나 책 전체를 훑어보아 글의 전체 구조를 파악하고, 필요한 부분을 찾아 중점적으로 읽을 내용을 선별하는 것으로부터 출발한다. 이어 독자는 글 표면에 드러난 내용을 정확하고 충분하게 읽기, 글 이면의 내용을 추론하고 비판하며 읽기, 여러 관점을 비교하고 종합하며 읽기와 같은 방법을 적절히 조합하여 선별한 내용을 읽게 된다.

위 과정에서 독자는 자신의 배경지식과 새로이 얻은 지식을 통합하여 의미를 구성한다. 그런데 이렇게 개인의 머릿속에서 구성된 의미는 다른 사회 구성원들과의 상호 작용을 거쳐 재구성된다. 따라서 특정 주제를 깊이 있게 탐구하기 위한 독서의 의미 구성은 개인적 차원뿐 아니라 사회적 차원에서도 이루어지는 것으로 이해되어야 한다.

이를 감안하면 특정 주제를 깊이 있게 탐구하기 위한 독서에서는 기록의 역할이 부각된다. 탐구 과정에서 개인적으로 구성한 의미를 기록하는 것은 읽은 내용의 망각을 방지하며, 비판과 토론의 자료로서 사회적 차원의 의미 구성에 기여한다. 또한 보고서, 논문, 단행본 등의 형태로 발전하여 공동체의 지식이 축적되는 토대를 이룬다. 이렇게 볼 때 특정 주제를 깊이 있게 탐구하기 위한 독서는 학문 탐구의 과정에서 글을 읽고 의견을 주고받으며 토론하는 강론 또는 기록을 권유했던 전통과도 맥을 같이한다.

## 206

**윗글에서 확인할 수 있는 ㉠의 방법이 아닌 것은?**

① 글 표면에 드러난 내용을 꼼꼼하게 읽기
② 목차를 보고 전체적인 구조를 파악하며 읽기
③ 글의 숨겨진 의미를 파악하며 비판적으로 읽기
④ 탐구하고자 하는 주제에 필요한 내용을 골라 읽기
⑤ 정서적 반응을 기준으로 글의 가치를 평가하며 읽기

## 207

**윗글을 바탕으로 〈보기〉를 이해한 내용으로 적절하지 않은 것은?** 3점

| 보기 |

학문하는 데는 연속적으로 공부하는 것을 중히 여긴다. 한 번이라도 그 맥이 끊어지게 되면 정신이 새어 나가고 성의가 흩어져 버리니, 어떻게 학문의 깊은 뜻을 꿰뚫어 볼 수 있겠는가? 벗끼리 서로 돕는 것으로는 함께 모여 학문을 강론하는 것보다 나은 것이 없다. 그런데 퇴계(退溪)는 "읽은 것을 얼굴을 마주하고 강론하는 것이 좋기는 하지만, 항상 마음속의 생각을 다 드러내지는 못하고 만다. 그러니 의문이 드는 부분을 뽑아 기록해서 벗에게 보내 자세히 살펴볼 수 있게 하는 것만 못하다."라고 하였다. 그 뜻이 참으로 옳다.

- 이익, 「서독승면론」 -

① '정신이 새어 나가고 성의가 흩어져 버리'는 데 대한 우려는 기록의 궁극적 목적이 망각의 방지에 있음을 시사한다.
② 학문 과정에서 '학문의 깊은 뜻을 꿰뚫어' 보고자 하는 것은 주제를 깊이 있게 탐구하고자 하는 태도와 일맥상통한다.
③ '읽은 것을 얼굴을 마주하고 강론하는 것'은 독서의 의미 구성 과정에 포함되는 구성원들과의 상호 작용을 가리킨다.
④ '마음속의 생각'이나 '의문이 드는 부분'을 '강론' 또는 '기록'을 통해 공유하는 것은 사회적 차원의 의미 구성 과정과 연결된다.
⑤ '기록해서 벗에게 보내 자세히 살펴볼 수 있게 하는 것'은 비판과 토론의 자료로 기능할 수 있는 기록의 의의를 드러낸다.

## 208

**다음은 윗글을 읽은 학생의 반응이다. 이에 대한 설명으로 가장 적절한 것은?**

첫 문장을 읽으면서 특정 전공 분야의 연구자를 대상으로 하는 글인 줄 알았어. 그런데 생각해 보니 이런 독서의 모습이 낯설지 않아. 우리도 학교에서 보고서 작성을 위해 책을 읽고 친구들과 의문점을 나누며 의논하는 경우가 많잖아?

① 독서에서 얻은 깨달음을 실천하려는 모습을 보이고 있다.
② 모범적인 독서 태도를 발견하고 반성의 계기로 삼고 있다.
③ 학습 경험과 결부하여 독서 활동의 의미를 확인하고 있다.
④ 알게 된 내용과 관련지어 추가적인 독서 계획을 세우고 있다.
⑤ 독서 경험에 비추어 지속적인 독서의 중요성을 인식하고 있다.

[209~210] 2014학년도 수능B 17번~18번 정답과 해설편 p.132

**다음 글을 읽고 물음에 답하시오.** 2문항을 3분 안에 풀어보세요.

『대학』, 『논어』, 『맹자』, 『중용』 등의 사서(四書)는 배움을 위한 첫 단계에서 읽어야 할 책이다. 그 뒤를 이어 읽을 책은 『격몽요결』, 『소학』, 『근사록』, 『성학집요』로 그 체제와 내용이 정밀하여 얕은 데서 깊은 데로 들어가는 것이니 내가 일찍이 이를 후사서(後四書)라고 불렀다. 이를 반복하여 읽어 모두 이해하고 환히 알게 되면 자연히 효과가 있을 것이니 매양 동료들에게 배움의 규범으로 삼기를 권하였다.

사서 육경(四書六經)과 송나라 시대의 성리학 책은 사람이 평생토록 익히기를, 마치 농부가 오곡을 심고 가꾸듯 해야 한다. 하나의 경서를 읽고 익힐 때마다 반드시 자신의 능력을 다하여 철저하게 해야 한다. 첫째, 경서의 글을 익숙하도록 반복하여 읽어야 한다. 둘째, 여러 사람의 의견을 모두 참고하여 같은 점과 다른 점을 분별하고 장점과 단점을 비교하며 읽어야 한다. 셋째, 정밀히 생각하여 의심나는 것을 풀어 가며 읽되 감히 자신해서는 안 된다. 넷째, 명확하게 분별하여 그릇된 것을 버리면서 읽되 감히 스스로 옳다고 여기지 말아야 한다. 하나의 경서에서 그 문을 찾아 방으로 들어간다면, 방을 같이 하면서도 들어가는 문이 다른 여러 책들을 유추하여 통할 수 있을 것이다. 옛날 학업을 이루어 세상에 이름난 사람은 반드시 이와 같이 했다. 이상은 용촌(榕村) 이광지(李光地)의 독서법이니 배우는 사람이 본받을 만하다.

- 이덕무, 「사소절(士小節)」 -

## 209

**윗글을 읽고 자신의 독서에 도움을 얻고자 하는 학생의 반응으로 적절하지 않은 것은?**

① 독서 수준과 단계를 고려해서 만들어진 권장 도서 목록을 참고하여 책을 읽어야겠어.
② 책을 읽어 가는 과정에서 떠오르는 의문들을 능동적으로 해결해 가며 책을 읽어야겠어.
③ 책의 내용을 수동적으로 받아들이기보다는 그 옳고 그름을 생각하면서 책을 읽어야겠어.
④ 다양한 분야의 지식을 습득하기 위해서 정독의 방법보다는 다독의 방법으로 책을 읽어야겠어.
⑤ 내가 알고 있는 사실이나 생각이 항상 옳은 것은 아니라는 겸허한 자세를 가지고 책을 읽어야겠어.

## 210

**윗글과 <보기>에서 공통적으로 강조하는 독서 방법으로 가장 적절한 것은?**

| 보기 |

현대 사회에서는 방대한 정보 속에서 필요한 정보를 탐색하고 선별하기 위한 독서가 필요한데, 이를 위한 방법은 다음과 같다. 첫째, 책의 차례나 서문 등을 살핀 뒤에 필요한 정보를 포함하고 있는 책을 선정하여 읽는다. 둘째, 필요한 정보의 유무를 파악하며 빠르게 훑어 읽는다. 셋째, 책의 내용을 있는 그대로 받아들이기보다 그 책의 내용과 관련한 여러 관점들을 비교·대조해 가며 책을 읽는다.

① 책의 내용을 요약해 가면서 읽는다.
② 글의 구조와 전개 방식을 파악해 가면서 책을 읽는다.
③ 많은 양의 책을 읽기 위해 전체 내용을 빠르게 훑어 읽는다.
④ 책의 내용에 대한 여러 관점들을 함께 견주어 가며 책을 읽는다.
⑤ 차례나 서문을 통해 필요한 정보가 있다고 판단한 책을 골라 읽는다.

[211] 2014학년도 9월 모평B 30번 정답과 해설편 p.134

**다음 글을 읽고 물음에 답하시오.** 1문항을 2분 안에 풀어보세요.

12 세기 이전까지 유럽에서의 독서는 신앙심을 고취하기 위하여 주로 성경이나 주석서를 천천히 반복해서 읽는 방식으로 이루어졌다. 그런데 12 세기 들어 그리스 고전이 이슬람 세계로부터 대거 유입되고 학문적 저술의 양이 폭발적으로 늘어나게 되자 독서 문화에도 변화가 일어나기 시작했다.

이 시기의 독서는 폭넓고 풍부한 지식의 습득을 목적으로 삼게 되었다. 하지만 방대한 양의 저서를 두루 구해 읽는다는 것은 시간적으로나 경제적으로나 불가능한 일이었다. 이에 책의 중요한 내용을 뽑아 간략하게 정리한 요약집, 백과사전과 같은 다양한 참고 도서의 발행이 성행하였다. 이러한 책들은 텍스트가 장, 절로 나누어져 있고 중요한 구절 표시가 있는가 하면, 차례나 찾아보기 같은 보조 장치가 마련되어 있는 등 이전과 다른 새로운 방식으로 편집되었다. 이를 활용하여 독자들은 다양한 정보와 해석을 편리하고 빠르게 찾고, 이렇게 얻은 지식들을 논증의 도구로 활용할 수 있게 되었다.

그러나 이와 같은 참고 도서를 위주로 한 독서가 유행하면서 사람들은 점차 원전 독서를 등한시하여 원전이 담고 있는 풍부함을 맛볼 수 없게 되었다. 주요 부분을 발췌하여 읽는 것은 텍스트의 의미를 효율적으로 파악하게 하는 이점은 있었지만 그 속에 담긴 깊은 뜻을 이해하는 데에는 방해가 되었다.

## 211

**윗글을 읽기 전에 정리한 '알고 싶은 점' 중, 글에서 확인할 수 없는 것은?**

**[알고 싶은 점]**

○ 이 시기에는 어떤 책들이 유행을 했을까? ············ ①
○ 이 시기의 독서법은 어떤 장단점이 있을까? ············ ②
○ 이 시기에 독서의 주된 목적은 무엇이었을까? ············ ③
○ 이 시기의 독서법은 이전 시기와 어떻게 다를까? ············ ④
○ 이 시기 책의 저자와 독자는 어떤 계층이었을까? ············ ⑤

**[212]** 2014학년도 6월 모평A 30번 정답과 해설편 p.134

**다음 글을 읽고 물음에 답하시오.** 1문항을 2분 안에 풀어보세요.

방학 숙제로 선생님께서 소개해 주신 책 중에서 하나를 골라 독후감을 써야 하는데 어떤 책을 읽을까? 나는 역사를 좋아하니까 『역사란 무엇인가?』라는 책을 읽어야겠어.

우선 목차를 읽어 봐야겠어. (목차를 읽는다.) 이 책은 '역사가와 그의 사실'이라는 장으로 시작되네. 아마 역사가가 사실을 어떻게 다루는가에 대해 썼을 것 같아. 조금 어렵겠지만 재미도 있겠는데?

그러면 이제부터 본격적으로 읽어 봐야지. (책을 읽다가 멈춘다.) '역사적 사실'. (밑줄을 긋는다.) '역사적 사실'이란 역사가의 해석에 따라 정해지는 것이구나. 그래, 이건 중요한 내용이야. 중요한 내용은 적으면서 읽어야겠어. 그러면 나중에 메모를 보고 중심 내용을 잘 파악할 수 있겠지? (메모하면서 책을 계속 읽는다.)

(읽기를 잠시 멈추고 메모한 내용을 훑어본다.) 음, 지금까지 읽은 부분을 간략히 하면, 역사책을 읽을 때는 일어났던 일보다 그 일을 기록한 역사가가 누구인가에 관심을 두라는 것이로군. 이게 글쓴이의 주장이네. 그렇게 생각할 수도 있겠군. 하지만 반드시 그런 걸까? 중요한 사건은 어느 역사가라도 중요하다고 판단하지 않을까?

## 212

**위 자료에 나타난 학생의 독서 과정에 대한 설명으로 적절하지 않은 것은?**

① 목차를 보고 책의 내용을 예측하였다.
② 글쓴이의 견해에 반응하면서 비판적으로 읽고 있다.
③ 중요 내용이라고 생각되는 것을 메모하며 읽고 있다.
④ 글쓴이에 대한 정보를 통해 글쓴이의 관점을 확인하였다.
⑤ 책을 읽는 목적과 자신의 흥미를 고려하여 책을 선택하였다.

**[213]** 2014학년도 6월 모평B 30번 정답과 해설편 p.135

**다음 글을 읽고 물음에 답하시오.** 1문항을 2분 안에 풀어보세요.

**(가)**

성현의 경전을 읽고 자기를 돌이켜 보아서 환히 이해되지 않는 곳이 있거든, 모름지기 성인이 준 가르침이란 반드시 사람이 알 수 있고 행할 수도 있는 것에 대하여 말한 것임을 생각하라. 성현의 말과 나의 소견이 다르다면 이것은 내가 힘쓴 노력이 철저하지 못한 까닭이다. 성현이 어찌 알기 어렵고 행하기 어려운 것으로 나를 속이겠는가. 성현의 말을 더욱 믿어서 딴 생각이 없이 간절히 찾으면 장차 얻는 바가 있을 것이다.

- 이황, 「독서」 -

**(나)**

『사기』의 「자객열전」을 읽다가 "조(祖)를 마치고 길에 올랐다."라는 구절을 보게 되었다고 하자. "조(祖)가 무엇인가요?"라고 물으면 스승께서는 "떠나보낼 때 건강을 기원하는 제사다."라고 하실 것이다. 다시 "하필 그것을 '할아버지 조(祖)'로 쓰는 것은 무엇 때문인지요?"하면, "그것은 확실하지 않다."라고 하실 것이다. 그러면 나중에 집에 돌아와서 자전(字典)*을 꺼내 '조(祖)'의 본뜻을 알아보아라. 그리고 자전을 바탕으로 다른 책으로 나아가 그 책의 주석과 풀이를 살피면서 그 뿌리의 끝을 캐고 가지와 잎까지 줍도록 하여라.

- 정약용, 「둘째 아들에게 부침」 -

* 자전 : 한자를 모아서 일정한 순서로 늘어놓고 글자 하나하나의 음과 뜻을 풀이한 책

## 213

**(가), (나)에서 공통적으로 강조하는 독서 태도로 가장 적절한 것은?**

① 책의 내용을 올바르게 파악하고 그것을 삶에서 실천하려는 자세로 읽는다.
② 책을 읽다가 의문이 생기면 자신의 소견으로 성현의 말씀을 헤아리며 읽는다.
③ 책을 읽다가 알기 어려운 부분이 있으면 철저히 이해하기 위해 노력하며 읽는다.
④ 책을 읽다가 낯선 단어가 나오면 관련 자료를 활용하여 그 의미를 파악하며 읽는다.
⑤ 책을 읽다가 동의하지 않는 부분이 생기면 비판의 근거로 삼을 만한 책을 찾아 읽는다.

[001~004] 2023학년도 6월 모평 14번~17번 정답과 해설편 p.137

**다음 글을 읽고 물음에 답하시오.** 4문항을 15분 안에 풀어보세요.  15분

경제학에서는 증거에 근거한 정책 논의를 위해 사건의 효과를 평가해야 할 경우가 많다. 어떤 사건의 효과를 평가한다는 것은 사건 후의 결과와 사건이 없었을 경우에 나타났을 결과를 비교하는 일이다. 그런데 가상의 결과는 관측할 수 없으므로 실제로는 사건을 경험한 표본들로 구성된 시행집단의 결과와, 사건을 경험하지 않은 표본들로 구성된 비교집단의 결과를 비교하여 사건의 효과를 평가한다. 따라서 이 작업의 관건은 그 사건 외에는 결과에 차이가 ⓐ 날 이유가 없는 두 집단을 구성하는 일이다. 가령 어떤 사건이 임금에 미친 효과를 평가할 때, 그 사건이 없었다면 시행집단과 비교집단의 평균 임금이 같을 수밖에 없도록 두 집단을 구성하는 것이다. 이를 위해서는 두 집단에 표본이 임의로 배정되도록 사건을 설계하는 실험적 방법이 이상적이다. 그러나 사람을 표본으로 하거나 사회 문제를 다룰 때에는 이 방법을 적용할 수 없는 경우가 많다.

이중차분법은 시행집단에서 일어난 변화에서 비교집단에서 일어난 변화를 뺀 값을 사건의 효과라고 평가하는 방법이다. 이는 사건이 없었더라도 비교집단에서 일어난 변화와 같은 크기의 변화가 시행집단에서도 일어났을 것이라는 평행추세 가정에 근거해 사건의 효과를 평가한 것이다. 이 가정이 충족되면 사건 전의 상태가 평균적으로 같도록 두 집단을 구성하지 않아도 된다.

이중차분법은 1854년에 스노가 처음 사용했다고 알려져 있다. 그는 두 수도 회사로부터 물을 공급받는 런던의 동일 지역 주민들에 주목했다. 같은 수원을 사용하던 두 회사 중 한 회사만 수원을 ⓑ 바꿨는데 주민들은 자신의 수원을 몰랐다. 스노는 수원이 바뀐 주민들과 바뀌지 않은 주민들의 수원 교체 전후 콜레라로 인한 사망률의 변화들을 비교함으로써 콜레라가 공기가 아닌 물을 통해 전염된다는 결론을 ⓒ 내렸다. 경제학에서는 1910년대에 최저임금제 도입 효과를 파악하는 데 이 방법이 처음 이용되었다.

평행추세 가정이 충족되지 않는 경우에 이중차분법을 적용하면 사건의 효과를 잘못 평가하게 된다. 예컨대 ㉠ 어떤 노동자 교육 프로그램의 고용 증가 효과를 평가할 때, 일자리가 급격히 줄어드는 산업에 종사하는 노동자의 비중이 비교집단에 비해 시행집단에서 더 큰 경우에는 평행추세 가정이 충족되지 않을 것이다. 그렇다고 해서 집단 간 표본의 통계적 유사성을 ⓓ 높이려고 사건 이전 시기의 시행집단을 비교집단으로 설정하는 것이 평행추세 가정의 충족을 보장하는 것은 아니다. 예컨대 고용처럼 경기변동에 민감한 변화라면 집단 간 표본의 통계적 유사성보다 변화 발생의 동시성이 이 가정의 충족에서 더 중요할 수 있기 때문이다.

여러 비교집단을 구성하여 각각에 이중차분법을 적용한 평가 결과가 같음을 확인하면 평행추세 가정이 충족된다는 신뢰를 줄 수 있다. 또한 시행집단과 여러 특성에서 표본의 통계적 유사성이 높은 비교집단을 구성하면 평행추세 가정이 위협받을 가능성을 ⓔ 줄일 수 있다. 이러한 방법들을 통해 이중차분법을 적용한 평가에 대한 신뢰도를 높일 수 있다.

## 001

**윗글에 대한 이해로 적절하지 <u>않은</u> 것은?**

① 실험적 방법에서는 시행집단에서 일어난 평균 임금의 사건 전후 변화를 어떤 사건이 임금에 미친 효과라고 평가한다.
② 사람을 표본으로 하거나 사회 문제를 다룰 때에도 실험적 방법을 적용하는 경우가 있다.
③ 평행추세 가정에서는 특정 사건 이외에는 두 집단의 변화에 차이가 날 이유가 없다고 전제한다.
④ 스노의 연구에서 시행집단과 비교집단의 콜레라 사망률은 사건 후뿐만 아니라 사건 전에도 차이가 있었을 수 있다.
⑤ 스노는 수원이 바뀐 주민들과 바뀌지 않은 주민들 사이에 공기의 차이는 없다고 보았을 것이다.

## 002

**다음은 이중차분법을 ㉠에 적용할 경우에 나타날 결과를 추론한 것이다. A와 B에 들어갈 말을 바르게 짝지은 것은?**

> 프로그램이 없었다면 시행집단에서 일어났을 고용률 증가는, 비교집단에서 일어난 고용률 증가와/보다 ( A ) 것이다. 그러므로 ㉠에 이중차분법을 적용하여 평가한 프로그램의 고용 증가 효과는 평행추세 가정이 충족되는 비교집단을 이용하여 평가한 경우의 효과보다 ( B ) 것이다.

| | A | B |
|---|---|---|
| ① | 클 | 클 |
| ② | 클 | 작을 |
| ③ | 같을 | 클 |
| ④ | 작을 | 클 |
| ⑤ | 작을 | 작을 |

## 003

**윗글을 바탕으로 <보기>를 이해한 내용으로 적절하지 않은 것은?** [3점]

| 보기 |

아래의 표는 S 국가의 P주와 그에 인접한 Q주에 위치한 식당들을 1992년 1월 초와 12월 말에 조사한 결과의 일부이다. P주는 1992년 4월에 최저임금을 시간당 4 달러에서 5 달러로 올렸고, Q주는 1992년에 최저임금을 올리지 않았다. P주 저임금 식당들은, 최저임금 인상 전에 시간당 4 달러의 임금을 지급했고 최저임금 인상 후에 임금이 상승했다. P주 고임금 식당들은, 최저임금 인상 전에 이미 시간당 5 달러보다 더 높은 임금을 지급했고 최저임금 인상 후에도 임금이 상승하지 않았다. 이때 최저임금 인상에 따른 임금 상승이 고용에 미친 효과를 평가한다고 하자.

| 집단 | 평균 피고용인 수(단위 : 명) | | |
|---|---|---|---|
| | 사건 전(A) | 사건 후(B) | 변화(B-A) |
| P주 저임금 식당 | 19.6 | 20.9 | 1.3 |
| P주 고임금 식당 | 22.3 | 20.2 | -2.1 |
| Q주 식당 | 23.3 | 21.2 | -2.1 |

① 최저임금 인상 후에 시행집단에서 일어난 변화는 1.3 명이다.
② 시행집단과 비교집단의 식당들이 종류나 매출액 수준 등의 특성에서 통계적 유사성이 높을수록 평가에 대한 신뢰도가 높아진다.
③ 비교집단을 Q주 식당들로 택해 이중차분법을 적용하면 시행집단에서 최저임금 인상에 따른 임금 상승의 고용 효과는 3.4 명 증가로 평가된다.
④ 비교집단의 변화를, P주 고임금 식당들의 1992년 1 년간 변화로 파악할 경우보다 시행집단의 1991년 1 년간 변화로 파악할 경우에 더 신뢰할 만한 평가를 얻는다.
⑤ 비교집단을 Q주 식당들로 택하든 P주 고임금 식당들로 택하든 비교집단에서 일어난 변화가 동일하다는 사실은 평행추세 가정의 충족에 대한 신뢰도를 높인다.

## 004

**문맥상 ⓐ~ⓔ의 단어와 가장 가까운 의미로 쓰인 것은?**

① ⓐ : 그 사건의 전말이 모두 오늘 신문에 났다.
② ⓑ : 산에 가려다가 생각을 바꿔 바다로 갔다.
③ ⓒ : 기상청에서 전국에 건조 주의보를 내렸다.
④ ⓓ : 회원들이 회칙 개정을 요구하는 목소리를 높였다.
⑤ ⓔ : 하고 싶은 말은 많지만 오늘은 이만 줄입니다.

[005~008] 2022학년도 수능 10번~13번 정답과 해설편 p.139

다음 글을 읽고 물음에 답하시오. 4문항을 15분 안에 풀어보세요. 

기축 통화는 국제 거래에 결제 수단으로 통용되고 환율 결정에 기준이 되는 통화이다. 1960년 트리핀 교수는 브레턴우즈 체제에서의 기축 통화인 달러화의 구조적 모순을 지적했다. 한 국가의 재화와 서비스의 수출입 간 차이인 경상 수지는 수입이 수출을 초과하면 적자이고, 수출이 수입을 초과하면 흑자이다. 그는 "미국이 경상 수지 적자를 허용하지 않아 국제 유동성 공급이 중단되면 세계 경제는 크게 위축될 것"이라면서도 "반면 적자 상태가 지속돼 달러화가 과잉 공급되면 준비 자산으로서의 신뢰도가 저하되고 고정 환율 제도도 붕괴될 것"이라고 말했다.

이러한 트리핀 딜레마는 국제 유동성 확보와 달러화의 신뢰도 간의 문제이다. 국제 유동성이란 국제적으로 보편적인 통용력을 갖는 지불 수단을 말하는데, ㉠ 금 본위 체제에서는 금이 국제 유동성의 역할을 했으며, 각 국가의 통화 가치는 정해진 양의 금의 가치에 고정되었다. 이에 따라 국가 간 통화의 교환 비율인 환율은 자동적으로 결정되었다. 이후 ㉡ 브레턴우즈 체제에서는 국제 유동성으로 달러화가 추가되어 '금 환 본위제'가 되었다. 1944년에 성립된 이 체제는 미국의 중앙은행에 '금 태환 조항'에 따라 금 1 온스와 35 달러를 언제나 맞교환해 주어야 한다는 의무를 지게 했다. 다른 국가들은 달러화에 대한 자국 통화의 가치를 고정했고, 달러화로만 금을 매입할 수 있었다. 환율은 경상 수지의 구조적 불균형이 있는 예외적인 경우를 제외하면 ±1 % 내에서의 변동만을 허용했다. 이에 따라 기축 통화인 달러화를 제외한 다른 통화들 간 환율인 교차 환율은 자동적으로 결정되었다.

1970년대 초에 미국은 경상 수지 적자가 누적되기 시작하고 달러화가 과잉 공급되어 미국의 금 준비량이 급감했다. 이에 따라 미국은 달러화의 금 태환 의무를 더 이상 감당할 수 없는 상황에 도달했다. 이를 해결할 수 있는 방법은 달러화의 가치를 내리는 평가 절하, 또는 달러화에 대한 여타국 통화의 환율을 하락시켜 그 가치를 올리는 평가 절상이었다. 하지만 브레턴우즈 체제하에서 달러화의 평가 절하는 규정상 불가능했고, 당시 대규모 대미 무역 흑자 상태였던 독일, 일본 등 주요국들은 평가 절상에 나서려고 하지 않았다. 이 상황이 유지되기 어려울 것이라는 전망으로 독일의 마르크화와 일본의 엔화에 대한 투기적 수요가 증가했고, 결국 환율의 변동 압력은 더욱 커질 수밖에 없었다. 이러한 상황에서 각국은 보유한 달러화를 대규모로 금으로 바꾸기를 원했다. 미국은 결국 1971년 달러화의 금 태환 정지를 선언한 닉슨 쇼크를 단행했고, 브레턴우즈 체제는 붕괴되었다.

그러나 붕괴 이후에도 달러화의 기축 통화 역할은 계속되었다. 그 이유로 규모의 경제를 생각할 수 있다. 세계의 모든 국가에서 ㉢ 어떠한 기축 통화도 없이 각각 다른 통화가 사용되는 경우 두 국가를 짝짓는 경우의 수만큼 환율의 가짓수가 생긴다. 그러나 하나의 기축 통화를 중심으로 외환 거래를 하면 비용을 절감하고 규모의 경제를 달성할 수 있다.

## 005

윗글을 통해 답을 찾을 수 없는 질문은?

① 브레턴우즈 체제 붕괴 이후에도 달러화가 기축 통화로서 역할을 할 수 있었던 이유는 무엇인가?
② 브레턴우즈 체제 붕괴 이후의 세계 경제 위축에 대해 트리핀은 어떤 전망을 했는가?
③ 브레턴우즈 체제에서 미국 중앙은행은 어떤 의무를 수행해야 했는가?
④ 브레턴우즈 체제에서 국제 유동성의 역할을 한 것은 무엇인가?
⑤ 브레턴우즈 체제에서 달러화 신뢰도 하락의 원인은 무엇인가?

## 006

윗글을 바탕으로 추론한 내용으로 적절하지 않은 것은?

① 닉슨 쇼크가 단행된 이후 달러화의 고평가 문제를 해결할 수 있는 달러화의 평가 절하가 가능해졌다.
② 브레턴우즈 체제에서 마르크화와 엔화의 투기적 수요가 증가한 것은 이들 통화의 평가 절상을 예상했기 때문이다.
③ 금의 생산량 증가를 통한 국제 유동성 공급량의 증가는 트리핀 딜레마 상황을 완화하는 한 가지 방법이 될 수 있다.
④ 트리핀 딜레마는 달러화를 통한 국제 유동성 공급을 중단할 수도 없고 공급량을 무한정 늘릴 수도 없는 상황을 말한다.
⑤ 브레턴우즈 체제에서 마르크화가 달러화에 대해 평가 절상되면, 같은 금액의 마르크화로 구입 가능한 금의 양은 감소한다.

## 007

**미국을 포함한 세 국가가 존재하고 각각 다른 통화를 사용할 때, ㉠~㉢에 대한 설명으로 적절한 것은?**

① ㉠에서 자동적으로 결정되는 환율의 가짓수는 금에 자국 통화의 가치를 고정한 국가 수보다 하나 적다.
② ㉡이 붕괴된 이후에도 여전히 달러화가 기축 통화라면 ㉡에 비해 교차 환율의 가짓수는 적어진다.
③ ㉢에서 국가 수가 하나씩 증가할 때마다 환율의 전체 가짓수도 하나씩 증가한다.
④ ㉠에서 ㉡으로 바뀌면 자동적으로 결정되는 환율의 가짓수가 많아진다.
⑤ ㉡에서 교차 환율의 가짓수는 ㉢에서 생기는 환율의 가짓수보다 적다.

## 008

**윗글을 참고할 때, 〈보기〉에 대한 반응으로 가장 적절한 것은?** 3점

| 보 기 |
브레턴우즈 체제가 붕괴된 이후 두 차례의 석유 가격 급등을 겪으면서 기축 통화국인 A국의 금리는 인상되었고 통화 공급은 감소했다. 여기에 A국 정부의 소득세 감면과 군비 증대는 A국의 금리를 인상시켰으며, 높은 금리로 인해 대량으로 외국 자본이 유입되었다. A국은 이로 인한 상황을 해소하기 위한 국제적 합의를 주도하여, 서로 교역을 하며 각각 다른 통화를 사용하는 세 국가 A, B, C는 외환 시장에 대한 개입을 합의했다. 이로 인해 A국 통화에 대한 B국 통화와 C국 통화의 환율은 각각 50 %, 30 % 하락했다.

① A국의 금리 인상과 통화 공급 감소로 인해 A국 통화의 신뢰도가 낮아진 것은 외국 자본이 대량으로 유입되었기 때문이겠군.
② 국제적 합의로 인한 A국 통화에 대한 B국 통화의 환율 하락으로 국제 유동성 공급량이 증가하여 A국 통화의 가치가 상승했겠군.
③ 다른 모든 조건이 변하지 않았다면, 국제적 합의로 인해 A국 통화에 대한 B국 통화의 환율과 B국 통화에 대한 C국 통화의 환율은 모두 하락했겠군.
④ 다른 모든 조건이 변하지 않았다면, 국제적 합의로 인해 A국 통화에 대한 B국과 C국 통화의 환율이 하락하여, B국에 대한 C국의 경상 수지는 개선되었겠군.
⑤ 다른 모든 조건이 변하지 않았다면, A국의 소득세 감면과 군비 증대로 A국의 경상 수지가 악화되며, 그 완화 방안 중 하나는 A국 통화에 대한 B국 통화의 환율을 상승시키는 것이겠군.

## [009~014]

2020학년도 수능 37번~42번 정답과 해설편 p.142

**다음 글을 읽고 물음에 답하시오.** 6문항을 15분 안에 풀어보세요.

국제법에서 일반적으로 조약은 국가나 국제기구들이 그들 사이에 지켜야 할 구체적인 권리와 의무를 명시적으로 합의하여 창출하는 규범이며, 국제 관습법은 조약 체결과 관계없이 국제 사회 일반이 받아들여 지키고 있는 보편적인 규범이다. 반면에 경제 관련 국제기구에서 어떤 결정을 하였을 경우, 이 결정 사항 자체는 권고적 효력만 있을 뿐 법적 구속력은 없는 것이 일반적이다. 그런데 국제 결제은행 산하의 바젤위원회가 결정한 BIS 비율 규제와 같은 것들이 비회원의 국가에서도 엄격히 준수되는 모습을 종종 보게 된다. 이처럼 일종의 규범적 성격이 나타나는 현실을 어떻게 이해할지에 대한 논의가 있다. 이는 위반에 대한 제재를 통해 국제법의 효력을 확보하는 데 주안점을 두는 일반적 경향을 되돌아보게 한다. 곧 신뢰가 형성하는 구속력에 주목하는 것이다.

BIS 비율은 은행의 재무 건전성을 유지하는 데 필요한 최소한의 자기자본 비율을 설정하여 궁극적으로 예금자와 금융 시스템을 보호하기 위해 바젤위원회에서 도입한 것이다. 바젤위원회에서는 BIS 비율이 적어도 규제 비율인 8 %는 되어야 한다는 기준을 제시하였다. 이에 대한 식은 다음과 같다.

$$\text{BIS 비율}(\%) = \frac{\text{자기자본}}{\text{위험가중자산}} \times 100 \geq 8(\%)$$

여기서 자기자본은 은행의 기본자본, 보완자본 및 단기후순위채무의 합으로, 위험가중자산은 보유 자산에 각 자산의 신용 위험에 대한 위험 가중치를 곱한 값들의 합으로 구하였다. 위험 가중치는 자산 유형별 신용 위험을 반영하는 것인데, OECD 국가의 국채는 0 %, 회사채는 100 %가 획일적으로 부여되었다. 이후 금융 자산의 가격 변동에 따른 시장 위험도 반영해야 한다는 요구가 커지자, 바젤위원회는 위험가중자산을 신용 위험에 따른 부분과 시장 위험에 따른 부분의 합으로 새로 정의하여 BIS 비율을 산출하도록 하였다. 신용 위험의 경우와 달리 시장 위험의 측정 방식은 감독 기관의 승인하에 은행의 선택에 따라 사용할 수 있게 하여 '바젤 Ⅰ' 협약이 1996년에 완성되었다.

금융 혁신의 진전으로 '바젤 Ⅰ' 협약의 한계가 드러나자 2004년에 '바젤 Ⅱ' 협약이 도입되었다. 여기에서 BIS 비율의 위험가중자산은 신용 위험에 대한 위험 가중치에 자산의 유형과 신용도를 모두 ⓐ 고려하도록 수정되었다. 신용 위험의 측정 방식은 표준 모형이나 내부 모형 가운데 하나를 은행이 이용할 수 있게 되었다. 표준 모형에서는 OECD 국가의 국채는 0 %에서 150 %까지, 회사채는 20 %에서 150 %까지 위험 가중치를 구분하여 신용도가 높을수록 낮게 부과한다. 예를 들어 실제 보유한 회사채가 100억 원인데 신용 위험 가중치가 20 %라면 위험가중자산에서 그 회사채는 20억 원으로 계산된다. 내부 모형은 은행이 선택한 위험 측정 방식을 감독 기관의 승인하에 그 은행이 사용할 수 있도록 하는 것이다. 또한 감독 기관은 필요시 위험가중자산에 대한 자기자본의 최저 비율이 ⓑ 규제 비율을 초과하도록 자국 은행에 요구할 수 있게 함으로써 자기자본의 경직된 기준을 보완하고자 했다.

최근에는 '바젤 Ⅲ' 협약이 발표되면서 자기자본에서 단기후순

위채무가 제외되었다. 또한 위험가중자산에 대한 기본자본의 비율이 최소 6 %가 되게 보완하여 자기자본의 손실 복원력을 강화하였다. 이처럼 새롭게 발표되는 바젤 협약은 이전 협약에 들어 있는 관련 기준을 개정하는 효과가 있다.

바젤 협약은 우리나라를 비롯한 수많은 국가에서 채택하여 제도화하고 있다. 현재 바젤위원회에는 28개국의 금융 당국들이 회원으로 가입되어 있으며, 우리 금융 당국은 2009년에 가입하였다. 하지만 우리나라는 가입하기 훨씬 전부터 BIS 비율을 도입하여 시행하였으며, 현행 법제에도 이것이 반영되어 있다. 바젤 기준을 따름으로써 은행이 믿을 만하다는 징표를 국제 금융 시장에 보여 주어야 했던 것이다. 재무 건전성을 의심받는 은행은 국제 금융 시장에 자리를 잡지 못하거나, 심하면 아예 ⓒ 발을 들이지 못할 수도 있다.

바젤위원회에서는 은행 감독 기준을 협의하여 제정한다. 그 헌장에서는 회원들에게 바젤 기준을 자국에 도입할 의무를 부과한다. 하지만 바젤위원회가 초국가적 감독 권한이 없으며 그의 결정도 ⓓ 법적 구속력이 없다는 것 또한 밝히고 있다. 바젤 기준은 100 개가 넘는 국가가 채택하여 따른다. 이는 국제기구의 결정에 형식적으로 구속을 받지 않는 국가에서까지 자발적으로 받아들여 시행하고 있다는 것인데, 이런 현실을 ㉠ 말랑말랑한 법(soft law)의 모습이라 설명하기도 한다. 이때 조약이나 국제 관습법은 그에 대비하여 딱딱한 법(hard law)이라 부르게 된다. 바젤 기준도 장래에 ⓔ 딱딱하게 응고될지 모른다.

---

## 009

**윗글의 내용 전개 방식으로 가장 적절한 것은?**

① 특정한 국제적 기준의 내용과 그 변화 양상을 서술하며 국제 사회에 작용하는 규범성을 설명하고 있다.
② 특정한 국제적 기준이 제정된 원인을 서술하며 국제 사회의 규범을 감독 권한의 발생 원인에 따라 분류하고 있다.
③ 특정한 국제적 기준의 필요성을 서술하며 국제 사회에 수용되는 규범의 필요성을 상반된 관점에서 논증하고 있다.
④ 특정한 국제적 기준과 관련된 국내법의 특징을 서술하며 국제 사회에 받아들여지는 규범의 장단점을 설명하고 있다.
⑤ 특정한 국제적 기준의 설정 주체가 바뀐 사례를 서술하며 국제 사회에서 규범 설정 주체가 지닌 특징을 분석하고 있다.

## 010

**윗글에서 알 수 있는 내용으로 적절하지 않은 것은?**

① 조약은 체결한 국가들에 대하여 권리와 의무를 부과하는 것이 원칙이다.
② 새로운 바젤 협약이 발표되면 기존 바젤 협약에서의 기준이 변경되는 경우가 있다.
③ 딱딱한 법에서는 일반적으로 제재보다는 신뢰로써 법적 구속력을 확보하는 데 주안점이 있다.
④ 국제기구의 결정을 지키지 않을 때 입게 될 불이익은 그 결정이 준수되도록 하는 역할을 한다.
⑤ 세계 각국에서 바젤 기준을 법제화하는 것은 자국 은행의 재무 건전성을 대외적으로 인정받기 위해서이다.

## 011

**BIS 비율에 대한 이해로 가장 적절한 것은?**

① 바젤 I 협약에 따르면, 보유하고 있는 회사채의 신용도가 낮아질 경우 BIS 비율은 낮아지는 경향이 있다.
② 바젤 Ⅱ 협약에 따르면, 각국의 은행들이 준수해야 하는 위험가중자산 대비 자기자본의 최저 비율은 동일하다.
③ 바젤 Ⅱ 협약에 따르면, 보유하고 있는 OECD 국가의 국채를 매각한 뒤 이를 회사채에 투자한다면 BIS 비율은 항상 높아진다.
④ 바젤 Ⅱ 협약에 따르면, 시장 위험의 경우와 마찬가지로 감독 기관의 승인하에 은행이 선택하여 사용할 수 있는 신용 위험의 측정 방식이 있다.
⑤ 바젤 Ⅲ 협약에 따르면, 위험가중자산 대비 보완자본이 최소 2 %는 되어야 보완된 BIS 비율 규제를 은행이 준수할 수 있다.

## 012

**윗글을 참고할 때, <보기>에 대한 반응으로 적절하지 않은 것은?** [3점]

ㅣ보기ㅣ

갑 은행이 어느 해 말에 발표한 자기자본 및 위험가중자산은 아래 표와 같다. 갑 은행은 OECD 국가의 국채와 회사채만을 자산으로 보유했으며, 바젤 Ⅱ 협약의 표준 모형에 따라 BIS 비율을 산출하여 공시하였다. 이때 회사채에 반영된 위험 가중치는 50 %이다. 그 이외의 자본 및 자산은 모두 무시한다.

| 항목 | 자기자본 | | |
|---|---|---|---|
| | 기본자본 | 보완자본 | 단기후순위채무 |
| 금액 | 50억 원 | 20억 원 | 40억 원 |

| 항목 | 위험 가중치를 반영하여 산출한 위험가중자산 | | |
|---|---|---|---|
| | 신용 위험에 따른 위험가중자산 | | 시장 위험에 따른 위험가중자산 |
| | 국채 | 회사채 | |
| 금액 | 300억 원 | 300억 원 | 400억 원 |

① 갑 은행이 공시한 BIS 비율은 바젤위원회가 제시한 규제 비율을 상회하겠군.
② 갑 은행이 보유 중인 회사채의 위험 가중치가 20 %였다면 BIS 비율은 공시된 비율보다 높았겠군.
③ 갑 은행이 보유 중인 국채의 실제 규모가 회사채의 실제 규모보다 컸다면 위험 가중치는 국채가 회사채보다 낮았겠군.
④ 갑 은행이 바젤 Ⅰ 협약의 기준으로 신용 위험에 따른 위험가중자산을 산출한다면 회사채는 600억 원이 되겠군.
⑤ 갑 은행이 위험가중자산의 변동 없이 보완자본을 10억 원 증액한다면 바젤 Ⅲ 협약에서 보완된 기준을 충족할 수 있겠군.

## 013

**㉠에 해당하는 사례로 가장 적절한 것은?**

① 바젤위원회가 국제 금융 현실에 맞지 않게 된 바젤 기준을 개정한다.
② 바젤위원회가 가입 회원이 없는 국가에 바젤 기준을 준수하도록 요청한다.
③ 바젤위원회 회원의 국가가 준수 의무가 있는 바젤 기준을 실제로는 지키지 않는다.
④ 바젤위원회 회원의 국가가 강제성이 없는 바젤 기준에 대하여 준수 의무를 이행한다.
⑤ 바젤위원회 회원이 없는 국가에서 바젤 기준을 제도화하여 국내에서 효력이 발생하도록 한다.

## 014

**문맥상 ⓐ~ⓔ와 바꿔 쓰기에 적절하지 않은 것은?**

① ⓐ : 반영하여 산출하도록
② ⓑ : 8 %가 넘도록
③ ⓒ : 바젤위원회에 가입하지
④ ⓓ : 권고적 효력이 있을 뿐이라는
⑤ ⓔ : 조약이나 국제 관습법이 될지

DAY 10 Ⅱ 사회

다음 글을 읽고 물음에 답하시오. 5문항을 9분 안에 풀어보세요. 

대한민국 정부가 해외에서 발행한 채권의 CDS 프리미엄은 우리가 매체에서 자주 접하는 경제 지표의 하나이다. 이 지표를 이해하기 위해서는 채권의 '신용 위험'과 '신용 파산 스와프(CDS)'의 개념을 살펴볼 필요가 있다.

채권은 정부나 기업이 자금을 조달하기 위해 발행하며 그 가격은 채권이 매매되는 채권 시장에서 결정된다. 채권의 발행자는 정해진 날에 일정한 이자와 원금을 투자자에게 지급할 것을 약속한다. 채권을 매입한 투자자는 이를 다시 매도하거나 이자를 받아 수익을 얻는다. 그런데 채권 투자에는 발행자의 지급 능력 부족 등의 사유로 이자와 원금이 지급되지 않을 가능성인 신용 위험이 수반된다. 이에 따라 각국은 채권의 신용 위험을 평가해 신용 등급으로 공시하는 신용 평가 제도를 도입하여 투자자를 보호하고 있다.

우리나라의 신용 평가 제도에서는 원화로 이자와 원금의 지급을 약속한 채권 가운데 발행자의 지급 능력이 최상급인 채권에 AAA라는 최고 신용 등급이 부여된다. 원금과 이자가 지급되지 않아 부도가 난 채권에는 D라는 최저 신용 등급이 주어진다. 그 외의 채권은 신용 위험이 커지는 순서에 따라 AA, A, BBB, BB 등 점차 낮아지는 등급 범주로 평가된다. 이들 각 등급 범주 내에서도 신용 위험의 상대적인 크고 작음에 따라 각각 '-'나 '+'를 붙이거나 하여 각 범주가 세 단계의 신용 등급으로 세분되는 경우가 있다. 채권의 신용 등급은 신용 위험의 변동에 따라 조정될 수 있다. 다른 조건이 일정한 가운데 신용 위험이 커지면 채권 시장에서 해당 채권의 가격이 ⓐ 떨어진다.

CDS는 채권 투자자들이 신용 위험을 피하려는 목적으로 활용하는 파생 금융 상품이다. CDS 거래는 '보장 매입자'와 '보장 매도자' 사이에서 이루어진다. 여기서 '보장'이란 신용 위험으로부터의 보호를 뜻한다. 보장 매도자는, 보장 매입자가 보유한 채권에서 부도가 나면 이에 따른 손실을 보상하는 역할을 한다. CDS 거래를 통해 채권의 신용 위험은 보장 매입자로부터 보장 매도자로 이전된다. CDS 거래에서 신용 위험의 이전이 일어나는 대상 자산을 '기초 자산'이라 한다.

[A] 가령 은행 ㉠ 갑은, 기업 ㉡ 을이 발행한 채권을 매입하면서 그것의 신용 위험을 피하기 위해 보험 회사 ㉢ 병과 CDS 계약을 체결할 수 있다. 이때 기초 자산은 을이 발행한 채권이다.

보장 매도자는 기초 자산의 신용 위험을 부담하는 것에 대한 보상으로 보장 매입자로부터 일종의 보험료를 받는데, 이것의 요율이 CDS 프리미엄이다. CDS 프리미엄은 기초 자산의 신용 위험이나 보장 매도자의 유사시 지급 능력과 같은 여러 요인의 영향을 받는다. 다른 요인이 동일한 경우, ㉣ 기초 자산의 신용 위험이 크면 CDS 프리미엄도 크다. 한편 ㉤ 보장 매도자의 지급 능력이 우수할수록 보장 매입자는 유사시 손실을 보다 확실히 보전받을 수 있으므로 보다 큰 CDS 프리미엄을 기꺼이 지불하는 경향이 있다. 만약 보장 매도자가 발행한 채권이 있다면, 그 신용 등급으로 보장 매도자의 지급 능력을 판단할 수 있다. 이에 따라 다른 요인이 동일한 경우, 보장 매도자가 발행한 채권의 신용 등급이 높으면 CDS 프리미엄은 크다.

## 015

**윗글의 내용과 일치하지 않는 것은?**

① 정부는 자금을 조달하기 위해 채권을 발행한다.
② 채권 발행자의 지급 능력이 커지면 신용 위험은 커진다.
③ 신용 평가 제도는 채권을 매입한 투자자를 보호하는 장치이다.
④ 다른 조건이 일정할 경우, 어떤 채권의 신용 등급이 낮아지면 해당 채권의 가격은 하락한다.
⑤ 채권 발행자는 일정한 이자와 원금의 지급을 약속하지만, 채권에는 그 약속이 지켜지지 않을 위험이 수반된다.

## 016

**[A]의 ㉠~㉢에 대한 이해로 가장 적절한 것은?**

① ㉠은 기초 자산을 보유하지 않는다.
② ㉠은 기초 자산에 부도가 나면 손실을 보상하는 역할을 한다.
③ ㉡은 신용 위험을 기피하는 채권 투자자이다.
④ ㉢은 신용 위험을 부담하는 보장 매도자이다.
⑤ ㉢은 기초 자산에 부도가 나야만 이득을 본다.

## 017

**<보기>의 ㉮~㉶ 중 CDS 프리미엄이 두 번째로 큰 것은?**

| 보기 |

윗글의 ㉣과 ㉤을 기준으로 서로 다른 CDS 거래 ㉮~㉶를 비교하여 CDS 프리미엄의 크기에 순서를 매길 수 있다. (단, 기초 자산의 발행자와 보장 매도자는 한국 기업이며, ㉮~㉶에서 제시된 조건 외에 다른 조건은 동일하다.)

| CDS 거래 | 기초 자산의 신용 등급 | 보장 매도자 발행 채권의 신용 등급 |
|---|---|---|
| ㉮ | BB+ | AAA |
| ㉯ | BB+ | AA- |
| ㉰ | BBB- | A- |
| ㉱ | BBB- | AA- |
| ㉶ | BBB- | A+ |

① ㉮ ② ㉯ ③ ㉰ ④ ㉱ ⑤ ㉶

## 018

**윗글을 바탕으로 <보기>를 이해한 내용으로 가장 적절한 것은?** [3점]

| 보기 |

X가 2015년 12월 31일에 이자와 원금의 지급이 완료되는 채권 $B_x$를 2011년 1월 1일에 발행했다. 발행 즉시 $B_x$ 전량을 매입한 Y는 $B_x$를 기초 자산으로 하는 CDS 계약을 Z와 체결하고 보장 매입자가 되었다. 계약 체결 당시 $B_x$의 신용 등급은 A-, Z가 발행한 채권의 신용 등급은 AAA였다. 2011년 9월 17일, X의 재무 상황 악화로 $B_x$의 신용 위험에 대한 우려가 발생하였다. 2012년 12월 30일, X의 지급 능력이 2011년 8월 시점보다 개선되었다. 2013년 9월에는 Z가 발행한 채권의 신용 등급이 AA+로 변경되었다. 2013년 10월 2일, $B_x$의 CDS 프리미엄은 100 bp*였다. (단, X, Y, Z는 모두 한국 기업이며 신용 등급은 매월 말일에 변경될 수 있다. 이 CDS 계약은 2015년 12월 31일까지 매월 1일에 갱신되며 CDS 프리미엄은 매월 1일에 변경될 수 있다. 제시된 것 외에 다른 요인에는 변화가 없다.)

2011. 1. 1. CDS 계약 — 2011. 9. 17. X의 재무 상황 악화 — 2012. 12. 30. X의 지급 능력 개선 — 2013. 9. 30. Z가 발행한 채권의 신용 등급 변경

* bp : 1 bp는 0.01 %와 같음

① 2011년 1월에는 $B_x$에 대한 CDS 계약으로 X가 신용 위험을 부담하게 되었겠군.
② 2011년 11월에는 $B_x$의 신용 등급이 A-보다 높았겠군.
③ 2013년 1월에는 $B_x$의 신용 위험으로 Z가 손실을 입을 가능성이 2011년 10월보다 작아졌겠군.
④ 2013년 3월에는 $B_x$에 대한 CDS 프리미엄이 100 bp보다 작았겠군.
⑤ 2013년 4월에는 $B_x$의 신용 등급이 BB-보다 낮았겠군.

## 019

**문맥상 ⓐ의 의미와 가장 가까운 의미로 쓰인 것은?**

① 오늘 아침에는 기온이 영하로 떨어졌다.
② 과자 한 봉지를 팔면 내게 100 원이 떨어진다.
③ 더위를 먹었는지 입맛이 떨어지고 기운이 없다.
④ 신발이 떨어져서 걸을 때마다 빗물이 스며든다.
⑤ 선생님 말씀이 떨어지자마자 모두 자리에 앉았다.

DAY 10 Ⅱ 사회

[020~022] 2011학년도 수능 44번~46번 정답과 해설편 p.149

다음 글을 읽고 물음에 답하시오. 3문항을 8분 안에 풀어보세요.

채권은 사업에 필요한 자금을 조달하기 위해 발행하는 유가 증권으로, 국채나 회사채 등 발행 주체에 따라 그 종류가 다양하다. 채권의 액면 금액, 액면 이자율, 만기일 등의 지급 조건은 채권 발행 시 정해지며, 채권 소유자는 매입 후에 정기적으로 이자액을 받고, 만기일에는 마지막 이자액과 액면 금액을 지급받는다. 이때 이자액은 액면 이자율을 액면 금액에 곱한 것으로 대개 연 단위로 지급된다. 채권은 만기일 전에 거래되기도 하는데, 이때 채권 가격은 현재 가치, 만기, 지급 불능 위험 등 여러 요인에 따라 결정된다.

채권 투자자는 정기적으로 받게 될 이자액과 액면 금액을 각각 현재 시점에서 평가한 값들의 합계인 채권의 현재 가치에서 채권의 매입 가격을 뺀 순수익의 크기를 따진다. 채권 보유로 미래에 받을 수 있는 금액을 현재 가치로 환산하여 평가할 때는 금리를 반영한다. 가령 금리가 연 10 %이고, 내년에 지급받게 될 금액이 110 원이라면, 110 원의 현재 가치는 100 원이다. 즉 금리는 현재 가치에 반대 방향으로 영향을 준다. 따라서 금리가 상승하면 채권의 현재 가치가 하락하게 되고 이에 따라 채권의 가격도 하락하게 되는 결과로 이어진다. 이처럼 수시로 변동되는 시중 금리는 현재 가치의 평가 구조상 채권 가격의 변동에 영향을 주는 요인이 된다.

채권의 매입 시점부터 만기일까지의 기간인 만기도 채권의 가격에 영향을 준다. 일반적으로 다른 지급 조건이 동일하다면 만기가 긴 채권일수록 가격은 금리 변화에 더 민감하므로 가격 변동의 위험이 크다. 채권은 발행된 이후에는 만기가 점점 짧아지므로 ㉠ 만기일이 다가올수록 채권 가격은 금리 변화에 덜 민감해진다. 따라서 투자자들은 만기가 긴 채권일수록 높은 순수익을 기대하므로 액면 이자율이 더 높은 채권을 선호한다.

또 액면 금액과 이자액을 약정된 일자에 지급할 수 없는 지급 불능 위험도 채권 가격에 영향을 준다. 예를 들어 채권을 발행한 기업의 경영 환경이 악화될 경우, 그 기업은 지급 능력이 떨어질 수 있다. 이런 채권에 투자하는 사람들은 위험을 감수해야 하므로 이에 대한 보상을 요구하게 되고, 이에 따라 채권 가격은 상대적으로 낮게 형성된다.

한편 채권은 서로 대체가 가능한 금융 자산의 하나이기 때문에, 다른 자산 시장의 상황에 따라 가격에 영향을 받기도 한다. 가령 주식 시장이 호황이어서 ㉡ 주식 투자를 통한 수익이 커지면 상대적으로 채권에 대한 수요가 줄어 채권 가격이 하락할 수도 있다.

## 020

**윗글의 설명 방식으로 적절하지 않은 것은?**

① 채권 가격을 결정하는 데 영향을 미치는 요인을 몇 가지로 나누어 설명하고 있다.
② 채권의 지급 불능 위험과 채권 가격 간의 관계를 설명하기 위해 예를 들고 있다.
③ 유사한 원리를 보이는 현상에 빗대어 채권의 특성을 설명하고 있다.
④ 금리가 채권 가격에 미치는 영향을 인과적으로 설명하고 있다.
⑤ 채권의 의미를 밝히고 그 종류를 들고 있다.

## 021

**윗글로 미루어 알 수 있는 것은?**

① 채권이 발행될 때 정해지는 액면 금액은 채권의 현재 가치에서 이자액을 뺀 것이다.
② 채권의 순수익은 정기적으로 지급될 이자액을 합산하여 현재 가치로 환산한 값이다.
③ 다른 지급 조건이 같다면 채권의 액면 이자율이 높을수록 채권 가격은 하락한다.
④ 지급 불능 위험이 커진 채권을 매입하려는 투자자는 높은 순수익을 기대한다.
⑤ 일반적으로 지급 불능 위험이 낮으면 상대적으로 액면 이자율이 높다.

## 022

**<보기>의 A는 어떤 채권의 가격과 금리 간의 관계를 나타낸 그래프이다. 윗글의 ㉠과 ㉡에 따른 A의 변화 결과를 바르게 예측한 것은?**

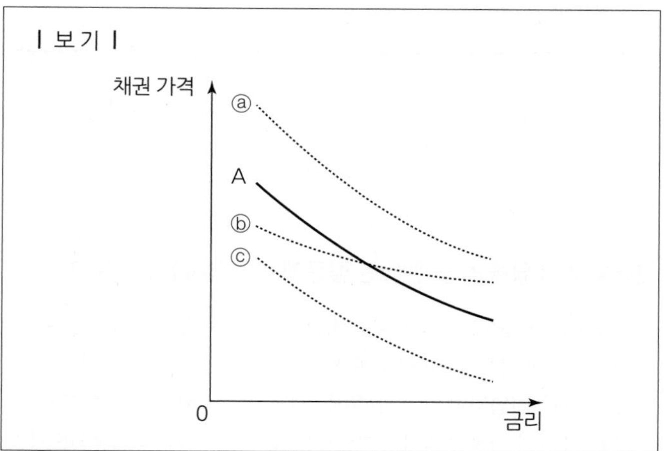


| | ㉠ | ㉡ |
|---|---|---|
| ① | ⓐ | ⓒ |
| ② | ⓑ | ⓐ |
| ③ | ⓑ | ⓒ |
| ④ | ⓒ | ⓐ |
| ⑤ | ⓒ | ⓑ |

DAY 10 Ⅱ 사회

# 2. 정부는 시장경제에 어떻게 관여하고 있을까?

[023~027] 2021학년도 6월 모평 29번~33번 정답과 해설편 p.152

**다음 글을 읽고 물음에 답하시오.** 5문항을 11분 안에 풀어보세요.

특허권은 발명에 대한 정보의 소유자가 특허 출원 및 담당 관청의 심사를 통하여 획득한 특허를 일정 기간 독점적으로 사용할 수 있는 법률상 권리를 말한다. 한편 영업 비밀은 생산 방법, 판매 방법, 그 밖에 영업 활동에 유용한 기술상 또는 경영상의 정보 등으로, 일정 조건을 갖추면 법으로 보호받을 수 있다. 법으로 보호되는 특허권과 영업 비밀은 모두 지식 재산인데, 정보 통신 기술(ICT) 산업은 이 같은 지식 재산을 기반으로 창출된다. 지식 재산 보호 문제와 더불어 최근에는 ICT 다국적 기업이 지식 재산으로 거두는 수입에 대한 과세 문제가 불거지고 있다.

일부 국가에서는 ICT 다국적 기업에 대해 [디지털세] 도입을 진행 중이다. 디지털세는 이를 도입한 국가에서 ICT 다국적 기업이 거둔 수입에 대해 부과되는 세금이다. 디지털세의 배경에는 법인세 감소에 대한 각국의 우려가 있다. 법인세는 국가가 기업으로부터 걷는 세금 중 가장 중요한 것으로, 재화나 서비스의 판매 등을 통해 거둔 수입에서 제반 비용을 제외하고 남은 이윤에 대해 부과하는 세금이라 할 수 있다.

㉠ 많은 ICT 다국적 기업이 법인세율이 현저하게 낮은 국가에 자회사를 설립하고 그 자회사에 이윤을 몰아주는 방식으로 법인세를 회피한다는 비판이 있어 왔다. 예를 들면 ICT 다국적 기업 Z사는 법인세율이 매우 낮은 A국에 자회사를 세워 특허의 사용 권한을 부여한다. 그리고 법인세율이 A국보다 높은 B국에 설립된 Z사의 자회사에서 특허 사용으로 수입이 발생하면 Z사는 B국의 자회사로 하여금 A국의 자회사에 특허 사용에 대한 수수료인 로열티를 지출하도록 한다. 그 결과 Z사는 ⓐ B국의 자회사에 법인세가 부과될 이윤을 최소화한다. ICT 다국적 기업의 본사를 많이 보유한 국가에서도 해당 기업에 대한 법인세 징수는 문제가 된다. 그러나 그중 어떤 국가들은 ICT 다국적 기업의 활동이 해당 산업에서 자국이 주도권을 유지하는 데 중요하기 때문에라도 디지털세 도입에는 방어적이다.

[A] ICT 산업을 주도하는 국가에서 더 중요한 문제는 ICT 지식 재산 보호의 국제적 강화일 수 있다. 이론적으로 봤을 때 지식 재산의 보호가 약할수록 유용한 지식 창출의 유인이 저해되어 지식의 진보가 정체되고, 지식 재산의 보호가 강할수록 해당 지식에 대한 접근을 막아 소수의 사람만이 혜택을 보게 된다. 전자로 발생한 손해를 유인 비용, 후자로 발생한 손해를 접근 비용이라고 한다면, 지식 재산 보호의 최적 수준은 두 비용의 합이 최소가 될 때일 것이다. 각국은 그 수준에서 자국의 지식 재산 보호 수준을 설정한다. 특허 보호 정도와 국민 소득의 관계를 보여 주는 한 연구에서는 국민 소득이 일정 수준 이상인 상태에서는 국민 소득이 증가할수록 특허 보호 정도가 강해지는 경향이 있지만, 가장 낮은 소득 수준을 벗어난 국가들은 그들보다 소득 수준이 낮은 국가들보다 오히려 특허 보호가 약한 것으로 나타났다. 이는 지식 재산 보호의 최적 수준에 대해서도 국가별 입장이 다름을 시사한다.

## 023

**윗글을 읽고 답을 찾을 수 있는 질문에 해당하지 않는 것은?**

① 법으로 보호되는 특허권과 영업 비밀의 공통점은 무엇인가?
② 영업 비밀이 법적 보호 대상으로 인정받기 위한 절차는 무엇인가?
③ ICT 다국적 기업의 수입에 과세하는 제도 도입의 배경은 무엇인가?
④ 로열티는 ICT 다국적 기업의 법인세를 줄이는 데 어떻게 이용되는가?
⑤ 이론적으로 지식 재산 보호의 최적 수준은 어떻게 설정하는가?

## 024

**[디지털세]에 대한 이해로 가장 적절한 것은?**

① 지식 재산 보호를 강화할 수 있는 수단이다.
② 이윤에서 제반 비용을 제외한 금액에 부과된다.
③ ICT 산업에서 주도적인 국가는 도입에 적극적이다.
④ 여러 국가에 자회사를 설립하는 방식으로 줄일 수 있다.
⑤ 도입된 국가에서 ICT 다국적 기업이 거둔 수입에 부과된다.

## 025

**<보기>는 윗글을 읽은 학생이 수행할 학습지의 일부이다. ㉮에 들어갈 말로 가장 적절한 것은?** [3점]

| 보기 |

○ **과제** : '㉠을 근거로 ICT 다국적 기업에 디지털세가 부과되는 것이 타당한가?'를 검증할 가설에 대한 판단

• **가설**

ICT 다국적 기업 자회사들의 수입 대비 이윤의 비율은 법인세율이 높은 국가일수록 낮다.

• **판단**

가설이 참이라면 [ ㉮ ]고 할 수 있으므로 ㉠을 근거로 디지털세를 부과하는 것을 지지할 수 있겠군.

① ICT 다국적 기업 자회사의 수입이 법인세율이 높은 국가일수록 많다
② ICT 다국적 기업이 법인세율이 높은 국가의 자회사에 로열티를 지출한다
③ ICT 다국적 기업 자회사의 수입 대비 제반 비용의 비율이 법인세율이 낮은 국가일수록 높다
④ ICT 다국적 기업이 법인세율이 높은 국가의 자회사에서 수입에 비해 이윤을 줄이는 방식으로 법인세를 줄이고 있다
⑤ 법인세율이 높은 국가에 본사가 있는 ICT 다국적 기업 자회사의 수입 대비 이윤의 비율은 법인세율이 낮은 국가일수록 낮다

## 026

**[A]를 적용하여 <보기>를 이해한 내용으로 적절하지 <u>않은</u> 것은?**

| 보기 |

S국은 현재 국민 소득이 가장 낮은 수준의 국가이고 ICT 산업에서 주도적인 국가가 아니다. S국의 특허 보호 정책은 지식 재산 보호 정책을 대표한다.

① ICT 산업에서 주도적인 국가는 S국이 유인 비용을 현재보다 크게 인식하여 지식 재산 보호 수준을 높이기 바라겠군.
② S국에서는 지식 재산 보호 수준이 낮을 때가 높을 때보다 지식 재산 창출 의욕의 저하로 인한 손해가 더 심각하겠군.
③ S국에서 현재의 특허 제도가 특허권을 과하게 보호한다고 판단한다면 지식 재산 보호 수준을 낮춰 접근 비용을 높이고 싶겠군.
④ S국의 국민 소득이 점점 높아진다면 유인 비용과 접근 비용의 합이 최소가 되는 지식 재산 보호 수준은 낮아졌다가 높아지겠군.
⑤ S국이 지식 재산 보호 수준을 높일 때, 지식의 발전이 저해되어 발생하는 손해는 감소하고 다수가 지식 재산의 혜택을 누리지 못하여 발생하는 손해는 증가하겠군.

## 027

**문맥상 ⓐ와 바꿔 쓰기에 적절하지 <u>않은</u> 것은?**

① Z사의 전체적인 법인세 부담을 줄인다
② A국의 자회사가 거두는 수입을 늘린다
③ A국의 자회사가 얻게 될 이윤을 줄인다
④ B국의 자회사가 낼 법인세를 최소화한다
⑤ B국의 자회사가 지출하는 제반 비용을 늘린다

[028~032] 2020학년도 6월 모평 27번~31번 정답과 해설편 p.155

**다음 글을 읽고 물음에 답하시오.** 5문항을 13분 안에 풀어보세요.

전통적인 통화 정책은 정책 금리를 활용하여 물가를 안정시키고 경제 안정을 도모하는 것을 목표로 한다. 중앙은행은 경기가 과열되었을 때 정책 금리 인상을 통해 경기를 진정시키고자 한다. 정책 금리 인상으로 시장 금리도 높아지면 가계 및 기업에 대한 대출 감소로 신용 공급이 축소된다. 신용 공급의 축소는 경제 내 수요를 줄여 물가를 안정시키고 경기를 진정시킨다. 반면 경기가 침체되었을 때는 반대의 과정을 통해 경기를 부양시키고자 한다.

금융을 통화 정책의 전달 경로로만 보는 전통적인 경제학에서는 금융감독 정책이 개별 금융 회사의 건전성 확보를 통해 금융 안정을 달성하고자 하는 ㉠ 미시 건전성 정책에 집중해야 한다고 보았다. 이러한 관점은 금융이 직접적인 생산 수단이 아니므로 단기적일 때와는 달리 장기적으로는 경제 성장에 영향을 미치지 못한다는 인식과, 자산 시장에서는 가격이 본질적 가치를 초과하여 폭등하는 버블이 존재하지 않는다는 효율적 시장 가설에 기인한다. 미시 건전성 정책은 개별 금융 회사의 건전성에 대한 예방적 규제 성격을 가진 정책 수단을 활용하는데, 그 예로는 향후 손실에 대비하여 금융 회사의 자기자본 하한을 설정하는 최저 자기자본 규제를 들 수 있다.

이처럼 전통적인 경제학에서는 금융감독 정책을 통해 금융 안정을, 통화 정책을 통해 물가 안정을 달성할 수 있다고 보는 이원적인 접근 방식이 지배적인 견해였다. 그러나 글로벌 금융 위기 이후 금융 시스템이 와해되어 경제 불안이 확산되면서 기존의 접근 방식에 대한 자성이 일어났다. 이 당시 경기 부양을 목적으로 한 중앙은행의 저금리 정책이 자산 가격 버블에 따른 금융 불안을 야기하여 경제 안정이 훼손될 수 있다는 데 공감대가 형성되었다. 또한 금융 회사가 대형화되면서 개별 금융 회사의 부실이 금융 시스템의 붕괴를 야기할 수 있게 됨에 따라 금융 회사 규모가 금융 안정의 새로운 위험 요인으로 등장하였다. 이에 기존의 정책으로는 금융 안정을 확보할 수 없고, 경제 안정을 위해서는 물가 안정뿐만 아니라 금융 안정도 필수적인 요건임이 밝혀졌다. 그 결과 미시 건전성 정책에 ㉡ 거시 건전성 정책이 추가된 금융감독 정책과 물가 안정을 위한 통화 정책 간의 상호 보완을 통해 경제 안정을 달성해야 한다는 견해가 주류를 형성하게 되었다.

거시 건전성이란 개별 금융 회사 차원이 아니라 금융 시스템 차원의 위기 가능성이 낮아 건전한 상태를 말하고, 거시 건전성 정책은 금융 시스템의 건전성을 추구하는 규제 및 감독 등을 포괄하는 활동을 의미한다. 이때, 거시 건전성 정책은 미시 건전성이 거시 건전성을 담보할 수 있는 충분조건이 되지 못한다는 '구성의 오류'에 논리적 기반을 두고 있다. 거시 건전성 정책은 금융 시스템 위험 요인에 대한 예방적 규제를 통해 금융 시스템의 건전성을 추구한다는 점에서, 미시 건전성 정책과는 차별화된다.

거시 건전성 정책의 목표를 효과적으로 달성하기 위해서는 경기 변동과 금융 시스템 위험 요인 간의 상관관계를 감안한 정책 수단의 도입이 필요하다. 금융 시스템 위험 요인은 경기 순응성을 가진다. 즉 경기가 호황일 때는 금융 회사들이 대출을 늘려 신용 공급을 팽창시킴에 따라 자산 가격이 급등하고, 이는 다시 경기를 더 과열시키는 반면 불황일 때는 그 반대의 상황이 일어난다. 이를 완화할 수 있는 정책 수단으로는 경기 대응 완충자본 제도를 ⓐ 들 수 있다. 이 제도는 정책 당국이 경기 과열기에 금융 회사로 하여금 최저 자기자본에 추가적인 자기자본, 즉 완충자본을 쌓도록 하여 과도한 신용 팽창을 억제시킨다. 한편 적립된 완충자본은 경기 침체기에 대출 재원으로 쓰도록 함으로써 신용이 충분히 공급되도록 한다.

## 028

**윗글을 통해 알 수 있는 것은?**

① 글로벌 금융 위기 이전에는, 금융이 단기적으로 경제 성장에 영향을 미치지 못한다고 보았다.
② 글로벌 금융 위기 이전에는, 개별 금융 회사가 건전하다고 해서 금융 안정이 달성되는 것은 아니라고 보았다.
③ 글로벌 금융 위기 이전에는, 경기 침체기에는 통화 정책과 더불어 금융감독 정책을 통해 경기를 부양시켜야 한다고 보았다.
④ 글로벌 금융 위기 이후에는, 정책 금리 인하가 경제 안정을 훼손하는 요인이 될 수 있다고 보았다.
⑤ 글로벌 금융 위기 이후에는, 경기 변동이 자산 가격 변동을 유발하나 자산 가격 변동은 경기 변동을 유발하지 않는다고 보았다.

## 029

**㉠과 ㉡에 대한 설명으로 적절하지 않은 것은?**

① ㉠에서는 물가 안정을 위한 정책 수단과는 별개의 정책 수단을 통해 금융 안정을 달성하고자 한다.
② ㉡에서는 신용 공급의 경기 순응성을 완화시키는 정책 수단이 필요하다.
③ ㉠은 ㉡과 달리 예방적 규제 성격의 정책 수단을 사용하여 금융 안정을 달성하고자 한다.
④ ㉡은 ㉠과 달리 금융 시스템 위험 요인을 감독하는 정책 수단을 사용한다.
⑤ ㉠과 ㉡은 모두 금융 안정을 달성하기 위해 금융 회사의 자기자본을 이용한 정책 수단을 사용한다.

## 030

**윗글을 바탕으로 할 때, 〈보기〉의 A ~ D에 들어갈 말을 바르게 짝지은 것은?**

| 보기 |

미시 건전성 정책과 거시 건전성 정책 간에는 정책 수단 운용에서 입장 차이가 존재한다. 경기가 ( A )일 때 ( B ) 건전성 정책에서는 완충자본을 ( C )하도록 하고, ( D ) 건전성 정책에서는 최소 수준 이상의 자기자본을 유지하도록 하여 개별 금융 회사의 건전성을 확보하려 한다.

| | A | B | C | D |
|---|---|---|---|---|
| ① | 불황 | 거시 | 사용 | 미시 |
| ② | 호황 | 거시 | 사용 | 미시 |
| ③ | 불황 | 거시 | 적립 | 미시 |
| ④ | 호황 | 미시 | 적립 | 거시 |
| ⑤ | 불황 | 미시 | 사용 | 거시 |

## 031

**윗글과 〈보기〉에 대한 이해로 적절하지 않은 것은?** 3점

| 보기 |

현실에서의 통화 정책 효과는 경기에 대해 비대칭적인 것으로 알려져 있다. 통화 정책은 경기 과열을 억제하는 데는 효과적이지만 경기 침체를 벗어나는 데는 효과가 미미하기 때문이다. 경기 침체를 극복하기 위해 중앙은행의 정책 금리 인하로 은행이 대출을 늘려 신용 공급을 확대하려 해도, 가계의 소비 심리가 위축되었거나 기업이 투자할 대상이 마땅치 않을 경우 전통적인 통화 정책에서 기대되는 효과는 나타나지 않게 된다. 오히려 확대된 신용 공급이 주식이나 부동산 등 자산 시장으로 과도하게 유입되어 의도치 않은 문제를 일으킬 수 있다.

경제학자들은 경제 주체들이 경기 상황에 대해 비대칭적으로 반응하기 때문에 나타나는 이러한 현상을 '끈 밀어올리기(pushing on a string)'라고 부른다. 이는 끈을 당겨서 아래로 내리는 것은 쉽지만, 밀어서 위로 올리는 것은 어렵다는 것에 빗댄 것이다.

① '끈 밀어올리기'를 통해 경기 침체기에 자산 가격 버블이 발생하는 경우를 설명할 수 있겠군.
② 현실에서 경기가 침체되었을 경우 정책 금리 인하에 따른 경기 부양 효과는 경제 주체의 심리에 따라 달라질 수 있겠군.
③ '끈 밀어올리기'가 있을 경우 경기 침체기에 금융 안정을 달성하려면 경기 대응 완충자본 제도의 도입이 필요하겠군.
④ 통화 정책 효과가 경기에 대해 비대칭적이라면 경기 침체기에는 정책 금리 조정 이외의 방안을 도입할 필요가 있겠군.
⑤ 통화 정책 효과가 경기에 대해 비대칭적이라면 정책 금리 인상은 신용 공급을 축소시킴으로써 경기를 진정시킬 수 있겠군.

## 032

**문맥상 의미가 ⓐ와 가장 가까운 것은?**

① 나는 그 사람에게 친근감이 든다.
② 그는 목격자의 진술을 증거로 들고 있다.
③ 그분은 이미 대가의 경지에 든 학자이다.
④ 하반기에 들자 수출이 서서히 증가하기 시작했다.
⑤ 젊은 부부는 집을 마련하기 위해 적금을 들기로 했다.

DAY 11 Ⅱ 사회

[033~038] 2018학년도 수능 27번~32번 정답과 해설편 p.158

**다음 글을 읽고 물음에 답하시오.** 6문항을 12분 안에 풀어보세요. 

정부는 국민 생활에 영향을 미치는 활동의 총체인 정책의 목표를 효과적으로 달성하기 위해 정책 수단의 특성을 고려하여 정책을 수행한다. 정책 수단은 강제성, 직접성, 자동성, 가시성의 ㉮ 네 가지 측면에서 다양한 특성을 갖는다. 강제성은 정부가 개인이나 집단의 행위를 제한하는 정도로서, 유해 식품 판매 규제는 강제성이 높다. 직접성은 정부가 공공 활동의 수행과 재원 조달에 직접 관여하는 정도를 의미한다. 정부가 정책을 직접 수행하지 않고 민간에 위탁하여 수행하게 하는 것은 직접성이 낮다. 자동성은 정책을 수행하기 위해 별도의 행정 기구를 설립하지 않고 기존의 조직을 활용하는 정도를 말한다. 전기 자동차 보조금 제도를 기존의 시청 환경과에서 시행하는 것은 자동성이 높다. 가시성은 예산 수립 과정에서 정책을 수행하기 위한 재원이 명시적으로 드러나는 정도이다. 일반적으로 사회 규제의 정도를 조절하는 것은 예산 지출을 수반하지 않으므로 가시성이 낮다.

정책 수단 선택의 사례로 환율과 관련된 경제 현상을 살펴보자. 외국 통화에 대한 자국 통화의 교환 비율을 의미하는 환율은 장기적으로 한 국가의 생산성과 물가 등 기초 경제 여건을 반영하는 수준으로 수렴된다. 그러나 단기적으로 환율은 이와 ⓐ 괴리되어 움직이는 경우가 있다. 만약 환율이 예상과는 다른 방향으로 움직이거나 또는 비록 예상과 같은 방향으로 움직이더라도 변동 폭이 예상보다 크게 나타날 경우 경제 주체들은 과도한 위험에 ⓑ 노출될 수 있다. 환율이나 주가 등 경제 변수가 단기에 지나치게 상승 또는 하락하는 현상을 오버슈팅(overshooting)이라고 한다. 이러한 오버슈팅은 물가 경직성 또는 금융 시장 변동에 따른 불안 심리 등에 의해 촉발되는 것으로 알려져 있다. 여기서 물가 경직성은 시장에서 가격이 조정되기 어려운 정도를 의미한다.

물가 경직성에 따른 환율의 오버슈팅을 이해하기 위해 통화를 금융 자산의 일종으로 보고 경제 충격에 대해 장기와 단기에 환율이 어떻게 조정되는지 알아보자. 경제에 충격이 발생할 때 물가나 환율은 충격을 흡수하는 조정 과정을 거치게 된다. 물가는 단기에는 장기 계약 및 공공요금 규제 등으로 인해 경직적이지만 장기에는 신축적으로 조정된다. 반면 환율은 단기에서도 신축적인 조정이 가능하다. 이러한 물가와 환율의 조정 속도 차이가 오버슈팅을 초래한다. 물가와 환율이 모두 신축적으로 조정되는 장기에서의 환율은 구매력 평가설에 의해 설명되는데, 이에 의하면 장기의 환율은 자국 물가 수준을 외국 물가 수준으로 나눈 비율로 나타나며, 이를 균형 환율로 본다. 가령 국내 통화량이 증가하여 유지될 경우 장기에서는 자국 물가도 높아져 장기의 환율은 상승한다. 이때 통화량을 물가로 나눈 실질 통화량은 변하지 않는다.

[가] 그런데 단기에는 물가의 경직성으로 인해 구매력 평가설에 기초한 환율과는 다른 움직임이 나타나면서 오버슈팅이 발생할 수 있다. 가령 국내 통화량이 증가하여 유지될 경우, 물가가 경직적이어서 ㉠ 실질 통화량은 증가하고 이에 따라 시장 금리는 하락한다. 국가 간 자본 이동이 자유로운 상황에서, ㉡ 시장 금리 하락은 투자의 기대 수익률 하락으로 이어져, 단기성 외국인 투자 자금이 해외로 빠져나가거나 신규 해외 투자 자금 유입을 위축시키는 결과를 ⓒ 초래한다. 이 과정에서 자국 통화의 가치는 하락하고 ㉢ 환율은 상승한다. 통화량의 증가로 인한 효과는 물가가 신축적인 경우에 예상되는 환율 상승에, 금리 하락에 따른 자금의 해외 유출이 유발하는 추가적인 환율 상승이 더해진 것으로 나타난다. 이러한 추가적인 상승 현상이 환율의 오버슈팅인데, 오버슈팅의 정도 및 지속성은 물가 경직성이 클수록 더 크게 나타난다. 시간이 경과함에 따라 물가가 상승하여 실질 통화량이 원래 수준으로 돌아오고 해외로 유출되었던 자금이 시장 금리의 반등으로 국내로 ⓓ 복귀하면서, 단기에 과도하게 상승했던 환율은 장기에는 구매력 평가설에 기초한 환율로 수렴된다.

단기의 환율이 기초 경제 여건과 괴리되어 과도하게 급등락하거나 균형 환율 수준으로부터 장기간 이탈하는 등의 문제가 심화되는 경우를 예방하고 이에 대처하기 위해 정부는 다양한 정책 수단을 동원한다. 오버슈팅의 원인인 물가 경직성을 완화하기 위한 정책 수단 중 강제성이 낮은 사례로는 외환의 수급 불균형 해소를 위해 관련 정보를 신속하고 정확하게 공개하거나, 불필요한 가격 규제를 축소하는 것을 들 수 있다. 한편 오버슈팅에 따른 부정적 파급 효과를 완화하기 위해 정부는 환율 변동으로 가격이 급등한 수입 필수 품목에 대한 세금을 조절함으로써 내수가 급격히 위축되는 것을 방지하려고 하기도 한다. 또한 환율 급등락으로 인한 피해에 대비하여 수출입 기업에 환율 변동 보험을 제공하거나, 외화 차입 시 지급 보증을 제공하기도 한다. 이러한 정책 수단은 직접성이 높은 특성을 가진다. 이와 같이 정부는 기초 경제 여건을 반영한 환율의 추세는 용인하되, 사전적 또는 사후적인 [미세 조정 정책 수단]을 활용하여 환율의 단기 급등락에 따른 위험으로부터 실물 경제와 금융 시장의 안정을 ⓔ 도모하는 정책을 수행한다.

## 033

**윗글에 대한 이해로 적절하지 않은 것은?**

① 국내 통화량이 증가하여 유지될 경우 장기에는 실질 통화량이 변하지 않으므로 장기의 환율도 변함이 없을 것이다.

② 물가가 신축적인 경우가 경직적인 경우에 비해 국내 통화량 증가에 따른 국내 시장 금리 하락 폭이 작을 것이다.

③ 물가 경직성에 따른 환율의 오버슈팅은 물가의 조정 속도보다 환율의 조정 속도가 빠르기 때문에 발생하는 것이다.

④ 환율의 오버슈팅이 발생한 상황에서 외국인 투자 자금이 국내 시장 금리에 민감하게 반응할수록 오버슈팅 정도는 커질 것이다.

⑤ 환율의 오버슈팅이 발생한 상황에서 물가 경직성이 클수록 구매력 평가설에 기초한 환율로 수렴되는 데 걸리는 기간이 길어질 것이다.

## 034

**㉮를 바탕으로 정책 수단의 특성을 이해한 것으로 가장 적절한 것은?**

① 다자녀 가정에 출산 장려금을 지급하는 것은, 불법 주차 차량에 과태료를 부과하는 것보다 강제성이 높다.
② 전기 제품 안전 규제를 강화하는 것은, 학교 급식을 제공하기 위한 재원을 정부 예산에 편성하는 것보다 가시성이 높다.
③ 문화재를 발견하여 신고할 경우 포상금을 주는 것은, 자연 보존 지역에서 개발 행위를 금지하는 것보다 강제성이 높다.
④ 쓰레기 처리를 민간 업체에 맡겨서 수행하게 하는 것은, 정부 기관에서 주민등록 관련 행정 업무를 수행하는 것보다 직접성이 높다.
⑤ 담당 부서에서 문화 소외 계층에 제공하던 복지 카드의 혜택을 늘리는 것은, 전담 부처를 신설하여 상수원 보호 구역을 감독하는 것보다 자동성이 높다.

## 035

**윗글을 바탕으로 할 때, <보기>의 'A국' 경제 상황에 대한 '경제학자 갑'의 견해를 추론한 것으로 적절하지 않은 것은?**

| 보기 |

A국 경제학자 갑은 자국의 최근 경제 상황을 다음과 같이 진단했다.

금융 시장 불안의 여파로 A국의 주식, 채권 등 금융 자산의 가격 하락에 대한 우려가 확산되면서 안전 자산으로 인식되는 B국의 채권에 대한 수요가 증가하고 있다. 이로 인해 외환 시장에서는 A국에 투자되고 있던 단기성 외국인 자금이 B국으로 유출되면서 A국의 환율이 급등하고 있다.

B국에서는 해외 자금 유입에 따른 통화량 증가로 B국의 시장 금리가 변동할 것으로 예상된다. 이에 따라 A국의 환율 급등은 향후 다소 진정될 것이다. 또한 양국 간 교역 및 금융 의존도가 높은 현실을 감안할 때, A국의 환율 상승은 수입품의 가격 상승 등에 따른 부작용을 초래할 것으로 예상되지만 한편으로는 수출이 증대되는 효과도 있다. 그러므로 정부는 시장 개입을 가능한 한 자제하고 환율이 시장 원리에 따라 자율적으로 균형 환율 수준으로 수렴되도록 두어야 한다.

① A국에 환율의 오버슈팅이 발생한 상황에서 B국의 시장 금리가 하락한다면 오버슈팅의 정도는 커질 것이다.
② A국에 환율의 오버슈팅이 발생하였다면 이는 금융 시장 변동에 따른 불안 심리에 의해 촉발된 것으로 볼 수 있다.
③ A국에 환율의 오버슈팅이 발생할지라도 시장의 조정을 통해 환율이 장기에는 균형 환율 수준에 도달할 수 있을 것이다.
④ A국의 환율 상승이 수출을 증대시키는 긍정적인 효과도 동반하므로 A국의 정책 당국은 외환 시장 개입에 신중해야 한다.
⑤ A국의 환율 상승은 B국으로부터 수입하는 상품의 가격을 인상시킴으로써 A국의 내수를 위축시키는 결과를 초래할 수 있다.

## 036

**<보기>에 제시된 그래프의 세로축 a, b, c는 [가]의 ㉠ ~ ㉢과 하나씩 대응된다. 이를 바르게 짝지은 것은?** [3점]

| 보기 |

다음 그래프들은 [가]에서 국내 통화량이 t 시점에서 증가하여 유지된 경우 예상되는 ㉠ ~ ㉢의 시간에 따른 변화를 순서 없이 나열한 것이다.

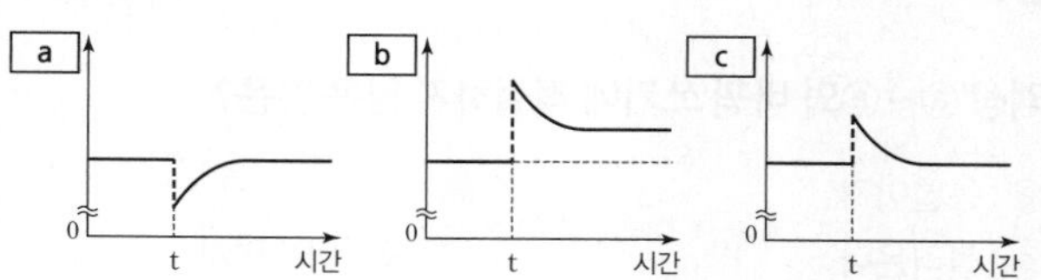


(단, t 시점 근처에서 그래프의 형태는 개략적으로 표현하였으며, t 시점 이전에는 모든 경제 변수들의 값이 일정한 수준에서 유지되어 왔다고 가정한다. 장기 균형으로 수렴되는 기간은 변수마다 상이하다.)

| | ㉠ | ㉡ | ㉢ |
|---|---|---|---|
| ① | a | c | b |
| ② | b | a | c |
| ③ | b | c | a |
| ④ | c | a | b |
| ⑤ | c | b | a |

## 037

**미세 조정 정책 수단의 사례로 적절하지 않은 것은?**

① 예기치 못한 외환 손실에 대비한 환율 변동 보험을 수출 주력 중소기업에 제공한다.
② 원유와 같이 수입 의존도가 높은 상품의 경우 해당 상품에 적용하는 세율을 환율 변동에 따라 조정한다.
③ 환율의 급등락으로 금융 시장이 불안정할 경우 해외 자금 유출과 유입을 통제하여 환율의 추세를 바꾼다.
④ 환율 급등으로 수입 물가가 가파르게 상승했을 때, 수입 대금 지급을 위해 외화를 빌리는 수입 업체에 지급 보증을 제공한다.
⑤ 수출입 기업을 대상으로 국내외 금리 변동, 해외 투자 자금 동향 등 환율 변동에 영향을 주는 요인들에 대한 정보를 제공한다.

## 038

**문맥상 ⓐ~ⓔ와 바꿔 쓰기에 적절하지 않은 것은?**

① ⓐ : 동떨어져
② ⓑ : 드러낼
③ ⓒ : 불러온다
④ ⓓ : 되돌아오면서
⑤ ⓔ : 꾀하는

[039~042] 2018학년도 6월 모평 22번~25번 정답과 해설편 p.162

**다음 글을 읽고 물음에 답하시오.** 4문항을 12분 안에 풀어보세요.

통화 정책은 중앙은행이 물가 안정과 같은 경제적 목적의 달성을 위해 이자율이나 통화량을 조절하는 것이다. 대표적인 통화 정책 수단인 '공개 시장 운영'은 중앙은행이 민간 금융 기관을 상대로 채권을 매매해 금융 시장의 이자율을 정책적으로 결정한 기준 금리 수준으로 접근시키는 것이다. 중앙은행이 채권을 매수하면 이자율은 하락하고, 채권을 매도하면 이자율은 상승한다. 이자율이 하락하면 소비와 투자가 확대되어 경기가 활성화되고 물가 상승률이 오르며, 이자율이 상승하면 경기가 위축되고 물가 상승률이 떨어진다. 이와 같이 공개 시장 운영의 영향은 경제 전반에 ⓐ 파급된다.

중앙은행의 통화 정책이 의도한 효과를 얻기 위한 요건 중에는 '선제성'과 '정책 신뢰성'이 있다. 먼저 통화 정책이 선제적이라는 것은 중앙은행이 경제 변동을 예측해 이에 미리 대처한다는 것이다. 기준 금리를 결정하고 공개 시장 운영을 실시하여 그 효과가 실제로 나타날 때까지는 시차가 발생하는데 이를 '정책 외부 시차'라 하며, 이 때문에 선제성이 문제가 된다. 예를 들어 중앙은행이 경기 침체 국면에 들어서야 비로소 기준 금리를 인하한다면, 정책 외부 시차로 인해 경제가 스스로 침체 국면을 벗어난 다음에야 정책 효과가 ⓑ 발현될 수도 있다. 이 경우 경기 과열과 같은 부작용이 ⓒ 수반될 수 있다. 따라서 중앙은행은 통화 정책을 선제적으로 운용하는 것이 바람직하다.

또한 통화 정책은 민간의 신뢰가 없이는 성공을 거둘 수 없다. 따라서 중앙은행은 정책 신뢰성이 손상되지 않게 ⓓ 유의해야 한다. 그런데 어떻게 통화 정책이 민간의 신뢰를 얻을 수 있는지에 대해서는 견해 차이가 있다. 경제학자 프리드먼은 중앙은행이 특정한 정책 목표나 운용 방식을 '준칙'으로 삼아 민간에 약속하고 어떤 상황에서도 이를 지키는 ㉠ '준칙주의'를 주장한다. 가령 중앙은행이 물가 상승률 목표치를 민간에 약속했다고 하자. 민간이 이 약속을 신뢰하면 물가 불안 심리가 진정된다. 그런데 물가가 일단 안정되고 나면 중앙은행으로서는 이제 경기를 ⓔ 부양하는 것도 고려해 볼 수 있다. 문제는 민간이 이 비일관성을 인지하면 중앙은행에 대한 신뢰가 훼손된다는 점이다. 준칙주의자들은 이런 경우에 중앙은행이 애초의 약속을 일관되게 지키는 편이 바람직하다고 주장한다.

그러나 민간이 사후적인 결과만으로는 중앙은행이 준칙을 지키려 했는지 판단하기 어렵고, 중앙은행에 준칙을 지킬 것을 강제할 수 없는 것도 사실이다. 준칙주의와 대비되는 ㉡ '재량주의'에서는 경제 여건 변화에 따른 신축적인 정책 대응을 지지하며 준칙주의의 엄격한 실천은 현실적으로 어렵다고 본다. 아울러 준칙주의가 최선인지에 대해서도 물음을 던진다. 예상보다 큰 경제 변동이 있으면 사전에 정해 둔 준칙이 장애물이 될 수 있기 때문이다. 정책 신뢰성은 중요하지만, 이를 위해 중앙은행이 반드시 준칙에 얽매일 필요는 없다는 것이다.

## 039

**윗글에서 사용한 설명 방식에 해당하지 않는 것은?**

① 통화 정책의 목적을 유형별로 나누어 제시하고 있다.
② 통화 정책에서 선제적 대응의 필요성을 예를 들어 설명하고 있다.
③ 공개 시장 운영이 경제 전반에 영향을 미치는 과정을 인과적으로 설명하고 있다.
④ 관련된 주요 용어의 정의를 바탕으로 통화 정책의 대표적인 수단을 설명하고 있다.
⑤ 통화 정책의 신뢰성 확보를 위해 준칙을 지켜야 하는지에 대한 두 견해의 차이를 드러내고 있다.

## 040

**윗글을 바탕으로 <보기>를 이해할 때 '경제학자 병'이 제안한 내용으로 가장 적절한 것은?** 3점

| 보기 |

어떤 가상의 경제에서 20○○년 1월 1일부터 9월 30일까지 3개 분기 동안 중앙은행의 기준 금리가 4 %로 유지되는 가운데 다양한 물가 변동 요인의 영향으로 물가 상승률은 아래 표와 같이 나타났다. 단, 각 분기의 물가 변동 요인은 서로 관련이 없다고 한다.

| 기간 | 1/1~3/31 | 4/1~6/30 | 7/1~9/30 |
|---|---|---|---|
| | 1 분기 | 2 분기 | 3 분기 |
| 물가 상승률 | 2 % | 3 % | 3 % |

경제학자 병은 1월 1일에 위 표의 내용을 예측할 수 있었고 국민들의 생활 안정을 위해 물가 상승률을 매 분기 2 %로 유지해야 한다고 주장하였다. 이를 위해 다음 사항을 고려한 선제적 통화 정책을 제안했으나 받아들여지지 않았다.

**[경제학자 병의 고려 사항]**

기준 금리가 4 %로부터 1.5 %p*만큼 변하면 물가 상승률은 위 표의 각 분기 값을 기준으로 1 %p만큼 달라지며, 기준 금리 조정과 공개 시장 운영은 1월 1일과 4월 1일에 수행된다. 정책 외부 시차는 1 개 분기이며 기준 금리 조정에 따른 물가 상승률 변동 효과는 1 개 분기 동안 지속된다.

* %p는 퍼센트 간의 차이를 말한다. 예를 들어 1 %에서 2 %로 변화하면 이는 1 %p 상승한 것이다.

① 중앙은행은 기준 금리를 1월 1일에 2.5 %로 인하하고 4월 1일에도 이를 2.5 %로 유지해야 한다.
② 중앙은행은 기준 금리를 1월 1일에 2.5 %로 인하하고 4월 1일에는 이를 4 %로 인상해야 한다.
③ 중앙은행은 기준 금리를 1월 1일에 4 %로 유지하고 4월 1일에는 이를 5.5 %로 인상해야 한다.
④ 중앙은행은 기준 금리를 1월 1일에 5.5 %로 인상하고 4월 1일에는 이를 4 %로 인하해야 한다.
⑤ 중앙은행은 기준 금리를 1월 1일에 5.5 %로 인상하고 4월 1일에도 이를 5.5 %로 유지해야 한다.

## 041

**윗글의 ㉠과 ㉡에 대한 설명으로 가장 적절한 것은?**

① ㉠에서는 중앙은행이 정책 운용에 관한 준칙을 지키느라 경제 변동에 신축적인 대응을 못해도 이를 바람직하다고 본다.
② ㉡에서는 중앙은행이 스스로 정한 준칙을 지키는 것은 얼마든지 가능하다고 본다.
③ ㉠에서는 ㉡과 달리, 정책 운용에 관한 준칙을 지키지 않아도 민간의 신뢰를 확보할 수 있다고 본다.
④ ㉡에서는 ㉠과 달리, 통화 정책에서 민간의 신뢰 확보를 중요하게 여기지 않는다.
⑤ ㉡에서는 ㉠과 달리, 경제 상황 변화에 대한 통화 정책의 탄력적 대응이 효과적이지 않다고 본다.

## 042

**ⓐ~ⓔ의 문맥적 의미를 활용하여 만든 문장으로 적절하지 않은 것은?**

① ⓐ : 그의 노력으로 소비자 운동이 전국적으로 파급되었다.
② ⓑ : 의병 활동은 민중의 애국 애족 의식이 발현한 것이다.
③ ⓒ : 이 질병은 구토와 두통 증상을 수반하는 경우가 많다.
④ ⓓ : 기온과 습도가 높은 요즘 건강관리에 유의해야 한다.
⑤ ⓔ : 장남인 그가 늙으신 부모와 어린 동생들을 부양하고 있다.

[043~047] 2016학년도 9월 모평A 22번~26번 정답과 해설편 p.164

**다음 글을 읽고 물음에 답하시오.** 5문항을 7분 안에 풀어보세요.

소비자의 권익을 위하여 국가가 집행하는 정책으로 경쟁 정책과 소비자 정책을 들 수 있다. 경쟁 정책은 본래 독점이나 담합 등과 같은 반경쟁적 행위를 국가가 규제함으로써 시장에서 경쟁이 활발하게 이루어지도록 하는 데 중점을 둔다. 이러한 경쟁 정책은 결과적으로 소비자에게 이익이 되므로, 소비자 권익을 보호하는 데 유효한 정책으로 인정된다. 경쟁 정책이 소비자 권익에 ⓐ 기여하는 모습은 생산적 효율과 배분적 효율의 두 측면에서 살펴볼 수 있다.

먼저, 생산적 효율은 주어진 자원으로 낭비 없이 더 많은 생산을 하는 것으로서, 같은 비용이면 더 많이 생산할수록, 같은 생산량이면 비용이 적을수록 생산적 효율이 높아진다. 시장이 경쟁적이면 개별 기업은 생존을 위해 비용 절감과 같은 생산적 효율을 추구하게 되고, 거기서 창출된 ㉠ 여력은 소비자의 선택을 받고자 품질을 향상시키거나 가격을 ⓑ 인하하는 데 활용될 것이다. 그리하여 경쟁 정책이 유발한 생산적 효율은 소비자 권익에 기여하게 된다. 물론 비용 절감의 측면에서는 독점 기업이 더 성과를 낼 수도 있겠지만, 꼭 이것이 가격 인하와 같은 소비자의 이익으로 이어지지는 않는다. 따라서 독점에 대한 감시와 규제는 지속적으로 필요하다.

다음으로, 배분적 효율은 사람들의 만족이 더 커지도록 자원이 배분되는 것을 말한다. 시장이 독점 상태에 놓이면 영리 극대화를 추구하는 독점 기업은 생산을 충분히 하지 않은 채 가격을 올림으로써 배분적 비효율을 발생시킬 수 있다. 반면에 경쟁이 활발해지면 생산량 증가와 가격 인하가 수반되어 소비자의 만족이 더 커지는 배분적 효율이 발생한다. 그러므로 경쟁 정책이 시장의 경쟁을 통하여 유발한 배분적 효율도 소비자의 권익에 기여하게 된다.

경쟁 정책은 이처럼 소비자 권익을 위해 중요한 역할을 수행해 왔지만, 이것만으로 소비자 권익이 충분히 실현되지는 않는다. 시장을 아무리 경쟁 상태로 유지하더라도 여전히 ㉡ 남는 문제가 있기 때문이다. 우선, 전체 소비자를 기준으로 볼 때 경쟁 정책이 소비자 이익을 ⓒ 증진하더라도, 일부 소비자에게는 불이익이 되는 경우도 있다. 예를 들어, 경쟁 때문에 시장에서 ⓓ 퇴출된 기업의 제품은 사후 관리가 되지 않아 일부 소비자가 피해를 보는 일이 있다. 그렇다고 해서 경쟁 정책 자체를 포기하면 전체 소비자에게 ㉢ 불리한 결과가 되므로, 국가는 경쟁 정책을 ⓔ 유지할 수밖에 없는 것이다. 다음으로, 소비자는 기업에 대한 교섭력이 약하고, 상품에 대한 정보도 적으며, 충동구매나 유해 상품에도 쉽게 노출되기 때문에 발생하는 문제가 있다. 이를 해결하기 위해 상품의 원산지 공개나 유해 상품 회수 등의 조치를 생각해 볼 수 있지만 경쟁 정책에서 직접 다루는 사안이 아니다.

이런 문제들 때문에 소비자의 지위를 기업과 대등하게 하고 기업으로부터 입은 피해를 구제하여 소비자를 보호할 수 있는 별도의 정책이 요구되었고, 이 ㉣ 요구에 따라 수립된 것이 소비자 정책이다. 소비자 정책은 주로 기업들이 지켜야 할 소비자 안전 기준의 마련, 상품 정보 공개의 의무화 등의 ㉤ 조치와 같이 소비자 보호와 직접 관련 있는 사안을 대상으로 한다. 또한 충동구매나 유해 상품 구매 등으로 발생하는 소비자 피해를 구제하고, 소비자 교육을 실시하며, 기업과 소비자 간의 분쟁을 직접 해결해 준다는 점에서도 경쟁 정책이 갖는 한계를 보완할 수 있다.

## 043

**윗글의 설명 방식으로 가장 적절한 것은?**

① 소비자의 개념을 정의하고 그 유형을 제시하고 있다.
② 소비자 정책의 문제점을 사례 제시를 통해 부각하고 있다.
③ 소비자와 기업의 관계를 유사한 사례에 빗대어 기술하고 있다.
④ 소비자 권익 실현을 위한 두 정책에 대해 소개하면서 각각의 기능을 밝히고 있다.
⑤ 시장의 경쟁 질서를 유지하기 위한 국가의 정책을 역사적 측면에서 고찰하고 있다.

## 044

**윗글에 대한 이해로 적절하지 않은 것은?**

① 독점에 대한 규제는 배분적 효율에 기여할 수 있다.
② 시장이 경쟁적이더라도 일부 소비자에게는 불이익이 발생할 수 있다.
③ 생산적 효율을 달성한 독점 기업은 경쟁 정책으로 규제할 필요가 없다.
④ 기업이 지켜야 할 소비자 안전 기준을 마련하는 조치는 소비자 권익에 도움이 된다.
⑤ 소비자의 지위가 기업과 대등하지 못하다는 점은 소비자 정책이 필요한 이유가 된다.

## 045

**㉠~㉤에 대한 이해로 적절하지 않은 것은?**

① ㉠은 생산적 효율을 통해 절감된 만큼의 비용에서 발생한다.
② ㉡에는 유해 상품으로 인한 소비자 피해를 경쟁 정책이 직접 해결해 주기 어렵다는 문제가 포함된다.
③ ㉢은 시장에서 경쟁 상태가 유지되지 않아서 전체 소비자의 기준에서 피해가 발생하는 상황을 말한다.
④ ㉣은 경쟁 정책 이외에 소비자 권익을 실현하기 위한 정책을 마련하라는 요구이다.
⑤ ㉤은 경쟁 정책에서 소비자의 이익을 보호하기 위하여 취하는 구체적인 수단이다.

## 046

**<보기>의 사례들 중 소비자 정책에 해당하는 것만을 있는 대로 고른 것은?** 3점

| 보기 |
ㄱ. 먹거리에 대한 불신이 높아지자 정부는 모든 음식점에 대하여 원산지 표시 의무를 강화하였다.
ㄴ. 노인들을 대상으로 하는 방문 판매의 피해가 자주 발생하자 정부는 피해 예방 교육을 실시하였다.
ㄷ. 온라인 게임 업체와 회원 간의 분쟁이 늘어나자 관계 당국은 산하 기관에 분쟁조정위원회를 설치하였다.
ㄹ. 시내 주유소의 휘발유 가격이 동시에 비슷한 수준으로 인상되자 관계 당국이 담합 여부에 대한 조사에 나섰다.

① ㄱ, ㄴ  ② ㄱ, ㄹ  ③ ㄷ, ㄹ
④ ㄱ, ㄴ, ㄷ  ⑤ ㄴ, ㄷ, ㄹ

## 047

**문맥상 ⓐ~ⓔ와 바꿔 쓰기에 적절하지 않은 것은?**

① ⓐ : 이바지하는  ② ⓑ : 내리는
③ ⓒ : 늘리더라도  ④ ⓓ : 밀려난
⑤ ⓔ : 세울

DAY 11 Ⅱ 사회

[048~051] 2011학년도 9월 모평 28번~31번 정답과 해설편 p.166

**다음 글을 읽고 물음에 답하시오.** 4문항을 7분 안에 풀어보세요.

일반적으로 환율*의 상승은 경상 수지*를 개선하는 것으로 알려져 있다. 이를테면 국내 기업은 수출에서 벌어들인 외화를 국내로 들여와 원화로 바꾸기 때문에, 환율이 상승한 경우에는 외국에서 우리 상품의 외화 표시 가격을 다소 낮추어도 수출량이 늘어나면 수출액이 증가한다. 동시에 수입 상품의 원화 표시 가격은 상승하여 수입품을 덜 소비하므로 수입액은 감소한다. 그런데 이와 같이 환율 상승이 항상 경상 수지를 개선할 것 같지만 반드시 그런 것은 아니다.

환율이 올라도 단기적으로는 경상 수지가 오히려 악화되었다가 점차 개선되는 현상이 있는데, 이를 그래프로 표현하면 J자 형태가 되므로 'J커브 현상'이라 한다. J커브 현상에서 경상 수지가 악화되는 원인 중 하나로, 환율이 오른 비율만큼 수입 상품의 가격이 오르지 않는 것을 꼽을 수 있다. 이는 환율 상승 후 상당 기간 동안 외국 기업이 매출 감소를 우려해 상품의 원화 표시 가격을 바로 올리지 않기 때문이다. 또한 소비자들의 수입 상품 소비가 가격 변화에 따라 줄어들기까지는 상당 기간이 소요된다. 그뿐만 아니라 국내 기업이 수출 상품의 외화 표시 가격을 낮추더라도 외국 소비자가 이를 인식하고 소비를 늘리기까지는 다소 시간이 걸린다. 그러나 J커브의 형태가 보여 주듯이, 당초에 올랐던 환율이 지속되는 상황에서 어느 정도 시간이 지나 상품의 가격 및 물량의 조정이 제대로 이루어진다면 경상 수지가 개선된다.

한편, J커브 현상과는 별도로 환율 상승 후에 얼마의 기간이 지나더라도 경상 수지의 개선을 이루지 못하는 경우도 있다. 첫째, 상품의 가격 조정이 일어나도 국내외의 상품 수요가 가격에 어떻게 반응하는가 하는 수요 구조에 따라 경상 수지는 개선되지 못하기도 한다. 수출량이 증가하고 수입량이 감소하더라도, ㉠ <u>경상 수지가 그다지 개선되지 않거나 오히려 악화될 수도 있다는 것이다</u>. 둘째, 장기적인 차원에서 ㉡ <u>수출 기업이 환율 상승에만 의존하여 품질 개선이나 원가 절감 등의 노력을 계속하지 않는다</u>면 경쟁력을 잃어 경상 수지를 악화시킬 수도 있다.

우리나라의 경우 환율은 외환 시장에서 결정되나, 정책 당국이 필요에 따라 간접적으로 외환 시장에 개입하는 환율 정책을 구사한다. 경상 수지가 적자 상태라면 일반적으로 고환율 정책이 선호된다. 그러나 이상에서 언급한 환율과 경상 수지 간의 복잡한 관계 때문에 환율 정책은 신중하게 검토되어야 한다.

* 환율 : 외화 1 단위와 교환되는 원화의 양
* 경상 수지 : 상품(재화와 서비스 포함)의 수출액에서 수입액을 뺀 결과. 수출액이 수입액보다 클 때는 흑자, 작을 때는 적자로 구분함

## 048

**윗글에서 다루지 <u>않은</u> 내용은?**

① 환율 상승에 따르는 수입 상품의 가격 변화
② 경상 수지 개선을 위한 고환율 정책의 필연성
③ 가격 변화에 대한 외국 소비자의 지체된 반응
④ 국내외 수요 구조가 경상 수지에 미치는 영향
⑤ 환율 상승이 경상 수지에 미치는 영향에 대한 일반적인 기대

## 049

**윗글을 바탕으로 <보기>의 J커브 그래프를 해석한 내용으로 옳은 것만을 있는 대로 고른 것은?**

| 보기 |

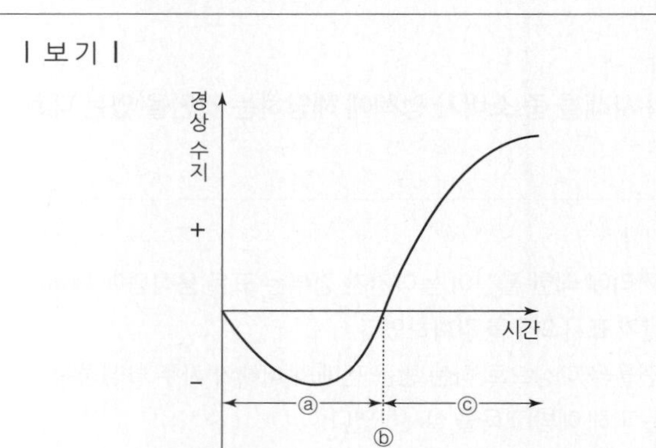


ㄱ. 수입 상품 가격의 상승 비율이 환율 상승 비율에 가까울수록 ⓐ의 골이 얕아진다.
ㄴ. 수출 기업의 품질 및 원가 경쟁력이 강화될수록 ⓐ 구간이 넓어진다.
ㄷ. ⓑ를 기점으로 하여 환율이 상승하게 된다.
ㄹ. ⓒ는 환율 상승을 통해 경상 수지 개선 효과가 나타나는 구간이다.

① ㄱ, ㄷ  ② ㄱ, ㄹ  ③ ㄴ, ㄷ
④ ㄱ, ㄴ, ㄹ  ⑤ ㄴ, ㄷ, ㄹ

## 050

**㉠의 이유로 가장 적절한 것은?**

① 환율이 상승하면 국내외 상품의 수요 구조에 따라 수출 상품의 가격 조정이 선행될 수 있다.
② 환율이 상승하더라도 국내외 기업은 환율이 얼마나 안정적인지 관찰한 후 가격을 조정한다.
③ 환율이 상승하더라도 경우에 따라서는 국내외 상품 수요가 가격에 민감하지 않을 수 있다.
④ 가격의 조정이 신속하게 이루어질수록 국내외 상품 수요는 가격에 민감하게 반응한다.
⑤ 국내외 상품 수요가 가격에 얼마나 민감한지는 경상 수지의 개선 여부와는 무관하다.

## 051

**㉡에 대해 <보기>처럼 이해한다고 할 때, 밑줄 친 곳에 들어갈 말로 가장 적절한 것은?**

| 보기 |

＿＿＿＿＿＿더니, 수출 기업이 환율 상승만 믿고 경쟁력을 제고하기 위한 방책을 강구하지 않는다는 말이군.

① 감나무 밑에 누워 홍시 떨어지기를 바란다
② 소도 비빌 언덕이 있어야 비빈다
③ 가난 구제는 나라님도 어렵다
④ 원숭이도 나무에서 떨어진다
⑤ 말 타면 경마 잡히고 싶다

# 3. 법과 소송에 대한 기초적 이해

[052~055] 2024학년도 9월 모평 4번~7번 정답과 해설편 p.169

**다음 글을 읽고 물음에 답하시오.** 4문항을 9분 안에 풀어보세요.

교통 이용 내역과 같은 기록은 개인의 데이터이며, 그 개인이 '정보 주체'이다. 데이터는 물리적 형체가 없고, 복제와 재사용이 수월하다. 이 데이터가 대량으로 집적·처리되면 빅 데이터가 되고, 이것의 정보 처리자인 기업 등이 '빅 데이터 보유자'이다. 산업 분야의 빅 데이터는 특정한 목적으로 활용될 수 있다는 점에서 경제적 가치를 지닌다.

데이터를 재화로 보아 소유권이 누구에게 귀속되어야 하는지에 대한 논의가 있다. 소유권의 주체를 빅 데이터 보유자로 보는 견해와 정보 주체로 보는 견해가 있다. 전자는 빅 데이터 보유자에게 소유권을 부여하면 빅 데이터의 생성 및 유통이 ⓐ 쉬워져 데이터 관련 산업이 활성화된다고 주장한다. 후자는 정보 생산 주체는 개인인데, 빅 데이터 보유자에게 부가 집중되는 것은 부당하므로, 정보 주체에게도 대가가 주어져야 한다고 본다.

최근에는 논의의 중심이 데이터의 소유권 주체에서 데이터에 접근하기 위한 방안으로서의 데이터 이동권으로 바뀌고 있다. 우리나라는 데이터에 대해 소유권이 아닌 이동권을 법으로 명문화하여 정보 주체의 개인 정보 자기 결정권을 강화하였다. 데이터 이동권이란 정보 주체가 본인의 데이터를 보유한 자에게 데이터 이동을 요청하면, 그 데이터를 본인 혹은 지정한 제3자에게 무상으로 전송하게 하는 권리이다. 다만, 본인의 데이터라도 빅 데이터 보유자가 수집하여, 분석·가공하는 개발 과정을 거쳐 새로운 가치가 생성된 것은 이에 해당되지 않는다. 법제화 이전에도 은행 간에 계좌 자동 이체 항목을 이동할 수 있는 서비스는 있었다. 이는 은행 간 약정에 ⓑ 따라 부분적으로 시행한 조치였다. 데이터 이동권의 도입으로 쇼핑몰 상품 소비 이력 등 정보 주체의 행동 양상과 관련된 부분까지 정보 주체가 자율적으로 통제·관리할 수 있는 범위가 확대되었다.

[A] 데이터 이동권의 법제화로 기업은 데이터의 생성 비용과 거래 비용을 줄일 수 있다. 생성 비용은 기업 내에서 데이터를 개발할 때 발생하는 비용으로, 기업이 스스로 데이터를 수집할 때보다 전송받은 데이터를 복제 및 재사용하게 되면 절감할 수 있다. 거래 비용은 경제 주체 간 거래 시 발생하는 비용으로, 계약 체결이나 분쟁 해결 등의 과정에서 생긴다. 그런데 데이터 이동권의 법제화로, ㉮ 정보 주체가 지정하여 데이터를 전송받게 된 기업은 ㉯ 정보 주체의 데이터를 보유했던 기업으로부터 데이터를 받으면 비용을 절감할 수 있다. 이에 따라 기업 간 공유나 유통이 촉진되고, 관련 산업이 활성화된다.

[B] 한편, 정보 주체가 보안의 신뢰성이 높고 데이터 제공에 따른 혜택이 많은 기업으로 데이터를 이동하면, 데이터가 집중되어 데이터의 공유나 유통이 위축될 수 있다는 우려도 있다. ㉰ 데이터 보유량이 적은 신규 기업은 기존 기업과 거래를 통해 데이터를 수집하는 것이 데이터 생성 비용 절감에도 효율적이다. 그런데 ㉱ 데이터가 집중된 기존 기업이 집적·처리된 데이터를 공유하려 하지 않으면, 신규 기업의 시장 진입이 어려워져 독점화가 강화될 수 있다.

## 052

**윗글의 내용과 일치하지 않는 것은?**

① 데이터는 재사용할 수 있으며 물리적 형체가 없다.
② 교통 이용 내역이 집적·처리되면 경제적 가치를 지닌 데이터가 될 수 있다.
③ 우리나라 현행법에는 정보 주체에게 데이터의 소유권을 인정하는 규정이 있다.
④ 정보 주체의 데이터로 발생한 이득이 빅 데이터 보유자에게 집중되는 것은 부당하다는 견해가 있다.
⑤ 데이터 이동권의 도입으로 정보 주체의 데이터 통제 범위가 본인의 행동 양상과 관련된 부분으로 확대되었다.

## 053

**[A], [B]의 입장에서 ㉮~㉱에 대해 이해한 내용으로 적절하지 않은 것은?**

① [A]의 입장에서, ㉮는 데이터 이동권 도입을 통해 ㉯의 데이터를 재사용할 수 있게 되었으므로 데이터 생성 비용을 줄일 수 있다고 보겠군.
② [A]의 입장에서, 정보 주체가 데이터 이동을 요청하여 데이터를 전송받는 제3자가 ㉰라면, ㉰는 분쟁 없이 정보 주체의 데이터를 받게 되어 거래 비용을 줄일 수 있다고 보겠군.
③ [B]의 입장에서, ㉰가 ㉱와의 거래에 실패해 데이터를 수집하지 못하여 ㉰에 데이터 생성 비용이 발생하면, 데이터 관련 산업의 시장에 진입하기 어려워질 수 있다고 보겠군.
④ [A]와 달리 [B]의 입장에서, 정보 주체의 데이터가 ㉯에서 ㉱로 이동하여 집적·처리될수록 기업 간 공유나 유통이 위축될 수 있다고 보겠군.
⑤ [B]와 달리 [A]의 입장에서, ㉯는 ㉮로 데이터를 이동하여 경제적 이득을 취할 수 있으므로 데이터의 공유나 유통의 활성화에 기여할 수 있다고 보겠군.

## 054

**윗글을 바탕으로 <보기>를 이해한 내용으로 적절하지 않은 것은?** [3점]

| 보기 |

A 은행은 고객들의 데이터를 수집하고 이를 분석·가공하여 자산 관리 데이터 서비스인 연령별·직업군별 등 고객 맞춤형 금융 상품 추천 서비스를 제공했다. 갑은 본인의 데이터 제공에 동의하여 A 은행으로부터 소정의 포인트를 받았다. 데이터 이동권이 법제화된 이후 갑은 B 은행 체크 카드를 발급받은 뒤, A 은행에 '계좌 자동 이체 항목', '체크 카드 사용 내역', '연령별 맞춤형 금융 상품 추천 서비스 내역'을 B 은행으로 이동할 것을 요청했다.

① 갑이 본인의 데이터를 이동 요청하면 A 은행은 갑의 '체크 카드 사용 내역'을 B 은행으로 전송해야 한다.
② A 은행에 대한 갑의 데이터 이동 요청은 정보 주체의 자율적 관리이므로 강화된 개인 정보 자기 결정권의 행사이다.
③ 데이터의 소유권 주체가 정보 주체라고 본다면, 갑이 A 은행으로부터 받은 포인트는 본인의 데이터 제공에 대한 대가이다.
④ 갑이 본인의 데이터를 보유한 A 은행을 상대로 요청한 '연령별 맞춤형 금융 상품 추천 서비스 내역'은 데이터 이동권 행사의 대상이다.
⑤ 데이터 이동권의 법제화 이전에도 갑이 A 은행에서 B 은행으로 이동을 요청한 정보 중에서 '계좌 자동 이체 항목'은 이동이 가능했다.

## 055

**문맥상 ⓐ, ⓑ와 바꾸어 쓰기에 가장 적절한 것은?**

| | ⓐ | ⓑ |
|---|---|---|
| ① | 용이(容易)해져 | 근거(根據)하여 |
| ② | 유력(有力)해져 | 근거(根據)하여 |
| ③ | 용이(容易)해져 | 의탁(依託)하여 |
| ④ | 원활(圓滑)해져 | 의탁(依託)하여 |
| ⑤ | 유력(有力)해져 | 기초(基礎)하여 |

[056~059] 2023학년도 수능 10번~13번 정답과 해설편 p.171

**다음 글을 읽고 물음에 답하시오.** 4문항을 10분 안에 풀어보세요. 

법령의 조문은 대개 'A에 해당하면 B를 해야 한다.'처럼 요건과 효과로 구성된 조건문으로 규정된다. 하지만 그 요건이나 효과가 항상 일의적인 것은 아니다. 법조문에는 구체적 상황을 고려해야 그 상황에 ⓐ <u>맞는</u> 진정한 의미가 파악되는 불확정 개념이 사용될 수 있기 때문이다. 개인 간 법률관계를 규율하는 민법에서 불확정 개념이 사용된 예로 '손해 배상 예정액이 부당히 과다한 경우에는 법원은 적당히 감액할 수 있다.'라는 조문을 ⓑ <u>들</u> 수 있다. 이때 법원은 요건과 효과를 재량으로 판단할 수 있다. 손해 배상 예정액은 위약금의 일종이며, 계약 위반에 대한 제재인 위약벌도 위약금에 속한다. 위약금의 성격이 둘 중 무엇인지 증명되지 못하면 손해 배상 예정액으로 다루어진다.

채무자의 잘못으로 계약 내용이 실현되지 못하여 계약 위반이 발생하면, 이로 인해 손해를 입은 채권자가 손해 액수를 증명해야 그 액수만큼 손해 배상금을 받을 수 있다. 그러나 손해 배상 예정액이 정해져 있었다면 채권자는 손해 액수를 증명하지 않아도 손해 배상 예정액만큼 손해 배상금을 받을 수 있다. 이때 손해 액수가 얼마로 증명되든 손해 배상 예정액보다 더 받을 수는 없다. 한편 위약금이 위약벌임이 증명되면 채권자는 위약벌에 해당하는 위약금을 ⓒ <u>받을</u> 수 있고, 손해 배상 예정액과는 달리 법원이 감액할 수 없다. 이때 채권자가 손해 액수를 증명하면 손해 배상금도 받을 수 있다.

불확정 개념은 행정 법령에도 사용된다. 행정 법령은 행정청이 구체적 사실에 대해 행하는 법 집행인 행정 작용을 규율한다. 법령상 요건이 충족되면 그 효과로서 행정청이 반드시 해야 하는 특정 내용의 행정 작용은 기속 행위이다. 반면 법령상 요건이 충족되더라도 그 효과인 행정 작용의 구체적 내용을 ⓓ <u>고를</u> 수 있는 재량이 행정청에 주어져 있을 때, 이러한 재량을 행사하는 행정 작용은 재량 행위이다. 법령에서 불확정 개념이 사용되면 이에 근거한 행정 작용은 대개 재량 행위이다.

행정청은 재량으로 재량 행사의 기준을 명확히 정할 수 있는데 이 기준을 ㉠ <u>재량 준칙</u>이라 한다. 재량 준칙은 법령이 아니므로 재량 준칙대로 재량을 행사하지 않아도 근거 법령 위반은 아니다. 다만 특정 요건하에 재량 준칙대로 특정한 내용의 적법한 행정 작용이 반복되어 행정 관행이 생긴 후에는, 같은 요건이 충족되면 행정청은 동일한 내용의 행정 작용을 해야 한다. 행정청은 평등 원칙을 ⓔ <u>지켜야</u> 하기 때문이다.

## 056

**윗글의 내용과 일치하지 <u>않는</u> 것은?**

① 법령의 요건과 효과에는 모두 불확정 개념이 사용될 수 있다.
② 법원은 불확정 개념이 사용된 법령을 적용할 때 재량을 행사할 수 있다.
③ 불확정 개념이 사용된 법령의 진정한 의미를 이해하려면 구체적 상황을 고려해야 한다.
④ 불확정 개념이 사용된 행정 법령에 근거한 행정 작용은 재량 행위인 경우보다 기속 행위인 경우가 많다.
⑤ 불확정 개념은 행정청이 행하는 법 집행 작용을 규율하는 법령과 개인 간의 계약 관계를 규율하는 법률에 모두 사용된다.

## 057

**㉠에 대한 이해로 가장 적절한 것은?**

① 재량 준칙은 법령이 아니기 때문에 일의적이지 않은 개념으로 규정된다.
② 재량 준칙으로 정해진 내용대로 재량을 행사하는 행정 작용은 기속 행위이다.
③ 재량 준칙으로 규정된 재량 행사 기준은 반복되어 온 적법한 행정 작용의 내용대로 정해져야 한다.
④ 재량 준칙이 정해져야 행정청은 특정 요건하에 행정 작용의 구체적 내용을 선택할 수 있는 재량을 행사할 수 있다.
⑤ 재량 준칙이 특정 요건에서 적용된 선례가 없으면 행정청은 동일한 요건이 충족되어도 행정 작용을 할 때 재량 준칙을 따르지 않을 수 있다.

## 058

**윗글을 바탕으로 〈보기〉를 이해한 내용으로 가장 적절한 것은?** [3점]

| 보 기 |

갑은 을에게 물건을 팔고 그 대가로 100을 받기로 하는 매매 계약을 했다. 그 후 갑이 계약을 위반하여 을은 80의 손해를 입었다. 이와 관련하여 세 가지 상황이 있다고 하자.

(가) 갑과 을 사이에 위약금 약정이 없었다.
(나) 갑이 을에게 위약금 100을 약정했고, 위약금의 성격이 무엇인지 증명되지 못했다.
(다) 갑이 을에게 위약금 100을 약정했고, 위약금의 성격이 위약벌임이 증명되었다.

(단, 위의 모든 상황에서 세금, 이자 및 기타 비용은 고려하지 않음.)

① (가)에서 을의 손해가 얼마인지 증명되지 못한 경우에도, 갑이 을에게 80을 지급해야 하고 법원이 감액할 수 없다.
② (나)에서 을의 손해가 80임이 증명된 경우, 갑이 을에게 100을 지급해야 하고 법원이 감액할 수 있다.
③ (나)에서 을의 손해가 얼마인지 증명되지 못한 경우, 갑이 을에게 100을 지급해야 하고 법원이 감액할 수 없다.
④ (다)에서 을의 손해가 80임이 증명된 경우, 갑이 을에게 180을 지급해야 하고 법원이 감액할 수 있다.
⑤ (다)에서 을의 손해가 얼마인지 증명되지 못한 경우, 갑이 을에게 80을 지급해야 하고 법원이 감액할 수 없다.

## 059

**문맥상 ⓐ~ⓔ의 의미와 가장 가까운 것은?**

① ⓐ : 이것이 네가 찾는 자료가 맞는지 확인해 보아라.
② ⓑ : 그 부부는 노후 대책으로 적금을 들고 안심했다.
③ ⓒ : 그의 파격적인 주장은 학계의 큰 주목을 받았다.
④ ⓓ : 형은 땀 흘려 울퉁불퉁한 땅을 평평하게 골랐다.
⑤ ⓔ : 그분은 우리에게 한 약속을 반드시 지킬 것이다.

DAY 12 Ⅱ 사회

[060~064] 2021학년도 9월 모평 26번~30번 정답과 해설편 p.174

**다음 글을 읽고 물음에 답하시오.** 5문항을 14분 안에 풀어보세요. 

국가, 지방 자치 단체와 같은 행정 주체가 행정 목적을 ⓐ 실현하기 위해 국민의 권리를 제한하거나 국민에게 의무를 부과하는 '행정 규제'는 국회가 제정한 법률에 근거해야 한다. 그러나 국회가 아니라, 대통령을 수반으로 하는 행정부나 지방 자치 단체와 같은 행정 기관이 제정한 법령인 행정입법에 의한 행정 규제의 비중이 커지고 있다. 드론과 관련된 행정 규제 사항들처럼, 첨단 기술과 관련되거나, 상황 변화에 즉각 대처해야 하거나, 개별적 상황을 ⓑ 반영하여 규제를 달리해야 하는 행정 규제 사항들이 늘어나고 있기 때문이다. 행정 기관은 국회에 비해 이러한 사항들을 다루기에 적합하다.

행정입법의 유형에는 위임명령, 행정규칙, 조례 등이 있다. 헌법에 따르면, 국회는 행정 규제 사항에 관한 법률을 제정할 때 특정한 내용에 관한 입법을 행정부에 위임할 수 있다. 이에 따라 제정된 행정입법을 위임명령이라고 한다. 위임명령은 제정 주체에 따라 대통령령, 총리령, 부령으로 나누어진다. 이들은 모두 국민에게 적용되기 때문에 입법예고, 공포 등의 절차를 거쳐야 한다. 위임명령은 입법부인 국회가 자신의 권한의 일부를 행정부에 맡겼기 때문에 정당화될 수 있다. 그래서 특정한 행정 규제의 근거 법률이 위임명령으로 제정할 사항의 범위를 정하지 않은 채 위임하는 포괄적 위임은 헌법상 삼권 분립 원칙에 저촉된다. 위임된 행정 규제 사항의 대강을 위임 근거 법률의 내용으로부터 ⓒ 예측할 수 있어야 한다는 것이다. 다만 행정 규제 사항의 첨단 기술 관련성이 클수록 위임 근거 법률이 위임할 수 있는 사항의 범위가 넓어진다. 한편, 위임명령이 법률로부터 위임받은 범위를 벗어나서 제정되거나, 위임 근거 법률이 사용한 어구의 의미를 확대하거나 축소하여 제정되어서는 안 된다. ㉠ 위임명령이 이러한 제한을 위반하여 제정되면 효력이 없다.

행정규칙은 원래 행정부의 직제나 사무 처리 절차에 관한 행정입법으로서 고시(告示), 예규 등이 여기에 속한다. 일반 국민에게는 직접 적용되지 않기 때문에, 법률로부터 위임받지 않아도 유효하게 제정될 수 있고 위임명령 제정 시와 동일한 절차를 거칠 필요가 없다. 그러나 행정 규제 사항에 관하여 행정규칙이 제정되는 예외적인 경우도 있다. 위임된 사항이 첨단 기술과의 관련성이 매우 커서 위임명령으로는 ⓓ 대응하기 어려워 불가피한 경우, 위임 근거 법률이 행정입법의 제정 주체만 지정하고 행정입법의 유형을 지정하지 않았다면 위임된 사항이 고시나 예규로 제정될 수 있다. 이런 경우의 행정규칙은 위임명령과 달리, 입법예고, 공포 등을 거치지 않고 제정된다.

조례는 지방 의회가 제정하는 행정입법으로 지역의 특수성을 반영하여 제정되고 지역에서 발생하는 사안에 대해 적용된다. 제정 주체가 지방 자치 단체의 기관인 지방 의회라는 점에서 행정부에서 제정하는 위임명령, 행정규칙과 ⓔ 구별된다. 조례도 행정 규제 사항을 규정하려면 법률의 위임에 근거해야 한다. 또한 법률로부터 포괄적 위임을 받을 수 있지만 위임 근거 법률이 사용한 어구의 의미를 다르게 사용할 수 없다. 조례는 입법예고, 공포 등의 절차를 거쳐 제정된다.

## 060

**윗글의 내용과 일치하는 것은?**

① 행정입법에 속하는 법령들은 제정 주체가 동일하다.
② 행정입법에 속하는 법령들은 모두 개별적 상황과 지역의 특수성을 반영한다.
③ 행정입법에 속하는 법령들은 모두 정당성을 확보하기 위하여 국회의 위임에 근거한다.
④ 행정 규제 사항에 적용되는 행정입법은 모두 포괄적 위임이 금지되어 있다.
⑤ 행정부가 국회보다 신속히 대응할 수 있는 행정 규제 사항은 행정입법의 대상으로 적합하다.

## 061

**㉠의 이유로 가장 적절한 것은?**

① 그 위임명령이 법률의 근거 없이 행정 규제 사항을 규정했기 때문이다.
② 그 위임명령이 포괄적 위임을 받아 제정된 경우에 해당하기 때문이다.
③ 그 위임명령이 첨단 기술에 대한 내용을 정확히 반영하지 않았기 때문이다.
④ 그 위임명령이 국민의 권리를 제한하는 권한을 행정 기관에 맡겼기 때문이다.
⑤ 그 위임명령이 구체적 상황의 특성을 반영한 융통성 있는 대응을 하지 못했기 때문이다.

## 062

**행정규칙에 관한 설명 중 적절하지 않은 것은?**

① 행정부의 직제나 사무 처리 절차를 규정하는 경우, 법률의 위임이 요구되지 않는다.

② 행정부의 직제나 사무 처리 절차를 규정하는 경우, 일반 국민에게 직접 적용되지 않는다.

③ 행정 규제 사항을 규정하는 경우, 위임명령의 제정 절차를 따르지 않는다.

④ 행정 규제 사항을 규정하는 경우, 위임 근거 법률의 위임을 받은 제정 주체에 의해 제정된다.

⑤ 행정 규제 사항을 규정하는 경우, 위임 근거 법률로부터 위임받을 수 있는 사항의 범위가 위임명령과 같다.

## 063

**윗글을 바탕으로 <보기>의 ㉮~㉰에 대해 이해한 내용으로 가장 적절한 것은?** [3점]

| 보기 |

갑은 새로 개업한 자신의 가게 홍보를 위해 인근 자연공원에 현수막을 설치하려고 한다. 현수막 설치에 관한 행정 규제의 내용을 확인하기 위해 ○○ 시청에 문의하고 아래와 같은 회신을 받았다.

> 문의하신 내용에 대해 다음과 같이 알려 드립니다.
>
> ㉮ 「옥외광고물 등의 관리와 옥외광고산업 진흥에 관한 법률」 제3조(광고물 등의 허가 또는 신고)에 따른 허가 또는 신고 대상 광고물에 관한 사항은 대통령령인 ㉯ 「옥외광고물 등의 관리와 옥외광고산업 진흥에 관한 법률 시행령」 제5조에 규정되어 있습니다. 이에 따르면 문의하신 규격의 현수막을 설치하시려면 설치 전에 신고하셔야 합니다.
>
> 또한 위 법률 제16조(광고물 실명제)에 의하면, 신고 번호, 표시 기간, 제작자명 등을 표시하도록 규정하고 있습니다. 표시하는 방법에 대해서는 ㉰ ○○ 시 지방 의회에서 제정한 법령에 따르셔야 합니다.

① ㉮의 제3조의 내용에서 ㉯의 제5조의 신고 대상 광고물에 관한 사항의 구체적 내용을 확인할 수 있겠군.

② ㉯의 제5조는 ㉮의 제16조로부터 제정할 사항의 범위가 정해져 위임을 받았겠군.

③ ㉯는 ㉰와 달리 입법예고와 공포 절차를 거쳤겠군.

④ ㉯에 나오는 '광고물'의 의미와 ㉰에 나오는 '광고물'의 의미는 일치하겠군.

⑤ ㉰를 준수해야 하는 국민 중에는 ㉯를 준수하지 않아도 되는 국민이 있겠군.

## 064

**문맥상 ⓐ~ⓔ와 바꿔 쓰기에 가장 적절한 것은?**

① ⓐ : 나타내기

② ⓑ : 드러내어

③ ⓒ : 헤아릴

④ ⓓ : 마주하기

⑤ ⓔ : 달라진다

DAY 12 Ⅱ 사회

[065~069] 2019학년도 6월 모평 22번~26번 정답과 해설편 p.177

**다음 글을 읽고 물음에 답하시오.** 5문항을 10분 안에 풀어보세요.

[A] 사무실의 방충망이 낡아서 파손되었다면 세입자와 사무실을 빌려 준 건물주 중 누가 고쳐야 할까? 이 경우, 민법전의 법조문에 의하면 임대인인 건물주가 수선할 의무를 ⓐ 진다. 그러나 사무실을 빌릴 때, 간단한 파손은 세입자가 스스로 해결한다는 내용을 계약서에 포함하는 경우도 있다. 이처럼 법률의 규정과 계약의 내용이 어긋날 때 어떤 것이 우선 적용되어야 하는가, 법적 불이익은 없는가 등의 문제가 발생한다.

사법(私法)은 개인과 개인 사이의 재산, 가족 관계 등에 적용되는 법으로서 이 법의 영역에서는 '계약 자유의 원칙'이 적용된다. 계약의 구체적인 내용 결정 등은 당사자들 스스로 정할 수 있다는 것이다. 따라서 당사자들이 사법에 속하는 법률의 규정과 어긋난 내용으로 계약을 체결한 경우에 계약 내용이 우선 적용된다. 이처럼 법률상으로 규정되어 있더라도 당사자가 자유롭게 계약 내용을 정할 수 있는 법률 규정을 '임의 법규'라고 한다. 사법은 원칙적으로 임의 법규이므로, 사법으로 규정한 내용에 대해 당사자들이 계약으로 달리 정하지 않았다면 원칙적으로 법률의 규정이 적용된다. 위에서 본 임대인의 수선 의무 조항이 이에 해당한다.

그러나 법률로 정해진 내용과 어긋나게 계약을 하면 당사자들에게 벌금이나 과태료 같은 법적 불이익이 있거나 계약의 효력이 부정되는 예외적인 경우도 있다. 우선, 체결된 계약 내용이 법률에 정해진 내용과 어긋날 때 법적 불이익이 있지만 계약의 효력 자체는 그대로 두는 경우가 있다. 이에 해당하는 법조문을 '단속 법규'라고 한다. 공인 중개사가 자신이 소유한 부동산을 고객에게 직접 파는 것을 금지하는 규정은 단속 법규에 해당한다. 따라서 ㉠ 이 규정을 위반하여 공인 중개사와 고객이 체결한 매매 계약의 경우 공인 중개사에게 벌금은 부과되지만 계약 자체는 유효이다. 이 경우 계약 내용에 따른 행동인 급부(給付)를 할 의무가 인정되어, 공인 중개사는 매물의 소유권을 넘겨주고 고객은 대금을 지급해야 하는 것이다.

한편 체결된 계약 내용이 법률에 정해진 내용과 어긋날 때 법적 불이익이 있을 뿐 아니라 체결된 계약의 효력 자체도 인정되지 않아 급부 의무가 부정되는 경우가 있다. 이에 해당하는 법조문을 '강행 법규'라고 한다. 이 경우 계약 당사자들은 상대에게 급부를 하라고 요구할 수는 없다. 이미 급부를 이행하여 재산적 이익을 넘겨주었다면 이 이익은 '부당 이득'에 해당하기 때문에 반환을 요구할 수 있다. 즉 '부당 이득 반환 청구권'이 인정된다. 의사와 의사 아닌 사람의 의료 기관 동업을 금지하는 법률 규정은 강행 법규이다. 따라서 ㉡ 의사와 의사 아닌 사람이 체결한 동업 계약은 계약의 효력이 부정된다. 다만 계약에 따라 이미 동업 자금을 건넸다면 이 돈을 반환하라고 요구하는 것은 가능하다.

그러나 강행 법규에 의해 계약의 효력이 부정되었을 때 부당 이득 반환 청구권이 인정되지 않는 경우도 있다. 급부의 내용이 위조지폐 제작처럼 비도덕적이거나 반사회적인 행동이라면, 계약의 효력이 인정되지 않을 뿐 아니라 이미 넘겨준 이익을 돌려받을 권리도 부정되는 것이 원칙이다.

국가가 개인 간의 계약에 개입하는 것은 국가 안보, 사회 질서, 공공복리 등의 정당한 입법 목적을 달성하기 위해서이다. 이 경우 계약의 자유를 제한하려면 필요한 만큼만 최소로 제한해야 한다는 '비례 원칙'이 적용된다. 이로 인해 국가가 계약 당사자들에게 미치는 영향이 다양하게 나타나는 것이다.

## 065

**윗글에 대한 이해로 적절하지 않은 것은?**

① 임의 법규에 해당하는 법률 조항과 이에 어긋난 계약 내용 가운데 계약 내용이 우선 적용된다.
② 임의 법규가 단속 법규에 비해 계약 자유의 원칙에 더 부합한다.
③ 단속 법규로 국가가 개인 간의 계약에 개입할 때에는 비례 원칙이 적용되지 않는다.
④ 단속 법규로 입법 목적을 달성할 수 있는 계약에 대해 강행 법규로 국가가 개입하는 것은 정당화될 수 없다.
⑤ 강행 법규를 위반한 계약일 때 급부의 내용에 따라 부당 이득 반환 청구권의 인정 여부가 달라진다.

## 066

**윗글을 참고할 때, [A]에 제시된 물음에 대한 답으로 맞는 것을 〈보기〉에서 고른 것은?**

| 보기 |

ㄱ. 계약서에 방충망 수선에 관한 내용이 없으면 건물주가 수선 의무를 지고, 수선 의무를 계약에 포함하지 않은 것에 대한 법적 불이익은 누구에게도 없다.

ㄴ. 계약서에 방충망 수선에 관한 내용이 없으면 세입자가 수선 의무를 지고, 건물주는 수선 의무를 계약에 포함하지 않은 것에 대해 법적 불이익을 받는다.

ㄷ. 계약서에 세입자가 방충망을 수선한다는 내용이 있으면 세입자가 수선 의무를 지고, 법률 내용과 다르게 계약한 것에 대한 법적 불이익은 누구에게도 없다.

ㄹ. 계약서에 세입자가 방충망을 수선한다는 내용이 있으면 세입자가 수선 의무를 지고, 건물주는 법률 내용과 다르게 계약한 것에 대해 법적 불이익을 받는다.

① ㄱ, ㄴ ② ㄱ, ㄷ ③ ㄱ, ㄹ
④ ㄴ, ㄷ ⑤ ㄴ, ㄹ

## 067

**㉠과 ㉡의 공통점으로 가장 적절한 것은?**

① 법적 불이익을 받는 계약 당사자가 있다.
② 계약 당사자들의 급부 의무가 인정되지 않는다.
③ 계약에 따라 넘어간 재산적 이익을 반환해야 한다.
④ 법률 규정을 위반하였으므로 계약의 효력이 부정된다.
⑤ 계약 당사자가 계약의 구체적인 내용을 결정할 수 없다.

## 068

**윗글을 참고할 때, 〈보기〉에 대한 반응으로 적절한 것은?** [3점]

| 보기 |

농지를 빌리려는 A와 농지 주인인 B는 농지를 용도에 맞지 않게 사용하는 것에 합의하여 농지 임대차 계약을 체결하였다. 그리고 A는 B에게 농지 사용료를 지불하고 1년간 농지를 사용하였다. 농지법을 위반한 이 사안에 대해 대법원이 내린 판결은 다음과 같이 요약된다.

첫째, 법률을 위반하여 농지를 빌려 준 사람에게는 벌금이 부과된다. 둘째, 이 사건의 농지 임대차 계약은 농지법을 위반한 것이므로 무효이다. 셋째, 농지를 빌려 준 사람은 받은 사용료를 반환해야 한다. 넷째, 농지를 빌린 사람은 농지를 빌려 써서 얻은 이익을 농지를 빌려 준 사람에게 반환해야 한다.

① A와 B가 농지 임대차 계약을 체결할 때에는 사법(私法)의 적용을 받지 않겠군.
② B에게 벌금을 부과하는 것은 A와 B가 맺은 농지 임대차 계약이 효력이 있음을 인정하지 않았기 때문이겠군.
③ B에게 벌금을 부과하는 것만으로는 이 계약의 내용을 규제하는 법률의 입법 목적을 실현하기에 부족하다는 점을 고려하여 계약을 무효로 판결한 것이겠군.
④ A가 농지를 빌려 써서 얻은 이익을 B에게 반환하라고 판결한 것은 급부의 내용이 비도덕적이거나 반사회적인 행동에 해당한다고 판단했기 때문이겠군.
⑤ B가 A에게서 받은 사용료를 반환하라고 판결한 것은 사용료가 부당 이득에 해당하지 않는다고 판단했기 때문이겠군.

## 069

**문맥상 의미가 ⓐ와 가장 가까운 것은?**

① 커피를 쏟아서 옷에 얼룩이 졌다.
② 네게 계속 신세만 지기가 미안하다.
③ 우리는 그 문제로 원수를 지게 되었다.
④ 아이들은 배낭을 진 채 여행을 떠났다.
⑤ 나는 조장으로서 큰 부담을 지고 있다.

[070~075] 2017학년도 수능 37번~42번 정답과 해설편 p.180

**다음 글을 읽고 물음에 답하시오.** 6문항을 14분 안에 풀어보세요. 

보험은 같은 위험을 보유한 다수인이 위험 공동체를 형성하여 보험료를 납부하고 보험 사고가 발생하면 보험금을 지급받는 제도이다. 보험 상품을 구입한 사람은 장래의 우연한 사고로 인한 경제적 손실에 ⓐ 대비할 수 있다. 보험금 지급은 사고 발생이라는 우연적 조건에 따라 결정되는데, 이처럼 보험은 조건의 실현 여부에 따라 받을 수 있는 재화나 서비스가 달라지는 조건부 상품이다.

[가] 위험 공동체의 구성원이 납부하는 보험료와 지급받는 보험금은 그 위험 공동체의 사고 발생 확률을 근거로 산정된다. 특정 사고가 발생할 확률은 정확히 알 수 없지만 그동안 발생된 사고를 바탕으로 그 확률을 예측한다면 관찰 대상이 많아짐에 따라 실제 사고 발생 확률에 근접하게 된다. 본래 보험 가입의 목적은 금전적 이득을 취하는 데 있는 것이 아니라 장래의 경제적 손실을 보상받는 데 있으므로 위험 공동체의 구성원은 자신이 속한 위험 공동체의 위험에 상응하는 보험료를 납부하는 것이 공정할 것이다. 따라서 공정한 보험에서는 구성원 각자가 납부하는 보험료와 그가 지급받을 보험금에 대한 기댓값이 일치해야 하며 구성원 전체의 보험료 총액과 보험금 총액이 일치해야 한다. 이때 보험금에 대한 기댓값은 사고가 발생할 확률에 사고 발생 시 수령할 보험금을 곱한 값이다. 보험금에 대한 보험료의 비율(보험료 / 보험금)을 보험료율이라 하는데, 보험료율이 사고 발생 확률보다 높으면 구성원 전체의 보험료 총액이 보험금 총액보다 더 많고, 그 반대의 경우에는 구성원 전체의 보험료 총액이 보험금 총액보다 더 적게 된다. 따라서 공정한 보험에서는 보험료율과 사고 발생 확률이 같아야 한다.

물론 현실에서 보험사는 영업 활동에 소요되는 비용 등을 보험료에 반영하기 때문에 공정한 보험이 적용되기 어렵지만 기본적으로 위와 같은 원리를 바탕으로 보험료와 보험금을 산정한다. 그런데 보험 가입자들이 자신이 가진 위험의 정도에 대해 진실한 정보를 알려 주지 않는 한, 보험사는 보험 가입자 개개인이 가진 위험의 정도를 정확히 ⓑ 파악하여 거기에 상응하는 보험료를 책정하기 어렵다. 이러한 이유로 사고 발생 확률이 비슷하다고 예상되는 사람들로 구성된 어떤 위험 공동체에 사고 발생 확률이 더 높은 사람들이 동일한 보험료를 납부하고 진입하게 되면, 그 위험 공동체의 사고 발생 빈도가 높아져 보험사가 지급하는 보험금의 총액이 증가한다. 보험사는 이를 보전하기 위해 구성원이 납부해야 할 보험료를 ⓒ 인상할 수밖에 없다. 결국 자신의 위험 정도에 상응하는 보험료보다 더 높은 보험료를 납부하는 사람이 생기게 되는 것이다. 이러한 문제는 정보의 비대칭성에서 비롯되는데 보험 가입자의 위험 정도에 대한 정보는 보험 가입자가 보험사보다 더 많이 갖고 있기 때문이다. 이를 해결하기 위해 보험사는 보험 가입자의 감춰진 특성을 파악할 수 있는 수단이 필요하다.

우리 상법에 규정되어 있는 고지 의무는 이러한 수단이 법적으로 구현된 제도이다. 보험 계약은 보험 가입자의 청약과 보험사의 승낙으로 성립된다. 보험 가입자는 반드시 계약을 체결하기 전에 '중요한 사항'을 알려야 하고, 이를 사실과 다르게 진술해서는 안 된다. 여기서 '중요한 사항'은 보험사가 보험 가입자의 청약에 대한 승낙을 결정하거나 차등적인 보험료를 책정하는 근거가 된다. 따라서 고지 의무는 결과적으로 다수의 사람들이 자신의 위험 정도에 상응하는 보험료보다 더 높은 보험료를 납부해야 하거나, 이를 이유로 아예 보험에 가입할 동기를 상실하게 되는 것을 방지한다.

보험 계약 체결 전 보험 가입자가 고의나 중대한 과실로 '중요한 사항'을 보험사에 알리지 않거나 사실과 다르게 알리면 고지 의무를 위반하게 된다. 이러한 경우에 우리 상법은 보험사에 계약 해지권을 부여한다. 보험사는 보험 사고가 발생하기 이전이나 이후에 상관없이 고지 의무 위반을 이유로 계약을 해지할 수 있고, 해지권 행사는 보험사의 일방적인 의사 표시로 가능하다. 해지를 하면 보험사는 보험금을 지급할 책임이 없게 되며, 이미 보험금을 지급했다면 그에 대한 반환을 청구할 수 있다. 일반적으로 법에서 의무를 위반하게 되면 위반한 자에게 그 의무를 이행하도록 강제하거나 손해 배상을 청구할 수 있는 것과 달리, 보험 가입자가 고지 의무를 위반했을 때에는 보험사가 해지권만 행사할 수 있다. 그런데 보험사의 계약 해지권이 제한되는 경우도 있다. 계약 당시에 보험사가 고지 의무 위반에 대한 사실을 알았거나 중대한 과실로 인해 알지 못한 경우에는 보험 가입자가 고지 의무를 위반했어도 보험사의 해지권은 ⓓ 배제된다. 이는 보험 가입자의 잘못보다 보험사의 잘못에 더 책임을 둔 것이라 할 수 있다. 또 보험사가 해지권을 행사할 수 있는 기간에도 일정한 제한을 두고 있는데, 이는 양자의 법률관계를 신속히 확정함으로써 보험 가입자가 불안정한 법적 상태에 장기간 놓여 있는 것을 방지하려는 것이다. 그러나 고지해야 할 '중요한 사항' 중 고지 의무 위반에 해당되는 사항이 보험 사고와 인과 관계가 없을 때에는 보험사는 보험금을 지급할 책임이 있다. 그렇지만 이때에도 해지권은 행사할 수 있다.

보험에서 고지 의무는 보험에 가입하려는 사람의 특성을 검증함으로써 다른 가입자에게 보험료가 부당하게 ⓔ 전가되는 것을 막는 기능을 한다. 이로써 사고의 위험에 따른 경제적 손실에 대비하고자 하는 보험 본연의 목적이 달성될 수 있다.

## 070

**윗글에 대한 설명으로 가장 적절한 것은?**

① 보험 계약에서 보험사가 준수해야 할 법률 규정의 실효성을 검토하고 있다.
② 보험사의 보험 상품 판매 전략에 내재된 경제학적 원리와 법적 규제의 필요성을 강조하고 있다.
③ 공정한 보험의 경제학적 원리와 보험의 목적을 실현하는 데 기여하는 법적 의무를 살피고 있다.
④ 보험금 지급을 두고 벌어지는 분쟁의 원인을 나열한 후 경제적 해결책과 법적 해결책을 모색하고 있다.
⑤ 보험 상품의 거래에 부정적으로 작용하는 법률 조항의 문제점을 경제학적인 시각에서 분석하고 있다.

## 071

**윗글을 이해한 내용으로 가장 적절한 것은?**

① 보험사가 청약을 하고 보험 가입자가 승낙해야 보험 계약이 해지된다.
② 구성원 전체의 보험료 총액보다 보험금 총액이 더 많아야 공정한 보험이 된다.
③ 보험 사고 발생 여부와 관계없이 같은 보험료를 납부한 사람들은 동일한 보험금을 지급받는다.
④ 보험에 가입하고자 하는 사람이 알린 중요한 사항을 근거로 보험사는 보험 가입을 거절할 수 있다.
⑤ 우리 상법은 보험 가입자보다 보험사의 잘못을 더 중시하기 때문에 보험사에 계약 해지권을 부여하고 있다.

## 072

**[가]를 바탕으로 〈보기〉의 상황을 이해한 내용으로 적절한 것은?** 3점

| 보기 |

사고 발생 확률이 각각 0.1과 0.2로 고정되어 있는 위험 공동체 A와 B가 있다고 가정한다. A와 B에 모두 공정한 보험이 항상 적용된다고 할 때, 각 구성원이 납부할 보험료와 사고 발생 시 지급받을 보험금을 산정하려고 한다.

단, 동일한 위험 공동체의 구성원끼리는 납부하는 보험료가 같고, 지급받는 보험금이 같다. 보험료는 한꺼번에 모두 납부한다.

① A에서 보험료를 두 배로 높이면 보험금은 두 배가 되지만 보험금에 대한 기댓값은 변하지 않는다.
② B에서 보험금을 두 배로 높이면 보험료는 변하지 않지만 보험금에 대한 기댓값은 두 배가 된다.
③ A에 적용되는 보험료율과 B에 적용되는 보험료율은 서로 같다.
④ A와 B에서의 보험금이 서로 같다면 A에서의 보험료는 B에서의 보험료의 두 배이다.
⑤ A와 B에서의 보험료가 서로 같다면 A와 B에서의 보험금에 대한 기댓값은 서로 같다.

## 073

**윗글의 고지 의무에 대한 설명으로 적절하지 않은 것은?**

① 고지 의무를 위반한 보험 가입자가 보험사에 손해 배상을 해야 하는 근거가 된다.
② 보험사가 보험 가입자의 위험 정도에 따라 차등적인 보험료를 책정하는 데 도움이 된다.
③ 보험 계약 과정에서 보험사가 가입자들의 특성을 파악하는 데 드는 어려움을 줄여 준다.
④ 보험사와 보험 가입자 간의 정보 비대칭성에서 기인하는 문제를 줄일 수 있는 법적 장치이다.
⑤ 자신의 위험 정도에 상응하는 보험료보다 높은 보험료를 내야 한다는 이유로 보험 가입을 포기하는 사람들이 생기는 것을 방지하는 효과가 있다.

## 074

**윗글을 바탕으로 〈보기〉의 사례를 검토한 내용으로 가장 적절한 것은?**

| 보기 |

보험사 A는 보험 가입자 B에게 보험 사고로 인한 보험금을 지급한 후, B가 중요한 사항을 고지하지 않았다는 사실을 뒤늦게 알고 해지권을 행사할 수 있는 기간 내에 보험금 반환을 청구했다.

① 계약 체결 당시 A에게 중대한 과실이 있었다면 A는 계약을 해지할 수 없으나 보험금은 돌려받을 수 있다.
② 계약 체결 당시 A에게 중대한 과실이 없다 하더라도 A는 보험금을 이미 지급했으므로 계약을 해지할 수 없다.
③ 계약 체결 당시 A에게 중대한 과실이 있고 B 또한 중대한 과실로 고지 의무를 위반했다면 A는 보험금을 돌려받을 수 있다.
④ B가 고지하지 않은 중요한 사항이 보험 사고와 인과 관계가 없다면 A는 보험금을 돌려받을 수 없다.
⑤ B가 자신의 고지 의무 위반 사실을 보험 사고가 발생한 후 A에게 즉시 알렸다면 고지 의무를 위반한 것이 아니다.

## 075

**ⓐ~ⓔ를 사용하여 만든 문장으로 적절하지 않은 것은?**

① ⓐ : 지난해의 이익과 손실을 대비해 올해 예산을 세웠다.
② ⓑ : 일을 시작하기 전에 상황을 파악하는 것이 중요하다.
③ ⓒ : 임금이 인상되었다는 소식에 많은 사람들이 기뻐했다.
④ ⓓ : 이번 실험이 실패할 가능성을 전혀 배제할 수는 없다.
⑤ ⓔ : 그는 자신의 실수에 대한 책임을 동료에게 전가했다.

[076~080] 2017학년도 9월 모평 35번~39번 정답과 해설편 p.183

**다음 글을 읽고 물음에 답하시오.** 5문항을 17분 안에 풀어보세요.  17분

권리와 의무의 주체가 될 수 있는 자격을 권리 능력이라 한다. 사람은 태어나면서 저절로 권리 능력을 갖게 되고 생존하는 내내 보유한다. 그리하여 사람은 재산에 대한 소유권의 주체가 되며, 다른 사람에 대하여 채권을 누리기도 하고 채무를 지기도 한다. 사람들의 결합체인 단체도 일정한 요건을 ㉠ 갖추면 법으로써 부여되는 권리 능력인 법인격을 취득할 수 있다. 단체 중에는 사람들이 일정한 목적을 갖고 결합한 조직체로서 구성원과 구별되어 독자적 실체로서 존재하며, 운영 기구를 두어, 구성원의 가입과 탈퇴에 관계없이 존속하는 단체가 있다. 이를 사단(社團)이라 하며, 사단이 갖춘 이러한 성질을 사단성이라 한다. 사단의 구성원은 사원이라 한다. 사단은 법인(法人)으로 등기되어야 법인격이 생기는데, 법인격을 가진 사단을 사단 법인이라 부른다. 반면에 사단성을 갖추고도 법인으로 등기하지 않은 사단은 '법인이 아닌 사단'이라 한다. 사람과 법인만이 권리 능력을 가지며, 사람의 권리 능력과 법인격은 엄격히 구별된다. 그리하여 사단 법인이 자기 이름으로 진 빚은 사단이 가진 재산으로 갚아야 하는 것이지 ⓐ 사원 개인에게까지 ⓑ 책임이 미치지 않는다.

회사도 사단의 성격을 갖는 법인이다. 회사의 대표적인 유형이라 할 수 있는 주식회사는 주주들로 구성되며 주주들은 보유한 주식의 비율만큼 회사에 대한 지분을 갖는다. 그런데 2001년에 개정된 상법은 한 사람이 전액을 출자하여 일인 주주로 회사를 설립할 수 있도록 하였다. ⓒ 사단성을 갖추지 못했다고 할 만한 형태의 법인을 인정한 것이다. 또 여러 주주가 있던 회사가 주식의 상속, 매매, 양도 등으로 말미암아 모든 주식이 한 사람의 소유로 되는 경우가 있다. 이런 '일인 주식회사'에서는 일인 주주가 회사의 대표 이사가 되는 사례가 많다. 이처럼 일인 주주가 회사를 대표하는 기관이 되면 경영의 주체가 개인인지 회사인지 모호해진다. 법인인 회사의 운영이 독립된 주체로서의 경영이 아니라 마치 ⓓ 개인 사업자의 영업처럼 보이는 것이다.

구성원인 사람의 인격과 법인으로서의 법인격이 잘 분간되지 않는 듯이 보이는 경우에는 간혹 문제가 일어난다. 상법상 회사는 이사들로 이루어진 이사회만을 업무 집행의 의결 기관으로 둔다. 또한 대표 이사는 이사 중 한 명으로, 이사회에서 선출되는 기관이다. 그리고 이사의 선임과 이사의 보수는 주주 총회에서 결정하도록 되어 있다. 그런데 주주가 한 사람뿐이면 사실상 그의 뜻대로 될 뿐, 이사회나 주주 총회의 기능은 퇴색하기 쉽다. 심한 경우에는 회사에서 발생한 이익이 대표 이사인 주주에게 귀속되고 회사 자체는 ⓔ 허울만 남는 일도 일어난다. 이처럼 회사의 운영이 주주 한 사람의 개인 사업과 다름없이 이루어지고, 회사라는 이름과 형식은 장식에 지나지 않는 경우에는, 회사와 거래 관계에 있는 사람들이 재산상 피해를 입는 문제가 발생하기도 한다. 이때 그 특정한 거래 관계에 관련하여서만 예외적으로 회사의 법인격을 일시적으로 부인하고 회사와 주주를 동일시해야 한다는 ㉡ '법인격 부인론'이 제기된다. 법률은 이에 대하여 명시적으로 규정하고 있지 않지만, 법원은 권리 남용의 조항을 끌어들여 이를 받아들인다. 회사가 일인 주주에게 완전히 지배되어 회사의 회계, 주주 총회나 이사회 운영이 적법하게 작동하지 못하는데도 회사에만 책임을 묻는 것은 법인 제도가 남용되는 사례라고 보는 것이다.

## 076

**윗글을 통해 알 수 있는 내용으로 적절하지 않은 것은?**

① 사단성을 갖춘 단체는 그 단체를 운영하기 위한 기구를 둔다.
② 주주가 여러 명인 주식회사의 주주는 사단의 사원에 해당한다.
③ 법인격을 얻은 사단은 재산에 대한 소유권의 주체가 될 수 있다.
④ 사단 법인의 법인격은 구성원의 가입과 탈퇴에 관계없이 존속한다.
⑤ 사람들이 결합한 단체에 권리와 의무를 누릴 수 있는 자격을 주는 제도가 사단이다.

## 077

**윗글에서 설명한 주식회사에 대한 이해로 가장 적절한 것은?**

① 대표 이사는 주식회사를 대표하는 기관이다.
② 일인 주식회사는 대표 이사가 법인격을 갖는다.
③ 주식회사의 이사회에서 이사의 보수를 결정한다.
④ 주식회사에서는 주주 총회가 업무 집행의 의결 기관이다.
⑤ 여러 주주들이 모여 설립된 주식회사가 일인 주식회사로 바뀔 수 없다.

## 078

**ⓐ~ⓔ의 문맥상 의미에 대한 이해로 적절하지 않은 것은?**

① ⓐ : 법인에 속해 있지만 법인격과는 구별되는 존재
② ⓑ : 사단이 진 빚을 갚아야 할 의무
③ ⓒ : 여러 사람이 결합한 조직체로서의 성격
④ ⓓ : 회사라는 법인격을 가진 독자적인 실체로서 운영되지 않는 경영
⑤ ⓔ : 회사의 자산이 감소하여 권리 능력을 누릴 수 없게 된 상태

## 079

**ⓛ에 관한 설명으로 가장 적절한 것은?** [3점]

① 회사의 경영이 이사회에 장악되어 있는 경우에만 예외적으로 법인격 부인론을 적용할 수 있다.
② 법인격 부인론은 주식회사 제도의 허점을 악용하지 못하도록 법률의 개정을 통해 도입된 제도이다.
③ 회사가 채권자에게 손해를 입혔다는 것이 확정되면 법원은 법인격 부인론을 받아들여 그 회사의 법인격을 영구히 박탈한다.
④ 법원이 대표 이사 개인의 권리 능력을 부인함으로써 대표 이사가 회사에 대한 책임을 면하지 못하도록 하는 것이 법인격 부인론의 의의이다.
⑤ 특정한 거래 관계에 법인격 부인론을 적용하여 회사의 법인격을 부인하려는 목적은 그 거래와 관련하여 회사가 진 책임을 주주에게 부담시키기 위함이다.

## 080

**문맥상 ㉠과 바꿔 쓰기에 가장 적절한 것은?**

① 겸비(兼備)하면 ② 구비(具備)하면 ③ 대비(對備)하면
④ 예비(豫備)하면 ⑤ 정비(整備)하면

[081~084] 2016학년도 수능AB 27번~30번 정답과 해설편 p.186

다음 글을 읽고 물음에 답하시오. 4문항을 10분 안에 풀어보세요. 

변론술을 가르치는 프로타고라스(P)에게 에우아틀로스(E)가 제안하였다. "제가 처음으로 승소하면 그때 수강료를 내겠습니다." P는 이를 ⓐ 받아들였다. 그런데 E는 모든 과정을 수강하고 나서도 소송을 할 기미를 보이지 않았고 그러자 P가 E를 상대로 소송하였다. P는 주장하였다. "내가 승소하면 판결에 따라 수강료를 받게 되고, 내가 지면 자네는 계약에 따라 수강료를 내야 하네." E도 맞섰다. "제가 승소하면 수강료를 내지 않게 되고 제가 지더라도 계약에 따라 수강료를 내지 않아도 됩니다."

지금까지도 이 사례는 풀기 어려운 논리 난제로 거론된다. 다만 법률가들은 이를 해결할 수 있는 사안이라고 본다. 우선, 이 사례의 계약이 수강료 지급이라는 효과를, 실현되지 않은 사건에 의존하도록 하는 계약이라는 점을 살펴야 한다. 이처럼 일정한 효과의 발생이나 소멸에 제한을 ⓑ 덧붙이는 것을 '부관'이라 하는데, 여기에는 '기한'과 '조건'이 있다. 효과의 발생이나 소멸이 장래에 확실히 발생할 사실에 의존하도록 하는 것을 기한이라 한다. 반면 장래에 일어날 수도 있는 사실에 의존하도록 하는 것은 조건이다. 그리고 조건이 실현되었을 때 효과를 발생시키면 '정지 조건', 소멸시키면 '해제 조건'이라 ⓒ 부른다.

민사 소송에서 판결에 대하여 상소, 곧 항소나 상고가 그 기간 안에 제기되지 않아서 사안이 종결되든가, 그 사안에 대해 대법원에서 최종 판결이 선고되든가 하면, 이제 더 이상 그 일을 다툴 길이 없어진다. 이때 판결은 확정되었다고 한다. 확정 판결에 대하여는 '기판력(既判力)'이라는 것을 인정한다. 기판력이 있는 판결에 대해서는 더 이상 같은 사안으로 소송에서 다툴 수 없다. 예를 들어, 계약서를 제시하지 못해 매매 사실을 입증하지 못하고 패소한 판결이 확정되면, 이후에 계약서를 발견하더라도 그 사안에 대하여는 다시 소송하지 못한다. 같은 사안에 대해 서로 모순되는 확정 판결이 존재하도록 할 수는 없는 것이다.

확정 판결 이후에 법률상의 새로운 사정이 ⓓ 생겼을 때는, 그것을 근거로 하여 다시 소송하는 것이 허용된다. 이 경우에는 전과 다른 사안의 소송이라 하여 이전 판결의 기판력이 미치지 않는다고 보는 것이다. 위에서 예로 들었던 계약서는 판결 이전에 작성된 것이어서 그 발견이 새로운 사정이라고 인정되지 않는다. 그러나 임대인이 임차인에게 집을 비워 달라고 하는 소송에서 임대차 기간이 남아 있다는 이유로 임대인이 패소한 판결이 확정된 후 시일이 흘러 계약 기간이 만료되면, 임대인은 집을 비워 달라는 소송을 다시 할 수 있다. 계약상의 기한이 지남으로써 임차인의 권리에 변화가 생겼기 때문이다.

이렇게 살펴본 바를 바탕으로 ㉠ P와 E 사이의 분쟁을 해결하는 소송이 어떻게 전개될지 따져 보자. 이 사건에 대한 소송에서는 조건이 성취되지 않았다는 이유로 법원이 E에게 승소 판결을 내리면 된다. 그런데 이 판결 확정 이후에 P는 다시 소송을 할 수 있다. 조건이 실현되었기 때문이다. 따라서 이 두 번째 소송에서는 결국 P가 승소한다. 그리고 이때부터는 E가 다시 수강료에 관한 소송을 할 만한 사유가 없다. 이 분쟁은 두 차례의 판결을 ⓔ 거쳐 해결될 수 있는 것이다.

## 081

**윗글을 이해한 내용으로 적절하지 않은 것은?**

① 승소하면 그때 수강료를 내겠다고 할 때 승소는 수강료 지급 의무에 대한 기한이다.

② 기한과 조건은 모두 계약상의 효과를 장래의 사실에 의존하도록 한다는 점이 공통된다.

③ 계약에 해제 조건을 덧붙이면 그 조건이 실현되었을 때 계약상 유지되고 있는 효과를 소멸시킬 수 있다.

④ 판결이 선고되고 나서 상소 기간이 다 지나가도록 상소가 이루어지지 않으면 그 판결에는 기판력이 생긴다.

⑤ 기판력에는 법원이 판결로 확정한 사안에 대하여 이후에 법원 스스로 그와 모순된 판결을 내릴 수 없다는 전제가 깔려 있다.

## 082

**㉠에 대한 추론으로 적절한 것은?**

① 첫 번째 소송에서 P는 계약이 유효하다고 주장하고, E는 계약이 유효하지 않다고 주장할 것이다.

② 첫 번째 소송의 판결문에는 E가 수강료를 내야 할 의무가 있다는 내용이 실릴 것이다.

③ 첫 번째 소송에서나 두 번째 소송에서나 P가 할 청구는 수강료를 내라는 내용일 것이다.

④ 두 번째 소송에서는 E가 첫 승소라는 조건을 달성하지 못한 상태이므로 P는 수강료를 받을 수 있을 것이다.

⑤ 첫 번째와 두 번째 소송의 판결은 P와 E 사이에 승패가 상반될 것이므로 두 판결 가운데 하나는 무효일 것이다.

## 083

**윗글을 바탕으로 <보기>의 사례를 검토한 내용으로 적절하지 않은 것은?** [3점]

> | 보기 |
>
> 갑은 을을 상대로 자신에게 빌려 간 금전을 갚아 달라는 소송을 하는데, 계약서와 같은 증거 자료는 제출하지 못했다. 그 결과 (가) 또는 (나)의 경우가 생겼다고 하자.
>
> (가) 갑은 금전을 빌려 주었다는 증거를 제시하지 못하여 패소하였다. 이 판결은 확정되었다.
>
> (나) 법원은 을이 금전을 빌렸다는 사실을 인정하면서도, 갚기로 한 날은 2015년 11월 30일이라 인정하여, 아직 그날이 되지 않았다는 이유로 갑에게 패소 판결을 내렸다. 이 판결은 확정되었다.

① (가)의 경우, 갑은 더 이상 상급 법원에 상소하여 다툴 수 있는 방법이 남아 있지 않다.

② (가)의 경우, 갑은 빌려 준 금전에 대한 계약서를 발견하더라도 그것을 근거로 하여 금전을 갚아 달라고 소송하는 것은 허용되지 않는다.

③ (나)의 경우, 을은 2015년 11월 30일이 되기 전에는 갑에게 금전을 갚지 않아도 된다.

④ (나)의 경우, 2015년 11월 30일이 지나면 갑이 을을 상대로 금전을 갚아 달라는 소송을 다시 하더라도 기판력에 저촉되지 않는다.

⑤ (나)의 경우, 이미 지나간 2015년 2월 15일이 갚기로 한 날임을 밝혀 주는 계약서가 발견되면 갑은 같은 해 11월 30일이 되기 전에 그것을 근거로 금전을 갚아 달라는 소송을 할 수 있다.

## 084

**문맥상 ⓐ~ⓔ와 바꿔 쓰기에 가장 적절한 것은?**

① ⓐ : 수취하였다
② ⓑ : 부가하는
③ ⓒ : 지시한다
④ ⓓ : 형성되었을
⑤ ⓔ : 경유하여

## [085~088]

2016학년도 6월 모평AB 27번~30번 정답과 해설편 p.189

**다음 글을 읽고 물음에 답하시오.** 4문항을 6분 안에 풀어보세요.

사회 구성원들이 경제적 이익을 추구하는 과정에서 불법 행위를 감행하기 쉬운 상황일수록 이를 억제하는 데에는 금전적 제재 수단이 효과적이다.

현행법상 불법 행위에 대한 금전적 제재 수단에는 민사적 수단인 손해 배상, 형사적 수단인 벌금, 행정적 수단인 과징금이 있으며, 이들은 각각 피해자의 구제, 가해자의 징벌, 법 위반 상태의 시정을 목적으로 한다. 예를 들어 기업들이 담합하여 제품 가격을 인상했다가 적발된 경우, 그 기업들은 피해자에게 손해 배상 소송을 제기당하거나 법원으로부터 벌금형을 선고받을 수 있고 행정 기관으로부터 과징금도 부과받을 수 있다. 이처럼 하나의 불법 행위에 대해 세 가지 금전적 제재가 내려질 수 있지만 제재의 목적이 서로 다르므로 중복 제재는 아니라는 것이 법원의 판단이다.

그런데 우리나라에서는 기업의 불법 행위에 대해 손해 배상 소송이 제기되거나 벌금이 부과되는 사례는 드물어서, 과징금 등 행정적 제재 수단이 억제 기능을 수행하는 경우가 많다. 이런 상황에서는 과징금 등 행정적 제재의 강도를 높임으로써 불법 행위의 억제력을 끌어올릴 수 있다. 그러나 적발 가능성이 매우 낮은 불법 행위의 경우에는 과징금을 올리는 방법만으로는 억제력을 유지하는 데 한계가 있다. 또한 피해자에게 귀속되는 손해 배상금과는 달리 벌금과 과징금은 국가에 귀속되므로 과징금을 올려도 피해자에게는 ㉠ <u>직접적인 도움</u>이 되지 못한다. 이 때문에 적발 가능성이 매우 낮은 불법 행위에 대해 억제력을 높이면서도 손해 배상을 더욱 충실히 할 수 있는 방안들이 요구되는데 그 방안 중 하나가 '징벌적 손해 배상 제도'이다.

이 제도는 불법 행위의 피해자가 손해액에 해당하는 배상금에다 가해자에 대한 징벌의 성격이 가미된 배상금을 더하여 배상받을 수 있도록 하는 것을 내용으로 한다. 일반적인 손해 배상 제도에서는 피해자가 손해액을 초과하여 배상받는 것이 불가능하지만 징벌적 손해 배상 제도에서는 ㉡ <u>그것</u>이 가능하다는 점에서 이례적이다. 그런데 ㉢ <u>이 제도</u>는 민사적 수단인 손해 배상 제도이면서도 피해자가 받는 배상금 안에 ㉣ <u>벌금과 비슷한 성격</u>이 가미된 배상금이 포함된다는 점 때문에 중복 제재의 발생과 관련하여 의견이 엇갈리며, 이 제도 자체에 대한 찬반양론으로 이어지고 있다.

이 제도의 반대론자들은 징벌적 성격이 가미된 배상금이 피해자에게 부여되는 ㉤ <u>횡재</u>라고 본다. 또한 징벌적 성격이 가미된 배상금이 형사적 제재 수단인 벌금과 함께 부과될 경우에는 가해자에 대한 중복 제재가 된다고 주장한다. 반면에 찬성론자들은 징벌적 성격이 가미된 배상금을 피해자들이 소송을 위해 들인 시간과 노력에 대한 정당한 대가로 본다. 따라서 징벌적 성격이 가미된 배상금도 피해자의 구제를 목적으로 하는 민사적 제재의 성격을 갖는다고 보아야 하므로 징벌적 성격이 가미된 배상금과 벌금이 함께 부과되더라도 중복 제재가 아니라고 주장한다.

## 085

**윗글에서 다룬 내용이 아닌 것은?**

① 징벌적 손해 배상 제도의 내용
② 징벌적 손해 배상 제도와 관련한 논쟁
③ 불법 행위에 대한 금전적 제재 수단의 종류
④ 징벌적 손해 배상 제도의 도입 사례와 문제점
⑤ 징벌적 손해 배상 제도의 도입이 요구되는 배경

## 086

**윗글에 대한 이해로 적절하지 않은 것은?**

① 과징금은 불법 행위를 행정적으로 제재하는 수단에 해당된다.
② 기업이 담합해 제품 가격을 인상한 행위는 불법 행위에 해당한다.
③ 불법 행위로 인한 피해자는 손해 배상으로 구제받는 것이 가능하다.
④ 하나의 불법 행위에 대해 두 가지 이상의 금전적 제재가 내려질 수 있다.
⑤ 우리나라에서는 기업의 불법 행위를 과징금보다 벌금으로 제재하는 사례가 많다.

## 087

**문맥을 고려할 때 ㉠~㉤에 대한 설명으로 적절하지 않은 것은?**

① ㉠은 피해자가 금전적으로 구제받는 것을 의미한다.
② ㉡은 피해자가 손해액을 초과하여 배상받는 것을 가리킨다.
③ ㉢은 징벌적 손해 배상 제도를 가리킨다.
④ ㉣은 행정적 제재 수단으로서의 성격을 말한다.
⑤ ㉤은 배상금 전체에서 손해액에 해당하는 배상금을 제외한 금액을 의미한다.

## 088

**윗글을 바탕으로 <보기>를 이해한 내용으로 적절하지 않은 것은?** [3점]

> | 보 기 |
> 우리나라의 법률 중에는 징벌적 손해 배상 제도의 성격을 가진 규정이 「하도급거래 공정화에 관한 법률」 제35조에 포함되어 있다. 이 규정에 따르면 하도급거래 과정에서 자기의 기술자료를 유용당하여 손해를 입은 피해자는 그 손해의 3 배까지 가해자로부터 배상을 받을 수 있다.

① 이 규정에 따라 피해자가 받게 되는 배상금은 국가에 귀속되겠군.
② 이 규정의 시행으로, 기술자료를 유용해 타인에게 손해를 끼치는 행위가 억제되는 효과가 생기겠군.
③ 이 규정에 따라 피해자가 손해의 3 배를 배상받을 경우에는 배상금에 징벌적 성격이 가미된 배상금이 포함되겠군.
④ 일반적인 손해 배상 제도를 이용할 때보다 이 규정을 이용할 때에 피해자가 받을 수 있는 배상금의 최대한도가 더 커지겠군.
⑤ 이 규정이 만들어진 것으로 볼 때, 하도급거래 과정에서 발생하는 기술자료 유용은 적발 가능성이 매우 낮은 불법 행위에 해당되겠군.

[089~090] 2014학년도 6월 모평A 28번~29번 정답과 해설편 p.191

**다음 글을 읽고 물음에 답하시오.** 2문항을 5분 안에 풀어보세요.

일반적으로 법률에서는 일정한 법률 효과와 함께 그것을 일으키는 요건을 규율한다. 이를테면, 민법 제750조에서는 불법 행위에 따른 손해 배상 책임을 규정하는데, 그 배상 책임의 성립 요건을 다음과 같이 정한다. '고의나 과실'로 말미암은 '위법 행위'가 있어야 하고, '손해가 발생'하여야 하며, 바로 그 위법 행위 때문에 손해가 생겼다는, 이른바 '인과 관계'가 있어야 한다. 이 요건들이 모두 충족되어야, 법률 효과로서 가해자는 피해자에게 손해를 배상할 책임이 생기는 것이다.

소송에서는 이런 요건들을 입증해야 한다. 소송에서 입증은 주장하는 사실을 법관이 의심 없이 확신하도록 만드는 일이다. 어떤 사실의 존재 여부에 대해 법관이 확신을 갖지 못하면, 다시 말해 입증되지 않으면 원고와 피고 가운데 누군가는 패소의 불이익을 당하게 된다. 이런 불이익을 받게 될 당사자는 입증의 부담을 안을 수밖에 없고, 이를 입증 책임이라 부른다.

대체로 어떤 사실이 존재함을 증명하는 것이 존재하지 않음을 증명하는 것보다 쉽다. 이 둘 가운데 어느 한쪽에 부담을 지워야 한다면, 쉬운 쪽에 지우는 것이 공평할 것이다. 이런 형평성을 고려하여 특정한 사실의 발생을 주장하는 이에게 그 사실의 존재에 대한 입증 책임을 지도록 하였다. 그리하여 상대방에게 불법 행위의 책임이 있다고 주장하는 피해자는 소송에서 원고가 되어, 앞의 민법 조문에서 규정하는 요건들이 이루어졌다고 입증해야 한다.

그런데 이들 요건 가운데 인과 관계는 그 입증의 어려움 때문에 공해 사건 등에서 문제가 된다. 공해에 관하여는 현재의 과학 수준으로도 해명되지 않는 일이 많다. 그런데도 피해자에게 공해와 손해 발생 사이의 인과 관계를 하나하나의 연결 고리까지 자연 과학적으로 증명하도록 요구한다면, 사실상 사법적 구제를 거부하는 일이 될 수 있다. 더구나 관련 기업은 월등한 지식과 기술을 가지고 훨씬 더 쉽게 원인 조사를 할 수 있는 상황이기에, 피해자인 상대방에게만 엄격한 부담을 지우는 데 대한 형평성 문제도 제기된다.

공해 소송에서도 인과 관계에 대한 입증 책임은 여전히 피해자인 원고에 있다. 판례도 이 원칙을 바꾸지는 않는다. 다만 입증되었다고 보는 정도를 낮추어 인과 관계 입증의 어려움을 덜어 주려 한다. 곧 공해 소송에서는 예외적으로 인과 관계의 입증에 관하여 의심 없는 확신의 단계까지 요구하지 않고, 다소 낮은 정도의 규명으로도 입증되었다고 인정하는 판례가 등장하는 것이다. 이렇게 해서 인과 관계가 인정되면 가해자인 피고는 인과 관계의 성립을 방해하는 증거를 제출하여 책임을 면해야 한다.

## 089

**윗글을 이해한 내용으로 가장 적절한 것은?**

① 소송에서 양 당사자에게 부담을 공평하게 하려는 고려가 입증 책임을 분배하는 원리에 작용한다.
② 원칙적으로 어떤 사실이 일어났을지도 모른다는 개연성이 인정되면 입증이 성공하였다고 본다.
③ 민법 제750조에서 규정하는 요건들이 충족되었다는 사실을 입증할 책임은 소송에서 피고에게 있다.
④ 위법 행위를 저지르면 고의와 과실이 없다는 사실을 입증하더라도 불법 행위에 따른 손해 배상 책임이 성립한다.
⑤ 문제되는 사실이 실제로 일어났는지 밝혀지지 않으면 그 사실의 존재에 대한 입증 책임이 없는 쪽이 소송에서 불이익을 받는다.

## 090

**윗글을 바탕으로 <보기>에서 대법원의 입장을 추론한 것으로 적절하지 않은 것은?** 3점

| 보기 |

다음은 어느 공해 소송에 대한 대법원의 판결에 관한 내용이다.

공장의 폐수 방류 때문에 양식 중이던 김이 폐사하였다고 주장하는 어민들은, 해당 회사를 상대로 불법 행위에 따른 손해 배상을 청구하는 소를 제기하였다. 폐수의 방류 때문에 김이 폐사하였다고 하기 위해서는 다음의 세 가지가 모두 자연 과학적으로 뚜렷이 밝혀져야 할 것이다. 1) 방류된 폐수가 해류를 타고 양식장에 도달하였다. 2) 그 폐수 안에 김의 생육에 악영향을 미치는 오염 물질이 들어 있었다. 3) 오염 물질의 농도가 안전 범위를 넘었다. 이에 대해 대법원은 폐수가 해류를 따라 양식장에 이르렀다는 것만 증명하면 인과 관계를 입증하는 데 충분하다고 인정하였다.

① 피해자인 어민들이 원고로서 겪게 되는 입증의 어려움을 완화시켜 주려 한 것이다.
② 인과 관계를 입증할 수 있는 자연 과학적 연결 고리가 존재한다는 점을 인정한 것이다.
③ 공장 폐수가 김 양식장으로 흘러들었다는 사실을 어민들 쪽에서 입증하라고 한 것이다.
④ 위법 행위와 손해 사이에 인과 관계가 존재한다는 데 대한 입증 책임이 회사 쪽에 있다고 인정한 것이다.
⑤ 공장 폐수 속에 김의 폐사에 영향을 주는 물질이 들어 있지 않다는 사실은 회사 쪽에서 입증하라고 한 것이다.

# 4. 우리는 법의 울타리 안에서 어떤 보호를 받을 수 있는가?

[091~094] 2025학년도 9월 모평 4번~7번 정답과 해설편 p.193

**다음 글을 읽고 물음에 답하시오.** 4문항을 6분 안에 풀어보세요.

공정거래위원회는 시장 경쟁을 촉진하고 소비자 주권을 확립하기 위해, 사업자의 불공정한 거래 행위와 부당한 광고를 규제한다. 이를 위해 '공정거래법'과 '표시광고법'을 활용한다.

'공정거래법'은 사업자의 재판매 가격 유지 행위를 원칙적으로 금지한다. ㉠ <u>재판매 가격 유지 행위</u>란 사업자가 상품·용역을 거래할 때 거래 상대방 사업자 또는 그다음 거래 단계별 사업자에게 거래 가격을 정해 그 가격대로 판매·제공할 것을 강제하거나 그 가격대로 판매·제공하도록 그 밖의 구속 조건을 ⓐ <u>붙여</u> 거래하는 행위이다. 이때 거래 가격에는 재판매 가격, 최고 가격, 최저 가격, 기준 가격이 포함된다. 권장 소비자 가격이라도 강제성이 있다면 재판매 가격 유지 행위에 해당한다.

재판매 가격 유지 행위는 사업자의 가격 결정의 자유, 즉 영업의 자유를 제한하고 사업자 간 가격 경쟁을 제한한다. 유통 조직의 효율성도 저하시킨다. 재판매 가격 유지 행위를 하는 사업자는 형사 처벌은 받지 않지만 시정명령이나 과징금 부과 대상이 될 수 있다. 다만, '공정거래법'에 따라 공정거래위원회가 고시하는 출판된 저작물은 금지 대상이 아니다. 또 경쟁 제한의 폐해보다 소비자 후생 증대 효과가 큰 경우 등 정당한 이유가 있으면 재판매 가격 유지 행위가 허용되는데, 그 이유는 사업자가 입증해야 한다.

'표시광고법'은 소비자를 속이거나 오인하게 할 우려가 있는 부당한 광고를 금지한다. 광고는 표현의 자유와 영업의 자유로 보호받는다. 하지만 사실과 다르거나 사실을 지나치게 부풀리는 거짓·과장 광고, 사실을 은폐하거나 축소하는 기만 광고를 금지한다. 이를 위반한 사업자는 시정명령이나 과징금 부과 또는 형사 처벌 대상이 될 수 있다.

추천·보증과 이용후기를 활용한 인터넷 광고가 늘면서 부당 광고 심사 기준이 중요해졌다. 공정거래위원회의 '추천·보증 광고 심사 지침', '인터넷 광고 심사 지침'에 따르면 추천·보증은 사업자의 의견이 아니라 제3자의 독자적 의견으로 인식되는 표현으로서, 해당 상품·용역의 장점을 알리거나 구매·사용을 권장하는 것이다. 경험적 사실을 근거로 추천·보증을 할 때는 실제 사용해 봐야 하고 추천·보증을 하는 내용이 경험한 사실에 부합해야 부당한 광고로 제재받지 않는다. 전문적 판단을 근거로 추천·보증을 할 때는 그 내용이 해당 분야의 전문적 지식에 부합해야 한다. 추천·보증이 광고에 활용되면서 추천·보증을 한 사람이 사업자로부터 현금 등의 대가를 지급받는 등 경제적 이해관계가 있다면 해당 게시물에 이를 명시해야 한다.

위의 두 심사 지침에서 말하는 ㉡ <u>이용후기 광고</u>란 사업자가 자사 홈페이지 등에 게시된 소비자의 상품 이용후기를 활용해 광고하는 것이다. 사업자는 자신에게 유리한 이용후기는 광고로 적극 활용한다. 반면 사업자는 자신에게 불리한 이용후기는 비공개하거나 삭제하기도 하는데, 합리적 이유가 없다면 이는 부당한 광고가 될 수 있다. 사업자는 자신에게 불리한 이용후기의 게시자를 인터넷상 명예훼손죄로 고소하기도 한다. 이때 이용후기가 객관적 내용으로 자신의 사용 경험에 바탕을 두고 다른 이용자에게 도움을 주려는 등 공공의 이익에 관한 것으로 인정받는다면, 게시자의 비방할 목적이 부정되어 명예훼손죄가 성립하지 않는다.

## 091

**윗글을 통해 알 수 있는 내용으로 적절하지 않은 것은?**

① 부당한 광고 행위에 대해서는 재판매 가격 유지 행위와 달리 형사 처벌이 내려질 수 있다.
② 거래 단계별 사업자에게 거래 가격을 강제하는 것은 유통 조직의 효율성 저하를 초래한다.
③ 재판매 가격 유지 행위의 정당성을 인정받고자 하는 사업자는 그 행위의 정당성을 입증할 책임을 진다.
④ 경험적 사실을 바탕으로 한 추천·보증은 심사 지침에 따라 해당 분야의 전문적 지식에 부합해야 한다.
⑤ 공정거래위원회가 고시하는 출판된 저작물의 사업자는 거래 상대방 사업자에게 기준 가격을 지정할 수 있다.

## 092

**㉠, ㉡에 대한 이해로 가장 적절한 것은?**

① ㉠은 소비자 후생 증대 효과가 시장 경쟁 제한의 폐해보다 작은 경우에 허용된다.
② ㉠을 '공정거래법'에서 금지하는 목적은 사업자의 가격 결정의 자유를 제한하기 위한 것이다.
③ ㉡을 할 때 사업자는 영업의 자유를 보호받지만 표현의 자유는 보호받지 못한다.
④ ㉡은 사업자가 자사의 홈페이지에 직접 작성해서 게시한 이용후기를 광고로 활용하는 것을 포함하지 않는다.
⑤ ㉠은 사업자와 소비자 간에, ㉡은 소비자와 소비자 간에 직접 일어나는 행위이다.

## 093

**윗글을 바탕으로 <보기>를 이해한 내용으로 적절하지 않은 것은?** 3점

| 보기 |

A 상품 제조 사업자인 갑은 거래 상대방 사업자에게 특정 판매 가격을 지정해 거래했다. 갑의 회사 홈페이지에 A 상품에 대한 이용후기가 다수 게시되었다. 갑은 그중 A 상품의 품질 불량을 문제 삼은 이용후기 200 개를 삭제하고, 박○○ 교수팀이 A 상품을 추천·보증한 광고를 게시했다. 광고 대행사 직원 을은 A 상품의 효능이 뛰어나다는 후기를 갑의 회사 홈페이지에 게시했다. 소비자 병은 A 상품을 사용하며 발견한 하자를 찍은 사진과 품질이 불량하다는 글을 갑의 회사 홈페이지에 게시했다. 갑은 병을 명예훼손죄로 처벌해 달라며 수사 기관에 고소했다.

① 갑이 A 상품의 품질 불량을 은폐하기 위해 자신에게 불리한 이용후기를 삭제하는 대신 비공개 처리하는 것도 부당한 광고에 해당하겠군.
② 갑이 박○○ 교수팀이 A 상품을 실험·검증하고 우수성을 추천·보증했다고 광고했으나 해당 실험이 진행된 적이 없다면 갑은 부당한 광고 행위로 제재를 받겠군.
③ 갑이 거래 상대방에게 판매 가격을 지정하며 이를 준수하도록 부과한 조건에 대해 정당성을 인정받지 못했더라도 그 가격이 권장 소비자 가격이었다면 갑은 제재를 받지 않겠군.
④ 을이 갑으로부터 금전을 받고 갑의 회사 홈페이지에 A 상품의 장점을 알리는 이용후기를 게시했다면 대가성이 있었다는 사실을 명시해야겠군.
⑤ 병이 A 상품을 직접 사용해 보고 그 상품의 결점을 제시하면서 다른 소비자들에게 도움을 주려는 취지로 이용후기를 게시한 점이 인정된다면 명예훼손죄가 성립되지 않겠군.

## 094

**ⓐ와 문맥상 의미가 가장 가까운 것은?**

① 그는 내 의견에 본인의 견해를 붙여 발언을 이어 갔다.
② 나는 수영에 재미를 붙여 수영장에 다니기로 결정했다.
③ 그는 따뜻한 바닥에 등을 붙여 잠깐 동안 잠을 청했다.
④ 나는 알림판에 게시물을 붙여 동아리 행사를 홍보했다.
⑤ 그는 숯에 불을 붙여 고기를 배부를 만큼 구워 먹었다.

[095~098] 2023학년도 9월 모평 10번~13번 정답과 해설편 p.195

다음 글을 읽고 물음에 답하시오. 4문항을 17분 안에 풀어보세요. 

사유 재산 제도하에서는 누구나 자신의 재산을 자유롭게 처분할 수 있다. 그러나 기부와 같이 어떤 재산이 대가 없이 넘어가는 무상 처분 행위가 행해졌을 때는 그 당사자인 무상 처분자와 무상 취득자의 의사와 무관하게 그 결과가 번복될 수 있다. 무상 처분자가 사망하면 상속이 개시되고, 그의 상속인들이 유류분을 반환받을 수 있는 권리인 유류분권을 행사할 수 있기 때문이다. 이때 무상 처분자는 피상속인이 되고 그의 권리와 의무는 상속인에게 이전된다.

유류분은 피상속인의 무상 처분 행위가 없었다고 가정할 때 상속인들이 상속받을 수 있었을 이익 중 법으로 보장된 부분이다. 만약 상속인이 피상속인의 자녀 한 명뿐이면, 상속받을 수 있었을 이익의 $\frac{1}{2}$만 보장된다. 상속인들이 상속받을 수 있었을 이익은 상속 개시 당시에 피상속인이 가졌던 재산의 가치에 이미 무상 취득자에게 넘어간 재산의 가치를 더하여 산정한다. 유류분은 상속인들이 기대했던 이익을 보호하기 위한 것이기 때문이다.

피상속인이 상속 개시 당시에 가졌던 재산으로부터 상속받은 이익이 있는 상속인은 유류분에 해당하는 이익의 일부만 반환받을 수 있다. 유류분에 해당하는 이익에서 이미 상속받은 이익을 뺀 값인 유류분 부족액만 반환받을 수 있기 때문이다. 유류분 부족액의 가치는 금액으로 계산되지만 항상 돈으로 반환되는 것은 아니다. 만약 무상 처분된 재산이 돈이 아니라 물건이나 주식처럼 돈 이외의 재산이라면, 처분된 재산 자체가 반환 대상이 되는 것이 원칙이다. 다만 그 재산 자체를 반환하는 것이 불가능한 때에는 무상 취득자는 돈으로 반환해야 한다. 또한 재산 자체의 반환이 가능해도 유류분권자와 무상 취득자의 합의에 의해 돈으로 반환될 수도 있다.

무상 처분된 재산이 물건이라면 유류분 반환은 어떤 형태로 이루어질까? 무상 취득자가 반환해야 할 유류분 부족액이 무상 처분된 물건의 가치보다 적다면 유류분권자는 그 물건의 가치에 상당하는 금액에서 유류분 부족액이 차지하는 비율만큼 무상 취득자로부터 반환받을 수 있다. 이로 인해 하나의 물건에 대한 소유권이 여러 명에게 나눠지는데, 이때 각자의 몫을 지분이라고 한다.

무상 처분된 물건의 시가가 변동하면 유류분 부족액을 계산할 때는 언제의 시가를 기준으로 삼아야 할까? ㉠ <u>유류분의 취지에 비추어 상속 개시 당시의 시가를 기준으로 해야 한다</u>. 다만 그 물건의 시가 상승이 무상 취득자의 노력에서 비롯되었으면 이때는 무상 취득 당시의 시가를 기준으로 계산해야 한다. 이렇게 정해진 유류분 부족액을 근거로 반환 대상인 지분을 계산할 때는, 시가 상승의 원인이 무엇이든 상속 개시 당시의 시가를 기준으로 해야 한다.

## 095

**윗글의 내용과 일치하지 <u>않는</u> 것은?**

① 유류분권은 상속인이 아닌 사람에게는 인정되지 않는다.
② 유류분권이 보장되는 범위는 유류분 부족액의 일부에 한정된다.
③ 상속인은 상속 개시 전에는 무상 취득자에게 유류분권을 행사할 수 없다.
④ 피상속인이 생전에 다른 사람에게 판 재산은 유류분권의 대상이 될 수 없다.
⑤ 무상으로 취득한 재산에 대한 권리는 무상 취득자 자신의 의사에 반하여 제한될 수 있다.

## 096

**윗글에 대한 이해로 가장 적절한 것은?**

① 무상 처분된 재산이 물건 한 개이면 유류분권자는 그 물건 전부를 반환받는다.
② 무상 처분된 물건이 반환되는 경우 유류분 부족액이 클수록 무상 취득자의 지분이 더 커진다.
③ 무상 취득자가 무상 취득한 물건을 반환할 수 없게 되면 유류분 부족액을 지분으로 반환해야 한다.
④ 유류분권자가 유류분 부족액을 물건 대신 돈으로 반환하라고 요구하더라도 무상 취득자는 무상 취득한 물건으로 반환할 수 있다.
⑤ 무상 처분된 물건의 일부가 반환되면 무상 취득자는 그 물건의 소유권을 가지고 유류분권자는 유류분 부족액만큼의 돈을 반환받게 된다.

## 097

**윗글을 통해 알 수 있는 ㉠의 이유로 가장 적절한 것은?**

① 유류분은 피상속인이 자유롭게 처분한 재산의 일부이어야 하기 때문이다.

② 유류분은 피상속인이 재산을 무상 처분하지 않은 것으로 가정하여 산정되기 때문이다.

③ 유류분은 재산의 가치를 증가시킨 무상 취득자의 노력에 대한 보상으로 인정되는 것이기 때문이다.

④ 유류분은 피상속인의 재산에 대해 소유권을 나눠 가진 사람들 각자의 몫을 반영해야 하기 때문이다.

⑤ 유류분에 해당하는 이익의 가치가 상속 개시 전후에 걸쳐 변동되는 것을 반영해야 하기 때문이다.

## 098

**윗글을 바탕으로 <보기>를 이해한 내용으로 적절하지 않은 것은?** [3점]

| 보기 |

갑의 재산으로는 A 물건과 B 물건이 있었으며 그 외의 재산이나 채무는 없었다. 갑은 을에게 A 물건을 무상으로 넘겨주었고 그로부터 6 개월 후 사망했다. 갑의 상속인으로는 갑의 자녀인 병만 있다. A 물건의 시가는 을이 A 물건을 소유하게 되었을 때는 300, 갑이 사망했을 때는 700이었다. 병은 갑이 사망한 날로부터 3 개월 후에 을에게 유류분권을 행사했다. B 물건의 시가는 병이 상속받았을 때부터 병이 을에게 유류분 반환을 요구했을 때까지 100으로 동일하다.

(단, 세금, 이자 및 기타 비용은 고려하지 않음.)

① A 물건의 시가 상승이 을의 노력과 무관한 경우 유류분 부족액은 300이다.

② A 물건의 시가 상승이 을의 노력과 무관한 경우 유류분 반환의 대상은 A 물건의 $\frac{3}{7}$ 지분이다.

③ A 물건의 시가가 을의 노력으로 상승한 경우 유류분 부족액은 100이다.

④ A 물건의 시가가 을의 노력으로 상승한 경우 유류분 반환의 대상은 A 물건의 $\frac{1}{3}$ 지분이다.

⑤ A 물건의 시가가 을의 노력으로 상승한 경우와 을의 노력과 무관하게 상승한 경우 모두, 갑이 상속 개시 당시 소유했던 재산으로부터 병이 취득할 수 있는 이익은 동일하다.

[099~103] 2021학년도 수능 26번~30번 정답과 해설편 p.198

**다음 글을 읽고 물음에 답하시오.** 5문항을 14분 안에 풀어보세요. 

채권은 어떤 사람이 다른 사람에게 특정 행위를 요구할 수 있는 권리이다. 이 특정 행위를 급부라 하고, 특정 행위를 해 주어야 할 의무를 채무라 한다. 채무자가 채권을 ⓐ 가진 이에게 급부를 이행하면 채권에 대응하는 채무는 소멸한다. 급부는 재화나 서비스 제공인 경우가 많지만 그 외의 내용일 수도 있다.

민법상의 권리는 여러 가지가 있는데 계약 없이 법률로 정해진 요건의 충족으로 발생하기도 하지만 대개 계약의 효력으로 발생한다. 계약이란 권리 발생 등에 관한 당사자의 합의로서, 계약이 성립하면 합의 내용대로 권리 발생 등의 효력이 인정되는 것이 원칙이다. 당장 필요한 재화나 서비스는 그 제공을 급부로 하는 계약을 성립시켜 확보하면 되지만 미래에 필요할 수도 있는 재화나 서비스라면 계약을 성립시킬 수 있는 권리를 확보하는 것이 유리하다. 이를 위해 '예약'이 활용된다. 일상에서 예약이라고 할 때와 법적인 관점에서의 예약은 구별된다. ㉠ 기차 탑승을 위해 미리 돈을 지불하고 승차권을 구입하는 것을 '기차 승차권을 예약했다'고도 하지만 이 경우는 예약에 해당하지 않는 계약이다. 법적으로 예약은 당사자들이 합의한 내용대로 권리가 발생하는 계약의 일종으로, 재화나 서비스 제공을 급부 내용으로 하는 다른 계약인 '본계약'을 성립시킬 수 있는 권리 발생을 목적으로 한다.

[A] 예약은 예약상 권리자가 가지는 권리의 법적 성질에 따라 두 가지 유형으로 나뉜다. 첫째는 채권을 발생시키는 예약이다. 이 채권의 급부 내용은 '예약상 권리자의 본계약 성립 요구에 대해 상대방이 승낙하는 것'이다. 회사의 급식 업체 공모에 따라 여러 업체가 신청한 경우 그중 한 업체가 선정되었다고 회사에서 통지하면 예약이 성립한다. 이에 따라 선정된 업체가 급식을 제공하고 대금을 ⓑ 받기로 하는 본계약 체결을 요청하면 회사는 이에 응할 의무를 진다. 둘째는 예약 완결권을 발생시키는 예약이다. 이 경우 예약상 권리자가 본계약을 성립시키겠다는 의사를 표시하는 것만으로 본계약이 성립한다. 가족 행사를 위해 식당을 예약한 사람이 식당에 도착하여 예약 완결권을 행사하면 곧바로 본계약이 성립하므로 식사 제공이라는 급부에 대한 계약상의 채권이 발생한다.

예약에서 예약상의 급부나 본계약상의 급부가 이행되지 않는 문제가 ⓒ 생길 수 있는데, 예약의 유형에 따라 발생 문제의 양상이 다르다. 일반적으로 급부가 이행되지 않아 채권자에게 손해가 발생한 경우 채무자는 자신의 고의나 과실에서 비롯된 것이 아님을 증명하지 못하는 한 채무 불이행 책임을 진다. 이로 인해 채무의 내용이 바뀌는데 원래의 급부 내용이 무엇이든 채권자의 손해를 돈으로 물어야 하는 손해 배상 채무로 바뀐다.

만약 타인이 고의나 과실로 예약상 권리자가 가진 권리 실현을 방해했다면 예약상 권리자는 그에게도 책임을 ⓓ 물을 수 있다. 법률에 의하면 누구든 고의나 과실에 의해 타인에게 피해를 ⓔ 끼치는 행위를 하고 그 행위의 위법성이 인정되면 불법행위 책임이 성립하여, 가해자는 피해자에게 손해를 돈으로 배상할 채무를 지기 때문이다. 다만 예약상 권리자에게 예약 상대방이나 방해자 중 누구라도 손해 배상을 하면 다른 한쪽의 배상 의무도 사라진다. 급부 내용이 동일하기 때문이다.

## 099

**윗글에 대한 이해로 적절하지 않은 것은?**

① 계약상의 채권은 계약이 성립하면 추가 합의가 없어도 발생하는 것이 원칙이다.
② 재화나 서비스 제공을 대상으로 하는 권리 외에 다른 형태의 권리도 존재한다.
③ 예약상 권리자는 본계약상 권리의 발생 여부를 결정할 수 있다.
④ 급부가 이행되면 채무자의 채권자에 대한 채무가 소멸된다.
⑤ 불법행위 책임은 계약의 당사자 사이에 국한된다.

## 100

**㉠에 대한 이해로 가장 적절한 것은?**

① 기차 탑승은 채권에 해당하고 돈을 지불하는 행위는 그 채권의 대상인 급부에 해당한다.
② 기차를 탑승하지 않는 것은 승차권 구입으로 발생한 채권에 대응하는 의무를 포기하는 것이다.
③ 기차 승차권을 미리 구입하는 것은 계약을 성립시키면서 채권의 행사 시점을 미래로 정해 두는 것이다.
④ 승차권 구입은 계약 없이 법률로 정해진 요건을 충족하여 서비스를 제공받을 권리를 발생시키는 행위이다.
⑤ 미리 돈을 지불하는 것은 미래에 필요한 기차 탑승 서비스 이용이라는 계약을 성립시킬 수 있는 권리를 확보한 것이다.

## 101

**다음은 [A]에 제시된 예를 활용하여, 예약의 유형에 따라 예약상 권리자가 요구할 수 있는 급부에 대해 정리한 것이다. ㄱ ~ ㄷ에 들어갈 내용을 올바르게 짝지은 것은?**

| 구분 | 채권을 발생시키는 예약 | 예약 완결권을 발생시키는 예약 |
|---|---|---|
| 예약상 급부 | ㄱ | ㄴ |
| 본계약상 급부 | ㄷ | 식사 제공 |

| | ㄱ | ㄴ | ㄷ |
|---|---|---|---|
| ① | 급식 계약 승낙 | 없음 | 급식 대금 지급 |
| ② | 급식 계약 승낙 | 없음 | 급식 제공 |
| ③ | 급식 계약 승낙 | 식사 제공 계약 체결 | 급식 제공 |
| ④ | 없음 | 식사 제공 계약 체결 | 급식 제공 |
| ⑤ | 없음 | 식사 제공 계약 체결 | 급식 대금 지급 |

## 102

**윗글을 참고할 때, 〈보기〉의 ㉮에 대한 이해로 적절하지 <u>않은</u> 것은?** 3점

> | 보 기 |
>
> 특별한 행사를 앞두고 있는 갑은 미용실을 운영하는 을과 예약을 하여 행사 당일 오전 10시에 머리 손질을 받기로 했다. 갑이 시간에 맞춰 미용실을 방문하여 머리 손질을 요구했을 때 병이 이미 을에게 머리 손질을 받고 있었다. 갑이 예약해 둔 시간에 병이 고의로 끼어들어 위법성이 있는 행위를 하여 ㉮ <u>갑은 오전 10시에 머리 손질을 받을 수 없는 손해를 입었다.</u>

① ㉮가 발생하는 과정에서 을의 과실이 있는 경우, 을은 갑에 대해 채무 불이행 책임이 있고 병은 갑에 대해 손해 배상 채무가 있다.

② ㉮가 발생하는 과정에서 을의 고의가 있는 경우, 을과 병은 모두 갑에게 손해 배상 채무를 지고 을이 배상을 하면 병은 갑에 대한 채무가 사라진다.

③ ㉮가 발생하는 과정에서 을에게 고의나 과실이 있는지 없는지 증명되지 않은 경우, 을과 병은 모두 갑에게 채무를 지고 그에 따른 급부의 내용은 동일하다.

④ ㉮가 발생하는 과정에서 을에게 고의나 과실이 있는지 없는지 증명되지 않은 경우, 을과 병은 모두 채무 불이행 책임을 지므로 갑에게 손해 배상 채무를 진다.

⑤ ㉮가 발생하는 과정에서 을에게 고의나 과실이 없음이 증명된 경우, 을과 달리 병에게는 갑이 입은 손해에 대해 금전으로 배상할 책임이 있다.

## 103

**문맥상 ⓐ ~ ⓔ의 단어와 가장 가까운 의미로 쓰인 것은?**

① ⓐ : 자신의 일에 자부심을 <u>가지는</u> 것이 중요하다.
② ⓑ : 올해 생일에는 고향 친구에게서 편지를 <u>받았다</u>.
③ ⓒ : 기차역 주변에 새로 <u>생긴</u> 상가에 가 보았다.
④ ⓓ : 나는 도서관에서 책 빌리는 방법을 <u>물어</u> 보았다.
⑤ ⓔ : 바닷가의 찬바람을 쐬니 온몸에 소름이 <u>끼쳤다</u>.

**다음 글을 읽고 물음에 답하시오.** 5문항을 14분 안에 풀어보세요.

물건을 사용하고 있는 사람이 그 물건의 주인일까? 점유란 물건에 대한 사실상의 지배 상태를 뜻한다. 이에 비해 소유란 어떤 물건을 사용·수익·처분할 수 있는 권리를 가진 상태라고 정의된다. 따라서 점유자와 소유자가 항상 일치하지는 않는다.

[A] 물건을 빌려 쓰거나 보관하고 있는 것을 포함하여 물건을 물리적으로 지배하는 상태를 직접점유라고 한다. 이에 비해 어떤 물건을 빌려 쓰거나 보관하는 사람에게 그 물건의 반환을 청구할 수 있는 권리를 가진 사람도 사실상의 지배를 한다고 볼 수 있다. 이와 같이 반환청구권을 가진 상태를 간접점유라고 한다. 직접점유와 간접점유는 모두 점유에 해당한다. 점유는 소유자를 공시하는 기능도 수행한다. 공시란 물건에 대해 누가 어떤 권리를 가지고 있는지를 알려 주는 것이다. 물건 중에서 피아노, 금반지, 가방 등과 같은 대부분의 동산은 점유에 의해 소유권이 공시된다.

물건의 소유권이 양도되려면, 소유자가 양도인이 되어 양수인과 유효한 양도 계약을 하고 이에 더하여 소유권 양도를 공시해야 한다. ㉠ 점유로 소유권이 공시되는 동산의 소유권 양도는 점유를 넘겨주는 점유 인도로 공시된다. 양수인이 간접점유를 하여 소유권 이전이 공시되는 경우로서 '점유개정'과 '반환청구권 양도'가 있다. 예를 들어 A가 B에게 피아노의 소유권을 양도하기로 계약하되 사흘간 빌려 쓰는 것으로 합의한 경우, B는 A에게 피아노를 사흘 후 돌려 달라고 요구할 수 있는 반환청구권을 가지게 된다. 이처럼 양도인이 직접점유를 유지하지만, 양수인에게 점유 인도가 이루어진 것으로 간주되는 경우를 점유개정이라고 한다. 한편 C가 자신이 소유한 가방을 D에게 맡겨 두어 이에 대한 반환청구권을 가지게 되었는데, 이 가방의 소유권을 E에게 양도하는 계약을 체결하였다고 하자. 이때 C가 D에게 통지하여 가방 주인이 바뀌었으니 가방을 E에게 반환하라고 알려 주면 D가 보관 중인 가방에 대한 반환청구권은 C로부터 E에게로 넘어간다. 이 경우를 반환청구권 양도라고 한다.

양도인이 소유자가 아니더라도 양수인이 점유 인도를 받으면 소유권을 취득할 수 있을까? 점유로 공시되는 동산의 경우 양수인이 충분히 주의를 했는데도 양도인이 소유자가 아님을 알지 못한 채 양도인과 유효한 계약을 하고, 점유 인도로 공시를 했다면 양수인은 소유권을 취득한다. 이것을 '선의취득'이라 한다. 다만 간접점유에 의한 인도 방법 중 점유개정으로는 선의취득을 하지 못한다. 선의취득으로 양수인이 소유권을 취득하면 원래 소유자는 원하지 않아도 소유권을 상실하게 된다.

반면에 국가가 관리하는 공적 기록인 등기·등록으로 공시되어야 하는 물건은 아예 선의취득 대상이 아니다. ㉡ 법률이 등록 대상으로 규정한 자동차, 항공기 등의 동산은 등록으로 공시되는 물건이고, ㉢ 토지·건물과 같은 부동산은 등기로 공시되는 물건이다. 이러한 고가의 재산에 대해 선의취득을 허용하게 되면 원래 소유자의 의사에 반하는 소유권 박탈이 ⓐ 일어나게 된다. 이것은 거래 안전에만 치중하고 원래 소유자의 권리 보호를 경시한 것이 되어 바람직하지 않다고 볼 수 있다.

## 104

**윗글을 이해한 내용으로 적절하지 않은 것은?**

① 가방을 사용하고 있는 사람은 그 가방의 점유자이다.
② 가방을 점유하고 있더라도 그 가방의 소유자가 아닐 수 있다.
③ 가방의 소유권이 유효한 계약으로 이전되려면 점유 인도가 있어야 한다.
④ 가방에 대해 누가 소유권을 가지고 있는지를 알게 해 주는 방법은 점유이다.
⑤ 가방의 소유권을 양도하는 유효한 계약을 체결하면 공시 방법이 갖춰지지 않아도 소유권은 이전된다.

## 105

**[A]에 대한 이해로 가장 적절한 것은?**

① 물리적 지배를 해야 동산의 간접점유자가 될 수 있다.
② 간접점유는 피아노 소유권에 대한 공시 방법이 아니다.
③ 하나의 동산에 직접점유자가 있으려면 간접점유자도 있어야 한다.
④ 피아노의 직접점유자가 있으면 그 피아노의 간접점유자는 소유자가 아니다.
⑤ 유효한 양도 계약으로 피아노의 소유자가 되려면 피아노에 대해 직접점유나 간접점유 중 하나를 갖춰야 한다.

## 106

**㉠~㉢을 비교한 내용으로 가장 적절한 것은?**

① ㉠은 ㉢과 달리, 국가가 관리하는 공적 기록에 의해 소유권 양도가 공시될 수 있다.
② ㉡은 ㉠과 달리, 원래 소유자의 권리 보호가 거래 안전보다 중시되는 대상이다.
③ ㉢은 ㉠과 달리, 물리적 지배의 대상이 아니므로 점유로 공시될 수 없다.
④ ㉠과 ㉡은 모두 양도인이 소유자가 아니더라도 소유권 이전이 가능하다.
⑤ ㉠과 ㉢은 모두 점유개정으로 소유권 양도가 공시될 수 있다.

## 107

**윗글을 바탕으로 할 때, 〈보기〉를 이해한 내용으로 적절하지 않은 것은?** 3점

| 보기 |

갑과 을은, 갑이 끼고 있었던 금반지의 소유권을 을에게 양도하기로 하는 유효한 계약을 했다. 갑과 을은, 갑이 이 금반지를 보관하다가 을이 요구할 때 넘겨주기로 합의했다. 을은 소유권 양도 계약을 할 때 양도인이 소유자라고 믿었고 양도인이 소유자인지 확인하기 위해 충분히 주의했다. 을은 일주일 후 병과 유효한 소유권 양도 계약을 했고, 갑에게 통지하여 사흘 후 병에게 금반지를 넘겨주라고 알려 주었다.

① 갑이 금반지 소유자였다면, 병이 금반지의 물리적 지배를 넘겨받지 않았으나 병은 소유권을 취득한다.
② 갑이 금반지 소유자였다면, 을은 갑으로부터 물리적 지배를 넘겨받지 않았으나 점유 인도를 받은 것으로 간주된다.
③ 갑이 금반지 소유자가 아니었더라도, 병은 을로부터 을이 가진 소유권을 양도받아 취득한다.
④ 갑이 금반지 소유자가 아니었더라도, 을은 반환청구권 양도로 병에게 점유 인도를 한 것으로 간주된다.
⑤ 갑이 금반지 소유자가 아니었더라도, 병이 계약할 때 양도인이 소유자라고 믿었고 양도인이 소유자인지 확인하기 위해 충분히 주의했다면, 병은 소유권을 취득한다.

## 108

**문맥상 의미가 ⓐ와 가장 가까운 것은?**

① 작년은 우리나라에서 수많은 사건이 일어난 해였다.
② 청중 사이에서는 기쁨으로 인해 환호성이 일어났다.
③ 형님의 강한 의지력으로 집안이 다시 일어나게 되었다.
④ 나는 그 사람에 대해 경계심이 일어나지 않을 수 없었다.
⑤ 사회는 구성원들이 부조리에 맞서 일어남으로써 발전한다.

[109~113] 2019학년도 수능 16번~20번 정답과 해설편 p.205

## 다음 글을 읽고 물음에 답하시오.

5문항을 11분 안에 풀어보세요. 

사람은 살아가는 동안 여러 약속을 한다. 계약도 하나의 약속이다. 하지만 이것은 친구와 뜻이 맞아 주말에 영화 보러 가자는 약속과는 다르다. 일반적인 다른 약속처럼 계약도 서로의 의사 표시가 합치하여 성립하지만, 이때의 의사는 일정한 법률 효과의 발생을 목적으로 한다는 점에서 차이가 있다. 한 예로 매매 계약은 '팔겠다'는 일방의 의사 표시와 '사겠다'는 상대방의 의사 표시가 합치함으로써 성립하며, 매도인은 매수인에게 매매 목적물의 소유권을 이전하여야 할 의무를 짐과 동시에 매매 대금의 지급을 청구할 권리를 갖는다. 반대로 매수인은 매도인에게 매매 대금을 지급할 의무가 있고 소유권의 이전을 청구할 권리를 갖는다. 양 당사자는 서로 권리를 행사하고 서로 의무를 이행하는 관계에 놓이는 것이다.

이처럼 의사 표시를 필수적 요소로 하여 법률 효과를 발생시키는 행위들을 법률 행위라 한다. 계약은 법률 행위의 일종으로서, 당사자에게 일정한 청구권과 이행 의무를 발생시킨다. 청구권을 내용으로 하는 권리가 채권이고, 그에 따라 이행을 해야 할 의무가 채무이다. 따라서 채권과 채무는 발생한 법률 효과가 동전의 양면처럼 서로 다른 방향에서 파악되는 것이라 할 수 있다. 채무자가 채무의 내용대로 이행하여 채권을 소멸시키는 것을 변제라 한다.

갑과 을은 을이 소유한 그림 A를 갑에게 매도하는 것을 내용으로 하는 매매 계약을 체결하였다. ㉠ <u>을의 채무</u>는 그림 A의 소유권을 갑에게 이전하는 것이다. 동산인 물건의 소유권을 이전하는 방식은 그 물건을 인도하는 것이다. 갑은 그림 A가 너무나 마음에 들었기 때문에 그것을 인도받기 전에 대금 전액을 금전으로 지급하였다. 그런데 갑이 아무리 그림 A를 넘겨달라고 청구하여도 을은 인도해 주지 않았다. 이런 경우 갑이 사적으로 물리력을 행사하여 해결하는 것은 엄격히 금지된다.

채권의 내용은 민법과 같은 실체법에서 규정하고 있고, 그것을 강제적으로 실현할 수 있도록 민사 소송법이나 민사 집행법 같은 절차법이 갖추어져 있다. 갑은 소를 제기하여 판결로써 자기가 가진 채권의 존재와 내용을 공적으로 확정받을 수 있고, 나아가 법원에 강제 집행을 신청할 수도 있다. 강제 집행은 국가가 물리적 실력을 행사하여 채무자의 의사에 구애받지 않고 채무의 내용을 실행시켜 채권이 실현되도록 하는 제도이다.

을이 그림 A를 넘겨주지 않은 까닭은 갑으로부터 매매 대금을 받은 뒤에 을의 과실로 불이 나 그림 A가 타 없어졌기 때문이다. ㉮ <u>결국 채무는 이행 불능이 되었다</u>. 소송을 하더라도 불능의 내용을 이행하라는 판결은 ⓐ <u>나올</u> 수 없다. 그림 A의 소실이 계약 체결 전이었다면, 그 계약은 실현 불가능한 내용을 담고 있기 때문에 체결할 때부터 계약 자체가 무효이다. 이행 불능이 채무자의 과실 때문에 일어난 것이라면 채무자가 채무 불이행에 대한 책임을 져야 한다.

이때 채무 불이행은 갑이나 을의 의사 표시가 작용한 것이 아니라, 매매 목적물의 소실에 따른 이행 불능으로 말미암은 것이다. 이러한 사건을 통해서도 법률 효과가 발생한다. 채무 불이행에 대한 책임은 갑으로 하여금 계약을 해제할 수 있는 권리를 갖게 한다. 갑이 계약 해제권을 행사하면 그때까지 유효했던 계약이 처음부터 효력이 없는 것으로 된다. 이때의 계약 해제는 일방의 의사 표시만으로 성립한다. 따라서 갑이 해제권을 행사하는 데에 을의 승낙은 요건이 되지 않는다. 이러한 법률 행위를 단독 행위라 한다.

갑은 계약을 해제하였다. 이로써 그 계약으로 발생한 채권과 채무는 없던 것이 된다. 당연히 계약의 양 당사자는 자신의 채무를 이행할 필요가 없다. 이미 이행된 것이 있다면 계약이 체결되기 전의 상태로 돌려놓아야 한다. 이를 청구할 수 있는 권리가 원상회복 청구권이다. 계약의 해제로 갑은 원상회복 청구권을 행사할 수 있으며, 이러한 ㉡ <u>갑의 채권</u>은 결국 을에게 매매 대금을 반환해 달라고 청구할 수 있는 권리가 된다.

## 109

**윗글의 내용과 일치하지 <u>않는</u> 것은?**

① 실체법에는 청구권에 관한 규정이 있다.
② 절차법에 강제 집행 제도가 마련되어 있다.
③ 법률 행위가 없으면 법률 효과가 발생하지 않는다.
④ 법원을 통하여 물리력으로 채권을 실현할 수 있다.
⑤ 실현 불가능한 것을 내용으로 하는 계약은 무효이다.

## 110

**㉠, ㉡에 대한 이해로 가장 적절한 것은?**

① ㉠은 매도인의 청구와 매수인의 이행으로 소멸한다.
② ㉡은 채권자와 채무자의 의사 표시가 작용하여 성립한 것이다.
③ ㉠과 ㉡은 ㉠이 이행되면 그 결과로 ㉡이 소멸하는 관계이다.
④ ㉠과 ㉡은 동일한 계약의 효과를 서로 다른 측면에서 바라본 것이다.
⑤ ㉠에는 물건을 인도할 의무가 있고, ㉡에는 금전의 지급을 청구할 권리가 있다.

## 111

**㉮의 상황에 대한 설명으로 적절한 것은?**

① '을'의 과실로 이행 불능이 되어 '갑'의 계약 해제권이 발생한다.
② '갑'은 소를 제기하여야 매매의 목적이 된 재산권을 이전받을 수 있다.
③ '갑'은 원상회복 청구권을 행사하여야 '그림 A'의 소유권을 회복할 수 있다.
④ '갑'과 '을'은 애초부터 실현 불가능한 내용의 계약을 체결하였기 때문에 이행 불능이 되었다.
⑤ '을'이 '갑'에게 '그림 A'를 인도하는 것은 불가능해졌지만 '을'은 채무 불이행에 대한 책임을 지지 않는다.

## 112

**윗글을 바탕으로 할 때, 〈보기〉에 대한 분석으로 적절하지 않은 것은?** 3점

| 보 기 |
증여는 당사자의 일방이 자기의 재산을 무상으로 상대방에게 줄 의사를 표시하고 상대방이 이를 승낙함으로써 성립하는 계약이다. 증여자만 이행 의무를 진다는 점이 특징이다. 유언은 유언자의 사망과 동시에 일정한 법률 효과를 발생시키려는 것을 목적으로 하는데, 유언자의 의사 표시만으로 유효하게 성립하고 의사 표시의 상대방이 필요 없다는 점에서 증여와 차이가 있다.

① 증여, 유언, 매매는 모두 법률 행위로서 의사 표시를 요소로 한다.
② 증여와 유언은 법률 효과를 발생시키려는 목적이 있다는 점이 공통된다.
③ 증여는 변제의 의무를 발생시키지 않는다는 점에서 매매와 차이가 있다.
④ 증여는 당사자 일방만이 이행한다는 점에서 양 당사자가 서로 이행하는 관계를 갖는 매매와 차이가 있다.
⑤ 증여는 양 당사자의 의사 표시가 서로 합치하여 성립한다는 점에서 의사 표시의 합치가 필요 없는 유언과 차이가 있다.

## 113

**문맥상 의미가 ⓐ와 가장 가까운 것은?**

① 오랜 연구 끝에 만족할 만한 실험 결과가 나왔다.
② 그 사람이 부드럽게 나오니 내 마음이 누그러졌다.
③ 우리 마을은 라디오가 잘 안 나오는 산간 지역이다.
④ 이 책에 나오는 옛날이야기 한 편을 함께 읽어 보자.
⑤ 그동안 우리 지역에서는 걸출한 인물들이 많이 나왔다.

DAY 14 Ⅱ 사회

# 5. 그 밖의 사회, 문화 관련 이야기들

[114~117] 2025학년도 수능 14번~17번 정답과 해설편 p.209

**다음 글을 읽고 물음에 답하시오.** 4문항을 9분 안에 풀어보세요.

리프킨은 사회적 상호 작용에서의 자기표현은 본질적으로 연극적이며, 표면 연기와 심층 연기로 ⓐ 이루어진다고 언급했다. 표면 연기는 내면의 자연스러운 감정보다 의례적인 표현과 같은 형식에 집중하여 연기하는 것이고, 심층 연기는 내면의 솔직한 정서를 ⓑ 불러내어 자신의 진정성을 보여 주는 것이다. 인터넷에서의 커뮤니케이션에 주목한 리프킨은 가상 공간에서 자기표현이 더욱 활발히 이루어진다고 보았다.

가상 공간의 특성에 주목한 연구자들은 사람들과의 관계 속에서 드러나는 고유한 존재로서의 위상을 뜻하는 자기 정체성이 가상 공간에서 다양하게 ⓒ 나타난다고 본다. 가상 공간에서는 익명성이 작동하므로 현실에서 위축되는 사람도 적극적으로 자기표현을 할 수 있다. 아울러 현실에서의 자기 정체성을 ⓓ 감추고 다른 인격체로 활동하거나 현실에서 억압된 정서를 공격적으로 드러내기도 한다. 게임 아이디, 닉네임, 아바타 등 가상 공간에서 개별적 대상으로 인식되는 '인터넷 ID'에 대한 사이버 폭력이 ⓔ 넘쳐 나는 현실도 이와 무관하지 않다.

사이버 폭력과 관련하여, 인터넷 ID만을 알고 있는 상황에서 그에 대해 명예훼손이나 모욕 등의 공격이 있을 때 가해자에게 법적인 책임을 물을 수 있는지에 대한 논란이 있어 왔다. 이는 인터넷 ID가 사회적 평판인 명예의 주체로 인정될 수 있는가와 관련된다. 인터넷 ID의 명예 주체성을 ㉠ 인정하는 입장에 따르면, 자기 정체성은 일원적·고정적인 것이 아니라 현실 세계와 가상 공간에 걸쳐 존재하고 상호 작용하는 복합적인 것이다. 인터넷에서의 자기 정체성은 사용자 개인의 자기 정체성의 일부이기 때문에 자기 정체성을 가진 인터넷 ID의 명예 역시 보호되어야 한다. 반면 ㉡ 인정하지 않는 입장에 따르면, 생성·변경·소멸이 자유롭고 복수로 개설이 가능한 인터넷 ID는 그 사용자인 개인을 가상 공간에서 구별하는 장치에 불과하다. 인터넷 ID는 현실에서의 성명과 달리 그 사용자인 개인과 동일시될 수 없고, 인터넷 ID 자체는 사람이 아니므로 명예 주체성을 인정할 수 없다는 것이다.

㉮ 대법원은 실명을 거론한 경우는 물론, 실명을 거론하지 않았더라도 주위 사정을 종합할 때 지목된 사람이 누구인지를 제3자가 알 수 있는 경우에는 명예훼손이나 모욕에 대한 가해자의 법적 책임이 성립한다고 판시해 왔다. 이를 수용한 헌법재판소에서는 인터넷 ID와 관련된 명예훼손·모욕 사건의 헌법 소원에 대한 결정을 내린 바 있다. 이 결정에서 ㉯ 다수 의견은 인터넷 ID만을 알 수 있을 뿐 그 사용자가 누구인지 제3자가 알 수 없다면 피해자가 특정되지 않아 명예훼손이나 모욕에 대한 가해자의 법적 책임이 성립하지 않는다고 보았다. 반면 인터넷 ID는 가상 공간에서 성명과 같은 기능을 하므로 제3자의 인식 여부가 법적 책임의 근거가 될 수 없다는 ㉰ 소수 의견도 제시되었다.

## 114

**윗글의 내용과 일치하지 않는 것은?**

① 심층 연기는 내면의 진솔한 정서를 드러내기 위해 형식에 집중하는 자기표현이다.
② 리프킨은 현실 세계보다 가상 공간에서 자기표현이 더욱 왕성하게 드러난다고 보았다.
③ 가상 공간에서 개별적인 것으로 인식되는 아바타는 사이버 폭력의 대상이 될 수 있다.
④ 익명성은 가상 공간에서 자기 정체성이 다양하게 나타나는 데 영향을 미치는 가상 공간의 특성이다.
⑤ 가상 공간에서의 자기 정체성은 현실에서의 자기 정체성과 마찬가지로 타인과의 관계 속에서 나타난다.

## 115

**㉠과 ㉡에 대한 이해로 가장 적절한 것은?**

① ㉠은 ㉡과 달리 자기 정체성을 단일하고 고정적인 것으로 파악하겠군.
② ㉠은 ㉡과 달리 인터넷 ID에 대한 공격을 그 사용자인 개인에 대한 공격이라고 보겠군.
③ ㉡은 ㉠과 달리 인터넷에서의 자기 정체성과 현실 세계의 자기 정체성이 상호 작용을 한다고 보겠군.
④ ㉡은 ㉠과 달리 인터넷 ID는 복수 개설이 가능하므로 자기 정체성이 복합적으로 구성된다고 보겠군.
⑤ ㉠과 ㉡은 모두, 인터넷 ID마다 개인의 자기 정체성이 다르다고 보겠군.

## 116

**윗글을 바탕으로 <보기>를 이해한 내용으로 적절하지 않은 것은?** [3점]

> **| 보기 |**
>
> ○○ 인터넷 카페의 이용자 A는 a, B는 b, C는 c라는 ID를 사용한다. 박사 학위 소지자인 A는 □□ 전시관의 해설사이고, B는 같은 전시관에서 물고기 관리를 혼자 전담한다. 이 전시관의 누리집에는 직무별로 담당자가 공개되어 있다. 어떤 사람이 □□ 전시관에서 A의 해설을 듣고 A의 실명을 언급한 후기를 카페 게시판에 올리자 다음과 같은 댓글이 달렸다.
>
> A의 해설에 대한 후기
> └ b : A가 박사인지 의심스럽다. A는 #~#.
> 　└ a : □□ 전시관에서 물고기를 관리하는 b는 #~#.
> 　　└ c : 게시판 분위기를 흐리는 a는 #~#.
>
> (단, '#~#'는 명예를 훼손하거나 모욕을 주는 표현이고 A, B, C는 실명이다. ID로는 그 사용자의 개인 정보를 알 수 없으며, A, B, C의 법적 책임에 영향을 미치는 다른 요소는 고려하지 않는다.)

① ㉮는 B가 가해자로서의 법적 책임을 져야 하지만 C는 가해자로서의 법적 책임을 지지 않는다고 보겠군.
② ㉯는 B가 가해자로서의 법적 책임을 져야 하지만 A는 가해자로서의 법적 책임을 지지 않는다고 보겠군.
③ ㉮와 ㉰는 A가 가해자로서의 법적 책임을 져야 하는지의 여부에 대해 같게 보겠군.
④ ㉯와 ㉰는 B가 가해자로서의 법적 책임을 져야 하는지의 여부에 대해 같게 보겠군.
⑤ ㉮, ㉯, ㉰가, C가 가해자로서의 법적 책임을 져야 하는지의 여부에 대해 판단한 내용이 모두 같지는 않겠군.

## 117

**문맥상 ⓐ~ⓔ와 바꿔 쓰기에 가장 적절한 것은?**

① ⓐ : 완성(完成)된다고
② ⓑ : 요청(要請)하여
③ ⓒ : 표출(表出)된다고
④ ⓓ : 기만(欺瞞)하고
⑤ ⓔ : 확충(擴充)되는

[118~121] 2025학년도 6월 모평 4번~7번 정답과 해설편 p.211

**다음 글을 읽고 물음에 답하시오.** 4문항을 8분 안에 풀어보세요.  8분

정당과 같은 정치 조직이 민주적 방식과 절차로 운영되어야 하는 것은 당연하다. 그런데 민주적 운영 체제를 갖추었으면서도 실제로는 일부 소수에게 권력이 집중되어 있는 경우도 적지 않다. 조직 운영에서 보이는 이러한 현상을 흔히 과두제라 한다. 이는 정치 조직에서뿐만 아니라 기업 경영에서도 나타난다.

모든 주주가 경영진을 이루어 상호 협력 관계를 기반으로 기업을 운영하며 의사 결정권도 균등하게 행사하는 경우에 이를 '공동체적 경영'이라 부르기도 한다. 이런 기업에서 경영진은 모두 업무와 관련하여 전문성을 가지며, 경영 수익에 관련된 중요한 사항은 주주들이 공동으로 결정한다. 그러나 기업의 규모가 성장하고 사업이 다양해지면, 소수의 의사 결정에 따른 수직적 경영으로 효율성을 지향하는 '과두제적 경영'으로 나아가는 일도 있다.

[과두제적 경영]은 소수의 경영자로 이루어진 경영진이 강한 결속력을 가지면서 실질적 권한과 정보를 독점하며 기업을 운영하는 것을 말한다. 이런 체제는 전문성과 경험을 갖춘 경영진을 중심으로 안정적 경영권이 확보될 수 있도록 하여, 기업 전략을 장기적으로 수립하고, 이에 맞춰 과감하고 지속적인 투자를 할 수 있어서 첨단 핵심 기술의 개발에도 유리한 면이 있다. 그리고 기업과 경영진 간의 높은 일체성은 위기 상황에서 신속한 의사 결정으로 효율적인 대처를 하는 데 도움을 주기도 한다.

그런데 대체로 주주의 수가 많으면 개별 주주의 결정권은 약하고, 소수의 경영진이 기업을 장악하는 힘은 크다. 이를 이용하여 정보와 권한이 집중된 소수의 경영진이 사익에 치중하면 다수 주주의 이익이 침해되는 폐해가 나타날 수 있다. 경영 성과를 실제보다 부풀려 투자를 유치한 뒤 주주들에게 회복하기 어려운 손해를 입히는 경우도 있으며, 기업 운영에 중대한 영향을 미치는 주요 정보들을 은폐하거나 경영 상황을 조작하여 발표함으로써 결과적으로 기업의 가치에 심각한 타격을 주는 사례도 종종 보게 된다.

이러한 문제점을 완화하기 위해 기업이 경영자와 계약을 체결하여 급여 이외의 경제적 이익을 동기로 부여하는 방안이 있다. 예를 들면, 일정 수량의 주식을 계약 시에 정한 가격으로 미래에 매수할 수 있도록 하는 스톡옵션의 권리를 경영자에게 부여하는 방식이 있다. 이 권리를 행사할지 말지는 자유이고, 경영자는 매수 시점을 유리하게 선택할 수 있다. 또 아직 우리나라에 도입되지는 않았지만, 기업의 주식 가치가 목표치 이상으로 올랐을 때 경영자가 그에 상응하는 보상을 받는 주식 평가 보상권의 방식도 있다.

기업 경영의 건전성을 확보하기 위해 마련된 공적 제도들은 과두제적 경영의 폐해를 방지하는 기능도 한다. 기업의 주식 가치에 영향을 미칠 수 있는 정보 제공을 법적으로 의무화한 경영 공시 제도는 경영 투명성을 높이려는 것이다. 이를 통해 경영진과 주주들 간 정보 격차가 줄어들 수 있다. 기업의 이사회에 외부 인사를 이사로 참여시키도록 하는 사외 이사 제도는 독단적인 의사 결정을 견제함으로써 폐쇄적 경영으로 인한 정보와 권한의 집중을 억제하는 효과를 거둘 수 있다.

## 118

**윗글의 내용 전개 방식으로 가장 적절한 것은?**

① 대상의 개념과 장단점을 제시하고 보완책을 소개한다.
② 유사한 원리들을 분석하고 이를 하나의 이론으로 통합한다.
③ 대립하는 유형을 들어 이론적 근거의 변천 과정을 설명한다.
④ 가설을 세우고 그에 대해 현실적인 사례를 들어 가며 검토한다.
⑤ 문제 상황의 근본 원인을 진단하고 해결책에 대한 상반된 입장을 해설한다.

## 119

**[과두제적 경영]에 대한 이해로 적절하지 않은 것은?**

① 소수의 경영진이 내린 의사 결정이 수직적으로 집행되는 효율성을 추구한다.
② 강한 결속력을 가진 소수의 경영자로 경영진을 이루어 경영권 유지에 강점이 있다.
③ 경영권이 안정되어 중요 기술 개발에 적극적인 투자를 계속하는 데에 유리하다는 장점이 있다.
④ 경영진이 투자자의 유입을 유도하기 위하여 경영 성과를 부풀릴 위험성이 있어 이에 대비할 필요가 있다.
⑤ 경영진과 다수 주주 사이의 이해가 일치하는 경우에는 그렇지 않은 경우보다 기업 가치가 훼손될 위험성이 높아진다.

## 120

**윗글을 읽고 추론한 내용으로 적절하지 않은 것은?**

① 스톡옵션의 권리를 가진 경영자는 주식 가격이 미리 정해 놓은 것보다 하락하더라도 손실을 입지 않을 수 있다.
② 스톡옵션은 경영자의 성과 보상에 미래의 주식 가치가 관련된다는 점에서 주식 평가 보상권과 차이가 있다.
③ 경영 공시는 주주가 기업 경영 상황을 파악하여 기업 가치를 평가하는 데 유용한 제도가 될 수 있다.
④ 사외 이사 제도는 기업의 의사 결정에 외부 인사를 참여시켜 경영의 개방성을 높일 수 있는 제도라 평가할 수 있다.
⑤ 경영 공시 제도와 사외 이사 제도는 기업의 중요 정보에 대한 경영진의 독점을 완화할 수 있다.

## 121

**윗글을 바탕으로 〈보기〉를 이해한 내용으로 가장 적절한 것은?** [3점]

| 보기 |

X사는 정밀 부품 분야에서 독보적인 기술을 장기간 보유하여 발전시켜 온 기업으로서 시장 점유율도 높다. 원래 X사의 주주들은 모두 함께 경영진이 되어 중요 사항에 대하여 동등한 결정권을 보유하였으나, 기업이 성장하면서 효율성 증진을 위하여 소수의 주주만으로 경영진을 구성하였다. 경영진은 주기적으로 다른 주주들로 교체되어 전체 주주는 기업의 경영 상태를 파악할 수 있으며, 경영 이익의 분배와 같은 주요 사항은 전체 주주가 공동으로 의결한다. X사의 주주 A와 B는 회사의 진로에 관하여 다음과 같은 대화를 나누었다.

A : 최근 치열해진 경쟁에 대응하려면, 경영진의 구성원을 변동시키지 않고 경영 결정권도 경영진이 전적으로 행사하도록 하는 게 좋겠습니다.
B : 시장 점유율도 잘 유지되고 있고 우리 주주들의 전문성도 탁월하니, 예전처럼 회사를 운영한다고 하더라도 문제없을 듯합니다.

① X사는 주주들 사이의 평등성이 강하여 과도한 정보 격차나 권한 집중과 같은 폐해를 보이지 않는다.
② X사는 현재 경영진이 고정되는 구조로 바뀌었지만 주주가 실적에 대한 이익 분배를 결정할 수 있기 때문에 수직적 경영의 부작용은 나타나지 않는다.
③ A는 결속력이 강한 소수의 경영진을 중심으로 운영되는 경영 방식을 현행대로 유지하여야 시장의 점유율을 지킬 수 있다고 보는 입장이다.
④ B는 수평적인 의사 결정 구조로의 전환을 최소한으로 하여 효율적 경영을 유지해야 한다고 보는 입장이다.
⑤ A와 B는 현재 X사가 경험과 전문성을 바탕으로 안정적인 과두제적 경영을 하고 있다는 전제에서 논의를 한다.

[122~125] 2024학년도 수능 4번~7번 정답과 해설편 p.214

다음 글을 읽고 물음에 답하시오. 4문항을 12분 안에 풀어보세요. 

㉠ 경마식 보도는 경마 중계를 하듯 지지율 변화나 득표율 예측 등을 집중 보도하는 선거 방송의 한 방식이다. 경마식 보도는 선거일이 가까워질수록 증가한다. 새롭고 재미있는 정보를 원하는 시청자들의 요구에 부응하고, 방송사로서도 매일 새로운 뉴스를 제공하는 방편이 될 수 있기 때문이다. 경마식 보도는 선거와 정치에 무관심한 유권자들의 선거 참여, 정치 참여를 독려하는 장점이 있다. 하지만 흥미를 돋우는 데 치중하는 경마식 보도는 선거의 주요 의제를 도외시하고 경쟁 결과에 초점을 맞춰 선거의 공정성을 저해할 수 있다.

경마식 보도의 문제점을 줄이려는 조치가 있다. ㉮「공직선거법」의 규정에 따르면, 당선인을 예상케 하는 여론조사를 실시하는 것은 언제든지 가능하지만, 그 결과의 보도는 선거일 6 일 전부터 투표 마감 시각까지 금지된다. 이러한 규정이 국민의 알 권리와 언론의 자유를 침해하는지에 대해 헌법재판소는 신뢰할 수 있는 여론조사 결과라 하더라도 선거일에 임박해 보도하면 선거에 영향을 끼칠 수 있다며 합헌 결정을 내렸다. 「공직선거법」에 근거를 둔 ㉯「선거방송심의에 관한 특별규정」은 유권자에게 영향을 줄 수 있는 사실의 왜곡 보도를 금지하고, 여론조사 결과가 오차 범위 내에 있을 때에 이를 밝히지 않은 채로 서열이나 우열을 나타내는 보도도 금지하고 있다. 언론 단체의 ㉰「선거여론조사보도준칙」은 표본 오차를 감안하여 여론조사 결과를 정확하게 보도하도록 요구한다. 지지율 차이가 오차 범위 내에 있을 때 "경합"이라는 표현은 무방하지만 서열화하거나 "오차 범위 내에서 앞섰다."라는 표현처럼 우열을 나타내어 보도할 수 없다는 것이다.

경마식 보도로부터 드러난 선거 방송의 한계를 보완하는 방책 중 하나로 선거 방송 토론회가 활용될 수 있다. 이 토론회를 통해 후보자 간 정책과 자질 등의 차이가 드러날 수 있는데, 현실적인 이유로 초청 대상자는 한정된다. ㉡「공직선거법」의 선거 방송 토론회 규정은 5 인 이상의 국회의원을 가진 정당이나 직전 선거에서 3 % 이상 득표한 정당이 추천한 후보자, 또는 언론기관의 여론조사 결과 평균 지지율이 5 % 이상인 후보자 등을 초청 기준으로 제시하고 있다. 다만 초청 대상이 아닌 후보자들을 위해 별도의 토론회 개최가 가능하고 시간이나 횟수를 다르게 할 수 있다.

이러한 규정이 선거 운동의 기회균등 원칙을 침해하는지에 대해 헌법재판소는 위헌이 아니라고 결정했다. ⓐ 다수 의견은 방송 토론회의 효율적 운영을 고려할 때 초청 대상 후보자 수가 너무 많으면 제한된 시간 안에 심층적인 토론이 이루어지기 어렵고, 유권자들도 관심이 큰 후보자들의 정책 및 자질을 직접 비교하기 어렵다는 점을 지적하며, 이 규정은 합리적 제한이라고 보았다. 반면 ⓑ 소수 의견은 이 규정이 가장 효과적인 선거 운동의 기회를 일부 후보자에게서 박탈하며, 유권자에게도 모든 후보자를 동시에 비교하지 못하게 하고, 초청 대상 후보자 토론회에 참여한 후보자와 그렇지 못한 후보자를 차별적으로 인식하게 만든다고 지적하였다. 이 규정을 소수 정당이나 정치 신인 등에 대한 자의적이고 차별적인 침해라고 본 것이다.

## 122

**㉠에 대한 설명으로 가장 적절한 것은?**

① 선거 기간의 후반기에 비해 전반기에 더 많다.
② 시청자와 방송사의 상반된 이해관계가 반영된다.
③ 당선자 예측과 관련된 정보의 전파에 초점을 맞추지 않는다.
④ 선거의 핵심 의제에 관한 후보자의 입장을 다룬 보도를 중시한다.
⑤ 정치에 관심이 없던 유권자들이 선거에 관심을 갖도록 북돋운다.

## 123

**윗글에서 알 수 있는 내용으로 적절하지 않은 것은?**

① 신뢰할 수 있는 여론조사의 결과를 보도하더라도 선거의 공정성을 위협할 수 있다.
② 정당의 추천을 받지 못해도 선거 방송의 초청 대상 후보자 토론회에 참여할 수 있다.
③ 국민의 알 권리와 언론의 자유가 서로 충돌하는지의 문제를 헌법재판소에서 논의한 적이 있다.
④ 선거일에 당선인 예측 선거 여론조사를 실시하고 투표 마감 시각 이후에 그 결과를 보도할 수 있다.
⑤「공직선거법」에는 선거 운동의 기회가 모든 후보자에게 균등하게 배분되지 못하도록 할 가능성이 있는 규정이 있다.

## 124

**ⓒ과 관련하여 ⓐ와 ⓑ의 입장에 대한 반응으로 가장 적절한 것은?** 3점

① 선거 방송 초청 대상 후보자 토론회에서 후보자들이 심층적인 토론을 하지 못한 원인이 시간의 제한이나 참여한 후보자의 수와 관계가 없다면 ⓐ의 입장은 강화되겠군.

② 주요 후보자의 정책이 가진 치명적 허점을 지적하고 좋은 대안을 제시해 유명해진 정치 신인이 선거 방송 초청 대상 후보자 토론회에 초청받지 못한다면 ⓐ의 입장은 약화되겠군.

③ 선거 방송 초청 대상 후보자 토론회에 참여할 적정 토론자의 수를 제한하는 기준이 국민의 합의에 의해 결정되었기 때문에 자의적인 것이 아니라고 한다면 ⓑ의 입장은 강화되겠군.

④ 어떤 후보자가 지지율이 낮은 후보자 간의 별도 토론회에서 뛰어난 정치 역량을 보여 주었음에도 그 토론회에 참여했다는 이유만으로 지지율이 떨어진다면 ⓑ의 입장은 약화되겠군.

⑤ 유권자들이 뛰어난 역량을 가진 소수 정당 후보자를 주요 후보자들과 동시에 비교할 수 있는 가장 효율적인 방법이 선거 방송 초청 대상 후보자 토론회라면 ⓑ의 입장은 약화되겠군.

## 125

**㉮~㉰에 따라 <보기>에 대한 언론 보도를 평가한 내용으로 적절하지 <u>않은</u> 것은?**

| 보기 |

다음은 ○○ 방송사의 의뢰로 △△ 여론조사 기관에서 세 차례 실시한 당선인 예측 여론조사 결과의 일부이다. (세 조사 모두 신뢰 수준 95 %, 오차 범위 8.8 %P임.)

| 구분 | | 1차 조사 | 2차 조사 | 3차 조사 |
|---|---|---|---|---|
| 조사일 | | 선거일 15 일 전 | 선거일 10 일 전 | 선거일 5 일 전 |
| 조사 결과 | A 후보 | 42 % | 38 % | 39 % |
| | B 후보 | 32 % | 37 % | 38 % |
| | C 후보 | 18 % | 17 % | 17 % |

① 1차 조사 결과를 선거일 14 일 전에 "A 후보, 10 %P 이상의 차이로 B 후보와 C 후보에 우세"라고 보도하는 것은 ㉯와 ㉰ 중 어느 것에도 위배되지 않겠군.

② 2차 조사 결과를 선거일 9 일 전에 "A 후보는 B 후보에 조금 앞서고, C 후보는 3위"라고 보도하는 것은 ㉯에 위배되지만, ㉰에 위배되지 않겠군.

③ 3차 조사 결과를 선거일 4 일 전에 "A 후보는 오차 범위 내에서 1위"라고 보도하는 것은 ㉮와 ㉰에 모두 위배되겠군.

④ 1차 조사 결과를 선거일 14 일 전에 "A 후보 1위, B 후보 2위, C 후보 3위"라고 보도하는 것은 ㉯에 위배되지 않고, 2차 조사 결과를 선거일 9 일 전에 같은 표현으로 보도하는 것은 ㉰에 위배되겠군.

⑤ 2차 조사 결과를 선거일 9 일 전에 "B 후보, A 후보와 오차 범위 내 경합"이라고 보도하는 것은 ㉰에 위배되지 않고, 3차 조사 결과를 선거일 4 일 전에 같은 표현으로 보도하는 것은 ㉮에 위배되겠군.

[126~129] 2024학년도 6월 모평 4번~7번 정답과 해설편 p.217

다음 글을 읽고 물음에 답하시오. 4문항을 6분 안에 풀어보세요.  6분

공포 소구는 그 메시지에 담긴 권고를 따르지 않을 때의 해로운 결과를 강조하여 수용자를 설득하는 것으로, 1950년대 초부터 설득 전략 연구자들의 연구 대상이 되었다. 초기 연구를 대표하는 재니스는 기존 연구에서 다루어지지 않았던 공포 소구의 설득 효과에 주목하였다. 그는 수용자에게 공포 소구를 세 가지 수준으로 달리 제시하는 실험을 한 결과, 중간 수준의 공포 소구가 가장 큰 설득 효과를 보인다는 것을 발견하였다.

공포 소구 연구를 진척시킨 레벤달은 재니스의 연구가 인간의 감정적 측면에만 ㉠ 치우쳤다고 비판하며, 공포 소구의 효과는 수용자의 감정적 반응만이 아니라 인지적 반응과도 관련된다고 하였다. 그는 감정적 반응을 '공포 통제 반응', 인지적 반응을 '위험 통제 반응'이라 ㉡ 불렀다. 그리고 후자가 작동하면 수용자들은 공포 소구의 권고를 따르게 되지만, 전자가 작동하면 공포 소구로 인한 두려움의 감정을 통제하기 위해 오히려 공포 소구에 담긴 위험을 무시하려는 반응을 보이게 된다고 하였다.

이러한 선행 연구들을 종합한 위티는 우선 공포 소구의 설득 효과를 좌우하는 두 요인으로 '위협'과 '효능감'을 설정하였다. 수용자가 공포 소구에 담긴 위험을 자신이 ㉢ 겪을 수 있는 것이고 그 위험의 정도가 크다고 느끼면, 그 공포 소구는 위협의 수준이 높다. 그리고 공포 소구에 담긴 권고를 이행하면 자신의 위험을 예방할 수 있고 자신에게 그 권고를 이행할 능력이 있다고 느끼면, 효능감의 수준이 높다. 한 동호회에서 회원들에게 '모임에 꼭 참석해 주세요. 불참 시 회원 자격이 사라집니다.'라는 안내문을 ㉣ 보냈다고 하자. 회원 자격이 사라진다는 것은 그 동호회 활동에 강한 애착을 가지고 있는 사람에게는 높은 수준의 위협이 된다. 그리고 그가 동호회 모임에 참석하는 일이 어렵지 않다고 느낄 때, 안내문의 권고는 그에게 높은 수준의 효능감을 주게 된다.

위티는 이 두 요인을 레벤달이 말한 두 가지 통제 반응과 관련지어 다음과 같은 결론을 도출하였다. 위협과 효능감의 수준이 모두 높을 때에는 위험 통제 반응이 작동하고, 위협의 수준은 높지만 효능감의 수준이 낮을 때에는 공포 통제 반응이 작동한다. 그러나 위협의 수준이 낮으면, 수용자는 그 위협이 자신에게 아무 영향을 ㉤ 주지 않는다고 느껴 효능감의 수준에 관계없이 공포 소구에 대한 반응이 없게 된다. 이렇게 정리된 결론은 그간의 공포 소구 이론을 통합한 결과라는 점에서 후속 연구의 중요한 디딤돌이 되었다.

## 126

**윗글의 내용 전개 방식으로 가장 적절한 것은?**

① 화제에 대한 연구들이 시작된 사회적 배경을 분석하고 있다.
② 화제에 대한 연구들을 선행 연구와 연결하여 설명하고 있다.
③ 화제에 대한 연구들을 분류하는 기준의 문제점을 검토하고 있다.
④ 화제에 대한 연구들을 소개한 후 남겨진 연구 과제를 제시하고 있다.
⑤ 화제에 대한 연구들이 봉착했던 난관과 그 극복 과정을 소개하고 있다.

## 127

**윗글을 읽은 학생의 반응으로 적절하지 않은 것은?**

① 재니스는 공포 소구의 효과를 연구하는 실험에서 공포 소구의 수준을 달리하며 수용자의 변화를 살펴보았겠군.
② 레벤달은 재니스의 연구 결과에 대하여 수용자의 감정적 반응과 인지적 반응을 모두 고려하여 살펴보았겠군.
③ 레벤달은 공포 소구의 설득 효과가 나타나려면 공포 통제 반응보다 위험 통제 반응이 작동해야 한다고 보았겠군.
④ 위티는 수용자가 공포 소구에 담긴 위험을 느끼지 않아야 공포 소구의 권고를 따르게 된다고 보았겠군.
⑤ 위티는 공포 소구의 위협 수준이 그 공포 소구의 효능감 수준에 따라 달라지는 것은 아니라고 보았겠군.

## 128

**윗글을 참고할 때, <보기>의 실험에 대해 추론한 내용으로 적절하지 않은 것은?** 3점

ㅣ보기ㅣ

한 모임에서 공포 소구 실험을 진행한 결과, 수용자들의 반응은 위티의 결론과 부합하였다. 이 실험에서는 위협의 수준(높음 / 낮음), 효능감의 수준(높음 / 낮음)의 조합을 달리하여 피실험자들을 네 집단으로 나누었다. 집단 1과 집단 2는 공포 소구에 대한 반응이 없었고, 집단 3은 위험 통제 반응, 집단 4는 공포 통제 반응이 작동하였다.

① 집단 1은 위협의 수준이 낮았을 것이다.
② 집단 3은 효능감의 수준이 높았을 것이다.
③ 집단 4는 위협과 효능감의 수준이 서로 달랐을 것이다.
④ 집단 2와 집단 4는 위협의 수준이 서로 달랐을 것이다.
⑤ 집단 3과 집단 4는 효능감의 수준이 서로 같았을 것이다.

## 129

**문맥상 ㉠~㉤과 바꾸어 쓰기에 적절하지 않은 것은?**

① ㉠: 편향(偏向)되었다고
② ㉡: 명명(命名)하였다
③ ㉢: 경험(經驗)할
④ ㉣: 발송(發送)했다고
⑤ ㉤: 기여(寄與)하지

다음 글을 읽고 물음에 답하시오. 6문항을 8분 안에 풀어보세요. 

(가)

광고는 시장의 형태 중 독점적 경쟁 시장에서 그 효과가 크다. 독점적 경쟁 시장은, 유사하지만 차별적인 상품을 다수의 판매자가 경쟁하며 판매하는 시장이다. 각 판매자는 자신이 공급하는 상품을 구매자가 차별적으로 인지하고 선호할 수 있도록 하기 위해 광고를 이용한다. 판매자에게 그러한 차별적 인지와 선호가 중요한 이유는, 이를 통해 판매자가 자신의 상품을 원하는 구매자에 대해 누리는 독점적 지위를 강화할 수 있기 때문이다.

일반적으로 독점적 지위를 누린다는 것은 상품의 가격을 결정할 수 있는 힘이 있다는 의미이다. 그럼에도 불구하고 판매자는 구매자의 수요를 고려해야 한다. 대체로 구매자는 상품의 물량이 많을 때보다 적을 때 높은 가격을 지불하고자 하기 때문에, 판매자는 공급량을 감소시킴으로써 더 높은 가격을 책정할 수 있다. 독점적 경쟁 시장의 판매자도 이러한 지위 덕분에 상품에 차별성이 없는 경우를 가정할 때보다 다소 비싼 가격에 상품을 판매하는 경향이 있다. 그러나 그 결과 독점적 경쟁 시장의 판매자가 단기적으로 이윤을 보더라도, 그 이윤이 지속되리라 기대할 수는 없다. 이윤을 보는 판매자가 있으면 그러한 이윤에 이끌려 약간 다른 상품을 공급하는 신규 판매자의 수가 장기적으로 증가하고, 그 결과 기존 판매자가 공급하던 상품에 대한 수요는 감소하여 이윤이 줄어들 것이기 때문이다.

판매자가 광고를 통해 상품의 차별성을 알리는 대표적인 방법은 상품에 대한 정보를 전달하는 것이다. 하지만 많은 비용을 들인 것으로 보이는 광고만으로도 상품의 차별성을 부각할 수 있다. 판매자가 경쟁력에 자신 없는 상품에 많은 광고 비용을 지출하지 않을 것이라는 구매자의 추측을 유도하는 것이 이 광고 방법의 목적이다. 가격이 변화할 때 구매자의 상품 수요량이 변하는 정도를 수요의 가격 탄력성이라 하는데, 구매자가 자신이 선호하는 상품이 차별화되었다고 느낄수록 수요의 가격 탄력성은 감소한다. 이처럼 구매자가 특정 상품에 갖는 충성도가 높아지면, 판매자의 독점적 지위는 강화된다. 판매자는 이렇게 광고가 ㉠ 경쟁을 제한하는 효과를 노린다. 독점적 경쟁 시장에 진입하는 신규 판매자도 상품의 차별성을 강조함으로써 독점적 지위를 확보하고자 광고를 빈번하게 이용한다.

(나)

광고는 광고주인 판매자의 이윤 추구 수단으로 기획되지만, 그러한 광고가 광고주의 의도와 상관없이 시장에 영향을 끼치기도 한다. 우선 광고가 독점적 경쟁 시장의 판매자 간 ㉡ 경쟁을 촉진할 수 있다. 이러한 효과는 광고를 통해 상품 정보에 노출된 구매자가 상품의 품질이나 가격에 예민해질 때 발생한다. 특히 구매자가 가격에 민감하게 수요량을 바꾼다면, 판매자는 경쟁 상품의 가격을 더욱 고려하게 되어 가격 경쟁에 돌입하게 된다. 또한 경쟁은 신규 판매자가 광고를 통해 신상품을 쉽게 홍보하고 시장에 진입할 수 있게 됨으로써 촉진된다. 더 많은 판매자가 시장에서 경쟁하게 되면 각 판매자의 독점적 지위는 약화되고, 구매자는 더 다양한 상품을 높지 않은 가격에 구매할 수 있게 된다.

광고가 특정한 상품에 대한 독점적 경쟁 시장을 넘어서 경제와 사회 전반에 영향을 주기도 한다. 개별 광고가 구매자의 내면에 잠재된 필요나 욕구를 환기하여 대상 상품에 대한 소비를 촉진하는 효과가 합쳐지면 경제 전반에 선순환을 기대할 수 있다. 경제에 광고가 없는 상황을 가정할 때와 비교하면 광고는 쓰던 상품을 새 상품으로 대체하고 싶은 소비자의 욕구를 강화하고, 신상품이 인기를 누리는 유행 주기를 단축하여 소비를 증가시킬 수 있다. 촉진된 소비는 생산 활동을 자극한다. 상품의 생산에는 근로자의 노동, 기계나 설비 같은 생산 요소가 ⓐ 들어가므로, 생산 활동이 증가하면 결과적으로 고용이나 투자가 증가한다. 고용 및 투자의 증가는 근로자이거나 투자자인 구매자의 소득을 증가시킬 수 있다. 경제 전반의 소득이 증가할 때 소비가 증가하는 정도를 한계 소비 성향이라고 하는데, 한계 소비 성향은 양(+)의 값이어서, 경제 전반의 소득 수준이 향상되면 소비가 증가하게 된다.

하지만 광고의 소비 촉진 효과는 환경 오염을 우려하는 사람들에게 비판의 대상이 되기도 한다. 소비뿐만 아니라 소비로 촉진된 생산 활동에서도 환경 오염이 발생하기 때문이다. 환경 오염을 적절한 수준으로 줄이기에 충분한 비용을 판매자나 구매자가 지불할 가능성은 낮으므로, 대부분의 경우에 환경 오염은 심할 수밖에 없다.

## 130

**(가), (나)에 대한 설명으로 가장 적절한 것은?**

① (가)는 광고의 개념을 정의하고 광고가 시장에서 차지하는 위상을 소개하고 있다.
② (가)는 광고가 판매자에게 중요한 이유를 제시하고 판매자가 광고를 통해 얻으려는 효과를 설명하고 있다.
③ (나)는 광고의 영향에 대한 다양한 견해를 소개하고 각각의 견해가 안고 있는 한계점을 지적하고 있다.
④ (나)는 광고가 구매자에게 수용되는 과정을 제시하고 구매자가 광고를 수용할 때의 유의점을 나열하고 있다.
⑤ (가)와 (나)는 모두 구매자가 상품을 선택하는 기준을 제시하고 광고와 관련된 제도 마련의 필요성을 강조하고 있다.

## 131

**독점적 지위에 대한 설명으로 적절하지 않은 것은?**

① 독점적 경쟁 시장에 신규 판매자가 진입하는 것을 차단하지는 않는다.
② 판매자가 공급량을 조절하여 가격을 책정할 수 있는 힘을 가지고 있음을 의미한다.
③ 구매자가 지불하고자 하는 가격이 상품 공급량에 따라 어느 정도인지를 판매자가 감안하지 않아도 되게 한다.
④ 독점적 경쟁 시장의 판매자가 다소 비싼 가격을 책정할 수 있게 하지만 이윤을 지속적으로 보장하지는 않는다.
⑤ 독점적 경쟁 시장의 판매자가 구매자로 하여금 판매자 자신의 상품을 차별적으로 인지하고 선호하게 하면 강화된다.

## 132

**(나)에서 알 수 있는 내용으로 적절하지 않은 것은?**

① 광고에 의해 유행 주기가 단축되어 소비가 촉진될 수 있다.
② 광고가 경제 전반에 선순환을 일으키는 정도는 한계 소비 성향이 커질 때 작아진다.
③ 광고가 생산 활동을 자극하면, 근로자이거나 투자자인 구매자의 소득 수준을 향상할 수 있다.
④ 광고가 생산 활동을 증가시키면, 근로자의 노동, 기계나 설비 같은 생산 요소 이용이 증가한다.
⑤ 광고의 소비 촉진 효과는 경제 전반에 광고가 없는 상황에 비해 환경 오염을 심화할 수 있다.

## 133

**㉠, ㉡을 이해한 내용으로 적절한 것은?**

① ㉠은 상품에 대한 구매자의 충성도가 높아질 때 일어나고, ㉡은 수요의 가격 탄력성이 높아질 때 일어난다.
② ㉠의 결과로 판매자는 상품의 가격을 올리기 어렵게 되고, ㉡의 결과로 구매자는 다소 비싼 가격을 감수하게 된다.
③ ㉠은 시장 전체의 판매자 수가 증가하지 않는다는 의미이고, ㉡은 신규 판매자가 시장에 진입하기 어려워진다는 의미이다.
④ ㉠은 기존 판매자의 광고가 차별성을 알리는 데 성공하지 못한 결과로 나타나고, ㉡은 신규 판매자의 광고가 의도대로 성공한 결과로 나타난다.
⑤ ㉠은 광고로 인해 가격에 대한 구매자의 민감도가 약화될 때 발생하고, ㉡은 광고로 인해 판매자가 경쟁 상품의 가격을 고려할 필요가 감소될 때 발생한다.

## 134

**다음은 어느 기업의 광고 기획 초안이다. 윗글을 참고하여 초안을 분석한 학생의 반응으로 적절하지 않은 것은?** [3점]

> **'갑' 기업의 광고 기획 초안**
>
> ㅇ 대상 : 새로 출시하는 여드름 억제 비누
>
> ㅇ 기획 근거 : 다수의 비누 판매 기업이 다양한 여드름 억제 비누를 판매 중이며, 우리 기업은 여드름 억제 비누 시장에 처음으로 진입하려는 상황이다. 우리 기업의 신제품은 새로운 성분이 함유되어 기존의 어떤 비누보다 여드름 억제 효과가 탁월하며, 국내에서 전량 생산할 계획이다.
>
> 현재 여드름 억제 비누 시장을 선도하는 경쟁사인 '을' 기업은 여드름 억제 비누로 이윤을 보고 있으며, 큰 비용을 들여 인기 드라마에 상품을 여러 차례 노출하는 전략으로 광고 중이다. 반면 우리 기업은 이번 광고로 상품에 대한 정보 검색을 많이 하는 소비 집단을 공략하고자 제품 정보를 강조하되, 광고 비용은 최소화하려 한다.
>
> ㅇ 광고 개요 : 새로운 성분의 여드름 억제 효과를 강조하고, 일반인 광고 모델들이 우리 제품의 여드름 억제 효과를 체험한 것을 진술하는 모습을 담은 TV 광고

① 이 광고가 '갑' 기업의 의도대로 성공한다면 '을' 기업의 독점적 지위는 약화될 수 있겠어.
② 이 광고로 '갑' 기업의 여드름 억제 비누 생산이 확대된다면 이 비누를 생산하는 공장의 고용이나 투자가 증가할 수 있겠어.
③ 이 광고로 '갑' 기업이 단기적으로 이윤을 보게 된다면 여드름 억제 비누 시장 내의 판매자 간 경쟁은 장기적으로 약화될 수 있겠어.
④ 이 광고로 '갑' 기업은 많은 비용을 들이는 방법보다는 정보를 전달하는 방법을 중심으로 차별성을 알리려는 것으로 볼 수 있겠어.
⑤ 이 광고가 '갑' 기업의 신제품을 포함하여 여드름 억제 비누 수요의 가격 탄력성을 높인다면 '갑' 기업은 자사 제품의 가격을 높게 책정할 수 없겠어.

## 135

**문맥상 ⓐ와 바꿔 쓰기에 가장 적절한 것은?**

① 반입(搬入)되므로
② 삽입(揷入)되므로
③ 영입(迎入)되므로
④ 주입(注入)되므로
⑤ 투입(投入)되므로

## [136~139] 2022학년도 6월 모평 10번~13번 정답과 해설편 p.223

**다음 글을 읽고 물음에 답하시오.** 4문항을 8분 안에 풀어보세요.

1764년에 발간된 체사레 베카리아의 『범죄와 형벌』은 커다란 반향을 일으켰다. 형벌에 관한 논리 정연하고 새로운 주장들에 유럽의 지식 사회가 매료된 것이다. 자유와 행복을 추구하는 이성적인 인간을 상정하는 당시 계몽주의 사조에 베카리아는 충실히 호응하여, 이익을 저울질할 줄 알고 그에 따라 행동하는 존재로서 인간을 전제하였다. 사람은 대가 없이 공익만을 위하여 자유를 내어놓지는 않는다. 끊임없는 전쟁과 같은 상태에서 벗어나기 위하여 자유의 일부를 떼어 주고 나머지 자유의 몫을 평온하게 ⓐ 누리기로 합의한 것이다. 저마다 할애한 자유의 총합이 주권을 구성하고, 주권자가 이를 위탁받아 관리한다. 따라서 사회의 형성과 지속을 위한 조건이라 할 법은 저마다의 행복을 증진시킬 때 가장 잘 준수되며, 전체 복리를 위해 법 위반자에게 설정된 것이 형벌이다. 이런 논증으로 베카리아는 형벌권의 행사는 양도의 범위를 벗어날 수 없다는 출발점을 세웠다.

베카리아가 볼 때, 형벌은 범죄가 일으킨 결과를 되돌려 놓을 수 없다. 또한 인간을 괴롭히는 것 자체가 그 목적인 것도 아니다. 형벌의 목적은 오로지 범죄자가 또다시 피해를 끼치지 못하도록 억제하고, 다른 사람들이 그 같은 행위를 하지 못하도록 예방하는 데 있을 뿐이다. 이는 범죄로 얻을 이득, 곧 공익이 입게 되는 그만큼의 손실보다 형벌이 가하는 손해가 조금이라도 크기만 하면 달성된다. 그리고 이러한 손익 관계를 누구나 알 수 있도록 처벌 체계는 명확히 성문법으로 규정되어야 하고, 그 집행의 확실성도 갖추어져야 한다. 결국 범죄를 ⓑ 가로막는 방벽으로 형벌을 바라보는 것이다. 이 ㉠ 울타리의 높이는 살인인지 절도인지 등에 따라 달리해야 한다. 공익을 훼손한 정도에 비례해야 하는 것이다. 그것을 넘어서는 처벌은 폭압이며 불필요하다. 베카리아는 말한다. 상이한 피해를 일으키는 두 범죄에 동일한 형벌을 적용한다면 더 무거운 죄에 대한 억지력이 상실되지 않겠는가.

그는 인간이 감각적인 존재라는 사실에 맞추어 제도가 운용될 것을 역설한다. 가장 잔혹한 형벌도 계속 시행되다 보면 사회 일반은 그에 ⓒ 무디어져 마침내 그런 것을 봐도 옥살이에 대한 공포 이상을 느끼지 못한다. 인간의 정신에 ⓓ 크나큰 효과를 끼치는 것은 형벌의 강도가 아니라 지속이다. 죽는 장면의 목격은 무시무시한 경험이지만 그 기억은 일시적이고, 자유를 박탈당한 인간이 속죄하는 고통의 모습을 오랫동안 대하는 것이 더욱 강력한 억제 효과를 갖는다는 주장이다. 더욱 중요한 것을 지키기 위해 희생한 자유에는 무엇보다도 값진 생명이 포함될 수 없다고도 말한다. 이처럼 베카리아는 잔혹한 형벌을 반대하여 휴머니스트로, 최대 다수의 최대 행복을 말하여 공리주의자로, 자유로운 인간들 사이의 합의를 바탕으로 논의를 전개하여 사회 계약론자로 이해된다. 형법학에서도 형벌로 되갚아 준다는 응보주의를 탈피하여 장래의 범죄 발생을 방지한다는 일반 예방주의로 나아가는 토대를 ⓔ 세웠다는 평가를 받는다.

## 136

**윗글에서 베카리아의 관점으로 보기 어려운 것은?**

① 공동체를 이루는 합의가 유지되는 데는 법이 필요하다.
② 사람은 이성적이고 타산적인 존재이자 감각적 존재이다.
③ 개개인의 국민은 주권자로서 형벌을 시행하는 주체이다.
④ 잔혹함이 주는 공포의 효과는 시간이 흐르면서 감소한다.
⑤ 형벌권 행사의 범위는 양도된 자유의 총합을 넘을 수 없다.

## 137

**㉠에 대한 설명으로 적절하지 않은 것은?**

① 재범을 방지하는 역할을 수행한다.
② 법률로 엮어 뚜렷이 알아볼 수 있도록 해야 한다.
③ 범죄가 유발하는 손실에 따라 높낮이를 정해야 한다.
④ 손익을 저울질하는 인간의 이성을 목적 달성에 활용한다.
⑤ 지키려는 공익보다 높게 설정할수록 방어 효과가 증가한다.

## 138

**윗글을 바탕으로 베카리아의 입장을 추론한 내용으로 가장 적절한 것은?** 3점

① 형벌이 사회적 행복 증진을 저해한다고 보는 공리주의의 입장에서 사형을 반대한다.
② 사형은 범죄 예방의 효과가 없으므로 일반 예방주의의 입장에서 폐지되어야 한다고 주장한다.
③ 사형은 사람의 기억에 영구히 각인되는 잔혹한 형벌이어서 휴머니즘의 입장에서 인정하지 못한다.
④ 가장 큰 가치를 내어주는 합의가 있을 수 없다는 이유로 사회 계약론의 입장에서 사형을 비판한다.
⑤ 피해 회복의 관점으로 형벌을 바라보는 형법학의 입장에서 사형을 무기 징역으로 대체하는 데 찬성하지 않는다.

## 139

**문맥상 ⓐ~ⓔ와 바꿔 쓰기에 적절하지 않은 것은?**

① ⓐ : 향유(享有)하기로
② ⓑ : 단절(斷絶)하는
③ ⓒ : 둔감(鈍感)해져
④ ⓓ : 지대(至大)한
⑤ ⓔ : 수립(樹立)하였다는

[140~144] 2018학년도 9월 모평 38번~42번 정답과 해설편 p.226

**다음 글을 읽고 물음에 답하시오.** 5문항을 10분 안에 풀어보세요.

사람들은 함께 모여 '집합 의례'를 행한다. ㉠ 뒤르켐은 오스트레일리아 부족들의 집합 의례를 공동체 결속의 관점에서 탐구한다. 부족 사람들은 문제 상황이 발생할 경우 생계 활동을 멈추고 자신들이 공유하는 성(聖)과 속(俗)의 분류 체계를 활용하여 이 상황이 성스러운 것인지 아니면 속된 것인지를 판별하는 집합 의례를 행한다. 이 과정에서 그들은 자신들이 공유하는 성스러움이 무엇인지 새삼 깨닫고 그것을 중심으로 약해진 기존의 도덕 공동체를 재생한다. 집합 의례가 끝나면 부족 사람들은 가슴속에 성스러움을 품고 일상의 속된 세계로 되돌아간다. 이로써 단순히 먹고사는 문제에 불과했던 생계 활동이 성스러움과 연결된 도덕적 의미를 지니게 된다.

뒤르켐은 현대 사회의 집합 의례가 기존 도덕 공동체의 재생으로 끝나지 않고 새로운 도덕 공동체를 창출할 것이라고 본다. 예를 들어, 프랑스 혁명은 자유, 평등, 우애와 같은 새로운 성스러움을 창출하고 이를 중심으로 새로운 도덕 공동체를 구성한 집합 의례다. 뒤르켐은 새로 창출된 성스러움이 자기 이해관계를 추구하며 속된 세계에서 살아가는 개인들에게 서로 결속할 수 있는 도덕적 의미를 제공할 것이라 여긴다.

㉡ 파슨스와 스멜서는 이러한 이론적 통찰을 기능주의 이론으로 구체화한다. 그들은 성스러움을 가치라는 말로 바꿔 표현한다. 현대 사회에서는 가치가 평상시 사회적 삶 아래에 잠재되어 있다가, 그 도덕적 의미가 뿌리부터 뒤흔들리는 위기 시기에 위로 올라와 전국적으로 일반화된다. 속된 일상에서 사람들은 가치를 추구하기보다는 자기 이해관계를 구체화한 목표와 이의 실현을 안내하는 규범에 따라 살아간다. 하지만 위기 시기에는 사람들의 관심이 자신들의 특수한 이해관계에서 보편적인 가치로 상승한다. 사람들은 가치에 기대어 위기가 주는 심리적 긴장과 압박을 해소하는 집합 의례를 행한다. 그 결과 사회의 통합이 회복된다. 파슨스와 스멜서는 이것이 마치 유기체가 환경의 압박으로 인해 흐트러진 항상성의 기능을 생리 작용을 통해 회복하는 과정과 유사하다고 본다.

㉢ 알렉산더는 파슨스와 스멜서의 이론을 받아들이면서도 그들이 사용한 생물학적 은유가 복잡한 현대 사회의 집합 의례를 탐구하는 데는 한계가 있다고 보고, 그 대안으로 '사회적 공연론'을 제시한다. 그는 가치를 전 사회로 일반화하는 집합 의례가 현대 사회에서는 유기체의 생리 작용처럼 자연적으로 진행되는 것이 아니라, 그 결과가 정해지지 않은 과정이라고 본다. 현대 사회는 사회적 공연의 요소들이 분화되어 있을 뿐만 아니라 각 요소가 자율성을 지니고 있다. 따라서 이 요소들을 융합하는 사회적 공연은 우발성이 극대화된 문화적 실천을 요구한다. 알렉산더가 기능주의 이론과 달리 공연의 요소들이 어떤 조건 아래에서 어떤 과정을 거쳐 융합이 이루어지는지 경험적으로 세밀하게 탐구해야 한다고 강조하는 이유가 여기에 있다.

현대 사회의 사회적 공연의 요소들로는 성과 속의 분류 체계를 다양하게 구체화한 대본, 다양한 대본을 자신만의 방식으로 실행하는 배우, 계급·출신 지역·나이·성별 등 내부적으로 분화된 관객, 시·공간적으로 다양한 동선을 짜서 공연을 무대 위에 올리는 미장센*, 시·공간의 한계를 넘어 공연을 광범위한 관객에게 전파하는 상징적 생산 수단, 공연을 생산하고 배포하고 해석하는 과정을 총체적으로 통제하지 못할 정도로 고도로 분화된 사회적 권력 등이 있다. 그러나 요소의 분화와 자율성이 없는 전체주의 사회에서는 국가 권력에 의한 대중 동원만 있을 뿐 사회적 공연이 일어나기 어렵다.

* 미장센(mise en scéne) : 무대 위에서의 등장인물의 배치나 역할, 무대 장치, 조명 따위에 관한 총체적인 계획과 실행

## 140

**윗글의 논지 전개 방식에 대한 설명으로 가장 적절한 것은?**

① 중심 화제에 대해 주요 학자들이 합의한 결과를 제시하고 있다.
② 중심 화제에 대해 상반된 견해를 제시한 후 두 견해를 절충하고 있다.
③ 중심 화제에 대한 이론이 후속 연구에 의해 보완되는 과정을 고찰하고 있다.
④ 중심 화제에 대한 다양한 사례들을 제시한 후 이를 유형별로 분류하고 있다.
⑤ 중심 화제의 역사적 기원에 대한 다양한 가설들의 의의와 한계를 평가하고 있다.

## 141

**'집합 의례'에 대해 ㉠이 할 수 있는 말로 적절하지 않은 것은?**

① 부족 사회는 집합 의례를 행하여 기존의 도덕 공동체를 되살린다.
② 집합 의례를 통해 사람들은 생계 활동의 성스러운 의미를 얻는다.
③ 현대 사회에서는 집합 의례를 통해 새로운 도덕 공동체가 형성된다.
④ 공동체 성원들은 집합 의례를 거쳐 구체적인 이해관계를 중심으로 묶인다.
⑤ 집합 의례의 과정에서 공동체 성원들은 문제 상황을 성 또는 속의 문제로 규정한다.

## 142

**위기 시기에 일어나는 상황을 이해한 것으로 가장 적절한 것은?**

① 사람들이 관심을 속에서 성으로 옮긴다.
② 사람들이 목표와 규범 차원에서 행동한다.
③ 사람들이 생계 활동을 위한 최적의 수단을 찾는다.
④ 사람들이 항상성을 유지하기 위해 위기 상황을 외면한다.
⑤ 사람들이 평상시 추구하던 삶의 도덕적 의미를 상실한다.

## 143

**윗글의 ㉡과 ㉢에 대한 설명으로 가장 적절한 것은?**

① ㉡과 달리 ㉢은 현대 사회의 집합 의례는 그 결과가 미리 결정되어 있지 않다고 본다.
② ㉡과 달리 ㉢은 집합 의례가 가치의 일반화를 통해 도덕 공동체를 구성할 것이라 본다.
③ ㉢과 달리 ㉡은 집합 의례가 발생하는 과정을 경험적으로 탐구할 필요성이 있다고 본다.
④ ㉡과 ㉢은 모두 문화적 실천으로서의 집합 의례를 유기체의 생리 과정과 유사하다고 본다.
⑤ ㉡과 ㉢은 모두 현대 사회에서는 성과 속의 분류 체계 없이 집합 의례가 일어난다고 본다.

## 144

**윗글에서 설명한 '사회적 공연론'으로 〈보기〉를 이해한 내용으로 적절하지 않은 것은?** [3점]

| 보기 |

수려한 경관으로 유명한 A시에 소각장이 들어설 예정이다. A시의 시장은 정부의 보조금을 활용하여 낙후된 지역 경제를 발전시키기 위해 소각장을 유치하였다고 밝혔다. A시 시민들은 반대파와 찬성파로 갈려 집회를 이어 갔다. 반대파는 지역 경제 발전에는 찬성하지만 소각장이 환경을 오염시킨다며 철회할 것을 요구했고, 찬성파는 반대파가 지역 이기주의에 빠져 있다고 비판했다. 집회에 참여하지 않았던 사람들도 의견이 갈려 토박이와 노인은 반대 운동에, 이주민과 젊은이는 찬성 운동에 적극 참여하였다. 중앙 언론은 이 사건이 지역 내 현상이라며 아예 보도하지 않았다. 반대파는 반대 운동을 전국적으로 알리기 위해 서울에 가서 집회를 하려 했지만 경찰이 허가를 내 주지 않았다.

① 공연의 미장센이 A시에 한정되어 펼쳐지고 있군.
② 공연의 요소들이 융합되어 가치의 일반화가 일어났군.
③ 출신 지역과 나이로 분화된 관객이 배우로 직접 나서고 있군.
④ 상징적 생산 수단과 사회적 권력이 공연의 전국적 전파를 막으려 하는군.
⑤ 배우들이 지역 경제 발전에는 동의하면서도 서로 다른 대본을 가지고 공연을 수행하는군.

[145~148] 2016학년도 수능B 21번~24번 정답과 해설편 p.229

**다음 글을 읽고 물음에 답하시오.** 4문항을 6분 안에 풀어보세요.

현대 사회에서 지식의 중요성이 커지면서 기업에서도 지식 경영을 강조하는 목소리가 높다. 지식 경영은 기업 경쟁력의 원천이 조직적인 학습과 혁신 능력, 즉 기업의 지적 역량에 있다고 보아 지식의 활용과 창조를 강조하는 경영 전략이다.

지식 경영론 중에는 마이클 폴라니의 '암묵지' 개념을 활용하는 경우가 많다. 폴라니는 명확하게 표현되지 않고 주체에게 체화된 암묵지 개념을 통해 모든 지식이 지적 활동의 주체인 인간과 분리될 수 없다는 것을 강조했다. 그에 따르면 우리의 일상적 지각뿐만 아니라 고도의 과학적 지식도 지적 활동의 주체가 몸담고 있는 구체적인 현실로부터 유리된 것이 아니다. 어떤 지각 활동이나 관찰, 추론 활동에도 우리의 몸이나 관찰 도구, 지적 수단이 항상 수반되고 그에 의해 이러한 활동이 암묵적으로 영향을 받기 때문이다. 요컨대 모든 지식에는 암묵적 요소들과 이들을 하나로 통합하는 '인간적 행위'가 전제되어 있다는 것이다. "우리는 우리가 말할 수 있는 것보다 훨씬 더 많이 알고 있다."라는 폴라니의 말은 모든 지식이 암묵지에 기초하고 있음을 강조한다.

노나카 이쿠지로는 지식에 대한 폴라니의 탐구를 실용적으로 응용하여 지식 경영론을 펼쳤다. 그는 폴라니의 '암묵지'를 신체 감각, 상상 속 이미지, 지적 관심 등과 같이 객관적으로 표현하기 어려운 주관적 지식으로 파악했다. 또한 '명시지'를 문서나 데이터베이스 등에 담긴 지식과 같이 객관적이고 논리적으로 형식화된 지식으로 파악하고, 이것이 암묵지에 비해 상대적으로 지식의 공유 가능성이 높다고 보았다.

암묵지와 명시지의 분류에 기초하여, 노나카는 개인, 집단, 조직 수준에서 이루어지는 [지식 변환] 과정을 네 가지로 유형화하였다. 암묵지가 전달되어 타자의 암묵지로 변환되는 것은 대면 접촉을 통한 모방과 개인의 숙련 노력에 의해 이루어지는 것으로서 '공동화'라 한다. 암묵지에서 명시지로의 변환은 암묵적 요소 중 일부가 형식화되어 객관화되는 것으로서 '표출화'라 한다. 또 명시지들을 결합하여 새로운 명시지를 형성하는 것은 '연결화'라 하고, 명시지가 숙련 노력에 의해 암묵지로 전환되는 것은 '내면화'라 한다. 노나카는 이러한 변환 과정이 원활하게 일어나 기업의 지적 역량이 강화되도록 기업의 조직 구조도 혁신되어야 한다고 주장하였다.

이러한 주장대로 지식 경영이 실현되기 위해서는 지식 공유 과정에 대한 구성원들의 참여가 전제되어야 한다. 하지만 인간에게 체화된 무형의 지식을 공유하는 것은 쉬운 일이 아니다. 단순한 정보와 유용한 지식을 구분하기도 쉽지 않고, 이를 계량화하여 평가하는 것도 어렵다. 따라서 지식 경영의 성패는 지식의 성격에 대한 정확한 이해에 기초하여 구성원들이 지식 공유와 확산 과정에 자발적으로 참여하도록 하는 방안을 마련하는 것에 달려 있다고 할 수 있다.

## 145

**윗글의 내용 전개에 대한 설명으로 가장 적절한 것은?**

① 지식의 성격이 변화된 원인을 분석하고 지식 경영론의 등장 배경을 탐색하고 있다.

② 지식이 분리되어 가는 과정에 따른 지식 변환의 단계를 설명하고 지식 경영론의 문제점을 살펴보고 있다.

③ 지식에 대한 논의에 기초하여 지식 경영론을 소개하고 지식 경영의 성패를 좌우하는 요건을 검토하고 있다.

④ 지식에 대한 견해의 변화 과정을 순차적으로 살펴보고 그에 대비되는 지식 경영론의 발전 과정을 소개하고 있다.

⑤ 지식에 대한 두 견해의 장단점을 비교하고 이를 바탕으로 지식 경영의 유용성을 새로운 시각에서 조명하고 있다.

## 146

**윗글을 통해 알 수 있는 내용으로 적절하지 <u>않은</u> 것은?**

① 폴라니는 고도로 형식화된 과학 지식도 암묵지를 기초로 하여 형성된다고 본다.

② 폴라니는 지적 활동의 주체와 분리되어 독립된 객체로서 존재하는 지식은 없다고 본다.

③ 노나카는 암묵지가 그 속성 때문에 지식의 공유 가능성이 명시지에 비해 상대적으로 높다고 본다.

④ 노나카의 지식 경영론은 지식이 원활하게 변환되도록 기업의 조직 구조가 재설계되어야 한다고 본다.

⑤ 폴라니는 지식에서 암묵지의 중요성을 강조하고, 노나카는 지식들 간의 변환 과정에 주목한다.

## 147

**지식 변환의 사례에 대한 설명으로 가장 적절한 것은?**

① A사의 직원이 자사 오토바이 동호회 회원들과 계속 접촉하여 소비자들의 느낌을 포착해 낸 것은 '연결화'의 사례이다.
② B사가 자동차 부품 관련 특허 기술들을 부문별로 재분류하고 이를 결합하여 신기술을 개발한 것은 '표출화'의 사례이다.
③ C사의 직원이 경쟁 기업의 터치스크린 매뉴얼들을 보고 제품을 실제로 반복 사용하여 감각적 지식을 획득한 것은 '내면화'의 사례이다.
④ D사가 교재로 항공기 조종 교육을 실시하고 직원들이 반복적인 시뮬레이션 학습을 통해 조종술에 능숙하게 된 것은 '연결화'의 사례이다.
⑤ E사의 직원이 성공적인 제품 디자인들에 동물 형상이 반영되었음을 감지하고 장수하늘소의 몸체가 연상되는 청소기 디자인을 완성한 것은 '공동화'의 사례이다.

## 148

**윗글을 바탕으로 〈보기〉에 나타난 F사의 문제를 해결하기 위해 제시할 만한 방안으로 적절하지 않은 것은?** [3점]

| 보기 |

F사는 회사에 도움이 되는 지식의 산출을 독려하고 이를 체계적인 지식 데이터베이스에 축적하였다. 보고서와 제안서 등의 가시적인 지식의 산출에 대해서는 보상했지만, 경험적 지식이나 창의적 아이디어 같은 무형의 지식에 대한 평가 및 보상 제도는 갖추지 않았다. 그 결과, 유용성이 낮은 제안서가 양산되었고, 가시적인 지식을 산출하지 못하는 직원들의 회사에 대한 애착과 헌신은 감소했으며, 경험 많은 직원들이 퇴직할 때마다 해당 부서의 업무 공백이 발생했다.

① 창의적 아이디어가 문서 형태로 표현되기 어려울 수 있음을 감안하여 다양한 의견 제안 방식을 마련할 필요가 있다.
② 직원들이 회사에서 사용할 논리적이고 형식화된 지식을 제안하도록 권장하고 이를 데이터베이스에 축적할 필요가 있다.
③ 숙련된 직원들의 노하우를 공유할 수 있도록 면대면 훈련 프로그램을 도입하여 집단적 업무 역량을 키울 필요가 있다.
④ 직원들의 체화된 무형의 지식이 보상받을 수 있도록 평가 제도를 개선하여 회사에 대한 직원들의 헌신성을 높일 필요가 있다.
⑤ 직원들 각자가 지닌 업무 경험과 기능을 존중하고 유·무형의 노력과 능력을 평가하기 위한 조직 문화와 동기 부여 시스템을 발전시킬 필요가 있다.

[149~152] 2016학년도 9월 모평B 21번~24번 정답과 해설편 p.231

**다음 글을 읽고 물음에 답하시오.** 4문항을 6분 안에 풀어보세요.  6분

기술이 급속하게 발달함에 따라 인간의 삶은 더욱 여유롭고 의미 있는 것으로 될 것인가, 아니면 더욱 바쁘고 의미 없는 것으로 전락할 것인가? '사색적 삶'과 '활동적 삶'을 대비하여 사회 변화를 이해하는 방식은 이런 물음의 답을 구하는 데 도움이 된다.

최초로 인간의 삶을 사색적 삶과 활동적 삶으로 구분한 사람은 아리스토텔레스이다. 그는 진리, 즐거움, 고귀함을 ⓐ 추구하는 사색적 삶의 영역이 생계를 위한 활동적 삶의 영역보다 상위에 있다고 보았다. 이러한 인식은 근대 이전의 오랜 역사 속에서 사회 질서의 기본 원리로 자리 잡아 왔다.

근대에 접어들어 과학 혁명과 청교도 윤리의 등장으로 활동적 삶과 사색적 삶에 대한 인식은 달라지기 시작했다. 16, 17 세기 과학 혁명으로 실험 정신과 경험적 지식이 중시되면서 사색적 삶의 영역에 속한 과학적 탐구와 활동적 삶의 영역에 속한 기술 사이의 거리가 좁혀졌다. 또한 직업을 신의 소명으로 이해하고, 근면과 ⓑ 검약에 의한 개인의 성공을 구원의 징표로 본 청교도 윤리는 생산 활동과 부의 축적에 대한 부정적 인식을 불식하는 계기가 되었다. 이로써 활동적 삶과 사색적 삶이 대등한 위상을 갖게 된 것이다.

18, 19 세기 산업 혁명을 계기로 활동적 삶은 사색적 삶보다 중요성이 더 커지게 되었다. 생산 기술에 과학적 지식이 ⓒ 응용되고 기계의 사용이 본격화되면서 기계의 속도에 기초하여 노동 규율이 확립되었고, 인간의 삶은 시간적 규칙성을 따르도록 재조직되었다. 나아가 시간이 관리의 대상으로 부각되면서 시간-동작 연구를 통해 가장 효율적인 작업 동선(動線)을 ⓓ 모색했던 테일러의 과학적 관리론은 20 세기 초부터 생산 활동을 합리적으로 조직하는 중요한 원리로 자리 잡았다. 이로써 두뇌에 의한 노동과 근육에 의한 노동이 분리되어 인간의 육체노동이 기계화되는 결과가 초래되었다. 또한 과학을 기술 개발에 활용하기 위한 시스템이 요구되어 공학, 경영학 등의 실용 학문과 산업체 연구소들이 출현하였다. 이는 전통적으로 사색적 삶의 영역에 속했던 진리 탐구마저 활동적 삶의 영역에 속하는 생산 활동의 논리에 ⓔ 포섭되었음을 단적으로 보여 준다.

이처럼 산업 혁명 이후 기계 문명이 발달하고 그에 힘입어 자본주의 시장 메커니즘이 사회를 전면적으로 지배하게 됨에 따라 근면과 속도가 강조되었다. 활동적 삶이 지나치게 강조된 데 대한 반작용으로, '의미 없는 부지런함'이 만연해진 세태에 대한 ㉠ 비판의 목소리가 나타나 성찰에 의한 사색적 삶의 중요성을 역설하기도 하였다.

이제 20 세기 말 정보화와 세계화를 계기로 시간적·공간적 거리가 압축되어 세계가 동시적 경험이 가능한 공간으로 인식되면서 인간의 삶은 이전과 크게 달라졌다. 기술의 비약적 발달로 의식주 등 생활의 기본 욕구는 충족되었지만, 현대인들은 더욱 다양해진 욕구와 성취 욕망을 충족하기 위해 스스로를 소진하고 있다. 경쟁이 세계로 확대됨에 따라 사람들이 타인과의 경쟁에서 이기는 동시에 자신의 능력을 극한으로 끌어올리기 위해 스스로를 끝없이 몰아세울 수밖에 없는 내면화된 강박증에 시달리고 있는 것이다. 결국 기술의 발달이 인간의 삶을 여유롭고 의미 있는 것으로 만들어 줄 것이라는 기대와 달리, 사색적 삶은 설 자리를 잃고 활동적인 삶이 폭주하게 된 것이다.

## 149

**윗글을 이해한 내용으로 가장 적절한 것은?**

① 아리스토텔레스는 생존을 위한 필요에서 비롯된 생산 활동이 사색적 삶보다 더 중요하다고 보았다.
② 과학 혁명의 시대에는 활동적 삶의 위상이 사색적 삶의 위상보다 높았다.
③ 청교도 윤리는 성공과 부를 추구하는 태도에 대한 부정적인 인식을 심화시켰다.
④ 시간-동작 연구는 인간의 노동이 두뇌노동과 근육노동으로 분리되는 데 영향을 주었다.
⑤ 공학, 경영학 등의 실용 학문은 기술을 과학에 활용하기 위해 출현했다.

## 150

**㉠의 내용과 가장 가까운 것은?**

① 기계 기술은 정신 기술처럼 가치 있으며, 산업 현장은 그 자체로 위대하고 만족스럽다.
② 인간은 일하기 위해서 사는 것이며, 더 이상 할 일이 없다면 괴로움과 질곡에 빠지고 말 것이다.
③ 자극에 즉각적으로 반응하지 않고 여유롭게 삶의 의미를 되새기는 사유의 방법을 배워야 한다.
④ 나태는 녹이 스는 것처럼 사람을 쇠퇴하게 만들며 쇠퇴의 속도는 노동함으로써 지치는 것보다 훨씬 빠르다.
⑤ 인간은 기계이므로 인간의 행동, 언어, 사고, 감정, 습관, 신념 등은 모두 외적인 자극과 영향으로부터 생겨났다.

## 151

**<보기>를 바탕으로 윗글을 이해한 내용으로 적절하지 않은 것은?**

| 보기 |

20 세기 후반 이후의 '후근대 사회'를 '피로 사회'로 규정하는 견해가 있다. 이에 따르면 근대 사회가 '규율 사회'였음에 비해 후근대 사회는 '성과 사회'이다. 규율 사회가 외적 강제에 따라 인간이 수동적으로 움직이는 사회라면, 성과 사회는 성공을 향한 내적 유혹에 따라 인간이 자발적으로 움직이는 사회이다. 과학 기술의 발달에 따라 결핍이 해소되고 규율 사회의 강제가 약화된다고 해서 인간이 삶의 온전한 주체가 되는 사회가 도래하는 것은 아니다. '더욱 생산적으로 되어야 한다.'는 자본주의 시스템의 근본적인 요구가 규율 사회에서 외적 강제에 의한 타자 착취를 통해 관철되었다면, 성과 사회에서 그 요구는 내적 유혹에 의한 자기 착취를 통해 관철된다. 그 결과 피로는 현대인의 만성 질환이 되었다는 것이다.

① 근대 사회에서 기계의 속도에 기초하여 확립된 노동 규율은 타자 착취를 위한 규율 사회의 외적 강제로 볼 수 있겠군.
② 자신의 능력을 극한으로 끌어올려야 한다는 현대인의 강박증은 피로 사회에서 일어나는 자기 착취의 한 단면으로 볼 수 있겠군.
③ 정보화, 세계화에 따라 세계가 동시적 경험이 가능한 공간이 되면서 성과 사회에서는 자본주의 시스템의 근본적인 요구가 달라지는군.
④ 기술의 발달에 따라 삶이 더 여유롭고 의미 있는 것이 될 것이라는 견해는 현대 사회를 피로 사회로 포착하는 견해에 반하는 것이군.
⑤ 다양해진 욕구와 성취 욕망을 충족하기 위해 자신을 소진하는 현대인의 행동은 성공적인 인간이 되기 위한 내적 유혹에 기인한 것으로 볼 수 있겠군.

## 152

**ⓐ~ⓔ의 사전적 의미로 적절하지 않은 것은?**

① ⓐ : 목적을 이룰 때까지 뒤좇아 구함.
② ⓑ : 돈이나 물건, 자원 따위를 낭비하지 않고 아껴 씀.
③ ⓒ : 어떤 이론이나 지식을 다른 분야의 일에 적용하여 이용함.
④ ⓓ : 일이나 사건 따위를 해결할 수 있는 방법이나 실마리를 더듬어 찾음.
⑤ ⓔ : 어떤 대상을 너그럽게 감싸 주거나 받아들임.

DAY 16 Ⅱ 사회

[153~156] 2016학년도 6월 모평B 21번~24번 정답과 해설편 p.233

다음 글을 읽고 물음에 답하시오. 4문항을 5분 안에 풀어보세요.

산업화에 따라 사회가 분화되고 개인이 공동체적 유대로부터 벗어나게 되는 현상을 '개체화'라고 한다. 울리히 벡과 지그문트 바우만은 현대의 개체화 현상을 사회적 위험 문제와 연관시켜 진단한 대표적인 학자들이다.

사실 사회 분화와 개체화는 자본주의적 산업화 이래로 지속된 현상이다. 그런데 20 세기 중반 이후부터는 세계화를 계기로 개체화 현상이 과거와는 질적으로 달라진 양상을 보여 주고 있다. 교통과 통신 수단의 발달에 따라 국경을 넘나드는 자본과 노동의 이동이 가속화되었고, 개인에 대한 국가의 통제력도 현저하게 약화되고 있다. 또한 전 세계적인 노동 시장의 유연화 경향에 따라 정규직과 비정규직, 생산직과 사무직 등 다양한 형태로 분절화된 노동자들이 이제는 계급적 연대 속에서 이해관계를 공유하지 못하게 되었다. 핵가족화 추세에 더하여 일인 가구가 급속도로 늘어나는 등 가족의 해체 현상도 많이 나타나고 있다. 벡과 바우만은 개체화의 이러한 가속화 추세에 대해서 인식의 차이를 보이지 않는다.

그런데 현대의 위기와 관련해서 그들이 개체화를 바라보는 시선은 사뭇 다르다. 먼저 벡은 과학 기술의 의도하지 않은 결과로 나타난 현대의 위기가 개체화와는 별개로 진행된 현상이라고 본다. 벡은 핵무기와 원전 누출 사고, 환경 재난 등 예측 불가능한 위험이 현실화될 가능성이 있는데도 삶의 편의와 풍요를 위해 이를 ⓐ 방치(放置)함으로써 위험이 체계적이고도 항시적으로 존재하게 된 현대 사회를 ㉠ '위험 사회'라고 규정한 바 있다. 현대의 위험은 과거와 달리 국가와 계급을 가리지 않고 파괴적으로 영향을 미친다는 것이 벡의 관점이다. 그런데 벡은 현대인들이 개체화되어 있다는 바로 그 조건 때문에 오히려 전 지구적 위험에 의한 불안에 대응하기 위해 초계급적, 초국가적으로 ⓑ 연대(連帶)할 가능성이 있다고 보았다. 특히 벡은 그들이 과학 기술의 발전뿐 아니라 그 파괴적 결과까지 인식하여 대안을 모색하는 '성찰적 근대화'의 실천 주체로서 일상생활에서의 요구를 모아 정치적으로 ⓒ 표출(表出)하는 등 행동에 나서야 한다고 주장한다.

한편 바우만은 개체화된 개인들이 삶의 불확실성 속에서 생존을 모색하게 된 현대를 ㉡ '액체 시대'로 정의하였다. 현대인의 삶과 사회 전체가, 형체는 가변적이고 흐르는 방향은 유동적인 액체와 같아졌다고 보았던 것이다. 그런데 그는 액체 시대라는 개념을 통해 핵 확산이나 환경 재앙 등 예측 불가능한 전 지구적 위험 요인의 항시적 존재만이 아니라 삶의 조건을 불확실하게 만드는 개체화 현상 자체를 위험 요인으로 본다는 점에서 벡과 달랐다. 바우만은 우선 세계화의 흐름 속에서 소수의 특권 계급을 제외한 대다수의 사람들이 무한 경쟁에 내몰리고 빈부 격차에 따라 생존 자체를 위협받는 등 잉여 인간으로 ⓓ 전락(轉落)하고 있다고 본다. 그러나 그가 더 치명적으로 본 것은 협력의 고리를 찾지 못하게 된 현대인들이 개인 수준에서 위기에 대처해야 하는 상황에 빠져 버렸다는 점이다. 더구나 그는 위험에 대한 공포가 내면화되면 사람들은 극복 의지도 잃고 공포로부터 도피하거나 소극적 자기 방어 행동에 ⓔ 몰두(沒頭)하게 된다고 보았다. 그렇기 때문에 바우만은 일상생활에서의 정치적 요구를 담은 실천 행위도 개체화의 흐름에 놓여 있기 때문에 현대의 위기에 대한 해결책이 될 수 없다고 판단하고 있다.

## 153

**윗글의 논지 전개 방식으로 가장 적절한 것은?**

① 개체화 현상의 다양한 양상들을 하나의 기준에 따라 분류하였다.
② 개체화 현상에 대한 통념을 비판하며 그 개념을 새롭게 규정하였다.
③ 개체화 현상에 대한 서로 다른 두 견해의 공통점과 차이점을 설명하였다.
④ 개체화 현상의 역사적 기원에 대한 다양한 가설들의 한계와 의의를 평가하였다.
⑤ 개체화 현상에 대한 정의를 바탕으로 이와 유사한 사회적 개념들을 비교하였다.

## 154

**현대의 개체화 현상에 대해 추론한 내용으로 적절하지 않은 것은?** 3점

① 노동자들이 계급적 동질성을 갖지 못하게 한다.
② 국가의 통제력 강화를 통해 개인의 자율성 약화를 초래한다.
③ 개인의 거주 공간이 가족 공동의 거주 공간에서 분리되는 추세도 포함한다.
④ 벡의 관점에서는 현대인들로 하여금 새로운 방식의 유대를 모색하게 하는 조건이다.
⑤ 바우만의 관점에서는 현대인들로 하여금 서로 연대하기 어렵게 하는 위험 요인이다.

## 155

**㉠과 ㉡에 대한 이해로 적절하지 않은 것은?**

① ㉠은 위험 요소의 성격이 과거와 달라진 현대 사회의 특성을 드러내기 위한 개념이다.
② ㉡은 현대 사회의 불확실성을 강조하기 위해 물체의 속성에서 유추하여 사회에 적용한 개념이다.
③ ㉠과 ㉡은 모두 인간관계의 유연한 확장 가능성을 비관적으로 보는 개념이다.
④ ㉠과 ㉡은 모두 재난의 현실화 가능성이 일상화되어 있다는 점을 전제로 하는 개념이다.
⑤ ㉠과 ㉡은 모두 위험의 공간적 범위가 전 지구적으로 확장되어 있음을 내포하는 개념이다.

## 156

**ⓐ~ⓔ의 사전적 의미로 적절하지 않은 것은?**

① ⓐ : 쫓아내거나 몰아냄.
② ⓑ : 여럿이 함께 무슨 일을 하거나 함께 책임을 짐.
③ ⓒ : 겉으로 나타냄.
④ ⓓ : 나쁜 상태나 타락한 상태에 빠짐.
⑤ ⓔ : 어떤 일에 온 정신을 다 기울여 열중함.

[157~160] 2015학년도 수능B 21번~24번 정답과 해설편 p.235

**다음 글을 읽고 물음에 답하시오.** 4문항을 7분 안에 풀어보세요. 

사회 이론은 사회 구조나 사회적 상호 작용을 연구하는 이론들을 통칭한다. 사회 이론은 과학적 방법을 적용하면서도 연구 대상뿐 아니라 이론 자체가 사회 상황이나 역사적 조건에 긴밀히 연관된다는 특징을 지닌다. 19 세기의 시민 사회론을 이야기할 때 그 시대를 함께 살펴보게 되는 것도 바로 이와 같은 이유 때문이다.

시민 사회라는 용어는 17 세기에 등장했지만, 19 세기 초에 이를 국가와 구분하여 개념적으로 정교화한 인물이 헤겔이다. 그가 활동하던 시기에 유럽의 후진국인 프러시아에는 절대주의 시대의 잔재가 아직 남아 있었다. 산업 자본주의도 미성숙했던 때여서, 산업화를 추진하고 자본가들을 육성하며 심각한 빈부 격차나 계급 갈등 등의 사회 문제를 해결해야 하는 시대적 과제가 있었다. 그는 사익의 극대화가 국부(國富)를 증대해 준다는 점에서 공리주의를 긍정했으나, 그것이 시민 사회 내에서 개인들의 무한한 사익 추구가 일으키는 빈부 격차나 계급 갈등을 해결할 수는 없다고 보았다. 그는 시민 사회가 개인들이 사적 욕구를 추구하며 살아가는 생활 영역이자 그 욕구를 사회적 의존 관계 속에서 추구하게 하는 공동체적 윤리성의 영역이어야 한다고 생각했다. 특히 시민 사회 내에서 사익 조정과 공익 실현에 기여하는 ㉠ <u>직업 단체</u>와 복지 및 치안 문제를 해결하는 복지 행정 조직의 역할을 설정하면서, 이 두 기구가 시민 사회를 이상적인 국가로 이끌 연결 고리가 될 것으로 기대했다. 하지만 빈곤과 계급 갈등은 시민 사회 내에서 근원적으로 해결될 수 없는 것이었다. 따라서 그는 국가를 사회 문제를 해결하고 공적 질서를 확립할 최종 주체로 설정하면서 시민 사회가 국가에 협력해야 한다고 생각했다.

한편 1789년 프랑스 혁명 이후 프랑스 사회는 혁명을 이끌었던 계몽주의자들의 기대와는 다른 모습을 보이고 있었다. 사회는 사익을 추구하는 파편화된 개인들의 각축장이 되어 있었고 빈부 격차와 계급 갈등은 격화된 상태였다. 이러한 혼란을 극복하기 위해 노동자 단체와 고용주 단체 모두를 불법으로 규정한 르 샤플리에 법이 1791년부터 약 90 년간 시행되었으나, 이 법은 분출되는 사익의 추구를 억제하지도 못하면서 오히려 프랑스 시민 사회를 극도로 위축시켰다. 뒤르켐은 이러한 상황을 아노미, 곧 무규범 상태로 파악하고 최대 다수의 최대 행복을 표방하는 공리주의가 사실은 개인의 이기심을 전제로 하고 있기에 아노미를 조장할 뿐이라고 생각했다. 그는 사익을 조정하고 공익과 공동체적 연대를 실현할 도덕적 개인주의의 규범에 주목하면서, 이를 수행할 주체로서 ㉡ <u>직업 단체</u>의 역할을 강조하였다. 국가의 역할을 강조한 헤겔의 영향을 받았음에도 불구하고, 뒤르켐은 직업 단체가 정치적 중간 집단으로서 구성원의 이해관계를 국가에 전달하는 한편 국가를 견제해야 한다고 보았던 것이다.

헤겔과 뒤르켐은 시민 사회를 배경으로 직업 단체의 역할과 기능을 연구했다는 공통점이 있었다. 하지만 직업 단체에 대한 두 사람의 생각은 달랐다. 이러한 차이는 두 학자의 시민 사회론이 철저하게 시대의 산물이라는 점을 보여 준다. 이들의 이론은 과학적 연구로서 객관적으로 타당하다는 평가를 받기도 하지만, 이론이 갖는 객관적 속성은 그 이론이 마주 선 현실의 문제 상황이나 이론가의 주관적인 문제의식으로부터 근본적으로 자유로울 수는 없는 것이다.

## 157

**윗글의 내용 전개 방식에 대한 설명으로 가장 적절한 것은?**

① 논지를 제시한 후, 대표적인 사례를 검토하는 과정을 통해 주제를 명료화하고 있다.
② 화제를 소개한 후, 예외적인 사례를 배제하는 과정을 통해 주제를 일반화하고 있다.
③ 주장을 제시한 후, 예상되는 반증 사례를 검토하는 과정을 통해 주제를 강화하고 있다.
④ 쟁점을 도출한 후, 각 주장의 근거 사례를 비교 평가하는 과정을 통해 주제를 정당화하고 있다.
⑤ 주제를 제시한 후, 동일한 사례를 다른 관점에서 분석하는 과정을 통해 주제를 초점화하고 있다.

## 158

**윗글을 통해 알 수 있는 내용으로 적절하지 <u>않은</u> 것은?**

① 19 세기 초 프러시아에는 절대주의의 잔재와 미성숙한 산업 자본주의가 혼재하였다.
② 프랑스 혁명 후 수십 년간 프랑스는 개인들의 사익 추구가 불가능한 상황이었다.
③ 헤겔은 국가를 빈곤 문제나 계급 갈등과 같은 사회 문제를 해결할 최종 주체라고 생각하였다.
④ 뒤르켐은 혁명 이후의 프랑스 사회를 이기적 욕망이 조정되지 않은 아노미 상태로 보았다.
⑤ 헤겔과 뒤르켐은 공리주의가 시민 사회의 문제를 해결하지 못할 것으로 보았다.

## 159

**㉠과 ㉡의 공통점으로 가장 적절한 것은?**

① 사익을 조정하고 공익 실현을 추구한다.
② 국가를 견제하는 정치적 기능을 수행한다.
③ 치안 및 복지 문제 해결의 기능을 담당한다.
④ 공리주의를 억제하고 도덕적 개인주의를 수용한다.
⑤ 시민 사회 외부에서 국가와의 연결 고리로 작용한다.

## 160

**윗글의 글쓴이의 관점으로 가장 적절한 것은?**

① 사회 문제에 대해서는 과학적 연구를 수행할 수 없다.
② 객관적 사회 이론은 이론가의 주관적 문제의식과 무관하다.
③ 시·공간을 넘어 보편타당하게 적용할 수 있는 객관적 사회 이론이 성립할 수 있다.
④ 과학적 연구 방법에 의거한 사회 이론은 사회 현실의 문제 상황과 무관하게 성립할 수 있다.
⑤ 사회 이론을 이해하는 데에는 그 이론이 만들어진 당시의 시대적 배경에 대한 이해가 도움이 된다.

[161~164] 2013학년도 6월 모평 47번~50번 정답과 해설편 p.237

**다음 글을 읽고 물음에 답하시오.** 4문항을 7분 안에 풀어보세요. 

대부분의 민주주의 국가에서 국민은 자신의 대표자를 뽑아 국정의 운영을 맡기는 제도를 채택하고 있다. 그런데 여기에는 국민과 대표자 사이의 관계와 관련하여 근대 정치의 고전적인 딜레마가 내포되어 있다. 가령 입법안을 둘러싸고 국회의원과 소속 지역구 주민들의 생각이 다르다고 가정해 보자. 누구의 의사를 우선하는 것이 옳을까?

우리 헌법 제1조 제2항은 "대한민국의 주권은 국민에게 있고, 모든 권력은 국민으로부터 나온다."라고 규정하고 있다. 이 규정은 국가의 모든 권력의 행사가 주권자인 국민의 뜻에 따라 이루어져야 한다는 의미로 해석할 수 있다. 따라서 국회의원은 지역구 주민의 뜻에 따라 입법해야 한다고 생각하는 사람이 있다면, 그는 이 조항에서 근거를 ⓐ 찾으면 될 것이다. 이 주장에서와 같이 대표자가 자신의 권한을 국민의 뜻에 따라 행사해야 한다고 할 때 그런 대표 방식을 ㉠ 명령적 위임 방식이라 한다. 명령적 위임 방식에서는 민주주의의 본래 의미가 충실하게 실현될 수 있으나, 현실적으로 표출된 국민의 뜻이 국가 전체의 이익과 다를 경우 바람직하지 않은 결과가 초래될 수 있다.

한편 우리 헌법은 "입법권은 국회에 속한다."(제40조), "국회의원은 국가 이익을 우선하여 양심에 따라 직무를 행한다."(제46조 제2항)라고 규정하고 있다. 이 규정은, 입법권이 국회에 속하는 이상 입법은 국회의원의 생각에 따라야 한다는 뜻이다. 이 규정의 목적은 국회의원 각자가 현실적으로 표출된 국민의 뜻보다는 국가 이익을 고려하도록 하는 데 있다. 이에 따르면 국회의원은 소속 정당의 지시에도 반드시 따를 필요는 없다. 이와 같이 대표자가 소신에 따라 자유롭게 결정할 수 있도록 하는 대표 방식을 ㉡ 자유 위임 방식이라고 부른다. 자유 위임 방식에서는 구체적인 국가 의사 결정은 대표자에게 맡기고, 국민은 대표자 선출권을 통해 간접적으로 대표자를 통제한다. 국회의원의 모든 권한은 국민이 갖는 이 대표자 선출권에 근거하기 때문에 자유 위임 방식은 헌법 제1조 제2항에도 모순되지 않는다. 우리나라는 기본적으로 이 후자의 입장을 취하고 있다.

그러나 자유 위임 방식에서는 국민이 대표자를 구체적인 사안에서 직접적으로 통제하지 못하기 때문에 국민과 대표자 사이의 신뢰 관계가 약화되어 민주주의의 원래 의미가 퇴색될 우려가 있다. 극단적으로는 대표자가 사적 이익을 추구하는 데 권한을 남용하더라도 제재할 수단이 없게 된다. 이런 문제점을 보완하기 위해 국가에 따라서는 국가의 의사 결정에 국민이 직접 참여하거나 대표자를 직접 통제할 수 있는 ㉮ 직접 민주주의적 제도를 부분적으로 도입하기도 한다.

## 161

**윗글의 전개 방식으로 가장 적절한 것은?**

① 두 견해의 특징과 장단점을 제시하고 있다.
② 두 견해를 시간적 순서에 따라 설명하고 있다.
③ 두 견해가 서로 인과 관계에 있음을 논증하고 있다.
④ 두 견해의 공통점을 부각하여 논지를 강화하고 있다.
⑤ 한 견해의 관점에서 일관되게 다른 견해를 비판하고 있다.

## 162

**<보기>의 상황에 ㉠, ㉡을 적용할 때, 타당한 것은?**  3점

| 보기 |
어떤 나라의 의회 의원인 A는 법안 X의 의회 표결을 앞두고 있는데, 소속 지역구 주민들은 법안 X가 지역 경제에 심대한 타격이 되리라는 우려에서 A에게 법안 X에 반대하도록 요구하고 있다.

① ㉠ : A는 국가 이익에 도움이 된다고 확신할 때는 X에 찬성할 수 있다.
② ㉠ : A는 지역구 주민의 의사가 자신의 소신과 다르다면 기권해야 한다.
③ ㉡ : A는 반대하기로 선거 공약을 했다면 X에 반대해야 한다.
④ ㉡ : A는 소속 정당의 당론이 찬성 의견이라면 X에 찬성해야 한다.
⑤ ㉡ : A는 지역구 주민들의 우려가 타당하더라도 X에 찬성할 수 있다.

## 163

**㉮에 대한 설명으로 적절하지 않은 것은?**

① 자유 위임 방식을 채택한 국가에서 ㉮의 도입은 선택적이다.
② 법률안 등을 국민이 투표로 직접 결정하는 제도는 ㉮에 해당한다.
③ 명령적 위임 방식에서 나타나는 문제점이 ㉮를 도입할 때에도 나타날 수 있다.
④ 일정 연령에 도달한 국민에게 차별 없이 대표자 선출권을 부여하는 제도는 ㉮에 해당한다.
⑤ ㉮의 도입은 국민과 대표자 사이의 신뢰 관계가 약화될 수 있다는 문제점을 보완하려는 것이다.

## 164

**ⓐ의 문맥적 의미와 가장 가까운 것은?**

① 누나가 문제 해결의 실마리를 찾았습니다.
② 아버지는 이 약을 복용하고 생기를 찾았습니다.
③ 그는 잃어버린 권리를 찾기 위한 활동을 계속했다.
④ 형은 자신의 적성에 맞는 직업을 찾으려 노력했다.
⑤ 그들은 자신의 안일과 이익만을 찾다가 화를 입었다.

[165~166] 2012학년도 수능 29번~30번 정답과 해설편 p.239

**다음 글을 읽고 물음에 답하시오.** 2문항을 4분 안에 풀어보세요.

어떤 경제 주체의 행위가 자신과 거래하지 않는 제3자에게 의도하지 않게 이익이나 손해를 주는 것을 '외부성'이라 한다. 과수원의 과일 생산이 인접한 양봉업자에게 벌꿀 생산과 관련한 이익을 준다든지, ㉠ 공장의 제품 생산이 강물을 오염시켜 주민들에게 피해를 주는 것 등이 대표적인 사례이다.

외부성은 사회 전체로 보면 이익이 극대화되지 않는 비효율성을 초래할 수 있다. 개별 경제 주체가 제3자의 이익이나 손해까지 고려하여 행동하지는 않을 것이기 때문이다. 예를 들어,

[A] 과수원의 이윤을 극대화하는 생산량이 $Q_a$라고 할 때, 생산량을 $Q_a$보다 늘리면 과수원의 이윤은 줄어든다. 하지만 이로 인한 과수원의 이윤 감소보다 양봉업자의 이윤 증가가 더 크다면, 생산량을 $Q_a$보다 늘리는 것이 사회적으로 바람직하다.

하지만 과수원이 자발적으로 양봉업자의 이익까지 고려하여 생산량을 $Q_a$보다 늘릴 이유는 없다.

전통적인 경제학은 이러한 비효율성의 해결책이 보조금이나 벌금과 같은 정부의 개입이라고 생각한다. 보조금을 받거나 벌금을 내게 되면 제3자에게 주는 이익이나 손해가 더 이상 자신의 이익과 무관하지 않게 되므로, 자신의 이익에 충실한 선택이 사회적으로 바람직한 결과로 이어진다는 것이다.

그러나 전통적인 경제학은 모든 시장 거래와 정부 개입에 시간과 노력, 즉 비용이 든다는 점을 간과하고 있다. 외부성은 이익이나 손해에 관한 협상이 너무 어려워 거래가 일어나지 못하는 경우이므로, 보조금이나 벌금뿐만 아니라 협상을 쉽게 해 주는 법과 규제도 해결책이 될 수 있다. 어떤 방식이든, 정부 개입은 비효율성을 줄이는 측면도 있지만 개입에 드는 비용으로 인해 비효율성을 늘리는 측면도 있다.

## 165

**윗글의 내용에 대한 이해로 적절하지 않은 것은?**

① 개별 경제 주체는 사회 전체가 아니라 자신의 이익을 기준으로 행동한다.
② 제3자에게 이익을 주는 외부성은 사회 전체적으로 비효율성을 초래하지 않는다.
③ 전통적인 경제학은 보조금을 지급하거나 벌금을 부과하는 데 따르는 비용을 고려하지 않는다.
④ 사회 전체적으로 보아 이익을 더 늘릴 여지가 있다면 그 사회는 사회적 효율성이 충족된 것이 아니다.
⑤ 이익이나 손해를 주고받는 당사자들 사이에 그 손익에 관한 거래가 이루어지는 경우는 외부성에 해당되지 않는다.

## 166

**㉠의 사례를 [A]처럼 설명할 때, <보기>의 ㉮~㉰에 들어갈 말로 옳은 것은?**

> | 보기 |
>
> 공장의 이윤을 극대화하는 생산량이 $Q_b$라고 할 때, 생산량을 $Q_b$보다 ( ㉮ ) 공장의 이윤은 줄어든다. 하지만 이로 인한 공장의 이윤 감소보다 주민들의 피해 감소가 더 ( ㉯ ), 생산량을 $Q_b$보다 ( ㉰ ) 것이 사회적으로 바람직하다.

| | ㉮ | ㉯ | ㉰ |
|---|---|---|---|
| ① | 줄이면 | 크다면 | 줄이는 |
| ② | 줄이면 | 크다면 | 늘리는 |
| ③ | 줄이면 | 작다면 | 줄이는 |
| ④ | 늘리면 | 작다면 | 줄이는 |
| ⑤ | 늘리면 | 작다면 | 늘리는 |

## [167~169]

2012학년도 9월 모평 35번~37번 정답과 해설편 p.240

**다음 글을 읽고 물음에 답하시오.** 3문항을 6분 안에 풀어보세요.

경제학에서는 가격이 한계 비용과 일치할 때를 가장 이상적인 상태라고 본다. '한계 비용'이란 재화의 생산량을 한 단위 증가시킬 때 추가되는 비용을 말한다. 한계 비용 곡선과 수요 곡선이 만나는 점에서 가격이 정해지면 재화의 생산 과정에 ㉠ 들어가는 자원이 낭비 없이 효율적으로 배분되며, 이때 사회 전체의 만족도가 가장 커진다. 가격이 한계 비용보다 높아지면 상대적으로 높은 가격으로 인해 수요량이 줄면서 거래량이 따라 줄고, 결과적으로 생산량도 감소한다. 이는 사회 전체의 관점에서 볼 때 자원이 효율적으로 배분되지 못하는 상황이므로 사회 전체의 만족도가 떨어지는 결과를 ㉡ 낳는다.

위에서 설명한 일반 재화와 마찬가지로 수도, 전기, 철도와 같은 공익 서비스도 자원 배분의 효율성을 ㉢ 생각하면 한계 비용 수준으로 가격(= 공공요금)을 결정하는 것이 바람직하다. 대부분의 공익 서비스는 초기 시설 투자 비용은 막대한 반면 한계 비용은 매우 적다. 이러한 경우, 한계 비용으로 공공요금을 결정하면 공익 서비스를 제공하는 기업은 손실을 볼 수 있다.

[A] 예컨대 초기 시설 투자 비용이 6억 달러이고, 톤당 1 달러의 한계 비용으로 수돗물을 생산하는 상수도 서비스를 가정해 보자. 이때 수돗물 생산량을 '1 톤, 2 톤, 3 톤, …'으로 늘리면 총비용은 '6억 1 달러, 6억 2 달러, 6억 3 달러, …'로 늘어나고, 톤당 평균 비용은 '6억 1 달러, 3억 1 달러, 2억 1 달러, …'로 지속적으로 줄어든다. 그렇지만 평균 비용이 계속 줄어들더라도 한계 비용 아래로는 결코 내려가지 않는다. 따라서 한계 비용으로 수도 요금을 결정하면 총비용보다 총수입이 적으므로 수도 사업자는 손실을 보게 된다.

이를 해결하는 방법에는 크게 두 가지가 있다. 하나는 정부가 공익 서비스 제공 기업에 손실분만큼 보조금을 ㉣ 주는 것이고, 다른 하나는 공공요금을 평균 비용 수준으로 정하는 것이다. 전자의 경우 보조금을 세금으로 충당한다면 다른 부문에 들어갈 재원이 ㉤ 줄어드는 문제가 있다. 평균 비용 곡선과 수요 곡선이 교차하는 점에서 요금을 정하는 후자의 경우에는 총수입과 총비용이 같아져 기업이 손실을 보지는 않는다. 그러나 요금이 한계 비용보다 높기 때문에 사회 전체의 관점에서 자원의 효율적 배분에 문제가 생긴다.

## 167

**윗글의 내용과 일치하지 않는 것은?**

① 자원이 효율적으로 배분될 때 사회 전체의 만족도가 극대화된다.
② 가격이 한계 비용보다 높은 경우에는 한계 비용과 같은 경우에 비해 결국 그 재화의 생산량이 줄어든다.
③ 공익 서비스와 일반 재화의 생산 과정에서 자원을 효율적으로 배분하기 위한 조건은 서로 같다.
④ 정부는 공공요금을 한계 비용 수준으로 유지하기 위하여 보조금 정책을 펼 수 있다.
⑤ 평균 비용이 한계 비용보다 큰 경우, 공공요금을 평균 비용 수준에서 결정하면 자원의 낭비를 방지할 수 있다.

## 168

**<보기>는 [A]의 내용을 그래프로 나타낸 것이다. 윗글과 관련지어 이해한 내용으로 옳지 않은 것은?**

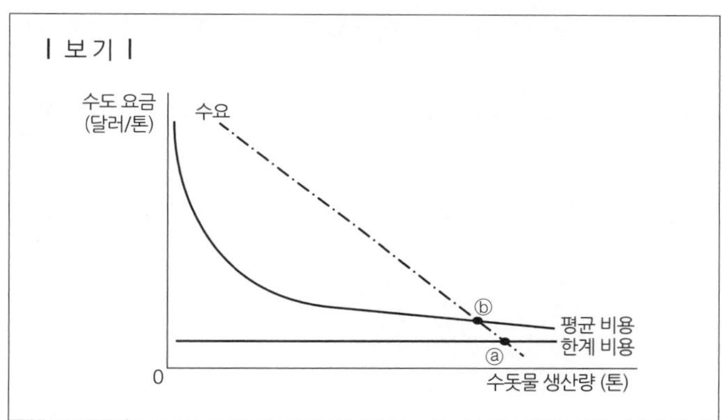


① ⓐ에서 수도 요금을 결정하면 수도 사업자는 손실을 본다.
② ⓐ에서 수도 요금을 결정하면 수도 요금은 톤당 1 달러이다.
③ ⓑ에서 수도 요금을 결정하면 수도 사업자의 총수입과 총비용은 같다.
④ 수돗물 생산량이 증가함에 따라 평균 비용과 한계 비용의 격차가 줄어든다.
⑤ 요금 결정 지점이 ⓐ에서 ⓑ로 이동하면 사회 전체의 만족도는 증가한다.

## 169

**문맥상 ㉠~㉤과 바꾸어 쓰기에 적절하지 않은 것은?**

① ㉠ : 투입(投入)되는
② ㉡ : 초래(招來)한다
③ ㉢ : 추정(推定)하면
④ ㉣ : 지급(支給)하는
⑤ ㉤ : 감소(減少)하는

# Ⅲ 과 학 | 1. 인간의 몸에서는 어떤 일들이 일어나나?

[001~004] 2020학년도 수능 26번~29번 정답과 해설편 p.243

**다음 글을 읽고 물음에 답하시오.** 4문항을 12분 안에 풀어보세요.

신체의 세포, 조직, 장기가 손상되어 더 이상 제 기능을 하지 못할 때에 이를 대체하기 위해 이식을 실시한다. 이때 이식으로 옮겨 붙이는 세포, 조직, 장기를 이식편이라 한다. 자신이나 일란성 쌍둥이의 이식편을 이용할 수 없다면 다른 사람의 이식편으로 '동종 이식'을 실시한다. 그런데 우리의 몸은 자신의 것이 아닌 물질이 체내로 유입될 경우 면역 반응을 일으키므로, 유전적으로 동일하지 않은 이식편에 대해 항상 거부 반응을 일으킨다. 면역적 거부 반응은 면역 세포가 표면에 발현하는 주조직적합복합체(MHC) 분자의 차이에 의해 유발된다. 개체마다 MHC에 차이가 있는데 서로 간의 유전적 거리가 멀수록 MHC에 차이가 커져 거부 반응이 강해진다. 이를 막기 위해 면역 억제제를 사용하는데, 이는 면역 반응을 억제하여 질병 감염의 위험성을 높인다.

이식에는 많은 비용이 소요될 뿐만 아니라 이식이 가능한 동종 이식편의 수가 매우 부족하기 때문에 이를 대체하는 방법이 개발되고 있다. 우선 인공 심장과 같은 '전자 기기 인공 장기'를 이용하는 방법이 있다. 하지만 이는 장기의 기능을 일시적으로 대체하는 데 사용되며, 추가 전력 공급 및 정기적 부품 교체 등이 요구되는 단점이 있고, 아직 인간의 장기를 완전히 대체할 만큼 정교한 단계에 이르지는 못했다.

다음으로는 사람의 조직 및 장기와 유사한 다른 동물의 이식편을 인간에게 이식하는 '이종 이식'이 있다. 그런데 이종 이식은 동종 이식보다 거부 반응이 훨씬 심하게 일어난다. 특히 사람이 가진 자연항체는 다른 종의 세포에서 발현되는 항원에 반응하는데, 이로 인해 이종 이식편에 대해서 초급성 거부 반응 및 급성 혈관성 거부 반응이 일어난다. 이런 거부 반응을 일으키는 유전자를 제거한 형질 전환 미니돼지에서 얻은 이식편을 이식하는 실험이 성공한 바 있다. 미니돼지는 장기의 크기가 사람의 것과 유사하고 번식력이 높아 단시간에 많은 개체를 생산할 수 있다는 장점이 있어, 이를 이용한 이종 이식편을 개발하기 위한 연구가 진행되고 있다.

이종 이식의 또 다른 문제는 ㉠ <u>내인성 레트로바이러스</u>이다. 내인성 레트로바이러스는 생명체의 DNA의 일부분으로, 레트로바이러스로부터 유래된 것으로 여겨지는 부위들이다. 이는 바이러스의 활성을 가지지 않으며 사람을 포함한 모든 포유류에 존재한다. ㉡ <u>레트로바이러스</u>는 자신의 유전 정보를 RNA에 담고 있고 역전사 효소를 갖고 있는 바이러스로서, 특정한 종류의 세포를 감염시킨다. 유전 정보가 담긴 DNA로부터 RNA가 생성되는 전사 과정만 일어날 수 있는 다른 생명체와는 달리, 레트로바이러스는 다른 생명체의 세포에 들어간 후 역전사 과정을 통해 자신의 RNA를 DNA로 바꾸고 그 세포의 DNA에 끼어들어 감염시킨다. 이후에는 다른 바이러스와 마찬가지로 자신이 속해 있는 생명체를 숙주로 삼아 숙주 세포의 시스템을 이용하여 복제, 증식하고 일정한 조건이 되면 숙주 세포를 파괴한다.

그런데 정자, 난자와 같은 생식 세포가 레트로바이러스에 감염되고도 살아남는 경우가 있었다. 이런 세포로부터 유래된 자손의 모든 세포가 갖게 된 것이 내인성 레트로바이러스이다. 내인성 레트로바이러스는 세대가 지나면서 돌연변이로 인해 염기 서열의 변화가 일어나며 해당 세포 안에서는 바이러스로 활동하지 않는다. 그러나 내인성 레트로바이러스를 떼어 내어 다른 종의 세포 속에 주입하면 이는 레트로바이러스로 변환되어 그 세포를 감염시키기도 한다. 따라서 미니돼지의 DNA에 포함된 내인성 레트로바이러스를 효과적으로 제거하는 기술이 개발 중에 있다.

그동안의 대체 기술과 관련된 연구 성과를 토대로 ⓐ <u>이상적인 이식편</u>을 개발하기 위해 많은 연구가 수행되고 있다.

## 001

**윗글에서 알 수 있는 내용으로 적절하지 <u>않은</u> 것은?**

① 동종 간보다 이종 간이 MHC 분자의 차이가 더 크다.
② 면역 세포의 작용으로 인해 장기 이식의 거부 반응이 일어난다.
③ 이종 이식을 하는 것만으로도 바이러스 감염의 원인이 될 수 있다.
④ 포유동물은 과거에 어느 조상이 레트로바이러스에 의해 감염된 적이 있다.
⑤ 레트로바이러스는 숙주 세포의 역전사 효소를 이용하여 RNA를 DNA로 바꾼다.

## 002

**ⓐ가 갖추어야 할 조건으로 적절하지 <u>않은</u> 것은?**

① 이식편의 비용을 낮추어서 정기 교체가 용이해야 한다.
② 이식편은 대체를 하려는 장기와 크기가 유사해야 한다.
③ 이식편과 수혜자 사이의 유전적 거리를 극복해야 한다.
④ 이식편은 짧은 시간에 대량으로 생산이 가능해야 한다.
⑤ 이식편이 체내에서 거부 반응을 유발하지 않아야 한다.

## 003

**다음은 신문 기사의 일부이다. 윗글을 참고할 때, 기사의 ㉮에 대한 반응으로 적절하지 않은 것은?** [3점]

> ○○ 신문
>
> 최근에 줄기 세포 연구와 3D 프린팅 기술이 급속도로 발전하고 있다. 줄기 세포는 인체의 모든 세포나 조직으로 분화할 수 있다. 그러므로 수혜자 자신의 줄기 세포만을 이용하여 3D 바이오 프린팅 기술로 제작한 ㉮ 세포 기반 인공 이식편을 만들 수 있을 것으로 전망된다. 이미 미니 폐, 미니 심장 등의 개발 성공 사례가 보고되었다.

① 전자 기기 인공 장기와 달리 전기 공급 없이도 기능을 유지할 수 있겠군.
② 동종 이식편과 달리 이식 후 면역 억제제를 사용할 필요가 없겠군.
③ 동종 이식편과 달리 내인성 레트로바이러스를 제거할 필요가 없겠군.
④ 이종 이식편과 달리 유전자를 조작하는 과정이 필요하지는 않겠군.
⑤ 이종 이식편과 달리 자연항체에 의한 초급성 거부 반응이 일어나지 않겠군.

## 004

**㉠과 ㉡에 대한 설명으로 가장 적절한 것은?**

① ㉠은 ㉡과 달리 자신이 속해 있는 생명체의 모든 세포의 DNA에 존재한다.
② ㉡은 ㉠과 달리 자신의 유전 정보를 DNA에 담을 수 없다.
③ ㉡은 ㉠과 달리 자신이 속해 있는 생명체에 면역 반응을 일으키지 않는다.
④ ㉠과 ㉡은 둘 다 자신이 속해 있는 생명체의 유전 정보를 가지고 있다.
⑤ ㉠과 ㉡은 둘 다 자신이 속해 있는 생명체의 세포를 감염시켜 파괴한다.

## [005~006]

2016학년도 9월 모평B 25번~26번 정답과 해설편 p.246

**다음 글을 읽고 물음에 답하시오.** 2문항을 5분 안에 풀어보세요.

암 치료에 사용되는 항암제는 세포 독성 항암제와 표적 항암제로 나뉜다. ㉠ 파클리탁셀과 같은 세포 독성 항암제는 세포 분열을 방해하여 세포가 증식하지 못하고 사멸에 이르게 한다. 그러므로 세포 독성 항암제는 암세포뿐 아니라 정상 세포 중 빈번하게 세포 분열하는 종류의 세포도 손상시킨다. 이러한 세포 독성 항암제의 부작용은 이 약제의 사용을 꺼리게 하는 주된 이유이다. 반면에 표적 항암제는 암세포에 선택적으로 작용하도록 고안된 것이다.

암세포에서는 변형된 유전자가 만들어 낸 비정상적인 단백질이 세포 분열을 위한 신호 전달 과정을 왜곡하여 과다한 세포 증식을 일으킨다. 암세포가 종양으로 자라려면 종양 속으로 연결되는 새로운 혈관의 생성이 필수적이다. 표적 항암제는 암세포가 증식하고 종양이 자라는 과정에서 어느 단계에 개입하느냐에 따라 신호 전달 억제제와 신생 혈관 억제제로 나뉜다.

신호 전달 억제제는 암세포의 증식을 유도하는 신호 전달 과정 중 특정 단계의 진행을 방해한다. 신호 전달 경로는 암의 종류에 따라 다르므로 신호 전달 억제제는 특정한 암에만 치료 효과를 나타낸다. 만성골수성백혈병(CML)의 치료제인 ㉡ 이마티닙이 그 예이다. 만성골수성백혈병은 골수의 조혈 모세포가 혈구로 분화하는 과정에서 발생하는 혈액암이다. 만성골수성백혈병 환자의 95 % 정도는 조혈 모세포의 염색체에서 돌연변이 유전자가 형성되어 변형된 형태의 효소인 Bcr-Abl 단백질을 만들어 낸다. 이 효소는 암세포 증식을 유도하는 신호 전달 경로를 활성화하여 암세포를 증식시킨다. 이러한 원리에 착안하여 Bcr-Abl 단백질에 달라붙어 그것의 작용을 방해하는 이마티닙이 개발되었다.

신생 혈관 억제제는 암세포가 새로운 혈관을 생성하는 것을 방해한다. 암세포가 증식하여 종양이 되고 그 종양이 자라려면 산소와 영양분이 계속 공급되어야 한다. 종양이 계속 자라려면 종양에 인접한 정상 조직과 종양이 혈관으로 연결되고, 종양 속으로 혈관이 뻗어 들어와야 한다. 대부분의 암세포들은 혈관내피 성장인자(VEGF)를 분비하여 암세포 주변의 조직에서 혈관내피세포를 증식시킴으로써 새로운 혈관을 형성한다. 이러한 원리에 착안하여 종양의 혈관 생성을 저지할 수 있는 약제인 ㉢ 베바시주맙이 개발되었다. 이 약제는 인공적인 항체로서 혈관내피 성장인자를 항원으로 인식하여 결합함으로써 혈관 생성을 방해한다. 베바시주맙은 대장암의 치료제로 개발되었지만 다른 여러 종류의 암에도 효과가 있다.

## 005

**㉠~㉢에 대한 이해로 가장 적절한 것은?**

① ㉠과 ㉡은 모두 암세포만 선택적으로 공격한다.
② ㉠은 ㉢과 달리 세포의 증식을 방해한다.
③ ㉡과 ㉢은 모두 변형된 유전자를 정상 유전자로 복원한다.
④ ㉢은 ㉡과 달리 한 가지 종류의 암에만 효능을 보인다.
⑤ ㉢은 ㉡과 달리 암세포가 분비하는 성장인자에 작용한다.

## 006

**윗글을 바탕으로 <보기>의 ⓐ, ⓑ를 이해한 내용으로 적절하지 않은 것은?** 3점

| 보기 |

어떤 암세포를 시험관 속의 액체에 넣었다. 액체 속에는 산소와 영양분이 충분함에도 불구하고, ⓐ 액체 속의 암세포는 세포 분열을 하여 1~2 mm의 작은 암 덩이로 자란 후 더 이상 증식하지 않았다.

같은 종류의 암세포를 실험동물에게 주입하였다. ⓑ 주입된 암세포는 커다란 종양으로 계속 자라났고, 종양의 일부 조직을 조사해 보니 조직 내부에 혈관이 들어차 있었다.

① ⓐ에서는 혈관내피 성장인자 분비를 통한 혈관 생성이 이루어지지 못했겠군.
② ⓐ와 함께 Bcr-Abl 단백질을 액체에 넣는다면 암세포가 큰 종양으로 계속 자라겠군.
③ ⓑ와 함께 세포 독성 항암제를 주입한다면 암세포의 분열이 억제되겠군.
④ ⓑ가 종양으로 자랄 수 있었던 것은 산소와 영양분이 계속 공급되었기 때문이겠군.
⑤ ⓑ가 종양으로 자라는 과정에서 암세포의 증식을 유도하는 신호 전달 경로에 비정상적인 단백질의 개입이 있었겠군.

## [007~008]

2014학년도 6월 모평B 28번~29번 정답과 해설편 p.248

**다음 글을 읽고 물음에 답하시오.** 2문항을 5분 안에 풀어보세요.

사람의 눈이 원래 하나였다면 세계를 입체적으로 지각할 수 있었을까? 입체 지각은 대상까지의 거리를 인식하여 세계를 3차원으로 파악하는 과정을 말한다. 입체 지각은 눈으로 들어오는 시각 정보로부터 다양한 단서를 얻어 이루어지는데 이를 양안 단서와 단안 단서로 구분할 수 있다. 양안 단서는 양쪽 눈이 함께 작용하여 얻어지는 것으로, 양쪽 눈에서 보내오는, 시차(視差)*가 있는 유사한 상이 대표적이다. 단안 단서는 한쪽 눈으로 얻을 수 있는 것인데, 사람은 단안 단서만으로도 이전의 경험으로부터 추론에 의하여 세계를 3차원으로 인식할 수 있다. 망막에 맺히는 상은 2차원이지만 그 상들 사이의 깊이의 차이를 인식하게 해 주는 다양한 실마리들을 통해 입체 지각이 이루어진다.

동일한 물체가 크기가 다르게 시야에 들어오면 우리는 더 큰 시각(視角)*을 가진 쪽이 더 가까이 있다고 인식한다. 이렇게 물체의 상대적 크기는 대표적인 단안 단서이다. 또 다른 단안 단서로는 '직선 원근'이 있다. 우리는 앞으로 뻗은 길이나 레일이 만들어 내는 평행선의 폭이 좁은 쪽이 넓은 쪽보다 멀리 있다고 인식한다. 또 하나의 단안 단서인 '결 기울기'는 같은 대상이 집단적으로 어떤 면에 분포할 때, 시야에 동시에 나타나는 대상들의 연속적인 크기 변화로 얻어진다. 예를 들면 들판에 만발한 꽃을 보면 앞쪽은 꽃이 크고 뒤로 가면서 서서히 꽃이 작아지는 것으로 보이는데 이러한 시각적 단서가 쉽게 원근감을 일으킨다.

어떤 경우에는 운동으로부터 단안 단서를 얻을 수 있다. '운동 시차'는 관찰자가 운동할 때 정지한 물체들이 얼마나 빠르게 움직이는 것처럼 보이는지가 물체들까지의 상대적 거리에 대한 실마리를 제공하는 것이다. 예를 들어 기차를 타고 가다 창밖을 보면 가까이에 있는 나무는 빨리 지나가고 멀리 있는 산은 거의 정지해 있는 것처럼 보인다.

동물들도 단안 단서를 활용하여 입체 지각을 할 수 있다. 특히 머리의 좌우 측면에 눈이 있는 동물들은 양쪽 눈의 시야가 겹치는 부분이 거의 없어 양안 단서를 활용하지 못한다. 이런 경우에 단안 단서는 입체 지각에서 결정적인 역할을 하게 된다. 가령 어떤 새들은 머리를 좌우로 움직였을 때 정지된 물체가 움직여 보이는 정도에 따라 물체까지의 거리를 파악한다.

* 시차 : 하나의 물체를 서로 다른 두 지점에서 보았을 때 방향의 차이
* 시각 : 물체의 양쪽 끝으로부터 눈에 이르는 두 직선이 이루는 각

## 007

**윗글로 미루어 알 수 있는 내용이 아닌 것은?**

① 두 눈을 가진 동물 중에 단안 단서로만 입체 지각을 하는 동물이 있다.
② 사람이 원래 눈이 하나이더라도 경험을 통해 세계를 입체로 지각할 수 있다.
③ 사람의 경우에 양쪽 눈의 망막에 맺히는 상은 비슷해 보이지만 차이가 있다.
④ 직선 원근을 이용해 입체 지각을 하려면 두 눈에서 보내오는 상을 조합해야 한다.
⑤ 새가 단안 단서를 얻으려고 머리를 움직이는 것은 달리는 기차에서 창밖을 보는 것과 유사한 효과를 낸다.

## 008

**윗글을 바탕으로 <보기>에 대해 이해한 내용으로 적절한 것은?** 3점

| 보기 |
(가) 다람쥐가 잠자는 여우를 발견하자 여우를 보면서 자신과 여우를 연결하는 선에 대하여 직각 방향으로 움직였다.
(나) 축구공이 빠르게 작아지는 동영상을 보여 줄 때는 가만히 있던 강아지가 축구공이 빠르게 커지는 동영상을 보여 주자 놀라서 도망갔다.

① (가)에서 다람쥐가 한 행동이 입체 지각을 얻기 위한 것이라면 다람쥐는 운동 시차를 이용한 것이라 할 수 있겠군.
② (가)에서 다람쥐가 머리의 좌우 측면에 눈이 있는 동물이라면 양안 단서를 얻기 위해 행동한 것이라고 볼 수 있겠군.
③ (가)에서 다람쥐로부터 여우가 멀리 있을수록 다람쥐에게는 여우가 빠르게 이동하는 것처럼 보이겠군.
④ (나)는 결 기울기가 강아지에게 입체 지각을 일으킬 수 있음을 보여 주는 사례이군.
⑤ (나)에서 강아지의 한쪽 눈을 가렸다면 강아지는 놀라는 행동을 보이지 않았겠군.

## [009~012]

2012학년도 수능 21번~24번 정답과 해설편 p.249

**다음 글을 읽고 물음에 답하시오.** 4문항을 7분 안에 풀어보세요.

이어폰으로 스테레오 음악을 ㉠ 들으면 두 귀에 약간 차이가 나는 소리가 들어와서 자기 앞에 공연장이 펼쳐진 것 같은 공간감을 느낄 수 있다. 이러한 효과는 어떤 원리가 적용되어 나타난 것일까?

사람의 귀는 주파수 분포를 감지하여 음원의 종류를 알아내지만, 음원의 위치를 알아낼 수 있는 직접적인 정보는 감지하지 못한다. 하지만 사람의 청각 체계는 두 귀 사이 그리고 각 귀와 머리 측면 사이의 상호 작용에 의한 단서들을 이용하여 음원의 위치를 알아낼 수 있다. 음원의 위치는 소리가 오는 수평·수직 방향과 음원까지의 거리를 이용하여 지각하는데, 그 정확도는 음원의 위치와 종류에 따라 다르며 개인차도 크다. 음원까지의 거리는 목소리 같은 익숙한 소리의 크기와 거리의 상관관계를 이용하여 추정한다.

음원이 청자의 정면 정중앙에 있다면 음원에서 두 귀까지의 거리가 같으므로 소리가 두 귀에 도착하는 시간 차이는 없다. 반면 음원이 청자의 오른쪽으로 ㉡ 치우치면 소리는 오른쪽 귀에 먼저 도착하므로, 두 귀 사이에 도착하는 시간 차이가 생긴다. 이때 치우친 정도가 클수록 시간 차이도 커진다. 도착 순서와 시간 차이는 음원의 수평 방향을 ㉢ 알아내는 중요한 단서가 된다.

음원이 청자의 오른쪽 귀 높이에 있다면 머리 때문에 왼쪽 귀에는 소리가 작게 들린다. 이러한 현상을 '소리 그늘'이라고 하는데, 주로 고주파 대역에서 ㉣ 일어난다. 고주파의 경우 소리가 진행하다가 머리에 막혀 왼쪽 귀에 잘 도달하지 않는 데 비해, 저주파의 경우 머리를 넘어 왼쪽 귀까지 잘 도달하기 때문이다. 소리 그늘 효과는 주파수가 1,000 ㎐ 이상인 고음에서는 잘 나타나지만, 그 이하의 저음에서는 거의 나타나지 않는다. 이 현상은 고주파 음원의 수평 방향을 알아내는 데 특히 중요한 단서가 된다.

한편, 소리는 귓구멍에 도달하기 전에 머리 측면과 귓바퀴의 굴곡의 상호 작용에 의해 여러 방향으로 반사되고, 반사된 소리들은 서로 간섭을 일으킨다. 같은 소리라도 소리가 귀에 도달하는 방향에 따라 상호 작용의 효과가 달라지는데, 수평 방향뿐만 아니라 수직 방향의 차이도 영향을 준다. 이러한 상호 작용에 의해 주파수 분포의 변형이 생기는데, 이는 간섭에 의해 어떤 주파수의 소리는 ㉤ 작아지고 어떤 주파수의 소리는 커지기 때문이다. 이 또한 음원의 방향을 알아낼 수 있는 중요한 단서가 된다.

## 009

**윗글의 내용과 일치하지 않는 것은?**

① 사람의 귀는 소리의 주파수 분포를 감지하는 감각 기관이다.
② 청각 체계는 여러 단서를 이용해서 음원의 위치를 지각한다.
③ 위치 감지의 정확도는 소리가 오는 방향에 관계없이 일정하다.
④ 소리 그늘 현상은 머리가 장애물로 작용하기 때문에 일어난다.
⑤ 반사된 소리의 간섭은 소리의 주파수 분포에 변화를 일으킨다.

## 010

**사람의 청각 체계에 대한 설명으로 옳은 것은?**

① 두 귀에 소리가 도달하는 순서와 시간 차이를 감지했다면 생소한 소리라도 음원까지의 거리를 알아낼 수 있다.
② 이어폰을 통해 두 귀에 크기와 주파수 분포가 같은 소리를 동시에 들려주면 수평 방향의 공간감이 느껴진다.
③ 소리가 울리는 실내라면 소리가 귀까지 도달하는 시간이 다양해져서 음원의 방향을 더 잘 찾아낼 수 있다.
④ 귓바퀴의 굴곡을 없애도록 만드는 보형물을 두 귀에 붙이면 음원의 수평 방향을 지각할 수 없다.
⑤ 소리의 주파수에 따라 음원의 수평 방향 지각에서 소리 그늘을 활용하는 정도가 달라진다.

## 011

**<보기>에서 ⓐ~ⓔ의 합성에 적용된 원리를 분석한 내용으로 옳지 않은 것은?**

> ❙ 보 기 ❙
> 은영이는 이어폰을 이용한 소리 방향 지각 실험에 참여하였다. 이 실험에서는 컴퓨터가 각각 하나의 원리만을 이용해서 합성한 소리를 들려준다. 은영이는 ⓐ 멀어져 가는 자동차 소리, ⓑ 머리 위에서 나는 종소리, ⓒ 발 바로 아래에서 나는 마루 삐걱거리는 소리, ⓓ 오른쪽에서 나는 저음의 북소리, ⓔ 왼쪽에서 나는 고음의 유리잔 깨지는 소리로 들리도록 합성한 소리를 차례로 들었다.

① ⓐ는 소리의 크기가 시간에 따라 점점 작아지도록 했겠군.
② ⓑ는 귓바퀴와 머리 측면의 상호 작용이 일어난 소리가 두 귀에 들리도록 했겠군.
③ ⓒ는 같은 소리가 두 귀에서 시간 차이를 두고 들리도록 했겠군.
④ ⓓ는 특정 주파수 분포를 가진 소리가 오른쪽 귀에 먼저 들리도록 했겠군.
⑤ ⓔ는 오른쪽 귀에 소리 그늘 효과가 생긴 소리가 들리도록 했겠군.

## 012

**㉠~㉤을 바꾸어 쓴 말로 적절하지 않은 것은?**

① ㉠ : 청취(聽取)하면 ② ㉡ : 치중(置重)하면
③ ㉢ : 파악(把握)하는 ④ ㉣ : 발생(發生)한다
⑤ ㉤ : 감소(減少)하고

# 2. 우주와 지구에 대한 이해

[013~014] 2016학년도 6월 모평B 25번~26번 정답과 해설편 p.252

**다음 글을 읽고 물음에 답하시오.** 2문항을 4분 안에 풀어보세요.

우주를 구성하는 전체 물질의 질량 중 약 85 %는 눈에 보이지 않는 ㉠ 암흑 물질이 차지하고 있지만, 암흑 물질은 어떤 망원경으로도 관측되지 않으므로 그 존재가 오랫동안 알려지지 않았다. 1933년 츠비키는 머리털자리 은하단의 질량을 추정하다가 암흑 물질의 개념을 생각해 내었다. 그는 은하들의 속력으로부터 추정한 은하단의 질량이 은하들의 밝기로부터 추정한 은하단의 질량보다 훨씬 크다는 것을 확인하고 은하단 내부에 '실종된 질량'이 있다고 결론지었다.

1970년대에 루빈은 더 정확한 관측 결과를 바탕으로 이 '실종된 질량'의 실재를 확증하였다. 나선 은하에서 별과 같은 보통의 물질들은 중심부에 집중되어 공전한다. 중력 법칙을 써서 나선 은하에서 공전하는 별의 속력을 계산하면, 중심부에서는 은하의 중심으로부터 거리가 멀어질수록 속력이 증가함을 알 수 있다. 그런데 중심부 밖에서는 중심으로부터 멀어질수록 중심 쪽으로 별을 당기는 중력이 줄어들기 때문에 <그림>의 곡선 A에서처럼 거리가 멀어질수록 별의 속력이 줄어드는 것으로 나온다. 그렇지만 실제 관측 결과, 나선 은하 중심부 밖에서 공전하는 별의 속력은 <그림>의 곡선 B에서처럼 중심으로부터의 거리와 무관하게 거의 일정하다. 이것은 은하 중심에서 멀리 떨어진 별일수록 은하 중심 쪽으로 그 별을 당기는 물질이 그 별의 공전 궤도 안쪽에 많아져서 거리가 멀어질수록 줄어드는 중력을 보충해 주기 때문으로 보인다. 이로부터 루빈은 별의 공전 궤도 안쪽에 퍼져 있는 추가적인 중력의 원천, 곧 암흑 물질이 존재한다는 것을 추정하였다. 그 후 암흑 물질의 양이 보통의 물질보다 월등히 많다는 것도 확인되었다.

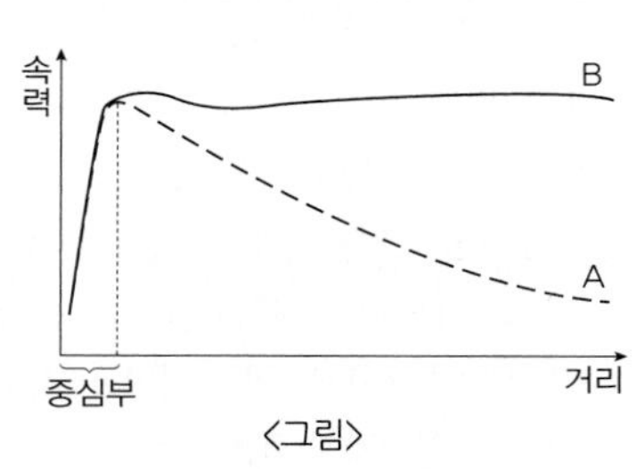

<그림>

이후 2006년에 암흑 물질의 중요한 성질이 탄환 은하단의 관측을 바탕으로 밝혀졌다. 탄환 은하단은 두 개의 은하단이 충돌하여 형성되었다. 두 은하단이 충돌할 때 각각의 은하단에 퍼져 있던 고온의 가스는 서로 부딪쳐 탄환 은하단의 중앙에 모인다. 반면 각각의 은하단 안에서 은하들은 서로 멀리 떨어져 있어서 은하단이 충돌할 때 은하들끼리는 좀처럼 충돌하지 않고 서로 엇갈려 지나간다. 이때 각각의 은하단에 퍼져 있던 암흑 물질도 두 은하단의 은하들과 함께 엇갈려 이동한 것으로 확인된다. 이로써 암흑 물질은 가스나 별과 같은 보통의 물질뿐 아니라 다른 암흑 물질과도 거의 부딪치지 않는다는 것이 밝혀졌다.

## 013

**㉠에 대한 설명으로 적절하지 않은 것은?**

① 은하단 내부에 퍼져 있는 가스와 거의 충돌하지 않는다.
② 우주에서 눈에 보이는 물질의 질량보다 더 큰 질량을 차지한다.
③ 보통의 물질을 관측하는 데 사용되는 망원경으로 관측할 수 없다.
④ 은하 안에 퍼져 있으면서 그 은하 안의 별을 은하 중심 쪽으로 당긴다.
⑤ 은하들의 밝기로부터 추정한 은하단의 질량을 은하들의 속력으로부터 추정한 질량보다 더 크게 만든다.

## 014

**<그림>의 곡선 B에 대한 설명으로 적절하지 않은 것은?**

① 나선 은하를 관측한 결과를 근거로 그린 곡선이다.
② '실종된 질량'의 존재를 확인해 줄 정보를 포함하고 있다.
③ 중심부 밖의 경우, 별의 공전 속력에 영향을 미치는 중력이 A에서보다 더 큼을 보여 준다.
④ 중심부의 경우, 거리와 별의 공전 속력이 비례하는 것을 통해 암흑 물질이 중심부에 집중되어 있음을 보여 준다.
⑤ 중심부 밖의 경우, 은하의 중심에서 멀리 떨어져 있는 별일수록 그 별을 은하 중심으로 당기는 암흑 물질이 더 많음을 보여 준다.

DAY 17 Ⅲ 과학

[015~016] 2015학년도 수능B 25번~26번 정답과 해설편 p.253

다음 글을 읽고 물음에 답하시오. 2문항을 6분 안에 풀어보세요.

우리는 가끔 평소보다 큰 보름달인 '슈퍼문(supermoon)'을 보게 된다. 실제 달의 크기는 일정한데 이러한 현상이 발생하는 까닭은 무엇일까? 이 현상은 달의 공전 궤도가 타원 궤도라는 점과 관련이 있다.

타원은 두 개의 초점이 있고 두 초점으로부터의 거리를 합한 값이 일정한 점들의 집합이다. 두 초점이 가까울수록 원 모양에 가까워진다. 타원에서 두 초점을 지나는 긴지름을 가리켜 장축이라 하는데, 두 초점 사이의 거리를 장축의 길이로 나눈 값을 이심률이라 한다. 두 초점이 가까울수록 이심률은 작아진다.

달은 지구를 한 초점으로 하면서 이심률이 약 0.055인 타원 궤도를 돌고 있다. 이 궤도의 장축상에서 지구로부터 가장 먼 지점을 '원지점', 가장 가까운 지점을 '근지점'이라 한다. 지구에서 보름달은 약 29.5 일 주기로 세 천체가 '태양 - 지구 - 달'의 순서로 배열될 때 볼 수 있는데, 이때 보름달이 근지점이나 그 근처에 위치하면 슈퍼문이 관측된다. 슈퍼문은 보름달 중 크기가 가장 작게 보이는 것보다 14 % 정도 크게 보인다. 이는 지구에서 본 달의 겉보기 지름이 달라졌기 때문이다. 지구에서 본 천체의 겉보기 지름을 각도로 나타낸 것을 각지름이라 하는데, 관측되는 천체까지의 거리가 가까워지면 각지름이 커진다. 예를 들어, 달과 태양의 경우 평균적인 각지름은 각각 0.5 ° 정도이다.

지구의 공전 궤도에서도 이와 같은 현상이 나타난다. 지구 역시 태양을 한 초점으로 하는 타원 궤도로 공전하고 있으므로, 궤도상의 지구의 위치에 따라 태양과의 거리가 다르다. 달과 마찬가지로 지구도 공전 궤도의 장축상에서 태양으로부터 가장 먼 지점과 가장 가까운 지점을 갖는데, 이를 각각 원일점과 근일점이라 한다. 지구와 태양 사이의 이러한 거리 차이에 따라 일식 현상이 다르게 나타난다. 세 천체가 '태양 - 달 - 지구'의 순서로 늘어서고, 달이 태양을 가릴 수 있는 특정한 위치에 있을 때, 일식 현상이 일어난다. 이때 달이 근지점이나 그 근처에 위치하면 대부분의 경우 태양 면의 전체 면적이 달에 의해 완전히 가려지는 개기 일식이 관측된다. 하지만 일식이 일어나는 같은 조건에서 달이 원지점이나 그 근처에 위치하면 대부분의 경우 태양 면이 달에 의해 완전히 가려지지 않아 태양 면의 가장자리가 빛나는 고리처럼 보이는 금환 일식이 관측될 수 있다.

이러한 원일점, 근일점, 원지점, 근지점의 위치는 태양, 행성 등 다른 천체들의 인력에 의해 영향을 받아 미세하게 변한다. 현재 지구 공전 궤도의 이심률은 약 0.017인데, 일정한 주기로 이심률이 변한다. 천체의 다른 조건들을 고려하지 않을 때 지구 공전 궤도의 이심률만이 현재보다 더 작아지면 근일점은 현재보다 더 멀어지며 원일점은 현재보다 더 가까워지게 된다. 이는 달의 공전 궤도상에 있는 근지점과 원지점도 마찬가지이다. 천체의 다른 조건들을 고려하지 않을 때 천체의 공전 궤도의 이심률만이 현재보다 커지면 반대의 현상이 일어난다.

## 015

**윗글을 통해 알 수 있는 내용으로 적절하지 않은 것은?**

① 태양의 인력으로 달 공전 궤도의 이심률이 약간씩 변화될 수 있다.
② 현재의 달 공전 궤도는 현재의 지구 공전 궤도보다 원 모양에 더 가깝다.
③ 금환 일식이 일어날 때 지구에서 관측되는 태양의 각지름은 달의 각지름보다 크다.
④ 지구에서 보이는 보름달의 크기는 달 공전 궤도상의 근지점일 때보다 원지점일 때 더 작게 보인다.
⑤ 지구 공전 궤도상의 근일점에서 관측한 태양의 각지름은 원일점에서 관측한 태양의 각지름보다 더 크다.

## 016

**윗글을 바탕으로 할 때, <보기>의 ㉠에 들어갈 말로 가장 적절한 것은?** [3점]

| 보기 |

북반구의 A 지점에서는 약 12 시간 25 분 주기로 해수면이 높아졌다 낮아졌다 하는 현상이 관측된다. 이 현상에서 해수면이 가장 높은 때와 가장 낮은 때의 해수면의 높이 차이를 '조차'라고 한다. 이 조차에 영향을 미치는 한 요인이 지구와 달, 지구와 태양 사이의 '거리'인데, 그 거리가 가까울수록 조차가 커진다. 지구와 태양 사이의 거리가 조차에 미치는 영향만을 고려하면, 조차는 북반구의 겨울인 1월에 가장 크고 7월에 가장 작다.

천체의 다른 모든 조건들은 고정되어 있고, 다만 지구 공전 궤도의 이심률과 지구와 달, 지구와 태양 사이의 거리만이 조차에 영향을 준다고 가정하자. 이 경우에 (　　　　㉠　　　　)

① 지구 공전 궤도의 이심률에 변화가 없다면, 1월에 슈퍼문이 관측되었을 때보다 7월에 슈퍼문이 관측되었을 때, A 지점에서의 조차가 더 크다.
② 지구 공전 궤도의 이심률에 변화가 없다면, 보름달이 관측된 1월에 달이 근지점에 있을 때보다 원지점에 있을 때, A 지점에서의 조차가 더 크다.
③ 지구 공전 궤도의 이심률에 변화가 없다면, 7월에 슈퍼문이 관측될 때보다 7월에 원지점에 위치한 보름달이 관측될 때, A 지점에서의 조차가 더 크다.
④ 지구 공전 궤도의 이심률만이 더 커지면, 달이 근지점에 있을 때 A 지점에서 1월에 나타나는 조차가 이심률 변화 전의 1월의 조차보다 더 커진다.
⑤ 지구 공전 궤도의 이심률만이 더 커지면, 달이 원지점에 있을 때 A 지점에서 7월에 나타나는 조차가 이심률 변화 전의 7월의 조차보다 더 커진다.

[017~018] 2015학년도 6월 모평B 25번~26번 정답과 해설편 p.256

**다음 글을 읽고 물음에 답하시오.** 2문항을 4분 안에 풀어보세요.

별의 밝기는 별의 거리, 크기, 온도 등을 연구하는 데 중요한 정보를 제공한다. 별의 밝기는 등급으로 나타내며, 지구에서 관측되는 별의 밝기를 '겉보기 등급'이라고 한다. 고대의 천문학자 히파르코스는 맨눈으로 보이는 별의 밝기에 따라 가장 밝은 1 등급부터 가장 어두운 6 등급까지 6 개의 등급으로 구분하였다. 이후 1856년에 포그슨은 1 등급의 별이 6 등급의 별보다 약 100 배 밝고, 한 등급 간에는 밝기가 약 2.5 배 차이가 나는 것을 알아내었다. 이러한 등급 체계는 망원경이나 관측 기술의 발달로 인해 개편되었다. 맨눈으로만 관측 가능했던 1 ~ 6 등급 범위를 벗어나 그 값이 확장되었는데 6 등급보다 더 어두운 별은 6보다 더 큰 수로, 1 등급보다 더 밝은 별은 1보다 더 작은 수로 나타내었다.

별의 겉보기 밝기는 지구에 도달하는 별빛의 양에 의해 결정된다. 과학자들은 단위 시간 동안 단위 면적에 입사하는 빛 에너지의 총량을 '복사 플럭스'라고 정의하였는데 이 값이 클수록 별이 더 밝게 관측된다. 그러나 별의 복사 플럭스 값은 빛이 도달되는 거리의 제곱에 반비례하기 때문에 별과의 거리가 멀수록 그 별은 더 어둡게 보인다. 이처럼 겉보기 밝기는 거리에 따라 다르게 관측되기 때문에 별의 실제 밝기는 절대 등급으로 나타낸다. 예를 들어, '리겔'의 경우 겉보기 등급은 0.1 정도이지만, 절대 등급은 -6.8 정도에 해당한다.

절대 등급은 별이 지구로부터 10 파섹*(약 32.6 광년)의 거리에 있다고 가정했을 때 그 별의 겉보기 등급으로 정의한다. 별의 실제 밝기는 별이 매초 방출하는 에너지의 총량인 광도가 클수록 밝아지게 된다. 광도는 별의 반지름의 제곱과 별의 표면 온도의 네제곱에 비례한다. 즉, 별의 실제 밝기는 별의 표면적이 클수록, 표면 온도가 높을수록 밝다.

과학자들은 별의 겉보기 등급에서 절대 등급을 뺀 값인 거리 지수를 이용하여 별까지의 거리를 판단하며, 이 값이 큰 별일수록 지구에서 별까지의 거리가 멀다. 어떤 별의 거리 지수가 0이면 지구와 그 별 사이의 거리가 10 파섹임을 나타내고, 0보다 크면 10 파섹보다 멀다는 것을 의미한다. 예를 들어 '북극성'의 겉보기 등급은 2.0 정도이고, 절대 등급은 -3.6 정도이므로 거리 지수는 5.6이다. 이 값이 0보다 크기 때문에 북극성은 10 파섹보다 멀리 있으며, 실제로 지구에서 133 파섹 떨어져 있다. 이처럼 별의 밝기와 관련된 정보를 통해 멀리 떨어져 있는 별에 대해 탐구할 수 있다.

* 파섹 : 거리의 단위로서 1 파섹은 $3.086 \times 10^{13}$ km, 즉 약 3.26 광년에 해당한다.

## 017

**윗글을 통해 알 수 있는 내용으로 적절하지 않은 것은?**

① 별빛이 도달되는 거리가 3 배가 되면 복사 플럭스 값은 $\frac{1}{9}$ 배가 되겠군.
② 망원경으로 관측한 별 중에 히파르코스의 등급 범위를 벗어난 것이 있겠군.
③ 겉보기 등급과 절대 등급이 같은 별은 지구에서 약 32.6 광년 떨어져 있겠군.
④ 어떤 별과 지구 사이의 거리가 10 파섹 미만이라면 그 별의 거리 지수는 0보다 작겠군.
⑤ 겉보기 등급이 -1인 별과 겉보기 등급이 1인 별의 밝기는 약 2.5 배 차이가 나겠군.

## 018

**윗글을 바탕으로 <보기>를 이해한 내용으로 적절한 것은?** [3점]

| 보기 |
다음은 가상의 별 A, B에 대한 정보이다. 별 B의 반지름과 표면 온도는 각각 별 A의 반지름과 표면 온도를 1로 설정하여 계산한 값이다.

| | 겉보기 등급 | 절대 등급 | 거리 지수 | 반지름 | 표면 온도 |
|---|---|---|---|---|---|
| A | 2 | -1 | 3 | 1 | 1 |
| B | 1 | -6 | 7 | 0.1 | 10 |

① 별 A는 별 B보다 광도 값이 더 크다.
② 별 A는 '리겔'보다 실제 밝기가 더 밝은 별이다.
③ 별 B는 별 A보다 별의 실제 밝기가 약 100 배 밝다.
④ 별 B는 지구에서 133 파섹보다 더 가까운 거리에 있다.
⑤ 별 B는 지구에서 볼 때 '북극성'보다 더 어둡게 보인다.

[019~020] 2014학년도 수능B 26번~27번 정답과 해설편 p.258

다음 글을 읽고 물음에 답하시오. 2문항을 7분 안에 풀어보세요.

우주에서 지구의 북극을 내려다보면 지구는 시계 반대 방향으로 빠르게 자전하고 있지만 우리는 그 사실을 잘 인지하지 못한다. 지구의 자전 때문에 일어나는 현상 중 하나는 지구상에서 운동하는 물체의 운동 방향이 편향되는 것이다. 이러한 현상의 원인이 되는 가상적인 힘을 전향력이라 한다.

전향력은 지구가 자전하기 때문에 나타난다. 구 모양인 지구의 둘레는 적도가 가장 길고 위도가 높아질수록 짧아진다. 지구의 자전 주기는 위도와 상관없이 동일하므로 자전하는 속력은 적도에서 가장 빠르고, 고위도로 갈수록 속력이 느려져서 남극과 북극에서는 0이 된다.

적도상의 특정 지점에서 동일한 경도상에 있는 북위 30 도 지점을 목표로 어떤 물체를 발사한다고 하자. 이때 물체에 영향을 주는 마찰력이나 다른 힘은 없다고 가정한다. 적도상의 발사 지점은 약 1,600 km/h의 속력으로 자전하고 있다. 북쪽으로 발사된 물체는 발사 속력 외에 약 1,600 km/h로 동쪽으로 진행하는 속력을 동시에 갖게 된다. 한편 북위 30 도 지점은 약 1,400 km/h의 속력으로 자전하고 있다. 목표 지점은 발사 지점보다 약 200 km/h가 더 느리게 동쪽으로 움직이고 있는 것이다. 따라서 발사된 물체는 겨냥했던 목표 지점보다 더 동쪽에 있는 지점에 도달하게 된다. 이때 지구 표면의 발사 지점에서 보면, 발사된 물체의 이동 경로는 처음에 목표로 했던 북쪽 방향의 오른쪽으로 휘어져 나타나게 된다.

이번에는 북위 30 도에서 자전 속력이 약 800 km/h인 북위 60 도의 동일 경도상에 있는 지점을 목표로 설정하고 같은 실험을 실행한다고 하자. 두 지점의 자전하는 속력의 차이는 약 600 km/h이므로 이 물체는 적도에서 북위 30 도를 향해 발사했을 때보다 더 오른쪽으로 떨어지게 된다. 이렇게 운동 방향이 좌우로 편향되는 정도는 저위도에서 고위도로 갈수록 더 커진다. 결국 위도에 따른 자전 속력의 차이가 고위도로 갈수록 더 커지기 때문에 좌우로 편향되는 정도는 북극과 남극에서 최대가 되고, 적도에서는 0이 된다. 이러한 편향 현상은 북쪽뿐 아니라 다른 방향으로 운동하는 모든 물체에 마찬가지로 나타난다.

전향력의 크기는 위도뿐만 아니라 물체의 이동하는 속력과도 관련이 있다. 지표를 기준으로 한 이동 속력이 빠를수록 전향력이 커지며, 지표상에 정지해 있는 물체에는 전향력이 나타나지 않는다. 한편, 전향력은 운동하는 물체의 진행 방향이 북반구에서는 오른쪽으로, 남반구에서는 왼쪽으로 편향되게 한다.

## 019

**윗글을 통해 알 수 있는 내용으로 적절하지 않은 것은?**

① 북위 30 도 지점과 북위 60 도 지점의 자전 주기는 동일하다.
② 운동장에 정지해 있는 축구공에는 위도에 상관없이 전향력이 나타나지 않는다.
③ 남위 50 도 지점은 남위 40 도 지점보다 자전 방향으로 움직이는 속력이 더 빠르다.
④ 남위 30 도에서 정남쪽의 목표 지점으로 발사한 물체는 목표 지점보다 동쪽에 떨어진다.
⑤ 우리나라의 야구장에서 타자가 쳐서 날아가는 공의 이동 방향은 전향력에 의해 영향을 받는다.

## 020

**윗글을 바탕으로 <보기>를 이해한 내용으로 적절하지 않은 것은?** [3점]

| 보기 |

전향력은 1851년 프랑스의 과학자 푸코가 파리의 팡테옹 사원에서 실시한 진자 실험을 통해서도 확인할 수 있다. 푸코는 길이가 67 m인 줄의 한쪽 끝을 천장에 고정하고 다른 쪽 끝에 28 kg의 추를 매달아 진동시켰는데, 시간이 지남에 따라 진자의 진동면이 시계 방향으로 회전한다는 사실을 발견하였다. 이는 추가 A에서 B로 이동할 때, 전향력에 의해 C쪽으로 미세하게 휘어져 이동하고, 되돌아올 때는 D쪽으로 미세하게 휘어져 이동한다는 사실과 관련이 있다.

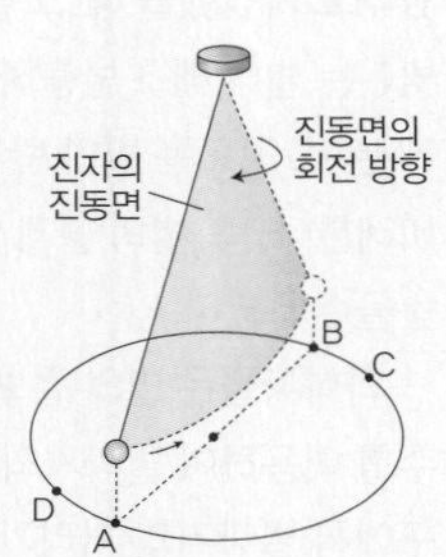


① 남반구에서 이 실험을 할 경우 진자의 진동면은 시계 반대 방향으로 회전하겠군.
② 파리보다 고위도에서 동일한 실험을 할 경우 진자의 진동면은 더 느리게 회전하겠군.
③ 북극과 남극에서 이 진자 실험을 할 경우 진자의 진동면의 회전 주기는 동일하겠군.
④ 적도상에서 동서 방향으로 진자를 진동시킬 경우 진자의 진동면은 회전하지 않겠군.
⑤ 남위 60 도에서 이 진자 실험을 할 경우 움직이는 추는 이동 방향의 왼쪽으로 편향되겠군.

# 3. 물리학의 기초적 이해

[021~023] 2016학년도 수능A 16번~18번 정답과 해설편 p.260

**다음 글을 읽고 물음에 답하시오.** 3문항을 6분 안에 풀어보세요.

지레는 받침과 지렛대를 이용하여 물체를 쉽게 움직일 수 있는 도구이다. 지레에서 힘을 주는 곳을 힘점, 지렛대를 받치는 곳을 받침점, 물체에 힘이 작용하는 곳을 작용점이라 한다. 받침점에서 힘점까지의 거리가 받침점에서 작용점까지의 거리에 비해 멀수록 힘점에 작은 힘을 주어 작용점에서 물체에 큰 힘을 가할 수 있다. 이러한 지레의 원리에는 돌림힘의 개념이 숨어 있다.

물체의 회전 상태에 변화를 일으키는 힘의 효과를 돌림힘이라고 한다. 물체에 회전 운동을 일으키거나 물체의 회전 속도를 변화시키려면 물체에 힘을 가해야 한다. 같은 힘이라도 회전축으로부터 얼마나 멀리 떨어진 곳에 가해 주느냐에 따라 회전 상태의 변화 양상이 달라진다. 물체에 속한 점 X와 회전축을 최단 거리로 잇는 직선과 직각을 이루는 동시에 회전축과 직각을 이루도록 힘을 X에 가한다고 하자. 이때 물체에 작용하는 돌림힘의 크기는 회전축에서 X까지의 거리와 가해 준 힘의 크기의 곱으로 표현되고 그 단위는 N·m(뉴턴미터)이다.

동일한 물체에 작용하는 두 돌림힘의 합을 알짜 돌림힘이라 한다. 두 돌림힘의 방향이 같으면 알짜 돌림힘의 크기는 두 돌림힘의 크기의 합이 되고 그 방향은 두 돌림힘의 방향과 같다. 두 돌림힘의 방향이 서로 반대이면 알짜 돌림힘의 크기는 두 돌림힘의 크기의 차가 되고 그 방향은 더 큰 돌림힘의 방향과 같다. 지레의 힘점에 힘을 주지만 물체가 지레의 회전을 방해하는 힘을 작용점에 주어 지레가 움직이지 않는 상황처럼, 두 돌림힘의 크기가 같고 방향이 반대이면 알짜 돌림힘은 0이 되고 이때를 돌림힘의 평형이라고 한다.

회전 속도의 변화는 물체에 알짜 돌림힘이 일을 해 주었을 때에만 일어난다. 돌고 있는 팽이에 마찰력이 일으키는 돌림힘을 포함하여 어떤 돌림힘도 작용하지 않으면 팽이는 영원히 돈다. 일정한 형태의 물체에 일정한 크기와 방향의 알짜 돌림힘을 가하여 물체를 회전시키면, 알짜 돌림힘이 한 일은 알짜 돌림힘의 크기와 회전 각도의 곱이고 그 단위는 J(줄)이다.

[가] 가령, 마찰이 없는 여닫이문이 정지해 있다고 하자. 갑은 지면에 대하여 수직으로 서 있는 문의 회전축에서 1 m 떨어진 지점을 문의 표면과 직각으로 300 N의 힘으로 밀고, 을은 문을 사이에 두고 갑의 반대쪽에서 회전축에서 2 m만큼 떨어진 지점을 문의 표면과 직각으로 200 N의 힘으로 미는 상태에서 문이 90° 즉, 0.5π 라디안을 돌면, 알짜 돌림힘이 문에 해 준 일은 50π J이다.

알짜 돌림힘이 물체를 돌리려는 방향과 물체의 회전 방향이 일치하면 알짜 돌림힘이 양(+)의 일을 하고 그 방향이 서로 반대이면 음(-)의 일을 한다. 어떤 물체에 알짜 돌림힘이 양의 일을 하면 그만큼 물체의 회전 운동 에너지는 증가하고 음의 일을 하면 그만큼 회전 운동 에너지는 감소한다. 형태가 일정한 물체의 회전 운동 에너지는 회전 속도의 제곱에 정비례한다. 그러므로 형태가 일정한 물체에 알짜 돌림힘이 양의 일을 하면 회전 속도가 증가하고, 음의 일을 하면 회전 속도가 감소한다.

## 021

**윗글의 내용과 일치하지 않는 것은?**

① 물체에 힘이 가해지지 않으면 돌림힘은 작용하지 않는다.
② 물체에 가해진 알짜 돌림힘이 0이 아니면 물체의 회전 상태가 변화한다.
③ 회전 속도가 감소하고 있는, 형태가 일정한 물체에는 돌림힘이 작용한다.
④ 힘점에 힘을 받는 지렛대가 움직이지 않으면 돌림힘의 평형이 이루어져 있다.
⑤ 형태가 일정한 물체의 회전 속도가 2 배가 되면 회전 운동 에너지는 2 배가 된다.

## 022

**[가]에서 문이 90° 회전하는 동안의 상황에 대한 이해로 적절한 것은?**

① 알짜 돌림힘의 크기는 점점 증가한다.
② 문의 회전 운동 에너지는 점점 증가한다.
③ 문에는 돌림힘의 평형이 유지되고 있다.
④ 알짜 돌림힘과 갑의 돌림힘은 방향이 같다.
⑤ 갑의 돌림힘의 크기는 을의 돌림힘의 크기보다 크다.

## 023

**윗글을 바탕으로 할 때, <보기>의 '원판'의 회전 운동에 대한 이해로 적절하지 않은 것은?** [3점]

| 보기 |

돌고 있는 원판 위의 두 점 A, B는 그 원판의 중심 O를 수직으로 통과하는 회전축에서 각각 0.5$R$, $R$만큼 떨어져 O, A, B의 순서로 한 직선 위에 있다. A, B에는 각각 $\overline{OA}$, $\overline{OB}$와 직각 방향으로 표면과 평행하게 같은 크기의 힘이 작용하여 원판을 각각 시계 방향과 시계 반대 방향으로 밀어 준다. 현재 이 원판은 시계 반대 방향으로 회전하고 있다. 단, 원판에는 다른 힘이 작용하지 않고 회전축은 고정되어 있다.

① 두 힘을 계속 가해 주는 상태에서 원판의 회전 속도는 증가한다.
② A, B에 가해 주는 힘을 모두 제거하면 원판은 일정한 회전 속도를 유지한다.
③ A에 가해 주는 힘만을 제거하면 원판의 회전 속도는 증가한다.
④ A에 가해 주는 힘만을 제거한 상태에서 원판이 두 바퀴 회전하는 동안 알짜 돌림힘이 한 일은 한 바퀴 회전하는 동안 알짜 돌림힘이 한 일의 4배이다.
⑤ B에 가해 주는 힘만을 제거하면 원판의 회전 운동 에너지는 점차 감소하여 0이 되었다가 다시 증가한다.

## [024~025]

2016학년도 수능B 29번~30번 정답과 해설편 p.262

**다음 글을 읽고 물음에 답하시오.** 2문항을 8분 안에 풀어보세요.

어떤 물체가 물이나 공기와 같은 유체 속에서 자유 낙하할 때 물체에는 중력, 부력, 항력이 작용한다. 중력은 물체의 질량에 중력 가속도를 곱한 값으로 물체가 낙하하는 동안 일정하다. 부력은 어떤 물체에 의해서 배제된 부피만큼의 유체의 무게에 해당하는 힘으로, 항상 중력의 반대 방향으로 작용한다. 빗방울에 작용하는 부력의 크기는 빗방울의 부피에 해당하는 공기의 무게이다. 공기의 밀도는 물의 밀도의 1,000분의 1 수준이므로, 빗방울이 공기 중에서 떨어질 때 부력이 빗방울의 낙하 운동에 영향을 주는 정도는 미미하다. 그러나 스티로폼 입자와 같이 밀도가 매우 작은 물체가 낙하할 경우에는 부력이 물체의 낙하 속도에 큰 영향을 미친다.

물체가 유체 내에 정지해 있을 때와는 달리, 유체 속에서 운동하는 경우에는 물체의 운동에 저항하는 힘인 항력이 발생하는데, 이 힘은 물체의 운동 방향과 반대로 작용한다. 항력은 유체 속에서 운동하는 물체의 속도가 커질수록 이에 상응하여 커진다. 항력은 마찰 항력과 압력 항력의 합이다. 마찰 항력은 유체의 점성 때문에 물체의 표면에 가해지는 항력으로, 유체의 점성이 크거나 물체의 표면적이 클수록 커진다. 압력 항력은 물체가 이동할 때 물체의 전후방에 생기는 압력 차에 의해 생기는 항력으로, 물체의 운동 방향에서 바라본 물체의 단면적이 클수록 커진다.

안개비의 빗방울이나 미세 먼지와 같이 작은 물체가 낙하하는 경우에는 물체의 전후방에 생기는 압력 차가 매우 작아 마찰 항력이 전체 항력의 대부분을 차지한다. 빗방울의 크기가 커지면 전체 항력 중 압력 항력이 차지하는 비율이 점점 커진다. 반면 스카이다이버와 같이 큰 물체가 빠른 속도로 떨어질 때에는 물체의 전후방에 생기는 압력 차에 의한 압력 항력이 매우 크므로 마찰 항력이 전체 항력에 기여하는 비중은 무시할 만하다.

빗방울이 낙하할 때 처음에는 중력 때문에 빗방울의 낙하 속도가 점점 증가하지만, 이에 따라 항력도 커지게 되어 마침내 항력과 부력의 합이 중력의 크기와 같아지게 된다. 이때 물체의 가속도가 0이 되므로 빗방울의 속도는 일정해지는데, 이렇게 일정해진 속도를 종단 속도라 한다. 유체 속에서 상승하거나 지면과 수평으로 이동하는 물체의 경우에도 종단 속도가 나타나는 것은 이동 방향으로 작용하는 힘과 반대 방향으로 작용하는 힘의 평형에 의한 것이다.

## 024

**윗글을 통해 알 수 있는 내용으로 가장 적절한 것은?**

① 스카이다이버가 낙하 운동할 때에는 마찰 항력이 전체 항력의 대부분을 차지하게 된다.
② 물체가 유체 속에서 운동할 때 물체 전후방에 생기는 압력 차는 그 물체의 속도를 증가시킨다.
③ 낙하하는 물체의 속도가 종단 속도에 이르게 되면 그 물체의 가속도는 중력 가속도와 같아진다.
④ 균일한 밀도의 액체 속에서 낙하하는 동전에 작용하는 부력은 항력의 크기에 상관없이 일정한 크기를 유지한다.
⑤ 균일한 밀도의 액체 속에 완전히 잠겨 있는 쇠 막대에 작용하는 부력은 서 있을 때보다 누워 있을 때가 더 크다.

## 025

**윗글을 바탕으로 <보기>에 대해 탐구한 내용으로 가장 적절한 것은?** 3점

| 보 기 |

크기와 모양은 같으나 밀도가 서로 다른 구 모양의 물체 A와 B를 공기 중에 고정하였다. 이때 물체 A와 B의 밀도는 공기보다 작으며, 물체 B의 밀도는 물체 A보다 더 크다. 물체 A와 B를 놓아 주었더니 두 물체 모두 속도가 증가하며 상승하다가, 각각 어느 정도 시간이 지난 후 각각 다른 일정한 속도를 유지한 채 계속 상승하였다. (단, 두 물체는 공기나 다른 기체 중에서 크기와 밀도가 유지되도록 제작되었고, 물체 운동에 영향을 줄 수 있는 기체의 흐름과 같은 외적 요인들이 모두 제거되었다고 가정함.)

① A와 B가 고정되어 있을 때에는 A에 작용하는 항력이 B에 작용하는 항력보다 더 작겠군.
② A와 B가 각각 일정한 속도를 유지할 때 A에 작용하고 있는 항력은 B에 작용하고 있는 항력보다 더 작겠군.
③ A에 작용하는 부력과 중력의 크기 차이는 A의 속도가 증가하고 있을 때보다 A가 고정되어 있을 때 더 크겠군.
④ A와 B 모두 일정한 속도에 도달하기 전에 속도가 증가하는 것으로 보아 A와 B에 작용하는 항력이 점점 감소하기 때문에 일정한 속도에 도달하는 것이겠군.
⑤ 공기보다 밀도가 더 큰 기체 내에서 B가 상승하여 일정한 속도를 유지할 때 B에 작용하는 항력은 공기 중에서 상승하여 일정한 속도를 유지할 때 작용하는 항력보다 더 크겠군.

[026~027] 2014학년도 9월 모평B 28번~29번 정답과 해설편 p.264

**다음 글을 읽고 물음에 답하시오.** 2문항을 6분 안에 풀어보세요.

회전 운동을 하는 물체는 외부로부터 돌림힘이 작용하지 않는다면 일정한 빠르기로 회전 운동을 유지하는데, 이를 각운동량 보존 법칙이라 한다. 각운동량은 질량이 m인 작은 알갱이가 회전축으로부터 r만큼 떨어져 속도 v로 운동하고 있을 때 mvr로 표현된다. 그런데 회전하는 물체에 회전 방향으로 힘이 가해지거나 마찰 또는 공기 저항이 작용하게 되면, 회전하는 물체의 각운동량이 변화하여 회전 속도는 빨라지거나 느려지게 된다. 이렇게 회전하는 물체의 각운동량을 변화시키는 힘을 돌림힘이라고 한다.

그러면 팽이와 같은 물체의 각운동량은 어떻게 표현할까? 아주 작은 균일한 알갱이들로 팽이가 이루어졌다고 볼 때, 이 알갱이 하나하나를 질량 요소라고 한다. 이 질량 요소 각각의 각운동량의 총합이 팽이 전체의 각운동량에 해당한다. 회전 운동에서 물체의 각운동량은 (각속도) × (회전 관성)으로 나타낸다. 여기에서 각속도는 회전 운동에서 물체가 단위 시간당 회전하는 각이다. 질량이 직선 운동에서 물체의 속도를 변화시키기 어려운 정도를 나타내듯이, 회전 관성은 회전 운동에서 각속도를 변화시키기 어려운 정도를 나타낸다. 즉, 회전체의 회전 관성이 클수록 그것의 회전 속도를 변화시키기 어렵다.

회전체의 회전 관성은 회전체를 구성하는 질량 요소들의 회전 관성의 합과 같은데, 질량 요소들의 회전 관성은 질량 요소가 회전축에서 떨어져 있는 거리가 멀수록 커진다. 그러므로 질량이 같은 두 팽이가 있을 때 홀쭉하고 키가 큰 팽이보다 넓적하고 키가 작은 팽이가 회전 관성이 크다.

각운동량 보존의 원리는 스포츠에서도 쉽게 확인할 수 있다. 피겨 선수에게 공중 회전수는 중요한데 이를 확보하기 위해서는 공중 회전을 하는 동안 각속도를 크게 해야 한다. 이를 위해 피겨 선수가 공중에서 팔을 몸에 바짝 붙인 상태로 회전하는 것을 볼 수 있다. 피겨 선수의 회전 관성은 몸을 이루는 질량 요소들의 회전 관성의 합과 같다. 따라서 팔을 몸에 붙이면 팔을 구성하는 질량 요소들이 회전축에 가까워져서 팔을 폈을 때보다 몸 전체의 회전 관성이 줄어들게 된다. 점프 이후에 공중에서 각운동량은 보존되기 때문에 팔을 붙였을 때가 폈을 때보다 각속도가 커지는 것이다. 반대로 착지 직전에는 각속도를 줄여 착지 실수를 없애야 하기 때문에 양팔을 한껏 펼쳐 회전 관성을 크게 만드는 것이 유리하다.

## 026

**윗글로 미루어 알 수 있는 내용으로 적절한 것은?**

① 정지되어 있는 물체는 회전 관성이 클수록 회전시키기 쉽다.
② 회전하는 팽이는 외부에서 가해지는 돌림힘의 작용 없이 회전을 멈출 수 있다.
③ 지면과의 마찰은 회전하는 팽이의 회전 관성을 작게 만들어 팽이의 각운동량을 줄어들게 한다.
④ 크기와 질량이 동일한, 속이 빈 쇠공과 속이 찬 플라스틱 공이 자전할 때 회전 관성은 쇠공이 더 크다.
⑤ 회전하는 하나의 시곗바늘 위의 두 점 중 회전축에 가까이 있는 점이 멀리 있는 점보다 각속도가 작다.

## 027

**윗글을 바탕으로 <보기>를 이해한 내용으로 적절한 것은?** [3점]

| 보 기 |

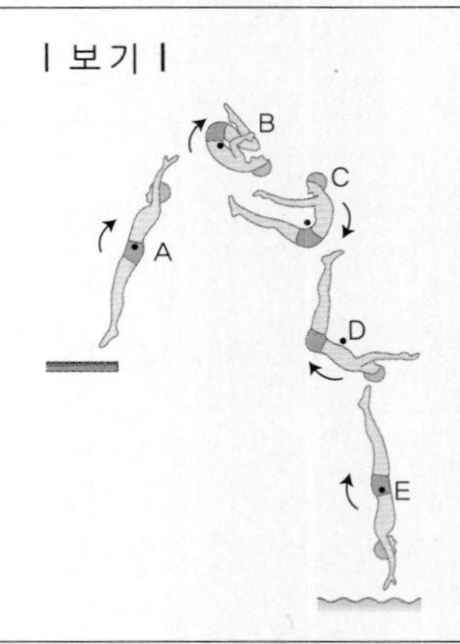


다이빙 선수가 발판에서 점프하여 공중회전하며 A ~ E 단계를 거쳐 1.5 바퀴 회전하여 입수하고 있다. 여기에서 검은 점은 회전 운동의 회전축을 나타내며 회전 운동은 화살표 방향으로만 진행된다. 단, 다이빙 선수가 공중에 머무는 동안은 외부에서 돌림힘이 작용하지 않는다고 간주한다.

① A보다 B에서 다이빙 선수의 각운동량이 더 크겠군.
② B보다 D에서 다이빙 선수의 질량 요소들의 합은 더 작겠군.
③ A ~ E의 다섯 단계 중 B 단계에서 다이빙 선수는 가장 작은 각속도를 갖겠군.
④ C에서 E로 진행함에 따라 다이빙 선수의 팔과 다리가 펼쳐지면서 회전 관성이 작아지겠군.
⑤ B 단계부터 같은 자세로 회전 운동을 계속하여 입수한다면 다이빙 선수는 1.5 바퀴보다 더 많이 회전하겠군.

[028~030] 2013학년도 9월 모평 44번~46번 정답과 해설편 p.266

**다음 글을 읽고 물음에 답하시오.** 3문항을 5분 안에 풀어보세요.

상온에서 대기압 상태에 있는 1 리터의 공기 안에는 수없이 많은 질소, 산소 분자들을 비롯하여 다양한 기체 분자들이 있다. 이들 중 어떤 산소 분자 하나는 짧은 시간에도 다른 분자들과 매우 많은 충돌을 하며, 충돌을 할 때마다 이 분자의 운동 방향과 속력이 변할 수 있기 때문에, 어떤 분자 하나의 정확한 운동 궤적을 아는 것은 불가능하다. 우리는 다만 어떤 구간의 속력을 가진 분자 수 비율이 얼마나 되는지를 의미하는 분자들의 속력 분포를 알 수 있을 뿐이다.

위에서 언급한 상태에 있는 산소처럼 분자들 사이의 평균 거리가 충분히 먼 경우에, 우리는 분자들 사이의 인력을 무시할 수 있고 분자의 운동 에너지만 고려하면 된다. 이 경우에 분자들이 충돌을 하게 되면 각 분자의 운동 에너지는 변할 수 있지만, 분자들이 에너지를 서로 주고받기 때문에 기체 전체의 운동 에너지는 변하지 않게 된다.

기체 분자들의 속력 분포는 맥스웰의 이론으로 계산할 수 있는데, 가로축을 속력, 세로축을 분자 수 비율로 할 때 종(鐘) 모양의 그래프로 그려진다. 이 속력 분포가 의미하는 것은 기체 분자들이 0에서 무한대까지 모든 속력을 가질 수 있지만 꼭짓점 부근에 해당하는 속력을 가진 분자들의 수가 가장 많다는 것이다. 기체 분자들의 속력은 온도와 기체 분자의 질량에 의해서 결정된다. 다른 조건은 그대로 두고 온도만 올리면 기체의 평균 운동 에너지가 증가하므로, 그래프의 꼭짓점이 속력이 빠른 쪽으로 이동한다. 이와 동시에 그래프의 모양이 납작해지고 넓어지는데, 이는 전체 분자 수가 변하지 않았기 때문에 그래프 아래의 면적이 같아야만 하기 때문이다. 전체 분자 수와 온도는 같은데 분자의 질량이 큰 경우에는, 평균 속력이 느려져서 분포 그래프의 꼭짓점이 속력이 느린 쪽으로 이동하며, 분자 수는 같기 때문에 그래프의 모양이 뾰족해지고 좁아진다.

그림은 맥스웰 속력 분포를 알아보기 위해서 ㉠ 밀러와 쿠슈가 사용했던 실험 장치를 나타낸 것이다. 가열기와 검출기 사이에 두 개의 회전 원판이 놓여 있다. 각각의 원판에는 가는 틈이 있고 두 원판은 서로 연결되어 있다. 두 원판은 일정한 속력으로 회전하면서 특정한 속력 구간을 가진 분자들을 선택적으로 통과시킬 수 있다.

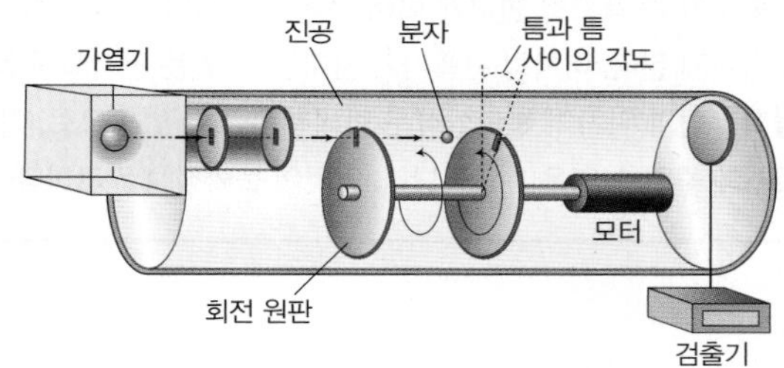


가열기에서 나와 첫 번째 회전 원판의 가는 틈으로 입사한 기체 분자들 중 조건을 만족하는 분자들만 두 번째 회전 원판의 가는 틈을 지나 검출기에 도달할 수 있다. 첫 번째 원판의 틈을 통과하는 분자들의 속력은 다양하지만, 회전 원판의 회전 속력에 의해 결정되는 특정한 속력 구간을 가진 분자들만 두 번째 원판의 틈을 통과한다. 특정한 속력 구간보다 더 빠른 분자들은 두 번째 틈이 꼭대기에 오기 전에 원판과 부딪치며, 느린 분자들은 지나간 후에 부딪친다. 만일 첫 번째와 두 번째 틈 사이의 각도를 더 크게 만들면, 같은 회전 속력에서도 더 속력이 느린 분자들이 검출될 것이다. 이 각도를 고정하고 회전 원판의 회전 속력을 바꾸면, 새로운 조건에 대응되는 다른 속력을 가진 분자들을 검출할 수 있다. 이 실험 장치를 이용하여 어떤 온도에서 특정한 기체의 속력 분포를 알아보았더니, 그 결과는 맥스웰의 이론에 부합하였다.

## 028

**윗글의 내용과 일치하지 않는 것은?**

① 분자들의 충돌은 개별 분자의 속력을 변화시킬 수 있다.
② 대기 중 산소 분자 하나의 운동 궤적을 정확히 구할 수 없다.
③ 분자들 사이의 평균 거리가 충분히 멀다면 인력을 무시할 수 있다.
④ 분자의 충돌에 의해 기체 전체의 운동 에너지가 증가한다.
⑤ 대기 중에서 개별 기체 분자의 속력은 다양한 값을 가진다.

## 029

**<보기>의 A, B, C는 맥스웰 속력 분포를 나타내는 그래프이다. 윗글에 비추어 볼 때, 기체와 그래프를 바르게 연결한 것은?** [3점]

| 보기 |

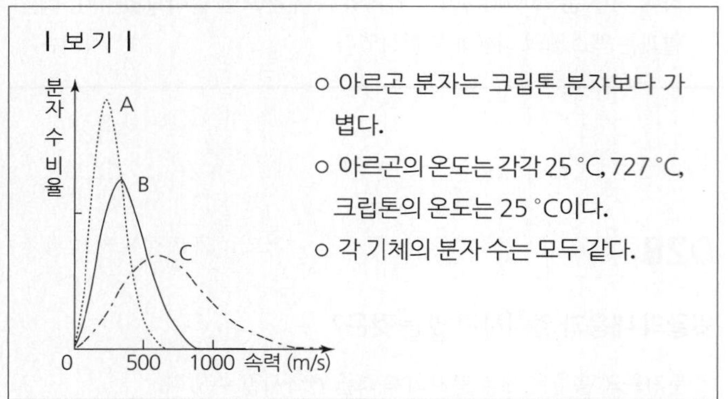


○ 아르곤 분자는 크립톤 분자보다 가볍다.
○ 아르곤의 온도는 각각 25 °C, 727 °C, 크립톤의 온도는 25 °C이다.
○ 각 기체의 분자 수는 모두 같다.

| | 아르곤(25 °C) | 아르곤(727 °C) | 크립톤(25 °C) |
|---|---|---|---|
| ① | A | B | C |
| ② | A | C | B |
| ③ | B | C | A |
| ④ | B | A | C |
| ⑤ | C | B | A |

## 030

**㉠과 연관된 설명으로 적절하지 않은 것은?**

① 맥스웰 속력 분포 이론을 실험으로 증명하기 위해 고안되었다.
② 첫 번째 회전 원판에 입사된 기체 분자들 중 일부가 검출기에 도달한다.
③ 첫 번째 회전 원판의 틈을 통과하는 분자들은 다양한 값의 속력을 가진다.
④ 원판의 회전 속력은 같고 틈과 틈 사이의 각도가 커지면 더 빠른 분자들이 검출된다.
⑤ 틈과 틈 사이의 각도를 고정하고 원판의 회전 속력을 느리게 하면 더 느린 분자들이 두 번째 회전 원판의 틈을 통과한다.

[031~034] 2012학년도 수능 47번~50번 정답과 해설편 p.268

**다음 글을 읽고 물음에 답하시오.** 4문항을 8분 안에 풀어보세요.

양자 역학의 불확정성 원리는 우리가 물체를 '본다'는 것의 의미를 재고하게 한다. 책을 보기 위해서는 책에서 반사된 빛이 우리 눈에 도달해야 한다. 다시 말해 무엇을 본다는 것은 대상에서 방출되거나 튕겨 나오는 광양자를 지각하는 것이다.

광양자는 대상에 부딪쳐 튕겨 나올 때 대상에 충격을 주게 되는데, 우리는 왜 글을 읽고 있는 동안 책이 움직이는 것을 볼 수 없을까? 그것은 빛이 가하는 충격이 책에 의미 있는 운동을 일으키기에는 턱없이 작기 때문이다. 날아가는 야구공에 플래시를 터뜨려도 야구공의 운동에 아무 변화가 없어 보이는 것도 마찬가지이다. 책이나 야구공에 광양자가 충돌할 때에도 교란이 생기지만 그 효과는 무시할 만하다.

어떤 대상의 물리량을 측정하려면 되도록 그 대상을 교란하지 않아야 한다. 측정 오차를 줄이기 위해 과학자들은 주의 깊게 실험을 설계하고 더 나은 기술을 사용함으로써 이러한 교란을 줄여 나갔다. 그들은 원칙적으로 ㉮ 측정의 정밀도를 높이는 데 한계가 없다고 생각했다. 그러나 물리학자들은 소립자의 세계를 다루면서 이러한 생각이 잘못임을 깨달았다.

㉠ '전자를 보는 것'은 ㉡ '책을 보는 것'과 큰 차이가 있다. 우리가 어떤 입자의 운동 상태를 알려면 운동량과 위치를 알아야 한다. 여기에서 운동량은 물체의 질량과 속도의 곱으로 정의되는 양이다. 특정한 시점에서 특정한 전자의 운동량과 위치를 알려면, 되도록 전자에 교란을 적게 일으키면서 동시에 두 가지 물리량을 측정해야 한다.

이상적 상황에서 전자를 '보기' 위해 빛을 쏘아 전자와 충돌시킨 후 튕겨 나오는 광양자를 관측한다고 해 보자. 운동량이 작은 광양자를 충돌시키면 전자의 운동량을 적게 교란시켜 운동량을 상당히 정확하게 측정할 수 있다. 그러나 운동량이 작은 광양자로 이루어진 빛은 파장이 길기 때문에, 관측 순간의 전자의 위치, 즉 광양자와 전자의 충돌 위치의 측정은 부정확해진다. 전자의 위치를 더 정확하게 측정하기 위해서는 파장이 짧은 빛을 써야 한다. 그런데 파장이 짧은 빛, 곧 광양자의 운동량이 큰 빛을 쓰면 광양자와 충돌한 전자의 속도가 큰 폭으로 변하게 되어 운동량 측정의 부정확성이 오히려 커지게 된다. 이처럼 관측자가 알아낼 수 있는 전자의 운동량의 불확실성과 위치의 불확실성은 반비례 관계에 있으므로, 이 둘을 동시에 줄일 수 없음이 드러난다. 이것이 불확정성 원리이다.

## 031

**윗글을 통해 알 수 있는 내용으로 적절하지 않은 것은?**

① 광양자가 전자와 충돌하면 전자의 운동량이 변한다.
② 물리학자들은 측정의 정밀도를 높이는 데 관심이 많다.
③ 질량이 변하지 않으면 전자의 운동량은 속도에 비례한다.
④ 플래시를 터뜨리는 것은 촬영 대상에 광양자를 쏘는 것이다.
⑤ 전자의 운동량을 측정하려면 전자보다 광양자의 운동량이 커야 한다.

## 032

**윗글에서 ㉡과 구별되는 ㉠의 특성으로 가장 적절한 것은?**

① 대상을 교란하는 효과를 무시할 수 없다.
② 대상을 매개물 없이 직접 지각할 수 있다.
③ 대상이 너무 작아 감지하기가 불가능하다.
④ 대상이 전달하는 의미를 해석할 필요가 없다.
⑤ 대상에서 반사되는 빛을 감지하여 이루어진다.

## 033

**윗글을 바탕으로 <보기>에 대해 탐구한 내용으로 옳지 않은 것은?** 3점

| 보 기 |

일정한 전압에 의해 가속된 전자 빔이 $x$축 방향으로 진행할 때, 전자 빔에 일정한 파장의 빛을 쏘아서 측정한 전자의 운동량은 ⓐ $1.87 \times 10^{-24}$ kg·m/s였다. 그 측정 오차 범위는 ⓑ $9.35 \times 10^{-27}$ kg·m/s보다 줄일 수 없었는데, 불확정성 원리에 따라 계산해 보니 이때 전자의 $x$축 방향의 위치는 ⓒ $5.64 \times 10^{-9}$ m의 측정 오차 범위보다 정밀하게 확정할 수 없었다.

① 빛이 교란을 일으킨 전자의 운동량이 ⓐ이겠군.
② 전자의 질량을 알면 ⓐ로부터 전자의 속도를 구할 수 있겠군.
③ 같은 파장의 빛을 사용하더라도 실험의 정밀도에 따라 전자 운동량의 측정 오차는 ⓑ보다 커질 수 있겠군.
④ 광양자의 운동량이 더 큰 빛을 사용하면 전자 운동량의 측정 오차 범위는 ⓑ보다 커지겠군.
⑤ 더 긴 파장의 빛을 사용하면 전자 위치의 측정 오차 범위를 ⓒ보다 줄일 수 있겠군.

## 034

**㉮의 의미를 포함하고 있는 말로 볼 수 없는 것은?** 1점

① 단위를 10 개로 잡을 때 200 개는 20 단위이다.
② 수확량을 대중해 보니 작년보다 많겠다.
③ 바지 길이를 대충 재어 보고 샀다.
④ 운동장의 넓이를 가늠할 수 없다.
⑤ 건물의 높이를 어림하여 보았다.

# 4. 화학과 관련된 탐구와 이론

[035~038] 2025학년도 6월 모평 8번~11번 정답과 해설편 p.271

**다음 글을 읽고 물음에 답하시오.** 4문항을 12분 안에 풀어보세요.

식품 포장재, 세제 용기 등으로 사용되는 플라스틱은 생활에서 흔히 ⓐ 접할 수 있다. 플라스틱은 '성형할 수 있는, 거푸집으로 조형이 가능한'이라는 의미의 '플라스티코스'라는 그리스어에서 온 말로, 열과 압력으로 성형할 수 있는 고분자 화합물을 이른다.

플라스틱은 단위체인 작은 분자가 수없이 반복 연결되는 중합을 통해 만들어진 거대 분자로 이루어져 있다. 단위체들은 공유 결합으로 연결되는데, 분자를 구성하는 원자들이 서로 전자를 공유하여 안정한 상태가 되는 결합을 공유 결합이라 한다. 두 원자가 각각 전자를 하나씩 내어놓아 그 두 개의 전자를 한 쌍으로 공유하면 단일 결합이라 하고, 두 쌍을 공유하면 이중 결합이라 한다. 공유 전자쌍이 많을수록 원자 간의 결합력은 강하다. 대부분의 원자는 가장 바깥 전자 껍질의 전자 수가 8 개가 될 때 안정해진다. 탄소 원자는 가장 바깥 전자 껍질에 4 개의 전자를 갖고 있어, 다른 원자들과 전자를 공유하여 안정해질 수 있으며 다양한 형태의 공유 결합이 가능하여 거대한 분자의 골격을 이룰 수 있다.

플라스틱의 한 종류인 폴리에틸렌은 에틸렌 분자들이 서로 연결되는 중합 과정을 거쳐 만들어진다. 에틸렌은 두 개의 탄소 원자와 네 개의 수소 원자로 이루어지는데, 두 개의 탄소 원자가 서로 이중 결합을 하고 각각의 탄소 원자는 두 개의 수소 원자와 단일 결합을 한다. 탄소 원자 간의 이중 결합에서는 한 결합이 다른 하나보다 끊어지기 쉽다.

에틸렌의 중합에는 여러 가지 방법이 있는데 그중에 하나는 과산화물 개시제를 사용하는 것이다. 열을 흡수한 과산화물 개시제는 가장 바깥 껍질에 7 개의 전자가 있는 불안정한 상태의 원자를 가진 분자로 분해된다. 이 불안정한 원자는 안정해지기 위해 에틸렌이 가진 탄소의 이중 결합 중 더 약한 결합을 끊어 버리면서 에틸렌의 한쪽 탄소 원자와 전자를 공유하며 단일 결합한다. 그러면 다른 쪽 탄소 원자는 공유되지 못한, 홀로 남은 전자를 갖게 된다. 이 불안정한 탄소 원자는 같은 방식으로 다른 에틸렌 분자와 반응을 하게 되고, 이와 같은 반응이 이어지며 불안정해지는 탄소 원자가 계속 생성된다. 에틸렌 분자들이 결합하여 더해지면 이것들은 사슬 형태를 이루며, 이 사슬은 지속적으로 성장하고 사슬 끝에는 불안정한 탄소 원자가 존재하게 된다. 성장하는 두 사슬의 끝이 서로 만나 결합하여 안정한 상태가 되면 반복적인 반응이 멈추게 된다. ㉠ <u>이 중합 과정</u>을 거쳐 에틸렌 분자들은 폴리에틸렌이라는 고분자 화합물이 된다.

플라스틱을 이루는 거대한 분자들은 길이가 길다. 그래서 사슬들이 일정한 방향으로 나란히 배열되어 있는 결정 영역은, 분자들 전체에서 기대할 수는 없지만 부분적으로 있을 수는 있다. 플라스틱에서 결정 영역이 차지하는 부분의 비율은 여러 조건에 따라 조절이 가능하고 물성에 영향을 미친다. 결정 영역이 많아질수록 플라스틱은 유연성이 낮아 충격에 약하고 가공성이 떨어지며 점점 불투명해지지만, 밀도가 높아져 단단해지고 화학 물질에 대한 민감성이 감소하며 열에 의해 잘 변형되지 않는다. 이런 성질을 활용하여 필요에 따라 다양한 종류의 플라스틱을 만들 수 있다.

## 035

**윗글에서 알 수 있는 내용으로 적절하지 <u>않은</u> 것은?**

① 단위체들은 중합을 거쳐 거대 분자를 이룰 수 있다.
② 에틸렌 분자에는 단일 결합과 이중 결합이 모두 존재한다.
③ 플라스틱이라는 명칭의 유래는 열과 압력으로 성형이 되는 성질과 관련이 있다.
④ 불안정한 원자를 가진 에틸렌은 과산화물을 개시제로 쓰면 분해되면서 안정해진다.
⑤ 탄소와 탄소 사이의 이중 결합 중 하나의 결합 세기는 나머지 하나의 결합 세기보다 크다.

## 036

**㉠에 대한 이해로 적절하지 <u>않은</u> 것은?**

① 성장 중의 사슬은 그 양쪽 끝부분에서 불안정한 탄소 원자가 생성된다.
② 사슬의 중간에 두 탄소 원자가 서로 전자를 하나씩 내어놓아 공유하는 결합이 존재한다.
③ 상태가 불안정한 원자를 지닌 분자의 생성이 연속적인 사슬 성장 반응이 일어나는 계기가 된다.
④ 공유되지 못하고 홀로 남은 전자를 가진 탄소 원자는 사슬의 성장 과정이 종결되기 전까지 계속 발생한다.
⑤ 에틸렌 분자를 구성하는 탄소 원자들 사이의 이중 결합이 단일 결합으로 되면서 사슬의 성장 과정을 이어 간다.

## 037

**윗글을 바탕으로 <보기>의 ㉮와 ㉯를 이해한 내용으로 가장 적절한 것은?** [3점]

> | 보 기 |
>
> 폴리에틸렌은 높은 압력과 온도에서 중합되어 사슬이 여기저기 가지를 친 구조로 만들어지기도 한다. ㉮ 가지를 친 구조의 사슬들은 조밀하게 배열되기 힘들다. 한편 특수한 촉매를 사용하여 저온에서 중합되면 탄소 원자들이 이루는 사슬이 한 줄로 쭉 이어진 직선형 구조로 만들어지기도 한다. 이 ㉯ 직선형 구조의 사슬들은 한 방향으로 서로 나란히 조밀하게 배열될 수 있다.

① 충격에 잘 깨지지 않도록 유연하게 하려면 ㉮보다 ㉯로 이루어진 소재가 적합하겠군.
② 포장된 물품이 잘 보이게 하려면 포장재로는 ㉮보다 ㉯로 이루어진 소재가 적합하겠군.
③ 보관 용기에서 화학 물질이 닿는 부분에는 ㉮보다 ㉯로 이루어진 소재를 쓰는 것이 좋겠군.
④ ㉯보다 ㉮로 이루어진 소재의 밀도가 더 높겠군.
⑤ 열에 잘 견디게 하려면 ㉯보다 ㉮로 이루어진 소재가 적합하겠군.

## 038

**ⓐ와 문맥상 의미가 가장 가까운 것은?**

① 요즘 신도시는 아파트가 대규모로 서로 접해 있다.
② 그는 자신의 수상 소식을 오늘에야 접하게 되었다.
③ 나는 교과서에서 접한 시를 모두 외웠다.
④ 우리나라는 삼면이 바다에 접해 있다.
⑤ 우리 집은 공원을 접하고 있다.

[039~042] 2024학년도 6월 모평 8번~11번 정답과 해설편 p.274

다음 글을 읽고 물음에 답하시오. 4문항을 9분 안에 풀어보세요.

분자들이 만나 화학 반응을 진행하는 데 필요한 최소한의 운동 에너지를 활성화 에너지라 한다. 활성화 에너지가 작은 반응은, 반응의 활성화 에너지보다 큰 운동 에너지를 가진 분자들이 많아 반응이 빠르게 진행된다. 활성화 에너지를 조절하여 반응 속도에 변화를 주는 물질을 촉매라고 하며, 반응 속도를 빠르게 하는 능력을 촉매 활성이라 한다. 촉매는 촉매가 없을 때와는 활성화 에너지가 다른, 새로운 반응 경로를 제공한다. 화학 산업에서는 주로 고체 촉매가 이용되는데, 액체나 기체인 생성물을 촉매로부터 분리하는 별도의 공정이 필요 없기 때문이다. 고체 촉매는 대부분 활성 성분, 지지체, 증진제로 구성된다.

활성 성분은 그 표면에 반응물을 흡착시켜 촉매 활성을 제공하는 물질이다. 고체 촉매의 촉매 작용에서는 반응물이 먼저 활성 성분의 표면에 화학 흡착되고, 흡착된 반응물이 표면에서 반응하여 생성물로 변환된 후, 생성물이 표면에서 탈착되는 과정을 거쳐 반응이 완결된다. 금속은 다양한 물질들이 표면에 흡착될 수 있어 여러 반응에서 활성 성분으로 사용된다. 예를 들면, 암모니아를 합성할 때 철을 활성 성분으로 사용하는데, 이때 반응물인 수소와 질소가 철의 표면에 흡착되어 각각 원자 상태로 분리된다. 흡착된 반응물은 전자를 금속 표면의 원자와 공유하여 안정화된다. 반응물의 흡착 세기는 금속의 종류에 따라 달라진다. 이때 흡착 세기가 적절해야 한다. 흡착이 약하면 흡착량이 적어 촉매 활성이 낮으며, 흡착이 너무 강하면 흡착된 반응물이 지나치게 안정화되어 표면에서의 반응이 느려지므로 촉매 활성이 낮다. 일반적으로 고체 촉매에서는 반응에 관여하는 표면의 활성 성분 원자가 많을수록 반응물의 흡착이 많아 촉매 활성이 높아진다.

금속은 열적 안정성이 낮아, 화학 반응이 일어나는 고온에서 금속 원자들로 이루어진 작은 입자들이 서로 달라붙어 큰 입자를 이루게 되는데 이를 소결이라 한다. 입자가 소결되면 금속 활성 성분의 전체 표면적은 줄어든다. 이러한 문제를 해결하는 것이 지지체이다. 작은 금속 입자들을 표면적이 넓고 열적 안정성이 높은 지지체의 표면에 분산하면 소결로 인한 촉매 활성 저하가 억제된다. 따라서 소량의 금속으로도 ㉠ 금속을 활성 성분으로 사용하는 고체 촉매의 활성을 높일 수 있다.

증진제는 촉매에 소량 포함되어 활성을 조절한다. 활성 성분의 표면 구조를 변화시켜 소결을 억제하기도 하고, 활성 성분의 전자 밀도를 변화시켜 흡착 세기를 조절하기도 한다. 고체 촉매는 활성 성분이 반드시 있어야 하지만 경우에 따라 증진제나 지지체를 포함하지 않기도 한다.

## 039

**윗글의 내용과 일치하지 않는 것은?**

① 촉매를 이용하면 화학 반응이 새로운 경로로 진행된다.
② 고체 촉매는 기체 생성물과 촉매의 분리 공정이 필요하다.
③ 고체 촉매에 의한 반응은 생성물의 탈착을 거쳐 완결된다.
④ 암모니아 합성에서 철 표면에 흡착된 수소는 전자를 철 원자와 공유한다.
⑤ 증진제나 지지체 없이 촉매 활성을 갖는 고체 촉매가 있다.

## 040

**㉠의 촉매 활성을 높이는 방법으로 가장 적절한 것은?**

① 반응물을 흡착하는 금속 원자의 개수를 늘린다.
② 활성 성분의 소결을 촉진하는 증진제를 첨가한다.
③ 반응물의 반응 속도를 늦추는 지지체를 사용한다.
④ 반응에 대한 활성화 에너지를 크게 하는 금속을 사용한다.
⑤ 활성 성분의 금속 입자들을 뭉치게 하여 큰 입자로 만든다.

## 041

**윗글을 바탕으로 <보기>를 이해한 내용으로 적절하지 않은 것은?** [3점]

| 보기 |

아세틸렌은 보통 선택적 수소화 공정을 통하여 에틸렌으로 변환된다. 이 공정에서 사용되는 고체 촉매는 팔라듐 금속 입자를 실리카 표면에 분산하여 만들며, 아세틸렌과 수소는 팔라듐 표면에 흡착되어 반응한다. 여기서 실리카는 표면적이 넓고 열적 안정성이 높다. 이때, 촉매에 규소를 소량 포함시키면 활성 성분의 표면 구조가 변화되어 고온에서 팔라듐의 소결이 억제된다. 또한 은을 소량 포함시키면 팔라듐의 전자 밀도가 높아지고 팔라듐 표면에 반응물이 흡착되는 세기가 조절되어 원하는 반응을 얻을 수 있다.

① 아세틸렌은 반응물에 해당한다.
② 팔라듐은 활성 성분에 해당한다.
③ 규소와 은은 모두 증진제에 해당한다.
④ 실리카는 낮은 온도에서 활성 성분을 소결한다.
⑤ 실리카는 촉매 활성 저하를 억제하는 기능을 한다.

## 042

**윗글을 바탕으로 할 때, <보기>의 금속 ⓐ~ⓓ에 대한 설명으로 가장 적절한 것은?**

| 보기 |

다음은 여러 가지 금속에 물질 ㉮가 흡착될 때의 흡착 세기와 ㉮의 화학 반응에서 각 금속의 촉매 활성을 나타낸다.
(단, 흡착에 영향을 주는 다른 요소는 고려하지 않음.)

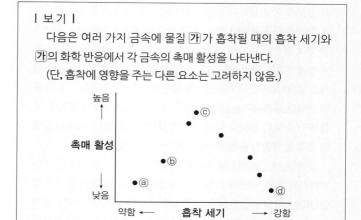

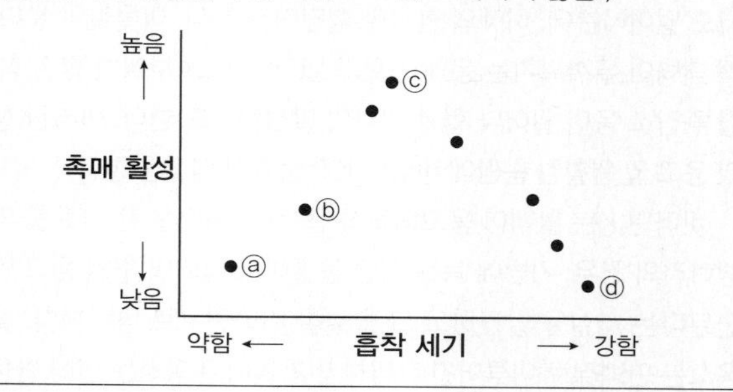


① ㉮의 화학 반응은 ⓐ보다 ⓑ를 활성 성분으로 사용할 때 더 느리게 일어난다.
② ㉮는 ⓐ보다 ⓒ에 흡착될 때 흡착량이 더 적다.
③ ㉮는 ⓐ보다 ⓓ에 흡착될 때 안정화되는 정도가 더 크다.
④ ㉮는 ⓑ보다 ⓒ에 더 약하게 흡착된다.
⑤ ㉮의 화학 반응에서 촉매 활성만을 고려하면 가장 적합한 활성 성분은 ⓓ이다.

DAY 18 Ⅲ 과학

[043~046] 2023학년도 6월 모평 10번~13번 정답과 해설편 p.276

다음 글을 읽고 물음에 답하시오. 4문항을 15분 안에 풀어보세요. 

혈액은 세포에 필요한 물질을 공급하고 노폐물을 제거한다. 만약 혈관 벽이 손상되어 출혈이 생기면 손상 부위의 혈액이 응고되어 혈액 손실을 막아야 한다. 혈액 응고는 섬유소 단백질인 피브린이 모여 형성된 섬유소 그물이 혈소판이 응집된 혈소판 마개와 뭉쳐 혈병이라는 덩어리를 만드는 현상이다. 혈액 응고는 혈관 속에서도 일어나는데, 이때의 혈병을 혈전이라 한다. 이물질이 쌓여 동맥 내벽이 두꺼워지는 동맥 경화가 일어나면 그 부위에 혈전 침착, 혈류 감소 등이 일어나 혈관 질환이 발생하기도 한다. 이러한 혈액의 응고 및 원활한 순환에 비타민 K가 중요한 역할을 한다.

비타민 K는 혈액이 응고되도록 돕는다. 지방을 뺀 사료를 먹인 병아리의 경우, 지방에 녹는 어떤 물질이 결핍되어 혈액 응고가 지연된다는 사실을 발견하고 그 물질을 비타민 K로 명명했다. 혈액 응고는 단백질로 이루어진 다양한 인자들이 관여하는 연쇄 반응에 의해 일어난다. 우선 여러 혈액 응고 인자들이 활성화된 이후 프로트롬빈이 활성화되어 트롬빈으로 전환되고, 트롬빈은 혈액에 녹아 있는 피브리노겐을 불용성인 피브린으로 바꾼다. 비타민 K는 프로트롬빈을 비롯한 혈액 응고 인자들이 간세포에서 합성될 때 이들의 활성화에 관여한다. 활성화는 칼슘 이온과의 결합을 통해 이루어지는데, 이들 혈액 단백질이 칼슘 이온과 결합하려면 카르복실화되어 있어야 한다. 카르복실화는 단백질을 구성하는 아미노산 중 글루탐산이 감마-카르복시글루탐산으로 전환되는 것을 말한다. 이처럼 비타민 K에 의해 카르복실화되어야 활성화가 가능한 표적 단백질을 비타민 K-의존성 단백질이라 한다.

비타민 K는 식물에서 합성되는 ㉠ 비타민 $K_1$과 동물 세포에서 합성되거나 미생물 발효로 생성되는 ㉡ 비타민 $K_2$로 나뉜다. 녹색 채소 등은 비타민 $K_1$을 충분히 함유하므로 일반적인 권장 식단을 따르면 혈액 응고에 차질이 생기지 않는다.

그런데 혈관 건강과 관련된 비타민 K의 또 다른 중요한 기능이 발견되었고, 이는 칼슘의 역설과도 관련이 있다. 나이가 들면 뼈 조직의 칼슘 밀도가 낮아져 골다공증이 생기기 쉬운데, 이를 방지하고자 칼슘 보충제를 섭취한다. 하지만 칼슘 보충제를 섭취해서 혈액 내 칼슘 농도는 높아지나 골밀도는 높아지지 않고, 혈관 벽에 칼슘염이 침착되는 혈관 석회화가 진행되어 동맥 경화 및 혈관 질환이 발생하는 경우가 생긴다. 혈관 석회화는 혈관 근육 세포 등에서 생성되는 MGP라는 단백질에 의해 억제되는데, 이 단백질이 비타민 K-의존성 단백질이다. 비타민 K가 부족하면 MGP 단백질이 활성화되지 못해 혈관 석회화가 유발된다는 것이다.

비타민 $K_1$과 $K_2$는 모두 비타민 K-의존성 단백질의 활성화를 유도하지만 $K_1$은 간세포에서, $K_2$는 그 외의 세포에서 활성이 높다. 그러므로 혈액 응고 인자의 활성화는 주로 $K_1$이, 그 외의 세포에서 합성되는 단백질의 활성화는 주로 $K_2$가 담당한다. 이에 따라 일부 연구자들은 비타민 K의 권장량을 $K_1$과 $K_2$로 구분하여 설정해야 하며, $K_2$가 함유된 치즈, 버터 등의 동물성 식품과 발효 식품의 섭취를 늘려야 한다고 권고한다.

## 043

윗글에서 알 수 있는 내용으로 적절하지 않은 것은?

① 혈전이 형성되면 섬유소 그물이 뭉쳐 혈액의 손실을 막는다.
② 혈액의 응고가 이루어지려면 혈소판 마개가 형성되어야 한다.
③ 혈관 손상 부위에 혈병이 생기려면 혈소판이 응집되어야 한다.
④ 혈관 경화를 방지하려면 이물질이 침착되지 않게 해야 한다.
⑤ 혈관 석회화가 계속되면 동맥 내벽과 혈류에 변화가 생긴다.

## 044

칼슘의 역설에 대한 이해로 가장 적절한 것은?

① 칼슘 보충제를 섭취하면 오히려 비타민 $K_1$의 효용성이 감소된다는 것이겠군.
② 칼슘 보충제를 섭취해도 뼈 조직에서는 칼슘이 여전히 필요하다는 것이겠군.
③ 칼슘 보충제를 섭취해도 골다공증은 막지 못하나 혈관 건강은 개선되는 경우가 있다는 것이겠군.
④ 칼슘 보충제를 섭취하면 혈액 내 단백질이 칼슘과 결합하여 혈관 벽에 칼슘이 침착된다는 것이겠군.
⑤ 칼슘 보충제를 섭취해도 혈액으로 칼슘이 흡수되지 않아 골다공증 개선이 안 되는 경우가 있다는 것이겠군.

## 045

**㉠과 ㉡에 대한 설명으로 가장 적절한 것은?**

① ㉠은 ㉡과 달리 우리 몸의 간세포에서 합성된다.
② ㉡은 ㉠과 달리 지방과 함께 섭취해야 한다.
③ ㉡은 ㉠과 달리 표적 단백질의 아미노산을 변형하지 않는다.
④ ㉠과 ㉡은 모두 표적 단백질의 활성화 이전 단계에 작용한다.
⑤ ㉠과 ㉡은 모두 일반적으로는 결핍이 발생해 문제가 되는 경우는 없다.

## 046

**윗글을 참고할 때 <보기>의 (가)~(다)를 투여함에 따라 체내에서 일어나는 반응을 예상한 내용으로 적절하지 않은 것은?** [3점]

| 보기 |

다음은 혈전으로 인한 질환을 예방 또는 치료하는 약물이다.

(가) 와파린 : 트롬빈에는 작용하지 않고 비타민 K의 작용을 방해함.

(나) 플라스미노겐 활성제 : 피브리노겐에는 작용하지 않고 피브린을 분해함.

(다) 헤파린 : 비타민 K-의존성 단백질에는 작용하지 않고 트롬빈의 작용을 억제함.

① (가)의 지나친 투여는 혈관 석회화를 유발할 수 있겠군.
② (나)는 이미 뭉쳐 있던 혈전이 풀어지도록 할 수 있겠군.
③ (다)는 혈액 응고 인자와 칼슘 이온의 결합을 억제하겠군.
④ (가)와 (다)는 모두 피브리노겐이 전환되는 것을 억제하겠군.
⑤ (나)와 (다)는 모두 피브린 섬유소 그물의 형성을 억제하겠군.

[047~050] 2017학년도 9월 모평 31번~34번 정답과 해설편 p.279

**다음 글을 읽고 물음에 답하시오.** 4문항을 10분 안에 풀어보세요. 

18 세기에는 열의 실체가 칼로릭(caloric)이며 칼로릭은 온도가 높은 쪽에서 낮은 쪽으로 흐르는 성질을 갖고 있는, 질량이 없는 입자들의 모임이라는 생각이 받아들여지고 있었다. 이를 칼로릭 이론이라 ㉠ 부르는데, 이에 따르면 찬 물체와 뜨거운 물체를 접촉시켜 놓았을 때 두 물체의 온도가 같아지는 것은 칼로릭이 뜨거운 물체에서 차가운 물체로 이동하기 때문이라는 것이다. 이러한 상황에서 과학자들의 큰 관심사 중의 하나는 증기 기관과 같은 열기관의 열효율 문제였다.

열기관은 높은 온도의 열원에서 열을 흡수하고 낮은 온도의 대기와 같은 열기관 외부에 열을 방출하며 일을 하는 기관을 말하는데, 열효율은 열기관이 흡수한 열의 양 대비 한 일의 양으로 정의된다. 19 세기 초에 카르노는 열기관의 열효율 문제를 칼로릭 이론에 기반을 두고 ㉡ 다루었다. 카르노는 물레방아와 같은 수력 기관에서 물이 높은 곳에서 낮은 곳으로 ㉢ 흐르면서 일을 할 때 물의 양과 한 일의 양의 비가 높이 차이에만 좌우되는 것에 주목하였다. 물이 높이 차에 의해 이동하는 것과 흡사하게 칼로릭도 고온에서 저온으로 이동하면서 일을 하게 되는데, 열기관의 열효율 역시 이러한 두 온도에만 의존한다는 것이었다.

한편 1840년대에 줄(Joule)은 일정량의 열을 얻기 위해 필요한 각종 에너지의 양을 측정하는 실험을 행하였다. 대표적인 것이 열의 일당량 실험이었다. 이 실험은 열기관을 대상으로 한 것이 아니라, 추를 낙하시켜 물속의 날개바퀴를 회전시키는 실험이었다. 열의 양은 칼로리(calorie)로 표시되는데, 그는 역학적 에너지인 일이 열로 바뀌는 과정의 정밀한 실험을 통해 1 kcal의 열을 얻기 위해서 필요한 일의 양인 열의 일당량을 측정하였다. 줄은 이렇게 일과 열은 형태만 다를 뿐 서로 전환이 가능한 물리량이므로 등가성을 갖는다는 것을 입증하였으며, 열과 일이 상호 전환될 때 열과 일의 에너지를 합한 양은 일정하게 보존된다는 사실을 알아내었다. 이후 열과 일뿐만 아니라 화학 에너지, 전기 에너지 등이 등가성을 가지며 상호 전환될 때에 에너지의 총량은 변하지 않는다는 에너지 보존 법칙이 입증되었다.

열과 일에 대한 이러한 이해는 카르노의 이론에 대한 과학자들의 재검토로 이어졌다. 특히 톰슨은 ⓐ 칼로릭 이론에 입각한 카르노의 열기관에 대한 설명이 줄의 에너지 보존 법칙에 위배된다고 지적하였다. 카르노의 이론에 의하면, 열기관은 높은 온도에서 흡수한 열 전부를 낮은 온도로 방출하면서 일을 한다. 이것은 줄이 입증한 열과 일의 등가성과 에너지 보존 법칙에 ㉣ 어긋나는 것이어서 열의 실체가 칼로릭이라는 생각은 더 이상 유지될 수 없게 되었다. 하지만 열효율에 관한 카르노의 이론은 클라우지우스의 증명으로 유지될 수 있었다. 그는 카르노의 이론이 유지되지 않는다면 열은 저온에서 고온으로 흐르는 현상이 ㉤ 생길 수도 있을 것이라는 가정에서 출발하여, 열기관의 열효율은 열기관이 고온에서 열을 흡수하고 저온에 방출할 때의 두 작동 온도에만 관계된다는 카르노의 이론을 증명하였다.

클라우지우스는 자연계에서는 열이 고온에서 저온으로만 흐르고 그와 반대되는 현상은 일어나지 않는 것과 같이 경험적으로 알 수 있는 방향성이 있다는 점에 주목하였다. 또한 일이 열로 전환될 때와는 달리, 열기관에서 열 전부를 일로 전환할 수 없다는, 즉 열효율이 100 %가 될 수 없다는 상호 전환 방향에 관한 비대칭성이 있다는 사실에 주목하였다. 이러한 방향성과 비대칭성에 대한 논의는 이를 설명할 수 있는 새로운 물리량인 엔트로피의 개념을 낳았다.

## 047

**윗글에서 알 수 있는 내용으로 가장 적절한 것은?**

① 열기관은 외부로부터 받은 일을 열로 변환하는 기관이다.
② 수력 기관에서 물의 양과 한 일의 양의 비는 물의 온도 차이에 비례한다.
③ 칼로릭 이론에 의하면 차가운 쇠구슬이 뜨거워지면 쇠구슬의 질량은 증가하게 된다.
④ 칼로릭 이론에서는 칼로릭을 온도가 낮은 곳에서 높은 곳으로 흐르는 입자라고 본다.
⑤ 열기관의 열효율은 두 작동 온도에만 관계된다는 이론은 칼로릭 이론의 오류가 밝혀졌음에도 유지되었다.

## 048

**윗글로 볼 때 ⓐ의 내용으로 가장 적절한 것은?**

① 화학 에너지와 전기 에너지는 서로 전환될 수 없는 에너지라는 점
② 열의 실체가 칼로릭이라면 열기관이 한 일을 설명할 수 없다는 점
③ 자연계에서는 열이 고온에서 저온으로만 흐르는 것과 같은 방향성이 있는 현상이 존재한다는 점
④ 열효율에 관한 카르노의 이론이 맞지 않는다면 열은 저온에서 고온으로 흐르는 현상이 생길 수 있다는 점
⑤ 열기관의 열효율은 열기관이 고온에서 열을 흡수하고 저온에 방출할 때의 두 작동 온도에만 관계된다는 점

## 049

**윗글을 바탕으로 할 때, 〈보기〉의 [가]에 들어갈 말로 가장 적절한 것은?** 3점

| 보 기 |

줄의 실험과 달리, 열기관이 흡수한 열의 양(A)과 열기관으로부터 얻어진 일의 양(B)을 측정하여 $\frac{B}{A}$로 열의 일당량을 구하면, 그 값은 (　[가]　)는 결과가 나올 것이다.

① 열기관의 두 작동 온도의 차이가 일정하다면 줄이 구한 열의 일당량과 같다
② 열기관이 열을 흡수할 때의 온도와 상관없이 줄이 구한 열의 일당량과 같다
③ 열기관이 흡수한 열의 양이 많을수록 줄이 구한 열의 일당량보다 더 커진다
④ 열기관의 두 작동 온도의 차이가 커질수록 줄이 구한 열의 일당량보다 더 커진다
⑤ 열기관이 흡수한 열의 양과 두 작동 온도에 상관없이 줄이 구한 열의 일당량보다 작다

## 050

**윗글의 ㉠~㉤과 같은 의미로 사용된 것은?**

① ㉠ : 웃음은 또 다른 웃음을 부르는 법이다.
② ㉡ : 그는 익숙한 솜씨로 기계를 다루고 있었다.
③ ㉢ : 이야기가 엉뚱한 방향으로 흐르고 있다.
④ ㉣ : 그는 상식에 어긋나는 일을 한 적이 없다.
⑤ ㉤ : 하늘을 보니 당장이라도 비가 오게 생겼다.

[051~053] 2016학년도 9월 모평A 19번~21번 정답과 해설편 p.282

다음 글을 읽고 물음에 답하시오. 3문항을 4분 안에 풀어보세요.

견과류와 같이 지방질을 많이 함유하고 있는 식품을 장기간 저장하다 보면 불쾌한 냄새가 나기도 한다. 이는 대개 산패로 인해 발생한다. 산패는 저장 중인 식품에서 비정상적인 맛과 냄새가 나는 현상을 말한다. 지방질이 공기에 장시간 노출되어 열, 빛 등의 영향을 받으면 산화 작용이 ⓐ 일어나 산패에 이르게 된다. 이러한 산패는 지방질을 구성하는 성분의 구조와 관련이 있다.

일반적으로 지방질은 사슬 모양을 ⓑ 이루고 있으며 지방질 한 분자에는 글리세롤 한 분자와 지방산 세 분자가 결합되어 있다. 지방산은 탄소끼리의 결합을 중심으로 탄소와 수소, 탄소와 산소의 결합을 포함한 사슬 구조로 이루어져 있으며 글리세롤과 결합된 탄소를 제외한 모든 탄소는 수소와 결합되어 있다. 지방산에서 탄소끼리의 결합은 대부분 단일결합인데 이중결합인 경우도 있다. 이중결합이 없으면 포화 지방산, 한 개 이상의 이중결합이 있으면 불포화 지방산이라고 한다. 오메가-3 지방산이나 오메가-6 지방산은 대표적인 불포화 지방산이다. 산화 작용에 의한 산패는 불포화 지방산이 결합된 지방질에서 일어나며, 이중결합의 수가 많을수록 잘 일어난다. 글리세롤은 지방질의 산패에 큰 영향을 ⓒ 주지 않는다.

예를 들어 글리세롤에 오메가-6 지방산만이 결합되어 있는 ㉠ A 지방질이 있다고 하자. A 지방질의 오메가-6 지방산 사슬에 있는 탄소에서 산화 작용이 일어나 산패에 이르게 되는데, 이 과정에서 중요한 역할을 하는 것이 라디칼 분자들이다. 대부분의 분자들은 짝수의 전자를 가지는데, 외부 에너지의 영향으로 홀수의 전자를 갖는 분자로 변화되기도 한다. 이 변화된 분자를 라디칼 분자라고 한다. 일반적으로 라디칼 분자는 에너지가 높고 불안정하여 주위 분자들과 쉽게 반응하는데, 이러한 반응 과정을 거치면 에너지가 낮고 안정적인 비(非)라디칼 분자로 변화한다.

A 지방질의 이중결합 바로 옆에 있는 탄소가 열이나 빛의 영향을 ⓓ 받으면, A 지방질 분자가 에너지가 높고 불안정한 알릴 라디칼로 변화한다. 알릴 라디칼은 산소와 결합하여 퍼옥시 라디칼로 변화한다. 퍼옥시 라디칼은 주위에 있는 다른 오메가-6 지방산 사슬과 반응하여 새로운 알릴 라디칼을 만들고, 자신은 비(非)라디칼 분자인 하이드로퍼옥사이드로 변화한다. 새로 생성된 알릴 라디칼은 다시 산소와 결합하여 퍼옥시 라디칼이 되면서 위의 연쇄 반응이 반복된다. 이로 인해 하이드로퍼옥사이드가 계속 생성되고, 생성된 하이드로퍼옥사이드는 분해되어 알코올, 알데히드 등의 화합물로 변화한다. 이 화합물들이 비정상적인 냄새를 나게 하는 주원인이다.

A 지방질에서 산패가 발생하는 것을 지연시키는 방법에는 산화방지제를 첨가하는 것이 있다. 산화방지제는 라디칼 분자에 전자를 주어 짝수 전자를 갖게 하여 다른 분자들과 쉽게 반응하지 않도록 한다. 예를 들어 식물에 ⓔ 들어 있는 천연 산화방지제인 비타민 E는 퍼옥시 라디칼을 안정화시켜 오메가-6 지방산 사슬이 알릴 라디칼로 만들어지는 과정을 방해한다. 이 밖에도 산패로 진행되는 데 영향을 주는 요인들의 작용을 억제하는 방법에는 여러 가지가 있다.

## 051

윗글의 내용과 일치하는 것은?

① 오메가-3 지방산에는 이중결합 구조가 없다.
② 지방산에서 글리세롤과 결합된 탄소는 수소와 결합되어 있다.
③ 포화 지방산 사슬에 이중결합의 수가 많을수록 산패가 더 잘 일어난다.
④ 불포화 지방산 사슬에 있는 탄소에서 일어난 산화 작용이 산패로 이어진다.
⑤ 지방질은 지방산 한 분자에 글리세롤 세 분자가 결합되어 있는 구조를 갖는다.

## 052

㉠이 산패에 이르는 과정에 대한 이해로 적절하지 않은 것은? [3점]

① A 지방질 분자가 홀수의 전자를 갖는 라디칼로 변화하는 현상이 나타난다.
② A 지방질에서 알코올은 하이드로퍼옥사이드의 분해 과정을 거쳐 만들어진다.
③ A 지방질에서 변화한 알릴 라디칼은 A 지방질 분자보다 에너지가 낮아서 산소와 쉽게 결합한다.
④ A 지방질에서 하이드로퍼옥사이드가 분해되어 생성된 알데히드는 비정상적인 냄새를 나게 한다.
⑤ A 지방질에서 생성된 퍼옥시 라디칼은 새로운 알릴 라디칼을 만들고 하이드로퍼옥사이드가 된다.

## 053

윗글의 ⓐ~ⓔ와 같은 의미로 사용되지 않은 것은?

① ⓐ : 지진이 일어나 피해를 주었다.
② ⓑ : 유리창에 빗방울이 무늬를 이루고 있다.
③ ⓒ : 태풍은 우리나라에 피해를 주지 않았다.
④ ⓓ : 차가 난간을 받으면 안 되니까 조심해라.
⑤ ⓔ : 이 물질에는 염화마그네슘이 많이 들어 있다.

[054~056] 2016학년도 6월 모평A 19번~21번 정답과 해설편 p.283

**다음 글을 읽고 물음에 답하시오.** 3문항을 5분 안에 풀어보세요. 

과거에는 물질이 더 이상 쪼개지지 않는 작은 원자들로 구성되어 있다고 생각되었지만, 오늘날에는 원자가 전자, 양성자, 중성자로 구성된 복잡한 구조라는 것이 밝혀졌다.

음전기를 띠고 있는 전자는 세 입자 중 가장 작고 가볍다. 1897년에 톰슨이 기체 방전관 실험에서 음전기의 흐름을 확인하여 전자를 발견하였다. 같은 음전기를 띠고 있는 전자들은 서로 반발하므로 원자 안에 모여 있기 어렵다. 이에 전자끼리 흩어지지 않고 원자의 형태를 유지하는 이유를 설명하기 위해 톰슨은 '건포도빵 모형'을 제안하였다. 양전기가 빵 반죽처럼 원자에 ㉠ 고르게 퍼져 있고, 전자는 건포도처럼 점점이 박혀 있어서 원자가 평소에 전기적으로 중성이라고 생각한 것이다.

양전기를 띠고 있는 양성자는 전자보다 대략 2,000 배 정도 무거워서 작은 에너지로 전자처럼 분리해 내거나 가속시키기 쉽지 않다. 그러나 1898년 마리 퀴리가 천연 광물에서 라듐을 발견한 이후 새로운 실험이 가능해졌다. 라듐은 강한 방사성 물질이어서 양전기를 띤 알파 입자를 큰 에너지로 방출한다. 1911년에 러더퍼드는 라듐에서 방출되는 알파 입자를 얇은 금박에 충돌시키는 실험을 하였다. 그 결과 알파 입자는 금박의 대부분을 통과했지만 일부 지점들은 통과하지 못하고 튕겨 나갔다. 이 실험을 통해 러더퍼드는 양전기가 빵 반죽처럼 원자 전체에 퍼져 있는 것이 아니라 아주 좁은 구역에만 모여 있다는 것을 알게 되었고, 이 구역을 '원자핵'이라고 하였다. 그는 실험 결과를 바탕으로 태양이 행성들을 당겨 공전시키는 것처럼 양전기를 띤 원자핵도 전자를 잡아당겨 공전시킨다는 '태양계 모형'을 제안하여 톰슨의 모형을 수정하였다.

그런데 러더퍼드의 모형은 각각의 원자에서 나타나는 고유한 스펙트럼을 설명하지 못했다. 1913년에 닐스 보어는 전자가 핵 주위의 특정한 궤도만을 돌 수 있다는 '에너지 양자화 가설'이라는 것을 제안하였다. 이를 통해 양성자 1 개와 전자 1 개로 이루어져 구조가 단순한 수소 원자의 스펙트럼을 설명할 수 있었다. 1919년에 러더퍼드는 질소 원자에 대한 충돌 실험을 통하여 핵에서 떨어져 나오는 양성자를 확인하였다. 그는 또한 핵 속에 전기를 띠지 않는 입자인 중성자가 있다는 것을 예측하였다. 1932년에 채드윅은 전기적으로 중성이며 질량이 양성자와 비슷한 입자인 중성자를 발견하였다. 1935년에 일본의 유카와 히데키는 중성자가 중간자라는 입자를 통해 핵력이 작용하게 하여 양성자를 잡아당긴다는 가설을 제안하였다. 여러 개의 양성자를 가진 원자에서는 같은 양전기를 띠고 있는 양성자들이 서로 밀어내려 하는데, 이러한 반발력보다 더 큰 힘이 있어야만 여러 개의 양성자가 핵에 속박될 수 있다. 그의 제안을 이용하면 양성자들이 흩어지지 않고 핵 안에 모여 있음을 설명할 수 있었다.

## 054

**윗글에 대한 설명으로 적절하지 않은 것은?**

① 원자를 구성하는 입자들의 질량이 비교되어 있다.
② 원자를 구성하는 입자들의 내부 구조를 제시하고 있다.
③ 원자를 구성하는 입자들의 전기적 성질을 제시하고 있다.
④ 원자를 구성하는 입자들이 발견된 순서를 제시하고 있다.
⑤ 원자를 구성하는 입자들 사이에 작용하는 힘을 제시하고 있다.

## 055

**윗글에 대한 이해로 적절한 것은?** [3점]

① 라듐이 발견됨으로써 러더퍼드는 원자핵을 발견하게 된 실험을 할 수 있었다.
② 질소 충돌 실험에서 양성자가 발견됨으로써 유카와 히데키의 가설이 입증되었다.
③ 채드윅은 양성자가 핵 안에서 흩어지지 않는 이유를 설명하는 가설을 제안했다.
④ 원자모형은 19 세기 말에 전자가 발견됨으로써 '태양계 모형'에서 '건포도빵 모형'으로 수정되었다.
⑤ 알파 입자가 금박의 일부분에서 튕겨 나간다는 사실을 통해 양전기가 원자 전체에 퍼져 있음이 입증되었다.

## 056

**㉠의 문맥적 의미와 가장 가까운 것은?**

① 그 식물은 전국에 고른 분포를 보인다.
② 국어사전에서 적당한 단어를 골라야 한다.
③ 그는 목소리를 고르며 차례를 기다리고 있다.
④ 울퉁불퉁한 곳을 흙으로 메워 판판하게 골랐다.
⑤ 날씨가 고르지 못한 환절기에 아이가 감기에 들었다.

[057~059] 2013학년도 수능 29번~31번 정답과 해설편 p.285

## 다음 글을 읽고 물음에 답하시오.

3문항을 6분 안에 풀어보세요. 

기체의 온도를 일정하게 하고 부피를 줄이면 압력은 높아진다. 한편 압력을 일정하게 유지할 때 온도를 높이면 부피는 증가한다. 이와 같이 기체의 상태에 영향을 미치는 압력(P), 온도(T), 부피(V)의 상관관계를 1 몰*의 기체에 대해 표현하면 $P = \frac{RT}{V}$ (R : 기체 상수)가 되는데, 이를 ㉠ 이상 기체 상태 방정식이라 한다. 여기서 이상 기체란 분자 자체의 부피와 분자 간 상호 작용이 없다고 가정한 기체이다. 이 식은 기체에서 세 변수 사이에 발생하는 상관관계를 간명하게 설명할 수 있다.

하지만 실제 기체에 이상 기체 상태 방정식을 적용하면 잘 맞지 않는다. 실제 기체에는 분자 자체의 부피와 분자 간의 상호 작용이 존재하기 때문이다. 분자 간의 상호 작용은 인력과 반발력에 의해 발생하는데, 일반적인 기체 상태에서 분자 간 상호 작용은 대부분 분자 간 인력에 의해 일어난다. 온도를 높이면 기체 분자의 운동 에너지가 증가하여 인력의 영향은 줄어든다. 또한 인력은 분자 사이의 거리가 멀어지면 감소하는데, 어느 정도 이상 멀어지면 그 힘은 무시할 수 있을 정도로 약해진다. 하지만 분자들이 거의 맞닿을 정도가 되면 반발력이 급격하게 증가하여 반발력이 인력을 압도하게 된다. 이러한 반발력 때문에 실제 기체의 부피는 압력을 아무리 높이더라도 이상 기체에서 기대했던 것만큼 줄지 않는다.

이제 부피가 V인 용기 안에 들어 있는 1 몰의 실제 기체를 생각해 보자. 이때 분자의 자체 부피를 b라 하면 기체 분자가 운동할 수 있는 자유 이동 부피는 이상 기체에 비해 b만큼 줄어든 V - b가 된다. 한편 실제 기체는 분자 사이의 인력에 의한 상호 작용으로 분자들이 서로 끌어당기므로 이상 기체보다 압력이 낮아진다. 이때 줄어드는 압력은 기체 부피의 제곱에 반비례하는데, 이것을 비례 상수 a가 포함된 $\frac{a}{V^2}$로 나타낼 수 있다. 왜냐하면 기체의 부피가 줄면 분자 간 거리도 줄어 인력이 커지기 때문이다. 즉 실제 기체의 압력은 이상 기체에 비해 $\frac{a}{V^2}$만큼 줄게 된다.

이와 같이 실제 기체의 분자 자체 부피와 분자 사이의 인력에 의한 압력 변화를 고려하여 이상 기체 상태 방정식을 보정하면 $P = \frac{RT}{V-b} - \frac{a}{V^2}$가 된다. 이를 ㉡ 반데르발스 상태 방정식이라 하는데, 여기서 매개 변수 a와 b는 기체의 종류마다 다른 값을 가진다. 이 방정식은 실제 기체의 압력, 온도, 부피의 상관관계를 이상 기체 상태 방정식보다 잘 표현할 수 있게 해 주었으며, 반데르발스가 1910년 노벨상을 수상하는 계기가 되었다. 이처럼 자연현상을 정확하게 표현하기 위해 단순한 모형을 정교한 모형으로 수정해 나가는 것은 과학 연구에서 매우 중요한 절차 중의 하나이다.

* 1 몰 : 기체 분자 $6.02 \times 10^{23}$ 개

## 057

**윗글의 내용과 일치하지 않는 것은?**

① 이상 기체는 압력이 일정할 때 온도를 높이면 부피가 증가한다.
② 이상 기체는 분자 자체의 부피와 분자 간 상호 작용이 없는 가상의 기체이다.
③ 실제 기체에서 분자 간 상호 작용은 기체 압력에 영향을 준다.
④ 실제 기체 분자의 운동 에너지가 증가하면 인력의 영향은 줄어든다.
⑤ 실제 기체의 분자 간 상호 작용은 거리에 상관없이 일정하다.

## 058

**㉠과 ㉡에 대한 설명으로 옳지 않은 것은?**

① ㉠, ㉡ 모두 기체의 압력, 온도, 부피의 상관관계를 나타낸다.
② ㉠과 달리 ㉡에서는 기체 분자 사이에 작용하는 인력이 기체의 부피에 따라 달라짐을 반영한다.
③ ㉠으로부터 ㉡이 유도된 것은 단순한 모형을 실제 상황에 맞추기 위해 수정한 예이다.
④ 매개 변수 b는 ㉠을 ㉡으로 보정할 때 실제 기체의 자체 부피를 고려하여 추가된 것이다.
⑤ 용기의 부피가 같다면 ㉠에서 기체 분자가 운동할 수 있는 자유 이동 부피는 ㉡에서보다 작다.

## 059

**윗글을 바탕으로 <보기>에 대해 탐구할 때, 적절한 것은?** 3점

| 보기 |

종류가 다른 실제 기체 A, B와 이상 기체 C 각 1 몰에 대해, 같은 온도에서의 부피와 압력 사이의 관계를 그래프로 나타내었다.

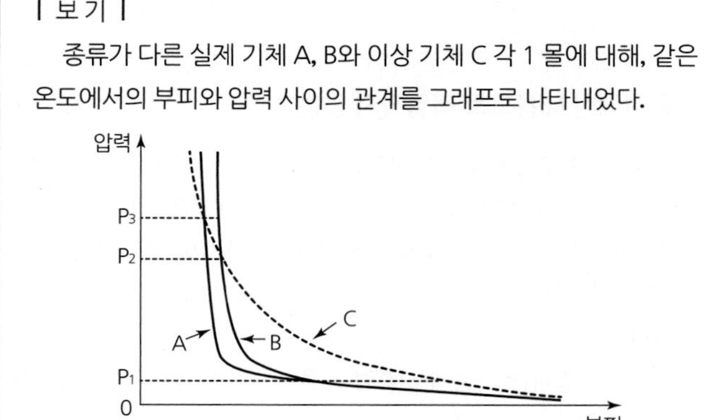


① 압력이 $P_1$에서 0에 가까워질수록 A와 B 모두 분자 간 상호 작용이 증가되고 있음을 알 수 있군.

② 압력이 $P_1$과 $P_2$ 사이일 때, A가 B에 비해 반발력보다 인력의 영향을 더 크게 받는다고 볼 수 있군.

③ 압력이 $P_2$와 $P_3$ 사이일 때, A와 B 모두 반발력보다 인력의 영향을 더 크게 받는다고 볼 수 있군.

④ 압력이 $P_3$보다 높을 때, A가 B에 비해 인력보다 반발력의 영향을 더 크게 받는다고 볼 수 있군.

⑤ 압력을 $P_3$ 이상에서 계속 높이면 A, B, C 모두 부피가 0이 되겠군.

DAY 19 Ⅲ 과학

# 5. 그 밖의 과학 이야기

[060~063] 2024학년도 수능 8번~11번 정답과 해설편 p.288

**다음 글을 읽고 물음에 답하시오.** 4문항을 10분 안에 풀어보세요.

데이터를 처리할 때 데이터의 정확성은 매우 중요하다. 그런데 데이터에 결측치와 이상치가 포함되면 데이터의 특징을 제대로 ⓐ 나타내기 어렵다.

결측치는 데이터 값이 ⓑ 빠져 있는 것이다. 결측치를 처리하는 방법 중 하나인 대체는 다른 값으로 결측치를 채우는 것인데, 대체하는 값으로는 평균, 중앙값, 최빈값을 많이 사용한다. 중앙값은 데이터를 크기순으로 정렬했을 때 중앙에 위치한 값이다. 크기가 같은 값이 복수일 경우에도 순위를 매겨 중앙값을 찾고, 데이터의 개수가 짝수이면 중앙에 있는 두 값의 평균이 중앙값이다. 또 최빈값은 데이터에 가장 많이 나타나는 값을 이른다. 일반적으로 데이터 값이 연속적인 수치이면 평균으로, 석차처럼 순위가 있는 값에는 중앙값으로, 직업과 같이 문자인 경우에는 최빈값으로 결측치를 대체한다.

이상치는 데이터의 다른 값에 비해 유달리 크거나 작은 값으로, 데이터를 수집할 때 측정 오류 등에 의해 주로 ⓒ 생긴다. 그러나 정상적인 데이터라도 데이터의 특징을 왜곡하는 데이터 값이 있을 수 있다. 예를 들어, 데이터가 어떤 프로 선수들의 연봉이고 그중 한 명의 연봉이 유달리 많다면, 이상치가 포함된 데이터에 해당한다. 이런 데이터의 특징을 하나의 수치로 나타내려는 경우 ㉠ 대푯값으로 평균보다 중앙값을 주로 사용한다.

평면상에 있는 점들의 위치를 나타내는 데이터에서도 이상치를 발견할 수 있다. 대부분의 점들이 가상의 직선 주위에 모여 있다면 이 직선은 데이터의 특징을 잘 나타낸다고 할 수 있다. 이 직선을 직선 $l$이라고 하자. 그런데 직선 $l$로부터 멀리 떨어진 위치에도 몇 개의 점이 있다. 이 점들이 이상치이다.

㉡ 이상치를 포함하는 데이터에서 직선 $l$을 찾는다고 하자. 이때 사용할 수 있는 기법의 하나인 A 기법은 두 점을 무작위로 골라 정상치 집합으로 가정하고, 이 두 점을 ⓓ 지나는 후보 직선을 그어 나머지 점들과 후보 직선 사이의 거리를 구한다. 이 거리가 허용 범위 이내인 점들을 정상치 집합에 추가한다. 정상치 집합의 점의 개수가 미리 정해 둔 기준, 즉 문턱값보다 많으면 후보 직선을 최종 후보군에 넣는다. 반대로 점의 개수가 문턱값보다 적으면 후보 직선을 버린다. 만약 처음에 고른 점이 이상치이면, 대부분의 점들은 해당 후보 직선과의 거리가 너무 ⓔ 멀어 이 직선은 최종 후보군에서 제외되는 것이다. 이 과정을 반복하여 최종 후보군을 구하고, 최종 후보군에 포함된 직선 중에서 정상치 집합의 데이터 개수가 최대인 직선을 직선 $l$로 선택한다. 이 기법은 이상치가 있어도 직선 $l$을 찾을 가능성이 높다.

## 060

**윗글을 이해한 내용으로 적절하지 않은 것은?**

① 데이터가 수치로 구성되지 않아도 최빈값을 구할 수 있다.
② 데이터의 특징이 언제나 하나의 수치로 나타나는 것은 아니다.
③ 데이터가 정상적으로 수집되었다면 이상치가 존재하지 않는다.
④ 데이터에 동일한 수치가 여러 개 있어도 중앙값으로 결측치를 대체할 수 있다.
⑤ 데이터를 수집하는 과정에서 측정 오류가 발생한 값이라도 이상치가 아닐 수 있다.

## 061

**윗글을 참고할 때, ㉠의 이유로 가장 적절한 것은?**

① 중앙값은 극단에 있는 이상치의 영향을 덜 받기 때문이다.
② 중앙값을 찾기 위해 데이터를 나열할 때 이상치는 제외되기 때문이다.
③ 데이터의 개수가 많아질수록 이상치도 많아지고 평균을 구하기 어렵기 때문이다.
④ 이상치가 포함되면 평균을 구하는 것이 중앙값을 찾는 것보다 복잡하기 때문이다.
⑤ 이상치가 포함되면 평균은 데이터에 포함되지 않는 값일 가능성이 큰 반면 중앙값은 항상 데이터에 포함된 값이기 때문이다.

## 062

**㉡과 관련하여 윗글의 A 기법과 <보기>의 B 기법을 설명한 내용으로 가장 적절한 것은?** [3점]

> | 보기 |
>
> 다음과 같은 방법으로 직선 *L*을 찾는 B 기법을 가정해 보자. 후보 직선을 임의로 여러 개 가정한 뒤에 모든 점에서 각 후보 직선들과의 거리를 구하여 점들과 가장 가까운 직선을 선택한다. 그러나 이렇게 찾은 직선은 직선 *L*로 적합한 직선이 아니다. 이상치를 포함해서 찾다 보니 대부분 최적의 직선과 이상치 사이에 위치한 직선을 선택하게 된다.

① A 기법과 B 기법 모두 최적의 직선을 찾기 위해 최대한 많은 점을 지나는 후보 직선을 가정한다.
② A 기법은 이상치를 제외하고 후보 직선을 가정하지만 B 기법은 이상치를 제외하는 과정이 없다.
③ A 기법에서 최종적으로 선택한 직선은 이상치를 지나지 않지만 B 기법에서 선택한 직선은 이상치를 지난다.
④ A 기법은 이상치의 개수가 문턱값보다 적으면 후보 직선을 버리지만 B 기법은 선택한 직선이 이상치를 포함할 수 있다.
⑤ A 기법에서 후보 직선의 정상치 집합에는 이상치가 포함될 수 있고 B 기법에서 후보 직선은 이상치를 지날 수 있다.

## 063

**문맥상 ⓐ~ⓔ와 바꿔 쓰기에 가장 적절한 것은?**

① ⓐ : 형성(形成)하기
② ⓑ : 누락(漏落)되어
③ ⓒ : 도래(到來)한다
④ ⓓ : 투과(透過)하는
⑤ ⓔ : 소원(疏遠)하여

DAY 19 Ⅲ 과학

**[064~067]** 2023학년도 수능 14번~17번 정답과 해설편 p.290

**다음 글을 읽고 물음에 답하시오.** 4문항을 15분 안에 풀어보세요.

하루에 필요한 에너지의 양은 하루 동안의 총 열량 소모량인 대사량으로 구한다. 그중 기초 대사량은 생존에 필수적인 에너지로, 쾌적한 온도에서 편히 쉬는 동물이 공복 상태에서 생성하는 열량으로 정의된다. 이때 체내에서 생성한 열량은 일정한 체온에서 체외로 발산되는 열량과 같다. 기초 대사량은 개체에 따라 대사량의 60~75 %를 차지하고, 근육량이 많을수록 증가한다.

기초 대사량은 직접법 또는 간접법으로 구한다. ㉠ <u>직접법</u>은 온도가 일정하게 유지되고 공기의 출입량을 알고 있는 호흡실에서 동물이 발산하는 열량을 열량계를 이용해 측정하는 방법이다. ㉡ <u>간접법</u>은 호흡 측정 장치를 이용해 동물의 산소 소비량과 이산화 탄소 배출량을 측정하고, 이를 기준으로 체내에서 생성된 열량을 추정하는 방법이다.

19 세기의 초기 연구는 체외로 발산되는 열량이 체표 면적에 비례한다고 보았다. 즉 그 둘이 항상 일정한 비(比)를 갖는다는 것이다. 체표 면적은 (체중)$^{0.67}$에 비례하므로, 기초 대사량은 체중이 아닌 (체중)$^{0.67}$에 비례한다고 하였다. 어떤 변수의 증가율은 증가 후 값을 증가 전 값으로 나눈 값이므로, 체중이 W에서 2W로 커지면 체중의 증가율은 (2W) / (W) = 2이다. 이 경우에 기초 대사량의 증가율은 $(2W)^{0.67} / (W)^{0.67} = 2^{0.67}$, 즉 약 1.6이 된다.

1930년대에 클라이버는 생쥐부터 코끼리까지 다양한 크기의 동물의 기초 대사량 측정 결과를 분석했다. 그래프의 가로축 변수로 동물의 체중을, 세로축 변수로 기초 대사량을 두고, 각 동물별 체중과 기초 대사량의 순서쌍을 점으로 나타냈다.

가로축과 세로축 두 변수의 증가율이 서로 다를 경우, 그 둘의 증가율이 같을 때와 달리, '일반적인 그래프'에서 이 점들은 직선이 아닌 어떤 곡선의 주변에 분포한다. 그런데 순서쌍의 값에 상용로그를 취해 새로운 순서쌍을 만들어서 이를 <그림>과 같이 그래프에 표시하면, 어떤 직선의 주변에 점들이 분포하는 것으로 나타난다. 그러면 그 직선의 기울기를 이용해 두 변수의 증가율을 비교할 수 있다. <그림>에서 X와 Y는 각각 체중과 기초 대사량에 상용로그를 취한 값이다. 이런 방식으로 표현한 그래프를 'L-그래프'라 하자.

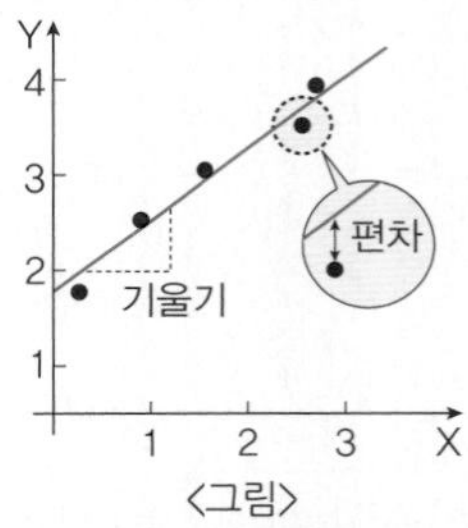

<그림>

체중의 증가율에 비해, 기초 대사량의 증가율이 작다면 L-그래프에서 직선의 기울기는 1보다 작으며 기초 대사량의 증가율이 작을수록 기울기도 작아진다. 만약 체중의 증가율과 기초 대사량의 증가율이 같다면 L-그래프에서 직선의 기울기는 1이 된다.

이렇듯 L-그래프와 같은 방식으로 표현할 때, 생물의 어떤 형질이 체중 또는 몸 크기와 직선의 관계를 보이며 함께 증가하는 경우 그 형질은 '상대 성장'을 한다고 한다. 동일 종에서의 심장, 두뇌와 같은 신체 기관의 크기도 상대 성장을 따른다.

한편, 그래프에서 가로축과 세로축 두 변수의 관계를 대변하는 최적의 직선의 기울기와 절편은 최소 제곱법으로 구할 수 있다. 우선, 그래프에 두 변수의 순서쌍을 나타낸 점들 사이를 지나는 임의의 직선을 그린다. 각 점에서 가로축에 수직 방향으로 직선까지의 거리인 편차의 절댓값을 구하고 이들을 각각 제곱하여 모두 합한 것이 '편차 제곱 합'이며, 편차 제곱 합이 가장 작은 직선을 구하는 것이 최소 제곱법이다.

클라이버는 이런 방법에 근거하여 L-그래프에 나타난 최적의 직선의 기울기로 0.75를 얻었고, 이에 따라 동물의 (체중)$^{0.75}$에 기초 대사량이 비례한다고 결론지었다. 이것을 '클라이버의 법칙'이라 하며, (체중)$^{0.75}$을 대사 체중이라 부른다. 대사 체중은 치료제 허용량의 결정에도 이용되는데, 이때 그 양은 대사 체중에 비례하여 정한다. 이는 치료제 허용량이 체내 대사와 밀접한 관련이 있기 때문이다.

## 064

**윗글의 내용과 일치하지 <u>않는</u> 것은?**

① 클라이버의 법칙은 동물의 기초 대사량이 대사 체중에 비례한다고 본다.

② 어떤 개체가 체중이 늘 때 다른 변화 없이 근육량이 늘면 기초 대사량이 증가한다.

③ 'L-그래프'에서 직선의 기울기는 가로축과 세로축 두 변수의 증가율의 차이와 동일하다.

④ 최소 제곱법은 두 변수 간의 관계를 나타내는 최적의 직선의 기울기와 절편을 알게 해 준다.

⑤ 동물의 신체 기관인 심장과 두뇌의 크기는 몸무게나 몸의 크기에 상대 성장을 하며 발달한다.

## 065

**윗글을 읽고 추론한 내용으로 적절하지 않은 것은?**

① 일반적인 경우 기초 대사량은 하루에 소모되는 총 열량 중에 가장 큰 비중을 차지하겠군.
② 클라이버의 결론에 따르면, 기초 대사량이 동물의 체표 면적에 비례한다고 볼 수 없겠군.
③ 19 세기의 초기 연구자들은 체중의 증가율보다 기초 대사량의 증가율이 작다고 생각했겠군.
④ 코끼리에게 적용하는 치료제 허용량을 기준으로, 체중에 비례하여 생쥐에게 적용할 허용량을 정한 후 먹이면 과다 복용이 될 수 있겠군.
⑤ 클라이버의 법칙에 따르면, 동물의 체중이 증가함에 따라 함께 늘어나는 에너지의 필요량이 이전 초기 연구에서 생각했던 양보다 많겠군.

## 066

**㉠, ㉡에 대한 이해로 가장 적절한 것은?**

① ㉠은 체온을 환경 온도에 따라 조정하는 변온 동물이 체외로 발산하는 열량을 측정할 수 없다.
② ㉡은 동물이 호흡에 이용한 산소의 양을 알 필요가 없다.
③ ㉠은 ㉡과 달리 격한 움직임이 제한된 편하게 쉬는 상태에서 기초 대사량을 구한다.
④ ㉠과 ㉡은 모두 일정한 체온에서 동물이 체외로 발산하는 열량을 구할 수 있다.
⑤ ㉠과 ㉡은 모두 생존에 필수적인 최소한의 에너지를 공급하면서 기초 대사량을 구한다.

## 067

**윗글을 바탕으로 <보기>를 탐구한 내용으로 가장 적절한 것은?** [3점]

| 보기 |

농게의 수컷은 집게발 하나가 매우 큰데, 큰 집게발의 길이는 게딱지의 폭에 '상대 성장'을 한다. 농게의 ⓐ 게딱지 폭을 이용해 ⓑ 큰 집게발의 길이를 추정하기 위해, 다양한 크기의 농게의 게딱지 폭과 큰 집게발의 길이를 측정하여 다수의 순서쌍을 확보했다. 그리고 'L-그래프'와 같은 방식으로, 그래프의 가로축과 세로축에 각각 게딱지 폭과 큰 집게발의 길이에 해당하는 값을 놓고 분석을 실시했다.

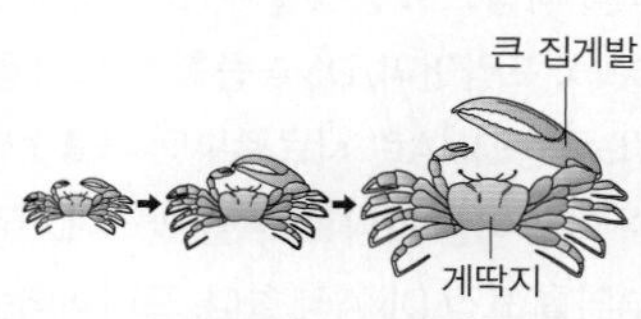


① 최적의 직선을 구한다고 할 때, 최적의 직선의 기울기가 1보다 작다면 ⓐ에 ⓑ가 비례한다고 할 수 없겠군.
② 최적의 직선을 구하여 ⓐ와 ⓑ의 증가율을 비교하려고 할 때, 점들이 최적의 직선으로부터 가로축에 수직 방향으로 멀리 떨어질수록 편차 제곱 합은 더 작겠군.
③ ⓐ의 증가율보다 ⓑ의 증가율이 크다면, 점들의 분포가 직선이 아닌 어떤 곡선의 주변에 분포하겠군.
④ ⓐ의 증가율보다 ⓑ의 증가율이 작다면, 점들 사이를 지나는 최적의 직선의 기울기는 1보다 크겠군.
⑤ ⓐ의 증가율과 ⓑ의 증가율이 같고 '일반적인 그래프'에서 순서쌍을 점으로 표시한다면, 점들은 직선이 아닌 어떤 곡선의 주변에 분포하겠군.

[068~071] 2022학년도 6월 모평 14번~17번 정답과 해설편 p.293

**다음 글을 읽고 물음에 답하시오.** 4문항을 15분 안에 풀어보세요.

1993년 노벨 화학상은 중합 효소 연쇄 반응(PCR)을 개발한 멀리스에게 수여된다. 염기 서열을 아는 DNA가 한 분자라도 있으면 이를 다량으로 증폭할 수 있는 길을 열었기 때문이다. PCR는 주형 DNA, 프라이머, DNA 중합 효소, 4 종의 뉴클레오타이드가 필요하다. 주형 DNA란 시료로부터 추출하여 PCR에서 DNA 증폭의 바탕이 되는 이중 가닥 DNA를 말하며, 주형 DNA에서 증폭하고자 하는 부위를 표적 DNA라 한다. 프라이머는 표적 DNA의 일부분과 동일한 염기 서열로 이루어진 짧은 단일 가닥 DNA로, 2 종의 프라이머가 표적 DNA의 시작과 끝에 각각 결합한다. DNA 중합 효소는 DNA를 복제하는데, 단일 가닥 DNA의 각 염기 서열에 대응하는 뉴클레오타이드를 순서대로 결합시켜 이중 가닥 DNA를 생성한다.

PCR 과정은 우선 열을 가해 이중 가닥의 DNA를 2 개의 단일 가닥으로 분리하는 것으로 시작한다. 이후 각각의 단일 가닥 DNA에 프라이머가 결합하면, DNA 중합 효소에 의해 복제되어 2 개의 이중 가닥 DNA가 생긴다. 일정한 시간 동안 진행되는 이러한 DNA 복제 과정이 한 사이클을 이루며, 사이클마다 표적 DNA의 양은 2 배씩 증가한다. 그리고 DNA의 양이 더 이상 증폭되지 않을 정도로 충분히 사이클을 수행한 후 PCR를 종료한다. 전통적인 PCR는 PCR의 최종 산물에 형광 물질을 결합시켜 발색을 통해 표적 DNA의 증폭 여부를 확인한다.

PCR는 시료의 표적 DNA 양도 알 수 있는 실시간 PCR라는 획기적인 개발로 이어졌다. 실시간 PCR는 전통적인 PCR와 동일하게 PCR를 실시하지만, 사이클마다 발색 반응이 일어나도록 하여 누적되는 발색을 통해 표적 DNA의 증폭을 실시간으로 확인할 수 있다. 이를 위해 실시간 PCR에서는 PCR 과정에 발색 물질이 추가로 필요한데, '이중 가닥 DNA 특이 염료' 또는 '형광 표식 탐침'이 이에 이용된다. ㉠ <u>이중 가닥 DNA 특이 염료</u>는 이중 가닥 DNA에 결합하여 발색하는 형광 물질로, 새로 생성된 이중 가닥 표적 DNA에 결합하여 발색하므로 표적 DNA의 증폭을 알 수 있게 한다. 다만, 이중 가닥 DNA 특이 염료는 모든 이중 가닥 DNA에 결합할 수 있기 때문에 2 개의 프라이머끼리 결합하여 이중 가닥의 이합체(二合體)를 형성한 경우에는 이와 결합하여 의도치 않은 발색이 일어난다.

㉡ <u>형광 표식 탐침</u>은 형광 물질과 이 형광 물질을 억제하는 소광 물질이 붙어 있는 단일 가닥 DNA 단편으로, 표적 DNA에서 프라이머가 결합하지 않는 부위에 특이적으로 결합하도록 설계된다. PCR 과정에서 이중 가닥 DNA가 단일 가닥으로 되면, 형광 표식 탐침은 프라이머와 마찬가지로 표적 DNA에 결합한다. 이후 DNA 중합 효소에 의해 이중 가닥 DNA가 형성되는 과정 중에 탐침은 표적 DNA와의 결합이 끊어지고 분해된다. 탐침이 분해되어 형광 물질과 소광 물질의 분리가 일어나면 비로소 형광 물질이 발색되며, 이로써 표적 DNA가 증폭되었음을 알 수 있다. 형광 표식 탐침은 표적 DNA에 특이적으로 결합하는 장점을 지니나 상대적으로 비용이 비싸다.

[A] 실시간 PCR에서 발색도는 증폭된 이중 가닥 표적 DNA의 양에 비례하며, 일정 수준의 발색도에 도달하는 데 필요한 사이클은 표적 DNA의 초기 양에 따라 달라진다. 사이클의 진행에 따른 발색도의 변화가 연속적인 선으로 표시되며, 표적 DNA를 검출했다고 판단하는 발색도에 도달하는 데 소요된 사이클을 $C_t$값이라 한다. 표적 DNA의 농도를 알지 못하는 미지 시료의 $C_t$값과 표적 DNA의 농도를 알고 있는 표준 시료의 $C_t$값을 비교하면 미지 시료에 포함된 표적 DNA의 농도를 계산할 수 있다.

PCR는 시료로부터 얻은 DNA를 가지고 유전자 복제, 유전병 진단, 친자 감별, 암 및 감염성 질병 진단 등에 광범위하게 활용된다. 특히 실시간 PCR를 이용하면 바이러스의 감염 여부를 초기에 정확하고 빠르게 진단할 수 있다.

## 068

**윗글에서 알 수 있는 내용으로 적절하지 <u>않은</u> 것은?**

① 2 종의 프라이머 각각의 염기 서열과 정확히 일치하는 염기 서열을 주형 DNA에서 찾을 수 없다.
② PCR에서 표적 DNA 양이 초기 양을 기준으로 처음의 2 배가 되는 시간과 4 배에서 8 배가 되는 시간은 같다.
③ 전통적인 PCR는 표적 DNA 농도를 아는 표준 시료가 있어도 미지 시료의 표적 DNA 농도를 PCR 과정 중에 알 수 없다.
④ 실시간 PCR는 가열 과정을 거쳐야 시료에 포함된 표적 DNA의 양을 증폭할 수 있다.
⑤ 실시간 PCR를 실시할 때에 표적 DNA의 증폭이 일어나려면 DNA 중합 효소와 프라이머가 필요하다.

## 069

**㉠과 ㉡에 대한 설명으로 가장 적절한 것은?**

① ㉠은 ㉡과 달리 프라이머와 결합하여 이합체를 이룬다.
② ㉠은 ㉡과 달리 표적 DNA에 붙은 채 발색 반응이 일어난다.
③ ㉡은 ㉠과 달리 형광 물질과 결합하여 이합체를 이룬다.
④ ㉡은 ㉠과 달리 한 사이클의 시작 시점에 발색 반응이 일어난다.
⑤ ㉠과 ㉡은 모두 이중 가닥 표적 DNA에 결합하는 물질이다.

## 070

**어느 바이러스 감염증의 진단 검사에 PCR를 이용하려고 한다. 윗글을 읽고 이해한 반응으로 가장 적절한 것은?**

① 전통적인 PCR로 진단 검사를 할 때, 시료에 바이러스의 양이 적은 감염 초기에는 감염 여부를 진단할 수 없겠군.
② 전통적인 PCR로 진단 검사를 할 때, DNA 증폭 여부 확인에 발색 물질이 필요 없으니 비용이 상대적으로 싸겠군.
③ 전통적인 PCR로 진단 검사를 할 때, 실시간 증폭 여부를 확인할 필요가 없어 진단에 걸리는 시간을 줄일 수 있겠군.
④ 실시간 PCR로 진단 검사를 할 때, 표적 DNA의 염기 서열이 알려져 있어야 감염 여부를 분석할 수 있겠군.
⑤ 실시간 PCR로 진단 검사를 할 때, 감염 여부는 PCR가 끝난 후에야 알 수 있지만 실시간 증폭은 확인할 수 있겠군.

## 071

**[A]를 바탕으로 〈보기 1〉의 실험 상황을 가정하고 〈보기 2〉와 같이 예상 결과를 추론하였다. ㉮~㉰에 들어갈 말로 적절한 것은?** 3점

| 보기 1 |

표적 DNA의 농도를 알지 못하는 ⓐ 미지 시료와, 이와 동일한 표적 DNA를 포함하지만 그 농도를 알고 있는 ⓑ 표준 시료가 있다. 각 시료의 DNA를 주형 DNA로 하여 같은 양의 시료로 동일한 조건에서 실시간 PCR를 실시한다.

| 보기 2 |

만약 ⓐ가 ⓑ보다 표적 DNA의 초기 농도가 높다면,

⬇

표적 DNA가 증폭되는 동안, 사이클이 진행됨에 따라 시간당 시료의 표적 DNA의 증가량은 ⓐ가 ( ㉮ ).

⬇

실시간 PCR의 $C_t$값에서의 발색도는 ⓐ가 ( ㉯ ).

⬇

따라서 실시간 PCR의 $C_t$값은 ⓐ가 ( ㉰ ).

| | ㉮ | ㉯ | ㉰ |
|---|---|---|---|
| ① | ⓑ보다 많겠군 | ⓑ보다 높겠군 | ⓑ보다 크겠군 |
| ② | ⓑ보다 많겠군 | ⓑ와 같겠군 | ⓑ보다 작겠군 |
| ③ | ⓑ와 같겠군 | ⓑ보다 높겠군 | ⓑ보다 작겠군 |
| ④ | ⓑ와 같겠군 | ⓑ와 같겠군 | ⓑ보다 작겠군 |
| ⑤ | ⓑ와 같겠군 | ⓑ보다 높겠군 | ⓑ보다 크겠군 |

[072~075] 2021학년도 9월 모평 34번~37번 정답과 해설편 p.297

**다음 글을 읽고 물음에 답하시오.** 4문항을 10분 안에 풀어보세요. 

질병을 유발하는 병원체에는 세균, 진균, 바이러스 등이 있다. 생명체의 기본 구조에 속하는 세포막은 지질을 주성분으로 하는 이중층이다. 세균과 진균은 일반적으로 세포막 바깥 부분에 세포벽이 있고, 바이러스의 표면은 세포막 대신 캡시드라고 부르는 단백질로 이루어져 있다. 바이러스의 종류에 따라 캡시드 외부가 지질을 주성분으로 하는 피막으로 덮인 경우도 있다. 한편 진균과 일부 세균은 다른 병원체에 비해 건조, 열, 화학 물질에 저항성이 강한 포자를 만든다.

생활 환경에서 병원체의 수를 억제하고 전염병을 예방하기 위한 목적으로 사용하는 방역용 화학 물질을 '항(抗)미생물 화학제'라 한다. 항미생물 화학제는 다양한 병원체가 공통으로 갖는 구조를 구성하는 성분들에 화학 작용을 일으키므로 광범위한 살균 효과가 있다. 그러나 병원체의 구조와 성분은 병원체의 종류에 따라 완전히 같지는 않으므로, 동일한 항미생물 화학제라도 그 살균 효과는 다를 수 있다.

항미생물 화학제 중 ㉠ 멸균제는 포자를 포함한 모든 병원체를 파괴한다. ㉡ 감염방지제는 포자를 제외한 병원체를 사멸시키는 화합물로 병원, 공공시설, 가정의 방역에 사용된다. 감염방지제 중 독성이 약해 사람의 피부나 상처 소독에도 사용이 가능한 항미생물 화학제를 ㉢ 소독제라 한다. 사람의 세포막도 지질 성분으로 이루어져 있어 소독제라 하더라도 사람의 세포를 죽일 수 있으므로, 눈이나 호흡기 등의 점막에 접촉하지 않도록 주의해야 한다. 따라서 항미생물 화학제는 병원체에 대한 최대의 방역 효과와 인체 및 환경에 대한 최고의 안전성을 확보할 수 있도록 종류별 사용법을 지켜야 한다.

항미생물 화학제의 작용기제는 크게 병원체의 표면을 손상시키는 방식과 병원체 내부에서 대사 기능을 저해하는 방식으로 나눌 수 있지만, 많은 경우 두 기제가 함께 작용한다. 고농도 에탄올 등의 알코올 화합물은 세포막의 기본 성분인 지질을 용해시키고 단백질을 변성시키며, 병원성 세균에서는 세포벽을 약화시킨다. 또한 알코올 화합물은 지질 피막이 없는 바이러스보다 지질 피막이 있는 병원성 바이러스에서 방역 효과가 크다. 지질 피막은 병원성 바이러스가 사람을 감염시키는 과정에서 중요한 역할을 하기 때문에, 지질을 손상시키는 기능을 가진 항미생물 화학제만으로도 병원성 바이러스에 대한 방역 효과가 있다. 지질 피막의 유무와 관계없이 다양한 바이러스의 감염 예방을 위해서는 하이포염소산 소듐 등의 산화제가 널리 사용된다. 병원성 바이러스의 방역에 사용되는 산화제는 바이러스의 공통적인 표면 구조를 이루는 캡시드를 손상시키는 기능이 있어 바이러스를 파괴하거나 바이러스의 감염력을 잃게 한다.

병원체의 표면에 생긴 약간의 손상이 병원체를 사멸시키는 데 충분하지 않더라도, 항미생물 화학제가 내부로 침투하면 살균 효과가 증가한다. 알킬화제와 산화제는 병원체의 내부로 침투하면 필수적인 물질 대사를 정지시킨다. 글루타르 알데하이드와 같은 알킬화제가 알킬 작용기를 단백질에 결합시키면 단백질을 변성시켜 기능을 상실하게 하고, 핵산의 염기에 결합시키면 핵산을 비정상 구조로 변화시켜 유전자 복제와 발현을 교란한다. 산화제인 하이포염소산 소듐은 병원체 내에서 불특정한 단백질들을 산화시켜 단백질로 이루어진 효소들의 기능을 비활성화하고 병원체를 사멸에 이르게 한다.

## 072

**윗글에서 답을 찾을 수 있는 질문에 해당하지 않는 것은?**

① 병원성 세균은 어떤 작용기제로 사람을 감염시킬까?
② 알코올 화합물은 병원성 세균의 살균에 효과가 있을까?
③ 바이러스와 세균의 표면 구조는 어떤 차이가 있을까?
④ 병원성 바이러스 감염 예방을 위한 방역에 사용되는 물질에는 무엇이 있을까?
⑤ 항미생물 화학제가 병원체에 대해 광범위한 살균 효과를 나타내는 이유는 무엇일까?

## 073

**윗글을 읽고 이해한 내용으로 적절하지 않은 것은?**

① 고농도 에탄올은 지질 피막이 있는 바이러스에 방역 효과가 있다.
② 하이포염소산 소듐은 병원체의 내부가 아니라 표면의 단백질을 손상시킨다.
③ 진균의 포자는 바이러스에 비해서 화학 물질에 대한 저항성이 더 강하다.
④ 알킬화제는 병원체 내 핵산의 염기에 알킬 작용기를 결합시켜 유전자의 발현을 방해한다.
⑤ 산화제가 다양한 바이러스를 사멸시키는 것은 그 산화제가 바이러스의 공통적인 구조를 구성하는 성분들에 작용하기 때문이다.

## 074

**㉠~㉢에 대한 설명으로 적절한 것은?**

① ㉠과 ㉡은 모두, 질병의 원인이 되는 진균의 포자와 바이러스를 사멸시킬 수 있다.
② ㉠과 ㉢은 모두, 생활 환경의 방역뿐 아니라 사람의 상처 소독에 적용 가능하다.
③ ㉡과 ㉢은 모두, 바이러스의 종류에 따라 살균 효과가 달라질 수 있다.
④ ㉠은 ㉡과 달리, 세포막이 있는 병원성 세균은 사멸시킬 수 있으나 피막이 있는 병원성 바이러스는 사멸시킬 수 없다.
⑤ ㉡은 ㉢과 달리, 인체에 해로우므로 사람의 점막에 직접 닿아서는 안 된다.

## 075

**〈보기〉는 윗글을 읽은 학생이 '가상의 실험 결과'를 보고 추론한 내용이다. [가]에 들어갈 말로 적절하지 않은 것은?** [3점]

| 보기 |

ㅇ 가상의 실험 결과

항미생물 화학제로 사용되는 알코올 화합물 A를 변환시켜 다음과 같은 결과를 얻었다.

**[결과 1]** A에서 지질을 손상시키는 기능만을 약화시켜 B를 얻었다.

**[결과 2]** A에서 캡시드를 손상시키는 기능만을 강화시켜 C를 얻었다.

**[결과 3]** B에서 캡시드를 손상시키는 기능만을 강화시켜 D를 얻었다.

ㅇ 학생의 추론 : 화합물들의 방역 효과와 안전성을 비교해 보면, [가] 고 추론할 수 있어.

(단, 지질 손상 기능과 캡시드 손상 기능은 서로 독립적이며, 화합물 A, B, C, D의 비교 조건은 모두 동일하다고 가정함.)

① B는 A에 비해 지질 피막이 있는 바이러스에 대한 방역 효과는 작고, 인체에 대한 안전성은 높다
② C는 A에 비해 지질 피막이 없는 바이러스에 대한 방역 효과는 크고, 인체에 대한 안전성은 같다
③ C는 B에 비해 지질 피막이 있는 바이러스에 대한 방역 효과는 크고, 인체에 대한 안전성은 같다
④ D는 A에 비해 지질 피막이 없는 바이러스에 대한 방역 효과는 크고, 인체에 대한 안전성은 높다
⑤ D는 B에 비해 지질 피막이 없는 바이러스에 대한 방역 효과는 크고, 인체에 대한 안전성은 같다

**다음 글을 읽고 물음에 답하시오.** 6문항을 15분 안에 풀어보세요. 

우리는 한 대의 자동차는 개체라고 하지만 바닷물을 개체라고 하지는 않는다. 어떤 부분들이 모여 하나의 개체를 ⓐ 이룬다고 할 때 이를 개체라고 부를 수 있는 조건은 무엇일까? 일단 부분들 사이의 유사성은 개체성의 조건이 될 수 없다. 가령 일란성 쌍둥이인 두 사람은 DNA 염기 서열과 외모도 같지만 동일한 개체는 아니다. 그래서 부분들의 강한 유기적 상호작용이 그 조건으로 흔히 제시된다. 하나의 개체를 구성하는 부분들은 외부 존재가 개체에 영향을 주는 것과는 비교할 수 없이 강한 방식으로 서로 영향을 주고받는다.

상이한 시기에 존재하는 두 대상을 동일한 개체로 판단하는 조건도 물을 수 있다. 그것은 두 대상 사이의 인과성이다. 과거의 '나'와 현재의 '나'를 동일하다고 볼 수 있는 것은 강한 인과성이 존재하기 때문이다. 과거의 '나'와 현재의 '나'는 세포 분열로 세포가 교체되는 과정을 통해 인과적으로 연결되어 있다. 또 '나'가 세포 분열을 통해 새로운 개체를 생성할 때도 '나'와 '나의 후손'은 인과적으로 연결되어 있다. 비록 '나'와 '나의 후손'은 동일한 개체는 아니지만 '나'와 다른 개체들 사이에 비해 더 강한 인과성으로 연결되어 있다.

개체성에 대한 이러한 철학적 질문은 생물학에서도 중요한 연구 주제가 된다. 생명체를 구성하는 단위는 세포이다. 세포는 생명체의 고유한 유전 정보가 담긴 DNA를 가지며 이를 복제하여 증식하고 번식하는 과정을 통해 자신의 DNA를 후세에 전달한다. 세포는 사람과 같은 진핵생물의 진핵세포와, 박테리아나 고세균과 같은 원핵생물의 원핵세포로 구분된다. 진핵세포는 세포질에 막으로 둘러싸인 핵이 ⓑ 있고 그 안에 DNA가 있지만, 원핵세포는 핵이 없다. 또한 진핵세포의 세포질에는 막으로 둘러싸인 여러 종류의 세포 소기관이 있으며, 그중 미토콘드리아는 세포 활동에 필요한 생체 에너지를 생산하는 기관이다. 대부분의 진핵세포는 미토콘드리아를 필수적으로 ⓒ 가지고 있다.

이러한 미토콘드리아가 원래 박테리아의 한 종류인 원생미토콘드리아였다는 이론이 20세기 초에 제기되었다. 공생발생설 또는 세포 내 공생설이라고 불리는 이 이론에서는 두 원핵생물 간의 공생 관계가 지속되면서 진핵세포를 가진 진핵생물이 탄생했다고 설명한다. 공생은 서로 다른 생명체가 함께 살아가는 것을 말하며, 서로 다른 생명체를 가정하는 것은 어느 생명체의 세포 안에서 다른 생명체가 공생하는 '내부 공생'에서도 마찬가지이다. ㉠ 공생발생설은 한동안 생물학계로부터 인정받지 못했다. 미토콘드리아의 기능과 대략적인 구조, 그리고 생명체 간 내부 공생의 사례는 이미 알려졌지만 미토콘드리아가 과거에 독립된 생명체였다는 것을 쉽게 믿을 수 없었기 때문이었다. 그리고 한 생명체가 세대를 이어 가는 과정 중에 돌연변이와 자연선택이 일어나고, 이로 인해 종이 진화하고 분화한다고 보는 전통적인 유전학에서 두 원핵생물의 결합은 주목받지 못했다. 그러다가 전자 현미경의 등장으로 미토콘드리아의 내부까지 세밀히 관찰하게 되고, 미토콘드리아 안에는 세포핵의 DNA와는 다른 DNA가 있으며 단백질을 합성하는 자신만의 리보솜을 가지고 있다는 사실이 ⓓ 밝혀지면서 공생발생설이 새롭게 부각되었다.

공생발생설에 따르면 진핵생물은 원생미토콘드리아가 고세균의 세포 안에서 내부 공생을 하다가 탄생했다고 본다. 고세균의 핵의 형성과 내부 공생의 시작 중 어느 것이 먼저인지에 대해서는 논란이 있지만, 고세균은 세포질에 핵이 생겨 진핵세포가 되고 원생미토콘드리아는 세포 소기관인 미토콘드리아가 되어 진핵생물이 탄생했다는 것이다. 미토콘드리아가 원래 박테리아의 한 종류였다는 근거는 여러 가지가 있다. 박테리아와 마찬가지로 새로운 미토콘드리아는 이미 존재하는 미토콘드리아의 '이분 분열'을 통해서만 ⓔ 만들어진다. 미토콘드리아의 막에는 진핵세포막의 수송 단백질과는 다른 종류의 수송 단백질인 포린이 존재하고 박테리아의 세포막에 있는 카디오리핀이 존재한다. 또 미토콘드리아의 리보솜은 진핵세포의 리보솜보다 박테리아의 리보솜과 더 유사하다.

미토콘드리아는 여전히 고유한 DNA를 가진 채 복제와 증식이 이루어지는데도, 미토콘드리아와 진핵세포 사이의 관계를 공생 관계로 보지 않는 이유는 무엇일까? 두 생명체가 서로 떨어져서 살 수 없더라도 각자의 개체성을 잃을 정도로 유기적 상호작용이 강하지 않다면 그 둘은 공생 관계에 있다고 보는데, 미토콘드리아와 진핵세포 간의 유기적 상호작용은 둘을 다른 개체로 볼 수 없을 만큼 매우 강하기 때문이다. 미토콘드리아가 개체성을 잃고 세포 소기관이 되었다고 보는 근거는, 진핵세포가 미토콘드리아의 증식을 조절하고, 자신을 복제하여 증식할 때 미토콘드리아도 함께 복제하여 증식시킨다는 것이다. 또한 미토콘드리아의 유전자의 많은 부분이 세포핵의 DNA로 옮겨 가 미토콘드리아의 DNA 길이가 현저히 짧아졌다는 것이다. 미토콘드리아에서 일어나는 대사 과정에 필요한 단백질은 세포핵의 DNA로부터 합성되고, 미토콘드리아의 DNA에 남은 유전자 대부분은 생체 에너지를 생산하는 역할을 한다. 예컨대 사람의 미토콘드리아는 37 개의 유전자만 있을 정도로 DNA 길이가 짧다.

## 076

**윗글의 내용 전개 방식으로 가장 적절한 것은?**

① 개체성과 관련된 예를 제시한 후 공생발생설에 대한 다양한 견해를 비교하고 있다.
② 개체에 대한 정의를 제시한 후 세포의 생물학적 개념이 확립되는 과정을 서술하고 있다.
③ 개체성의 조건을 제시한 후 세포 소기관의 개체성에 대해 공생발생설을 중심으로 설명하고 있다.
④ 개체의 유형을 분류한 후 세포의 소기관이 분화되는 과정을 공생발생설을 중심으로 설명하고 있다.
⑤ 개체와 관련된 개념들을 설명한 후 세포가 하나의 개체로 변화하는 과정을 인과적으로 서술하고 있다.

## 077

**윗글에 대한 이해로 적절하지 않은 것은?**

① 유사성은 아무리 강하더라도 개체성의 조건이 될 수 없다.
② 바닷물을 개체라고 말하기 어려운 이유는 유기적 상호작용이 약하기 때문이다.
③ 새로운 미토콘드리아를 복제하기 위해서는 세포 안에 미토콘드리아가 반드시 있어야 한다.
④ 미토콘드리아의 대사 과정에 필요한 단백질은 미토콘드리아의 막을 통과하여 세포질로 이동해야 한다.
⑤ 진핵세포가 되기 전의 고세균이 원생미토콘드리아보다 진핵세포와 더 강한 인과성으로 연결되어 있다.

## 078

**윗글을 참고할 때, ㉠의 이유로 가장 적절한 것은?**

① 진핵세포가 세포 소기관을 가지고 있다는 사실을 알지 못했기 때문이다.
② 공생발생설이 당시의 유전학 이론에 어긋난다는 근거가 부족했기 때문이다.
③ 한 생명체가 다른 생명체의 세포 속에서 살 수 있다는 근거가 부족했기 때문이다.
④ 미토콘드리아가 진핵세포의 활동에 중요한 기능을 한다는 사실을 알지 못했기 때문이다.
⑤ 미토콘드리아가 자신의 고유한 유전 정보를 전달할 수 있다는 것을 알지 못했기 때문이다.

## 079

**<보기>는 진핵세포의 세포 소기관을 연구한 결과들이다. 윗글을 바탕으로 할 때, 각각의 세포 소기관이 박테리아로부터 비롯되었다고 판단할 수 있는 것만을 <보기>에서 고른 것은?**

| 보기 |

ㄱ. 세포 소기관이 자신의 DNA를 가지고 있다는 것과 이분 분열을 한다는 것을 확인하였다.
ㄴ. 세포 소기관이 자신의 DNA를 가지고 있다는 것과 진핵세포의 리보솜을 가지고 있다는 것을 확인하였다.
ㄷ. 세포 소기관이 막으로 둘러싸여 있다는 것과 막에는 수송 단백질이 있는 것을 확인하였다.
ㄹ. 세포 소기관이 막으로 둘러싸여 있다는 것과 막에는 다량의 카디오리핀이 있는 것을 확인하였다.

① ㄱ, ㄷ ② ㄱ, ㄹ ③ ㄴ, ㄷ ④ ㄴ, ㄹ ⑤ ㄷ, ㄹ

## 080

**윗글을 바탕으로 <보기>를 이해한 내용으로 적절하지 않은 것은?** [3점]

| 보기 |

○ 복어는 테트로도톡신이라는 신경 독소를 가지고 있지만 테트로도톡신을 스스로 만들지 못하고 체내에서 서식하는 미생물이 이를 생산한다. 복어는 독소를 생산하는 미생물에게 서식처를 제공하는 대신 포식자로부터 자신을 방어할 수 있는 무기를 갖게 되었다. 만약 복어의 체내에 있는 미생물을 제거하면 복어는 독소를 가지지 못하나 생존에는 지장이 없었다.
○ 실험실의 아메바가 병원성 박테리아에 감염되어 대부분의 아메바가 죽고 일부 아메바는 생존하였다. 생존한 아메바의 세포질에서 서식하는 박테리아는 스스로 복제하여 증식할 수 있었고 더 이상 병원성을 지니지는 않았다. 아메바에게는 무해하지만 박테리아에게는 치명적인 항생제를 아메바에게 투여하면 박테리아와 함께 아메바도 죽었다.

① 병원성을 잃은 '아메바의 세포질에서 서식하는 박테리아'는 세포 소기관으로 변한 것이겠군.
② 복어의 '체내에서 서식하는 미생물'은 '복어'와의 유기적 상호작용이 강해진다면 개체성을 잃을 수 있겠군.
③ 복어의 세포가 증식할 때 복어의 체내에서 '독소를 생산하는 미생물'의 DNA도 함께 증식하는 것은 아니겠군.
④ '아메바의 세포질에서 서식하는 박테리아'가 개체성을 잃었다면 '아메바의 세포질에서 서식하는 박테리아'의 DNA 길이는 짧아졌겠군.
⑤ '아메바의 세포질에서 서식하는 박테리아'와 '아메바' 사이의 관계와 '복어'와 '독소를 생산하는 미생물' 사이의 관계는 모두 공생 관계이겠군.

## 081

**문맥상 ⓐ ~ ⓔ와 바꿔 쓰기에 적절하지 않은 것은?**

① ⓐ : 구성(構成)한다고
② ⓑ : 존재(存在)하고
③ ⓒ : 보유(保有)하고
④ ⓓ : 조명(照明)되면서
⑤ ⓔ : 생성(生成)된다

DAY 20 Ⅲ 과학

## [082~085] 2019학년도 6월 모평 35번~38번 정답과 해설편 p.304

**다음 글을 읽고 물음에 답하시오.** 4문항을 15분 안에 풀어보세요. 

건강 상태를 진단하거나 범죄의 현장에서 혈흔을 조사하기 위해 검사용 키트가 널리 이용된다. 키트 제작에는 다양한 과학적 원리가 적용되는데, 적은 비용으로 쉽고 빠르고 정확하게 검사할 수 있는 키트를 제작하는 것이 요구된다. 이러한 필요에 따라 항원-항체 반응을 응용하여 시료에 존재하는 성분을 분석하는 다양한 형태의 키트가 개발되고 있다. 항원-항체 반응은 항원과 그 항원에만 특이적으로 반응하는 항체가 결합하는 면역 반응을 말한다. 항체 제조 기술이 발전하면서 휴대성이 높고 분석 시간이 짧은 측면유동면역분석법(LFIA)을 이용한 다양한 종류의 키트가 개발되고 있다.

LFIA 키트를 이용하면 키트에 나타나는 선을 통해, 액상의 시료에서 검출하고자 하는 목표 성분의 유무를 간편하게 확인할 수 있다. LFIA 키트는 가로로 긴 납작한 막대 모양인데, 시료 패드, 결합 패드, 반응막, 흡수 패드가 순서대로 나란히 배열된 구조로 되어 있다. 시료 패드로 흡수된 시료는 결합 패드에서 복합체와 함께 반응막을 지나 여분의 시료가 흡수되는 흡수 패드로 이동한다. 결합 패드에 있는 복합체는 금-나노 입자 또는 형광 비드 등의 표지 물질에 특정 물질이 붙어 이루어진다. 표지 물질은 발색 반응에 의해 색깔을 내는데, 이 표지 물질에 붙어 있는 특정 물질은 키트 방식에 따라 종류가 다르다. 일반적으로 한 가지 목표 성분을 검출하는 키트의 반응막에는 항체들이 띠 모양으로 두 가닥 고정되어 있는데, 그중 시료 패드와 가까운 쪽에 있는 가닥이 검사선이고 다른 가닥은 표준선이다. 표지 물질이 검사선이나 표준선에 놓이면 발색 반응에 의해 반응선이 나타난다. 검사선이 발색되어 나타나는 반응선을 통해서는 목표 성분의 유무를 판정할 수 있다. 표준선이 발색된 반응선이 나타나면 검사가 정상적으로 진행되었음을 알 수 있다.

LFIA 키트는 주로 ㉠ <u>직접 방식</u> 또는 ㉡ <u>경쟁 방식</u>으로 제작되는데, 방식에 따라 검사선의 발색 여부가 의미하는 바가 다르다. 직접 방식에서 복합체에 포함된 특정 물질은 목표 성분에 결합할 수 있는 항체이다. 시료에 목표 성분이 포함되어 있다면 목표 성분은 이 항체와 일차적으로 결합하고, 이후 검사선의 고정된 항체와 결합한다. 따라서 검사선이 발색되면 시료에서 목표 성분이 검출되었다고 판정한다. 한편 경쟁 방식에서 복합체에 포함된 특정 물질은 목표 성분에 대한 항체가 아니라 목표 성분 자체이다. 만약 시료에 목표 성분이 포함되어 있으면 시료의 목표 성분과 복합체의 목표 성분이 서로 검사선의 항체와 결합하려 경쟁한다. 이때 시료에 목표 성분이 충분히 많다면 시료의 목표 성분은 복합체의 목표 성분이 검사선의 항체와 결합하는 것을 방해하므로 검사선이 발색되지 않는다. 직접 방식은 세균이나 분자량이 큰 단백질 등을 검출할 때 이용하고, 경쟁 방식은 항생 물질처럼 목표 성분의 크기가 작은 경우에 이용한다.

한편, 검사용 키트는 휴대성과 신속성 외에 정확성도 중요하다. 키트의 정확성을 측정하기 위해서는 키트를 이용해 여러 번의 검사를 실시하고 그 결과를 분석한다. 키트가 시료에 목표 성분이 들어 있다고 판정하면 이를 양성이라고 한다. 이때 시료에 목표 성분이 실제로 존재하면 진양성, 시료에 목표 성분이 없다면 위양성이라고 한다. 반대로 키트가 시료에 목표 성분이 들어 있지 않다고 판정하면 음성이라고 한다. 이 경우 실제로 목표 성분이 없다면 진음성, 목표 성분이 있다면 위음성이라고 한다. 현실에서 위양성이나 위음성을 배제할 수 있는 키트는 없다.

여러 번의 검사 결과를 통해 키트의 정확도를 구하는데, 정확도란 시료를 분석할 때 올바른 검사 결과를 얻을 확률이다. 정확도는 민감도와 특이도로 나뉜다. 민감도는 시료에 목표 성분이 존재하는 경우에 대해 키트가 이를 양성으로 판정한 비율이다. 특이도는 시료에 목표 성분이 없는 경우에 대해 키트가 이를 음성으로 판정한 비율이다. 민감도와 특이도가 모두 높아 정확도가 높은 키트가 가장 이상적이지만 현실에서는 그렇지 않은 경우가 많아서 상황에 따라 민감도나 특이도를 고려하여 키트를 선택해야 한다.

## 082

**윗글을 읽고 알 수 있는 내용으로 적절하지 <u>않은</u> 것은?**

① LFIA 키트에서 시료 패드와 흡수 패드는 모두 시료를 흡수하는 역할을 한다.

② LFIA 키트를 통해 검출하려고 하는 목표 성분은 항원-항체 반응의 항원에 해당한다.

③ LFIA 키트를 사용할 때 정상적인 키트에서 검사선이 발색되지 않으면 표준선도 발색되지 않는다.

④ LFIA 키트에 표지 물질이 없다면 시료에 목표 성분이 있더라도 이를 시각적으로 확인할 수 없다.

⑤ LFIA 키트를 이용하여 검사할 때, 시료에 목표 성분이 포함되어 있지 않더라도 검사선이 발색될 수 있다.

## 083

**㉠과 ㉡에 대한 이해로 가장 적절한 것은?**

① ㉠은 ㉡과 달리, 시료에 들어 있는 목표 성분은 검사선에 도달하기 이전에 항체와 결합을 하겠군.
② ㉠은 ㉡과 달리, 시료에서 목표 성분을 검출했다면 검사선에서 항체와 목표 성분의 결합이 존재하지 않겠군.
③ ㉡은 ㉠과 달리, 시료가 표준선에 도달하기 이전에 검사선에 먼저 도달하겠군.
④ ㉡은 ㉠과 달리, 정상적인 검사로 시료에서 목표 성분을 검출했다면 반응막에 아무런 반응선도 나타나지 않았겠군.
⑤ ㉠과 ㉡은 모두 시료에 들어 있는 목표 성분이 표지 물질과 항원-항체 반응으로 결합하겠군.

## 084

**윗글을 참고할 때, <보기>의 A와 B에 들어갈 말을 올바르게 짝지은 것은?**

| 보기 |
검사용 키트를 가지고 여러 번의 검사를 실시하여 키트의 정확성을 측정하였을 때, 검사 결과 ( A )인 경우가 적을수록 민감도는 높고, ( B )인 경우가 많을수록 특이도는 높다.

| | A | B |
|---|---|---|
| ① | 진양성 | 진음성 |
| ② | 진양성 | 위음성 |
| ③ | 위양성 | 위음성 |
| ④ | 위음성 | 진음성 |
| ⑤ | 위음성 | 위양성 |

## 085

**윗글을 바탕으로 <보기>를 이해한 반응으로 적절하지 않은 것은?** 3점

| 보기 |
살모넬라균은 집단 식중독을 일으키는 대표적인 병원성 세균이다. 기존의 살모넬라균 분석법은 정확도는 높으나 3~5 일의 시간이 소요되어 질병 발생 시 신속한 진단 및 예방에 어려움이 있었다. 살모넬라균은 감염 속도가 빠르므로 다량의 시료 중 오염이 의심되는 시료부터 신속하게 골라낸 후에 이 시료만을 대상으로 더 정확한 방법으로 분석하여 오염 여부를 확정 짓는 것이 효과적이다. 최근에 기존 방법보다 정확도는 낮으나 저렴한 비용으로 살모넬라균만을 신속하게 검출할 수 있는 ⓐ LFIA 방식의 새로운 키트가 개발되었다고 한다.

① ⓐ를 개발하기 전에 살모넬라균과 결합하는 항체를 제조하는 기술이 개발되었겠군.
② ⓐ의 결합 패드에는 표지 물질에 살모넬라균이 붙어 있는 복합체가 들어 있겠군.
③ ⓐ를 이용하여 음식물의 살모넬라균 오염 여부를 검사하려면 시료를 액체 상태로 만들어야겠군.
④ ⓐ를 이용하여 현장에서 살모넬라균 오염 의심 시료를 선별하기 위해서는 특이도보다 민감도가 높은 것이 더 효과적이겠군.
⑤ ⓐ를 이용하여 살모넬라균이 검출되었다고 키트가 판정한 경우에도 기존의 분석법으로는 균이 검출되지 않을 수 있겠군.

[086~089] 2017학년도 수능 33번~36번 정답과 해설편 p.307

**다음 글을 읽고 물음에 답하시오.** 4문항을 10분 안에 풀어보세요. 

탄수화물은 사람을 비롯한 동물이 생존하는 데 필수적인 에너지원이다. 탄수화물은 섬유소와 비섬유소로 구분된다. 사람은 체내에서 합성한 효소를 이용하여 곡류의 녹말과 같은 비섬유소를 포도당으로 분해하고 이를 소장에서 흡수하여 에너지원으로 이용한다. 반면, 사람은 풀이나 채소의 주성분인 셀룰로스와 같은 섬유소를 포도당으로 분해하는 효소를 합성하지 못하므로, 섬유소를 소장에서 이용하지 못한다. ㉠ 소, 양, 사슴과 같은 반추 동물도 섬유소를 분해하는 효소를 합성하지 못하는 것은 마찬가지이지만, 비섬유소와 섬유소를 모두 에너지원으로 이용하며 살아간다.

위(胃)가 넷으로 나누어진 반추 동물의 첫째 위인 반추위에는 여러 종류의 미생물이 서식하고 있다. 반추 동물의 반추위에는 산소가 없는데, 이 환경에서 왕성하게 생장하는 반추위 미생물들은 다양한 생리적 특성을 가지고 있다. 그중 ⓐ 피브로박터 숙시노젠(F)은 섬유소를 분해하는 대표적인 미생물이다. 식물체에서 셀룰로스는 그것을 둘러싼 다른 물질과 복잡하게 얽혀 있는데, F가 가진 효소 복합체는 이 구조를 끊어 셀룰로스를 노출시킨 후 이를 포도당으로 분해한다. F는 이 포도당을 자신의 세포 내에서 대사 과정을 거쳐 에너지원으로 이용하여 생존을 유지하고 개체 수를 늘림으로써 생장한다. 이런 대사 과정에서 아세트산, 숙신산 등이 대사산물로 발생하고 이를 자신의 세포 외부로 배출한다. 반추위에서 미생물들이 생성한 아세트산은 반추 동물의 세포로 직접 흡수되어 생존에 필요한 에너지를 생성하는 데 주로 이용되고 체지방을 합성하는 데에도 쓰인다. 한편 반추위에서 [숙신산]은 프로피온산을 대사산물로 생성하는 다른 미생물의 에너지원으로 빠르게 소진된다. 이 과정에서 생성된 프로피온산은 반추 동물이 간(肝)에서 포도당을 합성하는 대사 과정에서 주요 재료로 이용된다.

반추위에는 비섬유소인 녹말을 분해하는 ⓑ 스트렙토코쿠스 보비스(S)도 서식한다. 이 미생물은 반추 동물이 섭취한 녹말을 포도당으로 분해하고, 이 포도당을 자신의 세포 내에서 대사 과정을 통해 자신에게 필요한 에너지원으로 이용한다. 이때 S는 자신의 세포 내의 산성도에 따라 세포 외부로 배출하는 대사산물이 달라진다. 산성도를 알려 주는 수소 이온 농도 지수(pH)가 7.0 정도로 중성이고 생장 속도가 느린 경우에는 아세트산, 에탄올 등이 대사산물로 배출된다. 반면 산성도가 높아져 pH가 6.0 이하로 떨어지거나 녹말의 양이 충분하여 생장 속도가 빠를 때는 [젖산]이 대사산물로 배출된다. 반추위에서 젖산은 반추 동물의 세포로 직접 흡수되어 반추 동물에게 필요한 에너지를 생성하는 데 이용되거나 아세트산 또는 프로피온산을 대사산물로 배출하는 다른 미생물의 에너지원으로 이용된다.

그런데 S의 과도한 생장이 반추 동물에게 악영향을 끼치는 경우가 있다. 반추 동물이 짧은 시간에 과도한 양의 비섬유소를 섭취하면 S의 개체 수가 급격히 늘고 과도한 양의 젖산이 배출되어 반추위의 산성도가 높아진다. 이에 따라 산성의 환경에서 왕성히 생장하며 항상 젖산을 대사산물로 배출하는 ⓒ 락토바실러스 루미니스(L)와 같은 젖산 생성 미생물들의 생장이 증가하며 다량의 젖산을 배출하기 시작한다. F를 비롯한 섬유소 분해 미생물들은 자신의 세포 내부의 pH를 중성으로 일정하게 유지하려는 특성이 있는데, 젖산 농도의 증가로 자신의 세포 외부의 pH가 낮아지면 자신의 세포 내의 항상성을 유지하기 위해 에너지를 사용하므로 생장이 감소한다. 만일 자신의 세포 외부의 pH가 5.8 이하로 떨어지면 에너지가 소진되어 생장을 멈추고 사멸하는 단계로 접어든다. 이와 달리 S와 L은 상대적으로 산성에 견디는 정도가 강해 자신의 세포 외부의 pH가 5.5 정도까지 떨어지더라도 이에 맞춰 자신의 세포 내부의 pH를 낮출 수 있어 자신의 에너지를 세포 내부의 pH를 유지하는 데 거의 사용하지 않고 생장을 지속하는 데 사용한다. 그러나 S도 자신의 세포 외부의 pH가 그 이하로 더 떨어지면 생장을 멈추고 사멸하는 단계로 접어들고, 산성에 더 강한 L을 비롯한 젖산 생성 미생물들이 반추위 미생물의 많은 부분을 차지하게 된다. 그렇게 되면 반추위의 pH가 5.0 이하가 되는 급성 반추위 산성증이 발병한다.

## 086

**윗글을 읽고 알 수 있는 내용으로 가장 적절한 것은?**

① 섬유소는 사람의 소장에서 포도당의 공급원으로 사용된다.
② 반추 동물의 세포에서 합성한 효소는 셀룰로스를 분해한다.
③ 반추위 미생물은 산소가 없는 환경에서 생장을 멈추고 사멸한다.
④ 반추 동물의 과도한 섬유소 섭취는 급성 반추위 산성증을 유발한다.
⑤ 피브로박터 숙시노젠(F)은 자신의 세포 내에서 포도당을 에너지원으로 이용하여 생장한다.

## 087

**윗글로 볼 때, ⓐ~ⓒ에 대한 이해로 적절하지 않은 것은?**

① ⓐ와 ⓑ는 모두 급성 반추위 산성증에 걸린 반추 동물의 반추위에서는 생장하지 못하겠군.
② ⓐ와 ⓑ는 모두 반추위에서 반추 동물의 체지방을 합성하는 물질을 생성할 수 있겠군.
③ 반추위의 pH가 6.0일 때, ⓐ는 ⓒ보다 자신의 세포 내의 산성도를 유지하는 데 더 많은 에너지를 쓰겠군.
④ ⓑ와 ⓒ는 모두 반추위의 산성도에 따라 다양한 종류의 대사산물을 배출하겠군.
⑤ 반추위에서 녹말의 양과 ⓑ의 생장이 증가할수록, ⓐ의 생장은 감소하고 ⓒ의 생장은 증가하겠군.

## 088

**윗글을 바탕으로 ㉠이 가능한 이유를 진술한다고 할 때, <보기>의 ㉮, ㉯에 들어갈 말로 가장 적절한 것은?** [3점]

| 보 기 |
반추 동물이 섭취한 섬유소와 비섬유소는 반추위에서 ( ㉮ ), 이를 이용하여 생장하는 ( ㉯ )은 반추 동물의 에너지원으로 이용되기 때문이다.

① ㉮ : 반추위 미생물의 에너지원이 되고
　 ㉯ : 반추위 미생물이 대사 과정을 통해 생성한 대사산물
② ㉮ : 반추위 미생물의 에너지원이 되고
　 ㉯ : 반추위 미생물이 대사 과정을 통해 생성한 포도당
③ ㉮ : 반추위 미생물에 의해 합성된 포도당이 되고
　 ㉯ : 반추 동물이 대사 과정을 통해 생성한 포도당
④ ㉮ : 반추위 미생물에 의해 합성된 포도당이 되고
　 ㉯ : 반추위 미생물이 대사 과정을 통해 생성한 대사산물
⑤ ㉮ : 반추위 미생물에 의해 합성된 포도당이 되고
　 ㉯ : 반추위 미생물이 대사 과정을 통해 생성한 포도당

## 089

**윗글로 볼 때, 반추위 미생물에서 배출되는 숙신산과 젖산에 대한 설명으로 적절하지 않은 것은?**

① 숙신산이 많이 배출될수록 반추 동물의 간에서 합성되는 포도당의 양도 늘어난다.
② 젖산은 반추 동물의 세포로 직접 흡수되어 반추 동물의 에너지원으로 이용될 수 있다.
③ 숙신산과 젖산은 반추위가 산성일 때보다 중성일 때 더 많이 배출된다.
④ 숙신산과 젖산은 반추위 미생물의 세포 내에서 대사 과정을 거쳐 생성된다.
⑤ 숙신산과 젖산은 프로피온산을 대사산물로 배출하는 다른 미생물의 에너지원으로 이용되기도 한다.

[090~091] 2015학년도 6월 모평A 26번~27번 정답과 해설편 p.310

다음 글을 읽고 물음에 답하시오. 2문항을 3분 안에 풀어보세요.

우유는 인간에게 양질의 영양소를 공급하는 식품이다. 하지만 아무런 처리를 하지 않은 우유, 즉 원유를 가공하지 않고 그대로 유통하게 되면 부패나 질병을 유발하는 유해 미생물이 빠르게 증식할 위험이 있다. 그렇기 때문에 평소에 우리가 마시는 우유는 원유를 열처리하여 미생물을 제거한 것이다.

원유를 열처리하게 되면 원유에 포함되어 있는 미생물의 개체 수가 줄어드는데, 일반적으로 가열 온도가 높을수록 가열 시간이 길수록 그 수는 더 많이 감소한다. 그런데 미생물의 종류에 따라 미생물을 제거하는 데 필요한 시간과 온도가 다르기 때문에 적절한 열처리 조건을 알아야 한다. 이때 D값과 Z값을 이용한다. D값은 어떤 미생물을 특정 온도에서 열처리할 때 그 개체 수를 1/10로 줄이는 데 걸리는 시간을 말한다. 만약 같은 온도에서 개체 수를 1/100로 줄이고자 한다면 D값의 2 배의 시간으로 처리하면 된다. Z값은 특정 D값의 1/10 만의 시간에 개체 수를 1/10로 줄이는 데 추가적으로 높여야 하는 온도를 말한다. 그렇기 때문에 열에 대한 저항성이 큰 미생물일수록 특정 온도에서의 D값과 Z값이 크다. 예를 들어, 어떤 미생물 100 개를 63 °C에서 열처리한다고 하자. 이때 360 초 후에 남아 있는 개체 수가 10 개라면 D값은 360 초가 된다. 만약 이 D값의 1/10인 36 초 만에 미생물의 개체 수를 100 개에서 10 개로 줄이고자 할 때의 온도가 65 °C라면 Z값은 2 °C가 된다.

이러한 D값과 Z값의 원리에 기초하여 원유를 열처리하는 여러 가지 방법이 개발되었다. 먼저, 원유를 63 °C에서 30 분간 열처리하여 그 안에 포함된 미생물을 99.999 % 이상 제거하는 '저온살균법'이 있다. 저온살균법은 미생물을 제거하는 데는 효과적이나 시간이 오래 걸린다는 단점이 있다. 이를 보완하기 위해 개발된 방법이 '저온순간살균법'이다. 저온순간살균법은 원유를 75 °C에서 15 초간 열처리하는 방법이다. 이 방법은 미생물 제거 효과가 저온살균법과 동일하지만 우유의 대량 생산을 위해 열처리 온도를 높여서 열처리 시간을 단축시킨 것이다.

저온살균법이나 저온순간살균법으로 처리한 우유의 유통 기간은 냉장 상태에서 5 일 정도이다. 만약 우유의 유통 기간을 늘리려면, 저온살균법이나 저온순간살균법으로 처리해도 죽지 않는 미생물까지도 제거해야 한다. 열에 대한 저항성이 큰 종류의 미생물까지 제거하기 위해서는 134 °C에서 2 ~ 3 초간 열처리하는 '초고온처리법'을 사용한다. 이렇게 처리된 우유를 멸균 포장하면 상온에서 1 개월 이상의 장기 유통이 가능하다.

## 090

**윗글을 통해 알 수 있는 내용으로 적절하지 않은 것은?**

① 원유는 부패나 질병을 유발하는 유해 미생물이 성장하기에 좋은 조건을 가지고 있다.
② 우유의 유통 기간을 1 개월 이상으로 늘리려면 원유를 초고온처리법으로 열처리해야 한다.
③ 열처리 시간이 같다면 원유에서 더 많은 수의 미생물을 제거하기 위해서는 열처리 온도를 높여야 한다.
④ 원유를 저온살균법으로 열처리하면 대부분의 미생물은 제거되지만 열에 대한 저항성이 큰 미생물은 제거되지 않는다.
⑤ 초고온처리법을 사용하면 저온순간살균법을 사용할 때보다 원유를 열처리한 후 제거되지 않고 남는 미생물의 개체 수가 많다.

## 091

**윗글을 고려할 때, 〈보기〉와 같은 조건에서의 열처리에 대한 설명으로 적절한 것은?** [3점]

| 보기 |

같은 양의 원유가 담긴 세 개의 병이 있다. 이 중 한 병에는 미생물 A, 또 다른 병에는 미생물 B, 나머지 한 병에는 미생물 C가 각각 1,000 개씩 들어 있다고 가정하자. 각 미생물의 열처리 온도 및 그 온도에서의 D값과 Z값은 다음과 같다.

A : 60 °C에서의 D값은 50 초이고, Z값은 10 °C
B : 60 °C에서의 D값은 50 초이고, Z값은 5 °C
C : 65 °C에서의 D값은 50 초이고, Z값은 5 °C

① A, B가 들어 있는 원유를 60 °C에서 100 초 동안 열처리하면, A와 B의 남은 개체 수는 각각 10 개씩 된다.
② A, B가 들어 있는 원유를 65 °C에서 같은 시간 동안 열처리하면, A의 개체 수는 B의 개체 수보다 더 적다.
③ A, B가 들어 있는 원유를 70 °C에서 열처리하면, B는 A에 비해 더 오랜 시간 견딜 수 있다.
④ A, C가 들어 있는 원유를 70 °C에서 5 초 동안 열처리하면, A의 개체 수는 C의 개체 수보다 더 적다.
⑤ B가 들어 있는 원유를 65 °C에서 5 초 동안, C가 들어 있는 원유를 70 °C에서 5 초 동안 열처리하면, B와 C의 남은 개체 수는 각각 10 개씩 된다.

[092~094] 2014학년도 9월 모평A 16번~18번 정답과 해설편 p.311

**다음 글을 읽고 물음에 답하시오.** 3문항을 7분 안에 풀어보세요. 

동물은 다양한 방식으로 중요한 장소의 위치를 기억하고 이를 활용하여 자신의 은신처까지 길을 찾아올 수 있다. 동물의 길찾기 방법에는 '장소기억', '재정위', '경로적분' 등이 있다. '장소기억'은 장소의 몇몇 표지만을 영상 정보로 기억해 두었다가 그 영상과의 일치 여부를 확인하며 길을 찾는 방법이다. 기억된 영상은 어떤 각도에서 바라보는지에 따라 달라지기에, 이 방법을 활용하는 꿀벌은 특정 장소를 특정 각도에서 본 영상으로 기억해 두었다가 다시 그곳으로 갈 때는 자신이 보는 영상과 기억된 영상이 일치하도록 비행한다. 장소기억은 곤충과 포유류를 비롯한 많은 동물이 길찾기에 활용한다.

'재정위'는 방향 기억이 헝클어진 상황에서도 장소의 기하학적 특징을 활용하여 방향을 다시 찾는 방법이다. 예를 들어, 직사각형 방에 갇힌 배고픈 흰쥐에게 특정 장소에만 먹이를 두고 찾게 하면, 긴 벽이 오른쪽에 있었는지와 같은 공간적 정보만을 활용하여 먹이를 찾는다. 이런 정보는 흰쥐의 방향 감각을 혼란시킨 상황에서도 보존되는데, 흰쥐는 재정위 과정에서 장소기억 관련 정보를 무시한다. 하지만 최근 연구에 따르면, 원숭이는 재정위 과정에서 벽 색깔과 같은 장소기억 정보도 함께 활용한다는 점이 밝혀졌다.

'경로적분'은 곤충과 새의 가장 기본적인 길찾기 방법으로 이를 활용하는 능력은 타고나는 것으로 알려졌다. 예를 들어 먹이를 찾아 길을 나선 ㉠ <u>사하라 사막의 사막개미</u>는 집 근처를 이리저리 탐색하다가 일단 먹이를 찾으면 집을 향해 거의 일직선으로 돌아온다. 사막개미는 장소기억 능력이 있지만 눈에 띄는 지형지물이 거의 없는 사막에서는 장소기억을 사용할 수 없기 때문에 경로적분을 활용한다. 사막개미의 이러한 놀라운 집찾기는 집을 출발하여 먹이를 찾아 이동하면서 자신의 위치에서 집 방향을 계속하여 다시 계산함으로써 가능하다. 가령, 그림에서 이동 경로를 따라 A에 도달한 사막개미가 먹이를 찾았다면 그때 파악한 집 방향 $\overrightarrow{AN}$으로 집을 향해 갈 것이다. 만약 A에서 먹이를 찾지 못해 B로 한 걸음 이동했다고 가정하자. 이때 사막개미는 A에서 B로의 이동 방향과 거리에 근거하여 새로운 집 방향 $\overrightarrow{BN}$을 계산한다. 사막개미는 먹이를 찾을 때까지 이러한 과정을 반복하여 매 위치에서의 집 방향을 파악한다.

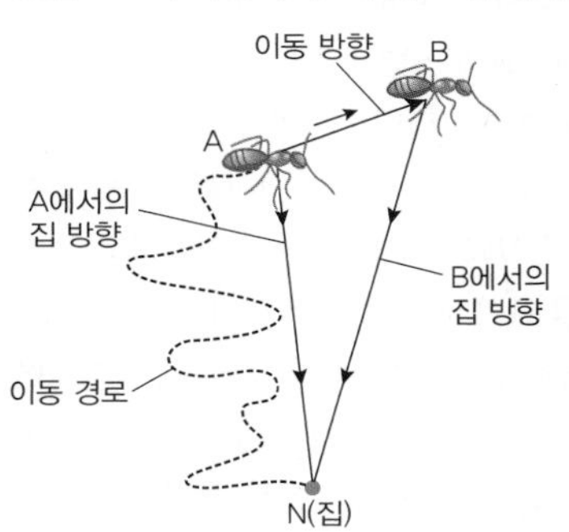


한편, 이동 경로상의 매 지점에서 사막개미가 방향을 결정하기 위해서는 기준이 있어야 한다. 이 기준을 정하기 위해 사막개미는 태양의 위치와 산란된 햇빛을 함께 이용한다. 태양의 위치는 태양이 높이 떠 있거나 구름에 가려 보이지 않을 때는 유용하지 않다. 이때 결정적 도움을 주는 것이 산란된 햇빛 정보이다. 사막개미는 마치 하늘을 망원경으로 관찰하는 천문학자처럼 하늘을 끊임없이 관찰하고 있는 셈이다.

## 092

**윗글에 대한 이해로 가장 적절한 것은?**

① 곤충은 길찾기 과정에서 경로적분을 사용하지 않는다.
② 새는 길찾기 과정에서 장소기억을 기본적으로 사용한다.
③ 흰쥐는 재정위 과정에서 산란된 햇빛 정보를 활용한다.
④ 원숭이는 재정위 과정에서 기하학적 정보도 활용한다.
⑤ 꿀벌은 특정 장소를 여러 각도에서 바라본 영상을 기억하여 길을 찾는다.

## 093

**윗글을 바탕으로 할 때, ㉠의 길찾기에 대한 추론으로 가장 적절한 것은?**

① 사막개미는 암흑 속에서도 집 방향을 계산할 수 있겠군.
② 사막개미의 경로적분 능력은 학습을 통해 얻어진 것이겠군.
③ 지형지물이 많은 곳에서 사막개미는 장소기억을 활용하겠군.
④ 사막개미가 먹이를 찾은 후 집으로 되돌아갈 때는 왔던 경로를 따라 가겠군.
⑤ 사막개미는 한 걸음씩 이동하면서 그때마다 집까지의 직선거리를 다시 계산하겠군.

## 094

**윗글을 바탕으로 할 때, <보기>의 상황에서 병아리가 보일 행동에 대한 추론으로 가장 적절한 것은?** [3점]

| 보기 |

병아리가 재정위 과정에서 기하학적 특징만을 활용한다고 가정하자. 아래 그림의 직사각형 모양의 상자에서 먹이는 A에만 있다. 병아리가 A, B, C, D를 모두 탐색하여 먹이가 어디에 있는지 학습하게 한 후, 상자에서 꺼내 방향을 혼란시킨 다음 병아리를 상자 중앙에 놓고 먹이를 찾도록 한다. 이와 같은 실험을 여러 번 수행하여 병아리가 A, B, C, D를 탐색하는 빈도를 측정한다.

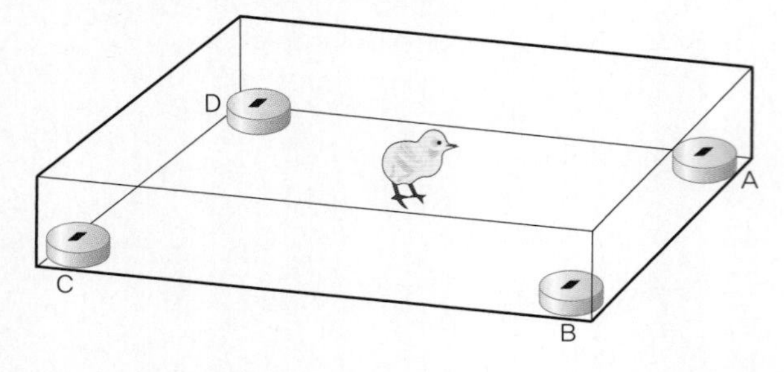


① A를 높은 빈도로 탐색하고 B, C, D를 비슷한 정도의 낮은 빈도로 탐색한다.
② A, B를 비슷한 정도의 높은 빈도로 탐색하고 C, D를 비슷한 정도의 낮은 빈도로 탐색한다.
③ A, C를 비슷한 정도의 높은 빈도로 탐색하고 B, D를 비슷한 정도의 낮은 빈도로 탐색한다.
④ A, D를 비슷한 정도의 높은 빈도로 탐색하고 B, C를 비슷한 정도의 낮은 빈도로 탐색한다.
⑤ A, B, C, D를 비슷한 정도의 빈도로 탐색한다.

## [095~097]

2013학년도 6월 모평 23번~25번 정답과 해설편 p.313

**다음 글을 읽고 물음에 답하시오.** 3문항을 6분 안에 풀어보세요.

일반적으로 대기 중에서 만들어질 수 있는 물기둥의 최대 높이는 10 m 정도이다. 그런데 지구상의 나무 중에는 그 높이가 110 m를 넘는 것들도 있다. 어떻게 뿌리에서 흡수된 물이 높이 110 m의 나무 꼭대기에까지 전달될 수 있는 것일까?

대기 중의 수분 농도는 잎의 수분 농도보다 낮기 때문에 물이 잎의 표피에 있는 기공을 통하여 대기 중으로 확산되는데, 이를 증산 작용이라고 한다. 기공을 통해 물이 빠져나가면 물의 통로가 되는 조직인 물관부 내부에 물을 끌어올리는 장력이 생기며, 이에 따라 물관부의 물기둥이 위로 끌려 올라가게 된다. 이때 물기둥이 끊어지지 않고 끌려 올라갈 수 있는 것은 물의 강한 응집력 때문이다. 물의 응집력이 물관부에서 발생하는 장력보다 크기 때문에 물기둥이 뿌리에서부터 잎까지 끊어지지 않고 마치 끈처럼 연결되어 올라가는 것이다. 물관부에서 물 수송이 이루어지도록 하는 이러한 작용을 '증산—장력—응집력' 메커니즘이라 한다.

㉠ 이 메커니즘은 수분 퍼텐셜로 설명할 수 있다. 수분 퍼텐셜은 토양이나 식물체가 포함하고 있는 물의 양을 에너지 개념으로 바꾼 것으로, 물이 이동할 수 있는 능력을 나타낸다. 단위로는 파스칼(Pa, 1 MPa = $10^6$ Pa)을 사용한다. 물은 수분 퍼텐셜이 높은 쪽에서 낮은 쪽으로 별도의 에너지 소모 없이 이동한다. 순수한 물의 수분 퍼텐셜은 0 MPa인데, 압력이 낮아지거나 용질*이 첨가되어 이온 농도가 높아지면 수분 퍼텐셜이 낮아진다. 토양의 수분 퍼텐셜은 -0.01 ~ -3 MPa, 대기의 수분 퍼텐셜은 -95 MPa 정도이다. 일반적으로 토양에서 뿌리, 줄기, 잎으로 갈수록 수분 퍼텐셜이 낮아지고, 그에 따라 물은 뿌리에서 줄기를 거쳐 잎에 도달한 후 기공을 통해 대기 중으로 확산된다.

기공의 개폐는 잎 표면에 있는 한 쌍의 공변세포에 의해 이루어진다. 빛의 작용으로 공변세포 내부의 이온 농도가 높아지면 수분 퍼텐셜이 낮아지고, 그에 따라 물이 공변세포로 들어와 기공이 열린다. 그러면 식물은 대기 중의 이산화탄소를 흡수하여 광합성을 통해 포도당을 생산할 수 있다. 문제는 식물이 이산화탄소를 흡수하기 위해 기공을 열면 물이 손실되고, 반대로 물 손실을 막기 위해 기공을 닫으면 이산화탄소를 포기해야 하는 데 있다. 물과 포도당이 모두 필요한 식물은, 이러한 딜레마를 해결하기 위해 광합성에 필요한 햇빛이 있는 낮에는 기공을 열고 그렇지 않은 밤에는 기공을 닫아서 이산화탄소의 흡수와 물의 배출을 조절하는 시스템을 만들어 냈다. 그 결과 기공의 개폐는 일정한 주기를 가지게 된다.

* 용질 : 용액에 녹아 있는 물질

## 095

**윗글의 내용과 일치하지 않는 것은?**

① 기공의 개폐는 빛의 영향을 받는다.
② 광합성의 결과로 포도당이 만들어진다.
③ 기공이 열리면 식물 내부의 이산화탄소가 손실된다.
④ 증산 작용으로 물관부 내의 물기둥에 장력이 발생한다.
⑤ 물의 응집력으로 인해 물관부 내의 물기둥이 끊어지지 않는다.

## 096

**㉠의 내용으로 옳은 것만을 <보기>에서 있는 대로 고른 것은?**

| 보 기 |
ⓐ 뿌리의 수분 퍼텐셜이 토양의 수분 퍼텐셜보다 낮아 물이 토양에서 뿌리로 이동한다.
ⓑ 줄기의 물이 잎으로 이동하면 줄기의 수분 퍼텐셜이 낮아져 뿌리의 물이 줄기로 이동한다.
ⓒ 증산 작용으로 잎의 수분이 공기 중으로 빠져나가면 잎의 수분 퍼텐셜이 낮아져 줄기의 물이 잎으로 이동한다.
ⓓ 광합성이 일어나는 동안에는 잎의 수분 퍼텐셜이 대기의 수분 퍼텐셜보다 낮아진다.

① ⓐ, ⓑ ② ⓐ, ⓓ ③ ⓒ, ⓓ
④ ⓐ, ⓑ, ⓒ ⑤ ⓑ, ⓒ, ⓓ

## 097

**일출부터 일몰까지의 '잎'의 수분 퍼텐셜을 나타낸 그래프로 윗글의 내용에 부합하는 것은?**

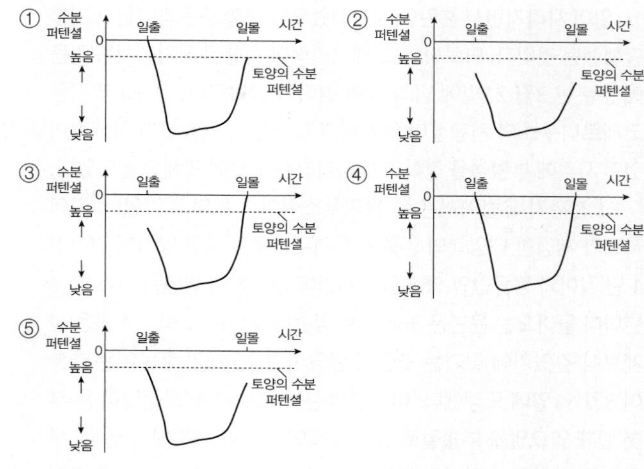

[098~102] 2011학년도 수능 32번~36번 정답과 해설편 p.315

**다음 글을 읽고 물음에 답하시오.** 5문항을 11분 안에 풀어보세요. 

1582년 10월 4일의 다음날이 1582년 10월 15일이 되었다. 10 일이 사라지면서 혼란이 예상되었으나 교황청은 과감한 조치를 단행했던 것이다. 이로써 ㉠ 그레고리력이 시행된 국가에서는 이듬해 춘분인 3월 21일에 밤과 낮의 길이가 같아졌다. 그레고리력은 코페르니쿠스의 지동설이 무시당하고 여전히 천동설이 지배적이었던 시절에 부활절을 정확하게 지키려는 필요에 의해 제정되었다.

그 전까지 유럽에서는 ㉡ 율리우스력이 사용되고 있었다. 카이사르가 제정한 태양력의 일종인 율리우스력은 제정 당시에 알려진 1 년 길이의 평균값인 365 일 6 시간에 근거하여 평년은 365 일, 4 년마다 돌아오는 윤년은 366 일로 정했다. 율리우스력의 4 년은 실제보다 길었기에 절기는 조금씩 앞당겨져 16 세기 후반에는 춘분이 3월 11일에 도래했다. 이것은 춘분을 지나서 첫 보름달이 뜬 후 첫 번째 일요일을 부활절로 정한 교회의 전통적 규정에서 볼 때, 부활절을 정확하게 지키지 못하는 문제를 낳았다. 그것이 교황 그레고리우스 13세가 역법 개혁을 명령한 이유였다.

그레고리력의 기초를 놓은 인물은 릴리우스였다. 그는 당시 천문학자들의 생각처럼 복잡한 천체 운동을 반영하여 역법을 고안하면 일반인들이 어려워할 것이라 보고, 율리우스력처럼 눈에 보이는 태양의 운동만을 근거로 1 년의 길이를 정할 것을 제안했다. 그런데 무엇을 1 년의 길이로 볼 것인가가 문제였다. 릴리우스는 반세기 전에 코페르니쿠스가 지구의 공전 주기인 항성년을 1 년으로 본 것을 알고 있었다.

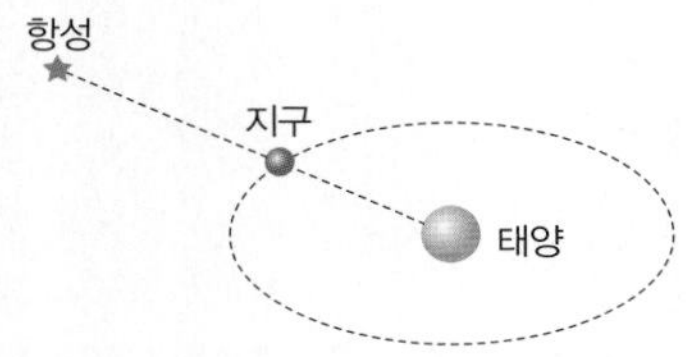


[A] 항성년은 위의 그림처럼 태양과 지구와 어떤 항성이 일직선에 놓였다가 다시 그렇게 될 때까지의 시간이다. 그러나 릴리우스는 교회의 요구에 따라 절기에 부합하는 역법을 창출하고자 했기에 항성년을 1 년의 길이로 삼을 수 없었다. 그는 춘분과 다음 춘분 사이의 시간 간격인 회귀년이 항성년보다 짧다는 것을 알고 있었기 때문이었다. 항성년과 회귀년의 차이는 춘분 때의 지구 위치가 공전 궤도상에서 매년 조금씩 달라지는 현상 때문에 생긴다.

릴리우스는 이 현상의 원인에 관련된 논쟁을 접어 두고, 당시 가장 정확한 천문 데이터를 모아 놓은 알폰소 표에 제시된 회귀년 길이의 평균값을 채택하자고 했다. 그 값은 365 일 5 시간 49 분 16 초였고, 이 값을 채용하면 새 역법은 율리우스력보다 134 년에 하루가 짧아지게 되어 있었다. 릴리우스는 연도가 4의 배수인 해를 ⓐ 윤년으로 삼아 하루를 더하는 율리우스력의 방식을 받아들이되, 100의 배수인 해는 평년으로, 400의 배수인 해는 다시 윤년으로 하는 규칙을 추가할 것을 제안했다. 이것은 1만 년에 3 일이 절기와 차이가 생기는 정도였다. 이리하여 그레고리력은 과학적 논쟁에 휘말리지 않으면서도 절기에 더 잘 들어맞는 특성을 갖게 되었다. 그 결과 새 역법은 종교적 필요를 떠나 일상생활의 감각과도 잘 맞아서 오늘날까지 널리 사용되고 있다.

## 098

**윗글의 내용과 일치하는 것은?** [1점]

① 두 역법 사이의 10 일의 오차는 조금씩 나누어 몇 년에 걸쳐 수정되었다.
② 과학계의 반대에도 불구하고 역법 개혁안이 권력에 의해 강제되었다.
③ 릴리우스는 교회의 요구에 부응하여 역법 개혁안을 마련했다.
④ 릴리우스는 천문 현상의 원인 구명에 큰 관심을 가졌다.
⑤ 그레고리력이 선포된 시점에는 지동설이 지배적이었다.

## 099

**윗글과 <보기>를 함께 읽은 후의 반응으로 적절하지 않은 것은?**

| 보기 |

보름달이 돌아오는 주기를 기준으로 하여 만든 역법인 음력에서는 30 일과 29 일이 든 달을 번갈아 써서, 평년은 한 해가 열두 달로 354 일이다. 그런데 이것은 지구의 공전 주기와 많이 다르므로, 윤달을 추가하여 열세 달이 한 해가 되는 윤년을 대략 19 년에 일곱 번씩 두게 된다. 전통적으로 동양에서는 이런 방식으로 역법을 만들고 대략 15 일 간격의 24 절기를 태양의 움직임에 따라 정해 놓음으로써 계절의 변화를 쉽게 알 수 있게 했다. 이러한 역법을 '태음태양력'이라고 한다.

① 부활절을 정할 때는 음력처럼 달의 모양을 고려했군.
② 동서양 모두 역법을 만들기 위해 천체의 운행을 고려했군.
③ 서양의 태양력에서도 보름달이 돌아오는 주기를 고려했군.
④ 그레고리력의 1 년은 태음태양력의 열두 달과 일치하지 않는군.
⑤ 윤달이 첨가된 태음태양력의 윤년은 율리우스력의 윤년보다 길겠군.

## 100

**㉠과 ㉡을 비교한 설명으로 적절한 것은?**

① ㉠과 ㉡에서 서기 1700년은 모두 윤년이다.
② ㉠은 ㉡보다 더 정확한 관측치를 토대로 제정되었다.
③ ㉠을 쓰면 ㉡을 쓸 때보다 윤년이 더 자주 돌아온다.
④ ㉡은 ㉠보다 절기에 더 잘 들어맞는다.
⑤ ㉡은 ㉠보다 나중에 제정되었지만 더 보편적으로 쓰인다.

## 101

**[A]를 이해하기 위해 <보기>를 활용할 때 ㉮~㉰에 해당하는 것은?**

| 보기 |

○○시에 있는 원형 전망대 식당은 그 식당의 중심을 축으로 조금씩 회전한다. ㉮ 철수는 창밖의 폭포에 가장 가까운 창가 식탁에서 일어나 전망대의 회전 방향과 반대 방향으로 창가를 따라 걸었다. 철수가 한 바퀴를 돌아 그 식탁으로 돌아오는 데 ㉯ 57 초가 걸렸는데, 폭포에 가장 가까운 창가 위치까지 돌아오는 데에는 ㉰ 60 초가 걸렸다.

| | ㉮ | ㉯ | ㉰ |
|---|---|---|---|
| ① | 항성 | 항성년 | 회귀년 |
| ② | 항성 | 회귀년 | 항성년 |
| ③ | 지구 | 회귀년 | 회귀년 |
| ④ | 지구 | 항성년 | 회귀년 |
| ⑤ | 지구 | 회귀년 | 항성년 |

## 102

**ⓐ의 '으로'와 쓰임이 가장 가까운 것은?**

① 이 안경테는 플라스틱으로 만들어서 가볍다.
② 그 문제는 가능하면 토론으로 해결하자.
③ 그가 동창회의 차기 회장으로 뽑혔다.
④ 사장은 간부들을 현장으로 불렀다.
⑤ 지난겨울에는 독감으로 고생했다.

[001~004] 2025학년도 수능 10번~13번 정답과 해설편 p.319

**다음 글을 읽고 물음에 답하시오.** 4문항을 12분 안에 풀어보세요.

문장이나 영상, 음성을 만들어 내는 인공 지능 생성 모델 중 확산 모델은 영상의 복원, 생성 및 변환에 뛰어난 성능을 보인다. 확산 모델의 기본 발상은, 원본 이미지에 노이즈를 점진적으로 추가하였다가 그 노이즈를 다시 제거해 나가면 원본 이미지를 복원할 수 있다는 것이다. 노이즈는 불필요하거나 원하지 않는 값을 의미한다. 원하는 값만 들어 있는 원본 이미지에 노이즈를 단계별로 더하면 노이즈가 포함된 확산 이미지가 되고, 여러 단계를 거치면 결국 원본 이미지가 어떤 이미지였는지 전혀 알아볼 수 없는 노이즈 이미지가 된다. 역으로, 단계별로 더해진 노이즈를 알 수 있다면 노이즈 이미지에서 원본 이미지를 복원할 수 있다. 확산 모델은 노이즈 생성기, 이미지 연산기, 노이즈 예측기로 구성되며, 순확산 과정과 역확산 과정 순으로 작동한다.

순확산 과정은 이미지에 노이즈를 추가하면서 노이즈 예측기를 학습시키는 과정이다. 첫 단계에서는, 노이즈 생성기에서 노이즈를 만든 후 이미지 연산기가 이 노이즈를 원본 이미지에 더해서 노이즈가 포함된 확산 이미지를 출력한다. 다음 단계부터는 노이즈 생성기에서 만든 노이즈를 이전 단계에서 출력된 확산 이미지에 더한다. 이러한 단계를 충분히 반복하면 최종적으로 노이즈 이미지가 출력된다. 이때 더해지는 노이즈는 크기나 분포 양상 등 그 특성이 단계별로 다르다. 따라서 노이즈 예측기는 단계별로 확산 이미지를 입력받아 이미지에 포함된 노이즈의 특성을 추출하여 수치들로 표현하고, 이 수치들을 바탕으로 노이즈를 예측한다. 노이즈 예측기 내부의 이러한 수치들을 [잠재 표현]이라고 한다. 노이즈 예측기는 잠재 표현을 구하고 노이즈를 예측하는 방식을 학습한다.

노이즈 예측기의 학습 방법은 기계 학습 중에서 지도 학습에 해당한다. 지도 학습은 학습 데이터에 정답이 주어져 출력과 정답의 차이가 작아지도록 모델을 학습시키는 방법이다. 노이즈 예측기를 학습시킬 때는 노이즈 생성기에서 만들어 넣어 준 노이즈가 정답에 해당하며 이 노이즈와 예측된 노이즈 사이의 차이가 작아지도록 학습시킨다.

역확산 과정은 노이즈 이미지에서 노이즈를 제거하여 원본 이미지를 복원하는 과정이다. 노이즈를 제거하려면 이미지에 단계별로 어떤 특성의 노이즈가 더해졌는지 알아야 하는데 노이즈 예측기가 이 역할을 한다. 노이즈 이미지 또는 중간 단계에서의 확산 이미지를 노이즈 예측기에 입력하면 이미지에 포함된 노이즈의 특성을 추출하여 잠재 표현을 구하고 이를 바탕으로 노이즈를 예측한다. 이미지 연산기는 입력된 확산 이미지로부터 이 노이즈를 빼서 현 단계의 노이즈를 제거한 확산 이미지를 출력한다. 확산 이미지에 이런 단계를 반복하면 결국 노이즈가 대부분 제거되어 원본 이미지에 가까운 이미지만 남게 된다.

한편, 많은 종류의 이미지를 학습시킨 후 학습된 이미지의 잠재 표현에 고유 번호를 붙이면 역확산 과정에서 이미지를 선택하여 생성할 수 있다. 또한 잠재 표현의 수치들을 조정하면 다른 특성의 노이즈가 생성되어 여러 이미지를 혼합하거나 실재하지 않는 이미지를 만들어 낼 수도 있다.

## 001

**학생이 윗글을 읽은 방법으로 적절하지 않은 것은?**

① 확산 모델이 지도 학습을 사용한다는 점에 주목하고, 지도 학습 방법이 확산 모델에 어떻게 적용되는지 확인하며 읽었다.
② 확산 모델이 두 가지 과정으로 이루어진다는 점에 주목하고, 두 과정 중 어느 과정이 선행되어야 하는지 살피며 읽었다.
③ 확산 모델에서 노이즈의 중요성을 파악하고, 사용되는 노이즈의 종류가 모델의 성능에 미치는 영향을 이해하며 읽었다.
④ 잠재 표현의 개념을 파악하고, 그 개념을 바탕으로 확산 모델이 노이즈를 예측하고 제거하는 원리를 이해하며 읽었다.
⑤ 확산 모델의 구성 요소를 파악하고, 그 구성 요소가 노이즈 처리 과정에서 어떤 기능을 하는지 확인하며 읽었다.

## 002

**윗글을 이해한 내용으로 가장 적절한 것은?**

① 노이즈 생성기는 순확산 과정에서만 작동한다.
② 확산 모델에서의 학습은 역확산 과정에서 이루어진다.
③ 이미지 연산기와 노이즈 예측기는 모두 확산 이미지를 출력한다.
④ 노이즈 예측기를 학습시킬 때는 예측된 노이즈가 정답으로 사용된다.
⑤ 역확산 과정에서 단계가 반복될수록 출력되는 확산 이미지는 원본 이미지와의 유사성이 줄어든다.

## 003

**잠재 표현에 대한 설명으로 적절하지 않은 것은?**

① 잠재 표현의 수치들을 조정하면 여러 이미지를 혼합할 수 있다.
② 역확산 과정에서 잠재 표현이 다르면 예측되는 노이즈가 다르다.
③ 확산 모델의 학습에는 잠재 표현을 구하는 방식이 포함되어 있다.
④ 잠재 표현은 이미지에 더해진 노이즈의 크기나 분포 양상에 따라 다른 값들이 얻어진다.
⑤ 잠재 표현은 노이즈 예측기가 원본 이미지를 입력받아 노이즈의 특성을 추출한 결과이다.

## 004

**윗글을 바탕으로 〈보기〉를 이해한 내용으로 적절하지 않은 것은?** [3점]

| 보기 |

A 단계는 확산 모델 과정 중 한 단계이다. ㉠은 원본 이미지이고, ㉡은 확산 이미지 중의 하나이며, ㉢은 노이즈 이미지이다. (가)는 이미지가 A 단계로 입력되는 부분이고, (나)는 이미지가 A 단계에서 출력되는 부분이다.

(가) ⇨ A 단계 ⇨ (나)

㉠  ㉡  ㉢ 

① (가)에 ㉠이 입력된다면, A 단계의 이미지 연산기에서는 ㉠에 노이즈를 더하겠군.
② (나)에 ㉢이 출력된다면, A 단계의 노이즈 생성기에서 생성된 노이즈가 이미지 연산기에서 확산 이미지에 더해졌겠군.
③ 순확산 과정에서 (가)에 ㉡이 입력된다면, A 단계의 노이즈 예측기에서 예측한 노이즈가 이미지 연산기에 입력되겠군.
④ 역확산 과정에서 (가)에 ㉢이 입력된다면, A 단계의 이미지 연산기에서는 ㉢에서 노이즈를 빼겠군.
⑤ 역확산 과정에서 (나)에 ㉡이 출력된다면, A 단계의 노이즈 예측기에서 예측한 노이즈가 이미지 연산기에 입력되었겠군.

## 다음 글을 읽고 물음에 답하시오.

4문항을 10분 안에 풀어보세요. 

블록체인 기술은 데이터를 블록이라는 단위로 묶어 체인 형태로 연결한 것을 여러 대의 컴퓨터에 중복 저장하는 기술이다. 체인 형태로 연결된 블록의 집합을 블록체인이라 하고, 블록체인을 저장하는 컴퓨터를 노드라고 한다. 새로 생성된 블록은 노드들에 전파된다. 노드들은 블록에 포함된 내용이 블록체인의 다른 블록에 있는 내용과 상충되지 않는지, 동일한 내용이 블록체인의 다른 블록에 이중으로 포함되어 있지 않은지 검증한다. 검증이 끝난 블록을 블록체인에 연결할지 여부는 모든 노드들이 참여하는 승인 과정을 통해 정해진다. 승인이 완료된 블록은 블록체인에 연결되고, 이 블록체인은 노드들에 저장된다. 승인 과정에는 합의 알고리즘이 사용되고, 합의 알고리즘의 예로 '작업증명'이 있다.

블록체인 기술의 성능은 블록체인에 데이터가 저장되는 속도로 정의되며, 단위 시간당 블록체인에 저장되는 데이터의 양으로 계산될 수 있다. 블록체인 기술은 공개형과 비공개형으로 구분된다. 비공개형은 공개형과 달리 노드 수에 제한을 두고, 일반적으로 공개형에 비해 합의 알고리즘의 속도가 빠르다. 따라서 비공개형은 승인 과정에 걸리는 시간이 짧기 때문에 성능이 높다.

데이터가 무단으로 변경되기 어렵다는 성질을 무결성이라 하는데 무결성은 블록체인 기술의 대표적인 장점이다. 특정 노드에 저장되어 있는 일부 데이터가 변경되면 변경된 블록과 그 이후의 블록들은 블록체인과의 연결이 끊어진다. 끊어진 모든 블록을 다시 연결하는 것은 승인 과정을 필요로 하기 때문에 연결을 복구하는 것은 어렵다. 즉 블록과 블록체인의 연결을 유지하면서 블록체인에 포함된 데이터를 변경하는 것이 어려우므로 블록체인 데이터는 무결성이 높다. 무단 변경과 달리, 일부 데이터가 지워져도 승인된 원래의 데이터로 복원할 때는 승인 과정이 필요하지 않다. 따라서 ㉠ <u>블록체인에 포함된 데이터는 일부가 지워지더라도 복원이 용이하다</u>.

블록체인 기술에서 고려해야 할 세 가지 특성이 있다. 보안성은 데이터의 무단 변경이 어려울 뿐 아니라 동일한 내용의 데이터가 블록체인의 서로 다른 블록에 또는 단일 블록에 이중으로 포함되는 것이 어렵다는 성질이다. 승인 과정에 걸리는 시간이 줄거나 노드 수가 감소하면 보안성은 낮아진다. 탈중앙성은 승인 과정에 다수의 노드들이 참여하고, 특정 노드가 승인 과정을 주도하지 않는다는 성질이다. 노드 수가 감소하면 탈중앙성은 낮아진다. 확장성은 블록체인 기술이 목표로 하는 응용 분야에 적용 가능할 만큼 성능이 높고, 노드 수가 증가해도 서비스 유지가 가능하다는 성질이다. 노드 수가 증가하면 성능이 저하되므로, 확장성이 높다는 것은 노드 수가 증가하더라도 성능 저하가 크지 않다는 것을 의미한다. 그래서 기술 변화 없이 확장성을 높이고자 할 때 노드 수를 제한하는 방법이 사용되기도 한다. 노드 수를 제한하면 성능 저하를 막을 수 있기 때문이다. 아직까지 블록체인 기술은 보안성, 탈중앙성, 확장성을 함께 높일 수 있는 방법이 없어 대규모로 채택되지 못하고 있다.

## 005

**다음은 윗글을 읽은 학생에게 제공된 학습지의 일부이다. 학생의 '판단 결과'로 적절하지 <u>않은</u> 것은?**

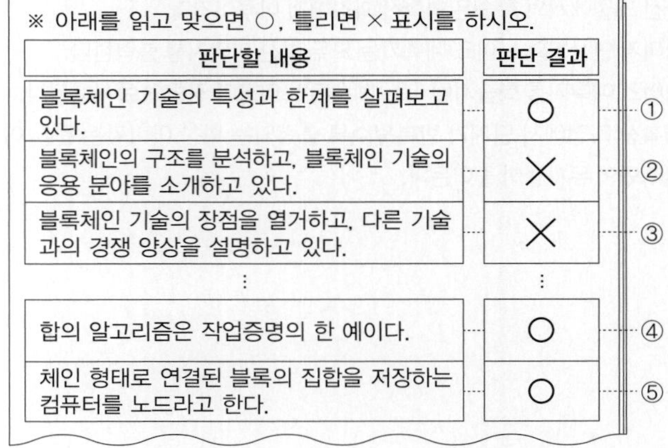

※ 아래를 읽고 맞으면 ○, 틀리면 × 표시를 하시오.

| 판단할 내용 | 판단 결과 | |
|---|---|---|
| 블록체인 기술의 특성과 한계를 살펴보고 있다. | ○ | ① |
| 블록체인의 구조를 분석하고, 블록체인 기술의 응용 분야를 소개하고 있다. | × | ② |
| 블록체인 기술의 장점을 열거하고, 다른 기술과의 경쟁 양상을 설명하고 있다. | × | ③ |
| ⋮ | ⋮ | |
| 합의 알고리즘은 작업증명의 한 예이다. | ○ | ④ |
| 체인 형태로 연결된 블록의 집합을 저장하는 컴퓨터를 노드라고 한다. | ○ | ⑤ |

## 006

**윗글에 대한 이해로 가장 적절한 것은?**

① 승인 과정에 참여할 노드를 결정하기 위해 합의 알고리즘이 사용된다.
② 일부 블록체인 데이터가 변경되면 전체 노드의 모든 블록은 승인 과정을 다시 거쳐야 한다.
③ 블록과 블록체인의 연결을 유지하면서 블록체인 데이터를 삭제할 수 있으면 보안성이 높다.
④ 공개형 블록체인 기술은 같은 양의 데이터가 저장되는 데 걸리는 시간이 짧을수록 성능이 낮아진다.
⑤ 블록이 블록체인에 연결되기 위해서는 블록의 데이터가 블록체인의 다른 데이터와 비교되어야 한다.

## 007

**㉠의 이유로 가장 적절한 것은?**

① 블록체인에 포함된 데이터는 변경이 쉽기 때문이다.
② 블록체인이 여러 노드들에 중복 저장되기 때문이다.
③ 승인 과정에 참여하는 노드 수에 제한이 있기 때문이다.
④ 데이터가 블록체인에 포함되기 위해서는 승인 과정을 필요로 하기 때문이다.
⑤ 동일한 데이터가 블록체인에 연결된 서로 다른 블록에 이중으로 포함되어 있기 때문이다.

## 008

**윗글을 바탕으로 <보기>를 이해한 내용으로 가장 적절한 것은?** [3점]

| 보 기 |

노드 수가 10 개로 고정된 블록체인 기술을 사용하고 있는 A 업체는 이전에 사용하던 작업증명 대신 속도가 더 빠른 합의 알고리즘을 개발해, 유통 분야에서 요구되는 성능을 초과 달성했다. 한편 B 업체는 최근 A 업체보다 데이터의 위조 불가능성을 향상시킨 블록체인 기술을 개발했다. 이 기술은 노드 수에 제한이 없지만 현재는 200 개의 노드가 참여하고 있다. 승인 과정에는 작업증명을 사용한다.

① A 업체의 블록체인 기술은 이전보다 확장성과 보안성이 모두 높아졌겠군.
② B 업체의 블록체인 기술은 노드 수가 증가할수록 보안성과 확장성이 모두 높아지겠군.
③ B 업체의 블록체인 기술은 노드 수가 감소하면 성능은 높아지고 탈중앙성이 낮아지겠군.
④ A 업체의 블록체인 기술은 B 업체와 달리 공개형이고, B 업체보다 탈중앙성이 낮겠군.
⑤ A 업체의 블록체인 기술은 B 업체와 승인 과정이 다르고, B 업체보다 무결성이 높겠군.

[009~012] 2021학년도 수능 34번~37번 정답과 해설편 p.324

**다음 글을 읽고 물음에 답하시오.** 4문항을 14분 안에 풀어보세요. 

최근의 3D 애니메이션은 섬세한 입체 영상을 구현하여 실물을 촬영한 것 같은 느낌을 준다. 실물을 촬영하여 얻은 자연 영상을 그대로 화면에 표시할 때와 달리 3D 합성 영상을 생성, 출력하기 위해서는 모델링과 렌더링을 거쳐야 한다.

모델링은 3차원 가상 공간에서 물체의 모양과 크기, 공간적인 위치, 표면 특성 등과 관련된 고유의 값을 설정하거나 수정하는 단계이다. 모양과 크기를 설정할 때 주로 3 개의 정점으로 형성되는 삼각형을 활용한다. 작은 삼각형의 조합으로 이루어진 그물과 같은 형태로 물체 표면을 표현하는 방식이다. 이 방법으로 복잡한 굴곡이 있는 표면도 정밀하게 표현할 수 있다. 이때 삼각형의 꼭짓점들은 물체의 모양과 크기를 결정하는 정점이 되는데, 이 정점들의 개수는 물체가 변형되어도 변하지 않으며, 정점들의 상대적 위치는 물체 고유의 모양이 변하지 않는 한 달라지지 않는다. 물체가 커지거나 작아지는 경우에는 정점 사이의 간격이 넓어지거나 좁아지고, 물체가 회전하거나 이동하는 경우에는 정점들이 간격을 유지하면서 회전축을 중심으로 회전하거나 동일 방향으로 동일 거리만큼 이동한다. 물체 표면을 구성하는 각 삼각형 면에는 고유의 색과 질감 등을 나타내는 표면 특성이 하나씩 지정된다.

공간에서의 입체에 대한 정보인 이 데이터를 활용하여, 물체를 어디에서 바라보는가를 나타내는 관찰 시점을 기준으로 2차원의 화면을 생성하는 것이 렌더링이다. 전체 화면을 잘게 나눈 점이 화소인데, 정해진 개수의 화소로 화면을 표시하고 각 화소별로 밝기나 색상 등을 나타내는 화솟값이 부여된다. 렌더링 단계에서는 화면 안에서 동일 물체라도 멀리 있는 경우는 작게, 가까이 있는 경우는 크게 보이는 원리를 활용하여 화솟값을 지정함으로써 물체의 원근감을 구현한다. 표면 특성을 나타내는 값을 바탕으로, 다른 물체에 가려짐이나 조명에 의해 물체 표면에 생기는 명암, 그림자 등을 고려하여 화솟값을 정해 줌으로써 물체의 입체감을 구현한다. 화면을 구성하는 모든 화소의 화솟값이 결정되면 하나의 프레임이 생성된다. 이를 화면출력장치를 통해 모니터에 표시하면 정지 영상이 완성된다.

모델링과 렌더링을 반복하여 생성된 프레임들을 순서대로 표시하면 동영상이 된다. 프레임을 생성할 때, 모델링과 관련된 계산을 완료한 후 그 결과를 이용하여 렌더링을 위한 계산을 한다. 이때 정점의 개수가 많을수록, 해상도가 높아 출력 화소의 수가 많을수록 연산 양이 많아져 연산 시간이 길어진다. 컴퓨터의 중앙처리장치(CPU)는 데이터 연산을 하나씩 순서대로 수행하기 때문에 과도한 양의 데이터가 집중되면 미처 연산되지 못한 데이터가 차례를 기다리는 병목 현상이 생겨 프레임이 완성되는 데 오랜 시간이 걸린다. CPU의 그래픽 처리 능력을 보완하기 위해 개발된 ㉠ 그래픽처리장치(GPU)는 연산을 비롯한 데이터 처리를 독립적으로 수행할 수 있는 장치인 코어를 수백에서 수천 개씩 탑재하고 있다. GPU의 각 코어는 그래픽 연산에 특화된 연산만을 할 수 있고 CPU의 코어에 비해서 저속으로 연산한다. 하지만 GPU는 동일한 연산을 여러 번 수행해야 하는 경우, 고속으로 출력 영상을 생성할 수 있다. 왜냐하면 GPU는 한 번의 연산에 쓰이는 데이터들을 순차적으로 각 코어에 전송한 후, 전체 코어에 하나의 연산 명령어를 전달하면, 각 코어는 모든 데이터를 동시에 연산하여 연산 시간이 짧아지기 때문이다.

## 009

**윗글에 대한 이해로 적절하지 않은 것은?**

① 자연 영상은 모델링과 렌더링 단계를 거치지 않고 생성된다.
② 렌더링에서 사용되는 물체 고유의 표면 특성은 화솟값에 의해 결정된다.
③ 물체의 원근감과 입체감은 관찰 시점을 기준으로 구현한다.
④ 3D 영상을 재현하는 화면의 해상도가 높을수록 연산 양이 많아진다.
⑤ 병목 현상은 연산할 데이터의 양이 처리 능력을 초과할 때 발생한다.

## 010

**모델링에 대한 설명으로 가장 적절한 것은?**

① 다른 물체에 가려져 보이지 않는 부분에 있는 삼각형의 정점들의 위치는 계산하지 않는다.
② 삼각형들을 조합함으로써 물체의 복잡한 곡면을 정교하게 표현할 수 있다.
③ 하나의 작은 삼각형에 다양한 색상의 표면 특성들을 함께 부여한다.
④ 공간상에 위치한 정점들을 2차원 평면에 존재하도록 배치한다.
⑤ 다양하게 변할 수 있는 관찰 시점을 순차적으로 저장한다.

## 011

**㉠에 대한 추론으로 적절한 것은?**

① 동일한 개수의 정점 위치를 연산할 때, 동시에 연산을 수행하는 코어의 개수가 많아지면 총 연산 시간이 길어진다.
② 정점의 위치를 구하기 위한 10 개의 연산을 10 개의 코어에서 동시에 진행하려면, 10 개의 연산 명령어가 필요하다.
③ 1 개의 코어만 작동할 때, 정점의 위치를 구하기 위한 연산 시간은 1 개의 코어를 가진 CPU의 연산 시간과 같다.
④ 정점 위치를 구하기 위한 각 데이터의 연산을 하나씩 순서대로 처리해야 한다면, 다수의 코어가 작동하는 경우 총 연산 시간은 1 개의 코어만 작동하는 경우의 총 연산 시간과 같다.
⑤ 정점 위치를 구하기 위해 연산해야 할 10 개의 데이터를 10 개의 코어에서 처리할 경우, 모든 데이터를 모든 코어에 전송하는 시간은 1 개의 데이터를 1 개의 코어에 전송하는 시간과 같다.

## 012

**다음은 3D 애니메이션 제작을 위한 계획의 일부이다. 윗글을 바탕으로 할 때 적절하지 않은 것은?** [3점]

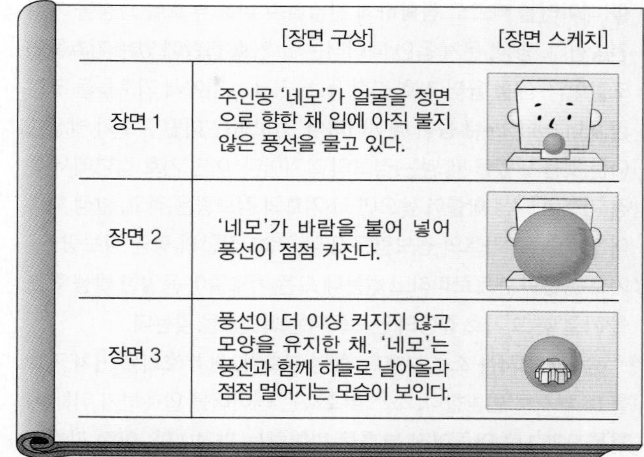

[장면 구상]
[장면 스케치]
장면 1
주인공 '네모'가 얼굴을 정면으로 향한 채 입에 아직 불지 않은 풍선을 물고 있다.
장면 2
'네모'가 바람을 불어 넣어 풍선이 점점 커진다.
장면 3
풍선이 더 이상 커지지 않고 모양을 유지한 채, '네모'는 풍선과 함께 하늘로 날아올라 점점 멀어지는 모습이 보인다.


① 장면 1의 렌더링 단계에서 풍선에 가려 보이지 않는 입 부분의 삼각형들의 표면 특성은 화솟값을 구하는 데 사용되지 않겠군.
② 장면 2의 모델링 단계에서 풍선에 있는 정점의 개수는 유지되겠군.
③ 장면 2의 모델링 단계에서 풍선에 있는 정점 사이의 거리가 멀어지겠군.
④ 장면 3의 모델링 단계에서 풍선에 있는 정점들이 이루는 삼각형들이 작아지겠군.
⑤ 장면 3의 렌더링 단계에서 전체 화면에서 화솟값이 부여되는 화소의 개수는 변하지 않겠군.

**다음 글을 읽고 물음에 답하시오.** 5문항을 11분 안에 풀어보세요.

디지털 통신 시스템은 송신기, 채널, 수신기로 구성되며, ⓐ 전송할 데이터를 빠르고 정확하게 전달하기 위해 부호화 과정을 거쳐 전송한다. 영상, 문자 등인 데이터는 ⓑ 기호 집합에 있는 기호들의 조합이다. 예를 들어 기호 집합 {a, b, c, d, e, f}에서 기호들을 조합한 add, cab, beef 등이 데이터이다. 정보량은 어떤 기호가 발생했다는 것을 알았을 때 얻는 정보의 크기이다. 어떤 기호 집합에서 특정 기호의 발생 확률이 높으면 그 기호의 정보량은 적고, 발생 확률이 낮으면 그 기호의 정보량은 많다. 기호 집합의 평균 정보량*을 기호 집합의 엔트로피라고 하는데 모든 기호들이 동일한 발생 확률을 가질 때 그 기호 집합의 엔트로피는 최댓값을 갖는다.

송신기에서는 소스 부호화, 채널 부호화, 선 부호화를 거쳐 기호를 ⓒ 부호로 변환한다. 소스 부호화는 데이터를 압축하기 위해 기호를 0과 1로 이루어진 부호로 변환하는 과정이다. 어떤 기호가 110과 같은 부호로 변환되었을 때 0 또는 1을 비트라고 하며 이 부호의 비트 수는 3이다. 이때 기호 집합의 엔트로피는 기호 집합에 있는 기호를 부호로 표현하는 데 필요한 평균 비트 수의 최솟값이다. 전송된 부호를 수신기에서 원래의 기호로 ⓓ 복원하려면 부호들의 평균 비트 수가 기호 집합의 엔트로피보다 크거나 같아야 한다. 기호 집합을 엔트로피에 최대한 가까운 평균 비트 수를 갖는 부호들로 변환하는 것을 엔트로피 부호화라 한다. 그중 하나인 '허프만 부호화'에서는 발생 확률이 높은 기호에는 비트 수가 적은 부호를, 발생 확률이 낮은 기호에는 비트 수가 많은 부호를 할당한다.

채널 부호화는 오류를 검출하고 정정하기 위하여 부호에 잉여 정보를 추가하는 과정이다. 송신기에서 부호를 전송하면 채널의 잡음으로 인해 오류가 발생하는데 이 문제를 해결하기 위해 잉여 정보를 덧붙여 전송한다. 채널 부호화 중 하나인 '삼중 반복 부호화'는 0과 1을 각각 000과 111로 부호화한다. 이때 수신기에서는 수신한 부호에 0이 과반수인 경우에는 0으로 판단하고, 1이 과반수인 경우에는 1로 판단한다. 즉 수신기에서 수신된 부호가 000, 001, 010, 100 중 하나라면 0으로 판단하고, 그 이외에는 1로 판단한다. 이렇게 하면 000을 전송했을 때 하나의 비트에서 오류가 생겨 001을 수신해도 0으로 판단하므로 오류는 정정된다. 채널 부호화를 하기 전 부호의 비트 수를, 채널 부호화를 한 후 부호의 비트 수로 나눈 것을 부호율이라 한다. 삼중 반복 부호화의 부호율은 약 0.33이다.

채널 부호화를 거친 부호들을 채널을 통해 전송하려면 부호들을 전기 신호로 변환해야 한다. 0 또는 1에 해당하는 전기 신호의 전압을 결정하는 과정이 선 부호화이다. 전압의 ⓔ 결정 방법은 선 부호화 방식에 따라 다르다. 선 부호화 중 하나인 '차동 부호화'는 부호의 비트가 0이면 전압을 유지하고 1이면 전압을 변화시킨다. 차동 부호화를 시작할 때는 기준 신호가 필요하다. 예를 들어 차동 부호화 직전의 기준 신호가 양(+)의 전압이라면 부호 0110은 '양, 음, 양, 양'의 전압을 갖는 전기 신호로 변환된다. 수신기에서는 송신기와 동일한 기준 신호를 사용하여, 전압의 변화가 있으면 1로 판단하고 변화가 없으면 0으로 판단한다.

* 평균 정보량 : 각 기호의 발생 확률과 정보량을 서로 곱하여 모두 더한 것

## 013

**윗글에서 알 수 있는 내용으로 적절한 것은?**

① 영상 데이터는 채널 부호화 과정에서 압축된다.
② 수신기에는 부호를 기호로 복원하는 기능이 있다.
③ 잉여 정보는 데이터를 압축하기 위해 추가한 정보이다.
④ 영상을 전송할 때는 잡음으로 인한 오류가 발생하지 않는다.
⑤ 소스 부호화는 전송할 기호에 정보를 추가하여 오류에 대비하는 과정이다.

## 014

**윗글을 바탕으로, 2 가지 기호로 이루어진 기호 집합에 대해 이해한 내용으로 적절하지 않은 것은?**

① 기호들의 발생 확률이 모두 1/2인 경우, 각 기호의 정보량은 동일하다.
② 기호들의 발생 확률이 각각 1/4, 3/4인 경우의 평균 정보량이 최댓값이다.
③ 기호들의 발생 확률이 각각 1/4, 3/4인 경우, 기호의 정보량이 더 많은 것은 발생 확률이 1/4인 기호이다.
④ 기호들의 발생 확률이 모두 1/2인 경우, 기호를 부호화하는 데 필요한 평균 비트 수의 최솟값이 최대가 된다.
⑤ 기호들의 발생 확률이 각각 1/4, 3/4인 기호 집합의 엔트로피는 발생 확률이 각각 3/4, 1/4인 기호 집합의 엔트로피와 같다.

## 015

**윗글의 '부호화'에 대한 내용으로 적절한 것은?**

① 선 부호화에서는 수신기에서 부호를 전기 신호로 변환한다.
② 허프만 부호화에서는 정보량이 많은 기호에 상대적으로 비트 수가 적은 부호를 할당한다.
③ 채널 부호화를 거친 부호들은 채널로 전송하기 전에 잉여 정보를 제거한 후 선 부호화한다.
④ 채널 부호화 과정에서 부호에 일정 수준 이상의 잉여 정보를 추가하면 부호율은 1보다 커진다.
⑤ 삼중 반복 부호화를 이용하여 0을 부호화한 경우, 수신된 부호에서 두 개의 비트에 오류가 있으면 오류는 정정되지 않는다.

## 016

**윗글을 바탕으로 <보기>를 이해한 내용으로 적절한 것은?** 3점

| 보기 |
날씨 데이터를 전송하려고 한다. 날씨는 '맑음', '흐림', '비', '눈'으로만 분류하며, 각 날씨의 발생 확률은 모두 같다. 엔트로피 부호화를 통해 '맑음', '흐림', '비', '눈'을 각각 00, 01, 10, 11의 부호로 바꾼다.

① 기호 집합 {맑음, 흐림, 비, 눈}의 엔트로피는 2보다 크겠군.
② 엔트로피 부호화를 통해 4 일 동안의 날씨 데이터 '흐림비맑음흐림'은 '01001001'로 바뀌겠군.
③ 삼중 반복 부호화를 이용하여 전송한 특정 날씨의 부호를 '110001'과 '101100'으로 각각 수신하였다면 서로 다른 날씨로 판단하겠군.
④ 날씨 '비'를 삼중 반복 부호화와 차동 부호화를 이용하여 부호화하는 경우, 기준 신호가 양(+)의 전압이면 '음, 양, 음, 음, 음, 음'의 전압을 갖는 전기 신호로 변환되겠군.
⑤ 삼중 반복 부호화와 차동 부호화를 이용하여 특정 날씨의 부호를 전송할 경우, 수신기에서 '음, 음, 음, 양, 양, 양'을 수신했다면 기준 신호가 양(+)의 전압일 때 '흐림'으로 판단하겠군.

## 017

**문맥을 고려할 때, 밑줄 친 말이 ⓐ~ⓔ의 동음이의어가 아닌 것은?**

① ⓐ : 공항에서 해외로 떠나는 친구를 전송(餞送)할 계획이다.
② ⓑ : 대중의 기호(嗜好)에 맞추어 상품을 개발한다.
③ ⓒ : 나는 가난하지만 귀족이나 부호(富豪)가 부럽지 않다.
④ ⓓ : 한번 금이 간 인간관계를 복원(復原)하기는 어렵다.
⑤ ⓔ : 이 작품은 그 화가의 오랜 노력의 결정(結晶)이다.

DAY 21 Ⅳ 기술

## 다음 글을 읽고 물음에 답하시오.

5문항을 14분 안에 풀어보세요. 

DNS(도메인 네임 시스템) 스푸핑은 인터넷 사용자가 어떤 사이트에 접속하려 할 때 사용자를 위조 사이트로 접속시키는 행위를 말한다. 이는 도메인 네임을 IP 주소로 변환해 주는 과정에서 이루어진다.

인터넷에 연결된 컴퓨터들이 서로를 식별하고 통신하기 위해서 각 컴퓨터들은 IP(인터넷 프로토콜)에 따라 ㉠ 만들어지는 고유 IP 주소를 가져야 한다. 프로토콜은 컴퓨터들이 연결되어 서로 데이터를 주고받기 위해 사용하는 통신 규약으로 소프트웨어나 하드웨어로 구현된다. 현재 주로 사용하는 IP 주소는 '***.126.63.1'처럼 점으로 구분된 4 개의 필드에 숫자를 사용하여 ㉡ 나타낸다. 이 주소를 중복 지정하거나 임의로 지정해서는 안 되고 공인 IP 주소를 부여받아야 한다.

공인 IP 주소에는 동일한 번호를 지속적으로 사용하는 고정 IP 주소와 번호가 변경되기도 하는 유동 IP 주소가 있다. 유동 IP 주소는 DHCP라는 프로토콜에 의해 부여된다. DHCP는 IP 주소가 필요한 컴퓨터의 요청을 받아 주소를 할당해 주고, 컴퓨터가 IP 주소를 사용하지 않으면 주소를 반환받아 다른 컴퓨터가 그 주소를 사용할 수 있도록 해 준다. 한편, 인터넷에 직접 접속은 안 되고 내부 네트워크에서만 서로를 식별할 수 있는 사설 IP 주소도 있다.

인터넷은 공인 IP 주소를 기반으로 동작하지만 우리가 인터넷을 사용할 때는 IP 주소 대신 사용하기 쉽게 'www.***.***' 등과 같이 문자로 ㉢ 이루어진 도메인 네임을 이용한다. 따라서 도메인 네임을 IP 주소로 변환해 주는 DNS가 필요하며 DNS를 운영하는 장치를 네임서버라고 한다. 컴퓨터에는 네임서버의 IP 주소가 기록되어 있어야 하는데, 유동 IP 주소를 할당받는 컴퓨터에는 IP 주소를 받을 때 네임서버의 IP 주소가 자동으로 기록되지만, 고정 IP 주소를 사용하는 컴퓨터에는 사용자가 네임서버의 IP 주소를 직접 기록해 놓아야 한다. 인터넷 통신사는 가입자들이 공동으로 사용할 수 있는 네임서버를 운영하고 있다.

㉮ 사용자가 어떤 사이트에 정상적으로 접속하는 과정을 살펴보자. 웹 사이트에 접속하려고 하는 컴퓨터를 클라이언트라 한다. 사용자가 방문하고자 하는 사이트의 도메인 네임을 주소창에 직접 입력하거나 포털 사이트에서 그 사이트를 검색해 클릭하면 클라이언트는 기록되어 있는 네임서버에 도메인 네임에 해당하는 IP 주소를 물어보는 질의 패킷을 보낸다. 네임서버는 해당 IP 주소가 자신의 목록에 있으면 클라이언트에 이 IP 주소를 알려 주는 응답 패킷을 보낸다. 응답 패킷에는 어느 질의 패킷에 대한 응답인지가 적혀 있다. 만일 해당 IP 주소가 목록에 없으면 네임서버는 다른 네임서버의 IP 주소를 알려 주는 응답 패킷을 보내고, 클라이언트는 다시 그 네임서버에 질의 패킷을 보내는 단계로 돌아가 같은 과정을 반복한다. 클라이언트는 이렇게 ㉣ 알아낸 IP 주소로 사이트를 찾아간다. 네임서버와 클라이언트는 UDP라는 프로토콜에 ㉤ 맞추어 패킷을 주고받는다. UDP는 패킷의 빠른 전송 속도를 확보하기 위해 상대에게 패킷을 보내기만 할 뿐 도착 여부는 확인하지 않으며, 특정 질의 패킷에 대해 처음 도착한 응답 패킷을 신뢰하고 다음에 도착한 패킷은 확인하지 않고 버린다. DNS 스푸핑은 UDP의 이런 허점들을 이용한다.

㉯ DNS 스푸핑이 이루어지는 과정을 알아보자. 악성 코드에 감염되어 DNS 스푸핑을 행하는 컴퓨터를 공격자라 한다. 클라이언트가 네임서버에 특정 IP 주소를 묻는 질의 패킷을 보낼 때, 공격자에도 패킷이 전달되고 공격자는 위조 사이트의 IP 주소가 적힌 응답 패킷을 클라이언트에 보낸다. 공격자가 보낸 응답 패킷이 네임서버가 보낸 응답 패킷보다 클라이언트에 먼저 도착하고 클라이언트는 공격자가 보낸 응답 패킷을 옳은 패킷으로 인식하여 위조 사이트로 연결된다.

## 018

**윗글의 '프로토콜'에 대한 설명으로 적절하지 않은 것은?**

① 컴퓨터 사이의 통신을 위한 규약으로서 저마다 정해진 기능이 있다.
② IP에 따르면 현재 주로 사용하는 IP 주소는 4 개의 필드에 적힌 숫자로 구성된다.
③ DHCP를 이용하는 컴퓨터는 IP 주소를 요청해야 IP 주소를 부여받을 수 있다.
④ DHCP를 이용하는 컴퓨터에는 네임서버의 IP 주소를 사용자가 기록해야 한다.
⑤ UDP는 패킷 전송 속도를 높이기 위해 패킷이 목적지에 제대로 도착했는지 확인하지 않는다.

## 019

**<보기>는 ㉮ 또는 ㉯에서 이루어지는 클라이언트의 동작을 나타낸 것이다. 이에 대한 이해로 적절한 것은?** 3점

| 보기 |

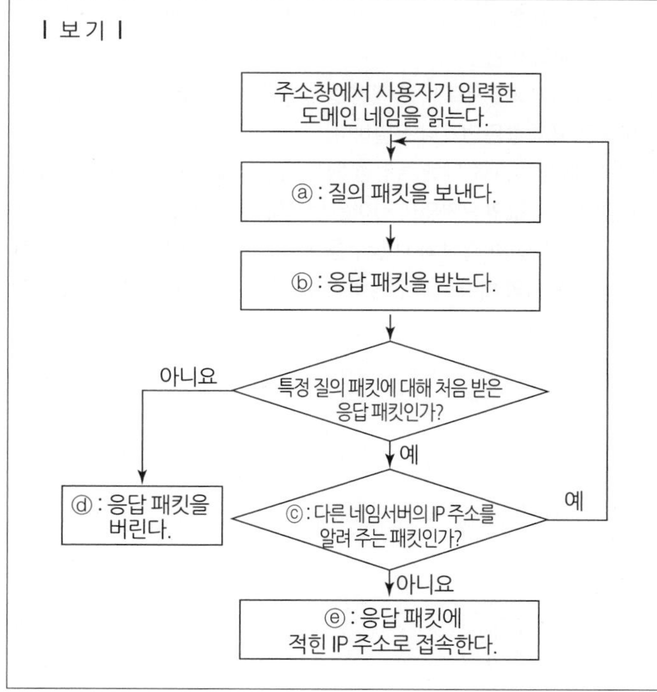


① ㉮ : ⓐ가 두 번 동작했다면, 두 질의 내용이 동일하고 패킷을 받는 수신 측도 동일하다.
② ㉮ : ⓑ가 두 번 동작했다면, 두 응답 내용이 서로 다르고 패킷을 보낸 송신 측은 동일하다.
③ ㉮ : ⓒ는 ⓐ에서 질의한 도메인 네임에 해당하는 IP 주소를 네임서버가 찾았는지 여부를 확인하는 절차이다.
④ ㉯ : ⓓ의 응답 패킷에는 공격자가 보내 온 IP 주소가 포함되어 있다.
⑤ ㉯ : ⓔ의 IP 주소는 ⓐ에서 질의한 도메인 네임에 해당하는 IP 주소이다.

## 020

**윗글을 바탕으로 알 수 있는 것은?**

① DNS는 도메인 네임을 사설 IP 주소로 변환한다.
② 동일한 내부 네트워크에 연결된 컴퓨터들의 사설 IP 주소는 서로 달라야 한다.
③ 유동 IP 주소 방식의 컴퓨터들에는 동시에 동일한 공인 IP 주소를 할당할 수 있다.
④ 고정 IP 주소 방식의 컴퓨터들에는 동시에 동일한 공인 IP 주소를 부여할 수 있다.
⑤ IP 주소가 서로 다른 컴퓨터들은 각각에 기록되어 있는 네임서버의 IP 주소도 서로 달라야 한다.

## 021

**윗글과 <보기>를 참고할 때, DNS 스푸핑을 피하기 위한 방법으로 적절한 것은?**

| 보기 |

DNS가 고안되기 전에는 특정 컴퓨터의 사용자가 'hosts'라는 파일에 모든 도메인 네임과 그에 해당하는 IP 주소를 적어 놓았고, 클라이언트들은 이 파일을 복사하여 사용하였다. 네임서버를 사용하는 현재에도 여전히 클라이언트는 질의 패킷을 보내기 전에 hosts 파일의 내용을 확인한다. 클라이언트가 이 파일에서 원하는 도메인 네임의 IP 주소를 찾으면 그 주소로 바로 접속하고, IP 주소를 찾지 못했을 때 클라이언트는 네임서버에 질의 패킷을 보낸다.

① 클라이언트에서 사용자가 hosts 파일을 찾아 삭제하면 되겠군.
② 클라이언트의 IP 주소를 사용자가 클라이언트의 hosts 파일에 적어 놓으면 되겠군.
③ 클라이언트에 hosts 파일이 없더라도 사용자가 주소창에 도메인 네임만 입력하면 되겠군.
④ 네임서버의 도메인 네임과 IP 주소를 사용자가 클라이언트의 hosts 파일에 적어 놓으면 되겠군.
⑤ 접속하려는 사이트의 도메인 네임과 IP 주소를 사용자가 클라이언트의 hosts 파일에 적어 놓으면 되겠군.

## 022

**문맥상 ㉠~㉤과 바꿔 쓰기에 가장 적절한 것은?**

① ㉠ : 제조(製造)되는
② ㉡ : 표시(標示)한다
③ ㉢ : 발생(發生)된
④ ㉣ : 인정(認定)한
⑤ ㉤ : 비교(比較)해

[023~025] 2016학년도 9월 모평A 16번~18번 정답과 해설편 p.333

**다음 글을 읽고 물음에 답하시오.** 3문항을 5분 안에 풀어보세요.

온라인을 통한 통신, 금융, 상거래 등은 우리에게 편리함을 주지만 보안상의 문제도 안고 있는데, 이런 문제를 해결하기 위하여 암호 기술이 동원된다. 예를 들어 전자 화폐의 일종인 비트코인은 해시 함수를 이용하여 화폐 거래의 안전성을 유지한다. 해시 함수란 입력 데이터 x에 대응하는 하나의 결과 값을 일정한 길이의 문자열로 표시하는 수학적 함수이다. 그리고 입력 데이터 x에 대하여 해시 함수 H를 적용한 수식을 H(x) = k라 할 때, k를 해시 값이라 한다. 이때 해시 값은 입력 데이터의 내용에 미세한 변화만 있어도 크게 달라진다. 현재 여러 해시 함수가 이용되고 있는데, 해시 값을 표시하는 문자열의 길이는 각 해시 함수마다 다를 수 있지만 특정 해시 함수에서의 그 길이는 고정되어 있다.

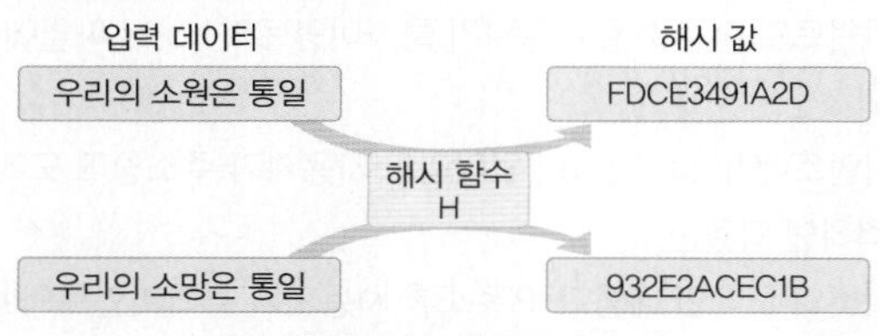


[해시 함수의 입 · 출력 동작의 예]

이러한 특성을 갖고 있기 때문에 해시 함수는 데이터의 내용이 변경되었는지 여부를 확인하는 데 이용된다. 가령, 상호 간에 동일한 해시 함수를 사용한다고 할 때, 전자 문서와 그 문서의 해시 값을 함께 전송하면 상대방은 수신한 전자 문서에 동일한 해시 함수를 적용하여 결과 값을 얻은 뒤 전송받은 해시 값과 비교함으로써 문서가 변경되었는지 확인할 수 있다.

그런데 해시 함수가 ㉠ 일방향성과 ㉡ 충돌회피성을 만족시키면 암호 기술로도 활용된다. 일방향성이란 주어진 해시 값에 대응하는 입력 데이터의 복원이 불가능하다는 것을 말한다. 특정 해시 값 k가 주어졌을 때 H(x) = k를 만족시키는 x를 계산하는 것이 매우 어렵다는 것이다. 그리고 충돌회피성이란 특정 해시 값을 갖는 서로 다른 데이터를 찾아내는 것이 현실적으로 불가능하다는 것을 의미한다. 서로 다른 데이터 x, y에 대해서 H(x)와 H(y)가 각각 도출한 값이 동일하면 이것을 충돌이라 하고, 이때의 x와 y를 충돌쌍이라 한다. 충돌회피성은 이러한 충돌쌍을 찾는 것이 현재 사용할 수 있는 모든 컴퓨터의 계산 능력을 동원하더라도 그것을 완료하기가 사실상 불가능하다는 것이다.

[가] 해시 함수는 온라인 경매에도 이용될 수 있다. 예를 들어 ○○ 온라인 경매 사이트에서 일방향성과 충돌회피성을 만족시키는 해시 함수 G가 모든 경매 참여자와 운영자에게 공개되어 있다고 하자. 이때 각 입찰 참여자는 자신의 입찰가를 감추기 위해 논스*의 해시 값과, 입찰가에 논스를 더한 것의 해시 값을 함께 게시판에 게시한다. 해시 값 게시 기한이 지난 후 각 참여자는 본인의 입찰가와 논스를 운영자에게 전송하고 운영자는 최고 입찰가를 제출한 사람을 낙찰자로 선정한다. 이로써 온라인 경매 진행 시 발생할 수 있는 다양한 보안상의 문제를 해결할 수 있다.

* 논스 : 입찰가를 추측할 수 없게 하기 위해 입찰가에 더해지는 임의의 숫자

## 023

**윗글의 '해시 함수'에 대한 이해로 적절하지 않은 것은?**

① 전자 화폐를 사용한 거래의 안전성을 위해 해시 함수가 이용될 수 있다.
② 특정한 해시 함수는 하나의 입력 데이터로부터 두 개의 서로 다른 해시 값을 도출하지 않는다.
③ 입력 데이터 x를 서로 다른 해시 함수 H와 G에 적용한 H(x)와 G(x)가 도출한 해시 값은 언제나 동일하다.
④ 입력 데이터 x, y에 대해 특정한 해시 함수 H를 적용한 H(x)와 H(y)가 도출한 해시 값의 문자열의 길이는 언제나 동일하다.
⑤ 발신자가 자신과 특정 해시 함수를 공유하는 수신자에게 어떤 전자 문서와 그 문서의 해시 값을 전송하면 수신자는 그 문서의 변경 여부를 확인할 수 있다.

## 024

**윗글의 ㉠과 ㉡에 대하여 추론한 내용으로 가장 적절한 것은?**

① ㉠을 지닌 특정 해시 함수를 전자 문서 x, y에 각각 적용하여 도출한 해시 값으로부터 x, y를 복원할 수 없다.
② 입력 데이터 x, y에 특정 해시 함수를 적용하여 도출한 문자열의 길이가 같은 것은 해시 함수의 ㉠ 때문이다.
③ ㉡을 지닌 특정 해시 함수를 전자 문서 x, y에 각각 적용하여 도출한 해시 값의 문자열의 길이는 서로 다르다.
④ 입력 데이터 x, y에 특정 해시 함수를 적용하여 도출한 해시 값이 같은 것은 해시 함수의 ㉡ 때문이다.
⑤ 입력 데이터 x, y에 대해 ㉠과 ㉡을 지닌 서로 다른 해시 함수를 적용하였을 때 도출한 결과 값이 같으면 이를 충돌이라고 한다.

## 025

**[가]에 따라 <보기>의 사례를 이해한 내용으로 가장 적절한 것은?**

3점

| 보기 |

온라인 미술품 경매 사이트에 회화 작품 △△이 출품되어 A와 B만이 경매에 참여하였다. A, B의 입찰가와 해시 값은 다음과 같다. 단, 입찰 참여자는 논스를 임의로 선택한다.

| 입찰 참여자 | 입찰가 | 논스의 해시 값 | '입찰가 + 논스'의 해시 값 |
|---|---|---|---|
| A | a | r | m |
| B | b | s | n |

① A는 a, r, m 모두를 게시 기한 내에 운영자에게 전송해야 한다.
② 운영자는 해시 값을 게시하는 기한이 마감되기 전에 최고가 입찰자를 알 수 없다.
③ m과 n이 같으면 r과 s가 다르더라도 A와 B의 입찰가가 같다는 것을 의미한다.
④ A와 B 가운데 누가 높은 가격으로 입찰하였는지는 r과 s를 비교하여 정할 수 있다.
⑤ B가 게시판의 m과 r을 통해 A의 입찰가 a를 알아낼 수도 있으므로 게시판은 비공개로 운영되어야 한다.

## [026~028]

2016학년도 6월 모평A 16번~18번 정답과 해설편 p.335

**다음 글을 읽고 물음에 답하시오.** 3문항을 4분 안에 풀어보세요.

지문(指紋)은 손가락의 진피로부터 땀샘이 표피로 융기되어 일정한 흐름 모양으로 만들어진 것으로 솟아오른 부분을 융선, 파인 부분을 골이라고 한다. 지문은 진피 부분이 손상되지 않는 한 평생 변하지 않는다. 이 때문에 홍채, 정맥, 목소리 등과 함께 지문은 신원을 확인하기 위한 중요한 생체 정보로 널리 사용되고 있다.

지문 인식 시스템은 등록된 지문과 조회하는 지문이 동일한지 판단함으로써 신원을 확인하는 생체 인식 시스템이다. 지문을 등록하거나 조회하기 위해서는 지문 입력 장치를 통해 지문의 융선과 골이 잘 드러나 있는 지문 영상을 얻어야 한다. 지문 입력 장치는 손가락과의 접촉을 통해 정보를 얻는데, 이때 지문의 융선은 접촉면과 닿게 되고 골은 닿지 않는다. 따라서 지문 입력 장치의 융선과 골에 대응하는 빛의 세기, 전하량, 온도와 같은 물리량에 차이가 발생한다.

㉠ 광학식 지문 입력 장치는 조명 장치, 프리즘, 이미지 센서로 구성되어 있다. 프리즘의 반사면에 손가락을 고정시키면 융선 부분에 묻어 있는 습기나 기름이 반사면에 얇은 막을 형성한다. 조명에서 나와 얇은 막에 입사된 빛은 굴절되거나 산란되어 약해진 상태로 이미지 센서에 도달한다. 골 부분은 반사면에 닿아 있지 않으므로 빛이 굴절, 산란되지 않고 반사되어 센서에 도달한다. 이미지 센서는 빛의 세기를 디지털 신호로 변환하여 지문 영상을 만든다. 이 장치는 지문이 있는 부위에 땀이나 기름기가 적은 건성 지문인 경우에는 온전한 지문 영상을 획득하기 어렵다.

㉡ 정전형 센서식 지문 입력 장치는 미세한 정전형 센서들을 촘촘하게 배치한 판을 사용한다. 이 판에는 전기가 흐르고 각 센서마다 전하가 일정하게 충전되어 있다. 판에 손가락이 닿으면 전하가 방전되어 센서의 전하량이 줄어든다. 이때 융선이 접촉된 센서와 그렇지 않은 센서는 전하량에 차이가 생기는데, 각 센서의 전하량을 변환해 지문 영상을 얻는다.

㉢ 초전형 센서식 지문 입력 장치는 인체의 온도 변화를 감지하는 여러 개의 작은 초전형 센서를 손가락의 폭에 해당하는 길이만큼 일렬로 배치해서 사용한다. 이 센서는 온도가 변할 때에만 신호가 발생하는 특성이 있다. 센서가 늘어선 방향과 직각 방향으로 손가락을 접촉시킨 채 이동시키면, 접촉면과 지문의 융선 사이에 마찰열이 발생하여 융선과 골에 따라 센서의 온도가 달라진다. 이때 발생하는 미세한 온도 변화를 센서가 감지하고 이에 해당하는 신호를 변환하여 연속적으로 저장해 지문 영상을 얻는다. 이 장치는 다른 지문 입력 장치보다 소형화할 수 있어 스마트폰과 같은 작은 기기에 장착할 수 있다.

ⓐ 일반적으로 생체 인식 시스템에서는 '생체 정보 수집', '전처리', '특징 데이터 추출', '정합'의 과정을 거치는데 지문 인식 시스템도 이를 따른다. 생체 정보 수집 단계는 지문 입력 장치를 사용하여 지문 영상을 얻는 과정에 해당한다. 전처리 단계에서는 지문 형태와 무관한 영상 정보를 제거하고 지문 형태의 특징이 부각되도록 지문 영상을 보정한다. 특징 데이터 추출 단계에서는 전처리 단계에서 보정된 영상으로부터 각 지문이 가진 고유한 특징 데이터를

추출한다. 특징 데이터로는 융선의 분포 유형, 융선의 위치와 연결 상태 등이 사용된다. 정합 단계에서는 사전에 등록되어 있는 특징 데이터와 지문 조회를 위해 추출된 특징 데이터를 비교하여 유사도를 계산한다. 이 값이 기준치보다 크면 동일한 사람의 지문으로 판정한다.

---

## 026

**윗글의 내용과 일치하는 것은?**

① 광학식 지문 입력 장치에는 프리즘이 필요하다.
② 정맥은 지문과 달리 신원 확인을 위한 생체 정보로 활용할 수 없다.
③ 정전형 센서식 지문 입력 장치가 초전형 센서식 지문 입력 장치보다 소형화에 더 유리하다.
④ 광학식 지문 입력 장치에서 반사면에 융선 모양의 얇은 막이 형성되지 않아야 온전한 지문 영상을 얻을 수 있다.
⑤ 초전형 센서식 지문 입력 장치에서 양호한 지문을 얻기 위해서는 손가락을 센서에 접촉시킨 후 움직이지 않아야 한다.

## 027

**㉠~㉢을 사용해 정상적인 '지문 영상'을 얻었다고 할 때, 각 센서에 감지되는 물리량에 대한 설명으로 가장 적절한 것은?**

① ㉠에서는, 융선의 위치에서 반사되어 센서에 도달한 빛의 세기가 골의 위치에서 반사되어 센서에 도달한 빛의 세기보다 강하겠군.
② ㉡에서는, 융선에 대응하는 센서의 전하량이 골에 대응하는 센서의 전하량과 같겠군.
③ ㉡에서는, 융선에 대응하는 센서의 전하량이 골에 대응하는 센서의 전하량보다 적겠군.
④ ㉢에서는, 융선에 대응하는 센서의 온도가 골에 대응하는 센서의 온도와 같겠군.
⑤ ㉢에서는, 융선에 대응하는 센서의 온도가 골에 대응하는 센서의 온도보다 낮겠군.

## 028

**ⓐ에 따라 <보기>의 정보를 활용한 홍채 인식 시스템을 설계한다고 할 때, 단계별 고려 사항으로 적절하지 않은 것은?** [3점]

> | 보기 |
> 홍채는 각막과 수정체 사이에 있는 근육 막으로, 빛을 통과시키는 구멍인 동공을 둘러싸고 있다. 홍채 근육은 빛의 양을 조절하기 위해 수축하거나 이완하여 동공의 크기를 조절한다. 홍채에는 불규칙한 무늬가 있는데, 두 사람의 홍채 무늬가 같을 확률은 대략 20억 분의 1 정도로 알려져 있다.

① **[생체 정보 수집]** 홍채의 바깥에 각막이 있으므로 홍채 정보를 수집할 때에는 지문 입력 장치와 달리, 홍채 입력 장치와 홍채가 직접 닿지 않게 하는 방식을 고려해야겠군.
② **[전처리]** 생체 정보 수집 단계에서 얻은 영상에서 홍채의 불규칙한 무늬가 나타난 부분만을 분리하는 과정이 필요하겠군.
③ **[전처리]** 홍채의 불규칙한 무늬가 선명하게 드러날 수 있도록 생체 정보 수집 단계에서 얻은 영상을 보정해야겠군.
④ **[특징 데이터 추출]** 홍채 근육에 의해 동공의 크기가 달라진다는 점을 고려하여 홍채에서 동공이 차지하는 비율을 특징 데이터로 추출해야 하겠군.
⑤ **[정합]** 등록된 홍채의 특징 데이터와 조회하려는 홍채의 특징 데이터 사이의 유사도를 판정하는 단계이므로 유사도의 기준치가 정해져 있어야 하겠군.

[029~031] 2015학년도 수능A 20번~22번 정답과 해설편 p.338

**다음 글을 읽고 물음에 답하시오.** 3문항을 5분 안에 풀어보세요.

디지털 영상은 2차원 평면에 격자 모양으로 화소를 배열하고 각 화소의 밝기인 화솟값을 데이터로 저장한 것이다. 화솟값은 0에서 255 사이의 값으로 나타내는데 0일 때 검은색으로 가장 어둡고 255일 때 흰색으로 가장 밝다. 화소들 사이의 밝기 차이를 명암 대비라 하며 명암 대비가 강할수록 영상은 선명하게 보인다. 해상도란 디지털 영상을 구성하는 화소수를 말하며 '가로 × 세로'의 화소수로 나타낸다.

n × n 개의 화소를 가진 입력 영상을 모니터에 나타내면, 모니터에 있는 n × n 개의 화소에 입력 영상의 화소들이 일대일로 대응된다. 하지만 모니터에 입력 영상을 확대하거나 축소하여 나타낼 때는 일대일 대응이 되지 않는다. 이를 해결하기 위해 모니터에서 영상이 표시될 영역의 화소와 일대일 대응하는 '가상 영상'을 만들고 입력 영상의 화솟값을 이용하여 가상 영상의 화솟값을 모두 채운 다음 가상 영상을 모니터에 표시한다.

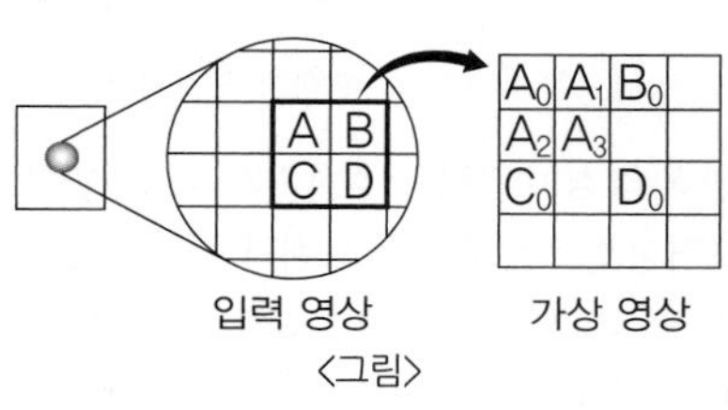

<그림>

예를 들어 n × n의 영상을 가로세로 방향으로 각각 두 배씩 확대해서 모니터에 표시하려면 2n × 2n의 가상 영상을 만들어 다음과 같이 화솟값을 채운다. <그림>처럼 입력 영상의 화소 A의 값을 가상 영상의 $A_0$ ~ $A_3$의 4 개 화소에 그대로 복사한다. 나머지 화소도 이와 같이 처리하면 입력 영상을 확대한 가상 영상을 얻을 수 있다. 이러한 ㉠ '확대 복사 방법'은 간단하지만 $A_0$ ~ $A_3$ 모두가 같은 밝기로 표시되므로 윤곽선 부분의 격자 모양이 두드러져 보이는 '모자이크 효과'가 발생한다. 확대율이 높아질수록 이러한 현상은 더욱 심해진다.

이러한 현상을 개선한 방법이 ㉡ '선형 보간법'이다. 이는 입력 영상의 화소 가운데 A ~ D는 각각 $A_0$, $B_0$, $C_0$, $D_0$ 위치에만 복사하고 나머지 화소들은 인접한 화소들을 이용하여 화솟값을 채우는 방법이다. <그림>에서 $A_3$의 화솟값을 $A_3$과 인접한 $A_0$, $B_0$, $C_0$, $D_0$의 평균값으로 채우고, $A_1$은 $A_0$과 $B_0$의 평균값으로, $A_2$는 $A_0$과 $C_0$의 평균값으로 채우는 것이다. 이렇게 하면 빈 화소의 값이 인접 화소의 평균값으로 채워지기 때문에 인접 화소들 사이의 명암 대비가 약해져서 모자이크 효과가 감소한다. 하지만 이 방법은 화솟값을 구하기 위해 평균값을 계산해야 하므로 처리 시간이 늘어나는 단점이 있다.

반면, n × n의 영상을 가로세로 방향으로 각각 절반으로 축소해서 모니터에 표시하려면 $\frac{n}{2} \times \frac{n}{2}$의 가상 영상을 만들고 화솟값을 채운다. 이때 입력 영상의 화소들 중에서 가로세로 방향으로 한 칸씩 건너뛰면서 화소를 선택해 가상 영상의 화소에 복사한다. 이러한 '선택 복사 방법'을 쓰면 입력 영상의 화소 중 표시되지 않는 부분이 생기기 때문에 영상이 왜곡되어 보인다. 특히 글자와 같이 가로세로 방향으로 흑백의 영역이 뚜렷이 구별되는 영상의 경우에는 글자 모양이 변한다. 따라서 입력 영상의 인접한 4 개의 화솟값의 평균값으로 가상 영상의 하나의 화솟값을 채우는 '영역 축소 방법'을 주로 사용한다. 그러나 이 방법은 연산량이 많아져 처리 시간이 늘어나고, 화솟값을 평균값으로 채우기 때문에 명암 대비가 강한 영상의 경우 명암 대비가 약해지는 단점이 있다.

## 029

**윗글에 대한 이해로 적절하지 않은 것은?**

① 디지털 영상의 화솟값은 밝기에 대한 정보를 담고 있다.
② 디지털 영상의 해상도는 가로 × 세로의 화소수로 나타낸다.
③ 입력 영상의 화소들이 밝을수록 가상 영상의 화소수는 많아진다.
④ 디지털 영상에서 두 화소의 화솟값 차이가 클수록 명암 대비가 강해진다.
⑤ 영상을 확대, 축소할 때 입력 영상은 가상 영상으로 변환되어 모니터에 표시된다.

## 030

**윗글의 <그림>에 ㉠, ㉡을 적용했을 때, 그 결과로 적절하지 않은 것은?**

① ㉠을 적용하면 A값과 B값의 차이가 없을 때, $A_1$값과 $B_0$값은 차이가 없다.
② ㉠을 적용하면 A값과 C값의 차이가 2보다 클 때, $A_0$값과 $A_2$값은 차이가 있다.
③ ㉡을 적용하면 A값과 C값의 차이가 없을 때, $A_0$값과 $A_2$값은 차이가 없다.
④ ㉡을 적용하면 A값과 B값의 차이가 2보다 클 때, $A_0$값과 $A_1$값은 차이가 있다.
⑤ ㉡을 적용하면 A값 ~ D값이 모두 같을 때, $A_3$값은 인접한 화소의 화솟값과 차이가 없다.

## 031

**윗글을 바탕으로 〈보기〉의 ⓐ, ⓑ를 설명한 것으로 적절하지 않은 것은?** [3점]

| 보기 |

100 × 100 개의 화소를 가진 입력 영상의 중앙에는 밑변이 50 개의 화소로 구성된 검은색의 정삼각형이 있고 입력 영상의 바탕색은 흰색이다. 이 입력 영상을 ⓐ 가로세로 방향으로 각각 두 배 확대한 가상 영상을 만들어 모니터에 표시하고, ⓑ 가로세로 방향으로 각각 절반으로 축소한 가상 영상을 만들어 모니터에 표시하였다.

① ⓐ에서 '확대 복사 방법'을 이용하면 입력 영상에 비해 모자이크 효과가 강하게 나타난다.
② ⓐ에서는 '선형 보간법'을 이용하는 것이 '확대 복사 방법'을 이용할 때보다 처리 시간이 길다.
③ ⓑ에서 '영역 축소 방법'을 이용하면 정삼각형의 윤곽선 부분은 명암 대비가 강해진다.
④ ⓑ에서 '선택 복사 방법'을 이용하면 입력 영상의 화소들 중 일부가 표시되지 않는다.
⑤ ⓐ와 ⓑ에서 각각 만들어지는 가상 영상들의 화소수는 서로 다르다.

## [032~034]

2014학년도 수능A 28번~30번 정답과 해설편 p.340

**다음 글을 읽고 물음에 답하시오.** 3문항을 10분 안에 풀어보세요.

CD 드라이브는 디스크 표면에 조사된 레이저 광선이 반사되거나 산란되는 효과를 이용해 정보를 판독한다. CD의 기록면 중 광선이 흩어짐 없이 반사되는 부분을 랜드, 광선의 일부가 산란되어 빛이 적게 반사되는 부분을 피트라고 한다. CD에는 나선 모양으로 돌아 나가는 단 하나의 트랙이 있는데 트랙을 따라 일렬로 랜드와 피트가 번갈아 배치되어 있다. 피트를 제외한 부분, 즉 이웃하는 트랙과 트랙 사이도 랜드에 해당한다.

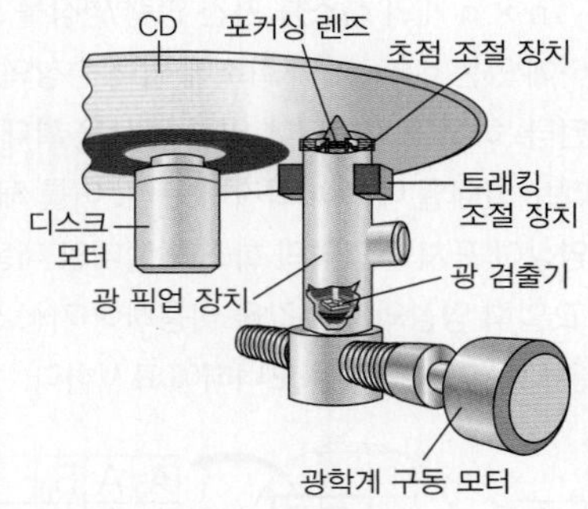


CD 드라이브는 디스크 모터, 광 픽업 장치, 광학계 구동 모터로 구성된다. 디스크 모터는 CD를 회전시킨다. CD 아래에 있는 광 픽업 장치는 레이저 광선을 발생시켜 CD 기록면에 조사하고, CD에서 반사된 광선은 광 픽업 장치 안의 광 검출기가 받아들인다. 광선의 경로상에 있는 포커싱 렌즈는 광선을 트랙의 한 지점에 모으고, 광 검출기는 반사된 광선의 양을 측정하여 랜드와 피트의 정보를 읽어 낸다. 이때 CD의 회전 속도에 맞춰 트랙에 광선이 조사될 수 있도록 광학계 구동 모터가 광 픽업 장치를 CD의 중심부에서 바깥쪽으로 서서히 직선으로 이동시킨다.

CD의 고속 회전 등으로 진동이 생기면 광선의 위치가 트랙을 벗어나거나 초점이 맞지 않아 데이터를 잘못 읽을 수 있다. 이를 막으려면 트래킹 조절 장치와 초점 조절 장치를 제어해 실시간으로 편차를 보정해야 한다. 편차 보정에는 광 검출기가 사용된다. 광 검출기는 가운데를 기준으로 전후좌우의 네 영역으로 분할되어 있는데, 트랙의 방향과 같은 방향으로 전후 영역이, 직각 방향으로 좌우 영역이 배치되어 있다. 이때 각 영역에 조사되는 빛의 양이 많아지면 그 영역의 출력값도 커지며 네 영역의 출력값의 합을 통해 피트와 랜드를 구별한다.

레이저 광선이 트랙의 중앙에 초점이 맞은 상태로 정확히 조사되면 광 검출기 네 영역의 출력값은 모두 동일하다. 그런데 광선이 피트에 해당하는 지점에 조사될 때 트랙의 중앙을 벗어나 좌측으로 치우치면, 피트 왼편에 있는 랜드에서 반사되는 빛이 많아져 광 검출기의 좌 영역의 출력값이 우 영역보다 커진다. 이 경우 두 출력값의 차이에 대응하는 만큼 트래킹 조절 장치를 작동하여 광 픽업 장치를 오른쪽으로 움직여서 편차를 보정한다. 우측으로 치우쳐 조사된 경우에도 비슷한 과정을 거쳐 편차를 보정한다.

한편 광 검출기에 조사되는 광선의 모양은 초점의 상태에 따라 전후나 좌우 방향으로 길어진다. CD 기록면과 포커싱 렌즈 간의 거리가 가까워져 광선의 초점이 맞지 않으면, 조사된 모양이 전후 영역으로 길어지고 출력값도 상대적으로 커진다. 반면 둘 사이의 거리가 멀어지면, 좌우 영역으로 길어지고 출력값도 상대적으로 커진다. 이때 광 검출기의 전후 영역 출력값의 합과 좌우 영역 출력값의 합을 구한 후, 그 둘의 차이에 해당하는 만큼 초점 조절 장치를 이용해 포커싱 렌즈의 위치를 CD 기록면과 가깝게 또는 멀게 이동시켜 초점이 맞도록 한다.

---

## 032

**윗글에 나타난 여러 장치에 대한 설명으로 적절하지 않은 것은?**

① 초점 조절 장치는 포커싱 렌즈의 위치를 이동시킨다.
② 포커싱 렌즈는 레이저 광선을 트랙의 한 지점에 모아 준다.
③ 광 검출기의 출력값은 트래킹 조절 장치를 제어하는 데 사용된다.
④ 광학계 구동 모터는 광 픽업 장치가 CD를 따라 회전할 수 있도록 해 준다.
⑤ 광 픽업 장치에는 레이저 광선을 발생시키는 부분과 반사된 레이저 광선을 검출하는 부분이 있다.

## 033

**윗글을 이해한 내용으로 적절하지 않은 것은?**

① CD에 기록된 정보는 중심에서부터 바깥쪽으로 읽어야 하겠군.
② 레이저 광선은 CD 기록면을 향해 아래에서 위쪽으로 조사되겠군.
③ 광 검출기에서 네 영역의 출력값의 합은 피트를 읽을 때보다 랜드를 읽을 때 더 크게 나타나겠군.
④ 렌즈의 초점이 맞지 않으면 광 검출기의 전 영역과 후 영역의 출력값의 차이를 이용하여 보정하겠군.
⑤ CD의 고속 회전에 의한 진동으로 인해 광 검출기에 조사된 레이저 광선의 모양이 길쭉해질 수 있겠군.

## 034

**윗글을 바탕으로 〈보기〉에 대해 설명한 내용으로 적절한 것은?** [3점]

| 보기 |

다음은 CD 기록면의 피트 위치에 레이저 광선이 조사되었을 때 〈상태 1〉과 〈상태 2〉에서 얻은 광 검출기의 출력값이다.

| 영역 | 전 | 후 | 좌 | 우 |
|---|---|---|---|---|
| 상태 1의 출력값 | 2 | 2 | 3 | 1 |
| 상태 2의 출력값 | 5 | 5 | 3 | 3 |

① 광 검출기에 조사되는 레이저 광선의 총량은 〈상태 1〉보다 〈상태 2〉가 작다.
② 〈상태 1〉에서는 초점 조절 장치가 구동되어야 하지만, 〈상태 2〉에서는 구동될 필요가 없다.
③ 〈상태 1〉에서는 트래킹 조절 장치가 구동될 필요가 없지만, 〈상태 2〉에서는 구동되어야 한다.
④ 〈상태 1〉에서는 레이저 광선이 트랙의 오른쪽에 치우쳐 조사되고, 〈상태 2〉에서는 가운데 조사된다.
⑤ 〈상태 1〉에서는 포커싱 렌즈와 CD 기록면 사이의 거리를 조절할 필요가 없지만, 〈상태 2〉에서는 멀게 해야 한다.

## 다음 글을 읽고 물음에 답하시오.

3문항을 6분 안에 풀어보세요.

플래시 메모리는 수많은 스위치들로 이루어지는데, 각 스위치에 0 또는 1을 저장한다. 디지털 카메라에서 사진 한 장은 수백만 개 이상의 스위치를 켜고 끄는 방식으로 플래시 메모리에 저장된다. 메모리에서는 1 비트의 정보를 기억하는 이 스위치를 셀이라고 한다. 플래시 메모리에서 셀은 그림과 같은 구조의 트랜지스터 1 개로 이루어져 있다. 플로팅 게이트에 전자가 들어 있는 상태를 1, 들어 있지 않은 상태를 0이라고 정의한다.

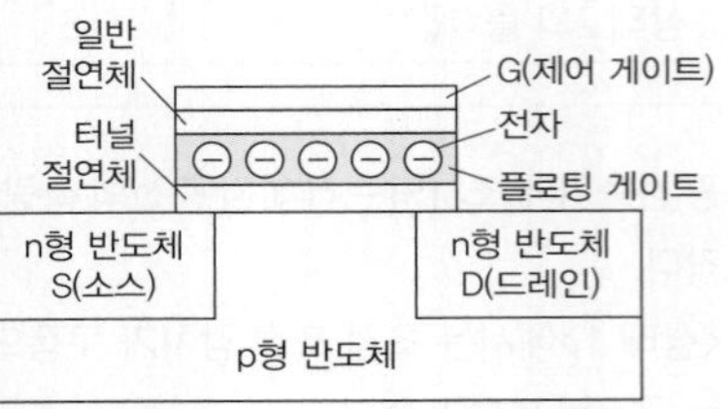


플래시 메모리에서 데이터를 읽을 때는 그림의 반도체 D에 3 V의 양(+)의 전압을 가한다. 그러면 다른 한쪽의 반도체인 S로부터 전자들이 D 쪽으로 이끌리게 된다. 플로팅 게이트에 전자가 들어 있을 때는 S로부터 오는 전자와 플로팅 게이트에 있는 전자가 마치 자석의 같은 극처럼 서로 반발하기 때문에 전자가 흐르기 힘들다. 한편 플로팅 게이트에 전자가 없는 상태에서는 S와 D 사이에 전자가 흐르기 쉽다. 이렇게 전자의 흐름 여부, 즉 S와 D 사이에 전류가 흐르는가로 셀의 값이 1인지 0인지를 판단한다.

플래시 메모리에서는 두 가지 과정을 거쳐 데이터가 저장된다. 일단 데이터를 지우는 과정이 필요하다. 데이터 지우기는 여러 개의 셀이 연결된 블록 단위로 이루어진다. 블록에 포함된 모든 셀마다 G에 0 V, p형 반도체에 약 20 V의 양의 전압을 가하면, 플로팅 게이트에 전자가 있는 경우, 그 전자가 터널 절연체를 넘어 p형 반도체로 이동한다. 반면 전자가 없는 경우는 플로팅 게이트에 변화가 없다. 따라서 해당 블록의 모든 셀은 0의 상태가 된다. 터널 절연체는 전류 흐름을 항상 차단하는 일반 절연체와는 다르게 일정 이상의 전압이 가해졌을 때는 전자를 통과시킨다.

이와 같은 과정을 거친 후에야 데이터 쓰기가 가능하다. 데이터를 저장하려면 1을 쓰려는 셀의 G에 약 20 V, p형 반도체에는 0 V의 전압을 가한다. 그러면 p형 반도체에 있던 전자들이 터널 절연체를 넘어 플로팅 게이트로 들어가 저장된다. 이것이 1의 상태이다.

플래시 메모리는 EPROM과 EEPROM의 장점을 취하여 만든 메모리이다. EPROM은 한 개의 트랜지스터로 셀을 구성하여 셀 면적이 작은 반면, 데이터를 지울 때 칩을 떼어 내어 자외선으로 소거해야 한다는 단점이 있다. EEPROM은 전기를 이용하여 간편하게 데이터를 지울 수 있지만, 셀 하나당 두 개의 트랜지스터가 필요하다. 플래시 메모리는 한 개의 트랜지스터로 셀을 구성하며, 전기적으로 데이터를 쓰고 지울 수 있다. 한편 메모리는 전원 차단 시에 데이터의 보존 유무에 따라 휘발성과 비휘발성 메모리로 구분되는데, 플래시 메모리는 플로팅 게이트가 절연체로 둘러싸여 있기 때문에 전원을 꺼도 1이나 0의 상태가 유지되므로 비휘발성 메모리이다. 이런 장점 때문에 휴대용 디지털 장치는 주로 플래시 메모리를 이용하여 데이터를 저장한다.

## 035

**윗글에 대한 설명으로 가장 적절한 것은?**

① 대상의 구조를 바탕으로 작동 원리를 설명하고 있다.
② 대상의 장점을 설명한 뒤 사용 방법을 알려 주고 있다.
③ 대상의 크기를 기준으로 자세한 기능을 설명하고 있다.
④ 대상의 구성 요소를 설명한 뒤 제작 원리를 알려 주고 있다.
⑤ 대상의 단점을 나열하고 새로운 방식의 필요성을 제기하고 있다.

## 036

**윗글의 '플래시 메모리'에 대하여 추론한 내용으로 옳은 것은?**

① D에 3 V의 양의 전압을 가하면 플로팅 게이트의 전자가 사라진다.
② 터널 절연체 대신에 일반 절연체를 사용하면 데이터를 반복해서 지우고 쓸 수 없다.
③ 데이터 지우기 과정에서 자외선에 노출해야 데이터를 수정할 수 있다.
④ EEPROM과 비교되는 EPROM의 단점을 개선하여 셀 면적을 더 작게 만들었다.
⑤ 데이터를 유지하기 위해서는 전력을 계속 공급해 주어야 한다.

## 037

**윗글과 <보기>에 따라 플래시 메모리의 데이터 < 1 0 >을 < 0 1 >로 수정하려고 할 때, 단계별로 전압이 가해질 위치가 옳은 것은?** [3점]

| 보 기 |

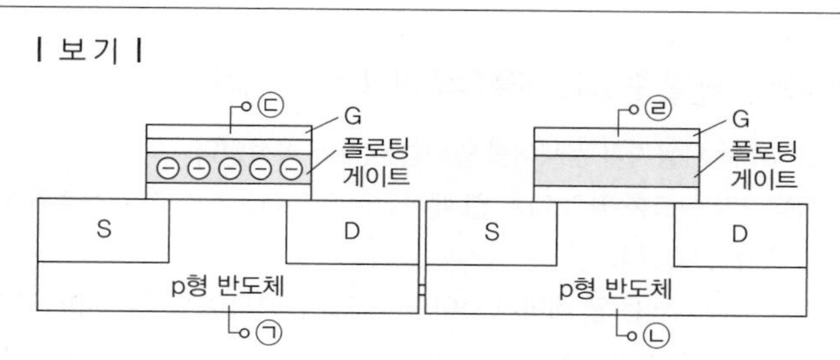


* 두 개의 셀이 하나의 블록을 이룬다.

* 그림은 데이터 < 1 0 >을 저장하고 있는 현재 상태이고, ㉠ ~ ㉣은 20 V의 양의 전압이 가해지는 위치이다.

| | 1단계 | 2단계 |
|---|---|---|
| ① | ㉠ | ㉣ |
| ② | ㉢ | ㉡ |
| ③ | ㉠과 ㉡ | ㉣ |
| ④ | ㉡과 ㉢ | ㉣ |
| ⑤ | ㉢과 ㉣ | ㉡ |

# 2. 컴퓨터 정보 처리 방법

[038~041] 2023학년도 9월 모평 14번~17번 정답과 해설편 p.344

**다음 글을 읽고 물음에 답하시오.** 4문항을 10분 안에 풀어보세요.

인터넷 검색 엔진은 검색어를 포함하는 웹 페이지를 찾아 화면에 보여 준다. 웹 페이지가 화면에 나타나는 순서를 정하기 위해 검색 엔진은 수백 개가 ⓐ 넘는 항목을 고려한 다양한 방식을 사용한다. 대표적인 항목으로 중요도와 적합도가 있다.

검색 엔진은 빠른 시간 내에 검색 결과를 보여 주기 위해 웹 페이지들의 데이터를 수집하여 인덱스를 미리 작성해 놓는다. 인덱스란 단어를 알파벳순으로 정리한 목록으로, 여기에는 각 단어가 등장하는 웹 페이지와 단어의 빈도수 등이 저장된다. 이때 각 웹 페이지의 중요도가 함께 기록된다.

㉠ 중요도는 웹 페이지의 중요성을 값으로 나타낸 것으로 링크 분석 기법으로 측정할 수 있다. 기본적인 링크 분석 기법에서 웹 페이지 A의 값은 A를 링크한 각 웹 페이지들로부터 받는 값의 합이다. 이렇게 받은 A의 값은 A가 링크한 다른 웹 페이지들에 균등하게 나눠진다. 즉 A의 값이 4이고 A가 두 개의 링크를 통해 다른 웹 페이지로 연결된다면, A의 값은 유지되면서 두 웹 페이지에는 각각 2가 보내진다.

하지만 두 웹 페이지가 실제로 받는 값은 2에 댐핑 인자를 곱한 값이다. 댐핑 인자는 사용자들이 웹 페이지를 읽다가 링크를 통해 다른 웹 페이지로 이동하지 않는 비율을 반영한 값으로 1 미만의 값을 가진다. 댐핑 인자는 모든 링크에 동일하게 적용된다. 가령 그 비율이 20 %이면 댐핑 인자는 0.8이고 두 웹 페이지는 A로부터 각각 1.6을 받는다. 웹 페이지로 연결된 링크를 통해 받는 값을 모두 반영했을 때의 값이 각 웹 페이지의 중요도이다. 웹 페이지들을 연결하는 링크들은 변할 수 있기 때문에 검색 엔진은 주기적으로 웹 페이지의 중요도를 갱신한다.

사용자가 검색어를 입력하면 검색 엔진은 인덱스에서 검색어에 적합한 웹 페이지를 찾는다. ㉡ 적합도는 단어의 빈도, 단어가 포함된 웹 페이지의 수, 웹 페이지의 글자 수를 반영한 식을 통해 값이 정해진다. 해당 검색어가 많이 나올수록, 그 검색어를 포함하는 다른 웹 페이지의 수가 적을수록, 현재 웹 페이지의 글자 수가 전체 웹 페이지의 평균 글자 수에 비해 적을수록 적합도가 높아진다. 검색 엔진은 중요도와 적합도, 기타 항목들을 적절한 비율로 합산하여 화면에 나열되는 웹 페이지의 순서를 결정한다.

## 038

**윗글을 통해 알 수 있는 내용으로 가장 적절한 것은?**

① 인덱스는 사용자가 검색어를 입력한 직후에 작성된다.
② 사용자가 링크를 따라 다른 웹 페이지로 이동하는 비율이 높을수록 댐핑 인자가 커진다.
③ 링크 분석 기법은 웹 페이지 사이의 링크를 분석하여 웹 페이지의 적합도를 값으로 나타낸다.
④ 웹 페이지의 중요도는 다른 웹 페이지에서 받는 값과 다른 웹 페이지에 나눠 주는 값의 합이다.
⑤ 사용자가 검색어를 입력하면 검색 엔진은 검색한 결과를 인덱스에 정렬된 순서대로 화면에 나타낸다.

## 039

**㉠, ㉡을 고려하여 검색 결과에서 웹 페이지의 순위를 높이기 위한 방안으로 가장 적절한 것은?**

① 화제가 되고 있는 검색어들을 웹 페이지에 최대한 많이 나열하여 ㉠을 높인다.
② 사람들이 많이 접속하는 유명 검색 사이트로 연결하는 링크를 웹 페이지에 많이 포함시켜 ㉠을 높인다.
③ 알파벳순으로 앞 순서에 있는 단어들을 웹 페이지 첫 부분에 많이 포함시켜 ㉡을 높인다.
④ 다른 많은 웹 페이지들이 링크하도록 웹 페이지에서 여러 주제를 다루고 전체 글자 수를 많게 하여 ㉡을 높인다.
⑤ 다른 웹 페이지에서 흔히 다루지 않는 주제를 간략하게 설명하되 주제와 관련된 단어를 자주 사용하여 ㉡을 높인다.

## 040

<보기>는 웹 페이지들의 관계를 도식화한 것이다. 윗글을 바탕으로 <보기>를 이해한 내용으로 적절한 것은? [3점]

| 보 기 |

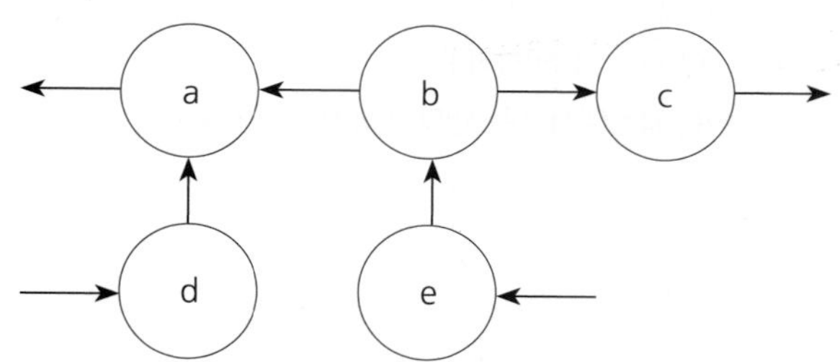


원은 웹 페이지이고, 화살표는 웹 페이지에서 링크를 통해 화살표 방향의 다른 웹 페이지로 연결됨을 뜻한다. 댐핑 인자는 0.5이고, d와 e의 중요도는 16으로 고정된 값이다.

(단, 링크와 댐핑 인자 외에 웹 페이지의 중요도에 영향을 주는 다른 요소는 고려하지 않음.)

① a의 중요도는 16이다.
② a가 b와 d로부터 각각 받는 값은 같다.
③ b에서 a로의 링크가 끊어지면 b와 c의 중요도는 같다.
④ e에서 a로의 링크가 추가되면 b의 중요도는 6이다.
⑤ e에서 c로의 링크가 추가되면 c의 중요도는 5이다.

## 041

문맥상 ⓐ의 의미와 가장 가까운 것은?

① 공부를 하다 보니 시간은 자정이 넘었다.
② 그들은 큰 산을 넘어서 마을에 도착했다.
③ 철새들이 국경선을 넘어서 훨훨 날아갔다.
④ 선수들은 가까스로 어려운 고비를 넘었다.
⑤ 갑자기 냄비에서 물이 넘어서 좀 당황했다.

[042~045] 2017학년도 6월 모평 16번~19번 정답과 해설편 p.346

**다음 글을 읽고 물음에 답하시오.** 4문항을 10분 안에 풀어보세요.

인간의 신경 조직을 수학적으로 모델링하여 컴퓨터가 인간처럼 기억·학습·판단할 수 있도록 구현한 것이 인공 신경망 기술이다. 신경 조직의 기본 단위는 뉴런인데, ⓐ 인공 신경망에서는 뉴런의 기능을 수학적으로 모델링한 퍼셉트론을 기본 단위로 사용한다.

ⓑ 퍼셉트론은 입력값들을 받아들이는 여러 개의 ⓒ 입력 단자와 이 값을 처리하는 부분, 처리된 값을 내보내는 한 개의 출력 단자로 구성되어 있다. 퍼셉트론은 각각의 입력 단자에 할당된 ⓓ 가중치를 입력값에 곱한 값들을 모두 합하여 가중합을 구한 후, 고정된 ⓔ 임계치보다 가중합이 작으면 0, 그렇지 않으면 1과 같은 방식으로 ⓕ 출력값을 내보낸다.

이러한 퍼셉트론은 출력값에 따라 두 가지로만 구분하여 입력값들을 판정할 수 있을 뿐이다. 이에 비해 복잡한 판정을 할 수 있는 인공 신경망은 다수의 퍼셉트론을 여러 계층으로 배열하여 한 계층에서 출력된 신호가 다음 계층에 있는 모든 퍼셉트론의 입력 단자에 입력값으로 입력되는 구조로 이루어진다. 이러한 인공 신경망에서 가장 처음에 입력값을 받아들이는 퍼셉트론들을 입력층, 가장 마지막에 있는 퍼셉트론들을 출력층이라고 한다.

㉠ 어떤 사진 속 물체의 색깔과 형태로부터 그 물체가 사과인지 아닌지를 구별할 수 있도록 인공 신경망을 학습시키는 경우를 생각해 보자. 먼저 학습을 위한 입력값들 즉 학습 데이터를 만들어야 한다. 학습 데이터를 만들기 위해서는 사과 사진을 준비하고 사진에 나타난 특징인 색깔과 형태를 수치화해야 한다. 이 경우 색깔과 형태라는 두 범주를 수치화하여 하나의 학습 데이터로 묶은 다음, '정답'에 해당하는 값과 함께 학습 데이터를 인공 신경망에 제공한다. 이때 같은 범주에 속하는 입력값은 동일한 입력 단자를 통해 들어가도록 해야 한다. 그리고 사과 사진에 대한 학습 데이터를 만들 때에 정답인 '사과이다'에 해당하는 값을 '1'로 설정하였다면 출력값 '0'은 '사과가 아니다'를 의미하게 된다.

인공 신경망의 작동은 크게 학습 단계와 판정 단계로 나뉜다. 학습 단계는 학습 데이터를 입력층의 입력 단자에 넣어 주고 출력층의 출력값을 구한 후, 이 출력값과 정답에 해당하는 값의 차이가 줄어들도록 가중치를 갱신하는 과정이다. 어떤 학습 데이터가 주어지면 이때의 출력값을 구하고 학습 데이터와 함께 제공된 정답에 해당하는 값에서 출력값을 뺀 값 즉 오차 값을 구한다. 이 오차 값의 일부가 출력층의 출력 단자에서 입력층의 입력 단자 방향으로 되돌아가면서 각 계층의 퍼셉트론별로 출력 신호를 만드는 데 관여한 모든 가중치들에 더해지는 방식으로 가중치들이 갱신된다. 이러한 과정을 다양한 학습 데이터에 대하여 반복하면 출력값들이 각각의 정답 값에 수렴하게 되고 판정 성능이 좋아진다. 오차 값이 0에 근접하게 되거나 가중치의 갱신이 더 이상 이루어지지 않게 되면 학습 단계를 마치고 판정 단계로 전환한다. 이때 판정의 오류를 줄이기 위해서는 학습 단계에서 대상들의 변별적 특징이 잘 반영되어 있는 서로 다른 학습 데이터를 사용하는 것이 좋다.

## 042

**윗글에 따를 때, ⓐ~ⓕ에 대한 설명으로 적절하지 않은 것은?**

① ⓑ는 ⓐ의 기본 단위이다.
② ⓒ는 ⓑ를 구성하는 요소 중 하나이다.
③ ⓓ가 변하면 ⓔ도 따라서 변한다.
④ ⓔ는 ⓕ를 결정하는 기준이 된다.
⑤ ⓐ가 학습하는 과정에서 ⓕ는 ⓓ의 변화에 영향을 미친다.

## 043

**윗글에 대한 이해로 적절하지 않은 것은?**

① 퍼셉트론의 출력 단자는 하나이다.
② 출력층의 출력값이 정답에 해당하는 값과 같으면 오차 값은 0이다.
③ 입력층 퍼셉트론에서 출력된 신호는 다음 계층 퍼셉트론의 입력값이 된다.
④ 퍼셉트론은 인간의 신경 조직의 기본 단위의 기능을 수학적으로 모델링한 것이다.
⑤ 가중치의 갱신은 입력층의 입력 단자에서 출력층의 출력 단자 방향으로 진행된다.

## 044

**윗글을 바탕으로 ㉠에 대해 추론한 것으로 적절하지 않은 것은?**

① 학습 데이터를 만들 때는 색깔이나 형태가 다른 사과의 사진을 선택하는 것이 좋겠군.
② 학습 데이터에 두 가지 범주가 제시되었으므로 입력층의 퍼셉트론은 두 개의 입력 단자를 사용하겠군.
③ 색깔에 해당하는 범주와 형태에 해당하는 범주를 분리하여 각각 서로 다른 학습 데이터로 만들어야 하겠군.
④ 가중치가 더 이상 변하지 않는 단계에 이르면 '사과'인지 아닌지를 구별하는 학습 단계가 끝났다고 볼 수 있겠군.
⑤ 학습 데이터를 만들 때 사과 사진의 정답에 해당하는 값을 0으로 설정하였다면, 출력층의 출력 단자에서 0 신호가 출력되면 '사과이다'로, 1 신호가 출력되면 '사과가 아니다'로 해석해야 되겠군.

## 045

**윗글을 바탕으로 <보기>를 이해한 내용으로 가장 적절한 것은?** [3점]

| 보기 |

아래의 [A]와 같은 하나의 퍼셉트론을 [B]를 이용해 학습시키고자 한다.

**[A]**
- 입력 단자는 세 개(a, b, c)
- a, b, c의 현재의 가중치는 각각 $W_a = 0.5$, $W_b = 0.5$, $W_c = 0.1$
- 가중합이 임계치 1보다 작으면 0을, 그렇지 않으면 1을 출력

**[B]**
- a, b, c로 입력되는 학습 데이터는 각각 $I_a = 1$, $I_b = 0$, $I_c = 1$
- 학습 데이터와 함께 제공되는 정답 = 1

① [B]로 학습시키기 위해서는 판정 단계를 먼저 거쳐야 하겠군.
② 이 퍼셉트론이 1을 출력한다면, 가중합이 1보다 작았기 때문이겠군.
③ [B]로 한 번 학습시키고 나면 가중치 $W_a$, $W_b$, $W_c$가 모두 늘어나 있겠군.
④ [B]로 여러 차례 반복해서 학습시키면 퍼셉트론의 출력값은 0에 수렴하겠군.
⑤ [B]의 학습 데이터를 한 번 입력했을 때 그에 대한 퍼셉트론의 출력값은 1이겠군.

## [046~048]

2013학년도 6월 모평 44번~46번 정답과 해설편 p.349

**다음 글을 읽고 물음에 답하시오.** 3문항을 7분 안에 풀어보세요.

하드 디스크는 고속으로 회전하는 디스크의 표면에 데이터를 저장한다. 데이터는 동심원으로 된 트랙에 저장되는데, 하드 디스크는 트랙을 여러 개의 섹터로 미리 구획하고, 트랙을 오가는 헤드를 통해 섹터 단위로 읽기와 쓰기를 수행한다. 하드 디스크에서 데이터 입출력 요청을 완료하는 데 걸리는 시간을 접근 시간이라고 하며, 이는 하드 디스크의 성능을 결정하는 기준 중 하나가 된다. 접근 시간은 원하는 트랙까지 헤드가 이동하는 데 소요되는 탐색 시간과, 트랙 위에서 해당 섹터가 헤드의 위치까지 회전해 오는 데 걸리는 대기 시간의 합이다. 하드 디스크의 제어기는 '디스크 스케줄링'을 통해 접근 시간이 최소가 되도록 한다.

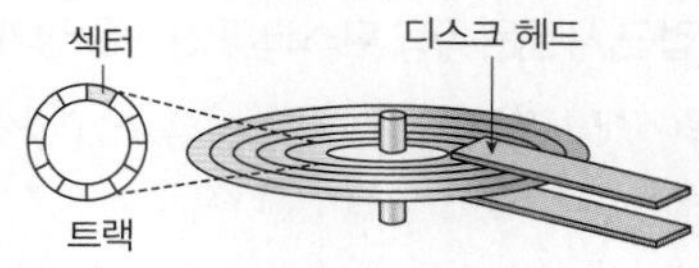


㉠ 200 개의 트랙이 있고 가장 안쪽의 트랙이 0번인 하드 디스크를 생각해 보자. 현재 헤드가 54번 트랙에 있고 대기 큐*에는 '99, 35, 123, 15, 66' 트랙에 대한 처리 요청이 들어와 있다고 가정하자. 요청 순서대로 데이터를 처리하는 방법을 FCFS 스케줄링이라 하며, 이때 헤드는 '54 → 99 → 35 → 123 → 15 → 66'과 같은 순서로 이동하여 데이터를 처리하므로 헤드의 총 이동 거리는 356이 된다.

만일 헤드가 현재 위치로부터 이동 거리가 가장 가까운 트랙 순서로 이동하면 '54 → 66 → 35 → 15 → 99 → 123'의 순서가 되므로, 이때 헤드의 총 이동 거리는 171로 줄어든다. 이러한 방식을 SSTF 스케줄링이라 한다. 이 방법을 사용하면 FCFS 스케줄링에 비해 헤드의 이동 거리가 짧아 탐색 시간이 줄어든다. 하지만 현재 헤드 위치로부터 가까운 트랙에 대한 데이터 처리 요청이 계속 들어오면 먼 트랙에 대한 요청들의 처리가 계속 미뤄지는 문제가 발생할 수 있다.

이러한 SSTF 스케줄링의 단점을 개선한 방식이 SCAN 스케줄링이다. SCAN 스케줄링은 헤드가 디스크의 양 끝을 오가면서 이동 경로 위에 포함된 모든 대기 큐에 있는 트랙에 대한 요청을 처리하는 방식이다. 위의 예에서 헤드가 현재 위치에서 트랙 0번 방향으로 이동한다면 '54 → 35 → 15 → 0 → 66 → 99 →123'의 순서로 처리되며, 이때 헤드의 총 이동 거리는 177이 된다. 이 방법을 쓰면 현재 헤드 위치에서 멀리 떨어진 트랙이라도 최소한 다음 이동 경로에는 포함되므로 처리가 지나치게 늦어지는 것을 막을 수 있다. SCAN 스케줄링을 개선한 LOOK 스케줄링은 현재 위치로부터 이동 방향에 따라 대기 큐에 있는 트랙의 최솟값과 최댓값 사이에서만 헤드가 이동함으로써 SCAN 스케줄링에서 불필요하게 양 끝까지 헤드가 이동하는 데 걸리는 시간을 없애 탐색 시간을 더욱 줄인다.

* 대기 큐 : 하드 디스크에 대한 데이터 입출력 처리 요청을 임시로 저장하는 곳

## 046

**윗글의 내용과 일치하지 않는 것은?**

① 데이터에 따라 트랙당 섹터의 수가 결정된다.
② 헤드의 이동 거리가 늘어나면 탐색 시간도 늘어난다.
③ 디스크 스케줄링은 데이터들의 처리 순서를 결정한다.
④ 대기 시간은 하드 디스크의 회전 속도에 영향을 받는다.
⑤ 접근 시간은 하드 디스크의 성능을 평가하는 척도 중 하나이다.

## 047

**<보기>는 주어진 조건에 따라 ㉠에서 헤드가 이동하는 경로를 나타낸 것이다. (가), (나)에 해당하는 스케줄링 방식으로 적절한 것은?**

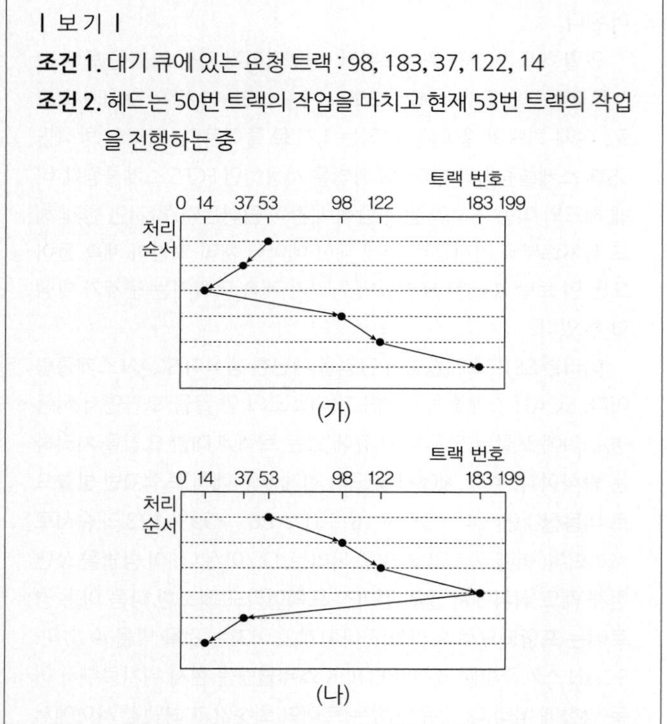

| 보기 |
조건 1. 대기 큐에 있는 요청 트랙 : 98, 183, 37, 122, 14
조건 2. 헤드는 50번 트랙의 작업을 마치고 현재 53번 트랙의 작업을 진행하는 중
트랙 번호
0 14 37 53 98 122 183 199
처리 순서
(가)
트랙 번호
0 14 37 53 98 122 183 199
처리 순서
(나)


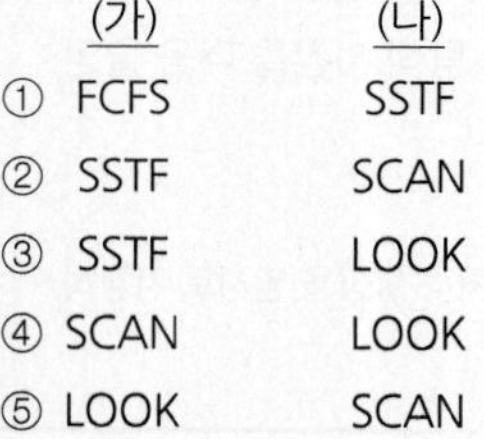

| | (가) | (나) |
|---|---|---|
| ① | FCFS | SSTF |
| ② | SSTF | SCAN |
| ③ | SSTF | LOOK |
| ④ | SCAN | LOOK |
| ⑤ | LOOK | SCAN |

## 048

**헤드의 위치가 트랙 0번이고 현재 대기 큐에 있는 요청만을 처리한다고 할 때, 각 스케줄링의 탐색 시간의 합에 대한 비교로 옳은 것은?** [3점]

① 요청된 트랙 번호들이 내림차순이면, SSTF 스케줄링과 LOOK 스케줄링에서 탐색 시간의 합은 같다.
② 요청된 트랙 번호들이 내림차순이면, FCFS 스케줄링이 SSTF 스케줄링보다 탐색 시간의 합이 작다.
③ 요청된 트랙 번호들이 오름차순이면, FCFS 스케줄링과 LOOK 스케줄링에서 탐색 시간의 합은 다르다.
④ 요청된 트랙 번호들이 오름차순이면, FCFS 스케줄링이 SCAN 스케줄링보다 탐색 시간의 합이 크다.
⑤ 요청된 트랙 번호들에 끝 트랙이 포함되면, LOOK 스케줄링이 SCAN 스케줄링보다 탐색 시간의 합이 크다.

[049~050] 2011학년도 수능 25번~26번 정답과 해설편 p.351

**다음 글을 읽고 물음에 답하시오.** 2문항을 4분 안에 풀어보세요.

소프트웨어 개발에서 자료 관리를 위한 구조로는 '배열'과 '연결 리스트'가 흔히 사용된다. 이 구조를 가진 저장소가 실제 컴퓨터 메모리에 구현된 위치를 '포인터'라고 한다.

㉠ <u>배열</u>은 물리적으로 연속된 저장소들을 사용한다. 배열에서는 흔히 <그림 1>과 같이 자료의 논리적 순서와 실제 저장 순서가 일치하도록 자료가 저장된다. 이때 원하는 자료의 논리적인 순서만 알면 해당 포인터 값을 계산할 수 있으므로, 바로 접근하여 읽기와 쓰기를 할 수 있다. 그런데 <그림 1>에서 자료 '지리'를 삭제하려면 '한라'를 한 칸 당겨야 하고, 가나다순에 따라 '소백'을 삽입하려면 '지리'부터 한 칸씩 밀어야 한다. 따라서 삽입하거나 삭제하는 자료의 순번이 빠를수록 나머지 자료의 재정렬 시간이 늘어난다.

| 포인터 : | 저장소 |
|---|---|
| 0000 : | 산 이름 |
| 1000 : | 백두 |
| 1001 : | 설악 |
| 1002 : | 지리 |
| 1003 : | 한라 |
| 1004 : | |
| ⋮ | |

<그림 1> 배열

| 포인터 : | 저장소 | |
|---|---|---|
| 0000 : | 산 이름 | 다음 포인터 |
| 1000 : | 백두 | 1008 |
| 1002 : | ⓐ | ⓑ |
| 1004 : | 지리 | 1006 |
| 1006 : | 한라 | ---- |
| 1008 : | 설악 | ⓒ <u>1004</u> |
| ⋮ | | |

<그림 2> 연결 리스트

㉡ <u>연결 리스트</u>는 저장될 자료와 다음에 올 자료의 포인터인 '다음 포인터'를 한 저장소에 함께 저장한다. 이 구조에서는 <그림 2>와 같이 '다음 포인터'의 정보를 담을 공간이 더 필요하지만, 이 정보에 의해 물리적 저장 위치에 상관없이 자료의 논리적 순서를 유지할 수 있다. 또한 자료의 삽입과 삭제는 '다음 포인터'의 내용 변경으로 가능하므로 상대적으로 간단하다. 예를 들어 <그림 2>에서 '소백'을 삽입하려면 빈 저장소의 ⓐ에 '소백'을 쓰고 ⓑ와 ⓒ에 논리적 순서에 따라 다음에 올 포인터 값인 '1004'와 '1002'를 각각 써 주면 된다. 하지만 특정 자료를 읽으려면 접근을 시작하는 포인터부터 그 자료까지 저장소들을 차례로 읽어야 하므로 자료의 논리적 순서에 따라 접근 시간에 차이가 있다.

한편 '다음 포인터'뿐만 아니라 논리순으로 앞에 연결된 저장소의 포인터를 하나 더 저장하는 ㉢ <u>'이중 연결 리스트'</u>도 있다. 이 구조에서는 현재 포인터에서부터 앞뒤 어느 방향으로도 연결된 자료에 접근할 수 있어 연결 리스트보다 자료 접근이 용이하다.

## 049

**윗글을 통해 알 수 있는 사실로 옳지 <u>않은</u> 것은?**

① 저장된 자료에 접근할 때는 포인터를 이용한다.
② 자료 접근 과정은 사용하는 자료 관리 구조에 따라 달라진다.
③ '배열'에서는 자료의 논리적 순서에 따라 자료 접근 시간이 달라진다.
④ '연결 리스트'는 저장되는 전체 자료의 개수가 자주 변할 때 편리하다.
⑤ '이중 연결 리스트'의 한 저장소에는 세 가지 다른 정보가 저장된다.

## 050

**㉠~㉢에 대해 <보기>의 실험을 한 후 얻은 결과로 옳은 것은?** [3점]

| 보기 |

동일 수의 자료를 논리순이 유지되도록 메모리에 저장한 다음 읽기, 삽입, 삭제를 동일 횟수만큼 차례로 실행하였다.

* 단, 충분히 많은 양의 자료로 충분한 횟수만큼 실험을 하되, 자료를 무작위로 선택하고 자료의 논리순이 유지되도록 함

① ㉠은 ㉡에 비해 삭제 실험에 걸리는 총시간이 길었다.
② ㉠은 ㉢에 비해 저장 실험의 메모리 사용량이 많았다.
③ ㉡은 ㉠에 비해 삽입 실험에 걸리는 총시간이 길었다.
④ ㉡은 ㉢에 비해 저장 실험의 메모리 사용량이 많았다.
⑤ ㉢은 ㉡에 비해 읽기 실험에 걸리는 총시간이 길었다.

DAY 22 Ⅳ 기술

# 3. 산업 및 기계 기술의 이론과 원리

[051~054] 2024학년도 9월 모평 8번~11번 정답과 해설편 p.353

**다음 글을 읽고 물음에 답하시오.** 4문항을 10분 안에 풀어보세요.

저울은 흔히 지렛대의 원리를 이용하거나 전기 저항 변화를 측정하여 질량을 잰다. 그렇다면 초정밀 저울은 기체 분자나 DNA와 같은 미세 물질의 질량을 어떻게 잴까? 이에 답하기 위해서는 압전 효과에 대한 이해가 필요하다.

압전 효과에는 재료에 기계적 변형이 생기면 재료에 전압이 발생하는 1차 압전 효과와, 재료에 전압을 걸면 재료에 기계적 변형이 생기는 2차 압전 효과가 있다. 두 압전 효과가 모두 생기는 재료를 압전체라 하며, 수정이 주로 쓰인다.

압전체로 사용하는 수정은 특정 방향으로 절단 및 가공하여 납작한 원판 모양으로 만든다. 이후 원판의 양면에 전극을 만든 후 (+)와 (-)극이 교대로 바뀌는 전압을 가하면 수정이 진동한다. 이때 전압의 주파수*를 수정의 고유 주파수와 일치시켜 수정이 큰 폭으로 진동하도록 하여 진동을 측정하기 쉽게 만든 것이 ㉠ <u>수정 진동자</u>이다. 고유 주파수란 어떤 물체가 갖는 고유한 진동 주파수인데, 같은 재료의 압전체라도 압전체의 모양과 크기에 따라 달라진다. 수정 진동자에 어떤 물질이 달라붙어 질량이 증가하면 고유 주파수에서 진동하던 수정 진동자의 주파수가 감소한다. 수정 진동자의 주파수는 매우 작은 질량 변화에 민감하게 변하므로 기체 분자나 DNA와 같은 미세한 물질의 질량을 측정할 수 있다. 진동자에서 질량 민감도는 주파수의 변화 정도를 측정된 질량으로 나눈 값인데, 수정 진동자의 질량 민감도는 매우 크다.

수정 진동자로 질량을 측정하는 원리를 응용하면 특정 기체의 농도를 감지할 수 있다. 수정 진동자를 특정 기체가 붙도록 처리하면, 여기에 특정 기체가 달라붙으며 질량 변화가 생겨 수정 진동자의 주파수는 감소한다. 일정 시점이 되면 수정 진동자의 주파수가 더 감소하지 않고 일정한 값을 유지한다. 이렇게 일정한 값을 유지하는 이유는 특정 기체가 일정량 이상 달라붙지 않기 때문이다. 혼합 기체에서 특정 기체의 농도가 클수록 더 작은 주파수에서 주파수가 일정하게 유지된다. 특정 기체가 얼마나 빨리 수정 진동자에 붙어서 주파수가 일정한 값이 되는가의 척도를 반응 시간이라 하는데, 반응 시간이 짧을수록 특정 기체의 농도를 더 빨리 잴 수 있다.

그런데 측정 대상이 아닌 기체가 함께 붙으면 측정하려는 대상 기체의 정확한 농도 측정이 어렵다. 또한 대상 기체만 붙더라도 그 기체의 농도를 알 수는 없다. 이 때문에 대상 기체의 농도에 따라 수정 진동자의 주파수 변화를 미리 측정해 놓아야 한다. 그 후 대상 기체의 농도를 모르는 혼합 기체에서 주파수 변화를 측정하면 대상 기체의 농도를 알 수 있다. 수정 진동자의 주파수 변화 정도를 농도로 나누면 농도에 대한 민감도를 구할 수 있다.

* 주파수 : 진동이 1 초 동안 반복하는 횟수 또는 전압의 (+)와 (-)극이 1 초 동안, 서로 바뀌고 다시 원래대로 되는 횟수

## 051

**윗글에 대한 설명으로 가장 적절한 것은?**

① 압전체의 제작 방법을 소개하고 제작 시 유의점을 나열하고 있다.
② 압전 효과의 개념을 정의하고 압전체의 장단점을 분석하고 있다.
③ 압전 효과의 종류를 분류하고 그 분류에 따른 압전체의 구조를 비교하고 있다.
④ 압전체의 유형을 구분하는 기준을 제시하고 초정밀 저울의 작동 과정을 단계별로 설명하고 있다.
⑤ 압전 효과에 기반한 초정밀 저울의 작동 원리를 설명하고 이 원리가 적용된 기체 농도 측정 방법을 소개하고 있다.

## 052

**윗글을 통해 알 수 있는 내용으로 적절하지 <u>않은</u> 것은?**

① 수정 이외에도 압전 효과를 보이는 재료가 존재한다.
② 수정을 절단하고 가공하여 미세 질량 측정에 사용한다.
③ 전기 저항 변화를 이용하여 물체의 질량을 측정하는 경우가 있다.
④ 같은 방향으로 절단한 수정은 크기가 달라도 고유 주파수가 서로 같다.
⑤ 진동자의 주파수 변화 정도를 측정된 질량으로 나누면 질량에 대한 민감도를 구할 수 있다.

## 053

**㉠에 대한 이해로 적절하지 않은 것은?**

① ㉠에는 1차 압전 효과를 보일 수 있는 재료가 있다.
② ㉠에서는 전압에 의해 압전체의 기계적 변형이 일어난다.
③ ㉠에는 전극이 양면에 있는 원판 모양의 수정이 사용된다.
④ ㉠에서는 전극에 가하는 전압의 주파수를 수정의 고유 주파수에 맞춘다.
⑤ ㉠의 전극에 가해지는 특정 주파수의 전압은 압전체의 고유 주파수 값을 더 크게 만든다.

## 054

**윗글을 바탕으로 <보기>를 탐구한 내용으로 가장 적절한 것은?** [3점]

| 보기 |

알코올 감지기 A와 B를 이용하여 어떤 밀폐된 공간에 있는 혼합 기체의 알코올 농도를 측정하였다. 이때 A와 B는 모두 진동자에 알코올이 달라붙을 수 있도록 처리되어 있다. A와 B 모두, 시간이 흐름에 따라 주파수가 감소하다가 더 이상 감소하지 않고 일정하게 유지되었다.

(단, 측정하는 동안 밀폐된 공간의 상황은 변동 없음.)

① A의 진동자에 있는 압전체의 고유 주파수를 알코올만 있는 기체에서 미리 측정해 놓으면, 혼합 기체에서의 알코올의 농도를 알 수 있겠군.
② B에 달라붙은 알코올의 양은 변하지 않고 다른 기체가 함께 달라붙은 후 진동자의 주파수가 일정하게 유지된다면, 이때 주파수의 값은 알코올만 붙었을 때보다 더 작겠군.
③ A와 B에서 알코올이 달라붙도록 진동자를 처리한 것은 알코올이 달라붙음에 따라 진동자가 최대한 큰 폭으로 진동할 수 있게 하려는 것이겠군.
④ A가 B에 비해 동일한 양의 알코올이 달라붙은 후에 생기는 주파수 변화 정도가 크다면, A가 B보다 알코올 농도에 대한 민감도가 더 작다고 할 수 있겠군.
⑤ B가 A보다 알코올이 일정량까지 달라붙는 시간이 더 짧더라도 알코올이 달라붙은 양이 서로 같다면, A와 B의 반응 시간은 서로 같겠군.

**다음 글을 읽고 물음에 답하시오.** 4문항을 9분 안에 풀어보세요.

㉠ 주사 터널링 현미경(STM)에서는 끝이 첨예한 금속 탐침과 도체 또는 반도체 시료 표면 간에 적당한 전압을 걸어 주고 둘 간의 거리를 좁히게 된다. 탐침과 시료의 거리가 매우 가까우면 양자 역학적 터널링 효과에 의해 둘이 접촉하지 않아도 전류가 흐른다. 이때 탐침과 시료 표면 간의 거리가 원자 단위 크기에서 변하더라도 전류의 크기는 민감하게 달라진다. 이 점을 이용하면 시료 표면의 높낮이를 원자 단위에서 측정할 수 있다. 하지만 전류가 흐를 수 없는 시료의 표면 상태는 STM을 이용하여 관찰할 수 없다. 이렇게 민감한 STM도 진공 기술의 뒷받침이 있었기에 널리 사용될 수 있었다.

STM은 대체로 진공 통 안에 설치되어 사용되는데 그 이유는 무엇일까? 기체 분자는 끊임없이 떠돌아다니다가 주변과 충돌한다. 이때 일부 기체 분자들은 관찰하려는 시료의 표면에 붙어 표면과 반응하거나 표면을 덮어 시료 표면의 관찰을 방해한다. 따라서 용이한 관찰을 위해 STM을 활용한 실험에서는 관찰하려고 하는 시료와 기체 분자의 접촉을 최대한 차단할 필요가 있어 진공이 요구되는 것이다. 진공이란 기체 압력이 대기압보다 낮은 상태를 통칭하며 기체 압력이 낮을수록 진공도가 높다고 한다. 진공 통 내부의 온도가 일정하고 한 종류의 기체 분자만 존재할 경우, 기체 분자의 종류와 상관없이 통 내부의 기체 압력은 단위 부피당 떠돌아다니는 기체 분자의 수에 비례한다. 따라서 기체 분자들을 진공 통에서 뽑아내거나 진공 통 내부에서 움직이지 못하게 고정하면 진공 통 내부의 기체 압력을 낮출 수 있다.

STM을 활용하는 실험에서 어느 정도의 진공도가 요구되는지를 이해하기 위해서는 '단분자층 형성 시간'의 개념을 이해할 필요가 있다. 진공 통 내부에서 떠돌아다니던 기체 분자들이 관찰하려는 시료의 표면에 달라붙어 한 층의 막을 형성하기까지 걸리는 시간을 단분자층 형성 시간이라 한다. 이 시간은 시료의 표면과 충돌한 기체 분자들이 표면에 달라붙을 확률이 클수록, 단위 면적당 기체 분자의 충돌 빈도가 높을수록 짧다. 또한 기체 운동론에 따르면 고정된 온도에서 기체 분자의 질량이 크거나 기체의 압력이 낮을수록 단분자층 형성 시간은 길다. 가령 질소의 경우 20 ℃, 760 토르* 대기압에서 단분자층 형성 시간은 $3 \times 10^{-9}$ 초이지만, 같은 온도에서 압력이 $10^{-9}$ 토르로 낮아지면 대략 2,500 초로 증가한다. 이런 이유로 STM에서는 시료의 관찰 가능 시간을 확보하기 위해 통상 $10^{-9}$ 토르 이하의 초고진공이 요구된다.

초고진공을 얻기 위해서는 ㉡ 스퍼터 이온 펌프가 널리 쓰인다. 스퍼터 이온 펌프는 진공 통 내부의 기체 분자가 펌프 내부로 유입되도록 진공 통과 연결하여 사용한다. 스퍼터 이온 펌프는 영구 자석, 금속 재질의 속이 뚫린 원통 모양 양극, 타이타늄으로 만든 판 형태의 음극으로 구성되어 있다. 자석 때문에 생기는 자기장이 원통 모양 양극의 축 방향으로 걸려 있고, 양극과 음극 간에는 2~7 kV의 고전압이 걸려 있다. 양극과 음극 간에 걸린 고전압의 영향으로 음극에서 방출된 전자는 자기장의 영향을 받아 복잡한 형태의 궤적을 그리며 양극으로 이동한다. 이 과정에서 음극에서 방출된 전자는 주변의 기체 분자와 충돌하여 기체 분자를 그것의 구성 요소인 양이온과 전자로 분리시킨다. 여기서 자기장은 전자가 양극까지 이동하는 거리를 자기장이 없을 때보다 증가시켜 주어 전자와 기체 분자와의 충돌 빈도를 높여 준다. 이 과정에서 생성된 양이온은 전기력에 의해 음극으로 당겨져 음극에 박히게 되어 이동 불가능한 상태가 된다. 이 과정이 1차 펌프 작용이다. 또한 양이온이 음극에 충돌하면 타이타늄이 떨어져 나와 충돌 지점 주변에 들러붙는다. 이렇게 들러붙은 타이타늄은 높은 화학 반응성 때문에 여러 기체 분자와 쉽게 반응하여, 떠돌아다니던 기체 분자를 흡착한다. 이는 떠돌아다니는 기체 분자의 수를 줄이는 효과가 있으므로 이를 2차 펌프 작용이라 부른다. 이렇듯 1, 2차 펌프 작용을 통해 스퍼터 이온 펌프는 초고진공 상태를 만들 수 있다.

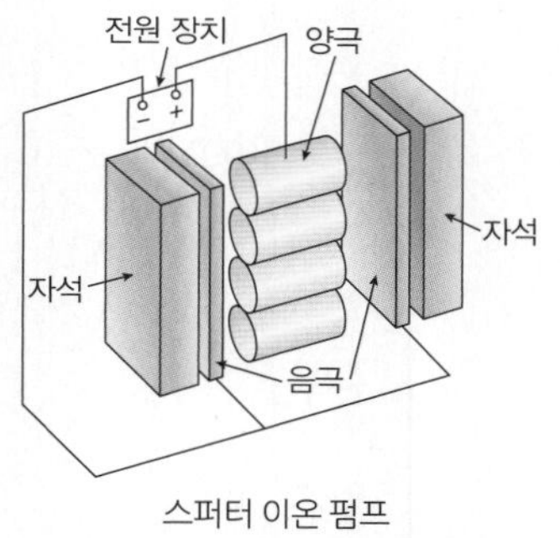


스퍼터 이온 펌프

* 토르(torr) : 기체 압력의 단위

## 055

**윗글의 내용과 일치하는 것은?**

① 대기압보다 진공도가 낮은 상태가 진공이다.
② 스퍼터 이온 펌프는 초고진공을 만드는 역할을 한다.
③ 단분자층 형성 시간이 짧을수록 STM을 이용한 관찰이 용이하다.
④ 일정한 온도와 부피의 진공 통 안에서 떠돌아다니는 기체 분자의 수는 기체 압력에 반비례한다.
⑤ 단분자층 형성 시간은 시료 표면과 충돌한 기체 분자들이 표면에 달라붙을 확률과 무관하게 결정된다.

## 056

**㉠에 대한 이해로 가장 적절한 것은?**

① 시료 표면의 높낮이를 원자 단위까지 측정할 수 없다.
② 시료의 전기 전도 여부에 관계없이 시료를 관찰할 수 있다.
③ 시료의 관찰 가능 시간을 늘리려면 진공 통 안의 기체 압력을 낮추어야 한다.
④ 시료 표면의 관찰을 위해서는 시료 표면에 기체의 단분자층 형성이 필요하다.
⑤ 양자 역학적 터널링 효과를 이용하여 탐침을 시료 표면에 접촉시킨 후 흐르는 전류를 측정한다.

## 057

**㉡의 '음극'에 대한 설명으로 적절하지 않은 것은?**

① 고전압과 전자의 상호 작용으로 자기장을 만든다.
② 떠돌아다니던 기체 분자를 흡착하는 물질을 내놓는다.
③ 기체 분자에서 분리된 양이온을 전기력으로 끌어당긴다.
④ 전자와 기체 분자의 충돌로 만들어진 양이온을 고정시킨다.
⑤ 기체 분자를 양이온과 전자로 분리시키는 전자를 방출한다.

## 058

**윗글을 바탕으로 할 때, 〈보기〉에 대한 설명으로 옳지 않은 것은?** [3점]

| 보기 |

STM을 사용하여 규소의 표면을 관찰하는 실험을 하려고 한다. 동일한 사양의 STM이 설치된, 동일한 부피의 진공 통 A~E가 있고, 각 진공 통 내부에 있는 기체 분자의 정보는 다음 표와 같다. 진공 통 A 안의 기체 압력은 $10^{-9}$ 토르이며, 모든 진공 통의 내부 온도는 20 ℃이다. (단, 기체 분자가 규소 표면과 충돌하여 달라붙을 확률은 기체의 종류와 관계없이 일정하며, 제시되지 않은 모든 조건은 각 진공 통에서 동일하다. $N$은 일정한 자연수이다.)

| 진공 통 | 기체 | 분자의 질량 (amu*) | 단위 부피당 기체 분자 수 (개 / $cm^3$) |
|---|---|---|---|
| A | 질소 | 28 | $4N$ |
| B | 질소 | 28 | $2N$ |
| C | 질소 | 28 | $7N$ |
| D | 산소 | 32 | $N$ |
| E | 이산화 탄소 | 44 | $N$ |

* amu : 원자 질량 단위

① A 내부에서의 단분자층 형성 시간은 대략 2,500 초이겠군.
② B 내부의 기체 압력은 $10^{-9}$ 토르보다 낮겠군.
③ C 내부의 진공도는 B 내부의 진공도보다 낮겠군.
④ D 내부에서의 단분자층 형성 시간은 A의 경우보다 길겠군.
⑤ E 내부의 시료 표면에 대한 단위 면적당 기체 분자의 충돌 빈도는 D의 경우보다 높겠군.

[059~061] 2014학년도 9월 모평A 19번~21번 정답과 해설편 p.358

**다음 글을 읽고 물음에 답하시오.** 3문항을 6분 안에 풀어보세요.

1895년에 발견된 X선은 진단의학의 혁명을 일으켰다. 이후 X선 사진 기술은 단면 촬영을 통해 입체 영상 구성이 가능한 CT(컴퓨터 단층촬영장치)로 진화하면서 해부를 하지 않고 인체 내부를 정확하게 진단하는 기술로 발전하였다.

X선 사진은 X선을 인체에 조사하고, 투과된 X선을 필름에 감광시켜 얻어낸 것이다. 조사된 X선의 일부는 조직에서 흡수·산란되고 나머지는 조직을 투과하여 반대편으로 나오게 된다. X선이 투과되는 정도를 나타내는 투과율은 공기가 가장 높으며 지방, 물, 뼈의 순서로 낮아진다. 또한 투과된 X선의 세기는 통과한 조직의 투과율이 낮을수록, 두께가 두꺼울수록 약해진다. 이런 X선의 세기에 따라 X선 필름의 감광 정도가 달라져 조직의 흑백 영상을 얻을 수 있다. 그렇지만 X선 사진에서는 투과율이 비슷한 조직들 간의 구별이 어려워서, X선 사진은 다른 조직과의 투과율 차이가 큰 뼈나 이상 조직의 검사에 주로 사용된다. 이러한 X선 사진의 한계를 극복한 것이 CT이다.

CT는 인체에 투과된 X선의 분포를 통해 인체의 횡단면을 영상으로 재구성한다. CT 촬영기 한쪽 편에는 X선 발생기가 있고 반대편에는 여러 개의 X선 검출기가 배치되어 있다. CT 촬영기 중심에, 사람이 누운 침대가 들어가면 X선 발생기에서 나온 X선이 인체를 투과한 후 맞은편 X선 검출기에서 검출된다.

X선 검출기로 인체를 투과한 X선의 세기를 검출하는데, 이때 공기를 통과하며 감쇠된 양을 빼고, 인체 조직만을 통과하면서 감쇄된 X선의 총량을 구해야 한다. 이것은 공기만을 통과한 X선 세기와 조직을 투과한 X선 세기의 차이를 계산하면 얻을 수 있고, 이를 환산값이라고 한다. 즉, 환산값은 특정 방향에서 X선이 인체 조직을 통과하면서 산란되거나 흡수되어 감쇄된 총량을 의미한다. 이 값을 여러 방향에서 구하기 위해 CT 촬영기를 회전시킨다. 그러면 동일 단면에 대한 각 방향에서의 환산값을 구할 수 있고, 이를 활용하여 컴퓨터가 단면 영상을 재구성한다.

CT에서 영상을 재구성하는 데에는 [역투사](back projection) 방법이 이용된다. 역투사는 어떤 방향에서 X선이 진행했던 경로를 거슬러 진행하면서 경로상에 환산값을 고르게 분배하는 방법이다. CT 촬영기를 회전시키며 얻은 여러 방향의 환산값을 경로별로 역투사하여 더해 나가는데, 이처럼 여러 방향의 환산값들이 더해진 결과가 역투사 결괏값이다. 역투사를 하게 되면 뼈와 같이 감쇄를 많이 시키는 조직에서는 여러 방향의 값들이 더해지게 되고, 그 결과 다른 조직에서보다 더 큰 결괏값이 나오게 된다.

역투사 결괏값들을 합성하면 투과율의 차이에 따른 조직의 분포를 영상으로 재구성할 수 있다. CT 촬영기가 조금씩 움직이면서 인체의 여러 단면에 대하여 촬영을 반복하면 연속적인 단면 영상을 얻을 수 있고, 필요에 따라 이 단면 영상들을 조합하여 입체 영상도 얻을 수 있다.

## 059

**윗글에 대한 이해로 적절하지 않은 것은?**

① CT 촬영을 할 때 X선 발생기와 X선 검출기는 회전한다.
② X선 사진에서는 비슷한 투과율을 가진 조직들 간의 구별이 어렵다.
③ CT에서의 환산값은 통과한 조직에서 감쇄된 X선의 총량을 나타낸다.
④ 조직에서 흡수·산란된 X선의 세기는 그 조직을 투과한 X선 세기와 항상 같다.
⑤ 조직의 투과율이 높을수록, 조직의 두께가 얇을수록 X선은 더 많이 투과된다.

## 060

**[역투사]에 대한 설명으로 적절하지 않은 것은?**

① X선 사진의 흑백 영상을 만드는 과정에서 역투사는 필요하지 않다.
② 역투사 결괏값은 조직이 없고 공기만 있는 부분에서 가장 크다.
③ 역투사 결괏값들을 활용하여 조직의 분포에 대한 영상을 얻을 수 있다.
④ X선 투과율이 낮은 조직일수록 그 위치에 대응하는 역투사 결괏값은 커진다.
⑤ 역투사 결괏값은 CT 촬영기에서 구한 환산값을 컴퓨터에서 처리하여 얻을 수 있다.

## 061

**윗글을 바탕으로 <보기>와 같은 실험을 했을 때, B에 해당하는 그래프로 알맞은 것은?** [3점]

| 보기 |

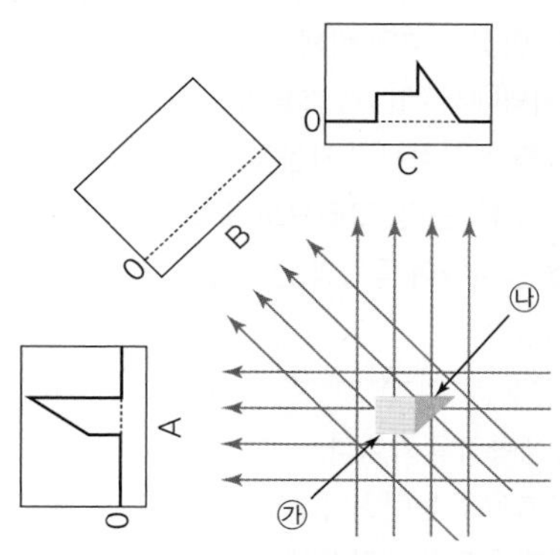

위의 그림처럼 단면이 정사각형인 물체 ㉮와 직각이등변삼각형인 물체 ㉯가 연결된 를 CT 촬영기 안에 넣고 촬영하여 A, B, C 방향에서 구한 환산값의 크기를 그래프로 나타냈다. 이때 ㉮의 투과율은 ㉯의 2 배이다.

* X선은 화살표와 같이 평행하게 진행함
* 물체 의 밑면을 기준으로 A는 0 ° 방향, B는 45 ° 방향, C는 90 ° 방향의 위치에 있음

① ② 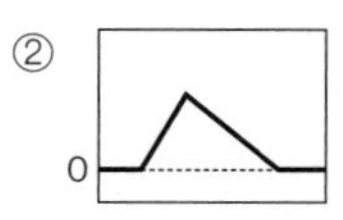 ③ 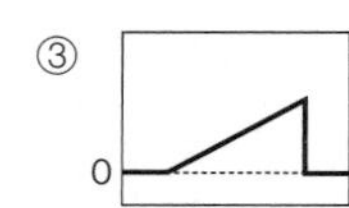

④ 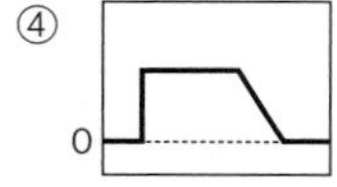 ⑤ 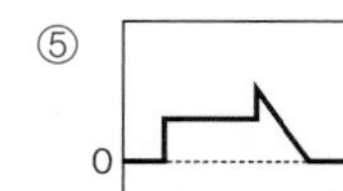

[062~064] 2011학년도 6월 모평 36번~38번 정답과 해설편 p.360

**다음 글을 읽고 물음에 답하시오.** 3문항을 6분 안에 풀어보세요.

자동차의 에너지 효율은 연료량 대비 운행 거리의 비율인 연비로 나타내며, 이는 자동차의 성능을 평가하는 중요한 잣대이다. 이러한 자동차의 연비는 엔진의 동력이 어떤 조건에서 발생되느냐에 따라 큰 차이를 보인다.

엔진의 동력은 흡기, 압축, 폭발, 배기의 4 행정을 순차적으로 거쳐 생산된다. 흡기 행정에서는 흡기 밸브를 열고 피스톤을 상사점에서 하사점으로 이동시킨다. 이때 실린더 내부 압력이 대기압보다 낮아져 공기가 유입되는데, 흡입되는 공기에 연료를 분사하여 공기와 함께 연료를 섞어 넣는다. 압축 행정에서는 ㉠ 실린더를 밀폐시키고 피스톤을 다시 상사점으로 밀어 공기와 연료의 혼합 기체를 압축한다. 폭발 행정에서는 피스톤이 상사점에 이를 즈음에 점화 플러그에 불꽃을 일으켜 압축된 혼합 기체를 연소시킨다. 압축된 혼합 기체가 폭발적으로 연소되면서 실린더 내부 압력이 급격히 높아지고, 외부 대기압과의 압력 차이에 의해 피스톤이 하사점으로 밀리면서 동력이 발생한다. 배기 행정에서는 배기 밸브가 열리고 남아 있는 압력에 의해 연소 가스가 외부로 급격히 빠져나간다. 피스톤이 다시 상사점으로 움직이면 흡기 때와는 반대로 부피가 줄면서 대기압보다 내부 압력이 높아지므로 잔류 가스가 모두 배출된다.

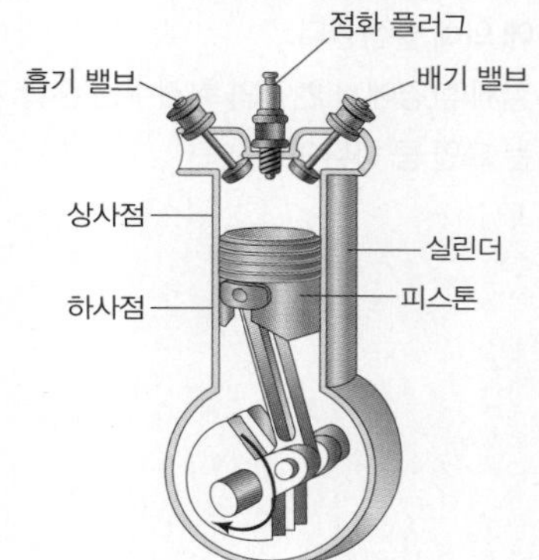


이러한 엔진의 동력 발생 주기에서 흡입되는 공기와 분사되는 연료의 혼합비를 어떻게 유지해 주느냐에 따라 자동차의 연비가 크게 달라진다. 일정 질량의 연료를 완전 연소시키는 데 필요한 산소의 질량은 일정하다. 한편 실린더 안에서 피스톤의 이동으로 흡입될 수 있는 공기의 부피는 정해져 있으므로, 공기의 밀도가 변하지 않으면 한 주기 동안 완전 연소 가능한 연료량의 최대치는 일정하다. 즉 최대 출력을 얻을 수 있는 공기와 연료의 적정한 혼합비는 이론적으로는 일정하다. 혼합비가 적절하지 않으면 출력이 떨어지면서 유해 가스의 배출량이 늘어나는데, 적정 혼합비보다 혼합 기체에 포함된 연료의 비율이 높아지면 산소가 부족하여 일산화탄소, 탄화수소가 증가한다. 반대로 연료의 비율이 낮아지면 공기 과잉으로 질소산화물이 늘어나고 배기가스에 산소가 잔류한다.

이론과 달리 실제 환경에서의 적정 혼합비는 상황에 따라 조금씩 달라진다. 이는 대기압, 엔진의 회전수 등 여러 요인에 의해 실린더에 흡입되는 공기의 질량이 변하기 때문이다. 따라서 자동차의 연비를 향상시키려면 엔진의 운행 상태를 실시간으로 감지하여 혼합비를 지속적으로 제어해야 한다.

DAY 23 Ⅳ 기술

## 062

**윗글의 내용과 일치하지 않는 것은?**

① 4 행정의 동력 발생 주기를 완료하면 피스톤은 실린더를 2 회 왕복한 것이 된다.
② 자동차 엔진은 실린더 내부에서 가스가 외부로 배출되는 단계에서 동력을 얻는다.
③ 엔진의 운행 상태를 실시간으로 점검하고 제어하면 자동차의 에너지 효율이 높아진다.
④ 혼합 기체의 흡입과 연소 가스의 배출은 실린더 내부와 외부의 압력 차에 의해 발생한다.
⑤ 실제 환경에서 엔진의 회전수는 혼합 기체의 적정 혼합비에 영향을 주는 요인 중 하나이다.

## 063

**다음 그래프는 엔진이 작동할 때의 실린더 내부 압력과 피스톤의 위치 및 이동 방향을 나타낸 것이다. 윗글의 ㉠에 해당하는 구간은?**

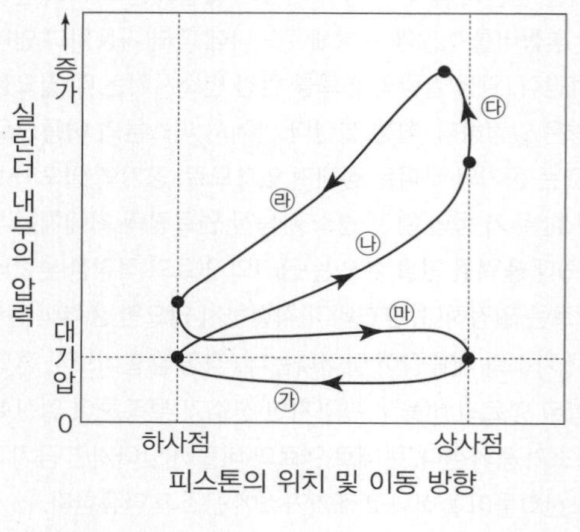


① ㉮ ② ㉯ ③ ㉰ ④ ㉱ ⑤ ㉲

## 064

**〈보기〉의 밑줄 친 부분에 해당하는 것은?**

| 보기 |

해발 고도가 5,000 m 정도인 고원 지역에서는 대기압과 공기의 밀도가 해수면 인접 지역에 비해 절반 정도로 줄어든다. 이로 인해 해수면 인접 지역에서 에너지 효율이 최고가 되도록, 한 주기 동안 분사되는 연료량을 고정시킨 자동차를 고원 지역에서 운행하면 <u>여러 가지 현상</u>이 나타난다. 그러므로 오늘날의 자동차 엔진은 흡입 공기의 압력을 감지하여 공기와 연료의 혼합비가 적절하게 유지되도록 설계한다.

① 탄화수소의 발생량이 증가한다.
② 엔진의 에너지 효율이 높아진다.
③ 배기가스의 배출 속도가 느려진다.
④ 배기가스에서 잔류 산소가 검출된다.
⑤ 동일 양의 연료에서 얻는 출력이 커진다.

Ⅳ 기술

# 4. 우리 주변의 생활 속 기술 원리들

[065~068] 2022학년도 수능 14번~17번 정답과 해설편 p.363

**다음 글을 읽고 물음에 답하시오.** 4문항을 14분 안에 풀어보세요.

주차하거나 좁은 길을 지날 때 운전자를 돕는 장치들이 있다. 이 중 차량 전후좌우에 장착된 카메라로 촬영한 영상을 이용하여 차량 주위 360 °의 상황을 위에서 내려다본 것 같은 영상을 만들어 차 안의 모니터를 통해 운전자에게 제공하는 [장치]가 있다. 운전자에게 제공되는 영상이 어떻게 만들어지는지 알아보자.

먼저 차량 주위 바닥에 바둑판 모양의 격자판을 펴 놓고 카메라로 촬영한다. 이 장치에서 사용하는 광각 카메라는 큰 시야각을 갖고 있어 사각지대가 줄지만 빛이 렌즈를 ⓐ 지날 때 렌즈 고유의 곡률로 인해 영상이 중심부는 볼록하고 중심부에서 멀수록 더 휘어지는 현상, 즉 렌즈에 의한 상의 왜곡이 발생한다. 이 왜곡에 영향을 주는 카메라 자체의 특징을 내부 변수라고 하며 왜곡 계수로 나타낸다. 이를 알 수 있다면 왜곡 모델을 설정하여 왜곡을 보정할 수 있다. 한편 차량에 장착된 카메라의 기울어짐 등으로 인해 발생하는 왜곡의 원인을 외부 변수라고 한다. ㉠ 촬영된 영상과 실세계 격자판을 비교하면 영상에서 격자판이 회전한 각도나 격자판의 위치 변화를 통해 카메라의 기울어진 각도 등을 알 수 있으므로 왜곡을 보정할 수 있다.

왜곡 보정이 끝나면 영상의 점들에 대응하는 3차원 실세계의 점들을 추정하여 이로부터 원근 효과가 제거된 영상을 얻는 시점 변환이 필요하다. 카메라가 3차원 실세계를 2차원 영상으로 투영하면 크기가 동일한 물체라도 카메라로부터 멀리 있을수록 더 작게 나타나는데, 위에서 내려다보는 시점의 영상에서는 거리에 따른 물체의 크기 변화가 없어야 하기 때문이다.

㉡ 왜곡이 보정된 영상에서의 몇 개의 점과 그에 대응하는 실세계 격자판의 점들의 위치를 알고 있다면, 영상의 모든 점들과 격자판의 점들 간의 대응 관계를 가상의 좌표계를 이용하여 기술할 수 있다. 이 대응 관계를 이용해서 영상의 점들을 격자의 모양과 격자 간의 상대적인 크기가 실세계에서와 동일하게 유지되도록 한 평면에 놓으면 2차원 영상으로 나타난다. 이때 얻은 영상이 ㉢ 위에서 내려다보는 시점의 영상이 된다. 이와 같은 방법으로 구한 각 방향의 영상을 합성하면 차량 주위를 위에서 내려다본 것 같은 영상이 만들어진다.

## 065

**윗글의 내용과 일치하는 것은?**

① 차량 주위를 위에서 내려다본 것 같은 영상은 360 °를 촬영하는 카메라 하나를 이용하여 만들어진다.
② 외부 변수로 인한 왜곡은 카메라 자체의 특징을 알 수 있으면 쉽게 해결할 수 있다.
③ 차량의 전후좌우 카메라에서 촬영된 영상을 하나의 영상으로 합성한 후 왜곡을 보정한다.
④ 영상이 중심부로부터 멀수록 크게 휘는 것은 왜곡 모델을 설정하여 보정할 수 있다.
⑤ 위에서 내려다보는 시점의 영상에 있는 점들은 카메라 시점의 영상과는 달리 3차원 좌표로 표시된다.

## 066

**㉠~㉢을 이해한 내용으로 가장 적절한 것은?**

① ㉠에서 광각 카메라를 이용하여 확보한 시야각은 ㉡에서는 작아지겠군.
② ㉡에서는 ㉠과 마찬가지로 렌즈와 격자판 사이의 거리가 멀어질수록 격자판이 작아 보이겠군.
③ ㉡에서는 ㉠에서 렌즈와 격자판 사이의 거리에 따른 렌즈의 곡률 변화로 생긴 휘어짐이 보정되었겠군.
④ ㉡과 실세계 격자판을 비교하여 격자판의 위치 변화를 보정한 ㉢은 카메라의 기울어짐에 의한 왜곡을 바로잡은 것이겠군.
⑤ ㉡에서 렌즈에 의한 상의 왜곡 때문에 격자판의 윗부분으로 갈수록 격자 크기가 더 작아 보이던 것이 ㉢에서 보정되었겠군.

DAY 23 Ⅳ 기술

## 067

**윗글을 바탕으로 <보기>를 탐구한 내용으로 가장 적절한 것은?** [3점]

| 보기 |

그림은 [장치]가 장착된 차량의 운전자에게 제공된 영상에서 전방 부분만 보여 준 것이다. 차량 전방의 바닥에 그려진 네 개의 도형이 영상에서 각각 A, B, C, D로 나타나 있고, C와 D는 직사각형이고 크기는 같다. p와 q는 각각 영상 속 임의의 한 점이다.

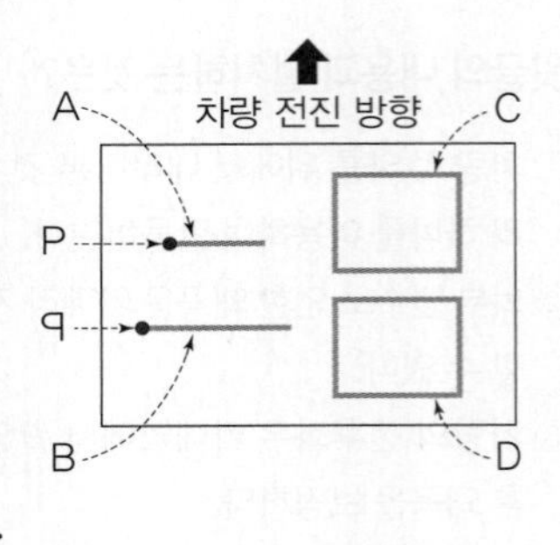


① 원근 효과가 제거되기 전의 영상에서 C는 윗변이 아랫변보다 긴 사다리꼴 모양이다.
② 시점 변환 전의 영상에서 D는 C보다 더 작은 크기로 영상의 더 아래쪽에 위치한다.
③ A와 B는 p와 q 간의 대응 관계를 이용하여 바닥에 그려진 도형을 크기가 유지되도록 한 평면에 놓은 것이다.
④ B에 대한 A의 상대적 크기는 가상의 좌표계를 이용하여 시점을 변환하기 전의 영상에서보다 더 커진 것이다.
⑤ p가 A 위의 한 점이라면 A는 p에 대응하는 실세계의 점이 시점 변환을 통해 선으로 나타난 것이다.

## 068

**문맥상 ⓐ의 의미와 가장 가까운 것은?**

① 그때 동생이 탄 버스는 교차로를 지나고 있었다.
② 그것은 슬픈 감정을 지나서 아픔으로 남아 있다.
③ 어느새 정오가 훌쩍 지나 식사할 시간이 되었다.
④ 물의 온도가 어는점을 지나 계속 내려가고 있다.
⑤ 가장 힘든 고비를 지나고 나니 마음이 가뿐하다.

[069~072] 2022학년도 9월 모평 14번~17번 정답과 해설편 p.366

**다음 글을 읽고 물음에 답하시오.** 4문항을 8분 안에 풀어보세요.

'메타버스(metaverse)'는 '초월'이라는 의미의 '메타(meta)'와 '세계'를 뜻하는 '유니버스(universe)'의 합성어로, 현실 세계와 가상 공간이 적극적으로 상호 작용하는 공간을 의미한다. 감각 전달 장치는 메타버스 속에서 사용자를 대신하는 아바타가 보고 만지는 것으로 설정된 감각을 사용자에게 전달하는 장치이다. 사용자는 이를 통하여 가상 공간을 현실감 있게 체험하면서 메타버스에 몰입하게 된다.

시각을 전달하는 장치인 HMD*는 사용자의 양쪽 눈에 가상 공간을 표현하는, 시차*가 있는 영상을 전달한다. 전달된 영상을 뇌에서 조합하는 과정에서 사용자는 공간과 물체의 입체감을 느낄 수 있다. 가상 공간에서 물체를 접촉하는 것처럼 사용자의 손에 감각 반응을 직접 전달하는 장치로는 가상 현실 장갑이 있다. 가상 현실 장갑은 가상 공간에서 아바타가 만지는 가상 물체의 크기, 형태, 온도 등을 사용자가 느낄 수 있도록 설계되어 있다. 이 외에도 가상 현실 장갑은 사용자의 손가락 및 팔의 움직임에 따라 아바타를 움직이게 할 수 있다.

한편 사용자의 움직임을 아바타에게 전달하는 공간 이동 장치를 이용하면, 사용자는 몰입도 높은 메타버스 체험을 할 수 있다. 공간 이동 장치인 가상 현실 트레드밀은 일정한 공간에 설치되어 360도 방향으로 사용자의 이동이 가능하도록 바닥의 움직임을 지원한다.

[A] 가상 현실 트레드밀과 함께 사용되는 모션 트래킹 시스템은 사용자의 동작에 따라 아바타가 동일하게 움직일 수 있도록 동기화하는 시스템으로, 동작 추적 센서, 관성 측정 센서, 압력 센서 등으로 구성된다. 동작 추적 센서는 사용자의 동작을 파악하며, 관성 측정 센서는 사용자의 이동 속도 변화율 및 회전 속도를 측정한다. 압력 센서는 서로 다른 물체 간에 작용하는 압력을 측정한다. 만약 바닥에 압력 센서가 부착된 신발을 사용자가 신고 뛰면, 압력 센서는 지면과 발바닥 사이의 압력을 감지하여 사용자가 뛰는 힘을 파악할 수 있다. 모션 트래킹 시스템이 사용자의 동작 정보를 컴퓨터에 전달하면, 컴퓨터는 사용자가 움직이는 방향과 속도에 ⓐ 맞춰 트레드밀의 바닥을 제어한다. 이와 같이 사용자의 이동 동작에 따라 트레드밀의 움직임이 변경되기도 하지만, 아바타가 존재하는 가상 공간의 환경 변화에 따라 트레드밀 바닥의 진행 속도 및 방향, 기울기 등이 변경되기도 한다. 또한 사용자의 움직임이나 트레드밀의 작동 변화에 따라 HMD에 표시되는 가상 공간의 장면이 변경되어 사용자는 더욱 현실감 높은 체험을 할 수 있다.

* HMD : 머리에 쓰는 3D 디스플레이의 한 종류
* 시차 : 한 물체를 서로 다른 두 지점에서 보았을 때 방향의 차이

## 069

**윗글의 내용과 일치하지 않는 것은?**

① 감각 전달 장치와 공간 이동 장치는 사용자가 메타버스에 몰입할 수 있게 한다.
② 공간 이동 장치는 현실 세계 사용자의 움직임을 메타버스의 아바타에게 전달한다.
③ HMD는 사용자가 시각을 통해 메타버스의 공간과 물체의 입체감을 느끼도록 한다.
④ 감각 전달 장치는 아바타가 느끼는 것으로 설정된 감각을 사용자에게 전달하는 장치이다.
⑤ 가상 현실 장갑을 착용하면 사용자와 아바타는 상호 간에 감각 반응을 주고받을 수 있다.

## 070

**[A]에 대한 이해로 적절한 것은?**

① 관성 측정 센서는 사용자의 이동 속도와 뛰는 힘을 측정할 수 있다.
② HMD에 표시되는 가상 공간 장면의 변경에 따라 HMD는 가상 현실 트레드밀을 제어한다.
③ 가상 공간에서 아바타가 경사로를 만나면 가상 현실 트레드밀 바닥의 기울기가 변경될 수 있다.
④ 모션 트래킹 시스템은 아바타의 동작에 따라 사용자가 동일하게 움직일 수 있도록 동기화한다.
⑤ 아바타가 이동 방향을 바꾸면 가상 현실 트레드밀 바닥의 진행 방향이 변경되어 사용자의 이동 방향이 바뀌게 된다.

## 071

**윗글을 바탕으로 <보기>를 이해한 내용으로 적절하지 않은 것은?** [3점]

| 보기 |

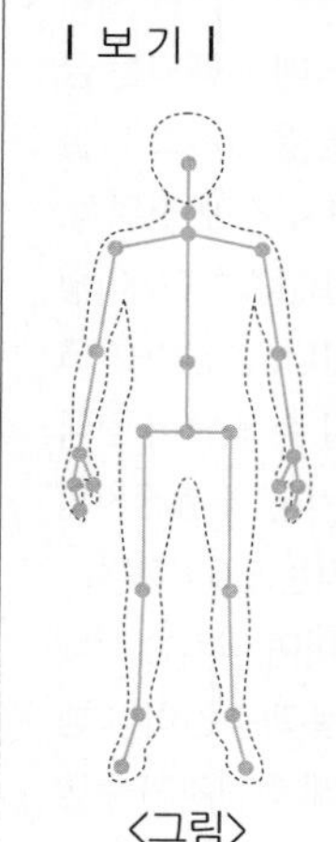
<그림>

동작 추적 센서의 하나인 키넥트 센서는 적외선 카메라와 RGB 카메라 등으로 구성된다. 적외선 카메라는 광원에서 발산된 적외선이 피사체의 표면에서 반사되어 수신되기까지 걸리는 시간을 측정하여, 피사체의 입체 정보를 포함하는 저해상도 단색 이미지를 제공한다. 반면 RGB 카메라는 피사체의 고해상도 컬러 이미지를 제공한다. 키넥트 센서는 저해상도 입체 이미지를 고해상도 컬러 이미지에 투영하여 사용자가 검출되는 경우, <그림>과 같이 신체 부위에 대응되는 25 개의 연결점을 선으로 이은 3D 골격 이미지를 제공한다.

① 키넥트 센서는 가상 공간에 있는 물체들 간의 거리를 측정하여 입체감을 구현할 수 있다.
② 키넥트 센서가 확보한, 사용자의 춤추는 동작 정보를 바탕으로 아바타의 춤추는 동작이 구현될 수 있다.
③ 키넥트 센서와 관성 측정 센서를 이용하여 사용자의 걷는 자세 및 이동 속도 변화율을 파악할 수 있다.
④ 연결점의 수와 위치의 제약 때문에 사용자의 골격 이미지로는 사용자의 얼굴 표정 변화를 아바타에게 전달할 수 없다.
⑤ 적외선 카메라의 입체 이미지와 RGB 카메라의 컬러 이미지 정보로부터 생성된 골격 이미지가 사용자의 동작 정보를 파악하는 데 사용된다.

## 072

**문맥상 의미가 ⓐ와 가장 가까운 것은?**

① 그 연주자는 피아노를 언니의 노래에 정확히 맞추어 쳤다.
② 아내는 집 안에 있는 물건들의 색깔을 조화롭게 맞추었다.
③ 우리는 다음 주까지 손발을 맞추어 작업을 마치기로 했다.
④ 그 동아리는 신입 회원을 한 명 더 뽑아 인원을 맞추었다.
⑤ 동생은 중간고사를 보고 나서 친구와 답을 맞추어 보았다.

[073~077] 2022학년도 예시문항 30번~34번 정답과 해설편 p.368

**다음 글을 읽고 물음에 답하시오.** 5문항을 10분 안에 풀어보세요.

충전과 방전을 ⓐ 통해 반복적으로 사용할 수 있는 충전지는 충전기를 ⓑ 통해 충전하는데, 충전기는 적절한 전류와 전압을 제어하기 위한 충전 회로를 가지고 있다. 충전지는 양극에 사용되는 금속 산화 물질에 따라 납 충전지, 니켈 충전지, 리튬 충전지로 나눌 수 있다. 충전지가 방전될 때 양극 단자와 음극 단자 간에 전위차, 즉 전압이 발생하는데, 방전이 진행되면서 전압이 감소한다. 이렇게 변화하는 단자 전압의 평균을 공칭 전압이라 한다. 충전지를 크게 만들면 충전 용량과 방전 전류 세기를 증가시킬 수 있으나 전극의 물질을 바꾸지 않는 한 공칭 전압은 변하지 않는다. 납 충전지의 공칭 전압은 2 V, 니켈 충전지는 1.2 V, 리튬 충전지는 3.6 V이다.

충전지는 최대 용량까지 충전하는 것이 효율적이며 이러한 상태를 만충전이라 한다. 최대 용량을 넘어서 충전하는 과충전이나 방전 하한 전압 이하까지 방전시키는 과방전으로 인해 충전지의 수명이 줄어들기 때문에 충전 양을 측정·관리하는 것이 중요하다. 특히 과충전 시에는 발열로 인해 누액이나 폭발의 위험이 있다. 니켈 충전지의 일종인 니켈카드뮴 충전지는 다른 충전지와 달리 메모리 효과가 있어서 일부만 방전한 후 충전하는 것을 반복하면 충·방전할 수 있는 용량이 줄어든다.

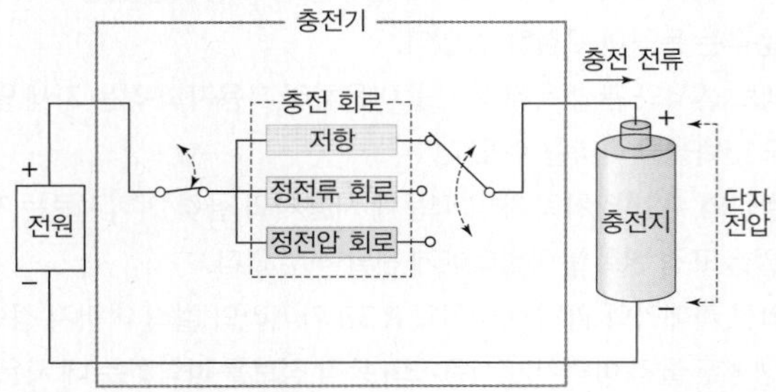


충전에 사용하는 충전기의 전원 전압은 충전지의 공칭 전압보다 높은 전압을 사용하고 충전지로 유입되는 전류를 저항으로 제한한다. 그러나 충전이 이루어지면서 충전지의 단자 전압이 상승하여 유입되는 전류의 세기가 점점 줄어들게 된다. 그러므로 이를 막기 위해 충전기에는 충전 전류의 세기가 일정하도록 하는 정전류 회로가 사용된다. 또한 정전압 회로를 사용하기도 하는데, 이는 회로에 입력되는 전압이 변해도 출력되는 전압이 일정하도록 해 준다. 리튬 충전지를 충전할 경우, 정전류 회로를 사용하여 충전하다가 만충전 전압에 이르면 정전압 회로로 전환하여 정해진 시간 동안 충전지에 공급하는 전압을 일정하게 유지함으로써 충전지 내부에 리튬 이온이 고르게 분포될 수 있게 한다.

충전지의 ㉠ 만충전 상태를 추정하여 충전을 중단하는 방식에는 몇 가지가 있다. 최대 충전 시간 방식에서는, 충전이 시작된 후 완전 방전에서 만충전될 때까지 소요될 것으로 추정되는 시간이 경과하면 무조건 충전 전원을 차단한다. 전류 적산 방식에서는 일정한 시간 간격으로 충전 전류의 세기를 측정하여, 각각의 값에 측정 시간 간격을 곱한 것을 모두 더한 값이 충전지의 충전 용량에 이르면 충전 전원을 차단한다. 충전 상태 검출 방식에서는 충전지의 단자 전압과 충전지 표면의 온도를 측정하여 만충전 여부를 판정한다. 충전지에 충전 전류가 유입되면 충전이 시작되어 단자 전압과 온도가 서서히 올라간다. 충전 양이 만충전 용량의 약 80 %에 이르면 발열량이 많아져 단자 전압과 온도가 급격히 올라간다. 만충전 상태에 가까워지면 단자 전압이 다소 감소하는데 일정 수준으로 감소한 시점을 만충전에 도달했다고 추정하여 충전 전원을 차단한다. 니켈카드뮴 충전지의 경우는 단자 전압의 강하를 검출할 수 있으나 다른 충전지들의 경우는 이러한 전압 강하가 검출이 가능할 만큼 크게 나타나지 않기 때문에 최대 단자 전압, 최대 온도, 온도 상승률 등의 기준을 정하고 측정된 값이 그 기준들을 넘어서지 않도록 하여 과충전을 방지한다.

## 073

**윗글의 내용과 일치하는 것은?**

① 과충전은 충전지의 수명에 영향을 끼치지 않는다.
② 방전 시 충전지의 단자 전압은 공칭 전압보다 낮을 수 있다.
③ 정전압 회로에서는 입력되는 전압이 변하면 출력되는 전압이 변한다.
④ 전극의 물질을 바꾸어도 충전지의 평균적인 단자 전압은 변하지 않는다.
⑤ 니켈카드뮴 충전지는 일부만 방전한 후 충전하기를 반복해도 방전할 수 있는 용량이 줄어들지 않는다.

## 074

**다음은 리튬 충전지의 사용 설명서 중 일부이다. 윗글에서 근거를 찾을 수 없는 것은?**

> **유의 사항**
> ㅇ 충전지에 표시된 전압보다 전원 전압이 높은 충전기를 사용해야 합니다. ……… ①
> ㅇ 충전지에 표시된 충전 허용 전류보다 충전 전류의 세기가 강하면 충전지의 수명이 줄어듭니다. ……… ②
> ㅇ 충전지의 온도가 과도하게 상승하면 충전을 중지해야 합니다. ……… ③
> ㅇ 충전지를 사용하다가 수시로 충전해도 무방합니다. ……… ④
> ㅇ 과도하게 방전시키면 충전지의 수명이 줄어듭니다. ……… ⑤

## 075

**<보기>는 윗글을 읽은 발명 동아리 학생들이 새로운 충전기 개발을 위해 진행한 회의의 일부이다. ㉠에 대한 의견으로 적절하지 않은 것은?**

> ㅣ보 기ㅣ
> 부장 : 충전기에 적용할 수 있는 충전 중단 방식이 지닌 장점에 대한 의견 잘 들었습니다. 이제 각 방식을 사용할 경우 발생할 수 있는 문제점을 생각해 보시고 의견을 말씀해 주십시오.
> 부원 1 : 최대 충전 시간 방식을 사용할 경우, 완전 방전이 되지 않은 상태에서 충전을 시작하면 과충전 상태에 이르는 한계가 있습니다.
> 부원 2 : 전류 적산 방식을 사용할 경우, 충전 전류가 변할 때보다 충전 전류가 일정할 경우에, 추정한 충전 양과 실제 충전 양의 차이가 커질 수 있다는 단점이 있습니다.
> 부장 : 충전 상태 검출 방식에 대한 의견을 말씀해 주십시오.
> 부원 3 : 충전 상태 검출 방식 중 전압 강하를 검출하는 방식은 여러 종류의 충전지를 두루 충전하는 충전기에 사용하기에는 적절하지 않습니다.
> 부원 4 : 충전 상태 검출 방식 중 온도로 상태를 파악하는 방식에서는 주변 환경이 충전지 표면 온도에 영향을 준다면 충전 완료 시점을 정확하게 추정하기 어렵습니다.
> 부원 5 : 지금까지 논의한 방식은 모두 충전 전원을 차단하는 장치가 없다면 과충전을 방지할 수 없다는 한계가 있습니다.

① 부원 1의 의견　② 부원 2의 의견
③ 부원 3의 의견　④ 부원 4의 의견
⑤ 부원 5의 의견

## 076

**다음은 어떤 충전지를 충전할 때의 단자 전압과 충전 전류를 나타낸 그래프이다. 윗글을 참고할 때, ㉮~㉲에 대한 이해로 적절하지 않은 것은?** [3점]

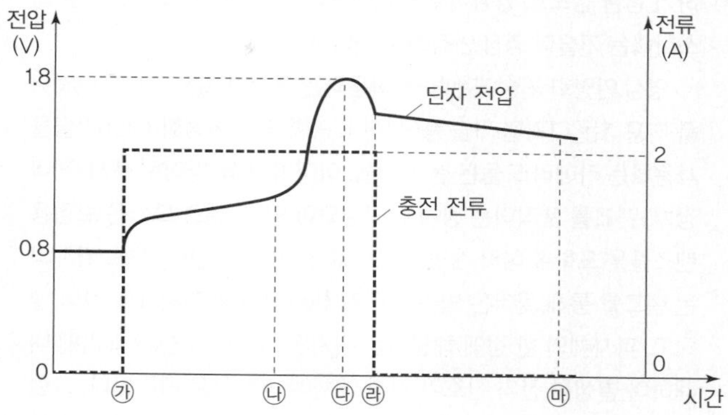


① ㉮ : 단자 전압이 공칭 전압 이하인 상태에서 충전이 시작되는군.
② ㉯ : 충전 전류에 의해 온도가 상승하고 정전류 회로가 작동하고 있군.
③ ㉰ : 단자 전압이 최대에 도달했으므로 만충전에 이르렀군.
④ ㉱ : 정전류 회로가 작동을 멈추고 전원이 차단되었군.
⑤ ㉲ : 충전 전류가 흐르지 않는 상태에서 방전이 되고 있군.

## 077

**ⓐ, ⓑ의 의미로 쓰인 예가 바르게 짝지어진 것은?**

① ⓐ : 그 사람에게 그런 식은 안 통한다.
　 ⓑ : 전깃줄에 전류가 통한다.
② ⓐ : 그와 나는 서로 통하는 면이 있다.
　 ⓑ : 청년기를 통해 노력의 중요성을 익혔다.
③ ⓐ : 이 길은 바다로 가는 길과 통해 있다.
　 ⓑ : 모두 비상구를 통해 안전하게 빠져나갔다.
④ ⓐ : 이곳은 바람이 잘 통해 빨래가 잘 마른다.
　 ⓑ : 그런 얄팍한 수는 나에게 통하지 않는다.
⑤ ⓐ : 철저한 실습을 통해 이론을 확실히 익힌다.
　 ⓑ : 망원경을 통해 저 멀리까지 내다보았다.

[078~081] 2021학년도 6월 모평 25번~28번 정답과 해설편 p.371

**다음 글을 읽고 물음에 답하시오.** 4문항을 10분 안에 풀어보세요. 

일반 사용자가 디지털 카메라를 들고 촬영하면 손의 미세한 떨림으로 인해 영상이 번져 흐려지고, 걷거나 뛰면서 촬영하면 식별하기 힘들 정도로 영상이 흔들리게 된다. 흔들림에 의한 영향을 최소화하는 기술이 영상 안정화 기술이다.

영상 안정화 기술에는 빛을 이용하는 광학적 기술과 소프트웨어를 이용하는 디지털 기술 등이 있다. 광학 영상 안정화(OIS) 기술을 사용하는 카메라 모듈은 렌즈 모듈, 이미지 센서, 자이로 센서, 제어 장치, 렌즈를 움직이는 장치로 구성되어 있다. 렌즈 모듈은 보정용 렌즈들을 포함한 여러 개의 렌즈들로 구성된다. 일반적으로 카메라는 렌즈를 통해 들어온 빛이 이미지 센서에 닿아 피사체의 상이 맺히고, 피사체의 한 점에 해당하는 위치인 화소마다 빛의 세기에 비례하여 발생한 전기 신호가 저장 매체에 영상으로 저장된다. 그런데 카메라가 흔들리면 이미지 센서 각각의 화소에 닿는 빛의 세기가 변한다. 이때 OIS 기술이 작동되면 자이로 센서가 카메라의 움직임을 감지하여 방향과 속도를 제어 장치에 전달한다. 제어 장치가 렌즈를 이동시키면 피사체의 상이 유지되면서 영상이 안정된다.

렌즈를 움직이는 방법 중에는 보이스코일 모터를 이용하는 방법이 많이 쓰인다. 보이스코일 모터를 포함한 카메라 모듈은 중앙에 위치한 렌즈 주위에 코일과 자석이 배치되어 있다. 카메라가 흔들리면 제어 장치에 의해 코일에 전류가 흘러서 자기장과 전류의 직각 방향으로 전류의 크기에 비례하는 힘이 발생한다. 이 힘이 렌즈를 이동시켜 흔들림에 의한 영향이 상쇄되고 피사체의 상이 유지된다. 이외에도 카메라가 흔들릴 때 이미지 센서를 움직여 흔들림을 감쇄하는 방식도 이용된다.

OIS 기술이 손 떨림을 훌륭하게 보정해 줄 수는 있지만 렌즈의 이동 범위에 한계가 있어 보정할 수 있는 움직임의 폭이 좁다. 디지털 영상 안정화(DIS) 기술은 촬영 후에 소프트웨어를 사용해 흔들림을 보정하는 기술로 역동적인 상황에서 촬영한 동영상에 적용할 때 좋은 결과를 얻을 수 있다. 이 기술은 촬영된 동영상을 프레임 단위로 나눈 후 연속된 프레임 간 피사체의 움직임을 추정한다. 움직임을 추정하는 한 방법은 특징점을 이용하는 것이다. 특징점으로는 피사체의 모서리처럼 주위와 밝기가 뚜렷이 구별되며 영상이 이동하거나 회전해도 그 밝기 차이가 유지되는 부분이 선택된다.

먼저 k 번째 프레임에서 특징점들을 찾고, 다음 k + 1 번째 프레임에서 같은 특징점들을 찾는다. 이 두 프레임 사이에서 같은 특징점이 얼마나 이동하였는지 계산하여 영상의 움직임을 추정한다. 그리고 흔들림이 발생한 곳으로 추정되는 프레임에서 위치 차이만큼 보정하여 흔들림의 영향을 줄이면 보정된 동영상은 움직임이 부드러워진다. 그러나 특징점의 수가 늘어날수록 연산이 더 오래 걸린다. 한편 영상을 보정하는 과정에서 영상을 회전하면 프레임에서 비어 있는 공간이 나타난다. 비어 있는 부분이 없도록 잘라 내면 프레임들의 크기가 작아지는데, 원래의 프레임 크기를 유지하려면 화질은 떨어진다.

## 078

**윗글을 이해한 내용으로 적절하지 않은 것은?**

① 디지털 영상 안정화 기술은 소프트웨어를 이용하여 이미지 센서를 이동시킨다.
② 광학 영상 안정화 기술을 사용하지 않는 디지털 카메라에도 이미지 센서는 필요하다.
③ 연속된 프레임에서 동일한 피사체의 위치 차이가 작을수록 동영상의 움직임이 부드러워진다.
④ 디지털 카메라의 저장 매체에는 이미지 센서 각각의 화소에서 발생하는 전기 신호가 영상으로 저장된다.
⑤ 보정 기능이 없다면 손 떨림이 있을 때 이미지 센서 각각의 화소에 닿는 빛의 세기가 변하여 영상이 흐려진다.

## 079

**윗글의 'OIS 기술'에 대한 설명으로 적절하지 않은 것은?**

① 보이스코일 모터는 카메라 모듈에 포함되는 장치이다.
② 자이로 센서는 이미지 센서에 맺히는 영상을 제어 장치로 전달한다.
③ 보이스코일 모터에 흐르는 전류에 의해 발생한 힘으로 렌즈의 위치를 조정한다.
④ 자이로 센서가 카메라 움직임을 정확히 알려도 렌즈 이동의 범위에는 한계가 있다.
⑤ 흔들림에 의해 피사체의 상이 이동하면 원래의 위치로 돌아오도록 렌즈나 이미지 센서를 이동시킨다.

## 080

**윗글을 참고할 때, <보기>의 A ~ C에 들어갈 말을 바르게 짝지은 것은?**

| 보 기 |
특징점으로 선택되는 점들과 주위 점들의 밝기 차이가 ( A ), 영상이 흔들리기 전의 밝기 차이와 후의 밝기 차이 변화가 ( B ) 특징점의 위치 추정이 유리하다. 그리고 특징점들이 많을수록 보정에 필요한 ( C )이/가 늘어난다.

| | A | B | C |
|---|---|---|---|
| ① | 클수록 | 클수록 | 프레임의 수 |
| ② | 클수록 | 작을수록 | 시간 |
| ③ | 클수록 | 작을수록 | 프레임의 수 |
| ④ | 작을수록 | 클수록 | 시간 |
| ⑤ | 작을수록 | 작을수록 | 프레임의 수 |

## 081

**윗글을 읽고 <보기>를 이해한 반응으로 가장 적절한 것은?** 3점

| 보 기 |
새로 산 카메라의 성능을 시험해 보고 싶어서 OIS 기능을 켜고 동영상을 촬영했다. 빌딩을 찍는 순간, 바람에 휘청하여 들고 있던 카메라가 기울어졌다. 집에 돌아와 촬영된 영상을 확인하고 소프트웨어로 보정하려 한다.

[촬영한 동영상 중 연속된 프레임]

㉠ k 번째 프레임

㉡ k + 1 번째 프레임

① ㉠에서 프레임의 모서리 부분으로 특징점을 선택하는 것이 움직임을 추정하는 데 유리하겠군.
② ㉡을 DIS 기능으로 보정하고 나서 프레임 크기가 변했다면 흔들림은 보정되었으나 원래의 영상 일부가 손실되었겠군.
③ ㉠에서 빌딩 모서리들 간의 차이를 특징점으로 선택하고 그 차이를 계산하여 ㉡을 보정하겠군.
④ ㉠은 OIS 기능으로 손 떨림을 보정한 프레임이지만, ㉡은 OIS 기능으로 보정해야 할 프레임이겠군.
⑤ ㉡을 보면 ㉠이 촬영된 직후 카메라가 크게 움직여 DIS 기능으로는 완전히 보정되지 않았다는 것을 알 수 있겠군.

DAY 24 Ⅳ 기술

[082~085] 2020학년도 9월 모평 38번~41번 정답과 해설편 p.374

## 다음 글을 읽고 물음에 답하시오.

4문항을 12분 안에 풀어보세요. 

스마트폰은 다양한 위치 측정 기술을 활용하여 여러 지형 환경에서 위치를 측정한다. 위치에는 절대 위치와 상대 위치가 있다. 절대 위치는 위도, 경도 등으로 표시된 위치이고, 상대 위치는 특정한 위치를 기준으로 한 상대적인 위치이다.

실외에서는 주로 스마트폰 단말기에 내장된 GPS(위성항법장치)나 IMU(관성측정장치)를 사용한다. GPS는 위성으로부터 오는 신호를 이용하여 절대 위치를 측정한다. GPS는 위치 오차가 시간에 따라 누적되지 않는다. 그러나 전파 지연 등으로 접속 초기에 짧은 시간 동안이지만 큰 오차가 발생하고 실내나 터널 등에서는 GPS 신호를 받기 어렵다. IMU는 내장된 센서로 가속도와 속도를 측정하여 위치 변화를 계산하고 초기 위치를 기준으로 하는 상대 위치를 구한다. 단기간 움직임에 대한 측정 성능이 뛰어나지만 센서가 측정한 값의 오차가 누적되기 때문에 시간이 지날수록 위치 오차가 커진다. 이 두 방식을 함께 사용하면 서로의 단점을 보완하여 오차를 줄일 수 있다.

한편 실내에서 위치 측정에 사용 가능한 방법으로는 블루투스 기반의 비콘을 활용하는 기술이 있다. 비콘은 실내에 고정 설치되어 비콘마다 정해진 식별 번호와 위치 정보가 포함된 신호를 주기적으로 보내는 기기이다. 비콘들은 동일한 세기의 신호를 사방으로 보내지만 비콘으로부터 거리가 멀어질수록, 벽과 같은 장애물이 많을수록 신호의 세기가 약해진다. 단말기가 비콘 신호의 도달 거리 내로 진입하면 단말기 안의 수신기가 이 신호를 인식한다. 이 신호를 이용하여 2차원 평면에서의 위치를 측정하는 방법으로는 다음과 같은 것들이 있다.

근접성 기법은 단말기가 비콘 신호를 수신하면 해당 비콘의 위치를 단말기의 위치로 정한다. 여러 비콘 신호를 수신했을 경우에는 신호가 가장 강한 비콘의 위치를 단말기의 위치로 정한다.

삼변측량 기법은 3 개 이상의 비콘으로부터 수신된 신호 세기를 측정하여 단말기와 비콘 사이의 거리로 환산한다. 각 비콘을 중심으로 이 거리를 반지름으로 하는 원을 그리고, 그 교점을 단말기의 현재 위치로 정한다. 교점이 하나로 모이지 않는 경우에는 세 원에 공통으로 속한 영역의 중심점을 단말기의 위치로 측정한다.

㉠ 위치 지도 기법은 측정 공간을 작은 구역들로 나누어 각 구역마다 기준점을 설정하고 그 주위에 비콘들을 설치한다. 그러고 나서 비콘들이 송신하여 각 기준점에 도달하는 신호의 세기를 측정한다. 이 신호 세기와 비콘의 식별 번호, 기준점의 위치 좌표를 서버에 있는 데이터베이스에 위치 지도로 기록해 놓는다. 이 작업을 모든 기준점에서 수행한다. 특정한 위치에 도달한 단말기가 비콘 신호를 수신하면 신호 세기를 측정한 뒤 비콘의 식별 번호와 함께 서버로 전송한다. 서버는 수신된 신호 세기와 가장 가까운 신호 세기를 갖는 기준점을 데이터베이스에서 찾아 이 기준점의 위치를 단말기에 알려 준다.

## 082

**윗글의 내용과 일치하는 것은?**

① GPS를 이용하여 측정한 위치는 기준이 되는 위치가 어디냐에 따라 달라진다.
② 비콘들이 서로 다른 세기의 신호를 송신해야 단말기의 위치를 측정할 수 있다.
③ 비콘이 전송하는 식별 번호는 신호가 도달하는 단말기를 구별하기 위한 정보이다.
④ 비콘은 실내에서 GPS 신호를 받아 주위에 위성 식별 번호와 위치 정보를 전송하는 장치이다.
⑤ IMU는 단말기가 초기 위치로부터 얼마나 떨어져 있는지를 계산하여 단말기의 위치를 구한다.

## 083

**오차에 대해 이해한 내용으로 적절한 것은?**

① IMU는 시간이 지날수록 전파 지연으로 인한 오차가 커진다.
② GPS는 사용 시간이 길어질수록 위성의 위치를 파악하는 데 오차가 커진다.
③ IMU는 순간적인 오차가 발생하지만 시간이 지날수록 정확한 위치 측정이 가능해진다.
④ GPS는 단말기가 터널에 진입 시 발생한 오차를 터널을 통과하는 동안 보정할 수 있다.
⑤ IMU의 오차가 커지는 것은 가속도와 속도를 측정할 때 생기는 오차가 누적되기 때문이다.

## 084

**㉠에 대한 이해로 적절하지 않은 것은?**

① 측정 공간을 더 많은 구역으로 나눌수록 기준점이 많아진다.
② 단말기가 측정 공간에 들어오기 전에 데이터베이스가 미리 구축되어 있어야 한다.
③ 측정된 신호 세기가 서버에 저장된 값과 가장 가까운 비콘의 위치가 단말기의 위치가 된다.
④ 비콘을 이동하여 설치하면 정확한 위치 측정을 위해 데이터베이스를 갱신할 필요가 있다.
⑤ 위치 지도는 측정 공간 안의 특정 위치에서 수신된 신호 세기와 식별 번호 등을 데이터베이스에 기록해 놓은 것이다.

## 085

**〈보기〉는 단말기가 3 개의 비콘 신호를 받은 상태를 도식화한 것이다. 윗글을 바탕으로 〈보기〉를 이해한 내용으로 적절한 것은?** [3점]

| 보 기 |

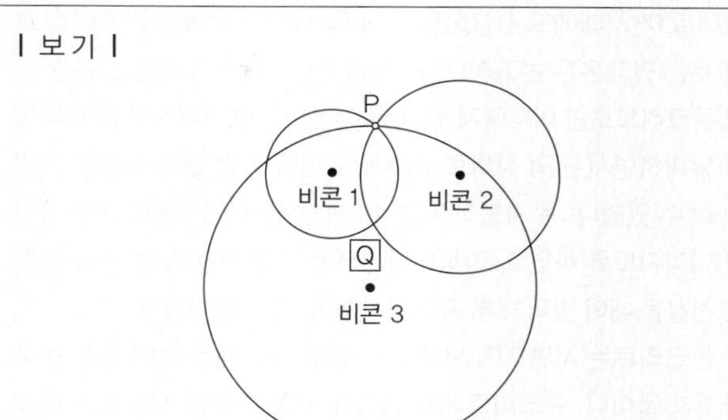


* 각 원의 반지름은 신호 세기로 환산한 비콘과 단말기 사이의 거리이다.
* 신호 세기에 영향을 미치는 장애물이 Q의 위치에 있다.
(단, 세 원에 공통으로 속한 영역이 항상 존재한다고 가정하며, 신호 세기에 영향을 미치는 다른 요소는 고려하지 않음)

① 근접성 기법과 삼변측량 기법으로 측정한 단말기의 위치는 동일하겠군.
② 측정된 신호 세기를 약한 것부터 나열하면 비콘 1, 비콘 2, 비콘 3의 신호 순이겠군.
③ 실제 단말기의 위치는 삼변측량 기법으로 측정된 위치에 비해 비콘 3에 더 가까이 있겠군.
④ Q의 위치에 있는 장애물이 제거된다면, 삼변측량 기법으로 측정되는 단말기의 위치는 현재 측정된 위치에서 P 방향으로 이동하겠군.
⑤ 단말기에서 측정되는 비콘 2의 신호 세기만 약해진다면, 삼변측량 기법으로 측정되는 단말기의 위치는 현재 측정된 위치에서 비콘 2 방향으로 이동하겠군.

[086~091] 2017학년도 9월 모평 25번~30번 정답과 해설편 p.377

**다음 글을 읽고 물음에 답하시오.** 6문항을 10분 안에 풀어보세요. 

'콘크리트'는 건축 재료로 다양하게 사용되고 있다. 일반적으로 콘크리트가 근대 기술의 ㉠ 산물로 알려져 있지만 콘크리트는 이미 고대 로마 시대에도 사용되었다. 로마 시대의 탁월한 건축미를 보여 주는 판테온은 콘크리트 구조물인데, 반구형의 지붕인 돔은 오직 콘크리트로만 이루어져 있다. 로마인들은 콘크리트의 골재 배합을 달리하면서 돔의 상부로 갈수록 두께를 점점 줄여 지붕을 가볍게 할 수 있었다. 돔 지붕이 지름 45 m 남짓의 넓은 원형 내부 공간과 이어지도록 하였고, 지붕의 중앙에는 지름 9 m가 넘는 ㉡ 원형의 천창을 내어 빛이 내부 공간을 채울 수 있도록 하였다.

콘크리트는 시멘트에 모래와 자갈 등의 골재를 섞어 물로 반죽한 혼합물이다. 콘크리트에서 결합재 역할을 하는 시멘트가 물과 만나면 ㉢ 점성을 띠는 상태가 되며, 시간이 지남에 따라 수화 반응이 일어나 골재, 물, 시멘트가 결합하면서 굳어진다. 콘크리트의 수화 반응은 상온에서 일어나기 때문에 작업하기에도 좋다. 반죽 상태의 콘크리트를 거푸집에 부어 경화시키면 다양한 형태와 크기의 구조물을 만들 수 있다. 콘크리트의 골재는 종류에 따라 강도와 밀도가 다양하므로 골재의 종류와 비율을 조절하여 콘크리트의 강도와 밀도를 다양하게 변화시킬 수 있다. 그리고 골재들 간의 접촉을 높여야 강도가 높아지기 때문에, 서로 다른 크기의 골재를 배합하는 것이 효과적이다.

콘크리트가 철근 콘크리트로 발전함에 따라 건축은 구조적으로 더욱 견고해지고, 형태 면에서는 더욱 다양하고 자유로운 표현이 가능해졌다. 일반적으로 콘크리트는 누르는 힘인 압축력에는 쉽게 부서지지 않지만 당기는 힘인 인장력에는 쉽게 부서진다. 압축력이나 인장력에 재료가 부서지지 않고 그 힘에 견딜 수 있는, 단위 면적당 최대의 힘을 각각 압축 강도와 인장 강도라 한다. 콘크리트의 압축 강도는 인장 강도보다 10 배 이상 높다. 또한 압축력을 가했을 때 최대한 줄어드는 길이는 인장력을 가했을 때 최대한 늘어나는 길이보다 훨씬 길다. 그런데 철근이나 철골과 같은 철재는 인장력과 압축력에 의한 변형 정도가 콘크리트보다 작은 데다가 압축 강도와 인장 강도 모두가 콘크리트보다 높다. 특히 인장 강도는 월등히 더 높다. 따라서 보강재로 철근을 콘크리트에 넣어 대부분의 인장력을 철근이 받도록 하면 인장력에 취약한 콘크리트의 단점이 크게 보완된다. 다만 철근은 무겁고 비싸기 때문에, 대개는 인장력을 많이 받는 부분을 정확히 계산하여 그 지점을 ㉣ 위주로 철근을 보강한다. 또한 가해진 힘의 방향에 수직인 방향으로 재료가 변형되는 점도 고려해야 하는데, 이때 필요한 것이 포아송 비이다. 철재는 콘크리트보다 포아송 비가 크며, 대체로 철재의 포아송 비는 0.3, 콘크리트는 0.15 정도이다.

강도가 높고 지지력이 좋아진 철근 콘크리트를 건축 재료로 사용하면서, 대형 공간을 축조하고 기둥의 간격도 넓힐 수 있게 되었다. 20 세기에 들어서면서부터 근대 건축에서 철근 콘크리트는 예술적 ㉤ 영감을 줄 수 있는 재료로 인식되기 시작하였다. 기술이 예술의 가장 중요한 근원이라는 신념을 가졌던 르 코르뷔지에는 철근 콘크리트 구조의 장점을 사보아 주택에서 완벽히 구현하였다. 사보아 주택은, 벽이 건물의 무게를 지탱하는 구조로 설계된 건축물과는 달리 기둥만으로 건물 본체의 하중을 지탱하도록 설계되어 건물이 공중에 떠 있는 듯한 느낌을 준다. 2 층 거실을 둘러싼 벽에는 수평으로 긴 창이 나 있고, 건축가가 '건축적 산책로'라고 이름 붙인 경사로는 지상의 출입구에서 2 층의 주거 공간으로 이어지다가 다시 테라스로 나와 지붕까지 연결된다. 목욕실 지붕에 설치된 작은 천창을 통해 하늘을 바라보면 이 주택이 자신을 중심으로 펼쳐진 또 다른 소우주임을 느낄 수 있다. 평평하고 넓은 지붕에는 정원이 조성되어, 여기서 산책하다 보면 대지를 바다 삼아 항해하는 기선의 갑판에 서 있는 듯하다.

철근 콘크리트는 근대 이후 가장 중요한 건축 재료로 널리 사용되어 왔지만 철근 콘크리트의 인장 강도를 높이려는 연구가 계속되어 프리스트레스트 콘크리트가 등장하였다. 프리스트레스트 콘크리트는 다음과 같이 제작된다. 먼저, 거푸집에 철근을 넣고 철근을 당긴 상태에서 콘크리트 반죽을 붓는다. 콘크리트가 굳은 뒤에 당기는 힘을 제거하면, 철근이 줄어들면서 콘크리트에 압축력이 작용하여 외부의 인장력에 대한 저항성이 높아진 프리스트레스트 콘크리트가 만들어진다. 킴벨 미술관은 개방감을 주기 위하여 기둥 사이를 30 m 이상 벌리고 내부의 전시 공간을 하나의 층으로 만들었다. 이 간격은 프리스트레스트 콘크리트 구조를 활용하였기에 구현할 수 있었고, 일반적인 철근 콘크리트로는 구현하기 어려웠다. 이 구조로 이루어진 긴 지붕의 틈새로 들어오는 빛이 넓은 실내를 환하게 채우며 철근 콘크리트로 이루어진 내부를 대리석처럼 빛나게 한다.

이처럼 건축 재료에 대한 기술적 탐구는 언제나 새로운 건축 미학의 원동력이 되어 왔다. 특히 근대 이후에는 급격한 기술의 발전으로 혁신적인 건축 작품들이 탄생할 수 있었다. 건축 재료와 건축 미학의 유기적인 관계는 앞으로도 지속될 것이다.

## 086

**윗글에 대한 설명으로 가장 적절한 것은?**

① 건축 재료의 특성과 발전을 서술하면서 각 건축물들의 공간적 특징을 설명하고 있다.

② 건축 재료의 특성에 기초하여 건축물들의 특징에 대한 상반된 평가를 제시하고 있다.

③ 건축 재료의 기원을 검토하여 다양한 건축물들의 미학적 특성과 한계를 평가하고 있다.

④ 건축 재료의 시각적 특성을 설명하면서 각 재료와 건축물들의 경제적 가치를 탐색하고 있다.

⑤ 건축물들의 특징에 대한 평가가 시대에 따라 달라진 원인을 제시하고 건축 재료와의 관계를 설명하고 있다.

## 087

**윗글의 내용에 대한 이해로 적절하지 않은 것은?**

① 판테온의 돔에서 상대적으로 더 얇은 부분은 상부 쪽이다.
② 사보아 주택의 지붕은 여유를 즐길 수 있는 공간으로도 활용되었다.
③ 킴벨 미술관은 철근 콘크리트의 인장 강도를 높이는 방법을 이용하여 넓고 개방된 내부 공간을 확보하였다.
④ 판테온과 사보아 주택은 모두 천창을 두어 빛이 위에서 들어올 수 있도록 하였다.
⑤ 사보아 주택과 킴벨 미술관은 모두 층을 구분하지 않도록 구성하여 개방감을 확보하였다.

## 088

**윗글을 바탕으로 추론한 내용으로 가장 적절한 것은?**

① 당기는 힘에 대한 저항은 철근 콘크리트가 철재보다 크다.
② 일반적으로 철근을 콘크리트에 보강재로 사용할 때는 압축력을 많이 받는 부분에 넣는다.
③ 프리스트레스트 콘크리트에서는 철근의 인장력으로 높은 강도를 얻게 되어 수화 반응이 일어나지 않는다.
④ 프리스트레스트 콘크리트는 철근이 복원되려는 성질을 이용하여 콘크리트에 압축력을 줌으로써 인장 강도를 높인 것이다.
⑤ 콘크리트의 강도를 높이는 데에는 크기가 다양한 자갈을 사용하는 것보다 균일한 크기의 자갈만 사용하는 것이 효과적이다.

## 089

**윗글을 바탕으로 <보기>에 대해 탐구한 내용으로 적절하지 않은 것은?**

| 보 기 |

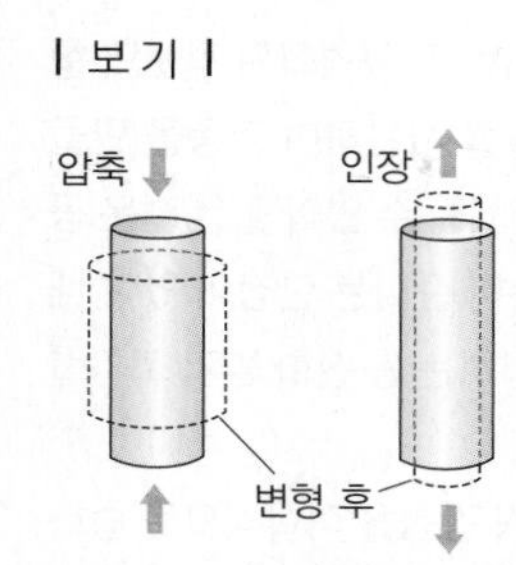


철재만으로 제작된 원기둥 A와 콘크리트만으로 제작된 원기둥 B에 힘을 가하며 변형을 관찰하였다. A와 B의 윗면과 아랫면에 수직인 방향으로 압축력을 가했더니 높이가 줄어들면서 지름은 늘어났다. 또, A의 윗면과 아랫면에 수직인 방향으로 인장력을 가했더니 높이가 늘어나면서 지름이 줄어들었다. 이때 지름의 변화량의 절댓값을 높이의 변화량의 절댓값으로 나누어 포아송 비를 구하였더니, 일반적으로 알려진 철재와 콘크리트의 포아송 비와 동일하게 나왔다. 그리고 A와 B의 포아송 비는 변형 정도에 상관없이 그 값이 변하지 않았다. (단, 힘을 가하기 전 A의 지름과 높이는 B와 동일하다.)

① 동일한 압축력을 가했다면 B는 A보다 높이가 더 줄어들었을 것이다.
② A에 인장력을 가했다면 높이의 변화량의 절댓값은 지름의 변화량의 절댓값보다 컸을 것이다.
③ B에 압축력을 가했다면 지름의 변화량의 절댓값은 높이의 변화량의 절댓값보다 작았을 것이다.
④ A와 B에 압축력을 가했을 때 줄어든 높이의 변화량이 같았다면 B의 지름이 A의 지름보다 더 늘어났을 것이다.
⑤ A와 B에 압축력을 가했을 때 늘어난 지름의 변화량이 같았다면 A의 높이가 B의 높이보다 덜 줄어들었을 것이다.

DAY 24 Ⅳ 기술

## 090

### 윗글과 <보기>를 읽고 추론한 내용으로 적절하지 않은 것은? [3점]

| 보 기 |

철골은 매우 높은 강도를 지닌 건축 재료로, 규격화된 직선의 형태로 제작된다. 철근 콘크리트 대신 철골을 사용하여 기둥을 만들면 더 가는 기둥으로도 간격을 더욱 벌려 세울 수 있어 훨씬 넓은 공간 구현이 가능하다. 하지만 산화되어 녹이 슨다는 단점이 있어 내식성 페인트를 칠하거나 콘크리트를 덧입히는 등 산화 방지 조치를 하여 사용한다.

베를린 신국립미술관은 철골의 기술적 장점을 미학적으로 승화시킨 건축물이다. 거대한 평면 지붕은 여덟 개의 십자형 철골 기둥만이 떠받치고 있고, 지붕과 지면 사이에는 가벼운 유리벽이 사면을 둘러싸고 있다. 최소한의 설비 외에는 어떠한 것도 천장에 닿아 있지 않고 내부 공간이 텅 비어 있어 지붕은 공중에 떠 있는 느낌을 준다. 미술관 내부에 들어가면 넓은 공간 속에서 개방감을 느끼게 된다.

① 베를린 신국립미술관의 기둥에는 산화 방지 조치가 되어 있겠군.
② 휘어진 곡선 모양의 기둥을 세우려 할 때는 대체로 철골을 재료로 쓰지 않겠군.
③ 베를린 신국립미술관은 철골을, 킴벨 미술관은 프리스트레스트 콘크리트를 활용하여 개방감을 구현하였겠군.
④ 가는 기둥들이 넓은 간격으로 늘어선 건물을 지을 때 기둥의 재료로는 철골보다 철근 콘크리트가 더 적합하겠군.
⑤ 베를린 신국립미술관의 지붕과 사보아 주택의 건물이 공중에 떠 있는 느낌을 주는 것은 벽이 아닌 기둥이 구조적으로 중요한 역할을 하고 있기 때문이겠군.

## 091

### ㉠~㉤을 사용하여 만든 문장으로 적절하지 않은 것은?

① ㉠ : 행복은 성실하고 꾸준한 노력의 산물이다.
② ㉡ : 이 건축물은 후대 미술관의 원형이 되었다.
③ ㉢ : 이 물질은 점성 때문에 끈적끈적한 느낌을 준다.
④ ㉣ : 그녀는 채소 위주의 식단을 유지하고 있다.
⑤ ㉤ : 그의 발명품은 형의 조언에서 영감을 얻은 것이다.

[092~094] 2016학년도 수능A 19번~21번 정답과 해설편 p.382

### 다음 글을 읽고 물음에 답하시오.

3문항을 6분 안에 풀어보세요.

광통신은 빛을 이용하기 때문에 정보의 전달은 매우 빠를 수 있지만, 광통신 케이블의 길이가 증가함에 따라 빛의 세기가 감소하기 때문에 원거리 통신의 경우 수신되는 광신호는 매우 약해질 수 있다. 빛은 광자의 흐름이므로 빛의 세기가 약하다는 것은 단위 시간당 수신기에 도달하는 광자의 수가 적다는 뜻이다. 따라서 광통신에서는 적어진 수의 광자를 검출하는 장치가 필수적이며, 약한 광신호를 측정이 가능한 크기의 전기 신호로 변환해 주는 반도체 소자로서 애벌랜치 광다이오드가 널리 사용되고 있다.

애벌랜치 광다이오드는 크게 흡수층, ㉠ 애벌랜치 영역, 전극으로 구성되어 있다. 흡수층에 충분한 에너지를 가진 광자가 입사되면 전자(-)와 양공(+) 쌍이 생성될 수 있다. 이때 입사되는 광자 수 대비 생성되는 전자-양공 쌍의 개수를 양자 효율이라 부른다. 소자의 특성과 입사광의 파장에 따라 결정되는 양자 효율은 애벌랜치 광다이오드의 성능에 영향을 미치는 중요한 요소 중 하나이다.

흡수층에서 생성된 전자와 양공은 각각 양의 전극과 음의 전극으로 이동하며, 이 과정에서 전자는 애벌랜치 영역을 지나게 된다. 이곳에는 소자의 전극에 걸린 역방향 전압으로 인해 강한 전기장이 존재하는데, 이 전기장은 역방향 전압이 클수록 커진다. 이 영역에서 전자는 강한 전기장 때문에 급격히 가속되어 큰 속도를 갖게 된다. 이후 충분한 속도를 얻게 된 전자는 애벌랜치 영역의 반도체 물질을 구성하는 원자들과 충돌하여 속도가 줄어들며 새로운 전자-양공 쌍을 만드는데, 이 현상을 충돌 이온화라 부른다. 새롭게 생성된 전자와 기존의 전자가 같은 원리로 전극에 도달할 때까지 애벌랜치 영역에서 다시 가속되어 충돌 이온화를 반복적으로 일으킨다. 그 결과 전자의 수가 크게 늘어나는 것을 '애벌랜치 증배'라고 부르며 전자의 수가 늘어나는 정도, 즉 애벌랜치 영역으로 유입된 전자당 전극으로 방출되는 전자의 수를 증배 계수라고 한다. 증배 계수는 애벌랜치 영역의 전기장의 크기가 클수록, 작동 온도가 낮을수록 커진다. 전류의 크기는 단위 시간당 흐르는 전자의 수에 비례한다. 이러한 일련의 과정을 거쳐 광신호의 세기는 전류의 크기로 변환된다.

한편 애벌랜치 광다이오드는 흡수층과 애벌랜치 영역을 구성하는 반도체 물질에 따라 검출이 가능한 빛의 파장 대역이 다르다. 예를 들어 실리콘은 300 ~ 1,100 nm*, 저마늄은 800 ~ 1,600 nm 파장 대역의 빛을 검출하는 것이 가능하다. 현재 다양한 사용자의 요구와 필요를 만족시키기 위해 여러 종류의 애벌랜치 광다이오드가 제작되어 사용되고 있다.

* nm : 나노미터. 10억 분의 1 미터

## 092

**윗글의 내용과 일치하는 것은?**

① 애벌랜치 광다이오드는 전기 신호를 광신호로 변환해 준다.
② 애벌랜치 광다이오드의 흡수층에서 전자-양공 쌍이 발생하려면 광자가 입사되어야 한다.
③ 입사된 광자의 수가 크게 늘어나는 과정은 애벌랜치 광다이오드의 작동에 필수적이다.
④ 저마늄을 사용하여 만든 애벌랜치 광다이오드는 100 nm 파장의 빛을 검출할 때 사용 가능하다.
⑤ 애벌랜치 광다이오드의 흡수층에서 생성된 양공은 애벌랜치 영역을 통과하여 양의 전극으로 이동한다.

## 093

**㉠에 대한 이해로 적절하지 않은 것은?**

① ㉠에서 전자는 역방향 전압의 작용으로 속도가 증가한다.
② ㉠에 형성된 강한 전기장은 충돌 이온화가 일어나는 데 필수적이다.
③ ㉠에 유입된 전자가 생성하는 전자-양공 쌍의 수는 양자 효율을 결정한다.
④ ㉠에서 충돌 이온화가 많이 일어날수록 전극에서 측정되는 전류가 증가한다.
⑤ 흡수층에서 ㉠으로 들어오는 전자의 수가 늘어나면 충돌 이온화의 발생 횟수가 증가한다.

## 094

**윗글을 바탕으로 〈보기〉의 '본 실험' 결과를 예측한 것으로 적절하지 않은 것은?** [3점]

| 보기 |

○ **예비 실험** : 일정한 세기를 가지는 800 nm 파장의 빛을 길이가 1 m인 광통신 케이블의 한쪽 끝에 입사시키고, 다른 쪽 끝에 실리콘으로 만든 애벌랜치 광다이오드를 설치하여 전류를 측정하였다. 이때 100 nA의 전류가 측정되었고 증배 계수는 40이었다. 작동 온도는 0 °C, 역방향 전압은 110 V였다. 제품 설명서에 따르면 750 ~ 1,000 nm 파장 대역에서는 파장이 커짐에 따라 양자 효율이 작아진다.

○ **본 실험** : 동일한 애벌랜치 광다이오드를 가지고 작동 조건을 하나씩 달리하며 성능을 시험한다. 이때 나머지 작동 조건은 예비 실험과 동일하게 유지한다.

① 역방향 전압을 100 V로 바꾼다면 증배 계수는 40보다 작아지겠군.
② 역방향 전압을 120 V로 바꾼다면 더 약한 빛을 검출하는 데 유리하겠군.
③ 작동 온도를 20 °C로 바꾼다면 단위 시간당 전극으로 방출되는 전자의 수가 늘어나겠군.
④ 광통신 케이블의 길이를 100 m로 바꾼다면, 측정되는 전류는 100 nA보다 작아지겠군.
⑤ 동일한 세기를 가지는 900 nm 파장의 빛이 입사된다면 측정되는 전류는 100 nA보다 작아지겠군.

[095~097] 2013학년도 9월 모평 17번~19번 정답과 해설편 p.384

**다음 글을 읽고 물음에 답하시오.** 3문항을 5분 안에 풀어보세요.

일상생활에서 흔히 사용하는 컴퓨터, 스마트폰 등에는 반도체 소자가 핵심 부품으로 사용되는데 반도체 소자는 수십에서 수백 나노미터 크기의 패턴으로 이루어져 있다. 반도체 소자의 크기는 패턴의 크기에 달려 있기 때문에 패턴의 크기를 줄여 반도체 소자의 집적도를 높이는 것이 반도체 생산 공정에서는 매우 중요하다. 반도체 소자의 집적도는 매년 꾸준하게 증가하였으며 여기에 가장 핵심적인 역할을 한 것이 바로 포토리소그래피이다.

포토리소그래피는 반도체 기판 위에 패턴을 형성하는 기술을 의미하는데 이는 판화를 만들어 내는 과정과 유사성이 있다. 원판으로부터 수없이 많은 판화를 종이 위에 찍어 낼 수 있듯이 포토리소그래피의 경우 마스크라는 하나의 원판을 제작한 후, 빛을 사용하여 같은 모양의 패턴을 기판 위에 반복 복사하여 패턴을 대량으로 만든다. 판화의 원판은 조각칼을 이용하여 만드는 데 비해, 포토리소그래피의 경우 마스크 패턴의 크기가 매우 작기 때문에 레이저를 이용하여 만든다.

포토리소그래피는 아래 그림과 같이 진행된다.

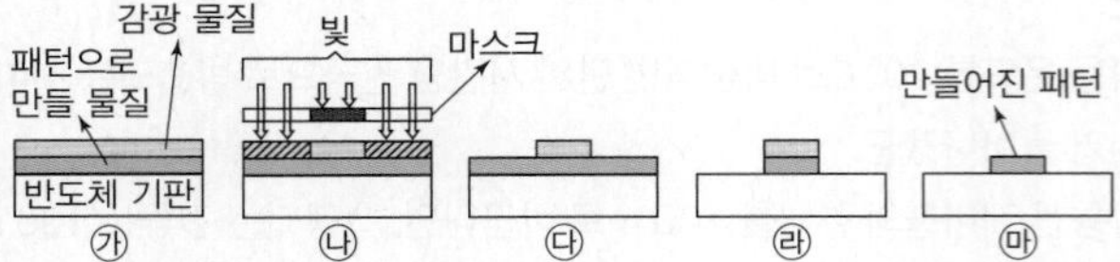


먼저 ㉮와 같이 패턴으로 만들 물질이 코팅된 반도체 기판 위에 감광 물질을 고르게 바른다. 감광 물질이란 빛을 받으면 화학적 성질이 변하는 물질을 말한다. 두 번째로, ㉯와 같이 마스크 위에서 빛을 쏘여 준다. 마스크에는 패턴이 새겨져 있는데, 빛은 마스크의 패턴을 제외한 부분만을 통과할 수 있다. 따라서 마스크의 패턴과 동일한 크기와 모양의 그림자가 감광 물질에 드리우게 되며, 이때 빛을 받은 부분의 감광 물질만 화학적 성질이 변하게 된다. 세 번째로, ㉯에서 빛을 받은 부분만을 현상액으로 제거하면 ㉰와 같이 된다. 이렇게 빛을 받은 부분만을 현상액으로 제거할 때 사용하는 감광 물질을 양성 감광 물질이라 한다. 이와 반대로 빛을 받지 않은 부분만을 현상액으로 제거할 수도 있는데 이때 쓰는 감광 물질을 음성 감광 물질이라고 한다. 네 번째로, ㉰에 남아 있는 감광 물질을 보호층으로 활용하여 감광 물질이 덮여 있지 않은 부분만을 제거하면 ㉱와 같은 모양이 된다. 마지막으로, 더 이상 필요가 없는 감광 물질을 제거하면 반도체 기판에는 ㉲와 같이 마스크에 있던 것과 동일한 패턴이 만들어진다.

한편, 반도체 기판 위에 새길 수 있는 패턴의 크기는 빛의 파장이 짧을수록 작게 만들 수 있기 때문에, ㉠ <u>짧은 파장의 광원을 포토리소그래피에 이용하려는 노력</u>과 짧은 파장의 광원에 반응하는 새로운 감광 물질을 개발하려는 연구가 진행되고 있다. 이와 더불어 더욱 정교하고 미세하게 마스크에 패턴을 만드는 기술의 개발 또한 진행되고 있다.

## 095

**윗글에 대한 이해로 적절하지 <u>않은</u> 것은?**

① 반도체 기판 위에 수백 나노미터 크기의 패턴을 만드는 것이 가능하다.
② 포토리소그래피에 쓰이는 마스크는 반복 사용이 가능하다.
③ 마스크에 패턴을 새겨 넣는 레이저는 판화의 조각칼과 유사한 역할을 한다.
④ 마스크에 새겨진 패턴의 크기는 기판 위에 만들어지는 패턴의 크기보다 작다.
⑤ 사용하는 빛의 파장에 따라 쓰이는 감광 물질이 달라진다.

## 096

**<보기>의 모든 공정을 수행했을 때, 반도체 기판 위에 형성될 패턴으로 적절한 것은?** [3점]

| 보기 |

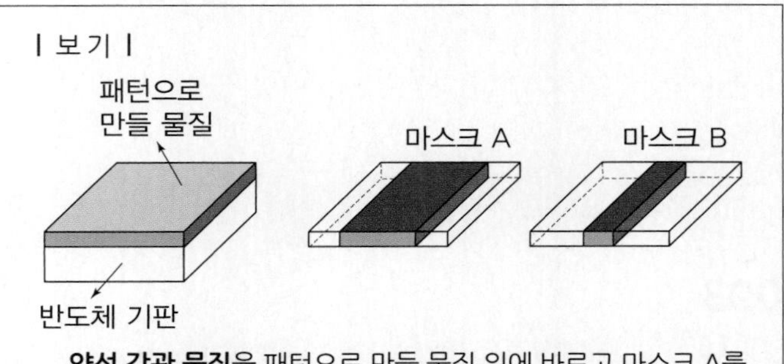


<u>**양성 감광 물질**</u>을 패턴으로 만들 물질 위에 바르고 마스크 A를 이용하여 포토리소그래피 공정을 수행하여 패턴을 얻은 후, 그 위에 <u>**음성 감광 물질**</u>을 바르고 마스크 B를 이용하여 포토리소그래피 공정을 수행하였다.

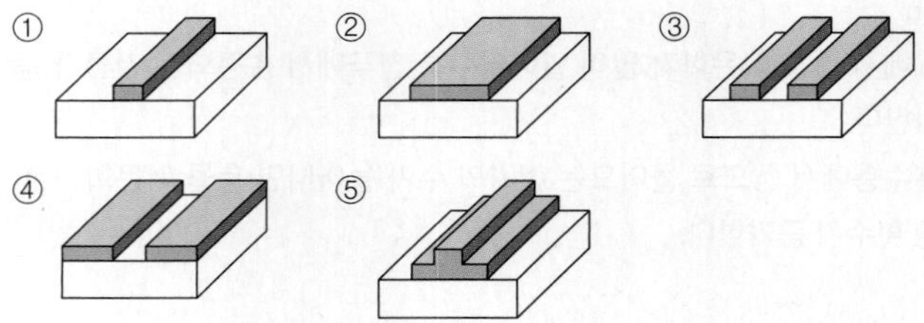


## 097

**㉠의 이유로 가장 적절한 것은?**

① 감광 물질 없이 패턴을 형성하기 위해
② 반도체 소자의 집적도를 더욱 높이기 위해
③ 빛을 사용하지 않고 패턴을 복사하는 방법의 발명을 위해
④ 한 개의 마스크를 사용하여 다양한 반도체 소자를 생산하기 위해
⑤ 반도체 소자 생산을 위한 포토리소그래피 공정의 단계를 줄이기 위해

[098~100] 2011학년도 9월 모평 48번~50번 정답과 해설편 p.386

**다음 글을 읽고 물음에 답하시오.** 3문항을 7분 안에 풀어보세요.

우리는 생활에서 각종 유해 가스에 노출될 수 있다. 인간은 후각이나 호흡 기관을 통해 위험 가스의 존재를 인지할 수는 있으나, 그 종류를 감각으로 판별하기는 어려우며, 미세한 농도의 감지는 더욱 불가능하다. 따라서 가스의 종류나 농도 등을 감지할 수 있는 고성능 가스 센서를 사용하는 것이 위험 가스로 인한 사고를 미연에 방지할 수 있는 길이다.

가스 센서란 특정 가스를 감지하여 그것을 적당한 전기 신호로 변환하는 장치의 총칭이다. 각종 가스 센서 가운데 산화물 반도체 물질을 이용한 저항형 센서는 감지 속도가 빠르고 안정성이 높으며 휴대용 장치에 적용할 수 있도록 소형화가 용이하기 때문에 널리 사용되고 있다. 센서 장치에서 ㉠ <u>안정성이 높다</u>는 것은 시간이 지남에 따라 반복 측정하여도 동일 조건하에서는 센서의 출력이 거의 일정하다는 뜻이다.

저항형 가스 센서는 두께가 수백 나노미터($10^{-9}$ m)에서 수 마이크로미터($10^{-6}$ m)인 산화물 반도체 물질이 두 전극 사이를 연결하는 방식으로 되어 있다. 가스가 센서에 다다르면 시간이 지남에 따라 산화물 반도체 물질에 흡착*되는 가스의 양이 늘어나다가 흡착된 가스의 양이 일정하게 유지되는 정상 상태(定常狀態)에 도달하여 일정한 저항값을 나타내게 된다. 정상 상태에 도달하는 동안 이산화질소와 같은 산화 가스는 산화물 반도체로부터 전자를 받으면서 흡착하여 산화물 반도체의 저항값을 증가시킨다. 반면에 일산화탄소와 같은 환원 가스는 산화물 반도체 물질에 전자를 주면서 흡착하여 산화물 반도체의 저항값을 감소시킨다. 이러한 저항값 변화로부터 가스를 감지하고 농도를 산출하는 것이 센서의 작동 원리이다.

저항형 가스 센서의 성능을 평가하는 주된 요소는 응답 감도, 응답 시간, 회복 시간이다. 응답 감도는 특정 가스가 존재할 때 가스 센서의 저항이 얼마나 민감하게 변하는가에 대한 정도이며, 일정하게 유지되는 정상 상태 저항값($R_s$)과 특정 가스 없이 공기 중에서 측정된 저항값($R_{air}$)으로부터 도출된다. 이는 $R_s$와 $R_{air}$의 차이를 $R_{air}$로 나누어 백분율로 나타낸 것으로, 이 값이 클수록 가스 센서는 감도가 좋다고 할 수 있다. 또한 가스 센서가 특정 가스를 얼마나 빨리 감지하고 반응하느냐의 척도인 응답 시간은 응답 감도 값의 50 % 혹은 90 % 값에 도달하는 데 걸리는 시간으로 정의된다. 한편, 센서는 반복적으로 사용해야 하기 때문에 산화물 반도체 물질에 정상 상태로 흡착돼 있는 가스를 가능한 한 빠른 시간 내에 탈착*시켜 처음 상태로 되돌려야 한다. 따라서 흡착된 가스가 공기 중에서 탈착되는 데 필요한 시간인 회복 시간 역시 가스 센서의 성능을 평가하는 중요한 요소로 꼽힌다.

* 흡착 : 고체 표면에 기체나 액체가 달라붙는 현상
* 탈착 : 흡착된 물질이 고체 표면으로부터 떨어지는 현상

## 098

**윗글의 내용과 일치하는 것은?**

① 산화물 반도체 물질은 가스 흡착 시 전자를 주거나 받을 수 있다.
② 인간은 후각을 이용하여 유해 가스 농도를 수치로 나타낼 수 있다.
③ 회복 시간이 길어야 산화물 반도체 가스 센서를 오래 사용할 수 있다.
④ 산화물 반도체 물질에 흡착되는 가스의 양은 시간이 지남에 따라 계속 늘어난다.
⑤ 저항형 가스 센서는 가스의 탈착 전후에 변화한 저항값으로부터 가스를 감지한다.

## 099

**㉠에 해당하는 예로 가장 적절한 것은?**

① 어제 잠자리에 들기 전 음악을 듣고 마음의 안정을 찾았다.
② 체육 시간에 안정적인 자세로 물구나무를 서서 박수를 받았다.
③ 모형 항공기가 처음에는 맞바람에 요동쳤으나 곧 안정되어 활강하였다.
④ 자세를 여러 가지로 바꾸어 가며 공을 던졌으나 50 m 이상 날아가지 않았다.
⑤ 매일 아침 운동장을 열 바퀴 걸은 직후 맥박을 재어 보니 항상 분당 128 ~ 130 회였다.

## 100

**산화물 반도체 물질 A와 B를 각각 이용한 두 센서를 가지고 같은 조건에서 실험하여 <보기>와 같은 그래프를 얻었다. 이에 대한 해석으로 적절하지 <u>않은</u> 것은?** [3점]

| 보 기 |

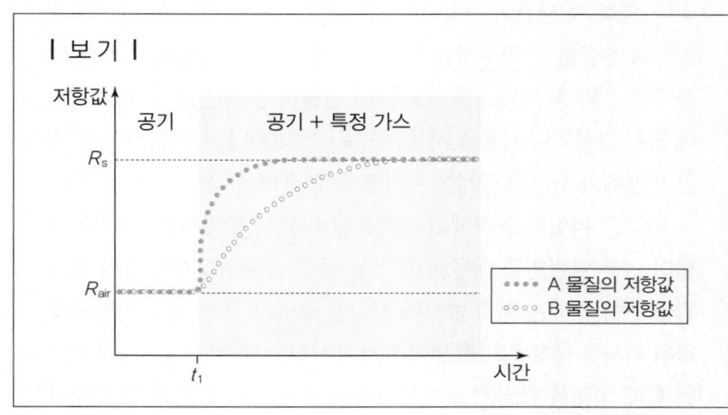


① 실험에 사용된 가스는 산화 가스이다.
② 응답 감도는 A를 이용한 센서와 B를 이용한 센서가 같다.
③ 응답 시간은 A를 이용한 센서와 B를 이용한 센서가 같다.
④ 특정 가스가 흡착하기 전에는 공기 중에서 A와 B의 저항값이 같다.
⑤ $t_1$ 직후부터 정상 상태에 도달하기 직전까지는 A의 저항값이 B의 저항값보다 크다.

[001~006] 2025학년도 9월 모평 12번~17번 정답과 해설편 p.389

**다음 글을 읽고 물음에 답하시오.** 6문항을 12분 안에 풀어보세요. 

(가)

리얼리즘 영화 이론가 앙드레 바쟁에 따르면 영화는 '세상을 향해 열린 창'이다. 창을 통해 세상을 인식하는 것처럼, 관객은 영화를 통해 현실을 객관적으로 인식할 수 있다. 영화가 담아내고자 하는 현실은 물리적 시·공간이 분할되지 않는 하나의 총체로, 그 의미가 미리 정해지지 않은 미결정의 상태이다. 바쟁은 영화가 현실의 물리적 연속성과 미결정성을 있는 그대로 드러내야 한다고 생각했다.

바쟁은 영화감독을 '이미지를 믿는 감독'과 '현실을 믿는 감독'으로 분류했다. 영화의 형식을 중시한 '이미지를 믿는 감독'은 다양한 영화적 기법으로 현실을 변형하여 ⓐ 새로운 의미를 창조하는 데 주력한다. 몽타주의 대가인 예이젠시테인이 대표적이다. 몽타주는 추상적이거나 상징적인 이미지를 통해 관객이 익숙한 대상을 낯설게 받아들이게 한다. 또한 짧은 숏들을 불규칙적으로 편집해서 영화가 재현한 공간이 불연속적으로 연결된 듯한 느낌을 만들어 낸다. 바쟁은 몽타주가 현실의 연속성을 ⓑ 깨뜨릴 뿐만 아니라 감독의 의도에 따라 관객이 현실을 하나의 의미로만 해석하게 할 우려가 있는 연출 방식이라고 생각했다.

바쟁은 '현실을 믿는 감독'을 지지했다. 이들은 '이미지를 믿는 감독'과 달리 영화의 내용, 즉 현실을 더 중요하게 생각하기에 변형되지 않은 현실을 객관적으로 보여 주고자 한다. 디프 포커스와 롱 테이크는 이를 가능하게 해 주는 영화적 기법이다. 디프 포커스는 근경에서 원경까지 숏 전체를 선명하게 초점을 맞춰 촬영하는 기법으로, 원근감이 느껴지도록 공간감을 표현할 수 있다. 롱 테이크는 하나의 숏이 1 ~ 2 분 이상 끊김 없이 길게 진행되도록 촬영하는 기법이다. 영화 속 사건이 지속되는 시간과 관객의 영화 체험 시간이 일치하여 현실을 ⓒ 마주하는 듯한 효과를 낳는다. 바쟁에 따르면, 디프 포커스와 롱 테이크를 혼용하여 연출한 장면은 관객이 그 장면에 담긴 인물이나 사물을 자율적으로 선택하여 응시하면서 화면 속 공간 전체와 사건의 전개를 지켜볼 수 있게 해 준다.

바쟁은 현실의 공간에서 자연광을 이용해 촬영하거나, 연기 경험이 없는 일반인을 배우로 ⓓ 쓰는 등 다큐멘터리처럼 강한 현실감을 만들어 내는 연출 방식에 찬사를 보냈다. 또한 정교하게 구조화된 서사를 통해 의미를 명확하게 제시하는 영화보다는 열린 결말을 통해 의미를 확정적으로 제시하지 않는 영화를 선호했다. 이러한 영화가 미결정 상태의 현실을 있는 그대로 드러낸다고 생각했기 때문이다.

(나)

정신분석학적 영화 이론에 따르면 ㉠ 관객이 영화에서 느끼는 현실감은 상상적인 것이며 환영이다. 영화와 관객의 심리 사이의 관계를 다루는 정신분석학적 영화 이론은 영화와 관객 사이에 발생하는 동일시 현상에 주목한다. 이런 동일시 현상은 영화 장치로 인해 발생한다. 이때 영화 장치는 카메라, 영화의 서사, 영화관의 환경 등을 아우르는 개념이다. 가장 대표적인 동일시 현상은 관객이 영화의 등장인물에 자신을 일치시키는 것이다. 이런 동일시는 극영화뿐 아니라 다큐멘터리 영화에서도 발생한다. 그런데 관객이 보고 있는 인물과 사물은 영화가 상영되는 그 시간과 장소에는 존재하지 않는다. 그 인물과 사물의 부재를 채우는 역할은 관객의 몫이다. 관객은 상상적 작업을 통해, 영화가 보여 주는 세계의 중심에 자신을 위치시킴으로써, 허구적 세계와 현실 사이의 간극을 ⓔ 없앤다. 따라서 정신분석학적 영화 이론에서 영화는 일종의 몽상이다.

정신분석학적 영화 이론에 따르면 관객의 시점은 카메라의 시점과 동일시된다. 관객은 카메라에 의해 기록된 것만을 볼 수 있다. 따라서 관객은 자신이 영화를 보는 시선의 주체라고 생각하지만 그 시선은 카메라에 의해 이미 규정된 시선이다. 또한 영화는 촬영과 편집 과정에서 특정한 의도에 따라 선택과 배제가 이루어지지만, 관객은 제작 과정에서 무엇이 배제되었는지 알 수 없다. 관객은 자신이 현실 세계를 보고 있다고 믿지만, 사실은 인위적으로 만들어진 세계를 보고 있다는 것이 정신분석학적 영화 이론가들의 주장이다.

영화관의 환경은 관객이 영화가 환영임을 인식하기 어렵게 만든다. 영화에 몰입한 관객은 플라톤이 말한 '동굴의 비유' 속 죄수처럼 스크린에 비친 허구적 세계를 현실이라고 착각한다. 이때 영화는 꿈에 빗대진다. 정신분석학적 영화 이론은 영화가 은폐하고 있는 특정한 이념을 관객이 의심하지 않고 자신의 것으로 받아들일 위험이 있다고 경고한다. 이는 관객이 비판적 거리를 유지하면서 영화를 볼 수 있도록, 영화가 환영임을 영화 스스로 폭로하는 설정이 담겨 있는 대안적인 영화가 필요하다는 주장으로 이어진다.

## 001

**(가)와 (나)에서 모두 답을 찾을 수 있는 질문으로 가장 적절한 것은?**

① 영화는 무엇에 비유될 수 있는가?
② 영화의 내용과 형식 중 무엇이 중요한가?
③ 영화에 관객의 심리는 어떻게 반영되는가?
④ 영화 이론의 시기별 변천 양상은 어떠한가?
⑤ 영화관 환경은 관객에게 어떤 영향을 주는가?

## 002

**(가)를 바탕으로 할 때, 영화적 기법의 효과에 대한 이해로 적절하지 않은 것은?**

① 몽타주를 활용하여 대립 관계의 두 세력이 충돌하는 상황을 상징적 이미지로 표현한 장면에서, 관객은 생소한 느낌을 받을 수 있다.
② 몽타주를 활용하여 서로 다른 공간을 짧은 숏으로 불규칙하게 교차시킨 장면에서, 관객은 영화 속 공간이 불연속적으로 재구성되었다는 인상을 받을 수 있다.
③ 디프 포커스를 활용하여 주인공과 주인공 뒤로 펼쳐진 배경을 하나의 숏으로 촬영한 장면에서, 관객은 배경이 흐릿하게 인물은 선명하게 보이는 느낌을 받을 수 있다.
④ 롱 테이크를 활용하여 사자가 사슴을 사냥하는 모든 과정을 하나의 숏으로 길게 촬영한 장면에서, 관객은 실제 상황을 마주하는 듯한 느낌을 받을 수 있다.
⑤ 디프 포커스와 롱 테이크를 활용하여 광장의 군중을 촬영한 장면에서, 관객은 자율적으로 인물이나 배경에 시선을 옮기며 사건의 전개를 지켜볼 수 있다.

## 003

**<보기>의 입장에서 (가)의 '바쟁'에 대해 비판한 내용으로 가장 적절한 것은?**

| 보기 |

관객은 특별한 예술 교육을 받지 않아도 작품을 해석할 수 있다. 또한 감독의 의도대로 작품을 해석하는 존재가 아니다. 따라서 감독은 영화를 통해 관객을 계몽하려 할 필요가 없다. 관객은 작품과 상호 작용하며 의미를 생산하는 능동적 존재이다. 감독과 관객은 수평적인 위치에 있다.

① 바쟁은 열린 결말의 영화를 관객이 이해하도록 돕는 예술 교육의 필요성을 간과하고 있다.
② 바쟁은 정교하게 구조화된 서사의 영화를 통해 관객을 계몽하는 것을 영화의 목적이라고 오인하고 있다.
③ 바쟁이 감독의 연출 역량을 기준으로 감독의 유형을 나눈 것은 영화와 관객의 상호 작용을 무시한 구분에 불과하다.
④ 바쟁이 변형된 현실을 통해 생성한 의미를 관객에게 전달하는 것을 중시한다는 점에서 관객의 능동적인 작품 해석 능력을 과소평가하고 있다.
⑤ 바쟁은 감독의 연출 방식에 따라 영화 작품에 대한 관객의 이해가 달라질 수 있다고 본다는 점에서 감독이 관객보다 우위에 있다고 간주하고 있다.

## 004

**정신분석학적 영화 이론을 바탕으로 할 때, ㉠의 이유로 가장 적절한 것은?**

① 관객은 영화 장치의 영향을 받기 때문이다.
② 현실의 의미는 미리 정해져 있지 않기 때문이다.
③ 영화가 현실을 불연속적으로 파편화하여 드러내기 때문이다.
④ 관객은 영화의 은폐된 이념을 그대로 받아들일 위험이 있기 때문이다.
⑤ 관객은 영화의 제작 과정에서 배제된 것들을 인식할 수 있기 때문이다.

## 005

**다음은 학생이 작성한 영화 감상문이다. 이에 대해 (가)의 바쟁(A)의 관점과 (나)의 정신분석학적 영화 이론(B)의 관점에서 설명한 내용으로 가장 적절한 것은?** [3점]

최근 영화관에서 본 두 편의 영화가 기억에 남는다. ㉮ 첫째 번 영화는 고단하게 살아가는 한 가족의 일상을 표현한 작품이다. 다큐멘터리라는 착각이 들 정도로 사실적인 영화였다. 작품에 대해 더 찾아보니 거리에서 인공조명 없이 촬영되었고, 주인공은 연기 경험이 없는 일반인이었다고 한다. 마지막에 아버지가 아들의 손을 꼭 잡아 줄 때, 마치 내 손을 잡아 주는 것처럼 느껴져 감동적이었다. 열린 결말이라서 주인공 가족이 앞으로 어떻게 살아갈지 궁금했다.

㉯ 둘째 번 영화는 초인적 주인공이 외계의 침략자를 물리치는 내용이다. 영화 후반부까지 사건 전개를 예측하지 못할 정도로 반전을 거듭하는 이야기와 실재라고 착각할 정도로 뛰어난 컴퓨터 그래픽 화면은 으뜸이었지만 뻔한 결말은 아쉬웠다. 그래도 주인공이 침략자를 무찌르는 장면에서는 내가 주인공이 되어 세상을 구하는 것 같아서 쾌감이 느껴졌다. 그런데 영화가 끝나고 생각해 보니 왜 세계의 평화는 서구인이 지키고, 특정 나라에서 일어나는 사건이 인류의 위기인지 의아했다.

① A의 관점에서 보면, 학생이 ㉮에서 궁금함을 떠올린 것은 '이미지를 믿는 감독'이 열린 결말을 통해 현실을 있는 그대로 ㉮에 담았기 때문이다.
② A의 관점에서 보면, 학생이 ㉯에서 사건의 전개를 예측하지 못한 것은 ㉯에는 의미가 미리 정해져 있지 않은 미결정 상태의 현실이 담겨 있기 때문이다.
③ A의 관점에서 보면, 학생이 ㉮와 ㉯에서 착각하는 듯한 인상을 받은 것은 ㉮와 ㉯가 강한 현실감을 만들어 내는 연출 방식으로 촬영되었기 때문이다.
④ B의 관점에서 보면, 학생이 ㉯에서 의아함을 떠올린 것은 ㉯가 관객으로 하여금 비판적 거리를 유지하며 영화를 볼 수 있도록 하는 대안적인 영화이기 때문이다.
⑤ B의 관점에서 보면, 학생이 ㉮에서 감동을 받은 것과 ㉯에서 쾌감을 느낀 것은 상상적 작업을 통해 허구적 세계의 중심에 자신을 위치시켰기 때문이다.

## 006

**문맥상 ⓐ~ⓔ와 바꿔 쓰기에 적절하지 않은 것은?**

① ⓐ : 개선(改善)된　② ⓑ : 파괴(破壞)할
③ ⓒ : 대면(對面)하는　④ ⓓ : 기용(起用)하는
⑤ ⓔ : 해소(解消)한다

[007~010] 2018학년도 9월 모평 16번~19번 정답과 해설편 p.393

**다음 글을 읽고 물음에 답하시오.** 4문항을 6분 안에 풀어보세요.

미술관에서 오랫동안 움직이지 않고 서 있는 관광객 차림의 부부를 본다면 사람들은 다시 한 번 바라볼 것이다. 그리고 그것이 미술 작품이라는 것을 알면 놀랄 것이다. 이처럼 현실에 존재하는 것을 실재라고 믿을 수 있도록 재현하는 유파를 하이퍼리얼리즘이라고 한다.

관광객처럼 우리 주변에서 흔히 볼 수 있는 것을 대상으로 고르면 ㉠ 현실성이 높다고 하고, 그 대상을 시각적 재현에 ⓐ 기대어 실재와 똑같이 표현하면 ㉡ 사실성이 높다고 한다. 대상의 현실성과 표현의 사실성을 모두 추구한 하이퍼리얼리즘은 같은 리얼리즘 경향에 ⓑ 드는 팝아트와 비교하면 그 특성이 잘 드러난다. 이들은 1960년대 미국에서 발달하여 현재까지 유행하고 있는 유파로, 당시 자본주의 사회의 일상의 모습을 대상으로 삼은 점에서는 공통적이다. 팝아트는 대상을 함축적으로 변형했지만 하이퍼리얼리즘은 대상을 정확하게 재현하려고 하였다. 그래서 팝아트는 주로 대상의 현실성을 추구하지만, 하이퍼리얼리즘은 대상의 현실성뿐만 아니라 트롱프뢰유*의 흐름을 ⓒ 이어 표현의 사실성도 추구한다. 팝아트는 대상의 정확한 재현보다는 대중과 쉽게 소통할 수 있는 인쇄 매체를 주로 활용한 반면에, 하이퍼리얼리즘은 새로운 재료나 기계적인 방식을 적극 사용하여 대상을 정확히 재현하는 방법을 추구하였다.

자본주의 일상을 사실적으로 표현한 하이퍼리얼리즘의 대표적인 작가에는 핸슨이 있다. 그의 작품 ㉢ 「쇼핑 카트를 밀고 가는 여자」(1969)는 물질적 풍요함 속에 매몰되어 살아가는 당시 현대인을 비판적 시각에서 표현한 작품으로 해석할 수 있다. 이 작품의 대상은 상품이 가득한 쇼핑 카트와 여자이다. 그녀는 욕망의 주체이며 물질에 대한 탐욕을 상징하고 있고, 상품이 가득한 쇼핑 카트는 욕망의 객체이며 물질을 상징하고 있다. 그래서 여자가 상품이 넘칠 듯이 가득한 쇼핑 카트를 밀고 있는 구도는 물질적 풍요 속에서의 과잉 소비 성향을 보여 준다.

이 작품의 기법을 ⓓ 보면, 생활공간에 전시해도 자연스럽도록 작품을 전시 받침대 없이 제작하였다. 사람을 보고 찰흙으로 형태를 만드는 방법 대신 사람에게 직접 석고를 덧발라 형태를 뜨는 실물 주형 기법을 사용하여 사람의 형태와 크기를 똑같이 재현하였다. 또한 기존 입체 작품의 재료인 청동의 금속재 대신에 합성수지, 폴리에스터, 유리 섬유 등을 사용하고 에어브러시로 채색하여 사람 피부의 질감과 색채를 똑같이 재현하였다. 여기에 오브제*인 가발, 목걸이, 의상 등을 덧붙이고 쇼핑 카트, 식료품 등을 그대로 사용하여 사실성을 ⓔ 높였다.

리얼리즘 미술의 가장 큰 목적은 현실을 포착하고 그것을 효과적으로 전달하는 것이다. 작가가 포착한 현실을 전달하는 표현 방법은 다양하다. 하이퍼리얼리즘과 팝아트 등의 리얼리즘 작가들은 대상들을 그대로 재현하거나 함축적으로 변형하는 등 자신만의 방법으로 현실을 전달하여 감상자와 소통하고 있다.

* 트롱프뢰유(trompe-l'oeil) : '속임수 그림'이란 말로 감상자가 실물처럼

착각할 정도로 정밀하게 재현하는 것
* 오브제(objet) : 일상 용품이나 물건을 본래의 용도로 쓰지 않고 예술 작품에 사용하는 기법 또는 그 물체

## 007

**㉠과 ㉡을 중심으로 윗글을 이해한 내용으로 적절한 것은?**

① 팝아트와 하이퍼리얼리즘은 모두 당시 자본주의의 일상을 대상으로 삼아 ㉠을 높였다.
② 팝아트는 대상을 함축적으로 변형했다는 점에서 하이퍼리얼리즘과 달리 ㉡이 높다고 할 수 있다.
③ 하이퍼리얼리즘이 팝아트와 달리 트롱프뢰유의 전통을 이은 것은 ㉠을 추구하기 위해서이다.
④ 팝아트와 하이퍼리얼리즘이 주로 인쇄 매체를 활용한 것은 ㉡을 추구하기 위한 것이다.
⑤ 팝아트와 하이퍼리얼리즘은 모두 ㉠과 ㉡을 동시에 추구한다는 점에서 리얼리즘 유파에 해당한다.

## 008

**㉢에 대한 설명으로 적절하지 않은 것은?**

① 재현한 인체에 실제 사물인 오브제를 덧붙이고 받침대 없이 전시하여 실재처럼 보이게 하였다.
② 찰흙으로 원형을 만들지 않고 사람에게 석고를 덧발라 외형을 뜨는 기법을 사용하여 형태를 정확히 재현하였다.
③ 현실을 효과적으로 전달하기 위해 욕망의 주체는 실물과 똑같은 크기로, 욕망의 객체는 실재 그대로 제시하였다.
④ 인체의 피부 질감을 재현할 수 있었던 것은 합성수지, 폴리에스터, 유리 섬유 따위의 신재료를 사용했기 때문이다.
⑤ 당시 자본주의 사회에서의 합리적인 소비 성향을 반영하기 위해 주변에서 흔히 볼 수 있는 소비자와 상품을 제시하였다.

## 009

**윗글의 '핸슨'의 작품과 〈보기〉의 작품을 바탕으로 할 때, 작가들이 자신의 입장에서 상대를 비평하는 말로 가장 적절한 것은?** [3점]

| 보기 |

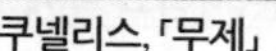
쿠넬리스, 「무제」

코수스, 「하나, 그리고 세 개의 의자」

쿠넬리스는 주변에서 흔히 볼 수 있는 살아 있는 말 12 마리를 화랑 벽에 매어 놓고, 감상자가 화랑이라는 환경 안에 놓인 실제 말들의 존재와 말들의 온기와 냄새, 그리고 소리를 체험해서 다양하게 작품의 의미를 만들도록 하였다.

코수스는 '의자의 사진', '실제 의자', '의자의 언어적인 개념' 세 가지 모두를 한 공간에 배치하여, 대상을 나타내는 여러 가지 방식이 존재할 수 있음을 보여 주었다.

① 핸슨이 쿠넬리스에게 : 미술은 시각적인 체험뿐만 아니라 청각, 후각 등 다양한 체험이 감상의 기준이 되어야 한다.
② 핸슨이 코수스에게 : 미술에서 대상은 일상적이고 평범한 것이 아니라 역사적으로나 정치적으로 가치 있어야 한다.
③ 쿠넬리스가 핸슨에게 : 미술에서 재현의 가장 효과적인 방법은 실물 주형의 기법보다 대상을 그대로 제시하는 것이어야 한다.
④ 쿠넬리스가 코수스에게 : 미술에서 작품의 의미는 감상자가 실제 대상을 대면해서 만들어지는 것이 아니라 작가에 의해서 만들어지는 것이어야 한다.
⑤ 코수스가 쿠넬리스에게 : 미술에서 대상을 재현할 때는 대상의 이미지보다 그 대상 자체만을 제시해야 한다.

## 010

**문맥상 ⓐ~ⓔ와 가장 가까운 의미로 쓰인 것은?**

① ⓐ : 누나가 그린 그림을 벽면 한쪽에 기대어 놓았다.
② ⓑ : 그때는 언니도 노래를 잘 부르는 축에 들었다.
③ ⓒ : 1학년이 출발한 데 이어 2학년도 바로 출발했다.
④ ⓓ : 사무실에는 회계를 보는 직원만 혼자 들어갔다.
⑤ ⓔ : 그는 이번 조치에 대해 비판의 목소리를 높였다.

[011~014] 2016학년도 9월 모평AB 27번~30번 정답과 해설편 p.395

**다음 글을 읽고 물음에 답하시오.** 4문항을 6분 안에 풀어보세요.

사진은 19 세기 초까지만 해도 근대 문명이 만들어 낸 기술적 도구이자 현실 재현의 수단으로 인식되었다. 하지만 점차 여러 사진 작가들이 사진을 연출된 형태로 찍거나 제작함으로써 자기의 주관을 표현하고자 하는 시도를 하였다. 이들은 빛의 처리, 원판의 합성 등의 기법으로 회화적 표현을 모방하여 예술성 있는 사진을 추구하였다. 이러한 흐름 속에서 만들어진 사진 작품들을 회화주의 사진이라고 부른다.

스타이컨의 ㉠ 〈빅토르 위고와 생각하는 사람과 함께 있는 로댕〉(1902년)은 회화주의 사진을 대표하는 것으로 평가된다. 이 작품에서 피사체들은 조각가 '로댕'과 그의 작품인 〈빅토르 위고〉와 〈생각하는 사람〉이다. 스타이컨은 로댕을 대리석상 〈빅토르 위고〉 앞에 두고 찍은 사진과, 청동상 〈생각하는 사람〉을 찍은 사진을 합성하여 하나의 사진 작품으로 만들었다. 이렇게 제작된 사진의 구도에서 어둡게 나타난 근경에는 로댕이 〈생각하는 사람〉과 서로 마주 보며 비슷한 자세로 앉아 있고, 반면 환하게 보이는 원경에는 〈빅토르 위고〉가 이들을 내려다보는 모습으로 배치되어 있다. 단순히 근경과 원경을 합성한 것이 아니라, 두 사진의 피사체들이 작가가 의도한 바에 따라 하나의 프레임 속에서 자리 잡을 수 있도록 당시로서는 고난도인 합성 사진 기법을 동원한 것이다. 또한 인화 과정에서는 피사체의 질감이 억제되는 감광액을 사용하였다.

스타이컨은 1901년부터 거의 매주 로댕과 예술적 교류를 하며 그의 작품들을 촬영했다. 로댕은 사물의 외형만을 재현하려는 당시 예술계의 경향에서 벗어나 생명력과 표현성을 강조하는 조각을 하고 있었는데, 스타이컨은 이를 높이 평가하고 깊이 공감하였다. 스타이컨은 사진이나 조각이 작가의 주관과 감정을 표현할 수 있으며 문학 작품처럼 해석의 대상도 될 수 있다고 생각했는데, 로댕 또한 이에 동감하여 기꺼이 사진 작품의 모델이 되어 주기도 하였다.

이 사진에서는 피사체들의 질감이 뚜렷이 ㉡ 살지 않게 처리하여 모든 피사체들이 사람인 듯한 느낌을 주고자 하였다. 대문호 〈빅토르 위고〉가 내려다보고 있는 가운데 로댕은 〈생각하는 사람〉과 마주하여 자신도 〈생각하는 사람〉이 된 양, 같은 자세로 묵상하는 모습을 취하고 있다. 원경에서 희고 밝게 빛나는 〈빅토르 위고〉는 근경에 있는 로댕과 〈생각하는 사람〉의 어두운 모습에 대비되어 창조의 영감을 발산하는 모습으로 나타난다. 이러한 구도는 로댕의 작품도 문학 작품과 마찬가지로 창작의 고뇌 속에서 이루어진 것이라는 메시지를 주고 있다.

이처럼 스타이컨은 명암 대비가 뚜렷이 드러나도록 촬영하고, 원판을 합성하여 구도를 만들고, 특수한 감광액으로 질감에 변화를 주는 등의 방식으로 사진이 회화와 같은 방식으로 창작되고 표현될 수 있는 예술임을 보여 주고자 하였다.

## 011

**윗글에 대한 이해로 가장 적절한 것은?**

① 로댕은 사진 작품, 조각 작품, 문학 작품 모두 해석의 대상이 된다고 여겼다.
② 빅토르 위고는 사진과 조각을 모두 해석의 대상이라고 생각하여 그것들을 내려다보고 있었다.
③ 스타이컨의 사진은 대상을 그대로 보여 준다는 점에서 회화주의 사진의 대표적 작품으로 평가된다.
④ 로댕과 스타이컨은 조각의 역할이 사물의 형상을 충실히 재현하는 것으로 한정되어야 한다고 보았다.
⑤ 스타이컨의 작품에서 명암 효과는 합성 사진 기법으로 구현되었고 질감 변화는 피사체의 대립적인 구도로 실현되었다.

## 012

**㉠과 관련하여 추론할 수 있는 스타이컨의 의도로 적절하지 않은 것은?** [3점]

① 고난도의 합성 사진 기법을 쓴 것은 촬영한 대상들을 하나의 프레임에 담기 위해서였다.
② 원경이 밝게 보이도록 한 것은 〈빅토르 위고〉와 로댕 간의 명암 대비 효과를 내기 위해서였다.
③ 로댕이 〈생각하는 사람〉과 마주 보며 같은 자세로 있게 한 것은 고뇌하는 모습을 보여 주기 위해서였다.
④ 원경의 대상을 따로 촬영한 것은 인물과 청동상을 함께 찍은 근경의 사진과 합칠 때 대비 효과를 얻기 위해서였다.
⑤ 대상들의 질감이 잘 살지 않도록 인화한 것은 대리석상과 청동상이 사람처럼 보이게 하는 효과를 얻기 위해서였다.

## 013

**다음은 학생이 쓴 감상문의 일부이다. 윗글을 바탕으로 할 때, ⓐ~ⓔ 중 적절하지 않은 것은?**

> 학습활동 스타이컨의 작품을 감상하고 글을 써 보자.
>
> 예전에 나는, 사진은 사물을 있는 그대로 재현하는 도구에 지나지 않는다고 생각했고, 사진이 예술 작품이 된다고 생각해 본 적이 없었다. 그런데 스타이컨의 <빅토르 위고와 생각하는 사람과 함께 있는 로댕>을 보고, ⓐ 사진도 예술 작품으로서 작가의 생각을 표현하는 창작 활동이라는 스타이컨의 생각에 동감하게 되었다. 특히 ⓑ 회화적 표현을 사진에서 실현시키려 했던 스타이컨의 노력은 그 예술사적 가치를 인정받아야 할 것이다. 하지만 아쉬운 점도 없지 않다. 당시의 상황에서는 ⓒ 스타이컨이 빅토르 위고와 같은 위대한 문학가를 창작의 영감을 주는 존재로 표현할 수밖에 없었을 것이다. 그래도 ⓓ 스타이컨이 로댕의 조각 예술이 문학에 종속되는 것으로 표현할 것까지는 없었다고 생각한다. 그렇더라도 ⓔ 기술적 도구로 여겨졌던 사진을 예술 행위의 수단으로 활용한 스타이컨의 창작열은 참으로 본받을 만하다.

① ⓐ ② ⓑ ③ ⓒ ④ ⓓ ⑤ ⓔ

## 014

**㉡의 문맥적 의미와 가장 가까운 것은?**

① 이 소설가는 개성이 살아 있는 문체로 유명하다.
② 아궁이에 불씨가 살아 있으니 장작을 더 넣어라.
③ 어제까지도 살아 있던 손목시계가 그만 멈춰 버렸다.
④ 흰긴수염고래는 지구에 살고 있는 동물 중 가장 크다.
⑤ 부부가 행복하게 살려면 서로를 존중하고 사랑해야 한다.

[015~018] 2013학년도 수능 25번~28번 정답과 해설편 p.397

**다음 글을 읽고 물음에 답하시오.** 4문항을 5분 안에 풀어보세요.

전통적 의미에서 영화적 재현과 만화적 재현의 큰 차이점 중 하나는 움직임의 유무일 것이다. 영화는 사진에 결여되었던 사물의 운동, 즉 시간을 재현한 예술 장르이다. 반면 만화는 공간이라는 차원만을 알고 있다. 정지된 그림이 의도된 순서에 따라 공간적으로 나열된 것이 만화이기 때문이다. 만일 만화에도 시간이 존재한다면 그것은 읽기의 과정에서 독자에 의해 사후에 생성된 것이다. 독자는 정지된 이미지에서 상상을 통해 움직임을 끌어낸다. 그리고 인물이나 물체의 주변에 그어져 속도감을 암시하는 효과선은 독자의 상상을 더욱 부추긴다.

만화는 물리적 시간의 부재를 공간의 유연함으로 극복한다. 영화 화면의 테두리인 프레임과 달리, 만화의 칸은 그 크기와 모양이 다양하다. 또한 만화에는 한 칸 내부에 그림뿐 아니라, ⓐ 말풍선과 인물의 심리나 작중 상황을 드러내는 언어적·비언어적 정보를 모두 담을 수 있는 자유로움이 있다. 그리고 그것이 독자의 읽기 시간에 변화를 주게 된다. 하지만 영화에서는 이미지를 영사하는 속도가 일정하여 감상의 속도가 강제된다.

영화와 만화는 그 이미지의 성격에서도 대조적이다. 영화가 촬영된 이미지라면 만화는 수작업으로 만들어진 이미지이다. 빛이 렌즈를 통과하여 필름에 착상되는 사진적 원리에 따른 영화의 이미지 생산 과정은 기술적으로 자동화되어 있다. 그렇기에 영화 이미지 내에서 감독의 체취를 발견하기란 쉽지 않다. 그에 비해 만화는 수작업의 과정에서 자연스럽게 세계에 대한 작가의 개인적인 해석을 드러내게 된다. 이것은 그림의 스타일과 터치 등으로 나타난다. 그래서 만화 이미지는 '서명된 이미지'이다.

촬영된 이미지와 수작업에 따른 이미지는 영화와 만화가 현실과 맺는 관계를 다르게 규정한다. 영화는 실제 대상과 이미지가 인과 관계로 맺어져 있어 본질적으로 사물에 대한 사실적인 기록이 된다. 이 기록의 과정에는 촬영장의 상황이나 촬영 여건과 같은 제약이 따른다. 그러나 최근에는 촬영된 이미지들을 컴퓨터상에서 합성하거나 그래픽 이미지를 활용하는 ㉠ 디지털 특수 효과의 도움을 받는 사례가 늘고 있는데, 이를 통해 만화에서와 마찬가지로 실재하지 않는 대상이나 장소도 만들어 낼 수 있게 되었다.

만화의 경우는 구상을 실행으로 옮기는 단계가 현실을 매개로 하지 않는다. 따라서 만화 이미지는 그 제작 단계가 작가의 통제에 포섭되어 있는 이미지이다. 이 점은 만화적 상상력의 동력으로 작용한다. 현실과 직접적으로 대면하지 않기에 작가의 상상력에 이끌려 만화적 현실로 향할 수 있는 것이다.

## 015

**윗글의 내용과 일치하는 것은?**

① 영화는 사물의 움직임을 재현한 예술이다.
② 만화는 물리적 시간 재현이 영화보다 충실하다.
③ 영화에서 이미지를 영사하는 속도는 일정하지 않다.
④ 만화 이미지는 사진적 원리에 따라 만들어진다.
⑤ 만화는 사물을 영화보다 더 사실적으로 기록한다.

## 016

**㉠에 대한 반응으로 적절한 것은?**

① 제작 주체가 이미지를 의도대로 만들기가 더 어려워지겠군.
② 영화 촬영장의 물리적 환경이 미치는 영향이 더 커지겠군.
③ 촬영된 이미지에만 의존하는 제작 방식의 비중이 늘겠군.
④ 실제 대상과 영화 이미지 간의 인과 관계가 약해지겠군.
⑤ 영화에 만화적 상상력을 도입하기가 더 힘들어지겠군.

## 017

**윗글을 바탕으로 <보기>에 대해 설명할 때, 적절하지 않은 것은?**

| 보기 |

① 칸 1부터 칸 6에 이르기까지 각 칸에 독자의 시선이 머무는 시간은 유동적이다.
② 칸 2는 언어적·비언어적 정보를 모두 활용하여 작중 상황을 부각하고 있다.
③ 칸 4에서 효과선을 지우면 인물의 움직임을 상상하게 하는 요소가 모두 사라진다.
④ 인물들의 얼굴과 몸의 형태를 통해 만화 이미지가 '서명된 이미지'임을 확인할 수 있다.
⑤ 다양한 크기와 모양의 칸을 통해 영화의 프레임과 차별화된 만화 칸의 유연함을 알 수 있다.

## 018

**<보기>를 바탕으로 할 때, 윗글의 ⓐ와 같은 방식으로 이루어진 것은?** 1점

| 보기 |

ⓐ는 '만화에서 주고받는 대사를 써넣은 풍선 모양의 그림'을 뜻한다. 원래 '풍선'에는 공기만이 담길 수 있을 뿐, '말'은 담길 수 없다. 따라서 ⓐ는 서로 담고 담길 수 없는 것들이 한데 묶인 단어이다.

① 국그릇 ② 기름통 ③ 꾀주머니
④ 물병 ⑤ 쌀가마니

[019~022] 2013학년도 9월 모평 40번~43번 정답과 해설편 p.399

다음 글을 읽고 물음에 답하시오. 4문항을 6분 안에 풀어보세요.

서양 건축 예술의 역사는 성당 건축을 빼놓고는 이해할 수 없다. 여러 시대에 걸쳐 유럽의 성당은 다양한 ⓐ 양식으로 변화해 왔다. 하지만 그 기본은 바실리카 형식에서 크게 벗어나지 않았다. 평면도상 긴 직사각형 모양을 하고 있는 이 형식은 고대 로마 제국 시대에서 비롯된 것으로 원래는 시장이나 재판소와 같은 ⓑ 공공 건축물에 쓰였던 것이다. 4 세기경부터 출현한 바실리카식 성당은 이후 평면 형태의 부분적 변화를 겪으면서 중세 시대에 ⓒ 절정을 이루었다.

바실리카식 성당의 평면을 살펴보면, 초기에는 동서 방향으로 긴 직사각형의 모습을 하고 있다. 서쪽 끝부분에는 일반인들의 출입구와 현관이 있는 나르텍스가 있다. 나르텍스를 지나면 일반 신자들이 예배에 참여하는 네이브가 있고, 네이브의 양 옆에는 복도로 활용되는 아일이 붙어 있다. 동쪽 끝부분에는 신성한 제단이 자리한 앱스가 있는데, 이곳은 오직 성직자만이 들어갈 수 있다. 이처럼 나르텍스로부터 네이브와 아일을 거쳐 앱스에 이르는 공간은 세속에서 신의 영역에 이르기까지의 ⓓ 위계를 보여 준다.

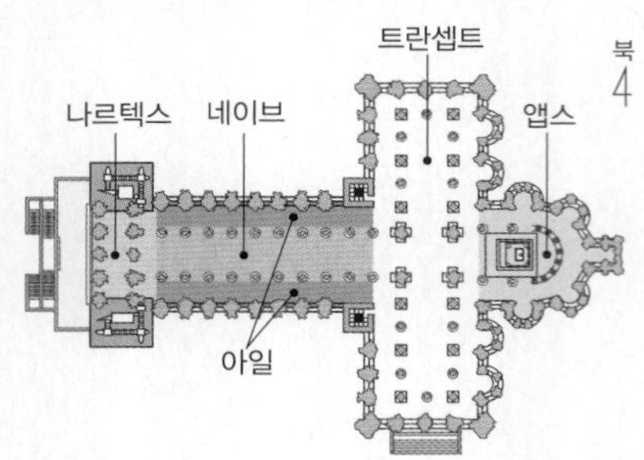


시간이 흐르면서 성직자의 위상이 점차 높아지고 종교 의식이 확대됨에 따라 예배를 진행하기 위한 추가적인 공간이 필요하게 되었다. 이에 따라 바실리카식 성당은 앱스 앞을 가로지르는 남북 방향의 트란셉트라는 공간이 추가되어 ㉠ 열십자 모양의 건물이 되었다. 이때부터 건물은 더욱 웅대하고 화려해졌는데, 네이브의 폭도 넓어지고 나르텍스에서 앱스까지의 길이도 늘어났으며 건물의 높이도 높아졌다.

절정기의 바실리카식 성당은 외부에서 보면 기둥이나 창 등을 통해 하늘을 향한 수직선이 강조된 ⓔ 인상을 준다. 이는 신에게 가까이 가려는 인간의 욕망이 표현된 것이다. 출입구 쪽의 외벽과 기둥에는 신이나 성인의 모습을 새겨 넣기도 하고, 실내의 벽과 천장에는 천국과 지옥 이야기 등을 담은 그림을 채워 넣기도 하였다. 특히 벽면에는 스테인드글라스로 구성된 커다란 창을 사람의 키보다 높게 설치하여 창을 통과한 빛이 다양한 색채로 건물 내부 공간에 풍부하게 퍼지도록 하였다. 이는 서양의 중세인들이 모든 미의 원천을 신이라고 보고 빛은 신의 속성을 상징한다고 보았던 것과 관련되어 있다. 이처럼 바실리카식 성당은 기능적 공간으로만 존재한 것이 아니라, 건축을 중심으로 조각, 회화, 공예 등이 한데 어우러져 당대의 미의식을 표현한 종합예술로서의 성격을 지니고 있다.

## 019

**바실리카식 성당에 대한 설명으로 적절하지 않은 것은?**

① 서양 건축 예술의 역사를 이해하는 데 중요한 건축물이다.
② 4 세기경에 출현하여 이후 부분적 변화를 겪었다.
③ 종교적 기능을 가진 로마 시대의 건축에서 유래했다.
④ 성직자의 위상이 높아지면서 웅대해지고 화려해졌다.
⑤ 실내의 벽과 천장을 종교적 예술 작품으로 장식하였다.

## 020

**㉠의 실내 공간을 이해한 것으로 적절한 것은?**

① 아일은 현관문으로 건물의 출입구 역할을 한다.
② 나르텍스는 일반 신자들이 예배에 참여하는 곳이다.
③ 트란셉트는 종교 의식이 확대되면서 추가된 공간이다.
④ 앱스는 사람들이 예배를 보기 위해서 다니는 통로이다.
⑤ 네이브는 제단이 놓인 곳으로 성당 내에서 제일 신성한 곳이다.

## 021

**윗글과 <보기>를 통해 이끌어 낼 수 있는 반응으로 가장 적절한 것은?**

> | 보 기 |
>
> 고대 그리스인들은 인간을 미의 원천으로 인식했다. 그리스 파르테논 신전은 긴 직사각형 모양으로 건물 각 부분의 공간 구성에는 인체 비례가 적용되었고, 지붕에 있는 신들의 조각에도 마찬가지였다. 건물 외부는 대리석으로 만들어져 빛의 방향에 따라 다양한 색채를 띠며, 길게 뻗은 기단 등을 주로 활용하여 수평선을 강조한 인상을 준다.

① 파르테논 신전은 바실리카식 성당과는 달리 건물에 조각 장식을 새겨 넣지 않았군.
② 파르테논 신전은 바실리카식 성당과는 달리 외부에서 보면 수직선이 강조된 인상을 주는군.
③ 파르테논 신전과 바실리카식 성당은 모두 빛을 통해 건물의 내부를 강조했군.
④ 파르테논 신전과 바실리카식 성당은 모두 평면의 형태가 열십자 모양을 하고 있군.
⑤ 파르테논 신전과 바실리카식 성당은 모두 당대의 미의식이 건물의 공간 구성에 영향을 주었군.

## 022

**ⓐ~ⓔ의 사전적 의미로 적절하지 않은 것은?** 1점

① ⓐ : 시대나 부류에 따라 각기 독특하게 지니는 문학, 예술 따위의 형식.
② ⓑ : 국가나 사회의 구성원에게 두루 관계되는 것.
③ ⓒ : 사물의 진행이나 발전이 최고의 경지에 달한 상태.
④ ⓓ : 존경할 만한 위세가 있어 점잖고 엄숙한 태도나 기세.
⑤ ⓔ : 어떤 대상에 대하여 마음속에 새겨지는 느낌.

[023~027] 2011학년도 6월 모평 23번~27번 정답과 해설편 p.401

## 다음 글을 읽고 물음에 답하시오.

5문항을 9분 안에 풀어보세요. 

회화적 재현이 성립하려면, 즉 하나의 그림이 어떤 대상의 그림이 되기 위해서는 그림과 대상이 닮아야 할까? 입체주의의 도래를 알리는 〈아비뇽의 아가씨들〉을 그리기 한 해 전, 피카소는 시인인 스타인을 그린 적이 있었는데, 완성된 그림을 보고 사람들은 놀라움을 금치 못했다. **스타인의 초상화**가 그녀를 닮지 않았던 것이다. 이에 대해 피카소는 "앞으로 닮게 될 것이다."라고 말했다고 한다. 이 에피소드는 미술사의 차원과 철학적 차원에서 회화적 재현에 대해 생각해 볼 계기를 제공한다.

우선 어떻게 닮지 않은 그림이 대상의 재현일 수 있는지를 알아보기 위해서는 당시 피카소와 브라크가 중심이 되었던 입체주의의 예술적 실험과 그것을 가능케 한 미술사의 흐름을 고려해 보아야 한다. 르네상스 시대의 화가들은 원근법을 사용하여 **'세상을 향한 창'**과 같은 사실적인 그림을 그렸다. 현대 회화를 출발시켰다고 평가되는 인상주의자들이 의식적으로 추구한 것도 이러한 사실성이었다. 그들은 모든 대상을 빛이 반사되는 물체로 간주하고 망막에 맺힌 대로 그리는 것을 회화의 목표로 삼았다. 따라서 빛을 받는 대상이면 무엇이든 주제가 될 수 있었고, 대상의 고유한 색 같은 것은 부정되었다. 햇빛의 조건에 따라 다르게 그려진 모네의 낟가리 연작이 그 예이다.

그러나 세잔의 생각은 달랐다. "모네는 눈뿐이다."라고 평했던 그는 그림의 사실성이란 우연적 인상으로서의 사물의 외관보다는 '그 사물임'을 드러낼 수 있는 본질이나 실재에 더 다가감으로써 ⓐ 얻게 되는 것이라고 생각하였다. 세잔이 그린 과일 그릇이나 사과를 보면 대부분의 형태는 실물보다 훨씬 단순하게 그려져 있고, 모네의 그림에서는 볼 수 없었던 부자연스러운 윤곽선이 둘러져 있으며, 원근법조차도 정확하지 않다. 이는 어느 한순간 망막에 비친 우연한 사과의 모습 대신 사과라는 존재를 더 잘 드러낼 수 있는 모습을 포착하려 했던 세잔의 문제의식을 보여주는 것이다.

이를 계승하여 한 발 더 나아간 것이 바로 입체주의이다. 입체주의는 대상의 실재를 드러내기 위해 여러 시점에서 본 대상을 한 화면에 결합하는 방식을 택했다. 비록 스타인의 초상화는 본격적인 입체주의 그림은 아니지만, 세잔에서 입체주의로 이어지는 실재의 재현이라는 관심이 반영된 작품으로 볼 수 있는 것이다.

하지만 여전히 의문인 것은 '닮게 될 것'이라는 말의 의미이다. 실제로 세월이 지난 후 피카소의 예언대로 사람들은 결국 스타인의 초상화가 그녀를 닮았다는 것을 발견하게 되었다고 한다. 어떻게 그럴 수 있었을까? 이를 설명하려면 회화적 재현에 대한 철학적 차원의 논의가 필요한데, 곰브리치와 굿맨의 이론이 주목할 만하다.

이들은 대상을 '있는 그대로' 보는 **'순수한 눈'** 같은 것은 없으며, 따라서 객관적인 사실성이란 없고, 사실적인 그림이란 결국 한 문화나 개인에게 익숙한 재현 체계를 따른 그림일 뿐이라고 주장한다. ㉠ 이 이론에 따르면 지각은 우리가 속한 관습과 문화, 믿음 체계, 배경지식의 영향을 받아 구성된다고 한다. 예를 들어 우리가 작가와 작품에 대해 사전 지식을 가지고 있다면 이러한 믿음은 그 작품을 어떻게 지각하느냐에까지도 영향을 준다는 것이다. 이것이 사실이라면, 피카소의 경우에 대해서도, '이 그림이 피카소가 그린 스타인의 초상'이라는 우리의 지식이 종국에는 그림과 실물 사이의 닮음을 발견하는 방식으로 우리의 지각을 형성해 냈을 것이라는 설명이 가능하다. 사실성이라는 것이 과연 재현 체계에 따라 상대적인지는 논쟁의 여지가 많지만 피카소의 수수께끼 같은 답변과 자신감 속에는 회화적 재현의 본성에 대한 이러한 통찰이 깔려 있었다고도 볼 수 있다.

## 023

**스타인의 초상화와 관련된 피카소의 의도를 이해한 것으로 적절한 것은?**

① 어느 한순간의 스타인의 외양이 아니라 그녀의 본질을 재현하려 했다.
② 현재의 모습이 아니라 훗날 변하게 될 스타인의 모습을 나타내려 했다.
③ 고전적인 미의 기준에 맞추어 스타인을 이상화된 모습으로 나타내려 했다.
④ 눈으로 관찰할 수 있는 스타인의 모습을 가감 없이 정확히 모사하려 했다.
⑤ 정지된 모습이 아니라 역동적으로 움직이는 스타인의 모습을 재현하려 했다.

## 024

**윗글을 바탕으로 <보기>를 바르게 이해한 것은?**

| 보기 |

모네(1891) <늦여름 아침의 낟가리>　세잔(1899) <사과와 오렌지>　피카소(1907) <아비뇽의 아가씨들>

① (가)와 (나)는 모두 뚜렷한 윤곽선이 특징인 그림이군.
② (나)와 (다)는 모두 대상이 빛에 따라 달라지는 모습을 그린 그림이군.
③ (가)와 달리 (나)는 원근법이 잘 지켜지지 않고 있는 그림이군.
④ (가)와 달리 (다)는 사물의 고유색을 인정하지 않고 있는 그림이군.
⑤ (가), (나), (다)는 모두 '세상을 향한 창'이 되고자 하는 목표에서 나온 그림이군.

## 025

**곰브리치와 굿맨이 인상주의자들에게 할 수 있는 말로 가장 적절한 것은?**

① 망막에 맺힌 상은 오히려 '순수한 눈'을 왜곡할 수 있다.
② 객관적인 사실성은 의식적인 노력의 결과라기보다는 우연의 산물이다.
③ 망막에 맺힌 상을 그대로 그린다고 하더라도 객관적인 사실성은 얻을 수 없다.
④ 대상의 숨어 있는 실재를 지각하기 위해서는 눈 이외의 감각 기관이 필요하다.
⑤ 인상주의의 재현 체계는 다른 유파의 재현 체계에 비해 사실성을 얻기가 어렵다.

## 026

**㉠을 뒷받침하는 근거로 적절한 것은?**

① 서양 사람이라도 동양의 수묵화나 사군자화를 감상하는 데 어려움이 없다.
② 그림에 재현된 대상이 무엇인지 알아보는 능력은 서로 다른 문화에 속한 사람들 간에도 크게 다르지 않다.
③ 대상의 그림자까지 묘사한 그림이 그렇지 않은 그림보다 공간감과 깊이를 더 사실적으로 나타낼 수 있듯이 재현 체계는 발전할 수 있다.
④ 그림에서 대상을 알아보는 능력은 선천적이어서 생후 일정 기간 그림을 보지 않고 자란 아이들도 처음 그림을 대하자마자 자신들이 알고 있는 대상을 그림에서 알아본다.
⑤ 나무를 그린 소묘 속의 불분명한 연필 자국은 나무를 보게 될 것이라는 우리의 사전 지식으로 인해 나무로 보이고, 소 떼 그림에 있는 비슷한 연필 자국은 소로 보인다.

## 027

**문맥상 ⓐ와 바꾸어 쓸 수 있는 것은?** [1점]

① 습득(習得)하게　② 체득(體得)하게　③ 취득(取得)하게
④ 터득(攄得)하게　⑤ 획득(獲得)하게

# 2. 그 밖의 예술 이야기

[028~033] 2021학년도 9월 모평 20번~25번 정답과 해설편 p.404

**다음 글을 읽고 물음에 답하시오.** 6문항을 11분 안에 풀어보세요.

(가)

미학은 예술과 미적 경험에 관한 개념과 이론에 대해 논의하는 철학의 한 분야로서, 미학의 문제들 가운데 하나가 바로 예술의 정의에 대한 문제이다. 예술이 자연에 대한 모방이라는 아리스토텔레스의 말에서 비롯된 모방론은, 대상과 그 대상의 재현이 닮은꼴이어야 한다는 재현의 투명성 이론을 ⓐ 전제한다. 그러나 예술가의 독창적인 감정 표현을 중시하는 한편 외부 세계에 대한 왜곡된 표현을 허용하는 낭만주의 사조가 18 세기 말에 등장하면서, 모방론은 많이 쇠퇴했다. 이제 모방을 필수 조건으로 삼지 않는 낭만주의 예술가의 작품을 예술로 인정해 줄 수 있는 새로운 이론이 필요했다.

20 세기 초에 **콜링우드**는 진지한 관념이나 감정과 같은 예술가의 마음을 예술의 조건으로 규정하는 표현론을 제시하여 이 문제를 해결하였다. 그에 따르면, 진정한 예술 작품은 물리적 소재를 통해 구성될 필요가 없는 정신적 대상이다. 또한 이와 비슷한 ⓑ 시기에 외부 세계나 작가의 내면보다 작품 자체의 고유 형식을 중시하는 형식론도 발전했다. 벨의 [형식론]은 예술 감각이 있는 비평가들만이 직관적으로 식별할 수 있고 정의는 불가능한 어떤 성질을 일컫는 '의미 있는 형식'을 통해 그 비평가들에게 미적 정서를 유발하는 작품을 예술 작품이라고 보았다.

20 세기 중반에, 뒤샹이 변기를 가져다 전시한 「샘」이라는 작품은 예술 작품으로 인정되지만 그것과 형식적인 면에서 차이가 없는 일반적인 변기는 예술 작품으로 인정되지 않는 이유를 설명하지 못하게 되자 두 가지 대응 이론이 나타났다. 하나는 우리가 흔히 예술 작품으로 분류하는 미술, 연극, 문학, 음악 등이 서로 이질적이어서 그것들 전체를 아울러 예술이라 정의할 수 있는 공통된 요소를 갖지 않는다는 웨이츠의 예술 정의 불가론이다. 그의 이론은 예술의 정의에 대한 기존의 이론들이 겉보기에는 명제의 형태를 취하고 있으나 사실은 참과 거짓을 판정할 수 없는 사이비 명제이므로, 예술의 정의에 대한 논의 자체가 불필요하다는 견해를 대변한다.

다른 하나는 예술계라는 어떤 사회 제도에 속하는 한 사람 또는 여러 사람에 의해 감상의 후보 자격을 수여받은 인공물을 예술 작품으로 규정하는 **디키**의 제도론이다. 하나의 작품이 어떤 특정한 기준에서 훌륭하므로 예술 작품이라고 부를 수 있다는 평가적 ⓒ 이론들과 달리, 디키의 견해는 일정한 절차와 관례를 거치기만 하면 모두 예술 작품으로 볼 수 있다는 분류적 이론이다. 예술의 정의와 관련된 이 논의들은 예술로 분류할 수 있는 작품들의 공통된 본질을 찾는 시도이자 예술의 필요충분조건을 찾는 시도이다.

(나)

예술 작품을 어떻게 감상하고 비평해야 하는지에 대해 다양한 논의들이 있다. 예술 작품의 의미와 가치에 대한 해석과 판단은 작품을 비평하는 목적과 태도에 따라 달라진다. 예술 작품에 대한 주요 비평 방법으로는 맥락주의 비평, 형식주의 비평, 인상주의 비평이 있다.

㉠ 맥락주의 비평은 주로 예술 작품이 창작된 사회적·역사적 배경에 관심을 갖는다. 비평가 **텐**은 예술 작품이 창작된 당시 예술가가 살던 시대의 환경, 정치·경제·문화적 상황, 작품이 사회에 미치는 효과 등을 예술 작품 비평의 중요한 ⓓ 근거로 삼는다. 그 이유는 예술 작품이 예술가가 속해 있는 문화의 상징과 믿음을 구체화하며, 예술가가 속한 사회의 특성들을 반영한다고 보기 때문이다. 또한 맥락주의 비평에서는 작품이 창작된 시대적 상황 외에 작가의 심리적 상태와 이념을 포함하여 가급적 많은 자료를 바탕으로 작품을 분석하고 해석한다.

그러나 객관적 자료를 중심으로 작품을 비평하려는 맥락주의는 자칫 작품 외적인 요소에 치중하여 작품의 핵심적 본질을 훼손할 우려가 있다는 비판을 받는다. 이러한 맥락주의 비평의 문제점을 극복하기 위한 방법으로는 형식주의 비평과 인상주의 비평이 있다. 형식주의 비평은 예술 작품의 외적 요인 대신 작품의 형식적 요소와 그 요소들 간 구조적 유기성의 분석을 중요하게 생각한다. **프리드**와 같은 형식주의 비평가들은 작품 속에 표현된 사물, 인간, 풍경 같은 내용보다는 선, 색, 형태 등의 조형 요소와 비례, 율동, 강조 등과 같은 조형 원리를 예술 작품의 우수성을 판단하는 기준이라고 주장한다.

㉡ 인상주의 비평은 모든 분석적 비평에 대해 회의적인 ⓔ 시각을 가지고 있어 예술을 어떤 규칙이나 객관적 자료로 판단할 수 없다고 본다. "훌륭한 비평가는 대작들과 자기 자신의 영혼의 모험들을 관련시킨다."라는 비평가 **프랑스**의 말처럼, 인상주의 비평은 비평가가 다른 저명한 비평가의 관점과 상관없이 자신의 생각과 느낌에 대하여 자율성과 창의성을 가지고 비평하는 것이다. 즉, 인상주의 비평가는 작가의 의도나 그 밖의 외적인 요인들을 고려할 필요 없이 비평가의 자유 의지로 무한대의 상상력을 가지고 작품을 해석하고 판단한다.

## 028

**(가)와 (나)의 공통적인 내용 전개 방식으로 가장 적절한 것은?**

① 대립되는 관점들이 수렴되어 가는 역사적 과정을 밝히고 있다.
② 화제에 대한 이론들을 평가하여 종합적 결론을 도출하고 있다.
③ 화제가 사회에 미치는 영향들을 분석하여 서로 간의 차이를 밝히고 있다.
④ 화제와 관련된 관점의 문제점을 제시하고 대안적 관점을 소개하고 있다.
⑤ 화제와 관련된 하나의 사례를 중심으로 다양한 이론을 시대순으로 나열하고 있다.

## 029

**(가)의 형식론에 대한 이해로 가장 적절한 것은?**

① 미적 정서를 유발할 수 있는 어떤 성질을 근거로 예술 작품의 여부를 판단한다.
② 모든 관람객이 직관적으로 식별할 수 있는 형식을 통해 예술 작품의 여부를 판단한다.
③ 감정을 표현하는 모든 작품은 그 작품이 정신적 대상이더라도 예술 작품이라고 주장한다.
④ 외부 세계의 형식적 요소를 작가 내면의 관념으로 표현하는 것을 예술의 조건이라고 주장한다.
⑤ 특정한 사회 제도에 속하는 모든 예술가와 비평가가 자격을 부여한 작품을 예술 작품으로 판단한다.

## 030

**(가)에 등장하는 이론가와 예술가들이 상대의 견해나 작품을 평가할 수 있는 말로 적절하지 않은 것은?**

① 모방론자가 뒤샹에게 : 당신의 작품 「샘」은 변기를 닮은 것이 아니라 변기 그 자체라는 점에서 예술 작품이 되기 위한 필요충분조건을 갖추고 있습니다.
② 낭만주의 예술가가 모방론자에게 : 대상을 재현하기만 하면 예술가의 감정을 표현하지 않은 작품도 예술 작품으로 인정하는 당신의 견해는 받아들일 수 없습니다.
③ 표현론자가 낭만주의 예술가에게 : 당신의 작품은 예술가의 마음을 표현했으니 대상을 있는 그대로 표현하지 않았더라도 예술 작품입니다.
④ 뒤샹이 제도론자에게 : 예술계에서 일정한 절차와 관례를 거치면 예술 작품이라는 당신의 주장은 저의 작품 「샘」 외에 다른 변기들도 예술 작품이 될 수 있음을 인정하는 것입니다.
⑤ 예술 정의 불가론자가 표현론자에게 : 당신이 예술가의 관념을 예술 작품의 조건으로 규정할 때 사용하는 명제는 참과 거짓을 판단할 수 없기 때문에 받아들일 수 없습니다.

## 031

**다음은 비평문을 쓰기 위해 미술 전람회에 다녀온 학생이 (가)와 (나)를 읽은 후 작성한 메모의 일부이다. 메모의 내용이 적절하지 않은 것은?** [3점]

■ 작품 정보 요약
- 작품 제목 : 「그리움」
- 팸플릿의 설명
  - 화가 A가, 화가였던 자기 아버지가 생전에 신던 낡고 색이 바랜 신발을 보고 그린 작품임.
  - 화가 A의 예술가 정신은 궁핍하게 살면서도 예술혼을 잃지 않고 작품 활동을 했던 아버지의 삶에서 영향을 받았음.
- 작품 전체에 따뜻한 계열의 색이 주로 사용됨.

■ 비평문 작성을 위한 착안점
- ㅇ 콜링우드의 관점을 적용하면, 화가 A가 낡은 신발을 그린 것에서 아버지에 대한 그리움을 갖고 있었으리라는 점을 제시할 수 있겠군. ············ ①
- ㅇ 디키의 관점을 적용하면, 평범한 신발이 특별한 이유는 신발의 원래 주인이 화가였다는 사실에 있음을 언급하여 이 그림을 예술 작품으로 평가할 수 있겠군. ············ ②
- ㅇ 텐의 관점을 적용하면, 이 작품에서 아버지의 낡은 신발은 화가 A가 추구하는 예술가 정신의 상징임을 팸플릿 정보를 근거로 해석할 수 있겠군. ············ ③
- ㅇ 프리드의 관점을 적용하면, 따뜻한 계열의 색들을 유기적으로 구성한 점에서 이 그림이 우수한 작품임을 언급할 수 있겠군. ············ ④
- ㅇ 프랑스의 관점을 적용하면, 그림 속의 낡고 색이 바랜 신발을 보고, 지친 나의 삶에서 편안함과 여유를 느꼈음을 서술할 수 있겠군. ············ ⑤

## 032

**피카소의 「게르니카」에 대해 <보기>의 A는 ㉠의 관점, B는 ㉡의 관점에서 비평한 내용이다. (나)를 바탕으로 A, B를 이해한 내용으로 적절하지 않은 것은?**

| 보기 |

피카소, 「게르니카」

A : 1937년 히틀러가 바스크 산악 마을인 '게르니카'에 30여 톤의 폭탄을 퍼부어 수많은 인명을 살상한 비극적 사건의 참상을, 울부짖는 말과 부러진 칼 등의 상징적 이미지를 사용하여 전 세계에 고발한 기념비적인 작품이다.

B : 뿔 달린 동물은 슬퍼 보이고, 아이는 양팔을 뻗어 고통을 호소하고 있다. 우울한 색과 기괴한 형태들이 나를 그 속으로 끌어들이는 듯하다. 그러나 빛이 보인다. 고통과 좌절감이 느껴지지만 희망을 갈구하는 훌륭한 작품이다.

① A에서 '1937년'에 '게르니카'에서 발생한 사건을 언급한 것은 역사적 정보를 바탕으로 작품을 해석하기 위한 것이겠군.

② A에서 비극적 참상을 '전 세계에 고발'하였다고 서술한 것은 작품이 사회에 미치는 효과를 드러내고자 한 것이겠군.

③ B에서 '슬퍼 보이고'와 '고통을 호소하고'라고 서술한 것은 작가의 심리적 상태를 표현하려는 것이겠군.

④ B에서 '우울한 색과 기괴한 형태'를 언급한 것은 비평가의 주관적 인상을 반영하기 위한 것이겠군.

⑤ B에서 '희망을 갈구하는'이라고 서술한 것은 비평가의 자유로운 상상력이 반영된 것이겠군.

## 033

**문맥을 고려할 때, 밑줄 친 말이 ⓐ~ⓔ의 동음이의어인 것은?**

① ⓐ : 모든 인간은 평등하다고 전제(前提)해야 한다.

② ⓑ : 가을은 오곡백과가 무르익는 시기(時期)이다.

③ ⓒ : 이 문제에 대해서는 이론(異論)의 여지가 없다.

④ ⓓ : 이 소설은 사실을 근거(根據)로 하여 쓰였다.

⑤ ⓔ : 청소년의 시각(視角)으로 이 문제를 살펴보자.

[034~037] 2015학년도 수능AB 27번~30번 정답과 해설편 p.408

**다음 글을 읽고 물음에 답하시오.** 4문항을 7분 안에 풀어보세요. 

근대 초기의 합리론은 이성에 의한 확실한 지식만을 중시하여 미적 감수성의 문제를 거의 논외로 하였다. 미적 감수성은 이성과는 달리 어떤 원리도 없는 자의적인 것이어서 '세계의 신비'를 푸는 데 거의 기여하지 못한다고 ㉠ 여겼기 때문이다. 이러한 근대 초기의 합리론에 맞서 칸트는 미적 감수성을 '미감적 판단력'이라 부르면서, 이 또한 어떤 원리에 의거하며 결코 이성에 못지않은 위상과 가치를 지닌다는 주장을 ㉡ 펼친다. 이러한 작업에서 핵심 역할을 하는 것이 그의 취미 판단 이론이다.

[A] 취미 판단이란, 대상의 미·추를 판정하는, 미감적 판단력의 행위이다. 모든 판단은 'S는 P이다.'라는 명제 형식으로 환원되는데, 그 가운데 이성이 개념을 통해 지식이나 도덕 준칙을 구성하는 '규정적 판단'에서는 술어 P가 보편적 개념에 따라 객관적 성질로서 주어 S에 부여된다. 이와 유사하게 취미 판단에서도 P, 즉 '미' 또는 '추'가 마치 객관적 성질인 것처럼 S에 부여된다. 하지만 실제로 취미 판단에서의 P는 오로지 판단 주체의 쾌 또는 불쾌라는 주관적 감정에 의거한다. 또한 규정적 판단은 명제의 객관적이고 보편적인 타당성을 지향하므로 하나의 개별 대상뿐 아니라 여러 대상이나 모든 대상을 묶은 하나의 단위에 대해서도 이루어진다. 이와 달리, 취미 판단은 오로지 하나의 개별 대상에 대해서만 이루어진다. 즉 복수의 대상을 한 부류로 묶어 말하는 것은 이미 개념적 일반화가 되기 때문에 취미 판단이 될 수 없는 것이다. 한편 취미 판단은 오로지 대상의 형식적 국면을 관조하여 그것이 일으키는 감정에 따라 미·추를 판정하는 것 이외의 어떤 다른 목적도 배제하는 순수한 태도, 즉 미감적 태도를 전제로 한다. 취미 판단에는 대상에 대한 지식뿐 아니라, 실용적 유익성, 교훈적 내용 등 일체의 다른 맥락이 ㉢ 끼어들지 않아야 하는 것이다.

중요한 것은 취미 판단이 기본적으로 공동체적 차원의 것이라는 점이다. 순수한 미감적 태도를 취할 때, 취미 판단의 주체들은 미감적 공동체를 이루고 있다고 할 수 있다. 왜냐하면 그 구성원들 간에는 '공통감'이라 불리는 공통의 미적 감수성이 전제로 작용하고 있기 때문이다. 이때 공통감은 취미 판단의 미적 규범 역할을 한다. 즉 공통감으로 인해 취미 판단은 규정적 판단의 객관적 보편성과 구별되는 '주관적 보편성'을 ㉣ 지니는 것으로 설명된다. 따라서 어떤 주체가 내리는 취미 판단은 그가 속한 공동체의 공통감을 예시한다.

이러한 분석을 통해 칸트가 궁극적으로 지향한 것은 인간의 총체적인 자기 이해이다. 그에 따르면 '인간은 무엇인가?'라는 물음에 대한 충실한 답변을 얻고자 한다면, 이성뿐 아니라 미적 감수성에 대해서도 그 고유한 원리를 설명해야 한다. 게다가 객관적 타당성은 이성의 미덕인 동시에 한계가 되기도 한다. '세계'는 개념으로는 낱낱이 밝힐 수 없는 무한한 것이기 때문이다. 반면 미적 감수성은 대상을 개념적으로 규정할 수는 없지만 역으로 개념으로부터의 자유를 통해 세계라는 무한의 영역에 더 가까이 다가갈 수 있다. 오늘날에는 미적 감수성을 심오한 지혜의 하나로 보는 견해가 ㉤ 퍼져 있는데, 많은 학자들이 그 이론적 단초를 칸트에게서 찾는 것은 그의 이러한 논변 때문이다.

## 034

**윗글에 대한 이해로 가장 적절한 것은?**

① 칸트는 미감적 판단력과 규정적 판단력이 동일하다고 보았다.
② 칸트는 이성에 의한 지식이 개념의 한계로 인해 객관적 타당성을 결여한다고 보았다.
③ 칸트는 미적 감수성이 비개념적 방식으로 세계에 대한 객관적 지식을 창출한다고 보았다.
④ 칸트는 미감적 판단력을 본격적으로 규명하여 근대 초기의 합리론을 선구적으로 이끌었다.
⑤ 칸트는 미적 감수성의 원리에 대한 설명이 인간의 총체적 자기 이해에 기여한다고 보았다.

## 035

**[A]에 제시된 '취미 판단'에 대한 이해로 적절하지 <u>않은</u> 것은?**

① '이 장미는 아름답다.'는 취미 판단에 해당한다.
② '유용하다'는 취미 판단 명제의 술어가 될 수 없다.
③ '모든 예술'은 취미 판단 명제의 주어가 될 수 없다.
④ '이 영화의 주제는 권선징악이어서 아름답다.'는 취미 판단에 해당한다.
⑤ '이 소설은 액자식 구조로 이루어져 있다.'는 취미 판단에 해당하지 않는다.

## 036

**윗글을 통해 추론한 내용으로 적절하지 않은 것은?** [3점]

① 개념적 규정은 예술 작품에 대한 취미 판단을 가능하게 한다.
② 공통감은 미감적 공동체에서 예술 작품의 미를 판정할 보편적 규범이 될 수 있다.
③ 특정 예술 작품에 대한 사람들의 취미 판단이 일치하는 것은 우연으로 볼 수 없다.
④ 예술 작품에 대한 나의 취미 판단은 내가 속한 미감적 공동체의 미적 감수성을 보여 준다.
⑤ 예술 작품에 대해 순수한 미감적 태도를 취하지 못하면 그 작품에 대한 취미 판단이 가능하지 않다.

## 037

**문맥상 ㉠~㉤과 바꿔 쓰기에 적절하지 않은 것은?**

① ㉠ : 간주했기
② ㉡ : 피력한다
③ ㉢ : 개입하지
④ ㉣ : 소지하는
⑤ ㉤ : 확산되어

[038~040] 2014학년도 수능A 19번~21번 정답과 해설편 p.410

**다음 글을 읽고 물음에 답하시오.** 3문항을 6분 안에 풀어보세요.

선암사(仙巖寺) 가는 길에는 독특한 미감을 자아내는 돌다리인 승선교(昇仙橋)가 있다. 승선교는 번잡한 속세와 경건한 세계의 경계로서 옛사람들은 산사에 이르기 위해 이 다리를 건너야 했다. 승선교는 가운데에 무지개 모양의 홍예(虹霓)를 세우고 그 좌우에 석축을 쌓아 올린 홍예다리로서, 계곡을 가로질러 산길을 이어 준다.

홍예는 위로부터 받는 하중을 좌우의 아래쪽으로 효과적으로 분산시켜 구조적 안정성을 얻을 수 있기 때문에 예로부터 동서양에서 널리 ㉠ 활용되었다. 홍예를 세우는 과정은 홍예 모양의 목조로 된 가설틀을 세우고, 그 위로 홍예석을 쌓아 올려 홍예가 완전히 세워지면, 가설틀을 해체하는 순으로 이루어진다. 홍예는 장대석(長臺石)의 단면을 사다리꼴로 잘 다듬어, 바닥에서부터 상부 가운데를 향해 차곡차곡 반원형으로 쌓아 올린다. 모나고 단단한 돌들이 모여 반원형의 구조물로 탈바꿈함으로써 부드러운 곡선미를 형성한다. 또한 홍예석들은 서로를 단단하게 지지해 주기 때문에 특별한 접착 물질로 돌과 돌을 이어 붙이지 않았음에도 ㉡ 견고하게 서 있다.

승선교는 이러한 홍예와 더불어, 홍예 좌우와 위쪽 일부에 주위의 막돌을 쌓아 올려 석축을 세웠는데 이로써 승선교는 온전한 다리의 형상을 갖게 되고 사람이 다닐 수 있는 길의 일부가 된다. 층의 구분이 없이 무질서하게 쌓인 듯 보이는 석축은 잘 다듬어진 홍예석과 대비가 되면서 전체적으로는 변화감 있는 조화미를 이룬다. 한편 승선교의 홍예 천장에는 용머리 모양의 장식 돌이 물길을 향해 ㉢ 돌출되어 있다. 이런 장식은 용이 다리를 건너는 사람들이 물로부터 화를 입는 것을 ㉣ 방지한다고 여겨 만든 것이다.

계곡 아래쪽에서 멀찌감치 승선교를 바라보자. 계곡 위쪽에 있는 강선루(降仙樓)와 산자락이 승선교 홍예의 반원을 통해 초점화되어 보인다. 또한 녹음이 우거지고 물이 많은 계절에는 다리의 홍예가 잔잔하게 흐르는 물 위에 비친 홍예 그림자와 이어져 원 모양을 이루고 주변의 수목들의 그림자도 수면에 비친다. 이렇게 승선교와 주변 경관은 서로 어우러지며 극적인 합일을 이룬다. 승선교와 주변 경관이 만들어 내는 아름다움은 계절마다 그 모습을 바꿔 가며 다채롭게 드러난다.

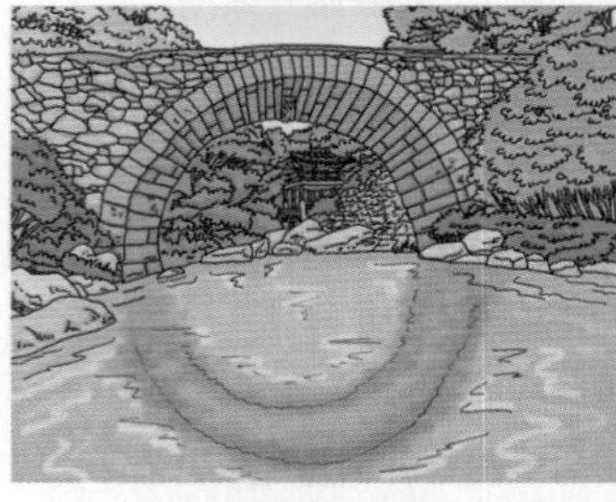

승선교는 뭇사람들이 산사로 가기 위해 계곡을 건너가는 길목에 세운 다리다. 그러기에 호사스러운 치장이나 장식을 할 까닭은 없었을 것이다. 그럼에도 이 다리가 아름다운 것은 주변 경관과의 조화를 중시하는 옛사람들의 자연스러운 미의식이 반영된 덕택이다. 승선교가 오늘날 세사의 번잡함에 지친 우리에게 자연의 소박하고 조화로운 미감을 ㉤ 선사하는 것은 바로 이 때문이다.

## 038

**윗글을 통해 알 수 있는 내용으로 가장 적절한 것은?**

① 홍예석들은 접착제로 이어 붙여서 서로를 단단하게 지지한다.
② 홍예와 그 물그림자가 어우러져 생긴 원은 승선교의 미감을 형성한다.
③ 홍예는 조상들의 미의식이 잘 드러나는 우리나라 특유의 건축 구조이다.
④ 홍예는 사다리꼴 모양의 목조로 된 가설틀을 활용하여 홍예석을 쌓아 만든다.
⑤ 승선교의 하중은 상부 홍예석에 집중됨으로써 그 구조적 안정성이 확보된다.

## 039

**윗글의 '승선교'와 <보기>의 '옥천교'에 대한 이해로 적절하지 않은 것은?** 3점

| 보기 |
옥천교(玉川橋)는 창경궁(昌慶宮)의 궁궐 정문과 정전 사이에 인위적으로 조성한 금천(禁川) 위에 놓여 있다. 이 다리는 지엄한 왕의 공간과 궁궐 내의 일상적 공간을 구획하는 경계였고 임금과 임금에게 허락받은 자들만이 건널 수 있었다. 옥천교는 두 개의 홍예를 이어 붙이고 홍예와 석축은 모두 미려하게 다듬은 돌로 쌓았다. 또 다리 난간에는 갖가지 조각을 장식해 전체적으로 장중한 화려함을 드러내었다. 두 홍예 사이의 석축에는 금천 바깥의 사악한 기운이 다리를 건너 안으로 침범하는 것을 막기 위해 도깨비 형상을 조각했다.

① 승선교와 달리 옥천교는 통행할 수 있는 대상에 제약이 있었던 것으로 보아, 권위적인 영역으로 진입하는 통로이겠군.
② 승선교와 달리 옥천교는 다듬은 돌만을 재료로 사용하고 난간에 조각 장식을 더한 것으로 보아, 장엄함을 드러내려는 의도가 반영된 것이겠군.
③ 옥천교와 달리 승선교는 계곡 사이를 이어 통행로를 만든 것으로 보아, 자연의 난관을 해소하기 위한 것이겠군.
④ 옥천교와 승선교는 모두 서로 다른 성격의 두 공간 사이에 놓인 것으로 보아, 이질적인 공간의 경계이겠군.
⑤ 옥천교와 승선교는 모두 재앙을 막기 위한 장식을 덧붙인 것으로 보아, 세속을 구원하고자 하는 종교적 의식이 반영된 것이겠군.

## 040

**문맥상 ㉠~㉤을 바꿔 쓰기에 적절하지 않은 것은?**

① ㉠ : 쓰였다
② ㉡ : 튼튼하게
③ ㉢ : 튀어나와
④ ㉣ : 그친다고
⑤ ㉤ : 주는

## [041~043] 2014학년도 수능B 28번~30번 정답과 해설편 p.412

### 다음 글을 읽고 물음에 답하시오.

3문항을 6분 안에 풀어보세요.

베토벤의 교향곡은 서양 음악사에 한 획을 그은 걸작으로 평가된다. 그 까닭은 음악 소재를 개발하고 그것을 다채롭게 처리하는 창작 기법의 탁월함으로 설명될 수 있다. 연주 시간이 한 시간 가까이 되는 제3번 교향곡 '영웅'에서 베토벤은 으뜸화음을 펼친 하나의 평범한 소재를 모티브로 취하여 다양한 변주와 변형 기법을 통해 통일성을 유지하면서도 가락을 다채롭게 들리게 했다. 이처럼 단순한 소재에서 착상하여 이를 다양한 방식으로 가공함으로써 성취해 낸 복잡성은 후대 작곡가들이 본받을 창작 방식의 전형이 되었으며, 유례없이 늘어난 교향곡의 길이는 그들이 넘어서야 할 산이었다.

그렇다면 오로지 작품의 내적인 원리만이 베토벤의 교향곡을 19 세기의 중심 레퍼토리로 자리매김하게 했을까? 베토벤의 신화를 이해하기 위해서는 19 세기 초 음악사의 중심에 서고자 했던 독일 민족의 암묵적 염원을 들여다볼 필요가 있다. 그것은 1800년을 전후하여 뚜렷하게 달라진 빈(Wien)의 청중의 음악관, 음악에 대한 독일 비평가들의 새로운 관점, 그리고 당시 유행한 천재성 담론에 반영되었다.

빈의 ㉠ 새로운 청중의 귀는 유럽의 다른 지역 청중과는 달리 순수 기악을 향해 열려 있었다. 순수 기악이란 악기에서 나오는 소리 외에는 다른 어떤 것과도 연합되지 않는 음악을 뜻한다. 당시 청중은 언어가 순수 기악이 주는 의미를 담기에 부족하다고 생각했기 때문에 제목이나 가사 등의 음악 외적 단서를 원치 않았다. 그들이 원했던 것은 말로 형용할 수 없는, 무한을 향해 열려 있는 '음악 그 자체'였다.

또한 당시 음악 비평가들은 음악을 앎의 방식으로 이해하기를 원했다. 이는 음악을 정서의 촉발자로 본 이전 시대와 달리 음악을 감상자가 능동적으로 이해해야 할 대상으로 인식하기 시작했음을 뜻한다. 슐레겔은 모든 순수 기악이 철학적이라고 보았으며, 호프만은 베토벤의 교향곡이 '보편적 진리를 향한 문'이라고 주장하였다. 요컨대 당시의 빈의 청중과 독일의 음악 비평가들은 베토벤의 교향곡이 음악의 독립적 가치를 극대화한 음악이자 독일 민족의 보편적 가치를 실현해 주는 순수 기악의 정수라 여겼다.

더욱이 당시 독일 지역에서 유행한 천재성 담론도 베토벤의 교향곡이 특별한 지위를 얻는 데 한몫했다. 그 시대가 요구하는 천재상은 타고난 재능으로 기존의 관습에서 벗어나 새로운 전통을 창조하는 자였다. 베토벤은 이전의 교향곡의 전통을 수용하면서도 자신만의 독창적인 색채를 더하여 교향곡의 새로운 지평을 열었다고 여겨졌다. 베토벤이야말로 이러한 천재라는 인식이 널리 받아들여지면서 그의 교향곡은 더욱 주목받았다.

## 041

**윗글의 내용과 일치하지 않는 것은?**

① 베토벤 신화 형성 과정에는 독일 민족의 음악적 이상이 반영되었다.
② 베토벤 교향곡의 확대된 길이는 후대 작곡가들이 극복해야 할 과제였다.
③ 베토벤 교향곡에서 복잡성은 단순한 모티브를 다양하게 가공하는 창작 방식에 기인한다.
④ 베토벤 교향곡 '영웅'의 변주와 변형 기법은 통일성 속에서도 다양성을 구현하게 해 주었다.
⑤ 베토벤의 천재성은 기존의 음악적 관습을 부정하고 교향곡이라는 새로운 장르를 창시한 데에서 비롯된다.

## 042

**㉠의 관점에 가장 가까운 것은?**

① 음악은 소리를 다양하게 변형시켜 그것을 듣는 인간의 정서를 순화시킨다.
② 음악은 인간의 구체적인 감정을 전달하는 수단이라는 점에서 그 자체가 언어이다.
③ 가사는 가락을 통해 전달되는 메시지라는 점에서 언어는 음악의 본질적 요소이다.
④ 음악은 언어가 표현할 수 없는 것을 보여 준다는 점에서 언어를 초월하는 예술이다.
⑤ 창작 당시의 시대상이 음악에 반영된다는 점에서 음악 외적 상황은 음악 이해에 중요한 단서가 된다.

## 043

**<보기>와 윗글을 이해한 내용으로 가장 적절한 것은?** 3점

| 보 기 |
로시니는 베토벤과 동시대인으로 당대 최고의 인기를 누리던 오페라 작곡가였다. 당시 순수 기악이 우세했던 빈과는 달리 이탈리아와 프랑스에서는 오페라가 여전히 음악의 중심에 있었다. 당대의 소설가이자 음악 비평가인 스탕달은 로시니가 빈의 현학적인 음악가들과는 달리 유려한 가락에 능하다는 이유를 들어 그를 최고의 작곡가로 평가하였다.

① 슐레겔은 로시니를 '순수 기악의 정수'를 보여 준 베토벤만큼 높이 평가하지 않았겠군.
② 호프만은 당시의 이탈리아와 프랑스에서 유행하던 음악이 '새로운 전통'을 창조했다고 보았겠군.
③ 음악을 '앎의 방식'으로 보는 관점을 가진 사람들에게 오페라는 교향곡보다 우월한 장르로 평가받았겠군.
④ 스탕달에 따르면, 로시니의 음악은 베토벤이 세운 '창작 방식의 전형'을 따름으로써 빈의 현학적인 음악가들을 뛰어넘은 것이겠군.
⑤ 당시 오페라가 여전히 인기를 얻을 수 있었던 것은 음악을 '정서의 촉발자'가 아닌 '능동적 이해의 대상'으로 보려는 청중의 견해 때문이었겠군.

[044~047] 2012학년도 수능 43번~46번 정답과 해설편 p.414

다음 글을 읽고 물음에 답하시오. 4문항을 8분 안에 풀어보세요. 

서양 음악에서 기악은 르네상스 말기에 탄생하였지만 바로크 시대에 이르면 악기의 발달과 함께 다양한 장르를 형성하면서 비약적인 발전을 이루게 된다. 하지만 가사가 있는 성악에 익숙해져 있던 사람들에게 기악은 내용 없는 공허한 울림에 지나지 않았다. 이러한 비난을 면하기 위해 기악은 일정한 의미를 가져야 하는 과제를 안게 되었다.

바로크 시대의 음악가들은 이러한 과제에 대한 해결의 실마리를 '정서론'과 '음형론'에서 찾으려 했다. 이 두 이론은 본래 성악 음악을 배경으로 태동하였으나 점차 기악 음악에도 적용되었다. 정서론에서는 웅변가가 청중의 마음을 움직이듯 음악가도 청자들의 정서를 움직여야 한다고 본다. 그렇게 하기 위해서는 한 곡에 하나의 정서만이 지배적이어야 한다. 그것은 연설에서 한 가지 논지가 일관되게 견지되어야 설득력이 있는 것과 같은 이유에서였다.

한편 음형론에서는 가사의 의미에 따라 그에 적합한 음형을 표현 수단으로 삼는데, 르네상스 후기 마드리갈이나 바로크 초기 오페라 등에서 그 예를 찾을 수 있다. 바로크 초반의 음악 이론가 부어마이스터는 마치 웅변에서 말의 고저나 완급, 장단 등이 호소력을 이끌어 내듯 음악에서 이에 상응하는 효과를 낳는 장치들에 주목하였다. 예를 들어, 가사의 뜻에 맞춰 가락이 올라가거나, 한동안 쉬거나, 음들이 딱딱 끊어지게 ㉠ 연주하는 방식 등이 이에 해당한다.

바로크 후반의 음악 이론가 마테존 역시 수사학 이론을 끌어들여 어느 정도 객관적으로 소통될 수 있는 음 언어에 대해 설명하였다. 또한 기존의 정서론을 음악 구조에까지 확장하며 당시의 음조(音調)를 특정 정서와 연결하였다. 마테존에 따르면 다장조는 기쁨을, 라단조는 경건하고 웅장함을 유발한다.

그러나 마테존의 진정한 업적은 음악을 구성적 측면에서 논의한 데 있다. 그는 성악곡인 마르첼로의 아리아를 논의하면서 그것이 마치 기악곡인 양 가사는 전혀 언급하지 않은 채, 주제 가락의 착상과 치밀한 전개 방식 등에 집중하였다. 이는 가락, 리듬, 화성과 같은 형식적 요소가 중시되는 순수 기악 음악의 도래가 멀지 않았음을 의미하는 것이었다. 실제로 한 세기 후 음악 미학자 한슬리크는 음악이 사람의 감정을 묘사하거나 표현하는 것이 아니라, 음들의 순수한 결합 그 자체로 깊은 정신세계를 보여 주는 것이라 주장하기에 이른다.

## 044

윗글의 내용 전개 방식으로 가장 적절한 것은? 1점

① 구체적 증거를 활용하여 통념이 잘못된 것임을 증명하고 있다.
② 비유적인 예를 통하여 문제를 제기하고 이를 반박하고 있다.
③ 문제 상황을 소개하고 이를 해결하는 과정을 제시하고 있다.
④ 어떤 이론이 다양하게 분화하는 과정을 보여 주고 있다.
⑤ 문답 형식으로 화제에 대해 구체적으로 설명하고 있다.

## 045

윗글의 내용과 일치하지 않는 것은?

① 바로크 시대의 기악은 악기가 발달하고 다양한 장르가 형성되면서 발전하였다.
② 정서론과 음형론은 성악을 배경으로 출현하였으나 점차 기악으로 확대 적용되었다.
③ 부어마이스터는 언어와 음악의 관련성을 강조하며 음형론의 실제적인 예들을 보여 주었다.
④ 마테존은 아리아를 분석하면서 가사의 의미와 악곡의 전개 방식들의 관계에 대하여 논의하였다.
⑤ 한슬리크는 음들의 결합 그 자체가 만들어 내는 형식적 원리를 강조하였다.

## 046

**윗글을 바탕으로 〈보기〉를 이해한 내용으로 적절하지 않은 것은?**

① ⓐ : 경건하고 웅장한 분위기 설정을 위한 것이겠군.
② ⓑ : 뚝뚝 떨어지는 '눈물'을 묘사한 것이겠군.
③ ⓒ : '하늘'이 높다는 의미를 염두에 둔 것이겠군.
④ ⓓ : 말의 장단을 음악적으로 표현한 것이겠군.
⑤ ⓔ : 기쁨을 표현하고자 한 것이겠군.

## 047

**㉠과 관련하여 〈보기〉의 A, B에 들어갈 말로 가장 적절한 것은?**

| 보기 |
그녀가 손가락으로 가야금을 ( A ) 시작하자, 그는 채로 장구를 ( B ) 시작했다.

| | A | B |
|---|---|---|
| ① | 뜯기 | 치기 |
| ② | 치기 | 켜기 |
| ③ | 타기 | 퉁기기 |
| ④ | 켜기 | 두드리기 |
| ⑤ | 퉁기기 | 타기 |

# Ⅵ 복합 지문

[001~006] 2022학년도 예시문항 16번~21번 정답과 해설편 p.417

다음 글을 읽고 물음에 답하시오. 6문항을 11분 안에 풀어보세요. 

(가)

춘추 전국 시대의 논쟁 주제 중 하나였던 음악은 진나라 때 저작인 ㉠『여씨춘추』에서도 비중 있게 다뤄졌다. 이 저작에서는 음악을 인간의 자연스러운 감정이 표출되어 형성된 것이자 백성 교화의 수단으로 인식하면서도 즐거움을 주는 욕구의 대상으로 보는 것에 주안점을 두었다. 지배층의 사치스러운 음악 향유를 거론하며 음악을 아예 거부하는 묵자에 대해 이는 인간의 자연적 욕구를 거스르는 것이라 비판하고, 좋은 음악이란 신분, 연령 등을 막론하고 모든 사람들에게 즐거움을 주는 것이라고 주장하였다.

이전까지는 음악이 모든 사람에게 동일한 영향을 미친다고 여겼지만, 『여씨춘추』에서는 음악을 듣는 주체의 수준과 감성에 따라 동일한 음악이라도 상이한 느낌과 결과를 유발한다고 보았다. 인간이 감정을 가진 것처럼 음악에도 감정이 담겨 있다고 전제하고, 음악을 통해 감정을 적절히 해소하거나 표현하면 결과적으로 장수할 수 있다고 주장하였다. 음악을 통해 감정의 표현이 적절해지면 사람의 마음은 편안해지며, 생명 연장까지도 가능하다고 본 것이다.

『여씨춘추』에 따르면, 천지를 채운 기(氣)가 음악을 통해 균형을 이루는데, 음악의 조화로운 소리가 자연의 기와 공명하여 천지의 조화에 기여할 수 있고, 인체 내에서도 기의 원활한 순환을 돕는다. 음악은 우주 자연의 근원에서 비롯되어 음양의 작용에 따라 자연에서 생겨나지만, 조화로운 소리는 적절함을 위해 인위적 과정을 거쳐야 한다고 지적하고, 좋은 음악은 소리의 세기와 높낮이가 적절해야 한다고 주장하였다.

음악에 대한 『여씨춘추』의 입장은 인간의 선천적 욕구의 추구를 인정하면서도 음악을 통한 지나친 욕구의 추구는 적절히 통제되어야 한다는 것이라 할 수 있다. 이러한 입장은 『여씨춘추』의 '생명을 귀하게 여긴다.'는 '귀생(貴生)'의 원칙을 통해 분명하게 확인할 수 있다. 이 원칙에 따르면, 인간은 자연적인 욕구에 따라 음악을 즐기면서도 그것이 생명에 도움이 되는지의 여부에 따라 그것의 좋고 나쁨을 판단하고 취사선택해야 한다. 이에 따라 『여씨춘추』에서는 개인적인 욕구에 따른 일차적인 자연적 음악보다 인간의 감정과 욕구를 절도 있게 표현한 선왕(先王)들의 음악을 더 중시하였다. 그리고 선왕들의 음악이 민심을 교화하는 도덕적 기능이 있다고 지적하였다.

(나)

음악적 아름다움의 본질은 무엇인가? 19 세기 미학자 한슬리크는 "㉡ 음악의 아름다움은 외부의 어떤 것에도 의존하지 않고, 오로지 음과 음의 결합에 의해 이루어진다."라고 주장했다. 예를 들면, 모차르트의 '교향곡 제40번 사단조'는 '사' 음을 으뜸음으로 하는 단음계로 작곡된 조성 음악으로, 여기에는 제목이나 가사 등 음악 외적인 어떤 것도 개입하지 않는다. 다만 7 개의 음을 사용하여 음계를 구성하고, 으뜸, 딸림, 버금딸림 등 각각의 기능에 따라 규칙적인 화성 진행을 한다. 조성 음악의 체계는 17 세기 이후 지속된 서양 음악의 구조적 기본틀이었다.

그러나 20 세기 초 서양 음악은 전통적인 아름다움의 개념을 거부하고 새로운 미적 가치를 추구하였다. 불협화음이 반드시 협화음으로 해결되어야 한다는 기존의 조성 음악으로부터의 탈피를 보여주는 대표적인 음악들 중의 하나가 표현주의 음악이다. 표현주의는 20 세기 초반에 나타난 예술 사조로서 미술에서 시작하여 음악과 문학 등 예술의 제 분야에 영향력을 미쳤다. 표현주의 예술은 소외된 인간 내면의 주관적인 감성을 충실하게 표현하려는 사조이다. 표현주의 음악의 주된 특성은 조성 음악의 체계가 상실된 것이며, 이는 곧 '무조 음악'의 탄생으로 이어졌다. 당시 쇤베르크가 발표한 음악 프로그램 노트에는 이렇게 적혀 있다. "처음으로 나는 지난 시기 미학의 모든 울타리를 부숴 버렸으며, 사명을 띠고 [한 이념]을 부르짖는다."

무조 음악은 12 개의 음을 자유롭게 사용하며, 다양한 불협화음을 다룬다. 대표적인 예는 쇤베르크가 1912년에 발표한 작품 '㉢ 달에 홀린 피에로'이다. 이 작품은 상징주의 시인인 지로가 발표한 연시집에 수록된 50 편의 시 중에서 21 편을 가사로 삼아 작곡한 성악곡이다.

Rezitation
Fin-stre, schwar-ze Rie-sen fal - ter tö-tet-en der Son - ne Glanz.

이 곡의 성악 성부는 새로운 성악 기법으로 주목을 받았다. 즉 악보에 음표를 표기하기는 하였으나, 모든 음표에 ×표를 하여 연주할 때에는 음높이를 정확하게 드러내지 않고 '말하는 선율'로 연주하도록 하였다. 피에로로 분장한 낭송자가 날카로운 사회 비판과 풍자를 담은 가사를 읊는다. 또한 기악 성부는 다양한 악기 배합과 주법을 통해 새로운 음향을 창출한다. 이 곡은 무조적 짜임새를 기본으로 하여, 낭송조의 표현적 측면을 강조한 새로운 성악 기법과, 새로운 연주 기법을 시도한 색채적 음향 등을 통해 표현주의 음악의 특징을 드러내는 작품이라고 볼 수 있다.

## 001

**다음은 (가), (나)를 읽고 학생이 작성한 활동지의 일부이다. ⓐ~ⓒ에 대한 평가를 바르게 짝지은 것은?**

| | |
|---|---|
| 공통점 | ○ 음악에 대한 견해를 설명하기 위해 그 견해와 대비되는 견해를 제시함. ······ ⓐ<br>⋮ |
| 차이점 | ○ (가)와 달리 (나)는 특정 음악 작품을 예로 제시함. ······ ⓑ<br>○ (나)와 달리 (가)는 음악을 다른 예술 갈래와 비교함. ····· ⓒ<br>⋮ |

| | ⓐ | ⓑ | ⓒ |
|---|---|---|---|
| ① | 적절 | 적절 | 적절 |
| ② | 적절 | 적절 | 부적절 |
| ③ | 적절 | 부적절 | 적절 |
| ④ | 부적절 | 적절 | 적절 |
| ⑤ | 부적절 | 부적절 | 부적절 |

## 002

**㉠에 제시된 음악에 대한 견해와 부합하는 진술로 적절하지 않은 것은?**

① 너무 큰 소리와 너무 작은 소리로 이루어진 음악은 적절하지 않은 음악이 된다.
② 훌륭한 음악은 군주와 신하, 아버지와 자식, 어른과 어린아이 모두에게 즐거움을 주는 것이다.
③ 사람이 음악을 즐기는 것은 선천적인 욕구에 따른 것이니 음악은 사람이 억지로 부정할 수 있는 것이 아니다.
④ 음악에 감정이 있다는 것은 사람에게 감정이 있는 것과 같으니 음악을 듣고 감정을 적절히 해소하면 마음이 쾌적해진다.
⑤ 쾌활한 사람이든지 우울한 사람이든지 막론하고 슬픈 곡조의 음악을 들으면 누구나 슬픈 감정의 상태에 이르는 법이다.

## 003

**(가)를 참고할 때, <보기>에 대한 반응으로 적절하지 않은 것은?** [3점]

| 보기 |

노자(老子)는 인간의 자연스러운 본성을 실현하는 데 욕구가 방해가 된다고 보고, 현실 속 음악을 거부하였다. 그에게 최고의 음악은 우주의 근원인 도(道)의 모습을 닮아 거의 들리지 않는 음악이었다. 욕구가 일어나지 않는 마음 상태를 이상적으로 본 장자(莊子)는 노자와 같이 음악을 우주 자연의 근원에서 비롯되었다고 전제하면서 음악을 천지 만물의 조화와 결부하여 설명하였다. 음악이 인간의 삶에서 결여될 수 없다고 주장한 그는 의미 있는 음악이란 사람의 자연스러운 감정에 근본을 두면서도 형식화되어야 함을 지적하고, 선왕(先王)들이 백성들을 위해 제대로 된 음악을 만들었다고 보았다.

① 노자는 『여씨춘추』와 달리 인위적인 음악에 대해 부정적이었겠군.
② 노자는 『여씨춘추』와 같이 우주 자연의 근원에서 음악이 비롯되었다는 데 긍정적이었겠군.
③ 장자는 『여씨춘추』와 같이 선왕들의 음악에 대해 긍정적이었겠군.
④ 장자는 『여씨춘추』와 달리 음악에 대한 묵자의 태도에 대해 부정적이었겠군.
⑤ 장자는 『여씨춘추』와 같이 만물의 조화를 중심으로 음악을 보는 것에 대해 긍정적이었겠군.

## 004

**한 이념의 실천 내용으로 가장 적절한 것은?**

① 조성에서 벗어난 무조적 짜임새로 표현하는 것
② 음계를 구성하는 7 개의 음을 사용한 화음들로 표현하는 것
③ 사회 비판과 풍자를 가사에 담아 정확한 음높이로 표현하는 것
④ 불협화음을 사용할 경우에 반드시 협화음으로 해결하여 표현하는 것
⑤ 전통적인 아름다움을 거부하고 감정이 드러나지 않도록 표현하는 것

## 005

**㉡의 관점에서 ㉢을 비평한 내용으로 가장 적절한 것은?**

① ×표로 표시된 말하는 성악 선율은 주관적인 감성을 제대로 표현하지 못하므로 바람직하지 않다.

② 피에로 분장을 한 낭송자가 가사를 낭송하는 것은 음악 외적인 것이 개입하므로 적절하지 않다.

③ 다양한 악기의 배합과 새로운 연주 기법을 시도한 것은 색채적 음향으로 무조적 경향을 깨뜨리므로 바람직하지 않다.

④ 규칙적인 화성 진행을 따르는 것은 12 개의 음을 자유롭게 사용하는 조성 음악의 체계에서 벗어나므로 적절하지 않다.

⑤ 지로가 발표한 연시집 중 일부만을 가사로 사용한 것은 전체 작품의 줄거리를 이해하기 어렵게 하므로 바람직하지 않다.

## 006

**다음은 학생의 독서 활동 과정이다. 학생이 재구성하기 단계에서 쓴 글로 가장 적절한 것은?** 3점

| | |
|---|---|
| 질문하기 | 좋은 곡을 작곡하기 위해 어떤 노력이 필요할까? |
| ⬇ | |
| 탐색하기 | 음악에 대한 이해를 돕는 글 찾기 |
| ⬇ | |
| 분석적 읽기 | (가), (나)를 읽고 주제, 관점, 내용 등을 비교하여 종합하기 |
| ⬇ | |
| 재구성하기 | 분석 내용을 바탕으로 질문에 대한 답을 재구성하여 글로 쓰기 |

① 두 글은 모두 음악이 구조적인 기본틀을 제대로 갖추어야 아름다움을 느낄 수 있다고 제시하였다. 다양한 음악 작품의 구조를 분석해 보고 내가 작곡할 때에도 적용해 보아야겠다.

② 두 글은 창작자와 감상자가 각각의 입장에 따라 음악의 가치를 서로 다르게 판단한다고 제시하였다. 감상하는 사람뿐만 아니라 연주하는 사람에게도 인정받을 수 있는 음악을 작곡할 수 있도록 노력해야겠다.

③ 두 글은 좋은 음악으로 인정받기 위한 조건으로 도덕적 기능이 있어야 한다는 것을 공통적으로 제시하였다. 사람들의 정서에 긍정적인 영향을 끼쳐서 세상을 아름답게 가꾸는 데 기여할 수 있는 음악을 만들어야겠다.

④ 두 글은 동서양을 막론하고 음악이 감정을 표현하는 도구로 쓰였지만, 음악에 대한 인식이 고정되어 있는 것이 아님을 보여 주었다. 작곡을 할 때 한 가지 기준이나 방법만 고집할 것이 아니라 다양한 시도를 해 보아야겠다.

⑤ 두 글은 시대적 상황이 음악에 영향을 끼친다는 것을 보여 주었다. 역사에 대한 배경지식이 부족하여 글을 이해하기 힘들었는데, 글을 제대로 이해하는 데 필요한 배경지식을 갖출 수 있도록 다양한 책 읽기를 실천해야겠다.

[007~012] 2020학년도 9월 모평 21번~26번 정답과 해설편 p.421

## 다음 글을 읽고 물음에 답하시오.

6문항을 8분 안에 풀어보세요. 

과거는 지나가 버렸기 때문에 역사가가 과거의 사실과 직접 만나는 것은 불가능하다. 역사가는 사료를 매개로 과거와 만난다. 사료는 과거를 그대로 재현하는 것은 아니기 때문에 불완전하다. 사료의 불완전성은 역사 연구의 범위를 제한하지만, 그 불완전성 때문에 역사학이 학문이 될 수 있으며 역사는 끝없이 다시 서술된다. 매개를 거치지 않은 채 손실되지 않은 과거와 ⓐ 만날 수 있다면 역사학이 설 자리가 없을 것이다. 역사학은 전통적으로 문헌 사료를 주로 활용해 왔다. 그러나 유물, 그림, 구전 등 과거가 남긴 흔적은 모두 사료로 활용될 수 있다. 역사가들은 새로운 사료를 발굴하기 위해 노력한다. 알려지지 않았던 사료를 찾아내기도 하지만, 중요하지 않게 ⓑ 여겨졌던 자료를 새롭게 사료로 활용하거나 기존의 사료를 새로운 방향에서 파악하기도 한다. 평범한 사람들의 삶의 모습을 중점적인 주제로 다루었던 미시사 연구에서 재판 기록, 일기, 편지, 탄원서, 설화집 등의 이른바 '서사적' 자료에 주목한 것도 사료 발굴을 위한 노력의 결과이다.

시각 매체의 확장은 사료의 유형을 더욱 다양하게 했다. 이에 따라 역사학에서 영화를 통한 역사 서술에 대한 관심이 일고, 영화를 사료로 파악하는 경향도 ⓒ 나타났다. 역사가들이 주로 사용하는 문헌 사료의 언어는 대개 지시 대상과 물리적·논리적 연관이 없는 추상화된 상징적 기호이다. 반면 영화는 카메라 앞에 놓인 물리적 현실을 이미지화하기 때문에 그 자체로 물질성을 띤다. 즉, 영화의 이미지는 닮은꼴로 사물을 지시하는 도상적 기호가 된다. 광학적 메커니즘에 따라 피사체로부터 비롯된 영화의 이미지는 그 피사체가 있었음을 지시하는 지표적 기호이기도 하다. 예를 들어 다큐멘터리 영화는 피사체와 밀접한 연관성을 갖기 때문에 피사체의 진정성에 대한 믿음을 고양하여 언어적 서술에 비해 호소력 있는 서술로 비춰지게 된다.

그렇다면 영화는 역사와 어떻게 관계를 맺고 있을까? 역사에 대한 영화적 독해와 영화에 대한 역사적 독해는 영화와 역사의 관계에 대한 두 축을 ⓓ 이룬다. 역사에 대한 영화적 독해는 영화라는 매체로 역사를 해석하고 평가하는 작업과 연관된다. 영화인은 자기 나름의 시선을 서사와 표현 기법으로 녹여내어 역사를 비평할 수 있다. 역사를 소재로 한 역사 영화는 역사적 고증에 충실한 개연적 역사 서술 방식을 취할 수 있다. 혹은 역사적 사실을 자원으로 삼되 상상력에 의존하여 가공의 인물과 사건을 덧대는 상상적 역사 서술 방식을 취할 수도 있다. 그러나 비단 역사 영화만이 역사를 재현하는 것은 아니다. 모든 영화는 명시적이거나 우회적인 방법으로 역사를 증언한다. 영화에 대한 역사적 독해는 영화에 담겨 있는 역사적 흔적과 맥락을 검토하는 것과 연관된다. 역사가는 영화 속에 나타난 풍속, 생활상 등을 통해 역사의 외연을 확장할 수 있다. 나아가 제작 당시 대중이 공유하던 욕망, 강박, 믿음, 좌절 등의 집단적 무의식과 더불어 이상, 지배적 이데올로기 같은 미처 파악하지 못했던 가려진 역사를 끌어내기도 한다.

영화는 주로 허구를 다루기 때문에 역사 서술과는 거리가 있다고 보는 사람도 있다. 왜냐하면 역사가들은 일차적으로 사실을 기록한 자료에 기반해서 연구를 ⓔ 펼치기 때문이다. 또한 역사가는 ㉠ 자료에 기록된 사실이 허구일지도 모른다는 의심을 버리지 않고 이를 확인하고자 한다. 그러나 문헌 기록을 바탕으로 하는 역사 서술에서도 허구가 배격되어야 할 대상만은 아니다. 역사가는 ㉮ 허구의 이야기 속에서 그 안에 반영된 당시 시대적 상황을 발견하여 사료로 삼으려고 노력하기도 한다. 지어낸 이야기는 실제 있었던 사건에 대한 기록이 아니지만 사고방식과 언어, 물질문화, 풍속 등 다양한 측면을 반영하며, 작가의 의도와 상관없이 혹은 작가의 의도 이상으로 동시대의 현실을 전달해 주기도 한다. 어떤 역사가들은 허구의 이야기에 반영된 사실을 확인하는 것에서 더 나아가 ㉯ 사료에 직접적으로 나타나지 않은 과거를 재현하기 위해 허구의 이야기를 활용하여 사료에 기반한 역사적 서술을 보완하기도 한다. 역사가가 허구를 활용하는 것은 실제로 존재했던 과거에 접근하고자 하는 고민의 결과이다.

[A] 영화는 허구적 이야기에 역사적 사실을 담아냄으로써 새로운 사료의 원천이 될 뿐 아니라, 대안적 역사 서술의 가능성까지 지니고 있다. 영화는 공식 제도가 배제했던 역사를 사회에 되돌려 주는 '아래로부터의 역사'의 형성에 기여한다. 평범한 사람들의 회고나 증언, 구전 등의 비공식적 사료를 토대로 영화를 만드는 작업은 빈번하게 이루어지고 있다. 그리하여 영화는 하층 계급, 피정복 민족처럼 역사 속에서 주변화된 집단의 묻혀 있던 목소리를 표현해 낸다. 이렇듯 영화는 공식 역사의 대척점에서 활동하면서 역사적 의식 형성에 참여한다는 점에서 역사 서술의 한 주체가 된다.

## 007

**윗글의 내용 전개 방식으로 가장 적절한 것은?**

① 역사의 개념을 밝히면서 영화와 역사 간의 공통점과 차이점을 비교하고 있다.
② 영화의 변천 과정을 통시적으로 밝혀 사료로서 영화가 지닌 의의를 강조하고 있다.
③ 역사에 대한 서로 다른 견해를 대조하여 사료로서 영화가 지닌 한계를 비판하고 있다.
④ 영화의 사료로서의 특성을 밝히면서 역사 서술로서 영화가 지닌 가능성을 제시하고 있다.
⑤ 다양한 영화의 유형별 장단점을 분석하여 영화가 역사 서술의 대안이 될 수 있는지에 대해 평가하고 있다.

## 008

**윗글에 대한 이해로 가장 적절한 것은?**

① 개인적 기록은 사료로 활용하기에 적절하지 않다.
② 역사가가 활용하는 공식적 문헌 사료는 매개를 거치지 않은 과거의 사실이다.
③ 기존의 사료를 새로운 방향에서 파악하는 것은 사료의 발굴이라고 할 수 있다.
④ 문헌 사료의 언어는 다큐멘터리 영화의 이미지에 비해 지시 대상에 대한 지표성이 강하다.
⑤ 카메라를 매개로 얻어진 영화의 이미지는 지시 대상과 닮아 있다는 점에서 상징적 기호이다.

## 009

**㉮, ㉯의 사례로 적절한 것만을 <보기>에서 있는 대로 찾아 바르게 짝지은 것은?**

| 보 기 |

ㄱ. 조선 후기 유행했던 판소리를 자료로 활용하여 당시 음식 문화의 실상을 파악하고자 했다.
ㄴ. B. C. 3 세기경에 편찬된 것으로 알려진 경전의 일부에 사용된 어휘를 면밀히 분석하여, 그 경전의 일부가 후대에 첨가되었을 가능성을 검토했다.
ㄷ. 중국 명나라 때의 상거래 관행을 연구하기 위해 명나라 때 유행한 다양한 소설들에서 상업 활동과 관련된 내용을 모아 공통된 요소를 분석했다.
ㄹ. 17 세기의 사건 기록에서 찾아낸 한 평범한 여성의 삶에 대한 역사서를 쓰면서 그 여성의 심리를 묘사하기 위해 같은 시대에 나온 설화집의 여러 곳에서 문장을 차용했다.

| | ㉮ | ㉯ |
|---|---|---|
| ① | ㄱ, ㄷ | ㄹ |
| ② | ㄱ, ㄹ | ㄴ |
| ③ | ㄴ, ㄷ | ㄱ |
| ④ | ㄷ | ㄴ, ㄹ |
| ⑤ | ㄹ | ㄱ, ㄴ |

## 010

**㉠에 나타난 역사가의 관점에서 [A]를 비판한 내용으로 가장 적절한 것은?**

① 영화는 많은 사실 정보를 담고 있기 때문에 사료로서의 가능성을 가지고 있다.
② 하층 계급의 역사를 서술하기 위해서는 영화와 같이 허구를 포함하는 서사적 자료에 주목해야 한다.
③ 영화가 늘 공식 역사의 대척점에 있는 것은 아니며, 공식 역사의 입장에서 지배적 이데올로기를 선전하는 수단으로 활용되곤 한다.
④ 주변화된 집단의 목소리는 그 집단의 이해관계를 반영하기 때문에 그것에 바탕을 둔 영화는 주관에 매몰된 역사 서술일 뿐이다.
⑤ 기억이나 구술 증언은 거짓이거나 변형될 가능성이 있기 때문에 다른 자료와 비교하여 진위 여부를 검증한 후에야 사료로 사용이 가능하다.

## 011

**윗글을 바탕으로 〈보기〉를 이해한 내용으로 적절하지 않은 것은?** 3점

> | 보기 |
>
> 1982년 작 영화 「마르탱 게르의 귀향」은 16 세기 중엽 프랑스 농촌의 보통 사람들 간의 사건에 관한 재판 기록을 토대로 한다. 당시 사건의 정황과 생활상에 관한 고증을 맡은 한 역사가는 영화 제작 이후 재판 기록을 포함한 다양한 문서들을 근거로 동명의 역사서를 출간했다. 1993년, 영화 「마르탱 게르의 귀향」은 19 세기 중엽 미국을 배경으로 하여 허구적 인물과 사건으로 재구성한 영화 「서머스비」로 탈바꿈되었다. 두 작품에서는 여러 해 만에 귀향한 남편이 재판 과정에서 가짜임이 드러난다. 전자는 당시 생활상을 있는 그대로 복원하는 데 치중했다. 반면 후자는 가짜 남편을 마을에 바람직한 변화를 가져온 지도자로 묘사하면서 미국 근대사를 긍정적으로 평가하고자 하는 대중의 욕망을 반영했다.

① 「서머스비」에 반영된, 미국 근대사를 긍정적으로 평가하려는 대중의 욕망은 영화가 제작된 당시 사회의 집단적 무의식에 해당하는군.
② 실화에 바탕을 둔 영화 「마르탱 게르의 귀향」을 가공의 인물과 사건으로 재구성한 「서머스비」에서는 영화에 대한 역사적 독해를 시도하기 어렵겠군.
③ 영화 「마르탱 게르의 귀향」은 실제 사건의 재판 기록을 토대로 제작됐지만, 그 속에도 역사에 대한 영화인 나름의 시선이 표현 기법으로 나타났겠군.
④ 영화 「마르탱 게르의 귀향」은 역사적 고증에 바탕을 두고 당시 사건과 생활상을 충실히 재현하기 위해 노력했다는 점에서 개연적 역사 서술 방식에 가깝겠군.
⑤ 역사서 『마르탱 게르의 귀향』은 16 세기 프랑스 농촌의 평범한 사람들의 삶의 모습을 서사적 자료에 근거하여 다루었다는 점에서 미시사 연구의 방식을 취했다고 볼 수 있군.

## 012

**문맥상 ⓐ~ⓔ와 바꿔 쓰기에 적절하지 않은 것은?**

① ⓐ : 대면(對面)할
② ⓑ : 간주(看做)되었던
③ ⓒ : 대두(擡頭)했다
④ ⓓ : 결합(結合)한다
⑤ ⓔ : 전개(展開)하기

[013~018] 2019학년도 수능 27번~32번 정답과 해설편 p.425

## 다음 글을 읽고 물음에 답하시오.

6문항을 20분 안에 풀어보세요. 

16 세기 전반에 서양에서 태양 중심설을 지구 중심설의 대안으로 제시하며 시작된 천문학 분야의 개혁은 경험주의의 확산과 수리 과학의 발전을 통해 형이상학을 뒤바꾸는 변혁으로 이어졌다. 서양의 우주론이 전파되자 중국에서는 중국과 서양의 우주론을 회통하려는 시도가 전개되었고, 이 과정에서 자신의 지적 유산에 대한 관심이 제고되었다.

복잡한 문제를 단순화하여 푸는 수학적 전통을 이어받은 코페르니쿠스는 천체의 운행을 단순하게 기술할 방법을 찾고자 하였고, 그것이 ⓐ 일으킬 형이상학적 문제에는 별 관심이 없었다. 고대의 아리스토텔레스와 프톨레마이오스는 우주의 중심에 고정되어 움직이지 않는 지구의 주위를 달, 태양, 다른 행성들의 천구들과, 항성들이 붙어 있는 항성 천구가 회전한다는 지구 중심설을 내세웠다. 그와 달리 코페르니쿠스는 태양을 우주의 중심에 고정하고 그 주위를 지구를 비롯한 행성들이 공전하며 지구가 자전하는 우주 모형을 ⓑ 만들었다. 그러자 프톨레마이오스보다 훨씬 적은 수의 원으로 행성들의 가시적인 운동을 설명할 수 있었고 행성이 태양에서 멀수록 공전 주기가 길어진다는 점에서 단순성이 충족되었다. 그러나 아리스토텔레스의 형이상학을 고수하는 다수 지식인과 종교 지도자들은 그의 이론을 받아들이려 하지 않았다. 왜냐하면 그것은 지상계와 천상계를 대립시키는 아리스토텔레스의 이분법적 구도를 무너뜨리고, 신의 형상을 ⓒ 지닌 인간을 한갓 행성의 거주자로 전락시키는 것으로 여겨졌기 때문이다.

16 세기 후반에 브라헤는 코페르니쿠스 천문학의 장점은 인정하면서도 아리스토텔레스 형이상학과의 상충을 피하고자 우주의 중심에 지구가 고정되어 있고, 달과 태양과 항성들은 지구 주위를 공전하며, 지구 외의 행성들은 태양 주위를 공전하는 모형을 제안하였다. 그러나 케플러는 우주의 수적 질서를 신봉하는 형이상학인 신플라톤주의에 매료되었기 때문에, 태양을 우주 중심에 배치하여 단순성을 추구한 코페르니쿠스의 천문학을 받아들였다. 하지만 그는 경험주의자였기에 브라헤의 천체 관측치를 활용하여 태양 주위를 공전하는 행성의 운동 법칙들을 수립할 수 있었다. 우주의 단순성을 새롭게 보여 주는 이 법칙들은 아리스토텔레스 형이상학을 더 이상 온존할 수 없게 만들었다.

[A] 17 세기 후반에 뉴턴은 태양 중심설을 역학적으로 정당화하였다. 그는 만유인력 가설로부터 케플러의 행성 운동 법칙들을 성공적으로 연역했다. 이때 가정된 만유인력은 두 질점*이 서로 당기는 힘으로, 그 크기는 두 질점의 질량의 곱에 비례하고 거리의 제곱에 반비례한다. 지구를 포함하는 천체들이 밀도가 균질하거나 구 대칭*을 이루는 구라면 천체가 그 천체 밖 어떤 질점을 당기는 만유인력은, 그 천체를 잘게 나눈 부피 요소들 각각이 그 천체 밖 어떤 질점을 당기는 만유인력을 모두 더하여 구할 수 있다. 또한 여기에서 지구보다 질량이 큰 태양과 지구가 서로 당기는 만유인력이 서로 같음을 증명할 수 있다. 뉴턴은 이 원리를 적용하여 달의 공전 궤도와 사과의 낙하 운동 등에 관한 실측값을 연역함으로써 만유인력의 실재를 입증하였다.

16 세기 말부터 중국에 본격 유입된 서양 과학은, 청 왕조가 1644년 중국의 역법(曆法)을 기반으로 서양 천문학 모델과 계산법을 수용한 시헌력을 공식 채택함에 따라 그 위상이 구체화되었다. 브라헤와 케플러의 천문 이론을 차례대로 수용하여 정확도를 높인 시헌력이 생활 리듬으로 자리 잡았지만, 중국 지식인들은 서양 과학이 중국의 지적 유산에 적절히 연결되지 않으면 아무리 효율적이더라도 불온한 요소로 ⓓ 여겼다. 이에 따라 서양 과학에 매료된 학자들도 어떤 방식으로든 ㉠ 서양 과학과 중국 전통 사이의 적절한 관계 맺음을 통해 이 문제를 해결하고자 하였다.

17 세기 웅명우와 방이지 등은 중국 고대 문헌에 수록된 우주론에 대해서는 부정적 태도를 견지하면서 성리학적 기론(氣論)에 입각하여 실증적인 서양 과학을 재해석한 독창적 이론을 제시하였다. 수성과 금성이 태양 주위를 회전한다는 그들의 태양계 학설은 브라헤의 영향이었지만, 태양의 크기에 대한 서양 천문학 이론에 의문을 제기하고 기(氣)와 빛을 결부하여 제시한 광학 이론은 그들이 창안한 것이었다.

17 세기 후반 왕석천과 매문정은 서양 과학의 영향을 받아 경험적 추론과 수학적 계산을 통해 우주의 원리를 파악하고자 하였다. 그러면서 서양 과학의 우수한 면은 모두 중국 고전에 이미 ⓔ 갖추어져 있던 것인데 웅명우 등이 이를 깨닫지 못한 채 성리학 같은 형이상학에 몰두했다고 비판했다. 매문정은 고대 문헌에 언급된, 하늘이 땅의 네 모퉁이를 가릴 수 없을 것이라는 증자의 말을 땅이 둥글다는 서양 이론과 연결하는 등 서양 과학의 중국 기원론을 뒷받침하였다.

중국 천문학을 중심으로 서양 천문학을 회통하려는 매문정의 입장은 18 세기 초를 기점으로 중국의 공식 입장으로 채택되었으며, 이 입장은 중국의 역대 지식 성과물을 망라한 총서인 『사고전서』에 그대로 반영되었다. 이 총서의 편집자들은 고대부터 당시까지 쏟아진 천문 관련 문헌들을 정리하여 수록하였다. 이와 같이 고대 문헌에 담긴 우주론을 재해석하고 확인하려는 경향은 19 세기 중엽까지 주를 이루었다.

* 질점 : 크기가 없고 질량이 모여 있다고 보는 이론상의 물체
* 구 대칭 : 어떤 물체가 중심으로부터 모든 방향으로 같은 거리에서 같은 특성을 갖는 상태

## 013

**다음은 윗글을 읽은 학생의 독서 기록 중 일부이다. 윗글을 참고할 때, '점검 결과'로 적절하지 않은 것은?**

ㅇ읽기 계획 : 1문단을 훑어보면서 뒷부분을 예측하고 질문 만들기를 한 후, 글을 읽고 점검하기

| 예측 및 질문 내용 | 점검 결과 |
|---|---|
| ㅇ서양의 우주론에 태양 중심설과 지구 중심설의 개념이 소개되어 있을 것이다. | 예측과 같음 ⋯⋯⋯① |
| ㅇ서양의 우주론의 영향으로 변화된 중국의 우주론이 소개되어 있을 것이다. | 예측과 다름 ⋯⋯⋯② |
| ㅇ서양에서 태양 중심설을 제기한 사람은 누구일까? | 질문의 답이 제시됨 ⋯⋯⋯③ |
| ㅇ중국에서 서양의 우주론을 접하고 회통을 시도한 사람은 누구일까? | 질문의 답이 제시됨 ⋯⋯⋯④ |
| ㅇ중국에 서양의 우주론을 전파한 서양의 인물은 누구일까? | 질문의 답이 언급되지 않음 ⋯⋯⋯⑤ |

## 014

**윗글에 대한 이해로 적절하지 않은 것은?**

① 서양과 중국에서는 모두 우주론을 정립하는 과정에서 형이상학적 사고에 대한 재검토가 이루어졌다.
② 서양 천문학의 전래는 중국에서 자국의 우주론 전통을 재인식하는 계기가 되었다.
③ 중국에 서양의 천문학적 성과가 자리 잡게 된 데에는 국가의 역할이 작용하였다.
④ 중국에서는 18 세기에 자국의 고대 우주론을 긍정하는 입장이 주류가 되었다.
⑤ 서양에서는 중국과 달리 경험적 추론에 기초한 우주론이 제기되었다.

## 015

**윗글에 나타난 서양의 우주론에 대한 설명으로 가장 적절한 것은?**

① 항성 천구가 고정되어 있다고 보는 아리스토텔레스의 우주론은 천상계와 지상계를 대립시킨 형이상학을 토대로 한 것이었다.
② 많은 수의 원을 써서 행성의 가시적 운동을 설명한 프톨레마이오스의 우주론은 행성이 태양에서 멀수록 공전 주기가 길어진다는 점에서 단순성을 갖는 것이었다.
③ 지구와 행성이 태양 주위를 공전한다는 코페르니쿠스의 우주론은 이전의 지구 중심설보다 단순할 뿐 아니라 아리스토텔레스의 형이상학과 양립이 가능한 것이었다.
④ 지구가 우주 중심에 고정되어 있고 다른 행성을 거느린 태양이 지구 주위를 돈다는 브라헤의 우주론은 아리스토텔레스의 형이상학에서 자유롭지 못한 것이었다.
⑤ 태양 주위를 공전하는 행성의 운동 법칙들을 관측치로부터 수립한 케플러의 우주론은 신플라톤주의에서 경험주의적 근거를 찾은 것이었다.

## 016

**㉠에 대한 이해로 적절하지 않은 것은?**

① 중국에서 서양 과학을 수용한 학자들은 자국의 지적 유산에 서양 과학을 접목하려 하였다.
② 서양 천문학과 관련된 내용이 중국의 역대 지식 성과를 집대성한 『사고전서』에 수록되었다.
③ 방이지는 서양 우주론의 영향을 받았지만 서양의 이론과 구별되는 새 이론의 수립을 시도하였다.
④ 매문정은 중국 고대 문헌에 나타나는 천문학적 전통과 서양 과학의 수학적 방법론을 모두 활용하였다.
⑤ 성리학적 기론을 긍정한 학자들은 중국 고대 문헌의 우주론을 근거로 서양 우주론을 받아들여 새 이론을 창안하였다.

## 017

**<보기>를 참고할 때, [A]에 대한 이해로 적절하지 않은 것은?** [3점]

| 보기 |

부피 요소

P

O

구는 무한히 작은 부피 요소들로 이루어져 있다. 그 부피 요소들이 빈틈없이 한 겹으로 배열되어 구 껍질을 이루고, 그런 구 껍질들이 구의 중심 O 주위에 반지름을 달리하며 양파처럼 겹겹이 싸여 구를 이룬다. 이때 부피 요소는 그것의 부피와 밀도를 곱한 값을 질량으로 갖는 질점으로 볼 수 있다.

(1) 같은 밀도의 부피 요소들이 하나의 구 껍질을 구성하면, 이 부피 요소들이 구 외부의 질점 P를 당기는 만유인력들의 총합은, 그 구 껍질과 동일한 질량을 갖는 질점이 그 구 껍질의 중심 O에서 P를 당기는 만유인력과 같다.

(2) (1)에서의 구 껍질들이 구를 구성할 때, 그 동심의 구 껍질들이 P를 당기는 만유인력들의 총합은, 그 구와 동일한 질량을 갖는 질점이 그 구의 중심 O에서 P를 당기는 만유인력과 같다.

(1), (2)에 의하면, 밀도가 균질하거나 구 대칭인 구를 구성하는 부피 요소들이 P를 당기는 만유인력들의 총합은, 그 구와 동일한 질량을 갖는 질점이 그 구의 중심 O에서 P를 당기는 만유인력과 같다.

① 밀도가 균질한 하나의 행성을 구성하는 동심의 구 껍질들이 같은 두께일 때, 하나의 구 껍질이 태양을 당기는 만유인력은 그 구 껍질의 반지름이 클수록 커지겠군.

② 태양의 중심에 있는 질량이 m인 질점이 지구 전체를 당기는 만유인력은, 지구의 중심에 있는 질량이 m인 질점이 태양 전체를 당기는 만유인력과 크기가 같겠군.

③ 질량이 $M$인 지구와 질량이 m인 달은, 둘의 중심 사이의 거리만큼 떨어져 있으면서 질량이 $M$, m인 두 질점 사이의 만유인력과 동일한 크기의 힘으로 서로 당기겠군.

④ 태양을 구성하는 하나의 부피 요소와 지구 사이에 작용하는 만유인력은, 지구를 구성하는 모든 부피 요소들과 태양의 그 부피 요소 사이에 작용하는 만유인력들을 모두 더하면 구해지겠군.

⑤ 반지름이 $R$, 질량이 $M$인 지구와 지구 표면에서 높이 h에 중심이 있는 질량이 m인 구슬 사이의 만유인력은, $R$ + h의 거리만큼 떨어져 있으면서 질량이 $M$, m인 두 질점 사이의 만유인력과 크기가 같겠군.

## 018

**문맥상 ⓐ~ⓔ와 바꿔 쓴 것으로 가장 적절한 것은?**

① ⓐ : 진작(振作)할

② ⓑ : 고안(考案)했다

③ ⓒ : 소지(所持)한

④ ⓓ : 설정(設定)했다

⑤ ⓔ : 시사(示唆)되어

[019~024] 2019학년도 9월 모평 33번~38번 정답과 해설편 p.430

**다음 글을 읽고 물음에 답하시오.** 6문항을 8분 안에 풀어보세요. 

근대 도시의 삶의 양식은 많은 학자들의 관심을 끌어 왔다. 오랫동안 지배적인 관점으로 받아들여진 것은 삶의 양식 중 노동 양식에 주목하는 ㉠ 생산학파의 견해였다. 생산학파는 산업 혁명을 통해 근대 도시 특유의 노동 양식이 형성되는 점에 관심을 기울였다. 그들은 우선 새로운 테크놀로지를 갖춘 근대 생산 체제가 대규모의 노동력을 각지로부터 도시로 끌어 모으는 현상에 주목했다. 또한 다양한 습속을 지닌 사람들이 어떻게 대규모 기계의 리듬에 맞추어 획일적으로 움직이는 노동자가 되는지 탐구했다. 예를 들어, 미셸 푸코는 노동자를 집단 규율에 맞춰 금욕 노동을 하는 유순한 몸으로 만들어 착취하기 위해 어떤 훈육 전략이 동원되었는지 연구하였다. 또한 생산학파는 노동자가 기계화된 노동으로 착취당하는 동안 감각과 감성으로 체험하는 내면세계를 상실하고 사물로 전락했다고 고발하였다. 이렇게 보면 근대 도시는 어떠한 쾌락과 환상도 끼어들지 못하는 거대한 생산 기계인 듯하다.

이에 대하여 ㉡ 소비학파는 근대 도시인이 내면세계를 상실한 사물로 전락한 것은 아니라고 하면서 생산학파를 비판하기 시작했다. 예를 들어, 콜린 캠벨은 금욕주의 정신을 지닌 청교도들조차 소비 양식에서 자기 환상적 쾌락주의를 가지고 있었다고 주장하였다. 결핍을 충족시키려는 욕망과 실제로 욕망이 충족된 상태 사이에는 시간적 간극이 존재할 수밖에 없다. 그런데 근대 도시에서는 이 간극이 좌절이 아니라 오히려 욕망이 충족된 미래 상태에 대한 주관적 환상을 자아낸다. 생산학파와 달리 캠벨은 새로운 테크놀로지의 발달 덕분에 이런 환상이 단순한 몽상이 아니라 실현 가능한 현실이 될 것이라는 기대를 불러일으킨다고 보았다. 그는 이런 기대가 쾌락을 유발하여 근대 소비 정신을 북돋웠다고 긍정적으로 평가했다.

근래 들어 노동 양식에 주목한 생산학파와 소비 양식에 주목한 소비학파의 입장을 ⓐ 아우르려는 연구가 진행되고 있다. 일찍이 근대 도시의 복합적 특성에 주목했던 발터 벤야민은 이러한 연구의 선구자 중 한 명으로 재발견되었다. 그는 새로운 테크놀로지의 도입이 노동의 소외를 심화한다는 점은 인정하였다. 하지만 소비 행위의 의미가 자본가에게 이윤을 ⓑ 가져다주는 구매 행위로 축소될 수는 없다고 생각했다. 소비는 그보다 더 복합적인 체험을 가져다주기 때문이다. 벤야민은 이런 사실을 근대 도시에 대한 탐구를 통해 설명한다. 근대 도시에서는 옛것과 새것, 자연적인 것과 인공적인 것 등 서로 다른 것들이 병치되고 뒤섞이며 빠르게 흘러간다. 환상을 자아내는 다양한 구경거리도 근대 도시 곳곳에 등장했다. 철도 여행은 근대 이전에는 정지된 이미지로 체험되었던 풍경을 연속적으로 이어지는 파노라마로 체험하게 만들었다. 또한 유리와 철을 사용하여 만든 상품 거리인 아케이드는 안과 밖, 현실과 꿈의 경계가 모호해지는 체험을 가져다주었다. 벤야민은 이러한 체험이 근대 도시인에게 충격을 가져다준다고 보았다. 또한 이러한 충격 체험을 통해 새로운 감성과 감각이 일깨워진다고 말했다.

벤야민은 근대 도시의 복합적 특성이 영화라는 새로운 예술 형식에 드러난다고 주장했다. 19 세기 말에 등장한 신기한 구경거리였던 영화는 벤야민에게 근대 도시의 작동 방식과 리듬에 상응하는 매체다. 영화는 조각난 필름들이 일정한 속도로 흘러가면서 움직임을 만들어 낸다는 점에서 공장에서 컨베이어 벨트가 만들어 내는 기계의 리듬을 ⓒ 떠올리게 한다. 또한 관객이 아닌 카메라라는 기계 장치 앞에서 연기를 해야 하는 배우나 자신의 전문 분야에만 참여하는 스태프는 작품의 전체적인 모습을 파악하기 어렵다. 분업화로 인해 노동으로부터 소외되는 근대 도시인의 모습이 영화 제작 과정에서도 드러나는 것이다. 하지만 동시에 영화는 일종의 충격 체험을 통해 근대 도시인에게 새로운 감성과 감각을 불러일으키는 매체이기도 하다. 예측 불가능한 이미지의 연쇄로 이루어진 영화를 체험하는 것은 이질적인 대상들이 복잡하고 불규칙하게 뒤섞인 근대 도시의 일상 체험과 유사하다. 서로 다른 시·공간의 연결, 카메라가 움직일 때마다 변화하는 시점, 느린 화면과 빠른 화면의 교차 등 영화의 형식 원리는 ㉮ 정신적 충격을 발생시킨다. 영화는 보통 사람의 육안이라는 감각적 지각의 정상적 범위를 넘어선 체험을 가져다준다. 벤야민은 이러한 충격 체험을 환각, 꿈의 체험에 ⓓ 빗대어 '시각적 무의식'이라고 불렀다. 관객은 영화가 제공하는 시각적 무의식을 체험함으로써 일상적 공간에 대해 새로운 의미를 발견하게 된다. 영화관에 모인 관객은 이런 체험을 집단적으로 공유하면서 동시에 개인적인 꿈의 세계를 향유한다.

근대 도시와 영화의 체험에 대한 벤야민의 견해는 생산학파와 소비학파를 포괄할 수 있는 이론적 단초를 제공한다. 벤야민은 근대 도시인이 사물화된 노동자이지만 그 자체로 내면세계를 지닌 꿈꾸는 자이기도 하다는 사실을 보여 준다. [벤야민이 말한 근대 도시]는 착취의 사물 세계와 꿈의 주체 세계가 교차하는 복합 공간이다. 이렇게 벤야민의 견해는 근대 도시에 대한 일면적인 시선을 ⓔ 바로잡는 데 도움을 준다.

## 019

**윗글의 내용 전개 방식으로 가장 적절한 것은?**

① 근대 도시의 삶의 양식에 대한 벤야민의 주장을 기준으로, 근대 도시의 산물인 영화를 유형별로 분류하고 있다.

② 근대 도시와 영화의 개념을 정의한 후, 근대 도시의 복합적 특성을 밝힌 벤야민의 견해에 대해 그 의의와 한계를 평가하고 있다.

③ 근대 도시의 삶의 양식에 대한 벤야민의 관점을 활용하여, 근대 도시의 기원과 영화의 탄생 간에 공통점과 차이점을 비교하고 있다.

④ 근대 도시의 복합적 특성에 따른 영화의 변화 양상을 통시적으로 살펴본 후, 근대 도시와 영화의 체험에 대한 벤야민의 주장을 비판하고 있다.

⑤ 근대 도시의 삶의 양식에 대한 서로 다른 견해를 소개한 후, 근대 도시와 영화에 대한 벤야민의 견해가 근대 도시의 복합적 특성을 드러냄을 밝히고 있다.

## 020

**㉠, ㉡에 대한 이해로 가장 적절한 것은?**

① ㉠은 근대 도시를 근대 도시인이 지닌 환상에 의해 작동되는 생산 기계라고 본다.
② ㉠은 새로운 테크놀로지의 발달로 성립된 근대 생산 체제가 욕망과 충족의 간극을 해소할 수 있다고 본다.
③ ㉡은 근대 도시인의 소비 정신이 금욕주의 정신에 의해 만들어졌다고 본다.
④ ㉡은 근대 도시인이 사물로 전락한 대상이 아니라 실현 가능한 미래에 대한 기대를 가진 존재라고 본다.
⑤ ㉠과 ㉡은 모두 소비가 노동자에 대한 집단 규율을 완화하여 유순한 몸을 만든다고 본다.

## 021

**㉮에 대한 이해로 적절하지 않은 것은?**

① 관객에게 새로운 감성과 감각을 불러일으킨다.
② 영화가 다루고 있는 독특한 주제에서 발생한다.
③ 근대 도시의 일상 체험에서 유발되는 충격과 유사하다.
④ 촬영 기법이나 편집 등 영화의 형식적 요소에 의해 관객에게 유발된다.
⑤ 육안으로 지각 가능한 범위를 넘어서는 영화적 체험으로부터 발생한다.

## 022

**윗글을 바탕으로 <보기>를 이해한 내용으로 적절하지 않은 것은?** [3점]

| 보기 |

베르토프의 〈카메라를 든 사나이〉는 1920년대의 근대 도시를 소재로 한 다큐멘터리 영화다. 베르토프는 다중 화면, 화면 분할 등 다양한 영화 기법을 도입하여 도시의 일상적 공간을 새롭게 재구성하고 있다. 이 영화는 억압의 대상이던 노동자를 생산의 주체이자 새로운 시대의 주인공으로 묘사한다. 영화인도 노동자 중 한 사람이라고 생각했던 베르토프는 영화 속에서 주체적이고 자율적으로 영화를 제작하는 영화인의 모습을 보여 준다. 베르토프는 짧은 이미지들의 빠른 교차를 통해 영화가 편집의 예술임을 확인시켜 준다. 또한 영화관에서 신기한 장면에 즐겁게 반응하는 관객들의 모습을 영화 속에서 보여 줌으로써 영화가 상영되는 과정을 드러낸다.

① 베르토프의 영화는 분업화로 인해 영화 제작 과정에서 소외된 영화인의 모습을 보여 주는군.
② 베르토프의 영화에 등장하는 노동자의 모습은 생산학파가 묘사하는 훈육된 노동자의 모습과는 다르군.
③ 베르토프가 다양한 영화 기법을 통해 일상 공간을 재구성한 것은 벤야민이 말하는 시각적 무의식을 유발하겠군.
④ 베르토프가 사용한 짧은 이미지들의 빠른 교차는 벤야민이 말하는 예측 불가능한 이미지의 연쇄를 보여 주는군.
⑤ 베르토프의 영화에 등장하는 관객의 모습은 영화관에서 신기한 구경거리인 영화를 즐기는 근대 도시인을 보여 주는군.

## 023

**[벤야민이 말한 근대 도시]를 이해한 내용으로 적절하지 않은 것은?**

① 생산의 공간과 꿈꾸는 공간이 교차하는 공간이다.
② 소비 행위가 노동자에게 복합 체험을 가져다주는 공간이다.
③ 이질적인 것이 병치되고 뒤섞이며 빠르게 흘러가는 공간이다.
④ 새로운 테크놀로지의 도입을 통해 노동의 소외가 극복된 공간이다.
⑤ 집단 규율을 따라 노동하는 노동자도 내면세계를 가지고 있는 공간이다.

## 024

**문맥상 ⓐ~ⓔ와 바꿔 쓰기에 가장 적절한 것은?**

① ⓐ : 봉합(縫合)하려는
② ⓑ : 보증(保證)하는
③ ⓒ : 연상(聯想)하게
④ ⓓ : 의지(依支)하여
⑤ ⓔ : 개편(改編)하는

[025~030] 2018학년도 9월 모평 27번~32번 정답과 해설편 p.433

## 다음 글을 읽고 물음에 답하시오.

6문항을 14분 안에 풀어보세요. 

고전 역학에 ⓐ 따르면, 물체의 크기에 관계없이 초기 운동 상태를 정확히 알 수 있다면 일정한 시간 후의 물체의 상태는 정확히 측정될 수 있으며, 배타적인 두 개의 상태가 공존할 수 없다. 하지만 20 세기에 등장한 양자 역학에 의해 미시 세계에서는 상호 배타적인 상태들이 공존할 수 있음이 알려졌다.

미시 세계에서의 상호 배타적인 상태의 공존을 이해하기 위해, 거시 세계에서 회전하고 있는 반지름 5 cm의 팽이를 생각해 보자. 그 팽이는 시계 방향 또는 반시계 방향 중 한쪽으로 회전하고 있을 것이다. 팽이의 회전 방향은 관찰하기 이전에 이미 정해져 있으며, 다만 관찰을 통해 ⓑ 알게 되는 것뿐이다. 이와 달리 미시 세계에서 전자만큼 작은 팽이 하나가 회전하고 있다고 상상해 보자. 이 팽이의 회전 방향은 시계 방향과 반시계 방향의 두 상태가 공존하고 있다. 하나의 팽이에 공존하고 있는 두 상태는 관찰을 통해서 한 가지 회전 방향으로 결정된다. 두 개의 방향 중 어떤 쪽이 결정될지는 관찰하기 이전에는 알 수 없다. 거시 세계와 달리 양자 역학이 지배하는 미시 세계에서는, 우리가 관찰하기 이전에는 상호 배타적인 상태가 공존하는 것이다. 배타적인 상태의 공존과 관찰 자체가 물체의 상태를 결정한다는 개념을 받아들이기 힘들었기 때문에, 아인슈타인은 ㉠ "당신이 달을 보기 전에는 달이 존재하지 않는 것인가?"라는 말로 양자 역학의 해석에 회의적인 태도를 취하였다.

최근에는 상호 배타적인 상태의 공존을 적용함으로써 초고속 연산을 수행하는 양자 컴퓨터에 대한 연구가 진행되고 있다. 이는 양자 역학에서 말하는 상호 배타적인 상태의 공존이 현실에서 실제로 구현될 수 있음을 잘 보여 주는 예라 할 수 있다. 미시 세계에 대한 이러한 연구 성과는 거시 세계에 대해 우리가 자연스럽게 ⓒ 지니게 된 상식적인 생각들에 근본적인 의문을 ⓓ 던진다. 이와 비슷한 의문은 논리학에서도 볼 수 있다.

고전 논리는 '참'과 '거짓'이라는 두 개의 진리치만 있는 이치 논리이다. 그리고 고전 논리에서는 어떠한 진술이든 '참' 또는 '거짓'이다. 이는 우리의 상식적인 생각과 잘 ⓔ 들어맞는다. 그러나 프리스트에 따르면, '참'인 진술과 '거짓'인 진술 이외에 '참인 동시에 거짓'인 진술이 있다. 이를 설명하기 위해 그는 '거짓말쟁이 문장'을 제시한다. 거짓말쟁이 문장을 이해하기 위해 자기 지시적 문장과 자기 지시적이지 않은 문장을 구분해 보자. [자기 지시적 문장]은 말 그대로 자기 자신을 가리키는 문장을 말한다. 예를 들어 "이 문장은 모두 열여덟 음절로 이루어져 있다."라는 '참'인 문장은 자기 자신을 가리키며 그것이 몇 음절로 이루어져 있는지 말하고 있다. 반면 "페루의 수도는 리마이다."라는 '참'인 문장은 페루의 수도가 어디인지 말할 뿐 자기 자신을 가리키는 문장은 아니다.

"이 문장은 거짓이다."는 거짓말쟁이 문장이다. 이는 '이 문장'이라는 표현이 문장 자체를 가리키며 그것이 '거짓'이라고 말하는 자기 지시적 문장이다. 그렇다면 프리스트는 왜 거짓말쟁이 문장에 '참인 동시에 거짓'을 부여해야 한다고 생각할까? 이에 답하기 위해 우선 거짓말쟁이 문장이 '참'이라고 가정해 보자. 그렇다면 거짓말쟁이 문장은 '거짓'이다. 왜냐하면 거짓말쟁이 문장은 자기 자신을 가리키며 그것이 '거짓'이라고 말하는 문장이기 때문이다. 반면 거짓말쟁이 문장이 '거짓'이라고 가정해 보자. 그렇다면 거짓말쟁이 문장은 '참'이다. 왜냐하면 그것이 바로 그 문장이 말하는 바이기 때문이다. 프리스트에 따르면 어떤 경우에도 거짓말쟁이 문장은 '참인 동시에 거짓'인 문장이다. 따라서 그는 거짓말쟁이 문장에 '참인 동시에 거짓'을 부여해야 한다고 본다. 그는 거짓말쟁이 문장 이외에 '참인 동시에 거짓'인 진리치가 존재함을 뒷받침하는 다양한 사례를 제시한다. 특히 그는 양자 역학에서 상호 배타적인 상태의 공존은 이 점을 시사하고 있다고 본다.

고전 논리에서는 '참인 동시에 거짓'인 진리치를 지닌 문장을 다룰 수 없기 때문에 프리스트는 그것도 다룰 수 있는 비고전 논리 중 하나인 LP*를 제시하였다. 그런데 LP에서는 직관적으로 호소력 있는 몇몇 추론 규칙이 성립하지 않는다. 전건 긍정 규칙을 예로 들어 생각해 보자. 고전 논리에서는 전건 긍정 규칙이 성립한다. 이는 ㉡ "P이면 Q이다."라는 조건문과 그것의 전건인 P가 '참'이라면 그것의 후건인 Q도 반드시 '참'이 된다는 것이다. 이와 비슷한 방식으로 LP에서 전건 긍정 규칙이 성립하려면, 조건문과 그것의 전건인 P가 모두 '참' 또는 '참인 동시에 거짓'이라면 그것의 후건인 Q도 반드시 '참' 또는 '참인 동시에 거짓'이어야 한다. 그러나 LP에서 조건문의 전건은 '참인 동시에 거짓'이고 후건은 '거짓'인 경우, 조건문과 전건은 모두 '참인 동시에 거짓'이지만 후건은 '거짓'이 된다. 비록 전건 긍정 규칙이 성립하지는 않지만, LP는 고전 논리에 대한 근본적인 의문들에 답하기 위한 하나의 시도로서 의의가 있다.

* LP : '역설의 논리(Logic of Paradox)'의 약자

## 025

**문맥을 고려할 때 ㉠의 의미를 추론한 내용으로 가장 적절한 것은?**

① 많은 사람들이 항상 달을 관찰하고 있으므로 달이 존재한다.
② 달은 질량이 매우 큰 거시 세계의 물체이므로 관찰 여부와 상관없이 존재한다.
③ 달은 관찰 여부와 상관없이 존재하므로 누군가 달을 관찰하기 이전에도 존재한다.
④ 달은 원래부터 있었지만 우리가 관찰하지 않으면 존재 여부에 대해 말할 수 없다.
⑤ 달이 있을 가능성과 없을 가능성이 반반이므로 관찰 이후에 달이 있을 가능성은 반이다.

## 026

**윗글을 바탕으로, <보기>의 '양자 컴퓨터'와 '일반 컴퓨터'에 대해 이해한 내용으로 적절한 것은?**

> | 보기 |
>
> 양자 컴퓨터는 여러 개의 이진수들을 단 한 번에 처리함으로써 일반 컴퓨터보다 훨씬 빠른 속도로 연산을 수행한다. 연산 속도에 영향을 미치는 다른 요소들을 배제하면, 이진수를 처리하는 횟수가 적어질수록 연산 결과를 빨리 얻을 수 있기 때문이다.
>
> n 자리 이진수를 나타내기 위해서는 n 비트*가 필요하고 n 자리 이진수는 모두 $2^n$ 개 존재한다. 일반 컴퓨터는 한 개의 비트에 0과 1 중 하나만을 담을 수 있어, 두 자리 이진수인 00, 01, 10, 11을 2 비트를 이용하여 연산할 때 네 번에 걸쳐 처리한다. 하지만 공존의 원리를 이용하는 양자 컴퓨터는 0과 1을 하나의 비트에 동시에 담아 정보를 처리할 수 있어 두 자리 이진수를 2 비트를 이용하여 연산할 때 단 한 번에 처리가 가능하다. 양자 컴퓨터는 처리할 이진수의 자릿수가 커질수록 연산 속도에서 압도적인 위력을 발휘한다.
>
> * 비트(bit) : 컴퓨터가 0과 1을 이용하는 이진법으로 연산을 수행하기 위해 사용하는 최소의 정보 저장 단위

① 양자 컴퓨터는 상태의 공존을 이용함으로써 연산에 필요한 비트의 수를 늘릴 수 있다.
② 3 비트를 사용하여 세 자리 이진수를 모두 처리하려고 할 때 양자 컴퓨터는 일반 컴퓨터보다 속도가 6 배 빠르다.
③ 한 자리 이진수를 모두 처리하기 위해 1 비트를 사용한다고 할 때, 일반 컴퓨터와 양자 컴퓨터의 정보 처리 횟수는 같다.
④ 양자 컴퓨터의 각각의 비트에는 0과 1이 공존하고 있어 4 비트로 한 번에 처리할 수 있는 네 자리 이진수의 개수는 모두 16 개이다.
⑤ 3 비트의 양자 컴퓨터가 세 자리 이진수를 모두 처리하는 속도는 6 비트의 양자 컴퓨터가 여섯 자리 이진수를 모두 처리하는 속도보다 2 배 빠르다.

## 027

**자기 지시적 문장에 대해 이해한 내용으로 적절한 것은?**

① "붕어빵에는 붕어가 없다."는 자기 지시적 문장이다.
② "이 문장은 자기 지시적이다."라는 자기 지시적 문장은 '거짓'이 아니다.
③ "이 문장은 거짓이다."는 이치 논리에서 자기 지시적인 문장이 될 수 없다.
④ 고전 논리에서는 어떠한 자기 지시적 문장에도 진리치를 부여하지 못한다.
⑤ 비고전 논리에서는 모든 자기 지시적 문장에 '참인 동시에 거짓'을 부여한다.

## 028

**윗글을 통해 ⓒ에 대해 적절하게 추론한 것은?**

① LP에서 P가 '참인 동시에 거짓'이고 Q가 '거짓'이면, ⓒ은 '거짓'이다.
② LP에서 ⓒ과 P가 '참인 동시에 거짓'이면, Q도 반드시 '참인 동시에 거짓'이다.
③ LP에서 ⓒ과 P가 '참' 또는 '참인 동시에 거짓'이면, Q도 반드시 '참' 또는 '참인 동시에 거짓'이다.
④ 고전 논리에서 ⓒ과 P가 각각 '거짓'이 아닐 때, Q는 '거짓'이다.
⑤ 고전 논리에서 ⓒ과 P가 '참'이면서 Q가 '거짓'인 것은 불가능하다.

## 029

**윗글을 바탕으로 <보기>를 이해한 내용으로 적절하지 않은 것은?** 3점

| 보기 |

A는 고전 논리를 받아들이고, B는 LP를 받아들일 뿐 아니라 양자 역학에서 상호 배타적인 상태의 공존이 시사하는 바에 대한 프리스트의 입장도 받아들인다.

A와 B는 아래의 (ㄱ)~(ㄹ)에 대하여 토론을 하고 있다.

(ㄱ) 전자 e는 관찰하기 이전에 S라는 상태에 있다.
(ㄴ) 전자 e는 관찰하기 이전에 S와 배타적인 상태에 있다.
(ㄷ) 반지름 5 cm의 팽이가 시계 방향으로 회전한다.
(ㄹ) 반지름 5 cm의 팽이가 반시계 방향으로 회전한다.

(단, (ㄱ)과 (ㄴ)의 전자 e는 동일한 전자이고 (ㄷ)과 (ㄹ)의 팽이는 동일한 팽이이다.)

① A는 (ㄱ)이 '참'이 아니라면 '거짓'이고, '참', '거짓' 외에 다른 진리치를 가질 수 없다고 주장할 것이다.
② B는 (ㄱ)은 '참인 동시에 거짓'일 수 있다고 주장하지만, (ㄷ)은 '참'이 아니라면 '거짓'이라고 주장할 것이다.
③ A와 B는 모두 (ㄷ)이 '참'일 때 (ㄹ)도 '참'이 되는 것은 불가능하다고 주장할 것이다.
④ A는 B와 달리 (ㄴ)이 '참인 동시에 거짓'이 될 수 없다고 주장할 것이다.
⑤ B는 A와 달리 (ㄹ)이 '참'이 아니라면 '참인 동시에 거짓'이라고 주장할 것이다.

## 030

**문맥상 ⓐ~ⓔ와 바꾸어 쓸 수 있는 말로 적절하지 않은 것은?**

① ⓐ : 의거(依據)하면
② ⓑ : 인지(認知)하게
③ ⓒ : 소지(所持)하게
④ ⓓ : 제기(提起)한다
⑤ ⓔ : 부합(符合)한다

DAY 28 VI 복합 지문

**다음 글을 읽고 물음에 답하시오.** 6문항을 14분 안에 풀어보세요.

음악은 소리로 이루어진 예술이다. 예술이 아름다움을 추구한다면 음악 또한 아름다움을 추구해야 할 것이다. 그렇다면 아름다운 음악 작품은 듣기 좋은 소리만으로 만들어질 수 있는 것일까? 음악적 아름다움은 어떻게 구현되는 것일까?

음악에서 사용하는 소리라고 해도 대부분의 사람들은 피아노 소리가 심벌즈 소리보다 듣기 좋다고 생각한다. 이 중 전자를 고른음, 후자를 시끄러운음이라고 한다. 고른음은 주기성을 갖지만 시끄러운음은 주기성을 갖지 못한다. 일반적으로 음악에서 '음'이라고 부르는 것은 고른음을 지칭한다. 고른음은 주기성을 갖기 때문에 동일한 파형이 주기적으로 반복된다. 이때 같은 파형이 1 초에 몇 번 반복되는가를 진동수라고 한다. 진동수가 커지면 음높이 즉, 음고가 높아진다. 고른음 중에서 파형이 사인파인 음파를 단순음이라고 한다. 사인파의 진폭이 커질수록 단순음은 소리의 세기가 커진다. 대부분의 악기에서 나오는 음은 사인파보다 복잡한 파형을 갖는데 이런 파형은 진동수와 진폭이 다른 여러 개의 사인파가 중첩된 것으로 볼 수 있다. 이런 소리를 복합음이라고 하고 복합음을 구성하는 단순음을 부분음이라고 한다. 부분음 중에서 가장 진동수가 작은 것을 기본음이라 하는데 귀는 복합음 속의 부분음들 중에서 기본음의 진동수를 복합음의 진동수로 인식한다.

악기가 ㉠ 내는 소리의 식별 가능한 독특성인 음색은 부분음들로 구성된 복합음의 구조, 즉 부분음들의 진동수와 상대적 세기에 의해 결정된다. 현악기나 관악기에서 발생하는 고른음은 기본음 진동수의 정수배의 진동수를 갖는 부분음들로 이루어져 있지만, 타악기 소리는 부분음들의 진동수가 기본음 진동수의 정수배를 이루지 않는다. 이러한 소리의 특성을 시각적으로 보여 주는 소리 스펙트럼은 복합음을 구성하는 단순음 성분들의 세기를 진동수에 따라 그래프로 나타낸 것이다. 고른음의 소리 스펙트럼은 <그림>처럼 일정한 간격으로 늘어선 세로 막대들로 나타나는 반면에 시끄러운음의 소리 스펙트럼에서는 막대 사이 간격이 일정하지 않다.

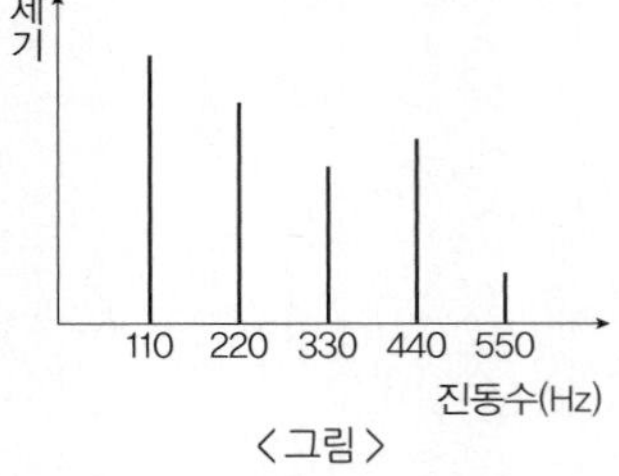

<그림>

[A] 두 음이 동시에 울리거나 연이어 울릴 때, 음의 어울림, 즉 협화도는 음정에 따라 달라진다. 여기에서 음정이란 두 음의 음고 간의 간격을 말하며 높은 음고의 진동수를 낮은 음고의 진동수로 나눈 값으로 표현된다. 가령, '도'와 '미' 사이처럼 장3도 음정은 5/4이고, '도'와 '솔' 사이처럼 완전5도 음정은 3/2이다. 그러므로 장3도는 완전5도보다 좁은 음정이다. 일반적으로 음정을 나타내는 분수를 약분했을 때 분자와 분모에 들어가는 수가 커질수록 협화도는 작아진다고 본다. 가령, 음정이 2/1인 옥타브, 3/2인 완전5도, 5/4인 장3도, 6/5인 단3도의 순서로 협화도가 작아진다. 서로 잘 어울리는 두 음의 음정을 협화 음정이라고 하고 그렇지 않은 음정을 불협화 음정이라고 하는데 16 세기의 음악 이론가인 차를리노는 약분된 분수의 분자와 분모가 1, 2, 3, 4, 5, 6으로만 표현되는 음정은 협화 음정, 그 외의 음정은 불협화 음정으로 보았다.

아름다운 음악은 단순히 듣기 좋은 소리를 연이어 배열한다고 해서 만들어지지 않는다. 음악은 다양한 음이 조직적으로 연결되고 구성된 형태로, 음악의 매체인 소리가 시간의 진행 속에 구체화된 것이라 할 수 있다. 19 세기 음악 평론가인 ⓐ 한슬리크에 따르면, 음악의 독자적인 아름다움은 음들이 '울리면서 움직이는 형식'에서 비롯되는데, 음악을 구성하는 음악적 재료들이 움직이며 만들어 ㉡ 내는 형식 그 자체를 말한다. 따라서 음악의 가치는 음악이 환기하는 기쁨이나 슬픔과 같은 특정한 감정이나 정서에서 찾으려 해서는 안 된다는 것이다.

음악에는 다양한 음악적 요소들이 사용되는데, 여기에는 리듬, 가락, 화성, 셈여림, 음색 등이 있다. 리듬은 음고 없이 소리의 장단이나 강약 등이 반복될 때 나타나는 규칙적인 소리의 흐름이고, 가락은 서로 다른 음의 높낮이가 지속 시간을 가지는 음들의 흐름이다. 화성은 일정한 법칙에 따라 여러 개의 음이 동시에 울려서 생기는 화음과 또 다른 화음이 시간적으로 연결된 흐름이고, 셈여림은 음악에 나타나는 크고 작은 소리의 세기이며, 음색은 바이올린, 플루트 등 선택된 서로 다른 악기가 만들어 내는 식별 가능한 소리의 특색이다.

작곡가는 이러한 음악적 요소들을 활용해서 음악 작품을 만든다. 어떤 음악 작품에서 자주 반복되거나 변형되면서 등장하는 소재인 가락을 그 음악 작품의 주제라고 하는데, 작곡가는 자신의 음악적 아이디어를 주제로 구현하고 다양한 음악적 요소를 사용해서 음악 작품을 완성한다. 예컨대 조성 음악*에서는 정해진 박자 내에서 질서를 가지고 반복적으로 움직이는 리듬이 음표나 쉼표의 진행으로 나타나고, 어떤 조성의 음계 음들을 소재로 한 가락이 나타나고, 주제는 긴장과 이완을 유발하는 다양한 화성 진행을 통해 반복되고 변화한다. 이렇듯 음악은 다양한 특성을 갖는 음들이 유기적으로 결합한 소리의 예술이라고 볼 수 있다.

* 조성 음악 : 으뜸음 '도'가 다른 모든 음계 음들을 지배하는 음악으로 17 세기 이후 대부분의 서양 음악이 이에 해당한다.

## 031

**윗글에 대한 설명으로 가장 적절한 것은?**

① 소리에 대한 감각이 음악 감상에 미치는 영향을 살피고 있다.
② 미적 본성에 대한 과학적 탐색과 음악적 탐색을 비교하고 있다.
③ 소리를 구분하고 그것을 근거로 하여 음악의 형식을 분류하고 있다.
④ 음악의 아름다움을 소리에 관한 과학적 분석과 관련지어 탐구하고 있다.
⑤ 듣기 좋은 소리와 그렇지 않은 소리가 음악에서 하는 역할을 분석하고 있다.

## 032

음악적 요소에 대한 이해로 적절하지 않은 것은?

① 리듬은 음높이를 가지는 규칙적인 소리의 흐름으로, 음악에서 질서를 가진 음표나 쉼표의 진행에 활용되는 요소이다.
② 가락은 서로 다른 음높이가 지속 시간을 가지는 음들의 흐름으로, 음악에서 자주 반복되거나 변형되면서 등장하는 소재로 활용되는 요소이다.
③ 화성은 화음과 또 다른 화음이 연결된 흐름으로, 음악에서 긴장과 이완을 유발하는 진행에 활용되는 요소이다.
④ 셈여림은 소리의 세기로, 음악에서 크고 작은 소리가 나타나도록 하는 데 활용되는 요소이다.
⑤ 음색은 식별 가능한 소리의 특색으로, 음악에서 바이올린, 플루트 등 서로 다른 종류의 악기를 선택하는 데 활용되는 요소이다.

## 033

음악 작품을 만들기 위한 계획들 중, ⓐ의 입장을 가장 잘 반영한 것은?

① 장3도로 기쁨을, 단3도로 슬픔을 나타내는 정서적인 음악을 만든다.
② 플루트의 청아한 가락으로 상쾌한 아침의 정경을 연상시키는 음악을 만든다.
③ 낮은 음고의 음들을 여러 번 사용하여 내면의 불안감을 조성하는 음악을 만든다.
④ 첫째 음과 둘째 음의 간격이 완전5도가 되는 음들을 조직적으로 연결하여 주제가 명확한 음악을 만든다.
⑤ 오페라의 남자 주인공이 화들짝 놀라는 장면에 들어갈 매우 강한 시끄러운음이 울리는 음악을 만든다.

## 034

윗글의 <그림>에 대한 이해로 적절한 것은?

① <그림>은 심벌즈의 소리 스펙트럼이다.
② <그림>에 표현된 복합음의 진동수는 550 Hz로 인식된다.
③ <그림>에 표현된 소리의 부분음 중 기본음의 세기가 가장 크다.
④ <그림>은 시간의 경과에 따른 부분음의 세기의 변화를 나타낸다.
⑤ <그림>에서 220 Hz에 해당하는 막대가 사라져도 음색은 변하지 않는다.

## 035

[A]를 바탕으로 <보기>에 대해 설명한 것으로 적절하지 않은 것은? 3점

| 보기 |

바이올린을 연주했을 때 발생하는 네 음 P, Q, R, S의 기본음의 진동수를 측정한 결과가 표와 같았다.

| 음 | P | Q | R | S |
|---|---|---|---|---|
| 기본음의 진동수(Hz) | 440 | 550 | 660 | 880 |

① P와 Q 사이의 음정은 장3도이다.
② P와 Q 사이의 음정은 Q와 R 사이의 음정보다 좁다.
③ P와 R 사이의 음정은 협화 음정이라고 할 수 있다.
④ P와 S의 부분음 중에는 진동수가 서로 같은 것이 있다.
⑤ P와 S 사이의 음정은 Q와 R 사이의 음정보다 협화도가 크다.

## 036

<보기>를 바탕으로 할 때, ㉠과 쓰임이 유사한 것은?

| 보기 |

윗글의 ㉠은 문장에서 자립적으로 쓰여 서술어 기능을 한다. 그러나 ㉡은 혼자서는 쓰이지 못하고 반드시 다른 용언의 뒤에 붙어서 의미를 더하여 주는 '보조 용언' 기능을 한다.

① 그 일을 다 해 버리니 속이 시원하다.
② 그는 친구들의 고민을 잘 들어 주었다.
③ 내일 경기를 위해 잘 먹고 잘 쉬어 둬라.
④ 그는 내일까지 돈을 구해 오겠다고 큰소리를 쳤다.
⑤ 일을 추진하기 전에 득실을 꼼꼼히 계산해 보고 시작하자.

DAY 28 Ⅵ 복합 지문

# 1회 미니모의고사

날짜 월 일 요일 | 풀이 시간 47분
시간 : ~ :

[001~005] 2010학년도 9월 모평 13번~17번 정답과 해설편 p.441

**다음 글을 읽고 물음에 답하시오.**

동양에서 '천(天)'은 그 함의가 넓다. 모든 존재의 근거가 그것으로부터 말미암지 않는 것이 없다는 면에서 하나의 표본이었고, 모든 존재들이 자신의 생존을 영위하고 그 존재 가치와 의의를 실현하는 데도 그것의 이치와 범주를 벗어날 수 없다는 면에서 하나의 기준이었다. 그래서 현실 세계 안에서 인간의 삶을 모색하는 데 관심을 두었던 동양에서는 인간이 천을 어떻게 이해하느냐에 따라 삶의 길이 달리 설정되었을 만큼 천에 대한 이해가 다양하였다.

천은 자연현상 가운데 인간에게 가장 크게 영향을 미치는 것이자 가장 크고 뚜렷하게 파악되는 현상으로 여겨졌다. 농경을 주로 하는 문화적 특성상 자연현상과 기후의 변화를 파악하는 것이 중시된 만큼 천의 표면적인 모습 외에 작용 면에서 천을 파악하려는 경향이 ⓐ 짙었다. 그래서 천은 자연적 현상과 작용 등을 포괄하는 '자연천(自然天)' 개념으로 자리를 잡았다.

이러한 천 개념하에서 인간은 도덕적 자각이 없었을 뿐만 아니라 자연 변화의 원인과 의지도 알 수 없었다. 이에 따라 천은 신성한 대상으로 숭배되었고, 여러 자연신 가운데 하나로 생각되었다. 특히 상제(上帝)와 결부됨으로써 모든 것을 주재하는 절대적인 권능을 가진 '상제천(上帝天)' 개념이 자리 잡았다. 길흉화복을 주재하고 생사여탈권까지 관장하는 종교적인 의미로 그 성격이 변화한 것이다. 가치중립적이었던 천이 의지를 가진 절대적 권능의 존재로 수용되면서 정치적인 개념으로 '천명(天命)'이 등장하였다. 그리고 통치자들은 천의 명령을 통해 통치권을 부여받았고, 천의 의지인 천명은 제사 등을 통해 통치자만 알 수 있는 것으로 규정되었다. 그리하여 천명은 통치자가 권력을 행사하고, 정권의 정통성을 보장하는 근거가 되었다.

그러나 독점적이고 배타적인 천명에 근거한 권력 행사는 부작용을 가져왔다. 도덕적 경계심이 결여된 통치자의 권력 행사는 백성에 대한 억압의 계기로 작용하였다. 통치의 부작용이 심화됨에 따라 천에 대한 반성이 제기되었고, 도덕적 반성을 통해 천명 의식은 수정되었다. 그리고 '천은 명을 주었다가도 통치자가 정치를 잘못하면 언제나 그 명을 박탈해 간다.', '천은 백성들이 원하는 것을 들어준다.'는 생각이 현실화되었다. 천명은 계속 수용되었지만, 그것의 불변성, 독점성, 편파성 등은 수정되었고, 그 기저에는 도덕적 의미로서 '의리천(義理天)' 개념이 자리하였다.

천명 의식의 변화와 맞물려 천 개념은 복합적으로 수용되었다. 상제로서의 천 개념이 개방되면서 주재적 측면이 도덕적 측면으로 수용되었고, '의리천' 개념은 더욱 심화되어 천은 인간의 도덕성과 규범의 근거로 받아들여졌다. 천을 인간 내면으로 끌어들여 인간 본성을 자연한 것이자 도덕적인 것으로 간주하였다. 천이 도덕 및 인간 본성과 결부됨에 따라 인간 내면에 있는 천으로서의 본성을 잘 발휘하면 도덕을 실현함은 물론, 천의 경지에 도달할 수 있다고 여겨졌다. 내면화된 천은 비도덕적 행위에 대한 제어 장치 역할을 하는 양심의 근거로도 수용되어 천의 도덕적 의미는 더욱 강조되었다. 천명 의식의 변화와 확장된 천 개념의 결합에 따라 천은 초월성과 내재성을 가진 존재로서 받아들여졌고, ㉠ 인간 행위의 자율성과 타율성을 이끌어 내는 기반이 되어 인간 삶의 중요한 근거로서 그 위상이 강화되었다.

## 001

**윗글의 내용과 일치하는 것은?**

① 천명 의식은 농경 생활의 경험에서 비롯되었다.
② 천은 초월적인 세계 안에서 인간 삶의 표본이었다.
③ 자연으로서의 천 개념에는 작용에 대한 인식이 없었다.
④ 천은 인간에게 자연현상이자 도덕적 가치의 근원이었다.
⑤ 내면화된 천은 통치자의 배타적 권력 행사의 기반이었다.

## 002

**<보기>의 ㉮~㉲ 중, 윗글에서 중점적으로 다루고 있는 것은?** [1점]

| 보기 |

특정한 사상의 개념을 이해하기 위해서는 그 ㉮ 개념의 어원에서 출발하여 ㉯ 개념의 의미 변천, ㉰ 해당 개념에 대한 주요 사상가의 견해, 그리고 ㉱ 현대적 적용 양상을 폭넓게 다룰 필요가 있다. 특히 개념에 대해 더욱 풍부하게 이해하기 위해서는 ㉲ 사상사 속에서 드러나는 주요한 쟁점이 표출하는 다양한 의식의 층위도 고찰해야 한다.

① ㉮ ② ㉯ ③ ㉰ ④ ㉱ ⑤ ㉲

## 003

**㉠에 대한 설명으로 적절하지 않은 것은?**

① '자연천'에서는 인간 행위의 자율성이 부각된다.
② '상제천'에서 인간 행위의 타율성이 나타나기 시작한다.
③ '의리천'에서 인간 행위의 자율성이 잘 발휘되면 천의 경지에 도달할 수 있다.
④ 천 개념의 개방에 따라 인간 행위의 자율성이 인정되는 방향으로 나갔다.
⑤ 천명 의식이 달라짐에 따라 인간 행위의 자율성과 타율성의 양상이 변화하였다.

## 004

**윗글의 천 개념에 해당하는 예를 <보기>에서 골라 바르게 묶은 것은?**

| 보기 |

ㄱ. 천은 크기로 보면 바깥이 없고, 운행이 초래하는 변화는 다함이 없다.
ㄴ. 만물의 생성과 변화를 살피면 그와 같이 되도록 주재하고 운용하는 존재가 있는 것으로 생각된다.
ㄷ. 인심이 돌아가는 곳은 곧 천명이 있는 곳이다. 그러므로 사람을 거스르고 천을 따르는 자는 없고, 사람을 따르고 천을 거스르는 자도 없다.
ㄹ. 이 세상 사물 가운데 털끝만큼 작은 것들까지 천이 내지 않은 것이 없다고들 한다. 대체 하늘이 어떻게 하나하나 명을 낸단 말인가? 천은 텅 비고 아득하여 아무런 조짐도 없으면서 저절로 되어 가도록 맡겨 둔다.

| | 자연천 | 상제천 | 의리천 |
|---|---|---|---|
| ① | ㄱ | ㄴ, ㄹ | ㄷ |
| ② | ㄴ | ㄱ | ㄷ, ㄹ |
| ③ | ㄹ | ㄴ | ㄱ, ㄷ |
| ④ | ㄱ, ㄹ | ㄴ | ㄷ |
| ⑤ | ㄱ, ㄹ | ㄷ | ㄴ |

## 005

**ⓐ와 가장 가까운 뜻으로 쓰인 것은?**

① 폭우가 내릴 가능성이 짙어 건물 외벽을 점검했다.
② 짙게 탄 커피를 마시면 잠이 잘 안 온다.
③ 철수는 짙은 안개 속에서 길을 잃었다.
④ 정원에서 꽃향기가 짙게 풍겨 온다.
⑤ 해가 지고 어둠이 짙게 깔렸다.

[006~008] 2009학년도 6월 모평 43번~45번 정답과 해설편 p.443

**다음 글을 읽고 물음에 답하시오.**

정부는 조세를 부과해 재정 사업을 위한 재원을 마련한다. 그런데 조세 정책의 원칙 중 하나가 공평 과세, 즉 조세 부담의 공평한 분배이기 때문에 누구에게 얼마의 조세를 부과할 것인가는 매우 중요하다. 정부는 특정 조세에 대한 납부자를 결정하게 되면 조세법을 통해 납부 의무를 지운다. 그러나 실제로는 납부자의 조세 부담이 타인에게 전가되는 현상이 흔히 발생하는데, 이를 '조세전가(租稅轉嫁)'라고 한다.

[A] 정부가 볼펜에 자루당 100 원의 물품세를 생산자에게 부과한다고 하자. 세금 부과 전에 자루당 1,500 원에 100만 자루가 거래되고 있었다면 생산자는 총 1억 원의 세금을 납부해야 할 것이다. 이로 인해 손실을 입게 될 생산자는 1,500 원이라는 가격에 불만을 갖게 되므로 가격을 100 원 더 올리려고 한다. 생산자가 불만을 갖게 되면 가격이 상승하기 시작한다. 그러나 가격이 한없이 올라가는 것은 아니다. 가격 상승으로 생산자의 불만이 누그러지지만 반대로 소비자의 불만이 증가하기 때문이다. 결국 시장의 가격 조정 과정을 통해 양측의 상반된 힘이 균형을 이루는 지점에 이르게 되며, 1,500 원 ~ 1,600 원 사이에서 새로운 가격이 형성된다. 즉 생산자는 법적 납부자로서 모든 세금을 납부하겠지만 가격이 상승하기 때문에 자루당 실제 부담하는 세금을 그만큼 줄이게 되는 셈이다. 반면에 소비자는 더 높은 가격을 지불하게 되므로 가격이 상승한 만큼 세금을 부담하는 셈이 된다.

한편, 조세전가가 한 방향으로만 발생하는 것은 아니다. 동일한 세금을 소비자에게 부과한다고 하자. 소비자는 자루당 1,500 원을 생산자에게 지불해야 하므로 실제로는 1,600 원을 지출해야 한다. 이에 대해 소비자는 불만을 가질 수밖에 없다. 소비자의 불만이 시장에 반영되면 시장의 가격 조정 기능이 작동하여 가격이 하락하게 되며, 최종적으로 소비자는 가격 하락 폭만큼 세금 부담을 덜 수 있게 된다. 즉 정부가 소비자에게 세금을 부과한다 해도 생산자에게 조세가 전가된다.

그렇다면 양측의 실제 부담 비중은 어떻게 결정될까? 이는 소비자나 생산자가 제품 가격의 변화에 어떤 반응을 보이는가에 따라 달라진다. 예를 들어 가격 변화에도 불구하고 소비자가 구입량을 크게 바꾸지 못하는 경우, 어느 측에 세금을 부과하든 ㉠ 소비자가 더 많은 세금을 부담하게 된다. 생산자에게 세금을 부과할 때에는 가격 상승 요구가 더욱 강하게 반영되어 새로운 가격은 원래보다 훨씬 높은 수준에서 형성될 것이다. 즉 생산자의 세금이 소비자에게 많이 전가된다. 그러나 소비자에게 세금을 부과할 때에는 가격 하락 요구가 잘 반영되지 않아 가격이 크게 떨어지지 않는다. 그로 인해 소비자가 대부분의 세금을 부담하게 된다. 한편, 가격 변화에도 불구하고 생산자가 생산량을 크게 바꾸지 못하는 경우에는 누구에게 세금이 부과되든 ㉡ 생산자가 더 많은 세금을 부담하게 될 것이다. 이러한 조세전가 현상으로 인해 정부는 누가 진정한 조세 부담자인지를 파악하는 데 어려움을 겪을 수밖에 없다.

## 006

**'조세전가'에 대해 이해한 내용으로 적절한 것은?**

① 소비자나 생산자가 제품 가격의 변화에 어떤 반응을 보이는가에 따라 조세 부담 비중이 달라진다.

② 누구에게 세금이 부과되든 소비자와 생산자가 동시에 조세전가의 혜택을 누린다.

③ 조세전가가 발생하면 그에 따라 물품세의 단위당 조세액이 달라질 수밖에 없다.

④ 생산자에게 조세가 부과될 경우 결국 소비자가 세금을 전액 부담하게 된다.

⑤ 조세전가가 발생하면 시장의 가격 조정 기능이 상실된다.

## 007

**[A]를 <보기>와 같이 그래프로 그렸다. 이를 이해한 내용으로 적절하지 <u>않은</u> 것은?**

| 보기 |

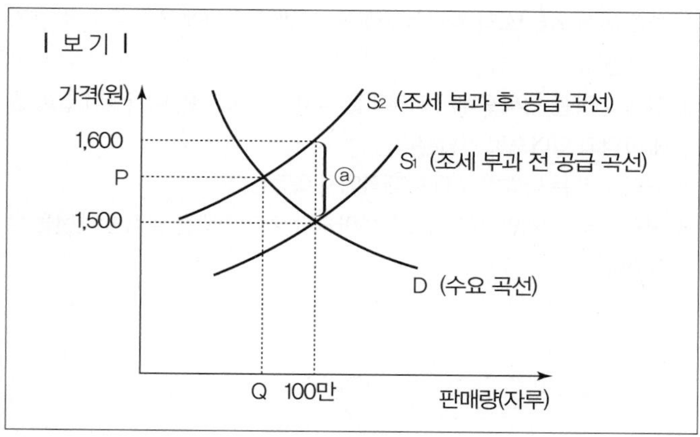


① 조세 부과 후 소비자는 P를 자루당 가격으로 지불한다.
② 조세 부과 후 생산자는 ⓐ를 자루당 조세액으로 납부한다.
③ 조세를 100 원에서 50 원으로 줄이면 공급 곡선 $S_1$이 오른쪽 아래로 이동한다.
④ 소비자의 자루당 세금 부담액은 P에서 1,500 원을 뺀 것이다.
⑤ 조세 부과로 판매량이 100만 자루에서 Q로 줄어들게 된다.

## 008

**㉠, ㉡에 해당하는 사례로 가장 적절한 것은?**

① ㉠ : 바나나 가격이 오르면 곧 오렌지를 구매하는 소비자
② ㉠ : 커피 가격이 오르면 커피 구입을 쉽게 줄이는 소비자
③ ㉠ : 상표와 상관없이 가장 저렴한 샴푸를 구매하는 소비자
④ ㉡ : 사과를 오래 보관할 수 있는 시설을 소유한 농장주
⑤ ㉡ : 유행이 바뀌어 재고를 처분해야 하는 액세서리 생산자

1회 미니모의고사

[009~011] 2010학년도 6월 모평 20번~22번 정답과 해설편 p.445

**다음 글을 읽고 물음에 답하시오.**

일반적인 청력 검사는 검사받는 사람의 협조가 없으면 시행하기 힘들다. 이러한 문제에 대한 해결책의 하나로 '귀의 소리(otoacoustic emissions)'를 활용하는 기술이 있다. 이 기술은 1978년 데이비드 켐프에 의해 귀에서 소리를 방출한다는 놀라운 사실이 발견되면서 발달하였다.

특정 소리에 귀를 기울인다는 의식적인 행동은 생리학적으로 내이(內耳)의 달팽이관 안에 있는 청세포의 역할로 설명할 수 있다. 포유동물의 청세포는 외부의 소리를 감지하는 역할을 하면서, 수축과 이완을 통해 특정 음파의 소리에 대한 민감도를 증가시키기도 한다. 이 과정에서 '귀의 소리'가 발생하는데 ㉠ 이는 청세포가 능동적으로 내는 소리이다. 과거에는 '귀의 소리'를 외부 소리에 대한 '달팽이관의 메아리'로 여겼다. 하지만 주어진 외부 자극 소리로 발생하는 메아리보다 음압이 더 큰 경우가 있기 때문에, '귀의 소리'를 단순한 메아리로 설명하기는 어렵다. 오른쪽 귀에만 외부 소리 자극을 가했는데 왼쪽 귀에서도 '귀의 소리'가 발생한다는 점 역시 마찬가지이다.

이러한 '귀의 소리'는 청세포에서 발생하여 기저막을 따라 난원창으로, 다시 청소골을 통해 고막과 외이도로 전달된다. 이 소리는 두 종류의 외부 소리를 이용하여 청세포를 자극한 후 특정한 주파수 대역에서 측정할 수 있다. 소리 자극으로는 여러 주파수가 섞인 복합음이나 두 주파수($f_1$과 $f_2$, $f_1 < f_2$)만으로 이루어진 조합음을 이용한다. 전자에서 발생하는 '귀의 소리'는 4 kHz 이하의 주파수 대역에서 측정되는데, 그 소리는 개인마다 차이를 보이지만 개인별로는 일정한 패턴을 유지한다. 후자에서 발생하는 '귀의 소리'는 수학적으로 계산되는 여러 주파수 대역에서 측정되며, 특정 주파수 대역($f_x = 2f_1 - f_2$, $x$ = 최대 '귀의 소리')에서 가장 크다.

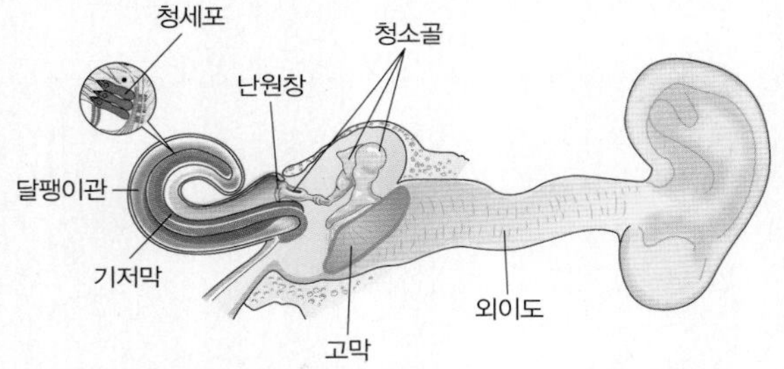


청세포는 작업장의 소음과 같은 특정 주파수나 약물 등에 반복 노출되면 손상될 수 있다. 청세포가 손상되기 시작하면, 청력 손실이 일어나고 '귀의 소리'도 감소한다. 청세포 손상이 진행되어 30 dB 이상의 청력 손실이 발생한 경우 '귀의 소리'도 사라진다.

'귀의 소리'는 조용한 환경에서 마이크로폰을 외이도에 장착하여 측정한다. ㉡ '귀의 소리' 측정 기술을 활용하면 검사받는 사람의 협조 없이도 청력을 객관적으로 측정할 수 있다. 이 기술은 몇몇 국가에서 신생아의 청력 이상을 조기에 발견하기 위한 선별 검사에 이용되고 있다.

## 009

**㉠과 같이 말할 수 있는 근거로 적절한 것은?**

① 외부에서 소리 자극을 가했을 때 귀에서 소리가 측정된다.
② 한쪽 귀에 외부 소리 자극을 가했을 때 반대쪽 귀에서도 '귀의 소리'가 발생한다.
③ '귀의 소리'는 청세포에서 기저막을 따라 난원창으로, 다시 청소골을 통해 고막과 외이도로 전달된다.
④ '귀의 소리'는 다양한 주파수 대역에서 측정된다.
⑤ '귀의 소리'는 개인마다 차이를 보이지만, 개인별로는 일정한 패턴을 유지한다.

## 010

**<보기>는 두 주파수의 조합음을 이용하여 '귀의 소리'를 측정하는 장치를 그린 그림이다. 윗글을 바탕으로 <보기>를 이해한 내용으로 적절하지 않은 것은?**

| 보 기 |

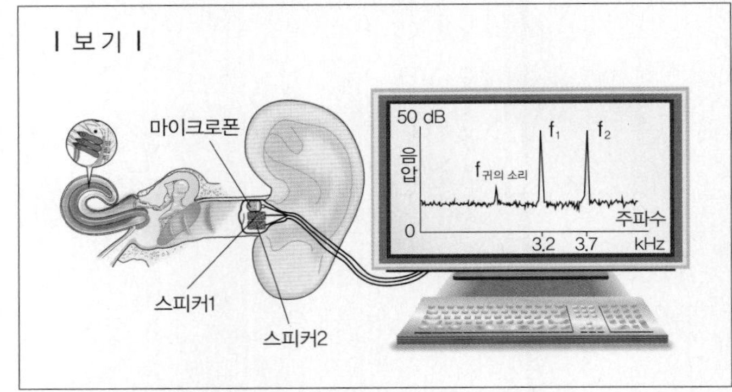


① '귀의 소리'는 $f_1$, $f_2$ 자극 소리보다 빨리 감지될 것이다.
② 외이도가 막혔을 경우 '귀의 소리' 측정이 어려울 수 있다.
③ 마이크로폰을 통해서 감지되는 소리는 자극 소리, 메아리 소리, '귀의 소리'이다.
④ $f_1$이 3.2 kHz, $f_2$가 3.7 kHz일 때 발생하는 '귀의 소리'의 음압은 2.7 kHz에서 가장 크다.
⑤ 스피커를 통하여 두 주파수의 소리 자극을 가하고, 마이크로폰을 통하여 감지되는 소리를 측정한다.

## 011

**㉡을 활용할 수 있는 사례로 보기 어려운 것은?**

① 쥐를 이용한 실험에서 청력 측정을 할 경우
② 일부러 안 들리는 척하는 사람을 찾아내려 할 경우
③ 청력 측정을 통해 개인을 식별하는 기계를 만들 경우
④ 소음성 난청이 있는 사람의 청세포 손상 여부를 판단할 경우
⑤ 청세포가 파괴되어 인공 달팽이관 이식을 받은 사람의 청력을 평가할 경우

## [012~013]

2010학년도 6월 모평 36번~37번 정답과 해설편 p.447

**다음 글을 읽고 물음에 답하시오.**

가위, 바위, 보! 무엇을 내느냐에 따라 서로의 승패는 확연히 갈리지만 이 게임의 묘미는 영원한 승자도, 영원한 패자도 없다는 데 있다. 이렇게 서로 끝없이 물고 물리는 가위바위보의 관계가 생물 다양성을 설명하기 위한 모델이 될 수 있다는 연구가 있어 눈길을 끈다.

[A] 한 연구팀은 동물의 장내에 서식하는 대장균 중 서로 다른 세 집단 간의 증식 경쟁에서 가위바위보의 관계를 관찰했다. '집단 C'는 콜리신이라는 독소를 생산하고, '집단 S'는 다른 집단에 비해 빠른 속도로 증식하지만 콜리신에 의해 증식이 억제된다. '집단 R'은 '집단 C'보다 빠르고 '집단 S'보다 느린 증식 속도를 가진 반면 콜리신에 저항성을 지닌다. 세 집단 중 두 집단씩을 각각 섞어 배양하면 증식 속도의 차이로 인해 집단 간 증식 경쟁에 따른 승패가 확실하다. 반면 세 집단을 서로 인접시켜 배양하면, 각 두 집단 간의 경계에서는 일방적으로 영역을 침범하는 현상이 나타나지만, 결과적으로 가위바위보의 관계처럼 서로 물고 물리는 삼자 간의 공존 관계가 관찰된다.

다른 연구팀은 생쥐들의 장내에 세 대장균 집단을 투여한 후 각 집단 간의 증식 경쟁을 살폈다. 그 결과 한 시점에는 생쥐 개체별로 어느 한 집단이 우세했지만, 시간이 지나면서 우세한 집단이 일정한 순서로 계속 바뀌는 것을 발견했다. 이는 서로 격리된 여러 공간에서 세 집단이 동시에 우세 집단으로 존재할 수 있음을 의미하기도 한다.

위 사례는 생태계에서 절대 강자가 없을 수도 있음을 보여 주는 좋은 본보기로 거론된다. 생물 간 경쟁을 설명하는 방식 중 승패가 명확한 양자 간의 관계에 비해, 삼자의 병존 가능성을 보여 주는 가위바위보의 관계는 생물 다양성의 설명에 보다 적합한 모델이 될 수 있다.

## 012

**[A]의 내용을 <보기>와 같이 그렸을 때, ㉠~㉢과 ⓐ, ⓑ에 들어갈 내용이 바르게 짝지어진 것은?** [3점]

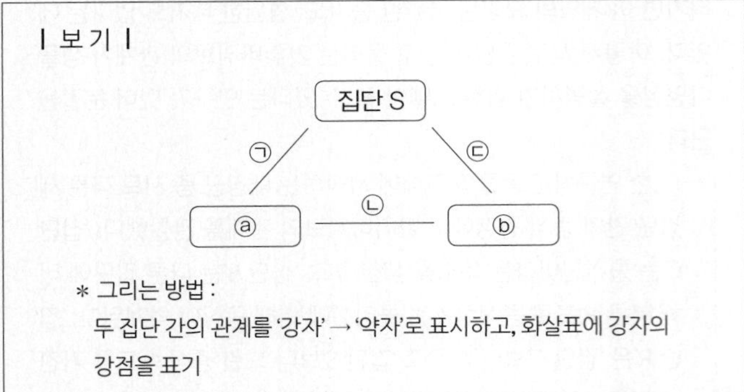


| | 화살표의 방향 설정 | 강점 | 집단 |
|---|---|---|---|
| ① | 모두 시계 방향 | ㉠ : 콜리신 생산 | ⓑ : 집단 R |
| ② | 모두 시계 방향 | ㉠ : 증식 속도 | ⓐ : 집단 C |
| ③ | 모두 시계 방향 | ㉡ : 저항성 및 증식 속도 | ⓐ : 집단 R |
| ④ | 모두 반시계 방향 | ㉡ : 콜리신 생산 | ⓑ : 집단 C |
| ⑤ | 모두 반시계 방향 | ㉢ : 증식 속도 | ⓐ : 집단 C |

## 013

**윗글의 대장균에 대한 실험 결과를 검토하여 해석한 내용으로 적절하지 않은 것은?**

① 대장균 세 집단을 동일한 비율로 섞어서 배양한다면, 콜리신을 생산하는 집단이 가장 먼저 우세하게 나타나는 집단이 되겠군.
② 독소의 생산에 따른 저항성 집단의 출현이 필연적이라면, 독소의 생산은 생물 다양성을 증가시키는 요인이 된다고 할 수 있겠군.
③ 생쥐 실험 내용이 다른 포유동물의 경우에도 적용된다면, 토끼 등을 이용해 동일한 실험을 반복하더라도 비슷한 결과를 얻을 수 있겠군.
④ 생쥐를 이용한 실험에서 생쥐의 수를 늘려 실험한다면, 각 대장균 집단의 우세가 균등하게 분포하는지의 여부를 판단할 수 있겠군.
⑤ 생쥐 내장이란 격리된 공간에서 우세한 집단이 일정한 순서로 바뀐다면, 그 변화 순서는 가위바위보의 관계로부터 예측이 가능하겠군.

## [014~017]

2010학년도 6월 모평 47번~50번 정답과 해설편 p.449

**다음 글을 읽고 물음에 답하시오.**

일반적으로 영화는 구체적인 대상을 재현하는 데에는 그 어떤 예술보다 강하지만, 대사나 자막을 이용하지 않고서는 정신적인 의미를 표현하는 데 약하다. 그런데 영화의 출발이 시각 예술이라는 것을 감안하면, 언어적 요소에 의존하는 것은 영화 본연의 방식이라고 보기 어렵다. 따라서 영화가 독자적인 예술이 되기 위해서는 기본적으로 순수하게 시각적인 방식으로 추상적인 의미 표현에 이를 수 있어야 한다.

에이젠슈테인은 여기서 한자의 구성 원리에 주목한다. 한자의 육서(六書) 중 그가 주목한 것은 상형 문자와 회의 문자다. 상형 문자는 사물의 형태를 본뜬 문자다. 그러나 눈으로 볼 수 있는 것은 형태를 본떠서 재현할 수 있지만, 눈으로 볼 수 없는 것은 재현하기 어렵다. 예를 들어 '휴식'과 같이 추상적인 개념은 상형 문자로 표현할 수 없다. 이때 이를 표현할 수 있는 것이 회의 문자다. 회의 문자 '쉴 휴(休)'는 '사람 인(人)'과 '나무 목(木)'이 결합된 문자다. 이 두 문자를 결합하면 '휴식'이라는 추상적 의미가 만들어진다. 하지만 '휴식'이란 말의 의미는 '人'에도 '木'에도 들어 있지 않다. ㉠ <u>두 개의 문자가 결합되면서 두 문자의 단순한 총합이 아닌 새로운 차원이 열리며</u>, 이를 통해 추상적인 의미를 표현할 수 있다는 것이 바로 에이젠슈테인이 회의 문자에서 주목한 지점이다.

이러한 원리가 영화의 시각적인 의미 표현에 어떻게 적용될 수 있을까? 여기서 중요한 것은 회의 문자를 이루는 요소들이 상형 문자라는 점이다. 묘사적이고 단일하며 가치중립적인 상형 문자의 특성은 영화의 개별 장면(shot)들의 특성에 상응한다. 회의 문자를 이루는 각각의 문자는 따로 떼어 놓고 보면 사물이나 사실에 대응되지만, 그 조합은 개념에 대응된다. 이와 마찬가지로 ㉡ <u>영화의 개별 장면들은 사물이나 사실에 대응되지만, 이들을 특정하게 결합시키면 그 조합은 개념에 대응된다</u>. 따라서 회의 문자의 구성 원리를 이용하면 눈에 보이지 않는 것, 묘사할 수 없는 것, 추상적인 것을 순수하게 시각적인 방식으로 표현할 수 있다는 결론이 나온다.

그러나 개별 장면들의 시간적 병치를 통해서 이루어 낸 추상적 의미는 영화를 보는 관객의 머릿속에서만 존재한다. 따라서 이런 방식으로 만들어진 영화를 보면서 거기에 담긴 의미를 구성해 내는 것은 관객의 몫으로 남게 된다.

## 014

**윗글의 내용에 부합하는 것은?**

① 영화는 구체적인 대상의 재현을 통해 독자적인 예술이 된다.
② 영화의 개별 장면과 회의 문자 사이에 구조적 유사성이 있다.
③ 영화의 정신적인 의미는 개별 장면들의 특성으로 환원될 수 있다.
④ 영화는 추상적인 의미를 표현하기 위해 언어적 요소를 풍부하게 이용해야 한다.
⑤ 영화 외의 영역에서도 영화가 독자적인 예술이 되기 위한 원리를 끌어낼 수 있다.

## 015

**<보기>가 윗글의 필자가 택한 글쓰기 전략이라고 할 때, 글에 구현되지 않은 것은?**

| 보기 |

○ 목표 설정 : 영화의 특성을 심층적으로 살필 수 있는 이론을 소개한다. ············ ①
○ 예상 독자 설정 : 영화에 관심이 많고, 일정 수준의 교양을 갖춘 독자를 대상으로 한다. ············ ②
○ 내용 선정 : 시각 예술로서 영화의 특질을 보여 줄 수 있는 핵심 내용을 선정한다. ············ ③
○ 자료 수집 : 소개하고자 하는 이론의 특성이 잘 드러나는 작품을 폭넓게 수집한다. ············ ④
○ 논지 전개 : 핵심 논제를 제기하고, 이론을 요약 소개하며 그에 대한 답을 제시한다. ············ ⑤

## 016

**문맥상 ㉠과 같은 방법으로 만들어진 표현이 아닌 것은?**

① 선생님은 얼굴을 익히려고 그 학생을 유심히 바라보았다.
② 나불거리는 아이들의 입방아 때문에 정신이 없었다.
③ 네 이야기는 모순이 있어 잘 이해할 수가 없다.
④ 그 이야기를 듣자 모두들 배꼽을 쥐었다.
⑤ 그는 개밥에 도토리 신세가 되었다.

## 017

**<보기 2>는 <보기 1>의 영화를 보고 나눈 대화의 일부이다. ㉡을 바탕으로 할 때, <보기 2>의 ⓐ에 들어갈 내용으로 가장 적절한 것은?**

| 보기 1 |

- 스탠리 큐브릭 감독, 「2001년, 스페이스 오디세이」에서 -

| 보기 2 |

철수 : 영화는 좋았는데, 한 대목이 이해가 안 되네. 원시인이 소 정강이뼈를 하늘 높이 던지는 장면 있잖아. 그리고 아무 설명 없이 원시 시대에서 갑자기 우주 시대로 바뀌고 공간도 완전히 바뀌는데, 어떻게 장면을 그런 식으로 연결할 수 있지?
영희 : 맞아, 두 장면의 연결이 충격적이지. 근데 그 앞부분 내용은 기억나니?
철수 : 응, 한 원시인이 우연히 소 정강이뼈를 만지작거리게 되잖아. 그리고 그 뼈로 자기보다 더 큰 동물을 잡고, 다른 힘센 부족과 싸움도 벌이지. 그 뼈 덕분에 승리를 거두고 나서 그것을 하늘로 던지는 장면이 나오지.
영희 : 정확히 기억하네. 여기서 그 뼈와 우주선을 연결시키는 어떤 개념이 없다면 이 연결은 설명이 안 돼. 뼈와 우주선을 연결하면 그 개념이 나오지.
철수 : 좀 더 자세히 설명해 줘.
영희 : ( ⓐ )

① 원시의 황야와 우주 공간이 이어지니까, 여기서 '거대한 공간과 싸우는 인간'이라는 개념을 만들어 낼 수 있지.
② 인류는 개인의 힘은 약하지만 집단을 이루어 우주를 개척할 수 있었어. 여기서 '인간의 사회성'이라는 개념을 추론할 수 있지.
③ 우주 개척 시대는 뛰어난 지도력과 관계가 깊고 그 덕분에 새로운 시대가 열린 것이니까, 여기서 '정치'라는 개념이 부각되지.
④ 원시인이 기쁨에 차서 뼈를 던지고 이것이 우주선의 경쾌한 운동과 이어지잖아. 여기서 '유희적 인간'이라는 개념을 도출할 수 있지.
⑤ 정교한 우주선도 결국 동물 뼈와 같은 초보적인 도구가 발달하여 만들어진 거잖아. 여기서 '도구의 사용'이라는 개념을 이끌어 낼 수 있지.

# 2회 미니모의고사

날짜 월 일 요일
시간 : ~ :

풀이 시간 35분

[001~005] 2015학년도 9월 모평B 17번~21번 정답과 해설편 p.452

**다음 글을 읽고 물음에 답하시오.**

전국 시대(戰國時代)의 사상계가 양주(楊朱)와 묵적(墨翟)의 사상에 ⓐ 경도되어 유학의 영향력이 약화되고 있다고 판단한 맹자(孟子)는 유학의 수호자를 자임하면서 공자(孔子)의 사상을 계승하는 한편, 다른 학파의 사상적 도전에 맞서 유학 사상의 이론화 작업을 전개하였다. 그는 공자의 춘추 시대(春秋時代)에 비해 사회 혼란이 ⓑ 가중되는 시대적 환경 속에서 사회 안정을 위해 특히 '의(義)'의 중요성을 강조하였다.

맹자가 강조한 '의'는 공자가 제시한 '의'에 대한 견해를 강화한 것이었다. 공자는 사회 혼란을 치유하는 방법을 '인(仁)'의 실천에서 찾고, '인'의 실현에 필요한 객관 규범으로서 '의'를 제시하였다. 공자가 '인'을 강조한 이유는 자연스러운 도덕 감정인 '인'을 사회 전체로 확산했을 때 비로소 사회가 안정될 것이라고 보았기 때문이다. 이때 공자는 '의'를 '인'의 실천에 필요한 합리적 기준으로서 '정당함'을 의미한다고 보았다.

맹자는 공자와 마찬가지로 혈연관계에서 자연스럽게 드러나는 도덕 감정인 '인'의 확산이 필요함을 강조하면서도, '의'의 의미를 확장하여 '의'를 '인'과 대등한 지위로 격상하였다. 그는 부모에게 효도하는 것은 '인'이고, 형을 공경하는 것은 '의'라고 하여 '의'를 가족 성원 간에도 지켜야 할 규범이라고 규정하였다. 그리고 나의 형을 공경하는 것에서 시작하여 남의 어른을 공경하는 것으로 나아가는 유비적 확장을 통해 '의'를 사회 일반의 행위 규범으로 정립하였다. 나아가 그는 '의'를 개인의 완성 및 개인과 사회의 조화를 위해 필수적인 행위 규범으로 설정하였고, 사회 구성원으로서 개인은 '의'를 실천하여 사회 질서 수립과 안정에 기여해야 한다고 주장하였다.

또한 맹자는 '의'가 이익의 추구와 구분되어야 한다고 주장하였다. 이러한 입장에서 그는 사적인 욕망으로부터 비롯된 이익의 추구는 개인적으로는 '의'의 실천을 가로막고, 사회적으로는 혼란을 야기한다고 보았다. 특히 작은 이익이건 천하의 큰 이익이건 '의'에 앞서 이익을 내세우면 천하는 필연적으로 상하 질서의 문란이 초래될 것이라고 역설하였다. 그래서 그는 사회 안정을 위해 사적인 욕망과 ⓒ 결부된 이익의 추구는 '의'에서 ⓓ 배제되어야 한다고 주장하였다.

맹자는 '의'의 실현을 위해 인간에게 도덕적 행위를 할 수 있는 근거와 능력이 있음을 밝히는 데에도 관심을 기울였다. 그는 인간이라면 누구나 도덕 행위를 할 수 있는 선한 마음이 선천적으로 내면에 갖춰져 있다는 일종의 ㉠ 도덕 내재주의를 주장하였다. 그는, 인간은 자기의 행동이 옳지 못함을 부끄러워하고 남이 착하지 못함을 미워하는 마음을 본래 가지고 있는데, 이러한 마음이 의롭지 못한 행위를 하지 않도록 막아 주는 동기로 작용한다고 보았다. 아울러 그는 어떤 것이 옳고 그른 것인지 판단할 수 있는 능력도 모든 인간의 마음에 갖춰져 있다고 하여 '의'를 실천할 수 있는 도덕적 역량이 내재화되어 있음을 제시하였다.

맹자는 '의'의 실천을 위한 근거와 능력이 인간에게 갖추어져 있음을 제시한 바탕 위에서, 이 도덕적 마음을 현실에서 실천하는 노력이 필요하다고 ⓔ 역설하였다. 그는 본래 갖추고 있는 선한 마음의 확충과 더불어 욕망의 절제가 필요하다고 보았으며, 특히 생활에서 마주하는 사소한 일에서도 '의'를 실천해야 함을 강조하였다. 나아가 그는 목숨과 '의'를 함께 얻을 수 없다면 "목숨을 버리고 의를 취한다."라고 주장하여 '의'를 목숨을 버리더라도 실천해야 할 가치로 부각하였다.

## 001

**윗글에 대한 설명으로 가장 적절한 것은?**

① 맹자의 '의' 사상에 대한 사회적 통념을 비판하고 있다.
② 맹자의 '의' 사상이 가지는 한계에 대해 분석하고 있다.
③ 맹자의 '의' 사상에 대한 상반된 관점들을 비교하고 있다.
④ 맹자의 '의' 사상이 가지는 현대적 의의를 재조명하고 있다.
⑤ 맹자의 '의' 사상의 형성 배경과 내용에 대해 설명하고 있다.

## 002

**윗글의 '맹자'에 대한 이해로 적절하지 않은 것은?**

① 일상생활에서 '의'를 실천하는 것이 중요하다고 보았다.
② '의'의 실천은 목숨을 바칠 만큼 가치가 있다고 보았다.
③ 가정 내에서 '인'과 더불어 '의'도 실천해야 한다고 보았다.
④ '의'의 의미 확장보다는 '인'의 확산이 더 필요하다고 보았다.
⑤ 사회 규범으로서 '의'는 '인'과 대등한 지위를 지닌다고 보았다.

## 003

**㉠에 해당하는 것으로 가장 적절한 것은?**

① 세상의 올바른 이치가 모두 나의 마음속에 갖추어져 있으니, 수양을 통해 이것을 깨달으면 이보다 큰 즐거움은 없다.
② 바른 도리를 행하려면 분별이 있어야 하니, 분별에는 직분이 중요하고, 직분에는 사회에서 통용되는 예의가 중요하다.
③ 인간이 지켜야 할 도덕은 지혜와 덕이 매우 뛰어난 성인들이 만든 것이지 인간의 성품으로부터 생겨난 것이 아니다.
④ 군자에게 용기만 있고 의로움이 없으면 어지러움을 일으키게 되고, 소인에게 용기만 있고 의로움이 없으면 남의 것을 훔치게 된다.
⑤ 저 사람이 어른이기 때문에 내가 그를 어른으로 대우하는 것이지, 나에게 어른으로 대우하고자 하는 마음이 원래부터 있어서 그런 것이 아니다.

## 004

**윗글의 '맹자'와 <보기>의 '묵적'을 이해한 내용으로 적절하지 않은 것은?** 3점

| 보기 |

'묵적'은 인간이 이기적인 존재이기 때문에 자기 자신과 자기 집단만의 이익을 추구하여 개인 간의 갈등과 사회의 혼란이 생긴다고 보았다. 그는 '의'를 개인과 사회 전체의 이익을 충족하는 것으로 보아, '의'를 통해 이러한 개인과 사회의 혼란을 해결할 수 있다고 하였다. 모든 사람을 차별 없이 똑같이 서로 사랑하면 '의'가 실현되어 사회의 혼란이 해소될 것이라고 본 것이다. 아울러 그는 이러한 '의'의 실현이 만물을 주재하는 하늘의 뜻이라고 하여 '의'를 실천해야 할 당위성을 강조하였다.

① '맹자'와 '묵적'은 모두 '의'라는 개념을 사용하지만, 그 의미를 다르게 보았다.
② '맹자'는 '의'와 이익이 밀접하게 관련된다고 보았고, '묵적'은 '의'와 이익을 명확히 구분되는 것으로 보았다.
③ '맹자'는 이익의 추구를 사회 혼란의 원인이라고 보았고, '묵적'은 이익의 충족을 통해 사회 혼란을 해결할 수 있다고 보았다.
④ '맹자'는 인간의 잘못에 대한 수치심을 '의'를 실천하게 하는 동기로 보았고, '묵적'은 '의'의 실천을 하늘의 뜻에 따르는 것으로 보았다.
⑤ '맹자'는 '의'의 실천이 개인과 사회의 조화를 위해 필요하다고 보았고, '묵적'은 '의'의 실천이 개인과 사회의 이익을 충족하는 데 필요하다고 보았다.

## 005

**ⓐ~ⓔ의 사전적 의미로 적절하지 않은 것은?**

① ⓐ : 잘못 보거나 잘못 생각함.
② ⓑ : 책임이나 부담 등을 더 무겁게 함.
③ ⓒ : 일정한 사물이나 현상을 서로 연관시킴.
④ ⓓ : 받아들이지 아니하고 물리쳐 제외함.
⑤ ⓔ : 자기의 뜻을 힘주어 말함.

[006~010] 2010학년도 6월 모평 38번~42번 정답과 해설편 p.454

다음 글을 읽고 물음에 답하시오.

[A] 언론 보도로 명예가 훼손되는 경우 피해를 구제받으려면 어떻게 해야 할까? 우리 민법은 명예 훼손으로 인한 피해를 구제받기 위해 손해 배상과 같은 금전적인 구제와 아울러 비금전적인 구제를 청구할 수 있다고 규정하고 있다. 이러한 비금전적인 구제 방식의 하나가 '반론권'이다. 반론권은 언론의 보도로 피해를 입었다고 주장하는 당사자가 문제가 된 언론 보도 내용 중 순수한 의견이 아닌 사실적 주장(사실에 관한 보도 내용)에 대해 해당 언론사를 상대로 지면이나 방송으로 반박할 수 있는 권리이다. 반론권은 일반적으로 반론 보도를 통해 실현되는데, 이는 정정 보도나 추후 보도와는 다르다. 정정 보도는 보도 내용이 사실과 달라 잘못된 사실을 바로잡는 것이며, 추후 보도는 형사상의 조치를 받은 것으로 보도된 당사자의 무혐의나 무죄 판결에 대한 내용을 보도해 주는 것이다.

반론권 제도는 세계적으로 약 30 개 국가에서 시행되고 있는데, 우리나라의 반론권 제도는 의견에도 반론권을 적용하는 프랑스식 모델이 아닌 사실적 주장에 대해서만 반론권을 부여하는 독일식 모델을 따르고 있다. 우리나라 반론권 제도의 특징은 정부가 반론권 제도를 도입하면서 이를 언론중재위원회를 통하여 행사하도록 했다는 것이다. 반론권 도입 당시 우리 정부는 언론중재위원회를 통한 반론권 행사가 언론에는 신뢰도 하락과 같은 부담을 주지 않고, 개인에게는 신속히 피해를 구제받을 기회를 주기 때문에 효율적이라고 주장하였다. 이에 대해 언론사와 일부 학자들은 법정 기구인 언론중재위원회를 통해 반론권을 행사하도록 하는 것이 언론의 편집 및 편성권을 침해하여 궁극적으로 언론 자유의 본질을 훼손할 수 있다는 우려를 나타냈다.

그러나 헌법재판소는 반론권 존립 여부에 대해 판단하면서, 반론권은 잘못된 사실을 진실에 맞게 수정하는 권리가 아니라 피해를 입은 자가 문제가 되는 기사에 대해 자신의 주장을 게재하는 권리로서 합헌적인 구제 장치라고 보았다. 또한 대법원은 반론권 제도를 이른바 ㉠ <u>무기대등원칙(武器對等原則)</u>에 부합하는 것으로 판단하였다. 즉 사회적 강자인 언론을 대상으로 일반인이 동등한 공격과 방어를 할 수 있도록 균형 유지 수단을 제공하는 것이므로 정당하다는 것이다.

반론권 청구는 언론중재위원회 또는 법원에 할 수 있으며, 두 기관에 동시에 신청할 수도 있다. 이때 반론권은 해당 언론사의 잘못이나 기사 내용의 진실성 여부에 상관없이 청구할 수 있다. 언론 전문가들은 일부 학자들의 비판적인 시각에도 불구하고 언론과 관련된 분쟁은 법정 밖에서 해결하는 것이 가장 바람직하다는 측면에서 언론중재위원회를 통한 반론권 제도의 중요성을 인정하고 있다. 그러나 그 효율성을 제고하기 위해서는 당사자가 모두 ㉡ <u>만족할</u> 수 있도록 중재의 합의율과 질적 수준을 높여야 할 것이다.

## 006

**윗글의 논지 전개 방식으로 적절한 것은?** [1점]

① 외국의 사례를 열거하여 공통적인 논지를 도출한다.
② 일반인의 상식을 제시한 후 이를 논리적으로 비판한다.
③ 새로운 이론을 통해 기존의 주장을 반박하고 재해석한다.
④ 개념을 정의한 후 대립되는 주장을 소개하고 필자의 견해를 밝힌다.
⑤ 현상이나 사실을 설명한 뒤 필자의 생각과 반대되는 견해의 장단점을 분석한다.

## 007

**윗글을 통해서 확인할 수 있는 것은?**

① 반론권 제도는 프랑스에서 가장 먼저 도입하였다.
② 보도 내용이 진실한 경우에도 반론권을 청구할 수 있다.
③ 피해자는 반론 보도와 정정 보도를 동시에 청구할 수 있다.
④ 반론권은 개인은 물론이고 법인이나 단체, 조직도 행사할 수 있다.
⑤ 반론권은 문제가 된 보도와 같은 분량의 지면이나 방송으로 행사되어야 한다.

## 008

**[A]에 근거하여 볼 때, 반론 보도문의 성격에 가장 잘 맞는 것은?**

① 본지는 2008년 1월 1일자 3 면에서 공무원 A 씨가 횡령 혐의로 체포되었다고 보도하였습니다. 그러나 A 씨는 2009년 4월 20일 대법원에서 무죄 판결이 났음을 알려 드립니다.

② ○○ 연구소의 B 소장은 '경제 회복 당분간 어렵다'는 취지의 본지 인터뷰 기사 내용에 대해, 이는 인터뷰 내용 중 일부 대목만을 인용하여 '경기 부양에 적절한 조치가 필요하다'라는 자신의 견해를 확대 해석한 결과라고 밝혀 왔습니다.

③ C 기업은 해당 기업에서 제작한 핵심적 기계 장치의 안전성이 우려된다는 본지의 보도로 인하여 많은 손해를 보았다고 전해 왔습니다. 사실 관계를 확인한 결과 기계 자체가 아닌 사용상의 문제인 것으로 드러나 관련 기업과 독자 여러분께 사과드립니다.

④ 본지는 D 병원장의 예를 들어 병원들이 보험료를 부풀려 신청한다는 보도를 한 바 있습니다. 이에 대해 D 병원장은 기사에서 지적된 사람은 자신이 아니라고 알려 왔으며, 확인 결과 기사의 D 병원장은 E 병원장의 오기(誤記)로 드러났음을 알려 드립니다.

⑤ 본지는 F 금융공사가 미국보다 비싼 학자금 대출 금리로 부당한 이익을 남긴다고 보도한 바 있습니다. 이에 대해 F 금융공사는 미국에서 가장 널리 이용되는 학자금 대출 상품의 금리보다 자사의 금리가 더 낮다고 주장하였습니다. 이는 사실로 확인되었으므로 해당 내용을 수정합니다.

## 009

**㉠의 취지를 가장 잘 반영하는 것은?**

① 피의자가 자신에게 불리한 진술을 거부할 수 있도록 허용한다.

② 모성 보호를 위해 산모에게 일정 기간 유급 휴가를 제공한다.

③ 저소득층 자녀들을 위해 구청에서 무료로 놀이방을 운영한다.

④ 만 65 세 이상의 고령자에게 지하철을 무료로 이용할 수 있도록 한다.

⑤ 청소년 보호를 위해 정부에서 지상파 방송 광고에 대해 사전 심의를 실시한다.

## 010

**밑줄 친 단어 중, ㉡의 의미를 포함하지 <u>않는</u> 것은?**

① 선을 본 사람이 마음에 <u>차지</u> 않았다.

② 엊그제 비가 <u>흡족히</u> 와서 가뭄이 해소되었다.

③ 그는 자기 능력에 <u>상당한</u> 대우를 받고 기뻐했다.

④ 철수는 그 자리에 있는 것이 별로 <u>달갑지</u> 않았다.

⑤ 형의 말을 들은 삼촌의 얼굴이 그리 <u>탐탁해</u> 보이지 않는다.

[011~013] 2009학년도 6월 모평 13번~15번 정답과 해설편 p.457

다음 글을 읽고 물음에 답하시오.

신기루는 그 자리에 없는 어떤 대상이 마치 있는 것처럼 보이는 현상을 말한다. 그러나 신기루는 환상이나 눈속임이 아니라 원래의 대상이 공기층의 온도 차 때문에 다른 곳에 보이게 되는 현상이다. 찬 공기층은 밀도가 크고 따뜻한 공기층은 밀도가 작다. 이러한 밀도 차이는 빛이 공기를 통과하는 시간을 변화시키는데, 밀도가 클수록 시간이 더 걸리게 된다. 이때 공기층을 지나는 빛은 밀도가 다른 경계 면을 통과하면서 굴절한다. 따라서 신기루는 지표면 공기와 그 위 공기 간의 온도 차가 큰 사막이나 극지방에서 쉽게 관찰할 수 있다.

뜨거운 여름, 사막의 지표면은 쉽게 햇볕을 받아 가열되고, 지표면 공기는 그 위층의 공기에 비해 쉽게 뜨거워진다. 뜨거운 공기는 차가운 공기에 비해 밀도가 작은데, 이러한 밀도 차이에 의해 빛이 굴절하게 된다. 나무 한 그루가 사막 위에 있다고 가정하자. 나무의 윗부분에서 나온 빛의 일부는 직진하여 사람 눈에 곧바로 도달하므로 우리 눈에는 똑바로 선 나무가 보인다. 그러나 그 빛의 일부는 아래로 가다가 밀도가 큰 공기층을 지나며 계속 굴절되어 다시 위로 올라가고, 나무의 아랫부분에서 출발한 빛은 계속 굴절되면서 더 위쪽으로 올라간다. 이렇게 두 빛의 위치가 바뀌기 때문에 사람에게는 나무가 거꾸로 서 있는 것처럼 보인다. 이를 '아래 신기루'라고 한다. 따라서 멀리서 볼 때는 바로 선 나무와 그 밑에 거꾸로 선 나무의 영상이 동시에 보이는 것이다.

매우 추운 지역에서도 신기루는 일어난다. 극지방의 눈 덮인 지표면 공기는 늘 그 상공의 공기보다 훨씬 차다. 찬 공기층의 밀도는 크고, 따뜻한 공기층의 밀도는 작다. 이러한 밀도 차이에 의해 빛은 밀도가 큰 지표면 쪽으로 굴절되어 우리 눈에 들어오게 된다. 따라서 극지방에 있는 산봉우리는 실제보다 위에 있는 것처럼 보인다. 이러한 현상을 ㉠ '위 신기루'라고 부른다.

신기루가 나타나는 상황은 다양하다. 더운 여름철 오후에는 지표면 온도가 쉽게 높아진다. 이때 가열된 아스팔트 도로 위를 차로 달리면, 전방의 도로 면에 물웅덩이가 있는 것처럼 보일 때가 있다. 그런데 차가 접근하면 이는 곧 사라지고 얼마쯤 앞에 물웅덩이가 또 나타나게 된다. 이러한 현상은 지표면과 그 위 공기 간에 온도 차이가 생겨서 하늘에서 오는 빛이 굴절되어 내 눈에 들어오기 때문에 일어나는 것이다. ㉡ 아지랑이도 신기루의 일종이다. 날씨가 갑자기 따뜻해지는 봄날, 지표면 부근의 가열된 공기는 상승·하강하면서 불규칙적인 밀도 변화를 일으킨다. 이러한 변화는 빛의 굴절 차이를 일으키게 되는데 이로 인해 아지랑이가 발생한다. 이 경우 물체의 위치는 변하지 않고, 아지랑이 때문에 물체가 그 자리에서 어른거리는 것처럼 보인다.

## 011

**윗글로 미루어 알 수 있는 것은?**

① 신기루는 사막과 극지방에서만 나타난다.
② 빛은 밀도가 작은 쪽에서만 굴절하는 속성이 있다.
③ 신기루가 나타나려면 그 부근에 대상이 있어야 한다.
④ 공기층의 밀도 차이가 없어도 신기루가 생길 수 있다.
⑤ 도로에서 굴절 현상이 일어나려면 주변에 물이 있어야 한다.

## 012

**윗글을 바탕으로 <보기>를 이해한 내용으로 적절하지 않은 것은?**

| 보 기 |

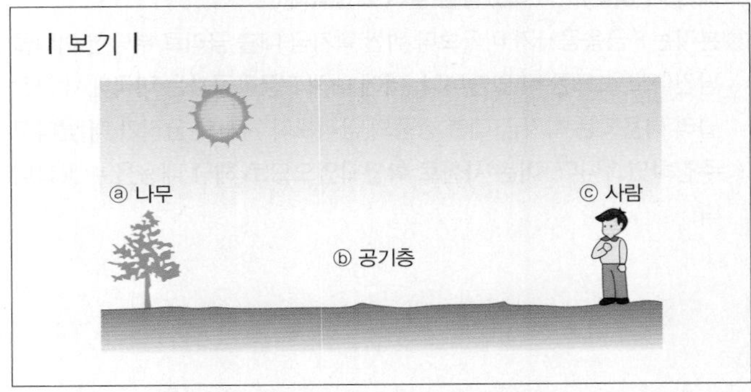


① ⓐ는 뜨거운 사막에서 거꾸로도 보인다.
② ⓐ는 극지방의 산 정상에 있다면 본래 위치보다 위에 있는 것처럼 보인다.
③ ⓐ는 ⓑ의 온도가 일정하면 ⓒ에게 똑바로 보인다.
④ ⓑ는 뜨거운 사막의 지표면에 가까워질수록 밀도가 더 커진다.
⑤ ⓑ의 아랫부분이 윗부분보다 온도가 높으면 빛은 굴절되어 ⓒ에게 간다.

## 013

**㉠과 ㉡에 대한 설명으로 적절한 것은?**

① ㉠은 ㉡에 비해 오랫동안 지속된다.
② ㉠은 흐린 날에, ㉡은 맑은 날에 보인다.
③ ㉠에서는 상공을 향해 빛의 굴절이 일어난다.
④ ㉠은 가까이 다가가도 사라지지 않지만, ㉡은 사라진다.
⑤ ㉠은 물체가 실제보다 위로 보이고, ㉡은 아래로 보인다.

[014~017] 2010학년도 9월 모평 36번~39번 정답과 해설편 p.459

**다음 글을 읽고 물음에 답하시오.**

매일 쏟아지는 수많은 우편물들은 발송 지역별로 분류되어야 한다. 우편물 분류 작업은 우편번호 숫자를 인식함으로써 자동화될 수 있다. 이때 자동분류기는 환경과의 상호 작용에 기반한 경험적인 데이터로부터 스스로 성능을 향상시킬 수 있는 학습 능력을 갖춰야 한다. ㉠ 학습은 상호 작용의 정도에 따라 경험하는 데이터가 달라지고, 이러한 학습 데이터에 따라 자동분류기의 성능이 달라지게 된다. 즉, 자동분류기는 단순히 데이터를 기억하는 것이 아니라, 다양한 경험에서 새로운 정보를 추론하여 스스로 분류할 수 있는 능력을 갖춰야 한다.

| | 학습 데이터 | | | | 실험 데이터 |
|---|---|---|---|---|---|
| 필기체 숫자 | 5 | 5 | 0 | 0 | 5 |
| 입력 특징 | 5 | 5 | 0 | 0 | 5 |
| 목표치 | 5 | 5 | 0 | 0 | |

**우편번호 자동분류기**가 학습하기 위해서는, 먼저 우편번호 숫자를 하나씩 분할하고, 0부터 9까지를 잘 구별할 수 있는 입력 특징을 찾아야 한다. 위 그림은 필기체 숫자를 가로, 세로 8 등분하여 연필이 지나간 자리를 1, 그렇지 않으면 0의 값을 주어, 입력 특징을 추출한 것이다.

다음으로, 추출된 특징으로 학습할 때 분류기에 목표치를 제공함으로써 학습을 감독할 수 있다. 즉, 입력 특징에 대한 목표치가 제시되면 분류기는 데이터를 제시된 목표치로 분류하도록 학습한다. 이렇게 목표치를 이용하는 학습을 ㉡ 감독학습이라 한다. 숫자 분류기에 0부터 9까지 각각의 숫자에 대한 목표치가 제공되면, 분류기는 감독학습을 수행한다. 위의 그림에서 분류기는 네 개의 학습 데이터에 대한 입력 특징과 목표치를 통해 학습한다. 이 학습을 통해 두 개의 '5'와 두 개의 '0'을 각각 같은 숫자로 인식하면서, 동시에 '5'와 '0'을 서로 다른 숫자로 분류해 내는 함수를 만든다. 감독학습을 통해 올바르게 학습하였다면, 그림의 실험 데이터는 숫자 '5'로 인식된다.

그러면, 목표치를 주는 것이 어려운 경우에는 어떻게 학습할까? 목표치가 없을 때는 학습 데이터로 주어진 입력 특징들의 유사성을 찾아 군집화한다. 이와 같이 목표치가 제시되지 않는 학습을 무감독학습이라고 한다. 예컨대 위 그림에서 네 개의 필기체 숫자에 대한 입력 특징만 주어지면, 무감독학습은 비슷한 입력 특징을 가진 숫자들을 ⓐ 모아 '5' 또는 '0'에 대해 군집화하는 함수를 만든다. 무감독학습을 통해 올바르게 학습하였다면, 실험 데이터는 '5'의 군집과 유사한 것으로 인식된다.

이렇게 학습된 자동분류기는 실험 데이터를 정확하게 분류하였는지에 따라 그 성능이 평가된다. 이러한 과정을 통해 우편번호 자동분류기는 우편물을 지역별로 분류할 수 있게 된다.

## 014

**윗글의 '우편번호 자동분류기'에 대한 설명으로 적절한 것은?**

① 자동분류기의 성능은 학습 데이터의 양에 영향을 받지 않는다.
② 우리나라 우편번호 자동분류기는 총 6 종류의 목표치를 이용한다.
③ 자동분류기의 학습은 일정한 종류의 필기체 숫자를 기억하는 것이다.
④ 자동분류기는 0부터 9까지의 차이를 최소화하는 입력 특징을 사용한다.
⑤ 자동분류기의 학습은 필기체 숫자의 목표치가 없으면, 유사한 입력 특징을 가진 것끼리 모은다.

## 015

**휴대 전화의 기능을 소개하는 문구 중, ㉠의 기능을 담은 예로 적절하지 않은 것은?** [3점]

① 전화가 걸려 오면 등록된 수신 거부 목록과 일일이 대조하여, 목록에 있는 번호이면 수신을 거부한다.
② 휴대 전화를 든 손으로 등록된 단축 번호를 공중에 쓰면, 전화기가 숫자를 인식하여 자동으로 전화를 건다.
③ 사용자의 음성 특징을 추출하여 사용자와 타인의 음성을 분류하면, 사용자의 음성으로만 휴대 전화를 사용할 수 있다.
④ 휴대 전화에 닿는 형태를 유형화하여 접촉과 비접촉을 구별하면, 전화벨이 울리는 중에 휴대 전화에 손이 접촉할 경우 진동으로 전환된다.
⑤ 휴대 전화의 카메라로 촬영한 얼굴 영상들에서 색상 값과 얼굴 형태 정보를 이용하여 얼굴과 얼굴이 아닌 것으로 분류하면, 사람이 움직여도 얼굴을 중심으로 촬영한다.

## 016

**㉡을 이용한 필기체 숫자 분류기의 구성도로 옳은 것은?**

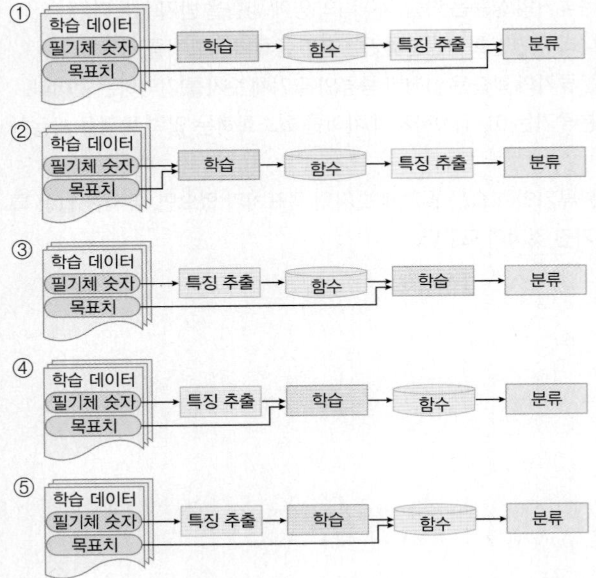


## 017

**문맥상 ⓐ와 바꾸어 쓸 수 있는 한자어로 가장 적절한 것은?**

① 취합(聚合)하여 ② 융합(融合)하여
③ 조합(組合)하여 ④ 규합(糾合)하여
⑤ 결합(結合)하여

# 정답표

## Ⅰ. 인문, 독서

### 1. 그는 어떤 사상을 가졌었나?

001 ③ 002 ① 003 ④ 004 ④ 005 ⑤
006 ④ 007 ③ 008 ① 009 ⑤ 010 ⑤
011 ③ 012 ① 013 ① 014 ③ 015 ④
016 ① 017 ② 018 ③ 019 ① 020 ③
021 ④ 022 ③ 023 ② 024 ③ 025 ②
026 ④ 027 ⑤ 028 ⑤ 029 ⑤ 030 ③
031 ② 032 ③ 033 ⑤ 034 ② 035 ③
036 ① 037 ② 038 ① 039 ② 040 ②
041 ③ 042 ④ 043 ④ 044 ④ 045 ③
046 ③ 047 ④ 048 ④ 049 ⑤ 050 ①
051 ④ 052 ⑤ 053 ① 054 ④

### 2. 어떤 방식으로 논증할 수 있을까?

055 ④ 056 ⑤ 057 ④ 058 ① 059 ①
060 ② 061 ② 062 ④ 063 ⑤ 064 ⑤
065 ② 066 ⑤ 067 ⑤ 068 ③ 069 ②
070 ① 071 ⑤ 072 ① 073 ⑤ 074 ⑤
075 ① 076 ⑤ 077 ① 078 ④ 079 ④
080 ⑤ 081 ② 082 ④ 083 ④ 084 ①
085 ①

### 3. 참이란 무엇인가?

086 ② 087 ② 088 ④ 089 ⑤ 090 ②
091 ① 092 ② 093 ③ 094 ④ 095 ④
096 ① 097 ⑤ 098 ③

### 4. 우리는 어떤 존재인가?

099 ① 100 ③ 101 ① 102 ② 103 ③
104 ④ 105 ⑤ 106 ④ 107 ⑤ 108 ④
109 ⑤ 110 ① 111 ① 112 ④ 113 ③
114 ③ 115 ⑤ 116 ① 117 ① 118 ④
119 ⑤ 120 ③ 121 ②

### 5. 그 밖의 인문학적 이야기들

122 ④ 123 ⑤ 124 ③ 125 ② 126 ①
127 ② 128 ④ 129 ⑤ 130 ③ 131 ⑤
132 ⑤ 133 ① 134 ④ 135 ⑤ 136 ③
137 ② 138 ⑤ 139 ② 140 ③ 141 ④
142 ④ 143 ② 144 ② 145 ① 146 ①
147 ④ 148 ⑤ 149 ③ 150 ④ 151 ③
152 ① 153 ④ 154 ② 155 ④ 156 ⑤
157 ④ 158 ② 159 ④ 160 ③ 161 ③
162 ② 163 ⑤ 164 ④ 165 ⑤ 166 ⑤
167 ④ 168 ② 169 ④ 170 ① 171 ④
172 ⑤

### 6. 독서는 어떻게 이루어지나?

173 ③ 174 ④ 175 ⑤ 176 ④ 177 ⑤
178 ② 179 ⑤ 180 ② 181 ② 182 ⑤
183 ③ 184 ① 185 ② 186 ③ 187 ③
188 ② 189 ⑤ 190 ① 191 ④ 192 ⑤
193 ① 194 ① 195 ④ 196 ① 197 ①
198 ⑤ 199 ④ 200 ② 201 ⑤ 202 ①
203 ① 204 ③ 205 ⑤ 206 ⑤ 207 ①
208 ③ 209 ④ 210 ④ 211 ⑤ 212 ④
213 ③

## Ⅱ. 사회

### 1. 경제에 대한 기초적 이해

001 ① 002 ⑤ 003 ④ 004 ② 005 ②
006 ⑤ 007 ⑤ 008 ④ 009 ① 010 ③
011 ④ 012 ⑤ 013 ⑤ 014 ③ 015 ②
016 ④ 017 ② 018 ③ 019 ① 020 ③
021 ④ 022 ③

### 2. 정부는 시장경제에 어떻게 관여하고 있을까?

023 ② 024 ⑤ 025 ④ 026 ③ 027 ③
028 ④ 029 ③ 030 ① 031 ③ 032 ②
033 ① 034 ⑤ 035 ① 036 ④ 037 ③
038 ② 039 ① 040 ⑤ 041 ① 042 ⑤
043 ④ 044 ③ 045 ⑤ 046 ④ 047 ⑤
048 ② 049 ② 050 ③ 051 ①

### 3. 법과 소송에 대한 기초적 이해

052 ③ 053 ⑤ 054 ④ 055 ① 056 ④
057 ⑤ 058 ② 059 ⑤ 060 ⑤ 061 ①
062 ⑤ 063 ④ 064 ③ 065 ③ 066 ②
067 ① 068 ③ 069 ⑤ 070 ③ 071 ④
072 ⑤ 073 ① 074 ④ 075 ① 076 ⑤
077 ① 078 ⑤ 079 ⑤ 080 ② 081 ①
082 ③ 083 ⑤ 084 ② 085 ④ 086 ⑤
087 ④ 088 ① 089 ① 090 ④

### 4. 우리는 법의 울타리 안에서 어떤 보호를 받을 수 있는가?

091 ④ 092 ④ 093 ③ 094 ① 095 ②
096 ④ 097 ② 098 ④ 099 ⑤ 100 ③
101 ① 102 ④ 103 ② 104 ⑤ 105 ⑤
106 ② 107 ③ 108 ① 109 ③ 110 ⑤
111 ① 112 ③ 113 ①

### 5. 그 밖의 사회, 문화 관련 이야기들

114 ① 115 ② 116 ② 117 ③ 118 ①
119 ⑤ 120 ② 121 ① 122 ⑤ 123 ③
124 ② 125 ② 126 ② 127 ④ 128 ⑤
129 ⑤ 130 ② 131 ③ 132 ② 133 ①
134 ③ 135 ⑤ 136 ③ 137 ⑤ 138 ④
139 ② 140 ③ 141 ④ 142 ① 143 ①
144 ② 145 ③ 146 ③ 147 ③ 148 ②
149 ④ 150 ③ 151 ③ 152 ⑤ 153 ③
154 ② 155 ③ 156 ① 157 ① 158 ②
159 ① 160 ⑤ 161 ① 162 ⑤ 163 ④
164 ① 165 ② 166 ① 167 ⑤ 168 ⑤
169 ③

## Ⅲ. 과학

### 1. 인간의 몸에서는 어떤 일들이 일어나나?

001 ⑤ 002 ① 003 ③ 004 ① 005 ⑤
006 ② 007 ④ 008 ① 009 ③ 010 ⑤
011 ③ 012 ②

### 2. 우주와 지구에 대한 이해

013 ⑤ 014 ④ 015 ② 016 ④ 017 ⑤
018 ③ 019 ③ 020 ②

### 3. 물리학의 기초적 이해

021 ⑤ 022 ② 023 ④ 024 ④ 025 ⑤
026 ④ 027 ⑤ 028 ④ 029 ③ 030 ④

| 031 ⑤ 032 ① 033 ⑤ 034 ① |
|---|

4. 화학과 관련된 탐구와 이론

| 035 ④ 036 ① 037 ③ 038 ③ 039 ② |
|---|
| 040 ① 041 ④ 042 ③ 043 ① 044 ② |
| 045 ④ 046 ③ 047 ⑤ 048 ② 049 ⑤ |
| 050 ④ 051 ④ 052 ③ 053 ④ 054 ② |
| 055 ① 056 ① 057 ⑤ 058 ⑤ 059 ② |

5. 그 밖의 과학 이야기

| 060 ③ 061 ① 062 ⑤ 063 ② 064 ③ |
|---|
| 065 ④ 066 ④ 067 ① 068 ① 069 ② |
| 070 ④ 071 ② 072 ① 073 ② 074 ③ |
| 075 ③ 076 ③ 077 ④ 078 ⑤ 079 ② |
| 080 ① 081 ④ 082 ③ 083 ① 084 ④ |
| 085 ② 086 ⑤ 087 ④ 088 ① 089 ③ |
| 090 ⑤ 091 ① 092 ④ 093 ③ 094 ③ |
| 095 ③ 096 ④ 097 ② 098 ③ 099 ③ |
| 100 ② 101 ⑤ 102 ③ |

## Ⅳ. 기술

1. 생활 속 디지털 기술

| 001 ③ 002 ① 003 ⑤ 004 ③ 005 ④ |
|---|
| 006 ⑤ 007 ② 008 ③ 009 ② 010 ② |
| 011 ④ 012 ④ 013 ② 014 ② 015 ⑤ |
| 016 ④ 017 ④ 018 ④ 019 ③ 020 ② |
| 021 ⑤ 022 ② 023 ③ 024 ① 025 ② |
| 026 ① 027 ③ 028 ④ 029 ③ 030 ② |
| 031 ③ 032 ④ 033 ④ 034 ⑤ 035 ① |
| 036 ② 037 ③ |

2. 컴퓨터 정보 처리 방법

| 038 ② 039 ⑤ 040 ⑤ 041 ① 042 ③ |
|---|
| 043 ⑤ 044 ③ 045 ③ 046 ① 047 ③ |
| 048 ① 049 ③ 050 ① |

3. 산업 및 기계 기술의 이론과 원리

| 051 ⑤ 052 ④ 053 ⑤ 054 ② 055 ② |
|---|
| 056 ③ 057 ① 058 ⑤ 059 ④ 060 ② |
| 061 ① 062 ② 063 ② 064 ① |

4. 우리 주변의 생활 속 기술 원리들

| 065 ④ 066 ② 067 ④ 068 ① 069 ⑤ |
|---|
| 070 ③ 071 ① 072 ① 073 ② 074 ② |
| 075 ② 076 ③ 077 ⑤ 078 ① 079 ② |
| 080 ② 081 ② 082 ⑤ 083 ⑤ 084 ③ |
| 085 ③ 086 ① 087 ⑤ 088 ④ 089 ④ |
| 090 ④ 091 ② 092 ② 093 ③ 094 ③ |
| 095 ④ 096 ③ 097 ② 098 ① 099 ⑤ |
| 100 ③ |

## Ⅴ. 예술

1. 시각 예술에 대한 이해

| 001 ① 002 ③ 003 ⑤ 004 ① 005 ⑤ |
|---|
| 006 ① 007 ① 008 ⑤ 009 ③ 010 ② |
| 011 ① 012 ④ 013 ④ 014 ① 015 ① |
| 016 ④ 017 ③ 018 ③ 019 ③ 020 ③ |
| 021 ⑤ 022 ④ 023 ① 024 ③ 025 ③ |
| 026 ⑤ 027 ⑤ |

2. 그 밖의 예술 이야기

| 028 ④ 029 ① 030 ① 031 ② 032 ③ |
|---|
| 033 ③ 034 ⑤ 035 ④ 036 ① 037 ④ |
| 038 ② 039 ⑤ 040 ④ 041 ⑤ 042 ④ |
| 043 ① 044 ③ 045 ④ 046 ④ 047 ① |

## Ⅵ. 복합 지문

| 001 ② 002 ⑤ 003 ④ 004 ① 005 ② |
|---|
| 006 ④ 007 ④ 008 ③ 009 ① 010 ⑤ |
| 011 ② 012 ④ 013 ② 014 ⑤ 015 ④ |
| 016 ⑤ 017 ② 018 ② 019 ⑤ 020 ④ |
| 021 ② 022 ① 023 ④ 024 ③ 025 ③ |
| 026 ④ 027 ② 028 ⑤ 029 ⑤ 030 ③ |
| 031 ④ 032 ① 033 ④ 034 ③ 035 ② |
| 036 ④ |

## 미니모의고사

1회

| 001 ④ 002 ② 003 ① 004 ④ 005 ① |
|---|
| 006 ① 007 ③ 008 ⑤ 009 ② 010 ① |
| 011 ⑤ 012 ① 013 ① 014 ⑤ 015 ④ |
| 016 ① 017 ⑤ |

2회

| 001 ⑤ 002 ④ 003 ① 004 ② 005 ① |
|---|
| 006 ④ 007 ② 008 ② 009 ① 010 ③ |
| 011 ③ 012 ④ 013 ① 014 ⑤ 015 ① |
| 016 ④ 017 ① |

book.toptutor.co.kr
구하기 어려운 교재는 마더텅 모바일(인터넷)을 이용하세요. 즉시 배송해 드립니다.

**17차 개정판 4쇄** 2025년 3월 21일 (**초판 1쇄 발행일** 2008년 1월 7일) **발행처** (주)마더텅 **발행인** 문숙영 **책임 편집** 김선아
**해설 집필** 권지은, 기노혁, 김구슬, 김다영, 김성실, 박려정, 안숙용, 이슬, 이지연, 이혜지, 최소연, 피영은 **첨삭 집필** 김다영, 박려정, 이랑희, 이혜지, 피영은
**원문 대조 교정** 강현묵, 기혜린, 김가희, 김선아, 김슬기, 김여진, 김여현, 김지원, 김형택, 나예영, 박지애, 백신희, 서건아, 신효진, 안예지, 이미현, 이범영, 이복기, 이준학, 이지은, 임정희, 임지애, 임진희, 장성, 전소민, 전수연, 전영서, 정은빈, 최현진, 최화영, 하윤정 **교정** 김선아, 김혜영, 나예영 / 강현묵, 고현서, 김가엘, 김다영, 김서현, 김성실, 김소희, 김여진, 김여현, 김자영, 김지원, 김지인, 김혜인, 김혜진, 김효경, 남궁영, 박지애, 박지연, 박진숙, 박하영, 백신희, 변혜인, 서건아, 송해냄, 신혜원, 신효진, 심희경, 안예지, 안현미, 윤주영, 이미연, 이미현, 이복기, 이서미, 이승택, 이지연, 이지은, 임정희, 임지애, 장성, 전수연, 정은빈, 정지영, 조부나, 조부용, 최화영, 황정아 **주제별 분류** 유주현, 이랑희 **과학·기술 영역 감수** 장혜원 / 김소희, 서지윤, 손정은, 장인수, 정지현, 조은찬, 홍진영, 황영희 **경제 영역 감수** 김인영, 이지은 **컷 기초** 김선아 / 김수찬, 박지애, 서건아, 장인수, 장혜원 **컷** 곽원영 / 박성은, 박주현
**삽화** 박병현, 이혜승 **디자인** 김연실, 양은선 **인디자인 편집** 오덕선 **제작** 이주영 **홍보** 정반석 **주소** 서울시 금천구 가마산로 96, 708호 **등록번호** 제1-2423호(1999년 1월 8일)

**마더텅 교재를 풀면서 궁금한 점이 생기셨나요?** 교재 관련 내용 문의나 오류신고 사항이 있으면 아래 문의처로 보내 주세요! 문의하신 내용에 대해 성심성의껏 답변해 드리겠습니다. 또한 **교재의 내용 오류 또는 오·탈자, 그 외 수정이 필요한 사항**에 대해 가장 먼저 신고해 주신 분께는 감사의 마음을 담아 **네이버페이 포인트 1천 원** 을 보내 드립니다!

* 기한: 2025년 12월 31일 * 오류신고 이벤트는 당사 사정에 따라 조기 종료될 수 있습니다. * 홈페이지에 게시된 정오표 기준으로 최초 신고된 오류에 한하여 상품권을 보내 드립니다.
홈페이지 www.toptutor.co.kr 교재Q&A게시판 카카오톡 mothertongue 이메일 mothert1004@toptutor.co.kr
고객센터 전화 1661-1064(07:00~22:00) 문자 010-6640-1064(문자수신전용)

마더텅은 1999년 창업 이래 2024년까지 3,320만 부의 교재를 판매했습니다. 2024년 판매량은 309만 부로 자사 교재의 품질은 학원 강의와 온/오프라인 서점 판매량으로 검증받았습니다. **[마더텅 수능기출문제집 시리즈]는 친절하고 자세한 해설로 수험생님들의 전폭적인 지지를 받으며 누적 판매 855만 부, 2024년 한 해에만 85만 부가 판매된 베스트셀러**입니다. 또한 **[중학 영문법 3800제]는 2007년부터 2024년까지 18년 동안 중학 영문법 부문 판매 1위**를 지키며 명실공히 대한민국 최고의 영문법 교재로 자리매김했습니다. 그리고 2018년 출간된 **[뿌리깊은 초등국어 독해력 시리즈]는 2024년까지 278만 부가 판매되면서 초등 국어 부문 판매 1위**를 차지하였습니다.(교보문고/YES24 판매량 기준, EBS 제외) 이처럼 마더텅은 초·중·고 학습 참고서를 대표하는 대한민국 제일의 교육 브랜드로 자리잡게 되었습니다. 이와 같은 성원에 감사드리며, 앞으로도 효율적인 학습에 보탬이 되는 교재로 보답하겠습니다.

## **마더텅 학습 교재 이벤트**에 참여해 주세요. 참여해 주신 분께 선물을 드립니다.

### 이벤트 1 1분 간단 교재 사용 후기 이벤트

마더텅은 고객님의 소중한 의견을 반영하여 보다 좋은 책을 만들고자 합니다. 교재 구매 후, <교재 사용 후기 이벤트>에 참여해 주신 모든 분께 감사의 마음을 담아 **네이버페이 포인트 1천 원** 을 보내 드립니다. **지금 바로 QR 코드를 스캔**해 소중한 의견을 보내 주세요!

### 이벤트 2 마더텅 교재로 공부하는 인증샷 이벤트

필수 태그 #마더텅 #마더텅기출 #공스타그램
인스타그램에 <마더텅 교재로 공부하는 인증샷>을 올려 주시면 참여해 주신 모든 분께 감사의 마음을 담아 **네이버페이 포인트 2천 원** 을 보내 드립니다. **지금 바로 QR 코드를 스캔**해 작성한 게시물의 URL을 입력해 주세요!

### 이벤트 3 미니모의고사 이벤트

본 교재의 미니모의고사 문제편 페이지를 오려서 마더텅으로 보내 주세요! 추첨을 통해 소정의 상품을 보내 드립니다.
참여 방법 미니모의고사(p.304~318) 풀이 및 채점 완료 → 해당 페이지를 모두 오려서 마더텅에 발송(우편, 택배 등) → QR 코드를 스캔하고 발송 인증
주소 (08501) 서울특별시 금천구 가마산로 96, 대륭테크노타운 8차 708호, 마더텅 이벤트 담당자 앞 / 010-6640-1064

※ 이벤트 기간: 2025년 12월 31일까지 (*해당 이벤트는 당사 사정에 따라 조기 종료될 수 있습니다.)
※ 자세한 사항은 해당 QR 코드를 스캔하거나 홈페이지 이벤트 공지 글을 참고해 주세요. ※ 당사 사정에 따라 이벤트의 내용이나 상품이 변경될 수 있으며 변경 시 홈페이지에 공지합니다.
※ 상품은 이벤트 참여일로부터 2~3일(영업일 기준) 내에 발송됩니다. (단, 이벤트 3은 예외) ※ 동일 교재로 세 가지 이벤트 모두 참여 가능합니다. (단, 같은 이벤트 중복 참여는 불가합니다.)

# 2026 마더텅 수능기출문제집

# 국어 독서

# 정답과 해설편

# 국어 독서 고득점 공부 방법

**김연서** 님 2023 마더텅 제7기 성적우수 장학생 은상
부산시 부흥고등학교
**부산대학교 의예과 합격**
**2024학년도 수능** 국어 영역(언어와 매체) 1등급(표준점수 140)
사용 교재 **까만책** 국어 문학, 국어 독서, 국어 언어와 매체, 영어 독해, 화학 I, 지구과학 I

수능 국어 영역은 1교시에 치른다는 점을 고려하여 수험 생활 내내 매일 아침에 국어 영역을 분량을 정해 풀었습니다. 국어 과목의 경우 꾸준한 문제 풀이를 통해 감을 유지하는 것이 필수적이라고 생각되어 하루도 빠짐없이, 무슨 일이 있어도 아침 일찍 국어 문제를 가장 먼저 푸는 것으로 하루의 공부를 시작했습니다. 이러한 루틴을 꾸준히 실천하기 위해서는 적절한 학습 계획이 중요합니다.

**학습 분량** 마더텅 수능기출문제집 국어 독서 교재는 복합 지문, 인문, 사회, 과학, 기술, 예술 분야로 단원을 나누어 문제가 배치되어 있습니다. 저는 하루에 단원당 한 지문씩, 총 3단원으로 분량을 정하여 골고루, 꾸준히 풀었습니다. 지문의 길이나 난이도에 따라 학습 분량을 유동적으로 조절하기도 하였습니다.

**학습 방법** 지문당 문제 풀이 시간을 교재에서 제시하는 제한 시간 또는 그보다 조금 적게 설정하여 적절한 긴장감을 유지하며 풀 수 있도록 했습니다. 채점한 뒤 시간이 오래 걸렸던 문제는 어떤 논리를 놓쳐서 오래 걸렸는지 점검했고, 틀린 문제뿐만 아니라 맞힌 문제도 선지 하나하나에 대한 판단 근거를 스스로 간략하게나마 생각해 보며 선지 위에 파란색 펜으로 표시했습니다. 이후 해설지에서 제공하는 선지에 대한 해설과 비교해 보며 잘못 생각했던 부분이나 미처 생각지 못했던 디테일들은 빨간색 펜으로 추가했습니다. 이렇게 빨간색 펜으로 필기한 내용은 시험 직전에 취약한 주제의 지문들을 읽으며 함께 훑어보았습니다. 이 과정에서 올바른 풀이 방향을 잡아 나갈 수 있었습니다.

**김다인** 님 2023 마더텅 제7기 성적우수 장학생 은상
서울시 정신여자고등학교
**연세대학교 치의예과 합격**
**2024학년도 수능** 국어 영역(언어와 매체) 1등급(표준점수 134)
사용 교재 **까만책** 국어 문학, 국어 독서, 영어 독해
**기타** 수능·내신 국어 문법 개념 완성 2400제

**학습 시간** 수능 날 국어는 이른 아침에 시작되기 때문에, 연습할 때에도 시간대를 맞추어 국어 문제를 풀었습니다. 처음에는 문제가 잘 읽히지 않고 피곤했지만 점점 익숙해졌고, 수능 시험 당일에도 비교적 편안한 마음으로 문제를 풀어 나갈 수 있었습니다.

**지문 학습** 마더텅 해설지에 실린 구조도를 참고해 나만의 구조도를 그려 나가는 연습을 했습니다. 머릿속으로 구조도를 그렸고, 어려운 지문은 간단히 필기를 하며 문단 간의 관계를 파악했습니다. 더 나아가, 문단 안에 있는 문장 간의 관계, 단어 간의 관계도 주의 깊게 읽었습니다. 세세한 관계를 분석하다보니 글의 흐름을 따라갈 수 있었습니다. 처음에는 글을 정리하며 읽어 내기가 어려웠지만, 문제집을 통해 기출을 계속 공부하다 보니 어려운 지문도 잘 읽어낼 수 있었습니다.

**문제 학습** 지문을 분석하여 풀다 보니, 문제마다 비슷한 출제 형식을 파악할 수 있었습니다. 지문에서 자주 나오는 문제 형식, 문제 내에서 오답 선지를 구성하는 방법 등 많은 부분이 눈에 들어오기 시작했습니다. 그래서 맞혔다고 문제를 바로 넘기는 게 아니라 다시 한번 놓친 부분이 없는지 살펴보았습니다. 마더텅 교재의 답지에는 선지가 세세하게 설명되어 있었기 때문에 문제를 살펴볼 때 더욱 큰 도움이 되었습니다.

**재학습** 어려웠던 지문은 다시 한 번 풀어보며 복습했습니다. 문제를 풀 때마다 읽히는 부분이 확장되었고 느낌이 다르게 다가왔었습니다. 처음에 풀 땐 놓쳤던 부분을 다시 풀면서 발견할 수 있었습니다. 이때 중요하게 다가왔던 문장은 형광펜으로 표시해 두었습니다. 여러 번 풀었음에도 놓친 부분들은 답지를 통해 확인하여 눈에 띄는 색깔의 볼펜으로 표시해 두었고, 이후의 지문을 풀 때 그 부분들을 주의하며 읽었습니다.

마더텅 문제집에는 지문마다 권장 시간이 적혀져 있었는데, 난이도별로 권장 시간이 다르게 주어졌기 때문에 큰 도움이 되었습니다. 혼자 문제를 풀 때는 시간을 과도하게 많이 또는 짧게 설정해서 문제를 풀기가 어려웠는데, 주어진 시간을 바탕으로 문제를 푸니 문제를 시간 내에 효율적으로 관리하는 법 또한 배울 수 있었습니다. 시간이 부족하더라도 시간 내에는 최선을 다해 문제 푸는 것을 연습했고, 못 푼 문제가 남아 있으면 일단은 틀린 것으로 처리한 후 나중에 추가 시간을 들여 다시 풀어 보았습니다.

**최은희** 님 2023 마더텅 제7기 성적우수 장학생 은상
부산시 반여고등학교
**인제대학교 의예과 합격**
**2024학년도 수능** 국어 영역(언어와 매체) 1등급(표준점수 137)
사용 교재 **까만책** 국어 독서, 국어 언어와 매체, 지구과학 I
빨간책 수학 영역, 영어 영역, 생명과학 I, 지구과학 I

**지문과 문제 난도가 높지 않은 경우**
시간을 측정해 문제를 푼 후, 바로 채점을 하고 지문 중 이해가지 않는 문장이 있으면 무슨 뜻일지 생각해 봤습니다. 이해가지 않는 선지들은 고민해 보고 해설지와 저의 논리를 비교·분석했습니다.

**지문과 문제 난도가 높은 경우**
시간을 재지 않고 파란펜으로 지문을 한 문장 한 문장 꼼꼼히 읽었습니다. 문장을 하나 하나 읽으며 추론할 수 있는 내용은 옆에 적어 두었고, 문장 간 연결할 수 있는 내용들은 선으로 연결하여 읽었습니다. 문제를 채점하고 틀린 문제나 헷갈렸던 선지는 해설지를 참고하여 확실히 짚고 넘어갔습니다.

이 모든 과정을 수행하면 지문당 30분 이상 소요되었지만 보통 하루에 쉬운 지문 3개, 어려운 지문 2~3개 정도를 풀었습니다.

# 2026 마더텅 수능기출문제집

# 국어 독서

# 정답과 해설편

# I 인문, 독서 | 1. 그는 어떤 사상을 가졌었나?

[001~006] 다음 글을 읽고 물음에 답하시오.

(가)

[ ]: 『노자』 주석 집필의 배경

1 [1]『한비자』는 중국 전국 시대의 한비자가 제시한 사상(思想, 어떠한 사물에 대해 가지고 있는 구체적인 사고나 생각)이 ⓐ 담긴 저작(著作, 지은 책)이다. [[2]여러 나라가 패권(霸權, 어떤 국가가 경제력이나 무력으로 다른 나라를 압박하여 자기의 세력을 넓히려는 권력)을 다투던 혼란기를 맞아 엄격한(嚴格-, 매우 엄하고 철저한) 법치(法治, 법률에 의해 나라를 다스림)를 통해 부국강병(富國強兵, 나라를 부유하게 만들고 군대를 강하게 함)을 꾀한 한비자는 『노자』에 대한 해석을 통해 자신의 법치 사상을 뒷받침]했고, 이러한 면모(面貌, 모습)는 『한비자』의 「해로」, 「유로」 등에서 확인할 수 있다.

→ 『노자』에 대한 해석을 통해 자신의 법치 사상을 뒷받침한 한비자

2 [1]『노자』에서 '도(道)'는 만물(萬物, 세상에 있는 모든 것) 생성의 근원(根源, 근본, 뿌리)으로 묘사된다. [2]도를 천지 만물(天地萬物, 세상의 갖가지 모든 것)의 존재와 본질(本質, 처음부터 가지고 있는 그 자체의 성질, 모습)의 근거라고 본 한비자의 이해도 이(『노자』에서 '도'를 만물 생성의 근원으로 본 것)와 다르지 않다. [3]그(한비자)는 자연과 인간 사회의 모든 현상은 도의 영향을 받지 않을 수 없다고 보고, 인간 사회의 일은 도에 따라 제대로 행했는가의 여부에 따라 그 성패(成敗, 성공과 실패)가 드러나는 것이라고 이해했다.

[ ]: 『노자』의 도에 대한 해석

→ 『노자』에서 말한 '도'의 개념과 한비자가 말한 '도'의 개념

3 [[1]한비자는 『노자』에 제시된 영구불변하는(永久不變-, 오래도록 변하지 않는) 도의 항상성(恒常性, 일정한 상태를 유지하는 성질)에 대해 도가 천지와 더불어 영원히 존재한다는 것을 의미하는 것이지, 도가 모습과 이치(理致, 정당하고 당연한 조리)를 일정하게 유지하는(維持-, 변함없이 계속 이어 가는) 것은 아니라고 이해했다. [2]그리고 도는 형체(形體, 모양)가 없을 뿐 아니라 일정하게 고정되어(固定-, 한번 정한 그대로) 있지 않기 때문에 때와 상황에 따라 유연하게(悠然-, 침착하고 여유가 있게) 변화하는 것이라고 파악했다.] [3]도가 가변성(可變性, 일정한 조건에서 변할 수 있는 성질)을 가지고 있어야 도가 일정한 곳에만 있지 않게 되고, 그래야만 도가 모든 사물의 존재와 본질의 근거가 될 수 있다고 파악한 것이다. [4]그(한비자)는 도가 가변적이기 때문에 통치술(統治術, 나라나 지역을 도맡아 다스리는 기술, 재주)도 고정되어서는 안 된다고 주장했다.

→ 『노자』에 제시된 '영구불변하는 도의 항상성'에 대한 한비자의 해석과 도의 가변성

4 [1]한편, 한비자는 도를 구체적인 사물과 사건에 내재한(內在-, 들어 있는) 개별 법칙의 통합으로 보고, 『노자』의 도에 시비(是非, 옳고 그름) 판단의 근거라는 새로운 의미를 부여했다.(附與-, 붙여 주었다.) [2]항상 존재하는 도는 개별 법칙을 포괄하기(包括-, 일정한 범위 안에 모두 끌어 넣기) 때문에 다양한 개별 사건의 시비를 판단하는 기준이 될 수 있고, 이러한 도에 근거해서 입법해야(立法-, 법률을 만들어서 정해야) 다양한 사건을 판단할 수 있다고 본 것이다. [3]이러한 이해를 바탕으로 그(한비자)는 만족을 모르는 인간의 욕망을 사회 혼란의 원인으로 지목한(指目-, 가리켜 정한) 『노자』의 견해에 동의하면서도, [『노자』에서처럼 욕망을 없애야 한다고 주장하지 않고 인간은 욕망을 필연적으로(必然的-, 반드시) 가질 수밖에 없음]을 지적하며 욕망을 제어하기(制御-, 억눌러 다스리기) 위해 법이 필요하다고 강조했다.

『노자』의 도를 바탕으로 한 법치 사상의 정당성

[ ]: 『노자』와 생각을 달리한 점

→ 『노자』의 '도'에 새로운 의미를 부여하여 자신의 법치 사상을 뒷받침한 한비자

(나)

1 [1]유학자들은 도를 인간 삶의 올바른 길을 의미하는 것이라고 보았다. [2]중국 송나라 이후, 유학자들은 이러한 유학의 도를 기반(基盤, 기초가 되는 바탕)으로 현상 세계 너머의 근원으로서 도가의 도에 주목하여 『노자』 주석(註釋, 낱말이나 문장의 뜻을 쉽게 풀이함)을 전개했다.(展開-, 펴 나갔다.)

→ 유학의 도를 기반으로 『노자』 주석을 전개한 유학자들

2 [[1]혼란기를 거친 송나라 초기에 중앙집권화(中央集權化, 국가의 통치 권력이 지방에 나뉘어 흩어져 있지 않고 중앙 정부에 집중되게 함)가 추진된 이후 정치적 갈등이 드러나면서 개혁(改革, 제도나 기구 등을 새롭게 뜯어고침)의 분위기가 조성됐다.(造成-, 만들어졌다.)] [2]이러한 분위기하에서 유학자이자 개혁 사상가인 왕안석은 『노자주』를 저술했다. [[3]그(왕안석)는 『노자』의 도를 만물의 물질적 근원인 '기(氣)'라고 파악하고, 현상 세계에 앞서 존재하는 기의 작용에 의해 사물이 형성된다고(形成-, 모양, 상태가 이루어진다고) 보았다.] [4]그(왕안석)는 기가 시시각각(時時刻刻, 시간의 흐름에 따라) 변화하듯 현상 세계도 변화한다고 이해했다. [[5]인위적인(人爲的-, 자연의 힘이 아닌 사람의 힘으로 이루어지는) 것을 제거해야만 도가 드러나고 인간 사회가 안정된다는 『노자』를 비판한 그(왕안석)는 자연과 달리 인간 사회의 안정을 위해서는 제도와 규범의 제정(制定, 만들어서 정함)과 같은 인간의 적극적인 개입(介入, 끼어듦)이 필요하다고 주장했다.] [6]지혜와 덕이 뛰어난 사람이 제정한 사회 제도와 규범도 현실 사회의 변화에 따라 새롭게 해야 한다고 주장한 것이다. [[7]『노자』의 이상(理想, 생각할 수 있는 범위 안에서 가장 완전하다고 여겨지는 상태) 정치가 실현되려면(實現-, 실제로 이루어지려면) 유학 이념이 실질적 수단으로 사용되어야 한다고 주장하는 등 왕안석은 『노자』를 유학의 실천적 측면과 결부하여(結付-, 서로 연관시켜) 이해했다.]

[ ]: 『노자』의 내용과 유학의 연결

→ 송나라 초기 왕안석의 견해

3 [[1]송 이후 원나라에 이르러 성행하던(盛行-, 매우 왕성하게 유행하던) 도교는 유학과 불교 등을 받아들여 체계화되었지만, 오징에게는 주술적인(呪術的-, 인간의 일상적 문제를 초자연적 특수 능력에 의해 해결하려는) 종교에 불과했다.(不過-, 지나지 않았다.) [2]㉠ 유학자의 입장에서 그(오징)는 잘못된 가르침을 펴는 도교에 사람들이 빠지는 것을 경계했다.(警戒-, 마음을 기울여 주의하였다.) [3]그(오징)는 [도교의 시조(始祖, 처음으로 연 사람)로 간주된(看做-, 여겨진) 노자의 가르침이 공자의 학문과 크게 다르지 않음을 밝히고자 『도덕진경주』를 저술했다.] [4]그(오징)는 도와 유학 이념을 관련짓는 구절을 추가하는 등 『노자』의 일부 내용을 바꾸고 기존(既存, 이미 있는) 구성 체제를 재편했다.(再編-, 다시 엮어 모아 만들었다.)] [[5]『노자』의 도를 근원적인 불변하는 도로 본 그(오징)는 모든 이치를 내재한 도가 현실화하여(現實化-, 현실에 맞게 만들어져) 천지 만물이 생성된다고 이해했다.] [6]이런 관점에서 [[그(오징)는 유학의 인의예지(仁 어질다 인 義 의롭다 의 禮 예절 예 智 지혜 지, 사람이 마땅히 갖추어야 할 네 가지 성품)가 도의 쇠퇴(衰退, 점점 줄어 약해져 전보다 못하여 감) 때문에 나타난 것이라는 『노자』와 달리 도가 현실화하여 드러난 것으로 해석]]하고, 인간이 마땅히 따라야 할 사회 규범과 사회 질서 체계도 도가 현실화한 결과로 파악했다.

→ 원나라 시대 오징의 견해

4 [1]원이 쇠퇴하고 명나라가 들어선 이후 유학과 도가 등 여러 사상이 합류하는(合流-, 하나로 합쳐 행동을 같이하는) 사조(思潮, 한 시대의 일반적 사상의 흐름)가 무르익는 가운데, 유학자인 설혜는 자신의 ㉡ 학문적 소신(所信, 생각하는 바)에 따라 『노자』를 주석한 『노자집해』를 저술했다. [[2]그(설혜)는 공자도 존중했던(尊重-, 높여 귀중하게 대했던) 스승이 노자이므로 노자 사상에 대한 오해를 불식해야(拂拭-, 말끔히 떨어 없애야) 한다고 보았다. [3]그(설혜)는 기존의 주석서가 『노자』의 진정한 의미를 제대로 밝히지 못했기 때문에 유학자들이 노자 사상을 이단(異端, 기존 질서나 학설의 정통이나 권위에 도전하는 주장이나 생각)으로 치부했다고(置簿-, 마음속으로 그렇게 여겼다고) 파악한 것이다.] [4]다양한 경전(經傳, 유학의 성현이 지었거나, 성현의 가르침이나 행실을 적은 책)을 인용하여(引用-, 자신의 글 속에 끌어 써서) 『노자』를 해석하면서 [그(설혜)는 『노자』의 도를 인간의 도덕 본성과 그것의 근거인 천명(天命, 하늘의 명령)으로 이해하고, 본성과 천명의 이치를 탐구한다는 점에서 노자 사상과 유학이 다르지 않다고 보았다.] [5]또한 [그(설혜)는 『노자』에서 인의 등을 비판한 것은 도덕을 근본으로 삼게 하기 위한 충고(忠告, 남의 잘못을 진심으로 타이름)라고 파악했다.]

→ 명나라 시대 설혜의 견해

■지문 이해

(가)

**<『노자』의 '도'에 대한 한비자의 견해>**

**❶『노자』에 대한 해석을 통해 자신의 법치 사상을 뒷받침한 한비자**

**❷『노자』에서 말한 '도'의 개념과 한비자가 말한 '도'의 개념**
- 『노자』에서 말한 '도' : 만물 생성의 근원
- 한비자가 말한 '도' : 천지 만물의 존재와 본질의 근거
  - 모든 현상은 도의 영향을 받으며, 인간 사회의 일은 도에 따라 제대로 행했는지에 따라 성패가 드러남

**❸『노자』에 제시된 '영구불변하는 도의 항상성'에 대한 한비자의 해석과 도의 가변성**
- 『노자』에 제시된 영구불변하는 도의 항상성 = 도가 영원히 존재하는 것
  ≠ 도가 모습과 이치를 유지하는 것
- 도는 가변성을 가지고 있어 모든 사물의 존재와 본질의 근거가 될 수 있음
- 도가 가변적이므로 통치술도 고정되어서는 안 된다고 주장함

**❹『노자』의 '도'에 새로운 의미를 부여하여 자신의 법치 사상을 뒷받침한 한비자**
- 항상 존재하는 도는 구체적 사물과 사건에 내재한 개별 법칙을 포괄하므로 다양한 개별 사건의 시비 판단 기준이 될 수 있음 → 도에 근거해 입법해야 다양한 사건을 판단할 수 있음
- 인간은 욕망을 필연적으로 가질 수밖에 없으므로 욕망을 제어하기 위해 법이 필요하다고 강조함

(나)

**<『노자』의 '도'에 대한 왕안석, 오징, 설혜의 견해>**

**❶ 유학의 도를 기반으로 『노자』 주석을 전개한 유학자들**
- 송나라 이후 유학자들의 『노자』 주석 전개 : 인간 삶의 올바른 길을 의미하는 유학의 도를 바탕으로, 현상 세계 너머의 근원으로서 도가의 도에 주목함

**❷ 송나라 초기 왕안석의 견해**
- 『노자』의 도를 만물의 물질적 근원('기')으로 파악하고, 현상 세계에 앞서 존재하는 기의 작용으로 사물이 형성된다고 봄
- 기가 시시각각 변화하듯 현상 세계도 변화한다고 봄
- 인간 사회의 안정을 위해 제도와 규범의 제정이 필요하며, 현실 사회의 변화에 따라 제도와 규범도 새롭게 해야 한다고 주장함
- 『노자』를 유학의 실천적 측면과 결부하여 이해함

**❸ 원나라 시대 오징의 견해**
- 노자의 가르침이 공자의 학문과 크게 다르지 않음을 밝히고자 함
- 『노자』의 도를 '근원적인 불변하는 도'로 보고, 모든 이치를 내재한 도가 현실화하여 천지 만물이 생성된다고 봄
- 유학의 인의예지, 사회 규범, 사회 질서 체계를 도가 현실화한 결과로 파악함

**❹ 명나라 시대 설혜의 견해**
- 다양한 경전을 인용해 『노자』를 해석함
- 『노자』의 도를 인간의 도덕 본성과 그 근거인 천명으로 이해함 → 본성과 천명의 이치를 탐구한다는 점에서 노자 사상과 유학이 다르지 않다고 봄

**001** | 글의 서술 방식 파악 - 적절한 것 고르기 2024학년도 수능 12번 | 정답률 75% | 정답 ③

**(가), (나)에 대한 설명으로 가장 적절한 것은?**

**① (가)는 『한비자』의 *철학사적 **의의를 설명하고 『한비자』와 『노자』의 사회적 ***파급력을 비교하고 있다.** *哲學史的, 철학 사상의 발생과 변화, 발전의 역사 등 변천을 체계적으로 다룬 학문인 '철학사'와 관계된 **意義, 중요성, 가치 ***波及力, 영향이 차차 다른 데로 미치는 힘

풀이 (가)에서 『한비자』를 중국 전국 시대의 사상가 한비자의 사상이 담긴 저작이라고 소개하였으나, 이를 『한비자』의 철학사적 의의라고 보기는 어렵다. 또한 (가)에서 『한비자』와 『노자』의 사회적 파급력을 비교하고 있지는 않다.

→ 적절하지 않음!

**② (가)는 한비자가 추구한 이상적인 사회를 소개하고 그 실현을 위해 『노자』를 수용한 입장의 한계를 설명하고 있다.**

근거 (가)-❶-2 엄격한 법치를 통해 부국강병을 꾀한 한비자

→ 적절하지 않음!

**③ (나)는 특정 개념('도')을 중심으로 『노자』에 대한 여러 학자의 견해를 시간의 흐름에 따라 제시하고 있다.**

근거 (나)-❶-2 중국 송나라 이후, 유학자들은 … 도에 주목하여 『노자』 주석을 전개했다, (나)-❷-1~7 송나라 초기에 … 유학자이자 개혁 사상가인 왕안석은 『노자주』를 저술 … 『노자』의 도를 만물의 물질적 근원인 '기(氣)'라고 파악 … 『노자』를 유학의 실천적 측면과 결부하여 이해, (나)-❸-1~6 송 이후 원나라에 이르러 … 그(오징)는 … 『도덕진경주』를 저술 … 『노자』의 도를 근원적인 불변하는 도로 본 그(오징)는 … 유학의 인의예지가 … 도가 현실화하여 드러난 것으로 해석, (나)-❹-1~4 원이 쇠퇴하고 명나라가 들어선 이후 … 유학자인 설혜는 자신의 학문적 소신에 따라 『노자』를 주석한 『노자집해』를 저술 … 『노자』의 도를 인간의 도덕 본성과 그것의 근거인 천명으로 이해하고, 본성과 천명의 이치를 탐구한다는 점에서 노자 사상과 유학이 다르지 않다고 보았다.

풀이 (나)는 '도' 개념을 중심으로 『노자』를 주석한 유학자 왕안석, 오징, 설혜의 『노자』에 대한 견해를 시간의 흐름에 따라 제시하고 있다.

→ 적절함!

**④ (나)는 여러 유학자가 『노자』를 해석한 의도를 각각 제시하고 그 차이로 인해 발생한 학자 간의 *이견을 **절충하고 있다.** *異見, 서로 다른 의견 **折衷-, 알맞게 조절하여 서로 잘 어울리게 하고

근거 (나)-❷-1~2 혼란기를 거친 송나라 초기에 중앙집권화가 추진된 이후 정치적 갈등이 드러나면서 개혁의 분위기가 조성됐다. 이러한 분위기하에서 유학자이자 개혁 사상가인 왕안석은 『노자주』를 저술, (나)-❷-7 『노자』의 이상 정치가 실현되려면 유학 이념이 실질적 수단으로 사용되어야 한다고 주장하는 등 왕안석은 『노자』를 유학의 실천적 측면과 결부하여 이해했다, (나)-❸-3 그(오징)는 도교의 시조로 간주된 노자의 가르침이 공자의 학문과 크게 다르지 않음을 밝히고자 『도덕진경주』를 저술, (나)-❹-1~2 설혜는 자신의 학문적 소신에 따라 『노자』를 주석한 『노자집해』를 저술했다. 그(설혜)는 공자도 존중했던 스승이 노자이므로 노자 사상에 대한 오해를 불식해야 한다고 보았다.

→ 적절하지 않음!

**⑤ (가)와 (나)는 모두, 『노자』에 대해 다양한 시각에서 제시된 비판이 *심화되는 과정을 구체적 사례와 함께 설명하고 있다.** *深化-, 점점 깊어지는

풀이 (가)는 『노자』에 대한 한비자의 견해만을 제시하고 있으므로, 다양한 시각에서 비판을 제시하고 있다고 볼 수 없다. 또한 (나)는 시대의 흐름에 따라 『노자』에 대한 옹호와 비판 등 다양한 시각을 제시하고 있지만, '비판이 심화되는 과정을 구체적 사례와 함께' 설명하고 있지는 않다.

→ 적절하지 않음!

1등급 문제

**002** | 세부 정보 이해 - 적절하지 않은 것 고르기 2024학년도 수능 13번 | 정답률 45%, 매력적 오답 ② 10% ③ 10% ④ 20% ⑤ 15% | 정답 ①

**(가)에 제시된 한비자의 견해로 적절하지 않은 것은?**

**① 사건의 시비에 따라 달라지는 도에 근거하여 법이 제정되어야 한다.**

근거 (가)-❹-1~2 한비자는 도를 구체적인 사물과 사건에 내재한 개별 법칙의 통합으로 보고, 『노자』의 도에 시비 판단의 근거라는 새로운 의미를 부여했다. 항상 존재하는 도는 개별 법칙을 포괄하기 때문에 다양한 개별 사건의 시비를 판단하는 기준이 될 수 있고, 이러한 도에 근거해서 입법해야 다양한 사건을 판단할 수 있다고 본 것

풀이 (가)에서 한비자는 도가 사건의 시비에 따라 달라지는 것이 아니라, 사건의 시비가 도에 따라 달라진다고 보았다. 한비자가 도에 근거하여 법이 제정되어야 한다고 본 것은 맞지만 이러한 도는 사건의 시비를 판단하는 기준이라고 하였으므로, 사건의 시비에 따라 달라지는 도에 근거하여 법이 제정되어야 한다는 것은 (가)에 제시된 한비자의 견해로 적절하지 않다.

→ 적절하지 않음!

**② 인간은 무엇을 가지거나 누리고자 하는 마음(=욕망)에서 벗어날 수 없다.**

근거 (가)-❹-3 인간은 욕망을 필연적으로 가질 수밖에 없음을 지적

풀이 (가)에서 한비자는 인간이 욕망을 필연적으로 가질 수밖에 없다고 보았다. 따라서 인간은 무엇을 가지거나 누리고자 하는 마음, 즉 욕망에서 벗어날 수 없다는 것은 (가)

에 제시된 한비자의 견해로 적절하다.

→ 적절함!

③ **도는 고정된 모습 없이 때와 형편에 따라 변화하며 영원히 존재한다.**

근거 (가)-❸-1~2 한비자는 『노자』에 제시된 영구불변하는 도의 항상성에 대해 도가 천지와 더불어 영원히 존재한다는 것을 의미하는 것이지, 도가 모습과 이치를 일정하게 유지하는 것은 아니라고 이해했다. 그리고 도는 형체가 없을 뿐 아니라 일정하게 고정되어 있지 않기 때문에 때와 상황에 따라 유연하게 변화하는 것이라고 파악

→ 적절함!

④ **인간 사회의 *흥망성쇠는 사람이 도에 따라 올바르게 행하였는가의 여부에 **좌우되는 것이다.** *興亡盛衰. 흥하고(번성하여 잘되어 가고) 망함과 성하고(기운이나 세력이 한창 일어나고) 쇠함(힘이나 세력이 점점 줄어서 약해짐) **左右-. 영향이 주어져 지배되는

근거 (가)-❷-3 그(한비자)는 … 인간 사회의 일은 도에 따라 제대로 행했는가의 여부에 따라 그 성패가 드러나는 것이라고 이해했다.

→ 적절함!

⑤ **도는 만물의 근원이면서 동시에 현실 사회의 개별 사물과 사건에 내재한 법칙을 포괄하는 것이다.**

근거 (가)-❷-2 도를 천지 만물의 존재와 본질의 근거라고 본 한비자, (가)-❹-1 한비자는 도를 구체적인 사물과 사건에 내재한 개별 법칙의 통합으로 보고, (가)-❹-2 항상 존재하는 도는 개별 법칙을 포괄하기 때문에

→ 적절함!

1등급 문제

**003** 핵심 개념 파악 - 적절한 것 고르기 2024학년도 수능 14번
정답률 45%, 매력적 오답 ② 25% ③ 15%
정답 ④

**㉠과 ㉡에 대한 이해로 가장 적절한 것은?**

㉠ 유학자의 입장 ← 오징의 견해
㉡ 학문적 소신 ← 설혜의 견해

① **㉠은 유학 덕목의 등장을 긍정적으로 평가한 『노자』의 견해를 수용하는, ㉡은 유학 덕목에 대한 『노자』의 비판에 담긴 긍정적 의도를 밝히려는 것으로 *표출되었다.** *表出-. 겉으로 나타났다.

근거 (나)-❸-6 그(오징)는 유학의 인의예지가 도의 쇠퇴 때문에 나타난 것이라는 『노자』와 달리 도가 현실화하여 드러난 것으로 해석, (나)-❹-5 그(설혜)는 『노자』에서 인의 등을 비판한 것은 도덕을 근본으로 삼게 하기 위한 충고라고 파악

풀이 설혜는 『노자』에서 인의 등을 비판한 것은 도덕을 근본으로 삼게 하기 위한 충고라고 파악하였으므로, ㉡이 유학 덕목에 대한 『노자』의 비판에 담긴 긍정적 의도를 밝히려는 것이라는 설명은 적절하다. 그러나 『노자』는 유학의 덕목인 인의예지가 도의 쇠퇴 때문에 나타난 것이라고 했다는 내용을 통해 『노자』가 '유학 덕목의 등장을 긍정적으로 평가'했다는 이해는 적절하지 않음을 확인할 수 있다. 또한 오징은 이와 같은 『노자』의 견해와 달리 유학의 인의예지는 도가 현실화하여 드러난 것으로 해석하였으므로, ㉠이 『노자』의 견해를 '수용'하는 것으로 표출되었다는 이해 또한 적절하지 않다.

→ 적절하지 않음!

② **㉠은 유학에 *유입되고 있는 주술성을 제거하는, ㉡은 노자 사상이 탐구하는 대상**(← 도)**에 대한 이해를 근거로 노자 사상과 유학의 공통점을 제시하려는 것으로 표출되었다.** *流入-. 들어오고

근거 (나)-❸-1~2 송 이후 원나라에 이르러 성행하던 도교는 유학과 불교 등을 받아들여 체계화되었지만, 오징에게는 주술적인 종교에 불과했다. 유학자의 입장에서 그는 잘못된 가르침을 펴는 도교에 사람들이 빠지는 것을 경계했다, (나)-❹-4 그(설혜)는 『노자』의 도를 인간의 도덕 본성과 그것의 근거인 천명으로 이해하고, 본성과 천명의 이치를 탐구한다는 점에서 노자 사상과 유학이 다르지 않다고 보았다.

풀이 설혜는 『노자』의 도를 인간의 도덕 본성과 그것의 근거인 천명으로 이해하고, 이러한 이해를 통해 노자 사상과 유학이 다르지 않다고 보았다. 따라서 ㉡을 노자 사상이 탐구하는 대상에 대한 이해를 근거로 노자 사상과 유학의 공통점을 제시하려는 것으로 이해한 것은 적절하다. 그러나 오징은 당시 성행하던 도교가 유학과 불교 등을 받아들여 체계화되었음에도 '주술적인 종교에 불과'하다고 보아 이러한 도교에 사람들이 빠지는 것을 경계하였다. 윗글을 통해 오징이 유학에도 주술성이 유입되고 있다 보았는지는 알 수 없으므로 ㉠이 유학에 유입되고 있는 주술성을 제거하려는 것으로 표출되었다는 이해는 적절하지 않다.

→ 적절하지 않음!

③ **㉠은 유학의 가르침을 *차용한 종교**(← 도교)**가 사람들을 **현혹하는 상황에 ***대응하는, ㉡은 『노자』를 해석한 경전들을 참고하여 유학 이론의 ****독창성을 밝히려는 것으로 표출되었다.** *借用-. 받아들인 **眩惑-. 정신을 빼앗겨서 해야 할 바를 잊어버리게 하는 ***對應-. 맞추어 태도나 행동을 취하는 ****獨創性. 다른 것을 모방함 없이 새로운 것을 처음으로 생각해 내는 성질

근거 (나)-❸-1~2 송 이후 원나라에 이르러 성행하던 도교는 유학과 불교 등을 받아들여 체계화되었지만, 오징에게는 주술적인 종교에 불과했다. 유학자의 입장에서 그(오징)는 잘못된 가르침을 펴는 도교에 사람들이 빠지는 것을 경계, (나)-❹-4 다양한 경전을 인용하여 『노자』를 해석하면서 그(설혜)는 『노자』의 도를 인간의 도덕 본성과 그것의 근거인 천명으로 이해하고, 본성과 천명의 이치를 탐구한다는 점에서 노자 사상과 유학이 다르지 않다고 보았다.

풀이 오징은 당시 성행하던 도교가 주술적인 종교에 불과하다고 보고, 잘못된 가르침을 펴는 도교에 사람들이 빠지는 것을 경계하였다. 따라서 ㉠이 도교가 사람들을 현혹하는 상황에 대응하는 것이라는 이해는 적절하다. 한편 설혜가 『노자』를 해석한 기존의 주석서를 검토하고 다양한 경전을 인용한 것은 맞지만, 이 경전들이 『노자』를 해석한 것인지는 알 수 없다. 또한 설혜는 도에 대한 이해와 탐구에 있어서는 노자 사상과 유학이 다르지 않다고 보았으므로, ㉡이 유학 이론의 독창성을 밝히려는 것으로 표출되었다는 이해는 적절하지 않다.

→ 적절하지 않음!

④ **㉠은 유학을 노자 사상과 연관 지어 유교적 사회 질서의 *정당성을 확인하는, ㉡은 유학에서 이단으로 치부하는 사상**(노자 사상)**의 **진의를 밝혀 오해를 바로잡으려는 것으로 표출되었다.** *正當性. 일의 이치에 맞아 옳고 정의로운 성질 **眞意. 속에 품고 있는 참뜻

근거 (나)-❶-1 유학자들은 도를 인간 삶의 올바른 길을 의미하는 것이라고 보았다, (나)-❸-4 그(오징)는 도와 유학 이념을 관련짓는 구절을 추가하는 등 『노자』의 일부 내용을 바꾸고 기존 구성 체제를 재편, (나)-❸-6 그(오징)는 유학의 인의예지가 … 도가 현실화하여 드러난 것으로 해석하고, 인간이 마땅히 따라야 할 사회 규범과 사회 질서 체계도 도가 현실화한 결과로 파악, (나)-❹-2~3 그(설혜)는 … 노자 사상에 대한 오해를 불식해야 한다고 보았다. 그(설혜)는 기존의 주석서가 『노자』의 진정한 의미를 제대로 밝히지 못했기 때문에 유학자들이 노자 사상을 이단으로 치부했다고 파악한 것

풀이 유학자들은 '도'가 '인간 삶의 올바른 길'을 의미한다고 보았다. 오징은 노자의 가르침이 공자의 학문인 유학과 크게 다르지 않음을 밝히고자 하였고, 도와 유학 이념을 관련짓는 구절을 추가하는 등 『노자』의 일부 내용을 바꾸고 기존 구성 체제를 재편하였다. 이를 통해 그는 유학의 인의예지를 '인간 삶의 올바른 길을 의미하는' 도가 현실화하여 드러난 것으로 해석하고, 사회 규범과 사회 질서 체계 또한 도가 현실화한 것으로 보았다. 따라서 ㉠이 유학을 노자 사상의 '도' 개념과 연관 지어 유교적 사회 질서의 정당성을 확인하려 했다는 이해는 적절하다. 한편 설혜는 기존의 주석서가 『노자』의 진정한 의미를 제대로 밝히지 못해 유학자들이 노자 사상을 이단으로 치부했다고 파악하고, 이러한 오해를 불식해야 한다고 보았다. 따라서 ㉡이 유학에서 이단으로 치부하는 사상의 진의를 밝혀 오해를 바로잡으려 했다는 이해 또한 적절하다.

→ 적절함!

⑤ **㉠은 특정 종교에서 *추앙하는 사상가**(← 도교의 시조로 간주된 노자)**와 유학 이론의 관련성을 제시하는, ㉡은 유학의 사상적 **우위를 ***입증하여 다른 학문을 통합할 수 있는 근거를 제시하려는 것으로 표출되었다.** *推仰-. 높이 받들어 우러러보는 **優位. 다른 것보다 나은 지위 ***立證-. 증거를 내세워 증명하여

근거 (나)-❸-3~4 그(오징)는 도교의 시조로 간주된 노자의 가르침이 공자의 학문과 크게 다르지 않음을 밝히고자 『도덕진경주』를 저술했다. 그(오징)는 도와 유학 이념을 관련짓는 구절을 추가하는 등 『노자』의 일부 내용을 바꾸고 기존 구성 체제를 재편, (나)-❹-3~4 그(설혜)는 기존의 주석서가 『노자』의 진정한 의미를 제대로 밝히지 못했기 때문에 유학자들이 노자 사상을 이단으로 치부했다고 파악한 것이다. 다양한 경전을 인용하여 『노자』를 해석하면서 그는 『노자』의 도를 인간의 도덕 본성과 그것의 근거인 천명으로 이해하고, 본성과 천명의 이치를 탐구한다는 점에서 노자 사상과 유학이 다르지 않다고 보았다

풀이 오징은 노자의 가르침이 공자의 학문과 크게 다르지 않음을 밝히고자 하였으며, 도와 유학 이념을 관련짓는 구절을 추가하는 등 『노자』의 일부 내용을 바꾸고 기존 구성 체제를 재편하였다. 따라서 ㉠이 특정 종교에서 추앙하는 사상가, 즉 노자와 유학 이론의 관련성을 제시하려 하였다는 이해는 적절하다. 한편 윗글에서 설혜는 노자 사상을 유학의 이단으로 치부하던 기존의 시각을 반박하였고 도에 대한 이해와 탐구에 있어서는 노자 사상과 유학이 다르지 않다고 보았다. 따라서 ㉡이 유학의 사상적 우위를 입증하여 다른 학문을 통합할 수 있는 근거를 제시하려 하였다는 이해는 적절하지 않다.

→ 적절하지 않음!

1등급 문제

**004** <보기>와 내용 비교 - 적절한 것 고르기 2024학년도 수능 15번
정답률 30%, 매력적 오답 ① 15% ② 20% ③ 15% ⑤ 20% 정답 ④

**(나)의 왕안석과 오징의 입장에서 다음의 ㄱ ~ ㄹ에 대해 판단한 것으로 가장 적절한 것은?**

ㄱ. 도는 만물을 통해 드러나는 것이지 만물에 앞서서 존재하는 것은 아니다.
ㄴ. 인간 사회의 규범은 이치를 내재한 근원적 존재인 도가 현실에 드러난 것이다.
ㄷ. 도는 현상 세계의 너머에만 머물러 있지 않고 세상일과 유기적으로 관련되는 것이다.
ㄹ. 도가 변화하듯이 현상 세계가 변하니, 현실 사회의 변화에 따라 인간 사회의 규범도 변해야 한다.

**ㄱ. 도는 만물을 통해 드러나는 것이지 만물에 앞서서 존재하는 것은 아니다.**

근거 (나)-❷-3 그(왕안석)는 『노자』의 도를 만물의 물질적 근원인 '기(氣)'라고 파악하고, 현상 세계에 앞서 존재하는 기의 작용에 의해 사물이 형성된다고 보았다, (나)-❸-5 『노자』의 도를 근원적인 불변하는 도로 본 그(오징)는 모든 이치를 내재한 도가 현실화하여 천지 만물이 생성된다고 이해

풀이 왕안석은 '도'를 만물의 물질적 근원인 '기'라고 파악하고, 현상 세계에 앞서 존재하는 '기'의 작용에 의해 만물이 형성된다고 보았다. 따라서 왕안석은 도가 만물에 앞서서 존재하는 것은 아니라는 ㄱ에 동의하지 않을 것이다. 오징은 모든 이치를 내재한 도가 현실화하여 만물이 생성된다고 보았다. 따라서 오징은 도가 만물에 앞서 존재하는 것이 아니라는 ㄱ에 동의하지 않을 것이다.

→ 왕안석 ×, 오징 ×

**ㄴ. 인간 사회의 규범은 이치를 내재한 근원적 존재인 도가 현실에 드러난 것이다.**

근거 (나)-❷-5~6 인위적인 것을 제거해야만 도가 드러나고 인간 사회가 안정된다는 『노자』를 비판한 그(왕안석)는 자연과 달리 인간 사회의 안정을 위해서는 제도와 규범의 제정과 같은 인간의 적극적인 개입이 필요하다고 주장했다. 지혜와 덕이 뛰어난 사람이 제정한 사회 제도와 규범, (나)-❸-5~6 『노자』의 도를 근원적인 불변하는 도로 본 그(오징)는 모든 이치를 내재한 도가 현실화하여 천지 만물이 생성된다고 이해했다. … 인간이 마땅히 따라야 할 사회 규범과 사회 질서 체계도 도가 현실화한 결과로 파악

풀이 왕안석은 인위적인 것을 제거해야 도가 드러나고 인간 사회가 안정된다는 『노자』를 비판하고, 자연과 달리 인간 사회의 안정을 위해서는 제도와 규범과 같은 인간의 적극적 개입이 필요하며, 지혜와 덕이 뛰어난 사람이 제정한 사회 제도와 규범도 현실 사회의 변화에 따라 새롭게 해야 한다고 주장하였다. 이를 통해 왕안석은 인간 사회의 규범을 '이치를 내재한 근원적 존재인 도가 현실에 드러난 것'이 아니라, '인간 사회의 안정을 위해 인위적으로 제정된 것'으로 보았음을 알 수 있다. 따라서 왕안석은 인간 사회의 규범은 이치를 내재한 근원적 존재인 도가 현실에 드러난 것이라는 ㄴ에 동의하지 않을 것이다. 오징은 모든 이치를 내재한 도가 현실화하여 만물이 생성된다고 보았으며, 인간 사회의 규범과 사회 질서 체계도 도가 현실화한 결과로 파악하였다. 따라서 오징은 인간 사회의 규범이 이치를 내재한 근원적 존재인 도가 현실에 드러난 것이라는 ㄴ에 동의할 것이다.

→ 왕안석 ×, 오징 ○

**ㄷ. 도는 현상 세계의 너머에만 머물러 있지 않고 세상일과 *유기적으로 관련되는 것이다.** *有機的-. 생물체처럼 전체를 구성하고 있는 각 부분이 서로 밀접하게 관련을 가지고 있어서 떼어 낼 수 없는 것으로

근거 (나)-❷-3~4 그(왕안석)는 『노자』의 도를 만물의 물질적 근원인 '기(氣)'라고 파악하고, 현상 세계에 앞서 존재하는 기의 작용에 의해 사물이 형성된다고 보았다. 그(왕안석)는 기가 시시각각 변화하듯 현상 세계도 변화한다고 이해, (나)-❸-5~6 『노자』의 도를 근원적인 불변하는 도로 본 그(오징)는 모든 이치를 내재한 도가 현실화하여 천지 만물이 생성된다고 이해했다. … 인간이 마땅히 따라야 할 사회 규범과 사회 질서 체계도 도가 현실화한 결과로 파악

풀이 왕안석은 '도'를 만물의 물질적 근원인 '기'라고 파악하고, 현상 세계에 앞서 존재하는 '기'의 작용에 의해 만물이 형성된다고 보았다. 따라서 왕안석은 도가 현상 세계의 너머에만 머물러 있는 것이 아니라, 현상 세계의 만물을 형성하는 등 세상과 유기적으로 관련되는 것이라는 ㄷ에 동의할 것이다. 오징은 모든 이치를 내재한 도가 현실화하여 만물이 생성된다고 보았으며, 인간 사회의 규범과 사회 질서 체계도 도가 현실화한 결과로 파악하였다. 따라서 도가 현상 세계의 너머에 머물러 있지 않고 현실화하여 만물을 생성, 규범과 질서 체계를 만드는 등 세상일과 유기적으로 관련되는 것이라는 ㄷ에 동의할 것이다.

→ 왕안석 ○, 오징 ○

**ㄹ. 도가 변화하듯이 현상 세계가 변하니, 현실 사회의 변화에 따라 인간 사회의 규범도 변해야 한다.**

근거 (나)-❷-3~6 그(왕안석)는 『노자』의 도를 만물의 물질적 근원인 '기(氣)'라고 파악하고, … 그(왕안석)는 기가 시시각각 변화하듯 현상 세계도 변화한다고 이해했다. … 인간 사회의 안정을 위해서는 제도와 규범의 제정과 같은 인간의 적극적인 개입이 필요하다고 주장했다. 지혜와 덕이 뛰어난 사람이 제정한 사회 제도와 규범도 현실 사회의 변화에 따라 새롭게 해야 한다고 주장, (나)-❸-5 『노자』의 도를 근원적인 불변하는 도로 본 그(오징)는 모든 이치를 내재한 도가 현실화하여 천지 만물이 생성된다고 이해

풀이 왕안석은 '도'를 만물의 물질적 근원인 '기'라고 파악하고, 기가 시시각각 변화하듯 현상 세계도 변화한다면서, 사회 제도와 규범도 현실 사회의 변화에 따라 새롭게 해야 한다고 주장하였다. 따라서 왕안석은 도가 변화하듯이 현상 세계가 변하니, 현실 사회의 변화에 따라 인간 사회의 규범도 변해야 한다는 ㄹ에 동의할 것이다. 오징은 도를 근원적인 불변하는 것으로 보았으므로, '도가 변화하듯' 현상 세계가 변하니, 이에 따라 인간 사회의 규범도 변해야 한다는 ㄹ에 동의하지 않을 것이다.

→ 왕안석 ○, 오징 ×

① 왕안석은 ㄱ에 동의하지 않고 ㄴ에 동의하겠군. (동의하지 않겠군)

② 왕안석은 ㄴ과 ㄹ에 동의하겠군.

③ 왕안석은 ㄷ에 동의하고 ㄹ에 동의하지 않겠군. (동의하겠군)

④ 오징은 ㄱ과 ㄹ에 동의하지 않겠군.
→ 적절함!

⑤ 오징은 ㄴ에 동의하고 ㄷ에 동의하지 않겠군. (동의하겠군)

1등급 문제

**005** 추론의 적절성 판단 - 적절하지 않은 것 고르기 2024학년도 수능 16번
정답률 35%, 매력적 오답 ① 10% ② 10% ③ 25% ④ 20% 정답 ⑤

**<보기>를 참고할 때, (가), (나)의 사상가에 대한 왕부지의 평가로 적절하지 않은 것은?** [3점]

| 보기 |
[1]청나라 초기의 유학자 왕부지는 『노자』의 본래(本來. 전하여 내려온 그 처음) 뜻을 드러내어 노자 사상을 비판하고자 『노자연』을 저술했다. [2]노자 사상의 비현실성(非現實性. 현실과는 동떨어진 성질)을 드러내어 유학의 실용적(實用的. 실제로 쓰기에 알맞은) 가치를 부각하고자(浮刻-. 특징지어 두드러지게 하고자) 했던 그(왕부지)는 기존의 『노자』 주석서가 노자 사상이 아닌 사상을 기준으로 삼았기 때문에 『노자』뿐만 아니라 주석자의 사상마저 왜곡했다고(歪曲-. 사실과 다르게 해석하거나 일의 이치에 맞지 않게 했다고) 비판했다. [3]『노자』에서 아무런 행동을 하지 않아도 천하가 다스려진다고 한 것 등을 비판한 그(왕부지)는, 『노자』에서처럼 단순히 인간의 이기적 욕망을 없애는 것이 아니라 사회 질서 유지를 위해 유학 규범을 활용해야 한다고 강조했다.

**① 왕부지는 인간의 욕망에 대한 『노자』의 대응 방식을 부정적으로 보았으므로, (가)의 한비자가 『노자』와 달리 사회에 대한 인위적 개입이 필요하다고 한 것에 대해서는 *수긍하겠군.** *首肯-. 옳다고 인정하겠군.

근거 <보기>-3 『노자』에서처럼 단순히 인간의 이기적 욕망을 없애는 것이 아니라 사회 질서 유지를 위해 유학 규범을 활용해야 한다고 강조, (가)-❹-3 (한비자는) 『노자』에서처럼 욕망을 없애야 한다고 주장하지 않고 인간은 욕망을 필연적으로 가질 수밖에 없음을 지적하며 욕망을 제어하기 위해 법이 필요하다고 강조

풀이 <보기>에서 왕부지는 인간의 이기적 욕망을 없애야 한다는 『노자』를 비판하였다. 이러한 왕부지의 입장에서는 (가)의 한비자가 『노자』에서처럼 욕망을 없애야 한다고 주장하지 않고 욕망을 제어하기 위해 사회에 대한 인위적인 개입, 즉 법이 필요하다고 강조한 것에 대해 수긍할 것이다.

→ 적절함!

**② 왕부지는 『노자』에 제시된 소극적인 삶의 태도를 부정적으로 보았으므로, (나)의 왕안석이 사회 제도에 대한 『노자』의 견해를 비판하며 유학 이념의 활용을 주장한 것은 긍정하겠군.**

근거 <보기>-3 『노자』에서 아무런 행동을 하지 않아도 천하가 다스려진다고 한 것 등을 비판, (나)-❷-5 인위적인 것을 제거해야만 도가 드러나고 인간 사회가 안정된다는 『노자』를 비판한 그(왕안석)는 자연과 달리 인간 사회의 안정을 위해서는 제도와 규범의 제정과 같은 인간의 적극적인 개입이 필요하다고 주장, (나)-❷-7 『노자』의 이상 정치가 실현되려면 유학 이념이 실질적 수단으로 사용되어야 한다고 주장

풀이 <보기>에서 왕부지는 아무런 행동을 하지 않아도 천하가 다스려진다고 본 『노자』의 삶의 태도를 비판하였다. 이러한 왕부지의 입장에서는 (나)의 왕안석이 인위적인 것

을 제거해야 인간 사회가 안정된다는 『노자』를 비판하고, 인간 사회의 안정을 위해서는 유학 이념을 수단으로 활용하여 제도와 규범을 제정하는 등 인간의 적극적 개입이 필요하다고 주장한 것에 대해 긍정할 것이다.

→ 적절함!

**③ 왕부지는 『노자』의 본래 뜻을 파악해야 한다고 보았으므로, (나)의 오징이 『노자』를 주석하면서 자신의 이해에 따라 *원문의 구성과 내용을 수정한 것이 잘못이라고 보겠군.** *原文, 본래의 글

근거 <보기>-1 왕부지는 『노자』의 본래 뜻을 드러내어 노자 사상을 비판하고자 『노자연』을 저술, (나)-❸-4 그(오징)는 도와 유학 이념을 관련짓는 구절을 추가하는 등 『노자』의 일부 내용을 바꾸고 기존 구성 체제를 재편

풀이 <보기>에서 왕부지는 기존의 『노자』 주석자들이 『노자』를 왜곡하였음을 지적하고, 『노자』의 본래 뜻을 드러내어 노자 사상을 비판하고자 하였다. 이러한 왕부지의 입장에서 (나)의 오징이 『노자』를 주석하면서 『노자』의 일부 내용을 바꾸고 기존 구성 체계를 재편하는 등 원문의 구성과 내용을 수정한 것은 잘못이라고 보았을 것이다.

→ 적절함!

노자 사상이 아닌 사상

**④ 왕부지는 주석자가 유학을 기준으로 『노자』를 이해하면 주석자의 사상도 왜곡된다고 보았으므로, (나)의 오징이 유학의 인의예지를 『노자』의 도가 현실화한 것으로 본 것을 비판하겠군.**

근거 <보기>-2 그는 기존의 『노자』 주석서가 노자 사상이 아닌 사상을 기준으로 삼았기 때문에 『노자』뿐만 아니라 주석자의 사상마저 왜곡했다고 비판, (나)-❸-4 그(오징)는 도와 유학 이념을 관련짓는 구절을 추가하는 등 『노자』의 일부 내용을 바꾸고 기존 구성 체제를 재편, (나)-❸-6 그(오징)는 유학의 인의예지가 도의 쇠퇴 때문에 나타난 것이라는 『노자』와 달리 도가 현실화하여 드러난 것으로 해석

풀이 <보기>에서 왕부지는 기존의 『노자』 주석자가 노자 사상이 아닌 유학을 기준으로 삼아 『노자』를 이해하면 주석자의 사상마저 왜곡된다고 비판하였다. 따라서 오징이 유학자의 입장에서 도와 유학 이념을 관련짓고, 유학의 인의예지를 도가 현실화하여 드러난 것으로 해석한 것에 대해 왕부지는 유학을 기준으로 『노자』를 이해한 것이라고 비판할 것이다.

→ 적절함!

**⑤ 왕부지는 『노자』에 담긴 비현실성을 드러내야 한다고 보았으므로, (나)의 설혜가 기존의 『노자』 주석서들을 비판하며 드러낸 학문적 입장이 유학의 실용적 가치를 부각한다고 보겠군.** 부각하지 않는다고

근거 <보기>-2 노자 사상의 비현실성을 드러내어 유학의 실용적 가치를 부각하고자 했던 그(왕부지), (나)-❹-3~4 그(설혜)는 기존의 주석서가 『노자』의 진정한 의미를 제대로 밝히지 못했기 때문에 유학자들이 노자 사상을 이단으로 치부했다고 파악한 것이다. 다양한 경전을 인용하여 『노자』를 해석하면서 그(설혜)는 … 노자 사상과 유학이 다르지 않다고 보았다.

풀이 <보기>에서 왕부지는 노자 사상의 비현실성을 드러내어 유학의 실용적 가치를 부각하고자 했다. 반면 (나)의 설혜는 기존의 『노자』 주석서가 『노자』의 진정한 의미를 제대로 밝히지 못했다고 비판하면서 '노자 사상과 유학이 다르지 않다'고 보았다. 따라서 노자 사상에 대해 비판적 견해를 보인 왕부지의 입장에서는 설혜의 학문적 입장이 유학의 실용적 가치를 부각한다고 보지 않았을 것이다.

→ 적절하지 않음!

| 006 | 문맥적 의미 파악 - 적절한 것 고르기 2024학년도 수능 17번<br>정답률 95% | 정답 ④ |
|---|---|---|

**ⓐ와 문맥상 의미가 가장 가까운 것은?**

『한비자』는 중국 전국 시대의 한비자가 제시한 사상이 ⓐ 담긴 저작이다.

풀이 ⓐ는 문맥상 '어떤 내용이나 사상이 그림, 글, 말, 표정 따위 속에 포함되거나 반영되다'의 의미로 쓰였다.

**① 과일이 접시에 예쁘게 담겨 있다.**

풀이 '어떤 물건이 그릇 따위에 넣어지다'의 의미이다.

예문 바구니에 과일이 가득 담겨 있다.

→ 적절하지 않음!

**② 상자에 탁구공이 가득 담겨 있다.**

풀이 '어떤 물건이 그릇 따위에 넣어지다'의 의미이다.

예문 흙이 화분에 담겼다.

→ 적절하지 않음!

**③ 시원한 계곡물에 수박이 담겨 있다.**

풀이 '액체 속에 넣어지다'의 의미이다.

예문 시냇물에 담긴 발끝부터 시원한 기운이 올라왔다.

→ 적절하지 않음!

**④ 화폭에 봄 경치가 그대로 담겨 있다.**

풀이 '어떤 내용이나 사상이 그림, 글, 말, 표정 따위 속에 포함되거나 반영되다'의 의미이다.

예문 이 거리에 추억이 담겨 있다.

→ 적절함!

**⑤ 매실이 설탕물에 한 달째 담겨 있다.**

풀이 '김치·술·장·젓갈 따위를 만드는 재료가 버무려지거나 물이 부어져서, 익거나 삭도록 그릇에 보관되다'의 의미이다.

예문 맛깔스러운 김치가 담겼다.

→ 적절하지 않음!

**[007~012] 다음 글을 읽고 물음에 답하시오.**

(가)

1 [1]아도르노는 문화 산업(文化産業, 자본주의적으로 대량 생산된 대중 문화)에 의해 양산되는(量産-, 많이 만들어지는) 대중 예술(大衆藝術, 그 시대의 대중을 대상으로 하는 예술)이 이윤(利潤, 장사하여 남긴 돈) 극대화(極大化, 아주 크게 함)를 위한 상품으로 전락함으로써(轉落-, 나쁜 상태에 빠짐으로써) 예술의 본질(本質, 처음부터 가지고 있는 그 자체의 성질)을 상실했음(喪失-, 잃었음) 뿐 아니라 현대 사회의 모순(矛盾, 이치상 어긋나 서로 맞지 않음)과 부조리(不條理, 이치에 맞지 않거나 도리에 어긋남)를 은폐하고(隱蔽-, 덮어 감추거나 가리어 숨기고) 있다고 지적했다(指摘-, 드러내어 폭로했다). [2]아도르노가 보는 대중 예술은 창작의 구성에서 표현까지 표준화되어(標準化-, 일정한 기준에 따라 통일되어) 생산되는 상품에 불과하다(不過-, 지나지 않는다). [3]그(아도르노)는 대중 예술의 규격성(規格性, 일정한 표준이 가지고 있는 특성)으로 인해 개인의 감상 능력 역시 표준화되고, 개인의 개성(個性, 다른 사람과 구별되는 고유의 특성)은 다른 개인의 그것(개성)과 다르지 않게 된다고 보았다. [4]특히 모든 것을 상품의 교환 가치(交換價値, 어떤 상품이 다른 상품과 어느 정도로 교환될 수 있는가 하는 상대적 가치)로 환원하려는(還元-, 바꾸어 놓으려는) 자본주의 사회에서, 대중 예술은 개인의 정체성(正體性, 어떤 존재가 본질적으로 가지고 있는 특성)마저 상품으로 ⓐ 전락시키는 기제(機制, 계기, 동기로 작용하는 것)로 작용한다는 것이다.

→ 대중 예술에 대한 아도르노의 관점

2 [1]아도르노는 서로 다른 가치 체계(價値體系, 중심적 가치와 중심적 가치와 관련된 가치들을 하나로 합친 전체)를 하나의 가치 체계로 통일시키려는 속성(屬性, 특징이나 성질)을 동일성(同一性, 서로 같은 성질)으로, 하나의 가치 체계로의 환원을 거부하는(拒否-, 받아들이지 않고 물리치는) 속성을 비동일성(非同一性, 서로 다른 성질)으로 규정하고(規定-, 내용, 성격, 의미를 밝혀 정하고), 예술은 이러한 환원을 거부하는 비동일성을 지녀야 한다고 주장한다. [2]그렇기 때문에 예술은 대중이 원하는 아름다운 상품이 되기를 거부하고, 그 자체로 추하고(醜-, 못생겨서 흉하게 보이고) 불쾌한(不快-, 못마땅하여 기분이 좋지 않은) 것이 되어야 한다는 것이다. [3]그(아도르노)에게 있어 예술은 예술가가 직시한(直視-, 진실을 바로 본) 세계의 본질을 감상자(鑑賞者, 예술 작품의 아름다움을 이해하여 즐기고 평가하는 사람)들에게 체험하게 해야 한다. [4]예술은 동일화되지 않으려는, 일정한 형식이 없는 비정형화된(非定型化-, 일정한 형식이나 틀로 고정되지 않은) 모습으로 나타남으로써 현대 사회의 부조리를 체험하게 하는 매개(媒介, 둘 사이에서 양편의 관계를 맺어 줌)여야 한다는 것이다.

→ 예술의 속성에 대한 아도르노의 관점

3 [1]아도르노는 쇤베르크의 음악과 같은 전위 예술(前衛藝術, 기존 예술에 대한 인식, 가치를 부정하고 새로운 표현 수법을 시도하는 실험적이고 혁신적인 예술)이 그 자체로 동일화에 저항하면서도(抵抗-, 굽히지 않고 거역하거나 버티면서도), 저항이나 계몽(啓蒙, 지식수준이 낮거나 예전의 풍습, 습관을 그대로 따르는 사람을 가르쳐서 깨우침)을 직접적으로 드러내지 않는다는 것을 높게 평가한다. [2]저항이나 계몽을 직접 표현하는 것에는 비동일성을 동일화하려는 폭력적 의도(暴力的意圖, 남을 힘으로 억누르고자 하는 생각)가 내재되어(內在-, 안에 들어) 있다고 보기 때문이다. [3]불협화음(不協和音, 둘 이상의 음이 동시에 날 때, 서로 어울리지 않아 불안정한 느낌을 주는 음)으로 가득 찬 쇤베르크의 음악이 감상자들에

게 불쾌함을 느끼게 했던 것처럼 예술은 그것(예술)에 드러난 비동일성을 체험하게 함으로써 동일화의 폭력에 저항해야 한다는 것이다.

→ 전위 예술에 대한 아도르노의 견해

4 [1]아도르노에게 있어 예술은 사회적 산물(産物, 어떤 것에 의해서 생겨나는 사물, 현상)이며, 그래서 미학(美學, 자연, 인생, 예술 등에 담긴 '미'의 본질과 구조를 밝히는 학문)은 작품에 침전된(沈澱–, 가라앉은) 사회의 고통스러운 상태를 읽기 위해 존재한다. [2]그(아도르노)는 비동일성 그 자체를 속성으로 하는 전위 예술을 예술이 추구해야(追求–, 좇아 구해야) 할 바람직한 모습으로 제시했다.

→ 아도르노의 예술관

(나)

1 [1]아도르노의 미학은 예술과 사회의 관계를 통해 예술의 자율성(선과 악, 종교, 정치, 진실과 거짓 등 예술 이외의 다른 분야에서 중요하게 여기는 가치 기준으로부터 법칙을 부여받거나 제약을 받지 않고, 그와 구분되는 고유한 법칙에 근거한다는 예술에 대한 관념)을 추구했다는 점에서 긍정적으로 평가된다. [2]예술은 사회적인 것인 동시에 사회에서 떨어져 사회의 본질을 직시하는 것이어야 한다고 보기 때문이다. [3]그(아도르노)의 미학은 기존의 예술에 대한 비판적(批判的, 옳고 그름을 판단하여 밝히거나 잘못된 점을 지적하는) 관점을 제공한다. [4]가령(假令, 예를 들어) 사과를 표현한 세잔의 작품을 아도르노의 미학으로 읽어 낸다면, 이 그림(사과를 표현한 세잔의 작품)은 사회의 본질과 ⓑ 유리된 '아름다운 가상(假像, 실물처럼 보이는 거짓 형상)'을 표현한 것에 불과할 것이다.

→ 아도르노 미학의 의의

2 [1]하지만 세잔의 작품은 예술가의 주관적(主觀的, 자기의 견해나 관점을 기초로 한) 인상(印象, 대상이 마음에 주는 느낌이나 작용)을 붉은색과 회색 등의 색채와 기하학적(幾何學的, 직선, 원, 다각형 등 기하학에 바탕을 둔) 형태로 표현한 미메시스(mimesis, 모방, 재현)일 수 있다. [2]미메시스란 세계를 바라보는 주체의 관념(觀念, 견해, 생각)을 재현하는(再現–, 다시 나타내는) 것, 즉 감각될 수 없는 것(주체의 관념)을 감각 가능한 것(예술 작품)으로 구현하는(具現–, 구체적인 것으로 나타나게 하는) 것을 의미한다. [3]다시 말해 세잔의 작품은 눈에 보이는 특정의 사과가 아닌 예술가의 시선에 포착된(捕捉–, 붙잡힌) 세계의 참모습, 곧 자연의 생명력과 그에 얽힌 농부의 삶 그리고 이를 ⓒ 응시하는 예술가의 사유(思惟, 생각)를 재현한 것이 된다.

→ 미메시스의 개념

3 [1]아도르노는 예술이 예술가에게 포착된 세계의 본질을 감상자로 하여금 체험하게 하는 것이어야 한다고 본다. [2]그러나 그(아도르노)는 이러한 미적 체험을 현대 사회의 부조리에 국한시킴으로써(局限–, 범위를 일정한 부분으로 제한하여 정함으로써), 진정한 예술을 감각적 대상인 형태 그 자체의 비정형성에 대한 체험으로 한정한다.(限定–, 범위를 제한하여 정한다.) [3]결국 ㉠ 아도르노의 미학에서는 주관의 재현이라는 미메시스가 부정되고 있다.

→ 아도르노 미학의 한계 ① : 미메시스가 부정됨

4 [1]한편 아도르노의 미학은 예술의 영역을 극도로(極度–, 더할 수 없는 정도로) 축소시키고(縮小–, 줄여서 작게 하고) 있다. [2]즉 그(아도르노) 자신은 동일화의 폭력을 비판하지만, 자신이 추구하는 전위 예술만이 진정한 예술이라고 주장하며 ㉡ 전위 예술의 관점에서 예술의 동일화를 시도하고(試圖–, 이루어 보려고 계획하거나 행동하고) 있다. [3]특히 이는 현실 속 다양한 예술의 가치가 발견될 기회를 ⓓ 박탈한다. [4]실수로 찍혀 작가의 어떠한 주관도 결여된(缺如–, 빠져서 없는) 사진에서조차 새로운 예술 정신을 ⓔ 발견하는 것이 가능하다는 베냐민의 지적처럼, 전위 예술이 아닌 예술에서도 미적 가치를 발견할 수 있다. [5]또한 대중음악이 사회적 저항의 메시지를 전달하는 사례(事例, 실제로 일어난 예)도 있듯이, 자본의 논리에 편승한(便乘–, 이용하여 이익을 거둔) 대중 예술이라 하더라도 사회에 대한 비판적 기능을 수행하는(遂行–, 해내는) 경우도 있다.

→ 아도르노 미학의 한계 ② : 예술의 영역을 축소시킴

■지문 이해

(가)

**<아도르노의 예술관>**

**❶ 대중 예술에 대한 아도르노의 관점**

- 모든 것을 상품의 교환 가치로 환원하려는 자본주의 사회에서 대중 예술은
  - 상품으로 전락하여 예술의 본질을 상실하고, 현대 사회의 모순과 부조리를 은폐함
  - 표준화되어 생산되는 상품에 불과함 → 감상자의 감상 능력도 표준화됨
  - 개인의 정체성을 상품으로 전락시키는 기제로 작용함

**❷ 예술의 속성에 대한 아도르노의 관점**

- 예술은 동일성을 거부하는 비동일성을 지녀야 함 → 그 자체로 추하고 불쾌한 것이 되어야 함
- 예술은 동일화되지 않으려는 비정형화된 모습으로 나타나 현대 사회의 부조리를 체험하게 하는 매개여야 함

**❸ 전위 예술에 대한 아도르노의 견해**

- 전위 예술 : 그 자체로 동일화에 저항하면서도 저항이나 계몽을 직접 표현하지 않음으로써 비동일성을 동일화하려는 폭력적 의도를 내재하지 않음
  → 예술은 그것에 드러난 비동일성을 체험하게 함으로써 동일화의 폭력에 저항해야 함

**❹ 아도르노의 예술관**

- 비동일성 그 자체를 속성으로 하는 전위 예술을 예술이 추구해야 할 바람직한 모습으로 제시함

(나)

**<아도르노 미학의 의의와 한계>**

**❶ 아도르노 미학의 의의**

- 예술과 사회의 관계를 통해 예술의 자율성을 추구한 점에서 긍정적으로 평가됨
- 기존의 예술에 대한 비판적 관점을 제공함

**❷ 미메시스의 개념**

- 미메시스 : 세계를 바라보는 주체의 관념을 재현하는 것

**아도르노 미학의 한계**

**❸ 미메시스가 부정됨**

- 아도르노는 예술이 예술가에게 포착된 세계의 본질을 감상자가 체험하게 하는 것이어야 한다고 보았지만, 미적 체험을 현대 사회의 부조리에 국한시킴 → 진정한 예술을 형태 그 자체의 비정형성에 대한 체험으로 한정함 → 주관의 재현이라는 미메시스가 부정됨

**❹ 예술의 영역을 축소시킴**

- 아도르노는 동일화의 폭력을 비판하지만, 전위 예술만이 진정한 예술이라고 주장함 → 전위 예술의 관점에서 예술의 동일화를 시도함
- 전위 예술이 아닌 예술에서도 미적 가치를 발견할 수 있음
- 대중 예술에서도 사회에 대한 비판적 기능을 수행하는 경우가 있음

**007** 글의 서술 방식 파악 - 적절하지 않은 것 고르기 2023학년도 9월 모평 4번 | 정답률 80%, 매력적 오답 ④ 10% | 정답 ③

**다음은 (가)와 (나)를 읽고 수행한 독서 활동지의 일부이다. Ⓐ~Ⓔ 중 적절하지 않은 것은?**

| | (가) | (나) |
|---|---|---|
| 글의 화제 | 아도르노의 예술관 ··········· Ⓐ | |
| 서술 방식의 공통점 | 구체적인 예를 제시하고 그것에 담긴 의미를 설명함. ··········· Ⓑ | |
| 서술 방식의 차이점 | (가)는 (나)와 달리 화제와 관련된 개념을 정의하고 개념의 변화 과정을 제시함. ··········· Ⓒ | (나)는 (가)와 달리 논지를 강화하기 위해 다른 이의 견해를 인용함. ··········· Ⓓ |
| 서술된 내용 간의 관계 | (가)에서 소개한 이론에 대해 (나)에서 의의를 밝히고 한계를 지적함. ····· Ⓔ | |

① Ⓐ 글의 화제 : 아도르노의 예술관

근거 (가)-❶-1~2 아도르노는 … 대중 예술이 … 아도르노가 보는 대중 예술은 … , (가)-❹-1~2 아도르노에게 있어 예술은 … 그는 … 예술이 추구해야 할 바람직한 모습으

로 제시, (나)-❶-1 아도르노의 미학은 … , (나)-❶-3 그의 미학은 … , (나)-❸-1 아도르노는 예술이 … .

**풀이** (가)에서는 글 전체에 걸쳐 아도르노의 예술관에 대해 설명하고 있고, (나)에서는 먼저 아도르노의 미학이 지닌 의의를 제시하고, 그의 미학 이론에 대한 비판적 견해를 제시하고 있다. 따라서 (가)와 (나)는 모두 아도르노의 예술관을 글의 화제로 삼고 있다.

→ 적절함!

**② Ⓑ 서술 방식의 공통점 : 구체적인 예를 제시하고 그것에 담긴 의미를 설명함.**

**근거** (가)-❸-1 아도르노는 쇤베르크의 음악과 같은 전위 예술이 그 자체로 동일화에 저항하면서도, 저항이나 계몽을 직접적으로 드러내지 않는다는 것을 높게 평가한다, (나)-❶-4 가령 사과를 표현한 세잔의 작품을 아도르노의 미학으로 읽어 낸다면, (나)-❷-1 하지만 세잔의 작품은 예술가의 주관적 인상을 붉은색과 회색 등의 색채와 기하학적 형태로 표현한 미메시스일 수 있다, (나)-❷-3 세잔의 작품은 눈에 보이는 특정의 사과가 아닌 예술가의 시선에 포착된 세계의 참모습, 곧 자연의 생명력과 그에 얽힌 농부의 삶 그리고 이를 응시하는 예술가의 사유를 재현한 것

**풀이** (가)에서는 쇤베르크의 음악을 예로 제시하면서, 그 자체로 동일화에 저항하는 전위 예술에 대해 설명하였다. 또 (나)에서는 세잔의 작품을 예로 제시하고, 세잔의 작품이 세계의 참모습을 바라보는 작가의 주관적 인상을 재현한 것이라고 설명하고 있다.

→ 적절함!

**③ Ⓒ 서술 방식의 차이점 : (가)는 (나)와 달리 화제와 관련된 *개념을 **정의하고 개념의 변화 과정을 제시함.** *概念, 관련된 지식 **定義-, 뜻을 뚜렷하게 밝혀 규정하고

**근거** (가)-❷-1 아도르노는 서로 다른 가치 체계를 하나의 가치 체계로 통일시키려는 속성을 동일성으로, 하나의 가치 체계로의 환원을 거부하는 속성을 비동일성으로 규정하고, (나)-❷-2 미메시스란 세계를 바라보는 주체의 관념을 재현하는 것, 즉 감각될 수 없는 것을 감각 가능한 것으로 구현하는 것을 의미한다.

**풀이** (가)에서는 아도르노가 규정한 동일성과 비동일성 개념을, (나)에서는 미메시스의 개념을 각각 설명하고 있다. 그러나 (가)와 (나) 모두 개념의 변화 과정을 제시하지는 않았다.

→ 적절하지 않음!

**④ Ⓓ 서술 방식의 차이점 : (나)는 (가)와 달리 *논지를 강화하기 위해 다른 이의 견해를 **인용함.** *論旨, 글의 목적 **引用-, 끌어 씀

**근거** (나)-❹-4 실수로 찍혀 작가의 어떠한 주관도 결여된 사진에서조차 새로운 예술 정신을 발견하는 것이 가능하다는 베냐민의 지적처럼, 전위 예술이 아닌 예술에서도 미적 가치를 발견할 수 있다.

**풀이** (나)는 아도르노의 미학을 비판하는 글쓴이의 논지를 강화하기 위해 베냐민의 견해를 인용하고 있다. 그러나 (가)는 (나)와 달리 다른 이의 견해를 인용하지 않았다.

→ 적절함!

**⑤ Ⓔ 서술된 내용 간의 관계 : (가)에서 소개한 이론에 대해 (나)에서 의의를 밝히고 한계를 지적함.**

**근거** (가)-❶-1 아도르노는 … 대중 예술이 … 예술의 본질을 상실했을 뿐 아니라 현대 사회의 모순과 부조리를 은폐하고 있다고 지적, (가)-❷-4 예술은 … 매개여야 한다는 것, (가)-❹-1 아도르노에게 있어 예술은 … , (나)-❶-1 아도르노의 미학은 예술과 사회의 관계를 통해 예술의 자율성을 추구했다는 점에서 긍정적으로 평가된다, (나)-❶-3 그의 미학은 기존의 예술에 대한 비판적 관점을 제공한다, (나)-❸-3 아도르노의 미학에서는 주관의 재현이라는 미메시스가 부정되고 있다, (나)-❹-1 아도르노의 미학은 예술의 영역을 극도로 축소시키고 있다.

**풀이** (가)에서는 아도르노의 미학 이론을 소개하고 있다. 한편 (나)에서는 먼저 아도르노의 미학이 지닌 의의를 밝히고, 그의 미학 이론이 지니고 있는 한계를 제시하고 있다.

→ 적절함!

| 008 | 세부 정보 이해 - 적절하지 않은 것 고르기 2023학년도 9월 모평 5번<br>정답률 70%, 매력적 오답 ④ 20% | 정답 ① |
|---|---|---|

## 아도르노가 보는 대중 예술에 대한 이해로 적절하지 않은 것은?

**① 문화 산업을 통해 상품화된 개인의 정체성과 *대립적 관계를 형성한다.** *對立的, 서로 반대되거나 모순되는

**근거** (가)-❶-4 모든 것을 상품의 교환 가치로 환원하려는 자본주의 사회에서, 대중 예술은 개인의 정체성마저 상품으로 전락시키는 기제로 작용한다는 것

**풀이** 아도르노는 대중 예술이 개인의 정체성을 상품화하는 기제로 작용한다고 보았다. 따라서 아도르노가 대중 예술이 개인의 정체성과 '대립적 관계'를 형성한다고 보았다는 설명은 적절하지 않다.

→ 적절하지 않음!

**② 일정한 규격에 맞춰 생산될 뿐 아니라 대중의 감상 능력을 표준화한다.**

**근거** (가)-❶-2~3 아도르노가 보는 대중 예술은 창작의 구성에서 표현까지 표준화되어 생산되는 상품에 불과하다. 그는 대중 예술의 규격성으로 인해 개인의 감상 능력 역시 표준화되고,

**풀이** 아도르노는 대중 예술이 표준화되어 생산되며, 이러한 규격성으로 인해 대중 개인의 감상 능력 역시 표준화된다고 보았다.

→ 적절함!

**③ 자본주의의 교환 가치 체계에 *종속된 것으로서 예술로 포장된 상품에 불과하다.** *從屬-, 딸려 붙게 된

**근거** (가)-❶-1~2 문화 산업에 의해 양산되는 대중 예술이 이윤 극대화를 위한 상품으로 전락함으로써 예술의 본질을 상실했을 뿐 아니라 … 아도르노가 보는 대중 예술은 창작의 구성에서 표현까지 표준화되어 생산되는 상품에 불과, (가)-❶-4 모든 것을 상품의 교환 가치로 환원하려는 자본주의 사회에서, 대중 예술은 개인의 정체성마저 상품으로 전락시키는 기제로 작용한다는 것

**풀이** 아도르노는 모든 것을 상품의 교환 가치로 환원하려는 자본주의 사회에서, 대중 예술이 이윤 극대화를 위한 상품으로 전락하여 예술의 본질을 상실하였으며, 표준화되어 생산되는 상품에 불과하다고 보았다.

→ 적절함!

**④ 모든 것을 상품의 교환 가치로 환원하려는 자본주의 사회의 속성을 은폐한다.**

**근거** (가)-❶-1 대중 예술이 이윤 극대화를 위한 상품으로 전락함으로써 예술의 본질을 상실했을 뿐 아니라 현대 사회의 모순과 부조리를 은폐하고 있다고 지적, (가)-❶-4 모든 것을 상품의 교환 가치로 환원하려는 자본주의 사회에서

**풀이** 아도르노는 모든 것을 상품의 교환 가치로 환원하려는 자본주의 사회에서, 대중 예술이 이윤 극대화를 위한 상품으로 전락하여 예술의 본질을 상실하였으며, 사회의 모순과 부조리를 은폐하고 있다고 지적하였다.

→ 적절함!

**⑤ 문화 산업의 이윤 극대화 과정에서 개인들이 지닌 개성의 차이를 상실시킨다.**

**근거** (가)-❶-1 아도르노는 문화 산업에 의해 양산되는 대중 예술이 이윤 극대화를 위한 상품으로 전락함으로써 예술의 본질을 상실했을 뿐 아니라, (가)-❶-3 그(아도르노)는 대중 예술의 규격성으로 인해 개인의 감상 능력 역시 표준화되고, 개인의 개성은 다른 개인의 그것과 다르지 않게 된다고 보았다.

**풀이** 아도르노는 문화 산업에 의해 양산되는 대중 예술이 이윤 극대화를 위한 상품으로 전락하였고, 대중 예술의 규격성으로 인해 대중 개인의 개성이 다른 개인의 개성과 다르지 않게 된다고 보았다.

→ 적절함!

1등급 문제

| 009 | 추론의 적절성 판단 - 적절한 것 고르기 2023학년도 9월 모평 6번<br>정답률 50%, 매력적 오답 ① 15% ③ 15% ④ 20% | 정답 ⑤ |
|---|---|---|

## ㉠의 이유를 추론한 내용으로 가장 적절한 것은?

㉠ 아도르노의 미학에서는 주관의 재현이라는 미메시스가 부정되고 있다.

**① 비정형적 형태뿐 아니라 정형적 형태 역시 재현되기 때문이다.**

**근거** (나)-❸-2 그는 이러한 미적 체험을 현대 사회의 부조리에 국한시킴으로써, 진정한 예술을 감각적 대상인 형태 그 자체의 비정형성에 대한 체험으로 한정한다.

→ 적절하지 않음!

**② 재현의 주체가 예술가로부터 예술 작품의 감상자로 *전환되기 때문이다.** *轉換-, 바뀌기

**근거** (나)-❷-2 미메시스란 세계를 바라보는 주체의 관념을 재현하는 것, (나)-❸-2 그는 이러한 미적 체험을 현대 사회의 부조리에 국한시킴으로써, 진정한 예술을 감각적 대상인 형태 그 자체의 비정형성에 대한 체험으로 한정

**풀이** (나)에서 아도르노의 미학이 주관의 재현이라는 미메시스를 부정하고, 진정한 예술을 형태 그 자체의 비정형성에 대한 체험으로 한정하였다고 비판하였다. 즉 아도르노의 미학에서는 예술가의 주관의 재현이 이루어지지 않는다고 본 것이다. 또한 예술가의 주관의 재현이 이루어지지 않으므로, 재현의 주체가 감상자로 전환된다고 볼 수도 없다.

→ 적절하지 않음!

③ **미적 체험의 대상이 사회의 부조리에서 세계의 본질로 변화되기 때문이다.**

근거 (나)-❸-2 그는 이러한 미적 체험을 현대 사회의 부조리에 국한시킴

풀이 아도르노는 미적 체험을 현대 사회의 부조리에 국한하였다. 따라서 미적 체험의 대상이 사회의 부조리에서 세계의 본질로 변화된다는 것은 아도르노의 미학 이론과 거리가 있으며, ㉠의 이유로 적절하지 않다.

→ 적절하지 않음!

④ **미적 체험의 과정에서 비정형적인 형태가 예술가의 주관으로 *왜곡되기 때문이다.**

*歪曲-. 사실과 다르게 해석되거나 잘못되기

근거 (나)-❷-2 미메시스란 세계를 바라보는 주체의 관념을 재현하는 것, (나)-❸-2 그는 이러한 미적 체험을 현대 사회의 부조리에 국한시킴으로써, 진정한 예술을 감각적 대상인 형태 그 자체의 비정형성에 대한 체험으로 한정

풀이 미메시스란 세계에 대한 예술가의 주관의 재현을 말한다. (나)에서는 아도르노가 진정한 예술을 형태 그 자체의 비정형성에 대한 체험으로 한정함으로써 미메시스를 부정하였다고 비판하고 있다. 아도르노가 말하는 미적 체험의 과정에서 예술가의 주관의 재현이 이루어진다거나, 비정형적 형태가 예술가의 주관으로 왜곡된다고 볼 수 없으므로, ㉠의 이유로 적절하지 않다.

→ 적절하지 않음!

⑤ **예술가의 주관이 가려지고 작품에 나타난 형태에 대한 체험만이 강조되기 때문이다.**

근거 (나)-❸-1~2 아도르노는 예술이 예술가에게 포착된 세계의 본질을 감상자로 하여금 체험하게 하는 것이어야 한다고 본다. 그러나 그는 이러한 미적 체험을 현대 사회의 부조리에 국한시킴으로써, 진정한 예술을 감각적 대상인 형태 그 자체의 비정형성에 대한 체험으로 한정

풀이 아도르노는 예술이 예술가에게 포착된 세계의 본질을 감상자로 하여금 체험하게 하는 것이어야 한다고 주장하면서, 이때의 체험을 현대 사회의 부조리에 국한하여, 진정한 예술을 형태 그 자체의 비정형성에 대한 체험으로 한정하였다. 이러한 점에서 (나)에서는 아도르노의 미학에서는 '주관의 재현'이라는 미메시스가 부정되고, '형태 그 자체의 비정형성에 대한 체험'만이 강조되고 있다는 비판적 견해를 제시하였다.

→ 적절함!

**010** 추론의 적절성 판단 - 적절한 것 고르기 2023학년도 9월 모평 7번 정답률 75% 정답 ⑤

**(가)의 '아도르노'의 관점을 바탕으로 할 때, ㉡에 대해 *반박할 수 있는 말로 가장 적절한 것은?** *反駁-. 반대하여 말할

㉡ 전위 예술의 관점에서 예술의 동일화를 시도하고 있다.

① **동일화는 애초에 예술과 *무관하므로 예술의 동일화는 실현 불가능하다.** *無關-. 관계가 없으므로

근거 (가)-❶-2 아도르노가 보는 대중 예술은 창작의 구성에서 표현까지 표준화되어 생산되는 상품에 불과, (가)-❷-1 아도르노는 서로 다른 가치 체계를 하나의 가치 체계로 통일시키려는 속성을 동일성으로, 하나의 가치 체계로의 환원을 거부하는 속성을 비동일성으로 규정하고, 예술은 이러한 환원을 거부하는 비동일성을 지녀야 한다고 주장

풀이 (가)에서 아도르노는 대중 예술이 표준화되어 생산되는, 즉 동일성을 지닌 상품에 불과하다고 하면서, 예술은 동일성을 거부하는 비동일성을 지녀야 한다고 주장하였다. 따라서 동일화가 애초에 예술과 무관하다는 것은 아도르노의 관점에서 ㉡에 대해 반박할 수 있는 말로 적절하지 않다.

→ 적절하지 않음!

② **전위 예술의 속성은 부조리 그 자체를 *폭로하는 것이므로 비동일성은 결국 동일성으로 **귀결된다.** *暴露-. 알려지지 않았거나 감춰져 있던 사실을 드러내는 **歸結-. 이르게 된다.

근거 (가)-❸-1~3 아도르노는 … 전위 예술이 그 자체로 동일화에 저항하면서도, 저항이나 계몽을 직접적으로 드러내지 않는다는 것을 높게 평가한다. 저항이나 계몽을 직접 표현하는 것에는 비동일성을 동일화하려는 폭력적 의도가 내재되어 있다고 보기 때문이다. … 예술은 그것에 드러난 비동일성을 체험하게 함으로써 동일화의 폭력에 저항해야 한다는 것, (가)-❹-2 비동일성 그 자체를 속성으로 하는 전위 예술

풀이 아도르노에 따르면 전위 예술은 '비동일성 그 자체'를 속성으로 하며, 그것에 드러난 비동일성을 체험하게 함으로써 동일화의 폭력에 저항한다. 또 그는 전위 예술이 그 자체로 동일화에 저항하면서도 저항이나 계몽을 직접 표현하지 않아 비동일성을 동일화하려는 폭력적 의도를 내재하지 않는다고 보았다. 따라서 전위 예술의 속성이 '부조리 그 자체를 폭로하는(동일화에 대한 저항을 직접 표현함) 것'이라거나, '비동일성이 결국 동일성으로 귀결된다(비동일성을 동일화함)'는 내용은 아도르노의 관점으로 적절하지 않다.

→ 적절하지 않음!

③ **동일성으로 환원된 대중 예술에서도 비동일성을 발견할 수 있으므로 예술의 동일화는 무의미하다.**

근거 (가)-❶-1~2 아도르노는 문화 산업에 의해 양산되는 대중 예술이 이윤 극대화를 위한 상품으로 전락함으로써 예술의 본질을 상실했을 뿐 아니라 현대 사회의 모순과 부조리를 은폐하고 있다고 지적했다. 아도르노가 보는 대중 예술은 창작의 구성에서 표현까지 표준화되어 생산되는 상품에 불과, (가)-❶-4 모든 것을 상품의 교환 가치로 환원하려는 자본주의 사회에서, (가)-❷-1 아도르노는 서로 다른 가치 체계를 하나의 가치 체계로 통일시키려는 속성을 동일성으로, 하나의 가치 체계로의 환원을 거부하는 속성을 비동일성으로 규정

풀이 아도르노는 모든 것을 상품의 교환 가치로 환원하려는 자본주의 사회에서 대중 예술 또한 동일성으로 환원되었다고 보았다. 대중 예술에서 비동일성을 발견할 수 있다는 것은 아도르노의 관점으로 볼 수 없다.

→ 적절하지 않음!

④ **전위 예술은 동일성과 비동일성의 구분을 거부하므로 전위 예술로의 동일화는 새로운 차원의 비동일성으로 전환된다.**

근거 (가)-❸-1 전위 예술이 그 자체로 동일화에 저항하면서도, (가)-❹-2 그는 비동일성 그 자체를 속성으로 하는 전위 예술을 예술이 추구해야 할 바람직한 모습으로 제시했다.

풀이 아도르노에 따르면 전위 예술은 비동일성 그 자체를 속성으로 하며, 그 자체로 동일화에 저항하는 것이다. 따라서 전위 예술이 동일성과 비동일성의 구분을 거부한다는 것은 아도르노의 관점에서 적절하지 않다. 또한 전위 예술은 비동일성 그 자체를 속성으로 한다고 하였으므로, 그의 관점에서 '전위 예술로의 동일화'라는 것이 이루어질 수 없다.

→ 적절하지 않음!

⑤ **동일화를 거부하는 속성이 전위 예술의 본질이므로 전위 예술을 추구하는 것은 동일화가 아니라 비동일화를 *지향하는 것이다.** *志向-. 목표로 하여 나아가는

근거 (가)-❷-1 예술은 이러한 환원을 거부하는 비동일성을 지녀야 한다고 주장, (가)-❸-1 전위 예술이 그 자체로 동일화에 저항하면서도, (가)-❹-2 그는 비동일성 그 자체를 속성으로 하는 전위 예술을 예술이 추구해야 할 바람직한 모습으로 제시했다.

풀이 아도르노는 예술이 비동일성을 지녀야 한다고 주장하였으며, 전위 예술은 비동일성 그 자체를 속성으로 하며 그 자체로 동일화에 저항하는 것이라고 보았다. 따라서 전위 예술의 관점에서 예술의 동일화를 시도하고 있다는 ㉡의 비판에 대해, 아도르노의 관점에서는 '동일화를 거부하는 속성이 전위 예술의 본질이므로, 전위 예술을 추구하는 것은 동일화가 아니라 비동일화를 지향하는 것'이라고 반박할 수 있을 것이다.

→ 적절함!

1등급 문제

**011** 구체적인 사례에 적용 - 적절하지 않은 것 고르기 2023학년도 9월 모평 8번 정답률 60%, 매력적 오답 ④ 20% 정답 ③

**다음은 학생이 미술관에 다녀와서 작성한 감상문이다. 이에 대해 (가)의 '아도르노'의 관점(A)과 (나)의 글쓴이의 관점(B)에서 설명한 내용으로 적절하지 않은 것은?** [3점]

주말 동안 미술관에서 작품을 관람했다.(觀覽-. 구경했다.) 기억에 남는 세 작품이 있었다. 첫 번째 작품의 제목은 「자화상(自畫像. 스스로 그린 자기의 초상화)」이었지만 얼굴의 형상(形象. 모양)을 전혀 찾아볼 수 없는 기괴한(奇怪-. 괴상하고 이상한) 모습이었고, 제각각의 형태와 색채들이 이곳저곳 흩어져 있어 불편한 감정만 느껴졌다. 두 번째 작품은 사회에 비판적인 유명 연예인의 얼굴을 묘사한 그림으로, 대량(大量. 아주 많은 수량) 복제되어(複製-. 원래의 것과 똑같은 것이 만들어져) 유통되는(流通-. 상품이 생산자, 소비자, 수요자에 이르기까지 여러 단계에서 교환되고 분배되는) 작품이었다. 그리고 사용된 색채와 구도가 TV에서 본 상업 광고의 한 장면같이 익숙하게 느껴져서 좋았다. 세 번째 작품은 시골 마을의 서정적인(抒情的-. 감정을 불러일으키는 기분이나 분위기를 듬뿍 담고 있는) 풍경을 사실적으로 묘사한 그림으로 색감과 조형미(造形美. 입체감 있게 예술적으로 나타내어 표현하는 아름다움)가 뛰어나 오랫동안 기억에 잔상(殘像. 지워지지 않는 지난날의 모습)으로 남았다.

비동일성을 지님, 그 자체로 추하고 불쾌한 것, 비정형화된 모습

상품으로서의 대중 예술

표준화되어 생산됨, 대중 예술의 규격성

① **A : 첫 번째 작품에서 학생이 기괴함과 불편함을 느낀 것은 부조리한 사회에 대한 예술적 체험의 충격 때문일 수 있습니다.**

**근거** (가)-❷-2 예술은 대중이 원하는 아름다운 상품이 되기를 거부하고, 그 자체로 추하고 불쾌한 것이 되어야 한다는 것, (가)-❷-4 예술은 동일화되지 않으려는, 일정한 형식이 없는 비정형화된 모습으로 나타남으로써 현대 사회의 부조리를 체험하게 하는 매개여야 한다는 것

**풀이** (가)에서 아도르노는 예술이 그 자체로 추하고 불쾌한 것이 되어야 하며, 예술은 비정형화된 모습으로 현대 사회의 부조리를 체험하게 하여야 한다고 보았다. 이러한 아도르노의 관점에서는 학생이 첫 번째 작품을 감상하면서 기괴함과 불편한 감정을 느낀 것은 부조리한 사회에 대한 예술적 체험의 충격 때문이라고 볼 것이다.

→ 적절함!

② **A : 두 번째 작품에서 학생이 느낀 익숙함은 현대 사회의 모순에 대한 *무감각과 같은 것일 수 있습니다. 이는 문화 산업의 논리에 동일화되어 감각이 **무뎌진 결과라 할 수 있습니다.** *無感覺, 관심이 없음 **둔해진

**근거** (가)-❶-1 아도르노는 문화 산업에 의해 양산되는 대중 예술이 이윤 극대화를 위한 상품으로 전락함으로써 예술의 본질을 상실했을 뿐 아니라 현대 사회의 모순과 부조리를 은폐하고 있다고 지적

**풀이** (가)에서 아도르노는 문화 산업에 의해 양산되는 대중 예술이 예술의 본질을 상실하고 현대 사회의 모순과 부조리를 은폐하고 있다고 지적하였다. 두 번째 작품은 대량 복제되어 유통되는 것으로, 학생은 작품에 사용된 색채와 구도가 상업 광고와 같이 익숙하게 느껴져 좋았다고 하였다. 따라서 아도르노는 학생은 문화 산업의 논리에 동일화되어 있다고 볼 것이며, 학생이 해당 작품에 익숙함을 느낀 것은 대중 예술이 은폐한 현대 사회의 모순에 대한 무감각이라고 볼 것이다.

→ 적절함!

③ **A : 세 번째 작품에 표현된 서정성과 조형미는 부조리에 대한 저항과는 *괴리가 있습니다. 사회에 대한 저항을 직접적으로 드러낸 예술이어야 진정한 예술이라고 할 수 있습니다.** *乖離, 서로 맞지 않아 동떨어짐

**근거** (가)-❸-1~2 아도르노는 쇤베르크의 음악과 같은 전위 예술이 그 자체로 동일화에 저항하면서도, 저항이나 계몽을 직접적으로 드러내지 않는다는 것을 높게 평가한다. 저항이나 계몽을 직접 표현하는 것에는 비동일성을 동일화하려는 폭력적 의도가 내재되어 있다고 보기 때문

**풀이** (가)에서 아도르노는 동일화에 저항하면서도, 저항이나 계몽을 직접적으로 드러내지 않는 전위 예술을 높이 평가하고 있다. 또 저항이나 계몽을 직접 표현하는 것에는 비동일성을 동일화하려는 폭력적 의도가 내재되어 있다고 보았다. 따라서 '사회에 대한 저항을 직접적으로 드러낸 예술이어야 진정한 예술이라고 할 수 있다'고 한 것은 아도르노의 관점으로 적절하지 않다.

→ 적절하지 않음!

④ **B : 첫 번째 작품의 흩어져 있는 형태와 색채가 예술가의 표현 의도를 담고 있지 않더라도 그 작품에서 예술적 가치를 발견할 수 있습니다.**

**근거** (나)-❹-4 실수로 찍혀 작가의 어떠한 주관도 결여된 사진에서조차 새로운 예술 정신을 발견하는 것이 가능하다는 베냐민의 지적처럼, 전위 예술이 아닌 예술에서도 미적 가치를 발견할 수 있다.

**풀이** (나)에서 글쓴이는 실수로 찍혀 작가의 어떠한 주관도 들어 있지 않은 사진에서조차 새로운 예술 정신의 발견이 가능하다는 베냐민의 견해를 인용하여 전위 예술이 아닌 예술에서도 미적 가치를 발견할 수 있다고 주장하였다. 따라서 (나)의 글쓴이의 관점에서는 첫 번째 작품의 형태와 색채가 작가의 의도를 담고 있지 않더라도 그 작품에서 미적 가치를 발견할 수 있다고 볼 것이다.

→ 적절함!

⑤ **B : 두 번째 작품은 대량 생산을 통해 제작된 것이지만 그 연예인의 사회 비판적 이미지를 이용해 현대 사회의 문제점을 *고발하는 것일 수 있습니다.** *告發-, 드러내어 알리는

**근거** (나)-❹-5 대중음악이 사회적 저항의 메시지를 전달하는 사례도 있듯이, 자본의 논리에 편승한 대중 예술이라 하더라도 사회에 대한 비판적 기능을 수행하는 경우도 있다.

**풀이** (나)에서 글쓴이는 자본의 논리에 편승한 대중 예술이라 하더라도 사회에 대한 비판적 기능을 수행할 수 있다고 보았다. 학생이 감상한 두 번째 작품은 사회에 비판적인 유명 연예인의 얼굴을 묘사한 그림으로, 대량 복제되어 유통되는 대중 예술이다. 이러한 두 번째 작품에 대해 (나)의 글쓴이는 대량 생산을 통해 제작된 작품이지만 해당 연예인의 사회 비판적 이미지를 이용해 현대 사회의 문제점을 고발하는 비판적 기능을 수행할 수 있다고 볼 것이다.

→ 적절함!

| 012 | 문맥적 의미 파악 - 적절하지 않은 것 고르기 2023학년도 9월 모평 9번<br>정답률 85%, 매력적 오답 ② 10% | 정답 ① |
|---|---|---|

### 문맥상 ⓐ~ⓔ와 바꿔 쓰기에 적절하지 않은 것은?

ⓐ 전락시키는 ⓑ 유리된 ⓒ 응시하는 ⓓ 박탈한다 ⓔ 발견하는

① **ⓐ : 맞바꾸는**

**풀이** ⓐ에서 쓰인 '전락(轉 구르다 전 落 떨어지다 락)하다'는 '나쁜 상태나 타락한 상태에 빠지다'의 의미이다. 한편 '맞바꾸다'는 '더 보태거나 빼지 않고 어떤 것을 주고 다른 것을 받다'의 의미로, ⓐ와 바꿔 쓸 경우 해당 문장의 의미가 달라진다. 따라서 ⓐ를 '맞바꾸는'으로 바꿔 쓰는 것은 적절하지 않다.

→ 적절하지 않음!

② **ⓑ : 동떨어진**

**풀이** ⓑ에서 쓰인 '유리(遊 떠돌다 유 離 떨어지다 리)되다'는 '따로 떨어지게 되다'의 뜻으로, 문맥상 '동떨어지다'와 바꿔 써도 그 의미가 달라지지 않는다. 따라서 ⓑ의 '유리된'을 '동떨어진'으로 바꿔 쓰는 것은 문맥상 적절하다.

→ 적절함!

③ **ⓒ : 바라보는**

**풀이** ⓒ에서 쓰인 '응시(凝 모으다 응 視 보다 시)하다'는 '눈길을 모아 한 곳을 똑바로 바라보다'의 뜻으로, 문맥상 '바라보다'와 바꿔 써도 그 의미가 달라지지 않는다. 따라서 ⓒ의 '응시하는'을 '바라보는'으로 바꿔 쓰는 것은 문맥상 적절하다.

→ 적절함!

④ **ⓓ : 빼앗는다**

**풀이** ⓓ에서 쓰인 '박탈(剝 빼앗다 박 奪 빼앗다 탈)하다'는 '남의 재물이나 권리, 자격 따위를 빼앗다'의 뜻으로, 문맥상 '빼앗다'와 바꿔 써도 그 의미가 달라지지 않는다. 따라서 ⓓ의 '박탈한다'를 '빼앗는다'로 바꿔 쓰는 것은 문맥상 적절하다.

→ 적절함!

⑤ **ⓔ : 찾아내는**

**풀이** ⓔ에서 쓰인 '발견(發 밝히다 발 見 보다 견)하다'는 '미처 찾아내지 못하였거나 아직 알려지지 아니한 사물이나 현상, 사실 따위를 찾아내다'의 뜻으로, 문맥상 '찾아내다'와 바꿔 써도 그 의미가 달라지지 않는다. 따라서 ⓔ의 '발견하는'을 '찾아내는'으로 바꿔 쓰는 것은 문맥상 적절하다.

→ 적절함!

**[013~018] 다음 글을 읽고 물음에 답하시오.**

(가)

1 [1]전국 시대(戰國時代, 중국 역사에서 춘추 시대 다음부터 진나라가 중국을 통일한 때까지의 약 200년간)의 혼란을 종식한(終熄-, 끝나게 한) 진(秦)(중국 최초의 통일 왕조)은 분서갱유(焚書坑儒, 진나라의 시황제가 학자들의 정치적 비판을 막기 위해 민간의 책 중에서 실용 서적을 제외한 모든 책을 불태우고, 황제를 비판한 유학자들을 생매장한 사건)를 단행하며(斷行-, 결단하여 실행하며) 사상(思想, 어떠한 사물에 대해 가지고 있는 구체적인 사고나 생각) 통제(統制, 권력으로 행위를 제한하는 일)를 ⓐ 기도했다. [2]당시 권력자였던 이사(李斯)에게 역사 지식은 전통만 따지는 허언(虛言, 실속 없는 빈말)이었고, 학문은 법과 제도에 대해 논란을 일으키는 원인에 불과했다. [3]이에 따라 전국 시대의 『순자』처럼 다른 사상을 비판적으로 ⓑ 흡수하여 통합 학문의 틀을 보여 준 분위기는 일시적으로 약화되었다. [4]이에 한(漢)(진나라에 이어 중국을 통일한 왕조) 초기 사상가들의 과제는 진의 멸망(滅亡, 망하여 없어짐) 원인을 분석하고 이(진의 멸망 원인에 대한 분석 결과)에 기초한 안정적 통치 방안을 제시하며, 힘의 지배(支配, 복종하게 하여 다스림)를 ⓒ 숭상하던 당시 지배 세력의 태도를 극복하는 것이었다. [5]이러한 과제에 부응한(副應-, 좇아서 응한) 대표적 사상가는 육가(陸賈)였다.

→ 진 말 한 초의 시대적 상황과 당시 사상가들의 과제

2 [1]순자의 학문을 계승한(繼應-, 이어받은) 그(육가)는 한 고조(한(漢)나라의 제1대 황제)의 치국(治國, 나라를 다스림) 계책(計策, 이루기 위하여 꾀나 방법을 생각해 냄) 요구에 부응해 『신어』를 저술하였다. [2]이 책(『신어』)을 통해 그(육가)는 진의 단명(短命, 목숨이 짧음. 여기

서는 '진나라의 빠른 멸망'의 의미) 원인을 가혹한(苛酷–, 몹시 모질고 혹독한) 형벌(刑罰, 범죄자에게 가하는 처벌, 금지 조치)의 남용(濫用, 본래 목적이나 범위를 벗어나 함부로 행사함), 법률에만 의거한 통치, 군주(君主, 세습적으로 나라를 다스리는 최고 지위에 있는 사람, 왕)의 교만(驕慢, 잘난 체하며 뽐내고 건방짐)과 사치, 그리고 현명하지 못한 인재(人材, 일을 할 수 있는 학식이나 능력을 갖춘 사람) 등용(登用, 인재를 뽑아서 씀) 등으로 지적하고, 진의 사상 통제가 낳은 폐해(弊害, 옳지 못한 경향이나 해로운 현상으로 생기는 해)를 거론하며(擧論–, 논제로 삼아 제기하거나 논의하며) 한 고조에게 지식과 학문이 중요함을 설득하고자 하였다. [3]그(육가)에게 지식의 핵심은 현실 정치에 도움을 주는 역사 지식이었다. [4]그(육가)는 역사를 관통하는(貫通–, 꿰뚫어서 통하는) 자연의 이치에 따라 천문·지리·인사 등 천하의 모든 일을 포괄한다는(包括–, 일정한 범위 안에 모두 끌어넣는다는) ㉠ 통물(統物)과, 역사 변화 과정에 대한 통찰(洞察, 예리한 관찰력으로 꿰뚫어 봄)로서 상황에 맞는 조치를 취하고 기존 규정을 고수하지(固守–, 굳게 지키지) 않는다는 ㉡ 통변(通變)을 제시하였다. [5]통물과 통변이 정치의 세계에 드러나는 것이 ㉢ 인의(仁義)라고 파악한 그(육가)는 힘에 의한 권력 창출(創出, 없던 것을 만들어 냄)을 긍정하면서도 권력의 유지와 확장을 위한 왕도 정치(王道政治, 어진 덕을 근본으로 천하를 다스려야 한다는 유교적 정치사상)를 제안하며 인의의 실현을 위해 유교 이념과 현실 정치의 결합을 시도하였다.

→ 육가의 『신어』 저술 배경과 책에 담긴 사상

3 [1]인의가 실현되는 정치를 위해 육가는 유교의 범위를 벗어나지 않는 한에서 타(他, 다른) 사상을 수용하였다. [2]예와 질서를 중시하며 교화(敎化, 가르치고 이끌어 좋은 방향으로 나아가게 함)의 정치를 강조하는 유교를 중심으로 도가의 무위(無爲, 자연에 따라 행하고 사람의 힘을 가하지 않는 도가의 중심 사상)와 법가의 권세(權勢, 권위와 세력, 법에 따른 엄격한 통치의 확립을 중요시한 법가에서는 왕의 권위와 세력의 유지를 강조하였음)를 끌어들였다. [3]그(육가)에게 무위는 형벌을 가벼이 하고 군주의 수양(修養, 몸과 마음을 갈고닦아 품성, 지식, 도덕 등을 높은 경지로 끌어올림)을 강조하는 것으로 평온한 통치의 결과를 의미했고, 권세도 현명한 신하의 임용(任用, 직무를 맡기어 사람을 씀)을 통해 정치권력의 안정을 도모하는(圖謀–, 이루기 위해 대책과 방법을 세우는) 방향성을 가진 것이었기에 원래의 그것(법가의 권세)과는 차별된 것이었다.

→ 유교를 중심으로 타 사상을 수용한 육가의 사상

4 [1]육가의 사상은 과도한 융통성(融通性, 형편이나 경우에 따라 적절하게 처리함)으로 사상적 정체성(正體性, 본질적으로 가지고 있는 특성)이 문제가 되기도 했지만, 군주의 정치 행위에 따라 천명(天命, 하늘의 명령)이 결정됨을 지적하고 인의의 실현을 강조한 통합의 사상이었다. [2]그(육가)의 사상은 한 무제(한(漢)나라의 제7대 황제) 이후 유교 독존(獨尊, 혼자 높고 귀함)의 시대를 여는 데 기여하였다.

→ 육가 사상의 의의

(나)

1 [1]조선 초기에 진행된 고려 관련 역사서 편찬(編纂, 여러 가지 자료를 모아 체계적으로 정리하여 책을 만듦)은 고려 멸망의 필연성(必然性, 반드시 그렇게 될 수밖에 없는 성질)과 조선 건국(建國, 나라를 세움)의 정당성(正當性, 일의 이치에 맞아 옳고 정의로운 성질)을 드러내는 작업이었다. [2]편찬자(編纂者, 편찬을 맡아 하는 사람)들은 다양한 방식으로 고려와 조선의 차별성을 부각하고, 고려보다 조선이 뛰어남을 설득하고자 하였다.

→ 조선 초기 역사서 편찬의 목적

2 [1]태조의 명(命, 명령)으로 고려 말에 찬술되었던(纂述–, 글의 재료가 모아져 책으로 쓰였던) 자료들을 모아 고려에 관한 역사서가 편찬되었지만, 왕실(王室, 임금의 집안)이 아닌 편찬자의 주관(主觀, 자기만의 견해나 관점)이 ⓓ 개입되었다는 비판이 제기되는 등 여러 문제점이 지적되었다. [2]이에 태종은 고려의 역사서를 다시 만들라는 명을 내렸다. [3]이후 고려의 용어들을 그대로 싣자는 주장과 유교적 사대주의(事大主義, 주체성 없이 세력이 강한 나라를 받들어 섬기는 태도)에 따른 명분(名分, 신분에 따라 마땅히 지켜야 할 도리)에 맞추어 고쳐 쓰자는 주장이 맞서는 등 세종 대까지도 논란이 ⓔ 계속되었지만, 문종 대에 이르러 『고려사』 편찬이 완성되었다. [4]이(『고려사』 편찬) 과정에서 역사 연구에 관심을 기울인 세종은 경서(經書)(역경, 서경, 시경, 예기, 춘추, 논어 등 옛 성현들이 유교의 사상과 교리를 써 놓은 책)가 학문의 근본이라면 역사서는 학문을 현실에서 구현하는(具現–, 구체적인 사실로 나타나게 하는) 것으로 파악하고, 집현전 학자들과의 경연(經筵, 임금이 학문이나 기술의 뜻을 해설하며 토론하거나 힘써 배우고 닦으며, 신하들과 나라의 정치를 의논하던 일)을 통해 경서와 역사서에 대한 이해를 쌓아 갔다.

→ 『고려사』의 편찬 배경과 역사 연구에 대한 세종의 관점

3 [1]이런 분위기에서 세종은 중국과 우리나라의 흥망성쇠(興亡盛衰, 흥하고(번성하여 잘 되어 가고) 망함과 성하고(세력이 한창 왕성하고) 쇠함(점점 줄어 약해짐))를 담은 『치평요람』의 편찬을 명하였고, 집현전 학자들은 원(元)까지의 중국 역사와 고려까지의 우리 역사를 정리하였다. [2]정리 과정에서 주자학적(朱子學的, 주희에 의해 집대성된 주자학(= 성리학)과 관련된) 역사관이 담긴 『자치통감강목』에 따라 역대(歷代, 대대로 이어 내려온 여러 대) 국가를 정통(正統, 바른 계통)과 비정통(非正統, 바른 계통이 아님)으로 구분했지만, 편찬 형식 측면에서는 강목체(綱目體, 역사를 연, 월, 일순에 따라 강과 목으로 기록하는 방식)를 따르지 않았다. [3]또한 올바른 정치의 여부에 따라 국가의 운명이 다하고 천명이 옮겨 간다는 내용을 드러내고자 기존 역사서와 달리 국가 간 전쟁과 외교 문제, 국가 말기(末期, 끝이 되는 때나 시기)의 혼란과 새 국가 초기의 혼란 수습(收拾, 어수선한 사태를 거두어 바로잡음) 등을 부각하였다.

→ 『치평요람』의 편찬 및 편찬 방식

4 [1]이러한 편찬 방식은 국가의 흥망성쇠를 거울삼아(지나간 일을 보아 본받거나 경계하여) 국가를 잘 운영하겠다는(運營–, 관리하여 나가겠다는) 목적 이외에 새 국가의 토대(土臺, 밑바탕)를 마련하려는 의도가 전제된(前提–, 먼저 내세워진) 것이었다. [2]이런 의도가 집중적으로 반영된 곳은 『치평요람』의 「국조(國朝)」 부분이었다. [3]이 부분(『치평요람』의 「국조(國朝)」)의 편찬자들은 유교적 시각에서 고려 정치를 바라보며 불교 사상의 폐단(弊端, 옳지 못한 경향이나 해로운 현상)을 비롯한 문제점들을 다각도로(多角度–, 여러 방면으로) 드러냈고, 이를 통해 유교적 사회로의 변화를 주장하였다. [4]이성계의 능력과 업적(業績, 세운 공적)을 담기는 했지만 이것이 조선 건국을 정당화하기에는 불충분했기에 세종은 역사적 사실을 배경으로 조선 왕조의 우수성을 부각한 『용비어천가』의 편찬을 지시했다. [5]이(『용비어천가』의 편찬)는 왕조의 우수성과 정통성을 경전과 역사의 다양한 근거를 통해 보여 주고자 한 것이었다.

→ 『치평요람』의 편찬에 담긴 의도와 『용비어천가』의 편찬 목적

■ 지문 이해

(가)

**『신어』에 담긴 육가의 사상**

**❶ 진 말 한 초의 시대적 상황과 당시 사상가들의 과제**

- 진의 분서갱유를 통한 사상 통제로 통합 학문의 틀을 보여 준 분위기가 약화됨
- 한 초기 사상가들의 과제 : 진의 멸망 원인을 분석하고 안정적 통치 방안을 제시하며, 당시 지배 세력의 태도를 극복하는 것
  → 과제에 부응한 대표적 사상가 : 육가

**❷ 육가의 『신어』 저술 배경과 책에 담긴 사상**

- 한 고조의 치국 계책 요구에 부응해 『신어』를 저술함
  - 진 단명의 원인을 지적하고, 진의 사상 통제가 낳은 폐해를 거론함
  - 한 고조에게 지식과 학문이 중요함을 설득하려 함
- 현실 정치에 도움을 주는 역사 지식을 지식의 핵심으로 봄
- 통물과 통변이 정치 세계에 드러나는 것이 인의라고 봄
- 힘에 의한 권력 창출과 더불어 권력의 유지와 확장을 위한 왕도 정치를 제안함
- 인의의 실현을 위해 유교 이념과 현실 정치의 결합을 시도함

**❸ 유교를 중심으로 타 사상을 수용한 육가의 사상**

- 예와 질서를 중시하고 교화의 정치를 강조하는 유교를 중심으로 도가의 무위와 법가의 권세를 수용함

**❹ 육가 사상의 의의**

- 군주의 정치 행위에 따라 천명이 결정됨을 지적하고 인의의 실현을 강조한 통합의 사상 → 한 무제 이후 유교 독존의 시대를 여는 데 기여함

(나)

**『치평요람』에 담긴 세종과 편찬자들의 사상**

**❶ 조선 초기 역사서 편찬의 목적**

- 고려 멸망의 필연성과 조선 건국의 정당성을 드러냄
- 고려와 조선의 차별성을 부각, 고려보다 조선이 뛰어남을 설득하려 함

**❷ 『고려사』의 편찬 배경과 역사 연구에 대한 세종의 관점**

- 고려에 관한 기존의 역사서에 여러 문제점이 지적됨 → 태종은 고려 역사서를 다시 만들라고 명함 → 문종 대에 『고려사』의 편찬이 완성됨
- 세종 : 경서는 학문의 근본, 역사서는 학문을 현실에서 구현하는 것으로 파악함

**❸『치평요람』의 편찬 및 편찬 방식**

- 세종의 명에 따라 집현전 학자들이 중국 역사와 우리 역사를 정리한 『치평요람』을 편찬함
  - 『자치통감강목』에 따라 역대 국가를 정통과 비정통으로 구분함
  - 편찬 형식 측면에서는 강목체를 따르지 않음
  - 국가 간 전쟁과 외교 문제, 국가 말기의 혼란, 새 국가 초기의 혼란 수습 등을 부각 → 올바른 정치 여부에 따라 국가의 운명이 다하고 천명이 옮겨 간다는 내용을 드러냄

**❹『치평요람』의 편찬에 담긴 의도와 『용비어천가』의 편찬 목적**

- 국가의 흥망성쇠를 거울삼아 국가를 잘 운영하겠다는 목적과 새 국가의 토대를 마련하려는 의도가 담김 ⇒ 『치평요람』의 「국조(國朝)」
  - 유교적 시각에서 고려 정치를 바라봄
  - 불교 사상의 폐단 등 고려의 문제점들을 다각도로 드러냄
  - 유교적 사회로의 변화를 주장함
- 『용비어천가』의 편찬 : 역사적 사실을 배경으로 조선 왕조의 우수성을 부각함 → 왕조의 우수성과 정통성을 경전과 역사의 근거를 통해 보여 주고자 함

**013** | 독서 방법의 적절성 - 적절한 것 고르기 2023학년도 6월 모평 4번 정답률 75% | 정답 ①

**(가)와 (나)의 차이점을 중심으로 두 글을 비교하며 읽는 방법으로 가장 적절한 것은?**

**① (가)는 한(漢)에서, (나)는 조선에서 쓰인 책을 설명하고 있으니, 시대 상황과 사상이 책에 반영된 *양상을 비교하며 읽는다.** *樣相, 모양, 상태

근거 (가)-❶-4~5 한(漢) 초기 사상가들의 과제는 … 이러한 과제에 부응한 대표적 사상가는 육가(陸賈), (가)-❷-1~2 그(육가)는 한 고조의 치국 계책 요구에 부응해 『신어』를 저술하였다. 이 책을 통해 그는 … , (나)-❸-1 세종은 중국과 우리나라의 흥망성쇠를 담은 『치평요람』의 편찬을 명하였고, 집현전 학자들은 원(元)까지의 중국 역사와 고려까지의 우리 역사를 정리, (나)-❹-1 국가의 흥망성쇠를 거울삼아 국가를 잘 운영하겠다는 목적 이외에 새 국가의 토대를 마련하려는 의도

풀이 (가)는 한 초기 사상가인 육가가 저술한 『신어』를 설명하면서, 책을 저술할 당시의 시대 상황과 책에 담긴 내용, 또 이를 통해 알 수 있는 육가의 사상과 저술 목적 등을 설명하고 있다. 한편 (나)는 조선 초기 세종의 명으로 집현전 학자들이 편찬한 『치평요람』에 대해 당시의 시대 상황을 책의 편찬 배경으로 제시하고, 책이 담고 있는 목적과 편찬 의도에 대해 설명하고 있다. 따라서 (가)는 한(漢)에서, (나)는 조선에서 쓰인 책을 설명하고 있으니, 시대 상황과 사상이 책에 반영된 양상을 비교하며 읽는다는 설명은 두 글을 비교하며 읽는 방법으로 적절하다.

→ 적절함!

**② (가)는 *피지배 계층을, (나)는 지배 계층을 대상으로 한 책을 설명하고 있으니, 예상 독자의 반응 양상을 비교하며 읽는다.** *被支配, 지배를 당하는

근거 (가)-❷-1~2 그(육가)는 한 고조의 치국 계책 요구에 부응해 『신어』를 저술하였다. 이 책을 통해 그(육가)는 … 한 고조에게 지식과 학문이 중요함을 설득하고자 하였다.

풀이 (가)에 따르면 육가는 한 고조의 치국 계책 요구에 부응해 『신어』를 저술하였고, 이 책을 통해 한 고조에게 지식과 학문의 중요성을 설득하려 하였다. 따라서 (가)는 피지배 계층을 대상으로 한 책을 설명하고 있다고 볼 수 없다.

→ 적절하지 않음!

**③ (가)는 동일한 시대에, (나)는 서로 다른 시대에 쓰인 책들을 설명하고 있으니, 시대에 따른 창작 환경을 비교하며 읽는다.**

근거 (가)-❶-3 전국 시대의 『순자』, (가)-❷-1 순자의 학문을 계승한 그(육가)는 한 고조의 치국 계책 요구에 부응해 『신어』를 저술, (나)-❶-1 조선 초기에 진행된 고려 관련 역사서 편찬, (나)-❷-3 문종 대에 이르러 『고려사』 편찬이 완성, (나)-❸-1 세종은 중국과 우리나라의 흥망성쇠를 담은 『치평요람』의 편찬을 명하였고, (나)-❹-4 세종은 역사적 사실을 배경으로 조선 왕조의 우수성을 부각한 『용비어천가』의 편찬을 지시

풀이 (가)에 언급된 『순자』는 전국 시대에 쓰인 책이고, 『신어』는 한나라 시대에 쓰인 책이다. 따라서 (가)는 동일한 시대가 아니라 서로 다른 시대에 쓰인 책들을 설명하고 있다. 반면 (나)에 언급된 『고려사』, 『치평요람』, 『용비어천가』는 모두 조선 시대에 쓰인 책이다.

→ 적절하지 않음!

**④ (가)는 *학문적 성격의, (나)는 **실용적 성격의 책을 설명하고 있으니, 다양한 분야의 책에 담긴 ***보편성을 확인하며 읽는다.** *學問的, 학문과 관련되어 있거나 학문으로서의 방법, 체계가 서 있는 **實用的, 실제로 쓰기에 알맞은 ***普遍性, 모든 것에 두루 미치거나 통하는 성질

근거 (가)-❷-1~2 그(육가)는 한 고조의 치국 계책 요구에 부응해 『신어』를 저술하였다. 이 책을 통해 그(육가)는 … 한 고조에게 지식과 학문이 중요함을 설득하고자 하였다, (나)-❸-1 세종은 중국과 우리나라의 흥망성쇠를 담은 『치평요람』의 편찬을 명하였고, 집현전 학자들은 원(元)까지의 중국 역사와 고려까지의 우리 역사를 정리하였다, (나)-❸-3 올바른 정치의 여부에 따라 국가의 운명이 다하고 천명이 옮겨 간다는 내용을 드러내고자

풀이 (가)의 『신어』와 (나)의 『치평요람』은 옛 국가의 역사를 바탕으로 새 국가의 현실 정치에 도움을 주기 위한 목적을 담은 책으로, 그 내용과 목적에서 학문적 성격과 실용적 성격을 모두 찾을 수 있다. 따라서 (가)와 (나)에서 설명한 책들을 각각 '학문적 성격의 책'과 '실용적 성격의 책'으로 구분하기는 어렵다.

→ 적절하지 않음!

**⑤ (가)는 국가 주도로, (나)는 개인 주도로 편찬된 책들을 설명하고 있으니, 각 주체별 관심 분야의 차이를 확인하며 읽는다.**

근거 (가)-❷-1 그(육가)는 한 고조의 치국 계책 요구에 부응해 『신어』를 저술, (나)-❸-1 세종은 중국과 우리나라의 흥망성쇠를 담은 『치평요람』의 편찬을 명하였고, 집현전 학자들은 원(元)까지의 중국 역사와 고려까지의 우리 역사를 정리

풀이 (가)는 육가가 저술한 『신어』에 대해 설명하고 있고, (나)는 세종이 명하고 집현전 학자들이 편찬한 『치평요람』에 대해 설명하고 있다. 따라서 (가)는 육가 개인의 주도로, (나)는 국가 주도로 편찬된 책이라고 볼 수 있다.

→ 적절하지 않음!

1등급 문제

**014** | 세부 정보 이해 - 적절하지 않은 것 고르기 2023학년도 6월 모평 5번 정답률 50%, 매력적 오답 ② 30% ④ 10% | 정답 ③

**(가), (나)의 내용과 일치하지 않는 것은?**

**① 진의 권력자인 이사는 역사 지식과 학문을 부정적인 것으로 인식하였다.**

근거 (가)-❶-2 당시(진(秦)나라 시기) 권력자였던 이사(李斯)에게 역사 지식은 전통만 따지는 허언이었고, 학문은 법과 제도에 대해 논란을 일으키는 원인에 불과했다.

→ 적절함!

**② 전국 시대에는 『순자』처럼 여러 사상을 통합하려는 학문 경향이 있었다.**

근거 (가)-❶-3 전국 시대의 『순자』처럼 다른 사상을 비판적으로 흡수하여 통합 학문의 틀을 보여 준 분위기

→ 적절함!

**③ 『치평요람』은 『자치통감강목』의 편찬 형식에 따라 역대 국가를 정통과 비정통으로 구분하여 정리하였다.**

근거 (나)-❸-2 (『치평요람』은) 정리 과정에서 주자학적 역사관이 담긴 『자치통감강목』에 따라 역대 국가를 정통과 비정통으로 구분했지만, 편찬 형식 측면에서는 강목체를 따르지 않았다.

풀이 『치평요람』이 『자치통감강목』에 따라 역대 국가를 정통과 비정통으로 구분한 것은 맞지만, '편찬 형식' 측면에서는 이를 따르지 않았다.

→ 적절하지 않음!

**④ 『치평요람』의 「국조」는 고려의 문제점들을 보임으로써 사회의 변화를 이끌어야 한다는 주장을 드러내었다.**

근거 (나)-❹-3 이 부분(『치평요람』의 「국조(國朝)」)의 편찬자들은 유교적 시각에서 고려 정치를 바라보며 불교 사상의 폐단을 비롯한 문제점들을 다각도로 드러냈고, 이를 통해 유교적 사회로의 변화를 주장

→ 적절함!

**⑤ 『용비어천가』에는 조선 왕조의 우수성을 드러내고 건국의 정당성을 확보하려는 목적이 담겨 있다.**

근거 (나)-❹-4 이성계의 능력과 업적을 담기는 했지만 이것이 조선 건국을 정당화하기에는 불충분했기에 세종은 역사적 사실을 배경으로 조선 왕조의 우수성을 부각한 『용비어천가』의 편찬을 지시했다.

→ 적절함!

1등급 문제

**015** 핵심 개념 파악 - 적절한 것 고르기 2023학년도 6월 모평 6번
정답률 55%, 매력적 오답 ② 10% ③ 10% ⑤ 20%
정답 ④

**㉠~㉢에 대한 이해로 가장 적절한 것은?**

㉠ 통물(統物) ㉡ 통변(通變) ㉢ 인의(仁義)

▶ 지문 핵심 개념 정리

- 통물(統物) : 역사를 관통하는 자연의 이치에 따라 천문 · 지리 · 인사 등 천하의 모든 일을 포괄하는 것((가)-❷-4)
- 통변(通變) : 역사 변화 과정에 대한 통찰로서 상황에 맞는 조치를 취하고 기존 규정을 고수하지 않는 것((가)-❷-4)
- 인의(仁義) : 통물과 통변이 정치의 세계에 드러나는 것 → 인의의 실현을 위해 유교 이념과 현실 정치의 결합을 시도함((가)-❷-5)

**① ㉠은 역사 속에서 *각광을 받았던 학문 분야들의 개별적 특징을 이해한 것이다.** *脚光. 사회적 관심, 흥미

풀이 통물(統物)(㉠)은 역사를 관통하는 자연의 이치에 따라 천문, 지리, 인사 등 천하의 모든 일을 '포괄하는' 것이므로, 각 학문 분야들의 '개별적 특징'을 이해한 것이라는 설명은 적절하지 않다.

→ 적절하지 않음!

**② ㉡은 도가나 법가 사상을 중심 이념으로 삼아 정치 상황의 변화에 대응하려는 것이다.**

근거 (가)-❸-2 예와 질서를 중시하며 교화의 정치를 강조하는 유교를 중심으로 도가의 무위와 법가의 권세를 끌어들였다.

풀이 통변(通變)(㉡)이 상황에 맞는 조치를 취하여 정치 상황의 변화에 대응하려 한 것은 맞지만, 육가는 유교를 중심으로 도가와 법가 사상을 끌어들였다고 하였으므로, '도가나 법가 사상을 중심 이념으로 삼았다'는 것은 적절하지 않다.

→ 적절하지 않음!

**③ ㉢은 현명한 신하의 임용과 엄한 형벌의 집행을 전제로 한 평온한 정치의 결과를 의미한다.**

근거 (가)-❸-3 그(육가)에게 무위는 형벌을 가벼이 하고 군주의 수양을 강조하는 것으로 평온한 통치의 결과를 의미했고, 권세도 현명한 신하의 임용을 통해 정치권력의 안정을 도모하는 방향성을 가진 것

풀이 육가는 인의가 실현되는 정치를 위해 도가의 무위와 법가의 권세를 끌어들였는데, 그가 말한 무위는 형벌을 가벼이 하고 군주의 수양을 강조하는 평온한 통치의 결과를 의미하였고, 권세는 현명한 신하의 임용을 통해 정치권력의 안정을 도모하는 방향성을 가진 것이었다. 따라서 인의(仁義)(㉢)가 엄한 형벌의 집행을 전제로 한다고 볼 수 없다.

→ 적절하지 않음!

**④ ㉢은 군주가 부단한 수양과 안정된 권력을 바탕으로 교화의 정치를 펼쳐야 실현되는 것이다.**

근거 (가)-❸-1~3 인의가 실현되는 정치를 위해 육가는 유교의 범위를 벗어나지 않는 한에서 타 사상을 수용하였다. 예와 질서를 중시하며 교화의 정치를 강조하는 유교를 중심으로 도가의 무위와 법가의 권세를 끌어들였다. 그(육가)에게 무위는 형벌을 가벼이 하고 군주의 수양을 강조하는 것으로 평온한 통치의 결과를 의미했고, 권세도 현명한 신하의 임용을 통해 정치권력의 안정을 도모하는 방향성을 가진 것

풀이 육가는 인의(㉢)의 실현을 위해 유교 이념과 현실 정치의 결합을 시도하였다. 또한 인의가 실현되는 정치를 위해 교화의 정치를 강조하는 유교를 중심으로, 형벌을 가벼이 하고 군주의 수양을 강조하는 무위와 현명한 신하의 임용을 통해 안정된 정치권력을 도모하는 방향성을 가진 권세를 수용하였다. 따라서 인의(㉢)는 군주가 부단한 수양과 안정된 권력을 바탕으로 교화의 정치를 펼쳐야 실현되는 것이라는 설명은 적절하다.

→ 적절함!

**⑤ ㉠과 ㉡은 역사 지식과 현실 정치를 긴밀히 연결하여 힘으로 권력을 창출하는 것을 의미한다.**

근거 (가)-❶-4~5 한(漢) 초기 사상가들의 과제는 … 힘의 지배를 숭상하던 당시 지배 세력의 태도를 극복하는 것이었다. 이러한 과제에 부응한 대표적 사상가는 육가(陸賈)였다, (가)-❷-3 그(육가)에게 지식의 핵심은 현실 정치에 도움을 주는 역사 지식이었다, (가)-❷-5 통물과 통변이 정치의 세계에 드러나는 것이 인의(仁義)라고 파악한 그(육가)는 힘에 의한 권력 창출을 긍정하면서도 권력의 유지와 확장을 위한 왕도 정치를 제안하며 인의의 실현을 위해 유교 이념과 현실 정치의 결합을 시도하였다.

풀이 육가는 현실 정치에 도움을 주는 역사 지식이 지식의 핵심이라고 보고, 이와 관련하여 통물(㉠)과 통변(㉡)을 제시하였으며, 통물과 통변이 정치의 세계에 드러나는 것을 인의라고 규정하였다. 또한 그는 힘의 지배를 숭상하던 당시 지배 세력의 태도를 극복하고자 한 대표적 사상가로서, 왕도 정치를 제안하고 인의의 실현을 위해 유교 이념과 현실 정치의 결합을 시도하였다. 육가가 힘에 의한 권력 창출을 부정한 것은 아니지만, 그가 제시한 통물과 통변은 힘으로 권력을 창출하는 것보다는 권력의 유지와 확장을 위한 왕도 정치, 유교 이념과 현실 정치의 결합을 통한 인의의 실현과 관련해 그 의미를 찾을 수 있다.

→ 적절하지 않음!

1등급 문제

**016** 추론의 적절성 판단 - 적절한 것 고르기 2023학년도 6월 모평 7번
정답률 30%, 매력적 오답 ④ 55%
정답 ①

**윗글에서 '육가'와 '집현전 학자들'이 공통적으로 드러내고자 한 내용에 해당하는 것만을 <보기>에서 있는 대로 고른 것은?**

| 보 기 |
ㄱ. 옛 국가의 역사를 거울삼아 새 국가를 안정적으로 통치하도록 한다.
ㄴ. 옛 국가의 멸망 원인은 잘못된 정치 운영에 있지 않고 새 국가로 천명이 옮겨 온 것에 있다.
ㄷ. 옛 국가에서 드러난 사상적 공백을 채우기 위해 새 국가의 군주는 유교에 따라 통치하도록 한다.

**ㄱ. 옛 국가의 역사를 거울삼아 새 국가를 안정적으로 통치하도록 한다.** (○)

근거 (가)-❷-1~3 그(육가)는 한 고조의 치국 계책 요구에 부응해 『신어』를 저술하였다. 이 책을 통해 그(육가)는 진의 단명 원인을 가혹한 형벌의 남용, 법률에만 의거한 통치, 군주의 교만과 사치, 그리고 현명하지 못한 인재 등용 등으로 지적하고, 진의 사상 통제가 낳은 폐해를 거론하며 한 고조에게 지식과 학문이 중요함을 설득하고자 하였다. 그(육가)에게 지식의 핵심은 현실 정치에 도움을 주는 역사 지식이었다, (나)-❸-1 중국과 우리나라의 흥망성쇠를 담은 『치평요람』의 편찬, (나)-❸-3 기존 역사서와 달리 국가 간 전쟁과 외교 문제, 국가 말기의 혼란과 새 국가 초기의 혼란 수습 등을 부각, (나)-❹-1 이러한 편찬 방식은 국가의 흥망성쇠를 거울삼아 국가를 잘 운영하겠다는 목적 이외에 새 국가의 토대를 마련하려는 의도가 전제된 것

풀이 (가)에서 육가는 『신어』를 저술하여 진나라의 멸망 원인을 지적하고 진의 사상 통제가 낳은 폐해를 거론하면서, 지식과 학문의 중요성을 강조하였다. 또한 현실 정치에 도움을 주는 역사 지식을 지식의 핵심으로 보았다. 이를 통해 육가는 옛 국가의 역사를 거울삼아 새 국가를 안정적으로 통치하도록 하였음을 알 수 있다. 한편 (나)에서 조선의 집현전 학자들은 중국과 우리나라의 흥망성쇠를 담은 『치평요람』을 편찬하면서, 기존 역사서와 달리 국가 간 전쟁, 외교 문제, 국가 말기의 혼란, 새 국가 초기의 혼란 수습 등을 부각하였다. 이는 국가의 흥망성쇠를 거울삼아 국가를 잘 운영하겠다는 목적과 새 국가의 토대를 마련하고자 하는 의도가 담긴 것이었다. 따라서 (가)의 육가와 (나)의 집현전 학자들은 모두 옛 국가의 역사를 거울삼아 새 국가를 안정적으로 통치하도록 한다는 내용을 드러내고자 하였음을 알 수 있다.

**ㄴ. 옛 국가의 멸망 원인은 잘못된 정치 운영에 있지 않고 새 국가로 천명이 옮겨 온 것에 있다.** (×)

근거 (가)-❹-1 육가의 사상은 … 군주의 정치 행위에 따라 천명이 결정됨을 지적하고 인의의 실현을 강조한 통합의 사상이었다, (나)-❸-3 (집현전 학자들은) 올바른 정치의 여부에 따라 국가의 운명이 다하고 천명이 옮겨 간다는 내용을 드러내고자 기존 역사서와 달리 국가 간 전쟁과 외교 문제, 국가 말기의 혼란과 새 국가 초기의 혼란 수습 등을 부각하였다.

풀이 (가)에서 육가는 '군주의 정치 행위에 따라' 천명이 결정된다고 하였다. 또한 (나)에서 집현전 학자들은 역사서 편찬 과정에서 '올바른 정치의 여부에 따라' 국가의 운명이 다하고 천명이 옮겨 간다는 내용을 드러내고자 하였다. 즉 육가와 집현전 학자들은 모두 국가의 천명은 군주의 정치 운영에 달려 있다고 보았다. 따라서 '옛 국가의 멸망 원인은 잘못된 정치 운영에 있지 않고 새 국가로 천명이 옮겨 온 것에 있다'는 것은 '육가'와 '집현전 학자들'이 공통적으로 드러내고자 한 내용에 해당하지 않는다.

**ㄷ. 옛 국가에서 드러난 사상적 *공백을 채우기 위해 새 국가의 군주는 유교에 따라 통치하도록 한다.** (×) *空白. 비어 있음

근거 (가)-❶-1~2 진(秦)은 분서갱유를 단행하며 사상 통제를 기도했다. 당시 권력자였던 이사(李斯)에게 역사 지식은 전통만 따지는 허언이었고, 학문은 법과 제도에 대해 논란을 일으키는 원인에 불과, (가)-❷-2 그(육가)는 … 진의 사상 통제가 낳은 폐해를 거론하며 한 고조에게 지식과 학문이 중요함을 설득하고자 하였다, (가)-❷-5 그(육가)는 … 인의의 실현을 위해 유교 이념과 현실 정치의 결합을 시도, (가)-❹-1 육가의 사상은 … 군주의 정치 행위에 따라 천명이 결정됨을 지적하고 인의의 실현을 강조한 통합의 사상, (나)-❹-3 이 부분(『치평요람』의 「국조(國朝)」)의 편찬자들은 유교적 시각에서 고려 정치를 바라보며 불교 사상의 폐단을 비롯한 문제점들을 다각도로 드러냈고, 이를 통해 유교적 사회로의 변화를 주장하였다.

풀이 진나라는 분서갱유를 단행하였고, 진나라의 권력자 이사는 역사 지식을 전통만 따지는 허언으로, 학문을 법과 제도에 대해 논란을 일으키는 원인으로 치부하면서 사상을 통제하였다. 이에 대해 육가는 진나라의 사상 통제가 낳은 문제점을 거론하며 지식과 학문의 중요성을 강조하고, 인의의 실현을 위해 유교 이념과 현실 정치의 결합을 시도하는 등 유교를 중심으로 한 통합의 사상을 제시하였다. 즉 유교에 따른 통치를 주장하기 위해 진나라의 사상 통제를 거론한 것일 뿐 진나라의 '사상적 공백'을 채우고자 한 것은 아니다. 한편 조선 초기 고려 관련 역사서를 편찬한 집현전의 편찬자들은 유교적 시각에서 고려 정치를 바라보며 불교 사상의 폐단을 비롯한 문제점들을 드러냈고, 이를 통해 유교적 사회로의 변화를 주장하였다. 즉 조선의 집현전 학자들은 고려의 사상의 문제점들을 드러낸 것이지, 고려의 '사상적 공백'을 채우고자 했던 것이 아니다. 따라서 '옛 국가에서 드러난 사상적 공백을 채우기 위해 새 국가의 군주는 유교에 따라 통치하도록 한다'는 것은 '육가'와 '집현전 학자들'이 공통적으로 드러내고자 한 내용에 해당하지 않는다.

①ㄱ → 적절함! ②ㄴ ③ㄱ, ㄴ

④ㄱ, ㄷ ⑤ㄴ, ㄷ

1등급 문제

**017** <보기>와 내용 비교 - 적절하지 않은 것 고르기 2023학년도 6월 모평 8번
정답률 45%, 매력적 오답 ③ 15% ④ 15% ⑤ 20% 정답 ②

**<보기>는 동양 역사가들의 견해이다. <보기>를 바탕으로 (가), (나)를 이해한 내용으로 적절하지 않은 것은?** 3점

| 보기 |

ㄱ. [1]대부분 옛일의 성패(成敗, 성공과 실패)를 논하기 좋아하고 그 일의 진위(眞僞, 참과 거짓)를 자세히 살피지 않는다. [2]하지만 진위를 분명히 한 후에야 성패가 어긋나지 않을 수 있다. [3]이는 역사 서술의 근원(根源, 비롯되는 근본)인 자료를 바로잡고 깨끗이 한다는 뜻이다.

ㄴ. [4]고금(古今, 예전과 지금)의 흥망은 현실의 객관적 형세(形勢, 일이 되어 가는 형편)인 시세(時勢, 그 당시의 형세, 세상의 형편)의 흐름에 따르는 것이며, 사림(士林)(유학을 옳다고 믿고 받드는 무리)의 재주와 덕행(德行, 어질고 너그러운 행실)으로 말미암은(원인이나 이유가 된) 것은 아니었다. [5]그러므로 천하의 일은 시세가 제일 중요하고, 행복과 불행이 다음이며, 옳고 그름의 구분은 마지막이라고 하는 것이다.

ㄷ. [6]도(道)의 본체(本體, 근본이 되는 바탕)는 경서에 있지만 그것(도)의 큰 쓰임은 역사서에 담겨 있다. [7]역사란 선을 높이고 악을 낮추며 선을 권면하고(勸勉-, 알아듣도록 권하고 격려하여 힘쓰게 하고) 악을 징계하는(懲戒-, 나무라며 경계하는) 것이다.

**① ㄱ의 관점에 따르면, 『신어』에 제시된 진의 멸망 원인에 대한 지적은 관련 내용의 진위에 대한 명확한 판별 이후에 이루어져야 하는 것이겠군.**

근거 <보기>-2 진위를 분명히 한 후에야 성패가 어긋나지 않을 수 있다, (가)-❷-2 이 책(『신어』)을 통해 그(육가)는 진의 단명 원인을 가혹한 형벌의 남용, 법률에만 의거한 통치, 군주의 교만과 사치, 그리고 현명하지 못한 인재 등용 등으로 지적

풀이 <보기>의 ㄱ은 옛일의 성패에 대해 진위를 살펴야 한다는 관점이다. (가)에서 육가는 『신어』를 통해 형벌의 남용, 법률에만 의거한 통치, 군주의 교만과 사치, 현명하지 못한 인재 등용 등을 진의 멸망 원인으로 지적하였다. ㄱ의 관점에서는 이와 같은 지적에 대해 그 진위를 명확히 한 후에 이루어져야 하는 것이라고 볼 것이다.

→ 적절함!

**② ㄱ의 관점에 따르면, 『고려사』 편찬 과정에서 고려의 용어를 고쳐 쓰자고 한 의견은 역사 서술의 근원인 자료를 바로잡고 깨끗이 하자는 것이라고 볼 수 있겠군.**

근거 <보기>-2~3 (옛일에 대한) 진위를 분명히 한 후에야 성패가 어긋나지 않을 수 있다. 이는 역사 서술의 근원인 자료를 바로잡고 깨끗이 한다는 뜻이다, (나)-❷-3 고려의 용어들을 그대로 싣자는 주장과 유교적 사대주의에 따른 명분에 맞추어 고쳐 쓰자는 주장이 맞서는 등 세종 대까지도 논란이 계속되었지만

풀이 (나)를 통해 『고려사』 편찬 과정에서 고려의 용어를 고쳐 쓰자고 한 의견은 유교적 사대주의에 따른 명분에 맞추고자 한 것이었음을 알 수 있다. 이는 일의 진위를 분명히 하여 역사 서술의 근원인 자료를 바로잡고 깨끗이 하자는 ㄱ의 관점과는 거리가 있다.

→ 적절하지 않음!

**③ ㄴ의 관점에 따르면, 『치평요람』에 서술된 국가의 흥망은 그 원인이 인물들의 능력보다는 객관적 형세인 시세의 흐름에 있다고 보아야겠군.**

근거 <보기>-4 고금의 흥망은 현실의 객관적 형세인 시세의 흐름에 따르는 것이며, 사림(士林)의 재주와 덕행으로 말미암은 것은 아니었다, (나)-❸-1 세종은 중국과 우리나라의 흥망성쇠를 담은 『치평요람』의 편찬을 명하였고, 집현전 학자들은 원(元)까지의 중국 역사와 고려까지의 우리 역사를 정리

풀이 <보기>의 ㄴ에 따르면, 고금의 흥망은 그 원인이 인물의 재주나 덕행이 아니라, 현실의 객관적 형세인 시세의 흐름에 따르는 것이다. (나)에서 알 수 있듯이, 『치평요람』은 세종이 편찬을 명하고 집현전 학자들이 중국 역사와 고려까지의 우리 역사를 정리한 것이다. ㄴ의 관점에서는 『치평요람』에서 다룬 국가들의 흥망은 그 원인이 인물들의 능력이 아니라 현실의 객관적 형세인 시세의 흐름에 있다고 볼 것이다.

→ 적절함!

**④ ㄷ의 관점에 따르면, 『신어』에 제시된 진에 대한 비판은 악을 낮추고 징계하는 것으로 볼 수 있겠군.**

근거 <보기>-7 역사란 선을 높이고 악을 낮추며 선을 권면하고 악을 징계하는 것, (가)-❷-2 이 책(『신어』)을 통해 그(육가)는 진의 단명 원인을 가혹한 형벌의 남용, 법률에만 의거한 통치, 군주의 교만과 사치, 그리고 현명하지 못한 인재 등용 등으로 지적

풀이 <보기>의 ㄷ에 따르면 역사란 선을 높이고 악을 낮추며, 선을 권면하고 악을 징계하는 것이다. (가)에서 육가는 『신어』를 통해 진이 형벌의 남용, 법률에만 의거한 통치, 군주의 교만과 사치, 현명하지 못한 인재 등용 등으로 인해 멸망하였음을 지적하고 있다. ㄷ의 관점에 따르면, 이러한 진에 대한 비판은 악을 낮추고 징계하는 것이라고 볼 수 있다.

→ 적절함!

**⑤ ㄷ의 관점에 따르면, 『치평요람』 편찬과 관련한 세종의 생각에서 학문의 근본은 도의 본체에, 현실에서 학문의 구현은 도의 큰 쓰임에 대응하겠군.**

근거 <보기>-6 도(道)의 본체는 경서에 있지만 그것(도)의 큰 쓰임은 역사서에 담겨 있다, (나)-❷-4 세종은 경서(經書)가 학문의 근본이라면 역사서는 학문을 현실에서 구현하는 것으로 파악하고

풀이 세종은 경서가 학문의 근본이고, 역사서는 학문을 현실에서 구현하는 것으로 파악하였다. 한편 <보기>의 ㄷ은 도의 본체가 경서에 있고, 도의 큰 쓰임은 역사서에 담겨 있다고 하였다. 따라서 세종의 견해에서 '학문의 근본'은 ㄷ에서 말하는 '도의 본체'에, 세종이 생각하는 '현실에서 학문의 구현'은 ㄷ에서 말하는 '도의 큰 쓰임'에 각각 대응된다.

→ 적절함!

틀리기 쉬운 문제

**018** 문맥적 의미 파악 - 적절하지 않은 것 고르기 2023학년도 6월 모평 9번
정답률 40%, 매력적 오답 ① 30% ④ 20% 정답 ③

**문맥상 ⓐ~ⓔ와 바꿔 쓰기에 적절하지 않은 것은?**

ⓐ 기도했다 ⓑ 흡수하여 ⓒ 숭상하던 ⓓ 개입되었다는 ⓔ 계속되었지만

**① ⓐ : 꾀했다**

풀이 ⓐ에서 쓰인 '기도(企 꾀하다 기 圖 도모하다 도)하다'는 '어떤 일을 이루도록 꾀하다'의 뜻으로, '꾀하다'와 바꿔 써도 문맥상 의미가 달라지지 않는다. 따라서 ⓐ의 '기도했다'를 '꾀했다'로 바꿔 쓰는 것은 문맥상 적절하다.

→ 적절함!

**② ⓑ : 받아들여**

풀이 ⓑ에서 쓰인 '흡수(吸 빨다 흡 收 거두다 수)하다'는 '외부에 있는 사람이나 사물 따위를 내부로 모아들이다'의 뜻으로, '받아들이다'와 바꿔 써도 문맥상 의미가 달라지지 않는다. 따라서 ⓑ의 '흡수하여'를 '받아들여'로 바꿔 쓰는 것은 문맥상 적절하다.

→ 적절함!

**③ ⓒ : 믿던**

풀이 ⓒ에서 쓰인 '숭상(崇 높이다 숭 尙 높이다 상)하다'는 '높여 소중히 여기다'의 의미로, '믿다'와 바꿔 쓸 경우 해당 문장의 의미가 달라진다. 따라서 ⓒ를 '믿던'으로 바꿔 쓰는 것은 적절하지 않다. ⓒ는 '공경하여 모시다. 또는 소중히 대하다'의 뜻을 지닌 '받들다'로 바꿔 쓰는 것이 적절하다.

→ 적절하지 않음!

**④ ⓓ : 끼어들었다는**

풀이 ⓓ에서 쓰인 '개입(介 끼다 개 入 들다 입)되다'는 '자신과 직접적인 관계가 없는 일에 끼어들게 되다'의 뜻으로, '끼어들다'와 바꿔 써도 문맥상 의미가 달라지지 않는다. 따라서 ⓓ의 '개입되었다는'을 '끼어들었다는'으로 바꿔 쓰는 것은 문맥상 적절하다.

→ 적절함!

**⑤ ⓔ : 이어졌지만**

풀이 ⓔ에서 쓰인 '계속(繼 잇다 계 續 잇다 속)되다'는 '끊이지 않고 이어져 나가다'의 뜻으로, '이어지다'와 바꿔 써도 문맥상 의미가 달라지지 않는다. 따라서 ⓔ의 '계속되었

지만'을 '이어졌지만'으로 바꿔 쓰는 것은 문맥상 적절하다.

→ 적절함!

**[019~024] 다음 글을 읽고 물음에 답하시오.**

(가)

1 [1]㉠ 정립(定立. 논리 전개를 위한 최초의 명제)-반정립(反定立. 최초의 명제인 정립에 대립하고, 이를 부정하는 새로운 주장이 세워지는 단계)-종합(綜合. 정립과 반정립을 거쳐 대립과 모순이 통일되는 새로운 단계). [2]변증법의 논리적 구조를 일컫는 말이다. [3]변증법에 따라 철학적 논증(論證. 옳고 그름을 이유를 들어 밝힘)을 수행한 인물로는 단연(斷然. 확실히 단정할 만하게) 헤겔이 거명된다.(擧名–. 이름이 입에 올려져 말해진다.) [4]변증법은 대등한 위상(位相. 다른 사물과의 관계 속에서 가지는 위치, 상태)을 지니는 세 범주(範疇. 같은 성질을 가진 부류나 범위)의 병렬(竝列. 나란히 늘어섬)이 아니라, 대립적인 두 범주가 조화로운 통일을 이루어 가는 수렴적(收斂的. 여럿으로 나뉘어 있는 것을 하나로 모아 정리하는) 상향성(上向性. 더 높은 쪽을 향하는 성질)을 구조적 특징으로 한다. [5]헤겔에게서 변증법은 논증의 방식임을 넘어, 논증 대상 자체의 존재 방식이기도 하다. [6]즉 세계의 근원적 질서인 '이념'의 내적 구조도, 이념이 시·공간적 현실로서 드러나는 방식도 변증법적이기에, 이념과 현실은 하나의 체계를 이루며, 이 두 차원의 원리를 밝히는 철학적 논증도 변증법적 체계성을 ⓐ 지녀야 한다.

→ 변증법의 구조적 특징과 헤겔의 변증법

2 [1]헤겔은 미학(美學. 자연, 인생, 예술 등에 담긴 '미'의 본질과 구조를 밝히는 학문)도 철저히 변증법적으로 구성된 체계 안에서 다루고자 한다. [2]그(헤겔)에게서 미학의 대상인 예술은 종교, 철학과 마찬가지로 '절대정신'의 한 형태이다. [3]절대정신은 절대적(絶對的. 비교하거나 상대될 만한 것이 없는) 진리인 '이념'을 인식하는 인간 정신의 영역을 ⓑ 가리킨다. [4]예술·종교·철학은 절대적 진리를 동일한 내용으로 하며, 다만 인식 형식의 차이에 따라 구분된다. [5]절대정신의 세 형태(예술·종교·철학)에 각각 대응하는(對應–. 서로 짝이 되는) 형식은 직관·표상·사유이다. [6]'직관(直 곧다 직 觀 보다 관)'은 주어진 물질적 대상을 감각적으로 지각하는 지성(知性. 다른 것과 구별하여 분별하여 이해할 수 있는 능력)이고, '표상(表 겉 표 象 형상 상)'은 물질적 대상의 유무와 무관하게 내면에서 심상(心象. 마음속에서 시각적으로 나타나는 상)을 떠올리는 지성이며, '사유(思 생각 사 惟 생각하다 유)'는 대상을 개념(槪念. 여러 관념 속에서 공통된 요소를 뽑아내어 종합하여 얻은 하나의 보편적 관념)을 통해 파악하는 순수한 논리적 지성이다. [7]이에 세 형태(예술·종교·철학)는 각각 '직관하는 절대정신'(예술), '표상하는 절대정신'(종교), '사유하는 절대정신'(철학)으로 규정된다. [8]헤겔에 따르면 직관의 외면성(外面性. 겉으로 드러나 보이는 성질)과 표상의 내면성(內面性. 밖으로 나타나지 않은 속 부분의 성질)은 사유에서 종합되고, 이에 맞춰 예술의 객관성(客觀性. 주관으로부터 독립하여 존재하는 대상 자체에 속하여 있는 성질)과 종교의 주관성(主觀性. 주관에 의하여 규정되고 제약받는 일)은 철학에서 종합된다.

→ 변증법적으로 구성된 체계 안에서 '미학'을 다루고자 한 헤겔 ①
: 인식 형태의 차이에 따라 구분되는 절대정신의 세 형태

3 [1]형식 간의 차이로 인해 내용의 인식 수준에는 중대한 차이가 발생한다. [2]헤겔에게서 절대정신의 내용인 절대적 진리는 본질적으로 논리적이고 이성적인 것이다. [3]이러한 내용을 예술은 직관하고 종교는 표상하며 철학은 사유하기에, 이 세 형태(예술·종교·철학) 간에는 단계적 등급이 매겨진다. [4]즉 예술은 초보 단계의, 종교는 성장 단계의, 철학은 완숙(完熟. 완전히 성숙함) 단계의 절대정신이다. [5]이에 따라 ㉡ 예술-종교-철학 순의 진행에서 명실상부한(名實相符–. 이름과 실제 모습이 서로 꼭 맞는 데가 있는) 절대정신은 최고의 지성에 의거하는(依據–. 근거하는) 것, 즉 철학뿐이며, 예술이 절대정신으로 기능할 수 있는 것은 인류의 보편적 지성이 미발달된 머나먼 과거로 한정된다.

→ 변증법적으로 구성된 체계 안에서 '미학'을 다루고자 한 헤겔 ②
: 절대정신의 세 형태 간의 단계적 등급

(나)

1 [1]변증법의 매력은 '종합'에 있다. [2]종합의 범주는 두 대립적 범주 중 하나의 일방적 승리로 ⓒ 끝나도 안 되고, 두 범주의 고유한(固有–. 처음부터 특별히 가지고 있는) 본질적 규정이 소멸되는(消滅–. 사라져 없어지게 되는) 중화(中和. 서로 다른 성질을 가진 것이 섞여 각각의 성질을 잃거나 그 중간의 성질을 띠게 함) 상태로 나타나도 안 된다. [3]종합은 양자(兩者. 일정한 관계에 있는 둘)의 본질적 규정이 유기적(有機的. 서로 밀접하게 관련을 가져 떼어 낼 수 없는) 조화를 이루어 질적으로 고양된(高揚–. 북돋워져 높아진) 최상의 범주가 생성됨으로써 성립하는 것이다.

→ 변증법에서 '종합' 범주의 성립

2 [1]헤겔이 강조한 변증법의 탁월성(卓越性. 남보다 두드러지게 뛰어난 성질)도 바로 이것('종합')이다. [2]그러기에 변증법의 원칙에 최적화된(最適化–. 그 목적에 가장 알맞은 적절한 계획으로 만들어진) 엄밀하고도(嚴密–. 조그만 잘못도 받아들이지 않을 만큼 엄격하고 자세하고 꼼꼼하고도) 정합적인(整合的–. 모순 없이 꼭 맞는) 학문 체계를 조탁하는(彫琢–. 매끄럽게 다듬는) 것이 바로 그(헤겔)의 철학적 기획이 아니었던가. [3]그런데 그(헤겔)가 내놓은 성과물들은 과연 그 기획(헤겔의 철학적 기획 = 변증법의 원칙에 최적화된 엄밀하고 정합적인 학문 체계를 조탁하는 것)을 어떤 흠결(欠缺. 부족함이 생김)도 없이 완수한 것으로 평가될 수 있을까? [4]미학에 관한 한 '그렇다'는 답변은 쉽지 않을 것이다. [5]지성의 형식을 직관-표상-사유 순으로 구성하고 이에 맞춰 절대정신을 예술-종교-철학 순으로 편성한 전략은 외관상으로는 변증법 모델에 따른 전형적(典型的. 특징을 가장 잘 나타내는) 구성으로 보인다. [6]그러나 실질적 내용을 ⓓ 보면 직관으로부터 사유에 이르는 과정에서는 외면성이 점차 지워지고 내면성이 점증적으로(漸增的–. 점점 증가하여) 강화·완성되고 있음(두 대립적 범주인 외면성과 내면성 중 내면성의 일방적 승리 : 진정한 변증법적 '종합'으로 볼 수 없음)이, 예술로부터 철학에 이르는 과정에서는 객관성이 점차 지워지고 주관성이 점증적으로 강화·완성되고 있음(두 대립적 범주인 객관성과 주관성 중 주관성의 일방적 승리 : 진정한 변증법적 '종합'으로 볼 수 없음)이 확연히(確然–. 아주 확실하게) 드러날 뿐, 진정한 변증법적 종합(두 대립적 범주 중 하나의 일방적 승리나 중화가 아니라, 양자의 본질적 규정이 유기적 조화를 이루어 질적으로 고양된 최상의 범주가 생성되어 성립되는 것)은 ⓔ 이루어지지 않는다. [7]직관의 외면성 및 예술의 객관성의 본질은 무엇보다도 감각적 지각성인데, 이러한 핵심 요소가 그(헤겔)가 말하는 종합의 단계에서는 완전히 소거되고(消去–. 지워져 없어지고) 만다.

→ 변증법적 체계 안에서 '미학'을 다룬 헤겔의 견해에 대한 비판 ①

3 [1]변증법에 충실하려면 헤겔은 철학에서 성취된 완전한 주관성이 재(再. 다시 하는, 두 번째)객관화되는 단계의 절대정신을 추가했어야 할 것이다. [2]예술은 '철학 이후'의 자리를 차지할 수 있는 유력한 후보이다. [3]실제로 많은 예술 작품은 '사유'를 매개(媒介. 중간에서 양편의 관계를 맺어 줌)로 해서만 설명되지 않는가. [4]게다가 이(예술 작품은 '사유'를 매개로 해서만 설명된다는 점)는 누구보다도 풍부한 예술적 체험을 한 헤겔 스스로가 잘 알고 있지 않은가. [5]이 때문에 방법과 철학 체계 간의 이러한 불일치는 더욱 아쉬움을 준다.

→ 변증법적 체계 안에서 '미학'을 다룬 헤겔의 견해에 대한 비판 ②

■지문 이해

(가)

**<변증법적으로 구성된 체계 안에서 '미학'을 다룬 헤겔>**

**❶ 변증법의 구조적 특징과 헤겔의 변증법**

- 변증법 : 대립적인 두 범주가 조화로운 통일을 이루어 가는 수렴적 상향성을 구조적 특징으로 함. '정립-반정립-종합'
- 헤겔 : 변증법적 체계에 따라 철학적 논증을 수행함

**❷~❸ 변증법적으로 구성된 체계 안에서 '미학'을 다루고자 한 헤겔**

- 미학의 대상인 예술을 종교, 철학과 함께 '절대정신'의 한 형태로 봄
- 절대정신 : 절대적 진리인 '이념'을 인식하는 인간 정신의 영역
- 절대적 진리 : 본질적으로 논리적이고 이성적인 것
-

| 변증법의 논리적 구조 | 내용 | 인식 형식 | | 절대정신의 세 형태 | | |
|---|---|---|---|---|---|---|
| 정립 | 절대적 진리 (이념) | **직관** | 외면성 | **예술** | 객관성 | 초보 단계 |
| 반정립 | | **표상** | 내면성 | **종교** | 주관성 | 성장 단계 |
| 종합 | | **사유** | 종합 | **철학** | 종합 | 완숙 단계 |

- 예술-종교-철학 순의 진행에서 명실상부한 절대정신은 최고의 지성에 의거하는 철학뿐이라고 봄

(나)

**<변증법적 체계 안에서 '미학'을 다룬 헤겔의 견해에 대한 비판>**

**❶ 변증법에서 '종합' 범주의 성립**

- 변증법의 '종합' : 두 대립적 범주(정립-반정립)의 본질적 규정이 유기적 조화를 이루어 질적으로 고양된 최상의 범주가 생성됨으로써 성립하는 것

**❷ 변증법적 체계 안에서 '미학'을 다룬 헤겔의 견해에 대한 비판 ①**

- 지성의 형식을 직관-표상-사유 순으로, 절대정신을 예술-종교-철학 순으로 구성한 것은 외관상 변증법 모델에 따른 전형적 구성으로 보임
- 실질적 내용을 보면 진정한 변증법적 '종합'이 이루어지지 않음
  - 직관-표상-사유의 과정에서 외면성이 지워지고 내면성이 강화·완성됨
  - 예술-종교-철학의 과정에서 객관성이 지워지고 주관성이 강화·완성됨
  - 직관의 외면성, 예술의 객관성의 본질인 감각적 지각성이 종합 단계에서 완전히 소거됨

**❸ 변증법적 체계 안에서 '미학'을 다룬 헤겔의 견해에 대한 비판 ②**

- 변증법에 충실하려면 철학에서 성취된 완전한 주관성이 재객관화되는 단계의 절대정신을 추가했어야 함
- 많은 예술 작품은 '사유'를 매개로만 설명됨 → 예술이 '철학 이후'의 자리를 차지할 수 있는 유력한 후보임

1등급 문제

**019** 글의 서술 방식 파악 - 적절한 것 고르기 2022학년도 수능 4번 | 정답률 40%, 매력적 오답 ② 15% ③ 30% ④ 10% | 정답 ①

### (가)와 (나)에 대한 설명으로 가장 적절한 것은?

근거 (가)-❶-4~5 변증법은 … 특징으로 한다. 헤겔에게서 변증법은 … , (가)-❷-1~2 헤겔은 미학도 철저히 변증법적으로 구성된 체계 안에서 다루고자 한다. 그에게서 미학의 대상인 예술은 … 한 형태이다, (가)-❸-4~5 예술은 초보 단계의, 종교는 성장 단계의, 철학은 완숙 단계의 절대정신이다. 이에 따라 예술-종교-철학 순의 진행에서 명실상부한 절대정신은 최고의 지성에 의거하는 것, 즉 철학뿐, (나)-❶-2 (변증법에서) 종합의 범주는 … , (나)-❸-1~2 변증법에 충실하려면 헤겔은 … 할 것이다. 예술은 '철학 이후'의 자리를 차지할 수 있는 유력한 후보이다.

풀이 (가)에서는 미학을 변증법적 체계 안에서 다룬 헤겔의 견해를 설명하고 있다. 헤겔은 절대정신의 세 형태인 예술-종교-철학 간에는 단계적 등급이 매겨지며, 예술은 초보 단계의 절대정신이라고 보았다. 한편 (나)에서는 변증법적 체계를 바탕으로, 미학에 관한 헤겔의 견해를 비판하고 있다. 변증법에 충실하려면 헤겔은 철학에서 성취된 완전한 주관성이 재객관화되는 단계의 절대정신을 추가했어야 하며, 예술이 이 '철학 이후'의 자리에 올 수 있다고 보았다. 즉 (가)와 (나)는 모두 변증법에 기반한 체계를 바탕으로 예술의 상대적 위상을 제시하고 있다. 따라서 정답은 ①번이다.

변증법

**① (가)와 (나)는 모두 특정한 철학적 방법에 *기반한 체계를 바탕으로 예술의 **상대적 위상을 제시하고 있다.** *基盤-, 바탕을 둔 **相對的, 서로 맞서거나 비교되는 관계에 있는

→ 적절함!

**② (가)와 (나)는 모두 특정한 철학적 방법에 대한 *상반된 평가를 바탕으로 더 설득력 있는 미학 이론을 **모색하고 있다.** *相反-, 서로 반대되거나 어긋나게 된 **摸索-, 방법이나 실마리를 더듬어 찾고

**③ (가)와 달리 (나)는 특정한 철학적 방법의 시대적 한계를 지적하고 이에 맞서는 *혁신적 방법을 제안하고 있다.** *革新的, 완전히 바꾸어 새롭게 하는

**④ (가)와 달리 (나)는 특정한 철학적 방법에서 *파생된 미학 이론을 바탕으로 예술 **장르를 범주적으로 ***유형화하고 있다.** *派生-, 갈려 나와 생기게 된 **genre, 문학예술 양식의 갈래 ***類型化-, 공통되는 성질이나 특징을 기준으로 하여 묶고

**⑤ (나)와 달리 (가)는 특정한 철학적 방법의 *통시적인 변화 과정을 적용하여 **철학사를 단계적으로 설명하고 있다.** *通時的-, 시간의 경과에 따라 나타나는 변화와 관련되는 **哲學史, 철학이 세월의 흐름에 따라 변하여 온 역사

1등급 문제

**020** 세부 정보 이해 - 적절하지 않은 것 고르기 2022학년도 수능 5번 | 정답률 50%, 매력적 오답 ① 20% ② 15% ④ 10% | 정답 ③

### (가)에서 알 수 있는 헤겔의 생각으로 적절하지 않은 것은?

**① 예술·종교·철학 간에는 인식 내용의 동일성과 인식 형식의 *상이성이 존재한다.** *相異性, 서로 다른 성질

절대적 진리 / 직관·표상·사유

근거 (가)-❷-4~5 예술·종교·철학은 절대적 진리를 동일한 내용으로 하며, 다만 인식 형식의 차이에 따라 구분된다. 절대정신의 세 형태에 각각 대응하는 형식은 직관·표상·사유이다.

→ 적절함!

**② 세계의 근원적 질서와 시·공간적 현실은 하나의 변증법적 체계를 이룬다.**

근거 (가)-❶-6 세계의 근원적 질서인 '이념'의 내적 구조도, 이념이 시·공간적 현실로서 드러나는 방식도 변증법적이기에, 이념과 현실은 하나의 체계를 이루며

→ 적절함!

절대적 진리 / 직관·표상·사유

**③ 절대정신의 세 가지 형태는 지성의 세 가지 형식이 인식하는 대상이다.**

근거 (가)-❷-3~5 절대정신은 절대적 진리인 '이념'을 인식하는 인간 정신의 영역을 가리킨다. 예술·종교·철학은 절대적 진리를 동일한 내용으로 하며, 다만 인식 형식의 차이에 따라 구분된다. 절대정신의 세 형태에 각각 대응하는 형식은 직관·표상·사유이다.

풀이 절대정신의 세 가지 형태는 모두 '절대적 진리'를 내용으로 하며, 인식 형식에 차이가 있을 뿐이다. 즉 절대적 진리를 인식하는 형식에 따라 절대정신의 형태가 '예술', '종교', '철학'으로 구분된다. 따라서 '직관', '표상', '사유'의 세 가지 형식이 인식하는 대상은 절대정신의 세 가지 형태가 아니라, '절대적 진리'이다.

→ 적절하지 않음!

**④ 변증법은 철학적 논증의 방법이자 논증 대상의 존재 방식이다.**

근거 (가)-❶-5 헤겔에게서 변증법은 논증의 방식임을 넘어, 논증 대상 자체의 존재 방식이기도 하다.

→ 적절함!

=절대적 진리

**⑤ 절대정신의 내용은 본질적으로 논리적이고 이성적인 것이다.**

근거 (가)-❸-2 헤겔에게서 절대정신의 내용인 절대적 진리는 본질적으로 논리적이고 이성적인 것이다.

→ 적절함!

**021** 구체적인 사례에 적용 - 적절하지 않은 것 고르기 2022학년도 수능 6번 | 정답률 65%, 매력적 오답 ③ 10% ⑤ 10% | 정답 ④

### (가)에 따라 직관·표상·사유의 개념을 적용한 것으로 적절하지 않은 것은?

근거 (가)-❷-6 '직관'은 주어진 물질적 대상을 감각적으로 지각하는 지성이고, '표상'은 물질적 대상의 유무와 무관하게 내면에서 심상을 떠올리는 지성이며, '사유'는 대상을 개념을 통해 파악하는 순수한 논리적 지성이다.

주어진 물질적 대상 / 감각적으로 지각 / 내면에서 심상을 떠올림

**① 먼 타향에서 밤하늘의 별들을 바라보는 것은 직관을 통해, 같은 곳에서 고향의 하늘을 *상기하는 것은 표상을 통해 이루어지겠군.** *想起-, 돌이켜 생각해 내는

풀이 밤하늘의 별들을 바라보는 것은 주어진 물질적 대상을 감각적으로 지각하는 '직관'에 해당하며 타향에서 고향의 하늘을 상기하는 것은 내면에서 심상을 떠올리는 '표상'에 해당하므로 적절한 적용으로 볼 수 있다.

→ 적절함!

내면에서 심상을 떠올림 / 내면에서 심상을 떠올림

**② 타임머신을 타고 미래로 가는 자신의 모습을 상상하는 것과, 그 후 판타지 영화의 장면을 떠올려 보는 것은 모두 표상을 통해 이루어지겠군.**

풀이 타임머신을 타고 미래로 가는 자신의 모습을 상상하는 것과 판타지 영화의 장면을 떠올리는 것은 모두 내면에서 심상을 떠올리는 '표상'에 해당하므로 적절한 적용으로 볼 수 있다.

→ 적절함!

주어진 물질적 대상 / 감각적으로 지각 / 대상 / 개념을 통해 파악

**③ 초현실적 세계가 묘사된 그림을 보는 것은 직관을 통해, 그 작품을 상상력 개념에 의거한 이론에 따라 분석하는 것은 사유를 통해 이루어지겠군.**

풀이 초현실적 세계가 묘사된 그림을 보는 것은 주어진 물질적 대상을 감각적으로 지각하는 '직관'에 해당하며 그 작품을 상상력 개념에 의거한 이론에 따라 분석하는 것은 대상을 개념을 통해 파악하는 '사유'에 해당하므로, 적절한 적용으로 볼 수 있다.

→ 적절함!

대상 / 개념을 통해 파악 / 대상

**④ 예술의 새로운 개념을 설정하는 것은 사유를 통해, 이를 바탕으로 새로운 감각을 일깨우는 작품의 창작을 기획하는 것은 직관을 통해 이루어지겠군.**

도 사유를

근거 (가)-❷-6 '직관'은 주어진 물질적 대상을 감각적으로 지각하는 지성

풀이 예술의 새로운 개념을 설정하는 것은 대상을 개념을 통해 파악하는 '사유'에 해당한다고 볼 수 있다. 그러나 '작품의 창작을 기획하는 것'은 주어진 물질적 대상을 감각적으로 지각하는 '직관'에 해당한다고 볼 수 없다. '예술의 새로운 개념을 설정한 것'

을 바탕으로, 새로운 감각을 일깨우는 작품의 창작을 기획하는 것은 대상을 개념을 통해 파악하는 '사유'에 해당한다.

→ 적절하지 않음!

대상 / 개념을 통해 파악

**⑤ 도덕적 배려의 대상을 생물학적 상이성 개념에 따라 규정하는 것과, 이에 맞서 *감수성 소유 여부를 새로운 기준으로 제시하는 것은 모두 사유를 통해 이루어지겠군.**

*感受性. 외부 세계의 자극을 받아들이고 느끼는 성질 ← 개념을 통해 파악

**풀이** '도덕적 배려 대상'을 생물학적 상이성 개념에 따라 규정하는 것과 감수성 소유 여부를 새로운 기준으로 제시하는 것은 모두 대상을 개념을 통해 파악하는 '사유'에 해당하므로, 적절한 적용으로 볼 수 있다.

→ 적절함!

1등급 문제

**022** | 핵심 개념 파악 - 적절하지 않은 것 고르기 2022학년도 수능 7번 | 정답률 50%, 매력적 오답 ① 10% ② 15% ④ 15% ⑤ 10% | 정답 ③

**(나)의 글쓴이의 관점에서 ㉠과 ㉡에 대한 헤겔의 이론을 분석한 것으로 적절하지 않은 것은?**

㉠ 정립-반정립-종합　　㉡ 예술-종교-철학

**① ㉠과 ㉡ 모두에서 첫 번째와 두 번째의 범주는 서로 대립한다.**

**근거** (가)-❶-4 변증법은 … 대립적인 두 범주가 조화로운 통일을 이루어 가는 수렴적 상향성을 구조적 특징으로 한다, (가)-❷-8 헤겔에 따르면 … 예술의 객관성과 종교의 주관성은 철학에서 종합된다, (나)-❶-2 종합의 범주는 두 대립적 범주 중 하나의 일방적 승리로 끝나도 안 되고, (나)-❷-5~6 절대정신을 예술-종교-철학 순으로 편성한 전략은 외관상으로는 변증법 모델에 따른 전형적 구성으로 보인다. 그러나 실질적 내용을 보면 … 예술로부터 철학에 이르는 과정에서는 객관성이 점차 지워지고 주관성이 점증적으로 강화·완성되고 있음이 확연히 드러날 뿐, 진정한 변증법적 종합은 이루어지지 않는다.

**풀이** (나)의 글쓴이는 변증법의 논리적 구조인 ㉠에서 첫 번째와 두 번째 범주는 대립적 범주이며, 세 번째 범주인 종합에서 두 대립적 범주의 조화로운 통일이 이루어진다고 보았다. 한편 헤겔은 절대정신의 형태를 예술-종교-철학 순으로 구성하고, 예술의 객관성과 종교의 주관성이 철학에서 종합된다고 하였다. 이에 대해 (나)의 글쓴이는 두 대립적 범주인 예술의 객관성과 종교의 주관성이 철학에 이르면서 진정한 변증법적 종합이 이루어지지 않는다고 보았다. 따라서 (나)의 글쓴이의 관점에서, ㉠과 ㉡ 모두에서 첫 번째와 두 번째의 범주는 서로 대립한다고 보았음을 알 수 있다.

→ 적절함!

**② ㉠과 ㉡ 모두에서 두 번째와 세 번째 범주 간에는 수준상의 차이가 존재한다.**

**근거** (나)-❶-3 종합은 양자의 본질적 규정이 유기적 조화를 이루어 질적으로 고양된 최상의 범주가 생성됨으로써 성립하는 것, (나)-❷-6 실질적 내용을 보면 … 예술로부터 철학에 이르는 과정에서는 객관성이 점차 지워지고 주관성이 점증적으로 강화·완성되고 있음이 확연히 드러날 뿐, 진정한 변증법적 종합은 이루어지지 않는다.

**풀이** (나)의 글쓴이는 ㉠에서 세 번째 범주인 '종합'이 첫 번째와 두 번째 범주의 본질적 규정이 조화를 이루어 '질적으로 고양된 최상의 범주'가 생성됨으로써 성립하는 것이라고 보았다. 이를 통해 (나)의 글쓴이가 ㉠에서 두 번째와 세 번째 범주 간에 수준상의 차이가 존재한다고 보았음을 알 수 있다. 한편 (나)의 글쓴이는 ㉡의 예술(객관성)-종교(주관성)-철학(종합) 순의 진행에서, 실질적으로는 객관성이 점차 지워지고 주관성이 점증적으로 '강화·완성'되고 있다고 보았다. 따라서 (나)의 글쓴이는 ㉡에서도 두 번째와 세 번째 범주 간에 수준상의 차이가 존재한다고 보았음을 알 수 있다.

→ 적절함!

두 번째

**③ ㉠과 달리 ㉡에서는 범주 간 *이행에서 첫 번째 범주의 특성이 갈수록 강해진다.** *移行. 다른 상태로 옮아감

**근거** (나)-❶-2~3 종합의 범주는 두 대립적 범주 중 하나의 일방적 승리로 끝나도 안 되고, 두 범주의 고유한 본질적 규정이 소멸되는 중화 상태로 나타나도 안 된다. 종합은 양자의 본질적 규정이 유기적 조화를 이루어 질적으로 고양된 최상의 범주가 생성됨으로써 성립하는 것, (나)-❷-6~7 실질적 내용을 보면 직관으로부터 사유에 이르는 과정에서는 외면성이 점차 지워지고 내면성이 점증적으로 강화·완성되고 있음이, 예술로부터 철학에 이르는 과정에서는 객관성이 점차 지워지고 주관성이 점증적으로 강화·완성되고 있음이 확연히 드러날 뿐, 진정한 변증법적 종합은 이루어지지 않는다. 직관의 외면성 및 예술의 객관성의 본질은 무엇보다도 감각적 지각성인데, 이러한 핵심 요소가 그가 말하는 종합의 단계에서는 완전히 소거되고 만다.

**풀이** (나)의 글쓴이의 관점에 따르면, ㉠의 범주 간 이행에서 첫 번째 범주와 두 번째 범주 중 하나의 특성이 일방적으로 강해지거나 두 범주의 고유한 본질적 규정이 소멸되는 중화 상태가 나타나서는 안 되며, 세 번째 범주에서 두 대립적 범주의 본질적 규정이 조화로운 통일을 이루는 종합이 이루어져야 한다. 한편 (나)의 글쓴이는 ㉡의 범주 간 이행에서 첫 번째 범주(예술)의 특성인 객관성이 점차 지워지고, 두 번째 범주(종교)의 특성인 주관성이 점증적으로 강화·완성되고 있다고 보았다. 따라서 (나)의 글쓴이는 ㉠과 ㉡ 모두 범주 간 이행에서 첫 번째 범주의 특성이 갈수록 강해진다고 보지 않았다.

→ 적절하지 않음!

**④ ㉡과 달리 ㉠에서는 세 번째 범주에서 첫 번째와 두 번째 범주의 조화로운 통일이 이루어진다.**

**근거** (가)-❶-4 변증법은 … 대립적인 두 범주가 조화로운 통일을 이루어 가는 수렴적 상향성을 구조적 특징으로 한다, (나)-❶-2~3 종합의 범주는 두 대립적 범주 중 하나의 일방적 승리로 끝나도 안 되고, 두 범주의 고유한 본질적 규정이 소멸되는 중화 상태로 나타나도 안 된다. 종합은 양자의 본질적 규정이 유기적 조화를 이루어 질적으로 고양된 최상의 범주가 생성됨으로써 성립하는 것, (나)-❷-5~6 절대정신을 예술-종교-철학 순으로 편성한 전략은 외관상으로는 변증법 모델에 따른 전형적 구성으로 보인다. 그러나 실질적 내용을 보면 … 예술로부터 철학에 이르는 과정에서는 객관성이 점차 지워지고 주관성이 점증적으로 강화·완성되고 있음이 확연히 드러날 뿐, 진정한 변증법적 종합은 이루어지지 않는다.

**풀이** (나)의 글쓴이의 관점에 따르면 변증법의 논리적 구조인 ㉠에서 세 번째 범주인 '종합'은 두 대립적 범주의 본질적 규정이 조화를 이루어 질적으로 고양된 최상의 범주가 생성됨으로써 성립하지만, ㉡에서는 세 번째 범주에서 첫 번째와 두 번째 범주의 조화로운 통일이 이루어지는 진정한 변증법적 종합이 이루어지지 않는다고 보았다.

→ 적절함!

**⑤ ㉡과 달리 ㉠에서는 범주 간 이행에서 수렴적 상향성이 드러난다.**

**근거** (가)-❶-4 변증법은 … 대립적인 두 범주가 조화로운 통일을 이루어 가는 수렴적 상향성을 구조적 특징으로 한다, (나)-❷-5~6 절대정신을 예술-종교-철학 순으로 편성한 전략은 외관상으로는 변증법 모델에 따른 전형적 구성으로 보인다. 그러나 실질적 내용을 보면 … 예술로부터 철학에 이르는 과정에서는 객관성이 점차 지워지고 주관성이 점증적으로 강화·완성되고 있음이 확연히 드러날 뿐, 진정한 변증법적 종합은 이루어지지 않는다.

**풀이** 변증법의 논리적 구조인 ㉠에서는 대립적인 두 범주(정립-반정립)가 조화로운 통일을 이루어 가는 수렴적 상향성(종합)이 드러난다. 그러나 (나)의 글쓴이의 관점에 따르면 ㉡에서는 객관성이 지워지고 주관성이 강화·완성되고 있을 뿐, 진정한 변증법적 종합이 이루어지지 않는다고 하였다.

→ 적절함!

1등급 문제

**023** | 추론의 적절성 판단 - 적절한 것 고르기 2022학년도 수능 8번 | 정답률 30%, 매력적 오답 ① 10% ③ 15% ④ 30% ⑤ 15% | 정답 ②

**<보기>는 헤겔과 (나)의 글쓴이가 나누는 가상의 대화의 일부이다. ㉮에 들어갈 내용으로 가장 적절한 것은?** [3점]

| 보기 |

헤겔 : [1]괴테와 실러의 문학 작품을 읽을 때 놓치지 않아야 할 점이 있네. [2]이 두 천재도 인생의 완숙기(완숙 단계)에 이르러서야 비로소 최고의 지성적 통찰(사유)(洞察. 예리한 관찰력으로 사물을 꿰뚫어 봄)을 진정한 예술미로 승화시킬(昇華-. 더 높은 상태로 발전시킬) 수 있었네. [3]그에 비해 초기의 작품들은(초보 단계) 미적으로 세련되지 못해 결고 수준급(水準級. 상당히 높은 수준에 있는 등급)이라 할 수 없었는데, 이는 그들이 아직 지적으로 미성숙했기 때문이었네.

(나)의 글쓴이 : [4]방금 그 말씀과 선생님의 기본 논증 방법을 연결하면 [ ㉮ ] 는 말이 됩니다.

**① 이론에서는 대립적 범주들의 종합을 이루어야 하는 세 번째 단계가 현실에서는 그 범주들을 중화한다**

**근거** (나)-❶-2 종합의 범주는 두 대립적 범주 중 하나의 일방적 승리로 끝나도 안 되고, 두 범주의 고유한 본질적 규정이 소멸되는 중화 상태로 나타나도 안 된다.

**풀이** (나)에서 글쓴이는 종합의 범주가 앞선 두 범주들의 고유한 본질적 규정이 소멸되는 중화 상태로 나타나서는 안 된다고 하였다. 세 번째 단계가 현실에서는 첫 번째와 두 번째 단계의 범주들을 중화한다고 말하는 것은 이러한 (나)의 글쓴이의 관점과 어긋나므로, ㉮에 들어갈 내용으로 적절하지 않다.

→ 적절하지 않음!

**② 이론에서는 외면성에 대응하는 예술이 현실에서는 내면성을 바탕으로 하는 절대정신**

일 수 있다

근거 <보기>-2 이 두 천재도 인생의 완숙기에 이르러서야 비로소 최고의 지성적 통찰을 진정한 예술미로 승화시킬 수 있었네, (가)-❸-4~5 예술은 초보 단계의, 종교는 성장 단계의, 철학은 완숙 단계의 절대정신이다. 이에 따라 예술-종교-철학 순의 진행에서 명실상부한 절대정신은 최고의 지성에 의거하는 것, 즉 철학뿐이며, (나)-❷-6 실질적 내용을 보면 직관으로부터 사유에 이르는 과정에서는 외면성이 점차 지워지고 내면성이 점층적으로 강화·완성되고 있음이, 예술로부터 철학에 이르는 과정에서는 객관성이 점차 지워지고 주관성이 점층적으로 강화·완성되고 있음이 확연히 드러날 뿐, 진정한 변증법적 종합은 이루어지지 않는다, (나)-❸-3 실제로 많은 예술 작품은 '사유'를 매개로 해서만 설명되지 않는가.

풀이 헤겔은 변증법적 체계에 따라 절대정신을 예술-종교-철학 순으로 구성하고, 직관의 외면성과 표상의 내면성은 사유에서 종합되고, 예술의 객관성과 종교의 주관성은 철학에서 종합된다고 하였다. 그러나 (나)의 글쓴이는 이에 대해, 예술-종교-철학 순의 진행에서 실질적으로는 외면성과 객관성이 점차 지워지고 내면성과 주관성이 점층적으로 강화·완성되고 있을 뿐, 진정한 변증법적 종합이 이루어지지 않는다고 비판하였다.
<보기>에서 헤겔은, 괴테와 실러가 '인생의 완숙기'에 이르러서야 '최고의 지성적 통찰'을 진정한 예술미로 승화시킬 수 있었다고 말하고 있다. 이때 '완숙기'는 절대정신의 형태 중 완숙 단계에 해당하는 '철학'과 관련지을 수 있고, '최고의 지성적 통찰' 역시 절대정신 중 최고의 지성에 의거한 '철학'과 관련지어 생각할 수 있다. (나)의 글쓴이는 '철학'을 내면성과 주관성이 강화·완성된 것으로 보고 있으며, 많은 예술 작품이 철학에 대응하는 형식인 '사유'를 매개로 설명된다고 보고 있다. 따라서 <보기>의 ㉮에서 (나)의 글쓴이는 '이론에서는 외면성에 대응하는 예술이 현실에서는 내면성을 바탕으로 하는 절대정신일 수 있다'고 말할 수 있을 것이다.

→ 적절함!

③ **이론에서는 반정립 단계에 위치하는 예술이 현실에서는 정립 단계에 있는 것으로 나타난다**

근거 (가)-❶-1~2 정립-반정립-종합. 변증법의 논리적 구조를 일컫는 말이다, (나)-❷-5 절대정신을 예술-종교-철학 순으로 편성한 전략은 외관상으로는 변증법 모델에 따른 전형적 구성으로 보인다.

풀이 헤겔은 변증법적 체계를 바탕으로 절대정신을 예술-종교-철학 순으로 편성하였다. 변증법은 정립-반정립-종합의 논리적 구조를 가지고 있으므로, 헤겔의 이론에서 '예술'은 반정립 단계가 아니라 정립 단계에 위치한다. (나)의 글쓴이가 헤겔에게 이론에서 예술이 반정립 단계에 위치한다고 말하는 것은 (나)의 글쓴이의 관점과 어긋나므로, ㉮에 들어갈 내용으로 적절하지 않다.

→ 적절하지 않음!

④ **이론에서는 객관성을 본질로 하는 예술이 현실에서는 객관성이 사라진 주관성을 지닌다**

근거 (나)-❷-6~7 실질적 내용을 보면 직관으로부터 사유에 이르는 과정에서는 외면성이 점차 지워지고 내면성이 점층적으로 강화·완성되고 있음이, 예술로부터 철학에 이르는 과정에서는 객관성이 점차 지워지고 주관성이 점층적으로 강화·완성되고 있음이 확연히 드러날 뿐, 진정한 변증법적 종합은 이루어지지 않는다. 직관의 외면성 및 예술의 객관성의 본질은 무엇보다도 감각적 지각성인데, 이러한 핵심 요소가 그가 말하는 종합의 단계에서는 완전히 소거되고 만다.

풀이 (나)에서 글쓴이는 지성의 형식을 직관-표상-사유 순으로 구성하고 이에 맞춰 절대정신을 예술-종교-철학 순으로 편성한 헤겔의 견해에 대해, 예술로부터 철학에 이르는 과정에서 객관성이 점차 지워지고 주관성이 점층적으로 강화·완성되고 있음을 지적하며 진정한 변증법적 종합이 이루어지지 않았다고 비판하였다. 또 예술의 객관성의 본질은 감각적 지각성인데, 헤겔의 종합 단계에서는 이러한 요소가 소거되었다는 점을 문제 삼고 있다. 이를 통해 (나)의 글쓴이가 예술이 객관성을 본질로 한다는 점을 부정하지 않는다는 점을 확인할 수 있다. 따라서 '예술이 현실에서는 객관성이 사라진 주관성을 지닌다'고 말하는 것은 이러한 (나)의 글쓴이의 관점과 어긋나므로, ㉮에 들어갈 내용으로 적절하지 않다.

→ 적절하지 않음!

⑤ **이론에서는 절대정신으로 규정되는 예술이 현실에서는 진리의 인식을 수행할 수 없다**

근거 (나)-❸-1~2 변증법에 충실하려면 헤겔은 철학에서 성취된 완전한 주관성이 재객관화되는 단계의 절대정신을 추가했어야 할 것이다. 예술은 '철학 이후'의 자리를 차지할 수 있는 유력한 후보이다, (가)-❷-3 절대정신은 절대적 진리인 '이념'을 인식하는 인간 정신의 영역

풀이 (나)에서 글쓴이는 헤겔이 철학에서 성취된 완전한 주관성이 재객관화되는 단계의 절대정신을 추가했어야 하며, 예술이 이러한 '철학 이후'의 단계에 올 수 있다고 보았다. 이때 절대정신은 절대적 진리를 인식하는 인간 정신의 영역을 말하므로, 결국 (나)의 글쓴이는 예술이 절대적 진리의 인식을 수행할 수 있다고 보았음을 알 수 있다. '예술이 현실에서는 진리의 인식을 수행할 수 없다'고 말하는 것은 이러한 (나)의 글쓴이의 관점과 어긋나므로, ㉮에 들어갈 내용으로 적절하지 않다.

→ 적절하지 않음!

**024** 문맥적 의미 파악 - 적절한 것 고르기 2022학년도 수능 9번
정답률 65%, 매력적 오답 ① 10% ⑤ 20%
**정답 ③**

## 문맥상 ⓐ~ⓔ와 바꾸어 쓰기에 가장 적절한 것은?

변증법적 체계성을 ⓐ 지녀야 한다.
절대정신은 절대적 진리인 '이념'을 인식하는 인간 정신의 영역을 ⓑ 가리킨다.
종합의 범주는 두 대립적 범주 중 하나의 일방적 승리로 ⓒ 끝나도 안 되고
실질적 내용을 ⓓ 보면
진정한 변증법적 종합은 ⓔ 이루어지지 않는다.

**① ⓐ : 소지(所持)하여야**

풀이 ⓐ의 '지니다'는 '바탕으로 갖추고 있다'의 의미이다. 한편 '소지(所 것 소 持 가지다 지)하다'는 '물건을 지니고 있다'의 의미이다. ⓐ의 '지녀야'를 '소지하여야'로 바꿔 쓸 경우 문맥상 의미가 달라지므로, 바꿔 쓰기에 적절하지 않다.

→ 적절하지 않음!

**② ⓑ : 포착(捕捉)한다**

풀이 ⓑ의 '가리키다'는 '어떤 대상을 특별히 집어서 두드러지게 나타내다'의 의미이다. 한편 '포착(捕 잡다 포 捉 잡다 착)하다'는 '꼭 붙잡다', '요점이나 요령을 얻다', '어떤 기회나 정세를 알아차리다' 등의 의미를 가지고 있다. ⓑ의 '가리킨다'를 '포착한다'로 바꿔 쓸 경우 문맥상 의미가 달라지므로, 바꿔 쓰기에 적절하지 않다.

→ 적절하지 않음!

**③ ⓒ : 귀결(歸結)되어도**

풀이 ⓒ의 '끝나다'는 '일이 다 이루어지다'의 의미이다. '귀결(歸 돌아가다 귀 結 맺다 결)되다'는 '어떤 결말이나 결과에 이르게 되다'의 의미이다. 따라서 ⓒ의 '끝나도'를 '귀결되어도'로 바꿔 써도 문맥상 의미가 달라지지 않는다.

→ 적절함!

**④ ⓓ : 간주(看做)하면**

풀이 ⓓ의 '보다'는 '대상의 내용이나 상태를 알기 위하여 살피다'의 의미이다. 한편 '간주(看 보다 간 做 짓다 주)하다'는 '상태, 모양, 성질 따위가 그와 같다고 보거나 그렇다고 여기다'의 의미이다. ⓓ의 '보면'을 '간주하면'으로 바꿔 쓸 경우 문맥상 의미가 달라지므로, 바꿔 쓰기에 적절하지 않다.

→ 적절하지 않음!

**⑤ ⓔ : 결성(結成)되지**

풀이 ⓔ의 '이루어지다'는 '어떤 대상에 의하여 일정한 상태나 결과가 생기거나 만들어지다'의 의미이다. 한편 '결성(結 맺다 결 成 이루어지다 성)되다'는 '조직이나 단체 따위가 짜여 만들어지다'의 의미이다. ⓔ의 '이루어지지'를 '결성되지'로 바꿔 쓸 경우 문맥상 의미가 달라지므로, 바꿔 쓰기에 적절하지 않다.

→ 적절하지 않음!

**[025~028] 다음 글을 읽고 물음에 답하시오.**

1 [1]고대 그리스 시대(그리스의 역사 가운데 기원전 1100년경부터 기원전 146년까지의 시대)의 사람들은 신에 의해 우주가 운행된다고(運行-. 움직이게 된다고) 믿는 결정론(決定論. 이 세상의 모든 일은 우연이나 선택의 자유에 의한 것이 아니라, 신이나 운명, 우주의 법칙 등 외적인 원인에 의해 미리 정해져 있다고 보는 이론)적 세계관 속에서 신에 대한 두려움이나, 신이 야기한다고(惹起-. 일으킨다고) 생각되는 자연재해(自然災害. 태풍, 홍수, 가뭄, 지진 등 피할 수 없는 자연 현상으로 인하여 받게 되는 피해)나 천체 현상(天體現象. 일식, 월식, 오로라, 별똥별 등 우주에 존재하는 모든 물체와 관련된 현상) 등에 대한 두려움을 떨치지 못했다. [2]에피쿠로스는 당대(當代. 그 시대. 여기서는 고대 그리스 시대를 말함)의 사람들이 이러한 잘못된 믿음(신에 의해 우주가 운행된다는 결정론적 세계관)에서 벗어나도록 하는 것이 중요하다고 보았고, 이를 위해 인간이 행복에 이를 수 있도록 자연학(自然學. 자연을 연구 대상으로 하는 학문)을 바탕으로 자신의 사상(思想. 구체적인 의견과 생각)을 전개하였다.

→ 에피쿠로스 자연학의 등장 배경

2 [1]에피쿠로스는 신의 존재는 인정하나 신의 존재 방식이 인간이 생각하는 것과는 다르다고 보고, 신은 우주들 사이의 중간 세계에 살며 인간사(人間事, 인간 세상에 일어나는 모든 일)에 개입하지 않는다는 ㉠ 이신론(理神論)(신의 존재와 진리의 근거를 이성적인 것에서 구하는 이론. 신을 세계의 창조자로 인정하지만, 신이 세상일에 관여하거나 계시나 기적으로 자신의 존재를 나타내지 않는다고 봄)적 관점을 주장한다. [2]그(에피쿠로스)는 불사하는(不死-, 죽지 않는) 존재인 신은 최고로 행복한 상태이며, 다른 어떤 것에게도 고통을 주지 않고, 모든 고통은 물론 분노와 호의(好意, 친절한 마음씨)와 같은 것으로부터 자유롭다고 말한다. [3]따라서 에피쿠로스는 인간의 세계가 신에 의해 결정되지 않으며, 인간의 행복도 자율적(自律的, 스스로의 생각으로 어떤 일을 하거나 자기 스스로를 통제하여 절제하는) 존재인 인간 자신에 의해 완성된다고 본다.

→ 에피쿠로스 자연학 ① : 신과 인간의 관계

3 [1]한편 에피쿠로스는 인간의 영혼도 육체와 마찬가지로 미세한(微細-, 분간할 수 없을 정도로 아주 작은) 입자(粒子, 아주 작은 물체)로 구성된다고 본다. [2]영혼은 육체와 함께 생겨나고 육체와 상호작용하며(相互作用-, 서로 영향을 주고받으며) 육체가 상처를 입으면 영혼도 고통을 받는다. [3]더 나아가 육체가 소멸하면 영혼도 함께 소멸하게 되어 인간은 사후(死後)(죽은 이후)에 신의 심판을 받지 않으므로, 살아 있는 동안 인간은 사후에 심판이 있다고 생각하여 두려워할 필요가 없게 된다. [4]이러한(육체가 죽을 때 영혼도 함께 사라져 사후에 신의 심판을 받지 않는다는) 생각은 인간으로 하여금 죽음에 대한 모든 두려움에서 벗어나게 하는 근거가 된다.

→ 에피쿠로스 자연학 ② : 인간의 영혼과 육체의 관계

4 [1]이러한 에피쿠로스의 ㉡ 자연학은 우주와 인간의 세계에 대한 비결정론(非決定論, 이 세상의 모든 일은 일정한 법칙이나 원인에 의한 결과로 나타나는 것이 아니라, 우연적으로 일어나는 것이라고 보는 이론)적인 이해를 가능하게 한다. [2]이(우주와 인간의 세계에 대한 비결정론적인 이해)는 원자(原子, 물질을 구성하는 기본 입자)의 운동에 관한 에피쿠로스의 설명에서도 명확히 드러난다. [3]그(에피쿠로스)는 원자들이 수직 낙하 운동(垂直落下運動, 지면과 90 도 방향으로 곧게 떨어지는 운동)이라는 법칙에서 벗어나기도 하여 비스듬히 떨어지고 충돌해서 튕겨 나가는 우연적인 운동을 한다고 본다. [4]그리고 우주는 이러한(우연적인 운동을 하는) 원자들에 의해 이루어졌으므로, 우주 역시 우연의 산물(우연에 의해 생겨난 현상)이라고 본다. [5]따라서 우주와 인간의 세계에 신의 관여(關與, 관계하여 참여함)는 없으며, 인간의 삶에서도 신의 섭리(세상과 우주 만물을 다스리는 신의 뜻)는 찾을 수 없다고 한다. [6]에피쿠로스는 이러한(신은 우주와 인간의 세계에 관여하지 않으며 인간의 삶에도 신의 섭리는 없다는) 생각을 인간이 필연성(必然性, 어떤 사물이나 일이 꼭 그렇게 될 수밖에 없다는 것. 여기서는 결정론적 세계관의 성질을 말함)에 얽매이지 않고 자신의 삶을 주체적으로 살아갈 수 있게 하는 자유 의지(自由意志, 신에 의해 지배되지 않고 인간 스스로의 생각에 따라 행동할 수 있는 의지)의 단초(端初, 풀어 나갈 수 있는 시작점)로 삼는다.

→ 에피쿠로스 자연학 ③ : 우주와 인간의 세계에 대한 이해

5 [1]에피쿠로스는 이(자연학)를 토대로 자유로운 삶의 근본을 규명하고(糾明-, 따져 밝히고) 인생의 궁극적(窮極的, 마지막에 이르는) 목표인 행복으로 이끄는 ㉢ 윤리학을 펼쳐 나간다. [2]결국 그(에피쿠로스)는 인간이 신의 개입과 우주의 필연성, 사후 세계에 대한 두려움에서 벗어날 수 있도록 함으로써, 자신의 삶을 자율적이고 주체적으로 살 수 있는 길을 열어 주었다. [3]그리고 쾌락주의적 윤리학(快樂主義的倫理學, 쾌락을 인생의 가장 가치 있는 목적이라 생각하는 사상)을 바탕으로 영혼이 안정된 상태에서 행복 실현을 추구할 수 있는 방안을 제시하였다.

→ 에피쿠로스 윤리학의 의의

■지문 이해

<에피쿠로스의 자연학과 쾌락주의적 윤리학>

**❶ 에피쿠로스 자연학의 등장 배경**
- 고대 그리스 시대 사람들은 신에 의해 우주가 운행된다는 결정론적 세계관에 따라 신, 자연재해, 천체 현상을 두려워함
- 에피쿠로스는 사람들이 이러한 잘못된 믿음에서 벗어나도록 하기 위해 자연학을 바탕으로 자신의 사상을 전개함

**❷ 에피쿠로스 자연학 ① : 신과 인간의 관계**
- 신의 존재를 인정함
- 신은 인간사에 개입하지 않는다는 이신론적 관점을 주장함 → 인간의 세계는 신에 의해 결정되지 않으며, 인간의 행복은 자율적 존재인 인간 자신에 의해 완성된다고 봄

**❸ 에피쿠로스 자연학 ② : 인간의 영혼과 육체의 관계**
- 육체와 영혼이 함께 소멸하여 사후에 신의 심판을 받지 않으므로, 살아 있는 동안 사후 심판을 두려워할 필요가 없음 → 죽음에 대한 모든 두려움에서 벗어나게 하는 근거가 됨

**❹ 에피쿠로스 자연학 ③ : 우주와 인간의 세계에 대한 이해**
- 우주와 인간의 세계에 대한 비결정론적 이해를 가능하게 함
- 우주는 우연의 산물로, 우주와 인간의 세계에 신의 관여는 없고, 인간의 삶에도 신의 섭리가 없다고 봄 → 자유 의지의 단초가 됨

**❺ 에피쿠로스 윤리학의 의의**
- 자연학을 바탕으로 인간이 자신의 삶을 자율적이고 주체적으로 살 수 있는 길을 열어줌
- 쾌락주의적 윤리학을 바탕으로 인간이 행복 실현을 추구할 수 있는 방안을 제시

**025** 중심 화제 파악 - 적절한 것 고르기 2020학년도 6월 모평 19번 정답률 90% | 정답 ②

**윗글의 *표제와 **부제로 가장 적절한 것은?** *標題, 제목 **副題, 보충하는 제목

근거 ❶-2 에피쿠로스는 당대의 사람들이 이러한 잘못된 믿음(결정론적 세계관)에서 벗어나도록 하는 것이 중요하다고 보았고, 이를 위해 인간이 행복에 이를 수 있도록 자연학을 바탕으로 자신의 사상을 전개, ❷-3 에피쿠로스는 인간의 세계가 신에 의해 결정되지 않으며, 인간의 행복도 자율적 존재인 인간 자신에 의해 완성된다고 본다, ❸-2~3 영혼은 육체와 함께 생겨나고 … 육체가 소멸하면 영혼도 함께 소멸하게 되어 … 인간은 사후에 심판이 있다고 생각하여 두려워할 필요가 없게 된다, ❹-1 에피쿠로스의 자연학은 우주와 인간의 세계에 대한 비결정론적인 이해를 가능하게 한다, ❺-2~3 그(에피쿠로스)는 인간이 신의 개입과 우주의 필연성, 사후 세계에 대한 두려움에서 벗어날 수 있도록 함으로써, 자신의 삶을 자율적이고 주체적으로 살 수 있는 길을 열어 주었다. 그리고 쾌락주의적 윤리학을 바탕으로 영혼이 안정된 상태에서 행복 실현을 추구할 수 있는 방안을 제시하였다.

풀이 윗글은 먼저 에피쿠로스의 사상이 당대 고대 그리스인들을 결정론적 세계관에서 벗어나게 하기 위한 목적을 가지고 있음을 설명하고, 신과 인간, 인간의 영혼과 육체의 관계, 우주와 인간 세계에 대한 그의 견해를 구체적으로 설명하였다. 또 이러한 그의 사상이 쾌락주의적 윤리학을 바탕으로 행복 실현을 추구할 수 있는 방안을 제시하였다는 의의를 가진다는 점을 밝히고 있다. 따라서 정답은 ②번이다.

① 에피쿠로스 사상의 성립 배경
- 인간과 자연의 관계를 중심으로

풀이 윗글에서 에피쿠로스 사상의 성립 배경을 설명하고 있지만, 이를 글의 내용 전체를 대표하는 제목으로 삼기에는 적절하지 않다. 또한 윗글에서는 인간과 자연의 관계보다는 신과 인간, 인간의 영혼과 육체, 우주와 인간 세계의 관계에 대한 에피쿠로스 사상의 내용을 구체적으로 설명하고 있다.

② 에피쿠로스 사상의 목적과 의의
- 신, 인간, 우주에 대한 이해를 중심으로
→ 적절함!

③ 에피쿠로스 사상에 대한 비판과 *옹호
- 사상의 한계와 발전적 계승을 중심으로 *擁護, 편들고 감싸 주어 지킴

④ 에피쿠로스 사상을 둘러싼 논쟁과 *이견
- 당대 세계관과의 비교를 중심으로 *異見, 다른 의견

⑤ 에피쿠로스 사상의 현대적 수용과 *효용성
- 행복과 쾌락의 상관성을 중심으로 *效用性, 쓸모나 보람이 있는 성질

**026** 핵심 개념 파악 - 적절한 것 고르기 2020학년도 6월 모평 20번 정답률 90% | 정답 ④

**㉠~㉢에 대한 이해로 가장 적절한 것은?**

㉠ 이신론(理神論)적 관점 ㉡ 자연학 ㉢ 윤리학

▶ 지문 핵심 개념 정리

| | |
|---|---|
| 이신론(理神論)적 관점 | • 신은 우주들 사이의 중간 세계에 살며 인간사에 개입하지 않음(❷-1) |
| 자연학 | • 인간의 세계가 신에 의해 결정되지 않으며, 인간의 행복도 인간 자신에 의해 완성됨(❷-3)<br>• 육체가 소멸하면 영혼도 함께 소멸하게 되어 인간은 사후에 신의 심판을 받지 않으므로, 살아 있는 동안 인간은 사후에 심판이 있다고 생각하여 두려워할 필요가 없음(❸-3)<br>• 우주와 인간의 세계에 대한 비결정론적인 이해를 가능하게 함(❹-1) |
| 윤리학 | • 인생의 궁극적 목표인 행복으로 이끎(❺-1)<br>• 영혼이 안정된 상태에서 행복 실현을 추구할 수 있는 방안을 제시(❺-3) |

**① ㉠은 인간이 두려움을 갖는 이유를, ㉡과 ㉢은 신에 대한 의존에서 벗어나게 하는 방법을 제시한다.**

근거 ❶-1 고대 그리스 시대의 사람들은 신에 의해 우주가 운행된다고 믿는 결정론적 세계관 속에서 신에 대한 두려움이나, 신이 야기한다고 생각되는 자연재해나 천체 현상 등에 대한 두려움을 떨치지 못했다.

풀이 윗글을 통해 인간이 신이나 자연재해, 천체 현상 등에 대한 두려움을 갖는 것은 신에 의해 우주가 운행된다고 믿는 결정론적 세계관에서 비롯되었음을 알 수 있다. 에피쿠로스는 사람들이 결정론적 세계관에서 비롯된 이러한 잘못된 믿음에서 벗어나도록 하기 위해, 신이 인간사에 개입하지 않는다는 이신론적 관점을 주장하였다. 따라서 이신론적 관점(㉠)이 인간이 두려움을 갖는 이유를 제시하였다는 설명은 적절하지 않다. 한편 에피쿠로스는 이신론적 관점뿐 아니라 우주와 인간의 세계에 대한 비결정론적인 이해를 가능하게 하는 자연학과, 인간이 행복에 이를 수 있도록 이끌어 주는 윤리학을 통해, 인간이 신에 의존하지 않고 자율적이고 주체적으로 살 수 있는 방안을 제시하였다. 따라서 이신론적 관점(㉠), 자연학(㉡), 윤리학(㉢)은 모두 인간이 신에 대한 의존에서 벗어나게 하는 방법을 제시하는 것과 관련 있는 내용이다.

→ 적절하지 않음!

**② ㉠은 우주가 신에 의해 운행된다고 믿는 근거를, ㉡과 ㉢은 인간의 사후에 대해 탐구하는 방법을 제시한다.**

근거 ❶-1 신에 의해 우주가 운행된다고 믿는 결정론적 세계관

풀이 에피쿠로스는 우주가 신에 의해 운행된다는 믿음을 부정하는 이신론적 관점(㉠)을 제시하였다. 따라서 이신론적 관점(㉠)이 우주가 신에 의해 운행된다고 믿는 근거를 제시하였다는 설명은 적절하지 않다. 한편 에피쿠로스는 자연학(㉡)을 통해 인간의 사후를 두려워할 필요가 없다고 주장하였지만, '인간의 사후에 대해 탐구하는 방법'을 구체적으로 제시한 것은 아니다. 또한 에피쿠로스의 윤리학(㉢)은 인간의 사후에 대해 탐구하는 방법을 제시하는 것이 아니라, 인간이 자신의 행복 실현을 추구할 수 있는 방안을 제시하고 있다.

→ 적절하지 않음!

**③ ㉠과 ㉡은 인간이 영혼과 육체의 관계를 탐구하는 이유를, ㉢은 모든 두려움에서 벗어나는 방법을 제시한다.**

풀이 윗글에서 이신론적 관점(㉠)이 우주가 신에 의해 운행된다는 믿음을 부정하는 관점이라는 내용은 확인할 수 있지만, 이신론적 관점에서 인간의 영혼과 육체의 관계를 설명하는 내용은 확인할 수 없다. 또 에피쿠로스는 자연학(㉡)을 통해 육체가 소멸하면 영혼도 함께 소멸하므로 인간은 사후를 두려워할 필요가 없다고 주장하고 있지만, '영혼과 육체의 관계를 탐구하는 이유'를 제시하지는 않았다. 에피쿠로스의 윤리학(㉢) 또한 인간이 자신의 행복 실현을 추구할 수 있는 방안을 제시한 것이지, '모든 두려움에서 벗어나는 방법'을 제시하였다고 보기 어렵다.

→ 적절하지 않음!

**④ ㉠과 ㉡은 인간이 잘못된 믿음에서 벗어날 수 있는 근거를, ㉢은 행복에 이르도록 하는 방법을 제시한다.**

근거 ❶-2 에피쿠로스는 당대의 사람들이 이러한 잘못된 믿음(신에 의해 우주가 운행된다고 믿는 결정론적 세계관)에서 벗어나도록 하는 것이 중요하다고 보았고

풀이 에피쿠로스는 신에 의해 우주가 운행된다고 믿는 결정론적 세계관을 잘못된 믿음이라고 보았다. 그가 제시한 이신론적 관점에서는 신이 인간사에 개입하지 않는다고 보았고, 그의 자연학은 우주와 세계에 대한 비결정론적 이해를 가능하게 한다고 하였다. 따라서 이신론적 관점(㉠)과 자연학(㉡)이 '신에 의해 우주가 운행된다는 잘못된 믿음'에서 벗어날 수 있는 근거를 제시한다는 설명은 적절하다. 또한 에피쿠로스는 그의 윤리학을 통해 인간이 인생의 궁극적 목표인 행복 실현을 추구할 수 있는 방안을 제시하고 있다. 따라서 그의 윤리학(㉢)이 행복에 이르는 방법을 제시한다는 설명 또한 적절하다.

→ 적절함!

**⑤ ㉠과 ㉡은 인간의 존재 이유와 존재 위치에 대한 탐색의 결과를, ㉢은 인간이 우주의 근원을 연구하는 방법을 제시한다.**

풀이 윗글에서 '신'이 우주들 사이의 중간 세계에 살며 인간사에 개입하지 않는다는 설명은 확인할 수 있지만, 이신론적 관점(㉠)과 자연학(㉡)이 '인간의 존재 이유와 존재 위치에 대한 탐색의 결과'를 제시한다는 내용은 찾을 수 없다. 또한 에피쿠로스의 윤리학(㉢)은 인간이 인생의 궁극적 목표인 행복 실현을 추구할 수 있는 방안을 제시한 것이지, 인간이 우주의 근원을 연구하는 방법을 제시한 것은 아니다.

→ 적절하지 않음!

1등급 문제

**027** 추론의 적절성 판단 - 적절한 것 고르기 2020학년도 6월 모평 21번
정답률 55%, 매력적 오답 ③ 30%
정답 ⑤

**윗글을 읽은 학생이 '에피쿠로스'에 대해 비판한다고 할 때, 비판 내용으로 적절한 것만을 <보기>에서 있는 대로 고른 것은?**

| 보 기 |

ㄱ. 신이 분노와 호의로부터 자유로운 상태라면 인간의 세계에 개입을 하지 않는다는 뜻일 텐데, 왜 신의 섭리에 따라 인간의 삶을 이해하려고 하는가?

ㄴ. 원자가 법칙에서 벗어나 우연적인 운동을 한다는 것은 인과(因果, 원인과 결과) 관계 없이 뜻하지 않게 움직인다는 뜻일 텐데, 그것(인과 관계 없이 뜻하지 않게 움직이는 것)이 자유 의지의 단초가 될 수 있는가?

ㄷ. 인간이 죽음에 대해 두려움을 느낀다면 죽음에 이르는 고통 때문일 수도 있을 텐데, 사후에 대한 두려움을 떨쳐 버리는 것만으로 그것(죽음에 이르는 고통)이 해소될(解消-, 해결되어 없어질) 수 있는가?

ㄹ. 인간이 자연재해를 무서워한다면 자연재해 그 자체 때문일 수도 있을 텐데, 신이 일으키지 않았다고 해서 자연재해에 대한 두려움에서 벗어날 수 있는가?

**ㄱ. 신이 분노와 호의로부터 자유로운 상태라면 인간의 세계에 개입을 하지 않는다는 뜻일 텐데, 왜 신의 섭리에 따라 인간의 삶을 이해하려고 하는가? (×)**

근거 ❹-5 (에피쿠로스는) 우주와 인간의 세계에 신의 관여는 없으며, 인간의 삶에서도 신의 섭리는 찾을 수 없다고 한다.

풀이 에피쿠로스는 인간의 삶에서 신의 섭리를 찾을 수 없다고 하였다. 따라서 에피쿠로스가 신의 섭리에 따라 인간의 삶을 이해하려 하였다는 비판은 적절하지 않다.

**ㄴ. 원자가 법칙에서 벗어나 우연적인 운동을 한다는 것은 인과 관계 없이 뜻하지 않게 움직인다는 뜻일 텐데, 그것이 자유 의지의 단초가 될 수 있는가? (○)**

근거 ❹-3~6 그(에피쿠로스)는 원자들이 수직 낙하 운동이라는 법칙에서 벗어나기도 하여 … 우연적인 운동을 한다고 본다. 그리고 … 우주 역시 우연의 산물이라고 본다. 따라서 우주와 인간의 세계에 신의 관여는 없으며, 인간의 삶에서도 신의 섭리는 찾을 수 없다고 한다. 에피쿠로스는 이러한 생각을 인간이 필연성에 얽매이지 않고 자신의 삶을 주체적으로 살아갈 수 있게 하는 자유 의지의 단초로 삼는다.

풀이 에피쿠로스는 원자가 법칙에서 벗어나 우연적인 운동을 한다고 보았고, 이러한 원자로 이루어진 우주 역시 신의 관여에 의한 것이 아닌 우연의 산물이라고 보았다. '법칙에서 벗어나 우연적인 운동을 하는 것'을 '인과 관계 없이 뜻하지 않게 움직이는 것'으로 본다면, 우주는 인과 관계 없이 뜻하지 않게 움직인 산물이고, 우주에 속한 인간의 세계와 인간의 삶 또한 인과 관계 없이 뜻하지 않게 움직이는 것이라고 해석할 수 있을 것이다. 따라서 이러한 관점에서는, 인간은 자유 의지를 가지고 자신의 삶을 주체적으로 살아가는 존재로 보면서, 그러한 인간이 사는 세계는 우연적인 운동을 하는 곳이라고 보는 에피쿠로스의 주장이 모순된다고 비판할 수 있다.

**ㄷ. 인간이 죽음에 대해 두려움을 느낀다면 죽음에 이르는 고통 때문일 수도 있을 텐데, 사후에 대한 두려움을 떨쳐 버리는 것만으로 그것이 해소될 수 있는가? (○)**

근거 ❸-2~4 육체가 상처를 입으면 영혼도 고통을 받는다. 더 나아가 육체가 소멸하면 영혼도 함께 소멸하게 되어 인간은 사후(死後)에 신의 심판을 받지 않으므로, 살아 있는 동안 인간은 사후에 심판이 있다고 생각하여 두려워할 필요가 없게 된다. 이러한 생각은 인간으로 하여금 죽음에 대한 모든 두려움에서 벗어나게 하는 근거가 된다.

풀이 에피쿠로스는, 인간은 육체가 소멸하면 영혼도 함께 소멸하여 사후에 신의 심판을 받지 않으므로, 사후의 심판을 두려워할 필요가 없다고 하였다. 또 이러한 생각을 통해 인간이 죽음에 대한 모든 두려움에서 벗어날 수 있다고 보았다. 그러나 인간의 죽음에 대한 두려움이 '사후의 심판'뿐만 아니라 '죽음에 이르는 고통' 때문이라고 본다면, 사후에 대한 두려움을 떨쳐 버린다고 하더라도 죽음에 대한 두려움이 해소될 수 없다고 비판할 수 있다.

**ㄹ. 인간이 자연재해를 무서워한다면 자연재해 그 자체 때문일 수도 있을 텐데, 신이 일으키지 않았다고 해서 자연재해에 대한 두려움에서 벗어날 수 있는가?** (○)

근거 ❶-1~2 고대 그리스 시대의 사람들은 신에 의해 우주가 운행된다고 믿는 결정론적 세계관 속에서 신에 대한 두려움이나, 신이 야기한다고 생각되는 자연재해나 천체 현상 등에 대한 두려움을 떨치지 못했다. 에피쿠로스는 당대의 사람들이 이러한 잘못된 믿음에서 벗어나도록 하는 것이 중요하다고 보았고

풀이 에피쿠로스는 신이 자연재해를 야기한다고 생각하고 두려워하는 당대 사람들의 결정론적 세계관을 잘못된 믿음이라고 보고, 여기에서 벗어나도록 하는 것이 중요하다고 보았다. 그러나 인간이 자연재해를 '신이 야기하였기 때문에 두려워하는 것'이 아니라, '자연재해 현상 그 자체를 두려워하는 것'이라면, 신이 자연재해를 일으킨 것이 아니라고 생각한다 하더라도 자연재해에 대한 두려움에서 벗어날 수 없다고 비판할 수 있다.

① ㄱ, ㄴ

② ㄱ, ㄹ

③ ㄷ, ㄹ

④ ㄱ, ㄴ, ㄷ

⑤ ㄴ, ㄷ, ㄹ → 적절함!

| 028 | <보기>와 내용 비교 - 적절하지 않은 것 고르기 2020학년도 6월 모평 22번<br>정답률 80% | 정답 ⑤ |
|---|---|---|

**윗글의 '에피쿠로스'의 사상과 <보기>에 나타난 생각을 비교한 내용으로 적절하지 않은 것은?** [3점]

| 보기 |

[1]신은 인간의 세계에 속해 있지는 않으나, 모든 일의 목적인 존재라네. [2]하늘과 땅 그리고 바다에 있는 모든 것들의 원인이며, 일체의(一切-, 모든) 훌륭함에 있어서도 탁월한(卓越-, 남보다 두드러지게 뛰어난) 존재이지. [3]언제나 신은 필연성을 따르는 지성(知性, 어떤 것을 이해하고 판단하는 지적 능력)을 조력자(助力者, 도와주는 존재)로 삼아 성장과 쇠퇴(衰退, 힘이나 세력이 약해져 전보다 못한 상태로 됨), 분리와 결합에 있어 모든 것들을 바르고 행복한 상태에 이르도록 이끈다네.

**① 신을 '모든 것들의 원인'으로 보는 <보기>의 생각은, 신이 '인간사에 개입'한다는 것을 부정하는 에피쿠로스의 사상과 차이점이 있군.**

근거 <보기>-2 (신은) 하늘과 땅 그리고 바다에 있는 모든 것들의 원인이며, ❷-1 에피쿠로스는 … 인간사에 개입하지 않는다는 이신론(理神論)적 관점을 주장

→ 적절함!

**② 신이 '지성'을 조력자로 삼아 모든 것들을 이끈다고 보는 <보기>의 생각은, 우주를 '우연의 산물'로 보는 에피쿠로스의 사상과 차이점이 있군.**

근거 <보기>-3 언제나 신은 필연성을 따르는 지성을 조력자로 삼아 성장과 쇠퇴, 분리와 결합에 있어 모든 것들을 바르고 행복한 상태에 이르도록 이끈다네, ❹-4 (에피쿠로스는) 우주 역시 우연의 산물이라고 본다.

→ 적절함!

**③ 신을 '모든 일의 목적인 존재'로 보는 <보기>의 생각과 신이 '불사하는 존재'라고 보는 에피쿠로스의 사상은 신의 존재를 인정한다는 공통점이 있군.**

근거 <보기>-1 신은 … 모든 일의 목적인 존재라네, ❷-1~2 에피쿠로스는 신의 존재는 인정하나 … 불사하는 존재인 신

→ 적절함!

**④ 신이 '모든 것들'을 '바르고 행복한 상태'에 도달하게 한다는 <보기>의 생각은, 행복이 '인간 자신에 의해 완성'된다고 본 에피쿠로스의 사상과 차이점이 있군.**

근거 <보기>-3 언제나 신은 … 모든 것들을 바르고 행복한 상태에 이르도록 이끈다네, ❷-3 에피쿠로스는 … 인간의 행복도 자율적 존재인 인간 자신에 의해 완성된다고 본다.

→ 적절함!

**⑤ 신이 '인간의 세계'에 속해 있지 않다고 보는 <보기>의 생각과 신이 '중간 세계'에 있다고 본 에피쿠로스의 사상은 신의 영향력이 인간 세계의 외부에서 온다고 보는 공통점이 있군.** ← <보기>의 생각에만 해당함

근거 <보기>-1 신은 인간의 세계에 속해 있지는 않으나, <보기>-3 언제나 신은 … 모든 것들을 바르고 행복한 상태에 이르도록 이끈다네, ❷-1 에피쿠로스는 신의 존재는 인정하나 … 신은 우주들 사이의 중간 세계에 살며 인간사에 개입하지 않는다는 이신론(理神論)적 관점을 주장

풀이 <보기>에서는 신이 인간의 세계에 속해 있지는 않지만 모든 것을 바르고 행복한 상태로 이끄는 존재라고 하였다. 신이 인간 세계에 영향을 미치되, 신의 영향력은 인간 세계의 외부에서 온다고 본 것이다. 반면 윗글의 에피쿠로스는 우주들 사이의 중간 세계에 사는 신은 인간사에 개입하지 않는다고 보았다. 이는 신을 인간 세계에 영향력을 미치지 않는 존재로 인식한 것이다.

→ 적절하지 않음!

**[029~032] 다음 글을 읽고 물음에 답하시오.**

1 [1]자연에서 발생하는 모든 일은 목적 지향적(目的志向的, 목적을 이루기 위한 행동)인가? [2]자기 몸통보다 더 큰 나뭇가지나 잎사귀를 허둥대며 운반하는 개미들은 분명히 목적을 가진 듯이 보인다. [3]그런데 가을에 지는 낙엽이나 한밤중에 쏟아지는 우박도 목적을 가질까? [4]아리스토텔레스는 모든 자연물이 목적을 추구하는(追求-, 좇고 따르는) 본성을 타고나며, 외적(外的, 사물의 바깥 환경에서 비롯한) 원인이 아니라 내재적 본성(內在的本性, 사물 안에 있는 타고난 성격, 여기에서는 '목적 지향성'을 의미함)에 따른 운동을 한다는 목적론을 제시한다. [5]그는 자연물이 단순히 목적을 갖는 데 그치는 것이 아니라 목적을 실현할 능력도 타고나며, 그 목적은 방해받지 않는 한 반드시 실현될 것이고, 그 본성적 목적의 실현(본성에 따라 목적을 실현하는 것)은 운동 주체(내재적 본성을 가지고 운동하는 자연물)에 항상 바람직한 결과를 가져온다고 믿는다. [6]아리스토텔레스는 이러한 자신의 견해를 "자연은 헛된 일을 하지 않는다(목적을 가지고 행동한다)!"라는 말로 요약한다.

→ 아리스토텔레스의 목적론

2 [1]근대에 접어들어 모든 사물이 생명력을 갖지 않는 일종의 기계라는 견해(見解, 의견이나 생각)가 강조되면서, 아리스토텔레스의 목적론은 비과학적이라는(非科學的-, 과학적 근거가 없다는) 이유로 많은 비판에 직면한다.(直面-, 부딪친다.) [2]갈릴레이는 목적론적 설명이 과학적 설명으로 사용될 수 없다고 주장하며, 베이컨은 목적에 대한 탐구가 과학에 무익하다고(無益-, 이로울 것이 없다고) 평가하고, 스피노자는 목적론이 자연에 대한 이해를 왜곡한다고(歪曲-, 사실과 다르게 해석한다고) 비판한다. [3]이들(갈릴레이, 베이컨, 스피노자)의 비판은 목적론이 인간 이외의 자연물도 이성을 갖는 것으로 의인화한다는(擬人化-, 사람이 아닌 것을 사람에 빗대어 표현한다는) 것이다. [4]그러나 이런(목적론이 자연물도 이성을 갖는 것으로 의인화했다는) 비판과는 달리 아리스토텔레스는 자연물을 생물과 무생물(無生物, 생물이 아닌 것)로, 생물을 식물·동물·인간으로 나누고, 인간만이 이성을 지닌다고 생각했다.

→ 아리스토텔레스의 목적론에 대한 근대 사상가들의 비판과 그에 대한 반박

3 [1]일부 현대 학자들은, 근대 사상가들(갈릴레이, 베이컨, 스피노자 등)이 당시 과학에 기초한 기계론적 모형이 더 설득력을 갖는다는 일종의 교조적(敎條的, 어떠한 상황에서도 절대로 변하지 않는 진리인 듯 믿고 따르는) 믿음에 의존했을 뿐, 아리스토텔레스의 목적론을 거부할 충분한 근거를 제시하지 못했다고 비판한다. [2]이런 맥락에서 볼로틴은 근대 과학이 자연에 목적이 없음을 보이지도 못했고 그렇게 하려는(자연에 목적이 없음을 보이려는) 시도조차 하지 않았다고 지적한다. [3]또한 우드필드는 목적론적 설명이 과학적 설명은 아니지만, 목적론의 옳고 그름을 확인할 수 없기 때문에 목적론이 거짓이라 할 수도 없다고 지적한다.

→ 근대 사상가들의 비판에 대한 일부 현대 학자들의 지적

4 [1]17 세기의 과학은 실험을 통해 과학적 설명의 참·거짓을 확인할 것을 요구했고, 그런 경향은 생명체를 비롯한 세상의 모든 것이 물질로만 구성된다는 물질론으로 이어졌으며, 물질론 가운데 일부는 모든 생물학적 과정이 물리·화학 법칙으로 설명된다는 환원론으로 이어졌다. [2]이런 환원론은 살아 있는 생명체가 죽은 물질과 다르지 않음을 함축한다.(含蓄-, 속뜻을 가지고 있다.) [3]하지만 아리스토텔레스는 자연물의 물질적 구성 요소를 알면 그것의 본성을 모두 설명할 수 있다는 엠페도클레스의 견해를 반박했다.(反駁-, 반대하여 말했다.) [4]이 반박은 자연물이 단순히 물질로만 이루어진 것이 아니며, 또한 그것의 본성이 단순히 물리·화학적으로 환원되지도 않는다는 주장을 내포한다.(內包-, 담고 있다.)

→ 17 세기 이후의 물질론·환원론과 상반되는 아리스토텔레스의 목적론

5 [1]첨단 과학의 발전에도 불구하고 생명체의 존재 원리와 이유를 정확히 규명하는(糾明–, 캐고 따져서 밝히려는) 과제는 아직 진행 중이다. [2]자연물의 구성 요소에 대한 아리스토텔레스의 탐구는 자연물이 존재하고 운동하는 원리와 이유를 밝히려는 것이었고, 그의 목적론은 지금까지 이어지는 그러한 탐구의 출발점이라 할 수 있다.

→ 아리스토텔레스의 목적론의 의의

■지문 이해

〈아리스토텔레스의 목적론과 의의〉

**❶ 아리스토텔레스의 목적론**

- 모든 자연물은 목적을 추구하는 본성을 타고나며, 내재적 본성에 따른 운동을 함
- 모든 자연물은 목적을 실현할 능력도 타고나며, 그 목적은 방해받지 않는 한 반드시 실현되며, 그 목적의 실현은 자연물에 항상 바람직한 결과를 가져옴

**❷ 아리스토텔레스의 목적론에 대한 근대 사상가들의 비판과 그에 대한 반박**

| 갈릴레이 | 베이컨 | 스피노자 |
|---|---|---|
| 목적론적 설명이 과학적 설명으로 사용될 수 없음 | 목적에 대한 탐구가 과학에 무익함 | 목적론이 자연에 대한 이해를 왜곡함 |

→ 공통적으로 목적론이 인간 이외의 자연물도 이성을 갖는 것으로 의인화했다는 것을 지적

- 비판에 대한 반박 : 아리스토텔레스는 인간만이 이성을 지닌다고 생각하였음

**❸ 근대 사상가들의 비판에 대한 일부 현대 학자들의 지적**

- 근대 사상가들이 아리스토텔레스의 목적론을 거부할 충분한 근거를 제시하지 못했음을 비판함

| 볼로틴 | 우드필드 |
|---|---|
| 근대 과학은 자연에 목적이 없음을 보이지도 못했고, 그것을 증명하려는 시도조차 하지 않았음 | 목적론적 설명이 과학적 설명은 아니지만, 목적론의 옳고 그름을 확인할 수 없기 때문에 목적론이 거짓이라 할 수도 없음 |

**❹ 17 세기 이후의 물질론·환원론과 상반되는 아리스토텔레스의 목적론**

- 물질론 : 세상의 모든 것이 물질로만 구성됨
- 환원론 : 모든 생물학적 과정은 물리·화학 법칙으로 설명됨. 생명체는 죽은 물질과 다르지 않음
- 엠페도클레스 : 자연물의 물질적 구성 요소를 알면, 그것의 본성을 모두 설명할 수 있음
  → 아리스토텔레스의 반박 : 자연물은 단순히 물질로만 이루어진 것이 아니며, 그것의 본성이 단순히 물리·화학적으로 환원되지도 않음

**❺ 아리스토텔레스의 목적론의 의의**

- 자연물이 존재하고 운동하는 원리와 이유를 밝히려는 탐구의 출발점

**029** 글의 서술 방식 파악 - 적절한 것 고르기 2018학년도 수능 16번 정답률 80% | 정답 ⑤

### 윗글의 논지 전개 방식으로 가장 적절한 것은?

**① 대립되는 두 이론을 소개하고 각 이론의 장단점을 비교하고 있다.**

풀이 아리스토텔레스의 목적론에 대한 근대 사상가들의 반론을 소개하고 있지만, 이러한 내용을 '대립되는 두 이론'의 소개라고 볼 수 없다. 각 이론의 장단점이나 이들을 비교한 내용 또한 나오지 않는다.

→ 적절하지 않음!

**② 특정 이론에 대한 상반된 주장을 제시하여 *절충 방안을 **모색하고 있다.** *折衷, 서로 다른 생각을 어느 한쪽으로도 치우치지 않게 조절하는 **摸索–, 찾고

풀이 아리스토텔레스의 목적론에 대한 근대 사상가들의 반론을 제시하고 있지만, 이들을 절충하는 방안을 모색하고 있지는 않다.

→ 적절하지 않음!

**③ 특정 이론에 대한 다양한 비판의 타당성을 검토한 후 새로운 이론을 *도출하고 있다.**
*導出–, 이끌어 내고

풀이 아리스토텔레스의 목적론에 대한 근대 사상가들의 다양한 비판을 제시하고 현대 학자들이 그 타당성을 검토한 내용을 언급하고 있지만, 새로운 이론을 도출하고 있지는 않다.

→ 적절하지 않음!

**④ 특정 이론에 대한 비판들을 시대순으로 제시하여 그 이론의 *부당성을 주장하고 있다.** *不當性, 이치에 맞지 않는 성질

풀이 아리스토텔레스의 목적론에 대한 근대 사상가들의 비판을 제시하고 있지만, 이들의 비판을 통해 아리스토텔레스의 목적론의 부당성을 주장하지는 않았다.

→ 적절하지 않음!

**⑤ 특정 이론에 대한 비판들을 검토하고 그 이론에 대한 해석을 제시하여 의의를 밝히고 있다.**

근거 ❶-4 아리스토텔레스는 … 목적론을 제시한다, ❷-2~3 갈릴레이는 목적론적 설명이 과학적 설명으로 사용될 수 없다고 주장하며, 베이컨은 목적에 대한 탐구가 과학에 무익하다고 평가하고, 스피노자는 목적론이 자연에 대한 이해를 왜곡한다고 비판한다. 이들의 비판은 목적론이 인간 이외의 자연물도 이성을 갖는 것으로 의인화한다는 것이다, ❸-1 일부 현대 학자들은, 근대 사상가들이 … 아리스토텔레스의 목적론을 거부할 충분한 근거를 제시하지 못했다고 비판한다, ❹-3~4 아리스토텔레스는 자연물의 물질적 구성 요소를 알면 그것의 본성을 모두 설명할 수 있다는 엠페도클레스의 견해를 반박했다. 이 반박은 자연물이 단순히 물질로만 이루어진 것이 아니며, 또한 그것의 본성이 단순히 물리·화학적으로 환원되지도 않는다는 주장을 내포한다, ❺-2 자연물의 구성 요소에 대한 아리스토텔레스의 탐구는 자연물이 존재하고 운동하는 원리와 이유를 밝히려는 것이었고, 그의 목적론은 지금까지 이어지는 그러한 탐구의 출발점이라 할 수 있다.

풀이 윗글에서는 아리스토텔레스의 목적론에 대한 근대 사상가들의 비판들을 검토하고, 아리스토텔레스 이론에 대한 해석과 함께 그 의의를 밝히고 있다.

→ 적절함!

**030** 세부 정보 이해 - 적절한 것 고르기 2018학년도 수능 17번 정답률 95% | 정답 ③

### 윗글에 나타난 아리스토텔레스의 견해에 대한 이해로 가장 적절한 것은?

**① 개미의 본성적 운동은 이성에 의한 것으로 설명된다.**

근거 ❷-4 아리스토텔레스는 자연물을 생물과 무생물로, 생물을 식물·동물·인간으로 나누고, 인간만이 이성을 지닌다고 생각했다.

풀이 아리스토텔레스는 개미와 같은 자연물도 분명 목적을 갖고 실현한다고 보았지만, 인간만이 이성을 가지고 있다고 생각하였으므로 개미의 본성적 운동을 '이성'에 의한 것으로 보지는 않았다.

→ 적절하지 않음!

그 자연물에 항상 바람직한 결과를 가져온다

**② 자연물의 목적 실현은 때로는 그 자연물에 해가 된다.**

근거 ❶-5 그(아리스토텔레스)는 자연물이 단순히 목적을 갖는 데 그치는 것이 아니라 목적을 실현할 능력도 타고나며, 그 목적은 방해받지 않는 한 반드시 실현될 것이고, 그 본성적 목적의 실현은 운동 주체에 항상 바람직한 결과를 가져온다고 믿는다.

→ 적절하지 않음!

**③ 본성적 운동의 주체는 본성을 실현할 능력을 갖고 있다.**

근거 ❶-5 자연물이 단순히 목적을 갖는 데 그치는 것이 아니라 목적을 실현할 능력도 타고나며

→ 적절함!

**④ 낙엽의 운동은 본성적 목적 개념으로는 설명되지 않는다.**

근거 ❶-4 아리스토텔레스는 모든 자연물이 목적을 추구하는 본성을 타고나며, 외적 원인이 아니라 내재적 본성에 따른 운동을 한다는 목적론을 제시한다.

풀이 아리스토텔레스는 낙엽을 포함한 모든 자연물이 목적을 추구하는 내재적 본성에 따라 운동한다고 말하고 있다.

→ 적절하지 않음!

내재적 본성에 따른다

**⑤ 자연물의 본성적 운동은 외적 원인에 의해 *야기되기도 한다.** *惹起–, 일어나기도

근거 ❶-4 아리스토텔레스는 모든 자연물이 목적을 추구하는 본성을 타고나며, 외적 원인이 아니라 내재적 본성에 따른 운동을 한다는 목적론을 제시한다.

풀이 아리스토텔레스는 자연물의 본성적 운동은 외적 원인이 아닌 내재적 본성에서 비롯된다고 설명하고 있다.

→ 적절하지 않음!

## 031 | 세부 정보 이해 - 적절한 것 고르기 2018학년도 수능 18번 정답률 95% | 정답 ②

**윗글에 나타난 목적론에 대한 논의를 적절하게 진술한 것은?**

**① 갈릴레이와 볼로틴은 목적론이 근대 과학에 기초한 기계론적 모형이라고 비판한다.**

근거 ❷-2 갈릴레이는 목적론적 설명이 과학적 설명으로 사용될 수 없다고 주장, ❸-2 볼로틴은 근대 과학이 자연에 목적이 없음을 보이지도 못했고 그렇게 하려는 시도조차 하지 않았다고 지적

풀이 갈릴레이는 모든 사물이 기계라는 기계론적 근대 과학적 시각을 바탕으로 목적론이 과학적 설명으로 사용될 수 없다고 비판하였고, 볼로틴은 목적론이 아니라 기계론적 시각에 대해 비판하였다.

→ 적절하지 않음!

**② 갈릴레이와 우드필드는 목적론적 설명이 과학적 설명이 아니라는 데 동의한다.**

근거 ❷-2 갈릴레이는 목적론적 설명이 과학적 설명으로 사용될 수 없다고 주장하며, ❸-3 우드필드는 목적론적 설명이 과학적 설명은 아니지만, 목적론의 옳고 그름을 확인할 수 없기 때문에 목적론이 거짓이라 할 수도 없다고 지적한다.

→ 적절함!

**③ 베이컨과 우드필드는 목적론적 설명이 교조적 신념에 의존했다고 비판한다.**

근거 ❷-2 베이컨은 목적에 대한 탐구가 과학에 무익하다고 평가, ❸-3 우드필드는 목적론적 설명이 과학적 설명은 아니지만, 목적론의 옳고 그름을 확인할 수 없기 때문에 목적론이 거짓이라 할 수도 없다고 지적

풀이 베이컨은 목적론이 과학에 무익하다고 하였지만 '교조적 신념'에 의존하였다고 비판하지는 않았다. 또한 우드필드는 목적론적 설명이 과학적 설명은 아니지만, 거짓이라 할 수도 없다고 하며 베이컨 등 근대 과학자들의 비판에 반박하고 있다. '교조적 신념에 의존했다'는 비판은 현대 학자들이 근대 사상가들에게 한 지적이다.

→ 적절하지 않음!

**④ 스피노자와 볼로틴은 목적론이 자연에 대한 이해를 확장한다고 주장한다.**

근거 ❷-2 스피노자는 목적론이 자연에 대한 이해를 왜곡한다고 비판, ❸-2 볼로틴은 근대 과학이 자연에 목적이 없음을 보이지도 못했고 그렇게 하려는 시도조차 하지 않았다고 지적

풀이 스피노자는 아리스토텔레스의 목적론이 자연에 대한 이해를 '왜곡'한다고 비판하였다. 또 볼로틴은 근대 과학자들의 견해에 대해 반론을 제기하고 있지만, 볼로틴이 아리스토텔레스의 목적론이 자연에 대한 이해를 확장한다고 보았는지는 윗글을 통해 알 수 없다.

→ 적절하지 않음!

**⑤ 스피노자와 우드필드는 목적론이 사물을 의인화하기 때문에 거짓이라고 주장한다.** (스피노자의 견해 / 우드필드의 견해와 어긋남)

근거 ❷-3 이들(갈릴레이, 베이컨, 스피노자)의 비판은 목적론이 인간 이외의 자연물도 이성을 갖는 것으로 의인화한다는 것, ❸-3 우드필드는 목적론적 설명이 과학적 설명은 아니지만, 목적론의 옳고 그름을 확인할 수 없기 때문에 목적론이 거짓이라 할 수도 없다고 지적

풀이 스피노자는 아리스토텔레스의 목적론이 인간 이외의 자연물도 이성을 갖는 것으로 의인화했다고 비판하였다. 그러나 우드필드는 목적론이 과학적 설명은 아니지만 거짓이라 할 수도 없다고 보았다.

→ 적절하지 않음!

## 032 | <보기>와 내용 비교 - 적절한 것 고르기 2018학년도 수능 19번 정답률 85% | 정답 ③

**윗글을 바탕으로 〈보기〉를 이해한 내용으로 가장 적절한 것은?** [3점]

| 보기 |

[1]생물학자 마이어는 생명체의 특징을 보여 주는 이론으로 창발론(創 시작하다 창 發 일어나다 발 論 논의하다 논)을 제시한다. [2]그는 생명체가 분자, 세포, 조직에서 개체, 개체군에 이르기까지 단계적으로 점점 더 복잡한 체계를 구성하며, 세포 이상의 단계에서 각 체계의 고유 활동은 미리 정해진 목적을 수행한다고 생각한다. [3]창발론은 복잡성의 수준이 한 단계씩 오를 때마다 구성 요소에 관한 지식만으로는 예측할 수 없는 특성들이 나타난다는 이론이다. [4]마이어는 여전히 생명체가 물질만으로 구성된다고 보지만, 물리·화학적 법칙으로 모두 설명되지는 않는다고 본다.

▶ 지문 핵심 개념 정리

| '아리스토텔레스'의 목적론 |
| --- |
| • 모든 자연물은 목적을 추구하는 본성을 타고남(❶-4)<br>• 자연물의 물질적 구성 요소를 알면 그것의 본성을 모두 설명할 수 있다는 엠페도클레스의 견해를 반박(❹-3) → 자연물은 단순히 물질만으로 이루어진 것이 아니며, 자연물의 본성이 물리·화학적으로 환원되지도 않음(❹-4) |

**① 마이어는 아리스토텔레스처럼, 엠페도클레스의 물질론적 견해가 적절하다고 보겠군.**

근거 〈보기〉-3~4 창발론은 복잡성의 수준이 한 단계씩 오를 때마다 구성 요소에 관한 지식만으로는 예측할 수 없는 특성들이 나타난다는 이론이다. 마이어는 여전히 생명체가 물질만으로 구성된다고 보지만, 물리·화학적 법칙으로 모두 설명되지는 않는다고 본다.

풀이 생명체가 물질만으로 구성된다고 본다는 점에서 마이어와 엠페도클레스의 견해에 공통점이 있다. 그러나 마이어는 구성 요소에 관한 지식만으로는 예측할 수 없는 특성들이 나타난다고 하여, 물질적 구성 요소를 알면 그것의 본성을 모두 설명할 수 있다는 엠페도클레스와는 다른 견해를 가지고 있다. 한편 아리스토텔레스는 자연물은 단순히 물질로만 이루어진 것이 아니라고 보아 엠페도클레스의 견해에 반박하고 있다.

→ 적절하지 않음!

**② 마이어는 아리스토텔레스처럼, 자연물이 물질만으로 구성된다는 물질론에 동의하겠군.**

근거 〈보기〉-4 마이어는 여전히 생명체가 물질만으로 구성된다고 보지만

풀이 마이어는 생명체가 물질만으로 구성된다고 보고 있지만, 아리스토텔레스는 자연물이 단순히 물질만으로 이루어진 것이 아니라고 보아 물질론에 동의하지 않는다.

→ 적절하지 않음!

**③ 마이어는 아리스토텔레스처럼, 생명체의 특성들은 구성 요소들에 관한 지식만으로 예측할 수 없다고 보겠군.**

근거 〈보기〉-3 창발론은 복잡성의 수준이 한 단계씩 오를 때마다 구성 요소에 관한 지식만으로는 예측할 수 없는 특성들이 나타난다는 이론, ❹-3 아리스토텔레스는 자연물의 물질적 구성 요소를 알면 그것의 본성을 모두 설명할 수 있다는 엠페도클레스의 견해를 반박

→ 적절함!

**④ 마이어는 아리스토텔레스와 달리(같이), 모든 자연물이 목적 지향적으로 운동한다고 보겠군.**

근거 〈보기〉-2 그(마이어)는 생명체가 … 미리 정해진 목적을 수행한다고 생각한다, ❶-4 아리스토텔레스는 모든 자연물이 목적을 추구하는 본성을 타고나며

→ 적절하지 않음!

**⑤ 마이어는 아리스토텔레스와 달리(같이), 모든 자연물의 본성에 대한 물리·화학적 환원을 인정하겠군(인정하지 않겠군).**

근거 〈보기〉-4 마이어는 … 물리·화학적 법칙으로 모두 설명되지는 않는다고 본다, ❹-4 그것(자연물)의 본성이 단순히 물리·화학적으로 환원되지도 않는다는 주장을 내포한다.

→ 적절하지 않음!

**[033~038] 다음 글을 읽고 물음에 답하시오.**

1 [1]유학은 ㉠ 수기치인(修己治人)을 통해 성인(聖人)(지식이 많고 도덕적으로 훌륭한 인물)이 되기 위한 학문으로 성학(聖學)이라고도 불린다. [2]'수기(修 닦다 수 己 자기 기)'는 사물을 탐구하고 앎을 투철히(透徹―. 뚜렷하고 정확하게) 하고 뜻을 성실하게 하고 마음을 바르게 하여 자신을 닦는 일이며, '치인(治 다스리다 치 人 다른 사람 인)'은 집안을 바르게 하고 나라를 통치하고(統治―. 다스리고) 세상을 평화롭게 하는 것을 의미한다. [3]수기치인을 통해 하늘의 도리(道理. 마땅히 해야 할 바른길)인 천도(天道)와 합일되는(合一―. 하나가 되는) 경지(境地. 수준)에 도달한(到達―. 다다른) 사람이 바로 '성인'이다. [4]이러한 유학의 이념을 적극 수용했던(受容―. 받아들였던) 율곡 이이는 수기치인의 도리를 밝힌 『성학집요』(1575)를 지어 이 땅에 유학의 이상 사회가 구현되기를(具現―. 구체적으로 나타나게 되기를) 소망했다.

→ 유학에서 성인이 되기 위한 방법 : 수기치인

2 [1]율곡은 수기를 위한 수양론(修養論, 몸과 마음을 단련하여 지식과 도덕성을 기르기 위한 학문)과 치인을 위한 경세론(經世論, 세상을 다스리기 위한 정치와 사회에 관한 학문)을 전개하는데(展開-, 펴 나가는데), 그 바탕은 만물(萬物, 세상에 있는 모든 것)을 '이(理)'와 '기(氣)'로 설명하는 이기론이다. [2]존재론(存在論, 만물의 근본이 무엇이냐에 대하여 연구하는 학문)의 측면에서 율곡은 '이'를 형체(形體, 사물의 모양과 바탕)도 없고 시간과 공간의 제약(制約, 조건을 붙여 내용을 제한함)을 받지 않고 존재하는 만물의 법칙이자 원리로 보고, '기'를 시간적인 선후와 공간적인 시작과 끝을 가지면서(시간과 공간의 제약을 받으면서) 끊임없이 변화하며 작동하는 물질적 요소로 본다. [3]'이'와 '기'는 사물의 구성 요소로서 서로 다른 성질을 갖지만, '이'는 현실 세계에서 항상 '기'와 더불어 실제로 존재한다. [4]율곡은 이처럼 서로 구별되면서도 분리됨이 없이 존재하는 '이'와 '기'의 관계를 이기지묘(理氣之妙)('이'와 '기'의 오묘함)라 표현한다.

→ 율곡의 사상적 배경이 되는 이기론 : 이기지묘

3 [1]수양론의 한 가지 기반(基盤, 기초가 되는 바탕)으로, 율곡은 이통기국(理通氣局)('이'는 만물에 통하고, '기'는 그 모습이 제한됨)을 주장한다. [2]이것은 만물이 하나의 동일한 '이'를 공유하지만(共有-, 함께 가지지만), 다양한 '기'의 성질로 인해 서로 다른 모습으로 나타날 수 있음을 의미한다. [3]또한 이러한 이통기국론은, 성인과 일반인이 기질(氣質, 타고난 재능이나 성질)의 차이는 있지만 동일한 '이'를 갖기 때문에 일반인이라도 기질상의 병폐(病弊, 문제점)를 제거하고 탁한(濁-, 깨끗하지 않은) 기질을 정화하면(淨化-, 깨끗하게 하면) '이'의 선한 본성이 회복되어 성인의 경지에 이를 수 있다는 기질 변화론으로 이어진다. [4]율곡은 흐트러진 마음을 거두어들이는 거경(居敬), 경전(經傳, 유교의 가르침을 적은 경서와 그 해설 책)을 읽고 공부하여 시비(是非, 맞고 틀림)를 분별하는(分別-, 구별하여 가르는) 궁리(窮理), 그리고 몸과 마음을 다스려 사욕(私慾, 자기의 이익만을 꾀하는 욕심)을 극복하는(克服-, 이겨내는) 역행(力行)을 기질 변화를 위한 중요한 수양 방법으로 제시한다. [5]인간에게 내재된(內在-, 담긴) 천도를 실현하려는 율곡의 수양론은 사회의 폐단(弊端, 문제점)을 제거하여 천도를 실현하려는 경세론으로 이어진다.

→ 수기를 위한 율곡의 수양론 : 기질 변화론

4 [1]대사상가(大思想家, 위대한 사상가)인 동시에 탁월한(卓越-, 남보다 훨씬 뛰어난) 경세가(經世家, 세상을 다스리는 사람)였던 율곡은 많은 논설에서 법제(法制, 법률과 제도) 개혁론을 펼쳤는데, 이는 「만언봉사」(1574)에서 잘 나타난다. [2]선조는 "'이'는 빈틈없는 완전함이 있고, '기'는 변화하는 움직임이 있다."라고 말하면서 근래(近來, 가까운 요즈음) 하늘과 땅에서 일어난 재앙(災殃, 뜻하지 않게 일어난 불행한 일)으로부터 깨우쳐야(깨달아 알아야) 할 도리를 신하들에게 물었고, 율곡이 그에 대한 답변을 올린 것이 「만언봉사」이다. [3]여기서 율곡은 "때에 따라 변할 수 있는 것은 법제이며, 시대를 막론하고(莫論-, 따지거나 가리지 않고) 변할 수 없는 것이 왕도(王道, 어질과 덕으로 다스리는 도리)요, 어진 정치요, 삼강(三綱, 유학에서 말하는 세 가지 중요한 도덕 원칙으로 군위신강·부위자강·부위부강을 말함)이요, 오륜(五倫, 유학에서 말하는 사람이 지켜야 할 다섯 가지 도리로 군신유의·부자유친·장유유서·부부유별·붕우유신을 말함)입니다."라고 말하면서 법제 개혁의 필요성을 주장한다. [4]곧, '이'라 할 수 있는 왕도나 오륜을 고치려 하는 것이 아니라, 그것('이')을 구현할 수 있도록 법제를 개혁하여야 한다는 것이다.

• 삼강
- 군위신강(君爲臣綱) : 신하는 임금을 섬기는 것이 근본임
- 부위자강(父爲子綱) : 아들은 아버지를 섬기는 것이 근본임
- 부위부강(夫爲婦綱) : 아내는 남편을 섬기는 것이 근본임

• 오륜
- 군신유의(君臣有義) : 임금과 신하 사이의 도리는 의리에 있음
- 부자유친(父子有親) : 아버지와 아들 사이의 도리는 친밀히 사랑함에 있음
- 장유유서(長幼有序) : 어른과 아이 사이의 도리는 엄격한 차례가 있고 복종해야 할 질서가 있음
- 부부유별(夫婦有別) : 남편과 아내 사이의 도리는 서로 침범하지 않음에 있음
- 붕우유신(朋友有信) : 벗과 벗 사이의 도리는 믿음에 있음

→ 치인을 위한 율곡의 경세론 : 법제 개혁론

5 [1]조선에서 법전의 기본적인 원천(源泉, 밑바탕)은 '수교(受敎)(내리다 수, 임금의 명령 교)'이다. [2]어떤 사건이 매우 중대하다고(重大-, 아주 중요하고 크다고) 여겨지면(생각되면) 국왕은 조정(朝廷, 임금이 나라의 정치를 신하들과 의논하거나 집행하는 기구)의 회의를 열고 처리 지침(指針, 방향이나 방법을 이끌어 주는 규칙이나 법칙)을 만들어 사건을 해결한다. [3]이 지침이 앞으로도 같은 종류의 사건을 해결하는 데 적합하겠다고 판단되면, 국왕의 하명(下命, 명령을 내리는) 형식을 갖는 법령으로 만들어지는데, 이를 수교라 한다. [4]그리고 이후의 시행 과정에서 폐단이 없고 유용하다고(有用-, 쓸모가 있다고) 확인된 수교들은 다시 다듬어지고 정리되어 '록(錄)'이라는 이름이 붙은 법전에 실린다. [5]여기에 수록된(收錄-, 모아져 기록된) 규정들 가운데에 지속적인 적용(여러 차례에 걸쳐 같은 종류의 사건을 해결하는 지침이 됨)을 거치면서 영구히(永久-, 변함없이 계속) 시행할 만한 것이라 판정된 것은 마침내 '대전(大典)'이라는 법전에 오르게 된다.

→ 수교가 대전에 오르는 과정

6 [1]성종 때에 확정된(確定-, 확실하게 정해진) ≪경국대전≫(1485)은 이 과정을 거친 규정들을 체계적으로 집대성한(集大成-, 한 데 모아 완성한) 통일 법전이다. [2]꾸준한 정련(精鍊, 단련, 여기에서는 수교와 록의 과정을 거쳐 대전에 오르는 것을 말함)을 거쳐 '대전'에 오른 이 규정들은 '양법미의(良法美意)(훌륭하다 양, 법 법, 좋다 미, 뜻 의)'라 하였다. [3]백성들에게 항구히(恒久-, 변하지 않고 오래) 시행할 만한 아름다운 규범이라는 의미이다. [4]실제로 이 ≪경국대전≫은 조선 왕조가 끝날 때까지 국가 기본 법전의 역할을 수행해 왔고, 그 안에 실린 규정들은 개정되지(改定-, 다시 고쳐지지) 않았다. [5]선왕(先王, 지난 시대의 임금)들이 심혈(心血, 마음과 힘)을 기울여 만들고 오랜 시행으로 검증하여(檢證-, 검사해 증명하여) 영원토록 시행할 것으로 판정된 규범은 '조종성헌(祖宗成憲)(선조 조, 조상 종, 완성하다 성, 법 헌 : 선왕이 만들어 놓은 법)'이라 불렸고, 이는 함부로 고칠 수 없다고 생각되었다. [6]왕도에 근접하였다고(近接-, 가까이 다가갔다고) 여긴 것이다. [7]'대전'에 실린 규정은 조종성헌으로 받아들여졌고, 따라서 국왕이라 해도 그것을 어길 수 없었다.

→ 조종성헌으로 불린 '대전'의 규정

7 [1]율곡의 법제 개혁론은 조종성헌을 변혁하자는(變革-, 급하게 바꾸어 아주 달라지게 하자는) 것이 아니다. [2]그는 성종을 이은 연산군 때 제정된(制定-, 만들어져 정해진) 조세(租稅, 국가가 거두어들이는 세금) 법령이 여전히 백성의 삶을 피폐하게(疲弊-, 지치고 어렵게) 하는데도 고쳐지지 않는 실정(實情, 현실의 상황)을 지적하는 등 폐단이 있는 여러 법령들을 거론한다.(擧論-, 이야기한다.) [3]이런 법령들은 고수할(固守-, 굳게 지킬) 것이 아니라 바꾸어야만 한다고 역설한다.(力說-, 힘주어 말한다.) [4]그래야 오히려 조종성헌이 회복된다는 것이다. [5]결국 조종성헌에 해당하지 않는 부당한(不當-, 이치에 맞지 않는) 법령을 오래된 선왕의 법이라며 고칠 수 없다고 고집하는 권세가들(權勢家-, 당시에 권력을 가진 사람들)에 대하여, 그런(조종성헌에 해당하지 않는 부당한) 법령은 변하지 않아야 할 '이'의 영역에 속하는 것이 아니라는 이론적인 공박(攻駁, 잘못을 따지고 공격함)을 펼친 것이다. [6]자신의 이기론을 바탕으로 더 나은 세상을 이루려 했던 율곡 이이의 노력은 수기치인의 실천이라 할 만하다.

→ 율곡의 법제 개혁론의 의의

■ 지문 이해

〈율곡의 법제 개혁론〉

**❶ 유학에서 성인이 되기 위한 방법 : 수기치인**
- 유학 : 수기치인을 통해 성인이 되기 위한 학문
- 율곡의 『성학집요』 : 수기치인의 도리를 밝혀 이 땅에 유학의 이상 사회가 구현되기를 소망함

**❷ 율곡의 사상적 배경이 되는 이기론 : 이기지묘**
- '이' : 형체도 없고 시간과 공간의 제약을 받지 않고 존재하는 만물의 법칙이자 원리로, '기'와 더불어 실제로 존재함
- '기' : 시간적인 선후와 공간적인 시작과 끝을 가지면서 끊임없이 변화하며 작동하는 물질적 요소
- 이기지묘 : '이'와 '기'는 서로 구별되면서도 분리됨이 없이 존재함

| ❸ 수기를 위한 율곡의 수양론 : 기질 변화론 | ❹ 치인을 위한 율곡의 경세론 : 법제 개혁론 |
| --- | --- |
| • 이통기국 : 만물이 하나의 동일한 '이'를 공유하지만 다양한 '기'의 성질로 인해 서로 다른 모습으로 나타날 수 있음<br>• 기질 변화론 : 성인과 일반인은 동일한 '이'를 갖기 때문에, 일반인이라도 기질상의 병폐를 제거하고 정화하면 '이'의 선한 본성이 회복되어 성인의 경지에 이를 수 있음<br>• 기질 변화를 위한 중요한 수양 방법 : 거경, 궁리, 역행 | • 율곡의 「만언봉사」 : 왕도, 어진 정치, 삼강, 오륜은 변할 수 없지만 법제는 때에 따라 변할 수 있음<br>→ '이'의 구현을 위한 법제 개혁의 필요성 주장 |

**⑤ 수교가 대전에 오르는 과정**
- 수교 : 중대한 사건을 해결하기 위해 조정에서 만든 처리 지침이 같은 종류의 다른 사건의 해결에도 적합하다고 판단되어 국왕의 하명 형식을 갖는 법령
- 록 : 시행 과정에서 폐단이 없고 유용하다고 확인된 수교들이 다듬어지고 정리되어 실림
- 대전 : 록에 실린 규정 가운데 지속적인 적용을 거치면서 영구히 시행할 만한 것이라고 판정되어 오름

**⑥ 조종성헌으로 불린 '대전'의 규정**
- ≪경국대전≫ : 성종 때 확정되어 조선이 끝날 때까지 국가 기본 법전의 역할을 수행, 개정되지 않음 →조종성헌

**⑦ 율곡의 법제 개혁론의 의의**
- 조종성헌의 회복을 위해, 부당한 법령을 바꿔야 한다고 역설함 →자신의 이기론을 바탕으로 더 나은 세상을 이루려 한 수기치인의 실천

**033** 세부 정보 이해 - 적절하지 않은 것 고르기 2018학년도 6월 모평 16번 정답률 85% **정답 ⑤**

## 윗글의 내용과 일치하지 않는 것은?

=유학 =성인
**① 성학은 하늘의 도리와 합일된 사람이 되기 위한 학문이다.**

근거 ❶-1 유학은 수기치인(修己治人)을 통해 성인(聖人)이 되기 위한 학문으로 성학(聖學)이라고도 불린다, ❶-3 수기치인을 통해 하늘의 도리인 천도(天道)와 합일되는 경지에 도달한 사람이 바로 '성인'

→ 적절함!

**② 『성학집요』에는 유학의 이념이 조선에서 실현되기를 바라는 마음이 담겨 있다.**

근거 ❶-4 유학의 이념을 적극 수용했던 율곡 이이는 수기치인의 도리를 밝힌 『성학집요』(1575)를 지어 이 땅에 유학의 이상 사회가 구현되기를 소망했다.

→ 적절함!

**③ '수교'는 특정한 *사안을 해결하는 과정을 거쳐 제정된다.** *事案, 문제가 되는 일

근거 ❺-2~3 어떤 사건이 매우 중대하다고 여겨지면 국왕은 조정의 회의를 열고 처리 지침을 만들어 사건을 해결한다. 이 지침이 앞으로도 같은 종류의 사건을 해결하는 데 적합하겠다고 판단되면, 국왕의 하명 형식을 갖는 법령으로 만들어지는데, 이를 수교라 한다.

→ 적절함!

**④ '대전'에 오르는 규정은 지속적으로 시행되면서 폐단이 없었다는 요건을 갖추어야 한다.**

근거 ❺-4~5 시행 과정에서 폐단이 없고 유용하다고 확인된 수교들은 다시 다듬어지고 정리되어 '록(錄)'이라는 이름이 붙은 법전에 실린다. 여기에 수록된 규정들 가운데에 지속적인 적용을 거치면서 영구히 시행할 만한 것이라 판정된 것은 마침내 '대전(大典)'이라는 법전에 오르게 된다.

→ 적절함!

조선 왕조가 끝날 때까지 개정되지 않고
**⑤ ≪경국대전≫은 확정된 이후에도 시대에 맞게 규정이 개정되면서 기본 법전으로서의 지위를 유지하였다.**

근거 ❻-4 ≪경국대전≫은 조선 왕조가 끝날 때까지 국가 기본 법전의 역할을 수행해 왔고, 그 안에 실린 규정들은 개정되지 않았다.

→ 적절하지 않음!

**034** 추론의 적절성 판단 - 적절하지 않은 것 고르기 2018학년도 6월 모평 17번 정답률 75%, 매력적 오답 ③ 10% **정답 ②**

## '율곡'의 *관점에서 '이'와 '기'에 대해 설명한 것으로 적절하지 않은 것은? *觀點, 생각하는 태도나 방향

**① *천재지변은 '기'의 현상으로서 여기에도 '이'가 더불어 존재한다.** *天災地變, 지진이나 홍수 따위의 자연 현상으로 인한 재앙

근거 ❷-2~3 존재론의 측면에서 율곡은 '이'를 형체도 없고 시간과 공간의 제약을 받지 않고 존재하는 만물의 법칙이자 원리로 보고, '기'를 시간적인 선후와 공간적인 시작과 끝을 가지면서 끊임없이 변화하며 작동하는 물질적 요소로 본다. '이'와 '기'는 사물의 구성 요소로서 서로 다른 성질을 갖지만, '이'는 현실 세계에서 항상 '기'와 더불어 실제로 존재

풀이 천재지변은 시간적인 선후와 공간적인 시작과 끝을 가지면서 끊임없이 변화하며 작동하는 물질적 요소이므로 율곡의 관점에서 '기'에 해당한다. 또한 율곡은 '이'와 '기'가 현실 세계에서 항상 더불어 존재한다고 보았다.

→ 적절함!

'이'
**② '기'는 만물에 내재된 법칙이라는 점에서, *시공을 **초월하는 '이'와 ***대비된다.**
*時空, 시간과 공간 **超越-, 제약을 받지 않고 뛰어넘는 ***對比-, 차이가 서로 비교된다.

근거 ❷-2 율곡은 '이'를 형체도 없고 시간과 공간의 제약을 받지 않고 존재하는 만물의 법칙이자 원리로 보고, '기'를 시간적인 선후와 공간적인 시작과 끝을 가지면서 끊임없이 변화하며 작동하는 물질적 요소로 본다.

풀이 만물에 내재된 법칙이자 원리이며 시공을 초월하는 것은 모두 '이'에 대한 설명이다.

→ 적절하지 않음!

**③ 법제는 '이'에 속하지 않지만 '이'를 드러낼 수 있도록 다듬어져야 할 대상이다.**

근거 ❹-3~4 때에 따라 변할 수 있는 것은 법제이며, … 곧, '이'라 할 수 있는 왕도나 오륜을 고치려 하는 것이 아니라, 그것을 구현할 수 있도록 법제를 개혁하여야 한다는 것

풀이 율곡에 따르면 법제는 왕도나 오륜과 같은 '이'는 아니지만, '이'를 구현할 수 있도록 개혁하여야 할 대상이다.

→ 적절함!

**④ 탁한 기질을 깨끗하게 변화시켜 '이'라 할 수 있는 선한 본성이 드러나게 할 수 있다.**

근거 ❸-3 (율곡의) 이통기국론은, … 기질상의 병폐를 제거하고 탁한 기질을 정화하면 '이'의 선한 본성이 회복되어 성인의 경지에 이를 수 있다는 기질 변화론으로 이어진다.

→ 적절함!

**⑤ 모든 사물들은 동일한 '이'를 갖지만 서로 다른 '기'로 *말미암아 다양한 모습으로 나타난다.** *원인이 되어

근거 ❸-2 이것(율곡이 주장한 이통기국)은 만물이 하나의 동일한 '이'를 공유하지만, 다양한 '기'의 성질로 인해 서로 다른 모습으로 나타날 수 있음을 의미

→ 적절함!

**035** 핵심 개념 이해 - 적절한 것 고르기 2018학년도 6월 모평 18번 정답률 70%, 매력적 오답 ① 10% **정답 ③**

## ㉠에 관한 이해로 가장 적절한 것은?

㉠ 수기치인(修己治人)

**① '수기'와 '치인'은 각각 '이'와 '기'의 정화를 통해 '성인'이 됨을 목표로 한다.**

근거 ❶-3 수기치인을 통해 하늘의 도리인 천도(天道)와 합일되는 경지에 도달한 사람이 바로 '성인', ❷-1 율곡은 수기를 위한 수양론과 치인을 위한 경세론을 전개, ❸-1 수양론의 한 가지 기반으로, 율곡은 이통기국(理通氣局)을 주장, ❸-3 이러한 이통기국론은, … 기질상의 병폐를 제거하고 탁한 기질을 정화하면 '이'의 선한 본성이 회복되어 성인의 경지에 이를 수 있다는 기질 변화론으로 이어진다, ❸-5 율곡의 수양론은 … 경세론으로 이어진다, ❹-3 때에 따라 변할 수 있는 것은 법제, ❹-4 '이'라 할 수 있는 왕도나 오륜을 고치려 하는 것이 아니라, 그것을 구현할 수 있도록 법제를 개혁하여야 한다는 것

풀이

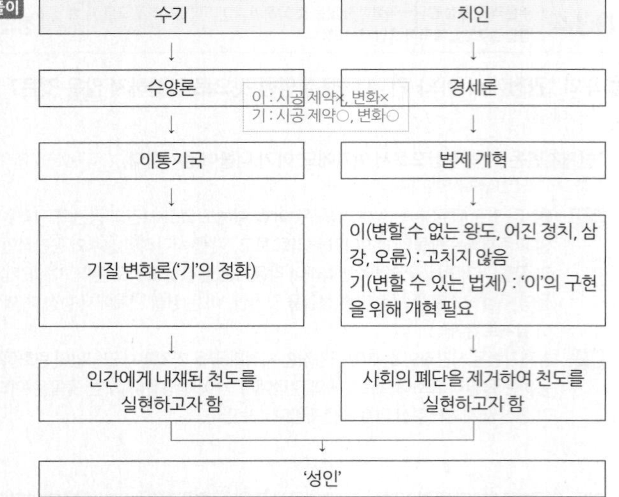


'수기'와 '치인'이 모두 '성인'이 됨을 목표로 하는 것은 맞지만, '이'를 정화하려 하지는 않았다. '수기'는 '기'를 정화하여 '이'의 본성을 회복하고자 하였고, '치인'은 '이'라 할 수 있는 '변할 수 없는 왕도와 어진 정치, 삼강, 오륜의 구현'을 위해, '기'라 할 수 있는 '변할 수 있는 법제'를 개혁하고자 하였다.

→ 적절하지 않음!

서로 구별되면서도 분리됨이 없이 존재하는

**② '이기지묘'는 '수기'와 '치인'의 *상호 대립적이고 분리 가능한 특징을 설명해 준다.**

*相互對立的-, 서로 반대되고

근거 ❷-4 율곡은 이처럼 서로 구별되면서도 분리됨이 없이 존재하는 '이'와 '기'의 관계를 이기지묘(理氣之妙)라 표현

풀이 '이기지묘'는 서로 구별되면서도 분리됨이 없이 존재하는 '이'와 '기'의 관계를 설명하는 말이다.

→ 적절하지 않음!

**③ '수기'를 위한 수양론과 '치인'을 위한 경세론은 모두 천도의 실현을 목적으로 한다.**

근거 ❷-1 율곡은 수기를 위한 수양론과 치인을 위한 경세론을 전개, ❸-5 인간에게 내재된 천도를 실현하려는 율곡의 수양론은 사회의 폐단을 제거하여 천도를 실현하려는 경세론으로 이어진다.

→ 적절함!

'수기'를   '일반인'

**④ '이통기국'은 '수기'와 '치인'을 통해 '성인'이 지닌 기질적 병폐의 극복이 가능함을 말해 준다.**

근거 ❷-1 율곡은 수기를 위한 수양론과 치인을 위한 경세론을 전개하는데, ❸-1 수양론의 한 가지 기반으로, 율곡은 이통기국(理通氣局)을 주장한다, ❸-3 이통기국론은, 성인과 일반인이 기질의 차이는 있지만 동일한 '이'를 갖기 때문에 일반인이라도 기질상의 병폐를 제거하고 탁한 기질을 정화하면 '이'의 선한 본성이 회복되어 성인의 경지에 이를 수 있다는 기질 변화론으로 이어진다.

→ 적절하지 않음!

몸과 마음을 다스려 사욕을 극복하는

**⑤ '수기'와 '치인'을 위한 기질 변화 방법으로는 독서와 공부를 통해 시비를 분별하는 '역행'이 있다.**

근거 ❸-4 율곡은 흐트러진 마음을 거두어들이는 거경(居敬), 경전을 읽고 공부하여 시비를 분별하는 궁리(窮理), 그리고 몸과 마음을 다스려 사욕을 극복하는 역행(力行)을 기질 변화를 위한 중요한 수양 방법으로 제시

풀이 기질 변화를 위한 수양 방법 중 독서와 공부를 통해 시비를 분별하는 것은 '역행'이 아니라 '궁리'이다. '역행'은 몸과 마음을 다스려 사욕을 극복하는 것을 말한다.

→ 적절하지 않음!

**036** <보기>와 내용 비교 - 적절한 것 고르기 2018학년도 6월 모평 19번
정답률 70%, 매력적 오답 ④ 10%   정답 ①

**윗글의 '율곡'과 <보기>의 '플라톤'의 견해를 비교하여 이해한 것으로 가장 적절한 것은?**

| 보 기 |

[1]플라톤은 물질적이고 가변적인(可變的-, 바꿀 수 있거나 바뀔 수 있는) 사물들이 존재하는 현실 세계와 비물질적이고 불변적이고(不變的-, 변하지 않고) 완벽한 이데아(idea)들이 존재하는 이상 세계를 구분한다. [2]이데아는 물질로부터 떨어져 있고 또한 시간과 공간의 제약도 받지 않지만, 마음속의 추상적(抽象的, 구체적인 형태와 성질을 가지지 않은) 개념이 아니라 실제로 존재하는 것이다. [3]이상 세계에서 영혼으로 존재하면서 이데아를 직접 접했던 인간은, 태어나기 위해 이 땅에 내려오는 과정에서 그(이데아)에 대한 모든 기억을 상실한다.(喪失-, 잊어버린다.) [4]물질의 한계로 인해 이데아의 완벽함이 현실 세계에서 똑같이 구현되지는 않지만, 그래도 이데아를 가장 잘 기억하는 사람이 통치자(統治者, 다스리는 사람)가 되어 그것을 이 땅에서 구현해 내려 한다면 그만큼 좋은 국가를 만들게 될 것이다. [5]이 통치자가 바로 플라톤이 말하는 '철학자 왕'이다.

▶ 지문 핵심 개념 정리

| '율곡'의 견해 | '플라톤'의 견해 |
|---|---|
| '이'<br>– 형체도 없고 시간과 공간의 제약을 받지 않음(❷–2)<br>– 현실 세계에서 항상 물질적 요소인 '기'와 더불어 실제로 존재함(❷–2~3) | 이데아<br>– 물질적이고 가변적인 사물들이 존재하는 현실 세계와 구분됨(<보기>–1)<br>– 시간과 공간의 제약도 받지 않지만, 추상적 개념이 아니라 실제로 존재함(<보기>–2) |
| 성인<br>– 수기치인을 통해 하늘의 도리인 천도와 합일되는 경지에 도달한 사람(❶–3) | 철학자 왕<br>– 이데아를 가장 잘 기억하여 그것을 이 땅에서 구현해 내려 하는 통치자(<보기>–4~5) |
| 이상 사회<br>– 유학의 이념을 적극 수용하여 이 땅에 유학의 이상 사회가 구현되기를 소망함(❶–4)<br>– 법제의 개혁을 통해 '이'를 구현하고자 함(❹–4)<br>– 이기론을 바탕으로 더 나은 세상을 이루려 함(❼–6) | 이상 사회<br>– 물질의 한계로 인해 이데아의 완벽함은 현실 세계에서 똑같이 구현되지는 못함(<보기>–4) |

**① 율곡의 '이'는 플라톤의 '이데아'와 달리 물질과 분리됨이 없이 존재한다.**

풀이 율곡의 '이'는 물질과 구분되어 존재하는 플라톤의 '이데아'와 달리 물질적 요소인 '기'와 더불어 실제로 존재한다.

→ 적절함!

와   는 모두

**② 율곡의 '이'는 플라톤의 '이데아'와 달리 시간과 공간의 제약을 받지 않는다.**

풀이 율곡의 '이'와 플라톤의 '이데아'는 모두 시간과 공간의 제약을 받지 않는다.

→ 적절하지 않음!

**③ 율곡의 '성인'은 플라톤의 '철학자 왕'과 달리 수양보다는 기억에 의존하여 통치한다.**

풀이 율곡의 '성인'은 수기치인과 같은 수양을 통해 천도에 도달한 사람이며, 플라톤의 '철학자 왕'은 이데아를 가장 잘 기억하여 이를 구현하려는 사람이다.

→ 적절하지 않음!

실제로 존재하는 것

**④ 율곡의 '이'는 플라톤의 '이데아'와 마찬가지로 마음속에 존재하는 추상적 개념이다.**

풀이 율곡의 '이'는 현실 세계에서 '기'와 더불어 실제로 존재하며, 플라톤의 '이데아'도 마음속의 추상적 개념이 아니라 실제로 존재하는 것이다.

→ 적절하지 않음!

**⑤ 율곡이 생각하는 이상 사회는 플라톤의 이상 세계와 마찬가지로 현실에서 완전하게 실현될 수 있다.**

풀이 율곡은 유학의 이념을 통한 이상 사회의 구현을 소망하였다. 반면 플라톤은 물질의 한계로 인해 이데아의 완벽함이 현실 세계에서 똑같이 구현될 수 없다고 하였다.

→ 적절하지 않음!

1등급 문제

**037** | 세부 정보 이해 - 적절하지 않은 것 고르기 2018학년도 6월 모평 20번
정답률 60%, 매력적 오답 ③ 15% ④ 15% | 정답 ②

## 윗글에 나타난 '율곡'의 법제 개혁론에 대한 설명으로 적절하지 않은 것은?

**① 이기론을 바탕으로 한 경세론의 실천으로서 법제 개혁을 주장한다.**

근거 ❷-1 율곡은 수기를 위한 수양론과 치인을 위한 경세론을 전개하는데, 그 바탕은 만물을 '이(理)'와 '기(氣)'로 설명하는 이기론이다, ❹-1 대사상가인 동시에 탁월한 경세가였던 율곡은 많은 논설에서 법제 개혁론을 펼쳤는데, ❹-3~4 율곡은 … 법제 개혁의 필요성을 주장한다. 곧, '이'라 할 수 있는 왕도나 오륜을 고치려 하는 것이 아니라, 그것을 구현할 수 있도록 법제를 개혁하여야 한다는 것

→ 적절함!

재앙으로부터 깨우쳐야 할 도리를 묻는 / 법제를

**② '이'와 '기'에 대해 잘못된 견해를 제시하는 국왕에게 선왕의 법을 개혁할 것을 건의한다.**

근거 ❹-2~4 선조는 "'이'는 빈틈없는 완전함이 있고, '기'는 변화하는 움직임이 있다."라고 말하면서 근래 하늘과 땅에서 일어난 재앙으로부터 깨우쳐야 할 도리를 신하들에게 물었고, 율곡이 그에 대한 답변을 올린 것이 「만언봉사」이다. 여기서 율곡은 … 법제 개혁의 필요성을 주장한다. 곧, '이'라 할 수 있는 왕도나 오륜을 고치려 하는 것이 아니라, 그것을 구현할 수 있도록 법제를 개혁하여야 한다는 것

풀이 선조는 '이'는 완전함이 있고, '기'는 변화하는 움직임이 있다고 말하고 있으므로, 선조가 '이'와 '기'에 대해 잘못된 견해를 제시하였다는 설명은 적절하지 않다. 선조는 근래의 재앙으로부터 깨우쳐야 할 도리를 물은 것이며, 율곡은 선조의 질문에 대하여 「만언봉사」를 통해, '법제'를 개혁해야 한다고 답변하였다.

→ 적절하지 않음!

**③ 조종성헌 존중의 전통을 *악용하는 이들에 의해 법제 개혁이 가로막히는 경향을 비판한다.** *惡用-. 잘못 쓰거나 나쁜 일에 쓰는

근거 ❼-5 결국 조종성헌에 해당하지 않는 부당한 법령을 오래된 선왕의 법이라며 고칠 수 없다고 고집하는 권세가들에 대하여, 그런 법령은 변하지 않아야 할 '이'의 영역에 속하는 것이 아니라는 이론적인 공박을 펼친 것

→ 적절함!

**④ 삼강과 같은 불변적 가치를 거론하는 까닭은 결국 법제 개혁의 방향을 제시하기 위한 것이다.**

근거 ❹-3~4 율곡은 "때에 따라 변할 수 있는 것은 법제이며, 시대를 막론하고 변할 수 없는 것이 왕도요, 어진 정치요, 삼강이요, 오륜입니다."라고 말하면서 법제 개혁의 필요성을 주장한다. 곧, '이'라 할 수 있는 왕도나 오륜을 고치려 하는 것이 아니라, 그것을 구현할 수 있도록 법제를 개혁하여야 한다는 것

풀이 율곡은 왕도, 어진 정치, 삼강, 오륜과 같은 것들은 변할 수 없는 것이며 법제는 때에 따라 변할 수 있다는 점을 밝히며, 불변적 가치인 '이'를 구현하기 위해 법제를 개혁해야 함을 주장하였다.

→ 적절함!

**⑤ ≪경국대전≫이 확정된 이후 연산군 때 제정된 악법들은 개혁 대상이 되어야 한다고 본다.**

근거 ❻-1 성종 때에 확정된 ≪경국대전≫(1485), ❼-2~3 그(율곡)는 성종을 이은 연산군 때 제정된 조세 법령이 여전히 백성의 삶을 피폐하게 하는데도 고쳐지지 않는 실정을 지적하는 등 폐단이 있는 여러 법령들을 거론한다. 이런 법령들은 고수할 것이 아니라 바꾸어야만 한다고 역설한다.

→ 적절함!

**038** | 반응의 적절성 판단 - 적절한 것 고르기 2018학년도 6월 모평 21번
정답률 70%, 매력적 오답 ④ 10% | 정답 ①

## 윗글을 바탕으로 〈보기〉의 '숙종'을 이해한 반응으로 가장 적절한 것은? [3점]

| 보 기 |

[1]숙종 25년(1699) 회양부사 갑은 자신이 행차하는데(行次-. 길을 가는데) 무례했다는(無禮-. 예의를 갖추지 않았다는) 이유로 선비 을을 잡아 곤장을 쳐서 죽게 하였다. [2]이 사건에 대해 숙종은 사형에 해당하는 죄라고 보았으나, 대신들은 형벌(刑罰. 범죄에 대한 처벌)을 집행하다가(執行-. 법률의 내용을 실제로 행하다가) 일어난 일이니 사형에 해당하지는 않는다는 의견을 올렸다. [3]이에 숙종은 꾸짖었다. [4]"≪경국대전≫은 역대(歷代. 대대로 이어져 내려온 여러 대) 선왕들께서 만들어 한결같이 시행해 온 성스러운 규범이다. [5]결코 멋대로 적용해서는 아니 된다. [6]국왕에게 법을 잘못 적용하라고 하는가? [7]갑이 살아서 나가게 되면 무법의(無法-. 법과 제도가 바로 서지 않고 질서가 없는) 나라가 된다."
[8]여기서 숙종과 대신들은 아래의 규정들 가운데 어느 규정을 적용할지에 대하여 의견 대립(對立. 서로 반대되는 입장)을 보이고 있다.

(가) ≪경국대전≫ "≪대명률≫을 형법으로 적용한다."
(나) ≪경국대전≫ "관리가 형벌 집행을 남용하여(濫用-. 권한을 벗어나 함부로 행사하여) 죽음에 이르게 한 경우에는 곤장 100 대에 처하고 영구히 관리로 임용하지 않는다."
(다) ≪대명률≫ "사람을 죽인 자는 사형에 처한다."

**① 숙종은 갑의 행위에 (다)를 적용하는 것이 조종성헌을 존중하는 것이라고 보고 있군.**

근거 ❻-7 '대전'에 실린 규정은 조종성헌으로 받아들여졌고, 따라서 국왕이라 해도 그것을 어길 수 없었다, 〈보기〉-2 숙종은 사형에 해당하는 죄라고 보았으나, 〈보기〉-(가) ≪경국대전≫ "≪대명률≫을 형법으로 적용한다.", 〈보기〉-(다) ≪대명률≫ "사람을 죽인 자는 사형에 처한다."

풀이 〈보기〉의 (가)를 통해 ≪경국대전≫에서는 ≪대명률≫을 형법으로 적용함을 알 수 있다. 따라서 숙종이 갑의 행위에 대해 (다)의 ≪대명률≫을 적용한 것은 곧 '대전'에 실린 규정을 조종성헌으로 존중하여 어기지 않으려는 것으로 볼 수 있다.

→ 적절함!

**② 숙종은 완성된 지 200 년이 넘었다는 이유로 ≪경국대전≫의 규정을 적용하지 않으려 하는군.**

근거 〈보기〉 4~5 ≪경국대전≫은 역대 선왕들께서 만들어 한결같이 시행해 온 성스러운 규범이다. 결코 멋대로 적용해서는 아니 된다, 〈보기〉-(가) ≪경국대전≫ "≪대명률≫을 형법으로 적용한다.", 〈보기〉-(다) ≪대명률≫ "사람을 죽인 자는 사형에 처한다."

풀이 숙종은 ≪경국대전≫은 성스러운 규범이므로 멋대로 적용해서는 안 된다고 말하며, ≪경국대전≫에 따라 ≪대명률≫을 형법으로 적용하고 있다. 따라서 숙종이 ≪경국대전≫의 규정을 적용하지 않으려 한 것이라는 반응은 적절하지 않다.

→ 적절하지 않음!

따르는

**③ 숙종이 ≪대명률≫의 규정인 (다)를 적용하려는 것은 '대전'의 규정을 따르지 않는 태도라 해야겠군.**

근거 〈보기〉-(가) ≪경국대전≫ "≪대명률≫을 형법으로 적용한다."

풀이 숙종이 ≪대명률≫의 규정인 (다)를 적용하려는 것은 ≪경국대전≫에서 ≪대명률≫을 형법으로 적용한다고 말하고 있기 때문이다. 따라서 이러한 숙종의 태도는 '대전'의 규정을 따르는 것이다.

→ 적절하지 않음!

**④ 숙종이 (나)의 적용을 찬성하지 않는 이유는 (나)가 양법미의가 될 수 없다고 생각하기 때문이군.**

근거 〈보기〉 4~5 ≪경국대전≫은 역대 선왕들께서 만들어 한결같이 시행해 온 성스러운 규범이다. 결코 멋대로 적용해서는 아니 된다, ❻-2 꾸준한 정련을 거쳐 '대전'에 오른 이 규정들은 '양법미의(良法美意)'라 하였다.

풀이 숙종은 ≪경국대전≫을 성스러운 규범으로 보고 있다. 따라서 숙종은 (나) 또한 ≪경국대전≫의 규정이므로, '양법미의'로 보았을 것이다. 다만 〈보기〉의 사례에서 (나)를 적용할 수 없다는 입장을 가진 것일 뿐이다.

→ 적절하지 않음!

**⑤ 숙종은 선왕의 법을 적용하는 대신들의 방식에는 불만이지만 갑의 행위가 정당한 형벌 집행이라고 보는 데는 동의하는군.**

근거 〈보기〉-2 이 사건에 대해 숙종은 사형에 해당하는 죄라고 보았으나, 〈보기〉-7 갑이 살아서 나가게 되면 무법의 나라가 된다, 〈보기〉-8 숙종과 대신들은 아래의 규정들((가)~(다)) 가운데 어느 규정을 적용할지에 대하여 의견 대립을 보이고 있다.

풀이 〈보기〉에서 갑의 행위에 대해 숙종은 (가)와 (다)를 적용해야 한다고 보고, 대신들은 (나)를 적용해야 한다고 보고 있다. 이에 숙종은 선왕의 법을 적용하는 대신들의 방식에 불만을 품고 대신들과 대립하고 있다. 한편 숙종은 갑의 행위에 대해 사형에 해당하는 죄라고 보았다. 대신들은 갑이 결과적으로 사람을 죽인 것은 맞으나 형벌 집행 중에 일어난 일이라는 점을 고려하여 (나)를 적용해야 한다고 주장하였지, 이를 정당한 형벌 집행이라고 보지는 않았다. 숙종과 대신들 모두 갑의 행위를 정당한 형벌 집행이라고 보지 않았으므로, 숙종이 갑의 행위가 정당한 형벌 집행이라고 보는 데 동의했다는 내용은 적절하지 않다.

→ 적절하지 않음!

## [039~042] 다음 글을 읽고 물음에 답하시오.

**1** [1]나비가 되어 자신조차 잊을 만큼 즐겁게 날아다니는 꿈을 꾸다 깨어난 장자(莊子)(중국 전국 시대 도가 사상가)는 자신이 나비가 되는 꿈을 꾼 것인지 나비가 자신이 된 꿈을 꾸고 있는 것인지 의아해한다.(疑訝-, 의문을 가진다.) [2]이 호접몽(胡 오랑캐 호 蝶 나비 접 夢 꿈 몽, 나비가 된 꿈) 이야기는 나를 잊은 상태를 묘사함으로써(描寫-, 그려 냄으로써) '물아일체(物我一體)' 사상(인간과 자연의 만물은 하나이며, 인간은 만물과 더불어 사는 존재라고 보는 사상)을 그 결론으로 제시하고(提示-, 나타내고) 있다. [3]이 이야기 외에도 『장자』에는 '나를 잊는다'는 구절이 나오는 일화(逸話, 이야기) 두 편이 있다.

→ 장자의 호접몽 이야기와 '물아일체' 사상

**2** [1]하나는 장자가 타인(他人, 다른 사람, 남)의 정원에 넘어 들어갔다는 것도 모른 채, 기이한(奇異-, 이상하고 묘한) 새의 뒤를 ㉠ 홀린 듯 쫓는 이야기이다. [2]여기서 장자는 바깥(자기 자신 밖의) 사물에 마음을 통째로(전부) 빼앗겨 자신조차 잊어버리는 고도(高度, 높은 수준)의 몰입(沒入, 빠져듦)을 대상에 사로잡혀 끌려 다니는 꼴에 불과한 것으로 보았다. [3]이때 마음은 자신이 원하는 하나의 대상에만 과도하게(過度-, 심하게) 집착하여(執着-, 매달려 있어) 그 어떤 것도 돌아보지 못한다. [4]이런 마음은 맹목적 욕망(덮어놓고 욕심만 부리는 것)일 뿐이어서 감각적 체험(자신의 경험)을 있는 그대로 받아들이지 못하고 자신에게 이롭다거나 좋다고 생각하는 것만을 과장하거나(誇張-, 사실보다 부풀리거나) 왜곡해서(歪曲-, 사실과 다르게 꾸며서) ㉡ 받아들이고 그렇지 않은 것들은 배격하게(排擊-, 받아들이지 않게) 된다.

→ '나를 잊는다'는 것에 대한 첫 번째 이야기

**3** [1]다른 하나는 "스승님의 마음은 불 꺼진 재와 같습니다."라는 말을 제자에게 들은 남곽자기(南郭子綦)라는 사람이 "나는 나 자신을 잊었다."라고 대답한 이야기이다. [2]여기서 '나 자신'은 마음을 가리키며, 마음을 잊었다는 것은 불꽃처럼 마음속에 치솟던(마음속에 강하게 생겨나던) 분별 작용(나와 내가 아닌 것을 구별하는 마음)이 사라졌음을 뜻한다. [3]달리 말해, 이는 텅 빈 마음이 되었다는 말이며 흔히 명경지수(明鏡止水)의 비유로 표현되는(맑은 거울과 깨끗한 물에 빗대어 표현할 수 있는) 정적(靜寂)의 상태(고요한 마음의 상태)를 뜻한다. [4]이런 고요한 마음을 유지해야 천지만물(이 세상의 모든 것)을 있는 그대로 받아들일 수 있다.

→ '나를 잊는다'는 것에 대한 두 번째 이야기

**4** [1]그렇다면 첫째 이야기(❷문단의 일화)에서는 온전하게(穩全-, 완전히) 회복해야(回復-, 되찾아야) 할 '참된 자아(自我, 자기 자신)'를 잊은 것이고 둘째 이야기(❸문단의 일화)에서는 세상을 기웃거리면서 시비(是非, 옳고 그름)를 따지려 드는 '편협한(偏狹-, 한쪽으로 치우쳐 너그럽지 못하고 좁은) 자아'를 잊은 것이라고 볼 수 있다. [2]참된 자아(진정한 자신의 모습)를 잊은 채 대상에 탐닉하는(耽溺-, 빠져드는) 식으로 자아와 세계가 관계를 맺게 되면 그 대상에 꼼짝없이 종속되어(從屬-, 얽매여서) 괴로움이 증폭된다고(增幅-, 커진다고) 장자는 생각한다. [3]한편 편협한 자아를 잊었다는 것은 편견(偏見, 공정하지 못하고 한쪽으로 치우친 생각)과 아집(我執, 자신만이 옳다는 생각)의 상태에서 ㉢ 벗어나 세계와 자유롭게 소통하는 합일의 경지(자신과 세계가 하나가 되는 상태)에 도달할(到達-, 이를) 수 있음을 의미한다.

→ '나를 잊는다'는 것에 대한 이야기에 드러난 마음의 상태

**5** [1]장자는 이 경지(자아와 세계가 자유롭게 소통하는 합일의 상태)를 만물의 상호 의존성(세계를 이루고 있는 모든 것들이 서로 의존하고 있는 상태)으로 설명한다. [2]자아와 타자(他者, 다른 사람, 남, 타인)는 서로의 존재를 온전히 전제할 때 자신들의 존재가 ㉣ 드러날 수 있다(다른 사람이 있음으로 해서 자기 자신이 세계에 있음을 알 수 있다)고 그는 말한다. [3]예컨대, 내가 편견 없는 눈의 감각으로 꽃을 응시하면(凝視-, 바라보면) 그 꽃으로 인해 나의 존재가 성립되고(내가 살아 있음을 알 수 있고) 나로 인해 그 꽃 또한 존재의 의미를 획득하게(살아 있는 의미를 얻게) 된다는 것이다. [4]이런 관계가 성립되기(成立-, 이루어지기) 위해서는 끊임없이 타자를 위해 마음의 공간을 비워 두는 수행(修行, 노력)이 필요하다. [5]장자는 이런 수행을 통해서 개체로서의(타자와 구별되어 있는 상태의) 자아를 ㉤ 뛰어넘어 세계의 모든 존재와 일체를 이루는(세계를 이루고 있는 모든 것과 하나가 된) 자아에 도달할 수 있다고 주장한다. [6]장자가 나비가 되어 자신조차 잊은 채 자유롭게 날 수 있었던 것은 나비를 있는 그대로 온전하게 받아들일 수 있었기 때문에 가능했다. [7]만물과 조화롭게 합일한다는(자아가 만물과 어울려 하나가 된다는) '물아일체'로 호접몽 이야기를 끝맺는 까닭이 여기에 있다.

→ 장자의 호접몽 이야기에 나타난 물아일체의 의미

■지문 이해

〈장자의 호접몽 이야기에 나타난 물아일체 사상의 의미〉

**❶ 장자의 호접몽 이야기와 '물아일체' 사상**

- 호접몽 이야기 : 나를 잊은 상태를 묘사
  → '물아일체' 사상을 그 결론으로 제시함

| ❷ '나를 잊는다'는 것에 대한 첫 번째 이야기 | ❸ '나를 잊는다'는 것에 대한 두 번째 이야기 |
|---|---|
| • 장자가 타인의 정원에 넘어 들어갔다는 것도 모른 채, 기이한 새의 뒤를 쫓는 이야기<br>- 바깥 사물에 마음을 통째로 빼앗겨 자신조차 잊어버리는 고도의 몰입은 대상에 사로잡혀 끌려 다니는 꼴에 불과한 것<br>- 맹목적 욕망 때문에 감각적 체험을 있는 그대로 받아들이지 못함 | • "스승님의 마음은 불 꺼진 재와 같습니다."라는 말을 제자에게 들은 남곽자기(南郭子綦)라는 사람이 "나는 나 자신을 잊었다."라고 대답한 이야기<br>- '나 자신' : 마음을 의미함<br>- 마음을 잊었다는 것 : 마음속에 치솟던 분별 작용이 사라졌음을 의미함<br>→ 빈 마음이 되었다는 의미, 정적(靜寂)의 상태에 이르렀음을 의미함 |

**❹ '나를 잊는다'는 것에 대한 이야기에 드러난 마음의 상태**

| 첫 번째 이야기 | 두 번째 이야기 |
|---|---|
| • 온전하게 회복해야 할 '참된 자아'를 잊은 것<br>• 참된 자아를 잊은 채 대상에 탐닉하는 식으로 자아와 세계가 관계를 맺게 되면 그 대상에 꼼짝없이 종속되어 괴로움이 증폭됨 | • 세상을 기웃거리면서 시비를 따지려 드는 '편협한 자아'를 잊은 것<br>• 편협한 자아를 잊었다는 것은 편견과 아집의 상태에서 벗어나 세계와 자유롭게 소통하는 합일의 경지에 도달할 수 있음을 의미함 |

**❺ 장자의 호접몽 이야기에 나타난 물아일체의 의미**

- 자아와 세계가 자유롭게 소통하는 합일의 경지에 이르기 위해 필요한 자세
  - 끊임없이 타자를 위해 마음의 공간을 비워 두는 수행이 필요함
    → 이런 수행을 통해서 개체로서의 자아를 뛰어넘어 세계의 모든 존재와 일체를 이루는 자아에 도달할 수 있음

**039** | 중심 화제 파악 - 적절한 것 고르기 2016학년도 6월 모평B 17번 | 정답률 75%, 매력적 오답 ⑤ 15% | 정답 ②

**윗글의 중심 화제로 가장 적절한 것은?**

(대상에 사로잡혀 과도하게 집착하는 것)

① 고도의 몰입을 통한 소통과 합일의 의의

근거 ❷-2 장자는 바깥 사물에 마음을 통째로 빼앗겨 자신조차 잊어버리는 고도의 몰입을 대상에 사로잡혀 끌려 다니는 꼴에 불과한 것으로 보았다, ❹-2 참된 자아를 잊은 채 대상에 탐닉하는 식으로 자아와 세계가 관계를 맺게 되면 그 대상에 꼼짝없이 종속되어 괴로움이 증폭된다고 장자는 생각한다.

풀이 장자는 고도의 몰입은 대상에 마음을 빼앗겨 끌려 다니는 꼴에 불과하다고 보았으며, 이러한 식으로 대상과 관계를 맺게 되면 괴로움이 증폭된다고 보았다. 따라서 이 글이 고도의 몰입을 통한 소통과 합일의 의의를 이야기하고 있다고 보기는 어렵다.

→ 적절하지 않음!

② 장자의 호접몽 이야기에 담긴 물아일체의 진정한 의미

근거 ❶-2 호접몽 이야기는 나를 잊은 상태를 묘사함으로써 '물아일체(物我一體)' 사상을 그 결론으로 제시하고 있다, ❺-6~7 장자가 나비가 되어 자신조차 잊은 채 자유롭게 날 수 있었던 것은 나비를 있는 그대로 온전하게 받아들일 수 있었기 때문에 가능했다. 만물과 조화롭게 합일한다는 '물아일체'로 호접몽 이야기를 끝맺는 까닭이 여기에 있다.

풀이 이 글은 ❶문단에서 장자의 호접몽 이야기를 소개한 뒤, ❷~❹문단에서 '나를 잊는다'는 것의 의미를 자세하게 서술하고 있다. ❺문단에서는 만물과 조화롭게 합일하는 '물아일체'의 경지가 장자의 호접몽 이야기의 결론이라고 설명하고 있다. 따라서 이 글의 중심 화제는 '장자의 호접몽 이야기에 나타난 물아일체 사상의 의미'라고 할 수 있다.

→ 적절함!

자아와 만물 / 타자를 위해 마음의 공간을 비워 두기

③ **정신과 육체의 조화를 위해 장자가 제시한 수행의 방법**

근거 ❺-7 만물과 조화롭게 합일한다는 '물아일체'로 호접몽 이야기를 끝맺는 까닭이 여기에 있다, ❺-4 이런 관계가 성립되기 위해서는 끊임없이 타자를 위해 마음의 공간을 비워 두는 수행이 필요

풀이 이 글은 장자의 호접몽 이야기를 통해 '정신과 육체의 조화'가 아니라 '자아와 만물'이 조화롭게 합일하는 '물아일체'의 사상에 대해 서술하고 있다. 이러한 '물아일체'에 이르기 위해서는 타자를 위해 마음의 공간을 비워 두는 수행이 필요하다고 장자는 이야기했다.

→ 적절하지 않음!

분별 작용이 사라진 텅 빈 마음 / 추구

④ **자아와 세계의 상호 의존적 관계를 위한 정적 상태의 극복**

근거 ❸-2~4 마음을 잊었다는 것은 불꽃처럼 마음속에 치솟던 분별 작용이 사라졌음을 뜻한다. 달리 말해, 이는 텅 빈 마음이 되었다는 말이며 흔히 명경지수(明鏡止水)의 비유로 표현되는 정적(靜寂)의 상태를 뜻한다. 이런 고요한 마음을 유지해야 천지만물을 있는 그대로 받아들일 수 있다.

풀이 정적 상태란 분별 작용이 사라진 텅 빈 마음을 의미한다. 장자는 이런 정적 상태를 유지해야 천지만물을 있는 그대로 받아들일 수 있다고 보았다. 따라서 정적 상태는 극복해야 하는 상태가 아니라 추구해야 할 상태이다.

→ 적절하지 않음!

⑤ **마음의 두 가지 상태와 그 *상보적 관계에 대한 장자의 견해** *相補的, 서로 보완해 주는

- 참된 자아를 잊은 상태 : 극복해야 함
- 편협한 자아를 잊은 상태 : 추구해야 함

근거 ❷-2 장자는 바깥 사물에 마음을 통째로 빼앗겨 자신조차 잊어버리는 고도의 몰입을 대상에 사로잡혀 끌려 다니는 꼴에 불과한 것으로 보았다, ❷-4 이런 마음은 맹목적 욕망일 뿐이어서 감각적 체험을 있는 그대로 받아들이지 못하고 자신에게 이롭다거나 좋다고 생각하는 것만을 과장하거나 왜곡해서 받아들이고 그렇지 않은 것들은 배격하게 된다, ❹-1 첫째 이야기에서는 온전하게 회복해야 할 '참된 자아'를 잊은 것, ❸-3~4 텅 빈 마음이 되었다는 말이며 흔히 명경지수(明鏡止水)의 비유로 표현되는 정적(靜寂)의 상태를 뜻한다. 이런 고요한 마음을 유지해야 천지만물을 있는 그대로 받아들일 수 있다.

풀이 ❷문단에 나타난 바깥 사물에 마음을 통째로 빼앗긴 상태는 참된 자아를 잊은 것이므로 장자에 따르면 이런 상태에서 벗어나야 한다. 반면에 ❸문단에 나타난 정적 상태는 천지 만물을 있는 그대로 받아들이게 하므로 장자에 따르면 이런 상태를 유지해야 한다. 따라서 장자의 견해에서 두 가지 마음 상태는 상보적 관계에 있다고 보기 어렵다.

→ 적절하지 않음!

| 040 | 추론의 적절성 판단 - 적절하지 않은 것 고르기 2016학년도 6월 모평B 18번 정답률 80% | 정답 ② |
|---|---|---|

## 윗글을 읽고 추론한 내용으로 적절하지 않은 것은?

= 텅 빈 마음 = 정적 상태

① **불 꺼진 재와 같은 마음의 소유자라면 만물과 자유롭게 소통하겠군.**

근거 ❸-2 '나 자신'은 마음을 가리키며, 마음을 잊었다는 것은 불꽃처럼 마음속에 치솟던 분별 작용이 사라졌음을 뜻한다, ❹-1 둘째 이야기에서는 세상을 기웃거리면서 시비를 따지려 드는 '편협한 자아'를 잊은 것이라고 볼 수 있다, ❹-3 한편 편협한 자아를 잊었다는 것은 편견과 아집의 상태에서 벗어나 세계와 자유롭게 소통하는 합일의 경지에 도달할 수 있음을 의미한다.

풀이 불 꺼진 재와 같은 마음은 분별 작용이 사라진 상태로, 이와 같은 마음의 소유자는 세계와 자유롭게 소통할 수 있다.

→ 적절함!

있는 그대로 받아들여야

② **참된 자아가 세계와 관계를 맺으려면 감각적 체험을 *배제해야 하겠군.** *排除-, 제외해야

근거 ❷-2 장자는 바깥 사물에 마음을 통째로 빼앗겨 자신조차 잊어버리는 고도의 몰입을 대상에 사로잡혀 끌려 다니는 꼴에 불과한 것으로 보았다, ❷-4 이런 마음은 맹목적 욕망일 뿐이어서 감각적 체험을 있는 그대로 받아들이지 못하고, ❹-1 첫째 이야기에서는 온전하게 회복해야 할 '참된 자아'를 잊은 것

풀이 장자는 바깥 사물에 마음을 통째로 빼앗겨 자신조차 잊어버리는 고도의 몰입을 참된 자아를 잊어버린 상태라고 보았다. 참된 자아를 잊지 않기 위해서는 감각적 체험을 있는 그대로 받아들이고, 바깥 사물에 마음을 빼앗기지 않도록 노력해야 한다.

→ 적절하지 않음!

③ **마음을 바깥 사물에 빼앗긴다는 것은 참된 자아를 잊는다는 것과 같겠군.**

근거 ❷-2 장자는 바깥 사물에 마음을 통째로 빼앗겨 자신조차 잊어버리는 고도의 몰입을 대상에 사로잡혀 끌려 다니는 꼴에 불과한 것으로 보았다, ❹-1 첫째 이야기에서는 온전하게 회복해야 할 '참된 자아'를 잊은 것

→ 적절함!

④ **편협한 자아를 잊는 것은 타자와의 상호 의존적 관계 형성을 위한 바탕이 되겠군.**

근거 ❹-3 편협한 자아를 잊었다는 것은 편견과 아집의 상태에서 벗어나 세계와 자유롭게 소통하는 합일의 경지에 도달할 수 있음을 의미한다, ❺-1 장자는 이 경지를 만물의 상호 의존성으로 설명한다.

풀이 편협한 자아를 잊었다는 것은 세계와 자유롭게 소통하는 합일의 경지에 도달했음을 의미하며, 장자는 이 경지를 만물의 상호 의존성으로 설명했다. 즉, 편협한 자아를 잊는 것은 타자와의 상호 의존적 관계 형성을 위한 바탕이 된다고 볼 수 있다.

→ 적절함!

= 텅 빈 마음 = 정적의 상태

⑤ **장자가 꿈속에서 나비가 되어 자신조차 잊었다는 것은 마음이 명경지수와 같은 상태였다는 말이군.**

근거 ❺-6 장자가 나비가 되어 자신조차 잊은 채 자유롭게 날 수 있었던 것은 나비를 있는 그대로 온전하게 받아들일 수 있었기 때문에 가능했다, ❸-3~4 텅 빈 마음이 되었다는 말이며 흔히 명경지수(明鏡止水)의 비유로 표현되는 정적(靜寂)의 상태를 뜻한다. 이런 고요한 마음을 유지해야 천지만물을 있는 그대로 받아들일 수 있다.

풀이 장자가 꿈속에서 나비가 되어 자신조차 잊었다는 것은 나비를 있는 그대로 온전하게 받아들였기 때문이다. 이렇게 욕심 없이 대상을 있는 그대로 받아들이는 깨끗한 마음의 상태를 비유하여 '명경지수'와 같은 상태라고 할 수 있다.

→ 적절함!

| 041 | <보기>와 내용 비교 - 적절하지 않은 것 고르기 2016학년도 6월 모평B 19번 정답률 85% | 정답 ③ |
|---|---|---|

## <보기>에 나타난 순자의 입장에서 윗글의 장자 사상을 비판한 내용으로 적절하지 않은 것은? [3점]

| 보 기 |

[1]순자는 자연과 인간을 구별하면서 인간 우위의 문명 건설에(자연보다 인간을 위에 둔 문화를 만드는 것을) 중점을 둔다.(중요하게 생각한다.) [2]그는 인간의 질서와 혼란이 자연 세계가 아니라 인간 세상의 문제로부터 비롯된다고(생겨난다고) 본다. [3]인간의 현실 문제를 해결하기 위해 그는 인간과 인간을 둘러싼 세계에 대한 지속적인(持續的-, 계속된) 학습을 강조한다. [4]또한 인간은 만물의 변화에 주도적으로(主導的-, 앞장서서) 참여하여 만물을 이끌고 길러 주어야 한다고 주장한다. [5]장자의 말처럼 자연 세계와 온전하게 합일하는 것으로는 인간 사회의 제도적 질서를 세울 수 없다고 본다.

▶ 지문 핵심 개념 정리

**장자의 사상**

- 세계와 자유롭게 소통하는 합일의 경지에 도달해야 함(❹-3)
  - 이 경지를 만물의 상호 의존성으로 설명(❺-1)
  - 이런 관계가 성립되기 위해서는 끊임없이 타자를 위해 마음의 공간을 비워 두는 수행이 필요(❺-4)
  - 이런 수행을 통해서 개체로서의 자아를 뛰어넘어 세계의 모든 존재와 일체를 이루는 자아에 도달할 수 있음(❺-5)

① **마음의 공간을 비우는 수행은 현실 문제 해결에 도움이 되지 않는다.**

근거 <보기>-3 인간의 현실 문제를 해결하기 위해 그는 인간과 인간을 둘러싼 세계에 대한 지속적인 학습을 강조, ❺-4 이런 관계가 성립되기 위해서는 끊임없이 타자를 위해 마음의 공간을 비워 두는 수행이 필요

**풀이** 순자는 현실 문제 해결을 위해 인간과 세계에 대한 지속적인 학습을 강조했으므로, 마음의 공간을 비우는 수행을 강조한 장자의 사상이 현실 문제 해결에 도움이 되지 않는다고 비판할 수 있다.

→ 적절함!

**② 자아를 잊고 만물과 소통하는 것으로는 인간 사회의 제도를 세울 수 없다.**

**근거** <보기>-5 장자의 말처럼 자연 세계와 온전하게 합일하는 것으로는 인간 사회의 제도적 질서를 세울 수 없다고 본다, ❹-3 편협한 자아를 잊었다는 것은 편견과 아집의 상태에서 벗어나 세계와 자유롭게 소통하는 합일의 경지에 도달할 수 있음을 의미한다.

**풀이** 순자는 자연과 온전하게 합일하는 것으로는 인간 사회의 제도를 세울 수 없다고 주장했으므로, 자아를 잊고 만물과 소통하는 것을 강조한 장자의 사상을 비판할 수 있다.

→ 적절함!

=만물의 상호 의존성

**③ 만물과 상호 의존적 관계를 맺는 것은 만물을 이끌고 길러 주는 바탕이 된다.**

**근거** <보기>-1 순자는 자연과 인간을 구별하면서 인간 우위의 문명 건설에 중점을 둔다, <보기>-4 인간은 만물의 변화에 주도적으로 참여하여 만물을 이끌고 길러 주어야 한다고 주장한다, ❺-1 장자는 이 경지(자아와 세계가 자유롭게 소통하는 합일의 상태)를 만물의 상호 의존성으로 설명한다.

**풀이** 순자는 인간과 만물을 구별하고 인간이 만물보다 우위에 서서 만물의 변화에 주도적으로 참여해 만물을 이끌고 길러주어야 한다고 주장했다. 만물과의 상호 의존성을 주장한 것은 순자가 아니라 장자의 입장이다.

→ 적절하지 않음!

**④ 만물에 대한 분별 작용이 사라지는 것은 인간 우위의 문명 건설에 도움이 되지 않는다.**

**근거** <보기>-1 순자는 자연과 인간을 구별하면서 인간 우위의 문명 건설에 중점을 둔다, ❸-2 '나 자신'은 마음을 가리키며, 마음을 잊었다는 것은 불꽃처럼 마음속에 치솟던 분별 작용이 사라졌음을 뜻한다, ❸-4 이런 고요한 마음을 유지해야 천지만물을 있는 그대로 받아들일 수 있다.

**풀이** 순자는 자연과 인간을 구별하여 인간 우위의 문명 건설을 해야 한다고 주장했으므로, 자연과 인간의 분별이 사라져야 한다고 보는 장자의 사상이 인간 우위의 문명 건설에 도움이 되지 않는다고 비판할 수 있다.

→ 적절함!

=물아일체

**⑤ 세계의 존재와 일체를 이루는 자아에 도달하는 것으로는 만물의 변화에 주도적으로 참여할 수 없다.**

**근거** <보기>-3~4 인간의 현실 문제를 해결하기 위해 그는 인간과 인간을 둘러싼 세계에 대한 지속적인 학습을 강조한다. 또한 인간은 만물의 변화에 주도적으로 참여하여 만물을 이끌고 길러 주어야 한다고 주장한다, ❺-5 장자는 이런 수행을 통해서 개체로서의 자아를 뛰어넘어 세계의 모든 존재와 일체를 이루는 자아에 도달할 수 있다고 주장

**풀이** 순자는 자연과 인간을 구별하였고 인간이 만물의 변화에 주도적으로 참여해야 한다고 주장하면서 인간과 인간을 둘러싼 세계에 대한 지속적인 학습이 중요하다고 강조했다. 이러한 관점에서 세계의 모든 존재와 일체를 이루는 자아에 도달하는 것을 강조한 장자의 사상으로는 만물의 변화에 주도적으로 참여할 수 없다고 비판할 수 있다.

→ 적절함!

**042** 문맥적 의미 파악 - 적절하지 않은 것 고르기 2016학년도 6월 모평B 20번 정답률 75%, 매력적 오답 ① 10% | 정답 ④

## 문맥상 ㉠~㉤과 바꿔 쓰기에 적절하지 않은 것은?

㉠ 홀린 ㉡ 받아들이고 ㉢ 벗어나 ㉣ 드러날 ㉤ 뛰어넘어

**① ㉠ : 미혹(迷惑)된**

**풀이** '미혹(迷 유혹하다 미 惑 사로잡혀 홀리다 혹)되다'는 '무엇에 빠져 정신을 차리지 못하게 되다'라는 뜻으로 ㉠의 '홀리다'와 바꿔 쓸 수 있다.

→ 적절함!

**② ㉡ : 수용(受容)하고**

**풀이** '수용(受 받다 수 容 받아들이다 용)하다'는 '어떠한 것을 받아들이다'라는 뜻으로 ㉡의 '받아들이다'와 바꿔 쓸 수 있다.

→ 적절함!

**③ ㉢ : 탈피(脫皮)하여**

**풀이** '탈피(脫 벗다 탈 皮 가죽 피)하다'는 '일정한 상태나 처지에서 벗어나다'라는 뜻으로 ㉢의 '벗어나다'와 바꿔 쓸 수 있다.

→ 적절함!

**④ ㉣ : 출현(出現)할**

**풀이** '출현(出 나다 출 現 나타나다 현)하다'는 '나타나서 보이다'라는 뜻의 단어이다. ㉣의 '드러나다'는 '가려 있거나 보이지 않던 것이 보이게 되다'라는 뜻의 단어로, 윗글의 문맥에서는 '숨어 있던 것이 겉으로 나타나다'의 의미로 사용되었다. 따라서 ㉣의 '드러날'은 '출현할'과 바꿔 쓸 수 없다.

→ 적절하지 않음!

**⑤ ㉤ : 초월(超越)하여**

**풀이** '초월(超 뛰어넘다 초 越 넘다 월)하다'는 '한계를 뛰어넘다'라는 뜻으로 ㉤의 '뛰어넘다'와 바꿔 쓸 수 있다.

→ 적절함!

**[043~046] 다음 글을 읽고 물음에 답하시오.**

1 [1]역사가 신채호는 역사를 아(我)와 비아(非我)의 투쟁 과정이라고 정의한 바 있다. [2]그가 무장 투쟁(武裝鬪爭, 전투 장비를 갖춘 군사 행동)의 필요성을 역설한 독립운동가이기도 했다는 사실 때문에, 그의 이러한 생각은 그를 투쟁만을 강조한 강경론자(强硬論者, 의견이나 입장을 절대로 타협하거나 굽히지 않는 사람)처럼 비춰지게 하곤 한다. [3]하지만 그는 식민지 민중과 제국주의(帝國主義, 다른 나라, 민족을 정벌하여 대국가를 건설하려는 침략주의적 경향) 국가에서 제국주의를 반대하는 민중 간의 연대를 지향하기도 했다. [4]그의 사상에서 투쟁과 연대는 모순되지 않는 요소였던 것이다. [5]이를 바르게 이해하기 위해서는 그의 사상의 핵심 개념인 '아'를 정확하게 이해할 필요가 있다.

→ '아' 개념 이해의 필요성

2 [1]신채호의 사상에서 아란 자기 ㉠ 본위에서 자신을 ㉡ 자각하는 주체인 동시에 항상 나와 상대하고 있는 존재인 비아와 마주 선 주체를 의미한다. [2]자신을 자각하는 누구나 아가 될 수 있다는 상대성을 지니면서 또한 비아와의 관계 속에서 비로소 아가 생성된다는 상대성도 지닌다. [3]신채호는 조선 민족의 생존과 발전의 길을 모색하기(摸索-, 해결할 수 있는 방법이나 실마리를 더듬어 찾기) 위해 『조선 상고사』를 저술하여 아의 이러한 특성을 규정했다. [4]그는 아의 자성(自性), 곧 '나의 나 됨'은 스스로의 고유성을 유지하려는 항성(恒性)과 환경의 변화에 대응하여 적응하려는 변성(變性)이라는 두 요소로 이루어져 있다고 하였다. [5]아는 항성을 통해 아 자신에 대해 자각하며, 변성을 통해 비아와의 관계 속에서 자기의식을 갖게 되는 것으로 ㉢ 설정하였다. [6]그리고 자성이 시대와 환경에 따라 변화한다고 하였다.

→ '아'의 개념과 특성

3 [1]신채호는 아를 소아와 대아로 구별하였다. [2]그에 따르면, 소아는 개별화된 개인적 아이며, 대아는 국가와 사회 차원의 아이다. [3]소아는 자성은 갖지만 상속성(相續性)과 보편성(普遍性)을 갖지 못하는 반면, 대아는 자성을 갖고 상속성과 보편성을 가질 수 있다. [4]여기서 상속성이란 시간적 차원에서 아의 생명력이 지속되는 것을 뜻하며, 보편성이란 공간적 차원에서 아의 영향력이 ㉣ 파급되는 것을 뜻한다. [5]상속성과 보편성은 긴밀한 관계를 가지는데, 보편성의 확보를 통해 상속성이 실현되며 상속성의 유지를 통해 보편성이 실현된다. [6]대아가 자성을 자각한 이후(국가와 사회 차원의 아가 '나의 나 됨'을 깨달은 이후), 항성과 변성의 조화를 통해 상속성과 보편성을 실현할 수 있다. [7]만약 대아의 항성이 크고 변성이 작으면(스스로의 고유성을 유지하려는 성질이 강하고 환경의 변화에 대응하여 적응하려는 성질이 약하면) 환경에 순응하지 못하여 멸절(滅絶)할(멸망하여 아주 없어질) 것이며, 항성이 작고 변성이 크면(스스로의 고유성을 유지하려는 성질이 약하고 환경의 변화에 대응하여 적응하려는 성질이 강하면) 환경에 주체적으로 대응하지 못하여 우월한 비아에게 정복당한다고 하였다.

→ '아'의 구별 : 소아와 대아

4 [1]이러한 아의 개념을 통해 우리는 투쟁과 연대에 관한 신채호의 인식을 정확히 이해할 수 있다. [2]일본의 제국주의 침략에 ㉤ 직면하여 그는 신국민이라는 새로운 개념을 제시하고 조선 민족이 신국민이 될 때 민족 생존이 가능하다고 보았다. [3]신

국민은 상속성과 보편성을 지닌 대아로서, 역사적 주체 의식이라는 항성과 제국주의 국가에 대응하여 생긴 국가 정신이라는 변성을 갖춘 조선 민족의 근대적 대아에 해당한다. [4]또한 그는 일본을 중심으로 서구 열강에 대항하자는 동양주의에 반대했다. [5]동양주의는 비아인 일본이 아가 되어 동양을 통합하는 길이기에, 조선 민족인 아의 생존이 위협받는다고 보았기 때문이다.

→ '아'를 통한 신채호 사상의 이해

5 [1]식민 지배가 심화될수록 일본에 동화되는(同化-, 성질, 사상 등이 같아지는) 세력이 증가하면서 신채호는 아 개념을 더욱 명료화할(明瞭化-, 뚜렷하고 분명하게 할) 필요가 있었다. [2]이에 그는 조선 민중을 아의 중심에 놓으면서, 아에도 일본에 동화된 '아 속의 비아'가 있고, 일본이라는 비아에도 아와 연대할 수 있는 '비아 속의 아'가 있음을 밝혔다. [3]민중은 비아에 동화된 자들을 제외한 조선 민족을 의미한 것이었다. [4]그는 조선 민중을, 민족 내부의 압제(壓制, 꼼짝 못하게 강제로 누름)와 위선(僞善, 거짓으로 꾸밈)을 제거함으로써 참된 민족 생존과 번영을 달성할 수 있는 주체이자 제국주의 국가에서 제국주의를 반대하는 민중과의 연대를 통하여 부당한 폭력과 억압을 강제하는 제국주의에 함께 저항할 수 있는 주체로 보았다. [5]이러한 민중 연대를 통해 '인류로서 인류를 억압하지 않는' 자유를 지향했다.

→ 시대적 상황에 따른, '아' 개념의 명료화

■지문 이해

〈'아' 개념을 중심으로 한 신채호 사상의 이해〉

**❶ '아' 개념 이해의 필요성**
- 신채호는 역사를 '아(我)'와 '비아(非我)'의 투쟁 과정이라 정의
- 신채호의 사상에서 투쟁과 연대는 모순되지 않음 → '아' 개념의 정확한 이해 필요

**❷ '아'의 개념과 특성**
- 아(我) : 자신을 자각하는 주체, 상대인 비아와 마주 선 주체
- 상대성 : 자신을 자각하는 누구나 '아'가 될 수 있으며, '비아'와의 관계 속에서 '아' 형성
- 자성(나의 나 됨)은 항성(恒性)과 변성(變性)으로 이루어짐
- 항성을 통해 아 자신을 자각, 변성을 통해 비아와의 관계 속에서 자기의식을 가짐

**❸ '아'의 구별 : 소아와 대아**
- 소아 : 개별화된 개인적 아, 자성 ○, 상속성(시간적 차원에서 아의 생명력 지속)과 보편성(공간적 차원에서 아의 영향력 파급) ×
- 대아 : 국가, 사회 차원의 아, 자성 ○, 상속성과 보편성 ○
- 대아가 자성을 자각한 이후, 항성과 변성의 조화를 통해 상속성과 보편성 실현 가능

**❹ '아'를 통한 신채호 사상의 이해**
- **주장 ①** : 일제의 제국주의에 대항하여 '신국민(상속성과 보편성을 지니고, 항성(역사적 주체 의식)과 변성(제국주의에 대응하는 국가 정신)을 갖춘 근대적 대아)'이 되어야 함
- **주장 ②** : 조선 민족의 생존을 위협하는 일본 중심의 동양주의를 반대함

**❺ 시대적 상황에 따른, '아' 개념의 명료화**
- **주장 ③** : '민중(일본에 동화된 자를 제외한 조선 민족, '아'의 중심)'
  - 민족 내부의 압제와 위선을 제거하여 참된 민족의 생존과 번영을 달성할 수 있는 주체
  - 민중 연대를 통해 제국주의에 저항할 수 있는 주체이며 '인류로서 인류를 억압하지 않는' 자유를 지향함

**043** 세부 정보 이해 - 적절하지 않은 것 고르기 2015학년도 수능B 17번 정답률 95% | 정답 ④

### 윗글에서 다룬 내용으로 적절하지 않은 것은?

**① 신채호 사상의 핵심 개념에 대한 이해의 필요성**

근거 ❶-5 이(신채호 사상)를 바르게 이해하기 위해서는 그의 사상의 핵심 개념인 '아'를 정확하게 이해할 필요가 있다.

→ 적절함!

**② 신채호 사상에서의 자성의 의미**

근거 ❷-4~6 그(신채호)는 아의 자성(自性), 곧 '나의 나 됨'은 스스로의 고유성을 유지하려는 항성(恒性)과 환경의 변화에 대응하여 적응하려는 변성(變性)이라는 두 요소로 이루어져 있다고 하였다. 아는 항성을 통해 아 자신에 대해 자각하며, 변성을 통해 비아와의 관계 속에서 자기의식을 갖게 되는 것으로 설정하였다. 그리고 자성이 시대와 환경에 따라 변화한다고 하였다.

→ 적절함!

**③ 신채호가 밝힌 대아와 소아의 차이**

근거 ❸-1~3 신채호는 아를 소아와 대아로 구별하였다. 그에 따르면, 소아는 개별화된 개인적 아이며, 대아는 국가와 사회 차원의 아이다. 소아는 자성은 갖지만 상속성(相續性)과 보편성(普遍性)을 갖지 못하는 반면, 대아는 자성을 갖고 상속성과 보편성을 가질 수 있다.

→ 적절함!

**④ 신채호 사상에서의 대아의 역사적 *기원** *起源, 시작된 근본이나 원인

풀이 윗글에 나오지 않는 내용이다.

→ 적절하지 않음!

**⑤ 신채호가 지향한 민중 연대의 의의**

근거 ❺-4~5 그(신채호)는 조선 민중을, 민족 내부의 압제와 위선을 제거함으로써 참된 민족 생존과 번영을 달성할 수 있는 주체이자 제국주의 국가에서 제국주의를 반대하는 민중과의 연대를 통하여 부당한 폭력과 억압을 강제하는 제국주의에 함께 저항할 수 있는 주체로 보았다. 이러한 민중 연대를 통해 '인류로서 인류를 억압하지 않는' 자유를 지향했다.

→ 적절함!

**044** 핵심 개념 이해 - 적절한 것 고르기 2015학년도 수능B 18번 정답률 85% | 정답 ④

### 윗글의 자성(自性)에 관한 이해로 가장 적절한 것은?

**① 자성을 갖춘 모든 아는 상속성과 보편성을 갖는다.** (대아)

근거 ❸-3 소아는 자성은 갖지만 상속성(相續性)과 보편성(普遍性)을 갖지 못하는 반면, 대아는 자성을 갖고 상속성과 보편성을 가질 수 있다.

풀이 소아는 자성은 갖지만 상속성과 보편성을 갖지 못한다.

→ 적절하지 않음!

**② 소아의 항성과 변성이 조화를 이루면, 상속성과 보편성이 모두 실현된다.**

근거 ❸-3 소아는 자성은 갖지만 상속성(相續性)과 보편성(普遍性)을 갖지 못하는 반면

풀이 소아는 상속성과 보편성을 갖지 못한다는 것이 이미 전제되어 있다.

→ 적절하지 않음!

(상속성과 보편성은 실현될 수 없다)

**③ 대아의 항성이 작고 변성이 크면, 상속성은 실현되어도 보편성은 실현되지 않는다.**

근거 ❸-5~7 상속성과 보편성은 긴밀한 관계를 가지는데, 보편성의 확보를 통해 상속성이 실현되며 상속성의 유지를 통해 보편성이 실현된다. 대아가 자성을 자각한 이후, 항성과 변성의 조화를 통해 상속성과 보편성을 실현할 수 있다. 만약 대아의 항성이 크고 변성이 작으면 환경에 순응하지 못하여 멸절(滅絶)할 것이며, 항성이 작고 변성이 크면 환경에 주체적으로 대응하지 못하여 우월한 비아에게 정복당한다고 하였다.

풀이 항성과 변성의 조화를 통해 상속성과 보편성을 실현할 수 있고, 상속성과 보편성은 서로의 확보와 유지를 통해 실현된다. 따라서 상속성이 실현되고 보편성이 실현되지 않는 경우는 일어날 수 없다.

→ 적절하지 않음!

**④ 항성과 변성이 조화를 이루지 못하면, 대아의 상속성과 보편성은 실현되지 않는다.**

근거 ❸-5~7 상속성과 보편성은 긴밀한 관계를 가지는데, 보편성의 확보를 통해 상속성이 실현되며 상속성의 유지를 통해 보편성이 실현된다. 대아가 자성을 자각한 이후, 항성과 변성의 조화를 통해 상속성과 보편성을 실현할 수 있다. 만약 대아의 항성이 크고 변성이 작으면 환경에 순응하지 못하여 멸절(滅絶)할 것이며, 항성이 작고 변성이 크면 환경에 주체적으로 대응하지 못하여 우월한 비아에게 정복당한다고 하였다.

풀이 항성과 변성의 조화를 통해 상속성과 보편성을 실현할 수 있고, 상속성과 보편성은 서로의 확보와 유지를 통해 실현된다. 따라서 항성과 변성이 조화를 이루지 못하면 대아의 상속성과 보편성은 실현되지 않는다.

→ 적절함!

(자성(○), 상속성(×), 보편성(×))

**⑤ 소아의 항성이 크고 변성이 작으면, 상속성은 실현되어도 보편성은 실현되지 않는다.**

근거 ❸-3 소아는 자성은 갖지만 상속성(相續性)과 보편성(普遍性)을 갖지 못하는 반면
풀이 소아는 상속성과 보편성을 갖지 못한다는 것이 이미 전제되어 있다.

→ 적절하지 않음!

1등급 문제

**045** | 추론의 적절성 판단 - 적절하지 않은 것 고르기 2015학년도 수능B 19번 정답률 60%, 매력적 오답 ④ 15% | 정답 ③

**윗글에 대한 이해로 적절하지 않은 것은?** [3점]

국가와 사회 차원의 아 / = 조선 민족의 생존과 발전의 길을 모색하기 위해

**① 신채호가 『조선 상고사』를 쓴 것은, 대아인 조선 민족의 자성을 역사적으로 어떻게 유지·계승할 수 있는지 모색하기 위한 것이겠군.**

근거 ❷-3 신채호는 조선 민족의 생존과 발전의 길을 모색하기 위해 『조선 상고사』를 저술하여 아의 이러한 특성을 규정, ❸-2 소아는 개별화된 개인적 아이며, 대아는 국가와 사회 차원의 아이다.

풀이 조선 민족으로서의 아는 국가와 사회 차원의 아인 대아이며, 조선 민족의 '나의 나 됨'인 자성을 유지하는 길이 조선 민족의 생존과 발전의 길이다.

→ 적절함!

= 조선 민족인 아의 생존이 위협받는다고

**② 신채호가 동양주의를 비판한 것은, 동양주의로 인해 아의 항성이 작아짐으로써 아의 자성을 유지하기 어렵게 될 것으로 보았기 때문이겠군.**

근거 ❷-4 그(신채호)는 아의 자성(自性), 곧 '나의 나 됨'은 스스로의 고유성을 유지하려는 항성(恒性)과 환경의 변화에 대응하여 적응하려는 변성(變性)이라는 두 요소로 이루어져 있다고 하였다. ❹-4~5 또한 그는 일본을 중심으로 서구 열강에 대항하자는 동양주의에 반대했다. 동양주의는 비아인 일본이 아가 되어 동양을 통합하는 길이기에, 조선 민족인 아의 생존이 위협받는다고 보았기 때문이다.

풀이 신채호는 동양주의로 인해 스스로의 고유성을 유지하려는 아의 항성이 작아지고, 이로 인해 아의 자성을 유지하기 어렵게 될 것으로 보았기 때문에 동양주의를 비판했다.

→ 적절함!

**③ 신채호가 신국민이라는 개념을 설정한 것은, 대아인 조선 민족이 시대적 환경에 대응하여 비아와의 연대를 통해 아의 생존을 꾀할 수 있다고 보았기 때문이겠군.**

비아 속의 아

근거 ❺-2 그(신채호)는 조선 민중을 아의 중심에 놓으면서, 아에도 일본에 동화된 '아 속의 비아'가 있고, 일본이라는 비아에도 아와 연대할 수 있는 '비아 속의 아'가 있음을 밝혔다.

풀이 일본이라는 비아 전체가 아니라, 일본이라는 비아 내부에 존재하는 '비아 속의 아'만이 대아인 조선 민족과 연대가 가능하다.

→ 적절하지 않음!

신국민 : 상속성과 보편성을 지닌 대아

**④ 신채호가 독립 투쟁을 한 것은, 비아인 일본 제국주의의 침략이 아의 상속성과 보편성 유지를 불가능하게 하기에 일본 제국주의와 투쟁해야 한다고 생각했기 때문이겠군.**

= 조선 민족인 아의 생존이 위협받는다

근거 ❹-2~5 일본의 제국주의 침략에 직면하여 그(신채호)는 신국민이라는 새로운 개념을 제시하고 조선 민족이 신국민이 될 때 민족 생존이 가능하다고 보았다. 신국민은 상속성과 보편성을 지닌 대아 … 그는 일본을 중심으로 서구 열강에 대항하자는 동양주의에 반대했다. 동양주의는 비아인 일본이 아가 되어 동양을 통합하는 길이기에, 조선 민족인 아의 생존이 위협받는다고 보았기 때문이다.

→ 적절함!

비아 속의 아 / 아 속의 비아를 제외한 조선 민중

**⑤ 신채호가 제국주의 국가에서 제국주의를 반대하는 민중과 식민지 민중의 연대를 지향한 것은, 아가 비아 속의 아와 연대하여 억압을 이겨 내고 자유를 얻을 수 있다고 생각했기 때문이겠군.**

근거 ❺-2~5 그(신채호)는 조선 민중을 아의 중심에 놓으면서, 아에도 일본에 동화된 '아 속의 비아'가 있고, 일본이라는 비아에도 아와 연대할 수 있는 '비아 속의 아'가 있음을 밝혔다. 민중은 비아에 동화된 자들을 제외한 조선 민족을 의미한 것이었다. 그는 조선 민중을, 민족 내부의 압제와 위선을 제거함으로써 참된 민족 생존과 번영을 달성할 수 있는 주체이자 제국주의 국가에서 제국주의를 반대하는 민중과의 연대를 통하여 부당한 폭력과 억압을 강제하는 제국주의에 함께 저항할 수 있는 주체로 보았다. 이러한 민중 연대를 통해 '인류로서 인류를 억압하지 않는' 자유를 지향했다.

→ 적절함!

**046** | 단어의 의미 파악 - 적절하지 않은 것 고르기 2015학년도 수능B 20번 정답률 85% | 정답 ③

**㉠~㉤의 사전적 의미로 적절하지 않은 것은?**

㉠ 본위 ㉡ 자각 ㉢ 설정 ㉣ 파급 ㉤ 직면

**① ㉠ : 판단이나 행동에서 중심이 되는 기준.**

풀이 '본위(本 근본 본 位 자리 위)'는 '판단이나 행동의 중심이 되는 기준'을 뜻한다.

→ 적절함!

**② ㉡ : 자기의 처지나 능력 따위를 스스로 깨달음.**

풀이 '자각(自 스스로 자 覺 깨닫다 각)'은 '현실을 판단하여 자기의 입장이나 능력을 스스로 깨달음'을 뜻한다.

→ 적절함!

**③ ㉢ : 여럿 가운데서 어떤 것을 뽑아 정함.**

풀이 '설정(設 세우다 설 定 정하다 정)'은 '새로 만들어 정해 둠'을 뜻한다. '여럿 가운데서 어떤 것을 뽑아 정함'을 뜻하는 말은 '선정(選 뽑다 선 定 정하다 정)'이다.

→ 적절하지 않음!

**④ ㉣ : 어떤 일의 여파나 영향이 다른 데로 미침.**

풀이 '파급(波 물결 파 及 미치다 급)'은 '어떤 일의 여파나 영향이 차차 다른 데로 미침'을 뜻한다.

→ 적절함!

**⑤ ㉤ : 어떠한 일이나 사물을 직접 당하거나 접함.**

풀이 '직면(直 곧다 직 面 만나다 면)'은 '어떠한 일이나 사물을 직접 당하거나 접함'을 뜻한다.

→ 적절함!

**[047~050] 다음 글을 읽고 물음에 답하시오.**

1 [1]고대 중국에서 '대학(大學)'은 교육 기관을 가리키는 말이었다. [2]이 '대학'에서 가르쳐야 할 내용을 전하고 있는 책이 『대학』이다. [3]유학자들(유교 사상을 공부하고 따르는 사람들)은 『대학』의 '명명덕(明明德)'과 '친민(親民)'을 공자의 말로 여기지만, 그 해석에 있어서는 차이가 있다. [4]경문 해석(훌륭한 사람이 지었거나, 훌륭한 사람의 말이나 행동을 적은 글을 풀어주는 것)의 차이는 글자와 문장의 정확성을 따지는 훈고(訓詁)가 다르기 때문이기도 하지만 해석자의 사상적 관심(해석자가 '명명덕'과 '친민'을 바라보는 시각)이 다르기 때문이기도 하다.

→ 경문 해석에 차이가 생기는 까닭

2 [1]주희와 정약용은 ⓐ '명명덕'과 '친민'에 대해 서로 다르게 해석한다. [2]주희는 '명덕(明德)'을 인간이 본래 지니고 있는 마음의 밝은 능력으로 해석한다. [3]인간이 올바른 행동을 할 수 있는 것은 명덕을 지니고 있어서인데 기질(氣質, 개인이 지닌 성질)에 가려 명덕이 발휘되지 못하게 되면(각자가 가지고 있는 성질 때문에 본래 지닌 마음의 밝은 능력을 드러내지 못하게 되면) 잘못된 행동을 하게 된다. [4]따라서 도덕 실천을 위해서는 명덕이 발휘되도록 기질을 교정하는(矯正-, 바로잡아 고치는) 공부가 필요하다. [5]'명명덕'은 바로 명덕이 발휘되도록 공부한다는 뜻이다. [6]반면, 정약용은 명덕을 '효(孝)(자식이 부모에게 효도함, 확장하면 아랫사람이 윗사람을 섬기는 덕목)', '제(弟)(형제간의 우애, 확장하면 친구와 선후배 간의 의리)', '자(慈)(부모가 자식을 사랑하는 마음, 확장하면 윗사람이 아랫사람에게 베푸는 사랑)'의 덕목(德目, 도덕적인 마음과 행동의 요소들)으로 해석한다. [7]명덕은 마음이 지닌 능력이 아니라 행위를 통해 실천해야 하는 구체적 덕목이다. [8]어떤 사람을 효자라고 부르는 것은 그가 효를 실천할 수 있는 마음의 능력을 가지고 있어서가 아니라 실제로 효를 실천했기 때문이다. [9]'명명덕'은 구체적으로 효, 제, 자를 실천하도록 한다는 뜻이다.

→ '명덕'과 '명명덕'에 대한 주희와 정약용의 해석 차이

3 [1]유학자들은 자신이 먼저 인격자가 될 것을 강조하지만 궁극적으로는(窮極的-, 결국은) 자신뿐 아니라 백성 또한 올바른 행동을 할 수 있도록 ㉠ 이끌어야 한다는 생각을 원칙으로 삼는다. [2]주희도 자신이 명덕을 밝힌 후에는 백성들도 그들이 지닌

명덕을 밝혀 새로운 사람이 될 수 있도록 ⓒ 가르쳐야 한다고 본다. [3]백성을 가르쳐 그들을 새롭게 만드는 것이 바로 ⓑ'신민(新民)'이다. [4]주희는 『대학』을 새로 편찬하면서(編纂-. 책으로 만들면서) 고본(古本)(같은 책의 오래된 판. 여기에서는 주희가 새로 편찬하기 전에 있었던 『대학』을 말함) 『대학』의 '친민'을 '신민'으로 ⓒ 고쳤다. [5]'친(親)(친할 친)'보다는 '신(新)(새로울 신)'이 '백성을 새로운 사람으로 만든다'는 취지(趣旨. 목적)를 더 잘 표현한다고 보았던 것이다. [6]반면, 정약용은 친민을 신민으로 고치는 것은 옳지 않다고 본다. [7]정약용은 '친민'을 백성들이 효, 제, 자의 덕목을 실천하도록 이끄는 것이라 해석한다. [8]즉 백성들로 하여금 자식이 어버이를 사랑하여 효도하고 어버이가 자식을 사랑하여 자애의 덕행을 실천하도록(사랑을 베풀도록) 이끄는 것이 친민이다. [9]백성들이 이전과 달리 효, 제, 자를 실천하게 되었다는 점에서 새롭다는 뜻은 있지만 본래 글자를 고쳐서는 안 된다고 보았다.

→ '친민'에 대한 주희와 정약용의 해석 차이

4 [1]주희와 정약용 모두 개인의 인격 완성과 인륜 공동체의 실현(유교의 규범을 잘 지키며 서로 끈끈하게 연결되어 있는 공동체를 이루는 것)을 이상(理想. 가장 완전하다고 여겨지는 상태)으로 하였다.(목표로 삼았다.) [2]하지만 그 이상의 실현 방법에 있어서는 생각이 달랐다. [3]주희는 개인이 마음을 어떻게 수양하여(修養-. 갈고닦아) 도덕적 완성에 ⓓ 이를 것인가에 관심을 둔 반면, 정약용은 당대(當代. 그 시대)의 학자들이 마음 수양에 치우쳐 개인과 사회를 위한 구체적인 덕행의 실천에는 한 걸음도 나아가지 못하는 문제(효, 제, 자의 구체적인 덕목을 실제로 실천하는 것에는 힘쓰지 않는 문제)를 ⓔ 바로잡고자 하는 데 관심이 있었다.

→ 주희와 정약용의 공통점과 차이점

■지문 이해

〈『대학』의 '명명덕'과 '친민'에 대한 주희와 정약용의 해석 차이〉

| ❶ 경문 해석에 차이가 생기는 까닭 |
|---|
| • 훈고<br>• 해석자의 사상적 관심 |

| | 주희 | 정약용 |
|---|---|---|
| ❷ 명덕 | • 인간이 본래 지니고 있는 마음의 밝은 능력 | • 행위를 통해 실천해야 하는 효, 제, 자의 구체적 덕목 |
| ❷ 명명덕 | • 명덕이 발휘되도록 공부하는 것 | • 구체적으로 효, 제, 자를 실천하도록 하는 것 |
| ❸ 친민 | • '친민'을 '신민'으로 고침<br>• 신민은 백성을 가르쳐 새로운 사람으로 만드는 것 | • '친민'을 '신민'으로 고치는 것은 옳지 않음<br>• 친민은 백성들이 효, 제, 자의 덕목을 실천하도록 이끄는 것 |

| ❹ | 주희 | 정약용 |
|---|---|---|
| 공통점 | • 개인의 인격 완성과 인륜 공동체의 실현을 이상으로 함 | |
| 차이점 | • 이상의 실현 방법 : 개인의 마음 수양 | • 이상의 실현 방법 : 개인과 사회를 위한 구체적 덕행의 실천 |

| 047 | 추론의 적절성 판단 - 적절한 것 고르기 2014학년도 9월 모평B 17번<br>정답률 70%, 매력적 오답 ② 15% | 정답 ④ |
|---|---|---|

## 윗글을 읽고 추론한 내용으로 가장 적절한 것은?

**① '대학'은 백성을 가르치기 위해 공자가 *건립한 교육 기관이다.** *建立-. 세운 (알 수 없음)

근거 ❶-1 고대 중국에서 '대학'은 교육 기관을 가리키는 말

풀이 대학은 교육 기관을 가리키는 말이 맞지만, 공자가 건립했다는 내용은 나오지 않는다.

→ 적절하지 않음!

**② 주희는 사람들이 명덕을 교정하지 못하여 잘못된 행위를 한다고 보았다.** (발휘하지)

근거 ❷-3~4 기질에 가려 명덕이 발휘되지 못하게 되면 잘못된 행동을 하게 된다. 따라서 도덕 실천을 위해서는 명덕이 발휘되도록 기질을 교정하는 공부가 필요하다.

풀이 명덕을 교정하지 못해서 잘못된 행위를 하는 것이 아니라, 명덕이 '기질에 가려져서' 발휘되지 못하기 때문에 잘못된 행위를 하는 것이다. 따라서 잘못된 행동을 하지 않기 위해서는 명덕을 교정하는 것이 아니라, 기질을 교정해야 한다.

→ 적절하지 않음!

**③ 주희와 정약용의 경전 해석에서 글자의 훈고에 대해서는 *언급되지 않았다.** *言及-. 이야기되지 (주희 : 신(新) / 정약용 : 친(親))

근거 ❶-4 글자와 문장의 정확성을 따지는 훈고(訓詁), ❸-5~7 (주희는) '친(親)'보다는 '신(新)'이 '백성을 새로운 사람으로 만든다'는 취지를 더 잘 표현한다고 보았던 것이다. 반면, 정약용은 친민을 신민으로 고치는 것은 옳지 않다고 본다. 정약용은 '친민'을 백성들이 효, 제, 자의 덕목을 실천하도록 이끄는 것이라 해석

풀이 주희와 정약용은 글자 '친'과 '신'의 적합성을 따지고 있다. 따라서 훈고에 대한 언급이 없다는 것은 틀린 설명이다.

→ 적절하지 않음!

**④ 주희와 정약용 모두 도덕 실천이 공동체 차원으로 확장되어야 한다고 보았다.**

근거 ❹-1 주희와 정약용 모두 개인의 인격 완성과 인륜 공동체의 실현을 이상으로 하였다.

→ 적절함!

**⑤ 정약용의 『대학』 해석에는 마음 수양의 중요성에 대한 그의 관심이 *반영되었다.** *反映-. 영향을 주어 나타났다. (마음 수양보다 구체적 덕행 실천)

근거 ❷-7 명덕은 마음이 지닌 능력이 아니라 행위를 통해 실천해야 하는 구체적 덕목이다, ❹-3 정약용은 당대의 학자들이 마음 수양에 치우쳐 개인과 사회를 위한 구체적인 덕행의 실천에는 한 걸음도 나아가지 못하는 문제를 바로잡고자 하는 데 관심이 있었다.

풀이 정약용은 마음 수양의 중요성보다 구체적인 덕행의 실천에 관심이 있었다.

→ 적절하지 않음!

| 048 | 핵심 개념 이해 - 적절한 것 고르기 2014학년도 9월 모평B 18번<br>정답률 90% | 정답 ④ |
|---|---|---|

## ⓐ, ⓑ에 대한 설명으로 적절한 것은?

ⓐ '명명덕' ⓑ '신민(新民)'

**① ⓐ에 대한 주희와 정약용의 해석은 일치한다.** (명덕이 발휘되도록 공부 / 구체적으로 효, 제, 자를 실천)

근거 ❷-1 주희와 정약용은 '명명덕'과 '친민'에 대해 서로 다르게 해석

→ 적절하지 않음!

**② 주희와 정약용 모두 ⓐ를 이루기 위한 수단으로 ⓑ를 강조하였다.**

근거 ❸-4 (주희는) 고본(古本) 『대학』의 '친민'을 '신민'으로 고쳤다, ❸-6 정약용은 친민을 신민으로 고치는 것은 옳지 않다고 본다, ❹-1 주희와 정약용 모두 개인의 인격 완성과 인륜 공동체의 실현을 이상으로 하였다.

풀이 '신민'은 주희가 '친민'을 해석하면서 내놓은 개념으로, 정약용은 '친민'을 '신민'으로 고치는 것은 옳지 않다고 하였다. 따라서 정약용이 '신민'(ⓑ)을 강조했다는 설명은 적절하지 않다. 한편 주희와 정약용 모두 '명명덕'은 개인의 인격 완성과 관련된 덕목으로, '신민' 혹은 '친민'은 인륜 공동체의 실현과 관련된 덕목으로 보았으므로, '명명덕'(ⓐ)을 이루기 위한 수단으로 '신민'(ⓑ)을 강조할 수는 없다.

→ 적절하지 않음!

**③ 주희는 ⓐ를 '효', '제', '자'라는 구체적 덕목을 실천하는 것으로 보았다.**

근거 ❷-5 '명명덕'은 바로 명덕이 발휘되도록 공부한다는 뜻

풀이 주희는 명명덕을 인간이 본래 지니고 있는 마음의 밝은 능력이 발휘되도록 공부한다는 뜻으로 보았다. 명명덕을 효, 제, 자라는 구체적 덕목을 실천하는 것으로 본 것은 주희가 아니라 정약용의 견해이다.

→ 적절하지 않음!

**④ ⓑ에는 백성 또한 도덕적 존재가 될 수 있다는 주희의 생각이 반영되어 있다.** (= 백성을 가르쳐 그들을 새롭게 만드는 것)

근거 ❷-4 도덕 실천을 위해서는 명덕이 발휘되도록 기질을 교정하는 공부가 필요, ❸-2~3 주희도 자신이 명덕을 밝힌 후에는 백성들도 그들이 지닌 명덕을 밝혀 새로운 사람이 될 수 있도록 가르쳐야 한다고 본다. 백성을 가르쳐 그들을 새롭게 만드는 것이 바로 '신민(新民)'이다.

풀이 주희는 명덕이 발휘되면 도덕적 실천이 가능해진다고 보았다. 따라서 주희는 백성

들이 지닌 명덕을 밝힐 수 있도록 가르치면 백성들도 도덕적 실천이 가능한 새로운 사람, 즉 '신민'이 될 수 있다고 생각했다.

→ 적절함!

**⑤ 정약용은 ⓑ가 고본 『대학』의 '친민'의 본래 의미를 잘 나타내었다고 보았다.**

근거 ❸-6 정약용은 친민을 신민으로 고치는 것은 옳지 않다고 본다, ❸-9 본래 글자를 고쳐서는 안 된다고 보았다.

풀이 '신민'이 '친민'의 본래 의미를 잘 나타내었다고 본 것은 정약용이 아니라 주희의 견해이다.

→ 적절하지 않음!

〈참고 그림〉

❹-1~3 주희와 정약용 모두 개인의 인격 완성과 인륜 공동체 실현을 이상으로 삼은 점에서는 공통되지만, 그 방법에 있어서는 의견이 달랐다. 주희는 개인이 마음을 어떻게 수양하여 도덕적 완성에 이를 것인가에 관심을 둔 반면, 정약용은 구체적인 덕행의 실천을 강조하였다.

**049** | 자료 해석의 적절성 판단 - 적절한 것 고르기 2014학년도 9월 모평B 19번 정답률 85% | 정답 ⑤

### 윗글과 〈보기〉를 근거로 판단한 내용으로 적절한 것은? [3점]

| 보기 |

[1]왕양명은 당시에 통용되던(通用-. 일반적으로 쓰이던) 『대학』의 '신민'을 고본 『대학』에 따라 '친민'으로 고쳤다. [2]그는 백성이 가르쳐야 할 대상인 동시에 사랑해야 할 대상이라는 점에서 가르침에 치중한 '신'보다는 '친'이 적합하다고 보았다. [3]그러나 정약용은 왕양명이 '명덕'을 마음의 밝은 능력으로 해석한 점을 지적하면서, 왕양명이 '명덕'을 바르게 이해하지 못해 '친민' 또한 바르게 해석하지 못했다고 하였다.

▶ 지문 핵심 개념 정리

| | 주희 | 정약용 |
|---|---|---|
| 명명덕 | • 명덕 : 인간이 본래 지니고 있는 마음의 밝은 능력(❷-2)<br>• 명명덕 : 명덕이 발휘되도록 공부하는 것(❷-5) | • 명덕 : 행위를 통해 실천해야 하는 효, 제, 자의 구체적 덕목(❷-6~7)<br>• 명명덕 : 구체적으로 효, 제, 자를 실천하도록 하는 것(❷-9) |
| 친민 | • '친민'을 '신민'으로 고침(❸-4)<br>• 신민은 백성을 가르쳐 새로운 사람으로 만드는 것(❸-3) | • '친민'을 '신민'으로 고치는 것은 옳지 않음(❸-6)<br>• 친민은 백성들이 효, 제, 자의 덕목을 실천하도록 이끄는 것(❸-7) |

**① 왕양명과 정약용은 '명덕'을 동일한 의미로 해석하였다.** (다른)

근거 〈보기〉-3 정약용은 왕양명이 '명덕'을 마음의 밝은 능력으로 해석한 점을 지적하면서, 왕양명이 '명덕'을 바르게 이해하지 못해 '친민' 또한 바르게 해석하지 못했다고 하였다.

→ 적절하지 않음!

**② 정약용은 왕양명의 '명덕' 해석이 주희와 다르다고 보았다.** (같다고)

근거 〈보기〉-3 정약용은 왕양명이 '명덕'을 마음의 밝은 능력으로 해석한 점을 지적, ❷-2 주희는 '명덕(明德)'을 인간이 본래 지니고 있는 마음의 밝은 능력으로 해석

풀이 정약용은 왕양명의 '명덕' 해석을 주희의 해석과 같은 것으로 보고 있다.

→ 적절하지 않음!

**③ 왕양명의 '친민' 해석은 주희가 아닌 정약용의 해석과 일치한다.** (일치하지 않는다)

근거 〈보기〉-3 (정약용은) 왕양명이 '명덕'을 바르게 이해하지 못해 '친민' 또한 바르게 해석하지 못했다고 하였다, ❸-7 정약용은 '친민'을 백성들이 효, 제, 자의 덕목을 실천하도록 이끄는 것이라 해석

→ 적절하지 않음!

**④ 왕양명과 정약용은 고본 『대학』의 '친민'을 수정해야 한다고 보았다.** (수정해서는 안 된다고)

근거 〈보기〉-1 왕양명은 당시에 통용되던 『대학』의 '신민'을 고본 『대학』에 따라 '친민'으로 고쳤다, ❸-6 정약용은 친민을 신민으로 고치는 것은 옳지 않다고 본다.

풀이 두 사람 모두 고본 『대학』의 '친민'을 다른 표현으로 수정하는 것에 반대하는 입장이다.

→ 적절하지 않음!

= 가르침에 치중한 '신'보다는 '친'이 적합하다고 보았다

**⑤ 왕양명은 '친민'을 '신민'으로 고친 주희의 해석이 백성을 가르침의 대상으로 *한정한 문제가 있다고 보았다.** *限定-. 범위를 제한한

근거 〈보기〉-2 그(왕양명)는 백성이 가르쳐야 할 대상인 동시에 사랑해야 할 대상이라는 점에서 가르침에 치중한 '신'보다는 '친'이 적합하다고 보았다.

→ 적절함!

**050** | 문맥적 의미 파악 - 적절한 것 고르기 2014학년도 9월 모평B 20번 정답률 85% | 정답 ①

### 문맥상 ㉠~㉤을 바꿔 쓰기에 가장 적절한 것은?

㉠ 이끌어야 ㉡ 가르쳐야 ㉢ 고쳤다 ㉣ 이를 ㉤ 바로잡고자

**① ㉠ : 인도(引導)해야**

풀이 '인도(引 이끌다 인 導 이끌다 도)하다'는 '이끌어 지도하다'의 의미이다. ㉠을 '인도해야'로 바꿔 써도 문맥상 의미가 달라지지 않으므로 바꿔 쓰기에 적절하다.

→ 적절함!

**② ㉡ : 지시(指示)해야**

풀이 ㉡의 '가르치다'는 '사람의 도리나 바른길을 일깨우다'의 의미이다. 한편 '지시(指 가리키다 지 示 보이다 시)하다'는 '가리켜 보게 하다, 일러서 시키다'의 의미이다. ㉡을 '지시해야'로 바꿔 쓸 경우 문맥상 의미가 달라지므로, 바꿔 쓰기에 적절하지 않다. ㉡은 '어떤 목적이나 방향으로 남을 가르쳐 이끌다'의 뜻을 지닌 '지도(指 가리키다 지 導 인도하다 도)하다'로 바꿔 쓰는 것이 적절하다.

→ 적절하지 않음!

**③ ㉢ : 개편(改編)했다**

풀이 ㉢의 '고치다'는 '모양이나 내용 따위를 바꾸다'의 의미이다. 한편 '개편(改 고치다 개 編 엮다 편)하다'는 '책이나 과정 따위를 고쳐 다시 엮다'의 의미이다. ㉢을 '개편했다'로 바꿔 쓸 경우 문맥상 의미가 달라지므로, 바꿔 쓰기에 적절하지 않다. ㉢은 '글이나 글자의 잘못된 점을 고치다'의 뜻을 지닌 '수정(修 닦다 수 訂 바로잡다 정)하다'로 바꿔 쓰는 것이 적절하다.

→ 적절하지 않음!

**④ ㉣ : 도착(到着)할**

풀이 ㉣의 '이르다'는 '어떤 정도나 범위에 미치다'의 의미이다. 한편 '도착(到 이르다 도 着 붙다 착)하다'는 '목적한 곳에 다다르다'의 의미이다. ㉣을 '도착할'로 바꿔 쓸 경우 문맥상 의미가 달라지므로, 바꿔 쓰기에 적절하지 않다. ㉣은 '목적한 곳이나 수준에 다다르다'의 뜻을 지닌 '도달(到 이르다 도 達 통달하다 달)하다'로 바꿔 쓰는 것이 적절하다.

→ 적절하지 않음!

**⑤ ㉤ : 쇄신(刷新)하고자**

풀이 ㉤의 '바로잡다'는 '그릇된 일을 바르게 만들거나 잘못된 것을 올바르게 고치다'의 의미이다. 한편 '쇄신(刷 인쇄하다 쇄 新 새롭다 신)하다'는 '나쁜 폐단이나 묵은 것을 버리고 새롭게 하다'의 의미이다. ㉤을 '쇄신하고자'로 바꿔 쓸 경우 문맥상 의미가 달라지므로, 바꿔 쓰기에 적절하지 않다. ㉤은 '바로잡아 고치다'의 뜻을 지닌 '수정(修 닦다 수 正 바르다 정)하다'로 바꿔 쓰는 것이 적절하다.

→ 적절하지 않음!

## [051~054] 다음 글을 읽고 물음에 답하시오.

1 [1]비트겐슈타인이 1918년에 쓴 『논리 철학 논고』는 '빈학파'의 논리실증주의(과학의 논리적 분석 방법을 철학에 적용하고자 하는 사상)를 비롯하여 20 세기 현대 철학에 큰 영향을 주었다. [2]그는 많은 철학적 논란들이 언어를 애매하게 사용하여 발생한다고 보았기 때문에 언어를 분석하고(分析-. 개념이나 문장을 보다 단순한 개념이나 문장으로 나누어 의미를 분명하게 하고) 비판하여(批判-. 옳고 그름을 가려 판단하여) 명료화하는(明瞭化-. 뚜렷하고 분명하게 하는) 것을 철학의 과제로 삼았다.

→ 비트겐슈타인이 중시한 철학적 과제

2 [1]그는 이 책에서 언어가 세계에 대한 그림이라는 '그림 이론'을 주장한다. [2]이 이론을 세우는 데 그에게 영감을 주었던 것은, 교통사고를 다루는 재판에서 장난감 자동차와 인형 등을 이용한 ㉠ 모형을 통해 ㉡ 사건을 설명했다는 기사였다. [3]그런데 모형을 가지고 사건을 설명할 수 있는 이유는 무엇일까? [4]그것은 모형이 실제의 자동차와 사람 등에 대응하기(對應-. 짝이 되기) 때문이다. [5]그는 언어도 이와 같다고 보았다. [6]언어가 의미를 갖는 것은 언어가 세계와 대응하기 때문이다. [7]다시 말해 언어가 세계에 존재하는 것들을 가리키고 있기 때문이다. [8]언어는 명제(命題. 어떤 문제에 대한 논리적인 판단과 주장으로 참과 거짓을 판단할 수 있는 내용)들로 구성되어 있으며, 세계는 사태(事態. 상황, 사건)들로 구성되어 있다. [9]그리고 명제들과 사태들은 각각 서로 대응하고 있다. [10]이처럼 언어와 세계의 논리적 구조는 동일하며, 언어는 세계를 그림처럼 기술함(記述-. 기록하여 서술함)으로써 의미를 가진다.

사태 < 실제로 일어남 → 참 / 실제로 일어나지 않음 → 거짓

→ '그림 이론'의 소개

3 [1]'그림 이론'에서 명제에 대응하는 '사태'는 '사실'이 아니라 사실이 될 수 있는 논리적 가능성을 의미한다. [2]따라서 언어를 구성하는 명제들은 사실적 그림이 아니라 논리적 그림이다. [3]사태가 실제로 일어나서 사실이 되면 그것을 기술하는 명제는 참이 되지만, 사태가 실제로 일어나지 않는다면 그 명제는 거짓이 된다. [4]어떤 명제가 '의미 있는 명제'가 되기 위해서는 그 명제가 실재하는(實在-. 실제로 존재하는) 대상이나 사태에 대해 언급해야 하며, 그것에 대해서는 참, 거짓을 따질 수 있다. [5]만약 어떤 명제가 실재하지 않는 대상이나 사태가 아닌 것에 대해 언급하면 그것은 '의미 없는 명제'가 되며, 그것에 대해 참, 거짓을 따질 수 없다. [6]따라서 경험적 세계에 대해 언급하는 명제만이 의미 있는 것이 된다.

→ '그림 이론'에서의 명제와 사태의 관계

4 [1]이러한 관점에서 비트겐슈타인은 기존의 철학자들이 다루었던 신, 영혼, 형이상학적(形而上學的. 경험할 수 없는) 주체, 윤리적 가치 등과 관련된 논의가 의미 없는 말들에 불과하다고 보았다. [2]왜냐하면 그 말들이 가리키는 대상이 세계 속에 존재하지 않는, 즉 경험 가능하지 않은 대상이기 때문이다. [3]이와 같은 형이상학적 문제와 관련된 명제나 질문들은 의미가 없는 말들이다. [4]그러한 문제는 우리의 삶을 통해 끊임없이 드러나는 신비한 것들이지만 이에 대해 말로 답변하거나 설명할 수는 없다. [5]그래서 비트겐슈타인은 "말할 수 없는 것에 대해서는 침묵해야 한다."라고 말했다.

→ 기존 철학자들에 대한 비트겐슈타인의 비판

■지문 이해
〈비트겐슈타인의 '그림 이론'〉

**❶ 비트겐슈타인이 중시한 철학적 과제**
- 『논리 철학 논고』: 논리실증주의를 비롯하여 20 세기 현대 철학에 큰 영향
- 많은 철학적 논란들이 언어를 애매하게 사용하여 발생함
  → 언어를 분석하고 비판하여 명료화하는 것이 철학의 과제

**❷ '그림 이론'의 소개**
- 그림 이론 : 언어와 세계의 논리적 구조는 동일하며, 언어는 세계를 그림처럼 기술함으로써 의미를 가짐
  - 교통사고를 다루는 재판에서 장난감 자동차와 인형 등의 모형으로 사건을 설명
    → 모형이 실제의 자동차와 사람 등에 대응
  - 언어가 의미를 갖는 것은 언어가 세계와 대응하기 때문
  - 언어는 명제들로 구성되어 있으며, 세계는 사태들로 구성
    → 명제들과 사태들은 각각 서로 대응함

**❸ '그림 이론'에서의 명제와 사태의 관계**
- 의미 있는 명제 : 실재하는 대상이나 사태에 대해 언급하는 명제. 참, 거짓을 따질 수 있음. 경험적 세계에 대해 언급하는 명제만이 의미 있는 것
- 의미 없는 명제 : 실재하지 않는 대상이나 사태가 아닌 것에 대해 언급한 명제. 참, 거짓을 따질 수 없음

**❹ 기존 철학자들에 대한 비트겐슈타인의 비판**
- 기존의 철학자들이 다루었던 신, 영혼, 형이상학적 주체, 윤리적 가치 등과 관련된 논의, 형이상학적 문제와 관련된 명제나 질문들 = 가리키는 대상이 세계 속에 존재하지 않는, 즉 경험 가능하지 않은 대상 = 의미 없는 말들

**051** 세부 정보 이해 - 적절하지 않은 것 고르기 2012학년도 수능 17번 | 정답률 70%, 매력적 오답 ③ 10% | 정답 ④

### 비트겐슈타인의 이론에 대한 이해로 적절하지 않은 것은?

= 언어를 분석하고 비판하여 명료화하는 것
① **언어의 문제를 철학의 중요한 과제로 보았다.**

근거 ❶-2 그(비트겐슈타인)는 많은 철학적 논란들이 언어를 애매하게 사용하여 발생한다고 보았기 때문에 언어를 분석하고 비판하여 명료화하는 것을 철학의 과제로 삼았다.

→ 적절함!

② **'그림 이론'으로 논리실증주의에 큰 영향을 주었다.**

근거 ❶-1 비트겐슈타인이 1918년에 쓴 『논리 철학 논고』는 '빈학파'의 논리실증주의를 비롯하여 20 세기 현대 철학에 큰 영향을 주었다, ❷-1 그는 이 책에서 언어가 세계에 대한 그림이라는 '그림 이론'을 주장

→ 적절함!

③ **'사태'와 '사실'의 개념을 구별하였다.**

근거 ❸-1 '그림 이론'에서 명제에 대응하는 '사태'는 '사실'이 아니라 사실이 될 수 있는 논리적 가능성을 의미

→ 적절함!

참, 거짓을 따질 수 있다
④ **경험적 대상을 언급하는 명제는 참이라고 보았다.**

근거 ❸-4~6 어떤 명제가 '의미 있는 명제'가 되기 위해서는 그 명제가 실재하는 대상이나 사태에 대해 언급해야 하며, 그것에 대해서는 참, 거짓을 따질 수 있다. 만약 어떤 명제가 실재하지 않는 대상이나 사태가 아닌 것에 대해 언급하면 그것은 '의미 없는 명제'가 되며, 그것에 대해 참, 거짓을 따질 수 없다. 따라서 경험적 세계에 대해 언급하는 명제만이 의미 있는 것이 된다.

풀이 경험적 대상을 언급하는 명제에 대해서 참, 거짓을 따질 수 있다는 것이지 그러한 명제가 모두 참이라는 것은 아니다.

→ 적절하지 않음!

경험 가능하지 않은 대상이므로 의미 없는 말들에 불과하다고 봄
⑤ **형이상학적 문제를 다룬 기존 철학을 비판하였다.**

근거 ❹-3 형이상학적 문제와 관련된 명제나 질문들은 의미가 없는 말들이다.

→ 적절함!

**052** 구체적인 사례에 적용 - 적절한 것 고르기 2012학년도 수능 18번 | 정답률 90% | 정답 ⑤

### 윗글의 '의미 없는 명제'에 해당하는 것은? [1점]

근거 ❸-5 만약 어떤 명제가 실재하지 않는 대상이나 사태가 아닌 것에 대해 언급하면 그것은 '의미 없는 명제'가 되며, 그것에 대해 참, 거짓을 따질 수 없다, ❹-1 이러한 관점에서 비트겐슈타인은 기존의 철학자들이 다루었던 신, 영혼, 형이상학적 주체, 윤리적 가치 등과 관련된 논의가 의미 없는 말들에 불과하다고 보았다.

풀이 윗글에서 말하고 있는 '의미 없는 명제'는 실재하지 않는 대상이나 사태에 대한 언급을 가리킨다.

① **곰팡이는 생물의 일종이다.** ← 실재하는 대상. 참, 거짓 따질 수 있음

풀이 '곰팡이'라는 실재하는 대상에 대해 언급하였으므로 '의미 있는 명제'에 해당한다.

→ 적절하지 않음!

② 물은 1 기압에서 90 °C에 끓는다. ← 실제 일어나는 사태. 참, 거짓 따질 수 있음

풀이 실제로 일어나는 사태에 대해 언급하였으므로 '의미 있는 명제'에 해당한다.

→ 적절하지 않음!

③ 피카소는 1881년 스페인에서 태어났다. ← 실재하는 대상. 참, 거짓 따질 수 있음

풀이 '피카소'라는 실제 인물에 대해 언급하였으므로 '의미 있는 명제'에 해당한다.

→ 적절하지 않음!

④ 우리 반 학생의 절반 이상이 헌혈을 했다. ← 실제 일어난 사태. 참, 거짓 따질 수 있음

풀이 실제로 일어난 사태에 대해 언급하였으므로 '의미 있는 명제'에 해당한다.

→ 적절하지 않음!

⑤ 선생님은 한평생 바람직한 삶을 살아왔다. ← 윤리적 가치와 관련된 논의. 참, 거짓 따질 수 없음

풀이 '바람직하다'는 윤리적 가치를 언급하였으므로 '의미 없는 명제'에 해당한다. '바람직하다/아니다', '착하다/나쁘다' 등의 윤리적 가치는 주관적 가치에 따른 것으로 윗글의 비트겐슈타인에 따르면 객관적으로 참, 거짓을 판단할 수 없다.

→ 적절함!

1등급 문제

**053** 자료 해석의 적절성 판단 - 적절한 것 고르기 2012학년도 수능 19번
정답률 50%, 매력적 오답 ② 10% ④ 35% | 정답 ①

**㉠ : ㉡의 관계에 해당하는 것만을 <보기>에서 있는 대로 고른 것은?**

㉠ 모형 ㉡ 사건

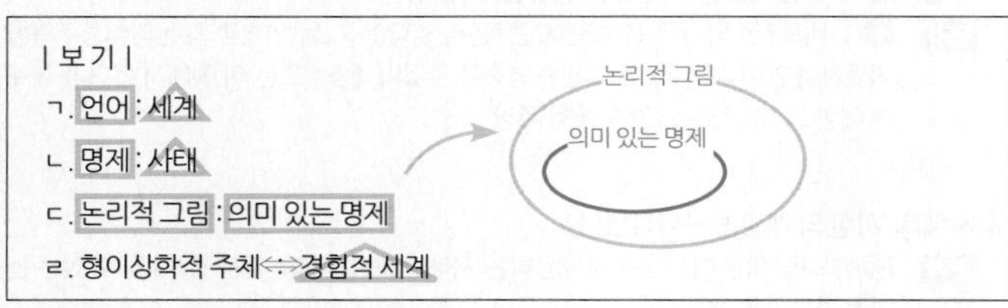

| 보기 |
ㄱ. 언어 : 세계
ㄴ. 명제 : 사태
ㄷ. 논리적 그림 : 의미 있는 명제
ㄹ. 형이상학적 주체 ↔ 경험적 세계
논리적 그림
의미 있는 명제


▶ 지문 핵심 개념 정리

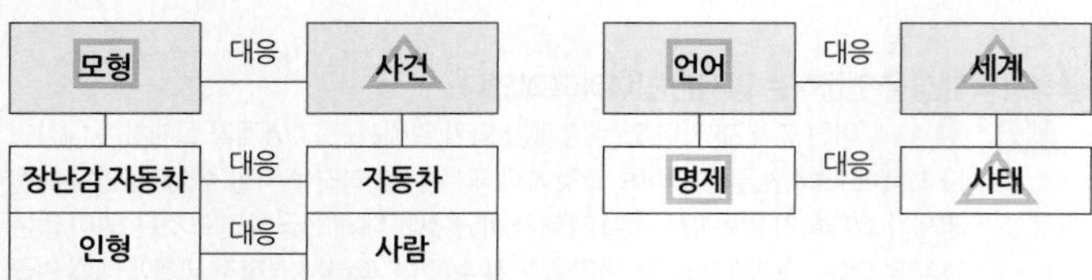


풀이 ㄱ. '언어 : 세계'의 관계는 '모형 : 사건'의 관계와 같이 서로 대응하는 관계이다.
ㄴ. '명제 : 사태'의 관계는 '모형 : 사건'의 관계와 같이 서로 대응하는 관계이다.
ㄷ. '논리적 그림'은 언어를 구성하는 명제를 말한다.(❸-2) 이 명제는 '의미 있는 명제'와 '의미 없는 명제'로 나뉘므로 '논리적 그림'은 '의미 있는 명제'의 상위 개념이라고 할 수 있다.
ㄹ. '형이상학적 주체'는 '세계 속에 존재하지 않는, 경험 가능하지 않은 대상(❹-1~2)'이다. 이는 '경험적 세계'와는 상반된 개념이라고 할 수 있다.

① ㄱ, ㄴ → 적절함!

② ㄱ, ㄷ

③ ㄴ, ㄹ

④ ㄱ, ㄴ, ㄷ

⑤ ㄴ, ㄷ, ㄹ

1등급 문제

**054** 근거의 적절성 판단 - 적절한 것 고르기 2012학년도 수능 20번
정답률 45%, 매력적 오답 ③ 20% ⑤ 20% | 정답 ④

**윗글로 미루어 볼 때, 비트겐슈타인이 <보기>와 같이 말한 이유로 가장 적절한 것은?** [3점]

> | 보기 |
> [1]사다리를 딛고 올라간 후에 그 사다리를 던져 버리듯이, 『논리 철학 논고』를 이해한 사람은 거기에 나오는 내용을 버려야 한다. [2]㉮ 이 책의 내용은 의미 있는 언어의 한계를 넘어선 것이기 때문에 엄밀하게 보면 '말할 수 있는 것'의 범주에 속하지 않는다.
> = 의미 없는 명제

▶ 지문 핵심 개념 정리

| 비트겐슈타인의 철학적 과제 | 언어를 분석하고 비판하여 명료화하는 것<br>∵ 많은 철학적 논란들이 언어를 애매하게 사용하여 발생한다고 보았기 때문(❶-2) |
|---|---|
| 의미 있는 명제 | 실재하는 대상이나 사태에 대해 언급하는 명제. 참, 거짓을 따질 수 있음(❸-4). 경험적 세계에 대해 언급하는 명제만이 의미 있는 것(❸-6) |
| 의미 없는 명제 | 기존의 철학자들이 다루었던 신, 영혼, 형이상학적 주체, 윤리적 가치 등(❹-1). 실재하지 않는 대상이나 사태가 아닌 것에 대해 언급한 명제. 참, 거짓을 따질 수 없음(❸-5) |

① ㉮는 자신이 내세웠던 철학의 과제를 넘어서는 주제들을 다루고 있기 때문이다. (언어에 대한 분석)

풀이 비트겐슈타인이 내세웠던 철학의 과제는 '언어에 대한 분석'이고, 이 주제를 다룬 책이 『논리 철학 논고』이다.

→ 적절하지 않음!

② ㉮는 객관적 세계에 존재하는 대상을 과학적으로 분석하여 서술하고 있기 때문이다. ('언어'를 다룸)

풀이 비트겐슈타인은 '객관적 세계에 존재하는 대상'이 '말할 수 있는 범주'에 속하며 '의미 있는 것'이라고 하였으므로 ㉮가 객관적 세계에 존재하는 대상을 과학적으로 분석하여 서술한 것이라면 ㉮를 버릴 필요가 없다.

→ 적절하지 않음!

③ ㉮는 실재하는 대상이 아니라 논리적으로 가능한 사태에 대해 기술하고 있기 때문이다.

풀이 '논리적으로 가능한 사태'에 대한 언급은 참, 거짓을 판별할 수 있으므로, ㉮가 논리적으로 가능한 사태에 대해 기술한 것이라면 ㉮를 버릴 필요가 없다.

→ 적절하지 않음!

= 실재하지 않는 대상이나 사태가 아닌 것에 대해 언급
= 의미 없는 명제 = 참, 거짓을 따질 수 없음
∴ 의미 있는 언어의 한계를 넘어선 것

④ ㉮는 경험적 세계가 아니라 언어와 세계의 논리적 관계에 대해 언급하고 있기 때문이다.

근거 ❷-6~7 언어가 의미를 갖는 것은 언어가 세계와 대응하기 때문이다. 다시 말해 언어가 세계에 존재하고 있는 것들을 가리키고 있기 때문이다, <보기>-2 이 책(『논리 철학 논고』)의 내용은 의미 있는 언어의 한계를 넘어선 것이기 때문에 엄밀하게 보면 '말할 수 있는 것'의 범주에 속하지 않는다.

풀이 비트겐슈타인의 그림 이론에 따르면 언어는 세계에 존재하는 것들, 즉 경험적 세계에 대해 언급하고 있기 때문에 의미를 갖는다. 그런데 ㉮는 세계에 존재하고 있는 것들이 아니라, 언어와 세계의 논리적인 관계에 대해 언급하고 있다. 따라서 엄밀하게 보면 ㉮는 '말할 수 있는 것'의 범주에 속하지 않는다.

→ 적절함!

⑤ ㉮는 기존의 철학자들이 다루었던 형이상학적 물음에 대해 관념적으로 답하고 있기 때문이다.

풀이 비트겐슈타인은 형이상학적 물음에 대해 비판적 입장을 보이며 말로 답변하거나 설명할 수 없다고 했다. 따라서 ㉮는 형이상학적 물음에 답하고 있는 것이 아니라 언어와 세계의 관계를 분석한 것이다.

→ 적절하지 않음!

# I 인문, 독서 2. 어떤 방식으로 논증할 수 있을까?

**[055~060] 다음 글을 읽고 물음에 답하시오.**

(가)

1 [1]전통적인 윤리학의 주요 주제는 '선(善, 올바르고 착하여 도덕적 기준에 맞음)', '올바름(말이나 생각, 행동 등이 이치나 규범에서 벗어남 없이 옳고 바름)'과 같은 도덕 용어(用語, 일정 분야에서 주로 사용하는 말)에 대한 해명(解明, 풀어서 밝힘)을 바탕으로 무엇이 옳고 그른지를 판정하는 객관적(客觀的, 자기와의 관계에서 벗어나 제삼자의 입장에서 사물을 보는) 근거를 ⓐ 찾는 것이다. [2]그러나 윤리학은 오랫동안 그에 대한 만족스러운 답을 ⓑ 내놓지 못했다. [3]이러한 상황에서 에이어는 도덕적으로 옳고 그름에 관한 문장인 도덕 문장이 진리(眞理, 참된 이치) 적합성(適合性, 꼭 알맞은 성질), 즉 참 또는 거짓일 수 있다는 성질을 갖지 않는다는 주장을 ⓒ 펼쳤다.

→ 전통적인 윤리학의 주요 주제와 에이어의 주장

2 [1]에이어는 진리 적합성을 갖는 모든 문장은 그 문장에 사용된 단어의 정의(定義, 뜻을 뚜렷하게 밝혀 정함)를 통해 검증되는(檢證-, 검사를 받아 증명되는) 분석적(分析的, 내용을 구성 요소들로 자세히 나누어 보는) 문장이거나 경험적(經驗的, 경험에 기초한) 관찰에 의해 검증되는 종합적(綜合的, 여러 가지를 한데 모아 합한) 문장이라는 원리를 바탕으로 도덕 문장은 진리 적합성이 없다고 주장했다. [2]우선 그(에이어)는 도덕 문장은 분석적이지 않다는 기존의 논의를 수용했다.(受容-, 받아들였다.) [3]'선은 A이다.'라는 도덕 문장이 분석적이려면, 술어(述語, 문장에서 주어의 움직임, 상태, 성질 등을 서술하는 말)인 'A'가 주어(主語, 술어가 나타내는 동작이나 상태의 주체가 되는 말)인 '선'이라는 개념 속에 내포되어(內包-, 속에 품어져) 있어야 한다. [4]하지만 '선'은 속성(屬性, 특징이나 성질)이나 내용을 더 이상 분석할 수 없는 단순 개념이므로 해당 문장은 분석적이지 않다. [5]그렇다고 해서 '선은 A이다.'라는 도덕 문장이 경험적 관찰로 검증될 수 있는 것도 아니다. [6]'선' 그 자체는 우리의 감각으로 검증할 수 없기 때문이다.

→ 도덕 문장의 진리 적합성에 대한 에이어의 견해

3 [1]도덕 문장은 다양한 감정이나 태도를 표현하고 타인(他人, 다른 사람)의 감정을 ⓓ 불러일으키는 정서적 의미를 갖는다고 에이어는 주장했다. [2]그(에이어)는 많은 사람들이 도덕 문장이 진리 적합성을 갖는다고 오해하는(誤解-, 이치에 맞지 않게 해석하거나 뜻을 잘못 아는) 것은 도덕 용어의 두 가지 용법(用法, 사용하는 방법)을 구분하지 못해서라고 주장한다. [3]그(에이어)에 따르면 도덕 용어는 감정을 표현하는 표현적 용법으로도, 세계에 관한 어떤 사실을 기술하는(記述-, 있는 그대로 낱낱이 죽 늘어놓거나 기록하여 차례대로 말하거나 적는) 기술적 용법으로도 사용될 수 있다. [4]만약 '도둑질은 나쁘다.'가 도둑질이 사회적으로 배척된다는(排斥-, 따돌려지거나 거부당하여 밀려 내쳐진다는) 사실을 기술하는 문장이라면, 이 문장은 도덕적으로 옳고 그름에 관한 것이 아니다. [5]따라서 이 문장은 도덕 문장이 아니고, 경험적으로 검증이 가능하다. [6]반대로 그 문장이 도둑질에 대한 화자(話者, 이야기를 하는 사람)의 감정을 표현한 문장이라면 이는 도덕 문장이며 어떤 사실을 기술한 것이 아니다. [7]에이어에게는 '도둑질은 나쁘다.'와 같은 도덕 문장을 진술하는(陳述-, 이야기하는) 것은 감정을 담은 어조(語調, 말의 가락)로 '네가 도둑질을 하다니!'라고 말하는 것과 다름없기 때문이다. [8]그(에이어)의 주장대로라면 도덕 문장은 감정을 표현하는 도덕 주체로부터 독립적으로 존재하는 무언가를 기술할 수 없다. [9]이는 전통적인 윤리학자들의 기본 가정(假定, 결론에 앞서 논리의 근거로 내세우는 조건이나 전제)을 부정하는 급진적(急進的, 목적이나 이상을 급히 실현하고자 하는) 주장이지만 윤리학에 새로운 사고를 ⓔ 열어 준 선구적인(先驅的-, 그 시대의 맨 앞에 선) 면(面, 부분)도 있다.

→ 도덕 용어의 용법과 도덕 문장의 의미에 대한 에이어의 견해

(나)

1 [1]논리학에서 제기된(提起-, 내어놓아진) 의문이 윤리학의 특정 견해(見解, 어떤 사물이나 현상에 대한 자기의 의견이나 생각)에 대한 비판이 되기도 한다. [2]다음 논의는 이를 보여 준다. [3]'P이면 Q이다. P이다. 따라서 Q이다.'인 논증을 전건(前件, 판단의 가정이 되는 조건이나 이유를 표시한 부분) 긍정식(肯定式, 일정한 조건을 가정하여 성립되는 논리에서 대전제의 전건을 긍정함으로써 결론으로 후건을 긍정하는 추론 형식)이라 한다. [4]전건 긍정식은 'P이면 Q이다.'와 'P이다.'라는 두 전제(前提, 결론의 기초가 되는 판단)가 참이면 결론 'Q이다.'는 반드시 참이라는 뜻에서 타당하다. [5]그런데 어떤 문장이 단독으로 진술되는 경우에는 감정이나 태도를 표현할 수 있지만 그 문장이 조건문인 'P이면 Q이다.'의 부분으로 포함되는 경우에는 그렇지 않다. [6]'귤은 맛있다.'는 화자의 선호(選好, 여럿 가운데서 특별히 가려서 좋아함)라는 감정을 표현한다. [7]하지만 그 문장('귤은 맛있다.')이 '귤은 맛있다면 귤은 비싸다.'처럼 조건문의 일부가 되면 귤에 관한 화자의 선호를 표현하지 않는다. [8]이에 전건 긍정식의 P가 감정이나 태도를 표현하는 문장일 때 'P이면 Q이다.'의 P(귤에 대한 선호 포함 ×)와 'P이다.'의 P(귤에 대한 선호 포함 ○) 사이에 내용의 차이가 생기므로, 전건 긍정식임에도 두 전제의 참이 결론 'Q이다.'의 참을 보장하지(保障-, 조건을 마련해 보증하지) 않는다는 것이 ㉠ 몇몇 논리학자들이 제기한 문제였다. [9]전건 긍정식인 '표절(剽竊, 시나 글, 노래 등을 지을 때 남의 작품의 일부를 몰래 따다 씀)은 나쁘다면 표절을 돕는 것은 나쁘다. 표절은 나쁘다. 따라서 표절을 돕는 것은 나쁘다.'라는 논증은 직관적으로(直觀的-, 판단이나 추리 따위의 사유 작용을 거치지 아니하고 대상을 직접적으로 파악하면) 타당해 보인다. [10]하지만 '표절은 나쁘다.'가 감정을 표현했다면, 위 논증은 타당하지 않다고 해야 한다.(대전제에서의 '표절은 나쁘다'는 '표절은 옳지 아니하다'의 뜻이고, 소전제에서의 '표절은 나쁘다'는 '표절은 좋지 아니하다'의 뜻으로, 둘 사이에 내용의 차이가 생기므로) [11]그러므로 에이어의 윤리학 견해('도덕 문장은 감정이나 태도를 표현하는 것')를 고수하려면(固守-, 굳게 지키려면), 도덕 문장을 포함하는 전건 긍정식의 타당성을 부정하거나, 전건 긍정식은 도덕 문장을 포함할 수 없다고 해야 한다. [12]이 쟁점(爭點, 서로 다투는 중심이 되는 점)에 대해 행크스는 다음과 같이 논의를 전개하였다.

→ 도덕 문장을 포함하는 전건 긍정식의 타당성에 대한 논리학자들의 비판

2 [A] [1]'표절은 나쁘다.'라는 문장은 표절이라는 대상에 나쁨이라는 속성을 부여하는(附與-, 붙여 주는) 내용을 가진다. [2]그리고 화자의 문장 진술은 그 내용과 완전히 무관할(無關-, 관계가 없을) 수는 없기 때문에 그런 문장은 단독으로 진술되든 그렇지 않든 판단적이다. [3]문장이 판단적이라는 것은, 대상에 속성을 부여하는 내용을 지니는 것이 그 문장의 본질(本質, 처음부터 가지고 있는 사물 그 자체의 성질이나 모습)이라는 것을 뜻한다. [4]도덕 문장을 비롯한 모든 판단적 문장은 참 또는 거짓일 수 있다. [5]조건문에 포함된 문장도 판단적이라는 점에서 단독으로 진술될 때와 내용의 차이가 없다. [6]그러므로 도덕 문장을 포함하는 전건 긍정식은 타당해 보일 뿐 아니라 실제로도 타당하다. [7]그렇다면 'P이면 Q이다.'에 포함된 'P이다.'가 단독으로 진술된 경우와 다른 점은 무엇인가? [8]가령 '귤은 맛있다.'는, '귤은 맛있다면 귤은 비싸다.'라는 조건문에 포함되는 경우 화자가 대상에 속성을 부여하는 행위를 하는 것은 아니기에 그것의 판단적 본질을 발현하지(發現-, 나타나게 하지) 못한다. [9]그러나 이 맥락(脈絡, 서로 이어져 있는 관계나 연관)에서도 조건문에 포함된 '귤은 맛있다.'는 판단적 본질을 여전히 잃지 않는다.(판단적이다) [10]다시 말해, 그 문장 자체는 대상에 속성을 부여하는 내용을 지닌다.

→ 행크스의 견해

■지문 이해

(가)

**<도덕 문장에 대한 에이어의 견해>**

**❶ 전통적인 윤리학의 주요 주제와 에이어의 주장**

- 전통적인 윤리학의 주요 주제 : 도덕 용어에 대한 해명을 바탕으로 옳고 그름을 판정하는 객관적 근거를 찾는 것 ← 만족스러운 답을 내놓지 못함
- 에이어의 주장 : 도덕 문장이 참 또는 거짓일 수 있다는 성질(= 진리 적합성)을 갖지 않음

**❷ 도덕 문장의 진리 적합성에 대한 에이어의 견해**

- 진리 적합성을 갖는 모든 문장은 분석적 문장이거나 종합적 문장임
- 도덕 문장은 분석적이지 않음
- 도덕 문장은 경험적 관찰로 검증될 수 있는 것이 아님(= 종합적 문장이 아님)
  → 도덕 문장은 진리 적합성이 없음

### ❸ 도덕 용어의 용법과 도덕 문장의 의미에 대한 에이어의 견해

- 도덕 용어의 두 가지 용법
  - 기술적 용법 : 사실을 기술, 도덕적으로 옳고 그름에 관한 것 아님, 도덕 문장 아님, 경험적 검증 가능
  - 표현적 용법 : 감정을 표현, 도덕 문장, 사실을 기술한 것 아님
- 도덕 문장의 의미
  - 도덕 문장은 감정이나 태도를 표현하고 타인의 감정을 불러일으키는 정서적 의미를 가짐
  - 도덕 문장은 감정을 표현하는 주체로부터 독립적으로 존재하는 것을 기술할 수 없음

(나)

<도덕 문장을 포함하는 전건 긍정식의 타당성에 대한 논리학자들의 비판과 행크스의 견해>

### ❶ 도덕 문장을 포함하는 전건 긍정식의 타당성에 대한 논리학자들의 비판

- 전건 긍정식 : 'P이면 Q이다.'와 'P이다.'라는 두 전제가 참이면 결론 'Q이다.'는 반드시 참이라는 뜻에서 타당함
- 전건 긍정식의 P가 감정이나 태도를 표현하는 문장일 때 'P이면 Q이다.'의 P와 'P이다.'의 P 사이에 내용의 차이가 생겨, 전건 긍정식임에도 두 전제의 참이 결론 'Q이다.'의 참을 보장하지 않는다는 문제가 제기됨
  → 에이어의 견해를 따를 경우 도덕 문장을 포함하는 전건 긍정식의 타당성을 부정하거나, 전건 긍정식은 도덕 문장을 포함할 수 없다고 해야 함

### ❷ 행크스의 견해

- 대상에 속성을 부여하는 내용을 가진 문장은 단독으로 진술되든 그렇지 않든 판단적임
- 도덕 문장을 비롯한 모든 판단적 문장은 참 또는 거짓일 수 있음
- 조건문에 포함된 문장도 판단적이라는 점에서 단독으로 진술될 때와 차이가 없음
  → 도덕 문장을 포함하는 전건 긍정식은 타당함

1등급 문제

**055** 세부 정보 이해 - 적절하지 않은 것 고르기 2025학년도 6월 모평 12번
정답률 45%, 매력적 오답 ① 10% ③ 15% ⑤ 25% **정답 ④**

## (가)에 나타난 에이어의 입장으로 적절하지 않은 것은?

**① 도덕 용어를 기술적 용법으로 사용한 문장은 검증이 가능하다.**

근거 (가)-❸-3~5 그(에이어)에 따르면 도덕 용어는 감정을 표현하는 표현적 용법으로도, 세계에 관한 어떤 사실을 기술하는 기술적 용법으로도 사용될 수 있다. 만약 '도둑질은 나쁘다.'가 도둑질이 사회적으로 배척된다는 사실을 기술하는 문장(기술적 용법)이라면, 이 문장은 도덕적으로 옳고 그름에 관한 것이 아니다. 따라서 이 문장은 도덕 문장이 아니고, 경험적으로 검증이 가능하다.

풀이 에이어에 따르면 도덕 용어는 기술적 용법으로 사용될 수 있고, 이를 경험적으로 검증할 수 있다.

→ 적절함!

**② 표현적 용법을 활용한 도덕 문장은 자신의 감정을 표현하는 문장과 동일한 의미를 표현한다.**

근거 (가)-❸-3 그(에이어)에 따르면 도덕 용어는 감정을 표현하는 표현적 용법으로도 … 사용될 수 있다, (가)-❸-6~7 그 문장이 도둑질에 대한 화자의 감정을 표현한 문장이라면 이는 도덕 문장이며 어떤 사실을 기술한 것이 아니다. 에이어에게는 '도둑질은 나쁘다.'와 같은 도덕 문장을 진술하는 것은 감정을 담은 어조로 '네가 도둑질을 하다니!'라고 말하는 것과 다름없기 때문

풀이 에이어는 도덕 용어는 표현적 용법으로 사용될 수 있으며, 표현적 용법을 활용한 도덕 문장은 자신의 감정을 표현하는 문장과 다름없다고 보았다. 따라서 표현적 용법을 활용한 도덕 문장은 자신의 감정을 표현하는 문장과 동일한 의미를 표현한다는 설명은 적절하다.

→ 적절함!

**③ 주어와 술어의 의미 관계를 통해 어떤 문장을 검증할 수 있다면 그 문장은 분석적 문장이다.**

근거 (가)-❷-1 에이어는 진리 적합성을 갖는 모든 문장은 그 문장에 사용된 단어의 정의를 통해 검증되는 분석적 문장이거나, (가)-❷-3 '선은 A이다.'라는 도덕 문장이 분석적이려면, 술어인 'A'가 주어인 '선'이라는 개념 속에 내포되어 있어야 한다.

풀이 분석적 문장은 그 문장에 사용된 단어의 정의를 통해 검증된다. 또한 에이어는 어떤 도덕 문장이 분석적이려면, 술어가 주어의 개념 속에 내포되어 있어야 한다(주어와 술어의 의미 관계)고 보았다. 따라서 그의 입장에서 주어와 술어의 의미 관계를 통해 어떤 문장을 검증할 수 있다면, 그 문장은 분석적 문장이다.

→ 적절함!

사실을 기술하는지 감정을 표현하는지에 따라

**④ 도덕 용어의 용법은 도덕 용어가 기술하는 사실의 종류에 따라 기술적 용법과 표현적 용법으로 구분할 수 있다.**

근거 (가)-❸-3 그(에이어)에 따르면 도덕 용어는 감정을 표현하는 표현적 용법으로도, 세계에 관한 어떤 사실을 기술하는 기술적 용법으로도 사용될 수 있다.

풀이 에이어는 감정을 표현하는가 사실을 기술하는가에 따라 도덕 용어의 쓰임을 표현적 용법과 기술적 용법으로 구분하였다. 도덕 용어가 기술하는 '사실의 종류'에 따라 기술적 용법과 표현적 용법으로 구분한 것은 아니다.

→ 적절하지 않음!

**⑤ 도덕 문장에 진리 적합성이 있다는 오해는 도덕 문장을 세계에 대한 어떠한 사실을 기술한 것으로 해석한 데에 *기인한다.** *起因-, 원인을 둔다.

근거 (가)-❸-2~6 그(에이어)는 많은 사람들이 도덕 문장이 진리 적합성을 갖는다고 오해하는 것은 도덕 용어의 두 가지 용법을 구분하지 못해서라고 주장한다. 그에 따르면 도덕 용어는 감정을 표현하는 표현적 용법으로도, 세계에 관한 어떤 사실을 기술하는 기술적 용법으로도 사용될 수 있다. 만약 '도둑질은 나쁘다.'가 도둑질이 사회적으로 배척된다는 사실을 기술하는 문장이라면, 이 문장은 도덕적으로 옳고 그름에 관한 것이 아니다. 따라서 이 문장은 도덕 문장이 아니고, 경험적으로 검증이 가능하다. 반대로 그 문장이 도둑질에 대한 화자의 감정을 표현한 문장이라면 이는 도덕 문장이며 어떤 사실을 기술한 것이 아니다.

풀이 에이어는 많은 사람들이 도덕 문장이 진리 적합성을 갖는다고 오해하는 것은 도덕 용어의 두 가지 용법을 구분하지 못해서라고 주장하였다. 그에 따르면 도덕 용어는 감정을 표현하는 표현적 용법과 사실을 기술하는 기술적 용법으로 사용될 수 있는데, 전자의 경우 도덕 문장이고 후자의 경우 도덕 문장이 아니다. 즉 에이어는 사실을 기술한 것은 도덕 문장이 아니라고 본 것이다. 따라서 그의 입장에서는 도덕 문장에 진리 적합성이 있다는 오해가 '도덕 문장을 사실에 대한 기술이라고 본 것'에서 비롯되었다고 본다.

→ 적절함!

1등급 문제

**056** 추론의 적절성 판단 - 적절한 것 고르기 2025학년도 6월 모평 13번
정답률 40%, 매력적 오답 ① 10% ② 10% ③ 20% ④ 20% **정답 ⑤**

## [A]로부터 추론한 내용으로 가장 적절한 것은?

판단적이다

**① '귤은 맛있다면 귤은 비싸다.'에 포함된 '귤은 맛있다.'는 판단적이지 않다.**

근거 (나)-❷-9 조건문에 포함된 '귤은 맛있다.'는 판단적 본질을 여전히 잃지 않는다.

→ 적절하지 않음!

단독으로 진술되었을 때와 그렇지 않았을 때 모두

**② '표절은 나쁘다.'는 단독으로 진술되었을 때에만 참 또는 거짓일 수 있다.**

근거 (나)-❷-1~2 '표절은 나쁘다.'라는 문장은 표절이라는 대상에 나쁨이라는 속성을 부여하는 내용을 가진다. 그리고 화자의 문장 진술은 그 내용과 완전히 무관할 수는 없기 때문에 그런 문장은 단독으로 진술되든 그렇지 않든 판단적이다, (나)-❷-4 도덕 문장을 비롯한 모든 판단적 문장은 참 또는 거짓일 수 있다.

풀이 [A]에 따르면 '표절은 나쁘다.'라는 문장은 단독으로 진술되든 그렇지 않든 판단적이다. 모든 판단적 문장은 참 또는 거짓일 수 있으므로, '표절은 나쁘다.'라는 문장은 단독으로 진술되든 그렇지 않든 참 또는 거짓일 수 있다.

→ 적절하지 않음!

= 조건문에 포함될 때 지닌다.

**③ '귤은 맛있다.'는 조건문의 일부로 진술될 때는 대상에 속성을 부여하는 내용을 지니지 않는다.**

근거 (나)-❷-8~10 '귤은 맛있다.'는, '귤은 맛있다면 귤은 비싸다.'라는 조건문에 포함되는 경우 화자가 대상에 속성을 부여하는 행위를 하는 것은 아니기에 그것의 판단적 본질을 발현하지 못한다. 그러나 이 맥락에서도 조건문에 포함된 '귤은 맛있다.'는 판단적 본질을 여전히 잃지 않는다. 다시 말해, 그 문장 자체는 대상에 속성을 부여하는 내용을 지닌다.

→ 적절하지 않음!

**④ 화자는 귤이 맛있음의 속성을 가진다는 내용과 완전히 무관한 채로 '귤은 맛있다.'를 진술할 수 있다.**
없다.

근거 (나)-❷-2 화자의 문장 진술은 그 내용과 완전히 무관할 수는 없기 때문에

풀이 윗글의 [A]에 따르면 화자의 문장 진술은 그 내용과 완전히 무관할 수 없다. 따라서 화자는 귤이 맛있음의 속성을 가진다는 내용과 완전히 무관한 채로 '귤은 맛있다.'를 진술할 수 없다.

→ 적절하지 않음!

**⑥ '표절은 나쁘다.'는 화자가 표절에 나쁨을 부여하지 않는 맥락에서도 그것의 판단적 본질을 유지할 수 있다.**

근거 (나)-❷-1~3 '표절은 나쁘다.'라는 문장은 표절이라는 대상에 나쁨이라는 속성을 부여하는 내용을 가진다. 그리고 화자의 문장 진술은 그 내용과 완전히 무관할 수는 없기 때문에 그런 문장은 단독으로 진술되든 그렇지 않든 판단적이다. 문장이 판단적이라는 것은, 대상에 속성을 부여하는 내용을 지니는 것이 그 문장의 본질이라는 것을 뜻한다, (나)-❷-8~10 '귤은 맛있다.'는, '귤은 맛있다면 귤은 비싸다.'라는 조건문에 포함되는 경우 화자가 대상에 속성을 부여하는 행위를 하는 것은 아니기에 그것의 판단적 본질을 발현하지 못한다. 그러나 이 맥락에서도 조건문에 포함된 '귤은 맛있다.'는 판단적 본질을 여전히 잃지 않는다. 다시 말해, 그 문장 자체는 대상에 속성을 부여하는 내용을 지닌다.

풀이 [A]에 따르면 '표절은 나쁘다.'라는 문장은 대상에 속성을 부여하는 내용을 가지므로 판단적이다. 해당 문장은 단독으로 진술되든 그렇지 않든 판단적 본질을 유지하며, 조건문에 포함되는 경우와 같이 화자가 '표절'이라는 대상에 '나쁨'이라는 속성을 부여하지 않는 맥락에서도 여전히 판단적 본질을 잃지 않는다. 따라서 '표절은 나쁘다.'라는 문장은 화자가 표절에 나쁨이라는 속성을 부여하지 않는 맥락에서도 그 판단적 본질을 유지할 수 있다는 설명은 적절하다.

→ 적절함!

1등급 문제

| 057 | 구체적인 사례에 적용 - 적절하지 않은 것 고르기 2025학년도 6월 모평 14번<br>정답률 55%, 매력적 오답 ③ 15% ⑤ 15% | 정답 ④ |
|---|---|---|

### 다음은 윗글을 읽고 학생이 작성한 학습 활동지이다. 윗글을 바탕으로 할 때, 적절하지 않은 것은?

※ 다음의 진술에 대해 윗글에 제시된 학자들이 보일 수 있는 견해를 작성해 봅시다.

[진술 1] 객관적으로 존재하는 도덕적 사실이 있다.
- 전통적인 윤리학자 : 옳다. 도덕적 판단의 근거는 도덕 주체로부터 독립적으로 존재하기 때문이다. ······ ①
- 에이어 : 옳지 않다. 도덕 문장은 도덕 주체로부터 독립적일 수 없기 때문이다. ······ ②

[진술 2] 도덕 문장은 참 또는 거짓이라는 속성을 갖는다.
- 에이어 : 옳지 않다. 도덕 문장은 분석적이지도 종합적이지도 않기 때문이다. ······ ③
- 행크스 : 옳다. 도덕 문장은 도덕 용어가 나타내는 속성에 비추어 참 또는 거짓이 정해지기 때문이다.

[진술 3] 전건 긍정식의 두 전제에 공통으로 포함된 도덕 문장은 내용이 다르다.
- 에이어 : 옳다. 도덕 문장은 전건 긍정식의 전제로 사용되면 진리 적합성을 갖기 때문이다. ······ ④
- 행크스 : 옳지 않다. 단독으로 진술된 문장은 조건문의 일부로 사용된 때와 내용 차이가 없기 때문이다. ······ ⑤

**① 전통적인 윤리학자 : 옳다. 도덕적 판단의 근거는 도덕 주체로부터 독립적으로 존재하기 때문이다.**

근거 (가)-❶-1 전통적인 윤리학의 주요 주제는 '선', '올바름'과 같은 도덕 용어에 대한 해명을 바탕으로 무엇이 옳고 그른지를 판정하는 객관적 근거를 찾는 것, (가)-❸-8~9 그(에이어)의 주장대로라면 도덕 문장은 감정을 표현하는 도덕 주체로부터 독립적으로 존재하는 무언가를 기술할 수 없다. 이는 전통적인 윤리학자들의 기본 가정을 부정하는 급진적 주장

풀이 전통적인 윤리학자들은 무엇이 옳고 그른지를 판정하는 '객관적 근거'를 찾는 것을 중요시하였다. 한편 에이어는 도덕 문장이 도덕 주체로부터 독립적으로 존재하는 무언가를 기술할 수 없다고 보았는데, 이는 전통적인 윤리학자들의 기본 가정을 부정하는 주장이라고 하였다. 이를 통해 전통적인 윤리학자들은 도덕 문장이 도덕 주체로부터 독립적으로 존재하는 것을 기술할 수 있다고 봄을 알 수 있다. 이러한 점을 종합하였을 때, 전통적인 윤리학자들은 객관적으로 존재하는 도덕적 사실이 있다는 [진술 1]에 대해 옳다고 보았을 것이다.

→ 적절함!

**② 에이어 : 옳지 않다. 도덕 문장은 도덕 주체로부터 독립적일 수 없기 때문이다.**

근거 (가)-❸-8 그(에이어)의 주장대로라면 도덕 문장은 감정을 표현하는 도덕 주체로부터 독립적으로 존재하는 무언가를 기술할 수 없다.

풀이 에이어의 견해에 따르면 도덕 문장은 주관적인 감정을 표현하는 도덕 주체로부터 독립적으로 존재하는 것을 기술할 수 없다. 따라서 그는 객관적으로 존재하는 도덕적 사실이 있다는 [진술 1]에 대해 옳지 않다고 보았을 것이다.

→ 적절함!

**③ 에이어 : 옳지 않다. 도덕 문장은 분석적이지도 종합적이지도 않기 때문이다.**

근거 (가)-❷-1 에이어는 진리 적합성을 갖는 모든 문장은 그 문장에 사용된 단어의 정의를 통해 검증되는 분석적 문장이거나 경험적 관찰에 의해 검증되는 종합적 문장, (가)-❷-2 그는 도덕 문장은 분석적이지 않다는 기존의 논의를 수용, (가)-❷-5 도덕 문장이 경험적 관찰로 검증될 수 있는 것도 아니다.

풀이 에이어에 따르면 도덕 문장은 분석적 문장이거나 종합적 문장이 아니므로 참 또는 거짓일 수 있다는 성질, 즉 진리 적합성을 갖지 않는다. 따라서 에이어는 도덕 문장은 참 또는 거짓이라는 속성을 갖는다는 [진술 2]에 대해 옳지 않다고 보았을 것이다.

→ 적절함!

**④ 에이어 : 옳다. 도덕 문장은 전건 긍정식의 전제로 사용되면 진리 적합성을 갖기 때문이다.**

근거 (가)-❷-1 에이어는 … 도덕 문장은 진리 적합성이 없다고 주장

풀이 에이어는 도덕 문장은 진리 적합성이 없다고 주장하였으므로, 도덕 문장이 전건 긍정식의 전제로 사용되는지 여부와 무관하게 진리 적합성을 가지지 않는다고 보았을 것이다.

→ 적절하지 않음!

**⑤ 행크스 : 옳지 않다. 단독으로 진술된 문장은 조건문의 일부로 사용된 때와 내용 차이가 없기 때문이다.**

근거 (나)-❷-5 조건문에 포함된 문장도 판단적이라는 점에서 단독으로 진술될 때와 내용의 차이가 없다.

풀이 행크스는 조건문에 포함된 문장('P이면 Q이다.'에 포함된 'P이다.')도 판단적이라는 점에서 단독으로 진술될 때('P이다.')와 내용의 차이가 없다고 보았다. 따라서 행크스는 전건 긍정식의 두 전제에 공통으로 포함된 도덕 문장은 내용이 다르다는 [진술 3]에 대해 옳지 않다고 보았을 것이다.

→ 적절함!

1등급 문제

| 058 | 핵심 개념 파악 - 적절하지 않은 것 고르기 2025학년도 6월 모평 15번<br>정답률 25%, 매력적 오답 ② 15% ③ 20% ④ 25% ⑤ 15% | 정답 ① |
|---|---|---|

### 윗글을 바탕으로 ㉠을 이해한 내용으로 적절하지 않은 것은?

근거 (나)-❶-4 전건 긍정식은 'P이면 Q이다.'와 'P이다.'라는 두 전제가 참이면 결론 'Q이다.'는 반드시 참이라는 뜻에서 타당하다, (나)-❶-8 전건 긍정식의 P가 감정이나 태도를 표현하는 문장일 때 'P이면 Q이다.'의 P와 'P이다.'의 P 사이에 내용의 차이가 생기므로, 전건 긍정식임에도 두 전제의 참이 결론 'Q이다.'의 참을 보장하지 않는다는 것이 ㉠ 몇몇 논리학자들이 제기한 문제였다.

풀이 논리학에서 전건 긍정식은 'P이면 Q이다.'와 'P이다.'라는 두 전제가 참이면 결론 'Q이다.'는 반드시 참이라는 뜻에서 타당하다고 본다. 한편 ㉠에서 몇몇 논리학자들이 제기한 문제는 전건 긍정식의 P가 감정이나 태도를 표현하는 문장일 때, 'P이면 Q이다.'에서의 P와 'P이다.'의 P 사이에 내용의 차이가 생기므로, 전건 긍정식임에도 두 전제의 참이 결론 'Q이다.'의 참을 보장하지 않는다는 것, 즉 논증이 타당하지 않을 수 있다는 점이다.

**① 에이어의 윤리학 견해가 옳다면 전건 긍정식이 직관적으로 타당해 보이게 된다는 점에서, ㉠은 에이어에 대한 비판이 된다.**

근거 (가)-❶-3 진리 적합성, 즉 참 또는 거짓일 수 있다는 성질, (가)-❷-1 에이어는 … 도덕 문장은 진리 적합성이 없다고 주장, (가)-❸-1 도덕 문장은 다양한 감정이나 태도를 표현하고 타인의 감정을 불러일으키는 정서적 의미를 갖는다고 에이어는 주장, (나)-❶-11 에이어의 윤리학 견해를 고수하려면, 도덕 문장을 포함하는 전건 긍정식의 타당성을 부정하거나, 전건 긍정식은 도덕 문장을 포함할 수 없다고 해야 한다.

풀이 에이어는 도덕 문장은 참 또는 거짓일 수 있다는 성질을 갖지 않으며, 감정이나 태도

를 표현하는 정서적 의미를 갖는다고 주장하였다. 한편 ㉠은 전건 긍정식의 P가 감정이나 태도를 표현하는 문장일 때, 'P이면 Q이다.'에서의 P와 'P이다.'의 P 사이에 내용의 차이가 생기므로, 전건 긍정식임에도 두 전제의 참이 결론 'Q이다.'의 참을 보장하지 않는다는 점에서 제기되었다. 만약 에이어의 윤리학 견해가 옳다면, 감정이나 태도를 표현하는 도덕 문장을 포함하는 전건 긍정식의 타당성을 부정하거나, 전건 긍정식은 도덕 문장을 포함할 수 없다고 해야 한다는 점에서 문제가 되는 것이지, '전건 긍정식이 직관적으로 타당해 보이게 된다는 점에서' 문제가 되는 것이 아니다.

→ 적절하지 않음!

**② ㉠에 따르면, 도덕 문장을 포함하는 전건 긍정식이 타당하다면 도덕 문장이 감정을 표현한다는 견해는 수용될 수 없다.**

근거 (가)-❸-1 도덕 문장은 다양한 감정이나 태도를 표현하고 타인의 감정을 불러일으키는 정서적 의미를 갖는다고 에이어는 주장, (나)-❶-8 전건 긍정식의 P가 감정이나 태도를 표현하는 문장일 때 'P이면 Q이다.'의 P와 'P이다.'의 P 사이에 내용의 차이가 생기므로, 전건 긍정식임에도 두 전제의 참이 결론 'Q이다.'의 참을 보장하지 않는다는 것이 몇몇 논리학자들이 제기한 문제였다.

풀이 ㉠은 전건 긍정식의 P가 감정이나 태도를 표현하는 문장일 때, 'P이면 Q이다.'에서의 P와 'P이다.'의 P 사이에 내용의 차이가 생겨 두 전제의 참이 결론 'Q이다.'의 참이 보장되지 않는다는 점을 문제 삼았다. 따라서 도덕 문장을 포함하는 전건 긍정식이 타당하다면, 도덕 문장이 감정이나 태도를 표현하는 문장이라는 견해는 수용될 수 없다.

→ 적절함!

**③ ㉠은 전건 긍정식이 타당하려면 두 전제 모두에 나타난 문장의 내용이 일치해야 함에 기초한다.**

근거 (나)-❶-4 전건 긍정식은 'P이면 Q이다.'와 'P이다.'라는 두 전제가 참이면 결론 'Q이다.'는 반드시 참이라는 뜻에서 타당하다, (나)-❶-8 전건 긍정식의 P가 감정이나 태도를 표현하는 문장일 때 'P이면 Q이다.'의 P와 'P이다.'의 P 사이에 내용의 차이가 생기므로, 전건 긍정식임에도 두 전제의 참이 결론 'Q이다.'의 참을 보장하지 않는다는 것이 몇몇 논리학자들이 제기한 문제

풀이 전건 긍정식은 'P이면 Q이다.'와 'P이다.'라는 두 전제가 참이면 결론 'Q이다.'는 반드시 참이라는 뜻에서 타당하다. 그런데 'P이면 Q이다.'의 P와 'P이다.'의 P 사이에 내용의 차이가 생기면, 두 전제의 참이 결론 'Q이다.'의 참을 보장하지 않는다는 점에서 문제가 된다. 즉 전건 긍정식이 타당하려면, 'P이면 Q이다.'와 'P이다.'라는 두 전제 모두에 나타난 문장의 내용에 차이가 생기지 않아야 한다. 따라서 ㉠이 전건 긍정식이 타당하려면 두 전제 모두에 나타난 문장의 내용이 일치해야 함에 기초한다는 설명은 적절하다.

→ 적절함!

**④ ㉠은 도덕 문장뿐 아니라 개인적 선호를 나타내는 문장에 대해서도 제기될 수 있다.**

근거 (나)-❶-6~8 '귤은 맛있다.'는 화자의 선호라는 감정을 표현한다. 하지만 그 문장이 '귤은 맛있다면 귤은 비싸다.'처럼 조건문의 일부가 되면 귤에 관한 화자의 선호를 표현하지 않는다. 이에 전건 긍정식의 P가 감정이나 태도를 표현하는 문장일 때 'P이면 Q이다.'의 P와 'P이다.'의 P 사이에 내용의 차이가 생기므로, 전건 긍정식임에도 두 전제의 참이 결론 'Q이다.'의 참을 보장하지 않는다는 것이 몇몇 논리학자들이 제기한 문제

풀이 '귤은 맛있다.'는 개인적 선호를 나타내는 문장이지만, 해당 문장이 '귤은 맛있다면 귤은 비싸다.'처럼 조건문의 일부가 되면 여기에서의 '귤은 맛있다면'은 귤에 관한 화자의 선호를 표현하지 않는다. 이처럼 'P이면 Q이다.'의 P와 'P이다.'의 P 사이에 내용의 차이가 생긴다는 점에서 도덕 문장뿐 아니라 개인적 선호를 나타내는 문장에 대해서도 ㉠과 같은 문제가 제기될 수 있다.

→ 적절함!

행크스의 견해

**⑤ 도덕 문장을 판단적이라고 보는 이론에 따르면 ㉠은 *애당초 발생하지 않는다.** *一當初. 일의 맨 처음

근거 (나)-❷-5~6 조건문에 포함된 문장도 판단적이라는 점에서 단독으로 진술될 때와 내용의 차이가 없다. 그러므로 도덕 문장을 포함하는 전건 긍정식은 타당해 보일 뿐 아니라 실제로도 타당하다.

풀이 ㉠에서 몇몇 논리학자들이 제기한 문제는 전건 긍정식 'P이면 Q이다.'에서 P와 'P이다.'의 P 사이에 내용의 차이가 생길 때 전건 긍정식임에도 두 전제의 참이 결론 'Q이다.'의 참을 보장하지 않는다는 것, 즉 논증이 타당하지 않을 수 있다는 점이다. 한편 도덕 문장을 판단적이라고 보는 행크스의 견해에 따르면 'P이면 Q이다.'에서 'P이면'과 'P이다.' 사이에 내용의 차이가 없으므로, 둘 사이에 내용의 차이가 생기는 것에서 비롯된 ㉠은 애초에 발생하지 않는다.

→ 적절함!

1등급 문제

**059** <보기>와 내용 비교 - 적절하지 않은 것 고르기 2025학년도 6월 모평 16번
정답률 20%, 매력적 오답 ② 15% ③ 20% ④ 30% ⑤ 15% 정답 ①

**윗글과 <보기>를 비교하여 이해한 내용으로 적절하지 않은 것은?** [3점]

| 보 기 |

[1]자선(慈善, 남을 불쌍히 여겨 도와줌)은 옳다.'는 자선에 대한 찬성, '폭력은 나쁘다.'는 폭력에 대한 반대라는 태도를 표현한다. [2]도덕 문장을 포함하는 '자선은 옳다면 봉사는 옳다.'라는 조건문은 '태도에 대한 태도'를 표현한다. [3]위와 같은 주관적 태도들에는 참, 거짓이 없다. [4]'자선은 옳다면 봉사는 옳다.'와 '자선은 옳다.'가 나타내는 태도를 지니면서, '봉사는 옳다.'에 반대하는 것은 비일관적이다.(非一貫的, 태도나 방법 등이 처음부터 끝까지 한결같지 않다.) [5]'자선은 옳다면 봉사는 옳다. 자선은 옳다. 따라서 봉사는 옳다.'가 타당하다는 것은 이런 뜻이다.

(에이어의 견해 : 도덕 문장 / 태도 / 태도 / 에이어의 견해 : 도덕 문장은 진리 적합성을 갖지 않는다 / 찬성의 태도 / 반대의 태도)

에이어의 견해

**① 도덕 문장이 태도나 감정을 표현한다는 주장은, 도덕 문장을 포함하는 조건문이 '태도에 대한 태도'를 표현한다는 <보기>의 주장과 *상충하는군.** *相衝, 맞지 않고 서로 어긋나는군. (상충하지 않는군)

근거 (가)-❶-3 에이어는 도덕적으로 옳고 그름에 관한 문장인 도덕 문장이 진리 적합성, 즉 참 또는 거짓일 수 있다는 성질을 갖지 않는다는 주장을 펼쳤다, (가)-❸-1 도덕 문장은 다양한 감정이나 태도를 표현하고 타인의 감정을 불러일으키는 정서적 의미를 갖는다고 에이어는 주장, <보기>-2~3 도덕 문장을 포함하는 '자선은 옳다면 봉사는 옳다.'라는 조건문은 '태도에 대한 태도'를 표현한다. 위와 같은 주관적 태도들에는 참, 거짓이 없다.

풀이 도덕 문장이 태도나 감정을 표현한다는 것은 에이어의 주장이다. 에이어는 도덕 문장이 참 또는 거짓일 수 있다는 성질을 갖지 않는다고 주장하였다. 이러한 에이어의 견해는 도덕 문장을 포함하는 조건문이 '태도에 대한 태도'를 표현하며, 이러한 태도들에는 참, 거짓이 없다는 <보기>의 견해와 상충하지 않는다.

→ 적절하지 않음!

전건 긍정식이 타당하다는 주장

**② 논증의 타당성이 전제와 결론의 참에 의해 규정된다는 주장은, 타당성을 논증에 나타난 태도 사이의 관계에 의해 규정할 수 있다는 <보기>의 주장과 상충하는군.**

근거 (나)-❶-3~4 'P이면 Q이다. P이다. 따라서 Q이다.'인 논증을 전건 긍정식이라 한다. 전건 긍정식은 'P이면 Q이다.'와 'P이다.'라는 두 전제가 참이면 결론 'Q이다.'는 반드시 참이라는 뜻에서 타당하다, <보기>-3~5 위와 같은 주관적 태도들에는 참, 거짓이 없다. '자선은 옳다면 봉사는 옳다.'와 '자선은 옳다.'가 나타내는 태도를 지니면서, '봉사는 옳다.'에 반대하는 것은 비일관적이다. '자선은 옳다면 봉사는 옳다. 자선은 옳다. 따라서 봉사는 옳다.'가 타당하다는 것은 이런 뜻이다.

풀이 전건 긍정식은 두 전제가 참이면 결론이 반드시 참이라는 뜻에서 타당하다. 즉 그 논증의 타당성이 전제와 결론의 참에 의해 규정되므로, 결론의 참, 거짓을 판단하기 위해서는 두 전제의 참, 거짓을 먼저 판단할 수 있어야 한다. 한편 <보기>에서는 참, 거짓을 판단할 수 없는 주관적 태도를 표현한 도덕 문장에서, 태도의 일관성을 통해 그 논증의 타당성을 판단할 수 있다고 보았다. 따라서 논증의 타당성이 전제와 결론의 참에 의해 규정된다는 주장은 <보기>의 주장과 상충한다는 설명은 적절하다.

→ 적절함!

전통적인 윤리학의 관점

**③ 무엇이 윤리적으로 옳고 그른지에 대한 객관적 기준을 세워야 한다는 주장은, 도덕 문장은 찬성과 반대라는 주관적 태도를 나타낸다는 <보기>의 주장과 상충하는군.**

근거 (가)-❶-1 전통적인 윤리학의 주요 주제는 '선', '올바름'과 같은 도덕 용어에 대한 해명을 바탕으로 무엇이 옳고 그른지를 판정하는 객관적 근거를 찾는 것이다, (가)-❸-1 (에이어에 따르면) 도덕 문장은 다양한 감정이나 태도를 표현하고, (가)-❸-9 이는 전통적인 윤리학자들의 기본 가정을 부정하는 급진적 주장

풀이 도덕 문장은 다양한 감정이나 태도를 표현한다는 에이어의 주장은 전통적인 윤리학자들의 기본 가정을 부정한다고 하였으므로, 전통적인 윤리학자들은 도덕 문장은 다양한 감정이나 태도를 표현하지 못한다고 보았음을 알 수 있다. 반면 <보기>에서는 도덕 문장이 찬성과 반대라는 주관적 태도를 나타내는 문장이라고 보았다. 따라서 무엇이 윤리적으로 옳고 그른지에 대한 객관적 기준을 세워야 한다는 전통적인 윤리학의 관점은, 도덕 문장은 주관적 태도를 나타낸다는 <보기>의 주장과 상충한다.

→ 적절함!

**④ '귤은 맛있다.'가 귤에 대한 화자의 선호를 표현한다는 주장은, '자선은 옳다.'가 자선에 대한 화자의 찬성을 표현한다는 <보기>의 주장과 상충하지 않는군.**

**근거** (나)-❶-5~6 어떤 문장이 단독으로 진술되는 경우에는 감정이나 태도를 표현할 수 있지만 … '귤은 맛있다.'는 화자의 선호라는 감정을 표현한다, (가)-❸-1 도덕 문장은 다양한 감정이나 태도를 표현, (가)-❶-3 도덕 문장이 진리 적합성, 즉 참 또는 거짓일 수 있다는 성질을 갖지 않는다, <보기>-1 '자선은 옳다.'는 자선에 대한 찬성 … 라는 태도를 표현한다, <보기>-3 주관적 태도들에는 참, 거짓이 없다.

**풀이** '귤은 맛있다.'가 귤에 대한 화자의 선호를 표현한다는 입장에 따르면 '귤은 맛있다.'는 감정을 표현하는 도덕 문장이다. 따라서 그 문장의 참, 거짓을 판단할 수 없다고 본다. 한편 <보기>에서는 '자선이 옳다.'가 자선에 대한 화자의 찬성이라는 태도를 표현하며, 이러한 주관적 태도들에는 참, 거짓이 없다고 본다. 따라서 '귤은 맛있다.'가 귤에 대한 화자의 선호를 표현한다는 주장은, '자선은 옳다.'가 자선에 대한 화자의 찬성을 표현한다는 <보기>의 주장과 일맥상통한다.

→ 적절함!

**⑤ '도둑질은 나쁘다.'가 화자의 정서를 표출하므로 진리 적합성이 없다는 주장은, 폭력에 대한 화자의 태도를 표현하는 문장이 참, 거짓일 수 없다는 <보기>의 주장과 상충하지 않는군.**

**근거** (가)-❸-6 그 문장('도둑질은 나쁘다.')이 도둑질에 대한 화자의 감정을 표현한 문장이라면 이는 도덕 문장, (가)-❶-3 도덕 문장이 진리 적합성, 즉 참 또는 거짓일 수 있다는 성질을 갖지 않는다, <보기>-1 '폭력은 나쁘다.'는 폭력에 대한 반대라는 태도를 표현한다, <보기>-3 주관적 태도들에는 참, 거짓이 없다.

**풀이** '도둑질은 나쁘다.'가 화자의 감정을 표현한 것으로 보는 입장에서는 '도둑질은 나쁘다.'를 도덕 문장으로 본다. 그리고 도덕 문장은 참 또는 거짓일 수 있다는 성질, 즉 진리 적합성이 없다고 본다. 한편 <보기>에서는 '폭력이 나쁘다.'가 폭력에 대한 화자의 반대라는 태도를 표현하며, 이러한 주관적 태도들에는 참, 거짓이 없다고 본다. 따라서 '도둑질은 나쁘다.'에 진리 적합성이 없다는 주장은, 폭력에 대한 화자의 태도를 표현하는 문장이 참, 거짓일 수 없다는 <보기>의 주장과 일맥상통한다.

→ 적절함!

**060** | 문맥적 의미 파악 - 적절한 것 고르기 2025학년도 6월 모평 17번 정답률 85% | 정답 ②

**문맥상 ⓐ~ⓔ와 바꿔 쓰기에 가장 적절한 것은?**

ⓐ 찾는 ⓑ 내놓지 ⓒ 펼쳤다 ⓓ 불러일으키는 ⓔ 열어

**① ⓐ : 수색하는**

**풀이** ⓐ에서 쓰인 '찾다'는 문맥상 '모르는 것을 알아내고 밝혀내려고 애쓰다. 또는 그것을 알아내고 밝혀내다'의 의미이다. 한편 '수색(搜 찾다 수 索 찾다 색)하다'는 '구석구석 뒤지어 찾다'의 의미로, ⓐ와 바꿔 쓸 경우 해당 문장의 의미가 달라진다. 따라서 ⓐ를 '수색하는'으로 바꿔 쓰는 것은 적절하지 않다.

→ 적절하지 않음!

**② ⓑ : 제시하지**

**풀이** ⓑ에서 쓰인 '내놓다'는 문맥상 '생각이나 의견을 제시하다'의 의미이다. 따라서 ⓑ를 '어떠한 의사를 말이나 글로 나타내어 보이게 하다'의 뜻을 가진 '제시(提 제시하다 제 示 보이다 시)하다'와 바꿔 쓰는 것은 적절하다.

→ 적절함!

**③ ⓒ : 전파했다**

**풀이** ⓒ에서 쓰인 '펼치다'는 문맥상 '생각 따위를 전개하거나 발전시키다'의 의미이다. 한편 '전파(傳 전하다 전 播 퍼트리다 파)하다'는 '전하여 널리 퍼뜨리다'의 의미로, ⓒ와 바꿔 쓸 경우 해당 문장의 의미가 달라진다. 따라서 ⓒ를 '전파했다'로 바꿔 쓰는 것은 적절하지 않다.

→ 적절하지 않음!

**④ ⓓ : 발산하는**

**풀이** ⓓ에서 쓰인 '불러일으키다'는 '어떤 마음, 행동, 상태를 일어나게 하다'의 의미이다. 한편 '발산(發 일어나다 발 散 흩뜨리다 산)하다'는 '감정 따위가 밖으로 드러나 해소되거나 분위기 따위가 한껏 드러나다. 또는 그렇게 되게 하다'의 의미로, ⓓ와 바꿔 쓸 경우 해당 문장의 의미가 달라진다. 따라서 ⓓ를 '발산하는'으로 바꿔 쓰는 것은 적절하지 않다.

→ 적절하지 않음!

**⑤ ⓔ : 공개하여**

**풀이** ⓔ에서 쓰인 '열다'는 문맥상 '새로운 기틀을 마련하다'의 의미이다. 한편 '공개(公 드러내 놓다 공 開 열다 개)하다'는 '어떤 사실이나 사물, 내용 따위를 여러 사람에게 널리 터놓다'의 의미로, ⓔ와 바꿔 쓸 경우 해당 문장의 의미가 달라진다. 따라서 ⓔ를 '공개하여'로 바꿔 쓰는 것은 적절하지 않다.

→ 적절하지 않음!

**[061~065] 다음 글을 읽고 물음에 답하시오.**

**1** [1]㉠ 논리실증주의자와 포퍼는 지식을 수학적 지식이나 논리학 지식처럼 경험과 무관한(無關-, 상관없는) 것과 과학적 지식처럼 경험에 의존하는 것으로 구분한다. [2]그중 과학적 지식은 과학적 방법에 의해 누적된다고(累積-, 쌓인다고) 주장한다. [3]가설은 과학적 지식의 후보가 되는 것인데, 그들(논리실증주의자와 포퍼)은 가설로부터 논리적으로 도출된(導出-, 이끌어낸) 예측을 관찰이나 실험 등의 경험을 통해 맞는지 틀리는지 판단함으로써 그 가설을 시험하는 과학적 방법을 제시한다. [4]논리실증주의자는 예측이 맞을 경우에, 포퍼는 예측이 틀리지 않는 한(예측이 맞을 경우를 포함하여, 맞는지 확정할 수는 없지만 틀리지도 확정할 수 없을 경우에도), 그 예측을 도출한 가설이 하나씩 새로운 지식으로 추가된다고 주장한다.

→ 과학적 지식에 대한 논리실증주의자와 포퍼의 입장
: 가설만이 경험을 통한 시험의 대상이 됨

**2** [1]하지만 ㉡ 콰인은 가설만 가지고서 예측을 논리적으로 도출할 수 없다고 본다. [2]예를 들어 ⓐ 새로 발견된 금속 M은 열을 받으면 팽창한다(膨脹-, 부풀어 부피가 커진다)는 가설만 가지고는 ⓑ 열을 받은 M이 팽창할 것이라는 예측을 이끌어낼 수 없다. [3]먼저 지금까지 관찰한 모든 금속은 열을 받으면 팽창한다는 기존의 지식과 M에 열을 가했다는 조건 등이 필요하다. [4]이렇게 예측은 가설, 기존의 지식들, 여러 조건 등을 모두 합쳐야만 논리적으로 도출된다는 것이다. [5]그러므로 예측이 거짓으로 밝혀지면 정확히 무엇(가설, 기존의 지식들, 여러 조건 등 중에 어떤 것) 때문에 예측에 실패한 것인지 알 수 없다는 것이다. [6]이로부터 콰인은 개별적인 가설뿐만 아니라 ⓒ 기존의 지식들과 여러 조건 등을 모두 포함하는 전체 지식이 경험을 통한 시험의 대상이 된다는 총체주의를 제안한다.

→ 과학적 지식에 대한 콰인의 입장
: 전체 지식이 경험을 통한 시험의 대상이 됨(총체주의)

**3** [1]논리실증주의자와 포퍼는 수학적 지식이나 논리학 지식처럼 경험과 무관하게 참으로 판별되는(判別-, 참인지 아닌지가 판단되어 구별되는) 분석 명제와, 과학적 지식처럼 경험을 통해 참으로 판별되는 종합 명제를 서로 다른 종류라고 구분한다. [2]그러나 콰인은 총체주의를 정당화하기(총체주의가 옳다는 것을 주장하기) 위해 이 구분(분석 명제와 종합 명제의 구분)을 부정하는 논증(論證, 옳고 그름을 이유를 들어 밝힘 또는 그 근거)을 다음과 같이 제시한다. [3]논리실증주의자와 포퍼의 구분에 따르면 "총각은 총각이다."와 같은 동어 반복 명제(同語反復命題, 같은 말을 반복하는 명제)와, "총각은 미혼의 성인 남성이다."처럼 동어 반복 명제로 환원할(還元-, 되돌릴) 수 있는 것은 모두 분석 명제이다. [4]그런데 후자("총각은 미혼의 성인 남성이다.")가 분석 명제인 까닭은 전자("총각은 총각이다.")로 환원할 수 있기 때문이다. [5]이러한 환원이 가능한 것은 '총각'과 '미혼의 성인 남성'이 동의적(同意的, 같은 의미를 가진) 표현이기 때문인데 그게 왜 동의적 표현인지 물어보면, 이 둘('총각'과 '미혼의 성인 남성')을 서로 대체하더라도(代替-, 바꾸더라도) 명제의 참 또는 거짓이 바뀌지 않기 때문이라고 할 것이다. [6]하지만 이것(서로 대체하더라도 명제의 참 또는 거짓이 바뀌지 않는 것)만으로는 두 표현의 의미가 같다는 것을 보장하지 못해서, 동의적 표현은 언제나 반드시 대체 가능해야 한다는 필연성 개념에 다시 의존하게 된다. [7]이렇게 되면 동의적 표현이 동어 반복 명제로 환원 가능하게 하는 것이 되어, 필연성 개념은 다시 분석 명제 개념에 의존하게 되는 순환론(循環論, 꼬리에 꼬리를 물며 되풀이되는 논리. 여기에서는 '분석 명제 → 동의적 표현 → 필연성 → 분석 명제'로 돌고 도는 논리를 말함)에 빠진다. [8]따라서 콰인은 종합 명제와 구분되는 분석 명제가 존재한다는 주장은 근거가 없다는 결론에 ⓒ 도달한다.

→ 논리실증주의자와 포퍼와 달리 분석 명제와 종합 명제를 구분하지 않는 콰인

**4** [1]콰인은 분석 명제와 종합 명제로 지식을 엄격히 구분하는 대신, 경험과 직접 충돌하지 않는 중심부 지식과, 경험과 직접 충돌할 수 있는 주변부 지식을 상정한다.(想定-, 가정하여 단정한다.) [2]경험과 직접 충돌하여 참과 거짓이 쉽게 바뀌는 주변부 지식과 달리 주변부 지식의 토대(土臺, 밑바탕)가 되는 중심부 지식은 상대적으로 견고하다.(堅固-, 참과 거짓이 쉽게 바뀌지 않는다.) [3]그러나 이 둘(중심부 지식과 주변부 지식)의

경계를 명확히 나눌 수 없기 때문에, 콰인은 중심부 지식과 주변부 지식을 다른 종류라고 하지 않는다. [4]수학적 지식이나 논리학 지식은 중심부 지식의 한가운데에 있어 경험에서 가장 멀리 떨어져 있지만 그렇다고 경험과 무관한 것은 아니라는 것이다. [5]그런데 주변부 지식이 경험과 충돌하여 거짓으로 밝혀지면 전체 지식의 어느 부분을 수정해야 할지 고민하게 된다. [6]주변부 지식을 수정하면 전체 지식의 변화가 크지 않지만 중심부 지식을 수정하면 관련된 다른 지식이 많기 때문에 전체 지식도 크게 변화하게 된다. [7]그래서 대부분의 경우에는 주변부 지식을 수정하는 쪽을 선택하겠지만 실용적 필요 때문에 중심부 지식을 수정하는 경우도 있다. [8]그리하여 콰인은 중심부 지식과 주변부 지식이 원칙적으로 모두 수정의 대상이 될 수 있고, 지식의 변화도 더 이상 개별적 지식이 단순히 누적되는 과정이 아니라고 주장한다.

→ 중심부 지식과 주변부 지식을 상정한 콰인

5 [1]총체주의는 특정 가설에 대해 제기되는(提起-, 내어 놓은) 반박(反駁, 반대 의견)이 결정적인 것처럼 보이더라도 그 가설이 실용적으로 필요하다고 인정되면 언제든 그와 같은 반박을 피하는 방법을 강구하여(講究-, 연구하여) 그 가설을 받아들일 수 있다. [2]그러나 총체주의는 "A이면서 동시에 A가 아닐 수는 없다."와 같은 논리학의 법칙처럼 아무도 의심하지 않는 지식은 분석 명제로 분류해야 하는 것이 아니냐는 비판에 답해야 하는 어려움이 있다.

→ 총체주의의 특징과 한계

■지문 이해

<지식의 구분에 관한 논리실증주의자와 포퍼, 콰인의 입장>

**❶ 과학적 지식에 대한 논리실증주의자와 포퍼의 입장**

- 지식 ① 경험과 무관한 것 : 수학적 지식, 논리학 지식
  ② 경험에 의존하는 것 : 과학적 지식
- 가설로부터 도출된 예측을 경험을 통해 판단, 가설을 시험함

**❷ 과학적 지식에 대한 콰인의 입장**

- 예측은 가설, 기존의 지식들, 여러 조건 등을 모두 합쳐야만 논리적으로 도출됨
- 전체 지식이 경험을 통한 시험의 대상이 됨(총체주의)

**❸ 논리실증주의자와 포퍼와 달리 분석 명제와 종합 명제를 구분하지 않는 콰인**

- 논리실증주의자와 포퍼 : 분석 명제(경험과 무관)와 종합 명제(경험과 관련)는 구분됨
- 콰인 : 총체주의를 정당화하기 위해 분석 명제와 종합 명제의 구분을 부정함
  - 순환론 : '분석 명제 → 동의적 표현 → 필연성 → 분석 명제' ⇒ 종합 명제와 분석 명제의 구분은 근거가 없음을 주장

**❹ 중심부 지식과 주변부 지식을 상정한 콰인**

- 중심부 지식 : 경험과 직접 충돌 ×, 참과 거짓이 쉽게 바뀌지 않음, 수정하면 관련된 다른 지식이 많기 때문에 전체 지식도 크게 변화함
- 주변부 지식 : 경험과 직접 충돌 ○, 참과 거짓이 쉽게 바뀜, 수정하더라도 전체 지식의 변화가 크지 않음
- 주변부 지식이 경험과 충돌하여 거짓으로 밝혀질 경우 원칙적으로는 중심부 지식과 주변부 지식이 모두 수정이 될 수 있으며 실용적 필요에 따라 결정
- 지식의 변화 : 개별적 지식의 누적 과정 ×

**❺ 총체주의의 특징과 한계**

- 특징 : 특정 가설에 대해 제기되는 반박이 결정적인 것처럼 보여도 그 가설이 실용적으로 필요하면 반박을 피하는 방법을 강구하여 그 가설을 받아들일 수 있음
- 한계 : 아무도 의심하지 않는 지식은 분석 명제로 분류하는 것이 옳을 수 있음

**061** 핵심 개념 이해 - 적절한 것 고르기 2017학년도 수능 16번 정답률 70% **정답 ②**

**윗글을 바탕으로 할 때, ㉠과 ㉡이 모두 '아니요'라고 답변할 질문은?**

㉠ 논리실증주의자와 포퍼 ㉡ 콰인

**① 과학적 지식은 개별적으로 누적되는가?**

근거

| | | | |
|---|---|---|---|
| ㉠ | ❶-2 과학적 지식은 과학적 방법에 의해 누적된다고 주장한다, ❶-4 논리실증주의자는 예측이 맞을 경우에, 포퍼는 예측이 틀리지 않는 한, 그 예측을 도출한 가설이 하나씩 새로운 지식으로 추가된다고 주장 | ⇒ | 네 |
| ㉡ | ❹-8 콰인은 중심부 지식과 주변부 지식이 원칙적으로 모두 수정의 대상이 될 수 있고, 지식의 변화도 더 이상 개별적 지식이 단순히 누적되는 과정이 아니라고 주장 | ⇒ | 아니요 |

→ 적절하지 않음!

**② 경험을 통하지 않고 가설을 시험할 수 있는가?**

근거

| | | | |
|---|---|---|---|
| ㉠ | ❶-3 가설은 과학적 지식의 후보가 되는 것인데, 그들(논리실증주의자와 포퍼)은 가설로부터 논리적으로 도출된 예측을 관찰이나 실험 등의 경험을 통해 맞는지 틀리는지 판단함으로써 그 가설을 시험하는 과학적 방법을 제시한다. | ⇒ | 아니요 |
| ㉡ | ❷-6 콰인은 개별적인 가설뿐만 아니라 기존의 지식들과 여러 조건 등을 모두 포함하는 전체 지식이 경험을 통한 시험의 대상이 된다는 총체주의를 제안한다. | ⇒ | 아니요 |

풀이 ㉠, ㉡ 모두 가설은 경험을 통하여 시험해야 한다고 주장하고 있으므로, '경험을 통하지 않고 가설을 시험할 수 있는가?'라는 질문에 ㉠, ㉡ 모두 '아니요'라고 답변할 것이다.

→ 적절함!

**③ 경험과 무관하게 참이 되는 지식이 존재하는가?**

근거

| | | | |
|---|---|---|---|
| ㉠ | ❸-1 논리실증주의자와 포퍼는 수학적 지식이나 논리학 지식처럼 경험과 무관하게 참으로 판별 | ⇒ | 네 |
| ㉡ | ❹-4 수학적 지식이나 논리학 지식은 중심부 지식의 한가운데에 있어 경험에서 가장 멀리 떨어져 있지만 그렇다고 경험과 무관한 것은 아니라는 것이다. | ⇒ | 아니요 |

→ 적절하지 않음!

**④ 예측은 가설로부터 논리적으로 도출될 수 있는가?**

근거

| | | | |
|---|---|---|---|
| ㉠ | ❶-3 가설은 과학적 지식의 후보가 되는 것인데, 그들(논리실증주의자와 포퍼)은 가설로부터 논리적으로 도출된 예측을 관찰이나 실험 등의 경험을 통해 맞는지 틀리는지 판단함으로써 그 가설을 시험하는 과학적 방법을 제시한다. | ⇒ | 네 |
| ㉡ | ❷-1 콰인은 가설만 가지고서 예측을 논리적으로 도출할 수 없다고 본다. | ⇒ | 아니요 |

→ 적절하지 않음!

**⑤ 수학적 지식과 과학적 지식은 종류가 다른 것인가?**

근거

| | | | |
|---|---|---|---|
| ㉠ | ❸-1 논리실증주의자와 포퍼는 수학적 지식이나 논리학 지식처럼 경험과 무관하게 참으로 판별되는 분석 명제와, 과학적 지식처럼 경험을 통해 참으로 판별되는 종합 명제를 서로 다른 종류라고 구분한다. | ⇒ | 네 |
| ㉡ | ❸-2 콰인은 총체주의를 정당화하기 위해 이 구분(수학적 지식과 과학적 지식의 구분)을 부정 | ⇒ | 아니요 |

→ 적절하지 않음!

**062** 세부 정보 이해 - 적절한 것 고르기 2017학년도 수능 17번
정답률 65%, 매력적 오답 ① 15%
정답 ④

### 윗글에 대해 이해한 내용으로 가장 적절한 것은?

**① 포퍼가 제시한 과학적 방법에 따르면, 예측이 틀리지 않았을 경우보다는 맞을 경우에 그 예측을 도출한 가설이 지식으로 인정된다.**
예측이 틀리지 않는 한

근거 ❶-4 논리실증주의자는 예측이 맞을 경우에, 포퍼는 예측이 틀리지 않는 한, 그 예측을 도출한 가설이 하나씩 새로운 지식으로 추가된다고 주장한다.

→ 적절하지 않음!

**② 논리실증주의자에 따르면, "총각은 미혼의 성인 남성이다."가 분석 명제인 것은 총각을 한 명 한 명 조사해 보니 모두 미혼의 성인 남성으로 밝혀졌기 때문이다.**
경험적 방법

근거 ❸-1 논리실증주의자와 포퍼는 수학적 지식이나 논리학 지식처럼 경험과 무관하게 참으로 판별되는 분석 명제와, 과학적 지식처럼 경험을 통해 참으로 판별되는 종합 명제를 서로 다른 종류라고 구분한다.

풀이 논리실증주의자에게 분석 명제는 경험과 무관하게 참으로 판별되는 것이므로, '총각을 한 명 한 명 조사'하는 경험적 방법은 적절한 판별 방법으로 볼 수 없다.

→ 적절하지 않음!

**③ 콰인은 관찰과 실험에 의존하는 지식이 관찰과 실험에 의존하지 않는 지식과 근본적으로 다르다고 한다.**
다른 종류로 구분하지 않는다

근거 ❹-1 콰인은 분석 명제와 종합 명제로 지식을 엄격히 구분하는 대신, 경험과 직접 충돌하지 않는 중심부 지식과, 경험과 직접 충돌할 수 있는 주변부 지식을 상정, ❹-3 그러나 이 둘(중심부 지식과 주변부 지식)의 경계를 명확히 나눌 수 없기 때문에, 콰인은 중심부 지식과 주변부 지식을 다른 종류라고 하지 않는다.

→ 적절하지 않음!

**④ 콰인은 분석 명제가 무엇인지는 동의적 표현이란 무엇인지에 의존하고, 다시 이는 필연성 개념에, 필연성 개념은 다시 분석 명제 개념에 의존한다고 본다.**

근거 ❸-2~7 콰인은 총체주의를 정당화하기 위해 이 구분을 부정하는 논증을 다음과 같이 제시한다. … 분석 명제인 까닭은 전자(동어 반복 명제)로 환원될 수 있기 때문이다. … 동의적 표현은 언제나 반드시 대체 가능해야 한다는 필연성 개념에 다시 의존하게 된다. 이렇게 되면 동의적 표현이 동어 반복 명제로 환원 가능하게 하는 것이 되어, 필연성 개념은 다시 분석 명제 개념에 의존하게 되는 순환론에 빠진다.

→ 적절함!

**⑤ 콰인은 어떤 명제에, 의미가 다를 뿐만 아니라 서로 대체할 경우 그 명제의 참 또는 거짓이 바뀌는 표현을 사용할 수 있으면, 그 명제는 동어 반복 명제라고 본다.**

근거 ❸-1 수학적 지식이나 논리학 지식처럼 경험과 무관하게 참으로 판별되는 분석 명제, ❸-3 "총각은 총각이다."와 같은 동어 반복 명제 … 분석 명제이다.

풀이 동어 반복 명제는 분석 명제이며, 분석 명제는 경험과 무관하게 참으로 판별되는 명제이다. 따라서 대체가 가능하며, 대체할 경우 참 또는 거짓이 바뀌는 표현을 사용할 수 있는 것은 동어 반복 명제와 관련이 없다.

→ 적절하지 않음!

1등급 문제

**063** 추론의 적절성 판단 - 적절하지 않은 것 고르기 2017학년도 수능 18번
정답률 60%, 매력적 오답 ③ 15% ④ 15%
정답 ⑤

### 윗글을 바탕으로 총체주의의 입장에서 ⓐ~ⓒ에 대해 평가한 것으로 적절하지 않은 것은? [3점]

ⓐ 새로 발견된 금속 M은 열을 받으면 팽창한다는 가설
ⓑ 열을 받은 M이 팽창할 것이라는 예측
ⓒ 기존의 지식들과 여러 조건 등을 모두 포함하는 전체 지식

**① ⓑ가 거짓으로 밝혀지더라도 그것이 ⓐ 때문이라고 단정하지 못하겠군.**

근거 ❷-4~5 예측은 가설, 기존의 지식들, 여러 조건 등을 모두 합쳐야만 논리적으로 도출된다는 것이다. 그러므로 예측이 거짓으로 밝혀지면 정확히 무엇 때문에 예측에 실패한 것인지 알 수 없다는 것이다.

풀이 총체주의 입장에서는 예측이 거짓으로 밝혀지면 가설, 기존의 지식들, 여러 조건 등 중 정확히 무엇 때문에 예측에 실패한 것인지 알 수 없으므로 ⓑ(예측)가 거짓으로 밝혀지더라도 그것이 ⓐ(가설) 때문이라고 단정할 수 없다.

→ 적절함!

**② ⓑ가 거짓으로 밝혀지면 ⓒ의 어느 부분을 수정하느냐는 실용적 필요에 따라 달라지겠군.**

근거 ❹-7~8 대부분의 경우에는 주변부 지식을 수정하는 쪽을 선택하겠지만 실용적 필요 때문에 중심부 지식을 수정하는 경우도 있다. 그리하여 콰인은 중심부 지식과 주변부 지식이 원칙적으로 모두 수정의 대상이 될 수 있고, 지식의 변화도 더 이상 개별적 지식이 단순히 누적되는 과정이 아니라고 주장한다, ❺-1 총체주의는 특정 가설에 대해 제기되는 반박이 결정적인 것처럼 보이더라도 그 가설이 실용적으로 필요하다고 인정되면 언제든 그와 같은 반박을 피하는 방법을 강구하여 그 가설을 받아들일 수 있다.

풀이 총체주의 입장에서는 예측에 대한 반박이 결정적인 것처럼 보이더라도 실용적 필요에 따라 반박을 피하는 방법으로 지식을 수정할 수 있는데, 중심부 지식과 주변부 지식 모두 원칙적으로 수정의 대상이 된다. 따라서 ⓑ(예측)가 거짓으로 밝혀지면 실용적 필요에 따라 ⓒ(전체 지식)의 어느 부분을 수정하느냐가 달라질 수 있다.

→ 적절함!

**③ ⓑ는 ⓐ와 ⓒ로부터 논리적으로 도출된다고 하겠군.**

근거 ❷-4 예측은 가설, 기존의 지식들, 여러 조건 등을 모두 합쳐야만 논리적으로 도출된다는 것이다.

풀이 총체주의 입장에서 예측은 가설, 기존의 지식들, 여러 조건 등이 모두 합쳐져 있을 때 도출되는 것이다. 따라서 ⓑ(예측)는 ⓐ(가설)와 ⓒ(전체 지식)로부터 도출되는 것이다.

→ 적절함!

**④ ⓑ가 거짓으로 밝혀지면 ⓑ는 ⓒ의 주변부에서 경험과 직접 충돌한 것이라고 하겠군.**

근거 ❹-5 주변부 지식이 경험과 충돌하여 거짓으로 밝혀지면 전체 지식의 어느 부분을 수정해야 할지 고민하게 된다.

풀이 총체주의 입장에서 ⓑ(예측)가 거짓으로 밝혀졌다는 것은 ⓒ(전체 지식)의 주변부 지식이 경험과 충돌한 것이라고 볼 수 있다.

→ 적절함!

**⑤ ⓑ가 거짓으로 밝혀지면 ⓒ를 수정하는 방법으로는 ⓐ를 받아들일 수 없다고 하겠군.**
있다고

근거 ❺-1 총체주의는 특정 가설에 대해 제기되는 반박이 결정적인 것처럼 보이더라도 그 가설이 실용적으로 필요하다고 인정되면 언제든 그와 같은 반박을 피하는 방법을 강구하여 그 가설을 받아들일 수 있다.

풀이 총체주의 입장에서는 예측이 거짓으로 밝혀지더라도 그 가설이 실용적으로 필요하다고 인정될 때 수정과 같은 방법을 통해 그 가설을 받아들일 수 있다. 따라서 ⓑ(예측)가 거짓으로 밝혀지더라도 실용적 필요에 따라 ⓒ(전체 지식)를 수정하는 방법을 통해 ⓐ(가설)를 받아들일 수 있다고 할 수 있다.

→ 적절하지 않음!

1등급 문제

**064** 반응의 적절성 판단 - 적절한 것 고르기 2017학년도 수능 19번
정답률 55%, 매력적 오답 ① 15%
정답 ⑤

### 윗글의 총체주의에 대한 비판으로 가장 적절한 것은?

**① 가설로부터 논리적으로 도출된 예측이 경험과 충돌하더라도 그 충돌 때문에 가설이 틀렸다고 할 수 없다.**

근거 ❷-1 콰인은 가설만 가지고서 예측을 논리적으로 도출할 수 없다고 본다, ❷-4~5 예측은 가설, 기존의 지식들, 여러 조건 등을 모두 합쳐야만 논리적으로 도출된다는 것이다. 그러므로 예측이 거짓으로 밝혀지면 정확히 무엇 때문에 예측에 실패한 것인지 알 수 없다는 것

풀이 총체주의를 제안한 콰인은 가설만으로는 예측을 논리적으로 도출할 수 없다고 보았다. 또한 경험과의 충돌로 예측이 거짓으로 밝혀졌을 때 가설, 기존의 지식들, 여러 조건들 중 정확히 무엇 때문인지 알 수 없다고, 즉 반드시 가설이 틀렸다고 할 수는 없다고 보는 것은 총체주의의 입장에 해당한다. 따라서 총체주의에 대한 비판으로 보기 어렵다.

→ 적절하지 않음!

**② 논리학 지식이나 수학적 지식이 중심부 지식의 한가운데에 위치한다고 해서 경험과 무관한 것은 아니다.**

근거 ❹-4 수학적 지식이나 논리학 지식은 중심부 지식의 한가운데에 있어 경험에서 가장 멀리 떨어져 있지만 그렇다고 경험과 무관한 것은 아니라는 것이다.

풀이 중심부 지식이라 하더라도 경험과 직접 충돌하지 않을 뿐이지 경험과 무관한 것은 아니라는 것은 총체주의의 입장이므로, 총체주의에 대한 적절한 비판으로 볼 수 없다.

→ 적절하지 않음!

**③ 전체 지식은 어떤 결정적인 반박일지라도 피할 수 있기 때문에 수정 대상을 주변부 지**

식으로 한정하는 것은 잘못이다.

근거 ④-8 콰인은 중심부 지식과 주변부 지식이 원칙적으로 모두 수정의 대상이 될 수 있고, 지식의 변화도 더 이상 개별적 지식이 단순히 누적되는 과정이 아니라고 주장한다.

풀이 총체주의는 주변부 지식뿐 아니라 중심부 지식도 모두 수정의 대상이라고 말하고 있으므로, 수정 대상을 주변부 지식으로 한정하는 것이 잘못되었다는 비판은 총체주의에 대한 비판으로 적절하지 않다.

→ 적절하지 않음!

**④ 중심부 지식을 수정하면 주변부 지식도 수정해야 하겠지만, 주변부 지식을 수정한다고 해서 중심부 지식을 수정해야 하는 것은 아니다.**

근거 ④-6 주변부 지식을 수정하면 전체 지식의 변화가 크지 않지만 중심부 지식을 수정하면 관련된 다른 지식이 많기 때문에 전체 지식도 크게 변화하게 된다.

풀이 총체주의가 주변부 지식을 수정할 경우 중심부 지식을 수정해야 한다고 말하고 있지는 않으므로, 총체주의에 대한 적절한 비판으로 볼 수 없다.

→ 적절하지 않음!

**⑤ 중심부 지식과 주변부 지식 간의 경계가 불분명하다 해도 중심부 지식 중에는 주변부 지식들과 종류가 다른 지식이 존재한다.**

근거 ④-1 콰인은 분석 명제와 종합 명제로 지식을 엄격히 구분하는 대신, 경험과 직접 충돌하지 않는 중심부 지식과, 경험과 직접 충돌할 수 있는 주변부 지식을 상정한다, ⑤-2 총체주의는 "A이면서 동시에 A가 아닐 수는 없다."와 같은 논리학의 법칙처럼 아무도 의심하지 않는 지식은 분석 명제로 분류해야 하는 것이 아니냐는 비판에 답해야 하는 어려움이 있다.

풀이 콰인의 총체주의는 경험과 무관한 분석 명제와 경험을 통해 참으로 판별되는 종합 명제로 지식을 엄격히 구분하지 않고, 경험과 직접 충돌하지 않는 중심부 지식과 경험과 직접 충돌할 수 있는 주변부 지식을 상정한다. 그러나 "A이면서 동시에 A가 아닐 수는 없다."와 같은 논리학의 법칙과 같은 지식은 경험과 무관한 지식이므로, 이처럼 중심부 지식 중에는 주변부 지식들과 종류가 다른 지식이 존재한다는 비판이 가능하다.

→ 적절함!

**065** | 문맥적 의미 파악 - 적절한 것 고르기 2017학년도 수능 20번 정답률 85% | 정답 ②

**문맥상 ⓔ과 바꿔 쓰기에 가장 적절한 것은?**

결론에 ⓔ 도달한다

풀이 ⓔ의 '도달(到 이르다 도 達 이르다 달)하다'는 '목적한 곳이나 수준에 다다르다'라는 뜻이다.

**① 잇따른다**

풀이 '잇따르다'는 '움직이는 물체가 다른 물체의 뒤를 이어 따르다', '어떤 사건이나 행동 따위가 이어 발생하다'라는 뜻이다.

예문 휴가철만 되면 교통사고가 잇따라 발생한다.
잇따른 범죄 사건 때문에 밤길을 다니기가 두렵다.

→ 적절하지 않음!

**② 다다른다**

풀이 '다다르다'는 '목적한 곳에 이르다', '어떤 수준이나 한계에 미치다'라는 뜻이므로, '목적한 곳이나 수준에 다다르다'라는 뜻을 가진 ⓔ과 바꾸어 쓸 수 있다.

→ 적절함!

**③ 봉착한다**

풀이 '봉착(逢 만나다 봉 着 붙다 착)하다'는 '어떤 처지나 상태에 부닥치다'라는 뜻이다.

예문 정권은 여론을 무시하는 정치를 계속하다가 엄청난 시련에 봉착하였다.

→ 적절하지 않음!

**④ 회귀한다**

풀이 '회귀(回 돌아오다 회 歸 돌아가다 귀)하다'는 '한 바퀴 돌아 제자리로 돌아오거나 돌아가다'라는 뜻이다.

예문 현대인들은 물질문명에 염증을 느껴 자연으로 회귀하려는 마음이 생기게 되었다.

→ 적절하지 않음!

**⑤ 기인한다**

풀이 '기인(起 비롯하다 기 因 원인 인)하다'는 '어떠한 것에 원인을 두다'라는 뜻이다.

예문 무역 적자는 주로 수출 부진에 기인한 것이다.

→ 적절하지 않음!

## [066~070] 다음 글을 읽고 물음에 답하시오.

(가)

[1]유비 논증은 두 대상이 몇 가지 점에서 유사하다는(類似-, 서로 비슷하다는) 사실이 확인된 상태에서 어떤 대상이 추가적(追加的, 또 다른) 특성을 갖고 있음이 알려졌을 때 다른 대상도 그 추가적 특성을 가지고 있다고 추론하는(推論-, 어떠한 판단을 근거로 삼아 다른 판단을 이끌어 내는) 논증(論證, 옳고 그름을 이유를 들어 밝히는 것)이다. [2]유비 논증은 이미 알고 있는 전제(前提, 먼저 내세우는 것)에서 새로운 정보를 결론으로 도출하게(導出-, 이끌어 내게) 된다는 점에서 유익하기(有益-, 이롭거나 도움이 되기) 때문에 일상생활과 과학에서 흔하게 쓰인다. [3]특히 의학적인 목적에서 포유류(哺乳類, 새끼에게 젖을 먹여 기르는 척추 동물)를 대상으로 행해지는 동물 실험이 유효하다는(有效-, 효과가 있다는) 주장과 그에 대한 비판은 유비 논증을 잘 이해할 수 있게 해 준다.

→ 유비 논증의 개념과 동물 실험의 유효성 논쟁

(나)

[1]유비 논증을 활용해 동물 실험의 유효성을 주장하는 쪽은 인간과 ⓐ 실험동물이 ⓑ 유사성을 보유하고(保有-, 가지고 있거나 간직하고) 있기 때문에 신약(新藥, 새로 발명한 약)이나 독성(毒性, 독이 있는 성분) 물질에 대한 실험동물의 ⓒ 반응 결과를 인간에게 안전하게 적용할 수 있다고 추론한다. [2]이를 바탕으로 이들은 동물 실험이 인간에게 명백하고(明白-, 의심할 바 없이 아주 뚜렷하고) 중요한 이익을 준다고 주장한다.

→ 동물 실험의 유효성 주장에 활용되는 유비 논증

(다)

[1]도출한 새로운 정보가 참일 가능성을 유비 논증의 개연성(蓋然性, 확실하지 않으나 아마 그럴 것이라고 생각되는 성질)이라 한다. [2]개연성이 높기 위해서는 비교 대상 간의 유사성이 커야 하는데 이 유사성은 단순히 비슷하다는 점에서의 유사성이 아니고 새로운 정보와 관련 있는 유사성이어야 한다. [3]예를 들어 ㉠ 동물 실험의 유효성을 주장하는 쪽은 실험동물로 많이 쓰이는 포유류가 인간과 공유하는(共有-, 공통적으로 가지는) 유사성, 가령 비슷한 방식으로 피가 순환하며(循環-, 주기적으로 자꾸 되풀이하여 돌며) 허파로 호흡을 한다는 유사성은 실험 결과와 관련 있는 유사성으로 보기 때문에 자신들의 유비 논증은 개연성이 높다고 주장한다. [4]반면에 인간과 꼬리가 있는 실험동물은 꼬리의 유무(有無, 있음과 없음)에서 유사성을 갖지 않지만 그것은 실험과 관련이 없는 특성이므로 무시해도 된다고 본다.

→ 유비 논증이 높은 개연성을 갖기 위한 조건

(라)

[1]그러나 ㉡ 동물 실험을 반대하는 쪽은 유효성을 주장하는 쪽을 유비 논증과 관련하여 두 가지 측면에서 비판한다. [2]첫째, 인간과 실험동물 사이에는 위와 같은 유사성이 있다고 말하지만 그것은 기능적(機能的, 하는 구실이나 작용과 관련된) 차원에서의 유사성일 뿐이라는 것이다. [3]인간과 실험동물의 기능이 유사하다고 해도 그 기능을 구현하는(具現-, 나타내는) 인과적(因果的, 원인과 결과 관계를 파악하는) 메커니즘(mechanism, 작동 원리나 구조)은 동물마다 차이가 있다는 과학적 근거가 있는데도 말이다. [4]둘째, 기능적 유사성에만 주목하면서도 막상 인간과 동물이 고통을 느낀다는 기능적 유사성에는 주목하지 않는다는 것이다. [5]인간은 자신의 고통과 달리 동물의 고통은 직접 느낄 수 없지만 무엇인가에 맞았을 때 신음 소리를 내거나 몸을 움츠리는 동물의 행동이 인간과 기능적으로 유사하다는 것을 보고 유비 논증으로 동물이 고통을 느낀다는 것을 알 수 있는데도 말이다.

→ 동물 실험의 유효성 주장이 유비 논증을 잘못 적용하고 있다는 비판

(마)

[1]요컨대 첫째 비판은 동물 실험의 유효성을 주장하는 유비 논증의 개연성이 낮다고 지적하는 반면 둘째 비판은 동물도 고통을 느낀다는 점에서 동물 실험의 윤리적(倫理的, 인간으로서 마땅히 지켜야 할 도리에 관한) 문제를 제기하는(提起-, 내어놓는) 것이다. [2]인간과 동물 모두 고통을 느끼는데 인간에게 고통을 ⓔ 끼치는 실험은 해서는 안 되고 동물에게 고통을 끼치는 실험은 해도 된다고 생각하는 것은 공평하지 않다고 생각하기 때문이다. [3]결국 윤리성의 문제도 일관되지 않게(一貫-, 처음과 끝이 한결같지 않게) 쓰인 유비 논증에서 비롯된 것이다.

→ 동물 실험의 유효성 주장에 대한 유비 논증 차원의 비판

■지문 이해

〈동물 실험의 유효성 논쟁과 유비 논증의 이해〉

| (가) 유비 논증의 개념과 동물 실험의 유효성 논쟁 |
|---|
| • 유비 논증 : 두 대상이 몇 가지 점에서 유사하다는 사실이 확인된 상태에서 어떤 대상이 추가적 특성을 갖고 있음이 알려졌을 때 다른 대상도 그 추가적 특성을 가지고 있다고 추론하는 논증<br>⇒'이미 알고 있는 전제 → 새로운 정보를 결론으로 도출'하므로 일상생활, 과학에서 흔하게 쓰임 |

| 동물 실험의 유효성 주장에 적용된 유비 논증과 그에 대한 비판 | |
|---|---|
| (나) 동물 실험의 유효성 주장에 활용되는 유비 논증 | (라) 동물 실험의 유효성 주장이 유비 논증을 잘못 적용하고 있다는 비판 |
| • 유비 논증을 활용해 동물 실험의 유효성을 주장하는 쪽 : 실험동물과 인간은 유사성이 있음<br>→신약이나 독성 물질에 대한 실험동물의 반응 결과를 인간에게 안전하게 적용 가능<br>→동물 실험이 인간에게 명백하고 중요한 이익을 준다고 주장 | • 비판 ① : 인간과 실험동물 사이의 유사성은 기능적 차원일 뿐임<br>→기능을 구현하는 인과적 메커니즘은 동물마다 차이가 있다는 과학적 근거가 있음<br>• 비판 ② : 인간과 동물이 고통을 느낀다는 기능적 유사성에는 주목하지 않음 |
| (다) 유비 논증이 높은 개연성을 갖기 위한 조건 | (마) 동물 실험의 유효성 주장에 대한 유비 논증 차원의 비판 |
| • 유비 논증의 개연성 : 도출한 새로운 정보가 참일 가능성<br>→개연성을 높이기 위해서는 비교 대상 간의 '새로운 정보와 관련 있는' 유사성이 커야 함<br>예 동물 실험의 유효성을 주장하는 쪽<br>① 포유류의 피 순환, 허파 호흡이 인간과 유사 → 실험 결과와 관련 있는 유사성 → 유비 논증 개연성이 높다고 주장<br>② 인간과 꼬리가 있는 실험동물은 꼬리의 유무에서 유사성 × → 실험과 관련 없는 특성 → 무시 | • 비판 ① : 동물 실험의 유효성을 주장하는 유비 논증의 개연성이 낮다고 지적<br>• 비판 ② : 동물도 고통을 느낀다는 점에서 동물 실험의 윤리적 문제를 제기<br>→인간에게 고통을 끼치는 실험은 해서는 안 되고 동물에게 고통을 끼치는 실험은 해도 된다고 생각하는 것은 불공평 → 윤리성의 문제도 일관되지 않게 쓰인 유비 논증에서 비롯된 것 |

**066** 글의 서술 방식 파악 - 적절하지 않은 것 고르기 2017학년도 6월 모평 20번
정답률 65%, 매력적 오답 ④ 15% | 정답 ⑤

### (가)~(마)에 대한 이해로 적절하지 않은 것은?

**① (가) : 유비 논증의 개념과 *유용성을 소개하고 있다.** *有用性, 이용할 만한 특성

근거 (가)-1~2 유비 논증은 두 대상이 몇 가지 점에서 유사하다는 사실이 확인된 상태에서 어떤 대상이 추가적 특성을 갖고 있음이 알려졌을 때 다른 대상도 그 추가적 특성을 가지고 있다고 추론하는 논증이다. 유비 논증은 이미 알고 있는 전제에서 새로운 정보를 결론으로 도출하게 된다는 점에서 유익하기 때문에 일상생활과 과학에서 흔하게 쓰인다.

→ 적절함!

**② (나) : 동물 실험의 유효성 주장에 유비 논증이 활용되고 있음을 언급하고 있다.**

근거 (나)-1~2 유비 논증을 활용해 동물 실험의 유효성을 주장하는 쪽은 … 실험동물의 반응 결과를 인간에게 안전하게 적용할 수 있다고 추론한다. 이를 바탕으로 이들은 동물 실험이 인간에게 명백하고 중요한 이익을 준다고 주장한다.

→ 적절함!

**③ (다) : 동물 실험을 예로 들어 유비 논증이 높은 개연성을 갖기 위한 조건을 설명하고 있다.**

근거 (다)-1~3 도출한 새로운 정보가 참일 가능성을 유비 논증의 개연성이라 한다. 개연성이 높기 위해서는 비교 대상 간의 유사성이 커야 하는데 이 유사성은 단순히 비슷하다는 점에서의 유사성이 아니고 새로운 정보와 관련 있는 유사성이어야 한다. 예를 들어 동물 실험의 유효성을 주장하는 쪽은 실험동물로 많이 쓰이는 포유류가 인간과 공유하는 … 실험 결과와 관련 있는 유사성으로 보기 때문에 자신들의 유비 논증은 개연성이 높다고 주장한다.

→ 적절함!

**④ (라) : 동물 실험 유효성 주장이 유비 논증을 잘못 적용하고 있다는 비판을 소개하고 있다.**

근거 (라)-1~5 동물 실험을 반대하는 쪽은 유효성을 주장하는 쪽을 유비 논증과 관련하여 두 가지 측면에서 비판한다. 첫째, 인간과 실험동물 사이에는 … 기능적 차원에서의 유사성일 뿐 … 기능이 유사하다고 해도 그 기능을 구현하는 인과적 메커니즘은 동물마다 차이가 있다는 과학적 근거가 있는데도 말이다. 둘째, 기능적 유사성에만 주목하면서도 막상 인간과 동물이 고통을 느낀다는 기능적 유사성에는 주목하지 않는다는 것이다. … 유비 논증으로 동물이 고통을 느낀다는 것을 알 수 있는데도 말이다.

풀이 동물 실험 유효성 주장이 유비 논증을 잘못 적용하고 있다는 비판을 두 가지 측면에서 소개하고 있는데 첫째는 인간과 실험동물 사이에는 기능적 차원의 유사성이 있으나 인과적 메커니즘은 차이가 있다는 점이다. 둘째는 유비 논증으로 동물이 고통을 느낀다는 것을 알 수 있지만 이러한 기능적 유사성에는 주목하지 않는다는 점이다.

→ 적절함!

**⑤ (마) : 동물 실험 유효성 주장이 갖는 현실적 문제들을 유비 논증의 차원을 넘어서 살펴보고 있다.**

근거 (마)-1 첫째 비판은 동물 실험의 유효성을 주장하는 유비 논증의 개연성이 낮다고 지적하는 반면 둘째 비판은 동물도 고통을 느낀다는 점에서 동물 실험의 윤리적 문제를 제기하는 것이다. (마)-3 결국 윤리성의 문제도 일관되지 않게 쓰인 유비 논증에서 비롯된 것이다.

풀이 동물 실험 유효성 주장이 갖는 문제들, 즉 유비 논증의 개연성이 낮은 것과 일관되지 않게 쓰인 유비 논증에서 비롯된 윤리적 문제는 모두 유비 논증의 차원과 관련되어 있다.

→ 적절하지 않음!

1등급 문제

**067** 추론의 적절성 판단 - 적절한 것 고르기 2017학년도 6월 모평 21번
정답률 60%, 매력적 오답 ② 20% | 정답 ⑤

### 윗글을 바탕으로 추론한 내용으로 가장 적절한 것은?

**① 유비 논증의 개연성은 이미 알고 있는 정보와 관련이 없는 새로운 대상이 추가될 때 높아진다.** (새로운 정보와 관련이 있는 유사성이)

근거 (가)-1~2 유비 논증은 두 대상이 몇 가지 점에서 유사하다는 사실이 확인된 상태에서 어떤 대상이 추가적 특성을 갖고 있음이 알려졌을 때 다른 대상도 그 추가적 특성을 가지고 있다고 추론하는 논증이다. 유비 논증은 이미 알고 있는 전제에서 새로운 정보를 결론으로 도출하게 된다는 점, (다)-1~2 도출한 새로운 정보가 참일 가능성을 유비 논증의 개연성이라 한다. 개연성이 높기 위해서는 비교 대상 간의 유사성이 커야 하는데 … 새로운 정보와 관련 있는 유사성이어야 한다.

풀이 유비 논증의 개연성은 새로운 정보와 관련이 있는 유사성이 추가될 때 높아진다.

→ 적절하지 않음!

**② 인간은 자신이 고통을 느낀다는 것이나 동물이 고통을 느낀다는 것이나 모두 유비 논증에 의해 안다.** (자신의 고통을 직접 느끼지만 / 은)

근거 (라)-5 인간은 자신의 고통과 달리 동물의 고통은 직접 느낄 수 없지만 무엇인가에 맞았을 때 신음 소리를 내거나 몸을 움츠리는 동물의 행동이 인간과 기능적으로 유사하다는 것을 보고 유비 논증으로 동물이 고통을 느낀다는 것을 알 수 있는데도 말이다.

풀이 인간은 자신의 고통을 직접 느낄 수 있지만 동물의 고통은 유비 논증에 의해 알 수 있다.

→ 적절하지 않음!

**③ 인간이 꼬리가 있는 실험동물과 차이가 있다는 사실은 동물 실험의 유효성을 주장하는 논증의 개연성을 낮춘다.** (낮추지 않는다)

근거 (다)-2~4 (유비 논증의) 개연성이 높기 위해서는 비교 대상 간의 유사성이 커야 하는데 이 유사성은 단순히 비슷하다는 점에서의 유사성이 아니고 새로운 정보와 관련 있는 유사성이어야 한다. 예를 들어 동물 실험의 유효성을 주장하는 쪽은 … 인간과 꼬리가 있는 실험동물은 꼬리의 유무에서 유사성을 갖지 않지만 그것은 실험과 관련이 없는 특성이므로 무시해도 된다고 본다.

풀이 꼬리의 유무에서 오는 인간과 실험동물의 차이는 실험과 관련이 없는 특성이다. 따라서 이러한 차이는 유비 논증의 개연성을 낮추지 않는다.

→ 적절하지 않음!

을 주장하는 쪽의 입장

④ **동물 실험이 인간에게 중대한 이익을 가져다준다는 것은 동물 실험의 유효성과 상관 없이 알 수 있는 정보이다.**

근거 (나)-1~2 유비 논증을 활용해 동물 실험의 유효성을 주장하는 쪽은 … 실험동물의 반응 결과를 인간에게 안전하게 적용할 수 있다고 추론한다. 이를 바탕으로 이들은 동물 실험이 인간에게 명백하고 중요한 이익을 준다고 주장한다.

풀이 동물 실험이 인간에게 이익을 가져다준다는 것은 동물 실험의 유효성이 전제되었을 때 알 수 있는 정보이다. 즉, 유비 논증을 활용해 동물 실험의 유효성이 있다고 주장하는 쪽에서는 동물 실험이 인간에게 이익을 가져다준다고 본다. 그러나 동물 실험을 반대하는 쪽은 동물 실험의 유효성을 주장하는 쪽을 비판하므로 동물 실험이 인간에게 이익을 가져다준다는 결론을 이끌어내지 않는다.

→ 적절하지 않음!

⑤ **동물 실험에 윤리적 문제가 있다는 주장에는 인간과 동물의 고통을 공평한 기준으로 대해야 한다는 생각이 전제되어 있다.**

근거 (마)-1~2 (동물 실험을 반대하는 쪽의) 둘째 비판은 동물도 고통을 느낀다는 점에서 동물 실험의 윤리적 문제를 제기하는 것이다. 인간과 동물 모두 고통을 느끼는데 인간에게 고통을 끼치는 실험은 해서는 안 되고 동물에게 고통을 끼치는 실험은 해도 된다고 생각하는 것은 공평하지 않다고 생각하기 때문이다.

풀이 동물 실험을 반대하는 쪽은 동물 실험의 윤리적 문제를 제기하는데, 이는 인간과 동물의 고통을 공평한 기준으로 대해야 한다는 생각이 전제되어 있으므로 동물에게 고통을 끼치는 실험이 공평하지 않다고 한 것이다.

→ 적절함!

| 068 | 추론의 적절성 판단 - 적절한 것 고르기 2017학년도 6월 모평 22번<br>정답률 75% | 정답 ③ |
|---|---|---|

**㉠과 ㉡에 대한 설명으로 가장 적절한 것은?**

㉠ 동물 실험의 유효성을 주장하는 쪽 ㉡ 동물 실험을 반대하는 쪽

▶ 지문 핵심 개념 정리

**유비 논증이 높은 개연성을 갖기 위한 조건**

- 유비 논증의 개연성이 높기 위해서 → 비교 대상 간의 '새로운 정보와 관련 있는' 유사성이 커야 함(단순히 비슷하다는 점에서의 유사성 x)((다)-2)
- 예 동물 실험의 유효성을 주장하는 쪽((다)-3~4)

| | | | | |
|---|---|---|---|---|
| 실험동물로 많이 쓰이는 포유류가 인간과 비슷한 방식으로 피가 순환하며 허파로 호흡을 한다는 유사성 | → | 실험 결과와 관련 있는 유사성 | → | 유비 논증은 개연성이 높다고 주장 |
| 인간과 꼬리가 있는 실험동물은 꼬리의 유무에서 유사성을 갖지 않음 | → | 실험과 관련 없는 특성 | → | 무시해도 된다고 봄 |

**동물 실험 유효성 주장이 유비 논증을 잘못 적용하고 있다는 비판**

- 인간과 실험동물 사이의 유사성은 기능적 차원일 뿐 : 인간과 실험동물의 기능이 유사하다고 해도 그 기능을 구현하는 인과적 메커니즘은 동물마다 차이가 있다는 과학적 근거가 있음((라)-2~3)
- 기능적 유사성에만 주목하면서도 막상 인간과 동물이 고통을 느낀다는 기능적 유사성에는 주목하지 않음 : 인간은 동물의 고통은 직접 느낄 수 없지만 무엇인가에 맞았을 때 동물의 행동이 인간과 기능적으로 유사하다는 것을 보고 유비 논증으로 동물이 고통을 느낀다는 것을 알 수 있음((라)-4~5)

**동물 실험 유효성 주장에 대한 유비 논증 차원의 비판**

- 첫째 비판 : 동물 실험의 유효성을 주장하는 유비 논증의 개연성이 낮다고 지적((마)-1)
- 둘째 비판 : 동물도 고통을 느낀다는 점에서 동물 실험의 윤리적 문제를 제기 → 인간에게 고통을 끼치는 실험은 해서는 안 되고 동물에게 고통을 끼치는 실험은 해도 된다고 생각하는 것은 불공평 → 윤리성의 문제도 일관되지 않게 쓰인 유비 논증에서 비롯된 것((마)-1~3)

㉠은

① **㉠과 ㉡은 모두 인간과 동물이 기능적으로 유사하면 인과적 메커니즘도 유사하다고 생각한다.**

풀이 ㉡은 ㉠과 달리 인간과 동물이 기능적으로 유사하다고 해도 인과적 메커니즘은 차이가 있다고 생각한다.

→ 적절하지 않음!

② **㉠이 ㉡의 비판에 적절히 대응하기 위해서는 인간과 동물이 기능적으로 유사하지 않다는 것을 보여 주면 된다.**

풀이 ㉠과 ㉡은 모두 인간과 동물이 기능적으로 유사하다는 것은 인정한다. 그러나 ㉡은 인간과 동물이 기능적으로 유사하다고 해도 인과적 메커니즘은 차이가 있다는 것을 근거로 ㉠을 비판하고 있다. ㉠이 이에 적절히 대응하기 위해서는 기능적으로 유사하면 인과적 메커니즘도 차이가 없다는 새로운 근거나 인과적 메커니즘의 차이를 무시해도 유비 논증의 개연성을 낮추지 않는다는 것을 보여 주어야 한다.

→ 적절하지 않음!

③ **㉡은 ㉠이 인간과 동물 사이의 기능적 차원의 유사성과 인과적 메커니즘의 차이점 중 전자에만 주목한다고 비판한다.**

풀이 ㉡은 인간과 동물 사이에 기능적 차원의 유사성이 있다고 해도 인과적 메커니즘에는 차이가 있다는 과학적 근거를 들어 ㉠이 기능적 차원의 유사성에만 주목하여 동물 실험의 유효성을 주장한 것을 비판한다.

→ 적절함!

유비 논증의 개연성 문제와 윤리적 문제를 들어 동물 실험을 반대

④ **㉡은 ㉠과 달리 인간과 동물이 유사하지 않으면 동물 실험 결과는 인간에게 적용할 수 없다고 생각한다.**

풀이 ㉡은 ㉠처럼 인간과 동물이 기능적으로는 유사하다는 것을 인정한다. 그러나 인과적 메커니즘의 차이로 인해 ㉠에서 주장하는 유비 논증의 개연성이 낮을 뿐만 아니라 윤리적 문제가 있다는 점을 들어 동물 실험을 반대하고 있다.

→ 적절하지 않음!

⑤ **㉡은 ㉠과 달리 인간이 고통을 느끼는 것과 동물이 고통을 느끼는 것은 기능적으로 유사하지 않다고 생각한다.**

유사하다고

풀이 ㉡은 인간과 동물이 고통을 느낀다는 기능적 유사성을 인정하므로 ㉠이 기능적 유사성에만 주목하면서도 막상 인간과 동물이 고통을 느낀다는 기능적 유사성에는 선택적으로 주목하지 않는다는 점에 윤리적 문제를 제기하고 있다.

→ 적절하지 않음!

1등급 문제

| 069 | 구체적인 상황에 적용 - 적절한 것 고르기 2017학년도 6월 모평 23번<br>정답률 35%, 매력적 오답 ⑤ 45% | 정답 ② |
|---|---|---|

**<보기>는 유비 논증의 하나이다. 유비 논증에 대한 윗글의 설명을 참고할 때, ⓐ~ⓒ에 해당하는 것을 ㉮~㉱ 중에서 골라 알맞게 짝지은 것은?** 3점

ⓐ 실험동물 ⓑ 유사성 ⓒ 반응 결과

| 보기 |
내가 알고 있는 ㉮ 어떤 개는 ㉯ 몹시 사납고 물려는 버릇이 있다. 나는 공원에서 산책을 하다가 그 개와 ㉰ 비슷하게 생긴 ㉱ 다른 개를 만났다. 그래서 이 개도 사납고 물려는 버릇이 있을 것이라고 추측했다.

풀이

| | (나) | <보기> |
|---|---|---|
| 실험 대상 | 실험동물(ⓐ) | 어떤 개(㉮) |
| 반응 결과를 적용하는 대상 | 인간 | 다른 개(㉱) |
| 실험 대상과 반응 결과를 적용하는 대상 사이의 유사성 | 유사성(ⓑ) | 비슷하게 생김(㉰) |
| 반응 결과 | 반응 결과(ⓒ) | 몹시 사납고 물려는 버릇(㉯) |

윗글의 유비 논증에 따르면 인간과 실험동물이 유사성을 가지므로 실험동물의 반응 결과를 인간에게 적용할 수 있다. 이를 유비 논증의 하나인 <보기>에 적용하면, 어떤 개와 다른 개가 비슷하게 생겼다는 유사성을 가지므로 몹시 사납고 물려는 버릇이 있다는 반응 결과를 다른 개에게 적용할 수 있다. 따라서 정답은 ②번이다.

| | ⓐ | ⓑ | ⓒ |
|---|---|---|---|
| ① | ㉮ | ㉯ | ㉱ |
| ② | ㉮ | ㉰ | ㉯ |
| ③ | ㉱ | ㉮ | ㉰ |
| ④ | ㉱ | ㉯ | ㉰ |
| ⑤ | ㉱ | ㉰ | ㉯ |

→ 적절함! (②)

**070** 문맥적 의미 파악 - 적절하지 않은 것 고르기 2017학년도 6월 모평 24번 정답률 85% | 정답 ①

**문맥상 ⓒ과 바꿔 쓰기에 적절하지 않은 것은?**

인간에게 고통을 ⓒ 끼치는 실험

풀이 ⓒ은 '영향, 해, 은혜 따위를 당하거나 입게 하다'라는 의미이다.

**① 맡기는**

풀이 '어떤 일에 대한 책임을 지고 담당하게 하다'라는 의미이다.
인간에게 고통을 끼치는 실험 ≠ 인간에게 고통을 맡기는 실험

예문 중요한 임무를 맡기다.

→ 적절하지 않음!

**② 가하는**

풀이 '어떤 행위를 하거나 영향을 끼치다'라는 의미이다.
인간에게 고통을 끼치는 실험 = 인간에게 고통을 가하는 실험

예문 충격을 가하다.

→ 적절함!

**③ 주는**

풀이 '좋지 아니한 영향을 미치게 하다'라는 의미이다.
인간에게 고통을 끼치는 실험 = 인간에게 고통을 주는 실험

예문 상처를 주다.

→ 적절함!

**④ 안기는**

풀이 '책임이나 빚, 피해 따위를 떠맡게 하거나 당하게 하다'라는 의미이다.
인간에게 고통을 끼치는 실험 = 인간에게 고통을 안기는 실험

예문 회사에 손해를 안겼다.

→ 적절함!

**⑤ 겪게 하는**

풀이 '어렵거나 경험될 만한 일을 당하여 치르게 하다'라는 의미이다.
인간에게 고통을 끼치는 실험 = 인간에게 고통을 겪게 하는 실험

예문 시련을 겪게 하다.

→ 적절함!

## [071~075] 다음 글을 읽고 물음에 답하시오.

**1** [1]귀납은 현대 논리학에서 연역(演繹, 일반적인 사실이나 원리를 전제로, 개별적인 사실이나 보다 특수한 다른 원리를 이끌어 내는 추리)이 아닌 모든 추론, 즉 전제(前提, 논리에서 추리를 할 때 결론의 기초가 되는 판단)가 결론을 개연적(蓋然的, 확실하다고 할 수는 없지만 아마 그럴 것이라고 생각되는, 일어날 가능성이 꽤 큰 성질)으로 뒷받침하는 모든 추론을 가리킨다. [2]귀납은 기존의 정보나 관찰 증거 등을 근거로 새로운 사실을 추가하는 지식 확장적 특성(새로운 사실을 추가하여 지식을 넓히는 성격)을 지닌다. [3]이 특성(지식 확장적 특성)으로 인해 귀납은 근대 과학 발전의 방법적 토대(土臺, 밑바탕)가 되었지만, 한편으로 귀납 자체의 논리적 한계를 지적하는 문제들에 부딪히기도 한다.

→ 귀납의 개념과 특성

**2** [1]먼저 흄은 과거의 경험을 근거로 미래를 예측하는 귀납이 정당한(正當-, 이치에 맞아 올바르고 마땅한) 추론이 되려면 미래의 세계가 과거에 우리가 경험해 온 세계와 동일하다는(同一-, 서로 같다는) 자연의 일양성(一 한 일 樣 모양 양 性 성질 성), 곧 한결같음이 가정되어야(假定-, 전제로 내세워져야) 한다고 보았다. [2]그런데 자연의 일양성은 선험적(先驗的, 경험하기 전에 이미 아는 것)으로 알 수 있는 것이 아니라 경험에 기대어야(경험을 통해) 알 수 있는 것이다. [3]즉 "귀납이 정당한 추론이다."라는 주장은 "자연은 일양적이다."라는 다른 지식을 전제로 하는데 그 지식("자연은 일양적이다.")은 다시 귀납에 의해 정당화되어야 하는 경험적 지식이므로 귀납의 정당화는 순환 논리(循環論理, 논증되어야 할 명제를 논증의 근거로 하는 잘못된 논증)에 ⓐ 빠져 버린다는 것이다. [4]이것이 귀납의 정당화 문제이다.

→ 귀납의 논리적 한계 ① : 정당화 문제

**3** [1]귀납의 정당화 문제로부터 과학의 방법인 귀납을 옹호하기(擁護-, 편들어 지키기) 위해 라이헨바흐는 이 문제에 대해 현실적 구제책(救濟策, 도울 방법)을 제시한다. [2]라이헨바흐는 자연이 일양적일 수도 있고 그렇지 않을 수도 있음을 전제한다. [3]먼저 자연이 일양적일 경우, 그는 지금까지의 우리의 경험에 따라 귀납이 점성술(占星術, 별을 통해 점을 치는 것)이나 예언 등의 다른 방법보다 성공적인(미래를 더 잘 예측하는) 방법이라고 판단한다. [4]자연이 일양적이지 않다면, 어떤 방법도 체계적으로(體系的-, 짜임새 있게) 미래 예측에 계속해서 성공할 수 없다는 논리적 판단을 통해 귀납은 최소한 다른 방법보다 나쁘지 않은 추론이라고 확언한다.(確言-, 확실하게 말한다.) [5]결국 자연이 일양적인지 그렇지 않은지 알 수 없는 상황에서는 귀납을 사용하는 것이 옳은 선택이라는 라이헨바흐의 논증은 귀납의 정당화 문제를 현실적 차원에서 해소하려는(귀납이 지닌 논리적 허점을 완전히 극복한 것은 아니지만 귀납이 과학의 방법으로 사용될 수 있음을 지지하려는) 시도로 볼 수 있다.

→ 귀납의 정당화 문제를 해소하려는 시도 : 라이헨바흐의 논증

**4** [1]귀납의 또 다른 논리적 한계로 어떤 현대 철학자는 미결정성의 문제를 지적한다. [2]이 문제는 관찰 증거만으로는 여러 가설 중에 어느 하나를 더 나은 것으로 결정할 수 없다는 것이다. [3]가령 몇 개의 점들이 발견되었을 때 그 점들을 모두 지나는 곡선은 여러 개이기 때문에 어느 하나로 결정되지 않는다. [4]예측의 경우도 마찬가지이다. [5]다음에 발견될 점을 예측할 때, 기존에 발견된 점들만으로는 다음에 찍힐 점이 어디에 나타날지 확정할(確定-, 확실하게 정할) 수 없다. [6]아무리 많은 점들을 관찰 증거로 추가하더라도 하나의 예측이 다른 예측보다 더 낫다고 결정하는 것은 여전히 불가능하다는 것이다.

→ 귀납의 논리적 한계 ② : 미결정성의 문제

**5** [1]그러나 미결정성의 문제가 있다고 하더라도 대부분의 현대 철학자들은 귀납을 과학의 방법으로 인정하고 있다. [2]이들은 귀납의 문제를 직접 해결하려 하기보다 확률을 도입하여(導入-, 끌어들여) 개연성이라는 귀납의 특징을 강조하려 한다. [3]이에 따르면 관찰 증거가 가설을 지지하는 정도 즉 전제와 결론 사이의 개연성은 확률로 표현될 수 있다. [4]또한 하나의 가설이 다른 가설보다, 하나의 예측이 다른 예측보다 더 낫다고 확률적 근거에 의해 판단할 수 있다는 것이다.(확률이 높은 가설이나 예측일수록 확률이 낮은 다른 가설이나 예측보다 더 낫다고 판단할 수 있다.) [5]이처럼 확률 논리로 설명되는 개연성은 일상적인 직관(直觀, 생각하는 과정 없이 대상을 직접적으로 파악하는 것)에도 잘 들어맞는다. [6]이러한 시도(개연성을 확률 논리로 설명하려는 것)는 귀납의 문제를 근본적으로 해결하는 것은 아니지만, 귀납은 여전히 과학의 방법으로서 그 지위를 지킬 만하다는 사실을 보여 준다.

→ 귀납의 미결정성 문제를 해소하려는 시도

■지문 이해

**<귀납의 논리적 한계와 그 해소 방안>**

**❶ 귀납의 개념과 특성**

- 개념 : 현대 논리학에서 연역이 아닌 모든 추론으로, 전제가 결론을 개연적으로 뒷받침하는 모든 추론을 말함
- 특성 : 기존의 정보나 관찰 증거 등을 근거로 새로운 사실을 추가함(지식 확장적 특성) → 근대 과학 발전의 방법적 토대가 됨

**귀납의 논리적 한계**

| ❷ 정당화 문제 | ❹ 미결정성의 문제 |
| --- | --- |
| • 과거의 경험을 근거로 미래를 예측하는 귀납이 정당한 추론이 되려면 미래의 세계가 과거의 세계와 동일하다는 자연의 일양성이 가정되어야 함<br>• 자연의 일양성은 경험을 통해 알 수 있는 것임(다시 귀납에 의해 정당화되어야 하는 경험적 지식)<br>• 귀납의 정당화는 순환 논리에 빠지게 됨 | • 관찰 증거만으로는 여러 가설이나 예측 중에 어느 하나를 더 나은 것으로 결정할 수 없다는 것 |

| ❸ 귀납의 정당화 문제를 해소하려는 시도 : 라이헨바흐의 논증 | ❺ 귀납의 미결정성 문제를 해소하려는 시도 |
|---|---|
| • 자연이 일양적일 경우 : 귀납은 지금까지의 우리의 경험에 따라 점성술이나 예언 등의 다른 방법보다 성공적인 방법이라고 판단할 수 있음<br>• 자연이 일양적이지 않을 경우 : 논리적 판단을 통해 귀납은 최소한 다른 방법보다 나쁘지 않은 추론임을 확언할 수 있음<br>→ 자연이 일양적인지 그렇지 않은지 알 수 없는 상황에서는 귀납을 사용하는 것이 옳은 선택임 | • 확률을 도입하여 개연성이라는 귀납의 특징 강조<br>• 전제와 결론 사이의 개연성은 확률로 표현될 수 있음<br>• 확률적 근거에 의해 하나의 가설이나 예측이 다른 가설이나 예측보다 더 낫다고 판단할 수 있음<br>• 개연성은 일상적인 직관에도 잘 들어맞음<br>→ 귀납이 여전히 과학의 방법으로 그 지위를 지킬 만하다는 사실을 보여 줌 |

**071** 글의 서술 방식 파악 - 적절한 것 고르기 2016학년도 수능A 22번 정답률 85% **정답 ⑤**

**윗글의 내용 전개에 대한 설명으로 가장 적절한 것은?**

**① 귀납에 대한 흄의 평가를 *병렬적으로 소개하고 있다.** *竝列的–, 나란히 늘어놓으며

풀이 ❷문단에 귀납의 논리적 한계에 대한 흄의 지적이 제시되어 있기는 하지만, 그것이 글 전체에 병렬적으로 나타나지는 않는다.

→ 적절하지 않음!

**② 귀납이 지닌 장단점을 연역과 비교하여 설명하고 있다.**

풀이 귀납의 논리적 한계를 단점으로 보더라도 귀납이 지닌 장점에 대한 내용은 윗글에서 확인할 수 없다. 또한 연역에 대한 이야기가 ❶문단에 나타나기는 하지만, 이는 귀납의 개념을 설명하기 위한 것이지 귀납과 연역을 비교하여 설명하기 위한 것이 아니다.

→ 적절하지 않음!

**③ 귀납의 *위상이 **격상되어 온 과정을 역사적으로 ***고찰하고 있다.** *位相, 위치 **格上–, 격이 높아져 ***考察–, 깊이 생각하고 연구하고

풀이 귀납의 위상이 격상되었다는 내용은 윗글에서 찾아볼 수 없다.

→ 적절하지 않음!

**④ 귀납의 다양한 유형을 소개하고 각각의 특징을 상호 비교하고 있다.**

풀이 귀납의 다양한 유형을 소개하거나 각 유형의 특징을 서로 비교한 내용은 윗글에서 찾아볼 수 없다.

→ 적절하지 않음!

**⑤ 귀납에 *내재된 논리적 한계와 그에 대한 **해소 방안을 검토하고 있다.** *內在–, 담긴 **解消方案, 해결 방법

근거 ❷-4 이것이 귀납의 정당화 문제, ❸-1~2 귀납의 정당화 문제로부터 과학의 방법인 귀납을 옹호하기 위해 라이헨바흐는 … 일양적일 수도 있고 그렇지 않을 수도 있음을 전제, ❸-5 라이헨바흐의 논증은 귀납의 정당화 문제를 현실적 차원에서 해소하려는 시도로 볼 수 있다, ❹-1 귀납의 또 다른 논리적 한계로 어떤 현대 철학자는 미결정성의 문제를 지적, ❺-1~2 미결정성의 문제가 있다고 하더라도 대부분의 현대 철학자들은 귀납을 과학의 방법으로 인정하고 있다. 이들은 귀납의 문제를 직접 해결하려 하기보다 확률을 도입하여 개연성이라는 귀납의 특징을 강조하려 한다, ❺-6 이러한 시도는 귀납의 문제를 근본적으로 해결하는 것은 아니지만, 귀납은 여전히 과학의 방법으로서 그 지위를 지킬 만하다는 사실을 보여 준다.

풀이 윗글은 귀납 자체가 가지는 논리적 한계로서 정당화 문제와 미결정성의 문제를 소개한다. 또한 이에 대해 라이헨바흐와 현대 철학자들이 제시한 해결 방안을 언급하고, 각각에 대한 평가를 내리며 검토하고 있다.

→ 적절함!

**072** 세부 정보 이해 - 적절하지 않은 것 고르기 2016학년도 수능A 23번 정답률 85% **정답 ①**

**윗글을 이해한 내용으로 적절하지 않은 것은?**

(해도 / 해소될 수 없다)

**① 많은 관찰 증거를 확보하면 귀납의 정당화에서 나타나는 순환 논리 문제는 해소된다.**

근거 ❷-3 "귀납이 정당한 추론이다."라는 주장은 "자연은 일양적이다."라는 다른 지식을 전제로 하는데 그 지식은 다시 귀납에 의해 정당화되어야 하는 경험적 지식이므로 귀납의 정당화는 순환 논리에 빠져 버린다는 것

풀이 순환 논리는 귀납의 전제로 사용된 지식이 다시 귀납에 의해 정당화되어야 하는 경험적 지식이어서 빠지게 되는 문제를 말한다. 따라서 많은 관찰 증거를 전제로 확보하더라도 귀납의 정당화에서 나타나는 순환 논리 문제는 해소될 수 없다.

→ 적절하지 않음!

(여전히 과학의 방법으로서 그 지위를 지킬 만하다는 것을 보여 주는 시도)

**② 직관에 들어맞는 확률 논리라 하더라도 귀납의 논리적 문제를 근본적으로 해결하지 못한다.**

근거 ❺-5~6 확률 논리로 설명되는 개연성은 일상적인 직관에도 잘 들어맞는다. 이러한 시도(개연성을 확률 논리로 설명하려는 것)는 귀납의 문제를 근본적으로 해결하는 것은 아니지만, 귀납은 여전히 과학의 방법으로서 그 지위를 지킬 만하다는 사실을 보여 준다.

풀이 확률 논리는 귀납이 여전히 과학의 방법으로 사용될 만하다는 것을 보여 주지만, 귀납의 문제를 근본적으로 해결하는 것은 아니다.

→ 적절함!

**③ 관찰 증거가 가설을 지지하는 정도를 확률로 표현할 수 있다는 입장은 귀납을 옹호한다.**

근거 ❺-3 관찰 증거가 가설을 지지하는 정도 즉 전제와 결론 사이의 개연성은 확률로 표현될 수 있다, ❺-6 이러한 시도(개연성을 확률 논리로 설명하려는 것)는 귀납의 문제를 근본적으로 해결하는 것은 아니지만, 귀납은 여전히 과학의 방법으로서 그 지위를 지킬 만하다는 사실을 보여 준다.

풀이 전제와 결론 사이의 개연성을 확률로 표현하려는 시도는 귀납이 여전히 과학적 방법으로 효과가 있음을 보여 주는 것이므로, 이러한 입장은 귀납을 옹호하는 것이다.

→ 적절함!

(= 귀납에 의해 정당화되어야 하는)

**④ 흄에 따르면, 귀납의 정당화는 귀납에 의한 정당화를 필요로 하는 지식에 근거해야 가능하다.**

근거 ❷-1 흄은 과거의 경험을 근거로 미래를 예측하는 귀납이 정당한 추론이 되려면 미래의 세계가 과거에 우리가 경험해 온 세계와 동일하다는 자연의 일양성, 곧 한결같음이 가정되어야 한다고 보았다, ❷-3 ("자연은 일양적이다."라는) 지식은 다시 귀납에 의해 정당화되어야 하는 경험적 지식

풀이 흄은 귀납이 정당한 추론이 되려면 미래의 세계가 과거의 세계와 동일하다는 것이 가정되어야 하는데, 이는 귀납에 의해 정당화되어야 하는 지식이므로, 결국 귀납의 정당화는 순환 논리에 빠지게 된다고 하였다.

→ 적절함!

(= 기존의 정보나 관찰 증거 등 / = 새로운 사실)

**⑤ 귀납의 지식 확장적 특성은 이미 알고 있는 사실을 근거로 아직 알지 못하는 사실을 추론하는 데에서 비롯된다.**

근거 ❶-2 귀납은 기존의 정보나 관찰 증거 등을 근거로 새로운 사실을 추가하는 지식 확장적 특성을 지닌다.

풀이 귀납은 이미 알고 있는 정보나 관찰 증거 등을 근거로 하여 아직 알지 못하는 새로운 사실을 추론하는 지식 확장적 특성을 가진다.

→ 적절함!

**073** 세부 정보 이해 - 적절하지 않은 것 고르기 2016학년도 수능A 24번 정답률 75% **정답 ⑤**

**라이헨바흐의 논증에 대한 평가로 적절하지 않은 것은?**

**① 귀납이 지닌 논리적 *허점을 완전히 극복한 것은 아니라는 비판의 **여지가 있다.** *虛點, 불충분한 점, 약점 **餘地, 가능성

근거 ❸-5 자연이 일양적인지 그렇지 않은지 알 수 없는 상황에서는 귀납을 사용하는 것이 옳은 선택이라는 라이헨바흐의 논증은 귀납의 정당화 문제를 현실적 차원에서 해소하려는 시도로 볼 수 있다.

풀이 라이헨바흐의 논증은 귀납의 정당화 문제를 현실적 차원에서 해소하려는 시도이지

만, 귀납이 지닌 논리적 허점을 완전히 극복한 것은 아니다. 따라서 이에 대해 비판을 받을 가능성이 있다.

→ 적절함!

= 옹호하기 위해

② 귀납을 과학의 방법으로 사용할 수 있음을 지지하려는 목적에서 시도하였다는 데 의미가 있다.

근거 ❸-1 귀납의 정당화 문제로부터 과학의 방법인 귀납을 옹호하기 위해 라이헨바흐는 이 문제에 대해 현실적 구제책을 제시

풀이 라이헨바흐는 과학의 방법으로서의 귀납을 옹호하기 위해 귀납의 정당화 문제를 현실적 차원에서 해소하려 하였다.

→ 적절함!

점성술이나 예언 등

③ 귀납과 다른 방법을 비교하기 위해 경험적 판단과 논리적 판단을 모두 활용한 것이 특징이다.

근거 ❸-3~4 먼저 자연이 일양적일 경우, 그는 지금까지의 우리의 경험에 따라 귀납이 점성술이나 예언 등의 다른 방법보다 성공적인 방법이라고 판단한다. 자연이 일양적이지 않다면, 어떤 방법도 체계적으로 미래 예측에 계속해서 성공할 수 없다는 논리적 판단을 통해 귀납은 최소한 다른 방법보다 나쁘지 않은 추론이라고 확언한다.

풀이 라이헨바흐는 자연이 일양적일 경우에는 경험적 판단을 통해, 자연이 일양적이지 않을 경우에는 논리적 판단을 통해 귀납과 다른 방법을 비교하고 있다.

→ 적절함!

④ 귀납과 견주어 미래 예측에 더 성공적인 방법이 없다는 판단을 근거로 귀납의 가치를 보여 주고 있다.

근거 ❸-3~5 자연이 일양적일 경우, … 귀납이 점성술이나 예언 등의 다른 방법보다 성공적인 방법이라고 판단한다. 자연이 일양적이지 않다면, … 귀납은 최소한 다른 방법보다 나쁘지 않은 추론이라고 확언한다. 결국 자연이 일양적인지 그렇지 않은지 알 수 없는 상황에서는 귀납을 사용하는 것이 옳은 선택이라는 라이헨바흐의 논증

풀이 라이헨바흐는 자연이 일양적인지 그렇지 않은지 알 수 없는 상황에서는 귀납이 미래 예측에 가장 성공적인 방법이라고 논증하고 있다.

→ 적절함!

⑤ 귀납이 현실적으로 옳은 추론 방법임을 밝히기 위해 자연의 일양성이 선험적 지식임을 증명한 데 의의가 있다.

근거 ❷-3 "귀납이 정당한 추론이다."라는 주장은 "자연은 일양적이다."라는 다른 지식을 전제로 하는데, ❷-2 자연의 일양성은 선험적으로 알 수 있는 것이 아니라 경험에 기대어야 알 수 있는 것, ❸-2 라이헨바흐는 자연이 일양적일 수도 있고 그렇지 않을 수도 있음을 전제, ❸-5 결국 자연이 일양적인지 그렇지 않은지 알 수 없는 상황에서는 귀납을 사용하는 것이 옳은 선택이라는 라이헨바흐의 논증

풀이 귀납이 옳은 추론 방법이라는 주장은 '자연은 일양적이다'라는 다른 지식을 전제로 한다. 그러나 자연의 일양성은 선험적으로 알 수 없는 것이다. 라이헨바흐는 자연의 일양성이 선험적 지식임을 증명한 것이 아니라, 자연이 일양적일 경우와 그렇지 않을 경우로 나누어 어떤 경우에도 귀납이 현실적으로 가장 나은 추론 방법임을 논증하고 있다.

→ 적절하지 않음!

**074** | 구체적인 상황에 적용 - 적절하지 않은 것 고르기 2016학년도 수능A 25번 정답률 85% | 정답 ⑤

**윗글을 바탕으로 할 때, 〈보기〉의 (ㄱ), (ㄴ)에 대한 A와 B의 입장을 추론한 것으로 적절하지 않은 것은?** [3점]

| 보 기 |

○ [1]어떤 천체의 표면 온도를 매년 같은 날 관측했더니 100, 110, 120, 130, 140 °C로 해마다 10 °C씩 높아졌다. [2]이로부터 과학자들은 다음 두 가지 예측을 제시하였다.

(ㄱ) [3]1 년 뒤 관측한 그 천체의 표면 온도는 150 °C일 것이다.
(ㄴ) [4]1 년 뒤 관측한 그 천체의 표면 온도는 200 °C일 것이다.

관찰 증거만으로는 여러 가설 중 어느 하나를 더 나은 것으로 결정할 수 없음

○ [5]A와 B는 예측의 방법으로 귀납을 인정한다. [6]하지만 귀납의 미결정성의 문제에 대해 A는 확률 논리에 따라 해결할 수 있다는 입장인 반면, B는 어떤 방법으로도 해결할 수 없다는 입장이다.

어느 하나가 더 나은 것이라고 확률적 근거에 의해 판단할 수 있음

어느 하나를 더 나은 것으로 결정할 수 없음

▶ 지문 핵심 개념 정리

| 귀납의 미결정성 문제와 해소 시도 |
|---|
| • 귀납의 미결정성 문제<br>– 관찰 증거만으로는 여러 가설 중에 어느 하나를 더 나은 것으로 결정할 수 없다는 것(❹-2)<br>– 아무리 많은 관찰 증거들이 추가되더라도 하나의 예측이 다른 예측보다 더 낫다고 결정하는 것은 여전히 불가능하다는 것(❹-6)<br>• 귀납의 미결정성 문제를 해소하려는 시도<br>– 관찰 증거가 가설을 지지하는 정도(개연성)를 확률로 표현(❺-3)<br>– 하나의 가설이나 예측이 다른 가설이나 예측보다 더 낫다고 확률적 근거에 의해 판단(❺-4) |

① A와 B는 둘 다 과학자들이 예측한 (ㄱ)과 (ㄴ)이 모두 기존의 관찰 근거에 따른 것이라고 보겠군.

근거 〈보기〉-5 A와 B는 예측의 방법으로 귀납을 인정, ❶-2 귀납은 기존의 정보나 관찰 증거 등을 근거로 새로운 사실을 추가하는 지식 확장적 특성

풀이 A와 B는 모두 귀납을 인정하고 있으므로, 과학자들의 예측인 (ㄱ)과 (ㄴ)을 기존의 관찰 근거에 따른 것이라고 볼 것이다.

→ 적절함!

= 확률적 근거에 의해 판단할 수 있다

② A는 (ㄱ)과 (ㄴ) 중 하나가 더 나은 예측임을 결정할 수 있다고 하겠군.

근거 〈보기〉-6 귀납의 미결정성의 문제에 대해 A는 확률 논리에 따라 해결할 수 있다는 입장

풀이 A는 귀납의 미결정성 문제를 확률 논리에 따라 해결할 수 있다는 입장이므로, 확률적 근거에 의해 (ㄱ)과 (ㄴ) 중 어느 것이 더 나은 예측인지를 결정할 수 있다고 볼 것이다.

→ 적절함!

관찰 증거가 추가됨 = 확률적 근거 ↑, 개연성 ↑

③ A는 그 천체의 표면 온도가 100 °C이기 1 년 전에 90 °C였다는 정보를 추가로 얻으면 (ㄱ)이 옳을 개연성이 더 높아진다고 판단하겠군.

근거 〈보기〉-1 어떤 천체의 표면 온도를 매년 같은 날 관측했더니 100, 110, 120, 130, 140 °C로 해마다 10 °C씩 높아졌다, 〈보기〉-6 귀납의 미결정성의 문제에 대해 A는 확률 논리에 따라 해결할 수 있다는 입장

풀이 천체의 표면 온도가 100 °C이기 1 년 전에 90 °C였다는 정보를 추가로 얻으면 해마다 10 °C씩 높아졌다는 관찰 증거가 추가된다. 이는 (ㄱ)이 옳을 확률이 높아지는 것으로, A는 확률적 근거에 의해 (ㄱ)이 옳을 개연성이 더 높아진다고 판단할 것이다.

→ 적절함!

④ B는 (ㄱ)에 대해서 가능한 예측이라고 할지언정 (ㄴ)보다 더 나은 예측이라고 결정하지는 않겠군.

근거 〈보기〉-6 귀납의 미결정성의 문제에 대해 … B는 어떤 방법으로도 해결할 수 없다는 입장

풀이 귀납의 미결정성 문제를 어떤 방법으로도 해결할 수 없다는 입장에서는 관찰 증거만으로는 여러 가설 중 어느 하나를 더 나은 것으로 결정할 수 없다고 본다. 따라서 이와 같은 입장의 B는 (ㄱ)이 (ㄴ)보다 더 나은 예측이라고 결정하지 않을 것이다.

→ 적절함!

얻더라도

⑤ B는 그 천체의 표면 온도가 100 °C이기 1 년 전에 60 °C였다는 정보를 추가로 얻으면 (ㄴ)을 (ㄱ)보다 더 나은 예측으로 채택하겠군.

채택하지 않겠군

근거 〈보기〉-1 어떤 천체의 표면 온도를 매년 같은 날 관측했더니 100, 110, 120, 130, 140 °C로 해마다 10 °C씩 높아졌다, 〈보기〉-6 귀납의 미결정성의 문제에 대해 … B는 어떤 방법으로도 해결할 수 없다는 입장

풀이 B는 귀납의 미결정성 문제를 어떤 방법으로도 해결할 수 없다는 입장이므로, 추가 정보를 얻더라도 어떤 예측을 다른 예측보다 더 낫다고 판단하지는 않을 것이다.

→ 적절하지 않음!

| **075** | 문맥적 의미 파악 - 적절한 것 고르기 2016학년도 수능A 26번<br>정답률 90% | 정답 ① |
|---|---|---|

### ⓐ의 문맥적 의미와 가장 가까운 것은?

순환 논리에 ⓐ 빠져 버린다는 것

**풀이** ⓐ의 '빠져'는 '곤란한 처지에 놓이다'라는 의미이다.

**① 혼란에 빠진 적군은 지휘 계통이 무너졌다.**

**풀이** ⓐ와 마찬가지로 '곤란한 처지에 놓이다'라는 의미이다.

→ 적절함!

**② 그의 말을 듣자 모든 사람들이 기운이 빠졌다.**

**풀이** ⓐ와 달리 '정신이나 기운이 줄거나 없어지다'라는 의미이다.

**예문** 그 소리를 듣는 순간 온몸에서 힘이 쑥 빠졌다.

→ 적절하지 않음!

**③ 그는 무릎 위까지 푹푹 빠지는 눈길을 헤쳐 왔다.**

**풀이** ⓐ와 달리 '물이나 구덩이 따위 속으로 떨어져 잠기거나 잠겨 들어가다'라는 의미이다.

**예문** 자동차 뒷바퀴가 구렁에 빠지고 말았다.

→ 적절하지 않음!

**④ 그의 강연에 자신의 주장이 빠져 모두 아쉬워했다.**

**풀이** ⓐ와 달리 '차례를 거르거나 일정하게 들어 있어야 할 곳에 들어 있지 아니하다'라는 의미이다.

**예문** 이 책에는 중요한 내용이 빠져 있다.

→ 적절하지 않음!

**⑤ 우리 제품은 타사 제품에 빠지지 않는 우수한 것이다.**

**풀이** ⓐ와 달리 '남이나 다른 것에 비해 뒤떨어지거나 모자라다'라는 의미이다.

**예문** 이 정도 실력이면 어디에 내놓아도 빠지지 않는다.

→ 적절하지 않음!

**tip** • 러셀의 칠면조

지식 확장적 특성을 가진 귀납 논증은 전제가 참이어도 결론은 거짓일 수 있다. 영국의 철학자 겸 수학자이자 노벨문학상을 수상한 작가이기도 한 버트란트 러셀(Bertrand Russell, 1872~1970)은 '귀납의 원리는 정당화될 수 있는가'를 두고 '러셀의 칠면조'라는 유명한 비유를 든다.

칠면조 한 마리가 있다. 이 칠면조의 주인은 오전 6 시와 오후 6 시에 규칙적으로 칠면조에게 모이를 주었다. 칠면조는 주인이 6 시에 모이를 준다는 사실을 알게 되었다. 그 후 칠면조는 아침, 저녁으로 비가 오나 눈이 오나 매일 이런 사실을 확인하였다. 그는 매일 하나하나의 관찰을 더해나갔고, 이런 경험적 증거를 바탕으로 '주인은 6 시에 모이를 준다.'라는 결론을 내렸다. 그러나 추수감사절 아침, 그는 모이를 먹지 못했다. 주인이 모이를 주는 대신 칠면조를 식탁에 올렸기 때문이다.

이 이야기를 통해 개별적인 사례들을 근거로 일반적인 법칙을 도출한다고 할지라도 그것은 정당화되지 못한다는 귀납의 논리적 한계를 확인할 수 있다. 러셀은 귀납법을 두고 '철학의 수치(羞恥, 떳떳하지 못함, 부끄러움)'라고 표현하였다.

## [076~079] 다음 글을 읽고 물음에 답하시오.

1 [1]'왜?'라는 질문에 대한 답으로 제시되는 '설명'이 무엇인지를 분명히 하고자 **과학철학**(科學哲學, 자연 과학의 성과를 반성하고 분석하여 과학의 개념·전제·방법 등을 규정하고 연구하는 철학의 한 분야)에서는 여러 가지 설명 이론을 제시해 왔다.

→ 여러 가지 설명 이론을 제시해 온 과학철학

2 [1]처음으로 체계적인 설명 이론을 제시한 헴펠에 따르면 설명은 몇 가지 **요건**(要件, 필요한 조건)을 충족하는 **논증**(論證, 옳고 그름을 이유를 들어 밝히는 것)이어야 한다. [2]기본적으로 논증은 **전제**(前提, 어떤 명제를 근거로 하여 다른 명제를 이끌어 내는 경우, 근거가 되는 명제)로부터 결론이 논리적으로 **도출되는**(導出-, 이끌어 내어지는) 형식을 띤다. [3]따라서 설명을 하는 부분인 설명항은 전제에 해당하며 설명되어야 하는 부분인 피설명항은 결론에 해당한다. [4]헴펠에 따르면 설명은 세 가지 조건을 모두 충족해야 한다. [5]첫째, 설명항에는 '모든 사람은 죽는다.'처럼 **보편**(普遍, 모든 것에 공통되거나 들어맞는) 법칙 또는 보편 법칙의 역할을 하는 명제가 하나 이상 있어야 한다. [6]둘째, 보편 법칙이 구체적으로 적용되는 **맥락**(脈絡, 서로 이어져 있는 상황이나 관계)을 나타내는 '소크라테스는 사람이다.'와 같은 **선행**(先行, 앞선) 조건이 설명항에 하나 이상 있어야 한다. [7]셋째, 피설명항은 설명항으로부터 '건전한 논증'을 통해 도출되어야 한다. [8]이때 건전한 논증은 '논증의 전제가 모두 참'이라는 조건과 '논증의 전제가 모두 참이라면 결론도 반드시 참'이라는 조건을 모두 만족하는 논증이다. [9]이처럼 헴펠의 설명 이론은 피설명항이 보편 법칙의 **개별**(個別, 하나씩 따로 떨어진) **사례**(事例, 어떠한 일의 실질적인 예)로서 마땅히 일어날 만한 일이었음을 보여 주기 위한 설명의 요건을 제시했다는 점에서 의의가 있다.

<헴펠에 따른 설명의 세 가지 조건>

| 설명항(전제) | 피설명항(결론) |
|---|---|
| ① 보편 법칙 또는 보편 법칙의 역할을 하는 명제가 하나 이상 있어야 함<br>② 보편 법칙이 구체적으로 적용되는 맥락을 나타내는 선행 조건이 하나 이상 있어야 함 | ③ 설명항으로부터 '건전한 논증'을 통해 도출되어야 함<br>ㄴ 건전한 논증 : '논증의 전제가 모두 참'이라는 조건과 '논증의 전제가 참이라면 결론도 반드시 참'이라는 조건을 모두 만족하는 논증 |

→ 헴펠의 설명 이론의 내용과 의의

3 [1]하지만 헴펠의 설명 이론은 설명에 대한 우리의 일상적 **직관**(直觀, 생각이나 추리와 같은 이성 작용을 거치지 아니하고 대상을 직접적으로 파악하는 것), 즉 경험적으로 파악할 수 없는 **추상적**(抽象的, 직접 지각하거나 경험할 수 없는) 문제에 대해 대부분의 사람들이 공유하는 상식적 판단과 충돌하기도 하는 문제가 있다. [2]먼저 일상적 직관에 따르면 설명으로 인정되지만, 헴펠에 따르면 설명이 아니라고 판단해야 하는 경우가 있다. [3]또 일상적 직관에 따르면 설명이 되지 못하지만, 헴펠에 따르면 설명으로 분류해야 하는 경우가 있다. [4]이는 헴펠의 이론이 설명을 몇 가지 요건을 충족하는 논증으로 **국한했기**(局限-, 범위를 일정한 부분에 한정했기) 때문에 이들 요건을 충족하는 논증이기만 하면 모두 설명으로 인정해야 하는 동시에, 그렇지 않으면 모두 설명에서 **배제해야**(排除-, 제외해야) 하는 데서 비롯된 것이다.

→ 헴펠의 설명 이론의 한계

4 [1]헴펠과 달리 샐먼은 설명이 논증은 아니라고 판단하여 **인과**(因果, 원인과 결과) 개념에 주목했다. [2]피설명항을 결과로 보고 이를 일으키는 원인을 밝히는 것이 설명이라는 샐먼의 인과적 설명 이론은 헴펠의 이론보다 우리의 일상적 직관에 더 **부합한다는**(符合-, 들어맞는다는) 장점이 있다. [3]하지만 어떤 설명 이론이라도 인과 개념을 **도입하는**(導入-, 끌어들이는) 순간 ㉠ 원인과 결과 사이의 관계가 분명하지 않다는 철학적 문제를 해결해야 한다. [4]왜냐하면 결과를 일으키는 원인은 무수히 많고 **연쇄적으로**(連鎖的-, 서로 연결되어 관련이 있게) 서로 얽혀 있기 때문이다. [5]예를 들어 소크라테스가 죽게 된 원인은 독을 마신 것이지만, 독을 마시게 된 원인은 사형 선고를 받은 것이고, 사형 선고를 받게 된 원인도 여러 가지를 떠올릴 수 있다. [6]이에 결과를 일으킨 원인을 골라내는 문제는 결국 원인과 결과가 시공간적으로 어떻게 연결되는가에 대한 철학적 분석을 필요로 한다. [7]그것이 없다면, 설명을 인과로 이해하려는 시도는 설명이라는 **불명료한**(不明瞭-, 분명하거나 정확하지 않은) 개념을 인과라는 또 하나의 불명료한 개념으로 **대체하는**(代替-, 바꾸는) 것에 불과할 수 있기 때문이다. [8]이에 현대 철학자들은 현대 과학의 성과를 반영하는 철학적 탐구를 통해 새로운 설명 이론을 제시하기 위한 고민을 계속하고 있다.

→ 샐먼의 설명 이론의 의의와 한계

■지문 이해

〈헴펠과 샐먼의 설명 이론의 의의와 한계〉

❶ 여러 가지 설명 이론을 제시해 온 과학철학

| ❷ 헴펠의 설명 이론의 내용과 의의 | ❹ 샐먼의 설명 이론의 의의와 한계 |
|---|---|
| • 내용<br>- 설명은 몇 가지 요건을 충족하는 논증이어야 함<br>- 논증은 전제로부터 결론이 논리적으로 도출되는 형식을 띰<br>- 설명의 세 가지 조건<br>설명항(전제)<br>① 보편 법칙 또는 보편 법칙의 역할을 하는 명제가 하나 이상 있어야 함<br>② 보편 법칙이 구체적으로 적용되는 맥락을 나타내는 선행 조건이 하나 이상 있어야 함<br>피설명항(결론)<br>③ 설명항으로부터 '건전한 논증'을 통해 도출되어야 함<br>↳ 건전한 논증 : '논증의 전제가 모두 참'이라는 조건과 '논증의 전제가 모두 참이라면 결론도 반드시 참'이라는 조건을 모두 만족하는 논증<br>• 의의 : 피설명항이 보편 법칙의 개별 사례로서 마땅히 일어날 만한 일이었음을 보여 주기 위한 설명의 요건을 제시함 | • 내용<br>- 설명 ≠ 논증<br>- 인과적 설명 이론 : 피설명항을 결과로 보고 이를 일으키는 원인을 밝히는 것이 설명이라고 생각함<br>• 의의 : 헴펠의 이론보다 우리의 일상적 직관에 더 부합함<br>• 한계 : 원인과 결과 사이의 관계가 분명하지 않다는 철학적 문제를 해결해야 함 |

| ❸ 헴펠의 설명 이론의 한계 |
|---|
| • 설명에 대한 일상적 직관과 충돌하는 경우가 있음 |

**076** 세부 정보 이해 - 적절하지 않은 것 고르기 2016학년도 9월 모평B 17번 정답률 95% 정답 ⑤

### 윗글에서 다룬 내용이 아닌 것은?

**① 헴펠의 설명 이론이 지니는 의의**

근거 ❷-9 헴펠의 설명 이론은 피설명항이 보편 법칙의 개별 사례로서 마땅히 일어날 만한 일이었음을 보여 주기 위한 설명의 요건을 제시했다는 점에서 의의가 있다.

→ 적절함!

**② 헴펠의 설명 이론이 지니는 문제점**

근거 ❸-1 헴펠의 설명 이론은 설명에 대한 우리의 일상적 직관, 즉 경험적으로 파악할 수 없는 추상적 문제에 대해 대부분의 사람들이 공유하는 상식적 판단과 충돌하기도 하는 문제가 있다.

→ 적절함!

**③ 헴펠의 설명 이론에서의 설명과 논증의 관계**

근거 ❷-1~2 처음으로 체계적인 설명 이론을 제시한 헴펠에 따르면 설명은 몇 가지 요건을 충족하는 논증이어야 한다. 기본적으로 논증은 전제로부터 결론이 논리적으로 도출되는 형식을 띤다.

풀이 헴펠의 설명 이론에서 설명은 몇 가지 요건을 충족하는 논증이어야 하며, 논증은 전제로부터 결론이 논리적으로 도출되는 형식을 띤다.

→ 적절함!

**④ 샐먼의 설명 이론이 헴펠 이론에 비해 지니는 장점**

근거 ❹-2 피설명항을 결과로 보고 이를 일으키는 원인을 밝히는 것이 설명이라는 샐먼의 인과적 설명 이론은 헴펠의 이론보다 우리의 일상적 직관에 더 부합한다는 장점이 있다.

→ 적절함!

**⑤ 샐먼의 설명 이론이 현대 과학의 성과를 받아들인 결과**

근거 ❹-8 현대 철학자들은 현대 과학의 성과를 반영하는 철학적 탐구를 통해 새로운 설명 이론을 제시하기 위한 고민을 계속하고 있다.

풀이 윗글에서는 샐먼의 설명 이론이 현대 과학의 성과를 받아들인 결과와 관련한 내용은 다루지 않았다. 오히려 샐먼의 설명 이론에도 한계가 있기에, 현대 과학의 성과를 반영한 새로운 설명 이론을 제시하기 위해 고민하고 있다고 하였다.

→ 적절하지 않음!

1등급 문제

**077** 핵심 개념 이해 - 적절하지 않은 것 고르기 2016학년도 9월 모평B 18번 정답률 60%, 매력적 오답 ③ 15% ④ 15% 정답 ①

### 윗글에 따를 때, 헴펠의 설명 이론에 관한 이해로 적절하지 않은 것은?

**① 어떤 것이 건전한 논증이면 그것은 반드시 설명이다.** (설명 / 건전한 논증)

근거 ❷-4~7 헴펠에 따르면 설명은 세 가지 조건을 모두 충족해야 한다. 첫째, 설명항에는 … 보편 법칙 또는 보편 법칙의 역할을 하는 명제가 하나 이상 있어야 한다. 둘째, 보편 법칙이 구체적으로 적용되는 맥락을 나타내는 … 선행 조건이 설명항에 하나 이상 있어야 한다. 셋째, 피설명항은 설명항으로부터 '건전한 논증'을 통해 도출되어야 한다.

풀이 헴펠에 따르면 설명은 세 가지 요건을 충족하는 논증이어야 하는데, '건전한 논증'은 그 세 가지 요건 중 하나이다. 그런데 이 요건만 충족되었다고 해서 그것이 반드시 설명이라고 말할 수는 없다. 왜냐하면 '건전한 논증'이라 하더라도, 다른 두 가지 요건들은 충족되지 않을 수 있기 때문이다.

→ 적절하지 않음!

**② 일상적 직관에서 설명으로 인정된다고 해서 모두 설명은 아니다.**

근거 ❸-2 일상적 직관에 따르면 설명으로 인정되지만, 헴펠에 따르면 설명이 아니라고 판단해야 하는 경우가 있다.

→ 적절함!

**③ 어떤 것이 설명이라면 설명항에 포함되는 명제들은 반드시 참이다.** (설명항 = 전제)

근거 ❷-7~8 셋째, 피설명항은 설명항으로부터 '건전한 논증'을 통해 도출되어야 한다. 이때 건전한 논증은 '논증의 전제가 모두 참'이라는 조건과 '논증의 전제가 모두 참이라면 결론도 반드시 참'이라는 조건을 모두 만족하는 논증이다.

풀이 헴펠의 설명 이론에서 어떠한 것이 설명이라면, 이는 '건전한 논증'을 통해 도출된 것이다. 따라서 그 논증의 전제가 되는 설명항에 포함되는 명제들은 반드시 참이어야 한다.

→ 적절함!

**④ 피설명항은 특정한 맥락에서 보편 법칙에 따라 발생한 개별 사례이다.**

근거 ❷-9 헴펠의 설명 이론은 피설명항이 보편 법칙의 개별 사례로서 마땅히 일어날 만한 일이었음을 보여 주기 위한 설명의 요건을 제시했다는 점에서 의의가 있다.

→ 적절함!

**⑤ 어떤 것이 설명이라면 피설명항은 반드시 설명항에서 논리적으로 도출된다.** (피설명항 = 결론, 설명항 = 전제)

근거 ❷-2~3 기본적으로 논증은 전제로부터 결론이 논리적으로 도출되는 형식을 띤다. 따라서 설명을 하는 부분인 설명항은 전제에 해당하며 설명되어야 하는 부분인 피설명항은 결론에 해당한다.

풀이 헴펠의 설명 이론에서 어떤 것이 설명이라면 그것은 몇 가지 요건을 충족하는 논증이어야 하는데, 그 논증은 전제에 해당하는 설명항으로부터 결론에 해당하는 피설명항이 논리적으로 도출된 형식이다.

→ 적절함!

**078** 핵심 개념 이해 - 적절한 것 고르기 2016학년도 9월 모평B 19번 정답률 90% 정답 ④

### 윗글로 미루어 볼 때 ㉠에 대한 이해로 가장 적절한 것은?

> ㉠ 원인과 결과 사이의 관계가 분명하지 않다는 철학적 문제

**① 설명 개념이 인과 개념보다 불명료하다는 문제**

근거 ❹-7 설명이라는 불명료한 개념을 인과라는 또 하나의 불명료한 개념으로 대체하는 것에 불과

풀이 설명 개념과 인과 개념을 모두 불명료한 것으로 보고 있지만, 설명 개념이 인과 개념보다 더 불명료하다는 내용은 윗글에서 확인할 수 없다.

→ 적절하지 않음!

**② 원인과 결과의 시공간적 연결은 불필요하다는 문제**

근거 ❹-6 결과를 일으킨 원인을 골라내는 문제는 결국 원인과 결과가 시공간적으로 어떻게 연결되는가에 대한 철학적 분석을 필요로 한다.

풀이 원인과 결과의 시공간적 연결이 불필요하다고 말하는 것이 아니라 원인과 결과가 시공간적으로 어떻게 연결되는가에 대한 철학적 분석이 필요하다고 말하고 있다.

→ 적절하지 않음!

**③ 인과 개념이 설명의 형식을 제시하지 못한다는 문제**

풀이 인과 개념이 설명의 형식을 제시하지 못한다는 내용은 윗글에서 확인할 수 없다.

→ 적절하지 않음!

**④ 결과를 *야기한 정확한 원인을 **확정하기 어렵다는 문제** *惹起-, 불러일으킨 **確定-, 확실하게 정하기

근거 ❹-4 결과를 일으키는 원인은 무수히 많고 연쇄적으로 서로 얽혀 있기 때문

풀이 결과를 일으키는 원인이 무수히 많고 또 서로 얽혀 있기 때문에, 결과를 야기한 정확한 원인이 무엇인지를 확정하기란 어렵다. 다시 말해, 원인과 결과 사이의 관계가 분명하지 않다는 것이다.

→ 적절함!

**⑤ 피설명항에 원인을 제시하는 명제가 들어갈 수 없다는 문제**

근거 ❹-2 피설명항을 결과로 보고 이를 일으키는 원인을 밝히는 것이 설명이라는 샐먼의 인과적 설명 이론

풀이 샐먼의 인과적 설명 이론에서는 피설명항을 결과로 본다고 하였지만, 피설명항에 원인을 제시하는 명제가 들어갈 수 없다는 내용은 윗글에서 확인할 수 없다.

→ 적절하지 않음!

1등급 문제

**079** 구체적인 사례에 적용 - 적절한 것 고르기 2016학년도 9월 모평B 20번
정답률 60%, 매력적 오답 ② 15% ③ 10%
정답 ④

**<보기>의 [물음]에 대해 헴펠의 이론에 따라 [설명]을 한다고 할 때, (가)~(다)에 들어갈 [명제]를 바르게 고른 것은?** 3점

| 보 기 |

[물음] 평면거울 A에 대한 광선 B의 반사각(反射角, 광선이 반사될 때, '반사되는 방향의 선'이 '대상의 평평한 면과 수직되는 선'과 만들어내는 각도)은 왜 30°일까?

[설명] ('왜?'라는 질문에 대한 답)

설명항(=전제)
- 보편 법칙 : (가) (→ 모든 것에 공통적으로 들어맞는 법칙)
- 선행 조건 : (나) (→ 보편 법칙이 구체적으로 적용되는 맥락)

피설명항(=결론) : (다)

[명제]
ㄱ. A는 광선을 잘 반사하는 평면거울이다. → 거울 A에 구체적으로 적용되는 맥락 = 선행 조건
ㄴ. 평면거울 A에 대한 광선 B의 입사각(入射角, 광선이 어떤 대상에 부딪칠 때, '방향을 바꾸기 전까지의 선'과 '대상의 평평한 면과 수직되는 선'이 만들어내는 각도)은 30°이다. → 거울 A에 구체적으로 적용되는 맥락 = 선행 조건
ㄷ. 평면거울 A에 대한 광선 B의 반사각은 30°이다. → 결론 = 피설명항
ㄹ. 광선을 반사하는 평면에 대한 광선의 반사각은 입사각과 같다. → 공통적으로 들어맞는 법칙 = 보편 법칙

▶ 지문 핵심 개념 정리

**헴펠의 설명 이론**

- 설명은 몇 가지 요건을 충족하는 논증이어야 함(❷-1)
- 논증은 전제로부터 결론이 논리적으로 도출되는 형식(❷-2)
- 설명의 세 가지 조건(❷-4~7)

| | |
|---|---|
| 설명항(전제) | ① 보편 법칙 또는 보편 법칙의 역할을 하는 명제가 하나 이상이어야 함<br>예 '모든 사람은 죽는다.'<br>② 보편 법칙이 구체적으로 적용되는 맥락을 나타내는 선행 조건이 하나 이상 있어야 함<br>예 '소크라테스는 사람이다.' |
| 피설명항(결론) | ③ 설명항으로부터 '건전한 논증'을 통해 도출되어야 함 |

풀이 [물음]에 대한 결론이라 할 수 있는 'ㄷ(평면거울 A에 대한 광선 B의 반사각은 30°이다.)'은 (다)에 해당한다. 이때 'ㄹ(광선을 반사하는 평면에 대한 광선의 반사각은 입사각과 같다.)'의 내용은 보편 법칙이므로, (가)에 해당한다. 또한 'ㄱ(A는 광선을 잘 반사하는 평면거울이다.)'과 'ㄴ(평면거울 A에 대한 광선 B의 입사각은 30°이다.)'은 결론을 이끌어내기 위한 선행 조건으로, (나)에 해당한다.

| | (가) | (나) | (다) |
|---|---|---|---|
| ① | ㄱ,ㄴ | ㄷ | ㄹ |
| ② | ㄱ,ㄹ | ㄴ | ㄷ |
| ③ | ㄴ,ㄷ | ㄱ | ㄹ |
| ④ | ㄹ | ㄱ,ㄴ | ㄷ |
| ⑤ | ㄹ | ㄱ,ㄷ | ㄴ |

→ 적절함! (④)

**[080~083] 다음 글을 읽고 물음에 답하시오.**

1 [1]논증(論證, 주장이 맞고 틀림을 논리적으로 증명하는 것)은 크게 연역과 귀납으로 나뉜다. [2]전제(前提, 추리를 할 때, 결론의 기초가 되는 판단)가 참이면 결론이 확실히 참인 연역 논증은 결론에서 지식이 확장되는 것처럼 보이지만, 실제로는 전제에 이미 포함된 결론을 다른 방식으로 확인하는 것일 뿐이다. [3]반면(反面, 반대로) 귀납 논증은 전제들이 모두 참이라고 해도 결론이 확실히 참이 되는 것은 아니지만 우리의 지식을 확장해 준다는 장점이 있다. [4]여러 귀납 논증 중에서 가장 널리 ⓐ 쓰이는 것은 수많은 사례들을 관찰한 다음에 그것(수많은 사례의 관찰)을 일반화하는(一般化-, 개별적이거나 특수한 것을 일반적인 것으로 만드는) 것이다. [5]㉠ 우리는 수많은 까마귀를 관찰한 후에 우리가 관찰하지 않은 까마귀까지 포함하는 '모든 까마귀는 검다.'라는 새로운 지식을 얻게 되는 것이다.

→ 연역 논증과 귀납 논증

2 [1]철학자들은 과학자들이 귀납을 이용하기 때문에 과학적 지식에 신뢰를 보낼 수 있다고 생각했다. [2]그러나 모든 귀납에는 논리적인 문제가 있다. [3]수많은 까마귀를 관찰한 사례에 근거해서 '모든 까마귀는 검다.'라는 지식을 정당화하는(正當化-, 올바르고 마땅하다고 여기는) 것은 합리적으로(合理的-, 이치나 논리에 맞는 것처럼) 보이지만, 아무리 치밀하게 관찰하여도 아직 관찰되지 않은 까마귀 중에서 검지 않은 까마귀가 ⓑ 있을 수 있기 때문이다.

→ 귀납 논증의 논리적 문제

3 [1]포퍼는 귀납의 논리적 문제는 도저히 해결할 수 없지만, 귀납이 아닌 연역만으로 과학을 할 수 있는 방법이 있으므로 과학적 지식은 정당화될 수 있다고 주장한다. [2]어떤 지식이 반증(反證, 반대되는 근거를 들어 어떤 사실이나 주장이 옳지 않음을 증명하는 것) 사례 때문에 거짓이 된다고 추론하는 것은 순전히 연역적인데, 과학은 이 반증에 의해 발전하기 때문이다. [3]다음 논증을 보자.

[4](ㄱ) 모든 까마귀가 검다면 어떤 까마귀는 검어야 한다.
(ㄴ) 어떤 까마귀는 검지 않다.

(ㄷ) 따라서 모든 까마귀가 다 검은 것은 아니다.

→ 과학적 지식의 정당화 방법과 반증 사례

4 [1]'모든 까마귀는 검다.'라는 지식은 귀납에 의해서 참임을 ⓒ 보여 줄 수는 없지만, 이 논증에서처럼 전제 (ㄴ)이 참임이 밝혀진다면 확실히 거짓임을 보여 줄 수

있다. [2]그러나 아직 (ㄴ)이 참임이 밝혀지지 않았다면 그 지식을 거짓이라고 말할 수 없다.

→ 반증할 수 없는 지식은 거짓으로 볼 수 없음

5 [1]포퍼에 따르면, 지금 우리가 받아들이는 과학적 지식들은 이런 반증의 시도로부터 잘 ⓓ 견뎌 온 것들이다. [2]참신하고 대담한 가설을 제시하고 그것(참신하고 대담한 가설)이 거짓이라는 증거를 제시하려는 노력을 진행해서, 실제로 반증이 되면 실패한 과학적 지식이 되지만 수많은 반증의 시도로부터 끝까지 살아남으면 성공적인 과학적 지식이 되는 것이다. [3]그런데 포퍼는 반증 가능성이 ⓔ 없는 지식, 곧 아무리 반증을 해 보려 해도 경험적인 반증이 아예 불가능한 지식은 과학적 지식이 될 수 없다고 비판한다. [4]가령 '관찰할 수 없고 찾아낼 수 없는 힘이 항상 존재한다.'처럼 경험적으로 반박할(反駁-, 어떤 의견, 주장, 논설 따위에 반대하여 말함) 수 있는 사례를 생각할 수 없는 주장이 그것(과학적 지식이 될 수 없는, 반증이 불가능한 지식)이다.

→ 과학적 지식의 조건

■지문 이해

〈과학적 지식을 검증하는 방법〉

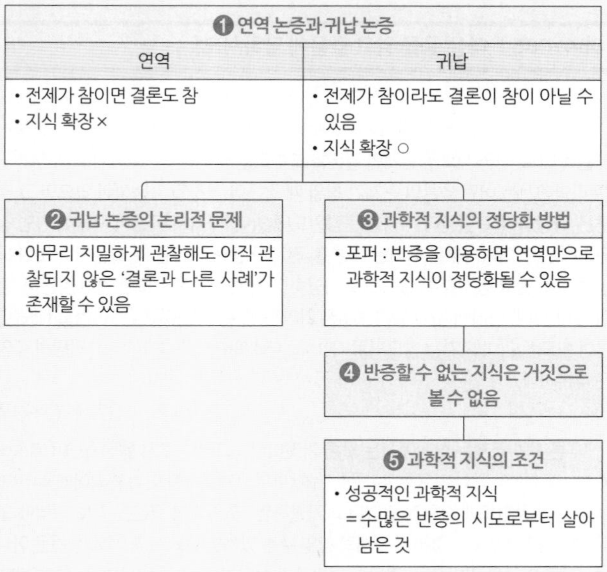

| ❶ 연역 논증과 귀납 논증 | |
|---|---|
| 연역 | 귀납 |
| • 전제가 참이면 결론도 참<br>• 지식 확장 × | • 전제가 참이라도 결론이 참이 아닐 수 있음<br>• 지식 확장 ○ |

| ❷ 귀납 논증의 논리적 문제 |
|---|
| • 아무리 치밀하게 관찰해도 아직 관찰되지 않은 '결론과 다른 사례'가 존재할 수 있음 |

| ❸ 과학적 지식의 정당화 방법 |
|---|
| • 포퍼 : 반증을 이용하면 연역만으로 과학적 지식이 정당화될 수 있음 |

| ❹ 반증할 수 없는 지식은 거짓으로 볼 수 없음 |
|---|

| ❺ 과학적 지식의 조건 |
|---|
| • 성공적인 과학적 지식<br>= 수많은 반증의 시도로부터 살아남은 것 |

**080** 세부 정보 이해 - 적절한 것 고르기 2013학년도 수능 21번
정답률 80%, 매력적 오답 ④ 15% 정답 ⑤

### 윗글을 통해 알 수 있는 것은?

확인

**① 연역 논증은 결론에서 지식의 확장이 일어난다.**

근거 ❶-2 연역 논증은 결론에서 지식이 확장되는 것처럼 보이지만, 실제로는 전제에 이미 포함된 결론을 다른 방식으로 확인하는 것일 뿐이다.

풀이 지식의 확장이 아니라 지식의 확인이 일어난다.

→ 적절하지 않음!

참이 될 수도 있고 거짓이 될 수도 있다

**② 귀납 논증은 전제가 참이면 결론은 항상 참이다.**

근거 ❶-3 귀납 논증은 전제들이 모두 참이라고 해도 결론이 확실히 참이 되는 것은 아니지만

→ 적절하지 않음!

아직 관찰되지 않은 사례로 인해 거짓이 될 수도 있다

**③ 치밀하게 관찰한 후 *도출된 귀납의 결론은 확실히 참이다.** *導出-, 이끌어 낸

근거 ❷-2~3 모든 귀납에는 논리적인 문제가 있다. … 아무리 치밀하게 관찰하여도 아직 관찰되지 않은 까마귀 중에서 검지 않은 까마귀가 있을 수 있기 때문이다.

풀이 아직 관찰되지 않은 것 중 결론과 다른 사례가 존재한다면, 그 결론은 거짓이 된다.

→ 적절하지 않음!

귀납

**④ 과학적 지식은 새로운 지식이라는 점에서 연역의 결과이다.**

근거 ❶-3 (귀납 논증은) 우리의 지식을 확장, ❶-5 새로운 지식을 얻게 되는 것이다.

풀이 새로운 지식을 얻게 되는 것은 연역이 아니라 귀납의 결과이다.

→ 적절하지 않음!

아직 관찰되지 않은 검지 않은 까마귀

**⑤ 전제에 없는 새로운 지식이 귀납의 논리적인 문제를 낳는다.**

'모든 까마귀는 검다.'

근거 ❷-2~3 모든 귀납에는 논리적인 문제가 있다. 수많은 까마귀를 관찰한 사례에 근거해서 '모든 까마귀는 검다.'라는 지식을 정당화하는 것은 합리적으로 보이지만, 아무리 치밀하게 관찰하여도 아직 관찰되지 않은 까마귀 중에서 검지 않은 까마귀가 있을 수 있기 때문이다.

→ 적절함!

**081** 추론의 적절성 판단 - 적절한 것 고르기 2013학년도 수능 22번
정답률 85% 정답 ②

### 윗글로 미루어 볼 때, 포퍼의 견해를 표현한 것으로 가장 적절한 것은?

**① 충분한 관찰에 근거한 지식은 반증 없이 정당화할 수 있음을 인정하라.**

근거 ❺-2 수많은 반증의 시도로부터 끝까지 살아남으면 성공적인 과학적 지식이 되는 것

→ 적절하지 않음!

= 참신하고 대담한 = 거짓이라는 증거를 제시하려고 노력

**② 과감하게 가설을 세우고 그것이 거짓임을 증명하려고 시도하라.**

근거 ❺-2 참신하고 대담한 가설을 제시하고 그것이 거짓이라는 증거를 제시하려는 노력

→ 적절함!

수많은 반증 시도로부터 끝까지 살아남아야

**③ 실패한 지식이 곧 성공적인 지식임을 명심하라.**

근거 ❺-2 반증이 되면 실패한 과학적 지식이 되지만 수많은 반증의 시도로부터 끝까지 살아남으면 성공적인 과학적 지식이 되는 것

풀이 실패한 지식 = 반증이 되는 것
성공한 지식 = 수많은 반증의 시도로부터 살아남은 것
따라서 실패한 지식 ≠ 성공한 지식

→ 적절하지 않음!

**④ 수많은 반증의 시도에 일일이 대응하지 말라.**

근거 ❺-1 지금 우리가 받아들이는 과학적 지식들은 이런 반증의 시도로부터 잘 견뎌 온 것들

풀이 반증의 시도로부터 끝까지 살아남아야 성공적인 과학적 지식이 된다고 하였으므로, 일일이 대응하지 말라는 말은 포퍼의 견해와 어긋난다.

→ 적절하지 않음!

귀납이 아닌 연역으로

**⑤ 과학적 지식을 귀납 논증으로 정당화하라.**

근거 ❸-1 포퍼는 귀납의 논리적 문제는 도저히 해결할 수 없지만, 귀납이 아닌 연역만으로 과학을 할 수 있는 방법이 있으므로 과학적 지식은 정당화될 수 있다고 주장

→ 적절하지 않음!

**082** 자료 해석의 적절성 판단 - 적절하지 않은 것 고르기 2013학년도 수능 23번
정답률 65%, 매력적 오답 ⑤ 20% 정답 ④

### 윗글의 (ㄱ)~(ㄷ)과 〈보기〉에 대한 설명으로 적절하지 않은 것은? [3점]

㉠ 우리는 수많은 까마귀를 관찰한 후에 우리가 관찰하지 않은 까마귀까지 포함하는 '모든 까마귀는 검다.'라는 새로운 지식을 얻게 되는 것이다.

| 보 기 |

㉠은 다음과 같은 논증으로 표현할 수 있다.

(가)
내가 오늘 관찰한 까마귀는 모두 검다.
내가 어제 관찰한 까마귀는 모두 검다.
내가 그저께 관찰한 까마귀는 모두 검다.
⋮

(나) 따라서 모든 까마귀는 검다.

▶ 지문 핵심 개념 정리

| 귀납 | 연역 |
|---|---|
| 전제들이 모두 참이라 해도 결론이 확실히 참이 되는 것은 아니지만, 지식을 확장해 줌(❶–3) | 지식이 확장되는 것처럼 보이지만, 실제로는 전제에 이미 포함된 결론을 다른 방식으로 확인하는 것일 뿐(❶–2) |
| 모든 귀납에는 논리적인 문제가 있음. 수많은 까마귀를 관찰한 사례에 근거해서 '모든 까마귀는 검다.'라는 지식을 정당화하는 것은 합리적으로 보이지만, 아무리 치밀하게 관찰하여도 아직 관찰되지 않은 까마귀 중에서 검지 않은 까마귀가 있을 수 있기 때문(❷–2~3) | 전제가 참임이 밝혀진다면 확실히 거짓임을 보여 줄 수 있음(❹–1) |

**① (가)가 확실히 참이어도 검지 않은 까마귀가 내일 관찰된다면 (나)는 거짓이 된다.**

풀이 ㉠은 귀납 논증이다. 귀납 논증에서 결론과 일치하지 않는 새로운 사례가 발견될 경우 결론인 (나)는 거짓이 된다.

→ 적절함!

**② (ㄴ)과 (가)가 참임을 밝히는 작업은 모두 경험적이다.**

풀이 (ㄴ)과 (가) 모두 관찰한 사실에 근거한 것으로, 경험을 통한 전제이다.

→ 적절함!

**③ '모든 까마귀는 검다.'는 (ㄴ)만으로 거짓임이 밝혀지지만 (가)만으로는 참임을 밝힐 수 없다.**

풀이 '모든 까마귀는 검다.'는 반증 사례인 (ㄴ)만으로도 거짓임이 밝혀진다. 그러나 (가)의 경우에는 아무리 많이 관찰한다 하더라도 (가)만으로는 참임을 밝힐 수 없다. 관찰되지 않은 검지 않은 까마귀가 있을 수도 있기 때문이다.

→ 적절함!

연역 = 지식의 확인 / 귀납 = 지식의 확장

**④ (ㄱ), (ㄴ)에서 (ㄷ)이 도출되는 것이나 (가)에서 (나)가 도출되는 것은 모두 지식이 확장되는 것이다.**

근거 ❶-2~3 연역 논증은 결론에서 지식이 확장되는 것처럼 보이지만, 실제로는 전제에 이미 포함된 결론을 다른 방식으로 확인하는 것일 뿐이다. 반면 귀납 논증은 전제들이 모두 참이라고 해도 결론이 확실히 참이 되는 것은 아니지만 우리의 지식을 확장해 준다는 장점이 있다.

풀이 (ㄱ)~(ㄷ)은 연역 논증으로 결론에서 지식의 확인이, (가)~(나)는 귀납 논증으로 결론에서 지식의 확장이 일어난다.

→ 적절하지 않음!

**⑤ 포퍼에 따르면 ㉠의 '모든 까마귀가 검다.'가 과학적 지식임은 (가) ~ (나)의 논증이 아니라 (ㄱ) ~ (ㄷ)의 논증을 통해 증명된다.**

(귀납) (연역)

근거 ❸-1 (포퍼는) 연역만으로 과학을 할 수 있는 방법이 있으므로 과학적 지식은 정당화될 수 있다고 주장

풀이 (ㄱ) ~ (ㄷ)은 연역 논증이므로, 포퍼가 주장하는 과학적 지식의 증명 방법이 될 수 있다.

→ 적절함!

**083** 어휘의 적절성 판단 - 적절하지 않은 것 고르기 2013학년도 수능 24번 정답률 80% | 정답 ④

**문맥상 ⓐ ~ ⓔ를 바꿔 쓰기에 적절하지 않은 것은?**

ⓐ쓰이는 ⓑ있을 ⓒ보여 줄 ⓓ견뎌 ⓔ없는

**① ⓐ : 사용(使用)되는**

풀이 '사용(使 쓰다 사 用 쓰다 용)되다'는 '일정한 목적이나 기능에 맞게 쓰이다'의 의미이다. 따라서 ⓐ를 '사용되는'으로 바꿔 써도 문맥상 의미가 달라지지 않는다.

→ 적절함!

**② ⓑ : 실재(實在)할**

풀이 ⓑ의 '있다'는 '사람, 동물, 물체 따위가 실제로 존재하는 상태이다'의 의미이다. 한편 '실재(實 열매 실 在 있다 재)하다'는 '실제로 존재하다'의 의미이다. 따라서 ⓑ를 '실재할'로 바꿔 써도 문맥상 의미가 달라지지 않는다.

→ 적절함!

**③ ⓒ : 입증(立證)할**

풀이 ⓒ의 '보이다'는 '눈으로 대상의 존재나 형태적 특징을 알게 하다'의 의미이다. 한편 '입증(立 서다 입 證 증거 증)하다'는 '어떤 증거 따위를 내세워 증명하다'의 의미이다. 따라서 ⓒ를 '입증할'로 바꿔 써도 문맥상 의미가 달라지지 않는다.

→ 적절함!

**④ ⓓ : 인내(忍耐)해**

풀이 '인내(忍 참다 인 耐 견디다 내)하다'는 '괴로움이나 어려움을 참고 견디다'의 의미이다. 문맥상 ⓓ의 '견뎌'는 '참다, 인내하다'의 뜻이 아니라 '이겨내, 살아남아'의 의미로 쓰였다. '견뎌'의 자리에 '인내해'를 넣어 보면 '반증을 잘 참고, 막아내야 과학적 지식이 된다'는 의미가 되어 어색해진다.

→ 적절하지 않음!

**⑤ ⓔ : 전무(全無)한**

풀이 '전무(全 온전하다 전 無 없다 무)하다'는 '전혀 없다'의 의미이다. 따라서 ⓔ를 '전무한'으로 바꿔 써도 문맥상 의미가 달라지지 않는다.

→ 적절함!

**[084~085] 다음 글을 읽고 물음에 답하시오.**

1 [1]추론은 이미 제시된 명제(命題, 어떤 문제에 대한 하나의 논리적 판단 내용과 주장)인 전제를 토대로, 다른 새로운 명제인 결론을 도출하는(導出-, 이끌어내는) 사고 과정이다. [2]논리학에서는 어떤 추론의 전제가 참일 때 결론이 거짓일 가능성이 없으면 그 추론은 '**타당하다**'고 말한다. [3]"서울은 강원도에 있다. 따라서 당신이 서울에 가면 강원도에 간 것이다."[**추론 1**]라는 추론은, 전제가 참이라고 할 때 결론이 거짓이 되는 경우는 전혀 생각할 수 없으므로 타당하다. [4]반면에 "비가 오면 길이 젖는다. 길이 젖어 있다. 따라서 비가 왔다."[**추론 2**]라는 추론은 전제들이 참이라고 해도 결론이 반드시 참이 되지는 않으므로(길이 젖은 다른 이유가 있을 수 있으므로) 타당하지 않은 추론이다.

→ 추론의 정의와 타당한 추론의 개념

2 [1]'추론 1'의 전제는 실제에서는 물론 거짓이다. [2]그러나 혹시 행정 구역(行政區域, 특별시, 광역시, 도, 군, 읍, 면 등 행정 기관의 권위가 미치는 일정한 구역)이 개편되어(改編-, 바뀌어) 서울이 강원도에 속하게 되었다고 가정하면, '추론 1'의 결론은 참일 수밖에 없다. [3]반면에 '추론 2'는 결론이 실제로 참일 수는 있지만 반드시 참이 되는 것은 아니다. [4]다른 이유로 길이 젖는 경우를 얼마든지 상상할 수 있기 때문이다. [5]'추론 2'와 같은 추론은 비록 타당하지 않지만 결론이 참일 가능성이 꽤 높다. [6]그런 추론은 '**개연성**(蓋然性, 논리적으로 확실하지는 않지만 아마 그럴 것이라고 생각되는 성질)**이 높다**'고 말한다. [7]결론이 참일 가능성이 낮은 추론은 개연성이 낮을 것이다. [8]한편 추론이 타당하면서 전제가 모두 실제로 참이기까지 하면 그 추론은 '**건전하다**(健全-, 건강하고 온전하다)'고 정의한다.

→ 개연성이 높은 추론과 건전한 추론

3 [1]그런데 '추론 1'은 건전하지 못하므로 얼핏 보기에 좋은 추론이 아닌 것처럼 보인다. [2]그런데도 논리학이 타당한 추론에 관심을 갖는 까닭은 실제 추론에서 전제가 참인지 거짓인지를 모르는 경우가 많기 때문이다. [3]아직 참임이 밝혀지지 않은 명제에서 출발해서 어떤 결론을 도출하는 추론은 과학에서 흔히 사용하는 방법이다. [4]그래서 논리학은 전제가 참이라는 가정 하에서 결론이 반드시 따라 나오는지에 관심이 있는 것이다.

→ 논리학에서 타당한 추론에 관심을 갖는 이유

■지문 이해

〈추론의 여러 유형과 개념〉

**❶ 추론의 정의와 타당한 추론의 개념**
- 추론 : 이미 제시된 명제인 전제를 토대로, 다른 새로운 명제인 결론을 도출하는 사고 과정
- 타당한 추론 : 어떤 추론의 전제가 참일 때 결론이 거짓일 가능성이 없는 추론

**❷ 개연성이 높은 추론과 건전한 추론**
- 개연성이 높은 추론 : 타당하지는 않지만 결론이 참일 가능성이 높은 추론
- 건전한 추론 : 추론이 타당하면서 전제가 모두 참인 추론

| ❸ 논리학에서 타당한 추론에 관심을 갖는 이유 |
|---|
| • 실제 추론에서 전제가 참인지 거짓인지를 모르는 경우가 많음<br>→ 전제가 참이라는 가정 하에서 결론이 반드시 따라 나오는지에 대해 관심 |

**084** 핵심 개념 이해 - 적절한 것 고르기 2011학년도 6월 모평 13번
정답률 80%
정답 ①

**윗글에 따라 추론을 구분하는 과정을 도식화할 때, ㉠~㉢에 들어갈 내용으로 알맞은 것은?**

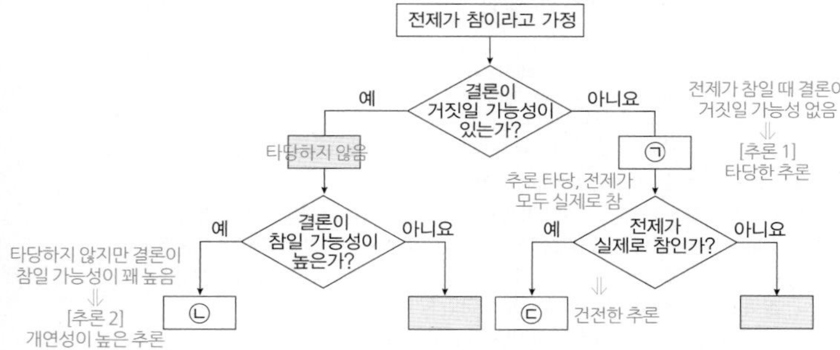


근거 ❶-2 어떤 추론의 전제가 참일 때 결론이 거짓일 가능성이 없으면 그 추론은 '타당하다'고 말한다, ❷-5~6 비록 타당하지 않지만 결론이 참일 가능성이 꽤 높다. 그런 추론은 '개연성이 높다'고 말한다, ❷-8 추론이 타당하면서 전제가 모두 실제로 참이기까지 하면 그 추론은 '건전하다'고 정의한다.

| | ㉠ | ㉡ | ㉢ |
|---|---|---|---|
| ① | **타당한 추론** | **개연성이 높은 추론** | **건전한 추론** |
| ② | **건전한 추론** | **개연성이 높은 추론** | **타당한 추론** |
| ③ | **타당한 추론** | **건전한 추론** | **개연성이 높은 추론** |
| ④ | **건전한 추론** | **타당한 추론** | **개연성이 높은 추론** |
| ⑤ | **개연성이 높은 추론** | **타당한 추론** | **건전한 추론** |

① → 적절함!

**085** 구체적인 상황에 적용 - 적절하지 않은 것 고르기 2011학년도 6월 모평 14번
정답률 65%, 매력적 오답 ② 15% ③ 10%
정답 ①

**윗글을 바탕으로 〈보기〉를 판단한 내용으로 적절하지 않은 것은?** [3점]

| 보 기 |

남자 : [1]이 책에 우유를 많이 마시면 키가 큰다고 쓰여 있어. (전제 1)
여자 : [2]나도 그렇게 생각해. [3]그래서 나도 우유를 많이 마셔.
남자 : [4]맞아. [5]농구 선수들은 다들 키가 엄청나게 크잖아. (전제 2) [6]틀림없이 우유를 많이 마셨을 거야. (결론(참일 가능성 낮음))
여자 : [7]너의 추론은 타당하지 않아. [8]우유를 많이 마셔서 키가 큰 사람보다 우유를 안 마시고도 키 큰 사람이 훨씬 더 많아.

▶ 지문 핵심 개념 정리

| 타당한 추론 | 전제가 참일 때, 결론이 거짓일 가능성이 없는 추론(❶-2) |
|---|---|
| 개연성이 높은 추론 | 타당하지 않지만 결론이 참일 가능성이 높은 추론. 결론이 반드시 참이 되는 것은 아님(❶-4, ❷-5~6) |
| 건전한 추론 | 타당하면서 전제가 실제로 참인 추론. 전제가 참이라고 할 때 결론이 거짓일 가능성이 없음(❶-2, ❷-8) |

**① 남자의 추론은 '추론 1'과 달리 전제가 실제로 참이므로 건전하다.**
('추론 1': 전제가 참일 때 결론이 거짓일 가능성이 없음 ⇒ 타당한 추론 / 참이므로 건전하다: 참이더라도 결론이 거짓일 수 있으므로 타당하지 않다)

근거 〈보기〉-1 이 책에 우유를 많이 마시면 키가 큰다고 쓰여 있어, 〈보기〉-5~6 농구 선수들은 다들 키가 엄청나게 크잖아. 틀림없이 우유를 많이 마셨을 거야.

풀이 남자는 '우유를 많이 마시면 키가 큰다.'를 전제로 하여, '농구 선수들은 다들 키가 엄청나게 크다. 따라서 농구 선수들은 틀림없이 우유를 많이 마셨을 것이다.'라는 결론을 이끌어 내고 있다. 하지만 여자는 이에 대해 '우유를 안 마시고도 키 큰 사람이 훨씬 더 많다.'고 하면서 남자의 추론이 거짓일 수 있다고 지적하고 있다. 즉, 남자의 추론은 전제가 참이더라도 결론이 거짓일 수 있기 때문에 '추론 1'과 달리 타당하지 않다.

→ 적절하지 않음!

**② 여자의 말이 사실이라고 한다면, 남자의 추론은 '추론 2'와 달리 개연성이 낮다.**
('추론 2': 타당하지 않지만 결론이 참일 가능성이 꽤 높음 ⇒ 개연성이 높은 추론 / 남자의 추론: 타당하지 않으며 결론이 참일 가능성이 높지 않음 ⇒ 개연성이 낮은 추론)

풀이 남자의 추론은 결론이 참일 가능성이 높지 않기 때문에 개연성이 낮다.

→ 적절함!

**③ 여자는 남자의 추론에서 결론이 실제로 참일 수 있음을 부인하지는 않는다.**

풀이 '우유를 많이 마셔서 키가 큰 사람이 있을 수 있지만 안 마시고도 키 큰 사람이 더 많다.'는 것은 '우유를 많이 마셔서 키 큰 사람이 있을 수 있다.'는 결론을 완전히 부인하지는 않는 것으로 볼 수 있다.

→ 적절함!

**④ 남자의 추론이 타당하지 않은 이유는 우유를 안 마시고도 키 큰 사람을 상상할 수 있기 때문이다.**

근거 〈보기〉-8 우유를 많이 마셔서 키가 큰 사람보다 우유를 안 마시고도 키 큰 사람이 훨씬 더 많아.

→ 적절함!

**⑤ 여자의 말이 사실이라고 한다면, 남자의 추론은 결론이 반드시 참이 되는 것은 아니라는 점에서 '추론 2'와 같다.**
(= 결론이 거짓일 가능성이 있음)

근거 ❷-5 '추론 2'와 같은 추론은 비록 타당하지 않지만 결론이 참일 가능성이 꽤 높다.

풀이 여자의 말이 사실이라면, 우유를 마시지 않고도 키가 큰 사람이 존재한다. 이때, 농구 선수들은 키가 크므로 모두 우유를 많이 마셨을 것이라는 남자의 추론은 결론이 거짓일 가능성이 있다. 이 점에서 남자의 추론은 타당하지 않은 추론인 '추론 2'와 공통적이다.

→ 적절함!

# 3. 참이란 무엇인가?

**[086~090] 다음 글을 읽고 물음에 답하시오.**

**1** [1]㉠ 많은 전통적 인식론자는 임의의(任意-, 일정하게 정하지 않은) 명제(命題, 어떤 문제에 대한 논리적인 판단과 주장으로, 참과 거짓을 판단할 수 있는 내용을 언어로 표현한 것)에 대해 우리가 세 가지 믿음의 태도 중 하나만을 ⓐ 가질 수 있다고 본다. [2]가령(假令, 예를 들어) '내일 눈이 온다.'는 명제를 참이라고 믿거나, 거짓이라고 믿거나, 참이라 믿지도 않고 거짓이라 믿지도 않을 수 있다. [3]반면(反面, 반대로) ㉡ 베이즈주의자는 믿음은 정도의 문제라고 본다. [4]가령 각 인식 주체(認識主體, 사물을 분별하고 판단하는 존재)는 '내일 눈이 온다.'가 참이라는 것에 대하여 가장 강한 믿음의 정도에서 가장 약한 믿음의 정도까지 가질 수 있다. [5]이처럼 베이즈주의자는 믿음의 정도를 믿음의 태도에 포함함으로써 많은 전통적 인식론자들과 달리 믿음의 태도를 풍부하게 표현한다.

→ '믿음의 태도'에 대한 전통론적 인식론자와 베이즈주의자의 입장

**2** [1]우리는 종종 임의의 명제가 참인지 거짓인지 새롭게 알게 된다. [2]이것(임의의 명제가 참인지 거짓인지 새롭게 알게 되는 것)을 베이즈주의자의 표현으로 바꾸면 그(참인지 거짓인지 새롭게 알게 된 임의의) 명제가 참인지 거짓인지에 대해 가장 강한 믿음의 정도를 새롭게 갖는다는 것이다. [3]베이즈주의는 이런(임의의 명제가 참인지 거짓인지에 대해 가장 강한 믿음의 정도를 새롭게 갖게 되는) 경우에 믿음의 정도가 어떤 방식으로 변해야 하는지에 대해 정교한(精巧-, 정확하고 자세한) 설명을 제공한다. [4]이(베이즈주의자의 정교한 설명)에 따르면, 인식 주체가 특정(特定, 특별히 가리켜 정한) 시점(時點, 순간)에 임의의 명제 A가 참이라는 것만을 또는 거짓이라는 것만을 새롭게 알게 됐을 때, 다른 임의의 명제 B에 대한 인식 주체의 기존 믿음의 정도의 변화는 조건화 원리의 적용을 받는다. [5]이(조건화 원리)는 믿음의 정도의 변화에 관한 원리로서, 만약 인식 주체가 A가 참이라는 것만을 새롭게 알게 된다면, B가 참이라는 것에 대한 그 인식 주체의 믿음의 정도는 애초(-初, 맨 처음)의 믿음의 정도에서 A가 참이라는 조건하에 B가 참이라는 것에 대한 믿음의 정도로 되어야 함을 의미한다. [6]예를 들어 갑이 '내일 비가 온다.'가 참이라는 것을 약하게 믿고 있고, '오늘 비가 온다.'가 참이라는 조건하에서는 '내일 비가 온다.'가 참이라는 것을 강하게 믿는다고 해 보자. [7]조건화 원리에 따르면, 갑이 실제로 '오늘 비가 온다.'가 참이라는 것만을 새롭게 알게 될 때, '내일 비가 온다.'가 참이라는 것을 그('오늘 비가 온다.'가 참이라는 것만을 새롭게 알게 된) 이전보다 더 강하게 믿는 것이 합리적이다. [8]조건화 원리는 새롭게 알게 된 명제가 동시에 둘 이상인 경우에도 마찬가지로 적용된다. [9]다만 이 원리(조건화 원리)는 믿음의 정도에 관한 것이지 행위에 관한 것은 아니다.

→ 조건화 원리의 개념 및 조건화 원리에 따라 믿음의 정도가 변하는 경우

**3** [1]명제들 중에는 위의 예에서처럼 참인지 거짓인지 새롭게 알게 된 명제와 관련된 것도 있지만 그렇지 않은 것도 있다. [2]조건화 원리에 ⓑ 따르면, 어떤 명제가 참인지 거짓인지 새롭게 알게 되더라도 그(참인지 거짓인지 새롭게 알게 된) 명제와 관련 없는 명제에 대한 믿음의 정도는 변하지 않아야 한다. [3]예를 들어 위에서처럼 갑이 '오늘 비가 온다.'가 참이라는 것만을 새롭게 알게 되더라도 그것과 관련 없는 명제 '다른 은하에는 외계인이 존재한다.'에 대한 그(갑)의 믿음의 정도는 변하지 않아야 한다. [4]이처럼 베이즈주의자는 특별한 이유가 없는 한 우리의 믿음의 정도는 유지되어야 한다고 ⓒ 본다.

→ 조건화 원리에 따라 믿음의 정도가 변하지 않는 경우

**4** [1]베이즈주의자는 이렇게 상식적으로 당연하게 여겨지는 생각을 정당화하기(正當化-, 이치에 맞는 것으로 만들기) 위해 기존의 믿음의 정도를 유지함으로써 ⓓ 얻을 수 있는 실용적 효율성(實用的效率性, 실제 노력에 비해 더 나은 결과를 얻을 수 있는 성질)에 호소할(號召-, 의지하거나 기댈) 수 있다. [2]특별한 이유 없이 학교를 옮기는 행위는 어떠한 방식으로든 우리의 에너지를 불필요하게 소모한다.(消耗-, 써서 없앤다.) [3]베이즈주의자는 특별한 이유 없이 기존의 믿음의 정도를 ⓔ 바꾸는 것도 이(특별한 이유 없이 학교를 옮기는 행위)와 유사하게(類似-, 서로 비슷하게) 에너지를 불필요하게 소모한다고 볼 수 있다. [4]이(베이즈주의자의) 관점에서는 실용적 효율성을 추구한다면, 특별한 이유가 없는 한 기존의 믿음의 정도를 유지하는 것이 합리적이다.(合理的-, 논리에 합당하다.)

→ 베이즈주의자의 관점에서 실용적 효율성을 추구하는 합리적 방법

■지문 이해

**<베이즈주의의 '믿음의 정도'와 '조건화 원리'>**

**❶ '믿음의 태도'에 대한 전통론적 인식론자와 베이즈주의자의 입장**
- 전통론적 인식론자 : 임의의 명제에 대해 참이라고 믿거나, 거짓이라고 믿거나, 참이라 믿지도 않고 거짓이라 믿지도 않는 세 가지 믿음의 태도 중 하나만을 가질 수 있다고 봄
- 베이즈주의자 : 믿음을 정도의 문제라고 보고, 가장 강한 믿음의 정도에서 가장 약한 믿음의 정도까지 가질 수 있다고 봄

**베이즈주의**

**❷ 조건화 원리의 개념 및 조건화 원리에 따라 믿음의 정도가 변하는 경우**
- 조건화 원리 : 믿음의 정도의 변화에 관한 원리
- 인식 주체가 특정 시점에 임의의 명제 A가 참·거짓이라는 것만을 새롭게 알게 되었을 때, 다른 임의의 명제 B에 대한 인식 주체의 기존 믿음의 정도의 변화는 조건화 원리의 적용을 받음 → 기존의 믿음의 정도에서 A가 참이라는 조건하에 B가 참이라는 것에 대한 믿음의 정도로 되어야 함
  - 새롭게 알게 된 명제가 동시에 둘 이상인 경우에도 적용됨
  - 믿음의 정도에 관한 것이지 행위에 관한 것이 아님

**❸ 조건화 원리에 따라 믿음의 정도가 변하지 않는 경우**
- 어떤 명제가 참인지 거짓인지 새롭게 알게 되더라도 그 명제와 관련 없는 명제에 대한 믿음의 정도는 변하지 않아야 함
- 특별한 이유가 없는 한 우리의 믿음의 정도는 유지되어야 한다고 봄

**❹ 베이즈주의자의 관점에서 실용적 효율성을 추구하는 합리적 방법**
- 실용적 효율성을 추구한다면 특별한 이유가 없는 한 기존의 믿음의 정도를 유지하는 것이 합리적임

**086** 세부 정보 이해 - 적절하지 않은 것 고르기 2020학년도 수능 16번 정답률 85% **정답 ②**

**윗글에서 답을 찾을 수 있는 질문에 해당하지 않는 것은?**

**① 믿음의 정도와 관련하여 상식적으로 당연하게 여겨지는 생각을 어떻게 정당화할 수 있을까?**

근거 ❹-1 베이즈주의자는 이렇게 상식적으로 당연하게 여겨지는 생각을 정당화하기 위해 기존의 믿음의 정도를 유지함으로써 얻을 수 있는 실용적 효율성에 호소할 수 있다.

→ 적절함!

**② 특별한 이유 없이 믿음의 정도를 바꾸어야 하는 이유는 무엇일까?**

근거 ❹-3~4 베이즈주의자는 특별한 이유 없이 기존의 믿음의 정도를 바꾸는 것도 이(특별한 이유 없이 학교를 옮기는 행위)와 유사하게 에너지를 불필요하게 소모한다고 볼 수 있다. 이 관점에서는 실용적 효율성을 추구한다면, 특별한 이유가 없는 한 기존의 믿음의 정도를 유지하는 것이 합리적이다.

풀이 베이즈주의자들은 특별한 이유 없이 기존의 믿음의 정도를 바꾸는 것이 에너지를 불필요하게 소모한다고 보고, 특별한 이유가 없는 한 기존의 믿음의 정도를 유지하는 것이 합리적이라고 보았다. 윗글에서 특별한 이유 없이 믿음의 정도를 바꾸어야 하는 이유에 대해서는 설명하지 않았다.

→ 적절하지 않음!

**③ 믿음의 정도를 어떤 경우에 바꾸고 어떤 경우에 바꾸지 말아야 할까?**

근거 ❷-4 인식 주체가 특정 시점에 임의의 명제 A가 참이라는 것만을 또는 거짓이라는 것만을 새롭게 알게 됐을 때, 다른 임의의 명제 B에 대한 인식 주체의 기존 믿음의 정도의 변화는 조건화 원리의 적용을 받는다, ❸-2 조건화 원리에 따르면, 어떤 명제가 참인지 거짓인지 새롭게 알게 되더라도 그 명제와 관련 없는 명제에 대한 믿음의

정도는 변하지 않아야 한다.

**풀이** 조건화 원리에 따르면, 참인지 거짓인지를 새롭게 알게 된 명제와 '관련된 명제'의 경우 기존 믿음의 정도가 변하고, 새롭게 알게 된 명제와 '관련 없는 명제'의 경우에는 믿음의 정도가 변하지 않아야 한다.

→ 적절함!

**④ 믿음의 정도를 바꾸어야 한다면 어떤 방식으로 바꾸어야 할까?**

**근거** ❷-3~5 베이즈주의는 … 믿음의 정도가 어떤 방식으로 변해야 하는지에 대해 정교한 설명을 제공한다. 이에 따르면, 인식 주체가 특정 시점에 임의의 명제 A가 참이라는 것만을 또는 거짓이라는 것만을 새롭게 알게 됐을 때, 다른 임의의 명제 B에 대한 인식 주체의 기존 믿음의 정도의 변화는 조건화 원리의 적용을 받는다. 이는 믿음의 정도의 변화에 관한 원리로서, 만약 인식 주체가 A가 참이라는 것만을 새롭게 알게 된다면, B가 참이라는 것에 대한 그 인식 주체의 믿음의 정도는 애초의 믿음의 정도에서 A가 참이라는 조건하에 B가 참이라는 것에 대한 믿음의 정도로 되어야 함을 의미한다.

**풀이** 베이즈주의에서는 믿음의 정도의 변화가 조건화 원리의 적용을 받아 이루어져야 한다고 설명하였다.

→ 적절함!

**⑤ 임의의 명제에 대해 어떤 믿음의 태도를 가질 수 있을까?**

**근거** ❶-1~2 많은 전통적 인식론자는 임의의 명제에 대해 우리가 세 가지 믿음의 태도 중 하나만을 가질 수 있다고 본다. 가령 '내일 눈이 온다.'는 명제를 참이라고 믿거나, 거짓이라고 믿거나, 참이라 믿지도 않고 거짓이라 믿지도 않을 수 있다. ❶-4 (베이즈주의자에 따르면) 각 인식 주체는 '내일 눈이 온다.'가 참이라는 것에 대하여 가장 강한 믿음의 정도에서 가장 약한 믿음의 정도까지 가질 수 있다.

**풀이** 전통적 인식론자의 관점에 따르면 임의의 명제에 대해 참이라고 믿는 태도, 거짓이라고 믿는 태도, 참도 거짓도 믿지 않는 태도 중 하나를 가질 수 있다. 베이즈주의자의 관점에 따르면 임의의 명제에 대해 가장 강한 정도에서 가장 약한 정도까지의 믿음의 태도를 가질 수 있다.

→ 적절함!

| **087** | 세부 정보 이해 - 적절하지 않은 것 고르기 2020학년도 수능 17번<br>정답률 75% | 정답 ② |
|---|---|---|

**㉠, ㉡에 대한 이해로 적절하지 않은 것은?**

㉠ 많은 전통적 인식론자　　㉡ 베이즈주의자

▶ 지문 핵심 개념 정리

| 많은 전통적 인식론자 | 베이즈주의자 |
|---|---|
| • 임의의 명제에 대해 참이라고 믿거나, 거짓이라고 믿거나, 참이라 믿지도 않고 거짓이라 믿지도 않는 세 가지 믿음의 태도 중 하나만을 가질 수 있다고 봄(❶-1~2) | • 믿음을 정도의 문제라고 봄(❶-3)<br>• 각 인식 주체는 가장 강한 믿음의 정도에서 가장 약한 믿음의 정도까지 가질 수 있음(❶-4) |

**① 만약 을이 ㉠이라면 을은 동시에 ㉡일 수 없다.**

**근거** ❶-1 많은 전통적 인식론자는 임의의 명제에 대해 우리가 세 가지 믿음의 태도 중 하나만을 가질 수 있다고 본다, ❶-3 반면 베이즈주의자는 믿음은 정도의 문제라고 본다, ❶-5 베이즈주의자는 믿음의 정도를 믿음의 태도에 포함함으로써 많은 전통적 인식론자들과 달리 믿음의 태도를 풍부하게 표현한다.

→ 적절함!

**② ㉠은 을이 '내일 눈이 온다.'가 거짓이라 믿는 것은 그 명제가 거짓임을 강한 정도로 믿는다는 의미라고 주장한다.**

**풀이** 을이 '내일 눈이 온다'라는 명제가 거짓임을 '강한 정도로' 믿는다는 의미라고 해석하는 것은 믿음을 '정도'의 문제라고 본 베이즈주의자(㉡)의 관점에 해당한다.

→ 적절하지 않음!

**③ ㉠은 을이 '내일 눈이 온다.'가 참이라고 믿는다면 을은 '내일 눈이 온다.'가 거짓이라고 믿을 수는 없다고 주장한다.**

**풀이** 많은 전통적 인식론자(㉠)는 임의의 명제에 대해 세 가지 믿음의 태도 중 하나만을 가질 수 있다고 본다. 따라서 이러한 관점에서는 을이 '내일 눈이 온다.'라는 명제를 참이라고 믿는 동시에 거짓이라고 믿을 수는 없다고 주장할 것이다.

→ 적절함!

**④ ㉡은 을의 '내일 눈이 온다.'가 참이라는 것에 대한 믿음의 정도와 '내일 눈이 온다.'가 거짓이라는 것에 대한 믿음의 정도가 같을 수 있다고 본다.**

**풀이** 베이즈주의자(㉡)는 믿음을 '정도'의 문제라고 보았으므로, 을이 '내일 눈이 온다.'라는 명제에 대해 참이라고 믿는 정도와 거짓이라고 믿는 정도가 같을 수 있다고 볼 것이다.

→ 적절함!

**⑤ ㉡은 을이 '내일 눈이 온다.'와 '내일 비가 온다.'가 모두 거짓이라고 믿더라도 후자를 전자보다 더 강하게 거짓이라고 믿을 수 있다고 주장한다.**

**풀이** 베이즈주의자(㉡)는 믿음을 '정도'의 문제라고 보았다. 이러한 관점에 따르면 을은 '내일 눈이 온다.'와 '내일 비가 온다.'라는 명제가 거짓이라는 것에 대해 각각 가장 강한 믿음의 정도에서 가장 약한 믿음의 정도까지를 가질 수 있으므로, '내일 비가 온다.'라는 명제를 '내일 눈이 온다.'라는 명제보다 더 강하게 거짓이라고 믿을 수 있다.

→ 적절함!

| **088** | 핵심 개념 파악 - 적절한 것 고르기 2020학년도 수능 18번<br>정답률 80% | 정답 ④ |
|---|---|---|

**조건화 원리에 대해 설명한 내용으로 가장 적절한 것은?**

**① 에너지를 불필요하게 소모하더라도 특별한 이유 없이 믿음의 정도를 바꾸는 것은 합리적이라고 설명한다.**

**근거** ❷-5 이(조건화 원리)는 믿음의 정도의 변화에 관한 원리, ❹-3~4 베이즈주의자는 특별한 이유 없이 기존의 믿음의 정도를 바꾸는 것도 … 에너지를 불필요하게 소모한다고 볼 수 있다. 이(베이즈주의자의) 관점에서는 실용적 효율성을 추구한다면, 특별한 이유가 없는 한 기존의 믿음의 정도를 유지하는 것이 합리적이다.

**풀이** 베이즈주의자는 특별한 이유가 없는 한 기존의 믿음의 정도를 유지하는 것이 합리적이라고 보았다. 조건화 원리는 베이즈주의에서 믿음의 정도의 변화를 설명하는 원리이므로, 베이즈주의자의 관점에서 벗어나지 않을 것이다. 따라서 특별한 이유가 없다면 믿음의 정도를 바꾸지 않는 것이 합리적이라고 설명할 것이다.

→ 적절하지 않음!

**② 어떤 행위를 할 특별한 이유가 있더라도 믿음의 정도의 변화 없이 그 행위를 해서는 안 된다고 말해 준다.**

**근거** ❷-9 이 원리(조건화 원리)는 믿음의 정도에 관한 것이지 행위에 관한 것은 아니다.

**풀이** 조건화 원리는 믿음의 정도에 관한 것이지 행위에 관한 것이 아니므로, 어떤 행위를 하거나 해서는 안 된다는 판단과 관련지어 설명하는 것은 적절하지 않다.

→ 적절하지 않음!

**③ 새롭게 알게 된 명제와는 관련 없는 명제에 대해 우리의 믿음의 정도가 어떠해야 하는지에 대해서 말해 주지 않는다.**

말해 준다

**근거** ❸-2 조건화 원리에 따르면, 어떤 명제가 참인지 거짓인지 새롭게 알게 되더라도 그 명제와 관련 없는 명제에 대한 믿음의 정도는 변하지 않아야 한다.

**풀이** 새롭게 알게 된 명제와는 관련 없는 명제에 대한 믿음의 정도는 변하지 않아야 한다고 설명하고 있다.

→ 적절하지 않음!

**④ 어떤 명제가 참인 것을 새롭게 알게 되고 동시에 그와 다른 명제가 거짓인 것을 새롭게 알게 되었을 때에도 적용될 수 있다.**

**근거** ❷-8 조건화 원리는 새롭게 알게 된 명제가 동시에 둘 이상인 경우에도 마찬가지로 적용된다.

→ 적절함!

**⑤ 임의의 명제를 새롭게 알기 전에 그와 다른 명제에 대해 가장 강하지도 않고 가장 약하지도 않은 믿음의 정도를 가지고 있는 인식 주체에게는 적용될 수 없다.**

도 적용할 수 있다

**근거** ❷-4 이(베이즈주의자의 정교한 설명)에 따르면, 인식 주체가 특정 시점에 임의의 명제 A가 참이라는 것만을 또는 거짓이라는 것만을 새롭게 알게 됐을 때, 다른 임의의 명제 B에 대한 인식 주체의 기존 믿음의 정도의 변화는 조건화 원리의 적용을 받는다.

**풀이** 인식 주체가 임의의 명제를 새롭게 알게 되었을 때, 다른 명제에 대한 기존 믿음의 정도의 변화는 조건화 원리의 적용을 받는다. 임의의 명제를 새롭게 알기 전 믿음의 정도가 어떠한지에 따라 조건화 원리 적용 가능 여부가 결정된다는 내용은 윗글에서 언급되지 않았다.

→ 적절하지 않음!

1등급 문제

**089** | 구체적인 상황에 적용 - 적절하지 않은 것 고르기 2020학년도 수능 19번
정답률 55%, 매력적 오답 ③ 20% ④ 15% | 정답 ⑤

**다음은 윗글을 읽은 학생의 독서 활동 기록이다. 윗글을 참고할 때, [A]에 들어갈 내용으로 적절하지 않은 것은?** [3점]

> **[독서 후 심화 활동]**
> 글의 내용을 다른 상황에 적용해 보자.
> ㅇ상황
> 병과 정은 공동 발표 내용을 기록한 흰색 수첩 하나를 잃어버렸다는 것을 알게 되었다. 그 수첩에는 병의 이름이 적혀 있다. 이와 관련해 병과 정은 다음 명제 ㉮가 참이라고 믿지만 믿음의 정도가 아주 강하지는 않다.
>
> ㉮ 병의 수첩은 체육관에 있다.
>
> 병 혹은 정이 참이라고 새롭게 알게 될 수 있는 명제는 다음과 같다.
>
> ㉯ 체육관에 누군가의 이름이 적힌 흰색 수첩이 있다.
> ㉰ 병의 이름이 적혀 있지만 어떤 색인지 확인이 안 된 수첩이 병의 집에 있다.
>
> 병과 정은 ㉯와 ㉰ 이외에는 ㉮와 관련이 있는 어떤 명제도 새롭게 알게 되지 않고, 조건화 원리에 의해서만 자신들의 믿음의 정도를 바꾼다.
> ㅇ적용
> [A]

**① 병이 ㉮와 관련이 없는 다른 명제만을 새롭게 알게 된다면, ㉮에 대한 병의 믿음의 정도는 변하지 않겠군.**

근거 ❸-2 조건화 원리에 따르면, 어떤 명제가 참인지 거짓인지 새롭게 알게 되더라도 그 명제와 관련 없는 명제에 대한 믿음의 정도는 변하지 않아야 한다.

풀이 새롭게 알게 된 명제가 ㉮와 관련이 없는 경우, 조건화 원리에 따라 ㉮에 대한 병의 믿음의 정도는 변하지 않을 것이다.

→ 적절함!

**② 병이 ㉯만을 알게 된다면, 그 후에 ㉮가 참이라는 것에 대한 병의 믿음의 정도는 그 전보다 더 강해질 수 있겠군.**

근거 ❷-5 이(조건화 원리)는 믿음의 정도의 변화에 관한 원리로서, 만약 인식 주체가 A가 참이라는 것만을 새롭게 알게 된다면, B가 참이라는 것에 대한 그 인식 주체의 믿음의 정도는 애초의 믿음의 정도에서 A가 참이라는 조건하에 B가 참이라는 것에 대한 믿음의 정도로 되어야 함을 의미, ❷-7 조건화 원리에 따르면, 갑이 실제로 '오늘 비가 온다.'가 참이라는 것만을 새롭게 알게 될 때, '내일 비가 온다.'가 참이라는 것을 그 이전보다 더 강하게 믿는 것이 합리적

풀이 인식 주체인 병이 '체육관에 누군가의 이름이 적힌 흰색 수첩이 있다.'(㉯)라는 명제가 참이라는 것만을 새롭게 알게 된다면, 체육관에 있는 수첩에 병의 이름이 적혀 있을 것이라고 생각할 수 있으므로 '병의 수첩은 체육관에 있다.'(㉮)라는 명제가 참이라는 것에 대한 병의 믿음의 정도는 이전보다 더 강해질 것이다.

→ 적절함!

**③ 병이 ㉯를 알게 된 후에 ㉰를 추가로 알게 된다면, ㉮가 참이라는 것에 대한 병의 믿음의 정도는 ㉰를 추가로 알기 전보다 더 약해질 수 있겠군.**

근거 ❷-5 이(조건화 원리)는 믿음의 정도의 변화에 관한 원리로서, 만약 인식 주체가 A가 참이라는 것만을 새롭게 알게 된다면, B가 참이라는 것에 대한 그 인식 주체의 믿음의 정도는 애초의 믿음의 정도에서 A가 참이라는 조건하에 B가 참이라는 것에 대한 믿음의 정도로 되어야 함을 의미

풀이 먼저, 병이 '체육관에 누군가의 이름이 적힌 흰색 수첩이 있다.'(㉯)라는 명제가 참이라는 것을 새롭게 알게 된다면, 체육관에 있는 수첩에 병의 이름이 적혀 있을 것이라고 생각할 수 있으므로 '병의 수첩은 체육관에 있다.'(㉮)라는 명제가 참이라는 것에 대한 병의 믿음의 정도는 이전보다 강해졌을 것이다. 그런데 그 후 병이 '병의 이름이 적혀 있지만 어떤 색인지 확인이 안 된 수첩이 병의 집에 있다.'(㉰)가 참이라는 것을 추가로 알게 된다면, 병의 수첩이 체육관에 있을 수도 있고 집에 있을 수도 있다고 생각하게 되므로 '병의 수첩은 체육관에 있다.'(㉮)라는 명제가 참이라는 것에 대한 병의 믿음의 정도는 ㉰를 추가로 알기 전보다 더 약해질 것이다.

→ 적절함!

**④ 병이 ㉯와 ㉰를 동시에 알게 된다면, ㉮가 참이라는 것에 대한 병의 믿음의 정도는 ㉯와 ㉰가 참이라는 조건하에 ㉮가 참이라는 것에 대한 믿음의 정도로 변하겠군.**

근거 ❷-5 이(조건화 원리)는 믿음의 정도의 변화에 관한 원리로서, 만약 인식 주체가 A가 참이라는 것만을 새롭게 알게 된다면, B가 참이라는 것에 대한 그 인식 주체의 믿음의 정도는 애초의 믿음의 정도에서 A가 참이라는 조건하에 B가 참이라는 것에 대한 믿음의 정도로 되어야 함을 의미, ❷-8 조건화 원리는 새롭게 알게 된 명제가 동시에 둘 이상인 경우에도 마찬가지로 적용된다.

풀이 조건화 원리는 새롭게 알게 된 명제가 동시에 둘 이상인 경우에도 마찬가지로 적용된다고 하였으므로, 병이 ㉯와 ㉰를 동시에 알게 된다면, ㉮가 참이라는 것에 대한 병의 믿음의 정도는 ㉯와 ㉰가 참이라는 조건하에 ㉮가 참이라는 것에 대한 믿음의 정도로 변하게 된다.

→ 적절함!

**⑤ 병과 정이 ㉯를 알게 되기 전에 ㉮가 참이라는 것에 대한 믿음의 정도가 서로 다르다면, ㉯만을 알게 된 후에는 ㉮가 참이라는 것에 대한 병과 정의 믿음의 정도가 같을 수 없겠군.**

근거 ❶-3~4 베이즈주의자는 믿음은 정도의 문제라고 본다. 가령 각 인식 주체는 '내일 눈이 온다.'가 참이라는 것에 대하여 가장 강한 믿음의 정도에서 가장 약한 믿음의 정도까지 가질 수 있다, ❷-5 이(조건화 원리)는 믿음의 정도의 변화에 관한 원리로서, 만약 인식 주체가 A가 참이라는 것만을 새롭게 알게 된다면, B가 참이라는 것에 대한 그 인식 주체의 믿음의 정도는 애초의 믿음의 정도에서 A가 참이라는 조건하에 B가 참이라는 것에 대한 믿음의 정도로 되어야 함을 의미

풀이 각 인식 주체는 어떤 명제가 참이라는 것에 대해 가장 강한 믿음의 정도에서 가장 약한 믿음의 정도까지를 가질 수 있다. 병과 정이 ㉯를 알게 되기 전에 ㉮가 참이라는 것에 대한 믿음의 정도를 수치화하여 각각 20과 30이라고 가정해 보자. 이후 병과 정이 ㉯만을 알게 된다면 조건화 원리에 따라 ㉮가 참이라는 것에 대한 믿음의 정도가 변화하게 된다. 이때 변화의 폭은 병과 정이 각각 다를 수 있다. 즉 병은 +20만큼 믿음의 정도가 변화하고, 정은 +10만큼 믿음의 정도가 변화한다고 하면, 결과적으로 ㉮가 참이라는 것에 대한 믿음의 정도는 병이 40, 정이 40이 되어 병과 정의 믿음의 정도가 같아지게 된다. 따라서 병과 정이 ㉯를 알게 되기 전에 ㉮가 참이라는 것에 대한 믿음의 정도가 서로 다르더라도, ㉯만을 알게 된 후에는 ㉮가 참이라는 것에 대한 병과 정의 믿음의 정도가 같을 수 있다.

→ 적절하지 않음!

**090** | 문맥적 의미 파악 - 적절한 것 고르기 2020학년도 수능 20번
정답률 90% | 정답 ②

**문맥상 ⓐ~ⓔ의 단어와 가장 가까운 의미로 쓰인 것은?**

ⓐ 가질 ⓑ 따르면 ⓒ 본다 ⓓ 얻을 ⓔ 바꾸는

**① ⓐ : 어제 친구들과 함께 만나는 자리를 가졌다.**

풀이 ⓐ의 '가지다'는 문맥상 '생각, 태도, 사상 따위를 마음에 품다'의 의미로 쓰였다. 한편 '친구들과 함께 만나는 자리를 가졌다'의 '가지다'는 '모임을 치르다'의 의미이므로, ⓐ와 문맥상 가까운 의미로 보기 어렵다.

예문 그는 자신의 일에 자부심을 가지고 있다.
우리는 환경 문제에 대한 토론회를 가졌다.

→ 적절하지 않음!

**② ⓑ : 법에 따라 모든 절차가 공정하게 진행됐다.**

풀이 ⓑ의 '따르다'는 문맥상 '어떤 경우, 사실이나 기준 등에 의거하다'의 의미로 쓰였다. '법에 따라 절차가 진행됐다'의 '따르다' 또한 '어떤 경우, 사실이나 기준 등에 의거하다'의 의미로 쓰였으므로, ⓑ와 문맥상 가까운 의미이다.

예문 가족들은 고인의 뜻에 따라 불교 의식에 따른 장례식을 거행했다.

→ 적절함!

**③ ⓒ : 우리는 지금 아이를 봐 줄 분을 찾고 있다.**

풀이 ⓒ의 '보다'는 문맥상 '대상을 평가하다'의 의미로 쓰였다. 한편 '아이를 봐 줄 분을 찾다'의 '보다'는 '맡아서 보살피거나 지키다'의 의미이므로, ⓒ와 문맥상 가까운 의미로 보기 어렵다.

예문 그 신문에서는 이번 파업을 임금 인상 요구 때문이 아니라고 보았다.
급한 일이 생겨 손님에게 잠시만 가게를 보아 달라고 했다.

→ 적절하지 않음!

**④ ⓓ : 그는 젊었을 때 얻은 병을 아직 못 고쳤다.**

풀이 ⓓ의 '얻다'는 문맥상 '긍정적인 태도·반응·상태 따위를 가지거나 누리게 되다'의 의미로 쓰였다. 한편 '병을 얻었다'의 '얻다'는 '병을 앓게 되다'의 의미이므로, ⓓ와 문맥상 가까운 의미로 보기 어렵다.

예문 시험에 합격하여 면허를 얻게 되었다.

선생님은 과로한 탓으로 병을 얻고 말았다.

→ 적절하지 않음!

**⑤ ⓔ : 매장에서 헌 냉장고를 새 선풍기와 바꿨다.**

풀이 ⓔ의 '바꾸다'는 문맥상 '원래의 내용이나 상태를 다르게 고치다'의 의미로 쓰였다. 한편 '헌 냉장고를 새 선풍기와 바꿨다'의 '바꾸다'는 '원래 있던 것을 없애고 다른 것으로 채워 넣거나 대신하게 하다'의 의미이므로, ⓔ와 문맥상 가까운 의미로 보기 어렵다.

예문 영수는 오랜만에 머리 모양을 바꿔 보았다.
여행에서 남은 달러를 원화로 바꿨다.

→ 적절하지 않음!

**[091~094] 다음 글을 읽고 물음에 답하시오.**

1 [1]두 명제(命題, 참과 거짓을 판단할 수 있는 문장을 언어나 기호로 나타낸 것)가 모두 참인 것도 모두 거짓인 것도 가능하지 않은 관계를 모순(矛 창 모 盾 방패 순) 관계라고 한다. [2]예를 들어, 임의의(任意-, 제한받지 않고 마음대로 정한) 명제를 P라고 하면 P와 ~P는 모순 관계이다. [3](기호 '~'은 부정(否定, 어떤 특정의 진릿값을 갖는 명제를 그와 반대되는 진릿값을 갖는 명제로 만드는 논리적 조작)을 나타낸다.) [4]P와 ~P가 모두 참인 것은 가능하지 않다는 법칙을 무모순율이라고 한다. [5]그런데 "㉠ 다보탑은 경주에 있다."와 "㉡ 다보탑은 개성에 있을 수도 있었다."는 모순 관계가 아니다.(㉠과 ㉡이 모두 참이거나 모두 거짓인 것이 가능하다.) [6]현실과 다르게 다보탑을 경주가 아닌 곳에 세웠다면 다보탑의 소재지(所在地, 자리 잡고 있는 곳)는 지금과 달라졌을 것이다. [7]철학자들은 이를 두고, P와 ~P가 모두 참인 혹은 모두 거짓인 가능세계는 없지만 다보탑이 개성에 있는 가능세계는 있다고 표현한다.

→ 모순 관계의 개념과 가능세계

2 [1]'가능세계'의 개념은 일상 언어에서 흔히 쓰이는 필연성(必然性, 반드시 그렇게 될 수밖에 없는 성질)과 가능성(可能性, 일이 이루어지거나 실현될 수 있는 성질)에 관한 진술(陳述, 특정 상태를 명제로 제시하는 방식)을 분석하는 데 중요한 역할을 한다. [2]'P는 가능하다'는 P가 적어도 하나의 가능세계에서 성립한다는(成立-, 제대로 이루어진다는) 뜻이며, 'P는 필연적이다'는 P가 모든 가능세계에서 성립한다는 뜻이다. [3]"만약 Q이면 Q이다."를 비롯한 필연적인 명제들은 모든 가능세계에서 성립한다. [4]"다보탑은 경주에 있다."와 같이 가능하지만 필연적이지는 않은 명제는 우리의 현실세계를 비롯한 어떤 가능세계(우리가 지금 실제로 살고 있는 세계를 포함하여, 있을 수 있다고 가정되는 세계)에서는 성립하고 또 어떤 가능세계에서는 성립하지 않는다.

→ '가능세계'의 개념

3 [1]가능세계를 통한 담론(談論, 체계적인 논의와 논의의 결과)은 우리의 일상적인 몇몇 표현들을 보다 잘 이해하는 데 도움이 된다. [2]다음 상황을 생각해 보자. [3]나는 현실에서 아침 8시에 출발하는 기차를 놓쳤고, 지각을 했으며, 내가 놓친 기차는 제시간에 목적지에 도착했다. [4]그리고 나는 "만약 내가 8시 기차를 탔다면, 나는 지각을 하지 않았다."라고 주장한다. [5]그런데 전통 논리학에서는 "만약 A이면(내가 8시 기차를 탔다면) B이다.(나는 지각을 하지 않았다.)"라는 형식의 명제는 A가 거짓인 경우에는 B의 참 거짓에 상관없이 참이라고 규정한다.(規定-, 밝혀 정한다.) [6]그럼에도 ⓐ 내가 만약 그 기차를 탔다면 여전히 지각을 했을 것이라고(만약 A이면 ~B이라고) 주장하지는 않는 이유는 무엇일까? [7]내가 그(8시에 출발하는) 기차를 탄 가능세계들을 생각해 보면 그(내가 만약 그 기차를 탔다면 여전히 지각을 했을 것이라고 주장하지 않는) 이유를 알 수 있다. [8]그(내가 8시에 출발하는 기차를 탄) 가능세계 중 어떤 세계에서 나는 여전히 지각을 한다. [9]가령(假令, 예를 들어) 내가 탄 그(8시에 출발하는) 기차가 고장으로 선로(線路, 기찻길)에 멈춰 운행이 오랫동안 지연된(遲延-, 시간이 늦춰진) 세계가 그런(8시에 출발하는 기차를 타고도 여전히 지각을 하는) 예이다. [10]하지만 내가 기차를 탄 세계들 중에서, 내가 기차를 타고 별다른 이변(異變, 예상하지 못한 사태) 없이 제시간에 도착한 세계가 그렇지 않은 세계보다 우리의 현실세계와의 유사성(類似性, 서로 비슷한 성질)이 더 높다. [11]일반적으로, A가 참인(내가 8시 기차를 탄) 가능세계들 중에 비교할 때, B도 참인((8시 기차를 타고) 지각하지 않은) 가능세계가 B가 거짓인((8시 기차를 타고) 지각한) 가능세계보다 현실세계와 더 유사하다면, 현실세계의 나는 A가 실현되지 않은(A가 거짓인, 즉 8시 기차를 놓친) 경우에, 만약 A라면 ~B가 아닌 B이라고 말할 수 있다.

→ 일상적인 표현 이해에 도움을 주는 가능세계

4 [1]가능세계는 다음의 네 가지 성질을 갖는다. [2]첫째는 가능세계의 일관성(一貫性, 처음부터 끝까지 한결같은 성질)이다. [3]가능세계는 명칭(名稱, 이름) 그대로 가능한 세계이므로 어떤 것이 가능하지 않다면 그것이 성립하는 가능세계는 없다. [4]둘째는 가능세계의 포괄성(包括性, 일정한 범위 안에 모두 끌어넣는 성질)이다. [5]이것은 어떤 것이 가능하다면 그것이 성립하는 가능세계는 존재한다는 것이다. [6]셋째는 가능세계의 완결성(完結性, 완전히 끝을 맺은 상태나 특성)이다. [7]어느 세계에서든 임의의 명제 P에 대해 "P이거나 ~P이다."라는 배중률(排 밀치다 배 中 사이 중 律 법칙 률, 서로 모순되는 두 가지의 판단이 모두 참일 수는 없다는 원리)이 성립한다. [8]즉 P와 ~P 중 하나는 반드시 참이라는 것이다. [9]넷째는 가능세계의 독립성(獨立性, 다른 것에 영향을 받거나 의존하지 않고 독자적으로 존재하는 성질)이다. [10]한 가능세계는 모든 시간과 공간을 포함해야만 하며, 연속된 시간과 공간에 포함된 존재들은 모두 동일한 하나의 세계에만 속한다. [11]한 가능세계 W1의 시간과 공간이, 다른 가능세계 W2의 시간과 공간으로 이어질 수는 없다. [12]W1과 W2는 서로 시간과 공간이 전혀 다른 세계이다.

→ 가능세계의 네 가지 성질

5 [1]가능세계의 개념은 철학에서 갖가지 흥미로운 질문과 통찰(洞察, 예리한 관찰력으로 사물을 꿰뚫어 봄)을 이끌어 내며, 그(가능세계)에 관한 연구 역시 활발히 진행되고 있다. [2]나아가 가능세계를 활용한 논의는 오늘날 인지 과학, 언어학, 공학 등의 분야로 그 응용(應用, 이론이나 이미 얻은 지식을 구체적인 사례나 다른 분야의 일에 적용하여 이용함)의 폭을 넓히고 있다.

→ 가능세계의 연구와 활용

■지문 이해

<가능세계의 개념과 성질>

**❶ 모순 관계의 개념과 가능세계**
- 모순 관계 : 두 명제가 모두 참인 것도 모두 거짓인 것도 가능하지 않은 관계, P와 ~P
- 무모순율 : P와 ~P가 모두 참인 것은 가능하지 않다는 법칙

**❷ '가능세계'의 개념**
- 필연적 명제는 모든 가능세계에서 성립함
- 가능하지만 필연적이지 않은 명제는 어떤 가능세계에서는 성립하고 어떤 가능세계에서는 성립하지 않음

**❸ 일상적인 표현 이해에 도움을 주는 가능세계**
- "만약 A이면 B이다."라는 명제에서 A가 참인 가능세계들을 비교할 때, B도 참인 가능세계가 B가 거짓인 가능세계보다 현실세계와 더 유사할 경우 현실세계의 '나'는 A가 실현되지 않은 경우에, 만약 A라면 ~B가 아닌 B이라고 말할 수 있음

**❹ 가능세계의 네 가지 성질**
- 일관성 : 어떤 것이 가능하지 않다면 그것이 성립하는 가능세계는 없음
- 포괄성 : 어떤 것이 가능하다면 그것이 성립하는 가능세계는 존재함
- 완결성 : 임의의 명제 P에 대하여 배중률이 성립함
- 독립성 : 한 가능세계는 모든 시간과 공간을 포함해야만 하며, 연속된 시간과 공간에 포함된 존재들은 모두 동일한 하나의 세계에만 속함

**❺ 가능세계의 연구와 활용**
- 가능세계에 대한 연구는 활발히 진행되고 있으며, 응용의 폭을 넓히고 있음

1등급 문제

**091** 세부 정보 이해 - 적절한 것 고르기 2019학년도 수능 39번
정답률 60%, 매력적 오답 ② 10% ③ 15% 정답 ①

**윗글의 내용과 일치하는 것은?**

**① 배중률은 모든 가능세계에서 성립한다.**

근거 ❹-7 어느 세계에서든 임의의 명제 P에 대해 "P이거나 ~P이다."라는 배중률이 성립한다.

→ 적절함!

**② 모든 가능한 명제는 현실세계에서 성립한다.**

근거 ❷-4 가능하지만 필연적이지는 않은 명제는 우리의 현실세계를 비롯한 어떤 가능

세계에서는 성립하고 또 어떤 가능세계에서는 성립하지 않는다.

→ 적절하지 않음!

**③ 필연적인 명제가 성립하지 않는 가능세계가 있다.** (없다)

근거 ❷-3 필연적인 명제들은 모든 가능세계에서 성립한다.

→ 적절하지 않음!

**④ 무모순율에 의하면 P와 ~P가 모두 참인 것은 가능하다.** (가능하지 않다)

근거 ❶-4 P와 ~P가 모두 참인 것은 가능하지 않다는 법칙을 무모순율이라고 한다.

→ 적절하지 않음!

**⑤ 전통 논리학에 따르면 "만약 A이면 B이다."의 참 거짓은 A의 참 거짓과 상관없이 결정된다.** (A가 거짓인 경우 B의 참 거짓에 상관없이)

근거 ❸-5 전통 논리학에서는 "만약 A이면 B이다."라는 형식의 명제는 A가 거짓인 경우에는 B의 참 거짓에 상관없이 참이라고 규정한다.

→ 적절하지 않음!

1등급 문제

## 092

세부 정보 이해 - 적절하지 않은 것 고르기 2019학년도 수능 40번
정답률 50%, 매력적 오답 ③ 10% ④ 20% ⑤ 15%

정답 ②

### ㉠, ㉡에 대한 이해로 적절하지 않은 것은?

> ㉠ 다보탑은 경주에 있다.
> ㉡ 다보탑은 개성에 있을 수도 있었다.

**① ㉠이 성립하지 않는 가능세계가 존재한다.**

근거 ❷-4 "다보탑은 경주에 있다."와 같이 가능하지만 필연적이지는 않은 명제는 우리의 현실세계를 비롯한 어떤 가능세계에서는 성립하고 또 어떤 가능세계에서는 성립하지 않는다.

→ 적절함!

**② "만약 다보탑이 개성에 있다면, 다보탑은 개성에 있다."가 성립하는 가능세계 중에는 ㉠이 거짓인 가능세계는 없다.** (= "만약 Q이면 Q이다." = 필연적인 명제 / ㉠: 가능하지만 필연적이지 않은 명제)

근거 ❷-3~4 "만약 Q이면 Q이다."를 비롯한 필연적인 명제들은 모든 가능세계에서 성립한다. "다보탑은 경주에 있다."와 같이 가능하지만 필연적이지는 않은 명제는 우리의 현실세계를 비롯한 어떤 가능세계에서는 성립하고 또 어떤 가능세계에서는 성립하지 않는다.

풀이 "만약 다보탑이 개성에 있다면, 다보탑은 개성에 있다."는 필연적인 명제로, 이와 같은 필연적인 명제는 모든 가능세계에서 성립한다. 즉 "만약 다보탑이 개성에 있다면, 다보탑은 개성에 있다."가 성립하는 가능세계는 곧 모든 가능세계를 뜻한다. 한편 ㉠(다보탑은 경주에 있다.)은 가능하지만 필연적이지 않은 명제로, 어떤 가능세계에서는 성립하지 않는다고 하였다. 따라서 모든 가능세계 중 ㉠이 거짓인 가능세계가 있다고 볼 수 있다.

→ 적절하지 않음!

**③ ㉡과 "다보탑은 개성에 있지 않다."는 모순 관계가 아니다.**

근거 ❶-1 두 명제가 모두 참인 것도 모두 거짓인 것도 가능하지 않은 관계를 모순 관계라고 한다.

풀이 ㉡(다보탑은 개성에 있을 수도 있었다.)과 "다보탑은 개성에 있지 않다."가 모순 관계이려면 두 명제가 모두 참인 것도, 모두 거짓인 것도 가능하지 않아야 한다. 그러나 ㉡이 참일 때 "다보탑은 개성에 있지 않다."도 참이 될 수 있다. 즉 두 명제 모두 참인 것이 가능하다. 따라서 ㉡과 "다보탑은 개성에 있지 않다."는 모순 관계가 아니다.

→ 적절함!

**④ 만약 ㉡이 거짓이라면 어떤 가능세계에서도 다보탑이 개성에 있지 않다.**

근거 ❶-7 철학자들은 이를 두고 … 다보탑이 개성에 있는 가능세계는 있다고 표현한다, ❹-3 가능세계는 명칭 그대로 가능한 세계이므로 어떤 것이 가능하지 않다면 그것이 성립하는 가능세계는 없다.

풀이 ㉡(다보탑은 개성에 있을 수도 있었다.)은 다보탑이 개성에 있는 가능세계가 있다는 뜻이다. 이는 '다보탑이 개성에 있는 것'이 가능한 세계를 말한다. 만약 ㉡이 거짓이라면 다보탑이 개성에 있는 것이 가능하지 않다는 뜻이므로, '다보탑이 개성에 있는 것'이 성립하는 가능세계는 없다. 따라서 ㉡이 거짓이라면 어떤 가능세계에서도 다보탑이 개성에 있지 않다.

→ 적절함!

**⑤ ㉠과 ㉡은 현실세계에서 둘 다 참인 것이 가능하다.**

근거 ❶-1 두 명제가 모두 참인 것도 모두 거짓인 것도 가능하지 않은 관계를 모순 관계라고 한다, ❶-5 "다보탑은 경주에 있다."(㉠)와 "다보탑은 개성에 있을 수도 있었다."(㉡)는 모순 관계가 아니다.

풀이 ㉠과 ㉡은 모순 관계가 아니므로, 두 명제 모두 참인 것도, 모두 거짓인 것도 가능하다. 현실세계에서는 다보탑이 경주에 있으므로, 현실세계에서 ㉠과 ㉡은 둘 다 참인 것이 가능하다.

→ 적절함!

1등급 문제

## 093

추론의 적절성 판단 - 적절한 것 고르기 2019학년도 수능 41번
정답률 55%, 매력적 오답 ② 15% ④ 20%

정답 ③

### 윗글을 바탕으로 할 때, ⓐ에 대한 답으로 가장 적절한 것은?

> ⓐ 내가 만약 그 기차를 탔다면 여전히 지각을 했을 것이라고 주장하지는 않는 이유는 무엇일까?

**① 내가 그 기차를 타지 않은 가능세계들끼리 비교할 때 지각을 한 가능세계와 지각을 하지 않은 가능세계가 현실세계와의 유사성의 정도가 다르기 때문이다.** (탄)

근거 ❸-7 내가 그 기차를 탄 가능세계들을 생각해 보면 그 이유를 알 수 있다, ❸-10 내가 기차를 탄 세계들 중에서, 내가 기차를 타고 별다른 이변 없이 제시간에 도착한 세계가 그렇지 않은 세계보다 우리의 현실세계와의 유사성이 더 높다.

→ 적절하지 않음!

**② 내가 그 기차를 타지 않은 가능세계들끼리 비교할 때 기차 고장이 자주 일어나지 않는 가능세계가 현실세계와의 유사성이 높기 때문이다.** (탄)

근거 ❸-7 내가 그 기차를 탄 가능세계들을 생각해 보면 그 이유를 알 수 있다, ❸-10 내가 기차를 탄 세계들 중에서, 내가 기차를 타고 별다른 이변 없이 제시간에 도착한 세계가 그렇지 않은 세계보다 우리의 현실세계와의 유사성이 더 높다.

→ 적절하지 않음!

**③ 내가 그 기차를 탄 가능세계들끼리 비교할 때 내가 지각을 한 가능세계가 내가 지각을 하지 않은 가능세계에 비해 현실세계와의 유사성이 더 낮기 때문이다.**

근거 ❸-10~11 내가 기차를 탄 세계들 중에서, 내가 기차를 타고 별다른 이변 없이 제시간에 도착한 세계가 그렇지 않은 세계보다 우리의 현실세계와의 유사성이 더 높다. 일반적으로, A가 참인 가능세계들 중에 비교할 때, B도 참인 가능세계가 B가 거짓인 가능세계보다 현실세계와 더 유사하다면, 현실세계의 나는 A가 실현되지 않은 경우에, 만약 A라면 ~B가 아닌 B이라고 말할 수 있다.

→ 적절함!

**④ 내가 그 기차를 탄 가능세계들끼리 비교할 때 그 가능세계들의 대다수에서 내가 지각을 하지 않았기 때문이다.**

근거 ❸-10~11 내가 기차를 탄 세계들 중에서, 내가 기차를 타고 별다른 이변 없이 제시간에 도착한 세계가 그렇지 않은 세계보다 우리의 현실세계와의 유사성이 더 높다. 일반적으로, A가 참인 가능세계들 중에 비교할 때, B도 참인 가능세계가 B가 거짓인 가능세계보다 현실세계와 더 유사하다면, 현실세계의 나는 A가 실현되지 않은 경우에, 만약 A라면 ~B가 아닌 B이라고 말할 수 있다.

풀이 ⓐ에 대한 답은 가능세계와 현실세계의 '유사성을 비교하여' 찾을 수 있는 것이지, 가능세계의 '수를 세어' 찾을 수 있는 것이 아니다.

→ 적절하지 않음!

**⑤ 내가 그 기차를 탄 것이 현실세계에서 거짓이기 때문이다.**

근거 ❸-11 일반적으로, A가 참인 가능세계들 중에 비교할 때, B도 참인 가능세계가 B가 거짓인 가능세계보다 현실세계와 더 유사하다면, 현실세계의 나는 A가 실현되지 않은 경우에, 만약 A라면 ~B가 아닌 B이라고 말할 수 있다.

풀이 내가 그 기차를 탄 것이 현실세계에서 거짓인 것은 맞으나, 이는 ⓐ에 대한 답으로 적절하지 않다. ⓐ에 대한 답은 현실세계가 아니라 내가 그 기차를 탄 것이 참인 가능세계들의 비교를 통해 찾을 수 있다.

→ 적절하지 않음!

1등급 문제

**094** 추론의 적절성 판단 - 적절한 것 고르기 2019학년도 수능 42번
정답률 35%, 매력적 오답 ① 15% ② 15% ③ 30%
정답 ④

**윗글을 참고할 때, <보기>를 이해한 내용으로 적절한 것은?** 3점

| 보기 |
[1]명제 "모든 학생은 연필을 쓴다."와 "어떤 학생도 연필을 쓰지 않는다."는 반대 관계이다. [2]이 말은, 두 명제 다 참인 것은 가능하지 않지만, 둘 중 하나만 참이거나 둘 다 거짓인 것은 가능하다는 뜻이다.

▶ 지문 핵심 개념 정리

| 가능세계의 네 가지 성질 |
|---|
| • 일관성 : 어떤 것이 가능하지 않다면 그것이 성립하는 가능세계는 없음(❹-2~3)<br>• 포괄성 : 어떤 것이 가능하다면 그것이 성립하는 가능세계는 존재함(❹-4~5)<br>• 완결성 : 임의의 명제 P에 대하여 배중률이 성립함(❹-6~8)<br>• 독립성 : 한 가능세계는 모든 시간과 공간을 포함해야만 하며, 연속된 시간과 공간에 포함된 존재들은 모두 동일한 하나의 세계에만 속함(❹-9~10) |

**① 가능세계의 완결성과 독립성에 따르면, 모든 학생이 연필을 쓰는 가능세계가 존재한다는 것과 어떤 학생도 연필을 쓰지 않는 가능세계가 존재한다는 것 중 하나는 반드시 참이고, 그중 한 세계의 시간과 공간이 다른 세계로 이어질 수 없겠군.**

근거 <보기>-2 두 명제 다 참인 것은 가능하지 않지만, 둘 중 하나만 참이거나 둘 다 거짓인 것은 가능

풀이 먼저 가능세계의 완결성은 어느 세계에서든 임의의 명제 P에 대하여 P이거나 ~P 둘 중 하나는 반드시 참이라는 것이다. 그러나 이는 '하나의' 가능세계 안에서 명제가 어떻게 성립하느냐에 관한 것일 뿐, P인 세계가 있거나 ~P인 세계가 있다는 식의 가능세계의 존재에 관한 원리가 아니다. 그리고 가능세계의 독립성은 한 가능세계의 시공간이 다른 가능세계의 시공간과 이어질 수 없다는 원리일 뿐, 이 역시 P인 세계가 있거나 ~P인 세계가 있다는 것을 말해 주지는 않는다. 따라서 가능세계의 완결성과 독립성만 보고, '모든 학생이 연필을 쓰는 가능세계가 존재한다는 것과 어떤 학생도 연필을 쓰지 않는 가능세계가 존재한다는 것 중 하나는 반드시 참'임을 알 수는 없다. 가능세계의 존재에 관해 알기 위해서는 가능세계의 포괄성을 보아야 한다. 윗글에서 가능세계의 포괄성은, 어떤 것이 가능하다면 그것이 성립하는 가능세계가 존재한다는 원리라고 하였다. "모든 학생은 연필을 쓴다."와 "어떤 학생도 연필을 쓰지 않는다."는 각각 참일 수 있으므로, 모든 학생이 연필을 쓰는 가능세계와 어떤 학생도 연필을 쓰지 않는 가능세계가 모두 존재한다. <보기>에서 두 명제가 다 참일 수 없다고 한 것은, 두 명제가 하나의 가능세계 안에서 동시에 참일 수 없다는 의미이다.
한편 가능세계의 포괄성에 따라 모든 학생이 연필을 쓰는 가능세계와 어떤 학생도 연필을 쓰지 않는 가능세계가 모두 존재하므로, 이때의 각각의 가능세계들은 가능세계의 독립성에 따라 한 세계의 시간과 공간이 다른 세계로 이어질 수 없다.

→ 적절하지 않음!

**② 가능세계의 포괄성과 독립성에 따르면, "어떤 학생도 연필을 쓰지 않는다."가 성립하면서 그 세계에 속한 한 명의 학생이 연필을 쓰는 가능세계들이 존재하고, 그 세계들의 시간과 공간은 서로 단절되어 있겠군.**

풀이 가능세계의 포괄성은, 어떤 것이 가능하다면 그것이 성립하는 가능세계가 존재한다는 원리이다. "어떤 학생도 연필을 쓰지 않는다."라는 명제가 참인 것이 가능하므로, 어떤 학생도 연필을 쓰지 않는 가능세계는 존재한다. 그러나 "어떤 학생도 연필을 쓰지 않는다."와 "한 명의 학생이 연필을 쓴다."의 두 명제가 동시에 참일 수 없다. 윗글에서 어떤 것이 가능하지 않다면 그것이 성립하는 가능세계는 없다고 하였으므로, 가능세계의 일관성에 따라 '"어떤 학생도 연필을 쓰지 않는다."가 성립하면서 그 세계에 속한 한 명의 학생이 연필을 쓰는 가능세계'는 존재할 수 없다. 또한 가능세계가 존재하지 않으므로 가능세계의 독립성도 적용할 수 없다.

→ 적절하지 않음!

**③ 가능세계의 완결성에 따르면, 어느 세계에서든 "어떤 학생은 연필을 쓴다."와 "어떤(모든) 학생은 연필을 쓰지 않는다." 중 하나는 반드시 참이겠군.**

풀이 가능세계의 완결성은 어느 세계에서든 배중률이 성립한다는 원리이다. 다시 말해, 어느 세계에서든 임의의 명제 P에 대하여 P이거나 ~P 둘 중 하나는 반드시 참이라는 것이다. 그런데 "어떤 학생은 연필을 쓴다."와 "어떤 학생은 연필을 쓰지 않는다."는 P와 ~P의 관계가 아니다. 어떤 학생은 연필을 쓰면서 어떤 학생은 쓰지 않는 것이 가능하기 때문이다. 즉, 둘 다 참일 수 있기 때문이다.
"어떤 학생은 연필을 쓴다."의 부정은 "모든 학생이 연필을 쓰지 않는다."로, 이 경우에는 가능세계의 완결성에 따라 배중률이 성립하여 둘 중 하나는 반드시 참이 된다.

→ 적절하지 않음!

**④ 가능세계의 포괄성에 따르면, '"모든 학생은 연필을 쓴다."가 참이거나 "어떤 학생도 연필을 쓰지 않는다."가 참'인 가능세계들이 있겠군.**

근거 <보기>-2 둘 중 하나만 참이거나 둘 다 거짓인 것은 가능하다

풀이 윗글에서 가능세계의 포괄성은, 어떤 것이 가능하다면 그것이 성립하는 가능세계가 존재한다는 원리라고 하였다. 그런데 "모든 학생은 연필을 쓴다."와 "어떤 학생도 연필을 쓰지 않는다."는 반대 관계이므로, 둘 중 하나가 참인 것이 가능하다. 따라서 '"모든 학생은 연필을 쓴다."가 참이거나 "어떤 학생도 연필을 쓰지 않는다."가 참'인 가능세계는 존재한다.

→ 적절함!

**⑤ 가능세계의 일관성(포괄성)에 따르면, 학생들 중 절반은 연필을 쓰고 절반은 연필을 쓰지 않는 가능세계가 존재하겠군.**

풀이 가능세계의 일관성은, 어떤 것이 불가능하다면 그것이 성립하는 세계는 없다는 원리이다. 이는 가능세계의 존재에 관한 원리가 아니라 가능세계의 부재(不在, 존재하지 않음)에 관한 원리이다. '학생들 중 절반은 연필을 쓰고 절반은 연필을 쓰지 않는 가능세계가 존재'하는지 알기 위해서는 가능세계의 포괄성을 보아야 한다. 가능세계의 포괄성은, 어떤 것이 가능하다면 그것이 성립하는 가능세계가 존재한다는 원리이다. 학생들 중 절반은 연필을 쓰고 절반은 연필을 쓰지 않는 것이 가능하므로, 그러한 가능세계는 존재한다.

→ 적절하지 않음!

**[095~098] 다음 글을 읽고 물음에 답하시오.**

1 [1]어떤 명제(命題, 참과 거짓을 판단할 수 있는 문장)가 참이라는 것은 무슨 뜻인가? [2]이 질문에 대한 답변 중 하나가 정합설이다. [3]정합설에 따르면, 어떤 명제가 참인 것은 그 명제가 다른 명제와 정합적이기 때문이다. [4]그러면 '정합적이다'는 무슨 의미인가? [5]정합적이라는 것은 명제들 간의 특별한 관계인데, 이 특별한 관계가 무엇인지에 대해 전통적으로는 '모순 없음'과 '함축', 그리고 최근에는 '설명적 연관' 등으로 정의해 왔다.

→ '정합적이다'의 세 가지 정의

2 [1]먼저 '정합적이다'를 모순 없음으로 정의하는 경우, 추가되는 명제가 이미 참이라고 ㉠ 인정한 명제와 모순이 없으면 정합적이고, 모순이 있으면 정합적이지 않다. [2]여기서 모순이란 "은주는 민수의 누나이다."와 "은주는 민수의 누나가 아니다."처럼 ㉮ 동시에 참이 될 수도 없고 또 동시에 거짓이 될 수도 없는 명제들 간의 관계를 말한다. [3]'정합적이다'를 모순 없음으로 정의하는 입장에 따르면, "은주는 민수의 누나이다."가 참일 때 추가되는 명제 "은주는 학생이다."는 앞의 명제와 모순이 되지 않기 때문에 정합적이고, 정합적이기 때문에 참이다. [4]그런데 '정합적이다'를 모순 없음으로 이해하면, 앞의 예에서처럼 전혀 관계가 없는 명제들도 모순이 ㉡ 발생하지 않는다는 이유 하나만으로 모두 정합적이고 참이 될 수 있다는 문제가 생긴다.

→ '정합적이다'를 '모순 없음'으로 정의하는 경우

3 [1]이 문제를 ㉢ 해결하기 위해서 '정합적이다'를 함축으로 정의하기도 한다. [2]함축은 "은주는 민수의 누나이다."가 참일 때 "은주는 여자이다."는 반드시 참이 되는 것과 같은 관계를 이른다. [3]명제 A가 명제 B를 함축한다는 것은 'A가 참일 때 B가 반드시 참'이라는 의미이다. [4]'정합적이다'를 함축으로 이해하면, 명제 "은주는 민수의 누나이다."가 참일 때 이와 무관한(無關-, 상관없는) 명제 "은주는 학생이다."는 모순이 없다고 해도 정합적이지 않다. [5]왜냐하면 "은주는 학생이다."는 "은주는 민수의 누나이다."에 의해 함축되지 않기 때문이다.(은주가 민수의 누나지만 학생이 아닌 경우도 있기 때문이다.)

→ '정합적이다'를 '함축'으로 정의하는 경우

4 [1]그런데 '정합적이다'를 함축으로 정의할 경우에는 참이 될 수 있는 명제가 ㉣ 과도하게 제한된다. [2]그래서 '정합적이다'를 설명적 연관으로 정의하기도 한다. [3]명제 "민수는 운동 신경이 좋다."는 "민수는 농구를 잘한다."는 명제를 함축하지는 않지만, 민수가 농구를 잘하는 이유를 그럴듯하게 설명해 준다. [4]그 역(逆, 반대)의 관계도 마찬가지이다. [5]두 경우 각각 설명의 대상이 되는 명제와 설명해 주는 명제 사이에는 서로 설명적 연관이 있다고 말한다. [6]설명적 연관이 있는 두 명제는 서로 정합적이기 때문에 그중 하나가 참이면 추가되는 다른 하나도 참이다. [7]설명적 연관으로 '정합적이다'를 정의하게 되면 함축 관계를 이루는 명제들까지도 ㉤ 포괄할 수 있는

장점이 있다. [8]함축 관계를 이루는 명제들은 필연적으로(必然的-, 반드시) 설명적 연관이 있기 때문이다. [9]'정합적이다'를 설명적 연관으로 정의하면, 함축으로 이해하는 것보다는 많은 수의 명제를 참으로 추가할 수 있다.

→ '정합적이다'를 '설명적 연관'으로 정의하는 경우

5 [1]그러나 설명적 연관이 정확하게 어떤 의미인지, 그리고 그 연관의 긴밀도(緊密度, 가까운 정도)가 어떻게 측정될 수 있는지는 아직 완전히 해결되지 않은 문제이다. [2]이 문제와 관련된 최근 연구는 확률 이론을 활용하여 정합설을 발전시키고 있다.

→ '설명적 연관'의 문제점

■지문 이해

<정합설에서 '정합적이다'의 의미>

| ❶ '정합적이다'의 세 가지 정의 | | |
|---|---|---|
| '모순 없음', '함축', '설명적 연관' | | |
| ❷ '모순 없음' | ❸~❹-1 '함축' | ❹-2~❺ '설명적 연관' |
| • 추가되는 명제가 이미 참이라고 인정한 명제와 모순이 없는 경우 : 정합적<br>• 전혀 관계없는 명제들도 모순이 발생하지 않는다는 이유만으로 참이 될 수 있다는 문제점 | • 명제 A가 명제 B를 함축한다는 것 : 'A가 참일 때 B가 반드시 참'이라는 의미<br>• 참이 될 수 있는 명제가 과도하게 제한되는 문제점 | • 설명해 주는 명제가 설명의 대상이 되는 명제를 그럴듯하게 설명해 줌<br>• 함축 관계를 이루는 명제들까지도 포괄<br>• 설명적 연관의 정확한 의미와 연관의 긴밀도 측정이 아직 해결되지 않았다는 문제점 |

**095** 세부 정보 이해 - 적절하지 않은 것 고르기 2015학년도 6월 모평B 21번
정답률 70%, 매력적 오답 ③ 20% | 정답 ④

### 윗글의 내용과 일치하지 않는 것은?

**① 정합설에서 참 또는 거짓을 판단하는 기준은 명제들 간의 관계이다.**

근거 ❶-3 정합설에 따르면, 어떤 명제가 참인 것은 그 명제가 다른 명제와 정합적이기 때문, ❶-5 정합적이라는 것은 명제들 간의 특별한 관계

풀이 정합설에서는 어떤 명제 A가 다른 명제 B와 정합적이라면 명제 A가 참이라고 보고, 정합적이지 않다면 명제 A가 거짓이라고 본다. 이때 정합적이라는 것은 명제 A와 명제 B가 맺고 있는 특별한 관계를 따지는 것이므로, 정합설에서 참 또는 거짓을 판단하는 기준은 명제들 간의 관계라는 설명은 적절하다.

→ 적절함!

**② 정합설에서 이미 참이라고 인정한 명제와 어떤 새로운 명제가 정합적이면, 그 새로운 명제도 참이다.**

근거 ❶-3 정합설에 따르면, 어떤 명제가 참인 것은 그 명제가 다른 명제와 정합적이기 때문

풀이 정합설에서 어떤 명제(a)가 참인 것은 그 명제(a)가 다른 명제(b)와 정합적이기 때문이라고 했다. 따라서 어떤 새로운 명제(a)가 이미 참이라고 인정한 명제(b)와 정합적이라면, 어떤 명제(a)는 참이다.

→ 적절함!

= 이미 참인 명제 A가 B를 함축하지 않음

**③ '정합적이다'를 모순 없음으로 이해했을 때 참이 아닌 명제는 함축으로 이해했을 때에도 참이 아니다.** = 이미 참인 명제 A가 B와 모순이 있음

근거 ❷-1~2 '정합적이다'를 모순 없음으로 정의하는 경우, 추가되는 명제가 이미 참이라고 인정한 명제와 모순이 없으면 정합적이고, 모순이 있으면 정합적이지 않다. 여기서 모순이란 "은주는 민수의 누나이다."와 "은주는 민수의 누나가 아니다."처럼 동시에 참이 될 수도 없고 또 동시에 거짓이 될 수도 없는 명제들 간의 관계, ❸-3 명제 A가 명제 B를 함축한다는 것은 'A가 참일 때 B가 반드시 참'이라는 의미이다.

풀이 '정합적이다'를 모순 없음으로 이해했을 때 참이 아닌 명제를 B라고 하면, 명제 B는 이미 참이라고 인정한 명제 A와 모순 관계에 있는 명제이다. 이때 모순은 두 명제가 동시에 참이거나 동시에 거짓일 수 없는 관계이므로 명제 A는 참, 명제 B는 거짓이 된다. 이 경우 '정합적이다'를 함축으로 이해했을 때, 명제 B가 참이 되기 위해서는 명제 A가 명제 B를 함축해야 한다. 즉 명제 A가 참일 때 명제 B도 참이어야 한다. 그러나 명제 B는 명제 A와 모순 관계이므로 함축으로 이해했을 때에도 참이 될 수 없다.

→ 적절함!

**④ 함축 관계에 있는 명제들은 설명적 연관이 있는 명제들일 수는 있지만 모순 없는 명제들일 수는 없다.**

근거 ❷-2 (모순이란) 동시에 참이 될 수도 없고 또 동시에 거짓이 될 수도 없는 명제들 간의 관계, ❸-3 명제 A가 명제 B를 함축한다는 것은 'A가 참일 때 B가 반드시 참'이라는 의미, ❹-7~8 설명적 연관으로 '정합적이다'를 정의하게 되면 함축 관계를 이루는 명제들까지도 포괄할 수 있는 장점이 있다. 함축 관계를 이루는 명제들은 필연적으로 설명적 연관이 있기 때문

풀이 동시에 참이 될 수도 없고 동시에 거짓이 될 수도 없는 명제들의 관계를 모순이라 하였으므로, 'A가 참일 때 B도 반드시 참'인 함축 관계는 모순일 수 없다. 한편 함축 관계를 이루는 명제들은 필연적으로 설명적 연관이 있다고 하였다. 따라서 함축 관계의 명제들은 설명적 연관이 있는 명제들이며, 모순이 없는 명제들이다.

→ 적절하지 않음!

**⑤ '정합적이다'를 설명적 연관으로 이해한다고 해도 연관의 긴밀도 문제 때문에 정합설은 아직 한계가 있다.**

= 완전히 해결되지 않은 문제

근거 ❺-1 설명적 연관이 정확하게 어떤 의미인지, 그리고 그 연관의 긴밀도가 어떻게 측정될 수 있는지는 아직 완전히 해결되지 않은 문제

→ 적절함!

**096** 핵심 개념 이해 - 적절한 것 고르기 2015학년도 6월 모평B 22번
정답률 75%, 매력적 오답 ③ 20% | 정답 ①

### ㉮의 사례로 적절한 것은?

㉮ 동시에 참이 될 수도 없고 또 동시에 거짓이 될 수도 없는 명제들 간의 관계 = 모순

풀이 은주가 민수의 누나이면서 동시에 누나가 아닐 수 없으므로, "은주는 민수의 누나이다."와 "은주는 민수의 누나가 아니다."는 동시에 참이 될 수도 없고 동시에 거짓이 될 수도 없는 모순 관계가 된다.

**① 민수는 은주보다 키가 크다. - 민수는 은주보다 키가 크지 않다.**

풀이 키가 '크지 않다'는 말은 '작거나 같다'는 뜻이다. 민수가 은주보다 키가 크면서 동시에 은주보다 키가 작거나 같을 수는 없다.

→ 적절함!

**② 민수는 농구를 좋아한다. - 민수는 농구보다 축구를 좋아한다.**

풀이 '민수는 농구를 좋아한다'가 참이라 하더라도, 농구를 좋아한다는 말만으로는 농구보다 축구를 좋아하는지 알 수 없으므로 '민수는 농구보다 축구를 좋아한다'는 참일 수도 있고 거짓일 수도 있다. 반대로 민수가 농구를 좋아하지 않는다고 하더라도 농구보다 축구를 더 좋아하는지, 그렇지 않은지는 알 수 없다.

→ 적절하지 않음!

**③ 그것은 민수에게 이익이다. - 그것은 민수에게 손해이다.**

풀이 '그것은 민수에게 이익이다'가 참일 때, 이익이면서 손해일 수는 없으므로 '그것은 민수에게 손해이다'는 참이 될 수 없다. 한편 '이익이다'의 거짓은 '이익이 아니다', 즉 손해인 경우이거나, 이익도 손해도 아닌 경우이다. 따라서 '민수에게 이익이다'가 거짓일 때, '민수에게 손해이다'는 참일 수도 있고 거짓일 수도 있다.

→ 적절하지 않음!

**④ 오늘은 화요일이 아니다. - 오늘은 수요일이 아니다.**

풀이 오늘이 화요일이 아니라면 오늘은 월, 수, 목, 금, 토, 일요일 중 하나일 것이다. 즉 '오늘은 화요일이 아니다'가 참일 때, '오늘은 수요일이 아니다'는 참일 수도 있고 거짓일 수도 있다. 또 오늘이 화요일이면서 동시에 수요일일 수는 없으므로, '오늘은 화요일이 아니다'가 거짓일 때 '오늘은 수요일이 아니다'가 동시에 거짓이 될 수 없다.

→ 적절하지 않음!

**⑤ 민수의 말이 옳다. - 은주의 말이 틀리다.**

풀이 민수의 말이 옳을 때 은주의 말은 옳을 수도 있고 틀릴 수도 있으므로, '민수의 말이 옳다'가 참일 때 '은주의 말이 틀리다'는 참이 될 수도 있고 거짓이 될 수도 있다. 민수의 말이 옳지 않을 때에도 역시 은주의 말은 옳을 수도 있고, 틀릴 수도 있다.

→ 적절하지 않음!

평가원 이의 신청 답변

이 문항은 지문의 ㉮에 해당하는 사례와 그렇지 않은 사례를 구별할 수 있는지를 묻고 있습니다. 이의 제기의 주된 내용은 '민수'와 '은주'의 키가 같은 경우에 답지 ①의 두 명제, 즉 "민수는 은주보다 키가 크다."와 "민수는 은주보다 키가 크지 않다."가 동시에 거짓일 수 있다는 것입니다. 그러나 '키가 크지 않다'에는 키가 작은 경우와 키가 같은 경우가 모두 포함되므로, 답지 ①의 두 명제는 동시에 거짓일 수 없습니다. 따라서 이 문항의 정답에는 이상이 없습니다.

**097** 추론의 적절성 판단 - 적절하지 않은 것 고르기 2015학년도 6월 모평B 23번 | 정답률 75%, 매력적 오답 ④ 10% | 정답 ⑤

**<보기>의 명제를 참이라고 할 때, 윗글을 바탕으로 추론한 내용으로 적절하지 않은 것은?** [3점]

| 보기 |
◦ 우리 동네 전체가 정전되었다.

**① '정합적이다'를 모순 없음으로 이해하면, "우리 동네에는 솔숲이 있다."를 참인 명제로 추가할 수 있다.**

<보기>와 동시에 참이 될 수 있음, 동시에 거짓이 될 수 있음 ⇒ 모순 없음 ⇒ 참

근거 ❷-1~2 '정합적이다'를 모순 없음으로 정의하는 경우, 추가되는 명제가 이미 참이라고 인정한 명제와 모순이 없으면 정합적이고, 모순이 있으면 정합적이지 않다. 여기서 모순이란 … 동시에 참이 될 수도 없고 또 동시에 거짓이 될 수도 없는 명제들 간의 관계

풀이 '우리 동네에는 솔숲이 있다(B)'가 참인 명제로 추가되려면 이미 참이라고 인정한 명제인 '우리 동네 전체가 정전되었다(A)'와 모순이 없어야 한다. A가 참일 때 B는 참일 수도 있고, 거짓일 수도 있다. 또 A가 거짓일 때 B는 참일 수도 있고 거짓일 수도 있다. '동시에 참이 될 수도 없고 동시에 거짓이 될 수도 없는' 모순이 없으므로, 명제 B는 참인 명제로 추가할 수 있다.

→ 적절함!

<보기>가 참일 때 반드시 참 ⇒ 함축 ⇒ 참

**② '정합적이다'를 함축으로 이해하면, "우리 집이 정전되었다."를 참인 명제로 추가할 수 있다.**

근거 ❸-3 명제 A가 명제 B를 함축한다는 것은 'A가 참일 때 B가 반드시 참'이라는 의미

풀이 우리 동네 전체가 정전이 되면 우리 집도 반드시 정전이 될 것이므로, '우리 동네 전체가 정전되었다(A)'는 '우리 집이 정전되었다(B)'를 함축한다. 따라서 '정합적이다'를 함축으로 정의할 때 '우리 집이 정전되었다'는 참인 명제로 추가될 수 있다.

→ 적절함!

<보기>의 명제를 그럴듯하게 설명 ⇒ 설명적 연관 ⇒ 참

**③ '정합적이다'를 설명적 연관으로 이해하면, "예비 전력의 부족으로 전력 공급이 중단됐다."를 참인 명제로 추가할 수 있다.**

근거 ❹-3 명제 "민수는 운동 신경이 좋다."는 "민수는 농구를 잘한다."는 명제를 함축하지는 않지만, 민수가 농구를 잘하는 이유를 그럴듯하게 설명해 준다, ❹-6 설명적 연관이 있는 두 명제는 서로 정합적이기 때문에 그중 하나가 참이면 추가되는 다른 하나도 참

풀이 추가되는 명제는 '우리 동네 전체가 정전된' 이유가 '예비 전력의 부족으로 전력 공급이 중단됐'기 때문이라고 그럴듯하게 설명해 준다. 따라서 두 명제 사이에는 서로 설명적 연관이 있고, '우리 동네 전체가 정전되었다'가 참이므로 추가되는 '예비 전력의 부족으로 전력 공급이 중단됐다'도 참이다.

→ 적절함!

<보기>가 참일 때 반드시 참인 관계 × ⇒ 함축 × ⇒ 참 ×

**④ '정합적이다'를 함축으로 이해하면, "우리 동네에는 솔숲이 있다."를 참인 명제로 추가할 수 없다.**

근거 ❸-3 명제 A가 명제 B를 함축한다는 것은 'A가 참일 때 B가 반드시 참'이라는 의미

풀이 '우리 동네 전체가 정전되었다(A)'가 참일 때 '우리 동네에는 솔숲이 있다(B)'가 반드시 참이 되는 관계라고 볼 수 없으므로, A가 B를 함축한다고 볼 수 없다. 따라서 B는 참인 명제가 될 수 없다.

→ 적절함!

<보기>가 그럴듯한 이유가 됨 ⇒ 설명적 연관 ⇒ 참

**⑤ '정합적이다'를 설명적 연관으로 이해하면, "우리 집이 정전되었다."를 참인 명제로 추가할 수 없다.**
있다

근거 ❹-3 명제 "민수는 운동 신경이 좋다."는 "민수는 농구를 잘한다."는 명제를 함축하지는 않지만, 민수가 농구를 잘하는 이유를 그럴듯하게 설명해 준다, ❹-6 설명적 연관이 있는 두 명제는 서로 정합적이기 때문에 그중 하나가 참이면 추가되는 다른 하나도 참이다.

풀이 '우리 동네 전체가 정전되었다'는 명제는 우리 집이 정전된 이유가 우리 동네 전체가 정전되었기 때문임을 그럴듯하게 설명해 준다. 따라서 두 명제 사이에는 서로 설명적 연관이 있고, '우리 동네 전체가 정전되었다'가 참이므로 추가되는 '우리 집이 정전되었다'도 참이다.

→ 적절하지 않음!

**098** 어휘의 적절성 판단 - 적절하지 않은 것 고르기 2015학년도 6월 모평B 24번 | 정답률 90% | 정답 ③

**문맥상 ㉠~㉤을 바꿔 쓰기에 적절하지 않은 것은?**

㉠ 인정한 ㉡ 발생하지 ㉢ 해결하기 ㉣ 과도하게 ㉤ 포괄할

**① ㉠ : 받아들인**

풀이 ㉠의 '인정(認 알다 인 定 정하다 정)하다'는 '확실히 그렇다고 여기다'의 의미이다. 한편 '받아들이다'는 '어떤 사실 따위를 인정하고 용납하거나 이해하고 수용하다'의 의미이다. 따라서 ㉠을 '받아들인'으로 바꿔 써도 문맥상 의미가 달라지지 않는다.

→ 적절함!

**② ㉡ : 일어나지**

풀이 ㉡의 '발생(發 일어나다 발 生 나다 생)하다'는 '어떤 일이나 사물이 생겨나다'의 의미이다. 한편 '일어나다'는 '어떤 일이 생기다'의 의미이다. 따라서 ㉡을 '일어나지'로 바꿔 써도 문맥상 의미가 달라지지 않는다.

→ 적절함!

**③ ㉢ : 밝혀내기**

풀이 ㉢의 '해결(解 깨닫다 해 決 결단하다 결)하다'는 '제기된 문제를 해명하거나 얽힌 일을 잘 처리하다'의 의미이다. 한편 '밝혀내다'는 '진리, 가치, 옳고 그름 따위를 판단하여 드러내다'의 의미이다. ㉢를 '밝혀내기'로 바꿔 쓸 경우 문맥상 의미가 달라지므로, 바꿔 쓰기에 적절하지 않다.

→ 적절하지 않음!

**④ ㉣ : 지나치게**

풀이 ㉣의 '과도(過 지나치다 과 度 정도 도)하다'는 '정도에 지나치다'의 의미이다. 따라서 ㉣를 '지나치게'로 바꿔 써도 문맥상 의미가 달라지지 않는다.

→ 적절함!

**⑤ ㉤ : 아우를**

풀이 ㉤의 '포괄(包 감싸다 포 括 묶다 괄)하다'는 '일정한 대상이나 현상 따위를 어떤 범위나 한계 안에 모두 끌어 넣다'의 의미이다. 한편 '아우르다'는 '여럿을 모아 한 덩어리나 한판이 되게 하다'의 의미이다. 따라서 ㉤을 '아우를'로 바꿔 써도 문맥상 의미가 달라지지 않는다.

→ 적절함!

Ⅰ 인문, 독서

# 4. 우리는 어떤 존재인가?

**[099~104] 다음 글을 읽고 물음에 답하시오.**

(가)

1 [1]심리 철학에서 동일론은 의식(意識, 깨어 있는 상태에서 자기 자신이나 사물에 대해 인식하는 작용)이 뇌의 물질적 상태와 동일하다고 ⓐ 본다. [2]이와 달리 기능주의는 의식은 기능이며, 서로 다른 물질에서 같은 기능이 구현될(具現−, 구체적인 사실로 나타날) 수 있다고 주장한다. [3]이때 기능이란 어떤 입력이 주어졌을 때 특정한 출력을 내놓는 함수적(函數的, 두 개의 변수 x, y 사이에서 x 값이 변하는 데 따라서 y의 값이 정해질 때 x에 대하여 y를 이르는 말인 '함수'의 성격을 띠는 것) 역할로 정의되며, 함수적 역할의 일치는 입력과 출력의 쌍이 일치함을 의미한다. [4]실리콘 칩으로 구성된 로봇이 찔림이라는 입력에 대해 고통을 출력으로 내놓는 기능을 가진다면, 로봇과 우리는 같은 의식을 가진다(의식은 기능이므로, 찔림이라는 입력에 대해 고통을 출력으로 내놓는 기능을 가진 로봇과 우리는 의식이 같음)는 것이다. [5]이처럼 기능주의는 의식을 구현하는 물질이 무엇인지는 중요하지 않다고 본다.

→ '의식'에 대한 동일론과 기능주의의 견해

2 [1]설(Searle)은 기능주의를 반박하는 사고 실험을 제시한다. [2]'중국어 방' 안에 중국어를 모르는 한 사람만 있다고 하자. [3]그(중국어를 모르는 사람)는 중국어로 된 입력이 들어오면 정해진 규칙에 따라 중국어로 된 출력을 내놓는다. [4]설에 의하면 방 안의 사람은 중국어 사용자와 함수적 역할이 같지만 중국어를 아는 것은 아니다.(기능주의 입장 : 입력과 출력의 쌍이 일치, 함수적 역할이 일치, 기능 일치, 의식 일치 / 설의 반박 : 함수적 역할이 일치, 기능이 일치하지만, 의식은 일치하지 않음) [5]기능이 같으면서 의식은 다른 사례가 있다는 것이다.

→ 기능주의를 반박한 설(Searle)의 견해

3 [1]동일론, 기능주의, 설은 모두 의식에 대한 논의를 의식을 구현하는 몸의 내부로만 한정하고(限定−, 제한하여 정하고) 있다. [2]하지만 의식의 하나인 '인지' 즉 '무언가를 알게 됨'은 몸 바깥에서 ⓑ 일어나는 일과 맞물려(서로 밀접한 관련을 맺으며 어우러져) 벌어진다. [3]기억나지 않는 정보를 노트북에 저장된 파일을 열람하여(閱覽−, 훑어보거나 조사하면서 보아) 확인하는 것이 한 예이다. [4]로랜즈의 확장 인지 이론은 이를 설명하는 이론이다.

→ 동일론, 기능주의, 설의 견해가 지닌 한계와 로랜즈의 확장 인지 이론

4 [1]그(로랜즈)에 ⓒ 따르면 인지 과정은 주체에게 '심적(心的, 마음과 관련된) 상태'가 생겨나게 하는 과정이다. [2]기억이나 믿음이 심적 상태의 예이다. [3]심적 상태는 어떤 것에도 의존함(依存−, 다른 것에 의지하여 존재함)이 없이 주체에게 의미를 나타낸다. [4]예를 들어, 무언가를 기억하는 사람은 자기의 기억이 무엇인지 ⓓ 알아보기 위해 아무것에도 의존할 필요가 없다. [5]이와 달리 '파생적(派生的, 갈려 나와 생기는) 상태'는 주체의 해석에 의존해서만 또는 사회적 합의(合意, 서로 의견이 일치함)에 의존해서만 의미를 나타내는 상태로 정의된다. [6]앞의 예에서 노트북에 저장된 정보는 전자적 신호가 나열된(羅列−, 죽 벌여 있는) 상태로서 파생적 상태이다. [7]주체에 의해 열람된 후에도 노트북의 정보는 여전히 파생적 상태이다. [8]하지만 열람 후 주체에게는 기억이 생겨난다. [9]로랜즈에게 인지 과정은 파생적 상태가 심적 상태로 변환되는(變換−, 변하여 바뀌게 되는) 과정이 아니라, 파생적 상태를 조작함으로써(操作−, 잘 처리하여 행함으로써) 심적 상태를 생겨나게 하는 과정이다. [10]심적 상태가 주체의 몸 외부로 확장되는 것이 아니라, 심적 상태를 생겨나게 하는 인지 과정이 확장되는 것이다. [11]이러한 ㉠ 확장된 인지 과정은 인지 주체의 것일 때에만, 다시 말해 환경의 변화를 탐지하고(探知−, 찾아 알아내고) 그(변화된 환경)에 맞춰 행위를 조절하는 주체와 통합되어(統合−, 하나로 합쳐져) 있을 때에만 성립할 수 있다. [12]즉 로랜즈에게 주체 없는 인지란 있을 수 없다. [13]확장 인지 이론은 의식의 문제를 몸 안으로 한정하지 않고 바깥으로까지 넓혀 설명한다는 의의를 지닌다.

→ 로랜즈의 견해와 그 의의

(나)

1 [1]일반적으로 '지각(知 알다 지 覺 깨닫다 각)'이란 몸의 감각 기관을 통해 사물에 대해 아는 것을 의미한다. [2]이러한 지각을 분석할 때 두 가지 사실에 직면한다.(直面−, 직접 맞닥뜨린다.) [3]첫째, 그 사물과 내 몸은 물질세계에 있다. [4]둘째, 그 사물에 대한 나의 의식은 물질세계가 아닌 다른 세계에 있다. [5]즉 몸으로서의 나는 사물과 같은 세계에 속하는 동시에 의식으로서의 나는 사물과 다른 세계에 속한다.

→ '지각'의 개념 및 지각을 분석할 때 직면하는 두 가지 사실

2 [1]이에 대한 객관주의 철학의 입장은 두 가지로 나뉜다. [2]의식을 포함한 모든 것을 물질로 환원하여(還元−, 되돌려) 의식은 물질에 불과하다고(不過−, 지나지 않는다고) 주장하거나, 의식을 물질과 구분되는 독자적(獨自的, 다른 것과 구분되어 혼자만이 특별히 갖춘) 실체(實體, 늘 변하지 않고 일정하게 지속하면서 근원을 이루는 기본 존재)로 규정함으로써(規定−, 밝혀 정함으로써) 의식과 물질의 본질적(本質的, 사물이나 현상을 성립하게 하는 근본적인 성질과 관련된) 차이를 주장한다. [3]전자(前者, '의식은 물질에 불과하다'고 보는 입장)에 의하면 지각은 사물로부터의 감각 자극에 따른 주체의 물질적 반응으로 이해되며, 후자(後者, '의식과 물질은 본질적으로 다르다'고 보는 입장)에 의하면 지각은 감각된 사물에 대한 주체 즉 의식의 판단으로 이해된다. [4]이처럼 양자(兩者, 의식과 물질에 관한 객관주의 철학의 두 입장) 모두 주체와 대상의 분리를 전제하고 지각을 이해한다. [5]주체와 대상은 지각 이전에 이미 확정되어 각각 존재한다는 것이다.

→ 객관주의 철학의 두 가지 입장

3 [1]하지만 지각은 주체와 대상이 각자로서 존재하기 이전에 나타나는 얽힘의 체험이다. [2]예를 들어 다른 사람과 손이 맞닿을 때 내가 누군가의 손을 ⓔ 만지는 동시에 나의 손 역시 누군가에 의해 만져진다. [3]감각하는 것이 동시에 감각되는 것이 되는 얽힘(← 지각)의 순간에, 나는 나와 대상을 확연히(確然−, 아주 확실하게) 구분한다. [4]지각이라는 얽힘의 작용이 있어야 주체와 대상이 분리될 수 있다. [5]다시 말해 주체와 대상은 지각이 일어난 이후 비로소 확정된다. [6]따라서 ㉡ 지각과 감각은 서로 구분되지 않는다.

→ 객관주의 철학의 두 입장에 대한 필자의 비판

4 [1]지각은 물질적 반응이나 의식의 판단이 아니라, 내 몸의 체험이다. [2]지각은 나의 몸에 의해 이루어지는 것이고, 지각이 이루어지게 하는 것은 모두 나의 몸이다.

→ 필자의 입장

■지문 이해

(가)

**〈'의식'에 대한 기존의 견해들과 로랜즈의 확장 인지 이론〉**

**❶ '의식'에 대한 동일론과 기능주의의 견해**

- 동일론 : 의식은 뇌의 물질적 상태와 동일함
- 기능주의 : 의식 = 기능
  - 서로 다른 물질에서 같은 기능 구현 가능
  - 기능 : 어떤 입력에 대해 특정한 출력을 내놓는 함수적 역할
    입력과 출력의 쌍의 일치 = 함수적 역할의 일치

**❷ 기능주의를 반박한 설(Searle)의 견해**

- 기능이 같으면서 의식은 다를 수 있음

**❸ 동일론, 기능주의, 설의 견해가 지닌 한계와 로랜즈의 확장 인지 이론**

- 동일론, 기능주의, 설 : 의식에 대한 논의를 몸의 내부로 한정함
- 로랜즈의 확장 인지 이론 : '인지'가 몸 바깥에서 일어나는 일과 맞물려 벌어짐을 설명함

**④ 로랜즈의 견해와 그 의의**

- 심적 상태 : 어떤 것에도 의존함 없이 주체에게 의미를 나타냄(기억, 믿음)
↕
- 파생적 상태 : 주체의 해석이나 사회적 합의에 의존해서만 의미를 나타냄(노트북에 저장된 정보)
- 인지 과정 : 주체에게 심적 상태가 생겨나게 하는 과정
  - 파생적 상태(노트북에 저장된 정보)를 조작(열람)함으로써 심적 상태(기억)를 생겨나게 하는 과정
  - 인지 과정의 확장은 심적 상태를 생겨나게 하는 인지 과정이 확장되는 것
- 확장된 인지 과정은 인지 주체와 통합되어 있을 때에만 성립함 ← 주체가 전제됨
- 확장 인지 이론의 의의 : 의식을 몸 안으로 한정하지 않고 바깥으로 넓혀 설명함

(나)

**<'지각'에 대한 객관주의 철학의 입장과 이를 비판한 필자의 견해>**

**❶ '지각'의 개념 및 지각을 분석할 때 직면하는 두 가지 사실**

- 지각 : 몸의 감각 기관을 통해 사물에 대해 아는 것
  → 내 몸과 사물은 물질세계에 있음
  → 사물에 대한 나의 의식은 다른 세계에 있음

**❷ 객관주의 철학의 두 가지 입장**

| 의식 = 물질 | 의식 ≠ 물질 |
|---|---|
| • 의식을 포함한 모든 것을 물질로 환원, 의식은 물질에 불과함<br>• 지각은 사물로부터의 감각 자극에 따른 주체의 물질적 반응 | • 의식을 물질과 구분되는 독자적 실체로 규정, 의식과 물질의 본질적 차이를 주장<br>• 지각은 감각된 사물에 대한 주체(의식)의 판단 |
| → 주체와 대상의 분리를 전제로 지각을 이해함<br>→ 주체와 대상은 지각 이전에 이미 확정되어 각각 존재함 | |

⇕

**❸ 객관주의 철학의 두 입장에 대한 필자의 비판**

- 지각은 주체와 대상이 각자 존재하기 이전에 나타나는 얽힘의 체험임
- 감각하는 것이 동시에 감각되는 것이 되는 얽힘(지각)이 있어야 주체와 대상이 분리됨
- 주체와 대상은 지각이 일어난 이후에 확정됨
  → 지각과 감각은 서로 구분되지 않음

**❹ 필자의 입장**

- 지각은 물질적 반응, 의식의 판단이 아니라 내 몸의 체험
- 지각은 나의 몸에 의해 이루어는 것이고, 지각이 이루어지게 하는 것은 모두 나의 몸임

**099** | 핵심 개념 파악 - 적절한 것 고르기 2024학년도 6월 모평 12번 | 정답률 65%, 매력적 오답 ④ 15% | 정답 ①

### 다음은 윗글을 읽은 학생이 정리한 내용이다. ㉮와 ㉯에 들어갈 말로 가장 적절한 것은?

> (가)는 기능주의를 소개한 후 [ ㉮ ]은/는 같지 않다는 설(Searle)의 비판을 제시하고 있다. 그리고 인지 과정이 몸 바깥으로까지 확장된다고 주장하는 확장 인지 이론을 설명하고 있다. (나)는 인지 중에서도 감각 기관을 통한 인지, 즉 지각을 주제로 하고 있다. (나)는 지각에 대한 객관주의 철학의 입장을 비판하고, [ ㉯ ]으로서의 지각을 주장하고 있다.

**근거** (가)-❶-2~3 기능주의는 의식은 기능이며, … 이때 기능이란 어떤 입력이 주어졌을 때 특정한 출력을 내놓는 함수적 역할로 정의되며, (가)-❷-1 설(Searle)은 기능주의를 반박하는 사고 실험을 제시, (가)-❷-4~5 설에 의하면 방 안의 사람은 중국어 사용자와 함수적 역할이 같지만 중국어를 아는 것은 아니다. 기능이 같으면서 의식은 다른 사례가 있다는 것, (나)-❹-1 지각은 물질적 반응이나 의식의 판단이 아니라, 내 몸의 체험이다.

**풀이** (가)에서 기능주의는 의식이 기능이라고 보았는데, 이때 기능은 입력과 출력의 함수적 역할로 정의된다. 한편 설(Searle)은 의식과 기능이 다를 수 있음을 사례를 들어 제시하면서, 의식과 기능(입력과 출력의 함수적 역할)이 같다고 본 기능주의를 반박하였다. 따라서 ㉮에는 '의식과 함수적 역할'이 들어가는 것이 적절하다. 그리고 (나)에서는 지각에 대한 객관주의 철학의 입장을 비판하면서, 지각은 물질적 반응이나 의식의 판단이 아니라 내 몸의 체험이라고 주장하고 있다. 따라서 ㉯에는 '내 몸의 체험'이 들어가는 것이 적절하다. 따라서 정답은 ①번이다.

| | ㉮ | ㉯ | |
|---|---|---|---|
| ① | 의식과 함수적 역할 | 내 몸의 체험 | → 적절함! |
| ② | 의식과 함수적 역할 | 물질적 반응 | |

**근거** (나)-❹-1 지각은 물질적 반응이나 의식의 판단이 아니라, 내 몸의 체험이다.

**풀이** (나)의 필자는 지각은 물질적 반응이 아니라고 하였으므로, ㉯에 '물질적 반응'이 들어가는 것은 적절하지 않다.

③ 의식과 뇌의 상태 / 의식의 판단

**근거** (가)-❶-1 심리 철학에서 동일론은 의식이 뇌의 물질적 상태와 동일하다고 본다, (나)-❹-1 지각은 물질적 반응이나 의식의 판단이 아니라, 내 몸의 체험이다.

**풀이** (가)에서 의식이 뇌의 물질적 상태와 동일하다고 본 것은 기능주의가 아니라 동일론의 관점에 해당한다. 따라서 '의식과 뇌의 상태는 같지 않다'는 것은 기능주의에 대한 비판으로 적절하지 않다. 한편 (나)에서 필자는 지각이 물질적 반응이나 의식의 판단이 아니라고 하였으므로, ㉯에 '의식의 판단'이 들어가는 것 또한 적절하지 않다.

④ 의식과 뇌의 상태 / 내 몸의 체험

⑤ 입력과 출력 / 의식의 판단

**근거** (가)-❶-2~3 기능주의는 의식은 기능이며, 서로 다른 물질에서 같은 기능이 구현될 수 있다고 주장한다. 이때 기능이란 어떤 입력이 주어졌을 때 특정한 출력을 내놓는 함수적 역할로 정의되며, 함수적 역할의 일치는 입력과 출력의 쌍이 일치함을 의미, (가)-❷-5 (설에 의하면) 기능이 같으면서 의식은 다른 사례가 있다는 것

**풀이** (가)에서 기능주의는 의식이 기능이라고 보았는데, 이때 기능은 입력과 출력의 함수적 역할로 정의되며, 함수적 역할이 일치한다는 것은 곧 입력과 출력의 쌍이 일치함을 의미한다고 설명하고 있다. 다시 말해 기능주의 관점에서 입력과 출력의 쌍이 같다는 것은 함수적 역할(기능)이 같다는 것을 의미하며, 함수적 역할(기능)이 같다는 것은 곧 의식이 같다는 것을 뜻한다. 설(Searle)은 의식과 기능이 다를 수 있다는 점을 제시하면서 '의식과 기능이 같다'고 본 기능주의를 비판한 것이지, '입력과 출력이 같다'는 점을 비판한 것이 아니다. 따라서 ㉮에 '의식과 기능', 혹은 '의식과 함수적 역할' 등이 들어가는 것은 적절하지만, '입력과 출력'이 들어가는 것은 기능주의에 대한 설(Searle)의 비판의 내용으로 적절하지 않다.

**100** | 세부 정보 이해 - 적절하지 않은 것 고르기 2024학년도 6월 모평 13번 | 정답률 65%, 매력적 오답 ④ 15% ⑤ 10% | 정답 ③

### (가)에서 알 수 있는 내용으로 적절하지 않은 것은?

**① 동일론자들은 뇌가 존재하지 않으면 의식도 존재하지 않는다고 볼 것이다.**

**근거** (가)-❶-1 동일론은 의식이 뇌의 물질적 상태와 동일하다고 본다.

**풀이** 동일론에서는 의식이 뇌의 물질적 상태와 동일하다고 보므로, 뇌가 존재하지 않으면 의식도 존재하지 않는다고 볼 것이다.

→ 적절함!

**② 설(Searle)은 '중국어 방' 안의 사람과 중국어를 아는 사람의 의식이 다르다고 볼 것이다.**

**근거** (가)-❷-4~5 설에 의하면 방 안의 사람은 중국어 사용자와 함수적 역할이 같지만 중국어를 아는 것은 아니다. 기능이 같으면서 의식은 다른 사례가 있다는 것이다.

**풀이** 설은 '중국어 방' 안의 중국어를 모르는 사람을 예로 들면서, 중국어 방 안의 사람은 중국어를 아는 사람과 기능이 같으면서 의식이 다르다고 하였다.

→ 적절함!

(심적 상태)
**③ 로랜즈는 기억이 주체의 몸 바깥으로 확장될 수 있다고 볼 것이다.**

**근거** (가)-❹-1~2 그(로랜즈)에 따르면 인지 과정은 주체에게 '심적 상태'가 생겨나게 하는 과정이다. 기억이나 믿음이 심적 상태의 예, (가)-❹-10 심적 상태가 주체의 몸 외부로 확장되는 것이 아니라, 심적 상태를 생겨나게 하는 인지 과정이 확장되는 것

**풀이** 로랜즈는 기억, 믿음 등의 심적 상태가 주체의 몸 바깥으로 확장되는 것이 아니라, 심적 상태를 생겨나게 하는 '인지 과정'이 확장되는 것이라고 보았다.

→ 적절하지 않음!

**④ 로랜즈는 인지 과정이 파생적 상태를 조작하는 과정을 포함한다고 볼 것이다.**

**근거** (가)-❹-9 로랜즈에게 인지 과정은 파생적 상태가 심적 상태로 변환되는 과정이 아

니라, 파생적 상태를 조작함으로써 심적 상태를 생겨나게 하는 과정

풀이 로랜즈는 파생적 상태를 조작함으로써 심적 상태를 생겨나게 하는 과정이 인지 과정이라고 보았다.

→ 적절함!

⑤ **로랜즈는 노트북에 저장된 정보가 그 자체로는 심적 상태가 아니라고 볼 것이다.**

근거 (가)-❹-6~7 노트북에 저장된 정보는 전자적 신호가 나열된 상태로서 파생적 상태이다. 주체에 의해 열람된 후에도 노트북의 정보는 여전히 파생적 상태이다.

풀이 로랜즈는 노트북에 저장된 정보를 '심적 상태'가 아니라 '파생적 상태'라고 보았다.

→ 적절함!

1등급 문제

| 101 | 추론의 적절성 판단 - 적절한 것 고르기 2024학년도 6월 모평 14번<br>정답률 40%, 매력적 오답 ② 10% ③ 15% ④ 20% ⑤ 15% | 정답 ① |
|---|---|---|

## (나)의 필자의 관점에서 ㉠을 평가한 내용으로 가장 적절한 것은?

㉠ 확장된 인지 과정은 인지 주체의 것일 때에만, 다시 말해 환경의 변화를 탐지하고 그에 맞춰 행위를 조절하는 주체와 통합되어 있을 때에만 성립할 수 있다.

① **확장된 인지 과정이 인지 주체의 것일 때에만 성립할 수 있다는 주장은, 지각 이전에 확정된 주체를 전제한 것이므로 타당하지 않다.**

근거 (가)-❹-1 그(로랜즈)에 따르면 인지 과정은 주체에게 '심적 상태'가 생겨나게 하는 과정이다, (가)-❹-12 로랜즈에게 주체 없는 인지란 있을 수 없다, (나)-❸-1 지각은 주체와 대상이 각자로서 존재하기 이전에 나타나는 얽힘의 체험, (나)-❸-4~5 지각이라는 얽힘의 작용이 있어야 주체와 대상이 분리될 수 있다. 다시 말해 주체와 대상은 지각이 일어난 이후 비로소 확정된다.

풀이 (나)의 필자는 지각이 이루어져야 주체와 대상이 분리될 수 있다고 보았으며, 이는 주체와 대상은 지각이 일어난 이후에 확정된다는 뜻이다. 한편 확장 인지 이론을 제시한 로랜즈는 인지란 이미 확정되어 존재하는 주체에게 심적 상태가 생겨나게 하는 과정이므로, 주체가 없다면 인지는 성립할 수 없다고 보았다. 즉 로랜즈는 인지 주체가 먼저 확정적으로 존재해야만 그 주체에 의해 확장된 인지 과정이 성립할 수 있다고 본 것이다. 따라서 (나)의 필자는 확장된 인지 과정이 인지 주체의 것일 때에만 성립할 수 있다는 로랜즈의 주장이 지각 이전에 확정된 주체를 전제한 것이므로 타당하지 않다고 평가할 것이다.

→ 적절함!

객관주의 철학의 입장

② **확장된 인지 과정이 인지 주체의 것일 때에만 성립할 수 있다는 주장은, 의식이 세계를 구성하는 독자적 실체라고 규정하는 것이므로 타당하다.**

근거 (나)-❷-2 의식을 물질과 구분되는 독자적 실체로 규정함으로써 의식과 물질의 본질적 차이를 주장, (나)-❷-4~5 주체와 대상의 분리를 전제하고 지각을 이해한다. 주체와 대상은 지각 이전에 이미 확정되어 각각 존재한다는 것, (나)-❸-1 하지만 지각은 주체와 대상이 각자로서 존재하기 이전에 나타나는 얽힘의 체험, (나)-❸-6 지각과 감각은 서로 구분되지 않는다.

풀이 의식을 물질과 구분되는 독자적 실체로 규정한 것은 객관주의 철학의 두 입장 중 하나에 해당한다. 따라서 '의식이 세계를 구성하는 독자적 실체라고 규정하는 것'이라는 객관주의 철학의 입장을 근거로 ㉠의 주장을 타당하다고 평가하는 것은 (나)의 필자의 관점과 부합하지 않는다.

→ 적절하지 않음!

객관주의 철학의 입장

③ **주체와 통합된 경우에만 확장된 인지 과정이 성립할 수 있다는 주장은, 의식은 물질에 불과하다고 본 것이므로 타당하다.**

근거 (나)-❷-2~3 의식을 포함한 모든 것을 물질로 환원하여 의식은 물질에 불과하다고 주장 … 지각은 사물로부터의 감각 자극에 따른 주체의 물질적 반응으로 이해되며, (나)-❸-6 지각과 감각은 서로 구분되지 않는다.

풀이 의식은 물질에 불과하다는 것은 객관주의 철학의 두 입장 중 하나에 해당한다. 따라서 (나)의 필자가 '의식은 물질에 불과하다'는 객관주의 철학의 입장을 근거로 ㉠의 주장을 타당하다고 평가하는 것은 (나)의 필자의 관점과 부합하지 않는다.

→ 적절하지 않음!

④ **주체와 통합된 경우에만 확장된 인지 과정이 성립할 수 있다는 주장은, 외부 세계에 대한 지각이 이루어질 수 없다고 보는 것이므로 타당하지 않다.**

근거 (가)-❹-13 확장 인지 이론은 의식의 문제를 몸 안으로 한정하지 않고 바깥으로까지 넓혀 설명

풀이 윗글에서 확장 인지 이론은 의식의 문제를 몸 바깥, 즉 외부 세계로 넓혀 설명한다고 하였다. 따라서 ㉠을 '외부 세계에 대한 지각이 이루어질 수 없다고 보는 것'이라고 평가한 것은 확장 인지 이론에 대한 적절한 평가가 될 수 없다.

→ 적절하지 않음!

객관주의 철학의 입장

⑤ **주체와 통합된 경우에만 확장된 인지 과정이 성립할 수 있다는 주장은, 주체와 대상의 분리를 통해서만 지각이 이루어질 수 있다고 보는 것이므로 타당하다.**

근거 (나)-❷-5 주체와 대상은 지각 이전에 이미 확정되어 각각 존재한다는 것, (나)-❸-4~5 지각이라는 얽힘의 작용이 있어야 주체와 대상이 분리될 수 있다. 다시 말해 주체와 대상은 지각이 일어난 이후 비로소 확정된다.

풀이 (나)의 필자는 지각이 일어나야 주체와 대상이 분리될 수 있다고 보았다. '주체와 대상의 분리를 통해서만 지각이 이루어질 수 있다'고 보는 것은 객관주의 철학의 입장이므로 (나)의 필자의 관점과 부합하지 않는다.

→ 적절하지 않음!

| 102 | 추론의 적절성 판단 - 적절한 것 고르기 2024학년도 6월 모평 15번<br>정답률 70%, 매력적 오답 ③ 10% ④ 10% | 정답 ② |
|---|---|---|

## ㉡의 이유로 가장 적절한 것은?

㉡ 지각과 감각은 서로 구분되지 않는다.

① **감각과 지각 모두 물질세계에서 이루어지기 때문에**

근거 (나)-❷-2 의식을 포함한 모든 것을 물질로 환원하여 의식은 물질에 불과하다고 주장

풀이 감각과 지각 모두 물질세계에서 이루어진다고 보는 것은 객관주의 철학의 입장 중 하나로, (나)의 필자는 이에 대해 비판적 견해를 드러내고 있다. 따라서 ㉡의 이유로 객관주의 철학의 입장을 제시하는 것은 적절하지 않다.

→ 적절하지 않음!

② **감각하는 것이 동시에 감각되는 것이 되는 얽힘의 작용이 지각이기 때문에**

근거 (나)-❸-3~6 감각하는 것이 동시에 감각되는 것이 되는 얽힘의 순간에, 나는 나와 대상을 확연히 구분한다. 지각이라는 얽힘의 작용이 있어야 주체와 대상이 분리될 수 있다. 다시 말해 주체와 대상은 지각이 일어난 이후 비로소 확정된다. 따라서 지각과 감각은 서로 구분되지 않는다.

풀이 (나)에서 필자는 감각하는 것이 동시에 감각되는 것이 되는 얽힘의 순간에 나(주체)와 대상이 구분된다고 하였고, 또 지각이라는 얽힘의 작용이 있어야 주체와 대상이 분리될 수 있다고 하였다. 이때 감각하는 것이 동시에 감각되는 것이 되는 순간은 '얽힘의 순간'이며, 이 얽힘의 순간은 곧 '지각이 일어나는 순간'을 뜻한다. 이처럼 감각하는 것이 동시에 감각되는 것이 되는 얽힘이 곧 지각이므로, 지각과 감각은 서로 구분되지 않는다.

→ 적절함!

③ **지각은 몸에 의해 이루어지지만 감각은 몸에 의해 이루어지지 않기 때문에**

근거 (나)-❸-6 지각과 감각은 서로 구분되지 않는다, (나)-❹-2 지각은 나의 몸에 의해 이루어지는 것이고

풀이 (나)에서 필자는 지각과 감각이 서로 구분되지 않는다고 하였고, 지각은 나의 몸에 의해 이루어지는 것이라고 하였다. 이러한 필자의 견해에 따르면 지각과 서로 구분되지 않는 감각 역시 몸에 의해 이루어지는 것이라고 볼 수 있다. 따라서 (나)의 필자의 견해에 해당하는 ㉡에 대한 이유로 적절하지 않다.

→ 적절하지 않음!

④ **지각은 의식으로서의 주체가 외부의 대상을 감각하여 판단한 결과이기 때문에**

근거 (나)-❷-2~3 의식을 물질과 구분되는 독자적 실체로 규정함으로써 의식과 물질의 본질적 차이를 주장 … 지각은 감각된 사물에 대한 주체 즉 의식의 판단으로 이해된다, (나)-❸-4~5 지각이라는 얽힘의 작용이 있어야 주체와 대상이 분리될 수 있다. 다시 말해 주체와 대상은 지각이 일어난 이후 비로소 확정된다.

풀이 (나)에서 필자는 지각이 일어난 이후에 주체와 대상이 확정된다고 보았다. 그런데 물질과 구분되어 독자적으로 존재하는 주체가 외부의 대상을 감각하여 판단한 결과 지각이 이루어진다는 것은 (나)의 필자의 견해에 부합하지 않는다. 따라서 (나)의 필자의 견해에 해당하는 ㉡에 대한 이유로 적절하지 않다.
한편 지각을 감각된 외부의 대상에 대한 의식으로서의 주체의 판단으로 보는 것은 객관주의 철학의 두 가지 입장 중 하나에 해당한다. (나)의 필자는 이에 대해 비판적 견해를 드러내고 있으므로, (나)의 필자의 견해에 해당하는 ㉡에 대해, 객관주의 철학의 입장을 그 이유로 제시하는 것 또한 적절하지 않다.

→ 적절하지 않음!

⑤ 주체와 대상이 분리되기 이전에 감각과 지각이 분리된 채로 존재하기 때문에

근거 (나)-❸-3~5 감각하는 것이 동시에 감각되는 것이 되는 얽힘의 순간에, 나는 나와 대상을 확연히 구분한다. 지각이라는 얽힘의 작용이 있어야 주체와 대상이 분리될 수 있다. 다시 말해 주체와 대상은 지각이 일어난 이후 비로소 확정된다.

풀이 (나)의 필자의 견해에 따르면 감각하는 것이 동시에 감각되는 것이 되는 얽힘의 순간이 곧 지각이라는 얽힘의 작용이 일어나는 순간이며, 이러한 얽힘의 작용이 일어난 이후 주체와 대상이 분리된다. 즉 주체와 대상이 분리되기 이전에 감각과 지각은 동시에 이루어진다. (나)의 필자의 입장에서 주체와 대상이 분리되기 이전에 감각과 지각이 분리된 채로 존재한다고 볼 수 없으므로, ⓒ에 대한 이유로 적절하지 않다.

→ 적절하지 않음!

1등급 문제

**103** | 구체적인 사례에 적용 - 적절하지 않은 것 고르기 2024학년도 6월 모평 16번
정답률 60%, 매력적 오답 ④ 15% ⑤ 10% | 정답 ③

**(가), (나)를 바탕으로 〈보기〉의 상황을 이해한 내용으로 적절하지 않은 것은?** [3점]

| 보기 |

빛이 완전히 차단된 암실(暗室, 밖으로부터 빛이 들어오지 못하도록 만든 방)에 A와 B 두 명의 사람이 있다. A는 막대기로 주변을 더듬어 사물의 위치를 파악한다. 막대기 사용에 익숙한 A는 사물에 부딪친 막대기의 진동을 통해 사물의 위치를 파악할 수 있다. B는 초음파 센서로 탐지한(探知-, 더듬어 찾아 알아낸) 사물의 위치 정보를 '뇌-컴퓨터 인터페이스(BCI)'를 사용하여 전달받는다. 이를 통해 B는 사물의 위치를 파악할 수 있다. BCI는 사람의 뇌에 컴퓨터를 연결하여 외부 정보를 뇌에 전달할 수 있는 기술이다.

① (가)의 기능주의에 따르면, A와 B가 암실 내 동일한 사물의 위치를 묻는 질문에 동일한 대답을 내놓는 경우 이때 둘의 의식은 차이가 없겠군.

근거 (가)-❶-2~3 기능주의는 의식은 기능이며, 서로 다른 물질에서 같은 기능이 구현될 수 있다고 주장한다. 이때 기능이란 어떤 입력이 주어졌을 때 특정한 출력을 내놓는 함수적 역할로 정의되며, 함수적 역할의 일치는 입력과 출력의 쌍이 일치함을 의미

풀이 (가)에서 설명한 기능주의에 따르면 의식은 기능이며, 이때 기능은 어떤 입력이 주어졌을 때 특정한 출력을 내놓는 함수적 역할이다. 또 함수적 역할의 일치는 입력과 출력의 쌍이 일치한다는 것을 의미한다. 이러한 기능주의에서는 A와 B가 암실 내 동일한 사물의 위치를 묻는 질문에 동일한 대답을 내놓는 것에 대해 '동일한 입력'에 대해 '동일한 출력'을 내놓는 것으로 보았을 것이다. 기능주의에서 동일한 입력에 대해 동일한 출력을 내놓는 것은 '기능이 같음'을 의미하므로, 이때 A와 B의 의식 또한 같다고 파악할 것이다.

→ 적절함!

② (가)의 확장 인지 이론에 따르면, BCI로 암실 내 사물의 위치를 파악하는 것이 B의 인지 과정인 경우 B에게 사물의 위치에 대한 심적 상태가 생겨나겠군.

근거 (가)-❹-1 그(확장 인지 이론을 제시한 로랜즈)에 따르면 인지 과정은 주체에게 '심적 상태'가 생겨나게 하는 과정

풀이 (가)의 확장 인지 이론에서는 인지 과정을 주체에게 심적 상태가 생겨나게 하는 과정으로 보았으므로, 〈보기〉에서 BCI로 암실 내 사물의 위치를 파악하는 것이 B의 인지 과정인 경우, B에게 사물의 위치에 대한 심적 상태가 생겨날 것이라고 볼 것이다.

→ 적절함!

③ (가)의 확장 인지 이론에 따르면, 암실 내 사물에 부딪친 막대기의 진동이 A의 해석에 의존해서만 의미를 나타내는 경우 그 진동 상태는 파생적 상태가 아니겠군.

맞겠군

근거 (가)-❹-5 '파생적 상태'는 주체의 해석에 의존해서만 또는 사회적 합의에 의존해서만 의미를 나타내는 상태로 정의된다.

풀이 (가)의 확장 인지 이론에서는 '파생적 상태'를 주체의 해석이나 사회적 합의에 의존해서만 의미를 나타내는 상태라고 보았다. 이러한 확장 인지 이론에 따르면, 암실 내 사물에 부딪친 막대기의 진동이 A의 해석에 의존해서만 의미를 나타내는 경우, 그 진동 상태를 '파생적 상태'라고 볼 것이다.

→ 적절하지 않음!

④ (나)에서 몸에 의한 지각을 주장하는 입장에 따르면, 막대기에 의해 A가 사물의 위치를 지각하는 경우 막대기는 A의 몸의 일부라고 할 수 있겠군.

근거 (나)-❹-2 지각은 나의 몸에 의해 이루어지는 것이고, 지각이 이루어지게 하는 것은 모두 나의 몸이다.

풀이 (나)에서 몸에 의한 지각을 주장하는 입장에 따르면, 지각은 나의 몸에 의해 이루어지는 것이고, 지각이 이루어지게 하는 것은 모두 나의 몸이다. 이러한 입장에서는 막대기에 의해 A가 사물의 위치를 지각하는 경우, 지각이 이루어지게 하는 막대기를 A의 몸의 일부라고 볼 것이다.

→ 적절함!

⑤ (나)에서 의식을 물질로 환원하는 입장에 따르면, BCI를 통해 입력된 정보로부터 B의 지각이 일어난 경우 BCI를 통해 들어온 자극에 따른 B의 물질적 반응이 일어난 것이겠군.

근거 (나)-❷-2~3 의식을 포함한 모든 것을 물질로 환원하여 의식은 물질에 불과하다고 주장 … 지각은 사물로부터의 감각 자극에 따른 주체의 물질적 반응으로 이해되며

풀이 (나)에서 객관주의 철학의 두 가지 입장 중 의식을 포함한 모든 것을 물질로 환원하는 입장에 따르면, 지각은 사물로부터의 감각 자극에 따른 주체의 물질적 반응으로 이해된다. 따라서 이러한 입장에서는 BCI를 통해 입력된 정보로부터 B의 지각이 일어난 경우, 이는 BCI를 통해 들어온 자극에 따른 B의 물질적 반응이 일어난 것이라고 볼 것이다.

→ 적절함!

**104** | 문맥적 의미 파악 - 적절한 것 고르기 2024학년도 6월 모평 17번
정답률 85% | 정답 ④

**문맥상 ⓐ~ⓔ의 단어와 가장 가까운 의미로 쓰인 것은?**

의식이 뇌의 물질적 상태와 동일하다고 ⓐ 본다.
몸 바깥에서 ⓑ 일어나는 일과 맞물려 벌어진다.
그에 ⓒ 따르면 인지 과정은
자기의 기억이 무엇인지 ⓓ 알아보기 위해
내가 누군가의 손을 ⓔ 만지는 동시에

① ⓐ : 그간의 사정을 봐서 그를 용서해 주었다.

풀이 ⓐ에서 쓰인 '보다'는 문맥상 '대상을 평가하다'의 의미이다. 한편 '사정을 봐서 용서해 주었다'에서 쓰인 '보다'는 '상대편의 형편 따위를 헤아리다'의 의미이다.

예문 그들은 증인이 말한 내용을 거짓말이라고 보고 있습니다.
너를 보아 내가 참아야지.

→ 적절하지 않음!

② ⓑ : 이사 후에 가난하던 살림살이가 일어났다.

풀이 ⓑ에서 쓰인 '일어나다'는 문맥상 '어떤 일이 생기다'의 의미이다. 한편 '가난하던 살림살이가 일어났다'에서 쓰인 '일어나다'는 '약하거나 희미하던 것이 성하여지다'의 의미이다.

예문 교실에서 싸움이 일어났다.
월드컵 대회가 가까워 오자 축구 열기가 다시 일어났다.

→ 적절하지 않음!

③ ⓒ : 개발에 따른 자연 훼손 문제가 심각해졌다.

풀이 ⓒ에서 쓰인 '따르다'는 문맥상 '어떤 경우, 사실이나 기준 따위에 의거하다'의 의미이다. 한편 '개발에 따른 자연 훼손'에서 쓰인 '따르다'는 '어떤 일이 다른 일과 더불어 일어나다'의 의미이다.

예문 식순에 따라 다음은 애국가 제창이 있겠습니다.
증시가 회복됨에 따라 경제도 서서히 회복되어 간다.

→ 적절하지 않음!

④ ⓓ : 단어의 뜻을 알아보기 위해 사전을 펼쳤다.

풀이 ⓓ에서 쓰인 '알아보다'는 문맥상 '조사하거나 살펴보다'의 의미이다. '뜻을 알아보기 위해'에서 쓰인 '알아보다' 또한 '조사하거나 살펴보다'의 의미이다.

예문 제주도행 비행기편을 알아보기 위해 항공사 홈페이지에 접속했다.

→ 적절함!

⑤ ⓔ : 그는 컴퓨터 프로그램을 제법 만질 줄 안다.

풀이 ⓔ에서 쓰인 '만지다'는 문맥상 '손을 대어 여기저기 주무르거나 쥐다'의 의미이다. 한편 '컴퓨터 프로그램을 만질 줄 안다'에서 쓰인 '만지다'는 '물건을 다루어 쓰다'의 의미이다.

예문 뒤통수를 만지니 주먹처럼 부풀어 올라 있었다.
그는 만질 줄 아는 악기가 몇 개 있다.

→ 적절하지 않음!

**[105~108] 다음 글을 읽고 물음에 답하시오.**

1 [1]인간의 본성(本性, 사람이 처음부터 가지고 태어난 성질)에 관한 서로 다른 두 관점(觀點, 보고 생각하는 태도와 방향)이 있다. [2]종교적 인간관에 따르면, 인간에게는 물리적(物理的, 구체적인 형태를 가지고 존재하는) 실체(實體, 실제의 물체)인 몸 이외에 비물리적(非物理的, 물리적이지 않은, 즉 구체적인 형태를 가지고 존재하지 않는) 실체인 영혼이 있다. [3]영혼은 물리적 몸과 완전히 구별되며 인간의 결정의 원천(源泉, 밑바탕)이다. [4]반면 유물론적 인간관에 따르면, 인간은 물리적 몸에 지나지 않는다. [5]물리적 몸 이외에 영혼은 존재하지 않는다. [6]따라서 인간의 결정은 단지(但只, 오로지) 뇌에서 일어나는 신경 사건이다. [7]이러한 두 관점(종교적 인간관과 유물론적 인간관) 중 유물론적 인간관을 가정할(假定-, 논리의 근거로 조건을 내세울) 때, 인간은 자유롭게 선택할 수 있을까? [8]즉 인간에게 자유의지가 있을까? [9]가령 갑이 냉장고 문을 여니 딸기 우유와 초코 우유만 있다고 해 보자. [10]갑은 이것들(딸기 우유와 초코 우유) 중 하나를 자유의지로 선택할 수 있을까?

→ 인간의 본성에 관한 서로 다른 두 관점과 인간의 자유의지에 관한 질문

2 [1]이러한 질문(갑은 딸기 우유와 초코 우유 중 하나를 자유의지로 선택할 수 있을까?)과 관련하여 반(反, 반대되는)자유의지 논증(論證, 옳고 그름을 이유를 들어 밝힘)은 갑에게 자유의지가 없다고 결론 내린다. [2]우선 임의의(任意-, 일정하게 정하지 않은) 선택은 이전 사건들에 의해 선결정되거나(先決定-, 앞서 결정되거나) 무작위로(無作爲-, 일부러 꾸미거나 뜻을 더하지 않고) 일어난다. [3]여기서 무작위로 일어난다는 것은 선결정되지 않는다는 것을 의미한다. [4]이러한 전제하에 반자유의지 논증은 선결정 가정과 무작위 가정을 모두 고려한다. [5]첫 번째로 임의의 선택이 그 이전 사건들에 의해 선결정된다고 가정해 보자. [6]반자유의지 논증에서는 이 경우 우리에게 자유의지가 없다고 결론 내린다. [7]가령 갑의 딸기 우유 선택이 심지어 갑이 태어나기도 전에 선결정된 것이라면 갑이 자유의지로 그것을 선택한 것이라고 보기 어려울 것이다. [8]두 번째로 임의의 선택이 무작위로 일어난 것이라 가정해 보자. [9]반자유의지 논증에서는 이(임의의 선택이 무작위로 일어난 것일) 경우에도 우리에게 자유의지가 없다고 결론 내린다. [10]가령 갑의 딸기 우유 선택이 단지 갑의 뇌에서 무작위로 일어난 신경 사건이라고 한다면, 그것은 자유의지의 산물(자유의지에 의하여 생겨난 것)이라고 보기 어려울 것이다.

→ '인간에게 자유의지가 있을까?'라는 질문에 대한 반자유의지 논증의 결론

3 [1]그러나 이 논증(반자유의지 논증)에 관한 다양한 비판(批判, 옳고 그름을 판단하여 밝히거나 잘못된 점을 지적함)이 가능하다. [2]㉠ 반자유의지 논증을 비판하는 한 입장에 따르면 반자유의지 논증의 선결정 가정을 고려할 때의 결론은 받아들여야 하지만, 무작위 가정을 고려할 때의 결론은 받아들일 필요가 없다. [3]따라서 반자유의지 논증의 결론('갑에게 자유의지가 없다')도 받아들일 필요가 없다고 주장한다. [4]그 이유는 아래와 같다.

| 인간에게 자유의지가 있을까? | | |
|---|---|---|
| | 반자유의지 논증의 결론 | 반자유의지 논증을 비판하는 입장 |
| 선결정 가정을 고려할 때 | 우리에게 자유의지가 없다 | → 받아들여야 함 |
| 무작위 가정을 고려할 때 | 우리에게 자유의지가 없다 | → 받아들일 필요가 없음 |

→ 반자유의지 논증을 비판하는 입장

4 [1]임의의 선택이 나의 자유의지의 산물이 되기 위해서는 다음 두 가지 조건을 모두 충족해야(充足-, 채워 모자람이 없게 해야) 한다. [2]첫째, 내가 그 선택의 주체(主體, 다른 것에 의해 움직이는 것이 아니라 자신의 판단으로 행동하고 실천하는 실체)여야 한다. [3]둘째, 나의 선택은 그 이전 사건들에 의해 선결정되지 않아야 한다. [4]그런데 어떤 선택이 그 이전 사건들에 의해 선결정되어 있다면, 이것은 자유의지를 위한 둘째 조건('나의 선택은 그 이전 사건들에 의해 선결정되지 않아야 한다')과 충돌한다.(衝突-, 서로 맞섰다.) [5]따라서 반자유의지 논증의 선결정 가정을 고려할 때의 결론인 우리에게 자유의지가 없다는 점을 받아들여야 한다. [6]물론 이러한 자유의지와 다른 의미를 지닌 자유의지가 있을 수 있다. [7]만약 '내가 자유롭게 선택했다'는 말이 단지 '내가 하고자 원했던 것을 했다'는 ⓐ 욕구 충족적 자유의지를 의미한다면, 나의 선택이 그 이전 사건들에 의해 선결정되어 있든 그렇지 않든 그것은 내 자유의지의 산물일 수 있다. [8]그러나 이러한 자유의지(욕구 충족적 자유의지)는 ⓑ 여기서 염두(念頭, 마음속)에 두는 두 가지 조건을 모두 충족하는 자유의지와 다르다.

→ 선결정 가정을 고려할 때의 결론을 받아들여야 하는 이유

5 [1]다음으로, 어떤 선택이 무작위로 일어난 것이라고 하더라도 그 선택의 주체는 나일 수 있다. [2]유물론적 인간관에 따르면 '갑이 딸기 우유를 선택했다'는 것은 '선택 시점에 갑의 뇌에서 신경 사건이 발생했다'는 것을 의미한다. [3]갑의 이러한 신경 사건이 이전 사건들에 의해 선결정되지 않은 것으로 가정해 보자. [4]이러한 가정 아래에서도 갑은 그 선택의 주체일 수 있다. [5]왜냐하면 이 가정(이 신경 사건이 이전 사건들에 의해 선결정되지 않은 것이라는 가정)은 선택 시점에 발생한 뇌의 신경 사건으로서 '갑이 딸기 우유를 선택했다'는 사실을 바꾸지 않기 때문이다. [6]결국 ㉡ 반자유의지 논증의 무작위 가정을 고려할 때의 결론은 받아들일 필요가 없다.

→ 무작위 가정을 고려할 때의 결론을 받아들일 필요가 없는 이유

■ 지문 이해

**<반자유의지 논증과 그에 관한 비판>**

**❶ 인간의 본성에 관한 서로 다른 두 관점과 인간의 자유의지에 관한 질문**

• 인간의 본성에 관한 두 관점

| 종교적 인간관 | 유물론적 인간관 |
|---|---|
| - 몸(물리적 실체)<br>- 영혼(비물리적 실체)<br>- 영혼은 몸과 완전히 구별되며, 결정의 원천임 | - 몸(물리적 실체)<br>- 영혼은 존재하지 않음<br>- 인간의 결정은 뇌에서 일어나는 신경 사건임 |

↓ 질문

'인간에게 자유의지가 있을까?'

**❷ '인간에게 자유의지가 있을까?'라는 질문에 대한 반자유의지 논증의 결론**

• 선결정 가정을 고려할 때의 결론 : 우리에게 자유의지가 없다
• 무작위 가정을 고려할 때의 결론 : 우리에게 자유의지가 없다

**❸ 반자유의지 논증을 비판하는 입장**

• 반자유의지 논증의 선결정 가정을 고려할 때의 결론은 받아들여야 하지만, 무작위 가정을 고려할 때의 결론은 받아들일 필요가 없다고 주장함

**❹ 선결정 가정을 고려할 때의 결론을 받아들여야 하는 이유**

• 임의의 선택이 나의 자유의지의 산물이 되기 위한 두 가지 조건
 - 내가 그 선택의 주체여야 한다
 - 나의 선택은 그 이전 사건들에 의해 선결정되지 않아야 한다
 ↕
→ 어떤 선택이 그 이전 사건들에 의해 선결정되어 있다면 둘째 조건과 충돌하므로, 반자유의지 논증의 선결정 가정을 고려할 때의 결론은 받아들여야 함
• '내가 하고자 원했던 것을 했다'는 욕구 충족적 자유의지 : 나의 선택이 이전 사건들에 의한 선결정 여부와 상관없이 내 자유의지의 산물일 수 있으나, 다른 의미를 지닌 자유의지임

**❺ 무작위 가정을 고려할 때의 결론을 받아들일 필요가 없는 이유**

• 어떤 선택이 무작위로 일어난 것이라고 하더라도 그 선택의 주체는 나일 수 있음
 (무작위로 일어난 = 선결정되지 않은 것)
→ 임의의 선택이 나의 자유의지의 산물이 되기 위한 두 가지 조건을 모두 충족하므로, 반자유의지 논증의 무작위 가정을 고려할 때의 결론을 받아들일 필요가 없음

**105** 세부 정보 이해 - 적절하지 않은 것 고르기 2022학년도 9월 모평 10번 정답률 85% **정답 ⑤**

**윗글에 대한 설명으로 적절하지 않은 것은?**

**① 유물론적 인간관은 영혼의 존재를 인정하지 않는다.**

근거 ❶-4~5 유물론적 인간관에 따르면, 인간은 물리적 몸에 지나지 않는다. 물리적 몸 이외에 영혼은 존재하지 않는다.

→ 적절함!

**② 유물론적 인간관은 인간의 선택을 물리적 사건으로 본다.**

근거 ❶-4 유물론적 인간관에 따르면, 인간은 물리적 몸에 지나지 않는다, ❶-6 인간의 결정은 단지 뇌에서 일어나는 신경 사건

풀이 유물론적 인간관에서는 인간이 물리적 몸에 지나지 않는다고 보고, 인간의 결정은

뇌, 즉 물리적 실체인 몸에서 일어나는 신경 사건이라고 보았다. 따라서 유물론적 인간관은 인간의 선택을 물리적 사건으로 본다는 설명은 적절하다.

→ 적절함!

**③ 종교적 인간관은 인간이 물리적 실체로만 구성된다고 보지 않는다.**

근거 ❶-2 종교적 인간관에 따르면, 인간에게는 물리적 실체인 몸 이외에 비물리적 실체인 영혼이 있다.

→ 적절함!

**④ 종교적 인간관은 인간의 선택에서 비물리적 실체가 하는 역할을 인정한다.**

근거 ❶-2~3 종교적 인간관에 따르면, 인간에게는 물리적 실체인 몸 이외에 비물리적 실체인 영혼이 있다. 영혼은 물리적 몸과 완전히 구별되며 인간의 결정의 원천이다.

→ 적절함!

= 무작위로 일어날 가능성 / 고려한다

**⑤ 반자유의지 논증은 임의의 선택이 선결정되지 않을 가능성을 고려하지 않는다.**

근거 ❷-2~4 임의의 선택은 이전 사건들에 의해 선결정되거나 무작위로 일어난다. 여기서 무작위로 일어난다는 것은 선결정되지 않는다는 것을 의미한다. 이러한 전제하에 반자유의지 논증은 선결정 가정과 무작위 가정을 모두 고려한다.

풀이 임의의 선택은 이전 사건들에 의해 선결정되거나 무작위로 일어나는데, 여기서 무작위로 일어난다는 것은 선결정되지 않는다는 것을 의미한다. 반자유의지 논증은 선결정 가정과 무작위 가정을 모두 고려한다.

→ 적절하지 않음!

| 106 | 세부 정보 이해 – 적절한 것 고르기 2022학년도 9월 모평 11번<br>정답률 75%, 매력적 오답 ② 10% ③ 10% | 정답 ④ |
|---|---|---|

**ⓐ, ⓑ를 이해한 내용으로 적절한 것은?**

> ⓐ 욕구 충족적 자유의지
> ⓑ 여기서 염두에 두는 두 가지 조건을 모두 충족하는 자유의지

있다

**① 어떤 선택을 원해서 한다면 그 선택을 한 사람에게 ⓐ가 있을 수 없다.**

근거 ❹-7 '내가 하고자 원했던 것을 했다'는 욕구 충족적 자유의지

풀이 어떤 선택을 원해서 한다면, 그 선택은 '내가 하고자 원했던 것을 했다'는 것을 의미하는 욕구 충족적 자유의지(ⓐ)의 산물일 수 있다. 따라서 어떤 선택을 원해서 한다면 그 선택을 한 사람에게 ⓐ가 있을 수 없다는 설명은 적절하지 않다.

→ 적절하지 않음!

있다

**② 어떤 선택을 원해서 한다면 그 선택을 한 사람에게 ⓑ가 있을 수 없다.**

근거 ❷-2~3 임의의 선택은 이전 사건들에 의해 선결정되거나 무작위로 일어난다. 여기서 무작위로 일어난다는 것은 선결정되지 않는다는 것을 의미한다, ❹-1~3 임의의 선택이 나의 자유의지의 산물이 되기 위해서는 다음 두 가지 조건을 모두 충족해야 한다. 첫째, 내가 그 선택의 주체여야 한다. 둘째, 나의 선택은 그 이전 사건들에 의해 선결정되지 않아야 한다, ❺-1 어떤 선택이 무작위로 일어난 것이라고 하더라도 그 선택의 주체는 나일 수 있다.

풀이 ⓑ에서 이야기하는 두 가지 조건은 첫째, 내가 그 선택의 주체여야 하고 둘째, 나의 선택이 그 이전 사건들에 의해 선결정되지 않아야 한다는 것, 즉 나의 선택이 무작위로 일어나야 한다는 것이다. 한편 어떤 선택이 무작위로 일어난 것이라고 하더라도 그 선택을 한 사람이 그 선택의 주체일 수 있다. 따라서 어떤 선택을 원해서 하였고, 그 선택이 이전 사건들에 의해 선결정되지 않은 것이라면(무작위로 일어난 것이라면), 그 선택을 한 사람에게 두 가지 조건을 모두 충족하는 자유의지(ⓑ)가 있을 수 있다.

→ 적절하지 않음!

있다

**③ 어떤 선택이 선결정되어 있다면 그 선택을 한 사람에게 ⓐ가 있을 수 없다.**

근거 ❹-7 만약 '내가 자유롭게 선택했다'는 말이 단지 '내가 하고자 원했던 것을 했다'는 욕구 충족적 자유의지를 의미한다면, 나의 선택이 그 이전 사건들에 의해 선결정되어 있든 그렇지 않든 그것은 내 자유의지의 산물일 수 있다.

풀이 어떤 선택이 '내가 하고자 원했던 것을 한 것'이라면, 그 선택은 이전 사건들에 의해 선결정되어 있든 그렇지 않든 내 욕구 충족적 자유의지(ⓐ)의 산물일 수 있다. 따라서 어떤 선택이 선결정되어 있다면 그 선택을 한 사람에게 ⓐ가 있을 수 없다는 설명은 적절하지 않다.

→ 적절하지 않음!

**④ 어떤 선택이 선결정되어 있다면 그 선택을 한 사람에게 ⓑ가 있을 수 없다.**

근거 ❹-1~3 임의의 선택이 나의 자유의지의 산물이 되기 위해서는 다음 두 가지 조건을 모두 충족해야 한다. 첫째, 내가 그 선택의 주체여야 한다. 둘째, 나의 선택은 그 이전 사건들에 의해 선결정되지 않아야 한다.

풀이 ⓑ에서 이야기하는 두 가지 조건은 첫째, 내가 그 선택의 주체여야 하고 둘째, 나의 선택이 그 이전 사건들에 의해 선결정되지 않아야 한다는 것이다. 어떤 선택이 선결정되어 있다면 ⓑ에서 이야기하는 두 가지 조건 중 '선결정되지 않아야 한다'는 조건을 충족하지 못하므로, 그 선택을 한 사람에게 두 가지 조건을 모두 충족하는 자유의지(ⓑ)가 있을 수 없다.

→ 적절함!

**⑤ 어떤 선택을 원해서 하고 그 선택이 선결정되어 있지 않다면 그 선택을 한 사람에게 ⓐ와 ⓑ 중 어느 것도 있을 수 없다.**

모두 있을 수 있다

근거 ❹-1~3 임의의 선택이 나의 자유의지의 산물이 되기 위해서는 다음 두 가지 조건을 모두 충족해야 한다. 첫째, 내가 그 선택의 주체여야 한다. 둘째, 나의 선택은 그 이전 사건들에 의해 선결정되지 않아야 한다, ❹-7 만약 '내가 자유롭게 선택했다'는 말이 단지 '내가 하고자 원했던 것을 했다'는 욕구 충족적 자유의지를 의미한다면, 나의 선택이 그 이전 사건들에 의해 선결정되어 있든 그렇지 않든 그것은 내 자유의지의 산물일 수 있다.

풀이 어떤 선택을 원해서 한다면, 그 선택은 선결정되어 있든 그렇지 않든 욕구 충족적 자유의지(ⓐ)의 산물일 수 있다. 또 어떤 선택을 원해서 하였고, 그 선택이 이전 사건들에 의해 선결정되지 않은 것이라면(무작위로 일어난 것이라면), 그 선택을 한 사람에게 두 가지 조건을 모두 충족하는 자유의지(ⓑ)가 있을 수 있다. 따라서 어떤 선택을 원해서 하고 그 선택이 선결정되어 있지 않다면 그 선택을 한 사람에게 ⓐ와 ⓑ가 모두 있을 수 있다.

→ 적절하지 않음!

1등급 문제

| 107 | 추론의 적절성 판단 – 적절한 것 고르기 2022학년도 9월 모평 12번<br>정답률 55%, 매력적 오답 ② 10% ③ 15% ④ 15% | 정답 ⑤ |
|---|---|---|

**ⓒ의 이유로 가장 적절한 것은?**

> ⓒ 반자유의지 논증의 무작위 가정을 고려할 때의 결론은 받아들일 필요가 없다.

우리에게 자유의지가 없다

근거 ❹-1~3 임의의 선택이 나의 자유의지의 산물이 되기 위해서는 다음 두 가지 조건을 모두 충족해야 한다. 첫째, 내가 그 선택의 주체여야 한다. 둘째, 나의 선택은 그 이전 사건들에 의해 선결정되지 않아야 한다, ❺-1 어떤 선택이 무작위로 일어난 것이라고 하더라도 그 선택의 주체는 나일 수 있다.

풀이 어떤 선택이 나의 자유의지의 산물이 되기 위해서는 내가 그 선택의 주체여야 하며, 나의 선택이 그 이전 사건들에 의해 선결정되지 않아야 한다는 두 가지 조건을 모두 충족해야 한다. 반자유의지 논증을 비판하는 입장에서는 어떤 선택이 무작위로 일어난 것이라고 하더라도 그 선택의 주체가 나일 수 있다고 본다. 이때의 선택은 내가 그 선택의 주체여야 하며 나의 선택이 그 이전 사건들에 의해 선결정되지 않아야 한다는 두 가지 조건을 모두 충족하므로, 나의 자유의지의 산물이라고 볼 수 있다. 이러한 이유에서 반자유의지 논증을 비판하는 입장에서는 '임의의 선택이 무작위로 일어난 것이라 가정하는 경우에도 우리에게 자유의지가 없다'는 반자유의지 논증의 결론을 받아들일 필요가 없다고 주장한다. 따라서 정답은 ⑤번이다.

**① 비물리적 실체인 영혼은 존재하지 않기 때문이다.**

근거 ❶-4~5 유물론적 인간관에 따르면, … 물리적 몸 이외에 영혼은 존재하지 않는다.

풀이 유물론적 인간관에서는 비물리적 실체인 영혼이 존재하지 않는다고 보았다. 그러나 반자유의지 논증을 비판하는 입장에서 이러한 이유를 들어 ⓒ을 주장하지는 않았다.

**② 어떤 선택은 무작위로 일어난 것이 아니기 때문이다.**

근거 ❷-2 임의의 선택은 이전 사건들에 의해 선결정되거나 무작위로 일어난다, ❷-5~6 임의의 선택이 그 이전 사건들에 의해 선결정된다고 가정해 보자. 반자유의지 논증에서는 이 경우 우리에게 자유의지가 없다고 결론 내린다, ❸-2 반자유주의 논증을 비판하는 한 입장에 따르면 반자유의지 논증의 선결정 가정을 고려할 때의 결론은 받아들여야 하지만, ❹-5 반자유의지 논증의 선결정 가정을 고려할 때의 결론인 우리에게 자유의지가 없다는 점을 받아들여야 한다.

풀이 임의의 선택은 이전 사건들에 의해 선결정되거나 무작위로 일어나므로, 어떤 선택이 무작위로 일어난 것이 아니라면 그 선택은 이전 사건들에 의해 선결정된 것에 해당한다. 반자유의지 논증에서는 어떤 선택이 이전 사건들에 의해 선결정된다고 가

정하였을 때 우리에게 자유의지가 없다고 결론 내린다. 또한 반자유의지 논증을 비판하는 입장에서도 반자유의지 논증의 선결정 가정을 고려할 때의 결론은 받아들여야 한다고 말하고 있다. 따라서 '어떤 선택은 무작위로 일어난 것이 아니라는 것'은 반자유주의 논증을 비판하는 입장에서 주장의 근거로 들기에 적절하지 않다.

**③ 어떤 선택은 선결정되어 있지만 욕구 충족적 자유의지의 산물이기 때문이다.**

근거 ❹-7~8 만약 '내가 자유롭게 선택했다'는 말이 단지 '내가 하고자 원했던 것을 했다'는 욕구 충족적 자유의지를 의미한다면, 나의 선택이 그 이전 사건들에 의해 선결정되어 있든 그렇지 않든 그것은 내 자유의지의 산물일 수 있다. 그러나 이러한 자유의지는 여기서 염두에 두는 두 가지 조건을 모두 충족하는 자유의지와 다르다.

풀이 반자유의지 논증을 비판하는 입장에서 어떤 선택은 그 이전 사건들에 의해 선결정되어 있든 그렇지 않든 '욕구 충족적 자유의지의 산물'일 수 있다고 본 것은 맞다. 그러나 이러한 자유의지는 두 가지 조건을 모두 충족하는 자유의지와 다르다고 구분하였으므로, 이를 ㉡의 이유로 드는 것은 적절하지 않다.

**④ 반자유의지 논증의 선결정 가정을 고려할 때의 결론이 받아들여져야 하기 때문이다.**

근거 ❷-5~6 임의의 선택이 그 이전 사건들에 의해 선결정된다고 가정해 보자. 반자유의지 논증에서는 이 경우 우리에게 자유의지가 없다고 결론 내린다. ❸-2 반자유주의 논증을 비판하는 한 입장에 따르면 반자유의지 논증의 선결정 가정을 고려할 때의 결론은 받아들여야 하지만, ❹-5 반자유의지 논증의 선결정 가정을 고려할 때의 결론인 우리에게 자유의지가 없다는 점을 받아들여야 한다.

풀이 반자유의지 논증에서는 어떤 선택이 이전 사건들에 의해 선결정된다고 가정하였을 때 우리에게 자유의지가 없다고 결론 내린다. 반자유의지 논증을 비판하는 입장에서도 이러한 반자유의지 논증의 선결정 가정을 고려할 때의 결론은 받아들여야 한다고 말하고 있다. 그러므로 반자유의지 논증을 비판하는 입장에서 이것을 이유로 들어 ㉡을 주장한 것은 아니다.

**⑤ 어떤 선택은 자유의지의 산물이 되기 위한 두 가지 조건을 모두 충족할 수 있기 때문이다.**

→ 적절함!

1등급 문제

**108** 구체적인 사례에 적용 - 적절한 것 고르기 2022학년도 9월 모평 13번
정답률 60%, 매력적 오답 ① 10% ② 10% ③ 15%
정답 ④

**윗글의 ㉠에 입각하여 학생이 <보기>와 같은 탐구 활동을 한다고 할 때, [A]에 들어갈 내용으로 적절한 것은?** [3점]

㉠ 반자유의지 논증을 비판하는 한 입장

| 보 기 |

자유의지와 관련된 H의 가설과 실험을 보고, 반자유의지 논증에 대해 논의해 보자.

• **H의 가설** (어떤 선택이 이전 사건에 의해 선결정된다)
인간이 결정을 내릴 때 발생하는 신경 사건이 있기 전에 그가 어떤 선택을 할지 알게 해 주는 다른 신경 사건이 그의 뇌에서 매번 발생한다.

• **H의 실험** : 피실험자의 선택이 이전 사건에 의해 선결정된 것인지를 확인하는 실험
피실험자(被實驗者, 실험의 대상이 되는 사람)의 왼손과 오른손에 각각 버튼 하나가 주어진다. 피실험자는 두 버튼 중 어떤 버튼을 누를지 특정 시점에 결정한다(선택). 그 결정의 시점과 그 이전에 발생하는 뇌의 신경 사건(이전 사건)을 동일한 피실험자에게서 100 차례 관측한다.(觀測-, 관찰하여 측정한다.)

○ 논의 : [A]

▶지문 핵심 개념 정리

| '인간에게 자유의지가 있을까?'라는 질문에 대한 반자유의지 논증의 결론 | | 반자유의지 논증을 비판하는 입장 |
|---|---|---|
| – 선결정 가정을 고려할 때의 결론 : 우리에게 자유의지가 없다(❷-5~6) | → | 받아들여야 함(❸-2) |
| – 무작위 가정을 고려할 때의 결론 : 우리에게 자유의지가 없다(❷-8~9) | → | 받아들일 필요가 없음(❸-2) |

풀이 <보기>의 H는 반자유의지 논증을 비판하는 입장에서, '뇌에서 신경 사건이 일어날 때마다 영향을 미치는 그 이전의 다른 신경 사건이 발생한다'는 가설을 세우고, 어떤 선택이 이전 사건에 의해 선결정되는지를 실험을 통해 알아보고자 하였다. 반자유의지 논증을 비판하는 입장에서는, 반자유의지 논증의 선결정 가정을 고려할 때의 결론을 받아들여야 하지만, 무작위 가정을 고려할 때의 결론은 받아들일 필요가 없다고 보았다. 만약 H의 가설이 실험 결과에 의해 입증된다면, H는 반자유의지 논증의 선결정 가정을 고려할 때의 결론을 받아들여야 한다고 볼 것이다. 그러나 H의 가설이 실험 결과에 의해 입증되지 않는다면, H는 반자유의지 논증의 선결정 가정을 고려할 때의 결론을 받아들일 필요가 없다고 볼 것이다.

**① H의 가설이 실험 결과에 의해 *입증된다면, 선결정 가정을 고려할 때의 결론을 **거부해야 한다.** *立證-, 근거나 증거를 통해 증명된다면 **拒否-, 받아들이지 않고 물리쳐야 받아들일 것이다

풀이 H의 가설이 실험 결과에 의해 입증된다면, H는 반자유의지 논증의 선결정 가정을 고려할 때의 결론을 받아들여야 한다고 볼 것이다.

→ 적절하지 않음!

**② H의 가설이 실험 결과에 의해 입증된다면, 무작위 가정은 참일 수밖에 없다.**

풀이 반자유의지 논증을 비판하는 입장에서는 반자유의지 논증의 무작위 가정을 고려할 때의 결론을 받아들일 필요가 없다고 본다. 그러나 H의 실험은 '선결정 가정'과 관련된 것이므로, H의 가설이 실험 결과에 의해 입증된다고 하더라도 이 결과를 '무작위 가정'의 참·거짓 여부를 판단하는 근거로 볼 수는 없다.

→ 적절하지 않음!

**③ H의 가설이 실험 결과에 의해 입증되지 않는다면, 선결정 가정은 참일 수밖에 없다.**

풀이 H의 가설이 실험 결과에 의해 입증되지 않는다는 것은, '인간의 결정이 이전 사건에 의해 선결정된다'는 가정이 참임을 증명할 수 없다는 것을 뜻한다.

→ 적절하지 않음!

**④ H의 가설이 실험 결과에 의해 입증되지 않는다면, 무작위 가정을 고려할 때의 결론을 받아들여야 하는 것은 아니다.**

풀이 H의 가설이 실험 결과에 의해 입증되지 않는다면, H는 반자유의지 논증의 선결정 가정을 고려할 때의 결론을 받아들일 필요가 없다고 볼 것이다. 또한 H는 반자유의지 논증을 비판하는 입장이므로, 무작위 가정을 고려할 때의 결론 또한 받아들일 필요가 없다고 볼 것이다.

→ 적절함!

선결정 가정을 고려할 때의 결론 : 우리에게 자유의지가 없다
무작위 가정을 고려할 때의 결론 : 우리에게 자유의지가 없다

**⑤ H의 가설의 실험 결과에 의한 입증 여부와 상관없이, 반자유의지 논증의 결론을 받아들여야 한다.**

풀이 반자유의지 논증을 비판하는 입장에서는, 반자유의지 논증의 선결정 가정을 고려할 때의 결론을 받아들여야 하지만, 무작위 가정을 고려할 때의 결론은 받아들일 필요가 없다고 보았다. H는 반자유의지 논증을 비판하는 입장이므로, 반자유의지 논증의 무작위 가정을 고려할 때의 결론에 대해서는 <보기>의 실험 결과와 상관없이 결론을 받아들일 필요가 없다고 볼 것이다.

→ 적절하지 않음!

## [109~114] 다음 글을 읽고 물음에 답하시오.

1 [1]인간은 이 세상에서 정신과 물질을 동시에 지닌 유일한 존재로 여겨진다. [2]정신은 과연 물질, 곧 육체와 별도로(別途-, 따로) 존재하는 것일까? [3]㉠ 컴퓨터와 같은 완전히 물리적인(物理的-, 구체적인 형태를 가지고 존재하는 물질과 관련이 있는) 체계(體系, 일정한 원리에 따라 각각의 부분이 짜임새 있게 조직되어 통일된 전체)는 정신을 가질 수 없는가? [4]오래전부터 정신을 비(非 아니다 비)물리적 대상으로 간주하는(看做-, 여기는) 사람이 많았고 지금도 크게 다르지 않다. [5]이렇게 육체는 원자(原子, 물질을 구성하는 기본 입자)로 이루어져 있으며 화학적(化學的, 물질의 성질과 구조, 생성과 분해의 반응, 다른 물질과의 반응 등의 화학 현상과 관련된) 조성(組成, 화합물을 구성하는 원소의 질량이나 원자 수의 비)을 띠지만 정신은 비물리적 대상이라고 주장하는 이론이 이원론이다. [6]이(이원론)에 견줘(비교하여) 동일론은 정신은 육체, 그중에서 두뇌의 물리적 상태와 동일한 것으로 존재하지, 육체와 독립되어 존재하지 않는다고 주장한다. [7]무엇인가가 독립되어 존재하지 않는다는 것을 증명하기(證明-, 그것이 진실인지 아닌지 증거를 들어 밝히기) 위해서는 그것(정신)이 독립적으로 존재할 모든 가능성을 들여다보며 "여기도 없군. 저기도 없네." 하며 철저히 점검할(點檢-, 낱낱이 검사할) 필요는 없다. [8]다만 그것이(정신이 독립적으로) 존재한다고 말하는 주장들을 조목조목 반박해(反駁-, 반대하여 주장을 펴) 나가면 된다. [9]그런 식으로 동일론은 이원론을 반박한다.

이원론의 주장 / 동일론의 주장

→ 정신과 물질(= 육체)을 둘러싼 이원론과 동일론의 주장

**2** [1]원자나 엑스선(X線, 자외선과 감마선 사이의 파장을 띠는, 보이지 않는 빛의 한 종류. 물질을 잘 통과하는 성질이 있어 몸속 뼈 사진을 찍을 때 쓰임)은 눈으로 볼 수 없지만 그것(눈으로 볼 수 없는 원자나 엑스선)을 가정함으로써(假定−, 불확실한 것을 사실인 것으로 임시로 정함으로써) 다양한 현상들을 가장 잘 설명할 수 있다. [2]이원론자는 정신도 ⓐ 눈에 보이지 않지만 그것(정신)을 가정해야만 설명할 수 있는 특성들이 있다고 주장한다. [3]라이프니츠는 만일 X와 Y가 동일하다면 이들(X와 Y)이 똑같은 특성(特性, 그 사물에만 있는 특별히 다른 성질)을 갖는다는 '동일자(同一者, 현실에서 동일하게 있는 사물, 즉 같은 사물) 식별(識別, 분별하여 알아봄) 불가능성 원리'를 제시했는데, 어떠한 물리적 대상도 갖지 못할 특성을 정신이 갖는다면(정신과 물리적 대상이 다른 특성을 갖는다면), 이 원리(동일자 식별 불가능성 원리)에 따라 정신은 물리적 대상과는 다를 것이다.

→ '정신'의 특성에 대한 이원론자들의 주장과 라이프니츠의 '동일자 식별 불가능성 원리'

**3** [A] [1]대표적 이원론자인 데카르트는 그런(어떠한 물리적 대상도 갖지 못할, 정신이 갖는) 특성으로 언어와 수학적 추론(推論, 어떤 판단을 근거로 삼아 다른 판단이나 결론을 이끌어 냄)을 제시한다. [2]그(데카르트)는 완전히 물리적인 체계가 사람처럼 언어를 사용하거나 수학적인 추론을 해낼 수는 없으리라고(컴퓨터와 같은 완전히 물리적인 체계는 정신을 가질 수 없다고) 보았다. [3]그러나 이런 주장은 그 힘이 처음 생각했던 것보다 약하다. [4]먼저 컴퓨터 언어(컴퓨터가 어떤 문제를 해결하는 데 그 일의 처리 방법과 순서를 지시해 주는 언어)라는 개념은 이제 상식적인(常識的−, 사람들이 보통 알고 있거나 알아야 하는 지식이 된) 것이 되었다. [5]컴퓨터 언어는 인간이 쓰는 언어에 비해서 구조와 내용의 면에서 단순하지만 그 차이라 하는 것은 종류(種類, 일정한 성질에 따라 나뉘는 사물의 갈래)의 차이가 아니라 정도(程度, 사물의 성질이나 가치를 좋음과 나쁨, 나음과 못함 등으로 따진 분량이나 수준)의 차이이다.(컴퓨터 언어와 인간이 쓰는 언어가 아예 다른 종류의 것이 아니라, 구조와 내용면에서 복잡한 정도의 차이가 있는 것이다.) [6]한편 데카르트의 저술(著述, 글이나 책)이 나타난 이래(以來, 그 뒤)로 수세기 동안 여러 학자들은 수학적 추론의 일반적 원리들을 이럭저럭 찾아낼 수 있게 되었고, 컴퓨터 기술자들은 그런(수학적 추론의 일반적) 원리를 바탕으로 하여 데카르트를 깜짝 놀라게 했을 법한 ⓑ 기계를 만들어 내게 되었다. [7]독립적인 정신을 가정하지 않고서도 언어와 수학적 추론을 설명할 수 있는 가능성이 생긴 것이다. [8]이와 같이 더 복잡한 것(독립적인 정신)을 끌어들이지 않고 무언가를 충분히 설명할 수 있다면, 그것을 끌어들이지 말라는 '단순성의 원리'에 의해 독립적인 정신을 가정할 필요가 없다.

→ 대표적 이원론자 데카르트의 견해와 이에 대한 동일론의 반박 ①

**4** [1]데카르트는 동일자 식별 불가능성 원리로 이원론을 지지하는(支持−, 옳다고 생각하여 뜻을 같이하고, 이를 위해 힘을 쓰는) 또 다른 논증(論證, 옳고 그름을 이유를 들어 밝힘)으로, 육체의 존재는 얼마든지 의심할 수 있지만 정신은 의심할 수 없다는 것을 든다. [2]의심하기 위해서는 내 정신이 ⓒ 또렷하게 존재해야 하기(의심한다는 것 자체가 이미 내 정신이 존재한다는 뜻이기) 때문이다. [3]그렇다면 육체와 정신 중 하나(육체)는 의심 가능하다는 특성을 갖지만 다른 하나(정신)는 갖지 않으므로 그 둘(육체와 정신)은 ⓓ 동일하지 않다는 결론이 나온다. [4]이 논증을 평가하기 위해 사실은 같은 사람인(동일한 존재인) 정약용과 다산(茶山, 정약용의 호)을 생각해 보자. [5]『목민심서』를 정약용이 썼다는 것을 의심하지 않더라도 다산이 썼다는 것은 얼마든지 의심할 수 있다. [6]다산이 썼어도 쓰지 않았다고 의심하는 것은 논리적으로 모순된 것이 아니기(다산이 쓴 것이 사실이라고 하더라도 쓰지 않았다고 의심은 할 수 있기) 때문이다. [7]그렇다고 해서 정약용과 다산이 ⓔ 동일한 존재가 아닌 것은 아니다.(정약용이 썼다는 것을 의심하지 않고, 다산이 썼다는 것을 의심하는 것은 정약용과 다산이 서로 다른 특성을 가진다는 뜻이다. 하지만 정약용과 다산이 서로 다른 특성을 가진다고 하더라도 이들이 다른 존재인 것은 아니다. 이와 마찬가지로, '정신'과 '육체'가 서로 다른 특성을 갖는다 하더라도 이들이 같은 대상일 수 있다.) [8]동일자 식별 불가능성 원리는, 식별하는 데 사용되는 특성이 의심이나 생각 같은 것을 포함한 경우에는 적용되지(適用−, 맞추어져 쓰이지) 않는 것이다.

→ 대표적 이원론자 데카르트의 견해와 이에 대한 동일론의 반박 ②

■지문 이해

**<정신과 육체에 관한 이원론과 동일론의 견해 차이>**

**❶ 정신과 물질(= 육체)을 둘러싼 이원론과 동일론의 주장**

- 이원론 : 물리적 대상인 육체와 비물리적 대상인 정신이 별도로 존재한다고 주장
- 동일론 : 정신은 육체 중 두뇌의 물리적 상태와 동일한 것으로 존재한다고 주장

**❷ '정신'의 특성에 대한 이원론자들의 주장과 라이프니츠의 '동일자 식별 불가능성 원리'**

- 이원론자 : 정신은 눈에 보이지 않지만, 이를 가정해야만 설명할 수 있는 특성이 있다고 주장함
- 라이프니츠의 '동일자 식별 불가능성 원리' : X와 Y가 동일하다면, 이들은 똑같은 특성을 가짐 → 정신이 어떠한 물리적 대상도 갖지 못할 특성을 갖는다면, 정신은 물리적 대상과 다름

**❸ 대표적 이원론자 데카르트의 견해와 이에 대한 동일론의 반박 ①**

- 데카르트 : 완전히 물리적인 체계가 사람처럼 언어를 사용하거나 수학적 추론을 해낼 수 없을 것이라고 봄
- 동일론의 반박 : 컴퓨터 언어와 수학적 추론의 일반적 원리를 바탕으로 한 기계를 통해 독립적인 정신을 가정하지 않고도 언어와 수학적 추론을 설명할 수 있게 됨 → '단순성의 원리'에 의해 독립적인 정신을 가정할 필요가 없음

**❹ 대표적 이원론자 데카르트의 견해와 이에 대한 동일론의 반박 ②**

- 데카르트 : 육체는 의심 가능하다는 특성을 갖지만 정신은 갖지 않으므로, 둘은 동일하지 않다고 봄
- 동일론의 반박 : 『목민심서』를 다산이 썼다는 것을 의심하는 것은 논리적 모순이 아니며, 이를 의심한다고 하여 정약용과 다산이 동일한 존재가 아닌 것은 아님
  → 동일자 식별 불가능성 원리는 식별하는 데 사용되는 특성이 의심, 생각을 포함한 경우 적용되지 않음

**109** | 독서의 목적과 글의 종류 파악 - 적절한 것 고르기 2022학년도 예시문항 5번 | 정답 ⑤

**독서의 목적을 고려하여 윗글을 추천하고자 할 때, ㉮에 들어갈 내용으로 가장 적절한 것은?**

| ___________㉮___________ 분에게 추천합니다. |
|---|

근거 ❶-2~3 정신은 과연 물질, 곧 육체와 별도로 존재하는 것일까? 컴퓨터와 같은 완전히 물리적인 체계는 정신을 가질 수 없는가?, ❶-5~6 육체는 원자로 이루어져 있으며 화학적 조성을 띠지만 정신은 비물리적 대상이라고 주장하는 이론이 이원론이다. 이에 견줘 동일론은 정신은 육체, 그중에서 두뇌의 물리적 상태와 동일한 것으로 존재하지, 육체와 독립되어 존재하지 않는다고 주장, ❶-9 동일론은 이원론을 반박한다.

풀이 윗글은 정신과 육체(= 물질, 물리적 대상)의 존재에 대한 이원론과 동일론의 견해를 설명하고, 이원론의 주장에 대한 동일론의 반박을 다루고 있다. 따라서 정답은 ⑤번이다.

① *감정을 정화하기 위해 감동적인 경험을 소개하는 글을 읽으려는 *感情淨化, catharsis, 예술 작품을 창작하거나 감상함으로써 마음속에 솟아오른 슬픔이나 두려움을 해소하고, 마음을 깨끗이 하는 것

② 인간관계를 *유지하고 발전시키기 위해 **타인의 ***일상을 담은 글을 읽으려는 *維持−, 그대로 변함없이 계속하고 **他人, 다른 사람 ***日常, 날마다 반복되는 생활

③ 학문적인 정보를 얻기 위해 기술에 적용된 원리를 설명하는 글을 읽으려는

④ 사회적 문제를 해결하는 *방안을 찾기 위해 사회 현상의 원인을 분석한 글을 읽으려는 *方案, 해결 방법이나 계획

⑤ 인간과 세계를 이해하기 위해 인간과 사물의 *본질을 **논쟁적으로 다룬 글을 읽으려는 *本質, 처음부터 가지고 있는 그 자체의 성질이나 모습 **論爭的−, 서로 다른 견해를 가진 사람들이 말이나 글로 옳고 그름을 따지며 다툴 만한 것을

→ 적절함!

**110** 세부 정보 이해 - 적절한 것 고르기 2022학년도 예시문항 6번 | 정답 ①

**윗글을 통해 알 수 있는 내용으로 가장 적절한 것은?**

**① 현실에서 발생한 일이라도 발생하지 않았다고 의심은 할 수 있다.**

근거 ❹-5~6 『목민심서』를 정약용이 썼다는 것을 의심하지 않더라도 다산이 썼다는 것은 얼마든지 의심할 수 있다. 다산이 썼어도 쓰지 않았다고 의심하는 것은 논리적으로 모순된 것이 아니기 때문

→ 적절함!

**② 이원론은 완전히 물리적인 체계에도 정신이 독립적으로 있다고 본다.** (는 정신을 가질 수 없다고)

근거 ❶-3~5 컴퓨터와 같은 완전히 물리적인 체계는 정신을 가질 수 없는가? 오래전부터 정신을 비물리적 대상으로 간주하는 사람이 많았고 지금도 크게 다르지 않다. 이렇게 육체는 원자로 이루어져 있으며 화학적 조성을 띠지만 정신은 비물리적 대상이라고 주장하는 이론이 이원론, ❸-1~2 대표적 이원론자인 데카르트는 그런(어떠한 물리적 대상도 갖지 못할, 정신이 갖는) 특성으로 언어와 수학적 추론을 제시한다. 그는 완전히 물리적인 체계가 사람처럼 언어를 사용하거나 수학적인 추론을 해낼 수는 없으리라고 보았다.

풀이 이원론은 정신을 비물리적 대상이라고 주장하였고, 이원론자인 데카르트는 완전히 물리적인 체계는 정신이 갖는 특성인 언어와 수학적 추론을 할 수 없다고 보았다. 즉 이원론에서는 완전히 물리적인 체계와 정신은 각각 따로 독립적으로 존재하며, 완전히 물리적인 체계는 정신을 가질 수 없다고 보았다.

→ 적절하지 않음!

**③ 원자나 엑스선은 눈에 보이지 않는다는 점에서 물리적 대상이 아니다.**

근거 ❶-2 물질, 곧 육체, ❶-5 육체는 원자로 이루어져 있으며, ❷-1 원자나 엑스선은 눈으로 볼 수 없지만 그것을 가정함으로써 다양한 현상들을 가장 잘 설명할 수 있다.

풀이 윗글에서 '육체'는 원자로 이루어져 있으며 물질, 즉 '물리적 대상'이라고 하였다. 따라서 육체를 이루는 원자가 눈에 보이지 않는다고 해서 물리적 대상이 아니라고 볼 수는 없다. 한편 윗글에서 엑스선이 물리적 대상인지 아닌지는 명확히 밝히고 있지 않다. 결국 '원자는 눈으로 볼 수 없지만 물리적 대상이라는 점'을 부분적 근거로, 해당 선지가 적절하지 않음을 판단하여야 한다.

→ 적절하지 않음!

**④ 라이프니츠는 물리적 대상이 정신과 똑같은 특성을 갖더라도 그 둘은 다르다고 보았다.** (갖는다면 / 동일하다고)

근거 ❷-3 라이프니츠는 만일 X와 Y가 동일하다면 이들이 똑같은 특성을 갖는다는 '동일자 식별 불가능성 원리'를 제시했는데,

풀이 라이프니츠의 동일자 식별 불가능성 원리에 따르면, 물리적 대상(X)이 정신(Y)과 똑같은 특성을 갖는다면 물리적 대상과 정신은 동일하다고 볼 것이다.

→ 적절하지 않음!

**⑤ 데카르트는 언어를 사용하거나 수학적 추론을 할 수 있는 기계가 *출현하리라고 예상했다.** (예상하지 못했다) *出現-, 나타날 것이라고

근거 ❸-2 그(데카르트)는 완전히 물리적인 체계가 사람처럼 언어를 사용하거나 수학적인 추론을 해낼 수는 없으리라고 보았다, ❸-6 컴퓨터 기술자들은 그런(수학적 추론의 일반적) 원리를 바탕으로 하여 데카르트를 깜짝 놀라게 했을 법한 기계를 만들어 내게 되었다.

풀이 윗글에서 데카르트는 완전히 물리적인 체계(= 컴퓨터 = 컴퓨터 기술자들이 만든 기계)가 언어를 사용하거나 수학적인 추론을 할 수 없을 것으로 보았다고 하였다. 또 컴퓨터 기술자들이 수학적인 추론의 일반적 원리를 바탕으로 만든 기계에 대해 '데카르트를 깜짝 놀라게 했을' 법하다고 표현하고 있다. 이를 통해 데카르트는 언어를 사용하거나 수학적 추론을 할 수 있는 기계가 출현하리라고 예상하지 못했을 것임을 짐작할 수 있다.

→ 적절하지 않음!

**111** 추론의 적절성 판단 - 적절한 것 고르기 2022학년도 예시문항 7번 | 정답 ①

**㉠에 대한 동일론자의 대답으로 가장 적절한 것은?**

> ㉠ 컴퓨터와 같은 완전히 물리적인 체계는 정신을 가질 수 없는가?

근거 ❶-6 동일론은 정신은 육체, 그중에서 두뇌의 물리적 상태와 동일한 것으로 존재하지, 육체와 독립되어 존재하지 않는다고 주장, ❸-2 그(이원론자인 데카르트)는 완전히 물리적인 체계가 사람처럼 언어를 사용하거나 수학적인 추론을 해낼 수는 없으리라고 보았다, ❸-7 (컴퓨터 언어와 수학적 추론의 일반적 원리를 바탕으로 한 기계를 통해) 독립적인 정신을 가정하지 않고서도 언어와 수학적 추론을 설명할 수 있는 가능성이 생긴 것

풀이 동일론에서는 정신이 육체(= 물질, 물리적 대상)와 동일한 것으로 존재하지, 육체와 독립되어 존재하지 않는다고 보았다. 또한 완전히 물리적인 체계는 정신이 갖는 특성인 언어나 수학적 추론을 할 수 없을 것이라는 이원론자 데카르트의 주장에 대하여, 컴퓨터 언어와 수학적 추론을 하는 기계를 근거로 독립적인 정신을 가정하지 않고도 언어와 수학적 추론을 설명할 수 있다고 반박하면서 정신이 물리적 대상과 독립되어 존재하지 않는다는 것을 증명하였다. 따라서 동일론자는 컴퓨터와 같은 완전히 물리적인 체계와 인간은 모두 '육체와 동일한 것으로 존재하는 정신을 가진다'고 볼 것이다. 따라서 정답은 ①번이다.

**① 기술이 발달하면 컴퓨터도 인간과 같은 정신을 가질 것이다.**

→ 적절함!

**② 기술이 발달하면 컴퓨터는 인간과 달리 정신을 가질 것이다.**

**③ 기술이 발달하면 컴퓨터는 인간과 종류가 다른 정신을 가질 것이다.**

근거 ❸-5 컴퓨터 언어는 인간이 쓰는 언어에 비해서 구조와 내용의 면에서 단순하지만 그 차이라 하는 것은 종류의 차이가 아니라 정도의 차이

풀이 윗글에서는 컴퓨터 언어가 인간의 언어와 종류의 차이가 아니라 정도의 차이를 가진다고 설명하였다. 따라서 동일론에서는 컴퓨터와 인간이 '종류가 다른' 정신을 가지는 것이 아니라, '정도가 다른' 정신을 가진다고 볼 것이다.

**④ 기술이 발달하더라도 컴퓨터는 인간과 달리 정신을 가지지 않을 것이다.**

**⑤ 기술이 발달하더라도 컴퓨터도 인간과 같이 정신을 가지지 않을 것이다.**

**112** 구체적인 사례에 적용 - 적절하지 않은 것 고르기 2022학년도 예시문항 8번 | 정답 ④

**윗글을 참고하여 <보기>를 이해한 내용으로 적절하지 않은 것은?** [3점]

> | 보 기 |
> (가) 악령(惡靈, 한을 품고 재앙이나 복수를 내리는 나쁜 영혼)의 존재를 가정할 필요 없이 병원체(病原體, 사람 또는 동식물의 체내에 침입하여 감염성 질병을 일으키는 생물체)의 존재를 가정함으로써 감염병(感染病, 병원체인 미생물이 사람이나 동식물의 몸 안에 침입하여 일으키는 병)의 발생을 가장 잘 설명할 수 있다. → 단순성의 원리
> (나) '하늘에 태양이 존재하면서 동시에 존재하지 않는다'고 생각할 수 없지만, '왼손은 있다'고 생각하면서 '오른손은 사라졌다'고 생각할 수 있다.
> (논리적 모순 ○ / 논리적 모순 ×)

**① (가)에서는 단순성의 원리에 의해 악령을 끌어들일 필요가 없는 것이겠군.**

근거 ❸-8 더 복잡한 것을 끌어들이지 않고 무언가를 충분히 설명할 수 있다면, 그것을 끌어들이지 말라는 '단순성의 원리'

풀이 '단순성의 원리'에 의하면 (가)에서는 악령의 존재를 가정하지 않고 병원체의 존재만으로도 충분히 감염병의 발생을 설명할 수 있으므로, 악령의 존재를 끌어들일 필요가 없다.

→ 적절함!

**② (가)에서 '악령이 존재한다'는 주장을 반박하기 위해서 악령이 존재할 모든 가능성을 들여다볼 필요는 없겠군.**

근거 ❶-7~8 무엇인가가 독립되어 존재하지 않는다는 것을 증명하기 위해서는 그것이 독립적으로 존재할 모든 가능성을 들여다보며 "여기도 없군. 저기도 없네." 하며 철저히 점검할 필요는 없다. 다만 그것이 존재한다고 말하는 주장들을 조목조목 반박해 나가면 된다.

풀이 윗글에 따르면 악령이 존재한다는 주장을 반박하기 위해서는 악령이 존재할 모든 가능성을 들여다보며 철저히 점검할 필요는 없으며, 악령이 존재한다고 말하는 주장에 대해 조목조목 반박해 나가면 된다.

→ 적절함!

**③ (가)에서 병원체의 존재가 감염병을 가장 잘 설명해 주기 때문에 병원체가 존재한다고 판단하겠군.**

근거 ❸-7~8 독립적인 정신을 가정하지 않고서도 언어와 수학적 추론을 설명할 수 있는

가능성이 생긴 것이다. 이와 같이 더 복잡한 것을 끌어들이지 않고 무언가를 충분히 설명할 수 있다면, 그것을 끌어들이지 말라는 '단순성의 원리'에 의해 독립적인 정신을 가정할 필요가 없다.

**풀이** 윗글에서 이원론자 데카르트는 어떠한 물리적 대상도 갖지 못하는, 정신만이 갖는 특성으로 언어와 수학적 추론을 제시하면서, 정신이 독립적 존재라고 주장하였다. 이에 대해 동일론에서는 컴퓨터 언어와 수학적 추론의 원리를 바탕으로 한 기계를 근거로, 독립적인 정신의 존재를 가정하지 않고서도 언어와 수학적 추론을 설명할 수 있다고 반박하면서, 정신과 육체가 동일한 것으로 존재한다고 주장하였다. <보기>의 (가)에 이러한 동일론의 반박을 대응시켜 살펴보면, '악령의 존재'를 가정하지 않고서도 '감염병의 발생을 가장 잘 설명해 준다'면, 악령의 존재를 가정할 필요 없이 '병원체가 존재한다'고 판단할 수 있을 것이다.

→ 적절함!

④ (나)에서 왼손과 오른손은 동일자 식별 불가능성 원리에 따라 동일한 대상이 아니겠군.

**근거** <보기>-(나) '왼손은 있다'고 생각하면서 '오른손은 사라졌다'고 생각할 수 있다, ❹-8 동일자 식별 불가능성 원리는, 식별하는 데 사용되는 특성이 의심이나 생각 같은 것을 포함한 경우에는 적용되지 않는 것

**풀이** 왼손은 있다고 생각하면서 오른손은 사라졌다고 생각하는 것은 식별하는 데 사용되는 특성이 '생각'을 포함하고 있으므로, 동일자 식별 불가능성 원리가 적용되지 않는다.

→ 적절하지 않음!

⑤ (나)에서 생각의 가능성에 차이가 있는 까닭은 논리적으로 모순인 것과 아닌 것의 차이 때문이겠군.

**근거** ❹-5~6 『목민심서』를 정약용이 썼다는 것을 의심하지 않더라도 다산이 썼다는 것은 얼마든지 의심할 수 있다. 다산이 썼어도 쓰지 않았다고 의심하는 것은 논리적으로 모순된 것이 아니기 때문이다.

**풀이** 왼손은 있다고 생각하면서 동시에 오른손은 사라졌다고 생각하는 것은 논리적으로 모순된 것이 아니지만, 하늘에 태양이 존재하면서 동시에 존재하지 않는다고 생각하는 것은 논리적으로 모순된다.

→ 적절함!

## 113 추론의 적절성 판단 - 적절하지 않은 것 고르기 2022학년도 예시문항 9번 정답 ③

**[A]에 드러난 동일론의 주장에 대해 이원론이 비판한다고 할 때, 비판의 내용으로 적절하지 않은 것은?**

**근거** ❶-5~6 육체는 원자로 이루어져 있으며 화학적 조성을 띠지만 정신은 비물리적 대상이라고 주장하는 이론이 이원론이다. 이에 견줘 동일론은 정신은 육체, 그중에서 두뇌의 물리적 상태와 동일한 것으로 존재하지, 육체와 독립되어 존재하지 않는다고 주장한다.

**풀이** 동일론은 육체와 정신은 동일한 것으로 존재하며, 정신이 육체와 독립되어 존재하지 않는다고 주장하였다. 반면 이원론은 정신이 육체와 독립되어 존재한다고 주장하였으며, 정신은 육체(= 물질, 물리적 대상)와 다르다고 보았다.

① 인간과 같은 수준의 언어를 사용하는 기계가 있을 수 있다고 하는데, 있다고 하더라도 정말로 그 뜻을 이해하고 사용하는 것은 아니다.

**풀이** 기계는 언어의 뜻을 이해하고 사용하는 것이 아니라는 주장은 물리적 대상이 정신의 특성을 갖지 못한다는 것이므로, 정신이 육체와 다르다고 보는 이원론의 비판으로 적절하다.

→ 적절함!

② 인간과 같은 수준의 언어를 사용하는 기계가 있을 수 있다고 하는데, 있다고 하더라도 그것은 행동적인 측면만 따라할 뿐이고 사랑이나 두려움 같은 감성적 측면은 따라할 수 없다.

**풀이** 기계가 언어를 사용하는 것은 행동적인 측면만 따라하는 것일 뿐 감성적인 측면을 따라할 수 없다는 주장은 물리적 대상이 정신의 특성을 갖지 못한다는 것이므로, 정신이 육체와 다르다고 보는 이원론의 비판으로 적절하다.

→ 적절함!

이원론의 견해

③ 수학적 추론을 하는 기계가 있을 수 있다고 하는데, 기계가 정신을 가지지 못한다고 말하면서도 수학적 추론을 한다는 것은 성립할 수 없다.

**풀이** 동일론에서는 정신과 육체(= 물질, 물리적 대상)가 동일한 것으로 존재한다고 보았다. '기계(= 물리적 대상)가 정신을 가지지 못한다고 말하면서도'가 동일론의 주장에 해당하지 않는 내용이므로, 동일론에 대한 비판으로 볼 수 없다. 기계가 정신을 가지지 못한다고 보는 것은 동일론이 아니라 이원론의 견해에 해당한다.

→ 적절하지 않음!

④ 수학적 추론을 하는 기계가 있을 수 있다고 하는데, 있다고 하더라도 그것은 프로그램에 따라 작동하는 것에 불과하지 선택에 따른 행동이라고 볼 수 없다.

**풀이** 기계가 수학적 추론을 하는 것은 프로그램에 따른 작동일 뿐이지, '선택'에 따른 행동이 아니라는 주장은 물리적 대상이 정신의 특성을 갖지 못한다는 것이므로, 정신이 육체와 다르다고 보는 이원론의 비판으로 적절하다.

→ 적절함!

⑤ 수학적 추론을 하는 기계가 있을 수 있다고 하는데, 비행 시뮬레이션이 실제 비행의 모방에 불과한 것처럼 기계의 수학적 추론은 인간의 수학적 추론을 모방한 것에 불과하다.

**풀이** 기계가 수학적 추론을 하는 것은 기계가 인간의 수학적 추론을 모방한 것일 뿐이라는 주장은 물리적 대상이 정신의 특성을 갖지 못한다는 것이므로, 정신이 육체와 다르다고 보는 이원론의 비판으로 적절하다.

→ 적절함!

## 114 문맥적 의미 파악 - 적절하지 않은 것 고르기 2022학년도 예시문항 10번 정답 ③

**문맥상 ⓐ~ⓔ와 바꿔 쓰기에 적절하지 않은 것은?**

① ⓐ : 원자나 엑스선과 *유사한 특성이 있다고 *類似-, 서로 비슷한

**근거** ❷-1~2 원자나 엑스선은 눈으로 볼 수 없지만 그것을 가정함으로써 다양한 현상들을 가장 잘 설명할 수 있다. 이원론자는 정신도 ⓐ 눈에 보이지 않지만 그것을 가정해야만 설명할 수 있는 특성들이 있다고 주장한다.

**풀이** 이원론자들은 원자나 엑스선이 눈에 보이지 않지만 그것을 가정함으로써 다양한 현상들을 설명할 수 있는 것처럼, 정신도 이와 유사한 특성이 있다고 주장하였다. 따라서 ⓐ를 '원자나 엑스선과 유사한 특성이 있다고'로 바꿔 쓰는 것은 적절하다.

→ 적절함!

② ⓑ : 완전히 물리적인 체계를

**근거** ❶-3 컴퓨터와 같은 완전히 물리적인 체계, ❸-6 컴퓨터 기술자들은 그런 원리를 바탕으로 하여 … ⓑ 기계를 만들어 내게 되었다.

**풀이** ⓑ의 기계는 컴퓨터 기술자들이 수학적 추론의 일반적 원리들을 바탕으로 만든 것이라 하였으므로, 이 기계는 '컴퓨터'라는 것을 알 수 있다. 윗글에서 '컴퓨터'는 '완전히 물리적인 체계'라고 이야기하고 있으므로, ⓑ를 '완전히 물리적인 체계를'로 바꿔 쓰는 것은 적절하다.

→ 적절함!

이원론의 입장에서 육체(= 물리적 대상, 물질)의 특성에 해당

③ ⓒ : 화학적인 조성을 띠어야

**근거** ❶-5 육체는 원자로 이루어져 있으며 화학적 조성을 띠지만 정신은 비물리적 대상이라고 주장하는 이론이 이원론, ❹-1~2 (이원론자인) 데카르트는 동일자 식별 불가능성 원리로 이원론을 지지하는 또 다른 논증으로, 육체의 존재는 얼마든지 의심할 수 있지만 정신은 의심할 수 없다는 것을 든다. 의심하기 위해서는 내 정신이 ⓒ 또렷하게 존재해야 하기 때문

**풀이** ⓒ는 이원론자인 데카르트의 입장에서 육체와 독립적으로 존재하는 '정신'의 특성에 해당한다. 윗글에서 '화학적 조성을 띠는 것'은 이원론에서 말하는 '육체'의 특성에 해당하므로, ⓒ를 '화학적인 조성을 띠어야'로 바꿔 쓰는 것은 적절하지 않다.

→ 적절하지 않음!

④ ⓓ : 똑같은 특성을 지니지 않는다는

**근거** ❷-3 라이프니츠는 만일 X와 Y가 동일하다면 이들이 똑같은 특성을 갖는다는 '동일자 식별 불가능성 원리'를 제시, ❹-3 육체와 정신 중 하나는 의심 가능하다는 특성을 갖지만 다른 하나는 갖지 않으므로 그 둘은 ⓓ 동일하지 않다는 결론이 나온다.

**풀이** 데카르트는 동일자 식별 불가능성 원리를 바탕으로, 육체와 정신 중 육체는 의심 가능하다는 특성을 갖지만, 정신은 의심 가능하다는 특성을 갖지 않으므로, 그 둘이 동일하지 않다고 주장하였다. 동일자 식별 불가능성 원리에 따르면, 육체와 정신이 동일하다면 이들은 똑같은 특성을 갖지만, 육체와 정신이 동일하지 않다면 이들은 똑같은 특성을 갖지 않는다. 따라서 ⓓ를 '똑같은 특성을 지니지 않는다는'으로 바꿔 쓰는 것은 적절하다.

→ 적절함!

⑤ ⓔ : 독립적인 존재인

**근거** ❹-3~7 (데카르트에 따르면) 육체와 정신 중 하나는 의심 가능하다는 특성을 갖지만 다른 하나는 갖지 않으므로 그 둘은 동일하지 않다는 결론이 나온다. 이 논증을 평가하기 위해 사실은 같은 사람인 정약용과 다산을 생각해 보자. 『목민심서』를 정약용이 썼다는 것을 의심하지 않더라도 다산이 썼다는 것은 얼마든지 의심할 수 있다. 다산이 썼어도 쓰지 않았다고 의심하는 것은 논리적으로 모순된 것이 아니기 때문이다. 그렇다고 해서 정약용과 다산이 ⓔ 동일한 존재가 아닌 것은 아니다.

**풀이** ❹문단은 이원론자인 데카르트의 주장에 대한 동일론의 반박을 제시하고 있다. 데카르트는 육체는 의심 가능하다는 특성을 갖지만, 정신은 의심 가능하다는 특성을 갖지 않으므로 정신과 육체는 동일하지 않다고 주장하였다. 이에 대해 동일론에서는 정약용('정신'에 대입)이 『목민심서』를 썼다는 것을 의심하지 않고 다산('육체'에 대입)이 『목민심서』를 썼다는 것을 의심한다고 하더라도, 정약용(의심 가능하지 않은 특성을 갖는 '정신')과 다산(의심 가능하다는 특성을 갖는 '육체')은 동일한 존재가 아니라고 볼 수 없다고 반박한다. 이때 ⓔ는 '이원론의 주장'에 해당하는 부분으로, 육체와 정신이 '동일한 존재가 아니'라는 것은 정신이 육체와는 '독립적으로 존재한다'는 것과 같은 의미이다. 따라서 ⓔ는 '독립적인 존재인'으로 바꿔 쓸 수 있다.

→ 적절함!

**[115~118] 다음 글을 읽고 물음에 답하시오.**

**1** [1]우리 삶에서 운이 작용해서(作用–, 영향을 미쳐) 결과가 달라지는 일은 흔하다. [2]그러나 외적으로(外的–, 겉으로) 드러나는 행위에 초점을 맞추는 '의무 윤리'든 행위의 ⓐ 기반이 되는 성품에 초점을 맞추는 '덕의 윤리'든, 도덕의 문제를 다루는 철학자들은 도덕적 평가가 운에 따라 달라져서는 안 된다고 생각한다. [3]이들의 생각처럼 도덕적 평가는 스스로가 통제할(統制–, 조절할) 수 있는 것에 대해서만 이루어져야 한다. [4]운은 자신의 의지에 따라 통제할 수 없어서, 운에 따라 누구는 도덕이게 되고 누구는 아니게 되는 일은 공평하지 않기 때문이다.

→ 도덕적 평가의 범위에 대한 철학자들의 보편적 입장

**2** [1]그런데 ㉠ 어떤 철학자들은 운에 따라 도덕적 평가가 달라지는 일이 실제로 일어난다고 주장하고, 그런 운을 '도덕적 운'이라고 부른다. [2]그들에 따르면 세 가지 종류의 도덕적 운이 ⓑ 거론된다. [3]첫째는 태생적 운이다. [4]우리의 행위는 성품에 의해 결정되며 이런 성품은 태어날 때 이미 결정되므로, 성품처럼 우리가 통제할 수 없는 요인이 도덕적 평가에 ⓒ 개입되는 불공평한 일이 일어난다는 것이다.

→ '도덕적 운'의 종류 ① : 태생적 운

**3** [1]둘째는 상황적 운이다. [2]똑같은 성품이더라도 어떤 상황에 처하느냐에 따라 그 성품이 발현되기도(發現–, 나타나기도) 하고 안 되기도 한다는 것이다. [3]가령 남의 것을 탐내는 성품을 똑같이 가졌는데 결핍된(缺乏–, 가난한) 상황에 처한 사람은 그 성품이 발현되는 반면에 풍족한 상황에 처한 사람은 그렇지 않다면, 전자만 비난하는 것은 공평하지 못하다는 것이다. [4]어떤 상황에 처하느냐는 통제할 수 없는 요인이기 때문이다.

→ '도덕적 운'의 종류 ② : 상황적 운

**4** [1]셋째는 우리가 통제할 수 없는 결과에 의해 도덕적 평가가 좌우되는(左右–, 결정되는) 결과적 운이다. [2]어떤 화가가 자신의 예술적 이상을 달성하기 위해 가족을 버리고 멀리 떠났다고 해 보자. [3]이 경우 그가 화가로서 성공했을 때보다 실패했을 때 그의 무책임함을 더 비난하는 것을 '상식'으로 받아들이는 경우가 많다. [4]그러나 도덕적 운을 인정하는 철학자들은 그가 가족을 버릴 당시에는 예측할 수 없었던 결과에 의해 그의 행위를 달리 평가하는 것 역시 불공평하다고 생각한다.

→ '도덕적 운'의 종류 ③ : 결과적 운

**5** [1]그들의 주장에 따라 도덕적 운의 존재를 인정하면 불공평한 평가만 할 수 있을 뿐인데, 이는 결국 도덕적 평가 자체가 불가능해짐을 의미한다. [2]㉡ 도덕적 평가가 불가능한 대상은 강제(强制, 억지로 시킴)나 무지(無知, 아는 것이 없음)와 같이 스스로가 통제할 수 없는 요인에 의해 결정되는 것에만 국한되어야 한다. [3]그런데 도덕적 운의 존재를 인정하면 그동안 도덕적 평가의 대상이었던 성품이나 행위에 대해 도덕적 평가를 내릴 수 없는 난점(難點, 곤란한 점)에 직면하게(直面–, 맞닥뜨리게) 되는 것이다.

→ '도덕적 운'을 인정하는 것의 문제점

**6** [1]하지만 관점을 바꾸어 도덕적 운의 존재를 부정하고 도덕적 평가가 불가능한 경우를 강제나 무지에 의한 행위에 ⓓ 국한한다면 이와 같은 난점에서 벗어날 수 있다. [2]도덕적 운의 존재를 부정하기 위해서는 도덕적 운이라고 생각되는 예들이 실제로는 도덕적 운이 아님을 보여 주면 된다. [3]우선 행위는 성품과는 별개의(別個–, 다른) 것이므로 태생적 운의 존재가 부정된다. [4]또한 나쁜 상황에서 나쁜 행위를 할 것이라는 추측만으로 어떤 사람을 ⓔ 폄하하는 일은 정당하지 못하므로 상황적 운의 존재도 부정된다. [5]끝으로 어떤 화가가 결과적으로 성공을 했든 안 했든 무책임함에 대해서는 똑같이 비난받아야 하므로 결과적 운의 존재도 부정된다. [6]실패한 화가를 더 비난하는 '상식'이 통용되는(通用–, 두루 통하는) 것은 화가의 무책임한 행위가 그가 실패했을 때보다 성공했을 때 덜 부각되기(浮刻–, 두드러지기) 때문이다.

→ '도덕적 운'에 대한 부정과 도덕적 평가의 불가능 범위

■지문 이해

**<도덕적 운과 도덕적 평가>**

| ❶ 도덕적 평가의 범위에 대한 철학자들의 보편적 입장 |
|---|
| • 도덕적 평가는 스스로가 통제할 수 있는 것에 대해서만 이루어져야 함<br>• 자신의 의지로 통제할 수 없는 운에 따라 도덕적 평가를 하는 것은 공평하지 않음 |

| '도덕적 운'을 인정하는 철학자들의 입장 | | |
|---|---|---|
| ❷ '도덕적 운'의 종류 ① : 태생적 운 | ❸ '도덕적 운'의 종류 ② : 상황적 운 | ❹ '도덕적 운'의 종류 ③ : 결과적 운 |
| • 성품 : 통제 불가 요인 (태어날 때부터 결정됨) | • 상황 : 통제 불가 요인 | • 결과 : 통제 불가 요인 (행위 당시에는 예측할 수 없음) |
| ⇒ 운(성품, 상황, 결과)에 의한 도덕적 평가는 불공평 | | |

| ❺ '도덕적 운'을 인정하는 것의 문제점 |
|---|
| • '도덕적 운'의 존재 인정 → 성품, 행위에 대한 공평한 도덕적 평가 불가능 → 도덕적 평가 자체가 불가능 |

| ❻ '도덕적 운'에 대한 부정과 도덕적 평가의 불가능 범위 | | |
|---|---|---|
| ① 태생적 운에 대한 반박<br>- 행위는 성품과는 별개의 것 | ② 상황적 운에 대한 반박<br>- 나쁜 상황에서 나쁜 행위를 할 것이라는 추측만으로 어떤 사람을 폄하하는 일은 정당하지 못함 | ③ 결과적 운에 대한 반박<br>- 결과의 성패와 상관없이 무책임함은 비난받아야 함 |
| ⇒ 도덕적 운은 존재하지 않으며, 강제나 무지에 의한 행위에 한해서만 도덕적 평가가 불가능하다고 봐야 함 | | |

1등급 문제

**115** 세부 정보 이해 - 적절한 것 고르기 2016학년도 수능B 17번
정답률 60%, 매력적 오답 ① 15% ② 15%
정답 ⑤

**㉠과 글쓴이의 견해에 대한 설명으로 가장 적절한 것은?**

㉠ 어떤 철학자들

| ▶ ㉠(어떤 철학자들)과 글쓴이의 견해 비교 | ㉠ | 글쓴이 |
|---|---|---|
| 도덕적 평가는 '상식'을 존중해야 한다고 생각 | | |
| '운'은 통제할 수 없는 것이라고 생각 | ○ | ○ |
| 같은 성품을 가진 사람은 같은 행위를 한다고 생각 | | |
| 도덕의 영역에서는 운에 따라 도덕적 평가가 달라지는 일은 없다고 생각 | | ○ |
| 도덕적 운의 존재를 인정하는 것은 도덕적 평가를 불공평하게 만든다고 생각 | ○ | ○ |

㉠과 글쓴이는 모두 / 생각하지 않는다

**① ㉠과 달리 글쓴이는 도덕적 평가는 '상식'을 존중해야 한다고 생각한다.**

근거 ❹-3~4 화가로서 성공했을 때보다 실패했을 때 그의 무책임함을 더 비난하는 것을 '상식'으로 받아들이는 경우가 많다. 그러나 도덕적 운을 인정하는 철학자들은 그가 가족을 버릴 당시에는 예측할 수 없었던 결과에 의해 그의 행위를 달리 평가하는 것 역시 불공평하다고 생각, ❻-5~6 어떤 화가가 결과적으로 성공을 했든 안 했든 무책임함에 대해서는 똑같이 비난받아야 하므로 … 실패한 화가를 더 비난하는 '상식'이 통용되는 것은 화가의 무책임한 행위가 그가 실패했을 때보다 성공했을 때 덜 부각되기 때문

풀이 ㉠과 글쓴이 모두 도덕적 평가의 근거로 상식을 언급하지는 않고 있다. 이들은 오히려 '상식'에 대해 비판적인 시각을 가지고, 상식을 받아들이려 하지 않는다.

→ 적절하지 않음!

**② ㉠은 글쓴이와 달리 운은 우리가 통제할 수 없는 것이라고 생각한다.** (㉠과 글쓴이는 모두)

근거 ❷-1 어떤 철학자들은 운에 따라 도덕적 평가가 달라지는 일이 실제로 일어난다고 주장하고, 그런 운을 '도덕적 운'이라고 부른다, ❷-4 통제할 수 없는 요인이 도덕적 평가에 개입되는 불공평한 일이 일어난다는 것, ❺-1 그들의 주장에 따라 도덕적 운의 존재를 인정하면 불공평한 평가만 할 수 있을 뿐

풀이 ㉠과 글쓴이 모두 운은 우리가 통제할 수 없는 것이라고 보고 있다.

→ 적절하지 않음!

**③ ㉠과 글쓴이는 모두 같은 성품을 가진 사람은 같은 행위를 한다고 생각한다.**

근거 ❸-2 똑같은 성품이더라도 어떤 상황에 처하느냐에 따라 그 성품이 발현되기도 하고 안 되기도 한다는 것, ❻-3 행위는 성품과는 별개의 것

풀이 ㉠은 상황적 운에 따라 같은 성품이더라도 다른 행위를 할 수 있다고 보았고, 글쓴이는 행위와 성품이 별개의 것이라고 하였다. 따라서 ㉠과 글쓴이는 같은 성품을 가진 사람이라도 같은 행위를 한다고 생각하지는 않음을 알 수 있다.

→ 적절하지 않음!

**④ ㉠과 글쓴이는 모두 도덕의 영역에서는 운에 따라 도덕적 평가가 달라지는 일은 없다고 생각한다.** (㉠과 달리 글쓴이는)

근거 ❷-1 어떤 철학자들은 운에 따라 도덕적 평가가 달라지는 일이 실제로 일어난다고 주장하고, 그런 운을 '도덕적 운'이라고 부른다, ❻-2 도덕적 운의 존재를 부정하기 위해서는 도덕적 운이라고 생각되는 예들이 실제로는 도덕적 운이 아님을 보여 주면 된다.

풀이 ❷문단에서 ㉠은 운에 따라 도덕적 평가가 달라지는 일이 일어난다고 주장한다. 반면 ❻문단에서 글쓴이는 도덕적 운의 존재를 부정하고 있다.

→ 적절하지 않음!

**⑤ ㉠과 글쓴이는 모두 도덕적 운의 존재를 인정하는 것은 도덕적 평가를 불공평하게 만든다고 생각한다.**

근거 ❷-1 어떤 철학자들은 운에 따라 도덕적 평가가 달라지는 일이 실제로 일어난다고 주장하고, 그런 운을 '도덕적 운'이라고 부른다, ❷-4 성품처럼 우리가 통제할 수 없는 요인이 도덕적 평가에 개입되는 불공평한 일, ❸-3 전자(곁핍된 상황에 처한 사람)만 비난하는 것은 공평하지 못하다는 것, ❹-4 예측할 수 없었던 결과에 의해 그의 행위를 달리 평가하는 것 역시 불공평하다, ❺-1 그들(㉠)의 주장에 따라 도덕적 운의 존재를 인정하면 불공평한 평가만 할 수 있을 뿐, ❶-3~4 도덕적 평가는 스스로가 통제할 수 있는 것에 대해서만 이루어져야 한다. 운은 자신의 의지에 따라 통제할 수 없어서, 운에 따라 누구는 도덕적이게 되고 누구는 아니게 되는 일(도덕적 운의 존재를 인정하는 것)은 공평하지 않기 때문이다.

풀이 ㉠은 도덕적 운의 존재를 인정하며, 이러한 도덕적 운, 즉 성품, 상황, 결과라는 통제할 수 없는 각각의 요소가 도덕적 평가에 개입되는 것이 불공평하다고 주장한다. 글쓴이는 도덕적 운의 존재를 부정하며, 만약 도덕적 운을 인정한다면 모든 도덕적 평가가 불공평하게 될 것이라고 지적한다. 따라서 ㉠과 글쓴이는 공통적으로 도덕적 운을 인정하는 것이 도덕적 평가를 불공평하게 만든다고 생각한다.

→ 적절함!

| 116 | 구체적인 사례에 적용 - 적절한 것 고르기 2016학년도 수능B 18번<br>정답률 65%, 매력적 오답 ② 30% | 정답 ① |
|---|---|---|

**㉡의 관점에 따를 때, '도덕적 평가'의 대상으로 볼 수 있는 것만을 <보기>에서 있는 대로 고른 것은?** (스스로가 통제할 수 있는 요인에 의해 결정되는 것)

㉡ 도덕적 평가가 불가능한 대상은 강제나 무지와 같이 스스로가 통제할 수 없는 요인에 의해 결정되는 것에만 국한되어야 한다.

| 보기 |
ㄱ. 거친 성격의 사람이 자신의 성격을 억누르고 주위 사람들을 다정하게 대했다.
ㄴ. 복잡한 지하철에서 누군가에게 떠밀린 사람이 어쩔 수 없이 앞 사람의 발을 밟게 되었다.
ㄷ. 글을 모르는 어린아이가 바닥에 떨어진 중요한 서류가 실수로 버려진 것인 줄 모르고 찢으며 놀았다.
ㄹ. 풍족한 나라의 한 종교인이 가난한 나라로 발령을 받자 자신의 종교적 신념에 따라 가난한 사람들을 돕는 활동을 했다.

성품 : 스스로 통제할 수 있는 요인 ⇒ 도덕적 평가의 대상 ○

**ㄱ. 거친 성격의 사람이 자신의 성격을 억누르고 주위 사람들을 다정하게 대했다.**

풀이 자신의 성품을 통제하고 있으므로 도덕적 평가의 대상에 해당된다.

강제 : 스스로 통제할 수 없는 요인 ⇒ 도덕적 평가의 대상 ×

**ㄴ. 복잡한 지하철에서 누군가에게 떠밀린 사람이 어쩔 수 없이 앞 사람의 발을 밟게 되었다.**

풀이 남에 의해 어쩔 수 없이 행한 행위는 강제에 의한 것이므로 도덕적 평가가 불가능한 대상이다.

무지 : 스스로 통제할 수 없는 요인 ⇒ 도덕적 평가의 대상 ×

**ㄷ. 글을 모르는 어린아이가 바닥에 떨어진 중요한 서류가 실수로 버려진 것인 줄 모르고 찢으며 놀았다.**

풀이 모르고 행한 행위는 무지에 의한 것이므로 도덕적 평가가 불가능한 대상이다.

신념 : 스스로 통제할 수 있는 요인 ⇒ 도덕적 평가의 대상 ○

**ㄹ. 풍족한 나라의 한 종교인이 가난한 나라로 발령을 받자 자신의 종교적 신념에 따라 가난한 사람들을 돕는 활동을 했다.**

풀이 신념에 따라 자신의 행위를 통제하고 있으므로 도덕적 평가의 대상에 해당된다.

① ㄱ, ㄹ → 적절함! ② ㄴ, ㄷ
③ ㄷ, ㄹ ④ ㄱ, ㄴ, ㄷ
⑤ ㄱ, ㄴ, ㄹ

| 117 | 구체적인 상황에 적용 - 적절한 것 고르기 2016학년도 수능B 19번<br>정답률 65%, 매력적 오답 ② 15% | 정답 ① |
|---|---|---|

**윗글에 근거하여 <보기>를 설명한 내용으로 가장 적절한 것은?**

| 보기 |
[1]동료 선수와 협동하지 않고 무모한(無謀-, 앞뒤를 잘 헤아리지 않은, 신중하지 못한) 공격을 감행한(敢行-, 과감히 실행한) 축구선수 A와 B가 있다. [2]A는 상대팀 골키퍼가 실수를 하여 골을 넣었는데, B는 골키퍼가 실수를 하지 않아 골을 넣지 못했다. [3]두 사람은 무모하고 독선적인(獨善-, 자기 혼자만 옳다고 생각하는) 성품이나 행위와 동기는 같은데도, 통상(通常, 보통) 사람들은 A보다 B를 도덕적으로 더 비난한다.

▶ 지문 핵심 개념 정리

| '도덕적 운'을 인정하는 입장 | | |
|---|---|---|
| 태생적 운 | 상황적 운 | 결과적 운 |
| • 행위는 성품에 의해 결정되며 성품은 태어날 때 이미 결정됨(❷-4) | • 똑같은 성품이라도 어떤 상황에 처하느냐에 따라 그 성품이 발현되기도 하고 안 되기도 함(❸-2) | • 행위 당시에는 결과를 예측할 수 없음(❹-4) |
| → 불공평한 평가만 가능하므로 도덕적 평가 자체가 불가능해짐(❺-1) | | |

| '도덕적 운'을 인정하지 않는 입장 | | |
|---|---|---|
| 태생적 운 | 상황적 운 | 결과적 운 |
| • 행위는 성품과 별개의 것(❻-3) | • 나쁜 상황에서 나쁜 행위를 할 것이라는 추측만으로 어떤 사람을 폄하하는 일은 정당하지 못함(❻-4) | • 결과에 관계없이 무책임함에 대해서는 똑같이 비난받아야 함(❻-5)<br>• 실패한 결과를 더 비난하는 것은 무책임한 행위가 실패했을 때보다 성공했을 때 덜 부각되기 때문(❻-6) |
| → '도덕적 운'의 존재를 부정하고 도덕적 평가가 불가능한 경우를 강제나 무지에 의한 행위에 국한함(❻-1) | | |

글쓴이의 입장

① **도덕적 운의 존재를 인정하지 않는 철학자는 A는 B에 비해 무모함과 독선이 사람들에게 덜 부각되었을 뿐이라고 본다.**

근거 〈보기〉-3 두 사람은 무모하고 독선적인 성품이나 행위와 동기는 같은데도, 통상 사람들은 A보다 B를 도덕적으로 더 비난, 〈보기〉-2 A는 상대팀 골키퍼가 실수를 하여 골을 넣었는데, B는 골키퍼가 실수를 하지 않아 골을 넣지 못했다. ❻-6 실패한 화가를 더 비난하는 '상식'이 통용되는 것은 화가의 무책임한 행위가 그가 실패했을 때보다 성공했을 때 덜 부각되기 때문이다.

풀이 도덕적 운의 존재를 인정하지 않는 철학자는 A와 B가 모두 무모하고 독선적인 행위를 하였지만, 결과적으로 A의 공격은 성공했고 B의 공격은 실패했기 때문에 A의 무모한 행위가 덜 부각된 것이라고 볼 것이다.

→ 적절함!

② **도덕적 운의 존재를 인정하는 철학자는 A가 B의 처지라면 골을 넣지 못했으리라는 추측만으로 A를 비난하는 것은 정당하지 못하다고 본다.**

근거 ❻-4 나쁜 상황에서 나쁜 행위를 할 것이라는 추측만으로 어떤 사람을 폄하하는 일은 정당하지 못하므로 상황적 운의 존재도 부정된다.

풀이 추측만으로 비난하는 것이 정당하지 못하다고 보는 것은 도덕적 운의 존재를 부정하는 철학자의 입장이다. 또한 〈보기〉는 같은 성품을 가진 A와 B가 같은 상황에 처하여 같은 행위를 한 사례이다. 이들은 똑같이 나쁜 행위, 즉 동료 선수와 협동하지 않고 무모한 공격을 하였으나, 행위 당시에는 예측할 수 없는 결과, 즉 상대팀 골키퍼의 실수로 인해 공격 성공 여부가 달라졌다. 이 경우 도덕적 운의 존재를 인정하는 철학자는 예측할 수 없던 결과인 공격 성공 여부에 따라 A보다 B를 더 비난하는 것을 정당하지 못하다고 본다. 도덕적 운의 존재를 부정하는 철학자는 결과에 관계없이 A든 B든 똑같이 비난받아야 한다고 본다.

→ 적절하지 않음!

③ **태생적 운의 존재를 인정하는 철학자는 B가 A에 비해 무모하고 독선적인 성품을 *천부적으로 더 가지고 있으므로 더 비난받아야 한다고 본다.** *天賦的-, 태어날 때부터

근거 〈보기〉-3 두 사람은 무모하고 독선적인 성품이나 행위와 동기는 같은데도

풀이 도덕적 운의 한 종류인 태생적 운의 존재를 인정하는 철학자는 개인의 성품이 통제 불가한 요인이라고 본다. 이러한 입장은 도덕적 평가에 성품을 개입시키는 것을 불공평하다고 여기므로, A와 B에 대해 성품을 근거로 비난하는 것 자체를 부적절하다고 볼 것이다. 또한 〈보기〉에서는 A와 B가 동일하게 무모하고 독선적인 성품을 타고났다고 언급하였다.

→ 적절하지 않음!

인정하는

④ **상황적 운의 존재를 인정하지 않는 철학자는 A가 B의 상황이라면 무모함과 독선이 발현되지 않을 것이기 때문에 똑같이 비난받아서는 안 된다고 본다.**

근거 ❸-2 (상황적 운은) 똑같은 성품이더라도 어떤 상황에 처하느냐에 따라 그 성품이 발현되기도 하고 안 되기도 한다는 것, ❻-4 나쁜 상황에서 나쁜 행위를 할 것이라는 추측만으로 어떤 사람을 폄하하는 일은 정당하지 못하므로 상황적 운의 존재도 부정된다.

풀이 똑같은 성품이라도 어떤 상황에 처하느냐에 따라 그 성품이 발현되기도 하고 안 되기도 하므로, 다른 상황에 처한 사람을 똑같이 비난해서는 안 된다는 것은 상황적 운의 존재를 인정하는 철학자의 입장이다. 상황적 운의 존재를 인정하지 않는 철학자의 입장에서는 상황을 가정하여 행위를 추측하고 도덕적 판단을 하는 것을 불공평하다고 볼 것이므로, 'A가 B의 상황이라면 무모함과 독선이 발현되지 않을 것이기 때문에'를 도덕적 판단의 근거로 드는 것은 적절하지 않다. 또한 〈보기〉에서 A와 B는 동일한 상황에서 동일하게 무모하고 독선적인 행위를 하였으므로 〈보기〉를 설명한 내용으로 적절하지 않다.

→ 적절하지 않음!

결과가 더 나빴기

⑤ **결과적 운의 존재를 인정하는 철학자는 A보다 B가 더 무모한 공격을 했기 때문에 더 비난받아야 한다고 본다.**

받는 것은 불공평하다고

근거 〈보기〉-3 두 사람은 무모하고 독선적인 성품이나 행위와 동기는 같은데도, 통상 사람들은 A보다 B를 도덕적으로 더 비난, 〈보기〉-2 A는 상대팀 골키퍼가 실수를 하여 골을 넣었는데, B는 골키퍼가 실수를 하지 않아 골을 넣지 못했다.

풀이 결과적 운의 존재를 인정하는 철학자는 〈보기〉의 두 사람의 행위는 같으나 그 결과가 다르기에 두 사람에 대한 도덕적 평가가 달라진 것으로 보고, 이를 불공평하다고 본다. A가 B보다 더 무모한 공격을 했는지는 〈보기〉에 언급되지 않았으며, 이는 결과적 운의 존재를 인정하는 철학자가 제시할 근거로도 적절하지 않다.

→ 적절하지 않음!

| **118** | 단어의 의미 파악 - 적절하지 않은 것 고르기 2016학년도 수능B 20번<br>정답률 80%, 매력적 오답 ③ 15% | 정답 ④ |
|---|---|---|

**ⓐ~ⓔ의 사전적 의미로 적절하지 않은 것은?**

ⓐ 기반 ⓑ 거론 ⓒ 개입 ⓓ 국한 ⓔ 폄하

① **ⓐ : 기초가 되는 바탕. 또는 사물의 토대.**

풀이 기반(基 기초 기 盤 바탕 반)은 '기초가 되는 바탕, 또는 사물의 토대'라는 의미이다.

예문 판소리는 설화에 기반을 두고 형성되었다.

→ 적절함!

② **ⓑ : 어떤 사항을 논제로 삼아 제기하거나 논의함.**

풀이 거론(擧 제시하다 거 論 논의하다 론)은 '어떤 사항을 논제로 삼아 제기하거나 논의함'이라는 의미이다.

예문 그 문제는 더 이상 거론하지 않기로 하였다.

→ 적절함!

③ **ⓒ : 자신과 직접적 관계가 없는 일에 끼어듦.**

풀이 개입(介 끼다 개 入 들다 입)은 '자신과 직접적인 관계가 없는 일에 끼어듦'이라는 의미이다.

예문 아이들 문제에 부모가 개입했다.

→ 적절함!

④ **ⓓ : 알맞게 이용하거나 어떤 상황에 맞추어 씀.**

풀이 국한(局 구분 국 限 한정하다 한)은 '범위를 일정한 부분에 한정함'이라는 의미이다. '알맞게 이용하거나 어떤 상황에 맞추어 씀'의 의미를 가진 단어는 '국한'이 아니라 '적용(適 마땅하다 적 用 쓰다 용)'이다.

→ 적절하지 않음!

⑤ **ⓔ : 어떤 대상이 지닌 가치를 깎아내림.**

풀이 폄하(貶 낮추다 폄 下 아래 하)는 '가치를 깎아내림'이라는 의미이다.

예문 그 화가의 나이가 어리다고 해서 그의 작품까지 함부로 폄하할 수는 없다.

→ 적절함!

**[119~121] 다음 글을 읽고 물음에 답하시오.**

1 [1]정신적 사건과 물질적 사건은 구분된다고 생각하는 것이 우리의 상식이다. [2]이러한 상식에 따르면 인간의 정신적 사건과 육체적 사건도 구분되는 것으로 보게 된다. [3]하지만 정신적 사건과 육체적 사건이 서로 긴밀히 연결되어 있다고 보는 것 또한 우리의 상식이다. [4]위가 텅 비어 있으면 정신적인 고통을 느끼는 현상, 두려움을 느끼면 가슴이 더 빨리 뛰는 현상 등이 그런 예이다. [5]문제는 정신적 사건과 육체적 사건의 이질성(異質性, 서로 다른 성질)과 관련성(關聯性, 서로 관계가 있는 성질)이라는 두 가지 상식을 조화시키기가 쉽지 않다는 것이다. [6]정신적 사건과 육체적 사건이 서로 다른 종류의 것이라고 주장하는 이론, 곧 심신 이원론은 그 두 종류의 사건이 관련되어 있음을 설명하기 위해 다양한 방법을 시도한다.

→ 심신 이원론의 개념

2 [1]먼저 정신적 사건과 육체적 사건이 서로에게 인과적(因果的, 원인과 결과의 관계)으로 영향을 주고받는다는 상호 작용론이 있다. [2]이는 위가 텅 비었다는 육체적 사건이 원인이 되어 고통을 느낀다는 정신적 사건이 결과로 일어나고, 두려움이라는 정신적 사건이 원인이 되어 가슴이 더 빨리 뛰는 육체적 사건이 결과로 일어난다고 설명한다. [3]그러나 서양 근세 철학의 관점에서 보면 공간을 차지하고 있지 않은(보이지 않고 만질 수 없는) 정신이 어떻게 공간을 차지하고 있는 육체에 영향을 미칠 수 있느냐 하는 문제가 생긴다.

→ 심신 이원론 ① : 상호 작용론의 개념과 한계

3 [1]이에 비해 평행론은 정신적 사건과 육체적 사건 사이에는 어떤 인과 관계도 성립하지 않으며, 정신적 사건은 정신적 사건대로, 육체적 사건은 육체적 사건대로 인과 관계가 성립한다(정신적 사건과 육체적 사건은 서로 영향을 미치지 않는다)고 주장하는 이원론이다. [2]이 이론에 따르면 정신적 사건과 육체적 사건이 상호 작용하는 것처

럼 보이는 것은 어떤 정신적 사건이 일어날 때 거기에 해당하는 육체적 사건도 평행하게 항상 일어나기(동시에 일어나기) 때문이다. [3]물질로 이루어진 세계의 모든 사건은 다른 물질적 사건이 원인이 되어 일어난다는 생각, 즉 물질적 사건의 원인을 설명하기 위해서 물질세계 밖으로 나갈 필요가 없다는 생각(육체적 사건의 원인을 육체에서만 찾는 것)은 근대 과학의 기본 전제(前提, 추리를 할 때 결론의 기초가 되는 판단)이다. [4]평행론은 이 전제와 충돌하지 않는다는 장점이 있다. [5]그러나 서로 다른 종류의 사건들이 동시에 일어난다는 사실은 이해하기 힘들다.

→ 심신 이원론 ②: 평행론의 개념과 한계

4 [1]부수 현상론은 모든 정신적 사건은 육체적 사건에 의해서 일어나지만 그 역(逆, 반대 논리. 즉 육체적 사건은 정신적 사건에 의해서 일어난다는 것)은 성립하지 않는다고 주장하여 두 가지 상식 사이의 조화를 설명하려는 이원론이다. [2]이에 따르면 ㉠ 육체적 사건은 ㉡ 정신적 사건을 일으키고 또 다른 육체적 사건의 원인도 된다. [3]하지만 정신적 사건은 육체적 사건에 동반되는(同伴-, 함께 오는) 부수 현상(附隨現象, 주된 것에 따라오는 것)일 뿐, 정신적 사건이든 육체적 사건이든 어떠한 사건에도 아무런 영향을 미치지 못한다. [4]그러나 정신적 사건이 아무 일도 못하면서 따라 나올 뿐이라는 주장은, 아무 일도 하지 못한다면 도대체 정신적 사건이 왜 존재해야 하는가 하는 의문을 불러일으킨다.

→ 심신 이원론 ③: 부수 현상론의 개념과 한계

5 [1]정신적 사건과 육체적 사건을 구분하면서 그 둘이 관련 있음을 설명하려는 이론들은 모두 각자의 문제점에 봉착한다.(逢着-, 어떤 처지나 상황에 부닥친다.) [2]그래서 정신적 사건과 육체적 사건은 별개의 사건이 아니라 두 사건이 문자 그대로 동일한(同一-, 같은) 사건이라는 동일론, 곧 심신 일원론이 제기된다.(提起-, 의견이나 문제가 내놓아진다.) [3]과학의 발달로 그동안 정신적 사건이라고 알려졌던 것이 사실은 육체적 사건에 불과하다는 것이 밝혀짐(우울이나 사랑 같은 감정은 정신의 작용이라고 생각되었지만, 실제로는 호르몬의 분비로 인해 감정을 느끼게 되는 물질의 작용임이 과학적으로 밝혀짐)에 따라, 인과 관계는 오로지 물질적 사건들 사이에서만 존재한다고 보게 된 것이다.

→ 심신 일원론(동일론)의 등장

■지문 이해

〈정신과 육체의 상호 작용에 관한 심신 이원론과 심신 일원론의 입장〉

**❶ 심신 이원론의 개념**
- 정신적 사건과 육체적 사건은 서로 다른 종류의 것
- 두 종류의 사건이 관련되어 있음을 설명하기 위한 다양한 방법 시도

| ❷ 심신 이원론 ①: 상호 작용론 | ❸ 심신 이원론 ②: 평행론 | ❹ 심신 이원론 ③: 부수 현상론 |
|---|---|---|
| • 두 사건은 인과적 영향<br>• 공간을 차지하지 않는 정신이 어떻게 공간을 차지하는 육체에 영향을 미칠 수 있는가(서양 근세 철학의 관점) | • 두 사건은 서로 평행하게 일어나며 인과 관계 없음<br>• 근대 과학의 기본 전제와 충돌하지 않는 장점<br>• 서로 다른 종류의 사건들이 동시에 일어난다는 사실을 이해하기 힘듦 | • 정신적 사건은 육체적 사건에 동반되는 부수 현상<br>• 정신적 사건이 왜 존재해야 하는가에 대한 의문 발생 |

**❺ 심신 일원론(동일론)의 등장**
- 심신 이원론 각각의 이론은 문제점을 지님
- 심신 일원론(동일론) 제기: 정신적 사건과 육체적 사건은 동일한 사건
  인과 관계는 물질적 사건 사이에서만 존재

**119** 세부 정보 이해 - 적절하지 않은 것 고르기 2014학년도 수능B 19번
정답률 70%, 매력적 오답 ③ 10% | 정답 ⑤

**윗글을 통해 알 수 있는 내용으로 적절하지 않은 것은?**

① '심신 이원론'에서는 정신적 사건과 육체적 사건이 구분된다는 상식을 포기하지 않는다. (= 서로 다른 종류의 것이라고 주장)

근거 ❶-6 정신적 사건과 육체적 사건이 서로 다른 종류의 것이라고 주장하는 이론, 곧 심신 이원론은 그 두 종류의 사건이 관련되어 있음을 설명하기 위해 다양한 방법을 시도한다.

→ 적절함!

② '상호 작용론'에서는 정신적 사건이 육체적 사건의 원인이 되기도 하고 결과가 되기도 한다고 생각한다. (= 서로에게 인과적으로 영향을 주고받는다)

근거 ❷-2 위가 텅 비었다는 육체적 사건이 원인이 되어 고통을 느낀다는 정신적 사건이 결과로 일어나고, 두려움이라는 정신적 사건이 원인이 되어 가슴이 더 빨리 뛰는 육체적 사건이 결과로 일어난다고 설명한다.

→ 적절함!

③ '평행론'에서는 정신적 사건이 육체적 사건의 원인이 되지 않으면서도 함께 일어날 수 있다고 주장한다. (= 평행하게 일어난다)

근거 ❸-1~2 평행론은 정신적 사건과 육체적 사건 사이에는 어떤 인과 관계도 성립하지 않으며, 정신적 사건은 정신적 사건대로, 육체적 사건은 육체적 사건대로 인과 관계가 성립한다고 주장하는 이원론이다. 이 이론에 따르면 정신적 사건과 육체적 사건이 상호 작용하는 것처럼 보이는 것은 어떤 정신적 사건이 일어날 때 거기에 해당하는 육체적 사건도 평행하게 항상 일어나기 때문이다.

풀이 두 사건은 인과 관계가 성립되지 않지만 각각이 평행하게 동시에 일어난다고 했으므로 옳은 설명이다.

→ 적절함!

④ '부수 현상론'에서는 육체적 사건이 정신적 사건을 일으킬 수 있다고 본다.

근거 ❹-2 육체적 사건은 정신적 사건을 일으키고 또 다른 육체적 사건의 원인도 된다.

→ 적절함!

⑤ '동일론'은 정신적 사건과 육체적 사건에 대한 두 가지 상식이 모두 성립함을 보여 준다. (← 상식 ②에 들어맞음)

근거 ❶-1 정신적 사건과 물질적 사건은 구분된다고 생각하는 것이 우리의 상식, ← 상식①
❶-3 정신적 사건과 육체적 사건이 서로 긴밀히 연결되어 있다고 보는 것 또한 우리의 상식, ← 상식② ❺-2 정신적 사건과 육체적 사건은 별개의 사건이 아니라 두 사건이 문자 그대로 동일한 사건이라는 동일론

풀이 우리는 정신적 사건과 물질적 사건이 구분되는 동시에 서로 긴밀히 연결되고 있다고 본다. 하지만 동일론에서는 정신적 사건과 물질적 사건을 구분되지 않는다고 본다.

→ 적절하지 않음!

**120** 핵심 개념 이해 - 적절한 것 고르기 2014학년도 수능B 20번
정답률 75% | 정답 ③

**'평행론'과 '동일론'에서 모두 동의할 수 있는 진술로 적절한 것은?**

| ▶ 평행론과 동일론 비교 | 평행론 | 동일론 |
|---|---|---|
| 정신적 사건들 사이에는 인과 관계가 존재하지 않는다. | | |
| 육체적 사건과 정신적 사건은 서로 대응되며 별개의 세계에 존재한다. | ○ | |
| 물질적 사건의 원인을 설명하기 위해서 물질세계 밖으로 나갈 필요가 없다. | ○ | ○ |
| 공간을 차지하고 있지 않은 정신이 공간을 차지하고 있는 육체에 영향을 미칠 수 있다. | | |
| 정신적 사건이든 육체적 사건이든 어떠한 사건에도 영향을 미치지 못하는 정신적 사건이 존재한다. | | |

① 정신적 사건들 사이에는 인과 관계가 존재하지 않는다.

근거 ❸-1 (평행론은) 정신적 사건은 정신적 사건대로, 육체적 사건은 육체적 사건대로 인과 관계가 성립한다고 주장하는 이원론, ❺-3 인과 관계는 오로지 물질적 사건들 사이에서만 존재한다고 보게 된 것

풀이 평행론은 정신적 사건들 사이에 인과 관계가 존재한다는 입장을 취하고 있으며, 동일론은 정신적 사건이 따로 존재한다는 사실을 인정하지 않는다.

→ 적절하지 않음!

② 육체적 사건과 정신적 사건은 서로 대응되며 *별개의 세계에 존재한다. *別個, 서로 다름

근거 ❸-2 이 이론(평행론)에 따르면 정신적 사건과 육체적 사건이 상호 작용하는 것처럼 보이는 것은 어떤 정신적 사건이 일어날 때 거기에 해당하는 육체적 사건도 평행하게 항상 일어나기 때문, ❺-2 정신적 사건과 육체적 사건은 별개의 사건이 아니라 두 사건이 문자 그대로 동일한 사건이라는 동일론, 곧 심신 일원론이 제기된다.

풀이 평행론에 해당한다. 동일론에서는 동의할 수 없는 설명이다.

→ 적절하지 않음!

③ **물질적 사건의 원인을 설명하기 위해서 물질세계 밖으로 나갈 필요가 없다.**

근거 ❸-3~4 물질로 이루어진 세계의 모든 사건은 다른 물질적 사건이 원인이 되어 일어난다는 생각, 즉 물질적 사건의 원인을 설명하기 위해서 물질세계 밖으로 나갈 필요가 없다는 생각은 근대 과학의 기본 전제이다. 평행론은 이 전제와 충돌하지 않는다는 장점이 있다, ❺-3 과학의 발달로 그동안 정신적 사건이라고 알려졌던 것이 사실은 육체적 사건에 불과하다는 것이 밝혀짐에 따라, 인과 관계는 오로지 물질적 사건들 사이에서만 존재한다고 보게 된 것이다.

풀이 평행론은 물질적 사건의 원인을 설명하기 위해서 물질세계 밖으로 나갈 필요가 없다는 근대 과학의 기본 전제에 들어맞고, 동일론은 인과 관계는 물질적 사건들 사이에만 존재한다고 했으므로 두 이론에서 모두 동의할 수 있는 진술이다.

→ 적절함!

**④ 공간을 차지하고 있지 않은 정신이 공간을 차지하고 있는 육체에 영향을 미칠 수 있다.**

근거 ❷-3 공간을 차지하고 있지 않은 정신이 어떻게 공간을 차지하고 있는 육체에 영향을 미칠 수 있느냐 하는 문제

풀이 상호 작용론에 대한 설명이다.

→ 적절하지 않음!

**⑤ 정신적 사건이든 육체적 사건이든 어떠한 사건에도 영향을 미치지 못하는 정신적 사건이 존재한다.**

근거 ❹-3 정신적 사건은 육체적 사건에 동반되는 부수 현상일 뿐, 정신적 사건이든 육체적 사건이든 어떠한 사건에도 아무런 영향을 미치지 못한다.

풀이 부수 현상론에 대한 설명이다.

→ 적절하지 않음!

**121** | 구체적인 상황에 적용 - 적절한 것 고르기 2014학년도 수능B 21번 | 정답률 75%, 매력적 오답 ① 15% | 정답 ②

**〈보기〉는 '부수 현상론'을 설명하기 위한 비유이다. ㉠과 ㉡에 대응하는 것을 ⓐ~ⓒ에서 골라 바르게 짝지은 것은?** [3점]

㉠ 육체적 사건 ㉡ 정신적 사건

| 보 기 |

[1]ⓐ 지구, 달, 태양의 상대적인 위치(육체적 사건)에 의해 ⓑ 조수 간만(육체적 사건)(밀물과 썰물의 높이 차이)이 나타나기도 하고 보름달, 초승달과 같이 ⓒ 달의 모양(정신적 사건)이 달리 보이기도 한다. [2]이때 조수 간만은 다시 개펄의 형성 등과 같은 또 다른 일의 원인이 된다. [3]반면에 달의 모양은 세 천체의 상대적인 위치로 인해서 생겨난 결과일 뿐, 어떠한 인과적 역할도 하지 않는다.

▶ 지문 핵심 개념 정리

육체적 사건은 정신적 사건을 일으키고 또 다른 육체적 사건의 원인도 된다. 하지만 정신적 사건은 육체적 사건에 동반되는 부수 현상일 뿐, 정신적 사건이든 육체적 사건이든 어떠한 사건에도 아무런 영향을 미치지 못한다.(❹-2~3)

| 원인 \ 결과 | ㉠ 육체적 사건 | ㉡ 정신적 사건 |
|---|---|---|
| ㉠ 육체적 사건 | 가능 | 가능 |
| ㉡ 정신적 사건 | 불가능 | 불가능 |

근거 〈보기〉-2 이때 조수 간만은 다시 개펄의 형성 등과 같은 또 다른 일의 원인이 된다.

풀이 ⓐ 지구, 달, 태양의 상대적인 위치 : 조수 간만이나 달의 모양이라는 결과를 만드는 원인이 되므로 육체적 사건에 대응

ⓑ 조수 간만 : 지구, 달, 태양의 상대적인 위치의 결과이나 동시에 개펄의 형성 등과 같은 일을 만드는 원인이 되므로 육체적 사건에 대응

ⓒ 달의 모양 : 지구, 달, 태양의 상대적 위치 때문에 생기는 결과로만 존재하므로 정신적 사건에 대응

→ⓐ, ⓑ는 육체적 사건, ⓒ는 정신적 사건, 따라서 정답은 ②번이다.

| | ㉠ '육체적 사건' | ㉡ '정신적 사건' |
|---|---|---|
| ① | ⓐ | ⓑ |
| ② | ⓐ | ⓒ → 적절함! |
| ③ | ⓑ | ⓐ |
| ④ | ⓒ | ⓐ |
| ⑤ | ⓒ | ⓑ |

# 5. 그 밖의 인문학적 이야기들



**[122~127] 다음 글을 읽고 물음에 답하시오.**

(가)

1 [1]서양의 과학과 기술, 천주교의 수용(受容, 받아들임)을 반대했던 이항로를 비롯한 척사파(斥邪派, 개화를 반대하고 전통적인 것을 지키며 그것을 민족 주체 의식으로 여긴 사람들)의 주장은 개항(開港, 외국과 서로 물품을 사고팔 수 있게 항구를 개방하여 외국 선박의 출입을 허가함) 이후에도 지속되었지만, 개화는 거스를 수 없는 대세(大勢, 일이 진행되어 가는 결정적인 형세)로 자리 잡았다. [2]개물성무(開物成務)(만물의 뜻을 깨달아 모든 일을 이룸)와 화민성속(化民成俗)(백성을 교화하여 아름다운 풍속을 만듦)의 앞 글자를 딴 개화는 개항 이전에는 통치자(統治者, 다스리는 사람)의 통치 행위로서 변화하는 세상에 대한 지식 확장(擴張, 늘려서 넓힘)과 피통치자(被統治者, 통치를 당하는 사람)에 대한 교화(敎化, 가르치고 이끌어 좋은 방향으로 나아가게 함)를 의미했다.

→ 개항 이전의 '개화'의 의미

2 [1]개항 이후 서양 문명(文明, 인류가 이룬 물질적, 기술적, 사회 구조적인 발전)에 대한 긍정적 인식(認識, 분별하고 판단하여 아는 일)이 확산되면서(擴散–, 널리 퍼지게 되면서) 서양 문명의 수용을 뜻하는 개화 개념이 자리 잡았다. [2]임오군란(壬午軍亂, 조선 고종 19 년인 임오년에 구식 군대의 군인들이 신식 군대와의 차별 대우와 밀린 급료에 불만을 품고 일으킨 난리) 이후, 고종은 자강(自強, 스스로 힘써 몸과 마음을 가다듬음) 정책을 추진하면서 반(反)(반대하다 반)서양 정서의 교정(矯正, 틀어지거나 잘못된 것을 바로잡음)을 위해 『한성순보』를 발간했다.(發刊–, 만들어 냈다.) [3]이 신문(『한성순보』)의 개화 개념은 서양 기술과 제도의 도입(導入, 끌어들임)을 통한 인지(認知, 어떤 사실을 분명하게 인식하여 앎)의 발달과 풍속(風俗, 옛날부터 그 사회에 전해 오는 생활 전반에 걸친 습관 따위를 이르는 말)의 진보(進步, 정도나 수준이 나아지거나 높아짐)를 뜻했다. [4]이 개념에는 인민(人民, 국가나 사회를 구성하고 있는 사람들로, 대체로 피지배자를 이름)이 국가의 독립 주권(主權, 국가의 의사를 최종적으로 결정하는 권력)의 소중함을 깨닫는 의식의 변화가 내포되었고(內包–, 속에 들어 있게 되었고), 통치자의 입장에서 수용 가능한 문명의 장점을 받아들여 국가의 진보를 달성한다는(達成–, 이룬다는) 의미도 담겼다.

→ 개항 이후 '개화'의 개념 ① : 『한성순보』

3 [1]개화당(開化黨, 19 세기 중엽 이후 김옥균, 박영효 등이 중심이 되어 개화 정책을 추구한 급진 개화파)의 한 인사(人士, 사회적 지위가 높거나 활동이 많은 사람)가 제시한 개화 개념은 성문화된(成文化–, 글이나 문서로 나타난) 규정에 따른 대민(對民, 백성을 상대함) 정치에서의 법적 처리 절차 실현 등 서양 근대 국가의 통치 방식으로의 변화를 내포하는 것이었다. [2]그(개화당의 한 인사)는 개화 실행(實行, 실제로 행함) 주체를 여전히 왕으로 생각했고, 개화 실행 주체로서 왕의 역할이 사라진 것은 갑신정변(甲申政變, 조선 고종 21 년에 김옥균, 박영효 등 급진 개화파가 개화 사상을 바탕으로 조선의 자주독립과 근대화를 목표로 하여 일으킨 정변)에서였다. [3]풍속의 진보와 통치 방식 변화라는 의미를 내포한 갑신정변의 개화 개념은 통치권에 대한 도전으로뿐 아니라 개인의 사욕(私慾, 자기 한 개인의 이익만을 꾀하는 욕심)을 위한 것으로 표상되었다.(表象–, 드러내어 나타내졌다.) [4]이후 개화 개념은 국가 구성원을 조직하고 동원하기(動員–, 목적 달성을 위해 사람을 모으기) 위해 부정적 이미지에서 벗어나야 했고, 유길준은 『서유견문』을 저술하며(著述–, 쓰며) 개화 개념에 덧씌워진 부정적 이미지를 떼어 내고자 했다. [5]이후 간행된(刊行–, 인쇄되어 나온) 『대한매일신보』 등의 개화 개념은 국가 구성원 전체를 실행 주체로 하여 근대 국가 주권을 향해 그들(국가 구성원 전체)을 조직하고 동원하는 것을 의미했다.

→ 개항 이후 '개화'의 개념 ② : 개화당, 갑신정변, 『대한매일신보』

4 [1]을사늑약(乙巳勒約, 1905년 일본이 한국의 외교권을 박탈하기 위해 강제로 체결한 조약) 이후, 개화 논의는 문명에 대한 본격적인 논의로 이어졌다. [2]대한 자강회(大韓自强會, 1906년 교육을 통한 국민의 계몽과 국력 배양을 통한 독립 쟁취를 목적으로 만든 애국 계몽 단체)의 주요 인사들은 서양 근대 문명을 수용하여 근대 국가를 건설하고자, 앞서 문명화를 이룬 일본의 지도를 받아야 한다고 보았다. [3]이들(대한 자강회의 주요 인사들)은 서양 근대 문명의 주체를 주체 인식의 준거(準據, 근거, 기준)로 삼았기 때문에 민족 주체성(民族主體性, 민족으로서의 자각과 사명을 갖는 성질)을 간과했다.(看過–, 큰 관심 없이 대강 보아 넘겼다.) [4]이러한 상황에서 박은식은 ㉠ 근대 국가 건설과 새로운 주체의 형성에 주목하여 문명에 대한 견해를 제시했다. [5]그(박은식)의 기본 전략(戰略, 방법)은 문명의 물질적 측면인 과학은 서양으로부터 수용하되, 문명의 정신적 측면인 철학은 유학을 혁신하여(革新–, 묵은 풍속, 관습, 방법 등을 완전히 바꾸어 새롭게 하여) 재구성하는 것이었다. [6]그(박은식)는 생존(生存, 살아남음)과 편리 증진(增進, 더 늘어 가고 나아감)을 위해 과학 연구가 시급하지만(時急–, 몹시 급하지만), 가치관(價値觀, 인간이 자기를 포함한 세계나 어떤 대상에 대해 붙이는 가치 · 의의에 관한 견해나 입장) 정립(正立, 바로 세움)과 인격(人格, 사람으로서의 품격) 수양(修養, 몸과 마음을 갈고닦아 품성, 지식, 도덕 등을 높이 끌어올림)을 위해 철학 또한 필수적이라고 보았다. [7]자국(自國, 자기 나라) 철학 전통의 정립이라는 당시(當時, 그 시기) 동아시아의 사상적 흐름 속에서 그(박은식)가 제시한 근대 주체는 과학적·철학적 인식의 주체이자 실천적 도덕 수양의 주체로서의 성격을 띠는 것이었다.

→ 개항 이후 '개화'의 개념 ③ : 대한 자강회, 박은식

(나)

1 [1]중국이 서양의 과학과 기술에 전면적인(全面的–, 전체에 걸치는) 관심을 기울인 때는 아편 전쟁(阿片戰爭, 1840년 아편 문제를 둘러싸고 청나라와 영국 간에 일어나 1842년 청나라가 전쟁에서 패하고 난징 조약을 체결함으로써 끝난 전쟁) 이후였다. [2]전쟁 패배에 따른 위기감(危機感, 위기에 처해 있거나 위기가 닥쳐 오고 있다는 불안한 느낌)은 반세기(半世紀, 한 세기의 절반. 50 년을 이름)에 걸쳐 근대화의 추진과 함께 의욕적인(意欲的–, 하고자 하는 마음이 아주 강하고 적극적인) 기술 수용으로 이어졌지만, 청일 전쟁(淸日戰爭, 1894년 조선의 지배권을 놓고 일본과 청나라가 벌인 전쟁)의 패배는 기술 수용만으로는 부족하다는 인식을 낳았다. [3]이에 따라 20 세기 초반 진정한 근대를 이루기 위해 기술 배후(背後, 드러나지 않은 부분)에서 작용하는 과학 정신을 사회 전체에 이식하려는(移植–, 옮겨 영향을 미치게 하려는) 시도가 구체화되었다.

→ 중국이 서양의 과학과 기술을 수용하면서,
과학 정신을 중시하게 된 역사적 배경

2 [1]옌푸는 국가 간에 벌어지는 약육강식(弱肉強食, 약한 자가 강한 자에게 지배됨을 비유적으로 이르는 말)의 경쟁을 부각하고, 경쟁에서 승리하려면 기술뿐 아니라 국민의 정신적 자질(資質, 능력이나 실력의 정도)이 뒷받침되어야 한다고 보았다. [2]정신적 자질 중 과학적 사유(思惟, 대상을 두루 생각하는 일) 능력이 가장 중요하다고 파악한 그(옌푸)에게 과학 정신이 전제되지(前提–, 먼저 내세워지지) 않은 정치적 변혁(變革, 급격하게 바꾸어 아주 달라지게 함)은 뿌리내릴 수 없는 것이었다.(정치적 변혁이 뿌리내리려면 과학 정신이 먼저 이루어져야 한다) [3]그(옌푸)는 인과(因果, 원인과 결과) 실증(實證, 실물이나 사실에 근거하여 증명함)의 방법에 근거한 근대 학문 전체를 과학이라 파악하고, 과학을 습득하여(習得–, 배워서 자기 것으로 하여) 전통 학문의 폐단(弊端, 옳지 못한 경향이나 해로운 현상)에서 벗어나야 한다고 주장했다. [4]그(옌푸)의 입장은 1910년대 후반 신(新 새롭다 신)문화 운동을 주도한(主導–, 주동적인 처지가 되어 이끈) 천두슈에게 이어졌다.

→ 옌푸의 관점

3 [1]천두슈를 비롯한 신문화 운동의 지식인(知識人, 일정한 수준의 지식과 교양을 갖춘 사람 또는 지식층에 속하는 사람)들은 ㉡ 과학의 근거 위에서만 민주 정치의 실현이 가능하다고 주장했다. [2]중국이 달성해야 할 신문화는 과학 및 과학의 방법에 근거한 문화라 보고, 신문화를 이루기 위해 전통문화 전반(全般, 관계되는 전체)에 대해 철저한 부정과 비판을 시도했다. [3]사상이나 철학이 과학의 방법을 이용하지 않으면 공상(空想)(현실적이지 못하거나 실현될 가망이 없는 것을 막연히 그려 봄)에 ⓐ 그칠 뿐이라고 주장한 천두슈는 사회와 인간의 삶에 대한 연구도 과학의 연구 방법을 이용해야 한다고 보았다. [4]그(천두슈)는 제1차 세계 대전(第一次世界大戰, 1914년 오스트리아가 세르비아에 대한 선전포고를 하면서 시작되어 1918년 독일의 항복으로 끝날 때까지 4년간 계속되었던 세계 전쟁)의 비극은 과학을 이용해 저지른 죄악(罪惡, 죄가 될 만한 나쁜 짓)의 결과일 뿐 과학 자체의 죄악이 아니라고 주장하며 과학에 대한 자신의 생각을 지속했다.

→ 천두슈의 관점

4 [1]한편, 제1차 세계 대전 이후 유럽을 시찰했던(視察–, 직접 돌아다니며 실제의 사정을 살폈던) 장쥔마이는 통제되지(統制–, 일정한 방향과 계획 혹은 목적에 따라 제한되지) 않은 과학이 불러온 역작용(逆作用, 의도한 것과는 정반대의 영향을 주는 작용)을 목도한(目睹–, 눈으로 직접 본) 후, 과학이 어떻게 발달하든 그것이 인생관(人生觀, 인생의 의의, 가치, 목적 등

에 대한 관점이나 견해)의 문제를 해결할 수는 없다며 서양 근대 문명을 비판했다. [2]근대 과학 문명에서 초래된(招來-, 생겨나게 된) 사상적 위기가 주체의 책임 부재(不在, 있지 않음)에서 비롯된 것이라는 주장에 동의했던 그(장쥔마이)는 과학적 방법을 부정하지 않았지만, 인생관의 문제에는 과학적 방법이 적용될 수 없다고 지적했다. [3]그(장쥔마이)는 인생관을 과학과 별개(別個, 관련성 없이 서로 다름)로 파악했고, 과학만능주의(科學萬能主義, 과학에 의해서만 모든 문제가 해결될 수 있다고 생각하는 태도)에 기초한 신문화 운동에 의해 부정된 중국 전통 가치관의 수호(守護, 지키고 보호함)를 내세웠다.

→ 장쥔마이의 관점

■ 지문 이해

(가)

<조선 시대 개항 이후 개화 개념의 변화>

**❶ 개항 이전의 개화의 의미**

- 개항 이전의 개화 : 통치자의 통치 행위로서 변화하는 세상에 대한 지식 확장과 피통치자에 대한 교화를 의미함

**개항 이후 '개화'의 개념**

**❷ 『한성순보』**

- 개항 이후 서양 문명의 수용을 뜻하는 개화 개념이 자리 잡음
- 『한성순보』
  - 고종이 반서양 정서의 교정을 위해 발간
  - 개화 개념 : 서양 기술과 제도의 도입을 통한 인지의 발달과 풍속의 진보

**❸ 개화당, 갑신정변, 『대한매일신보』**

- 개화당의 한 인사
  - 개화 개념 : 서양 근대 국가의 통치 방식으로의 변화를 내포함
  - 개화 실행 주체를 여전히 왕으로 생각함
- 갑신정변
  - 개화 실행 주체로서 왕의 역할이 사라짐
  - 개화 개념 : 풍속의 진보와 통치 방식 변화라는 의미를 내포함 → 통치권에 대한 도전, 사욕을 위한 것으로 표상됨
- 『대한매일신보』 등
  - 개화 개념 : 근대 국가 주권을 향해 실행 주체인 국가 구성원을 조직·동원하는 것

**❹ 대한 자강회, 박은식**

- 대한 자강회
  - 앞서 문명화를 이룬 일본의 지도를 받아야 한다고 봄, 민족 주체성 간과
- 박은식
  - 문명의 물질적 측면인 과학은 서양으로부터 수용, 문명의 정신적 측면인 철학은 유학을 혁신하여 재구성해야 한다고 봄
  - 과학적·철학적 인식의 주체이자 실천적 도덕 수양의 주체로서의 성격을 띤 근대 주체를 제시함

(나)

<서양의 과학과 기술의 수용과 관련된 중국 사상가들의 관점>

**❶ 중국이 서양의 과학과 기술을 수용하면서, 과학 정신을 중시하게 된 역사적 배경**

- 아편 전쟁 이후 전쟁 패배에 따른 위기감으로 근대화를 추진하고 기술을 수용하였으나, 청일 전쟁의 패배로 기술 수용만으로는 부족하다는 인식을 낳음 → 진정한 근대를 이루기 위해 '과학 정신'을 사회 전체에 이식하려는 시도가 구체화됨

**❷ 옌푸의 관점**

- 국가 간 경쟁에서 승리하려면 기술뿐 아니라 국민의 정신적 자질이 뒷받침되어야 한다고 봄
- 정신적 자질 중 과학적 사유 능력이 가장 중요하다고 봄 → 과학을 습득하여 전통 학문의 폐단에서 벗어나야 한다고 주장함

**❸ 천두슈의 관점**

- 과학의 근거 위에서만 민주 정치의 실현이 가능하다고 주장함
- 신문화는 과학 및 과학의 방법에 근거한 문화라 보고, 신문화를 이루기 위해 전통문화 전반에 대해 철저한 부정과 비판을 시도함
- 사상, 철학, 사회와 인간의 삶에 대한 연구도 과학의 방법을 이용해야 한다고 봄

**❹ 장쥔마이의 관점**

- 과학적 방법을 부정하지 않았지만, 인생관의 문제에는 과학적 방법이 적용될 수 없다고 봄
- 신문화 운동에 의해 부정된 중국 전통 가치관의 수호를 내세움

**122** | 세부 정보 이해 - 적절하지 않은 것 고르기 2025학년도 수능 4번 | 정답률 65%, 매력적 오답 ① 10% ⑤ 10% | 정답 ④

**윗글에 대한 이해로 적절하지 않은 것은?**

**① (가) : 서양 과학과 기술의 국내 *유입을 반대하는 주장이 개항 이후에도 이어졌다.** *流入, 들어옴

근거 (가)-❶-1 서양의 과학과 기술, 천주교의 수용을 반대했던 이항로를 비롯한 척사파의 주장은 개항 이후에도 지속되었지만

→ 적절함!

**② (가) : 유학을 혁신하여 철학으로 재구성하는 것이 필요하다는 견해가 을사늑약 이후에 제기되었다.**

근거 (가)-❹-1 을사늑약 이후, 개화 논의는 문명에 대한 본격적인 논의로 이어졌다, (가)-❹-4~5 박은식은 … 문명의 정신적 측면인 철학은 유학을 혁신하여 재구성하는 것

→ 적절함!

**③ (나) : 진정한 근대를 이루려면 기술 수용의 차원을 넘어서야 한다는 인식이 등장하였다.**

근거 (나)-❶-2~3 전쟁 패배에 따른 위기감은 반세기에 걸쳐 근대화의 추진과 함께 의욕적인 기술 수용으로 이어졌지만, 청일 전쟁의 패배는 기술 수용만으로는 부족하다는 인식을 낳았다. 이에 따라 20 세기 초반 진정한 근대를 이루기 위해 기술 배후에서 작용하는 과학 정신을 사회 전체에 이식하려는 시도가 구체화되었다.

→ 적절함!

정치적 변혁이 / 과학 정신이

**④ (나) : 과학 정신이 사회에 자리 잡으려면 정치적 변혁이 *선행되어야 한다는 주장이 제기되었다.** *先行-, 앞서 행해져야

근거 (나)-❷-2 정신적 자질 중 과학적 사유 능력이 가장 중요하다고 파악한 그(옌푸)에게 과학 정신이 전제되지 않은 정치적 변혁은 뿌리내릴 수 없는 것이었다.

풀이 윗글의 (나)에서는 과학 정신이 전제되지 않은 정치적 변혁은 뿌리내릴 수 없다고 본 옌푸의 견해를 제시하였다. 즉 그의 주장은 정치적 변혁이 선행되어야 과학 정신이 사회에 자리 잡는다는 것이 아니라, 과학 정신이 우선되어야 정치적 변혁을 이룰 수 있다는 것이다. 따라서 (나)에서 과학 정신이 사회에 자리 잡으려면 정치적 변혁이 선행되어야 한다는 주장이 제기되었다는 설명은 윗글에 대한 이해로 적절하지 않다.

→ 적절하지 않음!

**⑤ (나) : 근대 과학 문명에 대한 비판적 인식을 바탕으로 전통 가치관에 주목하는 견해가 제시되었다.**

근거 (나)-❹-1 제1차 세계 대전 이후 유럽을 시찰했던 장쥔마이는 통제되지 않은 과학이 불러온 역작용을 목도한 후, 과학이 어떻게 발달하든 그것이 인생관의 문제를 해결할 수는 없다며 서양 근대 문명을 비판했다, (나)-❹-3 그는 인생관을 과학과 별개로 파악했고, 과학만능주의에 기초한 신문화 운동에 의해 부정된 중국 전통 가치관의 수호를 내세웠다.

→ 적절함!

1등급 문제

**123** | 핵심 개념 파악 - 적절하지 않은 것 고르기 2025학년도 수능 5번 | 정답률 55%, 매력적 오답 ② 20% ③ 15% | 정답 ⑤

**개화에 대한 이해로 적절하지 않은 것은?**

**① 개항 이전의 개화 개념은 백성을 다스리는 통치자로서의 역할과 관련 있었다.**

근거 (가)-❶-2 개화는 개항 이전에는 통치자의 통치 행위로서 변화하는 세상에 대한 지식 확장과 피통치자에 대한 교화를 의미했다.

→ 적절함!

② 『한성순보』의 개화 개념은 서양 기술과 제도의 *선별적 수용을 통한 국가 진보의 의미를 포함하였다. *選別的, 가려서 따로 나누는

근거 (가)-❷-3~4 이 신문(『한성순보』)의 개화 개념은 서양 기술과 제도의 도입을 통한 인지의 발달과 풍속의 진보를 뜻했다. 이 개념에는 … 통치자의 입장에서 수용 가능한 문명의 장점을 받아들여 국가의 진보를 달성한다는 의미도 담겼다.

풀이 『한성순보』의 개화 개념에는 서양 기술과 제도 중 통치자의 입장에서 수용 가능한 문명의 장점을 받아들여 국가 진보를 달성한다는 의미가 담겨 있다.

→ 적절함!

③ 『한성순보』와 개화당의 한 인사의 개화 개념은 통치권자인 왕을 개화의 실행 주체로 *상정하였다. *想定-, 가정적으로 생각하여 단정하였다.

근거 (가)-❷-4 이 개념(『한성순보』의 개화 개념)에는 … 통치자의 입장에서 수용 가능한 문명의 장점을 받아들여 국가의 진보를 달성한다는 의미도 담겼다, (가)-❸-1~2 개화당의 한 인사가 제시한 개화 개념은 성문화된 규정에 따른 대민 정치에서의 법적 처리 절차 실현 등 서양 근대 국가의 통치 방식으로의 변화를 내포하는 것이었다. 그는 개화 실행 주체를 여전히 왕으로 생각했고

→ 적절함!

④ 개화의 실행 주체로 왕에게 역할을 부여하지 않은 갑신정변의 개화 개념은 통치권에 대한 도전으로 이해되었다.

근거 (가)-❸-2~3 개화 실행 주체로서 왕의 역할이 사라진 것은 갑신정변에서였다. … 갑신정변의 개화 개념은 통치권에 대한 도전으로뿐 아니라 개인의 사욕을 위한 것으로 표상되었다.

→ 적절함!

⑤ 『대한매일신보』의 발간에 이르러서야(발간 이전에) 국가의 주권과 *결부한 개화 개념이 제기되었다. *結付-, 연관시킨

근거 (가)-❷-3~4 이 신문(『한성순보』)의 개화 개념은 서양 기술과 제도의 도입을 통한 인지의 발달과 풍속의 진보를 뜻했다. 이 개념에는 인민이 국가의 독립 주권의 소중함을 깨닫는 의식의 변화가 내포되었고

풀이 윗글의 (가)를 통해, 임오군란 이후 발간된 『한성순보』의 개화 개념에는 인민이 국가의 독립 주권의 소중함을 깨닫는 의식의 변화가 내포되었음을 확인할 수 있다. 『한성순보』의 발간 시기는 『대한매일신보』의 발간보다 앞서므로, 『대한매일신보』의 발간 이전에 이미 국가의 주권과 결부한 개화 개념이 제기되었음을 알 수 있다.

→ 적절하지 않음!

**124** | 세부 정보 이해 - 적절한 것 고르기 2025학년도 수능 6번 | 정답률 65% | 정답 ③

## (나)의 '천두슈'와 '장쥔마이'가 모두 동의할 수 있는 진술로 가장 적절한 것은?

▶ 지문 핵심 개념 정리

| | |
|---|---|
| 천두슈 | • 중국이 달성해야 할 신문화는 과학 및 과학의 방법에 근거한 문화임((나)-❸-2)<br>• 신문화를 이루기 위해 전통문화 전반에 대해 철저한 부정과 비판을 시도함((나)-❸-2)<br>• 사상이나 철학, 사회와 인간의 삶에 대한 연구도 과학의 연구 방법을 이용해야 함((나)-❸-3)<br>• 제1차 세계 대전의 비극은 과학을 이용해 저지른 죄악의 결과일 뿐 과학 자체의 죄악은 아님((나)-❸-4) |
| 장쥔마이 | • 과학은 인생관의 문제를 해결할 수 없다며 서양 근대 문명을 비판함((나)-❹-1)<br>• 근대 과학 문명에서 초래된 사상적 위기는 주체의 책임 부재에서 비롯됨((나)-❹-2)<br>• 과학적 방법을 부정하지 않았지만, 인생관의 문제에는 과학적 방법이 적용될 수 없다고 지적함((나)-❹-2)<br>• 과학만능주의에 기초한 신문화 운동에 의해 부정된 중국 전통 가치관의 수호를 내세움((나)-❹-3) |

① 전통 사상은 과학 및 과학 정신과 *양립할 수 없는 관계에 놓여 있다. (천두슈가 동의할 수 있는 진술) *兩立-, 두 가지가 동시에 따로 성립할

풀이 천두슈는 과학 및 과학의 방법에 근거한 신문화를 이루기 위해 전통문화에 대해 철저한 부정과 비판을 시도하였다. 이를 통해 천두슈는 전통 사상과 과학 및 과학 정신이 양립할 수 없는 관계에 있다고 보았을 것임을 알 수 있다. 한편 장쥔마이는 과학적 방법을 부정하지 않으면서도, 인생관을 과학과 별개로 파악하여 신문화 운동에 의해 부정되었던 중국 전통 가치관을 지켜야 한다고 보았다. 따라서 장쥔마이는 전통 사상과 과학 정신이 양립할 수 없는 관계에 놓여 있다고 보지 않았을 것이다.

→ 적절하지 않음!

② 전통 사상의 폐단은 과학 정신이 뿌리내리지 못한 사회 체질에서 비롯된 것이다. (천두슈가 동의할 수 있는 진술)

근거 (나)-❷-3~4 그(옌푸)는 인과 실증의 방법에 근거한 근대 학문 전체를 과학이라 파악하고, 과학을 습득하여 전통 학문의 폐단에서 벗어나야 한다고 주장했다. 그(옌푸)의 입장은 1910년대 후반 신문화 운동을 주도한 천두슈에게 이어졌다.

풀이 옌푸는 국민의 정신적 자질, 그중에서도 과학 정신의 중요성을 강조하면서, 과학을 습득하여 전통 학문의 폐단에서 벗어나야 한다고 주장하였다. 또한 이러한 옌푸의 입장은 천두슈에게 이어졌다. 따라서 천두슈의 입장에서는 전통 사상의 폐단은 과학 정신이 뿌리내리지 못한 사회 체질에서 비롯된 것이라는 진술에 동의할 수 있을 것이다. 반면 과학만능주의에 기초한 신문화 운동에 의해 부정된 중국 전통 가치관의 수호를 내세운 장쥔마이의 입장에서는 전통 사상의 폐단이 과학 정신이 뿌리내리지 못한 것에서 비롯되었다는 진술에 동의할 수 없을 것이다.

→ 적절하지 않음!

③ 과학을 이용하는 과정에서 문제가 발생했다고 해도 과학적 방법을 부정할 수 없다.

풀이 천두슈는 중국이 과학 및 과학의 방법에 근거한 신문화를 달성해야 한다고 주장하면서, 제1차 세계 대전은 과학을 이용해 저지른 죄악의 결과일 뿐 과학 자체의 죄악이 아니라고 보았다. 또한 장쥔마이는 제1차 세계 대전 이후 유럽을 시찰하면서, 통제되지 않은 과학이 불러온 역작용을 목도하였으나, 과학적 방법 자체를 부정하지는 않았다. 따라서 천두슈와 장쥔마이는 모두 과학을 이용하는 과정에서 문제가 발생했다고 해도 과학적 방법을 부정할 수 없다는 진술에 동의할 것이다.

→ 적절함!

④ 서양의 과학 정신을 *전면적으로 도입하면 **당면한 국가의 위기를 충분히 극복할 수 있다. (천두슈가 동의할 수 있는 진술) *全面的-, 일정한 범위 전체에 걸쳐 **當面-, 바로 눈앞에 당한

풀이 천두슈는 중국이 과학 및 과학의 방법에 근거한 신문화를 달성해야 한다고 보고, 사상이나 철학, 사회와 인간의 삶에 대한 연구도 과학의 방법을 이용해야 한다고 주장하였다. 이러한 천두슈의 입장에서는 서양의 과학 정신을 전면적으로 도입하면 당면한 국가의 위기를 극복할 수 있다는 진술에 동의할 수 있을 것이다. 반면 장쥔마이는 과학이 어떻게 발달하든 그것이 인생관의 문제를 해결할 수는 없다고 보고, 인생관의 문제에는 과학적 방법이 적용될 수 없다고 주장하였다. 따라서 장쥔마이의 입장에서는 서양의 과학 정신을 전면적으로 도입함으로써 당면한 국가의 위기를 충분히 극복할 수 있다는 진술에 동의할 수 없을 것이다.

→ 적절하지 않음!

⑤ 국가의 위기는 과학적 방법으로 사상을 재구성할 필요가 있다는 인식이 부재한 데에서 비롯된 것이다. (천두슈가 동의할 수 있는 진술)

풀이 천두슈는 과학 및 과학의 방법에 근거한 신문화를 달성해야 한다고 주장하였다. 또한 그는 사상이나 철학이 과학의 방법을 이용하지 않으면 공상에 그칠 뿐이며, 사회와 인간의 삶에 대한 연구도 과학의 연구 방법을 이용해야 한다고 보았다. 이러한 천두슈의 입장에서는 국가의 위기가 과학적 방법으로 사상을 재구성할 필요가 있다는 인식 부재에서 비롯된 것이라는 진술에 동의할 것이다. 한편 장쥔마이는 과학의 발달이 인생관의 문제를 해결할 수는 없다고 보았으며, 근대 과학 문명에서 초래된 사상적 위기가 주체의 책임 부재에서 비롯된 것이라는 주장에 동의하였다. 따라서 장쥔마이는 국가의 위기가 과학적 방법으로 사상을 재구성할 필요가 있다는 인식의 부재에서 비롯되었다는 진술에 동의할 수 없을 것이다.

→ 적절하지 않음!

1등급 문제

**125** | 세부 정보 이해 - 적절한 것 고르기 2025학년도 수능 7번 | 정답률 30%, 매력적 오답 ③ 35% ④ 10% ⑤ 20% | 정답 ②

## ㉠과 ㉡에 대한 이해로 가장 적절한 것은?

㉠ 근대 국가 건설과 새로운 주체의 형성에 주목하여 문명에 대한 견해를 제시했다. (박은식)
㉡ 과학의 근거 위에서만 민주 정치의 실현이 가능하다고 주장했다. (천두슈)

▶ 지문 핵심 개념 정리

| | |
|---|---|
| 박은식 | • 문명의 물질적 측면인 과학은 서양으로부터 수용하되, 문명의 정신적 측면인 철학은 유학을 혁신하여 재구성하고자 함((가)-❹-5)<br>• 생존과 편리 증진을 위해 과학 연구가 시급하지만, 가치관 정립과 인격 수양을 위해 철학 또한 필수적이라고 봄((가)-❹-6)<br>• 과학적 · 철학적 인식의 주체이자 실천적 도덕 수양의 주체로서의 성격을 띠는 근대 주체를 제시((가)-❹-7) |

| | |
|---|---|
| 천두수 | • 중국이 달성해야 할 신문화는 과학 및 과학의 방법에 근거한 문화임((나)-③-2)<br>• 신문화를 이루기 위해 전통문화 전반에 대해 철저한 부정과 비판을 시도함((나)-③-2)<br>• 사상이나 철학, 사회와 인간의 삶에 대한 연구도 과학의 연구 방법을 이용해야 함((나)-③-3)<br>• 제1차 세계 대전의 비극은 과학을 이용해 저지른 죄악의 결과일 뿐 과학 자체의 죄악은 아님((나)-③-4) |

**① ㉠은 인격의 수양을 *동반하는 근대 주체의 정립에, ㉡은 전통적 사유 방식에 **기반을 둔 신문화의 달성에 동의하는 입장이다.** *同伴-, 함께 생기게 하는 **基盤, 기초가 되는 바탕

풀이 박은식은 과학의 연구와 더불어 가치관 정립과 인격 수양을 위한 철학 또한 필수적이라고 보고, 과학적·철학적 인식의 주체이자 실천적 도덕 수양의 주체로서의 성격을 띤 근대 주체를 제시하였다. 따라서 ㉠이 인격의 수양을 동반하는 근대 주체의 정립에 동의하는 입장이라는 설명은 적절하다. 한편 천두슈는 과학 및 과학의 방법에 근거한 신문화를 이루기 위해 전통문화 전반에 대한 철저한 부정과 비판을 시도하였다. 따라서 ㉡이 전통적 사유 방식에 기반을 둔 신문화의 달성에 동의하는 입장이라는 설명은 적절하지 않다.

→ 적절하지 않음!

**② ㉠은 주체 인식의 준거가 서양 근대 문명의 주체라는 인식에, ㉡은 철학이 과학의 방법에 근거할 수 없다는 생각에 반대하는 입장이다.**

근거 (가)-④-3 이들(대한 자강회의 주요 인사들)은 서양 근대 문명의 주체를 주체 인식의 준거로 삼았기 때문에 민족 주체성을 간과했다.

풀이 박은식은 자국 철학 전통의 정립이라는 당시 동아시아의 사상적 흐름 속에서 근대 주체에 대한 자신의 견해를 제시하였다. 서양 근대 문명의 주체를 주체 인식의 준거로 삼고 민족 주체성을 간과한 것은 을사늑약 이후 대한 자강회의 주요 인사들의 견해로, 박은식(㉠)이 이러한 견해에 반대하는 입장이라는 설명은 적절하다. 한편 천두슈는 사상이나 철학도 과학의 방법을 이용해야 한다고 주장하였다. 따라서 천두슈(㉡)가 철학이 과학의 방법에 근거할 수 없다는 생각에 반대하는 입장이라는 설명 또한 적절하다.

→ 적절함!

**③ ㉠은 생존과 편리 증진을 위한 과학 연구의 시급성을, ㉡은 과학의 방법에 영향 받지 않는 사상이나 철학을 *부인하는 입장이다.** *否認-, 옳다고 인정하지 않는

풀이 박은식은 생존과 편리 증진을 위한 과학 연구의 시급성을 인정하고, 가치관 정립과 인격 수양을 위한 철학 또한 필수적이라고 보았다. 따라서 박은식(㉠)이 생존과 편리 증진을 위한 과학 연구의 시급성을 부인하는 입장이라는 설명은 적절하지 않다. 한편 천두슈는 사상이나 철학이 과학의 방법을 이용하지 않으면 공상에 그칠 뿐이라고 주장하면서, 사회와 인간의 삶에 대한 연구도 과학의 연구 방법을 이용해야 한다고 보았다. 따라서 천두슈(㉡)가 과학의 방법에 영향 받지 않는 사상이나 철학을 부인하는 입장이라는 설명은 적절하다.

→ 적절하지 않음!

**④ ㉠은 앞서 근대 문명을 이룬 국가를 *추종하는 태도를, ㉡은 전쟁의 **폐해가 과학을 ***오용한 자들의 탓이라는 주장을 비판하는 입장이다.** *追從-, 좇아서 따르는 **弊害, 옳지 못한 현상으로 생기는 해로움 ***誤用-, 잘못 사용한

근거 (가)-④-2 대한 자강회의 주요 인사들은 서양 근대 문명을 수용하여 근대 국가를 건설하고자, 앞서 문명화를 이룬 일본의 지도를 받아야 한다고 보았다.

풀이 대한 자강회의 주요 인사들은 앞서 문명화를 이룬 일본의 지도를 받아야 한다고 보고, 민족 주체성을 간과하였다. 이와 달리 박은식은 자국 철학 전통의 정립이라는 당시 동아시아의 사상적 흐름 속에서 근대 주체를 제시하였다. 따라서 박은식(㉠)이 앞서 근대 문명을 이룬 국가를 추종하는 태도를 비판하는 입장이라는 설명은 적절하다. 한편 천두슈는 제1차 세계 대전의 비극은 과학을 이용해 저지른 죄악의 결과일 뿐 과학 자체의 죄악은 아니라고 주장하였으므로, 전쟁의 폐해가 과학을 오용한 자들의 탓이라는 주장에 동의하였을 것이다. 따라서 천두슈(㉡)가 전쟁의 폐해는 과학을 오용한 자들의 탓이라는 주장을 비판하는 입장이라는 설명은 적절하지 않다.

→ 적절하지 않음!

**⑤ ㉠은 과학과 철학이 문명의 두 *축을 이루는 학문이라는 견해에, ㉡은 철학보다 과학이 **우위임을 인정할 수 없다는 견해에 동의하는 입장이다.** *軸, 중심 **優位, 남보다 나은 위치나 수준

풀이 박은식은 문명의 물질적 측면인 과학은 서양으로부터 수용하고, 문명의 정신적 측면인 철학은 유학을 혁신하여 재구성해야 한다고 보았다. 즉 그는 과학과 철학을 각각 문명의 물질적 측면과 정신적 측면의 두 축을 이루는 학문으로 여긴 것이다. 따라서 박은식(㉠)이 과학과 철학이 문명의 두 축을 이루는 학문이라는 견해에 동의하는 입장이라는 설명은 적절하다. 한편 천두슈는 사상이나 철학이 과학의 방법을 이용하지 않으면 공상에 그칠 뿐이라고 주장하면서, 과학 및 과학의 방법에 근거한 신문화를 달성해야 한다고 보았다. 따라서 그(㉡)가 철학보다 과학이 우위임을 인정할 수 없다는 견해에 동의하는 입장이라는 설명은 적절하지 않다.

→ 적절하지 않음!

1등급 문제

**126** 구체적인 사례에 적용 - 적절하지 않은 것 고르기 2025학년도 수능 8번
정답률 20%, 매력적 오답 ② 25% ③ 15% ④ 25% ⑤ 15%
정답 ①

**(가), (나)를 이해한 학생이 <보기>에 대해 보인 반응으로 적절하지 않은 것은?** [3점]

| 보기 |

[1]A 마을은 가난했지만 전통문화와 공동체적 삶을 중시하며 이웃 마을들과 조화롭게 살아왔다. [2]오래전, 정부는 마을의 경제 발전을 목표로 서양의 생산 기술을 도입하는 정책(政策, 정치적 목적을 이루기 위한 방법)을 시행했다. [3]마을 사람들은 정책의 필요성에 공감하면서도(共感-, 자기도 그렇다고 느끼면서도) 자신들이 발전을 이뤄 낼 수 있다는 확신(確信, 굳게 믿는 마음)이 부족했다. [4]이에 정부는 마을 사람들을 독려하기(督勵-, 감독하며 격려하기) 위해 마을의 역량(力量, 해낼 수 있는 힘)으로 달성할 수 있는 미래상(未來像, 미래의 모습)을 지속해서 홍보했다(弘報-, 널리 알렸다.) [5]이후 마을은 물질적 풍요(豊饒, 많아서 넉넉함)를 누리게 되었지만 경제적 이권(利權, 이익을 얻을 수 있는 권리)을 두고 이웃 마을들과 경쟁하며 갈등하게 되었다. [6]격화된(激化-, 격렬하게 된) 경쟁에서 A 마을은 새로운 기술의 수용만을 우선시했고, 과거에 중시되었던 협력과 나눔의 인생관은 낡은 관념(觀念, 어떤 사물이나 현상에 대한 견해나 생각)이 되었다. [7]젊은이들에게 전통문화는 서양 문화에 비해 열등한(劣等-, 보통의 수준보다 낮은) 것으로 여겨졌다.

**① (가)에서 『한성순보』를 간행한 *취지는 서양에 대한 **반감을 줄이는 데에 있다는 점에서, <보기>에서 정부가 서양의 생산 기술 도입으로 변화하게 될 마을을 홍보한 취지와 ***부합하겠군.** *趣旨, 근본이 되는 목적이나 꼭 필요하고 중요한 뜻 **反感, 반대하거나 반항하는 감정 ***符合-, 서로 꼭 들어맞겠군.

근거 (가)-②-2 임오군란 이후, 고종은 자강 정책을 추진하면서 반(反)서양 정서의 교정을 위해 『한성순보』를 발간했다, <보기>-3~4 마을 사람들은 정책의 필요성에 공감하면서도 자신들이 발전을 이뤄 낼 수 있다는 확신이 부족했다. 이에 정부는 마을 사람들을 독려하기 위해 마을의 역량으로 달성할 수 있는 미래상을 지속해서 홍보했다.

풀이 (가)에서 고종은 반서양 정서의 교정을 위해 『한성순보』를 발간했다고 하였다. 따라서 『한성순보』를 간행한 취지는 서양에 대한 반감을 줄이는 데에 있다는 설명은 적절하다. 한편 <보기>에서 A 마을 사람들은 마을의 경제 발전을 위한 서양 생산 기술 도입 정책의 필요성에는 공감하면서도, 자신들이 발전을 이뤄 낼 수 있다는 확신이 부족했다. 이에 정부는 마을 사람들을 독려하기 위해 변화하게 될 마을을 홍보하였다. 즉 <보기>에서 정부가 마을을 홍보한 취지는, 서양에 대한 반감을 줄이기 위함이 아니라, A 마을 사람들이 발전을 이뤄 낼 수 있다는 확신을 가질 수 있도록 하기 위함이라고 볼 수 있다. 따라서 (가)에서 『한성순보』를 간행한 취지와 <보기>에서 정부가 마을을 홍보한 취지가 서로 부합한다는 학생의 반응은 적절하지 않다.

→ 적절하지 않음!

**② (가)에서 개화당의 한 인사의 개화 개념에 내포된 개화의 *지향점은 통치 방식의 변화와 관련 있다는 점에서, <보기>에서 정부가 서양의 생산 기술을 도입하며 내세운 목표와 다르겠군.** *指向點, 도달하고자 하는 목표로 지정한 점

근거 (가)-③-1 개화당의 한 인사가 제시한 개화 개념은 성문화된 규정에 따른 대민 정치에서의 법적 처리 절차 실현 등 서양 근대 국가의 통치 방식으로의 변화를 내포하는 것, <보기>-2 정부는 마을의 경제 발전을 목표로 서양의 생산 기술을 도입하는 정책을 시행

풀이 (가)에서 개화당의 한 인사의 개화 개념은 서양 근대 국가의 통치 방식으로의 변화를 내포하는 것이었다. 반면 <보기>에서 정부가 시행한 서양의 생산 기술 도입 정책은 마을의 경제 발전을 목표로 한 것이었다. 따라서 (가)에서 개화당의 한 인사의 개화 개념의 지향점과 <보기>에서 정부가 서양의 생산 기술을 도입하며 내세운 목표는 서로 다르다고 본 학생의 반응은 적절하다.

→ 적절함!

**③ (가)에서 박은식은 과학과 구별되는 철학의 중요성을 강조했으므로, <보기>에서 젊은이들의 *자문화에 대한 인식 변화는 가치관 정립을 위한 철학이 부재했기 때문이라고 보겠군.** *自文化, 자기가 속한 나라나 민족의 문화를, 다른 나라나 민족의 문화에 상대하여 이르는 말

근거 (가)-④-6~7 그(박은식)는 생존과 편리 증진을 위해 과학 연구가 시급하지만, 가치관 정립과 인격 수양을 위해 철학 또한 필수적이라고 보았다. 자국 철학 전통의 정립이라는 당시 동아시아의 사상적 흐름 속에서 그가 제시한 근대 주체는 과학적·철학

적 인식의 주체이자 실천적 도덕 수양의 주체로서의 성격을 띠는 것, <보기>-6~7 격화된 경쟁에서 A 마을은 새로운 기술의 수용만을 우선시했고, 과거에 중시되었던 협력과 나눔의 인생관은 낡은 관념이 되었다. 젊은이들에게 전통문화는 서양 문화에 비해 열등한 것으로 여겨졌다.

**풀이** (가)에서 박은식은 과학 연구와 별개로 가치관 정립을 위한 철학도 필수적이라고 보고, 자국 철학 전통의 정립이라는 당시의 사상적 흐름 속에서 근대 주체의 성격을 제시하였다. 이러한 박은식의 입장에서, <보기>의 젊은이들이 새로운 기술의 수용만을 우선시하고 전통문화를 열등한 것으로 여기게 된 것은 가치관 정립을 위한 철학이 부재했기 때문이라고 보았을 것이다.

→ 적절함!

**④ (나)에서 옌푸는 경쟁에서 승리하기 위한 조건으로 기술과 정신적 자질을 강조했으므로, <보기>에서 마을이 기술의 수용만을 중시하면 마을 간 경쟁에서 승리할 수 없다고 보겠군.**

**근거** (나)-❷-1 옌푸는 … 경쟁에서 승리하려면 기술뿐 아니라 국민의 정신적 자질이 뒷받침되어야 한다고 보았다, <보기>-5~6 마을은 물질적 풍요를 누리게 되었지만 경제적 이권을 두고 이웃 마을들과 경쟁하며 갈등하게 되었다. 격화된 경쟁에서 A 마을은 새로운 기술의 수용만을 우선시했고, 과거에 중시되었던 협력과 나눔의 인생관은 낡은 관념이 되었다.

**풀이** (나)에서 옌푸는 경쟁에서 승리하려면 기술뿐 아니라 정신적 자질도 뒷받침되어야 한다고 보았다. <보기>에서 A 마을은 경제적 이권을 두고 이웃 마을들과 경쟁하며 갈등하게 되었는데, 격화된 경쟁 속에서 A 마을 사람들은 새로운 기술의 수용만을 우선시하고 협력과 나눔의 인생관은 중시하지 않았다. 따라서 옌푸의 입장에서는 새로운 기술의 수용만을 우선시하는 A 마을에 대해 마을 간 경쟁에서 승리할 수 없다고 보았을 것이다.

→ 적절함!

**⑤ (나)에서 장쥔마이는 과학적 방법의 한계를 지적했으므로, <보기>에서 마을이 과거에 중시했던 인생관이 더 이상 *유효하지 않게 된 문제는 과학적 방법으로 해결할 수 없다고 보겠군.** *有效–, 보람이나 효과가 있지

**근거** (나)-❹-1~2 장쥔마이는 통제되지 않은 과학이 불러온 역작용을 목도한 후, 과학이 어떻게 발달하든 그것이 인생관의 문제를 해결할 수는 없다며 서양 근대 문명을 비판했다. … 인생관의 문제에는 과학적 방법이 적용될 수 없다고 지적, <보기>-6 격화된 경쟁에서 A 마을은 새로운 기술의 수용만을 우선시했고, 과거에 중시되었던 협력과 나눔의 인생관은 낡은 관념이 되었다.

**풀이** (나)에서 장쥔마이는 과학이 어떻게 발달하든 그것이 인생관의 문제를 해결할 수 없다고 보았다. 이러한 그의 입장에서는, <보기>에서 A 마을이 과거에 중시했던 인생관이 더 이상 유효하지 않게 된 문제에 대해, 이러한 인생관의 문제는 과학적 방법으로 해결할 수 없다고 보았을 것이다.

→ 적절함!

| 127 | 문맥적 의미 파악 - 적절한 것 고르기 2025학년도 수능 9번<br>정답률 80%, 매력적 오답 ⑤ 10% | 정답 ② |
|---|---|---|

### ⓐ와 문맥상 의미가 가장 가까운 것은?

사상이나 철학이 과학의 방법을 이용하지 않으면 공상(空想)에 ⓐ 그칠 뿐

**풀이** ⓐ에서 '그치다'는 문맥상 '더 이상의 진전이 없이 어떤 상태에 머무르다'의 의미로 쓰였다.

**① 다행히 비는 그사이에 그쳐 있었다.**

**풀이** '계속되던 일이나 움직임이 멈추거나 끝나다. 또는 그렇게 하다'의 의미이다.

**예문** 비바람이 그치고 해가 반짝 났다.

→ 적절하지 않음!

**② 우리 학교는 이번에 16강에 그쳤다.**

**풀이** '더 이상의 진전이 없이 어떤 상태에 머무르다'의 의미이다.

**예문** 검찰의 이번 조사가 형식적인 조사에 그쳤다는 비난을 받고 있다.

→ 적절함!

**③ 아이 울음이 좀처럼 그치지 않았다.**

**풀이** '계속되던 일이나 움직임이 멈추거나 끝나다. 또는 그렇게 하다'의 의미이다.

**예문** 어머니의 잔소리는 그칠 날이 없었다.

→ 적절하지 않음!

**④ 그는 만류에도 말을 그치지 않았다.**

**풀이** '계속되던 일이나 움직임이 멈추거나 끝나다. 또는 그렇게 하다'의 의미이다.

**예문** 노랫소리가 그치자 객석에서 박수가 터져 나왔다.

→ 적절하지 않음!

**⑤ 저 사람들은 불평이 그칠 날이 없다.**

**풀이** '계속되던 일이나 움직임이 멈추거나 끝나다. 또는 그렇게 하다'의 의미이다.

**예문** 엄마가 들어오자 아이의 울음이 뚝 그쳤다.

→ 적절하지 않음!

## [128~133] 다음 글을 읽고 물음에 답하시오.

### (가)

1 [1]조선 왕조의 기본 법전(法典, 국가가 일정한 체계에 따라 통일적으로 만들어 정한 법규를 글로 써서 모아 놓은 책)인 『경국대전』에 규정된(規定–, 밝혀져 정해진) 신분제는 신분(身分, 개인의 사회적 위치나 계급)을 양인(良 어질다 양 人 사람 인)과 천인(賤 천하다 천 人 사람 인)으로 나눈 양천제이다. [2]양인은 과거에 응시할 수 있었지만, 납세(納稅, 세금을 냄)와 군역(軍役, 군대에 가야 하는 의무) 등의 의무를 져야 했다. [3]천인은 개인이나 국가에 소속되어(所屬–, 딸리게 되어) 천역(賤役)(천하다 천, 일하다 역, 천한 일)을 담당했다. [4]관료(官僚, 직업적 관리) 집단을 뜻하던 양반이 16 세기 이후 세습적으로(世襲的–, 대대로 물려받는 것으로) 군역 면제(免除, 책임이나 의무를 지지 않게 해 줌) 등의 차별적 특혜(特惠, 특별한 혜택)를 받는 신분으로 굳어짐에 따라 양인은 사회적으로 양반, 중인(中人, 세습적인 기술직이나 사무직에 종사하던 사람들로, 양반과 평민의 중간 신분), 상민(常民, 농업, 어업, 수공업, 상업 등에 종사하던 보통 백성을 이르던 말로, 조선 시대 상민의 대부분은 농민이었음)으로 분화되었다.(分化–, 나뉘었다.) [5]이러한 법적, 사회적 신분제는 갑오개혁으로 철폐되기(撤廢–, 걷어치워져 없어지기) 이전까지 조선 사회의 근간(根幹, 바탕이 되는 중요한 것)이 되었다.

→ 조선 시대의 법적, 사회적 신분제

2 [1]조선 후기에 접어들어 농업 생산력의 증대(增大, 커짐)와 상공업의 발달로 같은 신분 안에서도 분화가 확대되었고, 이에 따라 신분제에 변화가 일어났다. [2]천인의 대다수(大多數, 거의 모두 다)를 구성했던 노비(奴 종 노 婢 여종 비, 최하층 신분으로 남자 종과 여자 종을 합쳐 부르는 말)는 속량(贖良, 몸값을 받고 노비의 신분을 풀어 주어 양민이 되게 하던 일)과 도망 등의 방식으로 신분적 억압에서 점차 벗어났다. [3]영조 연간(年間, 왕위에 있는 동안)에 편찬된(編纂–, 책으로 만들어진) 법전인 『속대전』에서는 노비가 속량할 수 있는 값을 100 냥으로 정하는 규정을 둠으로써 속량을 제도화했다.(制度化–, 사회 규범의 체계로 일정하게 형식화되도록 만들었다.) [4]이(속량의 제도화)는 국가의 재정(財政, 행정 활동이나 공공 정책 시행을 위해 자금을 만들어 관리하고 이용하는 경제 활동) 운영상(運營上, 운용하고 경영하는 일과 관계된 측면에서) 노비제의 유지보다 그들(노비)을 양인 납세자(納稅者, 세금을 낼 의무가 있는 사람)로 전환하는(轉換–, 바꾸는) 것이 유리했기(有利–, 이익이 있기) 때문이었다. [5]몰락한(沒落–, 재물이나 세력이 점점 줄어서 약해져 보잘것없어진) 양반들은 노비의 유지가 어려워졌기 때문에 몸값을 받고 속량해 주는 길을 선택했다.

→ 조선 후기에 일어난 신분제의 변화 ① : 노비의 속량

3 [1]18 세기 이후 경제적으로 성장한 상민층에서는 '유학(幼學)(어리다 유, 배우다 학)' 직역(職 직분 직 役 일하다 역)*을 얻고자 하는 현상이 나타났다. [2]유학은 벼슬을 하지 않은 유생(儒生)(유학을 공부하는 선비)을 지칭했으나, 이 시기에는 관료로 진출하지(進出–, 나아가지) 못한 이들을 가리키는 직역 명칭(名稱, 가리켜 부르는 이름)으로 ⓐ 굳어졌다. [3]호적(戶籍, 호주(한집안의 주인으로서 가족을 거느리며 부양하는 일에 대한 권리와 의무가 있는 사람)를 중심으로 그 집에 속하는 사람들의 신분에 관한 사항을 기록한 공적인 서류로, 2008년 호적법 폐지에 따라 폐지됨)상(上, 관계된) 유학은 군역 면제라는 특권(特權, 특별한 권리)이 있어서 상민층이 원하는 직역이었다. [4]유학 직역의 획득은 제도적으로 양반이 되는 것을 의미하였으나 그것(유학 직역의 획득으로 제도적 양반이 되는 것)이 곧 온전한(穩全–, 변하지 않은 본바탕 그대로) 양반으로 인정받는 것을 의미하는 것은 아니었다. [5]당시 양반 집단의 일원(一員, 소속된 한 구성원)으로 인정받기 위해서는 ㉠ 유교적 의례(儀禮, 행사를 치르는 일정한 법식)의 준행(遵行, 그대로 좇아서 행함), 문중(門中, 성과 본이 같은 가까운 집안)과 족보(族譜, 한 가문의 계통과 혈통 관계)에의 편입(編入, 끼어 들어감) 등 다양한 조건이 필요했다. [6]이에 따라 일부 상민층은 유학 직역을 발판(–板, 진출을 위한 수단)으로 양반 문화를 모방하면서(模倣–, 본받으면서) 양반으로 인정받고자 했다.

→ 조선 후기에 일어난 신분제의 변화 ② : 상민층의 유학 직역 획득

4 [1]조선 후기에는 신분 상승 현상이 일어나면서 양반의 하한선(下限線, 더 이상 내려갈 수 없는 한계선)과 비(非)양반층의 상한선(上限線, 더 이상 올라갈 수 없는 한계선)이 근접하는 모습이 나타났다. [2]양반들이 비양반층의 진입을 막는 힘은 여전히 작동하고 있었지만, 비양반층이 양반에 접근하고자 하는 힘은 더 강하게 작동했다. [3]유학의 증가는 이러한 현상의 단면(斷面, 한 부분적 측면)을 보여 준다.

→ 유학의 증가가 보여 주는 조선 후기 신분제 변화 현상

* 직역 : 신분에 따라 정해진 의무로서의 역할

(나)

1 [1]『경국대전』 체제(體制, 일정한 정치 원리에 바탕을 둔 국가 질서의 전체적 경향)에서 양인은 관료가 될 수 있다는 점에서 능력주의(能力主義, 학력, 학벌, 연고와 관계없이 본인의 능력만을 기준으로 평가하려는 태도)가 일부 작동하는 것처럼 보이지만, 실제로는 양반 이외의 신분에서는 관료가 되기 어려웠다. [2]이러한 상황에서 17 세기의 유형원은 『반계수록』을 통해, 19 세기의 정약용은 『경세유표』 등을 통해 각각 도덕적 능력주의에 기초한 일련의 개혁론을 제시했다.

→ 유형원과 정약용이 도덕적 능력주의에 기초한 개혁론을 제시한 시대적 배경

2 [1]유형원의 기본적인 생각은 국가 공동체를 성리학적(性理學的, 성리학의 관점에 근거한) 가치와 규범에 따라 운영하고, 구성원도 도덕적으로 만드는 도덕 국가의 건설이었다. [2]신분 세습을 비판한 그(유형원)는 현명한(賢明-, 어질고 슬기로워 일의 이치에 밝은) 인재(人材, 어떤 일을 할 수 있는 학식이나 능력을 갖춘 사람)라도 노비로 태어나면 노비로 살아야 하는 것이 천하(天下, 하늘 아래 온 세상)의 도리(道理, 마땅히 행하여야 할 바른길)에 어긋난다고 보고, 노비제 폐지를 주장했다. [3]아울러(동시에 함께) 비도덕적 직업이라고 생각한 광대(가면극, 인형극, 줄타기, 땅재주, 판소리 따위를 하던 직업적 예능인을 통틀어 이르던 말)와 같은 직업군(職業群, 직업의 부류)을 철폐하고, 사농공상(士農工商)(백성을 나누던 네 가지 계급으로 선비, 농부, 수공업 장인, 상인을 이르던 말)의 사민(四民)으로 편성하고자(編成-, 조직을 짜서 이루고자) 했다. [4]그(유형원)는 과거제 대신 공거제(貢 천거하다 공 擧 빼어 올리다 거 制 규정 제)를 통해 도덕적 능력이 뛰어난 자를 추천(推薦, 조건에 적합한 대상을 책임지고 소개함)으로 선발하여 여러 단계의 교육을 한 후, 최소한의 학식(學識, 학문과 식견)을 확인하여 관료로 임명해야(任命-, 맡겨야) 한다고 제안했다. [5]도덕을 기준으로 관료를 선발하고 지방에도 관료 선발 인원을 적절히 분배하면(分配-, 나누면) 향촌(鄕村, 시골의 마을) 사회의 풍속(風俗, 생활 전반에 걸친 습관)도 도덕적으로 이끌 수 있다고 본 것이다.

→ 유형원의 개혁론

3 [1]정약용은 신분제가 동요하는(動搖-, 혼란스러운) 상황에서 사민이 뒤섞여 사는 것이 교화(敎化, 가르치고 이끌어 좋은 방향으로 나아가게 함)에 도움이 되지 않는다고 보고, 사농공상별로 구분하여 거주하는(居住-, 머물러 사는) 것을 포함한 행정 구역 개편(改編, 고쳐 편성함)을 구상했다.(構想-, 이리저리 생각했다.) [2]이에 맞춰 사(士) 집단을 재편하고자(再編-, 다시 편성하고자) 했다. [3]도덕적 능력의 여부에 따라 추천으로 예비 관료인 '선사'를 선발하고 일정한 교육을 한 후, 여러 단계의 시험을 거쳐 관료를 선발할 것을 제안했다. [4]㉡ 사 거주지에서 더 많은 선사를 선발하도록 했지만, 농민과 상공인에도 선사의 선발 인원을 배정하는(配定-, 몫을 나누어 정하는) 등 노비 이외에서 사 집단으로 진출할 수 있도록 했다. [5]노비제에 대해서는 사를 뒷받침하기 위해 유지되어야 한다고 주장했다.

→ 정약용의 개혁론

4 [1]도덕적 능력주의와 관련하여 두 사람(유형원과 정약용)은 모두 사회 지배층으로서의 사에 주목했다. [2]유형원은 다스리는 자인 사와 다스림을 받는 민의 구분을 분명히 하는 것이 천하의 이치(理致, 도리에 맞는 뜻)라고 보고 ㉢ 도덕적 능력이 뛰어난 사람들로 지배층인 사를 구성하고자 했다. [3]정약용도 양반의 세습을 비판하며 도덕적 능력에 따라 사회 지배층을 재편하는 데 입장을 같이했다. [4]또한 두 사람(유형원과 정약용)은 사회 전체의 도덕 실천을 이끌기 위해 사 집단에 정치권력, 경제력 등을 집중시키려 했고, 지배층과 피지배층 간의 차등(差等, 고르지 않고 차별이 있음)을 엄격하게 유지하고자 했다. [5]내용에서 일부 차이가 있었지만, 두 사람(유형원과 정약용)은 사회 지배층의 재구성을 통해 도덕 국가 체제를 추구했다.

→ 두 사람의 개혁론의 공통점

■지문 이해

(가)

**<조선 후기 신분제의 변화 양상>**

**❶ 조선 시대의 법적, 사회적 신분제**

- 법적 신분제 : 『경국대전』에 규정된 양천제로, 신분을 양인과 천인으로 나눔

↓

- 사회적 신분제 : 16 세기 이후 양인이 양반, 중인, 상민으로 분화됨

**❷~❸ 조선 후기에 일어난 신분제의 변화**

| | 노비의 속량 | 상민층의 유학 직역 획득 |
|---|---|---|
| 배경 | 조선 후기 농업 생산력 증대와 상공업 발달로 신분 분화가 확대됨 | |
| 대상 | 천인의 대다수인 노비 | 경제적으로 성장한 상민층 |
| 수단 | 속량, 도망 등 | 군역 면제 특권이 있는 유학 직역 획득 |
| 특징 | 『속대전』에서 노비가 속량할 수 있는 값을 규정하여 속량을 제도화함 ← 국가 재정 운영상 노비제의 유지보다 노비를 양인 납세자로 전환하는 것이 유리했기 때문 | 유학 직역의 획득이 온전한 양반으로 인정받는 것을 의미하지는 않음 → 일부 상민층은 유학 직역을 발판으로 양반 문화를 모방하면서 양반으로 인정받고자 함 |

**❹ 유학의 증가가 보여 주는 조선 후기 신분제 변화 현상**

- 비양반층의 진입을 막는 양반들의 힘 < 양반에 접근하고자 하는 비양반층의 힘 → 유학이 증가함

(나)

**<도덕적 능력주의에 기초한 유형원과 정약용의 개혁론>**

**❶ 유형원과 정약용이 도덕적 능력주의에 기초한 개혁론을 제시한 시대적 배경**

- 『경국대전』 체제에서 양인이 관료가 될 수 있다는 능력주의가 일부 작동하는 것처럼 보이지만, 실제로는 양반 이외의 신분에서는 관료가 되기 어려웠음

**❷~❸ 유형원과 정약용의 개혁론**

| | 유형원 | 정약용 |
|---|---|---|
| 신분제 | - 노비제 폐지 주장<br>- 신분 세습 비판<br>- 비도덕적 직업군을 철폐하고, 사농공상(사민)으로 편성하고자 함 | - 노비제 유지 주장<br>- 양반 세습 비판(❹)<br>- 사농공상별로 구분하여 거주하는 행정 구역 개편 구상 |
| 관리 선발 제도 | - 도덕적 능력이 뛰어난 자를 추천으로 선발하는 공거제 제안<br>- 지방에도 관료 선발 인원을 분배 | - 도덕적 능력 여부에 따른 추천으로 선사를 선발할 것을 제안<br>- 농민과 상공인 등 노비 이외에서 선사 선발 인원 배정 |

**❹ 두 사람의 개혁론의 공통점**

- 사회 지배층으로서의 사(士)에 주목함
- 도덕적 능력에 따라 사회 지배층을 구성하고자 함
- 사회 전체의 도덕 실천을 위해 사 집단에 정치권력, 경제력 등을 집중시키고 지배층과 피지배층 간 차등을 엄격히 유지하고자 함
- 사회 지배층의 재구성을 통한 도덕 국가 체제를 추구함

1등급 문제

**128** 세부 정보 이해 - 적절하지 않은 것 고르기 2024학년도 9월 모평 12번 | 정답률 55%, 매력적 오답 ② 25% ③ 10% | 정답 ④

**(가)를 읽고 이해한 내용으로 적절하지 않은 것은?**

**①『속대전』의 규정을 적용받아 속량된 사람들은 납세의 의무를 지게 되었다.**

근거 (가)-❷-3~4 『속대전』에서는 노비가 속량할 수 있는 값을 100 냥으로 정하는 규정을 둠으로써 속량을 제도화했다. 이는 국가의 재정 운영상 노비제의 유지보다 그들을 양인 납세자로 전환하는 것이 유리했기 때문

**풀이** 『속대전』의 규정에 따라 100 냥을 내고 속량된 노비들은 양인 납세자가 되어 납세의 의무를 지게 되었다.

→ 적절함!

**② 『경국대전』 *반포 이후 갑오개혁까지 조선의 법적 신분제에는 두 개의 신분이 존재했다.** *頒布. 세상에 널리 퍼뜨려 모두 알게 함

양인과 천인

**근거** (가)-❶-1 조선 왕조의 기본 법전인 『경국대전』에 규정된 신분제는 신분을 양인과 천인으로 나눈 양천제이다, (가)-❶-4 16 세기 이후 … 양인은 사회적으로 양반, 중인, 상민으로 분화되었다, (가)-❶-5 이러한 법적, 사회적 신분제는 갑오개혁으로 철폐되기 이전까지 조선 사회의 근간이 되었다.

**풀이** 『경국대전』에 규정된 신분제는 신분을 양인과 천인으로 나누었다. 16 세기 이후 사회적으로는 양인과 천인 중 양인이 양반, 중인, 상민으로 분화되었지만, 법적으로는 『경국대전』 반포 이후 갑오개혁까지 양인과 천인의 두 개의 신분이 존재했다.

→ 적절함!

= 몸값을 받는

**③ 조선 후기 양반 중에는 노비를 양인 신분으로 풀어 주고 금전적 이익을 얻은 이들이 있었다.**

**근거** (가)-❷-4~5 그들(노비)을 양인 납세자로 전환 … 몰락한 양반들은 노비의 유지가 어려워졌기 때문에 몸값을 받고 속량해 주는 길을 선택했다.

→ 적절함!

비양반층이 양반에 접근하고자 하는 힘이 강하게 작동했음

**④ 조선 후기 '유학'의 증가 현상은 『경국대전』의 신분 체계가 작동하지 않는 현상을 보여 주는 것이었다.**

**근거** (가)-❶-1 조선 왕조의 기본 법전인 『경국대전』에 규정된 신분제는 신분을 양인과 천인으로 나눈 양천제이다, (가)-❶-4~5 16 세기 이후 … 양인은 사회적으로 양반, 중인, 상민으로 분화되었다. 이러한 법적, 사회적 신분제는 갑오개혁으로 철폐되기 이전까지 조선 사회의 근간이 되었다, (가)-❸-1 18 세기 이후 경제적으로 성장한 상민층에서는 '유학(幼學)' 직역을 얻고자 하는 현상이 나타났다, (가)-❹-1~3 조선 후기에는 신분 상승 현상이 일어나면서 양반의 하한선과 비(非)양반층의 상한선이 근접하는 모습이 나타났다. 양반들이 비양반층의 진입을 막는 힘은 여전히 작동하고 있었지만, 비양반층이 양반에 접근하고자 하는 힘은 더 강하게 작동했다. 유학의 증가는 이러한 현상의 단면을 보여 준다.

**풀이** 윗글에서 『경국대전』에 규정된 법적 신분제는 갑오개혁으로 철폐되기 이전까지 유지되었음을 확인할 수 있다. 따라서 조선 후기 유학의 증가 현상이 『경국대전』의 신분 체계가 작동하지 않는 현상을 보여 주는 것이라는 설명은 적절하지 않다. 조선 후기 유학의 증가는 16 세기 이후 양인이 사회적으로 분화된 양반, 중인, 상민 중 상민층에서 나타난 현상으로, 양반의 하한선과 비양반층의 상한선이 근접하는 상황에서, 양반들이 비양반층의 진입을 막는 힘보다 비양반층이 양반에 접근하고자 하는 힘이 더 강하게 작동했음을 보여 준다.

→ 적절하지 않음!

군역 면제

**⑤ 조선 후기에 상민이 '유학'의 직역을 얻었을 때, 양반의 특권을 일부 가지게 되지만 온전한 양반으로 인정받지는 못했다.**

**근거** (가)-❶-4 양반이 16 세기 이후 세습적으로 군역 면제 등의 차별적 특혜를 받는 신분, (가)-❸-3~4 호적상 유학은 군역 면제라는 특권이 있어서 상민층이 원하는 직역이었다. 유학 직역의 획득은 제도적으로 양반이 되는 것을 의미하였으나 그것이 곧 온전한 양반으로 인정받는 것을 의미하는 것은 아니었다.

→ 적절함!

1등급 문제

**129** | 세부 정보 이해 - 적절하지 않은 것 고르기 2024학년도 9월 모평 13번 | 정답률 45%, 매력적 오답 ② 15% ③ 20% ④ 15% | 정답 ⑤

### 일련의 개혁론에 대한 이해로 적절하지 않은 것은?

**① 유형원은 자신이 구상한 공동체의 성격에 적합하지 않은 특정 직업군을 없애는 방안을 구상했다.**

**근거** (나)-❷-1 유형원의 기본적인 생각은 국가 공동체를 성리학적 가치와 규범에 따라 운영하고, 구성원도 도덕적으로 만드는 도덕 국가의 건설이었다, (나)-❷-3 비도덕적 직업이라고 생각한 광대와 같은 직업군을 철폐하고

**풀이** 유형원은 국가 공동체를 성리학적 가치와 규범에 따라 운영하고, 구성원도 도덕적으로 만드는 도덕 국가를 건설하고자 하였으며, 비도덕적 직업이라고 생각한 광대와 같은 직업군은 이에 적합하지 않으므로 철폐하고자 하였다.

→ 적절함!

**② 유형원은 지방 사회의 도덕적 *기풍을 **진작하기 위해 관료 선발 인원을 지방에도 ***할당하는 방안을 구상했다.** *氣風. 어떤 집단이나 지역 사람들의 공통적인 기질 **振作-. 떨쳐 일으키기 ***割當-. 몫을 갈라 나누는

**근거** (나)-❷-5 (유형원은 공거제를 통해) 도덕을 기준으로 관료를 선발하고 지방에도 관료 선발 인원을 적절히 분배하면 향촌 사회의 풍속도 도덕적으로 이끌 수 있다고 본 것

→ 적절함!

**③ 정약용은 지배층인 사 집단이 주도권을 가지고 사회를 운영하는 방안을 구상했다.**

**근거** (나)-❹-1 두 사람(유형원과 정약용)은 모두 사회 지배층으로서의 사에 주목, (나)-❹-4~5 두 사람(유형원과 정약용)은 사회 전체의 도덕 실천을 이끌기 위해 사 집단에 정치권력, 경제력 등을 집중시키려 했고, 지배층과 피지배층 간의 차등을 엄격하게 유지하고자 했다. 내용에서 일부 차이가 있었지만, 두 사람은 사회 지배층의 재구성을 통해 도덕 국가 체제를 추구했다.

**풀이** 정약용은 유형원과 공통적으로 지배층인 사 집단에 정치권력, 경제력 등의 주도권을 집중시키는 도덕 국가 체제로 사회를 운영하는 방안을 구상했다.

→ 적절함!

**④ 정약용은 직업별로 거주지를 달리하는 것을 포함한 행정 구역 개편 방안을 구상했다.**

**근거** (나)-❸-1 정약용은 신분제가 동요하는 상황에서 사민이 뒤섞여 사는 것이 교화에 도움이 되지 않는다고 보고, 사농공상별로 구분하여 거주하는 것을 포함한 행정 구역 개편을 구상했다.

**풀이** 사농공상은 선비, 농부, 수공업 장인, 상인으로, 이 중 '농부, 수공업 장인, 상인'은 사민 중 민(民)을 직업별로 나눈 것이다. 따라서 정약용은 직업별로 거주지를 달리하는 것을 포함한 행정 구역 개편 방안을 구상했다는 설명은 적절하다.

→ 적절함!

추천

**⑤ 유형원과 정약용은 모두 시험으로 도덕적 능력이 우수한 이를 선발하여 교육한 후 관료로 임명하는 방안을 제시했다.**

**근거** (나)-❷-4 그(유형원)는 과거제 대신 공거제를 통해 도덕적 능력이 뛰어난 자를 추천으로 선발하여 여러 단계의 교육을 한 후, 최소한의 학식을 확인하여 관료로 임명해야 한다고 제안, (나)-❸-3 (정약용은) 도덕적 능력의 여부에 따라 추천으로 예비 관료인 '선사'를 선발하고 일정한 교육을 한 후, 여러 단계의 시험을 거쳐 관료를 선발할 것을 제안

**풀이** 유형원과 정약용은 모두 도덕적 능력이 뛰어난 자를 추천으로 선발하여 교육한 후 관료로 임명하는 방안을 제시하였다.

→ 적절하지 않음!

1등급 문제

**130** | 추론의 적절성 판단 - 적절한 것 고르기 2024학년도 9월 모평 14번 | 정답률 60%, 매력적 오답 ② 10% ④ 15% | 정답 ③

### ㉠~㉢에 대한 설명으로 가장 적절한 것은?

> ㉠ 유교적 의례의 준행, 문중과 족보에의 편입 등
> ㉡ 사 거주지에서 더 많은 선사를 선발
> ㉢ 도덕적 능력이 뛰어난 사람들로 지배층인 사를 구성

**① ㉠은 경제적 영향으로 신분 상승 현상이 나타나는 상황에서 신분적 정체성을 지키려는 양반층의 노력이고, ㉡은 이러한 양반층의 노력을 뒷받침하기 위한 정책적 방안이다.**

**근거** (가)-❸-4 유학 직역의 획득은 제도적으로 양반이 되는 것을 의미하였으나 그것이 곧 온전한 양반으로 인정받는 것을 의미하는 것은 아니었다, (가)-❹-2 양반들이 비양반층의 진입을 막는 힘은 여전히 작동, (나)-❹-3 정약용도 양반의 세습을 비판하며 도덕적 능력에 따라 사회 지배층을 재편하는 데 입장을 같이했다.

**풀이** 유학 직역의 획득은 제도적으로 양반이 되는 것을 의미하였으나, 온전한 양반으로 인정받기 위해서는 ㉠ 등의 여러 조건을 충족하여야 했다. 당시 양반층이 ㉠과 같은 조건을 내세운 것은 경제적으로 성장한 상민층의 양반층 진입을 막고 신분적 정체성을 지키려는 양반층의 노력이었다고 볼 수 있다. 한편 ㉡은 정약용이 도덕적 능력주의에 기초해 제시한 개혁론의 내용이다. 정약용은 양반의 세습을 비판하고 도덕적 능력에 따라 사회 지배층을 재편하고자 하였으므로, ㉡을 신분적 정체성을 지키기 위한 양반층의 노력을 뒷받침하기 위한 정책적 방안이라고 보기는 어렵다.

→ 적절하지 않음!

**② ㉠은 호적상 유학 직역이 증가하는 상황에서 양반 집단이 *기득권을 지키기 위한 ****

**자율적 노력이고, ⓒ은 기존의 양반들이 가진 기득권을 제도적으로 강화하기 위한 방안이다.** *旣得權, 이미 차지한 권리 **自律的, 스스로의 원칙에 따른

근거 (가)-❹-2 양반들이 비양반층의 진입을 막는 힘은 여전히 작동, (나)-❸-4 사 거주지에서 더 많은 선사를 선발하도록 했지만, 농민과 상공인에도 선사의 선발 인원을 배정, (나)-❹-3 정약용도 양반의 세습을 비판하며 도덕적 능력에 따라 사회 지배층을 재편하는 데 입장을 같이했다.

풀이 호적상 유학 직역의 획득은 제도적으로 양반이 되는 것을 의미하였으나, 온전한 양반으로 인정받기 위해서는 ㉠ 등의 여러 조건을 충족하여야 했다. 당시 양반 집단이 ㉠과 같은 조건을 내세운 것은 신분제의 변화 속에서 비양반층의 진입을 막고 자신들의 기득권을 지키기 위한 자율적 노력이었다고 볼 수 있다. 한편 ⓒ은 정약용이 도덕적 능력주의에 기초해 제시한 개혁론의 내용이다. 정약용은 양반의 세습을 비판하고 도덕적 능력에 따라 사회 지배층을 재편하고자 하였으므로, 정약용이 제시한 ⓒ을 기존 양반들이 가진 기득권을 제도적으로 강화하기 위한 방안이라고 보기는 어렵다. 또한 실질적으로 양반 이외의 신분에서 관료가 되기 어려웠던 현실과 달리, 농민과 상공인에도 사회 지배층인 사 집단이 될 수 있는 선사의 선발 인원을 배정했다는 점에서 오히려 기존 양반의 기득권을 일부 제한하는 방안이라 할 수 있다.

→ 적절하지 않음!

**③ ㉠은 상민층이 유학 직역을 얻는 것이 확대되는 상황에서 양반으로 인정받는 것을 억제하는 장치이고, ⓒ은 능력주의를 통해 인재 *등용에 신분의 **벽을 두지 않으려는 방안이다.** *登用, 인재를 뽑아 씀 **壁, 극복하기 어려운 한계나 장애를 비유적으로 이르는 말

근거 (가)-❸-4 유학 직역의 획득은 제도적으로 양반이 되는 것을 의미하였으나 그것이 곧 온전한 양반으로 인정받는 것을 의미하는 것은 아니었다, (나)-❷-2 신분 세습을 비판한 그(유형원)는 현명한 인재라도 노비로 태어나면 노비로 살아야 하는 것이 천하의 도리에 어긋난다고 보고, (나)-❷-4 그(유형원)는 과거제 대신 공거제를 통해 도덕적 능력이 뛰어난 자를 추천으로 선발하여 여러 단계의 교육을 한 후, 최소한의 학식을 확인하여 관료로 임명해야 한다고 제안

풀이 ㉠은 양반 집단의 일원으로 인정받기 위한 조건들로, 이는 유학 직역을 획득하는 것만으로 양반으로 인정받는 것을 억제하기 위한 장치라 볼 수 있다. 한편 ⓒ은 유형원이 양반 이외의 신분에서는 관료가 되기 어려웠던 당시의 상황에서, 인재 등용에 신분의 제약을 두지 않고 도덕적 능력주의에 기초하여 사회 지배층을 재편하기 위해 제시한 방안이다.

→ 적절함!

**④ ㉠은 능력주의가 작동하기 어려운 현실적인 상황에서 신분 구분을 강화하여 불평등을 *심화하는 제도이고, ⓒ은 사회 지배층의 인원을 늘려 도덕 실천을 이끌기 위한 방안이다.** *深化-, 깊어지게 하는

근거 (가)-❸-6 일부 상민층은 유학 직역을 발판으로 양반 문화를 모방하면서 양반으로 인정받고자 했다, (가)-❹-2 양반들이 비양반층의 진입을 막는 힘은 여전히 작동하고 있었지만, 비양반층이 양반에 접근하고자 하는 힘은 더 강하게 작동했다, (나)-❹-2~3 유형원은 … 도덕적 능력이 뛰어난 사람들로 지배층인 사를 구성하고자 했다. 정약용도 … 도덕적 능력에 따라 사회 지배층을 재편하는 데 입장을 같이했다.

풀이 ㉠이 양반의 신분 구분을 강화하기 위한 조건으로 제시된 것은 맞지만, 당시 양반들이 비양반층의 진입을 막는 힘보다 비양반층이 양반에 접근하고자 하는 힘이 더 강하게 작동하였고, 경제적으로 성장한 일부 상민층은 유학 직역을 획득하여 양반으로 인정받고자 하기도 하였다. 따라서 ㉠이 신분 구분을 강화하여 불평등을 심화하였다고 보기는 어렵다. 한편 ⓒ은 유형원이 도덕적 능력에 따라 사회 지배층을 재편하기 위해 제시한 방안이다. ⓒ으로 인해 사회 지배층의 인원이 늘어날지는 알 수 없으며 윗글에서 이에 대한 유형원의 주장도 찾아볼 수 없다.

→ 적절하지 않음!

**⑤ ⓒ은 양반층의 특권이 점차 사라져 가고 있는 상황에서 신분적 구분을 명확하게 하기 위한 장치이고, ⓒ은 양반과 비양반층의 신분적 구분을 없애기 위한 방안이다.**

근거 (가)-❶-4 관료 집단을 뜻하던 양반이 16 세기 이후 세습적으로 군역 면제 등의 차별적 특혜를 받는 신분으로 굳어짐에 따라, (나)-❷-2 신분 세습을 비판한 그(유형원), (나)-❹-5 사회 지배층의 재구성을 통해 도덕 국가 체제를 추구

풀이 정약용이 양반의 세습을 비판하고 도덕적 능력에 따라 사회 지배층을 재편하고자 했던 조선 후기는 신분제가 동요하는 상황이었지만, 양반층의 특권이 점차 사라져 가는 상황이었다고 볼 수는 없다. 한편 ⓒ은 양반과 비양반층의 신분적 구분을 없애기 위한 방안이 아니라, 신분 세습을 비판한 유형원이 도덕적 능력에 따라 사회 지배층을 재구성하여 도덕 국가 체제를 구축하기 위해 제시한 방안이다.

→ 적절하지 않음!

1등급 문제

**131** 구체적인 사례에 적용 - 적절한 것 고르기 2024학년도 9월 모평 15번
정답률 35%, 매력적 오답 ① 15% ③ 10% ④ 35%
정답 ⑤

**(나)를 바탕으로 다음의 ㄱ~ㄹ에 대해 판단한 것으로 가장 적절한 것은?**

> ㄱ. 아래로 농공상이 힘써 일하고, 위로 사(士)가 효도하고 공경하니, 이는 나라의 기풍이 흐트러지지 않는 것이다.
> ㄴ. 사농공상 누구나 인의(仁義)를 실천한다면 비록 농부의 자식이 관직에 나아가더라도 지나친 일이 아닐 것이다.
> ㄷ. 덕행으로 인재를 판정하면 천하가 다투어 이에 힘쓸 것이니, 나라 안의 모든 이에게 존귀하게 될 기회가 열릴 것이다.
> ㄹ. 양반과 상민의 구분은 엄연하니, 그 경계를 넘지 않아야 상하의 위계가 분명해지고 나라가 편안하게 다스려질 것이다.

**ㄱ. 아래로 농공상이 힘써 일하고, 위로 사(士)가 효도하고 공경하니, 이는 나라의 기풍이 흐트러지지 않는 것이다.**

근거 (나)-❹-1 도덕적 능력주의와 관련하여 두 사람(유형원과 정약용)은 모두 사회 지배층으로서의 사에 주목, (나)-❹-4 두 사람(유형원과 정약용)은 사회 전체의 도덕 실천을 이끌기 위해 사 집단에 정치권력, 경제력 등을 집중시키려 했고, 지배층과 피지배층 간의 차등을 엄격하게 유지하고자 했다.

→ 유형원 ○, 정약용 ○

**ㄴ. 사농공상 누구나 *인의(仁義)를 실천한다면 비록 농부의 자식이 관직에 나아가더라도 지나친 일이 아닐 것이다.** *사회의 구성원들이 양심, 사회적 여론, 관습 따위에 비추어 스스로 마땅히 지켜야 할 행동 준칙이나 규범의 총체

근거 (나)-❷-2 신분 세습을 비판한 그(유형원)는 현명한 인재라도 노비로 태어나면 노비로 살아야 하는 것이 천하의 도리에 어긋난다고 보고, 노비제 폐지를 주장, (나)-❷-4 그(유형원)는 과거제 대신 공거제를 통해 도덕적 능력이 뛰어난 자를 추천으로 선발하여 여러 단계의 교육을 한 후, 최소한의 학식을 확인하여 관료로 임명해야 한다고 제안, (나)-❸-3~4 (정약용은) 도덕적 능력의 여부에 따라 추천으로 예비 관료인 '선사'를 선발하고 … 관료를 선발할 것을 제안했다. … 농민과 상공인에도 선사의 선발 인원을 배정

풀이 유형원은 현명한 인재라도 노비로 태어나면 노비로 살아야 하는 신분 세습을 비판하였으며, 도덕적 능력이 뛰어난 자를 추천으로 선발하는 공거제를 제안하였다. 정약용 또한 도덕적 능력의 여부에 따른 추천으로 선사를 선발할 것을 제안하였는데, 농민과 상공인에게도 선사의 선발 인원을 배정하였다. 따라서 유형원과 정약용은 모두 신분제에 따른 세습이 아니라 도덕적 능력을 기준으로 사농공상 누구나 관직에 나갈 수 있다는 ㄴ에 동의할 것이다.

→ 유형원 ○, 정약용 ○

**ㄷ. *덕행으로 인재를 **판정하면 천하가 다투어 이에 힘쓸 것이니, 나라 안의 모든 이에게 ***존귀하게 될 기회가 열릴 것이다.** *德行, 어질고 너그러운 행실 **判定-, 판별하여 결정하면 ***尊貴-, 지위나 신분이 높고 귀하게

근거 (나)-❷-2 신분 세습을 비판한 그(유형원)는 현명한 인재라도 노비로 태어나면 노비로 살아야 하는 것이 천하의 도리에 어긋난다고 보고, 노비제 폐지를 주장, (나)-❸-4~5 (정약용은) 농민과 상공인에도 선사의 선발 인원을 배정하는 등 노비 이외에서 사 집단으로 진출할 수 있도록 했다. 노비제에 대해서는 사를 뒷받침하기 위해 유지되어야 한다고 주장

풀이 유형원은 신분 세습을 비판하고, 현명한 인재라도 노비로 태어나면 노비로 살아야 하는 것이 천하의 도리에 어긋난다고 보아 노비제 폐지를 주장하였다. 반면 정약용은 노비를 제외한 농민과 상공인에게도 선사의 선발 인원을 배정하였으나, 노비제는 유지되어야 한다고 주장하였다. 따라서 '나라 안의 모든 이에게 존귀하게 될 기회가 열릴 것'이라는 ㄷ에 대해 유형원은 동의할 것이나, 정약용은 동의하지 않을 것이다.

→ 유형원 ○, 정약용 ×

**ㄹ. 양반과 상민의 구분은 *엄연하니, 그 경계를 넘지 않아야 상하의 **위계가 분명해지고 나라가 편안하게 다스려질 것이다.** *儼然-, 인정하지 않을 수 없을 만큼 뚜렷하니 **位階, 지위나 계층 따위의 등급

근거 (나)-❶-1~2 실제로는 양반 이외의 신분에서는 관료가 되기 어려웠다. 이러한 상황에서 … (유형원과 정약용은) 각각 도덕적 능력주의에 기초한 일련의 개혁론을 제시, (나)-❹-2~3 유형원은 … 도덕적 능력이 뛰어난 사람들로 지배층인 사를 구성하고자 했다. 정약용도 양반의 세습을 비판하며 도덕적 능력에 따라 사회 지배층을 재편하는 데 입장을 같이했다.

풀이 유형원과 정약용은 모두 양반 이외의 신분에서는 관료가 되기 어려웠던 기존의 체제를 비판하고, 도덕적 능력주의에 기초하여 사회 지배층을 재편하는 개혁론을 제시하였다. 따라서 양반과 상민을 엄격히 구분하고 그 경계를 넘지 않아야 한다는 ㄹ에

대해 두 사람 모두 동의하지 않을 것이다.

→ 유형원×, 정약용×

① 유형원은 ㄱ과 ㄹ에 동의하겠군.

② 유형원은 ㄴ과 ㄷ에 동의하지 않겠군.

③ 유형원은 ㄴ에 동의하지 않고, ㄹ에 동의하겠군.

④ 정약용은 ㄴ과 ㄹ에 동의하겠군.

⑤ 정약용은 ㄱ에 동의하고, ㄷ에 동의하지 않겠군. → 적절함!

1등급 문제

**132** | <보기>와 내용 비교 - 적절하지 않은 것 고르기 2024학년도 9월 모평 16번
정답률 40%, 매력적 오답 ② 15% ③ 20% ④ 20% | 정답 ⑤

**(가), (나)를 바탕으로 <보기>에 대해 보인 반응으로 적절하지 않은 것은?** [3점]

| 보 기 |

[1]16 세기 초 영국의 토머스 모어는 '유토피아'라는 가상(假想, 존재하지 않는 것을 실제로 있는 것처럼 가정하여 생각함) 국가를 통해 당대(當代, 그 시대) 사회를 비판했다. [2]그(토머스 모어)가 제시한 유토피아에서는 현실 국가와 달리 모두가 일을 하고, 사치에 필요한 일은 하지 않기 때문에 하루 6 시간만 일해도 경제적으로 풍요롭다. [3]하지만 이곳(유토피아)에서도 노동을 면제받는 '학자 계급'이 존재한다. [4]성직자(聖職者, 종교적 직분을 맡은 신부, 목사, 승려 등), 관료 등의 권력층은 이 학자 계급에서만 나오도록 하였는데, 학자 계급은 의무가 면제되는 대신 연구와 공공(公共, 국가나 사회 구성원에게 두루 관계되는 것)의 일에 전념한다.(專念-, 오직 한 가지 일에만 마음을 쓴다.) [5]학자 계급은 능력 있는 이(사람)를 성직자가 추천하고, 대표들이 승인하는(承認-, 마땅하다고 받아들이는) 절차를 거쳐야 될 수 있다. [6]그러나 학자 계급도 성과(成果, 이루어 낸 결실)가 부족하면 '노동 계급'으로 환원될(還元-, 다시 돌아갈) 수 있고, 노동 계급도 공부에 진전(進展, 진행되어 발전함)이 있으면 학자 계급으로 승격될(昇格-, 오를) 수 있다.

① 유토피아에서 연구와 공공의 일에 전념하는 사람들은 선발의 과정을 거친다는 점에서, (가)의 '유학'보다 (나)의 '선사'에 가깝군.

근거 (가)-❸-2 유학은 … 관료로 진출하지 못한 이들을 가리키는 직역 명칭으로 굳어졌다, (나)-❸-3 도덕적 능력의 여부에 따라 추천으로 예비 관료인 '선사'를 선발, <보기>-4~5 학자 계급은 의무가 면제되는 대신 연구와 공공의 일에 전념한다. 학자 계급은 능력 있는 이를 성직자가 추천하고, 대표들이 승인하는 절차를 거쳐야 될 수 있다.

풀이 <보기>의 유토피아에서 학자는 연구와 공공의 일에 전념하는 계급으로, 성직자가 추천하고 대표들이 승인하는 절차를 통해 선발된다. 한편 윗글의 (가)의 '유학'은 관료로 진출하지 못한 이들을 가리키는 직역 명칭이고, (나)의 '선사'는 도덕적 능력 여부에 따라 추천으로 선발된 예비 관료를 말한다. 따라서 유토피아에서 연구와 공공의 일에 전념하는 사람들, 즉 학자는 선발의 과정을 거친다는 점에서 (가)의 '유학'보다 (나)의 '선사'에 가깝다는 반응은 적절하다.

→ 적절함!

② 유토피아에서 관료는 노동을 면제받지만 그 특권이 세습되지 않는다는 점에서, (가)에서 차별적 특혜를 받던 16 세기 이후의 '양반'과는 다르군.

근거 (가)-❶-4 관료 집단을 뜻하던 양반이 16 세기 이후 세습적으로 군역 면제 등의 차별적 특혜를 받는 신분으로 굳어짐, <보기>-3 노동을 면제받는 '학자 계급'이 존재, <보기>-5~6 학자 계급은 능력 있는 이를 성직자가 추천하고, 대표들이 승인하는 절차를 거쳐야 될 수 있다. 그러나 학자 계급도 성과가 부족하면 '노동 계급'으로 환원될 수 있고

풀이 관료 집단을 뜻하던 양반은 16 세기 이후 세습적으로 군역 면제 등의 차별적 특혜를 받는 신분으로 굳어졌다. <보기>의 유토피아에서도 노동을 면제받는 학자 계급이 존재하지만, 이들 학자 계급은 성직자의 추천과 대표들의 승인 절차를 통해 선발되며 성과가 부족하면 노동 계급으로 환원된다는 점에서 세습적으로 차별적 특혜를 받는 양반 신분과는 차이가 있다. 따라서 유토피아에서 학자 계급에 포함되는 계급인 관료는 노동을 면제받지만 그 특권이 세습되지 않는다는 점에서, (가)에서 차별적 특혜를 받던 16 세기 이후의 '양반'과는 다르다는 반응은 적절하다.

→ 적절함!

③ 유토피아에서 '학자 계급'에서만 권력층이 나오도록 한 것은, (나)에서 *우월한 집단인 '사 집단'에 정치권력을 집중시키고자 한 유형원, 정약용의 생각과 유사하군. *優越-, 다른 것보다 나은

근거 (나)-❹-1~4 도덕적 능력주의와 관련하여 두 사람은 모두 사회 지배층으로서의 사에 주목했다. 유형원은 … 도덕적 능력이 뛰어난 사람들로 지배층인 사를 구성하고자 했다. 정약용도 … 도덕적 능력에 따라 사회 지배층을 재편하는 데 입장을 같이 했다. 또한 두 사람은 사회 전체의 도덕 실천을 이끌기 위해 사 집단에 정치권력, 경제력 등을 집중시키려 했고, <보기>-4~5 성직자, 관료 등의 권력층은 이 학자 계급에서만 나오도록 하였는데, … 학자 계급은 능력 있는 이를 성직자가 추천하고, 대표들이 승인하는 절차를 거쳐야 될 수 있다.

풀이 (나)에서 유형원과 정약용은 도덕적 능력이 뛰어난 사람들로 사회 지배층인 '사'를 구성하고 사 집단에 정치권력, 경제력 등을 집중시키려 하였다. 이는 <보기>의 유토피아에서 '학자 계급'이 능력 있는 이로 구성되며 이러한 학자 계급에서만 권력층이 나오도록 한 것과 유사하다고 볼 수 있다.

→ 적절함!

④ 유토피아에서 '노동 계급'이 '학자 계급'으로 승격되는 것은 학업 능력을 기준으로 추천받는다는 점에서, (가)의 상민 출신인 '유학'이 '양반'으로 인정받는 것과는 다르군.

근거 (가)-❸-4~6 유학 직역의 획득은 제도적으로 양반이 되는 것을 의미하였으나 그것이 곧 온전한 양반으로 인정받는 것을 의미하는 것은 아니었다. 당시 양반 집단의 일원으로 인정받기 위해서는 유교적 의례의 준행, 문중과 족보에의 편입 등 다양한 조건이 필요했다. 이에 따라 일부 상민층은 유학 직역을 발판으로 양반 문화를 모방하면서 양반으로 인정받고자 했다, <보기>-5~6 학자 계급은 능력 있는 이를 성직자가 추천하고, 대표들이 승인하는 절차를 거쳐야 될 수 있다. … 노동 계급도 공부에 진전이 있으면 학자 계급으로 승격될 수 있다.

풀이 유학 직역을 얻은 상민들이 양반 집단의 일원으로 인정받기 위해서는 유교적 의례의 준행, 문중과 족보에의 편입 등 다양한 조건을 충족하여야 했다. 하지만 특정 능력을 기준으로 추천받아 온전한 양반으로 인정받을 수 있었는지는 윗글에서 찾아볼 수 없다. 한편 <보기>의 유토피아에서는 노동 계급이 공부에 진전이 있으면 추천과 승인 절차를 거쳐 학자 계급으로 승격된다. 따라서 유토피아에서 '노동 계급'이 '학자 계급'으로 승격되는 것은 (가)의 상민 출신인 '유학'이 '양반'으로 인정받는 것과 다르다는 반응은 적절하다.

→ 적절함!

⑤ 유토피아에서 '노동 계급'과 '학자 계급' 간의 이동이 가능한 것은 계급 간 차등이 없음을 *전제하므로, (나)에서 차등을 엄격하게 유지하고자 한 유형원, 정약용의 구상과는 다르군. *前提-, 조건으로 하므로

근거 (나)-❹-4 두 사람(유형원과 정약용)은 사회 전체의 도덕 실천을 이끌기 위해 사 집단에 정치권력, 경제력 등을 집중시키려 했고, 지배층(도덕적 능력이 뛰어난 사 집단)과 피지배층 간의 차등을 엄격하게 유지하고자 했다, <보기>-3~4 이곳에서도 노동을 면제받는 '학자 계급'이 존재한다. 성직자, 관료 등의 권력층은 이 학자 계급에서만 나오도록 하였는데, 학자 계급은 의무가 면제되는 대신 연구와 공공의 일에 전념, <보기>-6 학자 계급도 성과가 부족하면 '노동 계급'으로 환원될 수 있고, 노동 계급도 공부에 진전이 있으면 학자 계급으로 승격될 수 있다.

풀이 유형원과 정약용은 도덕적 능력이 뛰어난 사람들을 지배층으로 구성하고자 하였고, 지배층과 피지배층 간의 차등을 엄격하게 유지하고자 하였다. 한편 <보기>의 유토피아에서는 학자 계급도 성과가 부족하면 노동 계급으로 환원될 수 있고, 노동 계급도 공부에 진전이 있으면 추천을 통해 학자 계급으로 승격될 수 있는 등 계급 간 이동이 가능하다. 그러나 이것이 계급 간 차등이 없음을 전제한 것은 아니다. 학자 계급이 노동을 면제받는 것이나 권력층은 학자 계급에서만 나오는 점 등을 통해 유토피아에서도 계급 간 차등이 존재함을 알 수 있다. 또한 노동 계급이 학자 계급으로 '승격된다(昇格-, 지위나 등급 따위가 오르다)'는 표현에서도 학자 계급과 노동 계급 간 차등이 존재함을 짐작할 수 있다. 따라서 <보기>의 유토피아에서 '노동 계급'과 '학자 계급' 간의 이동이 가능한 것이 계급 간 차등이 없음을 전제한다는 반응은 적절하지 않다.

→ 적절하지 않음!

**133** | 문맥적 의미 파악 - 적절한 것 고르기 2024학년도 9월 모평 17번
정답률 95% | 정답 ①

**ⓐ와 문맥상 의미가 가장 가까운 것은?**

이 시기에는 관료로 진출하지 못한 이들을 가리키는 직역 명칭으로 ⓐ 굳어졌다.

풀이 ⓐ는 문맥상 '점점 몸에 배어 아주 자리를 잡게 되다'의 의미로 쓰였다.

① 관용이 우리 집의 가훈으로 확고하게 굳어졌다.

풀이 '점점 몸에 배어 아주 자리를 잡게 되다'의 의미이다.

예문 죽은 자를 위로하기 위해 행하던 일이 점차 이 지역 풍습으로 굳어졌다.

→ 적절함!

② 어젯밤 적당하게 내린 비로 대지가 더욱 굳어졌다.

풀이 '누르는 자국이 나지 아니할 만큼 단단하게 되다'의 의미이다.

예문 상처에서 배어 나온 피는 딱딱하게 굳어져 피딱지가 되었다.

→ 적절하지 않음!

③ 포기하지 않겠다는 결심이 어머니의 격려로 굳어졌다.

풀이 '흔들리거나 바뀌지 아니할 만큼 힘이나 뜻이 강하게 되다'의 의미이다.

예문 그는 병을 앓은 이후 종교에 대한 믿음이 더 굳어지게 되었다.

→ 적절하지 않음!

④ 길에서 버스를 기다리던 사람들의 몸이 추위로 굳어졌다.

풀이 '근육이나 뼈마디가 점점 뻣뻣하게 되다'의 의미이다.

예문 두려움에 그의 몸이 돌같이 굳어졌다.

→ 적절하지 않음!

⑤ 갑작스러운 소식에 나도 모르게 얼굴이 딱딱하게 굳어졌다.

풀이 '표정이나 태도 따위가 긴장으로 딱딱하게 되다'의 의미이다.

예문 내가 함께 가기를 거절하자 그의 표정이 곧 굳어졌다.

→ 적절하지 않음!

**[134~139] 다음 글을 읽고 물음에 답하시오.**

(가)

1 [1]중국에서 비롯된 **유서(類書)**(무리 류, 글 서)는 **고금**(古今, 예전과 지금)의 **서적**(書籍, 책)에서 자료를 수집하고 항목별로 **분류**(分類, 종류에 따라 가름), 정리하여 이용에 편리하도록 **편찬한**(編纂-, 여러 가지 자료를 모아 체계적으로 정리하여 책을 만든) 서적이다. [2]일반적으로 유서는 **기존**(旣存, 이미 존재하는) 서적에서 필요한 부분을 뽑아 **배열할**(配列-, 일정한 차례에 따라 벌여 놓을) 뿐 **상호**(相互, 상대가 되는 이쪽과 저쪽을) 비교하거나 **편찬자**(編纂者, 편찬 사업을 맡아 하는 사람)의 **해석**(解釋, 내용을 이해하고 설명함)을 **가하지**(加-, 더하지) 않았다. [3]유서는 모든 주제를 **망라한**(網羅-, 널리 받아들여 모두 포함한) 일반 유서와 특정 주제를 다룬 전문 유서로 나눌 수 있으며, 편찬 방식은 책에 따라 다른 경우가 많았다. [4]중국에서는 대체로 **왕조**(王朝, 같은 왕가가 다스리는 시대) 초기에 많은 학자를 **동원하여**(動員-, 모아) 국가 **주도**(主導, 주동적으로 이끎)로 대규모 유서를 편찬하여 **간행하였다.**(刊行-, 인쇄하여 발행하였다.) [A] [5]**이**(왕조 초기 국가 주도의 대규모 유서 편찬 및 간행)를 통해 이전까지의 지식을 **집성하고**(集成-, 모아서 체계 있는 하나를 이루고) 왕조의 **위엄**(威嚴, 존경할 만한 위세가 있어 점잖고 엄숙한 기세)을 **과시할**(誇示-, 내세울) 수 있었다.

→ 유서(類書)의 개념과 특징

2 [1]고려 때 중국 유서를 **수용한**(受容-, 받아들인) 이후, 조선에서는 중국 유서를 활용하는 한편, 중국 유서의 편찬 방식에 ⓐ 따라 필요에 맞게 유서를 편찬하였다. [2]조선의 유서는 대체로 국가보다 개인이 소규모로 편찬하는 경우가 많았고, 목적에 따른 특정 주제의 전문 유서가 집중적으로 편찬되었다. [3]전문 유서 가운데 편찬자가 **미상**(未詳, 확실하거나 분명하지 않음)인 유서가 많은데, 대체로 간행을 **염두**(念頭, 마음속)에 두지 않고 기존 서적에서 필요한 부분을 **발췌**(拔萃, 필요하거나 중요한 부분을 가려 뽑아냄), 기록하여 **시문**(詩文, 시와 산문) **창작**(創作, 작품을 지어 냄), 과거 시험 등 개인적 목적으로 유서를 활용하고자 하였기 때문이었다.

→ 조선의 유서 편찬 경향

3 [1]이 같은 유서 편찬 **경향**(傾向, 현상에서 나타나는 일정한 방향성)이 **지속되는**(持續-, 오래 계속되는) 가운데 17 세기부터 **실학**(實學, 실생활에 이롭거나 도움이 될 만한 것을 탐구한 새로운 학풍)의 **학풍**(學風, 학문에서의 태도나 경향)이 하나의 **조류**(潮流, 시대 흐름의 경향)를 **형성하면서**(形成-, 이루면서) 유서 편찬에 변화가 나타났다. [2]㉮ 실학자들의 유서는 현실 **개혁**(改革, 새롭게 뜯어고침)의 뜻을 담았고, 편찬 **의도**(意圖, 하고자 하는 생각이나 계획)를 지식의 **제공**(提供, 내줌)과 **확산**(擴散, 흩어져 널리 퍼짐)에 두었다. [3]또한 단순 정리를 넘어 지식을 **재분류하여**(再分類-, 이미 분류하였던 것을 검토하여 다시 분류하여) **범주화하고**(範疇化-, 비슷한 성질을 가진 것을 일정한 기준에 따라 모아 하나의 부류나 종류로 묶어) 평가를 더하는 등 **저술**(著述, 글이나 책을 씀)의 성격을 드러냈다. [4]독서와 **견문**(見聞, 보거나 들어 깨달아 얻은 지식)을 통해 **주자학**(朱子學, 성리학)에서 **중시되지**(重視-, 중요하게 여기지) 않았던 지식을 **집적했고**(集積-, 모아서 쌓았고), 증거를 세워 이론적으로 밝히는 **고증**(考 생각하다 고 證 증거 증)과 이에 대한 의견 등 **'안설**(按說, 자기가 생각하고 있는 의견)'을 덧붙이는 경우가 많았다. [5]주자학의 지식을 ⓑ 이어받는 한편, 주자학이 아닌 새로운 지식을 수용하는 **유연성**(柔軟性, 상황에 따라 융통성 있게 대응하는 성질)과 **개방성**(開放性, 태도나 생각이 열려 있는 성질)을 보였다. [6]**광범위하게**(廣範圍-, 범위가 넓게) 정리한 지식을 **식자층**(識者層, 학식과 견문이 있는 계층에 있는 사람들)이 ⓒ 쉽게 **접할**(接-, 가까이 대할) 수 있어야 한다고 생각했고, 객관적 사실 탐구를 중시하여 **박물학**(博物學, 동물학, 식물학, 광물학, 지질학을 통틀어 이르는 말)과 자연 과학에 관심을 기울였다.

→ 조선 후기 실학자들의 유서 편찬 경향

4 [1]조선 후기 실학자들이 편찬한 유서가 주자학의 **관념적**(觀念的, 현실에 의하지 않은 추상적이고 공상적인) **사유**(思惟, 생각)에 **국한되지**(局限-, 범위가 제한되어 정해지지) 않고 새로운 지식의 **축적**(蓄積, 모아서 쌓음)과 확산을 **촉진한**(促進-, 다그쳐 빨리 나아가게 한) 것은 지식의 역사에서 적지 않은 의미를 지닌다.

→ 조선 후기 실학자들이 편찬한 유서가 지닌 의의

(나)

1 [1]**예수회**(Jesus會, 1534년 세워진 로마 가톨릭 수도회) **선교사**(宣教師, 다른 나라에 가서 종교를 전도하는 사람)들이 중국에 소개한 서양의 학문, 곧 **서학**(西 서양 서 學 학문 학)은 조선 후기 유서(類書)의 지적 자원 중 하나로 활용되었다. [2]조선 후기 실학자들 가운데 이수광, 이익, 이규경 등이 편찬한 **백과전서식**(百科全書式, 학문, 예술, 문학, 사회, 경제 등의 과학과 자연 및 인간의 활동에 관련된 모든 지식을 압축하여 부문별로 배열하고 풀이한 책의 방식) 유서는 주자학의 지적 영역 내에서 서학의 지식을 어떻게 수용하였는지를 보여 주는 대표적인 사례이다.

→ 조선 후기 유서의 지적 자원 중 하나로 활용된 서학

2 [1]17 세기의 이수광은 주자학뿐 아니라 다른 학문에 대해서도 열린 태도를 가지고 있었다. [2]주자학에 기초하여 도덕에 관한 학문과 **경전**(經典, 유학의 성현들이 지은 글이나 책)에 관한 학문 등이 **주류**(主流, 사상이나 학술 따위의 주된 경향이나 갈래)였던 당시 상황에서, **그**(이수광)는 『지봉유설』을 통해 당대 조선의 지식을 망라하여 항목화하고 자신의 견해를 덧붙였을 뿐 아니라 **사신**(使臣, 임금이나 국가의 명령을 받고 외국에 사절로 가는 신하)의 **일원**(一員, 소속된 한 구성원)으로 중국에서 접한 서양 관련 지식을 객관적으로 소개했다. [3]이에 대해 **심성**(心性, 타고난 마음씨) **수양**(修養, 갈고닦아 품성이나 지식, 도덕 등을 높은 단계로 끌어올림)에 **절실하지**(切實-, 뼈저리게 강렬한 상태에 있지) 않을뿐더러 주자학이 아닌 것이 ⓓ 뒤섞여 순수하지 않다는 ㉯ 일부 주자학자의 비판이 있었지만, **그**(이수광)가 소개한 서양 관련 지식은 중국과 큰 시간 차이 없이 주변에 알려졌다.

→ 사례 ①: 17 세기 이수광의 『지봉유설』

3 [1]18 세기의 이익은 서학 지식 자체를 ㉠『성호사설』의 **표제어**(標題語, 표제 항목으로 넣어 풀이한 말)로 삼았고, 기존의 학설을 **정당화하거나**(正當化-, 이치에 맞아 올바르고 마땅한 것으로 만들거나) **배제하는**(排除-, 받아들이지 않고 제외하는) 근거로 서학을 수용하는 등 서학을 지적 자원으로 활용하였다. [2]특히 **그**(이익)는 서학의 세부 내용을 다른 분야로 확대하며 상호 **참조하는**(參照-, 비교하고 대조해 보는) 방식으로 지식을 **심화하고**(深化-, 깊어지게 하고) **확장하여**(擴張-, 넓혀) 소개하였다. [3]서학의 해부학과 생리학을 그 자체로 수용하지 않고 주자학 심성론의 **하위**(下位, 범위 안에 포함되는) 이론으로 재분류하는 등 지식의 범주를 ⓔ 바꾸어 수용하였다. [4]또한 서학의 수학을 주자학의 지식 영역 안에서 재구성하기도 하였다.

→ 사례 ②: 18 세기 이익의 『성호사설』

4 [1]19 세기의 이규경도 ㉡『오주연문장전산고』를 편찬하면서 서학을 적극 활용하였다. [2]**그**(이규경)는 『성호사설』의 분류 체계를 적용하였고 이익과 마찬가지로 서학의 천문학, 우주론 등의 내용을 **수록하였다.**(收錄-, 실었다.) [3]**그**(이규경)가 주로 유서의 지적 자원으로 활용한 중국의 서학 연구서들은 서학을 **소화하여**(消化-, 충분히 익혀 자기 것으로 만들어) 중국의 학문과 **절충한**(折衷-, 알맞게 조절하여 서로 잘 어울리게 한) 것이었고, 서학이 가지는 **진보성**(進步性, 사회의 변화와 발전을 추구하는 성질)의 **토대**(土臺, 밑바탕)가 중국이라는 서학 중국 **원류**(源流, 본래 바탕)**설**(說, 견해, 학설)을 **반영한**(反映-, 영향을 받은) 것이었다. [4]이에 따라 이규경은 **이 책들**(중국의 서학 연구서들)에 담긴 중국화한 서학 지식과 서학 중국 원류설을 받아들였고, **문명**(文明, 인류가 이룬 물질적, 기술적, 사회 구조적인 발전)의 **척도**(尺度, 평가의 기준)로 여겨진 기존의 **중화**(中華, 중국이 세계 문명

문제편 p.066

의 중심이라는 사상) 관념(觀念, 견해, 생각)에서 탈피하지(脫皮-, 벗어나지) 않으면서도 서학 수용의 이질감(異質感, 성질이 서로 달라 낯설거나 잘 맞지 않는 느낌)과 부담감에서 자유로울 수 있었다. [5]이렇듯 이규경은 중국의 서학 연구서들을 활용해 매개적(媒介的, 중간에서 양쪽의 관계를 맺어 주는) 방식으로 서학을 수용하였다.

→ 사례 ③ : 19 세기 이규경의『오주연문장전산고』

■지문 이해

(가)

**〈유서(類書)의 특징과 의의〉**

**❶ 유서(類書)의 개념과 특징**

- 유서(類書)
  - 중국에서 비롯됨
  - 고금의 서적에서 자료를 수집하고 항목별로 분류, 정리하여 이용에 편리하도록 편찬한 서적
  - 기존 서적에서 발췌하여 배열할 뿐 상호 비교하거나 편찬자의 해석을 가하지 않음
  - 중국에서는 왕조 초기에 국가 주도로 대규모 유서를 편찬, 간행함 → 지식 집성, 왕조 위엄 과시

**❷ 조선의 유서 편찬 경향**

- 중국 유서를 활용함 + 중국 유서의 편찬 방식에 따라 필요에 맞게 유서를 편찬함
  - 국가보다 개인이 소규모로 편찬하는 경우가 많음
  - 전문 유서가 집중적으로 편찬됨 : 간행을 염두에 두지 않고 개인 목적으로 활용한 경우가 많아 편찬자 미상의 유서가 많음

**❸ 조선 후기 실학자들의 유서 편찬 경향**

- 17 세기부터 실학의 영향으로 유서 편찬에 변화가 나타남
  - 현실 개혁의 뜻을 담고, 지식 제공과 확산에 편찬 의도를 둠
  - 단순 정리를 넘어 지식의 재분류, 범주화, 평가 등 저술의 성격을 드러냄
  - 주자학에서 중시되지 않던 지식을 집적하고, 고증과 안설을 덧붙이는 경우가 많음
  - 주자학을 이어받는 한편, 새로운 지식을 수용하는 유연성과 개방성을 보임
  - 광범위하게 정리한 지식을 식자층이 쉽게 접할 수 있어야 한다고 생각함
  - 객관적 사실 탐구를 중시 → 박물학, 자연 과학에 관심을 기울임

**❹ 조선 후기 실학자들이 편찬한 유서가 지닌 의의**

- 주자학의 관념적 사유에 국한되지 않고 새로운 지식의 축적과 확산을 촉진함

(나)

**〈조선 후기 유서의 서학 수용〉**

**❶ 조선 후기 유서의 지적 자원 중 하나로 활용된 서학**

- 조선 후기 실학자들이 편찬한 백과전서식 유서는 주자학의 지적 영역 내에서 서학의 지식을 어떻게 수용하였는지 보여 줌

**❷ 사례 ① : 17 세기 이수광의『지봉유설』**

- 주자학뿐 아니라 다른 학문에 대해서도 열린 태도를 가짐
- 당대 조선의 지식을 망라하여 항목화하고 자신의 견해를 덧붙임
- 중국에서 접한 서양 관련 지식을 객관적으로 소개함

**❸ 사례 ② : 18 세기 이익의『성호사설』**

- 서학을 지적 자원으로 활용함
  - 서학 지식 자체를 표제어로 삼고, 기존 학설을 정당화하거나 배제하는 근거로 서학을 수용함
  - 서학의 세부 내용을 다른 분야로 확대하며 상호 참조함 → 지식의 심화, 확장
  - 지식의 범주를 바꾸어 수용하고, 서학의 수학을 주자학의 지식 영역 안에서 재구성함

**❹ 사례 ③ : 19 세기 이규경의『오주연문장전산고』**

- 『성호사설』의 분류 체계를 적용하고, 서학의 천문학, 우주론 등을 수록함
- 중국의 서학 연구서들을 유서의 지적 자원으로 활용함
  - 서학 중국 원류설을 반영하여 기존의 중화 관념에서 탈피하지 않으면서 서학을 수용함
- 중국의 서학 연구서들을 활용해 매개적 방식으로 서학을 수용함

---

**134** | 글의 서술 방식 파악 - 적절한 것 고르기 2023학년도 수능 4번 정답률 80% | 정답 ④

**(가)와 (나)에 대한 설명으로 가장 적절한 것은?**

① **(가)는 유서의 *유형을 분류하였고, (나)는 유서의 분류 기준과 적절성 여부를 평가하였다.** *類型, 성질이나 특징이 공통적인 것끼리 묶은 틀

근거 (가)-❶-3 유서는 모든 주제를 망라한 일반 유서와 특정 주제를 다룬 전문 유서로 나눌 수 있으며

풀이 (가)에서 유서의 유형을 일반 유서와 전문 유서로 분류한 것은 맞지만, (나)에서 유서의 분류 기준과 적절성 여부를 평가하지는 않았다.

→ 적절하지 않음!

② **(가)는 유서의 개념과 *유용성을 소개하였고, (나)는 국가별 유서의 **변천 과정을 설명하였다.** *有用性, 쓸모가 있고 이용할 만한 특성 **變遷, 세월의 흐름에 따라 바뀌고 변함

근거 (가)-❶-1 중국에서 비롯된 유서(類書)는 고금의 서적에서 자료를 수집하고 항목별로 분류, 정리하여 이용에 편리하도록 편찬한 서적, (가)-❶-5 이를 통해 이전까지의 지식을 집성하고 왕조의 위엄을 과시, (가)-❹-1 주자학의 관념적 사유에 국한되지 않고 새로운 지식의 축적과 확산을 촉진

풀이 (가)에서는 유서의 개념을 소개하고, 유서가 이전까지의 지식을 집성하고 새로운 지식의 축적과 확산을 촉진하였다고 설명하고 있다. 그러나 (나)에서는 조선 후기 실학자들이 편찬한 유서에 서학의 지식이 어떻게 수용되고 있는지 설명하고 있을 뿐, 국가별 유서의 변천 과정을 설명하지는 않았다.

→ 적절하지 않음!

③ **(가)는 유서의 *기원에 대한 다양한 **학설을 ***검토하였고, (나)는 유서 편찬자들 간의 견해 차이를 분석하였다.** *起源, 처음으로 생김 **學說, 학문의 방법이나 이론과 관련된 문제에 대해 주장하는 이론 체계 ***檢討-, 분석하여 따졌고

풀이 (가)에 유서가 중국에서 비롯되었다는 언급은 있으나, 유서의 기원에 대한 다양한 학설을 검토하고 있지는 않다. 또한 (나)에서 조선 후기 실학자들이 유서를 편찬하면서 서학을 어떻게 수용하였는지를 설명하고 있지만, 편찬자들 간의 견해 차이를 분석하지는 않았다.

→ 적절하지 않음!

④ **(가)는 유서의 특성과 의의를 설명하였고, (나)는 유서 편찬에서 특정 학문의 수용 *양상을 시기별로 소개하였다.** *樣相, 모양이나 상태

근거 (가)-❶-1~3 중국에서 비롯된 유서(類書)는 … 기존 서적에서 필요한 부분을 뽑아 배열할 뿐 상호 비교하거나 편찬자의 해석을 가하지 않았다. 유서는 … 경우가 많았다, (가)-❹-1 유서가 … 새로운 지식의 축적과 확산을 촉진한 것은 … 적지 않은 의미를 가진다, (나)-❶-1 서학은 조선 후기 유서(類書)의 지적 자원 중 하나로 활용되었다, (나)-❷-1 17 세기의 이수광은 … , (나)-❸-1 18 세기의 이익은 …, (나)-❹-1 19 세기의 이규경도 … .

→ 적절함!

⑤ **(가)는 유서에 대한 평가가 시대별로 달라진 원인을 분석하였고, (나)는 역사적으로 대표적인 유서의 특징을 제시하였다.**

근거 (나)-❶-2 조선 후기 실학자들 가운데 이수광, 이익, 이규경 등이 편찬한 백과전서식 유서는 주자학의 지적 영역 내에서 서학의 지식을 어떻게 수용하였는지를 보여 주는 대표적인 사례, (나)-❷-1 17 세기의 이수광은 … , (나)-❸-1 18 세기의 이익은 …, (나)-❹-1 19 세기의 이규경도 … .

풀이 (나)는 조선 후기 실학자들이 편찬한 유서를 사례로 제시하여 각각의 유서가 서학의 지식을 어떻게 수용하고 있는지를 설명하고 있다. 그러나 (가)에서 유서에 대한 평가가 시대별로 달라진 원인을 분석하지는 않았다.

→ 적절하지 않음!

**135** | 세부 정보 이해 - 적절하지 않은 것 고르기 2023학년도 수능 5번 정답률 90% | 정답 ⑤

**[A]에 대한 이해로 적절하지 않은 것은?**

① **조선에서 편찬자가 미상인 유서가 많았던 것은 편찬자의 개인적 목적으로 유서를 활용하려 했기 때문이다.**

근거 (가)-❷-3 전문 유서 가운데 편찬자가 미상인 유서가 많은데, 대체로 간행을 염두에 두지 않고 기존 서적에서 필요한 부분을 발췌, 기록하여 시문 창작, 과거 시험 등 개인적 목적으로 유서를 활용하고자 하였기 때문이었다.

→ 적절함!

② 조선에서는 시문 창작, 과거 시험 등에 필요한 내용을 담은 유서가 편찬되는 경우가 적지 않았다.

근거 (가)-❷-2~3 조선의 유서는 대체로 국가보다 개인이 소규모로 편찬하는 경우가 많았고, 목적에 따른 특정 주제의 전문 유서가 집중적으로 편찬되었다. … 기존 서적에서 필요한 부분을 발췌, 기록하여 시문 창작, 과거 시험 등 개인적 목적으로 유서를 활용

→ 적절함!

③ 조선에서는 중국의 편찬 방식을 따르면서도 대체로 국가보다는 개인에 의해 유서가 편찬되었다.

근거 (가)-❷-1~2 조선에서는 중국 유서를 활용하는 한편, 중국 유서의 편찬 방식에 따라 필요에 맞게 유서를 편찬하였다. 조선의 유서는 대체로 국가보다 개인이 소규모로 편찬하는 경우가 많았고

→ 적절함!

④ 중국에서는 많은 학자를 동원하여 대규모로 편찬한 유서를 통해 왕조의 위엄을 드러내었다.

근거 (가)-❶-4~5 중국에서는 대체로 왕조 초기에 많은 학자를 동원하여 국가 주도로 대규모 유서를 편찬하여 간행하였다. 이를 통해 이전까지의 지식을 집성하고 왕조의 위엄을 과시할 수 있었다.

→ 적절함!

⑤ 중국에서는 주로 서적에서 발췌한 내용을 비교하고 해석을 덧붙여 유서를 편찬하였다.

근거 (가)-❶-2 일반적으로 유서는 기존 서적에서 필요한 부분을 뽑아 배열할 뿐 상호 비교하거나 편찬자의 해석을 가하지 않았다.

→ 적절하지 않음!

| 136 | 세부 정보 이해 - 적절하지 않은 것 고르기 2023학년도 수능 6번<br>정답률 75% | 정답 ③ |
|---|---|---|

**㉮에 대한 이해를 바탕으로 ㉠, ㉡에 대해 파악한 내용으로 적절하지 않은 것은?**

㉮ 실학자들의 유서
㉠『성호사설』 ㉡『오주연문장전산고』

① 지식의 제공이라는 ㉮의 편찬 의도는, ㉠에서 지식을 심화하고 확장하여 소개한 것에서 나타난다.

근거 (가)-❸-2 실학자들의 유서는 현실 개혁의 뜻을 담았고, 편찬 의도를 지식의 제공과 확산에 두었다, (나)-❸-2 (『성호사설』에서) 그(이익)는 서학의 세부 내용을 다른 분야로 확대하며 상호 참조하는 방식으로 지식을 심화하고 확장하여 소개

→ 적절함!

② 지식을 재분류하여 범주화한 ㉮의 방식은, ㉠에서 해부학과 생리학을 주자학 심성론의 하위 이론으로 수용한 것에서 나타난다.

근거 (가)-❸-3 (실학자들의 유서는) 또한 단순 정리를 넘어 지식을 재분류하여 범주화하고 평가를 더하는 등 저술의 성격을 드러냈다, (나)-❸-3 (『성호사설』은) 서학의 해부학과 생리학을 그 자체로 수용하지 않고 주자학 심성론의 하위 이론으로 재분류하는 등 지식의 범주를 바꾸어 수용

→ 적절함!

③ 평가를 더하는 저술로서 ㉮의 성격은, ㉡에서 중국 학문의 진보성을 확인하고자 서학을 활용한 것에서 나타난다.

근거 (가)-❸-3 (실학자들의 유서는) 단순 정리를 넘어 지식을 재분류하여 범주화하고 평가를 더하는 등 저술의 성격을 드러냈다, (나)-❹-3~4 그(이규경)가 주로 유서의 지적 자원으로 활용한 중국의 서학 연구서들은 … 서학이 가지는 진보성의 토대가 중국이라는 서학 중국 원류설을 반영한 것이었다. 이에 따라 이규경은 이 책들(중국의 서학 연구서들)에 담긴 중국화한 서학 지식과 서학 중국 원류설을 받아들였고,

풀이 ㉮가 평가를 더하는 저술로서의 성격을 지녔다는 것은 적절한 설명이다. 그러나 이규경은 ㉡을 편찬하면서 '중국 학문의 진보성을 확인하고자' 서학을 활용한 것이 아니라, 중국의 서학 연구서들에 담긴 중국화한 서학 지식과 서학 중국 원류설을 받아들여 기존의 중화 관념을 탈피하지 않으면서 서학을 수용하고자 한 것이다.

→ 적절하지 않음!

④ 사실 탐구를 중시하며 자연 과학에 대해 드러낸 ㉮의 관심은, ㉡에서 천문학과 우주론의 내용을 수록한 것에서 나타난다.

근거 (가)-❸-6 (실학자들의 유서는) 객관적 사실 탐구를 중시하여 박물학과 자연 과학에 관심을 기울였다, (나)-❹-1~2 19 세기의 이규경도『오주연문장전산고』를 편찬하면서 서학을 적극 활용하였다. 그는 … 서학의 천문학, 우주론 등의 내용을 수록하였다.

→ 적절함!

⑤ 새로운 지식을 수용하는 ㉮의 유연성과 개방성은, ㉠과 ㉡에서 서학을 지적 자원으로 받아들인 것에서 나타난다.

근거 (가)-❸-5 (실학자들의 유서는) 주자학의 지식을 이어받는 한편, 주자학이 아닌 새로운 지식을 수용하는 유연성과 개방성을 보였다, (나)-❸-1 18 세기의 이익은 서학 지식 자체를『성호사설』의 표제어로 삼았고, 기존의 학설을 정당화하거나 배제하는 근거로 서학을 수용하는 등 서학을 지적 자원으로 활용, (나)-❹-1 19 세기의 이규경도『오주연문장전산고』를 편찬하면서 서학을 적극 활용, (나)-❹-3 그(이규경)가 주로 유서의 지적 자원으로 활용한 중국의 서학 연구서들은 서학을 소화하여 중국의 학문과 절충한 것

→ 적절함!

| 137 | 추론의 적절성 판단 - 적절한 것 고르기 2023학년도 수능 7번<br>정답률 80% | 정답 ② |
|---|---|---|

**㉯를 반박하기 위한 '이수광'의 말로 가장 적절한 것은?**

심성 수양에 절실하지 않을뿐더러 주자학이 아닌 것이 뒤섞여 순수하지 않다는 ㉯ 일부 주자학자의 비판

▶ 지문 핵심 개념 정리

| 이수광의 학문 경향 |
|---|
| • 주자학뿐 아니라 다른 학문에 대해서도 열린 태도를 가짐((나)-❷-1)<br>•『지봉유설』을 통해 당대 조선의 지식을 망라하여 항목화하고 자신의 견해를 덧붙임((나)-❷-2)<br>• 중국에서 접한 서양 관련 지식을 객관적으로 소개함((나)-❷-2) |

① 학문에서 *의리를 앞세우고 이익을 뒤로하는 것보다 **중한 것이 없으니, 심성을 수양하는 것은 그다음의 일이다. *義理, 사람으로서 마땅히 지켜야 할 도리 **重-, 매우 중요한

풀이 윗글에서 이수광이 학문에서 의리를 앞세우고 이익을 뒤로하는 것을 중요하게 생각하였는지 확인할 수 없다.

→ 적절하지 않음!

② 주자학에 *매몰되어 세상의 여러 이치를 연구하지 않는 것은 널리 배우고 익히는 앎의 바른 방법이 아닐 것이다. *埋沒-, 파묻혀

풀이 이수광은 주자학뿐 아니라 다른 학문에 대해서도 열린 태도를 가지고,『지봉유설』을 통해 당대 조선의 지식을 망라하고 서양 관련 지식을 소개하였다. 이에 대해 일부 주자학자는 심성 수양에 절실하지 않고 주자학이 아닌 것이 뒤섞여 순수하지 않다고 비판하였다. 이러한 일부 주자학자의 비판에 대해 이수광은 주자학에 매몰되지 않고 다른 학문에 대해 열린 태도를 가지며, 세상의 여러 이치를 널리 배우고 익히는 앎의 방법을 가져야 한다고 반박하였을 것이다.

→ 적절함!

③ 주자의 가르침이 *쇠퇴하게 되면 주자학이 아닌 학문이 날로 **번성하게 되니, 주자의 도가 분명히 밝혀져야 한다. *衰退-, 기세가 점점 줄어 약해져 전보다 못하게 **蕃盛-, 세력이 한창 왕성하게 일어나 퍼지게

풀이 이수광은 주자학뿐 아니라 다른 학문에 대해서도 열린 태도를 가지고 있었으므로, 주자학이 아닌 학문이 번성하는 것을 경계하는 것은 이수광의 견해에 부합하지 않는다.

→ 적절하지 않음!

④ 유학 경전에서 쓰이지 않은 글자를 한 글자라도 더하는 일을 *용납하는 것은 바른 학문을 해치는 길이 될 것이다. *容納-, 받아들이는

풀이 이수광은『지봉유설』에서 당대 조선의 지식을 망라하여 항목화하고 거기에 자신의 견해를 덧붙였다. 따라서 유학 경전에서 쓰이지 않은 글자를 한 글자라도 더하는 일을 용납할 수 없다는 것은 이수광의 반박으로 적절하지 않다.

→ 적절하지 않음!

⑤ 참되게 알고 참되게 행하는 것이 어려우니, 우리 학문의 여러 경전으로부터 널리 배우

고 *면밀히 익혀야 할 것이다. *綿密-. 자세하고 빈틈이 없이

**풀이** 이수광은 주자학 외의 다른 학문에 대해 열린 태도를 가지고, 『지봉유설』에서 당대 조선의 지식을 망라하고, 서양 관련 지식을 소개하였다. 따라서 이수광이 참되게 알고 참되게 행하기 위해 우리 학문의 여러 경전으로부터 널리 배우고 익혀야 한다고 주장하지는 않았을 것이다.

→ 적절하지 않음!

1등급 문제

**138** | 반응의 적절성 판단 - 적절하지 않은 것 고르기 2023학년도 수능 8번
정답률 45%, 매력적 오답 ② 15% ③ 20% ④ 15% | 정답 ⑤

### (가), (나)를 읽은 학생이 <보기>의 『임원경제지』에 대해 보인 반응으로 적절하지 않은 것은? [3점]

| 보기 |

[1]서유구의 『임원경제지』는 19 세기까지의 조선과 중국 서적들에서 향촌(鄕村, 시골의 마을) 관련 부분을 발췌, 분류하고 고증한 유서이다. [2]국가를 위한다는 목적의식(目的意識, 자기 행위의 목적에 대해 뚜렷하게 판단하여 깨달음)을 명시한(明示-, 분명하게 드러내 보인) 이 유서에는 향촌 사대부의 이상적인 삶을 제시하는 과정에서 향촌 구성원 전체의 삶의 조건을 개선할(改善-, 잘못된 것이나 부족한 것, 나쁜 것 등을 고쳐 더 좋게 만들) 수 있는 방안이 실렸고, 향촌 실생활(實生活, 실제의 생활)에서 활용할 수 있는 내용이 집성되었다. [3]주자학을 기반(基盤, 기초가 되는 바탕)으로 실증(實證, 실제로 증명함)과 실용(實用, 실제로 씀)의 자세를 견지했던(堅持-, 굳게 지녔던) 서유구의 입장, 서학 중국 원류설, 중국과 비교한 조선의 현실 등이 반영되었다. [4]안설을 부기했으며(附記-, 덧붙여 적었으며), 제한적으로(制限的-, 일정한 한도 내에서) 색인(索引, 책 속 내용 중에서 중요한 단어나 항목, 인명 등을 쉽게 찾아볼 수 있도록 일정한 순서에 따라 따로 정리해 놓은 목록)을 넣어 검색이 가능하도록 하였다.

**① 현실 개혁의 뜻을 담았던 (가)의 실학자들의 유서와 마찬가지로 현실의 문제를 개선하려는 목적의식이 확인되겠군.**

**근거** (가)-❸-2 실학자들의 유서는 현실 개혁의 뜻을 담았고, <보기>-2 향촌 구성원 전체의 삶의 조건을 개선할 수 있는 방안이 실렸고, 향촌 실생활에서 활용할 수 있는 내용이 집성되었다.

→ 적절함!

=고증 =안설

**② 증거를 제시하여 이론적으로 밝히거나 의견을 제시하는 경우가 많았던 (가)의 실학자들의 유서와 마찬가지로 편찬자의 고증과 의견이 반영된 것이 확인되겠군.**

**근거** (가)-❸-4 (실학자들의 유서는) 증거를 세워 이론적으로 밝히는 고증과 이에 대한 의견 등 '안설'을 덧붙이는 경우가 많았다, <보기>-1 서유구의 『임원경제지』는 19 세기까지의 조선과 중국 서적들에서 향촌 관련 부분을 발췌, 분류하고 고증한 유서, <보기>-4 안설을 부기했으며

→ 적절함!

**③ 당대 지식을 망라하고 서양 관련 지식을 소개하고자 한 (나)의 『지봉유설』에 비해 특정한 주제를 중심으로 편찬되는 전문 유서의 성격이 두드러지게 드러나겠군.**

**근거** (가)-❶-3 유서는 모든 주제를 망라한 일반 유서와 특정 주제를 다룬 전문 유서로 나눌 수 있으며, (나)-❷-2 그는 『지봉유설』을 통해 당대 조선의 지식을 망라하여 항목화하고 … 서양 관련 지식을 객관적으로 소개, <보기>-1 서유구의 『임원경제지』는 19 세기까지의 조선과 중국 서적들에서 향촌 관련 부분을 발췌, 분류하고 고증한 유서

→ 적절함!

**④ 기존 학설의 정당화 내지 배제에 관심을 두었던 (나)의 『성호사설』에 비해 향촌 사회 구성원의 삶에 필요한 실용적인 지식의 활용에 대한 관심이 드러나겠군.**

**근거** (나)-❸-1 18 세기의 이익은 서학 지식 자체를 『성호사설』의 표제어로 삼았고, 기존의 학설을 정당화하거나 배제하는 근거로 서학을 수용하는 등 서학을 지적 자원으로 활용, <보기>-2 향촌 구성원 전체의 삶의 조건을 개선할 수 있는 방안이 실렸고, 향촌 실생활에서 활용할 수 있는 내용이 집성되었다.

→ 적절함!

**⑤ 중국을 문명의 척도로 받아들였던 (나)의 『오주연문장전산고』와 달리 중화 관념에 *구애되지 않고 중국의 현실과 조선의 현실을 비교한 내용이 확인되겠군.** *拘礙-. 얽매이지

**근거** (나)-❹-3~4 서학이 가지는 진보성의 토대가 중국이라는 서학 중국 원류설을 반영한 것이다. 이에 따라 이규경은 이 책들에 담긴 중국화한 서학 지식과 서학 중국 원류설을 받아들였고, 문명의 척도로 여겨진 기존의 중화 관념에서 탈피하지 않으면서, <보기>-1 서유구의 『임원경제지』는 19 세기까지의 조선과 중국 서적들에서 향촌 관련 부분을 발췌, 분류하고 고증한 유서, <보기>-3 서학 중국 원류설, 중국과 비교한 조선의 현실 등이 반영되었다.

**풀이** (나)의 『오주연문장전산고』는 중국의 서학 연구서들을 활용하면서 서학 중국 원류설과 중국을 문명의 척도로 여긴 기존의 중화 관념을 받아들였다. <보기>의 『임원경제지』 또한 서학 중국 원류설을 반영하고 있으므로, <보기>의 『임원경제지』가 (나)의 『오주연문장전산고』와 달리 중화 관념에 구애되지 않았다는 설명은 적절하지 않다.

→ 적절하지 않음!

**139** | 문맥적 의미 파악 - 적절하지 않은 것 고르기 2023학년도 수능 9번
정답률 75%, 매력적 오답 ③ 10% | 정답 ②

### 문맥상 ⓐ~ⓔ와 바꾸어 쓰기에 적절하지 않은 것은?

중국 유서의 편찬 방식에 ⓐ 따라
주자학의 지식을 ⓑ 이어받는 한편
광범위하게 정리한 지식을 식자층이 ⓒ 쉽게 접할 수 있어야
주자학이 아닌 것이 ⓓ 뒤섞여 순수하지 않다는
지식의 범주를 ⓔ 바꾸어 수용하였다.

**① ⓐ: 의거(依據)하여**

**풀이** ⓐ의 '따르다'는 '어떤 경우, 사실이나 기준 따위에 의거하다'의 뜻으로, 문맥상 '의거(依 의지하다 의 據 근거 거)하다'와 바꿔 써도 그 의미가 달라지지 않는다. 따라서 ⓐ의 '따라'를 '의거하여'로 바꿔 쓰는 것은 문맥상 적절하다.

→ 적절함!

**② ⓑ: 계몽(啓蒙)하는**

**풀이** ⓑ의 '이어받다'는 '이미 이루어진 일의 결과나, 해 오던 일 또는 그 정신 따위를 전하여 받다'의 의미이다. 한편 '계몽(啓 일깨워주다 계 蒙 어둡다 몽)하다'는 '지식수준이 낮거나 인습에 젖은 사람을 가르쳐서 깨우치다'의 의미로, ⓑ와 바꿔 쓸 경우 해당 문장의 의미가 달라진다. 따라서 ⓑ를 '계몽하는'으로 바꿔 쓰는 것은 적절하지 않다. ⓑ는 '조상의 전통이나 문화유산, 업적 따위를 물려받아 이어 나가다'의 뜻을 지닌 '계승(繼 이어받다 계 承 잇다 승)하다'로 바꾸는 것이 더 적절하다.

→ 적절하지 않음!

**③ ⓒ: 용이(容易)하게**

**풀이** '용이(容 쉽다 용 易 쉽다 이)하다'는 '어렵지 아니하고 매우 쉽다'의 의미이다. 따라서 ⓒ의 '쉽게'를 '용이하게'로 바꿔 쓰는 것은 문맥상 적절하다.

→ 적절함!

**④ ⓓ: 혼재(混在)되어**

**풀이** '혼재(混 섞이다 혼 在 있다 재)되다'는 '뒤섞여 있다'의 의미이다. 따라서 ⓓ의 '뒤섞여'를 '혼재되어'로 바꿔 쓰는 것은 문맥상 적절하다.

→ 적절함!

**⑤ ⓔ: 변경(變更)하여**

**풀이** ⓔ의 '바꾸다'는 '원래의 내용이나 상태를 다르게 고치다'의 뜻으로 쓰였다. '변경(變 변하다 변 更 고치다 경)하다'는 '다르게 바꾸어 새롭게 고치다'의 의미이므로, ⓔ의 '바꾸어'를 '변경하여'로 바꿔 쓰는 것은 문맥상 적절하다.

→ 적절함!

## [140~145] 다음 글을 읽고 물음에 답하시오.

(가)

1 [1]근대 이후 서양의 철학자들은 과학적 세계관(世界觀, 자연적 세계 및 인간 세계를 이루는 인생의 의의나 가치에 관한 통일적 견해)이 대두하면서(擡頭-, 새롭게 나타나면서) 이전과는 달리 인과(因果, 원인과 결과)를 물리적(物理的, 구체적인 형태를 가지고 존재하는 대상들과 관련이 있는) 작용 사이의 관계로 국한하려는(局限-, 범위를 일정한 부분에 한정하려는) 경향(傾向, 일정한 방향성)을 보였다. [2]문제는 흄이 지적했듯이 인과 관계 그 자체는 직접 관찰할 수 없다는 것이다. [3]원인과 결과에 해당하는 사건만을 관찰할 수 있을 뿐이다. [4]가령 "추위 때문에 강물이 얼었다."는 직접 관찰한 물리적 사실을 진술한(陳述-,

자세하게 이야기한) 것이 아니다. [5]그래서 인과가 과학적 개념인지에 대한 의심이 철학자들 사이에 제기되었다. [6]이에 인과를 과학적 세계관에 입각하여(立脚−, 근거를 두어 그 입장에 서서) 이해하려는 시도가 새먼의 과정 이론이다.

→ 새먼의 과정 이론이 등장한 배경

2 [1]야구공을 던지면 땅 위의 공 그림자도 따라 움직인다. [2]공이 움직여서 그림자가 움직인 것이지 그림자 자체가 움직여서 그림자의 위치가 변한 것은 아니다. [3]과정 이론은 이 차이를 다음과 같이 설명한다. [4]과정은 대상의 시공간적 궤적(軌跡, 움직이면서 남긴 움직임을 알 수 있는 자국이나 자취)이다. [5]날아가는 야구공은 물론이고 땅에 멈추어 있는 공도 시간은 흘러가고 있기에 시공간적 궤적을 그리고 있다. [6]공이 멈추어 있는 상태도 과정인 것이다. [7]그런데 모든 과정이 인과적 과정은 아니다. [8]어떤 과정은 다른 과정과 한 시공간적 지점(地點, 일정한 점)에서 만난다. [9]즉, 두 과정이 교차한다.(交叉−, 서로 엇갈리거나 마주친다.) [10]만약 교차에서 표지(標 나타내다 표 識 적다 지), 즉 대상의 변화된 물리적 속성(屬性, 특징이나 성질)이 도입되면(導入−, 끌어 들여지면) 이후의 모든 지점에서 그 표지를 전달할 수 있는 과정이 인과적 과정이다.

→ 인과적 과정의 개념

3 [A] [1]가령 바나나가 a 지점에서 b 지점까지 이동하는 과정을 과정 1이라고 하자. [2]a와 b의 중간 지점에서 바나나를 한 입 베어 내는 과정 2가 과정 1과 교차했다. [3]이 교차로 표지가 과정 1에 도입되었고 이 표지는 b까지 전달될 수 있다. [4]즉, 바나나는 베어 낸 만큼이 없어진 채로 줄곧 b까지 이동할 수 있다. [5]따라서 과정 1은 인과적 과정이다. [6]바나나가 이동한 것이 바나나가 b에 위치한 결과의 원인인 것이다. [7]한편, 바나나의 그림자가 스크린에 생긴다고 하자. [8]바나나의 그림자가 스크린상의 a′ 지점에서 b′ 지점까지 움직이는 과정을 과정 3이라 하자. [9]과정 1과 과정 2의 교차 이후 스크린상의 그림자 역시 변한다. [10]그런데 a′과 b′ 사이의 스크린 표면(表面, 가장 바깥쪽)의 한 지점에 울퉁불퉁한 스티로폼이 부착되는(附着−, 떨어지지 않게 붙는) 과정 4가 과정 3과 교차했다고 하자. [11]그림자가 그 지점과 겹치면서 일그러짐이라는 표지가 과정 3에 도입되지만, 그 지점을 지나가면 그림자는 다시 원래대로 돌아오고 스티로폼은 그대로이다. [12]이처럼 과정 3은 다른 과정과의 교차로 도입된 표지를 전달할 수 없다.(과정 3은 인과적 과정이 아니다.)

→ 인과적 과정의 예와 인과적 과정이 아닌 예

4 [1]과정 이론은 규범(規範, 행동하거나 판단할 때 마땅히 따르고 지켜야 할 가치 판단의 기준)이나 마음과 같은, 물리적 세계 바깥의 측면을 해명하기(解明−, 풀어서 밝히기) 어렵다는 한계를 지닌다. [2]예컨대 내가 사회 규범을 어긴 것과 내가 벌을 받아야 하는 것 사이에는 인과 관계가 있지만 과정 이론은 이(규범 위반과 처벌의 당위성 사이의 인과 관계)를 잘 다루지 못한다.

→ 과정 이론의 한계

(나)

1 [1]자연 현상과 인간사(人間事, 인간 생활에서 일어나는 이러저러한 일)를 인과 관계로 설명하는 동아시아의 대표적 논의(論議, 서로 의견을 내어 토의함)는 재이론(災異(재앙 재, 기이하다 이)論)이다. [2]한대(漢代)의 동중서는 하늘이 덕을 잃은 군주(君主, 나라를 다스리는 최고 지위에 있는 사람)에게 재이를 내려 견책한다는(譴責−, 꾸짖고 나무란다는) 천견설과, 인간과 하늘에 공통된 음양(陰 그늘 음 陽 볕 양)의 기(氣)(기운 기)를 통해 하늘과 인간이 서로 감응한다는(感應−, 느낌을 받아 마음이 따라 움직인다는) 천인감응론을 결합하여 재이론을 체계화하였다. [3]그(동중서)에 따르면, 군주가 실정(失政)(잘못된 정치)을 저지르면 그(군주의 실정)로 말미암아 변화된 음양의 기를 통해 감응한 하늘이 가뭄과 홍수, 일식과 월식 등 재이를 통해 경고(警告, 조심하거나 삼가도록 주의를 줌)를 내린다. [4]이때 재이는 군주권(君主權, 군주의 권리)이 하늘로부터 비롯된 것임을 입증하는(立證−, 증거를 내세워 증명하는) 것이자 군주의 실정에 대한 경고였다.

→ 동중서의 재이론

2 [1]양면적(兩面的, 서로 맞서는 두 가지의 성질이 함께 존재하는) 성격의 재이론은 신하가 정치적 논의에 참여할 수 있는 명분(名分, 내세우는 구실이나 이유)을 제공하였고, 재이가 발생하면 군주가 직언(直言, 옳고 그른 것에 대한 생각을 거리낌 없이 말함)을 구하고 신하가 이(군주의 요구)에 응하는(應−, 물음에 맞추어 대답하는) 전통으로 구체화되었다. [2]하지만 동중서 이후, 원인으로서의 인간사와 결과로서의 재이를 일대일로 대응시켜(對應−, 서로 짝을 이루게 하여) 설명하는 개별적 대응 방식은 억지가 심하다는 평가를 받았다. [3]이 방식(인간사와 재이를 일대일로 대응시켜 설명하는 개별적 대응 방식)은 오히려 ㉠ 예언화 경향으로 이어져 재이를 인간사의 징조(徵兆, 어떤 일이 생길 기미)로, 인간사를 재이의 결과로 대응시키는 풍조(風潮, 시대에 따라 변하는 세태)를 낳기도 하였고, 요망한(妖妄−, 요사스럽고 망령된) 말로 백성을 미혹시켰다는(迷惑−, 홀려 정신을 차리지 못하게 하였다는) 이유로 군주가 직언을 하는 신하를 탄압하는 빌미(탈이 생기는 원인)가 되기도 하였다.

→ 동중서 이후의 재이론

3 [1]이후 재이에 대한 예언적 해석은 비판의 대상이 되었고, 천인감응론 또한 부정되기도 하였다. [2]하지만 재이론은 여전히 정치 현장에서 사라지지 않았다. [3]송대(宋代)에 이르러, 주희는 천문학의 발달로 예측 가능하게 된 일월식을 재이로 간주하지 않는 경향을 수용하였고, 재이를 근본적으로 이치에 의해 설명되기 어려운 자연 현상으로 간주하였다. [4]하지만 당시까지도 재이에 대해 군주의 적극적인 대응을 유도하며(誘導−, 목적하는 방향으로 이끌며) 안전한 언론(言論, 말이나 글로 자기의 생각을 표현하는) 활동의 기회를 제공했던 재이론이 폐기되는 것은, 신하의 입장에서 유용한 정치적 기제(機制, 장치)를 잃는 것이었다. [5]이 때문에 그(주희)는 군주를 경계하는(警戒−, 옳지 않은 일이나 잘못된 일들을 하지 않도록 타일러서 주의하게 하는) 적절한 방법을 ⓐ 찾고자 재이론을 고수하였다.(固守−, 굳게 지켰다.) [6]그(주희)는 재이에 대한 개별적 대응 대신 군주에게 허물과 잘못이 쌓이면 이(군주의 허물과 잘못)에 하늘이 감응하여 변칙적인(變則的−, 원칙에서 벗어나 달라진) 자연 현상이 일어날 것이라는 ㉡ 전반적 대응설을 제시하고, 재이를 군주의 심성(心性, 타고난 마음씨) 수양(修養, 몸과 마음을 갈고닦아 높은 경지로 끌어올림) 문제로 귀결시키며(歸結−, 결과에 이르도록 하며) 재이론의 역사적 수명을 연장하였다.

→ 주희의 관점에서 새롭게 제시한 재이론

■지문 이해

(가)

<'인과'와 관련된 서양의 이론 : 새먼의 과정 이론>

**❶ 새먼의 과정 이론이 등장한 배경**

- 근대 이후 서양 철학자들은 인과를 물리적 작용 사이의 관계로 국한하려 함
- 인과 관계는 원인과 결과에 해당하는 사건만 관찰할 수 있다는 문제로 인해 인과가 과학적 개념인지에 대한 의심이 제기됨
  → 새먼의 과정 이론 : 인과를 과학적 세계관에 입각하여 이해하려 함

**❷ 인과적 과정의 개념**

- 과정 : 대상의 시공간적 궤적. 모든 과정이 인과적 과정은 아님
- 두 과정의 교차 : 어떤 과정이 다른 과정과 한 시공간적 지점에서 만나는 것
- 표지 : 대상의 변화된 물리적 속성
- 인과적 과정 : 교차에서 표지가 도입되면 이후의 모든 지점에서 그 표지를 전달할 수 있는 과정

**❸ 인과적 과정의 예와 인과적 과정이 아닌 예**

- 인과적 과정의 예
  - 과정 1 : 바나나가 a 지점에서 b 지점까지 이동하는 과정
  - 과정 2 : a와 b의 중간 지점에서 바나나를 한 입 베어 내는 과정
  - 과정 2가 과정 1과 교차하여 표지가 과정 1에 도입되고, 이 표지가 b까지 전달될 수 있음 → 과정 1은 인과적 과정
- 인과적 과정이 아닌 예
  - 과정 3 : 바나나의 그림자가 스크린상의 a′ 지점에서 b′ 지점까지 움직이는 과정
  - 과정 4 : a′과 b′ 사이의 스크린 표면의 한 지점에 울퉁불퉁한 스티로폼이 부착되는 과정
  - 과정 4가 과정 3과 교차하여 그림자가 스티로폼이 부착된 지점과 겹치면서 일그러짐이라는 표지가 과정 3에 도입되지만, 교차에서 도입된 표지가 b′까지 전달되지 않음 → 과정 3은 인과적 과정이 아님

**❹ 과정 이론의 한계**

- 물리적 세계 바깥의 측면을 해명하기 어려움

(나)

<'인과'와 관련된 동양의 이론 : 재이론>

**❶ 동중서의 재이론**

- 재이론 : 자연 현상과 인간사를 인과 관계로 설명하는 동아시아의 대표적 논의
- 동중서
  - 천견설 + 천인감응론 → 재이론을 체계화함
  - 군주가 실정을 저지르면 하늘이 재이를 통해 경고를 내림

**❷ 동중서 이후의 재이론**

- 동중서 이후 개별적 대응 방식은 억지가 심하다는 평가를 받았으며, 예언화 경향으로 이어짐
- 재이를 인간사의 징조로, 인간사를 재이의 결과로 대응시키는 풍조를 낳음
- 군주가 직언하는 신하를 탄압하는 빌미가 되기도 함
- 이후 재이에 대한 예언적 해석이 비판의 대상이 되고, 천인감응론이 부정되기도 함(❸)

**❸ 주희의 관점에서 새롭게 제시한 재이론**

- 군주를 경계하는 적절한 방법을 찾기 위해 재이론을 고수함
- 군주에게 허물과 잘못이 쌓이면 이에 하늘이 감응하여 변칙적 자연 현상이 일어날 것이라는 전반적 대응설을 제시함
- 재이를 군주의 심성 수양 문제로 귀결시키며 재이론의 역사적 수명을 연장함

**140** 글의 서술 방식 파악 – 적절하지 않은 것 고르기 2022학년도 6월 모평 4번 정답률 80% | 정답 ③

**다음은 (가)와 (나)를 읽은 학생이 작성한 학습 활동지의 일부이다. ㄱ ~ ㅁ에 들어갈 내용으로 적절하지 않은 것은?**

| 학습 항목 | 학습 내용 | |
|---|---|---|
| | (가) | (나) |
| 도입(導入, 전체를 개관하고 방향, 방법 등을 미리 알리거나 암시하는 단계) 문단의 내용 제시 방식 파악하기 | ㄱ | ㄴ |
| ⋮ | ⋮ | ⋮ |
| 글의 내용 전개 방식 이해하기 | ㄷ | ㄹ |
| 특정 개념과 관련하여 두 글을 통합적으로(統合的–, 관점과 내용의 차이를 비교하면서 새로운 주제를 도출하거나 의미를 재구성하며) 이해하기 | ㅁ | |

(과정 이론)
① ㄱ : '인과'에 대한 특정 이론이 등장하게 된 배경을 철학자들의 인식 변화와 관련지어 제시하였음.

근거 (가)-❶-1 근대 이후 서양의 철학자들은 과학적 세계관이 대두하면서 이전과는 달리 인과를 물리적 작용 사이의 관계로 국한하려는 경향을 보였다, (가)-❶-5~6 인과가 과학적 개념인지에 대한 의심이 철학자들 사이에 제기되었다. 이에 인과를 과학적 세계관에 입각하여 이해하려는 시도가 새먼의 과정 이론이다.

→ 적절함!

(재이론)
② ㄴ : '인과'와 연관된 특정 이론의 배경 사상과 중심 내용을 제시하였음.

근거 (나)-❶-1~4 자연 현상과 인간사를 인과 관계로 설명하는 동아시아의 대표적 논의는 재이론(災異論)이다. 한대(漢代)의 동중서는 … 천견설과, … 천인감응론을 결합하여 재이론을 체계화하였다. 그에 따르면, 군주가 실정(失政)을 저지르면 … 재이를 통해 경고를 내린다. 이때 재이는 … 군주의 실정에 대한 경고였다.

→ 적절함!

(과정 이론)
③ ㄷ : '인과'에 대한 특정 이론을 *정의한 뒤 구체적인 사례와 관련지어 그 이론의 한계와 **전망을 제시하였음. *定義–, 뜻을 명백히 밝혀 규정한 **展望, 내다보이는 장래의 상황

근거 (가)-❶-6 인과를 과학적 세계관에 입각하여 이해하려는 시도가 새먼의 과정 이론, (가)-❸-1~12 가령 바나나가 … , (가)-❹-1~2 과정 이론은 … 한계를 지닌다. 예컨대 … 과정 이론은 이를 잘 다루지 못한다.

풀이 윗글의 (가)에서는 인과에 대한 새먼의 과정 이론에 대해 바나나와 스티로폼이 부착된 스크린의 그림자를 예로 들어 구체적으로 설명하고 있다. 또한 과정 이론의 한계에 대해 사회 규범을 어긴 것과 벌을 받아야 하는 것 사이의 인과 관계를 예로 들어 제시하고 있다. 그러나 (가)에서 과정 이론의 전망을 제시하고 있지는 않다.

→ 적절하지 않음!

(재이론)
④ ㄹ : '인과'와 연관된 특정 이론을 제시하고 그 이론이 *변용되는 **양상을 시대의 흐름에 따라 제시하였음. *變容–, 바뀌는 **樣相, 모양

근거 (나)-❶-1~2 자연 현상과 인간사를 인과 관계로 설명하는 동아시아의 대표적 논의는 재이론(災異論)이다. 한대(漢代)의 동중서는 … 천견설과, … 천인감응론을 결합하여 재이론을 체계화하였다, (나)-❷-2~3 동중서 이후, … 개별적 대응 방식은 억지가 심하다는 평가를 받았다. 이 방식은 오히려 예언화 경향으로 이어져 … 빌미가 되기도 하였다, (나)-❸-1~3 이후 재이에 대한 예언적 해석은 비판의 대상이 되었고, 천인감응론 또한 부정되기도 하였다. 하지만 재이론은 여전히 정치 현장에서 사라지지 않았다. 송대(宋代)에 이르러, 주희는 … , (나)-❸-6 그(주희)는 … 전반적 대응설을 제시하고, … 재이론의 역사적 수명을 연장하였다.

→ 적절함!

((가) : 서양의 과정 이론, (나) : 동양의 재이론)
⑤ ㅁ : '인과'와 관련하여 동서양의 특정 이론들에 나타나는 관점을 비교해 보도록 하였음.

근거 (가)-❶-1 근대 이후 서양의 철학자들은 … , (가)-❶-6 인과를 과학적 세계관에 입각하여 이해하려는 시도가 새먼의 과정 이론, (나)-❶-1 자연 현상과 인간사를 인과 관계로 설명하는 동아시아의 대표적 논의는 재이론(災異論)이다.

풀이 (가)에서는 근대 이후 인과를 과학적 세계관에 입각하여 이해하려는 서양의 과정 이론을, (나)에서는 자연 현상과 인간사를 인과 관계로 설명한 동양의 재이론을 설명하고 있다. 이와 같은 두 글을 통합적으로 이해함으로써 '인과'와 관련한 동서양의 이론에 나타난 관점을 비교할 수 있다.

→ 적절함!

**141** 세부 정보 이해 – 적절하지 않은 것 고르기 2022학년도 6월 모평 5번 정답률 75%, 매력적 오답 ③ 10% ⑤ 10% | 정답 ④

**윗글에 대한 이해로 적절하지 않은 것은?**

**① 과정 이론은 물리적 세계의 테두리 안에서 인과를 해명하는 이론이다.**

근거 (가)-❶-6 인과를 과학적 세계관에 입각하여 이해하려는 시도가 새먼의 과정 이론

→ 적절함!

**② 사회 규범 위반과 처벌 *당위성 사이의 인과 관계는 표지의 전달로 설명되기 어렵다.**
*當爲性, 마땅히 그렇게 해야 할 성질

근거 (가)-❷-10 만약 교차에서 표지, 즉 대상의 변화된 물리적 속성이 도입되면 이후의 모든 지점에서 그 표지를 전달할 수 있는 과정이 인과적 과정, (가)-❹-2 내가 사회 규범을 어긴 것과 내가 벌을 받아야 하는 것 사이에는 인과 관계가 있지만 과정 이론은 이를 잘 다루지 못한다.

풀이 윗글에서 과정 이론은 교차에서 표지가 도입되면 이후의 모든 지점에서 그 표지를 전달할 수 있는 과정이 인과적 과정이라고 하였다. 그러나 과정 이론은 사회 규범을 어긴 것과 벌을 받아야 하는 것 사이의 인과 관계를 잘 다루지 못한다고 하였다. 따라서 사회 규범 위반과 처벌 당위성 사이의 인과 관계는 표지의 전달로 설명되기 어렵다는 것은 윗글에 대한 이해로 적절하다.

→ 적절함!

**③ 인과가 과학적 세계관과 부합하지 않는다고 생각하는 철학자가 근대 이후 서양에 나타났다.**

근거 (가)-❶-1~2 근대 이후 서양의 철학자들은 과학적 세계관이 대두하면서 이전과는 달리 인과를 물리적 작용 사이의 관계로 국한하려는 경향을 보였다. 문제는 흄이 지적했듯이 인과 관계 그 자체는 직접 관찰할 수 없다는 것이다, (가)-❶-5 그래서 인과가 과학적 개념인지에 대한 의심이 철학자들 사이에 제기되었다.

풀이 근대 이후 과학적 세계관의 대두로, 서양의 철학자들은 인과를 물리적 작용 사이의 관계로 국한하려는 경향을 보였다. 그러나 인과 관계는 직접 관찰할 수 없다는 문제가 있어 인과가 과학적 개념인지에 대한 의심이 제기되었다. 따라서 근대 이후 서양에서 인과가 과학적 세계관과 부합하지 않는다고 생각하는 철학자가 나타났다는 설명은 윗글에 대한 이해로 적절하다.

→ 적절함!

(반응하여 재이를 통해)
**④ 한대의 재이론에서 전제된 하늘은 음양의 변화에 반응하지 않지만 경고를 하는 의지를 가진 존재였다.**

근거 (나)-❶-2~3 한대(漢代)의 동중서는 하늘이 덕을 잃은 군주에게 재이를 내려 견책한다는 천견설과, 인간과 하늘에 공통된 음양의 기(氣)를 통해 하늘과 인간이 서로 감응한다는 천인감응론을 결합하여 재이론을 체계화하였다. 그에 따르면, 군주가 실정(失政)을 저지르면 그로 말미암아 변화된 음양의 기를 통해 감응한 하늘이 가뭄과 홍수, 일식과 월식 등 재이를 통해 경고를 내린다.

풀이 윗글에 따르면 한대의 재이론에서 전제된 하늘은 음양의 변화에 반응하여 재이를 통해 경고를 내리는 존재이다.

→ 적절하지 않음!

**⑤ 천문학의 발달에 따라 일월식이 예측 가능해지면서 송대에는 이를 설명 가능한 자연**

현상으로 보는 경향이 있었다.

근거 (나)-❸-3 송대(宋代)에 이르러, 주희는 천문학의 발달로 예측 가능하게 된 일월식을 재이로 간주하지 않는 경향을 수용하였고, 재이를 근본적으로 이치에 의해 설명되기 어려운 자연 현상으로 간주하였다.

→ 적절함!

1등급문제

**142** 세부 정보 이해 – 적절하지 않은 것 고르기 2022학년도 6월 모평 6번
정답률 40%, 매력적 오답 ① 15% ③ 15% ⑤ 25%
정답 ④

## [A]에 대한 이해로 적절하지 않은 것은?

**① 바나나와 그 그림자는 서로 다른 시공간적 궤적을 그린다.**

근거 (가)-❷-4 과정은 대상의 시공간적 궤적이다, (가)-❸-1 바나나가 a 지점에서 b 지점까지 이동하는 과정을 과정 1이라고 하자, (가)-❸-7~8 한편, 바나나의 그림자가 스크린에 생긴다고 하자. 바나나의 그림자가 스크린상의 a′ 지점에서 b′ 지점까지 움직이는 과정을 과정 3이라 하자.

풀이 윗글의 [A]에서 바나나가 이동하는 과정을 과정 1이라 하였고, 바나나의 그림자가 움직이는 과정을 과정 3이라 하였다. 즉 바나나와 바나나의 그림자는 서로 다른 과정을 가지는 것이다. 윗글에서 과정은 대상의 시공간적 궤적이라고 하였으므로, 결국 바나나와 그 그림자는 서로 다른 시공간적 궤적을 그린다고 볼 수 있다.

→ 적절함!

**② 과정 1이 과정 2와 교차하기 이전과 이후에서, 바나나가 지닌 물리적 속성은 다르다.**

근거 (가)-❷-10 교차에서 표지, 즉 대상의 변화된 물리적 속성이 도입되면, (가)-❸-1~3 바나나가 a 지점에서 b 지점까지 이동하는 과정을 과정 1이라고 하자. a와 b의 중간 지점에서 바나나를 한 입 베어 내는 과정 2가 과정 1과 교차했다. 이 교차로 표지가 과정 1에 도입되었고 이 표지는 b까지 전달될 수 있다.

풀이 a와 b의 중간 지점에서 과정 1과 과정 2가 교차함으로써 과정 1에 표지, 즉 대상의 변화된 물리적 속성이 도입되었고, 이 표지가 b까지 전달되었다. 따라서 과정 1이 과정 2와 교차하기 이전과 이후에서 바나나가 지닌 물리적 속성은 다르다는 설명은 적절하다.

→ 적절함!

**③ 과정 1과 달리 과정 3은 인과적 과정이 아니다.**

근거 (가)-❷-10 만약 교차에서 표지, 즉 대상의 변화된 물리적 속성이 도입되면 이후의 모든 지점에서 그 표지를 전달할 수 있는 과정이 인과적 과정이다, (가)-❸-5 과정 1은 인과적 과정이다, (가)-❸-12 과정 3은 다른 과정과의 교차로 도입된 표지를 전달할 수 없다.

풀이 교차에서 표지가 도입되면 이후의 모든 지점에서 그 표지를 전달할 수 있는 과정이 인과적 과정이라고 하였다. 과정 3은 다른 과정과의 교차로 도입된 표지를 전달할 수 없다고 하였으므로, 인과적 과정이라고 볼 수 없다. 따라서 인과적 과정인 과정 1과 달리, 과정 3은 인과적 과정이 아니라는 설명은 적절하다.

→ 적절함!

**④ 바나나의 일부를 베어 냄으로써 변화된 바나나 그림자의 모양은 과정 3이 과정 2와 교차함으로써 도입된 표지이다.**

근거 (가)-❷-4 과정은 대상의 시공간적 궤적이다, (가)-❸-1 바나나가 a 지점에서 b 지점까지 이동하는 과정을 과정 1이라고 하자, (가)-❸-7~8 한편, 바나나의 그림자가 스크린에 생긴다고 하자. 바나나의 그림자가 스크린상의 a′ 지점에서 b′ 지점까지 움직이는 과정을 과정 3이라 하자, (가)-❷-8~9 어떤 과정은 다른 과정과 한 시공간적 지점에서 만난다. 즉, 두 과정이 교차한다, (가)-❸-2~3 a와 b의 중간 지점에서 바나나를 한 입 베어 내는 과정 2가 과정 1과 교차했다. 이 교차로 표지가 과정 1에 도입되었고, (가)-❸-10 a′과 b′ 사이의 스크린 표면의 한 지점에 울퉁불퉁한 스티로폼이 부착되는 과정 4가 과정 3과 교차했다고 하자.

풀이 윗글에서 '과정'은 대상의 시공간적 궤적이라고 하였고, '교차'는 한 과정이 다른 과정과 한 시공간적 지점에서 만나는 것이라고 하였다. [A]에서 바나나가 이동하는 과정을 과정 1이라 하였고, 바나나의 그림자가 움직이는 과정을 과정 3이라 하였으므로, 서로 다른 과정을 가지는 과정 1과 과정 3은 서로 다른 시공간적 궤적을 그린다는 것을 알 수 있다. 윗글에서 과정 2는 과정 1과 교차한다. 과정 1과 과정 3은 서로 다른 시공간적 궤적을 그리므로, 과정 1과 한 시공간적 지점에서 만나 교차하는 과정 2는 과정 3과 교차할 수 없다. 따라서 바나나의 일부를 베어 냄으로써 변화된 바나나의 그림자 모양을 과정 3이 과정 2와 교차함으로써 도입된 표지라고 볼 수는 없다. 바나나의 일부를 베어 냄으로써 바나나의 그림자 모양이 변화된 것은 과정 1과 과정 2가 교차하면서 과정 1에 표지가 도입되었기 때문에 나타난 변화이지, 과정 2가 과정 3과 교차하였기 때문에 나타난 결과가 아니다.

→ 적절하지 않음!

**⑤ 과정 3과 과정 4의 교차로 도입된 표지는 과정 3으로도 과정 4로도 전달되지 않는다.**

근거 (가)-❸-10~12 a′과 b′ 사이의 스크린 표면의 한 지점에 울퉁불퉁한 스티로폼이 부착되는 과정 4가 과정 3과 교차했다고 하자. 그림자가 그 지점과 겹치면서 일그러짐이라는 표지가 과정 3에 도입되지만, 그 지점을 지나가면 그림자는 다시 원래대로 돌아오고 스티로폼은 그대로이다. 이처럼 과정 3은 다른 과정과의 교차로 도입된 표지를 전달할 수 없다.

풀이 과정 3과 과정 4의 교차로 '일그러짐'이라는 표지가 도입되지만, 그 지점을 지나가면 그림자는 다시 원래대로 돌아오고 스티로폼도 그대로이다. 즉 과정 3과 과정 4의 교차에서 도입된 표지가 이후의 지점에서 전달되지 않는다.

→ 적절함!

**143** 추론의 적절성 판단 – 적절한 것 고르기 2022학년도 6월 모평 7번
정답률 75%
정답 ②

## ㉠, ㉡에 대한 설명으로 가장 적절한 것은?

㉠ 예언화 경향 ㉡ 전반적 대응설

**① ㉠은 군주의 과거 실정에 대한 경고로서 재이의 의미가 강조되어 신하의 직언을 활성화하는 방향으로 활용되었다.**

근거 (나)-❷-3 예언화 경향으로 이어져 재이를 인간사의 징조로, 인간사를 재이의 결과로 대응시키는 풍조를 낳기도 하였고, … 군주가 직언을 하는 신하를 탄압하는 빌미가 되기도 하였다.

풀이 윗글에 따르면 예언화 경향(㉠)은 재이를 인간사의 징조로 대응하는 풍조를 낳았다고 하였다. '징조'란 '어떤 일이 생길 기미'를 뜻하는 말이므로, 재이의 의미가 군주의 '과거 실정에 대한 경고'로서 강조되었다고 볼 수 없다. 윗글에서는 또 예언화 경향(㉠)이 군주가 직언을 하는 신하를 탄압하는 빌미가 되기도 했다고 하였으므로, ㉠이 신하의 직언을 활성화하는 방향으로 활용되었다는 설명 또한 적절하지 않다.

→ 적절하지 않음!

**② ㉠은 이전과 달리 인간사와 재이의 인과 관계를 *역전시켜 재이를 인간사의 미래를 알려 주는 징조로 삼는 데 활용되었다.** *逆轉-, 지금까지와는 반대의 상황이 되게 하여

근거 (나)-❷-2~3 동중서 이후, 원인으로서의 인간사와 결과로서의 재이를 일대일로 대응시켜 설명하는 개별적 대응 방식은 억지가 심하다는 평가를 받았다. 이 방식은 오히려 예언화 경향으로 이어져 재이를 인간사의 징조로, 인간사를 재이의 결과로 대응시키는 풍조를 낳기도 하였고

풀이 동중서의 재이론에서는 인간사를 원인, 재이를 결과로 보아 이들을 일대일로 대응시켜 설명하였다. 그러나 예언화 경향(㉠)으로 이어진 이후에는 이전과 달리 재이를 인간사의 징조로, 인간사를 재이의 결과로 대응시키는 풍조를 낳았다. 즉 ㉠은 재이를 원인, 인간사를 그 결과로 보아 이 둘의 인과 관계를 역전시키고, 재이를 인간사의 징조로 삼는 변화의 흐름을 보였다.

→ 적절함!

**③ ㉡은 개별적인 재이 현상을 물리적 작용이라 보고 정치와 *무관하게 재이를 이해하는 기초로 활용되었다.** *無關-, 관계없이

근거 (나)-❸-5~6 그(주희)는 군주를 경계하는 적절한 방법을 찾고자 재이론을 고수하였다. 그는 재이에 대한 개별적 대응 대신 군주에게 허물과 잘못이 쌓이면 이에 하늘이 감응하여 변칙적인 자연 현상이 일어날 것이라는 전반적 대응설을 제시하고, 재이를 군주의 심성 수양 문제로 귀결시키며

풀이 전반적 대응설(㉡)에서는 인간사와 재이를 일대일로 대응시켜 설명하는 개별적 대응 방식이 아니라, 군주의 허물과 잘못으로 인해 재이 현상이 나타난다는 전반적 대응 방식을 주장하고, 이를 군주를 경계하는 방법으로 활용하였다. 따라서 ㉡을 개별적 재이 현상과 연관 짓거나, ㉡이 정치와 무관하게 재이를 이해하는 기초로 활용되었다고 보는 것은 ㉡에 대한 적절한 이해로 볼 수 없다.

→ 적절하지 않음!

**④ ㉡은 *누적된 실정과 특정한 재이 현상을 연결 짓는 방식으로 이어져 군주의 권력을 **강화하는 데 활용되었다.** *累積-, 여러 번 쌓인 **強化-, 더 강하게 하는

근거 (나)-❸-5~6 그(주희)는 군주를 경계하는 적절한 방법을 찾고자 재이론을 고수하였다. 그는 재이에 대한 개별적 대응 대신 군주에게 허물과 잘못이 쌓이면 이에 하늘이 감응하여 변칙적인 자연 현상이 일어날 것이라는 전반적 대응설을 제시

풀이 전반적 대응설(㉡)이 군주의 누적된 실정과 특정한 재이 현상을 연결 짓는 방식으로 이어졌다는 설명은 적절하지만, 이는 군주의 권력을 강화하는 데 활용된 것이 아니라 군주를 경계하는 방법으로 활용되었다. 따라서 ㉡이 군주의 권력을 강화하는 데

활용되었다는 것은 ㉡에 대한 설명으로 적절하지 않다.

→ 적절하지 않음!

**⑤ ㉡은 과학적 인식을 *기반으로 군주의 지배력과 변칙적인 자연 현상이 무관하다는 인식을 강화하는 기초로 활용되었다.** *基盤, 기초가 되는 바탕

근거 (나)-❸-5~6 그(주희)는 군주를 경계하는 적절한 방법을 찾고자 재이론을 고수하였다. 그는 재이에 대한 개별적 대응 대신 군주에게 허물과 잘못이 쌓이면 이에 하늘이 감응하여 변칙적인 자연 현상이 일어날 것이라는 전반적 대응설을 제시하고, 재이를 군주의 심성 수양 문제로 귀결시키며

풀이 전반적 대응설(㉢)은 군주에게 허물과 잘못이 쌓이면 이에 하늘이 감응하여 변칙적 자연 현상이 일어날 것이라고 보았으므로, ㉡이 과학적 인식을 기반으로 하였다는 설명은 적절하지 않다. 또한 ㉡은 군주를 경계하는 방법으로 활용되었으므로, ㉡이 군주의 지배력과 변칙적인 자연 현상이 무관하다는 인식을 강화하는 기초로 활용되었다는 설명 또한 적절하지 않다.

→ 적절하지 않음!

1등급 문제

| 144 | <보기>와 내용 비교 - 적절하지 않은 것 고르기 2022학년도 6월 모평 8번<br>정답률 50%, 매력적 오답 ③ 25% ④ 10% | 정답 ② |
|---|---|---|

**<보기>는 윗글의 주제와 관련한 동서양 학자들의 견해이다. 윗글을 읽은 학생이 <보기>에 대해 보인 반응으로 적절하지 않은 것은?** 3점

| 보기 |

㉮ 만약 인과 관계가 직접 관찰될 수 없다면, 물리적 속성의 변화와 전달과 같은 관찰 가능한 현상을 탐구하는 것이 인과 개념을 과학적으로 규명하는(糾明-, 자세히 따져서 바로 밝히는) 올바른 경로이다.

㉯ 인과 관계란 서로 다른 대상들이 물리적 성질들을 서로 주고받는 관계일 수밖에 없다. 그러한 두 대상은 시공간적으로 연결되어 있어야만 한다.

㉰ 덕이 잘 닦인 치세(治世, 잘 다스려져 화목하고 평온한 세상)에서는 재이를 찾아볼 수 없었고, 세상의 변고(變故, 갑작스러운 재앙이나 사고)는 모두 난세(亂世, 전쟁이나 무질서한 정치 등으로 어지러워 살기 힘든 세상)의 때에 출현했으니(出現-, 나타났으니), 하늘과 인간이 서로 통하는 관계임을 알 수 있다.

㉱ 홍수가 자주 발생하는 강 하류 지방의 지방관(地方官, 각 지방에서 행정 책임을 맡았던 벼슬)은 반드시 실정을 한 것이고, 홍수가 발생하지 않는 산악 지방의 지방관은 반드시 청렴한가?(淸廉-, 성품과 행실이 높고 맑으며 탐욕이 없는가?) 실제로는 그렇지 않다.

**① 흄의 문제 제기와 ㉮로부터, 과정 이론이 인과 개념을 과학적으로 규명하려는 시도의 하나임을 이끌어낼 수 있겠군.**

근거 (가)-❶-2 문제는 흄이 지적했듯이 인과 관계 그 자체는 직접 관찰할 수 없다는 것, (가)-❶-6 인과를 과학적 세계관에 입각하여 이해하려는 시도가 새먼의 과정 이론, (가)-❷-8~10 (새먼의 과정 이론에 따르면) 어떤 과정은 다른 과정과 한 시공간적 지점에서 만난다. 즉, 두 과정이 교차한다. 만약 교차에서 표지, 즉 대상의 변화된 물리적 속성이 도입되면 이후의 모든 지점에서 그 표지를 전달할 수 있는 과정이 인과적 과정이다.

풀이 흄은 인과 관계를 직접 관찰할 수 없다는 문제를 제기하였다. 또 <보기>의 ㉮에서는 만약 인과 관계가 직접 관찰될 수 없다면, 물리적 속성의 변화와 전달과 같은 관찰 가능한 현상을 탐구하는 것으로 인과 개념을 과학적으로 규명할 수 있다고 했다. 과정 이론은 시공간적 지점에서의 교차와 대상의 변화된 물리적 속성 및 이것의 전달을 통해 인과적 과정을 설명하고 있다. 따라서 흄의 문제 제기와 ㉮로부터, 과정 이론이 인과 개념을 과학적으로 규명하려는 시도의 하나임을 이끌어낼 수 있다.

→ 적절함!

**② 인과 관계를 대상 간의 물리적 상호 작용으로 국한하는 ㉯의 입장은 대상 간의 감응을 기반으로 한 동중서의 재이론이 보여 준 입장과 부합하겠군.** 부합하지 않겠군

근거 (가)-❶-1 근대 이후 서양의 철학자들은 과학적 세계관이 대두하면서 이전과는 달리 인과를 물리적 작용 사이의 관계로 국한하려는 경향을 보였다, (나)-❶-3 그(동중서)에 따르면, 군주가 실정(失政)을 저지르면 그로 말미암아 변화된 음양의 기를 통해 감응한 하늘이 가뭄과 홍수, 일식과 월식 등 재이를 통해 경고를 내린다.

풀이 동중서의 재이론은 자연 현상과 인간사를 인과 관계로 설명하며, 군주가 실정을 저지르면 그로 말미암아 변화된 음양의 기를 통해 감응한 하늘이 재이를 통해 경고를 내린다고 하였다. 이러한 동중서의 재이론은 인과 관계를 '대상 간의 물리적 상호 작용'으로 국한하는 ㉯의 입장과 부합하지 않는다.

→ 적절하지 않음!

**③ 치세와 난세의 차이를 재이의 출현 여부로 설명하는 ㉰에 대해 동중서와 주희는 모두 재이론에 입각하여 수용 가능한 견해라는 입장을 취하겠군.**

근거 (나)-❶-3 그(동중서)에 따르면, 군주가 실정(失政)을 저지르면 그로 말미암아 변화된 음양의 기를 통해 감응한 하늘이 가뭄과 홍수, 일식과 월식 등 재이를 통해 경고를 내린다, (나)-❸-6 그(주희)는 재이에 대한 개별적 대응 대신 군주에게 허물과 잘못이 쌓이면 이에 하늘이 감응하여 변칙적인 자연 현상이 일어날 것이라는 전반적 대응설을 제시하고, 재이를 군주의 심성 수양 문제로 귀결시키며

풀이 <보기>의 ㉰에서는 덕이 잘 닦인 치세에서는 재이가 나타나지 않았고, 난세에는 재이가 출현했다고 하였다. 이는 군주가 실정을 저지르면 그로 말미암아 하늘이 재이를 통해 경고를 내린다는 동중서의 견해나, 군주에게 허물과 잘못이 쌓이면 하늘이 감응하여 변칙적인 자연 현상, 즉 재이가 나타난다는 주희의 견해와 그 뜻을 같이한다고 볼 수 있다. 따라서 ㉰에 대해 동중서와 주희는 모두 재이론에 입각하여 수용 가능한 견해라는 입장을 취할 것이다.

→ 적절함!

**④ 덕이 물리적 세계 바깥의 현상에 해당한다면, 덕과 세상의 변화 사이에 인과 관계가 있다고 본 ㉰는 새먼의 이론에 입각하여 설명되기 어렵겠군.**

근거 (가)-❹-1 (새먼의) 과정 이론은 규범이나 마음과 같은, 물리적 세계 바깥의 측면을 해명하기 어렵다는 한계를 지닌다.

풀이 새먼의 과정 이론은 물리적 세계 바깥의 측면을 해명하기 어려운 한계를 지니고 있다. 따라서 덕이 물리적 세계 바깥의 현상에 해당한다면, 덕과 세상의 변화 사이에 인과 관계가 있다고 본 ㉰는 새먼의 이론을 통해 설명하기 어렵다.

→ 적절함!

**⑤ 지방관의 실정에서 도입된 표지가 홍수로 이어지는 과정으로 전달될 수 없다면, 새먼은 실정이 홍수의 원인이 아니라는 점에서 ㉱에 동의하겠군.**

근거 (가)-❷-10 만약 교차에서 표지, 즉 대상의 변화된 물리적 속성이 도입되면 이후의 모든 지점에서 그 표지를 전달할 수 있는 과정이 인과적 과정이다.

풀이 새먼의 과정 이론에 따르면, 표지가 도입되면 이후의 모든 지점에서 그 표지를 전달할 수 있는 과정이 인과적 과정이다. <보기>의 ㉱에서 지방관의 실정이라는 지점에서 도입된 표지가 홍수로 이어지는 과정으로 전달될 수 없다면, 새먼의 입장에서는 이를 인과적 과정이 아니라고 볼 것이다. 따라서 새먼은 '실정'이 '홍수'라는 결과의 원인이 아니라는 점에서 ㉱에 동의할 것이다.

→ 적절함!

| 145 | 문맥적 의미 파악 - 적절한 것 고르기 2022학년도 6월 모평 9번<br>정답률 95% | 정답 ① |
|---|---|---|

**ⓐ와 문맥상 의미가 가장 가까운 것은?**

그는 군주를 경계하는 적절한 방법을 ⓐ 찾고자 재이론을 고수하였다.

풀이 ⓐ는 문맥상 '모르는 것을 알아내고 밝혀내려고 애쓰다. 또는 그것을 알아내고 밝혀내다'의 의미로 쓰였다.

**① 모두가 만족하는 대책을 찾으려 머리를 맞대었다.**

풀이 '모르는 것을 알아내고 밝혀내려고 애쓰다. 또는 그것을 알아내고 밝혀내다'의 의미이다.

예문 그 형사는 사건의 실마리를 찾고 있지만, 특별한 단서를 얻지는 못했다.

→ 적절함!

**② 모르는 단어가 나오면 국어사전을 찾아서 확인해라.**

풀이 '모르는 것을 알아내기 위하여 책 따위를 뒤지거나 컴퓨터를 검색하다'의 의미이다.

예문 이 회사에 대한 자세한 정보는 컴퓨터에서 관련 사이트를 찾으면 된다.

→ 적절하지 않음!

**③ 건강을 위해 친환경 농산물을 찾는 사람이 많아졌다.**

풀이 '어떤 것을 구하다'의 의미이다.

예문 그는 자기 이익과 안일만을 찾는다.

→ 적절하지 않음!

**④ 아직 완전하지는 않지만 서서히 건강을 찾는 중이다.**

풀이 '원상태를 회복하다'의 의미이다.

예문 그는 마음의 평정을 찾으려 애썼다.

→ 적절하지 않음!

⑤ **선생은 독립을 다시 찾는 것을 *일생의 **사명으로 여겼다.** *一生, 태어나서 죽을 때까지의 동안 **使命, 맡겨진 임무

풀이 '잃거나 빼앗기거나 맡기거나 빌려주었던 것을 돌려받아 가지게 되다'의 의미이다.

예문 지하철에 두고 내렸던 가방을 분실물 보관소에서 찾았다.

→ 적절하지 않음!

**[146~151] 다음 글을 읽고 물음에 답하시오.**

(가)

1 [1]18 세기 북학파(北學派, 조선 영조와 정조 시대에 북학을 주장한 실학의 한 파로, 청나라의 앞선 문물제도와 생활 양식을 받아들일 것을 주장함)들은 청(淸, 만주족이 지배했던 중국의 왕조)에 다녀온 경험을 연행록(燕行錄, 조선 시대에 사신이나 수행원이 중국을 다녀와서 보고 느낀 것을 쓴 기행문)으로 기록하여 청의 문물(文物, 정치, 경제, 종교, 예술, 법률 등 문화에 관한 것을 통틀어 이르는 말)제도(制度, 관습, 도덕, 법률 등의 규범이나 사회 구조의 체계)를 수용하자는(受容−, 받아들이자는) 북학론을 구체화하였다. [2]이들(북학파들)은 개인적인 학문 성향과 관심에 따라 주목한(注目−, 관심을 가지고 주의 깊게 살핀) 영역이 서로 달랐기 때문에 이들(북학파들)의 북학론도 차이를 보였다. [3]이들(북학파들)에게는 동아시아에서 문명의 척도(尺度, 평가, 측정의 기준)로 여겨진 중화(中華, 중국이 세계 문명의 중심이라는 뜻) 관념(觀念, 견해, 생각)이 청의 현실에 대한 인식에 각각 다르게 반영된(反映−, 영향을 받아 나타난) 것이다. [4]1778년 함께 연행길에 올라 동일한 일정을 소화했던 박제가와 이덕무의 연행록에서도 이러한 차이가 확인된다.

→ 북학파들의 북학론에 나타난 견해 차이

2 [A] [1]북학이라는 목적의식(目的意識, 행위의 목적에 대한 뚜렷한 깨달음)이 강했던 박제가가 인식한 청의 현실은 단순한 현실이 아니라 조선이 지향할(志向−, 뜻을 모아 향할) 가치 기준이었다. [2]그(박제가)가 쓴 『북학의』에 묘사된 청의 현실은 특정(特定, 특별히 가리켜 정한) 관점(觀點, 보고 생각하는 태도, 방향, 처지)에 따라 선택 및 추상화된(抽象化−, 구체적이지 않고, 현실에서 멀어져 막연하고 일반적인) 것이었으며, 그런 청의 현실은 그(박제가)에게 중화가 손상(損傷, 가치가 떨어짐) 없이 ⓐ 보존된 것이자 조선의 발전 방향이기도 하였다. [3]중화 관념의 절대성(絶對性, 비교하거나 상대가 될 만한 것이 없는 성질)을 인정하였기 때문에 당시 조선은 나름의 독자성(獨自性, 다른 것과 구별되는, 특별히 가진 성질)을 유지하기보다 중화와 합치되는(合致−, 서로 맞아 일치되는) 방향으로 나아가야 한다는 생각이 그(박제가)의 북학론의 밑바탕이 되었다. [4]명(明, 청나라 이전, 중국의 통일 왕조)에 대한 의리(義理, 사람으로서 마땅히 지켜야 할 도리. '명에 대한 의리'란 임진왜란 때 도움을 준 명나라에 대한 의리를 지켜야 한다는 주장을 말함)를 중시하는 당시 주류(主流, 조직 내부에서 의견이 나뉠 때 더 많은 수를 차지하는 파)의 견해에 대해 그(박제가)는 의리 문제는 청이 천하(天下, 나라 전체)를 차지한 지 백여 년이 지나며 자연스럽게 소멸된 것으로 여기고, 청 문물제도의 수용이 가져다주는 이익을 논하며(論−, 의견을 말하며) 북학론의 당위성(當爲性, 마땅히 그렇게 해야 할 성질)을 설파하였다.(說破−, 분명히 드러내어 말하였다.) [5]대체로 이익 추구(追求, 뒤쫓아 구함)에 대해 부정적이었던 주자학자들과 달리, 이익 추구를 인간의 자연스러운 욕망으로 긍정하고 양반도 이익을 추구하자는 등 실용적인(實用的−, 실제로 쓰기에 알맞은) 입장을 보였다.

→ 박제가의 북학론

3 [1]이덕무는 「입연기」를 저술하면서(著述−, 책을 쓰면서) 청의 현실을 객관적 태도로 기록하고자 하였다. [2]잘 정비된(整備−, 정리되어 제대로 갖추어진) 마을의 모습을 기술하며(記述−, 기록하여 서술하며) 그(이덕무)는 황제의 행차(行次, 높은 사람이 길을 감)에 대비하여(對備−, 미리 준비하여) 이루어진 일련의(一連−, 하나로 이어지는) 조치가 민생(民生, 일반 국민의 생활)과 무관하다고(無關−, 관계가 없다고) 지적하였다. [3]하지만 청 문물의 효용(效用, 보람 있게 쓰임, 쓸모)을 ⓑ 도외시하지 않고 박제가와 마찬가지로 물질적 삶을 중시하는 이용후생(利用厚生, 북학파에서 백성의 일상적 생활에 이롭게 쓰이고 삶을 풍요롭게 하는 것이 실천적 학문이라고 주장한 실학 이론)에 관심을 보였다. [4]스스로 평등견이라 불렀던 인식 태도를 바탕으로 그(이덕무)는 당시 청에 대한 찬반(贊反, 찬성과 반대)의 이분법(二分法, 대상 전체를 둘로 나누는 논리적 방법)에서 벗어나 청과 조선의 현실적 차이뿐만 아니라 양쪽 모두의 가치를 인정하였다. [5]이런 시각에서 그(이덕무)는 청과 조선은 구분되지만 서로 배타적이지(排他的−, 서로 반대되지) 않다고 보았다. [6]즉 청을 배우는 것과 조선 사람이 조선 풍토(風土, 환경, 경향, 풍습, 제도 등)에 맞게 살아가는 것은 서로 모순되지(矛盾−, 어긋나지) 않는다는 것이다. [7]하지만 그(이덕무)는 중국인들의 외양(外樣, 겉으로 보이는 모양)이 만주족(滿洲族, 만주에 사는 종족으로, 여진족의 후예이며 청나라를 세움)처럼 변화된 것을 보고 비통한(悲痛−, 몹시 슬퍼서 마음이 아픈) 감정을 토로하며(吐露−, 마음에 있는 것을 죄다 드러내어 말하며) 중화의 중심이라 여겼던 명에 대한 의리를 중시하는 등 자신이 제시한 인식 태도에서 벗어나는 모습을 보이기도 하였다.

→ 이덕무의 북학론

(나)

1 [1]18 세기 후반의 중국은 명대 이래(明代以來, 명나라 시대로부터 그 뒤)의 경제 발전이 정점(頂點, 최고의 수준에 이른 상태)에 달해(達−, 이르러) 있었다. [2]대부분의 주민들이 접근할 수 있는 향촌(鄕村, 시골 마을)의 정기(定期, 기간이 일정하게 정해져 있는) 시장부터 인구 100만의 대도시의 시장에 이르는 여러 단계의 시장들이 그물처럼 연결되어 국내 교역(交易, 물건을 사고팔아 서로 바꿈)이 활발하게 이루어지고 있었다. [3]장거리 교역의 상품이 사치품에 ⓒ 한정되지 않고 일상적 물건으로까지 확대되었다. [4]상인 조직의 발전과 신용 기관(信用機關, 은행, 전당포 등 신용을 이용하여 돈을 융통하는 기관)의 확대는 교역의 질과 양이 급변하고 있었음을 보여 준다. [5]대외(對外, 외국을 상대로 한) 무역의 발전과 은의 유입(流入, 들어옴)은 중국의 경제적 번영(繁榮, 한창 일어나 성하고 발전하여 이름이 세상에 빛날 만하게 됨)에 영향을 미친 외부적 요인이었다. [6]은의 유입, 그리고 이(은의 유입)를 통해 가능해진 은을 매개로(媒介−, 중간에서 관계를 맺어 주는 수단으로) 한 과세(課稅, 세금을 정하여 그것을 내도록 의무를 지움)는 상품 경제의 발전을 ⓓ 자극하였다. [7]은과 상품의 세계적 순환(循環, 되풀이하여 돎)으로 중국 경제가 세계 경제와 긴밀하게 연결되었다.

→ 18 세기 후반 청의 경제적 번영

2 [1]그러나 청의 번영은 지속되지 않았고, 19 세기에 접어들 무렵부터는 심각한 내외의 위기에 직면해(直面−, 맞닥뜨려) 급속한 하락의 시대를 겪게 된다. [2]북학파들이 연행을 했던 18 세기 후반에도 이미 위기의 징후(徵候, 겉으로 나타나는 낌새)들이 나타나고 있었다. [3]급격한 인구 증가로 인한 여러 문제는 새로운 작물 재배, 개간(開墾, 거친 땅이나 버려 둔 땅을 일구어 논밭으로 만듦), 이주(移住, 원래 살던 지역을 떠나 다른 지역으로 이동하여 정착함), 농경 집약화(集約化, 토지 면적 단위당 노동이나 자본을 집중적으로 투자하는 것) 등 민간(民間, 일반 백성들 사이)의 노력에도 불구하고 해결되지 않았다. [4]인구 증가로 이주 및 도시화가 진행되는 가운데 전통적인 사회적 유대(紐帶, 서로 연결하거나 결합하게 하는 관계)가 약화되거나 단절된 사람들이 상호 부조(相互扶助, 공동생활에서 개인들끼리 서로 돕는) 관계를 맺는 결사(結社, 여러 사람이 공동의 목적을 이루기 위해 만든) 조직이 ⓔ 성행하였다. [5]이런 결사 조직은 불법적인 활동으로 연결되곤 했고 위기 상황에서는 반란(叛亂, 정부나 지배 집단에 반대하여 내란을 일으킴)의 조직적 기반(基盤, 기초가 되는 바탕)이 되었다. [6]인맥(人脈, 같은 계통으로 엮어진 사람들의 유대 관계로, 보통 정계, 재계, 학계, 지연 등으로 형성됨)에 기초한 관료(官僚, 직업적 관리 집단) 사회의 부정부패가 심화된 것 역시 인구 증가와 무관하지 않았다. [7]교육받은 지식인(知識人, 일정한 수준의 지식과 교양을 갖춘 사람)들이 늘어났지만 이들(늘어난 교육받은 지식인들)을 흡수할(吸收−, 내부로 모아들일) 수 있는 관료 조직의 규모(規模, 크기와 범위)는 정체되어(停滯−, 더 발전되지 못하고 일정한 범위에 그쳐) 있었고, 경쟁의 심화가 종종 불법적인 행위로 연결되었다. [8]이와 같이 18 세기 후반 청의 화려한 번영의 그늘(겉으로 드러나지 않는 이면(裏面)의 상황)에는 ㉠ 심각한 위기의 씨앗들이 뿌려지고 있었다.

→ 급격한 인구 증가로 인해 나타난 여러 문제

3 [1]통치자들도 번영 속에서 불안을 느끼고 있었다. [2]조정(朝廷, 임금이 나라의 정치를 신하들과 의논하고 집행하는 기구)에는 외국과의 접촉으로부터 백성들을 차단하려는 경향이 있었으며, 서양 선교사(宣敎師, 외국에 보내져 기독교의 전파를 위해 일하는 사람)들의 선교 활동 확대로 인해 이런 경향이 강화되기도 하였다. [3]이 때문에 18 세기 후반에 청 조정은 서양에 대한 무역 개방을 축소하는 모습을 보였다. [4]그러나 그때까지는 위기가 본격화되지는(本格化−, 모습을 제대로 갖추고 적극적으로 이루어지지는) 않았고, 소수의 지식인들만이 사회 변화의 부정적 측면을 염려하거나 개혁(改革, 제도나 기구를 새롭게 뜯어고침) 방안(方案, 일을 처리하거나 해결해 나갈 방법과 계획)을 모색하였다.(摸索−, 이리저리 생각하여 찾았다.)

→ 통치자들의 불안으로 인한 서양과의 교역 축소

■지문 이해

(가)

<박제가와 이덕무의 북학론에 나타난 견해 차이>

**❶ 북학파들의 북학론에 나타난 견해 차이**
- 18 세기 북학파 : 연행록을 통해 북학론을 구체화함
- 개인적 학문 성향과 관심에 따라 주목한 영역이 서로 달라 북학론의 차이를 보임

**❷ 박제가의 북학론(『북학의』)**
- 청의 현실을 조선이 지향할 가치 기준으로 인식함
- 중화 관념의 절대성을 인정함 → 조선은 중화와 합치되는 방향으로 나아가야 한다고 봄
- 명에 대한 의리는 소멸된 것으로 여김
- 청 문물제도의 수용으로 얻는 이익을 논하며 북학론의 당위성을 설명함
- 이익 추구를 긍정하고 실용적 입장을 보임

**❸ 이덕무의 북학론(『입연기』)**
- 청의 현실을 객관적 태도로 기록하고자 함
- 이용후생에 관심을 보임
- 평등견을 바탕으로 청과 조선 모두의 가치를 인정함 → 청을 배우는 것과 조선 풍토에 맞게 사는 것이 모순되지 않는다고 봄
- 명에 대한 의리를 중시하여 자신이 제시한 평등견에서 벗어나는 모습을 보이기도 함

(나)

<18 세기 후반 청의 경제적 번영과 위기>

**❶ 18 세기 후반 청의 경제적 번영**
- 향촌의 정기 시장부터 대도시의 시장까지 그물처럼 연결되어 국내 교역이 활발하게 이루어짐
- 장거리 교역 상품이 일상적 물건으로까지 확대됨
- 상인 조직이 발전하고 신용 기관이 확대됨
- 대외 무역이 발전하고 은이 유입되면서, 은을 매개로 한 과세가 상품 경제의 발전을 자극함
- 중국 경제는 세계 경제와 긴밀하게 연결됨

**❷ 급격한 인구 증가로 인해 나타난 여러 문제**
- 인구 증가로 전통적인 사회적 유대가 약화·단절된 사람들이 결사 조직을 맺음 → 불법적 활동으로 연결되거나 반란의 조직적 기반이 됨
- 인맥에 기초한 관료 사회의 부정부패가 심화됨

**❸ 통치자들의 불안으로 인한 서양과의 교역 축소**
- 조정에서 외국과의 접촉으로부터 백성들을 차단하려는 경향이 나타남 → 18 세기 후반 서양에 대한 무역 개방을 축소함

**146** 글의 서술 방식 파악 - 적절한 것 고르기 2021학년도 수능 16번 정답률 80% | 정답 ①

## (가), (나)에 대한 설명으로 가장 적절한 것은?

**근거** (가)-❶-1~2 18 세기 북학파들은 청에 다녀온 경험을 연행록으로 기록하여 청의 문물제도를 수용하자는 북학론을 구체화하였다. 이들은 개인적인 학문 성향과 관심에 따라 주목한 영역이 서로 달랐기 때문에 이들의 북학론도 차이를 보였다, (가)-❶-4 박제가와 이덕무의 연행록에서도 이러한 차이가 확인된다, (가)-❷-1~5 박제가가 인식한 청의 현실은 … , (가)-❸-1~7 이덕무는 … .
(나)-❶-1 18 세기 후반의 중국은 명대 이래의 경제 발전이 정점에 달해 있었다, (나)-❷-1 19 세기에 접어들 무렵부터는 심각한 내외의 위기에 직면해 급속한 하락의 시대를 겪게 된다, (나)-❷-3 급격한 인구 증가로 인한 여러 문제, (나)-❸-3 18 세기 후반에 청 조정은 서양에 대한 무역 개방을 축소

**풀이** (가)에서는 먼저 ❶문단에서 18 세기 북학파들이 청에 다녀온 경험을 연행록으로 기록하여 북학론을 구체화하였음을 밝히고, 개인적인 학문 성향과 관심에 따라 북학론에 차이를 보였다고 설명하고 있다. 또 ❷문단에서 박제가의 견해를, ❸문단에서 이덕무의 견해를 각각 제시하고 있다. (나)에서는 ❶문단에서 18 세기 청이 경제적으로 발전했던 모습을 보여 준 후, 그와 반대로 급격한 인구 증가로 인한 여러 문제를 겪으며 하락의 시대를 겪게된 청의 모습을 ❷문단과 ❸문단에서 제시하고 있다. 따라서 정답은 ①번이다.

① (가)는 18 세기 중국에 대한 학자들의 견해를 제시하면서 그러한 견해의 *형성 배경 및 견해 간의 차이를 설명하고 있다. *形成, 만들어진

→ 적절함!

② (가)는 18 세기 중국을 바라보는 *사상적 관점을 제시하면서 각 관점이 지닌 역사적 **의의와 ***한계를 서로 비교하고 있다. *思想的, 사회, 정치 등에 대한 일정한 견해나 생각을 나타내는 **意義, 중요성과 가치 ***限界, 다다를 수 있는 범위

③ (나)는 18 세기 중국의 *사회상을 제시하면서 다양한 사회상을 시대별 기준에 따라 **분류하여 서술하고 있다. *社會相, 사회의 모습과 있는 그대로의 상태 **分類−, 종류에 따라 나누어

④ (나)는 18 세기 중국의 사상적 변화를 제시하면서 그러한 변화가 지니는 긍정적 측면과 부정적 측면을 *분석하고 있다. *分析−, 복잡한 것을 풀어서 개별적 성질로 나누고

⑤ (가)와 (나)는 모두 18 세기 중국의 현실을 제시하면서 그러한 현실이 다른 나라에 미친 영향을 예를 들어 설명하고 있다.

**147** 세부 정보 이해 - 적절하지 않은 것 고르기 2021학년도 수능 17번 정답률 70%, 매력적 오답 ③ 10% | 정답 ④

## (가)의 '박제가'와 '이덕무'에 대한 이해로 적절하지 않은 것은?

**① 박제가는 청의 문물을 *도입하는 것이 중화를 이루는 **방도라고 ***간주하였다.**
*導入−, 끌어 들이는 **方道, 방법과 도리 ***看做−, 여겼다.

**근거** (가)-❷-2~4 그(박제가)가 쓴 『북학의』에 묘사된 청의 현실은 … 중화가 손상 없이 보존된 것이자 조선의 발전 방향이기도 하였다. … 당시 조선은 나름의 독자성을 유지하기보다 중화와 합치되는 방향으로 나아가야 한다는 생각이 그(박제가)의 북학론의 밑바탕이 되었다. … 청 문물제도의 수용이 가져다주는 이익을 논하며 북학론의 당위성을 설파

**풀이** 박제가는 청이 중화를 보존하고 있다고 생각하였으며, 조선은 중화와 합치되는 방향으로 나아가야 한다고 보았다. 따라서 박제가는 청의 문물을 도입하는 것이 중화를 이루는 방도라고 간주하였을 것이다.

→ 적절함!

**② 박제가는 자신이 파악한 청의 현실을 조선을 평가하는 기준이라고 생각하였다.**

**근거** (가)-❷-1 박제가가 인식한 청의 현실은 단순한 현실이 아니라 조선이 지향할 가치 기준

→ 적절함!

**③ 이덕무는 청의 현실을 관찰하면서 *이면에 있는 민생의 문제를 **간과하지 않았다.**
*裏面, 겉으로 드러나지 않는 부분 **看過−, 대충 보아 넘기지

**근거** (가)-❸-2 잘 정비된 마을의 모습을 기술하며 그(이덕무)는 황제의 행차에 대비하여 이루어진 일련의 조치가 민생과 무관하다고 지적

→ 적절함!

**④ 이덕무는 청 문물의 효용성을 긍정하면서 청이 중화를 보존하고 있음을 인정하였다.**

**근거** (가)-❸-3 (이덕무는) 청 문물의 효용을 도외시하지 않고, ❸-7 하지만 그(이덕무)는 중국인들의 외양이 만주족처럼 변화된 것을 보고 비통한 감정을 토로하며 중화의 중심이라 여겼던 명에 대한 의리를 중시하는 등 자신이 제시한 인식 태도에서 벗어나는 모습을 보이기도 하였다.

**풀이** 이덕무는 청 문물의 효용성을 도외시하지 않았지만, 중국인들의 외양이 만주족처럼 변화된 것을 보고 비통해하며 '중화의 중심이라 여겼던 명에 대한 의리를 중시하는' 모습을 보이기도 하였다. 따라서 이덕무가 청이 중화를 보존하고 있음을 인정하였다고 보기는 어렵다.

→ 적절하지 않음!

**⑤ 박제가와 이덕무는 모두 중화 관념 자체에 대해서는 긍정적인 태도를 *견지하였다.**
*堅持−, 굳게 지니고 있었다.

**근거** (가)-❷-2~3 청의 현실은 그(박제가)에게 중화가 손상 없이 보존된 것이자 조선의 발전 방향이기도 하였다. 중화 관념의 절대성을 인정하였기 때문에, (가)-❸-7 그(이덕무)는 … 중화의 중심이라 여겼던 명에 대한 의리를 중시

**풀이** 박제가는 청의 현실을 중화가 손상 없이 보존된 것으로 보고, 이러한 청의 현실을 조선의 발전 방향으로 보았다. 또한 중화 관념의 절대성을 인정하였다. 한편 이덕무는 중화의 중심이라 여겼던 명에 대한 의리를 중시하였다고 하였다. 따라서 박제가와 이덕무는 모두 중화 관념 자체에 대해서는 긍정적 태도를 지니고 있었다고 볼 수 있다.

→ 적절함!

1등급 문제

**148** 핵심 개념 이해 - 적절한 것 고르기 2021학년도 수능 18번
정답률 45%, 매력적 오답 ③ 45%
정답 ⑤

## 평등견에 대한 이해로 가장 적절한 것은?

▶ 지문 핵심 개념 정리

| 이덕무의 '평등견' |
|---|
| • 청에 대한 찬반의 이분법에서 벗어나 청과 조선의 현실적 차이와 가치를 인정함((가)-❸-4) |
| • 청과 조선은 배타적이지 않음, 즉 청을 배우는 것과 조선 사람이 조선 풍토에 맞게 살아가는 것은 서로 모순되지 않음((가)-❸-5~6) |

**① 조선의 풍토를 기준으로 삼아 청의 제도를 *개선하자는 인식 태도이다.** *改善-. 고쳐서 더 좋게 만들자는

풀이 이덕무는 평등견을 바탕으로 조선과 청의 차이를 인정하고 양쪽 모두의 가치 또한 인정하였다. 또 청을 배우는 것과 조선 사람이 조선 풍토에 맞게 살아가는 것이 서로 모순되지 않는다고 하였다. 따라서 평등견은 '조선의 풍토를 기준으로 삼아 청의 제도를 개선하자는' 인식 태도라고 볼 수 없다.

→ 적절하지 않음!

**② 조선의 고유한 삶의 방식을 청의 방식에 따라 개혁해야 한다는 인식 태도이다.**

풀이 이덕무는 평등견을 바탕으로 조선과 청의 차이를 인정하고 양쪽 모두의 가치 또한 인정하였다. 또 청을 배우는 것과 조선 사람이 조선 풍토에 맞게 살아가는 것이 서로 모순되지 않는다고 하였다. 따라서 평등견은 조선의 고유한 삶의 방식을 '청의 방식에 따라' 개혁해야 한다는 인식 태도라고 볼 수 없다.

→ 적절하지 않음!

**③ 청과 조선의 가치를 평등하게 인정하고 풍토로 인한 차이를 *해소하려는 인식 태도이다.** *解消-. 해결하여 없애려는

풀이 평등견이 청과 조선의 가치를 평등하게 인정하는 인식 태도라는 설명은 적절하다. 그러나 평등견은 풍토로 인한 차이를 '해소하려는' 인식 태도가 아니라, 차이를 인정하고 이에 맞게 살아야 한다고 보는 인식 태도이다.

→ 적절하지 않음!

평등견에서 벗어난 인식 태도

**④ 중국인의 외양이 변화된 모습을 명에 대한 의리 문제와 관련지어 파악하려는 인식 태도이다.**

근거 (가)-❸-7 하지만 그(이덕무)는 중국인들의 외양이 만주족처럼 변화된 것을 보고 비통한 감정을 토로하며 중화의 중심이라 여겼던 명에 대한 의리를 중시하는 등 자신이 제시한 인식 태도(평등견)에서 벗어나는 모습을 보이기도 하였다.

풀이 중국인의 외양이 변화된 모습을 명에 대한 의리 문제와 관련지어 파악하려는 것은 평등견에서 벗어난 모습에 해당한다.

→ 적절하지 않음!

**⑤ 청에 대한 배타적 태도를 *지양하고 청과 구분되는 조선의 독자성을 유지하자는 인식 태도이다.** *止揚-. 지니지 않고

풀이 이덕무는 평등견을 바탕으로 조선과 청은 서로 배타적이지 않으며, 청을 배우는 것과 조선 사람이 조선 풍토에 맞게 살아가는 것이 서로 모순되지 않는다고 하였다. 따라서 평등견은 청에 대한 배타적 태도를 지양하고 청과 구분되는 조선의 독자성을 유지하자는 인식 태도라고 볼 수 있다.

→ 적절함!

**149** 추론의 적절성 판단 - 적절한 것 고르기 2021학년도 수능 19번
정답률 75%, 매력적 오답 ⑤ 15%
정답 ③

## 문맥을 고려할 때 ㉠의 의미를 파악한 내용으로 가장 적절한 것은?

㉠ 심각한 위기의 씨앗들이 뿌려지고 있었다.

**① 새로운 작물의 *보급 증가가 경제적 번영으로 이어지는 상황을 가리키는 것이군.** *普及. 널리 펴 많은 사람들이 골고루 사용하게 함

근거 (나)-❷-1 청의 번영은 지속되지 않았고, 19 세기에 접어들 무렵부터는 심각한 내외의 위기에 직면해 급속한 하락의 시대를 겪게 된다, (나)-❷-3 급격한 인구 증가로 인한 여러 문제는 새로운 작물 재배 … 등 민간의 노력에도 불구하고 해결되지 않았다.

풀이 급격한 인구 증가로 인한 여러 문제는 새로운 작물을 재배하는 등의 노력에도 해결되지 않았다고 하였으므로, 새로운 작물의 보급 증가가 경제적 번영으로 이어졌다고 볼 수 없다.

→ 적절하지 않음!

18 세기 후반 청의 경제적 번영

**② 신용 기관이 확대되고 교역의 질과 양이 급변하고 있는 상황을 가리키는 것이군.**

근거 (나)-❶-2 국내 교역이 활발하게 이루어지고 있었다, (나)-❶-4 신용 기관의 확대는 교역의 질과 양이 급변하고 있었음을 보여 준다.

풀이 청의 위기와 관련된 내용이 아니라, 경제적 번영과 관련된 내용이다.

→ 적절하지 않음!

**③ 반란의 위험성 증가 등 인구 증가로 인한 문제점들이 나타나는 상황을 가리키는 것이군.**

근거 (나)-❷-3 급격한 인구 증가로 인한 여러 문제는 … 민간의 노력에도 불구하고 해결되지 않았다, (나)-❷-5 결사 조직은 불법적인 활동으로 연결되곤 했고 위기 상황에서는 반란의 조직적 기반이 되었다, (나)-❷-6~7 인맥에 기초한 관료 사회의 부정부패가 심화된 것 역시 인구 증가와 무관하지 않았다. … 불법적인 행위로 연결되었다.

→ 적절함!

**④ 이주나 농경 집약화 등 조정에서 *추진한 정책들이 실패한 상황을 가리키는 것이군.** *推進-. 목표를 향해 밀고 나아간

근거 (나)-❷-3 급격한 인구 증가로 인한 여러 문제는 새로운 작물 재배, 개간, 이주, 농경 집약화 등 민간의 노력에도 불구하고 해결되지 않았다.

풀이 이주나 농경 집약화 등은 조정에서 추진한 정책이 아니라 민간에서 이루어진 노력에 해당한다.

→ 적절하지 않음!

**⑤ 사회적 유대의 약화로 인하여 관료 사회의 부정부패가 심화되는 상황을 가리키는 것이군.**

근거 (나)-❷-3 급격한 인구 증가로 인한 여러 문제는 … , (나)-❷-6~7 인맥에 기초한 관료 사회의 부정부패가 심화된 것 역시 인구 증가와 무관하지 않았다. … 불법적인 행위로 연결되었다.

풀이 관료 사회의 부정부패가 심화된 것은 사회적 유대의 약화가 아니라 급격한 인구 증가로 인한 문제에 해당한다.

→ 적절하지 않음!

**150** 반응의 적절성 판단 - 적절하지 않은 것 고르기 2021학년도 수능 20번
정답률 70%, 매력적 오답 ③ 10%
정답 ④

## <보기>는 (가)에 제시된 『북학의』의 일부이다. [A]와 (나)를 참고하여 <보기>에 대해 비판적 읽기를 수행한 학생의 반응으로 적절하지 않은 것은? [3점]

| 보 기 |

[1]우리나라에서는 자기가 사는 지역에서 많이 나는 산물(産物. 생산되어 나오는 물건)을 다른 데서 산출되는(産出-. 생산되는) 필요한 물건과 교환하여 풍족하게 살려는 백성이 많으나 힘이 미치지 못한다. … [2]중국 사람은 가난하면 장사를 한다. [3]그렇더라도 정말 사람만 현명하면 원래 가진 풍류(風流. 멋스러운 생활 태도)와 명망(名望. 평판 높은 이름과 세상 사람들이 우러르고 따르는 덕망)은 그대로다. [4]그래서 유생(儒生. 유학(儒學)을 공부하는 선비)이 거리낌 없이 서점을 출입하고, 재상(宰相. 벼슬에 있는 사람)조차도 직접 융복사(옛 중국의 절) 앞 시장에 가서 골동품을 산다. … [5]우리나라는 해마다 은 수만 냥을 연경(燕京. 중국 베이징의 옛 이름)에 실어 보내 약재와 비단을 사 오는 반면, 우리나라 물건을 팔아 저들의 은으로 바꿔 오는 일은 없다. [6]은이란 천년(千年. 오랜 세월)이 지나도 없어지지 않는 물건이지만, 약은 사람에게 먹여 반나절(半-. 한나절의 반. 한나절은 '하루의 낮 동안'을 뜻함)이면 사라져 버리고 비단은 시신을 감싸서 묻으면 반년 만에 썩어 없어진다.

**① <보기>에 제시된 중국인들의 *상업에 대한 인식은 [A]에서 제시한 실용적인 입장에 **부합하는 것이라 볼 수 있어.** *商業. 상품을 사고파는 행위를 통해 이익을 얻는 일 **符合-. 꼭 들어맞는

근거 (가)-❷-5 이익 추구를 인간의 자연스러운 욕망으로 긍정하고 양반도 이익을 추구하자는 등 실용적인 입장, <보기>-2 중국 사람은 가난하면 장사를 한다, <보기>-4 유생이 거리낌 없이 서점을 출입하고, 재상조차도 직접 융복사 앞 시장에 가서 골동품을 산다.

풀이 <보기>에서는 당시 중국인들이 돈을 벌기 위해 장사를 하고, 양반도 필요한 물건을 사기 위해 서점과 시장에 간다고 하였다. 이와 같은 모습은 [A]에서 말하는 '이익 추

구를 긍정하고, 양반도 이익을 추구'하자는 실용적 입장에 부합한다고 볼 수 있다.

→ 적절함!

② <보기>에 제시된 조선의 산물 *유통에 대한 서술은 [A]에서 제시한 북학론의 당위성을 뒷받침하는 근거라 볼 수 있어. *流通, 생산자로부터 소비자에 이르기까지 여러 단계에서 교환되고 나뉘는 활동

근거 (가)-❷-4~5 청 문물제도의 수용이 가져다주는 이익을 논하며 북학론의 당위성을 설파하였다. … 이익 추구를 인간의 자연스러운 욕망으로 긍정하고 양반도 이익을 추구하자는 등 실용적인 입장, <보기>-1 우리나라에서는 자기가 사는 지역에서 많이 나는 산물을 다른 데서 산출되는 필요한 물건과 교환하여 풍족하게 살려는 백성이 많으나 힘이 미치지 못한다, <보기>-5 우리나라는 해마다 은 수만 냥을 연경에 실어 보내 약재와 비단을 사 오는 반면, 우리나라 물건을 팔아 저들의 은으로 바꿔 오는 일은 없다.

풀이 <보기>에서 우리나라는 중국과 달리 국내에서 산물 유통이 쉽게 이루어지지 않으며, 국외로 산물을 팔아 은을 벌어들이는 일도 없다고 이야기하고 있다. 이와 같은 조선의 현실은 이익을 추구하자는 실용적인 입장에서 청 문물제도의 수용이 가져다주는 이익을 논하는 박제가의 북학론의 당위성을 뒷받침하는 근거로 볼 수 있다.

→ 적절함!

③ <보기>에 제시된 중국인들의 *상행위에 대한 서술은 (나)에 제시된 중국 국내 교역의 **양상과 ***상충되지 않는다고 볼 수 있어. *商行爲, 재산상의 이익을 목적으로 하는 매매, 교환, 임대 등의 행위 **樣相, 모양 ***相衝−, 서로 어긋나지

근거 (나)-❶-2~3 대부분의 주민들이 접근할 수 있는 향촌의 정기 시장부터 인구 100만의 대도시의 시장에 이르는 여러 단계의 시장들이 그물처럼 연결되어 국내 교역이 활발하게 이루어지고 있었다. 장거리 교역의 상품이 사치품에 한정되지 않고 일상적 물건으로까지 확대되었다, <보기>-2 중국 사람은 가난하면 장사를 한다, <보기>-4 유생이 거리낌 없이 서점을 출입하고, 재상조차도 직접 융복사 앞 시장에 가서 골동품을 산다.

풀이 (나)에서는 당시 중국 국내 교역이 활발하게 이루어졌다고 하였다. <보기>에서는 당시 중국인들이 활발하게 상행위하는 모습을 서술하고 있으므로, <보기>의 서술이 (나)에 제시된 중국 국내 교역의 양상과 상충되지 않는다.

→ 적절함!

④ <보기>에 제시된 은에 대한 평가는 (나)에 제시된 중국의 경제적 번영에 *기여한 요소를 참고할 때, 은의 효용적 측면을 간과한 평가라 볼 수 있어. *寄與−, 도움이 되도록 힘쓴

근거 <보기>-6 은이란 천년이 지나도 없어지지 않는 물건이지만, 약은 사람에게 먹여 반나절이면 사라져 버리고 비단은 시신을 감싸서 묻으면 반년 만에 썩어 없어진다.

풀이 <보기>에서는 은을 천 년이 지나도 없어지지 않는 물건이라 하여, 금방 없어지는 약이나 비단과 같은 물건보다 높은 효용성을 가진 것으로 평가하고 있다. 따라서 <보기>에 제시된 은에 대한 평가가 은의 효용적 측면을 간과한 것이라고 볼 수 없다.

→ 적절하지 않음!

⑤ <보기>에 제시된 중국의 관료에 대한 묘사는 (나)에 제시된 관료 사회의 모습을 참고할 때, 지배층의 전체 *면모가 드러나지 않는 **진술이라 볼 수 있어. *面貌, 상태, 모습 **陳述, 자세한 이야기

근거 (나)-❷-6~7 인맥에 기초한 관료 사회의 부정부패가 심화된 것 … 관료 조직의 규모는 정체되어 있었고, 경쟁의 심화가 종종 불법적인 행위로 연결되었다, <보기>-3~4 정말 사람만 현명하면 원래 가진 풍류와 명망은 그대로다. 그래서 … 재상조차도 직접 융복사 앞 시장에 가서 골동품을 산다.

풀이 (나)에서는 관료들의 부정부패가 심화되었고, 관료 조직의 규모가 정체된 것으로 인한 불법적 행위도 일어났다고 이야기하였다. 한편 <보기>에서는 상행위를 하더라도 그 사람의 풍류와 명망은 그대로이며 재상도 직접 시장에서 물건을 산다고 묘사하고 있을 뿐, 당시 중국 관료 사회의 부정적 면모는 언급하지 않았다. 따라서 <보기>에 제시된 중국의 관료에 대한 묘사는 지배층의 전체 면모가 드러나지 않는 진술이라고 볼 수 있다.

→ 적절함!

**151** 문맥적 의미 파악 - 적절한 것 고르기 2021학년도 수능 21번 정답률 95% | 정답 ③

**문맥상 ⓐ~ⓔ와 바꿔 쓰기에 가장 적절한 것은?**

ⓐ보존된 ⓑ도외시하지 ⓒ한정되지 ⓓ자극하였다 ⓔ성행하였다

**① ⓐ : 드러난**

풀이 ⓐ에서 쓰인 '보존(保 지키다 보 存 있다 존)되다'는 '잘 보호되고 간수되어 남겨지다'의 의미이다. 한편 '드러나다'는 '가려 있거나 보이지 않던 것이 보이게 되다'의 의미이다. 따라서 ⓐ를 '드러난'으로 바꿔 쓰는 것은 문맥상 적절하지 않다.

예문 문화재 대부분은 박물관에 보존되어 있다.
구름이 걷히자 산봉우리가 드러났다.

→ 적절하지 않음!

**② ⓑ : 생각하지**

풀이 ⓑ에서 쓰인 '도외시(度 법도 도 外 바깥 외 視 보다 시)하다'는 '상관하지 아니하거나 무시하다'의 의미이다. 한편 '생각하다'는 '사물을 헤아리고 판단하다'의 의미이다. 따라서 ⓑ를 '생각하지'로 바꿔 쓰는 것은 문맥상 적절하지 않다.

예문 우리가 환경 문제를 도외시한다면 그 대가를 다음 세대가 치르게 될 것이다.
그는 인생에 대하여 생각했다.

→ 적절하지 않음!

**③ ⓒ : 그치지**

풀이 ⓒ에서 쓰인 '한정(限 한정하다 한 定 정하다 정)되다'는 '수량이나 범위 따위가 제한되어(制限−, 일정한 한도를 넘어가지 못하게 막혀) 정해지다'의 의미이다. 또 '그치다'는 '더 이상의 진전(進展, 진행되어 발전함)이 없이 어떤 상태에 머무르다'의 의미이다. 따라서 ⓒ의 '한정되지'를 '그치지'로 바꿔 쓰는 것은 문맥상 적절하다.

예문 우리가 걱정하는 것은 돈 문제에만 한정되는 게 아니다.
아쉽게도 우리 팀은 준우승에 그쳤다.

→ 적절함!

**④ ⓓ : 따라갔다**

풀이 ⓓ에서 쓰인 '자극(刺 찌르다 자 戟 창 극)하다'는 '외부에서 작용을 주어 감각이나 마음에 반응이 일어나게 하다'의 의미이다. 한편 '따라가다'는 '앞서 있는 것의 정도나 수준에 이를 만큼 가까이 가다'의 의미를 가지는데, ⓓ를 '따라갔다'로 바꿔 쓸 경우 문장의 의미가 달라진다. 따라서 ⓓ를 '따라갔다'로 바꿔 쓰는 것은 문맥상 적절하지 않다.

예문 그 광고는 사람들의 호기심을 자극하였다.
인간은 자신이 만들어 낸 기술의 변화를 미처 따라가지 못하고 있다.

→ 적절하지 않음!

**⑤ ⓔ : 일어났다**

풀이 ⓔ에서 쓰인 '성행(盛 성하다 성 行 유행하다 행)하다'는 '매우 성하게(盛−, 세력이 한창 왕성하게) 유행하다'의 의미이다. 한편 '일어나다'는 '약하거나 희미하던 것이 성하여 지다'의 의미를 가지고 있다. ⓔ가 어떠한 것이 일시적으로 많은 사람에게 매우 널리 퍼지는 것을 의미한다면 '일어나다'는 힘이 약하고 분명하지 못했던 것의 기세가 좋아진다는 것을 의미하므로, ⓔ를 '일어났다'로 바꿔 쓸 경우 문장의 의미가 달라진다. 따라서 ⓔ를 '일어났다'로 바꿔 쓰는 것은 문맥상 적절하지 않다.

예문 나는 요즘 성행하는 인터넷 게임들을 할 줄 모른다.
월드컵 대회가 가까워 오자 축구 열기가 다시 일어났다.

→ 적절하지 않음!

**[152~157] 다음 글을 읽고 물음에 답하시오.**

(가)

1 [1]한국, 중국 등 동아시아 사회에서 오랫동안 유지되었던 과거제는 세습적(世襲的, 한집안의 재산, 신분, 직업 등을 그 자손들이 대대로 물려받는) 권리와 무관하게(無關−, 상관없이) 능력주의적인(能力主義的−, 능력만을 기준으로 평가하는) 시험을 통해 관료(官僚, 직업적인 관리)를 선발하는(選拔−, 뽑는) 제도(制度, 사회적 규칙 체계)라는 점에서 합리성(合理性, 이치에 합당한 성질)을 갖추고 있었다. [2]정부의 관직(官職, 벼슬)을 ⓐ 두고 정기적으로 시행되는 공개 시험인 과거제가 도입되어, 높은 지위(地位, 조직, 사회에서 차지하는 위치)를 얻기 위해서는 신분이나 추천(推薦, 적합한 대상을 책임지고 소개함)보다 시험 성적이 더욱 중요해졌다.

→ 과거제가 가진 합리성과 과거제 도입 이후의 변화

2 [1]명확하고 합리적인 기준에 따른 관료 선발 제도라는 공정성(公正性, 공평하고 올바른 성질)을 바탕으로 과거제는 보다 많은 사람들에게 사회적 지위 획득의 기회를 줌으로써 개방성(開放性, 열린 성질)을 제고하여(提高−, 높여) 사회적 유동성(社會的流動性, 사회에 관계된 부분에서 경우에 따라 이리저리 바뀌어 달라질 수 있는 성질. 여기서는 대표적으로 신분 상승 등의 사회적 지위의 이동을 말함) 역시 증대시켰다.(增大−, 더하여 많아지게 했다.)

[2]응시(應試, 시험에 응함) 자격에 일부 제한(制限, 넘지 못하게 정한 한계)이 있었다 하더라도, 비교적 공정한 제도였음은 부정하기 어렵다. [3]시험 과정에서 ㉠ 익명성(匿名性, 행위를 한 사람이 누구인지 드러나지 않는 성질)의 확보(確保, 확실히 가지고 있음)를 위한 여러 가지 장치를 도입한 것도 공정성 강화를 위한 노력을 보여 준다.

→ 과거제의 공정성

3 [1]과거제는 여러 가지 사회적 효과를 가져왔는데, 특히 학습에 강력한 동기(動機, 행동을 하게 하는 원인이나 계기)를 제공함으로써 교육의 확대와 지식의 보급(普及, 널리 펴서 많은 사람들에게 골고루 미치게 함)에 크게 기여했다.(寄與–, 도움이 되도록 힘을 썼다.) [2]그(과거제가 교육의 확대와 지식의 보급에 크게 기여한) 결과 통치(統治, 나라나 지역을 도맡아 다스림)에 참여할 능력을 갖춘 지식인(知識人, 일정한 수준의 지식과 교양을 갖춘 사람) 집단이 폭넓게 형성되었다. [3]시험에 필요한 고전(古典, 시대를 뛰어넘어 변함없이 읽을 만한 가치를 지니는 것들)과 유교 경전(儒教經傳, 유학의 성현이 남긴 글)이 주(主, 중심)가 되는 학습의 내용은 도덕적인 가치 기준에 대한 광범위한(廣範圍–, 범위가 넓은) 공유(共有, 함께 가짐)를 이끌어 냈다. [4]또한 최종 단계까지 통과하지 못한 사람들에게도 국가가 여러 특권(特權, 특별한 권리)을 부여하고(附與–, 주고) 그들(최종 단계까지 통과하지 못한 사람들)이 지방 사회에 기여하도록 하여 경쟁적(競爭的, 이기거나 앞서려고 서로 다투듯 하는) 선발 제도가 가져올 수 있는 부작용(副作用, 본래의 작용 외에 붙어서 따라 일어나는 바람직하지 못한 일)을 완화하고자(緩和–, 줄어들게 하고자) 노력했다.

→ 교육의 확대와 지식의 보급에 기여한 과거제

4 [1]동아시아에서 과거제가 천 년이 넘게 시행된 것은 과거제의 합리성이 사회적 안정에 기여했음을 보여 준다. [2]과거제는 왕조(王朝, 같은 왕가가 다스리는 시대)의 교체(交替, 대신하여 바꿈)와 같은 변화에도 불구하고 동질적인(同質的–, 성질이 같은) 엘리트층(elite層, 지도자적 위치에 있는 사람들의 계층)의 연속성(連續性, 계속되는 상태)을 가져왔다. [3]그리고 이러한 연속성은 관료 선발 과정뿐 아니라 관료제에 기초한 통치의 안정성에도 기여했다.

→ 사회적 안정에 기여한 과거제

5 [1]과거제를 장기간 유지한 것은 세계적으로 드문(흔하지 않은) 현상이었다. [2]과거제에 대한 정보는 선교사(宣教師, 종교를 널리 알리는 사람)들을 통해 유럽에 전해져 많은 관심을 불러일으켰다. [3]일군(一群, 한 무리)의 유럽 계몽사상가(啓蒙思想家, 지식수준이 낮거나 의식이 덜 깬 사람들을 깨우쳐야 한다고 주장하는 사람)들은 학자(學者, 학문을 연구하는 사람)의 지식이 귀족(貴族, 가문이나 신분이 좋아서 정치적·사회적 특권을 가진 계층)의 세습적 지위보다 우위(優位, 남보다 나은 위치)에 있는 체제를 정치적인 합리성을 갖춘 것으로 보았다. [4]이러한(과거제에 대해 유럽이 보인) 관심은 사상적(思想的, 사상에 관계되는. 여기서는 '과거제에 대한 생각에 관계되는'의 의미) 동향(動向, 움직여 가는 방향)뿐 아니라 실질적인 사회 제도에까지 영향을 미쳐서, 관료 선발에 시험을 통한 경쟁이 도입되기도 했다.

→ 과거제에 대한 유럽의 관심

(나)

1 [1]조선 후기의 대표적인 관료 선발 제도 개혁론(改革論, 개혁을 하자는 의견)인 유형원의 공거제(貢 추천하다 공 擧 추천하다 거 制 규정 제) 구상(構想, 앞으로 이루려는 일의 전체적 내용과 실현 방법 등에 대한 생각)은 능력주의적, 결과주의적 인재(人材, 일을 할 수 있는 학식과 능력을 갖춘 사람) 선발의 약점을 극복하려는 의도와 함께 신분적 세습의 문제점도 의식한(意識–, 염두에 둔) 것이었다. [2]중국에서는 17 세기 무렵 관료 선발에서 세습과 같은 봉건적인(封建的–, 신분, 지위 등 상하 관계에 따른 질서를 중요하게 여기는 봉건 제도 특유의) 요소(要素, 조건, 성분)를 부분적으로 재도입하려는(再導入–, 다시 끌어들이려는) 개혁론이 등장했다. [3]고염무는 관료제의 상층(上層, 계급, 신분, 지위가 높은 계층)에는 능력주의적 제도를 유지하되, ㉮ 지방관(地方官, 각 지방에서 행정 책임을 맡아 보는 직책)인 지현들은 어느 정도의 검증(檢證, 검사하여 증명함) 기간을 거친 이후 그(지방관의) 지위를 평생 유지시켜 주고 세습의 길까지 열어 놓는 방안(方案, 방법)을 제안했다. [4]황종희는 지방의 관료가 자체적으로(自體的–, 외부의 영향 없이 그 스스로) 관리를 초빙해서(招聘–, 예를 갖추어 모셔서) 시험한 후에 추천하는 '벽소'와 같은 옛 제도를 ⓑ 되살리는 방법으로 과거제를 보완하자고(補完–, 모자라거나 부족한 것을 보충하여 완전하게 하자고) 주장했다.

→ 과거제에 대한 개혁론

2 [1]이러한 개혁론은 갑작스럽게 등장한 것이 아니었다. [2]과거제를 시행했던 국가들에서는 수백 년에 ⓒ 걸쳐 과거제를 개선하라는(改善–, 잘못되고 부족한 것을 고쳐 더 좋게 만들라는) 압력(壓力, 타인을 자기 의지에 따르게 하는 힘)이 있었다. [3]시험 방식이 가져오는 부작용들은 과거제의 중요한 문제였다. [4]치열한 경쟁은 학문에 대한 깊이 있는 학습이 아니라 합격만을 목적으로 하는 형식적 학습을 하게 만들었고, 많은 인재들이 수험(受驗, 시험을 치름) 생활에 장기간 ⓓ 매달리면서 재능을 낭비하는 현상도 낳았다. [5]또한 학습 능력 이외의 인성(人性, 사람의 성품)이나 실무(實務, 실제의 업무) 능력을 평가할 수 없다는 이유로 시험의 ㉡ 익명성에 대한 회의(懷疑, 의심을 품음)도 있었다.

→ 과거제에 대한 개혁론이 등장한 배경 : 과거제의 부작용

3 [1]과거제의 부작용에 대한 인식(認識, 분별하고 판단하여 앎)은 과거제를 통해 임용된(任用–, 직업상의 업무가 맡겨져 쓰이게 된) 관리들의 활동에 대한 비판적(批判的, 옳고 그름을 판단하여 밝히거나 잘못된 점을 지적하는) 시각(視角, 관찰하고 파악하는 기본적 자세)으로 연결되었다. [2]능력주의적 태도는 시험뿐 아니라 관리의 업무(業務, 맡아 하는 일)에 대한 평가에도 적용되었다. [3]세습적이지 않으면서 몇 년의 임기(任期, 임무를 맡아보는 정해진 기간)마다 다른 지역으로 이동하는 관리들은 승진(昇進, 벼슬이 높아짐)을 위해서 빨리 성과(成果, 일을 이루어 낸 결실)를 낼 필요가 있었기에, 지역 사회를 위해 장기적인 전망(展望, 앞날을 헤아려 내다봄)을 가지고 정책을 추진하기보다(推進–, 목표를 향하여 밀고 나아가기보다) 가시적이고(可視的–, 눈으로 볼 수 있고) 단기적인 결과만을 중시하는 부작용을 가져왔다. [4]개인적 동기가 공공성(公共性, 한 개인이 아닌 일반 사회 구성원 전체에 두루 관련되는 성질)과 상충되는(相衝–, 맞지 않고 서로 어긋나게 되는) 현상이 나타났던 것이다. [5]공동체 의식(共同體意識, 생활, 목적을 같이하는 집단에 속해 있다는 의식)의 약화 역시 과거제의 부정적 결과로 인식되었다. [6]과거제 출신의 관리들이 공동체에 대한 소속감(所屬感, 집단에 속해 있다는 느낌)이 낮고 출세 지향적이기(出世志向的–, 높은 지위에 오르려는 욕망이 크기) 때문에 세습 엘리트나 지역에서 천거된(薦擧–, 추천된) 관리에 비해 공동체에 대한 충성심(忠誠心, 진정으로 우러나오는 정성스러운 마음)이 약했던 것이다.

→ 과거제 출신의 관리들에 대한 비판적 시각

4 [1]과거제가 지속되는 시기 내내 과거제 이전에 대한 향수(鄕愁, 그리움)가 존재했던 것은 그 외의 정치 체제를 상상하기 ⓔ 어려웠던 상황에서, 사적(私的, 개인에 관계된 것)이고 정서적인(情緖的–, 마음에 일어나는 여러 가지 감정과 관련된) 관계에서 볼 수 있는 소속감과 충성심을 과거제로 확보하기 어렵다는 판단 때문이었다. [2]봉건적 요소를 도입하여 과거제를 보완하자는 주장은 단순히 복고적인(復古的–, 과거의 사상이나 전통으로 되돌아가려는) 것이 아니었다. [3]합리적인 제도가 가져온 역설적(逆說的, 모순적) 상황을 역사적 경험과 주어진 사상적 자원을 활용하여 보완하고자 하는 시도였다.

→ 봉건적 요소를 도입하여 과거제를 보완하자는 주장이 지닌 의의

■지문 이해

(가)

<과거제가 사회에 끼친 긍정적 효과>

**❶ 과거제가 가진 합리성과 과거제 도입 이후의 변화**

- 과거제의 합리성 : 세습적 권리와 무관하게 능력주의적인 시험을 통해 관료를 선발하는 제도임
- 과거제의 도입으로 높은 지위를 얻기 위해 신분이나 추천보다 시험 성적이 중요해짐

**❷ 과거제의 공정성**

- 과거제의 공정성이 가진 효과 : 보다 많은 사람들에게 사회적 지위 획득의 기회를 부여하여 사회적 유동성을 증대시킴
- 공정성 강화를 위해 익명성의 확보를 위한 여러 가지 장치를 도입함

**❸ 교육의 확대와 지식의 보급에 기여한 과거제**

- 학습에 강력한 동기를 제공하여 교육의 확대와 지식의 보급에 크게 기여함 → 지식인 집단이 폭넓게 형성됨
- 고전, 유교 경전이 주가 되는 학습 내용 → 도덕적 가치 기준에 대한 광범위한 공유를 이끌어 냄
- 경쟁적 선발 제도의 부작용을 완화하고자 노력함 → 최종 단계까지 통과하지 못한 사람에게도 특권을 부여하고 그들이 지방 사회에 기여하도록 함

**❹ 사회적 안정에 기여한 과거제**

- 과거제는 정치적 변화에도 동질적 엘리트층의 연속성을 가져옴 → 통치 안정성에도 기여함

**❺ 과거제에 대한 유럽의 관심**

- 과거제에 대한 정보가 유럽에 전해져 사상적 동향과 실질적 사회 제도에 영향을 미침

(나)
<과거제에 대한 개혁론의 등장과 배경>

| ❶ 과거제에 대한 개혁론 |
|---|
| • 유형원의 공거제 구상 : 능력주의적, 결과주의적 인재 선발의 약점 극복 의도 + 신분적 세습의 문제점 의식<br>• 17 세기 중국의 개혁론 : 봉건적 요소를 부분적으로 재도입하려 함 |

| ❷ 과거제에 대한 개혁론이 등장한 배경 : 과거제의 부작용 |
|---|
| • 치열한 경쟁 → 합격만을 목적으로 하는 형식적 학습을 하게 함, 많은 인재들이 장기간의 수험 생활로 재능을 낭비함<br>• 학습 능력 이외의 인성, 실무 능력을 평가할 수 없음 → 익명성에 대한 회의 |

| ❸ 과거제 출신의 관리들에 대한 비판적 시각 |
|---|
| • 능력주의적 태도 : 승진을 위해 빠른 성과를 내고자 가시적이고 단기적인 결과만을 중시 → 개인적 동기와 공공성이 상충됨<br>• 공동체 의식의 약화 : 소속감이 낮고 출세 지향적 → 공동체에 대한 충성심이 약함 |

| ❹ 봉건적 요소를 도입하여 과거제를 보완하자는 주장이 지닌 의의 |
|---|
| • 과거제의 부작용들을 역사적 경험과 주어진 사상적 자원을 활용해 보완하려는 시도임 |

**152** | 글의 서술 방식 파악 - 적절한 것 고르기 2021학년도 6월 모평 16번 | 정답률 80%, 매력적 오답 ④ 10% | 정답 ①

### (가)와 (나)의 서술 방식으로 가장 적절한 것은?

**근거** (가)-❷-1 과거제는 보다 많은 사람들에게 사회적 지위 획득의 기회를 줌으로써(원인) 개방성을 제고하여 사회적 유동성 역시 증대시켰다(결과), (가)-❸-1~2 과거제는 … 교육의 확대와 지식의 보급에 크게 기여했다(원인). 그 결과 통치에 참여할 능력을 갖춘 지식인 집단이 폭넓게 형성되었다(결과), (가)-❹-2~3 과거제는 … 동질적인 엘리트층의 연속성을 가져왔다(원인). 그리고 이러한 연속성은 … 통치의 안정성에도 기여했다(결과), (가)-❺-2 과거제에 대한 정보는 … 유럽에 전해져 많은 관심을 불러일으켰다(원인), (가)-❺-4 이러한 관심은 … 사회 제도에까지 영향을 미쳐서, 관료 선발에 시험을 통한 경쟁이 도입되기도 했다(결과).
(나)-❷-1~5 개혁론은 갑작스럽게 등장한 것이 아니었다. … 시험 방식이 가져오는 부작용들은 과거제의 중요한 문제였다. 치열한 경쟁(원인)은 … 형식적 학습을 하게 만들었고(결과), … 재능을 낭비하는 현상도 낳았다(결과). 또한 학습 능력 이외의 인성이나 실무 능력을 평가할 수 없다(원인)는 이유로 시험의 익명성에 대한 회의(결과)도 있었다, (나)-❸-3~6 관리들은 승진을 위해서 빨리 성과를 낼 필요가 있었기에(원인), … 가시적이고 단기적인 결과만을 중시하는 부작용을 가져왔다(결과). … 공동체 의식의 약화(결과) 역시 과거제의 부정적 결과로 인식되었다. 과거제 출신의 관리들이 공동체에 대한 소속감이 낮고 출세 지향적이기 때문에(원인) … 공동체에 대한 충성심이 약했던 것(결과)

**풀이** 먼저 (가)에서는 과거제가 사회에 미친 긍정적인 영향을 인과적으로 설명하고 있다. 한편 (나)에서는 관료 선발 제도 개혁론이 등장한 배경으로 과거제가 지닌 부작용을 제시하고, 이러한 부작용의 내용을 원인과 결과를 들어 설명하고 있다. 따라서 정답은 ①번이다.

**① (가)와 (나) 모두 특정 제도가 사회에 미친 영향을 *인과적으로 **서술하고 있다.** *因果的-, 원인과 결과 관계를 따져 **敍述-, 생각을 차례대로 적고
→ 적절함!

**② (가)와 (나) 모두 특정 제도를 *분석하는 두 가지 **이론을 구분하여 소개하고 있다.** *分析-, 복잡한 것을 개별적인 요소나 성질로 나누는 **理論, 이치, 지식 등을 논리적으로 일반화한 체계

(나)는 (가)와 달리
**③ (가)는 (나)와 달리 구체적 *사상가들의 **견해를 ***언급하며 특정 제도에 대한 ****관점을 드러내고 있다.** *思想家, 어떤 사상을 잘 알고 이를 적극적으로 주장하는 사람 **見解, 의견이나 생각 ***言及-, 말하며 ****觀點, 보고 생각하는 태도, 방향, 처지

**④ (나)는 (가)와 달리 특정 제도에 대한 *선호와 비판의 근거들을 비교하면서 특정 제도의 특징을 제시하고 있다.** *選好, 여럿 중에서 특별히 좋아함

**⑤ (가)는 특정 제도의 발전을 *통시적으로, (나)는 특정 제도에 대한 학자들의 **상반된 입장을 ***공시적으로 언급하고 있다.** *通時的-, 시간의 흐름에 따라 **相反-, 서로 반대되는 ***共時的-, 특정 시기를 중심으로

**153** | 세부 정보 이해 - 적절하지 않은 것 고르기 2021학년도 6월 모평 17번 | 정답률 70%, 매력적 오답 ① 25% | 정답 ④

### (가)의 내용과 일치하지 않는 것은?

**① 시험을 통한 관료 선발 제도는 동아시아뿐만 아니라 유럽에서도 실시되었다.**
**근거** (가)-❶-1 한국, 중국 등 동아시아 사회에서 오랫동안 유지되었던 과거제는 … 시험을 통해 관료를 선발하는 제도, (가)-❺-4 이러한(과거제에 대해 유럽이 보인) 관심은 … 실질적인 사회 제도에까지 영향을 미쳐서, 관료 선발에 시험을 통한 경쟁이 도입되기도 했다.
→ 적절함!

**② 과거제는 폭넓은 지식인 집단을 형성하여 관료제에 기초한 통치에 기여했다.**
**근거** (가)-❸-1~2 과거제는 여러 가지 사회적 효과를 가져왔는데, … 통치에 참여할 능력을 갖춘 지식인 집단이 폭넓게 형성되었다, (가)-❹-3 (과거제가 가져온) 이러한 연속성은 관료 선발 과정뿐 아니라 관료제에 기초한 통치의 안정성에도 기여했다.
→ 적절함!

**③ 과거 시험의 최종 단계까지 통과하지 못한 사람도 국가로부터 *혜택을 받을 수 있었다.** *惠澤, 도움과 이익
**근거** (가)-❸-4 최종 단계까지 통과하지 못한 사람들에게도 국가가 여러 특권을 부여하고 그들이 지방 사회에 기여하도록 하여
→ 적절함!

**④ 경쟁을 바탕으로 한 과거제는 더 많은 사람들이 지방의 관료에 의해 초빙될 기회를 주었다.**
**근거** (가)-❶-1~2 과거제는 세습적 권리와 무관하게 능력주의적인 시험을 통해 관료를 선발하는 제도 … 과거제가 도입되어, 높은 지위를 얻기 위해서는 신분이나 추천보다 시험 성적이 더욱 중요해졌다, (가)-❷-1 명확하고 합리적인 기준에 따른 관료 선발 제도라는 공정성을 바탕으로 과거제는 보다 많은 사람들에게 사회적 지위 획득의 기회를 줌, (나)-❶-4 지방의 관료가 자체적으로 관리를 초빙해서 시험한 후에 추천하는 '벽소'와 같은 옛 제도
**풀이** 과거제는 능력주의적인 시험을 통해 관료를 선발하는 경쟁적 선발 제도로, 과거제의 도입으로 신분이나 추천보다 시험 성적이 중요해졌다. 또한 공정성을 바탕으로 한 과거제는 더 많은 사람들이 사회적 지위를 획득할 수 있는 기회를 주었다. 지방의 관료가 관리를 초빙하여 추천하는 제도는 과거제가 아니라 '벽소'에 해당한다.
→ 적절하지 않음!

**⑤ 귀족의 지위보다 학자의 지식이 우위에 있는 체제가 합리적이라고 여긴 계몽사상가들이 있었다.**
**근거** (가)-❺-3 일군의 유럽 계몽사상가들은 학자의 지식이 귀족의 세습적 지위보다 우위에 있는 체제를 정치적인 합리성을 갖춘 것으로 보았다.
→ 적절함!

**154** | 추론의 적절성 판단 - 적절하지 않은 것 고르기 2021학년도 6월 모평 18번 | 정답률 75%, 매력적 오답 ① 10% | 정답 ②

### (나)를 참고할 때, ㉮와 같은 제안이 등장하게 된 배경을 추론한 내용으로 적절하지 않은 것은?

> ㉮ 지방관인 지현들은 어느 정도의 검증 기간을 거친 이후 그 지위를 평생 유지시켜 주고 세습의 길까지 열어 놓는 방안을 제안했다. → 봉건적인 요소를 부분적으로 재도입하려는 개혁론

**① 과거제로 등용된 관리들이 근무지를 자주 바꾸게 되어 근무지에 대한 소속감이 약했기 때문이었을 것이다.**
**근거** (나)-❸-3 세습적이지 않으면서 몇 년의 임기마다 다른 지역으로 이동하는 관리들, (나)-❸-6 과거제 출신의 관리들이 공동체에 대한 소속감이 낮고
→ 적절함!

② 과거제로 *등용된 관리들의 봉건적 요소에 대한 **지향이 공공성과 상충되는 ***세태로 나타났기 때문이었을 것이다. *登用-. 능력을 인정받아 뽑혀 쓰인 **志向. 뜻이 향함 ***世態. 세상의 상태나 형편

근거 (나)-❶-2 중국에서는 17 세기 무렵 관료 선발에서 세습과 같은 봉건적인 요소를 부분적으로 재도입하려는 개혁론이 등장, (나)-❸-3~4 세습적이지 않으면서 몇 년의 임기마다 다른 지역으로 이동하는 관리들은 승진을 위해서 빨리 성과를 낼 필요가 있었기에, 지역 사회를 위해 장기적인 전망을 가지고 정책을 추진하기보다 가시적이고 단기적인 결과만을 중시하는 부작용을 가져왔다. 개인적 동기가 공공성과 상충되는 현상이 나타났던 것

풀이 윗글에서 '봉건적 요소에 대한 지향'은 과거제로 등용된 관리들이 아니라 중국에서 17 세기 무렵 등장한 개혁론에 해당하는 내용이다. 따라서 과거제로 등용된 관리들이 봉건적 요소에 대한 지향을 지녔다는 설명은 적절하지 않다. 또한 윗글에서는 승진을 위해 빨리 성과를 내고자 하는, 과거제로 등용된 관리들의 '개인적인 동기'가 공공성과 상충된다고 하였으므로, 관리들의 봉건적 요소에 대한 지향이 공공성과 상충된다는 설명 역시 적절하지 않다.

→ 적절하지 않음!

③ 과거제로 선발한 관료들은 세습 엘리트에 비해 개인적 동기가 강해서 공동체 의식이 높지 않았기 때문이었을 것이다.

근거 (나)-❸-4~6 개인적 동기가 공공성과 상충되는 현상이 나타났던 것이다. 공동체 의식의 약화 역시 과거제의 부정적 결과로 인식되었다. 과거제 출신의 관리들이 공동체에 대한 소속감이 낮고 출세 지향적이기 때문에 세습 엘리트나 지역에서 천거된 관리에 비해 공동체에 대한 충성심이 약했던 것

→ 적절함!

④ 과거제를 통해 *배출된 관료들이 출세 지향적이어서 장기적 **안목보다는 ***근시안적인 결과에 치중했기 때문이었을 것이다. *輩出-. 잇따라 나온 **眼目. 좋고 나쁨, 진짜와 가짜, 가치를 구별하고 판단하는 능력 ***近視眼的-. 앞날의 일이나 전체를 보지 못하고 눈앞의 부분적인 것에만 사로잡힌

근거 (나)-❸-3 세습적이지 않으면서 몇 년의 임기마다 다른 지역으로 이동하는 관리들은 승진을 위해서 빨리 성과를 낼 필요가 있었기에, 지역 사회를 위해 장기적인 전망을 가지고 정책을 추진하기보다 가시적이고 단기적인 결과만을 중시하는 부작용을 가져왔다, (나)-❸-6 과거제 출신의 관리들이 공동체에 대한 소속감이 낮고 출세 지향적

→ 적절함!

⑤ 과거제가 낳은 능력주의적 태도로 인해 관리들이 승진을 위해 가시적인 성과만을 내려는 *경향이 강해졌기 때문이었을 것이다. *傾向. 생각, 행동, 현상에서 나타나는 일정한 방향성

근거 (나)-❸-2~3 능력주의적 태도는 시험뿐 아니라 관리의 업무에 대한 평가에도 적용되었다. 세습적이지 않으면서 몇 년의 임기마다 다른 지역으로 이동하는 관리들은 승진을 위해서 빨리 성과를 낼 필요가 있었기에, 지역 사회를 위해 장기적인 전망을 가지고 정책을 추진하기보다 가시적이고 단기적인 결과만을 중시하는 부작용을 가져왔다.

→ 적절함!

| 155 | 추론의 적절성 판단 - 적절한 것 고르기 2021학년도 6월 모평 19번<br>정답률 85% | 정답 ④ |
|---|---|---|

## (가)와 (나)를 참고하여 ㉠과 ㉡을 이해한 내용으로 가장 적절한 것은?

㉠ 익명성의 확보 → 공공성 강화 → 많은 사람들에게 사회적 지위 획득 기회 부여
㉡ 익명성에 대한 회의 ← 인성이나 실무 능력 평가 불가

① ㉠은 모든 사람에게 응시 기회를 보장했지만, ㉡은 결과주의의 지나친 확산에서 *비롯되었다. *처음으로 시작되었다.

근거 (가)-❷-2 응시 자격에 일부 제한이 있었다, (나)-❷-5 학습 능력 이외의 인성이나 실무 능력을 평가할 수 없다는 이유로 시험의 익명성에 대한 회의도 있었다.

→ 적절하지 않음!

② ㉠은 정치적 변화에도 사회적 안정을 보장했지만, ㉡은 *대대로 관직을 물려받는 문제에서 비롯되었다. *代代-. 여러 대를 이어서 계속하여

근거 (가)-❹-1~3 과거제의 합리성이 사회적 안정에 기여했음을 보여 준다. 과거제는 왕조의 교체와 같은 변화에도 불구하고 … 관료제에 기초한 통치의 안정성에도 기여했다, (나)-❷-5 학습 능력 이외의 인성이나 실무 능력을 평가할 수 없다는 이유로 시험의 익명성에 대한 회의도 있었다, (가)-❶-1 과거제는 세습적 권리와 무관하게 능력주의적인 시험을 통해 관료를 선발하는 제도

풀이 윗글의 (가)에서는 '익명성의 확보(㉠)'가 아니라 '과거제의 합리성'이 왕조의 교체와 같은 정치적 변화에도 사회적 안정을 보장하였다고 하였다. 한편 과거제는 재산, 신분, 직업 등을 대대로 물려주고 물려받는 세습적 권리와 무관하게, 능력주의적인 시험을 통해 관료를 선발하는 제도이다. 따라서 익명성에 대한 회의(㉡)가 대대로 관직을 물려받는 문제에서 비롯되었다는 설명 또한 적절하지 않다.

→ 적절하지 않음!

③ ㉠은 지역 공동체의 전체 이익을 *증진시켰지만, ㉡은 지나친 경쟁이 **유발한 국가 전체의 ***비효율성에서 비롯되었다. *增進-. 점점 더 늘려 가게 하였지만 **誘發-. 불러일으킨 ***非效率性. 노력에 비해 얻어진 결과의 정도가 매우 적은 성질

근거 (나)-❷-5 학습 능력 이외의 인성이나 실무 능력을 평가할 수 없다는 이유로 시험의 익명성에 대한 회의도 있었다.

풀이 익명성의 확보(㉠)가 '지역 공동체의 전체 이익을 증진'시켰는지는 윗글을 통해 확인할 수 없다. 또 익명성에 대한 회의(㉡)는 학습 능력 이외의 인성이나 실무 능력을 평가할 수 없다는 이유에서 비롯된 것이지, '지나친 경쟁이 유발한 국가 전체의 비효율성'에서 비롯되었다고 볼 수 없다.

→ 적절하지 않음!

④ ㉠은 사회적 지위 획득의 기회를 확대하는 데 기여했지만, ㉡은 관리 선발 시 *됨됨이 검증의 **곤란함에서 비롯되었다. *사람으로서 지니고 있는 품성이나 인격 **困難-. 어려움

근거 (가)-❷-1~3 명확하고 합리적인 기준에 따른 관료 선발 제도라는 공정성을 바탕으로 과거제는 보다 많은 사람들에게 사회적 지위 획득의 기회를 줌으로써 … 비교적 공정한 제도였음은 부정하기 어렵다. 시험 과정에서 익명성의 확보를 위한 여러 가지 장치를 도입한 것도 공정성 강화를 위한 노력을 보여 준다, (나)-❷-5 학습 능력 이외의 인성이나 실무 능력을 평가할 수 없다는 이유로 시험의 익명성에 대한 회의도 있었다.

풀이 윗글의 (가)에서 공정성을 바탕으로 한 과거제는 보다 많은 사람들에게 사회적 지위 획득의 기회를 주었다고 하였고, 익명성의 확보(㉠)를 위해 여러 가지 장치를 도입한 것도 공정성 강화를 위한 노력이라고 하였다. 따라서 익명성의 확보(㉠)는 공정성을 바탕으로 하여 사회적 지위 획득의 기회를 확대하는 데 기여하였다고 볼 수 있다. 한편 윗글의 (나)에서는 익명성에 대한 회의(㉡)의 이유로 학습 능력 이외의 인성이나 실무 능력, 즉 됨됨이를 평가할 수 없다는 점을 제시하였다. 따라서 익명성에 대한 회의(㉡)가 관리 선발 시 됨됨이 검증의 곤란함에서 비롯되었다는 설명 또한 적절하다.

→ 적절함!

⑤ ㉠은 관료들이 지닌 도덕적 가치 기준의 다양성을 확대했지만, ㉡은 사적이고 정서적인 관계 확보의 어려움에서 비롯되었다.

근거 (가)-❸-1 과거제는 여러 가지 사회적 효과를 가져왔는데, (가)-❸-3 시험에 필요한 고전과 유교 경전이 주가 되는 학습의 내용은 도덕적인 가치 기준에 대한 광범위한 공유를 이끌어 냈다, (나)-❷-5 학습 능력 이외의 인성이나 실무 능력을 평가할 수 없다는 이유로 시험의 익명성에 대한 회의도 있었다.

풀이 윗글에서 과거제는 '시험에 필요한 고전과 유교 경전을 학습'함으로써 도덕적 가치 기준에 대한 광범위한 공유를 이끌어 내는 사회적 효과를 가져왔다고 하였다. 따라서 이러한 도덕적 가치 기준의 광범위한 공유가 익명성의 확보(㉠)에서 비롯되었다고는 볼 수 없다. 또한 익명성에 대한 회의(㉡)는 '학습 능력 이외의 인성이나 실무 능력을 평가할 수 없음'에서 비롯된 것이지 사적이고 정서적인 관계 확보의 어려움에서 비롯된 것이 아니다.

→ 적절하지 않음!

**156** 구체적인 사례에 적용 - 적절하지 않은 것 고르기 2021학년도 6월 모평 20번 정답률 80% **정답 ⑤**

**<보기>는 과거제에 대한 조선 시대 선비들의 견해를 재구성한 것이다. (가)와 (나)를 읽은 학생이 <보기>에 대해 보인 반응으로 적절하지 않은 것은?** [3점]

| 보기 |
○ 갑 : 변변치 못한(형편이 남보다 못한) 집안 출신이라 차별받는 것에 불만이 있는 사람들이 많았는데, 과거를 통해 관직을 얻으면서 불만이 많이 해소되어(解消–, 해결되어 없어져) 사회적 갈등이 완화된 것은 바람직하다.
○ 을 : 과거제를 통해 조선 사회에 유교적 가치가 광범위하게 자리를 잡아 좋다. 그런데 많은 선비들이 오랜 시간 과거를 준비하느라 자신의 뛰어난 능력을 펼치지 못한다는 점이 안타깝다.
○ 병 : 요즘 과거 시험 준비를 위해 나오는 책들을 보면 시험에 자주 나왔던 내용만 정리되어 있어서 학습의 깊이가 없으니 문제이다. 그래도 과거제 덕분에 더 많은 사람들이 공부를 하려는 생각을 가지게 된 것은 다행이라고 생각한다.

**① '갑'이 과거제로 인해 사회적 유동성이 증가했다는 점을 긍정적으로 본 것은, 능력주의에 따른 공정성과 개방성이라는 시험의 성격에 주목한 것이겠군.**

근거 (가)-❷-1 명확하고 합리적인 기준에 따른 관료 선발 제도라는 공정성을 바탕으로 과거제는 보다 많은 사람들에게 사회적 지위 획득의 기회를 줌으로써 개방성을 제고하여 사회적 유동성 역시 증대시켰다.

→ 적절함!

**② '을'이 과거제로 인해 많은 선비들이 재능을 낭비한다는 점을 부정적으로 본 것은, 치열한 경쟁을 유발하는 시험의 성격에 주목한 것이겠군.**

근거 (나)-❷-4 치열한 경쟁은 학문에 대한 깊이 있는 학습이 아니라 합격만을 목적으로 하는 형식적 학습을 하게 만들었고, 많은 인재들이 수험 생활에 장기간 매달리면서 재능을 낭비하는 현상도 낳았다.

→ 적절함!

**③ '을'이 과거제로 인해 사회의 도덕적 가치 기준에 대한 광범위한 공유가 가능해졌다는 점을 긍정적으로 본 것은, 고전과 유교 경전 위주의 시험 내용에 *주목한 것이겠군.**

*注目–, 관심을 가지고 주의 깊게 살핌

근거 (가)-❸-3 시험에 필요한 고전과 유교 경전이 주가 되는 학습의 내용은 도덕적인 가치 기준에 대한 광범위한 공유를 이끌어 냈다.

→ 적절함!

**④ '병'이 과거제로 인해 *심화된 공부를 하기 어렵다는 점을 부정적으로 본 것은, 형식적인 학습을 유발한 시험 방식에 주목한 것이겠군.** *深化–, 점점 깊어진

근거 (나)-❷-3~4 시험 방식이 가져오는 부작용들은 과거제의 중요한 문제였다. 치열한 경쟁은 학문에 대한 깊이 있는 학습이 아니라 합격만을 목적으로 하는 형식적 학습을 하게 만들었고

→ 적절함!

**⑤ '병'이 과거제로 인해 교육에 대한 동기가 강화되었다는 점을 긍정적으로 본 것은, 실무 능력을 중심으로 평가하는 시험 방식에 주목한 것이겠군.**

근거 (가)-❸-1 과거제는 여러 가지 사회적 효과를 가져왔는데, 특히 학습에 강력한 동기를 제공함으로써 교육의 확대와 지식의 보급에 크게 기여했다, (나)-❷-5 학습 능력 이외의 인성이나 실무 능력을 평가할 수 없다는 이유로 시험의 익명성에 대한 회의도 있었다.

풀이 과거제로 인해 교육에 대한 동기가 강화된 것은 맞지만, 이것을 '실무 능력을 중심으로 평가하는 시험 방식'과 연관 지은 것은 적절하지 않다. 오히려 과거제는 실무 능력을 평가할 수 없다는 부작용을 가지고 있었다.

→ 적절하지 않음!

**157** 문맥적 의미 파악 - 적절한 것 고르기 2021학년도 6월 모평 21번 정답률 90% **정답 ④**

**문맥상 ⓐ~ⓔ의 단어와 가장 가까운 의미로 쓰인 것은?**

ⓐ 두고 ⓑ 되살리는 ⓒ 걸쳐 ⓓ 매달리면서 ⓔ 어려워던

**① ⓐ : 그가 열쇠를 방 안에 두고 문을 잠가 버렸다.**

풀이 ⓐ에서 쓰인 '두다'는 '행위의 준거점, 목표, 근거 따위를 설정하다'의 의미이다. 한편 '열쇠를 방 안에 두다'의 '두다'는 '일정한 곳에 놓다'의 의미이다. 따라서 문맥상 ⓐ와 가까운 의미로 보기 어렵다.

예문 기준을 어디에 두느냐에 따라 결과는 달라진다.
소화기는 눈에 잘 띄는 곳에 두어야 한다.

→ 적절하지 않음!

**② ⓑ : 우리는 그 당시의 행복했던 기억을 되살렸다.**

풀이 ⓑ에서 쓰인 '되살리다'는 '죽거나 없어졌던 것이 다시 살다'를 의미하는 '되살다'의 사동사이다. 한편 '기억을 되살리다'의 '되살리다'는 '잊었던 감정이나 기억, 기분 따위가 다시 일다'를 의미하는 '되살다'의 사동사이다. 따라서 문맥상 ⓑ와 가까운 의미로 보기 어렵다.

예문 그분이 우리의 목숨을 되살려 주셨다.
그때의 감정을 되살려 보았다.

→ 적절하지 않음!

**③ ⓒ : 협곡 사이에 구름다리가 멋지게 걸쳐 있었다.**

풀이 ⓒ에서 쓰인 '걸치다'는 '일정한 횟수나 시간, 공간을 거쳐 이어지다'의 의미이다. 한편 '구름다리가 걸쳐 있다'의 '걸치다'는 '가로질러 걸리다'의 의미이다. 따라서 문맥상 ⓒ와 가까운 의미로 보기 어렵다.

예문 산업 혁명은 우리 인간 생활 전반에 걸쳐서 커다란 변혁을 가져왔다.
빌딩의 그림자가 빌딩 사이에 걸쳐 있다.

→ 적절하지 않음!

**④ ⓓ : 사소한 일에만 매달리면 중요한 것을 놓친다.**

풀이 ⓓ에서 쓰인 '매달리다'는 '어떤 일에 관계하여 거기에만 몸과 마음이 쏠려 있다'의 의미이다. '사소한 일에만 매달리다'에서 쓰인 '매달리다' 또한 '어떤 일에 관계하여 거기에만 몸과 마음이 쏠려 있다'의 의미이다.

예문 김 교수는 밤낮 연구에만 매달려 있다.

→ 적절함!

**⑤ ⓔ : 형편이 어려울수록 모두가 힘을 합쳐야 한다.**

풀이 ⓔ에서 쓰인 '어렵다'는 '가능성이 거의 없다'의 의미이다. 한편 '형편이 어렵다'의 '어렵다'는 '가난하여 살아가기가 고생스럽다'의 의미이다. 따라서 문맥상 ⓔ와 가까운 의미로 보기 어렵다.

예문 시험을 너무 못 봐서 합격하기는 어려울 것 같다.
그들은 생활이 어려워 이사를 갔다.

→ 적절하지 않음!

**[158~163] 다음 글을 읽고 물음에 답하시오.**

1 [1]17 세기 초부터 ⓐ 유입되기 시작한 서학(西學)(서양의 학문) 서적(書籍, 책)에 담긴 서양의 과학 지식은 당시 조선의 지식인들에게 적지 않은 지적(知的, 지식에 관한) 충격을 주며 사상(思想, 사고나 생각)의 변화를 이끌었다. [2]하지만 ㉠ 19 세기 중반까지 서양 의학의 영향력은 천문·지리 지식에 비해 미미하였다.(微微–, 보잘것없이 아주 작았다.) [3]일부 유학자(儒學者, 유학을 연구하는 사람)들이 서양 의학 서적들을 읽었지만, 이에 대해 논평(論評, 글의 내용에 대해 그 가치를 따져 평가함)을 남긴 인물은 극히 제한적이었다.(制限的–, 적었다.)

→ 조선 시대 사상의 변화를 이끈 서학 서적의 유입

2 [1]이런(19 세기 중반까지 서양 의학의 영향력이 미미한) 가운데 18 세기 실학자 이익은 주목할(注目–, 관심을 가지고 주의 깊게 살핌) 만한 인물이다. [2]그는 「서국의(西國醫)」라는 글에서 아담 샬이 쓴 『주제군징(主制群徵)』의 일부를 채록하면서(採錄–, 필요한 자료를 찾아 적으면서) 자신의 생각을 ⓑ 제시하였다. [3]『주제군징』에는 당대(當代, 그 시대) 서양 의학의 대변동(大變動, 크게 바뀌어 달라짐)을 이끈 근대 해부학(解剖學, 생물체 내부의 구조와 기구를 연구하는 학문) 및 생리학(生理學, 생물의 기능과 활동의 원리를 연구하는 학문)의 성과(成果, 이루어 낸 결실)나 그에 따른 기계론적 인체관(機械論的人體觀, 사람의 몸을 기계에 비유하고, 몸의 작용을 기계적, 물리적 인과 관계로 설명하려는 견해)은 담기지 않았다. [4]대신 기독교를 효과적으로 ⓒ 전파하기 위해 신의 존재를 증명하려 했던 로마 시대의 생리설, 중세의 해부 지식 등이 실려 있었다. [5]한정된(限定–, 범위가 제한되어 정해진) 서양 의학 지식이었지만 이익은 그(『주제군징(主制群徵)』에 담긴 서양 의학 지식의) 우수성을 인정하고(認定–, 확실히 그렇다고 생각하고) 내용을 부분적으로 수용하였다.(受容–, 받아

들였다.) [6]뇌가 몸의 운동과 지각 활동을 주관한다는(主管-, 책임을 지고 맡아 관리한다는) 아담 샬의 설명에 대해, 이익은 몸의 운동을 뇌가 주관한다는 것은 긍정하였지만, 지각 활동은 심장이 주관한다는 전통적인 심주지각설(心主知覺說)을 고수하였다.(固守-, 굳게 지켰다.)

→ 이익의 인체관

3 [1]이익 이후에도 서양 의학이 조선 사회에 끼친 영향은 두드러지지(눈에 띄게 뚜렷하지) 않았다. [2]당시(조선 시대) 유학자들은 서양 의학의 필요성을 느끼지 못하였고, 의원(醫員, 의술을 직업으로 삼은 사람)들의 관심에서도 서양 의학은 비껴나 있었다. [3]당시에 전해진 서양 의학 지식은 내용 면에서도 부족했을 뿐 아니라, 지구가 둥글다거나 움직인다는 주장만큼 충격적이지는 않았다. [4]서양 해부학이 야기하는(惹起-, 일으키는) 윤리적 문제도 서양 의학의 영향력을 제한하는 요인(要因, 원인)으로 작용하였으며, 서학에 대한 조정(朝廷)(임금이 나라의 정치를 신하들과 의논하거나 집행하는 기구)의 금지 조치(措置, 대책)도 걸림돌(걸리거나 막히는 장애물)이었다. [5]그러던 중 19 세기 실학자 최한기는 당대 서양에서 주류(主流, 중심이 되는 흐름이나 경향)를 이루고 있던 최신 의학 성과를 담은 홉슨의 책들을 접한(接-, 가까이 대한) 후 해부학 전반(全般, 전체)과 뇌 기능을 중심으로 문제의식(問題意識, 문제점을 찾아 적극적으로 대처하려는 태도)을 본격화하였다.(本格化-, 매우 적극적으로 하였다.) [6]인체에 대한 이전 유학자들의 논의가 도덕적 차원에 초점(焦點, 관심이 집중되는 중심)이 있었던 것과 달리, 그는 지각적·생리적 기능에 주목하였다.

→ 서양 의학의 영향력이 미미하였던 까닭과 인체의 지각적·생리적 기능에 주목한 최한기

4 [1]최한기의 인체관을 함축하는(含蓄-, 깊이 압축하여 담은) 개념 중 하나는 '몸기계'였다. [2]그(최한기)는 이 개념을 본격적으로 사용하기에 앞서 인체를 형체와 내부 장기로 구성된 일종의 기계로 파악하고 있었다. [3]이러한 생각은 『전체신론(全體新論)』 등 홉슨의 저서를 접한 후 더 분명해져서 인체를 복잡한 장치와 그(복잡한 장치)의 작동으로 이루어진 몸기계로 형상화하면서도(形象化-, 나타내면서도), 인체가 외부 동력(外部動力, 몸 바깥에 있는 기계적인 에너지)에 의한 기계적 인과 관계에 지배되는 것이 아니라 그(인체) 자체가 생명력을 가지고 자발적인(自發的-, 스스로) 운동을 한다고 보았다. [4]이는 인체를 '신기(神氣)'와 결부하여(結付-, 서로 연관시켜) 이해한 결과였다. [5]기계적 운동의 인과 관계를 설명하려면 원인을 찾는 과정이 꼬리에 꼬리를 물고 이어지게 된다. [6]따라서 이러한 무한 소급(無限遡及, 한계가 없이 거슬러 올라감)을 끝맺으려면 운동의 최초(最初, 맨 처음) 원인을 상정해야만(想定-, 가정적으로 생각하여 판단하고 결정해야) 한다. [7]이 문제를 해결하기 위해 의료 선교사(醫療宣敎師, 다른 나라에 보내져 환자들을 돌보며 종교를 널리 알리는 사람)인 홉슨은 창조주(創造主, 세상 만물을 만든 신적 존재)와 같은 질적으로(質的-, 근본적으로) 다른 존재를 상정하였다. [8]기독교적 세계관을 부정했던 최한기는 인체를 구성하는 신기를 신체 운동의 원인으로 규정하여(規定-, 밝혀 정하여) 이 문제를 해결하려 하였다.

→ 최한기의 인체관 ①: '몸기계' 개념

5 [1]최한기는 『전체신론』에 ⓓ 수록된, 뇌로부터 온몸에 뻗어 있는 신경계 그림을 접하고, 신체 운동을 주관하는 뇌의 역할과 중요성을 인정하였다. [2]하지만 뇌가 운동뿐만 아니라 지각을 주관한다는 홉슨의 뇌주지각설(腦主知覺說)에 관심을 기울이면서도, 뇌주지각설은 완전한 체계를 이루기에 불충분하다고(不充分-, 충분하지 않다고) 보았다. [3]뇌가 지각을 주관하는 과정을 창조주의 섭리(攝理, 세상과 우주 만물을 다스리는 창조주의 뜻)로 보고 지각 작용과 기독교적 영혼 사이의 연관성을 부각하려(浮刻-, 두드러지게 나타내려) 한 『전체신론』의 견해(見解, 의견과 생각)를 부정하고, 대신 '심'이 지각 운용(運用, 움직이게 함)을 주관한다는 심주지각설이 더 유용하다고(有用-, 쓸모가 있다고) 주장하였다.

→ 최한기의 인체관 ②: 지각 운용을 주관하는 것에 대한 견해

6 [1]그러나 종래의 심주지각설을 그대로 수용한 것은 아니었다. [2]기존의 심주지각설이 '심'을 심장으로 보았던 것과 달리 그는 신기의 '심'으로 파악하였다. [3]그에 따르면, 신기는 신체와 함께 생성되고 소멸되는(消滅-, 없어지는) 것으로, 뇌나 심장 같은 인체 기관이 아니라 몸을 구성하면서 형체가 없이 몸속을 두루 돌아다니는 것이다. [4]신기는 유동적인(流動的-, 끊임없이 흘러 움직이는) 성질을 지녔는데 그 중심이 '심'이다. [5]신기는 상황에 따라 인체의 특정 부분에 더 높은 밀도로 몰린다. [6]그래서 특수한 경우에는 다른 곳으로 중심이 이동하는데, 신기가 균형을 이루어야 생명 활동과 지각이 제대로 이루어질 수 있다. [7]그는 경험 이전에 아무런 지각 내용을 내포하지(內包-, 속에 품지) 않고 있는 신기가 감각 기관을 통한 지각 활동에 의해 외부 세계의 정보를 받아들여 기억으로 저장한다고 파악하였다. [8]신기는 한 몸을 주관하며 그 자체가 하나로 통합되어 있기 때문에 감각을 통합할 수 있으며, 지각 내용의 종합과 확장, 곧 스스로의 사유(思惟, 생각)를 통해 지각 내용을 조정하고, 그러한 작용에 적응하여 온갖 세계의 변화에 대응할(對應-, 맞추어 행동할) 수 있다고 보았다.

→ 최한기의 인체관 ③: 신기

7 [1]최한기의 인체관은 서양 의학과 신기 개념의 접합(接合, 한데 맞붙임)을 통해 새롭게 정립된(定立-, 정하여 세워진) 것이었다. [2]비록 양자(兩者, 둘, 여기에서는 서양 의학과 신기 개념) 사이의 결합이 완전하지는 않았지만, 서양 의학을 ⓔ 맹신하지 않고 주체적으로(主體的-, 보호나 간섭 없이 스스로 자유롭게) 수용하여 정합적인(整合的-, 모순되지 않고 들어맞는) 체계를 이루고자 한 그의 시도는 조선 사상사(思想史, 자연과 사회, 학문 등 그 하나하나의 대상과 관련한 관점이나 입장의 흐름을 다룬 역사)에서 주목할 만한 성취(成就, 목적한 것을 이룸)라 평가할 수 있을 것이다.

→ 최한기의 인체관이 지닌 의의

■지문 이해

**<서양 의학의 영향을 받은 이익과 최한기의 인체관>**

**❶ 조선 시대 사상의 변화를 이끈 서학 서적의 유입**

- 17 세기 초부터 유입된 서학 서적의 서양 과학 지식은 조선 지식인들의 사상 변화를 이끌었지만, 19 세기 중반까지 서양 의학의 영향력은 미미하였음

**❷ 이익의 인체관**

- 아담 샬의 저서 내용을 부분적으로 수용함
- 몸의 운동을 뇌가 주관한다는 것에 긍정하면서도, 지각 활동은 심장이 주관한다는 전통적 심주지각설을 고수함

**❸ 서양 의학의 영향력이 미미하였던 까닭과 인체의 지각적·생리적 기능에 주목한 최한기**

- 서양 의학의 영향력이 미미하였던 까닭
  - 서양 의학의 필요성을 느끼지 못하였고, 의원들의 관심을 받지 못하였음
  - 전해진 서양 의학 지식이 내용 면에서 부족하였고, 천문 지식만큼 충격적이지 않았음
  - 서양 해부학이 윤리적 문제를 야기하였고, 조정에서 서학을 금지하였음
- 최한기는 홉슨의 책들을 접한 후 해부학과 뇌 기능을 중심으로 문제의식을 본격화하였고, 인체의 지각적·생리적 기능에 주목함

**❹ 최한기의 인체관 ①: '몸기계' 개념**

- 인체를 일종의 기계로 파악함 → 홉슨의 저서를 접한 후 인체를 '몸기계'로 형상화
- 인체가 외부 동력에 의한 기계적 인과 관계에 지배되는 것이 아니라 그 자체가 자발적인 운동을 한다고 봄
- 인체를 구성하는 '신기'를 기계적 운동의 최초 원인으로 상정하여 무한 소급의 문제를 해결하려 함

**❺ 최한기의 인체관 ②: 지각 운용을 주관하는 것에 대한 견해**

- 뇌가 운동뿐만 아니라 지각을 주관한다는 홉슨의 견해에 대해, '심'이 지각 운용을 주관한다는 심주지각설이 더 유용하다고 주장함

**❻ 최한기의 인체관 ③: 신기**

- '심'을 심장이 아니라 '신기의 중심'으로 파악
- 신기
  - 신체와 함께 생성되고 소멸되며, 형체가 없이 몸속을 돌아다님
  - 신기가 균형을 이루어야 제대로 된 생명 활동과 지각 가능
  - 감각 기관을 통한 지각 활동에 의해 정보를 받아들여 기억으로 저장함
  - 몸을 주관하면서 하나로 통합되어 있어 감각을 통합할 수 있음
  - 종합, 확장하는 사유를 통해 내용을 조정하는 지각 작용에 적응하여 세계의 변화에 대응할 수 있음

**❼ 최한기의 인체관이 지닌 의의**

- 서양 의학과 신기 개념의 접합을 통해 새로운 인체관 정립
- 서양 의학을 맹신하지 않고 주체적으로 수용하여 정합적 체계를 이루고자 함

**158** 글의 서술 방식 파악 - 적절한 것 고르기 2019학년도 6월 모평 16번 정답률 80% 정답 ②

### 윗글의 전개 방식으로 가장 적절한 것은?

근거 ❷-5~6 (아담 샬이 쓴 『주제군징(主制群徵)』에 담긴 내용은) 한정된 서양 의학 지식이었지만 이익은 그 우수성을 인정하고 내용을 부분적으로 수용하였다. … 이익은 몸의 운동을 뇌가 주관한다는 것은 긍정하였지만, 지각 활동은 심장이 주관한다는 전통적인 심주지각설(心主知覺說)을 고수하였다, ❸-5 19 세기 실학자 최한기는 당대 서양에서 주류를 이루고 있던 최신 의학 성과를 담은 홉슨의 책들을 접한 후, ❹-2~3 그(최한기)는 … 인체를 형체와 내부 장기로 구성된 일종의 기계로 파악하고 있었다. 이러한 생각은 『전체신론(全體新論)』 등 홉슨의 저서를 접한 후 더 분명해져서 … 그(인체) 자체가 생명력을 가지고 자발적인 운동을 한다고 보았다, ❺-3 '심'이 지각 운용을 주관한다는 심주지각설이 더 유용하다고 주장하였다, ❻-2 기존의 심주지각설이 '심'을 심장으로 보았던 것과 달리 그는 신기의 '심'으로 파악하였다.

풀이 윗글에서는 서양 의학이 서적을 통해 조선에 들어오면서 여기에 영향을 받은 조선 시대의 두 학자 이익과 최한기의 인체관에 대해 설명하고, 이를 통해 서학의 수용으로 일어난 조선 학자들의 인체관의 변화에 대해 설명하고 있다. 따라서 정답은 ②번이다.

**① 조선에서 인체관이 *분화하는 과정을 서양과 **대조하여 ***단계적으로 서술하고 있다.** *分化-, 갈려 나뉘는 **對照-, 서로 맞대어 같고 다름을 분석하여 ***段階的-, 차례를 따라 나아가도록

**② 서학의 수용으로 일어난 인체관의 변화를 조선 시대 학자들의 견해를 통해 제시하고 있다.** → 적절함!

**③ 인체관과 관련된 유학자들의 주장이 지닌 문제점을 *열거하여 역사적인 시각에서 비판하고 있다.** *列擧-, 낱낱이 죽 늘어놓아

**④ 우리나라 근대의 인체관 가운데 서로 충돌되는 견해를 *절충하여 새로운 결론을 **도출하고 있다.** *折衷-, 서로 다른 관점을 알맞게 조절해 서로 잘 어울리게 하여 **導出-, 이끌어내고

**⑤ 동양과 서양의 지식인들이 서로 영향을 주고받으며 인체관을 정립하는 과정을 인과적으로 설명하고 있다.**

**159** 세부 정보 이해 - 적절하지 않은 것 고르기 2019학년도 6월 모평 17번 정답률 75% 정답 ④

### 윗글에 대한 이해로 적절하지 않은 것은?

**① 최한기는 홉슨의 저서를 접하기 전부터 인체를 일종의 기계로 파악하였다.**

근거 ❹-2~3 그(최한기)는 이('몸기계') 개념을 본격적으로 사용하기에 앞서 인체를 형체와 내부 장기로 구성된 일종의 기계로 파악하고 있었다. 이러한 생각은 『전체신론(全體新論)』 등 홉슨의 저서를 접한 후 더 분명해져서

풀이 최한기는 홉슨의 저서를 접하기 전부터 인체를 일종의 기계로 파악하고 있었고, 이러한 생각이 홉슨의 저서를 접한 후 '더 분명해졌다'고 하였다.

→ 적절함!

**② 아담 샬과 달리 이익은 심장을 중심으로 인간의 지각 활동을 이해하였다.**

근거 ❷-6 뇌가 몸의 운동과 지각 활동을 주관한다는 아담 샬의 설명에 대해, 이익은 몸의 운동을 뇌가 주관한다는 것은 긍정하였지만, 지각 활동은 심장이 주관한다는 전통적인 심주지각설(心主知覺說)을 고수하였다.

풀이 아담 샬은 몸의 운동과 지각 활동을 모두 뇌가 주관한다고 하였다. 반면 이익은 몸의 운동은 뇌가 주관하지만, 지각 활동은 뇌가 아닌 심장이 주관한다고 보았다.

→ 적절함!

**③ 이익과 홉슨은 신체의 동작을 뇌가 주관한다는 것에서 공통적인 견해를 보였다.**

근거 ❷-6 이익은 몸의 운동을 뇌가 주관한다는 것은 긍정, ❺-2 뇌가 운동뿐만 아니라 지각을 주관한다는 홉슨의 뇌주지각설(腦主知覺說)

→ 적절함!

**④ 아담 샬과 홉슨은 각자가 활동했던 당시에 유력했던 기계론적 의학 이론을 동양에 소개하였다.**

근거 ❷-3 (아담 샬이 쓴) 『주제군징』에는 당대 서양 의학의 대변동을 이끈 근대 해부학 및 생리학의 성과나 그에 따른 기계론적 인체관은 담기지 않았다, ❸-5 당대 서양에서 주류를 이루고 있던 최신 의학 성과를 담은 홉슨의 책들

→ 적절하지 않음!

**⑤ 『주제군징』과 『전체신론』에는 기독교적인 세계관이 투영된 서양 의학 이론이 포함되어 있었다.**

근거 ❷-4 (『주제군징』에는) 기독교를 효과적으로 전파하기 위해 신의 존재를 증명하려 했던 로마 시대의 생리설, 중세의 해부 지식 등이 실려 있었다, ❺-3 뇌가 지각을 주관하는 과정을 창조주의 섭리로 보고 지각 작용과 기독교적 영혼 사이의 연관성을 부각하려 한 『전체신론』의 견해

→ 적절함!

**160** 추론의 적절성 판단 - 적절하지 않은 것 고르기 2019학년도 6월 모평 18번 정답률 80% 정답 ③

### 윗글을 참고할 때, ㉠의 이유로 적절하지 않은 것은?

㉠ 19 세기 중반까지 서양 의학의 영향력은 천문·지리 지식에 비해 미미하였다.

**① 조선에서 서양 학문을 *정책적으로 **배척했기 때문이다.** *政策的-, 정치적 목적을 이루려는 방법과 관계되어 **排斥-, 거부하여 밀어 내쳤기

근거 ❸-4 서학에 대한 조정(朝廷)의 금지 조치도 걸림돌이었다.

→ 적절함!

**② 전래된 서양 의학이 내용 면에서 불충분했기 때문이다.**

근거 ❸-3 당시에 전해진 서양 의학 지식은 내용 면에서도 부족했을 뿐 아니라

→ 적절함!

**③ 당대 의원들이 서양 의학의 *한계를 지적했기 때문이다.** *限界, 힘이 실제로 작용할 수 있는 범위

근거 ❸-2 의원들의 관심에서도 서양 의학은 비껴나 있었다.

풀이 윗글에 따르면 당대 의원들은 서양 의학의 한계를 지적한 것이 아니라, 서양 의학을 관심의 대상으로 삼지 않았다.

→ 적절하지 않음!

**④ 서양 해부학이 조선의 윤리 의식에 *위배되었기 때문이다.** *違背-, 어긋났기

근거 ❸-4 서양 해부학이 야기하는 윤리적 문제도 서양 의학의 영향력을 제한하는 요인으로 작용하였으며

→ 적절함!

**⑤ 서양 의학이 천문 지식에 비해 충격적이지 않았기 때문이다.**

근거 ❸-3 당시에 전해진 서양 의학 지식은 내용 면에서도 부족했을 뿐 아니라, 지구가 둥글다거나 움직인다는 주장만큼 충격적이지는 않았다.

→ 적절함!

**161** 추론의 적절성 판단 - 적절한 것 고르기 2019학년도 6월 모평 19번 정답률 75% 정답 ③

### <보기>는 인체에 관한 조선 시대 학자들의 견해이다. 윗글에 제시된 '최한기'의 견해와 부합하는 것을 <보기>에서 고른 것은?

| 보기 |

ㄱ. 심장은 오장(五臟)(간장, 심장, 비장, 폐장, 신장의 다섯 가지 내장)의 하나이지만 한 몸의 군주(君主, 왕)가 되어 지각이 거기에서 나온다.
ㄴ. 귀에 쏠린(한쪽으로 몰린) 신기가 눈에 쏠린 신기와 통하여, 보고 들음을 합하여 하나로 만들 수 있다.
ㄷ. 인간의 신기는 온몸의 기관이 갖추어짐에 따라 생기고, 지각 작용에 익숙해져 변화에 대응하는 것이다.
ㄹ. 신기는 대소(大小)로 구분되어 있는 것이니, 한 몸에 퍼지는 신기가 있고 심장에서 운용하는(運用-, 적절하게 사용하는) 신기가 있다.

**ㄱ. 심장은 오장(五臟)의 하나이지만 한 몸의 군주가 되어 지각이 거기에서 나온다.** (×)

근거 ❷-6 지각 활동은 심장이 주관한다는 전통적인 심주지각설, ❻-1~2 (최한기는) 종래의 심주지각설을 그대로 수용한 것은 아니었다. 기존의 심주지각설이 '심'을 심장으로 보았던 것과 달리 그는 신기의 '심'으로 파악

풀이 지각이 심장에서 나온다는 것은 전통적인 심주지각설에 부합하는 내용이다. 최한기는 전통적 심주지각설을 그대로 수용한 것이 아니라, 신기를 통해 지각 활동이 이루

어진다고 설명하고 있다.

ㄴ. 귀에 쏠린 신기가 눈에 쏠린 신기와 통하여, 보고 들음을 합하여 하나로 만들 수 있다. (○)

근거 ❻-5 신기는 상황에 따라 인체의 특정 부분에 더 높은 밀도로 몰린다, ❻-7~8 신기가 감각 기관을 통한 지각 활동에 의해 외부 세계의 정보를 받아들여 기억으로 저장한다고 파악하였다. 신기는 한 몸을 주관하며 그 자체가 하나로 통합되어 있기 때문에 감각을 통합할 수 있으며

풀이 최한기는 신기가 감각 기관을 통한 지각 활동에 의해 외부 세계의 정보를 받아들인다고 하였고, 신기는 감각을 통합할 수 있다고 하였다. 따라서 귀에 높은 밀도로 몰린 신기(청각), 눈에 높은 밀도로 몰린 신기(시각)가 서로 통하여, 청각과 시각을 합하여 하나로 만들 수 있다는 견해는 최한기의 견해와 부합한다.

ㄷ. 인간의 신기는 온몸의 기관이 갖추어짐에 따라 생기고, 지각 작용에 익숙해져 변화에 대응하는 것이다. (○)

근거 ❻-3 신기는 신체와 함께 생성되고 소멸되는 것, ❻-8 (신기는) 지각 내용의 종합과 확장, 곧 스스로의 사유를 통해 지각 내용을 조정하고, 그러한 작용에 적응하여 온갖 세계의 변화에 대응할 수 있다고 보았다.

ㄹ. 신기는 대소(大小)로 구분되어 있는 것이니, 한 몸에 퍼지는 신기가 있고 심장에서 운용하는 신기가 있다. (×)

근거 ❻-3 신기는 신체와 함께 생성되고 소멸되는 것으로, 뇌나 심장 같은 인체 기관이 아니라 몸을 구성하면서 형체가 없이 몸속을 두루 돌아다니는 것, ❻-8 신기는 한 몸을 주관하며 그 자체가 하나로 통합되어 있기 때문에

풀이 최한기는 신기가 하나로 통합되어 있으며, 형체가 없이 몸속을 두루 돌아다닌다고 하였으므로, 신기가 대소로 구분되어 있다는 견해는 최한기의 견해와 부합하지 않는다. 또한 한 몸에 퍼지는 신기와 심장에서 운용되는 신기를 구별하는 서술은 최한기의 견해와 다르다.

① ㄱ, ㄴ　② ㄱ, ㄷ　③ ㄴ, ㄷ → 적절함!　④ ㄴ, ㄹ　⑤ ㄷ, ㄹ

1등급 문제

| 162 | <보기>와 내용 비교 - 적절하지 않은 것 고르기 2019학년도 6월 모평 20번<br>정답률 55%, 매력적 오답 ④ 10% ⑤ 20% | 정답 ② |
|---|---|---|

## 윗글의 '최한기'와 <보기>의 '데카르트'를 비교하여 이해한 내용으로 적절하지 않은 것은? [3점]

| 보 기 |

[1]서양 근세(近世, 중세와 근대 사이의 시기)의 철학자 데카르트는 물질과 정신을 구분하여, 물질은 공간을 차지한다는 특징을 갖는 반면(反面, 반대로) 정신은 사유라는 특징을 갖는다고 보았다. [2]물질의 기계적 운동을 옹호했던(擁護-, 편들어 지켰던) 그는 정신이 깃든 곳은 물질의 하나인 두뇌이지만 정신과 물질은 서로 독립적이라고 주장하였다. [3]그러나 정신과 물질이 영향을 주고받음을 설명할 수 없다는 비판을 받았다.

① 데카르트의 '정신'과 달리 최한기의 '신기'는 신체와 독립적이지 않겠군.

근거 <보기>-2 정신과 물질은 서로 독립적이라고 주장, ❻-3 신기는 신체와 함께 생성되고 소멸되는 것

→ 적절함!

② 데카르트와 최한기는 모두 인간의 사고 작용이 일어나는 곳은 두뇌라고 보았겠군. (데카르트는)

근거 <보기>-1~2 (데카르트는) 정신은 사유라는 특징을 갖는다고 보았다. … 정신이 깃든 곳은 물질의 하나인 두뇌, ❺-3 (최한기는) '심'이 지각 운용을 주관한다는 심주지각설이 더 유용하다고 주장, ❻-2 기존의 심주지각설이 '심'을 심장으로 보았던 것과 달리 그는 신기의 '심'으로 파악하였다, ❻-8 (신기는) 지각 내용의 종합과 확장, 곧 스스로의 사유를 통해 지각 내용을 조정하고, 그러한 작용에 적응하여 온갖 세계의 변화에 대응

풀이 데카르트는 인간의 사고 작용이 일어나는 곳이 두뇌라고 보았다. 반면 최한기는 지각 운용을 주관하는 것을 '심'이라고 보았는데, '심'은 신기의 중심을 뜻한다. 즉 최한기는 인간의 사고 작용은 형체가 없이 몸속을 두루 돌아다니는 신기에 의해 일어난다고 보았지, 특정한 인체 기관에서 일어난다고 보지 않았다.

→ 적절하지 않음!

③ 데카르트의 '정신'과 최한기의 '신기'는 모두 그 자체로는 형체를 갖지 않는 것이겠군.

근거 <보기>-1 데카르트는 물질과 정신을 구분하여, 물질은 공간을 차지한다는 특징을 갖는 반면 정신은 사유라는 특징을 갖는다고 보았다, ❻-3 그(최한기)에 따르면, 신기는 … 형체가 없이 몸속을 두루 돌아다니는 것

풀이 데카르트는 물질이 공간을 차지하는(형체를 갖는) 것과 반대로 정신은 사유라는 특징을 갖는다고 하였으므로, 정신은 형체를 갖지 않는다고 보았음을 알 수 있다. 또한 최한기는 신기를 형체가 없이 몸속을 두루 돌아다니는 것이라고 설명하였다.

→ 적절함!

④ 데카르트와 달리 최한기는 인간의 사고가 신체와 영향을 주고받음을 설명할 수 없다는 비판을 받지는 않겠군.

근거 <보기>-3 (데카르트는) 정신과 물질이 영향을 주고받음을 설명할 수 없다는 비판을 받았다, ❻-7~8 그(최한기)는 … 신기가 감각 기관(신체)을 통한 지각 활동에 의해 외부 세계의 정보를 받아들여 기억으로 저장한다고 파악하였다. 신기는 한 몸을 주관하며 그 자체가 하나로 통합되어 있기 때문에 감각을 통합할 수 있으며, 지각 내용의 종합과 확장, 곧 스스로의 사유(사고)를 통해 지각 내용을 조정하고, 그러한 작용에 적응하여 온갖 세계의 변화에 대응할 수 있다고 보았다.

풀이 <보기>의 데카르트는 정신과 물질이 영향을 주고받음을 설명할 수 없다는 비판을 받았다. 이와 달리 최한기는 신기가 감각 기관을 통한 지각 활동으로 정보를 저장하며, 이러한 지각 내용을 종합, 확장할 수 있다고 보아 인간의 사고가 신체와 서로 영향을 주고받고 있다는 것을 설명하고 있으므로, 그러한 비판을 받지 않을 것이다.

→ 적절함!

⑤ 데카르트의 견해에서도 최한기에서처럼 기계적 운동의 최초 원인을 상정하면 무한 소급의 문제를 해결할 수 있겠군.

근거 <보기>-2 물질의 기계적 운동을 옹호했던 그(데카르트), ❹-5~6 기계적 운동의 인과 관계를 설명하려면 원인을 찾는 과정이 꼬리에 꼬리를 물고 이어지게 된다. 따라서 이러한 무한 소급을 끝맺으려면 운동의 최초 원인을 상정해야만 한다, ❹-8 최한기는 인체를 구성하는 신기를 신체 운동의 원인으로 규정하여 이(무한 소급의) 문제를 해결하려 하였다.

풀이 기계적 운동의 인과 관계를 설명하려면 원인을 찾는 과정이 무한 소급되는 문제가 발생하게 된다. 이러한 무한 소급을 끝맺으려면 운동의 최초 원인을 상정해야 한다. 최한기는 신기를 신체 운동의 원인으로 규정함으로써 무한 소급의 문제를 해결하려 하였다. <보기>의 데카르트도 물질의 기계적 운동을 옹호하였으므로, 기계적 운동의 최초 원인을 상정하면 기계적 운동의 인과 관계를 설명하는 과정에서 발생하는 무한 소급의 문제를 해결할 수 있을 것이다.

→ 적절함!

| 163 | 문맥적 의미 파악 - 적절하지 않은 것 고르기 2019학년도 6월 모평 21번<br>정답률 90% | 정답 ⑤ |
|---|---|---|

## 문맥상 ⓐ~ⓔ와 바꿔 쓰기에 적절하지 않은 것은?

ⓐ 유입되기　ⓑ 제시하였다　ⓒ 전파하기　ⓓ 수록된　ⓔ 맹신하지

① ⓐ : 들어오기

풀이 ⓐ의 '유입(流 흐르다 유 入 들다 입)되다'는 '문화, 지식, 사상 따위가 들어오게 되다'의 의미이다. 따라서 ⓐ를 '들어오기'로 바꿔 써도 문맥상 의미가 달라지지 않는다.

→ 적절함!

② ⓑ : 드러내었다

풀이 ⓑ의 '제시(提 제시하다 제 示 보이다 시)하다'는 '어떠한 의사를 말이나 글로 나타내어 보이게 하다'의 의미이다. 따라서 ⓑ를 '나타내어 알게 하다'의 의미를 지닌 '드러내었다'로 바꿔 써도 문맥상 의미가 달라지지 않는다.

→ 적절함!

③ ⓒ : 퍼뜨리기

풀이 ⓒ의 '전파(傳 전하다 전 播 퍼뜨리다 파)하다'는 '전하여 널리 퍼뜨리다'의 의미이다. 따라서 ⓒ를 '퍼뜨리기'로 바꿔 써도 문맥상 의미가 달라지지 않는다.

→ 적절함!

④ ⓓ : 실린

풀이 ⓓ의 '수록(收 거두다 수 錄 기록하다 록)되다'는 '책이나 잡지에 실리다'의 의미이다. 따라서 ⓓ를 '실린'으로 바꿔 써도 문맥상 의미가 달라지지 않는다.

→ 적절함!

⑤ ⓔ : 가리지

풀이 ⓔ의 '맹신(盲 눈멀다 맹 信 믿다 신)하다'는 '옳고 그름을 가리지 않고 덮어놓고 믿다'의 의미이다. 한편 '가리다'는 '여럿 가운데서 하나를 구별하여 고르다'의 의미이다. ⓔ를 '가리다'로 바꿔 쓸 경우 문맥상 의미가 달라지므로, 바꿔 쓰기에 적절하지 않다.

→ 적절하지 않음!

**[164~168] 다음 글을 읽고 물음에 답하시오.**

(가)

[1]우리는 일상에서 '약자(弱者, 힘이나 세력이 약한 사람이나 집단)를 돕는 것은 옳다'와 같은 도덕적 판단을 한다. [2]이렇게 구체적 행위에 대한 도덕적 판단 문제를 다루는 것이 규범 윤리학이라면, 옳음의 의미 문제, 도덕적 진리(眞理, 참된 이치, 도리)의 존재 문제 등과 같이 규범 윤리학에서 사용하는 개념과 원칙(原則, 기본적인 규칙)에 대해 다루는 것은 메타 윤리학이다. [3]메타 윤리학에서 도덕 실재론과 정서주의는 '옳음'과 '옳지 않음'의 의미를 이해하는 방식과 도덕적 진리의 존재 여부에 대해 상반된(相反-, 서로 반대되는) 주장을 펼친다.

→ 메타 윤리학의 두 가지 입장

(나)

[1]도덕 실재론에서는 도덕적 판단과 도덕적 진리를 과학적 판단 및 과학적 진리와 마찬가지라고 본다. [2]즉 과학적 판단이 '참' 또는 '거짓'을 ⓐ 판정할 수 있는 명제(命題, 판단의 내용이나 주제)를 나타내고 이때 참으로 판정된 명제를 과학적 진리라고 부르는 것처럼, 도덕적 판단도 참 또는 거짓으로 판정할 수 있는 명제를 나타내고 참으로 판정된 명제가 곧 도덕적 진리라고 ⓑ 규정하는 것이다. [3]그런데 도덕 실재론에서 주장하듯, '도둑질은 옳지 않다'가 도덕적 진리라면, 그것이 참임을 판정하기 위해서는 도덕적으로 옳지 않음이라는 객관적으로(客觀的-, 누가 보아도 그러한, 겉으로 분명히 드러나) 실재하는(實在-, 실제로 존재하는) 성질을 도둑질에서 찾아낼 수 있어야 한다.

→ 도덕 실재론의 입장

(다)

[1]한편 정서주의에서는 어떤 도덕적 행위에 대해 도덕적으로 옳음이나 도덕적으로 옳지 않음이라는 성질은 객관적으로 존재하지 않는 것이고 도덕적 판단도 참 또는 거짓으로 판정되는 명제를 나타내지 않는다. [2]따라서 정서주의에서는 '옳다' 혹은 '옳지 않다'는 도덕적 판단을 내리지만 도덕 실재론과 달리 과학적 진리와 같은 도덕적 진리는 없다는 입장을 보인다. [3]그렇다면 정서주의에서는 옳음이나 옳지 않음의 의미를 무엇으로 볼까? [4]도둑질과 같은 구체적인 행위에 대한 감정과 태도가 곧 옳음과 옳지 않음이라고 한다. [5]즉 '도둑질은 옳다'는 판단은 도둑질에 대한 승인(承認, 인정함) 감정을 표현한 것이고, '도둑질은 옳지 않다'는 판단은 도둑질에 대한 부인(否認, 인정하지 않음) 감정을 표현한 것으로 이해한다.

→ 정서주의의 입장

(라)

[1]이런 정서주의에서는 도덕적 판단이 윤리적 행위(도덕적으로 옳은 행동)를 하도록 동기(動機, 어떤 행동을 하게 만드는 계기)를 부여하는(附與-, 주는) 것에 대해 도덕 실재론보다 단순하게 설명할 수 있다. [2]윤리적 행위의 동기 부여를 설명할 때 도덕적 판단이 나타내는 승인 감정 또는 부인 감정 이외에 다른 것이 필요하지 않기 때문이다. [3]승인 감정은 어떤 행위를 좋다고 여기는 것이고 그것이 일어나길 욕망하는 것이기에 결국 그것을 해야 한다는 동기 부여까지 직접 연결된다는 것이다. [4]부인 감정도 마찬가지로 작동한다.(作動-, 이루어진다.) [5]이에 비해 도덕 실재론에서는 도덕적 판단 이외에도 인간의 욕망(慾望, 바람, 소망)과 감정에 관한 이해가 반드시 필요하다. [6]예컨대 '약자를 돕는 것은 옳다'에 덧붙여 '사람들은 약자가 어려운 처지에 빠지지 않기를 바란다'와 같이 인간의 욕망과 감정에 대한 법칙을 추가해야 한다. [7]그래야만 도덕 실재론에서는 약자를 돕는 윤리적 행위를 해야겠다는 동기 부여에 대해 설명할 수 있다. [8]인간의 욕망과 감정에 대한 법칙을 쉽게 확보할(確保-, 갖출) 수 있는 것은 아니기에 그것 없이도 윤리적 행위의 동기 부여를 설명할 수 있는 정서주의는 도덕 실재론에 비해 높이 평가된다.

→ 정서주의의 장점 ① : 윤리적 행위의 동기 부여 설명 가능

[9]또한 옳음과 옳지 않음의 의미를 승인 감정과 부인 감정의 표현으로 이해하는 정서주의에 따르면 사람들 간의 도덕적 판단의 차이도 간단하게 설명할 수 있다. [10]윤리적인 문제에 대해 서로 ⓒ 합의하지 못하는 의견 차이에 대해서도 굳이 어느 한쪽 의견이 틀렸기 때문이라고 말할 필요가 없이 서로 감정과 태도가 다를 뿐이라고 설명할 수 있다. [11]이런 설명은 도덕적 판단의 차이로 인한 극단적인(極端的-, 아주 심한) 대립(對立, 서로 맞섬)을 피할 수 있게 해 준다는 점에서 의의가 있다.

→ 정서주의의 장점 ② : 도덕적 판단의 차이 설명 가능

(마)

[1]하지만 옳음과 옳지 않음을 감정과 동일시하는(同一視-, 같은 것으로 여기는) 정서주의에도 몇 가지 문제점이 ⓓ 제기될 수 있다. [2]첫째, 감정이 변할 때마다 도덕적 판단도 변한다고 해야 하지만, 도덕적 판단은 수시로(때에 따라 계속) 바뀌지 않는다. [3]둘째, ㉠ 감정은 아무 이유 없이 변할 수 있지만 도덕적 판단은 뚜렷한 근거 없이 바뀔 수 없다. [4]셋째, 감정이 없다면 '도덕적으로 옳음'과 '도덕적으로 옳지 않음'도 없다고 해야 하지만, '도덕적으로 옳음'과 '도덕적으로 옳지 않음'이 없다는 것은 보편적 인식(누구나 알고 있는 마땅한 생각)과 ⓔ 배치된다.

→ 정서주의의 단점

■지문 이해

〈도덕 실재론과 정서주의〉

(가) 메타 윤리학의 두 가지 입장

| 규범 윤리학 | 메타 윤리학 |
| --- | --- |
| 구체적 행위에 대한 도덕적 판단 문제를 다룸 | 규범 윤리학에서 사용하는 개념, 원칙에 대해 다룸 |

⇩

도덕 실재론과 정서주의는 ① '옳음'과 '옳지 않음'의 의미를 이해하는 방식, ② 도덕적 진리의 존재 여부에 대해 상반된 주장을 펼침

| (나) 도덕 실재론의 입장 | (다) 정서주의의 입장 |
| --- | --- |
| • 도덕적 판단, 도덕적 진리 = 과학적 판단, 과학적 진리<br>• 참 또는 거짓으로 판정할 수 있는 명제를 나타냄<br>→ 참으로 판정된 명제가 곧 도덕적 진리(도덕적 진리 有)<br>한계 참임을 판정하기 위해 객관적으로 실재하는 성질을 찾을 수 있어야 함 | • 구체적인 행위에 대한 감정과 태도가 곧 옳음과 옳지 않음<br>(옳음 → 승인 감정, 옳지 않음 → 부인 감정)<br>• 옳거나 옳지 않은 성질은 객관적으로 존재하지 않음, 도덕적 판단은 내리지만 과학적 진리와 같은 도덕적 진리는 없음(도덕적 진리 無) |

| 도덕 실재론 | | (라) 정서주의의 장점 ① | (라) 정서주의의 장점 ② |
| --- | --- | --- | --- |
| • 도덕적 판단 이외에도 인간의 욕망과 감정에 대한 이해가 필요<br>• 인간의 욕망과 감정에 대한 법칙을 쉽게 확보할 수 있지는 않음 | VS | • 윤리적 행위의 동기 부여를 단순하게 설명 가능(승인, 부인 감정 외에 다른 것이 필요하지 않음)<br>→ 도덕 실재론에 비해 높이 평가 | • 사람들 간의 도덕적 판단의 차이를 쉽게 설명하는 것이 가능(서로의 감정과 태도가 다를 뿐이라고 설명)<br>• 판단의 차이로 인한 극단적인 대립을 피할 수 있게 함 |

| (마) 정서주의의 단점 |
| --- |
| • 옳음과 옳지 않음을 감정과 동일시하는 정서주의의 문제점<br>- 감정이 변할 때 도덕적 판단도 변해야 하지만 실제로는 그렇지 않음<br>- 감정은 아무 이유 없이 변하지만 도덕적 판단은 그렇지 않음<br>- 감정이 없다면 도덕적 판단도 없어야 하지만 보편적으로 그렇지 않음 |

**164** | 글의 서술 방식 파악 - 적절하지 않은 것 고르기 2016학년도 6월 모평A 22번 정답률 90% | 정답 ④

### (가)~(마)에 대한 설명으로 적절하지 않은 것은?

**① (가) : 규범 윤리학과 메타 윤리학을 구별하고 메타 윤리학의 두 견해를 제시하고 있다.**

근거 (가)-2~3 …를 다루는 것이 규범 윤리학이라면, …에 대해 다루는 것은 메타 윤리학이다. 메타 윤리학에서 도덕 실재론과 정서주의는 …에 대해 상반된 주장을 펼친다.

→ 적절함!

**② (나) : 도덕적 판단과 도덕적 진리에 대한 도덕 실재론의 견해를 소개하고 있다.**

근거 (나)-1 도덕 실재론에서는 도덕적 판단과 도덕적 진리를 과학적 판단 및 과학적 진리와 마찬가지라고 본다.

→ 적절함!

**③ (다) : 도덕적 판단과 도덕적 진리에 대한 정서주의의 견해를 소개하고 있다.**

근거 (다)-2 정서주의에서는 '옳다' 혹은 '옳지 않다'는 도덕적 판단을 내리지만 도덕 실재론과 달리 과학적 진리와 같은 도덕적 진리는 없다는 입장을 보인다.

→ 적절함!

정서주의 도덕 실재론과

**④ (라) : 도덕 실재론의 장점과 의의를 정서주의와 비교하여 설명하고 있다.**

근거 (라)-11 (정서주의는) 도덕적 판단의 차이로 인한 극단적인 대립을 피할 수 있게 해 준다는 점에서 의의, (라)-8 인간의 욕망과 감정에 대한 법칙을 쉽게 확보할 수 있는 것은 아니기에 그것 없이도 윤리적 행위의 동기 부여를 설명할 수 있는 정서주의는 도덕 실재론에 비해 높이 평가

풀이 (라) 부분에서는 정서주의의 장점과 의의를 도덕 실재론과 비교하여 설명하고 있다.

→ 적절하지 않음!

**⑤ (마) : 정서주의에 대해 제기할 수 있는 문제를 나열하고 있다.**

근거 (마)-1 옳음과 옳지 않음을 감정과 동일시하는 정서주의에도 몇 가지 문제점이 제기, (마)-2~4 첫째, … 둘째, … 셋째, ….

→ 적절함!

**165** | 세부 정보 이해 - 적절하지 않은 것 고르기 2016학년도 6월 모평A 23번 정답률 85% | 정답 ⑤

### 윗글에 대한 이해로 적절하지 않은 것은?

**① 메타 윤리학은 규범 윤리학에서 사용하는 개념과 원칙 자체에 대해 연구한다.**

근거 (가)-2 옳음의 의미 문제, 도덕적 진리의 존재 문제 등과 같이 규범 윤리학에서 사용하는 개념과 원칙에 대해 다루는 것은 메타 윤리학

→ 적절함!

승인 감정
부인 감정

**② 정서주의에 따르면, 도덕적 판단은 윤리적 행위의 동기 부여와 직접 연결된다.**

근거 (라)-1 정서주의에서는 도덕적 판단이 윤리적 행위를 하도록 동기를 부여하는 것에 대해 도덕 실재론보다 단순하게 설명, (라)-3 그것을 해야 한다는 동기 부여까지 직접 연결된다는 것

→ 적절함!

**③ 정서주의에 따르면, 과학적 진리와 마찬가지의 도덕적 진리는 존재하지 않는다.**

근거 (다)-2 정서주의에서는 '옳다' 혹은 '옳지 않다'는 도덕적 판단을 내리지만 도덕 실재론과 달리 과학적 진리와 같은 도덕적 진리는 없다는 입장

→ 적절함!

**④ 도덕 실재론과 정서주의는 '옳음'과 '옳지 않음'의 의미를 이해하는 방식이 다르다.**

근거 (가)-3 메타 윤리학에서 도덕 실재론과 정서주의는 '옳음'과 '옳지 않음'의 의미를 이해하는 방식과 도덕적 진리의 존재 여부에 대해 상반된 주장을 펼친다, (나)-1 도덕 실재론에서는 도덕적 판단과 도덕적 진리를 과학적 판단 및 과학적 진리와 마찬가지라고 본다, (다)-4 (정서주의에서는) 구체적인 행위에 대한 감정과 태도가 곧 옳음과 옳지 않음

→ 적절함!

**⑤ 도덕 실재론에 따르면, 도덕적 판단은 승인 감정에 의해 '옳음'의 태도를 표현한다.**

근거 (나)-2 (도덕 실재론에서는) 도덕적 판단도 참 또는 거짓으로 판정할 수 있는 명제를 나타내고 참으로 판정된 명제가 곧 도덕적 진리라고 규정, (다)-5 (정서주의에서) '도둑질은 옳다'는 판단은 도둑질에 대한 승인 감정을 표현한 것이고, '도둑질은 옳지 않다'는 판단은 도둑질에 대한 부인 감정을 표현한 것

풀이 도덕적 판단을 승인 혹은 부인의 감정으로 표현한 것은 도덕 실재론이 아니라 정서주의의 입장이다. 도덕 실재론에서는 도덕적 판단을 참 혹은 거짓으로 판정할 수 있다고 보았다.

→ 적절하지 않음!

**166** | 추론의 적절성 판단 - 적절한 것 고르기 2016학년도 6월 모평A 24번 정답률 90% | 정답 ⑤

### ㉠을 이해한 것으로 가장 적절한 것은?

> ㉠ 감정은 아무 이유 없이 변할 수 있지만 도덕적 판단은 뚜렷한 근거 없이 바뀔 수 없다.

근거 (마)-3 도덕적 판단은 뚜렷한 근거 없이 바뀔 수 없다.

풀이 감정은 아무 이유 없이 변할 수 있는 것에 비해 도덕적 판단은 뚜렷한 근거 없이 바뀔 수 없다고 했다. 즉 감정과 도덕적 판단이 동일시된다면 도덕적 판단도 아무 이유 없이 변할 수 있어야 하는데, 실제로는 그렇지 않다는 의미이다. 바꾸어 말하면 도덕적 판단을 바꾸려면(아무 이유가 없는 것이 아니라) 뚜렷한 근거가 있어야 한다는 것이다. 따라서 정답은 ⑤번이다.

는 없이 바뀔 수 없다

**① 도덕적 판단의 변화에는 뚜렷한 근거가 필요 없다.**

근거 (마)-3 도덕적 판단은 뚜렷한 근거 없이 바뀔 수 없다.

은 은 수시로 바뀌지 않는다

**② 감정도 수시로 변하고, 도덕적 판단도 수시로 변한다.**

근거 (마)-2 도덕적 판단은 수시로 바뀌지 않는다.

아무 이유 없이 변할 수 있다

**③ 도덕적 판단과 달리 감정이 바뀔 때에는 이유가 필요하다.**

근거 (마)-3 감정은 아무 이유 없이 변할 수 있지만

**④ 감정 없는 사람도 없고, 도덕적 판단을 하지 않는 사람도 없다.**

뚜렷한 근거 없이 바뀔 수 없다

**⑤ 감정과 달리 도덕적 판단을 바꿀 때에는 뚜렷한 근거가 필요하다.**

아무 이유 없이 변할 수 있다 =없이 바뀔 수 없다

→ 적절함!

**167** | 자료 해석의 적절성 판단 - 적절한 것 고르기 2016학년도 6월 모평A 25번 정답률 80% | 정답 ④

### 윗글을 바탕으로 <보기>를 이해한 내용으로 가장 적절한 것은? [3점]

> | 보기 |
>
> [1]A는 정서주의자이고, B는 도덕 실재론자이다. [2]두 사람은 모두 '옳음'과 '옳지 않음'이 각각 '아름다움'과 '아름답지 않음'에 대응한다고 본다. [3]또한 다음 두 예술적 판단에 대해, A는 도덕적 판단에 대한 정서주의의 설명을 똑같이 적용할 수 있다고 보고, B는 도덕적 판단에 대한 도덕 실재론의 설명을 똑같이 적용할 수 있다고 본다.
>
> (ㄱ) 예술 작품 △△는 아름답다.
> (ㄴ) 예술 작품 △△는 아름답지 않다.

▶ 지문 핵심 개념 정리

| A : 정서주의의 입장((다)) | B : 도덕 실재론의 입장((나)) |
| --- | --- |
| • 구체적인 행위에 대한 감정과 태도가 곧 옳음과 옳지 않음<br>(옳음 → 승인 감정, 옳지 않음 → 부인 감정)<br>• 옳거나 옳지 않은 성질은 객관적으로 존재하지 않음, 도덕적 판단은 내리지만 과학적 진리와 같은 도덕적 진리는 없음(도덕적 진리 無) | • 도덕적 판단, 도덕적 진리 = 과학적 판단, 과학적 진리<br>• 참 또는 거짓으로 판정할 수 있는 명제를 나타냄<br>→ 참으로 판정된 명제가 곧 도덕적 진리 (도덕적 진리 有)<br>• 한계 : 판정을 위해 객관적으로 실재하는 성질을 찾을 수 있어야 함 |

**① A와 B는 모두 예술적 진리가 존재하지 않는다고 생각하겠군.**

풀이 도덕적(여기서는 예술적) 진리가 존재하지 않는다고 생각하는 것은 정서주의(A)만의 입장이다.

→ 적절하지 않음!

② A는 '아름다움'이라는 성질이 객관적으로 실재한다고 생각하겠군.

풀이 참인지 거짓인지 도덕적인(여기서는 예술적인) 판정을 하기 위해서는 객관적으로 실재하는 성질을 '아름다움'에서 찾아야 하는데 이는 도덕 실재론(B)의 입장에 해당한다.

→ 적절하지 않음!

③ A는 (ㄱ)과 (ㄴ) 중 하나는 '참'인 명제라고 생각하겠군.

풀이 도덕적 판단(여기서는 예술적 판단)도 과학적 판단처럼 '참', '거짓'을 판정할 수 있다고 본 것은 도덕 실재론(B)의 입장에 해당한다.

→ 적절하지 않음!

④ B는 (ㄱ)과 (ㄴ) 중 하나는 '거짓'인 명제라고 생각하겠군.

근거 〈보기〉-3 B는 도덕적 판단에 대한 도덕 실재론의 설명을 똑같이 적용할 수 있다고 본다.

풀이 도덕적 판단(여기서는 예술적 판단)도 과학적 판단처럼 '참', '거짓'을 판정할 수 있다고 본 것은 도덕 실재론(B)의 입장에 해당한다.

→ 적절함!

⑤ B는 (ㄱ)과 (ㄴ)은 모두 예술 작품 △△에 대한 감정과 태도를 표현한다고 생각하겠군.

풀이 구체적 행위(여기서는 예술 작품)에 대한 감정과 태도를 표현하는 것은 정서주의(A)의 입장에 해당한다.

→ 적절하지 않음!

틀리기 쉬운 문제

**168** 단어의 의미 파악 - 적절하지 않은 것 고르기 2016학년도 6월 모평A 26번
정답률 50%, 매력적 오답 ③ 25% ⑤ 15% 정답 ②

### ⓐ~ⓔ의 사전적 뜻풀이로 옳지 않은 것은?

ⓐ판정 ⓑ규정 ⓒ합의 ⓓ제기 ⓔ배치

① ⓐ : 판별하여 결정함.

풀이 '판정(判 판단하다 판 定 정하다 정)'은 '판별하여 결정함'의 의미이다.

예문 감사는 그 회사가 부실한 것으로 판정하였다.

→ 적절함!

② ⓑ : 규칙에 의해 일정한 *한도를 정함. *限度, 일정하게 정해진 정도

풀이 '규정(規 법칙 규 定 정하다 정)'은 '내용이나 성격, 의미 따위를 밝혀 정함'의 의미이다. '규칙에 의해 일정한 한도를 정함'의 뜻을 지닌 단어는 '규정'이 아니라 '규제(規 법칙 규 制 금지하다 제)'이다.

예문 이번 화재의 원인을 누전이었다고 규정하기는 어렵다.

→ 적절하지 않음!

③ ⓒ : 서로 의견이 일치함.

풀이 '합의(合 맞다 합 議 뜻 의)'는 '서로 의견이 일치함'의 의미이다.

예문 두 나라는 군비 축소에 합의했다.

→ 적절함!

④ ⓓ : 의견이나 문제를 내어 놓음.

풀이 '제기(提 내어 놓다 제 起 일어나다 기)'는 '의견이나 문제를 내어 놓음'의 의미이다.

예문 민원을 제기하기 위해 동사무실을 찾았다.

→ 적절함!

⑤ ⓔ : 서로 반대되어 어긋남.

풀이 '배치(背 등지다 배 馳 달리다 치)'는 '서로 반대되어 어그러지거나 어긋남'의 의미이다.

예문 너의 행동은 네가 평소 말해 왔던 이념에 배치된 것이었다.

→ 적절함!

## [169~172] 다음 글을 읽고 물음에 답하시오.

1 [1]흔히 어떤 대상이 반드시 가져야만 하고 그것을 다른 대상과 구분해 주는 속성을 ⓐ 본질이라고 한다. [2]X의 본질이 무엇인지 알고 싶으면 X에 대한 필요 충분한(必要充分-, 어떤 명제가 성립하는 데 필요하고 충분한. 두 개의 명제 'A이면 B이다.'와 'B이면 A이다.'가 모두 참일 때 A에 대한 B, B에 대한 A를 '필요충분조건을 갖추었다'고 한다. 명제 A와 명제 B가 근본적으로 같다는 뜻이다.) 속성을 찾으면 된다. [3]다시 말해서 모든 X에 대해 그리고 오직 X에 대해서만 해당되는 것을 찾으면 된다. [4]ⓑ 예컨대 모든 까투리가 그리고 오직 까투리만이 꿩이면서 동시에 암컷이므로, '암컷인 꿩'은 까투리의 본질이라고 생각된다. [5]그러나 암컷인 꿩은 애초부터(맨 처음부터) 까투리의 정의(定義, 말이나 사물의 뜻을 분명한 뜻)라고 우리가 규정한 것(정해 놓은 것)이므로 그것을 본질이라고 말하기에는 허망하다.(명확하게 '본질'이라 부르기는 어렵다.) [6]다시 말해서 본질은 따로 존재하여 우리가 발견한 것이 아니라 까투리라는 낱말을 만들면서 사후적으로 구성된(事後的- 構成-, 나중에 이루어진) 것이다.

→ 본질의 개념과 속성

2 [1]서로 다른 개체를 동일한 종류의 것이라고 판단하고 의사소통에 성공하기 위해서는 개체들이 공유하는 무엇인가가 필요하다. [2]본질주의는 ⓒ 그것이 우리와 무관하게 개체 내에 본질로서 존재한다고 주장한다. [3]ⓓ 반면에 반(反)본질주의는 그런 본질이란 없으며, 인간이 정한 언어 약정(언어적인 약속)이 본질주의에서 말하는 본질의 역할을 충분히 달성할 수 있다고 주장한다. [4]ⓔ 이른바 본질은 우리가 관습적으로 부여하는(사회에서 오랫동안 습관적으로 붙여 준) 의미를 표현한 것에 불과하다는 것이다.

→ 본질에 대한 본질주의와 반본질주의의 입장

3 [1]'본질'이 존재론(存在論, 존재와 모든 존재의 근본적인 점을 연구하는 학문)적 개념이라면 거기에 언어적으로 상관하는 것은 '정의'이다. [2]그런데 어떤 대상에 대해서 약정적이지 않으면서 완벽하고 정확한 정의를 내리기 어렵다는 사실(정의는 언어 약정을 통해 이루어진다는 사실)은 반본질주의의 주장에 힘을 실어 준다. [3]사람을 예로 들어 보자. [4]이성적 동물은 사람에 대한 정의로 널리 알려져 있다. [5]그러면 이성적이지 않은 갓난아이를 사람의 본질에 반례(反例, 반대되는 예)로 제시할 수 있다. [6]이번에는 ㉠ '사람은 사회적 동물이다.'라고 정의를 제시할 수도 있다. [7]그러나 사회를 이루고 산다고 해서 모두 사람인 것은 아니다. [8]㉡ 개미나 벌도 사회를 이루고 살지만 사람은 아니다.

→ 반본질주의의 주장에 대한 근거

4 [1]서양의 철학사는 본질을 찾는 과정이라고 말할 수 있다. [2]본질주의는 사람뿐만 아니라 자유나 지식 등의 본질을 찾는 시도를 계속해 왔지만, 대부분의 경우 아직까지 본질적인 것을 명확히 찾는 데 성공하지 못했다. [3]그래서 숨겨진 본질을 밝히려는 철학적 탐구는 실제로는 부질없는 일이라고 반본질주의로부터 비판을 받는다. [4]우리가 본질을 명확히 찾지 못하는 까닭은 우리의 무지(無知, 아는 것이 없음) 때문이 아니라 그런 본질이 있다는 잘못된 가정에서 출발했기 때문(본질이 없기 때문)이라는 것이다. [5]사물의 본질이라는 것은 단지 인간의 가치가 투영된(投影-, 비춰진) 것에 지나지 않는다는 것이 반본질주의의 주장이다.

→ 본질을 찾으려는 철학적 탐구를 비판한 반본질주의

■지문 이해

〈대상의 본질에 대한 본질주의와 반본질주의의 입장〉

**❶ 본질의 개념과 속성**

- 본질의 개념 : 어떤 대상이 반드시 가져야만 하고 그것을 다른 대상과 구분해 주는 속성
- 본질의 속성 : 따로 존재하여 발견한 것이 아니라 사후적으로 구성됨

**❷ 본질에 대한 본질주의와 반본질주의의 입장**

| 본질주의 | 반본질주의 |
|---|---|
| • 본질은 개체 내에 본질로서 존재 | • 본질은 없음<br>• 우리가 관습적으로 부여하는 의미를 표현한 것에 불과함 |

**❸~❹ 반본질주의의 주장**

- 약정적이지 않으면서 완벽하고 정확한 정의를 내리기는 어려움
- 사물의 본질은 인간의 가치가 투영된 것에 지나지 않음 → 본질을 찾으려는 철학적 탐구 비판

**169** | 세부 정보 이해 - 적절한 것 고르기 2014학년도 6월 모평B 17번 정답률 80%, 매력적 오답 ① 15% | 정답 ④

## '반본질주의'의 견해로 볼 수 있는 것은?

① 어떤 대상이라도 그 개념을 언어로 약정할 수 없다. (있다)

근거 ❷-3 반(反)본질주의는 그런(우리와 무관하게 개체 내에 존재하는) 본질이란 없으며, 인간이 정한 언어 약정이 본질주의에서 말하는 본질의 역할을 충분히 달성할 수 있다고 주장

→ 적절하지 않음!

② 개체의 본질은 *인식 여부와 상관없이 개체에 **내재하고 있다. (=우리와 무관하게 개체 내에 존재) *인식하든 하지 못하든 상관없이 **內在-, 안에 들어

근거 ❷-2 본질주의는 그것(서로 다른 개체를 동일한 종류의 것으로 볼 수 있는, 개체들이 공유하는 무엇인가)이 우리와 무관하게 개체 내에 본질로서 존재한다고 주장

풀이 반본질주의의 견해가 아니라 본질주의의 견해이다.

→ 적절하지 않음!

③ 어떤 대상이든지 다른 대상과 구분되는 *불변의 고유성이 있다. (=본질) *不變-固有性, 그 사물만이 가지고 있는 변하지 않는 특유의 성질

근거 ❶-1 어떤 대상이 반드시 가져야만 하고 그것을 다른 대상과 구분해 주는 속성을 본질이라고 한다, ❷-2~3 본질주의는 그것(서로 다른 개체를 동일한 종류의 것으로 볼 수 있는, 개체들이 공유하는 무엇인가)이 우리와 무관하게 개체 내에 본질로서 존재한다고 주장한다. 반면에 반(反)본질주의는 그런 본질이란 없으며

풀이 어떤 대상이든지 다른 대상과 구분할 수 있는 고유한 본질이 있다는 것은 반본질주의가 아니라 본질주의의 견해이다.

→ 적절하지 않음!

④ 어떤 대상에 의미가 부여됨으로써 그 대상은 다른 대상과 구분된다. (=본질)

근거 ❶-1 어떤 대상이 반드시 가져야만 하고 그것을 다른 대상과 구분해 주는 속성을 본질이라고 한다, ❷-3~4 인간이 정한 언어 약정이 본질주의에서 말하는 본질의 역할을 충분히 달성할 수 있다고 주장한다. 이른바 본질은 우리가 관습적으로 부여하는 의미를 표현한 것에 불과

풀이 반본질주의에서는 우리가 관습적으로 부여한 의미를 표현한 '언어 약정'이 '대상을 다른 대상과 구분해 주는 본질'의 역할을 한다고 보았다. 따라서 대상에 의미가 부여됨으로써 그 대상과 다른 대상이 구분된다는 것은 반본질주의의 견해이다.

→ 적절함!

⑤ 같은 종류에 속하는 개체들이 공유하는 속성은 객관적으로 실재한다. (=본질)

근거 ❷-2 본질주의는 그것(서로 다른 개체를 동일한 종류의 것으로 볼 수 있는, 개체들이 공유하는 무엇인가)이 우리와 무관하게 개체 내에 본질로서 존재한다고 주장

풀이 반본질주의의 견해가 아니라 본질주의의 견해이다.

→ 적절하지 않음!

**170** | 구체적인 사례에 적용 - 적절한 것 고르기 2014학년도 6월 모평B 18번 정답률 75%, 매력적 오답 ④ 15% | 정답 ①

## 문맥상 ㉠과 ㉡의 관계와 같은 것은?

㉠ '사람은 사회적 동물이다.' ㉡ 개미나 벌

근거 ❸-6~8 '사람은 사회적 동물이다.'라고 정의를 제시할 수도 있다. 그러나 사회를 이루고 산다고 해서 모두 사람인 것은 아니다. 개미나 벌도 사회를 이루고 살지만 사람은 아니다, ❶-3 (본질은) 모든 X에 대해 그리고 오직 X에 대해서만 해당되는 것, ❸-1 '본질'이 존재론적 개념이라면 거기에 언어적으로 상관하는 것은 '정의', ❸-2 어떤 대상에 대해서 약정적이지 않으면서 완벽하고 정확한 정의를 내리기 어렵다는 사실

풀이 ㉠과 ㉡의 관계는 어떤 대상에 대해서 완벽하고 정확한 정의를 내리기 어렵다는 사실을 보여준다. ㉠은 대상에 대한 언어적 정의이고, ㉡은 그 정의가 완벽하지 않음을 보여주는 반례이다. ㉠에서 '사회적 동물'이라는 정의는 모든 '사람'에 대해 해당되지만, ㉡의 '개미나 벌'을 고려하면 오직 '사람'에게만 해당되지는 않기 때문이다.

| | ㉠ | ㉡ |
|---|---|---|
| ① | 가위는 자를 수 있는 도구이다 | 칼 |

풀이 '자를 수 있는 도구'라는 정의는 모든 '가위'에 대해 해당되지만, '칼'을 고려하면 오직 '가위'에만 해당되지는 않다. 따라서 문맥상 ㉠과 ㉡의 관계와 같다.

→ 적절함!

| | ㉠ | ㉡ |
|---|---|---|
| ② | 노인은 65 세 이상인 사람이다 | 64 세인 사람 |

풀이 '64 세인 사람'은 '65 세 이상인 사람'이라는 정의로 설명할 수 없는 대상이다. '64 세인 사람'이 ㉡이 되려면 ㉠이 '노인은 65 세 이상인 사람이다'가 아니라, '65 세 이상인 사람은 노인이다'가 되어야 한다.

→ 적절하지 않음!

| | ㉠ | ㉡ |
|---|---|---|
| ③ | 이모는 어머니의 여자 형제이다 | 어머니의 여동생 |

풀이 어머니의 여동생은 어머니의 여자 형제에 포함되면서 이모이므로 ㉠과 ㉡의 관계가 될 수 없다. 어머니의 여자 형제이면서 이모가 아닌 예는 들 수 없다.

→ 적절하지 않음!

| | ㉠ | ㉡ |
|---|---|---|
| ④ | 고래는 헤엄칠 수 있는 포유동물이다 | 헤엄칠 수 없는 고래 |

풀이 '헤엄칠 수 없는 고래'가 아니라 '물개'나 '돌고래'와 같이 '헤엄칠 수 있는 포유동물 중에서 고래가 아닌 경우'를 제시해야 ㉠과 ㉡의 관계가 된다. 또 '헤엄칠 수 없는 고래'가 존재한다면, 이것은 '고래'의 범주에 속하는 대상이므로, '고래가 아니면서 ㉠이 완전하지 않음을 보여 주는 사례'가 될 수 없다.

→ 적절하지 않음!

| | ㉠ | ㉡ |
|---|---|---|
| ⑤ | 연필은 흑연을 나무로 둘러싼 필기도구이다 | 흑연 심 |

풀이 '흑연 심을 나무로 둘러싼 필기도구'가 '연필'이므로, 흑연 심은 '흑연을 나무로 둘러싼 필기도구이다'라는 정의로 설명할 수 없는 대상이다. 따라서 ㉠과 ㉡의 관계가 될 수 없다. ㉠과 ㉡의 관계가 되려면 연필이 아니면서 흑연을 나무로 둘러싼 필기도구를 제시해야 한다.

→ 적절하지 않음!

**171** | 추론의 적절성 판단 - 적절하지 않은 것 고르기 2014학년도 6월 모평B 19번 정답률 65%, 매력적 오답 ② 10% ⑤ 10% | 정답 ④

## 윗글을 바탕으로 <보기>에 대해 추론한 내용으로 적절하지 않은 것은? [3점]

| 보기 |

(가) 금은 오랫동안 색깔이나 밀도처럼 쉽게 확인할 수 있는 특성으로 정의되어 왔지만 이제는 현대 화학에 입각해(立脚-, 근거를 두어) 정의되고 있다. → 정의의 변화

(나) 누군가가 사자와 바위와 컴퓨터를 묶어 '사바컴'으로 정의했지만 그 정의는 널리 쓰이지 않았다. → 사후적으로 구성된 정의가 널리 쓰이지 않는 예

▶ 지문 핵심 개념 정리

| | 본질주의 | 반본질주의 |
|---|---|---|
| 공통점 | 서로 다른 개체를 동일한 종류의 것이라고 판단하고 의사소통에 성공하기 위해서는 개체들이 공유하는 무엇인가가 필요(❷-1) | |
| 차이점 | • 본질은 우리와 무관하게 개체 내에 존재(❷-2)<br>• 본질주의는 사람뿐만 아니라 자유나 지식 등의 본질을 찾는 시도를 계속해 왔음(❹-2) | • 본질은 따로 존재하여 우리가 발견한 것이 아니라 사후적으로 구성된 것(❶-6)<br>• 본질이란 없으며 언어 약정이 본질 역할(❷-3)<br>• 본질은 우리가 관습적으로 부여하는 의미를 표현한 것에 불과(❷-4)<br>• 숨겨진 본질을 밝히려는 철학적 탐구는 부질없는 일(❹-3) |

① 본질주의자는 (가)를 숨겨져 있는 정확하고 엄격한 본질을 찾아 가는 과정으로 해석하겠네. = 본질을 찾는 시도를 계속

풀이 본질주의자들은 숨겨진 본질을 찾는 시도를 계속하고 있으므로, (가)에서 금에 대한 정의가 바뀌는 것은 더 명확한 본질을 찾아 가는 과정이라고 해석할 것이다.

→ 적절함!

② 본질주의자는 (나)를 근거로 들어 본질은 사후적으로 구성되는 것이 아니라고 하겠네.

풀이 본질주의자들은 '사바컴'이라는 정의는 어떤 개체 내에 객관적으로 존재하는 '본질'과 거리가 먼 '사후적' 정의이기 때문에 널리 쓰이지 못한 것이라고 주장할 것이다.

→ 적절함!

③ 반본질주의자는 (가)에서처럼 널리 믿어지던 정의가 바뀌는 것을 보고 약정적이지 않은 정의는 없다고 주장하겠네.

풀이 반본질주의자는 사물의 객관적 본질이 따로 있는 게 아니라, 사후적으로 구성된 언어 약정이 본질의 역할을 한다고 본다. 따라서 (가)에서 금에 대한 정의가 바뀌는 것에 대해 모든 정의가 인간에 의해 관습적으로 부여된 언어적 약정일 뿐이라고 주장할 것이다.

→ 적절함!

④ 반본질주의자는 (나)에 대해 *그 세 가지가 지니는 **근원적 속성이 발견되지 않아서 일어나는 현상이라고 하겠네. *사자, 바위, 컴퓨터 **근본적인 고유의 성질 = 본질

풀이 '세 가지가 지니는 근원적 속성'이란 '개체 내 본질'을 뜻한다. 개체 내 본질이 존재하지만 아직 발견하지 못한 것일 뿐이라고 주장하는 입장은 본질주의에 해당한다. 반본질주의자는 개체 내 본질 자체가 존재하지 않는다고 본다.

→ 적절하지 않음!

⑤ 본질주의자와 반본질주의자는 모두 (가)를 들어 의사소통을 위해서는 개체들을 동일한 종류의 것으로 판단할 수 있는 무엇인가가 필요하다고 생각하겠네.

풀이 본질주의자와 반본질주의자 모두 의사소통을 위해 개체들을 동일한 종류의 것으로 판단할 수 있는 무엇인가가 필요하다는 것을 인정한다. 다만 본질주의에서는 그 '무엇'이 '개체 내에 존재하는 본질'이라고 주장하는 반면, 반본질주의에서는 '인간이 정한 언어 약정'이라고 주장한다.

→ 적절함!

**172** | 독서 전략 파악 - 적절하지 않은 것 고르기 2014학년도 6월 모평B 20번 | 정답률 90% | 정답 ⑤

**글의 특성과 문맥을 고려할 때, ⓐ~ⓔ를 활용한 독서 방안으로 적절하지 않은 것은?**

ⓐ 본질 ⓑ 예컨대 ⓒ 그것이 ⓓ 반면에 ⓔ 이른바

① 개념의 정확한 이해가 중요하므로 핵심어인 ⓐ가 글에서 어떤 의미로 쓰이는지 확인해야겠어.

근거 ❶-1 어떤 대상이 반드시 가져야만 하고 그것을 다른 대상과 구분해 주는 속성을 본질이라고 한다.

풀이 ⓐ는 이 글의 핵심어로, 핵심어가 글에서 어떤 의미로 쓰이는지 확인하는 것은 중요한 독서 방안이다.

→ 적절함!

② 글에서 다루는 내용이 *추상적이므로 ⓑ에 이어진 사례를 통해 앞의 설명에서 이해가 부족했던 부분을 **보완해야겠어. *抽象的-, 직접 경험하거나 볼 수 있는 구체적인 모양과 성질을 갖추고 있지 않으므로 **補完-, 부족한 부분을 채워 완전하게 해야겠어.

근거 ❶-2~4 X의 본질이 무엇인지 알고 싶으면 X에 대한 필요 충분한 속성을 찾으면 된다. 다시 말해서 모든 X에 대해 그리고 오직 X에 대해서만 해당되는 것을 찾으면 된다. 예컨대 모든 까투리가 그리고 오직 까투리만이 꿩이면서 동시에 암컷이므로, '암컷인 꿩'은 까투리의 본질이라고 생각된다.

풀이 '예컨대'는 '예를 들어'와 같은 말로, 앞에서 나온 내용에 대한 구체적 사례를 제시할 때 쓰인다. 윗글에서는 '본질'이라는 추상적 내용을 설명한 다음 ⓑ에 이어진 '까투리'라는 구체적 사례를 제시하고 있으므로 옳은 설명이다.

→ 적절함!

③ 내용 간의 논리적인 관계를 따지는 것이 중요하므로 ⓒ가 지시하는 내용이 무엇인지 확인해야겠어.

근거 ❷-1~2 개체들이 공유하는 무엇인가가 필요하다. 본질주의는 그것이 우리와 무관하게 개체 내에 본질로서 존재한다고 주장한다.

풀이 ⓒ는 앞 문장의 '개체들이 공유하는 무엇인가'를 지시하고 있으므로, ⓒ가 무엇을 지시하는지 정확히 파악해야 '본질주의의 주장'에 대해 설명하고 있는 ❷-2 문장에 대한 이해가 명확해진다. 따라서 ③은 옳은 설명이다.

→ 적절함!

④ *상반된 두 입장이 제시되어 있으므로 ⓓ로 이어진 앞뒤의 내용이 어떤 점에서 다른지 살펴보아야겠어. *相反-, 서로 반대되는

근거 ❷-2~3 본질주의는 그것이 우리와 무관하게 개체 내에 본질로서 존재한다고 주장한다. 반면에 반(反)본질주의는 그런 본질이란 없으며, 인간이 정한 언어 약정이 본질주의에서 말하는 본질의 역할을 충분히 달성할 수 있다고 주장한다.

풀이 '반면에'는 뒤에 오는 내용이 앞의 내용과 반대됨을 나타내는 말이다. ⓓ를 기준으로 앞에는 본질주의, 뒤에는 반본질주의의 견해가 제시되고 있으므로 ⓓ로 이어진 앞뒤 내용 ❷-2와 ❷-3이 어떤 점에서 다른지 살펴보는 것은 적절한 독서 방안이다.

→ 적절함!

⑤ 사실과 글쓴이의 의견을 구별하는 것이 중요하므로 ⓔ를 통해 강조되는 글쓴이의 주장이 타당한지 따져 보아야겠어.

풀이 ⓔ는 앞 문장의 내용(반본질주의자들의 입장)을 설명하면서, 반본질주의자들이 가지고 있는 '본질'에 대한 입장을 보충 설명하고 있다. ⓔ를 통해 '글쓴이의' 주장이 강조되지 않으므로, 그 타당성을 따지는 것은 적절한 독서 방안이 아니다.

→ 적절하지 않음!

# 6. 독서는 어떻게 이루어지나?

**[173~175] 다음 글을 읽고 물음에 답하시오.**

1 [1]밑줄 긋기는 일상적으로 유용하게(有用-, 쓸모 있게) 활용할 수 있는 독서 전략(戰略, 방법, 책략)이다. [2]밑줄 긋기는 정보를 머릿속에 저장하고 기억한 내용을 떠올리는 데 도움이 된다. [3]독자(讀者, 읽는 사람)로 하여금 표시한 부분에 주의를 기울이도록 해 정보를 머릿속에 저장하도록 돕고, 표시한 부분이 독자에게 시각적 자극을 주어 기억한 내용을 떠올리는 데 단서가 되기 때문이다. [4]이러한 점에서 밑줄 긋기는 일반적인 독서 상황뿐 아니라 학습 상황에서도 유용하다. [5]또한 밑줄 긋기는 방대한(厖大-, 매우 크거나 많은) 정보들 가운데 주요한 정보를 추리는(골라내는) 데에도 효과적이며, 표시한 부분이 일종의 색인(索引, 책 속 내용 중 중요한 단어나 항목 등을 쉽게 찾아볼 수 있도록 일정한 순서에 따라 배열해 놓은 목록)과 같은 역할을 하여 독자가 내용을 다시 찾아보는 데에도 용이하다.(容易-, 어렵지 않고 매우 쉽다.)

→ 독서 전략으로 유용한 밑줄 긋기의 장점

2 [1]통상적으로(通常的-, 흔히) 독자는 글을 읽는 중에 바로바로 밑줄 긋기를 한다. [2]그러다 보면 밑줄이 많아지고 복잡해져 밑줄 긋기의 효과가 줄어든다. [3]또한 밑줄 긋기를 신중하게 하지 않으면 잘못 표시한 밑줄을 삭제하기 위해 되돌아가느라 독서의 흐름이 방해받게 되므로 효과적으로 밑줄 긋기를 하는 것이 중요하다.

→ 통상적인 밑줄 긋기 방식의 문제점

3 [1]밑줄 긋기의 효과를 얻기 위한 방법에는 몇 가지가 있다. [2]우선 글을 읽는 중에는 문장이나 문단에 나타난 정보 간의 상대적 중요도를 결정할 때까지 밑줄 긋기를 잠시 늦추었다가 주요한(主要-, 중심이 되고 중요한) 정보에 밑줄 긋기를 한다. [3]이때 주요한 정보는 독서 목적에 따라 달라질 수 있다는 점을 고려한다. [4]또한 자신만의 밑줄 긋기 표시 체계(體系, 일정한 원리에 따라서 낱낱의 부분이 짜임새 있게 조직되어 통일된 전체)를 세워 밑줄 이외에 다른 기호도 사용할 수 있다. [5]밑줄 긋기 표시 체계는 밑줄 긋기가 필요한 부분에 특정 기호를 사용하여 표시하기로 독자가 미리 정해 놓는 것이다. [6]예를 들면 하나의 기준으로 묶을 수 있는 정보들에 동일한 기호를 붙이거나 순차적인(順次的-, 순서를 따라 차례로) 번호를 붙이기로 하는 것 등이다. [7]이는 기본적인 밑줄 긋기를 확장한(擴張-, 범위를 넓힌) 방식이라 할 수 있다.

→ 효과적인 밑줄 긋기의 방법

4 [1]밑줄 긋기는 어떠한 수준의 독자라도 쉽게 사용할 수 있다는 점 때문에 연습 없이 능숙하게(能熟-, 뛰어나고 익숙하게) 사용할 수 있다고 오해되어 온 경향이 있다. [2]그러나 본질적으로 밑줄 긋기는 주요한 정보가 무엇인지에 대한 판단이 선행되어야(先行-, 앞서 행해져야) 한다는 점에서 단순하지 않다. [3]㉠ 밑줄 긋기의 방법을 이해하고 잘 사용하는 것은 글을 능동적으로 읽어 나가는 데 도움이 될 수 있다.

→ 밑줄 긋기에 대한 오해와 올바른 밑줄 긋기의 필요성

■지문 이해

**<유용한 독서 전략인 밑줄 긋기의 효과적인 방법>**

**❶ 독서 전략으로 유용한 밑줄 긋기의 장점**
- 정보를 저장하고, 기억한 내용을 떠올리는 데 도움이 됨
- 주요한 정보를 추리는 데 효과적임
- 일종의 색인 역할로, 내용을 다시 찾아보는 데에 용이함

**❷ 통상적인 밑줄 긋기 방식의 문제점**
- 글을 읽는 중에 바로바로 밑줄 긋기 : 밑줄이 많아지고 복잡해져 그 효과가 줄어듦
- 신중하지 않은 밑줄 긋기 : 잘못 표시한 밑줄의 삭제를 위해 되돌아가느라, 독서 흐름이 방해받음
  ⇒ 효과적으로 밑줄 긋기를 하는 것이 중요함

**❸ 효과적인 밑줄 긋기의 방법**
- 글을 읽는 중 정보 간 상대적 중요도를 결정할 때까지 밑줄 긋기를 잠시 늦추었다가, 주요한 정보에 밑줄 긋기 ← 주요한 정보는 독서 목적에 따라 달라질 수 있음
- 자신만의 밑줄 긋기 표시 체계를 세워 밑줄 이외에 다른 기호도 사용할 수 있음

**❹ 밑줄 긋기에 대한 오해와 올바른 밑줄 긋기의 필요성**
- 밑줄 긋기는 연습 없이도 능숙하게 사용할 수 있다고 오해되어 왔으나, 주요한 정보 판단이 선행되어야 하므로 단순한 전략이 아님
- 밑줄 긋기의 방법을 이해하고 잘 사용하는 것은 능동적 독서에 도움이 될 수 있음

**173** | 세부 정보 이해 - 일치하지 않는 것 고르기 2025학년도 수능 1번 정답률 95% | 정답 ③

**윗글의 내용과 일치하지 않는 것은?**

**① 밑줄 긋기는 일반적인 독서 상황에서 도움이 된다.**

근거 ❶-4 밑줄 긋기는 일반적인 독서 상황뿐 아니라 학습 상황에서도 유용하다.

→ 일치함!

**② 밑줄 이외의 다른 기호를 밑줄 긋기에 사용하는 것이 가능하다.**

근거 ❸-4 자신만의 밑줄 긋기 표시 체계를 세워 밑줄 이외에 다른 기호도 사용할 수 있다.

→ 일치함!

**③ 밑줄 긋기는 누구나 연습 없이도 능숙하게 사용할 수 있는 전략이다.**

근거 ❹-1~2 밑줄 긋기는 어떠한 수준의 독자라도 쉽게 사용할 수 있다는 점 때문에 연습 없이 능숙하게 사용할 수 있다고 오해되어 온 경향이 있다. 그러나 본질적으로 밑줄 긋기는 주요한 정보가 무엇인지에 대한 판단이 선행되어야 한다는 점에서 단순하지 않다.

풀이 윗글에 따르면 밑줄 긋기는 본질적으로 단순하지 않은 독서 전략이다. 따라서 밑줄 긋기는 누구나 연습 없이도 능숙하게 사용할 수 있는 전략이라는 내용은 윗글과 일치하지 않는다.

→ 일치하지 않음!

**④ 밑줄 긋기로 표시한 부분은 독자가 내용을 다시 찾아보는 데 유용하다.**

근거 ❶-5 밑줄 긋기는 … 표시한 부분이 일종의 색인과 같은 역할을 하여 독자가 내용을 다시 찾아보는 데에도 용이하다.

→ 일치함!

**⑤ 밑줄 긋기로 표시한 부분이 독자에게 시각적인 자극을 주어 기억한 내용을 떠올리는 데 도움이 된다.**

근거 ❶-2~3 밑줄 긋기는 정보를 머릿속에 저장하고 기억한 내용을 떠올리는 데 도움이 된다. … 표시한 부분이 독자에게 시각적 자극을 주어 기억한 내용을 떠올리는 데 단서가 되기 때문

→ 일치함!

**174** | 핵심 개념 이해 - 적절한 것 고르기 2025학년도 수능 2번 정답률 95% | 정답 ④

**㉠에 해당하는 내용으로 가장 적절한 것은?**

㉠ 밑줄 긋기의 방법을 이해하고 잘 사용하는 것

**① 글을 다시 읽을 때를 대비해서 되도록 많은 부분에 밑줄 긋기를 하며 읽는다.**

근거 ❷-2 밑줄이 많아지고 복잡해져 밑줄 긋기의 효과가 줄어든다.

풀이 윗글에서는 밑줄이 많아지고 복잡해지면 밑줄 긋기의 효과가 줄어든다고 설명하였다. 따라서 '되도록 많은 부분에 밑줄 긋기를 하며 읽는다'는 것은 밑줄 긋기의 방법을 이해하고 잘 사용하는 것(㉠)에 해당하는 내용으로 적절하지 않다.

→ 적절하지 않음!

② 글 전체에 주의를 기울일 수 있도록 글을 읽고 있을 때에는 밑줄 긋기를 하지 않는다.

근거 ❸-2 글을 읽는 중에는 문장이나 문단에 나타난 정보 간의 상대적 중요도를 결정할 때까지 밑줄 긋기를 잠시 늦추었다가 주요한 정보에 밑줄 긋기를 한다.

풀이 윗글에서는 효과적인 밑줄 긋기의 방법을 제시하면서, 글을 읽는 중에는 정보 간 상대적 중요도가 결정된 후, 목적에 따른 주요한 정보에 밑줄 긋기를 한다고 설명하였다. 따라서 '글을 읽고 있을 때에는 밑줄 긋기를 하지 않는다'는 것은 밑줄 긋기의 방법을 이해하고 잘 사용하는 것(㉠)에 해당하는 내용으로 적절하지 않다.

→ 적절하지 않음!

③ 정보의 중요도를 *판정하기 어려우면 우선 밑줄 긋기를 한 후 잘못 그은 밑줄을 삭제한다. *判定-, 판단하고 구별하여 결정하기

근거 ❷-3 밑줄 긋기를 신중하게 하지 않으면 잘못 표시한 밑줄을 삭제하기 위해 되돌아가느라 독서의 흐름이 방해받게 되므로

풀이 밑줄 긋기를 신중하게 하지 않으면 잘못 표시한 밑줄을 삭제하기 위해 되돌아가느라 독서의 흐름이 방해받게 된다. 따라서 '우선 밑줄 긋기를 한 후 잘못 그은 밑줄을 삭제'하는 것은 밑줄 긋기의 방법을 이해하고 잘 사용하는 것(㉠)에 해당하는 내용으로 적절하지 않다.

→ 적절하지 않음!

④ 주요한 정보를 추릴 수 있도록 자신이 만든 밑줄 긋기 표시 체계에 따라 밑줄 긋기를 한다.

근거 ❶-5 밑줄 긋기는 방대한 정보들 가운데 주요한 정보를 추리는 데에도 효과적이며, ❸-4 자신만의 밑줄 긋기 표시 체계를 세워 밑줄 이외에 다른 기호도 사용할 수 있다.

→ 적절함!

⑤ 글에 반복되는 어휘나 의미가 비슷한 문장이 나올 때마다 바로바로 밑줄 긋기를 하며 글을 읽는다.

근거 ❷-1~2 통상적으로 독자는 글을 읽는 중에 바로바로 밑줄 긋기를 한다. 그러다 보면 밑줄이 많아지고 복잡해져 밑줄 긋기의 효과가 줄어든다.

풀이 글을 읽는 중에 바로바로 밑줄 긋기를 하며 글을 읽으면 밑줄이 많아지고 복잡해져 밑줄 긋기의 효과가 줄어든다. 따라서 '바로바로 밑줄 긋기를 하며 글을 읽는 것'은 밑줄 긋기의 방법을 이해하고 잘 사용하는 것(㉠)에 해당하는 내용으로 적절하지 않다.

→ 적절하지 않음!

**175** 구체적인 사례에 적용 - 적절하지 않은 것 고르기 2025학년도 수능 3번
정답률 65%, 매력적 오답 ① 10% ② 15% | 정답 ⑤

**윗글을 바탕으로 학생이 다음과 같이 밑줄 긋기를 했다고 할 때, 이에 대한 평가로 적절하지 않은 것은?** [3점]

> [독서 목적] 고래의 외형적(外形的, 겉모양과 관련된) 특징에 대한 정보 습득
> [표시 기호] ▭, 1) · 2), ✓, 〰
> [독서 자료]
> 고래는 육지 포유동물(哺乳動物, 새끼에게 젖을 먹여 기르는 척추동물)에서 기원했지만(起源-, 처음으로 생겨났지만), 수중 생활에 적응하여 새끼를 수중에서 낳는다. 1) 암컷들은 새끼를 낳을 때 서로 도와주며, 2) 어미들은 새끼들을 정성껏 보호한다.
> 고래의 생김새 는 고래의 종류마다 다른데, ✓대체로 몸길이는 1.3m에서 30m에 이른다. ✓피부에는 털이 없거나 아주 짧게 나 있다. 지느러미는 배를 젓는 노와 같은 형태이고, 헤엄칠 때 수평을 유지하는 기능을 한다.
> 고래는 폐로 호흡하므로 물속에서 숨을 쉴 수 없다. 고래의 머리 꼭대기에는 분수공(噴水孔, 공기나 물이 드나드는 작은 구멍)이 있다. 물속에서 참았던 숨을 분수공으로 내뿜고 다시 숨을 들이마신 뒤 잠수한다. 작은 고래들은 몇 분밖에 숨을 참지 못하지만, 큰 고래들은 1시간 정도 물속에 머물 수 있다.

① 독서 목적을 고려하면, 1문단에서 '▭'로 표시한 부분은 적절하지 않게 밑줄 긋기를 하였군.

근거 ❸-3 주요한 정보는 독서 목적에 따라 달라질 수 있다는 점을 고려한다.

풀이 학생의 독서 목적은 고래의 '외형적 특징'에 대한 정보 습득이다. 고래가 포유동물이라는 정보는 고래의 외형적 특징에 해당하지 않으므로, 독서 목적에 따른 주요한 정보라고 보기 어렵다. 따라서 독서 목적을 고려하였을 때 1문단에서 '▭'로 표시한 부분은 적절하지 않게 밑줄 긋기를 한 것이라고 평가할 수 있다.

→ 적절함!

② 독서 목적을 고려하면, 1문단에서 '1)', '2)'와 같이 순차적인 번호로 표시한 부분은 적절하지 않게 밑줄 긋기를 하였군.

근거 ❸-3 주요한 정보는 독서 목적에 따라 달라질 수 있다는 점을 고려한다.

풀이 1문단에서 학생이 순차적인 번호로 표시한 부분은 고래의 외형적 특징에 해당하지 않는다. 따라서 '고래의 외형적 특징에 대한 정보 습득'이라는 독서 목적을 고려하였을 때, 해당 표시는 적절하지 않게 밑줄 긋기를 한 것이라고 평가할 수 있다.

→ 적절함!

③ 2문단에서 '▭'로 표시한 부분을 보니, 독서 목적에 관련된 주요 *어구에 밑줄 긋기를 하였군. *語句, 말의 마디나 구절

근거 ❸-2 글을 읽는 중에는 … 주요한 정보에 밑줄 긋기를 한다.

풀이 학생이 2문단에서 '▭'로 표시한 '고래의 생김새'는 '고래의 외형적 특징에 대한 정보 습득'이라는 독서 목적을 고려하였을 때 주요한 정보에 해당한다. 따라서 해당 표시는 독서 목적에 관련된 주요 어구에 밑줄 긋기를 한 것이라고 평가할 수 있다.

→ 적절함!

④ 독서 목적을 고려하면, 2문단에서는 '지느러미는 배를 젓는 노와 같은 형태'에 '✓'를 *누락하였군. *漏落-, 빠뜨렸군.

근거 ❸-2 글을 읽는 중에는 … 주요한 정보에 밑줄 긋기를 한다.

풀이 학생의 독서 목적은 고래의 '외형적 특징'에 대한 정보 습득이다. 2문단에서 '지느러미는 배를 젓는 노와 같은 형태'라는 정보는 고래의 외형적 특징에 해당하므로, 독서 목적에 따른 주요한 정보라고 볼 수 있다. 따라서 독서 목적을 고려하였을 때 해당 내용에 '✓'를 누락하였다고 평가하는 것은 적절하다.

→ 적절함!

⑤ '〰'로 표시한 부분을 보니, 독서 목적을 고려하여 3문단 내에서 정보 간의 상대적인 중요도를 판단해 주요한 문장에 밑줄 긋기를 하였군.

근거 ❸-2 글을 읽는 중에는 문장이나 문단에 나타난 정보 간의 상대적 중요도를 결정할 때까지 밑줄 긋기를 잠시 늦추었다가 주요한 정보에 밑줄 긋기를 한다.

풀이 윗글에 따르면 글을 읽는 중에는 정보 간의 상대적 중요도를 결정하여 주요한 정보에 밑줄 긋기를 하여야 하며, 이때 주요한 정보는 독서 목적에 따른 것이어야 한다. 학생이 3문단에서 '〰'로 표시한 부분은 고래의 외형적 특징에 해당하는 정보가 아니므로, '고래의 외형적 특징에 대한 정보 습득'이라는 독서 목적을 고려하였을 때 독서 목적에 따른 주요한 정보라고 볼 수 없다. 따라서 해당 부분을 '〰'로 표시한 것에 대해 '독서 목적을 고려하여 정보 간의 상대적 중요도를 판단해 주요한 문장에 밑줄 긋기를 한 것'이라고 평가하는 것은 적절하지 않다.

→ 적절하지 않음!

**[176~178] 다음 글을 읽고 물음에 답하시오.**

1 [1]학습 목적으로 글을 읽을 때 독자(讀者, 글을 읽는 사람)는 문자 이외에 그림, 사진 등의 시각 자료가 포함된 글을 접하곤(接-, 부딪쳐 경험하게 되곤) 한다. [2]시각 자료가 글 내용을 이해하는 데 도움을 준다는 견해에 따르면, 시각 자료는 문자 외에 또 다른 학습 단서(端緖, 문제를 해결하는 방향으로 이끌어 가는 일의 첫 부분)가 된다. [3]문자로만 구성된(構成-, 짜여 이루어진) 글을 읽을 때 독자는 머릿속으로 문자가 제공하는 정보, 즉 '문자 정보'만을 처리하지만, 시각 자료가 포함된 글을 읽을 때는 '이미지 정보'도 함께 처리한다. [4]이 두 정보들(문자 정보와 이미지 정보)은 서로 참조되면서(參照-, 비교되고 대조되면서) 연결되어 독자가 글 내용을 이해하는 데 상호 보완적으로(相互補完的-, 모자란 부분을 서로 보충하는 관계로) 기여한다.(寄與-, 도움이 되게 한다.) [5]독자가 문자 정보를 떠올리지 못할 때 이미지 정보가 단서가 되어 글 내용을 기억하는 데도 도움을 준다.

→ 학습 목적으로 글을 읽을 때의 두 가지 학습 단서 : 문자와 시각 자료

2 [1]시각 자료는 글 내용과 관련하여 어떤 목적으로 쓰이는가에 따라 예시(例示, 예를 들어 보임)적, 설명(說明, 어떤 일이나 대상의 내용을 상대편이 잘 알 수 있도록 밝혀 말함)적, 보충(補充, 부족한 것을 보태어 채움)적 시각 자료로 구분할 수 있다. [2]예시적 시각 자료는 글 내용을 시각화하여(視覺化-, 일정한 형태로) 보여 주는 데 목적이 있다. [3]설명적 시

각 자료는 글 내용을 시각화하여 제시하는 목적에 더하여 글에서 다룬 내용을 보완하는 목적으로 쓰인다. [4]보충적 시각 자료는 글의 주제와 관련이 있지만 글에서 다루어지지 않은 내용을 추가하여 보충하는 목적으로 쓰인다. [5]이에 따라 보충적 시각 자료는 글 내용의 범위를 확장하는(擴張–, 늘려서 넓히는) 특징이 있다. [6]이 외에 독자의 흥미를 유발하거나(誘發–, 일어나게 하거나) 글 내용과 관련 없이 여백(餘白, 남은 빈 자리)을 메우는 목적으로 장식적 시각 자료가 쓰이기도 한다.

→ 글 내용과 관련된 목적에 따른 시각 자료의 구분

3 [1]㉠ 글 내용과 관련된 시각 자료를 포함한 글을 읽을 때, 독자는 글의 내용과 시각 자료의 관계를 살피고 시각 자료로 강조된 중요한 정보를 파악해야 한다. [2]또한 시각 자료가 설명 대상이나 개념(槪念, 일반적 지식)을 적절하게 표현하는지, 글에서 효과적으로 쓰이는지를 판단해야 한다. [3]이를 토대(土臺, 밑바탕)로, 독자는 글 내용과 이에 적합한 시각 자료를 종합하여 의미를 구성해야 한다. [4]독자는 매력적인 시각 자료에 사로잡혀 읽기의 목적을 잃지 않고, 낯설고 복잡한 시각 자료도 읽어 내는 능동성(能動性, 자신의 생각이나 뜻에 따라 행동하는 성질)을 발휘할(發揮–, 떨쳐 나타낼) 필요가 있다.

→ 글 내용과 관련된 시각 자료를 포함한 글 읽기 방법

■ 지문 이해

<시각 자료를 포함한 글 읽기>

**❶ 학습 목적으로 글을 읽을 때의 두 가지 학습 단서 : 문자와 시각 자료**

- 문자로만 구성된 글을 읽을 때 독자는 '문자 정보'만 처리함
- 시각 자료가 포함된 글을 읽을 때 독자는 '문자 정보'와 '이미지 정보'를 함께 처리함
  → 두 정보는 서로 참조·연결되어 독자의 글 이해에 상호 보완적으로 기여함

**❷ 글 내용과 관련된 목적에 따른 시각 자료의 구분**

- 예시적 시각 자료 : 글 내용을 시각화하여 보여 주는 목적
- 설명적 시각 자료 : 글 내용을 시각화하여 제시하는 목적 + 글에서 다룬 내용을 보완하는 목적
- 보충적 시각 자료 : 주제와 관련 있지만 글에서 다루어지지 않은 내용을 추가하여 보충하는 목적, 글 내용의 범위 확장
- 장식적 시각 자료 : 흥미 유발, 여백 메우기

**❸ 글 내용과 관련된 시각 자료를 포함한 글 읽기 방법**

- 글의 내용과 시각 자료의 관계를 살피고 시각 자료로 강조된 중요한 정보 파악하기
- 시각 자료의 적절성과 효과 판단하기
- 글 내용과 적합한 시각 자료를 종합하여 의미 구성하기
- 읽기 목적을 잃지 않고 능동성을 발휘하여 시각 자료 읽기

**176** 세부 정보 이해 - 적절하지 않은 것 고르기 2025학년도 9월 모평 1번 정답률 90% | 정답 ④

**윗글의 내용과 일치하지 않는 것은?**

**① 시각 자료는 여백을 채우는 목적으로 쓰이기도 한다.**

근거 ❷-6 여백을 메우는 목적으로 장식적 시각 자료가 쓰이기도 한다.

→ 적절함!

**② 글에서 중요한 정보를 시각 자료를 통해 *부각할 수 있다.** *浮刻–, 두드러지게 나타낼

근거 ❸-1 글 내용과 관련된 시각 자료를 포함한 글을 읽을 때, 독자는 글의 내용과 시각 자료의 관계를 살피고 시각 자료로 강조된 중요한 정보를 파악해야 한다.

→ 적절함!

**③ 독자가 시각 자료에 끌리다 보면 글을 읽는 목적을 잃을 수 있다.**

근거 ❸-4 독자는 매력적인 시각 자료에 사로잡혀 읽기의 목적을 잃지 않고, 낯설고 복잡한 시각 자료도 읽어 내는 능동성을 발휘할 필요가 있다.

→ 적절함!

**④ 시각 자료의 용도는 머릿속에서 처리되는 정보의 종류에 따라 구분된다.** (어떤 목적으로 쓰이는가에 따라)

근거 ❷-1 시각 자료는 글 내용과 관련하여 어떤 목적으로 쓰이는가에 따라 예시적, 설명적, 보충적 시각 자료로 구분할 수 있다.

→ 적절하지 않음!

**⑤ 독자는 낯선 시각 자료도 읽어 내는 능동적 자세를 가질 필요가 있다.**

근거 ❸-4 독자는 … 낯설고 복잡한 시각 자료도 읽어 내는 능동성을 발휘할 필요가 있다.

→ 적절함!

**177** 세부 정보 이해 - 적절하지 않은 것 고르기 2025학년도 9월 모평 2번 정답률 85% | 정답 ⑤

**㉠에 대한 이해로 적절하지 않은 것은?**

㉠ 글 내용과 관련된 시각 자료를 포함한 글을 읽을 때

**① 글의 의미는 글 내용과 시각 자료를 종합하여 구성할 수 있다.**

근거 ❸-3 독자는 글 내용과 이에 적합한 시각 자료를 종합하여 의미를 구성해야 한다.

→ 적절함!

**② 문자 정보와 이미지 정보는 상호 참조되어 보완적으로 작용할 수 있다.**

근거 ❶-4 이 두 정보들(문자 정보와 이미지 정보)은 서로 참조되면서 연결되어 독자가 글 내용을 이해하는 데 상호 보완적으로 기여한다.

→ 적절함!

**③ 문자로만 구성된 글보다 내용을 이해하기가 쉬웠다면 이미지 정보가 단서가 되었을 수 있다.** (이미지 정보 ← 시각 자료)

근거 ❶-2 시각 자료가 글 내용을 이해하는 데 도움을 준다는 견해에 따르면, 시각 자료는 문자 외에 또 다른 학습 단서가 된다.

→ 적절함!

**④ 글에서 설명하는 개념과 시각 자료의 관련성을 따지고 시각 자료의 적절성을 판단할 필요가 있다.**

근거 ❸-1~2 글 내용과 관련된 시각 자료를 포함한 글을 읽을 때, 독자는 글의 내용과 시각 자료의 관계를 살피고 … 시각 자료가 설명 대상이나 개념을 적절하게 표현하는지, 글에서 효과적으로 쓰이는지를 판단해야 한다.

→ 적절함!

**⑤ 문자 정보 처리와 이미지 정보 처리를 통해 연결된 정보를 독자가 떠올려야 글의 내용을 기억할 수 있다.**

근거 ❶-3 문자로만 구성된 글을 읽을 때 독자는 머릿속으로 문자가 제공하는 정보, 즉 '문자 정보'만을 처리하지만, 시각 자료가 포함된 글을 읽을 때는 '이미지 정보'도 함께 처리한다, ❶-5 독자가 문자 정보를 떠올리지 못할 때 이미지 정보가 단서가 되어 글 내용을 기억하는 데도 도움을 준다.

풀이 독자는 문자로만 구성된 글을 읽을 때는 문자 정보만을 처리하고, 시각 자료가 포함된 글을 읽을 때는 문자 정보와 함께 이미지 정보도 처리한다. 한편 독자가 문자 정보를 떠올리지 못할 때 이미지 정보가 단서가 되어 글의 내용을 기억하는 데 도움을 주기도 한다. 이러한 윗글의 설명을 통해 독자는 이미지 정보의 도움 없이 문자 정보를 떠올리는 것만으로도 글의 내용을 기억할 수 있다는 점을 추론할 수 있다.

→ 적절하지 않음!

**178** 구체적인 사례에 적용 - 적절한 것 고르기 2025학년도 9월 모평 3번 정답률 80% 정답 ②

**<보기>는 학생이 쓴 독서 일지의 일부이다. 윗글을 바탕으로 <보기>를 설명한 내용으로 가장 적절한 것은?** 3점

| 보기 |
[1]'이집트의 기록 문화'라는 제목의 글을 읽었다. [2]제목 옆에 비행기 그림이 있었다. [3]글은 "파피루스 줄기를 잘라, 줄기를 가로세로로 겹치고 서로 붙여 종이를 만들었다."라는 내용만 있어서 이해하기 어려웠다. [4]글 속에 있는 그림을 보니, 그림 1에서 파피루스 줄기를 같은 길이로 길고 얇게 자른다는 것을, 그림 2에서 그것들을 가로세로로 겹치고 서로 붙여 종이를 만든다는 것을 알 수 있었다. [5]그림 3은 이집트 상형 문자가 벽에 새겨진 모습을 담고 있었다.

① **비행기 그림은 글 내용을 시각적으로 보여 주는 예시적 시각 자료이다.** (글 내용과 관련 없는 / 장식적)

근거 ❷-6 독자의 흥미를 유발하거나 글 내용과 관련 없이 여백을 메우는 목적으로 장식적 시각 자료가 쓰이기도 한다.

풀이 <보기>에서 글의 제목 옆에 있는 비행기 그림은 글 내용을 시각화하여 보여 주는 예시적 시각 자료가 아니라, 글의 내용과 관련 없는 장식적 시각 자료에 해당한다고 볼 수 있다.

→ 적절하지 않음!

② **그림 1은 글 내용을 시각화해 보여 주면서 글 내용도 보완해 주는 설명적 시각 자료이다.**

근거 <보기>-3~4 글은 "파피루스 줄기를 잘라, 줄기를 가로세로로 겹치고 서로 붙여 종이를 만들었다."라는 내용만 있어서 이해하기 어려웠다. 글 속에 있는 그림을 보니, 그림 1에서 파피루스 줄기를 같은 길이로 길고 얇게 자른다는 것을, … 알 수 있었다, ❷-3 설명적 시각 자료는 글 내용을 시각화하여 제시하는 목적에 더하여 글에서 다룬 내용을 보완하는 목적으로 쓰인다.

풀이 <보기>의 학생은, 글에는 '파피루스 줄기를 잘라'라는 내용만 있어 이해하기 어려웠으나 글 속의 그림 1에서 파피루스 줄기를 '같은 길이로 길고 얇게 자른다'는 것을 알 수 있었다고 하였다. 따라서 <보기>의 그림 1은 파피루스 줄기를 자른다는 글 내용을 시각화해 보여 주면서, 같은 길이로 길고 얇게 자른다는 내용을 보완해 주는 설명적 시각 자료에 해당한다.

→ 적절함!

③ **그림 2는 글에서 다루지 않은 내용을 보여 주는 보충적 시각 자료이다.** (글 내용을 시각화하여 보여 주는 / 예시적)

근거 <보기>-3~4 글은 "파피루스 줄기를 잘라, 줄기를 가로세로로 겹치고 서로 붙여 종이를 만들었다."라는 내용만 있어서 이해하기 어려웠다. 글 속에 있는 그림을 보니, … 그림 2에서 그것들을 가로세로로 겹치고 서로 붙여 종이를 만든다는 것을 알 수 있었다, ❷-2 예시적 시각 자료는 글 내용을 시각화하여 보여 주는 데 목적이 있다.

풀이 <보기>에서 그림 2는 글에서 제시한 '줄기를 가로세로로 겹치고 서로 붙여 종이를 만들었다'에 해당하는 내용을 시각화하여 보여 주고 있으므로, 보충적 시각 자료가 아니라 예시적 시각 자료이다.

→ 적절하지 않음!

④ **그림 3은 글 내용에 있는 설명 대상을 표현하여 글의 주제와의 관계를 보여 주고 있다.**

근거 <보기>-1 '이집트의 기록 문화'라는 제목의 글을 읽었다, <보기>-5 그림 3은 이집트 상형 문자가 벽에 새겨진 모습을 담고 있었다, ❷-4 보충적 시각 자료는 글의 주제와 관련이 있지만 글에서 다루어지지 않은 내용을 추가하여 보충하는 목적으로 쓰인다.

풀이 <보기>에서 학생은 '이집트의 기록 문화'라는 제목의 글을 읽었는데, 글의 내용은 파피루스 줄기를 잘라 종이를 만드는 것에 관한 것이었다. 이때 글 속의 그림 3은 이집트 상형 문자가 벽에 새겨진 모습을 담고 있는데, 이는 '이집트의 기록 문화'라는 글의 제목에서 유추하였을 때 글의 주제와 관련이 있다고 볼 수 있으나 글에서 다루어지지는 않은 내용이다. 따라서 그림 3은 글의 내용에 있는 설명 대상을 표현한 것이 아니라, 글의 주제와 관련이 있지만 글에서 다루어지지 않은 내용을 추가하여 보충하는 목적의 보충적 시각 자료라고 볼 수 있다.

→ 적절하지 않음!

⑤ **그림 2와 3은 글에서 다룬 내용을 보완하여 글의 범위를 확장하고 있다.** (설명적 시각 자료 / 보충적 시각 자료)

근거 ❷-3 설명적 시각 자료는 … 글에서 다룬 내용을 보완하는 목적으로 쓰인다, ❷-5 보충적 시각 자료는 글 내용의 범위를 확장하는 특징이 있다.

풀이 <보기>에서 그림 2는 글에서 제시한 '줄기를 가로세로로 겹치고 서로 붙여 종이를 만들었다'에 해당하는 내용을 시각화하여 보여 주고 있으므로, 글의 내용을 시각화하여 보여 주는 예시적 시각 자료이다. 한편 그림 3은 글의 주제와 관련이 있지만 글에서 다루어지지 않은 내용을 추가하여 보충하는 목적의 보충적 시각 자료이다. 따라서 그림 2와 3은 모두 글에서 다룬 내용을 보완하는 '설명적 시각 자료'에 해당하지 않으며, 그림 2는 글의 범위를 확장하는 '보충적 시각 자료'에도 해당하지 않는다.

→ 적절하지 않음!

## [179~181] 다음 글을 읽고 물음에 답하시오.

**1** [1]여러 글에서 다양한 정보를 종합하며 읽는 능력은 많은 정보가 산재해(散在-, 여기저기 흩어져) 있는 디지털 환경에서 더욱 중요해졌다. [2]궁금증 해소(解消, 해결하여 없앰)나 글쓰기 등 문제 해결을 위한 목적으로 글 읽기를 할 때에 한 편의 글에 원하는 정보가 충분하지 않다면, 여러 글을 읽으며 이를 해결할 수 있다.

→ 문제 해결을 위한 여러 글 읽기의 필요성

**2** [1]독자는 우선 문제 해결에 도움이 되는 글들을 찾아야 한다. [2]읽을 글을 선정할(選定-, 여럿 가운데서 뽑아 정할) 때에는 믿을 만한 글인지와 읽기 목적과 관련이 있는 글인지를 평가하는 것이 중요하다. [3]㉠ 신뢰성 평가는 글의 저자(著者, 글로 써서 책을 지어 낸 사람), 생산 기관(機關, 일정한 역할과 목적을 위해 설치한 기구나 조직), 출판 시기 등 출처(出處, 생기거나 나온 근거)에 관한 정보를 확인하여 그 글이 믿을 만한지 판단하는 것이다. [4]㉡ 관련성 평가는 글의 내용에 읽기 목적과 부합하는(符合-, 서로 꼭 들어맞는) 정보가 있는지 판단하는 것인데, 이를 위해서는 읽기 목적을 지속적으로 떠올리며 평가해 가야 한다.

→ 문제 해결을 위한 여러 글 읽기 방법 ① : 읽을 글 선정하기

**3** [1]문제를 해결하기에 적절한 글들을 선정했다면, 다음으로는 읽기 목적에 맞게 글을 읽어야 한다. [2]이때 글의 정보는 독자가 이해한 의미로 재(再, 다시)구성되고 이 과정에서 독자는 선택하기, 연결하기, 조직하기 전략을 활용한다. [3]이들 세 전략(선택하기, 연결하기, 조직하기)은 꼭 순서대로 사용하는 것은 아니며 반복해서 활용할 수 있다.

→ 문제 해결을 위한 여러 글 읽기 방법 ② : 읽기 목적에 맞게 글 읽기

**4** [1]선택하기란 읽은 글에서 필요한 정보를 추출하는(抽出-, 뽑아내는) 전략이다. [2]연결하기란 읽은 글들에서 추출한 정보들을 정교화하며(精巧化-, 관련지어 종합적으로 기억하며) 연결하여, 읽은 글에서는 나타나지 않던 의미를 구성하거나 심화된(深化-, 정도가 점점 깊어진) 의미로 나아가는 전략이다. [3]글의 정보를 재구조화하는 것은 조직하기라고 한다. [4]예를 들어, 시간의 순서에 따른 글과 정보 나열(羅列, 죽 벌여 놓음)의 글을 읽고, 읽은 글의 구조와는 다른 비교(比較, 둘 이상을 견주어 서로 간의 비슷한 점, 차이점, 일반 법칙 등을 깊이 생각하고 연구하는 일)·대조(對照, 둘 이상의 대상을 맞대어 같고 다름을 검토함)의 구조로 의미를 구성할 수 있다.

→ 읽기 목적에 맞게 글을 읽기 위한 세 가지 전략

**5** [1]이러한 전략을 적극적으로 활용하면, 정보의 홍수 속에서 유용한(有用-, 쓸모가 있는) 정보를 찾아 삶의 여러 문제를 해결하는 데에도 도움이 될 것이다.

→ 전략 활용의 이점

■ 지문 이해

**<문제 해결을 위해 여러 글의 정보를 종합하며 글을 읽는 방법>**

**❶ 문제 해결을 위한 여러 글 읽기의 필요성**
- 문제 해결을 위한 목적으로 글을 읽을 때, 여러 글에서 다양한 정보를 종합하며 읽으며 문제를 해결할 수 있음

**❷ 문제 해결을 위한 여러 글 읽기 방법 ① : 읽을 글 선정하기**
- 읽을 글 선정을 위해 글의 신뢰성과 관련성을 평가하는 것이 중요함
  - 신뢰성 평가 : 글의 저자, 생산 기관, 출판 시기 등 출처에 관한 정보를 확인하여 그 글이 믿을 만한지 판단하는 것
  - 관련성 평가 : 글 내용에 읽기 목적과 부합하는 정보가 있는지 판단하는 것 ← 읽기 목적을 지속적으로 떠올리며 평가해야 함

**❸ 문제 해결을 위한 여러 글 읽기 방법 ② : 읽기 목적에 맞게 글 읽기**
- 읽기 목적에 맞게 글을 읽을 때 글의 정보는 독자가 이해한 의미로 재구성됨 ← 선택하기, 연결하기, 조직하기 전략을 활용함

**❹ 읽기 목적에 맞게 글을 읽기 위한 세 가지 전략**

- 선택하기 : 읽은 글에서 필요한 정보를 추출하는 것
- 연결하기 : 읽은 글들에서 추출한 정보를 정교화하며 연결하여, 읽은 글에서 나타나지 않은 의미를 구성하거나 심화된 의미로 나아가는 것
- 조직하기 : 글의 정보를 재구조화하는 것

**❺ 전략 활용의 이점**

- 적극적으로 전략을 활용하면 유용한 정보를 찾아 삶의 문제를 해결하는 데 도움이 됨

**179** 세부 정보 이해 - 적절하지 않은 것 고르기 2025학년도 6월 모평 1번 정답률 95% 정답 ⑤

## 윗글의 내용과 일치하지 않는 것은?

**① 글을 선정하는 과정에서 글을 평가하는 것은 중요하다.**

근거 ❷-2 읽을 글을 선정할 때에는 믿을 만한 글인지와 읽기 목적과 관련이 있는 글인지를 평가하는 것이 중요하다.

→ 적절함!

**② 여러 글 읽기에서 정보를 연결하는 것은 문제 해결에 유용한 방법이 될 수 있다.**

근거 ❶-2 문제 해결을 위한 목적으로 글 읽기를 할 때에 한 편의 글에 원하는 정보가 충분하지 않다면, 여러 글을 읽으며 이를 해결할 수 있다, ❸-2 독자는 선택하기, 연결하기, 조직하기 전략을 활용, ❹-2 연결하기란 읽은 글들에서 추출한 정보들을 정교화하며 연결하여, 읽은 글에서는 나타나지 않던 의미를 구성하거나 심화된 의미로 나아가는 전략, ❺-1 이러한 전략을 적극적으로 활용하면, … 문제를 해결하는 데에도 도움이 될 것

풀이 윗글에서는 문제 해결을 위해 여러 글을 읽을 수 있다고 소개하고 있다. 이때 읽은 글들에서 추출한 정보들을 연결하는 연결하기 등의 전략을 적극적으로 활용하여 읽기 목적에 맞게 글을 읽음으로써 유용한 정보를 찾아 문제 해결에 도움을 얻을 수 있다.

→ 적절함!

**③ 궁금증을 해소하기 위한 읽기에서 글의 의미를 재구성하는 전략이 사용될 수 있다.**

근거 ❶-2 궁금증 해소나 글쓰기 등 문제 해결을 위한 목적으로 글 읽기를 할 때에 … 여러 글을 읽으며 이를 해결할 수 있다, ❸-2 글의 정보는 독자가 이해한 의미로 재구성되고 이 과정에서 독자는 … 전략을 활용한다.

→ 적절함!

**④ 여러 글에서 필요한 정보를 추출하는 과정은 문제를 해결하기 위한 읽기 목적과 관련된다.**

근거 ❸-1~2 문제를 해결하기에 적절한 글들을 선정했다면, 다음으로는 읽기 목적에 맞게 글을 읽어야 한다. … 독자는 선택하기, 연결하기, 조직하기 전략을 활용한다, ❹-1 선택하기란 읽은 글에서 필요한 정보를 추출하는 전략이다.

풀이 여러 글에서 필요한 정보를 추출하는 과정은 '선택하기' 전략에 해당하며, 이는 문제 해결을 위한 여러 글 읽기 중 읽기 목적에 맞게 글을 읽을 때 활용할 수 있는 전략 중 하나이다.

→ 적절함!

(문제 해결에 도움이 되는 여러 글을)

**⑤ 필요한 정보를 한 편의 글에서 얻지 못할 때는 다른 글을 찾기보다 그 글을 반복해서 읽는다.**

근거 ❶-2 문제 해결을 위한 목적으로 글 읽기를 할 때에 한 편의 글에 원하는 정보가 충분하지 않다면, 여러 글을 읽으며 이를 해결할 수 있다.

→ 적절하지 않음!

**180** 세부 정보 이해 - 적절한 것 고르기 2025학년도 6월 모평 2번 정답률 95% 정답 ②

## ㉠, ㉡에 대한 설명으로 가장 적절한 것은?

㉠ 신뢰성 평가 ㉡ 관련성 평가

(= 읽기 목적과 부합하는지 / ㉡)

**① 글 내용이 수행 과제와 관련 있는지 평가하는 것은 ㉠에 해당한다.**

근거 ❷-4 관련성 평가는 글의 내용에 읽기 목적과 부합하는 정보가 있는지 판단하는 것

풀이 글 내용이 수행 과제와 관련 있는지 평가하는 것은 신뢰성 평가(㉠)가 아니라 관련성 평가(㉡)에 해당한다.

→ 적절하지 않음!

(생산 기관에 대한 정보)

**② 읽을 글을 선정하기 위해 *출판사의 **공신력을 따지는 것은 ㉠을 고려한 것이다.** *出版社, 책, 회화 등을 인쇄하여 세상에 내놓는 사업을 하는 회사 **公信力, 공적인 신뢰를 받을 만한 능력

근거 ❷-3 신뢰성 평가는 글의 저자, 생산 기관, 출판 시기 등 출처에 관한 정보를 확인하여 그 글이 믿을 만한지 판단하는 것

→ 적절함!

(㉠)

**③ ㉡에서는 글이 언제 작성되었는지를 중심으로 판단해야 한다.**

근거 ❷-3 신뢰성 평가는 글의 저자, 생산 기관, 출판 시기 등 출처에 관한 정보를 확인하여 그 글이 믿을 만한지 판단하는 것

풀이 신뢰성 평가(㉠)에 해당하는 설명이다.

→ 적절하지 않음!

(㉠과 ㉡이 모두 중요하다)

**④ 정보가 산재해 있는 디지털 환경에서는 ㉠의 필요성이 사라지고 ㉡에 대한 요청이 증가한다.**

근거 ❷-2 읽을 글을 선정할 때에는 믿을 만한 글인지(㉠)와 읽기 목적과 관련이 있는 글인지(㉡)를 평가하는 것이 중요하다.

풀이 윗글에 따르면 정보가 산재해 있는 디지털 환경에서는 문제 해결을 위해 여러 글에서 다양한 정보를 종합하여 읽는 능력이 중요하며, 이 과정에서 읽을 글을 선정할 때 글의 신뢰성 평가와 관련성 평가가 모두 중요하다. 따라서 ㉠의 필요성이 사라지고 ㉡에 대한 요청이 증가한다는 설명은 적절하지 않다.

→ 적절하지 않음!

(㉡ / ㉠)

**⑤ 글 내용에 목적에 맞는 정보가 있는지 확인하는 것은 ㉠에, 저자의 경력 정보를 확인하는 것은 ㉡에 관련된다.**

근거 ❷-3~4 신뢰성 평가는 글의 저자, 생산 기관, 출판 시기 등 출처에 관한 정보를 확인하여 그 글이 믿을 만한지 판단하는 것이다. 관련성 평가는 글의 내용에 읽기 목적과 부합하는 정보가 있는지 판단하는 것

→ 적절하지 않음!

**181** 구체적인 사례에 적용 - 적절하지 않은 것 고르기 2025학년도 6월 모평 3번 정답률 85% 정답 ②

## 다음은 여러 글 읽기를 수행한 학생의 독서록이다. 윗글을 참고하여 ⓐ~ⓔ에 대해 이해한 내용으로 적절하지 않은 것은? [3점]

> [1]동물이 그린 그림의 판매에 대한 궁금증이 생겼다. [2]동물의 행동 사례(事例, 전에 실제로 일어난 예)를 열거하여(列擧--, 낱낱이 죽 늘어놓아) 소개한 <동물은 예술가>라는 글에서 ⓐ '동물의 그림도 예술 상품이 될 수 있다'는 정보를 얻을 수 있었다. [3]이어서 동물에게의 유산(遺産, 죽은 사람이 남겨 놓은 재산) 상속(相續, 한 사람이 사망한 후 그의 재산에 관한 권리와 의무의 일체를 이어 주는 일)이 성공한 사례와 실패한 경우를 비교·대조한 <동물에게 상속할 수 있는가>라는 글을 읽으며 ⓑ '동물도 재산상의 권리를 가질 수 있다'는 정보를 찾을 수 있었다. [4]그리고 ⓒ 이 정보를 <동물은 예술가>에서 추출한 정보와 연결하여 '동물의 그림에도 저작권(著作權, 저작자가 그 자신이 창작한 저작물에 대하여 갖는 권리)이 있겠다'는 새로운 의미를 떠올렸다. [5]동물이 저작권을 가질 수 있는지 알기 위해, 저작권의 개념을 시대순으로 정리한 <저작권의 역사>라는 글을 읽고 저작권의 의의(意義, 지니고 있는 뜻)를 이해하여 동물도 저작권을 가질 수 있다고 판단하였다. [6]이를 바탕으로 ⓓ 세 글의 정보를 종합하여 '동물 저작권의 성립 요건'에 관해 인과(因果, 원인과 결과) 관계 구조로 정리하였다. [7]그러면서 동물이 소유권(所有權, 물건을 전면적·일반적으로 지배하는 권리)의 주체가 될 수 있는지에 대한 이해가 더 필요하여 <동물에게 상속할 수 있는가>에서 ⓔ '동물 소유권에 관한 다양한 논의'에 대한 정보를 추출하였다.

**① ⓐ : <동물은 예술가>를 읽으며 선택하기 전략을 활용했겠군.**

근거 ❹-1 선택하기란 읽은 글에서 필요한 정보를 추출하는 전략, <보기>-1~2 동물이 그린 그림의 판매에 대한 궁금증이 생겼다. 동물의 행동 사례를 열거하여 소개한

<동물은 예술가>라는 글에서 '동물의 그림도 예술 상품이 될 수 있다'는 정보를 얻을 수 있었다.

**풀이** ⓐ에서 학생은 <동물은 예술가>에서 '동물의 그림도 예술 상품이 될 수 있다'는 필요한 정보를 추출하였으므로, 선택하기 전략을 활용하였다는 설명은 적절하다.

→ 적절함!

**② ⓑ : <동물에게 상속할 수 있는가>를 읽으며 연결하기 전략에 앞서 조직하기 전략을 활용했겠군.**

**근거** ❹-1 선택하기란 읽은 글에서 필요한 정보를 추출하는 전략, <보기>-3 동물에게의 유산 상속이 성공한 사례와 실패한 경우를 비교·대조한 <동물에게 상속할 수 있는가>라는 글을 읽으며 '동물도 재산상의 권리를 가질 수 있다'는 정보를 찾을 수 있었다.

**풀이** ⓑ에서 학생은 <동물에게 상속할 수 있는가>를 읽으며 필요한 정보를 추출하였으므로, 조직하기 전략이 아니라 선택하기 전략을 활용하고 있다.

→ 적절하지 않음!

**③ ⓒ : <동물은 예술가>와 <동물에게 상속할 수 있는가>를 읽으며 선택한 정보들로 연결하기 전략을 활용했겠군.**

**근거** ❹-2 연결하기란 읽은 글들에서 추출한 정보들을 정교화하며 연결하여, 읽은 글에서는 나타나지 않던 의미를 구성하거나 심화된 의미로 나아가는 전략, <보기>-4 이(<동물에게 상속할 수 있는가>를 읽으며 찾은) 정보를 <동물은 예술가>에서 추출한 정보와 연결하여 '동물의 그림에도 저작권이 있겠다'는 새로운 의미를 떠올렸다.

**풀이** ⓒ에서 학생은 <동물은 예술가>와 <동물에게 상속할 수 있는가>를 읽으며 추출한 정보들을 연결하여 새로운 의미를 떠올렸다. 이는 읽은 글들에서 추출한 정보들을 연결하여, 새로운 의미를 구성하거나 심화된 의미로 나아가는 '연결하기' 전략을 활용한 것이다.

→ 적절함!

**④ ⓓ : 새로운 구조로 정리하여 의미를 구성하기 위해 조직하기 전략을 활용했겠군.**

**근거** ❹-3~4 글의 정보를 재구조화하는 것은 조직하기라고 한다. 예를 들어, 시간의 순서에 따른 글과 정보 나열의 글을 읽고, 읽은 글의 구조와는 다른 비교·대조의 구조로 의미를 구성할 수 있다, <보기>-2 동물의 행동 사례를 열거하여 소개한 <동물은 예술가>라는 글, <보기>-3 동물에게의 유산 상속이 성공한 사례와 실패한 경우를 비교·대조한 <동물에게 상속할 수 있는가>라는 글, <보기>-5 저작권의 개념을 시대순으로 정리한 <저작권의 역사>라는 글, <보기>-6 세 글의 정보를 종합하여 '동물 저작권의 성립 요건'에 관해 인과 관계 구조로 정리하였다.

**풀이** <보기>에서 학생은 정보 나열의 글과 비교·대조의 구조를 가진 글, 그리고 시간의 순서에 따른 글 등 세 글을 읽고 필요한 정보를 종합하여, 읽은 글의 구조와는 다른 인과 관계 구조로 의미를 구성하였다. 이때 학생이 사용한 전략은 글의 정보를 재구조화하는 '조직하기'에 해당한다.

→ 적절함!

**⑤ ⓔ : <동물에게 상속할 수 있는가>를 읽으며 선택하기 전략을 다시 활용했겠군.**

**근거** ❸-3 이들 세 전략(선택하기, 연결하기, 조직하기)은 꼭 순서대로 사용하는 것은 아니며 반복해서 활용할 수 있다, ❹-1 선택하기란 읽은 글에서 필요한 정보를 추출하는 전략, <보기>-7 동물이 소유권의 주체가 될 수 있는지에 대한 이해가 더 필요하여 <동물에게 상속할 수 있는가>에서 '동물 소유권에 관한 다양한 논의'에 대한 정보를 추출하였다.

**풀이** ⓔ에서 학생은 <동물에게 상속할 수 있는가>를 읽고 동물이 소유권의 주체가 될 수 있는지에 대한 필요한 정보를 추출하였으므로, 학생이 '선택하기' 전략을 다시 활용하였다는 설명은 적절하다.

→ 적절함!

**[182~184] 다음 글을 읽고 물음에 답하시오.**

**1** [1]독서는 독자가 목표한 결과에 도달하기(到達-, 다다르기) 위해 글을 읽고 의미를 구성하는 인지(認知, 어떠한 사실을 분명하게 인식하여 앎) 행위이다. [2]성공적인 독서를 위해서는 초(超 뛰어넘다 초)인지가 중요하다. [3]독서에서의 초인지는 독자가 자신의 독서 행위에 대해 인지하는 것으로서 자신의 독서 과정을 점검하고(點檢-, 낱낱이 검사하고) 조정하는(調整-, 어떤 기준이나 실제의 사정에 맞게 정돈하는) 역할을 한다.

→ 독서의 개념과 독서에서의 초인지의 역할

**2** [A] [1]초인지는 글을 읽기 시작한 후 지속적으로(持續的-, 오래 계속되어) 이루어지는 점검 과정에 동원된다.(動員-, 쓰인다.) [2]독자는 가장 적절하다고 판단한 독서 전략(戰略, 방법, 책략)을 사용하여 독서를 진행하는데, 그 전략이 효과적이고 문제가 없는지를 평가하며 점검한다. [3]효과적이지 않거나 문제가 있다고 판단하면 이를 해결해야 한다. [4]문제가 무엇인지 분명하지 않은 경우에는 독서 중에 떠오르는 생각들을 살펴보고 그중 독서의 진행을 방해하는 생각들을 분류해(分類-, 종류에 따라 나누어 구분해) 보는 방법으로 문제점이 무엇인지 파악할 수 있다. [5]독서가 중단 없이 이어지는 상태이지만 문제가 발생한 것을 독자 자신이 인지하지 못하는 경우도 있다. [6]의도한(意圖-, 하고자 생각하거나 계획한) 목표에 부합하지(符合-, 꼭 들어맞지) 않는 방법으로 읽기를 진행하거나 자신이 이해한 정도를 판단하지 못하는 예가 그것이다. [7]문제 발생 여부의 점검을 위해서는 독서 진행 중간중간에 이해한 내용을 정리하는 방법을 사용할 수 있다.

→ 초인지의 역할 ① : 독서 과정의 점검

**3** [1]초인지는 문제를 해결하기 위해 독서 전략을 조정하는 과정에도 동원된다. [2]독서 목표를 고려하여(考慮-, 생각하고 헤아려 보아), 독자는 ㉠ 지금 사용하고 있는 전략을 계속 사용할 것인지를 판단해야 한다. [3]또 ㉡ 문제 해결을 위한 다른 전략에는 무엇이 있는지, ㉢ 각 전략의 특징과 사용 절차, 조건 등은 무엇인지 알아야 한다. [4]또한 독자 자신이 사용할 수 있는 전략이 무엇인지, ㉣ 전략들의 적절한 적용 순서가 무엇인지, ㉤ 현재의 상황에서 최적(最適, 가장 알맞음)의 전략이 무엇인지 판단하여 새로운 전략을 선택한다. [5]선택한 전략을 수행하는(遂行-, 해내는) 과정에서 독자는 초인지를 활용하여 점검과 조정을 되풀이하며 능동적으로(能動的-, 다른 것에 이끌리지 않고 스스로) 의미를 구성해 간다.

→ 초인지의 역할 ② : 독서 전략의 조정

■ 지문 이해

**<독서에서 초인지의 역할>**

**❶ 독서의 개념과 독서에서의 초인지의 역할**

- 독서 : 독자가 목표한 결과에 도달하기 위해 글을 읽고 의미를 구성하는 인지 행위 ← 초인지가 중요
- 독서에서의 초인지
  - 독자가 자신의 독서 행위에 대해 인지하는 것
  - 자신의 독서 과정을 점검하고 조정하는 역할을 함

**❷ 초인지의 역할 ① : 독서 과정의 점검**

- 독자가 사용한 독서 전략이 효과적이고 문제가 없는지 지속적으로 평가하며 점검함 → 문제가 있다고 판단하면 해결해야 함
- 문제가 무엇인지 분명하지 않은 경우 : 독서 중 떠오르는 생각을 분류하여 문제점 파악
- 문제가 발생한 것을 독자가 인지하지 못하는 경우 : 독서 진행 중간에 이해한 내용을 정리하는 방법을 사용하여 문제 발생 여부를 점검

**❸ 초인지의 역할 ② : 독서 전략의 조정**

- 독서 목표를 고려하여 독서 전략의 여러 면을 판단하여 새로운 전략을 선택함
- 선택한 전략 수행 과정에서 독자는 초인지를 활용하여 점검과 조정을 되풀이하며 능동적으로 의미를 구성해 감

**182** 세부 정보 이해 - 적절하지 않은 것 고르기 2024학년도 수능 1번 정답률 95% | 정답 ⑤

**윗글을 이해한 내용으로 적절하지 않은 것은?**

**① 독서 전략을 선택할 때 독서의 목표를 고려할 필요가 있다.**

근거 ❸-2 독서 목표를 고려하여, 독자는 지금 사용하고 있는 전략을 계속 사용할 것인지를 판단해야 한다.

→ 적절함!

**② 독서 전략의 선택을 위해 개별 전략들에 대한 지식이 필요하다.**

근거 ❸-3 각 전략의 특징과 사용 절차, 조건 등은 무엇인지 알아야 한다.

→ 적절함!

**③ 독서 목표의 달성을 위해 독자는 자신의 독서 행위에 대해 인지해야 한다.**

근거 ❶-1~3 독서는 독자가 목표한 결과에 도달하기 위해 글을 읽고 의미를 구성하는 인지 행위이다. 성공적인 독서를 위해서는 초인지가 중요하다. 독서에서의 초인지는 독자가 자신의 독서 행위에 대해 인지하는 것

→ 적절함!

**④ 독서 문제의 해결을 위해 독자는 자신이 사용할 수 있는 전략이 무엇인지 알아야 한다.**

근거 ❸-1 초인지는 문제를 해결하기 위해 독서 전략을 조정하는 과정에도 동원된다, ❸-4 독자 자신이 사용할 수 있는 전략이 무엇인지, … 판단하여 새로운 전략을 선택

→ 적절함!

**⑤ 독서 문제를 해결하기 위해 새로 선택한 전략은 점검과 조정의 대상에서 제외할 필요가 있다.**

근거 ❸-1 초인지는 문제를 해결하기 위해 독서 전략을 조정하는 과정에도 동원된다, ❸-5 (문제 해결을 위해 새로) 선택한 전략을 수행하는 과정에서 독자는 초인지를 활용하여 점검과 조정을 되풀이하며 능동적으로 의미를 구성해 간다.

풀이 윗글에서 독자는 독서 문제를 해결하기 위해 새로 선택한 전략을 수행하는 과정에서도 초인지를 활용하여 점검과 조정을 되풀이하며 능동적으로 의미를 구성해 간다고 설명하였다. 따라서 독서 문제를 해결하기 위해 새로 선택한 전략은 점검과 조정의 대상에서 제외할 필요가 있다는 설명은 적절하지 않다.

→ 적절하지 않음!

**183** 추론의 적절성 판단 - 적절한 것 고르기 2024학년도 수능 2번 정답률 90% | 정답 ③

**[A]에서 알 수 있는 내용으로 가장 적절한 것은?**

**① 독서 진행 중 이해한 내용을 정리하는 것은 독자 스스로 독서 진행의 문제를 점검하는 데에 적합하지 않다.** (적합하다)

근거 ❷-7 문제 발생 여부의 점검을 위해서는 독서 진행 중간중간에 이해한 내용을 정리하는 방법을 사용할 수 있다.

풀이 [A]에서 문제 발생 여부의 점검을 위해서는 독서 진행 중 이해한 내용을 정리하는 방법을 사용할 수 있다고 하였다. 따라서 독서 진행 중 이해한 내용을 정리하는 것은 독자 스스로 독서 진행의 문제를 점검하는 데에 적합하다.

→ 적절하지 않음!

**② 독서 진행 중 독자가 자신이 얼마나 이해하고 있는지 파악하지 못할 때에는 점검을 잠시 *보류해야 한다.** *保留-. 당장 처리하지 않고 나중으로 미루어 두어야

근거 ❷-5~7 독서가 중단 없이 이어지는 상태이지만 문제가 발생한 것을 독자 자신이 인지하지 못하는 경우도 있다. 의도한 목표에 부합하지 않는 방법으로 읽기를 진행하거나 자신이 이해한 정도를 판단하지 못하는 예가 그것이다. 문제 발생 여부의 점검을 위해서는 독서 진행 중간중간에 이해한 내용을 정리하는 방법을 사용할 수 있다.

풀이 [A]에서는 독자가 자신이 이해한 정도를 판단하지 못하는 등의 이유로 독서 진행 중 문제가 발생한 것을 독자 자신이 인지하지 못하는 경우도 있다고 하면서, 이때 독서 진행 중간중간에 이해한 내용을 정리하는 방법을 사용하여 문제 발생 여부를 점검할 수 있다고 설명하였다. 따라서 독서 진행 중 독자가 자신이 얼마나 이해하고 있는지 파악하지 못할 때에는 점검을 잠시 보류해야 한다는 설명은 적절하지 않다.

→ 적절하지 않음!

**③ 독서 진행에 문제가 없어 보이더라도 목표에 부합하지 않는 독서가 이루어지는 경우가 있다.**

근거 ❷-5~6 독서가 중단 없이 이어지는 상태이지만 문제가 발생한 것을 독자 자신이 인지하지 못하는 경우도 있다. 의도한 목표에 부합하지 않는 방법으로 읽기를 진행하거나 자신이 이해한 정도를 판단하지 못하는 예가 그것이다.

풀이 [A]에서는 독서 진행 중 문제가 발생한 것을 독자 자신이 인지하지 못할 수 있다면서, 그 예로 의도한 목표에 부합하지 않는 방법으로 읽기를 진행하는 경우와 자신이 이해한 정도를 판단하지 못하는 경우를 들고 있다. 이를 통해 독서 진행에 문제가 없어 보이더라도 목표에 부합하지 않는 독서가 이루어지는 경우가 있음을 알 수 있다.

→ 적절함!

**④ 독서 중에 떠오르는 생각을 분류하는 것은 독서 문제의 발생을 막는다.** (문제점이 무엇인지 파악할 수 있는 방법이다)

근거 ❷-4 문제가 무엇인지 분명하지 않은 경우에는 독서 중에 떠오르는 생각들을 살펴보고 그중 독서의 진행을 방해하는 생각들을 분류해 보는 방법으로 문제점이 무엇인지 파악할 수 있다.

풀이 [A]에서는 문제가 무엇인지 분명하지 않은 경우 독서 중에 떠오르는 생각을 살펴보고 분류해 보는 방법으로 '문제점이 무엇인지 파악할 수 있다'고 하였다. 따라서 독서 중에 떠오르는 생각을 분류하는 것이 독서 '문제의 발생을 막는다'는 설명은 적절하지 않다.

→ 적절하지 않음!

**⑤ 독서가 멈추지 않고 진행될 때에는 초인지의 역할이 필요 없다.** (필요하다)

근거 ❶-3 독서에서의 초인지는 독자가 자신의 독서 행위에 대해 인지하는 것으로서 자신의 독서 과정을 점검하고 조정하는 역할을 한다, ❷-5 독서가 중단 없이 이어지는 상태이지만 문제가 발생한 것을 독자 자신이 인지하지 못하는 경우도 있다, ❷-7 문제 발생 여부의 점검을 위해서는 독서 진행 중간중간에 이해한 내용을 정리하는 방법을 사용할 수 있다.

풀이 [A]에서 독서가 멈추지 않고 진행되는 상태라 하더라도 문제가 발생한 것을 독자가 인지하지 못하는 경우도 있다고 하였고, 문제 발생 여부의 점검을 위해 독서 진행 중간중간에 이해한 내용을 정리하는 방법을 사용할 수 있다고 설명하였다. 이를 통해 독서가 멈추지 않고 진행될 때에도 자신의 독서 과정을 점검하고 조정하는 초인지의 역할이 필요함을 알 수 있다.

→ 적절하지 않음!

**184** 구체적인 사례에 적용 - 적절하지 않은 것 고르기 2024학년도 수능 3번 정답률 85% | 정답 ①

**<보기>는 윗글을 읽은 학생이 독서 중 떠올린 생각이다. ㉠~㉤과 관련하여 ⓐ~ⓔ를 설명한 내용으로 적절하지 않은 것은?** [3점]

㉠ 지금 사용하고 있는 전략을 계속 사용할 것인지
㉡ 문제 해결을 위한 다른 전략에는 무엇이 있는지
㉢ 각 전략의 특징과 사용 절차, 조건 등은 무엇인지
㉣ 전략들의 적절한 적용 순서가 무엇인지
㉤ 현재의 상황에서 최적의 전략이 무엇인지

| 보기 |

(문제)
- 이 용어가 무슨 뜻인지 모르겠어. (사용 중인 전략)
- 처음 나왔을 때는 무시하고 읽었는데 다시 등장했으니, 문맥을 통해 의미를 가정하고 읽어 봐야겠어. (새로운 전략) …… ⓐ

⬇

- 더 읽어 보았지만 여전히 정확한 뜻을 모르겠네. 그럼 어떻게 하지? (문제 해결을 위한 다른 전략 파악)
- 관련된 내용을 앞부분에서 다시 찾아 읽든가, 인터넷 자료를 검색해 보든가, 다른 책들을 찾아볼 수 있겠네. …… ⓑ
- 검색을 하려면 인터넷 접속이 필요하겠네. …… ⓒ
- 검색은 나중에 하고, 먼저 앞부분을 다시 읽어 봐야겠다. 그다음에 다른 책을 찾아봐야지. …… ⓓ (전략들의 적절한 적용 순서 판단)
- 그럼 일단 앞부분에 관련된 내용이 있었는지 읽어 보자. (다른 전략의 사용 조건 확인)

⬇

- 앞부분에는 관련된 내용이 없어서 도움이 안 되네.
- 이 용어와 관련된 분야의 책을 찾아보는 것이 가장 좋겠어. …… ⓔ

⬇ (현재 상황에서 최적의 전략 판단)

- 이제 이 용어의 뜻이 이해되네. 그럼 계속 읽어 볼까?

①ⓐ : ㉠을 판단하여 사용 중인 전략을 계속 사용하기로 결정했다. (새로운 전략을)

풀이 ⓐ에서 <보기>의 학생이 ㉠을 판단하고 있는 것은 맞지만, 사용 중인 전략(무시하고 읽기)을 계속 사용하기로 결정한 것이 아니라, 새로운 전략(문맥을 통해 의미를 가정하고 읽기)을 사용하기로 결정하고 있다.

→ 적절하지 않음!

② ⓑ : ㉡을 고려하여 선택할 수 있는 전략들을 떠올렸다.

풀이 ⓑ에서 학생은 관련된 내용을 앞부분에서 다시 찾아 읽기, 인터넷 자료를 검색해 보기, 다른 책들을 찾아보기 등 문제 해결을 위해 선택할 수 있는 다른 전략들을 떠올리고 있다.

→ 적절함!

③ ⓒ : ㉢을 고려하여 전략의 사용 조건을 확인했다.

풀이 ⓒ에서 학생은 떠올린 다른 전략들 중 인터넷 자료 검색하기 전략의 사용 조건을 확인하고 있다.

→ 적절함!

④ ⓓ : ㉣을 판단하여 전략들의 적용 순서를 결정했다.

풀이 ⓓ에서 학생은 전략들의 적절한 적용 순서를 판단하여 검색은 나중에 하고, 먼저 앞부분을 다시 읽어 본 다음 다른 책을 찾아봐야겠다고 결정하고 있다.

→ 적절함!

⑤ ⓔ : ㉤을 판단하여 최적이라고 생각한 전략을 선택했다.

풀이 ⓔ에서 학생은 현재의 상황에서 최적의 전략이 무엇인지 판단하여 모르는 용어와 관련된 분야의 책을 찾아보는 전략을 선택하고 있다.

→ 적절함!

## [185~187] 다음 글을 읽고 물음에 답하시오.

1 [1]흔히 읽기는 듣기·말하기와 달리 영·유아(嬰幼兒, 젖을 먹는 어린아이인 '영아'와 생후 1년부터 만 6 세까지의 어린아이를 뜻하는 '유아'를 동시에 함께 이르는 말)가 글자를 깨치고(깨달아 알고) 나서야 시작된다고 생각한다. [2]그러나 대부분의 읽기 발달 연구에서는 그(글자를 깨치기) 전에도 읽기 발달이 진행된다고 본다. [3]이 연구들(대부분의 읽기 발달 연구)에서는 읽기 행동의 특성이나 글에 대한 이해 수준 등에 따라 읽기 발달 단계를 위계화한다.(位階化–, 단계에 따라 구분한다.) [4]대개(大槪, 일반적인 경우에) '읽기 준비'를 하나의 단계로 보고, 이후의 단계를 '글자를 익히고 소리 내어 읽기', '의미를 이해하며 읽기', '학습 목적으로 읽기', '다양한 관점(觀點, 바라보는 태도, 방향, 생각하는 입장)으로 읽기', '의미를 재구성하며(再構成–, 다시 새롭게 구성하며) 읽기'의 순으로 나눈다.

→ 대부분의 읽기 발달 연구에서 구분한 읽기 발달 단계

2 [1]여기서 읽기 준비 단계는 읽기의 기초가 형성되는 중요한 시기이다. [2]이 시기(읽기 준비 단계)의 영·유아는 글자를 깨치지는 못하더라도 글자의 형태에 익숙해지며, 글자와 소리의 대응(對應, 주어진 관계에 의해 서로 짝이 되는 일) 관계도 어렴풋이 알게 된다. [3]이 과정에서 글자가 뜻이 있고 음성으로 표현된다는 것을 알게 되는 유의미한(有意味–, 의미가 있는) 경험을 한다.

→ 읽기 준비 단계에서 영·유아의 경험

3 [1]이 연구들(대부분의 읽기 발달 연구)에 따르면 ㉠ 읽기 준비 단계에서 영·유아의 읽기 발달은 타인(他人, 다른 사람)의 읽기 행위를 관찰하고 글자에 대한 다양한 경험을 쌓으며 진행된다. [2]영·유아는 타인의 책 읽는 모습을 보며 글의 시작 부분, 글자를 읽는 방향, 책장(冊張, 책을 이루고 있는 낱낱의 장)을 넘기는 방식 등을 알게 된다. [3]읽어 주는 사람의 표정이나 몸짓을 기억해 모방하기도(模倣–, 본보기로 삼아 그대로 좇아 하기도) 한다. [4]의사소통의 각 영역인 듣기·말하기·읽기·쓰기는 서로 영향을 주며 함께 발달한다. [5]글자를 모르는 영·유아가 책을 넘기며 중얼거리고 책 읽는 흉내를 내는 것, 책 읽는 소리를 들으며 따라 말하는 것, 들은 단어나 구절을 사용해 문장을 지어 말하는 것, 읽어 주는 것을 들으며 그림이나 글자 형태로 끄적거리는 것이 이(의사소통의 각 영역이 서로 영향을 주며 함께 발달하는 것)에 해당한다.

→ 읽기 준비 단계에서 영·유아의 읽기 발달

4 [A] [1]읽기 발달은 일정한 시기에 급격히 이루어지는 것이 아니라 글자를 깨치기 이전부터 점진적으로(漸進的–, 조금씩 앞으로 나아가면서) 진행된다. [2]따라서 이 시기에 생활 속에서, 책을 자주 읽어 주며 생각을 묻는 등 의사소통의 각 영역이 같이 발달할 수 있도록 하는 자연스러운 지도(指導, 목적이나 방향을 가지고 남을 가르쳐 이끎)가 읽기 발달에 도움을 준다. [3]읽기 준비 단계에서의 경험은 이후의 단계에 중요한 영향을 미친다.

→ 읽기 준비 단계에서의 경험의 중요성

■지문 이해

<영·유아의 읽기 발달에서 읽기 준비 단계의 중요성>

**❶ 대부분의 읽기 발달 연구에서 구분한 읽기 발달 단계**
- 대부분의 읽기 발달 연구에서는 영·유아가 글자를 깨치기 전에도 읽기 발달이 진행된다고 봄
- 읽기 발달 단계 : 읽기 준비 → 글자를 익히고 소리 내어 읽기 → 의미를 이해하며 읽기 → 학습 목적으로 읽기 → 다양한 관점으로 읽기 → 의미를 재구성하며 읽기

**❷ 읽기 준비 단계에서 영·유아의 경험**
- 읽기 준비 단계 : 읽기의 기초가 형성되는 중요한 시기
  - 글자의 형태에 익숙해짐
  - 글자와 소리의 대응 관계를 어렴풋이 알게 됨
  - 글자에 뜻이 있고 음성으로 표현됨을 알게 됨

**❸ 읽기 준비 단계에서 영·유아의 읽기 발달**
- 읽기 준비 단계에서 영·유아의 읽기 발달은 타인의 읽기 행위를 관찰하고 글자에 대한 다양한 경험을 쌓으며 진행됨
- 의사소통의 각 영역은 서로 영향을 주며 함께 발달함

**❹ 읽기 준비 단계에서의 경험의 중요성**
- 읽기 발달은 글자를 깨치기 전부터 점진적으로 진행됨 → 생활 속에서 의사소통의 각 영역이 같이 발달할 수 있도록 하는 지도가 읽기 발달에 도움을 줌
- 읽기 준비 단계에서의 경험은 이후의 단계에 중요한 영향을 미침

**185** 세부 정보 이해 - 적절하지 않은 것 고르기 2024학년도 9월 모평 1번 정답률 95% 정답 ②

대부분의 읽기 발달 연구의 내용과 일치하지 않는 것은?

① 의미를 재구성하며 읽는 단계는 읽기 발달의 마지막 단계이다.

근거 ❶-4 (대부분의 읽기 발달 연구에서는) 대개 '읽기 준비'를 하나의 단계로 보고, 이후의 단계를 '글자를 익히고 소리 내어 읽기', '의미를 이해하며 읽기', '학습 목적으로 읽기', '다양한 관점으로 읽기', '의미를 재구성하며 읽기'의 순으로 나눈다.

→ 적절함!

②영·유아의 의사소통 각 영역은 상호 간의 작용 없이 발달한다. (서로 영향을 주며 함께)

근거 ❸-4 의사소통의 각 영역인 듣기·말하기·읽기·쓰기는 서로 영향을 주며 함께 발달한다.

→ 적절하지 않음!

③ 영·유아는 글자와 소리가 관계를 맺고 있다는 것을 *막연하게 알게 된다. *漠然–, 뚜렷하지 못하고 어렴풋하게

근거 ❷-2 영·유아는 글자를 깨치지는 못하더라도 글자의 형태에 익숙해지며, 글자와 소리의 대응 관계도 어렴풋이 알게 된다.

→ 적절함!

④ 읽기 행동의 특성이나 글에 대한 이해 수준 등에 따라 읽기 발달의 단계를 나눈다.

근거 ❶-3 이 연구들(대부분의 읽기 발달 연구)에서는 읽기 행동의 특성이나 글에 대한 이해 수준 등에 따라 읽기 발달 단계를 위계화한다.

→ 적절함!

⑤ 글자를 습득하고 소리 내어 읽는 단계는 학습을 목적으로 읽는 단계에 *선행한다. *先行–, 앞에 있다.

근거 ❶-4 (대부분의 읽기 발달 연구에서는) 대개 '읽기 준비'를 하나의 단계로 보고, 이

후의 단계를 '글자를 익히고 소리 내어 읽기', '의미를 이해하며 읽기', '학습 목적으로 읽기', '다양한 관점으로 읽기', '의미를 재구성하며 읽기'의 순으로 나눈다.

→ 적절함!

**186** 추론의 적절성 판단 - 적절하지 않은 것 고르기 2024학년도 9월 모평 2번 정답률 95% | 정답 ③

### ㉠에 대한 이해로 적절하지 않은 것은?

㉠ 읽기 준비 단계

**① 타인이 책을 읽어 줄 때 들었던 구절을 사용하여 말하는 행동이 관찰된다.**

근거 ❸-5 글자를 모르는 영·유아가 … 책 읽는 소리를 들으며 따라 말하는 것, 들은 단어나 구절을 사용해 문장을 지어 말하는 것

→ 적절함!

**② 책에서 글이 시작되는 부분을 찾거나 일정한 방향으로 글자를 보는 행위가 관찰된다.**

근거 ❸-1~2 읽기 준비 단계에서 영·유아의 읽기 발달은 타인의 읽기 행위를 관찰하고 글자에 대한 다양한 경험을 쌓으며 진행된다. 영·유아는 타인의 책 읽는 모습을 보며 글의 시작 부분, 글자를 읽는 방향, 책장을 넘기는 방식 등을 알게 된다.

→ 적절함!

**③ 글에 나타난 여러 단어의 뜻을 명확히 알고 소리 내어 글자를 읽는 행동이 관찰된다.**

근거 ❶-4 대개 '읽기 준비'를 하나의 단계로 보고, 이후의 단계를 '글자를 익히고 소리 내어 읽기', '의미를 이해하며 읽기', '학습 목적으로 읽기', '다양한 관점으로 읽기', '의미를 재구성하며 읽기'의 순으로 나눈다, ❷-2 이 시기(읽기 준비 단계)의 영·유아는 글자를 깨치지는 못하더라도 글자의 형태에 익숙해지며, 글자와 소리의 대응 관계도 어렴풋이 알게 된다.

풀이 읽기 발달 단계 중 '글자를 익히고 소리 내어 읽기'나 '의미를 이해하며 읽기'는 '읽기 준비' 이후의 단계에 해당한다. 또한 읽기 준비 단계의 영·유아는 글자를 깨치지 못한 상태이다. 따라서 읽기 준비 단계의 영·유아에게서 글에 나타난 여러 단어의 뜻을 명확히 알고 소리 내어 글자를 읽는 행동이 관찰된다는 설명은 적절하지 않다.

→ 적절하지 않음!

**④ 책 읽어 주는 것을 들으며 그림이나 글자와 비슷한 형태로 나타내는 행위가 관찰된다.**

근거 ❸-5 글자를 모르는 영·유아가 … 읽어 주는 것을 들으며 그림이나 글자 형태로 끄적거리는 것이 이에 해당한다.

→ 적절함!

**⑤ 책을 볼 때 부모가 손가락으로 짚어 가며 읽어 준 행동을 기억하여 유사한 행동을 하는 것이 관찰된다.**

근거 ❸-3 읽어 주는 사람의 표정이나 몸짓을 기억해 모방하기도 한다.

→ 적절함!

**187** <보기>와 내용 비교 - 적절한 것 고르기 2024학년도 9월 모평 3번 정답률 90% | 정답 ③

### [A]와 <보기>를 비교한 내용으로 가장 적절한 것은? [3점]

| 보기 |

[1]읽기 지도는 신체적, 정신적으로 어느 정도 성숙한 이후에 해야 한다. [2]그(신체적, 정신적으로 어느 정도 성숙하기) 전에는 읽기 지도를 하지 않는 것이 바람직하다. [3]듣기·말하기와 달리 읽기 발달은 글자를 읽을 수 있는 기초 기능을 배운 후부터 시작되기 때문이다. [4]따라서 듣기와 말하기를 먼저 가르친 후 읽기, 쓰기의 순으로 가르치는 것이 효과적이다.

<보기>와 달리 [A]는

**① [A]와 달리 <보기>는 일상에서의 자연스러운 읽기 지도를 강조하는군.**

근거 ❹-2 이 시기에 생활 속에서, 책을 자주 읽어 주며 생각을 묻는 등 의사소통의 각 영역이 같이 발달할 수 있도록 하는 자연스러운 지도가 읽기 발달에 도움을 준다, <보기>-4 듣기와 말하기를 먼저 가르친 후 읽기, 쓰기의 순으로 가르치는 것이 효과적이다.

풀이 일상에서의 자연스러운 읽기 지도를 강조하는 것은 <보기>가 아니라 [A]이다.

→ 적절하지 않음!

<보기>와 달리 [A]는

**② [A]와 달리 <보기>는 글자를 깨치기 전의 경험이 읽기 발달에 영향을 준다고 보는군.**

근거 ❹-1 읽기 발달은 일정한 시기에 급격히 이루어지는 것이 아니라 글자를 깨치기 이전부터 점진적으로 진행된다, <보기>-1~2 읽기 지도는 신체적, 정신적으로 어느 정도 성숙한 이후에 해야 한다. 그 전에는 읽기 지도를 하지 않는 것이 바람직하다.

풀이 글자를 깨치기 전의 경험이 읽기 발달에 영향을 준다고 본 것은 [A]이다.

→ 적절하지 않음!

**③ [A]와 달리 <보기>는 글자 읽기의 기초 기능을 배운 후부터 읽기 발달이 시작된다고 보는군.**

근거 ❹-1 읽기 발달은 일정한 시기에 급격히 이루어지는 것이 아니라 글자를 깨치기 이전부터 점진적으로 진행된다, <보기>-3 듣기·말하기와 달리 읽기 발달은 글자를 읽을 수 있는 기초 기능을 배운 후부터 시작되기 때문

풀이 읽기 발달이 글자를 깨치기 이전부터 점진적으로 진행된다고 본 [A]와 달리, <보기>는 읽기 발달이 글자 읽기의 기초 기능을 배운 후부터 시작된다고 보았다.

→ 적절함!

[A]와 달리 <보기>는

**④ [A]와 <보기>는 모두 읽기 이후에 쓰기를 가르쳐야 한다고 강조하는군.**

근거 ❹-2 의사소통의 각 영역이 같이 발달할 수 있도록 하는 자연스러운 지도가 읽기 발달에 도움을 준다, <보기>-4 듣기와 말하기를 먼저 가르친 후 읽기, 쓰기의 순으로 가르치는 것이 효과적이다.

풀이 [A]는 의사소통의 각 영역이 같이 발달할 수 있도록 하는 지도가 읽기 발달에 도움을 준다고 본 반면, <보기>는 듣기와 말하기를 먼저 가르친 후 읽기, 쓰기의 순으로 가르치는 것이 효과적이라고 보았다. 따라서 읽기 이후에 쓰기를 가르쳐야 한다고 강조한 것은 <보기>이다.

→ 적절하지 않음!

[A]와 달리 <보기>는

**⑤ [A]와 <보기>는 모두 신체적, 정신적으로 어느 정도 성숙한 이후에 읽기를 가르치는 것이 효과적이라고 보는군.**

근거 ❹-1~2 읽기 발달은 일정한 시기에 급격히 이루어지는 것이 아니라 글자를 깨치기 이전부터 점진적으로 진행된다. 따라서 이 시기에 … 자연스러운 지도가 읽기 발달에 도움을 준다, <보기>-1 읽기 지도는 신체적, 정신적으로 어느 정도 성숙한 이후에 해야 한다.

풀이 신체적, 정신적으로 어느 정도 성숙한 이후에 읽기를 가르치는 것이 효과적이라고 본 것은 <보기>이다.

→ 적절하지 않음!

## [188~190] 다음 글을 읽고 물음에 답하시오.

1 [1]선생님의 권유(勸誘, 어떤 일을 하도록 권함)나 친구의 추천, 자기 계발(啓發, 슬기, 재능, 생각 등을 일깨워 줌) 등 우리가 독서를 하게 되는 동기(動機, 행동을 일으키게 하는 계기)는 다양하다. [2]독서 동기는 '독서를 이끌어 내고, 지속하는 힘'으로 정의되는데(定義−, 뜻이 밝혀져 정해지는데), 이 정의에는 독서의 시작과 지속이라는 두 측면이 포함되어 있다. [3]이러한 독서 동기는 슈츠가 제시한 '때문에 동기'와 '위하여 동기'라는 두 유형을 적용하여 설명할 수 있다.

→ 독서 동기의 정의 및 슈츠가 제시한 독서 동기의 두 유형

2 [A] [1]독서의 '때문에 동기'는 독서 행위를 하게 만든 이유를 의미한다. [2]이는 독서 행위를 유발한(誘發−, 일어나게 한) 계기(契機, 결정적 원인, 기회)가 되므로 독서 이전 시점에 이미 발생한 사건이나 경험에 해당한다. [3]독서의 '위하여 동기'는 독서 행위를 통해 달성하고자(達成−, 이루고자) 하는 목적을 의미한다. [4]그 목적은 독서 행위의 결과로 달성되므로 독서 이후 시점의 상태에 대한 기대나 예측(豫測, 미리 헤아려 짐작함)이라는 성격을 가지며, 달성하지 못할 가능성을 내포한다.(內包−, 속에 지닌다.) [5]예를 들어, 친구에게 책을 선물로 받아서 읽게 되었다고 할 때, 선물로 책을 받은 것은 이 독서 행위의 '때문에 동기'이다. [6]그리고 책을 읽고 친구와 책에 대해 대화를 나누는 것을 목적으로 설정했다면 이는 '위하여 동기'가 된다. [7]또한 독서 행위를 통해 성취감(成就感, 목적한 일을 이루었다는 느낌)이나 감동을 느끼는 것, 선물로 받은 책을 읽어서 친구를 실망시키지 않는 것 등도 이 독서 행위의 결과로 기대할 수 있는 것이므로 역시 '위하여 동기'가 된다고 할 수 있다.

→ '때문에 동기'와 '위하여 동기'의 의미와 그 예

**3** [1]이러한 동기 개념은 독서 습관의 형성 과정을 설명하는 데 도움이 된다. [2]성공적인 독서 경험의 핵심은 독서 행위를 통해 즐거움과 유익함(有益-. 이롭거나 도움이 될 만한 것이 있음)을 경험하는 것인데, 이러한 경험을 하게 되면 다른 책을 더 읽고 싶다는 마음이 들고 그러한 마음은 새로운 독서 행위로 연결된다. [3]독서의 즐거움과 유익함은 새로운 독서 행위의 이유가 된다는 점에서 '때문에 동기'가 된다. [4]동시에, 새로운 독서 행위를 통해 다시 경험하고 싶어지는 '위하여 동기'가 되기도 한다. [5]이러한 선순환(善循環. 좋은 현상이 끊임없이 되풀이됨)을 통해 독서 경험이 반복되고 심화되면서(深化-. 점점 깊어지면서) 독서 습관이 자연스럽게 형성된다. [6]따라서 독서 습관을 형성하려면 '때문에 동기'와 '위하여 동기'를 바탕으로 우선 독서 행위를 시작하는 것과, 성공적인 독서 경험을 통해 독서 행위를 지속하는 것이 중요하다.

→ 독서 습관의 형성 과정을 설명하는 독서 동기 개념

■지문 이해

<독서 동기의 두 유형과 독서 습관의 형성 과정>

**❶ 독서 동기의 정의 및 슈츠가 제시한 독서 동기의 두 유형**

- 독서 동기 : 독서를 이끌어 내고(시작), 지속하는 힘
- 슈츠가 제시한 독서 동기의 두 유형 : '때문에 동기'와 '위하여 동기'

**❷ '때문에 동기'와 '위하여 동기'의 의미와 그 예**

- '때문에 동기'
  - 독서 행위를 하게 만든 이유, 계기 ← 독서 이전 시점에 이미 발생한 사건, 경험
  - 예 : 친구에게 책을 선물로 받음
- '위하여 동기'
  - 독서 행위의 결과로 달성하고자 하는 목적 ← 독서 이후 시점의 상태에 대한 기대나 예측
  - 달성하지 못할 가능성을 내포함
  - 예 : 책을 읽고 친구와 책에 대해 대화 나누기, 독서 행위를 통해 성취감·감동 느끼기, 선물로 받은 책을 읽어 친구를 실망시키지 않기

**❸ 독서 습관의 형성 과정을 설명하는 독서 동기 개념**

(새로운 독서 행위의 이유가 됨 : '때문에 동기' / 새로운 독서 행위를 통해 다시 경험하고 싶어짐 : '위하여 동기')

- 독서 행위를 통한 즐거움과 유익함의 경험 → 다른 책을 더 읽고 싶다는 마음 → 새로운 독서 행위의 선순환으로 독서 경험이 반복·심화되면서 독서 습관이 자연스럽게 형성됨
- 독서 습관 형성을 위해 두 유형의 동기를 바탕으로, 독서 행위의 시작과 지속이 중요함

**188** 세부 정보 이해 - 적절하지 않은 것 고르기 2024학년도 6월 모평 1번 정답률 95% 정답 ②

**윗글의 내용에 대한 이해로 적절하지 않은 것은?**

① *타인의 권유나 추천이 독서를 하는 이유가 될 수 있다. *他人. 다른 사람

근거 ❶-1 선생님의 권유나 친구의 추천, 자기 계발 등 우리가 독서를 하게 되는 동기는 다양하다.

→ 적절함!

② 슈츠는 동기의 두 측면을 합쳐 하나의 유형으로 제시했다. (독서의 동기를 두 유형으로 구분하여)

근거 ❶-3 독서 동기는 슈츠가 제시한 '때문에 동기'와 '위하여 동기'라는 두 유형을 적용하여 설명할 수 있다.

→ 적절하지 않음!

③ 독서 습관을 형성하기 위해서는 독서 행위를 시작하는 것이 필요하다.

근거 ❸-6 독서 습관을 형성하려면 … 우선 독서 행위를 시작하는 것과, 성공적인 독서 경험을 통해 독서 행위를 지속하는 것이 중요하다.

→ 적절함!

④ 독서 동기의 정의는 독서를 시작하게 하는 힘과 계속하게 하는 힘을 포함한다.

근거 ❶-2 독서 동기는 '독서를 이끌어 내고, 지속하는 힘'으로 정의되는데, 이 정의에는 독서의 시작과 지속이라는 두 측면이 포함되어 있다.

→ 적절함!

⑤ 독서의 '때문에 동기'와 '위하여 동기'는 독서 습관의 형성 과정을 설명하는 데 유용하다.

근거 ❸-1 이러한 동기 개념은 독서 습관의 형성 과정을 설명하는 데 도움이 된다.

→ 적절함!

**189** 구체적인 사례에 적용 - 적절한 것 고르기 2024학년도 6월 모평 2번 정답률 95% 정답 ⑤

**다음은 학생의 메모이다. [A]를 참고할 때, ㉮~㉰에 대한 설명으로 가장 적절한 것은?** [3점]

나는 ㉮ 학교에서 '한 학기에 책 한 권 읽기' 과제를 받았다. 그래서 이번 학기에 읽을 책으로 철학(哲學. 인간과 세계에 대한 근본 원리와 삶의 본질 등을 연구하는 학문) 분야의 책을 선택했다. 책을 다 읽고 나면 ㉯ 철학에 대해 많이 알게 되겠지. 그리고 ㉰ 어려운 책을 읽어 냈다는 뿌듯함도 느낄 수 있을 거야.

▶ 지문 핵심 개념 정리

| | |
|---|---|
| '때문에 동기' | • 독서 행위를 하게 만든 이유(❷-1)<br>• 독서 행위를 유발한 계기가 됨(❷-2)<br>• 독서 이전 시점에 이미 발생한 사건이나 경험(❷-2) |
| '위하여 동기' | • 독서 행위를 통해 달성하고자 하는 목적(❷-3)<br>• 독서 행위의 결과로 달성됨(❷-4)<br>• 독서 이후 시점의 상태에 대한 기대, 예측(❷-4)<br>• 달성하지 못할 가능성을 내포함(❷-4) |

① ㉮는 독서를 통해 달성하고자 하는 목적이므로 '위하여 동기'라고 할 수 있다. (독서 행위를 하게 만든 이유 / '때문에 동기')

풀이 ㉮는 독서 행위를 하게 만든 이유, 즉 독서 행위를 유발한 계기에 해당한다. 따라서 ㉮는 '위하여 동기'가 아니라 '때문에 동기'라고 볼 수 있다.

→ 적절하지 않음!

② ㉯는 독서를 하도록 만든 사건에 해당하므로 '때문에 동기'라고 할 수 있다. (독서 행위를 통해 달성하고자 하는 목적 / '위하여 동기')

풀이 ㉯는 독서 행위를 통해 달성하고자 하는 목적에 해당하므로, '때문에 동기'가 아니라 '위하여 동기'라고 볼 수 있다.

→ 적절하지 않음!

③ ㉮와 ㉯는 이미 발생하여 독서의 계기가 되었으므로 '때문에 동기'라고 할 수 있다. (㉮는)

풀이 독서 이전에 이미 발생하여 독서의 계기가 된 '때문에 동기'는 ㉮이다. ㉯는 독서 행위의 결과로 달성되는 것으로, '위하여 동기'에 해당한다.

→ 적절하지 않음!

④ ㉮와 ㉰는 독서 이전 시점에 경험한 일에 해당하므로 '때문에 동기'라고 할 수 있다. (㉮는)

풀이 ㉮는 독서 이전 시점에 이미 경험한 일로, '때문에 동기'에 해당한다. 그러나 ㉰는 독서 이전 시점에 경험한 일이 아니라 독서 이후 시점의 상태에 대한 기대에 해당하므로, '위하여 동기'라고 볼 수 있다.

→ 적절하지 않음!

⑤ ㉯와 ㉰는 독서의 결과로 얻게 될 기대에 해당하므로 '위하여 동기'라고 할 수 있다.

풀이 ㉯와 ㉰는 독서 행위를 통해 달성하고자 하는 목적으로, 독서 이후 시점의 상태에 대한 기대와 예측에 해당한다. 따라서 ㉯와 ㉰는 '위하여 동기'라고 할 수 있다.

→ 적절함!

**190** 세부 정보 이해 - 적절하지 않은 것 고르기 2024학년도 6월 모평 3번 정답률 95% | 정답 ①

**윗글을 바탕으로 할 때, <보기>를 설명한 내용으로 적절하지 않은 것은?**

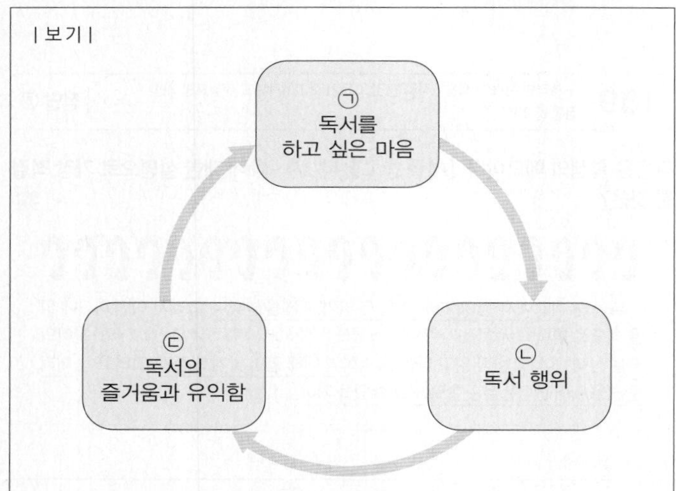


**① ㉠으로 시작해 ㉢을 경험하면 ㉠은 자연스럽게 사라진다.**

근거 ❸-2 성공적인 독서 경험의 핵심은 독서 행위를 통해 즐거움과 유익함을 경험하는 것인데, 이러한 경험을 하게 되면 다른 책을 더 읽고 싶다는 마음이 들고 그러한 마음은 새로운 독서 행위로 연결된다.

풀이 윗글에 따르면 독서를 하고 싶다는 마음(㉠)이 독서 행위(㉡)로 이어지고, 독서 행위를 통해 즐거움과 유익함을 경험(㉢)하게 되면 다른 책을 더 읽고 싶다는 마음(㉠)으로, 또 그러한 마음은 새로운 독서 행위(㉡)로 연결된다. 윗글에서는 이러한 선순환을 통해 독서 경험이 반복·심화되면서 독서 습관이 형성된다고 설명하고 있다. 따라서 ㉠으로 시작해 ㉢을 경험하면 ㉠은 자연스럽게 사라지는 것이 아니라, 다시 ㉠으로 이어져 ㉡으로, 또 ㉡에서 ㉢으로 독서 경험이 반복된다.

→ 적절하지 않음!

**② ㉡으로 ㉢을 얻는 것이 성공적 독서 경험의 핵심이다.**

근거 ❸-2 성공적인 독서 경험의 핵심은 독서 행위(㉡)를 통해 즐거움과 유익함을 경험(㉢)하는 것인데

→ 적절함!

**③ ㉢의 경험을 통하여 ㉠이 생기면 ㉡으로 이어질 수 있다.**

근거 ❸-2 이러한(독서 행위를 통한 즐거움과 유익함) 경험(㉢)을 하게 되면 다른 책을 더 읽고 싶다는 마음(㉠)이 들고 그러한 마음은 새로운 독서 행위(㉡)로 연결된다.

→ 적절함!

**④ ㉢은 ㉡의 결과인 동시에 새로운 ㉡의 목적이 될 수 있다.**

근거 ❸-2 성공적인 독서 경험의 핵심은 독서 행위를 통해 즐거움과 유익함을 경험하는 것, ❸-4 (독서의 즐거움과 유익함은) 새로운 독서 행위를 통해 다시 경험하고 싶어지는 '위하여 동기'가 되기도 한다.

풀이 윗글에서 성공적인 독서 경험의 핵심은 독서 행위를 통해 즐거움과 유익함을 경험하는 것이라고 하였다. 이를 통해 독서의 즐거움과 유익함은 독서 행위의 결과로 얻을 수 있는 것에 해당함을 알 수 있다. 또한 윗글에서는 독서의 즐거움과 유익함이 새로운 독서 행위를 통해 다시 경험하고 싶어지는 '위하여 동기'가 되기도 한다고 하였는데, 이때 '위하여 동기'는 독서 행위를 통해 달성하고자 하는 목적을 의미한다. 즉 윗글에서는 독서의 즐거움과 유익함(㉢)이 독서 행위(㉡)의 결과인 동시에 새로운 독서 행위(㉡)의 목적이 될 수 있다고 설명하고 있다.

→ 적절함!

**⑤ ㉠, ㉡, ㉢의 선순환을 통해 독서 경험이 반복되고 심화된다.**

근거 ❸-2 성공적인 독서 경험의 핵심은 독서 행위(㉡)를 통해 즐거움과 유익함을 경험(㉢)하는 것인데, 이러한 경험을 하게 되면 다른 책을 더 읽고 싶다는 마음(㉠)이 들고 그러한 마음은 새로운 독서 행위(㉡)로 연결된다, ❸-5 이러한 선순환을 통해 독서 경험이 반복되고 심화되면서 독서 습관이 자연스럽게 형성된다.

→ 적절함!

**[191~193] 다음 글을 읽고 물음에 답하시오.**

1 [1]사람들이 지속적으로(持續的-, 끊임없이 계속) 책을 읽는 이유 중 하나는 즐거움이다. [2]독서의 즐거움에는 여러 가지가 있겠지만 그(독서의 즐거움의) 중심에는 '소통(疏通, 뜻이 서로 통하여 오해가 없음)의 즐거움'이 있다.

→ 독서의 이유 중 하나인 '소통의 즐거움'

2 [1]독자(讀者, 글을 읽는 사람)는 독서를 통해 책과 소통하는 즐거움을 경험한다. [2]독서는 필자(筆者, 글을 쓴 사람)와 간접적으로(間接的-, 중간에 매개가 되는 사물을 통해 연결되어) 대화하는 소통 행위이다. [3]독자는 자신이 속한 사회나 시대의 영향 아래 필자가 속해 있거나 드러내고자 하는 사회나 시대를 경험한다. [4]직접 경험하지 못했던 다양한 삶을 필자를 매개(媒介, 둘 사이에서 양편의 관계를 맺어 줌)로 만나고 이해하면서 독자는 더 넓은 시야(視野, 사물을 분별할 수 있는 능력이나 깊은 생각이 미치는 범위)로 세계를 바라볼 수 있다. [5]이때 같은 책을 읽은 독자라도 독자의 배경지식(背景知識, 글을 읽고 이해하는 데 바탕이 되는 경험과 지식)이나 관점(觀點, 사물이나 현상을 관찰할 때, 그것을 바라보는 방향이나 생각하는 태도) 등의 독자 요인(要因, 조건이 되는 요소), 읽기 환경이나 과제 등의 상황 요인이 다르므로, 필자가 보여 주는 세계를 그대로 수용하지(受容-, 받아들이지) 않고 저마다 소통 과정에서 다른 의미를 구성할 수 있다.

→ 소통의 즐거움 ① : 책과의 소통

3 [A] [1]이러한 소통은 독자가 책의 내용에 대해 질문하고 답을 찾아내는 과정에서 가능해진다. [2]독자는 책에서 답을 찾는 질문, 독자 자신에게서 답을 찾는 질문 등을 제기할(提起-, 내어놓을) 수 있다. [3]전자(前者, 앞에 말한 것. 여기서는 '책에서 답을 찾는 질문'을 뜻함)의 경우 책에 명시된(明示-, 분명하게 드러나 보인) 내용에서 답을 발견할 수 있고, 책의 내용들을 관계 지으며 답에 해당하는 내용을 스스로 구성할(構成-, 몇 가지 부분이나 요소들을 모아 일정한 전체를 짜 이룰) 수도 있다. [4]또한 후자(後者, 뒤에 말한 것. 여기서는 '독자 자신에게서 답을 찾는 질문'을 뜻함)의 경우 책에는 없는 독자의 경험에서 답을 찾을 수 있다. [5]이런 질문들을 풍부히 생성하고 주체적으로(主體的-, 자유롭고 자주적으로) 답을 찾을 때 소통의 즐거움은 더 커진다.

→ 책과 소통하는 방법 : 질문하고 답하기

4 [1]한편 독자는 ㉠ 다른 독자와 소통하는 즐거움을 경험할 수도 있다. [2]책과의 소통을 통해 개인적으로 형성한 의미를 독서 모임이나 독서 동아리 등에서 다른 독자들과 나누는 일이 이(다른 독자와 소통하는 즐거움)에 해당한다. [3]비슷한 해석(解釋, 이해하고 설명한 내용)에 서로 공감하며(共感-, 자기도 그렇다고 느끼며) 기존(旣存, 이미 존재하는) 인식(認識, 구별하고 판단하여 앎)을 강화하거나(強化-, 더 강하고 튼튼하게 하거나) 관점의 차이를 확인하고 기존 인식을 조정하는(調整-, 실제의 사정에 맞게 고치거나 바로잡아 정리하는) 과정에서, 독자는 자신의 인식을 심화(深化, 깊어지게 하고)·확장할(擴張-, 늘려서 넓힐) 수 있다. [4]최근 소통 공간이 온라인으로 확대되면서 독서를 통해 다른 독자들과 소통하며 즐거움을 누리는 양상(樣相, 모양, 상태)이 더 다양해지고 있다. [5]자신의 독서 경험을 담은 글이나 동영상을 생산·공유함으로써(共有-, 함께 가짐으로써), 책을 읽지 않은 타인(他人, 다른 사람)이 책과 소통하도록 돕는 것도 책을 통한 소통의 즐거움을 나누는 일이다.

→ 소통의 즐거움 ② : 다른 독자와의 소통

■지문 이해

〈독서를 통한 소통의 즐거움〉

❶ 독서의 이유 중 하나인 '소통의 즐거움'

❷ 소통의 즐거움 ① : 책과의 소통
- 독서 : 필자와 간접적으로 대화하는 소통 행위
- 독자는 필자를 매개로 직접 경험하지 못했던 다양한 삶을 경험함 → 더 넓은 시야를 가지게 됨
- 같은 책도 독자의 독자 요인과 상황 요인에 따라 다른 의미를 구성할 수 있음

❸ 책과 소통하는 방법 : 질문하고 답하기
- 책에서 답을 찾는 질문 : 책에 명시된 내용에서 답을 발견하거나, 책의 내용을 관계 지으며 스스로 답을 구성할 수 있음
- 독자 자신에게서 답을 찾는 질문 : 책에는 없는 독자의 경험에서 답을 찾을 수 있음
  → 질문을 풍부히 생성하고 주체적으로 답을 찾을 때 소통의 즐거움이 커짐

❹ 소통의 즐거움 ② : 다른 독자와의 소통
- 책과의 소통을 통해 개인적으로 형성한 의미를 독서 모임, 동아리 등에서 다른 독자들과 나누는 일
- 다른 독자와의 소통을 통해 기존 인식을 강화하거나 조정하는 과정에서 자신의 인식을 심화·확장할 수 있음
- 소통 공간이 온라인으로 확대되어 다른 독자와 소통하는 즐거움의 양상이 다양해짐
- 자신의 독서 경험을 담은 글이나 동영상을 생산·공유하는 것도 포함됨

**191** 세부 정보 이해 - 적절하지 않은 것 고르기 2023학년도 수능 1번
정답률 75%, 매력적 오답 ⑤ 15% | 정답 ④

**윗글의 내용과 일치하지 않는 것은?**

**① 같은 책을 읽은 독자라도 서로 다른 의미를 구성할 수 있다.**

근거 ❷-5 같은 책을 읽은 독자라도 독자의 배경지식이나 관점 등의 독자 요인, 읽기 환경이나 과제 등의 상황 요인이 다르므로, 필자가 보여 주는 세계를 그대로 수용하지 않고 저마다 소통 과정에서 다른 의미를 구성할 수 있다.

→ 적절함!

**② 다른 독자와의 소통은 독자가 인식의 폭을 확장하도록 돕는다.**

근거 ❹-3 비슷한 해석에 서로 공감하며 기존 인식을 강화하거나 관점의 차이를 확인하고 기존 인식을 조정하는 과정에서, 독자는 자신의 인식을 심화·확장할 수 있다.

→ 적절함!

**③ 독자는 직접 경험해 보지 못했던 다양한 삶을 책의 필자를 매개로 접할 수 있다.**

근거 ❷-4 직접 경험하지 못했던 다양한 삶을 필자를 매개로 만나고 이해하면서 독자는 더 넓은 시야로 세계를 바라볼 수 있다.

→ 적절함!

**④ 독자의 배경지식, 관점, 읽기 환경, 과제는 독자의 의미 구성에 영향을 주는 독자 요인이다.**

근거 ❷-5 같은 책을 읽은 독자라도 독자의 배경지식이나 관점 등의 독자 요인, 읽기 환경이나 과제 등의 상황 요인이 다르므로

풀이 독자의 배경지식과 관점은 독자 요인, 읽기 환경과 과제는 상황 요인에 해당한다.

→ 적절하지 않음!

**⑤ 독자는 책을 읽을 때 자신이 속한 사회나 시대의 영향을 받으며 필자와 간접적으로 대화한다.**

근거 ❷-2~3 독서는 필자와 간접적으로 대화하는 소통 행위이다. 독자는 자신이 속한 사회나 시대의 영향 아래 필자가 속해 있거나 드러내고자 하는 사회나 시대를 경험한다.

→ 적절함!

**192** 구체적인 사례에 적용 - 적절한 것 고르기 2023학년도 수능 2번
정답률 80% | 정답 ⑤

**다음은 학생이 독서 후 작성한 글의 일부이다. [A]를 바탕으로 ⓐ~ⓔ를 이해한 내용으로 가장 적절한 것은?** [3점]

(책에서 답을 찾는 질문)

ⓐ '음악 시간에 들었던 베토벤의 교향곡 「합창」이 위대한 작품인 이유는 무엇일까?' 하는 생각에, 베토벤에 대한 책을 빌렸다. 책에서는 기악(器樂, 악기를 사용하여 연주하는 음악)만으로 구성됐던 교향곡에 성악(聲樂, 사람의 음성으로 하는 음악)을 결합해 개성(個性, 다른 것과 구별되는 고유의 특성)을 드러냈다는 점에서 ⓑ 이 곡이 낭만주의 음악의 특징을 보여 준다고 했다. (ⓐ에 대한 답을 발견)

「합창」을 해설한 부분에 이어, 베토벤의 생애(生涯, 살아 있는 한평생의 기간)에 관한 뒷부분도 읽었는데, ⓒ 이 내용들을 종합해, 절망적 상황에서도 열정적으로 자신이 좋아하는 일을 했기에 교향곡 구성의 새로움을 보여 준 명작(名作, 이름난 훌륭한 작품)이 탄생했음을 알게 됐다. (ⓐ에 대한 답을 스스로 구성) 이후 ⓓ 내가 진정으로 좋아하는 일이 무엇인지 나에게 묻게 되었다. (독자 자신에게서 답을 찾는 질문) ⓔ 글 쓰는 일에서 가장 큰 행복을 느꼈던 나를 발견할 수 있었고, 나도 어떤 상황에서든 좋아하는 일을 계속해야겠다고 생각했다. (ⓓ에 대한 답을 찾음)

▶ 지문 핵심 개념 정리

| 책에서 답을 찾는 질문 | 독자 자신에게서 답을 찾는 질문 |
|---|---|
| • 책에 명시된 내용에서 답을 발견할 수 있음(❸-3)<br>• 책의 내용들을 관계 지으며 답에 해당하는 내용을 스스로 구성할 수 있음(❸-3) | • 책에는 없는 독자의 경험에서 답을 찾을 수 있음(❸-4) |

**① ⓐ와 ⓑ에는 모두 '독자 자신에게서 답을 찾는 질문'이 나타난다.** (나타나지 않는다)

풀이 ⓐ에서 학생은 질문의 답을 찾기 위해 책을 빌렸고, 책에 명시된 내용을 통해 ⓑ와 같은 답을 발견하였다. 따라서 ⓐ에는 '책에서 답을 찾는 질문'이, ⓑ에는 '책에 명시된 내용에서 발견한 답'이 나타난다. '독자 자신에게서 답을 찾는 질문'은 나타나지 않는다.

→ 적절하지 않음!

**② ⓒ와 ⓓ에는 모두 '책에 명시된 내용'에서 질문의 답을 찾아내는 모습이 나타난다.** (나타나지 않는다)

풀이 ⓒ에는 '책에 명시된 내용'에서 질문의 답을 찾아내는 것이 아니라, 「합창」을 해설한 부분과 베토벤의 생애에 관한 부분을 종합하여, 책의 내용들을 관계 지으며 ⓐ의 질문에 대한 답을 스스로 구성하는 모습이 나타난다. 한편 ⓓ에서는 독자 자신이 진정으로 좋아하는 일이 무엇인지를 스스로에게 질문하고 있으므로, '독자 자신에게서 답을 찾는 질문'이 나타난다. 따라서 ⓒ와 ⓓ에는 모두 '책에 명시된 내용'에서 질문의 답을 찾아내는 모습이 나타나지 않는다.

→ 적절하지 않음!

**③ ⓐ에는 '책에서 답을 찾는 질문'이, ⓔ에는 그에 대한 답을 '독자의 경험'에서 찾아내는 모습이 나타난다.**

풀이 ⓐ에서 학생은 질문의 답을 찾기 위해 책을 빌렸고, 책에 명시된 내용을 통해 ⓑ와 같은 답을 발견하였다. 따라서 ⓐ에는 '책에서 답을 찾는 질문'이 나타난다고 볼 수 있다. 한편 ⓔ에서는 ⓐ에 대한 답을 찾고 있는 것이 아니라, '독자 자신에게서 답을 찾는 질문'에 대해 책에는 없는 '독자의 경험'에서 답을 찾고 있다.

→ 적절하지 않음!

**④ ⓑ에는 '책에서 답을 찾는 질문'이, ⓒ에는 그에 대한 답을 '책의 내용들을 관계 지으며' 찾아내는 모습이 나타난다.** ('책에 명시된 내용에서 발견한 답' / ⓐ의 '책에서 답을 찾는 질문'에 대한 답)

풀이 ⓑ는 책에서 답을 찾는 질문에 대해 '책에 명시된 내용에서 발견한 답'에 해당한다. 한편 ⓒ에서는 「합창」을 해설한 부분과 베토벤의 생애에 관한 부분을 종합하여, 책의 내용들을 관계 지으며 ⓐ의 질문에 대한 답을 스스로 구성하고 있다.

→ 적절하지 않음!

**⑤ ⓓ에는 '독자 자신에게서 답을 찾는 질문'이, ⓔ에는 그에 대한 답을 '독자의 경험'에서 찾아내는 모습이 나타난다.**

풀이 ⓓ에서는 독자 자신이 진정으로 좋아하는 일이 무엇인지를 스스로에게 질문하고 있으므로, '독자 자신에게서 답을 찾는 질문'이 나타난다. 한편 ⓔ에서는 독자 자신에게서 답을 찾는 질문에 해당하는 ⓓ에 대해, 책에는 없는 '독자의 경험'에서 답을 찾아내고 있다.

→ 적절함!

**193** 반응의 적절성 판단 - 적절하지 않은 것 고르기 2023학년도 수능 3번 정답률 95% | 정답 ①

### 윗글을 읽고 ㉠에 대해 보인 반응으로 적절하지 않은 것은?

㉠ 다른 독자와 소통하는 즐거움

**① 스스로 독서 계획을 세우고 자신에게 필요한 책을 찾아 개인적으로 읽는 과정에서 경험할 수 있겠군.**

풀이 책과의 소통을 통해 개인적으로 형성한 의미를 다른 독자들과 나누는 '다른 독자와 소통하는 즐거움'에 해당하지 않는다.

→ 적절하지 않음!

**② 독서 모임에서 서로 다른 관점을 확인하고 자신의 관점을 조정하는 과정에서 경험할 수 있겠군.**

근거 ❹-3 (다른 독자와 소통하는 즐거움은) 비슷한 해석에 서로 공감하며 기존 인식을 강화하거나 관점의 차이를 확인하고 기존 인식을 조정하는 과정에서, 독자는 자신의 인식을 심화·확장할 수 있다.

→ 적절함!

**③ 개인적으로 형성한 의미를, 독서 동아리를 통해 심화하는 과정에서 경험할 수 있겠군.**

근거 ❹-2~3 책과의 소통을 통해 개인적으로 형성한 의미를 독서 모임이나 독서 동아리 등에서 다른 독자들과 나누는 일이 이(다른 독자와 소통하는 즐거움)에 해당한다. 비슷한 해석에 서로 공감하며 기존 인식을 강화하거나 관점의 차이를 확인하고 기존 인식을 조정하는 과정에서, 독자는 자신의 인식을 심화·확장할 수 있다.

→ 적절함!

**④ 자신의 독서 경험을 담은 콘텐츠를 생산하고 공유하는 과정에서 경험할 수 있겠군.**

근거 ❹-5 자신의 독서 경험을 담은 글이나 동영상을 생산·공유함으로써, 책을 읽지 않은 타인이 책과 소통하도록 돕는 것도 책을 통한 소통의 즐거움을 나누는 일이다.

→ 적절함!

**⑤ 오프라인뿐 아니라 온라인 공간에서 해석을 나누는 과정에서도 경험할 수 있겠군.**

근거 ❹-4 최근 소통 공간이 온라인으로 확대되면서 독서를 통해 다른 독자들과 소통하며 즐거움을 누리는 양상이 더 다양해지고 있다.

→ 적절함!

## [194~196] 다음 글을 읽고 물음에 답하시오.

1 [1]글을 읽는 동안 독자의 사고 과정을 밝힐 수 있는 방법 중 하나가 눈동자 움직임 분석 방법이다. [2]이것(눈동자 움직임 분석 방법)은 사고 과정이 눈동자의 움직임에 반영된다고(사고 과정에 영향을 받아 눈동자의 움직임이 나타난다고) 보고 그(눈동자의 움직임에 나타난) 특성을 분석하는 방법이다.

→ 눈동자 움직임 분석 방법

2 [A] [1]눈동자 움직임에 주목한(注目-, 관심을 가지고 주의 깊게 살핀) 연구에 따르면, 글을 읽을 때 독자는 자신이 중요하다고 판단한 단어나 생소하다고(生疏-, 친숙하지 못하고 낯설다고) 생각한 단어를 중심으로 읽는다. [2]글을 읽을 때 독자는 눈동자를 단어에 멈추는 고정(固 굳다 고 定 정하다 정, 한곳에 붙어 있게 함), 고정과 고정 사이에 일어나는 도약(跳 뛰다 도 躍 뛰다 약, 위로 솟구침)을 보였는데, 도약은 한 단어에서 다음 단어로 이동하는 짧은 도약과 단어를 건너뛰는 긴 도약으로 구분된다. [3]고정이 관찰될 때는 단어의 의미 이해가 이루어졌지만, 도약이 관찰될 때는 건너뛴 단어의 의미 이해가 이루어지지 않았다. [4]글을 읽을 때 독자가 생각하는 단어의 중요도나 친숙함(親熟-, 친하여 익숙함)에 따라 눈동자의 고정 시간과 횟수, 도약의 길이와 방향도 달랐다. [5]독자가 중요하거나 생소하다고 생각한 단어일수록 고정 시간이 길었다. [6]이러한(독자가 중요하거나 생소하다고 생각한) 단어는 독자가 글의 진행 방향대로 읽어 가다가 되돌아와 다시 읽는 경우도 있어 고정 횟수도 많았고, 이때(되돌아와 다시 읽을 때)의 도약은 글의 진행 방향과는 다르게 나타났다. [7]중요한 단어나 생소한 단어가 연속될 때는 그 단어마다 눈동자가 멈추면서 도약의 길이가 짧았다.

→ 글을 읽을 때 독자의 눈동자 움직임 양상

3 [1]눈동자 움직임의 양상(樣相, 모양, 상태)은 독자의 읽기 능력이 발달하면서 변화한다. [2]읽기 능력이 발달하면 이전과 같은 수준의 글을 읽거나 전에 읽었던 글을 다시 읽을 때, 단어마다 눈동자를 고정하지는 않게 되어 ㉠ 이전보다 고정 횟수와 고정 시간이 줄어들고 단어를 건너뛰는 긴 도약이 자주 일어나는 모습이 관찰된다. [3]학습 경험과 독서 경험이 쌓이면서 글의 구조에 대한 지식과 아는 단어, 배경지식(背景知識, 어떤 글을 읽고 이해하는 데 바탕이 되는 경험과 지식)이 늘어나기 때문이다. [4]또한 읽기 목적을 분명하게 인식하게(認識-, 구별하고 판단하여 알게) 되면서 글에서 중요한 단어를 정확하게 선택할 수 있게 되는 것도 그(고정 횟수와 고정 시간이 줄고 긴 도약이 자주 일어나는) 이유 중의 하나이다. [5]이때 문맥(文脈, 문장에 표현된 의미의 앞뒤 연결)을 파악하기(把握-, 확실히 이해하여 알기) 위해 이미 읽은 단어를 다시 확인하려는 도약, 앞으로 읽을 단어를 먼저 탐색하는(探索-, 살피어 찾는) 도약 등이 빈번하게(頻繁-, 정도나 횟수가 매우 잦게) 나타난다.

→ 독자의 읽기 능력 발달에 따른 눈동자 움직임 양상의 변화

■ 지문 이해

**<글을 읽는 동안 독자의 사고 과정을 밝힐 수 있는 눈동자 움직임 분석 방법>**

**❶ 눈동자 움직임 분석 방법**

- 글을 읽는 동안 독자의 사고 과정을 밝힐 수 있는 방법 중 하나

**❷ 글을 읽을 때 독자의 눈동자 움직임 양상**

- 글을 읽을 때 독자는 자신이 중요하거나 생소하다고 생각한 단어를 중심으로 읽음 → 고정 시간이 길고 고정 횟수가 많음, 도약은 글의 진행 방향과 다르게 나타날 때도 있으며 도약의 길이가 짧음
  - 고정 : 눈동자를 단어에 멈춤, 단어의 의미 이해가 이루어짐
  - 도약 : 고정과 고정 사이에 일어나남, 단어 간 이동하는 짧은 도약과 단어를 건너뛰는 긴 도약으로 구분됨, 건너뛴 단어의 의미 이해가 이루어지지 않음

**❸ 독자의 읽기 능력 발달에 따른 눈동자 움직임 양상의 변화**

- 읽기 능력이 발달하면 이전과 같은 수준의 글을 읽거나 전에 읽었던 글을 다시 읽을 때 이전보다 고정 횟수, 고정 시간이 줄어들고 긴 도약이 자주 일어남
  - 이유 ① : 학습 경험과 독서 경험으로 인해 글의 구조에 대한 지식, 아는 단어, 배경지식이 늘어남
  - 이유 ② : 읽기 목적을 분명히 인식하여 중요한 단어를 정확하게 선택할 수 있게 됨

**194** 세부 정보 이해 - 적절한 것 고르기 2023학년도 9월 모평 1번 정답률 95% | 정답 ①

### 윗글에 대한 이해로 가장 적절한 것은?

**① 글을 읽을 때 눈동자의 움직임은 독자의 사고 과정에 영향을 받는다.**

근거 ❶-1~2 글을 읽는 동안 독자의 사고 과정을 밝힐 수 있는 방법 중 하나가 눈동자 움직임 분석 방법이다. 이것은 사고 과정이 눈동자의 움직임에 반영된다고 보고 그 특성을 분석하는 방법

→ 적절함!

**② 눈동자 움직임 분석 방법을 사용하지 않으면 독자의 사고 과정을 밝힐 수 없다.**

근거 ❶-1 글을 읽는 동안 독자의 사고 과정을 밝힐 수 있는 방법 중 하나가 눈동자 움직임 분석 방법

풀이 윗글에서는 눈동자 움직임 분석 방법이 글을 읽을 때 독자의 사고 과정을 밝힐 수 있는 '방법 중 하나'라고 설명하고 있다. 즉 독자의 사고 과정을 밝히기 위해 반드시 눈동자 움직임 분석 방법을 사용해야 하는 것은 아니며, 다른 방법을 사용하여 독자의 사고 과정을 밝힐 수 있다.

→ 적절하지 않음!

**③ 독자가 느끼는 글의 어려움의 정도는 독자의 눈동자 움직임의 양상에 영향을 주지 않는다.**

근거 ❸-2 읽기 능력이 발달하면 이전과 같은 수준의 글을 읽거나 전에 읽었던 글을 다시 읽을 때, 단어마다 눈동자를 고정하지는 않게 되어 이전보다 고정 횟수와 고정 시간이 줄어들고 단어를 건너뛰는 긴 도약이 자주 일어나는 모습이 관찰된다.

풀이 윗글에서 설명하는 눈동자 움직임 분석 방법에 따르면 독자의 읽기 능력이 발달함에 따라 이전과 같은 수준의 글을 읽을 때 이전보다 눈동자의 고정 횟수와 시간이 줄어

들고, 긴 도약이 자주 일어나는 등 눈동자 움직임의 양상이 변화한다.

→ 적절하지 않음!

④ **눈동자 움직임 분석 방법에 따르면 독자는 자신에게 친숙한 단어일수록 중요하다고 판단한다.**

근거 ❷-1 눈동자 움직임에 주목한 연구에 따르면, 글을 읽을 때 독자는 자신이 중요하다고 판단한 단어나 생소하다고 생각한 단어를 중심으로 읽는다, ❷-4~7 글을 읽을 때 독자가 생각하는 단어의 중요도나 친숙함에 따라 눈동자의 고정 시간과 횟수, 도약의 길이와 방향도 달랐다. 독자가 중요하거나 생소하다고 생각한 단어일수록 고정 시간이 길었다. … 고정 횟수도 많았고, … 도약의 길이가 짧았다.

풀이 눈동자 움직임 분석 방법에 따르면 독자는 자신이 중요하다고 판단한 단어나 생소하다고 생각한 단어를 중심으로 글을 읽는다. 독자는 중요하거나 생소하다고 생각한 단어일수록 고정 시간이 길고, 고정 횟수가 많으며, 도약의 길이가 짧은 눈동자 움직임을 보인다는 것이다. 즉 눈동자 움직임 분석 방법에서는 독자가 글을 읽을 때 자신이 생각하는 단어의 중요도나 친숙함의 정도에 따라 눈동자 움직임의 양상이 다르다고 보았지만, 독자가 자신에게 친숙한 단어를 중요하다고 판단한다는 언급은 나타나 있지 않다.

→ 적절하지 않음!

⑤ **글을 읽을 때 독자가 중요하다고 생각하는 단어의 *빈도는 눈동자의 움직임에 영향을 주지 않는다.** *頻度, 같은 현상이나 일이 반복되는 정도나 횟수

준다

근거 ❷-5~7 독자가 중요하거나 생소하다고 생각한 단어일수록 고정 시간이 길었다. … 고정 횟수도 많았고, … 도약의 길이가 짧았다.

풀이 눈동자 움직임 분석 방법에 따르면 글을 읽을 때 독자가 중요하다고 생각한 단어일수록 눈동자의 고정 시간이 길고, 고정 횟수가 많았다. 또 중요한 단어가 연속될 때는 그 단어마다 눈동자가 멈추면서 도약의 길이가 짧았다. 즉 글을 읽을 때 독자가 중요하다고 생각하는 단어의 빈도는 눈동자의 움직임에 영향을 끼친다.

→ 적절하지 않음!

| 195 | 구체적인 사례에 적용 - 적절하지 않은 것 고르기 2023학년도 9월 모평 2번<br>정답률 85% | 정답 ④ |
|---|---|---|

**다음은 학생이 자신의 읽기 과정을 기록한 글이다. [A]를 바탕으로 ⓐ~ⓔ를 분석한 내용으로 적절하지 않은 것은?** 3점

<독서의 새로운 공간>이라는 글을 읽으며 우선 글 전체에서 ⓐ 중요하다고 생각하는 단어만 확인하는 읽기를 했다. 이를 통해 '도서관'에 대한 내용이라는 것을 확인하고 ⓑ 글의 진행 방향에 따라 읽어 나갔다. '장서'의 의미를 알 수 없어서 ⓒ 앞에 읽었던 부분으로 돌아가서 다시 읽고 나니 문맥을 통해 '도서관에 소장된 책'이라는 의미임을 알게 되었다. 이후 도서관의 등장과 역할 변화가 글의 주제라는 것을 파악하고서 ⓓ 그와 관련된 단어들에 집중하며 읽어 나갔다. '파피루스를 대신하여 양피지가 사용되었다.'라는 문장을 읽을 때 ⓔ '대신하여'와 달리 '파피루스'와 '양피지'처럼 생소한 단어는 하나씩 확인하며 읽었다.

① **ⓐ : 중요하다고 생각하는 단어에서는 고정이 일어났을 것이다.**

근거 ❷-5 독자가 중요하거나 생소하다고 생각한 단어일수록 고정 시간이 길었다.

→ 적절함!

② **ⓑ : 도약이 진행되는 동안에는 건너뛴 단어의 의미 이해가 이루어지지 않았을 것이다.**

근거 ❷-3 도약이 관찰될 때는 건너뛴 단어의 의미 이해가 이루어지지 않았다.

→ 적절함!

③ **ⓒ : 글이 진행되는 방향과 반대 방향의 도약이 나타났을 것이다.**

근거 ❷-6 이러한(독자가 중요하거나 생소하다고 생각한) 단어는 독자가 글의 진행 방향대로 읽어 가다가 되돌아와 다시 읽는 경우도 있어 고정 횟수도 많았고, 이때의 도약은 글의 진행 방향과는 다르게 나타났다.

→ 적절함!

④ **ⓓ : 글의 주제와 관련이 없는 단어들을 읽을 때보다 고정 시간이 짧고 고정 횟수가 적었을 것이다.** (길고 / 많았을)

근거 ❷-5~6 독자가 중요하거나 생소하다고 생각한 단어일수록 고정 시간이 길었다. 이러한 단어는 … 고정 횟수도 많았고

풀이 ⓓ에서 학생은 '주제와 관련된 단어들에 집중하며' 글을 읽었다고 기록하고 있다. 이를 통해 학생이 주제와 관련된 단어들을 중요하다고 생각하였을 것임을 짐작할 수 있다. 윗글에서 설명한 눈동자 움직임 분석 방법에 따르면 독자가 중요하다고 생각한 단어일수록 눈동자의 고정 시간이 길고 고정 횟수가 많으므로, 이 학생이 주제와 관련된 단어들을 읽을 때 그렇지 않은 단어들을 읽을 때보다 눈동자의 고정 시간이 더 길고 고정 횟수도 더 많았을 것이다.

→ 적절하지 않음!

⑤ **ⓔ : 중요하지 않고 익숙한 단어들로만 이루어진 동일한 길이의 문장을 읽을 때보다 고정 시간이 길었을 것이다.**

근거 ❷-5 독자가 중요하거나 생소하다고 생각한 단어일수록 고정 시간이 길었다.

풀이 눈동자 움직임 분석 방법에 따르면 독자가 중요하거나 생소하다고 생각한 단어일수록 눈동자의 고정 시간이 길었다. 따라서 동일한 길이의 문장이더라도, '파피루스'와 '양피지'처럼 생소한 단어들로 이루어진 문장이, 중요하지 않고 익숙한 단어들로만 이루어진 문장을 읽을 때보다 눈동자의 고정 시간이 더 길었을 것이다.

→ 적절함!

| 196 | 반응의 적절성 판단 - 적절하지 않은 것 고르기 2023학년도 9월 모평 3번<br>정답률 85% | 정답 ① |
|---|---|---|

**다음은 윗글을 읽은 학생이 ㉠에 대해 보인 반응이다. [가]에 들어갈 내용으로 적절하지 않은 것은?**

㉠ 이전보다 고정 횟수와 고정 시간이 줄어들고 단어를 건너뛰는 긴 도약이 자주 일어나는 모습

읽기 능력이 발달하면, [가] 나에게도 이러한 현상이 나타날 수 있겠군.

① **글을 깊이 있게 이해하기 위해 꼼꼼히 읽을 때**

근거 ❷-3 고정이 관찰될 때는 단어의 의미 이해가 이루어졌지만, 도약이 관찰될 때는 건너뛴 단어의 의미 이해가 이루어지지 않았다, ❸-2 읽기 능력이 발달하면 이전과 같은 수준의 글을 읽거나 전에 읽었던 글을 다시 읽을 때, 단어마다 눈동자를 고정하지는 않게 되어 이전보다 고정 횟수와 고정 시간이 줄어들고 단어를 건너뛰는 긴 도약이 자주 일어나는 모습이 관찰된다.

풀이 독자의 읽기 능력이 발달하면 이전과 같은 수준의 글을 읽거나 전에 읽었던 글을 다시 읽을 때, 단어마다 눈동자를 고정하지는 않게 되어 이전보다 고정 횟수, 고정 시간이 줄어들고 긴 도약이 자주 일어난다. 윗글에서 고정이 관찰될 때는 단어의 의미 이해가 이루어지고, 도약이 관찰될 때는 건너뛴 단어의 의미 이해가 이루어지지 않는다고 하였으므로, ㉠과 같은 눈동자 움직임은 글을 깊이 있게 이해하기 위해 단어의 의미를 꼼꼼히 이해하면서 읽을 때의 모습으로 보기 어렵다. 글을 깊이 있게 이해하기 위해 꼼꼼히 읽을 경우에는 단어의 의미 이해가 이루어지는 고정이 더 많이 관찰되고, 단어의 의미 이해가 이루어지지 않는 도약은 더 적게 관찰될 것이다.

→ 적절하지 않음!

② **글과 관련된 배경지식을 적극적으로 활용하여 읽을 때**

근거 ❸-3 학습 경험과 독서 경험이 쌓이면서 글의 구조에 대한 지식과 아는 단어, 배경지식이 늘어나기 때문이다.

→ 적절함!

③ **다양한 글을 읽어서 글의 구조를 잘 이해할 수 있을 때**

근거 ❸-3 학습 경험과 독서 경험이 쌓이면서 글의 구조에 대한 지식과 아는 단어, 배경지식이 늘어나기 때문이다.

→ 적절함!

④ **배우고 익힌 내용이 쌓여 글에 아는 단어가 많아졌을 때**

근거 ❸-3 학습 경험과 독서 경험이 쌓이면서 글의 구조에 대한 지식과 아는 단어, 배경지식이 늘어나기 때문이다.

→ 적절함!

⑤ **읽기 목적에 따라 중요한 단어를 정확하게 고를 수 있을 때**

근거 ❸-4 읽기 목적을 분명하게 인식하게 되면서 글에서 중요한 단어를 정확하게 선택할 수 있게 되는 것도 그 이유 중의 하나이다.

→ 적절함!

**[197~199] 다음 글을 읽고 물음에 답하시오.**

1 ¹글을 읽으려면 글자 읽기, 요약(要約, 요점을 잡아서 간추림), 추론(推論, 미루어 생각하여 논함) 등의 읽기 기능, 어휘력(語彙力, 어휘를 마음대로 다루어 쓸 수 있는 능력), 읽기 흥미나 동기(動機, 일이나 행동을 일으키게 하는 계기) 등이 필요하다. ²글 읽는 능력이 발달하려면 읽기에 필요한 이러한 요소(要素, 꼭 필요한 성분)를 잘 갖추어야 한다.

→ 글 읽기에 필요한 요소들

2 [A] ¹읽기 요소들 중 어휘력 발달에 관한 연구들에서는, 학년이 올라감에 따라 ㉠ 어휘력이 높은 학생들과 ㉡ 어휘력이 낮은 학생들 간의 어휘력 격차(隔差, 서로 벌어져 다른 정도)가 점점 더 커짐이 보고되었다.(報告-, 알려졌다.) ²여기서 어휘력 격차는 읽기의 양과 관련된다. ³즉 어휘력이 높으면 이(높은 어휘력)를 바탕으로 점점 더 많이 읽게 되고, 많이 읽을수록 글 속의 어휘를 습득할(習得-, 배워서 자기 것으로 할) 기회가 많아지며, 이것이 다시 어휘력을 높인다는 것이다. ⁴반대로, 어휘력이 부족하면 읽는 양도 적어지고 어휘 습득의 기회도 줄어 다시 어휘력이 상대적으로(相對的-, 어휘력이 높은 경우에 비해) 부족하게 됨으로써, 나중에는 커져 버린 격차를 극복하는 데에 많은 노력이 필요하게 된다.

→ 읽기 양과 관련된 어휘력 격차

3 ¹이렇게 읽기 요소를 잘 갖춘 독자는 점점 더 잘 읽게 되어 그렇지 않은(읽기 요소를 잘 갖추지 못한) 독자와의 차이가 갈수록 커지게 되는데, 이를 매튜 효과로 설명하기도 한다. ²매튜 효과란 사회적 명성(名聲, 세상에 널리 퍼져 평판 높은 이름)이나 물질적 자산(資産, 경제적 가치가 있는 재산)이 많을수록 그(명성과 자산)로 인해 더 많이 가지게 되고, 그 결과 그렇지 않은(사회적 명성이나 물질적 자산이 많지 않은) 사람과의 차이가 점점 커지는 현상을 일컫는다. ³이는 주로 사회학(社會學, 사회의 근본 원리를 탐구하고 여러 가지 사회 현상의 관계를 밝히는 학문)에서 사용되었으나 읽기에도 적용된다.

→ 매튜 효과로 설명되는 읽기 요소 격차의 커짐 현상

4 ¹그러나 ⓐ 글 읽는 능력을 매튜 효과로만 설명하는 데에는 문제가 있다. ²우선, 읽기와 관련된 요소들에서 매튜 효과가 항상 나타나는 것은 아니다. ³인지(認知, 어떤 사실을 인정하여 앎)나 정서(情緖, 마음에 일어나는 여러 가지 감정)의 발달은 개인마다 다르며, 한 개인 안에서도 그 속도는 시기마다 다르기 때문이다. ⁴예컨대 읽기 흥미나 동기의 경우, 어릴 때는 상승 곡선을 그리며 발달하다가 어느 시기부터 떨어지기도 한다. ⁵또한 읽기 요소들은 상호 간에 영향을 미쳐 매튜 효과와 다른 결과를 낳기도 한다. ⁶가령 읽기 기능이 부족한 독자라 하더라도 읽기 흥미나 동기가 높은 경우 이것(읽기 흥미나 동기)이 읽기 기능의 발달을 견인할(牽引-, 끌어서 당길) 수 있다.

→ 매튜 효과로만 설명할 수는 없는 글 읽기 능력

5 ¹그럼에도 불구하고 읽기를 매튜 효과로 설명하는 연구는 단순히 지능의 차이에 따라 글 읽는 능력이 달라진다고 보던 관점에서 벗어나, 읽기 요소들이 글을 잘 읽도록 하는 중요한 동력(動力, 발전시키고 밀고 나가는 힘)임을 인식하게 하는 계기(契機, 결정적 원인, 기회)가 되었다.

→ 읽기를 매튜 효과로 설명하는 연구의 의의

■ 지문 이해

**〈읽기 능력의 발달에 필요한 읽기 요소들과 매튜 효과〉**

**❶ 글 읽기에 필요한 요소들**

- 읽기 기능 : 글자 읽기, 요약, 추론
- 어휘력
- 읽기 흥미나 동기

**❷ 읽기 양과 관련된 어휘력 격차**

- 학년이 올라감에 따라 어휘력이 높은 학생들과 낮은 학생들 간 어휘력 격차는 점점 커짐
  - 어휘력 격차는 읽기 양과 관련됨
  - 어휘력 높음 → 더 많이 읽음 → 어휘 습득 기회가 많아짐 → 어휘력을 높임
  - 어휘력 부족 → 더 적게 읽음 → 어휘 습득 기회가 줄어듦 → 어휘력이 부족해짐

**❸ 매튜 효과로 설명되는 읽기 요소 격차의 커짐 현상**

- 읽기 요소를 잘 갖춘 독자는 점점 더 잘 읽게 되어 읽기 요소를 갖추지 못한 독자와 차이가 갈수록 커짐 : 매튜 효과로 설명할 수 있음
- 매튜 효과 : 명성이나 자산이 많을수록 그로 인해 더 많이 가지게 되고, 그렇지 않은 사람과의 차이가 점점 커지는 현상을 일컫는 용어로, 주로 사회학에서 사용됨

**❹ 매튜 효과로만 설명할 수는 없는 글 읽기 능력**

- 읽기 요소들에서 매튜 효과가 항상 나타나는 것은 아님
- 읽기 요소들은 상호 간 영향으로 매튜 효과와 다른 결과를 낳기도 함

**❺ 읽기를 매튜 효과로 설명하는 연구의 의의**

- 지능 차이에 따라 읽기 능력이 달라진다고 보던 관점에서 벗어남
- 읽기 요소들이 글을 잘 읽도록 하는 중요한 동력임을 인식하는 계기가 됨

1등급 문제

**197** 세부 정보 이해 - 적절하지 않은 것 고르기 2023학년도 6월 모평 1번
정답률 60%, 매력적 오답 ② 10% ④ 10% ⑤ 15%
정답 ①

**윗글의 내용과 일치하지 않는 것은?**

**① 읽기 기능에는 어휘력, 읽기 흥미나 동기 등이 포함된다.**

근거 ❶-1 글을 읽으려면 글자 읽기, 요약, 추론 등의 읽기 기능, 어휘력, 읽기 흥미나 동기 등이 필요하다.

풀이 윗글에 따르면 읽기 기능에는 글자 읽기, 요약, 추론 등이 포함된다. 어휘력, 읽기 흥미나 동기 등은 읽기 기능과 함께 글을 읽기 위해 필요한 요소들이지, 읽기 기능에 포함되는 것은 아니다.

→ 적절하지 않음!

**② 매튜 효과에 따르면 읽기 요소를 잘 갖출수록 더 잘 읽게 된다.**

근거 ❸-1 읽기 요소를 잘 갖춘 독자는 점점 더 잘 읽게 되어 그렇지 않은 독자와의 차이가 갈수록 커지게 되는데, 이를 매튜 효과로 설명하기도 한다.

→ 적절함!

**③ 매튜 효과는 주로 사회학에서 사용되는 개념이었다.**

근거 ❸-3 이(매튜 효과)는 주로 사회학에서 사용

→ 적절함!

**④ 읽기 요소는 다른 읽기 요소들에 영향을 미치기도 한다.**

근거 ❹-5~6 읽기 요소들은 상호 간에 영향을 미쳐 매튜 효과와 다른 결과를 낳기도 한다. 가령 읽기 기능이 부족한 독자라 하더라도 읽기 흥미나 동기가 높은 경우 이것이 읽기 기능의 발달을 견인할 수 있다.

→ 적절함!

**⑤ 읽기 연구에서 매튜 효과는 읽기 요소의 가치를 인식하게 했다.**

근거 ❺-1 읽기를 매튜 효과로 설명하는 연구는 단순히 지능의 차이에 따라 글 읽는 능력이 달라진다고 보던 관점에서 벗어나, 읽기 요소들이 글을 잘 읽도록 하는 중요한 동력임을 인식하게 하는 계기가 되었다.

→ 적절함!

**198** 자료 해석의 적절성 평가 - 적절한 것 고르기 2023학년도 6월 모평 2번
정답률 95%
정답 ⑤

**다음은 어휘력 발달에서 나타나는 매튜 효과를 *도식화한 것이다. [A]를 바탕으로 ㉠과 ㉡에 대해 이해한 것으로 가장 적절한 것은?** *圖式化-, 일정한 양식으로 나타낸

㉠ 어휘력이 높은 학생들 ㉡ 어휘력이 낮은 학생들

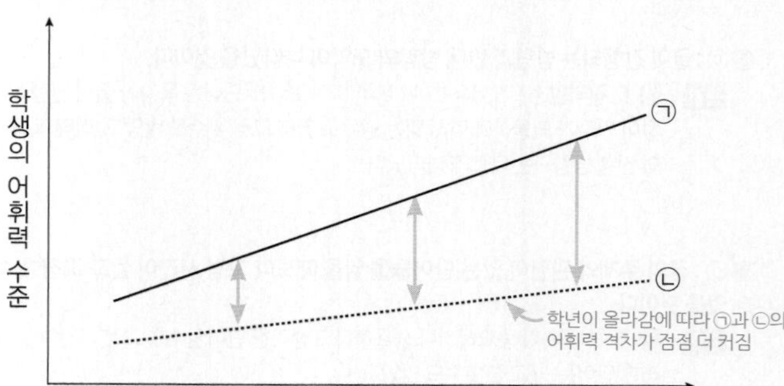

① ㉠은 ㉡에 비해 읽기 양이 적지만 어휘력은 더 큰 폭으로 높아진다.

근거 ❷-2~4 어휘력 격차는 읽기의 양과 관련된다. 즉 어휘력이 높으면 이를 바탕으로 점점 더 많이 읽게 되고, 많이 읽을수록 글 속의 어휘를 습득할 기회가 많아지며, 이것이 다시 어휘력을 높인다는 것이다. 반대로, 어휘력이 부족하면 읽는 양도 적어지고 어휘 습득의 기회도 줄어 다시 어휘력이 상대적으로 부족하게 됨

풀이 윗글에 따르면 어휘력 격차는 읽기의 양과 관련된다고 하였다. 즉 어휘력이 높으면 이를 바탕으로 점점 더 많이 읽게 되어 어휘력이 높아지고, 어휘력이 부족하면 읽는 양도 적어지고 어휘력이 상대적으로 부족하게 된다는 것이다. 이를 바탕으로 추론하였을 때, 어휘력이 높은 ㉠이 어휘력이 낮은 ㉡에 비해 읽기 양이 적다고 보기는 어렵다.

→ 적절하지 않음!

② ㉡은 학년이 올라갈수록 ㉠과의 어휘력 격차를 줄일 수 있는 가능성이 커진다. (격차가 점점 더 벌어질)

근거 ❷-1 읽기 요소들 중 어휘력 발달에 관한 연구들에서는, 학년이 올라감에 따라 어휘력이 높은 학생들과 어휘력이 낮은 학생들 간의 어휘력 격차가 점점 더 커짐이 보고되었다.

→ 적절하지 않음!

③ ㉡은 학년이 올라가면 ㉠에 비해 적은 노력으로도 어휘력 부족에서 벗어날 수 있다.

근거 ❷-4 어휘력이 부족하면 읽는 양도 적어지고 어휘 습득의 기회도 줄어 다시 어휘력이 상대적으로 부족하게 됨으로써, 나중에는 커져 버린 격차를 극복하는 데에 많은 노력이 필요하게 된다.

→ 적절하지 않음!

④ ㉠과 ㉡ 간의 어휘력 격차가 점점 커지는 것은 지능의 차이 때문이다. (읽기의 양)

근거 ❷-2 어휘력 격차는 읽기의 양과 관련된다, ❺-1 읽기를 매튜 효과로 설명하는 연구는 단순히 지능의 차이에 따라 글 읽는 능력이 달라진다고 보던 관점에서 벗어나

풀이 윗글에서는 어휘력이 높은 ㉠과 어휘력이 낮은 ㉡의 어휘력 격차를 '읽기의 양'과 관련짓고, 이를 매튜 효과로 설명하였다. 읽기를 매튜 효과로 설명하는 연구는 '지능 차이'에 따라 글 읽는 능력이 달라진다고 본 관점에서 벗어난 것으로, ㉠과 ㉡ 간의 어휘력 격차가 점점 커지는 것을 '지능의 차이' 때문이라고 설명하지 않는다.

→ 적절하지 않음!

⑤ ㉠과 ㉡ 간의 어휘력 격차가 점점 커지는 것은 읽기 양의 차이가 *누적되기 때문이다.

*累積-, 여러 번 쌓이기

근거 ❷-2~4 어휘력 격차는 읽기의 양과 관련된다. 즉 어휘력이 높으면 이를 바탕으로 점점 더 많이 읽게 되고, 많이 읽을수록 글 속의 어휘를 습득할 기회가 많아지며, 이것이 다시 어휘력을 높인다는 것이다. 반대로, 어휘력이 부족하면 읽는 양도 적어지고 어휘 습득의 기회도 줄어 다시 어휘력이 상대적으로 부족하게 됨으로써, 나중에는 커져 버린 격차를 극복하는 데에 많은 노력이 필요하게 된다.

→ 적절함!

**199** | 추론의 적절성 판단 - 적절한 것 고르기 2023학년도 6월 모평 3번 | 정답률 90% | 정답 ④

**<보기>의 관점에서 ⓐ를 뒷받침할 수 있는 내용으로 가장 적절한 것은?** [3점]

ⓐ 글 읽는 능력을 매튜 효과로만 설명하는 데에는 문제가 있다.

| 보기 |

[1]인간의 사고(思考, 생각하고 궁리함)는 자연적으로 발달하기보다는 공동체 내 언어적 상호 작용에 의해 발달한다. [2]따라서 고차적(高次的, 수준이나 정도가 높은) 사고에 속하는 읽기도 타인(他人, 다른 사람)과 상호 작용함으로써 점진적으로(漸進的-, 조금씩 앞으로 나아가도록) 발달한다.

근거 <보기>-2 읽기도 타인과 상호 작용함으로써 점진적으로 발달한다.

풀이 <보기>의 관점에서는 읽기 능력을 타인과의 상호 작용을 통해 발달하는 것으로 보았다. 읽기 발달이 사회적 환경에 따라 달라질 수 있다는 내용은 이러한 <보기>의 관점에 부합하므로, <보기>의 관점에서 ⓐ를 뒷받침할 수 있는 내용으로 적절하다. 따라서 정답은 ④번이다.

① 읽기 발달의 속도는 한 개인 안에서도 시기마다 다르다.

② 읽기 발달은 읽기 속도나 취향 등 개인차에 따라 각기 다르다.

③ 읽기 흥미나 동기 등은 타고난 개인적 성향으로서 변하지 않는다.

④ 읽기 발달은 개인의 읽기 경험을 *공유하는 사회적 환경에 따라 달라질 수 있다. *共有-, 둘 이상이 함께 가지는

→ 적절함!

⑤ 충분한 시간과 *몰입할 수 있는 장소가 주어진다면 혼자서도 읽기를 잘할 수 있다. *沒入-, 깊이 파고들거나 빠짐

**[200~202] 다음 글을 읽고 물음에 답하시오.**

**1** [1]어떤 독서 이론도 이 한 장의 사진만큼 독서의 위대함을 분명하게 말해 주지 못할 것이다. [2]사진은 제2차 세계 대전 당시 처참하게(悽慘-, 몸서리칠 정도로 슬프고 끔찍하게) 무너져 내린 런던의 한 건물 모습이다. [3]㉠ 폐허(廢墟, 건물이 파괴되어 황폐하게 된 터) 속에서도 사람들이 책을 찾아 서가(書架, 책을 꽂아 두도록 만든 선반) 앞에 선 이유는 무엇일까? [4]이들(무너진 건물에서 책을 찾아 서가 앞에 선 사람들)은 갑작스레 닥친 상황에서 독서를 통해 무언가를 구하고자 했을 것이다.

→ 폐허 속에서도 책을 찾아 서가 앞에 선 사람들의 사진이 말해주는 독서의 위대함

**2** [1]독서는 자신을 살피고 돌아볼 계기(契機, 결정적 원인, 기회)를 제공함으로써 어떻게 살 것인가의 문제를 생각하게 한다. [2]책은 인류의 지혜와 경험이 담겨 있는 문화유산(文化遺産, 과거부터 전해져 오는 귀중한 문화재나 정신적·물질적 문화 양식)이며, 독서는 인류와의 만남이자 끝없는 대화이다. [3]독자의 경험과 책에 담긴 수많은 경험들의 만남은 성찰(省察, 자기의 마음을 반성하고 살핌)의 기회를 제공함으로써 독자의 내면을 성장시켜 삶을 바꾼다. [4]이런 의미에서 독서는 자기 성찰의 행위이며, 성찰의 시간은 깊이 사색하고(思索-, 깊이 생각하고 이치를 따지며) 스스로에게 질문을 던지는 시간이어야 한다. [5]이들(폐허 속에서 책을 찾아 서가 앞에 선 사람들)이 책을 찾은 것도 혼란스러운 현실을 외면하려(外面-, 인정하지 않고 피하거나 무시하려) 한 것이 아니라 자신의 삶에 대한 숙고(熟考, 곰곰 잘 생각함)의 시간이 필요했기 때문이다.

→ 독서의 가치 ①

**3** [1]또한 ㉡ 독서는 자신을 둘러싼 현실을 올바로 인식하고 당면한(當面-, 바로 눈앞에 당한) 문제를 해결할 논리와 힘을 지니게 한다. [2]책은 세상에 대한 안목(眼目, 보고 분별하는 견문과 학식)을 키우는 데 필요한 지식을 담고 있으며, 독서는 그(책이 담고 있는) 지식을 얻는 과정이다. [3]독자의 생각과 오랜 세월 축적된 지식의 만남은 독자에게 올바른 식견(識見, 학식과 견문. 사물을 분별할 수 있는 능력)을 갖추고 당면한 문제를 해결할 방법을 모색하도록(摸索-, 더듬어 찾도록) 함으로써 세상을 바꾼다. [4]세상을 변화시킬 동력(動力, 발전시키고 밀고 나가는 힘)을 얻는 이 시간은 책에 있는 정보를 이해하는 데 그치는 것이 아니라 그(책에 있는) 정보가 자신의 관점에서 문제를 해결할 수 있는 타당한 정보인지를 판단하고 분석하는 시간이어야 한다. [5]서가 앞에 선 사람들도 시대적 과제를 해결할 실마리(풀어 나갈 수 있는 첫머리)를 책에서 찾으려 했던 것이다.

→ 독서의 가치 ②

**4** [1]독서는 자기 내면으로의 여행이며 외부 세계로의 확장이다. [2]폐허 속에서도 책을 찾은 사람들은 독서가 지닌 힘을 알고, 자신과 현실에 대한 이해를 구하고자 책과의 대화를 시도하고 있었던 것이다.

→ 자기 내면으로의 여행이며 외부 세계로의 확장인 독서

■지문 이해

〈독서의 목적과 가치〉

❶ 폐허 속에서도 책을 찾아 서가 앞에 선 사람들의 사진이 말해주는 독서의 위대함

❷ 독서의 가치 ①
- 독서는 성찰의 기회를 제공함으로써 독자의 내면을 성장시켜 삶을 바꿈
- 독서를 통한 자기 성찰의 시간은 깊이 사색하고 스스로에게 질문을 던지는 것이어야 함
- 사진의 사람들이 책을 찾은 목적 : 혼란스러운 현실을 외면하려 한 것이 아니라, 자신의 삶에 대한 숙고의 시간이 필요했기 때문

❸ 독서의 가치 ②
- 독자에게 올바른 식견을 갖추고 당면한 문제를 해결할 방법을 모색하도록 하여 세상을 바꿈
- 책에 있는 정보가 자신의 관점에서 문제를 해결할 수 있는 타당한 정보인지를 판단하고 분석해야 함
- 사진의 사람들이 책을 찾은 목적 : 시대적 과제를 해결할 실마리를 책에서 찾으려 함

❹ 자기 내면으로의 여행이며 외부 세계로의 확장인 독서

**200** 세부 정보 이해 - 적절하지 않은 것 고르기 2022학년도 수능 1번 정답률 95% | 정답 ②

**윗글을 바탕으로 할 때, ㉠의 답으로 적절하지 않은 것은?**

㉠ 폐허 속에서도 사람들이 책을 찾아 서가 앞에 선 이유는 무엇일까?

**① 인류의 지혜와 경험을 배우기 위해**

근거 ❷-2 책은 인류의 지혜와 경험이 담겨 있는 문화유산

→ 적절함!

**② 현실로부터 *도피할 방법을 구하기 위해** *逃避-, 몸을 사려 빠져나갈

근거 ❷-5 이들이 책을 찾은 것도 혼란스러운 현실을 외면하려 한 것이 아니라 자신의 삶에 대한 숙고의 시간이 필요했기 때문, ❹-2 폐허 속에서도 책을 찾은 사람들은 독서가 지닌 힘을 알고, 자신과 현실에 대한 이해를 구하고자 책과의 대화를 시도하고 있었던 것

풀이 폐허 속에서도 사람들이 책을 찾아 서가 앞에 선 이유는 혼란스러운 현실을 외면하려 한 것이 아니라 자신의 삶에 대한 숙고의 시간이 필요했기 때문이며, 자신과 현실에 대한 이해를 구하고자 했기 때문이다. 따라서 ㉠에 대해 '현실로부터 도피할 방법을 구하기 위해서'라고 답하는 것은 적절하지 않다.

→ 적절하지 않음!

**③ 시대적 과제를 해결할 실마리를 찾기 위해**

근거 ❸-5 서가 앞에 선 사람들도 시대적 과제를 해결할 실마리를 책에서 찾으려 했던 것

→ 적절함!

**④ 자신의 삶에 대해 숙고할 시간을 갖기 위해**

근거 ❷-5 이들이 책을 찾은 것도 … 자신의 삶에 대한 숙고의 시간이 필요했기 때문

→ 적절함!

**⑤ 세상에 대한 안목을 키우는 지식을 얻기 위해**

근거 ❸-2 책은 세상에 대한 안목을 키우는 데 필요한 지식을 담고 있으며, 독서는 그 지식을 얻는 과정

→ 적절함!

**201** 반응의 적절성 판단 - 적절하지 않은 것 고르기 2022학년도 수능 2번 정답률 85% | 정답 ⑤

**〈보기〉는 ㉡과 같이 독서하기 위해 학생이 찾은 독서 방법이다. 이에 대한 반응으로 적절하지 않은 것은?** [3점]

㉡ 독서는 자신을 둘러싼 현실을 올바로 인식하고 당면한 문제를 해결할 논리와 힘을 지니게 한다.

| 보기 |

[1]해결하려는 문제와 관련하여 관점(觀點, 보고 생각하는 태도, 방향, 처지)이 다른 책들을 함께 읽는 것은 해법(解法, 해내기 어렵거나 곤란한 일을 푸는 방법)을 찾는 한 방법이다. [2]먼저 문제가 무엇인지를 명확히 하고, 이(해결하려는 문제)와 관련된 서로 다른 관점의 책을 찾는다. [3]책을 읽을 때는 자신의 관점에서 각 관점들을 비교·대조하면서 정보의 타당성을 비판적으로 검토하고 평가한 내용을 통합한다. [4]이를 통해 문제를 다각적(多角的, 여러 방면이나 부문에 걸친 것)·심층적(深層的, 정도나 경지가 깊이 있고 철저한 것)으로 이해하게 됨으로써 자신의 관점을 분명히 하고, 나아가 생각을 발전시켜 관점을 재구성하게(再構成-, 한 번 구성하였던 것을 다시 새롭게 구성하게) 됨으로써 해법을 찾을 수 있다.

**① 읽을 책을 선택하기 전에 해결하려는 문제가 무엇인지를 명확하게 인식해야겠군.**

근거 〈보기〉-2 먼저 문제가 무엇인지를 명확히 하고, 이와 관련된 서로 다른 관점의 책을 찾는다.

→ 적절함!

**② 서로 다른 관점을 비교·대조하면서 검토함으로써 *편협한 시각에서 벗어나 문제를 폭넓게 보아야겠군.** *偏狹-, 한쪽으로 치우쳐 마음과 생각이 좁고 너그럽지 못한

근거 〈보기〉-3~4 자신의 관점에서 각 관점들을 비교·대조하면서 정보의 타당성을 비판적으로 검토하고 평가한 내용을 통합한다. 이를 통해 문제를 다각적·심층적으로 이해하게 됨으로써

→ 적절함!

**③ 문제의 해결을 위해 서로 다른 관점을 비판적으로 통합하여 문제에 대한 생각을 새롭게 구성할 수 있어야겠군.**

근거 〈보기〉-2~4 서로 다른 관점의 책을 찾는다. 책을 읽을 때는 자신의 관점에서 각 관점들을 비교·대조하면서 정보의 타당성을 비판적으로 검토하고 평가한 내용을 통합한다. 이를 통해 … 나아가 생각을 발전시켜 관점을 재구성하게 됨으로써 해법을 찾을 수 있다.

→ 적절함!

**④ 정보를 이해하는 수준을 넘어, 각 관점의 타당성을 검토하고 평가 내용을 통합함으로써 문제를 깊이 이해해야겠군.**

근거 〈보기〉-3~4 각 관점들을 비교·대조하면서 정보의 타당성을 비판적으로 검토하고 평가한 내용을 통합한다. 이를 통해 문제를 다각적·심층적으로 이해하게 됨으로써

→ 적절함!

**⑤ 문제에 대한 여러 관점을 다각도로 검토하고, 비판적 판단을 *유보함으로써 자신의 관점이 지닌 타당성을 **견고히 해야겠군.** *留保-, 당장 처리하지 않고 나중으로 미루어 둠으로써 **堅固-, 흔들림 없이 확고한 자세로

근거 〈보기〉-3~4 책을 읽을 때는 자신의 관점에서 각 관점들을 비교·대조하면서 정보의 타당성을 비판적으로 검토하고 평가한 내용을 통합한다. 이를 통해 문제를 다각적·심층적으로 이해하게 됨으로써 자신의 관점을 분명히 하고, 나아가 생각을 발전시켜 관점을 재구성하게 됨으로써 해법을 찾을 수 있다.

풀이 ㉡에서는 독서를 통해 현실을 올바로 인식하고, 당면한 문제를 해결할 논리와 힘을 기를 수 있다고 이야기하였다. 〈보기〉에서는 이와 관련하여, 해결하려는 문제와 관련하여 관점이 다른 책들을 함께 읽는 방법을 제시하면서, 서로 다른 관점의 책을 찾아 읽을 때에는 문제에 대한 여러 관점들을 비교·대조하면서 '비판적으로 검토하고 평가하면서' 읽어야 한다고 설명하고 있다. 따라서 '비판적 판단을 유보한다'는 반응은 적절하지 않다.

→ 적절하지 않음!

**202** 독서 과정 이해 - 적절한 것 고르기 2022학년도 수능 3번 정답률 95% 정답 ①

**다음은 윗글을 읽은 학생의 독서 기록장 일부이다. 이에 대한 설명으로 가장 적절한 것은?**

> [1]나의 독서 대부분은 정보 습득(習得, 배워 자기 것으로 함)을 위한 것이었다. [2]책의 내용이 그대로 내 머릿속으로 옮겨져 지식이 쌓이기만을 바랐지 내면의 성장을 생각하지 못했다. [3]윤동주 평전(評傳, 개인의 일생에 대해 평론을 곁들여 적은 전기)을 읽으며 스스로에게 질문을 던지는 이 시간이 나에 대해 사색하며 삶을 가꾸는 소중한 시간임을 새삼 느낀다. [4]오늘 나는 책장을 천천히 넘기며 나에게로의 여행을 떠나 보려 한다.

**① 삶을 성찰하게 하는 독서의 가치를 깨닫고 이를 실천하려는 모습을 보이고 있다.**

근거 〈보기〉-3~4 윤동주 평전을 읽으며 스스로에게 질문을 던지는 이 시간이 나에 대해 사색하며 삶을 가꾸는 소중한 시간임을 새삼 느낀다. 오늘 나는 책장을 천천히 넘기며 나에게로의 여행을 떠나 보려 한다.

풀이 학생의 독서 기록장에서 학생은 독서를 함으로써 독서가 스스로에게 질문을 던지고 자신에 대해 사색하며 삶을 가꾸는 소중한 시간임을 느꼈다고 하였다. 이를 통해 학생이 삶을 성찰하는 독서의 가치를 깨닫고 있음을 알 수 있다. 또한 책장을 넘기며 자신에게로의 여행을 떠나 보려 한다는 내용을 통해, 학생이 삶을 성찰하게 하는 독서를 실천하려는 모습을 보이고 있음을 알 수 있다.

→ 적절함!

**② 문학 분야에 *편중되었던 독서 습관을 버리고 다양한 분야의 책을 읽으려는 노력을 보이고 있다.** *偏重–, 한쪽으로 치우치게 되었던

근거 〈보기〉-1 나의 독서 대부분은 정보 습득을 위한 것이었다.

풀이 학생의 독서 기록장을 통해 학생의 독서 대부분이 정보 습득을 위한 것이었음을 알 수 있다. 따라서 학생의 독서 습관이 '문학 분야에 편중'되었다는 설명은 적절하지 않다.

→ 적절하지 않음!

**③ 독서를 지속적으로 실천하지 못한 태도를 반성하고 문제 해결을 위해 장기적인 독서 계획을 세우고 있다.**

근거 〈보기〉-1 나의 독서 대부분은 정보 습득을 위한 것이었다.

풀이 학생의 독서 기록장에서 학생은 독서를 지속적으로 실천하지 못한 태도를 반성한 것이 아니라, 정보 습득을 위한 독서에 치우쳤던 것을 반성하고 있다. 또한 학생의 독서 기록장에서 '장기적인 독서 계획'을 세운 내용은 찾을 수 없다.

→ 적절하지 않음!

**④ 내면적 성장을 위한 도구로서의 독서의 중요성을 인식하고 다양한 *매체를 활용한 독서의 방법을 **제안하고 있다.** *媒體, 인쇄 매체, 방송 매체, 통신 매체 등 사람들의 생각이나 의사를 전달하는 수단이나 방편 **提案–, 의견으로 내놓고

근거 〈보기〉-2 책의 내용이 그대로 내 머릿속으로 옮겨져 지식이 쌓이기만을 바랐지 내면의 성장을 생각하지 못했다.

풀이 학생이 내면적 성장을 위한 독서의 중요성을 깨닫게 된 것은 맞지만, '다양한 매체를 활용한 독서의 방법'을 제안하고 있지는 않다.

→ 적절하지 않음!

**⑤ 개인의 지적 성장에 머무는 독서의 한계를 지적하고 *타인과 경험을 **공유하는 독서 토론의 필요성을 강조하고 있다.** *他人, 다른 사람 **共有–, 함께 가지는

근거 〈보기〉-2 책의 내용이 그대로 내 머릿속으로 옮겨져 지식이 쌓이기만을 바랐지 내면의 성장을 생각하지 못했다.

풀이 학생은 독서를 통해 지적 성장만을 바랐던 자신의 태도를 반성하고 있지만, '타인과 경험을 공유하는 독서 토론의 필요성'을 강조하고 있지는 않다.

→ 적절하지 않음!

**[203~205] 다음은 학생이 쓴 독서 일지이다. 물음에 답하시오.**

**1** [1]미술사(美術史, 미술의 변화, 발달 과정에 관한 역사)를 다루고 있는 좋은 책이 많지만 학술적인(學術的–, 학문과 기술의 이론이나 방법에 관한) 지식이 부족하면 이해하기 어려운 경우가 많다고 한다. [2]이런 점에서 미술에 대해 막 알아 가기 시작한 나와 같은 독자도 이해할 수 있다고 알려진, 곰브리치의 『서양 미술사』를 택해(擇–, 골라) 서양 미술의 흐름을 살펴본 것은 좋은 결정이었다.

→ 곰브리치의 『서양 미술사』를 선정한 기준

**2** [1]이 책(『서양 미술사』)을 통해 저자(著者, 글로 써서 책을 지은 사람, 여기서는 곰브리치)는 미술사를 어떻게 이해할 것인가를 설명한다. [2]저자(곰브리치)는 서론(序論, 논의를 하기 위한 실마리가 되는 부분)에서 '미술이라는 것은 사실상(事實上, 실제로는) 존재하지 않는다. 다만 미술가(美術家, 미술품을 전문적으로 창작하는 사람)들이 있을 뿐이다.'라고 밝히며, 미술가와 미술 작품에 주목하여 미술사를 이해하려는 자신의 관점(觀點, 바라보고 생각하는 태도나 방향)을 설명한다. [3]저자(곰브리치)는 27 장에서도 해당 구절('미술이라는 것은 사실상 … 있을 뿐이다.')을 들어 자신의 관점을 다시 설명하고 있었기 때문에, 27 장의 내용을 서론의 내용과 비교하여 읽으면서 저자(곰브리치)의 관점을 더 잘 이해할 수 있었다.

→ 『서양 미술사』에 담긴 저자의 관점 파악

**3** [1]책(『서양 미술사』)의 제목을 처음 접했을 때는, 이 책(『서양 미술사』)이 유럽만을 대상으로 삼고 있을 거라고 생각했다. [2]하지만 책(『서양 미술사』)의 본문(本文, 중심이 되는 글)을 읽기 전에 목차(目次, 목록, 제목 등의 차례)를 살펴보니, 총 28 장으로 구성된 이 책(『서양 미술사』)이 유럽 외의 지역도 포함하고 있음을 알 수 있었다. [3]1~7 장에서는 아메리카, 이집트, 중국 등의 미술도 설명하고 있었고, 8~28 장에서는 6 세기 이후 유럽 미술에서부터 20 세기 미국의 실험적 미술까지 다루고 있었다. [4]이처럼 책(『서양 미술사』)이 다룬 내용이 방대하기(厖大–, 매우 많기) 때문에, 이전부터 관심을 두고 있었던 유럽의 르네상스에 대한 부분을 먼저 읽은 후 나머지 부분을 읽는 방식으로 이 책(『서양 미술사』)을 읽어 나갔다.

→ 제목과 목차를 통해 살펴본 『서양 미술사』의 구성 및 독서 순서 설정

**4** [1]㉠ 『서양 미술사』는 자료가 풍부하고 해설을 이해하기 어렵지 않아서, 저자가 해설한 내용을 저자의 관점에 따라 받아들이는 것만으로도 충분히 만족스러웠다. [2]물론 분량이 700여 쪽에 달하는(達–, 이르는) 점은 부담스러웠지만, 하루하루 적당한 분량을 읽도록 계획을 세워서 꾸준히 실천하다 보니 어느새 다 읽었을 만큼 책(『서양 미술사』)의 내용은 흥미로웠다.

→ 책의 분량을 고려한 독서 계획과 독서 방법

■지문 이해

**〈독서 일지 - 곰브리치의 『서양 미술사』〉**

**❶ 곰브리치의 『서양 미술사』를 선정한 기준**
- 미술에 대한 학술적 지식이 부족한 자신의 지식수준을 고려해 책을 선정함

**❷ 『서양 미술사』에 담긴 저자의 관점 파악**
- 서론과 책의 27 장을 통해 미술가와 미술 작품에 주목하여 미술사를 이해하려는 저자의 관점을 설명함
  → 27 장의 내용과 서론의 내용을 비교하며 읽어 저자의 관점을 더 잘 이해할 수 있었음

**❸ 제목과 목차를 통해 살펴본 『서양 미술사』의 구성 및 독서 순서 설정**
- 제목을 접했을 때 : 유럽을 대상으로 삼은 책이라고 생각함
- 목차를 살펴보았을 때 : 유럽 외 여러 지역과 시대를 포함한 방대한 내용을 다루고 있음을 알게 됨
  → 이전부터 관심을 두고 있던 유럽의 르네상스 관련 부분을 먼저 읽은 후 나머지 부분을 읽음

**❹ 책의 분량을 고려한 독서 계획과 독서 방법**
- 독서 방법 : 책의 자료가 풍부하고 해설 이해가 어렵지 않아, 저자의 해설 내용을 저자의 관점에 따라 받아들이는 방식으로 책을 읽음
- 독서 계획 : 하루하루 적당한 분량을 읽도록 계획을 세워 꾸준히 실천함

**203** 세부 정보 이해 - 적절한 것 고르기 2022학년도 9월 모평 1번 정답률 95% | 정답 ①

## 윗글을 쓴 학생이 책을 *선정할 때 고려한 사항 중, 윗글에서 확인할 수 있는 것은? *選定-, 뽑아 정함

**① 자신의 *지식수준에 비추어 적절한 책인가?** *知識水準, 알고 있는 내용의 정도

근거 ❶-1~2 미술사를 다루고 있는 좋은 책이 많지만 학술적인 지식이 부족하면 이해하기 어려운 경우가 많다고 한다. 이런 점에서 미술에 대해 막 알아 가기 시작한 나와 같은 독자도 이해할 수 있다고 알려진, 곰브리치의 『서양 미술사』를 택해

풀이 윗글을 쓴 학생은 미술사를 다루는 책들 중 미술에 대해 막 알아 가기 시작한 독자들도 이해할 수 있다고 알려진 곰브리치의 『서양 미술사』를 선정하였다. 즉 학생은 자신의 지식수준을 고려하여 그에 적절한 책을 선정한 것이다.

→ 적절함!

**② 다수의 저자들이 참여하여 집필한 책인가?**

근거 ❶-2 곰브리치의 『서양 미술사』를 택해

풀이 윗글을 쓴 학생은 곰브리치가 집필한 『서양 미술사』를 선정하여 읽었다. 따라서 학생이 다수의 저자들이 참여하여 집필하였는지 여부를 책 선정의 기준으로 고려하였다고 보기 어렵다.

→ 적절하지 않음!

**③ 다양한 연령대의 독자에게서 추천받은 책인가?**

풀이 윗글에서 학생이 이 책을 다양한 연령대의 독자에게서 추천받았는지는 이야기하지 않았다.

→ 적절하지 않음!

**④ 이전에 읽은 책과 연관된 내용을 담고 있는 책인가?**

풀이 윗글에서 학생은 이전에 읽은 책에 대하여 이야기하지 않았다.

→ 적절하지 않음!

**⑤ 최신의 학술 자료를 활용하여 믿을 만한 내용을 담고 있는 책인가?**

풀이 윗글의 내용만으로는 학생이 선정한 곰브리치의 『서양 미술사』가 최신의 학술 자료를 활용하고 있는지를 알 수 없다. 따라서 학생이 최신의 학술 자료를 활용해 믿을 만한 내용을 담고 있는지를 고려하여 이 책을 선정하였다고 판단하기 어렵다.

→ 적절하지 않음!

**204** 독서 과정 이해 - 적절하지 않은 것 고르기 2022학년도 9월 모평 2번 정답률 95% | 정답 ③

## 윗글에 나타난 독서 방법으로 적절하지 않은 것은?

**① 책에서 내용상 관련된 부분을 비교하며 읽는다.**

근거 ❷-2~3 저자는 서론에서 … 자신의 관점을 설명한다. 저자는 27 장에서도 해당 구절을 들어 자신의 관점을 다시 설명하고 있었기 때문에, 27 장의 내용을 서론의 내용과 비교하여 읽으면서 저자의 관점을 더 잘 이해할 수 있었다.

→ 적절함!

**② 책의 목차를 통해 책의 구성을 파악하고 읽는다.**

근거 ❸-2~3 책의 본문을 읽기 전에 목차를 살펴보니, … 1~7 장에서는 아메리카, 이집트, 중국 등의 미술도 설명하고 있었고, 8~28 장에서는 6 세기 이후 유럽 미술에서부터 20 세기 미국의 실험적 미술까지 다루고 있었다.

→ 적절함!

저자가 해설한 내용을 저자의 관점에 따라 받아들이며

**③ 자신의 경험과 저자의 경험을 연관 지으며 읽는다.**

근거 ❹-1 저자가 해설한 내용을 저자의 관점에 따라 받아들이는 것만으로도 충분히 만족스러웠다.

풀이 윗글을 쓴 학생은 자신의 경험과 저자의 경험을 연관 지으며 책을 읽은 것이 아니라, 저자가 해설한 내용을 저자의 관점에 따라 받아들이며 읽었다.

→ 적절하지 않음!

**④ 책의 분량을 고려하여 독서 계획을 세워서 읽는다.**

근거 ❹-2 분량이 700여 쪽에 달하는 점은 부담스러웠지만, 하루하루 적당한 분량을 읽도록 계획을 세워서 꾸준히 실천하다 보니

→ 적절함!

**⑤ 자신의 관심에 따라서 읽을 순서를 정하여 읽는다.**

근거 ❸-4 이전부터 관심을 두고 있었던 유럽의 르네상스에 대한 부분을 먼저 읽은 후 나머지 부분을 읽는 방식으로 이 책을 읽어 나갔다.

→ 적절함!

**205** 추론의 적절성 판단 - 적절한 것 고르기 2022학년도 9월 모평 3번 정답률 95% | 정답 ⑤

## 윗글을 쓴 학생에게 ㉠과 관련하여 <보기>를 바탕으로 조언할 때, 그 내용으로 가장 적절한 것은? [3점]

㉠ 『서양 미술사』는 자료가 풍부하고 해설을 이해하기 어렵지 않아서, 저자가 해설한 내용을 저자의 관점에 따라 받아들이는 것만으로도 충분히 만족스러웠다.

| 보 기 |

[1]예술 분야의 책을 읽을 때, 책에 담긴 저자의 해설 외에도 다양한 해설이 있다는 점을 염두(念頭, 마음속)에 두어야 한다. [2]저자의 해설에도 저자가 속한 시대의 사회·문화적 환경에서 비롯된 영향이 반영되기(反映-, 영향을 받아 나타나기) 마련이다. [3]이러한 점을 고려하여, 독자는 책의 내용을 무비판적으로(無批判的-, 옳고 그름을 판단하지 않고 무조건 받아들여) 수용하기보다는 자신의 주관(主觀, 자기만의 견해, 관점)을 가지고 책의 내용에 대해 판단할 필요가 있다.

**① 책의 자료를 *자의적 기준에 의해 정리하기보다는 저자의 관점에 따라 정리하는 게 좋겠어.** *恣意的, 일정한 질서를 무시하고 제멋대로 하는

근거 ❹-1 저자가 해설한 내용을 저자의 관점에 따라 받아들이는 것만으로도 충분히 만족스러웠다, <보기>-3 독자는 책의 내용을 무비판적으로 수용하기보다는 자신의 주관을 가지고 책의 내용에 대해 판단할 필요가 있다.

풀이 윗글에서 학생은 책의 풍부한 자료를 자의적 기준으로 정리한 것이 아니라, '저자가 해설한 내용을 저자의 관점에 따라 받아들이는' 독서를 하였다. 또한 <보기>에서는 저자의 관점을 무비판적으로 수용하기보다는 '자신의 주관을 가지고 책의 내용을 판단'할 필요가 있다고 말하고 있다. 따라서 책의 자료를 '저자의 관점에 따라' 정리하라고 조언하는 것은 <보기>를 바탕으로 한 내용으로 적절하지 않다.

→ 적절하지 않음!

**② 책이 *유발한 사회·문화적 영향을 파악하기보다는 책에 대한 다양한 해설을 찾아보는 게 좋겠어.** *誘發-, 일어나게 한

근거 <보기>-1~2 책에 담긴 저자의 해설 외에도 다양한 해설이 있다는 점을 염두에 두어야 한다. 저자의 해설에도 저자가 속한 시대의 사회·문화적 환경에서 비롯된 영향이 반영되기 마련이다.

풀이 윗글을 쓴 학생은 '책이 유발한 사회·문화적 영향을 파악'하면서 책을 읽지 않았다. 또한 <보기>에서는 책이 사회·문화적 영향을 유발하는 것이 아니라, 책에 담긴 저자의 해설에 당시의 사회·문화적 환경에서 비롯된 영향이 반영된다고 이야기하였다. 뿐만 아니라 <보기>에서는 특정 예술 분야에 대해 저자의 해설 외에도 다양한 해설이 있다는 점을 염두에 두어야 한다고 이야기한 것이지, 특정 책에 대해 다양한 해설이 있다고 이야기한 것이 아니다. 따라서 '책에 대한 다양한 해설'을 찾아보라고 조언하는 것은 <보기>를 바탕으로 한 내용으로 적절하지 않다.

→ 적절하지 않음!

**③ 다양한 분야를 균형 있게 다룬 책보다는 하나의 분야를 집중적으로 다루고 있는 책을 읽는 게 좋겠어.**

근거 ❶-2 곰브리치의 『서양 미술사』를 택해 서양 미술의 흐름을 살펴본 것, ❷-1 (곰브리치는 『서양 미술사』를 통해) 미술가와 미술 작품에 주목하여 미술사를 이해하려는 자신의 관점을 설명, <보기>-1 책에 담긴 저자의 해설 외에도 다양한 해설이 있다는 점을 염두에 두어야 한다.

풀이 윗글에서 학생이 선정한 곰브리치의 『서양 미술사』는 예술 분야에서 서양 미술의 흐름을 미술가와 미술 작품에 주목하여 설명한 책이다. 한편 <보기>에서는 예술 분야의 책을 읽을 때, 하나의 분야를 집중적으로 다루는 책을 읽어야 한다고 이야기한 것이 아니라, 책에 담긴 저자의 해설 외에도 다양한 해설이 있다는 점을 염두에 두어야 한다고 이야기하고 있다. 따라서 다양한 분야를 균형 있게 다룬 책보다는 하나의 분야를 집중적으로 다룬 책을 읽으라고 조언하는 것은 <보기>를 바탕으로 한 내용으로 적절하지 않다.

→ 적절하지 않음!

**④ 책의 내용을 자신의 취향에 따라 골라 읽기보다는 전문가인 저자가 책을 구성한 방식대로 읽는 게 좋겠어.**

근거 ❸-4 이전부터 관심을 두고 있었던 유럽의 르네상스에 대한 부분을 먼저 읽은 후 나머지 부분을 읽는 방식으로 이 책을 읽어 나갔다.

풀이 윗글에서 학생은 책의 내용 중 이전부터 관심을 두고 있었던 유럽의 르네상스에 대한 부분을 먼저 읽은 후 나머지 부분을 읽는 방식으로 책을 읽었다고 하였으므로, 책의 내용을 취향에 따라 골라 읽었다고 말하는 것이 틀린 것은 아니다. 그러나 <보기>에서는 책을 읽는 바람직한 순서에 대해 따로 이야기하지 않았다. 따라서 윗글의 학생에게 '저자가 책을 구성한 방식대로 읽어야 한다'고 조언하는 것은 <보기>를 바탕으로 한 내용으로 적절하지 않다.

→ 적절하지 않음!

**⑤ 책의 내용을 그대로 받아들이려 하기보다는 자신의 관점을 바탕으로 저자의 관점을 판단하며 읽는 게 좋겠어.**

근거 ❹-1 저자가 해설한 내용을 저자의 관점에 따라 받아들이는 것만으로도 충분히 만족스러웠다, <보기>-3 독자는 책의 내용을 무비판적으로 수용하기보다는 자신의 주관을 가지고 책의 내용에 대해 판단할 필요가 있다.

풀이 윗글에서 학생은 '저자가 해설한 내용을 저자의 관점에 따라 받아들이는' 독서를 하였다. <보기>에서는 예술 분야의 책을 읽을 때, 저자의 관점을 무비판적으로 수용하기보다는 '자신의 주관을 가지고 책의 내용을 판단'할 필요가 있다고 말하고 있다. 따라서 윗글의 학생에게 책의 내용을 그대로 받아들이려 하기보다는 자신의 관점을 바탕으로 저자의 관점을 판단하며 읽으라고 조언하는 것은 <보기>를 바탕으로 한 내용으로 적절하다.

→ 적절함!

■지문 이해

**<특정 주제를 깊이 있게 탐구하기 위한 독서>**

**❶ 특정 주제를 깊이 있게 탐구하기 위한 독서 방법**

- 특정 주제를 깊이 있게 탐구하기 위한 독서 = 지식을 습득하고 비판적·종합적으로 탐구하는 독서
- 목차나 책 전체를 훑어보아 글의 전체 구조를 파악하고 필요한 부분을 찾아 읽을 내용을 선별 → 글 표면에 드러난 내용 정확하고 충분하게 읽기, 글 이면의 내용 추론·비판하며 읽기, 여러 관점을 비교·종합하며 읽기 등의 방법을 적절히 조합하여 선별한 내용을 읽음

**❷ 특정 주제를 깊이 있게 탐구하기 위한 독서 과정에서의 의미 구성**

- 개인적 차원 : 독자 자신의 배경지식과 새로이 얻은 지식을 통합하여 의미를 구성함
- 사회적 차원 : 개인에게 구성된 의미가 사회 구성원들과의 상호 작용을 거쳐 재구성됨

**❸ 특정 주제를 깊이 있게 탐구하기 위한 독서에서 기록의 역할**

- 읽은 내용의 망각을 방지함
- 비판과 토론의 자료로서 사회적 차원의 의미 구성에 기여함
- 보고서, 논문, 단행본 등의 형태로 발전하여 공동체 지식 축적의 토대를 이룸
  → 강론과 기록을 권유하였던 전통과 맥을 같이함

## [206~208] 다음 글을 읽고 물음에 답하시오.

1 [1]㉠ 특정 주제를 깊이 있게 탐구하기 위한 독서는 지식을 습득하고(習得-, 배워서 자기 것으로 하고) 이(습득한 지식)를 비판적(批判的, 옳고 그름을 판단하여 밝히거나 잘못된 점을 지적하는 것)·종합적(綜合的, 여러 가지를 한데 모아 합한 것)으로 탐구하는 독서이다. [2]이러한 독서는 목차나 책 전체를 훑어보아 글의 전체 구조를 파악하고, 필요한 부분을 찾아 중점적으로 읽을 내용을 선별하는(選別-, 가려서 따로 나누는) 것으로부터 출발한다. [3]이어 독자(讀者, 읽는 사람)는 글 표면(表面, 겉으로 나타나는 부분)에 드러난 내용을 정확하고 충분하게 읽기, 글 이면(裏面, 겉으로 나타나거나 눈에 보이지 않는 부분)의 내용을 추론하고(推論-, 미루어 생각하여 논하고) 비판하며 읽기, 여러 관점(觀點, 생각하는 태도나 방향, 처지)을 비교하고 종합하며 읽기와 같은 방법을 적절히 조합하여(組合-, 한데 모아 한 덩어리로 짜) 선별한 내용을 읽게 된다.

→ 특정 주제를 깊이 있게 탐구하기 위한 독서 방법

2 [1]위 과정에서 독자는 자신의 배경지식(背景知識, 이미 머릿속에 들어 있는 지식)과 새로이 얻은 지식을 통합하여 의미를 구성한다. [2]그런데 이렇게 개인의 머릿속에서 구성된 의미는 다른 사회 구성원들과의 상호 작용을 거쳐 재구성된다.(再構成-, 다시 새롭게 구성된다.) [3]따라서 특정 주제를 깊이 있게 탐구하기 위한 독서의 의미 구성은 개인적 차원뿐 아니라 사회적 차원에서도 이루어지는 것으로 이해되어야 한다.

→ 특정 주제를 깊이 있게 탐구하기 위한 독서 과정에서의 의미 구성

3 [1]이를 감안하면(勘案-, 참고하여 생각하면) 특정 주제를 깊이 있게 탐구하기 위한 독서에서는 기록의 역할이 부각된다. [2]탐구 과정에서 개인적으로 구성한 의미를 기록하는 것은 읽은 내용의 망각(忘却, 잊어버림)을 방지하며(防止-, 막으며), 비판과 토론의 자료로서 사회적 차원의 의미 구성에 기여한다. [3]또한 보고서(報告書, 일에 관한 내용이나 결과를 알리는 글이나 문서), 논문(論文, 어떤 문제에 대해 체계적으로 자기 의견이나 주장을 적은 글), 단행본(單行本, 잡지처럼 지속적으로 발행되거나 전집에 포함되는 책과는 달리, 한 번의 발행으로 출판이 완료된 책) 등의 형태로 발전하여 공동체의 지식이 축적되는(蓄積-, 모여서 쌓이는) 토대(土臺, 밑바탕)를 이룬다. [4]이렇게 볼 때 특정 주제를 깊이 있게 탐구하기 위한 독서는 학문 탐구의 과정에서 글을 읽고 의견을 주고받으며 토론하는 강론(講論, 뜻을 해설하며 토론함) 또는 기록을 권유했던 전통과도 맥(脈, 서로 이어져 있는 연관)을 같이한다.

→ 특정 주제를 깊이 있게 탐구하기 위한 독서에서 기록의 역할

**206** 세부 정보 이해 - 적절하지 않은 것 고르기 2022학년도 6월 모평 1번 정답률 95% 정답 ⑤

### 윗글에서 확인할 수 있는 ㉠의 방법이 아닌 것은?

㉠ 특정 주제를 깊이 있게 탐구하기 위한 독서

**① 글 표면에 드러난 내용을 꼼꼼하게 읽기**

근거 ❶-3 글 표면에 드러난 내용을 정확하고 충분하게 읽기

→ 적절함!

**② 목차를 보고 전체적인 구조를 파악하며 읽기**

근거 ❶-2 목차나 책 전체를 훑어보아 글의 전체 구조를 파악

→ 적절함!

**③ 글의 숨겨진 의미를 파악하며 비판적으로 읽기**

근거 ❶-3 글 이면의 내용을 추론하고 비판하며 읽기

→ 적절함!

**④ 탐구하고자 하는 주제에 필요한 내용을 골라 읽기**

근거 ❶-2 필요한 부분을 찾아 중점적으로 읽을 내용을 선별하는 것으로부터 출발, ❶-3 이어 독자는 … 와 같은 방법을 적절히 조합하여 선별한 내용을 읽게 된다.

→ 적절함!

**⑤ 정서적 반응을 기준으로 글의 가치를 평가하며 읽기**

풀이 윗글에서 특정 주제를 깊이 있게 탐구하기 위한 독서(㉠)의 방법으로 이야기하지 않았다.

→ 적절하지 않음!

1등급 문제

**207** 세부 정보 이해 – 적절하지 않은 것 고르기 2022학년도 6월 모평 2번
정답률 60%, 매력적 오답 ④ 10% ⑤ 20%
정답 ①

**윗글을 바탕으로 〈보기〉를 이해한 내용으로 적절하지 않은 것은?** [3점]

| 보 기 |

[1]학문하는 데는 연속적으로 공부하는 것을 중히(重-, 매우 중요하게) 여긴다. [2]한 번이라도 그 맥이 끊어지게 되면 정신이 새어 나가고 성의(誠意, 정성스러운 뜻)가 흩어져 버리니, 어떻게 학문의 깊은 뜻을 꿰뚫어 볼 수 있겠는가? [3]벗끼리 서로 돕는 것으로는 함께 모여 학문을 강론하는 것보다 나은 것이 없다. [4]그런데 퇴계(退溪)는 "읽은 것을 얼굴을 마주하고 강론하는 것이 좋기는 하지만, 항상 마음속의 생각을 다 드러내지는 못하고 만다. 그러니 의문이 드는 부분을 뽑아 기록해서 벗에게 보내 자세히 살펴볼 수 있게 하는 것만 못하다."라고 하였다. [5]그 뜻이 참으로 옳다.

- 이익, 「서독승면론」 -

**① '정신이 새어 나가고 성의가 흩어져 버리'는 데 대한 *우려는 기록의 **궁극적 목적이 망각의 방지에 있음을 ***시사한다.** *憂慮, 근심과 걱정 **窮極的, 마지막에 이른 ***示唆-, 미리 간접적으로 표현해 준다.

근거 〈보기〉-1~2 학문하는 데는 연속적으로 공부하는 것을 중히 여긴다. 한 번이라도 그 맥이 끊어지게 되면 정신이 새어 나가고 성의가 흩어져 버리니, ❸-2 탐구 과정에서 개인적으로 구성한 의미를 기록하는 것은 읽은 내용의 망각을 방지하며

풀이 '정신이 새어 나가고 성의가 흩어져 버리'는 것은 학문하는 데 연속적으로 공부하지 못하고 맥이 끊기는 것과 관련된 문제이다. 이를 '기록'과 연관시켜 '기록의 궁극적 목적이 망각의 방지에 있음'을 시사하는 내용이라고 보기는 어렵다.

→ 적절하지 않음!

**② 학문 과정에서 '학문의 깊은 뜻을 꿰뚫어' 보고자 하는 것은 주제를 깊이 있게 탐구하고자 하는 태도와 *일맥상통한다.** *一脈相通-, 서로 통한다.

근거 〈보기〉-1~2 학문하는 데는 연속적으로 공부하는 것을 중히 여긴다. 한 번이라도 그 맥이 끊어지게 되면 정신이 새어 나가고 성의가 흩어져 버리니, 어떻게 학문의 깊은 뜻을 꿰뚫어 볼 수 있겠는가?, ❶-1 특정 주제를 깊이 있게 탐구하기 위한 독서

풀이 〈보기〉에서 학문의 깊은 뜻을 꿰뚫어 보고자 하는 것은 연속적으로 공부하여 정신이 새어 나가지 않고 성의 있으며, 깊이 있게 학문하는 것을 말한다. 이는 윗글에서 말하는 특정 주제를 깊이 있게 탐구하기 위해 독서하는 태도와 서로 통한다고 볼 수 있다.

→ 적절함!

**③ '읽은 것을 얼굴을 마주하고 강론하는 것'은 독서의 의미 구성 과정에 포함되는 구성원들과의 상호 작용을 가리킨다.**

근거 〈보기〉-3 함께 모여 학문을 강론하는 것, 〈보기〉-4 읽은 것을 얼굴을 마주하고 강론하는 것, ❷-2 개인의 머릿속에서 구성된 의미는 다른 사회 구성원들과의 상호 작용을 거쳐 재구성된다.

풀이 〈보기〉에서 벗과 함께 모여 학문을 강론하는 것, 읽은 것을 얼굴을 마주하고 강론하는 것은 윗글에서 독자가 독서 과정에서 다른 사회 구성원들과 상호 작용하는 것과 같은 의미로 이해할 수 있다.

→ 적절함!

**④ '마음속의 생각'이나 '의문이 드는 부분'을 '강론' 또는 '기록'을 통해 *공유하는 것은 사회적 차원의 의미 구성 과정과 연결된다.** *共有-, 함께 가지는

근거 〈보기〉-3 함께 모여 학문을 강론하는 것, 〈보기〉-4 읽은 것을 얼굴을 마주하고 강론하는 것이 좋기는 하지만, 항상 마음속의 생각을 다 드러내지는 못하고 만다. 그러니 의문이 드는 부분을 뽑아 기록해서 벗에게 보내 자세히 살펴볼 수 있게 하는 것, ❷-2 개인의 머릿속에서 구성된 의미는 다른 사회 구성원들과의 상호 작용을 거쳐 재구성된다, ❸-4 특정 주제를 깊이 있게 탐구하기 위한 독서는 학문 탐구의 과정에서 글을 읽고 의견을 주고받으며 토론하는 강론 또는 기록을 권유했던 전통과도 맥을 같이한다.

풀이 〈보기〉에서 벗과 함께 모여 읽은 것을 토대로 마음속의 생각을 강론하고, 의문이 드는 부분을 기록을 통해 벗과 공유하는 것은 윗글에서 독자가 개인의 머릿속에서 구성된 의미를 다른 사회 구성원들과의 상호 작용을 통해 재구성하는 것과 연결될 수 있다.

→ 적절함!

**⑤ '기록해서 벗에게 보내 자세히 살펴볼 수 있게 하는 것'은 비판과 토론의 자료로 기능할 수 있는 기록의 *의의를 드러낸다.** *意義, 중요성과 가치

근거 〈보기〉-4 의문이 드는 부분을 뽑아 기록해서 벗에게 보내 자세히 살펴볼 수 있게 하는 것, ❸-2 탐구 과정에서 개인적으로 구성한 의미를 기록하는 것은 읽은 내용의 망각을 방지하며, 비판과 토론의 자료로서 사회적 차원의 의미 구성에 기여

풀이 〈보기〉에서 의문이 드는 부분을 기록해서 벗에게 보내 자세히 살펴볼 수 있게 하는 것은 읽은 것에 대한 마음속의 생각과 의문을 벗과 나누고 상호 작용하고자 하는 것이다. 이는 비판과 토론의 자료로 기능할 수 있다는 기록의 의의를 드러낸다고 볼 수 있다.

→ 적절함!

**208** 반응의 적절성 판단 – 적절한 것 고르기 2022학년도 6월 모평 3번
정답률 95%
정답 ③

**다음은 윗글을 읽은 학생의 반응이다. 이에 대한 설명으로 가장 적절한 것은?**

첫 문장을 읽으면서 특정 전공(專攻, 전문적으로 연구하는 과목) 분야(分野, 여러 갈래로 나누어진 범위나 부분)의 연구자를 대상으로 하는 글인 줄 알았어. 그런데 생각해 보니 이런 독서의 모습이 낯설지 않아. 우리도 학교에서 보고서 작성을 위해 책을 읽고 친구들과 의문점을 나누며 의논하는 경우가 많잖아?

풀이 학생은 윗글에서 설명한 독서 방법을 자신의 학습 경험과 연관시키고 있다. 이러한 학생의 반응을 통해 학생은 자신의 학습 경험과 결부하여 독서 활동의 의미를 확인하고 있음을 알 수 있다. 따라서 정답은 ③번이다.

**① 독서에서 얻은 깨달음을 실천하려는 모습을 보이고 있다.**

**② 모범적인 독서 태도를 발견하고 반성의 *계기로 삼고 있다.** *契機, 결정적 원인이나 기회

**③ 학습 경험과 *결부하여 독서 활동의 의미를 확인하고 있다.** *結付-, 서로 연관시켜

→ 적절함!

**④ 알게 된 내용과 관련지어 추가적인 독서 계획을 세우고 있다.**

**⑤ 독서 경험에 비추어 지속적인 독서의 중요성을 인식하고 있다.**

## [209~210] 다음 글을 읽고 물음에 답하시오.

1 [1]『대학』, 『논어』, 『맹자』, 『중용』 등의 사서(四書)는 배움을 위한 첫 단계에서 읽어야 할 책이다. [2]그 뒤를 이어 읽을 책은 『격몽요결』, 『소학』, 『근사록』, 『성학집요』로 그 체제와 내용이 정밀하여 얕은 데서 깊은 데로 들어가는 것이니 내가 일찍이 이를 후사서(後四書)라고 불렀다. [3]이를 반복하여 읽어 모두 이해하고 환히 알게 되면 자연히 효과가 있을 것이니 매양(매번, 번번이) 동료들에게 배움의 규범으로 삼기를 권하였다.

→ 권장 도서 및 단계적 독서의 중요성

2 [1]사서 육경(四書六經)(『대학(大學)』, 『논어(論語)』, 『맹자(孟子)』, 『중용(中庸)』의 4서와 『시경(詩經)』, 『서경(書經)』, 『예기(禮記)』, 『악기(樂記)』, 『역경(易經)』, 『춘추(春秋)』의 6 가지 경서)과 송나라 시대의 성리학 책은 사람이 평생토록 익히기를, 마치 농부가 오곡을 심고 가꾸듯 해야 한다. [2]하나의 경서를 읽고 익힐 때마다 반드시 자신의 능력을 다하여 철저하게 해야 한다. [3]첫째, 경서의 글을 익숙하도록 반복하여 읽어야 한다. [4]둘째, 여러 사람의 의견을 모두 참고하여 같은 점과 다른 점을 분별하고(分別-, 나누고) 장점과 단점을 비교하며 읽어야 한다. [5]셋째, 정밀히 생각하여 의심나는 것을 풀어 가며 읽되 감히 자신해서는 안 된다. [6]넷째, 명확하게 분별하여 그릇된 것을 버리면서 읽되 감히 스스로 옳다고 여기지 말아야 한다. [7]하나의 경서에서 그 문을 찾아 방으로 들어간다면, 방을 같이 하면서도 들어가는 문이 다른 여러 책들을 유추하여(類推-, 비슷한 점을 통해 추측하여) 통할 수 있을 것이다. [8]옛날 학업을 이루어 세상에 이름난 사람은 반드시 이와 같이 했다. [9]이상은 용촌(榕村) 이광지(李光地)의 독서법이니 배우는 사람이 본받을 만하다.

→ 경서를 철저하게 이해하는 독서 방법론

- 이덕무, 「사소절(士小節)」 -

■지문 이해
〈바람직한 독서의 방법과 마음가짐〉

| ❶ 권장 도서 및 단계적 독서의 중요성 |
|---|
| • 사서와 후사서 반복하여 읽기 |

| ❷ 경서를 철저하게 이해하는 독서 방법론 |
|---|
| • 반복하여 읽기<br>• 비교하며 읽기<br>• 의심나는 것을 해결하며 읽되 자신하지 말 것<br>• 명확하게 분별하여 읽되 스스로 옳다고 여기지 말 것 |

**209** 반응의 적절성 판단 - 적절하지 않은 것 고르기 2014학년도 수능B 17번 정답률 85% 정답 ④

**윗글을 읽고 자신의 독서에 도움을 얻고자 하는 학생의 반응으로 적절하지 않은 것은?**

**① 독서 수준과 단계를 고려해서 만들어진 권장 도서 목록을 참고하여 책을 읽어야겠어.**

근거 ❶-1~2 『대학』, 『논어』, 『맹자』, 『중용』 등의 사서(四書)는 배움을 위한 첫 단계에서 읽어야 할 책이다. 그 뒤를 이어 읽을 책은 『격몽요결』, 『소학』, 『근사록』, 『성학집요』로 그 체제와 내용이 정밀하여 얕은 데서 깊은 데로 들어가는 것이니 내가 일찍이 이를 후사서(後四書)라고 불렀다. = 독서 수준과 단계를 고려

→ 적절함!

**② 책을 읽어 가는 과정에서 떠오르는 의문들을 *능동적으로 해결해 가며 책을 읽어야겠어.** *能動的-. 다른 것에 이끌리지 않고 스스로

근거 ❷-5 정밀히 생각하여 의심나는 것을 풀어 가며 읽되 = 의문들을 능동적으로 해결

→ 적절함!

**③ 책의 내용을 *수동적으로 받아들이기보다는 그 옳고 그름을 생각하면서 책을 읽어야겠어.** *受動的-. 스스로 생각하지 않고 주어지는 대로

근거 ❷-6 명확하게 분별하여 그릇된 것을 버리면서 읽되 = 옳고 그름을 생각

→ 적절함!

책의 내용을 철저하게 이해하기 위해 / 정독의 방법

**④ 다양한 분야의 지식을 습득하기 위해서 *정독의 방법보다는 **다독의 방법으로 책을 읽어야겠어.** *精讀. 뜻을 새겨 가며 자세히 읽는 것 **多讀. 많이 읽는 것

근거 ❷-2~3 하나의 경서를 읽고 익힐 때마다 반드시 자신의 능력을 다하여 철저하게 해야 한다. 첫째, 경서의 글을 익숙하도록 반복하여 읽어야 한다, ❷-5 정밀히 생각하여 의심나는 것을 풀어 가며 읽되, ❷-6 명확하게 분별하여 그릇된 것을 버리면서 읽되

풀이 여러 사람의 의견을 참고하여 같은 점과 다른 점을 분별하라는 내용은 있지만, 이것이 '다독'을 의미하는 것은 아니다. 윗글에서는 다독보다는 정독을 강조하고 있다.

→ 적절하지 않음!

**⑤ 내가 알고 있는 사실이나 생각이 항상 옳은 것은 아니라는 *겸허한 자세를 가지고 책을 읽어야겠어.** *謙虛-. 스스로 자신을 낮추는

근거 ❷-5 감히 자신해서는 안 된다, ❷-6 감히 스스로 옳다고 여기지 말아야 한다. = 겸허한 자세

→ 적절함!

**210** 독서 방법 이해 - 적절한 것 고르기 2014학년도 수능B 18번 정답률 85% 정답 ④

**윗글과 〈보기〉에서 공통적으로 강조하는 독서 방법으로 가장 적절한 것은?**

| 보기 |
[1]현대 사회에서는 방대한(厖大-. 매우 많은) 정보 속에서 필요한 정보를 탐색하고 선별하기 위한 독서가 필요한데, 이를 위한 방법은 다음과 같다. [2]첫째, 책의 차례나 서문(序文. 머리말) 등을 살핀 뒤에 필요한 정보를 포함하고 있는 책을 선정하여 읽는다. [3]둘째, 필요한 정보의 유무를 파악하며 빠르게 훑어 읽는다. [4]셋째, 책의 내용을 있는 그대로 받아들이기보다 그 책의 내용과 관련한 여러 관점들을 비교·대조해 가며 책을 읽는다.

▶ 지문 핵심 개념 정리

| 경서를 철저하게 이해하는 독서 방법론 |
|---|
| ① 익숙하도록 반복하여 읽기(❷-3)<br>② 여러 사람의 의견을 참고해 같은 점과 다른 점을 분별하고 장단점을 비교하며 읽기(❷-4)<br>③ 정밀히 생각하여 의심나는 것을 풀어 가며 읽되 자신하지 말 것(❷-5)<br>④ 명확하게 분별하여 그릇된 것을 버리면서 읽되 스스로 옳다고 여기지 말 것 (❷-6) |

| ▶ 윗글과 〈보기〉의 독서 방법 비교 | 윗글 | 〈보기〉 |
|---|---|---|
| 책의 내용을 요약해 가면서 읽는다. | | |
| 글의 구조와 전개 방식을 파악해 가면서 책을 읽는다. | | |
| 많은 양의 책을 읽기 위해 전체 내용을 빠르게 훑어 읽는다. | | |
| 책의 내용에 대한 여러 관점들을 함께 견주어 가며 책을 읽는다. | ○ | ○ |
| 차례나 서문을 통해 필요한 정보가 있다고 판단한 책을 골라 읽는다. | | ○ |

**① 책의 내용을 요약해 가면서 읽는다.**

풀이 요약하며 읽는 방법은 윗글과 〈보기〉 모두 이야기하지 않았다.

→ 적절하지 않음!

**② 글의 구조와 전개 방식을 파악해 가면서 책을 읽는다.**

풀이 글의 구조와 전개 방식을 파악하며 읽는 방법은 윗글과 〈보기〉 모두 이야기하지 않았다.

→ 적절하지 않음!

**③ 많은 양의 책을 읽기 위해 전체 내용을 빠르게 훑어 읽는다.**

근거 〈보기〉-3 필요한 정보의 유무를 파악하며 빠르게 훑어 읽는다.

풀이 〈보기〉에서 언급한 빠르게 훑어 읽기는 '필요한 정보의 유무를 파악'하기 위해서이지, '많은 양의 책을 읽기 위해'서가 아니다. 또 윗글에서는 빠르게 훑어 읽기에 대한 언급이 없다.

→ 적절하지 않음!

**④ 책의 내용에 대한 여러 관점들을 함께 *견주어 가며 책을 읽는다.** *어떤 차이가 있는지 비교해

근거 〈보기〉-4 책의 내용을 있는 그대로 받아들이기보다 그 책의 내용과 관련한 여러 관점들을 비교·대조해 가며 책을 읽는다, ❷-4 여러 사람의 의견을 모두 참고하여 같은 점과 다른 점을 분별하고 장점과 단점을 비교하며 읽어야 한다.

→ 적절함!

**⑤ 차례나 서문을 통해 필요한 정보가 있다고 판단한 책을 골라 읽는다.**

근거 〈보기〉-2 책의 차례나 서문 등을 살핀 뒤에 필요한 정보를 포함하고 있는 책을 선정하여 읽는다.

풀이 〈보기〉에만 해당하는 내용으로, 윗글에서는 나오지 않는다.

→ 적절하지 않음!

[211] 다음 글을 읽고 물음에 답하시오.

1 [1]12 세기 이전까지 유럽에서의 독서는 신앙심을 고취하기(鼓吹-, 높이기) 위하여 주로 성경이나 주석서(註釋書, 책의 낱말이나 문장의 뜻을 쉽게 풀이한 내용을 담은 책)를 천천히 반복해서 읽는 방식으로 이루어졌다. [2]그런데 12 세기 들어 그리스 고전이 이슬람 세계로부터 대거(大擧, 한꺼번에 많이) 유입되고(流入-, 들어오고) 학문적 저술(著述, 글, 책)의 양이 폭발적으로 늘어나게 되자 독서 문화에도 변화가 일어나기 시작했다.

→ 12 세기 이전 유럽의 독서 문화와 12 세기의 변화 요인

2 [1]이(12 세기) 시기의 독서는 폭넓고 풍부한 지식의 습득(習得, 배워서 터득함)을 목적으로 삼게 되었다. [2]하지만 방대한(厖大-, 매우 많은) 양의 저서를 두루 구해 읽는다는 것은 시간적으로나 경제적으로나 불가능한 일이었다. [3]이에 책의 중요한 내용을 뽑아 간략하게 정리한 요약집, 백과사전과 같은 다양한 참고 도서의 발행(發行, 책을 펴냄)이 성행하였다(盛行-, 유행하였다.) [4]이러한 책들은 텍스트가 장, 절로 나누어져 있고 중요한 구절 표시가 있는가 하면, 차례나 찾아보기 같은 보조 장치가 마련되어 있는 등 이전과 다른 새로운 방식으로 편집되었다. [5]이를 활용하여 독자들은 다양한 정보와 해석을 편리하고 빠르게 찾고, 이렇게 얻은 지식들을 논증의 도구로 활용할 수 있게 되었다.

→ 12 세기 독서의 목적과 방식

3 [1]그러나 이와 같은 참고 도서(요약집, 백과사전 등)를 위주로(중심으로) 한 독서가 유행하면서 사람들은 점차 원전(原典, 원래 책) 독서를 등한시하여(等閑視-, 소홀히 하여) 원전이 담고 있는 풍부함을 맛볼 수 없게 되었다. [2]주요 부분을 발췌하여(拔萃-, 필요한 부분을 골라) 읽는 것은 텍스트의 의미를 효율적으로 파악하게 하는 이점(利點, 좋은 점)은 있었지만 그 속에 담긴 깊은 뜻을 이해하는 데에는 방해가 되었다.

→ 참고 도서 위주 독서 방식의 장단점

■지문 이해

<12 세기 유럽의 독서 문화와 그 장단점>

| ❶ 12 세기 이전 유럽의 독서 문화와 12 세기의 변화 요인 |
|---|
| 성경, 주석서를 천천히 반복해서 읽는 방식 |

↓ (그리스 고전의 유입 + 학문적 저술 증가)

| ❷ 12 세기 독서의 목적과 방식 | ❸ 참고 도서 위주 독서 방식의 장단점 | |
|---|---|---|
| 폭넓고 풍부한 지식의 습득 목적 → 참고 도서 발행이 성행함 | 장점 | 텍스트의 의미를 효율적으로 파악 |
| | 단점 | 원전 독서 등한시, 텍스트에 담긴 뜻을 이해하기 어려움 |

**211** 세부 정보 이해 - 적절하지 않은 것 고르기 2014학년도 9월 모평B 30번 정답률 95% | 정답 ⑤

**윗글을 읽기 전에 정리한 '알고 싶은 점' 중, 글에서 확인할 수 없는 것은?**

**[알고 싶은 점]**

요약집, 참고 도서

• 이 시기에는 어떤 책들이 유행을 했을까? ......... ①

근거 ❷-3 책의 중요한 내용을 뽑아 간략하게 정리한 요약집, 백과사전과 같은 다양한 참고 도서의 발행이 성행하였다.

→ 적절함!

• 이 시기의 독서법은 어떤 장단점이 있을까? ......... ②

근거 ❸-2 주요 부분을 발췌하여 읽는 것은 (텍스트의 의미를 효율적으로 파악하게 하는 이점)은 있었지만 (그 속에 담긴 깊은 뜻을 이해하는 데에는 방해)가 되었다.

장점 / 단점

→ 적절함!

폭넓고 풍부한 지식 습득

• 이 시기에 독서의 주된 목적은 무엇이었을까? ......... ③

근거 ❷-1 이 시기의 독서는 폭넓고 풍부한 지식의 습득을 목적으로 삼게 되었다.

→ 적절함!

• 이 시기의 독서법은 이전 시기와 어떻게 다를까? ......... ④

근거 ❶-1~2 12 세기 이전까지 유럽에서의 독서는 신앙심을 고취하기 위하여 주로 성경이나 주석서를 천천히 반복해서 읽는 방식으로 이루어졌다. 그런데 12 세기 들어 그리스 고전이 이슬람 세계로부터 대거 유입되고 학문적 저술의 양이 폭발적으로 늘어나게 되자 독서 문화에도 변화가 일어나기 시작했다. ❷-3 책의 중요한 내용을 뽑아 간략하게 정리한 요약집, 백과사전과 같은 다양한 참고 도서의 발행이 성행하였다.

→ 적절함!

알 수 없음

• 이 시기 책의 저자와 독자는 어떤 계층이었을까? ......... ⑤

풀이 저자와 독자의 계층에 대한 내용은 윗글에 나오지 않는다.

→ 적절하지 않음!

tip • ❶-2 12 세기 들어 그리스 고전이 이슬람 세계로부터 대거 유입되고 학문적 저술의 양이 폭발적으로 늘게 된 배경

암흑기였던 중세 유럽과 달리 이슬람은 고전 문명(그리스, 로마, 헬레니즘)을 받아들이고 더욱 발전시켰다. 십자군 전쟁을 통해 당시 유럽보다 선진 문명이었던 이슬람의 과학 기술과 이슬람이 보존하고 있던 고대 그리스 문화가 유럽으로 유입되었다.

(『인문학, 동서양을 꿰뚫다』, 박석 외, 들녘)

대부분 그리스 원전이 아닌 아랍어로 된 서적으로 들어왔기 때문에, 이를 번역하고 주석을 달기 시작하였고, 당시 생겨났던 대학들에서 이 내용을 받아들이면서 유럽 전역의 학문이 크게 발달하게 되었다.

• ❷-2 '방대한 양의 저서를 두루 구해 읽는다는 것은 시간적으로나 경제적으로나 불가능한 일이었다.'의 이유

| | |
|---|---|
| ① 비용의 문제 | 중세 시대 유럽에서 책의 가치는 대단히 컸다. 악보 한 장이 소 두 마리 값과 같았고, 책 한 권을 포도밭과 바꿀 정도였다. 종이가 나오기 전의 책은 송아지나 양의 가죽으로 만들었다. 또 당시 대부분의 책은 수도원에서 필사(筆寫, 손으로 베껴 씀)의 방법으로 책을 만들었다. (『역사 속 직업이야기』, 김동규, 한국고용정보원) |
| ② 이동의 문제 | 중세 시대에는 지금처럼 교통이 발달하지 않았기 때문에, 책이 있는 곳까지 이동하거나 책을 운반해 오는 데 수 개월이 걸렸다. |

[212] 다음 글을 읽고 물음에 답하시오.

1 [1]방학 숙제로 선생님께서 소개해 주신 책 중에서 하나를 골라 독후감을 써야 하는데 어떤 책을 읽을까? [2]나는 역사를 좋아하니까 『역사란 무엇인가?』라는 책을 읽어야겠어.

(목적 고려 / 흥미 고려)

→ 목적과 흥미를 고려한 책 고르기

2 [1]우선 목차(目次, 차례)를 읽어 봐야겠어. [2](목차를 읽는다.) [3]이 책은 '역사가와 그의 사실'이라는 장(章, 글의 내용을 나누는 단위)으로 시작되네. [4]아마 역사가가 사실을 어떻게 다루는가에 대해 썼을 것 같아. [5]조금 어렵겠지만 재미도 있겠는데?

(예측)

→ 목차 살펴보며 내용 예측하기

3 [1]그러면 이제부터 본격적으로 읽어 봐야지. [2](책을 읽다가 멈춘다.) [3]'역사적 사실'. [4](밑줄을 긋는다.) [5]'역사적 사실'이란 역사가의 해석(解釋, 내용을 이해하고 설명하는 것)에 따라 정해지는 것이구나. [6]그래, 이건 중요한 내용이야. [7]중요한 내용은 적으면서 읽어야겠어. [8]그러면 나중에 메모를 보고 중심 내용을 잘 파악할 수 있겠지? [9](메모하면서 책을 계속 읽는다.)

(메모)

→ 메모하며 읽기

**4** [1](읽기를 잠시 멈추고 메모한 내용을 훑어본다.) [2]음, 지금까지 읽은 부분을 간략히 하면, 역사책을 읽을 때는 일어났던 일보다 그 일을 기록한 역사가가 누구인가에 관심을 두라는 것이로군. [3]이게 글쓴이의 주장이네. [4]그렇게 생각할 수도 있겠군. [5]하지만 반드시 그런 걸까? [6]중요한 사건은 어느 역사가라도 중요하다고 판단하지 않을까? ← 비판적 읽기

→ 글쓴이의 주장에 대한 비판적 읽기

■지문 이해
〈학생의 독서 과정〉

❶ 목적과 흥미를 고려한 책 고르기
↓
❷ 목차 살펴보며 내용 예측하기
↓
❸ 메모하며 읽기
↓
❹ 글쓴이의 주장에 대한 비판적 읽기

**212** 독서 과정 이해 - 적절하지 않은 것 고르기 2014학년도 6월 모평A 30번 정답률 85% | 정답 ④

**위 자료에 나타난 학생의 독서 과정에 대한 설명으로 적절하지 않은 것은?**

**① 목차를 보고 책의 내용을 예측하였다.**

근거 ❷-2 (목차를 읽는다.), ❷-4 아마 역사가가 사실을 어떻게 다루는가에 대해 썼을 것 같아.

→ 적절함!

**② 글쓴이의 견해에 반응하면서 비판적으로 읽고 있다.**

근거 ❹-3~6 이게(역사책을 읽을 때 일어났던 일보다 그 일을 기록한 역사가에 관심을 두라는 것) 글쓴이의 주장이네. 그렇게 생각할 수도 있겠군. 하지만 반드시 그런 걸까? 중요한 사건은 어느 역사가라도 중요하다고 판단하지 않을까?

→ 적절함!

**③ 중요 내용이라고 생각되는 것을 메모하며(= 적으면서) 읽고 있다.**

근거 ❸-7 중요한 내용은 적으면서 읽어야겠어, ❸-9 (메모하면서 책을 계속 읽는다.)

→ 적절함!

**④ 글쓴이에 대한 정보를 통해(읽은 글의 내용을 통해) 글쓴이의 관점을 확인하였다.**

근거 ❹-2 지금까지 읽은 부분을 간략히 하면, ❹-3 글쓴이의 주장

풀이 학생은 '글쓴이에 대한 정보'를 통해서가 아니라 자신이 읽은 글의 내용을 통해서 글쓴이의 관점을 확인하고 있다. 글쓴이에 대한 정보는 주어진 자료에 드러나 있지 않다.

→ 적절하지 않음!

**⑤ 책을 읽는 목적과 자신의 흥미를 *고려하여 책을 선택하였다.** *考慮-, 생각하여 ← 목적 고려

근거 ❶-1~2 방학 숙제로 선생님께서 소개해 주신 책 중에서 하나를 골라 독후감을 써야 하는데 어떤 책을 읽을까? 나는 역사를 좋아하니까 『역사란 무엇인가?』라는 책을 읽어야겠어. ← 흥미 고려

풀이 ❶-1에서 독후감 쓰기가 책을 읽는 목적임을 고려하였다. 또 ❶-2에서 자신의 흥미를 고려해 역사와 관련된 책을 선택하였다.

→ 적절함!

tip · 에드워드 카(E. H. Carr)의 『역사란 무엇인가?』

6 장으로 구성된 이 책은 1961년 케임브리지대학의 연속 강연 내용을 책으로 펴낸 것이다. 이 책은 "역사란 역사가와 사실 사이의 부단한 상호작용의 과정이며, 현재와 과거 사이의 끊임없는 대화이다."라고 말하고 있다. 또한 역사가의 주된 임무는 '있었던 일'을 기록하는 것만이 아니라 '있었던 일'을 평가하고 비판하는 일이며, 따라서 '역사적 사실'이라는 것도 역사가에 의해 창조되는 것이라고 밝히고 있다. 역사가는 그가 속한 시대와 사회의 제약들에서 자유로울 수 없기 때문에, 역사가가 사건을 해석하고 평가하는 기준도 그 당대의 가치관을 반영한다. 즉 역사가의 관점은 시대와 사회에 따라 다를 수 있는 것이다.

각 장의 내용은 다음과 같다.
1. 역사가와 그의 사실 2. 사회와 개인 3. 역사, 과학 그리고 도덕
4. 역사에서의 인과관계 5. 진보로서의 역사 6. 지평선의 확대

**[213] 다음 글을 읽고 물음에 답하시오.**

(가)

[1]성현의 경전(훌륭한 유학자들이 쓴 유교와 관련된 책)을 읽고 자기를 돌이켜 보아서 환히 이해되지 않는 곳이 있거든, 모름지기 성인이 준 가르침이란 반드시 사람이 알 수 있고 행할 수도 있는 것에 대하여 말한 것임을 생각하라. [2]성현의 말과 나의 소견(所見, 의견)이 다르다면 이것은 내가 힘쓴 노력이 철저하지 못한 까닭이다. [3]성현이 어찌 알기 어렵고 행하기 어려운 것으로 나를 속이겠는가. [4]성현의 말을 더욱 믿어서 딴 생각이 없이 간절히 찾으면 장차 얻는 바가 있을 것이다.

- 이황, 「독서」 -

(나)

[1]『사기』의 「자객열전」을 읽다가 "조(祖)를 마치고 길에 올랐다."라는 구절을 보게 되었다고 하자. [2]"조(祖)가 무엇인가요?"라고 물으면 스승께서는 "떠나보낼 때 건강을 기원하는 제사다."라고 하실 것이다. [3]다시 "하필 그것을 '할아버지 조(祖)'로 쓰는 것은 무엇 때문인지요?"하면, "그것은 확실하지 않다."라고 하실 것이다. [4]그러면 나중에 집에 돌아와서 자전(字典)*을 꺼내 '조(祖)'의 본뜻을 알아보아라. [5]그리고 자전을 바탕으로 다른 책으로 나아가 그 책의 주석(註釋, 뜻풀이)과 풀이를 살피면서 그 뿌리의 끝을 캐고 가지와 잎까지 줍도록 하여라.

- 정약용, 「둘째 아들에게 부침」 -

* 자전 : 한자를 모아서 일정한 순서로 늘어놓고 글자 하나하나의 음과 뜻을 풀이한 책

**213** 세부 정보 이해 - 적절한 것 고르기 2014학년도 6월 모평B 30번 정답률 90% | 정답 ③

**(가), (나)에서 공통적으로 강조하는 독서 태도로 가장 적절한 것은?**

| ▶ (가)와 (나)의 독서 태도 비교 | (가) | (나) |
|---|---|---|
| 책의 내용을 올바르게 파악하고 그것을 삶에서 실천하려는 자세로 읽는다. | ○ | |
| 책을 읽다가 의문이 생기면 자신의 소견으로 성현의 말씀을 헤아리며 읽는다. | | |
| 책을 읽다가 알기 어려운 부분이 있으면 철저히 이해하기 위해 노력하며 읽는다. | ○ | ○ |
| 책을 읽다가 낯선 단어가 나오면 관련 자료를 활용하여 그 의미를 파악하며 읽는다. | | ○ |
| 책을 읽다가 동의하지 않는 부분이 생기면 비판의 근거로 삼을 만한 책을 찾아 읽는다. | | |

**① 책의 내용을 올바르게 파악하고 그것을 삶에서 실천하려는 자세로 읽는다.**

근거 (가)-1~2 성인이 준 가르침이란 반드시 사람이 알 수 있고 행할 수도 있는 것에 대하

여 말한 것임을 생각하라. 성현의 말과 나의 소견이 다르다면 이것은 내가 힘쓴 노력이 철저하지 못한 까닭이다, (가)-4 성현의 말을 더욱 믿어서 딴 생각이 없이 간절히 찾으면 장차 얻는 바가 있을 것이다.

풀이 (가)에서는 힘써 노력하여 성현의 가르침을 알고 행해야 한다고 이야기하고 있다. 그러나 (나)에서는 실천하는 자세에 대해 이야기하지 않았다.

→ 적절하지 않음!

**② 책을 읽다가 의문이 생기면 자신의 소견으로 성현의 말씀을 헤아리며 읽는다.**

근거 (가)-2 성현의 말과 나의 소견이 다르다면 이것은 내가 힘쓴 노력이 철저하지 못한 까닭, (나)-5 자전을 바탕으로 다른 책으로 나아가 그 책의 주석과 풀이를 살피면서

풀이 (가)에서는 성현의 말과 자신의 소견이 다른 것은 자신이 이해를 잘못한 것이므로 성현의 말을 더욱 믿으라고 하였다. 또 (나)에서는 의문이 생길 때 스승에게 질문하거나 자전과 다른 책을 찾아보라고 하였다. 따라서 (가), (나) 모두와 관계없는 설명이다.

→ 적절하지 않음!

**③ 책을 읽다가 알기 어려운 부분이 있으면 철저히 이해하기 위해 노력하며 읽는다.**

근거 (가)-2 성현의 말과 나의 소견이 다르다면 이것은 내가 힘쓴 노력이 철저하지 못한 까닭, (가)-4 딴 생각이 없이 간절히 찾으면 장차 얻는 바가 있을 것이다, (나)-4~5 나중에 집에 돌아와서 자전을 꺼내 '조(祖)'의 본뜻을 알아보아라. 그리고 자전을 바탕으로 다른 책으로 나아가 그 책의 주석과 풀이를 살피면서 그 뿌리의 끝을 캐고 가지와 잎까지 줍도록 하여라.

풀이 (가)에서는 환히 이해되지 않는 부분을 이해하기 위해 철저히 힘써 노력하고, 간절히 찾아야 함을 강조한다. (나)에서는 모르는 내용이 나왔을 때 스승에게 묻고, 그래도 해결되지 않으면 자전과 다른 책을 찾아 그 뜻을 철저히 이해해야 함을 강조한다.

→ 적절함!

**④ 책을 읽다가 낯선 단어가 나오면 관련 자료를 활용하여 그 의미를 파악하며 읽는다.**

근거 (나)-5 자전을 바탕으로 다른 책으로 나아가 그 책의 주석과 풀이를 살피면서

풀이 (나)에 해당하는 설명이다. (가)와는 관계가 없다.

→ 적절하지 않음!

**⑤ 책을 읽다가 동의하지 않는 부분이 생기면 비판의 근거로 삼을 만한 책을 찾아 읽는다.**

근거 (가)-2 성현의 말과 나의 소견이 다르다면 이것은 내가 힘쓴 노력이 철저하지 못한 까닭

풀이 (가)에서는 책의 내용에 동의하지 않는 부분이 생기면 책의 내용을 비판하기보다는 자신의 독서 태도를 반성해야 한다고 했다. (나)에서는 내용에 동의하지 않는 부분이 생기는 경우에 대해 이야기하지 않았다.

→ 적절하지 않음!

문제편 p.098

# Ⅱ 사 회 | 1. 경제에 대한 기초적 이해

**[001~004] 다음 글을 읽고 물음에 답하시오.**

1 [1]경제학에서는 증거에 근거한 정책(政策, 정치적 목적 실현이나 사회적 문제 해결을 위한 방법, 수단) 논의를 위해 사건의 효과를 평가해야 할 경우가 많다. [2]어떤 사건의 효과를 평가한다는 것은 사건 후의 결과와 사건이 없었을 경우에 나타났을 결과를 비교하는 일이다. [3]그런데 가상의 결과는 관측할(觀測–, 관찰하여 측정할) 수 없으므로 실제로는 사건을 경험한 표본(標本, 여러 통계 자료를 포함하는 집단 속에서 그 일부를 뽑아내어 조사한 결과로써 원래 집단의 성질을 추측할 수 있는 통계 자료)들로 구성된 시행집단의 결과와, 사건을 경험하지 않은 표본들로 구성된 비교집단의 결과를 비교하여 사건의 효과를 평가한다. [4]따라서 이(사건의 효과 평가) 작업의 관건(關鍵, 가장 중요한 부분)은 그 사건 외에는 결과에 차이가 ⓐ 날 이유가 없는 두 집단을 구성하는 일이다. [5]가령 어떤 사건이 임금(賃金, 근로자가 노동의 대가로 사용자에게 받는 돈)에 미친 효과를 평가할 때, 그 사건이 없었다면 시행집단과 비교집단의 평균 임금이 같을 수밖에 없도록 두 집단을 구성하는 것이다. [6]이(해당 사건 외에는 결과에 차이가 날 이유가 없는 두 집단을 구성하는 것)를 위해서는 두 집단에 표본이 임의(任意, 일정한 규칙이나 기준이 없이 마음대로 하는 것, 랜덤)로 배정되도록 사건을 설계하는 실험적 방법이 이상적이다. [7]그러나 사람을 표본으로 하거나 사회 문제를 다룰 때에는 이 방법(실험적 방법)을 적용할 수 없는 경우가 많다.

→ 사건의 효과를 평가하기 위한 시행집단과 비교집단의 구성

2 [1]이중차분법은 시행집단에서 일어난 변화에서 비교집단에서 일어난 변화를 뺀 값을 사건의 효과라고 평가하는 방법이다. [2]이(이중차분법)는 사건이 없었더라도 비교집단에서 일어난 변화와 같은 크기의 변화가 시행집단에서도 일어났을 것이라는 평행(平行, 나란히 감)추세(趨勢, 일정한 방향으로 나아가는 경향) 가정에 근거해 사건의 효과를 평가한 것이다. [3]이 가정(평행추세 가정)이 충족되면 사건 전의 상태가 평균적으로 같도록 두 집단을 구성하지 않아도 된다.

→ 평행추세 가정에 근거한 이중차분법

3 [1]이중차분법은 1854년에 스노가 처음 사용했다고 알려져 있다. [2]그(스노)는 두 수도 회사로부터 물을 공급받는 런던의 동일 지역 주민들에 주목했다. [3]같은 수원(水源, 물이 흘러나오는 근원)을 사용하던 두 회사 중 한 회사만 수원을 ⓑ 바꿨는데 주민들은 자신의 수원을 몰랐다. [4]스노는 수원이 바뀐 주민들과 바뀌지 않은 주민들의 수원 교체 전후 콜레라(cholera, 비브리오 콜레라균의 감염으로 설사와 탈수가 진행되어 사망에 이를 수도 있는 전염성 감염 질환)로 인한 사망률(死亡率, 사망자 수의 비율)의 변화들을 비교함으로써 콜레라가 공기가 아닌 물을 통해 전염된다는 결론을 ⓒ 내렸다. [5]경제학에서는 1910년대에 최저임금제(最低賃金制, 국가가 근로자의 생활 안정과 노동력의 질적 향상을 위해 법으로 임금의 가장 낮은 한도를 정하여, 사용자에게 이 수준 이상의 임금을 지급하도록 법으로 강제하는 제도) 도입 효과를 파악하는 데 이 방법(이중차분법)이 처음 이용되었다.

(사건 / 비교집단 / 시행집단)

→ 이중차분법을 적용한 연구 사례

4 [1]평행추세 가정이 충족되지 않는 경우에 이중차분법을 적용하면 사건의 효과를 잘못 평가하게 된다. [2]예컨대 ㉠ 어떤 노동자 교육 프로그램의 고용(雇傭, 일한 데 대한 돈을 주고 사람을 부림) 증가 효과를 평가할 때, 일자리가 급격히 줄어드는 산업에 종사하는(從事–, 일하는) 노동자의 비중(比重, 비율)이 비교집단에 비해 시행집단에서 더 큰 경우에는 평행추세 가정이 충족되지 않을 것이다. [3]그렇다고 해서 집단 간 표본의 통계적(統計的, 임의로 얻은 표본에서 얻은 수치를 근거로 하는) 유사성(類似性, 서로 비슷한 성질)을 ⓓ 높이려고 사건 이전 시기의 시행집단을 비교집단으로 설정하는 것이 평행추세 가정의 충족을 보장하는(保障–, 어려움 없이 이루어지도록 보증하거나 보호하는) 것은 아니다. [4]예컨대 고용처럼 경기변동(景氣變動, 일정한 주기에 따라 경기가 상승, 호황, 후퇴, 불황의 네 국면을 반복하는 경제 변동)에 민감한(敏感–, 빠르게 반응을 보이거나 쉽게 영향을 받는) 변화라면 집단 간 표본의 통계적 유사성보다 변화 발생의 동시성(同時性, 두 사건이 같은 시간에 일어나는 것)이 이 가정(평행추세 가정)의 충족에서 더 중요할 수 있기 때문이다.

→ 평행추세 가정이 충족되지 않음에도 이중차분법을 적용할 경우

5 [1]여러 비교집단을 구성하여 각각에 이중차분법을 적용한 평가 결과가 같음을 확인하면 평행추세 가정이 충족된다는 신뢰를 줄 수 있다. [2]또한 시행집단과 여러 특성에서 표본의 통계적 유사성이 높은 비교집단을 구성하면 평행추세 가정이 위협받을 가능성을 ⓔ 줄일 수 있다. [3]이러한 방법들을 통해 이중차분법을 적용한 평가에 대한 신뢰도(信賴度, 측정하고자 하는 것을 얼마나 오차 없이 정확하게 측정하고 있는가의 정도)를 높일 수 있다.

→ 이중차분법을 적용한 평가의 신뢰도를 높일 수 있는 방법

■지문 이해

**<이중차분법을 적용한 사건의 효과 평가>**

**❶ 사건의 효과를 평가하기 위한 시행집단과 비교집단의 구성**
- 어떤 사건의 효과를 평가한다는 것 : 사건 후의 결과와 사건이 없었을 경우 나타났을 결과를 비교하는 일
  → 시행집단의 결과와 비교집단의 결과를 비교하여 평가함
  → 두 집단은 사건 외에는 결과에 차이가 나지 않도록 구성해야 함

**❷ 평행추세 가정에 근거한 이중차분법**
- 이중차분법 : '(시행집단에서 일어난 변화) - (비교집단에서 일어난 변화)'의 값을 사건의 효과라고 평가하는 방법으로, 평행추세 가정에 근거해 평가한 것
- 평행추세 가정 : 사건이 없었더라도 비교집단에서 일어난 변화와 같은 크기의 변화가 시행집단에서도 일어났을 것이라는 가정

**❸ 이중차분법을 적용한 연구 사례**

**❹ 평행추세 가정이 충족되지 않음에도 이중차분법을 적용할 경우**
- 평행추세 가정이 충족되지 않는데 이중차분법을 적용할 경우 → 사건의 효과를 잘못 평가하게 됨
- 집단 간 표본의 통계적 유사성을 높이고자 사건 이전 시기의 시행집단을 비교집단으로 설정하는 것이 평행추세 가정의 충족을 보장하지는 않음

**❺ 이중차분법을 적용한 평가의 신뢰도를 높일 수 있는 방법**
- 여러 비교집단을 구성하여 각각에 이중차분법을 적용한 평가 결과가 같음을 확인
- 시행집단과 여러 특성에서 표본의 통계적 유사성이 높은 비교집단 구성

1등급 문제

**001** 세부 정보 이해 - 적절하지 않은 것 고르기 2023학년도 6월 모평 14번
정답률 15%, 매력적 오답 ② 20% ③ 20% ④ 35% ⑤ 10%
정답 ①

**윗글에 대한 이해로 적절하지 않은 것은?**

(시행집단에서의 사건 후의 결과와 비교집단에서의 결과를 비교하는 것을)

**① 실험적 방법에서는 시행집단에서 일어난 평균 임금의 사건 전후 변화를 어떤 사건이 임금에 미친 효과라고 평가한다.**

근거 ❶-2 어떤 사건의 효과를 평가한다는 것은 사건 후의 결과와 사건이 없었을 경우에 나타났을 결과를 비교하는 일, ❶-6 두 집단에 표본이 임의로 배정되도록 사건을 설계하는 실험적 방법

풀이 어떤 사건의 효과를 평가하는 것은 사건 후의 결과와 사건이 없었을 경우에 나타났을 결과를 비교하는 일이다. 실험적 방법은 시행집단과 비교집단에 표본이 임의로 배정되도록 사건을 설계하는 것을 뜻한다. 실험적 방법에서 어떤 사건이 임금에 미친 효과를 평가하는 것은 시행집단에서 일어난 평균 임금의 사건 전후 변화가 아니라, 사건을 경험한 표본들로 구성된 시행집단에서의 사건 후의 결과와, 사건을 경험하지 않은 표본들로 구성된 비교집단에서의 결과를 비교하는 것이다.

→ 적절하지 않음!

**② 사람을 표본으로 하거나 사회 문제를 다룰 때에도 실험적 방법을 적용하는 경우가 있다.**

근거 ❶-7 사람을 표본으로 하거나 사회 문제를 다룰 때에는 이 방법(실험적 방법)을 적용할 수 없는 경우가 많다.

풀이 사람을 표본으로 하거나 사회 문제를 다룰 때 실험적 방법을 적용할 수 없는 경우가 많지만, 모든 경우에서 실험적 방법을 적용할 수 없는 것은 아니다. 바꿔 말하면, 사람을 표본으로 하거나 사회 문제를 다룰 때에도 실험적 방법을 적용하는 경우가 있다.

→ 적절함!

**③ 평행추세 가정에서는 특정 사건 이외에는 두 집단의 변화에 차이가 날 이유가 없다고 전제한다.** (= 차이가 나지 않는다)

근거 ❷-2 사건이 없었더라도 비교집단에서 일어난 변화와 같은 크기의 변화가 시행집단에서도 일어났을 것이라는 평행추세 가정

풀이 평행추세 가정에서는 특정 사건이 없더라도 비교집단에서 일어난 변화와 같은 크기의 변화가 시행집단에서도 일어났을 것이라고 본다. 즉 평행추세 가정에서는 해당 특정 사건을 제외하고는 두 집단에서 같은 크기의 변화가 일어난다고, 다시 말해 두 집단의 변화에 차이가 나지 않는다고 보는 것이다.

→ 적절함!

**④ 스노의 연구에서 시행집단과 비교집단의 콜레라 사망률은 사건 후뿐만 아니라 사건 전에도 차이가 있었을 수 있다.**

근거 ❷-2~3 이(이중차분법)는 사건이 없었더라도 비교집단에서 일어난 변화와 같은 크기의 변화가 시행집단에서도 일어났을 것이라는 평행추세 가정에 근거해 사건의 효과를 평가한 것이다. 이 가정이 충족되면 사건 전의 상태가 평균적으로 같도록 두 집단을 구성하지 않아도 된다, ❸-1 이중차분법은 1854년에 스노가 처음 사용

풀이 이중차분법은 평행추세 가정에 근거하여 사건의 효과를 평가하는데, 이 가정이 충족되면 사건 전의 상태가 평균적으로 같도록 두 집단을 구성하지 않아도 된다. 스노의 연구에서는 평행추세 가정에 근거한 이중차분법을 사용하였으므로, 시행집단과 비교집단의 사건 전 상태가 평균적으로 같도록 두 집단을 구성하지 않았을 것이다. 따라서 두 집단의 콜레라 사망률은 사건 전에도 차이가 있었을(사건 전의 상태가 평균적으로 같지 않았을) 수 있다.

→ 적절함!

**⑤ 스노는 수원이 바뀐 주민들과 바뀌지 않은 주민들 사이에 공기의 차이는 없다고 보았을 것이다.**

근거 ❸-4 스노는 수원이 바뀐 주민들과 바뀌지 않은 주민들의 수원 교체 전후 콜레라로 인한 사망률의 변화들을 비교함으로써 콜레라가 공기가 아닌 물을 통해 전염된다는 결론을 내렸다.

→ 적절함!

1등급 문제

**002** 추론의 적절성 판단 - 적절한 것 고르기 2023학년도 6월 모평 15번
정답률 30%, 매력적 오답 ① 10% ② 15% ③ 15% ④ 30% | 정답 ⑤

**다음은 이중차분법을 ㉠에 적용할 경우에 나타날 결과를 추론한 것이다. A와 B에 들어갈 말을 바르게 짝지은 것은?**

㉠ 어떤 노동자 교육 프로그램의 고용 증가 효과를 평가할 때, 일자리가 급격히 줄어드는 산업에 종사하는 노동자의 비중이 비교집단에 비해 시행집단에서 더 큰 경우

프로그램이 없었다면 시행집단에서 일어났을 고용률 증가는, 비교집단에서 일어난 고용률 증가와/보다 (  A  ) 것이다. 그러므로 ㉠에 이중차분법을 적용하여 평가한 프로그램의 고용 증가 효과는 평행추세 가정이 충족되는 비교집단을 이용하여 평가한 경우의 효과보다 (  B  ) 것이다.

근거 ❷-1~2 이중차분법은 시행집단에서 일어난 변화에서 비교집단에서 일어난 변화를 뺀 값을 사건의 효과라고 평가하는 방법이다. 이는 사건이 없었더라도 비교집단에서 일어난 변화와 같은 크기의 변화가 시행집단에서도 일어났을 것이라는 평행추세 가정에 근거해 사건의 효과를 평가한 것

풀이 ㉠에서 평행추세 가정이 충족되는 비교집단을 이용하였을 경우 프로그램이 없었을 때, 즉 사건이 일어나지 않았을 때 시행집단과 비교집단에서 일어난 고용률 증가는 동일하였을 것이다. 그러나 ㉠은 평행추세 가정이 충족되지 않는 경우로, ㉠의 시행집단은 비교집단에 비해 일자리가 급격히 줄어드는 산업에 종사하는 노동자의 비중이 더 크다. 일자리가 급격히 줄어든다는 것은 그만큼 해당 산업에 종사하는 노동자의 고용률이 감소한다는 것을 의미한다. 따라서 프로그램이 없었을 때, 즉 사건이 일어나지 않았을 때 일자리가 급격히 줄어드는 산업에 종사하는 노동자의 비중이 더 큰 시행집단에서 일어났을 고용률의 증가는 비교집단에서 일어난 고용률의 증가보다 작을(A) 것이다. ㉠에 이중차분법을 적용하여 평가한 사건의 효과는 (시행집단에서 일어난 변화)-(비교집단에서 일어난 변화)인데, 이때 시행집단에서의 사건이 일어나지 않았을 때의 고용률 증가가 비교집단에서 일어난 고용률의 증가보다 작으므로, 평행추세 가정이 충족되는 비교집단(시행집단과 비교집단에서 일어난 고용률 증가가 동일함)을 이용하여 평가한 경우의 효과보다 작을(B) 것이다. 따라서 정답은 ⑤번이다.

| | A | B |
|---|---|---|
| ① | 클 | 클 |
| ② | 클 | 작을 |
| ③ | 같을 | 클 |
| ④ | 작을 | 클 |
| ⑤ | 작을 | 작을 → 적절함! |

1등급 문제

**003** 구체적인 사례에 적용 - 적절하지 않은 것 고르기 2023학년도 6월 모평 16번
정답률 40%, 매력적 오답 ② 10% ③ 25% ⑤ 20% | 정답 ④

**윗글을 바탕으로 <보기>를 이해한 내용으로 적절하지 않은 것은?** [3점]

| 보기 |

[1]아래의 표는 S 국가의 P주와 그에 인접한(隣接-, 이웃하여 있는) Q주(사건을 경험하지 않음: 비교집단)에 위치한 식당들을 1992년 1월 초와 12월 말에 조사한 결과의 일부이다. [2]P주는 1992년 4월에 최저임금을 시간당 4 달러에서 5 달러로 올렸고, Q주는 1992년에 최저임금을 올리지 않았다. [3]P주 저임금(低賃金, 낮은 임금) 식당들은(사건을 경험함: 시행집단), 최저임금 인상 전에 시간당 4 달러의 임금을 지급했고(支給-, 주었고) 최저임금 인상 후에 임금이 상승했다. [4]P주 고임금(高賃金, 높은 임금) 식당들은, 최저임금 인상 전에 이미 시간당 5 달러보다 더 높은 임금을 지급했고 최저임금 인상 후에도 임금이 상승하지 않았다(사건을 경험하지 않음: 비교집단). [5]이때 최저임금 인상(사건)에 따른 임금 상승이 고용에 미친 효과를 평가한다고 하자.

| 집단 | 평균 피고용인 수(단위 : 명) | | |
|---|---|---|---|
| | 사건 전(A) | 사건 후(B) | 변화(B-A) |
| P주 저임금 식당 | 19.6 | 20.9 | 1.3 |
| P주 고임금 식당 | 22.3 | 20.2 | -2.1 |
| Q주 식당 | 23.3 | 21.2 | -2.1 |

**① 최저임금 인상 후에 시행집단(P주 저임금 식당들)에서 일어난 변화는 1.3명이다.**

근거 ❶-3 사건을 경험한 표본들로 구성된 시행집단의 결과와, 사건을 경험하지 않은 표본들로 구성된 비교집단의 결과를 비교하여 사건의 효과를 평가, <보기>-2 P주는 1992년 4월에 최저임금을 시간당 4 달러에서 5 달러로 올렸고, <보기>-3 P주 저임금 식당들은, … 최저임금 인상 후에 임금이 상승했다.

풀이 <보기>에서 사건은 최저임금의 인상이다. 시행집단은 사건을 경험한 표본을 말하므로, <보기>에서 시행집단은 P주 저임금 식당들이다. 최저임금 인상 후, 즉 사건 후 시행집단에서 일어난 변화는 1.3명이다.

→ 적절함!

**② 시행집단과 비교집단의 식당들이 종류나 매출액 수준 등의 특성에서 통계적 유사성이 높을수록 평가에 대한 신뢰도가 높아진다.**

근거 ❺-2~3 시행집단과 여러 특성에서 표본의 통계적 유사성이 높은 비교집단을 구성하면 평행추세 가정이 위협받을 가능성을 줄일 수 있다. 이러한 방법들을 통해 이중차분법을 적용한 평가에 대한 신뢰도를 높일 수 있다.

풀이 시행집단과 여러 특성에서 표본의 통계적 유사성이 높은 비교집단을 구성하면 평행추세 가정이 위협받을 가능성을 줄일 수 있고, 이를 통해 평가의 신뢰도를 높일 수 있다.

→ 적절함!

**③ 비교집단을 Q주 식당들로 택해 이중차분법을 적용하면 시행집단에서 최저임금 인상에 따른 임금 상승의 고용 효과는 3.4명 증가로 평가된다.**

근거 ❷-1 이중차분법은 시행집단에서 일어난 변화에서 비교집단에서 일어난 변화를 뺀 값을 사건의 효과라고 평가하는 방법

풀이 이중차분법은 시행집단에서 일어난 변화에서 비교집단에서 일어난 변화를 뺀 값을 사건의 효과라고 평가하는 방법이다. 이를 <보기>에 적용하면 1.3(시행집단인 P주 저임금 식당에서 일어난 변화) - (-2.1)(비교집단인 Q주 식당에서 일어난 변화) = 3.4이다. 따라

서 비교집단을 Q주 식당들로 택해 이중차분법을 적용하면 시행집단에서 최저임금 인상에 따른 임금 상승의 고용 효과는 3.4명 증가로 평가된다.

→ 적절함!

**④ 비교집단의 변화를, P주 고임금 식당들의 1992년 1년간 변화로 파악할 경우보다 시행집단의 1991년 1년간 변화로 파악할 경우에 더 신뢰할 만한 평가를 얻는다.**

평행추세 가정의 충족을 보장하는 것은 아니다

**근거** ❹-3~4 집단 간 표본의 통계적 유사성을 높이려고 사건 이전 시기의 시행집단을 비교집단으로 설정하는 것이 평행추세 가정의 충족을 보장하는 것은 아니다. 예컨대 고용처럼 경기변동에 민감한 변화라면 집단 간 표본의 통계적 유사성보다 변화 발생의 동시성이 이 가정의 충족에서 더 중요할 수 있기 때문

**풀이** 윗글에 따르면 고용처럼 경기변동에 민감한 변화의 경우 집단 간 표본의 통계적 유사성보다 변화 발생의 동시성이 가정의 충족에서 더 중요할 수 있으므로, 집단 간 표본의 통계적 유사성을 높이려고 사건 이전 시기의 시행집단을 비교집단으로 설정하는 것이 평행추세 가정의 충족을 보장하지는 않는다. 따라서 비교집단의 변화를 시행집단의 1991년 1년간 변화로 설정하는 것이 평행추세 가정의 충족을 보장하지 않으며, 이를 통해 이중차분법을 적용한 평가에 대한 신뢰도를 높일 수 없다.

→ 적절하지 않음!

**⑤ 비교집단을 Q주 식당들로 택하든 P주 고임금 식당들로 택하든 비교집단에서 일어난 변화가 동일하다는 사실은 평행추세 가정의 충족에 대한 신뢰도를 높인다.**

**근거** ❷-1 이중차분법은 시행집단에서 일어난 변화에서 비교집단에서 일어난 변화를 뺀 값을 사건의 효과라고 평가하는 방법, ❺-1 여러 비교집단을 구성하여 각각에 이중차분법을 적용한 평가 결과가 같음을 확인하면 평행추세 가정이 충족된다는 신뢰를 줄 수 있다.

**풀이** Q주 식당들에서 일어난 변화와 P주 고임금 식당들에서 일어난 변화가 -2.1로 서로 같으므로, 비교집단을 Q주 식당들로 택하든 P주 고임금 식당들로 택하든 이중차분법을 적용한 평가 결과, 즉 '시행집단인 P주 저임금 식당에서 일어난 변화'에서 '비교집단에서 일어난 변화'를 뺀 값 또한 3.4로 서로 같다. 이렇게 여러 비교집단을 구성하여 각각에 이중차분법을 적용한 평가 결과가 같음을 확인하면 평행추세 가정이 충족된다는 신뢰를 줄 수 있다.

→ 적절함!

틀리기 쉬운 문제

**004** 문맥적 의미 파악 - 적절한 것 고르기 2023학년도 6월 모평 17번 / 정답률 55%, 매력적 오답 ③ 35% — 정답 ②

**문맥상 ⓐ~ⓔ의 단어와 가장 가까운 의미로 쓰인 것은?**

결과에 차이가 ⓐ 날 이유가 없는
수원을 ⓑ 바꿨는데
결론을 ⓒ 내렸다.
통계적 유사성을 ⓓ 높이려고
가능성을 ⓔ 줄일 수 있다.

**① ⓐ : 그 사건의 전말이 모두 오늘 신문에 났다.**

**풀이** 윗글의 ⓐ는 문맥상 '어떤 작용에 따른 효과, 결과 따위의 현상이 이루어져 나타나다'의 의미이다. 한편 '신문에 났다'에서의 '나다'는 '신문, 잡지 따위에 어떤 내용이 실리다'의 의미이다.

**예문** 좀 더 능률이 나게 일하는 방법이 없을까?
신문에 쓰레기 매립장 건설을 둘러싼 지역 이기주의에 대한 기사가 났다.

→ 적절하지 않음!

**② ⓑ : 산에 가려다가 생각을 바꿔 바다로 갔다.**

**풀이** 윗글의 ⓑ는 문맥상 '원래의 내용이나 상태를 다르게 고치다'의 의미이다. '생각을 바꿔'에서의 '바꾸다' 또한 '원래의 내용이나 상태를 다르게 고치다'의 의미이다.

**예문** 습관을 바꾸기란 여간 어렵지 않다.

→ 적절함!

**③ ⓒ : 기상청에서 전국에 건조 주의보를 내렸다.**

**풀이** 윗글의 ⓒ는 문맥상 '판단, 결정을 하거나 결말을 짓다'의 의미이다. 한편 '건조 주의보를 내렸다'에서의 '내리다'는 '명령이나 지시 따위를 선포하거나 알려 주다. 또는 그렇게 하다'의 의미이다.

**예문** 그는 스스로 이 문제에 대해 해답을 내렸다.
전국에 단발령이 내리자 선비들이 들고일어났다.

→ 적절하지 않음!

**④ ⓓ : 회원들이 회칙 개정을 요구하는 목소리를 높였다.**

**풀이** 윗글의 ⓓ는 문맥상 '값이나 비율 따위를 더 높게 하다'의 의미이다. 한편 '목소리를 높였다'에서의 '높이다'는 '어떤 의견을 다른 의견보다 더 강하게 내다'의 의미이다.

**예문** 우리 회사는 제품의 관심도를 높이는 데 주력하고 있다.
전 세계 사람들이 전쟁에 반대하는 목소리를 높였다.

→ 적절하지 않음!

**⑤ ⓔ : 하고 싶은 말은 많지만 오늘은 이만 줄입니다.**

**풀이** 윗글의 ⓔ는 문맥상 '힘이나 세력 따위를 본디보다 약하게 하다'의 의미이다. 한편 '이만 줄입니다'에서의 '줄이다'는 '말이나 글의 끝에서, 할 말은 많으나 그만하고 마친다는 뜻으로 하는 말'의 의미이다.

**예문** 소리를 줄였다.
추운 겨울 날씨에 안녕하시기를 빌며 이만 줄입니다.

→ 적절하지 않음!

Ⅱ 사회

**[005~008] 다음 글을 읽고 물음에 답하시오.**

**1** [1]기축 통화(基軸通貨, 국제간 결제나 금융 거래의 기본이 되는 화폐)는 국제 거래에 결제 수단으로 통용되고(通用-, 일반적으로 두루 쓰이고) 환율(換率, 자기 나라 돈과 다른 나라 돈의 교환 비율) 결정에 기준이 되는 통화(通貨, 유통 수단이나 지불 수단으로 기능하는 화폐)이다. [2]1960년 트리핀 교수는 브레턴우즈 체제에서의 기축 통화인 달러화의 구조적 모순(矛盾, 앞뒤, 또는 두 사실이 이치상 어긋나 서로 맞지 않음)을 지적했다. [3]한 국가의 재화(財貨, 사람이 바라는 것을 충족시켜 주는 모든 물건)와 서비스(service, 생산된 재화를 운반하거나 생산·소비에 필요한 노동을 제공함)의 수출입 간 차이인 경상 수지는 수입이 수출을 초과하면(超過-, 넘으면) 적자(赤字, 지출이 수입보다 많아서 계산상 손실 금액이 생기는 일)이고, 수출이 수입을 초과하면 흑자(黑字, 수입이 지출보다 많아 남은 이익이 생기는 일)이다. [4]그(트리핀 교수)는 "미국이 경상 수지 적자를 허용하지 않아 국제 유동성 공급이 중단되면 세계 경제는 크게 위축될(萎縮-, 눌려 졸아들고 기를 펴지 못하게 될) 것"이라면서도 "반면 적자 상태가 지속돼 달러화가 과잉 공급되면(過剩供給-, 수요보다 공급이 지나치게 많아지게 되면) 준비 자산(準備資産, 각 나라가 대외 결제를 위해 보유하고 있는 자산)으로서의 신뢰도가 저하되고 고정 환율 제도(固定換率制度, 특정 외국 통화에 자국 통화의 가치를 고정시키는 제도. 여기서는 달러화의 가치를 금에 고정시키고, 다른 국가들은 자국의 통화 가치를 달러화에 고정시키는 것을 뜻함)도 붕괴될 것"이라고 말했다.

→ 브레턴우즈 체제에서의 기축 통화인 달러화의 구조적 모순 : 트리핀 딜레마

**2** [1]이러한 트리핀 딜레마는 국제 유동성 확보와 달러화의 신뢰도 간의 문제이다. [2]국제 유동성이란 국제적으로 보편적인 통용력(通用力, 일반적으로 두루 쓰이는 힘)을 갖는 지불(支拂, 값을 치름) 수단을 말하는데, ㉠ 금 본위(本位, 중심이 되는 기준) 체제에서는 금이 국제 유동성의 역할을 했으며, 각 국가의 통화 가치는 정해진 양의 금의 가치에 고정되었다. [3]이에 따라 국가 간 통화의 교환 비율인 환율은 자동적으로 결정되었다. [4]이후 ㉡ 브레턴우즈 체제에서는 국제 유동성으로 달러화가 추가되어 '금 환 본위제'가 되었다. [5]1944년에 성립된 이 체제(금 환 본위제가 된 브레턴우즈 체제)는 미국의 중앙은행(中央銀行, 나라의 금융과 통화 정책의 주체가 되는 은행)에 '금 태환(金兌換, 화폐를 금으로 교환하는 것) 조항'에 따라 금 1 온스(ounce, 무게 단위. 금 1 온스는 약 31.1035 그램에 해당함)와 35 달러를 언제나 맞교환해(-交換-, 서로 맞바꾸어) 주어야 한다는 의무를 지게 했다. [6]다른 국가들은 달러화에 대한 자국 통화의 가치를 고정했고, 달러화로만 금을 매입할(買入-, 사들일) 수 있었다. [7]환율은 경상 수지의 구조적 불균형이 있는 예외적인 경우를 제외하면 ±1 % 내에서의 변동만을 허용했다. [8]이에 따라 기축 통화인 달러화를 제외한 다른 통화들 간 환율인 교차 환율은 자동적으로 결정되었다.

→ 금 본위 체제와 브레턴우즈 체제에서의 국제 유동성

**3** [1]1970년대 초에 미국은 경상 수지 적자가 누적되기(累積-, 쌓이기) 시작하고 달러화가 과잉 공급되어 미국의 금 준비량(미국의 중앙은행이 은행권의 태환에 응하기 위해 보유한 금의 수량)이 급감했다.(急減-, 급작스럽게 줄었다.) [2]이에 따라 미국은 달러화의 금 태환 의무를 더 이상 감당할 수 없는 상황에 도달했다.(到達-, 이르렀다.) [3]이를 해결할 수 있는 방법은 달러화의 가치를 내리는 평가 절하, 또는 달러화에 대한 여타국(餘他國, 그 밖의 다른 나라) 통화의 환율을 하락시켜 그(여타국 통화의) 가치를 올리는 평가 절상이었다. [4]하지만 브레턴우즈 체제하에서 달러화의 평가 절하는 규정상 불가능했고, 당시 대규모 대미(對美, 미국에 대한) 무역 흑자 상태였던 독일, 일본 등 주요국

(主要國, 여러 나라 가운데 중요하게 꼽히는 나라)들은 평가 절상에 나서려고 하지 않았다. [5]이 상황이 유지되기 어려울 것이라는 전망으로 독일의 마르크화와 일본의 엔화에 대한 투기적(投機的, 기회를 틈타 큰 이익을 얻으려 하는 '투기'의 성질을 띤) 수요가 증가했고, 결국 환율의 변동 압력은 더욱 커질 수밖에 없었다. [6]이러한 상황에서 각국(各國, 각 나라)은 보유한(保有-, 가지고 있는) 달러화를 대규모로 금으로 바꾸기를 원했다. [7]미국은 결국 1971년 달러화의 금 태환 정지를 선언한 닉슨 쇼크를 단행했고(斷行-, 결정적인 판단을 내려 실행하였고), 브레턴우즈 체제는 붕괴되었다.

→ 브레턴우즈 체제의 붕괴

4 [1]그러나 붕괴 이후에도 달러화의 기축 통화 역할은 계속되었다. [2]그(달러화의 기축 통화 역할이 계속된) 이유로 규모의 경제(規模-經濟, 생산 조직이나 생산의 규모가 커질수록 생산과 판매를 위한 비용이 줄어드는 것)를 생각할 수 있다. [3]세계의 모든 국가에서 ⓒ 어떠한 기축 통화도 없이 각각 다른 통화가 사용되는 경우 두 국가를 짝짓는 경우의 수만큼 환율의 가짓수가 생긴다. [4]그러나 하나의 기축 통화를 중심으로 외환(外換, 국제간의 채권·채무 관계를 결제하는 수단) 거래를 하면 비용을 절감하고(節減-, 아끼어 줄이고) 규모의 경제를 달성할(達成-, 이룰) 수 있다.

→ 브레턴우즈 체제의 붕괴 이후에도 달러화의 기축 통화 역할이 계속된 이유 : 규모의 경제

■지문 이해

<트리핀 딜레마와 브레턴우즈 체제의 붕괴>

**❶ 브레턴우즈 체제에서의 기축 통화인 달러화의 구조적 모순 : 트리핀 딜레마**

- 기축 통화 : 국제 거래에 결제 수단으로 통용되고 환율 결정에 기준이 되는 통화
- 트리핀 딜레마 : 브레턴우즈 체제에서의 기축 통화인 달러화의 구조적 모순 지적
  - 미국이 경상 수지 적자를 허용하지 않아 국제 유동성 공급이 중단되면 세계 경제가 크게 위축될 것
  - 적자가 지속돼 달러화가 과잉 공급되면 준비 자산으로서의 신뢰도가 저하되고 고정 환율 제도도 붕괴될 것

**❷ 금 본위 체제와 브레턴우즈 체제에서의 국제 유동성**

- 국제 유동성 : 국제적으로 보편적인 통용력을 갖는 지불 수단
- 금 본위 체제
  - 금이 국제 유동성의 역할을 함
  - 각 국가의 통화 가치는 정해진 양의 금의 가치에 고정되며 환율은 자동적으로 결정됨
- 브레턴우즈 체제(금 환 본위제)
  - 국제 유동성으로 달러화가 추가됨
  - 미국 중앙은행에 금 1 온스와 35 달러를 언제나 맞교환해 주어야 한다는 의무를 지움
  - 미국 외 국가들은 달러화에 대한 자국 통화의 가치를 고정하고, 달러화로만 금 매입이 가능함
  - 교차 환율은 자동적으로 결정됨

**❸ 브레턴우즈 체제의 붕괴**

- 1970년대 초 미국 경상 수지 적자의 누적과 달러화의 과잉 공급으로 인한 문제
  - 해결 방법 ① : 달러화의 가치를 내리는 평가 절하 → 규정상 불가능
  - 해결 방법 ② : 달러화에 대한 여타국 통화의 환율을 하락시켜 그 가치를 올리는 평가 절상 → 당시 대미 무역 흑자 상태였던 주요국들이 평가 절상에 나서려 하지 않음
- 1971년 닉슨 쇼크의 단행으로 브레턴우즈 체제가 붕괴됨

**❹ 브레턴우즈 체제의 붕괴 이후에도 달러화의 기축 통화 역할이 계속된 이유 : 규모의 경제**

1등급 문제

**005** 세부 정보 이해 - 적절하지 않은 것 고르기 2022학년도 수능 10번 | 정답 ②
정답률 55%, 매력적 오답 ③ 10% ⑤ 20%

## 윗글을 통해 답을 찾을 수 없는 질문은?

**① 브레턴우즈 체제 붕괴 이후에도 달러화가 기축 통화로서 역할을 할 수 있었던 이유는 무엇인가?**

근거 ❹-1~4 (브레턴우즈 체제의) 붕괴 이후에도 달러화의 기축 통화 역할은 계속되었다. 그 이유로 규모의 경제를 생각할 수 있다. … 하나의 기축 통화를 중심으로 외환 거래를 하면 비용을 절감하고 규모의 경제를 달성할 수 있다.

→ 적절함!

**② 브레턴우즈 체제 붕괴 이후의 세계 경제 위축에 대해 트리핀은 어떤 전망을 했는가?**

근거 ❶-2 트리핀 교수는 브레턴우즈 체제에서의 기축 통화인 달러화의 구조적 모순을 지적했다.

풀이 윗글에서는 트리핀 교수가 브레턴우즈 체제에서의 기축 통화인 달러화의 구조적 모순을 지적한 '트리핀 딜레마'의 내용을 설명하고 있다. 그러나 트리핀이 '브레턴우즈 체제 붕괴 이후'의 세계 경제 위축에 대해 어떤 전망을 했는지는 이야기하지 않았다.

→ 적절하지 않음!

**③ 브레턴우즈 체제에서 미국 중앙은행은 어떤 의무를 수행해야 했는가?**

근거 ❷-5 1944년에 성립된 이 체제(브레턴우즈 체제)는 미국의 중앙은행에 '금 태환 조항'에 따라 금 1 온스와 35 달러를 언제나 맞교환해 주어야 한다는 의무를 지게 했다.

→ 적절함!

**④ 브레턴우즈 체제에서 국제 유동성의 역할을 한 것은 무엇인가?**

근거 ❷-2 금 본위 체제에서는 금이 국제 유동성의 역할을 했으며, ❷-4 이후 브레턴우즈 체제에서는 국제 유동성으로 달러화가 추가되어 '금 환 본위제'가 되었다.

풀이 브레턴우즈 체제에서는 기존의 금에 달러화가 추가되어 금과 달러화가 국제 유동성의 역할을 하였다.

→ 적절함!

**⑤ 브레턴우즈 체제에서 달러화 신뢰도 하락의 원인은 무엇인가?**

근거 ❶-4 적자 상태가 지속돼 달러화가 과잉 공급되면 준비 자산으로서의 신뢰도가 저하되고, ❸-1 1970년대 초에 미국은 경상 수지 적자가 누적되기 시작하고 달러화가 과잉 공급되어 미국의 금 준비량이 급감했다.

풀이 브레턴우즈 체제에서 달러화 신뢰도 하락의 원인은 미국의 경상 수지 적자가 지속되어 달러화가 과잉 공급된 것에서 찾을 수 있다.

→ 적절함!

1등급 문제

**006** 추론의 적절성 판단 - 적절하지 않은 것 고르기 2022학년도 수능 11번 | 정답 ⑤
정답률 30%, 매력적 오답 ① 15% ② 25% ③ 20% ④ 10%

## 윗글을 바탕으로 추론한 내용으로 적절하지 않은 것은?

**① 닉슨 쇼크가 단행된 이후 달러화의 *고평가 문제를 해결할 수 있는 달러화의 평가 절하가 가능해졌다.** *高評價, 가치나 수준을 실제보다 높게 평가함

근거 ❸-4 브레턴우즈 체제하에서 달러화의 평가 절하는 규정상 불가능했고, ❸-7 미국은 결국 1971년 달러화의 금 태환 정지를 선언한 닉슨 쇼크를 단행했고, 브레턴우즈 체제는 붕괴되었다.

풀이 브레턴우즈 체제하에서는 달러화의 평가 절하가 규정상 불가능했으나, 닉슨 쇼크의 단행으로 브레턴우즈 체제가 붕괴되었으므로 달러화의 평가 절하가 가능해졌을 것이다.

→ 적절함!

**② 브레턴우즈 체제에서 마르크화와 엔화의 투기적 수요가 증가한 것은 이들 통화의 평가 절상을 예상했기 때문이다.**

근거 ❸-3~5 이를 해결할 수 있는 방법은 달러화의 가치를 내리는 평가 절하, 또는 달러화에 대한 여타국 통화의 환율을 하락시켜 그 가치를 올리는 평가 절상이었다. 하지만 브레턴우즈 체제하에서 달러화의 평가 절하는 규정상 불가능했고, 당시 대규모 대미 무역 흑자 상태였던 독일, 일본 등 주요국들은 평가 절상에 나서려고 하지 않았다. 이 상황이 유지되기 어려울 것이라는 전망으로 독일의 마르크화와 일본의 엔화에 대한 투기적 수요가 증가했고,

풀이 1970년대 초 미국의 경상 수지 적자 누적과 달러화 과잉 공급으로 인한 문제를 해결하기 위해서는 달러화의 평가 절하나 여타국 통화의 평가 절상이 이루어져야 했다. 브레턴우즈 체제하에서는 달러화의 평가 절하가 규정상 불가능했으므로, 문제 해결을 위해서는 결국 여타국 통화의 평가 절상이 이루어져야 했다. 이러한 상황에서 당시 마르크화와 엔화의 투기적 수요가 증가한 것은, 주요국이던 독일, 일본의 통화인 마르크화와 엔화의 평가 절상이 예상되었기 때문이라고 추론할 수 있다.

→ 적절함!

**③ 금의 생산량 증가를 통한 국제 유동성 공급량의 증가는 트리핀 딜레마 상황을 *완화하는 한 가지 방법이 될 수 있다.** *緩和-, 느슨하게 하는

근거 ❶-4 그(트리핀 교수)는 "미국이 경상 수지 적자를 허용하지 않아 국제 유동성 공급이 중단되면 세계 경제는 크게 위축될 것"이라면서도, ❷-2 금 본위 체제에서는 금이 국제 유동성의 역할을 했으며, ❷-4 이후 브레턴우즈 체제에서는 국제 유동성으로 달러화가 추가되어

**풀이** 브레턴우즈 체제에서는 금과 달러화가 국제 유동성의 역할을 하였다. 금의 생산량이 증가하면 국제 유동성 공급량이 증가하므로, 트리핀 딜레마 중 국제 유동성 공급 중단으로 인한 세계 경제 위축의 문제 상황을 완화할 수 있다. 따라서 금의 생산량 증가를 통한 국제 유동성 공급량의 증가는 트리핀 딜레마 상황을 완화하는 한 가지 방법이 될 수 있다는 추론은 적절하다.

→ 적절함!

**④ 트리핀 딜레마는 달러화를 통한 국제 유동성 공급을 중단할 수도 없고 공급량을 *무한정 늘릴 수도 없는 상황을 말한다.** *無限定, 수량이나 범위를 제한하여 정한 한도가 없음

**근거** ❶-4 그(트리핀 교수)는 "미국이 경상 수지 적자를 허용하지 않아 국제 유동성 공급이 중단되면 세계 경제는 크게 위축될 것"이라면서도 "반면 적자 상태가 지속돼 달러화가 과잉 공급되면 준비 자산으로서의 신뢰도가 저하되고 고정 환율 제도도 붕괴될 것"이라고 말했다, ❷-1 이러한 트리핀 딜레마는

**풀이** 트리핀 딜레마는 달러화를 통한 국제 유동성 공급을 중단할 경우 세계 경제가 크게 위축될 것이므로 이를 중단할 수도 없고, 달러화를 통한 국제 유동성이 과잉 공급되면 준비 자산으로서의 신뢰도가 저하되고 고정 환율 제도가 붕괴될 것이므로 공급량을 무한정 늘릴 수도 없는 상황을 말한다.

→ 적절함!

**⑤ 브레턴우즈 체제에서 마르크화가 달러화에 대해 평가 절상되면, 같은 금액의 마르크화로 구입 가능한 금의 양은 감소한다.** (증가)

**근거** ❷-5 이 체제(브레턴우즈 체제)는 미국의 중앙은행에 '금 태환 조항'에 따라 금 1 온스와 35 달러를 언제나 맞교환해 주어야 한다는 의무를 지게 했다, ❸-3 달러화에 대한 여타국 통화의 환율을 하락시켜 그 가치를 올리는 평가 절상

**풀이** 마르크화가 달러화에 대해 평가 절상되면 달러화에 대한 마르크화의 환율이 하락하여 그 가치가 올라가므로, 같은 금액의 마르크화를 가지고 이전보다 더 많은 달러화로 교환할 수 있다. 브레턴우즈 체제에서는 금 1 온스와 35 달러가 맞교환된다고 하였으므로, 마르크화가 달러화에 대해 평가 절상되면 같은 금액의 마르크화로 구입 가능한 금의 양은 증가한다.

→ 적절하지 않음!

1등급 문제

**007** 구체적인 사례에 적용 - 적절한 것 고르기 2022학년도 수능 12번
정답률 45%, 매력적 오답 ② 15% ③ 15% ④ 20% | 정답 ⑤

**미국을 포함한 세 국가가 존재하고 각각 다른 통화를 사용할 때, ㉠~㉢에 대한 설명으로 적절한 것은?**

㉠ 금 본위 체제 ㉡ 브레턴우즈 체제
㉢ 어떠한 기축 통화도 없이 각각 다른 통화가 사용되는 경우

▶ 지문 핵심 개념 정리

| 금 본위 체제(㉠) | 브레턴우즈 체제(㉡) | 어떠한 기축 통화도 없이 각각 다른 통화가 사용되는 경우(㉢) |
|---|---|---|
| • 금이 국제 유동성의 역할을 함(❷-2)<br>• 각 국가의 통화 가치는 정해진 양의 금의 가치에 고정됨(❷-2)<br>• 환율은 자동적으로 결정됨(❷-3) | • 국제 유동성으로 달러화가 추가됨(❷-4)<br>• 미국 외 국가들은 달러화에 대한 자국 통화의 가치를 고정함(❷-6)<br>• 기축 통화인 달러화를 제외한 다른 통화들 간 환율인 교차 환율은 자동적으로 결정됨(❷-8) | • 두 국가를 짝짓는 경우의 수만큼 환율의 가짓수가 생김(❹-3) |

**① ㉠에서 자동적으로 결정되는 환율의 가짓수는 금에 자국 통화의 가치를 고정한 국가 수보다 하나 적다.** (수와 같다)

**풀이** 금 본위 체제(㉠)에서 각 국가의 환율은 자동적으로 결정되므로, 미국을 포함한 세 국가가 존재할 때 자동적으로 결정되는 환율의 가짓수는 3 가지이다. 또 금 본위 체제(㉠)에서 각국의 통화 가치는 금의 가치에 고정되므로, 미국을 포함한 세 국가가 존재할 때 금에 자국 통화의 가치를 고정한 국가 수 또한 3 개다. 따라서 ㉠에서 자동적으로 결정되는 환율의 가짓수는 금에 자국 통화의 가치를 고정한 국가 수와 같다.

→ 적절하지 않음!

**② ㉡이 붕괴된 이후에도 여전히 달러화가 기축 통화라면 ㉡에 비해 교차 환율의 가짓수는 적어진다.** (같다)

**풀이** 브레턴우즈 체제(㉡)에서 교차 환율은 기축 통화인 달러화를 제외한 다른 통화들 간 환율을 뜻한다. 미국을 포함한 세 국가가 존재하고 이들 국가를 각각 미국, A국, B국이라고 할 때, 교차 환율은 기축 통화인 달러화를 제외한 A국과 B국의 통화들 간 환율을 뜻하며, 교차 환율의 가짓수는 1 가지이다. 브레턴우즈 체제(㉡)가 붕괴된 이후에도 여전히 달러화가 기축 통화라면 교차 환율은 기축 통화인 달러화를 제외한 다른 통화들 간 환율, 즉 A국과 B국의 통화들 간 환율을 뜻하므로, 이때 교차 환율의 가짓수는 ㉡에서의 교차 환율의 가짓수와 같다.

→ 적절하지 않음!

**③ ㉢에서 국가 수가 하나씩 증가할 때마다 환율의 전체 가짓수도 하나씩 증가한다.** (는 증가하기 전의 국가 수만큼씩)

**풀이** 어떠한 기축 통화도 없이 각각 다른 통화가 사용되는 경우(㉢), 두 국가를 짝짓는 경우의 수만큼 환율의 가짓수가 생긴다. 미국을 포함하여 각각 다른 통화를 사용하는 세 국가가 존재하고 이들 국가를 각각 미국, A국, B국이라고 할 때, 환율의 전체 가짓수는 미국과 A국, 미국과 B국, A국과 B국의 총 3 가지이다. 여기에 C국이 추가되면 C국이 기존의 국가들과 각각 짝짓는 경우의 수만큼 환율의 가짓수도 늘어나게 되어, 환율의 전체 가짓수는 미국과 A국, 미국과 B국, 미국과 C국, A국과 B국, A국과 C국, B국과 C국의 총 6 가지가 된다. 따라서 ㉢에서 국가 수가 하나씩 증가할 때마다 환율의 전체 가짓수는 하나씩 증가하는 것이 아니라, 증가하기 전의 국가 수만큼씩 증가하게 된다.

→ 적절하지 않음!

**④ ㉠에서 ㉡으로 바뀌면 자동적으로 결정되는 환율의 가짓수가 많아진다.** (적어진다)

**풀이** 금 본위 체제(㉠)에서 각 국가의 환율은 자동적으로 결정되므로, 미국을 포함한 세 국가가 존재할 때 자동적으로 결정되는 환율의 가짓수는 3 가지이다. 한편 브레턴우즈 체제(㉡)에서는 기축 통화인 달러화를 제외한 다른 통화들 간 환율인 교차 환율이 자동적으로 결정된다. 미국을 포함한 세 국가가 존재하고 이들 국가를 각각 미국, A국, B국이라고 할 때, 자동적으로 결정되는 교차 환율은 기축 통화인 달러화를 제외한 다른 통화들 간 환율, 즉 A국과 B국의 통화들 간 환율로 1 가지다. 따라서 ㉠에서 ㉡으로 바뀌면 자동적으로 결정되는 환율의 가짓수는 적어진다.

→ 적절하지 않음!

**⑤ ㉡에서 교차 환율의 가짓수는 ㉢에서 생기는 환율의 가짓수보다 적다.**

**풀이** 브레턴우즈 체제(㉡)에서 교차 환율은 기축 통화인 달러화를 제외한 다른 통화들 간 환율을 뜻한다. 미국을 포함한 세 국가가 존재하고 이들 국가를 각각 미국, A국, B국이라고 할 때, 교차 환율은 기축 통화인 달러화를 제외한 A국과 B국의 통화들 간 환율을 뜻하며, 교차 환율의 가짓수는 1 가지이다. 한편 어떠한 기축 통화도 없이 각각 다른 통화가 사용되는 경우(㉢), 두 국가를 짝짓는 경우의 수만큼 환율의 가짓수가 생긴다. 미국을 포함하여 각각 다른 통화를 사용하는 세 국가가 존재하고 이들 국가를 각각 미국, A국, B국이라고 할 때, 환율의 전체 가짓수는 미국과 A국, 미국과 B국, A국과 B국의 총 3 가지이다. 따라서 ㉡에서 교차 환율의 가짓수는 ㉢에서 생기는 환율의 가짓수보다 적다.

→ 적절함!

1등급 문제

**008** 구체적인 사례에 적용 - 적절한 것 고르기 2022학년도 수능 13번
정답률 30%, 매력적 오답 ① 10% ② 25% ③ 20% ⑤ 15% | 정답 ④

**윗글을 참고할 때, <보기>에 대한 반응으로 가장 적절한 것은?** [3점]

| 보기 |
[1]브레턴우즈 체제가 붕괴된 이후 두 차례의 석유 가격 급등(急騰, 갑자기 오름)을 겪으면서 기축 통화국인 A국의 금리(金利, 빌려준 돈이나 예금 등에 붙는 이자 또는 그 비율)는 인상되었고(引上-, 올랐고) 통화 공급은 감소했다. [2]여기에 A국 정부의 소득세(所得稅, 개인이 한 해 동안 벌어들인 돈에 대해 정해진 기준에 따라 매기는 세금) 감면(減免, 매겨야 할 부담을 덜어주거나 면제함)과 군비(軍費, 군사상 목적에 사용되는 모든 비용) 증대는 A국의 금리를 인상시켰으며, 높은 금리로 인해 대량으로 외국 자본이 유입되었다.(流入-, 들어오게 되었다.) [3]A국은 이로 인한 상황을 해소하기 위한 국제적 합의를 주도하여, 서로 교역(交易, 나라와 나라 사이에서 물건을 사고팔고 하여 서로 바꿈)을 하며 각각 다른 통화를 사용하는 세 국가 A, B, C는 외환 시장에 대한 개입(介入, 끼어듦)을 합의했다. [4]이로 인해 A국 통화에 대한 B국 통화와 C국 통화의 환율은 각각 50 %, 30 % 하락했다.(下落-, 떨어졌다.)

평가 절상
B국과 C국 통화의 가치를 올림

**① A국의 금리 인상과 통화 공급 감소로 인해 A국 통화의 신뢰도가 낮아진 것은 외국 자본이 대량으로 유입되었기 때문이겠군.**

**근거** <보기>-1 기축 통화국인 A국의 금리는 인상되었고 통화 공급은 감소했다, ❶-4 그

는 "미국이 경상 수지 적자를 허용하지 않아 국제 유동성 공급이 중단되면 세계 경제는 크게 위축될 것"이라면서도 "반면 적자 상태가 지속돼 달러화가 과잉 공급되면 준비 자산으로서의 신뢰도가 저하되고 고정 환율 제도도 붕괴될 것"이라고 말했다.

**풀이** 윗글에서 트리핀 교수는 기축 통화국인 미국의 적자 상태가 지속돼 달러화가 '과잉 공급되면' 준비 자산으로서의 신뢰도가 저하될 것이라고 말하고 있다. 즉 기축 통화의 신뢰도가 저하되는 것은 기축 통화의 과잉 공급과 관련된다. 따라서 <보기>의 A국의 통화 공급 감소를 통화의 신뢰도 저하와 연결하는 것은 적절하지 않다.

→ 적절하지 않음!

**② 국제적 합의로 인한 A국 통화에 대한 B국 통화의 환율 하락으로 국제 유동성 공급량이 증가하여 A국 통화의 가치가 상승했겠군.**

**근거** <보기>-4 A국 통화에 대한 B국 통화와 C국 통화의 환율은 각각 50 %, 30 % 하락했다, ❸-3 달러화에 대한 여타국 통화의 환율을 하락시켜 그 가치를 올리는 평가 절상

**풀이** <보기>에서는 국제적 합의를 통해 A국 통화에 대한 B국 통화와 C국 통화의 환율을 하락시켰다. 이는 윗글에서 설명한 '기축 통화에 대한 여타국 통화의 환율을 하락시켜 여타국 통화의 가치를 올리는 평가 절상'에 해당하며, 이를 통해 상대적으로 기축 통화의 가치는 떨어지게 된다.

→ 적절하지 않음!

**③ 다른 모든 조건이 변하지 않았다면, 국제적 합의로 인해 A국 통화에 대한 B국 통화의 환율과 B국 통화에 대한 C국 통화의 환율은 모두 하락했겠군.**

**근거** <보기>-4 A국 통화에 대한 B국 통화와 C국 통화의 환율은 각각 50 %, 30 % 하락했다, ❸-3 달러화에 대한 여타국 통화의 환율을 하락시켜 그 가치를 올리는 평가 절상

**풀이** <보기>에서 국제적 합의로 인해 A국 통화에 대한 B국 통화와 C국 통화의 환율은 각각 50 %, 30 % 하락했다. 이는 기축 통화에 대한 여타국 통화의 환율을 하락시켜 여타국 통화의 가치를 올리는 평가 절상에 해당한다. 이때 A국 통화에 대한 B국 통화의 환율은 50 % 하락하였고 A국 통화에 대한 C국 통화의 환율은 30 % 하락하였으므로, 이 평가 절상으로 인해 A국 통화에 대한 B국 통화의 가치가 A국 통화에 대한 C국 통화의 가치보다 상대적으로 더 높아졌다고 볼 수 있다. 이에 따라 B국 통화에 대한 C국 통화의 가치는 이전에 비해 낮아지게 되므로, B국 통화에 대한 C국 통화의 환율은 상승하였을 것이다. 따라서 국제적 합의로 인해 A국 통화에 대한 B국 통화의 환율과 A국 통화에 대한 C국 통화의 환율은 하락하였고, B국 통화에 대한 C국 통화의 환율은 상승하였을 것이다.

→ 적절하지 않음!

**④ 다른 모든 조건이 변하지 않았다면, 국제적 합의로 인해 A국 통화에 대한 B국과 C국 통화의 환율이 하락하여, B국에 대한 C국의 경상 수지는 *개선되었겠군.** *改善-. 고쳐져 더 좋게 되었겠군.

**근거** <보기>-4 A국 통화에 대한 B국 통화와 C국 통화의 환율은 각각 50 %, 30 % 하락했다, ❸-3 달러화에 대한 여타국 통화의 환율을 하락시켜 그 가치를 올리는 평가 절상, ❶-3 경상 수지는 수입이 수출을 초과하면 적자이고, 수출이 수입을 초과하면 흑자이다.

**풀이** <보기>에서 국제적 합의로 인해 A국 통화에 대한 B국 통화와 C국 통화의 환율은 각각 50 %, 30 % 하락했다. 이는 기축 통화에 대한 여타국 통화의 환율을 하락시켜 여타국 통화의 가치를 올리는 평가 절상에 해당한다. 이때 A국 통화에 대한 B국 통화의 환율은 50 % 하락하였고 A국 통화에 대한 C국 통화의 환율은 30 % 하락하였으므로, 이 평가 절상으로 인해 A국 통화에 대한 B국 통화의 가치가 A국 통화에 대한 C국 통화의 가치보다 상대적으로 더 높아졌다고 볼 수 있다. 이에 따라 B국 통화에 대한 C국 통화의 가치는 이전에 비해 낮아지게 되므로, B국 통화에 대한 C국 통화의 환율은 상승하였을 것이다. 환율이 상승하면 수입이 줄어들고 수출이 늘어나게 되므로, B국에 대한 C국의 경상 수지는 개선되었을 것이다.

→ 적절함!

**⑤ 다른 모든 조건이 변하지 않았다면, A국의 소득세 감면과 군비 증대로 A국의 경상 수지가 *악화되며, 그 완화 방안 중 하나는 A국 통화에 대한 B국 통화의 환율을 상승시키는 것이겠군.** *惡化-. 나빠지며

**근거** ❶-3 경상 수지는 수입이 수출을 초과하면 적자이고, 수출이 수입을 초과하면 흑자이다.

**풀이** A국에서 소득세를 감면하고 군비를 증대하여 금리가 인상되면 화폐의 가치가 올라 환율이 하락한다. 환율이 하락하면 수출이 줄고 수입이 늘어나게 되므로 A국의 경상 수지는 악화될 것이다. 한편 A국 통화에 대한 B국 통화의 환율을 상승시키면, 즉 B국 통화에 대한 A국 통화의 환율이 하락하면 A국은 오히려 B국에 대한 수출이 줄어들고 수입이 늘어나게 된다. 따라서 A국 통화에 대한 B국 통화의 환율을 상승시키는 방안으로는 A국의 경상 수지 완화에 도움을 주기 어렵다.

→ 적절하지 않음!

**tip** · 환율의 개념 관련 유튜브 동영상

https://www.youtube.com/watch?v=vndB8jhDfYI (유튜브 홈페이지에서 '국제거래_환율' 검색!)

· 환율과 수입·수출의 관계

https://www.edunet.net/nedu/contsvc/viewWkstCont.do?menu_id=81&contents_id=d8623709-7817-4816-b647-a66ee80e99f4&sub_clss_id=CLSS0000000362&svc_clss_id=CLSS0000018005&contents_openapi=totalSearch&contents_openapi=totalSearch (에듀넷 · 티클리어 홈페이지에서 '환율에 따라 천원으로 살 수 있는 것이' 검색!)

## [009~014] 다음 글을 읽고 물음에 답하시오.

1 [1]국제법(國際法, 국제 사회나 국제 공동체가 서로 돕고 함께 존재하며 발전하기 위해, 국가 간의 권리와 의무에 대하여 규정한 법률)에서 일반적으로 조약(條約, 국가 간의 권리와 의무를 국가 간의 합의에 따라 법적 구속을 받도록 규칙으로 정하는 행위)은 국가나 국제기구(國際機構, 국제적 목적이나 활동을 위해 두 나라 이상의 회원국으로 구성된 조직)들이 그들(국가나 국제기구들) 사이에 지켜야 할 구체적인 권리와 의무를 명시적으로(明示的-, 분명하게 드러내 보이도록) 합의하여 창출하는(創出-, 만들어 내는) 규범(規範, 마땅히 따라야 할 가치 판단 기준)이며, 국제 관습법(國際慣習法, 법에서 오래전부터 해 오던 대로 하는 것을 인정한, 국가 사이의 질서나 풍습)은 조약 체결(締結, 공식적으로 맺음)과 관계없이 국제 사회 일반이 받아들여 지키고 있는 보편적인 규범이다. [2]반면에(反面-, 반대로) 경제 관련 국제기구에서 어떤 결정을 하였을 경우, 이(경제 관련 국제기구에서 결정한) 결정 사항 자체는 권고적(勸告的, 권하는) 효력(效力, 작용)만 있을 뿐 법적 구속력(法的拘束力, 법에 따라 어떤 행위를 제한하는 힘)은 없는 것이 일반적이다. [3]그런데 국제결제은행(國際決濟銀行, 1930년 스위스의 바젤에 설립된, 국제 결제를 위한 특수 은행) 산하의(傘下-, 조직의 통제와 보호 아래에) 바젤위원회가 결정한 BIS 비율 규제와 같은 것들이 비회원의 국가에서도 엄격히 준수되는(遵守-, 지켜지는) 모습을 종종 보게 된다. [4]이(바젤위원회가 결정한 법적 구속력이 없는 규제가 비회원 국가에서도 엄격히 준수되는 것)처럼 일종의 규범적 성격이 나타나는 현실을 어떻게 이해할지에 대한 논의가 있다. [5]이(일종의 규범적 성격이 나타나는 현실을 어떻게 이해할지에 대한 논의)는 위반에 대한 제재(制裁, 처벌이나 금지)를 통해 국제법의 효력을 확보하는 데 주안점(主眼點, 특히 중점을 두어 살피는 점)을 두는 일반적 경향을 되돌아보게 한다. [6]곧 신뢰가 형성하는 구속력에 주목하는 것이다.

→ 조약이나 국제 관습법과 달리 법적 구속력이 없는 국제기구의 결정 사항

2 [1]BIS 비율은 은행의 재무 건전성(財務健全性, 자금의 안정적인 성질)을 유지하는 데 필요한 최소한의 자기자본(自己資本, 총자산 중 빚을 뺀 순자산) 비율을 설정하여 궁극적으로 예금자(預金者, 금융 기관에 돈을 맡기는 사람)와 금융 시스템을 보호하기 위해 바젤위원회에서 도입한 것이다. [2]바젤위원회에서는 BIS 비율이 적어도 규제 비율인 8 %는 되어야 한다는 기준을 제시하였다. [3]이(바젤위원회에서 제시한 BIS 비율 기준)에 대한 식은 다음과 같다.

$$^{4}\text{BIS 비율(\%)} = \frac{\text{자기자본}}{\text{위험가중자산}} \times 100 \geq 8(\%)$$

[5]여기서 자기자본은 은행의 기본자본(基本資本, 국제결제은행 기준에서 자기자본의 핵심이 되는 자본), 보완자본(補完資本, 자기자본은 아니지만, 국제결제은행으로부터 자기자본으로 인정될 수 있는 조건을 갖추고 있는 자본) 및 단기후순위채무(短期後順位債務, 1년 미만의 빚으로, 빚을 갚아야 하는 채무자가 파산하였을 때 다른 빚을 모두 갚은 후 남은 재산이 있는 경우 갚아야 하는 빚)의 합으로, 위험가중자산(危險加重資産, 빌려준 돈을 위험 정도에 따라 가중치를 주어 평가한 자산)은 보유(保有, 가지고 있는) 자산에 각 자산의 신용 위험에 대한 위험 가중치(加重値, 평균값을 산출할 때 각각의 요소가 가지는 중요성의 값을 나타내는 비율)를 곱한 값들의 합으로 구하였다. [6]위험 가중치는 자산 유형별 신용 위험을 반영하는 것인데, OECD 국가의 국채(國債, 나랏빚)는 0 %, 회사채(會社債, 주식회사가 일반 사람들에게 채권을 발행하여 사업에 필요한 자금을 조달하는 빚)는 100 %가 획일적으로(劃一的-, 모두 변함없이 같게) 부여되었다.(賦與-, 주어졌다.) [7]이후(바젤위원회가 BIS 비율을 산출하는 기준을 제시한 후) 금융 자산의 가격 변동에 따른 시장(市場, 재화와 서비스의 거래가 이루어지는 추상적인 영

문제편 p.102

역) 위험도 반영해야 한다는 요구가 커지자, 바젤위원회는 위험가중자산을 **신용**(信用, 거래한 재화의 대가를 앞으로 치를 수 있음을 보이는 능력) 위험에 따른 부분과 시장 위험에 따른 부분의 합으로 새로 정의하여 BIS 비율을 **산출하도록**(算出−, 계산해 내도록) 하였다. [8]신용 위험의 경우와 달리 시장 위험의 측정 방식은 감독 기관의 **승인하에**(承認下−, 인정을 받은 조건에서) 은행의 선택에 따라 사용할 수 있게 하여 '바젤 Ⅰ' **협약**(協約, 약속하고 정한 것을 공식적으로 맺음)이 1996년에 완성되었다.

→ 바젤위원회에서 도입한 BIS 비율의 개념과 '바젤 Ⅰ' 협약의 내용

3 [1]**금융**(金融, 경제에서 자금의 수요와 공급에 관계되는 활동) **혁신**(革新, 관습, 조직, 방법 등을 완전히 바꾸어 새롭게 함)의 진전으로 '바젤 Ⅰ' 협약의 한계가 드러나자 2004년에 '바젤 Ⅱ' 협약이 도입되었다. [2]**여기**('바젤 Ⅱ' 협약)에서 BIS 비율의 위험가중자산은 신용 위험에 대한 위험 가중치에 자산의 유형과 **신용도**(信用度, 채무를 이행할 능력과 의사가 있음을 보여 주는 능력의 정도)를 모두 ⓐ 고려하도록 수정되었다. [3]신용 위험의 측정 방식은 표준 모형이나 내부 모형 가운데 하나를 은행이 이용할 수 있게 되었다. [4]표준 모형에서는 OECD 국가의 국채는 0 %에서 150 %까지, 회사채는 20 %에서 150 %까지 위험 가중치를 구분하여 신용도가 높을수록 낮게 부과한다. [5]예를 들어 실제 보유한 회사채가 100억 원인데 신용 위험 가중치가 20 %라면 위험가중자산에서 **그**(보유한 100억 원의) 회사채는 20억 원으로 계산된다. [6]내부 모형은 은행이 선택한 위험 측정 방식을 감독 기관의 승인하에 그 은행이 사용할 수 있도록 하는 것이다. [7]또한 감독 기관은 필요시 위험가중자산에 대한 자기자본의 최저 비율이 ⓑ 규제 비율을 초과하도록 **자국**(自國, 자기 나라) 은행에 요구할 수 있게 함으로써 자기자본의 **경직된**(硬直−, 융통성이 없고 엄격한) 기준을 **보완하고자**(補完−, 모자라고 부족한 것을 보충하여 완전하게 하고자) 했다.

→ 개정된 '바젤 Ⅱ' 협약의 내용

4 [1]최근에는 '바젤 Ⅲ' 협약이 발표되면서 자기자본에서 단기후순위채무가 제외되었다. [2]또한 위험가중자산에 대한 기본자본의 비율이 최소 6 %가 되게 보완하여 자기자본의 손실 **복원력**(復元力, 원래의 상태로 되돌리려는 힘)을 강화하였다. [3]이처럼 새롭게 발표되는 바젤 협약은 이전 협약에 들어 있는 관련 기준을 **개정하는**(改定−, 이미 정하였던 것을 고쳐 다시 정하는) 효과가 있다.

→ 개정된 '바젤 Ⅲ' 협약의 내용

5 [1]바젤 협약은 우리나라를 비롯한 수많은 국가에서 채택하여 **제도화하고**(制度化−, 사회 규범의 체계로 일정하게 형식화되도록 하고) 있다. [2]현재 바젤위원회에는 28개국의 금융 **당국**(當局, 사무나 행정상의 임무, 책임 따위를 담당하여 직접 맡아 하는 관계 기관)들이 회원으로 가입되어 있으며, 우리 금융 당국은 2009년에 가입하였다. [3]하지만 우리나라는 가입하기 훨씬 전부터 BIS 비율을 도입하여 시행하였으며, 현행 **법제**(法制, 법률과 제도)에도 **이것**(BIS 비율)이 반영되어 있다. [4]바젤 기준을 따름으로써 은행이 믿을 만하다는 **징표**(徵標, 어떤 것과 다름을 드러내 보이는 뚜렷한 점)를 국제 금융 시장에 보여 주어야 했던 것이다. [5]재무 건전성을 의심받는 은행은 국제 금융 시장에 자리를 잡지 못하거나, 심하면 아예 ⓒ 발을 들이지 못할 수도 있다.

→ 우리나라의 바젤 협약 시행 및 바젤 기준을 따르는 이유

6 [1]바젤위원회에서는 은행 감독 기준을 협의하여 **제정한다.**(制定−, 만들어 정한다.) [2]**그**(바젤위원회의 은행 감독 기준) **헌장**(憲章, 약속 이행을 위해 정한 규범)에서는 회원들에게 바젤 기준을 자국에 도입할 의무를 부과한다. [3]하지만 바젤위원회가 **초국가적**(超國家的, 국가의 범위에서 하는 일을 뛰어넘는) 감독 **권한**(權限, 행사할 수 있는 권리나 권력이 미치는 범위)이 없으며 **그**(바젤위원회)의 결정도 ⓓ 법적 구속력이 없다는 것 또한 밝히고 있다. [4]바젤 기준은 100 개가 넘는 국가가 채택하여 따른다. [5]**이**(법적 구속력이 없는 바젤 기준을 100 개가 넘는 국가가 채택하여 따르는 것)는 국제기구의 결정에 형식적으로 구속을 받지 않는 국가에서까지 **자발적으로**(自發的−, 남이 시키거나 요청하지 않아도 스스로) 받아들여 시행하고 있다는 것인데, 이런 현실을 ㉠ 말랑말랑한 법(soft law)의 모습이라 설명하기도 한다. [6]**이때**(법적 구속력이 없는 경제 관련 국제기구의 결정 사항이 일종의 규범적 성격을 가지게 되는 현실을 '말랑말랑한 법'의 모습이라고 설명할 때) 조약이나 국제 관습법은 **그**(말랑말랑한 법)에 **대비하여**(對比−, 서로 비교하여 차이를 드러내어) 딱딱한 법(hard law)이라 부르게 된다. [7]바젤 기준도 **장래**(將來, 다가올 앞날)에 ⓔ 딱딱하게 응고될지 모른다.

→ 바젤위원회의 바젤 기준이 국제 사회에 작용하는 규범성

■지문 이해

**〈BIS 비율 규제를 통해 살펴본, 국제기구의 결정 사항이 가진 규범성〉**

**❶ 조약이나 국제 관습법과 달리 법적 구속력이 없는 국제기구의 결정 사항**

- 조약, 국제 관습법 : 위반에 대한 제재를 통해 효력을 확보하는 규범
- 경제 관련 국제기구의 결정 사항 : 일반적으로 법적 구속력이 없으나, 종종 일종의 규범적 성격이 나타남 → 신뢰가 형성하는 구속력에 주목

**❷ 바젤위원회에서 도입한 BIS 비율의 개념과 '바젤 Ⅰ' 협약의 내용**

- BIS 비율 : 은행의 재무 건전성을 유지하는 데 필요한 최소한의 자기자본 비율로, 바젤위원회에서는 적어도 규제 비율인 8 %가 되어야 한다는 기준을 제시함
- 자기자본 : 기본자본 + 보완자본 + 단기후순위채무
- 위험가중자산 : (각 보유 자산 × 위험 가중치)의 합 → 이후 신용 위험에 따른 부분과 시장 위험에 따른 부분의 합으로 수정됨
  - 위험 가중치 : 자산 유형별 신용 위험을 반영한 것(OECD 국가의 국채는 0 %, 회사채는 100 %)
  - 시장 위험 측정 방식 : 감독 기관 승인하에 은행이 선택 가능

**❸ 개정된 '바젤 Ⅱ' 협약의 내용**

- 위험가중자산 : 신용 위험에 대한 위험 가중치에 자산의 유형, 신용도를 모두 고려하도록 수정됨
- 신용 위험 측정 방식 : 은행이 표준 모형과 내부 모형 중 하나를 이용할 수 있게 됨
- 감독 기관은 필요시 위험가중자산에 대한 자기자본의 최저 비율이 규제 비율을 초과하도록 자국 은행에 요구할 수 있게 함

**❹ 개정된 '바젤 Ⅲ' 협약의 내용**

- 자기자본에서 단기후순위채무가 제외됨
- 위험가중자산에 대한 기본자본의 비율이 최소 6 %가 되게 보완함

**❺ 우리나라의 바젤 협약 시행 및 바젤 기준을 따르는 이유**

- 우리 금융 당국은 2009년 바젤위원회에 가입하였으나 가입 전부터 BIS 비율을 도입하여 시행하였고, 법제에도 반영되어 있음
- 바젤 기준을 따름 → 은행의 신뢰성을 국제 금융 시장에 보여 줄 수 있음

**❻ 바젤위원회의 바젤 기준이 국제 사회에 작용하는 규범성**

- 바젤위원회는 초국가적 감독 권한이 없고, 이들의 결정에 법적 구속력이 없지만, 바젤 기준을 100 개 이상의 국가가 채택하여 따름
- 말랑말랑한 법(soft law) : 바젤 기준과 같은 국제기구의 결정을 형식적으로 구속을 받지 않는 국가에서까지 자발적으로 받아들여 시행하는 현실을 설명함
- 딱딱한 법(hard law) : 조약, 국제 관습법

**009** | 글의 서술 방식 파악 - 적절한 것 고르기 2020학년도 수능 37번 정답률 75% | **정답 ①**

## 윗글의 내용 전개 방식으로 가장 적절한 것은?

**근거** ❶-2~4 (경제 관련 국제기구의) 결정 사항 자체는 권고적 효력만 있을 뿐 법적 구속력은 없는 것이 일반적이다. 그런데 국제결제은행 산하의 바젤위원회가 결정한 BIS 비율 규제와 같은 것들이 비회원의 국가에서도 엄격히 준수되는 모습을 종종 보게 된다. 이처럼 일종의 규범적 성격이 나타나는 현실, ❷-1~8 BIS 비율은 … 바젤위원회에서 도입한 것이다. … '바젤 Ⅰ' 협약이 1996년에 완성되었다, ❸-1~7 '바젤 Ⅰ' 협약의 한계가 드러나자 2004년에 '바젤 Ⅱ' 협약이 도입되었다. 여기에서 … 수정되었다. … 보완하고자 했다, ❹-1~2 최근에는 '바젤 Ⅲ' 협약이 발표되면서 … 제외되었다. 또한 … 보완하여 … 강화하였다, ❺-1 바젤 협약은 우리나라를 비롯한 수많은 국가에서 채택하여 제도화하고 있다, ❻-3~5 바젤위원회가 초국가적 감독 권한이 없으며 그의 결정도 법적 구속력이 없다는 것 또한 밝히고 있다. 바젤 기준은 100 개가 넘는 국가가 채택하여 따른다. 이는 국제기구의 결정에 형식적으로 구속을 받지 않는 국가에서까지 자발적으로 받아들여 시행하고 있다는 것

**풀이** 윗글에서는 법적 구속력이 없는 경제 관련 국제기구의 결정 사항이 국제 사회에서 엄격히 준수되는 규범적 성격을 띠는 현실을 '바젤위원회가 결정한 BIS 비율 규제'를 사례로 설명하고 있다. 먼저 바젤위원회가 결정한 BIS 비율 규제의 내용과 '바젤 Ⅰ', '바젤 Ⅱ', '바젤 Ⅲ' 협약의 내용을 ❷~❹문단에 걸쳐 순서대로 설명하였다. 또한 조약이나 국제 관습법과 달리 법적 구속력이 없는 바젤 기준을 100 개가 넘는 국가에서 채택하여 따르고 있음을 밝히며 국제 사회에 작용하는 규범성을 설명하고 있다.

따라서 정답은 ①번이다.

**① 특정한 국제적 기준의 내용과 그 변화 양상을 서술하며 국제 사회에 작용하는 규범성을 설명하고 있다.**

→ 적절함!

**② 특정한 국제적 기준이 제정된 원인을 서술하며 국제 사회의 규범을 감독 권한의 발생 원인에 따라 분류하고 있다.**

**③ 특정한 국제적 기준의 필요성을 서술하며 국제 사회에 수용되는 규범의 필요성을 상반된 관점에서 *논증하고 있다.** *論證-. 옳고 그름을 이유를 들어 밝히고

**④ 특정한 국제적 기준과 관련된 *국내법의 특징을 서술하며 국제 사회에 받아들여지는 규범의 장단점을 설명하고 있다.** *國內法. 한 나라의 주권이 미치는 범위 안에서 효력을 가지는, 나라 내부 관계를 규제하는 법률

**⑤ 특정한 국제적 기준의 설정 주체가 바뀐 사례를 서술하며 국제 사회에서 규범 설정 주체가 지닌 특징을 분석하고 있다.**

**010** | 세부 정보 이해 - 적절하지 않은 것 고르기 2020학년도 수능 38번 | 정답률 70%, 매력적 오답 ④ 15% | 정답 ③

## 윗글에서 알 수 있는 내용으로 적절하지 않은 것은?

**① 조약은 체결한 국가들에 대하여 권리와 의무를 부과하는 것이 원칙이다.**

근거 ❶-1 국제법에서 일반적으로 조약은 국가나 국제기구들이 그들 사이에 지켜야 할 구체적인 권리와 의무를 명시적으로 합의하여 창출하는 규범

→ 적절함!

**② 새로운 바젤 협약이 발표되면 기존 바젤 협약에서의 기준이 변경되는 경우가 있다.**

근거 ❹-3 새롭게 발표되는 바젤 협약은 이전 협약에 들어 있는 관련 기준을 개정하는 효과가 있다.

→ 적절함!

신뢰보다는 제재로써

**③ 딱딱한 법에서는 일반적으로 제재보다는 신뢰로써 법적 구속력을 확보하는 데 주안점이 있다.**

근거 ❶-2~6 경제 관련 국제기구에서 어떤 결정을 하였을 경우, 이 결정 사항 자체는 권고적 효력만 있을 뿐 법적 구속력은 없는 것이 일반적이다. 그런데 국제결제은행 산하의 바젤위원회가 결정한 BIS 비율 규제와 같은 것들이 비회원의 국가에서도 엄격히 준수되는 모습 … 이는 위반에 대한 제재를 통해 국제법의 효력을 확보하는 데 주안점을 두는 일반적 경향을 되돌아보게 한다. 곧 신뢰가 형성하는 구속력에 주목하는 것, ❻-5~6 국제기구의 결정에 형식적으로 구속을 받지 않는 국가에서까지 자발적으로 받아들여 시행하고 있다는 것인데, 이런 현실을 말랑말랑한 법(soft law)의 모습이라 설명하기도 한다. 이때 조약이나 국제 관습법은 그에 대비하여 딱딱한 법(hard law)이라 부르게 된다.

풀이 조약이나 국제 관습법과 같은 국제법은 법적 구속력을 가지는 딱딱한 법인 반면, 국제기구의 결정 사항과 같은 규범은 법적 구속력은 가지지 못하지만 신뢰가 형성하는 구속력을 가지는 말랑말랑한 법이다. 윗글에서 국제법은 위반에 대한 제재를 통해 그 효력을 확보하는 데 주안점을 두는 것이 일반적인 경향이라고 하였으므로, 제재보다 신뢰로써 법적 구속력을 확보한다는 설명은 적절하지 않다.

→ 적절하지 않음!

**④ 국제기구의 결정을 지키지 않을 때 입게 될 불이익은 그 결정이 준수되도록 하는 역할을 한다.**

근거 ❺-4~5 바젤 기준을 따름으로써 은행이 믿을 만하다는 징표를 국제 금융 시장에 보여 주어야 했던 것이다. 재무 건전성을 의심받는 은행은 국제 금융 시장에 자리를 잡지 못하거나, 심하면 아예 발을 들이지 못할 수도 있다.

풀이 국제기구의 결정인 바젤 기준을 따름으로써 은행이 믿을 만하다는 징표를 국제 금융 시장에 보여 줄 수 있다. 그러나 바젤 기준을 따르지 않아 은행의 재무 건전성을 의심받으면 국제 금융 시장에 자리를 잡지 못하거나 발을 들이지 못하는 등의 불이익을 받을 수 있다. 따라서 국제기구의 결정을 지키지 않을 때 입게 될 불이익은 그 결정이 준수되도록 하는 역할을 한다고 볼 수 있다.

→ 적절함!

**⑤ 세계 각국에서 바젤 기준을 *법제화하는 것은 자국 은행의 재무 건전성을 **대외적으로 인정받기 위해서이다.** *法制化-. 법률로 만들어 정하는 **對外的-. 외국이나 외부에 관련해서

근거 ❺-4 바젤 기준을 따름으로써 은행이 믿을 만하다는 징표를 국제 금융 시장에 보여 주어야 했던 것, ❺-1 바젤 협약은 우리나라를 비롯한 수많은 국가에서 채택하여 제도화하고 있다, ❻-3~5 바젤위원회가 초국가적 감독 권한이 없으며 그의 결정도 법적 구속력이 없다는 것 또한 밝히고 있다. 바젤 기준은 100 개가 넘는 국가가 채택하여 따른다. 이는 국제기구의 결정에 형식적으로 구속을 받지 않는 국가에서까지 자발적으로 받아들여 시행하고 있다는 것

풀이 바젤위원회는 초국가적 감독 권한이 없고, 바젤위원회의 바젤 기준 또한 법적 구속력이 없음에도 바젤 기준을 100 개가 넘는 국가에서 채택해 따르는 것은 바젤 기준을 따름으로써 자국 은행이 믿을 만하다는 징표를 국제 금융 시장에 보여 주기 위함이다.

→ 적절함!

1등급 문제

**011** | 핵심 개념 이해 - 적절한 것 고르기 2020학년도 수능 39번 | 정답률 55%, 매력적 오답 ① 10% ② 15% ③ 10% ⑤ 10% | 정답 ④

## BIS 비율에 대한 이해로 가장 적절한 것은?

에 영향을 끼치지 않는다

**① 바젤 Ⅰ 협약에 따르면, 보유하고 있는 회사채의 신용도가 낮아질 경우 BIS 비율은 낮아지는 경향이 있다.**

근거 ❷-6 (바젤 Ⅰ 협약에 따르면) 위험 가중치는 자산 유형별 신용 위험을 반영하는 것인데, OECD 국가의 국채는 0 %, 회사채는 100 %가 획일적으로 부여되었다, ❸-4 (바젤 Ⅱ 협약에 따르면) 회사채는 20 %에서 150 %까지 위험 가중치를 구분하여 신용도가 높을수록 낮게 부과한다.

풀이 바젤 Ⅰ 협약에서는 회사채의 위험 가중치를 획일적으로 100 %로 부여하였다. 회사채의 신용도가 낮아지더라도 위험 가중치는 변함없이 100 %이므로, 회사채의 신용도 변화가 BIS 비율에 영향을 끼치지 않는다. 한편 바젤 Ⅱ 협약에서는 표준 모형을 이용할 때, 보유하고 있는 회사채의 신용도가 낮을수록 위험 가중치가 높게 부과되므로, 다른 변화가 없을 때 BIS 비율이 낮아지는 경향이 있다고 할 수 있다.

→ 적절하지 않음!

**② 바젤 Ⅱ 협약에 따르면, 각국의 은행들이 준수해야 하는 위험가중자산 대비 자기자본의 최저 비율은 동일하다.**

규제 비율을 초과할 수 있다

근거 ❸-7 (바젤 Ⅱ 협약에 따르면) 감독 기관은 필요시 위험가중자산에 대한 자기자본의 최저 비율이 규제 비율을 초과하도록 자국 은행에 요구할 수 있게 함으로써 자기자본의 경직된 기준을 보완하고자 했다.

→ 적절하지 않음!

**③ 바젤 Ⅱ 협약에 따르면, 보유하고 있는 OECD 국가의 국채를 매각한 뒤 이를 회사채에 투자한다면 BIS 비율은 항상 높아진다.**

근거 ❸-4 표준 모형에서는 OECD 국가의 국채는 0 %에서 150 %까지, 회사채는 20 %에서 150 %까지 위험 가중치를 구분하여 신용도가 높을수록 낮게 부과한다.

풀이 바젤 Ⅱ 협약에 따르면서 보유하고 있는 OECD 국가의 국채를 매각한 뒤 이를 회사채에 투자할 때, BIS 비율의 변화는 은행이 신용 위험의 측정 방식을 표준 모형으로 이용할 때에 한하여 논할 수 있다. 국채의 위험 가중치가 회사채에 부여되는 위험 가중치보다 낮은 경우, 매각 및 투자 후 위험가중자산은 보다 크게 계산되므로 BIS 비율은 낮아질 것이다. 반면 국채의 위험 가중치가 회사채에 부여되는 위험 가중치보다 높은 경우, 매각 및 투자 후 위험가중자산은 보다 작게 계산되므로 BIS 비율은 높아질 것이다.

→ 적절하지 않음!

**④ 바젤 Ⅱ 협약에 따르면, 시장 위험의 경우와 마찬가지로 감독 기관의 승인하에 은행이 선택하여 사용할 수 있는 신용 위험의 측정 방식이 있다.**

근거 ❷-8 신용 위험의 경우와 달리 시장 위험의 측정 방식은 감독 기관의 승인하에 은행의 선택에 따라 사용할 수 있게 하여 '바젤 Ⅰ' 협약이 1996년에 완성되었다, ❸-3 (바젤 Ⅱ 협약에서) 신용 위험의 측정 방식은 표준 모형이나 내부 모형 가운데 하나를 은행이 이용할 수 있게 되었다, ❸-6 내부 모형은 은행이 선택한 위험 측정 방식을 감독 기관의 승인하에 그 은행이 사용할 수 있도록 하는 것

풀이 바젤 Ⅰ 협약에서는 시장 위험의 측정 방식을 감독 기관의 승인하에 은행의 선택에 따라 사용할 수 있게 하였다. 바젤 Ⅱ 협약에서는 은행이 신용 위험의 측정 방식으로 표준 모형이나 내부 모형 중 하나를 선택하여 이용할 수 있게 되었는데, 이 중 내부 모형은 감독 기관의 승인하에 은행이 선택한 위험 측정 방식을 사용할 수 있도록 한 것이다. 바젤 Ⅱ 협약의 내용에 시장 위험의 측정 방식에 대한 언급은 없으므로, 바젤 Ⅰ 협약에서의 시장 위험의 측정 방식이 바젤 Ⅱ 협약에서도 유지되고 있음을 알 수 있다. 따라서 바젤 Ⅱ 협약에 따르면, 시장 위험의 측정 방식과 신용 위험의 측정

방식을 감독 기관의 승인하에 은행이 선택하여 사용할 수 있다.

→ 적절함!

⑤ **바젤 Ⅲ 협약에 따르면, 위험가중자산 대비 보완자본이 최소 2 %는 되어야 보완된 BIS 비율 규제를 은행이 준수할 수 있다.** (2 %가 되지 않더라도)

**근거** ❷-2 바젤위원회에서는 BIS 비율이 적어도 규제 비율인 8 %는 되어야 한다는 기준을 제시, ❷-5 자기자본은 은행의 기본자본, 보완자본 및 단기후순위채무의 합, ❹-1~2 '바젤 Ⅲ' 협약이 발표되면서 자기자본에서 단기후순위채무가 제외되었다. 또한 위험가중자산에 대한 기본자본의 비율이 최소 6 %가 되게 보완하여 자기자본의 손실 복원력을 강화

**풀이** 바젤위원회는 BIS 비율에 대한 기준을 처음 설정할 당시 BIS 비율이 적어도 8 %는 되어야 한다는 기준을 제시하였고, 자기자본을 은행의 기본자본, 보완자본 및 단기후순위 채무의 합으로 규정하였다. 한편 바젤 Ⅲ 협약에서는 자기자본에서 단기후순위채무가 제외되었으므로, 바젤 Ⅲ 협약에서의 자기자본은 은행의 기본자본과 보완자본의 합이다. 따라서 바젤 Ⅲ 협약에서는 위험가중자산에 대한 자기자본(기본자본 + 보완자본)의 비율이 8 %가 되면 BIS 비율의 기준을 충족할 수 있다.

또한 바젤 Ⅲ 협약에서는 위험가중자산에 대한 자기자본의 항목 중 기본자본의 비율이 '최소' 6 %가 되게 보완되었다. BIS 비율의 기준을 충족하려면 위험가중자산에 대한 자기자본(기본자본 + 보완자본)의 비율이 8 % 이상이 되어야 하므로, 기본자본이 최소 비율인 6 %일 때는 보완자본의 비율이 2 %가 되어야 한다. 하지만 기본자본의 비율이 6 % 이상일 경우에는 위험가중자산에 대한 보완자본의 비율이 2 %가 되지 않더라도 자기자본(기본자본 + 보완자본)의 비율은 8 % 이상이 될 수 있다. 다시 말해 기본자본의 비율이 6 % 이상이면서 기본자본과 보완자본의 합이 8 %가 넘기만 하면 되므로, 위험가중자산 대비 보완자본이 2 % 미만이 되더라도 보완된 BIS 비율 규제를 준수할 수 있다.

→ 적절하지 않음!

1등급문제

**012** 반응의 적절성 판단 - 적절하지 않은 것 고르기 2020학년도 수능 40번
정답률 30%, 매력적 오답 ② 20% ③ 20% ④ 25%
정답 ⑤

## 윗글을 참고할 때, <보기>에 대한 반응으로 적절하지 않은 것은? 3점

| 보기 |

[1]갑 은행이 어느 해 말에 발표한 자기자본 및 위험가중자산은 아래 표와 같다. [2]갑 은행은 OECD 국가의 국채와 회사채만을 자산으로 보유했으며, 바젤 Ⅱ 협약의 표준 모형에 따라 BIS 비율을 산출하여 공시하였다.(公示-, 공개적으로 게시해 알렸다.) [3]이때 회사채에 반영된 위험 가중치는 50 %이다. 그 이외의 자본 및 자산은 모두 무시한다.

| 항목 | 자기자본 | | |
|---|---|---|---|
| | 기본자본 | 보완자본 | 단기후순위채무 |
| 금액 | 50억 원 | 20억 원 | 40억 원 |

| 항목 | 위험 가중치를 반영하여 산출한 위험가중자산 | | |
|---|---|---|---|
| | 신용 위험에 따른 위험가중자산 | | 시장 위험에 따른 위험가중자산 |
| | 국채 | 회사채 | |
| 금액 | 300억 원 | 300억 원 | 400억 원 |

▶ 지문 핵심 개념 정리

**'바젤 Ⅱ' 협약**

- BIS 비율(%) = $\frac{\text{자기자본}}{\text{위험가중자산}} \times 100 \geq 8(\%)$(❷-4)
- 자기자본 : 기본자본 + 보완자본 + 단기후순위채무(❷-5)
- 위험가중자산 : 각 보유 자산 × 위험 가중치의 합(❷-5)으로, 신용 위험에 대한 위험 가중치에 자산의 유형과 신용도를 모두 고려함(❸-2)
- 신용 위험의 측정 방식
  - 표준 모형 : OECD 국가의 국채는 0 %에서 150 %까지, 회사채는 20 %에서 150 %까지 위험 가중치를 구분하여 신용도가 높을수록 낮게 부과함(❸-4)
  - 내부 모형 : 은행이 선택한 위험 측정 방식을 감독 기관의 승인하에 그 은행이 사용할 수 있게 함(❸-6)
- 감독 기관은 필요시 위험가중자산에 대한 자기자본의 최저 비율이 규제 비율을 초과하도록 자국 은행에 요구할 수 있게 함(❸-7)

① **갑 은행이 공시한 BIS 비율은 바젤위원회가 제시한 규제 비율을 *상회하겠군.** *上廻-, 기준을 넘어서겠군.

**풀이** BIS 비율은 위험가중자산에 대한 자기자본의 비율을 말하는 것으로, 바젤위원회가 제시한 규제 비율은 8 %이다. <보기>의 갑 은행의 위험가중자산의 합은 1,000억 원이고, 자기자본의 합은 110억 원이므로, 갑 은행이 공시한 BIS 비율($\frac{110억 원}{1,000억 원} \times 100$)은 11 %이다. 따라서 갑 은행이 공시한 BIS 비율은 바젤위원회가 제시한 규제 비율인 8 %을 상회한다는 설명은 적절하다.

→ 적절함!

② **갑 은행이 보유 중인 회사채의 위험 가중치가 20 %였다면 BIS 비율은 공시된 비율보다 높았겠군.**

**근거** ❸-5 예를 들어 실제 보유한 회사채가 100억 원인데 신용 위험 가중치가 20 %라면 위험가중자산에서 그 회사채는 20억 원으로 계산된다, <보기>-3 회사채에 반영된 위험 가중치는 50 %이다.

**풀이** <보기>에서 갑 은행의 회사채에 반영된 위험 가중치는 50 %이고, 이에 따라 산출한 금액이 300억 원이므로, 위험 가중치를 반영하기 전 실제 보유한 회사채의 실제 규모는 600억 원임을 알 수 있다. 만약 회사채의 위험 가중치가 20 %였다면 산출한 금액은 120억이 된다. 이 경우 위험가중자산이 줄어들게 되므로, 갑 은행의 BIS 비율은 회사채의 위험 가중치가 50 %일 때보다 높아진다. 따라서 갑 은행이 보유 중인 회사채의 위험 가중치가 20 %였다면 BIS 비율은 약 13.4 %($\frac{110억 원}{820억 원} \times 100$)로 공시된 비율인 11 %($\frac{110억 원}{1,000억 원} \times 100$)보다 높았을 것이라는 설명은 적절하다.

→ 적절함!

③ **갑 은행이 보유 중인 국채의 실제 규모가 회사채의 실제 규모보다 컸다면 위험 가중치는 국채가 회사채보다 낮았겠군.**

**근거** ❸-5 예를 들어 실제 보유한 회사채가 100억 원인데 신용 위험 가중치가 20 %라면 위험가중자산에서 그 회사채는 20억 원으로 계산된다, <보기>-3 회사채에 반영된 위험 가중치는 50 %이다.

**풀이** <보기>에서 국채와 회사채의 실제 보유 금액에 각각의 위험 가중치를 곱한 값이 300억 원으로 동일하다. 이때 회사채에 반영된 위험 가중치는 50 %이고, 이에 따라 산출한 금액이 300억 원이므로, 위험 가중치를 반영하기 전 실제 보유한 회사채의 규모는 600억 원임을 알 수 있다. 갑 은행이 보유 중인 국채의 실제 규모를 회사채의 실제 규모(600억 원)보다 큰 금액인 1,000억 원이라고 가정해 보자.

| 600억 원 × 위험 가중치 = 300억 원 | → 회사채의 위험 가중치 : 50 % |
|---|---|
| 1,000억 원 × 위험 가중치 = 300억 원 | → 국채의 위험 가중치 : 30 % |

따라서 갑 은행이 보유 중인 국채의 실제 규모가 회사채의 실제 규모보다 클 경우, 국채의 위험 가중치가 회사채의 위험 가중치보다 낮다는 설명은 적절하다.

→ 적절함!

④ **갑 은행이 바젤 Ⅰ 협약의 기준으로 신용 위험에 따른 위험가중자산을 산출한다면 회사채는 600억 원이 되겠군.**

**근거** <보기>-2 바젤 Ⅱ 협약의 표준 모형에 따라 BIS 비율을 산출하여 공시, <보기>-3 회사채에 반영된 위험 가중치는 50 %, ❷-6 (바젤 Ⅰ 협약에서) 위험 가중치는 자산 유형별 신용 위험을 반영하는 것인데, OECD 국가의 국채는 0 %, 회사채는 100 %가 획일적으로 부여

**풀이** <보기>의 갑 은행은 바젤 Ⅱ 협약의 표준 모형에 따라 BIS 비율을 산출하여 공시하였다. 갑 은행의 회사채에 반영된 위험 가중치는 50 %이고, 이에 따라 산출한 금액이 300억 원이므로, 위험 가중치를 반영하기 전 실제 보유한 회사채의 원금은 600억 원임을 알 수 있다. 바젤 Ⅰ 협약에서는 OECD 국가의 회사채에 대한 위험 가중치를 획일적으로 100 %로 부여하였으므로, 바젤 Ⅰ 협약의 기준으로 갑 은행이 실제 보유한 회사채 원금 600억 원에 위험 가중치를 곱한 위험가중자산(600억 × 100 %)은 600억 원이 된다.

→ 적절함!

⑤ **갑 은행이 위험가중자산의 변동 없이 보완자본을 10억 원 증액한다면 바젤 Ⅲ 협약에서 보완된 기준을 충족할 수 있겠군.** (기본자본)

**근거** ❷-2 바젤위원회에서는 BIS 비율이 적어도 규제 비율인 8 %는 되어야 한다는 기준을 제시하였다, ❹-1~2 '바젤 Ⅲ' 협약이 발표되면서 자기자본에서 단기후순위채무가 제외되었다. 또한 위험가중자산에 대한 기본자본의 비율이 최소 6 %가 되게 보완

**풀이** 바젤 Ⅲ 협약에서 보완된 기준을 충족하기 위해서는 위험가중자산에 대한 '기본자본 + 보완자본'의 비율이 8 % 이상인 동시에, 위험가중자산에 대한 기본자본의 비율이 6 % 이상이 되어야 한다. <보기>에서 갑 은행이 위험가중자산의 변동 없이 보완자본을 10억 원 증액한다면, 위험가중자산은 1,000억 원이고, 보완자본은 30억 원이

Ⅱ 사회

된다. 이때 갑 은행의 자기자본 중 기본자본은 50억 원으로 변동이 없으므로, 위험가중자산에 대한 '기본자본 + 보완자본'의 비율($\frac{50억 원 + 30억 원}{1,000억 원} \times 100$)은 8 %이지만 위험가중자산 1,000 억 원에 대한 기본자본의 비율($\frac{50억 원}{1,000억 원} \times 100$)은 5 %이다. 따라서 이 경우 바젤 Ⅲ 협약에서 보완된 기준을 충족할 수 없다. 이를 충족하기 위해서는 기본자본을 10억 원 증액하여, 위험가중자산에 대한 '기본자본 + 보완자본'의 비율($\frac{60억 원 + 20억 원}{1,000억 원} \times 100$)이 8 %면서 위험가중자산에 대한 기본자본의 비율($\frac{60억 원}{1,000억 원} \times 100$)이 6 %가 되도록 해야 한다.

→ 적절하지 않음!

1등급문제

**013** 구체적인 사례에 적용 - 적절한 것 고르기 2020학년도 수능 41번
정답률 45%, 매력적 오답 ③ 10% ④ 30% | 정답 ⑤

## ㉠에 해당하는 사례로 가장 적절한 것은?

㉠ 말랑말랑한 법(soft law)의 모습

근거 ❻-3~5 바젤위원회가 초국가적 감독 권한이 없으며 그의 결정도 법적 구속력이 없다는 것 또한 밝히고 있다. 바젤 기준은 100 개가 넘는 국가가 채택하여 따른다. 이는 국제기구의 결정에 형식적으로 구속을 받지 않는 국가에서까지 자발적으로 받아들여 시행하고 있다는 것인데, 이런 현실을 말랑말랑한 법(soft law)의 모습이라 설명하기도 한다.

풀이 윗글에서 초국가적 감독 권한이 없으며 법적 구속력이 없는 국제기구의 결정에, 형식적으로 구속을 받지 않는 국가에서까지 자발적으로 그 결정을 받아들여 이를 시행하는 현실을 '말랑말랑한 법(soft law)의 모습'이라고 하였다. 바젤위원회 회원이 없는 국가(= 국제기구의 결정에 형식적으로 구속을 받지 않는 국가)에서 바젤 기준을 제도화하여 국내에서 효력이 발생(= 국제기구의 결정을 자발적으로 받아들여 시행)하도록 하는 것은 ㉠에 해당하는 사례로 적절하다. 따라서 정답은 ⑤번이다.

**① 바젤위원회가 국제 금융 현실에 맞지 않게 된 바젤 기준을 개정한다.**

풀이 '바젤위원회가 바젤 기준을 개정'하는 것은, 법적 구속력이 없는 국제기구의 결정을 형식적으로 구속받지 않는 국가에서까지 자발적으로 받아들여 시행하는 현실을 설명한 '말랑말랑한 법(soft law)의 모습'에 해당하는 사례로 보기 어렵다.

→ 적절하지 않음!

**② 바젤위원회가 가입 회원이 없는 국가에 바젤 기준을 준수하도록 요청한다.**

풀이 '바젤위원회가 가입 회원이 없는 국가에 바젤 기준을 준수하도록 요청'하는 것은 자발적으로 받아들여 시행하는 것과 거리가 멀다. 따라서 '말랑말랑한 법(soft law)의 모습'에 해당하는 사례로 보기 어렵다.

→ 적절하지 않음!

**③ 바젤위원회 회원의 국가가 준수 의무가 있는 바젤 기준을 실제로는 지키지 않는다.**

풀이 '바젤위원회 회원의 국가'는 형식적으로 구속을 받지 않는 국가에 해당하지 않으며, '바젤 기준을 실제로 지키지 않는다'는 것은 국제기구의 결정을 받아들여 시행하는 것에도 해당하지 않는다. 따라서 '말랑말랑한 법(soft law)의 모습'에 해당하는 사례로 보기 어렵다.

→ 적절하지 않음!

**④ 바젤위원회 회원의 국가가 강제성이 없는 바젤 기준에 대하여 준수 의무를 이행한다.**

풀이 '바젤위원회 회원의 국가'는 형식적으로 구속을 받지 않는 국가에 해당하지 않으므로, '말랑말랑한 법(soft law)의 모습'에 해당하는 사례로 보기 어렵다.

→ 적절하지 않음!

**⑤ 바젤위원회 회원이 없는 국가에서 바젤 기준을 제도화하여 국내에서 효력이 발생하도록 한다.**

→ 적절함!

**014** 문맥적 의미 파악 - 적절하지 않은 것 고르기 2020학년도 수능 42번
정답률 65%, 매력적 오답 ② 10% ④ 15% ⑤ 10% | 정답 ③

## 문맥상 ⓐ~ⓔ와 바꿔 쓰기에 적절하지 않은 것은?

ⓐ 고려하도록 ⓑ 규제 비율을 초과하도록 ⓒ 발을 들이지
ⓓ 법적 구속력이 없다는 ⓔ 딱딱하게 응고될지

**① ⓐ : 반영하여 산출하도록**

근거 ❸-2 BIS 비율의 위험가중자산은 신용 위험에 대한 위험 가중치에 자산의 유형과 신용도를 모두 ⓐ 고려하도록 수정되었다.

풀이 ⓐ에서 BIS 비율의 위험가중자산을 구할 때 자산의 유형과 신용도를 모두 '고려하도록' 수정되었다고 표현하고 있다. 이는 BIS 비율의 위험가중자산을 구할 때 자산의 유형, 신용도를 모두 반영하여 계산해 구한다는 뜻이다. 따라서 ⓐ의 '고려하도록'을 '반영하여 산출하도록'으로 바꿔 쓰는 것은 적절하다.

→ 적절함!

**② ⓑ : 8 %가 넘도록**

근거 ❸-7 감독 기관은 필요시 위험가중자산에 대한 자기자본의 최저 비율이 ⓑ 규제 비율을 초과하도록 자국 은행에 요구할 수 있게 함으로써, ❷-1~2 BIS 비율은 은행의 재무 건전성을 유지하는 데 필요한 최소한의 자기자본 비율을 설정하여 … 바젤위원회에서는 BIS 비율이 적어도 규제 비율인 8 %는 되어야 한다는 기준을 제시

풀이 ⓑ에서 감독 기관은 위험가중자산에 대한 자기자본의 최저 비율이 규제 비율을 초과하도록 자국 은행에 요구할 수 있게 하였다고 설명하였는데, 여기에서 위험가중자산에 대한 자기자본의 비율은 곧 BIS 비율을 의미하며, 규제 비율은 바젤위원회에서 제시한 규제 비율인 8 %를 말한다. 따라서 ⓑ의 '규제 비율을 초과하도록'을 '8 %가 넘도록'으로 바꿔 쓰는 것은 적절하다.

→ 적절함!

**③ ⓒ : 바젤위원회에 가입하지**

근거 ❺-5 재무 건전성을 의심받는 은행은 국제 금융 시장에 자리를 잡지 못하거나, 심하면 아예 ⓒ 발을 들이지 못할 수도 있다.

풀이 '발을 들이다'는 '어떤 분야에 처음 들어가 일하게 되거나 처음 실제로 겪어 보게 되다'의 의미를 가진 관용구이다. ⓒ에서는 문맥상 재무 건전성을 의심받는 은행이 국제 금융 시장에 들어가지 못할 수 있음을 의미한다. 바젤위원회는 초국가적 감독 권한이 없고 이들의 결정은 법적 구속력이 없으므로, 바젤위원회에 가입하지 않는다 하더라도 국제 금융 시장에 아예 들어가지도 못하는 것은 아니다. 따라서 ⓒ의 '발을 들이지'를 '바젤위원회에 가입하지'로 바꿔 쓰는 것은 문맥상 적절하지 않다.

→ 적절하지 않음!

**④ ⓓ : 권고적 효력이 있을 뿐이라는**

근거 ❻-3 바젤위원회가 초국가적 감독 권한이 없으며 그의 결정도 ⓓ 법적 구속력이 없다는 것, ❶-2 경제 관련 국제기구에서 어떤 결정을 하였을 경우, 이 결정 사항 자체는 권고적 효력만 있을 뿐 법적 구속력은 없는 것이 일반적이다.

풀이 ⓓ에서 바젤위원회의 결정에 법적 구속력이 없다고 설명하였다. 또 ❶문단에서 바젤위원회와 같은 경제 관련 국제기구의 결정은 권고적 효력만 있을 뿐 법적 구속력이 없다고 설명하였다. 따라서 ⓓ의 '법적 구속력이 없다는'을 '권고적 효력이 있을 뿐이라는'으로 바꿔 쓰더라도 그 의미가 달라지지 않는다.

→ 적절함!

**⑤ ⓔ : 조약이나 국제 관습법이 될지**

근거 ❻-5~7 국제기구의 결정에 형식적으로 구속을 받지 않는 국가에서까지 자발적으로 받아들여 시행하고 있다는 것인데, 이런 현실을 말랑말랑한 법(soft law)의 모습이라 설명하기도 한다. 이때 조약이나 국제 관습법은 그에 대비하여 딱딱한 법(hard law)이라 부르게 된다. 바젤 기준도 장래에 ⓔ 딱딱하게 응고될지 모른다.

풀이 바젤 기준과 같이 국제기구에서 결정한 사항은 법적 구속력이 없지만, 이러한 국제기구의 결정을 형식적으로 구속받지 않는 국가에서까지 자발적으로 받아들여 시행하는 현실을 '말랑말랑한 법(soft law)'의 모습이라고 설명한다. 이에 대비해 조약이나 국제 관습법 등 법적 구속력이 있는 규범은 '딱딱한 법(hard law)'이라고 부른다. ⓔ에서 바젤 기준이 '딱딱하게 응고될지 모른다'고 표현한 것은 문맥상 바젤 기준이 딱딱한 법, 즉 조약이나 국제 관습법이 될지도 모른다는 의미를 담은 말이다. 따라서 ⓔ를 '조약이나 국제 관습법이 될지'로 바꿔 쓰는 것은 적절하다.

→ 적절함!

## [015~019] 다음 글을 읽고 물음에 답하시오.

1 [1]대한민국 정부가 해외에서 발행한(發行−, 만들어 쓰이도록 한) 채권(債 빚 채 券 화폐 권)의 CDS 프리미엄은 우리가 매체에서 자주 접하는(接−, 소식을 듣는) 경제 지표(經濟指標, 경제 활동의 상태를 알아내기 위해 특정 경제 현상을 통계 수치로 나타낸 것)의 하나이다. [2]이 지표(CDS 프리미엄)를 이해하기 위해서는 채권의 '신용 위험'과 '신용 파산 스와프(CDS)'의 개념을 살펴볼 필요가 있다.

→ 경제 지표의 하나인 CDS 프리미엄

2 [1]채권은 정부나 기업이 자금(資金, 경영하는 데 쓰는 돈)을 조달하기(調達−, 마련하기) 위해 발행하며 그 가격은 채권이 매매되는(賣買−, 사고팔리는) 채권 시장에서 결정된다. [2]채권의 발행자(發行者, 발행하는 사람)는 정해진 날에 일정한 이자와 원금(元金, 이자를 제외한 원래의 돈)을 투자자(投資者, 이익을 얻기 위해 자본을 대는 사람)에게 지급할(支給−, 줄) 것을 약속한다. [3]채권을 매입한(買入−, 산) 투자자는 이를 다시 매도하거나(賣渡−, 팔거나) 이자를 받아 수익(收益, 이익)을 얻는다. [4]그런데 채권 투자에는 발행자의 지급 능력 부족 등의 사유(事由, 까닭)로 이자와 원금이 지급되지 않을 가능성인 신용 위험이 수반된다.(隨伴−, 더불어 생긴다.) [5]이에 따라 각국(各國, 각 나라)은 채권의 신용 위험을 평가해 신용 등급으로 공시하는(公示−, 공개적으로 게시하여 널리 알리는) 신용 평가 제도를 도입하여(導入−, 끌어 들여) 투자자를 보호하고 있다.

→ '신용 위험'의 개념과 신용 평가 제도

3 [1]우리나라의 신용 평가 제도에서는 원화(−貨, 원을 화폐 단위로 하는 한국의 화폐)로 이자와 원금의 지급을 약속한 채권 가운데 발행자의 지급 능력이 최상급(最上級, 가장 높은 등급)인 채권에 AAA라는 최고 신용 등급이 부여된다.(附與−, 주어진다.) [2]원금과 이자가 지급되지 않아 부도(不渡, 기한이 되어도 약속된 돈을 지급받지 못하는 일)가 난 채권에는 D라는 최저 신용 등급이 주어진다. [3]그 외(최고 신용 등급인 AAA와 최저 신용 등급인 D를 제외한 나머지)의 채권은 신용 위험이 커지는 순서에 따라 AA, A, BBB, BB 등 점차 낮아지는 등급 범주(範疇, 범위)로 평가된다. [4]이들 각 등급 범주 내에서도 신용 위험의 상대적인(相對的−, 서로 비교하여) 크고 작음에 따라 각각 ' - '나 '+'를 붙이거나 하여 각 범주가 세 단계의 신용 등급으로 세분되는(細分−, 자세히 나뉘는) 경우가 있다. [5]채권의 신용 등급은 신용 위험의 변동(變動, 바뀌어 달라짐)에 따라 조정될(調整−, 기준에 맞도록 조절하여 정돈될) 수 있다. [6]다른 조건이 일정한 가운데 신용 위험이 커지면 채권 시장에서 해당 채권의 가격이 ⓐ 떨어진다.

→ 우리나라의 신용 평가 제도

4 [1]CDS(Credit Default Swap, 신용 파산 스와프)는 채권 투자자들이 신용 위험을 피하려는 목적으로 활용하는 파생 금융 상품(派生金融商品, 예금·외환·주식·채권 등의 금융 자산을 기초로 하여, 금융 상품의 가격 변동을 예상하여 만든 상품)이다. [2]CDS 거래는 '보장 매입자'와 '보장 매도자' 사이에서 이루어진다. [3]여기서 '보장'이란 신용 위험으로부터의 보호를 뜻한다. [4]보장 매도자는, 보장 매입자가 보유한(保有−, 가지고 있는) 채권에서 부도가 나면 이(채권의 부도)에 따른 손실(損失, 손해)을 보상하는(報償−, 갚는) 역할을 한다. [5]CDS 거래를 통해 채권의 신용 위험은 보장 매입자로부터 보장 매도자로 이전된다.(移轉−, 넘어간다.) [6]CDS 거래에서 신용 위험의 이전이 일어나는 대상 자산(資産, 경제적 가치가 있는 재산)을 '기초 자산'이라 한다.

[A] [7]가령(假令, 예를 들어) 은행 ㉠ 갑은, 기업 ㉡ 을이 발행한 채권을 매입하면서 그것(기업 을이 발행한 채권)의 신용 위험을 피하기 위해 보험 회사 ㉢ 병과 CDS 계약을 체결할(締結−, 맺을) 수 있다. [8]이때(은행 갑이 보험 회사 병과 CDS 계약을 체결할 때) 기초 자산은 을이 발행한 채권이다.

→ '신용 파산 스와프(CDS)'의 개념과 CDS 거래

5 [1]보장 매도자는 기초 자산의 신용 위험을 부담하는(負擔−, 지는) 것에 대한 보상으로 보장 매입자로부터 일종의 보험료를 받는데, 이것의 요율(料率, 요금의 비율)이 CDS 프리미엄이다. [2]CDS 프리미엄은 기초 자산의 신용 위험이나 보장 매도자의 유사시(有事時, 급한 일이 일어날 때) 지급 능력과 같은 여러 요인(要因, 원인)의 영향을 받는다. [3]다른 요인이 동일한(同一−, 똑같은) 경우, ㉣ 기초 자산의 신용 위험이 크면 CDS 프리미엄도 크다. [4]한편 ㉤ 보장 매도자의 지급 능력이 우수할수록(優秀−, 뛰어날수록) 보장 매입자는 유사시 손실을 보다 확실히 보전받을(補塡−, 보충하여 채울) 수 있으므로 보다 큰 CDS 프리미엄을 기꺼이 지불하는(支拂−, 값을 치르는) 경향이 있다. [5]만약 보장 매도자가 발행한 채권이 있다면, 그 신용 등급으로 보장 매도자의 지급 능력을 판단할 수 있다. [6]이에 따라 다른 요인이 동일한 경우, 보장 매도자가 발행한 채권의 신용 등급이 높으면 CDS 프리미엄은 크다.

→ CDS 프리미엄의 개념과 CDS 프리미엄에 영향을 주는 요인

■지문 이해

〈채권의 CDS 프리미엄〉

**❶ 경제 지표의 하나인 CDS 프리미엄**

↓

**❷ '신용 위험'의 개념과 신용 평가 제도**

- 신용 위험 : 채권 투자 시 발행자의 지급 능력 부족 등의 사유로 이자와 원금이 지급되지 않을 가능성
  → 신용 평가 제도를 도입해 투자자를 보호함

↓

**❸ 우리나라의 신용 평가 제도**

- AAA(발행자 지급 능력 최상) → AA → A → BBB → BB → … → D(부도난 채권)
- 신용 위험이 커지는 순서에 따라 점차 등급이 낮아지며, 각 등급 내에서도 '−'나 '+'가 붙어 세분됨
- 다른 조건이 일정할 때 신용 위험이 커지면 해당 채권의 가격이 떨어짐

↓

**❹ '신용 파산 스와프(CDS)'의 개념과 CDS 거래**

- CDS : 채권 투자자들이 신용 위험을 피하려는 목적으로 활용하는 파생 금융 상품
- CDS 거래에서 보장 매도자는 보장 매입자가 보유한 채권(기초 자산)에서 부도가 나면 이에 따른 손실을 보상함 → 채권의 신용 위험이 보장 매입자로부터 보장 매도자로 이전됨

↓

**❺ CDS 프리미엄의 개념과 CDS 프리미엄에 영향을 주는 요인**

- CDS 프리미엄 : 보장 매도자가 기초 자산의 신용 위험을 부담하는 것에 대한 보상으로 보장 매입자로부터 받는 보험료의 요율
  - 기초 자산의 신용 위험이 크면 CDS 프리미엄도 큼
  - 보장 매도자가 발행한 채권의 신용 등급이 높으면 CDS 프리미엄이 큼

**tip** • 애덤 맥케이(Adam McKay)의 영화 '빅 쇼트(The Big Short)'

2007 ~ 2008년 미국에서 시작된 세계 금융 위기를 다룬 영화로, 당시 미국은 주택의 가격이 계속해서 상승하고 있었다. 이에 많은 사람들이 은행에서 대출을 받아 집을 사들였다. 일반 시민들, 전문가, 정부조차도 주택담보대출(주택을 담보로 하여 집값의 일부를 은행에서 지원하여 주는 대출) 상품이 부도가 날 위험은 적다고 생각했고, 이 때문에 금융 상품이 부도가 날 경우 보험금처럼 수령할 수 있는 파생 상품인 '신용 파산 스와프(CDS)'는 시장에서 낮은 가격에 거래되고 있었다.

그러나 영화의 주인공들은 집값의 상승이 계속되지는 않을 것이라 보고, 주택담보대출을 기초 자산으로 발행된 채권의 CDS를 싼값에 대량으로 사들이게 된다. 즉, 주택담보대출의 대출금을 사람들이 갚지 못하게 되면 해당 채권이 부도가 나게 되고, CDS에 가입한 사람은 그에 대한 손실을 보장받게 되는 것이다. 이후 주택시장의 가격이 폭락하면서 주택 관련 금융 상품에 부도가 연이어 발생하여, 주인공들은 대규모 보험금을 수령하게 된다.

**015** | 세부 정보 이해 - 적절하지 않은 것 고르기 2019학년도 9월 모평 21번 정답률 90% | 정답 ②

**윗글의 내용과 일치하지 않는 것은?**

**① 정부는 자금을 조달하기 위해 채권을 발행한다.**

근거 ❷-1 채권은 정부나 기업이 자금을 조달하기 위해 발행하며

→ 적절함!

**② 채권 발행자의 지급 능력이 커지면 신용 위험은 커진다.** (작아진다)

근거 ❷-4 채권 투자에는 발행자의 지급 능력 부족 등의 사유로 이자와 원금이 지급되지 않을 가능성인 신용 위험이 수반된다.

풀이 신용 위험은 발행자의 지급 능력 부족 등의 사유로 이자와 원금이 지급되지 않을 가능성이다. 따라서 발행자의 지급 능력이 부족할수록 신용 위험은 커지고, 발행자의 지급 능력이 커지면 신용 위험은 작아질 것이다.

→ 적절하지 않음!

**③ 신용 평가 제도는 채권을 매입한 투자자를 보호하는 장치이다.**

근거 ❷-5 각국은 … 신용 평가 제도를 도입하여 투자자를 보호하고 있다.

→ 적절함!

④ 다른 조건이 일정할 경우, 어떤 채권의 신용 등급이 낮아지면(= 신용 위험이 커지면) 해당 채권의 가격은 *하락한다. *下落-. 떨어진다.

근거 ❸-6 다른 조건이 일정한 가운데 신용 위험이 커지면 채권 시장에서 해당 채권의 가격이 떨어진다, ❸-3 (신용 평가 제도에서는) 신용 위험이 커지는 순서에 따라 AA, A, BBB, BB 등 점차 낮아지는 등급 범주로 평가된다.

→ 적절함!

⑤ 채권 발행자는 일정한 이자와 원금의 지급을 약속하지만, 채권에는 그 약속이 지켜지지 않을 위험(= 신용 위험)이 수반된다.

근거 ❷-2 채권의 발행자는 정해진 날에 일정한 이자와 원금을 투자자에게 지급할 것을 약속한다, ❷-4 채권 투자에는 발행자의 지급 능력 부족 등의 사유로 이자와 원금이 지급되지 않을 가능성인 신용 위험이 수반된다.

→ 적절함!

| 016 | 세부 정보 이해 - 적절한 것 고르기 2019학년도 9월 모평 22번<br>정답률 85% | 정답 ④ |
|---|---|---|

## [A]의 ㉠~㉢에 대한 이해로 가장 적절한 것은?

㉠갑 ㉡을 ㉢병

풀이 (CDS 계약 체결: 은행 '갑'(㉠) — 보험 회사 '병'(㉢))

| 은행 '갑'(㉠) | 기업 '을'(㉡) | 보험 회사 '병'(㉢) |
|---|---|---|
| 채권(기초 자산) 매입<br>보장 매입자 | 채권(기초 자산) 발행 | 보장 매도자 |

① ㉠은 기초 자산을 보유하지 않는다(→ 보유한다).

근거 ❹-7 은행 갑은, 기업 을이 발행한 채권을 매입, ❹-8 기초 자산은 을이 발행한 채권

풀이 [A]에서 기초 자산은 을(㉡)이 발행한 채권이라고 하였는데, 이 채권을 갑(㉠)이 매입하였으므로, 갑(㉠)은 기초 자산을 보유한다.

→ 적절하지 않음!

② ㉠(→ ㉢)은 기초 자산에 부도가 나면 손실을 보상하는 역할을 한다.

근거 ❹-2 CDS 거래는 '보장 매입자'와 '보장 매도자' 사이에서 이루어진다, ❹-4 보장 매도자는, 보장 매입자가 보유한 채권에서 부도가 나면 이(채권의 부도)에 따른 손실을 보상하는 역할을 한다, ❹-7 은행 갑은 … 신용 위험을 피하기 위해 보험 회사 병과 CDS 계약을 체결

풀이 [A]에서 갑(㉠)이 신용 위험을 피하기 위해 병(㉢)과 CDS 계약을 체결하였으므로 갑(㉠)은 '보장 매입자', 병(㉢)은 '보장 매도자'에 해당한다. 기초 자산인, 을(㉡)이 발행한 채권에서 부도가 났을 때, 이에 따른 손실을 보상하는 역할을 하는 것은 갑(㉠)이 아니라 보장 매도자인 병(㉢)이다.

→ 적절하지 않음!

③ ㉡(→ ㉠)은 신용 위험을 *기피하는 채권 투자자이다. *忌避-. 꺼리거나 싫어하여 피하는

근거 ❹-1 CDS는 채권 투자자들이 신용 위험을 피하려는 목적으로 활용하는 파생 금융 상품, ❹-7 은행 갑은, 기업 을이 발행한 채권을 매입하면서 그것의 신용 위험을 피하기 위해 보험 회사 병과 CDS 계약을 체결

풀이 을(㉡)은 채권을 발행한 발행자이고, 갑(㉠)은 그 채권을 매입한 채권 투자자에 해당한다. 채권 투자자인 갑(㉠)은 신용 위험을 피하기 위해 병(㉢)과 CDS 계약을 체결하였다. 따라서 신용 위험을 피하려는 채권 투자자는 을(㉡)이 아니라 갑(㉠)이다.

→ 적절하지 않음!

④ ㉢은 신용 위험을 부담하는 보장 매도자이다.

근거 ❹-4 보장 매도자는, 보장 매입자가 보유한 채권에서 부도가 나면 이(채권의 부도)에 따른 손실을 보상하는 역할을 한다, ❺-1 보장 매도자는 기초 자산의 신용 위험을 부담, ❹-7 은행 갑은 … 신용 위험을 피하기 위해 보험 회사 병과 CDS 계약을 체결

풀이 갑(㉠)은 신용 위험을 피하기 위해 병(㉢)과 CDS 계약을 체결하였다. 따라서 병(㉢)은 보장 매입자인 갑(㉠)이 보유한 기초 자산의 신용 위험을 부담하는 보장 매도자에 해당한다.

→ 적절함!

⑤ ㉢은 기초 자산에 부도가 나야만 이득을 본다.

근거 ❹-4 보장 매도자는, 보장 매입자가 보유한 채권에서 부도가 나면 이(채권의 부도)에 따른 손실을 보상하는 역할, ❺-1 보장 매도자는 기초 자산의 신용 위험을 부담하는 것에 대한 보상으로 보장 매입자로부터 일종의 보험료를 받는데

풀이 보장 매도자인 병(㉢)은 보장 매입자로부터 받는 보험료를 통해 이득을 얻는다. 기초 자산에 부도가 날 경우 보장 매도자는 이에 따른 손실을 보상해야 하므로, 이득을 볼 수 없다.

→ 적절하지 않음!

1등급 문제

| 017 | 구체적인 사례에 적용 - 적절한 것 고르기 2019학년도 9월 모평 23번<br>정답률 50%, 매력적 오답 ④ 20% ⑤ 20% | 정답 ② |
|---|---|---|

## <보기>의 ㉮~㉲ 중 CDS 프리미엄이 두 번째로 큰 것은?

㉣ 기초 자산의 신용 위험 ㉤ 보장 매도자의 지급 능력

| 보기 |

윗글의 ㉣과 ㉤을 기준으로 서로 다른 CDS 거래 ㉮~㉲를 비교하여 CDS 프리미엄의 크기에 순서를 매길 수 있다. (단, 기초 자산의 발행자와 보장 매도자는 한국 기업이며, ㉮~㉲에서 제시된 조건 외에 다른 조건은 동일하다.)

| CDS 거래 | 기초 자산의 신용 등급 (→ 낮을수록 CDS 프리미엄이 큼) | 보장 매도자 발행 채권의 신용 등급 (→ 높을수록 CDS 프리미엄이 큼) |
|---|---|---|
| ㉮ | BB+ | AAA |
| ㉯ | BB+ | AA- |
| ㉰ | BBB- | A- |
| ㉱ | BBB- | AA- |
| ㉲ | BBB- | A+ |

기초 자산의 신용 등급: ㉰ = ㉱ = ㉲ > ㉮ = ㉯

보장 매도자 발행 채권의 신용 등급: ㉮ > ㉯ = ㉱ > ㉲ > ㉰

근거 ❸-1~4 우리나라의 신용 평가 제도에서는 … 발행자의 지급 능력이 최상급인 채권에 AAA라는 최고 신용 등급이 부여된다. … 신용 위험이 커지는 순서에 따라 AA, A, BBB, BB 등 점차 낮아지는 등급 범주로 평가된다. 이들 각 등급 범주 내에서도 신용 위험의 상대적인 크고 작음에 따라 각각 '-'나 '+'를 붙이거나 하여 각 범주가 세 단계의 신용 등급으로 세분, ❺-3 다른 요인이 동일한 경우, 기초 자산의 신용 위험이 크면 CDS 프리미엄도 크다, ❺-6 다른 요인이 동일한 경우, 보장 매도자가 발행한 채권의 신용 등급이 높으면 CDS 프리미엄은 크다.

풀이 CDS 프리미엄은 기초 자산의 신용 위험이 클수록(= 신용 등급이 낮을수록), 보장 매도자가 발행한 채권의 신용 등급이 높을수록 커진다. 한편 우리나라의 신용 등급은 신용 위험이 커지는 순서에 따라 AAA → AA → A → BBB → BB의 순으로 점차 낮아지고, 각 범주 내에서도 +, -를 붙여 세분한다.

<보기> 표에서 기초 자산의 신용 등급을 살펴보면 BB+와 BBB-로 나뉘는데, BB+가 BBB-보다 낮은 등급에 해당한다. 또 보장 매도자 발행 채권의 신용 등급은 AAA인 ㉮가 가장 높고, AA-인 ㉯와 ㉱, A+인 ㉲, A-인 ㉰ 순으로 낮아진다. 따라서 ㉮~㉲ 중 기초 자산의 신용 등급이 다른 거래에 비해 더 낮으면서 보장 매도자 발행 채권의 신용 등급은 가장 높은 ㉮의 CDS 프리미엄이 가장 크다. 다음으로 기초 자산의 신용 등급이 다른 거래에 비해 더 낮으면서 보장 매도자 발행 채권의 신용 등급은 ㉰, ㉲보다 높은 ㉯의 CDS 프리미엄이 두 번째로 크다. ㉱의 경우 보장 매도자 발행 채권의 신용 등급은 ㉯와 같지만, 기초 자산의 신용 등급이 ㉯보다 높으므로 ㉯가 ㉱보다 CDS 프리미엄이 크다. ㉰~㉲는 기초 자산의 신용 등급이 같으므로, 보장 매도자 발행 채권의 신용 등급이 높은 순서, 즉 ㉱, ㉲, ㉰의 순서대로 CDS 프리미엄이 크다. 정리해 보면, CDS 프리미엄의 크기는 ㉮ > ㉯ > ㉱ > ㉲ > ㉰이다. 따라서 정답은 ②번이다.

① ㉮ ② ㉯ → 적절함! ③ ㉰ ④ ㉱ ⑤ ㉲

문제편 p.105

**018** 구체적인 상황에 적용 - 적절한 것 고르기 2019학년도 9월 모평 24번 정답률 65%, 매력적 오답 ④ 15% **정답 ③**

**윗글을 바탕으로 <보기>를 이해한 내용으로 가장 적절한 것은?** [3점]

| 보 기 |

[1]X가 2015년 12월 31일에 이자와 원금의 지급이 완료되는 채권 $B_X$를 2011년 1월 1일에 발행했다. [2]발행 즉시 $B_X$ 전량(全量, 전체의 분량)을 매입한 Y는 $B_X$를 기초 자산으로 하는 CDS 계약을 Z와 체결하고 보장 매입자가 되었다. [3]계약 체결 당시 $B_X$의 신용 등급은 A-, Z가 발행한 채권의 신용 등급은 AAA였다. [4]2011년 9월 17일, X의 재무(財務, 재산에 관한) 상황 악화(惡化, 나쁜 쪽으로 바뀜)로 $B_X$의 신용 위험에 대한 우려(憂慮, 근심과 걱정)가 발생하였다. [5]2012년 12월 30일, X의 지급 능력이 2011년 8월 시점보다 개선되었다.(改善-, 더 좋게 되었다.) [6]2013년 9월에는 Z가 발행한 채권의 신용 등급이 AA+로 변경되었다. [7]2013년 10월 2일, $B_X$의 CDS 프리미엄은 100 bp*였다. ([8]단, X, Y, Z는 모두 한국 기업이며 신용 등급은 매월 말일에 변경될 수 있다. [9]이 CDS 계약은 2015년 12월 31일까지 매월 1일에 갱신되며(更新-, 계약 기간이 연장되며) CDS 프리미엄은 매월 1일에 변경될 수 있다. [10]제시된 것 외에 다른 요인에는 변화가 없다.)

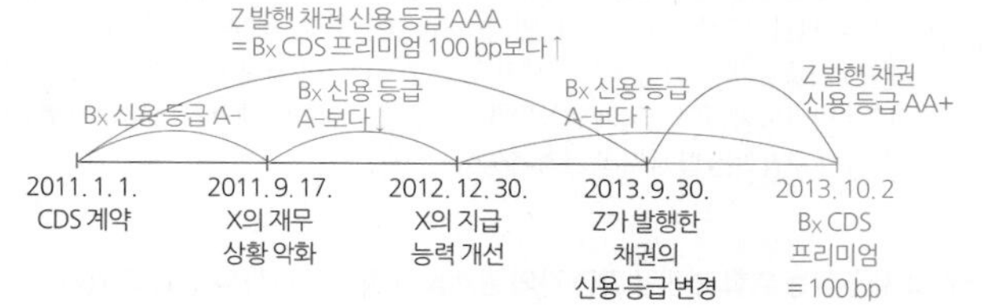

X : 채권 발행자 / 채권 $B_X$ : 기초 자산 / Z : 보장 매도자 / Y : 채권 투자자, 보장 매입자

Z 발행 채권 신용 등급 AAA = $B_X$ CDS 프리미엄 100 bp보다 ↑

$B_X$ 신용 등급 A- / $B_X$ 신용 등급 A-보다 ↓ / $B_X$ 신용 등급 A-보다 ↑ / Z 발행 채권 신용 등급 AA+

2011. 1. 1. CDS 계약 — 2011. 9. 17. X의 재무 상황 악화 — 2012. 12. 30. X의 지급 능력 개선 — 2013. 9. 30. Z가 발행한 채권의 신용 등급 변경 — 2013. 10. 2 $B_X$ CDS 프리미엄 = 100 bp

* bp : 1 bp는 0.01 %와 같음

① **2011년 1월에는 $B_X$에 대한 CDS 계약으로 X(Z)가 신용 위험을 부담하게 되었겠군.**

근거 ❺-1 보장 매도자는 기초 자산의 신용 위험을 부담, <보기>-2 발행 즉시 $B_X$ 전량을 매입한 Y는 $B_X$를 기초 자산으로 하는 CDS 계약을 Z와 체결하고 보장 매입자가 되었다.

풀이 2011년 1월 1일에 채권 $B_X$를 발행 즉시 매입한 Y는 Z와 CDS 계약을 체결하고 보장 매입자가 되었으므로, Z는 보장 매도자에 해당한다. 따라서 2011년 1월에 $B_X$에 대한 CDS 계약으로 신용 위험을 부담하게 된 것은 X가 아니라 Z이다.

→ 적절하지 않음!

② **2011년 11월에는 $B_X$의 신용 등급이 A-보다 높았겠군.(낮았겠군)**

근거 ❸-3 (우리나라의 신용 평가 제도에서) 채권은 신용 위험이 커지는 순서에 따라 … 점차 낮아지는 등급 범주로 평가된다, <보기>-3 계약 체결 당시 $B_X$의 신용 등급은 A-, <보기>-4 2011년 9월 17일, X의 재무 상황 악화로 $B_X$의 신용 위험에 대한 우려가 발생

풀이 2011년 9월에 X의 재무 상황이 악화되어 $B_X$의 신용 위험에 대한 우려가 발생했다고 하였으므로, 2011년 11월에는 $B_X$의 신용 등급이 2011년 1월의 신용 등급인 A-보다 낮아졌을 것이다.

→ 적절하지 않음!

③ **2013년 1월에는 $B_X$의 신용 위험으로 Z가 손실을 입을 가능성이 2011년 10월보다 작아졌겠군.**

근거 ❷-4 채권 투자에는 발행자의 지급 능력 부족 등의 사유로 이자와 원금이 지급되지 않을 가능성인 신용 위험이 수반된다, ❹-4 보장 매도자는, 보장 매입자가 보유한 채권에서 부도가 나면 이에 따른 손실을 보상하는 역할을 한다, <보기>-5 2012년 12월 30일, X의 지급 능력이 2011년 8월 시점보다 개선되었다.

풀이 2012년 12월 30일에 X의 지급 능력이 2011년 8월 시점보다 개선되었다고 하였으므로, 지급 능력이 개선된 이후인 2013년 1월에는 $B_X$의 신용 위험이 이전에 비해 작아졌을 것이다. Z는 보장 매도자로서 보장 매입자인 Y의 손실을 보상해야 하는데, $B_X$의 신용 위험이 작아졌으므로 보장 매도자 Z가 $B_X$의 신용 위험으로 손실을 입을 가능성도 작아졌다고 볼 수 있다.

→ 적절함!

④ **2013년 3월에는 $B_X$에 대한 CDS 프리미엄이 100 bp보다 작았겠군.(컸겠군)**

근거 ❺-6 다른 요인이 동일한 경우, 보장 매도자가 발행한 채권의 신용 등급이 높으면 CDS 프리미엄은 크다, <보기>-3 계약 체결 당시… Z가 발행한 채권의 신용 등급은 AAA였다, <보기>-6~7 2013년 9월에는 Z가 발행한 채권의 신용 등급이 AA+로 변경되었다. 2013년 10월 2일, $B_X$의 CDS 프리미엄은 100 bp

풀이 보장 매도자가 발행한 채권의 신용 등급이 높으면 CDS 프리미엄은 크다고 하였으므로, 반대로 채권의 신용 등급이 낮아지면 CDS 프리미엄도 작아질 것이다. <보기>에서 2013년 9월에 보장 매도자 Z가 발행한 채권의 신용 등급이 계약 체결 당시에 비해 낮아졌으므로, 2013년 10월 2일 $B_X$의 CDS 프리미엄은 이전에 비해 작아진 값일 것이다. 따라서 Z가 발행한 채권의 신용 등급이 낮아지기 전인 2013년 3월에는 $B_X$에 대한 CDS 프리미엄이 100 bp보다 컸을 것이다.

→ 적절하지 않음!

⑤ **2013년 4월에는 $B_X$의 신용 등급이 BB-보다 낮았겠군.(높았겠군)**

근거 <보기>-3 계약 체결 당시 $B_X$의 신용 등급은 A-, <보기>-4 2011년 9월 17일, X의 재무 상황 악화로 $B_X$의 신용 위험에 대한 우려가 발생, <보기>-5 2012년 12월 30일, X의 지급 능력이 2011년 8월 시점보다 개선, <보기>-8 신용 등급은 매월 말일에 변경될 수 있다.

풀이 계약 체결 당시인 2011년 1월에 $B_X$의 신용 등급은 A-로, 이 등급은 2011년 9월 17일에 X의 재무 상황 악화로 $B_X$의 신용 위험에 대한 우려가 발생하기 전까지 유지되었을 것이다. 즉 2011년 8월 시점의 $B_X$의 신용 등급은 A-일 것이다. 2012년 12월 30일에 X의 지급 능력이 2011년 8월 시점보다 개선되었다고 하였으므로, 이후 $B_X$의 신용 등급은 A-보다 높게 변경되었을 것이다.

→ 적절하지 않음!

**019** 문맥적 의미 파악 - 적절한 것 고르기 2019학년도 9월 모평 25번 정답률 90% **정답 ①**

**문맥상 ⓐ의 의미와 가장 가까운 의미로 쓰인 것은?**

채권의 가격이 ⓐ 떨어진다.

풀이 ⓐ의 '떨어지다'는 '값, 기온, 수준, 형세 따위가 낮아지거나 내려가다'의 의미이다.

① **오늘 아침에는 기온이 영하로 떨어졌다.**

풀이 '값, 기온, 수준, 형세 따위가 낮아지거나 내려가다'의 의미로, ⓐ와 문맥적 의미가 가깝다.

예문 갈수록 성적이 떨어져서 큰일이다.

→ 적절함!

② **과자 한 봉지를 팔면 내게 100 원이 떨어진다.**

풀이 '이익이 남다'의 의미이다.

예문 그가 카페를 운영하여 떨어지는 수입이 만만찮다.

→ 적절하지 않음!

③ **더위를 먹었는지 입맛이 떨어지고 기운이 없다.**

풀이 '입맛이 없어지다'의 의미이다.

예문 밥맛 떨어지게 왜 그 사람을 들먹여?

→ 적절하지 않음!

④ **신발이 떨어져서 걸을 때마다 빗물이 스며든다.**

풀이 '옷이나 신발 따위가 해어져서 못 쓰게 되다'의 의미이다.

예문 아기가 기어 다녀서 바지의 무릎이 금방 떨어졌다.

→ 적절하지 않음!

⑤ **선생님 말씀이 떨어지자마자 모두 자리에 앉았다.**

풀이 '말이 입 밖으로 나오다'의 의미이다.

예문 그는 차마 대답이 떨어지지 않았다.

→ 적절하지 않음!

**[020~022] 다음 글을 읽고 물음에 답하시오.**

1 [1]채권은 사업에 필요한 자금(資金, 돈)을 조달하기(調達-, 마련하기, 빌려오기) 위해 발행하는(發行-, 만들어 내놓는) 유가 증권(有價證券, 값을 정해 놓은, 금전상의 가치가 있는 문서나 서류)으로, 국채(國債, 국가가 발행한 채권)나 회사채(會社債, 회사가 발행한 채권) 등 발행 주체에 따라 그 종류가 다양하다. [2]채권의 액면 금액(額面金額, 채권의 겉면에 적혀 있는 가격), 액면 이자율, 만기일(滿期日, 기한이 다 되는 날) 등의 지급 조건은 채권 발행 시 정해지며, 채권 소유자는 매입(買入, 물건 따위를 사들임) 후에 정기적으로 이자액을 받고, 만기일에는 마지막 이자액과 액면 금액을 지급받는다. [3]이때 이자액은 액면 이

Ⅱ 사회

자율을 액면 금액에 곱한 것으로 대개 연 단위로 지급된다. [4]채권은 만기일 전에 거래되기도 하는데, 이때 채권 가격은 현재 가치, 만기, 지급 불능(支給不能, 금전 채무를 낼 수 없는 상태) 위험 등 여러 요인에 따라 결정된다.

→ 채권의 개념과 형식, 채권 가격 결정의 요인

2 [1]채권 투자자(채권을 살 사람)는 정기적으로 받게 될 이자액과 액면 금액을 각각 현재 시점에서 평가한 값들의 합계인 채권의 현재 가치에서 채권의 매입 가격을 뺀 순수익(純收益, 순수한 이익, 채권의 현재 가치 − 채권을 살 때의 가격)의 크기를 따진다. [2]채권 보유로 미래에 받을 수 있는 금액을 현재 가치로 환산하여(換算−, 바꾸어) 평가할 때는 금리(金利, 빌려준 돈에 붙는 이자)를 반영한다. [3]가령(假令, 예를 들어) 금리가 연 10 %이고, 내년에 지급받게 될 금액이 110 원이라면, 110 원의 현재 가치는 100 원이다. [4]즉 금리는 현재 가치에 반대 방향으로 영향을 준다. [5]따라서 금리가 상승하면 채권의 현재 가치가 하락하게 되고 이에 따라 채권의 가격도 하락하게 되는 결과로 이어진다. [6]이처럼 수시로 변동되는(그때그때 바뀌는) 시중 금리는 현재 가치의 평가 구조상 채권 가격의 변동에 영향을 주는 요인이 된다.

→ 채권 가격 결정 요인 ① : 현재 가치(금리)

3 [1]채권의 매입 시점부터 만기일까지의 기간인 만기도 채권의 가격에 영향을 준다. [2]일반적으로 다른 지급 조건이 동일하다면 만기가 긴 채권일수록 가격은 금리 변화에 더 민감하므로(금리의 변화에 영향을 많이 받으므로) 가격 변동의 위험이 크다. [3]채권은 발행된 이후에는 만기가 점점 짧아지므로(만기일까지의 기한이 줄어들어서) ㉠ 만기일이 다가올수록 채권 가격은 금리 변화에 덜 민감해진다. [4]따라서 투자자들은 만기가 긴 채권일수록(가격 변동의 위험이 클수록) 높은 순수익을 기대하므로 액면 이자율이 더 높은 채권을 선호한다.

→ 채권 가격 결정 요인 ② : 만기(변동성)

4 [1]또 액면 금액과 이자액을 약정된(約定−, 약속해서 정한) 일자에 지급할 수 없는 지급 불능 위험도 채권 가격에 영향을 준다. [2]예를 들어 채권을 발행한 기업의 경영 환경이 악화될 경우, 그 기업은 지급 능력이 떨어질 수 있다. [3]이런 채권에 투자하는 사람들은 위험을 감수해야(甘受−, 달게 받아들여야) 하므로 이에 대한 보상을 요구하게 되고(위험한 만큼 높은 기대 수익률을 요구하게 되고), 이에 따라 채권 가격은 상대적으로 낮게 형성된다.

→ 채권 가격 결정 요인 ③ : 지급 불능 위험

5 [1]한편 채권은 서로 대체(代替, 바꿈)가 가능한 금융 자산(화폐, 예금, 증권, 채권 등 경제적 가치가 있는 재산)의 하나이기 때문에, 다른 자산 시장의 상황에 따라 가격에 영향을 받기도 한다. [2]가령 주식 시장이 호황(好況, 경제 상황이 좋음)이어서 ㉡ 주식 투자를 통한 수익이 커지면 상대적으로 채권에 대한 수요가 줄어 채권 가격이 하락할 수도 있다.

→ 채권 가격 결정 요인 ④ : 다른 자산 시장의 상황

■ 지문 이해

**<채권 가격 결정의 요인>**

**❶ 채권의 개념과 형식, 채권 가격 결정의 요인**

- 채권 : 사업에 필요한 자금을 조달하기 위해 발행하는 유가 증권
- 채권의 지급 조건(액면 금액, 액면 이자율, 만기일 등)은 채권 발행 시 정해짐
  → 채권 소유자는 매입 후 정기적으로 이자액을 받고, 만기일에는 마지막 이자액 + 액면 금액을 지급받음
- 만기일 전에 거래 : 현재 가치(금리), 만기, 지급 불능 위험 등의 요인에 따라 가격 결정

**채권 가격 결정 요인**

**❷ 채권 가격 결정 요인 ① : 현재 가치(금리)**

- 이자액과 액면 금액을 각각 현재 시점에서 평가한 값들의 합계
- 현재 가치에 영향을 주는 요인 : 금리
  → 금리↑ ⇒ 채권의 현재 가치↓

**❸ 채권 가격 결정 요인 ② : 만기(변동성)**

- 채권의 매입 시점부터 만기일까지의 기간
- 만기가 긴 채권일수록 가격은 금리 변화에 더 민감

**❹ 채권 가격 결정 요인 ③ : 지급 불능 위험**

- 액면 금액과 이자액을 약정된 일자에 지급할 수 있는 능력이 떨어지는 것
- 지급 불능 위험↑ ⇒ 채권 가격↓

**❺ 채권 가격 결정 요인 ④ : 다른 자산 시장의 상황**

- 예 주식 투자를 통한 수익↑ ⇒ 채권에 대한 수요↓ ⇒ 채권 가격↓

**020** 글의 서술 방식 파악 - 적절하지 않은 것 고르기 2011학년도 수능 44번 | 정답률 65%, 매력적 오답 ⑤ 20% | **정답 ③**

### 윗글의 설명 방식으로 적절하지 않은 것은?

**① 채권 가격을 결정하는 데 영향을 미치는 요인을 몇 가지로 나누어 설명하고 있다.**

근거 ❶-4 채권 가격은 현재 가치, 만기, 지급 불능 위험 등 여러 요인에 따라 결정, ❷-6 시중 금리는 현재 가치의 평가 구조상 채권 가격의 변동에 영향을 주는 요인, ❸-1 만기도 채권의 가격에 영향, ❹-1 지급 불능 위험도 채권 가격에 영향, ❺-1 다른 자산 시장의 상황에 따라 가격에 영향

→ 적절함!

**② 채권의 지급 불능 위험과 채권 가격 간의 관계를 설명하기 위해 예를 들고 있다.**

근거 ❹-2~3 예를 들어 채권을 발행한 기업의 경영 환경이 악화될 경우, 그 기업은 지급 능력이 떨어질 수 있다. 이런 채권에 투자하는 사람들은 위험을 감수해야 하므로 이에 대한 보상을 요구하게 되고, 이에 따라 채권 가격은 상대적으로 낮게 형성

→ 적절함!

**③ 유사한 원리를 보이는 현상에 빗대어 채권의 특성을 설명하고 있다.**

풀이 윗글에 나오지 않는 내용이다.

→ 적절하지 않음!

**④ 금리가 채권 가격에 미치는 영향을 *인과적으로 설명하고 있다.** *因果的−, 원인과 결과 관계를 파악하여

근거 ❷-5 금리가 상승하면 채권의 현재 가치가 하락하게 되고 이에 따라 채권의 가격도 하락하게 되는 (결과)로 이어진다. (원인)

→ 적절함!

**⑤ 채권의 의미를 밝히고 그 종류를 들고 있다.**

근거 ❶-1 채권은 사업에 필요한 자금을 조달하기 위해 발행하는 유가 증권으로, 국채나 회사채 등 발행 주체에 따라 그 종류가 다양 (의미) (종류)

→ 적절함!

1등급 문제

**021** 세부 정보 이해 - 적절한 것 고르기 2011학년도 수능 45번 | 정답률 40%, 매력적 오답 ① 10% ② 15% ③ 20% ⑤ 15% | **정답 ④**

### 윗글로 미루어 알 수 있는 것은?

**① 채권이 발행될 때 정해지는 액면 금액은 채권의 현재 가치에서 이자액을 뺀 것이다.**

근거 ❶-2 채권의 액면 금액, 액면 이자율, 만기일 등의 지급 조건은 채권 발행 시 정해지며, ❶-3 이자액은 액면 이자율을 액면 금액에 곱한 것, ❷-1 정기적으로 받게 될 이자액과 액면 금액을 각각 현재 시점에서 평가한 값들의 합계인 채권의 현재 가치

풀이 윗글에서 액면 금액은 채권이 발행될 때 정해진다고 하였으므로 변하지 않는 값이다. 반면 채권의 현재 가치는 '현재 시점에서 평가한 값'이므로, 그 값은 시점에 따라 변할 것이다. 따라서 채권이 발행될 때 '정해진' 액면 금액이 채권의 현재 가치에서 이자액을 뺀 값일 수 없다. 윗글을 통해서는 액면 금액이 어떻게 책정되는지를 알 수 없다.

→ 적절하지 않음!

채권의 현재 가치에서 매입 가격을 뺀 값

**② 채권의 순수익은 정기적으로 지급될 이자액을 합산하여 현재 가치로 환산한 값이다.**

근거 ❷-1 정기적으로 받게 될 이자액과 액면 금액을 각각 현재 시점에서 평가한 값들의 합계인 채권의 현재 가치에서 채권의 매입 가격을 뺀 순수익

풀이 채권의 '순수익'은 채권의 현재 가치에서 채권의 매입 가격을 뺀 값이다. 이자액과 액면 금액을 각각 현재 시점에서 평가한 값들의 합계는 채권의 현재 가치이다.

→ 적절하지 않음!

③ **다른 지급 조건이 같다면 채권의 액면 이자율이 높을수록 채권 가격은 하락한다.** (상승)

근거 ❸-2 다른 지급 조건이 동일하다면 만기가 긴 채권일수록 가격은 금리 변화에 더 민감하므로 가격 변동의 위험이 크다, ❸-4 투자자들은 만기가 긴 채권일수록 높은 순수익을 기대하므로 액면 이자율이 더 높은 채권을 선호, ❶-3 이자액은 액면 이자율을 액면 금액에 곱한 것, ❷-1 채권 투자자는 정기적으로 받게 될 이자액과 액면 금액을 각각 현재 시점에서 평가한 값들의 합계인 채권의 현재 가치에서 채권의 매입 가격을 뺀 순수익의 크기를 따진다.

풀이 다른 지급 조건이 같다면 만기가 긴 채권일수록 액면 이자율이 높은 채권을 선호한다고 하였지, 액면 이자율이 높을수록 채권 가격이 하락한다는 설명은 없었다. 또한 액면 이자율이 높을수록 이자액이 커지고 받을 수 있는 순수익이 늘어나므로 채권 가격은 오히려 상승한다고 볼 수 있다.

→ 적절하지 않음!

④ **지급 불능 위험이 커진 채권을 매입하려는 투자자는 높은 순수익을 기대한다.** (위험이 크므로 높은 보상을 원함 / 순수익 = 채권의 현재 가치 - 매입 가격)

근거 ❹-3 이런(지급 불능 위험이 높은) 채권에 투자하는 사람들은 위험을 감수해야 하므로 이에 대한 보상을 요구하게 되고, 이에 따라 채권 가격은 상대적으로 낮게 형성, ❷-1 정기적으로 받게 될 이자액과 액면 금액을 각각 현재 시점에서 평가한 값들의 합계인 채권의 현재 가치에서 채권의 매입 가격을 뺀 순수익

풀이 지급 불능 위험이 커진 채권을 매입하려는 투자자들의 보상 요구로 인해 채권 가격이 상대적으로 낮게 형성된다고 하였는데, 이는 그들이 높은 순수익을 기대한다는 것과 같은 의미로 볼 수 있다. 순수익이 높아지려면 채권의 매입 가격이 채권의 현재 가치보다 낮아야 한다. 즉, 위험이 큰 채권을 매입하는 만큼 채권의 매입 가격을 낮추어 높은 순수익을 내려고 하는 것이다.

→ 적절함!

⑤ **일반적으로 지급 불능 위험이 낮으면 상대적으로 액면 이자율이 높다.** (위험이 큰 경우에 비해 상대적으로 낮은 순수익 기대 / 낮다)

근거 ❹-3 이런(지급 불능 위험이 높은) 채권에 투자하는 사람들은 위험을 감수해야 하므로 이에 대한 보상을 요구하게 되고, 이에 따라 채권 가격은 상대적으로 낮게 형성, ❸-4 높은 순수익을 기대하므로 액면 이자율이 더 높은 채권을 선호

풀이 지급 불능의 위험이 높으면 채권에 투자하는 사람들은 높은 순수익을 기대할 것이다. 반면에 지급 불능의 위험이 낮으면 상대적으로 높은 순수익에 대한 기대가 낮아지게 되며, 이는 액면 이자율을 낮추는 요인으로 작용할 것이다.

→ 적절하지 않음!

| 022 | 자료 해석의 적절성 판단 - 적절한 것 고르기 2011학년도 수능 46번<br>정답률 70%, 매력적 오답 ② 15% | 정답 ③ |
|---|---|---|

**<보기>의 A는 어떤 채권의 가격과 금리 간의 관계를 나타낸 그래프이다. 윗글의 ㉠과 ㉡에 따른 A의 변화 결과를 바르게 예측한 것은?**

㉠ 만기일이 다가올수록 채권 가격은 금리 변화에 덜 민감해진다. ⇒ 가격 변동 ↓
㉡ 주식 투자를 통한 수익이 커지면 상대적으로 채권에 대한 수요가 줄어 채권 가격이 하락

| 보기 |

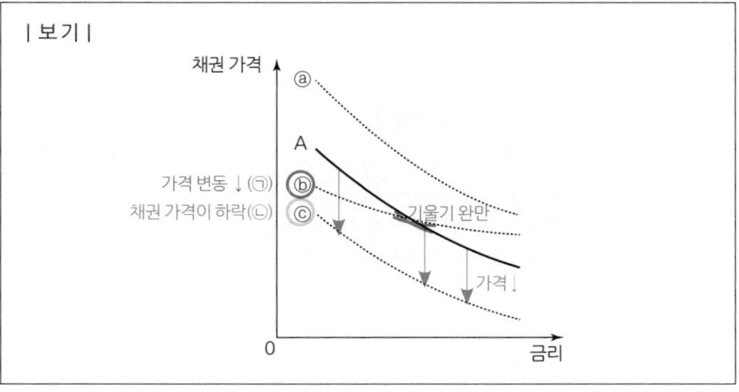


▶ 지문 핵심 개념 정리

**채권 가격과 금리(현재 가치)의 관계**
- 채권의 현재 가치를 평가할 때는 금리를 반영(❷-2)
- 금리는 현재 가치에 반대 방향으로 영향을 줌(❷-4)
- 금리 ↑ ⇒ 현재 가치 ↓ ⇒ 채권 가격 ↓(❷-5)

**만기와 금리 변화의 관계**
- 만기가 긴 채권일수록 가격은 금리 변화에 더 민감 → 가격 변동의 위험이 큼(❸-2)
- 만기일이 다가올수록 가격은 금리 변화에 덜 민감(❸-3) → ㉠

**다른 자산 시장의 상황과 채권 가격의 관계**
- 채권은 다른 자산 시장의 상황에 따라 가격에 영향을 받음(❺-1)
- 예 주식을 통한 수익이 커지면 채권 수요가 줄어 가격 하락(❺-2) → ㉡

풀이 채권 가격과 금리는 서로 반대 방향으로 영향을 주는 관계이다. ㉠에서는 만기일이 다가올수록 채권 가격이 금리 변화에 덜 민감하다고 하였으므로(금리 변화에 영향을 덜 받으므로) A의 기울기는 ⓑ처럼 완만해져야 한다. ㉡에서는 주식 투자를 통한 수익이 커지면 상대적으로 채권에 대한 수요가 줄어 채권 가격이 하락한다고 하였으므로, A는 ⓒ처럼 아래로 이동한 모습이 될 것이다. 따라서 정답은 ③번이다.

| | ㉠ | ㉡ | |
|---|---|---|---|
| ① | ⓐ | ⓒ | |
| ② | ⓑ | ⓐ | |
| ③ | ⓑ | ⓒ | → 적절함! |
| ④ | ⓒ | ⓐ | |
| ⑤ | ⓒ | ⓑ | |

**평가원 이의 신청 답변**

대학수학능력시험 언어 영역은 학교 교육의 성취 결과를 바탕으로 하여 대학 교육을 받는 데 필요한 보편적인 언어 능력을 측정하는 것을 목표로 하고 있습니다. 이 문항의 출제 의도는 지문에서 설명한 내용을 주어진 그래프에 적용하여 판단하게 함으로써 읽기 과정에서의 추론적 사고 능력을 평가하는 것입니다. 따라서 이 문항에 접근할 때는 지문에 대한 충실한 이해를 바탕으로 해야 합니다.

이 문항에 대한 주된 이의 제기는 <보기>의 '금리'가 해당 채권의 '만기 수익률'을 의미한다고 보면 ㉡에 따른 그래프의 변화는 A선상에서 점이 이동하는 것으로 나타나야 한다는 것입니다. 그러나 이 문항의 지문에서는 '금리'를 '시중 금리'의 개념으로 사용하고 있음을 확인할 수 있습니다. 채권 가격과 금리의 관계를 다루고 있는 둘째 단락의 마지막 문장에서 "이처럼 수시로 변동되는 시중 금리는~"이라고 언급하면서 '금리'를 '시중 금리'로 규정하고 있습니다.

또한 지문에서는 채권 가격을 결정하는 데 영향을 미치는 요인을 '현재 가치', '만기', '지급 불능 위험', '다른 자산 시장의 상황' 등으로 나누어 설명하고 있습니다. 이 네 가지 요인이 채권 가격에 미치는 영향은 지문의 둘째 단락~다섯째 단락에 각각 제시되어 있습니다. 지문의 이러한 흐름을 따르면, ㉡의 "주식 투자를 통한 수익이 커지면 상대적으로 채권에 대한 수요가 줄어 채권 가격이 하락"할 수도 있다는 표현은, 주어진 금리하에서 주식 시장의 호황에 따른 채권 수요의 감소가 채권 가격의 하락에 영향을 미칠 수 있는 별도의 요인임을 의미합니다.

따라서 지문을 바탕으로 할 때, <보기>에서 ㉡에 따른 A의 변화 결과에 해당하는 것은 ⓒ입니다. 이상과 같은 이유로 이 문항의 정답에는 이상이 없습니다.

Ⅱ 사회

# 2. 정부는 시장경제에 어떻게 관여하고 있을까?

**[023~027] 다음 글을 읽고 물음에 답하시오.**

1 [1]특허권은 발명(發明, 아직까지 없던 기술이나 물건을 새로 생각하여 만들어 냄)에 대한 정보의 소유자(所有者, 자기의 것으로 가지고 있는 사람)가 특허(特許, 새로 발명한 것에 대한 여러 권리를 혼자서 모두 가질 수 있는 권리) 출원(出願, 심사하여 판단해 줄 것을 요청하는 것) 및 담당 관청(官廳, 국가의 사무를 맡는 기관)의 심사(審査, 자세하게 조사하여 합격 여부나 타당성 여부를 결정함)를 통하여 획득한(獲得-, 얻어낸) 특허를 일정(一定, 정해진) 기간 독점적으로(獨占的-, 혼자서 모두 가져서) 사용할 수 있는 법률상(法律上, 법률에 따른) 권리를 말한다. [2]한편 영업 비밀은 생산 방법, 판매 방법, 그 밖에 영업(營業, 이익을 얻기 위해 하는 사업을 경영함) 활동에 유용한 기술상 또는 경영상의(經營上-, 기업이나 사업 등을 관리하고 운영하는 경영과 관계된) 정보 등으로, 일정 조건을 갖추면 법으로 보호받을 수 있다. [3]법으로 보호되는 특허권과 영업 비밀은 모두 지식 재산인데, 정보 통신 기술(ICT) 산업은 이(법으로 보호되는 특허권, 영업 비밀) 같은 지식 재산을 기반으로(基盤-, 기초 바탕으로) 창출된다.(創出-, 만들어진다.) [4]지식 재산 보호 문제와 더불어 최근에는 ICT 다국적 기업(多國籍企業, 여러 나라에 회사를 거느리고 세계적인 규모로 생산, 판매를 하는 기업)이 지식 재산으로 거두는 수입에 대한 과세(課稅, 세금을 매김) 문제가 불거지고(뚜렷하게 드러나고) 있다.

→ 지식 재산인 특허권, 영업 비밀의 개념과 지식 재산에 관련된 문제들

2 [1]일부 국가에서는 ICT 다국적 기업에 대해 디지털세 도입을 진행 중이다. [2]디지털세는 이를 도입한 국가에서 ICT 다국적 기업이 거둔 수입에 대해 부과되는 세금(稅金, 국가나 지방 단체가 필요한 경비로 사용하기 위하여 거두어들이는 돈)이다. [3]디지털세의 배경에는 법인세 감소에 대한 각국의 우려가 있다. [4]법인세는 국가가 기업으로부터 걷는 세금 중 가장 중요한 것으로, 재화(財貨, 생산자가 만들어 내어 소비자가 바라는 것을 충족시켜 주는 모든 물건)나 서비스(service, 생산된 재화를 운반, 유통, 판매하거나 생산과 소비에 필요한 근로 등을 제공함)의 판매 등을 통해 거둔 수입에서 제반(諸般, 관련된 모든) 비용을 제외하고 남은 이윤(利潤, 순이익)에 대해 부과하는 세금이라 할 수 있다.

→ 디지털세의 도입 배경

3 [1]㉠ 많은 ICT 다국적 기업이 법인세율(法人稅率, 법인세의 비율)이 현저하게(顯著-, 뚜렷이 드러나게) 낮은 국가에 자회사(子會社, 다른 회사와 자본적 관계를 맺고 그 회사의 지배를 받는 회사)를 설립하고 그(법인세율이 현저히 낮은 국가에 설립한) 자회사에 이윤을 몰아주는 방식으로 법인세를 회피한다는(回避-, 꾀를 부려 마땅히 져야 할 책임을 지지 않는다는) 비판이 있어 왔다. [2]예를 들면 ICT 다국적 기업 Z사는 법인세율이 매우 낮은 A국에 자회사를 세워 특허의 사용 권한을 부여한다.(附與-, 준다.) [3]그리고 법인세율이 A국보다 높은 B국에 설립된 Z사의 자회사에서 특허 사용으로 수입이 발생하면 Z사는 B국의 자회사로 하여금 A국의 자회사에 특허 사용에 대한 수수료(手數料, 대가로 주는 요금)인 로열티(royalty, 특허권, 상표권, 저작권 등을 사용하고 내는 값)를 지출하도록 한다. [4]그 결과 Z사는 ⓐ B국의 자회사에 법인세가 부과될 이윤을 최소화한다. [5]ICT 다국적 기업의 본사(本社, 본부가 있는 회사)를 많이 보유한(保有-, 가진) 국가에서도 해당 기업에 대한 법인세 징수(徵收, 거두어들임)는 문제가 된다. [6]그러나 그(ICT 다국적 기업의 본사를 많이 보유한 국가) 중 어떤 국가들은 ICT 다국적 기업의 활동이 해당 산업에서 자국이 주도권(主導權, 주장이 되어 이끌어 나갈 수 있는 권리와 권력)을 유지하는 데 중요하기 때문에라도 디지털세 도입에는 방어적이다.(防禦的-, 피하거나 막아 내려 한다.)

→ ICT 다국적 기업이 법인세를 회피하는 방식 및 ICT 다국적 기업의 본사를 많이 보유한 국가들의 입장

〈참고 그림〉

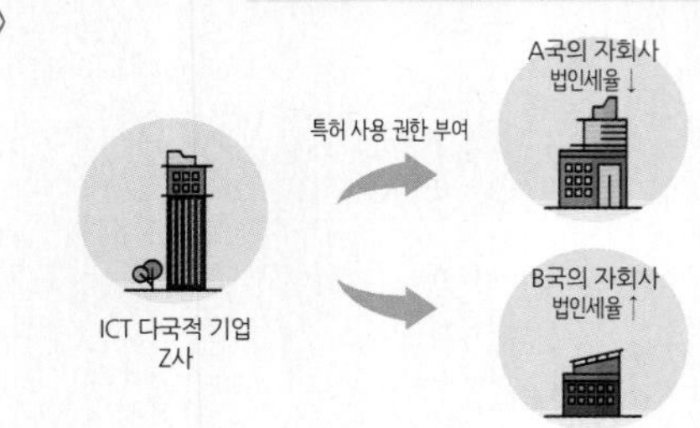


❸-2~3 ICT 다국적 기업 Z사는 법인세율이 매우 낮은 A국에 자회사를 세워 특허의 사용 권한을 부여한다. 법인세율이 A국보다 높은 B국에도 자회사를 설립한다.

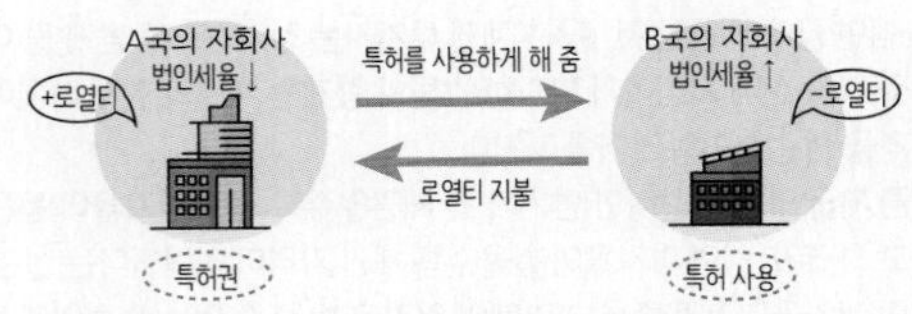


❸-3 B국의 자회사에서 특허 사용으로 수입이 발생하면 A국의 자회사에 특허 사용 수수료인 로열티를 지불한다.

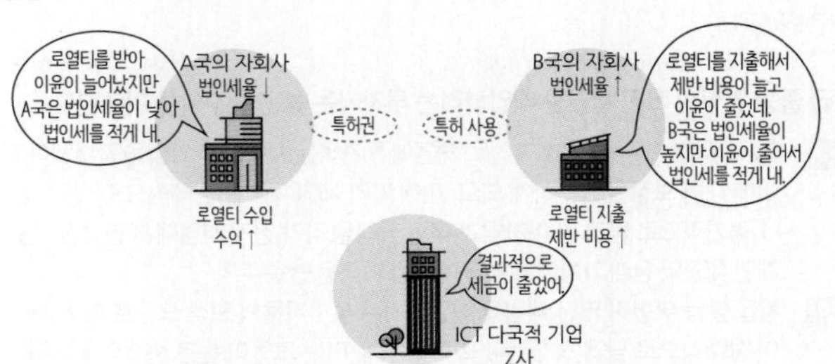


❸-4 그 결과 Z사는 B국의 자회사에 법인세가 부과될 이윤을 최소화한다.

4 [A] [1]ICT 산업을 주도하는(主導-, 이끄는) 국가에서 더 중요한 문제는 ICT 지식 재산 보호의 국제적 강화(强化, 수준이나 정도를 더 높임)일 수 있다. [2]이론적으로(理論的-, 이론에 근거하여) 봤을 때 지식 재산의 보호가 약할수록 유용한 지식 창출의 유인(誘引, 주의나 흥미를 일으켜 어떤 일을 하도록 만듦)이 저해되어(沮害-, 방해되거나 못 하게 해를 받게 되어) 지식의 진보(進步, 정도나 수준이 나아지거나 높아짐)가 정체되고(停滯-, 발전하거나 나아가지 못하고 머물러 그치게 되고), 지식 재산의 보호가 강할수록 해당 지식에 대한 접근을 막아 소수(少數, 적은 수)의 사람만이 혜택을 보게 된다. [3]전자(前者, 앞의 것. 여기에서는 지식 재산의 보호가 약할수록 유용한 지식 창출 유인이 저해되어 지식의 진보가 정체되는 것을 뜻함)로 발생한 손해를 유인 비용, 후자(後者, 뒤의 것. 여기에서는 지식 재산의 보호가 강할수록 해당 지식에 대한 접근을 막아 소수의 사람만이 혜택을 보게 되는 것을 뜻함)로 발생한 손해를 접근 비용이라고 한다면, 지식 재산 보호의 최적(最適, 가장 알맞은) 수준은 두 비용의 합이 최소가 될 때일 것이다. [4]각국은 그 수준(지식 재산 보호의 최적 수준 = 두 비용의 합이 최소가 될 때)에서 자국의 지식 재산 보호 수준을 설정한다.(設定-, 만들어 정해 둔다.) [5]특허 보호 정도와 국민 소득(國民所得, 보통 1년 동안 한 나라의 국민이 생산 활동의 결과로 얻은 최종 생산물의 총 금액)의 관계를 보여 주는 한 연구에서는 국민 소득이 일정 수준 이상인 상태에서는 국민 소득이 증가할수록 특허 보호 정도가 강해지는 경향(傾向, 방향으로 기울어짐)이 있지만, 가장 낮은 소득 수준을 벗어난 국가들은 그들보다 소득 수준이 낮은 국가들(가장 낮은 소득 수준을 벗어나지 못한 국가들)보다 오히려 특허 보호가 약한 것으로 나타났다. [6]이(가장 낮은 소득 수준을 벗어난 국가들이 자신들보다 소득 수준이 낮은 국가들보다 오히려 특허 보호가 약한 것)는 지식 재산 보호의 최적 수준에 대해서도 국가별(國家別, 국가에 따른) 입장이 다름을 시사한다.(示唆-, 미리 간접적으로 표현해 준다.)

→ 지식 재산 보호에 대해 서로 다른 국가별 입장

■지문 이해

**〈지식 재산 보호와 디지털세의 도입 배경〉**

❶ 지식 재산인 특허권, 영업 비밀의 개념과 지식 재산에 관련된 문제들

- 특허권 : 특허를 일정 기간 독점적으로 사용할 수 있는 법률상 권리
- 영업 비밀 : 영업에 관련된 정보로, 일정 조건을 갖추면 법의 보호를 받을 수 있음
- 지식 재산 : 법으로 보호되는 특허권, 영업 비밀 등 → 정보 통신 기술(ICT) 산업 창출의 기반
- 지식 재산 보호 문제, ICT 다국적 기업이 지식 재산으로 거두는 수입에 대한 과세 문제가 있음

**❷ 디지털세의 도입 배경**
- 디지털세 : ICT 다국적 기업이 거둔 수입에 대해 부과되는 세금 ← 법인세 감소에 대한 각국의 우려가 도입 배경이 됨
- 법인세 : 기업의 수입에서 제반 비용을 제외하고 남은 이윤에 대해 국가가 부과하는 세금

**❸ ICT 다국적 기업이 법인세를 회피하는 방식 및 ICT 다국적 기업의 본사를 많이 보유한 국가들의 입장**
- ICT 다국적 기업은 법인세율이 현저하게 낮은 국가에 자회사를 설립하고, 이윤을 몰아주는 방식으로 법인세를 회피함
- ICT 다국적 기업의 본사를 많이 보유한 국가들의 입장 : ICT 산업에서 주도권을 유지하기 위해 디지털세 도입에 방어적

**❹ 지식 재산 보호에 대해 서로 다른 국가별 입장**
- 지식 재산의 보호가 약할수록 유용한 지식 창출의 유인이 저해되어 지식의 진보가 정체됨 → 유인 비용이 발생함
- 지식 재산의 보호가 강할수록 해당 지식에 대한 접근을 막아 소수의 사람만이 혜택을 봄 → 접근 비용이 발생함
- 지식 재산 보호의 최적 수준 : 유인 비용과 접근 비용의 합이 최소가 될 때
- 지식 재산 보호의 최적 수준에 대한 국가별 입장은 서로 다르며, 각국은 그 수준에서 자국의 지식 재산 보호 수준을 설정함

## 023 세부 정보 이해 - 적절하지 않은 것 고르기 2021학년도 6월 모평 29번
정답률 75%, 매력적 오답 ④ 10% | 정답 ②

**윗글을 읽고 답을 찾을 수 있는 질문에 해당하지 않는 것은?**

**① 법으로 보호되는 특허권과 영업 비밀의 공통점은 무엇인가?**

근거 ❶-3 법으로 보호되는 특허권과 영업 비밀은 모두 지식 재산

→ 적절함!

**② 영업 비밀이 법적 보호 대상으로 *인정받기 위한 **절차는 무엇인가?** *認定-, 자격을 가지고 있음을 확인받기 **節次, 거쳐야 하는 순서나 방법

근거 ❶-2 영업 비밀은 생산 방법, 판매 방법, 그 밖에 영업 활동에 유용한 기술상 또는 경영상의 정보 등으로, 일정 조건을 갖추면 법으로 보호받을 수 있다.

풀이 윗글에서는 영업 비밀이 일정 조건을 갖추었을 때 법으로 보호받을 수 있음을 언급했으나 법적 보호 대상으로 인정받기 위한 절차에 대해서는 설명하지 않았다.

→ 적절하지 않음!

**③ ICT 다국적 기업의 수입에 과세하는 제도 도입의 배경은 무엇인가?**

근거 ❷-2~3 디지털세는 이를 도입한 국가에서 ICT 다국적 기업이 거둔 수입에 대해 부과되는 세금이다. 디지털세의 배경에는 법인세 감소에 대한 각국의 우려가 있다.

→ 적절함!

**④ 로열티는 ICT 다국적 기업의 법인세를 줄이는 데 어떻게 이용되는가?**

근거 ❸-1~4 많은 ICT 다국적 기업이 법인세율이 현저하게 낮은 국가에 자회사를 설립하고 그 자회사에 이윤을 몰아주는 방식으로 법인세를 회피한다는 비판이 있어 왔다. 예를 들면 ICT 다국적 기업 Z사는 법인세율이 매우 낮은 A국에 자회사를 세워 특허의 사용 권한을 부여한다. 그리고 법인세율이 A국보다 높은 B국에 설립된 Z사의 자회사에서 특허 사용으로 수입이 발생하면 Z사는 B국의 자회사로 하여금 A국의 자회사에 특허 사용에 대한 수수료인 로열티를 지출하도록 한다. 그 결과 Z사는 B국의 자회사에 법인세가 부과될 이윤을 최소화한다.

→ 적절함!

**⑤ 이론적으로 지식 재산 보호의 최적 수준은 어떻게 설정하는가?**

근거 ❹-3 지식 재산 보호의 최적 수준은 두 비용(유인 비용, 접근 비용)의 합이 최소가 될 때일 것이다.

→ 적절함!

## 024 핵심 개념 이해 - 적절한 것 고르기 2021학년도 6월 모평 30번
정답률 65%, 매력적 오답 ② 15% ④ 10% | 정답 ⑤

**디지털세에 대한 이해로 가장 적절한 것은?**

**① 지식 재산 보호를 강화할 수 있는 수단이다.**

근거 ❶-4 ICT 다국적 기업이 지식 재산으로 거두는 수입에 대한 과세 문제, ❷-2 디지털세는 이를 도입한 국가에서 ICT 다국적 기업이 거둔 수입에 대해 부과되는 세금

풀이 디지털세는 ICT 다국적 기업이 지식 재산으로 거둔 수입에 대해 부과하는 세금이지, '지식 재산 보호 강화 수단'과는 관련이 없다.

→ 적절하지 않음!

**② 이윤에서 제반 비용을 제외한 금액에 부과된다.**

근거 ❷-2 디지털세는 이를 도입한 국가에서 ICT 다국적 기업이 거둔 수입에 대해 부과되는 세금

풀이 디지털세는 ICT 다국적 기업이 거둔 수입에 대해 부과되는 세금이므로, 이윤에서 제반 비용을 제외한 금액에 부과되는 세금이라는 설명은 적절하지 않다.

→ 적절하지 않음!

**③ ICT 산업에서 주도적인 국가는 도입에 적극적이다.** (방어적)

근거 ❸-6 그(ICT 다국적 기업의 본사를 많이 보유한 국가)중 어떤 국가들은 ICT 다국적 기업의 활동이 해당 산업에서 자국이 주도권을 유지하는 데 중요하기 때문에라도 디지털세 도입에는 방어적이다.

→ 적절하지 않음!

**④ 여러 국가에 자회사를 설립하는 방식으로 줄일 수 있다.** (←법인세)

근거 ❸-1 많은 ICT 다국적 기업이 법인세율이 현저하게 낮은 국가에 자회사를 설립하고 그 자회사에 이윤을 몰아주는 방식으로 법인세를 회피한다는 비판이 있어 왔다.

풀이 디지털세가 아니라 법인세에 대한 설명이다.

→ 적절하지 않음!

**⑤ 도입된 국가에서 ICT 다국적 기업이 거둔 수입에 부과된다.**

근거 ❷-2 디지털세는 이를 도입한 국가에서 ICT 다국적 기업이 거둔 수입에 대해 부과되는 세금이다.

→ 적절함!

## 025 추론의 적절성 판단 - 적절한 것 고르기 2021학년도 6월 모평 31번
정답률 65%, 매력적 오답 ③ 15% | 정답 ④

**<보기>는 윗글을 읽은 학생이 수행할 학습지의 일부이다. ㉮에 들어갈 말로 가장 적절한 것은?** [3점]

㉠ 많은 ICT 다국적 기업이 법인세율이 현저하게 낮은 국가에 자회사를 설립하고 그 자회사에 이윤을 몰아주는 방식으로 법인세를 회피한다

| 보 기 |

○ **과제** : '㉠을 근거로 ICT 다국적 기업에 디지털세가 부과되는 것이 타당한가?'를 검증할(檢證-, 검사하여 증명할) 가설(假說, 설명하기 위해 임시로 세운 이론)에 대한 판단

- **가설**

  ICT 다국적 기업 자회사들의 수입 대비 이윤의 비율은 법인세율이 높은 국가일수록 낮다.(법인세율이 높은 국가일수록 수입에 비해 이윤이 낮다.)

- **판단**

  가설이 참이라면 [ ㉮ ] 고 할 수 있으므로 ㉠을 근거(根據, 의견이 나오게 된 바탕, 까닭)로 디지털세를 부과하는 것을 지지할(支持-, 옳다고 생각하여 이를 위해 힘을 쓸) 수 있겠군.

▶ 지문 핵심 개념 정리

**ICT 다국적 기업 Z사가 법인세를 회피하는 방식**
- 법인세 : 수입에서 제반 비용을 제외하고 남은 이윤에 대해 부과하는 세금(❷-4)
- 법인세율이 매우 낮은 A국에 자회사를 세워 특허의 사용 권한을 부여함(❸-2)
- 법인세율이 A국보다 높은 B국에 설립된 자회사에서 특허 사용으로 수입이 발생함 → B국의 자회사가 A국의 자회사에 특허 사용에 대한 수수료인 로열티를 지출함(❸-3) ⇒ Z사는 B국의 자회사에 법인세가 부과될 이윤을 최소화함(❸-4)

**① ICT 다국적 기업 자회사의 수입이 법인세율이 높은 국가일수록 많다**

풀이 ICT 다국적 기업 Z사의 예에서, 법인세율이 높은 국가인 B국의 자회사는 수입 대비 이윤을 줄이기 위해 법인세율이 낮은 A국의 자회사에 특허 사용에 대한 로열티를 지출한다. 이는 B국 자회사의 이윤을 줄이기 위한 것일 뿐, 법인세율이 높은 국가일수록 자회사의 수입이 많다는 의미는 아니다.

→ 적절하지 않음!

법인세율이 높은 국가의 ICT 다국적 기업 자회사가 / 낮은

② ICT 다국적 기업이 법인세율이 높은 국가의 자회사에 로열티를 지출한다

**풀이** ICT 다국적 기업은 법인세율이 높은 국가의 자회사가 법인세율이 낮은 국가의 자회사에 로열티를 지출하도록 하여, 로열티를 지출한 만큼 이윤이 줄어들게 한다. 이와 같은 방식을 통해 법인세율이 높은 국가의 자회사는 수입 대비 이윤의 비율이 낮아져, 법인세를 줄일 수 있다.

→ 적절하지 않음!

높은

③ ICT 다국적 기업 자회사의 수입 대비 제반 비용의 비율이 법인세율이 낮은 국가일수록 높다

**풀이** 법인세는 수입에서 제반 비용을 제외하고 남은 이윤에 대해 부과하는 세금이라고 하였다. 이때 수입에 대한 제반 비용의 비율이 높아질수록 이윤의 비율은 낮아진다. ICT 다국적 기업은 법인세율이 높은 국가의 자회사가 법인세율이 낮은 국가의 자회사에 로열티를 지출하도록 한다. 그러면 법인세율이 높은 국가의 자회사는 로열티를 지출한 만큼 제반 비용이 늘어나고 그만큼 이윤이 줄어들게 되어, 이윤에 대해 부과될 법인세를 줄일 수 있다. 따라서 법인세를 회피하려는 ICT 다국적 기업 자회사의 수입 대비 제반 비용의 비율은 법인세율이 높은 국가일수록 높을 것이다.

→ 적절하지 않음!

④ ICT 다국적 기업이 법인세율이 높은 국가의 자회사에서 수입에 비해 이윤을 줄이는 방식으로 법인세를 줄이고 있다

**풀이** ICT 다국적 기업은 법인세율이 높은 국가의 자회사가 법인세율이 낮은 국가의 자회사에 로열티를 지출하도록 한다. 그러면 법인세율이 높은 국가의 자회사는 로열티를 지출한 만큼 제반 비용이 늘어나고, 그만큼 이윤이 줄어들게 된다. 이처럼 ICT 다국적 기업은 법인세율이 높은 국가에 세운 자회사의 수입 대비 이윤의 비율을 줄이는 방식을 통해 법인세를 줄인다.

→ 적절함!

⑤ 법인세율이 높은 국가에 본사가 있는 ICT 다국적 기업 자회사의 수입 대비 이윤의 비율은 법인세율이 낮은 국가일수록 낮다

높을 것이라

**풀이** ICT 다국적 기업은 법인세율이 높은 국가의 자회사가 법인세율이 낮은 국가의 자회사에 로열티를 지출하여, 로열티를 지출한 만큼 이윤이 줄어들게 한다. 반면 법인세율이 낮은 국가의 자회사는 특허 사용에 대한 로열티를 받게 되므로, 법인세율이 높은 국가의 자회사에 비해 수입 대비 이윤의 비율이 높을 것이다. 법인세율이 높은 국가에 본사가 있는 ICT 다국적 기업의 경우도 이와 마찬가지로, 법인세를 줄이기 위해 법인세율이 낮은 국가의 자회사에 로열티를 지출하는 방식을 통해 수입 대비 이윤의 비율을 낮추려 할 것이다. 따라서 법인세율이 높은 국가에 본사가 있는 ICT 다국적 기업 자회사의 수입 대비 이윤의 비율은 법인세율이 낮은 국가일수록 높을 것이다.

→ 적절하지 않음!

1등급 문제

**026** 구체적인 사례에 적용 – 적절하지 않은 것 고르기 2021학년도 6월 모평 32번
정답률 50%, 매력적 오답 ② 15% ④ 20% ⑤ 10% | 정답 ③

## [A]를 적용하여 <보기>를 이해한 내용으로 적절하지 않은 것은?

| 보기 |
[1]S국은 현재 국민 소득이 가장 낮은 수준의 국가이고 ICT 산업에서 주도적인 국가가 아니다. [2]S국의 특허 보호 정책은 지식 재산 보호 정책을 대표한다.

▶ 지문 핵심 개념 정리

| 지식 재산 보호 |
|---|
| • 지식 재산의 보호가 약할수록 유용한 지식 창출의 유인이 저해되어 지식의 진보가 정체됨 → 유인 비용이 발생함(❹–2~3)<br>• 지식 재산의 보호가 강할수록 해당 지식에 대한 접근을 막아 소수의 사람만이 혜택을 봄 → 접근 비용이 발생함(❹–2~3)<br>• 지식 재산 보호의 최적 수준 : 유인 비용과 접근 비용의 합이 최소가 될 때(❹–3) |

① ICT 산업에서 주도적인 국가는 S국이 유인 비용을 현재보다 크게 *인식하여 지식 재산 보호 수준을 높이기 바라겠군. *認識–, 판단하여

**근거** ❹-1 ICT 산업을 주도하는 국가에서 더 중요한 문제는 ICT 지식 재산 보호의 국제적 강화일 수 있다.

**풀이** ICT 산업에서 주도적인 국가는 지식 재산 보호의 국제적 강화를 중요한 문제로 여긴다. 만약 S국이 유인 비용을 현재보다 크게 인식한다면, 이를 낮추기 위해 지식 재산 보호 수준을 높여 강화하려 할 것이다. 따라서 ICT 산업에서 주도적인 국가는 지식 재산 보호의 국제적 강화를 위해 S국에서도 유인 비용을 현재보다 크게 인식하여 지식 재산 보호 수준을 높이기를 바랄 것이다.

→ 적절함!

② S국에서는 지식 재산 보호 수준이 낮을 때가 높을 때보다 지식 재산 창출 *의욕의 **저하로 인한 손해가 더 심각하겠군. *意欲, 하고자 하는 적극적인 마음이나 욕망 **低下, 정도가 떨어져 낮아짐

**풀이** 지식 재산 보호가 약할수록 유용한 지식 창출의 유인이 저해되어 지식의 진보가 정체되고, 이로 인해 유인 비용의 발생이 늘어난다. 따라서 S국에서도 지식 재산 보호 수준이 낮을 때가 높을 때보다 지식 재산 창출 의욕의 저하로 인한 손해, 즉 유인 비용으로 인한 손해가 더 심각할 것이다.

→ 적절함!

접근 비용 발생

③ S국에서 현재의 특허 제도가 특허권을 *과하게 보호한다고 판단한다면 지식 재산 보호 수준을 낮춰 접근 비용을 높이고 싶겠군. *過–, 정도가 지나치게

줄이고

**풀이** S국에서 현재의 특허 제도가 특허권을 지나치게 강하게 보호한다고 판단한다면, 지식 재산 보호 수준을 낮춰 최적 수준을 설정할 것이다. 지식 재산의 보호가 강할수록 접근 비용이 높다고 하였으므로, 지식 재산 보호 수준을 낮출 경우 접근 비용은 줄어든다. 따라서 S국에서 현재의 특허 제도가 특허권을 과하게 보호한다고 판단한다면 지식 재산 보호 수준을 낮춰 접근 비용을 줄이려 할 것이다.

→ 적절하지 않음!

④ S국의 국민 소득이 점점 높아진다면 유인 비용과 접근 비용의 합이 최소가 되는 지식 재산 보호 수준은 낮아졌다가 높아지겠군.

**근거** ❹-5 국민 소득이 일정 수준 이상인 상태에서는 국민 소득이 증가할수록 특허 보호 정도가 강해지는 경향이 있지만, 가장 낮은 소득 수준을 벗어난 국가들은 그들보다 소득 수준이 낮은 국가들보다 오히려 특허 보호가 약한 것으로 나타났다, <보기>-1 S국은 현재 국민 소득이 가장 낮은 수준의 국가

**풀이** 윗글에서 가장 낮은 소득 수준을 벗어난 국가들은 소득 수준이 가장 낮은 국가들보다 오히려 특허 보호가 약하다고 하였다. S국은 현재 국민 소득이 가장 낮은 수준의 국가이므로, S국의 국민 소득 수준이 점점 높아질 경우 가장 낮은 수준이었을 때보다 지식 재산 보호 수준이 오히려 낮아졌다가, 국민 소득이 일정 수준 이상으로 높아지면서 지식 재산 보호 수준이 점점 높아질 것이다.

→ 적절함!

⑤ S국이 지식 재산 보호 수준을 높일 때, 지식의 발전이 저해되어 발생하는 손해는 감소하고 다수가 지식 재산의 혜택을 누리지 못하여 발생하는 손해는 증가하겠군.

**풀이** 지식 재산 보호가 약할수록 지식의 진보가 정체되어 발생하는 손해인 '유인 비용'이 높고, 지식 재산 보호가 강할수록 다수가 지식 재산의 혜택을 누리지 못하여 발생하는 손해인 '접근 비용'이 높다. 만약 S국이 지식 재산 보호 수준을 높인다면, 유인 비용이 줄어들고 접근 비용은 증가할 것이다.

→ 적절함!

**027** 세부 정보 이해 – 적절하지 않은 것 고르기 2021학년도 6월 모평 33번
정답률 70%, 매력적 오답 ② 10% | 정답 ③

## 문맥상 ⓐ와 바꿔 쓰기에 적절하지 않은 것은?

그 결과 Z사는 ⓐ B국의 자회사에 법인세가 부과될 이윤을 최소화한다.

**근거** ❷-4 법인세는 … 재화나 서비스의 판매 등을 통해 거둔 수입에서 제반 비용을 제외하고 남은 이윤에 대해 부과하는 세금, ❸-2~4 ICT 다국적 기업 Z사는 법인세율이 매우 낮은 A국에 자회사를 세워 특허의 사용 권한을 부여한다. 그리고 법인세율이 A국보다 높은 B국에 설립된 Z사의 자회사에서 특허 사용으로 수입이 발생하면 Z사는 B국의 자회사로 하여금 A국의 자회사에 특허 사용에 대한 수수료인 로열티를 지출하도록 한다. 그 결과 Z사는 B국의 자회사에 법인세가 부과될 이윤을 최소화한다.

① Z사의 전체적인 법인세 부담을 줄인다

**풀이** ICT 다국적 기업인 Z사는 법인세율이 높은 B국의 자회사로 하여금 법인세율이 낮은 A국의 자회사에 특허 사용에 대한 수수료인 로열티를 지출하도록 하여, 법인세율이 높은 B국의 자회사의 이윤을 줄이고 법인세율이 낮은 A국의 자회사의 이윤을 늘린다. 이와 같은 방식을 통해 Z사는 법인세를 회피하여 전체적인 법인세 부담을 줄인다. 따라서 ⓐ를 'Z사의 전체적인 법인세 부담을 줄인다'로 바꿔 쓰는 것은 적절하다.

→ 적절함!

**② A국의 자회사가 거두는 수입을 늘린다**

**풀이** B국의 자회사가 A국의 자회사에 특허 사용에 대한 수수료인 로열티를 지출하였으므로, A국의 자회사는 B국에서 받은 로열티만큼 수입이 늘어나게 된다. 따라서 ⓐ를 'A국의 자회사가 거두는 수입을 늘린다'로 바꿔 쓰는 것은 적절하다.

→ 적절함!

B국

**③ A국의 자회사가 얻게 될 이윤을 줄인다**

**풀이** ICT 다국적 기업은 법인세율이 높은 국가의 자회사가 법인세율이 낮은 국가의 자회사에 로열티를 지출하도록 한다. 그러면 법인세율이 높은 국가의 자회사는 로열티를 지출한 만큼 제반 비용이 늘어나고, 그만큼 이윤이 줄어들게 된다. 이처럼 ICT 다국적 기업은 법인세율이 높은 국가에 세운 자회사의 수입 대비 이윤의 비율을 줄이는 방식을 통해 법인세를 줄인다. 따라서 ⓐ는 문맥상 A국이 아니라 'B국의 자회사가 얻게 될 이윤을 줄인다'로 바꿔 쓰는 것이 적절하다.

→ 적절하지 않음!

**④ B국의 자회사가 낼 법인세를 최소화한다**

**풀이** 법인세는 수입에서 제반 비용을 제외하고 남은 이윤에 대해 부과하는 세금이다. B국의 자회사에 법인세가 부과될 이윤을 최소화하게 되면, 그 이윤에 대해 부과하는 법인세도 최소화된다. 따라서 ⓐ를 'B국의 자회사가 낼 법인세를 최소화한다'로 바꿔 쓰는 것은 적절하다.

→ 적절함!

**⑤ B국의 자회사가 지출하는 제반 비용을 늘린다**

**풀이** 법인세율이 높은 B국의 자회사가 법인세율이 낮은 A국의 자회사에 로열티를 지출하면 B국의 자회사는 로열티를 지출한 만큼 제반 비용이 늘어나고 그만큼 이윤이 줄어들게 되어, 이윤에 대해 부과될 법인세를 줄일 수 있다. 따라서 ⓐ를 'B국의 자회사가 지출하는 제반 비용을 늘린다'로 바꿔 쓰는 것은 적절하다.

→ 적절함!

**tip** · 디지털세의 다른 이름 'GAFA 세금'

ICT 다국적 기업의 조세 회피를 해결하기 위해 여러 나라에서 디지털세 도입을 시행하거나 검토하고 있다. 대표적인 ICT 다국적 기업에는 '구글·애플·페이스북·아마존'이 있으며 이들의 머리 글자를 따 'GAFA 세금'이라 부르기도 한다.

ICT 다국적 기업들은 물리적 사업장이 크게 필요하지 않다는 기업의 특성을 바탕으로 세율이 낮은 국가에 자회사를 설립하는 방식으로 법인세를 회피했다는 비판을 받고 있다. 이에 유럽 내 국가들의 경우 전 세계 매출액이 7억 5000만 유로, EU 내 매출액이 5000만 유로 이상인 기업을 대상으로 매출액의 2~7 %를 세금으로 부과하는 것을 시행하거나 검토하고 있다.

## [028~032] 다음 글을 읽고 물음에 답하시오.

1 [1]전통적인 **통화 정책**(通貨政策, 돈의 수량을 늘리거나 줄여서 국내의 경제 흐름을 조절하려는 정책)은 **정책 금리**(政策金利, 통화 정책의 수단으로 사용되는 이자율)를 활용하여 **물가**(物價, 종합적이고 평균적인 물건의 값)를 **안정시키고**(安定–, 일정한 상태를 유지하게 하고) 경제 안정을 **도모하는**(圖謀–, 이루기 위해 대책과 방법을 세우는) 것을 목표로 한다. [2]**중앙은행**(中央銀行, 한 나라의 금융과 통화 정책의 중심이 되는 은행으로, 우리나라의 중앙은행은 한국은행이다.)은 **경기**(景氣, 호황이나 불황 등의 경제 활동 상태)가 **과열되었을**(過熱–, 지나치게 올라갔을) 때 정책 금리 인상을 통해 경기를 **진정시키고자**(鎭靜–, 억눌러 안정시키려) 한다. [3]정책 금리 인상으로 **시장 금리**(市場金利, 자금 시장에서 자금을 거래할 때 시장 참여자들의 자금 상황에 따라 수시로 바뀌어 달라지는 금리)도 높아지면 **가계**(家計, 가정) 및 기업에 대한 **대출**(貸出, 돈을 빌림) 감소로 **신용 공급**(신용 대출을 통한 화폐 공급)이 축소된다. [4]신용 공급의 축소는 경제 내 **수요**(需要, 사려고 하는 욕구)를 줄여 물가를 안정시키고 경기를 진정시킨다. [5]**반면**(反面, 반대로) 경기가 **침체되었을**(沈滯–, 발전하지 못하고 제자리에 머무를) 때는 반대의 과정을 통해 경기를 **부양시키고자**(浮揚–, 침체된 상태에서 벗어나게 하려고) 한다.

→ 전통적인 경제학의 관점 ① : 통화 정책을 통한 물가 안정

2 [1]**금융**(金融, 자금의 수요와 공급에 관계되는 경제 활동)을 통화 정책의 전달 **경로**(經路, 지나는 길)로만 보는 전통적인 경제학에서는 금융감독 정책이 개별 금융 회사의 **건전성**(健全性, 자산 상태의 안정적인 성질) **확보**(確保, 갖춤)를 통해 금융 안정을 달성하고자 하는 ㉠ **미시**(微視, 작은 차원의) 건전성 정책에 집중해야 한다고 보았다. [2]**이러한**(전통적인 경제학의) 관점은 금융이 직접적인 생산 수단이 아니므로 **단기적일**(短期的–, 짧은 시간에 걸칠) 때와는 달리 **장기적으로는**(長期的–, 오랜 기간에 걸쳐서는) 경제 성장에 영향을 미치지 못한다는 인식과, **자산 시장**(資産市場, 개인이나 법인이 소유하고 있고 경제적 가치가 있는 유형·무형의 재산으로 형성되는 시장)에서는 가격이 본질적 가치를 초과하여 **폭등하는**(暴騰–, 갑자기 크게 오르는) **버블**(bubble, 투기 등으로 인해 일시적으로 호황을 보이는 경기 상태)이 존재하지 않는다는 효율적 시장 **가설**(假說, 어떤 사실을 설명하려고 임시로 세운 이론)에 **기인한다.**(起因–, 원인을 둔다.) [3]미시 건전성 정책은 **개별 금융 회사의 건전성에 대한 예방적 규제 성격을 가진**(개별 금융 회사가 자산을 안정적으로 확보·운용하게끔 미리 규제하는) 정책 수단을 활용하는데, 그 예로는 **향후**(向後, 이후) 손실에 **대비하여**(對備–, 미리 준비하여) 금융 회사의 **자기자본**(自己資本, 기업의 전체 자본 중에서 기업이 그 소유주로부터 밑천으로 받아들인 돈과 기업 내부에 쌓여 있는 돈) **하한**(下限, 아래쪽으로 일정하게 정해진 한계)을 설정하는 최저 자기자본 규제를 들 수 있다.

→ 전통적인 경제학의 관점 ②
: 금융감독 정책을 통한 금융 안정(미시 건전성 정책)

3 [1]이처럼 전통적인 경제학에서는 금융감독 정책을 통해 금융 안정을, 통화 정책을 통해 물가 안정을 달성할 수 있다고 보는 **이원적인**(二元的–, 두 가지의 다른 요소로 이루어진) 접근 방식이 지배적인 견해였다. [2]그러나 **글로벌 금융 위기**(2007~2008년 미국의 금융 시장에서 시작하여 세계적으로 닥친 큰 경제 위기) 이후 금융 시스템이 **와해되어**(瓦解–, 무너지고 흩어져) 경제 불안이 확산되면서 **기존의**(既存–, 이미 있던. 여기서는 '전통적인 경제학의'의 의미) 접근 방식에 대한 **자성**(自省, 자신의 행동을 스스로 반성함)이 일어났다. [3]**이 당시**(글로벌 금융 위기 이후) 경기 부양을 목적으로 한 중앙은행의 **저금리**(低金利, 낮은 금리) 정책이 자산 가격 버블에 따른 금융 불안을 **야기하여**(惹起–, 일으켜) 경제 안정이 훼손될 수 있다는 데 **공감대**(共感帶, 서로 공감하는 부분)가 형성되었다. [4]또한 금융 회사가 **대형화되면서**(大型化–, 규모가 커지면서) 개별 금융 회사의 **부실**(不實, 실속 없고 충분하지 못함)이 금융 시스템의 붕괴를 야기할 수 있게 됨에 따라 금융 회사 규모가 금융 안정의 새로운 위험 요인으로 등장하였다. [5]이에 기존의 정책으로는 금융 안정을 확보할 수 없고, 경제 안정을 위해서는 물가 안정뿐만 아니라 금융 안정도 필수적인 **요건**(要件, 필요한 조건)임이 밝혀졌다. [6]그 결과 미시 건전성 정책에 ㉡ **거시**(巨視, 전체적으로 큰 차원의) **건전성 정책**이 추가된 금융감독 정책과 물가 안정을 위한 통화 정책 간의 **상호 보완**(相互補完, 서로 모자란 부분을 보충함)을 통해 경제 안정을 달성해야 한다는 견해가 **주류**(主流, 주된 경향)를 형성하게 되었다.

→ 글로벌 금융 위기 이후의 변화 : 거시 건전성 정책의 필요성

4 [1]거시 건전성이란 개별 금융 회사 차원이 아니라 금융 시스템 차원의 위기 가능성이 낮아 건전한 상태를 말하고, 거시 건전성 정책은 금융 시스템의 건전성을 추구하는 규제 및 감독 등을 **포괄하는**(包括–, 모두 하나로 묶는) 활동을 의미한다. [2]이때, 거시 건전성 정책은 미시 건전성이 거시 건전성을 **담보할**(擔保–, 맡아서 책임지고 틀림이 없음을 증명할) 수 있는 **충분조건**(充分條件, 명제가 성립하기에 충분한 조건. 'A이면 B이다'에서 'A'는 'B'가 성립하는 데에 충분조건이다.)이 되지 못한다는 '구성의 오류'에 논리적 **기반**(基盤, 기초가 되는 바탕)을 두고 있다. [3]거시 건전성 정책은 금융 시스템 위험 요인에 대한 예방적 규제를 통해 금융 시스템의 건전성을 추구한다는 점에서, 미시 건전성 정책과는 차별화된다.

→ 거시 건전성 정책의 의미와 성격

5 [1]거시 건전성 정책의 목표를 효과적으로 달성하기 위해서는 경기 **변동**(變動, 바뀌어 달라짐)과 금융 시스템 위험 요인 간의 **상관관계**(相關關係, 둘 중 한쪽이 변화하면 다른 한쪽도 따라서 변화하는 관계)를 **감안한**(勘案–, 참고하여 생각한) 정책 수단의 도입이 필요하다. [2]금융 시스템 위험 요인은 **경기 순응성**(景氣順應性, 경기의 흐름과 같은 방향으로 움직이는 현상)을 가진다. [3]즉 경기가 호황일 때는 금융 회사들이 대출을 늘려 신용 공급을 **팽창시킴**(膨脹–, 늘어나게 함)에 따라 자산 가격이 **급등하고**(急騰–, 갑자기 오르고), **이**(경기 호황 시 : 대출 ↑, 신용 공급 ↑, 자산 가격 ↑)는 다시 경기를 더 과열시키는 반면 불황일 때는 그 **반대의 상황**(경기 불황 시 : 대출 ↓, 신용 공급 ↓, 자산 가격 ↓)이 일어난다. [4]**이**(경기 순응성을 가진 금융 시스템 위험 요인)를 **완화할**(緩和–, 약해지도록 할) 수 있는 정책 수단으로는 경기 **대응**(對應, 맞추어 행동함) **완충**(緩衝, 서로 반대되는 것 사이에서 반대되는 성질을 약해지게 함)자본 제도를 ⓐ 들 수 있다. [5]**이 제도**(경기 대응 완충자본 제도)는 정책 **당국**(當國, 바로 그 나라)이 경기 과열기에 금융 회사로 하여금 최저 자기자본에 추가적인 자기자본, 즉 완충자본을 쌓도록 하여 과도한 신용 팽창을 억제시킨다. [6]한편 **적립된**(경기 과열기에 쌓아둔) 완충자본은 경기 침체기에 대출 **재원**(財源, 자금이 나올 곳)으로 쓰도록 함으로써 신용이 충분히 공급되도록 한다.

→ 거시 건전성 정책 목표의 효과적 달성을 위한 정책 수단

Ⅱ 사회

■지문 이해

〈글로벌 금융 위기로 인한 경제 정책 변화〉

| 전통적인 경제학 : 금융감독 정책과 통화 정책에 관한 이원적 접근 방식 | |
|---|---|
| ❶ 통화 정책을 통한 물가 안정 | ❷ 금융감독 정책을 통한 금융 안정 |
| • 전통적인 통화 정책의 목표 : 정책 금리를 활용한 물가 안정과 경제 안정 달성<br>• 경기 과열 시 정책 금리 인상을 통한 경기 진정을, 경기 침체 시 정책 금리 인하를 통한 경기 부양을 도모함 | • 미시 건전성 정책<br>- 금융감독 정책이 개별 금융 회사의 건전성 확보를 통해 금융 안정을 달성하고자 함<br>- 예 금융 회사의 자기자본 하한을 설정하는 최저 자기자본 규제 |

| ❸ 글로벌 금융 위기 이후의 변화 : 거시 건전성 정책의 필요성 |
|---|
| • 저금리 정책이 자산 가격 버블에 따른 금융 불안 야기 가능, 개별 금융 회사의 부실이 금융 시스템의 붕괴 야기 가능 → 경제 안정을 위해서는 물가 안정뿐만 아니라 금융 안정도 필수적인 요건임이 밝혀짐<br>⇒ 미시 건전성 정책에 거시 건전성 정책이 추가된 금융감독 정책과 물가 안정을 위한 통화 정책 간의 상호 보완을 통해 경제 안정을 달성해야 한다는 견해가 주류를 형성하게 됨 |

| ❹ 거시 건전성 정책의 의미와 성격 |
|---|
| • 거시 건전성 정책<br>- 금융 시스템의 건전성을 추구하는 규제 및 감독 등을 포괄하는 활동<br>- 금융 시스템 위험 요인에 대한 예방적 규제를 통해 금융 시스템의 건전성을 추구한다는 점에서 미시 건전성 정책과 차별화됨 |

| ❺ 거시 건전성 정책 목표의 효과적 달성을 위한 정책 수단 |
|---|
| • 거시 건전성 정책 목표의 효과적 달성을 위해 금융 시스템 위험 요인이 경기 순응성을 가진다는 점을 감안한 정책 수단의 도입이 필요함<br>• 예 경기 대응 완충자본 제도<br>- 경기 과열기 : 금융 회사가 최저 자기자본에 완충자본을 쌓게 하여 과도한 신용 팽창을 억제시킴<br>- 경기 침체기 : 쌓아둔 완충자본을 대출 재원으로 사용하게 함으로써 신용이 충분히 공급되게 함 |

**028** 세부 정보 이해 - 적절한 것 고르기 2020학년도 6월 모평 27번
정답률 65%, 매력적 오답 ③ 20%
정답 ④

**윗글을 통해 알 수 있는 것은?**

장기적

**① 글로벌 금융 위기 이전에는, 금융이 단기적으로 경제 성장에 영향을 미치지 못한다고 보았다.**

근거 ❷-2 이러한(전통적인 경제학의) 관점은 금융이 직접적인 생산 수단이 아니므로 단기적일 때와는 달리 장기적으로는 경제 성장에 영향을 미치지 못한다는 인식

풀이 글로벌 금융 위기 이전, 전통적인 경제학의 관점에서는 금융이 장기적으로 경제 성장에 영향을 미치지 못한다고 보았다.

→ 적절하지 않음!

하면

**② 글로벌 금융 위기 이전에는, 개별 금융 회사가 건전하다고 해서 금융 안정이 달성되는 것은 아니라고 보았다.**

될 수 있다고

근거 ❷-1 전통적인 경제학에서는 금융감독 정책이 개별 금융 회사의 건전성 확보를 통해 금융 안정을 달성하고자 하는 미시 건전성 정책에 집중해야 한다고 보았다.

풀이 글로벌 금융 위기 이전, 전통적인 경제학의 관점에서는 개별 금융 회사의 건전성 확보를 통해 금융 안정을 달성할 수 있다고 보았다.

→ 적절하지 않음!

통화 정책

**③ 글로벌 금융 위기 이전에는, 경기 침체기에는 통화 정책과 더불어 금융감독 정책을 통해 경기를 부양시켜야 한다고 보았다.**

근거 ❸-1 전통적인 경제학에서는 금융감독 정책을 통해 금융 안정을, 통화 정책을 통해 물가 안정을 달성할 수 있다고 보는 이원적인 접근 방식이 지배적인 견해였다, ❶-1~2 전통적인 통화 정책은 정책 금리를 활용하여 물가를 안정시키고 경제 안정을 도모하는 것을 목표로 한다. 중앙은행은 경기가 과열되었을 때 정책 금리 인상을 통해 경기를 진정시키고자 한다, ❶-5 반면 경기가 침체되었을 때는 반대의 과정을 통해 경기를 부양시키고자 한다.

풀이 글로벌 금융 위기 이전 전통적인 경제학에서는 금융감독 정책과 통화 정책을 이원적으로 바라보았으므로, 물가와 경기를 안정시키기 위한 정책과 금융을 안정시키기 위한 정책이 각각 구별되었을 것이다. 경기 침체기에 중앙은행이 정책 금리 인하를 통해 경기를 부양시키려 하는 것은 통화 정책과 관련된 내용이다.

→ 적절하지 않음!

= 저금리 정책

**④ 글로벌 금융 위기 이후에는, 정책 금리 인하가 경제 안정을 훼손하는 요인이 될 수 있다고 보았다.**

근거 ❸-3 이 당시(글로벌 금융 위기 이후) 경기 부양을 목적으로 한 중앙은행의 저금리 정책이 자산 가격 버블에 따른 금융 불안을 야기하여 경제 안정이 훼손될 수 있다는 데 공감대가 형성되었다.

→ 적절함!

**⑤ 글로벌 금융 위기 이후에는, 경기 변동이 자산 가격 변동을 *유발하나 자산 가격 변동은 경기 변동을 유발하지 않는다고 보았다.** *誘發-, 일어나게 하지만

근거 ❸-3 이 당시(글로벌 금융 위기 이후) 경기 부양을 목적으로 한 중앙은행의 저금리 정책이 자산 가격 버블에 따른 금융 불안을 야기하여 경제 안정이 훼손될 수 있다는 데 공감대가 형성되었다.

풀이 글로벌 금융 위기 이후 자산 가격 버블에 따른 금융 불안이 경제 안정을 훼손할 수 있다고 보았다. 즉 자산 가격 변동이 경기 변동을 유발할 수 있다고 본 것이다.

→ 적절하지 않음!

1등급 문제

**029** 핵심 개념 파악 - 적절하지 않은 것 고르기 2020학년도 6월 모평 28번
정답률 60%, 매력적 오답 ④ 10%
정답 ③

**㉠과 ㉡에 대한 설명으로 적절하지 않은 것은?**

㉠ 미시 건전성 정책　　㉡ 거시 건전성 정책

**① ㉠에서는 물가 안정을 위한 정책 수단과는 *별개의 정책 수단을 통해 금융 안정을 달성하고자 한다.** *別個-, 서로 관련되는 성질이 없이 서로 다른

근거 ❷-1 금융을 통화 정책의 전달 경로로만 보는 전통적인 경제학에서는 금융감독 정책이 개별 금융 회사의 건전성 확보를 통해 금융 안정을 달성하고자 하는 미시 건전성 정책에 집중해야 한다고 보았다, ❸-1 전통적인 경제학에서는 금융감독 정책을 통해 금융 안정을, 통화 정책을 통해 물가 안정을 달성할 수 있다고 보는 이원적인 접근 방식이 지배적인 견해였다.

풀이 전통적인 경제학에서는 미시 건전성 정책에 집중해야 한다고 보았는데, 이러한 전통적인 경제학에서는 금융 안정을 위한 정책과 물가 안정을 위한 정책을 서로 별개로 보는 이원적 접근 방식이 지배적이었다. 따라서 미시 건전성 정책(㉠)에서는 물가 안정을 위한 정책 수단과는 별개의 정책 수단을 통해 금융 안정을 달성하고자 한다는 설명은 적절하다.

→ 적절함!

**② ㉡에서는 신용 공급의 경기 순응성을 완화시키는 정책 수단이 필요하다.**

근거 ❺-1~2 거시 건전성 정책의 목표를 효과적으로 달성하기 위해서는 경기 변동과 금융 시스템 위험 요인 간의 상관관계를 감안한 정책 수단의 도입이 필요하다. 금융 시스템 위험 요인은 경기 순응성을 가진다, ❺-4~6 이를 완화할 수 있는 정책 수단으로는 경기 대응 완충자본 제도를 들 수 있다. 이 제도는 정책 당국이 경기 과열기에 … 과도한 신용 팽창을 억제시킨다. 한편 적립된 완충자본은 경기 침체기에 … 신용이 충분히 공급되도록 한다.

풀이 거시 건전성 정책 목표의 효과적 달성을 위해서는 금융 시스템 위험 요인이 경기 순응성을 가진다는 점을 감안하여, 이를 완화할 수 있는 경기 대응 완충자본 제도와 같은 정책 수단이 필요하다. 이 제도는 경기 과열기에 신용 공급의 팽창을 억제하고, 경기 침체기에 신용 공급의 축소를 억제하는 역할을 한다. 따라서 거시 건전성 정책(㉡)에서는 신용 공급의 경기 순응성을 완화시키는 정책 수단이 필요하다는 설명은 적절하다.

→ 적절함!

㉠과 ㉡은 모두

**③ ㉠은 ㉡과 달리 예방적 규제 성격의 정책 수단을 사용하여 금융 안정을 달성하고자 한다.**

근거 ❷-3 미시 건전성 정책은 개별 금융 회사의 건전성에 대한 예방적 규제 성격을 가진 정책 수단을 활용하는데, ❹-3 거시 건전성 정책은 금융 시스템 위험 요인에 대한 예방적 규제를 통해 금융 시스템의 건전성을 추구한다는 점

**풀이** 미시 건전성 정책(㉠)과 거시 건전성 정책(㉡)에서는 모두 예방적 규제 성격의 정책 수단을 사용해 금융 안정을 달성하고자 한다.

→ 적절하지 않음!

**④ ㉡은 ㉠과 달리 금융 시스템 위험 요인을 감독하는 정책 수단을 사용한다.**

**근거** ❷-1 금융감독 정책이 개별 금융 회사의 건전성 확보를 통해 금융 안정을 달성하고자 하는 미시 건전성 정책, ❹-1 거시 건전성 정책은 금융 시스템의 건전성을 추구하는 규제 및 감독 등을 포괄하는 활동을 의미, ❹-3 거시 건전성 정책은 금융 시스템 위험 요인에 대한 예방적 규제를 통해 금융 시스템의 건전성을 추구한다는 점에서, 미시 건전성 정책과는 차별화된다.

**풀이** 개별 금융 회사의 건전성 확보를 통해 금융 안정을 달성하고자 하는 미시 건전성 정책(㉠)과 달리, 거시 건전성 정책(㉡)은 금융 시스템 위험 요인을 규제하고 감독하는 활동을 통해 금융 시스템의 건전성을 추구한다.

→ 적절함!

**⑤ ㉠과 ㉡은 모두 금융 안정을 달성하기 위해 금융 회사의 자기자본을 이용한 정책 수단을 사용한다.**

**근거** ❷-3 미시 건전성 정책은 개별 금융 회사의 건전성에 대한 예방적 규제 성격을 가진 정책 수단을 활용하는데, 그 예로는 향후 손실에 대비하여 금융 회사의 자기자본 하한을 설정하는 최저 자기자본 규제를 들 수 있다, ❺-1 거시 건전성 정책의 목표를 효과적으로 달성하기 위해서는 경기 변동과 금융 시스템 위험 요인 간의 상관관계를 감안한 정책 수단의 도입이 필요, ❺-5 이 제도(경기 대응 완충자본 제도)는 정책 당국이 경기 과열기에 금융 회사로 하여금 최저 자기자본에 추가적인 자기자본, 즉 완충자본을 쌓도록 하여 과도한 신용 팽창을 억제시킨다.

**풀이** 미시 건전성 정책에서는 개별 금융 회사의 건전성 확보를 통한 금융 안정 달성을 위해 최저 자기자본 규제를 활용한다. 또 거시 건전성 정책에서는 경기 과열기에 최저 자기자본에 완충자본을 쌓아 과도한 신용 팽창을 억제하고 경기 침체기에는 쌓아둔 완충자본을 대출 재원으로 쓰는 경기 대응 완충자본 제도를 활용한다. 따라서 미시 건전성 정책(㉠)과 거시 건전성 정책(㉡)에서는 모두 금융 안정을 달성하기 위해 금융 회사의 자기자본을 이용한 정책 수단을 사용한다는 설명은 적절하다.

→ 적절함!

1등급 문제

**030** 세부 정보 이해 - 적절한 것 고르기 2020학년도 6월 모평 29번
정답률 55%, 매력적 오답 ③ 20% | 정답 ①

**윗글을 바탕으로 할 때, <보기>의 A~D에 들어갈 말을 바르게 짝지은 것은?**

| 보기 |
미시 건전성 정책과 거시 건전성 정책 간에는 정책 수단 운용(運用, 쓰임새에 따라 씀)에서 입장 차이가 존재한다. 경기가 ( A )일 때 ( B ) 건전성 정책에서는 완충자본을 ( C )하도록 하고, ( D ) 건전성 정책에서는 최소 수준 이상의 자기자본을 유지하도록 하여 개별 금융 회사의 건전성을 확보하려 한다.

**근거** ❺-5~6 이 제도(경기 대응 완충자본 제도)는 … 경기 과열기에 … 완충자본을 쌓도록 하여 과도한 신용 팽창을 억제시킨다. 한편 적립된 완충자본은 경기 침체기에 대출 재원으로 쓰도록 함으로써 신용이 충분히 공급되도록 한다, ❷-3 미시 건전성 정책은 개별 금융 회사의 건전성에 대한 예방적 규제 성격을 가진 정책 수단을 활용하는데, 그 예로는 향후 손실에 대비하여 금융 회사의 자기자본 하한을 설정하는 최저 자기자본 규제를 들 수 있다.

**풀이** 경기가 침체기일 때, 즉 불황일 때 거시 건전성 정책에서는 경기 대응 완충자본 제도를 정책 수단으로 활용하여, 적립된 완충자본을 대출 재원으로 사용하도록 한다. 한편 미시 건전성 정책에서는 개별 금융 회사의 건전성 확보를 위한 정책 수단으로, 자기자본 하한을 설정하는 최저 자기자본 규제를 활용한다. 따라서 정답은 ①번이다.

| | A | B | C | D | |
|---|---|---|---|---|---|
| ① | 불황 | 거시 | 사용 | 미시 | → 적절함! |
| ② | 호황 | 거시 | 사용 | 미시 | |
| ③ | 불황 | 거시 | 적립 | 미시 | |
| ④ | 호황 | 미시 | 적립 | 거시 | |
| ⑤ | 불황 | 미시 | 사용 | 거시 | |

1등급 문제

**031** 추론의 적절성 판단 - 적절하지 않은 것 고르기 2020학년도 6월 모평 30번
정답률 30%, 매력적 오답 ① 10% ④ 20% ⑤ 35% | 정답 ③

**윗글과 <보기>에 대한 이해로 적절하지 않은 것은?** [3점]

| 보기 |
[1]현실에서의 통화 정책 효과는 경기에 대해 비대칭적인(경기가 어떠한지에 따라 통화 정책의 효과가 기대와 다르게 나타나는) 것으로 알려져 있다. [2]통화 정책은 경기 과열을 억제하는 데는 효과적이지만 경기 침체를 벗어나는 데는 효과가 미미하기(微微-, 보잘것없이 아주 작기) 때문이다. [3]경기 침체를 극복하기 위해 중앙은행의 정책 금리 인하로 은행이 대출을 늘려 신용 공급을 확대하려 해도, 가계의 소비 심리가 위축되었거나(소비를 하고자 하는 마음이 작아졌거나) 기업이 투자할 대상이 마땅치 않을 경우 전통적인 통화 정책에서 기대되는 효과는 나타나지 않게 된다. [4]오히려 확대된 신용 공급이 주식이나 부동산 등 자산 시장으로 과도하게 유입되어(流入-, 들어오게 되어) 의도치(意圖-, 뜻하지) 않은 문제를 일으킬 수 있다.
[5]경제학자들은 경제 주체들이 경기 상황에 대해 비대칭적으로 반응하기 때문에 나타나는 이러한 현상을 '끈 밀어올리기(pushing on a string)'라고 부른다. [6]이('끈 밀어올리기'라고 부르는 것)는 끈을 당겨서 아래로 내리는 것은 쉽지만, 밀어서 위로 올리는 것은 어렵다는 것에 빗댄 것이다.

**① '끈 밀어올리기'를 통해 경기 침체기에 자산 가격 버블이 발생하는 경우를 설명할 수 있겠군.**

**근거** ❸-3 경기 부양을 목적으로 한 중앙은행의 저금리 정책이 자산 가격 버블에 따른 금융 불안을 야기, <보기>-3~4 경기 침체를 극복하기 위해 중앙은행의 정책 금리 인하로 은행이 대출을 늘려 신용 공급을 확대하려 해도, 가계의 소비 심리가 위축되었거나 기업이 투자할 대상이 마땅치 않을 경우 전통적인 통화 정책에서 기대되는 효과는 나타나지 않게 된다. 오히려 확대된 신용 공급이 주식이나 부동산 등 자산 시장으로 과도하게 유입되어 의도치 않은 문제를 일으킬 수 있다, <보기>-5 경제 주체들이 경기 상황에 대해 비대칭적으로 반응하기 때문에 나타나는 이러한 현상을 '끈 밀어올리기(pushing on a string)'라고 부른다.

**풀이** <보기>를 통해, 경기 침체기에 중앙은행의 저금리 정책이 전통적인 통화 정책에서 기대되는 효과는 나타나지 않고, 오히려 확대된 신용 공급이 자산 시장으로 과도하게 유입되어 자산 가격 버블에 따른 금융 불안 등의 문제를 야기할 수 있음을 알 수 있다.

→ 적절함!

**② 현실에서 경기가 침체되었을 경우 정책 금리 인하에 따른 경기 부양 효과는 경제 주체의 심리에 따라 달라질 수 있겠군.**

**근거** <보기>-2~3 (현실에서) 통화 정책은 … 경기 침체를 벗어나는 데는 효과가 미미하기 때문이다. 경기 침체를 극복하기 위해 중앙은행의 정책 금리 인하로 은행이 대출을 늘려 신용 공급을 확대하려 해도, 가계의 소비 심리가 위축되었거나 기업이 투자할 대상이 마땅치 않을 경우 전통적인 통화 정책에서 기대되는 효과는 나타나지 않게 된다.

→ 적절함!

**③ '끈 밀어올리기'가 있을 경우 경기 침체기에 금융 안정을 달성하려면 경기 대응 완충자본 제도의 도입이 필요하겠군.**

**근거** ❺-6 (경기 대응 완충자본 제도를 통해) 적립된 완충자본은 경기 침체기에 대출 재원으로 쓰도록 함으로써 신용이 충분히 공급되도록 한다, <보기>-2~4 통화 정책은 … 경기 침체를 벗어나는 데는 효과가 미미하기 때문이다. 경기 침체를 극복하기 위해 중앙은행의 정책 금리 인하로 은행이 대출을 늘려 신용 공급을 확대하려 해도, 가계의 소비 심리가 위축되었거나 기업이 투자할 대상이 마땅치 않을 경우 전통적인 통화 정책에서 기대되는 효과는 나타나지 않게 된다. 오히려 확대된 신용 공급이 주식이나 부동산 등 자산 시장으로 과도하게 유입되어 의도치 않은 문제를 일으킬 수 있다, <보기>-5 경제 주체들이 경기 상황에 대해 비대칭적으로 반응하기 때문에 나타나는 이러한 현상을 '끈 밀어올리기(pushing on a string)'라고 부른다.

**풀이** 경기 대응 완충자본 제도는 경기 침체기에 적립된 완충자본을 사용하여 신용이 충분히 공급되도록 하는 제도이다. 한편 <보기>에서 통화 정책은 경기 침체를 벗어나는 데는 효과가 미미하다고 하였고, 경기 침체를 극복하기 위해 중앙은행이 정책 금리를 인하하여 신용 공급을 확대하려 해도, 기대하는 효과가 나타나지 않으며 오히려 의도치 않은 문제를 일으킬 수 있다고 하였다. 따라서 이러한 '끈 밀어올리기'가 있을 경우, 경기 침체기에 신용 공급을 확대하려는 경기 대응 완충자본 제도를 도입한다고 하더라도 경기 침체를 벗어나고 금융 안정을 달성하는 데는 효과가 미미할 것이며, 오히려 자산 가격 버블 등의 문제가 발생할 수 있을 것이다.

→ 적절하지 않음!

④ **통화 정책 효과가 경기에 대해 비대칭적이라면 경기 침체기에는 정책 금리 조정 이외의 방안을 도입할 필요가 있겠군.**

근거 ❶-1 전통적인 통화 정책은 정책 금리를 활용하여 물가를 안정시키고 경제 안정을 도모하는 것을 목표로 한다. 〈보기〉-1~3 현실에서의 통화 정책 효과는 경기에 대해 비대칭적인 것으로 알려져 있다. 통화 정책은 경기 과열을 억제하는 데는 효과적이지만 경기 침체를 벗어나는 데는 효과가 미미하기 때문이다. 경기 침체를 극복하기 위해 중앙은행의 정책 금리 인하로 은행이 대출을 늘려 신용 공급을 확대하려 해도, 가계의 소비 심리가 위축되었거나 기업이 투자할 대상이 마땅치 않을 경우 전통적인 통화 정책에서 기대되는 효과는 나타나지 않게 된다.

풀이 통화 정책 효과가 경기에 대해 비대칭적이라는 것은 통화 정책이 경기 과열 억제에는 효과적이지만 경기 침체를 벗어나는 데는 효과가 미미하다는 의미이다. 〈보기〉에서 경기 침체를 벗어나기 위해 중앙은행이 정책 금리를 인하하더라도, 전통적인 통화 정책에서 기대되는 효과가 나타나지 않는다고 하였다. 따라서 통화 정책 효과가 경기에 대해 비대칭적이라면, 경기 침체기에는 정책 금리를 조정하는 전통적인 통화 정책 외에 더 효과적인 방안을 도입할 필요가 있다.

→ 적절함!

⑤ **통화 정책 효과가 경기에 대해 비대칭적이라면 정책 금리 인상은 신용 공급을 축소시킴으로써 경기를 진정시킬 수 있겠군.**

근거 〈보기〉-1~2 현실에서의 통화 정책 효과는 경기에 대해 비대칭적인 것으로 알려져 있다. 통화 정책은 경기 과열을 억제하는 데는 효과적, ❶-2~4 중앙은행은 경기가 과열되었을 때 정책 금리 인상을 통해 경기를 진정시키고자 한다. 정책 금리 인상으로 시장 금리도 높아지면 가계 및 기업에 대한 대출 감소로 신용 공급이 축소된다. 신용 공급의 축소는 경제 내 수요를 줄여 물가를 안정시키고 경기를 진정시킨다.

풀이 통화 정책 효과가 경기에 대해 비대칭적일 경우, 통화 정책은 경기 과열을 억제하는 데는 효과적이다. 전통적인 통화 정책에서 경기가 과열되었을 때는 정책 금리 인상을 통해 신용 공급이 축소되고, 신용 공급의 축소는 물가를 안정시키고 경기를 진정시킨다고 하였다. 따라서 통화 정책 효과가 경기에 대해 비대칭적이라면, 정책 금리 인상은 신용 공급을 축소시킴으로써 경기를 진정시킬 수 있다.

→ 적절함!

**032** | 문맥적 의미 파악 - 적절한 것 고르기 2020학년도 6월 모평 31번 정답률 90% | 정답 ②

### 문맥상 의미가 ⓐ와 가장 가까운 것은?

이를 완화할 수 있는 정책 수단으로는 경기 대응 완충자본 제도를 ⓐ 들 수 있다.

풀이 ⓐ에서 '들다'는 '설명하거나 증명하기 위하여 사실을 가져다 대다'의 의미로 쓰였다.

① **나는 그 사람에게 친근감이 든다.**

풀이 '의식이 회복되거나 어떤 생각이나 느낌이 일다'의 의미이다.

예문 이 일을 시작했을 때 우리는 불길한 예감이 들었다.

→ 적절하지 않음!

② **그는 목격자의 진술을 증거로 들고 있다.**

풀이 '설명하거나 증명하기 위하여 사실을 가져다 대다'의 의미이다.

예문 예를 들어서 설명해 보세요.

→ 적절함!

③ **그분은 이미 대가의 경지에 든 학자이다.**

풀이 '어떤 처지에 놓이다'의 의미이다.

예문 너도 이제 고생길에 들었구나.

→ 적절하지 않음!

④ **하반기에 들자 수출이 서서히 증가하기 시작했다.**

풀이 '어떠한 시기가 되다'의 의미이다.

예문 올해 들어 해외여행자 수가 부쩍 늘었다.

→ 적절하지 않음!

⑤ **젊은 부부는 집을 마련하기 위해 적금을 들기로 했다.**

풀이 '적금이나 보험 따위의 거래를 시작하다'의 의미이다.

예문 보험에 들어 놓으면 마음이 놓인다.

→ 적절하지 않음!

**[033~038] 다음 글을 읽고 물음에 답하시오.**

1 [1]정부는 국민 생활에 영향을 미치는 활동의 총체(總體, 모두 합친 전체)인 정책의 목표를 효과적으로 달성하기 위해 정책 수단의 특성을 고려하여 정책을 수행한다. [2]정책 수단은 강제성, 직접성, 자동성, 가시성의 ㉮ 네 가지 측면에서 다양한 특성을 갖는다. [3]강제성은 정부가 개인이나 집단의 행위를 제한하는 정도로서, 유해(有害, 해로운) 식품 판매 규제(規制, 규칙이나 규정으로 한도를 정하거나, 한도를 넘지 못하게 막음)는 강제성이 높다. [4]직접성은 정부가 공공 활동의 수행과 재원 조달(財源調達, 자금을 마련함)에 직접 관여하는 정도를 의미한다. [5]정부가 정책을 직접 수행하지 않고 민간에 위탁하여(委託−, 맡겨) 수행하게 하는 것은 직접성이 낮다. [6]자동성은 정책을 수행하기 위해 별도의(別途−, 따로) 행정 기구를 설립하지 않고 기존의(既存−, 이미 있는) 조직을 활용하는 정도를 말한다. [7]전기 자동차 보조금 제도를 기존의 시청 환경과에서 시행하는 것은 자동성이 높다. [8]가시성(可視性, 눈으로 볼 수 있는 성질)은 예산 수립 과정에서 정책을 수행하기 위한 재원이 명시적(明示的, 분명하게 드러내 보이는 것)으로 드러나는 정도이다. [9]일반적으로 사회 규제의 정도를 조절하는 것은 예산 지출을 수반하지(隨伴−, 더불어 생기게 하지) 않으므로 가시성이 낮다.

→ 정부 정책 수단의 네 가지 특성

2 [1]정책 수단 선택의 사례로 환율과 관련된 경제 현상을 살펴보자. [2]외국 통화(通貨, 한 나라 안에서 쓰이는 돈)에 대한 자국(自國, 자기 나라) 통화의 교환 비율을 의미하는 환율은 장기적으로 한 국가의 생산성과 물가 등 기초 경제 여건을 반영하는 수준으로 수렴된다.(收斂−, 정리된다.) [3]그러나 단기적으로 환율은 이와 ⓐ 괴리되어 움직이는 경우가 있다. [4]만약 환율이 예상과는 다른 방향으로 움직이거나 또는 비록 예상과 같은 방향으로 움직이더라도 변동 폭이 예상보다 크게 나타날 경우 경제 주체들은 과도한(過度−, 정도가 지나친) 위험에 ⓑ 노출될 수 있다. [5]환율이나 주가(株價, 주식이나 주권의 가격) 등 경제 변수(變數, 어떤 상황에서 변할 수 있는 요인)가 단기에 지나치게 상승 또는 하락하는 현상을 오버슈팅(overshooting)이라고 한다. [6]이러한 오버슈팅은 물가 경직성(物價硬直性, 물가가 굳어져 변하지 않는 성질) 또는 금융 시장 변동에 따른 불안 심리 등에 의해 촉발되는(觸發−, 일어나는) 것으로 알려져 있다. [7]여기서 물가 경직성은 시장에서 가격이 조정되기 어려운 정도를 의미한다.

→ 오버슈팅(overshooting)의 개념과 발생 원인

3 [1]물가 경직성에 따른 환율의 오버슈팅을 이해하기 위해 통화를 금융 자산의 일종으로 보고 경제 충격에 대해 장기와 단기에 환율이 어떻게 조정되는지 알아보자. [2]경제에 충격이 발생할 때 물가나 환율은 충격을 흡수하는 조정 과정을 거치게 된다. [3]물가는 단기에는 장기 계약 및 공공요금 규제 등으로 인해 경직적이지만(硬直的−, 상황에 따라 적절하게 대처하기 어렵지만) 장기에는 신축적으로(伸縮的−, 상황에 따라 적절하게 대처할 수 있게) 조정된다. [4]반면 환율은 단기에서도 신축적인 조정이 가능하다. [5]이러한 물가와 환율의 조정 속도 차이가 오버슈팅을 초래한다.(招來−, 불러온다.) [6]물가와 환율이 모두 신축적으로 조정되는 장기에서의 환율은 구매력 평가설(購買力評價說, 자국 통화와 외국 통화의 교환 비율은 각각의 국내에서 양 통화가 갖는 구매력의 비율에 따라 정해진다는 학설)에 의해 설명되는데, 이에 의하면 장기의 환율은 자국 물가 수준을 외국 물가 수준으로 나눈 비율로 나타나며, 이를 균형 환율로 본다. [7]가령(假令, 예를 들어) 국내 통화량(通貨量, 나라 안에서 실제로 쓰이고 있는 돈의 양)이 증가하여 유지될 경우 장기에서는 자국 물가도 높아져 장기의 환율은 상승한다. [8]이때 통화량을 물가로 나눈 실질 통화량은 변하지 않는다.

• ❸-6~7 정리

구매력 평가설에 따른 환율 = 장기의 환율 = $\frac{\text{자국 물가 수준}}{\text{외국 물가 수준}}$ = 균형 환율

국내 통화량 증가하여 유지 → 자국 물가 상승 → 장기의 환율 ( $\frac{\text{자국 물가 수준}\uparrow}{\text{외국 물가 수준}}$ ) 상승

→ 경제 충격 발생 시 환율 조정 양상

4 [가] [1]그런데 단기에는 물가의 경직성으로 인해 구매력 평가설에 기초한 환율과는 다른 움직임이 나타나면서 오버슈팅이 발생할 수 있다. [2]가령 국내 통화량이 증가하여 유지될 경우, 물가가 경직적이어서 ㉠ 실질 통화량은 증가하고 이에 따라 시장 금리는 하락한다. [3]국가 간 자본 이동이 자유로운 상황에서, ㉡ 시장 금리 하락은 투자의 기대 수익률 하락으로 이어져, 단기성 외국인 투자 자금이 해외로 빠져나가거나 신규 해외 투자 자금 유입(流入, 들어옴)을 위축시키는(萎縮−, 놀려 줄어들게 하는) 결과를 ⓒ 초래한다. [4]이 과정에서 자국 통화의 가치는 하락하고 ㉢ 환율은 상승한다. [5]통화량의 증가로 인한 효과는 물가가 신축적인 경우에 예상되는 환율 상승에, 금리 하락에 따른 자금의 해외 유출이 유

단기에서의 물가 경직성에 따른 오버슈팅 발생

발하는 추가적인 환율 상승이 더해진 것으로 나타난다. [6]이러한 추가적인 상승 현상이 환율의 오버슈팅인데, 오버슈팅의 정도 및 지속성(持續性, 오래 계속되는 성질)은 물가 경직성이 클수록 더 크게 나타난다. [7]시간이 경과함에 따라 물가가 상승하여 실질 통화량이 원래 수준으로 돌아오고 해외로 유출되었던 자금이 시장 금리의 반등(反騰, 떨어지다가 오름)으로 국내로 ⓓ 복귀하면서, 단기에 과도하게 상승했던 환율은 장기에는 구매력 평가설에 기초한 환율로 수렴된다.

장기에서의 결과

→ 단기에서의 물가 경직성에 따른 환율의 오버슈팅의 예시와 장기에서의 결과

**5** [1]단기의 환율이 기초 경제 여건과 괴리되어 과도하게 급등락하거나(急騰落–, 갑자기 오르고 내리거나) 균형 환율 수준으로부터 장기간 이탈하는 등의 문제가 심화되는 경우를 예방하고 이에 대처하기 위해 정부는 다양한 정책 수단을 동원한다.(動員–, 목적 달성을 위해 수단을 모으고 집중한다.) [2]오버슈팅의 원인인 물가 경직성을 완화하기(緩和–, 줄어들게 하기) 위한 정책 수단 중 강제성이 낮은 사례로는 외환의 수급(需給, 수요와 공급) 불균형 해소를 위해 관련 정보를 신속하고 정확하게 공개하거나, 불필요한 가격 규제를 축소하는 것을 들 수 있다. [3]한편 오버슈팅에 따른 부정적 파급(波及, 영향이 차차 다른 데로 미침) 효과를 완화하기 위해 정부는 환율 변동으로 가격이 급등한 수입 필수 품목에 대한 세금을 조절함으로써 내수(內需, 국내에서의 수요)가 급격히 위축되는 것을 방지하려고 하기도 한다. [4]또한 환율 급등락으로 인한 피해에 대비하여 수출입 기업에 환율 변동 보험을 제공하거나, 외화(外貨, 외국 돈) 차입(借入, 빌려 들임) 시 지급 보증(支給保證, 갚기로 한 기한 안에 갚지 못할 경우 대신하여 약속한 대로 갚을 것을 약속하는 것)을 제공하기도 한다. [5]이러한 정책 수단은 직접성이 높은 특성을 가진다. [6]이와 같이 정부는 기초 경제 여건을 반영한 환율의 추세는 용인하되(容認–, 받아들이되), 사전적 또는 사후적인 미세 조정 정책 수단을 활용하여 환율의 단기 급등락에 따른 위험으로부터 실물 경제와 금융 시장의 안정을 ⓔ 도모하는 정책을 수행한다.

→ 오버슈팅에 대처하는 정부의 정책 수단

■지문 이해

**〈환율과 관련된 경제 현상(오버슈팅)을 통해 살펴본 정부 정책 수단〉**

**❶ 정부 정책 수단의 네 가지 특성**
- 강제성 : 정부가 개인이나 집단의 행위를 제한하는 정도
- 직접성 : 정부가 공공 활동의 수행과 재원 조달에 직접 관여하는 정도
- 자동성 : 정책 수행을 위해 별도의 행정 기구를 설립하지 않고 기존의 조직을 활용하는 정도
- 가시성 : 예산 수립 과정에서 정책 수행을 위한 재원이 명시적으로 드러나는 정도

**정책 수단 선택의 사례 : 환율과 관련된 경제 현상**

**❷~❸ 오버슈팅(overshooting)의 개념과 발생 원인**
- 오버슈팅(overshooting) : 환율이나 주가 등 경제 변수가 단기에 지나치게 상승 또는 하락하는 현상
- 발생 원인
  - 물가 경직성, 금융 시장 변동에 따른 불안 심리 등에 의해 촉발
  - 물가와 환율의 조정 속도 차이에 의해 발생

**❸ 경제 충격 발생 시 환율 조정 양상**
- 경제 충격 발생 시 물가와 환율의 조정 과정

| | 물가 | 환율 |
|---|---|---|
| 단기 | 장기 계약 및 공공요금 규제 등으로 인해 경직적임 | 신축적으로 조정됨 |
| 장기 | 신축적으로 조정됨 | 신축적으로 조정됨 |

→ 단기에서의 물가와 환율의 조정 속도 차이가 오버슈팅을 초래함
- 구매력 평가설에 따른 장기에서의 환율
  - 자국 물가 수준을 외국 물가 수준으로 나눈 비율(= 균형 환율)
  - 국내 통화량 증가·유지 → 물가 상승 → 장기의 환율 상승(실질 통화량은 불변)

**❹ 단기에서의 물가 경직성에 따른 환율의 오버슈팅의 예시와 장기에서의 결과**
- 국내 통화량 증가·유지 → 물가 경직 → 실질 통화량 증가 → 시장 금리 하락 → 투자의 기대 수익률 하락 → 단기성 외국인 투자 자금 유출 혹은 신규 해외 투자 자금 유입 위축 → 자국 통화의 가치 하락, 환율 상승
- 환율의 오버슈팅
  - 물가가 신축적인 경우에 예상되는 환율 상승에, 금리 하락에 따른 자금의 해외 유출이 유발하는 추가적인 환율 상승이 더해지는 현상
  - 정도 및 지속성은 물가 경직성의 크기에 비례
- 장기에서의 결과 : 구매력 평가설에 기초한 환율로 수렴됨

**❺ 오버슈팅에 대처하는 정부의 정책 수단**
- 물가 경직성 완화 : 관련 정보 공개, 불필요한 가격 규제 축소
- 부정적 파급 효과 완화 : 세금 조절
- 환율 급등락 피해 대비 : 환율 변동 보험, 지급 보증 제공

**033** | 세부 정보 이해 – 적절하지 않은 것 고르기 2018학년도 수능 27번 정답률 65% | 정답 ①

**윗글에 대한 이해로 적절하지 않은 것은?**

**① 국내 통화량이 증가하여 유지될 경우 장기에는 실질 통화량이 변하지 않으므로 장기의 환율도 변함이 없을 것이다.**
은 상승할

근거 ❸-7~8 국내 통화량이 증가하여 유지될 경우 장기에서는 자국 물가도 높아져 장기의 환율은 상승한다. 이때 … 실질 통화량은 변하지 않는다.

→ 적절하지 않음!

**② 물가가 신축적인 경우가 경직적인 경우에 비해 국내 통화량 증가에 따른 국내 시장 금리 하락 폭이 작을 것이다.**

근거 ❷-5~6 환율이나 주가 등 경제 변수가 단기에 지나치게 상승 또는 하락하는 현상을 오버슈팅(overshooting)이라고 한다. 이러한 오버슈팅은 물가 경직성 또는 금융 시장 변동에 따른 불안 심리 등에 의해 촉발되는 것으로 알려져 있다.

풀이 경제 변수가 단기에 지나치게 상승하거나 하락하는 현상을 오버슈팅이라고 하고, 오버슈팅은 물가 경직성에 의해 촉발된다고 하였다. 따라서 물가가 신축적인 경우가 물가가 경직적인 경우보다 시장 금리의 상승이나 하락의 폭이 작을 것이다.

→ 적절함!

**③ 물가 경직성에 따른 환율의 오버슈팅은 물가의 조정 속도보다 환율의 조정 속도가 빠르기 때문에 발생하는 것이다.**

근거 ❸-3~5 물가는 단기에는 … 경직적이지만 장기에는 신축적으로 조정된다. 반면 환율은 단기에서도 신축적인 조정이 가능하다. 이러한 물가와 환율의 조정 속도 차이가 오버슈팅을 초래한다.

→ 적절함!

**④ 환율의 오버슈팅이 발생한 상황에서 외국인 투자 자금이 국내 시장 금리에 민감하게 반응할수록 오버슈팅 정도는 커질 것이다.**

근거 ❹-2~3 물가가 경직적이어서 실질 통화량은 증가하고 이에 따라 시장 금리는 하락한다. … 시장 금리 하락은 투자의 기대 수익률 하락으로 이어져, 단기성 외국인 투자 자금이 해외로 빠져나가거나 신규 해외 투자 자금 유입을 위축시키는 결과를 초래한다, ❹-5~6 통화량의 증가로 인한 효과는 … 금리 하락에 따른 자금의 해외 유출이 유발하는 추가적인 환율 상승이 더해진 것으로 나타난다. 이러한 추가적인 상승 현상이 환율의 오버슈팅

풀이 환율의 오버슈팅은 금리 하락에 따른 자금의 해외 유출로 인한 추가적 환율 상승 현상을 말한다. 외국인 투자 자금이 국내 시장 금리에 민감하게 반응한다면 금리의 하락에 따른 외국인 투자 자금 유출이 심화되므로, 오버슈팅의 정도가 커진다.

→ 적절함!

**⑤ 환율의 오버슈팅이 발생한 상황에서 물가 경직성이 클수록 구매력 평가설에 기초한 환율로 수렴되는 데 걸리는 기간이 길어질 것이다.**

근거 ❹-6~7 오버슈팅의 정도 및 지속성은 물가 경직성이 클수록 더 크게 나타난다. 시간이 경과함에 따라 물가가 상승하여 실질 통화량이 원래 수준으로 돌아오고 해외로 유출되었던 자금이 시장 금리의 반등으로 국내로 복귀하면서, 단기에 과도하게 상승했던 환율은 장기에는 구매력 평가설에 기초한 환율로 수렴된다.

풀이 환율의 오버슈팅은 물가 경직성이 클수록 그 정도와 지속성이 크게 나타나므로, 구매력 평가설에 기초한 환율로 수렴되는 데 걸리는 기간이 길어질 것이다.

→ 적절함!

**034** | 핵심 개념 이해 – 적절한 것 고르기 2018학년도 수능 28번 정답률 80% | 정답 ⑤

**㉮를 바탕으로 정책 수단의 특성을 이해한 것으로 가장 적절한 것은?**

강제성, 직접성, 자동성, 가시성의 ㉮ 네 가지 측면

① **다자녀 가정에 출산 장려금을 지급하는 것은, 불법 주차 차량에 과태료를 부과하는 것보다 강제성이 높다.** (개인의 행위를 제한함 / 낮다)

근거 ❶-3 강제성은 정부가 개인이나 집단의 행위를 제한하는 정도
풀이 불법 주차 차량에 과태료를 부과하는 것은 정부가 개인의 행위를 제한하는 것이므로, 다자녀 가정에 출산 장려금을 지급하는 것보다 강제성이 높다.

→ 적절하지 않음!

② **전기 제품 안전 규제를 강화하는 것은, 학교 급식을 제공하기 위한 재원을 정부 예산에 편성하는 것보다 가시성이 높다.** (재원이 명시적으로 드러남 / 낮다)

근거 ❶-8 가시성은 예산 수립 과정에서 정책을 수행하기 위한 재원이 명시적으로 드러나는 정도
풀이 학교 급식 제공을 위한 재원을 정부 예산에 편성하는 것은 정책 수행을 위한 재원이 명시적으로 드러나므로, 예산 지출을 수반하지 않는 전기 제품 안전 규제 강화보다 가시성이 높다.

→ 적절하지 않음!

③ **문화재를 발견하여 신고할 경우 포상금을 주는 것은, 자연 보존 지역에서 개발 행위를 금지하는 것보다 강제성이 높다.** (개인이나 집단의 행위를 제한함 / 낮다)

근거 ❶-3 강제성은 정부가 개인이나 집단의 행위를 제한하는 정도
풀이 자연 보존 지역에서 개발 행위를 금지하는 것은 정부가 개인이나 집단의 행위를 제한하는 것이므로, 문화재 신고 포상금을 주는 것보다 강제성이 높다.

→ 적절하지 않음!

④ **쓰레기 처리를 민간 업체에 맡겨서 수행하게 하는 것은, 정부 기관에서 주민등록 관련 행정 업무를 수행하는 것보다 직접성이 높다.** (정부가 직접 관여함 / 낮다)

근거 ❶-4 직접성은 정부가 공공 활동의 수행과 재원 조달에 직접 관여하는 정도
풀이 직접성은 정부가 직접 관여하는 정도를 뜻하므로, 정부 기관에서 직접 행정 업무를 수행하는 것이 민간 업체에 맡겨서 수행하는 것보다 직접성이 높다.

→ 적절하지 않음!

⑤ **담당 부서에서 문화 소외 계층에 제공하던 복지 카드의 혜택을 늘리는 것은, *전담 부처를 **신설하여 ***상수원 보호 구역을 감독하는 것보다 자동성이 높다.** (기존 조직을 활용함)
*專擔部處, 전문적으로 맡아서 하는 정부 조직 **新設-, 새로 설치하여 ***上水源, 맑은 물이 흘러나오는 곳

근거 ❶-6 자동성은 정책을 수행하기 위해 별도의 행정 기구를 설립하지 않고 기존의 조직을 활용하는 정도
풀이 자동성은 별도의 행정 기구를 설립하지 않고 기존 조직을 활용하는 것이므로, 담당 부서에서 제공하던 혜택을 늘리는 것이 별도의 전담 부처를 신설하여 상수원 보호 구역을 감독하는 것보다 자동성이 높다.

→ 적절함!

1등급 문제

**035** 추론의 적절성 판단 - 적절하지 않은 것 고르기 2018학년도 수능 29번
정답률 40%, 매력적 오답 ③ 15% ④ 15% ⑤ 25%
정답 ①

**윗글을 바탕으로 할 때, 〈보기〉의 'A국' 경제 상황에 대한 '경제학자 갑'의 견해를 추론한 것으로 적절하지 않은 것은?**

| 보 기 |

[1]A국 경제학자 갑은 자국의 최근 경제 상황을 다음과 같이 진단했다.
[2]금융 시장 불안의 여파(餘波, 남은 영향)로 A국의 주식, 채권 등 금융 자산의 가격 하락에 대한 우려가 확산되면서 안전 자산으로 인식되는 B국의 채권에 대한 수요가 증가하고 있다. [3]이로 인해 외환 시장에서는 A국에 투자되고 있던 단기성 외국인 자금이 B국으로 유출되면서 A국의 환율이 급등하고 있다. (A국에 환율의 오버슈팅이 발생)
[4]B국에서는 해외 자금 유입에 따른 통화량 증가로 B국의 시장 금리가 변동할 것으로 예상된다. (시장 금리 하락) [5]이에 따라 A국의 환율 급등은 향후 다소 진정될 것이다. [6]또한 양국 간 교역 및 금융 의존도가 높은 현실을 감안할 때, A국의 환율 상승은 수입품의 가격 상승 등에 따른 부작용을 초래할 것으로 예상되지만 한편으로는 수출이 증대되는 효과도 있다. [7]그러므로 정부는 시장 개입을 가능한 한 자제하고 환율이 시장 원리에 따라 자율적으로 균형 환율 수준으로 수렴되도록 두어야 한다.

▶ 지문 핵심 개념 정리

| 환율의 오버슈팅 |
|---|
| • 국내 통화량 증가하여 유지 → 물가가 경직적이어서 실질 통화량 증가 → 시장 금리 하락 → 투자 기대 수익률 하락 → 단기성 외국인 투자 자금의 유출, 신규 해외 투자 자금 유입 위축 → 자국 통화 가치 하락, 환율 상승(❹-2~4)<br>• 환율의 오버슈팅 : 금리 하락에 따른 자금의 해외 유출이 유발하는 추가적 환율 상승 현상. 물가 경직성이 클수록 정도와 지속성 큼(❹-5~6)<br>• 시간이 경과함에 따라 단기에 과도하게 상승했던 환율이 장기에는 구매력 평가설에 기초한 환율로 수렴됨(❹-7) |

① **A국에 환율의 오버슈팅이 발생한 상황에서 B국의 시장 금리가 하락한다면 오버슈팅의 정도는 커질 것이다.** (줄어들)

근거 〈보기〉-4~5 B국에서는 해외 자금 유입에 따른 통화량 증가로 B국의 시장 금리가 변동할 것으로 예상된다. 이에 따라 A국의 환율 급등은 향후 다소 진정될 것이다.
풀이 경제학자 갑은 B국에 통화량이 증가하여 시장 금리가 변동할 것으로 예상하였다. 통화량이 증가하면 시장 금리는 하락하고, B국에 대한 투자 기대 수익률이 하락하여 투자 자금 유입이 위축될 것이다. 이에 따라 A국에서 B국으로의 단기성 외국인 자금 유출은 줄어들게 되고, 시간이 경과함에 따라 A국의 환율 급등이 진정될 것이다. 따라서 경제학자 갑의 입장에서는 B국의 시장 금리가 하락할 경우, A국의 환율의 오버슈팅 정도가 줄어든다고 볼 것이다.

→ 적절하지 않음!

② **A국에 환율의 오버슈팅이 발생하였다면 이는 금융 시장 변동에 따른 불안 심리에 의해 촉발된 것으로 볼 수 있다.**

근거 〈보기〉-2~3 A국의 주식, 채권 등 금융 자산의 가격 하락에 대한 우려가 확산 … A국의 환율이 급등하고 있다, ❷-6 오버슈팅은 물가 경직성 또는 금융 시장 변동에 따른 불안 심리 등에 의해 촉발되는 것으로 알려져 있다.

→ 적절함!

③ **A국에 환율의 오버슈팅이 발생할지라도 시장의 조정을 통해 환율이 장기에는 균형 환율 수준에 도달할 수 있을 것이다.**

근거 〈보기〉-7 정부는 시장 개입을 가능한 한 자제하고 환율이 시장 원리에 따라 자율적으로 균형 환율 수준으로 수렴되도록 두어야 한다, ❹-7 시간이 경과함에 따라 물가가 상승하여 실질 통화량이 원래 수준으로 돌아오고 해외로 유출되었던 자금이 시장 금리의 반등으로 국내로 복귀하면서, 단기에 과도하게 상승했던 환율은 장기에는 구매력 평가설에 기초한 환율로 수렴된다.

→ 적절함!

④ **A국의 환율 상승이 수출을 증대시키는 긍정적인 효과도 동반하므로 A국의 정책 당국은 외환 시장 개입에 신중해야 한다.**

근거 〈보기〉-6~7 A국의 환율 상승은 … 한편으로는 수출이 증대되는 효과도 있다. 그러므로 정부는 시장 개입을 가능한 한 자제하고

→ 적절함!

⑤ **A국의 환율 상승은 B국으로부터 수입하는 상품의 가격을 인상시킴으로써 A국의 내수를 위축시키는 결과를 초래할 수 있다.**

근거 〈보기〉-6 A국의 환율 상승은 수입품의 가격 상승 등에 따른 부작용을 초래, ❺-3 오버슈팅에 따른 부정적 파급 효과를 완화하기 위해 정부는 환율 변동으로 가격이 급등한 수입 필수 품목에 대한 세금을 조절함으로써 내수가 급격히 위축되는 것을 방지하려고 하기도 한다.
풀이 환율 상승으로 인한 수입 상품의 가격 급등은 내수를 위축시킬 수 있다.

→ 적절함!

1등급 문제

**036** 자료 해석의 적절성 판단 - 적절한 것 고르기 2018학년도 수능 30번
정답률 60%, 매력적 오답 ② 15% ③ 10%
정답 ④

**<보기>에 제시된 그래프의 세로축 a, b, c는 [가]의 ㉠ ~ ㉢과 하나씩 대응된다. 이를 바르게 짝지은 것은?** 3점

㉠실질 통화량 ㉡시장 금리 ㉢환율

| 보기 |

단기 : 물가 경직적 → 실질 통화량 증가 → 시장 금리 하락 → 환율 상승

다음 그래프들은 [가]에서 국내 통화량이 t 시점에서 증가하여 유지된 경우 예상되는 ㉠ ~ ㉢의 시간에 따른 변화를 순서 없이 나열한 것이다.

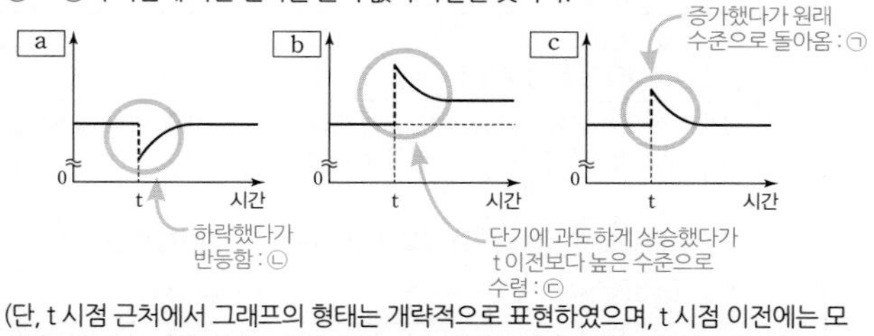


(단, t 시점 근처에서 그래프의 형태는 개략적으로 표현하였으며, t 시점 이전에는 모든 경제 변수들의 값이 일정한 수준에서 유지되어 왔다고 가정한다. 장기 균형으로 수렴되는 기간은 변수마다 상이하다.(相異-. 서로 다르다.))

근거 ❹-2 국내 통화량이 증가하여 유지될 경우, 물가가 경직적이어서 실질 통화량은 증가하고 이에 따라 시장 금리는 하락한다, ❹-4 이 과정에서 … 환율은 상승한다, ❹-7 시간이 경과함에 따라 물가가 상승하여 실질 통화량이 원래 수준으로 돌아오고 … 시장 금리의 반등으로 … 단기에 과도하게 상승했던 환율은 장기에는 구매력 평가설에 기초한 환율로 수렴된다, ❸-7 국내 통화량이 증가하여 유지될 경우 장기에서는 자국 물가도 높아져 장기의 환율은 상승한다.

풀이 물가가 경직적인 단기에 실질 통화량(㉠)은 증가, 시장 금리(㉡)는 하락, 환율(㉢)은 상승한다. 시간이 경과함에 따라 실질 통화량(㉠)은 원래 수준으로 돌아가고, 시장 금리(㉡)는 반등, 환율(㉢)은 구매력 평가설에 기초한 환율로 수렴된다. 그런데 자국 물가 수준이 증가하였으므로 국내 통화량이 증가하기 전(t 이전 시점)에서의 환율보다 높은 수준을 갖는다. 따라서 정답은 ④번이다.

| | ㉠ | ㉡ | ㉢ |
|---|---|---|---|
| ① | a | c | b |
| ② | b | a | c |
| ③ | b | c | a |
| ④ | c | a | b |
| ⑤ | c | b | a |

④ → 적절함!

**037** 구체적인 사례에 적용 - 적절하지 않은 것 고르기 2018학년도 수능 31번
정답률 70%, 매력적 오답 ④ 10%
정답 ③

**미세 조정 정책 수단의 사례로 적절하지 않은 것은?**

**① *예기치 못한 외환 손실에 대비한 환율 변동 보험을 수출 주력 중소기업에 제공한다.**
*豫期-. 예상하지

근거 ❺-4 환율 급등락으로 인한 피해에 대비하여 수출입 기업에 환율 변동 보험을 제공하거나, 외화 차입 시 지급 보증을 제공하기도 한다.

→ 적절함!

**② 원유와 같이 수입 의존도가 높은 상품의 경우 해당 상품에 적용하는 세율을 환율 변동에 따라 조정한다.**

근거 ❺-3 정부는 환율 변동으로 가격이 급등한 수입 필수 품목에 대한 세금을 조절함으로써 내수가 급격히 위축되는 것을 방지하려고 하기도 한다.

→ 적절함!

**③ 환율의 급등락으로 금융 시장이 불안정할 경우 해외 자금 유출과 유입을 통제하여 환율의 추세를 바꾼다.**

근거 ❺-6 정부는 기초 경제 여건을 반영한 환율의 추세는 용인

풀이 윗글에서 소개된 미세 조정 정책 수단으로는 정보 공개, 가격 규제 축소, 세금 조절, 환율 변동 보험 제공, 지급 보증 제도 등이 있다. 그러나 해외 자금 유출과 유입을 강제적으로 통제하는 정책에 대해서는 설명하지 않았다. 또한 기초 경제 여건을 반영한 환율의 추세는 용인하면서 미세 조정 정책 수단을 활용한다.

→ 적절하지 않음!

**④ 환율 급등으로 수입 물가가 가파르게 상승했을 때, 수입 대금 지급을 위해 외화를 빌리는 수입 업체에 지급 보증을 제공한다.**

근거 ❺-4 환율 급등락으로 인한 피해에 대비하여 수출입 기업에 환율 변동 보험을 제공하거나, 외화 차입 시 지급 보증을 제공하기도 한다.

→ 적절함!

**⑤ 수출입 기업을 대상으로 국내외 금리 변동, 해외 투자 자금 *동향 등 환율 변동에 영향을 주는 요인들에 대한 정보를 제공한다.** *動向. 움직여 가는 방향

근거 ❺-2 외환의 수급 불균형 해소를 위해 관련 정보를 신속하고 정확하게 공개하거나

→ 적절함!

**038** 어휘의 적절성 판단 - 적절하지 않은 것 고르기 2018학년도 수능 32번
정답률 90%
정답 ②

**문맥상 ⓐ ~ ⓔ와 바꿔 쓰기에 적절하지 않은 것은?**

ⓐ괴리되어 ⓑ노출될 ⓒ초래한다 ⓓ복귀하면서 ⓔ도모하는

**① ⓐ : 동떨어져**

풀이 ⓐ의 '괴리(乖 어긋나다 괴 離 떨어지다 리)되다'는 '서로 어그러져 동떨어지다'의 의미이다. 따라서 ⓐ를 '동떨어져'로 바꿔 써도 문맥상 의미가 달라지지 않는다.

→ 적절함!

**② ⓑ : 드러낼**

풀이 ⓑ의 '노출(露 드러나다 노 出 나타내다 출)되다'는 '겉으로 드러나다'라는 의미이다. 한편 '드러내다'는 '가려 있거나 보이지 않던 것을 보이게 하다'의 의미이다. '드러내다'는 '드러나다'의 사동사이므로 ⓑ를 '드러낼'로 바꿔 쓸 경우 문맥상 의미가 달라진다. ⓑ는 사동의 의미가 없는 '드러날'로 바꾸는 것이 더 적절하다.

→ 적절하지 않음!

**③ ⓒ : 불러온다**

풀이 ⓒ의 '초래(招 부르다 초 來 오다 래)하다'는 '일의 결과로서 어떤 현상을 생겨나게 하다'의 의미이다. 한편 '불러오다'는 '어떤 행동이나 감정 또는 상태를 일어나게 하다'의 의미이다. 따라서 ⓒ를 '불러온다'로 바꿔 써도 문맥상 의미가 달라지지 않는다.

→ 적절함!

**④ ⓓ : 되돌아오면서**

풀이 ⓓ의 '복귀(復 돌아오다 복 歸 돌아오다 귀)하다'는 '본디의 자리나 상태로 되돌아가다'의 의미이다. 따라서 ⓓ를 '되돌아오면서'로 바꿔 써도 문맥상 의미가 달라지지 않는다.

→ 적절함!

**⑤ ⓔ : 꾀하는**

풀이 ⓔ의 '도모(圖 꾀하다 도 謀 꾀 모)하다'는 '어떤 일을 이루기 위하여 대책과 방법을 세우다'의 의미이다. 한편 '꾀하다'는 '어떤 일을 이루려고 뜻을 두거나 힘을 쓰다'의 의미이다. 따라서 ⓔ를 '꾀하는'으로 바꿔 써도 문맥상 의미가 달라지지 않는다.

→ 적절함!

Ⅱ 사회

**[039~042] 다음 글을 읽고 물음에 답하시오.**

1 [1]통화(通貨, 상품을 유통하거나 물건의 값을 낼 때 쓰이는 돈) 정책은 중앙은행(中央銀行, 화폐를 만들고 모든 금융 기관의 가장 꼭대기에 위치해 있으며 금융 제도에서 중요한 역할을 하는 은행으로, 우리나라에서는 '한국은행'이 여기에 해당함)이 물가 안정(物價安定, 여러 가지 물건들의 평균적인 값이 오르지 않게 하거나, 값이 높을 경우 내리게 하는 것)과 같은 경제적 목적의 달성(達成, 목적을 이룸)을 위해 이자율(利子率, 원금에 대한 이자의 비율)이나 통화량(通貨量, 나라 안에서 실제로 사용되고 있는 돈의 양)을 조절하는 것이다. [2]대표적인 통화 정책 수단(手段, 방법)인 '공개 시장 운영'은 중앙은행이 민간(民間, 국가 조직에 속하지 않은 일반) 금융 기관을 상대로 채권(債券, 정부나 공공기관, 회사 등에서 한 번에 큰돈이 필요할 때 일반인들에게 돈을 빌리고 대신 이자를 주는 것)을 매매해(賣買-, 사고팔아) 금융 시장의 이자율을 정책적으로 결정한 기준 금리(基準金利, 빌려준 돈에 붙는 이자를 금리라고 하는데, 기준 금리는 한 나라의 금리를 대표하는 것으로, 중앙은행이 정하며 각종 금리의 기준이 된다. 기준 금리는 나라 안팎의 경제 상황과 금융시장의 사정, 물가 등의 변화에 맞추어 결정된다.) 수준으로 접근시키는 것이다. [3]중앙은행이 채권을 매수하면(買收-, 사들이면) 이자율은 하락하고(下落-, 떨어지고), 채권을 매도하면(賣渡-, 팔아넘기면) 이자율은 상승한다.(上昇-, 올라간다.) [4]이자율이 하락하면 소비(消費, 돈을 씀)와 투자(投資, 이익을 얻기 위해 돈을 댐)가 확대되어 경기가 활성화되고(생산이 늘고 취업이 쉬워지는 등 나라 전체의 경제 활동이 활발해지고) 물가 상승률이 오르며, 이자율이 상승하면 경기가 위축되고(萎縮-, 눌려 줄어들고) 물가 상승률이 떨어진다. [5]이와 같이 공개 시장 운영의 영향은 경제 전반(全般, 전체)에 ⓐ 파급된다.

→ '공개 시장 운영'의 개념과 파급 효과

2 [1]중앙은행의 통화 정책이 의도한(意圖-, 계획한) 효과를 얻기 위한 요건 중에는 '선제성(先制性, 미리 앞질러 통제하는 성질)'과 '정책 신뢰성'이 있다. [2]먼저 통화 정책이 선제적이라는 것은 중앙은행이 경제 변동을 예측해 이(경제 변동)에 미리 대처한다는(對處-, 알맞은 대책을 마련한다는) 것이다. [3]기준 금리를 결정하고 공개 시장 운영을 실시하여 그 효과가 실제로 나타날 때까지는 시차(時差, 시간의 차이)가 발생하는데 이를 '정책 외부 시차'라 하며, 이('정책 외부 시차') 때문에 선제성이 문제가 된다. [4]예를 들어 중앙은행이 경기 침체 국면(소비와 투자가 줄어드는 상황)에 들어서야 비로소 기준 금리를 인하한다면(引下-, 낮춘다면), 정책 외부 시차로 인해 경제가 스스로 침체 국면을 벗어난 다음에야 정책 효과가 ⓑ 발현될 수도 있다. [5]이 경우 경기 과열(소비와 투자가 지나치게 많아짐)과 같은 부작용이 ⓒ 수반될 수 있다. [6]따라서 중앙은행은 통화 정책을 선제적으로(경제 변동을 예측해 미리 대처하여) 운용하는(運用-, 적절하게 사용하는) 것이 바람직하다.

→ 중앙은행의 통화 정책이 의도한 효과를 얻기 위한 요건 ①: 선제성

3 [1]또한 통화 정책은 민간의 신뢰가 없이는 성공을 거둘 수 없다. [2]따라서 중앙은행은 정책 신뢰성이 손상되지 않게 ⓓ 유의해야 한다. [3]그런데 어떻게 통화 정책이 민간의 신뢰를 얻을 수 있는지에 대해서는 견해 차이가 있다. [4]경제학자 프리드먼은 중앙은행이 특정한(特定-, 특별히 정한) 정책 목표나 운용 방식을 '준칙'으로 삼아 민간에 약속하고 어떤 상황에서도 이를 지키는 ㉠ '준칙주의'를 주장한다. [5]가령(假令, 예를 들어) 중앙은행이 물가 상승률 목표치를 민간에 약속했다고 하자. [6]민간이 이 약속을 신뢰하면 물가 불안 심리(물가 상승률이 지나치게 변하는 것에 대하여 걱정하는 마음의 상태)가 진정된다.(鎭靜-, 가라앉는다.) [7]그런데 물가가 일단 안정되고 나면 중앙은행으로서는 이제 경기를 ⓔ 부양하는 것도 고려해 볼 수 있다. [8]문제는 민간이 이(준칙을 지키는 것에서의) 비일관성(非一貫性, 처음부터 끝까지 한결같지가 않음)을 인지하면(認知-, 알게 되면) 중앙은행에 대한 신뢰가 훼손된다는 점이다. [9]준칙주의자들은 이런 경우에 중앙은행이 애초(-初, 맨 처음)의 약속을 일관되게 지키는 편이 바람직하다고 주장한다.

→ 중앙은행의 통화 정책이 의도한 효과를 얻기 위한 요건 ②-1 : 정책 신뢰성(준칙주의)

4 [1]그러나 민간이 사후적인(事後的-, 일이 끝난 뒤의) 결과만으로는 중앙은행이 준칙을 지키려 했는지 판단하기 어렵고, 중앙은행에 준칙을 지킬 것을 강제할 수 없는 것도 사실이다. [2]준칙주의와 대비되는(對比-, 차이점이 서로 비교되는) ㉡ '재량주의'에서는 경제 여건(與件, 주어진 조건) 변화에 따른 신축적인(伸縮的-, 상황에 따라 바뀔 수 있는) 정책 대응을 지지하며(支持-, 옳다고 판단하여 이를 위해 힘쓰며) 준칙주의의 엄격한 실천은 현실적으로 어렵다고 본다. [3]아울러 준칙주의가 최선인지에 대해서도 물음을 던진다. [4]예상보다 큰 경제 변동이 있으면 사전에 정해 둔 준칙이 장애물이 될 수 있기 때문이다. [5]정책 신뢰성은 중요하지만, 이를 위해 중앙은행이 반드시 준칙에 얽매일 필요는 없다는 것이다.

→ 중앙은행의 통화 정책이 의도한 효과를 얻기 위한 요건 ②-2 : 정책 신뢰성(재량주의)

■지문 이해

〈중앙은행의 통화 정책이 효과를 얻기 위한 요건〉

| ❶ '공개 시장 운영'의 개념과 파급 효과 |
|---|
| • 통화 정책 : 중앙은행이 물가 안정 등 경제적 목적의 달성을 위해 이자율이나 통화량을 조절하는 것<br>• 공개 시장 운영<br>- 개념 : 중앙은행이 민간 금융 기관을 상대로 채권을 매매해 금융 시장의 이자율을 기준 금리 수준으로 접근시키는 것<br>- 파급 효과<br>채권 매수 : 이자율 하락 → 소비와 투자 확대 → 경기 활성화, 물가 상승률이 오름<br>채권 매도 : 이자율 상승 → 경기 위축, 물가 상승률이 떨어짐 |

| ❷ 중앙은행의 통화 정책이 의도한 효과를 얻기 위한 요건 ① : 선제성 |
|---|
| • 통화 정책의 선제적 운용 : 중앙은행이 경제 변동을 예측해 이에 미리 대처하는 것, '정책 외부 시차'로 인한 부작용을 방지할 수 있음 |

| 중앙은행의 통화 정책이 의도한 효과를 얻기 위한 요건 ② : 정책 신뢰성 | |
|---|---|
| ❸ 준칙주의 | ❹ 재량주의 |
| • 중앙은행이 특정 정책 목표나 운용 방식을 '준칙'으로 삼아 민간에 약속하고 일관되게 이를 지키는 것 | • 경제 여건 변화에 따른 신축적인 대응을 지지하며 준칙주의의 엄격한 실천은 현실적으로 어렵다고 보는 것<br>• 정책 신뢰성을 위해 중앙은행이 반드시 준칙에 얽매일 필요는 없다고 봄 |

**039** 글의 서술 방식 파악 - 적절하지 않은 것 고르기 2018학년도 6월 모평 22번 정답률 65% **정답 ①**

**윗글에서 사용한 설명 방식에 해당하지 않는 것은?**

**① 통화 정책의 목적을 유형별로 나누어 제시하고 있다.**

근거 ❶-1 통화 정책은 중앙은행이 물가 안정과 같은 경제적 목적의 달성을 위해 이자율이나 통화량을 조절하는 것

풀이 윗글에서 통화 정책의 목적이 물가 안정과 같은 경제적 목적의 달성을 위한 것임을 간단히 밝히고 있지만, 그 목적을 유형별로 나누어 자세히 설명하고 있지는 않다.

→ 적절하지 않음!

**② 통화 정책에서 선제적 대응의 필요성을 예를 들어 설명하고 있다.**

근거 ❷-4~6 예를 들어 중앙은행이 경기 침체 국면에 들어서야 비로소 기준 금리를 인하한다면, 정책 외부 시차로 인해 경제가 스스로 침체 국면을 벗어난 다음에야 정책 효과가 발현될 수도 있다. 이 경우 경기 과열과 같은 부작용이 수반될 수 있다. 따라서 중앙은행은 통화 정책을 선제적으로 운용하는 것이 바람직하다.

→ 적절함!

**③ 공개 시장 운영이 경제 전반에 영향을 미치는 과정을 *인과적으로 설명하고 있다.** *因果的-, 원인과 결과의 관계를 파악하여

근거 ❶-2~4 '공개 시장 운영'은 중앙은행이 민간 금융 기관을 상대로 채권을 매매해 금융 시장의 이자율을 정책적으로 결정한 기준 금리 수준으로 접근시키는 것이다. 중앙은행이 채권을 매수하면(원인) 이자율은 하락하고(결과), 채권을 매도하면(원인) 이자율은 상승한다(결과). 이자율이 하락하면(원인) 소비와 투자가 확대되어 경기가 활성화되고 물가 상승률이 오르며(결과), 이자율이 상승하면(원인) 경기가 위축되고 물가 상승률이 떨어진다(결과).

→ 적절함!

**④ 관련된 주요 용어의 정의를 바탕으로 통화 정책의 대표적인 수단을 설명하고 있다.**

근거 ❶-1 통화 정책은 중앙은행이 물가 안정과 같은 경제적 목적의 달성을 위해 이자율이나 통화량을 조절하는 것, ❶-2 대표적인 통화 정책 수단인 '공개 시장 운영'은 중앙은행이 민간 금융 기관을 상대로 채권을 매매해 금융 시장의 이자율을 정책적으로 결정한 기준 금리 수준으로 접근시키는 것

→ 적절함!

**⑤ 통화 정책의 신뢰성 확보를 위해 준칙을 지켜야 하는지에 대한 두 견해의 차이를 드러내고 있다.**

근거 ❸-4 중앙은행이 특정한 정책 목표나 운용 방식을 '준칙'으로 삼아 민간에 약속하고

문제편 p.115

어떤 상황에서도 이를 지키는 '준칙주의', ❹-2 준칙주의와 대비되는 '재량주의'에서는 경제 여건 변화에 따른 신축적인 정책 대응을 지지하며 준칙주의의 엄격한 실천은 현실적으로 어렵다고 본다.

→ 적절함!

1등급 문제

**040** 구체적인 사례에 적용 - 적절한 것 고르기 2018학년도 6월 모평 23번
정답률 25%, 매력적 오답 ① 20% ② 15% ③ 20% ④ 20% | 정답 ⑤

**윗글을 바탕으로 <보기>를 이해할 때 '경제학자 병'이 제안한 내용으로 가장 적절한 것은?** [3점]

| 보기 |

[1]어떤 가상(假想, 임시로 사실이라고 정한 것)의 경제에서 20○○년 1월 1일부터 9월 30일까지 3 개 분기 동안 중앙은행의 기준 금리가 4 %로 유지되는 가운데 다양한 물가 변동 요인의 영향으로 물가 상승률은 아래 표와 같이 나타났다. [2]단, 각 분기의 물가 변동 요인은 서로 관련이 없다고 한다.

| 기간 | 1/1~3/31 | 4/1~6/30 | 7/1~9/30 |
|---|---|---|---|
| | 1 분기 | 2 분기 | 3 분기 |
| 물가 상승률 | 2 % | 3 % | 3 % |

[3]경제학자 병은 1월 1일에 위 표의 내용을 예측할 수 있었고 국민들의 생활 안정을 위해 물가 상승률을 매 분기 2 %로 유지해야 한다고 주장하였다. [4]이를 위해 다음 사항을 고려한 선제적 통화 정책을 제안했으나 받아들여지지 않았다.

**[경제학자 병의 고려 사항]**

[5]기준 금리가 4 %로부터 1.5 %p* 만큼 변하면 물가 상승률은 위 표의 각 분기 값을 기준으로 1 %p만큼 달라지며, 기준 금리 조정과 공개 시장 운영은 1월 1일과 4월 1일에 수행된다.(遂行-, 진행된다.) [6]정책 외부 시차는 1 개 분기이며 기준 금리 조정에 따른 물가 상승률 변동 효과는 1 개 분기 동안 지속된다.(持續-, 계속된다.)

* %p는 퍼센트 간의 차이를 말한다. 예를 들어 1 %에서 2 %로 변화하면 이는 1 %p 상승한 것이다.

▶ 지문 핵심 개념 정리

| 기준 금리와 물가 상승률의 관계 |
|---|
| 기준 금리 ↓ → 이자율 ↓ → 물가 상승률 ↑<br>기준 금리 ↑ → 이자율 ↑ → 물가 상승률 ↓(❶–4) |

| 정책 외부 시차 |
|---|
| 정책 외부 시차 : 기준 금리를 결정하고 공개 시장 운영을 실시하여 그 효과가 실제로 나타날 때까지 발생하는 시차(❷–3)<br>→ 정책 외부 시차로 인한 부작용이 발생할 수 있으므로, 선제적 통화 정책 운용이 바람직함(❷–5~6) |

| 선제적 통화 정책 |
|---|
| 중앙은행이 경제 변동을 예측해 이에 미리 대처하는 것(❷–2) |

**근거** <보기>-3 경제학자 병은 … 물가 상승률을 매 분기 2 %로 유지해야 한다고 주장

**풀이** '경제학자 병'은 <보기>의 내용을 예측하여 물가 상승률을 매 분기 2 %로 유지해야 한다고 주장하였으므로, 이에 맞추어 통화 정책을 선제적으로 운용해야 한다.
공개 시장 운영에 따라 기준 금리 수준으로 접근된 이자율이 떨어지면 물가 상승률이 오르고, 이자율이 오르면 물가 상승률이 떨어진다. 따라서 <보기>의 표에서 2, 3 분기의 물가 상승률을 2 %로 낮추기 위해서는 이자율(기준 금리)을 올려야 한다. 이때 정책 외부 시차를 고려하여 1 개 분기 이전에 미리 기준 금리를 조정해야 한다.

**① 중앙은행은 기준 금리를 1월 1일에 2.5 %로 인하하고 4월 1일에도 이를 2.5 %로 유지해야 한다.**

**풀이** 중앙은행이 1월 1일에 기준 금리를 4 %에서 2.5 %로 1.5 %p 인하하면 2 분기의 물가 상승률은 1 %p 오른 4 %가 된다. 그리고 4월 1일에 기준 금리를 2.5 %로 유지하면 3 분기의 물가 상승률은 1 %p 오른 4 %가 된다. 따라서 물가 상승률을 매 분기 2 %로 유지해야 한다고 주장하는 '경제학자 병'의 제안 내용으로 적절하지 않다.

→ 적절하지 않음!

**② 중앙은행은 기준 금리를 1월 1일에 2.5 %로 인하하고 4월 1일에는 이를 4 %로 인상해야 한다.**

**풀이** 중앙은행이 1월 1일에 기준 금리를 4 %에서 2.5 %로 1.5 %p 인하하면 2 분기의 물가 상승률은 1 %p 오른 4 %가 된다. 그리고 4월 1일에 기준 금리를 4 %로 인상하면 3 분기의 물가 상승률은 3 %가 된다. 따라서 물가 상승률을 매 분기 2 %로 유지해야 한다고 주장하는 '경제학자 병'의 제안 내용으로 적절하지 않다.

→ 적절하지 않음!

**③ 중앙은행은 기준 금리를 1월 1일에 4 %로 유지하고 4월 1일에는 이를 5.5 %로 인상해야 한다.**

**풀이** 중앙은행이 1월 1일에 기준 금리를 4 %로 유지하면 2 분기의 물가 상승률은 3 %가 된다. 그리고 4월 1일에 기준 금리를 5.5 %로 인상하면 3 분기의 물가 상승률은 1 %p 떨어진 2 %가 된다. 따라서 물가 상승률을 매 분기 2 %로 유지해야 한다고 주장하는 '경제학자 병'의 제안 내용으로 적절하지 않다.

→ 적절하지 않음!

**④ 중앙은행은 기준 금리를 1월 1일에 5.5 %로 인상하고 4월 1일에는 이를 4 %로 인하해야 한다.**

**풀이** 중앙은행이 1월 1일에 기준 금리를 5.5 %로 인상하면 2 분기의 물가 상승률은 1 %p 떨어진 2 %가 된다. 그리고 4월 1일에 기준 금리를 4 %로 인하하면 3 분기의 물가 상승률은 3 %가 된다. 따라서 물가 상승률을 매 분기 2 %로 유지해야 한다고 주장하는 '경제학자 병'의 제안 내용으로 적절하지 않다.

→ 적절하지 않음!

**⑤ 중앙은행은 기준 금리를 1월 1일에 5.5 %로 인상하고 4월 1일에도 이를 5.5 %로 유지해야 한다.**

**근거** <보기>-5~6 기준 금리가 4 %로부터 1.5 %p 만큼 변하면 물가 상승률은 위 표의 각 분기 값을 기준으로 1 %p만큼 달라지며, … 정책 외부 시차는 1 개 분기

**풀이** <보기>에서 기준 금리가 4 %로 유지되었을 때 2 분기의 물가 상승률이 3 %라고 하였으므로, 중앙은행이 1월 1일에 기준 금리를 5.5 %로 인상하면 2 분기의 물가 상승률은 1 %p 떨어진 2 %가 된다. 그리고 <보기>에서 기준 금리가 4 %로 유지되었을 때 3 분기의 물가 상승률이 3 %라고 하였으므로, 4월 1일에 기준 금리를 5.5 %로 유지하면 3 분기의 물가 상승률은 1 %p 떨어진 2 %가 된다. 따라서 물가 상승률을 매 분기 2 %로 유지해야 한다고 주장하는 '경제학자 병'의 제안 내용으로 적절하다.

→ 적절함!

**041** 핵심 개념 이해 - 적절한 것 고르기 2018학년도 6월 모평 24번
정답률 65%, 매력적 오답 ④ 15% | 정답 ①

**윗글의 ㉠과 ㉡에 대한 설명으로 가장 적절한 것은?**

㉠ '준칙주의'  ㉡ '재량주의'

**① ㉠에서는 중앙은행이 정책 운용에 관한 준칙을 지키느라 경제 변동에 신축적인 대응을 못해도 이를 바람직하다고 본다.**

**근거** ❸-4 중앙은행이 특정한 정책 목표나 운용 방식을 '준칙'으로 삼아 민간에 약속하고 어떤 상황에서도 이를 지키는 '준칙주의', ❸-9 준칙주의자들은 … 중앙은행이 애초의 약속을 일관되게 지키는 편이 바람직하다고 주장

**풀이** ㉠(준칙주의)은 중앙은행이 정한 정책은 어떤 상황에서도 지켜야 한다는 입장이므로, 경제 변동에 신축적인 대응을 못하더라도 준칙을 지키는 것이 바람직하다고 본다.

→ 적절함!

**② ㉡에서는 중앙은행이 스스로 정한 준칙을 지키는 것은 얼마든지 가능하다고 본다.** (현실적으로 어렵다고)

**근거** ❹-2 준칙주의와 대비되는 '재량주의'에서는 경제 여건 변화에 따른 신축적인 정책 대응을 지지하며 준칙주의의 엄격한 실천은 현실적으로 어렵다고 본다.

→ 적절하지 않음!

**③ ㉠에서는 ㉡과 달리, 정책 운용에 관한 준칙을 지키지 않아도 민간의 신뢰를 확보할 수 있다고 본다.** (지켜야만)

**근거** ❸-4 중앙은행이 특정한 정책 목표나 운용 방식을 '준칙'으로 삼아 민간에 약속하고 어떤 상황에서도 이를 지키는 '준칙주의', ❸-8 민간이 이(준칙을 지키는 것에서의) 비일관성을 인지하면 중앙은행에 대한 신뢰가 훼손된다는 점

**풀이** ㉠(준칙주의)은 중앙은행이 준칙을 지키지 않으면 민간의 신뢰를 확보할 수 없다고 보

Ⅱ 사회

고, 어떤 상황에서도 이를 지켜야 한다는 입장이다.

→ 적절하지 않음!

**④ ⓒ에서는 ㉠과 달리, 통화 정책에서 민간의 신뢰 확보를 중요하게 여기지 않는다.**

근거 ❹-5 정책 신뢰성은 중요하지만, 이를 위해 중앙은행이 반드시 준칙에 얽매일 필요는 없다는 것

풀이 ⓒ(재량주의)에서는 경제 여건 변화에 따른 신축적인 정책 대응을 지지하고, 반드시 준칙에 얽매일 필요는 없다고 본다. 그러나 이러한 이들의 입장이 통화 정책에서의 민간의 신뢰 확보를 중요하게 생각하지 않는다는 뜻은 아니다. ⓒ(재량주의) 역시 정책 신뢰성은 중요하다고 하였다.

→ 적절하지 않음!

을 지지한다

**⑤ ⓒ에서는 ㉠과 달리, 경제 상황 변화에 대한 통화 정책의 탄력적 대응이 효과적이지 않다고 본다.**

근거 ❹-2 준칙주의와 대비되는 '재량주의'에서는 경제 여건 변화에 따른 신축적인 정책 대응을 지지하며

→ 적절하지 않음!

| 042 | 문맥적 의미 파악 - 적절하지 않은 것 고르기 2018학년도 6월 모평 25번 정답률 75% | 정답 ⑤ |
|---|---|---|

**ⓐ~ⓔ의 문맥적 의미를 활용하여 만든 문장으로 적절하지 않은 것은?**

ⓐ파급 ⓑ발현 ⓒ수반 ⓓ유의 ⓔ부양

**① ⓐ : 그의 노력으로 소비자 운동이 전국적으로 파급되었다.**

풀이 ⓐ와 밑줄 친 '파급(波 물결 파 及 미치다 급)'은 모두 '어떤 일의 여파나 영향이 차차 다른 데로 미침'이라는 의미를 가지고 있다.

→ 적절함!

**② ⓑ : 의병 활동은 민중의 애국 애족 의식이 발현한 것이다.**

풀이 ⓑ와 밑줄 친 '발현(發 나타나다 발 現 나타나다 현)'은 모두 '속에 있거나 숨은 것이 밖으로 나타나거나 그렇게 나타나게 함. 또는 그런 결과'라는 의미를 가지고 있다.

→ 적절함!

**③ ⓒ : 이 질병은 구토와 두통 증상을 수반하는 경우가 많다.**

풀이 ⓒ와 밑줄 친 '수반(隨 따르다 수 伴 동반하다 반)'은 모두 '어떤 일과 더불어 생김'이라는 의미를 가지고 있다.

→ 적절함!

**④ ⓓ : 기온과 습도가 높은 요즘 건강관리에 유의해야 한다.**

풀이 ⓓ와 밑줄 친 '유의(留 머무르다 유 意 생각 의)'는 모두 '마음에 새겨 두어 조심하며 관심을 가짐'이라는 의미를 가지고 있다.

→ 적절함!

**⑤ ⓔ : 장남인 그가 늙으신 부모와 어린 동생들을 부양하고 있다.**

풀이 ⓔ에 쓰인 '부양(浮 뜨다 부 揚 오르다 양)'은 '가라앉은 것이 떠오름. 또는 가라앉은 것을 떠오르게 함'의 의미이다. 이와 달리 밑줄 친 '부양(扶 돕다 부 養 기르다 양)'은 '생활 능력이 없는 사람을 돌봄'이라는 뜻이다.

→ 적절하지 않음!

**[043~047] 다음 글을 읽고 물음에 답하시오.**

1 [1]소비자의 권익(權益, 권리와 이익)을 위하여 국가가 집행하는 정책으로 경쟁 정책과 소비자 정책을 들 수 있다. [2]경쟁 정책은 본래 독점(獨占, 하나의 단체가 다른 경쟁자를 배제하고 생산과 시장을 지배하여 이익을 독차지하는 현상)이나 담합(談合, 생산품이 비슷한 회사끼리 서로 짜고 생산량과 물건의 가격을 미리 결정해 이익을 챙기는 행위) 등과 같은 반경쟁적 행위를 국가가 규제함으로써(規制-, 하지 못하게 막아) 시장에서 경쟁이 활발하게 이루어지도록 하는 데 중점을 둔다. [3]이러한 경쟁 정책은 결과적으로 소비자에게 이익이 되므로, 소비자 권익을 보호하는 데 유효한(有效-, 도움이 되는) 정책으로 인정된다. [4]경쟁 정책이 소비자 권익에 ⓐ 기여하는 모습은 생산적 효율과 배분적 효율의 두 측면에서 살펴볼 수 있다.

→ 소비자 권익을 위한 경쟁 정책

2 [1]먼저, 생산적 효율은 주어진 자원으로 낭비 없이 더 많은 생산을 하는 것으로서, 같은 비용이면 더 많이 생산할수록, 같은 생산량이면 비용이 적을수록 생산적 효율이 높아진다. [2]시장이 경쟁적이면 개별 기업은 생존을 위해 비용 절감(費用節減, 비용을 줄이는 것)과 같은 생산적 효율을 추구하게 되고, 거기서 창출된(創出-, 생겨난) ㉠ 여력은 소비자의 선택을 받고자 품질을 향상시키거나(向上-, 높이거나) 가격을 ⓑ 인하하는 데 활용될 것이다. [3]그리하여 경쟁 정책이 유발한(誘發-, 불러일으킨) 생산적 효율은 소비자 권익에 기여하게 된다. [4]물론 비용 절감의 측면에서는 독점 기업이 더 성과를 낼 수도 있겠지만, 꼭 이것이 가격 인하와 같은 소비자의 이익으로 이어지지는 않는다. [5]따라서 독점에 대한 감시와 규제는 지속적으로 필요하다.

→ 경쟁 정책의 생산적 효율

3 [1]다음으로, 배분적 효율은 사람들의 만족이 더 커지도록 자원이 배분되는 것을 말한다. [2]시장이 독점 상태에 놓이면 영리(營利, 이익) 극대화를 추구하는 독점 기업은 생산을 충분히 하지 않은 채 가격을 올림으로써 배분적 비효율을 발생시킬 수 있다. [3]반면에 경쟁이 활발해지면 생산량 증가와 가격 인하가 수반되어(隨伴-, 따르게 되어) 소비자의 만족이 더 커지는 배분적 효율이 발생한다. [4]그러므로 경쟁 정책이 시장의 경쟁을 통하여 유발한 배분적 효율도 소비자의 권익에 기여하게 된다.

→ 경쟁 정책의 배분적 효율

4 [1]경쟁 정책은 이처럼 소비자 권익을 위해 중요한 역할을 수행해 왔지만, 이것만으로 소비자 권익이 충분히 실현되지는 않는다. [2]시장을 아무리 경쟁 상태로 유지하더라도 여전히 ⓛ 남는 문제가 있기 때문이다. [3]우선, 전체 소비자를 기준으로 볼 때 경쟁 정책이 소비자 이익을 ⓒ 증진하더라도, 일부 소비자에게는 불이익이 되는 경우도 있다. [4]예를 들어, 경쟁 때문에 시장에서 ⓓ 퇴출된 기업의 제품은 사후 관리(事後管理, 상품을 판 뒤 제조업자가 그 상품의 설치, 수리, 점검 등을 책임지는 일)가 되지 않아 일부 소비자가 피해를 보는 일이 있다. [5]그렇다고 해서 경쟁 정책 자체를 포기하면 전체 소비자에게 ⓒ 불리한 결과가 되므로, 국가는 경쟁 정책을 ⓔ 유지할 수밖에 없는 것이다. [6]다음으로, 소비자는 기업에 대한 교섭력(交涉力, 서로 의논하고 절충할 수 있는 힘)이 약하고, 상품에 대한 정보도 적으며, 충동구매나 유해(有害, 해로운) 상품에도 쉽게 노출되기 때문에 발생하는 문제가 있다. [7]이를 해결하기 위해 상품의 원산지 공개나 유해 상품 회수(回收, 도로 거두어들임) 등의 조치를 생각해 볼 수 있지만 경쟁 정책에서 직접 다루는 사안(事案, 일)이 아니다.

→ 경쟁 정책의 한계

5 [1]이런 문제들 때문에 소비자의 지위를 기업과 대등하게(對等-, 같은 수준으로) 하고 기업으로부터 입은 피해를 구제하여(救濟-, 도와주어) 소비자를 보호할 수 있는 별도의 정책이 요구되었고, 이 ⓔ 요구에 따라 수립된 것이 소비자 정책이다. [2]소비자 정책은 주로 기업들이 지켜야 할 소비자 안전 기준의 마련, 상품 정보 공개의 의무화 등의 ⓜ 조치와 같이 소비자 보호와 직접 관련 있는 사안을 대상으로 한다. [3]또한 충동구매나 유해 상품 구매 등으로 발생하는 소비자 피해를 구제하고, 소비자 교육을 실시하며, 기업과 소비자 간의 분쟁을 직접 해결해 준다는 점에서도 경쟁 정책이 갖는 한계를 보완할 수 있다.

→ 경쟁 정책의 보완책 : 소비자 정책

■지문 이해

〈소비자 권익을 위한 국가의 정책〉

<table>
<tr><td colspan="2">소비자 권익을 위한 국가의 정책</td><td></td></tr>
<tr><td colspan="2">❶ 경쟁 정책</td><td rowspan="3">❺ 소비자 정책<br>• 경쟁 정책의 보완책<br>• 소비자의 지위를 기업과 대등하게 하고 기업으로부터 입은 피해를 구제하여 소비자를 보호할 수 있는 정책<br>• 소비자 안전 기준 마련 등 소비자 보호와 직접 관련 있는 사안, 소비자 피해 구제, 소비자 교육 실시, 기업과 소비자 간 분쟁 해결 등</td></tr>
<tr><td colspan="2">• 본래 독점·담합 등 반경쟁적 행위를 국가가 규제함으로써 시장에서 경쟁이 활발하게 이루어지도록 하는 정책<br>• 결과적인 측면에서 소비자 권익을 보호하는 데 유효한 정책으로 인정됨</td></tr>
<tr><td>❷ 생산적 효율<br>• 주어진 자원으로 더 많은 생산을 하는 것<br>• 경쟁적 시장 → 생산적 효율 추구 → 여력을 품질 향상·가격 인하에 활용 → 소비자 권익↑</td><td>❸ 배분적 효율<br>• 사람들의 만족이 더 커지도록 자원이 배분되는 것<br>• 경쟁 활발 → 생산량 증가·가격 인하 → 소비자 만족↑</td></tr>
<tr><td colspan="2">❹ 경쟁 정책의 한계<br>• 경쟁 정책이 전체 소비자의 이익을 증진하더라도, 일부 소비자에게는 불이익을 줄 수 있음<br>• 소비자의 약점으로 발생하는 문제를 해결하기 위한 조치를 다루지 못함</td><td></td></tr>
</table>

**043** 글의 서술 방식 파악 - 적절한 것 고르기 2016학년도 9월 모평A 22번 정답률 95% | 정답 ④

### 윗글의 설명 방식으로 가장 적절한 것은?

풀이 이 글은 소비자의 권익을 위하여 국가가 집행하는 두 가지 정책(경쟁 정책, 소비자 정책)에 대해 소개하고 있다. ❶문단에서 경쟁 정책에 대해 설명한 뒤, ❷, ❸문단에서 경쟁 정책이 소비자 권익에 기여하는 모습을 생산적 효율과 배분적 효율의 측면에서 살펴본다. 그러나 경쟁 정책만으로 소비자 권익에 관련된 모든 문제가 해결되는 것은 아니다. ❹문단에서는 이 같은 경쟁 정책의 한계를 다루고, ❺문단에서 경쟁 정책을 보완해 줄 수 있는 소비자 정책을 소개하며 글을 마무리한다.

① 소비자의 개념을 정의하고 그 유형을 제시하고 있다.

② 소비자 정책의 문제점을 사례 제시를 통해 부각하고 있다.

③ 소비자와 기업의 관계를 유사한 사례에 빗대어 기술하고 있다.

④ 소비자 권익 실현을 위한 두 정책에 대해 소개하면서 각각의 기능을 밝히고 있다.
→ 적절함!

⑤ 시장의 경쟁 질서를 유지하기 위한 국가의 정책을 역사적 측면에서 고찰하고 있다.

**044** 세부 내용 이해 - 적절하지 않은 것 고르기 2016학년도 9월 모평A 23번 정답률 95% | 정답 ③

### 윗글에 대한 이해로 적절하지 않은 것은?

경쟁 정책
① 독점에 대한 규제는 배분적 효율에 기여할 수 있다.

근거 ❸-2~3 시장이 독점 상태에 놓이면 영리 극대화를 추구하는 독점 기업은 생산을 충분히 하지 않은 채 가격을 올림으로써 배분적 비효율을 발생시킬 수 있다. 반면에 경쟁이 활발해지면 생산량 증가와 가격 인하가 수반되어 소비자의 만족이 더 커지는 배분적 효율이 발생

→ 적절함!

② 시장이 경쟁적이더라도 일부 소비자에게는 불이익이 발생할 수 있다.

근거 ❹-3 전체 소비자를 기준으로 볼 때 경쟁 정책이 소비자 이익을 증진하더라도, 일부 소비자에게는 불이익이 되는 경우도 있다.

→ 적절함!

도 지속적인 감시와 규제가 필요하다
③ 생산적 효율을 달성한 독점 기업은 경쟁 정책으로 규제할 필요가 없다.

근거 ❷-4~5 비용 절감의 측면에서는 독점 기업이 더 성과를 낼 수도 있겠지만, 꼭 이것이 가격 인하와 같은 소비자의 이익으로 이어지지는 않는다. 따라서 독점에 대한 감시와 규제는 지속적으로 필요

→ 적절하지 않음!

소비자 정책
④ 기업이 지켜야 할 소비자 안전 기준을 마련하는 조치는 소비자 권익에 도움이 된다.

근거 ❺-2 소비자 정책은 주로 기업들이 지켜야 할 소비자 안전 기준의 마련, 상품 정보 공개의 의무화 등의 조치와 같이 소비자 보호와 직접 관련 있는 사안을 대상으로 한다.

→ 적절함!

⑤ 소비자의 지위가 기업과 대등하지 못하다는 점은 소비자 정책이 필요한 이유가 된다.

근거 ❺-1 이런 문제들(경쟁 정책의 한계점) 때문에 소비자의 지위를 기업과 대등하게 하고 기업으로부터 입은 피해를 구제하여 소비자를 보호할 수 있는 별도의 정책이 요구되었고, 이 요구에 따라 수립된 것이 소비자 정책

→ 적절함!

**045** 추론의 적절성 판단 - 적절하지 않은 것 고르기 2016학년도 9월 모평A 24번 정답률 75%, 매력적 오답 ② 10% | 정답 ⑤

### ㉠~㉤에 대한 이해로 적절하지 않은 것은?

㉠ 여력 ㉡ 남는 문제 ㉢ 불리한 결과 ㉣ 요구 ㉤ 조치

= 창출된다
① ㉠은 생산적 효율을 통해 절감된 만큼의 비용에서 발생한다.

근거 ❷-2 시장이 경쟁적이면 개별 기업은 생존을 위해 비용 절감과 같은 생산적 효율을 추구하게 되고, 거기서 창출된 여력

→ 적절함!

= 직접 다루는 사안이 아니다
② ㉡에는 유해 상품으로 인한 소비자 피해를 경쟁 정책이 직접 해결해 주기 어렵다는 문제가 포함된다.

근거 ❹-6~7 소비자는 기업에 대한 교섭력이 약하고, 상품에 대한 정보도 적으며, 충동 구매나 유해 상품에도 쉽게 노출되기 때문에 발생하는 문제가 있다. 이를 해결하기 위해 상품의 원산지 공개나 유해 상품 회수 등의 조치를 생각해 볼 수 있지만 경쟁 정책에서 직접 다루는 사안이 아니다.

→ 적절함!

③ ㉢은 시장에서 경쟁 상태가 유지되지 않아서 전체 소비자의 기준에서 피해가 발생하는 상황을 말한다.

근거 ❹-4~5 (경쟁 정책으로) 일부 소비자가 피해를 보는 일이 있다. 그렇다고 해서 경쟁 정책 자체를 포기하면 전체 소비자에게 불리한 결과가 되므로, 국가는 경쟁 정책을 유지할 수밖에 없는 것

풀이 경쟁 정책 자체를 포기하면 경쟁 정책으로 얻을 수 있는 생산적 효율과 배분적 효율조차 얻을 수 없어 전체 소비자의 기준에서 피해가 발생할 수 있다.

→ 적절함!

= 소비자를 보호할 수 있는 별도의 정책
④ ㉣은 경쟁 정책 이외에 소비자 권익을 실현하기 위한 정책을 마련하라는 요구이다.

근거 ❺-1 이런 문제들(경쟁 정책의 한계점) 때문에 소비자의 지위를 기업과 대등하게 하고 기업으로부터 입은 피해를 구제하여 소비자를 보호할 수 있는 별도의 정책이 요구되었고, 이 요구에 따라 수립된 것이 소비자 정책

→ 적절함!

소비자 정책
⑤ ㉤은 경쟁 정책에서 소비자의 이익을 보호하기 위하여 취하는 구체적인 수단이다.

근거 ❺-2 소비자 정책은 주로 기업들이 지켜야 할 소비자 안전 기준의 마련, 상품 정보 공개의 의무화 등의 조치와 같이 소비자 보호와 직접 관련 있는 사안을 대상으로 한다.

→ 적절하지 않음!

**046** 구체적인 사례에 적용 - 적절한 것 고르기 2016학년도 9월 모평A 25번 정답률 85% | 정답 ④

**<보기>의 사례들 중 소비자 정책에 해당하는 것만을 있는 대로 고른 것은?** [3점]

| 보기 |
ㄱ. 먹거리에 대한 불신이 높아지자 정부는 모든 음식점에 대하여 원산지 표시 의무를 강화하였다. → 소비자 정책
ㄴ. 노인들을 대상으로 하는 방문 판매의 피해가 자주 발생하자 정부는 피해 예방 교육을 실시하였다. → 소비자 정책
ㄷ. 온라인 게임 업체와 회원 간의 분쟁이 늘어나자 관계 당국은 산하 기관(傘下機關, 그 기관에 속한 단체)에 분쟁조정위원회를 설치하였다. → 소비자 정책
ㄹ. 시내 주유소의 휘발유 가격이 동시에 비슷한 수준으로 인상되자 관계 당국이 담합 여부에 대한 조사에 나섰다. → 경쟁 정책

ㄱ.

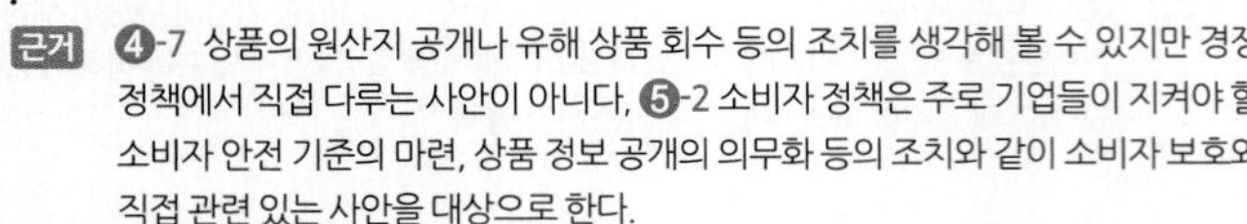

근거 ❹-7 상품의 원산지 공개나 유해 상품 회수 등의 조치를 생각해 볼 수 있지만 경쟁 정책에서 직접 다루는 사안이 아니다, ❺-2 소비자 정책은 주로 기업들이 지켜야 할 소비자 안전 기준의 마련, 상품 정보 공개의 의무화 등의 조치와 같이 소비자 보호와 직접 관련 있는 사안을 대상으로 한다.

풀이 경쟁 정책에서 나타난 문제점을 해결하기 위한 방법으로 원산지 공개를 언급하였으나, 이는 경쟁 정책에서 직접 다루는 사안이 아니라고 하였다. 또한 원산지 표시 의무화는 소비자 정책 중 상품 정보 공개의 의무화에 해당된다. 따라서 이는 소비자 정책에 해당한다.

ㄴ.

근거 ❺-3 (소비자 정책은) 충동구매나 유해 상품 구매 등으로 발생하는 소비자 피해를 구제하고, 소비자 교육을 실시하며

풀이 방문 판매로 인한 피해를 예방하는 소비자 교육은 소비자 정책에 해당한다.

ㄷ.

근거 ❺-3 (소비자 정책은) 기업과 소비자 간의 분쟁을 직접 해결해 준다

풀이 분쟁조정위원회를 설치하는 것은 게임 업체(기업)와 회원(소비자) 간의 분쟁을 직접 해결해 주는 것이므로 소비자 정책에 해당한다.

ㄹ.

근거 ❶-2 경쟁 정책은 본래 독점이나 담합 등과 같은 반경쟁적 행위를 국가가 규제함으로써 시장에서 경쟁이 활발하게 이루어지도록 하는 데 중점을 둔다.

풀이 담합에 대한 규제는 소비자 정책이 아니라 경쟁 정책에 해당한다.

① ㄱ, ㄴ　② ㄱ, ㄹ
③ ㄷ, ㄹ　④ ㄱ, ㄴ, ㄷ → 적절함!
⑤ ㄴ, ㄷ, ㄹ

**047** 문맥적 의미 파악 - 적절하지 않은 것 고르기 2016학년도 9월 모평A 26번 정답률 95% | 정답 ⑤

**문맥상 ⓐ~ⓔ와 바꿔 쓰기에 적절하지 않은 것은?**

ⓐ 기여하는　ⓑ 인하하는　ⓒ 증진하더라도　ⓓ 퇴출된　ⓔ 유지할

**① ⓐ : 이바지하는**

풀이 ⓐ의 '기여(寄 부치다 기 與 주다 여)하다'는 '도움이 되도록 이바지하다'의 의미이다. 따라서 ⓐ를 '이바지하는'으로 바꿔 써도 문맥상 의미가 달라지지 않는다.

→ 적절함!

**② ⓑ : 내리는**

풀이 ⓑ의 '인하(引 끌다 인 下 아래 하)하다'는 '가격 따위를 낮추다'의 의미이다. 한편 '내리다'는 '값이나 수치, 온도, 성적 따위가 이전보다 떨어지거나 낮아지게 하다'의 의미이다. 따라서 ⓑ를 '내리는'으로 바꿔 써도 문맥상 의미가 달라지지 않는다.

→ 적절함!

**③ ⓒ : 늘리더라도**

풀이 ⓒ의 '증진(增 붙다 증 進 나아가다 진)하다'는 '기운이나 세력 따위를 점점 더 늘려 가고 나아가게 하다'의 의미이다. 따라서 ⓒ를 '늘리더라도'로 바꿔 써도 문맥상 의미가 달라지지 않는다.

→ 적절함!

**④ ⓓ : 밀려난**

풀이 ⓓ의 '퇴출(退 물러나다 퇴 出 나가다 출)되다'는 '물러나서 나가게 되다'의 의미이다. 한편 '밀려나다'는 '어떤 추상적인 힘이나 세력에 의하여 몰리거나 떠밀리다'의 의미이다. 따라서 ⓓ를 '밀려난'으로 바꿔 써도 문맥상 의미가 달라지지 않는다.

→ 적절함!

**⑤ ⓔ : 세울**

풀이 ⓔ의 '유지(維 매다 유 持 지키다 지)하다'는 '어떤 상태나 상황을 그대로 보존하거나 변함없이 계속하여 지탱하다'의 의미이다. 한편 '세우다'는 '계획, 방안 따위를 정하거나 짜다'의 의미이다. ⓔ를 '세울'로 바꿔 쓸 경우 문맥상 의미가 달라지므로, 바꿔 쓰기에 적절하지 않다.

→ 적절하지 않음!

**[048~051] 다음 글을 읽고 물음에 답하시오.**

1 [1]일반적으로 환율*의 상승은 경상 수지*를 개선하는 것으로 알려져 있다. [2]이를테면 국내 기업은 수출에서 벌어들인 외화(外貨, 외국의 돈)를 국내로 들여와 원화(-貨, 원을 화폐 단위로 하는 우리나라의 화폐)로 바꾸기 때문에, 환율이 상승한 경우에는 외국에서 우리 상품의 외화 표시 가격을 다소 낮추어도 수출량이 늘어나면 수출액이 증가한다. [3]동시에 수입 상품의 원화 표시 가격은 상승하여 수입품을 덜 소비하므로 수입액은 감소한다. [4]그런데 이와 같이 환율 상승이 항상 경상 수지를 개선할 것 같지만 반드시 그런 것은 아니다.(경상 수지가 개선되지 않거나 오히려 악화되는 경우도 있다.)

→ 일반적인 환율 상승의 효과

2 [1]환율이 올라도 단기적으로는 경상 수지가 오히려 악화되었다가 점차 개선되는 현상이 있는데, 이를 그래프로 표현하면 J자 형태가 되므로 'J커브 현상'이라 한다. [2]J커브 현상에서 경상 수지가 악화되는 원인 중 하나로, 환율이 오른 비율만큼 수입 상품의 가격이 오르지 않는 것을 꼽을 수 있다. [3]이는 환율 상승 후 상당 기간 동안 외국 기업이 매출 감소를 우려해 상품의 원화 표시 가격을 바로 올리지 않기 때문이다. [4]또한 소비자들의 수입 상품 소비가 가격 변화에 따라 줄어들기까지는 상당 기간이 소요된다. [5]그뿐만 아니라 국내 기업이 수출 상품의 외화 표시 가격을 낮추더라도 외국 소비자가 이를 인식하고 소비를 늘리기까지는 다소 시간이 걸린다. [6]그러나 J커브의 형태가 보여 주듯이, 당초에 올랐던 환율이 지속되는 상황에서 어느 정도 시간이 지나 상품의 가격 및 물량의 조정이 제대로 이루어진다면 경상 수지가 개선된다.

→ 'J커브 현상'의 개념과 원인

3 [1]한편, J커브 현상과는 별도로 환율 상승 후에 얼마의 기간이 지나더라도 경상 수지의 개선을 이루지 못하는 경우도 있다. [2]첫째, 상품의 가격 조정이 일어나도 국내외의 상품 수요가 가격에 어떻게 반응하는가 하는 수요 구조에 따라 경상 수지는 개선되지 못하기도 한다.(상품의 가격 조정보다 국내외 상품 수요 구조가 경상 수지에 더 큰 영향을 끼친다.) [3]수출량이 증가하고 수입량이 감소하더라도, ㉠ 경상 수지가 그다지 개선되지 않거나 오히려 악화될 수도 있다는 것이다. [4]둘째, 장기적인 차원에서 ㉡ 수출 기업이 환율 상승에만 의존하여 품질 개선이나 원가 절감 등의 노력을 계속하지 않는다면 경쟁력을 잃어 경상 수지를 악화시킬 수도 있다.

→ 환율 상승 후에도 경상 수지 개선을 이루지 못하는 경우

4 [1]우리나라의 경우 환율은 외환 시장에서 결정되나, 정책 당국이 필요에 따라 간접적으로 외환 시장에 개입하는 환율 정책을 구사한다. [2]경상 수지가 적자 상태라면 일반적으로 고환율 정책이 선호된다. [3]그러나 이상에서 언급한 환율과 경상 수지 간의 복잡한 관계 때문에 환율 정책은 신중하게 검토되어야 한다.

→ 신중한 환율 정책 검토의 필요성

* 환율 : 외화 1 단위와 교환되는 원화의 양
* 경상 수지 : 상품(재화와 서비스 포함)의 수출액에서 수입액을 뺀 결과. 수출액이 수입액보다 클 때는 흑자, 작을 때는 적자로 구분함

■지문 이해

〈환율 상승과 경상 수지의 관계〉

| ❶ 일반적인 환율 상승의 효과 |
|---|
| • 효과①: 우리 상품의 외화 표시 가격을 낮추어도 수출량이 늘어나면 수출액 증가<br>• 효과②: 수입 상품의 원화 표시 가격 상승하여 수입품을 덜 소비하므로 수입액 감소<br>→ 경상 수지 개선 |

| 환율 상승이 단기적으로 경상 수지를 개선하지 않는 경우 |
|---|
| ❷ 'J커브 현상'의 개념과 원인 |
| • 환율이 오른 비율만큼 수입 상품의 가격이 오르지 않음<br>• 수입 상품 소비가 가격 변화에 따라 줄어들기까지의 기간 소요됨<br>• 수출 상품의 외화 표시 가격 낮추더라도 외국 소비자의 소비가 늘어나기까지 시간 걸림<br>→ J커브 현상 : 환율이 올라도 단기적으로 경상 수지가 악화되었다가 점차 개선되는 현상 |

| ❸ 환율 상승 후에도 경상 수지 개선을 이루지 못하는 경우 |
|---|
| • 상품의 가격 조정보다 상품의 수요 구조가 경상 수지에 더 큰 영향을 끼침<br>• 수출 기업이 환율 상승에만 의존하여 품질 개선이나 원가 절감 등의 노력을 계속하지 않는 경우 경쟁력을 잃어 경상 수지 악화 |

| ❹ 신중한 환율 정책 검토의 필요성 |
|---|
| • 환율과 경상 수지 간의 복잡한 관계 고려해야 함 |

**048** 세부 정보 이해 - 적절하지 않은 것 고르기 2011학년도 9월 모평 28번 정답률 75% **정답 ②**

**윗글에서 다루지 않은 내용은?**

**① 환율 상승에 따르는 수입 상품의 가격 변화**

근거 ❶-3 (환율이 상승한 경우) 수입 상품의 원화 표시 가격은 상승

→ 적절함!

을 신중하게 검토할 필요성

**② 경상 수지 개선을 위한 고환율 정책의 필연성**

근거 ❹-2~3 경상 수지가 적자 상태라면 일반적으로 고환율 정책이 선호된다. 그러나 이상에서 언급한 환율과 경상 수지 간의 복잡한 관계 때문에 환율 정책은 신중하게 검토되어야 한다.

→ 적절하지 않음!

= 인식하고 소비를 늘리기까지는 다소 시간이 걸린다

**③ 가격 변화에 대한 외국 소비자의 *지체된 반응** *遲滯-. 때를 늦추거나 질질 끄는

근거 ❷-5 국내 기업이 수출 상품의 외화 표시 가격을 낮추더라도 외국 소비자가 이를 인식하고 소비를 늘리기까지는 다소 시간이 걸린다.

→ 적절함!

**④ 국내외 수요 구조가 경상 수지에 미치는 영향**

근거 ❸-2 국내외의 상품 수요가 가격에 어떻게 반응하는가 하는 수요 구조에 따라 경상 수지는 개선되지 못하기도 한다.

→ 적절함!

경상 수지 개선

**⑤ 환율 상승이 경상 수지에 미치는 영향에 대한 일반적인 기대**

근거 ❶-1 일반적으로 환율의 상승은 경상 수지를 개선하는 것으로 알려져 있다.

→ 적절함!

**049** 자료 해석의 적절성 판단 - 적절한 것 고르기 2011학년도 9월 모평 29번 정답률 75%, 매력적 오답 ④ 10% **정답 ②**

**윗글을 바탕으로 〈보기〉의 J커브 그래프를 해석한 내용으로 옳은 것만을 있는 대로 고른 것은?**

환율이 올라도 단기적으로는 경상 수지가 오히려 악화되었다가 점차 개선되는 현상

| 보 기 |

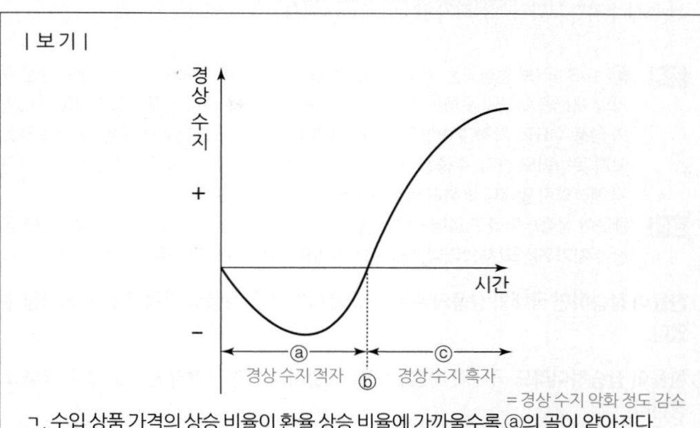


= 경상 수지 악화 정도 감소

ㄱ. 수입 상품 가격의 상승 비율이 환율 상승 비율에 가까울수록 ⓐ의 골이 얕아진다.

→ 수입품 소비↓, 수입액↓

ㄴ. 수출 기업의 품질 및 원가 경쟁력이 강화될수록 ⓐ 구간이 넓어진다. (좁아)

→ 경상 수지가 개선

ㄷ. ⓑ를 기점으로 하여 환율이 상승하게 된다. (경상 수지가 흑자가)

ㄹ. ⓒ는 환율 상승을 통해 경상 수지 개선 효과가 나타나는 구간이다.

ㄱ.

근거 ❶-3 수입 상품의 원화 표시 가격은 상승하여 수입품을 덜 소비하므로 수입액은 감소, ❷-1 단기적으로는 경상 수지가 오히려 악화되었다가 점차 개선, ❷-2 J커브 현상에서 경상 수지가 악화되는 원인 중 하나로, 환율이 오른 비율만큼 수입 상품의 가격이 오르지 않는 것을 꼽을 수 있다.

풀이 ⓐ의 골이 깊은 정도는 경상 수지의 악화 정도를 나타낸다. 수입 상품 가격의 상승 비율이 환율의 상승 비율에 못 미칠수록 경상 수지가 악화되므로, 두 비율이 가까워지게 되면 ⓐ의 골은 얕아질 것이다.

ㄴ.

근거 ❸-4 환율 상승에만 의존하여 품질 개선이나 원가 절감 등의 노력을 계속하지 않는다면 경쟁력을 잃어 경상 수지를 악화

풀이 ⓐ 구간이 넓어진다는 것은 경상 수지의 개선이 늦어진다는 것이다. 품질 및 원가 경쟁력이 강화되면 경상 수지가 개선될 것이므로, ⓐ 구간은 좁아지게 된다.

ㄷ.

근거 ❷-1 환율이 올라도 단기적으로는 경상 수지가 오히려 악화되었다가 점차 개선되는 현상

풀이 J커브 그래프는 환율이 상승한 후 지속되는 상황에서 경상 수지의 변화를 보여주는 그래프이다. 따라서 ⓑ를 기점으로 환율이 상승하는 것이 아니라, 경상 수지가 양수가 되어 흑자가 되는 것이다.

ㄹ.

근거 ❷-1 환율이 올라도 단기적으로는 경상 수지가 오히려 악화되었다가 점차 개선되는 현상

풀이 경상 수지가 0에서 계속 증가하고 있으므로 경상 수지의 개선 효과가 나타나는 구간으로 볼 수 있다.

① ㄱ, ㄷ　② ㄱ, ㄹ → 적절함!

③ ㄴ, ㄷ　④ ㄱ, ㄴ, ㄹ

⑤ ㄴ, ㄷ, ㄹ

Ⅱ 사회

**050** | 추론의 적절성 판단 - 적절한 것 고르기 2011학년도 9월 모평 30번 정답률 75% | 정답 ③

### ㉠의 이유로 가장 적절한 것은?

㉠ 경상 수지가 그다지 개선되지 않거나 오히려 악화될 수도 있다는 것이다.

**근거** ❸-1~3 J커브 현상과는 별도로 환율 상승 후에 얼마의 기간이 지나더라도 경상 수지의 개선을 이루지 못하는 경우도 있다. 첫째, 상품의 가격 조정이 일어나도 국내외의 상품 수요가 가격에 어떻게 반응하는가 하는 수요 구조에 따라 경상 수지는 개선되지 못하기도 한다. 수출량이 증가하고 수입량이 감소하더라도, 경상 수지가 그다지 개선되지 않거나 오히려 악화될 수도 있다는 것이다.

**풀이** 환율이 상승하더라도 국내외의 상품 수요가 가격에 민감하게 반응하지 않는다면 경상 수지가 개선되지 않거나, 악화될 수도 있다. 따라서 ㉠의 이유는 ③번이다.

**① 환율이 상승하면 국내외 상품의 수요 구조에 따라 수출 상품의 가격 조정이 선행될 수 있다.**

**② 환율이 상승하더라도 국내외 기업은 환율이 얼마나 안정적인지 관찰한 후 가격을 조정한다.**

**③ 환율이 상승하더라도 경우에 따라서는 국내외 상품 수요가 가격에 민감하지 않을 수 있다.**

→ 적절함!

반응하지 않을 수도 있다

**④ 가격의 조정이 신속하게 이루어질수록 국내외 상품 수요는 가격에 민감하게 반응한다.**

개선에 영향을 미친다

**⑤ 국내외 상품 수요가 가격에 얼마나 민감한지는 경상 수지의 개선 여부와는 무관하다.**

= 수요 구조

**051** | 어휘의 적절성 판단 - 적절한 것 고르기 2011학년도 9월 모평 31번 정답률 90% | 정답 ①

### ㉡에 대해 <보기>처럼 이해한다고 할 때, 밑줄 친 곳에 들어갈 말로 가장 적절한 것은?

㉡ 수출 기업이 환율 상승에만 의존하여 품질 개선이나 원가 절감 등의 노력을 계속하지 않는다

| 보기 |

________________더니, 수출 기업이 환율 상승만 믿고 경쟁력을 제고하기 위한 방책을 강구하지 않는다는 말이군.

**① 감나무 밑에 누워 홍시 떨어지기를 바란다**

**풀이** ㉡은 수출 기업이 환율 상승만 믿고 경쟁력을 높이려는 노력을 하지 않는 상황에 대한 언급이다. 따라서 '아무런 노력도 하지 않고 좋은 결과가 이루어지기만을 바란다.' 라는 의미의 속담이 가장 적절하다.

→ 적절함!

**② 소도 비빌 언덕이 있어야 비빈다**

**풀이** '누구나 의지할 곳이 있어야 무슨 일이든 시작하거나 이룰 수가 있다.'라는 의미이다.

→ 적절하지 않음!

**③ 가난 구제는 나라님도 어렵다**

**풀이** '남의 가난한 살림을 도와주기란 끝이 없어서, 개인은 물론 나라의 힘으로도 구제하지 못한다.'라는 의미이다.

→ 적절하지 않음!

**④ 원숭이도 나무에서 떨어진다**

**풀이** '아무리 익숙하고 잘하는 사람도 실수할 때가 있다.'라는 의미이다.

→ 적절하지 않음!

**⑤ 말 타면 경마 잡히고 싶다**

**풀이** '사람의 욕심이 한이 없다.'라는 의미이다.

→ 적절하지 않음!

여기에서 '경마'는 흔히 말들의 경주를 뜻하는 '경마(競馬)'로 생각하기 쉽다. 그러나 여기에 쓰인 '경마'는 '남이 탄 말의 고삐', 혹은 '남이 탄 말의 고삐를 잡고 말을 모는 일'을 뜻하는 고유어로, '경마 잡히다'는 말은 '다른 사람에게 자기가 타고 있는 말을 몰고 가게 한다'는 뜻이다.
즉 이 속담은 걸어갈 때는 말 타고 가고 싶고, 말을 타고 나서는 그 말을 몰고 갈 사람까지 쓰고 싶은 사람의 욕심을 표현한 말이다.
한편 '경마'의 어원은 '견마(牽馬)'인데, 발음이 바뀐 '경마'의 형태로 굳어져 그 어원을 알기 힘들게 되어 널리 쓰이는 '경마'를 표준어로 쓴다.

문제편 p.120

Ⅱ 사회

# 3. 법과 소송에 대한 기초적 이해

**[052~055] 다음 글을 읽고 물음에 답하시오.**

1 [1]교통 이용 내역(內譯, 물품이나 금액 등의 내용)과 같은 기록은 개인의 데이터이며, 그 개인이 '정보 주체'이다. [2]데이터는 물리적(物理的, 구체적인 형태를 가지고 존재하는) 형체(形體, 모양, 바탕이 되는 몸체)가 없고, 복제(複製, 본디의 것과 똑같은 것을 만듦)와 재사용이 수월하다.(쉽다.) [3]이 데이터가 대량으로 집적(集積, 모아서 쌓음)·처리되면 빅 데이터가 되고, 이것(빅 데이터)의 정보 처리자인 기업 등이 '빅 데이터 보유자(保有者, 가지고 있는 사람)'이다. [4]산업(産業, 사람이 살아가는 데 필요한 재화나 서비스를 생산하는 활동) 분야의 빅 데이터는 특정한(特定-, 특별히 정해져 있는) 목적으로 활용될 수 있다는 점에서 경제적 가치를 지닌다.

→ 데이터와 빅 데이터의 개념 및 빅 데이터의 가치

2 [1]데이터를 재화(財貨, 값을 매길 수 있는 것)로 보아 소유권(所有權, 물건을 지배하는 권리)이 누구에게 귀속되어야(歸屬-, 속하여 그 소유가 되어야) 하는지에 대한 논의가 있다. [2]소유권의 주체를 빅 데이터 보유자로 보는 견해와 정보 주체로 보는 견해가 있다. [3]전자(前者, 소유권의 주체를 빅 데이터 보유자로 보는 견해)는 빅 데이터 보유자에게 소유권을 부여하면(附與-, 주면) 빅 데이터의 생성 및 유통(流通, 생산자에서 소비자에 이르기까지 교환되고 분배되는 활동)이 ⓐ 쉬워져 데이터 관련 산업이 활성화된다고(活性化-, 활발하게 이루어지게 된다고) 주장한다. [4]후자(後者, 소유권의 주체를 정보 주체로 보는 견해)는 정보 생산 주체는 개인인데, 빅 데이터 보유자에게 부(富, 넉넉한 재산)가 집중되는 것은 부당하므로(不當-, 이치에 맞지 않으므로), 정보 주체에게도 대가(代價, 노력을 통해 얻게 되는 결과)가 주어져야 한다고 본다.

→ 데이터 소유권의 주체에 대한 두 가지 견해

3 [1]최근에는 논의의 중심이 데이터의 소유권 주체에서 데이터에 접근하기 위한 방안(方案, 방법이나 계획)으로서의 데이터 이동권으로 바뀌고 있다. [2]우리나라는 데이터에 대해 소유권이 아닌 이동권을 법으로 명문화하여(明文化-, 법률의 조문에 명시하여) 정보 주체의 개인 정보 자기 결정권을 강화하였다. [3]데이터 이동권이란 정보 주체가 본인(本人, 그 사람)의 데이터를 보유한 자에게 데이터 이동을 요청하면, 그(요청한) 데이터를 본인 혹은 지정한 제3자에게 무상으로(無償-, 대가나 보상이 없이) 전송하게 하는 권리이다. [4]다만, 본인의 데이터라도 빅 데이터 보유자가 수집하여, 분석·가공하는(加工-, 노력을 가하여 새로운 물건을 만들어 내는) 개발 과정을 거쳐 새로운 가치가 생성된 것은 이(데이터 이동권의 대상)에 해당되지 않는다. [5]법제화(法制化, 법률로 정해 놓음) 이전에도 은행 간에 계좌 자동 이체(自動移替, 은행, 우체국 등에서 정해진 날짜에 지급하는 사람의 계좌에서 예금을 자동으로 출금하여 받는 사람의 계좌로 옮겨 넣는 제도) 항목을 이동할 수 있는 서비스는 있었다. [6]이(은행 간 계좌 자동 이체)는 은행 간 약정(約定, 약속하여 정함)에 ⓑ 따라 부분적으로 시행한 조치였다. [7]데이터 이동권의 도입으로 쇼핑몰 상품 소비 이력(履歷, 지금까지 거쳐 온 경험의 내력) 등 정보 주체의 행동 양상(樣相, 모양, 상태)과 관련된 부분까지 정보 주체가 자율적으로(自律的-, 자기 스스로) 통제(統制, 일정한 목적에 따라 행위를 제한함)·관리할 수 있는 범위가 확대되었다.

→ 데이터 이동권의 개념 및 데이터 이동권 도입으로 인한 변화

4 [A] [1]데이터 이동권의 법제화로 기업은 데이터의 생성 비용과 거래(去來, 주고받음, 사고팖) 비용을 줄일 수 있다. [2]생성 비용은 기업 내에서 데이터를 개발할 때 발생하는 비용으로, 기업이 스스로 데이터를 수집할 때보다 전송받은 데이터를 복제 및 재사용하게 되면 절감할(節減-, 아끼어 줄일) 수 있다. [3]거래 비용은 경제 주체 간 거래 시 발생하는 비용으로, 계약(契約, 관련되는 사람이나 조직체 사이에서 서로 지켜야 할 의무에 대하여 글이나 말로 정하여 둔 약속) 체결(締結, 맺음)이나 분쟁(紛爭, 말썽을 일으켜 시끄럽고 복잡하게 다툼) 해결 등의 과정에서 생긴다. [4]그런데 데이터 이동권의 법제화로, ㉮ 정보 주체가 지정하여 데이터를 전송받게 된 기업은 ㉯ 정보 주체의 데이터를 보유했던 기업으로부터 데이터를 받으면 비용을 절감할 수 있다. [5]이에 따라 기업 간 공유(共有, 공동으로 소유함)나 유통이 촉진되고(促進-, 다그쳐 빨리 나아가게 되고), 관련 산업이 활성화된다.

→ 데이터 이동권의 법제화에 따른 이점

5 [B] [1]한편, 정보 주체가 보안(保安, 안전을 유지함)의 신뢰성(信賴性, 굳게 믿고 의지할 수 있는 성질)이 높고 데이터 제공에 따른 혜택이 많은 기업으로 데이터를 이동하면, 데이터가 집중되어 데이터의 공유나 유통이 위축될(萎縮-, 줄어들) 수 있다는 우려도 있다. [2]㉰ 데이터 보유량이 적은 신규 기업은 기존 기업과 거래를 통해 데이터를 수집하는 것이 데이터 생성 비용 절감에도 효율적이다.(效率的-, 들인 노력에 대해 얻는 결과가 크다.) [3]그런데 ㉱ 데이터가 집중된 기존 기업이 집적·처리된 데이터를 공유하려 하지 않으면, 신규 기업의 시장 진입(進入, 향하여 들어감)이 어려워져 독점화(獨占化, 혼자서 이익을 모두 차지하게 되는 현상)가 강화될 수 있다.

→ 데이터 이동권의 법제화에 따른 우려

■ 지문 이해

**<데이터 이동권의 법제화에 따른 이점과 우려>**

**❶ 데이터와 빅 데이터의 개념 및 빅 데이터의 가치**
- '정보 주체'인 개인의 데이터 : 물리적 형체가 없고 복제와 재사용이 수월함
- 빅 데이터 : 데이터가 대량으로 집적·처리된 것으로, 정보 처리자(기업)는 '빅 데이터의 보유자'임
- 산업 분야의 빅 데이터는 특정 목적으로 활용될 수 있어 경제적 가치를 지님

**❷ 데이터 소유권의 주체에 대한 두 가지 견해**
- 소유권의 주체를 '빅 데이터 보유자'로 보는 견해
  - 빅 데이터의 생성, 유통이 쉬워져 데이터 관련 산업이 활성화된다고 주장함
- 소유권의 주체를 '정보 주체'로 보는 견해
  - 빅 데이터 보유자에게 부가 집중되는 것은 부당하므로, 정보 생산 주체인 개인에게도 대가가 주어져야 한다고 봄

**❸ 데이터 이동권의 개념 및 데이터 이동권 도입으로 인한 변화**
- 데이터 이동권
  - '정보 주체'가 본인의 데이터를 '보유한 자'에게 데이터 이동을 요청하면, 그 데이터를 본인 혹은 지정한 제3자에게 무상으로 전송하게 하는 권리
  - 빅 데이터 보유자가 분석·가공하는 개발 과정을 거쳐 새로운 가치가 생성된 것은 데이터 이동권 행사 대상에 해당되지 않음
- 데이터 이동권 도입으로 정보 주체의 개인 정보 자기 결정권이 강화되고, 정보 주체가 자율적으로 통제·관리할 수 있는 범위가 확대됨

| ❹ 데이터 이동권의 법제화에 따른 이점 | ❺ 데이터 이동권의 법제화에 따른 우려 |
|---|---|
| • 데이터를 개발할 때 발생하는 데이터 생성 비용을 줄일 수 있음<br>• 경제 주체 간 거래 시 발생하는 거래 비용을 줄일 수 있음<br>→ 기업 간 공유나 유통이 촉진되고 관련 산업이 활성화됨 | • 정보 주체가 특정 기업으로 데이터를 이동하면 데이터가 집중되어 데이터의 공유나 유통이 위축될 수 있음<br>• 기존 기업이 집적·처리된 데이터를 공유하지 않으면 신규 기업의 시장 진입이 어려워져 기존 기업의 독점화가 강화될 수 있음 |

**052** 세부 정보 이해 - 적절하지 않은 것 고르기 2024학년도 9월 모평 4번 정답률 80% **정답 ③**

**윗글의 내용과 일치하지 않는 것은?**

**① 데이터는 재사용할 수 있으며 물리적 형체가 없다.**

근거 ❶-2 데이터는 물리적 형체가 없고, 복제와 재사용이 수월하다.

→ 적절함!

(개인의 데이터) (빅 데이터)

**② 교통 이용 내역이 집적·처리되면 경제적 가치를 지닌 데이터가 될 수 있다.**

근거 ❶-1 교통 이용 내역과 같은 기록은 개인의 데이터이며, ❶-3~4 이 데이터가 대량으로 집적·처리되면 빅 데이터가 되고, … 산업 분야의 빅 데이터는 특정한 목적으로

활용될 수 있다는 점에서 경제적 가치를 지닌다.

→ 적절함!

③ 우리나라 *현행법에는 정보 주체에게 데이터의 소유권을 인정하는 규정이 있다. *現行法. 현재 시행되고 있으며 효력이 있는 법률

근거 ❸-2 우리나라는 데이터에 대해 소유권이 아닌 이동권을 법으로 명문화하여 정보 주체의 개인 정보 자기 결정권을 강화

풀이 윗글에 따르면 우리나라는 데이터에 대해 소유권이 아닌 이동권을 법으로 명문화하고 있다.

→ 적절하지 않음!

④ 정보 주체의 데이터로 발생한 이득이 빅 데이터 보유자에게 집중되는 것은 부당하다는 견해가 있다.

근거 ❷-4 후자(데이터 소유권의 주체를 정보 주체로 보는 견해)는 정보 생산 주체는 개인인데, 빅 데이터 보유자에게 부가 집중되는 것은 부당하므로, 정보 주체에게도 대가가 주어져야 한다고 본다.

→ 적절함!

⑤ 데이터 이동권의 도입으로 정보 주체의 데이터 통제 범위가 본인의 행동 양상과 관련된 부분으로 확대되었다.

근거 ❸-7 데이터 이동권의 도입으로 쇼핑몰 상품 소비 이력 등 정보 주체의 행동 양상과 관련된 부분까지 정보 주체가 자율적으로 통제·관리할 수 있는 범위가 확대되었다.

→ 적절함!

1등급 문제

**053** 세부 정보 이해 - 적절하지 않은 것 고르기 2024학년도 9월 모평 5번
정답률 45%, 매력적 오답 ② 15% ④ 25% | 정답 ⑤

### [A], [B]의 입장에서 ㉮~㉱에 대해 이해한 내용으로 적절하지 않은 것은?

㉮ 정보 주체가 지정하여 데이터를 전송받게 된 기업
㉯ 정보 주체의 데이터를 보유했던 기업
㉰ 데이터 보유량이 적은 신규 기업
㉱ 데이터가 집중된 기존 기업

① [A]의 입장에서, ㉮는 데이터 이동권 도입을 통해 ㉯의 데이터를 재사용할 수 있게 되었으므로 데이터 생성 비용을 줄일 수 있다고 보겠군.

근거 ❹-1~2 데이터 이동권의 법제화로 기업은 데이터의 생성 비용과 거래 비용을 줄일 수 있다. 생성 비용은 기업 내에서 데이터를 개발할 때 발생하는 비용으로, 기업이 스스로 데이터를 수집할 때보다 전송받은 데이터를 복제 및 재사용하게 되면 절감할 수 있다, ❹-4 데이터 이동권의 법제화로, 정보 주체가 지정하여 데이터를 전송받게 된 기업(㉮)은 정보 주체의 데이터를 보유했던 기업(㉯)으로부터 데이터를 받으면 비용을 절감할 수 있다.

→ 적절함!

② [A]의 입장에서, 정보 주체가 데이터 이동을 요청하여 데이터를 전송받는 제3자가 ㉰라면, ㉰는 분쟁 없이 정보 주체의 데이터를 받게 되어 거래 비용을 줄일 수 있다고 보겠군.

근거 ❸-3 데이터 이동권이란 정보 주체가 본인의 데이터를 보유한 자에게 데이터 이동을 요청하면, 그 데이터를 본인 혹은 지정한 제3자에게 무상으로 전송하게 하는 권리, ❹-1 데이터 이동권의 법제화로 기업은 데이터의 생성 비용과 거래 비용을 줄일 수 있다, ❹-3~4 거래 비용은 경제 주체 간 거래 시 발생하는 비용으로, 계약 체결이나 분쟁 해결 등의 과정에서 생긴다. 그런데 데이터 이동권의 법제화로, 정보 주체가 지정하여 데이터를 전송받게 된 기업(㉮ = ㉰)은 정보 주체의 데이터를 보유했던 기업으로부터 데이터를 받으면 비용을 절감할 수 있다.

풀이 데이터 이동권의 법제화로 인해 정보 주체가 데이터 이동을 요청하면 그 데이터를 보유했던 기업은 정보 주체가 지정한 제3자(㉮ = ㉰)에게 데이터를 전송해야 하므로, 이 과정에서 분쟁이 일어날 여지가 없다. [A]의 입장에 따르면 이로 인해 ㉰는 거래 비용, 즉 계약 체결이나 분쟁 해결 등의 과정에서 발생하는 비용을 절감할 수 있을 것이다.

→ 적절함!

③ [B]의 입장에서, ㉰가 ㉱와의 거래에 실패해 데이터를 수집하지 못하여 ㉰에 데이터 생성 비용이 발생하면, 데이터 관련 산업의 시장에 진입하기 어려워질 수 있다고 보겠군.

근거 ❺-2~3 데이터 보유량이 적은 신규 기업(㉰)은 기존 기업과 거래를 통해 데이터를 수집하는 것이 데이터 생성 비용 절감에도 효율적이다. 그런데 데이터가 집중된 기존 기업(㉱)이 집적·처리된 데이터를 공유하려 하지 않으면, 신규 기업(㉰)의 시장 진입이 어려워져 독점화가 강화될 수 있다.

→ 적절함!

④ [A]와 달리 [B]의 입장에서, 정보 주체의 데이터가 ㉯에서 ㉱로 이동하여 집적·처리될수록 기업 간 공유나 유통이 위축될 수 있다고 보겠군.

근거 ❹-1 데이터 이동권의 법제화로 기업은 데이터의 생성 비용과 거래 비용을 줄일 수 있다, ❹-5 이에 따라 기업 간 공유나 유통이 촉진되고, 관련 산업이 활성화된다, ❺-1 정보 주체가 보안의 신뢰성이 높고 데이터 제공에 따른 혜택이 많은 기업으로 데이터를 이동하면, 데이터가 집중되어 데이터의 공유나 유통이 위축될 수 있다는 우려도 있다, ❺-3 데이터가 집중된 기존 기업(㉱)이 집적·처리된 데이터를 공유하려 하지 않으면, 신규 기업의 시장 진입이 어려워져 독점화가 강화될 수 있다.

풀이 [A]에서는 데이터 이동권의 법제화로 기업은 데이터 생성 비용과 거래 비용을 줄일 수 있고, 이에 따라 기업 간 공유나 유통이 촉진되고 관련 산업이 활성화된다고 보았다. 이때 [A]는 데이터를 전송받는 기업이 ㉰와 같은 신규 기업인지 혹은 ㉱와 같은 기존 기업인지는 고려하지 않고, 비용 절감으로 인해 공유나 유통이 촉진된다고 본 것이다. 이와 달리 [B]의 입장에서는 정보 주체의 데이터가 ㉱와 같은 특정 기업에 집중되어 이동 및 집적·처리되면 기업 간 데이터의 공유나 유통이 위축될 수 있다고 보았다.

→ 적절함!

⑤ [B]와 달리 [A]의 입장에서, ㉯는 ㉮로 데이터를 이동하여 경제적 이득을 취할 수 있으므로 데이터의 공유나 유통의 활성화에 *기여할 수 있다고 보겠군. *寄與−. 도움이 되도록 이바지함

근거 ❸-3 데이터 이동권이란 정보 주체가 본인의 데이터를 보유한 자에게 데이터 이동을 요청하면, 그 데이터를 본인 혹은 지정한 제3자에게 무상으로 전송하게 하는 권리, ❹-4~5 데이터 이동권의 법제화로, 정보 주체가 지정하여 데이터를 전송받게 된 기업(㉮)은 정보 주체의 데이터를 보유했던 기업(㉯)으로부터 데이터를 받으면 비용을 절감할 수 있다. 이에 따라 기업 간 공유나 유통이 촉진되고, 관련 산업이 활성화된다, ❺-1 정보 주체가 보안의 신뢰성이 높고 데이터 제공에 따른 혜택이 많은 기업으로 데이터를 이동하면, 데이터가 집중되어 데이터의 공유나 유통이 위축될 수 있다는 우려도 있다.

풀이 정보 주체의 데이터가 집중된 기존 기업으로 데이터가 집적·처리되면 기업 간 데이터의 공유나 유통이 위축될 수 있다고 본 [B]와 달리, [A]의 입장에서는 데이터 이동권의 법제화로 정보 주체가 지정하여 데이터를 전송받게 된 기업(㉮)은 정보 주체의 데이터를 보유했던 기업(㉯)으로부터 데이터를 받으면 비용을 절감할 수 있고, 이에 따라 기업 간 공유나 유통이 촉진되고, 관련 산업이 활성화된다고 보았다. 이러한 [A]의 입장에서 데이터 이동을 통해 경제적 이득을 취하는 것은 정보 주체의 데이터를 보유했던 기업(㉯)이 아니라, 데이터를 전송받게 된 기업(㉮)이다. 또한 정보 주체의 데이터를 보유했던 기업(㉯)은 정보 주체가 지정하여 데이터를 전송받게 된 기업(㉮)에게 데이터를 무상으로 전송해야 하므로, 이 과정에서 경제적 이득을 취할 수 없다. 따라서 [A]의 입장에서 ㉯가 ㉮로 데이터를 이동하여 경제적 이득을 취할 수 있다는 설명은 적절하지 않다.

→ 적절하지 않음!

**054** 구체적인 사례에 적용 - 적절하지 않은 것 고르기 2024학년도 9월 모평 6번
정답률 65%, 매력적 오답 ③ 10% ⑤ 15% | 정답 ④

### 윗글을 바탕으로 〈보기〉를 이해한 내용으로 적절하지 않은 것은? [3점]

| 보 기 |
빅 데이터 보유자 / 빅 데이터 보유자가 수집하여 분석·가공하는 개발 과정을 거쳐 새로운 가치가 생성된 것 : 데이터 이동권에 해당되지 않음

A 은행은 고객들의 데이터를 수집하고 이를 분석·가공하여 자산 관리 데이터 서비스인 연령별·직업군별 등 고객 맞춤형 금융 상품 추천 서비스를 제공했다. 갑은 본인의 데이터 제공에 동의하여 A 은행으로부터 소정의 포인트를 받았다. 데이터 이동권이 법제화된 이후 갑은 B 은행 체크 카드를 발급받은 뒤, A 은행에 '계좌 자동 이체 항목', '체크 카드 사용 내역', '연령별 맞춤형 금융 상품 추천 서비스 내역'을 B 은행으로 이동할 것을 요청했다.

① 갑이 본인의 데이터를 이동 요청하면 A 은행은 갑의 '체크 카드 사용 내역'을 B 은행으로 전송해야 한다.

근거 ❸-3 데이터 이동권이란 정보 주체가 본인의 데이터를 보유한 자에게 데이터 이동을 요청하면, 그 데이터를 본인 혹은 지정한 제3자에게 무상으로 전송하게 하는 권리

**풀이** 데이터 이동권의 법제화로, 정보 주체가 본인의 데이터를 보유한 자에게 데이터 이동을 요청하면 데이터 보유자는 그 데이터를 정보 주체 본인 혹은 정보 주체가 지정한 제3자에게 무상으로 전송해야 한다. 따라서 <보기>에서 정보 주체인 갑이 본인의 데이터 이동을 요청하면 빅 데이터 보유자인 A 은행은 갑의 '체크 카드 사용 내역'을 B 은행으로 전송해야 한다.

→ 적절함!

**② A 은행에 대한 갑의 데이터 이동 요청은 정보 주체의 자율적 관리이므로 강화된 개인 정보 자기 결정권의 *행사이다.** *行使, 실현하는 일

**근거** ❸-2 우리나라는 데이터에 대해 소유권이 아닌 이동권을 법으로 명문화하여 정보 주체의 개인 정보 자기 결정권을 강화하였다, ❸-7 데이터 이동권의 도입으로 쇼핑몰 상품 소비 이력 등 정보 주체의 행동 양상과 관련된 부분까지 정보 주체가 자율적으로 통제·관리할 수 있는 범위가 확대되었다.

**풀이** 데이터 이동권이 법제화되면서 정보 주체의 개인 정보 자기 결정권이 강화되었고, 정보 주체가 자율적으로 통제·관리할 수 있는 범위가 확대되었다. <보기>에서 정보 주체인 갑이 빅 데이터 보유자인 A 은행에 본인의 데이터 이동을 요청하는 것은 데이터 이동권에 따른 강화된 개인 정보 자기 결정권의 행사이다.

→ 적절함!

**③ 데이터의 소유권 주체가 정보 주체라고 본다면, 갑이 A 은행으로부터 받은 포인트는 본인의 데이터 제공에 대한 대가이다.**

**근거** ❷-4 후자(데이터 소유권의 주체를 정보 주체로 보는 견해)는 정보 생산 주체는 개인인데, 빅 데이터 보유자에게 부가 집중되는 것은 부당하므로, 정보 주체에게도 대가가 주어져야 한다고 본다.

**풀이** 데이터 소유권의 주체를 '정보 주체'로 보는 견해에서는 정보 생산 주체는 개인인데 빅 데이터 보유자에게 부가 집중되는 것은 부당하므로, 정보 주체에게도 대가가 주어져야 한다고 본다. 이러한 견해에 따르면 <보기>에서 갑이 A 은행으로부터 받은 포인트는 본인의 데이터 제공에 대한 대가에 해당한다고 볼 수 있다.

→ 적절함!

**④ 갑이 본인의 데이터를 보유한 A 은행을 상대로 요청한 '연령별 맞춤형 금융 상품 추천 서비스 내역'은 데이터 이동권 행사의 대상이다.** 대상이 아니다

**근거** ❸-3~4 데이터 이동권이란 정보 주체가 본인의 데이터를 보유한 자에게 데이터 이동을 요청하면, 그 데이터를 본인 혹은 지정한 제3자에게 무상으로 전송하게 하는 권리이다. 다만, 본인의 데이터라도 빅 데이터 보유자가 수집하여, 분석·가공하는 개발 과정을 거쳐 새로운 가치가 생성된 것은 이에 해당되지 않는다.

**풀이** <보기>에서 '연령별 맞춤형 금융 상품 추천 서비스 내역'은 A 은행이 고객들의 데이터를 수집하고 이를 분석·가공하여 제공한 자산 관리 데이터 서비스이다. 이는 빅 데이터 보유자가 수집하여, 분석·가공하는 개발 과정을 거쳐 새로운 가치가 생성된 것에 해당하므로, 데이터 이동권 행사의 대상에 해당되지 않는다.

→ 적절하지 않음!

**⑤ 데이터 이동권의 법제화 이전에도 갑이 A 은행에서 B 은행으로 이동을 요청한 정보 중에서 '계좌 자동 이체 항목'은 이동이 가능했다.**

**근거** ❸-5 (데이터 이동권의) 법제화 이전에도 은행 간에 계좌 자동 이체 항목을 이동할 수 있는 서비스는 있었다.

→ 적절함!

**055** | 문맥적 의미 파악 - 적절한 것 고르기 2024학년도 9월 모평 7번 | 정답률 85% | 정답 ①

**문맥상 ⓐ, ⓑ와 바꾸어 쓰기에 가장 적절한 것은?**

> 빅 데이터의 생성 및 유통이 ⓐ 쉬워져
> 은행 간 약정에 ⓑ 따라 부분적으로 시행한 조치였다.

**풀이** ⓐ의 '쉬워지다'는 문맥상 '어렵거나 힘들지 않게 되다'의 뜻으로, ⓑ의 '따르다'는 문맥상 '어떤 경우, 사실이나 기준 따위에 근거하다'의 뜻으로 쓰였다.

ⓐ ⓑ

**① 용이(容易)해져 근거(根據)하여**

**풀이** '용이(容 쉽다 용 易 쉽다 이)하다'는 '어렵지 아니하고 매우 쉽다'의 의미이고, '근거(根 근본 근 據 근거 거)하다'는 '어떤 일이나 의논, 의견에 그 근본이 되다'의 의미이다. 따라서 문맥상 ⓐ, ⓑ와 바꾸어 쓰기에 적절하다.

→ 적절함!

**② 유력(有力)해져 근거(根據)하여**

**풀이** '유력(有 있다 유 力 힘 력)하다'는 '세력이나 재산이 있다' 또는 '가능성이 많다'의 의미이므로, 문맥상 ⓐ와 바꾸어 쓰기에 적절하지 않다.

→ 적절하지 않음!

**③ 용이(容易)해져 의탁(依託)하여**

**풀이** '의탁(依 의지하다 의 託 부탁하다 탁)하다'는 '어떤 것에 몸이나 마음을 의지하여 맡기다'의 의미이므로, 문맥상 ⓑ와 바꾸어 쓰기에 적절하지 않다.

→ 적절하지 않음!

**④ 원활(圓滑)해져 의탁(依託)하여**

**풀이** '원활(圓 원만하다 원 滑 미끄럽다 활)하다'는 '모난 데가 없고 원만하다', 또는 '거침이 없이 잘 나가는 상태에 있다'의 의미로, 문맥상 ⓐ와 바꾸어 쓸 수 있다. 그러나 '의탁(依 의지하다 의 託 부탁하다 탁)하다'는 '어떤 것에 몸이나 마음을 의지하여 맡기다'의 의미이므로, 문맥상 ⓑ와 바꾸어 쓰기에 적절하지 않다.

→ 적절하지 않음!

**⑤ 유력(有力)해져 기초(基礎)하여**

**풀이** '기초(基 근본 기 礎 기초 초)하다'는 '근거를 두다'의 의미로, 문맥상 ⓑ와 바꾸어 쓸 수 있다. 그러나 '유력(有 있다 유 力 힘 력)하다'는 '세력이나 재산이 있다' 또는 '가능성이 많다'의 의미이므로, 문맥상 ⓐ와 바꾸어 쓰기에 적절하지 않다.

→ 적절하지 않음!

**[056~059] 다음 글을 읽고 물음에 답하시오.**

**1** [1]법령(法令, 국회의 의결을 거쳐 대통령이 서명하고 공포함으로써 성립하는 국법인 '법률'과 대통령령, 총리령, 부령 등 공법에서 국회의 의결을 거치지 않고 행정 기관에 의하여 제정되는 국가의 법령인 '명령'을 아울러 이르는 말)의 조문(條文, 규정이나 법령 등에서 낱낱의 조나 항으로 나누어 적은 글)은 대개(大槪, 일반적인 경우에) 'A에 해당하면 B를 해야 한다.'처럼 요건(要件, 필요한 조건)과 효과로 구성된 조건문으로 규정된다(規定−, 내용이 밝혀져 정해진다.) [2]하지만 그 요건이나 효과가 항상 일의적인(一義的−, 의미나 결과가 한 종류인) 것은 아니다. [3]법조문(法條文, 법률의 조문)에는 구체적 상황을 고려해야 그 상황에 ⓐ 맞는 진정한 의미가 파악되는 불확정(不確定, 확실히 결정되어 있지 않음) 개념이 사용될 수 있기 때문이다. [4]개인 간 법률관계를 규율하는(規律−, 질서나 제도로써 다스리는) 민법에서 불확정 개념이 사용된 예로 '손해 배상(損害賠償, 법률에 따라 남에게 끼친 손해를 물어 주는 일) 예정액(豫定額, 미리 정하거나 예상한 금액)이 부당히(不當−, 이치에 맞지 않게) 과다한(過多−, 너무 많은) 경우에는 법원은 적당히 감액할(減額−, 액수를 줄일) 수 있다.'라는 조문을 ⓑ 들 수 있다. [5]이때 법원은 요건과 효과를 재량(裁量, 자기의 생각과 판단에 따라 일을 처리함)으로 판단할 수 있다. [6]손해 배상 예정액은 위약금(違約金, 계약 당사자가 계약을 어겼을 때 상대에게 내기로 약속하여 정한 돈)의 일종(一種, 한 종류)이며, 계약(契約, 일정한 법률 효과의 발생을 목적으로 두 사람의 의사를 표시함) 위반(違反, 지키지 않고 어김)에 대한 제재(制裁, 법이나 규정을 어겼을 때 국가가 처벌이나 금지를 행함)인 위약벌도 위약금에 속한다. [7]위약금의 성격이 둘(손해 배상 예정액과 위약벌) 중 무엇인지 증명되지(證明−, 증거를 들어 밝히지) 못하면 손해 배상 예정액으로 다루어진다.

→ 법조문에 사용된 불확정 개념과 민법에서의 예

**2** [1]채무자(債務者, 특정인에게 일정한 빚을 갚아야 할 의무를 가진 사람)의 잘못으로 계약 내용이 실현되지(實現−, 실제로 이루어지지) 못하여 계약 위반이 발생하면, 이(채무자의 잘못으로 인한 계약 위반의 발생)로 인해 손해를 입은 채권자(債權者, 특정인에게 일정한 빚을 받아 낼 권리를 가진 사람)가 손해 액수(額數, 금액)를 증명해야 그 액수만큼 손해 배상금(損害賠償金, 남에게 끼친 손해를 물어 주기 위해 주는 돈)을 받을 수 있다. [2]그러나 손해 배상 예정액이 정해져 있었다면 채권자는 손해 액수를 증명하지 않아도 손해 배상 예정액만큼 손해 배상금을 받을 수 있다. [3]이때 손해 액수가 얼마로 증명되든 손해 배상 예정액보다 더 받을 수는 없다. [4]한편 위약금이 위약벌임이 증명되면 채권자는 위약벌에 해당하는 위약금을 ⓒ 받을 수 있고, 손해 배상 예정액과는 달리 법원이 감액할 수 없다. [5]이때 채권자가 손해 액수를 증명하면 손해 배상금도 받을 수 있다.

→ 위약금의 종류에 따른 손해 배상과 법원의 재량 판단

**3** [1]불확정 개념은 행정 법령에도 사용된다. [2]행정 법령은 행정청(行政廳, 행정 관청 중 공공 단체, 특히 지방 자치 단체의 의결 기관)이 구체적 사실에 대해 행하는(行−, 실제로 해 나가는) 법 집행인 행정 작용을 규율한다. [3]법령상(上, −에 따른) 요건이 충족되면(充足−, 채

워져 모자람이 없게 되면) 그 효과로서 행정청이 반드시 해야 하는 특정 내용의 행정 작용은 기속 행위(羈束行爲, 행정 기관이 행정 행위를 하거나 행위의 내용을 결정할 때, 자의적 판단을 하지 않고 법규의 내용대로만 집행하는 행위)이다. [4]반면 법령상 요건이 충족되더라도 그 효과인 행정 작용의 구체적 내용을 ⓓ 고를 수 있는 재량이 행정청에 주어져 있을 때, 이러한 재량을 행사하는 행정 작용은 재량 행위이다. [5]법령에서 불확정 개념이 사용되면 이(불확정 개념이 사용된 법령)에 근거한 행정 작용은 대개 재량 행위이다.

→ 행정 법령에서의 불확정 개념과 행정청의 재량 행위

4 [1]행정청은 재량으로 재량 행사의 기준을 명확히 정할 수 있는데 이(재량 행사의) 기준을 ㉠ 재량 준칙(準則, 근거나 기준으로 삼을 규칙이나 법칙)이라 한다. [2]재량 준칙은 법령이 아니므로 재량 준칙대로 재량을 행사하지 않아도 근거 법령 위반은 아니다. [3]다만 특정 요건하(下, ~과 관련된 조건)에 재량 준칙대로 특정한 내용의 적법한(適法-, 법규에 맞는) 행정 작용이 반복되어 행정 관행(慣行, 전부터 해 오는 대로 함)이 생긴 후에는, 같은 요건이 충족되면 행정청은 동일한 내용의 행정 작용을 해야 한다. [4]행정청은 평등 원칙을 ⓔ 지켜야 하기 때문이다.

→ 행정청의 재량 준칙과 이에 따른 재량 행사

■지문 이해

<법조문에 사용된 불확정 개념과 이에 대한 재량 행사>

**❶ 법조문에 사용된 불확정 개념과 민법에서의 예**

- 법령의 조문은 대개 요건과 효과로 구성된 조건문으로 규정됨
  → 불확정 개념이 사용될 수 있으므로, 요건이나 효과가 항상 일의적인 것은 아님
- 민법에서 불확정 개념이 사용된 예 : '손해 배상 예정액이 부당히 과다한 경우에는 법원은 적당히 감액할 수 있다.' → 법원은 요건과 효과를 재량으로 판단할 수 있음
  - 위약금 ┌ 손해 배상 예정액 └ 위약벌

**❷ 위약금의 종류에 따른 손해 배상과 법원의 재량 판단**

- 손해 배상 예정액이 정해져 있지 않은 경우
  - 채권자가 손해 액수를 증명해야 그만큼 손해 배상금을 받을 수 있음
- 손해 배상 예정액이 정해져 있는 경우
  - 채권자가 손해 액수를 증명하지 않아도 손해 배상 예정액만큼 손해 배상금을 받을 수 있음
  - 손해 액수가 증명되어도 손해 배상 예정액보다 더 받을 수 없음
  - 법원이 손해 배상 예정액을 감액할 수 있음(❶)
- 위약금이 위약벌임이 증명되는 경우
  - 채권자는 위약벌에 해당하는 위약금을 받을 수 있음
  - 법원이 위약금을 감액할 수 없음
  - 채권자가 손해 액수를 증명하면 손해 배상금도 받을 수 있음

**❸ 행정 법령에서의 불확정 개념과 행정청의 재량 행위**

- 행정 법령 : 행정청이 구체적 사실에 대해 행하는 법 집행인 행정 작용을 규율함
- 행정 작용
  - 기속 행위 : 법령상 요건이 충족되면 그 효과로서 행정청이 반드시 해야 하는 특정 내용의 행정 작용
  - 재량 행위 : 법령상 요건이 충족되더라도 그 효과인 행정 작용의 구체적 내용을 고를 수 있는 재량이 행정청에 주어져, 그 재량을 행사하는 행정 작용
  → 법령에서 불확정 개념이 사용될 경우 그 행정 작용은 대개 재량 행위임

**❹ 행정청의 재량 준칙과 이에 따른 재량 행사**

- 재량 준칙 : 행정청이 재량으로 명확히 정한 재량 행사의 기준
  - 법령이 아니므로 재량 준칙대로 재량을 행사하지 않아도 근거 법령 위반이 아님
  - 특정 요건하에 재량 준칙대로 특정 내용의 행정 작용이 반복되어 행정 관행이 생긴 경우 같은 요건이 충족되면 동일한 재량 준칙대로 재량을 행사해야 함

**056** | 세부 정보 이해 - 적절하지 않은 것 고르기 2023학년도 수능 10번 정답률 80% | 정답 ④

## 윗글의 내용과 일치하지 않는 것은?

(법령의 조문을 구성함)

① 법령의 요건과 효과에는 모두 불확정 개념이 사용될 수 있다.

근거 ❶-1~3 법령의 조문은 … 요건과 효과로 구성된 조건문으로 규정된다. 하지만 그 요건이나 효과가 항상 일의적인 것은 아니다. 법조문에는 구체적 상황을 고려해야 그 상황에 맞는 진정한 의미가 파악되는 불확정 개념이 사용될 수 있기 때문이다.

풀이 윗글에서 법조문에는 불확정 개념이 사용될 수 있기 때문에, 법조문을 구성하는 요건이나 효과가 항상 일의적인 것은 아니라고 하였다. 이때 법조문, 즉 법령의 조문은 요건과 효과로 구성된 조건문으로 규정된다고 하였으므로, 법령의 요건이나 효과에는 모두 불확정 개념이 사용될 수 있음을 알 수 있다.

→ 적절함!

② 법원은 불확정 개념이 사용된 법령을 적용할 때 재량을 행사할 수 있다.

근거 ❶-4~5 개인 간 법률관계를 규율하는 민법에서 불확정 개념이 사용된 예로 '손해 배상 예정액이 부당히 과다한 경우에는 법원은 적당히 감액할 수 있다.'라는 조문을 들 수 있다. 이때 법원은 요건과 효과를 재량으로 판단할 수 있다.

→ 적절함!

③ 불확정 개념이 사용된 법령의 진정한 의미를 이해하려면 구체적 상황을 고려해야 한다.

근거 ❶-3 법조문에는 구체적 상황을 고려해야 그 상황에 맞는 진정한 의미가 파악되는 불확정 개념이 사용될 수 있기 때문이다.

→ 적절함!

④ 불확정 개념이 사용된 행정 법령에 근거한 행정 작용은 재량 행위(→기속 행위)인 경우보다 기속 행위(→재량 행위)인 경우가 많다.

근거 ❸-5 법령에서 불확정 개념이 사용되면 이에 근거한 행정 작용은 대개 재량 행위이다.

→ 적절하지 않음!

⑤ 불확정 개념은 행정청이 행하는 법 집행 작용을 규율하는 법령(=행정 법령)과 개인 간의 계약 관계를 규율하는 법률(=민법)에 모두 사용된다.

근거 ❶-4 개인 간 법률관계를 규율하는 민법에서 불확정 개념이 사용, ❸-1~2 불확정 개념은 행정 법령에도 사용된다. 행정 법령은 행정청이 구체적 사실에 대해 행하는 법 집행인 행정 작용을 규율한다.

→ 적절함!

1등급 문제

**057** | 세부 정보 이해 - 적절한 것 고르기 2023학년도 수능 11번 정답률 45%, 매력적 오답 ① 10% ② 10% ③ 25% ④ 10% | 정답 ⑤

## ㉠에 대한 이해로 가장 적절한 것은?

㉠ 재량 준칙

▶ 지문 핵심 개념 정리

**재량 준칙**

- 행정청이 재량으로 명확히 정한 재량 행사의 기준(❹-1)
- 법령에 해당하지 않음 → 재량 준칙대로 재량을 행사하지 않아도 근거 법령 위반은 아님(❹-2)
- 특정 요건하에 재량 준칙대로 특정한 내용의 적법한 행정 작용이 반복되어 행정 관행 발생 → 같은 요건이 충족되면 동일한 행정 작용을 해야 함(❹-3)

① 재량 준칙은 법령이 아니기 때문에 일의적이지 않은 개념으로 규정된다.

풀이 재량 준칙은 행정청이 재량으로 '명확히 정한' 재량 행사의 기준을 뜻한다. 따라서 재량 준칙이 '일의적이지 않은 개념', 즉 상황에 따라 의미가 달라질 수 있는 개념으로 규정된다는 설명은 적절하지 않다.

→ 적절하지 않음!

② 재량 준칙으로 정해진 내용대로 재량을 행사하는 행정 작용은 기속 행위(→재량 행위)이다.

근거 ❸-3~4 법령상 요건이 충족되면 그 효과로서 행정청이 반드시 해야 하는 특정 내용의 행정 작용은 기속 행위이다. 반면 법령상 요건이 충족되더라도 그 효과인 행정 작용의 구체적 내용을 고를 수 있는 재량이 행정청에 주어져 있을 때, 이러한 재량을 행사하는 행정 작용은 재량 행위이다.

풀이 기속 행위는 법령상 요건이 충족되면 그 효과로서 행정청이 '반드시 해야 하는' 특정 내용의 행정 작용을 뜻한다. 즉 기속 행위를 함에 있어 행정청은 재량을 행사할 수 없다. 반면 행정청에 행정 작용의 구체적 내용을 고를 수 있는 재량이 주어질 경우, 이러한 재량을 행사하는 행정 작용을 재량 행위라고 한다. 따라서 행정청이 재량으로 명확히 정한 재량 행사의 기준, 즉 재량 준칙에 따라 재량을 행사하는 행정 작용은 기

속 행위가 아니라 재량 행위이다.

→ 적절하지 않음!

**③ 재량 준칙으로 규정된 재량 행사 기준은 반복되어 온 적법한 행정 작용의 내용대로 정해져야 한다.**

풀이 행정청은 재량으로 재량 준칙을 명확히 정할 수 있으며, 특정 요건하에 정해진 재량 준칙대로 특정한 내용의 적법한 행정 작용이 반복되어 행정 관행이 생긴 후에는 같은 요건이 충족될 경우 동일한 내용의 행정 작용을 해야 한다. 즉 재량 준칙에 따라 행정 작용이 반복될 때 행정 관행이 생길 수 있는 것이지, 재량 준칙이 행정 관행의 내용대로 정해져야 하는 것이 아니다.

→ 적절하지 않음!

**④ 재량 준칙이 정해져야 행정청은 특정 요건하에 행정 작용의 구체적 내용을 선택할 수 있는 재량을 행사할 수 있다.**

근거 ❸-4 법령상 요건이 충족되더라도 그 효과인 행정 작용의 구체적 내용을 고를 수 있는 재량이 행정청에 주어져 있을 때, 이러한 재량을 행사하는 행정 작용은 재량 행위이다.

풀이 행정청은 법령상 요건이 충족되더라도 행정 작용의 구체적 내용을 선택할 수 있는 재량을 행사할 수 있는데, 이렇게 재량을 행사하는 행정 작용을 재량 행위라 한다. 한편 행정청은 재량으로 재량 행사의 기준인 재량 준칙을 명확히 정할 수 있는데, 이 때 재량 준칙은 법령이 아니므로, 이미 특정 요건하에서 행정 관행이 생긴 경우가 아니라면, 재량 준칙대로 재량을 행사하지 않을 수 있다. 따라서 행정청이 재량 준칙이 정해져야만 재량 행위를 행사할 수 있는 것은 아니다.

→ 적절하지 않음!

**⑤ 재량 준칙이 특정 요건에서 적용된 *선례가 없으면 행정청은 동일한 요건이 충족되어도 행정 작용을 할 때 재량 준칙을 따르지 않을 수 있다.** *先例, 이전에 있었던 사례

풀이 재량 준칙이 특정 요건에서 적용된 선례가 있어 행정 관행이 생겼을 때, 같은 요건이 충족될 경우 행정청은 해당 재량 준칙에 따라 동일한 내용의 행정 작용을 해야 한다. 그러나 재량 준칙은 법령이 아니므로, 재량 준칙이 특정 요건에서 적용된 선례가 없다면 행정청은 동일한 요건이 충족되어도 행정 작용을 할 때 재량 준칙대로 재량을 행사하지 않아도 된다.

→ 적절함!

1등급 문제

| 058 | 구체적인 사례에 적용 - 적절한 것 고르기 2023학년도 수능 12번<br>정답률 40%, 매력적 오답 ③ 20% ④ 25% ⑤ 10% | 정답 ② |
|---|---|---|

**윗글을 바탕으로 <보기>를 이해한 내용으로 가장 적절한 것은?** [3점]

| 보 기 |

갑은 을에게 물건을 팔고 그 대가(代價, 물건의 값으로 치르는 돈)로 100을 받기로 하는 매매 계약을 했다. 그 후 갑이 계약을 위반하여 을은 80의 손해를 입었다. 이와 관련하여 세 가지 상황이 있다고 하자. (손해 액수 / 채무자 / 채권자)

(가) 갑과 을 사이에 위약금 약정이 없었다. (손해 액수를 증명해야 그 액수만큼 손해 배상금을 받을 수 있음)

(나) 갑이 을에게 위약금 100을 약정했고, 위약금의 성격이 무엇인지 증명되지 못했다. (손해 배상 예정액 / 손해 배상 예정액만큼 손해 배상금을 받을 수 있음(감액 가능))

(다) 갑이 을에게 위약금 100을 약정했고, 위약금의 성격이 위약벌임이 증명되었다. (손해 배상 예정액 / 위약벌에 해당하는 위약금을 받을 수 있음(감액 불가능) 손해 액수를 증명하면 손해 배상금도 받을 수 있음)

(단, 위의 모든 상황에서 세금, 이자 및 기타 비용은 고려하지 않음.)

▶ 지문 핵심 개념 정리

**민법에서의 불확정 개념과 법원의 재량 판단**

- '손해 배상 예정액이 부당히 과다한 경우에는 법원은 적당히 감액할 수 있다.'라는 조문 : 법원은 요건과 효과를 재량으로 판단할 수 있음(❶–4~5)
- 위약금의 성격이 무엇인지 증명되지 못하면 손해 배상 예정액으로 다루어짐(❶–7)
  - 손해 배상 예정액이 정해져 있지 않은 경우
    - 채권자가 손해 액수를 증명해야 그만큼 손해 배상금을 받을 수 있음(❷–1)
  - 손해 배상 예정액이 정해져 있는 경우
    - 채권자가 손해 액수를 증명하지 않아도 손해 배상 예정액만큼 손해 배상금을 받을 수 있음(❷–2)
    - 손해 액수가 증명되어도 손해 배상 예정액보다 더 받을 수 없음(❷–3)
    - 법원이 손해 배상 예정액을 감액할 수 있음(❶–4)
- 위약금이 위약벌임이 증명되는 경우
  - 채권자는 위약벌에 해당하는 위약금을 받을 수 있음(❷–4)
  - 채권자가 손해 액수를 증명하면 손해 배상금도 받을 수 있음(❷–5)
  - 법원이 위약금을 감액할 수 없음(❷–4)

**① (가)에서 을의 손해가 얼마인지 증명되지 못한 경우에도, 갑이 을에게 80을 지급해야 하고 법원이 감액할 수 없다.**

풀이 (가)의 경우 갑과 을 사이에는 위약금 약정이 없었다. 이처럼 손해 배상 예정액이 정해져 있지 않은 경우, 손해를 입은 을이 손해 액수를 증명해야 그 액수만큼 손해 배상금을 받을 수 있다. 따라서 (가)에서 을의 손해가 얼마인지 증명되지 못한 경우 을은 손해 액수인 80을 받을 수 없다.

→ 적절하지 않음!

**② (나)에서 을의 손해가 80임이 증명된 경우, 갑이 을에게 100을 지급해야 하고 법원이 감액할 수 있다.**

풀이 (나)에서는 위약금의 성격이 무엇인지 증명되지 못했다. 이 경우 위약금은 손해 배상 예정액으로 다루어지므로, 약정된 위약금 100은 손해 배상 예정액이 된다. 이때 을의 손해가 80임이 증명되더라도 손해 배상 예정액이 정해져 있으므로, 을은 손해 액수를 증명하지 않아도 손해 배상 예정액인 100만큼 손해 배상금을 받을 수 있으며, 법원은 손해 배상 예정액이 부당히 과다하다고 판단될 경우 이를 감액할 수 있다.

→ 적절함!

**③ (나)에서 을의 손해가 얼마인지 증명되지 못한 경우, 갑이 을에게 100을 지급해야 하고 법원이 감액할 수 없다.** (있다)

풀이 (나)에서는 위약금의 성격이 무엇인지 증명되지 못했다. 이 경우 위약금은 손해 배상 예정액으로 다루어지므로, 약정된 위약금 100은 손해 배상 예정액이 된다. 손해 배상 예정액이 정해져 있으므로, 을은 손해 액수를 증명하지 않아도 손해 배상 예정액인 100만큼 손해 배상금을 받을 수 있으며, 법원은 손해 배상 예정액이 부당히 과다하다고 판단될 경우 이를 감액할 수 있다.

→ 적절하지 않음!

**④ (다)에서 을의 손해가 80임이 증명된 경우, 갑이 을에게 180을 지급해야 하고 법원이 감액할 수 있다.** (없다)

풀이 (다)는 위약금의 성격이 위약벌임이 증명되었으므로, 을은 위약벌에 해당하는 위약금 100을 받을 수 있고, 을의 손해가 80임이 증명된 경우, 을은 손해 배상금 80도 받을 수 있다. 따라서 갑은 을에게 위약금 100과 손해 배상금 80의 총 180을 지급해야 하며, 법원이 이를 감액할 수 없다.

→ 적절하지 않음!

**⑤ (다)에서 을의 손해가 얼마인지 증명되지 못한 경우, 갑이 을에게 80을 지급해야 하고 법원이 감액할 수 없다.** (100)

풀이 (다)는 위약금의 성격이 위약벌임이 증명되었으므로, 을은 위약벌에 해당하는 위약금 100을 받을 수 있고, 법원이 이를 감액할 수 없다. 이때 을의 손해가 얼마인지 증명되지 못한 경우라면 을은 손해 배상금을 받을 수 없으므로, 갑이 을에게 지급할 금액은 100이다.

→ 적절하지 않음!

| 059 | 문맥적 의미 파악 - 적절한 것 고르기 2023학년도 수능 13번<br>정답률 90% | 정답 ⑤ |
|---|---|---|

**문맥상 ⓐ~ⓔ의 의미와 가장 가까운 것은?**

ⓐ 맞는　ⓑ 들　ⓒ 받을　ⓓ 고를　ⓔ 지켜야

**① ⓐ : 이것이 네가 찾는 자료가 맞는지 확인해 보아라.**

풀이 ⓐ의 '맞다'는 '어떤 행동, 의견, 상황 따위가 다른 것과 서로 어긋나지 아니하고 같거나 어울리다'의 뜻으로 쓰였다. 한편 '네가 찾는 자료가 맞는지'에서 쓰인 '맞다'는 '어떤 대상의 내용, 정체 따위의 무엇임이 틀림이 없다'의 의미이다.

→ 적절하지 않음!

**② ⓑ : 그 부부는 노후 대책으로 적금을 들고 안심했다.**

풀이 ⓑ의 '들다'는 '설명하거나 증명하기 위하여 사실을 가져다 대다'의 뜻으로 쓰였다. 한편 '적금을 들고'에서 쓰인 '들다'는 '적금이나 보험 따위의 거래를 시작하다'의 의미이다.

→ 적절하지 않음!

**③ ⓒ : 그의 파격적인 주장은 학계의 큰 주목을 받았다.**

풀이 ⓒ의 '받다'는 '다른 사람이 주거나 보내오는 물건 따위를 가지다'의 뜻으로 쓰였다. 한편 '주목을 받았다'에서 쓰인 '받다'는 '다른 사람이나 대상이 가하는 행동, 심리적

Ⅱ 사회

인 작용 따위를 당하거나 입다'의 의미이다.

→ 적절하지 않음!

④ ⓓ : 형은 땀 흘려 울퉁불퉁한 땅을 평평하게 골랐다.

**풀이** ⓓ의 '고르다'는 '여럿 중에서 가려내거나 뽑다'의 뜻으로 쓰였다. 한편 '땅을 평평하게 골랐다'에서 쓰인 '고르다'는 '울퉁불퉁한 것을 평평하게 하거나 들쭉날쭉한 것을 가지런하게 하다'의 의미이다.

→ 적절하지 않음!

⑤ ⓔ : 그분은 우리에게 한 약속을 반드시 지킬 것이다.

**풀이** ⓔ와 '약속을 반드시 지킬 것이다'에서 쓰인 '지키다'는 모두 '규정, 약속, 법, 예의 따위를 어기지 아니하고 그대로 실행하다'의 의미이다.

→ 적절함!

**[ 060~064 ] 다음 글을 읽고 물음에 답하시오.**

1 [1]국가, 지방 자치 단체와 같은 행정 주체(行政主體, 행정 작용을 할 수 있는 권한을 가진 자)가 행정 목적을 ⓐ 실현하기 위해 국민의 권리를 제한하거나(制限-, 일정한 한도를 정하고 그 한도를 넘지 못하게 막거나) 국민에게 의무를 부과하는(賦課-, 부담하여 맡게 하는) '행정 규제'는 국회가 제정한(制定-, 만들어 정한) 법률에 근거해야 한다. [2]그러나 국회가 아니라, 대통령을 수반(首班, 가장 높은 자리에 있는 사람)으로 하는 행정부나 지방 자치 단체와 같은 행정 기관이 제정한 법령(法令, 법률과 명령)인 행정입법에 의한 행정 규제의 비중(比重, 다른 것과 비교할 때 차지하는 중요도)이 커지고 있다. [3]드론(drone, 무선 전파를 이용하여 원격 조종되는 무인 비행 물체)과 관련된 행정 규제 사항들처럼, 첨단(尖端, 유행, 기술 등의 시대적 변화에서 가장 앞서 나감) 기술과 관련되거나, 상황 변화에 즉각 대처해야 하거나, 개별적 상황을 ⓑ 반영하여 규제를 달리해야 하는 행정 규제 사항들이 늘어나고 있기 때문이다. [4]행정 기관은 국회에 비해 이러한 사항들을 다루기에 적합하다.

→ '행정 규제'와 '행정입법'의 개념

2 [1]행정입법의 유형에는 위임명령, 행정규칙, 조례 등이 있다. [2]헌법(憲法, 모든 법률의 기초가 되는 법으로, 국가의 통치 조직 및 작용의 기본 원리와 국민의 기본권을 규정함)에 따르면, 국회는 행정 규제 사항에 관한 법률을 제정할 때 특정한 내용에 관한 입법을 행정부에 위임할(委任-, 책임 지워 맡길) 수 있다. [3]이에 따라 제정된 행정입법을 위임명령이라고 한다. [4]위임명령은 제정 주체에 따라 대통령령(令 법령 령), 총리령, 부령으로 나누어진다. [5]이들(대통령령, 총리령, 부령 등의 위임명령)은 모두 국민에게 적용되기 때문에 입법예고(立法豫告, 법률을 제정하거나 개정할 때 법령안의 내용을 사전에 국민에게 알려 의견을 제시할 수 있도록 하는 것), 공포(公布, 새로 제정된 법률이나 명령 등을 일반 국민에게 알리는 일) 등의 절차를 거쳐야 한다. [6]위임명령은 입법부인 국회가 자신의 권한(權限, 권리나 권력이 미치는 범위)의 일부를 행정부에 맡겼기 때문에 정당화될(正當化-, 이치에 맞아 올바르고 마땅한 것이 될) 수 있다. [7]그래서 특정한 행정 규제의 근거 법률이 위임명령으로 제정할 사항의 범위를 정하지 않은 채 위임하는 포괄적(包括的, 대상을 어떤 범위 안에 모두 끌어넣는) 위임은 헌법상 삼권 분립 원칙에 저촉된다(抵觸-, 어긋난다.). [8]위임된 행정 규제 사항의 대강(大綱, 자세하지 않은, 기본적인 내용)을 위임 근거 법률의 내용으로부터 ⓒ 예측할 수 있어야 한다는 것이다. [9]다만 행정 규제 사항의 첨단 기술 관련성이 클수록 위임 근거 법률이 위임할 수 있는 사항의 범위가 넓어진다. [10]한편, 위임명령이 법률로부터 위임받은 범위를 벗어나서 제정되거나, 위임 근거 법률이 사용한 어구(語句, 말의 마디나 구절)의 의미를 확대하거나 축소하여 제정되어서는 안 된다. [11]㉠ 위임명령이 이러한 제한을 위반하여(違反-, 지키지 않고 어겨) 제정되면 효력(效力, 법률, 규칙의 작용)이 없다.

→ 행정입법의 유형 ① : 위임명령

3 [1]행정규칙은 원래 행정부의 직제(職制, 행정 기관의 조직, 명칭, 권한 등을 정한 규칙)나 사무 처리 절차에 관한 행정입법으로서 고시(告示)(글로 써서 게시하여 내용을 널리 알림), 예규(例規, 사무에 관한 기준을 보이기 위해 정한 규칙) 등이 여기(행정규칙)에 속한다. [2]일반 국민에게는 직접 적용되지 않기 때문에, 법률로부터 위임받지 않아도 유효하게(有效-, 효과가 있게) 제정될 수 있고 위임명령 제정 시와 동일한 절차를 거칠 필요가 없다. [3]그러나 행정 규제 사항에 관하여 행정규칙이 제정되는 예외적인(例外的-, 일반적인 규칙에서 벗어나는) 경우도 있다. [4]위임된 사항이 첨단 기술과의 관련성이 매우 커서 위임명령으로는 ⓓ 대응하기 어려워 불가피한(不可避-, 피할 수 없는) 경우, 위임 근거 법률이 행정입법의 제정 주체만 지정하고(指定-, 가리켜 확실히 정하고) 행정입법의 유형을 지정하지 않았다면 위임된 사항이 고시나 예규(행정규칙)로 제정될 수 있다. [5]이런 경우의 행정규칙은 위임명령과 달리, 입법예고, 공포 등을 거치지 않고 제정된다.

→ 행정입법의 유형 ② : 행정규칙

4 [1]조례는 지방 의회가 제정하는 행정입법으로 지역의 특수성(特殊性, 특별히 다르고 두드러진 성질)을 반영하여 제정되고 지역에서 발생하는 사안(事案, 법률이나 규정 등에서 문제가 되는 일)에 대해 적용된다. [2]제정 주체가 지방 자치 단체의 기관인 지방 의회라는 점에서 행정부에서 제정하는 위임명령, 행정규칙과 ⓔ 구별된다. [3]조례도 행정 규제 사항을 규정하려면(規定-, 양이나 범위 등을 제한하여 정하려면) 법률의 위임에 근거해야 한다. [4]또한 법률로부터 포괄적 위임을 받을 수 있지만 위임 근거 법률이 사용한 어구의 의미를 다르게 사용할 수 없다. [5]조례는 입법예고, 공포 등의 절차를 거쳐 제정된다.

→ 행정입법의 유형 ③ : 조례

■ 지문 이해

〈행정입법의 유형과 특징〉

**❶ '행정 규제'와 '행정입법'의 개념**

- 행정 규제 : 행정 주체가 행정 목적 실현을 위해 국민의 권리를 제한하거나 국민에게 의무를 부과하는 것 → 국회가 제정한 법률에 근거해야 함
- 행정입법
  - 국회가 아니라, 행정부나 행정 기관이 제정한 법령
  - 첨단 기술과 관련되거나, 상황 변화에 즉각 대처해야 하거나, 개별적 상황을 반영하여 규제를 달리해야 하는 경우에 적합

**행정입법의 세 가지 유형과 그 특징**

**❷ 행정입법의 유형 ① : 위임명령**

- 국회가 행정 규제 사항에 관한 법률을 제정할 때 특정한 내용에 관한 입법을 행정부에 위임하여 제정된 행정입법
- 제정 주체 : 행정부(세부적으로 대통령령, 총리령, 부령으로 나뉨)
- 국민에게 적용되므로 입법예고, 공포 등의 절차를 거쳐야 함
- 법률의 위임에 근거해야 하며, 포괄적 위임을 받을 수 없음
- 법률로부터 위임받은 범위를 벗어나서 제정되거나, 위임 근거 법률이 사용한 어구의 의미를 확대하거나 축소하여 제정될 경우 효력이 없음

**❸ 행정입법의 유형 ② : 행정규칙**

- 제정 주체 : 행정부
- 행정부 직제, 사무 처리 절차에 관한 행정입법으로 고시, 예규 등이 있음
- 일반 국민에 직접 적용되지 않으므로 법률로부터 위임받지 않아도 되며, 위임명령과 같은 절차가 필요치 않음
- 예외적인 경우 : 위임된 사항이 첨단 기술과의 관련성이 매우 커 위임명령으로 대응하기 어려울 경우 고시나 예규로 제정될 수 있으며 이 경우 입법예고, 공포 등을 거치지 않음

**❹ 행정입법의 유형 ③ : 조례**

- 제정 주체 : 지방 의회
- 지역의 특수성을 반영하여 제정되고 지역에서 발생하는 사안에 대해 적용됨
- 법률의 위임에 근거해야 함
- 법률로부터 포괄적 위임을 받을 수 있음
- 위임 근거 법률이 사용한 어구의 의미를 다르게 사용할 수 없음
- 입법예고, 공포 등의 절차를 거쳐 제정됨

**060** | 세부 정보 이해 - 적절한 것 고르기 2021학년도 9월 모평 26번 정답률 75%, 매력적 오답 ③ 10% ④ 10% | 정답 ⑤

**윗글의 내용과 일치하는 것은?**

① 행정입법에 속하는 법령들은 제정 주체가 동일하다. (동일하지 않다)

**근거** ❹-2 (조례는) 제정 주체가 지방 자치 단체의 기관인 지방 의회라는 점에서 행정부에서 제정하는 위임명령, 행정규칙과 구별된다.

문제편 p.124

풀이 행정입법 중 위임명령과 행정규칙의 제정 주체는 행정부이고, 조례의 제정 주체는 지방 의회이다.

→ 적절하지 않음!

② 행정입법에 속하는 법령들은 모두 개별적 상황과 지역의 특수성을 반영한다.

근거 ❹-1 조례는 지방 의회가 제정하는 행정입법으로 지역의 특수성을 반영하여 제정되고 지역에서 발생하는 사안에 대해 적용

풀이 지역의 특수성을 반영하여 제정된다는 점은 행정입법 중 조례에만 해당하는 설명이다.

→ 적절하지 않음!

③ 행정입법에 속하는 법령들은 모두 *정당성을 **확보하기 위하여 국회의 위임에 근거한다. *正當性, 이치에 맞아 옳고 정의로운 성질 **確保-, 확실히 가지고 있기

근거 ❷-2~3 국회는 행정 규제 사항에 관한 법률을 제정할 때 특정한 내용에 관한 입법을 행정부에 위임할 수 있다. 이에 따라 제정된 행정입법을 위임명령이라고 한다, ❷-6 위임명령은 입법부인 국회가 자신의 권한의 일부를 행정부에 맡겼기 때문에 정당화될 수 있다, ❸-2 (행정규칙은) 법률로부터 위임받지 않아도 유효하게 제정될 수 있고, ❹-3 조례도 행정 규제 사항을 규정하려면 법률의 위임에 근거해야 한다.

풀이 행정입법 중 위임명령과 조례는 국회가 제정한 법률의 위임에 근거해야 하지만, 행정규칙의 경우에는 국회의 위임을 받지 않아도 제정될 수 있다.

→ 적절하지 않음!

④ 행정 규제 사항에 적용되는 행정입법은 모두 포괄적 위임이 금지되어 있다.

근거 ❹-4 (조례는) 법률로부터 포괄적 위임을 받을 수 있지만

풀이 행정입법 중 조례의 경우 포괄적 위임을 받을 수 있다.

→ 적절하지 않음!

⑤ 행정부가 국회보다 신속히 대응할 수 있는 행정 규제 사항은 행정입법의 대상으로 적합하다.

근거 ❶-2 행정부나 지방 자치 단체와 같은 행정 기관, ❶-3~4 첨단 기술과 관련되거나, 상황 변화에 즉각 대처해야 하거나, 개별적 상황을 반영하여 규제를 달리해야 하는 행정 규제 사항들이 늘어나고 있기 때문이다. 행정 기관은 국회에 비해 이러한 사항들을 다루기에 적합하다.

→ 적절함!

1등급 문제

| 061 | 추론의 적절성 판단 - 적절한 것 고르기 2021학년도 9월 모평 27번<br>정답률 45%, 매력적 오답 ② 35% | 정답 ① |
|---|---|---|

### ㉠의 이유로 가장 적절한 것은?

㉠ 위임명령이 이러한 제한을 위반하여 제정되면 효력이 없다.

근거 ❷-10~11 위임명령이 법률로부터 위임받은 범위를 벗어나서 제정되거나, 위임 근거 법률이 사용한 어구의 의미를 확대하거나 축소하여 제정되어서는 안 된다. 위임명령이 이러한 제한을 위반하여 제정되면 효력이 없다.

풀이 ㉠에서 말하는 '이러한 제한'은 위임명령이 법률로부터 위임받은 범위를 벗어나거나 위임 근거 법률이 사용한 어구의 의미를 확대하거나 축소해서는 안 된다는 것이다. 법률로부터 위임받은 범위를 벗어나지 않고 위임 근거 법률이 사용한 어구의 의미를 그대로 사용한다는 것은 결국 법률에 근거를 둔다는 것과 같다. 따라서 ㉠의 이유는 그 위임명령이 법률에 근거를 두지 않고 행정 규제 사항을 규정했기 때문이다. 정답은 ①번이다.

① 그 위임명령이 법률의 근거 없이 행정 규제 사항을 규정했기 때문이다.

→ 적절함!

② 그 위임명령이 포괄적 위임을 받아 제정된 경우에 해당하기 때문이다.

근거 ❷-7 특정한 행정 규제의 근거 법률이 위임명령으로 제정할 사항의 범위를 정하지 않은 채 위임하는 포괄적 위임

풀이 포괄적 위임은 특정 행정 규제의 근거 법률이 위임명령으로 제정할 사항의 '범위를 정하지 않은 채' 위임하는 것이지, 범위를 벗어나거나 어구의 의미를 확대·축소하는 것이 아니다.

→ 적절하지 않음!

③ 그 위임명령이 첨단 기술에 대한 내용을 정확히 반영하지 않았기 때문이다.

풀이 모든 위임명령이 첨단 기술과 관련된 것은 아니므로, ㉠의 이유로 적절하지 않다.

→ 적절하지 않음!

④ 그 위임명령이 국민의 권리를 제한하는 권한을 행정 기관에 맡겼기 때문이다.

근거 ❶-1 국민의 권리를 제한하거나 국민에게 의무를 부과하는 '행정 규제'는 국회가 제정한 법률에 근거해야 한다, ❷-2~3 국회는 행정 규제 사항에 관한 법률을 제정할 때 특정한 내용에 관한 입법을 행정부에 위임할 수 있다. 이에 따라 제정된 행정입법을 위임명령

풀이 국민의 권리를 제한하는 '행정 규제'는 국회가 제정한 법률에 근거해야 하지만, 국회는 이러한 법률을 제정할 때 그에 대한 입법을 행정부에 위임할 수 있다. 이렇게 국회의 위임을 받아 행정부에서 제정된 행정입법을 위임명령이라고 한다. 즉 '국회가' 국민의 권리를 제한하는 행정 규제 사항을 규정할 권한을 행정 기관에 맡겨 행정 기관이 위임명령을 제정하는 것이지, '위임명령이' 국민의 권리를 제한하는 권한을 행정 기관에 맡긴 것이 아니다. 따라서 위임명령이 법률에 근거를 두어야 한다는 제한을 위반하여 제정된다고 해도, 그 위임명령이 국민의 권리를 제한하는 권한을 행정 기관에 맡길 수는 없다.

→ 적절하지 않음!

⑤ 그 위임명령이 구체적 상황의 특성을 반영한 *융통성 있는 대응을 하지 못했기 때문이다. *融通性, 그때그때의 형편과 경우에 따라 일을 처리하는 재주나 능력

풀이 행정입법은 상황 변화에 즉각 대처하거나 개별적 상황을 반영하여 규제를 달리해야 하는 행정 규제 사항들에 대해 융통성 있게 대응하기 위해 제정될 수 있다. 그러나 위임명령이 법률에 근거를 두어야 한다는 제한을 위반하여 제정되는 것과 구체적 상황의 특성을 반영한 융통성 있는 대응을 하지 못하는 것 사이에 논리적 인과관계가 성립되지 않으므로, ㉠의 이유로 적절하지 않다.

→ 적절하지 않음!

| 062 | 핵심 개념 이해 - 적절하지 않은 것 고르기 2021학년도 9월 모평 28번<br>정답률 70%, 매력적 오답 ③ 10% ④ 15% | 정답 ⑤ |
|---|---|---|

### 행정규칙에 관한 설명 중 적절하지 않은 것은?

① 행정부의 직제나 사무 처리 절차를 규정하는 경우, 법률의 위임이 요구되지 않는다.

근거 ❸-1~2 행정규칙은 원래 행정부의 직제나 사무 처리 절차에 관한 행정입법으로서 … 법률로부터 위임받지 않아도 유효하게 제정될 수 있고

→ 적절함!

② 행정부의 직제나 사무 처리 절차를 규정하는 경우, 일반 국민에게 직접 적용되지 않는다.

근거 ❸-1~2 행정규칙은 원래 행정부의 직제나 사무 처리 절차에 관한 행정입법으로서 … 일반 국민에게는 직접 적용되지 않기 때문에

→ 적절함!

③ 행정 규제 사항을 규정하는 경우, 위임명령의 제정 절차를 따르지 않는다.

근거 ❸-3~5 행정 규제 사항에 관하여 행정규칙이 제정되는 예외적인 경우도 있다. … 위임된 사항이 고시나 예규(행정규칙)로 제정될 수 있다. 이런 경우의 행정규칙은 위임명령과 달리, 입법예고, 공포 등을 거치지 않고 제정된다.

→ 적절함!

④ 행정 규제 사항을 규정하는 경우, 위임 근거 법률의 위임을 받은 제정 주체에 의해 제정된다.

근거 ❸-3~4 행정 규제 사항에 관하여 행정규칙이 제정되는 예외적인 경우도 있다. … 위임 근거 법률이 행정입법의 제정 주체만 지정하고 행정입법의 유형을 지정하지 않았다면 위임된 사항이 고시나 예규(행정규칙)로 제정될 수 있다.

풀이 위임 근거 법률이 행정입법의 제정 주체만 지정하고 행정입법의 유형을 지정하지 않을 경우, 지정된 제정 주체가 행정 규제 사항을 행정규칙으로 규정한다.

→ 적절함!

⑤ 행정 규제 사항을 규정하는 경우, 위임 근거 법률로부터 위임받을 수 있는 사항의 범위가 위임명령과 같다.
같지 않다

근거 ❷-9 행정 규제 사항의 첨단 기술 관련성이 클수록 위임 근거 법률이 위임할 수 있는 사항의 범위가 넓어진다, ❸-3~4 행정 규제 사항에 관하여 행정규칙이 제정되는 예외적인 경우도 있다. 위임된 사항이 첨단 기술과의 관련성이 매우 커서 위임명령으로는 대응하기 어려워 불가피한 경우, … 위임된 사항이 고시나 예규(행정규칙)로 제정될 수 있다.

풀이 행정 규제 사항의 첨단 기술 관련성이 클수록 위임 근거 법률로부터 위임받을 수 있는 사항의 범위는 넓어진다고 하였다. 한편 행정 규제 사항에 관련하여 위임된 사항이 첨단 기술과의 관련성이 매우 커서 위임명령으로는 대응하기 어려울 경우, 행정

규칙으로 제정될 수 있다. 따라서 행정규칙으로 첨단 기술과의 관련성이 매우 큰 행정 규제 사항을 제정할 경우 위임 근거 법률로부터 위임받을 수 있는 사항의 범위는 위임명령보다 넓다.

→ 적절하지 않음!

1등급 문제

**063** | 구체적인 사례에 적용 - 적절한 것 고르기 2021학년도 9월 모평 29번
정답률 45%, 매력적 오답 ② 25% ③ 15% | 정답 ④

**윗글을 바탕으로 〈보기〉의 ㉮~㉰에 대해 이해한 내용으로 가장 적절한 것은?** [3점]

| 보기 |

[1]갑은 새로 개업한 자신의 가게 홍보를 위해 인근 자연공원에 현수막을 설치하려고 한다. [2]현수막 설치에 관한 행정 규제의 내용을 확인하기 위해 ○○ 시청에 문의하고 아래와 같은 회신(回信, 답장)을 받았다.

> [3]문의하신 내용에 대해 다음과 같이 알려 드립니다. ← 위임 근거 법률
> [4]㉮「옥외광고물 등의 관리와 옥외광고산업 진흥에 관한 법률」 제3조(광고물 등의 허가 또는 신고)에 따른 허가 또는 신고 대상 광고물에 관한 사항은 대통령령인 ㉯「옥외 광고물 등의 관리와 옥외광고산업 진흥에 관한 법률 시행령」 제5조에 규정되어 있습니다. [5]이에 따르면 문의하신 규격의 현수막을 설치하시려면 설치 전에 신고하셔야 합니다. ← 위임명령
> [6]또한 위 법률(㉮) 제16조(광고물 실명제)에 의하면, 신고 번호, 표시 기간, 제작자명 등을 표시하도록 규정하고 있습니다. [7]표시하는 방법에 대해서는 ㉰ ○○ 시 지방 의회에서 제정한 법령에 따르셔야 합니다. ← 조례

풀이 〈보기〉의 ㉮는 법률이고, ㉯는 '대통령령'인 것으로 보아 위임명령에 해당한다. 그리고 지방 의회에서 제정했다는 점에서 ㉰는 조례에 해당한다.

**① ㉮의 제3조의 내용에서 ㉯의 제5조의 신고 대상 광고물에 관한 사항의 구체적 내용을 확인할 수 있겠군.** (대강을 예측할)

근거 〈보기〉-4 「옥외광고물 등의 관리와 옥외광고산업 진흥에 관한 법률」 제3조(광고물 등의 허가 또는 신고)에 따른 허가 또는 신고 대상 광고물에 관한 사항은 대통령령인 「옥외 광고물 등의 관리와 옥외광고산업 진흥에 관한 법률 시행령」 제5조에 규정, ❷-8 위임된 행정 규제 사항의 대강을 위임 근거 법률의 내용으로부터 예측할 수 있어야 한다는 것

풀이 위임명령(㉯)은 법률(㉮)을 근거로 하여 제정된다. 〈보기〉에서는 위임 근거 법률인 ㉮의 제3조의 내용으로부터 위임된 행정 규제 사항, 즉 ㉯의 제5조의 신고 대상 광고물에 관한 사항의 '구체적 내용을 확인'할 수 있는 것이 아니라 '대강을 예측'할 수 있다.

→ 적절하지 않음!

**② ㉯의 제5조는 ㉮의 제16조로부터 제정할 사항의 범위가 정해져 위임을 받았겠군.** (제3조)

근거 〈보기〉-4 「옥외광고물 등의 관리와 옥외광고산업 진흥에 관한 법률」 제3조(광고물 등의 허가 또는 신고)에 따른 허가 또는 신고 대상 광고물에 관한 사항은 대통령령인 「옥외 광고물 등의 관리와 옥외광고산업 진흥에 관한 법률 시행령」 제5조에 규정, ❷-7 특정한 행정 규제의 근거 법률이 위임명령으로 제정할 사항의 범위를 정하지 않은 채 위임하는 포괄적 위임은 헌법상 삼권 분립 원칙에 저촉된다.

풀이 행정 규제의 근거 법률(㉮)은 위임명령(㉯)으로 제정할 사항의 범위를 정해 위임한다. 〈보기〉에서 ㉯의 제5조는 ㉮의 제3조에 따른 규정이라고 하였다. 따라서 ㉯의 제5조는 ㉮의 제16조가 아니라, ㉮의 제3조로부터 제정할 사항의 범위가 정해져 위임을 받은 것이다.

→ 적절하지 않음!

**③ ㉯는 ㉰와 달리 입법예고와 공포 절차를 거쳤겠군.** (㉯와 ㉰는 모두)

근거 ❷-5 이들(대통령령, 총리령, 부령 등의 위임명령)은 모두 국민에게 적용되기 때문에 입법예고, 공포 등의 절차를 거쳐야 한다, ❹-5 조례는 입법예고, 공포 등의 절차를 거쳐 제정된다.

풀이 위임명령인 ㉯와 조례인 ㉰는 모두 입법예고와 공포 절차를 거쳐 제정된다.

→ 적절하지 않음!

**④ ㉯에 나오는 '광고물'의 의미와 ㉰에 나오는 '광고물'의 의미는 일치하겠군.**

근거 ❷-10 위임명령이 … 위임 근거 법률이 사용한 어구의 의미를 확대하거나 축소하여 제정되어서는 안 된다, ❹-4 (조례는) 위임 근거 법률이 사용한 어구의 의미를 다르게 사용할 수 없다.

풀이 위임명령인 ㉯와 조례인 ㉰는 위임 근거 법률(㉮)이 사용한 어구의 의미를 다르게 사용할 수 없다. 따라서 ㉮, ㉯, ㉰에 나오는 '광고물'의 의미는 모두 일치해야 한다.

→ 적절함!

**⑤ ㉰를 준수해야 하는 국민 중에는 ㉯를 준수하지 않아도 되는 국민이 있겠군.**

근거 〈보기〉-4 대통령령인 「옥외 광고물 등의 관리와 옥외광고산업 진흥에 관한 법률 시행령」 제5조, 〈보기〉-7 ○○ 시 지방 의회에서 제정한 법령, ❷-5 이들(대통령령, 총리령, 부령 등의 위임명령)은 모두 국민에게 적용, ❹-1 조례는 지방 의회가 제정하는 행정입법으로 지역의 특수성을 반영하여 제정되고 지역에서 발생하는 사안에 대해 적용

풀이 조례인 ㉰는 해당 지역에서 발생하는 사안에 대해 적용되는 법령이고, 위임명령인 ㉯는 지역과 관계없이 국민 전체에 대해 적용되는 법령이다. 따라서 ㉰를 준수해야 하는 국민은 모두 ㉯를 준수해야 한다.

→ 적절하지 않음!

틀리기 쉬운 문제

**064** | 문맥적 의미 파악 - 적절한 것 고르기 2021학년도 9월 모평 30번
정답률 60%, 매력적 오답 ① 10% ④ 10% ⑤ 15% | 정답 ③

**문맥상 ⓐ~ⓔ와 바꿔 쓰기에 가장 적절한 것은?**

ⓐ 실현하기 ⓑ 반영하여 ⓒ 예측할 ⓓ 대응하기 ⓔ 구별된다

**① ⓐ : 나타내기**

풀이 ⓐ에서 쓰인 '실현(實 열매 실 現 나타나다 현)하다'는 '실제로 이루다'의 의미이다. 한편 '나타내다'는 '일의 결과를 겉으로 드러내다'의 의미이다. 따라서 ⓐ를 '나타내기'로 바꿔 쓰는 것은 문맥상 적절하지 않다. ⓐ는 '이루기'로 바꾸는 것이 더 적절하다.

예문 사람마다 자기 사상이나 주장을 실현하는 방식이 서로 다르다.
진통제가 효과를 나타내는지 통증이 줄었다.

→ 적절하지 않음!

**② ⓑ : 드러내어**

풀이 ⓑ에서 쓰인 '반영(反 돌이키다 반 映 비치다 영)하다'는 '다른 것에 영향을 받아 어떤 현상을 나타내다'의 의미이다. 한편 '드러내다'는 '가려 있거나 보이지 않던 것을 보이게 하다'의 의미이다. 따라서 ⓑ를 '드러내어'로 바꿔 쓰는 것은 문맥상 적절하지 않다.

예문 개혁 의지를 반영한 새 법안은 국민의 환영을 받았다.
아이는 하얀 이를 드러내고 웃었다.

→ 적절하지 않음!

**③ ⓒ : 헤아릴**

풀이 ⓒ에서 쓰인 '예측(豫 미리 예 測 헤아리다 측)하다'는 '미리 헤아려 짐작하다'의 의미이다. 따라서 ⓒ의 '예측할'을 '헤아릴'로 바꿔 쓰는 것은 문맥상 적절하다.

예문 그는 상황이 호전될 것이라고 예측했다.
이 일의 고충을 헤아려 주십시오.

→ 적절함!

**④ ⓓ : 마주하기**

풀이 ⓓ에서 쓰인 '대응(對 대하다 대 應 응하다 응)하다'는 '어떤 일이나 사태에 맞추어 태도나 행동을 취하다'의 의미이다. 한편 '마주하다'는 '마주 대하다'의 의미이다. 따라서 ⓓ의 '대응하기'를 '마주하기'로 바꿔 쓰는 것은 문맥상 적절하지 않다.

예문 시장 개방에 우리 기업이 어떻게 대응해 나갈지 관심거리이다.
그들은 서로 얼굴을 마주하고 앉았다.

→ 적절하지 않음!

**⑤ ⓔ : 달라진다**

풀이 ⓔ에서 쓰인 '구별(區 나누다 구 別 나누다 별)되다'는 '성질이나 종류에 따라 차이가 나다'의 의미이다. 한편 '달라지다'는 '변하여 전과는 다르게 되다'의 의미이다. 따라서 ⓔ의 '구별된다'를 '달라진다'로 바꿔 쓰는 것은 문맥상 적절하지 않다.

예문 인간의 특성은 이성적인 것과 감성적인 것으로 구별될 수 있다.
사람이 몰라보게 달라졌다.

→ 적절하지 않음!

[065~069] 다음 글을 읽고 물음에 답하시오.

1 [A] [1]사무실의 방충망(防蟲網, 해로운 벌레들이 날아 들어오지 못하도록 창문 같은 곳에 치는 망)이 낡아서 파손되었다면(破損−, 망가져 못 쓰게 되었다면) 세입자(貰入者, 돈을 내고 다른 사람의 집이나 공간을 빌려 쓰는 사람)와 사무실을 빌려 준 건물주(建物主, 건물의 주인) 중 누가 고쳐야 할까? [2]이(사무실의 방충망이 낡아서 파손되었을) 경우, 민법전(民法典, 민법의 내용이 담긴 책)의 법조문(法條文, 법률의 규정을 조목조목 나누어 적은 글)에 의하면 임대인(賃貸人, 빌려준 사람)인 건물주가 수선할(修繕−, 손보아 고칠) 의무를 ⓐ 진다. [3]그러나 사무실을 빌릴 때, 간단한 파손은 세입자가 스스로 해결한다는 내용을 계약서에 포함하는 경우도 있다. [4]이처럼 법률의 규정(規定, 법으로 낱낱이 정해놓은 내용)과 계약의 내용이 어긋날(맞지 않을) 때 어떤 것이 우선 적용되어야 하는가, 법적 불이익(法的不利益, 법을 어겼다고 판단되어 벌금이나 과태료 등의 불이익을 받음)은 없는가 등의 문제가 발생한다.

→ 법률 규정과 계약 내용이 어긋날 경우 발생하는 문제점

2 [1]사법(私法)(개인의 사사로운 일 사, 법 법)은 개인과 개인 사이의 재산, 가족 관계 등에 적용되는 법으로서 이 법(사법)의 영역에서는 '계약 자유의 원칙'이 적용된다. [2]계약의 구체적인 내용 결정 등은 당사자들(當事者−, 직접적인 관련이 있는 사람들) 스스로 정할 수 있다는 것이다. [3]따라서 당사자들이 사법에 속하는 법률의 규정과 어긋난 내용으로 계약을 체결한(締結−, 맺은) 경우에 계약 내용이 우선 적용된다. [4]이처럼 법률상으로 규정되어 있더라도 당사자가 자유롭게 계약 내용을 정할 수 있는 법률 규정을 '임의(任意, 기준이나 원칙의 제한 없이 하고 싶은 대로 함) 법규'라고 한다. [5]사법은 원칙적으로 임의 법규이므로, 사법으로 규정한 내용에 대해 당사자들이 계약으로 달리 정하지 않았다면 원칙적으로 법률의 규정이 적용된다. [6]위에서 본 임대인의 수선 의무 조항이 이(임의 법규인 사법)에 해당한다.

→ 사법의 계약 자유의 원칙 적용과 임의 법규

3 [1]그러나 법률로 정해진 내용과 어긋나게 계약을 하면 당사자들에게 벌금(罰金, 형벌의 하나로, 법규를 어기고 잘못을 저지른 사람에게 죄의 정도에 따라 부과하는 돈)이나 과태료(過怠料, 형벌의 성격을 지니지 않은, 법령을 지키지 않은 사람에게 벌로 내게 하는 돈) 같은 법적 불이익이 있거나 계약의 효력(效力, 작용)이 부정되는(否定−, 인정되지 않는) 예외적인(例外的−, 일반적인 규칙에서 벗어나는) 경우도 있다. [2]우선, 체결된 계약 내용이 법률에 정해진 내용과 어긋날 때 법적 불이익이 있지만 계약의 효력 자체는 그대로 두는 경우가 있다. [3]이에 해당하는 법조문을 '단속(團束, 규칙이나 법을 지키도록 행동을 제한하는) 법규'라고 한다. [4]공인 중개사(公認仲介士, 부동산을 사고파는 일을 돕고 그 대가를 받는 사람)가 자신이 소유한(所有−, 가지고 있는) 부동산(不動産, 땅이나 건물처럼 움직일 수 없는 재산)을 고객에게 직접 파는 것을 금지하는 규정은 단속 법규에 해당한다. [5]따라서 ㉠ 이(공인 중개사가 자신이 소유한 부동산을 고객에게 직접 파는 것을 금지하는) 규정을 위반하여(違反−, 어기고) 공인 중개사와 고객이 체결한 매매(賣買, 물건을 팔고 사는) 계약의 경우 공인 중개사에게 벌금은 부과되지만 계약 자체는 유효이다.(有效−, 효력이 그대로이다.) [6]이(공인 중개사가 자신의 부동산을 고객에게 직접 판) 경우 계약 내용에 따른 행동인 급부(給付)(특정인이 다른 특정인에게 일정한 행위를 청구할 수 있는 권리인 '채권'의 내용이 되는, 채무자의 행동. 여기서는 계약 내용에 따른 행동을 뜻함)를 할 의무가 인정되어, 공인 중개사는 매물(賣物, 팔려는 물건)의 소유권(所有權, 법적으로 어떤 물건을 자기의 것으로 가져서 마음대로 쓰거나 팔 수 있는 권리)을 넘겨주고 고객은 대금(代金, 물건 값)을 지급해야(支給−, 정해진 만큼 내어 주어야) 하는 것이다.

→ 계약 자유의 원칙 적용 예외 ① : 단속 법규

4 [1]한편 체결된 계약 내용이 법률에 정해진 내용과 어긋날 때 법적 불이익이 있을 뿐 아니라 체결된 계약의 효력 자체도 인정되지 않아 급부 의무가 부정되는(계약 내용에 따른 행동을 하지 않아도 되는) 경우가 있다. [2]이에 해당하는 법조문을 '강행(强行, 강제로 행하는) 법규'라고 한다. [3]이 경우 계약 당사자들은 상대에게 급부를 하라고(계약의 내용에 따라 행동하라고) 요구할 수는 없다. [4]이미 급부를 이행하여(履行−, 실제로 행하여) 재산적 이익을 넘겨주었다면 이 이익은 '부당(不當, 이치에 맞지 않은) 이득'에 해당하기 때문에 반환(返還, 도로 돌려줌)을 요구할 수 있다. [5]즉 '부당 이득 반환 청구권(不當利得返還請求權, 부당 이득에 대하여 다시 돌려 달라고 할 수 있는 권리)'이 인정된다. [6]의사와 의사 아닌 사람의 의료 기관 동업(同業, 사업을 같이 함)을 금지하는 법률 규정은 강행 법규이다. [7]따라서 ㉡ 의사와 의사 아닌 사람이 체결한 동업 계약은 계약의 효력이 부정된다. [8]다만 계약에 따라 이미 동업 자금(資金, 사업을 경영하기 위한 돈)을 건넸다면 이 돈을 반환하라고 요구하는 것은 가능하다.

→ 계약 자유의 원칙 적용 예외 ②-1
: 강행 법규(부당 이득 반환 청구권이 인정되는 경우)

5 [1]그러나 강행 법규에 의해 계약의 효력이 부정되었을 때 부당 이득 반환 청구권이 인정되지 않는 경우도 있다. [2]급부의 내용이 위조지폐(僞造紙幣, 진짜처럼 만든 가짜 지폐) 제작처럼 비도덕적이거나(非道德的−, 도덕적이지 않거나) 반사회적인(反社會的−, 사회의 질서와 이익에 반대되는) 행동이라면, 계약의 효력이 인정되지 않을 뿐 아니라 이미 넘겨준 이익을 돌려받을 권리도 부정되는 것이 원칙이다.

→ 계약 자유의 원칙 적용 예외 ②-2
: 강행 법규(부당 이득 반환 청구권이 인정되지 않는 경우)

6 [1]국가가 개인 간의 계약에 개입하는(介入−, 끼어드는) 것은 국가 안보(安保, 안전 보장), 사회 질서, 공공복리(公共福利, 사회 구성원 모두가 행복하고 이익을 얻는 것) 등의 정당한(正當−, 올바르고 마땅한) 입법(立法, 법률을 만든) 목적을 달성하기(達成−, 이루기) 위해서이다. [2]이(국가가 입법 목적 달성을 위하여 개인 간의 계약에 개입하는) 경우 계약의 자유를 제한하려면 필요한 만큼만 최소로 제한해야 한다는 '비례 원칙'이 적용된다. [3]이(비례 원칙)로 인해 국가가 계약 당사자들에게 미치는 영향이 다양하게 나타나는 것이다.

→ 사법의 비례 원칙 적용

■지문 이해

〈사법(私法)의 계약 자유의 원칙과 예외〉

**❶ 법률 규정과 계약 내용이 어긋날 경우 발생하는 문제점**

• 법률 규정과 계약 내용 중 어떤 것이 우선 적용되어야 하는가, 법적 불이익은 없는가 등의 문제가 발생함

**❷ 사법의 계약 자유의 원칙 적용과 임의 법규**

• 사법(私法) : 개인과 개인 사이의 재산, 가족 관계 등에 적용되는 법
• 사법의 특징 : 계약 자유의 원칙이 적용되며 원칙적으로 임의 법규임
• 임의 법규 : 법률상 규정되어 있더라도 당사자가 자유롭게 계약 내용을 정할 수 있는 법률 규정

**사법의 계약 자유의 원칙 적용 예외**

**❸ 단속 법규**

• 체결된 계약 내용이 법률에 정해진 내용과 어긋날 때 법적 불이익은 있지만 계약의 효력 자체는 그대로 두는 경우에 해당하는 법조문
• 급부를 할 의무가 인정됨

**❹~❺ 강행 법규**

• 체결된 계약 내용이 법률에 정해진 내용과 어긋날 때 법적 불이익이 있을 뿐 아니라 체결된 계약의 효력 자체도 인정되지 않아 급부 의무가 부정되는 경우에 해당하는 법조문

| 부당 이득 반환 청구권이 인정되는 경우 | 부당 이득 반환 청구권이 인정되지 않는 경우 |
| --- | --- |
| 이미 급부를 이행하여 넘겨준 재산적 이익을 반환 요구할 수 있음 | 급부의 내용이 비도덕적·반사회적 행동일 경우 이미 넘겨준 이익을 돌려받을 권리도 부정됨 |

**❻ 사법의 비례 원칙 적용**

• 국가가 사법에 개입하는 이유 : 국가 안보, 사회 질서, 공공복리 등 정당한 입법 목적 달성을 위해
• 비례 원칙 : 국가는 개인 간 계약의 자유를 필요한 만큼만 최소로 제한해야 함 → 국가가 계약 당사자들에게 미치는 영향이 다양하게 나타남

| 065 | 세부 정보 이해 - 적절하지 않은 것 고르기 2019학년도 6월 모평 22번<br>정답률 75%, 매력적 오답 ④ 10% | 정답 ③ |
|---|---|---|

**윗글에 대한 이해로 적절하지 않은 것은?**

**① 임의 법규에 해당하는 법률 *조항과 이에 어긋난 계약 내용 가운데 계약 내용이 우선 적용된다.** *條項. 낱낱의 항목

근거 ❷-3~4 당사자들이 사법에 속하는 법률의 규정과 어긋난 내용으로 계약을 체결한 경우에 계약 내용이 우선 적용된다. 이처럼 법률상으로 규정되어 있더라도 당사자가 자유롭게 계약 내용을 정할 수 있는 법률 규정을 '임의 법규'라고 한다.

→ 적절함!

**② 임의 법규가 단속 법규에 비해 계약 자유의 원칙에 더 *부합한다.** *符合-. 꼭 들어맞는다.

근거 ❷-1~2 사법(私法)은 … '계약 자유의 원칙'이 적용된다. 계약의 구체적인 내용 결정 등은 당사자들 스스로 정할 수 있다는 것, ❷-4 법률상으로 규정되어 있더라도 당사자가 자유롭게 계약 내용을 정할 수 있는 법률 규정을 '임의 법규'라고 한다, ❸-2~3 체결된 계약 내용이 법률에 정해진 내용과 어긋날 때 법적 불이익이 있지만 계약의 효력 자체는 그대로 두는 경우가 있다. 이에 해당하는 법조문을 '단속 법규'라고 한다.

풀이 임의 법규와 단속 법규 모두 사법의 영역에 속하여 계약 자유의 원칙이 적용되고, 이에 따라 계약 당사자들이 자유롭게 계약 내용을 정할 수 있다. 그러나 임의 법규는 기존 법률의 규정과 어긋난 내용으로 계약하더라도 법적 불이익이 있지 않은 반면, 단속 법규는 기존 법률의 규정과 어긋나게 계약하면 법적 불이익이 있으므로 비교적 제한이 있다고 할 수 있다. 따라서 임의 법규가 단속 법규보다 계약 자유의 원칙에 더 부합한다는 이해는 적절하다.

→ 적절함!

적용된다

**③ 단속 법규로 국가가 개인 간의 계약에 개입할 때에는 비례 원칙이 적용되지 않는다.**

근거 ❸-2~3 체결된 계약 내용이 법률에 정해진 내용과 어긋날 때 법적 불이익이 있지만 계약의 효력 자체는 그대로 두는 경우가 있다. 이에 해당하는 법조문을 '단속 법규'라고 한다, ❻-1~2 국가가 개인 간의 계약에 개입하는 것은 국가 안보, 사회 질서, 공공복리 등의 정당한 입법 목적을 달성하기 위해서이다. 이 경우 계약의 자유를 제한하려면 필요한 만큼만 최소로 제한해야 한다는 '비례 원칙'이 적용된다.

풀이 비례 원칙은 정당한 입법 목적 달성을 위해, 국가가 개인 간 계약에 개입하여 자유를 제한할 때 필요한 만큼만 최소로 해야 한다는 원칙이다. 단속 법규의 경우 체결된 계약 내용이 법률에 정해진 내용과 어긋날 때 당사자들은 벌금이나 과태료 등 법적 불이익을 받게 되는데, 이렇게 국가가 개인 간의 계약에 개입하여 법적 불이익을 줄 경우에도 비례 원칙이 적용될 것이다.

→ 적절하지 않음!

**④ 단속 법규로 입법 목적을 달성할 수 있는 계약에 대해 강행 법규로 국가가 개입하는 것은 *정당화될 수 없다.** *正當化-. 옳다고 인정될

근거 ❸-2~3 체결된 계약 내용이 법률에 정해진 내용과 어긋날 때 법적 불이익이 있지만 계약의 효력 자체는 그대로 두는 경우가 있다. 이에 해당하는 법조문을 '단속 법규'라고 한다, ❹-1~2 한편 체결된 계약 내용이 법률에 정해진 내용과 어긋날 때 법적 불이익이 있을 뿐 아니라 체결된 계약의 효력 자체도 인정되지 않아 급부 의무가 부정되는 경우가 있다. 이에 해당하는 법조문을 '강행 법규'라고 한다, ❻-2 이(국가가 정당한 입법 목적 달성을 위해 개인 간의 계약에 개입하는) 경우 계약의 자유를 제한하려면 필요한 만큼만 최소로 제한해야 한다는 '비례 원칙'이 적용된다.

풀이 비례 원칙에 따르면 국가가 개인 간의 계약에 개입할 때 계약의 자유 제한은 필요한 만큼만 최소로 해야 한다. 따라서 법적 불이익만 주는 단속 법규로 입법 목적을 달성할 수 있는 계약에 대해 법적 불이익뿐 아니라 계약의 효력 자체도 인정되지 않는 강행 법규로 국가가 개입하는 것은 '필요한 만큼만 최소로 제한하는' 것이 아니므로 정당화될 수 없다.

→ 적절함!

**⑤ 강행 법규를 위반한 계약일 때 급부의 내용에 따라 부당 이득 반환 청구권의 *인정 여부가 달라진다.** *인정할지 안 할지

근거 ❺-1~2 강행 법규에 의해 계약의 효력이 부정되었을 때 부당 이득 반환 청구권이 인정되지 않는 경우도 있다. 급부의 내용이 위조지폐 제작처럼 비도덕적이거나 반사회적인 행동이라면, 계약의 효력이 인정되지 않을 뿐 아니라 이미 넘겨준 이익을 돌려받을 권리도 부정되는 것이 원칙이다.

풀이 강행 법규를 위반한 계약일 때 이미 급부를 이행하여 재산적 이익을 넘겨주었다면 부당 이득 반환 청구권이 인정되는 것이 일반적이지만, 그 급부의 내용이 비도덕적이거나 반사회적인 행동이라면 부당 이득 반환 청구권은 인정되지 않는다.

→ 적절함!

1등급 문제

| 066 | 구체적인 상황에 적용 - 적절한 것 고르기 2019학년도 6월 모평 23번<br>정답률 60%, 매력적 오답 ③ 25% | 정답 ② |
|---|---|---|

**윗글을 참고할 때, [A]에 제시된 물음에 대한 답으로 맞는 것을 〈보기〉에서 고른 것은?**

| 보기 |

ㄱ. 계약서에 방충망 수선에 관한 내용이 없으면 건물주가 수선 의무를 지고, 수선 의무를 계약에 포함하지 않은 것에 대한 법적 불이익은 누구에게도 없다.

ㄴ. 계약서에 방충망 수선에 관한 내용이 없으면 세입자(건물주)가 수선 의무를 지고, 건물주는 수선 의무를 계약에 포함하지 않은 것에 대해 법적 불이익을 받는다.

ㄷ. 계약서에 세입자가 방충망을 수선한다는 내용이 있으면 세입자가 수선 의무를 지고, 법률 내용과 다르게 계약한 것에 대한 법적 불이익은 누구에게도 없다.

ㄹ. 계약서에 세입자가 방충망을 수선한다는 내용이 있으면 세입자가 수선 의무를 지고, 건물주는 법률 내용과 다르게 계약한 것에 대해 법적 불이익을 받는다.

근거 ❶-2 민법전의 법조문에 의하면 임대인인 건물주가 수선할 의무를 진다. ← 법률의 규정
❷-3 당사자들이 사법에 속하는 법률의 규정과 어긋난 내용으로 계약을 체결한 경우에 계약 내용이 우선 적용된다. ← 계약서에 세입자가 방충망을 수선한다는 내용이 있으면 세입자가 수선 의무를 진다.
❷-5 사법은 원칙적으로 임의 법규이므로, 사법으로 규정한 내용에 대해 당사자들이 계약으로 달리 정하지 않았다면 원칙적으로 법률의 규정이 적용된다.
계약서에 방충망 수선에 관한 내용이 없으면 건물주가 수선 의무를 진다.
❷-4 법률상으로 규정되어 있더라도 당사자가 자유롭게 계약 내용을 정할 수 있는 법률 규정을 '임의 법규'라고 한다. ← 법적 불이익이 없음

풀이 계약서에 방충망 수선에 관한 내용이 없으면 원칙적으로 법률의 규정이 적용되어 임대인인 건물주가 수선 의무를 진다. 하지만 계약서에 세입자가 방충망을 수선한다는 내용이 있다면, 계약 내용이 우선 적용되므로 세입자가 수선 의무를 진다. 이는 임의 법규에 해당하며, 당사자가 자유롭게 계약 내용을 정할 수 있으므로 누구에게도 법적 불이익은 없다. 따라서 정답은 ②번이다.

① ㄱ, ㄴ

② ㄱ, ㄷ → 적절함!

③ ㄱ, ㄹ

④ ㄴ, ㄷ

⑤ ㄴ, ㄹ

| 067 | 추론의 적절성 판단 - 적절한 것 고르기 2019학년도 6월 모평 24번<br>정답률 75%, 매력적 오답 ③ 10% | 정답 ① |
|---|---|---|

**㉠과 ㉡의 공통점으로 가장 적절한 것은?**

㉠ 이(공인 중개사가 자신이 소유한 부동산을 고객에게 직접 파는 것을 금지하는) 규정을 위반하여 공인 중개사와 고객이 체결한 매매 계약 ← 단속 법규
㉡ 의사와 의사 아닌 사람이 체결한 동업 계약 ← 강행 법규(부당 이득 반환 청구권 인정)

| ▶ ㉠(단속 법규)과 ㉡(부당 이득 반환 청구권이 인정되는 강행 법규) 비교 | ㉠ | ㉡ |
|---|---|---|
| 법적 불이익을 받는 계약 당사자가 있음 | ○ | ○ |
| 계약 당사자들의 급부 의무가 인정되지 않음 | | ○ |
| 계약에 따라 넘어간 재산적 이익을 반환해야 함 | | ○ |
| 계약의 효력이 부정됨 | | ○ |
| 계약 당사자가 계약의 구체적인 내용을 결정할 수 없음 | | |

**① 법적 불이익을 받는 계약 당사자가 있다.**

근거 ❸-5 이 규정을 위반하여 공인 중개사와 고객이 체결한 매매 계약의 경우 공인 중개사에게 벌금은 부과, ❹-1~2 체결된 계약 내용이 법률에 정해진 내용과 어긋날 때 법적 불이익이 있을 뿐 아니라 … 이에 해당하는 법조문을 '강행 법규'라고 한다, ❹-6 의사와 의사 아닌 사람의 의료 기관 동업을 금지하는 법률 규정은 강행 법규

풀이 체결된 계약 내용이 법률에 정해진 내용과 어긋날 때, 단속 법규의 경우 계약 당사자들에게 법적 불이익이 있고, 강행 법규의 경우에는 계약 당사자들에게 법적 불이익이 있을 뿐 아니라 체결된 계약의 효력 자체도 인정되지 않는다. 즉 ㉠과 ㉡ 모두 법

문제편 p.127

적 불이익을 받는 계약 당사자가 있다.

→ 적절함!

ⓒ에만 해당

② 계약 당사자들의 급부 의무가 인정되지 않는다.

근거 ❸-6 이(단속 법규를 위반하여 공인 중개사와 고객이 체결한 매매 계약) 경우 계약 내용에 따른 행동인 급부(給付)를 할 의무가 인정, ❹-1~2 급부 의무가 부정되는 경우가 있다. 이에 해당하는 법조문을 '강행 법규'라고 한다, ❹-6 의사와 의사 아닌 사람의 의료 기관 동업을 금지하는 법률 규정은 강행 법규

→ 적절하지 않음!

ⓒ에만 해당

③ 계약에 따라 넘어간 재산적 이익을 반환해야 한다.

근거 ❸-6 이(단속 법규를 위반하여 공인 중개사와 고객이 체결한 매매 계약) 경우 … 공인 중개사는 매물의 소유권을 넘겨주고 고객은 대금을 지급해야 하는 것이다, ❹-7~8 의사와 의사 아닌 사람이 체결한 동업 계약은 … 이미 동업 자금을 건넸다면 이 돈을 반환하라고 요구하는 것은 가능하다.

풀이 단속 법규에 해당하는 ㉠의 경우 체결된 계약 내용이 법률에 정해진 내용과 어긋나더라도 계약 내용에 따른 행동인 급부를 할 의무가 인정되므로, 반환을 요구할 수 없다. 하지만 강행 법규에 해당하는 ⓒ의 경우에는 급부 의무도 부정된다. 즉 ⓒ의 경우 계약에 따라 넘어간 재산적 이익은 '부당 이득'에 해당하기 때문에 반환을 요구할 수 있다.

→ 적절하지 않음!

ⓒ에만 해당

④ 법률 규정을 위반하였으므로 계약의 효력이 부정된다.

근거 ❸-5 이 규정을 위반하여 공인 중개사와 고객이 체결한 매매 계약의 경우 … 계약 자체는 유효, ❹-7 의사와 의사 아닌 사람이 체결한 동업 계약은 계약의 효력이 부정된다.

→ 적절하지 않음!

⑤ 계약 당사자가 계약의 구체적인 내용을 결정할 수 없다.

근거 ❷-1~2 사법(私法)은 개인과 개인 사이의 재산, 가족 관계 등에 적용되는 법으로서 이 법의 영역에서는 '계약 자유의 원칙'이 적용된다. 계약의 구체적인 내용 결정 등은 당사자들 스스로 정할 수 있다는 것이다.

풀이 단속 법규나 강행 법규 모두 사법의 영역이므로, '계약 자유의 원칙'이 적용된다. 따라서 ㉠과 ⓒ 모두 계약 당사자가 계약의 구체적인 내용을 스스로 결정할 수 있다.

→ 적절하지 않음!

1등급 문제

| 068 | 반응의 적절성 판단 - 적절한 것 고르기 2019학년도 6월 모평 25번<br>정답률 60%, 매력적 오답 ② 10% ④ 15% | 정답 ③ |
|---|---|---|

윗글을 참고할 때, <보기>에 대한 반응으로 적절한 것은? [3점]

| 보 기 |

1 [1]농지(農地, 농사짓는 데 쓰는 땅)를 빌리려는 A와 농지 주인인 B는 농지를 용도(用途, 쓰임새)에 맞지 않게 사용하는 것에 합의하여(合意-, 서로 의견이 일치하여) 농지 임대차 계약(賃貸借契約, 당사자 한쪽이 상대방에게 자신의 땅이나 물건을 사용하게 하고 그 상대방은 그 대신 돈을 낼 것을 내용으로 하는 계약)을 체결하였다. [2]그리고 A는 B에게 농지 사용료를 지불하고(支拂-, 돈을 내어 주고) 1 년간 농지를 사용하였다. [3]농지법(農地法, 농지 사용과 관련한 법)을 위반한 이 사안(事案, 문제가 되는 일)에 대해 대법원이 내린 판결은 다음과 같이 요약된다.

2 [1]첫째, 법률을 위반하여 농지를 빌려 준 사람에게는 벌금이 부과된다. [2]둘째, 이 사건의 농지 임대차 계약은 농지법을 위반한 것이므로 무효이다. [3]셋째, 농지를 빌려 준 사람은 받은 사용료를 반환해야 한다. [4]넷째, 농지를 빌린 사람은 농지를 빌려 써서 얻은 이익을 농지를 빌려 준 사람에게 반환해야 한다.

받겠군

① A와 B가 농지 임대차 계약을 체결할 때에는 사법(私法)의 적용을 받지 않겠군.

근거 <보기>-❶-1 농지를 빌리려는 A와 농지 주인인 B는 농지를 용도에 맞지 않게 사용하는 것에 합의하여 농지 임대차 계약을 체결, ❷-1 사법(私法)은 개인과 개인 사이의 재산, 가족 관계 등에 적용되는 법

풀이 A와 B의 농지 임대차 계약은 개인과 개인 사이의 재산에 관계된 것이므로, 사법(私法)의 적용을 받는다.

→ 적절하지 않음!

법률에 정해진 내용과 어긋나기

② B에게 벌금을 부과하는 것은 A와 B가 맺은 농지 임대차 계약이 효력이 있음을 인정하지 않았기 때문이겠군.

근거 ❹-1~2 체결된 계약 내용이 법률에 정해진 내용과 어긋날 때 법적 불이익이 있을 뿐 아니라 체결된 계약의 효력 자체도 인정되지 않아 급부 의무가 부정되는 경우가 있다. 이에 해당하는 법조문을 '강행 법규'라고 한다, <보기>-❷-2 이 사건의 농지 임대차 계약은 농지법을 위반한 것이므로 무효이다.

풀이 <보기>의 경우는 법적 불이익인 벌금을 부과할 뿐 아니라 임대차 계약의 효력도 인정하지 않으므로, 강행 법규를 적용한 판결에 해당한다. 강행 법규에서 법적 불이익이나 체결된 계약의 효력을 인정하지 않는 것은 체결된 계약 내용이 법률에 정해진 내용과 어긋나기 때문이다. 따라서 B에게 벌금을 부과하는 것은 A와 B가 맺은 농지 임대차 계약이 효력이 있음을 인정하지 않았기 때문이 아니라, A와 B가 맺은 농지 임대차 계약이 법률에 정해진 내용과 어긋났기 때문이다.

→ 적절하지 않음!

③ B에게 벌금을 부과하는 것만으로는 이 계약의 내용을 *규제하는 법률의 입법 목적을 **실현하기에 부족하다는 점을 ***고려하여 계약을 무효로 판결한 것이겠군. *規制-, 규정에 의해 막는 **實現-, 실제로 이루기에 ***考慮-, 생각하여

근거 ❸-2~3 체결된 계약 내용이 법률에 정해진 내용과 어긋날 때 법적 불이익이 있지만 계약의 효력 자체는 그대로 두는 경우가 있다. 이에 해당하는 법조문을 '단속 법규'라고 한다, ❹-1~2 체결된 계약 내용이 법률에 정해진 내용과 어긋날 때 법적 불이익이 있을 뿐 아니라 체결된 계약의 효력 자체도 인정되지 않아 급부 의무가 부정되는 경우가 있다. 이에 해당하는 법조문을 '강행 법규'라고 한다, ❻-1~2 국가가 개인 간의 계약에 개입하는 것은 국가 안보, 사회 질서, 공공복리 등의 정당한 입법 목적을 달성하기 위해서이다. 이 경우 계약의 자유를 제한하려면 필요한 만큼만 최소로 제한해야 한다는 '비례 원칙'이 적용된다.

풀이 국가가 개인 간의 계약에 개입하는 것은 정당한 입법 목적을 달성하기 위해서인데, 이때 국가는 계약의 자유를 필요한 만큼만 최소로 제한해야 한다. <보기>의 경우에는 당사자들에게 법적 불이익을 부과할 뿐만 아니라 체결된 계약의 효력 자체도 인정하지 않는 강행 법규를 적용한 판결을 내렸는데, 이는 벌금을 부과하는 단속 법규만으로는 입법 목적을 달성하기에 부족하다고 보았기 때문이다.

→ 적절함!

④ A가 농지를 빌려 써서 얻은 이익을 B에게 반환하라고 판결한 것은 급부의 내용이 비도덕적이거나 반사회적인 행동에 해당한다고 판단했기 때문이겠군.

해당하지 않는다고

근거 ❺-1~2 강행 법규에 의해 계약의 효력이 부정되었을 때 부당 이득 반환 청구권이 인정되지 않는 경우도 있다. 급부의 내용이 위조지폐 제작처럼 비도덕적이거나 반사회적인 행동이라면, 계약의 효력이 인정되지 않을 뿐 아니라 이미 넘겨준 이익을 돌려받을 권리도 부정되는 것이 원칙이다.

풀이 급부의 내용이 비도덕적이거나 반사회적인 행동이라면 이미 넘겨준 이익을 돌려받을 권리인 부당 이득 반환 청구권도 인정되지 않는다. <보기>에서 대법원은 부당 이득 반환 청구권을 인정하고 있으므로, 급부의 내용이 비도덕적이거나 반사회적인 행동에 해당한다고 판단하지 않았음을 알 수 있다.

→ 적절하지 않음!

해당한다고

⑤ B가 A에게서 받은 사용료를 반환하라고 판결한 것은 사용료가 부당 이득에 해당하지 않는다고 판단했기 때문이겠군.

근거 ❹-4 이미 급부를 이행하여 재산적 이익을 넘겨주었다면 이 이익은 '부당 이득'에 해당하기 때문에 반환을 요구할 수 있다.

풀이 <보기>에서 대법원이 B가 A에게서 받은 사용료를 반환하라고 판결한 것은 사용료가 부당 이득에 해당한다고 판단했기 때문이다.

→ 적절하지 않음!

| 069 | 문맥적 의미 파악 - 적절한 것 고르기 2019학년도 6월 모평 26번<br>정답률 90% | 정답 ⑤ |
|---|---|---|

문맥상 의미가 ⓐ와 가장 가까운 것은?

건물주가 수선할 의무를 ⓐ 진다.

풀이 ⓐ에서 '지다'는 문맥상 '책임이나 의무를 맡다'의 의미이다.

① 커피를 쏟아서 옷에 얼룩이 졌다.

풀이 '어떤 현상이나 상태가 이루어지다'의 의미이다.

예문 나무 아래에 그늘이 졌다.

→ 적절하지 않음!

② 네게 계속 신세만 지기가 미안하다.

풀이 '신세나 은혜를 입다'의 의미이다.

예문 오늘 신세 많이 졌습니다.

→ 적절하지 않음!

③ 우리는 그 문제로 원수를 지게 되었다.

풀이 '좋지 않은 관계가 되다'의 의미이다.

예문 친구와 나는 사소한 문제로 척이 지고 말았다.

→ 적절하지 않음!

④ 아이들은 배낭을 진 채 여행을 떠났다.

풀이 '물건을 짊어서 등에 얹다'의 의미이다.

예문 봇짐들을 이고 지고, 이 정거장에서 내리는 사람도 많았다.

→ 적절하지 않음!

⑤ 나는 조장으로서 큰 부담을 지고 있다.

풀이 '책임이나 의무를 맡다'의 의미이다.

예문 그 문제는 제가 책임을 지고 해결하겠습니다.

→ 적절함!

**[070~075] 다음 글을 읽고 물음에 답하시오.**

1 [1]보험은 같은 위험을 보유한(保有-, 가지고 있는) 다수인(多數人, 많은 사람들)이 위험 공동체를 형성하여(形成-, 이루어서) 보험료를 납부하고(納付-, 내고) 보험 사고가 발생하면(發生-, 생기면) 보험금을 지급받는(支給-, 받는) 제도이다. [2]보험 상품을 구입한 사람은 장래의 우연한 사고로 인한 경제적 손실(損失, 손해)에 ⓐ 대비할 수 있다. [3]보험금 지급은 사고 발생이라는 우연적 조건에 따라 결정되는데, 이처럼 보험은 조건의 실현 여부(實現與否, 실제 이루어짐과 이루어지지 아니함)에 따라 받을 수 있는 재화(財貨, 인간의 욕구를 충족시켜 주는 물질)나 서비스가 달라지는 조건부(條件附, 일정한 제한이 붙는) 상품이다.

→ 보험의 개념과 조건부 상품으로서의 특징

2 [1]위험 공동체의 구성원이 납부하는 보험료와 지급받는 보험금은 그 위험 공동체의 사고 발생 확률을 근거로 산정된다.(算定-, 셈하여져 정해진다.) [2]특정 사고가 발생할 확률은 정확히 알 수 없지만 그동안 발생된 사고를 바탕으로 그 확률을 예측한다면 관찰 대상이 많아짐에 따라 실제 사고 발생 확률에 근접하게(近接-, 가까워지게) 된다. [3]본래 보험 가입의 목적은 금전적(金錢的, 돈과 관련된) 이득을 취하는 데 있는 것이 아니라 장래의 경제적 손실을 보상받는 데 있으므로 위험 공동체의 구성원은 자신이 속한 위험 공동체의 위험에 상응하는(相應-, 서로 응하거나 어울리는) 보험료를 납부하는 것이 공정할 것이다. [4]따라서 공정한 보험 [가] 에서는 구성원 각자가 납부하는 보험료와 그가 지급받을 보험금에 대한 기댓값이 일치해야(一致-, 같거나 들어맞아야) 하며 구성원 전체의 보험료 총액(總額, 전체의 액수)과 보험금 총액이 일치해야 한다. [5]이때 보험금에 대한 기댓값은 사고가 발생할 확률에 사고 발생 시 수령할(受領-, 받을) 보험금을 곱한 값이다. [6]보험금에 대한 보험료의 비율(보험료 / 보험금)을 보험료율이라 하는데, 보험료율이 사고 발생 확률보다 높으면 구성원 전체의 보험료 총액이 보험금 총액보다 더 많고, 그 반대의 경우에는 구성원 전체의 보험료 총액이 보험금 총액보다 더 적게 된다. [7]따라서 공정한 보험에서는 보험료율과 사고 발생 확률이 같아야 한다.

→ 보험료, 보험금의 산정 근거 및 보험 가입의 목적과 공정한 보험

3 [1]물론 현실에서 보험사는 영업 활동에 소요되는(所要-, 필요로 되거나 요구되는) 비용 등을 보험료에 반영하기 때문에 공정한 보험이 적용되기 어렵지만 기본적으로 위와 같은 원리를 바탕으로 보험료와 보험금을 산정한다. [2]그런데 보험 가입자들이 자신이 가진 위험의 정도에 대해 진실한 정보를 알려 주지 않는 한, 보험사는 보험 가입자 개개인이 가진 위험의 정도를 정확히 ⓑ 파악하여 거기에 상응하는 보험료를 책정하기(策定-, 결정하기) 어렵다. [3]이러한 이유로 사고 발생 확률이 비슷하다고 예상되는 사람들로 구성된 어떤 위험 공동체에 사고 발생 확률이 더 높은 사람들이 동일한 보험료를 납부하고 진입하게(進入-, 들어가게) 되면, 그 위험 공동체의 사고 발생 빈도(頻度, 정도나 횟수)가 높아져 보험사가 지급하는 보험금의 총액이 증가한다.(增加-, 늘어난다.) [4]보험사는 이(지급해야 하는 보험금의 총액이 증가하는 것)를 보전하기(補塡-, 부족한 부분을 보태어 채우기) 위해 구성원이 납부해야 할 보험료를 ⓒ 인상할 수밖에 없다. [5]결국 자신의 위험 정도에 상응하는 보험료보다 더 높은 보험료를 납부하는 사람이 생기게 되는 것이다. [6]이러한 문제는 정보의 비대칭성(상호 간 거래에서 한쪽만이 특정 정보를 가지고 있는 현상)에서 비롯되는데 보험 가입자의 위험 정도에 대한 정보는 보험 가입자가 보험사보다 더 많이 갖고 있기 때문이다. [7]이를 해결하기 위해 보험사는 보험 가입자의 감춰진 특성을 파악할 수 있는 수단이 필요하다.

→ 정보의 비대칭성으로 인한 문제와 해결 수단의 필요성

4 [1]우리 상법(商法, 기업의 경영과 상거래에 대한 법)에 규정되어 있는 고지 의무(告知義務, 보험 가입자가 보험 계약을 맺을 때에 중요한 사실을 알리고, 중요한 사실에 관하여 거짓말을 하지 않을 의무)는 이러한(보험 가입자의 감춰진 특성을 파악할 수 있는) 수단이 법적으로 구현된(具現-, 나타난) 제도이다. [2]보험 계약은 보험 가입자의 청약(請約, 일정한 내용의 계약을 맺을 것을 목적으로 하는 일방적·확정적 의사 표시)과 보험사의 승낙으로 성립된다. [3]보험 가입자는 반드시 계약을 체결하기(締結-, 공식적으로 맺기) 전에 '중요한 사항'을 알려야 하고, 이를 사실과 다르게 진술해서는(陳述-, 알려서는) 안 된다. [4]여기서 '중요한 사항'은 보험사가 보험 가입자의 청약에 대한 승낙을 결정하거나 차등적인(差等的-, 고르거나 가지런하지 않고 차별이 있는) 보험료를 책정하는 근거가 된다. [5]따라서 고지 의무는 결과적으로 다수의 사람들이 자신의 위험 정도에 상응하는 보험료보다 더 높은 보험료를 납부해야 하거나, 이를 이유로 아예 보험에 가입할 동기를 상실하게(喪失-, 잃어버리게) 되는 것을 방지한다.(防止-, 막는다.)

→ 보험 계약에서 '고지 의무'의 역할

5 [1]보험 계약 체결 전 보험 가입자가 고의(故意, 자기의 행위에 의하여 일정한 결과가 생길 것을 인식하면서 그 행위를 하는 경우의 심리 상태)나 중대한 과실(過失, 부주의로 인하여, 어떤 결과의 발생을 미리 내다보지 못한 일)로 '중요한 사항'을 보험사에 알리지 않거나 사실과 다르게 알리면 고지 의무를 위반하게(違反-, 어기게) 된다. [2]이러한 경우에 우리 상법은 보험사에 계약 해지권(解止權, 계약 당사자의 한쪽이 계약을 해지할 수 있는 권리)을 부여한다.(附與-, 가지게 해 준다.) [3]보험사는 보험 사고가 발생하기 이전이나 이후에 상관없이 고지 의무 위반을 이유로 계약을 해지할 수 있고, 해지권 행사(行使, 시행함)는 보험사의 일방적인 의사 표시로 가능하다. [4]해지를 하면 보험사는 보험금을 지급할 책임이 없게 되며, 이미 보험금을 지급했다면 그에 대한 반환(返還, 되돌려 줌)을 청구할(請求-, 요구할) 수 있다. [5]일반적으로 법에서 의무를 위반하게 되면 위반한 자에게 그 의무를 이행하도록(履行-, 실행하도록) 강제하거나 손해 배상을 청구할 수 있는 것과 달리, 보험 가입자가 고지 의무를 위반했을 때에는 보험사가 해지권만 행사할 수 있다. [6]그런데 보험사의 계약 해지권이 제한되는 경우도 있다. [7]계약 당시에 보험사가 고지 의무 위반에 대한 사실을 알았거나 중대한 과실로 인해 알지 못한 경우에는 보험 가입자가 고지 의무를 위반했어도 보험사의 해지권은 ⓓ 배제된다. [8]이는 보험 가입자의 잘못보다 보험사의 잘못에 더 책임을 둔 것이라 할 수 있다. [9]또 보험사가 해지권을 행사할 수 있는 기간에도 일정한 제한을 두고 있는데, 이는 양자(兩者, 일정한 관계에 있는 두 사람이나 두 개의 사물, 여기서는 보험 가입자와 보험사를 말함)의 법률관계를 신속히 확정함으로써(確定-, 확실하게 정함으로써) 보험 가입자가 불안정한 법적 상태에 장기간(長期間, 긴 기간) 놓여 있는 것을 방지하려는 것이다. [10]그러나 고지해야 할 '중요한 사항' 중 고지 의무 위반에 해당되는 사항이 보험 사고와 인과 관계(因果關係, 원인과 결과의 관계)가 없을 때에는 보험사는 보험금을 지급할 책임이 있다. [11]그렇지만 이때에도 해지권은 행사할 수 있다.

→ 고지 의무 위반에 따른 보험사의 계약 해지권과 그 제한

6 [1]보험에서 고지 의무는 보험에 가입하려는 사람의 특성을 검증함으로써(檢證-, 검사하여 증명함으로써) 다른 가입자에게 보험료가 부당하게 ⓔ 전가되는 것을 막는 기능을 한다. [2]이로써 사고의 위험에 따른 경제적 손실에 대비하고자 하는 보험 본연(本然, 본래)의 목적이 달성될 수 있다.

→ 고지 의무의 기능과 보험의 목적 달성

■지문 이해

**<공정한 보험의 경제학적 원리와 보험의 목적을 실현하는 데 기여하는 법적 의무>**

**❶ 보험의 개념과 조건부 상품으로서의 특징**

- 보험 : 같은 위험을 보유한 다수인이 위험 공동체를 형성하여 보험료를 납부하고 보험 사고가 발생하면 보험금을 지급받는 제도
- 보험금 지급 : 우연적 조건(사고의 발생)에 따라 결정
  → 조건의 실현 여부에 따라 받을 수 있는 재화나 서비스가 달라지는 조건부 상품

**❷ 보험료, 보험금의 산정 근거 및 보험 가입의 목적과 공정한 보험**

- 보험료, 보험금은 위험 공동체의 사고 발생 확률을 근거로 산정
- 보험 가입의 목적 : 장래의 경제적 손실에 대한 보상
- 공정한 보험
  - 구성원 각자가 납부하는 보험료 = 구성원이 지급받을 보험금에 대한 기댓값
  - 구성원 전체의 보험료 총액 = 보험금 총액
  - 보험료율(보험금에 대한 보험료의 비율(보험료 / 보험금)) = 사고 발생 확률

**❸ 정보의 비대칭성으로 인한 문제와 해결 수단의 필요성**

- 정보의 비대칭성 : 보험 가입자의 위험 정도에 대한 정보(보험 가입자 > 보험사)
  예 사고 발생 확률이 비슷한 위험 공동체에 사고 발생 확률이 높은 보험 가입자가 진입 → 사고 발생 빈도 증가로 인해 보험사의 보험금 지급 총액 증가 → 구성원이 납부하는 보험료 인상 → 자신의 위험 정도보다 더 높은 보험료를 납부하는 사람이 발생

**❹ 보험 계약에서 '고지 의무'의 역할**

- 보험 계약의 성립 조건 : 보험 가입자의 청약, 보험사의 승낙
- 보험 계약에서의 고지 의무 : 보험 가입자는 반드시 계약 전 '중요한 사항(보험 가입자의 청약에 대한 보험사의 승낙 결정이나 차등적인 보험료 책정의 근거)'을 사실대로 알려야 함
- 고지 의무는 자신의 위험 정도보다 더 높은 보험료를 납부하거나, 이로 인해 보험 가입 동기를 상실하는 것을 방지함

**❺ 고지 의무 위반에 따른 보험사의 계약 해지권과 그 제한**

- 보험 가입자의 고지 의무 위반 시 보험사에 계약 해지권 부여
  → 보험사는 보험 사고 발생 전후에 상관없이 고지 의무 위반을 이유로 계약 해지 가능
  → 해지권 행사는 보험사의 일방적인 의사 표시로 가능함
  → 해지할 경우 보험사는 보험금 지급 책임 X, 이미 보험금 지급 시 그에 대한 반환 청구 O
- 해지권 행사 제한
  - 계약 당시 보험사가 고지 의무 위반에 대한 사실을 알았거나 중대한 과실로 인해 알지 못했을 경우
  - 해지권 행사 기간 제한 : 양자의 법률관계를 신속히 확정
- 고지해야 할 '중요한 사항' 중 고지 의무 위반에 해당되는 사항이 보험 사고와 인과 관계가 없을 때, 보험사는 보험금 지급 책임이 있음(보험사는 해지권 행사 가능)

**❻ 고지 의무의 기능과 보험의 목적 달성**

- 보험에 가입하려는 사람의 특성을 검증 → 다른 가입자에 대한 보험료 부당 전가 방지
- 사고 위험에 따른 경제적 손실에 대비하고자 하는 보험 본연의 목적 달성

**tip** • ❸~❹ '고지 의무' 관련 규정 및 사례

**상법 제651조 ('고지 의무' 위반으로 인한 계약 해지)**
보험 계약 당시에 보험 계약자 또는 피보험자가 고의 또는 중대한 과실로 인하여 중요한 사항을 고지하지 아니하거나 부실의 고지를 한 때에는 보험자는 그 사실을 안 날로부터 1 월 내에, 계약을 체결한 날로부터 3 년 내에 한하여 계약을 해지할 수 있다. 그러나 보험자가 계약 당시에 그 사실을 알았거나 중대한 과실로 인하여 알지 못한 때에는 그러하지 아니하다.
〈개정 1991.12.31〉

**[사례 1]** A 씨는 2005년 8월 보험에 가입하면서 2 년 전 당뇨로 진단·치료받은 사실이 있음에도 가입 당시 B 보험 회사에 이를 알리지 않은 사실은 인정하고 있으나, 계약 전 알릴 의무를 위반하였다고 해서 보험금을 지급하지 않는 것은 부당하다고 주장

☞ 계약 전 알릴 의무를 위반한 경우 보험 가입자 A 씨에게 사고가 발생했는지 여부와 관계없이 B 보험 회사는 보험 계약을 해지할 수 있으며, 계약 전 알릴 의무 위반사항과 관련된 사고가 발생할 경우 A 씨는 보험금을 지급받을 수 없음

**[사례 2]** C 씨는 2007년 6월 위암 수술을 받은 후 D 보험 회사에 암 보험금을 청구하였으나, D 보험 회사는 C 씨가 보험에 가입하기 3 년 전에 위염으로 장기간 치료를 받은 사실이 있음에도 보험 계약 청약 시 이를 보험 회사에 알리지 않았다는 이유로 보험금 지급을 거절

☞ 과거 위염으로 진단받고 장기간 투약치료를 받은 사실은 보험 회사에 알려야 할 '중요한 사항'에 해당하므로 D 사가 보험금 지급을 거절

〈출처 : 금융감독원〉

**070** | 글의 서술 방식 파악 - 적절한 것 고르기 2017학년도 수능 37번 | 정답률 80% | 정답 ③

**윗글에 대한 설명으로 가장 적절한 것은?**

근거 ❷-4 공정한 보험에서는 구성원 각자가 납부하는 보험료와 그가 지급받을 보험금에 대한 기댓값이 일치해야 하며 구성원 전체의 보험료 총액과 보험금 총액이 일치해야 한다, ❷-7 공정한 보험에서는 보험료율과 사고 발생 확률이 같아야 한다, ❻-2 이로써(고지 의무를 통해) 사고의 위험에 따른 경제적 손실에 대비하고자 하는 보험 본연의 목적이 달성될 수 있다.

풀이 윗글은 보험금 지급이 사고 발생이라는 우연적 조건에 따라 결정되는 특성에 따라, 위험 공동체의 구성원이 자신이 속한 위험 공동체의 위험에 상응하는 보험료를 납부하는 것이 공정하다고 언급하고, 공정한 보험의 경제학적 원리를 설명하였다. 또한 정보의 비대칭성으로 인해 자신의 위험 정도에 상응하는 보험료보다 더 높은 보험료를 납부하는 사람이 생기는 문제를 해결하기 위한 법적 수단인 '고지 의무'를 언급하고, 이를 통해 보험 본연의 목적을 실현할 수 있다고 보았다. 따라서 정답은 ③번이다.

① 보험 계약에서 보험사가 *준수해야 할 법률 규정의 **실효성을 검토하고 있다. *遵守-, 지켜야 **實效性, 실제로 효과를 나타내는 성질

② 보험사의 보험 상품 판매 전략에 *내재된 경제학적 원리와 **법적 규제의 필요성을 강조하고 있다. *內在-, 들어 있는 **法的規制, 어떤 활동이 정부 규칙과 집행에 의해서 통제받는 것

③ 공정한 보험의 경제학적 원리와 보험의 목적을 실현하는 데 *기여하는 법적 의무를 살피고 있다. *寄與-, 이바지하는
→ 적절함!

④ 보험금 지급을 두고 벌어지는 분쟁의 원인을 나열한 후 경제적 해결책과 법적 해결책을 *모색하고 있다. *摸索-, 찾고

⑤ 보험 상품의 거래에 부정적으로 작용하는 법률 조항의 문제점을 경제학적인 시각에서 분석하고 있다.

**071** | 세부 정보 이해 - 적절한 것 고르기 2017학년도 수능 38번 | 정답률 75% | 정답 ④

**윗글을 이해한 내용으로 가장 적절한 것은?**

① 보험사가 청약을 하고 보험 가입자가 승낙해야 보험 계약이 해지된다. (보험사 → 보험 가입자, 보험 가입자 → 보험사, 해지 → 성립)

근거 ❹-2 보험 계약은 보험 가입자의 청약과 보험사의 승낙으로 성립된다.

풀이 윗글에서 보험 계약의 성립 조건은 설명하고 있지만, 보험사의 계약 해지권 행사 이외의 해지 조건에 대해서는 설명하지 않았다.

→ 적절하지 않음!

② 구성원 전체의 보험료 총액보다 보험금 총액이 더 많아야 공정한 보험이 된다. (보다 → 과, 더 많아야 → 같아야)

근거 ❷-4 공정한 보험에서는 … 구성원 전체의 보험료 총액과 보험금 총액이 일치해야 한다.

→ 적절하지 않음!

③ 보험 사고 발생 여부와 관계없이 같은 보험료를 납부한 사람들은 동일한 보험금을 지급받는다. (여부와 관계없이 → 발생했을 때, 알 수 없음)

근거 ❶-1 보험은 … 보험료를 납부하고 보험 사고가 발생하면 보험금을 지급받는 제도, ❶-3 보험금 지급은 사고 발생이라는 우연적 조건에 따라 결정

풀이 보험금은 사고가 발생한 경우에 지급되며, 같은 보험료를 납부한 사람들이 동일한

보험금을 지급받는지는 윗글에 언급되지 않았다.

→ 적절하지 않음!

④ **보험에 가입하고자 하는 사람이 알린 중요한 사항을 근거로 보험사는 보험 가입을 거절할 수 있다.**

근거 ❹-2~4 보험 계약은 보험 가입자의 청약과 보험사의 승낙으로 성립된다. 보험 가입자는 반드시 계약을 체결하기 전에 '중요한 사항'을 알려야 하고, 이를 사실과 다르게 진술해서는 안 된다. 여기서 '중요한 사항'은 보험사가 보험 가입자의 청약에 대한 승낙을 결정하거나 차등적인 보험료를 책정하는 근거가 된다.

→ 적절함!

⑤ **우리 상법은 보험 가입자보다 보험사의 잘못을 더 중시하기 때문에 보험사에 계약 해지권을 부여하고 있다.** (제한)

근거 ❺-6~8 보험사의 계약 해지권이 제한되는 경우도 있다. … 보험 가입자가 고지 의무를 위반했어도 보험사의 해지권은 배제된다. 이는 보험 가입자의 잘못보다 보험사의 잘못에 더 책임을 둔 것이라 할 수 있다, ❺-2 이러한(보험 가입자가 고지 의무를 위반한) 경우에 우리 상법은 보험사에 계약 해지권을 부여한다, ❻-2 이로써 사고의 위험에 따른 경제적 손실에 대비하고자 하는 보험 본연의 목적이 달성

풀이 우리 상법은 보험 가입자의 잘못보다 보험사의 잘못을 더 중시하기 때문에 보험사에 계약 해지권을 부여하는 것이 아니라, 이를 제한하고 있다. 보험사에 계약 해지권을 부여하는 이유는 보험에 가입하려는 사람들이 고지 의무를 준수하도록 하여 보험 본연의 목적을 달성하기 위함이다.

→ 적절하지 않음!

1등급문제

**072** 구체적인 상황에 적용 - 적절한 것 고르기 2017학년도 수능 39번
정답률 30%, 매력적 오답 ① 15% ② 20% ③ 15% ④ 20% | 정답 ⑤

**[가]를 바탕으로 〈보기〉의 상황을 이해한 내용으로 적절한 것은?** [3점]

| 보 기 |

사고 발생 확률이 각각 0.1과 0.2로 고정되어 있는 위험 공동체 A와 B가 있다고 가정한다. A와 B에 모두 공정한 보험이 항상 적용된다고 할 때, 각 구성원이 납부할 보험료와 사고 발생 시 지급받을 보험금을 산정하려고 한다.

단, 동일한 위험 공동체의 구성원끼리는 납부하는 보험료가 같고, 지급받는 보험금이 같다. 보험료는 한꺼번에 모두 납부한다.

▶ 지문 핵심 개념 정리

| 공정한 보험의 조건 |
|---|
| • 구성원 각자의 보험료 = 지급받을 보험금에 대한 기댓값(❷-4)<br>보험금에 대한 기댓값 = 사고 발생 확률 × 사고 발생 시 수령할 보험금(❷-5) |
| • 구성원 전체의 보험료 총액 = 보험금 총액(❷-4) |
| • 보험료율 = 사고 발생 확률(❷-7) = $\frac{보험료}{보험금}$ (❷-6) |

① **A에서 보험료를 두 배로 높이면 보험금은 두 배가 되지만 보험금에 대한 기댓값은 변하지 않는다.** (높아진다)

풀이 A는 공정한 보험이 적용되므로, A의 보험료 총액과 보험금 총액이 같다. 따라서 보험료를 두 배로 높이면 보험금도 두 배가 된다. 또한 지급받을 보험금에 대한 기댓값은 구성원 각자의 보험료와 일치한다고 하였으므로, 보험료가 두 배 높아지면 보험금에 대한 기댓값도 높아질 것이다.

→ 적절하지 않음!

② **B에서 보험금을 두 배로 높이면 보험료는 변하지 않지만 보험금에 대한 기댓값은 두 배가 된다.** (변하며)

풀이 B는 공정한 보험이 적용되므로, 보험료 총액과 보험금 총액이 같다. 따라서 B의 보험금을 두 배로 높이면 보험료도 두 배로 높아질 것이다. 또한 보험금에 대한 기댓값은 '사고 발생 확률(0.2) × (보험금 × 2)'로, 보험금을 높이기 전의 기댓값인 '사고 발생 확률(0.2) × (보험금)'의 두 배가 된다.

→ 적절하지 않음!

③ **A에 적용되는 보험료율과 B에 적용되는 보험료율은 서로 같다.** (다르다)

풀이 공정한 보험에서 보험료율은 사고 발생 확률과 같으므로, A의 보험료율은 0.1이고 B의 보험료율은 0.2이다.

→ 적절하지 않음!

④ **A와 B에서의 보험금이 서로 같다면 A에서의 보험료는 B에서의 보험료의 두 배이다.** (B, A)

풀이 공정한 보험에서 보험료율은 사고 발생 확률과 같고, 이 값은 $\frac{보험료}{보험금}$ 의 값과 같다고 하였다. 이에 따라 〈보기〉의 내용은

A의 보험료율 = $\frac{보험료}{보험금}$ = 0.1
B의 보험료율 = $\frac{보험료}{보험금}$ = 0.2

와 같이 정리할 수 있다. 따라서 A와 B에서의 보험금이 서로 같다면, B의 보험료는 A의 보험료의 두 배이다.

→ 적절하지 않음!

⑤ **A와 B에서의 보험료가 서로 같다면 A와 B에서의 보험금에 대한 기댓값은 서로 같다.**

풀이
A의 보험료율 = 사고 발생 확률 = $\frac{보험료}{보험금}$ = 0.1
B의 보험료율 = 사고 발생 확률 = $\frac{보험료}{보험금}$ = 0.2

이다. 따라서 A와 B의 보험료가 같을 경우, A의 보험금은 B의 보험금의 2 배가 된다. 보험금에 대한 기댓값은 '사고 발생 확률 x 보험금'과 같은데, B의 사고 발생 확률은 A의 사고 발생 확률의 2 배이고, A의 보험금은 B의 보험금의 2 배이므로 결국 A와 B의 보험금에 대한 기댓값은 서로 같다.

→ 적절함!

**073** 핵심 개념 이해 - 적절하지 않은 것 고르기 2017학년도 수능 40번
정답률 70%, 매력적 오답 ⑤ 10% | 정답 ①

**윗글의 고지 의무에 대한 설명으로 적절하지 않은 것은?**

① **고지 의무를 위반한 보험 가입자가 보험사에 손해 배상을 해야 하는 근거가 된다.**

근거 ❺-5 일반적으로 법에서 의무를 위반하게 되면 위반한 자에게 그 의무를 이행하도록 강제하거나 손해 배상을 청구할 수 있는 것과 달리, 보험 가입자가 고지 의무를 위반했을 때에는 보험사가 해지권만 행사할 수 있다.

풀이 보험사는 고지 의무를 위반한 보험 가입자에게 손해 배상을 청구할 수 없고, 해지권만 행사할 수 있다.

→ 적절하지 않음!

② **보험사가 보험 가입자의 위험 정도에 따라 차등적인 보험료를 책정하는 데 도움이 된다.**

근거 ❹-4 (보험 가입자의) '중요한 사항'은 보험사가 보험 가입자의 청약에 대한 승낙을 결정하거나 차등적인 보험료를 책정하는 근거가 된다.

풀이 고지 의무는 보험 가입자가 보험사에게 위험 정도를 알리게 함으로써 보험사가 차등적인 보험료를 책정하게 한다.

→ 적절함!

③ **보험 계약 과정에서 보험사가 가입자들의 특성을 파악하는 데 드는 어려움을 줄여 준다.**

근거 ❸-7 보험사는 보험 가입자의 감춰진 특성을 파악할 수 있는 수단이 필요하다,
❹-1 고지 의무는 이러한 수단이 법적으로 구현된 제도이다.

→ 적절함!

④ **보험사와 보험 가입자 간의 정보 비대칭성에서 *기인하는 문제를 줄일 수 있는 법적 장치이다.** *起因-. 원인이 생기는, 말미암은

근거 ❸-5~7 자신의 위험 정도에 상응하는 보험료보다 더 높은 보험료를 납부하는 사람이 생기게 되는 것이다. 이러한 문제는 정보의 비대칭성에서 비롯되는데 보험 가입자의 위험 정도에 대한 정보는 보험 가입자가 보험사보다 더 많이 갖고 있기 때문이다. 이를 해결하기 위해 보험사는 보험 가입자의 감춰진 특성을 파악할 수 있는 수단이 필요하다, ❹-1 우리 상법에 규정되어 있는 고지 의무는 이러한 수단이 법적으로 구현된 제도이다.

→ 적절함!

⑤ **자신의 위험 정도에 상응하는 보험료보다 높은 보험료를 내야 한다는 이유로 보험 가입을 포기하는 사람들이 생기는 것을 방지하는 효과가 있다.**

근거 ❹-5 고지 의무는 결과적으로 다수의 사람들이 자신의 위험 정도에 상응하는 보험료보다 더 높은 보험료를 납부해야 하거나, 이를 이유로 아예 보험에 가입할 동기를 상실하게 되는 것을 방지한다.

→ 적절함!

1등급 문제

**074** 구체적인 사례에 적용 - 적절한 것 고르기 2017학년도 수능 41번
정답률 60%, 매력적 오답 ③ 20%
정답 ④

## 윗글을 바탕으로 <보기>의 사례를 검토한 내용으로 가장 적절한 것은?

| 보기 |

보험사 A는 보험 가입자 B에게 보험 사고로 인한 보험금을 지급한 후, B가 중요한 사항을 고지하지 않았다는 사실을 뒤늦게 알고 해지권을 행사할 수 있는 기간 내에 보험금 반환을 청구했다.

**① 계약 체결 당시 A에게 중대한 과실이 있었다면 A는 계약을 해지할 수 없으나 보험금은 돌려받을 수 있다.**
없다

근거 ❺-7 계약 당시에 보험사가 고지 의무 위반에 대한 사실을 알았거나 중대한 과실로 인해 알지 못한 경우에는 보험 가입자가 고지 의무를 위반했어도 보험사의 해지권은 배제된다.

풀이 계약 체결 당시 A에게 중대한 과실이 있었다면 A의 계약 해지권이 제한되므로, 계약을 해지할 수 없어 보험금도 돌려받을 수 없다.

→ 적절하지 않음!

**② 계약 체결 당시 A에게 중대한 과실이 없다 하더라도 A는 보험금을 이미 지급했으므로 계약을 해지할 수 없다.**
있다

근거 ❺-3 보험사는 보험 사고가 발생하기 이전이나 이후에 상관없이 고지 의무 위반을 이유로 계약을 해지할 수 있고

풀이 계약 체결 당시 A에게 중대한 과실이 없으면 A는 B의 고지 의무 위반을 이유로 계약을 해지할 수 있고, 이미 지급한 보험금에 대한 반환을 청구할 수 있다.

→ 적절하지 않음!

**③ 계약 체결 당시 A에게 중대한 과실이 있고 B 또한 중대한 과실로 고지 의무를 위반했다면 A는 보험금을 돌려받을 수 있다.**
없다

근거 ❺-7 계약 당시에 보험사가 고지 의무 위반에 대한 사실을 알았거나 중대한 과실로 인해 알지 못한 경우에는 보험 가입자가 고지 의무를 위반했어도 보험사의 해지권은 배제된다.

풀이 계약 체결 당시 B가 고지 의무를 위반했다고 하더라도 A에게 중대한 과실이 있으면 A의 계약 해지권이 제한되므로 계약을 해지할 수 없어 보험금을 돌려받을 수 없다.

→ 적절하지 않음!

**④ B가 고지하지 않은 중요한 사항이 보험 사고와 인과 관계가 없다면 A는 보험금을 돌려받을 수 없다.**

근거 ❺-10 고지해야 할 '중요한 사항' 중 고지 의무 위반에 해당되는 사항이 보험 사고와 인과 관계가 없을 때에는 보험사는 보험금을 지급할 책임이 있다.

→ 적절함!

**⑤ B가 자신의 고지 의무 위반 사실을 보험 사고가 발생한 후 A에게 즉시 알렸다면 고지 의무를 위반한 것이 아니다.**
위반한 것이다

근거 ❺-1 보험 계약 체결 전 보험 가입자가 고의나 중대한 과실로 '중요한 사항'을 보험사에 알리지 않거나 사실과 다르게 알리면 고지 의무를 위반하게 된다.

풀이 B는 보험 계약 체결 전에 '중요한 사항'을 A에게 알리지 않았으므로, 사고 발생 후 즉시 A에게 알린다고 하더라도 이미 고지 의무를 위반한 것이 된다.

→ 적절하지 않음!

틀리기 쉬운 문제

**075** 어휘의 적절성 판단 - 적절하지 않은 것 고르기 2017학년도 수능 42번
정답률 60%, 매력적 오답 ④ 25% ⑤ 10%
정답 ①

## ⓐ~ⓔ를 사용하여 만든 문장으로 적절하지 않은 것은?

ⓐ 대비 ⓑ 파악 ⓒ 인상 ⓓ 배제 ⓔ 전가

**① ⓐ : 지난해의 이익과 손실을 대비해 올해 예산을 세웠다.**

풀이 ⓐ의 '대비(對 대하다 대 備 준비하다 비)'는 '앞으로 일어날지도 모르는 어떠한 일에 대응하기 위하여 미리 준비함'의 의미이다. 그러나 ①의 '대비(對 대하다 대 比 견주다 비)'는 '두 가지의 차이를 밝히기 위하여 서로 맞대어 비교함'의 의미이다.

→ 적절하지 않음!

**② ⓑ : 일을 시작하기 전에 상황을 파악하는 것이 중요하다.**

풀이 윗글의 ⓑ와 ②의 '파악(把 잡다 파 握 쥐다 악)'은 모두 '어떤 대상의 내용이나 본질을 확실하게 이해하여 앎'의 의미이다.

→ 적절함!

**③ ⓒ : 임금이 인상되었다는 소식에 많은 사람들이 기뻐했다.**

풀이 윗글의 ⓒ와 ③의 '인상(引 끌다 인 上 위 상)'은 모두 '물건값, 봉급, 요금 따위를 올림'의 의미이다.

→ 적절함!

**④ ⓓ : 이번 실험이 실패할 가능성을 전혀 배제할 수는 없다.**

풀이 윗글의 ⓓ와 ④의 '배제(排 밀치다 배 除 덜다 제)'는 모두 '받아들이지 아니하고 물리쳐 제외함'의 의미이다.

→ 적절함!

**⑤ ⓔ : 그는 자신의 실수에 대한 책임을 동료에게 전가했다.**

풀이 윗글의 ⓔ와 ⑤의 '전가(轉 구르다 전 嫁 떠넘기다 가)'는 '잘못이나 책임을 다른 사람에게 넘겨씌움'의 의미이다.

→ 적절함!

## [076~080] 다음 글을 읽고 물음에 답하시오.

**1** [1]권리(權利, 어떤 일을 하거나 다른 사람에게 요구할 수 있는 힘이나 자격)와 의무(義務, 법률적으로 요구되는 부담이나 제한)의 주체(主體, 영향력을 끼치는 쪽)가 될 수 있는 자격을 권리 능력이라 한다. [2]사람은 태어나면서 저절로 권리 능력을 갖게 되고 생존하는 내내(살아있는 동안 계속) 보유한다.(保有-, 가진다.) [3]그리하여 사람은 재산에 대한 소유권(所有權, 물건을 자기의 것으로 가지는 권리)의 주체가 되며, 다른 사람에 대하여 채권(債權, 다른 특정한 사람에게 어떤 행위를 요구할 수 있는 권리)을 누리기도 하고 채무(債務, 다른 특정한 사람에게 어떤 행위를 하여야 할 의무)를 지기도 한다. [4]사람들의 결합체인 단체도 일정한 요건(要件, 필요한 조건)을 ㉠ 갖추면 법으로써 부여되는(附與-, 주어지는) 권리 능력인 법인격(法人格, 권리와 의무가 딸려 주어지는 법률상의 인격)을 취득할 수 있다. [5]단체 중에는 사람들이 일정한 목적을 갖고 결합한 조직체로서 구성원과 구별되어 독자적(獨自的, 다른 것과 구별되는) 실체(實體, 실제 존재)로서 존재하며, 운영 기구를 두어, 구성원의 가입과 탈퇴에 관계없이 존속하는(存續-, 그대로 있는) 단체가 있다. [6]이(단체와 구성원이 별개로 존재하며, 구성원의 가입이나 탈퇴와 상관없이 유지되는 단체)를 사단(社團)이라 하며, 사단이 갖춘 이러한 성질을 사단성이라 한다. [7]사단의 구성원은 사원이라 한다. [8]사단은 법인(法人)(개인이 아니지만 법률상의 권리, 의무의 주체일 수 있는 집단이나 단체)으로 등기되어야(登記-, 국가 기관의 절차에 따라 일정한 권리 관계가 적혀야) 법인격이 생기는데, 법인격을 가진 사단을 사단 법인이라 부른다. [9]반면에 사단성을 갖추고도 법인으로 등기하지 않은(법인격이 없는) 사단은 '법인이 아닌 사단'이라 한다. [10]사람과 법인만이 권리 능력을 가지며, 사람의 권리 능력과 법인격은 엄격히 구별된다. [11]그리하여 사단 법인이 자기(사단 법인의) 이름으로 진 빚은 사단이 가진 재산으로 갚아야 하는 것이지 ⓐ 사원 개인에게까지 ⓑ 책임이 미치지 않는다.

→ 사단과 법인격의 개념

**2** [1]회사도 사단의 성격(사단성)을 갖는 법인이다. [2]회사의 대표적인 유형이라 할 수 있는 주식회사는 주주(株主, 주식을 가지고 직접 또는 간접으로 회사 경영에 참여하고 있는 개인이나 법인)들로 구성되며 주주들은 보유한 주식의 비율만큼 회사에 대한 지분(持分, 몫)을 갖는다. [3]그런데 2001년에 개정된(改定-, 고쳐 새로 정해진) 상법(商法, 상업에 관한 법률)은 한 사람이 전액(全額, 전체 금액)을 출자하여(出資-, 자금을 내어서) 일인 주주로(한 사람이 주주인) 회사를 설립할 수 있도록 하였다. [4]ⓒ 사단성을 갖추지 못했다고 할 만한 형태의 법인을 인정한 것이다. [5]또 여러 주주가 있던 회사가 주식의 상속(相續, 다른 사람에게 재산에 관한 권리를 이어받는 것), 매매, 양도(讓渡, 재산이나 권리를 남에게 넘겨주는 것) 등으로 말미암아 모든 주식이 한 사람의 소유로 되는 경우가 있다. [6]이런 '일인 주식회사'에서는 일인 주주가 회사의 대표 이사가 되는 사례가 많다. [7]이처럼 일인 주주가 회사를 대표하는 기관이 되면 경영의 주체가 개인인지 회사인지 모호해진다.(模糊-, 구별하기가 어려워진다.) [8]법인인 회사의 운영이 독립된 주체로서의 경영이

아니라 마치 ⓓ 개인 사업자의 영업처럼 보이는 것이다.

→ 주식회사의 특징과 일인 주식회사의 문제점

3 [1]구성원인 사람의 인격과 법인으로서의 법인격이 잘 분간되지(分揀−, 구별되지) 않는 듯이 보이는 경우에는 간혹(間或, 가끔) 문제가 일어난다. [2]상법상 회사는 이사들로 이루어진 이사회만을 업무 집행의 의결 기관(議決機關, 의사를 결정하는 합의 조직)으로 둔다. [3]또한 대표 이사는 이사 중 한 명으로, 이사회에서 선출되는(選出−, 뽑히는) 기관이다. [4]그리고 이사의 선임(選任, 직무 등을 맡기는 것)과 이사의 보수(報酬, 근로의 대가로 주는 돈)는 주주 총회에서 결정하도록 되어 있다. [5]그런데 주주가 한 사람뿐이면 사실상 그의 뜻대로 될 뿐, 이사회나 주주 총회의 기능은 퇴색하기(退色−, 존재가 희미해지거나 사라지기) 쉽다. [6]심한 경우에는 회사에서 발생한 이익이 대표 이사인 주주에게 귀속되고(歸屬−, 속해지고) 회사 자체는 ⓔ 허울만 남는 일도 일어난다. [7]이처럼 회사의 운영이 주주 한 사람의 개인 사업과 다름없이 이루어지고, 회사라는 이름과 형식은 장식에 지나지 않는 경우에는, 회사와 거래 관계에 있는 사람들이 재산상 피해를 입는 문제가 발생하기도 한다. [8]이때 그 특정한 거래 관계에 관련하여서만 예외적으로 회사의 법인격을 일시적으로 부인하고(잠시 동안만 인정하지 않고) 회사와 주주를 동일시해야 한다는(일인 주주에게 재산상의 책임을 묻게 하는) ⓛ '법인격 부인론'이 제기된다.(提起−, 나오게 된다.) [9]법률은 이(법인격 부인론)에 대하여 명시적으로(明示的−, 분명하게) 규정하고 있지 않지만, 법원은 권리 남용(權利濫用, 법률에서 인정한 목적과 다르게 권리를 함부로 행하는 것)의 조항을 끌어들여 이(법인격 부인론)를 받아들인다. [10]회사가 일인 주주에게 완전히 지배되어 회사의 회계(會計, 나가고 들어오는 돈을 따져 일정한 계산 방법으로 기록하고 정보화하는 것), 주주 총회나 이사회 운영이 적법하게(適法−, 법에 맞게) 작동하지 못하는데도 회사에만 책임을 묻는 것은 법인 제도가 남용되는(濫用−, 원래의 목적이나 범위를 벗어나 함부로 쓰이는) 사례라고 보는 것이다.

→ 법인 제도 남용을 막기 위한 법인격 부인론

■지문 이해

<사단 법인의 법인격과 법인격 부인론>

**❶ 사단과 법인격의 개념**

- 권리 능력 : 권리와 의무의 주체가 될 수 있는 자격으로, 사람은 태어나면서 저절로 갖게 됨
- 법인격 : 일정한 요건을 갖춘 단체에 법으로써 부여되는 권리 능력
- 사단 : 사람들이 일정한 목적을 갖고 결합한 조직체, 독자적 실체로서 존재하며 운영 기구를 두어 구성원의 가입과 탈퇴에 관계없이 존속함
- 사원 : 사단의 구성원
- 사단 법인 : 법인으로 등기되어 법인격을 가지게 된 사단, 사단 법인의 이름으로 진 빚은 사원 개인에게까지 책임이 미치지 않음

**❷ 주식회사의 특징과 일인 주식회사의 문제점**

- 사단 법인의 대표적 유형인 주식회사 : 주주들로 구성되며 주주들은 보유한 주식 비율만큼 회사에 대한 지분을 가짐
- 일인 주식회사 : 주주가 한 명뿐인 주식회사 또는 주식의 상속, 매매, 양도 등으로 모든 주식이 한 사람의 소유가 된 주식회사
  → 경영 주체가 개인인지 회사인지 모호함
  → 법인인 회사의 운영이 독립된 주체로서의 경영이 아니라 개인 사업자의 영업처럼 보일 수 있음

**❸ 법인 제도 남용을 막기 위한 법인격 부인론**

- 대표 이사 : 이사회에서 선출되는, 회사를 대표하는 기관
- 일인 주식회사의 법인 제도 남용 : 주주가 한 명뿐일 때 이사회나 주주 총회의 기능이 퇴색하기 쉬움, 회사 이익이 대표 이사 개인에게 귀속되어 회사는 허울만 남는 경우도 있음
- 법인격 부인론 : 법인 제도 남용으로 인해 피해가 발생한 특정한 거래 관계에 한해서 회사의 법인격을 일시적으로 부인하고 회사와 주주 개인을 동일시하는 것

1등급 문제

**076** 세부 정보 이해 - 적절하지 않은 것 고르기 2017학년도 9월 모평 35번
정답률 50%, 매력적 오답 ② 15% ③ 20% ④ 10% | 정답 ⑤

### 윗글을 통해 알 수 있는 내용으로 적절하지 않은 것은?

**① 사단성을 갖춘 단체는 그 단체를 운영하기 위한 기구를 둔다.**

근거 ❶-5~6 운영 기구를 두어, 구성원의 가입과 탈퇴에 관계없이 존속하는 단체가 있다. 이를 사단(社團)이라 하며, 사단이 갖춘 이러한 성질을 사단성이라 한다.

→ 적절함!

**② 주주가 여러 명인 주식회사의 주주는 사단의 사원에 해당한다.**

근거 ❶-7 사단의 구성원은 사원이라 한다, ❷-1~2 회사도 사단의 성격을 갖는 법인이다. 회사의 대표적인 유형이라 할 수 있는 주식회사는 주주들로 구성되며

풀이 사단의 성격을 갖는 주식회사는 주주들로 구성된다고 하였으므로, 주주들은 사단의 구성원인 사원에 해당한다.

→ 적절함!

**③ 법인격을 얻은 사단은 재산에 대한 소유권의 주체가 될 수 있다.**

근거 ❶-2~4 사람은 태어나면서 저절로 권리 능력을 갖게 되고 … 그리하여 사람은 재산에 대한 소유권의 주체가 되며, … 사람들의 결합체인 단체도 일정한 요건을 갖추면 법으로써 부여되는 권리 능력인 법인격을 취득할 수 있다, ❶-8 사단은 법인(法人)으로 등기되어야 법인격이 생기는데, 법인격을 가진 사단을 사단 법인이라 부른다.

풀이 사람은 권리 능력을 가졌으므로 재산에 대한 소유권의 주체가 된다. 법인격을 얻은 사단, 즉 사단 법인은 권리 능력을 가지게 되므로, 사단 법인 또한 재산에 대한 소유권의 주체가 됨을 알 수 있다.

→ 적절함!

**④ 사단 법인의 법인격은 구성원의 가입과 탈퇴에 관계없이 존속한다.**

근거 ❶-5~6 운영 기구를 두어, 구성원의 가입과 탈퇴에 관계없이 존속하는 단체가 있다. 이를 사단(社團)이라 하며, ❶-8 법인격을 가진 사단을 사단 법인이라 부른다.

풀이 사단의 하나인 사단 법인은 구성원의 가입과 탈퇴에 관계없이 존속한다. 따라서 사단 법인에 부여된 법인격 역시 구성원의 가입과 탈퇴에 관계없이 존속할 것이다.

→ 적절함!

**⑤ 사람들이 결합한 단체에 권리와 의무를 누릴 수 있는 자격을 주는 제도가 사단이다.** (법인 제도)

근거 ❶-1 권리와 의무의 주체가 될 수 있는 자격을 권리 능력이라 한다, ❶-4 사람들의 결합체인 단체도 일정한 요건을 갖추면 법으로써 부여되는 권리 능력인 법인격을 취득할 수 있다, ❶-8~10 사단은 법인(法人)으로 등기되어야 법인격이 생기는데, … 사단성을 갖추고도 법인으로 등기하지 않은 사단은 '법인이 아닌 사단'이라 한다. 사람과 법인만이 권리 능력을 가지며

풀이 모든 사단이 법인격을 가지는 것은 아니며, 법인으로 등기된 사단만 법인격이 생긴다. 또한 사람과 법인만이 '권리와 의무의 주체가 될 수 있는 자격'인 권리 능력을 가진다고 하였다. 따라서 '사단'이라는 제도 자체가 권리 능력을 부여하는 것은 아니다.

→ 적절하지 않음!

1등급 문제

**077** 핵심 개념 이해 - 적절한 것 고르기 2017학년도 9월 모평 36번
정답률 35%, 매력적 오답 ② 35% ③ 10% ④ 15% | 정답 ①

### 윗글에서 설명한 주식회사에 대한 이해로 가장 적절한 것은?

**① 대표 이사는 주식회사를 대표하는 기관이다.**

근거 ❸-3 대표 이사는 이사 중 한 명으로, 이사회에서 선출되는 기관이다, ❷-6~7 '일인 주식회사'에서는 일인 주주가 회사의 대표 이사가 되는 사례가 많다. 이처럼 일인 주주가 회사를 대표하는 기관이 되면

풀이 대표 이사는 회사를 대표하는 기관으로, 이사회에서 선출된다.

→ 적절함!

**② 일인 주식회사는 대표 이사가 법인격을 갖는다.** (법인이)

근거 ❶-8 사단은 법인(法人)으로 등기되어야 법인격이 생기는데, 법인격을 가진 사단을 사단 법인이라 부른다, ❶-10 사람의 권리 능력과 법인격은 엄격히 구별된다, ❷-1 회사도 사단의 성격을 갖는 법인이다, ❷-3~4 2001년에 개정된 상법은 한 사람이 전액을 출자하여 일인 주주로 회사를 설립할 수 있도록 하였다. … 법인을 인정한 것

풀이 일인 주식회사의 경우에도 법인으로 인정받으므로, 법인격을 갖는 것은 일인 주식회사(법인)이지, 대표 이사가 아니다.

→ 적절하지 않음!

주주 총회

③ **주식회사의 이사회에서 이사의 보수를 결정한다.**

**근거** ❸-4 이사의 선임과 이사의 보수는 주주 총회에서 결정하도록 되어 있다.

**풀이** 이사의 보수는 주주 총회에서 결정한다.

→ 적절하지 않음!

이사회

④ **주식회사에서는 주주 총회가 업무 집행의 의결 기관이다.**

**근거** ❸-2 상법상 회사는 이사들로 이루어진 이사회만을 업무 집행의 의결 기관으로 둔다.

**풀이** 주식회사에서 업무 집행의 의결 기관은 주주 총회가 아니라 이사회이다.

→ 적절하지 않음!

있다

⑤ **여러 주주들이 모여 설립된 주식회사가 일인 주식회사로 바뀔 수 없다.**

**근거** ❷-5~6 여러 주주가 있던 회사가 주식의 상속, 매매, 양도 등으로 말미암아 모든 주식이 한 사람의 소유로 되는 경우가 있다. 이런 '일인 주식회사'

→ 적절하지 않음!

1등급 문제

**078** | 세부 정보 이해 - 적절하지 않은 것 고르기 2017학년도 9월 모평 37번 | 정답률 60%, 매력적 오답 ④ 20% | **정답 ⑤**

**ⓐ~ⓔ의 문맥상 의미에 대한 이해로 적절하지 않은 것은?**

ⓐ 사원 개인 ⓑ 책임 ⓒ 사단성 ⓓ 개인 사업자의 영업 ⓔ 허울

① **ⓐ : 법인에 속해 있지만 법인격과는 구별되는 존재**

**근거** ❶-10~11 사람의 권리 능력과 법인격은 엄격히 구별된다. 그리하여 사단 법인이 자기 이름으로 진 빚은 사단이 가진 재산으로 갚아야 하는 것이지 사원 개인에게까지 책임이 미치지 않는다.

**풀이** 문맥상 ⓐ는 법인격을 가진 사단 법인과 구별되는 존재임을 의미한다.

→ 적절함!

② **ⓑ : 사단이 진 빚을 갚아야 할 의무**

**근거** ❶-10~11 사람의 권리 능력과 법인격은 엄격히 구별된다. 그리하여 사단 법인이 자기 이름으로 진 빚은 사단이 가진 재산으로 갚아야 하는 것이지 사원 개인에게까지 책임이 미치지 않는다.

**풀이** 사단 법인과 사원 개인은 구별되므로, 사단 법인이 진 빚을 갚아야 할 의무는 사단 법인에 있는 것이지, 사원 개인에게는 의무가 없다. 따라서 문맥상 ⓑ는 '사단이 진 빚을 갚아야 할 의무'를 의미한다.

→ 적절함!

③ **ⓒ : 여러 사람이 결합한 조직체로서의 성격**

**근거** ❶-5~6 단체 중에는 사람들이 일정한 목적을 갖고 결합한 조직체로서 … 이를 사단(社團)이라 하며, 사단이 갖춘 이러한 성질을 사단성이라 한다, ❷-3~4 한 사람이 전액을 출자하여 일인 주주로 회사를 설립할 수 있도록 하였다. 사단성을 갖추지 못했다고 할 만한 형태의 법인을 인정한 것

**풀이** 사단은 사람들이 결합한 조직체로서의 성질을 가지고 있다. 그런데 일인 주주 회사의 경우에는 한 사람이 회사를 설립한 것이므로, 문맥상 ⓒ는 '여러 사람이 결합한 조직체로서의 성격'을 갖추지 못하였음을 의미한다.

→ 적절함!

④ **ⓓ : 회사라는 법인격을 가진 독자적인 실체로서 운영되지 않는 경영**

**근거** ❷-8 법인인 회사의 운영이 독립된 주체로서의 경영이 아니라 마치 개인 사업자의 영업처럼 보이는 것이다.

**풀이** 문맥상 ⓓ는 법인인 회사의 운영이 '독립된 주체로서의 경영'과 대비되는 경우를 나타낸다.

→ 적절함!

이익이 회사에 돌아가지 못해 회사의 이익을 남기지 못하는

⑤ **ⓔ : 회사의 자산이 감소하여 권리 능력을 누릴 수 없게 된 상태**

**풀이** ⓔ는 회사에서 발생한 이익이 회사에 돌아가지 못해서 회사에는 이익을 남기지 못하는 상태를 의미한다. 그러나 회사에 이익을 남기지 못해 회사의 자산이 감소하더라도, 권리 능력을 누릴 수 없게 되는 것은 아니다.

→ 적절하지 않음!

1등급 문제

**079** | 핵심 개념 이해 - 적절한 것 고르기 2017학년도 9월 모평 38번 | 정답률 50%, 매력적 오답 ② 15% ④ 20% | **정답 ⑤**

**ⓛ에 관한 설명으로 가장 적절한 것은?** [3점]

ⓛ '법인격 부인론'

① **회사의 경영이 이사회에 장악되어 있는 경우에만 예외적으로 법인격 부인론을 적용할 수 있다.**

**근거** ❸-7~8 회사의 운영이 주주 한 사람의 개인 사업과 다름없이 이루어지고, 회사라는 이름과 형식은 장식에 지나지 않는 경우에는, 회사와 거래 관계에 있는 사람들이 재산상 피해를 입는 문제가 발생하기도 한다. 이때 그 특정한 거래 관계에 관련하여서만 예외적으로 회사의 법인격을 일시적으로 부인하고 회사와 주주를 동일시해야 한다는 '법인격 부인론'이 제기된다.

**풀이** 회사의 경영이 이사회에 장악되어 있는 경우가 아니라 '주주 한 사람의 개인 사업과 다름없이 이루어지는 경우', 회사와 거래 관계에 있는 사람들이 재산상의 피해를 입는 문제가 발생할 때 그 거래 관계에 관련해서만 예외적으로 적용할 수 있다.

→ 적절하지 않음!

② **법인격 부인론은 주식회사 제도의 허점을 악용하지 못하도록 법률의 개정을 통해 도입된 제도이다.**

**근거** ❸-9 법률은 이(법인격 부인론)에 대하여 명시적으로 규정하고 있지 않지만

**풀이** 법인격 부인론은 법률에 명시적으로 규정되어 있지 않다.

→ 적절하지 않음!

③ **회사가 채권자에게 손해를 입혔다는 것이 확정되면 법원은 법인격 부인론을 받아들여 그 회사의 법인격을 영구히 박탈한다.**

**근거** ❸-8 특정한 거래 관계에 관련하여서만 예외적으로 회사의 법인격을 일시적으로 부인하고 회사와 주주를 동일시해야 한다는 '법인격 부인론'이 제기

**풀이** 특정한 거래와 관련하여 '예외적으로', 회사의 법인격을 '일시적으로' 부인하는 것이다.

→ 적절하지 않음!

회사의 법인격

④ **법원이 대표 이사 개인의 권리 능력을 부인함으로써 대표 이사가 회사에 대한 책임을 면하지 못하도록 하는 것이 법인격 부인론의 의의이다.**

**근거** ❸-8 회사의 법인격을 일시적으로 부인하고

**풀이** 법인격 부인론은 대표 이사 개인의 권리 능력을 부인하는 것이 아니라, 회사의 법인격을 일시적으로 부인하는 것이다.

→ 적절하지 않음!

⑤ **특정한 거래 관계에 법인격 부인론을 적용하여 회사의 법인격을 부인하려는 목적은 그 거래와 관련하여 회사가 진 책임을 주주에게 부담시키기 위함이다.**

**근거** ❸-8 특정한 거래 관계에 관련하여서만 예외적으로 회사의 법인격을 일시적으로 부인하고 회사와 주주를 동일시해야 한다는 '법인격 부인론'이 제기, ❸-10 회사가 일인 주주에게 완전히 지배되어 회사의 회계, 주주 총회나 이사회 운영이 적법하게 작동하지 못하는데도 회사에만 책임을 묻는 것은 법인 제도가 남용되는 사례라고 보는 것

**풀이** 특정한 경우에 회사가 아닌 일인 주주에게 책임을 물을 수 있다.

→ 적절함!

틀리기 쉬운 문제

**080** | 문맥적 의미 파악 - 적절한 것 고르기 2017학년도 9월 모평 39번 | 정답률 40%, 매력적 오답 ① 55% | **정답 ②**

**문맥상 ㉠과 바꿔 쓰기에 가장 적절한 것은?**

일정한 요건을 ㉠ 갖추면

**풀이** ㉠의 '갖추다'는 '있어야 할 것을 가지거나 차리다'의 의미로 쓰였다.

① **겸비(兼備)하면**

**풀이** '겸비(兼 겸하다 겸 備 갖추다 비)하다'는 '두 가지 이상을 아울러 갖추다'의 의미이다.

**예문** 뮤지컬 배우가 되기 위해서는 연기력뿐 아니라 가창력과 춤 솜씨를 모두 겸비해야 한다.

→ 적절하지 않음!

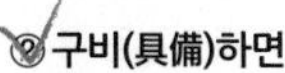

② **구비(具備)하면**

풀이 '구비(具 갖추다 구 備 갖추다 비)하다'는 '있어야 할 것을 빠짐없이 다 갖추다'의 의미이다.

예문 학교 도서관의 자료실은 온갖 종류의 학술 서적들을 구비하고 있다.

→ 적절함!

③ **대비(對備)하면**

풀이 '대비(對 대하다 대 備 갖추다 비)하다'는 '앞으로 일어날지도 모르는 어떠한 일에 대응하기 위하여 미리 준비하다'의 의미이다.

예문 엄마는 노후에 대비하기 위해 서너 가지 보험에 미리 가입해 두었다.

→ 적절하지 않음!

④ **예비(豫備)하면**

풀이 '예비(豫 미리 예 備 갖추다 비)하다'는 '필요할 때 쓰기 위하여 미리 마련하거나 갖추어 놓다'의 의미이다.

예문 다가올 시험을 예비하여 공부를 하고 있다.

→ 적절하지 않음!

⑤ **정비(整備)하면**

풀이 '정비(整 가지런히 하다 정 備 갖추다 비)하다'는 '흐트러진 체계를 정리하여 제대로 갖추다'의 의미이다.

예문 감독은 축구팀을 정비하였다.

→ 적절하지 않음!

**[081~084] 다음 글을 읽고 물음에 답하시오.**

1 [1]변론술(辯 말씀 변 論 논의하다 론 術 재주 술, 설득적이고 효과적인 말하기 기술)을 가르치는 프로타고라스(P)(Protagoras, 기원전 5 세기경의 고대 그리스 철학자로, 최초의 소피스트라 불린다.)에게 에우아틀로스(E)(Euathlus, 프로타고라스의 제자로, 이 일화 외에는 알려져 있지 않다.)가 제안하였다. [2]"제가 처음으로 승소하면(勝訴-, 소송에서 이기면) 그때 수강료를 내겠습니다." [3]P는 이를 ⓐ 받아들였다. [4]그런데 E는 모든 과정을 수강하고 나서도 소송을 할 기미를 보이지 않았고 그러자 P가 E를 상대로 소송하였다. [5]P는 주장하였다. [6]"내가 승소하면 판결에 따라 수강료를 받게 되고, 내가 지면 자네는 계약에 따라 수강료를 내야 하네." [7]E도 맞섰다. [8]"제가 승소하면 수강료를 내지 않게 되고 제가 지더라도 계약에 따라 수강료를 내지 않아도 됩니다."

- P가 'E는 P에게 수강료를 지급하라'는 내용의 소송을 제기
- P의 논리
  - P가 승소할 경우 : 판결에 따라 E는 P에게 수강료를 지급해야 함
  - P가 패소할 경우 : E가 처음으로 승소하게 되므로, 계약에 따라 E는 P에게 수강료를 지급해야 함
- E의 논리
  - E가 승소할 경우 : 판결에 따라 E는 P에게 수강료를 지급하지 않아도 됨
  - E가 패소할 경우 : E가 승소하지 못하였으므로, 계약에 따라 P에게 수강료를 지급하지 않아도 됨

→ 프로타고라스(P)와 에우아틀로스(E)의 소송 사례

2 [1]지금까지도 이 사례는 풀기 어려운 논리 난제로 거론된다. [2]다만 법률가들은 이를 해결할 수 있는 사안(事案, 문제가 되는 일)이라고 본다. [3]우선, 이 사례의 계약이 수강료 지급이라는 효과를, 실현되지 않은 사건에 의존하도록 하는 계약이라는 점을 살펴야 한다. [4]이처럼 일정한 효과의 발생이나 소멸에 제한을 ⓑ 덧붙이는 것을 '부관(附 더하다 부 款 항목 관)'이라 하는데, 여기에는 '기한'과 '조건'이 있다. [5]효과의 발생이나 소멸이 장래에 확실히 발생할 사실에 의존하도록 하는 것을 기한이라 한다. [6]반면 장래에 일어날 수도 있는 사실에 의존하도록 하는 것은 조건이다. [7]그리고 조건이 실현되었을 때 효과를 발생시키면 '정지 조건', 소멸시키면 '해제 조건'이라 ⓒ 부른다.

- 부관 : 일정한 효과의 발생이나 소멸에 제한을 덧붙이는 것
  - 기한 : 장래에 확실히 발생할 사실에 의존하도록 하는 것
  - 조건 : 장래에 일어날 수도 있는 사실에 의존하도록 하는 것
    - 정지 조건 : 조건이 실현되었을 때 효과 발생
    - 해제 조건 : 조건이 실현되었을 때 효과 소멸

⇒ ❶의 예에서 계약 조건('E가 처음으로 승소하면')은 조건이 실현되었을 때 효과(수강료 지급)를 발생시키는 '정지 조건'에 해당

→ 부관, 기한, 조건의 개념

3 [1]민사 소송에서 판결에 대하여 상소(上訴, 하급 법원의 판결에 따르지 않고 상급 법원에 재심을 요구하는 일), 곧 항소(제1심 판결에 대한 상소)나 상고(제2심 판결에 대한 상소)가 그 기간 안에 제기되지 않아서 사안이 종결되든가, 그 사안에 대해 대법원에서 최종 판결이 선고되든가 하면, 이제 더 이상 그 일을 다툴 길이 없어진다. [2]이때 판결은 확정되었다고 한다. [3]확정 판결에 대하여는 '기판력(旣判力)(이미 기, 판단하다 판, 힘 력)'이라는 것을 인정한다. [4]기판력이 있는 판결에 대해서는 더 이상 같은 사안으로 소송에서 다툴 수 없다. [5]예를 들어, 계약서를 제시하지 못해 매매 사실을 입증하지 못하고 패소한(敗訴-, 소송에서 진) 판결이 확정되면, 이후에 계약서를 발견하더라도 그 사안에 대하여는 다시 소송하지 못한다. [6]같은 사안에 대해 서로 모순되는 확정 판결이 존재하도록 할 수는 없는 것이다.

→ 확정 판결과 기판력의 특징

4 [1]확정 판결 이후에 법률상의 새로운 사정이 ⓓ 생겼을 때는, 그것을 근거로 하여 다시 소송하는 것이 허용된다. [2]이 경우에는 전과 다른 사안의 소송이라 하여 이전 판결의 기판력이 미치지 않는다고 보는 것이다. [3]위에서 예로 들었던 계약서는 판결 이전에 작성된 것이어서 그 발견이 새로운 사정이라고 인정되지 않는다. [4]그러나 임대인(돈을 받고 다른 사람에게 집을 빌려준 사람)이 임차인(돈을 내고 다른 사람에게 집을 빌린 사람)에게 집을 비워 달라고 하는 소송에서 임대차 기간(집을 빌려주고 빌리기로 약속한 기간)이 남아 있다는 이유로 임대인이 패소한 판결이 확정된 후 시일이 흘러 계약 기간이 만료되면, 임대인은 집을 비워 달라는 소송을 다시 할 수 있다. [5]계약상의 기한이 지남으로써 임차인의 권리에 변화가 생겼기 때문이다.

→ 확정 판결 이후에 새로운 사정이 생겼을 경우

5 [1]이렇게 살펴본 바를 바탕으로 ㉠ P와 E 사이의 분쟁을 해결하는 소송이 어떻게 전개될지 따져 보자. [2]이 사건에 대한 소송에서는 조건(E가 처음으로 승소하는 것)이 성취되지 않았다는 이유로 법원이 E에게 승소 판결을 내리면 된다. [3]그런데 이 판결 확정 이후에 P는 다시 소송을 할 수 있다. [4]조건이 실현되었기 때문이다. [5]따라서 이 두 번째 소송에서는 결국 P가 승소한다. [6]그리고 이때부터는 E가 다시 수강료에 관한 소송을 할 만한 사유가 없다. [7]이 분쟁은 두 차례의 판결을 ⓔ 거쳐 해결될 수 있는 것이다.

- ❶의 분쟁을 해결하는 법률상 절차
  - P의 소송 제기 : 'E가 승소하면'이라는 계약 조건이 아직 실현되지 않았으므로, E는 P에게 수강료를 지급하지 않아도 된다고 판결(E 승소 판결 확정)
  - ↓
  - P가 다시 소송을 제기 : E가 이미 승소하여 계약 조건이 실현되었으므로, E는 P에게 수강료를 지급해야 한다고 판결(P가 승소)

→ P와 E의 분쟁을 해결하는 법률상 절차

■지문 이해

**<프로타고라스와 에우아틀로스의 소송으로 본, 부관의 법률적 효력>**

**❶ 프로타고라스(P)와 에우아틀로스(E)의 소송 사례**

- E는 처음으로 승소하면 수강료를 내겠다고 P에게 제안하였으나 E가 소송을 하지 않았고 P가 E를 상대로 소송함

| | P의 주장 | E의 주장 |
|---|---|---|
| 승소 | 판결에 따라 수강료를 받음 | 판결에 따라 수강료를 내지 않아도 됨 |
| 패소 | 계약에 따라 수강료를 받음 | 계약에 따라 수강료를 내지 않아도 됨 |

**❷ 부관, 기한, 조건의 개념**

- 부관 : 일정한 효과의 발생이나 소멸에 제한을 덧붙이는 것
  - 기한 : 장래에 확실히 발생할 사실에 의존하도록 하는 것
  - 조건 : 장래에 일어날 수도 있는 사실에 의존하도록 하는 것
    - ↳ 조건 실현 시 : 효과 발생 → 정지 조건
    - 효과 소멸 → 해제 조건

| ❸ 확정 판결과 기판력의 특징 | ❹ 확정 판결 이후에 새로운 사정이 생겼을 경우 |
|---|---|
| • 확정 판결 : 기판력을 인정 → 기판력이 있는 판결에 대해서는 더 이상 같은 사안으로 소송에서 다툴 수 없음 | • 기판력이 미치지 않는다고 봄 → 다시 소송하는 것이 허용됨 |

**❺ P와 E의 분쟁을 해결하는 법률상 절차**

① 첫 번째 소송 : 조건이 성취되지 않았음 → E가 승소
② 두 번째 소송 : 조건이 실현됨 → P가 승소
→ E가 다시 수강료에 관한 소송을 할 만한 사유가 없으므로 해결됨

**081** | 세부 정보 이해 - 적절하지 않은 것 고르기 2016학년도 수능AB 27번
정답률 65%, 매력적 오답 ③ 10% ④ 10% | 정답 ①

## 윗글을 이해한 내용으로 적절하지 않은 것은?

**① 승소하면 그때 수강료를 내겠다고 할 때 승소는 수강료 지급 의무에 대한 기한이다.** (조건)

근거 ❷-5~6 효과의 발생이나 소멸이 장래에 확실히 발생할 사실에 의존하도록 하는 것을 기한이라 한다. 반면 장래에 일어날 수도 있는 사실에 의존하도록 하는 것은 조건이다.

풀이 '승소'는 장래에 확실히 발생할 사실이 아니라 장래에 일어날 수도 있는 사실이므로, 기한이 아니라 조건에 해당한다.

→ 적절하지 않음!

**② 기한과 조건은 모두 계약상의 효과를 장래의 사실에 의존하도록 한다는 점이 공통된다.**

근거 ❷-5~6 효과의 발생이나 소멸이 장래에 확실히 발생할 사실에 의존하도록 하는 것을 기한이라 한다. 반면 장래에 일어날 수도 있는 사실에 의존하도록 하는 것은 조건이다.

→ 적절함!

**③ 계약에 해제 조건을 덧붙이면 그 조건이 실현되었을 때 계약상 유지되고 있는 효과를 소멸시킬 수 있다.**

근거 ❷-7 조건이 실현되었을 때 효과를 발생시키면 '정지 조건', 소멸시키면 '해제 조건'이라 부른다.

→ 적절함!

**④ 판결이 선고되고 나서 상소 기간이 다 지나가도록 상소가 이루어지지 않으면 그 판결에는 기판력이 생긴다.**

근거 ❸-1~3 민사 소송에서 판결에 대하여 상소, 곧 항소나 상고가 그 기간 안에 제기되지 않아서 사안이 종결되든가, 그 사안에 대해 대법원에서 최종 판결이 선고되든가 하면, 이제 더 이상 그 일을 다툴 길이 없어진다. 이때 판결은 확정되었다고 한다. 확정 판결에 대하여는 '기판력(既判力)'이라는 것을 인정한다.

→ 적절함!

**⑤ 기판력에는 법원이 판결로 확정한 사안에 대하여 이후에 법원 스스로 그와 모순된 판결을 내릴 수 없다는 전제가 깔려 있다.**

근거 ❸-3~4 확정 판결에 대하여는 '기판력(既判力)'이라는 것을 인정한다. 기판력이 있는 판결에 대해서는 더 이상 같은 사안으로 소송에서 다툴 수 없다, ❸-6 같은 사안에 대해 서로 모순되는 확정 판결이 존재하도록 할 수는 없는 것

→ 적절함!

**082** | 추론의 적절성 판단 - 적절한 것 고르기 2016학년도 수능AB 28번
정답률 70% | 정답 ③

## ㉠에 대한 추론으로 적절한 것은?

㉠ P와 E 사이의 분쟁을 해결하는 소송이 어떻게 전개될지 따져 보자.

**① 첫 번째 소송에서 P는 계약이 유효하다고 주장하고, E는 계약이 유효하지 않다고 주장할 것이다.** (P→E, E→P)

근거 ❶-2~4 "제가 처음으로 승소하면 그때 수강료를 내겠습니다." P는 이를 받아들였다. 그런데 E는 모든 과정을 수강하고 나서도 소송을 할 기미를 보이지 않았고 그러자 P가 E를 상대로 소송하였다.

풀이 P와 E의 계약에서 계약 조건은 'E의 승소'이다. 이 계약이 유효할 경우, P는 계약 조건이 실현되기 이전에는 E에게 수강료를 청구할 수 없다. 따라서 P는 계약이 유효하지 않다고 주장할 것이다. 반면 이 계약이 유효하지 않을 경우, E는 '계약 조건이 실현되지 않았으므로 수강료를 낼 수 없다'는 주장을 할 수 없게 된다. 따라서 E는 계약이 유효하다고 주장할 것이다.

→ 적절하지 않음!

**② 첫 번째 소송의 판결문에는 E가 수강료를 내야 할 의무가 있다는 내용이 실릴 것이다.** (없다)

근거 ❺-2 이 사건에 대한 소송에서는 조건이 성취되지 않았다는 이유로 법원이 E에게 승소 판결을 내리면 된다.

→ 적절하지 않음!

**③ 첫 번째 소송에서나 두 번째 소송에서나 P가 할 청구는 수강료를 내라는 내용일 것이다.**

근거 ❶-5~6 P는 주장하였다. "내가 승소하면 판결에 따라 수강료를 받게 되고, 내가 지면 자네는 계약에 따라 수강료를 내야 하네.", ❺-2~5 이 사건(P와 E 사이의 수강료 분쟁)에 대한 소송에서는 조건이 성취되지 않았다는 이유로 법원이 E에게 승소 판결을 내리면 된다. 그런데 이 판결 확정 이후에 P는 다시 소송을 할 수 있다. 조건이 실현되었기 때문이다. 따라서 이 두 번째 소송에서는 결국 P가 승소한다.

풀이 P는 수강료를 받기 위해 E를 상대로 소송을 제기하였다. 첫 번째 소송에서는 'E의 승소'라는 조건이 성취되지 않았다는 이유로 P가 패소할 것이다. 첫 번째 소송에서 P가 패소할 경우, E가 승소함으로써 계약 조건이 실현되므로 P는 이를 근거로 두 번째 수강료 청구 소송을 할 수 있다.

→ 적절함!

**④ 두 번째 소송에서는 E가 첫 승소라는 조건을 달성하지 못한 상태이므로 P는 수강료를 받을 수 있을 것이다.** (달성한)

근거 ❶-1~2 변론술을 가르치는 프로타고라스(P)에게 에우아틀로스(E)가 제안하였다. "제가 처음으로 승소하면 그때 수강료를 내겠습니다.", ❺-3~5 이(E의 승소) 판결 확정 이후에 P는 다시 소송을 할 수 있다. 조건이 실현되었기 때문이다. 따라서 이 두 번째 소송에서는 결국 P가 승소한다.

풀이 첫 번째 소송에서 E가 승소할 경우 계약 조건을 실현한 것이 된다. 두 번째 소송에서 P는 조건 실현을 근거로 수강료를 받을 수 있을 것이다.

→ 적절하지 않음!

**⑤ 첫 번째와 두 번째 소송의 판결은 P와 E 사이에 승패가 *상반될 것이므로 두 판결 가운데 하나는 무효일 것이다.** (두 판결 모두 유효할) *相反-. 서로 반대됨

근거 ❹-1~2 확정 판결 이후에 법률상의 새로운 사정이 생겼을 때는, 그것을 근거로 하여 다시 소송하는 것이 허용된다. 이 경우에는 전과 다른 사안의 소송이라 하여 이전 판결의 기판력이 미치지 않는다고 보는 것, ❺-2~5 이 사건(P와 E 사이의 수강료 분쟁)에 대한 소송에서는 조건이 성취되지 않았다는 이유로 법원이 E에게 승소 판결을 내리면 된다. 그런데 이 판결 확정 이후에 P는 다시 소송을 할 수 있다. 조건이 실현되었기 때문이다. 따라서 이 두 번째 소송에서는 결국 P가 승소한다.

풀이 첫 번째 소송의 확정 판결 이후에 법률상의 새로운 사정이 생겨 이를 근거로 두 번째 소송을 제기한 것이므로 두 소송은 이전 판결의 기판력이 미치지 않는 서로 다른 사안으로 보게 된다. 이때 첫 번째 소송의 판결이 유효하다는 것이 전제되어야 두 번째 소송에서 P가 승소할 수 있게 된다. 따라서 두 판결 모두 유효하다.

→ 적절하지 않음!

**083** | 구체적인 사례에 적용 - 적절하지 않은 것 고르기 2016학년도 수능AB 29번
정답률 65%, 매력적 오답 ④ 15% | 정답 ⑤

## 윗글을 바탕으로 <보기>의 사례를 검토한 내용으로 적절하지 않은 것은? [3점]

| 보기 |

[1]갑은 을을 상대로 자신에게 빌려 간 금전을 갚아 달라는 소송을 하는데, 계약서와 같은 증거 자료는 제출하지 못했다. [2]그 결과 (가) 또는 (나)의 경우가 생겼다고 하자.

(가) [3]갑은 금전을 빌려 주었다는 증거를 제시하지 못하여 패소하였다. [4]이 판결은 확정되었다. (기판력 인정)

(나) [5]법원은 을이 금전을 빌렸다는 사실을 인정하면서도, 갚기로 한 날은 2015년 11월 30일이라 인정하여, 아직 그날이 되지 않았다는 이유로 갑에게 패소 판결을 내렸다. [6]이 판결은 확정되었다. (기한 인정 / 기한까지 기판력 가짐)

▶ 지문 핵심 개념 정리

| 부관, 기한, 조건의 개념 |
|---|
| • 부관 : 일정한 효과의 발생이나 소멸에 제한을 덧붙이는 것(❷-4)<br>– 기한 : 효과의 발생이나 소멸이 장래에 확실히 발생할 사실에 의존하도록 하는 것(❷-5)<br>– 조건 : 장래에 일어날 수도 있는 사실에 의존하도록 하는 것(❷-6) |

| 확정 판결과 기판력의 특징 | 확정 판결 이후에<br>새로운 사정이 생겼을 경우 |
|---|---|
| • 확정 판결에 대해서는 기판력을 인정하여 더 이상 같은 사안으로 소송에서 다툴 수 없음(❸-3~4)<br>예 계약서를 제시하지 못해 매매 사실을 입증하지 못하고 패소한 판결이 확정되면, 이후에 계약서를 발견하더라도 그 사안에 대하여는 다시 소송하지 못함(❸-5) | • 전과 다른 사안의 소송이라 하여 이전 판결의 기판력이 미치지 않는다고 보고 다시 소송하는 것이 허용됨(❹-1~2)<br>예 임대인이 임차인에게 집을 비워 달라고 하는 소송에서 임대차 기간이 남아 있다는 이유로 임대인이 패소한 판결이 확정된 후 계약 기간이 만료되면 임차인의 권리에 변화가 생겨 임대인은 소송을 다시 할 수 있음(❹-4~5) |

**① (가)의 경우, 갑은 더 이상 상급 법원에 상소하여 다툴 수 있는 방법이 남아 있지 않다.**

근거 <보기>-3~4 갑은 금전을 빌려 주었다는 증거를 제시하지 못하여 패소하였다. 이 판결은 확정되었다.

풀이 확정 판결에 대해서는 기판력을 인정하여 더 이상 같은 사안으로 소송에서 다툴 수 없다.

→ 적절함!

**② (가)의 경우, 갑은 빌려 준 금전에 대한 계약서를 발견하더라도 그것을 근거로 하여 금전을 갚아 달라고 소송하는 것은 허용되지 않는다.**

근거 <보기>-1 갑은 을을 상대로 자신에게 빌려 간 금전을 갚아 달라는 소송을 하는데, 계약서와 같은 증거 자료는 제출하지 못했다, <보기>-3 갑은 금전을 빌려 주었다는 증거를 제시하지 못하여 패소하였다, ❹-3 계약서는 판결 이전에 작성된 것이어서 그 발견이 새로운 사정이라고 인정되지 않는다.

풀이 갑이 계약서를 제시하지 못해 을에게 돈을 빌려 주었다는 사실을 입증하지 못하고 패소한 판결이 확정되면, 이후에 계약서를 발견하더라도 이는 판결 이전에 작성된 것이어서 새로운 사정이라고 인정되지 않는다. 따라서 갑이 다시 소송하는 것은 허용되지 않는다.

→ 적절함!

**③ (나)의 경우, 을은 2015년 11월 30일이 되기 전에는 갑에게 금전을 갚지 않아도 된다.**

근거 <보기>-5~6 법원은 을이 금전을 빌렸다는 사실을 인정하면서도, 갚기로 한 날은 2015년 11월 30일이라 인정하여, 아직 그날이 되지 않았다는 이유로 갑에게 패소 판결을 내렸다. 이 판결은 확정되었다, ❷-5 효과의 발생이나 소멸이 장래에 확실히 발생할 사실에 의존하도록 하는 것을 기한이라 한다.

풀이 금전을 갚기로 한 것은 장래에 확실히 발생할 사실에 의존하도록 하는 '기한'에 해당한다. (나)의 경우 갚기로 한 기한이 2015년 11월 30일로 인정된 판결이므로, 2015년 11월 30일이 되기 전까지 을은 갑에게 금전을 갚지 않아도 된다.

→ 적절함!

**④ (나)의 경우, 2015년 11월 30일이 지나면 갑이 을을 상대로 금전을 갚아 달라는 소송을 다시 하더라도 기판력에 *저촉되지 않는다.** *抵觸-, 위반되지

근거 <보기>-5~6 법원은 을이 금전을 빌렸다는 사실을 인정하면서도, 갚기로 한 날은 2015년 11월 30일이라 인정하여, 아직 그날이 되지 않았다는 이유로 갑에게 패소 판결을 내렸다. 이 판결은 확정되었다, ❹-1~2 확정 판결 이후에 법률상의 새로운 사정이 생겼을 때는, 그것을 근거로 하여 다시 소송하는 것이 허용된다. 이 경우에는 전과 다른 사안의 소송이라 하여 이전 판결의 기판력이 미치지 않는다고 보는 것, ❷-5 효과의 발생이나 소멸이 장래에 확실히 발생할 사실에 의존하도록 하는 것을 기한이라 한다.

풀이 2015년 11월 30일이 지나면 기한이 지났는데도 을이 금전을 갚지 않았다는 사실을 근거로 갑에게 새로운 사정(권리의 변화)이 생기므로, 이전 확정 판결의 기판력이 미치지 않는다고 보고 소송을 다시 할 수 있다.

→ 적절함!

**⑤ (나)의 경우, 이미 지나간 2015년 2월 15일이 갚기로 한 날임을 밝혀 주는 계약서가 발견되면 갑은 같은 해 11월 30일이 되기 전에 그것을 근거로 금전을 갚아 달라는 소송을 할 수 있다.**

근거 <보기>-1 (갑은) 계약서와 같은 증거 자료는 제출하지 못했다, <보기>-5~6 법원은 을이 … 갚기로 한 날은 2015년 11월 30일이라 인정하여, 아직 그날이 되지 않았다는 이유로 갑에게 패소 판결을 내렸다. 이 판결은 확정되었다, ❸-5 패소한 판결이 확정되면, 이후에 계약서를 발견하더라도 그 사안에 대하여는 다시 소송하지 못한다, ❹-1 확정 판결 이후에 법률상의 새로운 사정이 생겼을 때는, 그것을 근거로 하여 다시 소송하는 것이 허용된다, ❹-3 계약서는 판결 이전에 작성된 것이어서 그 발견이 새로운 사정이라고 인정되지 않는다.

풀이 갑이 계약서를 제출하지 못하여 패소한 판결이 확정되면 이 판결에 기판력이 인정된다. 이후 갑이 계약서를 발견하더라도, 이는 판결 이전에 작성된 것이므로 새로운 사정이라고 인정되지 않는다. 따라서 갑은 다시 소송을 할 수 없다.

→ 적절하지 않음!

틀리기 쉬운 문제

## 084 어휘의 적절성 판단 - 적절한 것 고르기 2016학년도 수능AB 30번

정답률 50%, 매력적 오답 ④ 20% ⑤ 15% | 정답 ②

**문맥상 ⓐ~ⓔ와 바꿔 쓰기에 가장 적절한 것은?**

ⓐ 받아들였다 ⓑ 덧붙이는 ⓒ 부른다 ⓓ 생겼을 ⓔ 거쳐

**① ⓐ : 수취하였다**

풀이 ⓐ의 '받아들이다'는 '다른 사람의 요구, 성의, 말 따위를 들어주다'의 의미이다. 한편 '수취(受 받다 수 取 취하다 취)하다'는 '받아서 가지다'의 의미이다. ⓐ를 '수취하였다'로 바꿔 쓸 경우 문맥상 의미가 달라지므로, 바꿔 쓰기에 적절하지 않다. ⓐ는 '어떠한 것을 받아들이다'의 뜻을 지닌 '수용(受 받다 수 容 받아들이다 용)'으로 바꾸는 것이 더 적절하다.

→ 적절하지 않음!

**② ⓑ : 부가하는**

풀이 '부가(附 붙이다 부 加 더하다 가)하다'는 '주된 것에 덧붙이다'의 의미이다. 따라서 ⓑ를 '부가하는'으로 바꿔 써도 문맥상 의미가 달라지지 않는다.

→ 적절함!

**③ ⓒ : 지시한다**

풀이 ⓒ의 '부르다'는 '무엇이라고 가리켜 말하거나 이름을 붙이다'의 의미이다. 한편 '지시(指 가리키다 지 示 보이다 시)하다'는 '가리켜 보게 하다'의 의미이다. ⓒ를 '지시한다'로 바꿔 쓸 경우 문맥상 의미가 달라지므로, 바꿔 쓰기에 적절하지 않다. ⓒ는 '어떤 대상을 가리켜 이르다'의 뜻을 지닌 '지칭(指 가리키다 지 稱 일컫다 칭)하다'로 바꾸는 것이 더 적절하다.

→ 적절하지 않음!

**④ ⓓ : 형성되었을**

풀이 ⓓ의 '생기다'는 '어떤 일이 일어나다'의 의미이다. 한편 '형성(形 모양 형 成 이루다 성)되다'는 '어떤 형상이 이루어지다'의 의미이다. ⓓ를 '형성되었을'로 바꿔 쓸 경우 문맥상 의미가 달라지므로, 바꿔 쓰기에 적절하지 않다. ⓓ는 '어떤 일이나 사물이 생겨나게 되다'의 뜻을 지닌 '발생(發 피다 발 生 나다 생)되다'로 바꾸는 것이 더 적절하다.

→ 적절하지 않음!

**⑤ ⓔ : 경유하여**

풀이 ⓔ의 '거치다'는 '어떤 과정이나 단계를 겪거나 밟다'의 의미이다. 한편 '경유(經 지나다 경 由 말미암다 유)하다'는 '어떤 곳을 거쳐 지나다'의 의미이다. ⓔ를 '경유하여'로 바꿔 쓸 경우 문맥상 의미가 달라지므로, 바꿔 쓰기에 적절하지 않다. ⓔ는 '어떤 단계나 시기, 장소를 거치다'의 뜻을 지닌 '경과(經 지나다 경 過 지나다 과)하다'로 바꾸는 것이 더 적절하다.

→ 적절하지 않음!

평가원 이의 신청 답변

이 문항은 문맥을 고려할 때, 밑줄 친 어휘를 바꿔 쓰기에 가장 적절한 것이 무엇인지를 묻고 있습니다.

이의 제기의 주된 내용은 정답지 ②뿐만 아니라 오답지 ④, ⑤도 적절하여 정답이 될 수 있다는 것입니다. 우선, ④는 적절한 답이 될 수 없습니다. 주어진 문맥에서 'ⓓ 생겼을'의 '생기다'는 '생기다'의 여러 뜻 중, 지문에서처럼 '사정이 생기다'나 '계획에 지장이 생기다' 등에서처럼 '어떤 일이 일어나다'를 뜻합니다. 이에 비해 ④의 '형성되었을'의 '형성되다'는 '도시가 형성되다, 기압골이 형성되다' 등에서처럼 '어떤 형상이 이루어지다'를 뜻합니다. 따라서 '생겼을'을 '형성되었을'로 바꿔 쓰는 것은 지문의 문맥에 비추어 적절하지 않습니다. 이와 관련하여 몇몇 이의 제기들은 지문의 '(확정 판결 이후에) 법률상의 새로운 사정이'까지를 '(확정 판결 이후에) 새로운 법률관계가'라고 바꿔 쓴 후 'ⓓ 생겼을'을 '형성되었을'로 바꿔 써도 적절하다고 주장하고 있습니다. 그러나 이러한 접근은, 지문의 다른 부분은 유지한 채 밑줄 친 부분만을 바꿔 쓰기에 적절한 것을 판단하도록 요구한 문항의 조건을 위배하는 것입니다. 더욱이 '법률관계'란 용어를 지문에서는 사용하지도 않았으므로 이러한 접근은 부적절합니다. 따라서 ④는 정답이 될 수 없습니다.

⑤ 역시 적절하지 않습니다. 'ⓔ 거쳐'의 '거치다'는 '거치다'의 여러 뜻 중, 지문의 '판결을 거치다'처럼 '어떤 과정이나 단계를 겪거나 밟다'를 뜻합니다. 이에 비해 ⑤의 '경유하여'의 '경유하다'는 '대구를 경유하여 부산으로 갔다, 담당자를 경유한 서류' 등에서처럼 '어떤 곳이나, 사무 절차상 어떤 부서(의 담당자)를 거쳐 지나다'를 뜻합니다. 따라서 '거쳐'를 '경유하여'라 바꿔 쓰는 것은 적절하지 않습니다. 이와 관련하여 몇몇 이의 제기들은 '경유하다'를 '거치다'로 바꿔 쓸 수 있다거나 '재판을 경유하여'가 쓰인 경우가 있다는 사례를 들어 'ⓔ 거쳐'를 '경유하여'로 바꿔 써도 적절하다고 주장하고 있습니다. 그러나 이러한 주장은 '거치다'의 다양한 뜻 중 '경유하다'로 바꿔 쓸 수 있는 것과 없는 것이 있다는 점을 유의하지 못하고 있습니다. 또한 국어의 어법이나 사전에 비추어 적격하지 않은 문장에 대해 유의하지 못하고 있습니다. 따라서 ⑤는 정답이 될 수 없습니다. 그러므로 이 문항의 정답에는 이상이 없습니다.

**[085~088] 다음 글을 읽고 물음에 답하시오.**

1 [1]사회 구성원들(사회를 이루는 사람들)이 경제적 이익을 추구하는(追求-, 좇는) 과정에서 불법 행위를 감행하기(敢行-, 저지르기) 쉬운 상황일수록 이를 억제하는(抑制-, 억눌러 그치게 하는) 데에는 금전적 제재 수단(돈을 내게 해서 처벌하는 방법)이 효과적이다.

→ 불법 행위의 금전적 제재 수단 도입 배경

2 [1]현행법상(현재 시행되고 있는 법에서 보면) 불법 행위에 대한 금전적 제재 수단에는 민사적 수단인 손해 배상(손해를 물어 주는 일), 형사적 수단인 벌금, 행정적 수단인 과징금(법규를 어겼을 때 걷는 돈)이 있으며, 이들은 각각 피해자의 구제(救濟, 도와줌), 가해자의 징벌(懲罰, 죄를 지은 것에 대해 벌을 줌), 법 위반(違反, 어김) 상태의 시정(是正, 잘못된 것을 바로잡음)을 목적으로 한다. [2]예를 들어 기업들이 담합하여(談合-, 서로 짜고 의견을 맞추어) 제품 가격을 인상했다가(引上-, 올렸다가) 적발된(摘發-, 걸린) 경우, 그 기업들은 피해자에게 손해 배상 소송을 제기당하거나 법원으로부터 벌금형을 선고받을 수 있고 행정 기관으로부터 과징금도 부과받을(賦課-, 내게 될) 수 있다. [3]이처럼 하나의 불법 행위에 대해 세 가지 금전적 제재가 내려질 수 있지만 제재의 목적이 서로 다르므로 중복 제재는 아니라는 것이 법원의 판단이다.

| | 주체 | 목적 | 특징 |
|---|---|---|---|
| 민사 | (손해를 본 사람) | 피해자의 금전적 손해 보전 | 피해자에게 입증 책임이 있음. 피해자는 손해를 얼마나 보았고, 상대방의 과실이 얼마인지를 명확히 제기해야 함 |
| 형사 | 국가(국가의 대리인인 검사) | 사적 구제의 폐해를 줄이고, 피해자의 복수를 대신함 | 가해자의 불법 행위에 대해 검사가 증명, 판사가 판단. 국가의 질서를 유지하기 위해 형벌을 행사할 것인지 여부에 주된 관심 |
| 행정 | 행정 기관 | 행정적 명령 이행 | 사회 질서 및 규칙 준수를 위해 과징금을 부과 |

→ 현행법상의 금전적 제재 수단

3 [1]그런데 우리나라에서는 기업의 불법 행위에 대해 손해 배상 소송이 제기되거나 벌금이 부과되는 사례는 드물어서, 과징금 등 행정적 제재 수단이 억제 기능을 수행하는 경우가 많다. [2]이런 상황에서는 과징금 등 행정적 제재의 강도(強度, 센 정도)를 높임으로써 불법 행위의 억제력(抑制力, 억누르는 힘)을 끌어올릴 수 있다. [3]그러나 적발 가능성이 매우 낮은 불법 행위의 경우에는 과징금을 올리는 방법만으로는 억제력을 유지하는 데 한계가 있다. [4]또한 피해자에게 귀속되는(歸屬-, 돌아가는) 손해 배상금과는 달리 벌금과 과징금은 국가에 귀속되므로 과징금을 올려도 피해자에게는 ㉠ 직접적인 도움이 되지 못한다. [5]이 때문에 적발 가능성이 매우 낮은 불법 행위에 대해 억제력을 높이면서도 손해 배상을 더욱 충실히 할 수 있는 방안(方案, 해결 방법)들이 요구되는데 그 방안 중 하나가 '징벌적 손해 배상 제도'이다.

→ 현행법상 금전적 제재 수단의 한계

4 [1]이 제도는 불법 행위의 피해자가 손해액에 해당하는 배상금(賠償金, 손해에 대해 물어 주는 돈)에다 가해자에 대한 징벌(懲罰, 죄를 지은 것에 대한 벌)의 성격이 가미된(加味-, 더해진) 배상금을 더하여 배상받을 수 있도록 하는 것을 내용으로 한다. [2]일반적인 손해 배상 제도에서는 피해자가 손해액을 초과하여(超過-, 넘겨) 배상받는 것이 불가능하지만 징벌적 손해 배상 제도에서는 ㉡ 그것이 가능하다는 점에서 이례적(異例的, 보통 사례에서 벗어나 특이한 것)이다. [3]그런데 ㉢ 이 제도는 민사적 수단인 손해 배상 제도이면서도 피해자가 받는 배상금 안에 ㉣ 벌금과 비슷한 성격이 가미된 배상금이 포함된다는 점 때문에 중복 제재의 발생과 관련하여 의견이 엇갈리며(중복 제재로 보기도 하고 그렇지 않기도 하며), 이 제도 자체에 대한 찬반양론으로 이어지고 있다.

→ 현행법의 대안인 '징벌적 손해 배상 제도'

5 [1]이 제도의 반대론자들은 징벌적 성격이 가미된 배상금이 피해자에게 부여되는 ㉤ 횡재(橫財, 뜻밖에 얻는 재물)라고 본다. [2]또한 징벌적 성격이 가미된 배상금이 형사적 제재 수단인 벌금과 함께 부과될 경우에는 가해자(加害者, 피해를 입힌 사람)에 대한 중복 제재가 된다고 주장한다. [3]반면에 찬성론자들은 징벌적 성격이 가미된 배상금을 피해자들이 소송을 위해 들인 시간과 노력에 대한 정당한 대가로 본다. [4]따라서 징벌적 성격이 가미된 배상금도 피해자의 구제를 목적으로 하는 민사적 제재의 성격을 갖는다고 보아야 하므로 징벌적 성격이 가미된 배상금과 벌금이 함께 부과되더라도 중복 제재가 아니라고 주장한다.

→ 징벌적 손해 배상 제도에 대한 찬반 논쟁

■지문 이해

**<징벌적 손해 배상 제도에 대한 논쟁>**

**❶ 불법 행위의 금전적 제재 수단 도입 배경**

- 경제적 이익을 추구하는 과정에서의 불법 행위 감행
  → 금전적 제재 수단이 억제에 효과적

**❷ 현행법상의 금전적 제재 수단**

- 민사적 수단인 손해 배상 - 피해자의 구제 목적
- 형사적 수단인 벌금 - 가해자의 징벌 목적
- 행정적 수단인 과징금 - 법 위반 상태의 시정 목적
  → 하나의 불법 행위에 대해 세 가지 제재 가능하나 목적이 서로 다르므로 중복 제재는 아님(법원의 판단)

**❸ 현행법상 금전적 제재 수단의 한계**

- 우리나라의 경우 행정적 제재 수단이 억제 기능을 수행하는 경우가 많음
- 과징금의 강도를 높여 불법 행위의 억제력을 끌어올릴 수 있음

한계 - 적발 가능성이 매우 낮은 불법 행위의 경우 억제력 유지에 한계
- 손해 배상금과 달리 벌금과 과징금은 국가에 귀속되어 피해자는 직접적인 도움을 받지 못함

→ 억제력을 높이면서도 손해 배상이 가능한 '징벌적 손해 배상 제도'의 도입

**❹ 현행법의 대안인 '징벌적 손해 배상 제도'**

- 불법 행위의 피해자 배상 : 손해에 대한 배상금 + 가해자를 징벌하는 배상금
- 피해자가 손해액을 초과하여 배상받는 것이 가능하다는 점에서 이례적
  → 배상금 안에 벌금과 비슷한 성격의 배상금이 포함되어 중복 제재에 대한 찬반 논란 발생

**❺ 징벌적 손해 배상 제도에 대한 찬반 논쟁**

| 반대론자 | 찬성론자 |
|---|---|
| 피해자에게 부여되는 횡재(부당한 대가) | 피해자들이 소송에 들인 시간과 노력에 대한 정당한 대가 |
| 징벌적 성격이 가미된 동시에 형사적 제재 수단과 함께 부과되므로 중복 제재 | 민사적 제재이므로 형사적 제재 수단과 함께 부과되더라도 중복 제재 아님 |

**085** 세부 정보 이해 - 적절하지 않은 것 고르기 2016학년도 6월 모평AB 27번 정답률 85% | 정답 ④

**윗글에서 다룬 내용이 아닌 것은?**

**① 징벌적 손해 배상 제도의 내용**

근거 ❹-1 이(징벌적 손해 배상) 제도는 불법 행위의 피해자가 손해액에 해당하는 배상금에다 가해자에 대한 징벌의 성격이 가미된 배상금을 더하여 배상받을 수 있도록 하는 것

→ 적절함!

**② 징벌적 손해 배상 제도와 관련한 논쟁**

근거 ❹-3 이(징벌적 손해 배상) 제도는 민사적 수단인 손해 배상 제도이면서도 피해자가 받는 배상금 안에 벌금과 비슷한 성격이 가미된 배상금이 포함된다는 점 때문에 중복 제재의 발생과 관련하여 의견이 엇갈리며, 이 제도 자체에 대한 찬반양론으로 이어지고 있다.

→ 적절함!

**③ 불법 행위에 대한 금전적 제재 수단의 종류**

근거 ❷-1 현행법상 불법 행위에 대한 금전적 제재 수단에는 민사적 수단인 손해 배상, 형사적 수단인 벌금, 행정적 수단인 과징금이 있으며

→ 적절함!

**④ 징벌적 손해 배상 제도의 도입 사례와 문제점**

풀이 징벌적 손해 배상 제도의 도입에 대한 찬반 양측의 의견은 제시되었으나, 이것이 도입된 사례와 문제점에 대해서는 특별히 언급되지 않았다.

→ 적절하지 않음!

**⑤ 징벌적 손해 배상 제도의 도입이 요구되는 배경**

근거 ❸-3~5 적발 가능성이 매우 낮은 불법 행위의 경우에는 과징금을 올리는 방법만으로는 억제력을 유지하는 데 한계가 있다. 또한 피해자에게 귀속되는 손해 배상금과는 달리 벌금과 과징금은 국가에 귀속되므로 과징금을 올려도 피해자에게는 직접적인 도움이 되지 못한다. 이 때문에 적발 가능성이 매우 낮은 불법 행위에 대해 억제력을 높이면서도 손해 배상을 더욱 충실히 할 수 있는 방안들이 요구되는데 그 방안 중 하나가 '징벌적 손해 배상 제도'이다.

→ 적절함!

| 086 | 세부 정보 이해 - 적절하지 않은 것 고르기 2016학년도 6월 모평AB 28번<br>정답률 85% | 정답 ⑤ |
|---|---|---|

**윗글에 대한 이해로 적절하지 않은 것은?**

**① 과징금은 불법 행위를 행정적으로 제재하는 수단에 해당된다.**

근거 ❷-1 현행법상 불법 행위에 대한 금전적 제재 수단에는 민사적 수단인 손해 배상, 형사적 수단인 벌금, 행정적 수단인 과징금이 있으며

→ 적절함!

**② 기업이 담합해 제품 가격을 인상한 행위는 불법 행위에 해당한다.**

근거 ❷-2~3 기업들이 담합하여 제품 가격을 인상했다가 적발된 경우, 그 기업들은 피해자에게 손해 배상 소송을 제기당하거나 법원으로부터 벌금형을 선고받을 수 있고 행정 기관으로부터 과징금도 부과받을 수 있다. 이처럼 하나의 불법 행위에 대해 세 가지 금전적 제재가 내려질 수 있지만

→ 적절함!

**③ 불법 행위로 인한 피해자는 손해 배상으로 구제받는 것이 가능하다.**

근거 ❷-1 현행법상 불법 행위에 대한 금전적 제재 수단에는 민사적 수단인 손해 배상, 형사적 수단인 벌금, 행정적 수단인 과징금이 있으며, 이들은 각각 피해자의 구제, 가해자의 징벌, 법 위반 상태의 시정을 목적으로 한다.

→ 적절함!

**④ 하나의 불법 행위에 대해 두 가지 이상의 금전적 제재가 내려질 수 있다.**

근거 ❷-3 하나의 불법 행위에 대해 세 가지 금전적 제재가 내려질 수 있지만 제재의 목적이 서로 다르므로 중복 제재는 아니라는 것이 법원의 판단

→ 적절함!

벌금보다 과징금으로

**⑤ 우리나라에서는 기업의 불법 행위를 과징금보다 벌금으로 제재하는 사례가 많다.**

근거 ❸-1 우리나라에서는 기업의 불법 행위에 대해 손해 배상 소송이 제기되거나 벌금이 부과되는 사례는 드물어서, 과징금 등 행정적 제재 수단이 억제 기능을 수행하는 경우가 많다.

→ 적절하지 않음!

| 087 | 추론의 적절성 판단 - 적절하지 않은 것 고르기 2016학년도 6월 모평AB 29번<br>정답률 80% | 정답 ④ |
|---|---|---|

**문맥을 고려할 때 ㉠~㉤에 대한 설명으로 적절하지 않은 것은?**

㉠ 직접적인 도움 ㉡ 그것 ㉢ 이 제도 ㉣ 벌금과 비슷한 성격 ㉤ 횡재

**① ㉠은 피해자가 금전적으로 구제받는 것을 의미한다.**

근거 ❸-4 피해자에게 귀속되는 손해 배상금과는 달리 벌금과 과징금은 국가에 귀속되므로 과징금을 올려도 피해자에게는 직접적인 도움이 되지 못한다.

풀이 벌금과 과징금은 국가에 귀속되어 피해자에게 직접적인 도움이 되지 못한다고 하였으므로, 여기서의 ㉠은 손해 배상금과 같이 돈이 피해자에게 귀속되는 것, 즉 금전적으로 구제받는 것을 말한다.

→ 적절함!

**② ㉡은 피해자가 손해액을 초과하여 배상받는 것을 가리킨다.**

근거 ❹-2 일반적인 손해 배상 제도에서는 피해자가 손해액을 초과하여 배상받는 것이 불가능하지만 징벌적 손해 배상 제도에서는 그것이 가능하다

풀이 일반적인 손해 배상 제도에서는 '피해자가 손해액을 초과하여 배상받는 것'이 불가능하지만 징벌적 손해 배상 제도에서는 가능하다고 했으므로, ㉡이 가리키는 것은 앞에 제시된 '피해자가 손해액을 초과하여 배상받는 것'을 말한다.

→ 적절함!

**③ ㉢은 징벌적 손해 배상 제도를 가리킨다.**

근거 ❹-2~3 징벌적 손해 배상 제도에서는 그것이 가능하다는 점에서 이례적이다. 그런데 이 제도는

풀이 바로 앞 문장에서 '징벌적 손해 배상 제도'에 대해 설명하고 있고, 바로 다음 문장에서 '이 제도'라는 지시어를 썼으므로, 여기서 ㉢은 바로 앞에서 설명한 '징벌적 손해 배상 제도'를 가리킨다.

→ 적절함!

형사적

**④ ㉣은 행정적 제재 수단으로서의 성격을 말한다.**

근거 ❷-1 현행법상 불법 행위에 대한 금전적 제재 수단에는 민사적 수단인 손해 배상, 형사적 수단인 벌금, 행정적 수단인 과징금이 있으며, 이들은 각각 피해자의 구제, 가해자의 징벌, 법 위반 상태의 시정을 목적으로 한다, ❹-3 벌금과 비슷한 성격이 가미된 배상금

풀이 벌금은 행정적 제재 수단이 아니라 형사적 제재 수단에 해당하므로, ㉣은 행정적 제재 수단으로서의 성격을 말한다는 설명은 적절하지 않다.

→ 적절하지 않음!

= 손해액에 해당하는 배상금 + 징벌적 배상금

**⑤ ㉤은 배상금 전체에서 손해액에 해당하는 배상금을 제외한 금액을 의미한다.**

근거 ❹-1 이(징벌적 손해 배상) 제도는 불법 행위의 피해자가 손해액에 해당하는 배상금에다 가해자에 대한 징벌의 성격이 가미된 배상금을 더하여 배상받을 수 있도록 하는 것, ❺-1 이 제도의 반대론자들은 징벌적 성격이 가미된 배상금이 피해자에게 부여되는 횡재라고 본다.

풀이 징벌적 손해 배상 제도에서 피해자에게 주는 배상금은 손해액에 해당하는 배상금 + 징벌적 성격이 가미된 배상금이므로, 여기서의 ㉤은 전체 배상금에서 원래 받게 되는 손해액에 해당하는 배상금을 뺀 추가 금액(징벌적 성격이 가미된 배상금)을 의미한다.

→ 적절함!

| 088 | 자료 해석의 적절성 판단 - 적절하지 않은 것 고르기 2016학년도 6월 모평AB 30번<br>정답률 90% | 정답 ① |
|---|---|---|

**윗글을 바탕으로 <보기>를 이해한 내용으로 적절하지 않은 것은?** [3점]

| 보 기 |

우리나라의 법률 중에는 징벌적 손해 배상 제도의 성격을 가진 규정이 「하도급거래 공정화에 관한 법률」 제35조에 포함되어 있다. 이 규정에 따르면 하도급거래(중소기업이 대기업으로부터 특정 물품의 제조나 수리를 위탁받아 이를 납품하고 대금을 받는 것) 과정에서 자기의 기술자료를 유용당하여(流用-. 허락 없이 다른 곳으로 바꿔 쓰이게 되어) 손해를 입은 피해자는 그 손해의 3 배까지 가해자로부터 배상을 받을 수 있다.

▶ 지문 핵심 개념 정리

| 현행법상의 금전적 제재 수단의 한계 |
|---|
| • 불법 행위 감행을 억제하는 데에 금전적 제재 수단이 효과적(❶–1)<br>한계 ① 적발 가능성이 매우 낮은 불법 행위의 경우 억제력 유지에 한계(❸–3)<br>② 벌금과 과징금이 국가에 귀속되어 피해자는 직접적인 도움을 받지 못함(❸–4)<br>→ 억제력을 높이면서도 손해 배상이 가능한 '징벌적 손해 배상 제도'의 도입(❸–5) |

⇩

| 현행법의 대안인 '징벌적 손해 배상 제도' |
|---|
| • 불법 행위의 피해자 배상 : 손해에 대한 배상금 + 가해자를 징벌하는 배상금(❹–1)<br>• 피해자가 손해액을 초과하여 배상받는 것이 가능하다는 점에서 이례적(❹–2) |

**① 이 규정에 따라 피해자가 받게 되는 배상금은 국가에 귀속되겠군.** (국가 → 피해자)

풀이 징벌적 손해 배상 제도에서의 배상금은 피해자에게 귀속된다.

→ 적절하지 않음!

**② 이 규정의 시행으로, 기술자료를 유용해 타인에게 손해를 끼치는 행위가 억제되는 효과가 생기겠군.**

풀이 징벌적 손해 배상 제도를 비롯한 금전적 제재 수단은 불법 행위의 억제에 효과가 있다.

→ 적절함!

**③ 이 규정에 따라 피해자가 손해의 3 배를 배상받을 경우에는 배상금에 징벌적 성격이 가미된 배상금이 포함되겠군.** (배상금 = 손해액에 해당하는 배상금 + 징벌적 배상금)

풀이 징벌적 손해 배상 제도에서 손해액을 초과한 금액을 배상받는 것은 손해를 본 금액(손해액)에 징벌적 성격이 가미된 배상금이 포함되기 때문이다.

→ 적절함!

(일반적인 손해 배상 제도: 피해자가 손해액을 초과하여 배상받는 것이 불가능 / 이 규정: 피해자가 손해액에 해당하는 배상금 + 징벌적 배상금을 받을 수 있음)

**④ 일반적인 손해 배상 제도를 이용할 때보다 이 규정을 이용할 때에 피해자가 받을 수 있는 배상금의 *최대한도가 더 커지겠군.** *가장 많이 받을 수 있는 정도

풀이 징벌적 손해 배상 제도에 따르면 손해액에 해당하는 배상금 이외에 징벌적 성격이 가미된 배상금이 추가로 배상되므로, 손해 배상 제도에서 배상받을 수 있는 금액보다 많은 금액을 배상받을 수 있다.

→ 적절함!

**⑤ 이 규정이 만들어진 것으로 볼 때, 하도급거래 과정에서 발생하는 기술자료 유용은 적발 가능성이 매우 낮은 불법 행위에 해당되겠군.**

풀이 징벌적 손해 배상 제도는 적발 가능성이 매우 낮은 불법 행위에 대한 억제력을 높이고 손해 배상을 충실히 하기 위한 방안이다.

→ 적절함!

**tip** • 미국에서의 징벌적 손해 배상 사례

미국에서 징벌적 손해 배상으로 배상금을 받은 사례로 1992년 2월에 있었던 맥도날드 스텔라 리벅 소송이 있다. 당시 79 세였던 리벅 씨는 손자가 운전하는 차를 타고 맥도날드 드라이브스루(drive-through)에서 커피를 주문했다. 리벅 씨는 컵 뚜껑을 열다가 무릎에 커피를 쏟아 3도 화상을 입었다. 그는 8 일간 입원하며 피부 이식 등 수술을 받았고 화상 후유증과 정신적인 스트레스로 몸무게가 9 kg 가량 빠졌으며 이로 인해 2 년 동안 부분적인 장애를 겪었다고 주장, 맥도날드를 상대로 소송을 제기했다. 리벅 씨 측은 당시 커피 물의 온도가 82~88 도로 정상에 비해 훨씬 뜨거웠으나 맥도날드가 리벅 씨에게 적절한 주의를 하도록 고지하지 않은 부주의를 저질렀다고 주장했고 법원은 64만 달러(약 7억 5천만 원)를 배상하도록 결정했다. 이 판결은 특정 제품이나 서비스를 제공하는 기업의 책임 범위를 확대하는 대표적인 소송이 되었다.

## [089~090] 다음 글을 읽고 물음에 답하시오.

1 [1]일반적으로 법률에서는 일정한 법률 효과(法律效果, 법에서 비롯한 권리나 의무)와 함께 그것을 일으키는 요건을 규율한다.(規律−, 질서나 제도로 다스린다.) [2]이를테면, 민법 제750조에서는 불법 행위에 따른 손해 배상 책임(損害賠償責任, 손해를 물어주는 것에 대한 책임)을 규정하는데(規定−, 정해 놓았는데), 그 배상 책임의 성립 요건(손해 배상 책임이 생겨나게 하는 조건)을 다음과 같이 정한다. [3]ㄱ'고의나 과실'로 말미암은(인한) '위법 행위'가 있어야 하고, ㄴ'손해가 발생'하여야 하며, 바로 그 위법 행위 때문에 손해가 생겼다는, 이른바 ㄷ'인과 관계'가 있어야 한다. [4]이 요건들이 모두 충족되어야(充足−, 갖춰져야), 법률 효과로서 가해자는 피해자에게 손해를 배상할 책임이 생기는 것이다.

→ 손해 배상 책임의 성립 요건

2 [1]소송(訴訟, 재판)에서는 이런 요건들을 입증해야(立證−, 증거를 내세워 증명해야) 한다. [2]소송에서 입증은 주장하는 사실을 법관(法官, 판사)이 의심 없이 확신하도록 만드는 일이다. [3]어떤 사실의 존재 여부에 대해 법관이 확신을 갖지 못하면, 다시 말해 입증되지 않으면 원고(原告, 소송을 요구한 사람)와 피고(被告, 소송을 당한 사람) 가운데 누군가는 패소(敗訴, 소송에서 짐)의 불이익을 당하게 된다. [4]이런 불이익을 받게 될 당사자(때로 인해 불이익을 받게 될 사람)는 입증의 부담을 안을 수밖에 없고, 이를 입증 책임이라 부른다.

→ 입증과 입증 책임의 뜻

3 [1]대체로 어떤 사실이 존재함을 증명하는 것이 존재하지 않음을 증명하는 것보다 쉽다. [2]이 둘 가운데 어느 한쪽에 부담을 지워야 한다면, 쉬운 쪽에 지우는 것이 공평할 것이다.(어떤 사실이 존재하지 않는다는 것을 증명하는 것보다 존재한다는 것을 주장하는 쪽이 쉬우므로, 쉬운 쪽이 증명하게 하는 편이 나을 것이다.) [3]이런 형평성(衡平性, 부담이 어느 한쪽에 치우치지 않는 공평함)을 고려하여 특정한 사실의 발생을 주장하는 이에게 그 사실의 존재에 대한 입증 책임을 지도록 하였다. [4]그리하여 상대방에게 불법 행위의 책임이 있다고 주장하는 피해자는 소송에서 원고가 되어, 앞의 민법 조문에서 규정하는 요건(민법에서 정해놓은 요건)들이 이루어졌다고 입증해야 한다.

→ 원고가 입증 책임을 부담하는 이유

4 [1]그런데 이들 요건 가운데 인과 관계는 그 입증의 어려움 때문에 공해(公害, 산업 활동으로 인한 환경오염) 사건 등에서 문제가 된다. [2]공해에 관하여는 현재의 과학 수준으로도 해명되지(解明−, 이유를 풀어서 설명되지) 않는 일이 많다. [3]그런데도 피해자에게 공해와 손해 발생 사이의 인과 관계를 하나하나의 연결 고리까지 자연 과학적으로 증명하도록(과학적으로 설명하도록) 요구한다면, 사실상 사법적 구제(司法的救濟, 소송을 통해 피해를 입은 사람을 도와주는 것)를 거부하는 일이 될 수 있다. [4]더구나 관련 기업은 월등한(越等−, 더 뛰어난) 지식과 기술을 가지고 훨씬 더 쉽게 원인 조사를 할 수 있는 상황이기에, 피해자인 상대방에게만 엄격한 부담을 지우는 데 대한(피해자에게만 입증 책임을 지우는 것에 대한) 형평성 문제도 제기된다.

→ 공해 사건에서 입증 책임의 형평성 문제

5 [1]공해 소송에서도 인과 관계에 대한 입증 책임은 여전히 피해자인 원고에 있다. [2]판례(判例, 지금까지 법원의 판결들)도 이 원칙을 바꾸지는 않는다. [3]다만 입증되었다고 보는 정도를 낮추어 인과 관계 입증의 어려움을 덜어 주려 한다. [4]곧 공해 소송에서는 예외적으로 인과 관계의 입증에 관하여 의심 없는 확신의 단계까지 요구하지 않고, 다소 낮은 정도의 규명으로도(정확한 설명은 아니지만 어느 정도 그럴듯한 설명만 제시해도) 입증되었다고 인정하는 판례가 등장하는 것이다. [5]이렇게 해서 인과 관계가 인정되면 가해자인 피고는 인과 관계의 성립을 방해하는(공해로 인해 손해가 생긴 것이 아니라는) 증거를 제출하여 책임을 면해야(손해 배상 책임을 지지 않도록 해야) 한다.

→ 공해 사건에서 원고의 입증 책임 완화

Ⅱ 사회

■지문 이해

<손해 배상 책임의 성립 요건에 대한 입증 책임>

| ❶ 손해 배상 책임의 성립 요건 |
|---|
| ㄱ. '고의나 과실'로 인한 '위법 행위'<br>ㄴ. '손해 발생' → 모두 충족해야 함<br>ㄷ. '인과 관계'가 성립 |

| ❷ 입증과 입증 책임의 뜻 | | ❸ 원고가 입증 책임을 부담하는 이유 |
|---|---|---|
| • 입증 : 어떤 사실의 존재 여부를 법관이 의심 없이 확신하도록 증명하는 것<br>• 입증 책임 : 입증의 부담을 안는 것 | → | • 어떤 사실이 존재함을 증명하는 것이 존재하지 않음을 증명하는 것보다 쉬움 |

| ❹ 공해 사건에서 입증 책임의 형평성 문제 | | ❺ 공해 사건에서 원고의 입증 책임 완화 |
|---|---|---|
| • 피해자가 공해와 손해 발생 사이의 인과 관계를 하나하나 자연 과학적으로 증명하기 어려움 | → | • 의심 없는 확신의 단계까지 요구하지 않음<br>• 다소 낮은 정도의 규명으로 충분 |

1등급문제

**089** 세부 정보 이해 - 적절한 것 고르기 2014학년도 6월 모평A 28번
정답률 60%, 매력적 오답 ② 15% ⑤ 10% | 정답 ①

**윗글을 이해한 내용으로 가장 적절한 것은?**

= 특정한 사실의 발생을 주장하는 쪽이 입증 책임을 짐

**① 소송에서 양 당사자에게 부담을 공평하게 하려는 고려가 입증 책임을 분배하는 원리에 작용한다.** = 형평성

근거 ❸-1~3 어떤 사실이 존재함을 증명하는 것이 존재하지 않음을 증명하는 것보다 쉽다. 이 둘 가운데 어느 한쪽에 부담을 지워야 한다면, 쉬운 쪽에 지우는 것이 공평할 것이다. 이런 형평성을 고려하여 특정한 사실의 발생을 주장하는 이에게 그 사실의 존재에 대한 입증 책임을 지도록 하였다.

→ 적절함!

주장하는 사실을 법관이 의심 없이 확신하도록 만들면

**② 원칙적으로 어떤 사실이 일어났을지도 모른다는 *개연성이 인정되면 입증이 성공하였다고 본다.** *蓋然性. 절대적으로 확실하지는 않으나 가능성이 있음

근거 ❷-2 소송에서 입증은 주장하는 사실을 법관이 의심 없이 확신하도록 만드는 일

→ 적절하지 않음!

ㄱ. 고의나 과실로 말미암은 '위법 행위'가 있어야 함
ㄴ. '손해가 발생'해야 함
ㄷ. '인과 관계'가 있어야 함

**③ 민법 제750조에서 규정하는 요건들이 충족되었다는 사실을 입증할 책임은 소송에서 피고에게 있다.**
피해자 = 원고

근거 ❸-4 상대방에게 불법 행위의 책임이 있다고 주장하는 피해자는 소송에서 원고가 되어, 앞의 민법 조문에서 규정하는 요건들이 이루어졌다고 입증해야 한다.

→ 적절하지 않음!

세 요건이 모두 충족된 것이 아님

**④ 위법 행위를 저지르면 고의와 과실이 없다는 사실을 입증하더라도 불법 행위에 따른 손해 배상 책임이 성립한다.**
성립하지 않는다

근거 ❶-2~4 민법 제750조에서는 불법 행위에 따른 손해 배상 책임을 규정하는데, 그 배상 책임의 성립 요건을 다음과 같이 정한다. '고의나 과실'로 말미암은 '위법 행위'가 있어야 하고, '손해가 발생'하여야 하며, 바로 그 위법 행위 때문에 손해가 생겼다는, 이른바 '인과 관계'가 있어야 한다. 이 요건들이 모두 충족되어야, 법률 효과로서 가해자는 피해자에게 손해를 배상할 책임이 생기는 것

풀이 불법 행위에 따른 손해 배상 책임이 성립하기 위해서는 고의나 과실로 말미암은 위법 행위, 손해 발생, 인과 관계라는 세 가지 요건이 모두 충족되어야 한다. 고의와 과실이 없다는 사실을 입증하면 이 세 가지 요건 중 하나가 충족되지 않으므로 손해 배상 책임이 성립하지 않는다.

→ 적절하지 않음!

= 입증되지 않으면

**⑤ 문제되는 사실이 실제로 일어났는지 밝혀지지 않으면 그 사실의 존재에 대한 입증 책임이 없는 쪽이 소송에서 불이익을 받는다.**
있는

근거 ❷-3~4 입증되지 않으면 원고와 피고 가운데 누군가는 패소의 불이익을 당하게 된다. 이런 불이익을 받게 될 당사자는 입증의 부담을 안을 수밖에 없고, 이를 입증 책임이라 부른다, ❸-3 특정한 사실의 발생을 주장하는 이에게 그 사실의 존재에 대한 입증 책임을 지도록 하였다.

풀이 문제되는 사실이 실제로 일어났는지 밝혀지지 않으면 그 사실의 존재에 대한 입증 책임을 지는 피해자 쪽이 피해를 밝히지 못한 것이므로 불이익을 받는다.

→ 적절하지 않음!

**090** 구체적인 사례에 적용 - 적절하지 않은 것 고르기 2014학년도 6월 모평A 29번
정답률 75%, 매력적 오답 ⑤ 10% | 정답 ④

**윗글을 바탕으로 <보기>에서 대법원의 입장을 추론한 것으로 적절하지 않은 것은?** 3점

| 보기 |

ㄱ. 위법 행위 ㄷ. 인과 관계 ㄴ. 손해 발생

[1]다음은 어느 공해 소송에 대한 대법원의 판결에 관한 내용이다. [2]공장의 폐수 방류(廢水放流, 폐수를 흘려보냄) 때문에 양식 중이던 김이 폐사하였다고(斃死-, 죽었다고) 주장하는 어민들은, 해당 회사를 상대로 불법 행위에 따른 손해 배상을 청구하는 소(訴, 소송)를 제기하였다. [3]폐수의 방류 때문에 김이 폐사하였다고 하기 위해서는 다음의 세 가지가 모두 자연 과학적으로 뚜렷이 밝혀져야 할 것이다. [4]1) 방류된 폐수가 해류(海流, 바닷물의 흐름)를 타고 양식장에 도달하였다. [5]2) 그 폐수 안에 김의 생육에(김이 자라는 데) 악영향을 미치는 오염 물질이 들어 있었다. [6]3) 오염 물질의 농도가 안전 범위를 넘었다. [7]이에 대해 대법원은 폐수가 해류를 따라 양식장에 이르렀다는 것만 증명하면 인과 관계를 입증하는 데 충분하다고 인정하였다.

입증되었다고 보는 정도를 낮추어 입증의 어려움을 덜어 주려 함

▶ 지문 핵심 개념 정리

| 공해 사건에서의 입증 책임 |
|---|
| • 피해자인 원고에게 있음(❺-1)<br>• 입증되었다고 보는 정도를 낮추어 인과 관계 입증의 어려움을 덜어 줌(❺-3)<br>• 원고가 인과 관계를 증명하면 피고는 인과 관계의 성립을 방해하는 증거를 제출하여 책임을 면해야 함(❺-5) |

**① 피해자인 어민들이 원고로서 겪게 되는 입증의 어려움을 완화시켜 주려 한 것이다.**

근거 <보기>-7 대법원은 폐수가 해류를 따라 양식장에 이르렀다는 것만 증명하면 인과 관계를 입증하는 데 충분하다고 인정

→ 적절함!

**② 인과 관계를 입증할 수 있는 자연 과학적 연결 고리가 존재한다는 점을 인정한 것이다.**

근거 <보기>-7 대법원은 폐수가 해류를 따라 양식장에 이르렀다는 것만 증명하면 인과 관계를 입증하는 데 충분하다고 인정

풀이 대법원에서 폐수가 양식장에 이르렀다는 것만 증명하면 인과 관계를 입증하는 데 충분하다고 인정했다는 것은 폐수 방류와 김 폐사에 자연 과학적 연결 고리가 존재한다는 것을 인정한 것이다.

→ 적절함!

= 피해자 = 원고

**③ 공장 폐수가 김 양식장으로 흘러들었다는 사실을 어민들 쪽에서 입증하라고 한 것이다.**

근거 ❺-1 공해 소송에서도 인과 관계에 대한 입증 책임은 여전히 피해자인 원고에게 있다.

→ 적절함!

어민

**④ 위법 행위와 손해 사이에 인과 관계가 존재한다는 데 대한 입증 책임이 회사 쪽에 있다고 인정한 것이다.**

근거 ❺-1 공해 소송에서도 인과 관계에 대한 입증 책임은 여전히 피해자인 원고에게 있다.

풀이 위법 행위와 손해 사이에 인과 관계가 존재한다는 데 대한 입증 책임은 공해로 인해 손해가 있다고 주장하는 어민들에게 있다.

→ 적절하지 않음!

책임을 면하기 위해 인과 관계의 성립을 방해하는 증거 제출

**⑤ 공장 폐수 속에 김의 폐사에 영향을 주는 물질이 들어 있지 않다는 사실은 회사 쪽에서 입증하라고 한 것이다.** = 가해자 = 피고

근거 ❺-5 인과 관계가 인정되면 가해자인 피고는 인과 관계의 성립을 방해하는 증거를 제출하여 책임을 면해야 한다.

풀이 공장의 폐수 방류로 인해 김이 폐사했다는 인과 관계가 입증되면, 회사 쪽에서는 인과 관계 성립을 방해하는 증거를 제출해 책임을 면해야 한다.

→ 적절함!

Ⅱ 사회

# 4. 우리는 법의 울타리 안에서 어떤 보호를 받을 수 있는가?

[091~094] 다음 글을 읽고 물음에 답하시오.

1 [1]공정거래위원회(公正去來委員會, 독점 및 불공정 거래에 관한 사안을 심의·의결하기 위해 설립된 국무총리 소속의 중앙 행정 기관이자 합의제 준사법 기관)는 시장 경쟁(市場競爭, 시장 안에서 경제 활동을 통해 이익을 얻으려 겨루는 일)을 촉진하고(促進–, 재촉해 더 잘 진행되도록 하고) 소비자 주권(消費者主權, 시장 경제에서 소비자는 단순히 재화와 서비스를 소비하는 역할만 하는 것이 아니라, 재화와 서비스의 생산 형태나 수량 등을 결정하는 데 결정적인 권한을 가지고 있음을 뜻하는 말)을 확립하기(確立–, 굳게 서게 하기) 위해, 사업자(事業者, 사업을 경영하는 사람)의 불공정한(不公正–, 공평하고 올바르지 않은) 거래(去來, 사고팖) 행위와 부당한(不當–, 이치에 맞지 않은) 광고를 규제한다.(規制–, 규칙으로 정한 한도를 넘지 못하게 막는다.) [2]이를 위해 '공정거래법'과 '표시광고법'을 활용한다.

→ 공정거래위원회의 규제 목적과 활용 법률

2 [1]'공정거래법'은 사업자의 재판매 가격 유지(維持, 변함없이 계속 이어 감) 행위를 원칙적으로(原則的–, 원칙에 따라) 금지한다. [2]㉠ 재판매 가격 유지 행위란 사업자가 상품·용역(用役, 물질의 형태를 가지지 않고 생산과 소비에 필요한 노동력을 제공하는 것)을 거래할 때 거래 상대방 사업자 또는 그다음 거래 단계별 사업자에게 거래 가격을 정해 그 가격대로 판매·제공할 것을 강제하거나(強制–, 억지로 시키거나) 그 가격대로 판매·제공하도록 그 밖의 구속(拘束, 행동이나 생각을 마음대로 할 수 없게 제한함) 조건을 ⓐ 붙여 거래하는 행위이다. [3]이때 거래 가격에는 재판매 가격, 최고 가격, 최저 가격, 기준 가격이 포함된다. [4]권장(勸奬, 권하여 장려함) 소비자 가격이라도 강제성이 있다면 재판매 가격 유지 행위에 해당한다.

→ 공정거래법에 따른 재판매 가격 유지 행위의 규제

3 [1]재판매 가격 유지 행위는 사업자의 가격 결정의 자유, 즉 영업(營業, 재산상의 이익을 목적으로 하는 사업 행위)의 자유를 제한하고 사업자 간(間, 사이의 관계에서) 가격 경쟁을 제한한다. [2]유통(流通, 재화나 용역 등이 생산자로부터 소비자에 이르기까지 여러 단계에서 교환되고 분배되는 활동) 조직의 효율성(效率性, 들인 노력과 얻은 결과의 비율이 높은 특성)도 저하시킨다.(低下–, 떨어뜨려 낮아지게 한다.) [3]재판매 가격 유지 행위를 하는 사업자는 형사 처벌(刑事處罰, 법을 어긴 행위를 한 사람에게 법률적으로 형사 책임을 묻는 일)은 받지 않지만 시정명령(是正命令, 행정 기관이 잘못된 것을 바로잡도록 부과하는 처분)이나 과징금(課徵金, 규약 위반에 대한 제재로 거두어들이는 돈) 부과(賦課, 매기어 부담하게 함) 대상이 될 수 있다. [4]다만, '공정거래법'에 따라 공정거래위원회가 고시하는(告示–, 글로 써서 게시하여 널리 알리는) 출판된(出版–, 인쇄되어 세상에 내놓아진) 저작물(著作物, 예술, 학문, 기술 등을 글로 써서 책으로 펴낸 것)은 금지 대상이 아니다. [5]또 경쟁 제한의 폐해(弊害, 어떤 일이나 행동에서 나타나는 옳지 못한 경향이나 해로운 현상으로 생기는 해)보다 소비자 후생(厚生, 생활을 넉넉하고 윤택하게 하는 일) 증대(增大, 크게 함) 효과가 큰 경우 등 정당한(正當–, 이치에 맞아 올바르고 마땅한) 이유가 있으면 재판매 가격 유지 행위가 허용되는데, 그 이유는 사업자가 입증해야(立證–, 증거를 내세워 증명해야) 한다.

→ 재판매 가격 유지 행위의 규제 이유와 규제 방법

4 [1]'표시광고법'은 소비자를 속이거나 오인하게(誤認–, 잘못 보거나 잘못 생각하게) 할 우려(憂慮, 근심과 걱정)가 있는 부당한 광고를 금지한다. [2]광고는 표현의 자유와 영업의 자유로 보호받는다. [3]하지만 사실과 다르거나 사실을 지나치게 부풀리는 거짓·과장 광고, 사실을 은폐하거나(隱蔽–, 덮어 감추고 가려 숨기거나) 축소하는(縮小–, 줄여서 작게 하는) 기만(欺瞞, 남을 속여 넘김) 광고를 금지한다. [4]이를 위반한(違反–, 지키지 않고 어긴) 사업자는 시정명령이나 과징금 부과 또는 형사 처벌 대상이 될 수 있다.

→ 표시광고법에 따른 부당한 광고의 규제

5 [1]추천(推薦, 조건에 적합한 대상을 책임지고 소개함)·보증(保證, 책임지고 틀림이 없음을 증명함)과 이용후기(利用後記, 제품이나 서비스를 이용한 후에 그것에 대해 평가하는 글)를 활용한 인터넷 광고가 늘면서 부당 광고 심사(審査, 자세하게 조사하여 등급이나 합격 여부, 타당성, 적법성 여부 등을 가림) 기준이 중요해졌다. [2]공정거래위원회의 '추천·보증 광고 심사 지침(指針, 방법, 방향을 가리켜 이끄는 길잡이, 방침)', '인터넷 광고 심사 지침'에 따르면 추천·보증은 사업자의 의견이 아니라 제3자(第三者, 직접 관계가 없는 사람)의 독자적(獨自的, 다른 것과 구별되는 혼자만의 특유한) 의견으로 인식되는 표현으로서, 해당 상품·용역의 장점을 알리거나 구매·사용을 권장하는 것이다. [3]경험적 사실을 근거로 추천·보증을 할 때는 실제 사용해 봐야 하고 추천·보증을 하는 내용이 경험한 사실에 부합해야(符合–, 서로 꼭 들어맞아야) 부당한 광고로 제재받지(制裁–, 처벌이나 금지를 받지) 않는다. [4]전문적(專門的, 어떤 분야에 상당한 지식과 경험을 가진) 판단을 근거로 추천·보증을 할 때는 그 내용이 해당 분야의 전문적 지식에 부합해야 한다. [5]추천·보증이 광고에 활용되면서 추천·보증을 한 사람이 사업자로부터 현금 등의 대가(代價, 일을 하고 그에 대한 값으로 받는 보수)를 지급받는(支給–, 정해진 몫만큼 받는) 등 경제적 이해관계(利害關係, 서로 이익과 손해가 걸려 있는 관계)가 있다면 해당 게시물에 이를 명시해야(明示–, 분명하게 드러내 보여야) 한다.

→ 부당 광고 심사 기준 ①: 추천·보증 광고

6 [1]위의 두 심사 지침('추천·보증 광고 심사 지침'과 '인터넷 광고 심사 지침')에서 말하는 ㉡ 이용후기 광고란 사업자가 자사(自社, 자기가 소속하여 있는 회사) 홈페이지 등에 게시된(揭示–, 여러 사람에게 알리기 위해 내걸려 두루 보이는) 소비자의 상품 이용후기를 활용해 광고하는 것이다. [2]사업자는 자신에게 유리한(有利–, 이익이 있는) 이용후기는 광고로 적극 활용한다. [3]반면(反面, 반대로) 사업자는 자신에게 불리한(不利–, 이롭지 않은) 이용후기는 비공개하거나(非公開–, 드러내 알리지 않거나) 삭제하기도 하는데, 합리적(合理的, 이론이나 이치에 합당한) 이유가 없다면 이는 부당한 광고가 될 수 있다. [4]사업자는 자신에게 불리한 이용후기의 게시자를 인터넷상 명예훼손죄(사람을 비방할 목적으로 정보통신망을 통해 공공연히 사실 또는 거짓의 사실을 지적하여 보여 타인의 명예에 해를 끼쳐 손해를 입힘으로써 성립하는 범죄)로 고소하기도(告訴–, 수사 기관에 신고하여 법적 처리를 구하기도) 한다. [5]이때 이용후기가 객관적 내용으로 자신의 사용 경험에 바탕을 두고 다른 이용자에게 도움을 주려는 등 공공의(公共–, 국가나 사회의 구성원에게 두루 관계되는) 이익에 관한 것으로 인정받는다면, 게시자(揭示者, 여러 사람에게 알리기 위해 써서 내붙여 두루 보게 한 사람)의 비방할(誹謗–, 남을 비웃고 헐뜯어서 말할) 목적이 부정되어(否定–, 그렇지 않다고 단정되어) 명예훼손죄가 성립하지(成立–, 제대로 이루어지지) 않는다.

→ 부당 광고 심사 기준 ②: 이용후기 광고

■지문 이해

<사업자의 재판매 가격 유지 행위 및 부당한 광고에 대한 공정거래위원회의 법적 규제>

**❶ 공정거래위원회의 규제 목적과 활용 법률**
- 공정거래위원회 : 시장 경쟁 촉진과 소비자 주권 확립을 위해 사업자의 불공정한 거래 행위와 부당한 광고를 규제함 ← 공정거래법, 표시광고법 활용

**불공정한 거래 행위 규제**

**❷ 공정거래법에 따른 재판매 가격 유지 행위의 규제**
- 공정거래법 : 사업자의 재판매 가격 유지 행위를 원칙적으로 금지함
  - 재판매 가격 유지 행위 : 사업자가 상품·용역 거래 시 거래 사업자에게 정해진 거래 가격대로 판매·제공할 것을 강제하거나 구속 조건을 붙여 거래하는 행위
  - 거래 가격 : 재판매 가격, 최고 가격, 최저 가격, 기준 가격이 포함됨
  - 권장 소비자 가격이라도 강제성 있을 경우 재판매 가격 유지 행위에 해당함

**❸ 재판매 가격 유지 행위의 규제 이유와 규제 방법**
- 재판매 가격 유지 행위의 규제 이유
  - 사업자의 가격 결정의 자유를 제한하고, 사업자 간 가격 경쟁을 제한함
  - 유통 조직의 효율성을 저하시킴
- 재판매 가격 유지 행위의 규제 방법 : 형사 처벌 ×, 시정명령이나 과징금 부과
- 재판매 가격 유지 행위의 예외적 허용
  - 공정거래법에 따라 공정거래위원회가 고시하는 출판된 저작물
  - 정당한 이유가 있으면 허용, 이유의 입증 책임은 사업자에게 있음

**부당한 광고 규제**

**❹ 표시광고법에 따른 부당한 광고의 규제**

- 표시광고법 : 소비자를 속이거나 오인하게 만들 우려가 있는 부당한 광고 금지
  - 거짓·과장 광고 : 사실과 다르거나 사실을 지나치게 부풀리는 광고
  - 기만 광고 : 사실을 은폐하거나 축소하는 광고
- 부당한 광고의 규제 방법 : 시정명령이나 과징금 부과 또는 형사 처벌

**❺ 부당 광고 심사 기준 ① : 추천·보증 광고**

- 추천·보증 : 사업자의 의견이 아니라 제3자의 독자적 의견으로 인식되는 표현으로서, 해당 상품·용역의 장점을 알리거나 구매·사용을 권장하는 것
  - 경험적 사실을 근거로 할 때 : 실제 사용해 봐야 하며, 경험한 사실에 부합한 내용이어야 함
  - 전문적 판단을 근거로 할 때 : 해당 분야의 전문적 지식에 부합한 내용이어야 함
  - 추천·보증한 사람과 사업자 간 경제적 이해관계가 있을 때 : 해당 게시물에 명시해야 함

**❻ 부당 광고 심사 기준 ② : 이용후기 광고**

- 이용후기 광고 : 사업자가 소비자의 상품 이용후기를 활용해 광고하는 것
  - 사업자가 불리한 이용후기를 합리적 이유 없이 비공개하거나 삭제할 경우 부당한 광고가 될 수 있음
  - 사업자가 불리한 이용후기 게시자를 인터넷상 명예훼손죄로 고소하였을 때, 이용후기가 객관적 내용으로, 자신의 사용 경험을 바탕으로 하며, 공공의 이익에 관한 것으로 인정받을 경우 성립 ×

**091** | 세부 정보 이해 - 적절하지 않은 것 고르기 2025학년도 9월 모평 4번 정답률 85% | 정답 ④

**윗글을 통해 알 수 있는 내용으로 적절하지 않은 것은?**

**① 부당한 광고 행위에 대해서는 재판매 가격 유지 행위와 달리 형사 처벌이 내려질 수 있다.**

근거 ❸-3 재판매 가격 유지 행위를 하는 사업자는 형사 처벌은 받지 않지만, ❹-1 '표시광고법'은 … 부당한 광고를 금지한다, ❹-4 이('표시광고법')를 위반한 사업자는 시정명령이나 과징금 부과 또는 형사 처벌 대상이 될 수 있다.

→ 적절함!

재판매 가격 유지 행위

**② 거래 단계별 사업자에게 거래 가격을 강제하는 것은 유통 조직의 효율성 저하를 초래한다.**

근거 ❷-2 재판매 가격 유지 행위란 … 거래 단계별 사업자에게 거래 가격을 정해 그 가격대로 판매·제공할 것을 강제하거나 그 가격대로 판매·제공하도록 그 밖의 구속 조건을 붙여 거래하는 행위, ❸-2 (재판매 가격 유지 행위는) 유통 조직의 효율성도 저하시킨다.

→ 적절함!

**③ 재판매 가격 유지 행위의 정당성을 인정받고자 하는 사업자는 그 행위의 정당성을 입증할 책임을 진다.**

근거 ❸-5 경쟁 제한의 폐해보다 소비자 후생 증대 효과가 큰 경우 등 정당한 이유가 있으면 재판매 가격 유지 행위가 허용되는데, 그 이유는 사업자가 입증해야 한다.

→ 적절함!

전문적 판단을

**④ 경험적 사실을 바탕으로 한 추천·보증은 심사 지침에 따라 해당 분야의 전문적 지식에 부합해야 한다.**

근거 ❺-3~4 경험적 사실을 근거로 추천·보증을 할 때는 실제 사용해 봐야 하고 추천·보증을 하는 내용이 경험한 사실에 부합해야 부당한 광고로 제재받지 않는다. 전문적 판단을 근거로 추천·보증을 할 때는 그 내용이 해당 분야의 전문적 지식에 부합해야 한다.

→ 적절하지 않음!

**⑤ 공정거래위원회가 고시하는 출판된 저작물의 사업자는 거래 상대방 사업자에게 기준 가격을 지정할 수 있다.**

근거 ❷-2~3 재판매 가격 유지 행위란 사업자가 상품·용역을 거래할 때 거래 상대방 사업자 또는 그다음 거래 단계별 사업자에게 거래 가격을 정해 그 가격대로 판매·제공할 것을 강제하거나 그 가격대로 판매·제공하도록 그 밖의 구속 조건을 붙여 거래하는 행위이다. 이때 거래 가격에는 … 기준 가격이 포함된다, ❸-4 '공정거래법'에 따라 공정거래위원회가 고시하는 출판된 저작물은 (재판매 가격 유지 행위의) 금지 대상이 아니다.

→ 적절함!

1등급 문제

**092** | 세부 정보 이해 - 적절한 것 고르기 2025학년도 9월 모평 5번 정답률 60%, 매력적 오답 ② 20% ③ 10% | 정답 ④

**㉠, ㉡에 대한 이해로 가장 적절한 것은?**

㉠ 재판매 가격 유지 행위　　㉡ 이용후기 광고

큰

**① ㉠은 소비자 후생 증대 효과가 시장 경쟁 제한의 폐해보다 작은 경우에 허용된다.**

근거 ❸-5 경쟁 제한의 폐해보다 소비자 후생 증대 효과가 큰 경우 등 정당한 이유가 있으면 재판매 가격 유지 행위가 허용되는데

→ 적절하지 않음!

재판매 가격 유지 행위의 문제점

**② ㉠을 '공정거래법'에서 금지하는 목적은 사업자의 가격 결정의 자유를 제한하기 위한 것이다.**

근거 ❸-1 재판매 가격 유지 행위는 사업자의 가격 결정의 자유, 즉 영업의 자유를 제한하고 사업자 간 가격 경쟁을 제한한다.

풀이 재판매 가격 유지 행위는 사업자의 가격 결정의 자유와 사업자 간 가격 경쟁을 제한한다. 이에 공정거래위원회는 공정거래법에 따라 사업자의 재판매 가격 유지 행위를 원칙적으로 금지한다. 따라서 공정거래법에서 재판매 가격 유지 행위(㉠)를 금지하는 목적은 '사업자의 가격 결정의 자유를 제한하기 위한' 것이 아니라, '재판매 가격 유지 행위가 사업자의 가격 결정의 자유를 제한하는 것을 막기 위한' 것이다.

→ 적절하지 않음!

**③ ㉡을 할 때 사업자는 영업의 자유를 보호받지만 표현의 자유는 보호받지 못한다.**

근거 ❹-2~3 광고는 표현의 자유와 영업의 자유로 보호받는다. 하지만 사실과 다르거나 사실을 지나치게 부풀리는 거짓·과장 광고, 사실을 은폐하거나 축소하는 기만 광고를 금지한다.

풀이 거짓·과장 광고나 기만 광고가 아닌 이용후기 광고(㉡)는 표현의 자유와 영업의 자유로 보호받는다.

→ 적절하지 않음!

**④ ㉡은 사업자가 자사의 홈페이지에 직접 작성해서 게시한 이용후기를 광고로 활용하는 것을 포함하지 않는다.**

근거 ❺-2 공정거래위원회의 '추천·보증 광고 심사 지침', '인터넷 광고 심사 지침'에 따르면 추천·보증은 사업자의 의견이 아니라 제3자의 독자적 의견으로 인식되는 표현으로서, ❻-1 위의 두 심사 지침에서 말하는 이용후기 광고란 사업자가 자사 홈페이지 등에 게시된 소비자의 상품 이용후기를 활용해 광고하는 것

풀이 추천·보증 광고 심사 지침과 인터넷 광고 심사 지침에 따른 이용후기 광고는 사업자가 자사 홈페이지 등에 게시된 '소비자의 상품 이용후기'를 활용해 광고하는 것이다. 추천·보증 광고 시 제3자의 독자적 의견으로 인식되는 표현이 아닌, 사업자의 의견으로 광고할 경우 부당한 광고에 해당하는 것으로 보아, 이용후기 광고에서도 사업자가 자사의 홈페이지에 직접 작성해서 게시한 이용후기를 광고로 활용하는 경우 부당한 광고에 해당할 것임을 추론할 수 있다.

→ 적절함!

사업자와 사업자　　사업자가 개입하여

**⑤ ㉠은 사업자와 소비자 간에, ㉡은 소비자와 소비자 간에 직접 일어나는 행위이다.**

근거 ❷-2 재판매 가격 유지 행위(㉠)란 사업자가 상품·용역을 거래할 때 거래 상대방 사업자 또는 그다음 거래 단계별 사업자에게 거래 가격을 정해 그 가격대로 판매·제공할 것을 강제하거나 그 가격대로 판매·제공하도록 그 밖의 구속 조건을 붙여 거래하는 행위, ❻-1 이용후기 광고(㉡)란 사업자가 자사 홈페이지 등에 게시된 소비자의 상품 이용후기를 활용해 광고하는 것

→ 적절하지 않음!

**093** 구체적인 사례에 적용 - 적절하지 않은 것 고르기 2025학년도 9월 모평 6번 정답률 90% | 정답 ③

**윗글을 바탕으로 <보기>를 이해한 내용으로 적절하지 않은 것은?** [3점]

| 보기 |
A 상품 제조 사업자인 갑은 거래 상대방 사업자에게 특정 판매 가격을 지정해 거래했다. 갑의 회사 홈페이지에 A 상품에 대한 이용후기가 다수(多數, 수효가 많음) 게시되었다. 갑은 그중 A 상품의 품질(品質, 물건의 성질과 바탕) 불량(不良, 품질이나 상태가 나쁨)을 문제 삼은 이용후기 200 개를 삭제하고, 박○○ 교수팀이 A 상품을 추천·보증한 광고를 게시했다. 광고 대행사(廣告代行社, 광고주를 위하여 광고에 관한 업무를 전문적으로 취급하는 기업) 직원 을은 A 상품의 효능(效能, 효험을 나타내는 능력)이 뛰어나다는 후기를 갑의 회사 홈페이지에 게시했다. 소비자 병은 A 상품을 사용하며 발견한 하자(瑕疵, 모자라거나 잘못된 부분, 흠)를 찍은 사진과 품질이 불량하다는 글을 갑의 회사 홈페이지에 게시했다. 갑은 병을 명예훼손죄로 처벌해 달라며 수사 기관에 고소했다.

기만 광고

**① 갑이 A 상품의 품질 불량을 은폐하기 위해 자신에게 불리한 이용후기를 삭제하는 대신 비공개 처리하는 것도 부당한 광고에 해당하겠군.**

근거 ④-3 사실을 은폐하거나 축소하는 기만 광고를 금지한다, ⑥-3 사업자는 자신에게 불리한 이용후기는 비공개하거나 삭제하기도 하는데, 합리적 이유가 없다면 이는 부당한 광고가 될 수 있다.

풀이 사업자가 합리적 이유 없이 자신에게 불리한 이용후기를 비공개하거나 삭제하는 것은 부당한 광고에 해당한다. 따라서 갑이 A 상품의 품질 불량을 은폐하기 위해 자신에게 불리한 이용후기를 삭제하거나 비공개 처리하는 것은 모두 부당한 광고에 해당한다.

→ 적절함!

**② 갑이 박○○ 교수팀이 A 상품을 실험·검증하고 우수성을 추천·보증했다고 광고했으나 해당 실험이 진행된 적이 없다면 갑은 부당한 광고 행위로 제재를 받겠군.**

거짓 광고

근거 ④-3~4 사실과 다르거나 사실을 지나치게 부풀리는 거짓·과장 광고, 사실을 은폐하거나 축소하는 기만 광고를 금지한다. 이를 위반한 사업자는 시정명령이나 과징금 부과 또는 형사 처벌 대상이 될 수 있다.

풀이 갑이 박○○ 교수팀이 A 상품을 실험·검증하고 우수성을 추천·보증했다고 광고했으나 해당 실험이 진행된 적이 없다면 이는 사실과 다른 거짓 광고에 해당한다. 따라서 갑은 부당한 광고 행위로 시정명령이나 과징금 부과 또는 형사 처벌 등의 제재를 받을 수 있다.

→ 적절함!

재판매 가격 유지 행위

**③ 갑이 거래 상대방에게 판매 가격을 지정하며 이를 준수하도록 부과한 조건에 대해 정당성을 인정받지 못했더라도 그 가격이 권장 소비자 가격이었다면 갑은 제재를 받지 않겠군.**

근거 ②-4 권장 소비자 가격이라도 강제성이 있다면 재판매 가격 유지 행위에 해당한다, ③-5 정당한 이유가 있으면 재판매 가격 유지 행위가 허용되는데, 그 이유는 사업자가 입증해야 한다.

풀이 갑이 재판매 가격 유지 행위를 한 것에 대해 정당성을 인정받지 못하였다면 재판매 가격 유지 행위가 허용되지 않으므로, 그 가격이 권장 소비자 가격이라도 갑은 제재 대상이 될 수 있다.

→ 적절하지 않음!

**④ 을이 갑으로부터 금전을 받고 갑의 회사 홈페이지에 A 상품의 장점을 알리는 이용후기를 게시했다면 대가성이 있었다는 사실을 명시해야겠군.**

근거 ⑤-5 추천·보증이 광고에 활용되면서 추천·보증을 한 사람이 사업자로부터 현금 등의 대가를 지급받는 등 경제적 이해관계가 있다면 해당 게시물에 이를 명시해야 한다.

→ 적절함!

**⑤ 병이 A 상품을 직접 사용해 보고 그 상품의 *결점을 제시하면서 다른 소비자들에게 도움을 주려는 **취지로 이용후기를 게시한 점이 인정된다면 명예훼손죄가 성립되지 않겠군.** *缺點, 잘못되거나 부족하여 완전하지 못한 점 **趣旨, 근본이 되는 목적, 꼭 필요하고 중요한 뜻

근거 ⑥-5 이용후기가 객관적 내용으로 자신의 사용 경험에 바탕을 두고 다른 이용자에게 도움을 주려는 등 공공의 이익에 관한 것으로 인정받는다면, 게시자의 비방할 목적이 부정되어 명예훼손죄가 성립하지 않는다.

→ 적절함!

**094** 문맥적 의미 파악 - 적절한 것 고르기 2025학년도 9월 모평 7번 정답률 95% | 정답 ①

**ⓐ와 문맥상 의미가 가장 가까운 것은?**

그 밖의 구속 조건을 ⓐ 붙여 거래하는 행위이다.

풀이 ⓐ에서 '붙이다'는 문맥상 '조건, 이유, 구실 따위를 딸리게 하다'의 의미로 쓰였다.

**① 그는 내 의견에 본인의 견해를 붙여 발언을 이어 갔다.**

풀이 '조건, 이유, 구실 따위를 딸리게 하다'의 의미이다.

예문 그는 자기가 하는 일에 대해 이유를 꼭 붙여야 직성이 풀린다.

→ 적절함!

**② 나는 수영에 재미를 붙여 수영장에 다니기로 결정했다.**

풀이 '어떤 감정이나 감각을 생기게 하다'의 의미이다.

예문 새로 사귄 친구에게 정을 붙이고 나니 이제는 헤어지고 싶지 않다.

→ 적절하지 않음!

**③ 그는 따뜻한 바닥에 등을 붙여 잠깐 동안 잠을 청했다.**

풀이 '신체의 일부분을 어느 곳에 대다'의 의미이다.

예문 나는 창문에 이마를 붙이고 밖을 내다보았다.

→ 적절하지 않음!

**④ 나는 알림판에 게시물을 붙여 동아리 행사를 홍보했다.**

풀이 '맞닿아 떨어지지 않게 하다'의 의미이다.

예문 봉투에 우표를 붙였다.

→ 적절하지 않음!

**⑤ 그는 숯에 불을 붙여 고기를 배부를 만큼 구워 먹었다.**

풀이 '불을 일으켜 타게 하다'의 의미이다.

예문 화덕에 불을 붙였다.

→ 적절하지 않음!

**[095~098] 다음 글을 읽고 물음에 답하시오.**

1 [1]사유 재산 제도(私有財産制度, 개인의 재산 소유를 인정하는 제도) 하(下, 관련된 환경)에서는 누구나 자신의 재산을 자유롭게 처분할(處分−, 처리하여 치움) 수 있다. [2]그러나 기부(寄附, 자선 사업이나 공공사업을 돕기 위해 돈이나 물건 등을 대가 없이 내놓음)와 같이 어떤 재산이 대가 없이 넘어가는 무상(無償, 아무런 대가나 보상이 없음) 처분 행위가 행해졌을 때는 그(무상 처분 행위의) 당사자(當事者, 직접 관계가 있는 사람)인 무상 처분자(處分者, 처분한 사람)와 무상 취득자(取得者, 자기의 것으로 만들어 가진 사람)의 의사(意思, 하고자 하는 생각)와 무관하게(無關−, 상관없이) 그(무상 처분의) 결과가 번복될(飜覆−, 뒤집힐) 수 있다. [3]무상 처분자가 사망하면 상속(相續, 사람이 사망한 경우 그가 살아 있을 때의 재산상 지위가 법률의 규정에 따라 특정한 사람에게 전해지는 것)이 개시되고(開始−, 시작되고), 그(무상 처분자)의 상속인(相續人, 상속 개시 후 재산이나 기타의 것을 물려받는 사람)들이 유류분(遺 남기다 유 留 머무르다 류 分 나누다 분)을 반환받을(返還−, 되돌려 받을) 수 있는 권리인 유류분권을 행사할(行使−, 실현할) 수 있기 때문이다. [4]이때(상속인의 유류분권 행사 시) 무상 처분자는 피상속인이 되고 그(무상 처분자 = 피상속인)의 권리와 의무는 상속인에게 이전된다.(移轉−, 넘어간다.)

→ 상속의 개시와 유류분권의 행사

2 [1]유류분은 피상속인의 무상 처분 행위가 없었다고 가정할(假定−, 사실이 아닌 것을 임시로 사실인 것처럼 인정하였을) 때 상속인들이 상속받을 수 있었을 이익 중 법으로 보장된(保障−, 어려움 없이 이루어지도록 조건이 마련되어 보호된) 부분이다. [2]만약 상속인이 피상속인의 자녀 한 명뿐이면, 상속받을 수 있었을 이익의 $\frac{1}{2}$만 보장된다. [3]상속인들이 상속받을 수 있었을 이익은 상속 개시 당시(피상속인 사망 시)에 피상속인이 가졌던 재산의 가치에 이미 무상 취득자에게 넘어간 재산의 가치를 더하여 산정한다.(算

정-. 셈하여 정한다.) [4]유류분은 상속인들이 기대했던 이익을 보호하기 위한 것이기 때문이다.

→ 유류분의 개념과 목적

3 [1]피상속인이 상속 개시 당시에 가졌던 재산으로부터 상속받은 이익이 있는 상속인은 유류분에 해당하는 이익의 일부만 반환받을 수 있다. [2]유류분에 해당하는 이익에서 이미 상속받은 이익을 뺀 값인 유류분 부족액(不足額. 일정한 기준에서 모자라는 금액)만 반환받을 수 있기 때문이다. [3]유류분 부족액의 가치는 금액으로 계산되지만 항상 돈으로 반환되는 것은 아니다. [4]만약 무상 처분된 재산이 돈이 아니라 물건이나 주식처럼 돈 이외의 재산이라면, 처분된 재산 자체가 반환 대상이 되는 것이 원칙이다. [5]다만 그(무상 처분된) 재산 자체를 반환하는 것이 불가능한 때에는 무상 취득자는 돈으로 반환해야 한다. [6]또한 재산 자체의 반환이 가능해도 유류분권자와 무상 취득자의 합의(合意. 서로 의견이 일치함)에 의해 돈으로 반환될 수도 있다.

→ 유류분 부족액의 개념과 반환 방식

4 [1]무상 처분된 재산이 물건이라면 유류분 반환은 어떤 형태로 이루어질까? [2]무상 취득자가 반환해야 할 유류분 부족액이 무상 처분된 물건의 가치보다 적다면 유류분권자(상속인)는 그(무상 처분된) 물건의 가치에 상당하는(相當-. 알맞게 이르는) 금액에서 유류분 부족액이 차지하는 비율만큼 무상 취득자로부터 반환받을 수 있다. [3]이로 인해 하나의 물건에 대한 소유권(所有權. 물건을 일정한 범위 전체에 걸쳐 지배하는 권리)이 여러 명에게 나눠지는데, 이때 각자의 몫을 지분(持 가지다 지 分 나누다 분)이라고 한다.

→ 무상 처분된 물건의 유류분 반환 형태

5 [1]무상 처분된 물건의 시가(市價. 시장에서 상품이 매매되는 가격)가 변동하면(變動-. 바뀌어 달라지면) 유류분 부족액을 계산할 때는 언제의 시가를 기준으로 삼아야 할까? [2]㉠ 유류분의 취지(趣旨. 근본이 되는 목적이나 꼭 필요하고 중요한 뜻)에 비추어 상속 개시 당시의 시가를 기준으로 해야 한다. [3]다만 그(무상 처분된) 물건의 시가 상승(上昇. 올라감)이 무상 취득자의 노력에서 비롯되었으면 이때는 무상 취득 당시의 시가를 기준으로 계산해야 한다. [4]이렇게 정해진 유류분 부족액을 근거로 반환 대상인 지분을 계산할 때는, 시가 상승의 원인이 무엇이든 상속 개시 당시의 시가를 기준으로 해야 한다.

→ 무상 처분된 물건의 시가 기준 및 지분 계산 시 시가 기준

■지문 이해

<유류분의 개념과 유류분 부족액의 반환 방법>

| ❶ 상속의 개시와 유류분권의 행사 |
|---|
| • 무상 처분 행위 : 무상 처분자가 자신의 재산을 대가 없이 무상 취득자에게 넘기는 것<br>• 무상 처분자(피상속인)가 사망하면 상속이 개시됨 → 상속인은 유류분권을 행사할 수 있음 |

| ❷ 유류분의 개념과 목적 |
|---|
| • 유류분 : 피상속인의 무상 처분 행위가 없었다면 상속인들이 상속받을 수 있었을 이익 중 법으로 보장된 부분으로, 상속인들이 기대했던 이익을 보호하기 위한 것<br>• 상속인들이 상속받을 수 있었을 이익의 산정 : 상속 개시 당시에 피상속인이 가졌던 재산의 가치 + 무상 취득자에게 넘어간 재산의 가치 |

| ❸ 유류분 부족액의 개념과 반환 방식 |
|---|
| • 유류분 부족액 = (유류분에 해당하는 이익) - (이미 상속받은 이익)<br>• 무상 처분된 재산이 돈 이외의 재산일 경우<br>- 처분된 재산 자체가 반환 대상이 되는 것이 원칙임<br>- 재산 자체의 반환이 불가능한 때 무상 취득자는 돈으로 반환해야 함<br>- 재산 자체의 반환이 가능하더라도 유류분권자와 무상 취득자의 합의에 의해 돈으로 반환될 수 있음 |

| ❹ 무상 처분된 물건의 유류분 반환 형태 |
|---|
| • 무상 취득자가 반환해야 할 유류분 부족액 < 무상 처분된 물건의 가치 : 유류분권자는 그 물건의 가치 중 유류분 부족액이 차지하는 비율만큼 무상 취득자로부터 반환받을 수 있음 → 물건에 대한 소유권이 각자의 지분만큼 나눠짐 |

| ❺ 무상 처분된 물건의 시가 기준 및 지분 계산 시 시가 기준 |
|---|
| • 무상 처분된 물건의 시가 변동 시 유류분 부족액 계산<br>- 상속 개시 당시의 시가를 기준으로 함<br>- 해당 물건의 시가 상승이 무상 취득자의 노력에 의한 것일 때는 무상 취득 당시의 시가를 기준으로 계산함<br>• 유류분 부족액을 근거로 반환 대상인 지분 계산<br>- 상속 개시 당시의 시가를 기준으로 함 |

1등급 문제

**095** 세부 정보 이해 - 적절하지 않은 것 고르기 2023학년도 9월 모평 10번
정답률 45%, 매력적 오답 ③ 10% ④ 15% ⑤ 25%
정답 ②

### 윗글의 내용과 일치하지 않는 것은?

**① 유류분권은 상속인이 아닌 사람에게는 인정되지 않는다.**

근거 ❶-3 무상 처분자가 사망하면 상속이 개시되고, 그의 상속인들이 유류분을 반환받을 수 있는 권리인 유류분권을 행사할 수 있기 때문

풀이 유류분권은 무상 처분자가 사망하였을 때 그의 상속인들이 유류분을 반환받을 수 있는 권리를 뜻한다. 따라서 유류분권은 상속인에게만 인정되는 권리이다.

→ 적절함!

전체이다

**② 유류분권이 보장되는 범위는 유류분 부족액의 일부에 *한정된다.** *限定-. 제한되어 정해진다.

근거 ❸-1~2 피상속인이 상속 개시 당시에 가졌던 재산으로부터 상속받은 이익이 있는 상속인은 유류분에 해당하는 이익의 일부만 반환받을 수 있다. 유류분에 해당하는 이익에서 이미 상속받은 이익을 뺀 값인 유류분 부족액만 반환받을 수 있기 때문

풀이 상속인은 유류분권의 행사를 통해 유류분에 해당하는 이익 중 이미 상속받은 이익을 뺀 값인 '유류분 부족액'만큼을 반환받을 수 있다. 따라서 유류분권이 보장되는 범위는 유류분 부족액 전체에 해당한다.

→ 적절하지 않음!

**③ 상속인은 상속 개시 전에는 무상 취득자에게 유류분권을 행사할 수 없다.**

근거 ❶-3 무상 처분자가 사망하면 상속이 개시되고, 그의 상속인들이 유류분을 반환받을 수 있는 권리인 유류분권을 행사할 수 있기 때문

풀이 상속인은 피상속인이 사망하여 상속이 개시되었을 때 유류분권을 행사할 수 있다. 따라서 상속인은 상속 개시 전에는 무상 취득자에게 유류분권을 행사할 수 없다.

→ 적절함!

**④ 피상속인이 *생전에 다른 사람에게 판 재산은 유류분권의 대상이 될 수 없다.** *生前. 살아 있는 동안

근거 ❶-2~3 기부와 같이 어떤 재산이 대가 없이 넘어가는 무상 처분 행위가 행해졌을 때는 그 당사자인 무상 처분자와 무상 취득자의 의사와 무관하게 그 결과가 번복될 수 있다. 무상 처분자가 사망하면 상속이 개시되고, 그의 상속인들이 유류분을 반환받을 수 있는 권리인 유류분권을 행사할 수 있기 때문, ❷-1 유류분은 피상속인의 무상 처분 행위가 없었다고 가정할 때 상속인들이 상속받을 수 있었을 이익 중 법으로 보장된 부분

풀이 피상속인의 생전에 '무상 처분 행위'가 행해진 재산의 경우, 상속이 개시되면서 유류분권의 대상이 될 수 있으며, 이때 유류분은 피상속인의 무상 처분 행위가 없었다고 가정할 때 상속인들이 상속받을 수 있었을 이익 중 법으로 보장된 부분이다. 따라서 피상속인이 생전에 다른 사람에게 판 재산은 유류분권의 대상에 해당하지 않는다.

→ 적절함!

**⑤ 무상으로 취득한 재산에 대한 권리는 무상 취득자 자신의 의사에 *반하여 제한될 수 있다.** *反-. 어긋나

근거 ❶-2 기부와 같이 어떤 재산이 대가 없이 넘어가는 무상 처분 행위가 행해졌을 때는 그 당사자인 무상 처분자와 무상 취득자의 의사와 무관하게 그 결과가 번복될 수 있다.

풀이 무상 처분 행위에 의해 재산이 넘어갔을 때, 무상 처분자나 무상 취득자의 의사와는 무관하게 그 결과가 번복될 수 있다. 따라서 무상으로 취득한 재산에 대한 권리는 무상 취득자의 의사에 반하여 제한될 수 있다.

→ 적절함!

1등급 문제

**096** 세부 정보 이해 - 적절한 것 고르기 2023학년도 9월 모평 11번
정답률 45%, 매력적 오답 ② 15% ③ 20% ⑤ 15% | 정답 ④

**윗글에 대한 이해로 가장 적절한 것은?**

그 물건 중 유류분 부족액이 차지하는 비율만큼

**① 무상 처분된 재산이 물건 한 개이면 유류분권자는 그 물건 전부를 반환받는다.**

근거 ❹-1~3 무상 처분된 재산이 물건이라면 유류분 반환은 어떤 형태로 이루어질까? 무상 취득자가 반환해야 할 유류분 부족액이 무상 처분된 물건의 가치보다 적다면 유류분권자는 그 물건의 가치에 상당하는 금액에서 유류분 부족액이 차지하는 비율만큼 무상 취득자로부터 반환받을 수 있다. 이로 인해 하나의 물건에 대한 소유권이 여러 명에게 나눠지는데, 이때 각자의 몫을 지분이라고 한다.

풀이 무상 처분된 재산이 물건 한 개일 때, 무상 취득자가 반환해야 할 유류분 부족액이 무상 처분된 물건의 가치보다 적다면, 유류분권자는 그 물건 중 유류분 부족액이 차지하는 비율만큼의 지분을 반환받는다.

→ 적절하지 않음!

유류분권자

**② 무상 처분된 물건이 반환되는 경우 유류분 부족액이 클수록 무상 취득자의 지분이 더 커진다.**

근거 ❸-2 유류분에 해당하는 이익에서 이미 상속받은 이익을 뺀 값인 유류분 부족액, ❹-2~3 무상 취득자가 반환해야 할 유류분 부족액이 무상 처분된 물건의 가치보다 적다면 유류분권자는 그 물건의 가치에 상당하는 금액에서 유류분 부족액이 차지하는 비율만큼 무상 취득자로부터 반환받을 수 있다. 이로 인해 하나의 물건에 대한 소유권이 여러 명에게 나눠지는데, 이때 각자의 몫을 지분이라고 한다.

풀이 무상 처분된 물건이 반환되는 경우 무상 취득자는 그 물건의 가치에 상당하는 금액에서 유류분 부족액이 차지하는 비율만큼의 지분을 유류분권자에게 반환하게 된다. 이때 유류분 부족액이 커지면 그 물건에서 유류분 부족액이 차지하는 비율이 커지므로, 무상 취득자가 아니라 유류분권자의 지분이 더 커진다.

→ 적절하지 않음!

돈으로

**③ 무상 취득자가 무상 취득한 물건을 반환할 수 없게 되면 유류분 부족액을 지분으로 반환해야 한다.**

근거 ❸-4~5 만약 무상 처분된 재산이 돈이 아니라 물건이나 주식처럼 돈 이외의 재산이라면, 처분된 재산 자체가 반환 대상이 되는 것이 원칙이다. 다만 그 재산 자체를 반환하는 것이 불가능한 때에는 무상 취득자는 돈으로 반환해야 한다.

풀이 무상 취득자가 무상 취득한 물건 자체를 반환하는 것이 불가능한 때에는, 돈으로 반환해야 한다.

→ 적절하지 않음!

**④ 유류분권자가 유류분 부족액을 물건 대신 돈으로 반환하라고 요구하더라도 무상 취득자는 무상 취득한 물건으로 반환할 수 있다.**

근거 ❸-4 만약 무상 처분된 재산이 돈이 아니라 물건이나 주식처럼 돈 이외의 재산이라면, 처분된 재산 자체가 반환 대상이 되는 것이 원칙이다, ❸-6 재산 자체의 반환이 가능해도 유류분권자와 무상 취득자의 합의에 의해 돈으로 반환될 수도 있다.

풀이 유류분권자와 무상 취득자의 합의에 의해 유류분 부족액을 물건 대신 돈으로 반환할 수 있다. 그러나 처분된 재산 자체가 반환 대상이 되는 것이 원칙이므로, 유류분권자와 무상 취득자가 합의에 이르지 못할 경우에는 유류분권자가 유류분 부족액을 물건 대신 돈으로 반환하라고 요구하더라도 무상 취득자는 무상 취득한 물건으로 반환할 수 있다.

→ 적절함!

중 유류분 부족액만큼의 지분을 뺀 나머지 지분을

**⑤ 무상 처분된 물건의 일부가 반환되면 무상 취득자는 그 물건의 소유권을 가지고 유류분권자는 유류분 부족액만큼의 돈을 반환받게 된다.**

지분

근거 ❹-2~3 무상 취득자가 반환해야 할 유류분 부족액이 무상 처분된 물건의 가치보다 적다면 유류분권자는 그 물건의 가치에 상당하는 금액에서 유류분 부족액이 차지하는 비율만큼 무상 취득자로부터 반환받을 수 있다. 이로 인해 하나의 물건에 대한 소유권이 여러 명에게 나눠지는데, 이때 각자의 몫을 지분이라고 한다.

풀이 무상 처분된 물건의 일부, 즉 그 물건에서 유류분 부족액이 차지하는 비율만큼이 반환되면 무상 취득자와 유류분권자가 각자의 지분만큼 해당 물건에 대한 소유권을 나눠 갖게 된다.

→ 적절하지 않음!

1등급 문제

**097** 추론의 적절성 판단 - 적절한 것 고르기 2023학년도 9월 모평 12번
정답률 45%, 매력적 오답 ③ 15% ④ 15% ⑤ 25% | 정답 ②

**윗글을 통해 알 수 있는 ㉠의 이유로 가장 적절한 것은?**

㉠ 유류분의 취지에 비추어 상속 개시 당시의 시가를 기준으로 해야 한다.

**① 유류분은 피상속인이 자유롭게 처분한 재산의 일부이어야 하기 때문이다.**

풀이 유류분은 피상속인이 처분한 재산 중 무상 처분한 재산과 관련된 것이지만, '피상속인이 자유롭게 처분한 재산의 일부'라는 것이 유류분의 취지에 부합한다거나 상속 개시 당시의 시가를 기준으로 해야 하는 이유라고 볼 수 없다.

→ 적절하지 않음!

**② 유류분은 피상속인이 재산을 무상 처분하지 않은 것으로 가정하여 산정되기 때문이다.**

근거 ❷-1 유류분은 피상속인의 무상 처분 행위가 없었다고 가정할 때 상속인들이 상속받을 수 있었을 이익 중 법으로 보장된 부분, ❷-3 상속인들이 상속받을 수 있었을 이익은 상속 개시 당시에 피상속인이 가졌던 재산의 가치에 이미 무상 취득자에게 넘어간 재산의 가치를 더하여 산정

풀이 유류분은 피상속인의 무상 처분 행위가 없었다고 가정할 때 상속인들이 상속받을 수 있었을 이익 중 법으로 보장된 부분을 말한다. 피상속인의 무상 처분 행위가 없었다고 가정한다면, 해당 재산도 상속 개시 시점에서 상속인들이 상속받을 수 있는 피상속인의 재산에 포함되어 있었을 것이다. 따라서 상속인들이 상속받을 수 있었을 이익은 상속 개시 당시 피상속인이 가졌던 재산의 가치에 이미 무상 취득자에게 넘어간 재산의 가치를 더하여 산정하게 된다. 이를 통해 유류분 부족액을 계산할 때 무상 처분된 물건의 경우 상속 개시 당시의 시가를 기준으로 하는 이유는 유류분은 피상속인이 재산을 무상 처분하지 않은 것으로 가정하여 산정되기 때문임을 알 수 있다.

→ 적절함!

**③ 유류분은 재산의 가치를 증가시킨 무상 취득자의 노력에 대한 보상으로 인정되는 것이기 때문이다.**

근거 ❷-1 유류분은 피상속인의 무상 처분 행위가 없었다고 가정할 때 상속인들이 상속받을 수 있었을 이익 중 법으로 보장된 부분

풀이 유류분은 피상속인의 무상 처분 행위가 없었다고 가정할 때 상속인들이 상속받을 수 있었을 이익 중 법으로 보장된 부분을 뜻하는 것으로, 무상 취득자의 노력에 대한 보상과는 관련이 없다.

→ 적절하지 않음!

지분

**④ 유류분은 피상속인의 재산에 대해 소유권을 나눠 가진 사람들 각자의 몫을 반영해야 하기 때문이다.**

근거 ❷-1 유류분은 피상속인의 무상 처분 행위가 없었다고 가정할 때 상속인들이 상속받을 수 있었을 이익 중 법으로 보장된 부분, ❷-3~4 상속인들이 상속받을 수 있었을 이익은 상속 개시 당시에 피상속인이 가졌던 재산의 가치에 이미 무상 취득자에게 넘어간 재산의 가치를 더하여 산정한다. 유류분은 상속인들이 기대했던 이익을 보호하기 위한 것이기 때문, ❹-2~3 무상 취득자가 반환해야 할 유류분 부족액이 무상 처분된 물건의 가치보다 적다면 유류분권자는 그 물건의 가치에 상당하는 금액에서 유류분 부족액이 차지하는 비율만큼 무상 취득자로부터 반환받을 수 있다. 이로 인해 하나의 물건에 대한 소유권이 여러 명에게 나눠지는데, 이때 각자의 몫을 지분이라고 한다.

풀이 유류분은 피상속인의 무상 처분 행위가 없었다고 가정할 때 상속인들이 상속받을 수 있었을 이익 중 법으로 보장된 부분을 뜻하며, 상속인들이 기대했던 이익을 보호하기 위한 것이다. 한편 상속인들이 유류분권을 행사함으로써 무상 취득자가 유류분권자에게 유류분 부족액을 반환해야 할 때, 무상 취득자가 반환해야 할 유류분 부족액이 무상 처분된 물건의 가치보다 적을 경우 무상 취득자는 유류분권자에게 그 물건에서 유류분 부족액이 차지하는 비율만큼의 지분을 반환하게 되며, 이때 무상 취득자와 유류분권자는 각자의 지분만큼 해당 물건에 대한 소유권을 나눠 갖게 된다. 만약 유류분에 피상속인의 재산에 대해 소유권을 나눠 가진 사람들 각자의 몫을 반영해야 한다면, 위와 같은 경우에는 무상 취득자의 지분까지 반영해야 한다는 의미가 된다. 그러나 유류분은 상속인들의 이익을 보호하기 위한 것이므로, 무상 취득자의 몫까지 반영해야 한다는 것은 이러한 유류분의 취지에 부합한다고 볼 수 없다. 따라서 ㉠의 이유로 적절하지 않다.

→ 적절하지 않음!

**⑤ 유류분에 해당하는 이익의 가치가 상속 개시 전후에 걸쳐 변동되는 것을 반영해야 하기 때문이다.**

근거 ❶-3 무상 처분자가 사망하면 상속이 개시되고, 그의 상속인들이 유류분을 반환받

Ⅱ 사회

을 수 있는 권리인 유류분권을 행사할 수 있기 때문, ❷-3 상속인들이 상속받을 수 있었을 이익은 상속 개시 당시에 피상속인이 가졌던 재산의 가치에 이미 무상 취득자에게 넘어간 재산의 가치를 더하여 산정

**풀이** 무상 처분자가 사망하면 상속이 개시되고, 상속 개시와 함께 상속인들은 유류분을 반환받을 수 있는 유류분권을 행사할 수 있다. 이때 유류분은 상속인들이 '상속받을 수 있었을 이익' 중 법으로 보장된 부분을 뜻하므로, 여기에 상속 개시 이후에 변동된 이익의 가치가 반영되는 것은 아니다.

→ 적절하지 않음!

1등급 문제

**098** 구체적인 사례에 적용 - 적절하지 않은 것 고르기 2023학년도 9월 모평 13번
정답률 30%, 매력적 오답 ① 10% ② 15% ③ 20% ⑤ 25% **정답 ④**

**윗글을 바탕으로 <보기>를 이해한 내용으로 적절하지 않은 것은?** [3점]

| 보 기 |

[1]갑의 재산으로는 A 물건과 B 물건이 있었으며 그 외의 재산이나 채무(債務, 빚)는 없었다. [2]갑은 을에게 A 물건을 무상으로 넘겨주었고 그로부터 6 개월 후 사망했다. [3]갑의 상속인으로는 갑의 자녀인 병만 있다. [4]A 물건의 시가는 을이 A 물건을 소유하게 되었을 때는 300, 갑이 사망했을 때는 700이었다. [5]병은 갑이 사망한 날로부터 3 개월 후에 을에게 유류분권을 행사했다. [6]B 물건의 시가는 병이 상속받았을 때부터 병이 을에게 유류분 반환을 요구했을 때까지 100으로 동일하다.
(단, 세금, 이자 및 기타 비용은 고려하지 않음.)

갑 : 무상 처분자, 을 : 무상 취득자
유류분 : 상속받을 수 있었을 금액의 $\frac{1}{2}$ 보장
상속 개시 당시의 시가
유류분 부족액 = 유류분 - 이미 상속받은 이익(100)
① A 물건의 시가 상승이 을의 노력과 무관한 경우 : $\frac{(700+100)}{2}-100=300$
② A 물건의 시가가 을의 노력으로 상승한 경우 : $\frac{(300+100)}{2}-100=100$

**근거** <보기>-1 갑의 재산으로는 A 물건과 B 물건이 있으며, <보기>-3~4 갑의 상속인으로는 갑의 자녀인 병만 있다. A 물건의 시가는 을이 A 물건을 소유하게 되었을 때는 300, 갑이 사망했을 때는 700이었다, <보기>-6 B 물건의 시가는 … 100, ❷-1~2 유류분은 피상속인의 무상 처분 행위가 없었다고 가정할 때 상속인들이 상속받을 수 있었을 이익 중 법으로 보장된 부분이다. 만약 상속인이 피상속인의 자녀 한 명뿐이면, 상속받을 수 있었을 이익의 $\frac{1}{2}$ 만 보장된다, ❸-2 유류분에 해당하는 이익에서 이미 상속받은 이익을 뺀 값인 유류분 부족액

**풀이** 유류분은 피상속인의 무상 처분 행위가 없었다고 가정할 때 상속인이 상속받을 수 있었을 이익 중 법으로 보장된 부분을 의미하며, 유류분 부족액은 유류분에 해당하는 이익에서 이미 상속받은 이익을 뺀 값을 말한다. <보기>의 경우 상속인이 상속받을 수 있었을 이익은 (A 물건 + B 물건)이며, 상속인은 갑의 자녀인 병 한 사람이므로, 유류분에 해당하는 이익은 (A 물건 + B 물건)의 $\frac{1}{2}$ 이다. 또 이때 유류분 부족액은 $\frac{(A\text{ 물건}+B\text{ 물건})}{2}$ 에서 이미 상속받은 이익인 B 물건의 시가 100을 뺀 값 $(\frac{(A\text{ 물건}+B\text{ 물건})}{2}-100)$이 된다.

**① A 물건의 시가 상승이 을의 노력과 무관한 경우 유류분 부족액은 300이다.**

**근거** ❺-1~3 무상 처분된 물건의 시가가 변동하면 유류분 부족액을 계산할 때는 언제의 시가를 기준으로 삼아야 할까? 유류분의 취지에 비추어 상속 개시 당시의 시가를 기준으로 해야 한다. 다만 그 물건의 시가 상승이 무상 취득자의 노력에서 비롯되었으면 이때는 무상 취득 당시의 시가를 기준으로 계산해야 한다.

**풀이** 무상 처분된 물건의 유류분 부족액을 계산할 때, 그 물건의 시가 상승이 무상 취득자의 노력과 무관할 경우 상속 개시 당시의 시가를 기준으로 해야 하므로, A 물건의 시가 상승이 을의 노력과 무관하다면 유류분 부족액 계산 시 A 물건은 갑이 사망했을 때의 시가인 700을 기준으로 해야 한다. 따라서 이때의 유류분 부족액은 $\frac{(700+100)}{2}-100$, 즉 300이 된다.

→ 적절함!

**② A 물건의 시가 상승이 을의 노력과 무관한 경우 유류분 반환의 대상은 A 물건의 $\frac{3}{7}$ 지분이다.**

**근거** ❺-4 이렇게 정해진 유류분 부족액을 근거로 반환 대상인 지분을 계산할 때는, 시가 상승의 원인이 무엇이든 상속 개시 당시의 시가를 기준으로 해야 한다.

**풀이** A 물건의 시가 상승이 을의 노력과 무관하다면 유류분 부족액 계산 시 A 물건은 갑이 사망했을 때의 시가인 700을 기준으로 해야 하고, 이때 유류분 부족액은 $\frac{(700+100)}{2}-100$, 즉 300이 된다. 정해진 유류분 부족액을 근거로 반환 대상인 지분을 계산할 때는 상속 개시 당시의 시가를 기준으로 하므로, 유류분 반환 대상인 지분은 A 물건의 $\frac{300}{700}$, 즉 $\frac{3}{7}$에 해당한다.

→ 적절함!

**③ A 물건의 시가가 을의 노력으로 상승한 경우 유류분 부족액은 100이다.**

**근거** ❺-3 그 물건의 시가 상승이 무상 취득자의 노력에서 비롯되었으면 이때는 무상 취득 당시의 시가를 기준으로 계산해야 한다.

**풀이** 무상 처분된 물건의 유류분 부족액을 계산할 때, 그 물건의 시가 상승이 무상 취득자의 노력에서 비롯되었으면, 무상 취득 당시의 시가를 기준으로 해야 한다. A 물건의 시가 상승이 을의 노력에서 비롯되었다면 유류분 부족액 계산 시 A 물건은 무상 취득 당시의 시가인 300을 기준으로 해야 한다. 따라서 이때의 유류분 부족액은 $\frac{(300+100)}{2}-100$, 즉 100이 된다.

→ 적절함!

**④ A 물건의 시가가 을의 노력으로 상승한 경우 유류분 반환의 대상은 A 물건의 $\frac{1}{3}$ 지분이다.** ($\frac{1}{7}$)

**근거** ❺-4 이렇게 정해진 유류분 부족액을 근거로 반환 대상인 지분을 계산할 때는, 시가 상승의 원인이 무엇이든 상속 개시 당시의 시가를 기준으로 해야 한다.

**풀이** A 물건의 시가가 을의 노력으로 상승한 경우 유류분 부족액 계산 시 A 물건은 무상 취득 당시의 시가인 300을 기준으로 해야 하고, 이때 유류분 부족액은 $\frac{(300+100)}{2}-100$, 즉 100이 된다. A 물건의 시가가 상승한 원인이 무엇이든 정해진 유류분 부족액을 근거로 반환 대상인 지분을 계산할 때는 상속 개시 당시의 시가를 기준으로 해야 하므로, 유류분 반환 대상인 지분은 A 물건의 $\frac{100}{700}$, 즉 $\frac{1}{7}$에 해당한다.

→ 적절하지 않음!

**⑤ A 물건의 시가가 을의 노력으로 상승한 경우와 을의 노력과 무관하게 상승한 경우 모두, 갑이 상속 개시 당시 소유했던 재산으로부터 병이 취득할 수 있는 이익은 동일하다.** (= B 물건)

**근거** <보기>-6 B 물건의 시가는 병이 상속받았을 때부터 병이 을에게 유류분 반환을 요구했을 때까지 100으로 동일

**풀이** <보기>에서 갑이 상속 개시 당시 소유했던 재산은 B 물건으로, 상속인인 병이 이미 상속받은 이익에 해당한다. B 물건의 시가는 병이 상속받았을 때, 즉 상속 개시 당시부터 을에게 유류분 반환을 요구했을 때까지 100으로 동일하다. 따라서 A 물건의 시가 상승이 을의 노력에서 비롯된 것이든 그렇지 않든 갑이 상속 개시 당시 소유했던 재산인 B 물건으로부터 병이 취할 수 있는 이익은 100으로 동일하다.

→ 적절함!

**[099~103] 다음 글을 읽고 물음에 답하시오.**

1 [1]채권(債 빚 채 權 권리 권)은 어떤 사람이 다른 사람에게 특정 행위를 요구할 수 있는 권리이다. [2]이 특정 행위를 급부(給 주다 급 付 주다 부)라 하고, 특정 행위를 해 주어야 할 의무를 채무(債 빚 채 務 힘쓰다 무)라 한다. [3]채무자(債務者, 빚을 갚아야 할 의무를 가진 사람)가 채권을 ⓐ 가진 이에게 급부를 이행하면(履行-, 실제로 행하면) 채권에 대응하는(對應-, 서로 짝이 되는) 채무는 소멸한다. [4]급부는 재화(財貨, 돈이나 값나가는 물건 등 값을 매길 수 있는 것)나 서비스(service, 물질의 형태를 가지지 않고 생산과 소비에 필요한 노동력을 제공하는 것) 제공인 경우가 많지만 그 외의 내용일 수도 있다.

→ 채권, 급부, 채무의 개념과 급부의 내용

2 [1]민법(民法, 개인의 권리와 관련된 법규를 통틀어 이르는 말)상의 권리는 여러 가지가 있는데 계약 없이 법률로 정해진 요건(要件, 필요한 조건)의 충족(充足, 조건을 충분히 채움)으로 발생하기도 하지만 대개(大槪, 일반적인 경우) 계약의 효력(效力, 작용)으로 발생한다. [2]계약이란 권리 발생 등에 관한 당사자(當事者, 직접 관계가 있는 사람)의 합의(合意, 당사자들의 생각이 일치함)로서, 계약이 성립하면 합의 내용대로 권리 발생 등의 효력이 인정되는 것이 원칙이다. [3]당장 필요한 재화나 서비스는 그 제공을 급부로 하는 계약을 성립시켜 확보하면(確保-, 확실히 갖추면) 되지만 미래에 필요할 수도 있는 재화나 서비스라면 계약을 성립시킬 수 있는 권리를 확보하는 것이 유리하다. [4]이를 위해 '예약'이 활용된다. [5]일상에서 예약이라고 할 때와 법적인 관점에서의 예약은 구별된다. [6]㉠ 기차 탑승을 위해 미리 돈을 지불하고 승차권을 구입하는 것을 '기차 승차권을 예약했다'고도 하지만 이 경우는 예약에 해당하지 않는 계약이다. [7]법적

으로 예약은 당사자들이 합의한 내용대로 권리가 발생하는 계약의 일종(一種, 한 종류)으로, 재화나 서비스 제공을 급부 내용으로 하는 다른 계약인 '본계약(本契約, 예약에 따라 뒷날에 맺는 정식 계약)'을 성립시킬 수 있는 권리 발생을 목적으로 한다.

→ 계약, 법적인 관점에서의 '예약'의 개념

3 [A] [1]예약은 예약상 권리자(權利者, 권리를 가진 사람)가 가지는 권리의 법적 성질에 따라 두 가지 유형으로 나뉜다. [2]첫째는 채권을 발생시키는 예약이다. [3]이 채권의 급부 내용은 '예약상 권리자의 본계약 성립 요구에 대해 상대방이 승낙하는 것'이다. [4]회사의 급식 업체 공모(公募, 일반에게 널리 공개하여 모집함)에 따라 여러 업체가 신청한 경우 그중 한 업체가 선정되었다고(選定-, 뽑혀 정해졌다고) 회사에서 통지하면(通知-, 소식을 전하여 알게 하면) 예약이 성립한다. [5]이에 따라 선정된 업체가 급식을 제공하고 대금(代金, 값으로 치르는 돈)을 ⓑ 받기로 하는 본계약 체결(締結, 공식적으로 맺음)을 요청하면 회사는 이(본계약 체결 요청)에 응할(應-, 요구에 대하여 받아들일) 의무를 진다. [6]둘째는 예약 완결권을 발생시키는 예약이다. [7]이 경우 예약상 권리자가 본계약을 성립시키겠다는 의사(意思, 하고자 하는 생각)를 표시하는 것만으로 본계약이 성립한다. [8]가족 행사를 위해 식당을 예약한 사람이 식당에 도착하여 예약 완결권을 행사하면(行使-, 권리의 내용을 실제로 이루면) 곧바로 본계약이 성립하므로 식사 제공이라는 급부에 대한 계약상의 채권이 발생한다.

→ 예약의 두 가지 유형 : 채권을 발생시키는 예약, 예약 완결권을 발생시키는 예약

4 [1]예약에서 예약상의 급부나 본계약상의 급부가 이행되지 않는 문제가 ⓒ 생길 수 있는데, 예약의 유형에 따라 발생 문제의 양상(樣相, 모양, 상태)이 다르다. [2]일반적으로 급부가 이행되지 않아 채권자에게 손해가 발생한 경우 채무자는 자신의 고의(故意, 자기의 행위에 의해 일정한 결과가 생길 것을 인식하면서 그 행위를 하는 경우의 심리 상태)나 과실(過失, 조심하지 않아, 어떤 결과의 발생을 미리 내다보지 못한 일)에서 비롯된(처음 시작된) 것이 아님을 증명하지 못하는 한 채무 불이행(不履行, 실제로 행하지 않음) 책임을 진다. [3]이로 인해 채무의 내용이 바뀌는데 원래의 급부 내용이 무엇이든 채권자의 손해를 돈으로 물어야 하는 손해 배상(賠償, 손해를 물어 주는 일) 채무로 바뀐다.

→ 예약에서 급부가 이행되지 않은 경우 : 채무자의 손해 배상

5 [1]만약 타인(他人, 다른 사람)이 고의나 과실로 예약상 권리자가 가진 권리 실현을 방해했다면 예약상 권리자는 그(권리 실현을 방해한 타인)에게도 책임을 ⓓ 물을 수 있다. [2]법률에 의하면 누구든 고의나 과실에 의해 타인에게 피해를 ⓔ 끼치는 행위를 하고 그 행위의 위법성(違法性, 범죄 또는 불법행위로 인정되는 객관적 조건)이 인정되면 불법행위 책임이 성립하여, 가해자(加害者, 해를 끼친 사람. 여기서는 '예약 권리자의 권리 실현을 방해한 타인'을 뜻함)는 피해자(被害者, 생명, 신체, 재산, 명예 등에 침해나 위협을 받은 사람. 여기서는 '권리 실현을 방해받은 예약상 권리자'를 뜻함)에게 손해를 돈으로 배상할 채무를 지기 때문이다. [3]다만 예약상 권리자에게 예약 상대방이나 방해자(妨害者, 남의 일을 간섭하고 막아 해를 끼치는 사람) 중 누구라도 손해 배상을 하면 다른 한쪽의 배상 의무도 사라진다. [4]급부 내용이 동일하기(同一-, 똑같기) 때문이다.

→ 예약에서 예약상 권리자의 권리 실현을 방해받은 경우 : 방해자의 손해 배상

■지문 이해

**〈법적인 관점에서의 '예약'과 예약에서 발생한 문제의 손해 배상〉**

**❶ 채권, 급부, 채무의 개념과 급부의 내용**

- 채권 : 어떤 사람이 다른 사람에게 특정 행위를 요구할 수 있는 권리
- 급부
  - 채권의 내용이 되는 특정 행위
  - 재화·서비스 제공인 경우가 많지만, 그 외의 내용일 수도 있음
- 채무 : 급부를 해 주어야 할 의무
- 채무자가 채권자에게 급부를 이행하면 채권에 대응하는 채무는 소멸함

**❷ 계약, 법적인 관점에서의 '예약'의 개념**

- 계약
  - 권리 발생 등에 관한 당사자의 합의
  - 계약이 성립하면 합의 내용대로 권리 발생 등의 효력이 인정되는 것이 원칙임
- 예약
  - 당사자들이 합의한 내용대로 권리가 발생하는 계약의 일종
  - 재화·서비스 제공을 급부 내용으로 하는 '본계약'을 성립시킬 수 있는 권리 발생을 목적으로 함

**❸ 예약의 두 가지 유형**

- 채권을 발생시키는 예약
  - 급부 내용 : 예약상 권리자의 본계약 성립 요구에 대해 상대방이 승낙하는 것
- 예약 완결권을 발생시키는 예약
  - 예약 권리자가 본계약을 성립시키겠다는 의사를 표시하는 것만으로 본계약이 성립함

**❹ 예약에서 급부가 이행되지 않은 경우 : 채무자의 손해 배상**

- 급부 미이행으로 채권자에게 손해가 발생한 경우 채무자는 자신의 고의·과실에서 비롯된 것이 아님을 증명하지 못하면 채무 불이행 책임을 짐 → 채무의 내용이 손해 배상 채무로 바뀜

**❺ 예약에서 예약상 권리자의 권리 실현을 방해받은 경우 : 방해자의 손해 배상**

- 타인이 고의·과실로 예약상 권리자의 권리 실현을 방해할 경우 불법행위 책임이 성립함 → 손해 배상 채무를 짐
- 급부 내용이 동일하므로 예약상 권리자에게 예약 상대방이나 방해자 중 한쪽이 손해 배상을 하면 다른 한쪽의 배상 의무도 사라짐

**099** 세부 정보 이해 - 적절하지 않은 것 고르기 2021학년도 수능 26번 정답률 75%, 매력적 오답 ③ 10% 정답 ⑤

**윗글에 대한 이해로 적절하지 않은 것은?**

**① 계약상의 채권은 계약이 성립하면 추가 합의가 없어도 발생하는 것이 원칙이다.**

근거 ❷-2 계약이란 권리 발생 등에 관한 당사자의 합의로서, 계약이 성립하면 합의 내용대로 권리 발생 등의 효력이 인정되는 것이 원칙이다.

풀이 계약이 성립하면 합의 내용대로 권리 발생 등의 효력이 인정되는 것이 원칙이라고 하였다. 따라서 원칙상 계약상의 채권 또한 계약이 성립하면 추가 합의가 없어도 발생한다.

→ 적절함!

**② 재화나 서비스 제공을 대상으로 하는 권리 외에 다른 형태의 권리도 존재한다.**

근거 ❶-1~2 채권은 어떤 사람이 다른 사람에게 특정 행위를 요구할 수 있는 권리이다. 이 특정 행위를 급부라 하고, ❶-4 급부는 재화나 서비스 제공인 경우가 많지만 그 외의 내용일 수도 있다.

→ 적절함!

**③ 예약상 권리자는 본계약상 권리의 발생 여부를 결정할 수 있다.**

근거 ❸-2~3 첫째는 채권을 발생시키는 예약이다. 이 채권의 급부 내용은 '예약상 권리자의 본계약 성립 요구에 대해 상대방이 승낙하는 것'이다, ❸-6~7 둘째는 예약 완결권을 발생시키는 예약이다. 이 경우 예약상 권리자가 본계약을 성립시키겠다는 의사를 표시하는 것만으로 본계약이 성립한다.

풀이 예약은 예약상 권리자가 가지는 권리의 법적 성질에 따라 두 가지 유형으로 나뉘는데, 먼저 채권을 발생시키는 예약의 경우 예약상 권리자가 본계약 성립을 요구하고 이에 대해 상대방이 승낙함으로써 본계약상 권리가 발생하게 된다. 즉 예약상 권리자가 본계약 성립을 요구하거나 요구하지 않음에 따라 본계약상 권리의 발생 여부가 결정되는 것이다. 한편 예약 완결권을 발생시키는 예약의 경우, 예약상 권리자가 본계약을 성립시키겠다는 의사를 표시함으로써 본계약이 성립한다. 이 경우 역시 예약상 권리자의 의사 표시 여부에 따라 본계약상 권리의 발생 여부가 결정된다. 따라서 두 가지 유형 모두 예약상 권리자가 본계약상 권리의 발생 여부를 결정할 수 있다.

→ 적절함!

**④ 급부가 이행되면 채무자의 채권자에 대한 채무가 소멸된다.**

근거 ❶-3 채무자가 채권을 가진 이에게 급부를 이행하면 채권에 대응하는 채무는 소멸한다.

→ 적절함!

**⑤ 불법행위 책임은 계약의 당사자 사이에 *국한된다.** *局限-, 범위가 한정된다.

근거 ❺-1~2 만약 타인이 고의나 과실로 예약상 권리자가 가진 권리 실현을 방해했다면 예약상 권리자는 그에게도 책임을 물을 수 있다. 법률에 의하면 누구든 고의나 과실에 의해 타인에게 피해를 끼치는 행위를 하고 그 행위의 위법성이 인정되면 불법행위 책임이 성립하여, 가해자는 피해자에게 손해를 돈으로 배상할 채무를 지기 때문

**풀이** 법률에 의하면 누구든 고의나 과실에 의해 타인에게 피해를 끼치는 행위를 하고 그 행위의 위법성이 인정되면 불법행위 책임이 성립한다. 따라서 불법행위 책임은 계약의 당사자 사이에 국한되지 않는다.

→ 적절하지 않음!

1등급 문제

**100** 세부 정보 이해 - 적절한 것 고르기 2021학년도 수능 27번
정답률 45%, 매력적 오답 ④ 20% ⑤ 20% | 정답 ③

**㉠에 대한 이해로 가장 적절한 것은?**

㉠ 기차 탑승을 위해 미리 돈을 지불하고 승차권을 구입하는 것

**① 기차 탑승은 채권에 해당하고 돈을 지불하는 행위는 그 채권의 대상인 급부에 해당한다.**

(기차 탑승 서비스 제공을 요구할 수 있는 권리는 / 기차 탑승 서비스의 제공은)

**근거** ❶-1~2 채권은 어떤 사람이 다른 사람에게 특정 행위를 요구할 수 있는 권리이다. 이 특정 행위를 급부라 하고,

**풀이** 채권은 어떤 사람이 다른 사람에게 특정 행위를 요구할 수 있는 권리를 말하며, 이 특정 행위를 급부라고 한다. 돈을 지불하여 승차권을 구입한 사람은 '기차 탑승 서비스 제공을 요구할 수 있는 권리'인 채권을 갖게 되며, 이때 급부는 '기차 탑승 서비스의 제공'이다.

→ 적절하지 않음!

**② 기차를 탑승하지 않는 것은 승차권 구입으로 발생한 채권에 대응하는 의무를 포기하는 것이다.**

(채권을)

**근거** ❶-1~2 채권은 어떤 사람이 다른 사람에게 특정 행위를 요구할 수 있는 권리이다. 이 특정 행위를 급부라 하고, 특정 행위를 해 주어야 할 의무를 채무라 한다.

**풀이** ㉠은 기차 승차권을 구입함으로써 기차 탑승 서비스 제공을 급부로 하는 권리가 발생하는 계약이다. 그리고 이때 특정 행위를 해 주어야 할 의무인 채무는 기차 탑승 서비스를 원활히 제공하는 것이다. 따라서 기차를 탑승하지 않을 경우 '채권에 대응하는 의무'를 포기하는 것이 아니라, 승차권을 구입하여 발생한 '기차 탑승 서비스 제공을 요구할 수 있는 권리', 즉 '채권'을 포기하는 것이다.

→ 적절하지 않음!

**③ 기차 승차권을 미리 구입하는 것은 계약을 성립시키면서 채권의 행사 시점을 미래로 정해 두는 것이다.**

**근거** ❷-2 계약이란 권리 발생 등에 관한 당사자의 합의로서, 계약이 성립하면 합의 내용대로 권리 발생 등의 효력이 인정되는 것이 원칙이다, ❷-6 기차 탑승을 위해 미리 돈을 지불하고 승차권을 구입하는 것을 '기차 승차권을 예약했다'고도 하지만 이 경우는 예약에 해당하지 않는 계약이다.

**풀이** 계약이 성립하면 합의 내용대로 권리 발생 등의 효력이 인정된다. ㉠의 '기차 탑승을 위해 미리 돈을 지불하고 승차권을 구입하는 것'은 예약에 해당하지 않는 '계약'이라고 하였다. 따라서 ㉠은 기차 승차권을 미리 구입함으로써 기차 탑승 서비스 제공을 요구할 수 있는 권리(채권)를 발생시키되, 그 채권의 행사 시점을 기차를 탑승하는 때인 미래로 정해 두는 것으로 볼 수 있다.

→ 적절함!

**④ 승차권 구입은 계약 없이 법률로 정해진 요건을 충족하여 서비스를 제공받을 권리를 발생시키는 행위이다.**

**근거** ❷-6 이 경우(㉠)는 예약에 해당하지 않는 계약이다.

**풀이** 윗글에서 ㉠의 경우는 예약에 해당하지 않는 '계약'이라고 명시하고 있다. 따라서 승차권 구입을 '계약 없이' 법률로 정해진 요건을 충족하여 서비스를 제공받을 권리를 발생시키는 행위라고 설명한 것은 적절하지 않다.

→ 적절하지 않음!

**⑤ 미리 돈을 지불하는 것은 미래에 필요한 기차 탑승 서비스 이용이라는 계약을 성립시킬 수 있는 권리를 확보한 것이다.**

**근거** ❷-3~4 미래에 필요할 수도 있는 재화나 서비스라면 계약을 성립시킬 수 있는 권리를 확보하는 것이 유리하다. 이를 위해 '예약'이 활용된다, ❷-6 이 경우는 예약에 해당하지 않는 계약이다.

**풀이** '미래에 필요한 기차 탑승 서비스의 이용이라는 계약을 성립시킬 수 있는 권리를 확보한 것'이라고 설명한 것은 ㉠을 '예약'으로 본 것이다. 그러나 윗글에서 ㉠을 예약에 해당하지 않는 '계약'이라고 하였으므로, 이는 적절한 설명이라고 볼 수 없다.

→ 적절하지 않음!

1등급 문제

**101** 추론의 적절성 판단 - 적절한 것 고르기 2021학년도 수능 28번
정답률 40%, 매력적 오답 ② 25% ③ 20% | 정답 ①

**다음은 [A]에 제시된 예를 활용하여, 예약의 유형에 따라 예약상 권리자가 요구할 수 있는 급부에 대해 정리한 것이다. ㄱ ~ ㄷ에 들어갈 내용을 올바르게 짝지은 것은?**

| 구분 | 채권을 발생시키는 예약 | 예약 완결권을 발생시키는 예약 |
|---|---|---|
| 예약상 급부 | ㄱ | ㄴ |
| 본계약상 급부 | ㄷ | 식사 제공 |

**근거** ❶-1~2 채권은 어떤 사람이 다른 사람에게 특정 행위를 요구할 수 있는 권리이다. 이 특정 행위를 급부라 하고, ❸-2~3 첫째는 채권을 발생시키는 예약이다. 이 채권의 급부 내용은 '예약상 권리자의 본계약 성립 요구에 대해 상대방이 승낙하는 것'이다, ❸-5 선정된 업체가 급식을 제공하고 대금을 받기로 하는 본계약 체결을 요청하면 회사는 이에 응할 의무를 진다, ❸-6~7 둘째는 예약 완결권을 발생시키는 예약이다. 이 경우 예약상 권리자가 본계약을 성립시키겠다는 의사를 표시하는 것만으로 본계약이 성립한다.

**풀이** 채권을 발생시키는 예약의 경우 이 채권의 급부 내용은 '예약상 권리자의 본계약 성립 요구에 대해 상대방이 승낙하는 것'이므로, [A]의 예에서 예약상 급부(ㄱ)는 '업체의 본계약 체결 요청에 대한 승낙'이 된다. 이때 본계약은 '업체가 급식을 제공하고 대금을 받기로 하는' 것이므로, 본계약상 급부(ㄷ)는 '대금 지급'이 된다. 한편 예약 완결권을 발생시키는 예약의 경우 예약상 권리자가 본계약을 성립시키겠다는 의사를 표시하는 것만으로 본계약이 성립되므로, 예약상 급부(ㄴ)가 없다. 따라서 정답은 ① 번이다.

| | ㄱ | ㄴ | ㄷ | |
|---|---|---|---|---|
| ① | 급식 계약 승낙 | 없음 | 급식 대금 지급 | → 적절함! |
| ② | 급식 계약 승낙 | 없음 | 급식 제공 | |
| ③ | 급식 계약 승낙 | 식사 제공 계약 체결 | 급식 제공 | |
| ④ | 없음 | 식사 제공 계약 체결 | 급식 제공 | |
| ⑤ | 없음 | 식사 제공 계약 체결 | 급식 대금 지급 | |

1등급 문제

**102** 구체적인 사례에 적용 - 적절하지 않은 것 고르기 2021학년도 수능 29번
정답률 50%, 매력적 오답 ③ 25% ⑤ 10% | 정답 ④

**윗글을 참고할 때, <보기>의 ㉮에 대한 이해로 적절하지 않은 것은?** [3점]

| 보 기 |
[1]특별한 행사를 앞두고 있는 갑은 미용실을 운영하는 을과 예약을 하여 행사 당일 오전 10시에 머리 손질을 받기로 했다. [2]갑이 시간에 맞춰 미용실을 방문하여 머리 손질을 요구했을 때 병이 이미 을에게 머리 손질을 받고 있었다. [3]갑이 예약해 둔 시간에 병이 고의로 끼어들어 위법성이 있는 행위를 하여 ㉮ 갑은 오전 10시에 머리 손질을 받을 수 없는 손해를 입었다.

(예약상 권리자 / 채무자 / 채권자 / 예약 상대방 / 본계약의 급부 / 방해자 / 불법행위 책임 성립 → 손해 배상 채무 발생 / 예약 완결권 행사 → 본계약 성립, 급부에 대한 계약상 채권 발생 / 채권자에게 손해 발생)

**① ㉮가 발생하는 과정에서 을의 과실이 있는 경우, 을은 갑에 대해 채무 불이행 책임이 있고 병은 갑에 대해 손해 배상 채무가 있다.**

**근거** ❹-2 급부가 이행되지 않아 채권자에게 손해가 발생한 경우 채무자는 자신의 고의나 과실에서 비롯된 것이 아님을 증명하지 못하는 한 채무 불이행 책임을 진다, ❺-1~2 타인이 고의나 과실로 예약상 권리자가 가진 권리 실현을 방해했다면 예약상 권리자는 그에게도 책임을 물을 수 있다. 법률에 의하면 누구든 고의나 과실에 의해 타인에게 피해를 끼치는 행위를 하고 그 행위의 위법성이 인정되면 불법행위 책임이 성립하여, 가해자는 피해자에게 손해를 돈으로 배상할 채무를 지기 때문

**풀이** ㉮가 발생하는 과정에서 을의 과실이 있는 경우 을은 갑에게 채무 불이행 책임을 지게 된다. 또한 병은 고의로 끼어들어 위법성이 있는 행위를 하여 갑에게 손해를 입혔으므로, 불법행위 책임이 성립하여 갑에게 손해를 배상할 채무를 지게 된다.

→ 적절함!

**② ㉮가 발생하는 과정에서 을의 고의가 있는 경우, 을과 병은 모두 갑에게 손해 배상 채무를 지고 을이 배상을 하면 병은 갑에 대한 채무가 사라진다.**

**근거** ❹-2~3 급부가 이행되지 않아 채권자에게 손해가 발생한 경우 채무자는 자신의 고의나 과실에서 비롯된 것이 아님을 증명하지 못하는 한 채무 불이행 책임을 진다. 이로 인해 … 손해 배상 채무로 바뀐다, ❺-1~2 타인이 고의나 과실로 예약상 권리자가 가진 권리 실현을 방해했다면 … 불법행위 책임이 성립하여, 가해자는 피해자에

게 손해를 돈으로 배상할 채무를 지기 때문, ❺-3 예약상 권리자에게 예약 상대방이나 방해자 중 누구라도 손해 배상을 하면 다른 한쪽의 배상 의무도 사라진다.

**풀이** ㉮가 발생하는 과정에서 을의 과실이 있는 경우 을은 갑에게 채무 불이행 책임을 지게 되며, 을의 채무 내용은 손해 배상 채무로 바뀐다. 또한 병은 고의로 끼어들어 위법성이 있는 행위를 하여 갑에게 손해를 입혔으므로, 불법행위 책임이 성립하여 갑에게 손해를 배상할 채무를 지게 된다. 이때 을과 병 중 한 명이 갑에게 손해 배상을 하면 다른 한쪽의 배상 의무도 사라진다. 따라서 ㉮가 발생하는 과정에서 을의 고의가 있는 경우, 을과 병은 모두 갑에게 손해 배상 채무를 지게 되며, 을이 배상을 하면 병의 채무는 사라진다.

→ 적절함!

**③ ㉮가 발생하는 과정에서 을에게 고의나 과실이 있는지 없는지 증명되지 않은 경우, 을과 병은 모두 갑에게 채무를 지고 그에 따른 급부의 내용은 동일하다.**

**근거** ❹-2~3 급부가 이행되지 않아 채권자에게 손해가 발생한 경우 채무자는 자신의 고의나 과실에서 비롯된 것이 아님을 증명하지 못하는 한 채무 불이행 책임을 진다. 이로 인해 … 손해 배상 채무로 바뀐다, ❺-1~2 타인이 고의나 과실로 예약상 권리자가 가진 권리 실현을 방해했다면 … 불법행위 책임이 성립하여, 가해자는 피해자에게 손해를 돈으로 배상할 채무를 지기 때문, ❺-3~4 예약상 권리자에게 예약 상대방이나 방해자 중 누구라도 손해 배상을 하면 다른 한쪽의 배상 의무도 사라진다. 급부 내용이 동일하기 때문이다.

**풀이** 을이 갑의 손해가 자신의 고의나 과실에서 비롯된 것이 아님을 증명하지 못하면 을은 채무 불이행 책임을 지며, 갑에게 손해 배상 채무를 지게 된다. 한편 병은 갑이 예약해 둔 시간에 고의로 끼어들어 위법성이 있는 행위를 하였고 그로 인해 갑에게 손해를 입혔으므로, 법률에 의해 불법행위 책임이 성립하며, 병은 갑에게 손해를 배상할 채무를 지게 된다. 이때 을과 병 중 한 명이 손해 배상을 하면 다른 한쪽의 배상 의무는 사라지는데, 이는 '갑의 손해를 돈으로 배상한다'는 급부 내용이 동일하기 때문이다.

→ 적절함!

**④ ㉮가 발생하는 과정에서 을에게 고의나 과실이 있는지 없는지 증명되지 않은 경우, 을과 병은 모두 채무 불이행 책임을 지므로 갑에게 손해 배상 채무를 진다.**

을은

**근거** ❹-2~3 급부가 이행되지 않아 채권자에게 손해가 발생한 경우 채무자는 자신의 고의나 과실에서 비롯된 것이 아님을 증명하지 못하는 한 채무 불이행 책임을 진다. 이로 인해 … 손해 배상 채무로 바뀐다, ❺-2 법률에 의하면 누구든 고의나 과실에 의해 타인에게 피해를 끼치는 행위를 하고 그 행위의 위법성이 인정되면 불법행위 책임이 성립하여, 가해자는 피해자에게 손해를 돈으로 배상할 채무를 지기 때문

**풀이** ㉮가 발생하는 과정에서 을에게 고의나 과실이 있는지 없는지 증명되지 않은 경우란 결국 을이 갑의 손해가 자신의 고의나 과실에서 비롯된 것이 아님을 증명하지 못한 것이 된다. 을이 갑의 손해가 자신의 고의나 과실에서 비롯된 것이 아님을 증명하지 못하면 을은 채무 불이행 책임을 지며, 갑에게 손해 배상 채무를 지게 된다. 한편 병은 갑이 예약해 둔 시간에 고의로 끼어들어 위법성이 있는 행위를 하였고 그로 인해 갑에게 손해를 입혔으므로, 법률에 의해 불법행위 책임이 성립하여, 병은 갑에게 손해를 배상할 채무를 지게 된다. 즉 을과 병이 모두 갑에게 손해 배상 채무를 지는 것은 맞지만, 병은 갑과 계약으로 맺어진 채무자와 채권자의 관계가 아니므로 '채무 불이행의 책임'을 지는 것은 아니다.

→ 적절하지 않음!

**⑤ ㉮가 발생하는 과정에서 을에게 고의나 과실이 없음이 증명된 경우, 을과 달리 병에게는 갑이 입은 손해에 대해 금전으로 배상할 책임이 있다.**

**근거** <보기>-3 갑이 예약해 둔 시간에 병이 고의로 끼어들어 위법성이 있는 행위를 하여 갑은 오전 10시에 머리 손질을 받을 수 없는 손해를 입었다, ❹-2 급부가 이행되지 않아 채권자에게 손해가 발생한 경우 채무자는 자신의 고의나 과실에서 비롯된 것이 아님을 증명하지 못하는 한 채무 불이행 책임을 진다, ❺-1~2 타인이 고의나 과실로 예약상 권리자가 가진 권리 실현을 방해했다면 예약상 권리자는 그에게도 책임을 물을 수 있다. 법률에 의하면 누구든 고의나 과실에 의해 타인에게 피해를 끼치는 행위를 하고 그 행위의 위법성이 인정되면 불법행위 책임이 성립하여, 가해자는 피해자에게 손해를 돈으로 배상할 채무를 지기 때문

**풀이** ㉮가 발생하는 과정에서 을에게 고의나 과실이 없음이 증명된 경우, 을은 채무 불이행 책임을 지지 않을 것이다. 그러나 병은 갑이 예약해 둔 시간에 고의로 끼어들어 위법성이 있는 행위를 하였고 그로 인해 갑이 손해를 입었으므로, 법률에 의해 불법행위 책임이 성립하여, 병은 갑에게 손해를 배상할 채무를 지게 된다. 따라서 ㉮가 발생하는 과정에서 을에게 고의나 과실이 없음이 증명되었다고 하더라도, 병은 갑이 입은 손해에 대해 금전으로 배상할 책임이 있다.

→ 적절함!

**103** | 문맥적 의미 파악 - 적절한 것 고르기 2021학년도 수능 30번 | 정답률 85% | **정답 ②**

**문맥상 ⓐ~ⓔ의 단어와 가장 가까운 의미로 쓰인 것은?**

채무자가 채권을 ⓐ 가진 이에게 급부를 이행하면
선정된 업체가 급식을 제공하고 대금을 ⓑ 받기로 하는 본계약 체결
급부가 이행되지 않는 문제가 ⓒ 생길 수 있는데
책임을 ⓓ 물을 수 있다.
타인에게 피해를 ⓔ 끼치는 행위

**① ⓐ : 자신의 일에 자부심을 가지는 것이 중요하다.**

**풀이** ⓐ에서 '가지다'는 '자기 것으로 하다'의 의미로 쓰였다. 한편 '자신의 일에 자부심을 가지다'에서 '가지다'는 '생각, 태도, 사상 따위를 마음에 품다'의 의미로 쓰였다.

**예문** 좋은 것을 가지고 싶어 하는 것은 인지상정이다.
그는 나에게 호의를 가지고 있다.

→ 적절하지 않음!

**② ⓑ : 올해 생일에는 고향 친구에게서 편지를 받았다.**

**풀이** ⓑ에서 '받다'는 '다른 사람이 주거나 보내오는 물건 따위를 가지다'의 의미로 쓰였다. '고향 친구에게서 편지를 받았다'에서 '받다' 또한 '다른 사람이 주거나 보내오는 물건 따위를 가지다'의 의미로 쓰였다.

**예문** 세입자들로부터 월세를 받았다.
아이는 엄마한테 과자를 받고 해맑게 웃었다.

→ 적절함!

**③ ⓒ : 기차역 주변에 새로 생긴 상가에 가 보았다.**

**풀이** ⓒ에서 '생기다'는 '어떤 일이 일어나다'의 의미로 쓰였다. 한편 '새로 생긴 상가'에서 '생기다'는 '없던 것이 새로 있게 되다'의 의미로 쓰였다.

**예문** 그에게 무슨 일이 생긴 것 같다.
작년부터 눈가에 하나둘 주름이 생기기 시작했다.

→ 적절하지 않음!

**④ ⓓ : 나는 도서관에서 책 빌리는 방법을 물어 보았다.**

**풀이** ⓓ에서 '묻다'는 '어떠한 일에 대한 책임을 따지다'의 의미로 쓰였다. 한편 '책 빌리는 방법을 물어 보다'에서 '묻다'는 '무엇을 밝히거나 알아내기 위하여 상대편의 대답이나 설명을 요구하는 내용으로 말하다'의 의미로 쓰였다.

**예문** 이번 조사 과정에서는 모든 부서에 그 책임 소재를 묻겠습니다.
오빠는 부모님께 어떤 선물이 좋은지를 물었다.

→ 적절하지 않음!

**⑤ ⓔ : 바닷가의 찬바람을 쐬니 온몸에 소름이 끼쳤다.**

**풀이** ⓔ에서 '끼치다'는 '영향, 해, 은혜 따위를 당하거나 입게 하다'의 의미로 쓰였다. 한편 '소름이 끼치다'에서 '끼치다'는 '소름이 한꺼번에 돋아나다'의 의미로 쓰였다.

**예문** 선거가 물가에 끼치는 영향은 적지 않다.
TV에서 들리는 귀신의 웃음소리에 나는 소름이 쫙 끼쳤다.

→ 적절하지 않음!

**[104~108] 다음 글을 읽고 물음에 답하시오.**

1 [1]물건을 사용하고 있는 사람이 그 물건의 주인일까? [2]점유(占 차지하다 점 有 가지다 유)란 물건에 대한 사실상의(事實上-, 실제로) 지배(支配, 자신의 뜻대로 다스리는) 상태를 뜻한다. [3]이(물건에 대한 사실상의 지배 상태를 뜻하는 점유)에 비해 소유(所 것 소 有 가지다 유)란 어떤 물건을 사용·수익(收益, 이익을 거두어들임)·처분(處分, 처리하여 치움)할 수 있는 권리를 가진 상태라고 정의된다. [4]따라서 점유자와 소유자가 항상 일치하지는 않는다.

→ 점유와 소유의 정의

2 [A] [1]물건을 빌려 쓰거나 보관하고 있는 것을 포함하여 물건을 물리적으로(物理的-, 몸과 관련되어 있거나 몸을 써서) 지배하는 상태를 직접점유라고 한다. [2]이(물건을 물리적으로 지배하는 상태인 직접점유)에 비해 어떤 물건을 빌려 쓰거나 보관하는 사람에게 그 물건의 반환(返還, 되돌려줌)을 청구할(請求-, 요구할) 수 있는 권리를

가진 사람도 사실상의 지배를 한다고 볼 수 있다. [3]이와 같이 반환청구권(물건의 반환을 청구할 수 있는 권리)을 가진 상태를 간접점유라고 한다. [4]직접점유와 간접점유는 모두 점유에 해당한다. [5]점유는 소유자를 공시하는 기능도 수행한다. [6]공시(公 공적이다 공 示 알리다 시)란 물건에 대해 누가 어떤 권리를 가지고 있는지를 알려 주는 것이다. [7]물건 중에서 피아노, 금반지, 가방 등과 같은 대부분의 동산(動産, 모양, 성질을 바꾸지 않고 움직일 수 있는 재산)은 점유에 의해 소유권이 공시된다.

→ 직접점유, 간접점유의 개념과 기능

3 [1]물건의 소유권이 양도되려면(讓渡-, 남에게 넘어가려면), 소유자가 양도인(讓渡人, 남에게 넘겨주는 사람)이 되어 양수인(讓受人, 넘겨받는 사람)과 유효한(有效-, 의도한 대로 법률효과가 있는) 양도 계약을 하고 이에 더하여 소유권 양도를 공시해야 한다. [2]㉠ 점유로 소유권이 공시되는 동산의 소유권 양도는 점유를 넘겨주는 점유 인도(引渡, 물건에 대한 사실상의 지배를 넘겨줌)로 공시된다. [3]양수인이 간접점유를 하여 소유권 이전(移轉, 넘겨줌)이 공시되는 경우로서 '점유개정'과 '반환청구권 양도'가 있다. [4]예를 들어 A가 B에게 피아노의 소유권을 양도하기로 계약하되 사흘간 빌려 쓰는 것으로 합의한(合意-, 서로 의견이 일치한) 경우, B는 A에게 피아노를 사흘 후 돌려 달라고 요구할 수 있는 반환청구권을 가지게 된다. [5]이처럼 양도인이 직접점유를 유지하지만, 양수인에게 점유 인도가 이루어진 것으로 간주되는(看做-, 생각되는) 경우를 점유개정이라고 한다. [6]한편 C가 자신이 소유한 가방을 D에게 맡겨 두어 이에 대한 반환청구권을 가지게 되었는데, 이 가방의 소유권을 E에게 양도하는 계약을 체결하였다고(締結-, 공식적으로 맺었다고) 하자. [7]이때(C가 반환청구권을 가지고 D에게 맡긴 가방의 소유권을 E에게 양도하는 계약을 체결하였을 때) C가 D에게 통지하여(通知-, 전하여 알려) 가방 주인이 바뀌었으니 가방을 E에게 반환하라고 알려 주면 D가 보관 중인 가방에 대한 반환청구권은 C로부터 E에게로 넘어간다. [8]이(양도인이 직접점유하지 않은 물건의 소유권을 양도하고 이를 공시함으로써 반환청구권이 넘어가는) 경우를 반환청구권 양도라고 한다.

→ 점유개정과 반환청구권 양도의 개념과 예

4 [1]양도인이 소유자가 아니더라도 양수인이 점유 인도를 받으면 소유권을 취득할(取得-, 얻을) 수 있을까? [2]점유로 공시되는 동산의 경우 양수인이 충분히 주의(注意, 마음에 새겨 두고 조심함)를 했는데도 양도인이 소유자가 아님을 알지 못한 채 양도인과 유효한 계약을 하고, 점유 인도로 공시를 했다면 양수인은 소유권을 취득한다. [3]이것을 '선의취득'이라 한다. [4]다만 간접점유에 의한 인도 방법 중 점유개정으로는 선의취득을 하지 못한다. [5]선의취득으로 양수인이 소유권을 취득하면 원래 소유자는 원하지 않아도 소유권을 상실하게(喪失-, 잃게) 된다.

→ 선의취득의 개념

5 [1]반면에 국가가 관리하는 공적(公的, 국가나 사회에 관계되는) 기록인 등기(登記, 국가기관이 법정 절차에 따라 권리, 재산, 신분 등에 관련된 사실이나 관계를 등기부에 올린 기록)·등록(登錄, 법적 규정에 따라 국가나 공공 단체의 공적 증명을 받아 법률적 보호를 받을 수 있도록 장부에 기록해 올리는 것)으로 공시되어야 하는 물건은 아예 선의취득 대상이 아니다. [2]㉡ 법률이 등록 대상으로 규정한 자동차, 항공기 등의 동산은 등록으로 공시되는 물건이고, ㉢ 토지·건물과 같은 부동산은 등기로 공시되는 물건이다. [3]이러한 고가(高價, 비싼 가격)의 재산에 대해 선의취득을 허용하게 되면 원래 소유자의 의사(意思, 생각)에 반하는(反-, 반대되는) 소유권 박탈(剝奪, 빼앗음)이 ⓐ 일어나게 된다. [4]이것(원래 소유자의 의사에 반하는 소유권 박탈)은 거래 안전에만 치중하고(置重-, 특히 중요하게 생각하고) 원래 소유자의 권리 보호를 경시한(輕視-, 대수롭지 않게 본) 것이 되어 바람직하지 않다고 볼 수 있다.

→ 선의취득 대상이 아닌 물건과 그 이유

■지문 이해

**<물건의 소유권 양도와 소유권 취득 인정의 조건>**

**❶ 점유와 소유의 정의**
- 점유 : 물건에 대한 사실상의 지배 상태
- 소유 : 물건의 사용·수익·처분에 대한 권리를 가진 상태
- 점유자와 소유자가 일치하지 않을 수 있음

**❷ 직접점유, 간접점유의 개념과 기능**
- 직접점유 : 물건을 물리적으로 지배하는 상태 ─┐
- 간접점유 : 반환청구권을 가진 상태 ─┘ 점유
- 점유의 기능 : 소유자의 공시
- 공시 : 물건에 대해 누가 어떤 권리를 가지는지 알려 주는 것
- 피아노, 금반지, 가방 등 대부분의 동산은 점유에 의해 소유권이 공시됨

**❸ 점유개정과 반환청구권 양도의 개념과 예**
- 점유로 소유권이 공시되는 동산의 소유권 양도는 점유 인도로 공시됨
- 양수인이 간접점유를 하여 소유권 이전이 공시되는 경우
  - 점유개정 : 양도인이 직접점유를 유지하지만 양수인에게 점유 인도가 이루어진 것으로 간주되는 경우
  - 반환청구권 양도 : 양도인이 양수인에게 반환청구권을 넘겨주어, 양수인에게 점유 인도가 이루어진 것으로 간주되는 경우

**❹ 선의취득의 개념**
- 선의취득 : 점유로 공시되는 동산의 경우 양수인이 충분히 주의를 했는데도 양도인이 소유자가 아님을 알지 못한 채 양도인과 유효한 계약을 하고, 점유 인도로 공시를 한 경우 양수인이 소유권을 취득하는 것
- 점유개정으로는 선의취득을 하지 못함

**❺ 선의취득 대상이 아닌 물건과 그 이유**
- 등록으로 공시되는 자동차, 항공기 등의 동산과 등기로 공시되는 토지·건물 등의 부동산은 거래 안전보다 원래 소유자의 권리 보호를 중시하기 위해 선의취득을 허용하지 않음

1등급 문제

**104** 세부 정보 이해 – 적절하지 않은 것 고르기 2020학년도 9월 모평 27번
정답률 55%, 매력적 오답 ④ 20% | 정답 ⑤

**윗글을 이해한 내용으로 적절하지 않은 것은?**

**① 가방을 사용하고 있는 사람은 그 가방의 점유자이다.**

근거 ❶-2 점유란 물건에 대한 사실상의 지배 상태, ❷-1 물건을 빌려 쓰거나 보관하고 있는 것을 포함하여 물건을 물리적으로 지배하는 상태를 직접점유라고 한다, ❷-4 직접점유와 간접점유는 모두 점유에 해당한다.

풀이 물건에 대한 사실상의 지배 상태를 점유라 하고, 이 중 물건을 빌려 쓰거나 보관하는 등 물리적으로 지배하는 상태를 직접점유라고 한다. 따라서 가방을 사용하는 것은 가방을 직접점유하고 있는 상태에 해당하고, 가방을 사용하고 있는 사람은 점유자에 해당한다.

→ 적절함!

**② 가방을 점유하고 있더라도 그 가방의 소유자가 아닐 수 있다.**

근거 ❶-4 점유자와 소유자가 항상 일치하지는 않는다.

→ 적절함!

**③ 가방의 소유권이 유효한 계약으로 이전되려면 점유 인도가 있어야 한다.**

근거 ❷-7 물건 중에서 피아노, 금반지, 가방 등과 같은 대부분의 동산은 점유에 의해 소유권이 공시된다, ❸-1~2 물건의 소유권이 양도되려면, 소유자가 양도인이 되어 양수인과 유효한 양도 계약을 하고 이에 더하여 소유권 양도를 공시해야 한다. 점유로 소유권이 공시되는 동산의 소유권 양도는 점유를 넘겨주는 점유 인도로 공시된다.

풀이 가방은 점유에 의해 소유권이 공시되는 동산이다. 소유권이 양도되려면 양도인과 양수인의 유효한 양도 계약과 함께 소유권 양도를 공시해야 하는데, 가방과 같이 점유로 소유권이 공시되는 동산의 경우 소유권 양도는 점유 인도로 공시된다.

→ 적절함!

**④ 가방에 대해 누가 소유권을 가지고 있는지를 알게 해 주는 방법은 점유이다.**

근거 ❷-5~7 점유는 소유자를 공시하는 기능도 수행한다. 공시란 물건에 대해 누가 어떤 권리를 가지고 있는지를 알려 주는 것이다. 물건 중에서 피아노, 금반지, 가방 등과 같은 대부분의 동산은 점유에 의해 소유권이 공시된다.

→ 적절함!

갖춰져야

**⑤ 가방의 소유권을 양도하는 유효한 계약을 체결하면 공시 방법이 갖춰지지 않아도 소유권은 이전된다.**

근거 ❷-7 물건 중에서 피아노, 금반지, 가방 등과 같은 대부분의 동산은 점유에 의해 소유권이 공시된다, ❸-1~2 물건의 소유권이 양도되려면, 소유자가 양도인이 되어 양수인과 유효한 양도 계약을 하고 이에 더하여 소유권 양도를 공시해야 한다. 점유로 소유권이 공시되는 동산의 소유권 양도는 점유를 넘겨주는 점유 인도로 공시된다.

풀이 가방은 점유에 의해 소유권이 공시되는 동산이다. 가방의 소유권이 양도되려면 양도인과 양수인의 유효한 양도 계약과 함께 점유 인도를 통해 소유권 양도를 공시해야 한다. 따라서 공시 방법이 갖춰지지 않아도 소유권이 이전된다는 설명은 적절하

지 않다.
→ 적절하지 않음!

**105** 추론의 적절성 판단 - 적절한 것 고르기 2020학년도 9월 모평 28번
정답률 65%, 매력적 오답 ③ 15% ④ 10% 정답 ⑤

## [A]에 대한 이해로 가장 적절한 것은?

직접
**① 물리적 지배를 해야 동산의 간접점유자가 될 수 있다.**

근거 ❷-1~3 물건을 빌려 쓰거나 보관하고 있는 것을 포함하여 물건을 물리적으로 지배하는 상태를 직접점유라고 한다. 이에 비해 어떤 물건을 빌려 쓰거나 보관하는 사람에게 그 물건의 반환을 청구할 수 있는 권리를 가진 사람도 사실상의 지배를 한다고 볼 수 있다. 이와 같이 반환청구권을 가진 상태를 간접점유라고 한다.

풀이 물건을 물리적으로 지배하는 상태를 직접점유라 하고, 물건의 반환청구권을 가진 상태를 간접점유라고 한다. 물리적 지배가 필수적인 상태는 간접점유가 아니라 직접점유이다.

→ 적절하지 않음!

**② 간접점유는 피아노 소유권에 대한 공시 방법이 아니다.**

근거 ❷-4 직접점유와 간접점유는 모두 점유에 해당한다, ❷-7 물건 중에서 피아노, 금반지, 가방 등과 같은 대부분의 동산은 점유에 의해 소유권이 공시된다.

풀이 피아노는 점유에 의해 소유권이 공시된다. 직접점유와 간접점유는 모두 점유에 해당하므로, 간접점유는 피아노 소유권에 대한 공시 방법에 해당한다.

→ 적절하지 않음!

간접점유자가 직접점유자도
**③ 하나의 동산에 직접점유자가 있으려면 간접점유자도 있어야 한다.**

근거 ❶-2 점유란 물건에 대한 사실상의 지배 상태를 뜻한다, ❷-1 물건을 빌려 쓰거나 보관하고 있는 것을 포함하여 물건을 물리적으로 지배하는 상태를 직접점유라고 한다, ❷-2~3 어떤 물건을 빌려 쓰거나 보관하는 사람(직접점유자)에게 그 물건의 반환을 청구할 수 있는 권리를 가진 사람도 사실상의 지배를 한다고 볼 수 있다. 이와 같이 반환청구권을 가진 상태를 간접점유라고 한다.

풀이 직접점유는 물건을 빌려 쓰거나 보관하고 있는 것을 포함하여 물건을 물리적으로 지배하는 상태를 말한다. 이때 '물건을 빌려 쓰거나 보관하고 있는 것을 포함한다'는 말은 '물건을 빌려 쓰거나 보관하고 있는 것이 아닌 경우도 있다'는 의미를 담고 있다. 즉 물건을 빌려 쓰는 것이 아닌, '물건의 소유자가 자신이 소유한 물건을 물리적으로 지배하는 상태'도 직접점유에 해당한다. 물건의 소유자가 물건을 물리적으로 지배하는 상태에 해당하는 직접점유의 경우 물건의 반환청구권을 가진 간접점유자가 따로 존재하지 않는다. 따라서 하나의 동산에는 간접점유자가 없이도 직접점유자가 존재할 수 있다. 한편 간접점유는 직접점유를 전제로 할 때 성립하는 상태이므로, 하나의 동산에 간접점유자가 있으려면 직접점유자도 따로 존재해야 한다.

→ 적절하지 않음!

**④ 피아노의 직접점유자가 있으면 그 피아노의 간접점유자는 소유자가 아니다.**

근거 ❷-1~3 물건을 빌려 쓰거나 보관하고 있는 것을 포함하여 물건을 물리적으로 지배하는 상태를 직접점유라고 한다. 이에 비해 어떤 물건을 빌려 쓰거나 보관하는 사람에게 그 물건의 반환을 청구할 수 있는 권리를 가진 사람도 사실상의 지배를 한다고 볼 수 있다. 이와 같이 반환청구권을 가진 상태를 간접점유라고 한다.

풀이 피아노의 소유자를 가리기 위해서는 다음 두 경우를 고려해 보아야 한다.
(1) 피아노를 빌려 쓰거나 보관하고 있는 경우
피아노를 빌려 쓰거나 보관하고 있는 사람이 직접점유자, 피아노에 대한 반환을 청구할 수 있는 권리를 가진 사람이 간접점유자가 된다. 이 경우 피아노에 대한 반환청구권을 가진 사람이 소유자가 된다.
(2) 피아노를 빌려 주지 않거나 다른 사람에게 맡기지 않은 경우
피아노의 소유자가 자신이 소유한 물건을 물리적으로 지배하는 상태이므로, 간접점유자는 존재하지 않고 직접점유자만 존재한다. 따라서 이 경우 피아노의 직접점유자가 소유자가 된다.

→ 적절하지 않음!

**⑤ 유효한 양도 계약으로 피아노의 소유자가 되려면 피아노에 대해 직접점유나 간접점유 중 하나를 갖춰야 한다.**

근거 ❷-7 물건 중에서 피아노, 금반지, 가방 등과 같은 대부분의 동산은 점유에 의해 소유권이 공시된다, ❷-4 직접점유와 간접점유는 모두 점유에 해당한다, ❸-1 물건의 소유권이 양도되려면, 소유자가 양도인이 되어 양수인과 유효한 양도 계약을 하고 이에 더하여 소유권 양도를 공시해야 한다.

풀이 피아노와 같은 동산은 점유에 의해 소유권이 공시되는데, 점유에는 직접점유와 간접점유가 있다. 물건의 소유권이 양도되려면 소유자(양도인)와 소유권을 넘겨받는 사람(양수인) 간의 유효한 양도 계약이 있어야 하며, 이에 더하여 소유권 양도를 공시해야 한다. 즉 유효한 양도 계약으로 피아노의 소유자가 되려면, 직접점유나 간접점유 중 하나에 의해 소유권이 공시되어야 한다.

→ 적절함!

1등급 문제

**106** 핵심 개념 이해 - 적절한 것 고르기 2020학년도 9월 모평 29번
정답률 50%, 매력적 오답 ③ 25% ⑤ 15% 정답 ②

## ㉠~㉢을 비교한 내용으로 가장 적절한 것은?

> ㉠ 점유로 소유권이 공시되는 동산
> ㉡ 법률이 등록 대상으로 규정한 자동차, 항공기 등의 동산
> ㉢ 토지·건물과 같은 부동산

㉢은 ㉠과 달리
**① ㉠은 ㉢과 달리, 국가가 관리하는 공적 기록에 의해 소유권 양도가 공시될 수 있다.**

근거 ❸-2 점유로 소유권이 공시되는 동산의 소유권 양도는 점유를 넘겨주는 점유 인도로 공시된다, ❺-1 국가가 관리하는 공적 기록인 등기·등록으로 공시되어야 하는 물건, ❺-2 토지·건물과 같은 부동산은 등기로 공시되는 물건

풀이 점유로 소유권이 공시되는 동산(㉠)의 소유권 양도는 점유 인도로 공시되고, 토지·건물과 같은 부동산(㉢)은 국가가 관리하는 공적 기록인 등기로 공시된다. 따라서 국가가 관리하는 공적 기록에 의해 소유권 양도가 공시되는 것은 ㉠이 아니라 ㉢이다.

→ 적절하지 않음!

**② ㉡은 ㉠과 달리, 원래 소유자의 권리 보호가 거래 안전보다 중시되는 대상이다.**

근거 ❹-2~3 점유로 공시되는 동산의 경우 양수인이 충분히 주의를 했는데도 양도인이 소유자가 아님을 알지 못한 채 양도인과 유효한 계약을 하고, 점유 인도로 공시를 했다면 양수인은 소유권을 취득한다. 이것을 '선의취득'이라 한다, ❺-1~4 반면에 국가가 관리하는 공적 기록인 등기·등록으로 공시되어야 하는 물건은 아예 선의취득 대상이 아니다. 법률이 등록 대상으로 규정한 자동차, 항공기 등의 동산은 등록으로 공시되는 물건이고 … 이러한 고가의 재산에 대해 선의취득을 허용하게 되면 … 거래 안전에만 치중하고 원래 소유자의 권리 보호를 경시한 것이 되어 바람직하지 않다고 볼 수 있다.

풀이 점유로 소유권이 공시되는 동산(㉠)의 경우 선의취득이 인정되는 반면, 법률이 등록 대상으로 규정한 자동차, 항공기 등의 동산(㉡)의 경우 선의취득을 허용하지 않는다. 그 이유는 만약 ㉡과 같은 대상에 대해 선의취득을 허용하게 되면, 원래 소유자의 권리 보호보다 거래 안전만 중시한 것이 되어 바람직하지 않기 때문이다. 바꾸어 말하면, ㉡과 같은 대상에 대해 선의취득을 허용하지 않는 이유는 원래 소유자의 권리 보호를 거래 안전보다 중시하기 때문이다.

→ 적절함!

알 수 없음
**③ ㉢은 ㉠과 달리, 물리적 지배의 대상이 아니므로 점유로 공시될 수 없다.**

근거 ❸-2 점유로 소유권이 공시되는 동산의 소유권 양도는 점유를 넘겨주는 점유 인도로 공시된다, ❺-2 토지·건물과 같은 부동산은 등기로 공시되는 물건, ❺-3 이러한 고가의 재산에 대해 선의취득을 허용하게 되면 원래 소유자의 의사에 반하는 소유권 박탈이 일어나게 된다.

풀이 윗글에서는 ㉢이 ㉠과 달리 점유로 공시될 수 없다고만 했지, 그 이유는 언급하지 않았다. 다만 ㉢이 ㉠에 비해 고가의 재산이고 원래 소유자의 의사에 반하는 소유권 박탈이 일어날 가능성이 높으므로, 개인의 점유가 아닌 국가의 기록에 의해 소유권이 공시되는 것임을 추론할 수 있다. 한편 토지에 농사를 짓거나 건물을 세울 수 있고, 건물 역시 사용하거나 관리할 수 있으므로 ㉢은 물리적 지배의 대상이 될 수 있다.

→ 적절하지 않음!

㉠은
**④ ㉠과 ㉡은 모두 양도인이 소유자가 아니더라도 소유권 이전이 가능하다.**

근거 ❹-1~3 양도인이 소유자가 아니더라도 양수인이 점유 인도를 받으면 소유권을 취득할 수 있을까? 점유로 공시되는 동산의 경우 양수인이 충분히 주의를 했는데도 양도인이 소유자가 아님을 알지 못한 채 양도인과 유효한 계약을 하고, 점유 인도로 공시를 했다면 양수인은 소유권을 취득한다. 이것을 '선의취득'이라 한다, ❺-1~2 반면에 국가가 관리하는 공적 기록인 등기·등록으로 공시되어야 하는 물건은 아예 선의취득 대상이 아니다. 법률이 등록 대상으로 규정한 자동차, 항공기 등의 동산은 등록으로 공시되는 물건

풀이 양도인이 소유자가 아니더라도 소유권이 이전되는 것을 '선의취득'이라 한다. 점유로 소유권이 공시되는 동산(㉠)의 경우 선의취득이 인정되는 반면, 법률이 등록 대상으로 규정한 자동차, 항공기 등의 동산(㉡)의 경우 선의취득을 허용하지 않는다.

Ⅱ 사회

→ 적절하지 않음!

⑤ ㉠과 ㉢은 모두 점유개정으로 소유권 양도가 공시될 수 있다.

근거 ❸-2~3 점유로 소유권이 공시되는 동산의 소유권 양도는 점유를 넘겨주는 점유 인도로 공시된다. 양수인이 간접점유를 하여 소유권 이전이 공시되는 경우로서 '점유개정'과 '반환청구권 양도'가 있다, ❺-2 토지·건물과 같은 부동산은 등기로 공시되는 물건

풀이 점유로 소유권이 공시되는 동산(㉠)은 소유권 양도가 점유 인도로 공시된다. 점유개정은 점유 인도에 포함되는 경우이다. 한편 토지·건물과 같은 부동산(㉢)은 ㉠과 달리, 국가가 관리하는 공적 기록인 등기만으로 소유권 양도가 공시될 수 있으므로 점유개정을 통한 소유권 이전이 불가능하다.

→ 적절하지 않음!

1등급 문제

**107** 구체적인 상황에 적용 - 적절하지 않은 것 고르기 2020학년도 9월 모평 30번
정답률 35%, 매력적 오답 ② 15% ④ 25% ⑤ 20% | 정답 ③

**윗글을 바탕으로 할 때, <보기>를 이해한 내용으로 적절하지 않은 것은?** [3점]

을은 갑에게 금반지를 돌려 달라고 요구할 수 있는 반환청구권을 가짐
갑 : 직접점유, 을 : 간접점유
양도인이 직접점유를 유지하지만 양수인에게 점유 인도가 이루어진 것으로 간주됨 : 점유개정

| 보기 |
갑과 을은, 갑이 끼고 있었던 금반지의 소유권을 을에게 양도하기로 하는 유효한 계약을 했다. 갑과 을은, 갑이 이 금반지를 보관하다가 을이 요구할 때 넘겨주기로 합의했다. 을은 소유권 양도 계약을 할 때 양도인이 소유자라고 믿었고 양도인이 소유자인지 확인하기 위해 충분히 주의했다. 을은 일주일 후 병과 유효한 소유권 양도 계약을 했고, 갑에게 통지하여 사흘 후 병에게 금반지를 넘겨주라고 알려 주었다.

금반지에 대한 반환청구권이 을로부터 병에게로 넘어감 : 반환청구권 양도

▶ 지문 핵심 개념 정리

| 점유로 소유권이 공시되는 동산의 소유권 양도 |
|---|
| • 피아노, 금반지, 가방 등 대부분의 동산은 점유에 의해 소유권이 공시됨(❷-7)<br>• 점유로 소유권이 공시되는 동산의 소유권 양도는 점유를 넘겨주는 점유 인도로 공시됨(❸-2)<br>• 양수인이 간접점유를 하여 소유권 이전이 공시되는 경우 : '점유개정', '반환청구권 양도'(❸-3)<br>– 점유개정 : 양도인이 직접점유를 유지하지만, 양수인에게 점유 인도가 이루어진 것으로 간주되는 경우(❸-5)<br>– 반환청구권 양도 : 양도인이 자신의 반환청구권을 양수인에게 양도하는 계약을 체결하고 이를 공시하는 경우(❸-6~8) |

① 갑이 금반지 소유자였다면, 병이 금반지의 물리적 지배를 넘겨받지 않았으나 병은 소유권을 취득한다.

근거 ❸-4~8 A가 B에게 피아노의 소유권을 양도하기로 계약하되 사흘간 빌려 쓰는 것으로 합의한 경우, B는 A에게 피아노를 사흘 후 돌려 달라고 요구할 수 있는 반환청구권을 가지게 된다. 이처럼 양도인이 직접점유를 유지하지만, 양수인에게 점유 인도가 이루어진 것으로 간주되는 경우를 점유개정이라고 한다. 한편 C가 자신이 소유한 가방을 D에게 맡겨 두어 이에 대한 반환청구권을 가지게 되었는데, 이 가방의 소유권을 E에게 양도하는 계약을 체결하였다고 하자. 이때 C가 D에게 통지하여 가방 주인이 바뀌었으니 가방을 E에게 반환하라고 알려 주면 D가 보관 중인 가방에 대한 반환청구권은 C로부터 E에게로 넘어간다. 이 경우를 반환청구권 양도라고 한다.

풀이 갑이 금반지의 소유자였다면, 먼저 갑과 을의 유효한 계약과 공시를 통해 양도인이 직접점유를 유지하지만 양수인에게 점유 인도가 이루어진 것으로 간주되는 점유개정으로 을이 소유권을 취득하게 된다. 또 반환청구권을 가진 을이 병과의 유효한 소유권 양도 계약과 공시를 통해 자신의 반환청구권을 병에게 넘겨줌으로써, 금반지에 대한 반환청구권은 을에게서 병에게로 넘어가게 된다. 따라서 금반지는 갑이 물리적으로 지배하고 있지만, 소유권은 병이 취득한 것이 된다.

→ 적절함!

② 갑이 금반지 소유자였다면, 을은 갑으로부터 물리적 지배를 넘겨받지 않았으나 점유 인도를 받은 것으로 간주된다.

근거 ❸-4~5 A가 B에게 피아노의 소유권을 양도하기로 계약하되 사흘간 빌려 쓰는 것으로 합의한 경우, B는 A에게 피아노를 사흘 후 돌려 달라고 요구할 수 있는 반환청구권을 가지게 된다. 이처럼 양도인이 직접점유를 유지하지만, 양수인에게 점유 인도가 이루어진 것으로 간주되는 경우를 점유개정이라고 한다.

풀이 <보기>의 갑과 을의 계약에서는 갑이 을에게 금반지의 소유권을 양도하기로 계약하되, 양도인 갑이 계약 이후에도 금반지를 보관하기로 합의하였다. 이 경우 양수인 을은 금반지에 대한 반환청구권을 가지게 된다. 양도인 갑이 금반지에 대한 직접점유를 유지하므로 을은 갑으로부터 물리적 지배를 넘겨받지 않았으나, 양수인 을에게 점유 인도가 이루어진 것으로 간주된다.

→ 적절함!

③ 갑이 금반지 소유자가 아니었더라도, 병은 을로부터 을이 가진 소유권을 양도받아 취득한다.

근거 ❸-4~5 A가 B에게 피아노의 소유권을 양도하기로 계약하되 사흘간 빌려 쓰는 것으로 합의한 경우, B는 A에게 피아노를 사흘 후 돌려 달라고 요구할 수 있는 반환청구권을 가지게 된다. 이처럼 양도인이 직접점유를 유지하지만, 양수인에게 점유 인도가 이루어진 것으로 간주되는 경우를 점유개정이라고 한다, ❹-1~4 양도인이 소유자가 아니더라도 양수인이 점유 인도를 받으면 소유권을 취득할 수 있을까? 점유로 공시되는 동산의 경우 양수인이 충분히 주의를 했는데도 양도인이 소유자가 아님을 알지 못한 채 양도인과 유효한 계약을 하고, 점유 인도로 공시를 했다면 양수인은 소유권을 취득한다. 이것을 '선의취득'이라 한다. 다만 간접점유에 의한 인도 방법 중 점유개정으로는 선의취득을 하지 못한다.

풀이 <보기>의 갑과 을의 계약에서는 갑이 을에게 금반지의 소유권을 양도하기로 계약하되, 양도인인 갑이 계약 이후에도 금반지를 보관하기로 합의하였다. 이 경우 양수인인 을은 금반지에 대한 반환청구권을 가지게 되고, 이는 점유개정에 해당한다. 한편 양도인이 소유자가 아니더라도 유효한 계약과 점유 인도를 통한 소유권 취득을 허용하는 것을 '선의취득'이라고 한다. 그러나 점유개정으로는 선의취득을 하지 못한다. 따라서 갑이 금반지 소유자가 아니라면, 갑과 을의 계약을 통해 을이 소유권을 취득할 수 없다. 한편 을이 소유권을 취득하지 못하였다고 하더라도 병이 을로부터 선의취득을 하게 되면, 병은 소유권을 취득한다.

→ 적절하지 않음!

④ 갑이 금반지 소유자가 아니었더라도, 을은 반환청구권 양도로 병에게 점유 인도를 한 것으로 간주된다.

근거 ❷-3 반환청구권을 가진 상태를 간접점유라고 한다, ❸-2~3 점유로 소유권이 공시되는 동산의 소유권 양도는 점유를 넘겨주는 점유 인도로 공시된다. 양수인이 간접점유를 하여 소유권 이전이 공시되는 경우로서 '점유개정'과 '반환청구권 양도'가 있다, ❸-6~8 C가 자신이 소유한 가방을 D에게 맡겨 두어 이에 대한 반환청구권을 가지게 되었는데, 이 가방의 소유권을 E에게 양도하는 계약을 체결하였다고 하자. 이때 C가 D에게 통지하여 가방 주인이 바뀌었으니 가방을 E에게 반환하라고 알려 주면 D가 보관 중인 가방에 대한 반환청구권은 C로부터 E에게로 넘어간다. 이 경우를 반환청구권 양도라고 한다.

풀이 해당 선지는 양수인 병이 소유권을 취득했는지 여부를 묻는 것이 아니라, 양도인 을과 양수인 병 간의 점유 인도 여부와 그 방식에 관하여 묻고 있다.
윗글에서 반환청구권을 가진 상태를 간접점유라 하며, 양수인이 간접점유를 하여 소유권 이전이 공시되는 경우 중 하나로 반환청구권 양도가 있다고 하였다. <보기>에서 을은 병과 유효한 양도 계약을 하였고, 갑에게 금반지를 병에게 반환하라고 알려 주었다. 이것은 윗글에서 가방에 대한 반환청구권을 가진 C가 E와 양도 계약을 체결하고, 가방을 직접점유하고 있는 D에게, 그 가방을 E에게 반환하라고 알려 줌으로써 반환청구권이 C로부터 E에게 넘어간 예와 비슷하다. <보기>에서 갑이 금반지의 소유자가 아닌 경우 윗글의 사례와 달리 양도인이 소유자가 아니므로 병이 소유권을 양도받은 것은 아니지만, 양도인 을이 반환청구권을 양수인 병에게 넘겨 점유 인도를 한 것은 동일하므로 적절한 설명이다.

→ 적절함!

⑤ 갑이 금반지 소유자가 아니었더라도, 병이 계약할 때 양도인이 소유자라고 믿었고 양도인이 소유자인지 확인하기 위해 충분히 주의했다면, 병은 소유권을 취득한다.

근거 ❸-6~8 C가 자신이 소유한 가방을 D에게 맡겨 두어 이에 대한 반환청구권을 가지게 되었는데, 이 가방의 소유권을 E에게 양도하는 계약을 체결하였다고 하자. 이때 C가 D에게 통지하여 가방 주인이 바뀌었으니 가방을 E에게 반환하라고 알려 주면 D가 보관 중인 가방에 대한 반환청구권은 C로부터 E에게로 넘어간다. 이 경우를 반환청구권 양도라고 한다, ❹-2~3 점유로 공시되는 동산의 경우 양수인이 충분히 주의를 했는데도 양도인이 소유자가 아님을 알지 못한 채 양도인과 유효한 계약을 하고, 점유 인도로 공시를 했다면 양수인은 소유권을 취득한다. 이것을 '선의취득'이라 한다.

풀이 윗글에서 가방에 대한 반환청구권을 가진 C가 E와 양도 계약을 체결하고, 가방을 직접점유하고 있는 D에게, 그 가방을 E에게 반환하라고 알려 줌으로써 반환청구권이 C로부터 E에게 넘어간 예와 같이, <보기>의 을과 병은 유효한 계약과 반환청구권 양도를 통해 양수인 병이 반환청구권을 가지게 된다. 이때 양수인 병이 계약할 때 양도인 을이 소유자라고 믿었고, 양도인이 소유자인지 확인하기 위해 충분히 주의하였으며, 유효한 양도 계약을 체결하였고, 점유개정이 아닌 반환청구권 양도를 통한 간접점유로 점유 인도가 공시되었으므로, 선의취득의 조건이 충족된다. 따라서 병은 소유권을 취득한다.

→ 적절함!

〈참고 그림〉

〈점유개정〉

갑이 끼고 있었던 금반지의 소유권을 을에게 양도하기로 하는 유효한 계약 체결
↓ 일주일 후

〈갑이 금반지 소유자인 경우〉

〈반환청구권 양도〉

〈갑이 금반지 소유자가 아닌 경우〉

〈선의취득〉

| **108** | 문맥적 의미 파악 - 적절한 것 고르기 2020학년도 9월 모평 31번 정답률 90% | 정답 ① |
|---|---|---|

### 문맥상 의미가 ⓐ와 가장 가까운 것은?

소유자의 의사에 반하는 소유권 박탈이 ⓐ 일어나게 된다.

**풀이** ⓐ의 '일어나다'는 문맥상 '어떤 일이 생기다'의 의미로 쓰였다.

**① 작년은 우리나라에서 수많은 사건이 일어난 해였다.**
**풀이** '어떤 일이 생기다'의 의미이다.
**예문** 민란이 일어나 민심이 소란했다.
→ 적절함!

**② 청중 사이에서는 기쁨으로 인해 환호성이 일어났다.**
**풀이** '소리가 나다'의 의미이다.
**예문** 학생들의 박수 소리가 갑자기 일어났다.
→ 적절하지 않음!

**③ 형님의 강한 의지력으로 집안이 다시 일어나게 되었다.**
**풀이** '약하거나 희미하던 것이 성하여지다'의 의미이다.
**예문** 월드컵 대회가 가까워 오자 축구 열기가 다시 일어났다.
→ 적절하지 않음!

**④ 나는 그 사람에 대해 경계심이 일어나지 않을 수 없었다.**
**풀이** '어떤 마음이 생기다'의 의미이다.
**예문** 나를 놀리는 말에 화가 불쑥 일어나서 싸움을 하였다.
→ 적절하지 않음!

**⑤ 사회는 구성원들이 부조리에 맞서 일어남으로써 발전한다.**
**풀이** '몸과 마음을 모아 나서다'의 의미이다.
**예문** 학생들이 학생회 문제를 들고 일어났다.
→ 적절하지 않음!

## [109~113] 다음 글을 읽고 물음에 답하시오.

**1** [1]사람은 살아가는 동안 여러 약속을 한다. [2]계약도 하나의 약속이다. [3]하지만 이것(계약)은 친구와 뜻이 맞아 주말에 영화 보러 가자는 약속과는 다르다. [4]일반적인 다른 약속처럼 계약도 서로의 의사 표시(意思標示, 생각을 밖으로 드러내는 일)가 합치하여(合致–, 서로 맞아 일치하여) 성립하지만(成立–, 이루어지지만), 이때(계약을 할 때)의 의사(意思, 무엇을 하고자 하는 생각)는 일정한(一定–, 정해져 있는) 법률 효과(法律效果, 일정한 법률 조건에 근거를 두고 생기고, 변하고, 없어지는 권리나 의무)의 발생을 목적으로 한다는 점에서 차이가 있다. [5]한 예로 매매(賣買, 물건을 팔고 사는 일) 계약은 '팔겠다'는 일방의(一方–, 어느 한쪽) 의사 표시와 '사겠다'는 상대방의 의사 표시가 합치함으로써 성립하며, 매도인(賣渡人, 물건을 파는 사람)은 매수인(買受人, 물건을 사서 건네받는 사람)에게 매매 목적물(賣買目的物, 팔고 사는 것의 목적이 되는 물건)의 소유권(所有權, 법률적으로 어떤 물건을 자유롭게 사용하거나, 그 물건을 통해 돈을 벌거나, 다른 사람에게 팔 수 있는 권리)을 이전하여야(移轉–, 넘겨주어야) 할 의무를 짐과 동시에 매매 대금(代金, 물건의 값으로 치르는 돈)의 지급(支給, 돈을 냄)을 청구할(請求–, 달라고 요구할) 권리를 갖는다. [6]반대로 매수인은 매도인에게 매매 대금을 지급할 의무가 있고 소유권의 이전을 청구할 권리를 갖는다. [7]양 당사자(매도인과 매수인)는 서로 권리를 행사하고(行使–, 권리의 내용을 실현하고) 서로 의무를 이행하는(移行–, 의무의 내용을 실행하는) 관계에 놓이는 것이다.

→ 계약의 개념 및 매매 계약에서 매도인과 매수인의 관계

**2** [1]이처럼 의사 표시를 필수적(必須的, 꼭 있어야 하는) 요소로 하여 법률 효과를 발생시키는 행위들을 법률 행위라 한다. [2]계약은 법률 행위의 일종으로서(一種–, 한 종류로서), 당사자(當事者, 직접 관계가 있거나 관계한 사람)에게 일정한 청구권과 이행 의무를 발생시킨다.(發生–, 생겨나게 한다.) [3]청구권을 내용으로 하는 권리가 채권(債 빚 채 權 권리 권)이고, 그(채권 내용)에 따라 이행을 해야 할 의무가 채무(債 빚 채 務 힘쓰다 무)이다. [4]따라서 채권과 채무는 발생한 법률 효과가 동전의 양면처럼 서로 다른 방향에서 파악되는 것(한쪽의 채권은 상대방의 입장에서 채무이고, 한쪽의 채무는 상대방의 입장에서 채권임)이라 할 수 있다. [5]채무자가 채무의 내용대로 이행하여 채권을 소멸시키는(消滅–, 사라지게 하는) 것을 변제(辨 분별하다 변 濟 건너다 제)라 한다.

→ 법률 행위의 일종인 계약에서 채권, 채무, 변제의 개념

**3** [1]갑과 을은 을이 소유한(所有–, 가지고 있는) 그림 A를 갑에게 매도하는(賣渡–, 팔아넘기는) 것을 내용으로 하는 매매 계약을 체결하였다.(締結–, 맺었다.) [2]㉠ 을의 채무(매도인 을이 이행해야 할 의무)는 그림 A의 소유권을 갑(매수인)에게 이전하는 것이다. [3]동산(動産, 모양, 성질을 바꾸지 않고 움직일 수 있는 재산. 토지 및 그 위에 고정된 건물, 즉 부동산을 제외한 재산)인 물건의 소유권을 이전하는 방식은 그 물건을 인도하는(引渡–, 넘겨주는) 것이다. [4]갑은 그림 A가 너무나 마음에 들었기 때문에 그것을 인도받기 전에 대금 전액(全額, 전체 금액)을 금전(金錢, 돈)으로 지급하였다. [5]그런데 갑이 아무리 그림 A를 넘겨달라고 청구하여도 을은 인도해 주지 않았다. [6]이런(매매 계약에서 매도인이 채무를 이행하지 않은) 경우 갑이 사적으로(私的–, 법의 힘을 빌리지 않고 개인적으로) 물리력(物理力, 강제적인 힘)을 행사하여(行使–, 사용하여) 해결하는 것은 엄격히(嚴格–, 매우 엄하고 철저하게) 금지된다.

→ 갑과 을의 계약 체결 예 : 계약에서 매도인(을)이 채무를 이행하지 않음

**4** [1]채권의 내용은 민법(民法, 개인의 권리와 관련된 법규)과 같은 실체법(實體法, 권리와 의무의 발생, 변경, 소멸, 성질, 내용, 범위 등을 규정하는 법률)에서 규정하고(規定–, 양, 범위 등을 제한하여 정하고) 있고, 그것(채권의 내용)을 강제적으로 실현할 수 있도록 민사 소송법

(民事訴訟法, 민사 소송의 절차를 규정한 절차법)이나 민사 집행법(民事執行法, 강제 집행, 경매 등의 절차를 규정하기 위해 만들어 정한 법률) 같은 절차법(節次法, 권리의 내용을 실현하는 데 필요한 절차를 규정한 법)이 갖추어져 있다. ²갑은 소(訴, 소송)를 제기하여(提起-, 재판에 의해 법률관계를 확정해 줄 것을 법원에 요구하여) 판결(判決, 법원이 소송 사건에 대해 판단하고 결정하는 재판)로써 자기가 가진 채권의 존재와 내용을 공적으로(公的-, 사회적으로) 확정받을 수 있고, 나아가 법원에 강제 집행을 신청할 수도 있다. ³강제 집행은 국가가 물리적 실력(實力, 강제력이나 무력)을 행사하여 채무자의 의사에 구애받지(拘礙-, 얽매이지) 않고 채무의 내용을 실행시켜 채권이 실현되도록 하는 제도이다.

→ 갑과 을의 계약 체결 예 : 갑은 소를 제기하고 강제 집행을 신청할 수 있음

5 ¹을이 그림 A를 넘겨주지 않은 까닭은 갑으로부터 매매 대금을 받은 뒤에 을의 과실(過失, 잘못)로 불이 나 그림 A가 타 없어졌기 때문이다. ²㉮ 결국 채무는 이행 불능(履行不能, 채권이 성립한 후에 채무자의 책임으로 채무를 이행할 수 없게 되는 일)이 되었다. ³소송을 하더라도 불능의 내용을 이행하라는 판결은 ⓐ 나올 수 없다. ⁴그림 A의 소실(燒失, 불에 타서 사라짐)이 계약 체결 전이었다면, 그 계약은 실현 불가능한 내용을 담고 있기 때문에 체결할 때부터 계약 자체가 무효(無效, 법률 행위의 내용에 따른 법률 효과가 당연히 생기지 않는 일)이다. ⁵이행 불능이 채무자의 과실 때문에 일어난 것이라면 채무자가 채무 불이행(債務不履行, 채무자가 정당한 이유 없이 채무의 내용대로 이행하지 아니하는 일)에 대한 책임을 져야 한다.

→ 갑과 을의 계약 체결 예 : 을의 과실로 인한 채무 이행 불능

6 ¹이때 채무 불이행은 갑이나 을의 의사 표시가 작용한 것이 아니라, 매매 목적물의 소실에 따른 이행 불능으로 말미암은(원인이 된) 것이다. ²이러한(의사 표시 작용이 아닌 매매 목적물의 소실에 따른 이행 불능으로 말미암은) 사건을 통해서도 법률 효과가 발생한다. ³채무 불이행에 대한 책임은 갑으로 하여금 계약을 해제할(解除-, 계약 당사자가 계약을 일방적 의사 표시에 의해 취소하여 처음부터 없었던 것으로 할) 수 있는 권리를 갖게 한다. ⁴갑이 계약 해제권을 행사하면 그때까지 유효했던(有效-, 효력이 있었던) 계약이 처음부터 효력이 없는 것으로 된다. ⁵이때(갑이 계약 해제권을 행사했을 때)의 계약 해제는 일방의 의사 표시만으로 성립한다. ⁶따라서 갑이 해제권을 행사하는 데에 을의 승낙은 요건(要件, 필요한 조건)이 되지 않는다. ⁷이러한(일방의 의사 표시에 의해 성립되는) 법률 행위를 단독 행위라 한다.

→ 갑과 을의 계약 체결 예 : 갑은 계약 해제권을 행사할 수 있음

7 ¹갑은 계약을 해제하였다. ²이로써 그 계약으로 발생한 채권과 채무는 없던 것이 된다. ³당연히 계약의 양 당사자는 자신의 채무를 이행할 필요가 없다. ⁴이미 이행된 것이 있다면 계약이 체결되기 전의 상태로 돌려놓아야 한다. ⁵이(이행된 채무를 계약이 체결되기 전의 상태로 돌려놓는 것)를 청구할 수 있는 권리가 원상회복 청구권이다. ⁶계약의 해제로 갑은 원상회복 청구권을 행사할 수 있으며, 이러한 ㉡ 갑의 채권은 결국 을에게 매매 대금을 반환해(返還-, 되돌려) 달라고 청구할 수 있는 권리가 된다.

→ 갑과 을의 계약 체결 예 : 갑의 계약 해제와 원상회복 청구권

■ 지문 이해

**<매매 계약에서 발생하는 법률 효과와 양 당사자의 채권 채무 관계>**

**❶ 계약의 개념 및 매매 계약에서 매도인과 매수인의 관계**

- 계약 : 일정한 법률 효과의 발생을 목적으로 서로의 의사 표시가 합치하여 성립하는 약속
- 매매 계약

| | 권리(채권) | 의무(채무) |
|---|---|---|
| 매도인 | 매매 대금의 지급을 청구할 권리 | 매매 목적물의 소유권을 이전해야 할 의무 |
| 매수인 | 매매 목적물의 소유권 이전을 청구할 권리 | 매매 대금을 지급할 의무 |

→ 양 당사자는 서로 권리를 행사하고 의무를 이행하는 관계

**❷ 법률 행위의 일종인 계약에서 채권, 채무, 변제의 개념**

- 법률 행위 : 의사 표시를 필수적 요소로 하여 법률 효과를 발생시키는 행위
- 계약 : 법률 행위의 일종으로 당사자에게 일정한 청구권과 이행 의무를 발생시킴
  - 채권 : 청구권을 내용으로 하는 권리
  - 채무 : 채권에 따라 이행해야 할 의무
  - 변제 : 채무의 내용대로 이행하여 채권을 소멸시키는 것

**갑과 을의 매매 계약 예시를 통한 양 당사자의 채권 채무 관계**

**❸ 계약에서 매도인(을)이 채무를 이행하지 않음**

- 을이 소유한 그림 A를 갑에게 매도하는 계약 체결
  - 갑의 채무 : 그림 A의 대금을 을에게 지급하는 것(이행 ○)
  - 을의 채무 : 그림 A를 갑에게 인도하는 것(이행 ×)

↓

**❹ 갑은 소를 제기하고 강제 집행을 신청할 수 있음**

- 소송 : 판결로써 채권의 존재와 내용의 공적 확인
- 강제 집행 : 국가가 물리적 실력 행사를 통해 채권이 실현되도록 하는 제도

↓

**❺ 을의 과실로 인한 채무 이행 불능**

- 이행 불능이 채무자의 과실로 인한 것일 경우 채무자는 채무 불이행에 대한 책임을 져야 함

↓

**❻ 갑은 계약 해제권을 행사할 수 있음**

- 계약 해제권이 행사되면 계약은 처음부터 효력이 없는 것이 되며, 계약 해제는 일방의 의사 표시만으로 성립함

↓

**❼ 갑의 계약 해제와 원상회복 청구권**

- 원상회복 청구권 : 이미 이행된 채무를 계약 체결 전의 상태로 돌려놓을 것을 청구할 수 있는 권리

1등급 문제

**109** 세부 정보 이해 - 적절하지 않은 것 고르기 2019학년도 수능 16번
정답률 50%, 매력적 오답 ① 20% ④ 15%
정답 ③

**윗글의 내용과 일치하지 않는 것은?**

**① 실체법에는 청구권에 관한 규정이 있다.**

근거 ❷-3 청구권을 내용으로 하는 권리가 채권, ❹-1 채권의 내용은 민법과 같은 실체법에서 규정

→ 적절함!

**② 절차법에 강제 집행 제도가 마련되어 있다.**

근거 ❹-1 채권의 내용은 민법과 같은 실체법에서 규정하고 있고, 그것을 강제적으로 실현할 수 있도록 민사 소송법이나 민사 집행법 같은 절차법이 갖추어져 있다, ❹-3 강제 집행은 국가가 물리적 실력을 행사하여 채무자의 의사에 구애받지 않고 채무의 내용을 실행시켜 채권이 실현되도록 하는 제도이다.

→ 적절함!

**③ 법률 행위가 없으면 법률 효과가 발생하지 않는다.** (없어도 / 발생할 수 있다)

근거 ❷-1 의사 표시를 필수적 요소로 하여 법률 효과를 발생시키는 행위들을 법률 행위라 한다, ❻-1~2 채무 불이행은 갑이나 을의 의사 표시가 작용한 것이 아니라, 매매 목적물의 소실에 따른 이행 불능으로 말미암은 것이다. 이러한 사건을 통해서도 법률 효과가 발생한다.

풀이 의사 표시를 필수적 요소로 하여 법률 효과를 발생시키는 행위들을 법률 행위라고 한다. 한편 의사 표시의 작용이 아닌 매매 목적물의 소실에 따른 이행 불능의 사건을 통해서도 법률 효과가 발생한다. 따라서 법률 행위가 없더라도 법률 효과가 발생할 수 있다.

→ 적절하지 않음!

**④ 법원을 통하여 물리력으로 채권을 실현할 수 있다.**

근거 ❹-2~3 갑은 소를 제기하여 판결로써 자기가 가진 채권의 존재와 내용을 공적으로 확정받을 수 있고, 나아가 법원에 강제 집행을 신청할 수도 있다. 강제 집행은 국가가 물리적 실력을 행사하여 채무자의 의사에 구애받지 않고 채무의 내용을 실행시켜 채권이 실현되도록 하는 제도이다.

풀이 법원에 강제 집행을 신청하면, 국가의 물리적 실력 행사로 채무자의 의사와 상관없이 채권을 실현할 수 있다.

→ 적절함!

**⑤ 실현 불가능한 것을 내용으로 하는 계약은 무효이다.**

근거 ❺-4 그림 A의 소실이 계약 체결 전이었다면, 그 계약은 실현 불가능한 내용을 담고 있기 때문에 체결할 때부터 계약 자체가 무효이다.

→ 적절함!

1등급 문제

| 110 | 핵심 개념 이해 - 적절한 것 고르기 2019학년도 수능 17번<br>정답률 55%, 매력적 오답 ③ 15% ④ 15% | 정답 ⑤ |
|---|---|---|

### ㉠, ㉡에 대한 이해로 가장 적절한 것은?

㉠ 을(매도인)의 채무 ← 그림 A의 소유권을 갑에게 이전하는 것
㉡ 갑(매수인)의 채권 ← 원상회복 청구권

**① ㉠은 매도인의 청구와 매수인의 이행으로 소멸한다.** (매도인 → 매수인, 매수인 → 매도인)

근거 ❸-1~2 갑과 을은 을이 소유한 그림 A를 갑에게 매도하는 것을 내용으로 하는 매매 계약을 체결하였다. 을의 채무는 그림 A의 소유권을 갑에게 이전하는 것이다, ❶-5~6 매도인은 매수인에게 매매 목적물의 소유권을 이전하여야 할 의무를 짐과 동시에 매매 대금의 지급을 청구할 권리를 갖는다. 반대로 매수인은 매도인에게 매매 대금을 지급할 의무가 있고 소유권의 이전을 청구할 권리를 갖는다.

풀이 갑과 을의 계약에서 매도인은 을이고, 매수인은 갑이다. 매도인인 을은 그림 A의 소유권을 매수인인 갑에게 이전해야 할 의무를 지며, 매수인인 갑은 매도인인 을에게 소유권의 이전을 청구할 권리를 갖는다. 따라서 을의 채무(㉠)는 매수인인 갑의 청구와 매도인인 을의 이행으로 소멸한다.

→ 적절하지 않음!

**② ㉡은 채권자와 채무자의 의사 표시가 작용하여 성립한 것이다.**

근거 ❻-1 채무 불이행은 갑이나 을의 의사 표시가 작용한 것이 아니라, 매매 목적물의 소실에 따른 이행 불능으로 말미암은 것, ❻-3 채무 불이행에 대한 책임은 갑으로 하여금 계약을 해제할 수 있는 권리를 갖게 한다, ❻-5 계약 해제는 일방의 의사 표시만으로 성립, ❼-6 계약의 해제로 갑은 원상회복 청구권을 행사할 수 있으며, 이러한 갑의 채권은 결국 을에게 매매 대금을 반환해 달라고 청구할 수 있는 권리가 된다.

풀이 을의 채무 불이행으로 인해 갑은 계약을 해제할 수 있는 권리를 갖게 되는데, 채무 불이행은 갑이나 을의 의사 표시가 작용한 것이 아니다. 또 갑은 계약을 해지함으로써 원상회복 청구권을 행사할 수 있는데, 계약 해제는 일방의 의사 표시만으로 성립한다. 따라서 계약 해제로 원상회복 청구권을 행사할 수 있는 갑의 채권(㉡)은 채권자와 채무자의 의사 표시가 작용하여 성립한 것으로 볼 수 없다.

→ 적절하지 않음!

**③ ㉠과 ㉡은 ㉠이 이행되면 그 결과로 ㉡이 소멸하는 관계이다.** (이행되면 → 불이행되면, 소멸하는 → 발생하는)

근거 ❺-2 (을의) 채무(㉠)는 이행 불능이 되었다, ❻-3 채무 불이행에 대한 책임은 갑으로 하여금 계약을 해제할 수 있는 권리를 갖게 한다, ❼-1~2 갑은 계약을 해제하였다. 이로써 그 계약으로 발생한 채권과 채무는 없던 것이 된다, ❼-6 계약의 해제로 갑은 원상회복 청구권을 행사할 수 있으며, 이러한 갑의 채권(㉡)은 결국 을에게 매매 대금을 반환해 달라고 청구할 수 있는 권리가 된다.

풀이 ㉠의 이행 불능으로 인해 갑은 계약을 해제한다. 이로써 그 계약의 채권과 채무는 없던 것이 되고, 갑은 을에게 매매 대금 반환을 청구할 수 있는 권리인 ㉡을 가지게 된다. 즉 ㉠과 ㉡은 ㉠이 이행되면 그 결과로 ㉡이 소멸하는 관계가 아니라, ㉠이 불이행되면 그 결과로 ㉡이 발생하는 관계라고 볼 수 있다.

→ 적절하지 않음!

**④ ㉠과 ㉡은 동일한 계약의 효과를 서로 다른 측면에서 바라본 것이다.**

근거 ❷-4 채권과 채무는 발생한 법률 효과가 동전의 양면처럼 서로 다른 방향에서 파악되는 것, ❶-5~6 매매 계약은 '팔겠다'는 일방의 의사 표시와 '사겠다'는 상대방의 의사 표시가 합치함으로써 성립하며, 매도인은 매수인에게 매매 목적물의 소유권을 이전하여야 할 의무를 짐과 동시에 매매 대금의 지급을 청구할 권리를 갖는다. 반대로 매수인은 매도인에게 매매 대금을 지급할 의무가 있고 소유권의 이전을 청구할 권리를 갖는다.

풀이 을은 매도인으로 그림 A의 소유권을 갑에게 이전해야 할 의무인 ㉠과 동시에 갑에게 매매 대금 지급을 청구할 권리를 가진다. 반대로 갑은 매수인으로 을에게 매매 대금을 지급할 의무가 있고, 그림 A의 소유권 이전을 청구할 권리를 가지게 된다. 이것이 동일한 계약의 효과를 갑과 을의 측면에서 바라본 것이다. 그러나 ㉡은 갑이 이미 그림 A의 대금 전액을 금전으로 지급하였음에도 을의 채무 불이행으로 인해 계약 자체가 무효가 되면서 발생한 것이다. 따라서 ㉠과 ㉡을 동일한 계약의 효과로 설명할 수 없다.

→ 적절하지 않음!

**⑤ ㉠에는 물건을 인도할 의무가 있고, ㉡에는 금전의 지급을 청구할 권리가 있다.**

근거 ❸-2~3 을의 채무는 그림 A의 소유권을 갑에게 이전하는 것이다. 동산인 물건의 소유권을 이전하는 방식은 그 물건을 인도하는 것이다, ❼-6 계약의 해제로 갑은 원상회복 청구권을 행사할 수 있으며, 이러한 갑의 채권은 결국 을에게 매매 대금을 반환해 달라고 청구할 수 있는 권리가 된다.

풀이 ㉠은 갑에게 그림 A를 인도해야 할 을의 의무에 해당하며, ㉡은 을에게 계약의 해제로 인한 매매 대금 반환을 청구할 갑의 권리에 해당한다.

→ 적절함!

| 111 | 추론의 적절성 판단 - 적절한 것 고르기 2019학년도 수능 18번<br>정답률 80% | 정답 ① |
|---|---|---|

### ㉮의 상황에 대한 설명으로 적절한 것은?

㉮ 결국 채무는 이행 불능이 되었다.

**① '을'의 과실로 이행 불능이 되어 '갑'의 계약 해제권이 발생한다.**

근거 ❺-1~2 을이 그림 A를 넘겨주지 않은 까닭은 갑으로부터 매매 대금을 받은 뒤에 을의 과실로 불이 나 그림 A가 타 없어졌기 때문이다. 결국 채무는 이행 불능이 되었다, ❻-3 채무 불이행에 대한 책임은 갑으로 하여금 계약을 해제할 수 있는 권리를 갖게 한다.

풀이 을의 과실로 불이 나 그림 A가 타 없어졌기 때문에 채무는 이행 불능(㉮)이 되었고, 이러한 채무 불이행에 대한 을의 책임으로 갑의 계약 해제권이 발생하게 되었다.

→ 적절함!

**② '갑'은 소를 제기하여야 매매의 목적이 된 재산권을 이전받을 수 있다.** (제기하여야 → 제기하여도, 있다 → 없다)

근거 ❸-1~2 갑과 을은 을이 소유한 그림 A를 갑에게 매도하는 것을 내용으로 하는 매매 계약을 체결하였다. 을의 채무는 그림 A의 소유권을 갑에게 이전하는 것, ❺-1~3 을이 그림 A를 넘겨주지 않은 까닭은 갑으로부터 매매 대금을 받은 뒤에 을의 과실로 불이 나 그림 A가 타 없어졌기 때문이다. 결국 채무는 이행 불능이 되었다. 소송을 하더라도 불능의 내용을 이행하라는 판결은 나올 수 없다.

풀이 갑과 을의 매매 계약에서 매매 목적은 그림 A의 소유권 이전이다. 을의 과실로 불이 나 그림 A가 타 없어진 상황에서 을의 채무는 이행 불능(㉮)이 되었고, 갑이 소송을 제기하더라도 불능의 내용, 즉 그림 A의 소유권 이전을 이행하라는 판결은 나올 수 없다.

→ 적절하지 않음!

**③ '갑'은 원상회복 청구권을 행사하여야 '그림 A'의 소유권을 회복할 수 있다.** (소유권을 회복할 → 매매 대금의 반환을 청구)

근거 ❼-4~6 이미 이행된 것이 있다면 계약이 체결되기 전의 상태로 돌려놓아야 한다. 이를 청구할 수 있는 권리가 원상회복 청구권이다. 계약의 해제로 갑은 원상회복 청구권을 행사할 수 있으며, 이러한 갑의 채권은 결국 을에게 매매 대금을 반환해 달라고 청구할 수 있는 권리가 된다.

풀이 원상회복 청구권은 계약으로 이미 이행된 것을 계약 체결 전의 상태로 돌려놓을 것을 청구할 수 있는 권리이므로, 갑은 원상회복 청구권을 행사하여야 이미 지불한 그림 A의 매매 대금을 반환해 달라고 청구할 수 있다. 그러나 계약 체결 이후 그림 A의 소유권은 이전된 적이 없으므로 이를 회복할 수 있다는 것은 적절하지 않은 설명일 뿐만 아니라, 소유권 이전을 가정하더라도 계약 이전에 그림 A의 소유권을 가진 사람은 을이었으므로 원상회복 청구권을 행사할 경우 소유권을 회복하는 당사자는 을이 되어야 한다.

→ 적절하지 않음!

**④ '갑'과 '을'은 애초부터 실현 불가능한 내용의 계약을 체결하였기 때문에 이행 불능이 되었다.** ('갑'과 '을'은 → '을'의 채무는, 애초부터 실현 불가능한 내용의 계약을 체결하였기 → '을'의 과실)

근거 ❺-1~2 을이 그림 A를 넘겨주지 않은 까닭은 갑으로부터 매매 대금을 받은 뒤에 을의 과실로 불이 나 그림 A가 타 없어졌기 때문이다. 결국 채무는 이행 불능이 되었다.

풀이 이행 불능(㉮)의 상황은 갑과 을이 애초부터 실현 불가능한 내용의 계약을 체결하였기 때문이 아니라, 을이 갑에게 매매 대금을 받은 뒤 을의 과실로 인해 매매 목적물인 그림 A가 불에 타 없어졌기 때문에 발생하였다.

→ 적절하지 않음!

**⑤ '을'이 '갑'에게 '그림 A'를 인도하는 것은 불가능해졌지만 '을'은 채무 불이행에 대한 책임을 지지 않는다.**

근거 ❺-1~2 을이 그림 A를 넘겨주지 않은 까닭은 갑으로부터 매매 대금을 받은 뒤에 을의 과실로 불이 나 그림 A가 타 없어졌기 때문이다. 결국 채무는 이행 불능이 되었다, ❺-5 이행 불능이 채무자의 과실 때문에 일어난 것이라면 채무자가 채무 불이행에 대한 책임을 져야 한다.

풀이 이행 불능㉮은 채무자 을의 과실 때문에 일어난 것이므로, 을은 채무 불이행에 대한 책임을 져야 한다.

→ 적절하지 않음!

1등급 문제

| 112 | <보기>와 내용 비교 – 적절하지 않은 것 고르기 2019학년도 수능 19번<br>정답률 50%, 매력적 오답 ② 20% ④ 20% | 정답 ③ |
|---|---|---|

## 윗글을 바탕으로 할 때, <보기>에 대한 분석으로 적절하지 않은 것은? [3점]

| 보 기 |

[1]증여(贈 주다 증 與 주다 여)는 당사자의 일방이 자기의 재산을 무상으로(無償–, 아무런 대가 없이) 상대방에게 줄 의사를 표시하고 상대방이 이(증여 당사자가 자기 재산을 상대방에게 무상으로 준다는 것)를 승낙함으로써 성립하는 계약이다. [2]증여자(贈與者, 재산을 주는 사람)만 이행 의무를 진다는 점이 특징이다. [3]유언(遺 남기다 유 言 말 언)은 유언자(遺言者, 유언을 한 사람)의 사망과 동시에 일정한 법률 효과를 발생시키려는 것을 목적으로 하는데, 유언자의 의사 표시만으로 유효하게(有效–, 효과나 효력이 있게) 성립하고 의사 표시의 상대방이 필요 없다는 점에서 증여와 차이가 있다.

| ▶ <보기>와 내용 비교 | 증여 | 유언 | 매매 |
|---|---|---|---|
| 법률 행위로서 의사 표시를 요소로 함 | ○ | ○ | ○ |
| 법률 효과를 발생시키려는 목적이 있음 | ○ | ○ | ○ |
| 변제의 의무를 발생시키지 않음 | | ○ | |
| 당사자 일방만이 이행함 | ○ | | |
| 양 당사자의 의사 표시가 서로 합치하여 성립함 | ○ | | ○ |

**① 증여, 유언, 매매는 모두 법률 행위로서 의사 표시를 요소로 한다.**

근거 ❷-1 의사 표시를 필수적 요소로 하여 법률 효과를 발생시키는 행위들을 법률 행위라 한다, <보기>-1 증여는 당사자의 일방이 … 의사를 표시하고 상대방이 이를 승낙함으로써 성립, <보기>-3 유언은 … 유언자의 의사 표시만으로 유효하게 성립, ❶-5 매매 계약은 '팔겠다'는 일방의 의사 표시와 '사겠다'는 상대방의 의사 표시가 합치함으로써 성립

→ 적절함!

**② 증여와 유언은 법률 효과를 발생시키려는 목적이 있다는 점이 공통된다.**

근거 ❷-1~2 의사 표시를 필수적 요소로 하여 법률 효과를 발생시키는 행위들을 법률 행위라 한다. 계약은 법률 행위의 일종, <보기>-1 증여는 … 성립하는 계약, <보기>-3 유언은 유언자의 사망과 동시에 일정한 법률 효과를 발생시키려는 것을 목적으로

풀이 계약은 법률 효과를 발생시키는 법률 행위의 일종이다. 증여는 계약이므로 법률 효과를 발생시키려는 법률 행위로 볼 수 있다. 유언은 유언자의 사망과 동시에 일정한 법률 효과를 발생시키려는 것을 목적으로 한다. 따라서 증여와 유언은 법률 효과를 발생시키려는 목적이 있다는 공통점이 있다.

→ 적절함!

(가 일방에게만 발생한다는)

**③ 증여는 변제의 의무를 발생시키지 않는다는 점에서 매매와 차이가 있다.**

근거 ❷-2 계약은 법률 행위의 일종으로서 당사자에게 … 이행 의무를 발생시킨다, ❷-3 이행을 해야 할 의무가 채무, ❷-5 채무자가 채무의 내용대로 이행하여 채권을 소멸시키는 것을 변제라 한다, <보기>-2 (증여는) 증여자만 이행 의무를 진다, ❶-7 (매매 계약의) 양 당사자는 … 서로 의무를 이행하는 관계

풀이 계약에서 당사자가 이행을 해야 할 의무를 채무라고 하고, 채무의 내용을 이행하여 채권을 소멸시키는 것을 변제라고 한다. 증여는 증여자가 이행 의무를 지는 계약이므로, 증여자에게만 일방적으로 변제의 의무가 발생한다. 반면 매매 계약의 양 당사자는 서로 의무를 이행하는 관계이므로, 양 당사자 모두에게 변제의 의무가 발생한다.

→ 적절하지 않음!

**④ 증여는 당사자 일방만이 이행한다는 점에서 양 당사자가 서로 이행하는 관계를 갖는 매매와 차이가 있다.**

근거 <보기>-2 (증여는) 증여자만 이행 의무를 진다, ❶-7 (매매 계약에서) 양 당사자는 서로 권리를 행사하고 서로 의무를 이행하는 관계

→ 적절함!

**⑤ 증여는 양 당사자의 의사 표시가 서로 합치하여 성립한다는 점에서 의사 표시의 합치가 필요 없는 유언과 차이가 있다.**

근거 <보기>-1 증여는 당사자의 일방이 … 의사를 표시하고 상대방이 이를 승낙함으로써 성립, <보기>-3 유언은 … 유언자의 의사 표시만으로 유효하게 성립하고 의사 표시의 상대방이 필요 없다는 점에서 증여와 차이가 있다.

→ 적절함!

| 113 | 문맥적 의미 파악 – 적절한 것 고르기 2019학년도 수능 20번<br>정답률 95% | 정답 ① |
|---|---|---|

## 문맥상 의미가 ⓐ와 가장 가까운 것은?

불능의 내용을 이행하라는 판결은 ⓐ 나올 수 없다.

풀이 ⓐ의 '나오다'는 문맥상 '처리나 결과로 이루어지거나 생기다'의 의미로 쓰였다.

**① 오랜 연구 끝에 만족할 만한 실험 결과가 나왔다.**

풀이 ⓐ와 같이 '처리나 결과로 이루어지거나 생기다'의 의미로 쓰였다.

→ 적절함!

**② 그 사람이 부드럽게 나오니 내 마음이 누그러졌다.**

풀이 ⓐ와 달리 '어떠한 태도를 취하여 겉으로 드러내다'의 의미로 쓰였다.

예문 만일 그가 비협조적인 태도로 나온다면 상대하지 마라.

→ 적절하지 않음!

**③ 우리 마을은 라디오가 잘 안 나오는 산간 지역이다.**

풀이 ⓐ와 달리 '방송을 듣거나 볼 수 있다'의 의미로 쓰였다.

예문 케이블이 끊어졌는지 텔레비전이 나오지 않는다.

→ 적절하지 않음!

**④ 이 책에 나오는 옛날이야기 한 편을 함께 읽어 보자.**

풀이 ⓐ와 달리 '책, 신문 따위에 글, 그림 따위가 실리다'의 의미로 쓰였다.

예문 어제 신문에 그 기사가 나왔다.

→ 적절하지 않음!

**⑤ 그동안 우리 지역에서는 걸출한 인물들이 많이 나왔다.**

풀이 ⓐ와 달리 '상품이나 인물 따위가 산출되다'의 의미로 쓰였다.

예문 이 공장에서 나오는 제품은 믿을 만하다.

→ 적절하지 않음!

# Ⅱ 사회 5. 그 밖의 사회, 문화 관련 이야기들

**[114~117] 다음 글을 읽고 물음에 답하시오.**

1 [1]리프킨은 사회적 상호 작용(社會的相互作用, 한 사회 구성원들이 언어나 몸짓과 같은 여러 가지 상징을 사용하여 다른 사람과 지속적으로 관계를 맺고 서로 영향을 주고받는 모든 과정)에서의 자기표현(自己表現, 자기의 내면적인 생각이나 생활을 겉으로 드러내 보임)은 본질적으로(本質的-, 그 근본적인 성질이) 연극적이며, 표면(表面, 겉으로 나타나는 부분) 연기와 심층(深層, 겉으로 드러나지 않은, 내부 깊숙한 곳) 연기로 ⓐ 이루어진다고 언급했다. [2]표면 연기는 내면의 자연스러운 감정보다 의례적인(儀禮的-, 형식이나 격식만을 갖춘 것인) 표현과 같은 형식에 집중하여 연기하는 것이고, 심층 연기는 내면의 솔직한 정서를 ⓑ 불러내어 자신의 진정성(眞情性, 진실하고 참된 성질)을 보여 주는 것이다. [3]인터넷에서의 커뮤니케이션에 주목한 리프킨은 가상 공간(假想空間, 컴퓨터에 의하여 현실이 아닌 허상으로 만들어진 공간)에서 자기표현이 더욱 활발히 이루어진다고 보았다.

→ 가상 공간에서의 자기표현에 대한 리프킨의 견해

2 [1]가상 공간의 특성에 주목한 연구자들은 사람들과의 관계 속에서 드러나는 고유한(固有-, 본래부터 가지고 있어 특유한) 존재로서의 위상(位相, 어떤 사물이 다른 사물과의 관계 속에서 가지는 위치나 상태)을 뜻하는 자기 정체성이 가상 공간에서 다양하게 ⓒ 나타난다고 본다. [2]가상 공간에서는 익명성(匿名性, 어떤 행위를 한 사람이 누구인지 드러나지 않는 특징)이 작동하므로 현실에서 위축되는(萎縮-, 어떤 힘에 눌려 졸아들고 기를 펴지 못하게 되는) 사람도 적극적으로 자기표현을 할 수 있다. [3]아울러 현실에서의 자기 정체성을 ⓓ 감추고 다른 인격체로 활동하거나 현실에서 억압된(抑壓-, 자기 뜻대로 자유로이 행동하지 못하도록 억지로 억눌린) 정서를 공격적으로 드러내기도 한다. [4]게임 아이디, 닉네임, 아바타 등 가상 공간에서 개별적(個別的, 여럿 중에서 하나씩 따로 나뉘어 있는) 대상으로 인식되는 '인터넷 ID'에 대한 사이버 폭력이 ⓔ 넘쳐 나는 현실도 이와 무관하지(無關-, 관계가 없지) 않다.

→ 가상 공간의 특성

3 [1]사이버 폭력과 관련하여, 인터넷 ID만을 알고 있는 상황에서 그에 대해 명예훼손(名譽毁損, 공공연하게 다른 사람의 사회적 평가를 떨어뜨리는 사실 또는 허위 사실을 지적하는 일)이나 모욕(侮辱, 깔보고 욕되게 함) 등의 공격이 있을 때 가해자(加害者, 해를 끼친 사람)에게 법적인 책임을 물을 수 있는지에 대한 논란이 있어 왔다. [2]이는 인터넷 ID가 사회적 평판(評判, 세상 사람들의 비평)인 명예의 주체로 인정될 수 있는가와 관련된다. [3]인터넷 ID의 명예 주체성을 ㉠ 인정하는 입장에 따르면, 자기 정체성은 일원적(一元的, 오직 하나의 원리로 설명하는)·고정적인 것이 아니라 현실 세계와 가상 공간에 걸쳐 존재하고 상호 작용하는 복합적인(複合的-, 두 가지 이상이 합쳐 있는) 것이다. [4]인터넷에서의 자기 정체성은 사용자 개인의 자기 정체성의 일부이기 때문에 자기 정체성을 가진 인터넷 ID의 명예 역시 보호되어야 한다. [5]반면 ㉡ 인정하지 않는 입장에 따르면, 생성(生成, 생겨 이루어지게 함)·변경(變更, 다르게 바꾸어 새롭게 고침)·소멸(消滅, 사라져 없어짐)이 자유롭고 복수(複數, 둘 이상의 수)로 개설(開設, 새로 마련하고 그에 관한 일을 시작함)이 가능한 인터넷 ID는 그 사용자인 개인을 가상 공간에서 구별하는 장치에 불과하다.(不過-, 지나지 않는다.) [6]인터넷 ID는 현실에서의 성명(姓名, 성과 이름)과 달리 그 사용자인 개인과 동일시될(同一視-, 똑같은 것으로 보일) 수 없고, 인터넷 ID 자체는 사람이 아니므로 명예 주체성을 인정할 수 없다는 것이다.

→ '인터넷 ID의 명예 주체성 인정'에 대한 두 입장

4 [1]㉮ 대법원은 실명(實名, 실제의 이름)을 거론한(擧論-, 논제로 삼아 제기하거나 논의한) 경우는 물론, 실명을 거론하지 않았더라도 주위 사정을 종합할 때 지목된(指目-, 가리켜져 정해진) 사람이 누구인지를 제3자(第三者, 직접 관계가 없는 사람)가 알 수 있는 경우에는 명예훼손이나 모욕에 대한 가해자의 법적 책임이 성립한다고 판시해(判示-, 판결하여 보여) 왔다. [2]이를 수용한(受容-, 받아들인) 헌법재판소(憲法裁判所, 법률과 명령이 헌법에 위배되는지를 일정한 소송 절차에 따라 심판하기 위해 설치된 특별 재판소)에서는 인터넷 ID와 관련된 명예훼손·모욕 사건의 헌법 소원(憲法訴願, 공권력이나 법률이 헌법 정신에 위배될 경우, 이로 인해 기본권을 침해받은 국민이 헌법재판소에 재판을 청구하는 일)에 대한 결정을 내린 바 있다. [3]이 결정에서 ㉯ 다수 의견은 인터넷 ID만을 알 수 있을 뿐 그 사용자가 누구인지 제3자가 알 수 없다면 피해자가 특정되지(特定-, 특별히 지정되지) 않아 명예훼손이나 모욕에 대한 가해자의 법적 책임이 성립하지 않는다고(= 그 사용자가 누구인지 제3자가 알 수 있어야 명예훼손이나 모욕에 대한 가해자의 법적 책임이 성립한다고) 보았다. [4]반면 인터넷 ID는 가상 공간에서 성명과 같은 기능을 하므로(사용자 개인과 동일시되므로) 제3자의 인식 여부(제3자가 인식할 수 있는지 없는지)가 법적 책임의 근거가 될 수 없다는(= 제3자의 인식 여부와 관계없이 인터넷 ID만으로도 명예훼손이나 모욕에 대한 가해자의 법적 책임이 성립한다는) ㉰ 소수 의견도 제시되었다.

→ '인터넷 ID와 관련된 명예훼손·모욕에 대한 가해자의 법적 책임' 성립과 관련한 대법원과 헌법재판소의 입장

■지문 이해

<가상 공간에서의 명예훼손이나 모욕에 대한 법적 책임 성립 여부>

**❶ 가상 공간에서의 자기표현에 대한 리프킨의 견해**

- 리프킨 : 인터넷에서의 커뮤니케이션에 주목하고, 가상 공간에서 자기표현이 더 활발히 이루어진다고 봄

**❷ 가상 공간의 특성**

- 가상 공간에서는 자기 정체성이 다양하게 나타남
- 가상 공간에서 작동하는 익명성
  - 현실에서 위축되는 사람도 적극적으로 자기표현을 할 수 있음
  - 현실에서의 자기 정체성을 감추고 다른 인격체로 활동함
  - 현실에서 억압된 정서를 공격적으로 드러냄
  - 인터넷 ID에 대한 사이버 폭력이 발생함

**❸ '인터넷 ID의 명예 주체성 인정'에 대한 두 입장**

| 인터넷 ID의 명예 주체성을 | |
|---|---|
| 인정하는 입장 | 인정하지 않는 입장 |
| - 자기 정체성은 일원적·고정적인 것이 아니라 현실 세계와 가상 공간에 걸쳐 존재하고 상호 작용하는 복합적인 것<br>- 인터넷에서의 자기 정체성은 사용자 개인의 자기 정체성의 일부 → 자기 정체성을 가진 인터넷 ID의 명예도 보호되어야 함 | - 인터넷 ID는 사용자인 개인을 가상 공간에서 구별하는 장치에 불과함<br>- 인터넷 ID는 현실에서의 성명과 달리 사용자 개인과 동일시될 수 없으며, 인터넷 ID는 사람이 아님 → 인터넷 ID의 명예 주체성을 인정할 수 없음 |

**❹ '인터넷 ID와 관련된 명예훼손·모욕에 대한 가해자의 법적 책임' 성립과 관련한 대법원과 헌법재판소 결정의 입장**

- 대법원 : 실명을 거론한 경우는 물론, 실명을 거론하지 않았더라도 지목된 사람이 누구인지를 제3자가 알 수 있는 경우 명예훼손이나 모욕에 대한 가해자의 법적 책임이 성립한다고 판시함

↓ 헌법재판소 수용

| 인터넷 ID와 관련된 명예훼손·모욕 사건의 헌법 소원에 대해 | |
|---|---|
| 다수 의견 | 소수 의견 |
| - 인터넷 ID만을 알 수 있을 뿐 그 사용자가 누구인지 제3자가 알 수 없다면 피해자가 특정되지 않아 명예훼손이나 모욕에 대한 가해자의 법적 책임이 성립하지 않는다고 봄 | - 인터넷 ID는 가상 공간에서 성명과 같은 기능을 하므로 제3자의 인식 여부가 법적 책임의 근거가 될 수 없음 |

**114** | 세부 정보 이해 - 일치하지 않는 것 고르기 2025학년도 수능 14번 | 정답률 70%, 매력적 오답 ⑤ 15% | 정답 ①

**윗글의 내용과 일치하지 않는 것은?**

**① 심층 연기는 내면의 *진솔한 정서를 드러내기 위해 형식에 집중하는 자기표현이다.**

*眞率-, 진실하고 솔직한

근거 ❶-2 표면 연기는 내면의 자연스러운 감정보다 의례적인 표현과 같은 형식에 집중

하여 연기하는 것이고, 심층 연기는 내면의 솔직한 정서를 불러내어 자신의 진정성을 보여 주는 것

**풀이** 심층 연기가 내면의 솔직한 정서를 드러내는 것은 맞지만, '형식에 집중하는 자기표현'은 심층 연기가 아니라 표면 연기에 대한 설명이다.

→ 일치하지 않음!

**② 리프킨은 현실 세계보다 가상 공간에서 자기표현이 더욱 *왕성하게 드러난다고 보았다.** *旺盛-, 매우 활발하게

**근거** ❶-3 인터넷에서의 커뮤니케이션에 주목한 리프킨은 가상 공간에서 자기표현이 더욱 활발히 이루어진다고 보았다.

→ 일치함!

**③ 가상 공간에서 개별적인 것으로 인식되는 아바타는 사이버 폭력의 대상이 될 수 있다.**

**근거** ❷-4 게임 아이디, 닉네임, 아바타 등 가상 공간에서 개별적 대상으로 인식되는 '인터넷 ID'에 대한 사이버 폭력이 넘쳐 나는 현실

→ 일치함!

**④ 익명성은 가상 공간에서 자기 정체성이 다양하게 나타나는 데 영향을 미치는 가상 공간의 특성이다.**

**근거** ❷-1~3 가상 공간의 특성에 주목한 연구자들은 사람들과의 관계 속에서 드러나는 고유한 존재로서의 위상을 뜻하는 자기 정체성이 가상 공간에서 다양하게 나타난다고 본다. 가상 공간에서는 익명성이 작동하므로 현실에서 위축되는 사람도 적극적으로 자기표현을 할 수 있다. 아울러 현실에서의 자기 정체성을 감추고 다른 인격체로 활동하거나 현실에서 억압된 정서를 공격적으로 드러내기도 한다.

**풀이** 가상 공간에서는 익명성이 작동하므로 현실에서 위축되는 사람도 적극적으로 자기표현을 할 수 있고, 자기 정체성을 감추고 다른 인격체로 활동하거나 현실에서 억압된 정서를 공격적으로 드러내기도 한다. 따라서 '익명성'은 가상 공간에서 자기 정체성이 다양하게 나타나는 데 영향을 미치는 가상 공간의 특성으로 볼 수 있다.

→ 일치함!

**⑤ 가상 공간에서의 자기 정체성은 현실에서의 자기 정체성과 마찬가지로 *타인과의 관계 속에서 나타난다.** *他人, 다른 사람

**근거** ❷-1 가상 공간의 특성에 주목한 연구자들은 사람들과의 관계 속에서 드러나는 고유한 존재로서의 위상을 뜻하는 자기 정체성이 가상 공간에서 다양하게 나타난다고 본다.

→ 일치함!

| 115 | 세부 정보 이해 - 적절한 것 고르기 2025학년도 수능 15번<br>정답률 75% | 정답 ② |
|---|---|---|

## ㉠과 ㉡에 대한 이해로 가장 적절한 것은?

㉠ 인정하는 입장　　㉡ 인정하지 않는 입장

▶ 지문 핵심 개념 정리

| 인터넷 ID의 명예 주체성을 인정하는 입장 | 인터넷 ID의 명예 주체성을 인정하지 않는 입장 |
|---|---|
| – 자기 정체성은 일원적 · 고정적인 것이 아니라 현실 세계와 가상 공간에 걸쳐 존재하고 상호 작용하는 복합적인 것(❸–3)<br>– 인터넷에서의 자기 정체성은 사용자 개인의 자기 정체성의 일부 → 자기 정체성을 가진 인터넷 ID의 명예도 보호되어야 함(❸–4) | – 인터넷 ID는 생성·변경·소멸이 자유롭고 복수로 개설이 가능함(❸–5)<br>– 인터넷 ID는 사용자인 개인을 가상 공간에서 구별하는 장치에 불과함(❸–5)<br>– 인터넷 ID는 현실에서의 성명과 달리 사용자 개인과 동일시될 수 없으며, 인터넷 ID는 사람이 아님 → 인터넷 ID의 명예 주체성을 인정할 수 없음(❸–6) |

**① ㉠은 ㉡과 달리 자기 정체성을 단일하고 고정적인 것으로 파악하겠군.** 파악하지 않았겠군.

**풀이** 인터넷 ID의 명예 주체성을 인정하는 입장(㉠)에서는 자기 정체성을 일원적이거나 고정적인 것이 아니라고 보았다. 따라서 ㉠이 자기 주체성을 단일하고 고정적인 것으로 파악할 것이라는 이해는 적절하지 않다. 한편 인터넷 ID의 명예 주체성을 인정하지 않는 입장(㉡)에서 자기 정체성을 단일하고 고정적인 것으로 파악하였는지의 여부는 윗글을 통해 확인할 수 없다.

→ 적절하지 않음!

**② ㉠은 ㉡과 달리 인터넷 ID에 대한 공격을 그 사용자인 개인에 대한 공격이라고 보겠군.**

**풀이** 인터넷 ID의 명예 주체성을 인정하는 입장(㉠)에서는 인터넷에서의 자기 정체성이 사용자 개인의 자기 정체성의 일부이므로, 자기 정체성을 가진 인터넷 ID의 명예도 보호되어야 한다고 본다. 따라서 ㉠에서는 인터넷 ID에 대한 공격을 그 사용자인 개인에 대한 공격이라고 볼 것이다. 반면 인정하지 않는 입장(㉡)에서는 인터넷 ID는 그 사용자인 개인과 동일시될 수 없고, 인터넷 ID 자체는 사람이 아니므로 명예 주체성을 인정할 수 없다고 본다. 따라서 ㉡에서는 인터넷 ID에 대한 공격을 그 사용자인 개인에 대한 공격이라고 보지 않을 것이다.

→ 적절함!

**③ ㉡은 ㉠과 달리 인터넷에서의 자기 정체성과 현실 세계의 자기 정체성이 상호 작용을 한다고 보겠군.** ㉠은 ㉡과 달리

**풀이** 인터넷에서의 자기 정체성과 현실 세계의 자기 정체성이 상호 작용을 한다고 본 것은 인터넷 ID의 명예 주체성을 인정하는 입장(㉠)에 해당한다.

→ 적절하지 않음!

**④ ㉡은 ㉠과 달리 인터넷 ID는 복수 개설이 가능하므로 자기 정체성이 복합적으로 구성된다고 보겠군.** ㉠

**풀이** 인터넷 ID의 명예 주체성을 인정하지 않는 입장(㉡)에서 인터넷 ID는 복수 개설이 가능하다고 본 것은 맞으나, 자기 정체성을 일원적·고정적인 것이 아니라 복합적인 것이라고 보는 입장은 ㉡이 아니라 ㉠이다.

→ 적절하지 않음!

**⑤ ㉠과 ㉡은 모두, 인터넷 ID마다 개인의 자기 정체성이 다르다고 보겠군.** ㉠은

**풀이** '인터넷 ID마다 개인의 자기 정체성이 다르다'는 말은 '인터넷 ID에는 개인의 자기 정체성이 담겨 있다'는 것을 전제한다. 인터넷 ID에 자기 정체성이 담겨 있다고 보는 것은 인터넷 ID의 명예 주체성을 인정하는 입장(㉠)으로, 이들은 자기 정체성이 현실 세계와 가상 공간에 모두 존재하며 인터넷에서의 자기 정체성은 사용자 개인의 자기 정체성의 일부라고 본다. 따라서 ㉠은 인터넷 ID마다 개인의 자기 정체성이 다르다고 볼 수 있을 것이다. 반면 인정하지 않는 입장(㉡)에서는 인터넷 ID를 그 사용자인 개인과 동일시될 수 없는 것으로 보므로, 인터넷 ID마다 개인의 자기 정체성이 다르다고 보지 않을 것이다.

→ 적절하지 않음!

1등급 문제

| 116 | 구체적인 사례에 적용 - 적절하지 않은 것 고르기 2025학년도 수능 16번<br>정답률 30%, 매력적 오답 ① 15% ③ 20% ④ 25% ⑤ 10% | 정답 ② |
|---|---|---|

## 윗글을 바탕으로 〈보기〉를 이해한 내용으로 적절하지 않은 것은? [3점]

| 보 기 |

○○ 인터넷 카페의 이용자 A는 a, B는 b, C는 c라는 ID를 사용한다. 박사 학위(學位, 어떤 부문의 학문을 전문적으로 익히고 공부하여 일정한 수준에 오른 사람에게 대학에서 주는 자격) 소지자(所持者, 가지고 있는 사람)인 A는 □□ 전시관의 해설사(解說師, 관람객에게 전시물과 관련된 내용을 알기 쉽게 설명해 주는 사람)이고, B는 같은 전시관에서 물고기 관리를 혼자 전담한다.(專擔-, 전문적으로 맡거나 혼자서 담당한다.) 이 전시관의 누리집에는 직무(職務, 직책이나 직업상에서 책임을 지고 담당하여 맡은 사무)별로 담당자가 공개되어 있다. 어떤 사람이 □□ 전시관에서 A의 해설을 듣고 A의 실명을 언급한 후기를 카페 게시판에 올리자 다음과 같은 댓글이 달렸다.

A의 해설에 대한 후기

└ b　A가 박사인지 의심스럽다. A는 #~#. (실명 거론)

　└ a　□□ 전시관에서 물고기를 관리하는 b는 #~#. (실명 거론하지 않았으나 전시관의 누리집을 통해 지목된 사람이 누구인지 알 수 있음)

　　└ c　게시판 분위기를 흐리는 a는 #~#. (ID만 언급, 실명 거론×, 제3자 인식×)

(단, '#~#'는 명예를 훼손하거나 모욕을 주는 표현이고 A, B, C는 실명이다. ID로는 그 사용자의 개인 정보를 알 수 없으며, A, B, C의 법적 책임에 영향을 미치는 다른 요소는 고려하지 않는다.)

**㉮ 대법원**

**근거** ❹-1 대법원은 실명을 거론한 경우는 물론, 실명을 거론하지 않았더라도 주위 사정을 종합할 때 지목된 사람이 누구인지를 제3자가 알 수 있는 경우에는 명예훼손이나 모욕에 대한 가해자의 법적 책임이 성립한다고 판시해 왔다.

**풀이** 대법원은 실명을 거론한 경우든 거론하지 않은 경우든 지목된 사람이 누구인지 제3자가 알 수 있는 경우 명예훼손이나 모욕에 대한 가해자의 법적 책임이 성립한다고 보았다.

A : A는 댓글에 실명을 거론한 것은 아니지만 '□□ 전시관에서 물고기를 관리하는 b'라고 언급하였고, 해당 전시관의 누리집에 공개된 정보를 통해 댓글이 지목한 대상이 B라는 것을 제3자가 알 수 있게 하였다. 따라서 대법원은 A가 가해자로서의 법적 책임을 져야 한다고 볼 것이다.

B : B는 댓글에 A의 실명을 거론하였으므로, 대법원은 B에 대해 가해자로서의 법적 책임을 져야 한다고 볼 것이다.

C : C는 댓글에 실명을 거론하지 않았고, 해당 인터넷 ID로는 그 사용자의 개인 정보를 알 수 없다고 하였으므로, C의 댓글만으로 지목된 사람이 누구인지를 제3자가 알 수 없다. 따라서 대법원은 C는 가해자로서의 법적 책임이 성립하지 않는다고 볼 것이다.

**㉯ 다수 의견**

근거 ❹-3 다수 의견은 인터넷 ID만을 알 수 있을 뿐 그 사용자가 누구인지 제3자가 알 수 없다면 피해자가 특정되지 않아 명예훼손이나 모욕에 대한 가해자의 법적 책임이 성립하지 않는다고 보았다.

풀이 다수 의견은 인터넷 ID만을 알 수 있을 뿐 그 사용자가 누구인지 제3자가 알 수 없다면 피해자가 특정되지 않아 명예훼손이나 모욕에 대한 가해자의 법적 책임이 성립하지 않는다고 보았다. 바꿔 말하면, 다수 의견은 피해자가 특정될 경우 명예훼손이나 모욕에 대한 가해자의 법적 책임이 성립한다고 본 것이다.

A : A는 댓글에 실명을 거론한 것은 아니지만 '□□ 전시관에서 물고기를 관리하는 b'라고 언급하였는데, 전시관의 누리집에 공개된 정보를 통해 해당 댓글이 지목한 대상이 B임을 특정할 수 있다. 따라서 다수 의견은 A에 대해서 가해자로서 법적 책임을 져야 한다고 볼 것이다.

B : B는 댓글에 A의 실명을 거론하여 피해자를 특정하였으므로, 다수 의견은 B가 명예훼손이나 모욕에 대한 가해자로서의 법적 책임을 져야 한다고 볼 것이다.

C : C는 댓글에 실명을 거론하지 않았고, 해당 인터넷 ID로는 그 사용자의 개인 정보를 알 수 없다고 하였으므로, C의 댓글만으로 지목된 사람이 누구인지를 제3자가 알 수 없다. 따라서 다수 의견은 C는 가해자로서의 법적 책임이 성립하지 않는다고 볼 것이다.

**㉰ 소수 의견**

근거 ❹-4 인터넷 ID는 가상 공간에서 성명과 같은 기능을 하므로 제3자의 인식 여부가 법적 책임의 근거가 될 수 없다는 소수 의견도 제시되었다.

풀이 소수 의견은 제3자의 인식 여부가 법적 책임의 근거가 될 수 없다고 하였다. 즉 소수 의견은 제3자가 인식할 수 있는지 없는지에 상관없이, 인터넷 ID만으로도 명예훼손이나 모욕에 대한 가해자의 법적 책임이 성립한다고 본 것이다.

A : A는 인터넷 ID인 'b'를 언급하였으므로, 소수 의견은 A에 대해 가해자로서의 법적 책임을 져야 한다고 볼 것이다.

B : B는 댓글에 A의 실명을 거론하였으므로, 소수 의견은 B에 대해 가해자로서의 법적 책임을 져야 한다고 볼 것이다.

C : C는 인터넷 ID인 'a'를 언급하였으므로, 소수 의견은 C에 대해 가해자로서의 법적 책임이 성립한다고 볼 것이다.

따라서 정답은 ②번이다.

**① ㉮는 B가 가해자로서의 법적 책임을 져야 하지만 C는 가해자로서의 법적 책임을 지지 않는다고 보겠군.**

**② ㉯는 B가 가해자로서의 법적 책임을 져야 하지만 A는 가해자로서의 법적 책임을 지지 않는다고 보겠군.**

→ 적절하지 않음!

**③ ㉮와 ㉰는 A가 가해자로서의 법적 책임을 져야 하는지의 여부에 대해 같게 보겠군.**

풀이 ㉮와 ㉰ 모두 A가 명예훼손이나 모욕에 대한 가해자로서의 법적 책임을 져야 한다고 볼 것이다.

**④ ㉯와 ㉰는 B가 가해자로서의 법적 책임을 져야 하는지의 여부에 대해 같게 보겠군.**

풀이 ㉯와 ㉰는 모두 B가 명예훼손이나 모욕에 대한 가해자로서의 법적 책임을 져야 한다고 볼 것이다.

**⑤ ㉮, ㉯, ㉰가, C가 가해자로서의 법적 책임을 져야 하는지의 여부에 대해 판단한 내용이 모두 같지는 않겠군.**

풀이 ㉮와 ㉯는 C가 명예훼손이나 모욕에 대한 가해자로서의 법적 책임을 지지 않아도 된다고 볼 것이다. 그러나 ㉰는 C가 가해자로서의 법적 책임을 져야 한다고 볼 것이다.

**117** | 문맥적 의미 파악 - 적절한 것 고르기 2025학년도 수능 17번 | 정답률 90% | 정답 ③

**문맥상 ⓐ~ⓔ와 바꿔 쓰기에 가장 적절한 것은?**

ⓐ 이루어진다고 ⓑ 불러내어 ⓒ 나타난다고 ⓓ 감추고 ⓔ 넘쳐 나는

**① ⓐ : 완성(完成)된다고**

풀이 ⓐ에서 쓰인 '이루어지다'는 '몇 가지 부분이나 요소가 모여 일정한 성질이나 모양을 가진 존재가 되다'의 의미이다. 한편 '완성(完 완전하다 완 成 이루어지다 성)되다'는 '완전히 다 이루어지다'의 의미로, ⓐ와 바꿔 쓸 경우 해당 문장의 의미가 달라진다. 따라서 ⓐ를 '완성된다고'로 바꿔 쓰는 것은 적절하지 않다.

→ 적절하지 않음!

**② ⓑ : 요청(要請)하여**

풀이 ⓑ에서 쓰인 '불러내다'는 '밖으로 나오게 하다'의 의미이다. 한편 '요청(要 요구하다 요 請 바라다 청)하다'는 '필요한 어떤 일이나 행동을 청하다'의 의미로, ⓑ와 바꿔 쓸 경우 해당 문장의 의미가 달라진다. 따라서 ⓑ를 '요청하여'로 바꿔 쓰는 것은 적절하지 않다.

→ 적절하지 않음!

**③ ⓒ : 표출(表出)된다고**

풀이 '표출(表 겉 표 出 나타내다 출)되다'는 '겉으로 나타나다'의 뜻으로, '나타나다'와 바꿔 써도 문맥상 의미가 달라지지 않는다. 따라서 ⓒ의 '나타난다고'를 '표출된다고'로 바꿔 쓰는 것은 문맥상 적절하다.

→ 적절함!

**④ ⓓ : 기만(欺瞞)하고**

풀이 ⓓ에서 쓰인 '감추다'는 '어떤 사실이나 감정 따위를 남이 모르게 하다'의 의미이다. 한편 '기만(欺 속이다 기 瞞 속이다 만)하다'는 '남을 속여 넘기다'의 의미로, ⓓ와 바꿔 쓸 경우 해당 문장의 의미가 달라진다. 따라서 ⓓ를 '기만하고'로 바꿔 쓰는 것은 적절하지 않다.

→ 적절하지 않음!

**⑤ ⓔ : 확충(擴充)되는**

풀이 ⓔ에서 '넘쳐 나다'는 '일정한 정도를 훨씬 넘다'를 뜻하는 '넘치다'와 앞말이 뜻하는 동작이 계속되어 가거나 끝났음을 나타내는 보조 동사 '나다'가 연결되어 쓰였다. 한편 '확충(擴 넓히다 확 充 채우다 충)되다'는 '늘어나고 넓어져서 충실하게 되다'의 의미로, ⓔ와 바꿔 쓸 경우 해당 문장의 의미가 달라진다. 따라서 ⓔ를 '확충되는'으로 바꿔 쓰는 것은 적절하지 않다.

→ 적절하지 않음!

**[118~121] 다음 글을 읽고 물음에 답하시오.**

**1** [1]정당(政黨, 정치적인 의견이나 주장이 같은 사람들이 모여 정치적 이상을 실현하기 위하여 조직한 단체)과 같은 정치 조직이 민주적(民主的, 국민이 모든 결정의 중심에 있는) 방식과 절차(節次, 일을 치르는 데 거쳐야 하는 순서나 방법)로 운영되어야(運營–, 쓰이고 경영되어야) 하는 것은 당연하다. [2]그런데 민주적 운영 체제(體制, 조직, 양식, 상태)를 갖추었으면서도 실제로는 일부 소수(少數, 적은 수효)에게 권력(權力, 남을 복종시키거나 지배할 수 있는, 인정받은 권리와 힘)이 집중되어 있는 경우도 적지 않다. [3]조직 운영에서 보이는 이러한 현상을 흔히 과두제(寡 적다 과 頭 우두머리 두 制 제도 제)라 한다. [4]이는 정치 조직에서뿐만 아니라 기업 경영에서도 나타난다.

→ '과두제'의 개념

**2** [1]모든 주주(株主, 주식을 가지고 직접 또는 간접으로 회사 경영에 참여하는 개인이나 법인)가 경영진(經營陣, 회사의 경영을 맡은 사람들로 구성된 집단)을 이루어 상호(相互, 상대가 되는 이쪽과 저쪽 모두) 협력 관계를 기반(基盤, 기초가 되는 바탕)으로 기업을 운영하며 의사(意思, 무엇을 하고자 하는 생각) 결정권도 균등하게(均等–, 고르고 가지런하여 차별이 없게) 행사하는(行使–, 권리의 내용을 실현하는) 경우에 이를 '공동체적 경영'이라 부르기도 한다. [2]이런 기업에서 경영진은 모두 업무(業務, 맡아서 하는 일)와 관련하여 전문성(專門性, 전문적인 성질)을 가지며, 경영 수익에 관련된 중요한 사항은 주주들이 공동으로 결정한다. [3]그러나 기업의 규모가 성장하고 사업이 다양해지면, 소수의 의사 결정에 따

은 수직적(垂直的, 동등한 관계가 아니라 위와 아래의 관계로 이루어지는) 경영으로 효율성(效率性, 최소한의 투입으로 기대하는 산출을 얻는 것)을 지향하는(志向–, 목표로 뜻이 쏠리어 향하는) '과두제적 경영'으로 나아가는 일도 있다.

→ 공동체적 경영의 개념

3 [1]과두제적 경영은 소수의 경영자로 이루어진 경영진이 강한 결속력(結束力, 뜻이 같은 사람끼리 서로 마음과 힘을 한데 뭉치는 성질)을 가지면서 실질적 권한(權限, 권리나 권력이 미치는 범위)과 정보를 독점하며(獨占–, 혼자서 모두 차지하며) 기업을 운영하는 것을 말한다. [2]이런(과두제적 경영) 체제는 전문성과 경험을 갖춘 경영진을 중심으로 안정적 경영권이 확보될(確保–, 확실히 갖춰질) 수 있도록 하여, 기업 전략을 장기적으로(長期的–, 오랜 기간에 걸쳐) 수립하고(樹立–, 이루어 세우고), 이에 맞춰 과감하고(果敢–, 일을 딱 잘라 결정하는 성질이 있고 용감하며) 지속적인 투자(投資, 이익을 얻기 위해 어떤 일이나 사업에 자본을 대거나 시간과 정성을 쏟음)를 할 수 있어서 첨단(尖端, 유행, 기술 등의 시대적 변화에 가장 앞서 나감) 핵심 기술의 개발에도 유리한(有利–, 이익이 있는) 면이 있다. [3]그리고 기업과 경영진 간(間, 사이)의 높은 일체성(一體性, 어우러져 하나를 이루는 성질)은 위기 상황에서 신속한(迅速–, 매우 날쌔고 빠른) 의사 결정으로 효율적인 대처(對處, 알맞은 조치를 취함)를 하는 데 도움을 주기도 한다.

→ 과두제적 경영의 개념과 장점

4 [1]그런데 대체로 주주의 수가 많으면 개별 주주의 결정권은 약하고, 소수의 경영진이 기업을 장악하는(掌握–, 마음대로 할 수 있게 휘어잡는) 힘은 크다. [2]이를 이용하여 정보와 권한이 집중된 소수의 경영진이 사익(私益, 개인의 이익)에 치중하면(置重–, 특히 중점을 두면) 다수 주주의 이익이 침해되는(侵害–, 침범되어 손해를 입는) 폐해(弊害, 옳지 못한 경향이나 해로운 현상으로 인해 생기는 해)가 나타날 수 있다. [3]경영 성과를 실제보다 부풀려 투자를 유치한(誘致–, 이끌어 들인) 뒤 주주들에게 회복하기 어려운 손해를 입히는 경우도 있으며, 기업 운영에 중대한 영향을 미치는 주요 정보들을 은폐하거나(隱蔽–, 덮어 감추거나) 경영 상황을 조작하여(造作–, 사실인 듯 꾸며 만들어) 발표함으로써 결과적으로 기업의 가치(價値, 지니고 있는 쓸모)에 심각한 타격(打擊, 부정적 영향으로 인해 손해를 보는 일)을 주는 사례(事例, 전에 실제로 일어난 예)도 종종 보게 된다.

→ 과두제적 경영의 단점

5 [1]이러한 문제점을 완화하기(緩和–, 누그러뜨리기) 위해 기업이 경영자와 계약을 체결하여(締結–, 공식적으로 맺어) 급여(給與, 회사 등에서 일의 대가로 주는 돈이나 물품) 이외(以外, 범위 밖)의 경제적 이익을 동기(動機, 일이나 행동을 일으키게 하는 계기)로 부여하는(附與–, 주는) 방안(方案, 방법이나 계획)이 있다. [2]예를 들면, 일정(一定, 하나로 정해진) 수량의 주식을 계약 시(時, 때)에 정한 가격으로 미래에 매수할(買收–, 사들일) 수 있도록 하는 스톡옵션(stock option, 기업에서 회사의 임직원에게 자사의 주식을 낮은 가격에 매입하였다가 나중에 팔 수 있도록 하는 일. 예를 들어 어떤 경영자가 기업으로부터 주식을 주당 만 원에 100 주를 살 수 있는 스톡옵션을 받았다면, 이후 이 기업의 주가가 3만 원으로 상승하였을 때 해당 경영자는 이 기업의 주식 100 주를 주당 3만 원이 아닌 만 원에 구입할 수 있고, 이것을 3만 원에 되팔면 이익을 남길 수 있다.)의 권리를 경영자에게 부여하는 방식이 있다. [3]이 권리를 행사할지 말지는 자유이고, 경영자는 매수 시점(時點, 시간의 흐름 가운데 어느 한 순간)을 유리하게 선택할 수 있다. [4]또 아직 우리나라에 도입되지는(導入–, 끌려 들어가지는) 않았지만, 기업의 주식 가치가 목표치 이상으로 올랐을 때 경영자가 그에 상응하는(相應–, 어울리는) 보상(報償, 대가로 갚음)을 받는 주식 평가 보상권의 방식도 있다.

→ 과두제적 경영의 문제점 완화 방안

6 [1]기업 경영의 건전성(健全性, 온전하고 탈이 없이 튼튼한 상태의 성질)을 확보하기 위해 마련된 공적 제도들은 과두제적 경영의 폐해를 방지하는(防止–, 일어나지 못하게 막는) 기능도 한다. [2]기업의 주식 가치에 영향을 미칠 수 있는 정보 제공을 법적으로 의무화한(義務化–, 하여야 하는 것으로 만든) 경영 공시(公示, 일정한 내용을 공개적으로 게시하여 일반에게 널리 알림) 제도는 경영 투명성(透明性, 감추어지는 것 없이 깔끔하고 분명한 성질)을 높이려는 것이다. [3]이를 통해 경영진과 주주들 간 정보 격차(隔差, 서로 벌어져 다른 정도)가 줄어들 수 있다. [4]기업의 이사회(理事會, 회사의 업무 집행에 관한 의사를 결정하는 기관)에 외부(外部, 조직의 밖) 인사(人士, 사회적 지위가 높거나 사회적 활동이 많은 사람)를 이사로 참여시키도록 하는 사외(社外, 회사의 바깥. 회사의 직원이나 관계자가 아닌 사람) 이사 제도는 독단적인(獨斷的–, 남과 상의하지 않고 혼자서 판단하거나 결정하는) 의사 결정을 견제함으로써(牽制–, 억누름으로써) 폐쇄적(閉鎖的, 외부와 통하거나 교류하지 않는) 경영으로 인한 정보와 권한의 집중을 억제하는 효과를 거둘 수 있다.

→ 과두제적 경영의 폐해 방지 기능을 하는 공적 제도들

■지문 이해

〈과두제적 경영의 장단점과 보완책〉

**❶ '과두제'의 개념**

• 과두제 : 민주적 운영 체제를 갖추었으나, 일부 소수에게 권력이 집중된 조직 운영 방식

**❷ 공동체적 경영의 개념**

• 공동체적 경영
- 모든 주주가 경영진을 이룸, 상호 협력 관계를 기반으로 기업 운영, 균등한 의사 결정권 행사
- 전문성을 가진 경영진, 경영 수익에 관한 중요한 사항은 주주들이 공동으로 결정
→ 기업 규모가 성장하면 수직적 경영으로 효율성을 지향하는 과두제적 경영으로 나아가기도 함

**❸ 과두제적 경영의 개념과 장점**

• 과두제적 경영 : 실질적 권한과 정보를 독점한 소수의 경영진이 강한 결속력을 갖고 기업을 운영하는 것
• 장점
- 전문성과 경험을 갖춘 경영진, 안정적 경영권 확보 : 장기적 기업 전략 수립과 과감하고 지속적인 투자가 가능해 첨단 핵심 기술 개발에 유리함
- 기업과 경영진 간 높은 일체성 : 위기 상황에서 신속한 의사 결정, 효율적 대처

**❹ 과두제적 경영의 단점**

• 정보와 권한이 집중된 소수의 경영진이 사익에 치중하면 다수 주주의 이익이 침해됨
• 경영 성과를 부풀려 투자 유치 후 주주들에게 손해를 입히는 경우가 있음
• 주요 정보들을 은폐하거나 경영 상황을 조작하여 발표해 기업의 가치에 심각한 타격을 주기도 함

**❺ 과두제적 경영의 문제점 완화 방안**

• 기업이 경영자와 계약을 체결하여 급여 이외의 경제적 이익을 동기로 부여하는 방안
- 스톡옵션 권리 부여
- 주식 평가 보상권

**❻ 과두제적 경영의 폐해 방지 기능을 하는 공적 제도들**

• 기업 경영 건전성 확보를 위한 공적 제도가 과두제적 경영의 폐해를 방지하는 기능을 하기도 함
- 경영 공시 제도 : 경영 투명성을 높여 경영진과 주주들 간 정보 격차를 줄일 수 있음
- 사외 이사 제도 : 독단적 의사 결정을 견제하여 정보와 권한의 집중을 억제하는 효과가 있음

**118** | 글의 서술 방식 - 적절한 것 고르기 2025학년도 6월 모평 4번 정답률 90% | 정답 ①

**윗글의 내용 전개 방식으로 가장 적절한 것은?**

근거 ❸-1 과두제적 경영은 소수의 경영자로 이루어진 경영진이 강한 결속력을 가지면서 실질적 권한과 정보를 독점하며 기업을 운영하는 것을 말한다, ❸-2~3 이런 체제는 … 유리한 면이 있다, … 도움을 주기도 한다, ❹-2~3 … 폐해가 나타날 수 있다. … 손해를 입히는 경우도 있으며, … 심각한 타격을 주는 사례도 종종 보게 된다, ❺-1 이러한 문제점을 완화하기 위해 … 방안이 있다, ❻-4 … 효과를 거둘 수 있다.

풀이 윗글에서는 먼저 과두제적 경영 방식의 개념과 장단점을 설명하고, 해당 체제의 문제점을 완화하기 위한 방안을 소개하고 있다. 따라서 정답은 ①번이다.

① 대상의 개념과 장단점을 제시하고 *보완책을 소개한다. *補完策, 모자라거나 부족한 것을 보충하여 완전하게 하는 방법

→ 적절함!

② *유사한 원리들을 분석하고 이를 하나의 이론으로 통합한다. *類似–, 서로 비슷한

③ *대립하는 유형을 들어 이론적 근거의 **변천 과정을 설명한다. *對立–, 서로 반대되거나

모순되는 **變遷. 세월의 흐름에 따라 바뀌고 변함

④ *가설을 세우고 그에 대해 현실적인 사례를 들어 가며 검토한다. *假說. 어떤 사실이나 이론 체계를 설명하기 위하여 설정한 가정

⑤ 문제 상황의 근본 원인을 *진단하고 해결책에 대한 **상반된 입장을 해설한다. *診斷-. 자세히 판단하고 **相反-. 서로 반대된

| 119 | 세부 정보 이해 - 적절하지 않은 것 고르기 2025학년도 6월 모평 5번<br>정답률 85% | 정답 ⑤ |
|---|---|---|

**과두제적 경영에 대한 이해로 적절하지 않은 것은?**

① **소수의 경영진이 내린 의사 결정이 수직적으로 집행되는 효율성을 추구한다.**

근거 ❷-3 소수의 의사 결정에 따른 수직적 경영으로 효율성을 지향하는 '과두제적 경영'

→ 적절함!

② **강한 결속력을 가진 소수의 경영자로 경영진을 이루어 경영권 유지에 강점이 있다.**

근거 ❸-1~2 과두제적 경영은 소수의 경영자로 이루어진 경영진이 강한 결속력을 가지면서 실질적 권한과 정보를 독점하며 기업을 운영하는 것을 말한다. 이런 체제는 전문성과 경험을 갖춘 경영진을 중심으로 안정적 경영권이 확보될 수 있도록 하여

→ 적절함!

③ **경영권이 안정되어 중요 기술 개발에 적극적인 투자를 계속하는 데에 유리하다는 장점이 있다.**

근거 ❸-2 이런(과두제적 경영) 체제는 … 안정적 경영권이 확보될 수 있도록 하여, … 이에 맞춰 과감하고 지속적인 투자를 할 수 있어서 첨단 핵심 기술의 개발에도 유리한 면이 있다.

→ 적절함!

④ **경영진이 투자자의 유입을 유도하기 위하여 경영 성과를 부풀릴 위험성이 있어 이에 대비할 필요가 있다.**

근거 ❹-2~3 정보와 권한이 집중된 소수의 경영진이 … 경영 성과를 실제보다 부풀려 투자를 유치한 뒤 주주들에게 회복하기 어려운 손해를 입히는 경우도 있으며

풀이 과두제적 경영 체제에서는 정보와 권한이 집중된 소수의 경영진이 경영 성과를 실제보다 부풀려 투자를 유치하여 다수의 주주들에게 회복하기 어려운 손해를 입히는 등의 폐해가 나타날 수 있으므로, 이에 대비할 필요가 있다.

→ 적절함!

⑤ **경영진과 다수 주주 사이의 이해가 일치하는(일치하지 않는) 경우에는 그렇지 않은 경우보다 기업 가치가 훼손될 위험성이 높아진다.**

근거 ❹-2~3 정보와 권한이 집중된 소수의 경영진이 사익에 치중하면 다수 주주의 이익이 침해되는 폐해가 나타날 수 있다. … 주주들에게 회복하기 어려운 손해를 입히는 경우도 있으며, … 기업의 가치에 심각한 타격을 주는 사례도 종종 보게 된다.

풀이 경영진과 다수 주주 사이의 이해가 일치하지 않는 경우, 경영진이 사익을 추구한다면 다수 주주의 이익이 침해되어 결과적으로 기업 가치가 훼손될 위험성이 높다. 반면 경영진과 다수 주주 사이의 이해가 일치하는 경우에는 경영진이 정보와 권한에 대한 독점적 위치를 이용하여 사익을 추구하더라도 다수 주주의 이익이 침해될 가능성이 낮아 기업 가치가 훼손될 위험성이 비교적 적을 것이다.

→ 적절하지 않음!

| 120 | 추론의 적절성 판단 - 적절하지 않은 것 고르기 2025학년도 6월 모평 6번<br>정답률 65%, 매력적 오답 ① 15% | 정답 ② |
|---|---|---|

**윗글을 읽고 추론한 내용으로 적절하지 않은 것은?**

① **스톡옵션의 권리를 가진 경영자는 주식 가격이 미리 정해 놓은 것보다 하락하더라도 손실을 입지 않을 수 있다.**

근거 ❺-2~3 일정 수량의 주식을 계약 시에 정한 가격으로 미래에 매수할 수 있도록 하는 스톡옵션의 권리를 경영자에게 부여하는 방식이 있다. 이 권리를 행사할지 말지는 자유이고, 경영자는 매수 시점을 유리하게 선택할 수 있다.

풀이 일정 수량의 주식을 '계약 시에 정한 가격으로' 미래에 매수할 수 있도록 하는 스톡옵션 권리를 가진 경영자는 권리 행사 여부를 본인이 선택할 수 있으며, 매수 시점을 유리하게 선택할 수 있다. 따라서 주식 가격이 미리 정해 놓은 것보다 하락하였다면, 스톡옵션의 권리를 가진 경영자는 해당 권리를 행사하지 않음으로써 손실을 입지 않을 수 있다.

→ 적절함!

② **스톡옵션은 경영자의 성과 보상에 미래의 주식 가치가 관련된다는 점에서 주식 평가 보상권과 차이가 있다.**

근거 ❺-2~4 일정 수량의 주식을 계약 시에 정한 가격으로 미래에 매수할 수 있도록 하는 스톡옵션의 권리를 경영자에게 부여하는 방식이 있다. 이 권리를 행사할지 말지는 자유이고, 경영자는 매수 시점을 유리하게 선택할 수 있다. … 기업의 주식 가치가 목표치 이상으로 올랐을 때 경영자가 그에 상응하는 보상을 받는 주식 평가 보상권의 방식도 있다.

풀이 스톡옵션은 일정 수량의 주식을 계약 시 정한 가격으로 미래에 매수할 수 있는 것으로, 이 권리를 가진 경영자는 미래의 주식 가치가 높아질 경우 권리를 행사하여 급여 외의 경제적 이익을 취할 수 있다. 한편 주식 평가 보상권은 기업의 주식 가치가 목표치 이상으로 올랐을 때 경영자가 그에 대한 보상을 받는 방식이다. 따라서 스톡옵션과 주식 평가 보상권은 모두 경영자의 성과 보상에 미래의 주식 가치가 관련된다.

→ 적절하지 않음!

③ **경영 공시는 주주가 기업 경영 상황을 파악하여 기업 가치를 평가하는 데 유용한 제도가 될 수 있다.**

근거 ❹-2~3 정보와 권한이 집중된 소수의 경영진이 … 기업 운영에 중대한 영향을 미치는 주요 정보들을 은폐하거나 경영 상황을 조작하여 발표함으로써 결과적으로 기업의 가치에 심각한 타격을 주는 사례도 종종 보게 된다, ❻-2~3 기업의 주식 가치에 영향을 미칠 수 있는 정보 제공을 법적으로 의무화한 경영 공시 제도는 경영 투명성을 높이려는 것이다. 이를 통해 경영진과 주주들 간 정보 격차가 줄어들 수 있다.

→ 적절함!

④ **사외 이사 제도는 기업의 의사 결정에 외부 인사를 참여시켜 경영의 *개방성을 높일 수 있는 제도라 평가할 수 있다.** *開放性. 태도나 생각 등이 거리낌 없고 열려 있는 상태나 성질

근거 ❻-4 기업의 이사회에 외부 인사를 이사로 참여시키도록 하는 사외 이사 제도는 독단적인 의사 결정을 견제함으로써 폐쇄적 경영으로 인한 정보와 권한의 집중을 억제하는 효과를 거둘 수 있다.

→ 적절함!

⑤ **경영 공시 제도와 사외 이사 제도는 기업의 중요 정보에 대한 경영진의 독점을 완화할 수 있다.**

근거 ❸-1 과두제적 경영은 소수의 경영자로 이루어진 경영진이 강한 결속력을 가지면서 실질적 권한과 정보를 독점하며 기업을 운영하는 것, ❻-3~4 이(경영 공시 제도)를 통해 경영진과 주주들 간 정보 격차가 줄어들 수 있다. 기업의 이사회에 외부 인사를 이사로 참여시키도록 하는 사외 이사 제도는 독단적인 의사 결정을 견제함으로써 폐쇄적 경영으로 인한 정보와 권한의 집중을 억제하는 효과를 거둘 수 있다.

→ 적절함!

1등급문제

**121** 구체적인 사례에 적용 - 적절한 것 고르기 2025학년도 6월 모평 7번
정답률 40%, 매력적 오답 ③ 25% ④ 15% ⑤ 15% | 정답 ①

**윗글을 바탕으로 〈보기〉를 이해한 내용으로 가장 적절한 것은?** [3점]

| 보 기 |

[1]X사는 정밀(精密, 아주 정교하고 치밀하여 빈틈이 없고 자세함) 부품 분야에서 독보적인(獨步的-, 남이 감히 따를 수 없을 정도로 뛰어난) 기술을 장기간 보유하여(保有-, 가지고 있어) 발전시켜 온 기업으로서 시장 점유율(市場占有率, 어떤 기업의 특정 상품 매출액이 그 상품의 국가 전체 매출액 가운데 차지하는 비율)도 높다. [2]원래 X사의 주주들은 모두 함께 경영진이 되어 중요 사항에 대하여 동등한 결정권을 보유하였으나, 기업이 성장하면서 효율성 증진(增進, 점점 더 늘어 가고 나아감)을 위하여 소수의 주주만으로 경영진을 구성하였다. [3]경영진은 주기적으로(週期的-, 일정한 간격을 두고) 다른 주주들로 교체되어(交替-, 바뀌어) 전체 주주는 기업의 경영 상태를 파악할 수 있으며, 경영 이익의 분배(分配, 일정하게 갈라서 나눔)와 같은 주요 사항은 전체 주주가 공동으로 의결한다.(議決-, 의논하여 결정한다) [4]X사의 주주 A와 B는 회사의 진로(進路, 앞으로 나아갈 길)에 관하여 다음과 같은 대화를 나누었다.

A : [5]최근 치열해진(熾烈-, 불같이 사납고 세차진) 경쟁에 대응하려면(對應-, 맞추어 태도나 행동을 취하려면), 경영진의 구성원을 변동시키지(變動-, 바꾸어 달라지게 하지) 않고 경영 결정권도 경영진이 전적으로(全的-, 하나도 남김없이 모두 다) 행사하도록 하는 게 좋겠습니다.

B : [6]시장 점유율도 잘 유지되고 있고 우리 주주들의 전문성도 탁월하니(卓越-, 남보다 두드러지게 뛰어나니), 예전처럼 회사를 운영한다고 하더라도 문제없을 듯합니다.

**① X사는 주주들 사이의 평등성이 강하여 *과도한 정보 격차나 권한 집중과 같은 폐해를 보이지 않는다.** *過度-, 정도에 지나친

근거 〈보기〉-3 경영진은 주기적으로 다른 주주들로 교체되어 전체 주주는 기업의 경영 상태를 파악할 수 있으며, 경영 이익의 분배와 같은 주요 사항은 전체 주주가 공동으로 의결

풀이 〈보기〉에서 X사는 전체 주주가 기업의 경영 상태를 파악할 수 있으며 주요 사항을 전체 주주가 공동으로 의결한다고 하였으므로, 주주들 사이의 정보 격차가 없을 것이다. 또한 주요 사항을 전체 주주가 공동으로 의결한다고 하였으므로 특정 주주에 권한이 집중되는 것과 같은 폐해를 보이지 않을 것이다.

→ 적절함!

**② X사는 현재 경영진이 고정되는 구조로 바뀌었지만 주주가 실적에 대한 이익 분배를 결정할 수 있기 때문에 수직적 경영의 부작용은 나타나지 않는다.**

근거 〈보기〉-3 경영진은 주기적으로 다른 주주들로 교체되어, ❷-3 소수의 의사결정에 따른 수직적 경영

풀이 〈보기〉에서 X사는 경영진이 주기적으로 다른 주주들로 교체된다고 하였으므로, 현재 경영진이 고정되는 구조로 바뀌었다는 설명은 적절하지 않다. 또한 X사는 경영진이 소수의 주주만으로 구성되어 있으나, 경영 이익의 분배와 같은 주요 사항은 전체 주주가 공동으로 의결하므로 수직적 경영의 부작용은 나타나지 않을 것이다.

→ 적절하지 않음!

**③ A는 결속력이 강한 소수의 경영진을 중심으로 운영되는 경영 방식을 *현행대로 유지하여야 시장의 점유율을 지킬 수 있다고 보는 입장이다.** *現行, 현재 행해지고 있음

근거 〈보기〉-2~3 기업이 성장하면서 효율성 증진을 위하여 소수의 주주만으로 경영진을 구성하였다. 경영진은 주기적으로 다른 주주들로 교체되어 전체 주주는 기업의 경영 상태를 파악할 수 있으며, 경영 이익의 분배와 같은 주요 사항은 전체 주주가 공동으로 의결한다, 〈보기〉-5 최근 치열해진 경쟁에 대응하려면, 경영진의 구성원을 변동시키지 않고 경영 결정권도 경영진이 전적으로 행사하도록 하는 게 좋겠습니다.

풀이 〈보기〉에서 X사는 현재 소수의 주주로 경영진을 구성하고, 주기적으로 경영진을 다른 주주들로 교체하여 전체 주주가 기업 경영 상태를 파악할 수 있도록 하였다. 또한 기업의 주요 사항은 전체 주주가 공동으로 의결하고 있다. 이에 대해 A는 경쟁에 대응하기 위해 경영진의 구성원을 변동시키지 않는 방식으로 바꾸어야 한다고 주장하였다. 따라서 X사가 현재 '결속력이 강한 소수의 경영진을 중심으로 운영되는 경영 방식'을 행하고 있다는 설명은 적절하지 않으며, A가 기존의 경영 방식을 현행대로 유지해야 한다고 보는 입장이라는 설명 또한 적절하지 않다.

→ 적절하지 않음!

**④ B는 수평적인 의사 결정 구조로의 *전환을 최소한으로 하여 효율적 경영을 유지해야 한다고 보는 입장이다.** *轉換, 바꿈

근거 〈보기〉-3 경영진은 주기적으로 다른 주주들로 교체되어 전체 주주는 기업의 경영 상태를 파악할 수 있으며, 경영 이익의 분배와 같은 주요 사항은 전체 주주가 공동으로 의결, 〈보기〉-6 예전처럼 회사를 운영한다고 하더라도 문제없을 듯합니다.

풀이 〈보기〉에서 X사는 전체 주주가 기업의 경영 상태를 파악할 수 있으며, 주요 사항을 전체 주주가 공동으로 의결한다고 하였으므로, 수평적인 의사 결정 구조를 가지고 있다고 볼 수 있다. 또한 소수의 경영진이 경영 결정권을 전적으로 행사하는 수직적 의사 결정 구조로 전환해야 한다는 A와 달리, B는 예전처럼 회사를 운영하는 것에 문제가 없다고 본다. 따라서 '수평적인 의사 결정 구조로의 전환을 최소한으로 하여야 한다'는 것은 B의 입장으로 적절하지 않다.

→ 적절하지 않음!

**⑤ A와 B는 현재 X사가 경험과 전문성을 바탕으로 안정적인 과두제적 경영을 하고 있다는 *전제에서 논의를 한다.** *前提, 먼저 내세우는 것 ≒ 조건

근거 ❷-3 소수의 의사 결정에 따른 수직적 경영으로 효율성을 지향하는 '과두제적 경영', ❸-1 과두제적 경영은 소수의 경영자로 이루어진 경영진이 강한 결속력을 가지면서 실질적 권한과 정보를 독점하며 기업을 운영하는 것, 〈보기〉-3 경영진은 주기적으로 다른 주주들로 교체되어 전체 주주는 기업의 경영 상태를 파악할 수 있으며, 경영 이익의 분배와 같은 주요 사항은 전체 주주가 공동으로 의결

풀이 과두제적 경영은 소수의 경영자로 이루어진 경영진이 실질적 권한과 정보를 독점하여 기업을 수직적으로 경영하는 체제를 말한다. 그런데 〈보기〉의 X사는 경영진이 주기적으로 다른 주주들로 교체되어 전체 주주가 기업의 경영 상태를 파악할 수 있으며, 주요 사항을 전체 주주가 공동으로 의결하는 등 수평적 경영 구조를 가지고 있다. 즉 현재 X사가 '안정적인 과두제적 경영'을 하고 있다고 보기는 어렵다. 따라서 A와 B가 현재 X사가 경험과 전문성을 바탕으로 안정적인 과두제적 경영을 하고 있다는 전제에서 논의를 한다는 설명은 적절하지 않다.

→ 적절하지 않음!

**[122~125] 다음 글을 읽고 물음에 답하시오.**

1 [1]㉠ 경마식 보도는 경마(競馬, 일정한 거리를 말을 타고 달려 빠르기를 겨루는 경기) 중계(中繼, 극장, 경기장 등 방송국 밖에서의 실제 상황을 방송국이 중간에서 연결하여 방송하는 일)를 하듯 지지율(支持率, 찬성하는 사람들의 비율) 변화나 득표율(得票率, 전체 투표수에서 찬성표를 얻은 비율) 예측(豫測, 미리 헤아려 짐작함) 등을 집중 보도하는(報道-, 대중 전달 매체를 통해 일반 사람들에게 소식을 알리는) 선거 방송의 한 방식이다. [2]경마식 보도는 선거일이 가까워질수록 증가한다. [3]새롭고 재미있는 정보를 원하는 시청자들의 요구에 부응하고, 방송사로서도 매일 새로운 뉴스를 제공하는 방편(方便, 수단과 방법)이 될 수 있기 때문이다. [4]경마식 보도는 선거와 정치에 무관심한 유권자(有權者, 선거할 권리를 가진 사람)들의 선거 참여, 정치 참여를 독려하는(督勵-, 감독하며 격려하는) 장점이 있다. [5]하지만 흥미를 돋우는 데 치중하는(置重-, 특히 중점을 두는) 경마식 보도는 선거의 주요(主要, 주되고 중요함) 의제(議題, 의논할 문제)를 도외시하고(度外視-, 상관하지 않거나 무시하고) 경쟁 결과에 초점(焦點, 관심이나 주의가 집중되는 중심 부분)을 맞춰 선거의 공정성(公正性, 공평하고 올바른 성질)을 저해할(沮害-, 막아서 못 하도록 해침) 수 있다.

→ 경마식 보도의 개념과 특징

2 [1]경마식 보도의 문제점을 줄이려는 조치(措置, 벌어지는 사태를 잘 살펴 필요한 대책을 세워 행함)가 있다. [2]㉮ 「공직선거법」의 규정(規定, 규칙으로 정하여 놓은 것)에 따르면, 당선인(當選人, 선거에서 뽑힌 사람)을 예상케 하는 여론조사(輿論調査, 사회 구성원들이 사회적 문제나 정책, 특정 쟁점 등에 대해 가지고 있는 의견이나 태도 등을 밝히려는 목적에서 이루어지는 통계적 조사)를 실시하는 것은 언제든지 가능하지만, 그(당선인을 예상케 하는 여론조사) 결과의 보도는 선거일 6 일 전부터 투표 마감 시각까지 금지된다. [3]이러한 규정이 국민의 알 권리와 언론의 자유를 침해하는지에(侵害-, 침범하여 해를 끼치는지에) 대해 헌법재판소(憲法裁判所, 법령이 헌법에 위배되는지를 심판하기 위해 설치된 특별 재판소)는 신뢰할 수 있는 여론조사 결과라 하더라도 선거일에 임박해(臨迫-, 가까이 닥쳐와) 보도하면 선거에 영향을 끼칠 수 있다며 합헌(合憲, 헌법에 취지에 맞는 일) 결정을 내렸다. [4]「공직선거법」에 근거를 둔 ㉯ 「선거방송심의에 관한 특별규정」은 유권자에게 영향을 줄 수 있는 사실의 왜곡(歪曲, 사실과 다르게 해석하거나 이치에 맞지 않게 함) 보도를 금지하고, 여론조사 결과가 오차 범위(誤差範圍, 오차가 발생하는 값의 범위. 여론조사에서 '오차 범위 ±3.5 %P'라는 말은 지지율이 40 %인 경우 지지율의 범위가 36.5 ~ 43.5 % 사이라는 의미임) 내(內, 안)에 있을 때에 이(결과가 오차 범위 내에 있음)를 밝히지 않은 채로 서열(序列, 일정한 기준에 따라 늘어선 순서)이나 우열(優劣, 나음과 못함)을 나타내는 보도도 금지하고 있다. [5]언론 단체의 ㉰ 「선거여론조사보도준칙」은 표본 오차(標本誤差, 여론조사에서 모집단의 일부인 표본에서 얻은 자료를 통해 모집단 전체의 특성을 추론함으로써 생기는 오차.

'95 % 신뢰 수준에 표본 오차 ±3.0 %P'라는 말은 같은 조사를 100 번 했을 때 95 번은 오차가 ±3.0 %P 안에 있다는 의미임)를 감안하여(勘案-, 참고하여 생각하여) 여론조사 결과를 정확하게 보도하도록 요구한다. [6]지지율 차이가 오차 범위 내에 있을 때 "경합(競合, 서로 맞서 겨룸)"이라는 표현은 무방하지만(無妨-, 거리낄 것이 없이 괜찮지만) 서열화하거나 "오차 범위 내에서 앞섰다."라는 표현처럼 우열을 나타내어 보도할 수 없다는 것이다.

→ 경마식 보도의 문제점을 줄이려는 조치 : 여론조사 보도에 관한 금지 규정들

3 [1]경마식 보도로부터 드러난 선거 방송의 한계를 보완하는(補完-, 보충하여 완전하게 하는) 방책(方策, 방법과 꾀) 중 하나로 선거 방송 토론회가 활용될 수 있다. [2]이 토론회를 통해 후보자 간 정책(政策, 정치적 목적을 실현하기 위한 방책)과 자질(資質, 능력이나 실력의 정도) 등의 차이가 드러날 수 있는데, 현실적인 이유로 초청(招請, 청하여 부름) 대상자는 한정된다.(限定-, 제한되어 정해진다.) [3]㉡「공직선거법」의 선거 방송 토론회 규정은 5 인 이상의 국회의원을 가진 정당(政黨, 정치적 견해를 같이하는 사람들이 정권을 얻음으로써 정치적 이상을 실현하는 것을 목적으로 조직한 단체)이나 직전(直前, 바로 전) 선거에서 3 % 이상 득표한(得票-, 투표에서 찬성표를 얻은) 정당이 추천한 후보자, 또는 언론기관의 여론조사 결과 평균 지지율이 5 % 이상인 후보자 등을 초청 기준으로 제시하고 있다. [4]다만 초청 대상이 아닌 후보자들을 위해 별도의 토론회 개최(開催, 주최하여 엶)가 가능하고 시간이나 횟수를 다르게 할 수 있다.

→ 선거 방송의 한계를 보완하는 방책으로 제시된 '선거 방송 토론회'와 관련 규정

4 [1]이러한 규정(「공직선거법」의 선거 방송 토론회 규정)이 선거 운동의 기회균등(機會均等, 누구에게나 기회를 고루 주는 일) 원칙을 침해하는지에 대해 헌법재판소는 위헌(違憲, 헌법의 조항이나 정신에 위배되는 일)이 아니라고(합헌이라고) 결정했다. [2]ⓐ 다수(多數, 수효가 많음) 의견은 방송 토론회의 효율적(效率的, 들인 노력에 비해 얻는 결과가 큰) 운영(運營, 목적에 맞게 이끌어 경영함)을 고려할 때 초청 대상 후보자 수가 너무 많으면 제한된(制限-, 일정한 한도가 정해진) 시간 안에 심층적인(深層的-, 깊이 있고 철저한) 토론이 이루어지기 어렵고, 유권자들도 관심이 큰 후보자들의 정책 및 자질을 직접 비교하기 어렵다는 점을 지적하며, 이 규정은 합리적(合理的, 이치에 합당한) 제한이라고 보았다. [3]반면 ⓑ 소수(少數, 적은 수효) 의견은 이 규정이 가장 효과적인 선거 운동의 기회를 일부 후보자에게서 박탈하며(剝奪-, 빼앗으며), 유권자에게도 모든 후보자를 동시에 비교하지 못하게 하고, 초청 대상 후보자 토론회에 참여한 후보자와 그렇지 못한 후보자를 차별적으로(差別的-, 차등을 두어 구별함이 있는 것으로) 인식하게(認識-, 판단하게) 만든다고 지적하였다. [4]이 규정을 소수 정당이나 정치 신인(新人, 새로 등장한 사람) 등에 대한 자의적이고(恣意的-, 일정한 원칙이나 법칙에 따르지 않고 제멋대로 하는) 차별적인 침해라고 본 것이다.

→「공직선거법」의 선거 방송 토론회 규정에 대한 헌법재판소의 다수 의견과 소수 의견

■지문 이해

**<경마식 보도의 문제점과 보완책>**

**❶ 경마식 보도의 개념과 특징**

- 경마식 보도 : 경마 중계를 하듯 지지율 변화, 득표율 예측 등을 집중 보도하는 선거 방송 방식
- 경마식 보도의 특징
  - 선거일이 가까워질수록 증가함
  - 장점 : 선거와 정치에 무관심한 유권자들의 선거 참여, 정치 참여를 독려함
  - 문제점 : 흥미를 돋우는 데 치중해 선거의 주요 의제를 도외시함<br>경쟁 결과에 초점을 맞춰 선거의 공정성을 저해할 수 있음

**❷ 경마식 보도의 문제점을 줄이려는 조치 : 여론조사 보도에 관한 금지 규정들**

- 「공직선거법」
  - 당선인을 예상케 하는 여론조사를 실시하는 것은 언제든지 가능함
  - 그 결과의 보도는 선거일 6 일 전부터 투표 마감 시각까지 금지함 → 헌법재판소 : 신뢰할 수 있는 여론조사 결과라도 선거일에 임박해 보도하면 선거에 영향을 끼칠 수 있으므로 합헌이라고 결정
- 「선거방송심의에 관한 특별규정」
  - 유권자에게 영향을 줄 수 있는 사실의 왜곡 보도를 금지함
  - 여론조사 결과가 오차 범위 내에 있을 때에 이를 밝히지 않은 채로 서열이나 우열을 나타내는 보도를 금지함
- 「선거여론조사보도준칙」
  - 표본 오차를 감안하여 여론조사 결과를 정확하게 보도하도록 요구함
  - 지지율 차이가 오차 범위 내에 있을 때 '경합' 표현은 가능함, 서열화하거나 우열을 나타내는 표현은 금지함

**❸ 선거 방송의 한계를 보완하는 방책으로 제시된 '선거 방송 토론회'와 관련 규정**

- 「공직선거법」의 선거 방송 토론회 규정에 제시된 토론회 초청 기준
  - 5 인 이상의 국회의원을 가진 정당이나 직전 선거에서 3 % 이상 득표한 정당이 추천한 후보자
  - 여론조사 결과 평균 지지율이 5 % 이상인 후보자
- 초청 대상이 아닌 후보자들을 위해 별도의 토론회 개최가 가능함

**❹「공직선거법」의 선거 방송 토론회 규정에 대한 헌법재판소의 다수 의견과 소수 의견**

- 「공직선거법」의 선거 방송 토론회 규정이 선거 운동의 기회균등 원칙을 침해하는가 → 헌법재판소는 위헌이 아니라고 결정
  - 다수 의견 : 방송 토론회의 효율적 운영을 고려할 때 해당 규정은 합리적 제한이라고 봄
  - 소수 의견 : 해당 규정은 소수 정당, 정치 신인 등에 대한 자의적·차별적 침해라고 봄

**122** 핵심 개념 파악 - 적절한 것 고르기 2024학년도 수능 4번 정답률 85% | 정답 ⑤

**㉠에 대한 설명으로 가장 적절한 것은?**

㉠ 경마식 보도

**① 선거 기간의 *후반기에 비해 **전반기에 더 많다.** (전반기 / 후반기) *後半期, 한 시기를 반씩 둘로 나눈 것의 뒤쪽 기간 **前半期, 한 시기를 반씩 둘로 나눈 것의 앞쪽 기간

근거 ❶-2 경마식 보도는 선거일이 가까워질수록 증가한다.

풀이 윗글에서 경마식 보도는 선거일이 가까워질수록 증가한다고 하였으므로, 선거 기간의 전반기에 비해 후반기에 더 많다고 볼 수 있다.

→ 적절하지 않음!

**② 시청자와 방송사의 *상반된 **이해관계가 ***반영된다.** *相反-, 서로 반대된 **利害關係, 서로 이익과 손해가 걸려 있는 관계 ***反映-, 영향을 받아 나타난다.

근거 ❶-3 (경마식 보도는) 새롭고 재미있는 정보를 원하는 시청자들의 요구에 부응하고, 방송사로서도 매일 새로운 뉴스를 제공하는 방편이 될 수 있기 때문

풀이 윗글에서 경마식 보도는 새롭고 재미있는 정보를 원하는 시청자들의 요구에 부응하고, 방송사로서도 매일 새로운 뉴스를 제공하는 방편이 될 수 있다고 하였다. 경마식 보도에 대한 시청자와 방송사의 이해관계가 상반되거나 충돌하지 않으므로 적절하지 않은 설명이다.

→ 적절하지 않음!

**③ 당선자 예측과 관련된 정보의 *전파에 초점을 맞추지 않는다.** (맞춘다) *傳播, 전하여 널리 퍼뜨림

근거 ❶-1 경마식 보도는 경마 중계를 하듯 지지율 변화나 득표율 예측 등을 집중 보도하는 선거 방송의 한 방식, ❶-5 경마식 보도는 선거의 주요 의제를 도외시하고 경쟁 결과에 초점을 맞춰

풀이 경마식 보도는 경마 중계를 하듯 지지율 변화나 득표율 예측 등을 집중 보도하는 방식으로, 선거의 주요 의제보다는 경쟁 결과에 초점을 맞춘다. 따라서 경마식 보도는 경쟁 결과에 해당하는 당선자 예측과 관련된 정보의 전파에 초점을 맞춘다고 볼 수 있다.

→ 적절하지 않음!

**④ 선거의 핵심 의제에 관한 후보자의 입장을 다룬 보도를 중시한다.** (도외시한다)

근거 ❶-5 흥미를 돋우는 데 치중하는 경마식 보도는 선거의 주요 의제를 도외시하고 경쟁 결과에 초점을 맞춰

풀이 경마식 보도는 선거의 주요 의제에 관한 후보자의 입장을 다룬 보도보다는 지지율 변화나 득표율 예측 등을 집중 보도함으로써 경쟁 결과에 초점을 맞춘다. 따라서 경마식 보도가 선거의 핵심 의제에 관한 후보자의 입장을 다룬 보도를 중시한다고 볼 수 없다.

→ 적절하지 않음!

**⑤ 정치에 관심이 없던 유권자들이 선거에 관심을 갖도록 북돋운다.**

근거 ❶-4 경마식 보도는 선거와 정치에 무관심한 유권자들의 선거 참여, 정치 참여를 독려하는 장점이 있다.

→ 적절함!

1등급 문제

**123** 세부 정보 이해 - 적절하지 않은 것 고르기 2024학년도 수능 5번
정답률 40%, 매력적 오답 ② 15% ④ 20% ⑤ 20% | 정답 ③

**윗글에서 알 수 있는 내용으로 적절하지 않은 것은?**

**① 신뢰할 수 있는 여론조사의 결과를 보도하더라도 선거의 공정성을 *위협할 수 있다.**
*威脅-, 힘으로 으르고 협박함

근거 ❷-3 헌법재판소는 신뢰할 수 있는 여론조사 결과라 하더라도 선거일에 임박해 보도하면 선거에 영향을 끼칠 수 있다며 합헌 결정을 내렸다.

풀이 윗글에서 언급한 헌법재판소의 결정을 통해 신뢰할 수 있는 여론조사의 결과라 하더라도 선거일에 임박해 보도할 경우 선거에 영향을 끼쳐 선거의 공정성을 위협할 수 있음을 알 수 있다.

→ 적절함!

**② 정당의 추천을 받지 못해도 선거 방송의 초청 대상 후보자 토론회에 참여할 수 있다.**

근거 ❸-3 「공직선거법」의 선거 방송 토론회 규정은 5 인 이상의 국회의원을 가진 정당이나 직전 선거에서 3 % 이상 득표한 정당이 추천한 후보자, 또는 언론기관의 여론조사 결과 평균 지지율이 5 % 이상인 후보자 등을 초청 기준으로 제시하고 있다.

풀이 「공직선거법」의 선거 방송 토론회 규정에서 제시한 초청 기준에 따르면, 언론기관의 여론조사 결과 평균 지지율이 5 % 이상인 후보자의 경우 정당의 추천을 받지 못해도 선거 방송의 초청 대상 후보자 토론회에 참여할 수 있다.

→ 적절함!

**③ 국민의 알 권리와 언론의 자유가 서로 충돌하는지의 문제를 헌법재판소에서 논의한 적이 있다.** (침해되는지의)

근거 ❷-2~3 그(여론조사) 결과의 보도는 선거일 6 일 전부터 투표 마감 시각까지 금지된다. 이러한 규정이 국민의 알 권리와 언론의 자유를 침해하는지에 대해 헌법재판소는 신뢰할 수 있는 여론조사 결과라 하더라도 선거일에 임박해 보도하면 선거에 영향을 끼칠 수 있다며 합헌 결정을 내렸다.

풀이 헌법재판소에서는 여론조사 결과의 보도가 선거일 6 일 전부터 투표 마감 시각까지 금지되는 「공직선거법」의 규정에 대해, 해당 규정이 국민의 알 권리와 언론의 자유를 침해하는지의 문제를 논의하여 합헌 결정을 내렸다. 즉 헌법재판소는 국민의 알 권리와 언론의 자유가 서로 충돌하는지의 문제를 논의한 것이 아니라, '여론조사 결과 보도를 일정 기간 금지하는 규정'과 '국민의 알 권리 및 언론의 자유'가 서로 충돌하는지를 논의한 것이다.

→ 적절하지 않음!

**④ 선거일에 당선인 예측 선거 여론조사를 실시하고 투표 마감 시각 이후에 그 결과를 보도할 수 있다.**

근거 ❷-2 「공직선거법」의 규정에 따르면, 당선인을 예상케 하는 여론조사를 실시하는 것은 언제든지 가능하지만, 그 결과의 보도는 선거일 6 일 전부터 투표 마감 시각까지 금지된다.

풀이 「공직선거법」의 규정에 따르면 당선인을 예측하는 여론조사를 실시하는 것은 언제든지 가능하므로, 선거일에 당선인 예측 선거 여론조사를 실시할 수 있다. 또한 투표 마감 시각 이후에 그 결과를 보도할 수 있다.

→ 적절함!

**⑤ 「공직선거법」에는 선거 운동의 기회가 모든 후보자에게 균등하게 배분되지 못하도록 할 가능성이 있는 규정이 있다.**

근거 ❹-1 이러한 규정(「공직선거법」의 선거 방송 토론회 규정)이 선거 운동의 기회균등 원칙을 침해하는지에 대해 헌법재판소는 위헌이 아니라고 결정, ❹-3~4 반면 소수 의견은 이 규정이 가장 효과적인 선거 운동의 기회를 일부 후보자에게서 박탈하며, … 소수 정당이나 정치 신인 등에 대한 자의적이고 차별적인 침해라고 본 것

풀이 윗글에서는 「공직선거법」의 선거 방송 토론회 규정이 선거 운동의 기회균등 원칙을 침해하는지에 대한 헌법재판소의 결정을 소개하고 있다. 헌법재판소는 이러한 규정이 위헌이 아니라고 결정하였으나, 그중 소수 의견은 해당 규정이 선거 운동의 기회를 일부 후보자에게서 박탈한다고 보았다. 따라서 「공직선거법」에는 선거 운동의 기회가 모든 후보자에게 균등하게 배분되지 못하도록 할 가능성이 있는 규정이 있다는 설명은 적절하다.

→ 적절함!

1등급 문제

**124** 추론의 적절성 판단 - 적절한 것 고르기 2024학년도 수능 6번
정답률 55%, 매력적 오답 ④ 15% ⑤ 15% | 정답 ②

**㉡과 관련하여 ⓐ와 ⓑ의 입장에 대한 반응으로 가장 적절한 것은?** [3점]

㉡ 「공직선거법」의 선거 방송 토론회 규정
ⓐ 다수 의견
ⓑ 소수 의견

▶ 지문 핵심 개념 정리

| 「공직선거법」의 선거 방송 토론회 규정 | |
|---|---|
| • 5 인 이상의 국회의원을 가진 정당이나 직전 선거에서 3 % 이상 득표한 정당이 추천한 후보자, 또는 언론기관의 여론조사 결과 평균 지지율이 5 % 이상인 후보자 등을 초청 기준으로 제시함(❸-3)<br>• 초청 대상이 아닌 후보자들을 위해 별도의 토론회 개최가 가능하고 시간이나 횟수를 다르게 할 수 있음(❸-4) | |
| **다수 의견** | **소수 의견** |
| • 방송 토론회의 효율적 운영을 고려할 때 초청 대상 후보자 수가 너무 많으면<br>– 제한된 시간 안에 심층적인 토론이 이루어지기 어려움(❹-2)<br>– 유권자들은 관심이 큰 후보자들의 정책 및 자질을 직접 비교하기 어려움(❹-2)<br>→ ㉡은 합리적 제한(❹-2) | • ㉡은<br>– 가장 효과적인 선거 운동의 기회를 일부 후보자에게서 박탈함(❹-3)<br>– 유권자에게 모든 후보자를 동시에 비교하지 못하게 함(❹-3)<br>– 초청 대상 후보자 토론회에 참여한 후보자와 그렇지 못한 후보자를 차별적으로 인식하게 만듦(❹-3)<br>→ ㉡은 소수 정당이나 정치 신인 등에 대한 자의적이고 차별적인 침해(❹-4) |

**① 선거 방송 초청 대상 후보자 토론회에서 후보자들이 심층적인 토론을 하지 못한 원인이 시간의 제한이나 참여한 후보자의 수와 관계가 없다면 ⓐ의 입장은 강화되겠군.** (약화되겠군)

풀이 다수 의견(ⓐ)은 방송 토론회의 초청 대상 후보자 수가 너무 많으면 제한된 시간 안에 심층적 토론이 이루어지기 어렵기 때문에, 방송 토론회의 효율적 운영을 고려할 때 ㉡은 합리적 제한이라고 본다. 만약 토론회에서 후보자들이 심층적인 토론을 하지 못한 원인이 시간의 제한이나 참여한 후보자의 수와 관계가 없다면 ⓐ의 입장은 약화될 것이다.

→ 적절하지 않음!

**② 주요 후보자의 정책이 가진 *치명적 **허점을 지적하고 좋은 대안을 제시해 유명해진 정치 신인이 선거 방송 초청 대상 후보자 토론회에 초청받지 못한다면 ⓐ의 입장은 약화되겠군.** *致命的, 일의 흥망과 성패에 결정적으로 영향을 주는 **虛點, 충분하지 않거나 허술한 점

풀이 다수 의견(ⓐ)은 방송 토론회의 초청 대상 후보자를 한정함으로써 유권자들이 관심이 큰 후보자들의 정책 및 자질을 직접 비교하기 쉬워짐을 근거로 들어 ㉡을 합리적 제한이라고 본다. 그러나 유명해진 정치 신인이 선거 방송 초청 대상 후보자 토론회에 초청받지 못하는 상황은 ㉡으로 인해 유권자들이 관심이 큰 후보자들을 직접 비교하지 못하는 상황이므로 ⓐ의 입장은 약화될 것이다. 또한 이는 ⓑ의 입장에서 정치 신인에 대한 자의적이고 차별적 침해이므로 ⓑ의 입장은 강화될 것이다.

→ 적절함!

**③ 선거 방송 초청 대상 후보자 토론회에 참여할 *적정 토론자의 수를 제한하는 기준이 국민의 **합의에 의해 결정되었기 때문에 자의적인 것이 아니라고 한다면 ⓑ의 입장은 강화되겠군.** *適正, 알맞고 바른 정도 **合意, 서로 의견이 일치함 (약화되겠군)

풀이 소수 의견(ⓑ)은 ㉡을 소수 정당이나 정치 신인 등에 대한 자의적이고 차별적인 침해라고 보았다. 선거 방송 초청 대상 후보자 토론회에 참여할 적정 토론자의 수를 제한하는 기준이 국민의 합의에 의해 결정되었기 때문에 자의적인 것이 아니라고 한다면, ㉡을 자의적인 침해라고 본 ⓑ의 입장은 약화될 것이다.

→ 적절하지 않음!

**④ 어떤 후보자가 지지율이 낮은 후보자 간의 별도 토론회에서 뛰어난 정치 *역량을 보여 주었음에도 그 토론회에 참여했다는 이유만으로 지지율이 떨어진다면 ⓑ의 입장은 약화되겠군.** *力量, 어떤 일을 해낼 수 있는 힘 (강화되겠군) (유권자가 초청 대상 후보자 토론회에 참여하지 못한 후보자를 차별적으로 인식)

풀이 소수 의견(ⓑ)은 ㉡이 유권자로 하여금 초청 대상 후보자 토론회에 참여한 후보자와 그렇지 못한 후보자를 차별적으로 인식하게 만든다고 지적하면서, 해당 규정을 소수 정당이나 정치 신인 등에 대한 자의적이고 차별적인 침해라고 보았다. 어떤 후보자가 지지율이 낮은 후보자 간의 별도 토론회에서 뛰어난 정치 역량을 보여 주었음에도 초청 대상이 아닌 후보자들을 위한 별도의 토론회에 참여했다는 이유만으로

지지율이 떨어진다면, 이는 유권자가 초청 대상 후보자 토론회에 참여하지 못한 후보자를 차별적으로 인식하게 된 결과에 해당한다. 따라서 이와 같은 상황에서는 ㉡의 차별성을 지적한 ⓑ의 입장이 강화될 것이다.

→ 적절하지 않음!

**⑤ 유권자들이 뛰어난 역량을 가진 소수 정당 후보자를 주요 후보자들과 동시에 비교할 수 있는 가장 효율적인 방법이 선거 방송 초청 대상 후보자 토론회라면 ⓑ의 입장은 약화되겠군.**

강화되겠군

**풀이** 소수 의견(ⓑ)은 ㉡이 유권자에게 모든 후보자를 동시에 비교하지 못하게 한다고 지적하였다. 유권자들이 뛰어난 역량을 가진 소수 정당 후보자를 주요 후보자들과 동시에 비교할 수 있는 가장 효율적인 방법이 선거 방송 초청 대상 후보자 토론회라면, ㉡은 그러한 가장 효율적인 방법을 가로막는 규정이 되므로 ⓑ의 입장이 강화될 것이다.

→ 적절하지 않음!

1등급 문제

**125** 구체적인 사례에 적용 - 적절하지 않은 것 고르기 2024학년도 수능 7번
정답률 45%, 매력적 오답 ① 15% ③ 10% ④ 25%
정답 ②

**㉮~㉰에 따라 〈보기〉에 대한 언론 보도를 평가한 내용으로 적절하지 않은 것은?**

㉮「공직선거법」
㉯「선거방송심의에 관한 특별규정」
㉰「선거여론조사보도준칙」

| 보 기 |

다음은 ○○ 방송사의 의뢰로 △△ 여론조사 기관에서 세 차례 실시한 당선인 예측 여론조사 결과의 일부이다. (세 조사 모두 신뢰 수준 95 %, 오차 범위 8.8 %P임.)

| 구분 | | 1차 조사 | 2차 조사 | 3차 조사 |
|---|---|---|---|---|
| 조사일 | | 선거일 15 일 전 | 선거일 10 일 전 | 선거일 5 일 전 |
| 조사 결과 | A 후보 | 42 % | 38 % | 39 % |
| | B 후보 | 32 % | 37 % | 38 % |
| | C 후보 | 18 % | 17 % | 17 % |

▶ 지문 핵심 개념 정리

**여론조사 보도에 관한 금지 규정**

- 「공직선거법」
  - 당선인을 예상케 하는 여론조사를 실시하는 것은 언제든지 가능(❷-2)
  - 그 결과의 보도는 선거일 6 일 전부터 투표 마감 시각까지 금지(❷-2)
- 「선거방송심의에 관한 특별규정」
  - 유권자에게 영향을 줄 수 있는 사실의 왜곡 보도 금지(❷-4)
  - 여론조사 결과가 오차 범위 내에 있을 때에 이를 밝히지 않은 채로 서열이나 우열을 나타내는 보도 금지(❷-4)
- 「선거여론조사보도준칙」
  - 표본 오차를 감안하여 여론조사 결과를 정확하게 보도하도록 요구(❷-5)
  - 지지율 차이가 오차 범위 내에 있을 때 '경합' 표현은 가능, 서열화하거나 '오차 범위 내에서 앞섰다' 등 우열을 나타내는 표현 금지(❷-6)

**① 1차 조사 결과를 선거일 14 일 전에 "A 후보, 10 %P 이상의 차이로 B 후보와 C 후보에 *우세"라고 보도하는 것은 ㉯와 ㉰ 중 어느 것에도 위배되지 않겠군.** *優勢, 상대편보다 힘이나 세력이 강함

**풀이** 해당 조사의 오차 범위는 8.8 %P이므로, 1차 조사 결과 A 후보와 B, C 후보의 지지율 차이가 각각 10 %P와 24 %P로 모두 오차 범위를 벗어난다. 따라서 1차 조사 결과를 'A 후보, 10 %P 이상의 차이로 B 후보와 C 후보에 우세'라고 보도하는 것은「선거방송심의에 관한 특별규정」(㉯)과「선거여론조사보도준칙」(㉰)에 위배되지 않는다.

→ 적절함!

**② 2차 조사 결과를 선거일 9 일 전에 "A 후보는 B 후보에 조금 앞서고, C 후보는 3위"라고 보도하는 것은 ㉯에 위배되지만, ㉰에 위배되지 않겠군.**

㉯와 ㉰에 모두 위배되겠군

**풀이** 해당 조사의 오차 범위는 8.8 %P이다. 2차 조사 결과 A 후보의 지지율은 B 후보의 지지율보다 1 %P 높으므로 오차 범위 내에서 앞서 있으며, B 후보의 지지율은 C 후보의 지지율보다 20 %P 높으므로 오차 범위를 벗어난다. 따라서 2차 조사 결과를 'A 후보가 B 후보에 조금 앞선다'고 보도하는 것은 여론조사 결과가 오차 범위 내에 있을 때 이를 밝히지 않고 서열이나 우열을 나타낸 표현을 사용하여 보도하는 것에 해당하며, 이는「선거방송심의에 관한 특별규정」(㉯)과「선거여론조사보도준칙」(㉰)에 모두 위배된다.

→ 적절하지 않음!

**③ 3차 조사 결과를 선거일 4 일 전에 "A 후보는 오차 범위 내에서 1위"라고 보도하는 것은 ㉮와 ㉰에 모두 위배되겠군.**

**풀이** 「공직선거법」(㉮)에 따르면 당선인을 예상케 하는 여론조사의 보도는 선거일 6 일 전부터 투표 마감 시각까지 금지된다. 따라서 3차 조사 결과를 선거일 4 일 전에 보도하는 것은「공직선거법」(㉮)에 위배된다. 한편 해당 조사의 오차 범위는 8.8 %P로, 3차 조사 결과 A 후보의 지지율은 B 후보의 지지율보다 1 %P 높으므로 오차 범위 내에서 앞서 있으며, C 후보의 지지율보다 22 %P 높으므로 오차 범위를 벗어난다.「선거여론조사보도준칙」(㉰)에 따르면 지지율 차이가 오차 범위 내에 있을 때 '오차 범위 내에서 앞섰다'는 표현처럼 우열을 나타내어 보도할 수 없다. 따라서 3차 조사 결과를 'A 후보는 오차 범위 내에서 1위'라고 보도하는 것은「선거여론조사보도준칙」(㉰)에 위배된다.

→ 적절함!

**④ 1차 조사 결과를 선거일 14 일 전에 "A 후보 1위, B 후보 2위, C 후보 3위"라고 보도하는 것은 ㉯에 위배되지 않고, 2차 조사 결과를 선거일 9 일 전에 같은 표현으로 보도하는 것은 ㉰에 위배되겠군.**

**풀이** 해당 조사의 오차 범위는 8.8 %P이므로, 1차 조사 결과 각 후보의 지지율 차이가 각각 10 %P와 14 %P로 모두 오차 범위를 벗어난다. 따라서 1차 조사 결과를 'A 후보 1위, B 후보 2위, C 후보 3위'라고 보도하는 것은 여론조사 결과가 오차 범위 내에 있을 때에 이를 밝히지 않은 채로 서열이나 우열을 나타내는 보도를 금지하는「선거방송심의에 관한 특별규정」(㉯)에 위배되지 않는다. 한편 2차 조사 결과 A 후보의 지지율은 B 후보의 지지율보다 1 %P 높으므로 오차 범위 내에서 앞서 있으며, B 후보의 지지율은 C 후보의 지지율보다 20 %P 높으므로 오차 범위를 벗어난다. 따라서 2차 조사 결과를 같은 표현으로 보도하는 것은 여론조사 결과 지지율 차이가 오차 범위 내에 있을 때 서열화하거나 우열을 나타내어 보도할 수 없다는「선거여론조사보도준칙」(㉰)에 위배된다.

→ 적절함!

**⑤ 2차 조사 결과를 선거일 9 일 전에 "B 후보, A 후보와 오차 범위 내 경합"이라고 보도하는 것은 ㉰에 위배되지 않고, 3차 조사 결과를 선거일 4 일 전에 같은 표현으로 보도하는 것은 ㉮에 위배되겠군.**

**풀이** 해당 조사의 오차 범위는 8.8 %P이다. 2차 조사 결과 A 후보의 지지율은 B 후보의 지지율보다 1 %P 높으므로 오차 범위 내에서 앞서 있으며, B 후보의 지지율은 C 후보의 지지율보다 20 %P 높으므로 오차 범위를 벗어난다. 따라서 2차 조사 결과를 보도하면서 'B 후보, A 후보와 오차 범위 내 경합'이라고 보도하는 것은 지지율 차이가 오차 범위 내에 있을 때 '경합'이라는 표현은 무방하다는「선거여론조사보도준칙」(㉰)에 위배되지 않는다. 한편「공직선거법」(㉮)에 따르면 당선인을 예상케 하는 여론조사 결과의 보도는 선거일 6 일 전부터 투표 마감 시각까지 금지된다. 따라서 3차 조사 결과를 같은 표현으로 선거일 4 일 전에 보도하는 것은「공직선거법」(㉮)에 위배된다.

→ 적절함!

**[126~129] 다음 글을 읽고 물음에 답하시오.**

1 [1]공포 소구(恐怖訴求, 수용자에게 공포감을 불러일으키거나 위협할 목적으로 매스 커뮤니케이션(대중 매체를 통하여 많은 정보를 전달하는 일)에서 사용하는 기법)는 그 메시지에 담긴 권고(勸告, 어떤 일을 하도록 권함)를 따르지 않을 때의 해로운 결과를 강조하여 수용자(受容者, 받아들이는 사람)를 설득하는 것으로, 1950년대 초부터 설득 전략 연구자들의 연구 대상이 되었다. [2]초기 연구를 대표하는 재니스는 기존 연구에서 다루어지지 않았던 공포 소구의 설득 효과에 주목하였다. [3]그(재니스)는 수용자에게 공포 소구를 세 가지 수준으로 달리 제시하는 실험을 한 결과, 중간 수준의 공포 소구가 가장 큰 설득 효과를 보인다는 것을 발견하였다.

→ 공포 소구의 개념과 재니스의 연구

Ⅱ 사회

**2** [1]공포 소구 연구를 진척시킨(進陟–, 목적한 방향대로 진행되게 한) 레벤달은 재니스의 연구가 인간의 감정적(感情的, 어떤 현상이나 일에 대해 일어나는 마음이나 느낀 기분과 관련된) 측면에만 ㉠ 치우쳤다고 비판하며, 공포 소구의 효과는 수용자의 감정적 반응만이 아니라 인지적(認知的, 지각, 기억, 상상, 개념, 판단, 추리 등 일련의 정신 과정을 통해 어떠한 사실을 인식하여 아는 것과 관련된) 반응과도 관련된다고 하였다. [2]그(레벤달)는 감정적 반응을 '공포 통제(統制, 목적에 따라 행위를 제한함) 반응', 인지적 반응을 '위험 통제 반응'이라 ㉡ 불렀다. [3]그리고 후자(위험 통제 반응)가 작동하면 수용자들은 공포 소구의 권고를 따르게 되지만(← 설득 효과가 나타남), 전자(공포 통제 반응)가 작동하면 공포 소구로 인한 두려움의 감정을 통제하기 위해 오히려 공포 소구에 담긴 위험을 무시하려는 반응을 보이게 된다(← 설득 효과가 나타나지 않음)고 하였다.

→ 공포 소구에 관한 레벤달의 연구

**3** [1]이러한 선행(先行, 앞서 이루어진) 연구들을 종합한 위티는 우선 공포 소구의 설득 효과를 좌우하는(左右–, 지배적으로 영향을 주는) 두 요인으로 '위협(威脅, 힘으로 으르고 협박함)'과 '효능감(效能感, 특정 상황에서 적절한 행동을 하여 문제를 해결할 수 있다는 믿음 또는 기대감)'을 설정하였다. [2]수용자가 공포 소구에 담긴 위험을 자신이 ㉢ 겪을 수 있는 것이고 그 위험의 정도가 크다고 느끼면, 그 공포 소구는 위협의 수준이 높다. [3]그리고 공포 소구에 담긴 권고를 이행하면(履行–, 실제로 해 나가면) 자신의 위험을 예방할 수 있고 자신에게 그 권고를 이행할 능력이 있다고 느끼면, 효능감의 수준이 높다. [4]한 동호회에서 회원들에게 '모임에 꼭 참석해 주세요. 불참 시 회원 자격이 사라집니다.'라는 안내문을 ㉣ 보냈다고 하자. [5]회원 자격이 사라진다는 것은 그 동호회 활동에 강한 애착(愛着, 몹시 끌리거나 사랑하여 떨어지지 않으려는 마음)을 가지고 있는 사람에게는 높은 수준의 위협이 된다. [6]그리고 그가 동호회 모임에 참석하는 일이 어렵지 않다고 느낄 때, 안내문의 권고는 그에게 높은 수준의 효능감을 주게 된다.

→ 선행 연구들을 종합한 위티의 연구

**4** [1]위티는 이 두 요인(위협과 효능감)을 레벤달이 말한 두 가지 통제 반응(위험 통제 반응과 공포 통제 반응)과 관련지어 다음과 같은 결론을 도출하였다. [2]위협과 효능감의 수준이 모두 높을 때에는 위험 통제 반응이 작동(수용자들이 공포 소구의 권고를 따르게 됨 ← 설득 효과가 나타남)하고, 위협의 수준은 높지만 효능감의 수준이 낮을 때에는 공포 통제 반응이 작동(수용자들이 공포 소구에 담긴 위험을 무시하려는 반응을 보임 ← 설득 효과가 나타나지 않음)한다. [3]그러나 위협의 수준이 낮으면, 수용자는 그 위협이 자신에게 아무 영향을 ㉤ 주지 않는다고 느껴 효능감의 수준에 관계없이 공포 소구에 대한 반응이 없게 된다(← 설득 효과가 나타나지 않음). [4]이렇게 정리된 결론은 그간의 공포 소구 이론을 통합한 결과라는 점에서 후속 연구의 중요한 디딤돌이 되었다.

→ 위티의 결론과 그 의의

■지문 이해

〈공포 소구에 관한 연구〉

**❶ 공포 소구의 개념과 재니스의 연구**

- 공포 소구 : 메시지에 담긴 권고를 따르지 않을 때의 해로운 결과를 강조해 수용자를 설득하는 것
- 재니스
  - 공포 소구의 설득 효과에 주목
  - 수용자에게 중간 수준의 공포 소구가 가장 큰 설득 효과를 보인다는 것을 발견

**❷ 공포 소구에 관한 레벤달의 연구**

- 재니스의 연구가 인간의 감정적 측면에만 치우쳤다고 비판함
- 공포 소구의 효과는 수용자의 감정적 반응, 인지적 반응과 관련된다고 봄
  - 감정적 반응(공포 통제 반응) → 작동 시 공포 소구에 담긴 위험을 무시하려는 반응을 보임
  - 인지적 반응(위험 통제 반응) → 작동 시 수용자는 공포 소구의 권고를 따름

**❸ 선행 연구들을 종합한 위티의 연구**

- 공포 소구의 설득 효과를 좌우하는 두 요인 : 위협, 효능감
  - 수용자가 위험을 자신이 겪을 수 있는 것이고 그 정도가 크다고 느낌 → 위협 수준이 높음
  - 수용자가 권고 이행 시 위험을 예방할 수 있고, 이행할 능력이 있다고 느낌 → 효능감 수준이 높음

**❹ 위티의 결론과 그 의의**

- 위티는 위협, 효능감을 위험 통제 반응, 공포 통제 반응과 관련지음
  - 위협↑, 효능감↑ : 위험 통제 반응 작동
  - 위협↑, 효능감↓ : 공포 통제 반응 작동
  - 위협↓ : 효능감의 수준과 관계없이 반응 ×
- 위티의 결론은 그동안의 공포 소구 이론을 통합한 결과라는 점에서 후속 연구의 중요한 디딤돌이 됨

**126** | 글의 서술 방식 파악 - 적절한 것 고르기 2024학년도 6월 모평 4번 정답률 90% | 정답 ②

### 윗글의 내용 전개 방식으로 가장 적절한 것은?

근거 ❶-1~2 공포 소구는 … 연구 대상이 되었다. … 재니스는 기존 연구에서 다루어지지 않았던 공포 소구의 설득 효과에 주목, ❷-1 공포 소구 연구를 진척시킨 레벤달은 재니스의 연구가 인간의 감정적 측면에만 치우쳤다고 비판하며, ❸-1 이러한 선행 연구들을 종합한 위티는 … , ❹-1 위티는 이 두 요인을 레벤달이 말한 두 가지 통제 반응과 관련지어 다음과 같은 결론을 도출, ❹-4 이렇게 정리된 결론은 그간의 공포 소구 이론을 통합한 결과라는 점

풀이 윗글에서는 공포 소구의 개념을 밝히고, 이에 대한 재니스, 레벤달, 위티의 연구를 소개하고 있다. 윗글에 따르면 재니스는 기존 연구에서 다루어지지 않았던 공포 소구의 설득 효과에 주목하였고, 레벤달은 재니스의 연구를 비판하면서 자신의 견해를 밝혔으며, 위티는 선행 연구들을 종합하여 결론을 도출하였다. 즉 윗글은 공포 소구라는 화제에 대한 연구들을 선행 연구와 연결하여 설명하고 있다. 따라서 정답은 ②번이다.

① 화제에 대한 연구들이 시작된 사회적 배경을 분석하고 있다.

② 화제에 대한 연구들을 선행 연구와 연결하여 설명하고 있다.
→ 적절함!

③ 화제에 대한 연구들을 분류하는 기준의 문제점을 검토하고 있다.

④ 화제에 대한 연구들을 소개한 후 남겨진 연구 과제를 제시하고 있다.

⑤ 화제에 대한 연구들이 *봉착했던 난관과 그 극복 과정을 소개하고 있다. *逢着–, 부닥쳤던

**127** | 세부 정보 이해 - 적절하지 않은 것 고르기 2024학년도 6월 모평 5번 정답률 85% | 정답 ④

### 윗글을 읽은 학생의 반응으로 적절하지 않은 것은?

① 재니스는 공포 소구의 효과를 연구하는 실험에서 공포 소구의 수준을 달리하며 수용자의 변화를 살펴보았겠군.

근거 ❶-3 그(재니스)는 수용자에게 공포 소구를 세 가지 수준으로 달리 제시하는 실험을 한 결과, 중간 수준의 공포 소구가 가장 큰 설득 효과를 보인다는 것을 발견

→ 적절함!

② 레벤달은 재니스의 연구 결과에 대하여 수용자의 감정적 반응과 인지적 반응을 모두 고려하여 살펴보았겠군.

근거 ❷-1 레벤달은 재니스의 연구가 인간의 감정적 측면에만 치우쳤다고 비판하며, 공포 소구의 효과는 수용자의 감정적 반응만이 아니라 인지적 반응과도 관련된다고 하였다.

→ 적절함!

③ 레벤달은 공포 소구의 설득 효과가 나타나려면 공포 통제 반응보다 위험 통제 반응이 작동해야 한다고 보았겠군.

근거 ❷-2~3 그(레벤달)는 감정적 반응을 '공포 통제 반응', 인지적 반응을 '위험 통제 반응'이라 불렀다. 그리고 후자(위험 통제 반응)가 작동하면 수용자들은 공포 소구의 권고를 따르게 되지만, 전자(공포 통제 반응)가 작동하면 공포 소구로 인한 두려움의 감정을 통제하기 위해 오히려 공포 소구에 담긴 위험을 무시하려는 반응을 보이게 된다고 하였다.

풀이 레벤달은 수용자들이 위험 통제 반응이 작동하였을 때 공포 소구의 권고를 따르게 되지만, 공포 통제 반응이 작동하였을 때는 공포 소구에 담긴 위험을 무시하려는 반

응을 보이게 된다고 하였다. 즉 레벤달은 공포 소구의 설득 효과가 나타나려면, 위험 통제 반응이 작동하여야 한다고 보았을 것이다.

→ 적절함!

자신이 겪을 수 있는 것이고 그 위험의 정도가 크다고 느껴야

**④ 위티는 수용자가 공포 소구에 담긴 위험을 느끼지 않아야 공포 소구의 권고를 따르게 된다고 보았겠군.**

근거 ❷-3 (레벤달은) 후자(위험 통제 반응)가 작동하면 수용자들은 공포 소구의 권고를 따르게 되지만, ❸-2 수용자가 공포 소구에 담긴 위험을 자신이 겪을 수 있는 것이고 그 위험의 정도가 크다고 느끼면, 그 공포 소구는 위협의 수준이 높다, ❹-2 (위티의 견해에 따르면) 위협과 효능감의 수준이 모두 높을 때에는 위험 통제 반응이 작동

풀이 레벤달은 '위험 통제 반응'이 작동하면 수용자들이 공포 소구의 권고를 따르게 된다고 하였다. 위티는 '위협'과 '효능감'을 레벤달이 말한 두 가지 통제 반응, 즉 '위험 통제 반응'과 '공포 통제 반응'과 관련지어 결론을 도출하였는데, 위협과 효능감의 수준이 모두 높을 때 '위험 통제 반응'이 작동한다고 하였다. 이때 '위협의 수준이 높다'는 것은 수용자가 공포 소구에 담긴 위험을 자신이 겪을 수 있는 것이고 그 위험의 정도가 크다고 느끼는 것을 뜻한다. 따라서 위티는 수용자가 공포 소구에 담긴 위험의 정도가 크다고 느껴야 공포 소구의 권고를 따르게 된다고 보았을 것이다.

→ 적절하지 않음!

**⑤ 위티는 공포 소구의 위협 수준이 그 공포 소구의 효능감 수준에 따라 달라지는 것은 아니라고 보았겠군.**

근거 ❸-2~3 수용자가 공포 소구에 담긴 위험을 자신이 겪을 수 있는 것이고 그 위험의 정도가 크다고 느끼면, 그 공포 소구는 위협의 수준이 높다. 그리고 공포 소구에 담긴 권고를 이행하면 자신의 위험을 예방할 수 있고 자신에게 그 권고를 이행할 능력이 있다고 느끼면, 효능감의 수준이 높다.

풀이 윗글에서 위티는 수용자가 공포 소구에 담긴 '위험'에 대해 어떻게 느끼는가에 따라 위협의 수준이 달라지고, 공포 소구에 담긴 '권고의 이행'에 대해 어떻게 느끼는가에 따라 효능감의 수준이 달라진다고 설명하였다. 즉 위티는 공포 소구의 위협 수준과 효능감 수준을 각각의 기준을 두고 파악하였다. 따라서 위티는 공포 소구의 위협 수준이 그 공포 소구의 효능감 수준에 따라 달라지는 것은 아니며, 각각 서로 독립적인 요인이라고 보았을 것이다.

→ 적절함!

**128** | 구체적인 사례에 적용 - 적절하지 않은 것 고르기 2024학년도 6월 모평 6번 | 정답률 85% | 정답 ⑤

### 윗글을 참고할 때, <보기>의 실험에 대해 추론한 내용으로 적절하지 않은 것은? [3점]

| 보 기 |

한 모임에서 공포 소구 실험을 진행한 결과, 수용자들의 반응은 위티의 결론과 부합하였다.(符合–, 꼭 들어맞았다.) 이 실험에서는 위협의 수준(높음 / 낮음), 효능감의 수준(높음 / 낮음)의 조합(組合, 모아 한 덩어리로 짬)을 달리하여 피실험자들을 네 집단으로 나누었다. 집단 1과 집단 2는 공포 소구에 대한 반응이 없었고, 집단 3은 위험 통제 반응, 집단 4는 공포 통제 반응이 작동하였다.

▶ 지문 핵심 개념 정리

| 공포 소구에 대한 위티의 연구의 결론 |
|---|
| • 위협과 효능감의 수준이 모두 높을 때에는 위험 통제 반응이 작동함(❹–2)<br>• 위협의 수준은 높지만 효능감의 수준이 낮을 때에는 공포 통제 반응이 작동함(❹–2)<br>• 위협의 수준이 낮으면 효능감의 수준에 관계없이 공포 소구에 대한 반응이 없게 됨(❹–3) |

**① 집단 1은 위협의 수준이 낮았을 것이다.**

풀이 위티의 결론과 부합한 <보기>의 실험 결과에서, 집단 1은 공포 소구에 대한 반응이 없었다. 위티는 위협의 수준이 낮으면 수용자는 효능감의 수준에 관계없이 공포 소구에 대한 반응이 없게 된다고 하였다. 따라서 집단 1은 위협의 수준이 낮았을 것이라는 추론은 적절하다.

→ 적절함!

**② 집단 3은 효능감의 수준이 높았을 것이다.**

풀이 위티의 결론과 부합한 <보기>의 실험 결과에서, 집단 3은 위험 통제 반응이 작동하였다. 위티는 위협과 효능감의 수준이 모두 높을 때 위험 통제 반응이 작동한다고 하였으므로, <보기>의 집단 3은 효능감의 수준이 높았을 것이라는 추론은 적절하다.

→ 적절함!

**③ 집단 4는 위협과 효능감의 수준이 서로 달랐을 것이다.**

풀이 위티의 결론과 부합한 <보기>의 실험 결과에서, 집단 4는 공포 통제 반응이 작동하였다. 위티는 위협의 수준은 높지만 효능감의 수준이 낮을 때 공포 통제 반응이 작동한다고 하였으므로, <보기>의 집단 4는 위협의 수준은 높고, 효능감의 수준은 낮았을 것이다. 따라서 집단 4는 위협과 효능감의 수준이 서로 달랐을 것이라는 추론은 적절하다.

→ 적절함!

**④ 집단 2와 집단 4는 위협의 수준이 서로 달랐을 것이다.**

풀이 위티의 결론과 부합한 <보기>의 실험 결과에서, 집단 2는 공포 소구에 대한 반응이 없었다. 위티는 위협의 수준이 낮으면 수용자는 효능감의 수준에 관계없이 공포 소구에 대한 반응이 없게 된다고 하였으므로, 집단 2는 위협의 수준이 낮았을 것이다. 한편 집단 4는 공포 통제 반응이 작동하였다. 위티는 위협의 수준은 높지만 효능감의 수준이 낮을 때 공포 통제 반응이 작동한다고 하였으므로, 집단 4는 위협의 수준이 높았을 것이다. 따라서 집단 2와 집단 4는 위협의 수준이 서로 달랐을 것이라는 추론은 적절하다.

→ 적절함!

달랐을

**⑤ 집단 3과 집단 4는 효능감의 수준이 서로 같았을 것이다.**

풀이 위티의 결론과 부합한 <보기>의 실험 결과에서, 집단 3은 위험 통제 반응이, 집단 4는 공포 통제 반응이 작동하였다. 위티는 위협과 효능감의 수준이 모두 높을 때 위험 통제 반응이 작동하고, 위협의 수준은 높지만 효능감의 수준이 낮을 때 공포 통제 반응이 작동한다고 하였다. 즉 집단 3은 효능감의 수준이 높았고, 집단 4는 효능감의 수준이 낮았을 것이다. 따라서 집단 3과 집단 4는 효능감의 수준이 서로 같았을 것이라는 추론은 적절하지 않다.

→ 적절하지 않음!

**129** | 문맥적 의미 파악 - 적절하지 않은 것 고르기 2024학년도 6월 모평 7번 | 정답률 80%, 매력적 오답 ② 10% | 정답 ⑤

### 문맥상 ㉠~㉤과 바꾸어 쓰기에 적절하지 않은 것은?

㉠ 치우쳤다고 ㉡ 불렀다 ㉢ 겪을 ㉣ 보냈다고 ㉤ 주지

**① ㉠ : 편향(偏向)되었다고**

풀이 '편향(偏 치우치다 편 向 향하다 향)되다'는 '한쪽으로 치우치게 되다'의 뜻을 지닌 말로, ㉠에서 쓰인 '치우치다'와 바꿔 써도 문맥상 그 의미가 달라지지 않는다. 따라서 ㉠의 '치우쳤다고'를 '편향되었다고'로 바꿔 쓰는 것은 문맥상 적절하다.

→ 적절함!

**② ㉡ : 명명(命名)하였다**

풀이 '명명(命 이름 붙이다 명 名 이름 명)하다'는 '사람, 사물, 사건 따위의 대상에 이름을 지어 붙이다'의 뜻을 지닌 말로, ㉡에서 쓰인 '부르다'와 바꿔 써도 문맥상 그 의미가 달라지지 않는다. 따라서 ㉡의 '불렀다'를 '명명하였다'로 바꿔 쓰는 것은 문맥상 적절하다.

→ 적절함!

**③ ㉢ : 경험(經驗)할**

풀이 '경험(經 지내다 경 驗 시험 험)하다'는 '자신이 실제로 해 보거나 겪어 보다'의 뜻을 지닌 말로, ㉢에서 쓰인 '겪다'와 바꿔 써도 문맥상 그 의미가 달라지지 않는다. 따라서 ㉢의 '겪을'을 '경험할'로 바꿔 쓰는 것은 문맥상 적절하다.

→ 적절함!

**④ ㉣ : 발송(發送)했다고**

풀이 '발송(發 피다 발 送 보내다 송)하다'는 '물건, 편지, 서류 따위를 우편이나 운송 수단을 이용하여 보내다'의 뜻을 지닌 말로, ㉣에서 쓰인 '보내다'와 바꿔 써도 문맥상 그 의미가 달라지지 않는다. 따라서 ㉣의 '보냈다고'를 '발송했다고'로 바꿔 쓰는 것은 문맥상 적절하다.

→ 적절함!

**⑤ ㉤ : 기여(寄與)하지**

풀이 ㉤에서 쓰인 '주다'는 문맥상 '남에게 어떤 일이나 감정을 겪게 하거나 느끼게 하다'의 의미로 쓰였다. 한편 '기여(寄 부치다 기 與 같이하다 여)하다'는 '도움이 되도록 이바지하다'의 의미로, ㉤과 바꿔 쓸 경우 해당 문장의 의미가 달라진다. 따라서 ㉤을 '기여하지'로 바꿔 쓰는 것은 적절하지 않다.

→ 적절하지 않음!

**[130~135] 다음 글을 읽고 물음에 답하시오.**

(가)

1 [1]광고(廣告, 상품이나 서비스에 대한 정보를 여러 가지 매체를 통해 소비자에게 널리 알리는 의도적 활동)는 시장의 형태 중 독점적 경쟁 시장에서 그(광고) 효과가 크다. [2]독점적 경쟁 시장은, 유사하지만 차별적인(差別的–, 디자인, 품질, 포장 등에서 차이를 두어 구별할 수 있도록 한) 상품을 다수의 판매자가 경쟁하며 판매하는 시장이다. [3]각 판매자는 자신이 공급하는(供給–, 판매를 위해 시장에 제공하는) 상품을 구매자가 차별적으로 인지하고(認知–, 인정하여 알고) 선호할(選好–, 여럿 가운데서 특별히 가려서 좋아할) 수 있도록 하기 위해 광고를 이용한다. [4]판매자에게 그러한 차별적 인지와 선호가 중요한 이유는, 이(자신이 공급하는 상품에 대한 차별적 인지와 선호)를 통해 판매자가 자신의 상품을 원하는 구매자에 대해 누리는 독점적 지위(地位, 위치나 자리)를 강화할(強化–, 더 강하고 튼튼하게 할) 수 있기 때문이다.

→ 독점적 경쟁 시장에서 판매자가 광고를 이용하는 목적

2 [1]일반적으로 독점적 지위를 누린다는 것은 상품의 가격을 결정할 수 있는 힘이 있다는 의미이다. [2]그럼에도 불구하고 판매자는 구매자의 수요(需要, 어떤 상품을 일정한 가격으로 사려고 하는 욕구)를 고려해야 한다. [3]대체로 구매자는 상품의 물량이 많을 때보다 적을 때 높은 가격을 지불하고자(支拂–, 값을 치르고자) 하기 때문에, 판매자는 공급량을 감소시킴으로써 더 높은 가격을 책정할 수 있다. [4]독점적 경쟁 시장의 판매자도 이러한 지위(독점적 지위) 덕분에 상품에 차별성이 없는 경우를 가정할 때보다 다소 비싼 가격에 상품을 판매하는 경향(傾向, 행동에서 나타나는 일정한 방향성)이 있다. [5]그러나 그 결과 독점적 경쟁 시장의 판매자가 단기적으로 이윤(利潤, 장사를 하여 남은 돈)을 보더라도, 그 이윤이 지속되리라 기대할 수는 없다. [6]이윤을 보는 판매자가 있으면 그러한 이윤에 이끌려 약간 다른 상품을 공급하는 신규 판매자의 수가 장기적으로 증가하고, 그 결과 기존 판매자가 공급하던 상품에 대한 수요는 감소하여 이윤이 줄어들 것이기 때문이다.

→ 독점적 경쟁 시장에서 독점적 지위를 누리는 판매자의 이윤이 지속되기 어려운 이유

3 [1]판매자가 광고를 통해 상품의 차별성을 알리는 대표적인 방법은 상품에 대한 정보를 전달하는 것이다. [2]하지만 많은 비용(費用, 어떤 일을 하는 데 드는 돈. 여기서는 광고비를 뜻함)을 들인 것으로 보이는 광고만으로도 상품의 차별성을 부각할(浮刻–, 특징지어 두드러지게 할) 수 있다. [3]판매자가 경쟁력에 자신 없는 상품에 많은 광고 비용을 지출하지 않을 것이라는 구매자의 추측(推測, 미루어 생각하여 헤아림)을 유도하는(誘導–, 목적한 방향으로 이끄는) 것이 이 광고 방법의 목적이다. [4]가격이 변화할 때 구매자의 상품 수요량이 변하는 정도를 수요의 가격 탄력성이라 하는데, 구매자가 자신이 선호하는 상품이 차별화되었다고 느낄수록 수요의 가격 탄력성은 감소한다.(가격 변화에 따른 수요량의 변동이 줄어든다 = 가격이 변화해도 수요량의 변동이 크지 않다) [5]이처럼 구매자가 특정 상품에 갖는 충성도(忠誠度, 구매자가 특정 상품에 대해 지니고 있는 호감 또는 애착의 정도)가 높아지면, 판매자의 독점적 지위는 강화된다. [6]판매자는 이렇게 광고가 ㉠ 경쟁을 제한하는 효과를 노린다. [7]독점적 경쟁 시장에 진입하는 신규 판매자도 상품의 차별성을 강조함으로써 독점적 지위를 확보하고자(確保–, 확실히 가지고자) 광고를 빈번하게 이용한다.

→ 광고의 경쟁 제한 효과

(나)

1 [1]광고는 광고주(廣告主, 광고를 내는 사람)인 판매자의 이윤 추구 수단으로 기획되지만(企劃, 일이 꾀하여져 계획되지만), 그러한 광고가 광고주의 의도(意圖, 하고자 하는 생각이나 계획)와 상관없이 시장에 영향을 끼치기도 한다. [2]우선 광고가 독점적 경쟁 시장의 판매자 간 ㉡ 경쟁을 촉진할(促進–, 다그쳐 빨리 나아가게 할) 수 있다. [3]이러한 효과는 광고를 통해 상품 정보에 노출된 구매자가 상품의 품질이나 가격에 예민해질 때 발생한다. [4]특히 구매자가 가격에 민감하게(敏感–, 쉽게 영향을 받아) 수요량을 바꾼다면, 판매자는 경쟁 상품의 가격을 더욱 고려하게 되어 가격 경쟁에 돌입하게(突入–, 세찬 기세로 뛰어들게) 된다. [5]또한 경쟁은 신규 판매자가 광고를 통해 신상품을 쉽게 홍보하고(弘報–, 널리 알리고) 시장에 진입할 수 있게 됨으로써 촉진된다. [6]더 많은 판매자가 시장에서 경쟁하게 되면 각 판매자의 독점적 지위는 약화되고, 구매자는 더 다양한 상품을 높지 않은 가격에 구매할 수 있게 된다.

→ 광고가 끼치는 영향 ①: 독점적 경쟁 시장의 판매자 간 경쟁 촉진

2 [1]광고가 특정한 상품에 대한 독점적 경쟁 시장을 넘어서 경제와 사회 전반(全般, 전체)에 영향을 주기도 한다. [2]개별 광고가 구매자의 내면(內面, 속마음)에 잠재된(潛在–, 겉으로 드러나지 않고 속에 잠겨 있는) 필요나 욕구를 환기하여(喚起–, 불러일으켜) 대상 상품에 대한 소비를 촉진하는 효과가 합쳐지면 경제 전반에 선순환(善循環, 주기적으로 자꾸 되풀이하여 도는 과정인 '순환'이 잘됨)을 기대할 수 있다. [3]경제에 광고가 없는 상황을 가정할 때와 비교하면 광고는 쓰던 상품을 새 상품으로 대체하고(代替–, 대신하고) 싶은 소비자의 욕구를 강화하고, 신상품이 인기를 누리는 유행 주기(週期, 한 번 나타나고부터 다음번 되풀이되기까지의 기간)를 단축하여(短縮–, 짧게 줄여) 소비를 증가시킬 수 있다. [4]촉진된 소비는 생산 활동을 자극한다. [5]상품의 생산에는 근로자(勤勞者, 일을 하여 얻은 소득으로 생활하는 사람)의 노동, 기계나 설비(設備, 필요한 것을 갖춘 시설) 같은 생산 요소가 ⓐ 들어가므로, 생산 활동이 증가하면 결과적으로 고용(雇用, 일한 데 대한 대가로 돈이나 물건을 주고 사람을 부림)이나 투자(投資, 이익을 얻기 위해 어떤 일이나 사업에 자본을 대거나 시간, 정성을 쏟음)가 증가한다. [6]고용 및 투자의 증가는 근로자이거나 투자자인 구매자의 소득을 증가시킬 수 있다. [7]경제 전반의 소득이 증가할 때 소비가 증가하는 정도를 한계 소비 성향이라고 하는데, 한계 소비 성향은 양(+)의 값이어서, 경제 전반의 소득 수준이 향상되면(向上–, 나아지면) 소비가 증가하게 된다.

→ 광고가 끼치는 영향 ②: 경제 전반의 선순환 효과

3 [1]하지만 광고의 소비 촉진 효과는 환경 오염을 우려하는 사람들에게 비판의 대상이 되기도 한다. [2]소비뿐만 아니라 소비로 촉진된 생산 활동에서도 환경 오염이 발생하기 때문이다. [3]환경 오염을 적절한 수준으로 줄이기에 충분한 비용을 판매자나 구매자가 지불할 가능성은 낮으므로, 대부분의 경우에 환경 오염은 심할 수밖에 없다.

→ 광고가 끼치는 영향 ③: 환경 오염의 발생

**■지문 이해**

(가)

**<독점적 경쟁 시장에서 광고의 효과>**

**❶ 독점적 경쟁 시장에서 판매자가 광고를 이용하는 목적**

- 독점적 경쟁 시장에서 판매자는 광고를 이용해 자신이 공급하는 상품을 구매자가 차별적으로 인지하고 선호할 수 있도록 함 → 판매자의 독점적 지위를 강화할 수 있음

**❷ 독점적 경쟁 시장에서 독점적 지위를 누리는 판매자의 이윤이 지속되기 어려운 이유**

- 판매자는 독점적 지위로 비싼 가격에 상품을 판매하여 단기적으로 이윤을 봄 → 이윤에 이끌려 신규 판매자의 수가 증가함 → 기존 판매자가 공급하던 상품에 대한 수요가 감소하여 이윤이 줄어듦

**❸ 광고의 경쟁 제한 효과**

- 판매자가 광고를 통해 상품의 차별성을 알리는 대표적 방법
  - 상품에 대한 정보를 전달하는 방법
  - 광고에 많은 비용을 들인 것으로 보이는 방법
- 광고의 경쟁 제한 효과 : 구매자가 자신이 선호하는 상품이 차별화되었다고 느낄수록 수요의 가격 탄력성이 감소함(= 상품에 대한 충성도가 높아짐) → 판매자의 독점적 지위가 강화됨
- 신규 판매자도 상품의 차별성을 강조함으로써 독점적 지위를 확보하고자 광고를 빈번히 이용함

(나)

**<광고가 끼치는 영향>**

**❶ 광고가 끼치는 영향 ① : 독점적 경쟁 시장의 판매자 간 경쟁 촉진**

- 광고를 통해 상품 정보에 노출된 구매자가 상품의 품질, 가격에 예민해질 때 발생함
  → 구매자가 가격에 민감하게 수요량을 바꿀 경우(= 수요의 가격 탄력성이 높을 경우) 판매자는 가격 경쟁에 돌입하게 됨
- 신규 판매자가 광고를 통해 신상품을 쉽게 홍보하고 시장에 진입할 수 있게 됨으로써 발생함
  → 더 많은 판매자가 시장에서 경쟁하게 되어 각 판매자의 독점적 지위가 약화되고, 구매자는 다양한 상품을 높지 않은 가격에 구매할 수 있게 됨

| ❷ 광고가 끼치는 영향 ②: 경제 전반의 선순환 효과 |
|---|
| • 광고가 구매자의 소비를 촉진 → 생산 활동 자극 → 고용, 투자 증가 → 구매자 소득 증가 → 소비 증가<br>• 경제 전반의 소득 수준이 향상되면 소비가 증가하게 됨 |

| ❸ 광고가 끼치는 영향 ③: 환경 오염의 발생 |
|---|
| • 광고로 인한 소비와 소비로 촉진된 생산 활동에서 환경 오염이 발생 |

**130** | 글의 서술 방식 파악 - 적절한 것 고르기 2022학년도 9월 모평 4번 정답률 90% | 정답 ②

### (가), (나)에 대한 설명으로 가장 적절한 것은?

**① (가)는 광고의 개념을 *정의하고 광고가 시장에서 차지하는 **위상을 소개하고 있다.**
*定義-, 뜻을 뚜렷하게 밝혀 정하고 **位相, 다른 것과의 관계 속에서 가지는 위치

풀이 (가)에서 광고가 독점적 경쟁 시장에서 효과가 크다는 점을 설명하고 있지만, 광고의 개념을 정의하지는 않았다.

→ 적절하지 않음!

**② (가)는 광고가 판매자에게 중요한 이유를 제시하고 판매자가 광고를 통해 얻으려는 효과를 설명하고 있다.**

근거 (가)-❶-3~4 각 판매자는 자신이 공급하는 상품을 구매자가 차별적으로 인지하고 선호할 수 있도록 하기 위해 광고를 이용한다. 판매자에게 그러한 차별적 인지와 선호가 중요한 이유는, 이를 통해 판매자가 자신의 상품을 원하는 구매자에 대해 누리는 독점적 지위를 강화할 수 있기 때문

→ 적절함!

**③ (나)는 광고의 영향에 대한 다양한 견해를 소개하고 각각의 견해가 안고 있는 *한계점을 지적하고 있다.** *限界點, 능력이나 책임이 더 이상 미치지 못하는 지점

근거 (나)-❶-2 광고가 독점적 경쟁 시장의 판매자 간 경쟁을 촉진할 수 있다, (나)-❷-1~2 광고가 특정한 상품에 대한 독점적 경쟁 시장을 넘어서 경제와 사회 전반에 영향을 주기도 한다. 개별 광고가 … 경제 전반에 선순환을 기대할 수 있다, (나)-❸-1 하지만 광고의 소비 촉진 효과는 환경 오염을 우려하는 사람들에게 비판의 대상이 되기도 한다.

풀이 (나)에서 광고의 영향에 대한 여러 견해들을 소개하고 있는 것은 맞지만, 각각의 견해가 안고 있는 한계점을 지적하지는 않았다.

→ 적절하지 않음!

**④ (나)는 광고가 구매자에게 수용되는 과정을 제시하고 구매자가 광고를 수용할 때의 유의점을 나열하고 있다.**

풀이 (나)에서 광고가 구매자에게 수용되는 과정을 제시하거나 구매자가 광고를 수용할 때의 유의점을 설명하지 않았다.

→ 적절하지 않음!

**⑤ (가)와 (나)는 모두 구매자가 상품을 선택하는 기준을 제시하고 광고와 관련된 제도 마련의 필요성을 강조하고 있다.**

풀이 (가)와 (나) 모두 광고와 관련된 제도 마련의 필요성에 대해 이야기하지 않았다.

→ 적절하지 않음!

**131** | 세부 정보 이해 - 적절하지 않은 것 고르기 2022학년도 9월 모평 5번 정답률 95% | 정답 ③

### 독점적 지위에 대한 설명으로 적절하지 않은 것은?

**① 독점적 경쟁 시장에 신규 판매자가 진입하는 것을 차단하지는 않는다.**

근거 (가)-❸-7 독점적 경쟁 시장에 진입하는 신규 판매자도 상품의 차별성을 강조함으로써 독점적 지위를 확보하고자 광고를 빈번하게 이용한다.

풀이 윗글에서는 독점적 경쟁 시장에 진입하는 신규 판매자도 독점적 지위 확보를 위해 광고를 빈번하게 사용한다고 설명하고 있는데, 이를 통해 독점적 경쟁 시장에 신규 판매자가 진입할 수 있음을 알 수 있다. 따라서 독점적 경쟁 시장에서 기존 판매자가 독점적 지위를 가진다고 해서 신규 판매자의 진입을 차단하지는 않는다는 설명은 적절하다.

→ 적절함!

**② 판매자가 공급량을 조절하여 가격을 책정할 수 있는 힘을 가지고 있음을 의미한다.**

근거 (가)-❷-1 독점적 지위를 누린다는 것은 상품의 가격을 결정할 수 있는 힘이 있다는 의미, (가)-❷-3 판매자는 공급량을 감소시킴으로써 더 높은 가격을 책정할 수 있다.

→ 적절함!

**③ 구매자가 지불하고자 하는 가격이 상품 공급량에 따라 어느 정도인지를 판매자가 *감안하지 않아도 되게 한다.** *勘案-, 여러 사정을 참고하여 생각하지

감안해야 한다

근거 (가)-❷-1~3 일반적으로 독점적 지위를 누린다는 것은 상품의 가격을 결정할 수 있는 힘이 있다는 의미이다. 그럼에도 불구하고 판매자는 구매자의 수요를 고려해야 한다. 대체로 구매자는 상품의 물량이 많을 때보다 적을 때 높은 가격을 지불하고자 하기 때문에, 판매자는 공급량을 감소시킴으로써 더 높은 가격을 책정할 수 있다.

풀이 독점적 지위를 누리는 판매자는 상품의 가격을 결정할 수 있는 힘을 지니지만, 구매자는 상품의 물량이 적을 때 높은 가격을 지불하고자 하므로, 이 점을 감안하여야 한다.

→ 적절하지 않음!

**④ 독점적 경쟁 시장의 판매자가 다소 비싼 가격을 책정할 수 있게 하지만 이윤을 지속적으로 보장하지는 않는다.**

근거 (가)-❷-4~5 독점적 경쟁 시장의 판매자도 이러한 지위(독점적 지위) 덕분에 … 다소 비싼 가격에 상품을 판매하는 경향이 있다. 그러나 … 그 이윤이 지속되리라 기대할 수는 없다.

→ 적절함!

**⑤ 독점적 경쟁 시장의 판매자가 구매자로 하여금 판매자 자신의 상품을 차별적으로 인지하고 선호하게 하면 강화된다.**

근거 (가)-❶-4 (독점적 경쟁 시장의) 판매자에게 그러한 차별적 인지와 선호가 중요한 이유는, 이를 통해 판매자가 자신의 상품을 원하는 구매자에 대해 누리는 독점적 지위를 강화할 수 있기 때문

→ 적절함!

**132** | 세부 정보 이해 - 적절하지 않은 것 고르기 2022학년도 9월 모평 6번 정답률 95% | 정답 ②

### (나)에서 알 수 있는 내용으로 적절하지 않은 것은?

**① 광고에 의해 유행 주기가 단축되어 소비가 촉진될 수 있다.**

근거 (나)-❷-3 광고는 쓰던 상품을 새 상품으로 대체하고 싶은 소비자의 욕구를 강화하고, 신상품이 인기를 누리는 유행 주기를 단축하여 소비를 증가시킬 수 있다.

→ 적절함!

커진다

**② 광고가 경제 전반에 선순환을 일으키는 정도는 한계 소비 성향이 커질 때 작아진다.**

근거 (나)-❷-2~7 광고가 … 경제 전반에 선순환을 기대할 수 있다. … 광고는 … 소비를 증가시킬 수 있다. 촉진된 소비는 생산 활동을 자극한다. … 생산 활동이 증가하면 결과적으로 고용이나 투자가 증가한다. 고용 및 투자의 증가는 근로자이거나 투자자인 구매자의 소득을 증가시킬 수 있다. 경제 전반의 소득이 증가할 때 소비가 증가하는 정도를 한계 소비 성향이라고 하는데

풀이 광고를 통해 경제 전반에 선순환을 일으킬 수 있다. 광고는 소비를 증가시키고, 촉진된 소비는 생산 활동을 자극한다. 생산 활동이 증가하면 고용이나 투자가 증가하고, 이는 구매자의 소득 증가로 이어진다. 이렇게 이어지는 일련의 과정을 통해 경제 전반의 소득 수준이 향상되면 이는 다시 소비의 증가로 이어지게 된다. 한편 한계 소비 성향은 경제 전반의 소득이 증가할 때 소비가 증가하는 정도를 말한다. 한계 소비 성향이 커진다는 것은 소득이 증가함에 따라 소비가 더 큰 폭으로 증가하는 것을 뜻하므로, 한계 소비 성향이 커질 때 광고가 경제 전반에 선순환을 일으키는 정도 또한 커지게 된다.

→ 적절하지 않음!

**③ 광고가 생산 활동을 자극하면, 근로자이거나 투자자인 구매자의 소득 수준을 향상할 수 있다.**

근거 (나)-❷-3~6 광고는 … 소비를 증가시킬 수 있다. 촉진된 소비는 생산 활동을 자극한다. … 생산 활동이 증가하면 결과적으로 고용이나 투자가 증가한다. 고용 및 투자의 증가는 근로자이거나 투자자인 구매자의 소득을 증가시킬 수 있다.

→ 적절함!

Ⅱ 사회

④ **광고가 생산 활동을 증가시키면, 근로자의 노동, 기계나 설비 같은 생산 요소 이용이 증가한다.**

근거 (나)-❷-3~5 광고는 … 소비를 증가시킬 수 있다. 촉진된 소비는 생산 활동을 자극한다. 상품의 생산에는 근로자의 노동, 기계나 설비 같은 생산 요소가 들어가므로, 생산 활동이 증가하면 결과적으로 고용이나 투자가 증가

→ 적절함!

⑤ **광고의 소비 촉진 효과는 경제 전반에 광고가 없는 상황에 비해 환경 오염을 *심화할 수 있다.** *深化-, 정도가 깊어지게 함

근거 (나)-❸-1~2 광고의 소비 촉진 효과는 환경 오염을 우려하는 사람들에게 비판의 대상이 되기도 한다. 소비뿐만 아니라 소비로 촉진된 생산 활동에서도 환경 오염이 발생하기 때문

→ 적절함!

| **133** | 추론의 적절성 판단 - 적절한 것 고르기 2022학년도 9월 모평 7번<br>정답률 90% | 정답 ① |
|---|---|---|

## ㉠, ㉡을 이해한 내용으로 적절한 것은?

㉠ 경쟁을 제한 ㉡ 경쟁을 촉진

▶ 지문 핵심 개념 정리

| | |
|---|---|
| 광고의 경쟁 제한 효과 | • 수요의 가격 탄력성 : 가격이 변화할 때 구매자의 상품 수요량이 변하는 정도<br>→ 상품이 차별화되었다고 느낄수록 감소((가)-❸-4)<br>• 구매자의 충성도가 높아지면 판매자의 독점적 지위가 강화됨 → 경쟁 제한 ((가)-❸-5~6) |
| 광고의 경쟁 촉진 효과 | • 구매자가 상품의 품질, 가격에 예민해질 때 발생함((나)-❶-3)<br>→ 구매자가 가격에 민감하게 수요량을 바꾼다면, 판매자는 가격 경쟁에 돌입하게 됨((나)-❶-4)<br>• 신규 판매자가 광고를 통해 쉽게 시장에 진입할 수 있게 됨으로써 촉진됨 ((나)-❶-5)<br>→ 많은 판매자가 경쟁해 독점적 지위가 약화되면 구매자는 다양한 상품을 낮은 가격에 구매할 수 있게 됨((나)-❶-6) |

① **㉠은 상품에 대한 구매자의 충성도가 높아질 때 일어나고, ㉡은 수요의 가격 탄력성이 높아질 때 일어난다.**

풀이 구매자가 특정 상품에 갖는 충성도가 높아지면 판매자의 독점적 지위가 강화되어 경쟁이 제한(㉠)된다. 한편 수요의 가격 탄력성은 가격이 변화할 때 구매자의 상품 수요량이 변하는 정도를 말한다. 광고로 인한 독점적 경쟁 시장의 판매자 간 경쟁 촉진은 구매자가 상품의 품질이나 가격에 예민해질 때 발생한다고 하였다. 구매자가 상품의 가격에 예민해진다는 것은 가격이 변화할 때 구매자의 상품 수요량 변화가 크다는, 즉 수요의 가격 탄력성이 높아진다는 것을 의미한다. 따라서 광고로 인한 독점적 경쟁 시장의 판매자 간 경쟁 촉진(㉡)은 수요의 가격 탄력성이 높아질 때 발생한다.

→ 적절함!

② **㉠의 결과로 판매자는 상품의 가격을 올리기 어렵게 되고, ㉡의 결과로 구매자는 다소 비싼 가격을 *감수하게 된다.** *感受-, 받아들이게

근거 (가)-❷-1 독점적 지위를 누린다는 것은 상품의 가격을 결정할 수 있는 힘이 있다는 의미, (가)-❷-4 독점적 경쟁 시장의 판매자도 이러한 지위 덕분에 … 다소 비싼 가격에 상품을 판매하는 경향이 있다.

풀이 광고가 경쟁을 제한(㉠)하면 판매자의 독점적 지위가 강화된다. 독점적 지위를 누린다는 것은 상품의 가격을 결정할 수 있는 힘이 있다는 의미이고, 판매자도 독점적 지위 덕분에 다소 비싼 가격에 상품을 판매할 수 있다. 따라서 ㉠의 결과로 판매자가 상품의 가격을 올리기 어렵게 된다는 설명은 적절하지 않다. 한편 광고가 독점적 경쟁 시장의 판매자 간 경쟁을 촉진(㉡)하는 효과는 광고를 통해 구매자가 품질이나 가격에 예민해질 때 발생한다. 구매자가 가격에 민감하게 수요량을 바꿀 경우, 판매자는 가격 경쟁을 하게 되므로, ㉡의 결과 구매자는 더 낮은 가격에 상품을 구매할 수 있게 된다. 따라서 ㉡의 결과 구매자가 다소 비싼 가격을 감수해야 한다는 설명은 적절하지 않다.

→ 적절하지 않음!

③ **㉠은 시장 전체의 판매자 수가 증가하지 않는다는 의미이고, ㉡은 신규 판매자가 시장에 진입하기 어려워진다는 의미이다.**

근거 (가)-❷-5~6 독점적 경쟁 시장의 판매자가 단기적으로 이윤을 보더라도, … 그러한 이윤에 이끌려 약간 다른 상품을 공급하는 신규 판매자의 수가 장기적으로 증가, (나)-❶-5 경쟁은 신규 판매자가 광고를 통해 신상품을 쉽게 홍보하고 시장에 진입할 수 있게 됨으로써 촉진된다.

풀이 광고가 경쟁을 제한하는 효과가 발생하면 독점적 지위를 누리는 판매자가 단기적으로 이윤을 본다고 하더라도, 그러한 이윤에 이끌린 신규 판매자의 수가 장기적으로는 증가하게 된다. 또한 (나)에서 신규 판매자는 광고를 통해 신상품을 쉽게 홍보하고 시장에 진입할 수 있게 된다고 하였으므로, ㉡이 신규 판매자가 시장에 진입하기 어려워진다는 것을 의미한다고 볼 수 없다.

→ 적절하지 않음!

④ **㉠은 기존 판매자의 광고가 차별성을 알리는 데 성공하지 못한 결과로 나타나고, ㉡은 신규 판매자의 광고가 의도대로 성공한 결과로 나타난다.**

성공한

풀이 광고의 경쟁 제한(㉠) 효과는 구매자가 광고를 통해 상품이 차별화되었다고 느껴 수요의 가격 탄력성이 감소하고, 이것이 판매자의 독점적 지위 강화로 이어지는 것이므로, ㉠을 기존 판매자의 광고가 차별성을 알리는 데 성공하지 못한 결과라고 보는 것은 적절하지 않다. 한편 경쟁은 신규 판매자가 광고를 통해 신상품을 쉽게 홍보하고 시장에 진입할 수 있게 됨으로써 촉진(㉡)된다. 따라서 ㉡이 신규 판매자의 광고가 '시장에 진입하여 이윤을 보고자 하는' 의도대로 성공한 결과로 나타난다는 설명은 적절하다.

→ 적절하지 않음!

⑤ **㉠은 광고로 인해 가격에 대한 구매자의 민감도가 약화될 때 발생하고, ㉡은 광고로 인해 판매자가 경쟁 상품의 가격을 고려할 필요가 감소될 때 발생한다.**

커질

풀이 가격이 변화할 때 구매자의 상품 수요량이 변하는 정도를 수요의 가격 탄력성이라 한다. 가격에 대한 구매자의 민감도가 약화된다는 것은 가격이 변화할 때 구매자의 상품 수요량 변화가 줄어든다는 것, 즉 수요의 가격 탄력성이 감소한다는 것을 의미한다. 수요의 가격 탄력성이 감소하면 판매자의 독점적 지위가 강화되어 광고가 경쟁을 제한(㉠)하는 효과가 나타난다. 따라서 ㉠이 광고로 인해 가격에 대한 구매자의 민감도가 약화될 때 발생한다는 설명은 적절하다. 한편 광고의 경쟁 촉진(㉡)은 구매자가 상품의 품질이나 가격에 예민해질 때 발생하며, 구매자가 가격에 민감하게 수요량을 바꿀 경우 판매자는 경쟁 상품의 가격을 더욱 고려하여 가격 경쟁을 하게 된다. 따라서 ㉡이 광고로 인해 판매자가 경쟁 상품의 가격을 고려할 필요가 감소될 때 발생한다는 설명은 적절하지 않다.

→ 적절하지 않음!

| **134** | 구체적인 사례에 적용 - 적절하지 않은 것 고르기 2022학년도 9월 모평 8번<br>정답률 80%, 매력적 오답 ⑤ 10% | 정답 ③ |
|---|---|---|

## 다음은 어느 기업의 광고 기획 *초안이다. 윗글을 참고하여 초안을 분석한 학생의 반응으로 적절하지 않은 것은? *草案, 맨 처음 기초로 내놓은 생각이나 계획 [3점]

**'갑' 기업의 광고 기획 초안**

○ 대상 : [1]새로 출시하는 여드름 억제 비누

○ 기획 근거 : [2]다수의 비누 판매 기업이 다양한 여드름 억제 비누를 판매 중이며, 우리 기업은 여드름 억제 비누 시장에 처음으로 진입하려는 상황이다. (신규 판매자) [3]우리 기업의 신제품은 새로운 성분이 함유되어(含有-, 포함되어) 기존의 어떤 비누보다 여드름 억제 효과가 탁월하며(卓越-, 남보다 두드러지게 뛰어나며), 국내에서 전량(全量, 전체의 수량) 생산할 계획이다. (기존 판매자) [4]현재 여드름 억제 비누 시장을 선도하는(先導-, 앞장서서 이끄는) 경쟁사인 '을' 기업은 여드름 억제 비누로 이윤을 보고 있으며, 큰 비용을 들여 인기 드라마에 상품을 여러 차례 노출하는 전략(戰略, 방법)으로 광고 중이다. [5]반면 우리 기업은 이번 광고로 상품에 대한 정보 검색을 많이 하는 소비 집단을 공략하고자(攻略-, 적극적인 자세로 나서서 자기 편으로 만들고자) 제품 정보를 강조하되, 광고 비용은 최소화하려(最少化-, 가장 적게 하려) 한다. (상품에 대한 정보를 전달하여 상품의 차별성 알리기)

○ 광고 개요 : [6]새로운 성분의 여드름 억제 효과를 강조하고, 일반인 광고 모델들이 우리 제품의 여드름 억제 효과를 체험한 것을 진술하는(陳述-, 자세하게 이야기하는) 모습을 담은 TV 광고

① **이 광고가 '갑' 기업의 의도대로 성공한다면 '을' 기업의 독점적 지위는 약화될 수 있겠어.**

근거 (나)-❶-6 더 많은 판매자가 시장에서 경쟁하게 되면 각 판매자의 독점적 지위는 약화되고, 5 우리 기업은 이번 광고로 상품에 대한 정보 검색을 많이 하는 소비 집단을 공략하고자 제품 정보를 강조

**풀이** 여드름 억제 비누 시장에 처음 진입하려는 '갑' 기업(= 신규 판매자)은 상품에 대한 정보 검색을 많이 하는 소비 집단을 공략하여 제품 정보를 강조하는 광고를 기획하였다. 이 광고가 갑 기업의 의도대로 성공하여 해당 소비 집단이 갑 기업의 제품을 구매한다면, 기존 판매자인 '을' 기업의 독점적 지위가 약화될 것이다.

→ 적절함!

**② 이 광고로 '갑' 기업의 여드름 억제 비누 생산이 확대된다면 이 비누를 생산하는 공장의 고용이나 투자가 증가할 수 있겠어.**

**근거** (나)-❷-3~5 광고는 쓰던 상품을 새 상품으로 대체하고 싶은 소비자의 욕구를 강화하고, 신상품이 인기를 누리는 유행 주기를 단축하여 소비를 증가시킬 수 있다. 촉진된 소비는 생산 활동을 자극한다. 상품의 생산에는 근로자의 노동, 기계나 설비 같은 생산 요소가 들어가므로, 생산 활동이 증가하면 결과적으로 고용이나 투자가 증가한다.

**풀이** <보기>의 광고로 '갑' 기업의 여드름 억제 비누 소비가 증가하게 되면, 촉진된 소비가 생산 활동을 자극하고, 생산 활동이 증가하면 고용이나 투자가 증가할 수 있게 된다.

→ 적절함!

**③ 이 광고로 '갑' 기업이 단기적으로 이윤을 보게 된다면 여드름 억제 비누 시장 내의 판매자 간 경쟁은 장기적으로 약화될 수 있겠어.**

**근거** (가)-❷-5~6 독점적 경쟁 시장의 판매자가 단기적으로 이윤을 보더라도, … 그러한 이윤에 이끌려 약간 다른 상품을 공급하는 신규 판매자의 수가 장기적으로 증가하고, 그 결과 기존 판매자가 공급하던 상품에 대한 수요는 감소하여 이윤이 줄어들 것이기 때문이다. (나)-❶-5 경쟁은 신규 판매자가 광고를 통해 신상품을 쉽게 홍보하고 시장에 진입할 수 있게 됨으로써 촉진된다.

**풀이** '갑' 기업이 이 광고를 통해 시장에 진입하여 단기적으로 이윤을 보게 되면, 그러한 이윤에 이끌려 약간 다른 상품을 공급하는 또 다른 신규 판매자의 수가 장기적으로 증가하게 되고, 경쟁이 촉진될 수 있다.

→ 적절하지 않음!

**④ 이 광고로 '갑' 기업은 많은 비용을 들이는 방법보다는 정보를 전달하는 방법을 중심으로 차별성을 알리려는 것으로 볼 수 있겠어.**

**근거** (가)-❸-1~2 판매자가 광고를 통해 상품의 차별성을 알리는 대표적인 방법은 상품에 대한 정보를 전달하는 것이다. 하지만 많은 비용을 들인 것으로 보이는 광고만으로도 상품의 차별성을 부각할 수 있다, 5 우리 기업은 … 제품 정보를 강조하되, 광고 비용은 최소화하려 한다.

**풀이** 윗글의 (가)에서 판매자가 광고를 통해 상품의 차별성을 알리는 방법으로 상품에 대한 정보를 전달하는 방법과 많은 비용을 들이는 방법을 소개하고 있다. <보기>의 '갑' 기업은 제품 정보를 강조하고, 비용은 최소화하려는 광고를 기획하였다. 따라서 이 광고로 '갑' 기업은 많은 비용을 들이는 방법보다는 정보를 전달하는 방법을 중심으로 차별성을 알리려는 것으로 볼 수 있다.

→ 적절함!

= 가격이 변화할 때 수요량의 변화가 커진다면
= 구매자가 가격에 민감하게 수요량을 바꾼다면

**⑤ 이 광고가 '갑' 기업의 신제품을 포함하여 여드름 억제 비누 수요의 가격 탄력성을 높인다면 '갑' 기업은 *자사 제품의 가격을 높게 책정할 수 없겠어.** *自社, 소속해 있는 회사

**근거** (가)-❸-4 가격이 변화할 때 구매자의 상품 수요량이 변하는 정도를 수요의 가격 탄력성이라 하는데, (나)-❶-4 구매자가 가격에 민감하게 수요량을 바꾼다면, 판매자는 경쟁 상품의 가격을 더욱 고려하게 되어 가격 경쟁에 돌입하게 된다.

**풀이** 수요의 가격 탄력성은 가격이 변화할 때 구매자의 상품 수요량이 변하는 정도를 말한다. 수요의 가격 탄력성이 높아진다는 것은 가격이 변화할 때 구매자의 상품 수요량의 변화가 커진다는 것을 뜻하며, 구매자가 가격에 민감하게 수요량을 바꾼다는 것과도 같은 의미이다. <보기>의 광고가 여드름 억제 비누 수요의 가격 탄력성을 높인다면, 구매자들은 가격에 민감하게 수요량을 바꾸게 될 것이다. 이에 따라 판매자는 경쟁 상품의 가격을 더욱 고려하게 되어 가격 경쟁에 돌입하게 될 것이고, '갑' 기업은 제품의 가격을 높게 책정할 수 없을 것이다.

→ 적절함!

| 135 | 문맥적 의미 파악 - 적절한 것 고르기 2022학년도 9월 모평 9번<br>정답률 90% | 정답 ⑤ |
|---|---|---|

**문맥상 ⓐ와 바꿔 쓰기에 가장 적절한 것은?**

상품의 생산에는 근로자의 노동, 기계나 설비 같은 생산 요소가 ⓐ 들어가므로,

**풀이** ⓐ의 '들어가다'는 문맥상 '어떤 일에 돈, 노력, 물자 따위가 쓰이다'의 의미로 쓰였다.

**① 반입(搬入)되므로**

**풀이** '반입(搬 옮기다 반 入 들다 입)되다'는 '운반되어 들어오다'의 의미이다.

**예문** 근교에서 대도시로 채소류가 반입된다.

→ 적절하지 않음!

**② 삽입(揷入)되므로**

**풀이** '삽입(揷 꽂다 삽 入 들다 입)되다'는 '틈이나 구멍 사이에 다른 물체가 넣어지다'의 의미이다.

**예문** 모차르트의 피아노 협주곡 21번이 영화의 배경 음악에 삽입되었다.

→ 적절하지 않음!

**③ 영입(迎入)되므로**

**풀이** '영입(迎 맞이하다 영 入 들다 입)되다'는 '환영을 받으며 받아들여지다'의 의미이다.

**예문** 시장 후보로 외부 인사가 영입되었다.

→ 적절하지 않음!

**④ 주입(注入)되므로**

**풀이** '주입(注 붓다 주 入 들다 입)되다'는 '흘러 들어가도록 부어져 넣어지다'의 의미이다.

**예문** 간호사는 링거 병을 갈고 약물이 주입되는 상태를 지켜보았다.

→ 적절하지 않음!

**⑤ 투입(投入)되므로**

**풀이** '투입(投 던지다 투 入 들이다 입)되다'는 '사람이나 물자, 자본 따위가 필요한 곳에 넣어지다'의 의미이다.

**예문** 사건을 해결하는 데에 엄청난 수사비와 인원이 투입되었다.

→ 적절함!

**[136~139] 다음 글을 읽고 물음에 답하시오.**

1 [1]1764년에 발간된(發刊-, 만들어 내진) 체사레 베카리아의 『범죄와 형벌(刑罰, 범죄에 대한 법률의 효과로서 국가가 범죄자에게 처벌이나 금지 등의 제재를 가하는 것)』은 커다란 반향(反響, 세상에 영향을 미쳐 일어나는 반응)을 일으켰다. [2]형벌에 관한 논리 정연하고(論理井然-, 짜임새 있으며 조리가 있고) 새로운 주장들에 유럽의 지식 사회가 매료된(魅了-, 마음이 완전히 사로잡혀 홀리게 된) 것이다. [3]자유와 행복을 추구하는 이성적인 인간을 상정하는(想定-, 가정적으로 생각하여 단정하는) 당시 계몽주의(啓蒙主義, 16~18 세기 유럽에서 일어난 사상으로, 교회에 바탕을 둔 구시대의 권위와 사상적 특권, 제도에 반대하고, 인간적이고 합리적인 생각을 제시하여 이성의 계몽을 통해 인간과 세계를 이해하려 함) 사조(思潮, 한 시대의 일반적 사상의 흐름)에 베카리아는 충실히(忠實-, 충직하고 성실하게) 호응하여(呼應-, 응답하여), 이익을 저울질할(서로 비교하여 이리저리 헤아려 볼) 줄 알고 그(이익)에 따라 행동하는 존재로서 인간을 전제하였다.(前提-, 먼저 내세웠다.) [4]사람은 대가(代價, 들인 노력이나 희생에 대해 값으로 받는 보답) 없이 공익(公益, 사회 전체의 이익)만을 위하여 자유를 내어놓지는 않는다. [5]끊임없는 전쟁과 같은 상태에서 벗어나기 위하여 자유의 일부를 떼어 주고 나머지 자유의 몫을 평온하게 ⓐ 누리기로 합의한(合意-, 서로의 의견이 일치한) 것이다. [6]저마다 할애한(割愛-, 내어 준) 자유의 총합이 주권(主權, 국가의 의사를 결정하는 권력)을 구성하고, 주권자(主權者, 국가의 최고 절대권을 가진 자로, 군주 국가에서는 군주를 뜻하며 공화국에서는 국민 또는 그 대표인 국회를 뜻함)가 이(주권)를 위탁받아(委託-, 맡아) 관리한다. [7]따라서 사회의 형성과 지속을 위한 조건이라 할 법은 저마다의 행복을 증진시킬(增進-, 점점 더 늘려 가고 나아갈 수 있도록 할) 때 가장 잘 준수되며(遵守-, 지켜지며), 전체 복리(福利, 행복과 이익)를 위해 법 위반자(違反者, 지키지 않고 어긴 사람)에게 설정된 것이 형벌이다. [8]이런 논증(論證, 옳고 그름을 밝힐 수 있는 이유와 근거)으로 베카리아는 형벌권(刑罰權, 범죄를 이유로 범죄를 저지른 사람에 대해 형벌하는 권리)의 행사(行事, 실현하는 일)는 양도(讓渡, 넘겨준 권리)의 범위를 벗어날 수 없다는 출발점을 세웠다.

→ '형벌'에 관한 베카리아의 주장

2 [1]베카리아가 볼 때, 형벌은 범죄가 일으킨 결과를 되돌려 놓을 수 없다. [2]또한 인간을 괴롭히는 것 자체가 그(형벌의) 목적인 것도 아니다. [3]형벌의 목적은 오로지 범죄자가 또다시 피해를 끼치지 못하도록 억제하고(抑制-, 내리눌러 그치게 하고), 다른 사람들이 그 같은 행위(범죄)를 하지 못하도록 예방하는 데 있을 뿐이다. [4]이(형벌의 목적)는 범죄로 얻을 이득, 곧 공익이 입게 되는 그만큼의 손실(損失, 손해)보다 형벌이

인간은 이익을 저울질할 줄 알고 그에 따라 행동하는 존재이므로

가하는(加–, 주는) 손해가 조금이라도 크기만 하면 달성된다.(達成–, 이루어진다.) [5]그리고 이러한 손익 관계를 누구나 알 수 있도록 처벌 체계는 명확히 성문법(成文法, 문자로 적어 표현하고 문서의 형식을 갖춘 법)으로 규정되어야 하고, 그(성문법으로 규정된 처벌 체계의) 집행(執行, 실행하는 일)의 확실성도 갖추어져야 한다. [6]결국 범죄를 ⓑ 가로막는 방벽(防壁, 막으려고 쌓은 벽)으로 형벌을 바라보는 것이다. [7]이 ㉠ 울타리(형벌 = 범죄를 가로막는 방벽)의 높이는 살인(殺人, 사람을 죽임)인지 절도(竊盜, 남의 물건을 몰래 훔침)인지 등에 따라 달리해야 한다. [8]공익을 훼손한(毁損–, 깨뜨려 상하게 한) 정도에 비례해야(比例–, 한쪽의 정도가 증가하는 만큼 다른 쪽의 정도도 증가해야) 하는 것이다. [9]그것(공익을 훼손한 정도에 비례하는 처벌)을 넘어서는 처벌은 폭압(暴壓, 폭력으로 억압함)이며 불필요하다. [10]베카리아는 말한다. [11]상이한(相異–, 서로 다른) 피해를 일으키는 두 범죄에 동일한 형벌을 적용한다면 더 무거운 죄에 대한 억지력(抑止力, 억눌러 못하도록 하는 힘)이 상실되지(喪失–, 사라지지) 않겠는가.

→ 베카리아가 말하는 형벌의 목적과 강도

3 [1]그(베카리아)는 인간이 감각적인(感覺的–, 감각 기관을 통하여 대상을 받아들이는) 존재라는 사실에 맞추어 제도(制度, 법률, 규범 등 사회 구조의 체계)가 운용될(運用–, 쓰일) 것을 역설한다.(力說–, 힘주어 말한다.) [2]가장 잔혹한(殘酷–, 잔인하고 혹독한) 형벌도 계속 시행되다(施行–, 실제로 행해지다) 보면 사회 일반은 그(형벌의 잔혹함)에 ⓒ 무디어져 마침내 그런 것(가장 잔혹한 형벌)을 봐도 옥살이(獄–, 감옥에 갇혀 지내는 생활)에 대한 공포 이상을 느끼지 못한다. [3]인간의 정신에 ⓓ 크나큰 효과를 끼치는 것은 형벌의 강도(強度, 센 정도)가 아니라 지속이다. [4]죽는 장면의 목격(目擊, 눈으로 직접 봄)은 무시무시한 경험이지만 그(죽는 장면을 목격한) 기억은 일시적(一時的, 짧은 한때의 것)이고, 자유를 박탈당한(剝奪–, 빼앗긴) 인간이 속죄하는(贖罪–, 죗값을 치르는) 고통의 모습을 오랫동안 대하는 것이 더욱 강력한 억제 효과를 갖는다는 주장이다. [5]더욱 중요한 것을 지키기 위해 희생한(犧牲–, 바친) 자유에는 무엇보다도 값진 생명이 포함될 수 없다고도 말한다. [6]이처럼 베카리아는 잔혹한 형벌을 반대하여 휴머니스트(humanist, 인간의 존엄성을 최고의 가치로 여기고 인종이나 민족, 국가, 종교 등의 차이를 넘어서 인류의 안녕과 복지를 꾀하는 것을 이상으로 하는 사상과 태도)로, 최대 다수의 최대 행복을 말하여 공리주의자(功利主義者, 가치 판단의 기준을 효용과 행복의 증진에 두어 '최대 다수의 최대 행복'의 실현을 윤리적 행위의 목적으로 본 사상인 공리주의를 믿고 따르는 사람)로, 자유로운 인간들 사이의 합의를 바탕으로 논의를 전개하여 사회 계약론(社會契約論, 평등하고 이성적인 개인들 간의 합의, 즉 계약을 통하여 사회 및 국가가 성립되었다고 보는 이론)자로 이해된다. [7]형법학에서도 형벌로 되갚아 준다는 응보주의(應報主義, 형벌은 죄에 대한 정당한 보복을 가하는 데 목적이 있다고 보는 사상)를 탈피하여(脫皮–, 완전히 벗어나) 장래의(將來–, 앞으로 닥쳐올) 범죄 발생을 방지한다는 일반 예방주의로 나아가는 토대(土臺, 밑바탕)를 ⓔ 세웠다는 평가를 받는다.

→ 잔혹한 형벌을 반대한 베카리아와 그에 대한 평가

■지문 이해

〈형벌에 관한 베카리아의 견해〉

**❶ '형벌'에 관한 베카리아의 주장**

- 인간은 자유와 행복을 추구하는 이성적 존재이자 이익에 따라 행동하는 존재라는 점을 전제함
- 나머지 자유의 몫을 평온하게 누리고자 저마다의 자유의 일부를 떼어 주기로 합의하고, 할애한 자유의 총합인 주권을 주권자가 위탁받아 관리함
- 법 : 사회의 형성과 지속을 위한 조건이며, 저마다의 행복을 증진시킬 때 가장 잘 준수됨
- 형벌 : 전체 복리를 위해 법 위반자에게 설정된 것
  → 형벌권의 행사는 양도의 범위를 벗어날 수 없음

**❷ 베카리아가 말하는 형벌의 목적과 강도**

- 형벌의 목적 : 범죄자의 재범을 억제하고, 다른 사람들의 범죄를 예방하는 것 → 범죄로 얻을 이득보다 형벌이 가하는 손해가 조금이라도 크면 달성됨
- 처벌 체계는 성문법으로 규정되어야 하고, 그 집행의 확실성이 갖추어져야 함
- 형벌의 강도는 공익을 훼손한 정도에 비례해야 하며, 그것을 넘어서는 처벌은 폭압이며 불필요함

**❸ 잔혹한 형벌을 반대한 베카리아와 그에 대한 평가**

- 잔혹한 형벌을 반대함
  - 인간은 감각적 존재이므로 잔혹한 형벌도 계속 시행되면 무뎌짐
  - 인간의 정신에 큰 효과를 끼치는 것은 형벌의 강도가 아니라 지속임
- 베카리아는 휴머니스트이자 공리주의자, 사회 계약론자이며 일반 예방주의로 나아가는 토대를 세웠다는 평가를 받음

**136** | 세부 정보 이해 - 적절하지 않은 것 고르기 2022학년도 6월 모평 10번 | 정답률 85% | 정답 ③

## 윗글에서 베카리아의 관점으로 보기 어려운 것은?

**① 공동체를 이루는 합의가 유지되는 데는 법이 필요하다.**

근거 ❶-5~7 끊임없는 전쟁과 같은 상태에서 벗어나기 위하여 자유의 일부를 떼어 주고 나머지 자유의 몫을 평온하게 누리기로 합의한 것이다. 저마다 할애한 자유의 총합이 주권을 구성하고, 주권자가 이를 위탁받아 관리한다. 따라서 사회의 형성과 지속을 위한 조건이라 할 법은 저마다의 행복을 증진시킬 때 가장 잘 준수되며

풀이 사람들은 끊임없는 전쟁과 같은 상태에서 벗어나 자유의 몫을 평온하게 누리기로 합의하였고, 이를 유지하기 위해 사회의 형성과 지속을 위한 조건인 법이 필요하다.

→ 적절함!

**② 사람은 이성적이고 *타산적인 존재이자 감각적 존재이다.** *打算的–, 자신에게 도움이 되는지를 따져 헤아리는

근거 ❶-3 자유와 행복을 추구하는 이성적인 인간을 상정하는 당시 계몽주의 사조에 베카리아는 충실히 호응하여, 이익을 저울질할 줄 알고 그에 따라 행동하는 존재로서 인간을 전제, ❸-1 그(베카리아)는 인간이 감각적인 존재라는 사실에 맞추어 제도가 운용될 것을 역설

→ 적절함!

주권을 위탁받아 관리하는 주체

**③ 개개인의 국민은 주권자로서 형벌을 시행하는 주체이다.**

근거 ❶-6~7 저마다 할애한 자유의 총합이 주권을 구성하고, 주권자가 이를 위탁받아 관리한다. … 전체 복리를 위해 법 위반자에게 설정된 것이 형벌

풀이 주권자는 개개인의 국민에게서 주권을 위탁받아 이를 관리한다. 따라서 전체 복리를 위해 법 위반자에게 형벌을 시행하는 주체는 개개인의 국민이 아니라 그들로부터 주권을 위탁받은 주권자이다.

→ 적절하지 않음!

**④ 잔혹함이 주는 공포의 효과는 시간이 흐르면서 감소한다.**

근거 ❸-2 가장 잔혹한 형벌도 계속 시행되다 보면 사회 일반은 그에 무디어져 마침내 그런 것을 봐도 옥살이에 대한 공포 이상을 느끼지 못한다.

→ 적절함!

**⑤ 형벌권 행사의 범위는 양도된 자유의 총합을 넘을 수 없다.**

근거 ❶-8 베카리아는 형벌권의 행사는 양도의 범위를 벗어날 수 없다는 출발점을 세웠다.

→ 적절함!

**137** | 세부 정보 이해 - 적절하지 않은 것 고르기 2022학년도 6월 모평 11번 | 정답률 85%, 매력적 오답 ④ 10% | 정답 ⑤

## ㉠에 대한 설명으로 적절하지 않은 것은?

㉠ 울타리

근거 ❷-6~7 범죄를 가로막는 방벽으로 형벌을 바라보는 것이다. 이 울타리의 높이는 살인인지 절도인지 등에 따라 달리해야 한다.

풀이 ㉠에서 이야기하는 '울타리'는 범죄를 가로막는 방벽으로서의 '형벌'을 뜻하고, '울타리의 높이'는 '형벌의 강도'를 뜻한다.

**① *재범을 방지하는 역할을 수행한다.** *再犯, 죄를 지은 뒤 다시 죄를 저지름

근거 ❷-3 형벌의 목적은 오로지 범죄자가 또다시 피해를 끼치지 못하도록 억제하고, 다른 사람들이 그 같은 행위를 하지 못하도록 예방하는 데 있을 뿐

→ 적절함!

**② 법률로 엮어 뚜렷이 알아볼 수 있도록 해야 한다.**

근거 ❷-5 처벌 체계는 명확히 성문법으로 규정되어야 하고

→ 적절함!

**③ 범죄가 *유발하는 손실에 따라 높낮이를 정해야 한다.** *誘發–, 일어나게 하는

근거 ❷-7~8 이 울타리의 높이는 살인인지 절도인지 등에 따라 달리해야 한다. 공익을 훼손한 정도에 비례해야 하는 것

→ 적절함!

④ **손익을 저울질하는 인간의 이성을 목적 달성에 활용한다.**

근거 ❶-3 자유와 행복을 추구하는 이성적인 인간을 상정하는 당시 계몽주의 사조에 베카리아는 충실히 호응하여, 이익을 저울질할 줄 알고 그에 따라 행동하는 존재로서 인간을 전제, ❷-4 이(형벌의 목적)는 범죄로 얻을 이득, 곧 공익이 입게 되는 그만큼의 손실보다 형벌이 가하는 손해가 조금이라도 크기만 하면 달성된다.

풀이 베카리아는 이익을 저울질하여 그에 따라 행동하는 이성적인 인간을 전제로 하였다. 또 범죄로 얻을 이익보다 형벌이 가하는 손해가 크면 형벌의 목적이 달성된다고 하였다. 즉 그는 손익을 저울질하는 인간의 이성을 활용하여, 범죄를 저지르지 않도록 하는 형벌의 목적을 달성하고자 한 것이다.

→ 적절함!

⑤ **지키려는 공익보다 높게 설정할수록 방어 효과가 증가한다.**

근거 ❷-7~9 이 울타리의 높이는 살인인지 절도인지 등에 따라 달리해야 한다. 공익을 훼손한 정도에 비례해야 하는 것이다. 그것을 넘어서는 처벌은 폭압이며 불필요하다.

풀이 범죄를 가로막는 울타리의 높이, 즉 형벌의 강도는 공익을 훼손한 정도에 비례하게 설정해야 한다. 베카리아는 공익을 훼손한 정도를 넘어서는 처벌은 폭압이며 불필요하다고 하였으므로, 지키려는 공익보다 높게 설정할수록 방어 효과가 증가한다는 설명은 적절하지 않다.

→ 적절하지 않음!

1등급 문제

| 138 | 추론의 적절성 판단 - 적절한 것 고르기 2022학년도 6월 모평 12번<br>정답률 55%, 매력적 오답 ② 30% | 정답 ④ |
|---|---|---|

**윗글을 바탕으로 베카리아의 입장을 추론한 내용으로 가장 적절한 것은?** [3점]

① **형벌이 사회적 행복 증진을 *저해한다고 보는 공리주의의 입장에서 사형을 반대한다.**
*沮害-. 막아서 못 하도록 해친다고

근거 ❶-7 사회의 형성과 지속을 위한 조건이라 할 법은 저마다의 행복을 증진시킬 때 가장 잘 준수되며, 전체 복리를 위해 법 위반자에게 설정된 것이 형벌이다, ❸-6 최대 다수의 최대 행복을 말하여 공리주의자로, … 이해된다.

풀이 윗글을 통해 베카리아가 최대 다수의 최대 행복을 말하는 공리주의자로 이해된다는 것을 알 수 있다. 그러나 그는 법이 사회의 행복을 증진시킬 때 가장 잘 준수되며, 전체의 복리를 위해 법 위반자에게 설정된 것이 형벌이라고 하였다. 즉 형벌을 사회 전체의 행복을 증진시키기 위한 것으로 본 것이다. 따라서 형벌이 사회적 행복 증진을 저해한다고 본다는 설명은 베카리아의 입장으로 적절하지 않다.

→ 적절하지 않음!

② **사형은 범죄 예방의 효과가 없으므로 일반 예방주의의 입장에서 폐지되어야 한다고 주장한다.**

근거 ❸-4 죽는 장면의 목격은 무시무시한 경험이지만 그 기억은 일시적이고, 자유를 박탈당한 인간이 속죄하는 고통의 모습을 오랫동안 대하는 것이 더욱 강력한 억제 효과를 갖는다는 주장, ❸-5 더욱 중요한 것을 지키기 위해 희생한 자유에는 무엇보다도 값진 생명이 포함될 수 없다고도 말한다, ❸-7 장래의 범죄 발생을 방지한다는 일반 예방주의로 나아가는 토대를 세웠다는 평가를 받는다.

풀이 윗글을 통해 베카리아가 일반 예방주의로 나아가는 토대를 세웠다는 평가를 받는다는 것을 알 수 있다. 또한 더욱 중요한 것을 지키기 위해 희생한 자유에는 무엇보다도 값진 생명이 포함될 수 없다고 말했다는 점에서 베카리아가 사형 제도에 비판적인 입장이었음을 추론할 수 있다. 그러나 그는 죽는 장면(사형의 집행)을 목격한 기억은 일시적이고, 범죄자가 속죄하는 고통의 모습을 오랫동안 대하는 것이 '더욱 강력한 억제 효과를 갖는다'고 주장하였다. 즉 베카리아는 지속적인 형벌이 사형보다 더욱 강력한 억제 효과를 갖는다고 본 것이지, 사형이 범죄 예방의 효과가 '없다'고 본 것은 아니다. 따라서 사형은 범죄 예방의 효과가 없으므로 폐지되어야 한다고 주장했다는 설명은 베카리아의 입장으로 적절하지 않다.

→ 적절하지 않음!

③ **사형은 사람의 기억에 *영구히 **각인되는 잔혹한 형벌이어서 휴머니즘의 입장에서 인정하지 못한다.** *永久-. 시간상 제한이나 한계가 없이 이어진 상태로 **刻印-. 머릿속에 새겨 놓듯 깊이 기억되는

근거 ❸-2 가장 잔혹한 형벌도 계속 시행되다 보면 사회 일반은 그에 무디어져 마침내 그런 것을 봐도 옥살이에 대한 공포 이상을 느끼지 못한다, ❸-4 죽는 장면의 목격은 무시무시한 경험이지만 그 기억은 일시적이고, ❸-6 베카리아는 잔혹한 형벌을 반대하여 휴머니스트로 … 이해된다.

풀이 윗글을 통해 베카리아가 휴머니즘의 입장에서 잔혹한 형벌을 반대한다는 것을 알 수 있다. 그러나 그는 가장 잔혹한 형벌도 계속 시행되다 보면 사람들은 그에 무뎌지며, 죽는 장면, 즉 사형의 집행을 목격한다고 하더라도 그 기억이 일시적이라고 보았다. 따라서 사형이 사람의 기억에 영구히 각인되는 형벌이라고 설명한 점은 베카리아의 입장으로 적절하지 않다.

→ 적절하지 않음!

= 무엇보다도 값진 생명

④ **가장 큰 가치를 내어주는 합의가 있을 수 없다는 이유로 사회 계약론의 입장에서 사형을 비판한다.**

근거 ❶-6 저마다 할애한 자유의 총합이 주권을 구성하고, 주권자가 이를 위탁받아 관리, ❶-8 베카리아는 형벌권의 행사는 양도의 범위를 벗어날 수 없다는 출발점을 세웠다, ❸-5 더욱 중요한 것을 지키기 위해 희생한 자유에는 무엇보다도 값진 생명이 포함될 수 없다고도 말한다, ❸-6 자유로운 인간들 사이의 합의를 바탕으로 논의를 전개하여 사회 계약론자로 이해된다.

풀이 베카리아는 형벌권의 행사가 양도의 범위, 즉 저마다의 개인들이 할애한 자유의 총합을 벗어날 수 없다는 출발점을 세웠다. 또한 그는 더욱 중요한 것을 지키기 위해 희생한 자유에는 무엇보다도 값진, 즉 가장 큰 가치를 지닌 생명이 포함될 수 없다고 하였다. 따라서 베카리아가 인간들 사이의 합의를 바탕으로 논의를 전개하는 사회 계약론의 입장에서 가장 큰 가치를 내어주는 합의가 있을 수 없다는 이유로 사형을 비판하였을 것이라는 설명은 적절하다.

→ 적절함!

⑤ **피해 *회복의 관점으로 형벌을 바라보는 형법학의 입장에서 사형을 **무기 징역으로 ***대체하는 데 찬성하지 않는다.** *回復. 원래의 상태로 돌이킴 **無期懲役. 기간을 정하지 않고 평생 동안 교도소 안에 가두어 의무적인 작업을 시키는 형벌 ***代替-. 대신하는

근거 ❷-1 베카리아가 볼 때, 형벌은 범죄가 일으킨 결과를 되돌려 놓을 수 없다, ❸-4 죽는 장면의 목격은 무시무시한 경험이지만 그 기억은 일시적이고, 자유를 박탈당한 인간이 속죄하는 고통의 모습을 오랫동안 대하는 것이 더욱 강력한 억제 효과를 갖는다는 주장

풀이 베카리아는 형벌을 통해 범죄로 인한 피해를 회복할 수 없다고 보았다. 또한 사형의 기억은 일시적이고, 자유를 박탈당한 인간이 속죄하는 고통의 모습을 오랫동안 대하는 것이 더욱 강력한 억제 효과를 갖는다고 주장하였다. 따라서 베카리아는 피해 회복의 관점으로 형벌을 바라보지 않았으며, 사형보다 무기 징역이 더욱 강력한 범죄 억제 효과를 갖는 형벌이라고 보았다.

→ 적절하지 않음!

틀리기 쉬운 문제

| 139 | 문맥적 의미 파악 - 적절하지 않은 것 고르기 2022학년도 6월 모평 13번<br>정답률 60%, 매력적 오답 ① 25% ⑤ 10% | 정답 ② |
|---|---|---|

**문맥상 ⓐ~ⓔ와 바꿔 쓰기에 적절하지 않은 것은?**

ⓐ 누리기로 ⓑ 가로막는 ⓒ 무디어져 ⓓ 크나큰 ⓔ 세웠다는

① **ⓐ : 향유(享有)하기로**

풀이 '향유(享 누리다 향 有 가지다 유)하다'는 '누리어 가지다'의 의미이다. 따라서 ⓐ를 '향유하기로'로 바꿔 쓰는 것은 문맥상 적절하다.

예문 그는 자유롭고 인간적인 삶을 누렸다.
대중들이 문화생활을 향유할 수 있는 기회를 많이 제공해야 한다.

→ 적절함!

② **ⓑ : 단절(斷絶)하는**

풀이 ⓑ의 '가로막다'는 '말이나 행동, 일 따위를 제대로 하지 못하도록 방해하거나 막다'의 의미이다. 한편 '단절(斷 끊다 단 絶 끊다 절)하다'는 '유대나 연관 관계를 끊다'의 의미이다. ⓑ를 '단절하는'으로 바꿔 쓸 경우 문맥상 의미가 달라지므로, 바꿔 쓰기에 적절하지 않다. ⓑ는 '막아서 못 하게 하다'의 뜻을 지닌 '저지(沮 막다 저 止 그치다 지)하다'로 바꾸는 것이 더 적절하다.

예문 그가 동생의 말을 가로막고 나섰다.
오래된 친구와 교우 관계를 단절할 수는 없다.

→ 적절하지 않음!

③ **ⓒ : 둔감(鈍感)해져**

풀이 '둔감(鈍 둔하다 둔 感 느끼다 감)하다'는 '감정이나 감각이 무디다'의 의미이다. 따라서 ⓒ를 '둔감해져'로 바꿔 쓰는 것은 문맥상 적절하다.

예문 내가 며칠씩이나 화나 있는 것조차 모를 만큼 그는 신경이 무뎠다.
그는 주변 환경에 둔감한 성격이다.

→ 적절함!

Ⅱ 사회

④ ⓓ : 지대(至大)한

풀이 '지대(至 이르다 지 大 크다 대)하다'는 '더할 수 없이 크다'의 의미이다. 따라서 ⓓ를 '지대한'으로 바꿔 쓰는 것은 문맥상 적절하다.

예문 그가 보내온 편지는 나에게 크나큰 위로가 되었다.
김 선생은 우리 연구에 지대한 영향을 끼치셨던 분이다.

→ 적절함!

⑤ ⓔ : 수립(樹立)하였다는

풀이 '수립(樹 세우다 수 立 서다 립)하다'는 '국가나 정부, 제도, 계획 따위를 이룩하여 세우다'의 의미이다. 따라서 ⓔ를 '수립하였다는'으로 바꿔 쓰는 것은 문맥상 적절하다.

예문 선수는 육상 대회에서 신기록을 세웠다.
선수는 육상 100 미터에서 9 초를 깨뜨리는 대기록을 수립하였다.

→ 적절함!

**[140~144] 다음 글을 읽고 물음에 답하시오.**

1 [1]사람들은 함께 모여 '집합 의례'를 행한다. [2]㉠ 뒤르켐은 오스트레일리아 부족들의 집합 의례를 공동체 결속(結束, 서로 힘과 마음을 모음)의 관점에서 탐구한다. [3]부족 사람들은 문제 상황이 발생할 경우 생계(生計, 먹고살기 위한) 활동을 멈추고 자신들이 공유하는(共有–, 여러 명이 함께 가지고 있는) 성(聖)과 속(俗)의 분류 체계를 활용하여 이(문제) 상황이 성스러운(聖–, 도덕적인) 것인지 아니면 속된(俗–, 이해관계와 관련된) 것인지를 판별하는(判別–, 판단하여 구별하는) 집합 의례를 행한다. [4]이 과정에서 그들은 자신들이 공유하는 성스러움이 무엇인지 새삼 깨닫고 그것을 중심으로 약해진 기존의 도덕 공동체를 재생한다.(再生–, 다시 살아나게 한다.) [5]집합 의례가 끝나면 부족 사람들은 가슴속에 성스러움을 품고 일상의 속된 세계로 되돌아간다. [6]이로써 단순히 먹고사는 문제에 불과했던 생계 활동이 성스러움과 연결된 도덕적 의미를 지니게 된다.

→ '집합 의례'에 대한 뒤르켐의 견해 ①

2 [1]뒤르켐은 현대 사회의 집합 의례가 기존(既存, 이미 존재하는) 도덕 공동체의 재생으로 끝나지 않고 새로운 도덕 공동체를 창출할(創出–, 없던 것을 만들어 낼) 것이라고 본다. [2]예를 들어, 프랑스 혁명은 자유, 평등, 우애(友愛, 형제나 친구 사이의 사랑과 정)와 같은 새로운 성스러움을 창출하고 이를 중심으로 새로운 도덕 공동체를 구성한 집합 의례다. [3]뒤르켐은 새로 창출된 성스러움이 자기 이해관계(自己利害關係, 자신이 어떻게 하면 더 많은 이익을 얻을 것인가)를 추구하며 속된 세계에서 살아가는 개인들에게 서로 결속할 수 있는 도덕적 의미를 제공할 것이라 여긴다.

→ '집합 의례'에 대한 뒤르켐의 견해 ②

3 [1]㉡ 파슨스와 스멜서는 이러한(뒤르켐의) 이론적 통찰(洞察, 예리한 관찰력으로 사물을 꿰뚫어 봄)을 기능주의 이론으로 구체화한다. [2]그들은 성스러움을 가치라는 말로 바꿔 표현한다. [3]현대 사회에서는 가치가 평상시 사회적 삶 아래에 잠재되어(潛在–, 드러나지 않고) 있다가, 그 도덕적 의미가 뿌리부터 뒤흔들리는 위기 시기에 위로 올라와 전국적으로 일반화된다. [4]속된 일상에서 사람들은 가치를 추구하기보다는 자기 이해관계를 구체화한(남들보다 더 많은 이익을 얻기 위한 구체적인) 목표와 이(자기 이해관계를 구체화한 목표)의 실현을 안내하는 규범에 따라 살아간다. [5]하지만 위기 시기에는 사람들의 관심이 자신들의 특수한 이해관계에서 보편적인 가치로 상승한다. [6]사람들은 가치에 기대어 위기가 주는 심리적 긴장과 압박을 해소하는 집합 의례를 행한다. [7]그 결과 사회의 통합이 회복된다. [8]파슨스와 스멜서는 이것이 마치 유기체(有機體, 생물)가 환경의 압박으로 인해 흐트러진 항상성(恒常性, 늘 같은 상태를 유지하는 성질)의 기능을 생리 작용을 통해 회복하는 과정과 유사하다고 본다.

→ '집합 의례'에 대한 파슨스와 스멜서의 견해

4 [1]㉢ 알렉산더는 파슨스와 스멜서의 이론을 받아들이면서도 그들이 사용한 생물학적 은유(隱喩, 빗대어 표현하는 것)가 복잡한 현대 사회의 집합 의례를 탐구하는 데는 한계가 있다고 보고, 그 대안으로 '사회적 공연론'을 제시한다. [2]그는 가치를 전(全, 전체) 사회로 일반화하는 집합 의례가 현대 사회에서는 유기체의 생리 작용처럼 자연적으로 진행되는 것이 아니라, 그 결과가 정해지지 않은 과정이라고 본다. [3]현대 사회는 사회적 공연의 요소들이 분화되어(分化–, 나누어져) 있을 뿐만 아니라 각 요소가 자율성을 지니고 있다. [4]따라서 이 요소들을 융합하는(融合–, 여러 종류의 것을 녹여 하나로 합치는) 사회적 공연은 우발성(偶發性, 우연히 일어나는 성격)이 극대화된 문화적 실천을 요구한다. [5]알렉산더가 기능주의 이론과 달리 공연의 요소들이 어떤 조건 아래에서 어떤 과정을 거쳐 융합이 이루어지는지 경험적으로 세밀하게 탐구해야 한다고 강조하는 이유가 여기에 있다.

→ '집합 의례'에 대한 알렉산더의 견해 ①

5 [1]현대 사회의 사회적 공연의 요소들로는 성과 속의 분류 체계를 다양하게 구체화한 대본, 다양한 대본을 자신만의 방식으로 실행하는 배우, 계급·출신 지역·나이·성별 등 내부적으로 분화된 관객, 시·공간적으로 다양한 동선(動線, 움직이는 자취나 방향을 나타내는 선)을 짜서 공연을 무대 위에 올리는 미장센*, 시·공간의 한계를 넘어 공연을 광범위한 관객에게 전파하는 상징적 생산 수단, 공연을 생산하고 배포하고(配布–, 나누어 주고) 해석하는 과정을 총체적으로 통제하지 못할 정도로 고도(高度, 매우 높은 정도)로 분화된 사회적 권력 등이 있다. [2]그러나 요소의 분화와 자율성이 없는 전체주의(全體主義, 개인의 모든 활동은 국가와 민족을 위한 것이어야 한다는 이념 아래 국민의 자유를 억누르는 사상) 사회에서는 국가 권력에 의한 대중 동원(動員, 목적을 달성하기 위해 사람을 모음)만 있을 뿐 사회적 공연이 일어나기 어렵다.

→ '집합 의례'에 대한 알렉산더의 견해 ②

* 미장센(mise en scéne) : 무대 위에서의 등장인물의 배치나 역할, 무대 장치, 조명 따위에 관한 총체적인 계획과 실행

■지문 이해

**<'집합 의례'에 대한 학자들의 다양한 견해>**

| ❶~❷ '집합 의례'에 대한 뒤르켐의 견해 | |
|---|---|
| • 집합 의례 : 문제 상황이 발생할 경우 이 상황이 성스러운 것인지 속된 것인지를 판별하는 것<br>• 집합 의례 과정에서 자신들이 공유하는 성스러움을 중심으로 약해진 기존 도덕 공동체를 재생함<br>• 집합 의례가 끝나면 생계 활동이 성스러움과 연결된 도덕적 의미를 지니게 됨 | • 현대 사회의 집합 의례가 새로운 도덕 공동체를 창출할 것이라고 봄<br>• 새로 창출된 성스러움은 자기 이해관계를 추구하며 속된 세계에서 살아가는 개인들에게 서로 결속할 수 있는 도덕적 의미를 제공할 것이라 여김 |

| ❸ '집합 의례'에 대한 파슨스와 스멜서의 견해 |
|---|
| • 뒤르켐의 이론을 기능주의 이론으로 구체화함<br>• '성스러움'을 '가치'라는 말로 바꿔 표현함<br>• 현대 사회에서 가치는 위기 시기에 위로 올라와 전국적으로 일반화됨<br>• 위기 시기에는 사람들의 관심이 자신들의 특수한 이해관계에서 보편적인 가치로 상승함<br>• 위기를 해소하는 집합 의례를 통해 사회의 통합이 회복됨 → 유기체가 흐트러진 항상성의 기능을 생리 작용을 통해 회복하는 과정에 비유 |

| ❹~❺ '집합 의례'에 대한 알렉산더의 견해 | |
|---|---|
| • 파슨스와 스멜서의 이론의 대안으로 '사회적 공연론'을 제시함<br>• 현대 사회에서의 집합 의례를 그 결과가 정해지지 않은 과정으로 봄<br>• 현대 사회에서 사회적 공연의 각 요소들은 분화되어 자율성을 가짐 → 이 요소들을 융합하는 사회적 공연은 우발성이 극대화된 문화적 실천을 요구함<br>• 기능주의 이론과 달리 공연의 요소들이 어떤 조건하에서 어떤 과정을 거쳐 융합이 이루어지는지 경험적으로 세밀하게 탐구해야 한다는 것을 강조함 | • 현대 사회의 사회적 공연의 요소들을 제시함 : 대본, 배우, 관객, 미장센, 상징적 생산 수단, 사회적 권력 등<br>• 전체주의 사회에서는 국가 권력에 의한 대중 동원만 있을 뿐, 사회적 공연이 일어나기 어려움 |

**140** | 글의 서술 방식 파악 - 적절한 것 고르기 2018학년도 9월 모평 38번 정답률 80% | 정답 ③

**윗글의 논지 전개 방식에 대한 설명으로 가장 적절한 것은?**

① 중심 화제에 대해 주요 학자들이 *합의한 결과를 제시하고 있다. *合議–, 두 사람 이상이 한자리에 모여서 의논한

풀이 '집합 의례'라는 중심 화제에 관련한 '뒤르켐', '파슨스와 스멜서', '알렉산더' 등 주요 학자들의 견해를 각각 소개하고 있지만, 그들이 합의한 결과를 제시하지는 않았다.

→ 적절하지 않음!

**② 중심 화제에 대해 *상반된 견해를 제시한 후 두 견해를 **절충하고 있다.** *相反−. 서로 반대되는 **折衷−. 상반되는 두 견해를 어느 한쪽으로도 치우치지 않게 조절하여 알맞게 하고

풀이 '집합 의례의 진행 과정'에 대해 부분적으로 '파슨스와 스멜서', '알렉산더'의 상반된 견해가 제시되고 있기는 하지만, 각각의 견해를 설명하고 있을 뿐 두 견해를 절충한 내용은 나오지 않는다.

→ 적절하지 않음!

**③ 중심 화제에 대한 이론이 *후속 연구에 의해 **보완되는 과정을 ***고찰하고 있다.** *後續. 뒤를 이어 계속함 **補完−. 부족하거나 모자란 것이 보충되어 완전해지는 ***考察−. 깊이 생각하여 연구하고

근거 ❷-1 뒤르켐은 현대 사회의 집합 의례가 … 새로운 도덕 공동체를 창출할 것이라고 본다, ❷-3 뒤르켐은 새로 창출된 성스러움이 자기 이해관계를 추구하며 속된 세계에서 살아가는 개인들에게 서로 결속할 수 있는 도덕적 의미를 제공할 것이라 여긴다, ❸-1 파슨스와 스멜서는 이러한(뒤르켐의) 이론적 통찰을 기능주의 이론으로 구체화한다, ❹-1 알렉산더는 파슨스와 스멜서의 이론을 받아들이면서도 … 한계가 있다고 보고, 그 대안으로 '사회적 공연론'을 제시한다.

풀이 '집합 의례'에 관한 뒤르켐의 이론이 파슨스와 스멜서에 의해 구체화되고, 다시 알렉산더가 파슨스와 스멜서의 이론에 대해 한계를 지적하고 이에 대한 대안을 제시하고 있다.

→ 적절함!

**④ 중심 화제에 대한 다양한 사례들을 제시한 후 이를 유형별로 분류하고 있다.**

풀이 '집합 의례'라는 중심 화제에 대한 각 학자들의 견해를 설명하는 과정에서 오스트레일리아 부족이나 프랑스 혁명 등 일부 사례를 제시하고 있지만, 이를 유형별로 분류하지는 않았다.

→ 적절하지 않음!

**⑤ 중심 화제의 역사적 *기원에 대한 다양한 가설들의 의의와 한계를 평가하고 있다.** *起源. 처음으로 생긴 밑바탕

풀이 윗글에서 '집합 의례'라는 중심 화제의 역사적 기원에 대한 가설이나 그 가설의 의의와 한계에 대해서는 이야기하지 않았다.

→ 적절하지 않음!

| 141 | 세부 정보 이해 - 적절하지 않은 것 고르기 2018학년도 9월 모평 39번<br>정답률 75% | 정답 ④ |
|---|---|---|

**'집합 의례'에 대해 ㉠이 할 수 있는 말로 적절하지 않은 것은?**

㉠ 뒤르켐

**① 부족 사회는 집합 의례를 행하여 기존의 도덕 공동체를 되살린다.**

근거 ❶-4 이(집합 의례를 행하는) 과정에서 그들(부족 사람들)은 자신들이 공유하는 성스러움이 무엇인지 새삼 깨닫고 그것을 중심으로 약해진 기존의 도덕 공동체를 재생한다.

→ 적절함!

**② 집합 의례를 통해 사람들은 생계 활동의 성스러운 의미를 얻는다.**

근거 ❶-5~6 집합 의례가 끝나면 부족 사람들은 가슴속에 성스러움을 품고 일상의 속된 세계로 되돌아간다. 이로써 단순히 먹고사는 문제에 불과했던 생계 활동이 성스러움과 연결된 도덕적 의미를 지니게 된다.

→ 적절함!

**③ 현대 사회에서는 집합 의례를 통해 새로운 도덕 공동체가 형성된다.**

근거 ❷-1 뒤르켐은 현대 사회의 집합 의례가 기존 도덕 공동체의 재생으로 끝나지 않고 새로운 도덕 공동체를 창출할 것이라고 본다.

→ 적절함!

서로 결속할 수 있는 도덕적 의미를 제공받는다

**④ 공동체 성원들은 집합 의례를 거쳐 구체적인 이해관계를 중심으로 묶인다.**

근거 ❷-3 뒤르켐은 새로 창출된 성스러움이 자기 이해관계를 추구하며 속된 세계에서 살아가는 개인들에게 서로 결속할 수 있는 도덕적 의미를 제공할 것이라 여긴다.

풀이 자기 이해관계를 추구하며 속된 세계에서 살던 개인들, 즉 공동체 성원들은 집합 의례를 통해 서로 결속할 수 있는 도덕적 의미를 제공받을 것이다.

→ 적절하지 않음!

**⑤ 집합 의례의 과정에서 공동체 성원들은 문제 상황을 성 또는 속의 문제로 규정한다.**

근거 ❶-3 부족 사람들은 문제 상황이 발생할 경우 생계 활동을 멈추고 자신들이 공유하는 성(聖)과 속(俗)의 분류 체계를 활용하여 이 상황이 성스러운 것인지 아니면 속된 것인지를 판별하는 집합 의례를 행한다.

→ 적절함!

| 142 | 추론의 적절성 판단 - 적절한 것 고르기 2018학년도 9월 모평 40번<br>정답률 65%, 매력적 오답 ② 15% ⑤ 15% | 정답 ① |
|---|---|---|

**위기 시기에 일어나는 상황을 이해한 것으로 가장 적절한 것은?**

**① 사람들이 관심을 속에서 성으로 옮긴다.**

근거 ❸-2 그들(파슨스와 스멜서)은 성스러움을 가치라는 말로 바꿔 표현한다, ❸-4~5 속된 일상에서 사람들은 가치를 추구하기보다는 자기 이해관계를 구체화한 목표와 이의 실현을 안내하는 규범에 따라 살아간다. 하지만 위기 시기에는 사람들의 관심이 자신들의 특수한 이해관계(=속)에서 보편적인 가치(=성)로 상승한다.

풀이 속된 일상에서 사람들의 관심은 자신의 이해관계에 따른 목표와 그것의 실현에 있지만, 위기 시기에는 사람들의 관심이 보편적 가치, 즉 '성스러움'으로 옮겨진다.

→ 적절함!

평상시, 속된 일상

**② 사람들이 목표와 규범 차원에서 행동한다.**

근거 ❸-4 속된 일상에서 사람들은 가치를 추구하기보다는 자기 이해관계를 구체화한 목표와 이의 실현을 안내하는 규범에 따라 살아간다.

풀이 사람들이 목표와 규범에 따라 살아가는 것은 속된 일상과 관련된 내용으로, 이는 위기 시기가 아니라 평상시에 해당한다.

→ 적절하지 않음!

평상시, 속된 일상

**③ 사람들이 생계 활동을 위한 최적의 수단을 찾는다.**

근거 ❸-4~5 속된 일상에서 사람들은 가치를 추구하기보다는 자기 이해관계를 구체화한 목표와 이의 실현을 안내하는 규범에 따라 살아간다. 하지만 위기 시기에는 사람들의 관심이 자신들의 특수한 이해관계에서 보편적인 가치로 상승한다.

풀이 생계 활동을 위한 최적의 수단을 찾는다는 것은 자신의 이해관계를 따르는 속된 일상에 해당하는 내용이다. 위기 시기에는 사람들의 관심이 보편적인 가치로 상승한다.

→ 적절하지 않음!

회복 / 집합 의례를 행한다

**④ 사람들이 항상성을 유지하기 위해 위기 상황을 *외면한다.** *外面−. 마주치기를 꺼리며 피한다.

근거 ❸-8 파슨스와 스멜서는 이것(위기 시기에 집합 의례를 통해 사회의 통합이 회복되는 것)이 마치 유기체가 환경의 압박으로 인해 흐트러진 항상성의 기능을 생리 작용을 통해 회복하는 과정과 유사하다고 본다.

풀이 위기 시기에는 위기를 해소하는 집합 의례를 행하여 사회의 통합, 즉 항상성을 회복한다고 하였다.

→ 적절하지 않음!

잠재되어 있던 / 인 가치에 기대어 집합 의례를 행한다

**⑤ 사람들이 평상시 추구하던 삶의 도덕적 의미를 상실한다.**

근거 ❸-3~4 현대 사회에서는 가치가 평상시 사회적 삶 아래에 잠재되어 있다가, 그 도덕적 의미가 뿌리부터 뒤흔들리는 위기 시기에 위로 올라와 전국적으로 일반화된다. 속된 일상에서 사람들은 가치를 추구하기보다는 자기 이해관계를 구체화한 목표와 이의 실현을 안내하는 규범에 따라 살아간다, ❸-6 사람들은 가치에 기대어 위기가 주는 심리적 긴장과 압박을 해소하는 집합 의례를 행한다.

풀이 삶의 도덕적 의미인 성스러움, 곧 '가치'는 평상시에는 잠재되어 있다가 위기 시기에 위로 올라오며, 사람들은 이러한 가치에 기대어 위기를 해소하는 집합 의례를 행한다고 하였다. 또 일상에서(평상시에) 사람들은 가치를 추구하기보다는 이해관계에 따라 살아간다고 하였다. 따라서 위기 시기에 사람들이 평상시 추구하던 삶의 도덕적 의미를 상실한다는 설명은 적절하지 않다.

→ 적절하지 않음!

**143** 세부 정보 이해 - 적절한 것 고르기 2018학년도 9월 모평 41번 정답률 85% 정답 ①

## 윗글의 ㉡과 ㉢에 대한 설명으로 가장 적절한 것은?

㉡ 파슨스와 스멜서 ㉢ 알렉산더

| ▶ ㉡(파슨스와 스멜서)과 ㉢(알렉산더)의 견해 비교 | ㉡ | ㉢ |
|---|---|---|
| 현대 사회의 집합 의례는 그 결과가 미리 결정되어 있지 않다고 봄 | | ○ |
| 집합 의례가 가치의 일반화를 통해 도덕 공동체를 구성할 것이라 봄 | ○ | ○ |
| 집합 의례가 발생하는 과정을 경험적으로 탐구할 필요성이 있다고 봄 | | ○ |
| 문화적 실천으로서의 집합 의례를 유기체의 생리 과정과 유사하다고 봄 | ○ | |
| 현대 사회에서는 성과 속의 분류 체계 없이 집합 의례가 일어난다고 봄 | | |

**① ㉡과 달리 ㉢은 현대 사회의 집합 의례는 그 결과가 미리 결정되어 있지 않다고 본다.**

근거 ❸-8 파슨스와 스멜서는 이것(집합 의례를 통해 사회의 통합이 회복되는 것)이 마치 유기체가 환경의 압박으로 인해 흐트러진 항상성의 기능을 생리 작용을 통해 회복하는 과정과 유사하다고 본다, ❹-2 그(알렉산더)는 가치를 전 사회로 일반화하는 집합 의례가 현대 사회에서는 유기체의 생리 작용처럼 자연적으로 진행되는 것이 아니라, 그 결과가 정해지지 않은 과정이라고 본다.

풀이 집합 의례의 결과가 유기체의 항상성 작용처럼 정해져 있다고 생각한 ㉡과 달리, ㉢은 집합 의례의 결과가 정해져 있지 않다고 본다.

→ 적절함!

**② ㉡과 달리 ㉢은 집합 의례가 가치의 일반화를 통해 도덕 공동체를 구성할 것이라 본다.** (㉡과 ㉢ 모두)

근거 ❷-1 뒤르켐은 현대 사회의 집합 의례가 … 새로운 도덕 공동체를 창출할 것이라고 본다. (㉠)
❸-3 현대 사회에서는 가치가 평상시 사회적 삶 아래에 잠재되어 있다가, 그 도덕적 의미가 뿌리부터 뒤흔들리는 위기 시기에 위로 올라와 전국적으로 일반화된다, ❸-7 그(집합 의례를 행한) 결과 사회의 통합이 회복된다. (㉡)
❹-2 가치를 전 사회로 일반화하는 집합 의례 (㉢)

풀이 ㉡(파슨스와 스멜서)은 위기 시기에 가치의 도덕적 의미가 전국적으로 일반화된다고 하였고, 집합 의례를 통해 사회의 통합이 회복된다고 하였다. ㉢(알렉산더)도 집합 의례는 가치를 전 사회로 일반화한다고 하였다. 한편 ㉡(파슨스와 스멜서)과 ㉢(알렉산더)은 현대 사회의 집합 의례가 새로운 도덕 공동체를 구성한다고 보는 ㉠(뒤르켐)의 이론을 토대로 이를 보완하여 각각 자신들의 견해를 펼치고 있으므로, ㉡과 ㉢ 모두 집합 의례가 도덕 공동체를 구성한다고 볼 것임을 추론할 수 있다.

→ 적절하지 않음!

**③ ㉢과 달리 ㉡은 집합 의례가 발생하는 과정을 경험적으로 탐구할 필요성이 있다고 본다.** (㉢은)

근거 ❹-5 알렉산더가 (파슨스와 스멜서의) 기능주의 이론과 달리 공연의 요소들이 어떤 조건 아래에서 어떤 과정을 거쳐 융합이 이루어지는지 경험적으로 세밀하게 탐구해야 한다고 강조하는 이유가 여기에 있다.

풀이 집합 의례가 발생하는 과정을 경험적으로 세밀하게 탐구해야 한다고 강조한 것은 ㉡(파슨스와 스멜서)이 아니라 ㉢(알렉산더)이다.

→ 적절하지 않음!

**④ ㉡과 ㉢은 모두 문화적 실천으로서의 집합 의례를 유기체의 생리 과정과 유사하다고 본다.** (㉡은)

근거 ❸-8 파슨스와 스멜서는 이것(집합 의례를 통해 사회의 통합이 회복되는 것)이 마치 유기체가 환경의 압박으로 인해 흐트러진 항상성의 기능을 생리 작용을 통해 회복하는 과정과 유사하다고 본다, ❹-2 그(알렉산더)는 가치를 전 사회로 일반화하는 집합 의례가 현대 사회에서는 유기체의 생리 작용처럼 자연적으로 진행되는 것이 아니라, 그 결과가 정해지지 않은 과정이라고 본다.

풀이 집합 의례가 유기체의 생리 과정과 유사하다고 본 ㉡(파슨스와 스멜서)과 달리, ㉢(알렉산더)은 그렇지 않다고 보고 있다.

→ 적절하지 않음!

**⑤ ㉡과 ㉢은 모두 현대 사회에서는 성과 속의 분류 체계 없이 집합 의례가 일어난다고 본다.**

근거 ❸-2 그들(파슨스와 스멜서)은 성스러움을 가치라는 말로 바꿔 표현한다, ❸-4 속된 일상에서 사람들은 가치를 추구하기보다는 자기 이해관계를 구체화한 목표와 이의 실현을 안내하는 규범에 따라 살아간다, ❺-1 현대 사회의 사회적 공연의 요소들로는 성과 속의 분류 체계를 다양하게 구체화한 대본

풀이 '성'스러운 '가치', '속'된 일상과 같은 표현을 통해 ㉡(파슨스와 스멜서)이 성과 속을 분류하고 있음을 알 수 있다. ㉢(알렉산더) 역시 사회적 공연의 요소 중 하나로 '성과 속의 분류 체계를 다양하게 구체화한 대본'을 제시하고 있으므로, 성과 속을 분류하고 있음을 알 수 있다. 따라서 ㉡(파슨스와 스멜서)과 ㉢(알렉산더)은 모두 성과 속의 분류 체계 없이 집합 의례가 일어난다고 보고 있지 않다.

→ 적절하지 않음!

1등급 문제

**144** 구체적인 상황에 적용 - 적절하지 않은 것 고르기 2018학년도 9월 모평 42번 정답률 60%, 매력적 오답 ④ 15% 정답 ②

## 윗글에서 설명한 '사회적 공연론'으로 <보기>를 이해한 내용으로 적절하지 않은 것은? [3점]

| 보기 |

[1]수려한(秀麗-, 뛰어나게 아름다운) 경관(景觀, 경치)으로 유명한 A시에 소각장(燒却場, 쓰레기나 폐기물 등을 불에 태우는 곳)이 들어설 예정이다. [2]A시의 시장은 정부의 보조금을 활용하여 낙후된(落後-, 문화나 생활 수준이 떨어지는) 지역 경제를 발전시키기 위해 소각장을 유치하였다고(誘致-, 사업을 끌어왔다고) 밝혔다. [3]A시 시민들은 반대파와 찬성파로 갈려 집회를 이어 갔다. [4]반대파는 지역 경제 발전에는 찬성하지만 소각장이 환경을 오염시킨다며 철회할(撤回-, 취소할) 것을 요구했고, 찬성파는 반대파가 지역 이기주의에 빠져 있다고 비판했다. [5]집회에 참여하지 않았던 사람들도 의견이 갈려 토박이(土-, 그 땅에서 오래 살아온 사람)와 노인은 반대 운동에, 이주민(移住民, 다른 지역에서 옮겨 와서 사는 사람)과 젊은이는 찬성 운동에 적극 참여하였다. [6]중앙 언론은 이 사건이 지역 내 현상이라며 아예 보도하지 않았다. [7]반대파는 반대 운동을 전국적으로 알리기 위해 서울에 가서 집회를 하려 했지만 경찰이 허가를 내 주지 않았다.

▶ 지문 핵심 개념 정리

| 현대 사회의 사회적 공연의 요소들(❺-1) |
|---|
| • 성과 속의 분류 체계를 다양하게 구체화한 대본<br>• 다양한 대본을 자신만의 방식으로 실행하는 배우<br>• 계급·출신 지역·나이·성별 등 내부적으로 분화된 관객<br>• 시·공간적으로 다양한 동선을 짜서 공연을 무대 위에 올리는 미장센<br>• 시·공간의 한계를 넘어 공연을 광범위한 관객에게 전파하는 상징적 생산 수단<br>• 공연을 생산하고 배포하고 해석하는 과정을 총체적으로 통제하지 못할 정도로 고도로 분화된 사회적 권력 |

**① 공연의 미장센이 A시에 *한정되어 펼쳐지고 있군.** *限定-, 범위가 제한되어 정해져

근거 <보기>-1 수려한 경관으로 유명한 A시에 소각장이 들어설 예정이다, <보기>-3 A시 시민들은 반대파와 찬성파로 갈려 집회를 이어 갔다, <보기>-6~7 중앙 언론은 이 사건이 지역 내 현상이라며 아예 보도하지 않았다. 반대파는 반대 운동을 전국적으로 알리기 위해 서울에 가서 집회를 하려 했지만 경찰이 허가를 내 주지 않았다.

풀이 소각장 유치에 대한 찬반 논란은 A시에 한정되어 일어난 사건이므로, 공연의 미장센이 A시에 한정되어 펼쳐지고 있다고 말할 수 있다.

→ 적절함!

**② 공연의 요소들이 융합되어 가치의 일반화가 일어났군.**

근거 <보기>-3 A시 시민들은 반대파와 찬성파로 갈려 집회를 이어 갔다, ❹-2 그(알렉산더)는 가치를 전 사회로 일반화하는 집합 의례가 현대 사회에서는 … 그 결과가 정해지지 않은 과정이라고 본다, ❹-4 이(분화되고 자율성을 지닌 사회적 공연의) 요소들을 융합하는 사회적 공연

풀이 알렉산더는 가치를 전 사회로 일반화하는 집합 의례가 결과가 정해지지 않은 '과정'이라고 보았다. 또 사회적 공연은 공연의 요소들을 융합하는 과정이라고 하였다. <보기>에 제시된 사회적 공연은 A시에 한정된 것으로 전 사회적 일반화가 이루어지지 않았으며, A시 내에서도 소각장 유치에 대하여 찬성파와 반대파의 합의가 이루어지지 않고 있다. 따라서 공연 요소들의 융합이나 가치의 일반화가 일어났다고 보기 어렵다.

→ 적절하지 않음!

**③ 출신 지역과 나이로 분화된 관객이 배우로 직접 나서고 있군.**

근거 <보기>-5 집회에 참여하지 않았던 사람들도 의견이 갈려 토박이와 노인은 반대 운동에, 이주민과 젊은이는 찬성 운동에 적극 참여하였다.

풀이 집회에 참여하지 않았던 사람들, 즉 관객이었던 사람들 중 토박이와 노인은 반대 운동에, 이주민과 젊은이는 찬성 운동에 적극 참여하여 배우로 직접 나서고 있다. 이들은 출신 지역에 따라 토박이와 이주민으로, 나이에 따라 노인과 젊은이로 각각 분화되어 반대와 찬성 입장에 서고 있다.

→ 적절함!

④ **상징적 생산 수단과 사회적 권력이 공연의 전국적 전파를 막으려 하는군.**

근거 〈보기〉-6~7 중앙 언론은 이 사건이 지역 내 현상이라며 아예 보도하지 않았다. 반대파는 반대 운동을 전국적으로 알리기 위해 서울에 가서 집회를 하려 했지만 경찰이 허가를 내 주지 않았다.

풀이 상징적 생산 수단인 중앙 언론과 사회적 권력인 경찰은 각각 해당 집회를 보도하지 않고, 반대 운동 집회를 허가하지 않고 있다. 이를 통해 이들 상징적 생산 수단과 사회적 권력이 이 사회적 공연의 전국적 전파를 막으려 하고 있음을 알 수 있다.

→ 적절함!

⑤ **배우들이 지역 경제 발전에는 동의하면서도 서로 다른 대본을 가지고 공연을 수행하는군.**

근거 〈보기〉-4 반대파는 지역 경제 발전에는 찬성하지만 소각장이 환경을 오염시킨다며 철회할 것을 요구

풀이 소각장 유치에 대한 찬성파와 반대파 모두 지역 경제 발전에는 찬성하고 있지만, 소각장 유치에 대해서는 찬성과 반대의 서로 다른 입장을 가지고 있다. 따라서 배우들이 지역 경제 발전에는 동의하면서도 서로 다른 대본을 가지고 공연을 수행한다고 볼 수 있다.

→ 적절함!

**[145~148] 다음 글을 읽고 물음에 답하시오.**

1 [1]현대 사회에서 지식의 중요성이 커지면서 기업에서도 지식 경영을 강조하는 목소리가 높다. [2]지식 경영은 기업 경쟁력의 원천(源泉, 바탕)이 조직적인 학습과 혁신(革新, 묵은 것을 버리고 새롭게 하는) 능력, 즉 기업의 지적 역량(力量, 능력)에 있다고 보아 지식의 활용과 창조를 강조하는 경영 전략이다.

→ 지식 경영의 개념

2 [1]지식 경영론 중에는 마이클 폴라니의 '암묵지(暗 어둡다 암 默 잠잠하다 묵 知 지식 지)' 개념을 활용하는 경우가 많다. [2]폴라니는 명확하게 표현되지 않고 주체에게 체화된(體化-, 몸에 배어서 자기 것이 된) 암묵지 개념을 통해 모든 지식이 지적 활동의 주체인 인간과 분리될 수 없다는 것을 강조했다. [3]그에 따르면 우리의 일상적 지각뿐만 아니라 고도의 과학적 지식도 지적 활동의 주체가 몸담고 있는 구체적인 현실로부터 유리된(遊離-, 동떨어진) 것이 아니다. [4]어떤 지각 활동이나 관찰, 추론 활동에도 우리의 몸이나 관찰 도구, 지적 수단이 항상 수반되고(隨伴-, 따르게 되고) 그에 의해 이러한 활동이 암묵적으로(暗默的-, 겉으로 드러나지 않고) 영향을 받기 때문이다. [5]요컨대 모든 지식에는 암묵적 요소들과 이들을 하나로 통합하는 '인간적 행위'가 전제되어 있다는 것이다. [6]"우리는 우리가 말할 수 있는 것보다 훨씬 더 많이 알고 있다."라는 폴라니의 말은 모든 지식이 암묵지에 기초하고 있음을 강조한다.

→ 마이클 폴라니의 '암묵지' 개념

3 [1]노나카 이쿠지로는 지식에 대한 폴라니의 탐구를 실용적으로 응용하여 지식 경영론을 펼쳤다. [2]그는 폴라니의 '암묵지'를 신체 감각, 상상 속 이미지, 지적 관심 등과 같이 객관적으로 표현하기 어려운 주관적 지식으로 파악했다. [3]또한 '명시지(明 밝다 명 示 보이다 시 知 지식 지)'를 문서나 데이터베이스 등에 담긴 지식과 같이 객관적이고 논리적으로 형식화된 지식으로 파악하고, 이것이 암묵지에 비해 상대적으로 지식의 공유 가능성이 높다고 보았다.

→ 노나카 이쿠지로의 지식 경영론 : '암묵지'와 '명시지'

4 [1]암묵지와 명시지의 분류에 기초하여, 노나카는 개인, 집단, 조직 수준에서 이루어지는 지식 변환 과정을 네 가지로 유형화하였다. [2]암묵지가 전달되어 타자(他者, 다른 사람)의 암묵지로 변환되는 것은 대면(對面, 얼굴을 마주보고 대하는) 접촉을 통한 모방과 개인의 숙련(熟鍊, 연습을 많이 해 능숙하게 익히는) 노력에 의해 이루어지는 것으로서 '공동화'라 한다. [3]암묵지에서 명시지로의 변환은 암묵적 요소 중 일부가 형식화되어(形式化-, 형식으로 나타나) 객관화되는 것으로서 '표출화'라 한다. [4]또 명시지들을 결합하여 새로운 명시지를 형성하는 것은 '연결화'라 하고, 명시지가 숙련 노력에 의해 암묵지로 전환되는 것은 '내면화'라 한다. [5]노나카는 이러한 변환 과정이 원활하게 일어나 기업의 지적 역량이 강화되도록 기업의 조직 구조도 혁신되어야 한다고 주장하였다.

→ 지식 변환 과정의 유형

5 [1]이러한 주장대로 지식 경영이 실현되기 위해서는 지식 공유 과정에 대한 구성원들의 참여가 전제되어야(前提-, 먼저 이루어져야) 한다. [2]하지만 인간에게 체화된 무형의 지식을 공유하는 것은 쉬운 일이 아니다. [3]단순한 정보와 유용한 지식을 구분하기도 쉽지 않고, 이를 계량화하여(計量化-, 수량화하여) 평가하는 것도 어렵다. [4]따라서 지식 경영의 성패는 지식의 성격에 대한 정확한 이해에 기초하여 구성원들이 지식 공유와 확산 과정에 자발적으로(自發的-, 스스로 나서서) 참여하도록 하는 방안을 마련하는 것에 달려 있다고 할 수 있다.

→ 지식 경영의 실현 및 성패 요건

■지문 이해

**〈폴라니의 암묵지 개념을 활용한 노나카의 지식 경영론〉**

**❶ 지식 경영의 개념**

- 지식 경영 : 기업 경쟁력의 원천이 조직적인 학습과 혁신 능력(기업의 지적 역량)에 있다고 보아 지식의 활용과 창조를 강조하는 경영 전략

**❷ 마이클 폴라니의 '암묵지' 개념**

- 명확하게 표현되지 않고 주체에게 체화된 암묵지 개념을 통해 모든 지식이 지적 활동의 주체(인간)와 분리될 수 없음을 강조
- 일상적 지각, 고도의 과학적 지식은 지적 활동의 주체가 몸담고 있는 구체적인 현실로부터 유리된 것이 아님 → 모든 지식에는 암묵적 요소와 이를 하나로 통합하는 '인간적 행위'가 전제됨

**❸ 노나카 이쿠지로의 지식 경영론 : '암묵지'와 '명시지'**

- 지식에 대한 폴라니의 탐구를 실용적으로 응용함

| | 암묵지 | 명시지 |
|---|---|---|
| 개념 | 객관적으로 표현하기 어려운 주관적 지식 | 객관적이고 논리적으로 형식화된 지식, 상대적으로 지식 공유 가능성이 높음 |
| 예시 | 신체 감각, 상상 속 이미지, 지적 관심 등 | 문서, 데이터베이스 등 |

**❹ 지식 변환 과정의 유형**

- 노나카는 개인, 집단, 조직 수준에서 이루어지는 지식 변환 과정을 네 가지로 유형화함 → 기업의 조직 구조 혁신으로 이런 변환 과정이 원활하게 일어나야 함

| | |
|---|---|
| 공동화 | 암묵지가 전달되어 타자의 암묵지로 변환되는 것<br>대면 접촉을 통한 모방과 개인의 숙련 노력에 의해 이루어짐 |
| 표출화 | 암묵지에서 명시지로의 변환<br>암묵적 요소 중 일부가 형식화되어 객관화되는 것 |
| 연결화 | 명시지들을 결합하여 새로운 명시지를 형성하는 것 |
| 내면화 | 명시지가 숙련 노력에 의해 암묵지로 전환되는 것 |

**❺ 지식 경영의 실현 및 성패 요건**

- 지식 경영의 실현을 위해 지식 공유 과정에 대한 구성원의 참여가 전제되어야 함
- 지식의 성격에 대한 정확한 이해에 기초하여 구성원들이 지식 공유와 확산 과정에 자발적으로 참여하도록 하는 방안을 마련하는 것이 지식 경영의 성패를 좌우함

**145** | 글의 서술 방식 파악 - 적절한 것 고르기 2016학년도 수능B 21번 정답률 80% | 정답 ③

**윗글의 내용 전개에 대한 설명으로 가장 적절한 것은?**

풀이 윗글은 ❶문단에서 지식 경영의 개념을 간략히 소개하고, ❷문단과 ❸문단에서 지식에 대한 마이클 폴라니의 논의와 이를 바탕으로 한 노나카 이쿠지로의 지식 경영론을 각각 소개하고 있다. ❹문단에서는 지식 변환 과정의 네 가지 유형을 소개하고, ❺문단에서 지식 경영의 실현과 성패를 좌우하는 요건에 대해 이야기하며 글을 마무리하고 있다. 따라서 정답은 ③번이다.

① **지식의 성격이 변화된 원인을 분석하고 지식 경영론의 등장 배경을 탐색하고 있다.**

② **지식이 분리되어 가는 과정에 따른 지식 변환의 단계를 설명하고 지식 경영론의 문제점을 살펴보고 있다.**

Ⅱ 사회

③ 지식에 대한 논의에 기초하여 지식 경영론을 소개하고 지식 경영의 성패를 좌우하는 요건을 검토하고 있다.

→ 적절함!

④ 지식에 대한 견해의 변화 과정을 순차적으로 살펴보고 그에 대비되는 지식 경영론의 발전 과정을 소개하고 있다.

⑤ 지식에 대한 두 견해의 장단점을 비교하고 이를 바탕으로 지식 경영의 유용성을 새로운 시각에서 조명하고 있다.

**146** 세부 정보 이해 - 적절하지 않은 것 고르기 2016학년도 수능B 22번 정답률 90% 정답 ③

**윗글을 통해 알 수 있는 내용으로 적절하지 않은 것은?**

**① 폴라니는 고도로 형식화된 과학 지식도 암묵지를 기초로 하여 형성된다고 본다.**

근거 ❷-3 그(폴라니)에 따르면 우리의 일상적 지각뿐만 아니라 고도의 과학적 지식도 지적 활동의 주체가 몸담고 있는 구체적인 현실로부터 유리된 것이 아니다, ❷-6 모든 지식이 암묵지에 기초하고 있음을 강조

→ 적절함!

**② 폴라니는 지적 활동의 주체와 분리되어 독립된 객체로서 존재하는 지식은 없다고 본다.**

근거 ❷-2 폴라니는 명확하게 표현되지 않고 주체에게 체화된 암묵지 개념을 통해 모든 지식이 지적 활동의 주체인 인간과 분리될 수 없다는 것을 강조

→ 적절함!

**③ 노나카는 암묵지(명시지)가 그 속성 때문에 지식의 공유 가능성이 명시지(암묵지)에 비해 상대적으로 높다고 본다.**

근거 ❸-3 (노나카는) '명시지'를 문서나 데이터베이스 등에 담긴 지식과 같이 객관적이고 논리적으로 형식화된 지식으로 파악하고, 이것이 암묵지에 비해 상대적으로 지식의 공유 가능성이 높다고 보았다.

풀이 노나카의 입장에 따르면 지식의 공유 가능성이 상대적으로 높은 것은 '암묵지'가 아니라 '명시지'이다.

→ 적절하지 않음!

**④ 노나카의 지식 경영론은 지식이 원활하게 변환되도록 기업의 조직 구조가 재설계되어야(= 혁신되어야) 한다고 본다.**

근거 ❹-5 노나카는 이러한(네 가지로 유형화한 지식의) 변환 과정이 원활하게 일어나 기업의 지적 역량이 강화되도록 기업의 조직 구조도 혁신되어야 한다고 주장하였다.

→ 적절함!

**⑤ 폴라니는 지식에서 암묵지의 중요성을 강조하고, 노나카는 지식들 간의 변환 과정에 주목한다.**

근거 ❷-6 "우리는 우리가 말할 수 있는 것보다 훨씬 더 많이 알고 있다."라는 폴라니의 말은 모든 지식이 암묵지에 기초하고 있음을 강조, ❹-1 노나카는 개인, 집단, 조직 수준에서 이루어지는 지식 변환 과정을 네 가지로 유형화

→ 적절함!

**147** 구체적인 사례에 적용 - 적절한 것 고르기 2016학년도 수능B 23번 정답률 85% 정답 ③

**지식 변환의 사례에 대한 설명으로 가장 적절한 것은?**

▶ 지문 핵심 개념 정리

| 노나카의 '암묵지'와 '명시지' |
|---|
| • '암묵지' : 신체 감각, 상상 속 이미지, 지적 관심 등 객관적으로 표현이 어려운 주관적 지식(❸-2)<br>• '명시지' : 문서나 데이터베이스 등에 담긴 지식과 같이 객관적이고 논리적으로 형식화된 지식(❸-3) |

| 지식 변환 과정의 유형 |
|---|
| • 공동화 : 암묵지가 전달되어 타자의 암묵지로 변환되는 것<br>대면 접촉을 통한 모방과 개인의 숙련 노력에 의해 이루어짐(❹-2)<br>• 표출화 : 암묵지에서 명시지로의 변환<br>암묵적 요소 중 일부가 형식화되어 객관화되는 것(❹-3)<br>• 연결화 : 명시지들을 결합하여 새로운 명시지를 형성하는 것(❹-4)<br>• 내면화 : 명시지가 숙련 노력에 의해 암묵지로 전환되는 것(❹-4) |

**① A사의 직원이 자사 오토바이 동호회 회원들과 계속 접촉하여(대면 접촉을 통해 암묵지가 전달됨) 소비자들의 느낌을 *포착해 낸 것은 '연결화'(공동화)의 사례이다.** *捕捉-, 알아낸

풀이 직원과 회원들의 접촉을 통해 회원의 암묵지가 전달되어 직원의 암묵지로 변환되는 것은 '연결화'의 사례가 아니라 '공동화'의 사례이다.

→ 적절하지 않음!

**② B사가 자동차 부품 관련 특허 기술들(명시지)을 부문별로 재분류하고 이를 결합하여 신기술을 개발한(명시지들을 결합하여 새로운 명시지를 형성) 것은 '표출화'(연결화)의 사례이다.**

풀이 '명시지'인 기술을 재분류하고 결합하여 새로운 기술, 즉 새로운 '명시지'를 형성하는 것은 '표출화'의 사례가 아니라 '연결화'의 사례이다.

→ 적절하지 않음!

**③ C사의 직원이 경쟁 기업의 터치스크린 매뉴얼들(명시지)을 보고 제품을 실제로 반복 사용하여 감각적 지식을 획득한(명시지가 숙련 노력에 의해 암묵지로 전환) 것은 '내면화'의 사례이다.**

풀이 '명시지'인 매뉴얼을 숙련 노력으로 '암묵지'인 감각적 지식으로 전환한 것은 '내면화'의 사례이다.

→ 적절함!

**④ D사가 교재(명시지)로 항공기 조종 교육을 실시하고 직원들이 반복적인 시뮬레이션 학습을 통해 조종술에 능숙하게 된(명시지가 숙련 노력에 의해 암묵지로 전환) 것은 '연결화'(내면화)의 사례이다.**

풀이 '명시지'인 교재로 교육을 받고, 반복적인 학습을 통한 숙련 노력으로 조종술에 능숙하게 된 것은 '연결화'의 사례가 아니라 '내면화'의 사례이다.

→ 적절하지 않음!

**⑤ E사의 직원이 성공적인 제품 디자인들에 동물 형상이 반영되었음을 감지하고(암묵지) 장수하늘소의 몸체가 연상되는 청소기 디자인을 완성한(암묵적 요소 중 일부가 형식화되어 객관화됨) 것은 '공동화'(표출화)의 사례이다.**

풀이 '암묵지'인 감지를 통하여 형식화되고 객관화된 디자인을 완성한 것은 '공동화'의 사례가 아니라 '표출화'의 사례이다.

→ 적절하지 않음!

문제편 p.161

**148** | 자료 해석의 적절성 판단 - 적절하지 않은 것 고르기 2016학년도 수능B 24번 정답률 80% | 정답 ②

**윗글을 바탕으로 <보기>에 나타난 F사의 문제를 해결하기 위해 제시할 만한 방안으로 적절하지 않은 것은?** [3점]

| 보기 |

F사는 회사에 도움이 되는 지식의 산출을 독려하고(督勵-. 감독하며 격려하고) 이를 체계적인 지식 데이터베이스에 축적하였다. 보고서와 제안서 등의 가시적인(可視的-. 눈에 보이는) 지식의 산출(産出. 만들어냄)에 대해서는 보상했지만, 경험적 지식이나 창의적 아이디어 같은 무형의 지식에 대한 평가 및 보상 제도는 갖추지 않았다. 그 결과, 유용성이 낮은 제안서가 양산되었고(量産-. 많이 만들어졌고), 가시적인 지식을 산출하지 못하는 직원들의 회사에 대한 애착과 헌신은 감소했으며, 경험 많은 직원들이 퇴직할 때마다 해당 부서의 업무 공백이 발생했다.

(명시지를 중시함 / 암묵지를 중시하지 않음)

▶ 지문 핵심 개념 정리

| 마이클 폴라니의 '암묵지' 개념 |
| --- |
| • 마이클 폴라니의 '암묵지' : 명확하게 표현되지 않고 주체에게 체화된 암묵지 개념을 통해 모든 지식이 지적 활동의 주체인 인간과 분리될 수 없다는 것을 강조(❷–2)<br>→ 모든 지식이 암묵지에 기초하고 있음(❷–6) |

| 노나카의 '암묵지'와 '명시지' |
| --- |
| • '암묵지' : 신체 감각, 상상 속 이미지, 지적 관심 등 객관적으로 표현이 어려운 주관적 지식(❸–2)<br>• '명시지' : 문서나 데이터베이스 등에 담긴 지식과 같이 객관적이고 논리적으로 형식화된 지식. 암묵지에 비해 상대적으로 지식의 공유 가능성이 높음(❸–3) |

**풀이** <보기>의 F사는 명시지에 대한 시스템이나 평가 및 보상 제도는 잘 갖추고 있지만, 암묵지에 대한 시스템이나 평가 및 보상 제도를 잘 갖추지 못하여 여러 문제가 발생하였다. 이와 같은 문제를 해결하기 위해서는 암묵지에 대한 시스템과 평가 및 보상 제도를 새롭게 마련하고 재정비해야 한다. ①, ③, ④, ⑤번은 암묵지와 관련한 문제 해결 방안을 제시하고 있다. 그러나 ②번은 명시지와 관련한 문제 해결 방안으로, 이미 명시지에 대한 평가와 보상 제도를 갖추고 있는 F사의 문제를 해결하기 위한 방법으로 보기 어렵다. 따라서 정답은 ②번이다.

① (암묵지) **창의적 아이디어가 문서 형태로 표현되기 어려울 수 있음을 감안하여 다양한 의견 제안 방식을 마련할 필요가 있다.**

② (명시지) **직원들이 회사에서 사용할 논리적이고 형식화된 지식을 제안하도록 권장하고 이를 데이터베이스에 축적할 필요가 있다.** (명시지)

→ 적절하지 않음!

③ (암묵지) **숙련된 직원들의 노하우를 공유할 수 있도록 면대면 훈련 프로그램을 도입하여 집단적 업무 역량을 키울 필요가 있다.** (암묵지)

④ (암묵지) **직원들의 체화된 무형의 지식이 보상받을 수 있도록 평가 제도를 개선하여 회사에 대한 직원들의 헌신성을 높일 필요가 있다.**

⑤ (암묵지) **직원들 각자가 지닌 업무 경험과 기능을 존중하고 유·무형의 노력과 능력을 평가하기 위한 조직 문화와 동기 부여 시스템을 발전시킬 필요가 있다.** (명시지 + 암묵지)

**[149~152] 다음 글을 읽고 물음에 답하시오.**

1 [1]기술이 급속하게 발달함에 따라 인간의 삶은 더욱 여유롭고 의미 있는 것으로 될 것인가, 아니면 더욱 바쁘고 의미 없는 것으로 전락할(轉落-. 나쁜 상태가 됨) 것인가? [2]'사색(思 생각하다 사 索 찾다 색. 깊이 생각하고 이치를 따짐)적 삶'과 '활동적 삶'을 대비하여 사회 변화를 이해하는 방식은 이런 물음의 답을 구하는 데 도움이 된다.

→ 기술 발달에 따른 인간 삶의 변화에 대한 물음

2 [1]최초로 인간의 삶을 사색적 삶과 활동적 삶으로 구분한 사람은 아리스토텔레스이다. [2]그는 진리, 즐거움, 고귀함을 ⓐ 추구하는 사색적 삶의 영역이 생계를 위한 활동적 삶의 영역보다 상위에 있다고 보았다. [3]이러한(사색적 삶을 활동적 삶보다 중요하게 생각하는) 인식은 근대 이전의 오랜 역사 속에서 사회 질서의 기본 원리로 자리 잡아 왔다.

→ 사색적 삶을 중시한 근대 이전의 사회

3 [1]근대에 접어들어 과학 혁명과 청교도 윤리의 등장으로 활동적 삶과 사색적 삶에 대한 인식은 달라지기 시작했다. [2]16, 17 세기 과학 혁명으로 실험 정신과 경험적 지식이 중시되면서 사색적 삶의 영역에 속한 과학적 탐구와 활동적 삶의 영역에 속한 기술 사이의 거리가 좁혀졌다. [3]또한 직업을 신의 소명(召命. 특별한 목적을 위한 부름)으로 이해하고, 근면과 ⓑ 검약에 의한 개인의 성공을 구원의 징표(徵標. 증거)로 본 청교도 윤리는 생산 활동과 부의 축적에 대한 부정적 인식을 불식하는(拂拭-. 말끔히 떨어 없애는) 계기(契機. 결정적인 원인이나 기회)가 되었다. [4]이로써 활동적 삶과 사색적 삶이 대등한 위상(位相. 위치나 상태)을 갖게 된 것이다.

→ 근대에 대등한 위상을 갖게 된 활동적 삶과 사색적 삶

4 [1]18, 19 세기 산업 혁명을 계기로 활동적 삶은 사색적 삶보다 중요성이 더 커지게 되었다. [2]생산 기술에 과학적 지식이 ⓒ 응용되고 기계의 사용이 본격화되면서 기계의 속도에 기초하여 노동 규율(規律. 질서와 제도를 유지하기 위한 규칙)이 확립되었고, 인간의 삶은 시간적 규칙성을 따르도록 재조직되었다. [3]나아가 시간이 관리의 대상으로 부각되면서(浮刻-. 주목받는 문제로 나타나게 되면서) 시간-동작 연구를 통해 가장 효율적인 작업 동선(動線)(작업을 위해 움직이는 방향이나 자리를 나타낸 선)을 ⓓ 모색했던 테일러의 과학적 관리론은 20 세기 초부터 생산 활동을 합리적으로 조직하는 중요한 원리로 자리 잡았다. [4]이로써 두뇌에 의한 노동과 근육에 의한 노동이 분리되어 인간의 육체노동이 기계화되는 결과가 초래되었다.(招來-. 발생하게 되었다.) [5]또한 과학을 기술 개발에 활용하기 위한 시스템이 요구되어 공학, 경영학 등의 실용 학문과 산업체 연구소들이 출현하였다. [6]이는 전통적으로 사색적 삶의 영역에 속했던 진리 탐구마저 활동적 삶의 영역에 속하는 생산 활동의 논리에 ⓔ 포섭되었음을 단적으로 보여 준다.

→ 산업 혁명을 계기로 위상이 높아진 활동적 삶

5 [1]이처럼 산업 혁명 이후 기계 문명이 발달하고 그에 힘입어 자본주의 시장 메커니즘(mechanism. 작동 원리, 구조)이 사회를 전면적으로 지배하게 됨에 따라 근면과 속도가 강조되었다. [2]활동적 삶이 지나치게 강조된 데 대한 반작용(反作用. 반대의 움직임)으로, '의미 없는 부지런함'이 만연해진(蔓延-. 널리 퍼진) 세태(世態. 세상의 상태와 형편)에 대한 ㉠ 비판의 목소리가 나타나 성찰에 의한 사색적 삶의 중요성을 역설하기도(力說-. 강조하기도) 하였다.

→ 활동적 삶의 지나친 강조에 대한 비판

6 [1]이제 20 세기 말 정보화와 세계화를 계기로 시간적·공간적 거리가 압축되어 세계가 동시적 경험이 가능한 공간으로 인식되면서 인간의 삶은 이전과 크게 달라졌다. [2]기술의 비약적(飛躍的. 급격한) 발달로 의식주 등 생활의 기본 욕구는 충족되었지만, 현대인들은 더욱 다양해진 욕구와 성취 욕망을 충족하기 위해 스스로를 소진하고(消盡-. 다 써서 없애고) 있다. [3]경쟁이 세계로 확대됨에 따라 사람들이 타인과의 경쟁에서 이기는 동시에 자신의 능력을 극한으로(極限-. 도달할 수 있는 최고의 단계까지) 끌어올리기 위해 스스로를 끝없이 몰아세울 수밖에 없는 내면화된 강박증에 시달리고 있는 것이다. [4]결국 기술의 발달이 인간의 삶을 여유롭고 의미 있는 것으로 만들어 줄 것이라는 기대와 달리, 사색적 삶은 설 자리를 잃고 활동적인 삶이 폭주하게(暴注-. 감당하기 힘들 정도로 몰리게) 된 것이다.

→ 맹목적으로 활동적 삶을 추구하는 현대 사회

Ⅱ 사회

■지문 이해

〈기술 발달에 따른 사회 변화〉

**❶ 기술 발달에 따른 인간 삶의 변화에 대한 물음**

**❷ 사색적 삶을 중시한 근대 이전의 사회**

- 아리스토텔레스 : 사색적 삶과 활동적 삶을 구분, 사색적 삶의 영역이 활동적 삶의 영역보다 상위에 있다고 여김
  → 근대 이전 사회 질서의 기본 원리로 자리 잡음

**❸ 근대에 대등한 위상을 갖게 된 활동적 삶과 사색적 삶**

- 과학 혁명과 청교도 윤리의 등장으로 인해 인식이 달라짐
- 실험 정신과 경험적 지식이 중시되면서 사색적 삶과 활동적 삶의 거리가 좁혀짐
- 청교도 윤리 → 생산 활동과 부의 축적에 대한 긍정적 인식을 심어 줌
- 활동적 삶과 사색적 삶의 위상이 대등해짐

**❹ 산업 혁명을 계기로 위상이 높아진 활동적 삶**

- 산업 혁명으로 활동적 삶의 위상이 높아짐
- 기계 사용의 본격화 → 기계 속도에 의한 노동의 규율이 확립됨
- 시간-동작 연구 → 두뇌 노동과 근육 노동이 분리됨 → 육체노동의 기계화
- 과학을 기술 개발에 활용하기 위한 시스템이 요구됨
  → 공학, 경영학 등의 실용 학문과 산업체 연구소들이 출현
- 사색적 삶의 영역이던 진리 탐구가 활동적 삶의 영역에 포섭됨

**❺~❻ 맹목적으로 활동적 삶을 추구하는 현대 사회**

❺ 활동적 삶의 지나친 강조에 대한 비판
→ 성찰에 의한 사색적 삶의 중요성 역설

- 정보화와 세계화 → 다양한 욕구와 성취 욕망 충족을 위해 스스로를 소진함
- 경쟁의 확대 → 자신의 능력을 극한으로 끌어올리려는 강박증에 시달림
- 기술 발달은 사색적 삶보다 활동적 삶의 폭주라는 결과를 가져옴

| 149 | 세부 정보 이해 - 적절한 것 고르기 2016학년도 9월 모평B 21번 정답률 85% | 정답 ④ |
|---|---|---|

**윗글을 이해한 내용으로 가장 적절한 것은?**

① **아리스토텔레스는 생존을 위한 필요에서 비롯된 생산 활동이 사색적 삶보다 더 중요하다고 보았다.** (=활동적 삶 / 중요하지 않다고)

근거 ❷-2 그(아리스토텔레스)는 진리, 즐거움, 고귀함을 추구하는 사색적 삶의 영역이 생계를 위한 활동적 삶의 영역보다 상위에 있다고 보았다.

→ 적절하지 않음!

② **과학 혁명의 시대에는 활동적 삶의 위상이 사색적 삶의 위상보다 높았다.** (과 대등한 위상을 갖게 되었다)

근거 ❸-1 근대에 접어들어 과학 혁명과 청교도 윤리의 등장으로, ❸-4 활동적 삶과 사색적 삶이 대등한 위상을 갖게 된 것

→ 적절하지 않음!

③ **청교도 윤리는 성공과 부를 추구하는 태도에 대한 부정적인 인식을 심화시켰다.** (불식)

근거 ❸-3 청교도 윤리는 생산 활동과 부의 축적에 대한 부정적 인식을 불식하는 계기가 되었다.

→ 적절하지 않음!

④ **시간-동작 연구는 인간의 노동이 두뇌노동과 근육노동으로 분리되는 데 영향을 주었다.**

근거 ❹-3~4 시간-동작 연구를 통해 가장 효율적인 작업 동선(動線)을 모색했던 테일러의 과학적 관리론은 20 세기 초부터 생산 활동을 합리적으로 조직하는 중요한 원리로 자리 잡았다. 이로써 두뇌에 의한 노동과 근육에 의한 노동이 분리되어 인간의 육체노동이 기계화되는 결과가 초래되었다.

→ 적절함!

⑤ **공학, 경영학 등의 실용 학문은 기술을 과학에 활용하기 위해 출현했다.** (과학을 기술 개발에)

근거 ❹-5 과학을 기술 개발에 활용하기 위한 시스템이 요구되어 공학, 경영학 등의 실용 학문과 산업체 연구소들이 출현하였다.

풀이 기술을 과학에 활용하기 위한 것이 아니라 과학을 기술 개발에 활용하기 위한 것이다.

→ 적절하지 않음!

| 150 | 추론의 적절성 판단 - 적절한 것 고르기 2016학년도 9월 모평B 22번 정답률 85% | 정답 ③ |
|---|---|---|

**㉠의 내용과 가장 가까운 것은?**

㉠ 비판의 목소리

근거 ❺-2 활동적 삶이 지나치게 강조된 데 대한 반작용으로, '의미 없는 부지런함'이 만연해진 세태에 대한 비판의 목소리가 나타나 성찰에 의한 사색적 삶의 중요성을 역설하기도 하였다.

풀이 ㉠은 활동적 삶에 대한 비판이면서 성찰에 의한 사색적 삶을 중요시하는 의견이다.

① **기계 기술은 정신 기술처럼 가치 있으며, 산업 현장은 그 자체로 위대하고 만족스럽다.**

풀이 기계와 기술, 산업을 긍정적으로 생각하고 있으므로, 활동적 삶을 중요시하는 입장이다.

→ 적절하지 않음!

② **인간은 일하기 위해서 사는 것이며, 더 이상 할 일이 없다면 괴로움과 *질곡에 빠지고 말 것이다.** *桎梏, 자유를 갖지 못한 고통의 상태

풀이 '일하기 위한 삶'을 강조하고 있으므로, 활동적 삶을 중요시하는 입장이다.

→ 적절하지 않음!

③ **자극에 즉각적으로 반응하지 않고 여유롭게 삶의 의미를 되새기는 *사유의 방법을 배워야 한다.** *思惟, 생각

풀이 여유롭게 삶의 의미를 생각하는 방법을 배우는 것에 대해 이야기하고 있으므로, 사색적 삶을 중요시하는 입장이다.

→ 적절함!

④ ***나태는 녹이 스는 것처럼 사람을 쇠퇴하게 만들며 쇠퇴의 속도는 노동함으로써 지치는 것보다 훨씬 빠르다.** *懶怠, 게으름

풀이 '나태'는 여유로운 삶과 관련지을 수 있으며, 나태가 사람을 쇠퇴하게 만든다는 것은 사색적 삶보다 활동적 삶을 중요시하는 입장이다.

→ 적절하지 않음!

⑤ **인간은 기계이므로 인간의 행동, 언어, 사고, 감정, 습관, 신념 등은 모두 외적인 자극과 영향으로부터 생겨났다.**

풀이 인간을 기계라고 보아 인간의 사색적 활동을 부정하고 있으므로, 활동적 삶을 중요시하는 입장이다.

→ 적절하지 않음!

| 151 | 구체적인 상황에 적용 - 적절하지 않은 것 고르기 2016학년도 9월 모평B 23번 정답률 80% | 정답 ③ |
|---|---|---|

**〈보기〉를 바탕으로 윗글을 이해한 내용으로 적절하지 않은 것은?**

| 보 기 |

[1]20 세기 후반 이후의 '후근대 사회'를 '피로 사회'로 규정하는 견해가 있다. [2]이에 따르면 근대 사회가 '규율 사회'였음에 비해 후근대 사회는 '성과 사회'이다. [3]규율 사회가 외적 강제에 따라 인간이 수동적으로 움직이는 사회라면, 성과 사회는 성공을 향한 내적 유혹(욕망)에 따라 인간이 자발적으로 움직이는 사회이다. [4]과학 기술의 발달에 따라 결핍(缺乏, 부족함)이 해소되고 규율 사회의 강제가 약화된다고 해서 인간이 삶의 온전한 주체가 되는 사회가 도래하는(到來-, 닥쳐오는) 것은 아니다. [5]'더욱 생산적으로 되어야 한다.'는 자본주의 시스템의 근본적인 요구가 규율 사회에서 외적 강제에 의한 타자 착취(他者搾取, 다른 사람의 노동의 대가를 보상 없이 가로채는 것)를 통해 관철되었다면(貫徹-, 이루어졌다면), 성과 사회에서 그 요구는 내적 유혹에 의한 자기 착취를 통해 관철된다. [6]그 결과 피로는 현대인의 만성 질환(慢性疾患, 오래 끌고 잘 낫지 않는 병)이 되었다는 것이다. → 사회가 요구를 관철하는 방식만 달라졌을 뿐, 자본주의 시스템의 근본적 요구가 달라진 것은 아님

① **근대 사회에서 기계의 속도에 기초하여 확립된 노동 규율은 타자 착취를 위한 규율 사회의 외적 강제로 볼 수 있겠군.**

근거 ❹-2 기계의 속도에 기초하여 노동 규율이 확립, <보기>-5 규율 사회에서 외적 강제에 의한 타자 착취를 통해 관철

→ 적절함!

**② 자신의 능력을 극한으로 끌어올려야 한다는 현대인의 강박증은 피로 사회에서 일어나는 자기 착취의 한 단면으로 볼 수 있겠군.**

근거 ❻-3 자신의 능력을 극한으로 끌어올리기 위해 스스로를 끝없이 몰아세울 수밖에 없는 내면화된 강박증에 시달리고 있는 것, <보기>-1 20 세기 후반 이후의 '후근대 사회'를 '피로 사회'로 규정, <보기>-5 성과 사회에서 그(더욱 생산적으로 되어야 한다는) 요구는 내적 유혹에 의한 자기 착취를 통해 관철

→ 적절함!

**③ 정보화, 세계화에 따라 세계가 동시적 경험이 가능한 공간이 되면서 성과 사회에서는 자본주의 시스템의 근본적인 요구가 달라지는군.**

관철 방식이

근거 ❻-1 정보화와 세계화를 계기로 시간적·공간적 거리가 압축되어 세계가 동시적 경험이 가능한 공간으로 인식되면서 인간의 삶은 이전과 크게 달라졌다, ❻-2 현대인들은 더욱 다양해진 욕구와 성취 욕망을 충족하기 위해 스스로를 소진하고 있다, <보기>-5 자본주의 시스템의 근본적인 요구가 규율 사회에서 외적 강제에 의한 타자 착취를 통해 관철되었다면, 성과 사회에서 그 요구는 내적 유혹에 의한 자기 착취를 통해 관철

풀이 정보화와 세계화를 통해 세계가 동시적 경험이 가능한 공간으로 인식된 것은 적절한 설명이다. 그러나 성과 사회에서 자본주의 시스템의 근본적 요구가 달라진 것은 아니다. 규율 사회와 성과 사회 모두 자본주의 시스템의 근본적 요구는 동일하지만 '관철되는 방식'이 외적 강제에 의한 타자 착취에서 내적 유혹에 의한 자기 착취로 달라진 것이다.

→ 적절하지 않음!

**④ 기술의 발달에 따라 삶이 더 여유롭고 의미 있는 것이 될 것이라는 견해는 현대 사회를 피로 사회로 *포착하는 견해에 반하는 것이군.** *捕捉―. 알아차리는

근거 ❻-4 기술의 발달이 인간의 삶을 여유롭고 의미 있는 것으로 만들어 줄 것이라는 기대와 달리, 사색적 삶은 설 자리를 잃고 활동적인 삶이 폭주하게 된 것이다.

풀이 기술의 발달에 대한 긍정적인 견해는 현대 사회를 피로 사회로 보는 견해와 상반된 것이다.

→ 적절함!

**⑤ 다양해진 욕구와 성취 욕망을 충족하기 위해 자신을 소진하는 현대인의 행동은 성공적인 인간이 되기 위한 내적 유혹에 *기인한 것으로 볼 수 있겠군.** *起因―. 원인을 둔

근거 ❻-2 현대인들은 더욱 다양해진 욕구와 성취 욕망을 충족하기 위해 스스로를 소진, <보기>-3 성과 사회는 성공을 향한 내적 유혹에 따라 인간이 자발적으로 움직이는 사회, <보기>-5 성과 사회에서 그(더욱 생산적으로 되어야 한다는) 요구는 내적 유혹에 의한 자기 착취를 통해 관철

→ 적절함!

| 152 | 단어의 의미 파악 - 적절하지 않은 것 고르기 2016학년도 9월 모평B 24번<br>정답률 90% | 정답 ⑤ |
|---|---|---|

**ⓐ~ⓔ의 사전적 의미로 적절하지 않은 것은?**

ⓐ 추구　ⓑ 검약　ⓒ 응용　ⓓ 모색　ⓔ 포섭

**① ⓐ : 목적을 이룰 때까지 뒤좇아 구함.**

풀이 추구(追 따르다 추 求 구하다 구)는 '목적을 이룰 때까지 뒤좇아 구함'의 의미이다.

예문 개인은 저마다 개인의 행복을 추구하기 마련이다.

→ 적절함!

**② ⓑ : 돈이나 물건, 자원 따위를 낭비하지 않고 아껴 씀.**

풀이 검약(儉 검소하다 검 約 아끼다 약)은 '돈이나 물건, 자원 따위를 낭비하지 않고 아껴 씀'의 의미이다.

예문 그는 평소에 꾸준히 검약을 실행하여 평생 모은 전 재산을 사회단체에 기부하였다.

→ 적절함!

**③ ⓒ : 어떤 이론이나 지식을 다른 분야의 일에 적용하여 이용함.**

풀이 응용(應 응하다 응 用 쓰다 용)은 '어떤 이론이나 지식을 다른 분야의 일에 적용하여 이용함'의 의미이다.

예문 과학 지식을 실생활에 응용한 제품들이 전시되었다.

→ 적절함!

**④ ⓓ : 일이나 사건 따위를 해결할 수 있는 방법이나 실마리를 더듬어 찾음.**

풀이 모색(摸 찾다 모 索 찾다 색)은 '일이나 사건 따위를 해결할 수 있는 방법이나 실마리를 더듬어 찾음'의 의미이다.

예문 핵가족화로 나타나는 각종 사회 문제에 대한 해결책이 모색되고 있다.

→ 적절함!

**⑤ ⓔ : 어떤 대상을 너그럽게 감싸 주거나 받아들임.**

풀이 포섭(包 감싸다 포 攝 다스리다 섭)은 '상대편을 자기편으로 감싸 끌어들이다'의 의미이다. '어떤 대상을 너그럽게 감싸 주거나 받아들임'의 의미를 가진 단어는 '포섭'이 아니라 '포용(包 감싸다 포 容 받아들이다 용)'이다.

예문 신라는 백제와 고구려 유민을 포섭하여 당나라 군대를 물리쳤다.
그는 남을 너그럽게 포용할 줄 아는 사람이다.

→ 적절하지 않음!

**tip · 한병철, 『피로사회』**

▲『피로사회』 (한병철 지음, 김태환 옮김, 문학과지성사 펴냄) ©문학과지성사

한국 출신의 독일 철학자 한병철이 지은 『피로사회』는 출간과 동시에 놀라울 정도의 반응을 불러일으켜 큰 화제가 되었다.

이 책은 20 세기 후반 이후의 사회를 '성과사회'라고 부르고, 더 큰 성공을 위해 더 열심히 일하는 현대인들은 '자발적인 착취'를 당하게 된다고 하였다. 자기 자신을 착취하는 성과주체는 가해자인 동시에 피해자인 것이다.

성과주체는 자신의 능력과 성과를 통해 주체로서의 존재감을 확인하려 하고, 피로해진다. 또 스스로 세운 목표에 도달하지 못하면 좌절감과 우울증에 빠진다.

성과사회에서 '피로'는 능력의 감소로 이어지므로, 극복해야 할 대상일 뿐이다. 그러나 이 책에서는 피로한 자아는 성공을 위한 채찍질에서 벗어나 타자와의 관계를 회복할 수 있게 한다고 보고, '사색적 삶의 부활'을 통해 머뭇거리고, 분노하고, 심심해하고, 돌이켜 생각하면서 지나친 활동적 삶을 비판하고 치유하는 실천적 자아가 되어야 한다고 말한다.

**[153~156] 다음 글을 읽고 물음에 답하시오.**

1 [1]산업화(産業化. 손과 간단한 도구를 사용하는 소규모 생산 방식이 기계 설비를 사용하는 대규모 생산 방식으로 전환됨)에 따라 사회가 분화되고(分化―. 단순하던 것이 복잡해지고) 개인이 공동체적 유대(공동체를 이루는 관계, 연결)로부터 벗어나게 되는 현상을 '개체화'라고 한다. [2]울리히 벡과 지그문트 바우만은 현대의 개체화 현상을 사회적 위험 문제와 연관시켜(聯關―. 관련을 지어) 진단한 대표적인 학자들이다.

→ 현대의 개체화 현상과 대표적인 학자

2 [1]사실 사회 분화와 개체화는 자본주의적 산업화 이래로 지속된(자본주의적 산업화가 시작된 때부터 지금까지 오래 계속된) 현상이다. [2]그런데 20 세기 중반 이후부터는 세계화를 계기로 개체화 현상이 과거와는 질적으로 달라진 양상(様相. 모습)을 보여 주고 있다. [3]교통과 통신 수단의 발달에 따라 국경을 넘나드는(국가의 구분이 없이) 자본과 노동의 이동이 가속화되었고(加速化―. 빨라졌고), 개인에 대한 국가의 통제력도 현저하게(顯著―. 두드러지게) 약화되고 있다. [4]또한 전 세계적인 노동 시장의 유연화(임금, 고용, 정책 등 노동과 관련된 요소들이 필요에 따라 쉽게 조정되는 것) 경향에 따라 정규직과 비정규직, 생산직과 사무직 등 다양한 형태로 분절화된(分節化―. 나누어진) 노동자들이 이제는 계급적 연대 속에서 이해관계를 공유하지 못하게 되었다.(형태가 다양해진 만큼 각 집단의 이해관계가 달라지게 되었다.) [5]핵가족화(부부와 미혼 자녀로만 이루어진 소규모 가족) 추세(趨勢. 흐름)에 더하여 일인 가구가 급속도로 늘어나는 등 가족의 해체 현상도 많이 나타나고 있다. [6]벡과 바우만은 개체화의 이러한 가속화 추세에 대해서 인식의 차이를 보이지 않는다.(공통된 의견을 가지고 있다.)

→ 개체화에 대한 벡과 바우만의 공통점

3 [1]그런데 현대의 위기와 관련해서 그들이 개체화를 바라보는 시선은 사뭇 다르다.(벡과 바우만은 개체화에 대해 서로 다른 입장을 가지고 있다.) [2]먼저 벡은 과학 기술의 의도하지 않은 결과로 나타난 현대의 위기가 개체화와는 별개로 진행된 현상이라고 본다. [3]벡은 핵무기와 원전 누출 사고, 환경 재난 등 예측 불가능한 위험(과학 기술의 의도하지 않은 결과로 나타난 현대의 위기)이 현실화될 가능성이 있는데도 삶의 편의와 풍요를 위해 이를 ⓐ 방치(放置)함으로써 위험이 체계적이고도 항시적으로(恒時的―.

항상, 언제나) 존재하게 된 현대 사회를 ㉠ '위험 사회'라고 규정한 바 있다.(정의 내린 적이 있다.) [4]현대의 위험은 과거와 달리 국가와 계급을 가리지 않고(전 세계적, 전 인류적으로) 파괴적으로 영향을 미친다는 것이 벡의 관점이다. [5]그런데 벡은 현대인들이 개체화되어 있다는 바로 그 조건 때문에 오히려 전 지구적 위험에 의한 불안에 대응하기 위해 초계급적, 초국가적으로(세계적으로 누구나) ⓑ 연대(連帶)할 가능성이 있다고 보았다. [6]특히 벡은 그들이(현대인들이) 과학 기술의 발전뿐 아니라 그 파괴적 결과(위험성)까지 인식하여 대안(對案, 대처할 방법)을 모색하는(摸索-, 찾아가는) '성찰적 근대화'의 실천 주체(실천을 적극적으로 하는 입장)로서 일상생활에서의 요구를 모아 정치적으로 ⓒ 표출(表出)하는 등 행동에 나서야 한다고 주장한다.

→ 개체화에 대한 벡의 견해

4 [1]한편 바우만은 개체화된 개인들이 삶의 불확실성 속에서 생존을 모색하게 된 현대를 ㉡ '액체 시대'로 정의하였다. [2]현대인의 삶과 사회 전체가, 형체는 가변적이고(可變的-, 고정되지 않아 변할 수 있고) 흐르는 방향은 유동적인(流動的-, 흘러 움직이는) 액체와 같아졌다고 보았던 것이다. [3]그런데 그는 액체 시대라는 개념을 통해 핵 확산이나 환경 재앙 등 예측 불가능한 전 지구적 위험 요인의 항시적 존재만이 아니라 삶의 조건을 불확실하게 만드는(삶의 위험성과 불안함이 존재하는) 개체화 현상 자체를 위험 요인으로 본다는 점에서 벡과 달랐다. [4]바우만은 우선 세계화의 흐름 속에서 소수의 특권 계급을 제외한 대다수의 사람들이 무한 경쟁(無限競爭, 제한이나 한계가 없는 경쟁)에 내몰리고 빈부 격차에 따라(돈의 많고 적음에 따라) 생존 자체를 위협받는 등 잉여 인간(쓸모없는 존재)으로 ⓓ 전락(轉落)하고 있다고 본다. [5]그러나 그가 더 치명적으로(심각하게) 본 것은 협력의 고리를 찾지 못하게 된(이해관계의 차이로 인해서 유대 관계를 맺기 힘든) 현대인들이 개인 수준에서 위기에 대처해야 하는 상황에 빠져 버렸다는 점이다. [6]더구나 그는 위험에 대한 공포가 내면화되면(內面化-, 정신적·심리적으로 깊이 마음속에 자리 잡히게 되면) 사람들은 극복 의지도 잃고 공포로부터 도피하거나(逃避-, 도망가거나) 소극적 자기 방어 행동(공포에 맞서기보다는 피하려고만 하는 행동)에 ⓔ 몰두(沒頭)하게 된다고 보았다. [7]그렇기 때문에 바우만은 일상생활에서의 정치적 요구를 담은 실천 행위(적극적인 행위)도 개체화의 흐름에 놓여 있기 때문에 현대의 위기에 대한 해결책이 될 수 없다고 판단하고 있다.

→ 개체화에 대한 바우만의 견해

■지문 이해

**<현대의 개체화 현상>**

**❶ 현대의 개체화 현상과 대표적인 학자**

- 개체화 : 산업화로 인한 사회 분화, 개인이 공동체적 유대에서 벗어나는 현상
- 벡과 바우만은 현대의 개체화 현상을 사회적 위험 문제와 연관시켜 진단함

**❷ 개체화에 대한 벡과 바우만의 공통점**

- 벡과 바우만은 개체화의 가속화 추세에 대해 공통된 의견을 가짐
- 개체화의 가속화 요인 : 교통·통신의 발달로 인한 노동 및 자본 이동의 가속화, 개인에 대한 국가 통제력 약화, 노동 시장의 유연화로 인한 계급적 연대 내 이해관계 공유 불가, 핵가족화 및 1 인 가구 증가에 따른 가족 해체 현상

두 학자의 견해 비교

| ❸ 개체화에 대한 벡의 견해 | | ❹ 개체화에 대한 바우만의 견해 |
|---|---|---|
| • 위험 사회 : 현대 사회는 예측 불가능한 위험이 현실화될 가능성에도 삶의 편의와 풍요를 위해 위험을 방치하여 위험이 체계적, 항시적으로 존재함 | 현대 사회 규정 | • 액체 시대 : 개인들이 삶의 불확실성 속에서 생존을 모색함(삶이 가변적이고 유동적임) |
| • 현대의 위기는 과학 기술의 의도치 않은 결과 → 개체화 현상과는 별개의 현상 | 위험 요인 | • 삶의 조건을 불확실하게 만드는 개체화 현상 자체가 위험 요인 |
| • 전 지구적으로 파괴적인 영향을 미치기 때문에 위험에 대한 불안에 대응하고자 현대인들이 초국가적으로 연대할 가능성이 있음 | 위험에 대한 대처 | • 무한 경쟁 속에서 대다수의 사람들이 잉여 인간으로 전락 → 개인 수준에서 위기에 대처해야 함 |
| • 현대인은 성찰적 근대화를 통해 과학 기술의 발전과 파괴적 결과를 인식하고 대안을 모색함 | 대처 방향 | • 위험에 대한 공포의 내면화로 인해 극복 의지를 상실하고 소극적 자기 방어 행동에만 몰두함 |
| • 일상생활에서의 요구를 모은 정치적 행동의 표출이 필요함 | 정치적 요구 | • 정치적 요구를 담은 실천 행위도 개체화의 흐름 → 현대 위기에 대한 해결책이 아님 |

**153** | 글의 서술 방식 파악 - 적절한 것 고르기 2016학년도 6월 모평B 21번 정답률 90% | 정답 ③

**윗글의 논지 전개 방식으로 가장 적절한 것은?**

**① 개체화 현상의 다양한 양상들을 하나의 기준에 따라 분류하였다.**

풀이 개체화 현상을 정의하고 이에 대한 두 학자의 견해를 소개하고 있지만, 개체화 현상의 다양한 양상을 하나의 기준에 따라 분류하고 있지는 않다.

→ 적절하지 않음!

**② 개체화 현상에 대한 *통념을 비판하며 그 개념을 새롭게 규정하였다.** *通念, 사회적으로 널리 알려진 생각

풀이 개체화 현상에 대한 일반적인 통념은 나오지 않으며, 이에 대한 비판이나 새로운 규정 또한 나오지 않는다.

→ 적절하지 않음!

벡의 견해 / 바우만의 견해

**③ 개체화 현상에 대한 서로 다른 두 견해의 공통점과 차이점을 설명하였다.**

근거 ❷-6 벡과 바우만은 개체화의 이러한 가속화 추세에 대해서 인식의 차이를 보이지 않는다, ❸-1 그런데 현대의 위기와 관련해서 그들이 개체화를 바라보는 시선은 사뭇 다르다.

풀이 벡과 바우만은 '현대 사회에서 개체화 현상은 더욱 가속화될 것'이라는 점에서 공통된 의견을 보였지만, '위기와 관련한 개체화'에 대해서는 서로 다른 입장을 가지고 있다. 윗글은 이와 같은 두 학자의 견해의 공통점과 차이점을 설명하고 있다.

→ 적절함!

**④ 개체화 현상의 역사적 *기원에 대한 다양한 가설들의 한계와 의의를 평가하였다.**

*起源, 처음 생겨난 밑바탕

풀이 윗글에 개체화 현상이 생겨나게 된 역사적 배경은 나타나지 않으며, 다양한 가설도 제시하지 않았다.

→ 적절하지 않음!

**⑤ 개체화 현상에 대한 정의를 바탕으로 이와 유사한 사회적 개념들을 비교하였다.**

근거 ❶-1 산업화에 따라 사회가 분화되고 개인이 공동체적 유대로부터 벗어나게 되는 현상을 '개체화'라고 한다.

풀이 개체화에 대한 정의는 하고 있지만, 유사한 사회적 개념들과 비교하고 있지는 않다.

→ 적절하지 않음!

**154** | 추론의 적절성 판단 - 적절하지 않은 것 고르기 2016학년도 6월 모평B 22번 정답률 90% | 정답 ②

**현대의 개체화 현상에 대해 추론한 내용으로 적절하지 않은 것은?** [3점]

**① 노동자들이 계급적 동질성을 갖지 못하게 한다.**

근거 ❷-4 전 세계적인 노동 시장의 유연화 경향에 따라 정규직과 비정규직, 생산직과 사무직 등 다양한 형태로 분절화된 노동자들이 이제는 계급적 연대 속에서 이해관계를 공유하지 못하게 되었다.

→ 적절함!

약화 / 강화

**② 국가의 통제력 강화를 통해 개인의 자율성 약화를 초래한다.**

근거 ❷-3 개인에 대한 국가의 통제력도 현저하게 약화되고 있다.

풀이 현대의 개체화 현상으로 인해 개인에 대한 국가의 통제력이 약화되었고, 이에 따라 자본·노동 이동의 가속화, 노동 시장의 유연화, 가족 해체의 증가 등 개인의 자율성이 강화되는 현상이 초래되었다.

→ 적절하지 않음!

**③ 개인의 *거주 공간이 가족 공동의 거주 공간에서 분리되는 추세도 포함한다.** *居住空間, 머물러 사는 일정한 장소

근거 ❷-5 핵가족화 추세에 더하여 일인 가구가 급속도로 늘어나는 등 가족의 해체 현상도 많이 나타나고 있다.

초계급적, 초국가적 연대

→ 적절함!

**④ 벡의 관점에서는 현대인들로 하여금 새로운 방식의 유대를 *모색하게 하는 조건이다.** *摸索-, 방법이나 실마리를 찾게

근거 ❸-5 벡은 현대인들이 개체화되어 있다는 바로 그 조건 때문에 오히려 전 지구적 위험에 의한 불안에 대응하기 위해 초계급적, 초국가적으로 연대(連帶)할 가능성이 있다고 보았다.

→ 적절함!

⑤ **바우만의 관점에서는 현대인들로 하여금 서로 연대하기 어렵게 하는 위험 요인이다.**

근거 ④-3 (바우만은) 삶의 조건을 불확실하게 만드는 개체화 현상 자체를 위험 요인으로 본다는 점에서 벡과 달랐다.

→ 적절함!

| 155 | 핵심 개념 이해 - 적절하지 않은 것 고르기 2016학년도 6월 모평B 23번 정답률 85% | 정답 ③ |
|---|---|---|

**㉠과 ㉡에 대한 이해로 적절하지 않은 것은?**

㉠'위험 사회' ㉡'액체 시대'

| ▶ ㉠(위험 사회)과 ㉡(액체 시대) 비교 | ㉠ | ㉡ |
|---|---|---|
| 위험 요소의 성격이 과거와 달라진 현대 사회의 특성을 드러냄 | ○ | |
| 현대 사회의 불확실성을 강조하기 위해 물체의 속성에서 유추하여 사회에 적용함 | | ○ |
| 인간관계의 유연한 확장 가능성을 비관적으로 봄 | | ○ |
| 재난의 현실화 가능성이 일상화되어 있다는 점을 전제함 | ○ | ○ |
| 위험의 공간적 범위가 전 지구적으로 확장되어 있음을 내포함 | ○ | ○ |

① **㉠은 위험 요소의 성격이 과거와 달라진 현대 사회의 특성을 드러내기 위한 개념이다.**

근거 ③-3 벡은 핵무기와 원전 누출 사고, 환경 재난 등 예측 불가능한 위험이 현실화될 가능성이 있는데도 삶의 편의와 풍요를 위해 이를 방치(放置)함으로써 위험이 체계적이고도 항시적으로 존재하게 된 현대 사회를 '위험 사회'라고 규정한 바 있다.

→ 적절함!

② **㉡은 현대 사회의 불확실성을 강조하기 위해 물체의 속성에서 유추하여 사회에 적용한 개념이다.**

근거 ④-2 현대인의 삶과 사회 전체가, 형체는 가변적이고 흐르는 방향은 유동적인 액체와 같아졌다고 보았던 것이다.

→ 적절함!

③ **㉠과 ㉡은 모두 인간관계의 유연한 확장 가능성을 비관적으로 보는 개념이다.**

근거 ③-5 벡은 현대인들이 개체화되어 있다는 바로 그 조건 때문에 오히려 전 지구적 위험에 의한 불안에 대응하기 위해 초계급적, 초국가적으로 연대(連帶)할 가능성이 있다고 보았다, ④-6 (바우만은) 위험에 대한 공포가 내면화되면 사람들은 극복 의지도 잃고 공포로부터 도피하거나 소극적 자기 방어 행동에 몰두(沒頭)하게 된다고 보았다.

풀이 벡은 인간관계의 유연한 확장 가능성을 긍정적으로 보고 있지만, 바우만은 그렇지 않다.

→ 적절하지 않음!

④ **㉠과 ㉡은 모두 재난의 현실화 가능성이 일상화되어 있다는 점을 전제로 하는 개념이다.**

근거 ③-3 (벡은) 위험이 체계적이고도 항시적으로 존재하게 된 현대 사회를 '위험 사회'라고 규정, ④-3 (바우만은) 액체 시대라는 개념을 통해 핵 확산이나 환경 재앙 등 예측 불가능한 전 지구적 위험 요인의 항시적 존재만이 아니라 삶의 조건을 불확실하게 만드는 개체화 현상 자체를 위험 요인으로 본다

→ 적절함!

⑤ **㉠과 ㉡은 모두 위험의 공간적 범위가 전 지구적으로 확장되어 있음을 내포하는 개념이다.**

근거 ③-4 현대의 위험은 과거와 달리 국가와 계급을 가리지 않고 파괴적으로 영향을 미친다는 것이 벡의 관점, ④-3 핵 확산이나 환경 재앙 등 예측 불가능한 전 지구적 위험 요인의 항시적 존재

→ 적절함!

| 156 | 단어의 의미 파악 - 적절하지 않은 것 고르기 2016학년도 6월 모평B 24번 정답률 95% | 정답 ① |
|---|---|---|

**ⓐ~ⓔ의 사전적 의미로 적절하지 않은 것은?**

ⓐ 방치(放置) ⓑ 연대(連帶) ⓒ 표출(表出) ⓓ 전락(轉落) ⓔ 몰두(沒頭)

① **ⓐ : 쫓아내거나 몰아냄.**

풀이 '방치(放 놓다 방 置 두다 치)'는 '내버려 둠'의 의미이다. '쫓아내거나 몰아냄'의 의미를 가진 단어는 '방치'가 아니라 '축출(逐 쫓아내다 축 出 내쫓다 출)'이다.

예문 고장난 문을 고치지 않고 그 상태로 방치해 두었더니 열 때마다 삐거덕거렸다.

→ 적절하지 않음!

② **ⓑ : 여럿이 함께 무슨 일을 하거나 함께 책임을 짐.**

풀이 '연대(連 잇닿다 연 帶 띠 대)'는 '여럿이 함께 무슨 일을 하거나 함께 책임을 짐'의 의미이다.

예문 이 사업은 관련 업체와 연대가 잘 이루어져야만 성공할 수 있다.

→ 적절함!

③ **ⓒ : 겉으로 나타냄.**

풀이 '표출(表 겉 표 出 나타나다 출)'은 '겉으로 나타냄'의 의미이다.

예문 전쟁은 가장 노골적인 적대감의 표출이다.

→ 적절함!

④ **ⓓ : 나쁜 상태나 타락한 상태에 빠짐.**

풀이 '전락(轉 구르다 전 落 떨어지다 락)'은 '나쁜 상태나 타락한 상태에 빠짐'의 의미이다.

예문 그는 사기꾼으로 전락하고 말았다.
양반들한테 농토를 빼앗긴 농민들은 소작인으로 전락하고 말았다.

→ 적절함!

⑤ **ⓔ : 어떤 일에 온 정신을 다 기울여 열중함.**

풀이 '몰두(沒 가라앉다 몰 頭 머리 두)'는 '어떤 일에 온 정신을 다 기울여 열중함'의 의미이다.

예문 형은 자신의 미래에 대한 계획에만 몰두하고 있었다.

→ 적절함!

**[157~160] 다음 글을 읽고 물음에 답하시오.**

1 [1]사회 이론은 사회 구조나 사회적 상호 작용을 연구하는 이론들을 통칭한다.(通稱-, 공통으로 이른다.) [2]사회 이론은 과학적 방법을 적용하면서도 연구 대상뿐 아니라 이론 자체가 사회 상황이나 역사적 조건에 긴밀히 연관된다는 특징을 지닌다. [3]19 세기의 시민 사회론을 이야기할 때 그 시대를 함께 살펴보게 되는 것도 바로 이와 같은 이유 때문이다.

→ 사회 이론에 대한 설명

2 [1]시민 사회라는 용어는 17 세기에 등장했지만, 19 세기 초에 이를 국가와 구분하여 개념적으로 정교화한(精巧化-, 정교하고 치밀하게 만든) 인물이 헤겔이다. [2]그가 활동하던 시기에 유럽의 후진국인 프러시아에는 절대주의 시대의 잔재(殘滓, 과거의 낡은 사고방식이나 생활 양식의 찌꺼기)가 아직 남아 있었다. [3]산업 자본주의도 미성숙했던 때여서, 산업화를 추진하고 자본가들을 육성하며 심각한 빈부 격차나 계급 갈등 등의 사회 문제를 해결해야 하는 시대적 과제가 있었다. [4]그는 사익(私益, 개인의 이익)의 극대화(極大化, 아주 크게 함)가 국부(國富)(국가의 재산)를 증대해 준다는 점(늘려 준다는 점)에서 공리주의를 긍정했으나, 그것이 시민 사회 내에서 개인들의 무한한 사익 추구가 일으키는 빈부 격차나 계급 갈등을 해결할 수는 없다고 보았다. [5]그는 시민 사회가 개인들이 사적 욕구를 추구하며 살아가는 생활 영역이자 그 욕구를 사회적 의존 관계 속에서 추구하게 하는 공동체적 윤리성의 영역이어야 한다고 생각했다. [6]특히 시민 사회 내에서 사익 조정과 공익 실현에 기여하는 ㉠ 직업 단체와 복지 및 치안 문제를 해결하는 복지 행정 조직의 역할을 설정하면서, 이 두 기구가 시민 사회를 이상적인 국가로 이끌 연결 고리가 될 것으로 기대했다. [7]하지만 빈곤과 계급 갈등은 시민 사회 내에서 근원적으로 해결될 수 없는 것이었다. [8]따라서 그는 국가

를 사회 문제를 해결하고 공적 질서를 확립할 최종 주체로 설정하면서 시민 사회가 국가에 협력해야 한다고 생각했다.

→ 헤겔의 시민 사회론

**3** [1]한편 1789년 프랑스 혁명 이후 프랑스 사회는 혁명을 이끌었던 계몽주의자들의 기대와는 다른 모습을 보이고 있었다. [2]사회는 사익을 추구하는 파편화된(破片化-, 연결되지 않고 각각 따로 떨어진) 개인들의 각축장(角逐場, 서로 이기려고 다투고 있는 곳)이 되어 있었고 빈부 격차와 계급 갈등은 격화된(激化-, 격렬해진) 상태였다. [3]이러한 혼란을 극복하기 위해 노동자 단체와 고용주 단체 모두를 불법으로 규정한 르 샤플리에 법이 1791년부터 약 90 년간 시행되었으나, 이 법은 분출되는 사익의 추구를 억제하지도 못하면서 오히려 프랑스 시민 사회를 극도로 위축시켰다. [4]뒤르켐은 이러한 상황을 아노미, 곧 무규범 상태(규칙이나 질서가 없는 상태)로 파악하고 최대 다수의 최대 행복을 표방하는 공리주의가 사실은 개인의 이기심을 전제로 하고 있기에 아노미를 조장할(助長-, 더 심해지도록 부추길) 뿐이라고 생각했다. [5]그는 사익을 조정하고 공익과 공동체적 연대를 실현할 도덕적 개인주의의 규범에 주목하면서, 이를 수행할 주체로서 ㉡ 직업 단체의 역할을 강조하였다. [6]국가의 역할을 강조한 헤겔의 영향을 받았음에도 불구하고, 뒤르켐은 직업 단체가 정치적 중간 집단으로서 구성원의 이해관계를 국가에 전달하는 한편 국가를 견제해야 한다고 보았던 것이다.

사례 ②

→ 뒤르켐의 시민 사회론

**4** [1]헤겔과 뒤르켐은 시민 사회를 배경으로 직업 단체의 역할과 기능을 연구했다는 공통점이 있었다. [2]하지만 직업 단체에 대한 두 사람의 생각은 달랐다. [3]이러한 차이는 두 학자의 시민 사회론이 철저하게 시대의 산물이라는 점을 보여 준다. [4]이들의 이론은 과학적 연구로서 객관적으로 타당하다는 평가를 받기도 하지만, 이론이 갖는 객관적 속성은 그 이론이 마주 선 현실의 문제 상황이나 이론가의 주관적인 문제의식으로부터 근본적으로 자유로울 수는 없는 것이다.

논지 정리 주제 명료화

→ 시대의 산물인 시민 사회론

■지문 이해

〈시대의 산물인, 헤겔과 뒤르켐의 시민 사회론〉

| ❶ 사회 이론에 대한 설명 |
|---|
| • 사회 이론 : 사회 구조나 사회적 상호 작용을 연구하는 이론<br>• 과학적 방법을 적용하면서도 사회 상황이나 역사적 조건에 긴밀히 연관됨<br>→ 19 세기의 시민 사회론은 그 시대와 함께 살펴봐야 함 |

| ❷ 헤겔의 시민 사회론 | ❸ 뒤르켐의 시민 사회론 |
|---|---|
| • 시대(프러시아)<br>- 절대주의 시대의 잔재 존재<br>- 산업화 추진, 자본가 육성, 빈부 격차와 계급 갈등 등의 사회 문제<br>• 헤겔의 주장<br>- 공리주의를 긍정하지만, 공리주의가 빈부 격차, 계급 갈등을 해결할 수 없음<br>- 시민 사회는 개인의 생활 영역이자 공동체적 윤리성의 영역, 직업 단체와 복지 행정 조직의 역할을 중시<br>- 빈곤과 계급 갈등은 시민 사회 내에서 완전히 해결될 수 없음<br>- 따라서 국가는 사회 문제를 해결하고 공적 질서를 확립할 최종 주체, 시민 사회는 국가에 협력해야 함 | • 시대(프랑스 혁명 이후)<br>- 사익을 추구하는 개인들의 각축장<br>- 빈부 격차와 계급 갈등 격화<br>- 르 샤플리에 법은 오히려 시민 사회를 극도로 위축시킴<br>• 뒤르켐의 주장<br>- 공리주의는 아노미를 조장<br>- 사익을 조정하고 공익과 공동체적 연대를 실현할 도덕적 개인주의의 규범에 주목하며 직업 단체의 역할을 강조<br>- 국가의 역할을 강조한 헤겔의 영향을 받았지만, 직업 단체가 정치적 중간 집단으로서 구성원의 이해관계를 국가에 전달하면서도 국가를 견제해야 한다고 보았음 |

| ❹ 시대의 산물인 시민 사회론 |
|---|
| • 헤겔과 뒤르켐 이론에는 공통점이 있으나, 직업 단체에 대한 생각에 차이가 있음<br>→ 두 학자의 시민 사회론은 시대의 산물<br>• 사회 이론은 현실의 문제 상황, 이론가의 주관적인 문제의식으로부터 근본적으로 자유로울 수 없음 |

1등급 문제

**157** | 글의 서술 방식 파악 - 적절한 것 고르기 2015학년도 수능B 21번 | 정답률 40%, 매력적 오답 ④ 20% ⑤ 35% | **정답 ①**

### 윗글의 내용 전개 방식에 대한 설명으로 가장 적절한 것은?

**근거** ❶-2~3 사회 이론은 과학적 방법을 적용하면서도 연구 대상뿐 아니라 이론 자체가 사회 상황이나 역사적 조건에 긴밀히 연관된다는 특징을 지닌다. 19 세기의 시민 사회론을 이야기할 때 그 시대를 함께 살펴보게 되는 것도 바로 이와 같은 이유 때문이다, ❷-6 (헤겔은) 시민 사회 내에서 사익 조정과 공익 실현에 기여하는 직업 단체와 복지 및 치안 문제를 해결하는 복지 행정 조직의 역할을 설정하면서, 이 두 기구가 시민 사회를 이상적인 국가로 이끌 연결 고리가 될 것으로 기대했다, ❸-5 그(뒤르켐)는 사익을 조정하고 공익과 공동체적 연대를 실현할 도덕적 개인주의의 규범에 주목하면서, 이를 수행할 주체로서 직업 단체의 역할을 강조하였다, ❹-4 이들(헤겔과 뒤르켐)의 이론은 과학적 연구로서 객관적으로 타당하다는 평가를 받기도 하지만, 이론이 갖는 객관적 속성은 그 이론이 마주 선 현실의 문제 상황이나 이론가의 주관적인 문제의식으로부터 근본적으로 자유로울 수는 없는 것

**풀이** ❶문단에서 사회 이론은 시대와 긴밀히 연관된다는 논지를 제시하고, ❷문단과 ❸문단에서 각각 헤겔과 뒤르켐의 시민 사회론을 예시로 들어 논지를 검토한다. 마지막으로 ❹문단에서 논지를 정리해 주제를 명료화한다. 따라서 정답은 ①번이다.

❶-2

**① 논지를 제시한 후, 대표적인 사례를 검토하는 과정을 통해 주제를 *명료화하고 있다.**

*明瞭化-, 뚜렷하고 분명하게 하고 ① 헤겔 ② 뒤르켐 ❹문단

→ 적절함!

**② 화제를 소개한 후, 예외적인 사례를 *배제하는 과정을 통해 주제를 일반화하고 있다.**

*排除-, 받아들이지 않고 제외하는

**③ 주장을 제시한 후, 예상되는 *반증 사례를 검토하는 과정을 통해 주제를 강화하고 있다.** *反證, 어떤 사실이나 주장이 옳지 않다는 증거

**④ 쟁점을 *도출한 후, 각 주장의 근거 사례를 비교 평가하는 과정을 통해 주제를 **정당화하고 있다.** *導出-, 이끌어 낸 **正當化-, 이치에 맞아 올바르고 마땅한 것으로 만들고

**⑤ 주제를 제시한 후, 동일한 사례를 다른 관점에서 분석하는 과정을 통해 주제를 초점화하고 있다.**

**158** | 세부 정보 이해 - 적절하지 않은 것 고르기 2015학년도 수능B 22번 | 정답률 90% | **정답 ②**

### 윗글을 통해 알 수 있는 내용으로 적절하지 않은 것은?

**① 19 세기 초 프러시아에는 절대주의의 잔재와 미성숙한 산업 자본주의가 *혼재하였다.** *混在-, 뒤섞여 있었다.

**근거** ❷-2~3 유럽의 후진국인 프러시아에는 절대주의 시대의 잔재가 아직 남아 있었다. 산업 자본주의도 미성숙했던 때

→ 적절함!

와 빈부 격차와 계급 갈등이 격화된

**② 프랑스 혁명 후 수십 년간 프랑스는 개인들의 사익 추구가 불가능한 상황이었다.**

**근거** ❸-1~2 한편 1789년 프랑스 혁명 이후 프랑스 사회는 혁명을 이끌었던 계몽주의자들의 기대와는 다른 모습을 보이고 있었다. 사회는 사익을 추구하는 파편화된 개인들의 각축장이 되어 있었고 빈부 격차와 계급 갈등은 격화된 상태였다.

→ 적절하지 않음!

**③ 헤겔은 국가를 빈곤 문제나 계급 갈등과 같은 사회 문제를 해결할 최종 주체라고 생각하였다.**

**근거** ❷-8 따라서 그(헤겔)는 국가를 사회 문제를 해결하고 공적 질서를 확립할 최종 주체로 설정

→ 적절함!

**④ 뒤르켐은 혁명 이후의 프랑스 사회를 이기적 욕망이 조정되지 않은 아노미 상태로 보았다.**

**근거** ❸-4 뒤르켐은 이러한 상황(혁명 이후 프랑스 사회의 상황)을 아노미, 곧 무규범 상태로 파악

→ 적절함!

빈부 격차나 계급 갈등

**⑤ 헤겔과 뒤르켐은 공리주의가 시민 사회의 문제를 해결하지 못할 것으로 보았다.**

**근거** ❷-4 그(헤겔)는 사익의 극대화가 국부(國富)를 증대해 준다는 점에서 공리주의를 긍정했으나, 그것이 시민 사회 내에서 개인들의 무한한 사익 추구가 일으키는 빈부 격차나 계급 갈등을 해결할 수는 없다고 보았다, ❸-4 뒤르켐은 이러한 상황을 아노

미, 곧 무규범 상태로 파악하고 최대 다수의 최대 행복을 표방하는 공리주의가 사실은 개인의 이기심을 전제로 하고 있기에 아노미를 조장할 뿐이라고 생각

→ 적절함!

**159** 핵심 개념 이해 - 적절한 것 고르기 2015학년도 수능B 23번 정답률 85% 정답 ①

**㉠과 ㉡의 공통점으로 가장 적절한 것은?**

㉠ (헤겔의) 직업 단체 ㉡ (뒤르켐의) 직업 단체

| ▶ ㉠((헤겔의) 직업 단체)과 ㉡((뒤르켐의) 직업 단체) 비교 | ㉠ | ㉡ |
|---|---|---|
| 사익을 조정하고 공익 실현을 추구 | ○ | ○ |
| 국가를 견제하는 정치적 기능을 수행 | | ○ |
| 치안 및 복지 문제 해결의 기능을 담당 | | |
| 공리주의를 억제하고 도덕적 개인주의를 수용 | | ○ |
| 시민 사회 외부에서 국가와의 연결 고리로 작용 | | |

근거 ❷-6 (헤겔은) 특히 시민 사회 내에서 사익 조정과 공익 실현에 기여하는 직업 단체와 복지 및 치안 문제를 해결하는 복지 행정 조직의 역할을 설정, ❸-5 그(뒤르켐)는 사익을 조정하고 공익과 공동체적 연대를 실현할 도덕적 개인주의의 규범에 주목하면서, 이를 수행할 주체로서 직업 단체의 역할을 강조, ❸-6 뒤르켐은 직업 단체가 정치적 중간 집단으로서 구성원의 이해관계를 국가에 전달하는 한편 국가를 견제

**① 사익을 조정하고 공익 실현을 추구한다.**
→ 적절함!

**② 국가를 견제하는 정치적 기능을 수행한다.**

**③ 치안 및 복지 문제 해결의 기능을 담당한다.**

**④ 공리주의를 억제하고 도덕적 개인주의를 수용한다.**

**⑤ 시민 사회 외부에서 국가와의 연결 고리로 작용한다.**

**160** 추론의 적절성 판단 - 적절한 것 고르기 2015학년도 수능B 24번 정답률 85% 정답 ⑤

**윗글의 글쓴이의 관점으로 가장 적절한 것은?**

**① 사회 문제에 대해서는 과학적 연구를 수행할 수 없다.**

근거 ❶-2 사회 이론은 과학적 방법을 적용하면서도 연구 대상뿐 아니라 이론 자체가 사회 상황이나 역사적 조건에 긴밀히 연관된다는 특징

→ 적절하지 않음!

**② 객관적 사회 이론은 이론가의 주관적 문제의식과 무관하다.** (으로부터 자유로울 수 없다)

근거 ❹-4 이론이 갖는 객관적 속성은 그 이론이 마주 선 현실의 문제 상황이나 이론가의 주관적인 문제의식으로부터 근본적으로 자유로울 수는 없는 것

→ 적절하지 않음!

**③ 시·공간을 넘어 보편타당하게 적용할 수 있는 객관적 사회 이론이 성립할 수 있다.** (성립하기 힘들다)

근거 ❶-2 사회 이론은 과학적 방법을 적용하면서도 연구 대상뿐 아니라 이론 자체가 사회 상황이나 역사적 조건에 긴밀히 연관된다는 특징, ❹-4 이론이 갖는 객관적 속성은 그 이론이 마주 선 현실의 문제 상황이나 이론가의 주관적인 문제의식으로부터 근본적으로 자유로울 수는 없는 것

풀이 사회 이론은 시대 상황, 역사적 조건, 이론가의 주관적 문제의식 등과 긴밀하게 연관되어 있기에 시·공간을 넘어 보편타당하게 적용할 수 있는 객관적 사회 이론은 성립하기 힘들다.

→ 적절하지 않음!

**④ 과학적 연구 방법에 *의거한 사회 이론은 사회 현실의 문제 상황과 무관하게 성립할 수 있다.** *依據-, 근거한

근거 ❶-2 사회 이론은 과학적 방법을 적용하면서도 연구 대상뿐 아니라 이론 자체가 사회 상황이나 역사적 조건에 긴밀히 연관된다는 특징, ❹-4 이들(헤겔과 뒤르켐)의 이론은 과학적 연구로서 객관적으로 타당하다는 평가를 받기도 하지만, 이론이 갖는 객관적 속성은 그 이론이 마주 선 현실의 문제 상황이나 이론가의 주관적인 문제의식으로부터 근본적으로 자유로울 수는 없는 것

→ 적절하지 않음!

**⑤ 사회 이론을 이해하는 데에는 그 이론이 만들어진 당시의 시대적 배경에 대한 이해가 도움이 된다.** (사회 상황, 역사적 조건)

근거 ❶-2~3 사회 이론은 과학적 방법을 적용하면서도 연구 대상뿐 아니라 이론 자체가 사회 상황이나 역사적 조건에 긴밀히 연관된다는 특징을 지닌다. 19 세기의 시민 사회론을 이야기할 때 그 시대를 함께 살펴보게 되는 것도 바로 이와 같은 이유 때문이다.

→ 적절함!

**[161~164] 다음 글을 읽고 물음에 답하시오.**

1 [1]대부분의 민주주의 국가에서 국민은 자신의 대표자를 뽑아 국정의 운영(나라의 정치)을 맡기는 제도를 채택하고 있다. [2]그런데 여기에는 국민과 대표자 사이의 관계와 관련하여 근대 정치의 고전적인 딜레마(dilemma,두 가지 선택의 길에서 어느 쪽을 선택해도 바람직하지 못한 결과가 나오는 곤란한 상황)가 내포되어 있다. [3]가령 입법안(법을 만들기 위해 맨 처음 대강 하여 낸 계획)을 둘러싸고 국회의원과 소속 지역구 주민들의 생각이 다르다고 가정해 보자. [4]누구의 의사를 우선하는 것이 옳을까?

→ 근대 정치의 고전적인 딜레마

2 [1]우리 헌법 제1조 제2항은 "대한민국의 주권은 국민에게 있고, 모든 권력은 국민으로부터 나온다."라고 규정하고 있다. [2]이 규정은 국가의 모든 권력의 행사가 주권자인 국민의 뜻에 따라 이루어져야 한다는 의미로 해석할 수 있다. [3]따라서 국회의원은 지역구 주민의 뜻에 따라 입법해야 한다고 생각하는 사람이 있다면, 그는 이 조항에서 근거를 ⓐ 찾으면 될 것이다. [4]이 주장에서와 같이 대표자가 자신의 권한을 국민의 뜻에 따라 행사해야(行使-, 행동으로 옮겨야) 한다고 할 때 그런 대표 방식을 ㉠ 명령적 위임 방식이라 한다. [5]명령적 위임 방식에서는 민주주의의 본래 의미(국민이 권력을 가지고 그 권력을 국민이 행사)가 충실하게 실현될 수 있으나, 현실적으로 표출된(表出-, 드러난) 국민의 뜻이 국가 전체의 이익과 다를 경우 바람직하지 않은 결과(국가 전체의 이익보다 국민의 뜻에 따라서만 행사하는 결과)가 초래될 수 있다.

→ 명령적 위임 방식의 특징

3 [1]한편 우리 헌법은 "입법권은 국회에 속한다."(제40조), "국회의원은 국가 이익을 우선하여 양심에 따라 직무를 행한다."(제46조 제2항)라고 규정하고 있다. [2]이 규정은, 입법권이 국회에 속하는 이상 입법은 국회의원의 생각에 따라야 한다(국회의원은 소신대로 행동할 수 있다)는 뜻이다. [3]이 규정의 목적은 국회의원 각자가 현실적으로 표출된 국민의 뜻보다는 국가 이익을 고려하도록 하는 데 있다. [4]이에 따르면 국회의원은 소속 정당의 지시에도 반드시 따를 필요는 없다. [5]이와 같이 대표자가 소신에 따라 자유롭게 결정할 수 있도록 하는 대표 방식을 ㉡ 자유 위임 방식이라고 부른다. [6]자유 위임 방식에서는 구체적인 국가 의사 결정은 대표자에게 맡기고, 국민은 대표자 선출권을 통해 간접적으로 대표자를 통제한다. [7]국회의원의 모든 권한은 국민이 갖는 이 대표자 선출권에 근거하기 때문에 자유 위임 방식은 헌법 제1조 제2항에도 모순되지 않는다.(권력이 국민으로부터 나오는 상황에 어긋나지 않는다.) [8]우리나라는 기본적으로 이 후자의 입장(자유 위임 방식)을 취하고 있다.

→ 자유 위임 방식의 특징

4 [1]그러나 자유 위임 방식에서는 국민이 대표자를 구체적인 사안에서 직접적으로 통제하지 못하기 때문에 국민과 대표자 사이의 신뢰 관계가 약화되어 민주주의의 원래 의미가 퇴색될(退色-, 희미해지거나 볼품없이 됨) 우려가 있다.(대표자가 국민의 뜻을 따르지 않고 권력을 행사할 수도 있다.) [2]극단적으로는 대표자가 사적 이익을 추구하는 데 권한을 남용하더라도(濫用-, 권리나 권한 등을 본래의 목적이나 범위를 벗어나 함부로 행사하더라도) 제재할 수단이 없게 된다. [3]이런 문제점(민주주의의 의미가 퇴색함)을 보완하기 위해 국가에 따라서는 국가의 의사 결정에 국민이 직접 참여하거나 대표자를 직접 통제할 수 있는 ㉮ 직접 민주주의적 제도를 부분적으로 도입하기도 한다.

→ 자유 위임 방식의 단점과 보완 방법

■지문 이해

〈명령적 위임 방식과 자유 위임 방식의 개념과 특징〉

**❶ 근대 정치의 고전적인 딜레마**
- 입법안을 둘러싸고 국회의원과 소속 지역구 주민들의 생각이 다를 경우 누구의 의사를 우선시해야 하는가?

**의사 결정 방식**

| ❷ 명령적 위임 방식 | ❸ 자유 위임 방식 |
|---|---|
| • 국가의 모든 권력의 행사가 주권자인 국민의 뜻에 따라 이루어져야 함 → 국회의원은 지역구 주민의 뜻에 따라 입법<br>• 민주주의의 본래 의미가 충실하게 실현<br>• 국민의 뜻이 국가 전체의 이익과 다를 경우 바람직하지 않은 결과가 초래될 수 있음 | • 입법은 국회의원의 생각에 따라야 함<br>• 국회의원은 국민의 뜻보다 국가의 이익을 고려<br>• 대표자가 구체적인 의사 결정, 국민은 대표자 선출권으로 간접적인 통제 |

**❹ 자유 위임 방식의 단점과 보완 방법**
- 국민과 대표자의 신뢰 관계가 약화되어 민주주의의 의미가 퇴색될 우려
- 대표자의 권력 남용을 제재할 수 없음 → 직접 민주주의적 제도를 부분적으로 도입

| 161 | 글의 서술 방식 파악 - 적절한 것 고르기 2013학년도 6월 모평 47번<br>정답률 90% | 정답 ① |
|---|---|---|

**윗글의 전개 방식으로 가장 적절한 것은?**

근거 ❷-5 명령적 위임 방식에서는 민주주의의 본래 의미가 충실하게 실현될 수 있으나, 현실적으로 표출된 국민의 뜻이 국가 전체의 이익과 다를 경우 바람직하지 않은 결과가 초래, ❸-5 대표자가 소신에 따라 자유롭게 결정할 수 있도록 하는 대표 방식을 자유 위임 방식, ❹-1 자유 위임 방식에서는 국민이 대표자를 구체적인 사안에서 직접적으로 통제하지 못하기 때문에 국민과 대표자 사이의 신뢰 관계가 약화되어 민주주의의 원래 의미가 퇴색될 우려

풀이 명령적 위임 방식과 자유 위임 방식의 특징과 장단점을 제시하고 있다.

명령적 위임 방식 / 자유 위임 방식

**① 두 견해의 특징과 장단점을 제시하고 있다.**

→ 적절함!

**② 두 견해를 시간적 순서에 따라 설명하고 있다.**

**③ 두 견해가 서로 인과 관계에 있음을 논증하고 있다.**

**④ 두 견해의 공통점을 부각하여 논지를 강화하고 있다.**

**⑤ 한 견해의 관점에서 일관되게 다른 견해를 비판하고 있다.**

| 162 | 구체적인 상황에 적용 - 적절한 것 고르기 2013학년도 6월 모평 48번<br>정답률 75% | 정답 ⑤ |
|---|---|---|

**〈보기〉의 상황에 ㉠, ㉡을 적용할 때, 타당한 것은?** [3점]

㉠ 명령적 위임 방식 ㉡ 자유 위임 방식

| 보기 |
어떤 나라의 의회 의원인 A는 법안 X의 의회 표결을 앞두고 있는데, 소속 지역구 주민들은 법안 X가 지역 경제에 심대한 타격이 되리라는 우려에서 A에게 법안 X에 반대하도록 요구하고 있다. (→ 지역구 주민의 뜻)

▶지문 핵심 개념 정리

**의사 결정의 방식**

| 명령적 위임 방식 | 자유 위임 방식 |
|---|---|
| • 국가의 모든 권력의 행사가 주권자인 국민의 뜻에 따라 이루어져야 한다는 생각에 근거(❷-2)<br>• 국회의원은 지역구 주민의 뜻에 따라 입법(❷-3)<br>• 민주주의의 본래 의미가 충실하게 실현, 국민의 뜻이 국가 전체의 이익과 다를 경우 바람직하지 않은 결과 초래(❷-5) | • 입법은 국회의원의 생각에 따라야 함(❸-2)<br>• 국민의 뜻보다는 국가 이익을 고려(❸-3)<br>• 소속 정당의 지시에도 반드시 따를 필요가 없음(❸-4)<br>• 대표자가 소신에 따라 자유롭게 결정(❸-5)<br>• 구체적인 국가 의사 결정은 대표자, 국민은 대표자 선출권을 통해 간접적으로 대표자 통제(❸-6) |

**① ㉠: A는 국가 이익에 도움이 된다고 확신할 때는 X에 찬성할 수 있다.**

풀이 명령적 위임 방식에서는 주민들의 의견대로 의사 결정이 이루어지기 때문에 A는 X에 반대해야 한다.

→ 적절하지 않음!

= X에 반대 / 더라도 법안 X에 반대해야 한다

**② ㉠: A는 지역구 주민의 의사가 자신의 소신과 다르다면 기권해야 한다.**

풀이 명령적 위임 방식에서는 주민들의 의견대로 의사 결정을 해야 하기 때문에, A는 자신의 소신과 다르더라도 기권을 해서는 안 되고, X에 반대를 해야 한다.

→ 적절하지 않음!

소신에 따라 자유롭게 결정할 수 있다

**③ ㉡: A는 반대하기로 선거 공약을 했다면 X에 반대해야 한다.**

풀이 자유 위임 방식에서는 대표자가 소신대로 의사 결정할 수 있다.

→ 적절하지 않음!

지시에 반드시 따를 필요가 없다

**④ ㉡: A는 소속 정당의 당론이 찬성 의견이라면 X에 찬성해야 한다.**

풀이 자유 위임 방식에서는 소속 정당의 지시를 따르지 않아도 된다.

→ 적절하지 않음!

= 소신에 따라 자유롭게 결정할 수 있다

**⑤ ㉡: A는 지역구 주민들의 우려가 타당하더라도 X에 찬성할 수 있다.**

풀이 자유 위임 방식에서는 지역구 주민들의 뜻과 다르더라도 대표자의 소신에 따라 결정할 수 있다.

→ 적절함!

| 163 | 핵심 개념 이해 - 적절하지 않은 것 고르기 2013학년도 6월 모평 49번<br>정답률 65%, 매력적 오답 ③ 15% | 정답 ④ |
|---|---|---|

**㉮에 대한 설명으로 적절하지 않은 것은?**

㉮ 직접 민주주의적 제도

= 부분적으로 도입하기도 한다

**① 자유 위임 방식을 채택한 국가에서 ㉮의 도입은 선택적이다.**

근거 ❹-3 직접 민주주의적 제도를 부분적으로 도입하기도 한다.

→ 적절함!

=국가의 의사 결정에 국민이 직접 참여

② **법률안 등을 국민이 투표로 직접 결정하는 제도는 ㉮에 해당한다.**

근거 ❹-3 국가의 의사 결정에 국민이 직접 참여하거나 대표자를 직접 통제할 수 있는 직접 민주주의적 제도

→ 적절함!

국가 전체의 이익과 국민의 뜻이 다를 때 바람직하지 않은 결과가 나올 수 있다

③ **명령적 위임 방식에서 나타나는 문제점이 ㉮를 도입할 때에도 나타날 수 있다.**

근거 ❷-5 민주주의의 본래 의미가 충실하게 실현될 수 있으나, 현실적으로 표출된 국민의 뜻이 국가 전체의 이익과 다를 경우 바람직하지 않은 결과가 초래

풀이 국민이 직접 국가 의사 결정에 참여하는 직접 민주주의에서도 국민의 뜻과 국가 전체 이익이 다를 경우 명령적 위임 방식에서와 같은 문제가 발생할 수 있다.

→ 적절함!

들이 국가의 의사 결정에 직접 참여, 통제하는

④ **일정 연령에 도달한 국민에게 차별 없이 대표자 선출권을 부여하는 제도는 ㉮에 해당한다.**

근거 ❸-6 자유 위임 방식에서는 구체적인 국가 의사 결정은 대표자에게 맡기고, 국민은 대표자 선출권을 통해 간접적으로 대표자를 통제, ❹-3 국가의 의사 결정에 국민이 직접 참여하거나 대표자를 직접 통제할 수 있는 직접 민주주의적 제도

풀이 대표자 선출권을 통해 간접적으로 대표자를 통제하는 것은 '자유 위임 방식'이다. 직접 민주주의적 제도에서는 국민이 국가 의사 결정에 직접 참여하거나 대표자를 직접 통제한다.

→ 적절하지 않음!

⑤ **㉮의 도입은 국민과 대표자 사이의 신뢰 관계가 약화될 수 있다는 문제점을 보완하려는 것이다.**

자유 위임 방식의 문제점

근거 ❹-1 국민과 대표자 사이의 신뢰 관계가 약화되어 민주주의의 원래 의미가 퇴색될 우려, ❹-3 이런 문제점을 보완하기 위해 국가에 따라서는 국가의 의사 결정에 국민이 직접 참여하거나 대표자를 직접 통제할 수 있는 직접 민주주의적 제도를 부분적으로 도입

→ 적절함!

**164** 문맥적 의미 파악 - 적절한 것 고르기 2013학년도 6월 모평 50번 정답률 80% | 정답 ①

### ⓐ의 문맥적 의미와 가장 가까운 것은?

ⓐ 찾으면

풀이 ⓐ의 '찾으면'은 '모르는 것을 알아내고 밝혀내려고 애쓰다' 또는 '그것을 알아내고 밝혀내다'의 의미이다.

① **누나가 문제 해결의 실마리를 찾았습니다.**

풀이 '문제 해결 방법을 알아내고 밝혀내다'의 의미이다.

→ 적절함!

② **아버지는 이 약을 복용하고 생기를 찾았습니다.**

풀이 '원래 상태를 회복하다'의 의미이다.

→ 적절하지 않음!

③ **그는 잃어버린 권리를 찾기 위한 활동을 계속했다.**

풀이 '잃거나 빼앗긴 것을 돌려받아 갖게 되다'의 의미이다.

→ 적절하지 않음!

④ **형은 자신의 적성에 맞는 직업을 찾으려 노력했다.**

풀이 '현재 주변에 없는 것을 얻기 위해 여기저기 뒤지거나 살피다'의 의미이다.

→ 적절하지 않음!

⑤ **그들은 자신의 안일과 이익만을 찾다가 화를 입었다.**

풀이 '어떤 것을 구하다'의 의미이다.

→ 적절하지 않음!

## [165~166] 다음 글을 읽고 물음에 답하시오.

**1** [1]어떤 경제 주체(經濟主體, 경제 활동을 하는 주된 사람이나 단체, 기업)의 행위가 자신과 거래하지 않는 제3자에게 의도하지 않게 이익이나 손해를 주는 것을 '외부성'이라 한다. [2]과수원의 과일 생산이 인접한(隣接-, 이웃한) 양봉업자(養蜂業者, 꿀을 얻기 위해 벌을 기르는 사람)에게 벌꿀 생산과 관련한 이익을 준다든지, ㉠ 공장의 제품 생산이 강물을 오염시켜 주민들에게 피해를 주는 것 등이 대표적인 사례이다.

→ '외부성'의 개념

**2** [1]외부성은 사회 전체로 보면 이익이 극대화되지 않는 비효율성(非效率性, 들인 노력에 비해 결과가 만족스럽지 않음)을 초래할(招來-, 어떤 결과를 가져올) 수 있다. [2]개별 경제 주체가 제3자의 이익이나 손해까지 고려하여(考慮-, 생각하고 헤아려) 행동하지는 않을 것이기 때문이다. [3]예를 들어,

[A] 과수원의 이윤을 극대화하는 생산량이 $Q_a$라고 할 때, 생산량을 $Q_a$보다 늘리면 과수원의 이윤(利潤, 장사 따위를 하여 남은 돈)은 줄어든다. [4]하지만 이로 인한 과수원의 이윤 감소보다 양봉업자의 이윤 증가가 더 크다면, 생산량을 $Q_a$보다 늘리는 것이 사회적으로 바람직하다.

[5]하지만 과수원이 자발적으로(自發的-, 자기 스스로) 양봉업자의 이익까지 고려하여 생산량을 $Q_a$보다 늘릴 이유는 없다.

→ 외부성이 초래할 수 있는 비효율성

**3** [1]전통적인 경제학은 이러한 비효율성의 해결책이 보조금이나 벌금과 같은 정부의 개입이라고 생각한다. [2]보조금을 받거나 벌금을 내게 되면 제3자에게 주는 이익이나 손해가 더 이상 자신의 이익과 무관하지 않게 되므로, 자신의 이익에 충실한 선택이 사회적으로 바람직한 결과로 이어진다는 것이다.

→ 전통적 경제학에서의 비효율성 해결책

**4** [1]그러나 전통적인 경제학은 모든 시장 거래와 정부 개입에 시간과 노력, 즉 비용이 든다는 점을 간과하고(看過-, 큰 관심 없이 봐 넘기고) 있다. [2]외부성은 이익이나 손해에 관한 협상이 너무 어려워 거래가 일어나지 못하는 경우이므로, 보조금이나 벌금뿐만 아니라 협상을 쉽게 해 주는 법과 규제(規制, 규칙이나 규정에 의하여 일정한 한도를 정함)도 해결책이 될 수 있다. [3]어떤 방식이든, 정부 개입은 비효율성을 줄이는 측면도 있지만 개입에 드는 비용으로 인해 비효율성을 늘리는 측면도 있다.

→ 정부 개입을 통한 해결책의 한계

■지문 이해

**<외부성으로 인한 비효율성의 문제>**

❶ '외부성'의 개념
- 어떤 경제 주체의 행위가 자신과 거래하지 않는 제3자에게 의도하지 않게 이익이나 손해를 주는 것

❷ 외부성이 초래할 수 있는 비효율성
- 개별 경제 주체가 제3자의 이익이나 손해까지 고려하여 행동하지 않음 → 사회 전체로 보면 이익이 극대화되지 않는 비효율성을 초래

❸ 전통적 경제학에서의 비효율성 해결책
- 전통적인 경제학의 비효율성 해결책 : 보조금, 벌금 등 정부의 개입
- 보조금을 받거나 벌금을 내게 되면 제3자에게 주는 이익이나 손해가 더 이상 자신의 이익과 무관하지 않게 됨 → 자신의 이익에 충실한 선택이 사회적으로 바람직한 결과로 이어짐

❹ 정부 개입을 통한 해결책의 한계
- 전통적인 경제학은 모든 시장 거래와 정부 개입에 비용(시간, 노력)이 든다는 점을 간과
- 외부성은 이익 / 손해에 관한 협상이 너무 어려워 거래가 일어나지 못하는 경우임 → 보조금, 벌금뿐 아니라 협상을 쉽게 해 주는 법, 규제도 해결책이 될 수 있음
- 정부 개입에 드는 비용으로 인해 비효율성을 늘리는 측면도 있음

165 | 세부 정보 이해 - 적절하지 않은 것 고르기 2012학년도 수능 29번
정답률 75%, 매력적 오답 ④ 10% | 정답 ②

**윗글의 내용에 대한 이해로 적절하지 않은 것은?**

= 제3자의 이익이나 손해를 고려
**① 개별 경제 주체는 사회 전체가 아니라 자신의 이익을 기준으로 행동한다.**

근거 ❷-2 개별 경제 주체가 제3자의 이익이나 손해까지 고려하여 행동하지는 않을 것
→ 적절함!

할 수도 있다
**② 제3자에게 이익을 주는 외부성은 사회 전체적으로 비효율성을 초래하지 않는다.**

근거 ❷-1 외부성은 사회 전체로 보면 이익이 극대화되지 않는 비효율성을 초래할 수 있다.
→ 적절하지 않음!

**③ 전통적인 경제학은 보조금을 지급하거나 벌금을 부과하는 데 따르는 비용을 고려하지 않는다.**
= 간과하고 있다

근거 ❸-1 보조금이나 벌금과 같은 정부의 개입, ❹-1 전통적인 경제학은 모든 시장 거래와 정부 개입에 시간과 노력, 즉 비용이 든다는 점을 간과
→ 적절함!

**④ 사회 전체적으로 보아 이익을 더 늘릴 여지가 있다면 그 사회는 사회적 효율성이 충족된 것이 아니다.**
= 이익이 극대화되지 않으면 = 비효율성이 초래된다

근거 ❷-1 외부성은 사회 전체로 보면 이익이 극대화되지 않는 비효율성을 초래할 수 있다.
→ 적절함!

**⑤ 이익이나 손해를 주고받는 당사자들 사이에 그 손익에 관한 거래가 이루어지는 경우는 외부성에 해당되지 않는다.**
= 이익이나 손해

근거 ❹-2 외부성은 이익이나 손해에 관한 협상이 너무 어려워 거래가 일어나지 못하는 경우 ← 당사자들 사이에 손익에 대한 거래가 이루어지는 경우는 외부성이 아님
→ 적절함!

166 | 구체적인 사례에 적용 - 적절한 것 고르기 2012학년도 수능 30번
정답률 65%, 매력적 오답 ⑤ 15% | 정답 ①

**㉠의 사례를 [A]처럼 설명할 때, <보기>의 ㉮~㉰에 들어갈 말로 옳은 것은?**

㉠ 공장의 제품 생산이 강물을 오염시켜 주민들에게 피해를 주는 것 : 외부성
(경제 주체의 행위 / 제3자에게 의도하지 않게 손해를 줌)

| 보기 |
공장의 이윤을 극대화하는 생산량이 $Q_b$라고 할 때, 생산량을 $Q_b$보다 ( ㉮ ) 공장의 이윤은 줄어든다. 하지만 이로 인한 공장의 이윤 감소보다 주민들의 피해 감소가 더 ( ㉯ ), 생산량을 $Q_b$보다 ( ㉰ ) 것이 사회적으로 바람직하다.

▶ 지문 핵심 개념 정리

| 외부성 | 어떤 경제 주체의 행위가 자신과 거래하지 않는 제3자에게 의도하지 않게 이익이나 손해를 주는 것(❶-1) |
|---|---|
| 외부성의 비효율성 | 개별 경제 주체가 제3자의 이익이나 손해까지 고려하여 행동하지 않음 → 사회 전체로 보면 이익이 극대화되지 않는 비효율성을 초래(❷-1~2) |

근거 ❷-3~4 과수원의 이윤을 극대화하는 생산량이 $Q_a$라고 할 때, 생산량을 $Q_a$보다 늘리면 과수원의 이윤은 줄어든다. 하지만 이로 인한 과수원의 이윤 감소보다 양봉업자의 이윤 증가가 더 크다면, 생산량을 $Q_a$보다 늘리는 것이 사회적으로 바람직하다.

풀이 공장의 생산량이 $Q_b$보다 늘거나 줄면 공장의 이윤은 모두 줄어들게 된다. 그런데, 공장의 생산량이 늘어날수록 주민들의 피해가 늘어나고, 공장의 생산량이 줄어들수록 주민의 피해는 줄어든다. 그러므로 ㉮와 ㉰에는 '늘리면'이나 '늘리는'이 들어갈 수 없다. 따라서 공장의 생산량을 $Q_b$보다 (줄이면㉮) 공장의 이윤은 줄어들겠지만, 이로 인한 주민들의 피해 감소가 더 (크다면㉯) 생산량을 $Q_b$보다 (줄이는㉰) 것이 사회적으로 바람직하다. 따라서 정답은 ①번이다.

| | ㉮ | ㉯ | ㉰ |
|---|---|---|---|
| ① | 줄이면 | 크다면 | 줄이는 → 적절함! |
| ② | 줄이면 | 크다면 | 늘리는 |
| ③ | 줄이면 | 작다면 | 줄이는 |
| ④ | 늘리면 | 작다면 | 줄이는 |
| ⑤ | 늘리면 | 작다면 | 늘리는 |

**[167~169] 다음 글을 읽고 물음에 답하시오.**

1 [1]경제학에서는 가격이 한계 비용과 일치할 때를 가장 이상적인 상태라고 본다. [2]'한계 비용'이란 재화(財貨, 사람이 바라는 바를 충족시켜 주는 모든 물건. 획득하는 데에 대가가 필요한 것을 경제재라고 하며, 필요하지 않은 것을 자유재라고 한다.)의 생산량을 한 단위 증가시킬 때 추가되는 비용을 말한다. [3]한계 비용 곡선과 수요 곡선이 만나는 점에서 가격이 정해지면 재화의 생산 과정에 ㉠ 들어가는 자원이 낭비 없이 효율적으로 배분되며, 이때 사회 전체의 만족도가 가장 커진다. [4]가격이 한계 비용보다 높아지면 상대적으로 높은 가격으로 인해 수요량(需要量, 어떤 재화를 사려고 하는 욕구의 양)이 줄면서 거래량(去來量, 물건을 사고파는 수량)이 따라 줄고, 결과적으로 생산량(生産量, 재화가 만들어지는 양)도 감소한다. [5]이는 사회 전체의 관점에서 볼 때 자원이 효율적으로 배분되지 못하는 상황이므로 사회 전체의 만족도가 떨어지는 결과를 ㉡ 낳는다.

→ 한계 비용의 개념과 자원의 효율적 배분을 위한 가격 결정

2 [1]위에서 설명한 일반 재화와 마찬가지로 수도, 전기, 철도와 같은 공익 서비스도 자원 배분의 효율성을 ㉢ 생각하면 한계 비용 수준으로 가격(= 공공요금)을 결정하는 것이 바람직하다. [2]대부분의 공익 서비스는 초기 시설 투자 비용은 막대한 반면 한계 비용은 매우 적다. [3]이러한 경우, 한계 비용으로 공공요금을 결정하면 공익 서비스를 제공하는 기업은 손실을 볼 수 있다.

→ 한계 비용을 적용한 공익 서비스의 가격 결정

3 [A] [1]예컨대 초기 시설 투자 비용이 6억 달러이고, 톤당 1 달러의 한계 비용으로 수돗물을 생산하는 상수도 서비스를 가정해 보자. [2]이때 수돗물 생산량을 '1 톤, 2 톤, 3 톤, …'으로 늘리면 총비용은 '6억 1 달러, 6억 2 달러, 6억 3 달러, …'로 늘어나고, 톤당 평균 비용은 '6억 1 달러, 3억 1 달러, 2억 1 달러, …'로 지속적으로 줄어든다. [3]그렇지만 평균 비용이 계속 줄어들더라도 한계 비용 아래로는 결코 내려가지 않는다. [4]따라서 한계 비용으로 수도 요금을 결정하면 총비용보다 총수입이 적으므로 수도 사업자는 손실을 보게 된다.

→ 한계 비용을 적용한 공익 서비스의 가격 결정 예시

4 [1]이를 해결하는 방법에는 크게 두 가지가 있다. [2]하나는 정부가 공익 서비스 제공 기업에 손실분만큼 보조금을 ㉣ 주는 것이고, 다른 하나는 공공요금을 평균 비용 수준으로 정하는 것이다. [3]전자의 경우 보조금을 세금으로 충당한다면(充當-, 모자라는 것을 채워 메운다면) 다른 부문에 들어갈 재원(財源, 재화를 마련할 수 있는 원천)이 ㉤ 줄어드는 문제가 있다. [4]평균 비용 곡선과 수요 곡선이 교차하는 점에서 요금을 정하는 후자의 경우에는 총수입과 총비용이 같아져 기업이 손실을 보지는 않는다. [5]그러나 요금이 한계 비용보다 높기 때문에 사회 전체의 관점에서 자원의 효율적 배분에 문제가 생긴다.

→ 공익 서비스 가격 결정의 해결 방안과 문제점

■지문 이해

<한계 비용과 공익 서비스의 가격 결정>

**❶ 한계 비용의 개념과 자원의 효율적 배분을 위한 가격 결정**

- 한계 비용 : 재화의 생산량을 1 단위 증가시킬 때 추가적으로 지불되는 비용
  - 가격 = 한계 비용 : 생산에 투입되는 자원이 낭비 없이 효율적 배분(가장 이상적인 자원 배분) → 사회 전체의 만족도 증가
  - 가격 > 한계 비용 : 상대적으로 높은 가격으로 인한 수요량 감소 → 거래량, 생산량, 사회적 만족도 감소(비효율적인 자원 배분)

**❷ 한계 비용을 적용한 공익 서비스의 가격 결정**

- 공익 서비스(수도, 전기, 철도)는 초기 설비 투자 비용이 매우 크고 한계 비용은 매우 적기 때문에, 한계 비용을 공공요금으로 적용 시 해당 서비스를 제공하는 기업은 손실↑

**❸ 한계 비용을 적용한 공익 서비스의 가격 결정 예시**

**❹ 공익 서비스 가격 결정의 해결 방안과 문제점**

- 해결 방안① : 공익 서비스 제공 기업에 대한 정부의 보조금 (문제점 : 타 부문에 투입될 재원 감소)
- 해결 방안② : 평균 비용 수준의 공공요금 책정 (문제점 : 자원의 비효율적 배분 발생)

**167** 세부 정보 이해 - 적절하지 않은 것 고르기 2012학년도 9월 모평 35번 정답률 70%, 매력적 오답 ③ 20% **정답 ⑤**

**윗글의 내용과 일치하지 않는 것은?**

**① 자원이 효율적으로 배분될 때 사회 전체의 만족도가 *극대화된다.** (=가장 커진다) *極大化-, 아주 커진다.

근거 ❶-3 한계 비용 곡선과 수요 곡선이 만나는 점에서 가격이 정해지면 재화의 생산 과정에 들어가는 자원이 낭비 없이 효율적으로 배분되며, 이때 사회 전체의 만족도가 가장 커진다.

→ 적절함!

**② 가격이 한계 비용보다 높은 경우에는 한계 비용과 같은 경우에 비해 결국 그 재화의 생산량이 줄어든다.** (수요량↓, 거래량↓, 생산량↓)

근거 ❶-4 가격이 한계 비용보다 높아지면 상대적으로 높은 가격으로 인해 수요량이 줄면서 거래량이 따라 줄고, 결과적으로 생산량도 감소

→ 적절함!

**③ 공익 서비스와 일반 재화의 생산 과정에서 자원을 효율적으로 배분하기 위한 조건은 서로 같다.** (=마찬가지)

근거 ❶-3 한계 비용 곡선과 수요 곡선이 만나는 점에서 가격이 정해지면 재화의 생산 과정에 들어가는 자원이 낭비 없이 효율적으로 배분되며, 이때 사회 전체의 만족도가 가장 커진다, ❷-1 일반 재화와 마찬가지로 수도, 전기, 철도와 같은 공익 서비스도 자원 배분의 효율성을 생각하면 한계 비용 수준으로 가격(= 공공요금)을 결정하는 것이 바람직하다.

→ 적절함!

**④ 정부는 공공요금을 한계 비용 수준으로 유지하기 위하여 보조금 정책을 펼 수 있다.** (=공익 서비스 제공 기업에 손실분만큼 보조금을 주는 것)

근거 ❸-4 한계 비용으로 수도 요금을 결정하면 총비용보다 총수입이 적으므로 수도 사업자는 손실, ❹-1~2 이를 해결하는 방법에는 크게 두 가지가 있다. 하나는 정부가 공익 서비스 제공 기업에 손실분만큼 보조금을 주는 것

→ 적절함!

**⑤ 평균 비용이 한계 비용보다 큰 경우, 공공요금을 평균 비용 수준에서 결정하면 자원의 낭비를 방지할 수 있다.** (효율적 배분에 문제가 생긴다)

근거 ❹-2 다른 하나는 공공요금을 평균 비용 수준으로 정하는 것, ❹-4~5 평균 비용 곡선과 수요 곡선이 교차하는 점에서 요금을 정하는 후자의 경우에는 총수입과 총비용이 같아져 기업이 손실을 보지는 않는다. 그러나 요금이 한계 비용보다 높기 때문에 사회 전체의 관점에서 자원의 효율적 배분에 문제가 생긴다.

→ 적절하지 않음!

**168** 자료 해석의 적절성 판단 - 적절하지 않은 것 고르기 2012학년도 9월 모평 36번 정답률 75% **정답 ⑤**

**<보기>는 [A]의 내용을 그래프로 나타낸 것이다. 윗글과 관련지어 이해한 내용으로 옳지 않은 것은?**

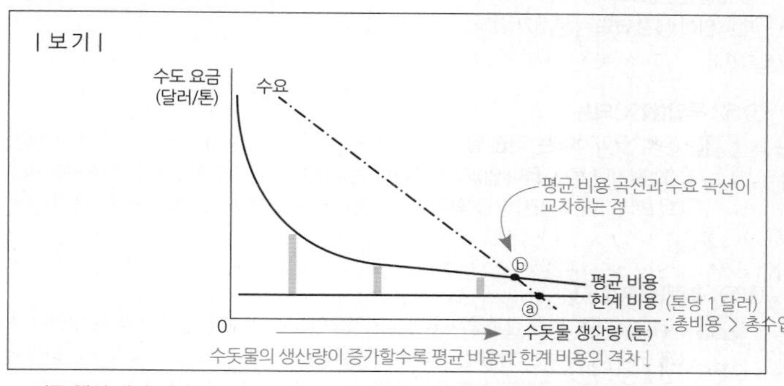


▶ 지문 핵심 개념 정리

**한계 비용을 적용한 공익 서비스의 가격 결정 예시**

- 초기 시설 투자 비용이 6억 달러이고, 톤당 1 달러의 한계 비용으로 수돗물을 생산하는 상수도 서비스를 가정(❸-1)
- 수돗물 생산량을 '1 톤, 2 톤, 3 톤, …'으로 늘리면 총비용은 '6억 1 달러, 6억 2 달러, 6억 3 달러, …'로 늘어나고, 톤당 평균 비용은 '6억 1 달러, 3억 1 달러, 2억 1 달러, …'로 지속적으로 줄어듦(❸-2)
- 평균 비용이 계속 줄어들더라도 한계 비용 아래로는 내려가지 않음(❸-3)
- 한계 비용으로 수도 요금을 결정하면 총비용보다 총수입이 적으므로 수도 사업자는 손실(❸-4)

**① ⓐ에서 수도 요금을 결정하면 수도 사업자는 손실을 본다.** (총비용 > 총수입)

풀이 ⓐ는 한계 비용 수준의 요금이다. [A]에서 한계 비용으로 수도 요금을 결정하면 총비용보다 총수입이 적다고 하였으므로 수도 사업자는 손실을 보게 된다.

→ 적절함!

**② ⓐ에서 수도 요금을 결정하면 수도 요금은 톤당 1 달러이다.** (= 한계 비용)

풀이 [A]에서 한계 비용 수준의 요금은 톤당 1 달러라고 하였다.

→ 적절함!

**③ ⓑ에서 수도 요금을 결정하면 수도 사업자의 총수입과 총비용은 같다.** (총수입 = 총비용)

근거 ❹-4 평균 비용 곡선과 수요 곡선이 교차하는 점에서 요금을 정하는 후자의 경우에는 총수입과 총비용이 같아져 기업이 손실을 보지는 않는다.

풀이 ⓑ는 평균 비용 수준의 요금이다.

→ 적절함!

**④ 수돗물 생산량이 증가함에 따라 평균 비용과 한계 비용의 격차가 줄어든다.** (지속적으로 줄어듦)

풀이 [A]에서 수돗물 생산량을 늘리면 톤당 평균 비용은 지속적으로 줄어든다고 하였기 때문에, 평균 비용과 한계 비용의 격차도 줄어드는 것을 윗글과 그래프를 통해 확인할 수 있다.

→ 적절함!

**⑤ 요금 결정 지점이 ⓐ에서 ⓑ로 이동하면 사회 전체의 만족도는 증가한다.** (요금이 한계 비용보다 높아짐 / 감소)

근거 ❹-4~5 평균 비용 곡선과 수요 곡선이 교차하는 점에서 요금을 정하는 후자의 경우에는 총수입과 총비용이 같아져 기업이 손실을 보지는 않는다. 그러나 요금이 한계 비용보다 높기 때문에 사회 전체의 관점에서 자원의 효율적 배분에 문제가 생긴다, ❶-5 사회 전체의 관점에서 볼 때 자원이 효율적으로 배분되지 못하는 상황이므로 사회 전체의 만족도가 떨어지는 결과

→ 적절하지 않음!

**169** | 어휘의 적절성 판단 - 적절하지 않은 것 고르기 2012학년도 9월 모평 37번 정답률 90% | 정답 ③

**문맥상 ㉠~㉤과 바꾸어 쓰기에 적절하지 않은 것은?**

재화의 생산 과정에 ㉠ 들어가는 자원이
만족도가 떨어지는 결과를 ㉡ 낳는다.
자원 배분의 효율성을 ㉢ 생각하면
손실분만큼 보조금을 ㉣ 주는 것이고
재원이 ㉤ 줄어드는 문제가 있다.

**① ㉠ : 투입(投入)되는**

풀이 ㉠의 '들어가다'는 '어떤 일에 돈, 노력, 물자 따위가 쓰이다'의 의미이다. 한편 '투입(投 던지다 투 入 들다 입)되다'는 '사람이나 물자, 자본 따위가 필요한 곳에 넣어지다'의 의미이다. 따라서 ㉠을 '투입되는'으로 바꿔 써도 문맥상 의미가 달라지지 않는다.

→ 적절함!

**② ㉡ : 초래(招來)한다**

풀이 ㉡의 '낳다'는 '어떤 결과를 이루거나 가져오다'의 의미이다. 한편 '초래(招 부르다 초 來 오다 래)하다'는 '일의 결과로서 어떤 현상을 생겨나게 하다'의 의미이다. 따라서 ㉡을 '초래한다'로 바꿔 써도 문맥상 의미가 달라지지 않는다.

→ 적절함!

**③ ㉢ : 추정(推定)하면**

풀이 ㉢의 '생각하다'는 '사물을 헤아리고 판단하다'의 의미이다. 한편 '추정(推 헤아리다 추 定 정하다 정)하다'는 '미루어 생각하여 판정하다'의 의미이다. ㉢은 문맥상 '자원 배분의 효율성을 따져서 생각해 보면'의 의미이므로 '추정하면'으로 바꿔 쓸 경우 문맥상 의미가 달라진다. ㉢은 '생각하고 헤아려 보다'의 뜻을 지닌 '고려(考 생각하다 고 慮 생각하다 려)하다'로 바꿔 쓰는 것이 더 적절하다.

→ 적절하지 않음!

**④ ㉣ : 지급(支給)하는**

풀이 '지급(支 치르다 지 給 주다 급)하다'는 '돈이나 물품 따위를 정하여진 몫만큼 내주다'의 의미이다. 따라서 ㉣을 '지급하는'으로 바꿔 써도 문맥상 의미가 달라지지 않는다.

→ 적절함!

**⑤ ㉤ : 감소(減少)하는**

풀이 '감소(減 덜다 감 少 적다 소)하다'는 '양이나 수치가 줄다'의 의미이다. 따라서 ㉤을 '감소하는'으로 바꿔 써도 문맥상 의미가 달라지지 않는다.

→ 적절함!

# 과 학 | 1. 인간의 몸에서는 어떤 일들이 일어나나?

**[001~004] 다음 글을 읽고 물음에 답하시오.**

1 [1]신체의 세포(細胞, 생물체를 이루는 기본 단위), 조직(組織, 같은 기능과 구조를 가진 세포의 집단), 장기(臟器, 내장의 여러 기관)가 손상되어 더 이상 제 기능을 하지 못할 때에 이를 대체하기(代替-, 다른 것으로 대신하기) 위해 이식(移植, 살아 있는 조직이나 장기를 몸의 다른 부분이나 다른 몸에 옮겨 붙이는 일)을 실시한다. [2]이때(이식을 실시할 때) 이식으로 옮겨 붙이는 세포, 조직, 장기를 이식편(移 옮기다 이 植 심다 식 片 조각 편)이라 한다. [3]자신이나 일란성 쌍둥이(一卵性雙-, 1 개의 수정란이 분열하는 과정에서 2 개로 갈라져서 생겨난 쌍생아)의 이식편을 이용할 수 없다면 다른 사람의 이식편으로 '동종(同 같다 동 種 종족 종) 이식'을 실시한다. [4]그런데 우리의 몸은 자신의 것이 아닌 물질이 체내로 유입될 경우 면역 반응(免疫反應, 생물체의 면역에 관여하는 세포가 몸속 이물질을 제거하는 반응)을 일으키므로, 유전적으로 동일하지 않은 이식편에 대해 항상 거부 반응을 일으킨다. [5]면역적 거부 반응은 면역 세포가 표면에 발현하는(發現-, 나타나는) 주조직적합복합체(MHC) 분자의 차이에 의해 유발된다. [6]개체(個體, 하나의 독립된 생물체)마다 MHC에 차이가 있는데 서로 간의 유전적 거리가 멀수록 MHC에 차이가 커져 거부 반응이 강해진다. [7]이(이식을 실시할 때 면역적 거부 반응이 일어나는 것)를 막기 위해 면역 억제제를 사용하는데, 이는 면역 반응을 억제하여 질병 감염의 위험성을 높인다.(질병에 감염될 위험에 놓이면 면역 반응이 일어나야 하는데, 면역 억제제로 인해 면역 반응이 억제되므로 질병 감염의 위험성은 높아진다.)

→ 동종 이식의 개념과 위험성

2 [1]이식에는 많은 비용이 소요될(所要-, 필요할) 뿐만 아니라 이식이 가능한 동종 이식편의 수가 매우 부족하기 때문에 이를 대체하는 방법이 개발되고 있다. [2]우선 인공 심장과 같은 '전자 기기 인공 장기'를 이용하는 방법이 있다. [3]하지만 이(전자 기기 인공 장기를 이용하는 것)는 장기의 기능을 일시적으로 대체하는 데 사용되며, 추가 전력 공급 및 정기적 부품 교체 등이 요구되는 단점이 있고, 아직 인간의 장기를 완전히 대체할 만큼 정교한(精巧-, 아주 정밀하고 빈틈이 없는) 단계에 이르지는 못했다.

→ 전자 기기 인공 장기의 개념과 한계

3 [1]다음으로는 사람의 조직 및 장기와 유사한 다른 동물의 이식편을 인간에게 이식하는 '이종(異 다르다 이 種 종족 종) 이식'이 있다. [2]그런데 이종 이식은 동종 이식보다 거부 반응이 훨씬 심하게 일어난다. [3]특히 사람이 가진 자연항체(自然抗體, 병원체에 감염되었거나 인공적인 항원의 접종을 받은 적이 없는데도 해당 병원체나 항원과 반응하는 항체를 가지는 것)는 다른 종의 세포에서 발현되는 항원(抗原, 생물의 몸속에 침입해 항체를 형성하게 하는 세균, 독소 등의 물질)에 반응하는데, 이로 인해 이종 이식편에 대해서 초급성 거부 반응(超急性拒否反應, 장기 이식 후 수 분에서 24 시간 이내에 발생하는 거부 반응) 및 급성 혈관성 거부 반응(急性血管性拒否反應, 장기 이식 후 혈관에 나타나는 거부 반응으로, 이식 후 1 주일에서 약 3 개월 내에 발생하는 경우가 많음)이 일어난다. [4]이런(초급성, 급성 혈관성) 거부 반응을 일으키는 유전자를 제거한 형질 전환(形質轉換, 외부에서 주어진 DNA에 의해 생물의 유전적 성질이 변하는 것) 미니돼지(Miniature Pig, 유럽에서 의학 연구를 위해 개량된 돼지로, 생리학적 특성, 장기, 조직 등이 사람과 비슷함)에서 얻은 이식편을 이식하는 실험이 성공한 바 있다. [5]미니돼지는 장기의 크기가 사람의 것과 유사하고 번식력이 높아 단시간에 많은 개체를 생산할 수 있다는 장점이 있어, 이를 이용한 이종 이식편을 개발하기 위한 연구가 진행되고 있다.

→ 이종 이식의 개념과 거부 반응 극복을 위한 이종 이식편의 개발

4 [1]이종 이식의 또 다른 문제는 ㉠ 내인성 레트로바이러스이다. [2]내인성(內因性, 몸 안에 지니고 있는 성질의) 레트로바이러스(retrovirus)는 생명체의 DNA(생물의 모든 특징을 결정짓는 유전자의 본체)의 일부분으로, 레트로바이러스로부터 유래된 것으로 여겨지는 부위들이다. [3]이(내인성 레트로바이러스)는 바이러스의 활성(活性, 기능을 발휘함)을 가지지 않으며 사람을 포함한 모든 포유류(哺乳類, 어미 동물이 새끼를 낳아 젖을 먹여 키우는 동물)에 존재한다. [4]㉡ 레트로바이러스는 자신의 유전 정보를 RNA(리보핵산이라고도 하며, DNA와 함께 유전 정보의 전달에 관여함)에 담고 있고 역전사 효소(逆轉寫酵素, 일반적인 복제 과정과는 반대로 RNA를 주형틀로 사용하여 RNA 서열에 DNA 가닥을 만드는 작용을 하는 효소)를 갖고 있는 바이러스로서, 특정한 종류의 세포를 감염시킨다. [5]유전 정보가 담긴 DNA로부터 RNA가 생성되는 전사(轉 옮기다 전 寫 베끼다 사) 과정만 일어날 수 있는 다른 생명체와는 달리, 레트로바이러스는 다른 생명체의 세포에 들어간 후 역전사 과정을 통해 자신의 RNA를 DNA로 바꾸고 그 세포의 DNA에 끼어들어 감염시킨다. [6]이후(역전사 과정을 통해 다른 생명체의 DNA를 감염시킨 후)에는 다른 바이러스와 마찬가지로 자신(레트로바이러스)이 속해 있는 생명체를 숙주(宿主, 기생 생물에게 기생의 대상이 되어 영양을 공급하는 생물. 기생은 서로 다른 종류의 생물이 함께 생활하며 한쪽이 이익을 얻고 다른 쪽이 해를 입는 것을 뜻함)로 삼아 숙주 세포의 시스템을 이용하여 복제, 증식하고 일정한 조건이 되면 숙주 세포를 파괴한다.

→ 내인성 레트로바이러스와 레트로바이러스의 개념

5 [1]그런데 정자, 난자와 같은 생식 세포가 레트로바이러스에 감염되고도 살아남는 경우가 있었다. [2]이런 세포(레트로바이러스에 감염되고도 살아남은 생식 세포)로부터 유래된 자손의 모든 세포가 갖게 된 것이 내인성 레트로바이러스이다. [3]내인성 레트로바이러스는 세대가 지나면서 돌연변이(突然變異, 유전 물질인 DNA가 갑자기 변화하고 자손에게까지 전달되는 일)로 인해 염기 서열(鹽基序列, 유전자를 구성하는 염기의 배열)의 변화가 일어나며 해당 세포 안에서는 바이러스로 활동하지 않는다. [4]그러나 내인성 레트로바이러스를 떼어 내어 다른 종의 세포 속에 주입하면 이(다른 종의 세포 속에 주입한 내인성 레트로바이러스)는 레트로바이러스로 변환되어 그(주입된 다른 종의) 세포를 감염시키기도 한다. [5]따라서 미니돼지의 DNA에 포함된 내인성 레트로바이러스를 효과적으로 제거하는 기술이 개발 중에 있다.

→ 이종 이식에서 내인성 레트로바이러스로 인해 발생하는 문제점 및 이를 제거하는 기술의 개발

6 [1]그동안의 대체 기술과 관련된 연구 성과를 토대로 ⓐ 이상적인 이식편을 개발하기 위해 많은 연구가 수행되고 있다.

→ 이상적인 이식편 개발을 위한 연구 수행

■ 지문 이해

**〈장기 이식의 종류와 이상적인 이식편 개발을 위한 연구〉**

**❶ 동종 이식의 개념과 위험성**

- 이식편 : 이식으로 옮겨 붙이는 세포, 조직, 장기
- 동종 이식 : 자신이나 일란성 쌍둥이가 아닌 다른 사람의 이식편으로 실시하는 이식으로, 면역적 거부 반응을 일으킴
  → 면역 억제제를 사용하면 질병 감염의 위험성이 높아짐

**❷ 전자 기기 인공 장기의 개념과 한계**

- 전자 기기 인공 장기 : 인공 심장과 같이 장기의 기능을 일시적으로 대체함
- 한계 : 추가 전력 공급 및 정기적 부품 교체 등이 필요하며 장기를 완전히 대체할 만큼 정교한 단계에 이르지는 못함

**❸ 이종 이식의 개념과 거부 반응 극복을 위한 이종 이식편의 개발**

- 이종 이식 : 사람의 조직 및 장기와 유사한 다른 동물의 이식편을 인간에게 이식하는 것으로, 동종 이식보다 훨씬 심한 거부 반응이 일어남
- 거부 반응을 일으키는 유전자를 제거한 형질 전환 미니돼지에서 얻은 이식편을 이식하는 실험이 이루어짐
  → 장기의 크기가 사람과 유사하고 번식력이 높은 미니돼지를 이용한 이종 이식편 개발 연구가 진행되고 있음

**이종 이식의 다른 문제점인 내인성 레트로바이러스**

**❹ 내인성 레트로바이러스와 레트로바이러스의 개념**

- 내인성 레트로바이러스
  - 생명체의 DNA의 일부분, 바이러스의 활성을 가지지 않으며 모든 포유류에 존재함
  - 생식 세포가 레트로바이러스에 감염되고도 살아남은 조상에서 유래된 자손의 모든 세포가 갖게 된 것으로, 해당 세포 안에서는 바이러스로 활동하지 않음 (❺)
- 레트로바이러스 : 다른 생명체의 세포에 들어가 역전사 과정을 통해 자신의 RNA를 DNA로 바꿔 그 세포의 DNA에 끼어들어 감염시킨 후 자신이 속해 있는 생명체를 숙주로 삼음

Ⅲ 과 학

**⑤ 이종 이식에서 내인성 레트로바이러스로 인해 발생하는 문제점 및 이를 제거하는 기술의 개발**

- 내인성 레트로바이러스를 떼어 다른 종의 세포에 주입하면 레트로바이러스로 변환되어 그 세포를 감염시킴
  → 미니돼지의 DNA에 포함된 내인성 레트로바이러스 제거 기술이 개발되고 있음

**⑥ 이상적인 이식편 개발을 위한 연구가 수행되고 있음**

1등급 문제

**001** 세부 정보 이해 - 적절하지 않은 것 고르기 2020학년도 수능 26번
정답률 55%, 매력적 오답 ③ 15% ④ 25%
정답 ⑤

**윗글에서 알 수 있는 내용으로 적절하지 않은 것은?**

**① 동종 간보다 이종 간이 MHC 분자의 차이가 더 크다.**

근거 ❶-6 개체마다 MHC에 차이가 있는데 서로 간의 유전적 거리가 멀수록 MHC에 차이가 커져 거부 반응이 강해진다, ❸-2 이종 이식은 동종 이식보다 거부 반응이 훨씬 심하게 일어난다.

풀이 MHC에 차이가 커지면 거부 반응이 강해지는데, 이종 이식은 동종 이식보다 거부 반응이 훨씬 심하게 일어난다고 하였으므로, 이종 간이 동종 간보다 MHC에 차이가 더 크다는 것을 알 수 있다.

→ 적절함!

**② 면역 세포의 작용으로 인해 장기 이식의 거부 반응이 일어난다.**

근거 ❶-4~5 우리의 몸은 자신의 것이 아닌 물질이 체내로 유입될 경우 면역 반응을 일으키므로, 유전적으로 동일하지 않은 이식편에 대해 항상 거부 반응을 일으킨다. 면역적 거부 반응은 면역 세포가 표면에 발현하는 주조직적합복합체(MHC) 분자의 차이에 의해 유발된다.

→ 적절함!

**③ 이종 이식을 하는 것만으로도 바이러스 감염의 원인이 될 수 있다.**

근거 ❹-1 이종 이식의 또 다른 문제는 내인성 레트로바이러스이다, ❺-4 내인성 레트로바이러스를 떼어 내어 다른 종의 세포 속에 주입하면 이는 레트로바이러스로 변환되어 그 세포를 감염시키기도 한다.

풀이 내인성 레트로바이러스를 가진 동물의 이식편을 이종 이식할 경우, 내인성 레트로바이러스가 레트로바이러스로 변환되어 감염될 수 있는 문제점이 있다.

→ 적절함!

**④ 포유동물은 과거에 어느 조상이 레트로바이러스에 의해 감염된 적이 있다.**

근거 ❹-3 이(내인성 레트로바이러스)는 바이러스의 활성을 가지지 않으며 사람을 포함한 모든 포유류에 존재한다, ❺-1~2 생식 세포가 레트로바이러스에 감염되고도 살아남는 경우가 있었다. 이런 세포로부터 유래된 자손의 모든 세포가 갖게 된 것이 내인성 레트로바이러스이다.

풀이 내인성 레트로바이러스는 과거 조상의 생식 세포가 레트로바이러스에 감염되고도 살아남아, 그 세포에서 유래된 자손의 모든 세포가 갖게 된 것이다. 내인성 레트로바이러스는 모든 포유류에 존재한다고 하였으므로, 모든 포유동물은 과거에 조상이 레트로바이러스에 의해 감염된 적이 있다는 설명은 적절하다.

→ 적절함!

**⑤ 레트로바이러스는 숙주 세포의 역전사 효소를 이용하여 RNA를 DNA로 바꾼다.** (자신의)

근거 ❹-4~5 레트로바이러스는 자신의 유전 정보를 RNA에 담고 있고 역전사 효소를 갖고 있는 바이러스 … 레트로바이러스는 다른 생명체의 세포에 들어간 후 역전사 과정을 통해 자신의 RNA를 DNA로 바꾸고

→ 적절하지 않음!

1등급 문제

**002** 추론의 적절성 판단 - 적절하지 않은 것 고르기 2020학년도 수능 27번
정답률 55%, 매력적 오답 ② 10% ③ 10% ④ 20%
정답 ①

**ⓐ가 갖추어야 할 조건으로 적절하지 않은 것은?**

ⓐ 이상적인 이식편

**① 이식편의 비용을 낮추어서 정기 교체가 *용이해야 한다.** *容易-, 매우 쉬워야

근거 ❷-2~3 인공 심장과 같은 '전자 기기 인공 장기'를 이용하는 방법이 있다. 하지만 이는 장기의 기능을 일시적으로 대체하는 데 사용되며, 추가 전력 공급 및 정기적 부품 교체 등이 요구되는 단점이 있고, 아직 인간의 장기를 완전히 대체할 만큼 정교한 단계에 이르지는 못했다.

풀이 정기적 부품 교체나 추가 전력 공급이 필요한 문제는 '이식편'이 아니라 이식편을 대체하기 위한 '전자 기기 인공 장기'의 단점에 해당하는 내용이다. 따라서 비용을 낮추어 정기 교체를 쉽게 해야 한다는 점은 이상적인 이식편의 조건으로 적절하지 않다.

→ 적절하지 않음!

**② 이식편은 대체를 하려는 장기와 크기가 유사해야 한다.**

근거 ❸-5 미니돼지는 장기의 크기가 사람의 것과 유사하고 번식력이 높아 단시간에 많은 개체를 생산할 수 있다는 장점이 있어

풀이 윗글에서는 미니돼지에서 얻은 이식편을 이용하는 장점 중 하나로 '장기의 크기가 사람의 것과 유사하다'는 점을 들고 있다. 따라서 대체하려는 장기와 크기가 유사해야 한다는 점은 이상적인 이식편의 조건으로 적절하다.

→ 적절함!

**③ 이식편과 *수혜자 사이의 유전적 거리를 극복해야 한다.** *受惠者, 혜택을 받는 사람. 여기서는 이식을 받는 사람

근거 ❶-4 우리의 몸은 자신의 것이 아닌 물질이 체내로 유입될 경우 면역 반응을 일으키므로, 유전적으로 동일하지 않은 이식편에 대해 항상 거부 반응을 일으킨다, ❶-6 서로 간의 유전적 거리가 멀수록 MHC에 차이가 커져 거부 반응이 강해진다.

풀이 수혜자의 몸은 이식편에 대해 거부 반응을 일으킨다. 거부 반응은 서로 간의 유전적 거리가 멀수록 더 강해진다고 하였으므로, 이식의 거부 반응을 줄이기 위해서는 수혜자와 이식편 간의 유전적 거리를 극복해야 한다. 따라서 이식편과 수혜자 사이의 유전적 거리를 극복해야 한다는 점은 이상적인 이식편의 조건으로 적절하다.

→ 적절함!

**④ 이식편은 짧은 시간에 *대량으로 생산이 가능해야 한다.** *大量, 아주 많은 수량

근거 ❸-5 미니돼지는 장기의 크기가 사람의 것과 유사하고 번식력이 높아 단시간에 많은 개체를 생산할 수 있다는 장점이 있어

풀이 윗글에서는 미니돼지에서 얻은 이식편을 이용하는 장점 중 하나로 '번식력이 높아 단시간에 많은 개체를 생산할 수 있다'는 점을 들고 있다. 따라서 짧은 시간에 대량으로 생산이 가능해야 한다는 점은 이상적인 이식편의 조건으로 적절하다.

→ 적절함!

**⑤ 이식편이 체내에서 거부 반응을 유발하지 않아야 한다.**

근거 ❶-4 우리의 몸은 자신의 것이 아닌 물질이 체내로 유입될 경우 면역 반응을 일으키므로, 유전적으로 동일하지 않은 이식편에 대해 항상 거부 반응을 일으킨다, ❶-7 이를 막기 위해 면역 억제제를 사용하는데, ❸-2 이종 이식은 동종 이식보다 거부 반응이 훨씬 심하게 일어난다, ❸-4 이런 거부 반응을 일으키는 유전자를 제거한 형질 전환 미니돼지에서 얻은 이식편을 이식하는 실험이 성공한 바 있다.

풀이 장기를 이식할 때 우리 몸은 이식편에 거부 반응을 일으키고, 이종 이식은 동종 이식보다 더 심한 거부 반응을 일으킨다. 윗글에서는 거부 반응을 막기 위해 면역 억제제를 사용하거나 거부 반응을 일으키는 유전자를 제거한 형질 전환 미니돼지를 이용해 이식편을 얻는 등의 방법이 제시되어 있다. 따라서 이식편이 체내에서 거부 반응을 유발하지 않아야 한다는 점은 이상적인 이식편의 조건으로 적절하다.

→ 적절함!

문제편 p.173

**003** | 구체적인 사례에 적용 – 적절하지 않은 것 고르기 2020학년도 수능 28번 | 정답률 70%, 매력적 오답 ④ 10% | **정답 ③**

**다음은 신문 기사의 일부이다. 윗글을 참고할 때, 기사의 ㉮에 대한 반응으로 적절하지 않은 것은?** [3점]

> ○○ 신문 ○○○○년 ○○월○○일
>
> [1]최근에 줄기 세포(-細胞, 상대적으로 발생이 덜 된, 아직 분화되지 않은 세포로, 특정 조직 세포로 분화할 수 있는 능력을 지닌 세포) 연구와 3D 프린팅(3D printing, 프린터로 평면으로 된 문자나 그림을 인쇄하는 것이 아니라 입체 도형을 찍어 내는 것) 기술이 급속도로 발전하고 있다. [2]줄기 세포는 인체의 모든 세포나 조직으로 분화할(分化-, 초기 단계의 세포가 각 조직으로서의 특성을 갖게 됨) 수 있다. [3]그러므로 수혜자 자신의 줄기 세포만을 이용하여 3D 바이오 프린팅 기술(3D 프린터로 조직, 장기 등을 찍어 내 인간에게 이식하는 기술)로 제작한 ㉮ 세포 기반 인공 이식편을 만들 수 있을 것으로 전망된다. [4]이미 미니 폐, 미니 심장 등의 개발 성공 사례가 보고되었다.

**① 전자 기기 인공 장기와 달리 전기 공급 없이도 기능을 유지할 수 있겠군.**

근거 ❷-2~3 인공 심장과 같은 '전자 기기 인공 장기'를 이용하는 방법이 있다. 하지만 이는 장기의 기능을 일시적으로 대체하는 데 사용되며, 추가 전력 공급 및 정기적 부품 교체 등이 요구되는 단점이 있고, <기사>-3 수혜자 자신의 줄기 세포만을 이용하여 3D 바이오 프린팅 기술로 제작한 세포 기반 인공 이식편

풀이 윗글에서 전자 기기 인공 장기는 추가 전력 공급이 요구되는 단점이 있다고 하였다. 반면 <기사>의 세포 기반 인공 이식편은 자신의 줄기 세포를 이용하여 이식편을 만드는 것이므로, 전기 공급이 필요하지 않다.

→ 적절함!

**② 동종 이식편과 달리 이식 후 면역 억제제를 사용할 필요가 없겠군.**

근거 ❶-3~4 자신이나 일란성 쌍둥이의 이식편을 이용할 수 없다면 다른 사람의 이식편으로 '동종 이식'을 실시한다. 그런데 우리의 몸은 자신의 것이 아닌 물질이 체내로 유입될 경우 면역 반응을 일으키므로, 유전적으로 동일하지 않은 이식편에 대해 항상 거부 반응을 일으킨다. ❶-7 이(이식을 실시할 때 면역적 거부 반응이 일어나는 것)를 막기 위해 면역 억제제를 사용하는데, <기사>-3 수혜자 자신의 줄기 세포만을 이용하여 3D 바이오 프린팅 기술로 제작한 세포 기반 인공 이식편

풀이 다른 사람의 이식편으로 이식을 실시하는 것을 '동종 이식'이라고 한다. 우리 몸은 자신의 것이 아닌 물질이 유입될 경우 면역 반응을 일으키는데, 동종 이식편은 자신의 것이 아니라 다른 사람의 것이므로, 면역 반응으로 인한 거부 반응을 일으키게 된다. 이렇게 거부 반응이 일어나는 것을 막기 위해 면역 억제제를 사용한다. <기사>의 세포 기반 인공 이식편의 경우, 수혜자 자신의 줄기 세포를 이용해 제작하므로 거부 반응이 일어나지 않을 것이다. 따라서 이 경우 면역 억제제를 사용할 필요가 없다.

→ 적절함!

**③ 동종 이식편과 달리 내인성 레트로바이러스를 제거할 필요가 없겠군.**

근거 ❹-1 이종 이식의 또 다른 문제는 내인성 레트로바이러스이다, ❺-3~4 내인성 레트로바이러스는 … 해당 세포 안에서는 바이러스로 활동하지 않는다. 그러나 내인성 레트로바이러스를 떼어 내어 다른 종의 세포 속에 주입하면 이는 레트로바이러스로 변환되어 그 세포를 감염시키기도 한다.

풀이 이종 이식에서 내인성 레트로바이러스를 제거하는 이유는 다른 종의 세포 속에 주입되었을 때 내인성 레트로바이러스가 바이러스 활성을 가지게 되어 숙주 세포를 파괴할 위험이 있기 때문이다. 동종 이식에서는 이식편을 다른 개체로 이식한다고 해도 내인성 레트로바이러스가 레트로바이러스로 변환되지 않으므로 이를 제거할 필요가 없다. ㉮는 수혜자 자신의 세포를 복제하여 만드는 것이므로 이식되었을 때 동종 이식과 유사한 반응을 보일 것이며, 내인성 레트로바이러스를 제거할 필요가 없을 것이다.

→ 적절하지 않음!

**④ 이종 이식편과 달리 유전자를 조작하는 과정이 필요하지는 않겠군.**

근거 ❸-2~4 이종 이식은 동종 이식보다 거부 반응이 훨씬 심하게 일어난다. 특히 사람이 가진 자연항체는 다른 종의 세포에서 발현되는 항원에 반응하는데, 이로 인해 이종 이식편에 대해서 초급성 거부 반응 및 급성 혈관성 거부 반응이 일어난다. 이런 거부 반응을 일으키는 유전자를 제거한 형질 전환 미니돼지에서 얻은 이식편을 이식하는 실험

풀이 이종 이식은 동종 이식보다 거부 반응이 훨씬 심하게 일어나므로, 미니돼지에서 거부 반응을 일으키는 유전자를 제거하는 유전자 조작 과정을 거쳐 얻은 이식편을 이식하는 실험을 진행하였다. <기사>의 세포 기반 인공 이식편의 경우, 수혜자 자신의 줄기 세포를 이용해 제작하므로, 이종 이식편을 이용할 때와는 달리 거부 반응이 일어나지 않는다. 따라서 유전자를 조작하는 과정이 필요하지 않을 것이다.

→ 적절함!

**⑤ 이종 이식편과 달리 자연항체에 의한 초급성 거부 반응이 일어나지 않겠군.**

근거 ❸-3 사람이 가진 자연항체는 다른 종의 세포에서 발현되는 항원에 반응하는데, 이로 인해 이종 이식편에 대해서 초급성 거부 반응 및 급성 혈관성 거부 반응이 일어난다, <기사>-3 수혜자 자신의 줄기 세포만을 이용하여 3D 바이오 프린팅 기술로 제작한 세포 기반 인공 이식편

풀이 사람의 자연항체에 의한 초급성 거부 반응은 다른 종의 세포에서 발현되는 항원에 반응하는 것이다. 그러나 <기사>의 세포 기반 인공 이식편은 수혜자 자신의 세포를 이용한 것이므로, 초급성 거부 반응이 일어나지 않는다.

→ 적절함!

1등급 문제

**004** | 세부 정보 이해 – 적절한 것 고르기 2020학년도 수능 29번 | 정답률 40%, 매력적 오답 ④ 35% | **정답 ①**

**㉠과 ㉡에 대한 설명으로 가장 적절한 것은?**

> ㉠ 내인성 레트로바이러스 ㉡ 레트로바이러스

**① ㉠은 ㉡과 달리 자신이 속해 있는 생명체의 모든 세포의 DNA에 존재한다.**

근거 ❹-2 내인성 레트로바이러스는 생명체의 DNA의 일부분, ❺-1~2 정자, 난자와 같은 생식 세포가 레트로바이러스에 감염되고도 살아남는 경우가 있었다. 이런 세포로부터 유래된 자손의 모든 세포가 갖게 된 것이 내인성 레트로바이러스, ❹-4~6 레트로바이러스는 … 특정한 종류의 세포를 감염시킨다. … 레트로바이러스는 다른 생명체의 세포에 들어간 후 역전사 과정을 통해 자신의 RNA를 DNA로 바꾸고 그 세포의 DNA에 끼어들어 감염시킨다. 이후에는 … 자신이 속해 있는 생명체를 숙주로 삼아 숙주 세포의 시스템을 이용하여 복제, 증식하고 일정한 조건이 되면 숙주 세포를 파괴한다.

풀이 내인성 레트로바이러스(㉠)는 생식 세포가 레트로바이러스(㉡)에 감염되고도 살아남은 조상의 자손의 모든 세포가 갖게 된 것으로, DNA의 일부분이다. 따라서 내인성 레트로바이러스(㉠)는 자신이 속해 있는 생명체의 모든 세포의 DNA에 존재한다. 반면 레트로바이러스(㉡)의 경우, 다른 생명체의 특정한 종류의 세포를 감염시켜, 자신이 속해 있는 생명체를 숙주로 삼아 복제, 증식한다고 하였다. 따라서 레트로바이러스(㉡)는 자신이 속해 있는 생명체의 모든 세포의 DNA에 존재하는 것은 아니다.

→ 적절함!

**② ㉡은 ㉠과 달리 자신의 유전 정보를 DNA에 담을 수 없다.**

근거 ❺-3~4 내인성 레트로바이러스는 … 해당 세포 안에서는 바이러스로 활동하지 않는다. 그러나 내인성 레트로바이러스를 떼어 내어 다른 종의 세포 속에 주입하면 이는 레트로바이러스로 변환되어 그 세포를 감염시키기도 한다, ❹-4~5 레트로바이러스는 자신의 유전 정보를 RNA에 담고 있고 역전사 효소를 갖고 있는 바이러스로서, 특정한 종류의 세포를 감염시킨다. 유전 정보가 담긴 DNA로부터 RNA가 생성되는 전사 과정만 일어날 수 있는 다른 생명체와는 달리, 레트로바이러스는 다른 생명체의 세포에 들어간 후 역전사 과정을 통해 자신의 RNA를 DNA로 바꾸고

풀이 내인성 레트로바이러스(㉠)는 바이러스의 활성을 가지지 않으므로, 자신의 유전 정보를 DNA에 담을 수 없다. 그러나 내인성 레트로바이러스(㉠)가 다른 종의 세포 속에 들어가 레트로바이러스(㉡)로 변환되면 자신의 유전 정보를 담고 있는 RNA를 DNA로 바꾼다. 따라서 레트로바이러스(㉡)는 자신의 유전 정보를 DNA에 담는다고 할 수 있다.

→ 적절하지 않음!

**③ ㉡은 ㉠과 달리 자신이 속해 있는 생명체에 면역 반응을 일으키지 않는다.**

근거 ❶-4 우리의 몸은 자신의 것이 아닌 물질이 체내로 유입될 경우 면역 반응을 일으키므로, ❺-3~4 내인성 레트로바이러스는 … 해당 세포 안에서는 바이러스로 활동하지 않는다. 그러나 내인성 레트로바이러스를 떼어 내어 다른 종의 세포 속에 주입하면 이는 레트로바이러스로 변환되어 그 세포를 감염시키기도 한다, ❹-5~6 레트로바이러스는 다른 생명체의 세포에 들어간 후 … 감염시킨다. 이후에는 … 자신이 속해 있는 생명체를 숙주로 삼아 숙주 세포의 시스템을 이용하여 복제, 증식하고 일정한 조건이 되면 숙주 세포를 파괴한다.

풀이 내인성 레트로바이러스(㉠)는 바이러스의 활성을 가지지 않으며, 자신이 속한 해당

Ⅲ 과학

세포 안에서는 바이러스로 활동하지 않는다. 내인성 레트로바이러스(㉠)를 떼어 내어 다른 종의 세포에 주입하면 레트로바이러스(㉡)로 변환되는데, 레트로바이러스(㉡)는 다른 생명체의 세포에 들어가면 그 세포를 감염시키고, 자신이 속해 있는 생명체를 숙주로 삼아 복제, 증식하고 숙주 세포를 파괴한다. 이 과정에서 레트로바이러스(㉡)가 주입된 생명체는 몸에 자신의 것이 아닌 물질이 유입되었으므로, 면역 반응을 일으킬 것이다. 따라서 레트로바이러스(㉡)가 자신이 속해 있는 생명체에 면역 반응을 일으키지 않는다는 설명은 적절하지 않다.

→ 적절하지 않음!

㉠은

**④ ㉠과 ㉡은 둘 다 자신이 속해 있는 생명체의 유전 정보를 가지고 있다.**

근거 ❹-2 내인성 레트로바이러스는 생명체의 DNA의 일부분으로, 레트로바이러스로부터 유래된 것으로 여겨지는 부위들, ❹-4~5 레트로바이러스는 자신의 유전 정보를 RNA에 담고 있고 역전사 효소를 갖고 있는 바이러스로서 … 다른 생명체의 세포에 들어간 후 역전사 과정을 통해 자신의 RNA를 DNA로 바꾸고 그 세포의 DNA에 끼어들어 감염시킨다.

풀이 내인성 레트로바이러스(㉠)는 레트로바이러스(㉡)로부터 유래된 것으로 포유류의 DNA의 일부분이 되었으므로, 자신이 속한 생명체의 유전 정보를 가지고 있다고 볼 수 있다. 반면 레트로바이러스(㉡)는 다른 생명체의 세포에 들어가 자신의 RNA를 DNA로 바꾼다고 하였다. 따라서 레트로바이러스(㉡)는 자신이 속해 있는 생명체의 유전 정보를 가지고 있지 않다.

→ 적절하지 않음!

㉡은

**⑤ ㉠과 ㉡은 둘 다 자신이 속해 있는 생명체의 세포를 감염시켜 파괴한다.**

근거 ❺-3~4 내인성 레트로바이러스는 … 해당 세포 안에서는 바이러스로 활동하지 않는다. 그러나 내인성 레트로바이러스를 떼어 내어 다른 종의 세포 속에 주입하면 이는 레트로바이러스로 변환되어 그 세포를 감염시키기도 한다, ❹-5~6 레트로바이러스는 다른 생명체의 세포에 들어간 후 … 감염시킨다. 이후에는 … 자신이 속해 있는 생명체를 숙주로 삼아 숙주 세포의 시스템을 이용하여 복제, 증식하고 일정한 조건이 되면 숙주 세포를 파괴한다.

풀이 내인성 레트로바이러스(㉠)는 바이러스의 활성을 가지지 않으며, 자신이 속한 해당 세포 안에서는 바이러스로 활동하지 않는다. 반면 레트로바이러스(㉡)는 자신이 속해 있는 생명체의 세포를 감염시켜 파괴한다.

→ 적절하지 않음!

**[005~006] 다음 글을 읽고 물음에 답하시오.**

**1** [1]암 치료에 사용되는 항암제는 세포 독성 항암제와 표적(標的, 목표로 삼는 대상) 항암제로 나뉜다. [2]㉠ 파클리탁셀과 같은 세포 독성 항암제는 세포 분열을 방해하여 세포가 증식하지(增殖-, 늘어서 많아지지) 못하고 사멸에 이르게 한다.(死滅-, 죽어 없어지게 한다.) [3]그러므로 세포 독성 항암제는 암세포뿐 아니라 정상 세포 중 빈번하게(頻繁-, 자주) 세포 분열하는 종류의 세포도 손상시킨다. [4]이러한 세포 독성 항암제의 부작용은 이 약제의 사용을 꺼리게 하는 주된 이유이다. [5]반면에 표적 항암제는 암세포에 선택적으로 작용하도록 고안된(考案-, 연구하여 생각해 낸) 것이다.

→ 암 치료에 사용되는 세포 독성 항암제와 표적 항암제

**2** [1]암세포에서는 변형된(變形-, 형태가 달라진) 유전자가 만들어 낸 비정상적인 단백질이 세포 분열을 위한 신호 전달 과정을 왜곡하여(歪曲-, 바꿔서) 과다한(過多-, 너무 많은) 세포 증식을 일으킨다. [2]암세포가 종양(腫瘍, 조절할 수 없이 계속 진행되는 세포 분열에 의한 조직의 새로운 증식이나 증대. 주위 장기로 전이되지 않는 양성 종양과 전이되는 악성 종양으로 크게 나눌 수 있다.)으로 자라려면 종양 속으로 연결되는 새로운 혈관의 생성이 필수적이다.(必須的-, 반드시 일어나야 한다.) [3]표적 항암제는 암세포가 증식하고 종양이 자라는 과정에서 어느 단계에 개입하느냐에 따라 신호 전달 억제제와 신생 혈관 억제제로 나뉜다.

→ 암세포의 증식 과정과 표적 항암제의 종류

**3** [1]신호 전달 억제제는 암세포의 증식을 유도하는 신호 전달 과정 중 특정 단계의 진행을 방해한다. [2]신호 전달 경로는 암의 종류에 따라 다르므로 신호 전달 억제제는 특정한 암에만 치료 효과를 나타낸다. [3]만성골수성백혈병(CML)의 치료제인 ㉡ 이마티닙이 그 예이다. [4]만성골수성백혈병은 골수의 조혈(造血, 피를 만드는) 모세포가 혈구(血球, 피의 고체 성분인 세포)로 분화하는 과정에서 발생하는 혈액암이다. [5]만성골수성백혈병 환자의 95 % 정도는 조혈 모세포의 염색체에서 돌연변이 유전자가 형성되어 변형된 형태의 효소인 Bcr-Abl 단백질을 만들어 낸다. [6]이 효소는 암세포 증식을 유도하는 신호 전달 경로를 활성화하여(活性化-, 활발해지게 하여) 암세포를 증식시킨다. [7]이러한 원리에 착안하여(着眼-, 실마리를 얻어) Bcr-Abl 단백질에 달라붙어 그것의 작용을 방해하는 이마티닙이 개발되었다.

→ 신호 전달 억제제의 특성과 예

**4** [1]신생 혈관 억제제는 암세포가 새로운 혈관을 생성하는 것을 방해한다. [2]암세포가 증식하여 종양이 되고 그 종양이 자라려면 산소와 영양분이 계속 공급되어야 한다. [3]종양이 계속 자라려면 종양에 인접한(隣接-, 가까이 있는) 정상 조직과 종양이 혈관으로 연결되고, 종양 속으로 혈관이 뻗어 들어와야 한다. [4]대부분의 암세포들은 혈관내피(血管內皮, 혈관의 안쪽 벽을 싸고 있는 조직) 성장인자(VEGF)를 분비하여 암세포 주변의 조직에서 혈관내피세포를 증식시킴으로써 새로운 혈관을 형성한다. [5]이러한 원리에 착안하여 종양의 혈관 생성을 저지할(沮止-, 막을) 수 있는 약제인 ㉢ 베바시주맙이 개발되었다. [6]이 약제는 인공적인 항체(抗體, 항원의 침입에 대항해서 혈청 안에 생겨서 항원과 결합하는 물질)로서 혈관내피 성장인자를 항원(抗原, 생명체 안에 침입하여 항체를 만들게 하는 단백성 물질)으로 인식하여 결합함으로써 혈관 생성을 방해한다. [7]베바시주맙은 대장암의 치료제로 개발되었지만 다른 여러 종류의 암에도 효과가 있다.

→ 신생 혈관 억제제의 특성과 예

■지문 이해

**〈표적 항암제의 종류와 특성〉**

**❶ 암 치료에 사용되는 세포 독성 항암제와 표적 항암제**

| 세포 독성 항암제 | 표적 항암제 |
| --- | --- |
| • 세포 분열을 방해하여 세포가 증식에 실패하고, 사멸에 이르게 하는 항암제 예 파클리탁셀<br>• 암세포뿐만 아니라 정상 세포도 손상시킴 | • 암세포에 선택적으로 작용하도록 고안된 항암제 |

**❷ 암세포의 증식 과정과 표적 항암제의 종류**

• 암세포의 증식 과정

암세포 내 변형 유전자 ⇒ 비정상적 단백질 생성 ⇒ 비정상적 단백질이 세포 분열 신호 전달 과정 왜곡 ⇒ 과다한 세포 증식(종양 형성) ⇒ 종양과 이어지는 새로운 혈관 생성

• 표적 항암제는 암세포의 증식 과정에서 어느 단계에 개입하느냐에 따라 '신호 전달 억제제'와 '신생 혈관 억제제'로 나뉨

| ❸ 신호 전달 억제제의 특성과 예 | ❹ 신생 혈관 억제제의 특성과 예 |
| --- | --- |
| • 암세포 증식을 유도하는 신호 전달 과정의 진행을 방해하는 항암제<br>• 암(癌)마다 신호 전달 경로의 차이가 있어 특정 암에만 치료 효과<br>예 이마티닙(만성골수성백혈병(혈액암) 치료제)<br>→ 비정상적 단백질 'Bcr-Abl'에 붙어 작용 방해 | • 암세포가 새로운 혈관을 생성하는 것을 방해하는 항암제<br>예 베바시주맙(대장암 치료제로 개발 → 여러 암 치료)<br>→ 암 세포가 분비하는 '혈관내피 성장인자(VEGF)'(항원)에 베바시주맙(항체)이 결합하여 혈관 생성 방해 |

**005** 핵심 개념 이해 - 적절한 것 고르기 2016학년도 9월 모평B 25번
정답률 75%, 매력적 오답 ② 15%
정답 ⑤

**㉠~㉢에 대한 이해로 가장 적절한 것은?**

㉠ 파클리탁셀 ㉡ 이마티닙 ㉢ 베바시주맙

㉡은

**① ㉠과 ㉡은 모두 암세포만 선택적으로 공격한다.**

근거 ❶-2~3 파클리탁셀과 같은 세포 독성 항암제는 … 암세포뿐 아니라 정상 세포 중 빈번하게 세포 분열하는 종류의 세포도 손상시킨다, ❶-5 반면에 표적 항암제는 암

세포에 선택적으로 작용, ❷-3 표적 항암제는 … 신호 전달 억제제와 신생 혈관 억제제로 나뉜다, ❸-3 만성골수성백혈병(CML)의 치료제인 이마티닙이 그(신호 전달 억제제의) 예

**풀이** ㉠(파클리탁셀)은 암세포뿐만 아니라 정상 세포도 손상시킨다. 암세포만 선택적으로 공격하는 것은 ㉡(이마티닙)과 ㉢(베바시주맙)이다.

→ 적절하지 않음!

㉠과 ㉢은 모두

**② ㉠은 ㉢과 달리 세포의 증식을 방해한다.**

**근거** ❶-2 (파클리탁셀은) 세포 분열을 방해하여 세포가 증식하지 못하고 사멸에 이르게 한다, ❹-4~6 대부분의 암세포들은 … 혈관내피세포를 증식시킴으로써 새로운 혈관을 형성한다. 이러한 원리에 착안하여 종양의 혈관 생성을 저지할 수 있는 약제인 베바시주맙이 개발되었다. 이 약제는 … 혈관 생성을 방해한다.

**풀이** ㉠(파클리탁셀)은 세포 분열을 방해해 세포 증식을 막고, ㉢(베바시주맙)은 새로운 혈관을 생성하는 혈관내피세포의 증식을 막는다. 따라서 ㉠과 ㉢은 모두 세포의 증식을 방해한다.

→ 적절하지 않음!

**③ ㉡과 ㉢은 모두 변형된 유전자를 정상 유전자로 *복원한다.** *復原-, 원래대로 회복한다.

**근거** ❸-1~3 신호 전달 억제제는 암세포의 증식을 유도하는 신호 전달 과정 중 특정 단계의 진행을 방해한다. 신호 전달 경로는 암의 종류에 따라 다르므로 신호 전달 억제제는 특정한 암에만 치료 효과를 나타낸다. 만성골수성백혈병(CML)의 치료제인 이마티닙이 그 예, ❹-5~6 이러한 원리에 착안하여 종양의 혈관 생성을 저지할 수 있는 약제인 베바시주맙이 개발되었다. 이 약제는 인공적인 항체로서 혈관내피 성장인자를 항원으로 인식하여 결합함으로써 혈관 생성을 방해

**풀이** ㉡(이마티닙)은 암세포의 증식을 유도하는 신호 전달 과정 중 특정 단계의 진행을 방해하는 치료제이며, ㉢(베바시주맙)은 암세포가 새로운 혈관을 생성하는 것을 방해하는 치료제이다. ㉡과 ㉢ 모두 변형된 유전자를 정상 유전자로 복원하지는 않는다.

→ 적절하지 않음!

㉢은

**④ ㉢은 ㉡과 달리 한 가지 종류의 암에만 효능을 보인다.**

**근거** ❸-2~3 신호 전달 경로는 암의 종류에 따라 다르므로 신호 전달 억제제는 특정한 암에만 치료 효과를 나타낸다. 만성골수성백혈병(CML)의 치료제인 이마티닙이 그 예, ❹-7 베바시주맙은 대장암의 치료제로 개발되었지만 다른 여러 종류의 암에도 효과가 있다.

**풀이** 특정한 한 가지 종류의 암에만 효능을 보이는 것은 ㉢(베바시주맙)이 아니라 ㉡(이마티닙)이다. ㉢은 여러 종류의 암에 효과가 있다.

→ 적절하지 않음!

**⑤ ㉢은 ㉡과 달리 암세포가 분비하는 성장인자에 작용한다.**

**근거** ❹-4~6 대부분의 암세포들은 혈관내피 성장인자(VEGF)를 분비하여 암세포 주변의 조직에서 혈관내피세포를 증식시킴으로써 새로운 혈관을 형성한다. 이러한 원리에 착안하여 종양의 혈관 생성을 저지할 수 있는 약제인 베바시주맙이 개발되었다. 이 약제는 인공적인 항체로서 혈관내피 성장인자를 항원으로 인식하여 결합함으로써 혈관 생성을 방해한다.

**풀이** ㉡(이마티닙)은 암세포의 증식을 유도하는 신호 전달 과정 중 특정 단계의 진행을 방해하는 치료제이며, ㉢(베바시주맙)은 암세포가 분비하는 성장인자에 작용하여 암세포의 혈관 생성을 방해한다.

→ 적절함!

1등급 문제

**006** 구체적인 사례에 적용 - 적절하지 않은 것 고르기 2016학년도 9월 모평B 26번
정답률 50%, 매력적 오답 ④ 15% ⑤ 15% | 정답 ②

## 윗글을 바탕으로 <보기>의 ⓐ, ⓑ를 이해한 내용으로 적절하지 않은 것은? [3점]

| 보기 |

(혈관을 통해 액체 속의 산소와 영양분을 공급받지 못했기 때문)

1 [1]어떤 암세포를 시험관 속의 액체에 넣었다. [2]액체 속에는 산소와 영양분이 충분함에도 불구하고, ⓐ 액체 속의 암세포는 세포 분열을 하여 1~2 mm의 작은 암 덩이로 자란 후 더 이상 증식하지 않았다.

2 [1]같은 종류의 암세포를 실험동물에게 주입하였다.(注入-, 넣었다.) [2]ⓑ 주입된 암세포는 커다란 종양으로 계속 자라났고, 종양의 일부 조직을 조사해 보니 조직 내부에 혈관이 들어차 있었다.

(혈관내피 성장인자를 분비하여 새로운 혈관을 형성함)
(혈관을 통해 실험동물의 조직 속의 산소와 영양분을 공급받았기 때문)

▶ 지문 핵심 개념 정리

- 암 치료에 사용되는 항암제
  - 세포 독성 항암제 : 세포 분열을 방해하여 세포가 증식하지 못하고 사멸에 이르게 함(❶-2)
  - 신생 혈관 억제제 : 암세포가 새로운 혈관을 생성하는 것을 방해함(❹-1)
- 암세포의 증식 과정(❷)
  ① 암세포 내 변형 유전자가 비정상적인 단백질 만듦
  ② 세포 분열을 위한 신호 전달 과정을 왜곡하여 세포가 과다하게 증식함 → 종양이 형성됨
  ③ 종양과 연결되는 새로운 혈관을 생성하여 산소와 영양분 공급 → 종양이 계속 자람
- 새로운 혈관을 생성하는 과정(❹) : 혈관내피 성장인자(VEGF) 분비 → 암세포 주변 조직에서 혈관내피세포 증식 → 종양과 연결되는 혈관 생성

**① ⓐ에서는 혈관내피 성장인자 분비를 통한 혈관 생성이 이루어지지 못했겠군.**

**근거** <보기>-❶-2 액체 속에는 산소와 영양분이 충분함에도 불구하고, 액체 속의 암세포는 세포 분열을 하여 1~2 mm의 작은 암 덩이로 자란 후 더 이상 증식하지 않았다, ❹-3 종양이 계속 자라려면 종양에 인접한 정상 조직과 종양이 혈관으로 연결되고, 종양 속으로 혈관이 뻗어 들어와야 한다.

**풀이** ⓐ는 ⓑ와 달리 암세포가 계속 증식하지 않았다. 이는 ⓐ에서 혈관내피 성장인자 분비를 통한 혈관 생성이 이루어지지 못했기 때문이다.

→ 적절함!

**② ⓐ와 함께 Bcr-Abl 단백질을 액체에 넣는다면 암세포가 큰 종양으로 계속 자라겠군.**

**근거** ❷-2 암세포가 종양으로 자라려면 종양 속으로 연결되는 새로운 혈관의 생성이 필수적, ❸-6 이 효소(Bcr-Abl 단백질)는 암세포 증식을 유도하는 신호 전달 경로를 활성화하여 암세포를 증식시킨다.

**풀이** ⓐ는 생체 내에서처럼 종양 속으로 연결되는 새로운 혈관을 생성할 수 없으므로, 큰 종양이 자라기에 적합하지 않은 환경이다. 따라서 ⓐ와 함께 Bcr-Abl 단백질을 시험관 속의 액체에 넣는다고 해도 암세포가 큰 종양으로 계속 자랄 수는 없을 것이다. 또한 <보기>에 제시된 사례는 불특정 암세포('어떤 암세포')이므로, 만성골수성백혈병 환자에게 발생하는 Bcr-Abl 단백질을 적용시키기에 적합한 상황인지도 알 수 없다.

→ 적절하지 않음!

**③ ⓑ와 함께 세포 독성 항암제를 주입한다면 암세포의 분열이 억제되겠군.**

**근거** ❶-2 파클리탁셀과 같은 세포 독성 항암제는 세포 분열을 방해하여 세포가 증식하지 못하고 사멸에 이르게 한다.

**풀이** 세포 독성 항암제는 세포 분열을 방해한다. 따라서 ⓑ와 함께 세포 독성 항암제를 주입한다면 암세포의 분열이 억제될 것이다.

→ 적절함!

**④ ⓑ가 종양으로 자랄 수 있었던 것은 산소와 영양분이 계속 공급되었기 때문이겠군.**

**근거** <보기>-❷-2 주입된 암세포는 커다란 종양으로 계속 자라났고, 종양의 일부 조직을 조사해 보니 조직 내부에 혈관이 들어차 있었다, ❹-2 암세포가 증식하여 종양이 되고 그 종양이 자라려면 산소와 영양분이 계속 공급되어야 한다.

→ 적절함!

**⑤ ⓑ가 종양으로 자라는 과정에서 암세포의 증식을 유도하는 신호 전달 경로에 비정상적인 단백질의 개입이 있었겠군.**

**근거** ❷-1 암세포에서는 변형된 유전자가 만들어 낸 비정상적인 단백질이 세포 분열을 위한 신호 전달 과정을 왜곡하여 과다한 세포 증식을 일으킨다.

**풀이** ⓑ는 커다란 종양으로 자라났다. 따라서 암세포의 증식을 유도하는 신호 전달 경로에 비정상적인 단백질의 개입이 있었을 것이다.

→ 적절함!

평가원 이의 신청 답변

이 문항은 지문에서 설명된 내용을 바탕으로 <보기>의 상황에 대해 적절하게 이해할 수 있는지를 묻고 있습니다.

이의 제기의 주된 내용은 오답지 ①, ④, ⑤가 적절하지 않아 정답이 될 수 있다는 것과 정답지 ②가 적절하여 정답이 될 수 없다는 것입니다.

그러나 ①, ④는 지문 넷째 단락 "암세포가 증식하여 종양이 되고 ~ 새로운 혈관을 형성한다."와, <보기>에서 ⓐ가 증식하지 않았고 ⓑ가 증식하였다는 진술을 종합하여 이해하면 적절함을 알 수 있습니다. ⑤는 지문 둘째 단락 "암세포에서는 ~ 세포 증식을 일으킨다."와, <보기>에서 ⓑ가 증식하였다는 진술을 종합하여 이해하면 적절함을 알 수 있습니다.

이에 반해 ②는 지문 셋째 단락 "만성골수성백혈병 환자의 ~ 만들어 낸다." 및 지문 넷째 단락 "암세포가 증식하여 종양이 되고 ~ 새로운 혈관을 형성한다."와, <보기>에서 ⓐ가 증식하지 않았다는 진술을 종합하여 이해하면 적절하지 않음을 알 수 있습니다.

그러므로 이 문항과 정답에는 이상이 없습니다.

**[007~008] 다음 글을 읽고 물음에 답하시오.**

1 [1]사람의 눈이 원래 하나였다면 세계를 입체적으로 지각할(知覺-, 대상을 판단하여 앎) 수 있었을까? [2]입체 지각은 대상까지의 거리를 인식하여 세계를 3차원으로 파악(점이나 선이 아닌 입체로 파악)하는 과정을 말한다. [3]입체 지각은 눈으로 들어오는 시각 정보로부터 다양한 단서를 얻어 이루어지는데 이를 양안 단서와 단안 단서로 구분할 수 있다. [4]양안 단서는 양쪽 눈이 함께 작용하여 얻어지는 것으로, 양쪽 눈에서 보내오는, 시차(視差)*가 있는 유사한(類似-, 서로 비슷한) 상(像, 눈에 보이는 사물의 형체)이 대표적이다. [5]단안 단서는 한쪽 눈으로 얻을 수 있는 것인데, 사람은 단안 단서만으로도 이전의 경험으로부터 추론에 의하여(경험을 통해) 세계를 3차원으로 인식할 수 있다.(입체적으로 볼 수 있다.) [6]망막에 맺히는 상은 2차원(평면)이지만 그 상들 사이의 깊이의 차이를 인식하게 해 주는 다양한 실마리들을 통해 입체 지각이 이루어진다.

→ 입체 지각의 정의와 방식 - 양안 단서와 단안 단서

2 [1]동일한 물체가 크기가 다르게 시야에 들어오면 우리는 더 큰 시각(視角)*을 가진(더 크게 보이는) 쪽이 더 가까이 있다고 인식한다. [2]이렇게 물체의 상대적 크기는 대표적인 단안 단서이다. [3]또 다른 단안 단서로는 '직선 원근'이 있다. [4]우리는 앞으로 뻗은 길이나 레일이 만들어 내는 평행선의 폭이 좁은 쪽이 넓은 쪽보다 멀리 있다고 인식한다. [5]또 하나의 단안 단서인 '결 기울기'는 같은 대상이 집단적으로 어떤 면에 분포할 때, 시야에 동시에 나타나는 대상들의 연속적인 크기 변화로 얻어진다. [6]예를 들면 들판에 만발한 꽃을 보면 앞쪽은 꽃이 크고 뒤로 가면서 서서히 꽃이 작아지는 것으로 보이는데 이러한 시각적 단서가 쉽게 원근감을 일으킨다.

→ 정지한 상태에서의 단안 단서

3 [1]어떤 경우에는 운동으로부터 단안 단서를 얻을 수 있다. [2]'운동 시차'는 관찰자가 운동할 때 정지한 물체들이 얼마나 빠르게 움직이는 것처럼 보이는지가 물체들까지의 상대적 거리(가깝고 멀고)에 대한 실마리를 제공하는 것이다. [3]예를 들어 기차를 타고 가다 창밖을 보면 가까이에 있는 나무는 빨리 지나가고 멀리 있는 산은 거의 정지해 있는 것처럼 보인다.

→ 운동 상태에서의 단안 단서

4 [1]동물들도 단안 단서를 활용하여 입체 지각을 할 수 있다. [2]특히 머리의 좌우 측면에 눈이 있는 동물들은 양쪽 눈의 시야가 겹치는 부분이 거의 없어 양안 단서를 활용하지 못한다. [3]이런 경우에 단안 단서는 입체 지각에서 결정적인 역할을 하게 된다. [4]가령 어떤 새들은 머리를 좌우로 움직였을 때 정지된 물체가 움직여 보이는 정도에 따라 물체까지의 거리를 파악한다.

→ 동물들의 단안 단서를 활용한 입체 지각

* 시차 : 하나의 물체를 서로 다른 두 지점에서 보았을 때 방향의 차이
* 시각 : 물체의 양쪽 끝으로부터 눈에 이르는 두 직선이 이루는 각

■지문 이해

〈단안 단서에 의한 입체 지각의 방법〉

**❶ 입체 지각의 정의와 방식 - 양안 단서와 단안 단서**
- 입체 지각 : 대상까지의 거리를 인식하여 세계를 3차원으로 파악하는 과정
- 양안 단서 : 양쪽 눈이 함께 작용하여 얻어짐
- 단안 단서 : 한쪽 눈으로 얻음

| ❷ 정지한 상태에서의 단안 단서 | ❸ 운동 상태에서의 단안 단서 |
|---|---|
| • 물체의 상대적 크기 : 동일한 물체 중 더 크게 보이는 쪽이 더 가까이 있다고 인식함<br>• 직선 원근 : 길이나 레일을 볼 때 폭이 좁은 쪽이 넓은 쪽보다 멀리 있다고 인식<br>• 결 기울기 : 들판에 만발한 꽃을 볼 때 앞쪽의 꽃은 크고 뒤의 꽃은 작아지는 것으로 보임 | • 운동 시차 : 기차를 타고 갈 때 가까이 있는 나무는 빨리 지나가고 멀리 있는 산은 거의 정지한 것처럼 보임 |

**❹ 동물들의 단안 단서를 활용한 입체 지각**

---

**007** 추론의 적절성 판단 - 적절하지 않은 것 고르기 2014학년도 6월 모평B 28번 정답률 85% 정답 ④

**윗글로 미루어 알 수 있는 내용이 아닌 것은?**

**① 두 눈을 가진 동물 중에 단안 단서로만 입체 지각을 하는 동물이 있다.**

근거 ❹-2~3 머리의 좌우 측면에 눈이 있는 동물들은 양쪽 눈의 시야가 겹치는 부분이 거의 없어 양안 단서를 활용하지 못한다. 이런 경우에 단안 단서는 입체 지각에서 결정적인 역할

→ 적절함!

**② 사람이 원래 눈이 하나이더라도 경험을 통해 세계를 입체로 지각할 수 있다.** (= 단안 단서만으로도, = 3차원으로)

근거 ❶-5 사람은 단안 단서만으로도 이전의 경험으로부터 추론에 의하여 세계를 3차원으로 인식

→ 적절함!

**③ 사람의 경우에 양쪽 눈의 망막에 맺히는 상은 비슷해 보이지만 차이가 있다.** (= 시차가 있는 유사한 상)

근거 ❶-4 양안 단서는 양쪽 눈이 함께 작용하여 얻어지는 것으로, 양쪽 눈에서 보내오는, 시차(視差)가 있는 유사한 상이 대표적

풀이 양쪽 눈에 완전히 같은 상이 아니라 유사한 상이 맺힌다고 이야기하고 있다.

→ 적절함!

**④ 직선 원근을 이용해 입체 지각을 하려면 두 눈에서 보내오는 상을 조합해야 한다.** (단안 단서를 이용한다)

근거 ❷-3 또 다른 단안 단서로는 '직선 원근'

풀이 직선 원근은 양안 단서가 아니라 단안 단서를 이용하는 것이다.

→ 적절하지 않음!

**⑤ 새가 단안 단서를 얻으려고 머리를 움직이는 것은 달리는 기차에서 창밖을 보는 것과 유사한 효과를 낸다.** (운동 시차)

근거 ❸-2~3 '운동 시차'는 관찰자가 운동할 때 정지한 물체들이 얼마나 빠르게 움직이는 것처럼 보이는지가 물체들까지의 상대적 거리에 대한 실마리를 제공하는 것이다. 예를 들어 기차를 타고 가다 창밖을 보면, ❹-4 어떤 새들은 머리를 좌우로 움직였을 때 정지된 물체가 움직여 보이는 정도에 따라 물체까지의 거리를 파악

풀이 기차에서 창밖을 보는 것은, 관찰자가 움직이면서 단안 단서를 얻는 운동 시차의 대표적인 예이다. 새는 양쪽 눈의 시야가 거의 겹치지 않아 양안 단서를 활용하지 못한다. 따라서 머리를 '움직이며', 즉 단안 단서인 운동 시차를 이용하여 입체 지각을 하는 것이다.

→ 적절함!

1등급 문제

**008** 구체적인 사례에 적용 - 적절한 것 고르기 2014학년도 6월 모평B 29번 정답률 45%, 매력적 오답 ④ 35% 정답 ①

**윗글을 바탕으로 〈보기〉에 대해 이해한 내용으로 적절한 것은?** [3점]

| 보기 |

(가) 다람쥐가 잠자는 여우를 발견하자 여우를 보면서 자신과 여우를 연결하는 선에 대하여 직각 방향으로 움직였다. (정지한 물체, 운동)

(나) 축구공이 빠르게 작아지는 동영상을 보여 줄 때는 가만히 있던 강아지가 축구공이 빠르게 커지는 동영상을 보여주자 놀라서 도망갔다. (동일한 물체가 크기가 다르게 시야에 들어옴)

▶ 지문 핵심 개념 정리

| 양안 단서 |
|---|
| 양쪽 눈이 함께 작용하여 얻어짐 |

| 단안 단서 | | | |
|---|---|---|---|
| 한쪽 눈으로 얻음 | | | |
| 물체의 상대적 크기 | 직선 원근 | 결 기울기 | 운동 시차 |
| 동일한 물체 중에서 크게 보이는 쪽이 더 가까이 있다고 인식(❷-1) | 길, 레일을 볼 때 폭이 좁은 쪽이 넓은 쪽보다 멀리 있다고 인식(❷-4) | 들판의 꽃을 볼 때 앞쪽의 꽃은 크고 뒤쪽의 꽃은 작아지는 것으로 보임(❷-6) | 기차를 타고 갈 때 가까이 있는 나무는 빨리 지나가고, 멀리 있는 산은 거의 정지해 있는 것으로 인식(❸-3) |

자신과 여우를 연결하는 선에 대하여 직각 방향으로 움직임

**① (가)에서 다람쥐가 한 행동이 입체 지각을 얻기 위한 것이라면 다람쥐는 운동 시차를 이용한 것이라 할 수 있겠군.**

근거 <보기>-(가) 자신과 여우를 연결하는 선에 대하여 직각 방향으로 움직였다, ❸-2 '운동 시차'는 관찰자가 운동할 때 정지한 물체들이 얼마나 빠르게 움직이는 것처럼 보이는지가 물체들까지의 상대적 거리에 대한 실마리를 제공하는 것

→ 적절함!

양안 단서를 활용하지 못함

**② (가)에서 다람쥐가 머리의 좌우 측면에 눈이 있는 동물이라면 양안 단서를 얻기 위해 행동한 것이라고 볼 수 있겠군.**

근거 ❹-2 머리의 좌우 측면에 눈이 있는 동물들은 양쪽 눈의 시야가 겹치는 부분이 거의 없어 양안 단서를 활용하지 못한다.

→ 적절하지 않음!

가까이에

**③ (가)에서 다람쥐로부터 여우가 멀리 있을수록 다람쥐에게는 여우가 빠르게 이동하는 것처럼 보이겠군.**

근거 ❸-3 기차를 타고 가다 창밖을 보면 가까이에 있는 나무는 빨리 지나가고 멀리 있는 산은 거의 정지해 있는 것처럼 보인다.

→ 적절하지 않음!

물체의 상대적 크기

**④ (나)는 결 기울기가 강아지에게 입체 지각을 일으킬 수 있음을 보여 주는 사례이군.**

근거 ❷-5 '결 기울기'는 같은 대상이 집단적으로 어떤 면에 분포할 때, 시야에 동시에 나타나는 대상들의 연속적인 크기 변화로 얻어진다.

풀이 축구공 여러 개가 동시에 '집단적으로' 있는 것이 아니므로, 결 기울기가 입체 지각을 일으킨 사례로 볼 수 없다.

→ 적절하지 않음!

단안 단서를 활용할 수 있음 / 보였겠군

**⑤ (나)에서 강아지의 한쪽 눈을 가렸다면 강아지는 놀라는 행동을 보이지 않았겠군.**

근거 ❷-1~2 동일한 물체가 크기가 다르게 시야에 들어오면 우리는 더 큰 시각(視角)을 가진 쪽이 더 가까이 있다고 인식한다. 이렇게 물체의 상대적 크기는 대표적인 단안 단서, ❹-1 동물들도 단안 단서를 활용하여 입체 지각

풀이 동물들도 단안 단서를 활용하여 입체 지각을 할 수 있다. 따라서 강아지의 한쪽 눈을 가려도 물체의 상대적 크기를 인식해 놀라는 행동을 보였을 것이다.

→ 적절하지 않음!

## [009~012] 다음 글을 읽고 물음에 답하시오.

1 [1]이어폰으로 스테레오 음악을 ㉠ 들으면 두 귀에 약간 차이가 나는 소리가 들어와서 자기 앞에 공연장이 펼쳐진 것 같은 공간감을 느낄 수 있다. [2]이러한 효과는 어떤 원리가 적용되어 나타난 것일까?

→ 소리에서 느껴지는 공간감에 적용된 원리

2 [1]사람의 귀는 주파수(周波數, 소리의 파동이 1초 동안 진동하는 횟수) 분포(分布, 흩어져 있는 상태)를 감지하여 음원의 종류를 알아내지만, 음원의 위치를 알아낼 수 있는 직접적인 정보는 감지하지 못한다. [2]하지만 사람의 청각 체계는 두 귀 사이 그리고 각 귀와 머리 측면 사이의 상호 작용에 의한 단서들을 이용하여 음원의 위치를 알아낼 수 있다.(시각과 같은 원리이다. 사람은 눈이 두 개이기 때문에 사물을 입체적으로 볼 수 있다.) [3]음원의 위치는 소리가 오는 수평·수직 방향과 음원까지의 거리를 이용하여 지각하는데, 그 정확도는 음원의 위치와 종류에 따라 다르며 개인차도 크다. [4]음원까지의 거리는 목소리 같은 익숙한 소리의 크기와 거리의 상관관계를 이용하여 추정한다.

→ 음원의 위치를 파악할 수 있는 사람의 청각 체계

3 [1]음원이 청자의 정면 정중앙에 있다면 음원에서 두 귀까지의 거리가 같으므로 소리가 두 귀에 도착하는 시간 차이는 없다. [2]반면 음원이 청자의 오른쪽으로 ㉡ 치우치면 소리는 오른쪽 귀에 먼저 도착하므로, 두 귀 사이에 도착하는 시간 차이가 생긴다. [3]이때 치우친 정도가 클수록 시간 차이도 커진다. [4]도착 순서와 시간 차이는 음원의 수평 방향을 ㉢ 알아내는 중요한 단서가 된다.

〈참고 그림〉

❸-1 음원이 청자의 정면 정중앙에 있다면 음원에서 두 귀까지의 거리가 같으므로 소리가 두 귀에 도착하는 시간 차이는 없다.

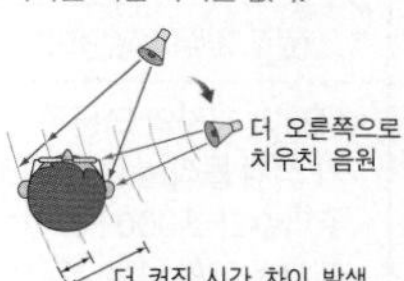


❸-2~3 음원이 청자의 오른쪽으로 치우치면 소리는 오른쪽 귀에 먼저 도착하므로 두 귀 사이에 도착하는 시간 차이가 생긴다. 이때 치우친 정도가 클수록 시간 차이도 커진다.

→ 음원의 수평 방향을 알아내는 단서 : 도착 순서와 시간 차이

4 [1]음원이 청자의 오른쪽 귀 높이에 있다면 머리 때문에 왼쪽 귀에는 소리가 작게 들린다. [2]이러한 현상을 '소리 그늘'이라고 하는데, 주로 고주파 대역(高周波帶域, 주파수가 높은 파동의 범위)에서 ㉣ 일어난다. [3]고주파의 경우 소리가 진행하다가 머리에 막혀 왼쪽 귀에 잘 도달하지 않는 데 비해, 저주파의 경우 머리를 넘어 왼쪽 귀까지 잘 도달하기 때문이다.(이처럼 장애물(머리) 뒤쪽까지 파동이 전달하는 현상을 '회절'이라고 한다. 회절은 저주파(주파수가 작고, 파장이 긴 파동)의 경우에 더 잘 일어난다.) [4]소리 그늘 효과는 주파수가 1,000 Hz 이상인 고음에서는 잘 나타나지만, 그 이하의 저음에서는 거의 나타나지 않는다. [5]이 현상은 고주파 음원의 수평 방향을 알아내는 데 특히 중요한 단서가 된다.

〈참고 그림〉

❹-1~3 음원이 청자의 오른쪽 귀 높이에 있어 머리 때문에 왼쪽 귀에는 소리가 작게 들리는 현상을 '소리 그늘'이라 하는데, 주로 고주파 대역에서 일어난다. 고주파의 경우 소리가 진행하다가 머리에 막혀 왼쪽 귀에 잘 도달하지 않는 데 비해, 저주파의 경우 머리를 넘어 왼쪽 귀까지 잘 도달하기 때문이다.

→ 고주파 음원의 수평 방향을 알아내는 단서 : '소리 그늘' 현상

5 [1]한편, 소리는 귓구멍에 도달하기 전에 머리 측면과 귓바퀴의 굴곡(屈曲, 이리저리 굽어 꺾여 있는 모양)의 상호 작용에 의해 여러 방향으로 반사되고, 반사된 소리들은 서로 간섭(干涉, 두 개 이상의 파동이 서로 만나 다른 파동에 영향을 주는 현상으로 원래의 신호보다 커지는 효과를 나타내는 보강 간섭과 원래의 신호보다 약해지는 상쇄 간섭이 있다.)을 일으킨다. [2]같은 소리라도 소리가 귀에 도달하는 방향에 따라 상호 작용의 효과가 달라지는데, 수평 방향뿐만 아니라 수직 방향의 차이도 영향을 준다. [3]이러한 상호 작용에 의해 주파수 분포의 변형이 생기는데, 이는 간섭에 의해 어떤 주파수의 소리는 ㉤ 작아지고 어떤 주파수의 소리는 커지기 때문이다. [4]이 또한 음원의 방향을 알아낼 수 있는 중요한 단서가 된다.

→ 음원의 방향을 알아낼 수 있는 단서 : 소리의 간섭 현상

■ 지문 이해

〈음원의 위치 파악 원리〉

❶ 소리에서 느껴지는 공간감에 적용된 원리
- 이어폰으로 스테레오 음악을 들을 때 : 약간 차이가 나는 소리가 두 귀로 들어옴 → 공간감을 느끼게 함

❷ 음원의 위치를 파악할 수 있는 사람의 청각 체계
- 두 귀 사이, 각 귀와 머리 측면 사이의 상호 작용에 의한 단서들을 이용 → 음원의 위치를 알아낼 수 있음
- 음원의 위치 : 소리가 오는 수평·수직 방향과 음원까지의 거리를 이용하여 지각, 음원의 위치와 종류에 따라 정확도가 다르며 개인차도 큼
- 음원까지의 거리 : 목소리 같은 익숙한 소리의 크기와 거리의 상관관계를 이용하여 추정

Ⅲ 과학

**❸ 음원의 수평 방향을 알아내는 단서 : 도착 순서와 시간 차이**

- 음원이 청자의 정면 정중앙에 있을 때 : 음원에서 두 귀까지의 거리가 같음 → 소리가 두 귀에 도착하는 시간 차이가 없음
- 음원이 청자의 오른쪽으로 치우쳤을 때 : 소리가 오른쪽 귀에 먼저 도착 → 두 귀 사이에 도착하는 시간 차이가 생김

**❹ 고주파 음원의 수평 방향을 알아내는 단서 : '소리 그늘' 현상**

- 음원이 청자의 오른쪽 귀 높이에 있을 때, 머리 때문에 왼쪽 귀에는 소리가 작게 들리는 현상 → 소리 그늘
- 주파수가 1,000 Hz 이상인 고음에서는 잘 나타나지만, 그 이하의 저음에서는 거의 나타나지 않음

**❺ 음원의 방향을 알아낼 수 있는 단서 : 소리의 간섭 현상**

- 소리는 귓구멍에 도달하기 전에 머리 측면과 귓바퀴의 굴곡의 상호 작용에 의해 여러 방향으로 반사되고, 반사된 소리들은 서로 간섭을 일으킴 → 어떤 주파수의 소리는 작아지고 어떤 주파수의 소리는 커짐 → 주파수 분포의 변형이 생김
- 같은 소리라도 소리가 귀에 도달하는 수평 방향이나 수직 방향의 차이에 따라 상호 작용의 효과가 달라짐

**009** | 세부 정보 이해 - 적절하지 않은 것 고르기 2012학년도 수능 21번 | 정답률 95% | 정답 ③

## 윗글의 내용과 일치하지 않는 것은?

**① 사람의 귀는 소리의 주파수 분포를 감지하는 감각 기관이다.**

근거 ❷-1 사람의 귀는 주파수 분포를 감지하여 음원의 종류를 알아내지만

→ 적절함!

= 두 귀 사이, 각 귀와 머리 측면 사이의 상호 작용에 의한 단서들

**② 청각 체계는 여러 단서를 이용해서 음원의 위치를 지각한다.**

근거 ❷-2 사람의 청각 체계는 두 귀 사이 그리고 각 귀와 머리 측면 사이의 상호 작용에 의한 단서들을 이용하여 음원의 위치를 알아낼 수 있다.

→ 적절함!

음원의 위치와 종류에 따라 다르다

**③ 위치 감지의 정확도는 소리가 오는 방향에 관계없이 일정하다.**

근거 ❷-3 음원의 위치는 소리가 오는 수평·수직 방향과 음원까지의 거리를 이용하여 지각하는데, 그 정확도는 음원의 위치와 종류에 따라 다르며 개인차도 크다.

→ 적절하지 않음!

= 머리에 막혀

**④ 소리 그늘 현상은 머리가 장애물로 작용하기 때문에 일어난다.**

근거 ❹-2~3 (소리 그늘 현상은) 주로 고주파 대역에서 일어난다. 고주파의 경우 소리가 진행하다가 머리에 막혀 왼쪽 귀에 잘 도달하지 않는 데 비해, 저주파의 경우 머리를 넘어 왼쪽 귀까지 잘 도달하기 때문이다.

→ 적절함!

**⑤ 반사된 소리의 간섭은 소리의 주파수 분포에 변화를 일으킨다.**

근거 ❺-1 소리는 귓구멍에 도달하기 전에 머리 측면과 귓바퀴의 굴곡의 상호 작용에 의해 여러 방향으로 반사되고, 반사된 소리들은 서로 간섭, ❺-3 이러한 상호 작용에 의해 주파수 분포의 변형

→ 적절함!

**010** | 추론의 적절성 판단 - 적절한 것 고르기 2012학년도 수능 22번 | 정답률 65%, 매력적 오답 ② 10% ④ 10% | 정답 ⑤

## 사람의 청각 체계에 대한 설명으로 옳은 것은?

음원의 수평 방향을

**① 두 귀에 소리가 도달하는 순서와 시간 차이를 감지했다면 생소한 소리라도 음원까지의 거리를 알아낼 수 있다.**

근거 ❸-4 도착 순서와 시간 차이는 음원의 수평 방향을 알아내는 중요한 단서

→ 적절하지 않음!

약간 차이가 나는

**② 이어폰을 통해 두 귀에 크기와 주파수 분포가 같은 소리를 동시에 들려주면 수평 방향의 공간감이 느껴진다.**

근거 ❶-1 이어폰으로 스테레오 음악을 들으면 두 귀에 약간 차이가 나는 소리가 들어와서 자기 앞에 공연장이 펼쳐진 것 같은 공간감을 느낄 수 있다.

풀이 소리의 공간감을 느끼기 위해서는 주파수 분포가 같은 소리가 아니라 약간 차이가 나는 소리를 들어야 한다.

→ 적절하지 않음!

**③ 소리가 울리는 실내라면 소리가 귀까지 도달하는 시간이 다양해져서 음원의 방향을 더 잘 찾아낼 수 있다.**

찾아내기 어렵다

근거 ❸-4 도착 순서와 시간 차이는 음원의 수평 방향을 알아내는 중요한 단서가 된다.

풀이 실내에서 소리가 울린다는 것은 음원이 여러 방향에서 시간 차이를 두고 들린다는 것을 의미하는데, 이로 인해 음원의 (수평) 방향을 찾아내기 어려워진다.

→ 적절하지 않음!

도착 순서, 시간 차를 통해서도 알 수 있음

**④ 귓바퀴의 굴곡을 없애도록 만드는 보형물을 두 귀에 붙이면 음원의 수평 방향을 지각할 수 없다.**

있다

근거 ❸-4 도착 순서와 시간 차이는 음원의 수평 방향을 알아내는 중요한 단서가 된다.

풀이 ❺문단에서 '소리는 귓구멍에 도달하기 전에 머리 측면과 귓바퀴의 굴곡의 상호 작용에 의해 여러 방향으로 반사되고, 반사된 소리들은 서로 간섭을 일으킨다'고 하며, 소리의 간섭이 음원의 방향을 알아낼 수 있는 중요한 단서가 된다고 하였으므로 귓바퀴의 굴곡이 음원의 방향을 지각하는 데 영향을 미친다는 것을 알 수 있다. 하지만, '음원의 수평 방향'은 도착 순서와 시간 차이를 통해서도 알 수 있으므로 '지각할 수 없다'는 설명은 틀린 것이 된다.

→ 적절하지 않음!

**⑤ 소리의 주파수에 따라 음원의 수평 방향 지각에서 소리 그늘을 활용하는 정도가 달라진다.**

주파수 1,000 Hz 이상에서 잘 나타남 ⇒ 소리 그늘을 활용
주파수 1,000 Hz 이하의 저음에서는 거의 나타나지 않음 ⇒ 소리 그늘 활용 ×

근거 ❹-4~5 소리 그늘 효과는 주파수가 1,000 Hz 이상인 고음에서는 잘 나타나지만, 그 이하의 저음에서는 거의 나타나지 않는다. 이 현상은 고주파 음원의 수평 방향을 알아내는 데 특히 중요한 단서가 된다.

→ 적절함!

**평가원 이의 신청 답변**

이 문항은 사람의 청각 체계가 음원의 위치를 지각하는 원리를 설명하는 글을 읽고, 정보를 종합하여 사람의 청각 체계에 대해 이해하는 능력을 평가하고자 한 것입니다. 이의 제기는 답지 ③, ④의 내용이 추론 가능하다는 것과, ⑤의 내용을 추론할 수 없다는 것입니다.

답지 ③은 소리의 울림에 의해 소리가 귀까지 도달하는 시간이 다양해질 경우, 음원의 위치 파악이 더 잘 되는지의 여부를 판단하는 내용입니다. 지문에서 음원의 위치에 따라 소리가 두 귀까지 도달하는 시간의 차이가 다르다고 서술되어 있습니다. 그런데 소리가 울리는 실내라면 한 음원에서 발생한 소리가 반사되면서 귀까지 도달하는 시간 차이가 다양해지므로 음원이 여기저기 있는 것처럼 느껴져서 음원의 방향 지각의 정확도가 떨어질 것임을 추론할 수 있습니다. 그러므로 답지 ③은 틀린 진술입니다.

답지 ④는 귓바퀴의 굴곡을 없앨 경우 수평 방향 지각 능력이 상실되는지를 판단하는 내용입니다. 지문에 따르면 귓바퀴의 굴곡이 없어지면 상호 작용의 정도가 현저히 떨어져 상호 작용에 의한 수평과 수직 방향의 지각 능력이 떨어집니다. 하지만 소리의 도착 순서와 시간 차이, 그리고 소리 그늘 현상에 의해 소리의 수평 방향 지각은 여전히 가능합니다. 그러므로 답지 ④는 틀린 진술입니다.

답지 ⑤는 음원의 수평 방향을 지각할 때 소리의 주파수에 따라 소리 그늘을 활용하는 정도가 달라지는지를 추론하는 내용입니다. 지문에 따르면 소리 그늘 현상은 1,000 Hz 이상의 고주파 영역에서 활용될 수 있고 그 이하의 저주파 영역에서는 거의 활용될 수 없기 때문에, 소리 주파수의 높낮이에 따라 소리 그늘을 활용하는 정도가 달라질 수밖에 없습니다. 그러므로 답지 ⑤는 맞는 진술입니다.

이와 같은 이유로 이 문항의 정답에는 이상이 없습니다.

**011** 자료 해석의 적절성 판단 - 적절하지 않은 것 고르기 2012학년도 수능 23번
정답률 70%, 매력적 오답 ④ 10% | 정답 ③

## <보기>에서 ⓐ~ⓔ의 합성에 적용된 원리를 분석한 내용으로 옳지 않은 것은?

| 보기 |
은영이는 이어폰을 이용한 소리 방향 지각 실험에 참여하였다. 이 실험에서는 컴퓨터가 각각 하나의 원리만을 이용해서 합성한 소리를 들려준다. 은영이는 ⓐ 멀어져 가는 자동차 소리, ⓑ 머리 위에서 나는 종소리, ⓒ 발 바로 아래에서 나는 마루 삐걱거리는 소리, ⓓ 오른쪽에서 나는 저음의 북소리, ⓔ 왼쪽에서 나는 고음의 유리잔 깨지는 소리로 들리도록 합성한 소리를 차례로 들었다.

**① ⓐ는 소리의 크기가 시간에 따라 점점 작아지도록 했겠군.**

근거 ❷-4 음원까지의 거리는 목소리 같은 익숙한 소리의 크기와 거리의 상관관계를 이용하여 추정

풀이 같은 크기의 목소리로 말을 하더라도 가까이에 있는 사람의 말소리는 잘 들리지만, 멀리 있는 사람의 목소리는 잘 들리지 않는 것을 통해 소리의 크기와 거리는 서로 반비례의 상관관계를 갖는다고 볼 수 있다. 즉, ⓐ는 대상과의 거리가 점점 멀어진다는 인식을 주기 위해 소리를 점점 작아지도록 했을 것임을 추정할 수 있다.

→ 적절함!

**② ⓑ는 귓바퀴와 머리 측면의 상호 작용이 일어난 소리가 두 귀에 들리도록 했겠군.**

근거 ❺-1~2 소리는 귓구멍에 도달하기 전에 머리 측면과 귓바퀴의 굴곡의 상호 작용에 의해 여러 방향으로 반사되고, 반사된 소리들은 서로 간섭을 일으킨다. 같은 소리라도 소리가 귀에 도달하는 방향에 따라 상호 작용의 효과가 달라지는데, 수평 방향뿐만 아니라 수직 방향의 차이도 영향을 준다.

풀이 ⓑ는 수직 방향으로 귀에 도달하는 소리이므로 소리의 간섭 현상, 즉 상호 작용과 관련이 있다.

→ 적절함!

**③ ⓒ는 같은 소리가 두 귀에서 시간 차이를 두고 들리도록 했겠군.**

근거 ❺-1~2 소리는 귓구멍에 도달하기 전에 머리 측면과 귓바퀴의 굴곡의 상호 작용에 의해 여러 방향으로 반사되고, 반사된 소리들은 서로 간섭을 일으킨다. 같은 소리라도 소리가 귀에 도달하는 방향에 따라 상호 작용의 효과가 달라지는데, 수평 방향뿐만 아니라 수직 방향의 차이도 영향을 준다.

풀이 ⓒ는 수직 방향에서 들려오는 소리이다. 그런데 같은 소리가 두 귀에 도착하는 시간의 차이는 음원의 수평 방향을 알아내는 단서이다. 또한 '발 바로 아래'는 은영이의 정중앙 아래에서 들리는 소리이므로 두 귀까지의 거리가 같아 시간 차이가 없을 것이므로 적절한 합성 원리라고 볼 수 없다.

→ 적절하지 않음!

**④ ⓓ는 특정 주파수 분포를 가진 소리가 오른쪽 귀에 먼저 들리도록 했겠군.**

근거 ❸-2 음원이 청자의 오른쪽으로 치우치면 소리는 오른쪽 귀에 먼저 도착

→ 적절함!

**⑤ ⓔ는 오른쪽 귀에 소리 그늘 효과가 생긴 소리가 들리도록 했겠군.**

근거 ❹-1~2 음원이 청자의 오른쪽 귀 높이에 있다면 머리 때문에 왼쪽 귀에는 소리가 작게 들린다. 이러한 현상을 '소리 그늘'이라고 하는데, 주로 고주파 대역에서 일어난다.

풀이 왼쪽에서 들리는 고음의 유리잔 깨지는 소리는 머리 때문에 오른쪽 귀까지 잘 도달하지 않아 작게 들리는 소리 그늘 효과가 생길 것이다.

→ 적절함!

**012** 어휘의 적절성 판단 - 적절하지 않은 것 고르기 2012학년도 수능 24번
정답률 75%, 매력적 오답 ⑤ 15% | 정답 ②

## ㉠~㉤을 바꾸어 쓴 말로 적절하지 않은 것은?

㉠들으면 ㉡치우치면 ㉢알아내는 ㉣일어난다 ㉤작아지고

**① ㉠: 청취(聽取)하면**

풀이 '청취(聽 듣다 청 取 가지다 취)하다'는 '의견, 보고, 방송 따위를 듣다'의 의미이다. ㉠을 '청취하면'으로 바꿔 써도 문맥상 의미가 달라지지 않으므로 바꿔 쓰기에 적절하다.

→ 적절함!

**② ㉡: 치중(置重)하면**

풀이 ㉡의 '치우치다'는 '균형을 잃고 한쪽으로 쏠리다'의 의미이다. 한편 '치중(置 두다 치 重 무겁다 중)하다'는 '어떠한 것에 특히 중점을 두다'의 의미이다. ㉡을 '치중하면'으로 바꿔 쓸 경우 '음원이 청자의 오른쪽으로 중점을 두면'의 의미가 되므로, 바꿔 쓰기에 적절하지 않다.

→ 적절하지 않음!

**③ ㉢: 파악(把握)하는**

풀이 '파악(把 잡다 파 握 쥐다 악)하다'는 '어떤 대상의 내용이나 본질을 확실하게 이해하여 알다'의 의미이다. ㉢을 '파악하는'으로 바꿔 써도 문맥상 의미가 달라지지 않으므로 바꿔 쓰기에 적절하다.

→ 적절함!

**④ ㉣: 발생(發生)한다**

풀이 ㉣의 '일어나다'는 '어떤 일이 생기다'의 의미이다. 한편 '발생(發 피다 발 生 나다 생)하다'는 '어떤 일이나 사물이 생겨나다'의 의미이다. 따라서 ㉣을 '발생한다'로 바꿔 써도 문맥상 의미가 달라지지 않는다.

→ 적절함!

**⑤ ㉤: 감소(減少)하고**

풀이 '감소(減 덜다 감 少 적다 소)하다'는 '양이나 수치가 줄다'의 의미이다. ㉤을 '감소하고'로 바꿔 써도 문맥상 의미가 달라지지 않으므로 바꿔 쓰기에 적절하다.

→ 적절함!

**tip** • 주파수의 종류와 특징

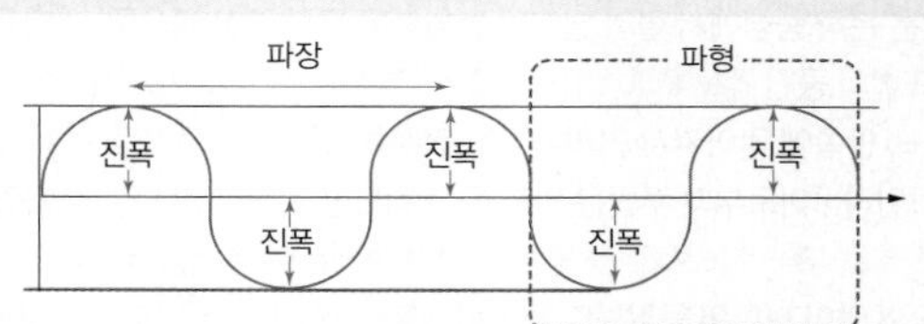


주파수(Frequency) : 단위시간(1 초) 내에 몇 개의 파형이 반복되었는가를 나타내는 수. 1 초당 1 회 반복하는 것을 1 Hz라고 한다.

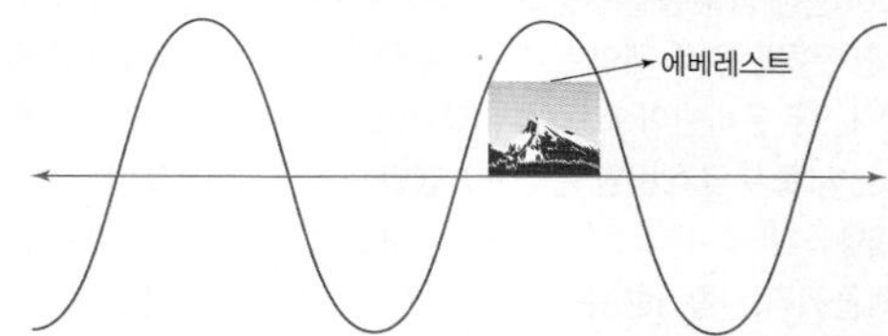


- 저주파(Low Frequency) : 대략 주파수 3 ~ 300 kHz 사이의 전파로서 파장 1 ~ 100 km로 매우 길어 장애물의 영향을 거의 받지 않고 널리 퍼질 수 있다. 저주파는 에베레스트 산보다 더 길고 높다. 고래들은 우리가 들을 수 있는 소리(20 Hz ~ 20 kHz)보다 낮은 주파수로 서로 대화하며, 심지어 남극과 북극 사이에서도 서로 들을 수 있다.
- 중파(Medium Frequency) : 주파수 300 kHz ~ 3,000 kHz, 파장은 1,000 ~ 100 m. 라디오 방송용으로 가장 많이 사용되고 있다.
- 고주파(High Frequency) : 주파수가 대략 3,000 kHz 이상, 파장은 10 ~ 0.1 m. 파장이 짧아 직진성이 강하고 장애물의 영향을 받는다. 가시 범위(지상 50 m 높이에서 전파를 발사한 경우 50 km 이내 지역) 내에만 도달한다. 돌고래는 고주파를 발사하여 먹이를 찾고 지형지물 및 이동 중인 선박과의 충돌을 피한다.

Ⅲ 과학

Ⅲ 과학 
# 2. 우주와 지구에 대한 이해

**[013~014] 다음 글을 읽고 물음에 답하시오.**

1 [1]우주를 구성하는(構成-, 이루고 있는) 전체 물질의 질량(質量, 고유한 양) 중 약 85 %는 눈에 보이지 않는 ㉠ 암흑 물질이 차지하고 있지만, 암흑 물질은 어떤 망원경으로도 관측되지(觀測-, 관찰되어 측정되지) 않으므로 그 존재가 오랫동안 알려지지 않았다. [2]1933년 츠비키는 머리털자리 은하단(머리털자리 별자리에 모여 있는 은하들의 집단)의 질량을 추정하다가(推定-, 짐작해 보다가) 암흑 물질의 개념을 생각해 내었다. [3]그는 은하(銀河, 구름 띠 모양으로 길게 늘어선 천체의 무리)들의 속력으로부터 추정한 은하단(銀河團, 수십 개의 은하로 이루어진 은하의 집단)의 질량이 은하들의 밝기로부터 추정한 은하단의 질량보다 훨씬 크다는 것을 확인하고 은하단 내부에 '실종된 질량'이 있다고 결론지었다.

→ 암흑 물질의 존재에 대한 츠비키의 추정

2 [1]1970년대에 루빈은 더 정확한 관측 결과를 바탕으로 이 '실종된 질량'의 실재(實在, 실재로 존재함)를 확증하였다.(確證-, 확실하게 밝혀냈다.) [2]나선 은하(螺旋銀河, 소용돌이 모양의 은하)에서 별과 같은 보통의 물질들은 중심부(中心部, 가운데)에 집중되어(集中-, 모여) 공전한다.(公轉-, 한 행성이 다른 행성의 둘레를 주기적으로 돈다.) [3]중력 법칙(질량이 있는 두 물질 사이에 작용하는 중력의 크기를 구하는 공식)을 써서 나선 은하에서 공전하는 별의 속력을 계산하면, 중심부에서는 은하의 중심으로부터 거리가 멀어질수록 속력이 증가함(增加-, 빨라짐)을 알 수 있다. [4]그런데 중심부 밖에서는 중심으로부터 멀어질수록 중심 쪽으로 별을 당기는 중력이 줄어들기 때문에 <그림>의 곡선 A에서처럼 거리가 멀어질수록 별의 속력이 줄어드는(느려지는) 것으로 나온다. [5]그렇지만 실제 관측 결과, 나선 은하 중심부 밖에서 공전하는 별의 속력은 <그림>의 곡선 B에서처럼 중심으로부터의 거리와 무관하게(無關-, 상관없이) 거의 일정하다.(一定-, 같다.) [6]이것은 은하 중심에서 멀리 떨어진 별일수록 은하 중심 쪽으로 그 별을 당기는 물질이 그 별의 공전 궤도(軌道, 행성 등이 중력의 영향을 받아 다른 행성의 둘레를 돌면서 그리는 곡선의 길) 안쪽에 많아져서 거리가 멀어질수록 줄어드는 중력을 보충해 주기 때문으로 보인다. [7]이로부터 루빈은 별의 공전 궤도 안쪽에 퍼져 있는 추가적인 중력의 원천(중력을 보충해 주는 물질), 곧 암흑 물질이 존재한다는 것을 추정하였다. [8]그 후 암흑 물질의 양이 보통의 물질보다 월등히(越等-, 훨씬) 많다는 것도 확인되었다.

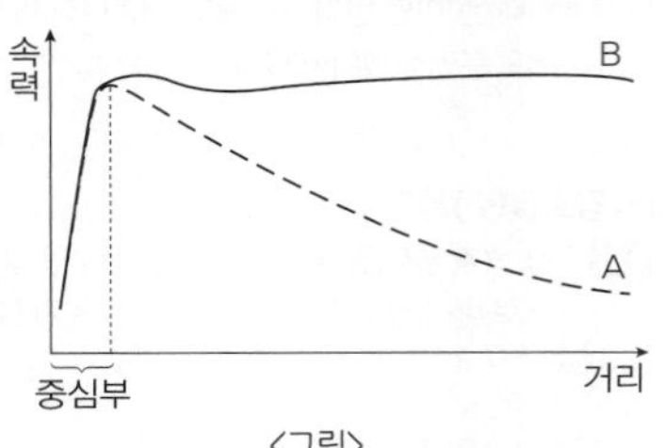

<그림>

→ 암흑 물질의 존재에 대한 루빈의 확증

3 [1]이후 2006년에 암흑 물질의 중요한 성질이 탄환 은하단의 관측을 바탕으로 밝혀졌다. [2]탄환 은하단은 두 개의 은하단이 충돌하여(衝突-, 부딪쳐서) 형성되었다.(形成-, 만들어졌다.) [3]두 은하단이 충돌할 때 각각의 은하단에 퍼져 있던 고온(高溫, 높은 온도)의 가스는 서로 부딪쳐 탄환 은하단의 중앙(中央, 가운데)에 모인다. [4]반면 각각의 은하단 안에서(은하단을 이루고 있는) 은하들은 서로 멀리 떨어져 있어서 은하단이 충돌할 때 은하들끼리는 좀처럼 충돌하지 않고 서로 엇갈려 지나간다. [5]이때 각각의 은하단에 퍼져 있던 암흑 물질도 두 은하단의 은하들과 함께 엇갈려 이동한 것으로 확인된다. [6]이로써 암흑 물질은 가스나 별과 같은 보통의 물질뿐 아니라 다른 암흑 물질과도 거의 부딪치지 않는다는 것이 밝혀졌다.

→ 암흑 물질의 특징

■지문 이해

**<암흑 물질의 존재에 대한 추정과 특징>**

| ❶ 암흑 물질의 존재에 대한 츠비키의 추정 |
|---|
| • 은하들의 속력으로부터 추정한 은하단의 질량 〉 은하들의 밝기로부터 추정한 은하단의 질량<br>→ 은하단 내부에 '실종된 질량'이 있다고 추정함 |

↓ 정확한 관측을 바탕으로 '실종된 질량'의 실재를 확증

| ❷ 암흑 물질의 존재에 대한 루빈의 확증 |
|---|
| • 중력 법칙을 사용해 나선 은하에서 공전하는 별의 속력 계산<br>- 중심부 : 은하의 중심으로부터 거리가 멀어질수록 속력이 증가<br>- 중심부 밖 : 중심에서 멀어질수록 중력이 줄어들기 때문에 속력이 줄어듦<br>↓ 관측 결과<br>• 나선 은하 중심부 밖에서 공전하는 별의 속력은 중심으로부터의 거리와 무관하게 거의 일정함 : 은하 중심에서 멀리 떨어진 별일수록 은하 중심 쪽으로 별을 당기는 물질이 공전 궤도 안쪽에 많아져서 거리가 멀어질수록 줄어드는 중력을 보충해 주기 때문<br>→ 별의 공전 궤도 안쪽에 퍼져 있는 추가적인 중력의 원천(= 암흑 물질)이 존재함을 추정 |

| ❸ 암흑 물질의 특징 |
|---|
| • 암흑 물질은 가스나 별과 같은 보통의 물질뿐 아니라 다른 암흑 물질과도 거의 부딪치지 않음 |

**tip** • <그림>에 대한 보충 설명

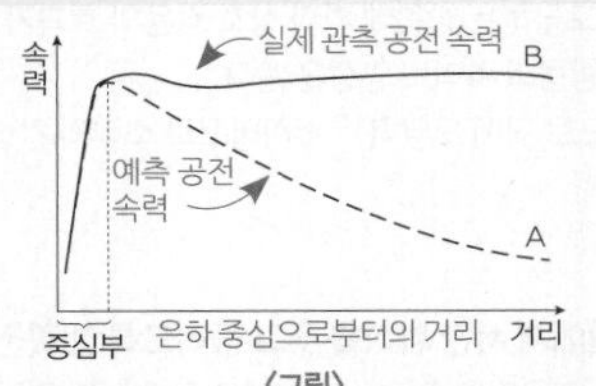

<그림>

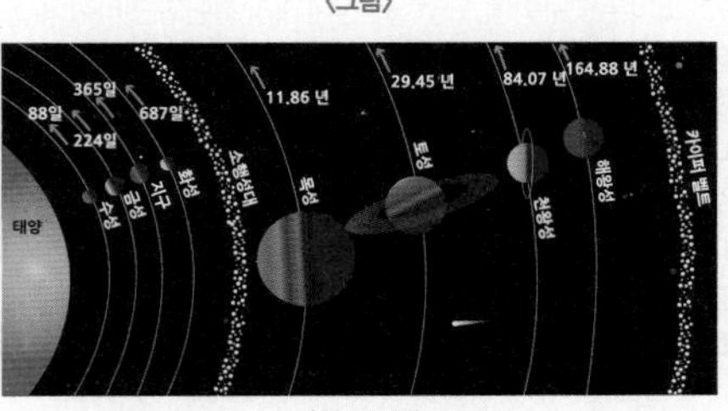

<참고 그림>

태양은 암흑 물질을 포함하고 있지 않다. 태양계 행성들의 공전 속력은 거리에 반비례하여 감소하므로(<그림>의 A), 태양과 가까운 행성은 공전 속력이 빠르고 태양에서 멀리 떨어진 행성일수록 한 바퀴를 도는 시간이 오래 걸린다. <참고 그림>에서와 같이 수성의 공전 주기는 88 일, 지구의 공전 주기는 365 일이지만 토성의 공전 주기는 29.45 년, 해왕성의 공전 주기는 164.88 년이다.

그러나 나선 은하에서 관측된 회전 속력은 중심부에서는 거리에 따라 증가하여, 최대 속력이 된 후에는 일정한 값을 가진다(<그림>의 B).

**013** | 중심 화제 파악 - 적절하지 않은 것 고르기 2016학년도 6월 모평B 25번 정답률 80% | 정답 ⑤

**㉠에 대한 설명으로 적절하지 않은 것은?**

㉠ 암흑 물질

= 부딪치지

**① 은하단 내부에 퍼져 있는 가스와 거의 충돌하지 않는다.**

근거 ❸-6 암흑 물질은 가스나 별과 같은 보통의 물질뿐 아니라 다른 암흑 물질과도 거의 부딪치지 않는다

→ 적절함!

= 전체 물질의 질량 중 약 85 %

**② 우주에서 눈에 보이는 물질의 질량보다 더 큰 질량을 차지한다.**

근거 ❶-1 우주를 구성하는 전체 물질의 질량 중 약 85 %는 눈에 보이지 않는 암흑 물질, ❷-8 암흑 물질의 양이 보통의 물질보다 월등히 많다는 것도 확인

→ 적절함!

=어떤 망원경으로도 관측되지 않음
③ **보통의 물질을 관측하는 데 사용되는 망원경으로 관측할 수 없다.**

근거 ❶-1 암흑 물질은 어떤 망원경으로도 관측되지 않으므로 그 존재가 오랫동안 알려지지 않았다.

→ 적절함!

=은하 중심 쪽으로 별을 당기는 물질
④ **은하 안에 퍼져 있으면서 그 은하 안의 별을 은하 중심 쪽으로 당긴다.**

근거 ❷-6~7 은하 중심에서 멀리 떨어진 별일수록 은하 중심 쪽으로 그 별을 당기는 물질이 그 별의 공전 궤도 안쪽에 많아져서 거리가 멀어질수록 줄어드는 중력을 보충해 주기 때문으로 보인다. 이로부터 루빈은 별의 공전 궤도 안쪽에 퍼져 있는 추가적인 중력의 원천, 곧 암흑 물질이 존재한다는 것을 추정

풀이 암흑 물질은 은하 안에 퍼져 있으면서 은하 중심에서 떨어진 별을 은하 중심 쪽으로 끌어당기는 중력을 보충해 주는 역할을 한다.

→ 적절함!

속력 / 밝기
⑤ **은하들의 밝기로부터 추정한 은하단의 질량을 은하들의 속력으로부터 추정한 질량보다 더 크게 만든다.**

근거 ❶-3 은하들의 속력으로부터 추정한 은하단의 질량이 은하들의 밝기로부터 추정한 은하단의 질량보다 훨씬 크다는 것을 확인하고 은하단 내부에 '실종된 질량'이 있다고 결론

풀이 은하들의 속력으로부터 추정한 은하단의 질량이 은하들의 밝기로부터 추정한 은하단의 질량보다 더 크기 때문에 암흑 물질이 존재할 것이라고 추정되었다. 즉, 암흑 물질은 은하들의 속력으로부터 추정한 은하단의 질량을 은하들의 밝기로부터 추정한 질량보다 더 크게 하는 역할을 하는 것이다.

→ 적절하지 않음!

| **014** | 세부 정보 이해 – 적절하지 않은 것 고르기 2016학년도 6월 모평B 26번<br>정답률 65%, 매력적 오답 ③ 20% | 정답 ④ |
|---|---|---|

**<그림>의 곡선 B에 대한 설명으로 적절하지 않은 것은?**

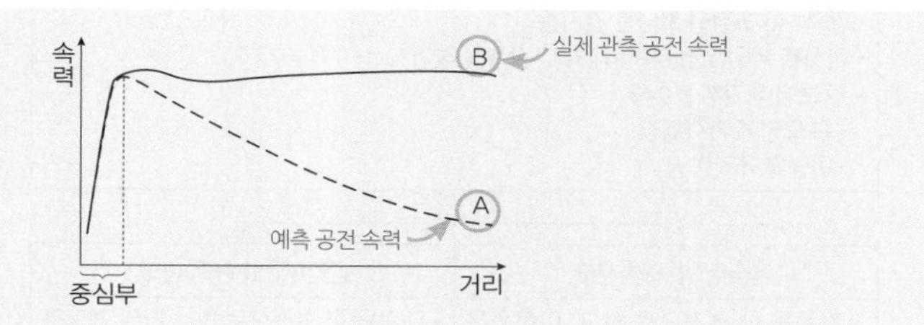


① **나선 은하를 관측한 결과를 근거로 그린 곡선이다.**

근거 ❷-5 실제 관측 결과, 나선 은하 중심부 밖에서 공전하는 별의 속력은 <그림>의 곡선 B에서처럼 중심으로부터의 거리와 무관하게 거의 일정

→ 적절함!

② **'실종된 질량'의 존재를 확인해 줄 정보를 포함하고 있다.**

근거 ❷-1 루빈은 더 정확한 관측 결과를 바탕으로 이 '실종된 질량'의 실재를 확증, ❷-5~7 나선 은하 중심부 밖에서 공전하는 별의 속력은 <그림>의 곡선 B에서처럼 중심으로부터의 거리와 무관하게 거의 일정하다. 이것은 은하 중심에서 멀리 떨어진 별일수록 은하 중심 쪽으로 그 별을 당기는 물질이 그 별의 공전 궤도 안쪽에 많아져서 거리가 멀어질수록 줄어드는 중력을 보충해 주기 때문으로 보인다. 이로부터 루빈은 별의 공전 궤도 안쪽에 퍼져 있는 추가적인 중력의 원천, 곧 암흑 물질이 존재한다는 것을 추정

풀이 중심으로부터 거리가 멀어질수록 별의 속력이 감소한다고 계산된 곡선 A와 달리, 실제 관측 결과는 곡선 B와 같이 중심으로부터의 거리와 무관하게 별의 속력이 일정하게 나타났다. 이는 계산에서는 파악되지 않은, 중력을 보충해 주는 물질인 암흑 물질이 존재한다는 증거이다.

→ 적절함!

③ **중심부 밖의 경우, 별의 공전 속력에 영향을 미치는 중력이 A에서보다 더 큼을 보여 준다.**

근거 ❷-5~6 실제 관측 결과, 나선 은하 중심부 밖에서 공전하는 별의 속력은 <그림>의 곡선 B에서처럼 중심으로부터의 거리와 무관하게 거의 일정하다. 이것은 은하 중심에서 멀리 떨어진 별일수록 은하 중심 쪽으로 그 별을 당기는 물질이 그 별의 공전 궤도 안쪽에 많아져서 거리가 멀어질수록 줄어드는 중력을 보충해 주기 때문

풀이 중력 법칙에 따르면(곡선 A) 중심부 밖은 별의 속력에 영향을 미치는 중력이 줄어들기 때문에 별의 공전 속력이 줄어든다. 하지만 실제 관측 결과에 따르면(곡선 B) 별의 속력에 영향을 미치는 중력이 줄어들지 않아 별의 공전 속력은 일정하다. 중심부 밖에서는 암흑 물질이 줄어드는 중력을 보충하여 중심 쪽으로 별을 당기는 중력의 힘이 커서 실제 공전 속도는 A보다 빠르기 때문이다.

→ 적절함!

④ **중심부의 경우, 거리와 별의 공전 속력이 비례하는 것을 통해 암흑 물질이 중심부에 집중되어 있음을 보여 준다.**

근거 ❷-3 중심부에서는 은하의 중심으로부터 거리가 멀어질수록 속력이 증가, ❷-6 은하 중심에서 멀리 떨어진 별일수록 은하 중심 쪽으로 그 별을 당기는 물질(= 암흑 물질)이 그 별의 공전 궤도 안쪽에 많아져서 거리가 멀어질수록 줄어드는 중력을 보충

풀이 <그림>의 곡선 A(예측 공전 속력)와 곡선 B(실제 관측 공전 속력)를 보면, 은하 중심부에서 별의 속력은 거의 같게 나타난다. 은하 중심부에서는 암흑 물질의 존재를 고려하지 않고 중력 법칙에 따라 예측한 속력과 실제로 관측된 속력이 비슷하므로, 은하 중심부에서 거리와 별의 공전 속력이 비례하는 것을 통해 암흑 물질이 중심부에 집중되어 있음을 보여 준다고 할 수 없다. 또한 중심부 밖에서는 은하 중심부와의 거리와 상관없이 공전 속력이 일정한데, 이것은 은하 중심부로부터 거리가 멀어질수록 줄어드는 중력을 보충해 주는 물질, 즉 암흑 물질이 별의 공전 궤도 안쪽에 존재하기 때문이다. 따라서 암흑 물질이 중심부에 집중되어 있다는 설명 역시 적절하지 않다.

→ 적절하지 않음!

⑤ **중심부 밖의 경우, 은하의 중심에서 멀리 떨어져 있는 별일수록 그 별을 은하 중심으로 당기는 암흑 물질이 더 많음을 보여 준다.**

근거 ❷-5~6 나선 은하 중심부 밖에서 공전하는 별의 속력은 <그림>의 곡선 B에서처럼 중심으로부터의 거리와 무관하게 거의 일정하다. 이것은 은하 중심에서 멀리 떨어진 별일수록 은하 중심 쪽으로 그 별을 당기는 물질(= 암흑 물질)이 그 별의 공전 궤도 안쪽에 많아져서 거리가 멀어질수록 줄어드는 중력을 보충해 주기 때문

풀이 중력 법칙에 따르면 은하의 중심으로부터 멀어질수록 중력이 줄어들어 별의 공전 속력이 줄어들어야 한다. 하지만 실제 관측 결과 중심으로부터의 거리와 무관하게 속력이 일정했다는 것은 거리가 멀어질수록 줄어드는 중력의 힘을 보충해 주는 암흑 물질이 더 많아짐을 의미한다.

→ 적절함!

**[015~016] 다음 글을 읽고 물음에 답하시오.**

1 [1]우리는 가끔 평소보다 큰 보름달인 '슈퍼문(supermoon)'을 보게 된다. [2]실제 달의 크기는 일정한데 이러한 현상이 발생하는 까닭은 무엇일까? [3]이 현상(평소보다 큰 보름달을 보게 되는 것)은 달의 공전 궤도(公轉軌道, 한 천체가 다른 천체의 주위를 주기적으로 도는 길)가 타원 궤도라는 점과 관련이 있다.

<참고 사진>
❶-1 우리는 가끔 평소보다 큰 보름달인 '슈퍼문(supermoon)'을 보게 된다.

→ '슈퍼문' 현상의 원인

2 [1]타원은 두 개의 초점이 있고 두 초점으로부터의 거리를 합한 값이 일정한 점들의 집합이다. [2]두 초점이 가까울수록 원 모양에 가까워진다. [3]타원에서 두 초점을 지나는 긴지름을 가리켜 장축이라 하는데, 두 초점 사이의 거리를 장축의 길이로 나눈 값을 이심률이라 한다. [4]두 초점이 가까울수록 이심률은 작아진다.

<참고 그림>

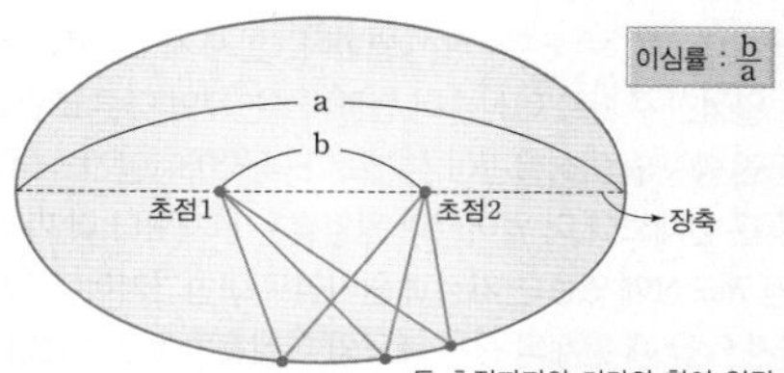


❷-1, 3 타원은 두 초점으로부터의 거리를 합한 값이 일정한 점들의 집합이다. 타원에서 두 초점을 지나는 긴지름을 장축이라 하고, 두 초점 사이의 거리를 장축의 길이로 나눈 값을 이심률이라 한다.

→ 타원 궤도의 특징

3 [1]달은 지구를 한 초점으로 하면서 이심률이 약 0.055인 타원 궤도를 돌고 있다. [2]이 궤도의 장축상에서 지구로부터 가장 먼 지점을 '원지점', 가장 가까운 지점을 '근지점'이라 한다. [3]지구에서 보름달은 약 29.5 일 주기로 세 천체가 '태양 - 지구 - 달'의 순서로 배열될 때 볼 수 있는데, 이때 보름달이 근지점이나 그 근처에 위치하면(지구와 보름달의 거리가 가까워지면) 슈퍼문이 관측된다.(觀測−, 관찰되어 측정된다.) [4]슈퍼문은 보름달 중 크기가 가장 작게 보이는 것보다 14 % 정도 크게 보인다. [5]이는 지구에서 본 달의 겉보기 지름(겉으로 보이는 길이)이 달라졌기 때문이다. [6]지구에서 본 천체의 겉보기 지름을 각도로 나타낸 것을 각지름이라 하는데, 관측되는 천체까지의 거리가 가까워지면 각지름이 커진다. [7]예를 들어, 달과 태양의 경우 평균적인 각지름은 각각 0.5° 정도이다.

〈참고 그림〉

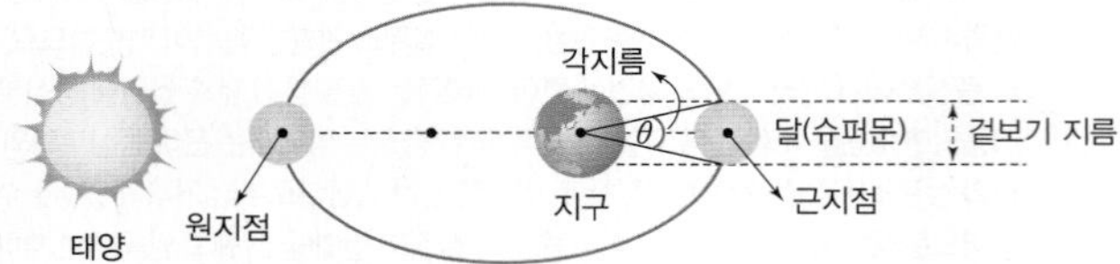


❸-1~3 달은 지구를 한 초점으로 하는 타원 궤도를 돌고 있다. 이 궤도의 장축상에서 지구로부터 가장 먼 지점을 '원지점', 가장 가까운 지점을 '근지점'이라 한다. 세 천체가 '태양 – 지구 – 달'의 순서로 배열될 때 보름달이 근지점이나 그 근처에 위치하면 슈퍼문이 관측된다.

→ 달의 공전 궤도

4 [1]지구의 공전 궤도에서도 이와 같은 현상(천체의 크기가 일정함에도 불구하고 더 크거나 작게 보이는 현상)이 나타난다. [2]지구 역시 태양을 한 초점으로 하는 타원 궤도로 공전하고 있으므로, 궤도상의 지구의 위치에 따라 태양과의 거리가 다르다. [3]달과 마찬가지로 지구도 공전 궤도의 장축상에서 태양으로부터 가장 먼 지점과 가장 가까운 지점을 갖는데, 이를 각각 원일점과 근일점이라 한다. [4]지구와 태양 사이의 이러한 거리 차이에 따라 일식(日蝕, 달이 태양의 일부나 전부를 가리는) 현상이 다르게 나타난다. [5]세 천체가 '태양 - 달 - 지구'의 순서로 늘어서고, 달이 태양을 가릴 수 있는 특정한 위치에 있을 때, 일식 현상이 일어난다. [6]이때 달이 근지점이나 그 근처에 위치하면(지구와 달의 거리가 가까워지면) 대부분의 경우 태양 면의 전체 면적이 달에 의해 완전히 가려지는 개기 일식이 관측된다. [7]하지만 일식이 일어나는 같은 조건에서 달이 원지점이나 그 근처에 위치하면(지구와 달의 거리가 멀어지면) 대부분의 경우 태양 면이 달에 의해 완전히 가려지지 않아 태양 면의 가장자리가 빛나는 고리처럼 보이는 금환 일식이 관측될 수 있다.

〈참고 그림〉

개기 일식

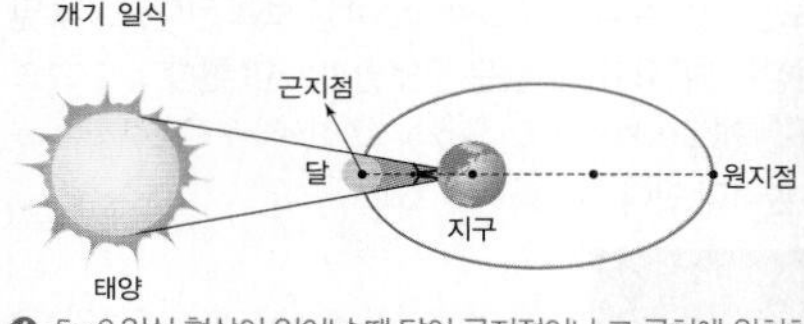

❹-5~6 일식 현상이 일어날 때 달이 근지점이나 그 근처에 위치하면 태양 면의 전체 면적이 달에 의해 완전히 가려지는 개기 일식이 관측된다.

금환 일식

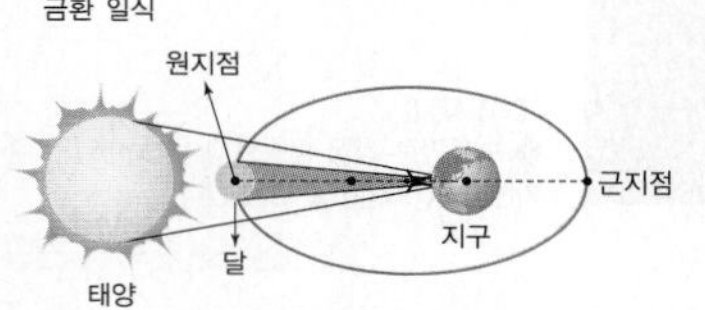

❹-7 일식이 일어나는 같은 조건에서 달이 원지점이나 그 근처에 위치하면 태양 면이 달에 의해 완전히 가려지지 않아 태양 면의 가장자리가 빛나는 고리처럼 보이는 금환 일식이 관측될 수 있다.

→ 지구의 공전 궤도

5 [1]이러한 원일점, 근일점, 원지점, 근지점의 위치는 태양, 행성 등 다른 천체들의 인력(引力, 공간적으로 떨어져 있는 물체끼리 서로 끌어당기는 힘)에 의해 영향을 받아 미세하게(微細−, 분간하기 어려울 정도로 아주 작게) 변한다. [2]현재 지구 공전 궤도의 이심률은 약 0.017인데, 일정한 주기로 이심률이 변한다. [3]천체의 다른 조건들을 고려하지 않을 때 지구 공전 궤도의 이심률만이 현재보다 더 작아지면(지구 공전 궤도가 원에 가까워지면) 근일점은 현재보다 더 멀어지며 원일점은 현재보다 더 가까워지게 된다. [4]이는 달의 공전 궤도상에 있는 근지점과 원지점도 마찬가지이다. [5]천체의 다른 조건들을 고려하지 않을 때 천체의 공전 궤도의 이심률만이 현재보다 커지면(천체의 공전 궤도가 더욱 납작한 타원이 되면) 반대의 현상이 일어난다.

〈참고 그림〉

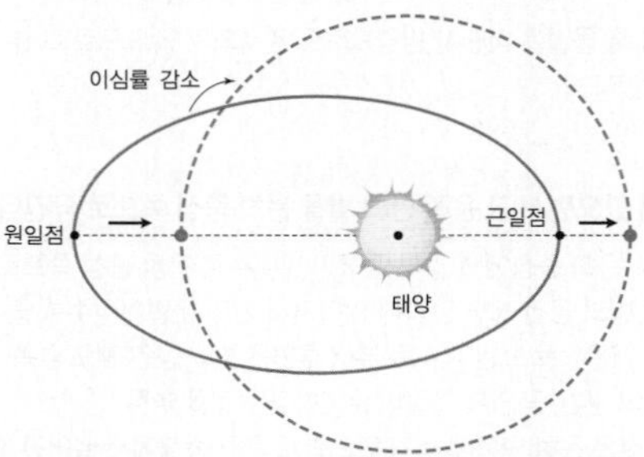


❺-3 천체의 다른 조건들을 고려하지 않을 때 지구 공전 궤도의 이심률만이 현재보다 더 작아지면 근일점은 현재보다 더 멀어지며 원일점은 현재보다 더 가까워지게 된다.

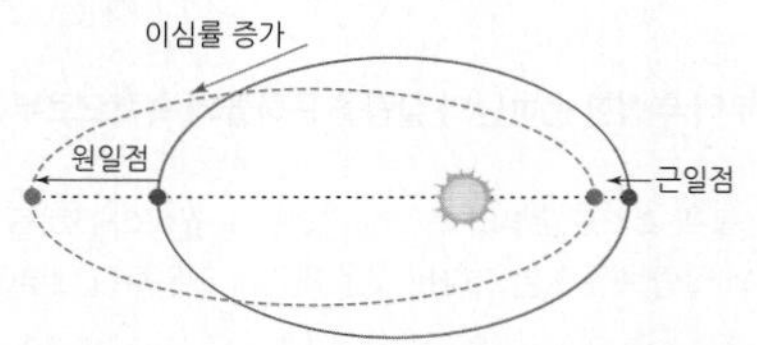


❺-5 천체의 다른 조건들을 고려하지 않을 때 천체의 공전 궤도의 이심률만이 현재보다 커지면 반대의 현상이 일어난다.

→ 이심률 크기에 따른 변화

■지문 이해

〈공전 궤도에 따른 천문 현상〉

**❶ '슈퍼문' 현상의 원인**
- 실제 달의 크기가 일정한데 평소보다 큰 보름달을 보게 되는 이유
  → 달의 공전 궤도가 타원 궤도라는 점과 관련

**❷ 타원 궤도의 특징**
- 타원 : 두 개의 초점이 있고 두 초점으로부터의 거리를 합한 값이 일정한 점들의 집합
- 장축 : 두 초점을 지나는 긴지름
- 이심률 = 두 초점 사이의 거리 / 장축의 길이
- 두 초점이 가까울수록
  - 원 모양에 가까워짐
  - 이심률이 작아짐

| ❸ 달의 공전 궤도 | ❹ 지구의 공전 궤도 |
|---|---|
| • 지구를 한 초점으로 하고, 이심률은 약 0.055<br>• 원지점 : 지구와 가장 먼 지점<br>• 근지점 : 지구와 가장 가까운 지점<br>• 보름달의 주기 : 약 29.5 일<br>• 보름달을 볼 수 있는 천체 배열 순서 : 태양 - 지구 - 달<br>• 슈퍼문 : 보름달이 근지점이나 그 근처에 위치<br>• 각지름<br>- 지구에서 본 천체의 겉보기 지름을 각도로 나타낸 것<br>- 관측되는 천체까지의 거리가 가까워지면 커짐 | • 태양을 한 초점으로 하는 타원 궤도로 공전<br>• 원일점 : 태양으로부터 가장 먼 지점<br>• 근일점 : 태양으로부터 가장 가까운 지점<br>• 일식을 볼 수 있는 천체 배열 순서 : 태양 - 달 - 지구<br>- 개기 일식 : 달이 근지점이나 그 근처에 위치<br>- 금환 일식 : 달이 원지점이나 그 근처에 위치 |

**❺ 이심률 크기에 따른 변화**
- 원일점, 근일점, 원지점, 근지점의 위치는 천체들의 인력에 의해 미세하게 변함
- 이심률이 현재보다 작아지면?
  → 근일점과 근지점 멀어짐, 원일점과 원지점 가까워짐
- 이심률이 현재보다 커지면?
  → 근일점과 근지점 가까워짐, 원일점과 원지점 멀어짐

문제편 p.178

**015** 세부 정보 이해 - 적절하지 않은 것 고르기 2015학년도 수능B 25번
정답률 65%, 매력적 오답 ③ 15%
정답 ②

## 윗글을 통해 알 수 있는 내용으로 적절하지 않은 것은?

**① 태양의 인력으로 달 공전 궤도의 이심률이 약간씩 변화될 수 있다.**

근거 ❺-1~2 원일점, 근일점, 원지점, 근지점의 위치는 태양, 행성 등 다른 천체들의 인력에 의해 영향을 받아 미세하게 변한다. 현재 지구 공전 궤도의 이심률은 약 0.017인데, 일정한 주기로 이심률이 변한다, ❺-4 이는 달의 공전 궤도상에 있는 근지점과 원지점도 마찬가지이다.

→ 적절함!

현재의 지구 공전 궤도는 현재의 달 공전 궤도보다

**② 현재의 달 공전 궤도는 현재의 지구 공전 궤도보다 원 모양에 더 가깝다.**

근거 ❷-2 두 초점이 가까울수록 원 모양에 가까워진다, ❷-4 두 초점이 가까울수록 이심률은 작아진다, ❸-1 달은 지구를 한 초점으로 하면서 이심률이 약 0.055인 타원 궤도를 돌고 있다, ❺-2 지구 공전 궤도의 이심률은 약 0.017

풀이 원 모양에 가까울수록 이심률이 작아진다. 따라서 달 공전 궤도보다 이심률이 작은 지구 공전 궤도가 원 모양에 더 가깝다.

→ 적절하지 않음!

**③ 금환 일식이 일어날 때 지구에서 관측되는 태양의 각지름은 달의 각지름보다 크다.**

근거 ❸-6 지구에서 본 천체의 겉보기 지름을 각도로 나타낸 것을 각지름, ❹-7 태양 면이 달에 의해 완전히 가려지지 않아 태양 면의 가장자리가 빛나는 고리처럼 보이는 금환 일식 → 태양의 겉보기 지름 > 달의 겉보기 지름 / 태양의 각지름 > 달의 각지름

풀이 태양이 달에 의해 완전히 가려지지 않았기 때문에 지구에서 본 태양의 겉보기 지름이 달의 겉보기 지름보다 더 크다고 할 수 있다. 따라서 각지름도 더 크다.

〈참고 그림〉

금환 일식

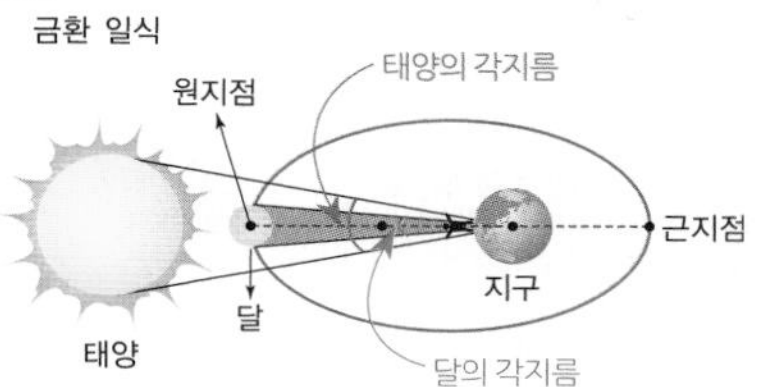


→ 적절함!

**④ 지구에서 보이는 보름달의 크기는 달 공전 궤도상의 근지점일 때보다 원지점일 때 더 작게 보인다.**

근거 ❸-3~4 보름달이 근지점이나 그 근처에 위치하면 슈퍼문이 관측된다. 슈퍼문은 보름달 중 크기가 가장 작게 보이는 것보다 14 % 정도 크게 보인다.

풀이 근지점일 때 달의 크기가 가장 크게 보인다.

→ 적절함!

**⑤ 지구 공전 궤도상의 근일점에서 관측한 태양의 각지름은 원일점에서 관측한 태양의 각지름보다 더 크다.**

근거 ❹-3 지구도 공전 궤도의 장축상에서 태양으로부터 가장 먼 지점과 가장 가까운 지점을 갖는데, 이를 각각 원일점과 근일점이라고 한다, ❸-6 지구에서 본 천체의 겉보기 지름을 각도로 나타낸 것을 각지름이라 하는데, 관측되는 천체까지의 거리가 가까워지면 각지름이 커진다.

풀이 태양과의 거리가 가까울수록 각지름이 커지기 때문에 근일점에서 관측한 각지름이 원일점에서 관측한 각지름보다 더 크다.

→ 적절함!

1등급 문제

**016** 구체적인 사례에 적용 - 적절한 것 고르기 2015학년도 수능B 26번
정답률 50%, 매력적 오답 ② 10% ③ 15% ⑤ 15%
정답 ④

## 윗글을 바탕으로 할 때, 〈보기〉의 ㉠에 들어갈 말로 가장 적절한 것은? [3점]

| 보 기 |

1 [1]북반구의 A 지점에서는 약 12 시간 25 분 주기로 해수면(海水面, 바닷물의 표면)이 높아졌다 낮아졌다 하는 현상이 관측된다. [2]이 현상에서 해수면이 가장 높은 때와 가장 낮은 때의 해수면의 높이 차이를 '조차'라고 한다. [3]이 조차에 영향을 미치는 한 요인이 지구와 달, 지구와 태양 사이의 '거리'인데, 그 거리가 가까울수록 조차가 커진다. (근지점, 근일점에 있을 때) [4]지구와 태양 사이의 거리가 조차에 미치는 영향만을 고려하면, 조차는 북반구의 겨울인 1월에 (지구 - 태양 거리가 가장 가까움) 가장 크고 7월에 가장 작다. (지구 - 태양 거리가 가장 멂)

2 [1]천체의 다른 모든 조건들은 고정되어 있고, 다만 지구 공전 궤도의 이심률과 지구와 달, 지구와 태양 사이의 거리만이 조차에 영향을 준다고 가정하자. [2]이 경우에 ( ㉠ )

▶ 지문 핵심 개념 정리

| 이심률 크기에 따른 변화 |
|---|
| • 원일점, 근일점, 원지점, 근지점 위치는 천체들의 인력에 의해 미세하게 변함(❺-1)<br>• 이심률이 현재보다 작아지면?<br>→ 근일점과 근지점 멀어짐, 원일점과 원지점 가까워짐(❺-3~4)<br>• 이심률이 현재보다 커지면?<br>→ 근일점과 근지점 가까워짐, 원일점과 원지점 멀어짐(❺-5) |

태양 —근일점— 지구 —근지점— 달(슈퍼문)

**① 지구 공전 궤도의 이심률에 변화가 없다면, 1월에 슈퍼문이 관측되었을 때보다 7월에 슈퍼문이 관측되었을 때, A 지점에서의 조차가 더 크다.** (작다)

태양 —원일점— 지구 —근지점— 달(슈퍼문)

근거 〈보기〉-❶-3~4 이 조차에 영향을 미치는 한 요인이 지구와 달, 지구와 태양 사이의 '거리'인데, 그 거리가 가까울수록 조차가 커진다. 지구와 태양 사이의 거리가 조차에 미치는 영향만을 고려하면, 조차는 북반구의 겨울인 1월에 가장 크고 7월에 가장 작다, ❸-3 보름달이 근지점이나 그 근처에 위치하면 슈퍼문이 관측된다.

풀이 〈보기〉에서 조차는 1월에 가장 크고 7월에 가장 작다고 하였으므로, 이를 통해 태양 - 지구의 거리는 1월에 가장 가깝고(= 근일점) 7월에 가장 멀다(= 원일점)는 것을 알 수 있다. 또한 1월과 7월 모두 '슈퍼문'이 관측되었다는 것을 통해 1월과 7월 모두 지구 - 달의 거리는 근지점이나 그 근처에 있다는 것을 알 수 있다. 지구와 달의 거리는 1월과 7월 모두 근지점으로 서로 같으므로, 지구와 태양의 거리가 먼 7월이 1월보다 '태양 - 지구 - 달'의 거리가 더 멀다. 따라서 A 지점에서의 조차는 거리가 가까운 1월이 7월보다 더 크다.

→ 적절하지 않음!

지구 - 달의 거리가 더 멂 = 조차 더 작음

**② 지구 공전 궤도의 이심률에 변화가 없다면, 보름달이 관측된 1월에 달이 근지점에 있을 때보다 원지점에 있을 때, A 지점에서의 조차가 더 크다.** (작다)

근거 〈보기〉-❶-3 이 조차에 영향을 미치는 한 요인이 지구와 달, 지구와 태양 사이의 '거리'인데, 그 거리가 가까울수록 조차가 커진다.

풀이 달과 지구의 거리는 근지점일 때보다 원지점일 때 더 멀기 때문에 원지점일 때의 조차가 근지점일 때보다 더 작다.

→ 적절하지 않음!

지구 - 달의 거리가 더 멂 = 조차 더 작음

**③ 지구 공전 궤도의 이심률에 변화가 없다면, 7월에 슈퍼문이 관측될 때보다 7월에 원지점에 위치한 보름달이 관측될 때, A 지점에서의 조차가 더 크다.** (작다)

근거 ❸-3 보름달이 근지점이나 그 근처에 위치하면 슈퍼문이 관측

풀이 슈퍼문은 보름달이 근지점일 때 관측되는 것이므로, 원지점에 위치했을 때보다 지구와의 거리가 더 가깝다. 따라서 조차도 슈퍼문이 관측될 때가 원지점에 위치할 때보다 더 크다.

→ 적절하지 않음!

**④ 지구 공전 궤도의 이심률만이 더 커지면, 달이 근지점에 있을 때 A 지점에서 1월에 나타나는 조차가 이심률 변화 전의 1월의 조차보다 더 커진다.**

근거 〈보기〉-❶-3~4 이 조차에 영향을 미치는 한 요인이 지구와 달, 지구와 태양 사이의 '거리'인데, 그 거리가 가까울수록 조차가 커진다. 지구와 태양 사이의 거리가 조차에 미치는 영향만을 고려하면, 조차는 북반구의 겨울인 1월에 가장 크고

Ⅲ 과학

풀이 〈참고 그림〉

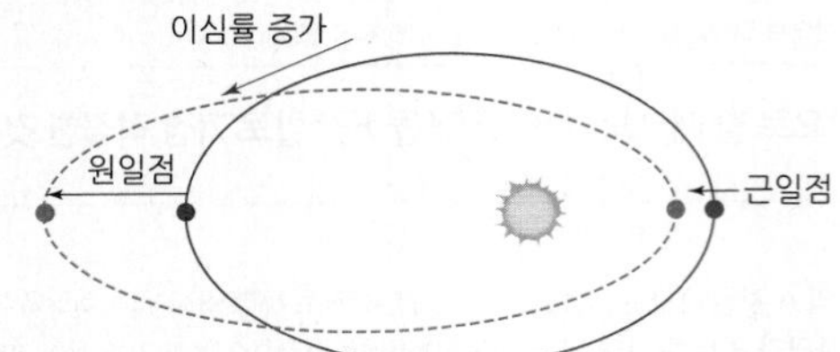


이심률이 커지면 근일점은 더 가까워지고 원일점은 더 멀어지므로, 이심률의 변화가 있기 전보다 근일점에서의 지구와 태양의 거리가 더 가까워진다. 따라서 지구와 태양의 거리가 가장 가까운 1월의 조차도 변화 전보다 더 커진다.

→ 적절함!

**⑤ 지구 공전 궤도의 이심률만이 더 커지면, 달이 원지점에 있을 때 A 지점에서 7월에 나타나는 조차가 이심률 변화 전의 7월의 조차보다 더 커진다.**
작아진다

근거 〈보기〉-❶-3~4 이 조차에 영향을 미치는 한 요인이 지구와 달, 지구와 태양 사이의 '거리'인데, 그 거리가 가까울수록 조차가 커진다. 지구와 태양 사이의 거리가 조차에 미치는 영향만을 고려하면, 조차는 … 7월에 가장 작다.

풀이 이심률이 커지면 근일점은 가까워지고 원일점은 멀어진다. 이심률이 변하기 전 원일점에 있을 때보다 태양과 지구의 거리가 더 멀어지므로, 지구와 태양의 거리가 가장 먼 7월의 조차는 더 작아진다.

→ 적절하지 않음!

## [017~018] 다음 글을 읽고 물음에 답하시오.

**1** [1]별의 밝기는 별의 거리, 크기, 온도 등을 연구하는 데 중요한 정보를 제공한다. [2]별의 밝기는 등급으로 나타내며, 지구에서 관측되는 별의 밝기를 '겉보기 등급'이라고 한다. [3]고대의 천문학자 히파르코스는 맨눈으로 보이는 별의 밝기에 따라 가장 밝은 1 등급부터 가장 어두운 6 등급까지 6 개의 등급으로 구분하였다. [4]이후 1856년에 포그슨은 1 등급의 별이 6 등급의 별보다 약 100 배 밝고, 한 등급 간에는 밝기가 약 2.5 배 차이가 나는 것을 알아내었다. [5]이러한 등급 체계는 망원경이나 관측 기술의 발달로 인해 개편되었다. [6]맨눈으로만 관측 가능했던 1 ~ 6 등급 범위를 벗어나 그 값이 확장되었는데 6 등급보다 더 어두운 별은 6보다 더 큰 수로, 1 등급보다 더 밝은 별은 1보다 더 작은 수로 나타내었다.

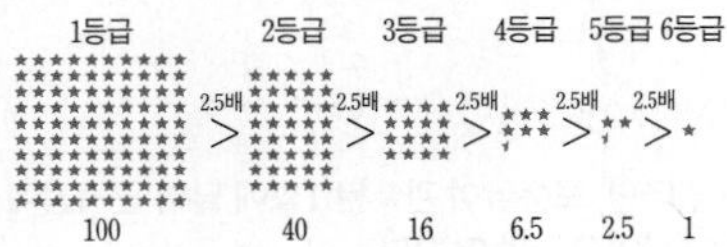


〈참고 그림〉
❶-4 포그슨은 1 등급의 별이 6 등급의 별보다 약 100 배 밝고, 한 등급 간에는 밝기가 약 2.5 배 차이가 나는 것을 알아내었다.

→ 겉보기 등급의 정의와 등급 체계

**2** [1]별의 겉보기 밝기는 지구에 도달하는 별빛의 양에 의해 결정된다. [2]과학자들은 단위 시간 동안 단위 면적에 입사하는(入射-, 다다르는) 빛 에너지의 총량을 '복사 플럭스'라고 정의하였는데 이 값이 클수록 별이 더 밝게 관측된다. [3]그러나 별의 복사 플럭스 값은 빛이 도달되는 거리의 제곱에 반비례하기 때문에 별과의 거리가 멀수록 그 별은 더 어둡게 보인다. [4]이처럼 겉보기 밝기는 거리에 따라 다르게 관측되기 때문에 별의 실제 밝기는 절대 등급으로 나타낸다. [5]예를 들어, '리겔'의 경우 겉보기 등급은 0.1 정도이지만, 절대 등급은 -6.8 정도에 해당한다.('리겔'은 보이는 것보다 실제 밝기가 더 밝다.)

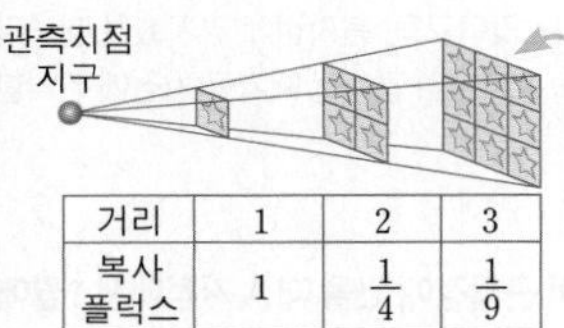


| 거리 | 1 | 2 | 3 |
|---|---|---|---|
| 복사 플럭스 | 1 | $\frac{1}{4}$ | $\frac{1}{9}$ |

〈참고 그림〉
❷-2~3 복사 플럭스 값이 클수록 별이 더 밝게 관측된다. 그러나 복사 플럭스 값은 빛이 도달되는 거리의 제곱에 반비례하기 때문에 별과의 거리가 멀수록 그 별은 더 어둡게 보인다.

→ 별까지의 거리를 고려한 절대 등급

**3** [1]절대 등급은 별이 지구로부터 10 파섹*(약 32.6 광년)의 거리에 있다고 가정했을 때 그 별의 겉보기 등급으로 정의한다. [2]별의 실제 밝기는 별이 매초 방출하는 에너지의 총량인 광도가 클수록 밝아지게 된다. [3]광도는 별의 반지름의 제곱과 별의 표면 온도의 네제곱에 비례한다. [4]즉, 별의 실제 밝기는 별의 표면적이 클수록, 표면 온도가 높을수록 밝다.

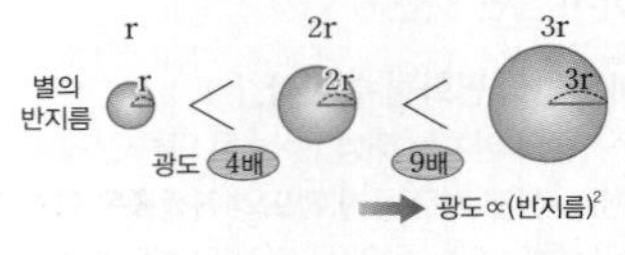


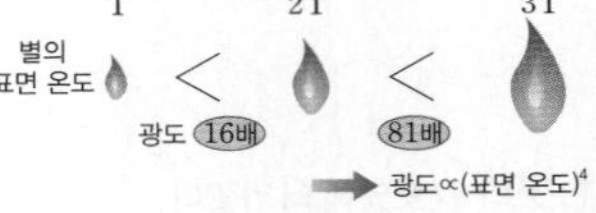


〈참고 그림〉
❸-3~4 광도는 별의 반지름의 제곱과 별의 표면 온도의 네제곱에 비례한다. 즉 별의 실제 밝기는 별의 표면적이 클수록, 표면 온도가 높을수록 밝다.

→ 절대 등급의 정의와 별의 실제 밝기

**4** [1]과학자들은 별의 겉보기 등급에서 절대 등급을 뺀 값인 거리 지수를 이용하여 별까지의 거리를 판단하며, 이 값이 큰 별일수록 지구에서 별까지의 거리가 멀다. [2]어떤 별의 거리 지수가 0이면 지구와 그 별 사이의 거리가 10 파섹임을 나타내고, 0보다 크면 10 파섹보다 멀다는 것을 의미한다. [3]예를 들어 '북극성'의 겉보기 등급은 2.0 정도이고, 절대 등급은 -3.6 정도이므로 거리 지수는 5.6이다. [4]이 값이 0보다 크기 때문에 북극성은 10 파섹보다 멀리 있으며, 실제로 지구에서 133 파섹 떨어져 있다. [5]이처럼 별의 밝기와 관련된 정보를 통해 멀리 떨어져 있는 별에 대해 탐구할 수 있다.

〈참고 그림〉

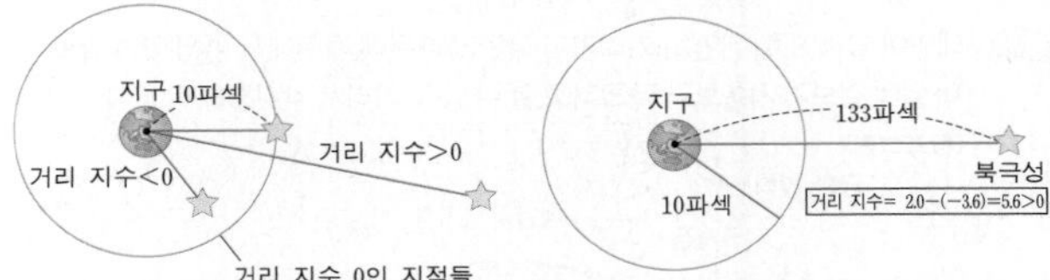


❹-2 어떤 별의 거리 지수(겉보기 등급−절대 등급)가 0이면 지구와 그 별 사이의 거리가 10 파섹임을 나타내고, 0보다 크면 10 파섹보다 멀다는 것을 의미한다.

❹-3~4 '북극성'의 거리 지수는 5.6으로, 0보다 크기 때문에 북극성은 10 파섹보다 멀리 있다.

→ 별까지의 거리 판단 : 거리 지수(겉보기 등급 - 절대 등급) 활용

* 파섹 : 거리의 단위로서 1 파섹은 $3.086 \times 10^{13}$ km, 즉 약 3.26 광년에 해당한다.

■지문 이해

**〈별의 겉보기 등급과 절대 등급〉**

**❶ 겉보기 등급의 정의와 등급 체계**
- 겉보기 등급 : 지구에서 관측되는 별의 밝기
- 등급 체계
  - 1 등급의 별이 6 등급의 별보다 약 100 배 밝음
  - 한 등급 간에는 약 2.5 배의 밝기 차이

**❷ 별까지의 거리를 고려한 절대 등급**
- 겉보기 밝기는 거리에 따라 다르게 관측되기 때문에 별의 실제 밝기는 절대 등급으로 나타냄

**❸ 절대 등급의 정의와 별의 실제 밝기**
- 절대 등급 : 별이 지구로부터 10 파섹 거리에 있다고 가정했을 때 그 별의 겉보기 등급
- 별의 실제 밝기 : 표면적과 표면 온도에 비례

**❹ 별까지의 거리 판단 : 거리 지수(겉보기 등급 - 절대 등급) 활용**
- 거리 지수 0 : 지구와 그 별 사이의 거리 = 10 파섹
- 거리 지수가 0보다 큼 : 지구와 그 별 사이의 거리 = 10 파섹보다 멂

**017** 세부 정보 이해 - 적절하지 않은 것 고르기 2015학년도 6월 모평B 25번 정답률 85% | 정답 ⑤

### 윗글을 통해 알 수 있는 내용으로 적절하지 않은 것은?

거리 제곱에 반비례

① 별빛이 도달되는 거리가 3 배가 되면 복사 플럭스 값은 $\frac{1}{9}$ 배가 되겠군.

근거 ❷-3 별의 복사 플럭스 값은 빛이 도달되는 거리의 제곱에 반비례

풀이 거리가 3 배가 되면 복사 플럭스 값은 $\frac{1}{3^2}=\frac{1}{9}$ 배가 될 것이다.

→ 적절함!

= 맨눈으로만 관측 가능했던 1~6 등급 범위를 벗어나 그 값이 확장

② 망원경으로 관측한 별 중에 히파르코스의 등급 범위를 벗어난 것이 있겠군.

근거 ❶-3 고대의 천문학자 히파르코스는 맨눈으로 보이는 별의 밝기에 따라 가장 밝은 1 등급부터 가장 어두운 6 등급까지 6 개의 등급으로 구분, ❶-5~6 이러한 등급 체계는 망원경이나 관측 기술의 발달로 인해 개편되었다. 맨눈으로만 관측 가능했던 1~6 등급 범위를 벗어나 그 값이 확장

→ 적절함!

거리 지수가 0, 지구 - 별 거리가 10 파섹 = 10 파섹

③ 겉보기 등급과 절대 등급이 같은 별은 지구에서 약 32.6 광년 떨어져 있겠군.

근거 ❹-1~2 별의 겉보기 등급에서 절대 등급을 뺀 값인 거리 지수를 이용하여 별까지의 거리를 판단하며, 이 값이 큰 별일수록 지구에서 별까지의 거리가 멀다. 어떤 별의 거리 지수가 0이면 지구와 그 별 사이의 거리가 10 파섹, ❸-1 10 파섹(약 32.6 광년)

풀이 겉보기 등급과 절대 등급이 같으면 거리 지수는 0이다. 거리 지수가 0인 별은 지구와의 거리가 10 파섹이며, 10 파섹은 약 32.6 광년이다.

→ 적절함!

= 거리 지수가 0

④ 어떤 별과 지구 사이의 거리가 10 파섹 미만이라면 그 별의 거리 지수는 0보다 작겠군.

근거 ❹-2 어떤 별의 거리 지수가 0이면 지구와 그 별 사이의 거리가 10 파섹임을 나타내고, 0보다 크면 10 파섹보다 멀다는 것을 의미

풀이 별과 지구 사이의 거리: 10 파섹보다 가깝다 ← 10 파섹 → 10 파섹보다 멀다

거리 지수: -5 -4 -3 -2 -1 0 +1 +2 +3 +4 +5

위의 수직선을 보고, 별과 지구 사이의 거리가 10 파섹 미만이라면 그 별의 거리 지수가 0보다 작음을 유추할 수 있다.

→ 적절함!

$2.5^2$ 배

⑤ 겉보기 등급이 -1인 별과 겉보기 등급이 1인 별의 밝기는 약 2.5 배 차이가 나겠군.

근거 ❶-4 한 등급 간에는 밝기가 약 2.5 배 차이

풀이 -1 0 1

겉보기 등급이 -1인 별과 1인 별은 두 등급 차이가 나므로, 별의 밝기는 $2.5^2$ 배의 차이가 날 것이다.

→ 적절하지 않음!

**018** 자료 해석의 적절성 판단 - 적절한 것 고르기 2015학년도 6월 모평B 26번 정답률 65%, 매력적 오답 ⑤ 15% | 정답 ③

### 윗글을 바탕으로 〈보기〉를 이해한 내용으로 적절한 것은? [3점]

| 보기 |

다음은 가상의 별 A, B에 대한 정보이다. 별 B의 반지름과 표면 온도는 각각 별 A의 반지름과 표면 온도를 1로 설정하여 계산한 값이다.

| | 겉보기 등급 | 절대 등급 | 거리 지수 | 반지름 | 표면 온도 |
|---|---|---|---|---|---|
| A | 2 | -1 | 3 | 1 | 1 |
| B | 1 | -6 | 7 | 0.1 | 10 |

▶ 지문 핵심 개념 정리

| | |
|---|---|
| 별의 겉보기 등급 | 1 등급의 별이 6 등급의 별보다 약 100 배 밝고, 한 등급 간에는 밝기가 약 2.5 배 차이(❶-4) |
| 별의 절대 등급 | 별이 지구로부터 10 파섹(약 32.6 광년)의 거리에 있다고 가정했을 때 그 별의 겉보기 등급(❸-1) |
| 광도 | 별의 반지름의 제곱과 별의 표면 온도의 네제곱에 비례(❸-3) |
| 거리 지수 | 별의 겉보기 등급에서 절대 등급을 뺀 값(❹-1~2)<br>별과 지구 사이의 거리: 10 파섹보다 가깝다 ← 10 파섹 → 10 파섹보다 멀다<br>거리 지수: -5 -4 -3 -2 -1 0 +1 +2 +3 +4 +5 |

작다

① 별 A는 별 B보다 광도 값이 더 크다.

풀이 별의 반지름으로 비교해 보았을 때는 별 A의 광도 값이 별 B보다 100 배 크지만, 별의 표면 온도로 비교하면 별 B의 광도 값이 별 A의 광도 값보다 10,000 배 크다. 따라서 별 B가 별 A보다 광도 값이 더 크다.

→ 적절하지 않음!

어두운

② 별 A는 '리겔'보다 실제 밝기가 더 밝은 별이다.

근거 ❷-4 별의 실제 밝기는 절대 등급으로 나타낸다, ❷-5 '리겔'의 경우 겉보기 등급은 0.1 정도이지만, 절대 등급은 -6.8 정도

풀이 별 A의 절대 등급은 -1이다. 숫자가 작을수록 밝기가 밝으므로 '리겔'의 실제 밝기가 별 A보다 더 밝다.

→ 적절하지 않음!

③ 별 B는 별 A보다 별의 실제 밝기가 약 100 배 밝다.

근거 ❸-2~3 별의 실제 밝기는 별이 매초 방출하는 에너지의 총량인 광도가 클수록 밝아지게 된다. 광도는 별의 반지름의 제곱과 별의 표면 온도의 네제곱에 비례한다, ❶-4 1 등급의 별이 6 등급의 별보다 약 100 배 밝고

풀이 광도 값은 별의 반지름의 제곱과 별의 표면 온도의 네제곱에 비례한다. 먼저 별의 반지름으로 비교해 보면 별 A의 광도 값은 $1^2=1$이고, 별 B의 광도 값은 $0.1^2=0.01$로, 별 A의 광도 값이 더 크다. 그러나 별의 표면 온도로 비교해 보면 별 A의 광도 값은 $1^4=1$이고, 별 B의 광도 값은 $10^4=10,000$이므로 별 B의 광도 값이 더 크다. 별의 반지름으로 비교했을 때는 별 A의 광도 값이 별 B보다 100 배 크지만, 별의 표면 온도로 비교했을 때 별 B의 광도 값이 별 A보다 10,000 배 크므로, 별 B가 별 A보다 실제 밝기가 100 배 밝다는 것을 알 수 있다.

한편 광도 값이 아닌 절대 등급으로도 별의 실제 밝기를 비교할 수 있다. 별 A의 절대 등급이 -1이고 별 B의 절대 등급이 -6이므로 별 B가 별 A보다 약 100 배 밝다.

→ 적절함!

먼

④ 별 B는 지구에서 133 파섹보다 더 가까운 거리에 있다.

근거 ❹-3~4 '북극성'의 겉보기 등급은 2.0 정도이고, 절대 등급은 -3.6 정도이므로 거리 지수는 5.6이다. 이 값이 0보다 크기 때문에 북극성은 10 파섹보다 멀리 있으며, 실제로 지구에서 133 파섹 떨어져 있다.

풀이 거리 지수가 클수록 지구와의 거리가 멀어진다. 거리 지수가 5.6인 북극성이 지구에서 133 파섹 떨어져 있으므로, 거리 지수가 7인 별 B는 지구에서 133 파섹보다 더 먼 거리에 있을 것이다.

→ 적절하지 않음!

밝게

⑤ 별 B는 지구에서 볼 때 '북극성'보다 더 어둡게 보인다.

근거 ❹-3 '북극성'의 겉보기 등급은 2.0 정도

풀이 별 B의 겉보기 등급은 1이므로, 지구에서 별 B는 겉보기 등급이 2.0인 북극성보다 약 2.5 배 더 밝게 보일 것이다.

→ 적절하지 않음!

Ⅲ 과학

## [019~020] 다음 글을 읽고 물음에 답하시오.

지구와 붙어서 같은 속도로 회전하고 있기 때문에

1 [1]우주에서 지구의 북극을 내려다보면 지구는 시계 반대 방향으로 빠르게 자전하고 있지만 우리는 그 사실을 잘 인지하지 못한다. [2]지구의 자전 때문에 일어나는 현상 중 하나는 지구상에서 운동하는 물체의 운동 방향이 편향되는(偏向-, 한쪽으로 치우치는) 것이다. [3]이러한 현상의 원인이 되는 가상적인(假象的-, 실제로 존재하지 않는) 힘을 전향력이라 한다.

→ 전향력의 개념

2 [1]전향력은 지구가 자전하기 때문에 나타난다. [2]구 모양인 지구의 둘레는 적도가 가장 길고 위도가 높아질수록 짧아진다. [3]지구의 자전 주기(自轉週期, 한 번 돌아서 다시 원래 위치로 돌아오기까지의 기간)는 위도와 상관없이 동일하므로(어느 곳에서나 같으므로) 자전하는 속력은 적도에서 가장 빠르고, 고위도로 갈수록 속력이 느려져서 남극과 북극에서는 0이 된다.

〈참고 그림〉

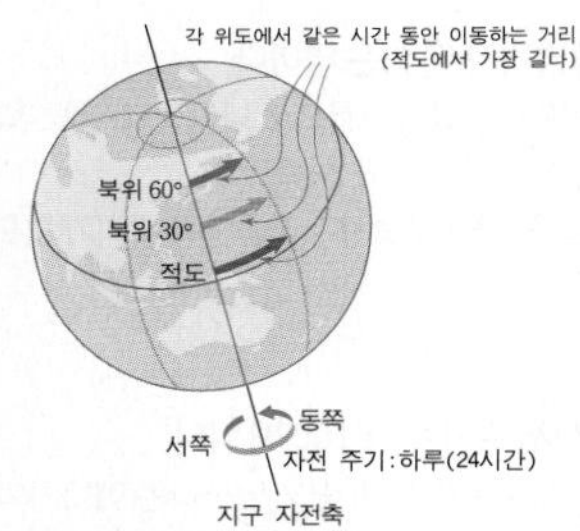


❷-3 지구의 자전 주기는 위도와 상관없이 동일하므로 자전 속력은 적도에서 가장 빠르고, 고위도로 갈수록 속력이 느려져서 남극과 북극에서는 0이 된다.

→ 전향력의 발생 원인 - 위도에 따른 자전 속력 차이

3 [1]적도상의 특정 지점에서 동일한 경도상에 있는 북위 30 도 지점을 목표로 어떤 물체를 발사한다고 하자. [2]이때 물체에 영향을 주는 마찰력이나 다른 힘은 없다고 가정한다. [3]적도상의 발사 지점은 약 1,600 km/h의 속력으로 자전하고 있다. [4]북쪽으로 발사된 물체는 발사 속력 외에 약 1,600 km/h로 동쪽으로 진행하는 속력을(자전하는 속력을) 동시에 갖게 된다. [5]한편 북위 30 도 지점은 약 1,400 km/h의 속력으로 자전하고 있다. [6]목표 지점은 발사 지점보다 약 200 km/h가 더 느리게 동쪽으로 움직이고 있는 것이다.(목표 지점은 북위 30 도, 발사 지점은 북위 0 도인 적도이기 때문에 목표 지점과 발사 지점의 자전 속도 차이가 200 km/h 정도 되는 것이다.) [7]따라서 발사된 물체는 겨냥했던 목표 지점보다 더 동쪽에 있는 지점에 도달하게 된다. [8]이때 지구 표면의 발사 지점에서 보면, 발사된 물체의 이동 경로는 처음에 목표로 했던 북쪽 방향의 오른쪽으로 휘어져 나타나게 된다.

〈참고 그림〉

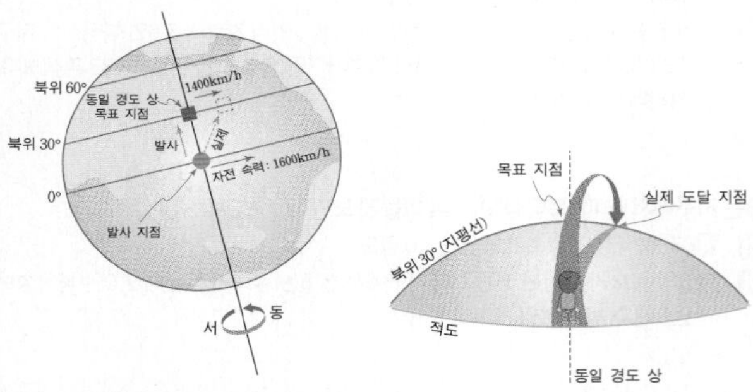


❸-6~8 목표 지점은 발사 지점보다 약 200 km/h 느리게 동쪽으로 움직이고 있으므로, 발사된 물체는 겨냥했던 목표 지점보다 더 동쪽에 있는 지점에 도달하게 된다. 발사 지점에서 보면 발사된 물체의 이동 경로는 목표 지점의 오른쪽으로 휘어져 나타난다.

→ 위도에 따른 전향력의 작용 ① : 적도에서 북위 30 도로 물체 발사

4 [1]이번에는 북위 30 도에서 자전 속력이 약 800 km/h인 북위 60 도의 동일 경도상에 있는 지점을 목표로 설정하고 같은 실험을 실행한다고 하자. [2]두 지점의 자전하는 속력의 차이는 약 600 km/h이므로 이 물체는 적도에서 북위 30 도를 향해 발사했을 때보다 더 오른쪽으로 떨어지게 된다. [3]이렇게 운동 방향이 좌우로 편향되는 정도는 저위도에서 고위도로 갈수록 더 커진다. [4]결국 위도에 따른 자전 속력의 차이가 고위도로 갈수록 더 커지기 때문에 좌우로 편향되는 정도는 북극과 남극에서 최대가 되고, 적도에서는 0이 된다. [5]이러한 편향 현상은 북쪽뿐 아니라 다른 방향으로 운동하는 모든 물체에 마찬가지로 나타난다.

〈참고 그림〉

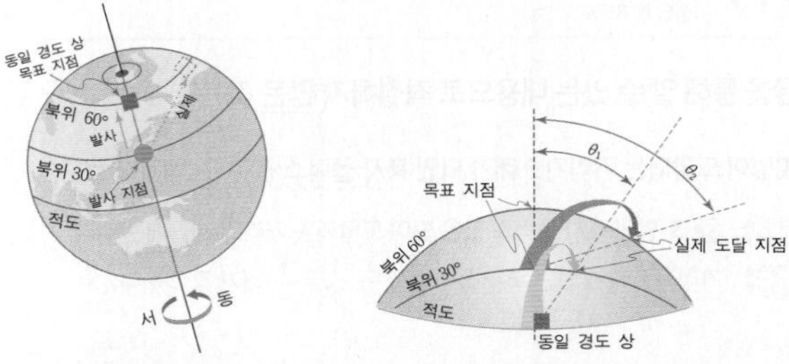


❹-1~3 북위 30 도에서 실험할 경우 적도에서 실험했을 때보다 더 오른쪽으로 떨어진다. 운동 방향이 좌우로 편향되는 정도는 저위도에서 고위도로 갈수록 더 커진다.

→ 위도에 따른 전향력의 작용 ② : 북위 30 도에서 북위 60 도로 물체 발사

5 [1]전향력의 크기는 위도뿐만 아니라 물체의 이동하는 속력과도 관련이 있다. [2]지표(地表, 지구의 표면)를 기준으로 한 이동 속력이 빠를수록 전향력이 커지며, 지표상에 정지해 있는 물체에는 전향력이 나타나지 않는다. [3]한편, 전향력은 운동하는 물체의 진행 방향이 북반구에서는 오른쪽으로, 남반구에서는 왼쪽으로 편향되게 한다.

→ 물체의 이동 속력, 위치와 전향력의 관계

■지문 이해

**〈전향력의 발생 원인과 물체 운동의 편향성〉**

| ❶ 전향력의 개념 |
|---|
| • 지구상에서 운동하는 물체의 운동 방향이 편향되는 원인이 되는 가상적인 힘 |

| ❷ 전향력의 발생 원인 - 위도에 따른 자전 속력 차이 |
|---|
| • 지구의 둘레(이동 거리)는 위도가 높을수록 짧음, 자전 주기(이동 시간)는 모든 위도에서 동일<br>→ 자전 속력은 위도가 높을수록 느림 |

| 위도에 따른 전향력의 작용 |
|---|
| ❸ 적도에서 북위 30 도로 물체 발사 |
| • 처음 목표의 오른쪽(동쪽)으로 운동 방향 편향 |
| ❹ 북위 30 도에서 북위 60 도로 물체 발사 |
| • 두 지점의 자전 속력 차이가 ❸보다 더 크므로, ❸보다 더 오른쪽으로 편향됨<br>• 위도에 따른 자전 속력 차이는 고위도로 갈수록 커짐<br>→ 좌우 편향 정도 : 북극, 남극에서 최대, 적도에서 0 |

| ❺ 물체의 이동 속력, 위치와 전향력의 관계 |
|---|
| • 지표 기준으로 이동 속력 빠를수록 전향력 커짐<br>• 지표상에 정지해 있는 물체는 전향력이 나타나지 않음<br>• 전향력의 방향은 북반구에서는 운동 방향의 오른쪽, 남반구에서는 운동 방향의 왼쪽 |

tip • 용어 정리

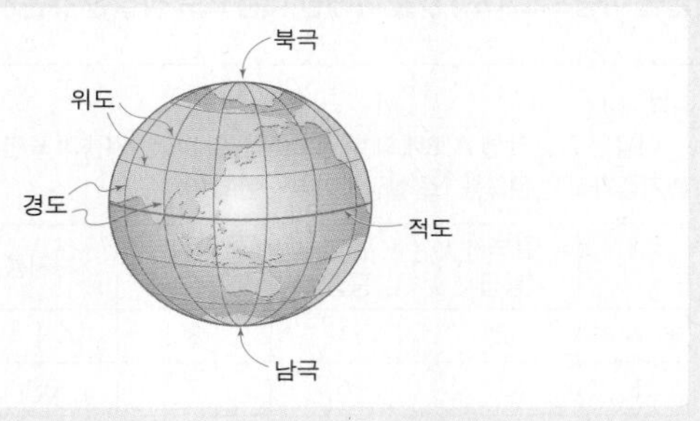

문제편 p.180

1등급 문제

**019** 세부 정보 이해 - 적절하지 않은 것 고르기 2014학년도 수능B 26번
정답률 55%, 매력적 오답 ④ 25%
정답 ③

**윗글을 통해 알 수 있는 내용으로 적절하지 않은 것은?**

= 위도와 상관없이
**① 북위 30 도 지점과 북위 60 도 지점의 자전 주기는 동일하다.**

근거 ❷-3 지구의 자전 주기는 위도와 상관없이 동일

→ 적절함!

= 지표상
**② 운동장에 정지해 있는 축구공에는 위도에 상관없이 전향력이 나타나지 않는다.**

근거 ❺-2 지표상에 정지해 있는 물체에는 전향력이 나타나지 않는다.

→ 적절함!

남위 40 도 지점보다 고위도 / 느리다
**③ 남위 50 도 지점은 남위 40 도 지점보다 자전 방향으로 움직이는 속력이 더 빠르다.**

근거 ❷-3 자전하는 속력은 적도에서 가장 빠르고, 고위도로 갈수록 속력이 느려져서

풀이 고위도로 갈수록 자전하는 속력이 느려진다. 따라서 남위 40 도보다 고위도에 위치한 남위 50 도 지점에서 자전 방향으로 움직이는 속력이 더 느리다.

→ 적절하지 않음!

남반구
**④ 남위 30 도에서 정남쪽의 목표 지점으로 발사한 물체는 목표 지점보다 동쪽에 떨어진다.**
= 왼쪽으로 편향

근거 ❹-5 편향 현상은 북쪽뿐 아니라 다른 방향으로 운동하는 모든 물체에 마찬가지로 나타난다, ❺-3 전향력은 운동하는 물체의 진행 방향이 북반구에서는 오른쪽으로, 남반구에서는 왼쪽으로 편향되게 한다.

풀이 남위 30 도는 남반구이다. 남반구에서 작용하는 전향력은 물체를 진행 방향의 왼쪽으로 편향되게 한다. 아래 그림을 통해 남반구에서 발사된 물체는 진행 방향의 왼쪽, 즉 동쪽으로 이동한다는 것을 확인할 수 있다.

〈참고 그림〉

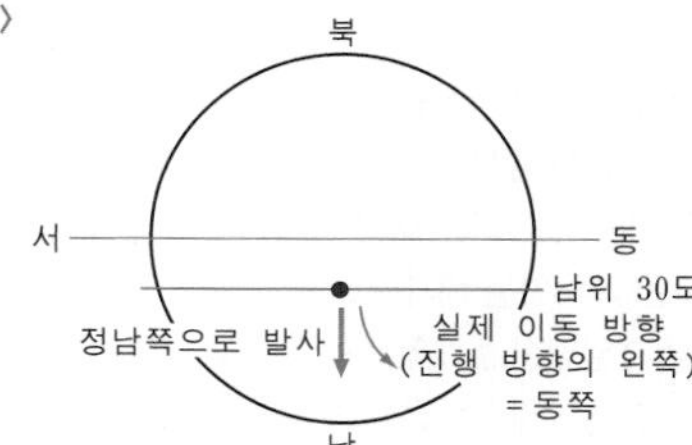


→ 적절함!

운동하는 물체
**⑤ 우리나라의 야구장에서 타자가 쳐서 날아가는 공의 이동 방향은 전향력에 의해 영향을 받는다.**
= 편향 현상

근거 ❹-5 편향 현상은 북쪽뿐 아니라 다른 방향으로 운동하는 모든 물체에 마찬가지로 나타난다.

풀이 움직이는 모든 물체에 편향 현상이 나타난다고 했으므로, 야구장에서 타자가 쳐서 날아가는 공의 이동 방향은 전향력에 의해 영향을 받는다.

→ 적절함!

1등급 문제

**020** 구체적인 사례에 적용 - 적절하지 않은 것 고르기 2014학년도 수능B 27번
정답률 45%, 매력적 오답 ① 10% ③ 10% ④ 25%
정답 ②

**윗글을 바탕으로 〈보기〉를 이해한 내용으로 적절하지 않은 것은?** [3점]

| 보기 |

[1]전향력은 1851년 프랑스의 과학자 푸코가 파리의(북반구) 팡테옹 사원에서 실시한 진자 실험을 통해서도 확인할 수 있다. [2]푸코는 길이가 67 m인 줄의 한 쪽 끝을 천장에 고정하고 다른 쪽 끝에 28 kg의 추를 매달아 진동시켰는데, 시간이 지남에 따라 진자의 진동면이(= 진행 방향이) 시계 방향으로 회전한다는 사실을 발견하였다.(오른쪽으로 편향 ⇒ 북반구) [3]이는 추가 A에서 B로 이동할 때, 전향력에 의해 C쪽으로 미세하게 휘어져 이동하고, 되돌아올 때는 D쪽으로 미세하게 휘어져 이동한다는 사실과 관련이 있다.

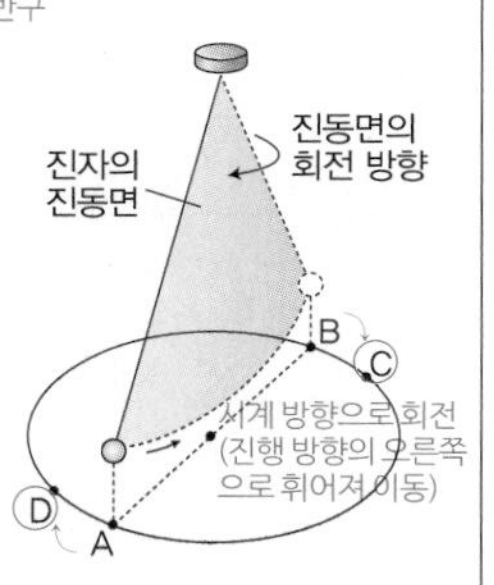


북반구와 반대 방향으로 편향 / = 왼쪽으로 편향
**① 남반구에서 이 실험을 할 경우 진자의 진동면은 시계 반대 방향으로 회전하겠군.**

근거 〈보기〉-3 추가 A에서 B로 이동할 때, 전향력에 의해 C쪽으로 미세하게 휘어져 이동, 〈보기〉-2 시간이 지남에 따라 진자의 진동면이 시계 방향으로 회전, ❺-3 전향력은 운동하는 물체의 진행 방향이 북반구에서는 오른쪽으로, 남반구에서는 왼쪽으로 편향되게 한다.

풀이 〈보기〉의 실험에서 추가 A에서 B로 향할 때, 실제로는 B보다 오른쪽인 C로 휘어져 이동하는 것을 통해 이 실험은 물체가 오른쪽으로 편향하는 북반구에서 진행되었음을 알 수 있다. 남반구에서는 물체가 북반구와 반대 방향인 왼쪽으로 편향한다. 따라서 남반구에서 이 실험을 하면 진자의 진동면이 이 실험과 반대 방향인 시계 반대 방향으로 회전할 것이다.

→ 적절함!

빠르게
**② 파리보다 고위도에서 동일한 실험을 할 경우 진자의 진동면은 더 느리게 회전하겠군.**

근거 ❹-3 운동 방향이 좌우로 편향되는 정도는 저위도에서 고위도로 갈수록 더 커진다, 〈보기〉-3 추가 A에서 B로 이동할 때, 전향력에 의해 C쪽으로 미세하게 휘어져 이동하고, 되돌아올 때는 D쪽으로 미세하게 휘어져 이동한다

풀이 파리보다 고위도에서 같은 실험을 하면 편향되는 정도가 더 커지므로, 파리에서보다 C쪽과 D쪽으로 휘어지는 폭이 더 커질 것이다. 편향의 정도가 커지는 만큼 진동면은 더 빨리 회전하게 된다.

→ 적절하지 않음!

좌우로 편향되는 정도는 북극과 남극에서 최대
**③ 북극과 남극에서 이 진자 실험을 할 경우 진자의 진동면의 회전 주기는 동일하겠군.**

근거 ❹-4 위도에 따른 자전 속력의 차이가 고위도로 갈수록 더 커지기 때문에 좌우로 편향되는 정도는 북극과 남극에서 최대가 되고, 적도에서는 0이 된다.

풀이 운동 방향이 좌우로 편향되는 정도는 북극과 남극에서 동일하게 최대가 되므로, 북극과 남극에서 전향력의 크기는 같다. 또 전향력의 크기가 같으므로 회전 주기도 같다. 따라서 북극과 남극에서 진자 실험을 할 경우 진자의 진동면의 회전 주기는 동일하다.

→ 적절함!

좌우로 편향되는 정도 = 0
**④ 적도상에서 동서 방향으로 진자를 진동시킬 경우 진자의 진동면은 회전하지 않겠군.**

근거 ❹-4 좌우로 편향되는 정도는 북극과 남극에서 최대가 되고, 적도에서는 0이 된다.

풀이 적도에서는 전향력이 0이 되므로 진자의 진동면은 회전하지 않고, A에서 B로 진동한다.

→ 적절함!

남반구
**⑤ 남위 60 도에서 이 진자 실험을 할 경우 움직이는 추는 이동 방향의 왼쪽으로 편향되겠군.**

근거 ❺-3 전향력은 운동하는 물체의 진행 방향이 북반구에서는 오른쪽으로, 남반구에서는 왼쪽으로 편향되게 한다.

풀이 남반구에서는 전향력이 운동하는 물체의 진행 방향을 왼쪽으로 편향되게 하므로, 추는 이동 방향의 왼쪽으로 편향된다.

→ 적절함!

Ⅲ 과학

# 3. 물리학의 기초적 이해

**[021~023] 다음 글을 읽고 물음에 답하시오.**

1 [1]지레는 받침과 지렛대를 이용하여 물체를 쉽게 움직일 수 있는 도구이다. [2]지레에서 힘을 주는 곳을 힘점, 지렛대를 받치는 곳을 받침점, 물체에 힘이 작용하는 곳을 작용점이라 한다. [3]받침점에서 힘점까지의 거리가 받침점에서 작용점까지의 거리에 비해 멀수록(받침점이 물체에 가까울수록) 힘점에 작은 힘을 주어 작용점에서 물체에 큰 힘을 가할 수 있다. [4]이러한 지레의 원리에는 돌림힘의 개념이 숨어 있다.

〈참고 그림〉

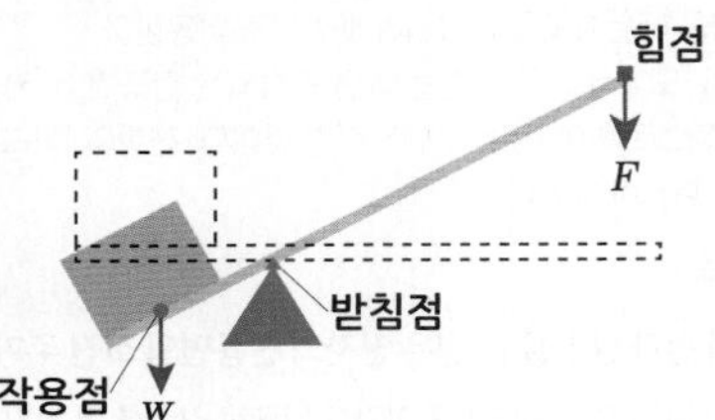


❶–2 지레에서 힘을 주는 곳을 힘점, 지렛대를 받치는 곳을 받침점, 물체에 힘이 작용하는 곳을 작용점이라 한다.

→ 지레의 원리

2 [1]물체의 회전 상태에 변화를 일으키는 힘의 효과를 돌림힘이라고 한다. [2]물체에 회전 운동을 일으키거나 물체의 회전 속도를 변화시키려면(회전 상태에 변화를 주려면) 물체에 힘을 가해야 한다. [3]같은 힘이라도 회전축으로부터 얼마나 멀리 떨어진 곳에 가해 주느냐에 따라 회전 상태의 변화 양상(樣相, 모습)이 달라진다. [4]물체에 속한 점 X와 회전축을 최단 거리로 잇는 직선과 직각을 이루는 동시에 회전축과 직각을 이루도록 힘을 X에 가한다고 하자. [5]이때 물체에 작용하는 돌림힘의 크기는 회전축에서 X까지의 거리와 가해 준 힘의 크기의 곱으로 표현되고 그 단위는 N·m(뉴턴미터)이다.

→ 돌림힘의 개념과 특징

3 [1]동일한 물체에 작용하는 두 돌림힘의 합을 알짜 돌림힘이라 한다. [2]두 돌림힘의 방향이 같으면 알짜 돌림힘의 크기는 두 돌림힘의 크기의 합이 되고 그(알짜 돌림힘의) 방향은 두 돌림힘의 방향과 같다. [3]두 돌림힘의 방향이 서로 반대이면 알짜 돌림힘의 크기는 두 돌림힘의 크기의 차가 되고 그(알짜 돌림힘의) 방향은 더 큰 돌림힘의 방향과 같다. [4]지레의 힘점에 힘을 주지만 물체가 지레의 회전을 방해하는 힘을 작용점에 주어 지레가 움직이지 않는 상황처럼, 두 돌림힘의 크기가 같고 방향이 반대이면 알짜 돌림힘은 0이 되고 이때를 돌림힘의 평형이라고 한다.

→ 알짜 돌림힘의 개념과 특징

4 [1]회전 속도의 변화는 물체에 알짜 돌림힘이 일을 해 주었을 때에만 일어난다.(알짜 돌림힘의 평형 상태에서는 일어나지 않는다.) [2]돌고 있는 팽이에 마찰력(摩擦力, 물체끼리 부딪치며 발생하는 저항력)이 일으키는 돌림힘을 포함하여 어떤 돌림힘도 작용하지 않으면 팽이는 영원히 돈다.(회전 상태에 변화가 일어나지 않는다.) [3]일정한 형태의 물체에 일정한 크기와 방향의 알짜 돌림힘을 가하여 물체를 회전시키면, 알짜 돌림힘이 한 일(알짜 돌림힘의 에너지)은 알짜 돌림힘의 크기와 회전 각도의 곱이고 그 단위는 J(줄)이다.

→ 알짜 돌림힘에 의한 회전 속도의 변화

5 [가] [1]가령, 마찰이 없는(다른 돌림힘의 작용이 없는) 여닫이문이 정지해 있다고 하자. [2]갑은 지면(地面, 땅바닥)에 대하여 수직으로 서 있는 문의 회전축에서 1 m 떨어진 지점을 문의 표면과 직각으로 300 N의 힘으로 밀고(갑이 300 N·m(1 m × 300 N = 300 N·m)에 해당하는 돌림힘의 크기로 밀고), 을은 문을 사이에 두고 갑의 반대쪽에서 회전축에서 2 m 만큼 떨어진 지점을 문의 표면과 직각으로 200 N의 힘으로 미는(을이 400 N·m(2 m × 200 N = 400 N·m)에 해당하는 돌림힘의 크기로 미는) 상태에서 문이 90° 즉, 0.5π 라디안을 돌면, 알짜 돌림힘이 문에 해 준 일은 50π J(알짜 돌림힘의 크기(400 N·m − 300 N·m = 100 N·m) × 회전 각도의 곱(0.5π) = 50π J)이다.

〈참고 그림〉 [가]의 상황

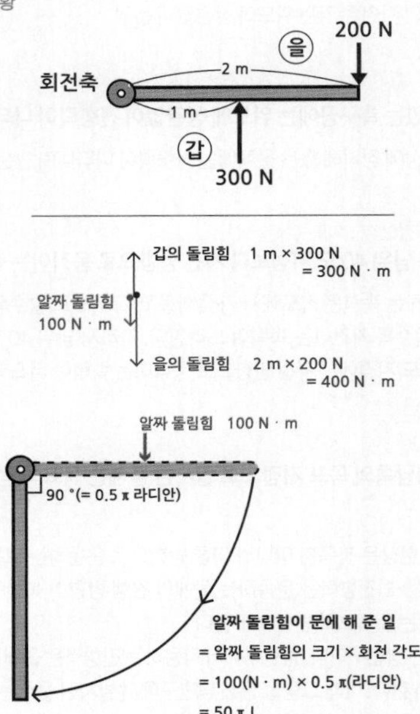


→ 알짜 돌림힘에 의한 회전 속도 변화의 예

6 [1]알짜 돌림힘이 물체를 돌리려는 방향과 물체의 회전 방향이 일치하면 알짜 돌림힘이 양(+)의 일을 하고 그 방향(물체를 돌리려는 알짜 돌림힘의 방향과 물체의 회전 방향)이 서로 반대이면 음(-)의 일을 한다. [2]어떤 물체에 알짜 돌림힘이 양의 일을 하면 그만큼 물체의 회전 운동 에너지는 증가하고 음의 일을 하면 그만큼 회전 운동 에너지는 감소한다. [3]형태가 일정한 물체의 회전 운동 에너지는 회전 속도의 제곱에 정비례한다. [4]그러므로 형태가 일정한 물체에 알짜 돌림힘이 양의 일을 하면 회전 속도가 증가하고, 음의 일을 하면 회전 속도가 감소한다.

→ 알짜 돌림힘의 종류

■지문 이해

〈돌림힘과 알짜 돌림힘〉

**❶ 지레의 원리**

• 지레의 힘 작용은 힘점, 받침점, 작용점으로 구성되며, 받침점에서 힘점까지의 거리가 받침점에서 작용점까지의 거리에 비해 멀수록 힘점에 주는 작은 힘으로 물체에 큰 힘을 가할 수 있음(원리 : 돌림힘 개념)

**❷ 돌림힘의 개념과 특징**

• 돌림힘 : 물체의 회전 상태에 변화를 일으키는 힘의 효과(돌림힘의 크기(N·m) = 회전축과 물체 간의 거리 × 가한 힘의 크기)
• 회전축으로부터 얼마나 멀리 떨어진 곳에 가하느냐에 따라 회전 상태의 변화 양상이 달라짐

**❸ 알짜 돌림힘의 개념과 특징**

• 알짜 돌림힘 : 동일한 물체에 작용하는 두 돌림힘의 합

| 두 힘의 방향이 | |
|---|---|
| 같음 | 알짜 돌림힘 = 두 힘의 합 |
| 반대 | 알짜 돌림힘 = 두 힘의 차<br>(방향 : 더 큰 돌림힘의 방향) |

• 돌림힘의 평형 : 두 돌림힘의 크기가 같고 방향이 반대일 경우(알짜 돌림힘 = 0)

**❹ 알짜 돌림힘에 의한 회전 속도의 변화**

• 회전 속도의 변화는 알짜 돌림힘이 일을 했을 때만 발생
• 알짜 돌림힘이 한 일(단위 : J(줄)) = 알짜 돌림힘의 크기 × 회전 각도

**❺ 알짜 돌림힘에 의한 회전 속도 변화의 예**

• 마찰이 없는 여닫이문

| 서로 반대 위치에서 | | |
|---|---|---|
| 이름 | 갑 | 을 |
| 회전축에서의 거리 | 1 m | 2 m |
| 가한 힘 | 300 N | 200 N |
| 돌림힘 | 300 N·m | 400 N·m |

• 을이 미는 방향으로 100 N·m의 알짜 돌림힘이 가해짐
• 문이 0.5π 라디안 이동, 알짜 돌림힘이 문에 해 준 일 = 0.5π × 100 N·m = 50π J

**❻ 알짜 돌림힘의 종류**

| 종류 | 양의 일 | 음의 일 |
|---|---|---|
| 알짜 돌림힘의 방향과 회전 방향 | 일치 | 반대 |
| 물체 회전 운동 에너지 | 증가 | 감소 |
| 회전 속도* | 증가 | 감소 |

* 형태가 일정한 물체의 회전 운동 에너지는 회전 속도의 제곱에 정비례함

**021** | 세부 정보 이해 - 적절하지 않은 것 고르기 2016학년도 수능A 16번 정답률 90% | 정답 ⑤

**윗글의 내용과 일치하지 않는 것은?**

**① 물체에 힘이 가해지지 않으면 돌림힘은 작용하지 않는다.**

근거 ❷-1~2 물체의 회전 상태에 변화를 일으키는 힘의 효과를 돌림힘이라고 한다. 물체에 회전 운동을 일으키거나 물체의 회전 속도를 변화시키려면 물체에 힘을 가해야 한다.

→ 적절함!

**② 물체에 가해진 알짜 돌림힘이 0이 아니면 물체의 회전 상태가 변화한다.**

근거 ❸-4 지레의 힘점에 힘을 주지만 물체가 지레의 회전을 방해하는 힘을 작용점에 주어 지레가 움직이지 않는 상황처럼, 두 돌림힘의 크기가 같고 방향이 반대이면 알짜 돌림힘은 0이 되고 이때를 돌림힘의 평형이라고 한다.

풀이 알짜 돌림힘이 0이 되면 물체는 움직이지 않는다. 따라서 알짜 돌림힘이 0이 아니면 물체의 회전 상태는 변화한다.

→ 적절함!

**③ 회전 속도가 감소하고 있는, 형태가 일정한 물체에는 돌림힘이 작용한다.**

근거 ❹-1 회전 속도의 변화는 물체에 알짜 돌림힘이 일을 해 주었을 때에만 일어난다, ❻-2 어떤 물체에 알짜 돌림힘이 양의 일을 하면 그만큼 물체의 회전 운동 에너지는 증가하고 음의 일을 하면 그만큼 회전 운동 에너지는 감소한다.

풀이 회전 속도가 감소하고 있는 경우에는 알짜 돌림힘이 '음의 일을 하고 있는 상태'이므로 돌림힘이 작용한다고 볼 수 있다.

→ 적절함!

**④ 힘점에 힘을 받는 지렛대가 움직이지 않으면 돌림힘의 평형이 이루어져 있다.**

근거 ❸-4 지레의 힘점에 힘을 주지만 물체가 지레의 회전을 방해하는 힘을 작용점에 주어 지레가 움직이지 않는 상황처럼, 두 돌림힘의 크기가 같고 방향이 반대이면 알짜 돌림힘은 0이 되고 이때를 돌림힘의 평형이라고 한다.

→ 적절함!

**⑤ 형태가 일정한 물체의 회전 속도가 2 배가 되면 회전 운동 에너지는 2 배가 된다.** (4 배)

근거 ❻-3 형태가 일정한 물체의 회전 운동 에너지는 회전 속도의 제곱에 정비례한다.

풀이 회전 운동 에너지는 회전 속도의 제곱에 정비례한다고 하였으므로, 회전 속도가 2 배가 되면 회전 운동 에너지는 $2^2$, 즉 4 배가 된다.

→ 적절하지 않음!

**022** | 추론의 적절성 판단 - 적절한 것 고르기 2016학년도 수능A 17번 정답률 75% | 정답 ②

**[가]에서 문이 90 ° 회전하는 동안의 상황에 대한 이해로 적절한 것은?**

▶ 지문 핵심 개념 정리

• 돌림힘의 크기 = '회전축에서 X까지의 거리' × '가해 준 힘의 크기'(단위는 N·m)(❷-5)
- 갑의 돌림힘의 크기 = 1 m × 300 N = 300 N·m
- 을의 돌림힘의 크기 = 2 m × 200 N = 400 N·m

• 두 돌림힘의 방향이 서로 반대일 경우
– 알짜 돌림힘 = 두 돌림힘의 크기의 차, 방향은 더 큰 돌림힘의 방향과 같음(❸-3)
- 알짜 돌림힘 크기 = 을의 돌림힘의 크기(400 N·m) - 갑의 돌림힘의 크기(300 N·m) = 100 N·m
- 알짜 돌림힘 방향 = 을의 돌림힘의 방향

• 알짜 돌림힘이 한 일 = 알짜 돌림힘의 크기 × 회전 각도(단위는 J(줄))(❹-3)
[가]의 알짜 돌림힘이 문에 해 준 일 = 100 N·m × 0.5π = 50π J(❺-2)

• 알짜 돌림힘이 물체를 돌리려는 방향 = 물체의 회전 방향
→ 알짜 돌림힘이 양(+)의 일을 함, 회전 운동 에너지 증가
• 알짜 돌림힘이 물체를 돌리려는 방향 ↔ 물체의 회전 방향
→ 알짜 돌림힘이 음(–)의 일을 함, 회전 운동 에너지 감소(❻-1~2)

**① 알짜 돌림힘의 크기는 점점 증가한다.** (증가하지 않는다)

풀이 갑과 을의 알짜 돌림힘의 크기는 둘의 돌림힘의 차이(100 N·m)로, 그 크기가 증가하지는 않는다.

→ 적절하지 않음!

**② 문의 회전 운동 에너지는 점점 증가한다.**

풀이 문에서 이루어지는 알짜 돌림힘의 크기는 두 돌림힘의 차이인 100 N·m이고, 그 방향은 더 큰 돌림힘이 작용하는 을이 문을 미는 방향과 같다. 이때 을이 문을 미는(= 문을 회전시키려는) 방향과 문의 회전 방향은 일치하므로 알짜 돌림힘은 양(+)의 일을 한다. 알짜 돌림힘이 양의 일을 하면 회전 운동 에너지는 증가한다.

→ 적절함!

**③ 문에는 돌림힘의 평형이 유지되고 있다.**

풀이 갑의 돌림힘은 300 N·m, 을의 돌림힘은 400 N·m이고 두 돌림힘의 방향은 서로 반대이다. 갑과 을의 돌림힘의 크기가 같지 않으므로, 돌림힘은 평형이 아니다.

→ 적절하지 않음!

**④ 알짜 돌림힘과 갑의 돌림힘은 방향이 같다.** (을의 돌림힘)

풀이 갑의 돌림힘은 300 N·m이고, 을의 돌림힘은 400 N·m이다. 여기에서 알짜 돌림힘의 크기는 두 돌림힘 크기의 차이인 100 N·m이고, 방향은 더 큰 돌림힘인 을의 돌림힘의 방향과 같다.

→ 적절하지 않음!

**⑤ 갑의 돌림힘의 크기는 을의 돌림힘의 크기보다 크다.** (작다)

풀이 갑의 돌림힘은 300 N·m이고, 을의 돌림힘은 400 N·m이므로, 을의 돌림힘 크기가 갑의 돌림힘 크기보다 더 크다.

→ 적절하지 않음!

**023** 구체적인 사례에 적용 - 적절하지 않은 것 고르기 2016학년도 수능A 18번
정답률 70%, 매력적 오답 ⑤ 10% **정답 ④**

**윗글을 바탕으로 할 때, 〈보기〉의 '원판'의 회전 운동에 대한 이해로 적절하지 않은 것은?** [3점]

| 보기 |

[1]돌고 있는 원판 위의 두 점 A, B는 그 원판의 중심 O를 수직으로 통과하는 회전축에서 각각 0.5$R$, $R$만큼 떨어져 O, A, B의 순서로 한 직선 위에 있다. [2]A, B에는 각각 $\overline{OA}$, $\overline{OB}$와 직각 방향으로 표면과 평행하게 같은 크기의 힘이 작용하여 원판을 각각 시계 방향과 시계 반대 방향으로 밀어 준다. [3]현재 이 원판은 시계 반대 방향으로 회전하고 있다. [4]단, 원판에는 다른 힘이 작용하지 않고 회전축은 고정되어 있다.

(같은 크기의 힘 ← $x$ / 밀어 준다 ← 돌림힘 / 시계 반대 방향으로 회전하고 있 ← A 돌림힘의 크기 < B 돌림힘의 크기, 알짜 돌림힘은 양(+)의 일을 하고 있음)

〈참고 그림〉

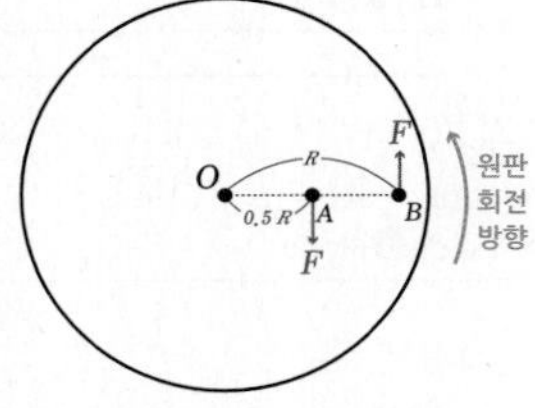


- A의 돌림힘 = 0.5$R$ × $x$ N·m, 시계 방향
- B의 돌림힘 = $R$ × $x$ N·m, 시계 반대 방향
- A 돌림힘 < B 돌림힘
- A, B의 알짜 돌림힘 = {($R$ × $x$) - (0.5$R$ × $x$)} N·m, B의 돌림힘의 방향인 시계 반대 방향
⇒ 원판이 시계 반대 방향으로 회전하고 있으므로, 알짜 돌림힘은 양(+)의 일을 하고 있음

(알짜 돌림힘은 양의 일을 하고 있음)

**① 두 힘을 계속 가해 주는 상태에서 원판의 회전 속도는 증가한다.**

근거 〈보기〉-3 현재 이 원판은 시계 반대 방향으로 회전, ❻-4 형태가 일정한 물체에 알짜 돌림힘이 양의 일을 하면 회전 속도가 증가

풀이 〈보기〉의 원판에서 가해지는 알짜 돌림힘은 원판의 회전 방향과 같은 시계 반대 방향으로 작용하므로, 양의 일을 하고 있다. 따라서 이 알짜 돌림힘을 받은 원판의 회전 속도는 증가하게 된다.

→ 적절함!

(= 어떤 돌림힘도 작용하지 않음)

**② A, B에 가해 주는 힘을 모두 제거하면 원판은 일정한 회전 속도를 유지한다.**

근거 ❹-2 마찰력이 일으키는 돌림힘을 포함하여 어떤 돌림힘도 작용하지 않으면 팽이는 영원히 돈다.

→ 적절함!

(= 알짜 돌림힘의 크기가 더 커짐)

**③ A에 가해 주는 힘만을 제거하면 원판의 회전 속도는 증가한다.**

근거 〈보기〉-2~3 A, B에는 각각 $\overline{OA}$, $\overline{OB}$와 직각 방향으로 표면과 평행하게 같은 크기의 힘이 작용하여 원판을 각각 시계 방향과 시계 반대 방향으로 밀어 준다. 현재 이 원판은 시계 반대 방향으로 회전하고 있다, ❸-3 두 돌림힘의 방향이 서로 반대이면 알짜 돌림힘의 크기는 두 돌림힘의 크기의 차가 되고 그 방향은 더 큰 돌림힘의 방향과 같다, ❻-4 형태가 일정한 물체에 알짜 돌림힘이 양의 일을 하면 회전 속도가 증가하고, 음의 일을 하면 회전 속도가 감소한다.

풀이 현재 원판은 시계 반대 방향으로 회전하고 있으므로, 돌림힘은 A보다 B가 크다는 것을 알 수 있다. 현재 알짜 돌림힘은 B의 돌림힘에서 A의 돌림힘을 뺀 값이므로, A에 가하는 힘을 제거할 경우 알짜 돌림힘의 크기는 더 커지게 된다. 따라서 원판의 회전 속도는 현재보다 증가하게 된다.

→ 적절함!

**④ A에 가해 주는 힘만을 제거한 상태에서 원판이 두 바퀴 회전하는 동안 알짜 돌림힘이 한 일은 한 바퀴 회전하는 동안 알짜 돌림힘이 한 일의 4배이다.** (4 배 → 2 배)

근거 ❹-3 알짜 돌림힘이 한 일은 알짜 돌림힘의 크기와 회전 각도의 곱이고 그 단위는 J(줄), ❺-2 문이 90° 즉, 0.5π 라디안을 돌면, 알짜 돌림힘이 문에 해 준 일은 50π J

풀이 A에 가해 주는 힘이 제거되면 B에 가해지는 힘만 남는다. 윗글에서 물체가 90° 회전한 경우 곱해지는 회전 각도는 0.5π이라고 하였으므로, 한 바퀴 회전(= 360°)할 때의 회전 각도는 2π, 두 바퀴 회전(= 720°)할 때의 회전 각도는 4π임을 추론할 수 있다. B에 가해지는 힘의 크기를 $x$라고 하면, 한 바퀴 회전할 때의 알짜 돌림힘이 한 일은 2$x$π J, 두 바퀴 회전할 때의 알짜 돌림힘이 한 일은 4$x$π J이 된다. 따라서 두 바퀴 회전하는 동안의 알짜 돌림힘이 한 일은 한 바퀴 회전하는 동안의 알짜 돌림힘이 한 일의 4 배가 아니라 2 배가 된다.

→ 적절하지 않음!

(= A의 돌림힘만 알짜 돌림힘으로 남음 → 음의 일을 함)

**⑤ B에 가해 주는 힘만을 제거하면 원판의 회전 운동 에너지는 점차 감소하여 0이 되었다가 다시 증가한다.**

근거 〈보기〉-3 현재 이 원판은 시계 반대 방향으로 회전하고 있다, ❻-2 물체에 알짜 돌림힘이 양의 일을 하면 그만큼 물체의 회전 운동 에너지는 증가하고 음의 일을 하면 그만큼 회전 운동 에너지는 감소한다, ❻-4 형태가 일정한 물체에 알짜 돌림힘이 양의 일을 하면 회전 속도가 증가하고, 음의 일을 하면 회전 속도가 감소한다.

풀이 현재 원판의 회전 방향은 시계 반대 방향이다. 이때 B에 가해 주는 힘을 제거하게 되면 A의 돌림힘만 알짜 돌림힘으로 남게 되고, 이는 현재 원판의 회전 방향과 반대이므로 알짜 돌림힘은 음의 일을 하게 된다. 원판에 알짜 돌림힘이 음의 일을 하면 그만큼 회전 운동 에너지는 점점 감소한다. 이후 A의 알짜 돌림힘이 계속 작용하면 원판의 회전 운동 에너지는 0에 도달하였다가 A의 알짜 돌림힘의 방향인 시계 방향으로 회전하게 되어 다시 회전 운동 에너지가 증가하게 된다.

→ 적절함!

## [024~025] 다음 글을 읽고 물음에 답하시오.

1 [1]어떤 물체가 물이나 공기와 같은 **유체**(流 흐르다 유 體 물체 체, 액체나 기체) 속에서 자유 낙하할 때 물체에는 **중력**(重 무겁다 중 力 힘 력, 지구가 물체를 끌어당기는 힘), **부력**(浮 뜨다 부 力 힘 력, 유체에 잠긴 물체가 중력과 반대 방향인 위 방향으로 받는 힘), **항력**(抗 맞서다 항 力 힘 력, 물체가 유체 내에서 운동할 때 받는 저항력)이 작용한다. [2]중력은 물체의 질량에 중력 가속도를 곱한 값으로 물체가 낙하하는 동안 일정하다. [3]부력은 어떤 물체에 의해서 **배제된**(排除-, 밀려난) 부피만큼의 유체의 무게에 해당하는 힘으로, 항상 중력의 반대 방향으로 작용한다. [4]빗방울에 작용하는 부력의 크기는 빗방울의 부피에 해당하는 공기의 무게이다. [5]공기의 밀도는 물의 밀도의 1,000 분의 1 수준이므로, 빗방울이 공기 중에서 떨어질 때 부력이 빗방울의 낙하 운동에 영향을 주는 정도는 **미미하다.**(微微-, 아주 작다.) [6]그러나 스티로폼 입자와 같이 밀도가 매우 작은 물체가 낙하할 경우에는 부력이 물체의 낙하 속도에 큰 영향을 미친다.

〈참고 그림〉

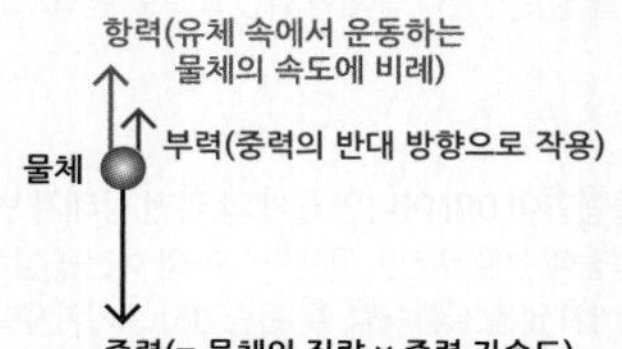


❶-1 물체가 유체 속에서 자유 낙하할 때 물체에는 중력, 부력, 항력이 작용한다.

→ 중력, 부력의 개념과 특징

2 [1]물체가 유체 내에 정지해 있을 때와는 달리, 유체 속에서 운동하는 경우에는 물체의 운동에 저항하는 힘인 항력이 발생하는데, 이 힘은 물체의 운동 방향과 반대로 작용한다. [2]항력은 유체 속에서 운동하는 물체의 속도가 커질수록 이에 **상응하여**(相應-, 맞춰) 커진다. [3]항력은 마찰 항력과 압력 항력의 합이다. [4]마찰 항력은 유체의 **점성**(粘性, 액체의 끈끈한 성질) 때문에 물체의 표면에 가해지는 항력으로, 유체의 점성이 크거나 물체의 표면적이 클수록 커진다. [5]압력 항력은 물체가 이동할 때 물체의 **전후방**(前後方, 앞뒤 방향)에 생기는 압력 차에 의해 생기는 항력으로, 물체의 운동 방향에서 바라본 물체의 **단면적**(斷面積, 하나의 평면으로 자른 면의 넓이)이 클수록 커진다.

→ 항력의 개념과 특징

3 [1]안개비의 빗방울이나 미세 먼지와 같이 작은 물체가 낙하하는 경우에는 물체의 전후방에 생기는 압력 차가 매우 작아 마찰 항력이 전체 항력의 대부분을 차지한다. [2]빗방울의 크기가 커지면 전체 항력 중 압력 항력이 차지하는 비율이 점점 커진다. [3]반면 **스카이다이버**(skydiver, 하늘에 올라 지상으로 낙하하는 스포츠를 하는 사람)와 같이 큰 물체가 빠른 속도로 떨어질 때에는 물체의 전후방에 생기는 압력 차에 의한 압력 항력이 매우 크므로 마찰 항력이 전체 항력에 기여하는 비중은 무시할 만하다.

〈참고 그림〉

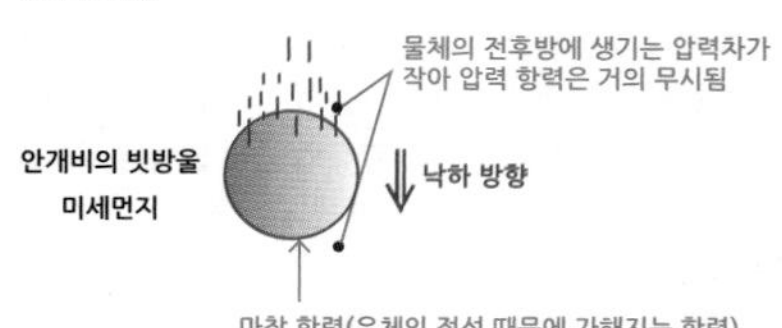


항력 = 마찰 항력 + 압력 항력
└ 거의 0에 가까움

❸-1 안개비의 빗방울이나 미세 먼지와 같이 작은 물체가 낙하하는 경우에는 물체의 전후방에 생기는 압력 차가 매우 작아 마찰 항력이 전체 항력의 대부분을 차지한다.

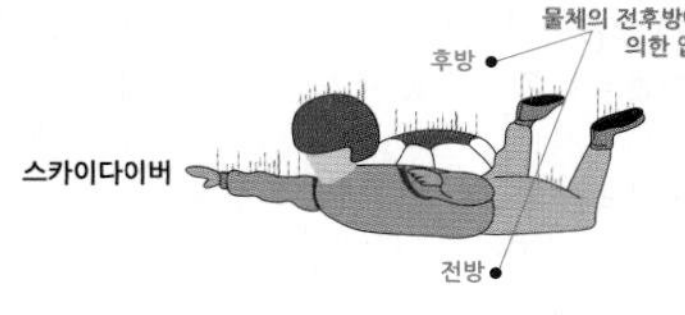


항력 = 마찰 항력 + 압력 항력
└ 거의 무시됨

❸-3 스카이다이버와 같이 큰 물체가 빠른 속도로 떨어질 때에는 물체의 전후방에 생기는 압력 차에 의한 압력 항력이 매우 크므로 마찰 항력이 전체 항력에 기여하는 비중은 무시할 만하다.

→ 물체의 크기와 마찰·압력 항력의 관계

4 [1]빗방울이 낙하할 때 처음에는 중력 때문에 빗방울의 낙하 속도가 점점 증가하지만, 이에 따라 항력도 커지게 되어 마침내 항력과 부력의 합이 중력의 크기와 같아지게 된다. [2]이때 물체의 가속도가 0이 되므로 빗방울의 속도는 일정해지는데, 이렇게 일정해진 속도를 종단 속도라 한다. [3]유체 속에서 상승하거나 지면과 수평으로 이동하는 물체의 경우에도 종단 속도가 나타나는 것은 이동 방향으로 작용하는 힘과 반대 방향으로 작용하는 힘의 평형에 의한 것이다.

〈참고 그림〉

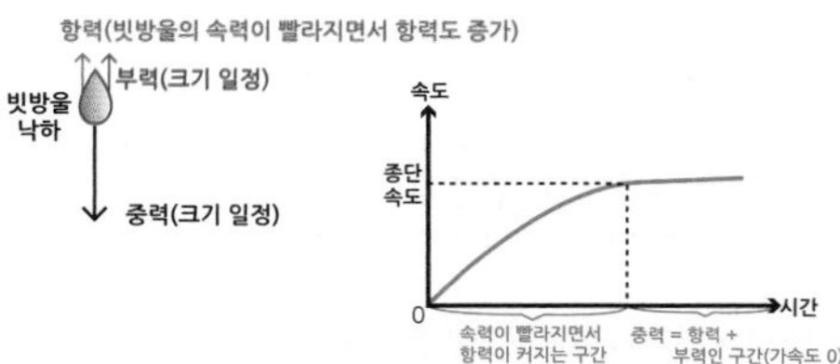


❹-1~2 빗방울이 낙하할 때 처음에는 중력 때문에 낙하 속도가 점점 증가하지만, 이에 따라 항력도 커지게 되어 항력과 부력의 합이 중력의 크기와 같아지게 된다. 이때 물체의 가속도가 0이 되므로 빗방울의 속도는 일정해지는데, 이렇게 일정해진 속도를 종단 속도라 한다.

→ 종단 속도의 개념 및 발생 원인

■지문 이해

**〈종단 속도와 힘의 평형〉**

**❶~❷ 중력, 부력, 항력의 개념과 특징**

- 물체가 유체 속에서 자유 낙하할 때 작용하는 힘
  - 중력 : 물체의 질량에 중력 가속도를 곱한 값, 물체가 낙하하는 동안 일정함
  - 부력 : 어떤 물체에 의해서 배제된 부피만큼의 유체의 무게에 해당하는 힘, 중력의 반대 방향으로 작용

| 유체 | 공기 | |
|---|---|---|
| 낙하 물체 | 빗방울 | 부력의 영향 미미함 |
| | 스티로폼 | 부력이 큰 영향을 미침 |

(밀도의 크기 : 공기의 밀도 < 스티로폼의 밀도 < 물의 밀도)

  - 항력 : 물체의 운동에 저항하는 힘, 물체의 운동 방향과 반대로 작용, 마찰 항력 + 압력 항력

**❸ 물체의 크기와 마찰·압력 항력의 관계**

- 물체의 크기가 커질수록 전체 항력에서 마찰 항력의 비중 ↓, 압력 항력의 비중 ↑

예 빗방울 낙하 : 마찰 항력이 전체 항력의 대부분 차지
스카이다이버의 낙하 : 압력 항력 매우 큼, 마찰 항력은 무시할 만함

**❹ 종단 속도의 개념 및 발생 원인**

- 종단 속도 : 물체의 가속도가 0이 되어 일정해진 속도
- 종단 속도가 나타나는 원인
  - 유체 속에서 낙하하는 물체 : 항력 + 부력 = 중력
  - 유체 속에서 상승하거나 지면과 수평으로 이동하는 물체 : 이동 방향으로 작용하는 힘 = 반대 방향으로 작용하는 힘(힘의 평형)

1등급 문제

**024** 세부 정보 이해 - 적절한 것 고르기 2016학년도 수능B 29번
정답률 45%, 매력적 오답 ② 10% ③ 20% ⑤ 20% | 정답 ④

## 윗글을 통해 알 수 있는 내용으로 가장 적절한 것은?

**① 스카이다이버가 낙하 운동할 때에는 마찰 항력이 전체 항력의 대부분을 차지하게 된다.** (마찰 항력 → 압력 항력이)

근거 ❸-3 스카이다이버와 같이 큰 물체가 빠른 속도로 떨어질 때에는 물체의 전후방에 생기는 압력 차에 의한 압력 항력이 매우 크므로 마찰 항력이 전체 항력에 기여하는 비중은 무시할 만하다.

풀이 스카이다이버가 낙하 운동을 할 때 마찰 항력은 무시할 만큼 미미한 정도에 불과하다.

→ 적절하지 않음!

**② 물체가 유체 속에서 운동할 때 물체 전후방에 생기는 압력 차는 그 물체의 속도를 증가시킨다.** (증가 → 감소)

근거 ❷-1~3 유체 속에서 운동하는 경우에는 물체의 운동에 저항하는 힘인 항력이 발생하는데, 이 힘은 물체의 운동 방향과 반대로 작용한다. 항력은 유체 속에서 운동하는 물체의 속도가 커질수록 이에 상응하여 커진다. 항력은 마찰 항력과 압력 항력의 합, ❷-5 압력 항력은 물체가 이동할 때 물체의 전후방에 생기는 압력 차에 의해 생기는 항력

풀이 물체가 유체 속에서 운동할 때 물체 전후방에 생기는 압력 차에 의해 압력 항력이 생기는데, 이 압력 항력은 물체의 속도에 비례하여 '운동 방향과 반대로' 작용한다. 따라서 그 물체의 속도를 증가시키는 것이 아니라 감소시킨다.

→ 적절하지 않음!

**③ 낙하하는 물체의 속도가 종단 속도에 이르게 되면 그 물체의 가속도는 중력 가속도와 같아진다.** (종단 속도 ← 가속도 = 0)

근거 ❹-1~2 빗방울이 낙하할 때 처음에는 중력 때문에 빗방울의 낙하 속도가 점점 증가하지만, 이에 따라 항력도 커지게 되어 마침내 항력과 부력의 합이 중력의 크기와 같아지게 된다. 이때 물체의 가속도가 0이 되므로 빗방울의 속도는 일정해지는데, 이렇게 일정해진 속도를 종단 속도라 한다, ❶-1~2 어떤 물체가 물이나 공기와 같은 유체 속에서 자유 낙하할 때 물체에는 중력, 부력, 항력이 작용한다. 중력은 물체의 질량에 중력 가속도를 곱한 값으로 물체가 낙하하는 동안 일정하다.

풀이 낙하하는 물체의 속도가 종단 속도에 이르면 물체의 가속도가 0에 이른다고 하였다. 낙하하는 물체에는 중력이 작용하는데, 중력은 물체의 질량에 중력 가속도를 곱한 값이므로 중력 가속도는 0이 될 수 없다. 따라서 두 가속도가 같아진다는 것은 적절하지 않은 설명이다. 참고로 중력 가속도는 약 $9.8\ m/s^2$이다.

→ 적절하지 않음!

**④ *균일한 밀도의 액체 속에서 낙하하는 동전에 작용하는 부력은 항력의 크기에 상관없이 일정한 크기를 유지한다.** *均一, 한결같이 고른

근거 ❶-3 부력은 어떤 물체에 의해서 배제된 부피만큼의 유체의 무게에 해당하는 힘

풀이 액체 속에서 동전에 작용하는 부력은 동전 부피만큼의 액체 무게에 해당하는 힘이다. 동전이 낙하하는 액체의 밀도가 균일하다고 하였으므로, 동전에 작용하는 부력은 일정하다.

→ 적절함!

**⑤ 균일한 밀도의 액체 속에 완전히 잠겨 있는 쇠 막대에 작용하는 부력은 서 있을 때보다 누워 있을 때가 더 크다.** (보다 → 와, 더 크다 → 같다)

근거 ❶-3 부력은 어떤 물체에 의해서 배제된 부피만큼의 유체의 무게에 해당하는 힘

풀이 부력은 쇠 막대의 '부피'만큼의 액체 무게에 해당하는 힘이다. 따라서 쇠 막대에 작용하는 부력은 쇠 막대가 서 있을 때나 누워 있을 때나 상관없이 일정하다. 또한 쇠 막대는 균일한 밀도의 액체 속에 잠겨 있으므로 유체의 밀도가 부력의 크기에 영향을 끼치지도 않는다.

→ 적절하지 않음!

Ⅲ 과학

1등급 문제

**025** 구체적인 사례에 적용 - 적절한 것 고르기 2016학년도 수능B 30번
정답률 40%, 매력적 오답 ② 25% ③ 15% ④ 15%
정답 ⑤

**윗글을 바탕으로 〈보기〉에 대해 탐구한 내용으로 가장 적절한 것은?** [3점]

| 보 기 |

[1]크기와 모양은 같으나 밀도가 서로 다른 구 모양의 물체 A와 B를 공기 중에 고정하였다. [2]이때 물체 A와 B의 밀도는 공기보다 작으며, 물체 B의 밀도는 물체 A보다 더 크다. (A 밀도 < B 밀도 < 공기) [3]물체 A와 B를 놓아 주었더니 두 물체 모두 속도가 증가하며 상승하다가, 각각 어느 정도 시간이 지난 후 각각 다른 일정한 속도를 유지한 채 계속 상승하였다. (=종단 속도) ([4]단, 두 물체는 공기나 다른 기체 중에서 크기와 밀도가 유지되도록 제작되었고, 물체 운동에 영향을 줄 수 있는 기체의 흐름과 같은 외적 요인들이 모두 제거되었다고 가정함.)

〈참고 그림〉

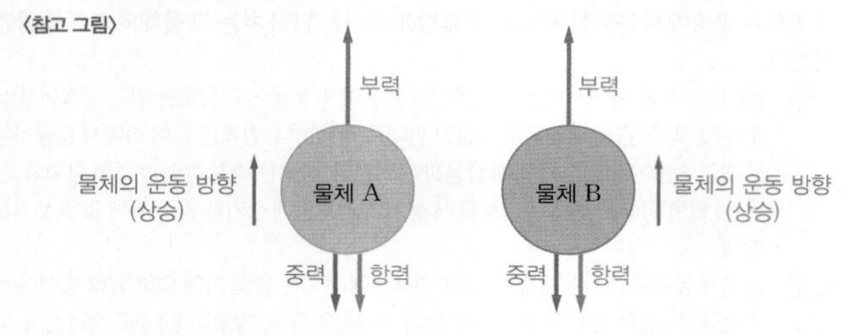


① A와 B가 고정되어 있을 때에는 A에 작용하는 항력이 B에 작용하는 항력보다 더 작겠군.

근거 〈보기〉-1 물체 A와 B를 공기 중에 고정, ❷-1 물체가 유체 내에 정지해 있을 때와는 달리, 유체 속에서 운동하는 경우에는 물체의 운동에 저항하는 힘인 항력이 발생

풀이 물체가 유체 내에 정지해 있을 때는 항력이 발생하지 않는다.

→ 적절하지 않음!

② A와 B가 각각 일정한 속도를 유지할 때 A에 작용하고 있는 항력은 B에 작용하고 있는 항력보다 더 작겠군. (크겠군)

근거 〈보기〉-1 크기와 모양은 같으나 밀도가 서로 다른 구 모양의 물체 A와 B, 〈보기〉-2 물체 B의 밀도는 물체 A보다 더 크다, 〈보기〉-3 두 물체 모두 속도가 증가하며 상승하다가, 각각 어느 정도 시간이 지난 후 각각 다른 일정한 속도를 유지한 채 계속 상승, ❶-2 중력은 물체의 질량에 중력 가속도를 곱한 값, ❷-1 (물체가) 유체 속에서 운동하는 경우에는 물체의 운동에 저항하는 힘인 항력이 발생하는데, 이 힘은 물체의 운동 방향과 반대로 작용, ❹-1~2 빗방울이 낙하할 때 … 항력과 부력의 합이 중력의 크기와 같아지게 된다. 이때 물체의 가속도가 0이 되므로 빗방울의 속도는 일정해지는데, 이렇게 일정해진 속도를 종단 속도라 한다.

풀이

| 상승 운동 종단 속도(괄호 안은 힘의 방향) | 항력(↓) | + 중력(↓) | = 부력(↑) |
|---|---|---|---|
| A | 큼 | 작음 | 같음 |
| B | 작음 | 큼 | |

상승 운동에서 물체의 이동 방향으로 작용하는 힘은 부력이고, 반대 방향으로 작용하는 힘은 항력과 중력이므로, 종단 속도는 A와 B 각각에 작용하는 부력이 항력, 중력의 합과 평형을 이룰 때 나타난다. A와 B는 부피가 같으므로 부피만큼의 공기 무게에 해당하는 힘인 부력이 같다. 그러나 A보다 B의 밀도가 더 크므로 질량도 더 커서(밀도 = $\frac{질량}{부피}$) 중력 역시 A보다 B가 더 크다. 따라서 A의 항력은 B의 항력보다 크다.

→ 적절하지 않음!

③ A에 작용하는 부력과 중력의 크기 차이는 A의 속도가 증가하고 있을 때보다 A가 고정되어 있을 때 더 크겠군.

근거 ❶-2~3 중력은 물체의 질량에 중력 가속도를 곱한 값으로 물체가 낙하하는 동안 일정하다. 부력은 어떤 물체에 의해서 배제된 부피만큼의 유체의 무게에 해당하는 힘, 〈보기〉-4 두 물체는 공기나 다른 기체 중에서 크기와 밀도가 유지되도록 제작

풀이 A에 작용하는 부력이나 중력은 A의 운동 여부에는 영향을 받지 않는다.

→ 적절하지 않음!

④ A와 B 모두 일정한 속도에 도달하기 전에 속도가 증가하는 것으로 보아 A와 B에 작용하는 항력이 점점 감소하기 때문에 일정한 속도에 도달하는 것이겠군.

근거 〈보기〉-3 물체 A와 B를 놓아 주었더니 두 물체 모두 속도가 증가하며 상승하다가, 각각 어느 정도 시간이 지난 후 각각 다른 일정한 속도를 유지한 채 계속 상승하였다, ❹-1~2 빗방울이 낙하할 때 처음에는 중력 때문에 빗방울의 낙하 속도가 점점 증가하지만, 이에 따라 항력도 커지게 되어 마침내 항력과 부력의 합이 중력의 크기와 같아지게 된다. 이때 물체의 가속도가 0이 되므로 빗방울의 속도는 일정

풀이 A와 B는 처음에는 부력 때문에 상승 속도가 증가하지만, 이에 따라 항력도 점점 증가하게 되어 항력과 중력의 합이 부력의 크기와 같아지게 된다. 따라서 두 물체의 항력이 점점 감소하기 때문에 일정한 속도에 도달한다는 설명은 적절하지 않다.

→ 적절하지 않음!

⑤ 공기보다 밀도가 더 큰 기체 내에서 B가 상승하여 일정한 속도를 유지할 때 B에 작용하는 항력은 공기 중에서 상승하여 일정한 속도를 유지할 때 작용하는 항력보다 더 크겠군.

근거 〈보기〉-2 물체 A와 B의 밀도는 공기보다 작으며, 〈보기〉-3 두 물체 모두 속도가 증가하며 상승하다가, 각각 어느 정도 시간이 지난 후 각각 다른 일정한 속도를 유지한 채 계속 상승하였다, ❹-1~2 빗방울이 낙하할 때 처음에는 중력 때문에 빗방울의 낙하 속도가 점점 증가하지만, 이에 따라 항력도 커지게 되어 마침내 항력과 부력의 합이 중력의 크기와 같아지게 된다. 이때 물체의 가속도가 0이 되므로 빗방울의 속도는 일정, ❶-2 (중력은) 물체가 낙하하는 동안 일정

풀이 유체의 밀도가 클수록 부력은 커지므로, B가 공기보다 밀도가 더 큰 기체 내에서 상승 운동을 할 경우 공기에서보다 부력의 힘이 크게 작용한다. 또한 중력은 일정하게 작용하므로, B가 일정한 속도를 유지할 때(항력(증가) + 중력(일정) = 부력(증가)) 항력은 더 커진다.

→ 적절함!

**[026~027] 다음 글을 읽고 물음에 답하시오.**

1 [1]회전 운동을 하는 물체는 외부로부터 돌림힘이 작용하지 않는다면(돌림힘이 없다면) 일정한 빠르기로 회전 운동을 유지하는데(같은 속도로 회전하는데), 이를 각운동량 보존(保存, 잘 보호해서 남김) 법칙이라 한다. [2]각운동량은 질량(質量, 무게)이 $m$인 작은 알갱이가 회전축(回轉軸, 회전하는 물체의 중심)으로부터 $r$만큼 떨어져 속도 $v$로 운동하고 있을 때 $mvr$(질량이 클수록, 회전축에서 멀리 떨어져 있을수록, 회전 속도가 빠를수록 각운동량은 커짐)로 표현된다. [3]그런데 회전하는 물체에 회전 방향으로 힘이 가해지거나 마찰 또는 공기 저항이 작용하게 되면(회전 반대 방향으로 힘이 가해지면), 회전하는 물체의 각운동량이 변화하여 회전 속도는 빨라지거나 느려지게 된다. [4]이렇게 회전하는 물체의 각운동량을 변화시키는 힘을 돌림힘이라고 한다.

→ 각운동량 보존 법칙과 돌림힘

2 [1]그러면 팽이와 같은 물체의 각운동량은 어떻게 표현할까? [2]아주 작은 균일한(均一, 한결같이 고른) 알갱이들로 팽이가 이루어졌다고 볼 때, 이 알갱이 하나하나를 질량 요소(팽이의 질량을 이루는 요소)라고 한다. [3]이 질량 요소 각각의 각운동량의 총합이 팽이 전체의 각운동량에 해당한다.(질량 요소의 각운동량을 합치면 팽이 전체의 각운동량이 된다.) [4]회전 운동에서 물체의 각운동량은 (각속도) × (회전 관성)으로 나타낸다. [5]여기에서 각속도는 회전 운동에서 물체가 단위 시간당 회전하는 각이다.(회전 속도이다.) [6]질량이 직선 운동에서 물체의 속도를 변화시키기 어려운 정도를 나타내듯이(물체가 무거우면 운동 속도를 변화시키기가 어려운 것처럼), 회전 관성은 회전 운동에서 각속도를 변화시키기 어려운 정도를 나타낸다.(회전 관성이 크면 회전 속도를 변화시키기가 어렵다.) [7]즉, 회전체의 회전 관성이 클수록 그것의 회전 속도를 변화시키기 어렵다.

→ 회전 운동에서 물체의 각운동량 = 각속도 × 회전 관성

3 [1]회전체의 회전 관성은 회전체를 구성하는 질량 요소들의 회전 관성의 합과 같은데, 질량 요소들의 회전 관성은 질량 요소가 회전축에서 떨어져 있는 거리가 멀수록 커진다. [2]그러므로 질량이 같은 두 팽이가 있을 때 홀쭉하고 키가 큰 팽이(질량 요소가 회전축에서 가까운 팽이)보다 넓적하고 키가 작은 팽이(질량 요소가 회전축에서 먼 팽이)가 회전 관성이 크다.

문제편 p.184

〈참고 그림〉

회전축과 질량 요소의 거리　　회전축과 질량 요소의 거리

질량 요소　　질량 요소

❸-1~2 질량 요소가 회전축에서 떨어져 있는 거리가 멀수록 회전 관성은 커진다. 질량이 같을 때, 홀쭉하고 키가 큰 팽이보다 넓적하고 키가 작은 팽이의 회전 관성이 더 크다.

→ 질량 요소와 회전축의 거리에 따른 회전 관성의 크기 변화

4 [1]각운동량 보존의 원리는 스포츠에서도 쉽게 확인할 수 있다. [2]피겨 선수에게 공중 회전수는 중요한데 이를 확보하기 위해서는(공중에서 많이 회전하기 위해서는) 공중 회전을 하는 동안 각속도를 크게 해야 한다. [3]이를 위해 피겨 선수가 공중에서 팔을 몸에 바짝 붙인 상태로 회전하는 것을 볼 수 있다. [4]피겨 선수의 회전 관성은 몸을 이루는 질량 요소들의 회전 관성의 합과 같다. [5]따라서 팔을 몸에 붙이면 팔을 구성하는 질량 요소들이 회전축(몸의 중심축)에 가까워져서 팔을 폈을 때보다 몸 전체의 회전 관성이 줄어들게 된다. [6]점프 이후에 공중에서 각운동량은 보존되기 때문에 팔을 붙였을 때가 폈을 때보다 각속도가 커지는 것이다.(각운동량은 보존되므로 회전 관성이 줄어들면 각속도가 커지는 것이다.) [7]반대로 착지 직전에는 각속도를 줄여 착지 실수를 없애야 하기 때문에 양팔을 한껏 펼쳐 회전 관성을 크게 만드는 것(각속도를 줄이는 것)이 유리하다.

〈참고 그림〉

❹-2~7 피겨 선수는 공중회전 각속도를 크게 하기 위해 팔을 몸에 바짝 붙여 회전 관성을 줄인다. 반대로 착지 직전에는 각속도를 줄이기 위해 양팔을 펼쳐 회전 관성을 크게 만든다.

→ 피겨에서 확인할 수 있는 각운동량 보존의 원리

■지문 이해

**〈각운동량 보존 법칙〉**

**❶ 각운동량 보존 법칙과 돌림힘**

- 회전 운동을 하는 물체에 돌림힘(회전하는 물체의 각운동량을 변화시키는 힘)이 작용하지 않는다면 일정한 빠르기로 회전 운동을 유지함(각운동량이 일정함)
- 돌림힘이 작용하는 경우, 각운동량은 변화
  - 회전 방향으로 작용 : 회전 속도가 빨라짐
  - 회전 반대 방향으로 작용 : 회전 속도가 느려짐(마찰력, 공기 저항)

**❷ 회전 운동에서 물체의 각운동량 =**

| 각속도(회전 운동에서 물체가 단위 시간당 회전하는 각) | × | 회전 관성(회전 운동에서 물체의 각속도를 변화시키기 어려운 정도) |
|---|---|---|

**❸ 질량 요소가 회전축에서 떨어져 있는 거리가 멀수록 회전 관성이 커짐**

**❹ 피겨에서 확인할 수 있는 각운동량 보존의 원리**

- 각운동량이 보존되는 경우, 회전 관성이 클수록 각속도는 작아지고 회전 관성이 작을수록 각속도가 커짐
- 예 피겨 스케이팅
  - 회전 시 : 팔을 몸에 붙여 회전 관성을 작게 함 → 각속도가 커져 회전수를 늘릴 수 있음
  - 착지 시 : 팔을 펼쳐 회전 관성을 크게 함 → 각속도가 작아져 흔들리지 않고 안정된 착지를 할 수 있음

1등급 문제

**026** | 추론의 적절성 판단 - 적절한 것 고르기 2014학년도 9월 모평B 28번 | 정답률 40%, 매력적 오답 ③ 40% ⑤ 10% | 정답 ④

**윗글로 미루어 알 수 있는 내용으로 적절한 것은?**

회전 관성이 작용하지 않음

**① 정지되어 있는 물체는 회전 관성이 클수록 회전시키기 쉽다.**

근거 ❷-7 회전체의 회전 관성이 클수록 그것의 회전 속도를 변화시키기 어렵다.

풀이 회전 관성이 클수록 회전 운동에서 각속도를 변화시키기 어렵다. 덧붙여서 정지되어 있는 물체에는 회전 관성이 작용하지도 않는다.

→ 적절하지 않음!

없다

**② 회전하는 팽이는 외부에서 가해지는 돌림힘의 작용 없이 회전을 멈출 수 있다.**

근거 ❶-1 회전 운동을 하는 물체는 외부로부터 돌림힘이 작용하지 않는다면 일정한 빠르기로 회전 운동을 유지

→ 적절하지 않음!

질량 요소-회전축 간의 거리에 따라 결정되므로, 지면과의 마찰과는 관련×

**③ 지면과의 마찰은 회전하는 팽이의 회전 관성을 작게 만들어 팽이의 각운동량을 줄어들게 한다.**

근거 ❸-1 회전체의 회전 관성은 회전체를 구성하는 질량 요소들의 회전 관성의 합과 같은데, 질량 요소들의 회전 관성은 질량 요소가 회전축에서 떨어져 있는 거리가 멀수록 커진다, ❶-3 (회전하는 물체에) 마찰 또는 공기 저항이 작용하게 되면, 회전하는 물체의 각운동량이 변화

풀이 팽이의 회전 관성은 팽이를 구성하는 질량 요소가 회전축에서 떨어져 있는 거리에 따라 결정되는 것이므로, 지면과의 마찰은 팽이의 회전 관성에 영향을 줄 수 없다. 마찰은 팽이의 '회전 관성'이 아니라 '각운동량'을 변화시킨다.

→ 적절하지 않음!

질량 요소-회전축 거리 멀다 ⇒ 회전 관성 더 큼

**④ 크기와 질량이 동일한, 속이 빈 쇠공과 속이 찬 플라스틱 공이 자전할 때 회전 관성은 쇠공이 더 크다.**

질량 요소-회전축 거리 짧다 ⇒ 회전 관성 더 작음

근거 ❸-1 질량 요소들의 회전 관성은 질량 요소가 회전축에서 떨어져 있는 거리가 멀수록 커진다.

풀이 〈참고 그림〉

| 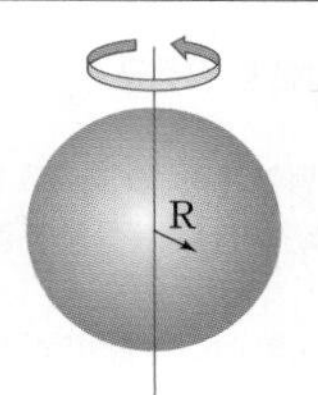 | 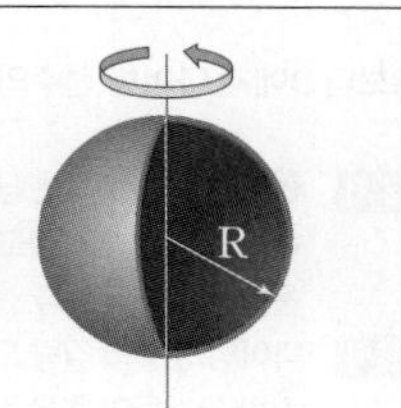 |
|---|---|
| 속이 찬 플라스틱 공은 질량 요소가 회전축에 맞닿아 있다. 즉 질량 요소가 회전축에서 떨어져 있는 거리가 짧다. | 속이 빈 쇠공은 질량 요소가 회전축에서 떨어져 있는 거리가 속이 찬 플라스틱 공보다 멀다. 따라서 속이 찬 플라스틱 공보다 회전 관성이 더 크다. |

→ 적절함!

**⑤ 회전하는 하나의 시곗바늘 위의 두 점 중 회전축에 가까이 있는 점이 멀리 있는 점보다 각속도가 작다.**

같다

근거 ❷-5 각속도는 회전 운동에서 물체가 단위 시간당 회전하는 각

풀이 〈참고 그림〉

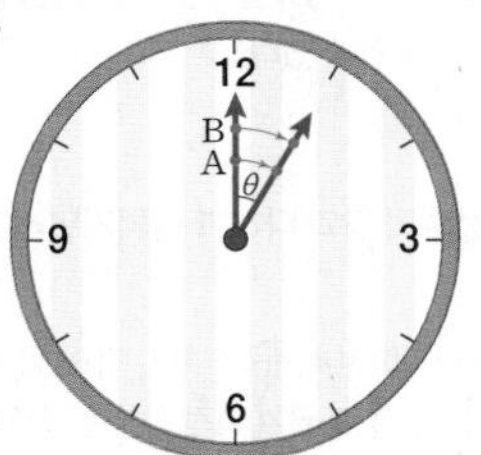


하나의 시곗바늘 위의 두 점 A와 B는 같은 선상에 있으므로, 회전축과의 거리와 상관없이 회전각($\theta$)이 같다. 따라서 두 점의 각속도 또한 같다.

→ 적절하지 않음!

**027** | 구체적인 사례에 적용 - 적절한 것 고르기 2014학년도 9월 모평B 29번
정답률 70%, 매력적 오답 ① 10% | 정답 ⑤

**윗글을 바탕으로 <보기>를 이해한 내용으로 적절한 것은?** [3점]

| 보기 |

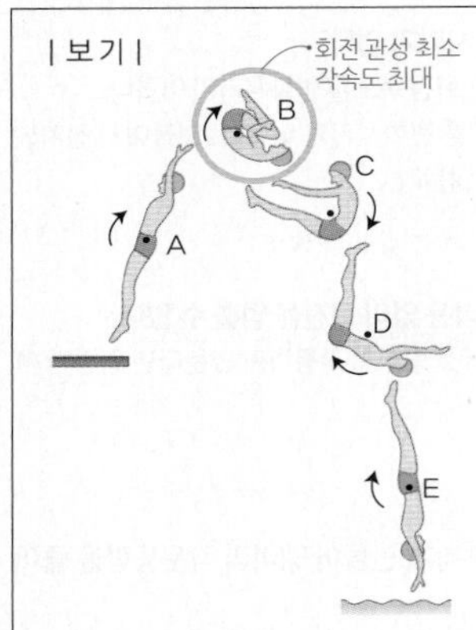


[1]다이빙 선수가 발판에서 점프하여 공중회전하며 A~E 단계를 거쳐 1.5 바퀴 회전하여 입수하고 있다. [2]여기에서 검은 점은 회전 운동의 회전축을 나타내며 회전 운동은 화살표 방향으로만 진행된다. [3]단, 다이빙 선수가 공중에 머무는 동안은 외부에서 돌림힘이 작용하지 않는다고 간주한다. ← 각운동량 일정

▶ 지문 핵심 개념 정리

| 각운동량 보존 법칙 | 회전 운동을 하는 물체가 외부로부터 돌림힘이 작용하지 않을 때 일정한 빠르기로 회전 운동을 유지하는 현상(❶-1) |
|---|---|

각속도 (= 회전 속도(❷-5)) × 회전 관성 – 질량 요소가 회전축에서 떨어져 있는 거리가 멀수록 커짐(❸-1)

① **A보다 B에서 다이빙 선수의 각운동량이 더 크겠군.** (같겠군)

**근거** <보기>-3 다이빙 선수가 공중에 머무는 동안은 외부에서 돌림힘이 작용하지 않는다고 간주

**풀이** 돌림힘이 작용하지 않을 때 회전 운동을 하는 물체의 각운동량은 일정하므로, A와 B의 각운동량은 같다.

→ 적절하지 않음!

② **B보다 D에서 다이빙 선수의 질량 요소들의 합은 더 작겠군.** (같겠군, = 몸무게)

**근거** ❷-2~3 아주 작은 균일한 알갱이들로 팽이가 이루어졌다고 볼 때, 이 알갱이 하나하나를 질량 요소라고 한다. 이 질량 요소 각각의 각운동량의 총합이 팽이 전체의 각운동량에 해당한다.

**풀이** 다이빙 선수의 질량 요소들의 총합은 다이빙 선수의 질량(몸무게)이므로, 두 점에서 질량 요소들의 합은 같다.

→ 적절하지 않음!

③ **A~E의 다섯 단계 중 B 단계에서 다이빙 선수는 가장 작은 각속도를 갖겠군.** (큰)
← 질량 요소들이 회전축에 가장 가까움 = 회전 관성 최소

**근거** <보기>-2 검은 점은 회전 운동의 회전축, ❹-5 팔을 몸에 붙이면 팔을 구성하는 질량 요소들이 회전축에 가까워져서 팔을 폈을 때보다 몸 전체의 회전 관성이 줄어들게 된다.

**풀이** 돌림힘이 작용하지 않으므로 다이빙 선수의 각운동량은 A~E의 다섯 단계에서 모두 같다. A~E 단계 중 B 단계에서 다이빙 선수의 질량 요소들이 회전축에 가장 가까우므로, 몸 전체의 회전 관성이 모든 단계 중에서 최소가 될 것이다. 각운동량은 (각속도) × (회전 관성)이므로 회전 관성이 줄어들면 각속도가 늘어난다. 따라서 B 단계의 각속도가 가장 크다는 것을 알 수 있다.

→ 적절하지 않음!

④ **C에서 E로 진행함에 따라 다이빙 선수의 팔과 다리가 펼쳐지면서 회전 관성이 작아지겠군.** (커, = 질량 요소들이 회전축과 멀어지면서)

**근거** <보기>-2 검은 점은 회전 운동의 회전축, ❹-7 착지 직전에는 각속도를 줄여 착지 실수를 없애야 하기 때문에 양팔을 한껏 펼쳐 회전 관성을 크게 만드는 것

**풀이** C에서 E로 진행함에 따라 질량 요소인 다이빙 선수의 팔과 다리가 회전축에서 멀어지고 있다. 질량 요소가 회전축에서 멀어질수록 회전 관성은 커진다.

→ 적절하지 않음!

← <보기>에서보다 각속도(= 회전 속도) 커짐

⑤ **B 단계부터 같은 자세로 회전 운동을 계속하여 입수한다면 다이빙 선수는 1.5 바퀴보다 더 많이 회전하겠군.**

**근거** <보기>-1 다이빙 선수가 발판에서 점프하여 공중회전하며 A~E 단계를 거쳐 1.5 바퀴 회전하여 입수

**풀이** A~E 단계에서 각운동량은 보존되므로 회전 관성에 따라 각속도의 크기가 좌우된다. B 단계는 질량 요소와 회전축의 거리가 가장 가까워 회전 관성이 가장 작은, 즉 각속도가 가장 큰 단계이다. 각속도는 회전 속도이므로 다이빙 선수가 B 단계부터 같은 자세로 회전 운동을 계속한다면, A~E 단계를 거친 1.5 바퀴보다 많이 회전할 것이다.

→ 적절함!

## [028~030] 다음 글을 읽고 물음에 답하시오.

1 [1]**상온**(常溫, 가열하거나 냉각하지 않은 자연 그대로의 기온. 보통 15℃)에서 **대기압**(大氣壓, 공기의 압력) 상태에 있는 1 리터의 공기 안에는 수없이 많은 질소, 산소 분자들을 비롯하여 다양한 기체 분자들이 있다. [2]이들 중 어떤 산소 분자 하나는 짧은 시간에도 다른 분자들과 매우 많은 충돌을 하며, 충돌을 할 때마다 이 분자의 운동 방향과 속력이 변할 수 있기 때문에, 어떤 분자 하나의 정확한 운동 **궤적**(軌跡, 과정이나 흔적)을 아는 것은 불가능하다. [3]우리는 다만 어떤 구간의 속력을 가진 분자 수 비율이 얼마나 되는지를 의미하는 분자들의 속력 분포를 알 수 있을 뿐이다.

→ 분자들의 속력 분포의 개념

2 [1]위에서 언급한 상태에 있는 산소처럼 분자들 사이의 평균 거리가 충분히 먼 경우에, 우리는 분자들 사이의 **인력**(引力, 끌어당기는 힘)을 무시할 수 있고 분자의 운동 에너지만 고려하면 된다. [2]이 경우에 분자들이 충돌을 하게 되면 각 분자의 운동 에너지는 변할 수 있지만, 분자들이 에너지를 서로 주고받기 때문에 기체 전체의 운동 에너지는 변하지 않게 된다.

→ 분자들이 충돌해도 유지되는 기체 전체의 운동 에너지

3 [1]기체 분자들의 속력 분포는 맥스웰의 이론으로 계산할 수 있는데, 가로축을 속력, 세로축을 분자 수 비율로 할 때 종(鐘) 모양의 그래프로 그려진다. [2]이 속력 분포가 의미하는 것은 기체 분자들이 0에서 무한대까지 모든 속력을 가질 수 있지만 꼭짓점 부근에 해당하는 속력을 가진 분자들의 수가 가장 많다는 것이다. [3]기체 분자들의 속력은 온도와 기체 분자의 **질량**(質量, 무게)에 의해서 결정된다. [4]다른 조건은 그대로 두고(분자의 수와 질량은 변화 없고) 온도만 올리면 기체의 평균 운동 에너지가 증가하므로, 그래프의 꼭짓점이 속력이 빠른 쪽으로 이동한다. [5]이와 동시에 그래프의 모양이 납작해지고 넓어지는데, 이는 전체 분자 수가 변하지 않았기 때문에 그래프 아래의 면적이 같아야만 하기 때문이다. [6]전체 분자 수와 온도는 같은데 분자의 질량이 큰 경우에는, 평균 속력이 느려져서 분포 그래프의 꼭짓점이 속력이 느린 쪽으로 이동하며, 분자 수는 같기 때문에 그래프의 모양이 뾰족해지고 좁아진다.

→ 맥스웰의 이론에 따른 기체 분자들의 속력 분포

4 [1]그림은 맥스웰 속력 분포를 알아보기 위해서 ㉠ 밀러와 쿠슈가 사용했던 실험 장치를 나타낸 것이다. [2]가열기와 검출기 사이에 두 개의 회전 원판이 놓여 있다. [3]각각의 원판에는 가는 틈이 있고 두 원판은 서로 연결되어 있다. [4]두 원판은 일정한 속력으로 회전하면서 특정한 속력 구간을 가진 분자들을 선택적으로 통과시킬 수 있다.

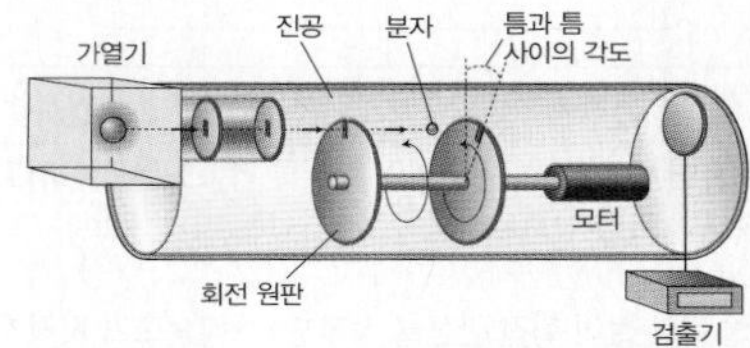


→ 맥스웰의 이론을 알아보기 위한 밀러와 쿠슈의 실험 장치

5 [1]가열기에서 나와 첫 번째 회전 원판의 가는 틈으로 **입사한**(入射-, 들어온) 기체 분자들 중 조건을 만족하는 분자들만 두 번째 회전 원판의 가는 틈을 지나 검출기에 도달할 수 있다. [2]첫 번째 원판의 틈을 통과하는 분자들의 속력은 다양하지만, 회전 원판의 회전 속력에 의해 결정되는 특정한 속력 구간을 가진 분자들만(회전 원판이 돌아가는 속도에 맞추어 틈에 도착하는 분자들만) 두 번째 원판의 틈을 통과한다. [3]특정한 속력 구간보다 더 빠른 분자들은 두 번째 틈이 꼭대기에 오기 전에 원판과 부딪치며, 느린 분자들은 지나간 후에 부딪친다. [4]만일 첫 번째와 두 번째 틈 사이의 각도를 더

크게 만들면, 같은 회전 속력에서도 더 속력이 느린 분자들이 검출될 것이다.(틈을 통과할 것이다.) [5]이 각도를 고정하고 회전 원판의 회전 속력을 바꾸면, 새로운 조건(회전 속력을 바꾼 것)에 대응되는 다른 속력을 가진 분자들을 검출할 수 있다. [6]이 실험 장치를 이용하여 어떤 온도에서 특정한 기체의 속력 분포를 알아보았더니, 그 결과는 맥스웰의 이론에 부합하였다.

〈참고 그림〉

가열기

빠른 속력의 기체 분자
실험에 부합하는 속력의 기체 분자
느린 속력의 기체 분자

첫 번째 회전 원판

① 실험에 부합하는 속력의 기체 분자

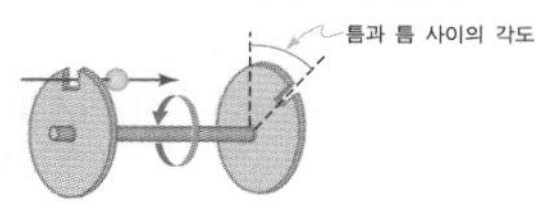


특정시간 후

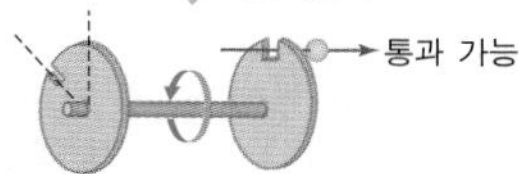


❺-1~2 가열기에서 나와 첫 번째 회전 원판의 틈으로 입사한 기체 분자들 중, 회전 원판의 회전 속력에 의해 결정되는 특정한 속력 구간을 가진 분자들만 두 번째 원판의 틈을 통과한다.

② 빠른 속력의 기체 분자

특정시간 후

너무 일찍 도착해서 통과불가능

❺-3 특정한 속력 구간보다 더 빠른 분자들은 두 번째 틈이 꼭대기에 오기 전에 원판과 부딪친다.

③ 느린 속력의 기체 분자

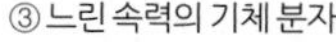

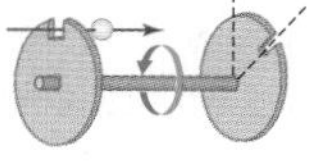

특정시간 후

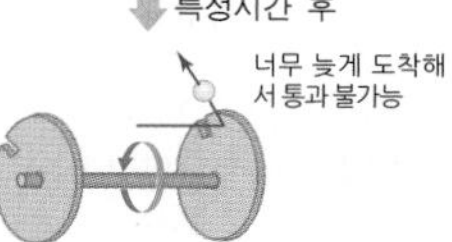


❺-3 느린 분자들은 두 번째 틈이 꼭대기를 지나간 후에 원판과 부딪친다.

④ 틈과 틈 사이의 각도를 더 크게 만드는 경우

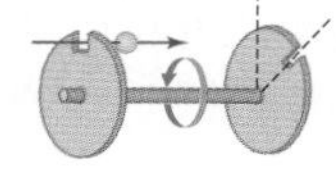

틈과 틈 사이 각도 크게

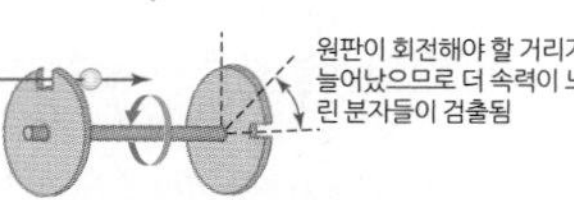


❺-4 첫 번째와 두 번째 틈 사이의 각도를 크게 만들면 같은 회전 속력에서도 더 속력이 느린 분자들이 검출될 것이다.

→ 회전 원판을 이용한 맥스웰의 이론 검증

■ 지문 이해

**〈맥스웰 이론과 밀러와 쿠슈의 실험을 통한 증명〉**

| ❶ 분자들의 속력 분포의 개념 |
|---|
| • 분자들의 속력 분포 : 어떤 구간의 속력을 가진 분자 수의 비율 |

| ❷ 분자들이 충돌해도 유지되는 기체 전체의 운동 에너지 |
|---|

| ❸ 맥스웰의 이론에 따른 기체 분자들의 속력 분포 |
|---|
| • 기체 분자들의 속력 : 온도와 기체 분자의 질량에 의해서 결정됨<br>- 온도를 올리면 → 평균 운동 에너지 증가 → 그래프의 모양이 납작해지고 넓어짐<br>- 분자의 질량이 크면 → 평균 속력이 느려짐 → 그래프의 모양이 뾰족해지고 좁아짐 |

| ❹ 맥스웰의 이론을 알아보기 위한 밀러와 쿠슈의 실험 장치 |
|---|

| ❺ 회전 원판을 이용한 맥스웰의 이론 검증 |
|---|
| • 두 회전 원판의 틈의 각도와 회전 속도를 조절하여 특정한 속력 구간의 분자 검출 → 맥스웰 이론 증명 |

**028** 세부 정보 이해 - 적절하지 않은 것 고르기 2013학년도 9월 모평 44번 정답률 90% | 정답 ④

**윗글의 내용과 일치하지 않는 것은?**

**① 분자들의 충돌은 개별 분자의 속력을 변화시킬 수 있다.** (= 각 분자의 운동 에너지는 변할 수)

근거 ❷-2 분자들이 충돌을 하게 되면 각 분자의 운동 에너지는 변할 수 있지만

→ 적절함!

**② 대기 중 산소 분자 하나의 운동 궤적을 정확히 구할 수 없다.** (= 불가능)

근거 ❶-2 어떤 분자 하나의 정확한 운동 궤적을 아는 것은 불가능

→ 적절함!

**③ 분자들 사이의 평균 거리가 충분히 멀다면 인력을 무시할 수 있다.**

근거 ❷-1 분자들 사이의 평균 거리가 충분히 먼 경우에, 우리는 분자들 사이의 인력을 무시할 수 있고

→ 적절함!

**④ 분자의 충돌에 의해 기체 전체의 운동 에너지가 증가한다.** (변하지 않는다)

근거 ❷-2 분자들이 충돌을 하게 되면 각 분자의 운동 에너지는 변할 수 있지만, 분자들이 에너지를 서로 주고받기 때문에 기체 전체의 운동 에너지는 변하지 않게 된다.

→ 적절하지 않음!

**⑤ 대기 중에서 개별 기체 분자의 속력은 다양한 값을 가진다.** (= 0에서 무한대까지)

근거 ❸-2 기체 분자들이 0에서 무한대까지 모든 속력을 가질 수 있지만

→ 적절함!

**029** 자료 해석의 적절성 판단 - 적절한 것 고르기 2013학년도 9월 모평 45번 정답률 85% | 정답 ③

**〈보기〉의 A, B, C는 맥스웰 속력 분포를 나타내는 그래프이다. 윗글에 비추어 볼 때, 기체와 그래프를 바르게 연결한 것은?** [3점]

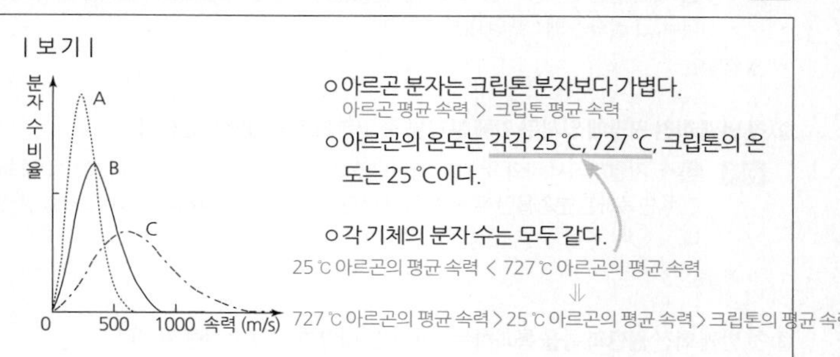

| 보기 |
분자 수 비율
A
B
C
0
500
1000 속력 (m/s)
○ 아르곤 분자는 크립톤 분자보다 가볍다.
아르곤 평균 속력 > 크립톤 평균 속력
○ 아르곤의 온도는 각각 25 ℃, 727 ℃, 크립톤의 온도는 25 ℃이다.
○ 각 기체의 분자 수는 모두 같다.
25 ℃ 아르곤의 평균 속력 < 727 ℃ 아르곤의 평균 속력
727 ℃ 아르곤의 평균 속력 > 25 ℃ 아르곤의 평균 속력 > 크립톤의 평균 속력


▶ 지문 핵심 개념 정리

**맥스웰의 속력 분포 이론**

• 속력은 '온도'와 '질량'으로 결정(❸-3)
• 분자의 수는 고정(❸-4~6)

| | 꼭짓점의 위치 | 그래프의 모양 |
|---|---|---|
| 온도 ↑ | 속력 빠른 쪽으로 이동 | 납작하고 넓음 |
| 질량 ↑ | 속력 느린 쪽으로 이동 | 뾰족하고 좁음 |

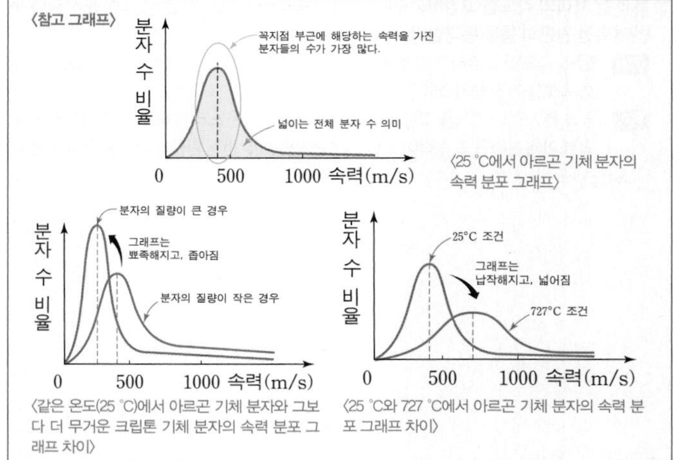

**풀이** 두 기체의 온도가 같을 때 질량이 큰 기체의 평균적인 속력은 질량이 작은 기체보다 느리므로 크립톤의 속력이 아르곤보다 느리다. (평균 속력 : 크립톤 25 ℃ < 아르곤 25 ℃)
두 기체 분자의 질량이 같을 때 온도가 높은 기체의 평균적인 속력이 온도가 낮은 기체보다 빠르므로 고온의 아르곤이 저온의 아르곤보다 속력이 빠르다. (평균 속력 : 아르곤 25 ℃ < 아르곤 727 ℃)
따라서, 평균 속력은 크립톤(25 ℃) < 아르곤(25 ℃) < 아르곤(727 ℃)이라고 볼 수 있고, 각각의 속력 분포는 A, B, C에 대응된다.

| | 아르곤(25 ℃) | 아르곤(727 ℃) | 크립톤(25 ℃) | |
|---|---|---|---|---|
| ① | A | B | C | |
| ② | A | C | B | |
| ③ | B | C | A | → 적절함! |
| ④ | B | A | C | |
| ⑤ | C | B | A | |

**030** 핵심 개념 이해 - 적절하지 않은 것 고르기 2013학년도 9월 모평 46번 정답률 90% | 정답 ④

**㉠과 연관된 설명으로 적절하지 않은 것은?**

㉠ 밀러와 쿠슈가 사용했던 실험 장치

**① 맥스웰 속력 분포 이론을 실험으로 증명하기 위해 *고안되었다.** *考案-. 생각해 낸 것이다.

**근거** ❹-1 맥스웰 속력 분포를 알아보기 위해서 밀러와 쿠슈가 사용했던 실험 장치, ❺-6 이 실험 장치를 이용하여 어떤 온도에서 특정한 기체의 속력 분포를 알아보았더니, 그 결과는 맥스웰의 이론에 부합

→ 적절함!

= 조건을 만족하는 분자들만

**② 첫 번째 회전 원판에 입사된 기체 분자들 중 일부가 검출기에 도달한다.**

**근거** ❺-1 가열기에서 나와 첫 번째 회전 원판의 가는 틈으로 입사한 기체 분자들 중 조건을 만족하는 분자들만 두 번째 회전 원판의 가는 틈을 지나 검출기에 도달할 수 있다.

→ 적절함!

= 속력은 다양

**③ 첫 번째 회전 원판의 틈을 통과하는 분자들은 다양한 값의 속력을 가진다.**

**근거** ❺-2 첫 번째 원판의 틈을 통과하는 분자들의 속력은 다양

→ 적절함!

느린

**④ 원판의 회전 속력은 같고 틈과 틈 사이의 각도가 커지면 더 빠른 분자들이 검출된다.**

**근거** ❺-4 첫 번째와 두 번째 틈 사이의 각도를 더 크게 만들면, 같은 회전 속력에서도 더 속력이 느린 분자들이 검출

→ 적절하지 않음!

새로운 조건에 대응되는

**⑤ 틈과 틈 사이의 각도를 고정하고 원판의 회전 속력을 느리게 하면 더 느린 분자들이 두 번째 회전 원판의 틈을 통과한다.**

**근거** ❺-5 각도를 고정하고 회전 원판의 회전 속력을 바꾸면, 새로운 조건에 대응되는 다른 속력을 가진 분자들을 검출할 수 있다.

**풀이** 틈과 틈 사이의 각도를 고정하고 원판의 회전 속력을 느리게 하면 첫 번째 원판을 통과한 기체 분자들 중 속력이 느린 기체 분자들만 두 번째 원판의 틈을 통과하게 된다.

→ 적절함!

**[031~034] 다음 글을 읽고 물음에 답하시오.**

1 [1]양자 역학(量子力學, 전자와 같이 매우 작은 입자들의 운동과 특성을 연구하는 학문)의 불확정성 원리는 우리가 물체를 '본다'는 것의 의미를 재고하게(再考-, 다시 생각하게) 한다. [2]책을 보기 위해서는 책에서 반사된 빛이 우리 눈에 도달해야 한다. [3]다시 말해 무엇을 본다는 것은 대상에서 방출되거나 튕겨 나오는 광양자(光量子, 양자 역학에서는 빛을 알갱이(입자)로도 보는데, 이것을 광양자라고 한다.)를 지각하는(知覺-, 알아차리는) 것이다.

→ '본다'는 것의 물리학적 정의

2 [1]광양자는 대상에 부딪쳐 튕겨 나올 때 대상에 충격을 주게 되는데, 우리는 왜 글을 읽고 있는 동안 책이 움직이는 것을 볼 수 없을까? [2]그것은 빛이 가하는 충격이 책에 의미 있는 운동을 일으키기에는 턱없이 작기 때문이다. [3]날아가는 야구공에 플래시를 터뜨려도 야구공의 운동에 아무 변화가 없어 보이는 것도 마찬가지이다. [4]책이나 야구공에 광양자가 충돌할 때에도 교란(攪亂, 책이나 야구공의 운동이 방해되는 것)이 생기지만 그 효과는 무시할 만하다.

→ 광양자가 충돌할 때 생기는 교란

3 [1]어떤 대상의 물리량(物理量, 물질의 성질이나 상태를 나타내는 양)을 측정하려면 되도록 그 대상을 교란하지 않아야 한다. [2]측정 오차(測定誤差, 측정한 값과 실제 값과의 차이)를 줄이기 위해 과학자들은 주의 깊게 실험을 설계하고 더 나은 기술을 사용함으로써 이러한 교란을 줄여 나갔다. [3]그들은 원칙적으로 ㉮ 측정의 정밀도(精密度, 빈틈없이 치밀한 정도)를 높이는 데 한계가 없다고 생각했다. [4]그러나 물리학자들은 소립자(素粒子, 물질을 구성하는 가장 작은 단위의 물체)의 세계를 다루면서 이러한 생각이 잘못임을 깨달았다.

→ 소립자의 세계에서 물리학자들이 맞닥뜨린 한계

4 [1]㉠ '전자를 보는 것'은 ㉡ '책을 보는 것'과 큰 차이가 있다. [2]우리가 어떤 입자(粒子, 물질을 구성하는 아주 작은 크기의 물체)의 운동 상태를 알려면 운동량과 위치를 알아야 한다. [3]여기에서 운동량(운동량은 방향과 속도의 변화가 중요한 물리량이다. 어떤 입자의 운동량을 측정한다는 것은 입자의 운동 방향과 속도 변화를 측정한다는 것과 같은 의미이다.)은 물체의 질량과 속도의 곱으로 정의되는 양이다. [4]특정한 시점에서 특정한 전자의 운동량과 위치를 알려면, 되도록 전자에 교란을 적게 일으키면서 동시에 두 가지 물리량(전자의 운동량과 위치)을 측정해야 한다.

→ 전자의 운동량과 위치 파악의 중요성

5 [1]이상적(理想的, 가장 완벽하다고 여기는) 상황에서 전자를 '보기' 위해 빛을 쏘아(양자 역학에서는 빛을 입자로 생각함) 전자와 충돌시킨 후 튕겨 나오는 광양자를 관측한다고 해 보자. [2]운동량이 작은 광양자를 충돌시키면 전자의 운동량을 적게 교란시켜 운동량을 상당히 정확하게 측정할 수 있다. [3]그러나 운동량이 작은 광양자로 이루어진 빛은 파장이 길기 때문에, 관측 순간의 전자의 위치, 즉 광양자와 전자의 충돌 위치의 측정은 부정확해진다.(파장은 파동의 길이이다. 파동이 길면 전자가 어디에 있는지 정확히 측정하기가 힘들다 : 위치의 불확실성 증가) [4]전자의 위치를 더 정확하게 측정하기 위해서는 파장이 짧은 빛을 써야 한다. [5]그런데 파장이 짧은 빛, 곧 광양자의 운동량이 큰 빛을 쓰면 광양자와 충돌한 전자의 속도가 큰 폭으로 변하게 되어 운동량 측정의 부정확성이 오히려 커지게 된다.(파장이 짧으면 위치의 정확성은 높아지지만, 에너지가 커서 전자의 운동량을 정확히 측정하기가 힘들다 : 운동량의 불확실성 증가) [6]이처럼 관측자가 알아낼 수 있는 전자의 운동량의 불확실성과 위치의 불확실성은 반비례 관계에 있으므로, 이 둘을 동시에 줄일 수 없음이 드러난다. [7]이것이 불확정성 원리이다.

→ 불확정성의 원리

■지문 이해
<불확정성의 원리>

| ❶ '본다'는 것의 물리학적 정의 |
|---|
| • 무엇을 본다 = 대상에서 방출되거나 튕겨 나오는 광양자를 지각하는 것 |

| ❷ 광양자가 충돌할 때 생기는 교란 |
|---|
| • 광양자는 대상에 부딪쳐 튕겨 나올 때 대상에 충격을 줌<br>• 글을 읽을 때, 날아가는 야구공에 플래시를 터뜨릴 때 → 광양자가 충돌하여 교란이 생기지만 미미함 |

| ❸ 소립자의 세계에서 물리학자들이 맞닥뜨린 한계 |
|---|
| • 측정 오차를 줄이기 위한 물리학자들의 노력 → 측정의 정밀도를 높이는 데 한계가 없다고 생각했으나 소립자의 세계를 다루면서 한계에 부딪힘 |

| ❹ 전자의 운동량과 위치 파악의 중요성 |
|---|
| • 어떤 입자의 운동 상태를 알려면 운동량과 위치를 알아야 함(운동량 = 물체의 질량 × 속도)<br>• 특정한 시점에서 특정한 전자의 운동량과 위치를 알려면, 되도록 전자에 교란을 적게 일으키면서 동시에 두 가지 물리량을 측정해야 함 |

| ❺ 불확정성의 원리 |
|---|
| • 빛과 전자의 충돌 후 튕겨 나오는 광양자 관측<br>- 광양자의 운동량이 작은 빛 : 전자의 운동량을 적게 교란시켜 운동량 정확히 측정 가능 → 빛의 파장이 길기 때문에 광양자와 전자의 충돌 위치 측정 부정확<br>- 광양자의 운동량이 큰 빛(파장 짧음) : 전자의 속도가 큰 폭으로 변함 → 운동량 측정 부정확<br>• 양자 역학의 불확정성 원리 : 관측자가 알아낼 수 있는 전자의 운동량의 불확실성과 위치의 불확실성은 반비례 관계 → 두 불확실성을 동시에 줄일 수 없음 |

**031** 세부 정보 이해 - 적절하지 않은 것 고르기 2012학년도 수능 47번
정답률 75% | 정답 ⑤

**윗글을 통해 알 수 있는 내용으로 적절하지 않은 것은?**

**① 광양자가 전자와 충돌하면 전자의 운동량이 변한다.**
광양자의 운동량↑ ⇒ 충돌한 전자의 운동량↑

근거 ❺-2 운동량이 작은 광양자를 충돌시키면 전자의 운동량을 적게 교란, ❺-5 광양자의 운동량이 큰 빛을 쓰면 광양자와 충돌한 전자의 속도가 큰 폭으로 변하게 되어

→ 적절함!

= 측정 오차를 줄이기 위해
**② 물리학자들은 측정의 정밀도를 높이는 데 관심이 많다.**

근거 ❸-2~3 측정 오차를 줄이기 위해 과학자들은 주의 깊게 실험을 설계하고 더 나은 기술을 사용함으로써 이러한 교란을 줄여 나갔다. 그들은 원칙적으로 측정의 정밀도를 높이는 데 한계가 없다고 생각했다.

→ 적절함!

= 질량 × 속도
**③ 질량이 변하지 않으면 전자의 운동량은 속도에 비례한다.**

근거 ❹-3 운동량은 물체의 질량과 속도의 곱으로 정의되는 양
풀이 질량이 변하지 않는다면, 속도가 늘어날수록 운동량이 늘어날 것이다.

→ 적절함!

빛을 쏘는 것
**④ 플래시를 터뜨리는 것은 촬영 대상에 광양자를 쏘는 것이다.**

근거 ❺-1 빛을 쏘아 전자와 충돌시킨 후 튕겨 나오는 광양자를 관측
풀이 플래시를 터뜨리는 것은 빛을 쏘는 것과 같은 행위이다. 빛을 쏜다는 것은 광양자를 촬영 대상에 쏘는 것이므로, 플래시를 터뜨리는 것은 촬영 대상에 광양자를 쏘는 것이다.

→ 적절함!

작아야
**⑤ 전자의 운동량을 측정하려면 전자보다 광양자의 운동량이 커야 한다.**

근거 ❺-2 운동량이 작은 광양자를 충돌시키면 전자의 운동량을 적게 교란시켜 운동량을 상당히 정확하게 측정할 수 있다, ❺-5 광양자의 운동량이 큰 빛을 쓰면 광양자와 충돌한 전자의 속도가 큰 폭으로 변하게 되어 운동량 측정의 부정확성이 오히려 커지게 된다.

풀이 지문에서는 '전자의 운동량'을 측정할 때 '광양자의 운동량'이 어때야 하는지 직접 비교하지 않았으므로, 지문 내용만으로는 이를 확인할 수 없다. 다만 지문을 토대로, 광양자의 운동량은 전자의 운동량보다 '커야' 하는 것이 아니라, '작아야' 함을 추론할 수 있다. 운동량이 작은 광양자를 충돌시키면 전자의 운동량을 적게 교란시켜 상당히 정확하게 측정할 수 있다고 하였으므로, 전자의 운동량 측정의 정확성만을 따지자면 (충돌 위치의 측정은 부정확해지더라도) 전자의 운동량을 최대한 적게 교란시킬 수 있는, 즉 운동량이 최대한 작은 광양자를 충돌시키는 것이 나을 것이기 때문이다.

→ 적절하지 않음!

**032** 핵심 개념 이해 - 적절한 것 고르기 2012학년도 수능 48번
정답률 70%, 매력적 오답 ③ 15% | 정답 ①

**윗글에서 ㉡과 구별되는 ㉠의 특성으로 가장 적절한 것은?**

㉠ '전자를 보는 것'　㉡ '책을 보는 것'

**① 대상을 교란하는 효과를 무시할 수 없다.**

근거 ❷-4 책이나 야구공에 광양자가 충돌할 때에도 교란이 생기지만 그 효과는 무시할 만하다, ❺-4~5 전자의 위치를 더 정확하게 측정하기 위해서는 파장이 짧은 빛을 써야 한다. 그런데 파장이 짧은 빛, 곧 광양자의 운동량이 큰 빛을 쓰면 광양자와 충돌한 전자의 속도가 큰 폭으로 변하게 되어 운동량 측정의 부정확성이 오히려 커지게 된다.
무시할 수 없다

풀이 책에 반사되어 튀어 나오는 광양자를 인식하는 ㉡과 달리 ㉠은 광양자를 전자에 충돌시켜 튀어 나오는 광양자를 인식하는 것인데, 전자에 광양자가 충돌할 때 생기는 충격은 전자에 영향을 줄 만큼 크기 때문에, 그 교란의 효과를 무시할 수 없다.

→ 적절함!

인 광양자를 통해
**② 대상을 매개물 없이 직접 지각할 수 있다.**

근거 ❶-3 무엇을 본다는 것은 대상에서 방출되거나 튕겨 나오는 광양자를 지각하는 것
풀이 ㉠, ㉡ 모두 '광양자'라는 매개물이 있어야 지각할 수 있다.

→ 적절하지 않음!

'광양자(매개물)'를 통해 감지할 수 있다
**③ 대상이 너무 작아 감지하기가 불가능하다.**

근거 ❺-1 전자를 '보기' 위해 빛을 쏘아 전자와 충돌시킨 후 튕겨 나오는 광양자를 관측
풀이 전자는 책에 비해 매우 작기는 하지만, 광양자라는 매개물을 통해 감지할 수 있다.

→ 적절하지 않음!

알 수 없음
**④ 대상이 전달하는 의미를 해석할 필요가 없다.**

풀이 윗글에 나오지 않는 내용이다.

→ 적절하지 않음!

**⑤ 대상에서 반사되는 빛을 감지하여 이루어진다.**

근거 ❶-2~3 책을 보기 위해서는 책에서 반사된 빛이 우리 눈에 도달해야 한다. 다시 말해 무엇을 본다는 것은 대상에서 방출되거나 튕겨 나오는 광양자를 지각하는 것, ❺-1 전자를 '보기' 위해 빛을 쏘아 전자와 충돌시킨 후 튕겨 나오는 광양자를 관측
풀이 ㉠과 ㉡ 모두 대상에서 반사되는 빛(광양자)을 감지하여 이루어지므로, ㉡과 구별되는 ㉠의 특성이라 할 수 없다.

→ 적절하지 않음!

**033** 구체적인 사례에 적용 - 적절하지 않은 것 고르기 2012학년도 수능 49번 정답률 65%, 매력적 오답 ③ 15% **정답 ⑤**

## 윗글을 바탕으로 <보기>에 대해 탐구한 내용으로 옳지 않은 것은? [3점]

| 보기 |

[1]일정한 전압에 의해 가속된 전자 빔이 x축 방향으로 진행할 때, 전자 빔에 일정한 파장의 빛을 쏘아서 측정한 전자의 운동량은 ⓐ $1.87 \times 10^{-24}$ kg·m/s였다. [2]그 측정 오차 범위는 ⓑ $9.35 \times 10^{-27}$ kg·m/s보다 줄일 수 없었는데, 불확정성 원리에 따라 계산해 보니 이때 전자의 x축 방향의 위치는 ⓒ $5.64 \times 10^{-9}$ m의 측정 오차 범위보다 정밀하게 확정할 수 없었다.

(=광양자 / 질량×속도 / 최소 오차)

▶ 지문 핵심 개념 정리

| 양자 역학의 불확정성 원리 | • 어떤 입자의 운동 상태를 알려면 운동량(물체의 질량×속도)과 위치를 알아야 함 → 특정한 시점에서 특정한 전자의 운동량과 위치를 알려면, 되도록 전자에 교란을 적게 일으키면서 동시에 두 가지 물리량을 측정해야 함(❹–2~4)<br>• 관측자가 알아낼 수 있는 전자의 운동량의 불확실성과 위치의 불확실성은 반비례 관계, 동시에 줄일 수 없음(❺–6) |
|---|---|
| 파장이 긴 빛 | 관측 순간의 전자의 위치(광양자와 전자의 충돌 위치) 측정이 부정확(❺–3) |
| 파장이 짧은 빛 | 전자의 속도가 큰 폭으로 변함 → 운동량 측정의 부정확성이 커짐(❺–5) |

=광양자를 쏘아 측정한

**① 빛이 교란을 일으킨 전자의 운동량이 ⓐ이겠군.**

근거 <보기>-1 일정한 전압에 의해 가속된 전자 빔이 x축 방향으로 진행할 때, 전자 빔에 일정한 파장의 빛을 쏘아서 측정한 전자의 운동량은 $1.87 \times 10^{-24}$ kg·m/s였다.

풀이 ⓐ는 전자에 일정한 빛을 쏜 후에 측정한 값이다. 전자의 운동량을 측정하기 위해서는 일정한 파장의 빛인 광양자를 쏘아서 이들이 교란을 일으킬 때 측정할 수 있다고 하였으므로 적절한 탐구 내용이다.

→ 적절함!

운동량=질량×속도

**② 전자의 질량을 알면 ⓐ로부터 전자의 속도를 구할 수 있겠군.**

근거 <보기>-1 일정한 전압에 의해 가속된 전자 빔이 x축 방향으로 진행할 때, 전자 빔에 일정한 파장의 빛을 쏘아서 측정한 전자의 운동량은 $1.87 \times 10^{-24}$ kg·m/s였다.

풀이 운동량은 물체의 질량과 속도의 곱으로 정의된다고 하였는데, 운동량 ⓐ가 주어졌으므로 전자의 질량을 알면 전자의 속도를 구할 수 있다.

→ 적절함!

정밀도가 떨어지면

**③ 같은 파장의 빛을 사용하더라도 실험의 정밀도에 따라 전자 운동량의 측정 오차는 ⓑ보다 커질 수 있겠군.**

근거 <보기>-2 그 측정 오차 범위는 $9.35 \times 10^{-27}$ kg·m/s보다 줄일 수 없었는데

풀이 일정한 파장의 빛을 쏘아 전자의 운동량을 측정하면서 오차 범위를 ⓑ보다 줄일 수 없다고 하였으므로, ⓑ는 최소 오차이다. 즉, 실험의 정밀도가 떨어지면 측정 오차가 ⓑ보다 커질 수 있다.

→ 적절함!

=파장이 더 짧은 빛 : 위치의 정확성↑, 운동량의 정확성↓

**④ 광양자의 운동량이 더 큰 빛을 사용하면 전자 운동량의 측정 오차 범위는 ⓑ보다 커지겠군.**

근거 <보기>-2 그 측정 오차 범위는 $9.35 \times 10^{-27}$ kg·m/s보다 줄일 수 없었는데

풀이 ⓑ는 최소 측정 오차이다. 실험의 정밀도에 따라 오차 값은 더 커질 수 있다. 그런데 '광양자의 운동량이 큰 빛을 쓰면 광양자와 충돌한 전자의 속도가 큰 폭으로 변하게 되어 운동량 측정의 부정확성이 오히려 커지게 된다'고 하였으므로 운동량의 측정 오차 범위는 ⓑ보다 커질 것임을 알 수 있다.

→ 적절함!

=운동량이 작은 광양자로 이루어짐 : 운동량의 정확성↑, 위치의 정확성↓ / 없겠군

**⑤ 더 긴 파장의 빛을 사용하면 전자 위치의 측정 오차 범위를 ⓒ보다 줄일 수 있겠군.**

근거 <보기>-2 불확정성 원리에 따라 계산해 보니 이때 전자의 x축 방향의 위치는 $5.64 \times 10^{-9}$ m의 측정 오차 범위보다 정밀하게 확정할 수 없었다.

→ 적절하지 않음!

**034** 단어의 의미 파악 - 적절하지 않은 것 고르기 2012학년도 수능 50번 정답률 80% **정답 ①**

## ㉮의 의미를 포함하고 있는 말로 볼 수 없는 것은? [1점]

㉮ 측정

풀이 ㉮의 '측정'은 '일정한 양을 기준으로 하여 같은 종류의 다른 양의 크기를 재거나, 기계나 장치를 사용하여 잰다'는 의미이다.

**① 단위를 10 개로 잡을 때 200 개는 20 단위이다.**

풀이 '어떤 수나 가치 따위를 기준으로 세우다'의 뜻으로 '측정'의 의미를 포함한다고 볼 수 없다.

→ 적절하지 않음!

**② 수확량을 대중해 보니 작년보다 많겠다.**

풀이 '(수확량을) 대강 어림잡아 헤아려 보다'의 의미로, 양을 측정한다는 뜻이다.

→ 적절함!

**③ 바지 길이를 대충 재어 보고 샀다.**

풀이 '(바지 길이를) 자 따위의 계기를 이용하여 그 정도를 알아보다'의 의미로, 길이를 측정한다는 뜻이다.

→ 적절함!

**④ 운동장의 넓이를 가늠할 수 없다.**

풀이 '어림잡아 헤아리다'의 의미로, 넓이를 어림잡아 측정해 본다는 뜻이다.

→ 적절함!

**⑤ 건물의 높이를 어림하여 보았다.**

풀이 '대강 짐작으로 헤아려 보다'의 의미로, 건물의 높이를 대강 짐작해서 측정해 보았다는 뜻이다.

→ 적절함!

Ⅲ 과학

# 4. 화학과 관련된 탐구와 이론

[035~038] 다음 글을 읽고 물음에 답하시오.

1 [1]식품 포장재(包裝材, 포장하는 데 쓰는 재료), 세제 용기(容器, 담는 그릇) 등으로 사용되는 플라스틱은 생활에서 흔히 ⓐ 접할 수 있다. [2]플라스틱은 '성형할(成形-, 일정한 형체를 만듦) 수 있는, 거푸집(만들려는 물건의 모양대로 속이 비어 있어 거기에 쇠붙이를 녹여 붓도록 되어 있는 틀)으로 조형(造形, 여러 가지 재료를 이용해 구체적인 형태나 형상을 만듦)이 가능한'이라는 의미의 '플라스티코스'라는 그리스어에서 온 말로, 열과 압력으로 성형할 수 있는 고분자 화합물(高分子化合物, 분자량이 1만 이상으로 매우 큰 화합물)을 이른다.

→ 플라스틱의 어원과 개념

2 [1]플라스틱은 단위체(單位體, 화학 반응으로 고분자 화합물을 만들 때 단위가 되는 물질)인 작은 분자가 수없이 반복 연결되는 중합(重 겹치다 중 合 합하다 합)을 통해 만들어진 거대(巨大, 엄청나게 큼) 분자로 이루어져 있다. [2]단위체들은 공유 결합으로 연결되는데, 분자를 구성하는 원자들이 서로 전자를 공유하여(共有-, 공동으로 가짐) 안정한(安定-, 바뀌어 달라지지 않고 일정한) 상태가 되는 결합(結合, 서로 관계를 맺어 하나가 됨)을 공유 결합이라 한다. [3]두 원자가 각각 전자를 하나씩 내어놓아 그 두 개의 전자를 한 쌍으로 공유하면 단일(單一, 단 하나로 되어 있음) 결합이라 하고, 두 쌍을 공유하면 이중(二重, 두 번 거듭되거나 겹침) 결합이라 한다. [4]공유 전자쌍이 많을수록 원자 간의 결합력(結合力, 서로 결합하는 힘)은 강하다. [5]대부분의 원자는 가장 바깥 전자 껍질의 전자 수가 8개가 될 때 안정해진다. [6]탄소 원자는 가장 바깥 전자 껍질에 4개의 전자를 갖고 있어, 다른 원자들과 전자를 공유하여 안정해질 수 있으며 다양한 형태의 공유 결합이 가능하여 거대한 분자의 골격(骨格, 기본 틀)을 이룰 수 있다.

→ 플라스틱의 분자 구조 및 공유 결합의 개념

3 [1]플라스틱의 한 종류인 폴리에틸렌은 에틸렌 분자들이 서로 연결되는 중합 과정을 거쳐 만들어진다. [2]에틸렌은 두 개의 탄소 원자와 네 개의 수소 원자로 이루어지는데, 두 개의 탄소 원자가 서로 이중 결합을 하고 각각의 탄소 원자는 두 개의 수소 원자와 단일 결합을 한다. [3]탄소 원자 간의 이중 결합에서는 한 결합이 다른 하나보다 끊어지기 쉽다.

〈참고 그림〉

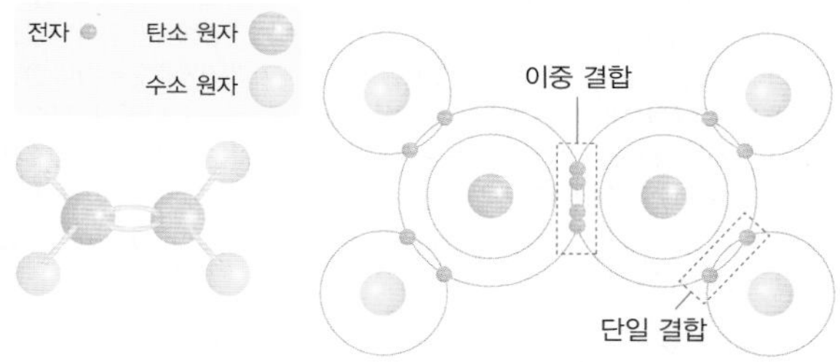


❸-2 에틸렌은 두 개의 탄소 원자와 네 개의 수소 원자로 이루어지는데, 두 개의 탄소 원자가 서로 이중 결합을 하고 각각의 탄소 원자는 두 개의 수소 원자와 단일 결합을 한다.

→ 폴리에틸렌의 생성 과정과 에틸렌의 공유 결합

4 [1]에틸렌의 중합에는 여러 가지 방법이 있는데 그중에 하나는 과산화물 개시제(開始劑, 연쇄 반응을 시작하기 위해 사용되는 물질)를 사용하는 것이다. [2]열을 흡수한 과산화물 개시제는 가장 바깥 껍질에 7개의 전자가 있는 불안정한(不安定-, 안정되지 못한) 상태의 원자를 가진 분자로 분해된다.(分解-, 한 종류의 화합물이 두 가지 이상의 간단한 화합물로 변화된다.) [3]이 불안정한 원자는 안정해지기 위해 에틸렌이 가진 탄소의 이중 결합 중 더 약한 결합을 끊어 버리면서 에틸렌의 한쪽 탄소 원자와 전자를 공유하며 단일 결합한다. [4]그러면 다른 쪽 탄소 원자는 공유되지 못한, 홀로 남은 전자를 갖게 된다. [5]이 불안정한 탄소 원자는 같은 방식으로 다른 에틸렌 분자와 반응을 하게 되고(단일 결합), 이와 같은 반응이 이어지며 불안정해지는 탄소 원자가 계속 생성된다.(生成-, 생겨난다.) [6]에틸렌 분자들이 결합하여 더해지면 이것들은 사슬 형태를 이루며, 이 사슬은 지속적으로 성장하고 사슬 끝에는 불안정한 탄소 원자가 존재하게 된다. [7]성장하는 두 사슬의 끝이 서로 만나 결합하여 안정한 상태가 되면 반복적인 반응이 멈추게 된다. [8]㉠ 이 중합 과정을 거쳐 에틸렌 분자들은 폴리에틸렌이라는 고분자 화합물이 된다.

〈참고 그림〉

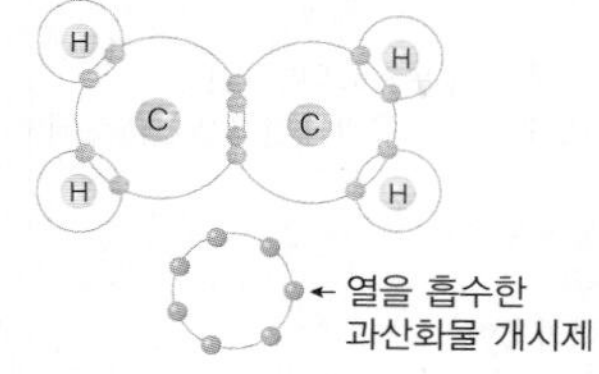


❹-2 열을 흡수한 과산화물 개시제는 가장 바깥 껍질에 7개의 전자가 있는 불안정한 상태의 원자를 가진 분자로 분해된다.

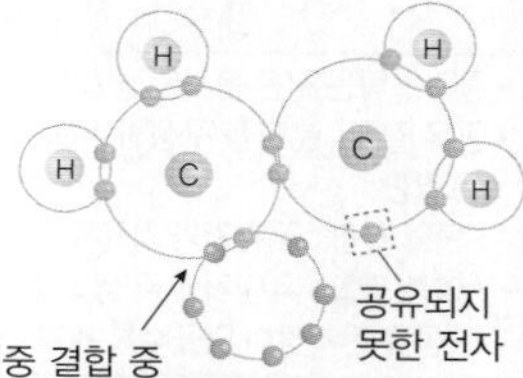


❹-3~4 이 불안정한 원자는 안정해지기 위해 에틸렌이 가진 탄소의 이중 결합 중 더 약한 결합을 끊어 버리면서 에틸렌의 한쪽 탄소 원자와 전자를 공유하며 단일 결합한다. 그러면 다른 쪽 탄소 원자는 공유되지 못한, 홀로 남은 전자를 갖게 된다.

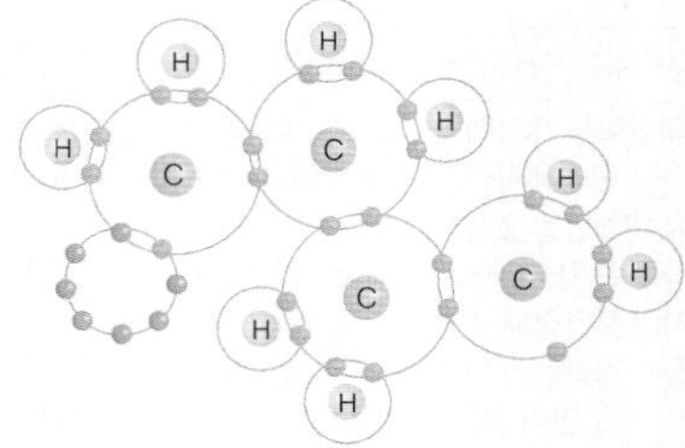

❹-5 이 불안정한 탄소 원자는 같은 방식으로 다른 에틸렌 분자와 반응을 하게 되고, 이와 같은 반응이 이어지며 불안정해지는 탄소 원자가 계속 생성된다.

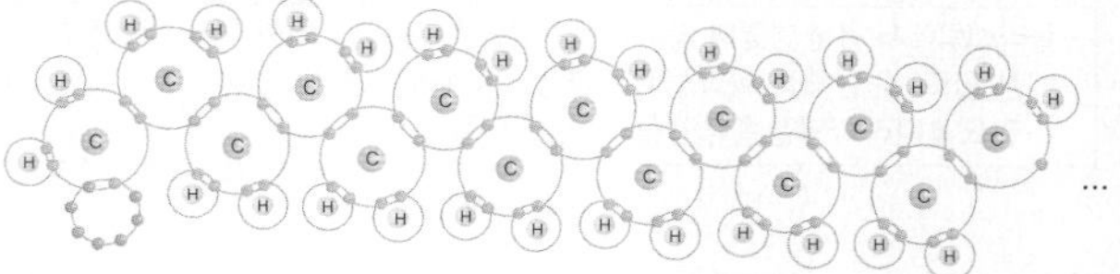

❹-6 에틸렌 분자들이 결합하여 더해지면 이것들은 사슬 형태를 이루며, 이 사슬은 지속적으로 성장하고 사슬 끝에는 불안정한 탄소 원자가 존재하게 된다.

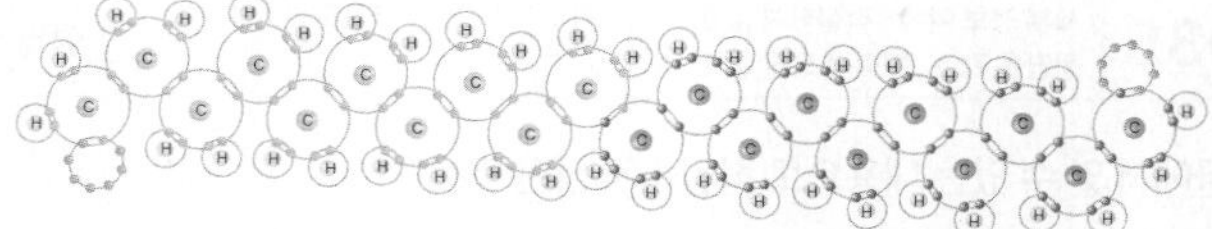

❹-7 성장하는 두 사슬의 끝이 서로 만나 결합하여 안정한 상태가 되면 반복적인 반응이 멈추게 된다.

→ 과산화물 개시제를 사용한 에틸렌의 중합 과정을 통해 만들어진 폴리에틸렌

5 [1]플라스틱을 이루는 거대한 분자들은 길이가 길다. [2]그래서 사슬들이 일정한 방향으로 나란히 배열되어(配列-, 벌여 놓아져) 있는 결정(結晶, 원자나 분자, 또는 이온 등이 질서 있게 규칙적으로 배열된 고체 상태의 물질) 영역은, 분자들 전체에서 기대할 수는 없지만 부분적으로 있을 수는 있다. [3]플라스틱에서 결정 영역이 차지하는 부분의 비율은 여러 조건에 따라 조절이 가능하고 물성(物性, 물질이 가지고 있는 성질)에 영향을 미친다. [4]결정 영역이 많아질수록 플라스틱은 유연성(柔軟性, 딱딱하지 않고 부드러운 성질)이 낮아 충격에 약하고 가공성(加工性, 가공이 잘 되는 속성의 정도)이 떨어지며 점점 불투명해지지만, 밀도(密度, 일정한 면적에 빽빽이 들어선 정도)가 높아져 단단해지고 화학 물질에 대한 민감성(敏感性, 반응이 날카롭고 빠른 성질)이 감소하며(減少-, 줄며) 열에 의해 잘 변형되지(變形-, 달라지지) 않는다. [5]이런 성질을 활용하여 필요에 따라 다양한 종류의 플라스틱을 만들 수 있다.

→ 결정 영역의 비율에 따른 플라스틱의 특성

■지문 이해

**〈폴리에틸렌을 통해 살펴본 플라스틱의 중합 과정 및 결정 영역에 따른 플라스틱의 특성〉**

**❶ 플라스틱의 어원과 개념**

• 플라스틱 : 열과 압력으로 성형할 수 있는 고분자 화합물

**❷ 플라스틱의 분자 구조 및 공유 결합의 개념**

• 플라스틱은 작은 분자의 중합을 통해 만들어진 거대 분자로 이루어짐
• 공유 결합 : 분자를 구성하는 원자들이 서로 전자를 공유하여 안정한 상태가 되는 결합
  - 단일 결합 : 두 원자가 각각 하나씩 내어놓은 두 개의 전자를 한 쌍으로 공유
  - 이중 결합 : 두 원자가 두 쌍의 전자를 공유
  → 공유 전자쌍이 많을수록 원자 간 결합력이 강함

**❸ 폴리에틸렌의 생성 과정과 에틸렌의 공유 결합**

• 폴리에틸렌 : 에틸렌 분자들의 중합 과정을 거쳐 만들어짐
• 에틸렌 : 두 개의 탄소 원자와 네 개의 수소 원자로 이루어짐
  - 두 개의 탄소 원자가 서로 이중 결합, 한 결합이 다른 하나보다 끊어지기 쉬움
  - 각각의 탄소 원자는 두 개의 수소 원자와 단일 결합

**❹ 과산화물 개시제를 사용한 에틸렌의 중합 과정을 통해 만들어진 폴리에틸렌**

① 열을 흡수한 과산화물 개시제가 불안정한 상태의 원자를 가진 분자로 분해됨
② 불안정한 원자가 안정해지기 위해 에틸렌의 이중 결합을 끊고 한쪽 탄소 원자와 전자를 공유하며 단일 결합함
③ 불안정해진 다른 쪽 탄소 원자가 같은 방식으로 다른 에틸렌 분자와 반응함
④ 반응이 이어지며 불안정해지는 탄소 원자가 계속 생성됨
⑤ 에틸렌 분자들이 결합하여 더해지면 사슬 형태를 이루어 지속적으로 성장함
⑥ 두 사슬의 끝이 서로 만나 결합하여 안정한 상태가 되면 반복적 반응이 멈춤

**❺ 결정 영역의 비율에 따른 플라스틱의 특성**

• 플라스틱에서 결정 영역이 많아질수록 유연성↓, 충격에 약함, 가공성↓, 불투명해짐, 밀도↑, 단단해짐, 화학 물질 민감성↓, 열에 의한 변형↓
  → 필요에 따라 다양한 종류의 플라스틱을 만들 수 있음

**035** | 세부 정보 이해 - 적절하지 않은 것 고르기 2025학년도 6월 모평 8번 | 정답 ④
정답률 75%, 매력적 오답 ⑤ 15%

**윗글에서 알 수 있는 내용으로 적절하지 않은 것은?**

**① 단위체들은 중합을 거쳐 거대 분자를 이룰 수 있다.**

근거 ❷-1 플라스틱은 단위체인 작은 분자가 수없이 반복 연결되는 중합을 통해 만들어진 거대 분자로 이루어져 있다.

→ 적절함!

**② 에틸렌 분자에는 단일 결합과 이중 결합이 모두 존재한다.**

근거 ❸-2 에틸렌은 두 개의 탄소 원자와 네 개의 수소 원자로 이루어지는데, 두 개의 탄소 원자가 서로 이중 결합을 하고 각각의 탄소 원자는 두 개의 수소 원자와 단일 결합을 한다.

→ 적절함!

**③ 플라스틱이라는 *명칭의 **유래는 열과 압력으로 성형이 되는 성질과 관련이 있다.**

*名稱, 이름 **由來, 생겨난 바

근거 ❶-2 플라스틱은 '성형할 수 있는, 거푸집으로 조형이 가능한'이라는 의미의 '플라스티코스'라는 그리스어에서 온 말로, 열과 압력으로 성형할 수 있는 고분자 화합물을 이른다.

→ 적절함!

불안정한 원자를 갖게 된다

**④ 불안정한 원자를 가진 에틸렌은 과산화물을 개시제로 쓰면 분해되면서 안정해진다.**

근거 ❹-2~5 과산화물 개시제는 … 불안정한 상태의 원자를 가진 분자로 분해된다. 이 불안정한 원자는 안정해지기 위해 에틸렌이 가진 탄소의 이중 결합 중 더 약한 결합을 끊어 버리면서 에틸렌의 한쪽 탄소 원자와 전자를 공유하며 단일 결합한다. 그러면 다른 쪽 탄소 원자는 공유되지 못한, 홀로 남은 전자를 갖게 된다. 이 불안정한 탄소 원자는 같은 방식으로 다른 에틸렌 분자와 반응을 하게 되고, 이와 같은 반응이 이어지며 불안정해지는 탄소 원자가 계속 생성된다.

풀이 열을 흡수한 과산화물 개시제는 불안정한 원자를 가진 분자로 분해되고, 이 불안정한 원자는 에틸렌이 가진 탄소의 이중 결합 중 더 약한 결합을 끊어 버리면서 에틸렌의 한쪽 탄소 원자와 전자를 공유하며 단일 결합한다. 이때 에틸렌의 다른 쪽 탄소 원자는 공유되지 못한 전자를 갖게 되어 불안정한 상태가 된다. 이 불안정한 탄소 원자는 같은 방식으로 다른 에틸렌 분자와 반응하고, 이러한 반응이 이어지면서 불안정해지는 탄소 원자가 계속 생성된다. 따라서 불안정한 원자를 가진 에틸렌이 과산화물 개시제를 사용하여 안정되는 것이 아니라, 과산화물 개시제를 사용함으로써 에틸렌이 불안정한 탄소 원자를 가지게 되는 것이다.

→ 적절하지 않음!

**⑤ 탄소와 탄소 사이의 이중 결합 중 하나의 결합 세기는 나머지 하나의 결합 세기보다 크다.**

근거 ❸-3 탄소 원자 간의 이중 결합에서는 한 결합이 다른 하나보다 끊어지기 쉽다.

풀이 탄소 원자 간 이중 결합에서 한 결합이 다른 하나보다 끊어지기 쉽다. 즉 두 결합의 세기는 서로 다르며, 끊어지기 쉬운 결합은 다른 결합보다 상대적으로 결합의 세기가 약하다고 볼 수 있다. 따라서 탄소와 탄소 사이의 이중 결합 중 하나의 결합 세기가 나머지 하나의 결합 세기보다 크다는 설명은 적절하다.

→ 적절함!

1등급 문제

**036** | 핵심 개념 파악 - 적절하지 않은 것 고르기 2025학년도 6월 모평 9번 | 정답 ①
정답률 25%, 매력적 오답 ② 35% ③ 15% ④ 15% ⑤ 10%

**㉠에 대한 이해로 적절하지 않은 것은?**

㉠ 이 중합 과정

한쪽

**① 성장 중의 사슬은 그 양쪽 끝부분에서 불안정한 탄소 원자가 생성된다.**

근거 ❹-2~6 열을 흡수한 과산화물 개시제는 … 불안정한 상태의 원자를 가진 분자로 분해된다. 이 불안정한 원자는 안정해지기 위해 … 에틸렌의 한쪽 탄소 원자와 전자를 공유하며 단일 결합한다. 그러면 다른 쪽 탄소 원자는 공유되지 못한, 홀로 남은 전자를 갖게 된다. 이 불안정한 탄소 원자는 같은 방식으로 다른 에틸렌 분자와 반응을 하게 되고, 이와 같은 반응이 이어지며 불안정해지는 탄소 원자가 계속 생성된다. 에틸렌 분자들이 결합하여 더해지면 이것들은 사슬 형태를 이루며, … 사슬 끝에는 불안정한 탄소 원자가 존재하게 된다.

풀이 열을 흡수한 과산화물 개시제는 가장 바깥 껍질에 7 개의 전자가 있는 불안정한 상태의 원자를 가진 분자로 분해되고, 이 불안정한 원자는 안정해지기 위해 에틸렌의 탄소의 이중 결합 중 더 약한 결합을 끊어 한쪽 탄소 원자와 전자를 공유하며 단일 결합한다. 이때 에틸렌의 다른 쪽 탄소 원자는 불안정해지고, 이 불안정한 탄소 원자가 같은 방식으로 다른 에틸렌 분자와 반응하는데, 이와 같은 반응이 이어지며 사슬 형태가 지속적으로 성장하게 된다. 사슬의 한쪽 끝부분은 과산화물 개시제가 결합하여 안정하므로, 성장 중의 사슬은 그 양쪽 끝부분이 아니라 한쪽 끝부분에서 불안정한 탄소 원자가 생성된다.

→ 적절하지 않음!

단일 결합

**② 사슬의 중간에 두 탄소 원자가 서로 전자를 하나씩 내어놓아 공유하는 결합이 존재한다.**

근거 ❷-3 두 원자가 각각 전자를 하나씩 내어놓아 그 두 개의 전자를 한 쌍으로 공유하면 단일 결합이라 하고, ❹-3~6 불안정한 원자는 안정해지기 위해 에틸렌이 가진 탄소의 이중 결합 중 더 약한 결합을 끊어 버리면서 에틸렌의 한쪽 탄소 원자와 전자를 공유하며 단일 결합한다. 그러면 다른 쪽 탄소 원자는 공유되지 못한, 홀로 남은 전자를 갖게 된다. 이 불안정한 탄소 원자는 같은 방식으로 다른 에틸렌 분자와 반응을 하게 되고, 이와 같은 반응이 이어지며 불안정해지는 탄소 원자가 계속 생성 … 사슬 형태를 이루며

풀이 과산화물 개시제를 사용한 에틸렌 중합 과정에서, 불안정한 상태의 원자를 가진 분자로 분해된 과산화물 개시제는 에틸렌이 가진 탄소의 이중 결합 중 더 약한 결합을 끊어, 에틸렌의 한쪽 탄소 원자와 전자를 공유하며 단일 결합한다. 이때 공유되지 못하여 불안정해진 에틸렌의 다른 쪽 탄소 원자는 다른 에틸렌 분자와 같은 방식으로 반응하고, 이러한 반응이 이어져 사슬 형태를 이루게 된다. 따라서 사슬의 중간에 두 탄소 원자가 서로 전자를 하나씩 내어놓아 공유하는 결합, 즉 단일 결합이 존재한다는 설명은 적절하다.

→ 적절함!

③ **상태가 불안정한 원자를 지닌 분자의 생성이 연속적인 사슬 성장 반응이 일어나는 *계기가 된다.** *契機. 결정적인 원인이나 기회

근거 ④-5~6 불안정한 탄소 원자는 같은 방식으로 다른 에틸렌 분자와 반응을 하게 되고, 이와 같은 반응이 이어지며 불안정해지는 탄소 원자가 계속 생성된다. 에틸렌 분자들이 결합하여 더해지면 이것들은 사슬 형태를 이루며, 이 사슬은 지속적으로 성장하고 사슬 끝에는 불안정한 탄소 원자가 존재하게 된다.

→ 적절함!

불안정한 탄소 원자

④ **공유되지 못하고 홀로 남은 전자를 가진 탄소 원자는 사슬의 성장 과정이 *종결되기 전까지 계속 발생한다.** *終結-. 끝나기

근거 ④-6~7 에틸렌 분자들이 결합하여 더해지면 이것들은 사슬 형태를 이루며, 이 사슬은 지속적으로 성장하고 사슬 끝에는 불안정한 탄소 원자가 존재하게 된다. 성장하는 두 사슬의 끝이 서로 만나 결합하여 안정한 상태가 되면 반복적인 반응이 멈추게 된다.

풀이 공유되지 못하고 홀로 남은 전자를 가진 탄소 원자, 즉 불안정한 탄소 원자는 성장하는 두 사슬의 끝이 서로 만나 결합하여 안정한 상태가 되기 전까지는 계속 발생한다.

→ 적절함!

⑤ **에틸렌 분자를 구성하는 탄소 원자들 사이의 이중 결합이 단일 결합으로 되면서 사슬의 성장 과정을 이어 간다.**

근거 ④-3~6 이 불안정한 원자는 안정해지기 위해 에틸렌이 가진 탄소의 이중 결합 중 더 약한 결합을 끊어 버리면서 에틸렌의 한쪽 탄소 원자와 전자를 공유하며 단일 결합한다. 그러면 다른 쪽 탄소 원자는 공유되지 못한, 홀로 남은 전자를 갖게 된다. 이 불안정한 탄소 원자는 같은 방식으로 다른 에틸렌 분자와 반응을 하게 되고, 이와 같은 반응이 이어지며 불안정해지는 탄소 원자가 계속 생성된다. 에틸렌 분자들이 결합하여 더해지면 이것들은 사슬 형태를 이루며, 이 사슬은 지속적으로 성장

→ 적절함!

| 037 | 구체적인 사례에 적용 - 적절한 것 고르기 2025학년도 6월 모평 10번<br>정답률 65%, 매력적 오답 ④ 10% | 정답 ③ |
|---|---|---|

**윗글을 바탕으로 〈보기〉의 ㉮와 ㉯를 이해한 내용으로 가장 적절한 것은?** 3점

| 보기 |

[1]폴리에틸렌은 높은 압력과 온도에서 중합되어 사슬이 여기저기 가지를 친 구조로 만들어지기도 한다. [2]㉮ 가지를 친 구조의 사슬들은 조밀하게(稠密-. 촘촘하고 빽빽하게) 배열되기 힘들다. [3]한편 특수한 촉매(觸媒. 자신은 화학적으로 변하지 않고 다른 화학 반응의 속도에 영향을 주는 물질)를 사용하여 저온(低溫. 낮은 온도)에서 중합되면 탄소 원자들이 이루는 사슬이 한 줄로 쭉 이어진 직선형 구조로 만들어지기도 한다. [4]이 ㉯ 직선형 구조의 사슬들은 한 방향으로 서로 나란히 조밀하게 배열될 수 있다.

(결정 영역이 차지하는 부분의 비율이 낮음 / 결정 영역이 차지하는 부분의 비율이 높음 / 결정 영역)

▶ 지문 핵심 개념 정리

| 결정 영역의 비율에 따른 플라스틱의 특성 |
|---|
| • 결정 영역 : 사슬들이 일정한 방향으로 나란히 배열되어 있는 부분(⑤-2)<br>• 플라스틱에 결정 영역이 많아질수록<br>– 유연성이 낮아 충격에 약함<br>– 가공성이 떨어짐<br>– 점점 불투명해짐<br>– 밀도가 높아져 단단해짐<br>– 화학 물질에 대한 민감성이 감소함<br>– 열에 의해 잘 변형되지 않음(⑤-4) |

㉯보다 ㉮로

① **충격에 잘 깨지지 않도록 유연하게 하려면 ㉮보다 ㉯로 이루어진 소재가 적합하겠군.**

풀이 사슬들이 일정한 방향으로 나란히 배열되어 있는 결정 영역이 많아질수록 플라스틱의 유연성이 낮아 충격에 약하다. 〈보기〉에서 가지를 친 구조의 사슬들(㉮)로 이루어진 플라스틱이 한 방향으로 서로 나란히 배열될 수 있는 직선형 구조의 사슬들(㉯)로 이루어진 플라스틱보다 유연성이 높으므로, 충격에 잘 깨지지 않도록 유연하게 하려면 ㉯보다 ㉮로 이루어진 소재가 적합하다.

→ 적절하지 않음!

㉯보다 ㉮로

② **포장된 물품이 잘 보이게 하려면 포장재로는 ㉮보다 ㉯로 이루어진 소재가 적합하겠군.**

풀이 사슬들이 일정한 방향으로 나란히 배열되어 있는 결정 영역이 많아질수록 플라스틱이 점점 불투명해진다. 〈보기〉에서 가지를 친 구조의 사슬들(㉮)로 이루어진 플라스틱이 한 방향으로 서로 나란히 배열될 수 있는 직선형 구조의 사슬들(㉯)로 이루어진 플라스틱보다 투명하므로, 포장된 물품이 잘 보이게 하려면 ㉯보다 ㉮로 이루어진 소재가 더 적합하다.

→ 적절하지 않음!

③ **보관 용기에서 화학 물질이 닿는 부분에는 ㉮보다 ㉯로 이루어진 소재를 쓰는 것이 좋겠군.**

풀이 사슬들이 일정한 방향으로 나란히 배열되어 있는 결정 영역이 많아질수록 플라스틱은 화학 물질에 대한 민감성이 감소한다. 〈보기〉에서 가지를 친 구조의 사슬들(㉮)로 이루어진 플라스틱보다 한 방향으로 서로 나란히 배열될 수 있는 직선형 구조의 사슬들(㉯)로 이루어진 플라스틱이 화학 물질에 대한 민감성이 낮으므로, 보관 용기에서 화학 물질이 닿는 부분에는 ㉮보다 민감성이 더 낮은 ㉯로 이루어진 소재를 쓰는 것이 좋다.

→ 적절함!

㉮보다 ㉯로

④ **㉯보다 ㉮로 이루어진 소재의 밀도가 더 높겠군.**

풀이 사슬들이 일정한 방향으로 나란히 배열되어 있는 결정 영역이 많아질수록 플라스틱은 밀도가 높아진다. 따라서 〈보기〉에서 가지를 친 구조의 사슬들(㉮)보다 한 방향으로 서로 나란히 배열될 수 있는 직선형 구조의 사슬들(㉯)로 이루어진 플라스틱이 밀도가 더 높다.

→ 적절하지 않음!

㉮보다 ㉯로

⑤ **열에 잘 견디게 하려면 ㉯보다 ㉮로 이루어진 소재가 적합하겠군.**

풀이 사슬들이 일정한 방향으로 나란히 배열되어 있는 결정 영역이 많아질수록 플라스틱은 열에 의해 잘 변형되지 않는다. 즉 〈보기〉에서 가지를 친 구조의 사슬들(㉮)로 이루어진 플라스틱보다 한 방향으로 서로 나란히 배열될 수 있는 직선형 구조의 사슬들(㉯)로 이루어진 플라스틱이 열에 의해 잘 변형되지 않는다. 따라서 열에 잘 견디게 하려면 ㉮보다 ㉯로 이루어진 소재가 더 적합하다.

→ 적절하지 않음!

| 038 | 문맥적 의미 파악 - 적절한 것 고르기 2025학년도 6월 모평 11번<br>정답률 70%, 매력적 오답 ② 20% | 정답 ③ |
|---|---|---|

**ⓐ와 문맥상 의미가 가장 가까운 것은?**

플라스틱은 생활에서 흔히 ⓐ 접할 수 있다.

풀이 ⓐ에서 '접(接 잇다 접)하다'는 문맥상 '가까이 대하다'의 의미로 쓰였다.

① **요즘 신도시는 아파트가 대규모로 서로 접해 있다.**

풀이 '이어서 닿다'의 의미이다.

예문 그는 지도에서 산맥에 접해 있는 도시들을 표시했다.

→ 적절하지 않음!

② **그는 자신의 수상 소식을 오늘에야 접하게 되었다.**

풀이 '소식이나 명령 따위를 듣거나 받다'의 의미이다.

예문 그는 병상에서 아들이 시험에 합격했다는 소식을 접했다.

→ 적절하지 않음!

③ **나는 교과서에서 접한 시를 모두 외웠다.**

풀이 '가까이 대하다'의 의미이다.

예문 나는 사람들과 접하면서 사람마다 다른 개성을 발견했다.

→ 적절함!

④ **우리나라는 삼면이 바다에 접해 있다.**

풀이 '이어서 닿다'의 의미이다.

예문 판자로 지은 집들이 서로 접해 있다.

→ 적절하지 않음!

⑤ **우리 집은 공원을 접하고 있다.**

풀이 '이어서 닿다'의 의미이다.

예문 우리 마을은 바다와 접해 있다.

→ 적절하지 않음!

**[039~042] 다음 글을 읽고 물음에 답하시오.**

1 [1]분자(分子. 물질이 가진 성질을 유지할 수 있는 가장 작은 입자로, 2 개 이상의 원자들이 결합하여 이루어짐)들이 만나 화학 반응(化學反應. 어떤 물질이 화학적 성질이 다른 물질로 변하는 현상)을 진행하는 데 필요한 최소한의 운동 에너지를 활성화 에너지라 한다. [2]활성화 에너지가 작은 반응은, 반응의 활성화 에너지보다 큰 운동 에너지를 가진 분자들이 많아 반응이 빠르게 진행된다. [3]활성화 에너지를 조절하여 반응 속도에 변화를 주는 물질을 촉매라고 하며, 반응 속도를 빠르게 하는 능력을 촉매 활성이라 한다. [4]촉매는 촉매가 없을 때와는 활성화 에너지가 다른, 새로운 반응 경로(經路. 진행되는 방법이나 순서)를 제공한다. [5]화학 산업에서는 주로 고체 촉매가 이용되는데, 액체나 기체인 생성물을 촉매로부터 분리하는 별도의 공정(工程. 작업 단계)이 필요 없기 때문이다. [6]고체 촉매는 대부분 활성 성분, 지지체, 증진제로 구성된다.

→ 활성화 에너지, 촉매, 촉매 활성의 개념과 고체 촉매의 구성

2 [1]활성 성분은 그 표면에 반응물을 흡착시켜(吸着―. 달라붙게 하여) 촉매 활성을 제공하는 물질이다. [2]고체 촉매의 촉매 작용에서는 반응물이 먼저 활성 성분의 표면에 화학 흡착되고, 흡착된 반응물이 표면에서 반응하여 생성물로 변환된(變換―. 변하여 바뀌게 된) 후, 생성물이 표면에서 탈착되는(脫着―. 떨어지게 되는) 과정을 거쳐 반응이 완결된다. [3]금속은 다양한 물질들이 표면에 흡착될 수 있어 여러 반응에서 활성 성분으로 사용된다. [4]예를 들면, 암모니아(ammonia. 질소와 수소의 화합물)를 합성할 때 철을 활성 성분으로 사용하는데, 이때 반응물인 수소와 질소가 철의 표면에 흡착되어 각각 원자(原子. 물질을 구성하는 기본 입자) 상태로 분리된다. [5]흡착된 반응물은 전자(電子. 원자의 구성 성분으로, 음전하를 가지고 있는 작은 입자)를 금속 표면의 원자와 공유하여(共有―. 함께 가지며) 안정화된다.(安定化―. 일정한 상태를 유지하게 된다.) [6]반응물의 흡착 세기는 금속의 종류에 따라 달라진다. [7]이때 흡착 세기가 적절해야 한다. [8]흡착이 약하면 흡착량이 적어 촉매 활성이 낮으며, 흡착이 너무 강하면 흡착된 반응물이 지나치게 안정화되어 표면에서의 반응이 느려지므로 촉매 활성이 낮다. [9]일반적으로 고체 촉매에서는 반응에 관여하는 표면의 활성 성분 원자가 많을수록 반응물의 흡착이 많아 촉매 활성이 높아진다.

→ 고체 촉매의 구성 ①: 활성 성분

3 [1]금속은 열적 안정성(熱的安定性. 온도의 변화에도 일정한 상태를 유지하려는 성질)이 낮아, 화학 반응이 일어나는 고온(高溫. 높은 온도)에서 금속 원자들로 이루어진 작은 입자들이 서로 달라붙어 큰 입자를 이루게 되는데 이를 소결(燒 불태우다 소 結 맺다 결)이라 한다. [2]입자가 소결되면 금속 활성 성분의 전체 표면적(表面積. 겉면의 넓이)은 줄어든다. [3]이러한 문제를 해결하는 것이 지지체이다. [4]작은 금속 입자들을 표면적이 넓고 열적 안정성이 높은 지지체의 표면에 분산하면(分散―. 사방으로 퍼뜨리면) 소결로 인한 촉매 활성 저하(低下. 떨어져 낮아짐)가 억제된다.(抑制―. 억눌러 그치게 된다.) [5]따라서 소량(少量. 적은 분량)의 금속으로도 ㉠ 금속을 활성 성분으로 사용하는 고체 촉매의 활성을 높일 수 있다.

→ 고체 촉매의 구성 ②: 지지체

4 [1]증진제는 촉매에 소량 포함되어 활성을 조절한다. [2]활성 성분의 표면 구조를 변화시켜 소결을 억제하기도 하고, 활성 성분의 전자 밀도(密度. 빽빽이 들어 있는 정도)를 변화시켜 흡착 세기를 조절하기도 한다. [3]고체 촉매는 활성 성분이 반드시 있어야 하지만 경우에 따라 증진제나 지지체를 포함하지 않기도 한다.

→ 고체 촉매의 구성 ③: 증진제

■지문 이해

<고체 촉매의 세 가지 구성 요소와 작용>

**❶ 활성화 에너지, 촉매, 촉매 활성의 개념과 고체 촉매의 구성**

- 활성화 에너지 : 분자들이 만나 화학 반응을 진행하는 데 필요한 최소한의 운동 에너지
- 촉매 : 활성화 에너지를 조절하여 반응 속도에 변화를 주는 물질
- 촉매 활성 : 반응 속도를 빠르게 하는 능력

**고체 촉매를 구성하는 세 가지 요소**

**❷ 고체 촉매의 구성 ①: 활성 성분**

- 표면에 반응물을 흡착시켜 촉매 활성을 제공하는 물질
- 고체 촉매를 이용한 화학 반응 과정 : 반응물이 활성 성분 표면에 화학 흡착 → 반응물의 반응 → 생성물로 변환 → 생성물이 표면에서 탈착
- 반응물의 흡착 세기는 금속 종류에 따라 달라짐
  - 흡착이 약할 때 : 흡착량이 적어 촉매 활성이 낮음
  - 흡착이 너무 강할 때 : 흡착된 반응물이 지나치게 안정화되어 표면에서의 반응이 느려짐 → 촉매 활성이 낮음
- 고체 촉매에서는 반응에 관여하는 표면의 활성 성분 원자가 많을수록 반응물의 흡착이 많아 촉매 활성이 높아짐

**❸ 고체 촉매의 구성 ②: 지지체**

- 금속을 활성 성분으로 사용할 때 금속 입자가 소결되어 금속 활성 성분의 표면적이 줄어드는 문제를 해결해 줌
  → 표면적이 넓고 열적 안정성이 높은 지지체의 표면에 금속 입자들을 분산 → 소결로 인한 촉매 활성 저하가 억제됨

**❹ 고체 촉매의 구성 ③: 증진제**

- 촉매에 소량 포함되어 활성을 조절함
  - 활성 성분의 표면 구조를 변화시켜 소결을 억제함
  - 활성 성분의 전자 밀도를 변화시켜 흡착 세기를 조절함

**039** | 세부 정보 이해 - 적절하지 않은 것 고르기 2024학년도 6월 모평 8번 정답률 80% | 정답 ②

**윗글의 내용과 일치하지 않는 것은?**

**① 촉매를 이용하면 화학 반응이 새로운 경로로 진행된다.**

근거 ❶-4 촉매는 촉매가 없을 때와는 활성화 에너지가 다른, 새로운 반응 경로를 제공한다.

→ 적절함!

**② 고체 촉매는 기체 생성물과 촉매의 분리 공정이 필요하다.** (필요 없다)

근거 ❶-5 화학 산업에서는 주로 고체 촉매가 이용되는데, 액체나 기체인 생성물을 촉매로부터 분리하는 별도의 공정이 필요 없기 때문이다.

풀이 고체 촉매는 기체 생성물을 촉매로부터 분리하는 별도의 공정이 필요 없다.

→ 적절하지 않음!

**③ 고체 촉매에 의한 반응은 생성물의 탈착을 거쳐 완결된다.**

근거 ❷-2 고체 촉매의 촉매 작용에서는 반응물이 먼저 활성 성분의 표면에 화학 흡착되고, 흡착된 반응물이 표면에서 반응하여 생성물로 변환된 후, 생성물이 표면에서 탈착되는 과정을 거쳐 반응이 완결된다.

→ 적절함!

**④ 암모니아 합성에서 철 표면에 흡착된 수소는 전자를 철 원자와 공유한다.**

근거 ❷-4~5 암모니아를 합성할 때 철을 활성 성분으로 사용하는데, 이때 반응물인 수소와 질소가 철의 표면에 흡착되어 각각 원자 상태로 분리된다. 흡착된 반응물(수소, 질소)은 전자를 금속(철) 표면의 원자와 공유하여 안정화된다.

→ 적절함!

**⑤ 증진제나 지지체 없이 촉매 활성을 갖는 고체 촉매가 있다.**

근거 ❹-3 고체 촉매는 활성 성분이 반드시 있어야 하지만 경우에 따라 증진제나 지지체를 포함하지 않기도 한다.

→ 적절함!

1등급 문제

**040** | 추론의 적절성 판단 - 적절한 것 고르기 2024학년도 6월 모평 9번 정답률 50%, 매력적 오답 ③ 25% ④ 15% | 정답 ①

**㉠의 촉매 활성을 높이는 방법으로 가장 적절한 것은?**

㉠ 금속을 활성 성분으로 사용하는 고체 촉매

**① 반응물을 흡착하는 금속 원자의 개수를 늘린다.**

근거 ❷-9 고체 촉매에서는 반응에 관여하는 표면의 활성 성분 원자가 많을수록 반응물의 흡착이 많아 촉매 활성이 높아진다.

풀이 고체 촉매에서는 반응에 관여하는 표면의 활성 성분 원자가 많을수록 반응물의 흡착이 많아 촉매 활성이 높아진다. 따라서 금속을 활성 성분으로 사용하는 고체 촉매의 촉매 활성을 높이기 위해 반응에 관여하는 표면의 금속 활성 성분 원자의 개수를 늘리는 방법은 적절하다.

→ 적절함!

억제하는

**② 활성 성분의 소결을 촉진하는 증진제를 첨가한다.**

근거 ❹-1~2 증진제는 촉매에 소량 포함되어 활성을 조절한다. 활성 성분의 표면 구조를 변화시켜 소결을 억제하기도 하고, 활성 성분의 전자 밀도를 변화시켜 흡착 세기를 조절하기도 한다.

풀이 증진제는 고체 촉매의 활성을 조절하는 것으로, 활성 성분의 표면 구조를 변화시켜 소결을 억제하기도 하고, 활성 성분의 전자 밀도를 변화시켜 흡착 세기를 조절하기도 한다. 증진제가 소결을 촉진하는 역할을 하지 않으므로, 활성 성분의 소결을 촉진하는 증진제를 첨가한다는 것은 ㉠의 촉매 활성을 높이는 방법으로 적절하지 않다.

→ 적절하지 않음!

빠르게 하는

**③ 반응물의 반응 속도를 늦추는 지지체를 사용한다.**

근거 ❶-3 활성화 에너지를 조절하여 반응 속도에 변화를 주는 물질을 촉매라고 하며, 반응 속도를 빠르게 하는 능력을 촉매 활성이라 한다. ❸-4~5 작은 금속 입자들을 표면적이 넓고 열적 안정성이 높은 지지체의 표면에 분산하면 소결로 인한 촉매 활성 저하가 억제된다. 따라서 소량의 금속으로도 금속을 활성 성분으로 사용하는 고체 촉매의 활성을 높일 수 있다.

풀이 지지체는 소결로 인한 촉매 활성 저하를 억제하여 금속을 활성 성분으로 사용하는 고체 촉매의 활성을 높이는, 즉 반응 속도를 빠르게 하는 물질이다. 지지체가 반응물의 반응 속도를 늦추는 역할을 하지 않으므로, 반응물의 반응 속도를 늦추는 지지체를 사용한다는 것은 ㉠의 촉매 활성을 높이는 방법으로 적절하지 않다.

→ 적절하지 않음!

작게

**④ 반응에 대한 활성화 에너지를 크게 하는 금속을 사용한다.**

근거 ❶-2~3 활성화 에너지가 작은 반응은, 반응의 활성화 에너지보다 큰 운동 에너지를 가진 분자들이 많아 반응이 빠르게 진행된다. … 반응 속도를 빠르게 하는 능력을 촉매 활성이라 한다.

풀이 촉매 활성은 반응 속도를 빠르게 하는 능력을 말하며, 활성화 에너지가 작으면 반응이 빠르게 진행된다. 반응에 대한 활성화 에너지를 크게 하는 금속을 사용할 경우 반응이 느리게 진행되므로, ㉠의 촉매 활성을 높이는 방법으로 적절하지 않다.

→ 적절하지 않음!

**⑤ 활성 성분의 금속 입자들을 뭉치게 하여 큰 입자로 만든다.**

근거 ❸-1 금속은 열적 안정성이 낮아, 화학 반응이 일어나는 고온에서 금속 원자들로 이루어진 작은 입자들이 서로 달라붙어 큰 입자를 이루게 되는데 이를 소결이라 한다. ❸-4 소결로 인한 촉매 활성 저하

풀이 금속 입자들이 서로 달라붙어 큰 입자를 이루게 되는 것을 소결이라 하는데, 입자가 소결되면 촉매 활성이 저하된다. 따라서 활성 성분의 금속 입자들을 서로 뭉쳐 큰 입자로 만드는 것은 ㉠의 촉매 활성을 높이는 방법으로 적절하지 않다.

→ 적절하지 않음!

1등급 문제

**041** 구체적인 사례에 적용 - 적절하지 않은 것 고르기 2024학년도 6월 모평 10번
정답률 60%, 매력적 오답 ③ 20% | 정답 ④

**윗글을 바탕으로 <보기>를 이해한 내용으로 적절하지 않은 것은?** [3점]

| 보기 |

(활성 성분 / 생성물 / 반응물)

[1]아세틸렌은 보통 선택적 수소화 공정을 통하여 에틸렌으로 변환된다. [2]이 공정에서 사용되는 고체 촉매는 팔라듐 금속 입자를 실리카 표면에 분산하여 만들며, 아세틸렌과 수소는 팔라듐 표면에 흡착되어 반응한다. [3]여기서 실리카는 표면적이 넓고 열적 안정성이 높다. [4]이때, 촉매에 규소를 소량 포함시키면 활성 성분의 표면 구조가 변화되어 고온에서 팔라듐의 소결이 억제된다. [5]또한 은을 소량 포함시키면 팔라듐의 전자 밀도가 높아지고 팔라듐 표면에 반응물이 흡착되는 세기가 조절되어 원하는 반응을 얻을 수 있다.

(증진제 / 증진제 / 지지체)

**① 아세틸렌은 반응물에 해당한다.**

근거 <보기>-1~2 아세틸렌은 보통 선택적 수소화 공정을 통하여 에틸렌으로 변환된다. 이 공정에서 사용되는 고체 촉매는 팔라듐 금속 입자를 실리카 표면에 분산하여 만들며, 아세틸렌과 수소는 팔라듐 표면에 흡착하여 반응한다. ❷-2 고체 촉매의 촉매 작용에서는 반응물이 먼저 활성 성분의 표면에 화학 흡착되고, 흡착된 반응물이 표면에서 반응하여 생성물로 변환

풀이 <보기>에서 팔라듐 표면에 흡착하여 반응하는 아세틸렌은 반응물에 해당하며, 아세틸렌이 변환된 에틸렌은 생성물에 해당한다.

→ 적절함!

**② 팔라듐은 활성 성분에 해당한다.**

근거 <보기>-2 아세틸렌과 수소는 팔라듐 표면에 흡착되어 반응한다. ❷-1 활성 성분은 그 표면에 반응물을 흡착시켜 촉매 활성을 제공하는 물질

풀이 활성 성분은 그 표면에 반응물을 흡착시켜 촉매 활성을 제공한다. <보기>에서 반응물인 아세틸렌과 수소가 팔라듐 표면에 흡착되어 반응한다고 하였으므로, 팔라듐은 활성 성분에 해당한다.

→ 적절함!

**③ 규소와 은은 모두 증진제에 해당한다.**

근거 <보기>-4~5 촉매에 규소를 소량 포함시키면 활성 성분의 표면 구조가 변화되어 고온에서 팔라듐의 소결이 억제된다. 또한 은을 소량 포함시키면 팔라듐의 전자 밀도가 높아지고 팔라듐 표면에 반응물이 흡착되는 세기가 조절되어 원하는 반응을 얻을 수 있다. ❹-2 (증진제는) 활성 성분의 표면 구조를 변화시켜 소결을 억제하기도 하고, 활성 성분의 전자 밀도를 변화시켜 흡착 세기를 조절하기도 한다.

풀이 활성 성분의 표면 구조를 변화시켜 소결을 억제하는 규소와 활성 성분의 전자 밀도를 변화시켜 흡착 세기를 조절하는 은은 모두 증진제에 해당한다.

→ 적절함!

소결로 인한 촉매 활성 저하를 억제

**④ 실리카는 낮은 온도에서 활성 성분을 소결한다.**

근거 <보기>-2~3 고체 촉매는 팔라듐 금속 입자를 실리카 표면에 분산하여 만들며, … 여기서 실리카는 표면적이 넓고 열적 안정성이 높다. ❸-1~2 금속은 열적 안정성이 낮아, 화학 반응이 일어나는 고온에서 금속 원자들로 이루어진 작은 입자들이 서로 달라붙어 큰 입자를 이루게 되는데 이를 소결이라 한다. 입자가 소결되면 금속 활성 성분의 전체 표면적은 줄어든다. ❸-4 작은 금속 입자들을 표면적이 넓고 열적 안정성이 높은 지지체의 표면에 분산하면 소결로 인한 촉매 활성 저하가 억제된다.

풀이 표면적이 넓고 열적 안정성이 높은 실리카는 지지체에 해당한다. 팔라듐 금속 입자를 지지체인 실리카 표면에 분산하면 소결로 인한 촉매 활성 저하가 억제된다. 또한 소결은 고온에서 이루어지는 것으로, 금속 입자가 소결되면 금속 활성 성분의 전체 표면적이 줄어들게 되므로 촉매 활성이 낮아지게 된다. 따라서 지지체인 실리카는 낮은 온도에서 활성 성분을 소결하는 것이 아니라, 소결로 인한 촉매 활성 저하를 억제하는 역할을 한다.

→ 적절하지 않음!

**⑤ 실리카는 촉매 활성 저하를 억제하는 기능을 한다.**

근거 <보기>-2~3 고체 촉매는 팔라듐 금속 입자를 실리카 표면에 분산하여 만들며, … 여기서 실리카는 표면적이 넓고 열적 안정성이 높다. ❸-4 작은 금속 입자들을 표면적이 넓고 열적 안정성이 높은 지지체의 표면에 분산하면 소결로 인한 촉매 활성 저하가 억제된다.

풀이 <보기>에서는 팔라듐 금속 입자를 실리카 표면에 분산하여 만든 고체 촉매를 사용하고 있다. 이때 실리카는 표면적이 넓고 열적 안정성이 높은 지지체로, 금속 활성 성분인 팔라듐의 입자가 소결되어 일어나는 촉매 활성 저하를 억제하는 역할을 한다.

→ 적절함!

**042** | 자료 해석의 적절성 판단 - 적절한 것 고르기 2024학년도 6월 모평 11번
정답률 70%, 매력적 오답 ④ 10% | 정답 ③

### 윗글을 바탕으로 할 때, <보기>의 금속 ⓐ~ⓓ에 대한 설명으로 가장 적절한 것은?

| 보기 |

다음은 여러 가지 금속에 물질 ㉮가 흡착될 때의 흡착 세기와 ㉮의 화학 반응에서 각 금속의 촉매 활성을 나타낸다.
(단, 흡착에 영향을 주는 다른 요소는 고려하지 않음.)

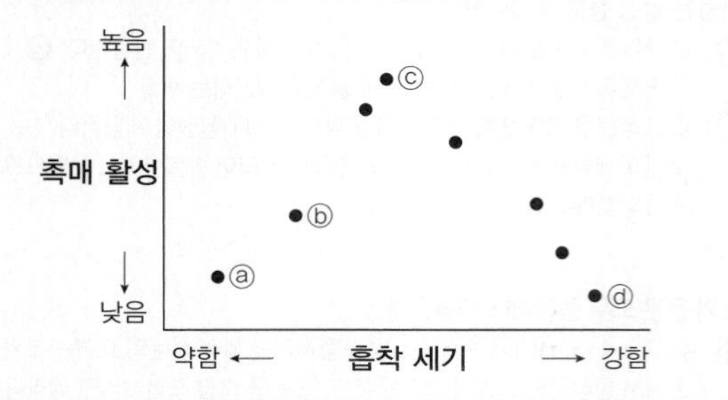


① ㉮의 화학 반응은 ⓐ보다 ⓑ를 활성 성분으로 사용할 때 더 느리게 일어난다. (빠르게)

**근거** ❶-3 반응 속도를 빠르게 하는 능력을 촉매 활성이라 한다, ❷-1 활성 성분은 그 표면에 반응물을 흡착시켜 촉매 활성을 제공하는 물질

**풀이** 윗글에 따르면 활성 성분은 표면에 반응물을 흡착시켜 촉매 활성을 제공하는 물질이며, 이때 촉매 활성은 반응 속도를 빠르게 하는 것을 뜻한다. <보기>의 그래프에서 ⓐ보다 ⓑ의 촉매 활성이 더 높으므로, ⓐ보다 ⓑ가 반응 속도를 빠르게 하는 능력이 더 크다는 것을 알 수 있다. 따라서 ㉮의 화학 반응은 ⓐ를 활성 성분으로 사용하였을 때보다 ⓑ를 활성 성분으로 사용하였을 때 더 빠르게 일어난다.

→ 적절하지 않음!

② ㉮는 ⓐ보다 ⓒ에 흡착될 때 흡착량이 더 적다. (ⓒ보다 ⓐ)

**근거** ❷-8 흡착이 약하면 흡착량이 적어

**풀이** 윗글에 따르면 반응물의 흡착 세기는 활성 성분으로 사용된 금속의 종류에 따라 달라지며, 흡착이 약하면 흡착량이 적다. <보기>의 그래프에서 흡착 세기는 ⓒ보다 ⓐ가 더 약하므로, ㉮는 ⓒ보다 ⓐ에 흡착될 때 흡착량이 더 적을 것이다.

→ 적절하지 않음!

③ ㉮는 ⓐ보다 ⓓ에 흡착될 때 안정화되는 정도가 더 크다.

**근거** ❷-8 흡착이 약하면 흡착량이 적어 촉매 활성이 낮으며, 흡착이 너무 강하면 흡착된 반응물이 지나치게 안정화되어 표면에서의 반응이 느려지므로 촉매 활성이 낮다.

**풀이** <보기>에서 ⓐ~ⓓ 중 금속 ⓐ의 흡착 세기가 가장 약하고, 금속 ⓓ의 흡착 세기가 가장 강하다. 윗글에 따르면 흡착이 너무 강하면 반응물이 지나치게 안정화되어 표면에서의 반응이 느려지므로 촉매 활성이 낮다. 따라서 ㉮는 ⓐ보다 ⓓ에 흡착될 때 안정화되는 정도가 더 클 것이다.

→ 적절함!

④ ㉮는 ⓑ보다 ⓒ에 더 약하게 흡착된다. (강하게)

**풀이** <보기>의 그래프를 살펴보면 ㉮가 ⓒ에 흡착될 때의 흡착 세기가 ⓑ에 흡착될 때의 흡착 세기보다 더 강하다. 따라서 ㉮는 ⓑ보다 ⓒ에 더 강하게 흡착된다.

→ 적절하지 않음!

⑤ ㉮의 화학 반응에서 촉매 활성만을 고려하면 가장 적합한 활성 성분은 ⓓ이다. (ⓒ)

**풀이** <보기>의 그래프에서 촉매 활성이 가장 높은 활성 성분은 ⓒ이다. 따라서 촉매 활성만을 고려하였을 때 가장 적합한 활성 성분은 ⓓ가 아니라, 촉매 활성이 가장 높은 ⓒ이다.

→ 적절하지 않음!

## [043~046] 다음 글을 읽고 물음에 답하시오.

**1** [1]혈액은 세포에 필요한 물질을 공급하고 노폐물(老廢物, 몸 안에서 만들어진 대사산물 중 몸에 필요 없는 것)을 제거한다. [2]만약 혈관 벽이 손상되어 출혈이 생기면 손상 부위의 혈액이 응고되어(凝固-, 엉겨서 뭉쳐 딱딱하게 굳어져) 혈액 손실을 막아야 한다. [3]혈액 응고는 섬유소 단백질인 피브린이 모여 형성된 섬유소 그물이 혈소판이 응집된(凝集-, 한군데에 엉겨서 뭉친) 혈소판 마개와 뭉쳐 혈병(血 피 혈 餠 떡 병)이라는 덩어리를 만드는 현상이다. [4]혈액 응고는 혈관 속에서도 일어나는데, 이때의 혈병을 혈전(血 피 혈 栓 마개 전)이라 한다. [5]이물질(異物質, 정상적이 아닌 다른 물질)이 쌓여 동맥 내벽(內壁, 안쪽에 있는 벽)이 두꺼워지는 동맥 경화(硬化, 단단하게 굳어짐)가 일어나면 그(동맥 경화가 일어난) 부위에 혈전 침착(沈着, 밑으로 가라앉아 들러붙음), 혈류(血流, 피의 흐름) 감소 등이 일어나 혈관 질환이 발생하기도 한다. [6]이러한 혈액의 응고 및 원활한 순환(循環, 주기적으로 되풀이하여 도는 과정)에 비타민 K가 중요한 역할을 한다.

〈참고 그림〉

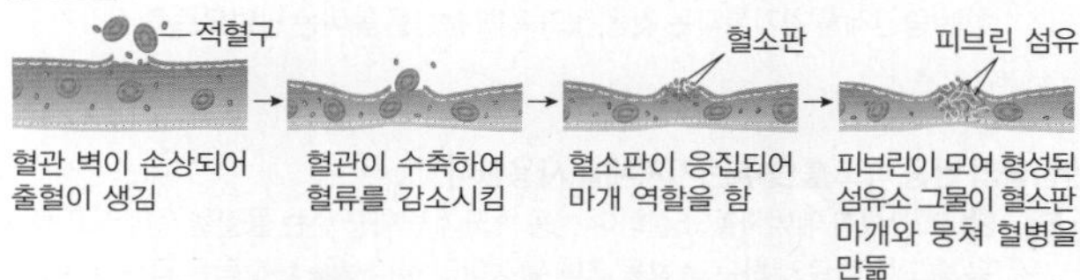


❶-2~3 혈관 벽이 손상되어 출혈이 생기면 손상 부위의 혈액이 응고되어 혈액 손실을 막아야 한다. 혈액 응고는 피브린이 모여 형성된 섬유소 그물이 혈소판 마개와 뭉쳐 혈병을 만드는 현상이다.

→ 혈액의 응고와 순환에 중요한 역할을 하는 비타민 K

**2** [1]비타민 K는 혈액이 응고되도록 돕는다. [2]지방을 뺀 사료를 먹인 병아리의 경우, 지방에 녹는 어떤 물질이 결핍되어(缺乏-, 있어야 할 것이 없어지거나 모자라) 혈액 응고가 지연된다는(遲延-, 늦추어진다는) 사실을 발견하고 그(지방에 녹고 결핍되면 혈액 응고가 지연되는) 물질을 비타민 K로 명명했다.(命名-, 이름을 지어 붙였다.) [3]혈액 응고는 단백질로 이루어진 다양한 인자(因子, 요소)들이 관여하는(關與-, 관계하여 참여하는) 연쇄 반응(連鎖反應, 생성된 물질의 하나가 다시 반응물로 작용하여 생성, 소멸을 계속하는 반응)에 의해 일어난다. [4]우선 여러 혈액 응고 인자들이 활성화된(活性化-, 화학 반응을 일으키기 쉬운 상태가 된) 이후 프로트롬빈이 활성화되어 트롬빈으로 전환되고, 트롬빈은 혈액에 녹아 있는 피브리노겐을 불용성(不溶性, 액체에 녹지 않는 성질)인 피브린으로 바꾼다. [5]비타민 K는 프로트롬빈을 비롯한 혈액 응고 인자들이 간세포에서 합성될(合成-, 만들어질) 때 이들(혈액 응고 인자들)의 활성화에 관여한다. [6]활성화는 칼슘 이온과의 결합을 통해 이루어지는데, 이들 혈액 단백질이 칼슘 이온과 결합하려면 카르복실화되어 있어야 한다. [7]카르복실화는 단백질을 구성하는 아미노산 중 글루탐산이 감마-카르복시글루탐산으로 전환되는 것을 말한다. [8]이처럼 비타민 K에 의해 카르복실화되어야 활성화가 가능한 표적 단백질을 비타민 K-의존성(依存性, 의지하여 존재하는 성질) 단백질이라 한다.

→ 비타민 K의 기능 ①: 혈액의 응고를 도움

**3** [1]비타민 K는 식물에서 합성되는 ㉠ 비타민 $K_1$과 동물 세포에서 합성되거나 미생물(微生物, 세균, 효모 등 눈으로 볼 수 없는 아주 작은 생물) 발효(醱酵, 효모, 세균 등의 미생물이 유기 화합물을 분해하여 알코올류, 유기산류, 이산화탄소 등을 생기게 하는 작용)로 생성되는 ㉡ 비타민 $K_2$로 나뉜다. [2]녹색 채소 등은 비타민 $K_1$을 충분히 함유하므로(含有-, 포함하고 있으므로) 일반적인 권장 식단을 따르면 혈액 응고에 차질(蹉跌, 계획이나 의도에서 벗어나 틀어지는 일)이 생기지 않는다.

→ 비타민 K의 종류

**4** [1]그런데 혈관 건강과 관련된 비타민 K의 또 다른 중요한 기능이 발견되었고, 이는 칼슘의 역설과도 관련이 있다. [2]나이가 들면 뼈 조직의 칼슘 밀도가 낮아져 골다공증이 생기기 쉬운데, 이(골다공증)를 방지하고자(防止-, 일어나지 못하게 막고자) 칼슘 보충제(補充劑, 부족한 영양분을 보충하기 위한 약)를 섭취한다.(攝取-, 먹는다.) [3]하지만 칼슘 보충제를 섭취해서 혈액 내 칼슘 농도는 높아지나 골밀도는 높아지지 않고, 혈관 벽에 칼슘염이 침착되는 혈관 석회화가 진행되어 동맥 경화 및 혈관 질환이 발생하는 경우가 생긴다. [4]혈관 석회화는 혈관 근육 세포 등에서 생성되는 MGP라는 단백질에 의해 억제되는데(抑制-, 억눌려 그치게 되는데), 이 단백질(MGP)이 비타민 K-의존성 단백질이다. [5]비타민 K가 부족하면 MGP 단백질이 활성화되지 못해 혈관 석회화가 유발된다는(誘發-, 일어난다는) 것이다.

→ 비타민 K의 기능 ②: 혈관 석회화 방지

**5** [1]비타민 $K_1$과 $K_2$는 모두 비타민 K-의존성 단백질의 활성화를 유도하지만(誘導-, 일어나도록 이끌지만) $K_1$은 간세포에서, $K_2$는 그(간세포) 외의 세포에서 활성이 높다. [2]그러므로 혈액 응고 인자의 활성화는 주로 $K_1$이, 그(간세포) 외의 세포에서 합성되는 단백질의 활성화는 주로 $K_2$가 담당한다. [3]이에 따라 일부 연구자들은 비타민 K의 권장량(勸奬量, 건강한 생활을 위해 섭취하기를 권하는 양)을 $K_1$과 $K_2$로 구분하여 설정해야 하며, $K_2$가 함유된 치즈, 버터 등의 동물성 식품과 발효 식품의 섭취를 늘려야 한다고 권고한다.(勸告-, 권한다.)

→ 비타민 $K_1$과 $K_2$의 공통점과 차이점

■지문 이해

〈비타민 K의 기능〉

**❶ 혈액의 응고와 순환에 중요한 역할을 하는 비타민 K**

- 혈관 벽이 손상되어 출혈이 생기면 혈액이 응고되어 혈액 손실을 막아야 함
  - 혈액 응고 : 피브린이 모여 형성된 섬유소 그물이 혈소판 마개와 뭉쳐 혈병을 만드는 현상
  - 혈전 : 혈액 응고가 혈관 속에서 일어나 만들어진 혈병
- 동맥 경화가 일어나면 혈전 침착, 혈류 감소 등이 일어나 혈관 질환이 발생할 수 있음
  → 비타민 K는 혈액의 응고 및 순환에 중요한 역할을 함

**❷ 비타민 K의 기능 ① : 혈액의 응고를 도움**

- 비타민 K는 지방에 녹으며, 결핍될 시 혈액 응고가 지연됨
- 혈액 응고 과정에서 비타민 K는 혈액 응고 인자들(비타민 K-의존성 단백질)이 카르복실화되게 하여, 이들이 칼슘 이온과 결합하는 '활성화'가 가능하도록 함
- 비타민 K-의존성 단백질 : 비타민 K에 의해 카르복실화되어야 활성화가 가능한 표적 단백질

**❸ 비타민 K의 종류**

- 비타민 $K_1$ : 식물에서 합성되며, 녹색 채소 등에 충분히 함유되어 있음
  → 일반적인 권장 식단을 따르면 혈액 응고에 차질이 생기지 않음
- 비타민 $K_2$ : 동물 세포에서 합성되거나 미생물 발효로 생성됨

**❹ 비타민 K의 기능 ② : 혈관 석회화 방지**

- 혈관 벽에 칼슘염이 침착되는 혈관 석회화가 진행되면 동맥 경화 및 혈관 질환이 발생할 수 있음
- 혈관 석회화는 MGP 단백질(비타민 K-의존성 단백질)에 의해 억제됨
  → 비타민 K가 부족하면 MGP 단백질이 활성화되지 못해 혈관 석회화가 유발됨

**❺ 비타민 $K_1$과 $K_2$의 공통점과 차이점**

| | 비타민 $K_1$ | 비타민 $K_2$ |
|---|---|---|
| 공통점 | 비타민 K-의존성 단백질의 활성화를 유도함 | |
| 차이점 | 간세포에서 활성이 높음 | 간세포 외의 세포에서 활성이 높음 |
| | 혈액 응고 인자의 활성화를 주로 담당함 | 간세포 외의 세포에서 합성되는 단백질의 활성화를 주로 담당함 |

- 일부 연구자들은 비타민 K의 권장량을 $K_1$과 $K_2$로 구분하여 설정해야 하며, $K_2$가 함유된 치즈, 버터 등의 동물성 식품과 발효 식품의 섭취를 늘려야 한다고 권고함

1등급 문제

**043** | 세부 정보 이해 - 적절하지 않은 것 고르기 2023학년도 6월 모평 10번
정답률 50%, 매력적 오답 ③ 10% ④ 20% ⑤ 15% | 정답 ①

### 윗글에서 알 수 있는 내용으로 적절하지 않은 것은?

**① 혈전이 형성되면 섬유소 그물이 뭉쳐 혈액의 손실을 막는다.** (혈소판 마개와 / 혈병을 만들어)

근거 ❶-2~4 혈관 벽이 손상되어 출혈이 생기면 손상 부위의 혈액이 응고되어 혈액 손실을 막아야 한다. 혈액 응고는 섬유소 단백질인 피브린이 모여 형성된 섬유소 그물이 혈소판이 응집된 혈소판 마개와 뭉쳐 혈병이라는 덩어리를 만드는 현상이다. 혈액 응고는 혈관 속에서도 일어나는데, 이때의 혈병을 혈전이라 한다.

풀이 혈전이 형성되면 섬유소 그물이 뭉치는 것이 아니라, 섬유소 그물이 혈소판 마개와 뭉치면 혈병이 만들어져 혈액이 응고되는 것이다. '혈전'은 혈액 응고가 혈관 속에서 일어날 때의 혈병을 뜻하므로, 혈전이 만들어지는 과정도 이와 같이 섬유소 그물이 혈소판 마개와 뭉쳐 만들어진다.

→ 적절하지 않음!

**② 혈액의 응고가 이루어지려면 혈소판 마개가 형성되어야 한다.**

근거 ❶-3 혈액 응고는 섬유소 단백질인 피브린이 모여 형성된 섬유소 그물이 혈소판이 응집된 혈소판 마개와 뭉쳐 혈병이라는 덩어리를 만드는 현상

→ 적절함!

**③ 혈관 손상 부위에 혈병이 생기려면 혈소판이 응집되어야 한다.**

근거 ❶-2~3 혈관 벽이 손상되어 출혈이 생기면 손상 부위의 혈액이 응고되어 혈액 손실을 막아야 한다. 혈액 응고는 섬유소 단백질인 피브린이 모여 형성된 섬유소 그물이 혈소판이 응집된 혈소판 마개와 뭉쳐 혈병이라는 덩어리를 만드는 현상

→ 적절함!

**④ 혈관 경화를 방지하려면 이물질이 침착되지 않게 해야 한다.**

근거 ❶-5 이물질이 쌓여 동맥 내벽이 두꺼워지는 동맥 경화가 일어나면, ❹-3 혈관 벽에 칼슘염이 침착되는 혈관 석회화가 진행되어 동맥 경화 및 혈관 질환이 발생

풀이 동맥 경화는 이물질이 쌓여 동맥 내벽이 두꺼워지는 것을 말한다. 예를 들어 혈관 벽에 칼슘염이 침착되면, 즉 혈관 벽에 칼슘염이라는 이물질이 쌓이면 혈관 석회화가 진행되어 동맥 경화가 발생할 수 있다. 이러한 윗글의 내용을 통해 혈관 경화를 방지하려면 이물질이 침착되지 않게 해야 함을 알 수 있다.

→ 적절함!

**⑤ 혈관 석회화가 계속되면 동맥 내벽과 혈류에 변화가 생긴다.**

근거 ❶-5 이물질이 쌓여 동맥 내벽이 두꺼워지는 동맥 경화가 일어나면 그 부위에 혈전 침착, 혈류 감소 등이 일어나 혈관 질환이 발생하기도 한다, ❹-3 혈관 벽에 칼슘염이 침착되는 혈관 석회화가 진행되어 동맥 경화 및 혈관 질환이 발생하는 경우가 생긴다.

풀이 혈관 석회화가 진행되면 동맥 내벽이 두꺼워지는 동맥 경화가 발생할 수 있다. 동맥 경화가 일어나면 그 부위에 혈전 침착, 혈류 감소 등이 일어나 혈관 질환을 유발한다. 따라서 혈관 석회화가 계속되면 동맥 내벽과 혈류에 변화가 생긴다는 설명은 적절하다.

→ 적절함!

1등급 문제

**044** | 추론의 적절성 판단 - 적절한 것 고르기 2023학년도 6월 모평 11번
정답률 40%, 매력적 오답 ④ 30% ⑤ 15% | 정답 ②

### 칼슘의 역설에 대한 이해로 가장 적절한 것은?

▶ 지문 핵심 개념 정리

**비타민 K의 기능 : 혈관 석회화 방지**

- 골다공증을 방지하고자 칼슘 보충제 섭취 → 혈액 내 칼슘 농도는 높아지나 골밀도는 높아지지 않음 → 혈관 벽에 칼슘염이 침착되는 혈관 석회화가 진행되어 동맥 경화 및 혈관 질환이 발생하는 경우가 생김(❹-2~3)
- MGP(K-의존성 단백질)
  - 혈관 근육 세포 등에서 생성됨(❹-4)
  - 혈관 석회화를 억제함(❹-4)
- 비타민 K 부족 → MGP 단백질이 활성화되지 못함 → 혈관 석회화가 유발됨(❹-5)

**① 칼슘 보충제를 섭취하면 오히려 비타민 $K_1$의 *효용성이 감소된다는 것이겠군.** *效用性, 쓸모가 있는 성질

풀이 칼슘 보충제를 섭취하면 혈액 내 칼슘 농도가 높아져 혈관 석회화가 진행되는 경우가 생길 수 있다. 혈관 석회화는 MGP 단백질에 의해 억제되는데, 이 단백질은 비타민 K-의존성 단백질로, 비타민 K가 부족할 경우 활성화되지 못한다. 즉 비타민 K는 MGP 단백질을 활성화하여 혈관 석회화를 억제할 수 있도록 한다. 윗글에서 칼슘 보충제를 섭취하면 비타민 $K_1$의 효용성이 감소된다는 내용은 확인할 수 없다.

→ 적절하지 않음!

**② 칼슘 보충제를 섭취해도 뼈 조직에서는 칼슘이 여전히 필요하다는 것이겠군.**

풀이 골다공증은 뼈 조직의 칼슘 밀도가 낮아져 생긴다. 칼슘의 역설은 골다공증을 방지하기 위해 칼슘 보충제를 섭취해도 혈액 내 칼슘 농도는 높아지지만 골밀도는 높아지지 않고, 혈관 석회화가 진행되는 경우를 말한다. 이 경우 칼슘 보충제를 섭취해도 골밀도가 높아지지 않으므로, 뼈 조직에서는 여전히 칼슘이 필요하다.

→ 적절함!

**③ 칼슘 보충제를 섭취해도 골다공증은 막지 못하나 혈관 건강은 *개선되는 경우가 있다는 것이겠군.** *改善-. 잘못된 것이나 부족한 것, 나쁜 것 등이 고쳐져 더 좋게 되는

**풀이** 칼슘 보충제를 섭취해도 골밀도는 높아지지 않아 골다공증을 막지 못하면서 혈액 내 칼슘 농도는 높아져 혈관 석회화로 인한 혈관 질환이 생길 수 있다.

→ 적절하지 않음!

**④ 칼슘 보충제를 섭취하면 혈액 내 단백질이 칼슘과 결합하여 혈관 벽에 칼슘이 침착된다는 것이겠군.**

**풀이** 칼슘 보충제를 섭취하면 혈액 내 칼슘 농도가 높아져 혈관 벽에 칼슘염이 침착되는 혈관 석회화가 진행될 수 있다. 칼슘염이 혈관 벽에 침착될 때 혈액 내 단백질과 결합하는지 여부는 윗글에 나타나지 않으므로 알 수 없다.

→ 적절하지 않음!

골밀도가 높아지지 않아

**⑤ 칼슘 보충제를 섭취해도 혈액으로 칼슘이 흡수되지 않아 골다공증 개선이 안 되는 경우가 있다는 것이겠군.**

**풀이** 칼슘의 역설이란 칼슘 보충제를 섭취해도 '혈액으로 칼슘이 흡수되지 않아' 골다공증 개선이 안 되는 경우가 있다는 것을 뜻하는 것이 아니라, 칼슘 보충제를 섭취해도 '골밀도가 높아지지 않아' 골다공증은 개선되지 않고, 혈액 내 칼슘 농도가 높아져 혈관 석회화가 진행되어 동맥 경화 및 혈관 질환이 발생하는 경우를 말한다.

→ 적절하지 않음!

1등급 문제

**045** 핵심 개념 파악 - 적절한 것 고르기 2023학년도 6월 모평 12번
정답률 45%, 매력적 오답 ① 30% ② 10% ③ 10%
정답 ④

**㉠과 ㉡에 대한 설명으로 가장 적절한 것은?**

㉠ 비타민 $K_1$ ㉡ 비타민 $K_2$

활성이 높다

**① ㉠은 ㉡과 달리 우리 몸의 간세포에서 합성된다.**

**근거** ❸-1 비타민 K는 식물에서 합성되는 비타민 $K_1$과 동물 세포에서 합성되거나 미생물 발효로 생성되는 비타민 $K_2$로 나뉜다, ❺-1 비타민 $K_1$과 $K_2$는 모두 비타민 K-의존성 단백질의 활성화를 유도하지만 $K_1$은 간세포에서, $K_2$는 그 외의 세포에서 활성이 높다.

**풀이** 비타민 $K_1$(㉠)은 식물에서 합성되고, 비타민 $K_2$(㉡)는 동물 세포에서 합성되거나 미생물 발효로 생성된다. 비타민 $K_1$(㉠)은 간세포에서 '활성이 높은' 것이지, 간세포에서 합성되는 것이 아니다.

→ 적절하지 않음!

㉠과 ㉡은 모두

**② ㉡은 ㉠과 달리 지방과 함께 섭취해야 한다.**

**근거** ❷-2 지방을 뺀 사료를 먹인 병아리의 경우, 지방에 녹는 어떤 물질이 결핍되어 혈액 응고가 지연된다는 사실을 발견하고 그 물질을 비타민 K로 명명했다.

**풀이** 윗글에서 지방을 뺀 사료를 먹인 병아리는 지방에 녹는 어떤 물질(비타민 K)이 결핍되어 혈액 응고가 지연된다는 사실을 발견했다고 하였다. 이를 통해 비타민 K는 지방에 녹는다는 것과, 지방을 섭취하지 않을 경우 비타민 K가 결핍된다는 것을 알 수 있다. 따라서 비타민 K, 즉 비타민 $K_1$(㉠)과 비타민 $K_2$(㉡)는 모두 지방과 함께 섭취해야 한다.

→ 적절하지 않음!

㉠과 ㉡은 모두 변형한다

**③ ㉡은 ㉠과 달리 표적 단백질의 아미노산을 변형하지 않는다.**

**근거** ❷-7~8 카르복실화는 단백질을 구성하는 아미노산 중 글루탐산이 감마-카르복시글루탐산으로 전환되는 것을 말한다. 이처럼 비타민 K에 의해 카르복실화되어야 활성화가 가능한 표적 단백질을 비타민 K-의존성 단백질이라 한다.

**풀이** 비타민 K는 단백질을 구성하는 아미노산 중 글루탐산이 감마-카르복시글루탐산으로 전환되는 카르복실화가 이루어지도록 한다. 따라서 비타민 $K_1$(㉠)과 비타민 $K_2$(㉡)는 모두 표적 단백질의 아미노산을 변형한다고 볼 수 있다.

→ 적절하지 않음!

**④ ㉠과 ㉡은 모두 표적 단백질의 활성화 이전 단계에 작용한다.**

**근거** ❷-5~8 비타민 K는 프로트롬빈을 비롯한 혈액 응고 인자들이 간세포에서 합성될 때 이들의 활성화에 관여한다. 활성화는 칼슘 이온과의 결합을 통해 이루어지는데, 이들 혈액 단백질이 칼슘 이온과 결합하려면 카르복실화되어 있어야 한다. 카르복실화는 단백질을 구성하는 아미노산 중 글루탐산이 감마-카르복시글루탐산으로 전환되는 것을 말한다. 이처럼 비타민 K에 의해 카르복실화되어야 활성화가 가능한 표적 단백질을 비타민 K-의존성 단백질이라 한다.

**풀이** 혈액 단백질의 활성화는 칼슘 이온과의 결합을 통해 이루어진다. 혈액 단백질이 칼슘 이온과 결합하려면 먼저 카르복실화되어 있어야 하는데, 이때 카르복실화는 비타민 K에 의해 이루어진다. 따라서 비타민 $K_1$(㉠)과 비타민 $K_2$(㉡)는 모두 표적 단백질의 활성화 이전 단계에 작용한다.

→ 적절함!

결핍될 경우 문제가 발생한다

**⑤ ㉠과 ㉡은 모두 일반적으로는 결핍이 발생해 문제가 되는 경우는 없다.**

**근거** ❺-2 혈액 응고 인자의 활성화는 주로 $K_1$이, 그 외의 세포에서 합성되는 단백질의 활성화는 주로 $K_2$가 담당, ❷-2 지방에 녹는 어떤 물질이 결핍되어 혈액 응고가 지연된다는 사실을 발견하고 그 물질을 비타민 K로 명명, ❹-5 비타민 K가 부족하면 MGP 단백질이 활성화되지 못해 혈관 석회화가 유발된다는 것

**풀이** 비타민 K 중 $K_1$은 혈액 응고 인자의 활성화를, $K_2$는 간세포 외의 세포에서 합성되는 단백질의 활성화를 주로 담당한다. 윗글에서 비타민 K가 결핍될 경우 혈액 응고가 지연되고, MGP 단백질이 활성화되지 못해 혈관 석회화가 유발된다고 하였다. 혈액 응고 지연은 $K_1$ 결핍과, 혈관 석회화 유발은 $K_2$의 결핍과 관계된 것이므로, 비타민 $K_1$(㉠)과 비타민 $K_2$(㉡)는 모두 결핍이 발생할 경우 문제가 생긴다.

→ 적절하지 않음!

1등급 문제

**046** 구체적인 사례에 적용 - 적절하지 않은 것 고르기 2023학년도 6월 모평 13번
정답률 40%, 매력적 오답 ② 10% ④ 30% ⑤ 15%
정답 ③

**윗글을 참고할 때 〈보기〉의 (가)~(다)를 *투여함에 따라 **체내에서 일어나는 반응을 예상한 내용으로 적절하지 않은 것은?** *投與-. 약을 먹게 하거나 주사함 **體內. 몸의 안 [3점]

| 보 기 |

다음은 혈전으로 인한 질환을 예방 또는 치료하는 약물이다.

(가) 와파린 : 트롬빈에는 작용하지 않고 비타민 K의 작용을 방해함.

(나) 플라스미노겐 활성제 : 피브리노겐에는 작용하지 않고 피브린을 분해함.

(다) 헤파린 : 비타민 K-의존성 단백질에는 작용하지 않고 트롬빈의 작용을 억제함.

**① (가)의 지나친 투여는 혈관 석회화를 유발할 수 있겠군.**

**근거** ❹-4~5 혈관 석회화는 혈관 근육 세포 등에서 생성되는 MGP라는 단백질에 의해 억제되는데, 이 단백질이 비타민 K-의존성 단백질이다. 비타민 K가 부족하면 MGP 단백질이 활성화되지 못해 혈관 석회화가 유발된다는 것

**풀이** (가)를 지나치게 투여할 경우, 비타민 K의 작용을 방해하여 비타민 K-의존성 단백질인 MGP 단백질이 활성화되지 못해 혈관 석회화가 유발될 수 있다.

→ 적절함!

**② (나)는 이미 뭉쳐 있던 혈전이 풀어지도록 할 수 있겠군.**

**근거** ❶-3~4 혈액 응고는 섬유소 단백질인 피브린이 모여 형성된 섬유소 그물이 혈소판이 응집된 혈소판 마개와 뭉쳐 혈병이라는 덩어리를 만드는 현상이다. 혈액 응고는 혈관 속에서도 일어나는데, 이때의 혈병을 혈전이라 한다.

**풀이** 혈병은 피브린이 모여 형성된 섬유소 그물이 혈소판 마개와 뭉쳐 만드는 덩어리를 말한다. (나)는 피브린을 분해하므로, 이미 뭉쳐 있던 혈병에 모여 있던 피브린을 분해하여 혈병이 풀어지도록 할 수 있다. 혈전은 혈관 속의 혈병을 뜻하므로, (나)는 이미 뭉쳐 있던 혈전이 풀어지도록 할 수 있다는 설명은 적절하다.

→ 적절함!

**③ (다)는 혈액 응고 인자와 칼슘 이온의 결합을 억제하겠군.**

**근거** ❷-4~6 트롬빈은 혈액에 녹아 있는 피브리노겐을 불용성인 피브린으로 바꾼다. 비타민 K는 프로트롬빈을 비롯한 혈액 응고 인자들이 간세포에서 합성될 때 이들의 활성화에 관여한다. 활성화는 칼슘 이온과의 결합을 통해 이루어지는데, 이들 혈액 단백질이 칼슘 이온과 결합하려면 카르복실화되어 있어야 한다, ❷-8 이처럼 비타민 K에 의해 카르복실화되어야 활성화가 가능한 표적 단백질을 비타민 K-의존성 단백질이라 한다.

**풀이** 프로트롬빈을 비롯한 혈액 응고 인자들은 비타민 K-의존성 단백질로, 칼슘 이온과 결합하여 간세포에서 활성화된다. 〈보기〉에서 (다)는 비타민 K-의존성 단백질에는 작용하지 않는다고 하였다. 따라서 (다)가 혈액 응고 인자와 칼슘 이온의 결합을 억제한다는 설명은 적절하지 않다. (다)는 트롬빈의 작용을 억제하므로 혈액 응고 인자와 칼슘 이온의 결합이 아닌, 트롬빈이 피브리노겐을 피브린으로 바꾸는 것을 억제하는 작용을 한다.

→ 적절하지 않음!

**④ (가)와 (다)는 모두 피브리노겐이 전환되는 것을 억제하겠군.**

**근거** ❶-3 혈액 응고는 섬유소 단백질인 피브린이 모여 형성된 섬유소 그물이 혈소판이 응집된 혈소판 마개와 뭉쳐 혈병이라는 덩어리를 만드는 현상, ❷-3~5 혈액 응고는 단백질로 이루어진 다양한 인자들이 관여하는 연쇄 반응에 의해 일어난다. 우선 여러 혈액 응고 인자들이 활성화된 이후 프로트롬빈이 활성화되어 트롬빈으로 전환되고, 트롬빈은 혈액에 녹아 있는 피브리노겐을 불용성인 피브린으로 바꾼다. 비타민 K는 프로트롬빈을 비롯한 혈액 응고 인자들이 간세포에서 합성될 때 이들의 활성화에 관여한다.

**풀이** 혈액 응고는 피브린이 모여 형성된 섬유소 그물이 혈소판 마개와 뭉쳐 혈병을 만드는 현상이다. 먼저 트롬빈은 피브리노겐이 피브린으로 전환되도록 하므로, 트롬빈의 작용을 억제하는 (다)를 투여할 경우 피브리노겐이 전환되는 것을 억제할 수 있다. 한편 프로트롬빈을 비롯한 혈액 응고 인자들의 활성화에 관여하는 비타민 K의 작용이 억제되면, 프로트롬빈의 활성화 역시 억제된다. 즉 트롬빈에는 작용하지 않고 비타민 K의 작용을 억제하는 (가)를 투여할 경우, 프로트롬빈의 활성화가 억제된다. 프로트롬빈의 활성화가 억제되면 트롬빈으로의 전환이 이루어지지 않게 되고, 트롬빈이 피브리노겐을 피브린으로 바꾸는 연쇄 반응 또한 억제된다. 따라서 (가)와 (다)는 모두 피브리노겐이 전환되는 것을 억제한다는 설명은 적절하다.

→ 적절함!

**⑤ (나)와 (다)는 모두 피브린 섬유소 그물의 형성을 억제하겠군.**

**근거** ❶-3 혈액 응고는 섬유소 단백질인 피브린이 모여 형성된 섬유소 그물이 혈소판이 응집된 혈소판 마개와 뭉쳐 혈병이라는 덩어리를 만드는 현상, ❷-4 트롬빈은 혈액에 녹아 있는 피브리노겐을 불용성인 피브린으로 바꾼다.

**풀이** (나)는 피브린을 분해하므로, (나)를 투여할 경우 피브린이 모여 섬유소 그물을 형성하는 것을 억제할 수 있다. 한편 (다)는 혈액에 녹아 있는 피브리노겐을 피브린으로 바꾸는 트롬빈의 작용을 억제한다. 트롬빈의 작용이 억제되면 피브리노겐을 피브린으로 바꾸는 작용 역시 억제되므로, (다)를 투여할 경우에도 피브린이 모여 섬유소 그물을 형성하는 것을 억제할 수 있다.

→ 적절함!

## [047~050] 다음 글을 읽고 물음에 답하시오.

**1** [1]18 세기에는 열의 실체(實體, 진정한 정체)가 칼로릭(caloric)이며 칼로릭은 온도가 높은 쪽에서 낮은 쪽으로 흐르는 성질을 갖고 있는, 질량이 없는 입자들의 모임이라는 생각이 받아들여지고 있었다. [2]이를 칼로릭 이론이라 ㉠ 부르는데, 이(칼로릭 이론)에 따르면 찬 물체와 뜨거운 물체를 접촉시켜 놓았을 때 두 물체의 온도가 같아지는 것은 칼로릭이 뜨거운 물체에서 차가운 물체로(온도가 높은 쪽에서 낮은 쪽으로) 이동하기(열입자의 양은 손실 없이 보존된다.) 때문이라는 것이다. [3]이러한 상황에서 과학자들의 큰 관심사 중의 하나는 증기 기관(蒸氣機關, 수증기의 열에너지를 일로 바꾸는 장치)과 같은 열기관의 열효율 문제였다.

〈참고 그림〉

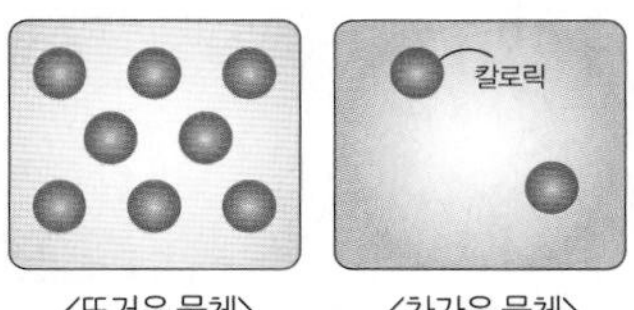

◀ 18 세기에서 19 세기 초까지 과학자들은 물체 내부에 칼로릭이 존재하고 있으며 물체에 따라 저장할 수 있는 칼로릭의 양은 다르다고 믿고 있었다.

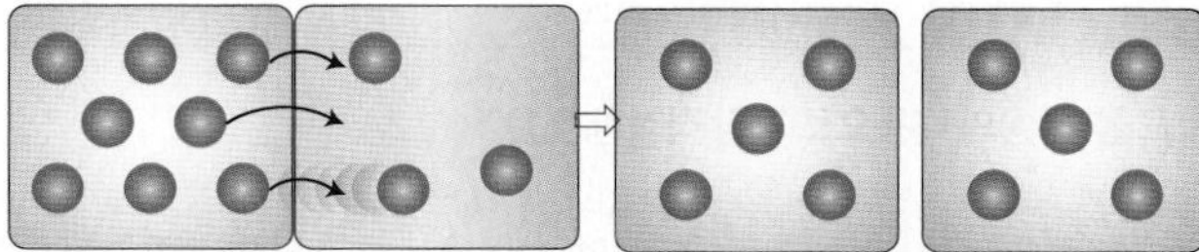
▲ 뜨거운 물체와 차가운 물체를 접촉해두면 칼로릭이 풍부한 고온의 물체에서 칼로릭이 적은 저온의 물체 쪽으로 칼로릭이 이동하게 되고, 이로 인해 양쪽 모두 같은 온도에 도달하게 된다고 믿었다. 이 칼로릭 이론은 물체의 온도 변화에 대한 몇 가지 현상을 성공적으로 설명할 수 있어 이 당시 과학자들에게 인정받고 있었다.

→ 18 세기 칼로릭 이론에 대한 소개

**2** [1]열기관은 높은 온도의 열원(熱源, 열이 발생하는 곳)에서(고온부에서) 열을 흡수하고(吸收–, 빨아들이고) 낮은 온도의 대기와 같은 열기관 외부(저온부)에 열을 방출하며(放出–, 내보내서) 일을 하는 기관을 말하는데, 열효율은 열기관이 흡수한 열의 양 대비 한 일의 양으로 정의된다. [2]19 세기 초에 카르노는 열기관의 열효율 문제를 칼로릭 이론에 기반을 두고 ㉡ 다루었다. [3]카르노는 물레방아와 같은 수력 기관에서 물이 높은 곳에서 낮은 곳으로 ㉢ 흐르면서 일을 할 때(이때 물은 높은 곳에서 낮은 곳으로 이동하지만, 그 물의 양은 변하지 않는다.) 물의 양과 한 일의 양의 비가 높이 차이에만 좌우되는(물의 이동을 통해서만 일이 생기는) 것에 주목하였다.(注目–, 관심을 갖고 주의 깊게 살폈다.) [4]물이 높이 차에 의해 이동하는 것과 흡사하게 칼로릭도 고온에서 저온으로 이동하면서 일을 하게 되는데, 열기관의 열효율 역시 이러한 두 온도에만 의존한다는(열의 이동에 의해서만 일이 생긴다는) 것이었다.

〈참고 그림〉

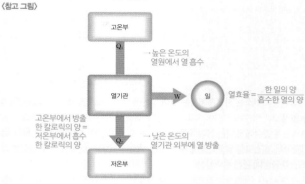

고온부
$Q_1$
→ 높은 온도의 열원에서 열 흡수
열기관
W
일
열효율 = $\frac{\text{한 일의 양}}{\text{흡수한 열의 양}}$
고온부에서 방출한 칼로릭의 양 = 저온부에서 흡수한 칼로릭의 양
$Q_2$
→ 낮은 온도의 열기관 외부에 열 방출
저온부

▲ 카르노의 '열기관의 열효율'

→ 19 세기 초 카르노의 이론

**3** [1]한편 1840년대에 줄(Joule)은 일정량(一定量, 정해진 양)의 열을 얻기 위해 필요한 각종(各種, 여러 종류의) 에너지의 양을 측정하는 실험을 행하였다. [2]대표적인 것이 열의 일당량 실험이었다. [3]이 실험(열의 일당량 실험)은 열기관을 대상으로 한 것이 아니라, 추를 낙하시켜(역학적 에너지를 발생시켜) 물속의 날개바퀴를 회전시키는(날개바퀴의 회전을 통해 물의 온도를 높이는) 실험이었다. [4]열의 양은 칼로리(calorie)로 표시되는데, 그는 역학적 에너지인 일이 열로 바뀌는 과정의 정밀한 실험을 통해 1 kcal의 열을 얻기 위해서 필요한 일의 양인 열의 일당량을 측정하였다.(測定–, 재었다.) [5]줄은 이렇게 일과 열은 형태만 다를 뿐 서로 전환이 가능한 물리량이므로 등가성(等價性, 같은 가치를 지니는 성질)을 갖는다는 것을 입증하였으며(立證–, 실험 결과를 통해 증명하였으며), 열과 일이 상호 전환될 때 열과 일의 에너지를 합한 양은 일정하게 보존된다는 사실(에너지 전환 이전과 이후에 에너지의 총량은 변하지 않는다는 것)을 알아내었다. [6]이후 열과 일뿐만 아니라 화학 에너지, 전기 에너지 등이 등가성을 가지며 상호 전환될 때에 에너지의 총량(總量, 전체 양)은 변하지 않는다는 에너지 보존 법칙이 입증되었다.

〈참고 그림〉

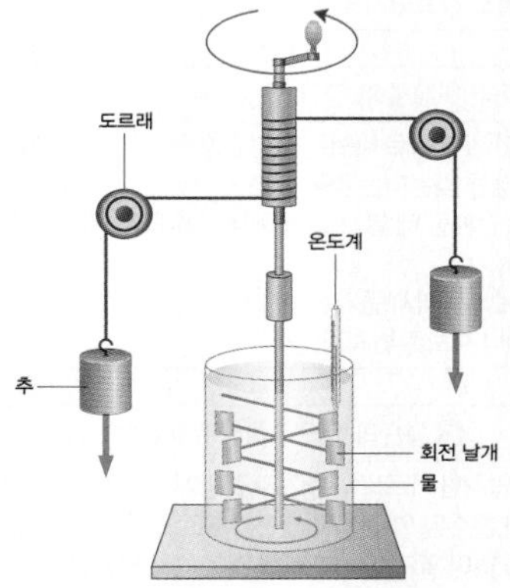

▲ 줄의 '열의 일당량 실험' 보충 설명

추를 낙하시키면 추에 연결된 실이 물속의 날개바퀴를 돌려 물을 마구 휘젓게 되므로 물의 온도가 올라간다. 줄은 이와 같이 추의 역학적 에너지가 하는 일이 물의 온도를 변화시키는 열에너지로 전환되는 에너지의 양을 정확하게 측정하였는데 이를 열의 일당량이라고 한다. 이 실험을 통해 1 kcal의 열을 발생시키는 데 필요한 일은 $4.2 \times 10^3$ J이라는 것을 밝혀냈다.

→ 1840년대 줄의 '열의 일당량 실험'과 에너지 보존 법칙

**4** [1]열과 일에 대한 이러한 이해는 카르노의 이론에 대한 과학자들의 재검토로 이어졌다. [2]특히 톰슨은 ⓐ 칼로릭 이론에 입각한(立脚–, 근거를 둔) 카르노의 열기관에 대한 설명이 줄의 에너지 보존 법칙에 위배된다고(違背–, 어긋난다고) 지적하였다. [3]카르노의 이론에 의하면, 열기관은 높은 온도에서 흡수한 열 전부를 낮은 온도로 방출하면서 일을 한다.(열과 일이 상호 전환되는 것이 아니라, 열은 손실 없이 모두 이동하고, 일은 열의 이동에 의해 새롭게 만들어진다.) [4]이것은 줄이 입증한 열과 일의 등가성과 에너지 보존 법칙(열이 일로 전환되거나 일이 열로 전환될 수 있으며, 전환 이전과 이후의 에너지 총량은 같다는 이론)에 ㉣ 어긋나는 것이어서 열의 실체가 칼로릭이라는 생각은 더 이상 유

지될 수 없게 되었다.(인정받을 수 없었다.) [5]하지만 열효율에 관한 카르노의 이론(열효율은 온도 차이에만 의존한다는 것)은 클라우지우스의 증명으로 유지될 수 있었다. [6]그(클라우지우스)는 카르노의 이론이 유지되지 않는다면 열은 저온에서 고온으로 흐르는 현상이 ⓔ 생길 수도 있을 것이라는 가정(假定, 사실인지 아닌지 불분명한 것을 임시로 정함)에서 출발하여, 열기관의 열효율은 열기관이 고온에서 열을 흡수하고 저온에 방출할 때의 두 작동 온도에만 관계된다는 카르노의 이론을 증명하였다.

• '칼로릭 이론'이 왜 줄의 에너지 보존 법칙에 위배되는지(❹-4) 보충 설명
칼로릭 이론은 온도가 다른 물체들은 저마다 다른 양의 칼로릭을 가지고 있다는 것을 바탕으로 하고 있어서, 열의 이동은 칼로릭을 많이 가지고 있는 물체에서 칼로릭을 적게 가지고 있는 물체로 칼로릭이 이동하여 생기는 현상이라고 하였다. 하지만 줄의 실험은 역학적 에너지에 의한 일이 열에너지로 전환된다는 것을 입증한 것으로 더 따뜻한 다른 물체와 접촉시키지 않고도 어떤 물체의 온도를 올릴 수 있다는 것을 입증하였다. 즉, 칼로릭의 이동과는 상관없이 일이 열에너지로 전환되는 것이 가능하다는 것을 의미하므로 열의 실체가 칼로릭이라는 생각은 더 이상 유지될 수 없게 되었다.

→ 톰슨의 반박과 클라우지우스의 증명

5 [1]클라우지우스는 자연계에서는 열이 고온에서 저온으로만 흐르고 그와 반대되는 현상(열이 저온에서 고온으로 흐르는 모습)은 일어나지 않는 것과 같이 경험적으로 알 수 있는 방향성이 있다는 점에 주목하였다. [2]또한 일이 열로 전환될 때와는 달리, 열기관에서 열 전부를 일로 전환할 수 없다는, 즉 열효율이 100 %가 될 수 없다는 상호 전환 방향에 관한 비대칭성(일 전부를 열로 전환할 수 있으나, 열 전부는 일로 전환할 수 없다. 즉 열을 일로 전환할 때는 열 손실이 발생한다.)이 있다는 사실에 주목하였다. [3]이러한 방향성과 비대칭성에 대한 논의는 이를 설명할 수 있는 새로운 물리량인 엔트로피의 개념을 낳았다.

• ❺-2 보충 설명
1. 일은 전부 열로 전환할 수 있다.
2. 하지만 열에너지는 100 % 일로 전환되지 않는다. 왜냐하면 열 손실이 있기 때문이다. 따라서 열효율은 100 %가 될 수 없다.
3. 이처럼 한쪽 방향으로만 반응이 성립하고 그 반대 방향으로는 반응이 성립하지 않는 것을 상호 전환 방향에 대한 '비가역성' 또는 '비대칭성'이라고 한다.
4. 물리학에서는 이것을 열역학 제2법칙이라고 부른다.

→ 클라우지우스의 엔트로피 개념

■지문 이해

〈열역학에 대한 탐구 과정〉

**❶ 18 세기 칼로릭 이론에 대한 소개**
• 열의 실체인 칼로릭 : 고온에서 저온으로 흐르는, 질량 없는 입자들의 모임

**❷ 19 세기 초 카르노의 이론**
• 열기관의 열효율 문제를 칼로릭 이론에 입각하여 설명
• 열기관의 열효율도 칼로릭처럼 두 온도(고온 → 저온)에만 의존한다고 봄

**❸ 1840년대 줄의 '열의 일당량 실험'과 에너지 보존 법칙**
• 역학적 에너지인 일이 열로 바뀌는 과정을 통해 열의 일당량을 측정함
• 일과 열은 등가성을 갖는다는 것을 입증
• 열과 일이 상호 전환될 때 열과 일의 에너지를 합한 양은 일정하게 보존됨을 알아냄
→ 화학, 전기 에너지 역시 등가성이 있으며 상호 전환 시 에너지 총량은 변하지 않는다는 '에너지 보존 법칙' 입증

**❹ 톰슨의 반박과 클라우지우스의 증명**
• 칼로릭 이론에 입각한 카르노의 열기관 설명에 대한 톰슨의 반박
: 높은 온도에서 흡수된 열 전부가 낮은 온도로 방출되며 일을 한다는 것은 열에너지 양의 변화 없이 열의 이동에 의해 일이 새롭게 발생한다는 것
→ 열과 일의 등가성, 에너지 보존 법칙에 위배됨
• 카르노의 이론에 대한 클라우지우스의 증명
: 열기관의 열효율은 두 작동 온도에만 관계됨을 증명
→ 열효율에 관한 카르노의 이론은 유지됨

**❺ 클라우지우스의 엔트로피 개념**
• 열의 방향성과 상호 전환 방향에 관한 비대칭성을 설명하기 위한 엔트로피 개념 창안

| **047** | 세부 정보 이해 - 적절한 것 고르기 2017학년도 9월 모평 31번 정답률 70% | 정답 ⑤ |
|---|---|---|

**윗글에서 알 수 있는 내용으로 가장 적절한 것은?**

**① 열기관은 외부로부터 받은 일을 열로 *변환하는 기관이다.** (열을 흡수하고 방출하며 일을 하는) *變換-, 바꾸는

근거 ❷-1 열기관은 높은 온도의 열원에서 열을 흡수하고 낮은 온도의 대기와 같은 열기관 외부에 열을 방출하며 일을 하는 기관을 말하는데,

풀이 열기관은 일을 열로 변환하는 기관이 아니라, 열을 흡수하고 방출하며 일을 하는 기관이다.

→ 적절하지 않음!

**② 수력 기관에서 물의 양과 한 일의 양의 비는 물의 온도 차이에 비례한다.** (높이)

근거 ❷-3 수력 기관에서 물이 높은 곳에서 낮은 곳으로 흐르면서 일을 할 때 물의 양과 한 일의 양의 비가 높이 차이에만 좌우되는 것에 주목

풀이 수력 기관에서 물의 양과 한 일의 양의 비는 물의 온도 차이가 아니라 높이 차이에 비례한다.

→ 적절하지 않음!

**③ 칼로릭 이론에 의하면 차가운 쇠구슬이 뜨거워지면 쇠구슬의 질량은 증가하게 된다.** (변하지 않는다)

근거 ❶-1~2 열의 실체가 칼로릭(caloric)이며 칼로릭은 … 질량이 없는 입자들의 모임이라는 생각이 받아들여지고 있었다. 이를 칼로릭 이론이라 부르는데,

풀이 칼로릭 이론에서 열의 실체인 칼로릭은 질량이 없는 입자들의 모임이라고 하였으므로, 쇠구슬이 뜨거워진다고 해도 질량은 변하지 않을 것이다.

→ 적절하지 않음!

**④ 칼로릭 이론에서는 칼로릭을 온도가 낮은 곳에서 높은 곳으로 흐르는 입자라고 본다.** (높은 곳에서 낮은 곳으로)

근거 ❶-1~2 칼로릭은 온도가 높은 쪽에서 낮은 쪽으로 흐르는 성질을 갖고 있는, 질량이 없는 입자들의 모임이라는 생각이 받아들여지고 있었다. 이를 칼로릭 이론이라 부르는데,

풀이 칼로릭 이론에서 칼로릭은 온도가 높은 쪽에서 낮은 쪽으로 흐르는 입자이다.

→ 적절하지 않음!

**⑤ 열기관의 열효율은 두 작동 온도에만 관계된다는 이론은 칼로릭 이론의 오류가 밝혀졌음에도 유지되었다.**

근거 ❷-2 카르노는 열기관의 열효율 문제를 칼로릭 이론에 기반을 두고 다루었다, ❷-4 칼로릭도 고온에서 저온으로 이동하면서 일을 하게 되는데, 열기관의 열효율 역시 이러한 두 온도에만 의존한다는 것, ❹-2~6 톰슨은 칼로릭 이론에 입각한 카르노의 열기관에 대한 설명이 줄의 에너지 보존 법칙에 위배된다고 지적 … 열의 실체가 칼로릭이라는 생각은 더 이상 유지될 수 없게 되었다. 하지만 열효율에 관한 카르노의 이론은 클라우지우스의 증명으로 유지될 수 있었다. 그(클라우지우스)는 … 열기관의 열효율은 … 두 작동 온도에만 관계된다는 카르노의 이론을 증명하였다.

풀이 '열기관의 열효율은 두 작동 온도에만 관계된다는 이론'은 카르노의 이론을 뜻한다. 카르노의 이론은 칼로릭 이론에 기반을 두고 있었는데, 톰슨에 의해 칼로릭 이론의 오류는 밝혀졌지만, 열기관의 열효율은 두 작동 온도에만 관계된다는 이론은 클라우지우스의 증명으로 인해 유지될 수 있었다.

→ 적절함!

1등급 문제

| **048** | 추론의 적절성 판단 - 적절한 것 고르기 2017학년도 9월 모평 32번 정답률 50%, 매력적 오답 ④ 10% ⑤ 25% | 정답 ② |
|---|---|---|

**윗글로 볼 때 ⓐ의 내용으로 가장 적절한 것은?**

ⓐ 칼로릭 이론에 입각한 카르노의 열기관에 대한 설명이 줄의 에너지 보존 법칙에 위배된다고 지적

**① 화학 에너지와 전기 에너지는 서로 전환될 수 없는 에너지라는 점**

근거 ❸-6 열과 일뿐만 아니라 화학 에너지, 전기 에너지 등이 등가성을 가지며 상호 전환될 때에 에너지의 총량은 변하지 않는다는 에너지 보존 법칙이 입증되었다.

→ 적절하지 않음!

**② 열의 실체가 칼로릭이라면 열기관이 한 일을 설명할 수 없다는 점**

근거 ❹-3~4 카르노의 이론에 의하면, 열기관은 높은 온도에서 흡수한 열 전부를 낮은 온도로 방출하면서 일을 한다. 이것은 줄이 입증한 열과 일의 등가성과 에너지 보존

법칙에 어긋나는 것이어서 열의 실체가 칼로릭이라는 생각은 더 이상 유지될 수 없게 되었다.

**풀이** 〈참고 그림〉

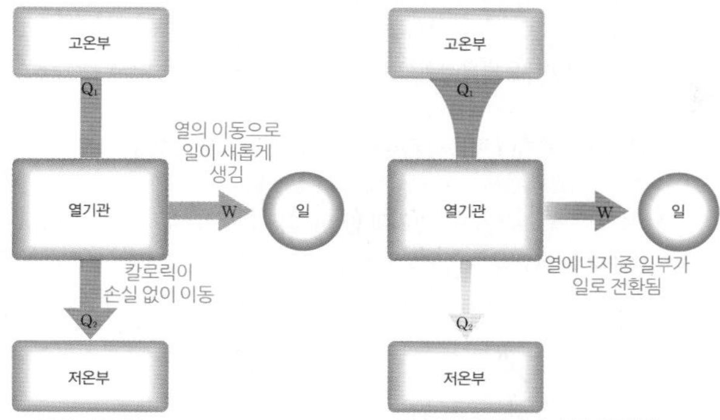


▲ 카르노의 이론 ▲ 톰슨의 반박(줄의 에너지 보존 법칙)

칼로릭 이론을 기반으로 한 카르노는 열기관이 높은 온도에서 흡수한 열 전부를 낮은 온도로 방출하며 일을 한다고 하였다. 즉 열기관에서 열에너지인 칼로릭은 손실 없이 이동되고 이때 일이 새롭게 생긴다는 것이다. 하지만 줄은 실험을 통해 일과 열에너지가 상호 전환되며 등가성을 가진다는 것을 입증했다. 즉 칼로릭의 이동에 의해 일이 새롭게 생기는 것이 아니라, 열에너지 중 일부가 일로 전환된다는 것이다. 따라서 열의 실체를 칼로릭으로 볼 경우, 열기관이 열에너지를 일로 전환하고 에너지의 총량은 변하지 않는다는 에너지 보존 법칙을 설명할 수 없다.

→ 적절함!

엔트로피와 관련

**③ 자연계에서는 열이 고온에서 저온으로만 흐르는 것과 같은 방향성이 있는 현상이 존재한다는 점**

**근거** ❺-1 클라우지우스는 자연계에서는 열이 고온에서 저온으로만 흐르고 그와 반대되는 현상은 일어나지 않는 것과 같이 경험적으로 알 수 있는 방향성이 있다는 점에 주목, ❺-3 이러한 방향성과 비대칭성에 대한 논의는 이를 설명할 수 있는 새로운 물리량인 엔트로피의 개념을 낳았다.

**풀이** 에너지의 방향성에 관한 내용은 ⓐ가 아니라 클라우지우스, 엔트로피 개념과 관련이 있다.

→ 적절하지 않음!

클라우지우스의 증명과 관련

**④ 열효율에 관한 카르노의 이론이 맞지 않는다면 열은 저온에서 고온으로 흐르는 현상이 생길 수 있다는 점**

**근거** ❹-6 그(클라우지우스)는 카르노의 이론이 유지되지 않는다면 열은 저온에서 고온으로 흐르는 현상이 생길 수도 있을 것이라는 가정에서 출발하여, 열기관의 열효율은 열기관이 고온에서 열을 흡수하고 저온에 방출할 때의 두 작동 온도에만 관계된다는 카르노의 이론을 증명하였다.

**풀이** ⓐ는 칼로릭 이론에 대한 톰슨의 지적이다. 열이 저온에서 고온으로 흐르는 현상에 대한 내용은 ⓐ가 아니라, 클라우지우스의 증명과 관련된 내용이다.

→ 적절하지 않음!

클라우지우스의 증명과 관련

**⑤ 열기관의 열효율은 열기관이 고온에서 열을 흡수하고 저온에 방출할 때의 두 작동 온도에만 관계된다는 점**

**근거** ❹-6 그(클라우지우스)는 카르노의 이론이 유지되지 않는다면 열은 저온에서 고온으로 흐르는 현상이 생길 수도 있을 것이라는 가정에서 출발하여, 열기관의 열효율은 열기관이 고온에서 열을 흡수하고 저온에 방출할 때의 두 작동 온도에만 관계된다는 카르노의 이론을 증명하였다.

**풀이** 열효율이 고온과 저온 두 작동 온도에만 관계된다는 것은 ⓐ가 아니라, 카르노 이론에 대한 클라우지우스의 증명과 관련된 내용이다.

→ 적절하지 않음!

1등급 문제

| 049 | 자료 해석의 적절성 판단 - 적절한 것 고르기 2017학년도 9월 모평 33번<br>정답률 35%, 매력적 오답 ① 15% ② 15% ③ 15% ④ 20% | 정답 ⑤ |
|---|---|---|

**윗글을 바탕으로 할 때, 〈보기〉의 [가]에 들어갈 말로 가장 적절한 것은?** [3점]

> | 보기 |
> 줄의 실험과 달리, 열기관이 흡수한 열의 양(A)과 열기관으로부터 얻어진 일의 양(B)을 측정하여 $\frac{B}{A}$로 열의 일당량을 구하면, 그 값은 (  [가]  )는 결과가 나올 것이다.

▶ 지문 핵심 개념 정리

| 줄의 열의 일당량 실험 |
|---|
| • 역학적 에너지인 일이 열로 바뀌는 과정의 정밀한 실험을 통해 1 kcal의 열을 얻기 위해서 필요한 일의 양인 열의 일당량을 측정(❸-4) |

| 클라우지우스의 엔트로피 개념 |
|---|
| • 일이 열로 전환될 때와는 달리, 열기관에서 열 전부를 일로 전환할 수 없음. 즉 열효율이 100 %가 될 수 없음(❺-2)<br>→ 상호 전환 방향에 관한 비대칭성(❺-2)<br>• 방향성과 비대칭성을 설명하기 위한 엔트로피 개념의 창안(❺-3) |

**풀이**

| 줄의 실험 | 〈보기〉의 실험 |
|---|---|
| 일이 열로 전환되는 과정에서의 열의 일당량 | 열이 일로 전환되는 과정에서의 열의 일당량 |
| 일이 전부 열로 전환됨 = 에너지 손실 없음 | 열이 전부 일로 전환될 수 없음 = 열 손실 발생 |

줄의 실험에서는 일이 열로 전환되는 과정에서 손실이 일어나지 않는다. 이와 달리 상호 전환 방향에 관한 비대칭성에 따르면 열기관에서 열이 일로 전환되는 과정에서는 열 손실이 발생하므로 열 전부를 일로 전환할 수 없다. 그 결과 열기관에서 흡수한 열의 양과 작동 온도에 상관없이, 에너지의 손실이 발생하지 않는 줄의 실험에 비해 열의 일당량은 항상 작을 것이다. 따라서 정답은 ⑤번이다.

**① 열기관의 두 작동 온도의 차이가 일정하다면 줄이 구한 열의 일당량과 같다**

**② 열기관이 열을 흡수할 때의 온도와 상관없이 줄이 구한 열의 일당량과 같다**

**③ 열기관이 흡수한 열의 양이 많을수록 줄이 구한 열의 일당량보다 더 커진다**

**④ 열기관의 두 작동 온도의 차이가 커질수록 줄이 구한 열의 일당량보다 더 커진다**

**⑤ 열기관이 흡수한 열의 양과 두 작동 온도에 상관없이 줄이 구한 열의 일당량보다 작다**

→ 적절함!

| 050 | 단어의 의미 파악 - 적절한 것 고르기 2017학년도 9월 모평 34번<br>정답률 90% | 정답 ④ |
|---|---|---|

**윗글의 ㉠~㉤과 같은 의미로 사용된 것은?**

> ㉠부르는데 ㉡다루었다 ㉢흐르면서 ㉣어긋나는 ㉤생길

**① ㉠ : 웃음은 또 다른 웃음을 부르는 법이다.**

**풀이** ㉠은 '무엇이라고 가리켜 말하거나 이름을 붙이다'라는 의미이다. ①번에서는 '어떤 행동이나 말과 관련된 다른 일이나 상황을 초래하다'라는 의미로 사용된 것이다.

→ 적절하지 않음!

**② ㉡ : 그는 익숙한 솜씨로 기계를 다루고 있었다.**

**풀이** ㉡은 '어떤 것을 소재나 대상으로 삼다'라는 의미이다. ②번에서는 '기계나 기구 따위를 사용하다'라는 의미로 사용된 것이다.

→ 적절하지 않음!

**③ ㉢ : 이야기가 엉뚱한 방향으로 흐르고 있다.**

**풀이** ㉢은 '액체 따위가 낮은 곳으로 내려가거나 넘쳐서 떨어지다'라는 의미이다. ③번에서는 '어떠한 방향으로 치우쳐 쏠리다'라는 의미이다.

→ 적절하지 않음!

**④ ㉣ : 그는 상식에 어긋나는 일을 한 적이 없다.**

**풀이** ㉣과 ④번은 모두 '기대에 맞지 아니하거나 일정한 기준에서 벗어나다'라는 의미이다.

→ 적절함!

**⑤ ㉤ : 하늘을 보니 당장이라도 비가 오게 생겼다.**

**풀이** ㉤은 '어떤 일이 일어나다'라는 의미이다. ⑤번에서는 '일의 상태가 부정적인 어떤 지경에 이르게 되다'라는 의미이다.

→ 적절하지 않음!

## [051~053] 다음 글을 읽고 물음에 답하시오.

**1** [1]견과류와 같이 지방질을 많이 함유하고(含有-, 포함하고) 있는 식품을 장기간(長期間, 오랜 기간) 저장하다 보면 불쾌한 냄새가 나기도 한다. [2]이는 대개 산패(酸 산소 산 敗 썩다 패)로 인해 발생한다. [3]산패는 저장 중인 식품에서 비정상적인 맛과 냄새가 나는 현상을 말한다. [4]지방질(脂肪質, 성분이 지방으로 된 물질)이 공기에 장시간 노출되어 열, 빛 등의 영향을 받으면 산화 작용(酸化作用, 어떤 물질이 산소와 결합하는 작용)이 ⓐ 일어나 산패에 이르게 된다. [5]이러한 산패는 지방질을 구성하는 성분의 구조와 관련이 있다.

→ 산패의 개념과 원인

**2** [1]일반적으로 지방질은 사슬 모양을 ⓑ 이루고 있으며 지방질 한 분자에는 글리세롤 한 분자와 지방산(脂肪酸, 탄소 원자가 사슬 모양으로 연결된 카복실산을 통틀어 이르는 말) 세 분자가 결합되어 있다. [2]지방산은 탄소끼리의 결합을 중심으로 탄소와 수소, 탄소와 산소의 결합을 포함한 사슬 구조로 이루어져 있으며 글리세롤과 결합된 탄소를 제외한 모든 탄소는 수소와 결합되어 있다. [3]지방산에서 탄소끼리의 결합은 대부분 단일결합(單一結合, 두 원자가 한 쌍의 전자쌍을 공유하여 만들어지는 공유 결합)인데 이중결합(二重結合, 두 개의 전자쌍에 의하여 이루어지는 공유 결합)인 경우도 있다. [4]이중결합이 없으면 포화 지방산, 한 개 이상의 이중결합이 있으면 불포화 지방산이라고 한다. [5]오메가-3 지방산이나 오메가-6 지방산은 대표적인 불포화 지방산이다. [6]산화 작용에 의한 산패는 불포화 지방산이 결합된 지방질에서 일어나며, 이중결합의 수가 많을수록 잘 일어난다. [7]글리세롤은 지방질의 산패에 큰 영향을 ⓒ 주지 않는다.

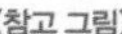


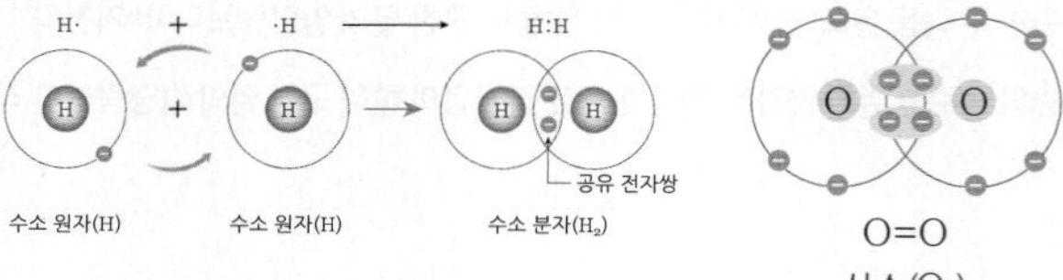


▲ 단일결합 : 각 원자가 전자 하나를 내놓아 전자 한 쌍을 공유하는 것

▲ 이중결합 : 각 원자가 전자 두 개씩을 내놓아 전자 두 쌍을 공유하는 것

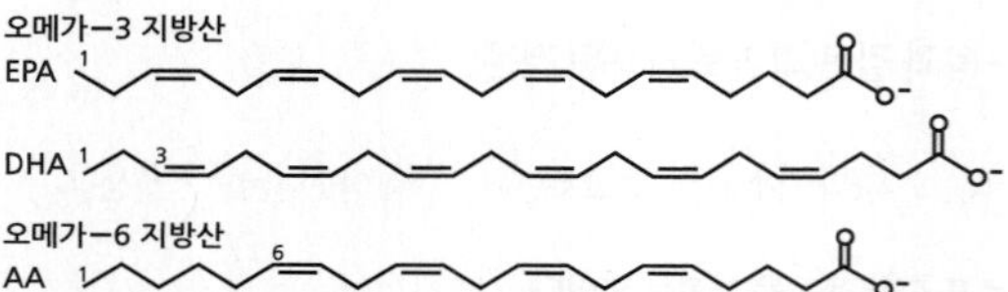


▲ 오메가-3 지방산은 꼬리 끝에서 세 번째부터 이중결합이 시작된 것이고, 오메가-6 지방산은 여섯 번째부터 이중결합이 시작되는 것

- 지방산과 글리세롤은 우리가 흔히 말하는 '지방'을 이루고 있는 물질이다. 하나의 지방에는 한 분자의 글리세롤과 세 분자의 지방산이 포함된다. 지방산은 매우 긴 탄소와 수소로 이루어진 꼬리를 가지고 있는데, 여기에 이중결합이 존재하면 불포화 지방산이 되고, 단일결합으로만 이루어지면 포화 지방산이 된다.
- 오메가-3 지방산 : 지방산 분자를 구성하는 탄소 사슬의 가장 끝 탄소로부터 세 번째에 위치한 탄소에서부터 이중결합이 형성된 불포화 지방산
- 오메가-6 지방산 : 지방산 분자를 구성하는 탄소 사슬의 가장 끝 탄소로부터 여섯 번째에 위치한 탄소에서부터 이중결합이 형성된 불포화 지방산

→ 산패와 관련된 지방질 구성 성분의 구조

**3** [1]예를 들어 글리세롤에 오메가-6 지방산만이 결합되어 있는 ㉠ A 지방질이 있다고 하자. [2]A 지방질의 오메가-6 지방산 사슬에 있는 탄소에서 산화 작용이 일어나 산패에 이르게 되는데, 이 과정에서 중요한 역할을 하는 것이 라디칼 분자들이다. [3]대부분의 분자들은 짝수의 전자를 가지는데, 외부 에너지의 영향으로 홀수의 전자를 갖는 분자로 변화되기도 한다. [4]이 변화된 분자를 라디칼 분자라고 한다. [5]일반적으로 라디칼 분자는 에너지가 높고 불안정하여 주위 분자들과 쉽게 반응하는데, 이러한 반응 과정을 거치면 에너지가 낮고 안정적인 비(非)라디칼 분자로 변화한다.

- 라디칼 분자 : 원자가 쌍을 이루지 않은 하나의 전자(홀수 전자)를 가지는 것을 라디칼이라고 한다. 보통 몇 개의 원자가 모여서 한 원자처럼 행동을 하며, 화학 변화가 일어날 때 분해되지 않고 다른 분자로 이동하게 된다.

→ 산패의 과정 ①

**4** [1]A 지방질의 이중결합 바로 옆에 있는 탄소가 열이나 빛의 영향을 ⓓ 받으면, A 지방질 분자가 에너지가 높고 불안정한 알릴 라디칼로 변화한다. [2]알릴 라디칼은 산소와 결합하여 퍼옥시 라디칼로 변화한다. [3]퍼옥시 라디칼은 주위에 있는 다른 오메가-6 지방산 사슬과 반응하여 새로운 알릴 라디칼을 만들고, 자신은 비(非)라디칼분자인 하이드로퍼옥사이드(일반적으로 과산화물(H2O2)의 성질을 가진 화합물로, 불안정하며 분해하기 쉽고 강한 산화 작용이 일어남)로 변화한다. [4]새로 생성된 알릴 라디칼은 다시 산소와 결합하여 퍼옥시 라디칼이 되면서 위의 연쇄 반응(連鎖反應, 생성 물질의 하나가 다시 반응물로 작용하여 생성, 소멸을 계속하는 반응. 결국 외부로부터 에너지를 가하지 않아도 계속적으로 반복하여 진행하는 반응)이 반복된다. [5]이로 인해 하이드로퍼옥사이드가 계속 생성되고, 생성된 하이드로퍼옥사이드는 분해되어 알코올, 알데히드 등의 화합물로 변화한다. [6]이 화합물들이 비정상적인 냄새를 나게 하는 주원인이다.

〈참고 그림〉

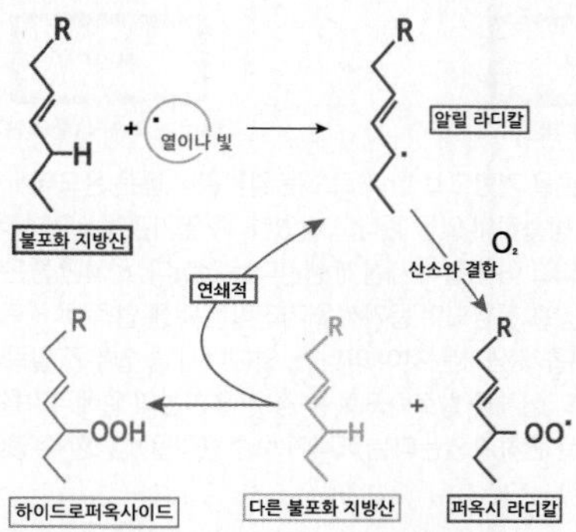


❹-1~4 A 지방질의 이중결합(불포화 지방산) 옆에 있는 탄소가 열이나 빛의 영향을 받으면 A 지방질 분자는 알릴 라디칼로 변화한다. 알릴 라디칼은 산소와 결합하여 퍼옥시 라디칼로 변화하고, 주위의 다른 오메가-6(불포화) 지방산 사슬과 반응하여 새로운 알릴 라디칼을 만들고, 자신은 하이드로퍼옥사이드로 변화한다. 생성된 알릴 라디칼은 다시 산소와 결합하여 퍼옥시 라디칼이 되면서 연쇄 반응이 반복된다.

→ 산패의 과정 ②

**5** [1]A 지방질에서 산패가 발생하는 것을 지연시키는(遲延-, 더디게 만드는) 방법에는 산화방지제를 첨가하는(添加-, 넣는) 것이 있다. [2]산화방지제는 라디칼 분자에 전자를 주어 짝수 전자를 갖게 하여 다른 분자들과 쉽게 반응하지 않도록 한다. [3]예를 들어 식물에 ⓔ 들어 있는 천연 산화방지제인 비타민 E는 퍼옥시 라디칼을 안정화시켜 오메가-6 지방산 사슬이 알릴 라디칼로 만들어지는 과정을 방해한다. [4]이 밖에도 산패로 진행되는 데 영향을 주는 요인들의 작용을 억제하는 방법에는 여러 가지가 있다.

→ 산패를 지연시키는 방법

■ 지문 이해

**〈지방질의 산패〉**

**❶ 산패의 개념과 원인**

- 산패 : 저장 중인 식품에서 비정상적인 맛과 냄새가 나는 현상. 지방질이 공기에 장시간 노출되어 열, 빛 등의 영향을 받으면 산화 작용이 일어나 산패에 이르게 됨

**❷ 산패와 관련된 지방질 구성 성분의 구조**

| | | | |
|---|---|---|---|
| 지방질 | 글리세롤 | 지방질의 산패에 큰 영향을 주지 않음 | |
| | 지방산 | 포화 지방산 | • 탄소의 단일결합 |
| | | 불포화 지방산 | • 탄소의 이중결합 (오메가-3, 오메가-6)<br>• 산화 작용에 의한 산패가 일어남 |

**❸~❹ 산패의 과정**

① A 지방질 이중결합 바로 옆 탄소 + 열, 빛의 영향 → 알릴 라디칼로 변화
② 알릴 라디칼 + 산소 → 퍼옥시 라디칼로 변화
③ 퍼옥시 라디칼 + 주위 오메가-6 지방산 사슬과 반응
→ 하이드로퍼옥사이드(비(非) 라디칼 분자)로 변화 + 새로운 알릴 라디칼 생성
④ ②~③의 연쇄 반응 반복 → 하이드로퍼옥사이드 계속 생성
⑤ 하이드로퍼옥사이드 분해 → 화합물(알코올, 알데히드 등)로 변화
⇒ 화합물이 비정상적 냄새의 주원인

**❺ 산패를 지연시키는 방법 : 산화방지제 첨가**

**051** 세부 정보 이해 - 적절한 것 고르기 2016학년도 9월 모평A 19번 정답률 85% | 정답 ④

**윗글의 내용과 일치하는 것은?**

① 오메가-3 지방산에는 이중결합 구조가 없다. (있다)

근거 ❷-4~5 이중결합이 없으면 포화 지방산, 한 개 이상의 이중결합이 있으면 불포화 지방산이라고 한다. 오메가-3 지방산이나 오메가-6 지방산은 대표적인 불포화 지방산

풀이 오메가-3 지방산은 불포화 지방산이므로, 이중결합 구조가 있다.

→ 적절하지 않음!

② 지방산에서 글리세롤과 결합된 탄소는 수소와 결합되어 있다. (를 제외한 모든 탄소는)

근거 ❷-2 지방산은 탄소끼리의 결합을 중심으로 탄소와 수소, 탄소와 산소의 결합을 포함한 사슬 구조로 이루어져 있으며 글리세롤과 결합된 탄소를 제외한 모든 탄소는 수소와 결합되어 있다.

→ 적절하지 않음!

③ 포화 지방산 사슬에 이중결합의 수가 많을수록 산패가 더 잘 일어난다. (불포화 지방산)

근거 ❷-6 산화 작용에 의한 산패는 불포화 지방산이 결합된 지방질에서 일어나며, 이중결합의 수가 많을수록 잘 일어난다.

→ 적절하지 않음!

④ 불포화 지방산 사슬에 있는 탄소에서 일어난 산화 작용이 산패로 이어진다.

근거 ❷-5 오메가-3 지방산이나 오메가-6 지방산은 대표적인 불포화 지방산, ❸-2 A 지방질의 오메가-6 지방산 사슬에 있는 탄소에서 산화 작용이 일어나 산패에 이르게 되는데

→ 적절함!

⑤ 지방질은 지방산 한 분자에 글리세롤 세 분자가 결합되어 있는 구조를 갖는다. (세 / 한)

근거 ❷-1 일반적으로 지방질은 사슬 모양을 이루고 있으며 지방질 한 분자에는 글리세롤 한 분자와 지방산 세 분자가 결합되어 있다.

→ 적절하지 않음!

**052** 추론의 적절성 판단 - 적절하지 않은 것 고르기 2016학년도 9월 모평A 20번 정답률 95% | 정답 ③

**㉠이 산패에 이르는 과정에 대한 이해로 적절하지 않은 것은?** [3점]

㉠ A 지방질

▶ 지문 핵심 개념 정리

| A 지방질 이중결합 바로 옆 탄소(❹-1) | → (열·빛) | 알릴 라디칼로 변화(❹-1) | → (산소) | 퍼옥시 라디칼로 변화(❹-2) | → (주위의 오메가-6 지방산 사슬) | 하이드로퍼옥사이드로 변화 / 새 알릴 라디칼 생성(❹-3) | → (산소) | … |
|---|---|---|---|---|---|---|---|---|

→ 연쇄 반응 반복(❹-4) → 하이드로퍼옥사이드 계속 생성 → 분해되어 알코올, 알데히드 등의 화합물로 변화(❹-5) → 비정상적인 냄새 발생(❹-6)

① A 지방질 분자가 홀수의 전자를 갖는 라디칼로 변화하는 현상이 나타난다.

근거 ❸-4 이(홀수의 전자를 갖는 분자로) 변화된 분자를 라디칼 분자라고 한다.

→ 적절함!

② A 지방질에서 알코올은 하이드로퍼옥사이드의 분해 과정을 거쳐 만들어진다.

→ 적절함!

③ A 지방질에서 변화한 알릴 라디칼은 A 지방질 분자보다 에너지가 낮아서 산소와 쉽게 결합한다. (높고 불안정하기 때문에)

근거 ❸-5 일반적으로 라디칼 분자는 에너지가 높고 불안정하여 주위 분자들과 쉽게 반응

풀이 A 지방질에서 변화한 알릴 라디칼은 A 지방질 분자보다 에너지가 '낮아서'가 아니라 '높고 불안정하기 때문에' 산소와 쉽게 결합하는 것이다.

→ 적절하지 않음!

④ A 지방질에서 하이드로퍼옥사이드가 분해되어 생성된 알데히드는 비정상적인 냄새를 나게 한다.

→ 적절함!

⑤ A 지방질에서 생성된 퍼옥시 라디칼은 새로운 알릴 라디칼을 만들고 하이드로퍼옥사이드가 된다.

→ 적절함!

**053** 문맥적 의미 파악 - 적절하지 않은 것 고르기 2016학년도 9월 모평A 21번 정답률 95% | 정답 ④

**윗글의 ⓐ~ⓔ와 같은 의미로 사용되지 않은 것은?**

ⓐ 일어나 ⓑ 이루고 ⓒ 주지 ⓓ 받으면 ⓔ 들어

① ⓐ : 지진이 일어나 피해를 주었다.

풀이 ⓐ는 '자연이나 인간 따위에게 어떤 현상이 발생하다'라는 의미로 쓰였다. '지진이 일어나 피해를 주었다'의 '일어나다' 역시 같은 의미로 사용되었다.

→ 적절함!

② ⓑ : 유리창에 빗방울이 무늬를 이루고 있다.

풀이 ⓑ는 '몇 가지 부분이나 요소들을 모아 일정한 성질이나 모양을 가진 존재가 되게 하다'라는 의미로 쓰였다. '유리창에 빗방울이 무늬를 이루고 있다'의 '이루다' 역시 같은 의미로 사용되었다.

→ 적절함!

③ ⓒ : 태풍은 우리나라에 피해를 주지 않았다.

풀이 ⓒ는 '좋지 아니한 영향을 미치게 하다'라는 의미로 쓰였다. '태풍은 우리나라에 피해를 주지 않았다'의 '주다' 역시 같은 의미로 사용되었다.

→ 적절함!

④ ⓓ : 차가 난간을 받으면 안 되니까 조심해라.

풀이 ⓓ는 '빛, 볕, 열이나 바람 따위의 기운이 닿다'라는 의미로 쓰였다. 그러나 '차가 난간을 받으면 안 되니까 조심해라'의 '받다'는 '머리나 뿔 따위로 세차게 부딪치다'라는 의미로 사용되었다.

→ 적절하지 않음!

⑤ ⓔ : 이 물질에는 염화마그네슘이 많이 들어 있다.

풀이 ⓔ는 '안에 담기거나 그 일부를 이루다'라는 의미로 쓰였다. '이 물질에는 염화마그네슘이 많이 들어 있다'의 '들다' 역시 같은 의미로 사용되었다.

→ 적절함!

**[054~056] 다음 글을 읽고 물음에 답하시오.**

1 [1]과거에는 물질이 더 이상 쪼개지지 않는 작은 원자들로 구성되어 있다고 생각되었지만, 오늘날에는 원자가 전자, 양성자, 중성자로 구성된 복잡한 구조라는 것(더 쪼개질 수 있다는 것)이 밝혀졌다.

→ 원자의 구성 요소 : 전자, 양성자, 중성자

2 [1]음전기를 띠고 있는 전자는 세 입자(전자, 양성자, 중성자) 중 가장 작고 가볍다. [2]1897년에 톰슨이 기체 방전관(氣體放電管, 기체를 넣어서 전극 사이에 전류를 통하게 하는 유리관) 실험에서 음전기의 흐름을 확인하여 전자를 발견하였다. [3]같은 음전기를 띠고 있는 전자들은 서로 반발하므로(反撥-, 밀어내므로) 원자 안에 모여 있기 어렵다. [4]이에 전자끼리 흩어지지 않고 원자의 형태를 유지하는 이유를 설명하기 위해 톰슨은 '건포도빵 모형'을 제안하였다. [5]양전기가 빵 반죽처럼 원자에 ㉠ 고르게 퍼져 있고, 전자는 건포도처럼 점점이 박혀 있어서 원자가 평소에 전기적으로 중성이라고 생각한 것이다.

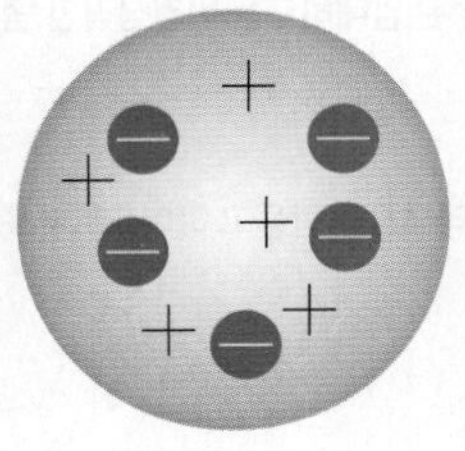

〈참고 그림〉

◀ 톰슨의 건포도빵 모형

❷–4~5 전자끼리 흩어지지 않고 원자의 형태를 유지하는 이유를 설명하기 위해 톰슨은 '건포도빵 모형'을 제안하였다. 양전기가 빵 반죽처럼 원자에 고르게 퍼져 있고, 전자는 건포도처럼 점점이 박혀 있어서 원자가 평소에 전기적으로 중성이라고 생각한 것이다.

→ 전자의 발견과 특징

3 [1]양전기를 띠고 있는 양성자는 전자보다 대략 2,000 배 정도 무거워서 작은 에너지로 전자처럼 분리해 내거나 가속시키기 쉽지 않다.(기체 방전관 실험이 어렵다.) [2]그러나 1898년 마리 퀴리가 천연 광물에서 라듐(radium, 알칼리 토류 금속에 속하는 방사성 원소. 원래 은백색이지만 공기 중에서 산화해 검은색으로 변함)을 발견한 이후 새로운 실험이 가능해졌다. [3]라듐은 강한 방사성(放射性, 원자핵이 붕괴하면서 방사선을 뿜어내는 성질) 물질이어서 양전기를 띤 알파 입자(두 개의 양성자와 두 개의 중성자가 결합하여서 만들어진 것으로 전기를 띤 입자이며 원자핵 반응을 일으키는 데 사용됨)를 큰 에너지로 방출한다. [4]1911년에 러더퍼드는 라듐에서 방출되는 알파 입자를 얇은 금박(金箔, 금이나 금빛 나는 물건을 두드리거나 판처럼 펴서 종이처럼 얇게 만든 것)에 충돌시키는 실험을 하였다. [5]그(알파 입자와 금박의 충돌 실험) 결과 알파 입자는 금박의 대부분을 통과했지만 일부 지점들은 통과하지 못하고 튕겨 나갔다. [6]이 실험을 통해 러더퍼드는 양전기가 빵 반죽처럼 원자 전체에 퍼져 있는 것이 아니라 아주 좁은 구역(알파 입자가 통과하지 못하고 튕겨 나간 일부 지점)에만 모여 있다는 것을 알게 되었고, 이 구역을 '원자핵'이라고 하였다. [7]그는 실험 결과를 바탕으로 태양이 행성들을 당겨 공전시키는 것(태양의 둘레를 돌게 하는 것)처럼 양전기를 띤 원자핵도 전자를 잡아당겨 공전시킨다는 '태양계 모형'을 제안하여 톰슨의 모형(건포도빵 모형)을 수정하였다.

〈참고 그림〉

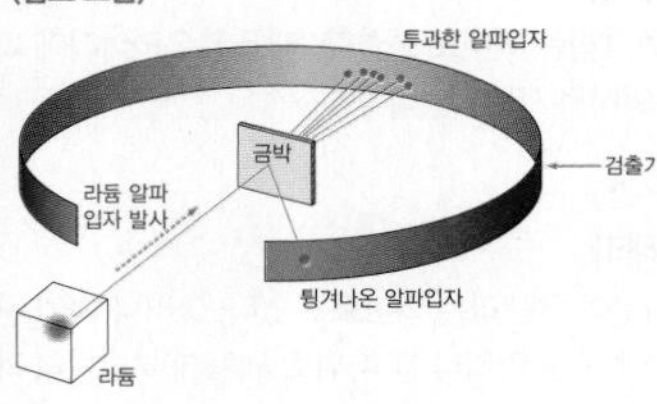


▲ 러더퍼드의 원자핵 발견 실험

❸–4~6 러더퍼드는 라듐에서 방출되는 알파 입자를 얇은 금박에 충돌시키는 실험에서 알파 입자가 일부 지점들을 통과하지 못하고 튕겨 나가는 결과를 통해 양전기가 '원자핵'에만 모여 있다는 것을 알게 되었다.

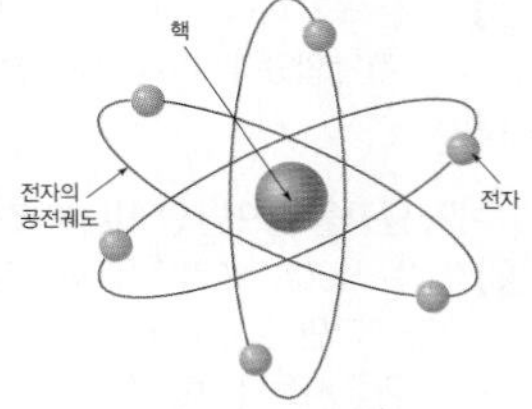


▲ 러더퍼드의 태양계 모형

❸–7 러더퍼드는 실험 결과를 바탕으로 태양이 행성들을 당겨 공전시키는 것처럼 양전기를 띤 원자핵도 전자를 잡아당겨 공전시킨다는 '태양계 모형'을 제안하였다.

→ 양성자의 발견과 특징

4 [1]그런데 러더퍼드의 모형은 각각의 원자에서 나타나는 고유한 스펙트럼(복잡한 물질을 단순한 성분으로 분해하여 성질을 특징짓는 양의 크기에 따라 배열한 성분)을 설명하지 못했다. [2]1913년에 닐스 보어는 전자가 핵 주위의 특정한 궤도(軌道, 천체가 돌아가는 일정한 길)만을 돌 수 있다는 '에너지 양자화 가설(원자 속에 존재하는 전자들은 단순히 그냥 존재하는 것이 아니라 특별한 에너지를 가진 궤도에서만 존재하는 것이라는 가설)'이라는 것을 제안하였다. [3]이(에너지 양자화 가설)를 통해 양성자 1 개와 전자 1 개로 이루어져 구조가 단순한 수소 원자의 스펙트럼을 설명할 수 있었다. [4]1919년에 러더퍼드는 질소 원자에 대한 충돌 실험을 통하여 핵에서 떨어져 나오는 양성자를 확인하였다. [5]그는 또한 핵 속에 전기를 띠지 않는 입자인 중성자가 있다는 것을 예측하였다.(豫測-, 미리 헤아려 짐작하였다.) [6]1932년에 채드윅은 전기적으로 중성이며 질량이 양성자와 비슷한 입자인 중성자를 발견하였다. [7]1935년에 일본의 유카와 히데키는 중성자가 중간자라는 입자를 통해 핵력(核力, 양성자와 중성자를 결합하여 원자핵을 이루고 있는 힘)이 작용하게 하여 양성자를 잡아당긴다는 가설을 제안하였다. [8]여러 개의 양성자를 가진 원자에서는 같은 양전기를 띠고 있는 양성자들이 서로 밀어내려 하는데, 이러한 반발력보다 더 큰 힘(핵력과 같이 양성자를 잡아당기는 힘)이 있어야만 여러 개의 양성자가 핵에 속박될 수 있다.(양성자의 운동이 핵의 제한을 받을 수 있다.) [9]그의 제안(유카와 히데키의 가설)을 이용하면 양성자들이 흩어지지 않고 핵 안에 모여 있음을 설명할 수 있었다.

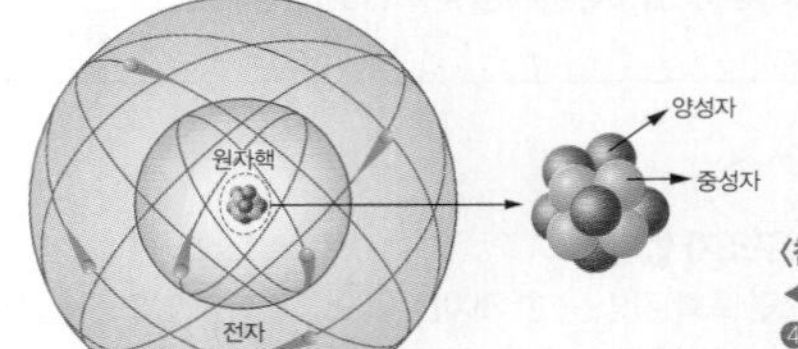


〈참고 그림〉

◀ 보어의 원자 모형

❹–2 닐스 보어는 전자가 핵 주위의 특정한 궤도만을 돌 수 있다는 '에너지 양자화 가설'이라는 것을 제안하였다.

→ 중성자의 발견과 특징

■지문 이해

〈원자의 구성 요소와 특징〉

**❶ 원자의 구성 요소 : 전자, 양성자, 중성자**

• 과거 : 물질은 더 이상 쪼개지지 않는 원자로 구성
• 현재 : 원자는 전자, 양성자, 중성자로 된 복잡한 구조

**❷ 전자의 발견과 특징**

• 전자 : 음전기를 띠며 세 입자 중에 가장 작고 가벼움
• 1897년 톰슨이 기체 방전관 실험으로 발견
• 같은 음전기를 띠기 때문에 원자 안에 모여 있기 어려움
• '건포도빵 모형'
  - 양전기가 빵 반죽처럼 원자에 고르게 퍼져 있고, 전자는 건포도처럼 점점이 박혀 있음
  - 원자는 평소에 전기적으로 중성

**❸ 양성자의 발견과 특징**

• 양성자 : 양전기를 띠며 전자보다 2,000 배 정도 무거움
• 기체 방전관 실험 적용이 어려움
• 라듐의 발견 이후 1911년 러더퍼드가 알파 입자를 얇은 금박에 충돌시키는 실험 시행
• 원자핵 : 금박의 일부 지점을 통과하지 못한 부분으로 양전기가 모여 있는 곳
• '태양계 모형' : 원자핵이 전자를 잡아당겨 공전시킴

**❹ 중성자의 발견과 특징**

• 러더퍼드 모형의 한계 : 각각의 원자에서 나타나는 고유한 스펙트럼 설명 불가
• '에너지 양자화 가설'
  - 1913년 닐스 보어의 제안
  - 구조가 단순한 수소 원자의 스펙트럼 설명
• '질소 원자에 대한 충돌 실험'
  - 1919년 러더퍼드의 실험
  - 핵에서 떨어져 나오는 양성자 확인
  - 핵 속에 전기를 띠지 않는 중성자가 있음을 예측
• 1932년 채드윅 : 중성자 발견
• 1935년 유카와 히데키
  - 중성자가 중간자라는 입자를 통해 핵력이 작용하게 하여 양성자를 잡아당긴다는 가설 제안
  - 양성자들이 흩어지지 않고 핵 안에 모여 있음을 설명할 수 있음

**054** 세부 정보 이해 - 적절하지 않은 것 고르기 2016학년도 6월 모평A 19번 정답률 70% | 정답 ②

### 윗글에 대한 설명으로 적절하지 않은 것은?

양성자와 중성자의 질량은 서로 비슷함
전자는 양성자나 중성자보다 2,000 배 가벼움

① 원자를 구성하는 입자들의 질량이 비교되어 있다.

근거 ❷-1 음전기를 띠고 있는 전자는 세 입자 중 가장 작고 가볍다, ❸-1 양전기를 띠고 있는 양성자는 전자보다 대략 2,000 배 정도 무거워서 작은 에너지로 전자처럼 분리해 내거나 가속시키기 쉽지 않다, ❹-6 전기적으로 중성이며 질량이 양성자와 비슷한 입자인 중성자

풀이 양성자와 중성자는 질량이 서로 비슷하며, 전자는 양성자나 중성자보다 2,000 배 정도 가볍다.

→ 적절함!

문제편 p.197

② 원자를 구성하는 입자들의 내부 구조를 제시하고 있다.

**풀이** 전자, 양성자, 중성자의 내부 구조에 대한 내용은 나오지 않는다.

→ 적절하지 않음!

전자 : 음전기
양성자 : 양전기
중성자 : 중성

③ 원자를 구성하는 입자들의 전기적 성질을 제시하고 있다.

**근거** ❷-1 음전기를 띠고 있는 전자, ❸-1 양전기를 띠고 있는 양성자, ❹-6 전기적으로 중성이며 질량이 양성자와 비슷한 입자인 중성자

→ 적절함!

전자 → 양성자 → 중성자

④ 원자를 구성하는 입자들이 발견된 순서를 제시하고 있다.

**근거** ❷-2 1897년에 톰슨이 … 전자를 발견하였다, ❹-4 1919년에 러더퍼드는 … 양성자를 확인하였다, ❹-6 1932년에 채드윅은 … 중성자를 발견하였다.

→ 적절함!

전자끼리 : 서로 반발
원자핵 : 전자를 잡아당김
중성자 : 양성자를 잡아당김

⑤ 원자를 구성하는 입자들 사이에 작용하는 힘을 제시하고 있다.

**근거** ❷-3 같은 음전기를 띠고 있는 전자들은 서로 반발하므로 원자 안에 모여 있기 어렵다, ❸-7 양전기를 띤 원자핵도 전자를 잡아당겨 공전시킨다는 '태양계 모형', ❹-7 중성자가 중간자라는 입자를 통해 핵력이 작용하게 하여 양성자를 잡아당긴다는 가설

→ 적절함!

## 055 | 세부 정보 이해 - 적절한 것 고르기 2016학년도 6월 모평A 20번 정답률 90% | 정답 ①

### 윗글에 대한 이해로 적절한 것은? [3점]

① 라듐이 발견됨으로써 러더퍼드는 원자핵을 발견하게 된 실험을 할 수 있었다.

**근거** ❸-2 1898년 마리 퀴리가 천연 광물에서 라듐을 발견한 이후 새로운 실험이 가능해졌다, ❸-4 러더퍼드는 라듐에서 방출되는 알파 입자를 얇은 금박에 충돌시키는 실험을 하였다, ❸-6 이 실험을 통해 러더퍼드는 … 이 구역을 '원자핵'이라고 하였다.

→ 적절함!

러더퍼드

② 질소 충돌 실험에서 양성자가 발견됨으로써 유카와 히데키의 가설이 입증되었다.

**근거** ❹-4 1919년에 러더퍼드는 질소 원자에 대한 충돌 실험을 통하여 핵에서 떨어져 나오는 양성자를 확인하였다.

**풀이** 질소 충돌 실험으로 양성자를 확인한 것은 러더퍼드이다. 윗글에는 유카와 히데키의 가설이 소개되어 있지만, 이 가설이 입증된 실험에 대해서는 나오지 않는다.

→ 적절하지 않음!

유카와 히데키는

③ 채드윅은 양성자가 핵 안에서 흩어지지 않는 이유를 설명하는 가설을 제안했다.

**근거** ❹-6~9 1932년에 채드윅은 전기적으로 중성이며 질량이 양성자와 비슷한 입자인 중성자를 발견하였다. 1935년에 일본의 유카와 히데키는 중성자가 중간자라는 입자를 통해 핵력이 작용하게 하여 양성자를 잡아당긴다는 가설을 제안 … 그의 제안을 이용하면 양성자들이 흩어지지 않고 핵 안에 모여 있음을 설명

**풀이** 채드윅은 중성자를 발견한 학자이고, 양성자가 흩어지지 않는 이유에 대한 가설을 제안한 학자는 유카와 히데키이다.

→ 적절하지 않음!

20 세기 초에 원자핵이

④ 원자모형은 19 세기 말에 전자가 발견됨으로써 '태양계 모형'에서 '건포도빵 모형'으로 수정되었다.

**근거** ❷-4 톰슨은 '건포도빵 모형'을 제안, ❸-4 1911년에 러더퍼드는 … 실험을 하였다, ❸-6~7 러더퍼드는 … 이(양전기가 모여 있는) 구역을 '원자핵'이라고 하였다. 그는 … '태양계 모형'을 제안하여 톰슨의 모형을 수정

**풀이** 20 세기 초에 원자핵이 발견되면서 '건포도빵 모형'이 '태양계 모형'으로 수정된 것이다.

→ 적절하지 않음!

⑤ 알파 입자가 금박의 일부분에서 튕겨 나간다는 사실을 통해 양전기가 원자 전체에 퍼져 있음이 입증되었다.

있지 않고 '원자핵'에 모여 있음

**근거** ❸-5~6 그(알파 입자와 금박의 충돌 실험) 결과 알파 입자는 금박의 대부분을 통과했지만 일부 지점들은 통과하지 못하고 튕겨 나갔다. 이 실험을 통해 러더퍼드는 양전기가 빵 반죽처럼 원자 전체에 퍼져 있는 것이 아니라 아주 좁은 구역에만 모여 있다는 것을 알게 되었고, 이 구역을 '원자핵'이라고 하였다.

**풀이** 튕겨 나가는 사실을 통해 입증된 것은 양전기가 원자 전체에 고르게 퍼져 있는 것이 아니라 아주 좁은 구역에만 모여 있다는 것이다.

→ 적절하지 않음!

## 056 | 문맥적 의미 파악 - 적절한 것 고르기 2016학년도 6월 모평A 21번 정답률 90% | 정답 ①

### ㉠의 문맥적 의미와 가장 가까운 것은?

> 빵 반죽처럼 원자에 ㉠ 고르게 퍼져 있고,

**풀이** ㉠에서 '고르게'는 '여럿이 다 높낮이, 크기, 양 따위의 차이가 없이 한결같다'라는 의미로 쓰인 형용사이다.

① 그 식물은 전국에 고른 분포를 보인다.

**풀이** '여럿이 다 특별한 차이가 없이 한결같다'라는 의미의 형용사이다.

**예문** 이 지역은 비가 연중 고르게 내린다.
방바닥이 고르지 않고 울퉁불퉁하다.

→ 적절함!

② 국어사전에서 적당한 단어를 골라야 한다.

**풀이** '여럿 중에서 가려내거나 뽑는다'라는 의미의 동사이다.

**예문** 그중에서 네 마음에 드는 것을 하나 골라라.
할머니는 크고 맛있어 보이는 사과를 고르느라 사과 한 알씩을 들고 불빛에 비추어 보곤 했다.

→ 적절하지 않음!

③ 그는 목소리를 고르며 차례를 기다리고 있다.

**풀이** '제 기능이 발휘되도록 다듬는다'라는 의미의 동사이다.

**예문** 현우는 노래를 시작하기 전에 마른기침을 해서 목을 골랐다.

→ 적절하지 않음!

④ 울퉁불퉁한 곳을 흙으로 메워 판판하게 골랐다.

**풀이** '울퉁불퉁한 것을 평평하게 한다'라는 의미의 동사이다.

**예문** 밭갈이를 하듯 열심히 땅을 파고 땀을 흘리며, 땅을 파고 흙을 고르고 조심하면서 씨앗을 뿌렸다.

→ 적절하지 않음!

⑤ 날씨가 고르지 못한 환절기에 아이가 감기에 들었다.

**풀이** '상태가 정상적으로 순조롭다'라는 의미의 형용사이다.

**예문** 올여름은 날씨가 고르지 못해서 벼의 병충해가 극심할 것으로 보인다.

→ 적절하지 않음!

## [057~059] 다음 글을 읽고 물음에 답하시오.

1 [1]기체의 온도를 일정하게 하고 부피(차지하는 공간의 크기)를 줄이면 압력(壓力, 위에서 누르는 힘)은 높아진다. [2]한편 압력을 일정하게 유지할 때 온도를 높이면 부피는 증가한다. [3]이와 같이 기체의 상태에 영향을 미치는 압력(P), 온도(T), 부피(V)의 상관관계(相關關係, 한쪽이 변하면 다른 한쪽도 변하는 관계)를 1 몰*의 기체에 대해 표현하면 $P = \frac{RT}{V}$ (R : 기체 상수)가 되는데, 이를 ㉠ 이상 기체 상태 방정식이라 한다. [4]여기서 이상 기체란 분자 자체의 부피와 분자 간 상호 작용(相互作用, 사물 사이에 서로 영향, 제약을 주는 과정)이 없다고 가정한(假定-, 임시로 그렇다고 여긴) 기체이다. [5]이 식은 기체에서 세 변수(變數, 변할 수 있는 요인. 여기에서는 압력, 온도, 부피가 기체의 변수가 된다.) 사이에 발생하는 상관관계를 간명하게(簡明-, 간단하고 분명하게) 설명할 수 있다.

→ 이상 기체 상태 방정식의 정의와 기체 상태의 변수

2 [1]하지만 실제 기체에 이상 기체 상태 방정식을 적용하면 잘 맞지 않는다. [2]실제 기체에는 분자 자체의 부피와 분자 간의 상호 작용이 존재하기 때문이다. [3]분자 간의 상호 작용은 인력(引力, 서로 잡아당기는 힘)과 반발력(反撥力, 서로 밀어내는 힘)에 의해

Ⅲ 과학

발생하는데, 일반적인 기체 상태에서 분자 간 상호 작용은 대부분 분자 간 인력에 의해 일어난다. [4]온도를 높이면 기체 분자의 운동 에너지가 증가하여(기체 분자가 활발히 움직이게 되어) 인력의 영향은 줄어든다. [5]또한 인력은 분자 사이의 거리가 멀어지면 감소하는데, 어느 정도 이상 멀어지면 그 힘은 무시할 수 있을 정도로 약해진다. [6]하지만 분자들이 거의 맞닿을 정도가 되면 반발력이 급격하게 증가하여 반발력이 인력을 압도하게 된다.(당기는 힘보다 밀어내는 힘이 더 커져서 분자들이 서로 밀어내게 된다.) [7]이러한 반발력 때문에 실제 기체의 부피는 압력을 아무리 높이더라도 이상 기체에서 기대했던 것만큼 줄지 않는다.

〈참고 그림〉

• 압력을 일정하게 유지하고 온도를 높이는 경우, 부피는 증가함

: 기체 분자의 운동 에너지가 증가하여 분자 사이의 거리가 멀어지기 때문

→ 인력의 영향이 줄어들다가 어느 정도 이상 멀어지면 그 힘을 무시할 수 있을 정도로 약해짐

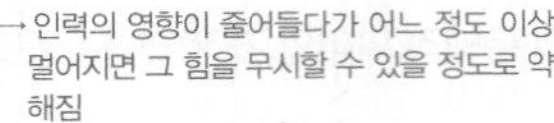


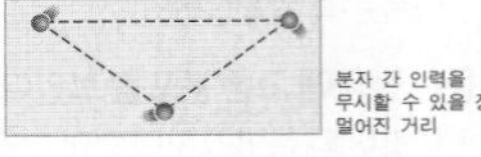


• 온도를 일정하게 유지하고 압력을 높이는 경우, 부피는 감소함

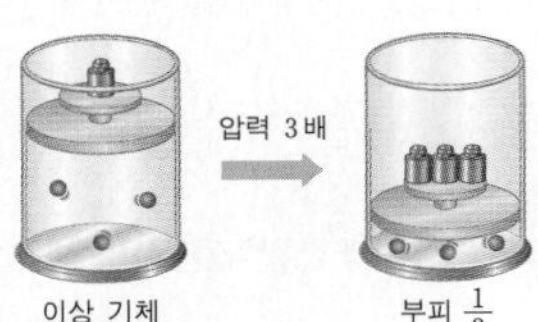


: 이상 기체는 분자 간 상호 작용이 없으므로 부피가 압력에 반비례함

→ 분자 사이의 거리가 줄어들다가 거의 맞닿을 정도가 되면 반발력이 인력을 압도하게 됨

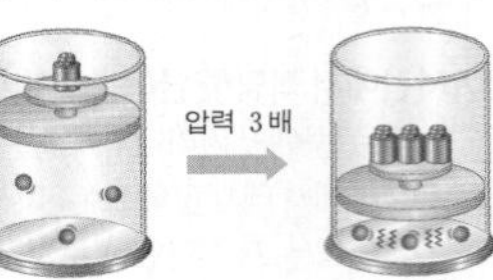


: 실제 기체는 분자 간 상호 작용이 있으므로 이상 기체에서 기대했던 것만큼 부피가 줄지 않음

→ 이상 기체 상태 방정식을 실제 기체에 적용할 수 없는 이유
- 분자 자체의 부피, 분자 간의 상호 작용

3 [1]이제 부피가 V인 용기 안에 들어 있는 1 몰의 실제 기체를 생각해 보자. [2]이때 분자의 자체 부피를 b라 하면 기체 분자가 운동할 수 있는 자유 이동 부피(분자가 운동할 수 있는 공간의 크기)는 이상 기체에 비해 b만큼 줄어든 V - b(분자가 들어있는 용기의 부피 – 분자 자체의 부피)가 된다. [3]한편 실제 기체는 분자 사이의 인력에 의한 상호 작용으로 분자들이 서로 끌어당기므로 이상 기체보다 압력이 낮아진다. [4]이때 줄어드는 압력은 기체 부피의 제곱에 반비례하는데(예를 들어 부피가 1/2로 줄어든다면 압력은 줄어든 부피의 제곱(1/4)에 반비례하므로, 4 배 늘어난다.), 이것을 비례 상수(比例常數, 변수가 일정하게 비례할 때, 그 일정한 값) a가 포함된 $\frac{a}{V^2}$로 나타낼 수 있다. [5]왜냐하면 기체의 부피가 줄면 분자 간 거리도 줄어 인력이 커지기 때문이다. [6]즉 실제 기체의 압력은 이상 기체에 비해 $\frac{a}{V^2}$만큼 줄게 된다.

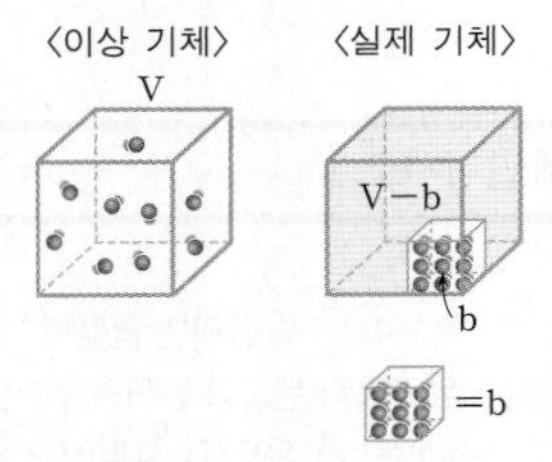


〈참고 그림〉
용기 부피 = V
이상 기체 : 부피 무시 가능
자유 이동 부피는 용기 부피 그대로(V)
실제 기체 : 부피 무시 불가능
실제 기체가 차지하는 부피 = b
따라서 자유 이동 부피는 V–b

→ 실제 기체의 압력을 구하는 방법

4 [1]이와 같이 실제 기체의 분자 자체 부피와 분자 사이의 인력에 의한 압력 변화를 고려하여 이상 기체 상태 방정식을 보정하면(補正–, 바로잡으면) $P = \frac{RT}{V-b} - \frac{a}{V^2}$가 된다. [2]이를 ⓒ 반데르발스 상태 방정식이라 하는데, 여기서 매개 변수(媒介變數, 변수간의 관계를 연결시켜 주기 위해 사용되는, 보조적인 변수) a와 b는 기체의 종류마다 다른 값을 가진다. [3]이 방정식은 실제 기체의 압력, 온도, 부피의 상관관계를 이상 기체 상태 방정식보다 잘 표현할 수 있게 해 주었으며, 반데르발스가 1910년 노벨상을 수상하는 계기가 되었다. [4]이처럼 자연현상을 정확하게 표현하기 위해 단순한 모형을 정교한 모형으로 수정해 나가는 것은 과학 연구에서 매우 중요한 절차 중의 하나이다.

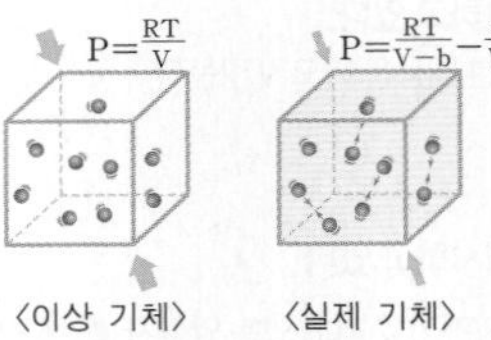


〈참고 그림〉
분자 간 인력을 무시할 수 없으므로, 실제 기체의 압력은 이상 기체에 비해 $\frac{a}{V^2}$만큼 줄게 된다.

→ 반데르발스 상태 방정식과 그 과학적 의의

* 1 몰 : 기체 분자 $6.02 \times 10^{23}$ 개

■ 지문 이해

〈이상 기체 상태 방정식과 반데르발스 상태 방정식〉

**❶ 이상 기체 상태 방정식의 정의와 기체 상태의 변수**
• 기체의 압력, 온도, 부피의 상관관계를 표현하는 방정식
• 1 몰의 기체에 대하여 $P = \frac{RT}{V}$ (압력 P = 기체 상수 R × 온도 T ÷ 부피 V)
• 이상 기체 : 분자 자체의 부피와 분자 간 상호 작용이 없다고 가정한 기체

**❷ 이상 기체 상태 방정식을 실제 기체에 적용할 수 없는 이유**
• 실제 기체에는 분자 자체의 부피와 분자 간의 상호 작용이 존재하기 때문
• 온도를 높이거나 분자 사이의 거리가 멀어지면 인력 감소
• 분자들이 맞닿을 정도가 되면 반발력 증가 → 실제 기체의 부피는 이상 기체에서 기대했던 것만큼 줄지 않음

**❸ 실제 기체의 압력을 구하는 방법**
• 자유 이동 부피
- 이상 기체 : V
- 실제 기체 : V - b
→ 부피↓, 분자 간 거리↓, 인력↑, 압력↓
• 실제 기체의 압력 : 이상 기체에 비해 $\frac{a}{V^2}$ 만큼 줆

**❹ 반데르발스 상태 방정식과 그 과학적 의의**
$P = \frac{RT}{V-b} - \frac{a}{V^2}$ (1 몰의 기체에 대하여)
• 실제 기체의 압력, 온도, 부피의 상관관계를 이상 기체 상태 방정식보다 잘 표현

**057** | 세부 정보 이해 - 적절하지 않은 것 고르기 2013학년도 수능 29번 정답률 90% | 정답 ⑤

**윗글의 내용과 일치하지 않는 것은?**

**① 이상 기체는 압력이 일정할 때 온도를 높이면 부피가 증가한다.**
근거 ❶-2 압력을 일정하게 유지할 때 온도를 높이면 부피는 증가
→ 적절함!

**② 이상 기체는 분자 자체의 부피와 분자 간 상호 작용이 없는 가상의 기체이다.** (= 없다고 가정한)
근거 ❶-4 이상 기체란 분자 자체의 부피와 분자 간 상호 작용이 없다고 가정한 기체
→ 적절함!

**③ 실제 기체에서 분자 간 상호 작용은 기체 압력에 영향을 준다.** (분자들이 서로 끌어당김 / 이상 기체보다 압력↓)
근거 ❸-3 실제 기체는 분자 사이의 인력에 의한 상호 작용으로 분자들이 서로 끌어당기므로 이상 기체보다 압력이 낮아진다.
→ 적절함!

**④ 실제 기체 분자의 운동 에너지가 증가하면 인력의 영향은 줄어든다.**
근거 ❷-4 온도를 높이면 기체 분자의 운동 에너지가 증가하여 인력의 영향은 줄어든다.
→ 적절함!

**⑤ 실제 기체의 분자 간 상호 작용은 거리에 상관없이 일정하다.** (따라 변화한다)
근거 ❷-5~6 인력은 분자 사이의 거리가 멀어지면 감소하는데, 어느 정도 이상 멀어지면 그 힘은 무시할 수 있을 정도로 약해진다. 하지만 분자들이 거의 맞닿을 정도가 되면 반발력이 급격하게 증가하여 반발력이 인력을 압도하게 된다.
→ 적절하지 않음!

**058** 핵심 개념 이해 - 적절하지 않은 것 고르기 2013학년도 수능 30번
정답률 85% | 정답 ⑤

## ㉠과 ㉡에 대한 설명으로 옳지 않은 것은?

㉠ 이상 기체 상태 방정식　　㉡ 반데르발스 상태 방정식

**① ㉠, ㉡ 모두 기체의 압력, 온도, 부피의 상관관계를 나타낸다.**

근거 ❶-3 기체의 상태에 영향을 미치는 압력(P), 온도(T), 부피(V)의 상관관계를 1 몰의 기체에 대해 표현하면 $P=\frac{RT}{V}$ (R : 기체 상수)가 되는데, 이를 이상 기체 상태 방정식이라 한다. ❹-3 이 방정식(반데르발스 상태 방정식)은 실제 기체의 압력, 온도, 부피의 상관관계를 이상 기체 상태 방정식보다 잘 표현

→ 적절함!

**② ㉠과 달리 ㉡에서는 기체 분자 사이에 작용하는 인력이 기체의 부피에 따라 달라짐을 반영한다.**

근거 ❹-1~2 실제 기체의 분자 자체 부피와 분자 사이의 인력에 의한 압력 변화를 고려하여 이상 기체 상태 방정식을 보정하면 $P=\frac{RT}{V-b}-\frac{a}{V^2}$가 된다. 이를 반데르발스 상태 방정식이라 하는데

→ 적절함!

**③ ㉠으로부터 ㉡이 유도된 것은 단순한 모형을 실제 상황에 맞추기 위해 수정한 예이다.**

근거 ❹-3 이 방정식(반데르발스 상태 방정식)은 실제 기체의 압력, 온도, 부피의 상관관계를 이상 기체 상태 방정식보다 잘 표현

→ 적절함!

**④ 매개 변수 b는 ㉠을 ㉡으로 보정할 때 실제 기체의 자체 부피를 고려하여 추가된 것이다.**

근거 ❸-2 분자의 자체 부피를 b라 하면 기체 분자가 운동할 수 있는 자유 이동 부피는 이상 기체에 비해 b만큼 줄어든 V - b가 된다.

→ 적절함!

**⑤ 용기의 부피가 같다면 ㉠(㉡)에서 기체 분자가 운동할 수 있는 자유 이동 부피는 ㉡(㉠)에서보다 작다.**

근거 ❸-2 이때(부피가 V인 용기 안에 들어 있는 1 몰의 실제 기체에서) 분자의 자체 부피를 b라 하면 기체 분자가 운동할 수 있는 자유 이동 부피는 이상 기체에 비해 b만큼 줄어든 V - b가 된다.

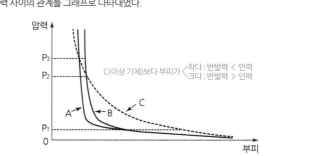

〈참고 그림〉 ㉠ 이상 기체 상태 방정식 (자유 이동 부피 : V)　㉡ 반데르발스 상태 방정식 (자유 이동 부피 : V−b)

기체 분자　=b

• : 기체 분자 자체의 부피 무시　● : 기체 분자 자체의 부피 존재

→ 적절하지 않음!

1등급 문제

**059** 자료 해석의 적절성 판단 - 적절한 것 고르기 2013학년도 수능 31번
정답률 50%, 매력적 오답 ③ 10% ④ 25% | 정답 ②

## 윗글을 바탕으로 〈보기〉에 대해 탐구할 때, 적절한 것은? [3점]

| 보 기 |

종류가 다른 실제 기체 A, B와 이상 기체 C 각 1 몰에 대해, 같은 온도에서의 부피와 압력 사이의 관계를 그래프로 나타내었다.

압력 / 부피 / 0 / $P_1$ / $P_2$ / $P_3$ / A / B / C

C(이상 기체)보다 부피가 〈 작다 : 반발력 < 인력 / 크다 : 반발력 > 인력

▶ 지문 핵심 개념 정리

| 압력, 온도, 부피의 상관관계 |
|---|
| • 기체의 온도를 일정하게 하고 부피를 줄이면 압력 증가(❶-1)<br>• 압력을 일정하게 유지할 때 온도를 높이면 부피 증가(❶-2)<br>• 온도를 높이면 기체 분자의 운동 에너지가 증가하여 인력 감소(❷-4)<br>• 반발력 때문에 실제 기체의 부피는 압력을 아무리 높이더라도 이상 기체에서 기대했던 것만큼 줄지 않음(❷-7) |

**① 압력이 $P_1$에서 0에 가까워질수록 A와 B 모두 분자 간 상호 작용이 증가(감소)되고 있음을 알 수 있군.**

풀이 압력이 $P_1$에서 0에 가까워질수록, 즉 압력이 줄어들수록 A와 B 모두 부피가 증가하고 있다. 실제 기체의 부피가 증가한다는 것은 분자 간 거리가 멀어지는 것을 의미한다. 분자들이 서로 멀어지면 분자 간 상호 작용, 즉 인력과 반발력이 감소하게 된다.

→ 적절하지 않음!

**② 압력이 $P_1$과 $P_2$ 사이일 때, A가 B에 비해 반발력보다 인력의 영향을 더 크게 받는다고 볼 수 있군.**

풀이 압력이 $P_1$과 $P_2$ 사이일 때, A가 B보다 부피가 더 작다. 부피가 작다는 것은 반발력보다 인력의 영향을 더 크게 받고 있다는 것을 나타낸다.

→ 적절함!

**③ 압력이 $P_2$와 $P_3$ 사이일 때, A와 B 모두(A는) 반발력보다 인력의 영향을 더 크게 받는다고 볼 수 있군.**

풀이 압력이 $P_2$와 $P_3$ 사이일 때, A는 이상 기체보다 부피가 작고 B는 이상 기체보다 부피가 크다. 따라서 A는 반발력보다 인력의 영향을 더 크게 받고, B는 인력보다 반발력의 영향을 더 크게 받는다고 볼 수 있다.

→ 적절하지 않음!

**④ 압력이 $P_3$보다 높을 때, A가 B에 비해 인력보다 반발력(반발력보다 인력)의 영향을 더 크게 받는다고 볼 수 있군.**

풀이 이상 기체 C와 비교하면 압력이 $P_3$보다 높을 때 실제 기체 A, B가 이상 기체 C보다 부피가 크므로, A와 B 모두 인력보다 반발력의 영향을 크게 받는다. 그러나 A와 B를 비교하면 A가 B보다 부피가 작으므로, A가 B에 비해서는 인력의 영향을 더 크게 받음을 알 수 있다.

→ 적절하지 않음!

**⑤ 압력을 $P_3$ 이상에서 계속 높이면 A, B, C 모두(C의) 부피가 0이 되겠군.**

풀이 압력을 $P_3$ 이상에서 계속 높이면 이상 기체 C의 부피는 0에 점점 가까워진다고 볼 수 있다. 그러나 실제 기체 A, B는 분자 자체의 부피가 있을 뿐만 아니라, 분자 간 거리가 극도로 줄어들면 반발력이 인력보다 커지기 때문에 실제 기체의 부피는 압력을 아무리 높여도 일정 수준 이하로 줄어들지 않는다.

→ 적절하지 않음!

평가원 이의 신청 답변

이 문항은 지문에 설명된 이상 기체와 실제 기체 간의 차이에 대한 이해를 바탕으로 <보기>의 그래프를 정확하게 해석할 수 있는지를 묻고 있습니다. 이의 제기의 주된 내용은 실제 기체에서 반발력과 인력의 작용 양상을 알기 어려운 바, 오답지 ③도 적절할 수 있다는 것입니다.

그러나 지문 둘째 문단의 "하지만 분자들이 ~ 줄지 않는다."와 셋째 문단의 "한편 실제 기체는 ~ 압력이 낮아진다." 등에서 설명되어 있듯이, 같은 압력에서 실제 기체의 부피는 반발력이 인력보다 클 때는 이상 기체에 비해 더 크고, 인력이 반발력보다 클 때는 이상 기체에 비해 더 작습니다. 그래프의 $P_2$ - $P_3$ 구간에서 이상 기체보다 A는 부피가 작고 B는 부피가 크므로, A는 반발력보다 인력이 더 크고 B는 인력보다 반발력이 더 크다는 것을 알 수 있습니다. 따라서 답지 ③은 적절하지 않습니다. 그러므로 이 문항의 정답에는 이상이 없습니다.

Ⅲ 과학 

# 5. 그 밖의 과학 이야기

## [060~063] 다음 글을 읽고 물음에 답하시오.

1 [1]데이터를 처리할 때 데이터의 정확성은 매우 중요하다. [2]그런데 데이터에 결측치와 이상치가 포함되면 데이터의 특징을 제대로 ⓐ 나타내기 어렵다.

→ 데이터의 특징을 왜곡하는 결측치와 이상치

2 [1]결측치는 데이터 값이 ⓑ 빠져 있는 것이다. [2]결측치를 처리하는 방법 중 하나인 대체(代替, 다른 것으로 대신함)는 다른 값으로 결측치를 채우는 것인데, 대체하는 값으로는 평균, 중앙값, 최빈값을 많이 사용한다. [3]중앙값은 데이터를 크기순으로 정렬했을(整列-, 줄지어 늘어서게 했을) 때 중앙에 위치한 값이다. [4]크기가 같은 값이 복수(複數, 둘 이상의 수)일 경우에도 순위를 매겨 중앙값을 찾고, 데이터의 개수가 짝수이면 중앙에 있는 두 값의 평균이 중앙값이다. [5]또 최빈(最 가장 최 頻 자주 빈)값은 데이터에 가장 많이 나타나는 값을 이른다. [6]일반적으로 데이터 값이 연속적인 수치이면 평균으로, 석차(席次, 성적의 차례)처럼 순위가 있는 값에는 중앙값으로, 직업과 같이 문자인 경우에는 최빈값으로 결측치를 대체한다.

→ 결측치의 개념과 처리 방법

3 [1]이상치는 데이터의 다른 값에 비해 유달리(類-, 다른 보통의 것과는 아주 다르게) 크거나 작은 값으로, 데이터를 수집할 때 측정 오류 등에 의해 주로 ⓒ 생긴다. [2]그러나 정상적인 데이터라도 데이터의 특징을 왜곡하는(歪曲-, 사실과 다르게 해석하거나 잘못되게 하는) 데이터 값이 있을 수 있다. [3]예를 들어, 데이터가 어떤 프로 선수들의 연봉(年俸, 일 년 동안 받는 봉급의 총액)이고 그중 한 명의 연봉이 유달리 많다면, 이상치가 포함된 데이터에 해당한다. [4]이런 데이터의 특징을 하나의 수치로 나타내려는 경우 ㉠ 대푯값으로 평균보다 중앙값을 주로 사용한다.

→ 이상치의 개념과 특성

4 [1]평면상(平面上, 평면 위)에 있는 점들의 위치를 나타내는 데이터에서도 이상치를 발견할 수 있다. [2]대부분의 점들이 가상의 직선 주위에 모여 있다면 이 직선은 데이터의 특징을 잘 나타낸다고 할 수 있다. [3]이 직선을 직선 $L$이라고 하자. [4]그런데 직선 $L$로부터 멀리 떨어진 위치에도 몇 개의 점이 있다. [5]이 점들이 이상치이다.

→ 평면상 점들의 위치를 나타내는 데이터에 포함된 이상치

5 [1]㉡ 이상치를 포함하는 데이터에서 직선 $L$을 찾는다고 하자. [2]이때 사용할 수 있는 기법(技法, 기술이나 솜씨, 방법)의 하나인 A 기법은 두 점을 무작위로(無作爲-, 일부러 꾸미거나 뜻을 더하지 않고) 골라 정상치(正常値, 정상인 수) 집합으로 가정하고, 이 두 점을 ⓓ 지나는 후보 직선을 그어 나머지 점들과 후보 직선 사이의 거리를 구한다. [3]이 거리가 허용(許容, 허락하여 너그럽게 받아들임) 범위 이내(以內, 안)인 점들을 정상치 집합에 추가한다. [4]정상치 집합의 점의 개수가 미리 정해 둔 기준, 즉 문턱값보다 많으면 후보 직선을 최종 후보군(群, 무리)에 넣는다. [5]반대로 점의 개수가 문턱값보다 적으면 후보 직선을 버린다. [6]만약 처음에 고른 점이 이상치이면, 대부분의 점들은 해당 후보 직선과의 거리가 너무 ⓔ 멀어 이 직선은 최종 후보군에서 제외되는 것이다. [7]이 과정을 반복하여 최종 후보군을 구하고, 최종 후보군에 포함된 직선 중에서 정상치 집합의 데이터 개수가 최대인 직선을 직선 $L$로 선택한다. [8]이 기법은 이상치가 있어도 직선 $L$을 찾을 가능성이 높다.

→ 이상치가 포함된 평면상 데이터에서 직선 $L$을 찾는 A 기법

■ 지문 이해

〈결측치와 이상치가 포함된 데이터의 처리 방법〉

**❶ 데이터의 특징을 왜곡하는 결측치와 이상치**

**❷ 결측치의 개념과 처리 방법**

- 결측치 : 데이터 값이 빠져 있는 것
- 대체 : 평균, 중앙값, 최빈값 등 대체하는 값으로 결측치를 채우는 방법
  - 중앙값 : 데이터를 크기순으로 정렬했을 때 중앙에 위치한 값
  - 최빈값 : 데이터에 가장 많이 나타나는 값
  - 데이터 값이 연속적인 수치이면 평균, 순위가 있는 값이면 중앙값, 문자인 경우 최빈값으로 결측치를 대체함

**❸ 이상치의 개념과 특성**

- 이상치 : 데이터의 다른 값에 비해 유달리 크거나 작은 값
  - 데이터 수집 시 측정 오류 등으로 생기지만, 정상적인 데이터라도 이상치가 포함될 수 있음
- 이상치가 포함된 데이터의 특징을 하나의 수치로 나타낼 때는 대푯값으로 중앙값을 주로 사용함

**❹ 평면상 점들의 위치를 나타내는 데이터에 포함된 이상치**

- 평면상에 있는 점들의 위치를 나타내는 데이터에도 이상치가 포함될 수 있음
  → 대부분의 점들이 그 주위에 모여 있어 데이터의 특징을 잘 나타내는 가상의 직선($L$)에서 멀리 떨어진 점들

**❺ 이상치가 포함된 평면상 데이터에서 직선 $L$을 찾는 A 기법**

- A 기법의 처리 과정
  ① 무작위로 고른 두 점을 정상치 집합으로 가정함
  ② 해당 두 점을 지나는 후보 직선을 그어 나머지 점들과 후보 직선 간 거리를 구함
  ③ 이 거리가 허용 범위 이내인 점들을 정상치 집합에 추가함
  ④ 정상치 집합의 점의 개수가 문턱값보다 많으면 후보 직선을 최종 후보군에 넣고, 문턱값보다 적으면 후보 직선을 버림
  ⑤ 반복하여 최종 후보군을 구함
  ⑥ 최종 후보군에 포함된 직선 중 정상치 집합의 데이터 개수가 최대인 직선을 직선 $L$로 선택함
- A 기법에서 처음에 고른 점이 이상치이면 대부분의 점들과의 거리가 너무 멀어 해당 직선은 최종 후보군에서 제외됨
- 이상치가 있어도 직선 $L$을 찾을 가능성이 높음

**060** 세부 정보 이해 - 적절하지 않은 것 고르기 2024학년도 수능 8번 정답률 75% | 정답 ③

**윗글을 이해한 내용으로 적절하지 않은 것은?**

**① 데이터가 수치로 구성되지 않아도 최빈값을 구할 수 있다.**

근거 ❷-6 직업과 같이 문자인 경우에는 최빈값으로 결측치를 대체한다.

풀이 윗글에서 데이터가 문자인 경우 최빈값으로 결측치를 대체한다고 하였으므로, 데이터가 수치로 구성되지 않아도 최빈값을 구할 수 있다는 설명은 적절하다.

→ 적절함!

**② 데이터의 특징이 언제나 하나의 수치로 나타나는 것은 아니다.**

근거 ❶-2 데이터에 결측치와 이상치가 포함되면 데이터의 특징을 제대로 나타내기 어렵다, ❹-2 대부분의 점들이 가상의 직선 주위에 모여 있다면 이 직선은 데이터의 특징을 잘 나타낸다고 할 수 있다.

풀이 윗글에서는 데이터를 처리할 때 결측치와 이상치가 포함되면 데이터의 특징을 제대로 나타내기 어렵다고 하였다. 따라서 결측치를 다른 값으로 대체하거나 데이터를 처리할 때 이상치를 고려한다고 하더라도, 데이터의 특징이 '언제나' 하나의 수치로 나타나는 것은 아니다. 또한 윗글에서 평면상에 있는 대부분의 점들이 가상의 직선 주위에 모여 있다면, 이 직선은 데이터의 특징을 잘 나타낸다고 할 수 있다고 설명하였다. 직선으로도 데이터의 특징을 나타낼 수 있으므로, 데이터의 특징이 언제나 '하나의 수치'로 나타나는 것은 아니라는 설명은 적절하다.

→ 적절함!

수집된 경우라도 / 존재할 수 있다

**③ 데이터가 정상적으로 수집되었다면 이상치가 존재하지 않는다.**

근거 ❸-1~2 이상치는 데이터의 다른 값에 비해 유달리 크거나 작은 값으로, 데이터를 수집할 때 측정 오류 등에 의해 주로 생긴다. 그러나 정상적인 데이터라도 데이터의 특징을 왜곡하는 데이터 값이 있을 수 있다.

풀이 윗글에서 정상적인 데이터라도 데이터의 특징을 왜곡하는 데이터 값이 존재할 수 있다고 하였으므로, 데이터가 정상적으로 수집되었다면 이상치가 존재하지 않는다는 설명은 적절하지 않다.

→ 적절하지 않음!

= 크기가 같은 값이 복수일 경우에도

**④ 데이터에 동일한 수치가 여러 개 있어도 중앙값으로 결측치를 대체할 수 있다.**

근거 ❷-2~4 결측치를 처리하는 방법 중 하나인 대체는 다른 값으로 결측치를 채우는 것인데, 대체하는 값으로는 평균, 중앙값, 최빈값을 많이 사용한다. 중앙값은 데이터를 크기순으로 정렬했을 때 중앙에 위치한 값이다. 크기가 같은 값이 복수일 경우에도 순위를 매겨 중앙값을 찾고

풀이 윗글에서 결측치를 대체하는 값 중 하나로 제시된 중앙값은 데이터를 크기순으로 정렬했을 때 중앙에 위치한 값으로, 데이터 크기가 같은 값이 복수일 경우에도 순위를 매겨 중앙값을 찾을 수 있다. 따라서 데이터에 동일한 수치가 여러 개 있어도 중앙값으로 결측치를 대체할 수 있다는 설명은 적절하다.

→ 적절함!

**⑤ 데이터를 수집하는 과정에서 측정 오류가 발생한 값이라도 이상치가 아닐 수 있다.**

근거 ❸-1 이상치는 데이터의 다른 값에 비해 유달리 크거나 작은 값

풀이 이상치는 데이터의 다른 값에 비해 유달리 크거나 작은 값을 뜻한다. 따라서 데이터를 수집하는 과정에서 측정 오류가 발생하였다고 하더라도 그 값이 데이터의 다른 값들에 비해 유달리 크거나 작지 않다면, 즉 그 값과 데이터의 다른 값들과의 차이가 크지 않다면 해당 값은 이상치가 아닐 수 있다.

→ 적절함!

1등급 문제

| 061 | 추론의 적절성 판단 - 적절한 것 고르기 2024학년도 수능 9번<br>정답률 60%, 매력적 오답 ④ 10% ⑤ 15% | 정답 ① |
|---|---|---|

## 윗글을 참고할 때, ㉠의 이유로 가장 적절한 것은?

㉠ 대푯값으로 평균보다 중앙값을 주로 사용한다.

**① 중앙값은 *극단에 있는 이상치의 영향을 덜 받기 때문이다.** *極端, 한쪽으로 크게 치우침

근거 ❷-3 중앙값은 데이터를 크기순으로 정렬했을 때 중앙에 위치한 값, ❸-1 이상치는 데이터의 다른 값에 비해 유달리 크거나 작은 값

풀이 데이터의 다른 값에 비해 유달리 크거나 작은 값인 이상치가 데이터에 포함되어 있을 경우, 대푯값을 평균으로 사용하게 되면 이상치의 영향을 받아 데이터의 특징을 왜곡할 수 있다. 반면 중앙값은 데이터를 크기순으로 정렬했을 때 중앙에 위치한 값이므로, 해당 데이터에 이상치가 포함되어 있다고 하더라도 중앙값을 달라지게 하지는 않는다. 예를 들어 어떤 프로 선수들의 연봉 데이터에서 각 데이터의 값이 1 억, 1.2 억, 1.2 억, 1.5 억, 20 억이라고 하면, 해당 데이터에서 20 억은 이상치에 해당한다. 이때 평균인 4.98 억은 해당 데이터의 값을 모두 더하여 데이터의 개수로 나눈 값이므로, 이상치인 20 억이 평균값의 산출에 큰 영향을 끼친다. 반면 동일한 데이터에서 중앙값은 1.2 억으로, 이상치가 있어도 이상치를 제외한 데이터의 특징을 잘 나타낸다. 이와 같이 중앙값은 극단에 있는 이상치의 영향을 덜 받기 때문에, 이상치가 포함된 데이터의 특징을 하나의 수치로 나타내려 할 경우 대푯값으로 평균보다 중앙값을 주로 사용한다.

→ 적절함!

**② 중앙값을 찾기 위해 데이터를 나열할 때 이상치는 제외되기 때문이다.**

근거 ❷-3 중앙값은 데이터를 크기순으로 정렬했을 때 중앙에 위치한 값

풀이 중앙값은 데이터를 크기순으로 정렬했을 때 중앙에 위치한 값으로, 중앙값을 찾기 위해 데이터를 크기순으로 정렬할 때 이상치를 제외하지는 않는다.

→ 적절하지 않음!

**③ 데이터의 개수가 많아질수록 이상치도 많아지고 평균을 구하기 어렵기 때문이다.**

풀이 데이터의 개수가 많아질수록 이상치가 많아지거나 평균을 구하기 어려운지는 윗글을 통해 알 수 없다. 또한 ㉠은 개수가 많은 데이터가 아니라 이상치가 포함된 데이터의 대푯값으로 무엇을 선택해야 하는지에 대해 이야기하고 있으므로 ㉠의 내용과는 관련이 없다.

→ 적절하지 않음!

**④ 이상치가 포함되면 평균을 구하는 것이 중앙값을 찾는 것보다 복잡하기 때문이다.**

풀이 이상치가 포함된 데이터가 그렇지 않은 데이터와 달리 평균을 구하는 방법이 중앙값을 찾는 것보다 복잡한지는 윗글을 통해 알 수 없다.

→ 적절하지 않음!

**⑤ 이상치가 포함되면 평균은 데이터에 포함되지 않는 값일 가능성이 큰 반면 중앙값은 항상 데이터에 포함된 값이기 때문이다.**

근거 ❷-3~4 중앙값은 데이터를 크기순으로 정렬했을 때 중앙에 위치한 값이다. … 데이터의 개수가 짝수이면 중앙에 있는 두 값의 평균이 중앙값이다.

풀이 이상치는 다른 값에 비해 유달리 크거나 작은 값이라고 하였으므로, 이상치가 포함되면 평균은 데이터에 포함되지 않는 값일 가능성이 크다고 추론할 수 있다. 한편 데이터의 개수가 짝수일 경우 중앙에 있는 두 값의 평균이 중앙값이라고 하였으므로, 이때 중앙값은 데이터에 포함된 값이 아닐 수 있다. 예를 들어 어떤 학생들의 시험 점수가 30 점, 92 점, 94 점, 96 점이라고 할 때, 중앙값은 중앙에 위치한 두 값 92 점과 94 점의 평균인 93 점으로, 데이터에 포함된 값이 아니다. 따라서 중앙값은 항상 데이터에 포함된 값이라는 설명은 적절하지 않다.

→ 적절하지 않음!

1등급 문제

| 062 | <보기>와 내용 비교 - 적절한 것 고르기 2024학년도 수능 10번<br>정답률 30%, 매력적 오답 ② 15% ③ 15% ④ 35% | 정답 ⑤ |
|---|---|---|

## ㉡과 관련하여 윗글의 A 기법과 <보기>의 B 기법을 설명한 내용으로 가장 적절한 것은? [3점]

㉡ 이상치를 포함하는 데이터에서 직선 $l$을 찾는다고 하자.

| 보 기 |

[1]다음과 같은 방법으로 직선 $l$을 찾는 B 기법을 가정해 보자. [2]후보 직선을 임의로(任意-, 일정한 기준이나 원칙 없이 마음대로) 여러 개 가정한 뒤에 모든 점에서 각 후보 직선들과의 거리를 구하여 점들과 가장 가까운 직선을 선택한다. [3]그러나 이렇게 찾은 직선은 직선 $l$로 적합한(適合-, 꼭 알맞은) 직선이 아니다. [4]이상치를 포함해서 찾다 보니 대부분 최적의 직선과 이상치 사이에 위치한 직선을 선택하게 된다.

**① A 기법과 B 기법 모두 최적의 직선을 찾기 위해 최대한 많은 점을 지나는 후보 직선을 가정한다.**

근거 ❺-2 A 기법은 두 점을 무작위로 골라 정상치 집합으로 가정하고, 이 두 점을 지나는 후보 직선을 그어, <보기>-2 후보 직선을 임의로 여러 개 가정한 뒤

풀이 A 기법에서는 두 점을 무작위로 골라 '이 두 점을 지나는' 후보 직선을 긋는다고 하였다. 또한 <보기>에서 B 기법은 후보 직선을 임의로 여러 개 가정한다고 설명하였을 뿐, 최대한 많은 점을 지나는 후보 직선을 가정한다고 하지는 않았다. 따라서 A 기법과 B 기법 모두 최적의 직선을 찾기 위해 '최대한 많은 점을 지나는 후보 직선'을 가정한다는 설명은 적절하지 않다.

→ 적절하지 않음!

두 점을 무작위로 골라

**② A 기법은 이상치를 제외하고 후보 직선을 가정하지만 B 기법은 이상치를 제외하는 과정이 없다.**

근거 ❺-2 A 기법은 두 점을 무작위로 골라 정상치 집합으로 가정하고, 이 두 점을 지나는 후보 직선을 그어, ❺-6 만약 처음에 고른 점이 이상치이면 … 이 직선은 최종 후보군에서 제외, <보기>-2 후보 직선을 임의로 여러 개 가정한 뒤

풀이 윗글에서 A 기법은 두 점을 '무작위로' 골라 이 두 점을 지나는 후보 직선을 긋는다고 하였고, 만약 처음에 고른 점이 이상치이면 이 직선은 최종 후보군에서 제외된다고 설명하였다. 이러한 설명을 통해 A 기법이 처음부터 '이상치를 제외하고' 후보 직선을 가정하는 것은 아님을 확인할 수 있다. 한편 <보기>에서 B 기법은 후보 직선을 '임의로 여러 개 가정'한다고 하였으므로, B 기법에 이상치를 제외하는 과정이 없다는 설명은 적절하다.

→ 적절하지 않음!

**③ A 기법에서 최종적으로 선택한 직선은 이상치를 지나지 않지만 B 기법에서 선택한 직선은 이상치를 지난다.**

근거 ❺-6 만약 처음에 고른 점이 이상치이면, 대부분의 점들은 해당 후보 직선과의 거리가 너무 멀어 이 직선은 최종 후보군에서 제외되는 것, <보기>-4 이상치를 포함해서 찾다 보니 대부분 최적의 직선과 이상치 사이에 위치한 직선을 선택하게 된다.

풀이 윗글에 따르면 A 기법에서 두 점을 무작위로 골라 후보 직선을 그을 때, 두 점 중 이상치가 포함될 경우 해당 직선은 최종 후보군에서 제외된다. 따라서 A 기법에서 최종적으로 선택한 직선은 이상치를 지나지 않는다는 설명은 적절하다. 한편 <보기>에서 B 기법은 이상치를 포함해 찾다 보니 '대부분 최적의 직선과 이상치 사이에 위치한 직선'을 선택하게 된다고 하였다. 따라서 B 기법에서 선택한 직선이 이상치를 지난다고 단정할 수 없으며, 오히려 이상치를 지나지 않을 가능성이 높다.

→ 적절하지 않음!

Ⅲ 과학

정상치 집합의 점의 개수

④ A 기법은 이상치의 개수가 문턱값보다 적으면 후보 직선을 버리지만 B 기법은 선택한 직선이 이상치를 포함할 수 있다.

근거 ❺-4~5 정상치 집합의 점의 개수가 미리 정해 둔 기준, 즉 문턱값보다 많으면 후보 직선을 최종 후보군에 넣는다. 반대로 점의 개수가 문턱값보다 적으면 후보 직선을 버린다, <보기>-4 이상치를 포함해서 찾다 보니 대부분 최적의 직선과 이상치 사이에 위치한 직선을 선택하게 된다.

풀이 A 기법에서는 '이상치의 개수'가 아니라 '정상치 집합의 점의 개수'가 문턱값보다 적으면 후보 직선을 버린다. 따라서 A 기법에서 이상치의 개수가 문턱값보다 적으면 후보 직선을 버린다는 설명은 적절하지 않다. 한편 <보기>에서 B 기법은 이상치를 포함해 찾다 보니 대부분은 최적의 직선과 이상치 사이에 위치한 직선을 선택하게 된다고 하였다. 바꿔 말하면 B 기법에서 선택한 직선이 이상치를 포함할 가능성도 일부 존재한다고 볼 수 있다.

→ 적절하지 않음!

⑤ A 기법에서 후보 직선의 정상치 집합에는 이상치가 포함될 수 있고 B 기법에서 후보 직선은 이상치를 지날 수 있다.

근거 ❺-2 A 기법은 두 점을 무작위로 골라 정상치 집합으로 가정하고, 이 두 점을 지나는 후보 직선을 그어, ❺-6 만약 처음에 고른 점이 이상치이면, <보기>-2 후보 직선을 임의로 여러 개 가정한 뒤

풀이 A 기법에서 후보 직선의 정상치 집합에는 처음에 '무작위로' 고른 두 점이 포함되므로, 무작위로 처음에 고른 점이 이상치이면 후보 직선의 정상치 집합에는 이상치가 포함된다. 따라서 A 기법에서 후보 직선의 정상치 집합에는 이상치가 포함될 수 있다는 설명은 적절하다. 한편 B 기법에서도 후보 직선을 '임의로' 여러 개 가정한다고 하였으므로, 임의로 가정한 여러 후보 직선들 중 일부는 이상치를 지날 수 있다. 따라서 B 기법에서 후보 직선은 이상치를 지날 수 있다는 설명 또한 적절하다.

→ 적절함!

| **063** | 문맥적 의미 파악 - 적절한 것 고르기 2024학년도 수능 11번<br>정답률 85% | 정답 ② |
|---|---|---|

## 문맥상 ⓐ~ⓔ와 바꿔 쓰기에 가장 적절한 것은?

데이터의 특징을 제대로 ⓐ 나타내기 어렵다.
결측치는 데이터 값이 ⓑ 빠져 있는 것이다.
측정 오류 등에 의해 주로 ⓒ 생긴다.
이 두 점을 ⓓ 지나는 후보 직선을 그어
해당 후보 직선과의 거리가 너무 ⓔ 멀어

**① ⓐ : 형성(形成)하기**

풀이 ⓐ에서 쓰인 '나타내다'는 문맥상 '어떤 일의 결과나 징후를 겉으로 드러내다'의 의미이다. 한편 '형성(形 모양 형 成 이루다 성)하다'는 '어떤 형상을 이루다'의 의미로, ⓐ와 바꿔 쓸 경우 해당 문장의 의미가 달라진다. 따라서 ⓐ를 '형성하기'로 바꿔 쓰는 것은 적절하지 않다.

→ 적절하지 않음!

**② ⓑ : 누락(漏落)되어**

풀이 ⓑ에서 쓰인 '빠지다'는 문맥상 '차례를 거르거나 일정하게 들어 있어야 할 곳에 들어 있지 아니하다'의 뜻으로, '기입되어야 할 것이 기록에서 빠지다'의 의미를 지닌 '누락(漏 빠뜨리다 누 落 떨어뜨리다 락)되다'로 바꿔 써도 그 의미가 달라지지 않는다. 따라서 ⓑ의 '빠져'를 '누락되어'로 바꿔 쓰는 것은 문맥상 적절하다.

→ 적절함!

**③ ⓒ : 도래(到來)한다**

풀이 ⓒ에서 쓰인 '생기다'는 문맥상 '어떤 일이 일어나다'의 의미이다. 한편 '도래(到 이르다 도 來 오다 래)하다'는 '어떤 시기나 기회가 닥쳐오다'의 의미로, ⓒ와 바꿔 쓸 경우 해당 문장의 의미가 달라진다. 따라서 ⓒ를 '도래한다'로 바꿔 쓰는 것은 적절하지 않다.

→ 적절하지 않음!

**④ ⓓ : 투과(透過)하는**

풀이 ⓓ에서 쓰인 '지나다'는 문맥상 '어디를 거치어 가거나 오거나 하다'의 의미이다. 한편 '투과(透 통하다 투 過 지나다 과)하다'는 '장애물에 빛이 비치거나 액체가 스미면서 통과하다'의 의미로, ⓓ와 바꿔 쓸 경우 해당 문장의 의미가 달라진다. 따라서 ⓓ를 '투과하는'으로 바꿔 쓰는 것은 적절하지 않다.

→ 적절하지 않음!

**⑤ ⓔ : 소원(疏遠)하여**

풀이 ⓔ에서 쓰인 '멀다'는 문맥상 '거리가 많이 떨어져 있다'의 의미이다. 한편 '소원(疏 멀다 소 遠 소원하다 원)하다'는 '지내는 사이가 두텁지 아니하고 거리가 있어서 서먹서먹하다'의 의미로, ⓔ와 바꿔 쓸 경우 해당 문장의 의미가 달라진다. 따라서 ⓔ를 '소원하여'로 바꿔 쓰는 것은 적절하지 않다.

→ 적절하지 않음!

## [064~067] 다음 글을 읽고 물음에 답하시오.

**1** [1]하루에 필요한 에너지의 양은 하루 동안의 총(總, 모두 합한) 열량(熱量, 열에너지의 양) 소모량(消耗量, 써서 없애는 양)인 대사량으로 구한다. [2]그(대사량)중 기초 대사량은 생존(生存, 살아남음)에 필수적인 에너지로, 쾌적한(快適-, 몸과 마음에 알맞아 기분이 상쾌한) 온도에서 편히 쉬는 동물이 공복(空腹, 배 속이 비어 있는) 상태에서 생성하는 열량으로 정의된다. [3]이때 체내(體內, 몸의 내부)에서 생성한 열량은 일정한 체온에서 체외(體外, 몸의 밖)로 발산되는(發散-, 밖으로 퍼져 나오는) 열량과 같다. [4]기초 대사량은 개체(個體, 하나의 독립된 생물체)에 따라 대사량의 60~75 %를 차지하고, 근육량이 많을수록 증가한다.

→ 기초 대사량의 정의와 특성

**2** [1]기초 대사량은 직접법 또는 간접법으로 구한다. [2]㉠ 직접법은 온도가 일정하게 유지되고 공기의 출입량을 알고 있는 호흡실에서 동물이 발산하는 열량을 열량계를 이용해 측정하는(測定-, 재는) 방법이다. [3]㉡ 간접법은 호흡 측정 장치를 이용해 동물의 산소 소비량(消費量, 써서 없애는 양)과 이산화 탄소 배출량(排出量, 내보내는 양)을 측정하고, 이(측정한 산소 소비량과 이산화 탄소 배출량)를 기준으로 체내에서 생성된 열량을 추정하는(推定-, 헤아려 계산하는) 방법이다.

→ 기초 대사량을 구하는 두 가지 방법 : 직접법과 간접법

**3** [1]19 세기의 초기 연구는 체외로 발산되는 열량(기초 대사량)이 체표(體表, 몸의 표면) 면적에 비례한다고(比例-, 한쪽의 양이나 수가 증가하는 만큼 다른 쪽의 양이나 수도 증가한다고) 보았다. [2]즉 그 둘(체외로 발산되는 열량과 체표 면적)이 항상 일정한 비(比)(비율)를 갖는다는 것이다. [3]체표 면적은 (체중)$^{0.67}$에 비례하므로, 기초 대사량은 체중이 아닌 (체중)$^{0.67}$에 비례한다고 하였다. [4]어떤 변수의 증가율은 증가 후 값을 증가 전 값으로 나눈 값이므로, 체중이 W에서 2W로 커지면 체중의 증가율은 (2W) / (W) = 2이다. [5]이 경우에 기초 대사량의 증가율은 $(2W)^{0.67} / (W)^{0.67} = 2^{0.67}$, 즉 약 1.6이 된다.(체중의 증가율에 비해 기초 대사량의 증가율이 작다)

→ 기초 대사량에 대한 19 세기의 초기 연구

**4** [1]1930년대에 클라이버는 생쥐부터 코끼리까지 다양한 크기의 동물의 기초 대사량 측정 결과를 분석했다. [2]그래프의 가로축 변수로 동물의 체중을, 세로축 변수로 기초 대사량을 두고, 각 동물별 체중과 기초 대사량의 순서쌍을 점으로 나타냈다.

→ 1930년대 클라이버의 기초 대사량 측정 결과 분석

**5** [1]가로축과 세로축 두 변수의 증가율이 서로 다를 경우, 그 둘(가로축과 세로축)의 증가율이 같을 때와 달리, '일반적인 그래프'에서 이 점들은 직선이 아닌 어떤 곡선의 주변에 분포한다.(分布-, 흩어져 퍼져 있다.) [2]그런데 순서쌍의 값에 상용로그(常用log, 10을 밑으로 하는 로그)를 취해(取-, 써서) 새로운 순서쌍을 만들어서 이를 <그림>과 같이 그래프에 표시하면, 어떤 직선의 주변에 점들이 분포하는 것으로 나타난다. [3]그러면 그 직선의 기울기를 이용해 두 변수의 증가율을 비교할 수 있다. [4]<그림>에서 X와 Y는 각각 체중과 기초 대사량에 상용로그를 취한 값이다. [5]이런 방식으로 표현한 그래프를 'L-그래프'라 하자.

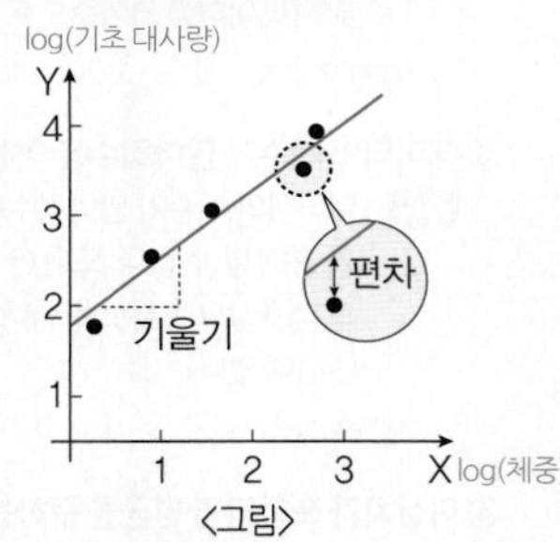

<그림>

→ 두 변수의 증가율이 서로 다를 경우 증가율을 비교할 수 있는 L-그래프 방식

6 [1]체중의 증가율에 비해, 기초 대사량의 증가율이 작다면 L-그래프에서 직선의 기울기는 1보다 작으며 기초 대사량의 증가율이 작을수록 기울기도 작아진다. [2]만약 체중의 증가율과 기초 대사량의 증가율이 같다면 L-그래프에서 직선의 기울기는 1이 된다.

→ L-그래프에서 체중과 기초 대사량의 증가율 차이를 나타내는 직선의 기울기

7 [1]이렇듯 L-그래프와 같은 방식으로 표현할 때, 생물의 어떤 형질(形質, 생긴 모양, 크기, 성질 등의 고유한 특징)이 체중 또는 몸 크기와 직선의 관계를 보이며 함께 증가하는 경우 그 형질은 '상대 성장'을 한다고 한다. [2]동일(同一, 같은) 종(種, 생물 분류의 기본 단위)에서의 심장, 두뇌와 같은 신체 기관의 크기도 상대 성장을 따른다.

→ 상대 성장의 개념

8 [1]한편, 그래프에서 가로축과 세로축 두 변수의 관계를 대변하는(代辯—, 대표적으로 나타내는) 최적의(最適—, 가장 알맞은) 직선의 기울기와 절편은 최소 제곱법으로 구할 수 있다. [2]우선, 그래프에 두 변수의 순서쌍을 나타낸 점들 사이를 지나는 임의의(任意—, 일정하게 정하지 않은) 직선을 그린다. [3]각 점에서 가로축에 수직 방향으로 직선까지의 거리인 편차(偏差, 일정한 기준에서 벗어난 정도나 크기)의 절댓값을 구하고 이(편차의 절댓값)들을 각각 제곱하여 모두 합한 것이 '편차 제곱 합'이며, 편차 제곱 합이 가장 작은 직선을 구하는 것이 최소 제곱법이다.

→ 최적의 직선을 구하는 최소 제곱법

9 [1]클라이버는 이런 방법(최소 제곱법)에 근거하여 L-그래프에 나타난 최적의 직선의 기울기로 0.75를 얻었고, 이에 따라 동물의 (체중)$^{0.75}$에 기초 대사량이 비례한다고 결론지었다. [2]이것을 '클라이버의 법칙'이라 하며, (체중)$^{0.75}$을 대사 체중이라 부른다. [3]대사 체중은 치료제(治療劑, 병이나 상처 등을 잘 다스려 낫게 하기 위해 쓰는 약) 허용량(許容量, 허락하여 받아들이는 양)의 결정에도 이용되는데, 이때 그 양은 대사 체중에 비례하여 정한다. [4]이는 치료제 허용량이 체내 대사와 밀접한(密接—, 아주 가까운 관계에 있는) 관련이 있기 때문이다.

→ '클라이버의 법칙'과 대사 체중의 이용

■지문 이해

<기초 대사량의 정의와 클라이버의 법칙>

**❶ 기초 대사량의 정의와 특성**
- 기초 대사량
  - 생존에 필수적인 에너지, 대사량의 60 ~ 75 %를 차지함, 근육량이 많을수록 증가함
  - 쾌적한 온도에서 편히 쉬는 동물이 공복 상태에서, 체내에서 생성하는 열량(= 일정한 체온에서 체외로 발산되는 열량)

**❷ 기초 대사량을 구하는 두 가지 방법 : 직접법과 간접법**
- 직접법 : 일정한 온도가 유지되고 공기의 출입량을 알고 있는 호흡실에서 동물이 발산하는 열량을 측정
- 간접법 : 호흡 측정 장치로 동물의 산소 소비량과 이산화 탄소 배출량을 측정하여 체내에서 생성된 열량을 추정

**❸ 기초 대사량에 대한 19 세기의 초기 연구**
- 체외로 발산되는 열량이 체표 면적에 비례한다고 봄
- 체표 면적은 (체중)$^{0.67}$에 비례함
  → 기초 대사량은 (체중)$^{0.67}$에 비례하며, 체중의 증가율에 비해 기초 대사량의 증가율이 작음

**클라이버의 법칙**

**❹ 1930년대 클라이버의 기초 대사량 측정 결과 분석**

**❺ 두 변수의 증가율이 서로 다를 경우 증가율을 비교할 수 있는 L-그래프 방식**
- 가로축과 세로축 두 변수의 증가율이 서로 다를 경우
  - 일반적인 그래프 : 점들이 직선이 아닌 어떤 곡선의 주변에 분포함
    ↓ 그래프를 직선으로 만들기 위해 상용로그를 취해 새로운 순서쌍을 만듦
  - L-그래프 : 점들이 어떤 직선의 주변에 분포하는 것으로 나타나 직선의 기울기를 이용해 두 변수의 증가율을 비교할 수 있음

**❻ L-그래프에서 체중과 기초 대사량의 증가율 차이를 나타내는 직선의 기울기**
- 체중(가로축 변수)의 증가율에 비해 기초 대사량(세로축 변수)의 증가율이 작을 경우 L-그래프에서 직선의 기울기는 1보다 작음

**❼ 상대 성장의 개념**
- L-그래프와 같은 방식으로 표현할 때, 체중, 몸 크기와 직선의 관계를 보이며 함께 증가하는 것

**❽ 최적의 직선을 구하는 최소 제곱법**
- 두 변수의 관계를 대변하는 최적의 직선의 기울기와 절편을 구하는 방법
- 편차 제곱 합이 가장 작은 직선을 구하는 것

**❾ '클라이버의 법칙'과 대사 체중의 이용**
- 클라이버의 법칙 : 동물의 (체중)$^{0.75}$에 기초 대사량이 비례함
- (체중)$^{0.75}$을 대사 체중이라 부르며, 대사 체중에 비례하여 치료제 허용량을 정함

1등급 문제

**064** 세부 정보 이해 - 적절하지 않은 것 고르기 2023학년도 수능 14번
정답률 60%, 매력적 오답 ② 15% ④ 15%
**정답 ③**

**윗글의 내용과 일치하지 않는 것은?**

= (체중)$^{0.75}$

**① 클라이버의 법칙은 동물의 기초 대사량이 대사 체중에 비례한다고 본다.**

근거 ❾-1~2 동물의 (체중)$^{0.75}$에 기초 대사량이 비례한다고 결론지었다. 이것을 '클라이버의 법칙'이라 하며, (체중)$^{0.75}$을 대사 체중이라 부른다.

→ 적절함!

**② 어떤 개체가 체중이 늘 때 다른 변화 없이 근육량이 늘면 기초 대사량이 증가한다.**

근거 ❶-4 기초 대사량은 개체에 따라 대사량의 60 ~ 75 %를 차지하고, 근육량이 많을수록 증가한다.

풀이 기초 대사량은 개체의 근육량이 많을수록 증가한다고 하였다. 어떤 개체의 체중이 늘 때 다른 변화 없이 근육량이 늘었다면 기초 대사량은 증가한다.

→ 적절함!

**③ 'L-그래프'에서 직선의 기울기는 가로축과 세로축 두 변수의 증가율의 차이와 동일하다.**

근거 ❺-3 (L-그래프 방식으로 표현한 그래프에서) 그 직선의 기울기를 이용해 두 변수의 증가율을 비교할 수 있다, ❻-1~2 체중의 증가율에 비해, 기초 대사량의 증가율이 작다면 L-그래프에서 직선의 기울기는 1보다 작으며 기초 대사량의 증가율이 작을수록 기울기도 작아진다. 만약 체중의 증가율과 기초 대사량의 증가율이 같다면 L-그래프에서 직선의 기울기는 1이 된다.

풀이 윗글에 따르면 L-그래프의 직선의 기울기를 이용해 두 변수의 증가율을 비교할 수 있다. 가로축인 체중의 증가율에 비해 세로축인 기초 대사량의 증가율이 작다면 L-그래프에서 직선의 기울기는 1보다 작다. 예를 들어 체중의 증가율이 2이고 기초 대사량의 증가율이 1일 경우 체중의 증가율에 대한 기초 대사량의 증가율을 나타낸 직선의 기울기는 $\frac{1}{2}$이다. 이때 두 변수의 증가율의 차이는 1(2 - 1 = 1)이다. 즉 'L-그래프'에서 직선의 기울기는 가로축 변수의 증가율에 대한 세로축 변수의 증가율을 나타낸 것으로, 이것이 두 변수의 증가율의 차이와 동일하지는 않다.

→ 적절하지 않음!

**④ 최소 제곱법은 두 변수 간의 관계를 나타내는 최적의 직선의 기울기와 절편을 알게 해 준다.**

근거 ❽-1 그래프에서 가로축과 세로축 두 변수의 관계를 대변하는 최적의 직선의 기울기와 절편은 최소 제곱법으로 구할 수 있다.

→ 적절함!

= 체중

**⑤ 동물의 신체 기관인 심장과 두뇌의 크기는 몸무게나 몸의 크기에 상대 성장을 하며 발달한다.**

근거 ❼-1~2 L-그래프와 같은 방식으로 표현할 때, 생물의 어떤 형질이 체중 또는 몸 크기와 직선의 관계를 보이며 함께 증가하는 경우 그 형질은 '상대 성장'을 한다고 한다. 동일 종에서의 심장, 두뇌와 같은 신체 기관의 크기도 상대 성장을 따른다.

Ⅲ 과학

→ 적절함!

1등급 문제

**065** | 추론의 적절성 판단 - 적절하지 않은 것 고르기 2023학년도 수능 15번
정답률 30%, 매력적 오답 ② 35% ③ 20% ⑤ 10% | 정답 ④

### 윗글을 읽고 추론한 내용으로 적절하지 않은 것은?

= 대사량

**① 일반적인 경우 기초 대사량은 하루에 소모되는 총 열량 중에 가장 큰 비중을 차지하겠군.**

근거 ❶-1~2 하루에 필요한 에너지의 양은 하루 동안의 총 열량 소모량인 대사량으로 구한다. 그중 기초 대사량은 생존에 필수적인 에너지로, ❶-4 기초 대사량은 개체에 따라 대사량의 60~75 %를 차지하고

풀이 기초 대사량은 하루 동안의 총 열량 소모량인 대사량의 60~75 %를 차지한다고 하였으므로, 일반적인 경우 기초 대사량이 하루에 소모되는 총 열량 중 가장 큰 비중을 차지할 것이라는 추론은 적절하다.

→ 적절함!

**② 클라이버의 결론에 따르면, 기초 대사량이 동물의 체표 면적에 비례한다고 볼 수 없겠군.**

근거 ❸-1 19 세기의 초기 연구는 체외로 발산되는 열량(= 기초 대사량)이 체표 면적에 비례한다고 보았다, ❸-3 체표 면적은 (체중)$^{0.67}$에 비례하므로, 기초 대사량은 체중이 아닌 (체중)$^{0.67}$에 비례한다고 하였다, ❾-1 클라이버는 … 동물의 (체중)$^{0.75}$에 기초 대사량이 비례한다고 결론지었다.

풀이 19 세기의 초기 연구는 기초 대사량이 동물의 체표 면적에 비례한다고 하였다. 그리고 체표 면적은 (체중)$^{0.67}$에 비례한다. 한편 클라이버는 기초 대사량이 동물의 (체중)$^{0.75}$에 비례한다고 결론지었다. 따라서 클라이버의 결론에 따르면 기초 대사량은 동물의 (체중)$^{0.75}$에 비례하므로, (체중)$^{0.67}$에 비례하는 체표 면적과는 비례한다고 볼 수 없다.

→ 적절함!

**③ 19 세기의 초기 연구자들은 체중의 증가율보다 기초 대사량의 증가율이 작다고 생각했겠군.**

근거 ❸-1 19 세기의 초기 연구는 체외로 발산되는 열량(= 기초 대사량)이 체표 면적에 비례한다고 보았다, ❸-3~5 체표 면적은 (체중)$^{0.67}$에 비례하므로, 기초 대사량은 체중이 아닌 (체중)$^{0.67}$에 비례한다고 하였다. 어떤 변수의 증가율은 증가 후 값을 증가 전 값으로 나눈 값이므로, 체중이 W에서 2W로 커지면 체중의 증가율은 (2W) / (W) = 2이다. 이 경우에 기초 대사량의 증가율은 $(2W)^{0.67} / (W)^{0.67} = 2^{0.67}$, 즉 약 1.6이 된다.

풀이 윗글에 따르면 19 세기의 초기 연구자들은 기초 대사량이 (체중)$^{0.67}$에 비례한다고 하면서, 체중의 증가율이 2일 경우 기초 대사량의 증가율은 약 1.6이 된다고 하였다. 따라서 체중의 증가율보다 기초 대사량의 증가율이 작다고 생각했을 것이라는 추론은 적절하다.

→ 적절함!

대사 체중에 비례하여 정함

**④ 코끼리에게 적용하는 치료제 허용량을 기준으로, 체중에 비례하여 생쥐에게 적용할 허용량을 정한 후 먹이면 *과다 **복용이 될 수 있겠군.** *過多, 너무 많음 **服用, 약을 먹음

과소 복용

근거 ❾-1~3 클라이버는 … 동물의 (체중)$^{0.75}$에 기초 대사량이 비례한다고 결론지었다. 이것을 '클라이버의 법칙'이라 하며, (체중)$^{0.75}$을 대사 체중이라 부른다. 대사 체중은 치료제 허용량의 결정에도 이용되는데, 이때 그 양은 대사 체중에 비례하여 정한다.

풀이 클라이버의 법칙에 따르면 기초 대사량은 동물의 (체중)$^{0.75}$에 비례한다. 이때 (체중)$^{0.75}$을 대사 체중이라 하는데, 이 대사 체중은 치료제 허용량의 결정에 이용된다. 코끼리에게 적용하는 치료제 허용량은 코끼리의 (체중)$^{0.75}$을 이용하여 결정할 것이고, 생쥐에게 적용하는 치료제 허용량은 생쥐의 (체중)$^{0.75}$을 이용하여 결정할 것이다. 대사 체중은 체중보다 그 값이 작으므로, 대사 체중이 아닌 체중에 비례하여 생쥐에게 치료제 허용량을 정한 후 먹이면 클라이버의 법칙에 따른 치료제 허용량보다 더 적게 복용하게 될 것이다. 예를 들어 코끼리의 체중을 81kg, 생쥐의 체중을 3kg이라고 가정해 보자. 체중을 기준으로 하면 코끼리와 생쥐는 27 : 1의 관계를 보이고, 대사 체중을 기준으로 하면 $81^{0.75} : 3^{0.75}$(= 27 : 2.279)의 관계를 보인다. 코끼리와 생쥐의 체중에 비례하여 정한 생쥐의 허용량은 1이 되고, 대사 체중에 비례하여 정한 생쥐의 치료제 허용량은 약 2.279가 되므로, 체중에 비례하여 생쥐에게 적용할 허용량을 정한 후 먹이면 과다 복용이 아닌 과소 복용이 될 수 있다.

→ 적절하지 않음!

**⑤ 클라이버의 법칙에 따르면, 동물의 체중이 증가함에 따라 함께 늘어나는 에너지의 필요량이 이전 초기 연구에서 생각했던 양보다 많겠군.**

근거 ❸-1 19 세기의 초기 연구는 체외로 발산되는 열량이 체표 면적에 비례한다고 보았다, ❸-3 체표 면적은 (체중)$^{0.67}$에 비례하므로, 기초 대사량은 체중이 아닌 (체중)$^{0.67}$에 비례한다고 하였다, ❾-1 클라이버는 이런 방법에 근거하여 L-그래프에 나타난 최적의 직선의 기울기로 0.75를 얻었고, 이에 따라 동물의 (체중)$^{0.75}$에 기초 대사량이 비례한다고 결론지었다.

→ 적절함!

1등급 문제

**066** | 추론의 적절성 판단 - 적절한 것 고르기 2023학년도 수능 16번
정답률 40%, 매력적 오답 ① 15% ② 15% ③ 15% ⑤ 15% | 정답 ④

### ㉠, ㉡에 대한 이해로 가장 적절한 것은?

㉠ 직접법 ㉡ 간접법

**① ㉠은 체온을 환경 온도에 따라 조정하는 *변온 동물이 체외로 발산하는 열량을 측정할 수 없다.** *變溫, 온도가 변함

있다

근거 ❷-2 직접법은 온도가 일정하게 유지되고 공기의 출입량을 알고 있는 호흡실에서 동물이 발산하는 열량을 열량계를 이용해 측정하는 방법

풀이 변온 동물은 주변 환경의 온도에 따라 체온이 변한다. 직접법(㉠)은 온도가 일정하게 유지되는 호흡실에서 동물이 발산하는 열량을 열량계를 이용해 측정한다고 하였다. 호흡실 내부의 온도가 일정하게 유지되므로 변온 동물의 체온도 일정하게 유지될 것이고, 열량계를 이용해 해당 변온 동물이 체외로 발산하는 열량을 측정할 수 있을 것이다.

→ 적절하지 않음!

있다

**② ㉡은 동물이 호흡에 이용한 산소의 양을 알 필요가 없다.**

근거 ❷-3 간접법은 호흡 측정 장치를 이용해 동물의 산소 소비량과 이산화 탄소 배출량을 측정하고, 이를 기준으로 체내에서 생성된 열량을 추정하는 방법

풀이 간접법(㉡)은 호흡 측정 장치를 이용해 동물의 산소 소비량과 이산화 탄소 배출량을 측정하여 이를 기준으로 체내에서 생성된 열량을 추정하는 방법이다. 따라서 간접법(㉡)은 동물이 호흡에 이용한 산소의 양을 측정하여 알아야 한다.

→ 적절하지 않음!

㉠과 ㉡은 모두

**③ ㉠은 ㉡과 달리 *격한 움직임이 제한된 편하게 쉬는 상태에서 기초 대사량을 구한다.**
*激-, 급하고 거센

근거 ❶-2 기초 대사량은 생존에 필수적인 에너지로, 쾌적한 온도에서 편히 쉬는 동물이 공복 상태에서 생성하는 열량으로 정의된다, ❷-1 기초 대사량은 직접법 또는 간접법으로 구한다.

풀이 기초 대사량은 쾌적한 온도에서 편히 쉬는 동물이 공복 상태에서 생성하는 열량을 뜻한다. 따라서 직접법(㉠)과 간접법(㉡)은 모두 쾌적한 상태에서 편히 쉬는 동물의 기초 대사량을 구한다.

→ 적절하지 않음!

= 체내에서 생성한 열량 = 기초 대사량

**④ ㉠과 ㉡은 모두 일정한 체온에서 동물이 체외로 발산하는 열량을 구할 수 있다.**

근거 ❶-2~3 기초 대사량은 생존에 필수적인 에너지로, 쾌적한 온도에서 편히 쉬는 동물이 공복 상태에서 생성하는 열량으로 정의된다. 이때 체내에서 생성한 열량은 일정한 체온에서 체외로 발산되는 열량과 같다, ❷-1 기초 대사량은 직접법 또는 간접법으로 구한다.

풀이 윗글에 따르면 '기초 대사량'은 쾌적한 온도에서 편히 쉬는 동물이 공복 상태에서 생성하는 열량을 뜻하며, 이때 '체내에서 생성한 열량'은 '일정한 체온에서 체외로 발산하는 열량'과 같다. 따라서 기초 대사량을 구하는 방법인 직접법(㉠)과 간접법(㉡)은 모두 일정한 체온에서 동물이 체외로 발산하는 열량을 구할 수 있다.

→ 적절함!

= 기초 대사량

**⑤ ㉠과 ㉡은 모두 생존에 필수적인 최소한의 에너지를 공급하면서 기초 대사량을 구한다.**

근거 ❶-2 기초 대사량은 생존에 필수적인 에너지로, 쾌적한 온도에서 편히 쉬는 동물이 공복 상태에서 생성하는 열량으로 정의된다, ❷-1 기초 대사량은 직접법 또는 간접법으로 구한다.

풀이 직접법(㉠)과 간접법(㉡)은 생존에 필수적인 에너지인 기초 대사량을 구하는 방법이다. 이때 기초 대사량은 쾌적한 온도에서 편히 쉬는 동물이 '공복 상태'에서 생성하는

열량을 뜻한다. 따라서 직접법(㉠)과 간접법(㉡)은 생존에 필수적인 에너지를 '공급하면서' 기초 대사량을 구하지 않는다.

→ 적절하지 않음!

1등급 문제

**067** 구체적인 사례에 적용 - 적절한 것 고르기 2023학년도 수능 17번
정답률 15%, 매력적 오답 ② 20% ③ 30% ④ 20% ⑤ 15% | 정답 ①

## 윗글을 바탕으로 <보기>를 탐구한 내용으로 가장 적절한 것은? [3점]

| 보기 |

농게의 수컷은 집게발 하나가 매우 큰데, 큰 집게발의 길이는 게딱지의 폭에 '상대 성장'을 한다. 농게의 ⓐ 게딱지 폭을 이용해 ⓑ 큰 집게발의 길이를 추정하기 위해, 다양한 크기의 농게의 게딱지 폭과 큰 집게발의 길이를 측정하여 다수의 순서쌍을 확보했다.(確保-, 확실히 가지고 있게 되었다.) 그리고 'L-그래프'와 같은 방식으로, 그래프의 가로축과 세로축에 각각 게딱지 폭과 큰 집게발의 길이에 해당하는 값을 놓고 분석을 실시했다. ← 가로축 변수로 동물의 체중을, 세로축 변수로 기초 대사량을 두고 분석한 클라이버의 그래프에 대응하여 적용할 수 있음

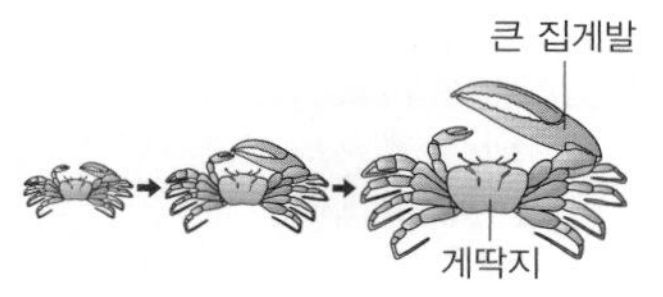


**① 최적의 직선을 구한다고 할 때, 최적의 직선의 기울기가 1보다 작다면 ⓐ에 ⓑ가 비례한다고 할 수 없겠군.**

근거 ❹-2 그래프의 가로축 변수로 동물의 체중을, 세로축 변수로 기초 대사량을 두고, ❼-1 L-그래프와 같은 방식으로 표현할 때, 생물의 어떤 형질이 체중 또는 몸 크기와 직선의 관계를 보이며 함께 증가하는 경우 그 형질은 '상대 성장'을 한다고 한다, ❽-1 한편, 그래프에서 가로축과 세로축 두 변수의 관계를 대변하는 최적의 직선의 기울기와 절편은 최소 제곱법으로 구할 수 있다, ❾-1 클라이버는 이런 방법에 근거하여 L-그래프에 나타난 최적의 직선의 기울기로 0.75를 얻었고, 이에 따라 동물의 (체중)$^{0.75}$에 기초 대사량이 비례한다고 결론지었다.

풀이 <보기>에서 큰 집게발의 길이는 게딱지의 폭에 '상대 성장'을 한다고 하였으므로, 집게발의 길이(ⓑ)와 게딱지 폭(ⓐ)은 L-그래프와 같은 방식으로 표현할 때 직선의 관계를 보이며 함께 증가한다. 한편, 클라이버는 최소 제곱법에 근거하여 최적의 직선의 기울기로 0.75를 얻었고, 이에 따라 동물의 (체중)$^{0.75}$에 기초 대사량이 비례한다고 결론지었다. 이를 바탕으로 게딱지 폭과 큰 집게발의 길이에 해당하는 값을 L-그래프와 같은 방식으로 표현하고, 이때 최적의 직선의 기울기가 1보다 작다면, 게딱지 폭(ⓐ)이 큰 집게발의 길이(ⓑ)에 비례하는 것이 아니라, (게딱지 폭)$^{최적의\ 직선의\ 기울기}$에 큰 집게발의 길이가 비례한다고 볼 수 있다.

| | 가로축 변수 | 세로축 변수 | 최적의 직선의 기울기 | 변수 간의 관계 |
|---|---|---|---|---|
| <그림> | 동물의 체중 | 기초 대사량 | 0.75(<1) | (체중)$^{0.75}$ ∝ 기초 대사량 |
| <보기> | 게딱지 폭 | 큰 집게발의 길이 | x(<1) | (게딱지 폭)$^{x}$ ∝ 큰 집게발의 길이 |

→ 적절함!

**② 최적의 직선을 구하여 ⓐ와 ⓑ의 증가율을 비교하려고 할 때, 점들이 최적의 직선으로부터 가로축에 수직 방향으로 멀리 떨어질수록 편차 제곱 합은 더 작겠군.** (커지겠군)

근거 ❽-2~3 그래프에 두 변수의 순서쌍을 나타낸 점들 사이를 지나는 임의의 직선을 그린다. 각 점에서 가로축에 수직 방향으로 직선까지의 거리인 편차의 절댓값을 구하고 이들을 각각 제곱하여 모두 합한 것이 '편차 제곱 합'이며, 편차 제곱 합이 가장 작은 직선을 구하는 것이 최소 제곱법이다.

풀이 최적의 직선은 최소 제곱법으로 구할 수 있다. 이때 편차 제곱의 합은 두 변수의 순서쌍을 나타낸 각 점들 사이를 지나는 임의의 직선을 그린 뒤, 각 점에서 가로축에 수직 방향으로 직선까지의 거리인 편차의 절댓값을 구하여 이들을 각각 제곱하여 모두 합한 것이다. 점들이 최적의 직선으로부터 가로축에 수직 방향으로 멀리 떨어질수록 편차는 커지므로, 편차 제곱의 합은 더 커진다.

→ 적절하지 않음!

**③ ⓐ의 증가율보다 ⓑ의 증가율이 크다면, 점들의 분포가 직선이 아닌 어떤 곡선의 주변에 분포하겠군.**

근거 ❺-1~3 가로축과 세로축 두 변수의 증가율이 서로 다를 경우, 그 둘의 증가율이 같을 때와 달리, '일반적인 그래프'에서 이 점들은 직선이 아닌 어떤 곡선의 주변에 분포한다. 그런데 순서쌍의 값에 상용로그를 취해 새로운 순서쌍을 만들어서 이를 <그림>과 같이 그래프에 표시하면, 어떤 직선의 주변에 점들이 분포하는 것으로 나타난다, ❺-5 이런 방식으로 표현한 그래프를 'L-그래프'

풀이 '일반적인 그래프'에서는 가로축과 세로축 두 변수의 증가율이 서로 다를 경우 점들이 직선이 아닌 어떤 곡선의 주변에 분포한다. 그러나 <보기>에서는 순서쌍의 값에 상용로그를 취해 새로운 순서쌍을 만들어 그래프에 표시하는 'L-그래프'와 같은 방식을 사용하였으므로, 게딱지 폭(ⓐ)의 증가율보다 큰 집게발의 길이(ⓑ)의 증가율이 크더라도 곡선이 아닌 어떤 직선의 주변에 점들이 분포할 것이다.

→ 적절하지 않음!

**④ ⓐ의 증가율보다 ⓑ의 증가율이 작다면, 점들 사이를 지나는 최적의 직선의 기울기는 1보다 크겠군.** (작겠군)

근거 ❻-1 체중의 증가율에 비해, 기초 대사량의 증가율이 작다면 L-그래프에서 직선의 기울기는 1보다 작으며 기초 대사량의 증가율이 작을수록 기울기도 작아진다.

풀이 윗글에서 클라이버는 가로축 변수로 동물의 체중을, 세로축 변수로 기초 대사량을 두고, 각 동물별 체중과 기초 대사량의 순서쌍을 점으로 나타낸 그래프를 L-그래프와 같은 방식으로 표현하였다. 이때 체중의 증가율에 비해, 기초 대사량의 증가율이 작다면 L-그래프에서 직선의 기울기는 1보다 작다고 하였다. 이와 마찬가지로 <보기>에서 그래프의 가로축에 게딱지 폭을, 세로축에 큰 집게발의 길이를 두고 'L-그래프'와 같은 방식으로 분석하였을 때, 게딱지 폭(ⓐ)의 증가율보다 큰 집게발의 길이(ⓑ)의 증가율이 작다면, 그래프의 최적의 직선의 기울기는 1보다 작을 것임을 추론할 수 있다.

→ 적절하지 않음!

**⑤ ⓐ의 증가율과 ⓑ의 증가율이 같고 '일반적인 그래프'에서 순서쌍을 점으로 표시한다면, 점들은 직선이 아닌 어떤 곡선의 주변에 분포하겠군.** (ⓐ의 증가율과 ⓑ의 증가율이 서로 다를 경우)

근거 ❺-1 가로축과 세로축 두 변수의 증가율이 서로 다를 경우, 그 둘의 증가율이 같을 때와 달리, '일반적인 그래프'에서 이 점들은 직선이 아닌 어떤 곡선의 주변에 분포한다.

→ 적절하지 않음!

## [068~071] 다음 글을 읽고 물음에 답하시오.

**1** [1]1993년 노벨 화학상은 중합 효소 연쇄 반응(PCR)을 개발한 멀리스에게 수여된다.(授與-, 주어진다.) [2]염기 서열(鹽基序列, 유전 형질을 구성하는 염기의 순서)을 아는 DNA(유전자의 본체로, 이중 나선 모양이며 4 종의 염기를 지니고, 배열 순서에 유전 정보가 들어 있음)가 한 분자라도 있으면 이(염기 서열을 아는 DNA)를 다량(多量, 많은 분량)으로 증폭할(增幅-, 범위를 넓혀 크게 할) 수 있는 길을 열었기 때문이다. [3]PCR는 주형(鑄型, DNA를 복제할 때 바탕으로 쓰이는 분자) DNA, 프라이머, DNA 중합 효소(DNA 이중 나선 중 한 개의 사슬을 주형으로 하여 새로운 DNA 사슬 형성을 촉매하는 효소로 DNA의 복제 및 손상 회복 때 작용함), 4 종의 뉴클레오타이드(DNA나 RNA와 같은 핵산을 구성하는 단위)가 필요하다. [4]주형 DNA란 시료(試料, 시험, 검사, 분석에 쓰는 물질)로부터 추출하여(抽出-, 뽑아내어) PCR에서 DNA 증폭의 바탕이 되는 이중 가닥 DNA를 말하며, 주형 DNA에서 증폭하고자 하는 부위를 표적(標的, 목표로 삼는 대상) DNA라 한다. [5]프라이머는 표적 DNA의 일부분과 동일한 염기 서열로 이루어진 짧은 단일 가닥 DNA로, 2 종의 프라이머가 표적 DNA의 시작과 끝에 각각 결합한다. [6]DNA 중합 효소는 DNA를 복제하는데, 단일 가닥 DNA의 각 염기 서열에 대응하는(對應-, 서로 짝이 되는) 뉴클레오타이드를 순서대로 결합시켜 이중 가닥 DNA를 생성한다.

→ 중합 효소 연쇄 반응(PCR) 개발의 의미와 PCR에 필요한 것들

**2** [1]PCR 과정은 우선 열을 가해 이중 가닥의 DNA를 2 개의 단일 가닥으로 분리하는 것으로 시작한다. [2]이후 각각의 단일 가닥 DNA에 프라이머가 결합하면, DNA 중합 효소에 의해 복제되어 2 개의 이중 가닥 DNA가 생긴다. [3]일정한 시간 동안 진행되는 이러한 DNA 복제 과정이 한 사이클(cycle, 같은 현상이 한 번 나타나고부터 다음번 되풀이되기까지의 기간)을 이루며, 사이클마다 표적 DNA의 양은 2 배씩 증가한다. [4]그리고 DNA의 양이 더 이상 증폭되지 않을 정도로 충분히 사이클을 수행한 후 PCR를 종료한다. [5]전통적인 PCR는 PCR의 최종 산물(産物, 생겨나는 사물)에 형광(螢光, 빛, 엑스선, 전자선 등을 흡수한 물질로부터 빛이 방출되는) 물질을 결합시켜 발색(發色, 빛깔이 남)을 통해 표적 DNA의 증폭 여부를 확인한다.

〈참고 그림〉

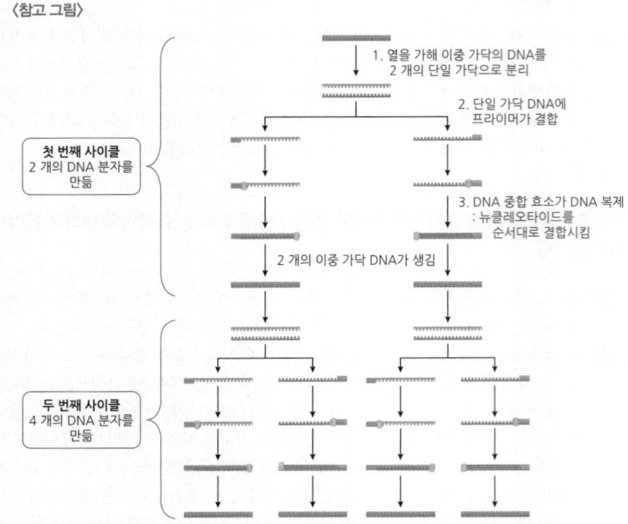

1. 열을 가해 이중 가닥의 DNA를 2 개의 단일 가닥으로 분리
2. 단일 가닥 DNA에 프라이머가 결합
첫 번째 사이클 2 개의 DNA 분자를 만듦
3. DNA 중합 효소가 DNA 복제 : 뉴클레오타이드를 순서대로 결합시킴
2 개의 이중 가닥 DNA가 생김
두 번째 사이클 4 개의 DNA 분자를 만듦

❷-1~3 이중 가닥의 DNA를 2 개의 단일 가닥으로 분리한 후 각각의 단일 가닥 DNA에 프라이머가 결합하면, DNA 중합 효소에 의해 복제되어 2 개의 이중 가닥 DNA가 생긴다. 일정한 시간 동안 진행되는 한 사이클의 DNA 복제 과정마다 표적 DNA의 양은 2 배씩 증가한다.

→ PCR 과정 및 전통적 PCR에서 표적 DNA의 증폭 여부 확인 방법

3 [1]PCR는 시료의 표적 DNA 양도 알 수 있는 실시간 PCR라는 획기적인 개발로 이어졌다. [2]실시간 PCR는 전통적인 PCR와 동일하게 PCR를 실시하지만, 사이클마다 발색 반응이 일어나도록 하여 누적되는 발색을 통해 표적 DNA의 증폭을 실시간으로 확인할 수 있다. [3]이(발색 반응을 통한 표적 DNA 증폭의 실시간 확인)를 위해 실시간 PCR에서는 PCR 과정에 발색 물질이 추가로 필요한데, '이중 가닥 DNA 특이(特異, 보통 것에 비해 두드러지게 다름) 염료(染料, 빛깔을 들이는 물질)' 또는 '형광 표식(標識, 다른 것과 구별하여 알 수 있도록 한 표시) 탐침(探針, 찾고자 하는 유전자 서열을 확인하는 데 이용되는, DNA 또는 RNA 단편)'이 이(실시간 PCR 과정에서의 발색)에 이용된다. [4]㉠ 이중 가닥 DNA 특이 염료는 이중 가닥 DNA에 결합하여 발색하는 형광 물질로, 새로 생성된 이중 가닥 표적 DNA에 결합하여 발색하므로 표적 DNA의 증폭을 알 수 있게 한다. [5]다만, 이중 가닥 DNA 특이 염료는 모든 이중 가닥 DNA에 결합할 수 있기 때문에 2 개의 프라이머끼리 결합하여 이중 가닥의 이합체(二合體)(두 개의 분자가 합쳐 생기는 물질)를 형성한 경우에는 이(2 개의 프라이머끼리 결합하여 형성된 이중 가닥 이합체)와 결합하여 의도치(意圖-, 하고자 생각하거나 계획하지) 않은 발색이 일어난다.

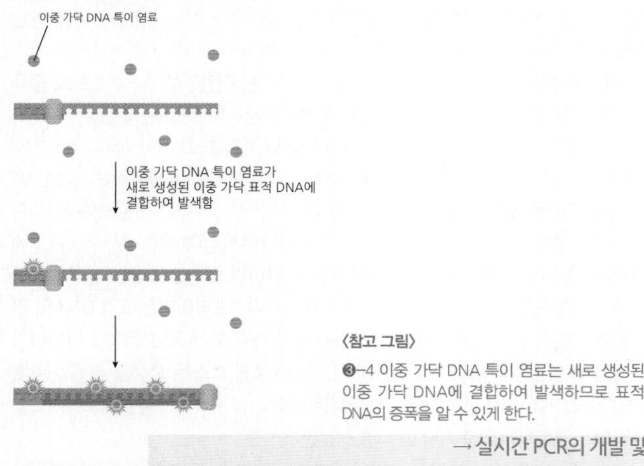

이중 가닥 DNA 특이 염료
이중 가닥 DNA 특이 염료가 새로 생성된 이중 가닥 표적 DNA에 결합하여 발색함

〈참고 그림〉

❸-4 이중 가닥 DNA 특이 염료는 새로 생성된 이중 가닥 DNA에 결합하여 발색하므로 표적 DNA의 증폭을 알 수 있게 한다.

→ 실시간 PCR의 개발 및 실시간 PCR에 이용되는 발색 물질 ① '이중 가닥 DNA 특이 염료'

4 [1]㉡ 형광 표식 탐침은 형광 물질과 이 형광 물질을 억제하는 소광(消光, 어두워짐) 물질이 붙어 있는 단일 가닥 DNA 단편(斷片, 조각)으로, 표적 DNA에서 프라이머가 결합하지 않는 부위에 특이적으로 결합하도록 설계된다. [2]PCR 과정에서 이중 가닥 DNA가 단일 가닥으로 되면, 형광 표식 탐침은 프라이머와 마찬가지로 표적 DNA에 결합한다. [3]이후 DNA 중합 효소에 의해 이중 가닥 DNA가 형성되는 과정 중에 탐침은 표적 DNA와의 결합이 끊어지고 분해된다. [4]탐침이 분해되어 형광 물질과 소광 물질의 분리가 일어나면 비로소 형광 물질이 발색되며, 이(형광 물질의 발색)로써 표적 DNA가 증폭되었음을 알 수 있다. [5]형광 표식 탐침은 표적 DNA에 특이적으로 결합하는 장점을 지니나 상대적으로(相對的-, 이중 가닥 DNA 특이 염료와 비교하였을 때) 비용이 비싸다.

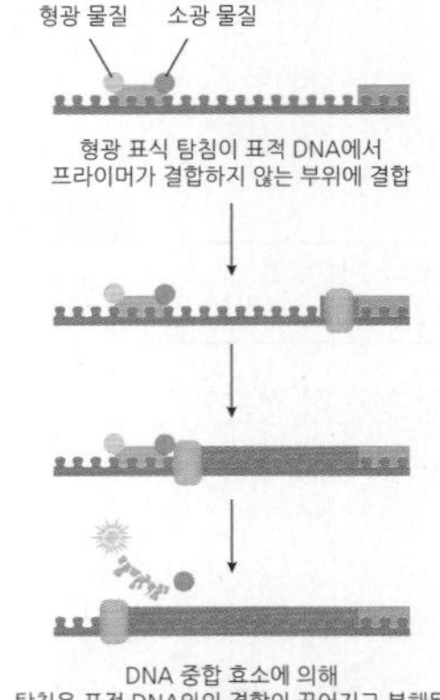

형광 물질
소광 물질
형광 표식 탐침이 표적 DNA에서 프라이머가 결합하지 않는 부위에 결합
DNA 중합 효소에 의해 탐침은 표적 DNA와의 결합이 끊어지고 분해됨 → 형광 물질 발색

〈참고 그림〉

❹-2~4 이중 가닥 DNA가 단일 가닥으로 되면, 형광 표식 탐침은 표적 DNA에 결합한다. 이후 DNA 중합 효소에 의해 이중 가닥 DNA가 형성되는 과정 중에 탐침은 표적 DNA와 결합이 끊어지고 분해되며, 이때 발색되는 형광 물질로 표적 DNA가 증폭되었음을 알 수 있다.

→ 실시간 PCR에 이용되는 발색 물질 ② '형광 표식 탐침'

5 [A] [1]실시간 PCR에서 발색도(發色度, 빛깔이 나는 정도)는 증폭된 이중 가닥 표적 DNA의 양에 비례하며(증폭된 이중 가닥 표적 DNA의 양이 증가하는 만큼 발색도도 증가하며), 일정 수준의 발색도에 도달하는 데 필요한 사이클은 표적 DNA의 초기 양에 따라 달라진다. [2]사이클의 진행에 따른 발색도의 변화가 연속적인 선으로 표시되며, 표적 DNA를 검출했다고(檢出-, 존재하는지 하지 않는지를 알아냈다고) 판단하는 발색도에 도달하는 데 소요된(所要-, 필요한) 사이클을 $C_t$값이라 한다. [3]표적 DNA의 농도를 알지 못하는 미지(未知, 아직 알지 못함) 시료의 $C_t$값과 표적 DNA의 농도를 알고 있는 표준 시료의 $C_t$값을 비교하면 미지 시료에 포함된 표적 DNA의 농도를 계산할 수 있다.

→ 실시간 PCR에서의 발색도와 $C_t$값

6 [1]PCR는 시료로부터 얻은 DNA를 가지고 유전자 복제(1 개의 원래 DNA 분자, 즉 주형 DNA에서 2 개의 동일한 DNA 복제본을 생산하는 생물학적 과정), 유전병(遺傳病, 유전에 의해 자손에게 전해지는 병) 진단, 친자 감별(親子鑑別, 생물학적인 친자 관계, 즉 부모와 자식 간의 법적인 관계의 유무를 과학적으로 입증하는 것), 암 및 감염성(感染性, 병원체인 미생물이 생물체에 옮아 그 수를 늘려 질병을 전파하는 성질) 질병 진단 등에 광범위하게(廣範圍-, 범위가 넓게) 활용된다. [2]특히 실시간 PCR를 이용하면 바이러스의 감염 여부를 초기에 정확하고 빠르게 진단할 수 있다.

→ PCR의 활용

■지문 이해

〈전통적 PCR와 실시간 PCR의 원리와 활용〉

**❶ 중합 효소 연쇄 반응(PCR) 개발의 의미와 PCR에 필요한 것들**

- 중합 효소 연쇄 반응(PCR) 개발로 염기 서열을 아는 DNA가 한 분자라도 있으면 이를 다량으로 증폭할 수 있게 됨
- PCR에 필요한 것들 : 주형 DNA, 프라이머, DNA 중합 효소, 4 종의 뉴클레오타이드

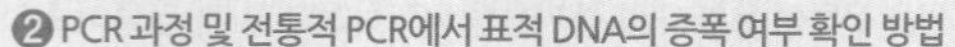

**❷ PCR 과정 및 전통적 PCR에서 표적 DNA의 증폭 여부 확인 방법**

- PCR 과정
  ① 열을 가해 DNA를 2 개의 단일 가닥으로 분리
  ② 각각의 단일 가닥 DNA에 프라이머가 결합
  ③ DNA 중합 효소에 의해 복제되어 2 개의 이중 가닥 DNA 생성
  (사이클 반복)
- 사이클마다 표적 DNA 양이 2 배씩 증가함
- DNA의 양이 더 이상 증폭되지 않을 정도로 충분히 사이클을 수행한 후 PCR를 종료
- 전통적인 PCR : PCR 최종 산물에 형광 물질을 결합시켜 발색을 통해 표적 DNA의 증폭 여부를 확인

**❸~❹ 실시간 PCR의 개발 및 실시간 PCR에 이용되는 발색 물질**

• 실시간 PCR는 전통적인 PCR와 동일하게 PCR를 실시하지만 사이클마다 발색 반응이 일어나도록 하여 표적 DNA의 증폭을 실시간으로 확인할 수 있음
• 실시간 PCR에 이용되는 발색 물질

| '이중 가닥 DNA 특이 염료' | '형광 표식 탐침' |
|---|---|
| - 이중 가닥 DNA에 결합하여 발색하는 형광 물질<br>- 새로 생성된 이중 가닥 표적 DNA에 결합하여 발색 : 표적 DNA의 증폭을 알 수 있음<br>- 모든 이중 가닥 DNA에 결합할 수 있으므로, 2 개의 프라이머끼리 결합하여 형성한 이합체와 결합하여 의도치 않은 발색이 일어날 수 있음 | - 형광 물질과 소광 물질이 붙어 있는 단일 가닥 DNA 단편<br>- 단일 가닥으로 된 표적 DNA에서 프라이머가 결합하지 않는 부위에 특이적으로 결합한 후, DNA 중합 효소에 의해 이중 가닥 DNA가 형성되는 과정에서 탐침이 표적 DNA와의 결합이 끊어지고 분해됨<br>- 탐침이 분해되어 형광 물질과 소광 물질이 분리되면 형광 물질이 발색되어 표적 DNA 증폭 여부를 알 수 있음 |

**❺ 실시간 PCR에서의 발색도와 Ct값**

• 실시간 PCR에서 발색도 : 증폭된 이중 가닥 표적 DNA의 양에 비례함
• 일정 수준의 발색도에 도달하는 데 필요한 사이클 : 표적 DNA의 초기 양에 따라 달라짐
• Ct값 : 표적 DNA를 검출했다고 판단하는 발색도에 도달하는 데 소요된 사이클
• 미지 시료와 표준 시료의 Ct값을 비교하여 미지 시료에 포함된 표적 DNA 농도를 계산할 수 있음

**❻ PCR의 활용**

• 시료로부터 얻은 DNA로 유전자 복제, 유전병 진단, 친자 감별, 질병 진단 등에 광범위하게 활용됨
• 실시간 PCR를 이용하여 바이러스 감염 여부를 초기에 정확하고 빠르게 진단할 수 있음

1등급 문제

**068** 세부 정보 이해 - 적절하지 않은 것 고르기 2022학년도 6월 모평 14번
정답률 60%, 매력적 오답 ③ 10% ④ 15% | 정답 ①

**윗글에서 알 수 있는 내용으로 적절하지 않은 것은?**

**① 2 종의 프라이머 각각의 염기 서열과 정확히 일치하는 염기 서열을 주형 DNA에서 찾을 수 없다.** (있다)

근거 ❶-4~5 주형 DNA란 시료로부터 추출하여 PCR에서 DNA 증폭의 바탕이 되는 이중 가닥 DNA를 말하며, 주형 DNA에서 증폭하고자 하는 부위를 표적 DNA라 한다. 프라이머는 표적 DNA의 일부분과 동일한 염기 서열로 이루어진 짧은 단일 가닥 DNA로, 2 종의 프라이머가 표적 DNA의 시작과 끝에 각각 결합한다.

풀이 프라이머는 표적 DNA의 일부분과 '동일한' 염기 서열로 이루어진 짧은 단일 가닥 DNA이고, 2 종의 프라이머는 표적 DNA의 시작과 끝에 각각 결합한다. 이때 표적 DNA는 주형 DNA에서 증폭하고자 하는 부위를 뜻한다. 따라서 프라이머가 주형 DNA의 특정 부위인 표적 DNA와 동일한 염기 서열로 이루어졌다는 내용을 통해 2 종의 프라이머의 염기 서열과 일치하는 염기 서열을 주형 DNA에서 찾을 수 있다는 것을 알 수 있다.

→ 적절하지 않음!

**② PCR에서 표적 DNA 양이 초기 양을 기준으로 처음의 2 배가 되는 시간과 4 배에서 8 배가 되는 시간은 같다.**

근거 ❷-3 일정한 시간 동안 진행되는 이러한 DNA 복제 과정이 한 사이클을 이루며, 사이클마다 표적 DNA의 양은 2 배씩 증가한다.

풀이 PCR의 DNA 복제 과정에서 일정한 시간 동안 진행되는 한 사이클마다 표적 DNA의 양은 2 배씩 증가한다. 표적 DNA 양이 초기 양을 기준으로 처음의 2 배(2 배 증가, 한 사이클)가 되는 시간과, 4 배에서 8 배(2 배 증가, 한 사이클)가 되는 시간은 각각 한 사이클이다. 따라서 PCR에서 표적 DNA 양이 초기 양을 기준으로 처음의 2 배가 되는 시간과 4 배에서 8 배가 되는 시간은 같다.

→ 적절함!

**③ 전통적인 PCR는 표적 DNA 농도를 아는 표준 시료가 있어도 미지 시료의 표적 DNA 농도를 PCR 과정 중에 알 수 없다.**

근거 ❷-5 전통적인 PCR는 PCR의 최종 산물에 형광 물질을 결합시켜 발색을 통해 표적 DNA의 증폭 여부를 확인한다.

풀이 전통적인 PCR는 PCR '최종 산물'에 형광 물질을 결합시켜 발색을 통해 표적 DNA의 증폭 여부를 확인한다고 하였다. 따라서 전통적인 PCR의 경우 표적 DNA 농도를 PCR 과정 중에는 알 수 없다.

→ 적절함!

**④ 실시간 PCR는 가열 과정을 거쳐야 시료에 포함된 표적 DNA의 양을 증폭할 수 있다.**

근거 ❷-1~4 PCR 과정은 우선 열을 가해 이중 가닥의 DNA를 2 개의 단일 가닥으로 분리하는 것으로 시작한다. … DNA의 양이 더 이상 증폭되지 않을 정도로 충분히 사이클을 수행한 후 PCR를 종료, ❸-2 실시간 PCR는 전통적인 PCR와 동일하게 PCR를 실시

풀이 PCR 과정에서는 먼저 열을 가해 이중 가닥의 DNA를 2 개의 단일 가닥으로 분리한 후, 각각의 단일 가닥 DNA에 프라이머가 결합하면 DNA 중합 효소에 의해 복제되어 2 개의 이중 가닥 DNA가 생기고, 이러한 DNA 복제 과정을 반복하여 표적 DNA의 양을 증폭한다. 실시간 PCR는 전통적인 PCR와 동일하게 PCR를 실시한다고 하였으므로, 실시간 PCR 역시 가열 과정을 거쳐 시료에 포함된 표적 DNA 양을 증폭한다는 것을 알 수 있다.

→ 적절함!

**⑤ 실시간 PCR를 실시할 때에 표적 DNA의 증폭이 일어나려면 DNA 중합 효소와 프라이머가 필요하다.**

근거 ❶-3 PCR는 주형 DNA, 프라이머, DNA 중합 효소, 4 종의 뉴클레오타이드가 필요하다, ❷-1~2 PCR 과정은 … 이후 각각의 단일 가닥 DNA에 프라이머가 결합하면, DNA 중합 효소에 의해 복제되어, ❸-2 실시간 PCR는 전통적인 PCR와 동일하게 PCR를 실시

풀이 실시간 PCR는 전통적인 PCR와 동일하게 PCR를 실시한다고 하였으므로, 실시간 PCR를 실시할 때에 표적 DNA의 증폭이 일어나려면 DNA 중합 효소와 프라이머가 필요하다.

→ 적절함!

1등급 문제

**069** 세부 정보 이해 - 적절한 것 고르기 2022학년도 6월 모평 15번
정답률 50%, 매력적 오답 ① 15% ④ 15% ⑤ 15% | 정답 ②

**㉠과 ㉡에 대한 설명으로 가장 적절한 것은?**

㉠ 이중 가닥 DNA 특이 염료　㉡ 형광 표식 탐침

▶ 지문 핵심 개념 정리

| | |
|---|---|
| 이중 가닥 DNA 특이 염료 | • 이중 가닥 DNA에 결합하여 발색하는 형광 물질(❸-4)<br>• 새로 생성된 이중 가닥 표적 DNA에 결합하여 발색 : 표적 DNA의 증폭을 알 수 있음(❸-4)<br>• 모든 이중 가닥 DNA에 결합할 수 있으므로, 2 개의 프라이머끼리 결합하여 형성한 이합체와 결합하여 의도치 않은 발색이 일어날 수 있음(❸-5) |
| 형광 표식 탐침 | • 형광 물질과 소광 물질이 붙어 있는 단일 가닥 DNA 단편(❹-1)<br>• 단일 가닥 표적 DNA에서 프라이머가 결합하지 않는 부위에 특이적으로 결합함(❹-1~2)<br>• DNA 중합 효소에 의해 이중 가닥 DNA가 형성되는 과정에서 탐침이 표적 DNA와의 결합이 끊어지고 분해됨(❹-3)<br>• 탐침이 분해되어 형광 물질과 소광 물질이 분리되면 형광 물질이 발색되어 표적 DNA 증폭 여부를 알 수 있음(❹-4) |

**① ㉠은 ㉡과 달리 프라이머와 결합하여 이합체를 이룬다.**

풀이 윗글에 따르면 이중 가닥 DNA 특이 염료(㉠)는 이중 가닥 DNA에 결합하여 발색하는 형광 물질로, 모든 이중 가닥 DNA에 결합할 수 있기 때문에 2 개의 프라이머끼리 결합하여 이중 가닥의 이합체(二合體)를 형성한 경우에도 이와 결합하여 발색한다. 여기에서 '이합체'는 2 개의 프라이머끼리 결합하여 형성한 것이지, 이중 가닥 DNA 특이 염료(㉠)가 프라이머와 결합하여 형성한 것이 아니다. 따라서 ㉠이 프라이머와 결합하여 이합체를 이룬다는 설명은 적절하지 않다.

→ 적절하지 않음!

**② ㉠은 ㉡과 달리 표적 DNA에 붙은 채 발색 반응이 일어난다.**

풀이 이중 가닥 DNA 특이 염료(㉠)는 새로 생성된 이중 가닥 표적 DNA에 결합하여 발색한다. 이와 달리 형광 표식 탐침(㉡)은 표적 DNA와의 결합이 끊어지고 분해되어 형광 물질과 소광 물질의 분리가 일어나면 형광 물질이 발색된다. 따라서 ㉠은 ㉡과 달

리 표적 DNA에 붙은 채 발색 반응이 일어난다는 설명은 적절하다.

→ 적절함!

③ ㉡은 ㉠과 달리 형광 물질과 결합하여 이합체를 이룬다.

풀이 형광 표식 탐침(㉡)은 형광 물질과 소광 물질이 붙어 있는 단일 가닥 DNA 단편으로, 표적 DNA에서 프라이머가 결합하지 않는 부위에 결합한다. 따라서 ㉡이 형광 물질과 결합하여 이합체를 이룬다는 설명은 적절하지 않다.

→ 적절하지 않음!

④ ㉡은 ㉠과 달리 한 사이클의 시작 시점에 발색 반응이 일어난다.

근거 ❷-1~3 PCR 과정은 우선 열을 가해 이중 가닥의 DNA를 2 개의 단일 가닥으로 분리하는 것으로 시작한다. 이후 … DNA 중합 효소에 의해 복제되어 2 개의 이중 가닥 DNA가 생긴다. 일정한 시간 동안 진행되는 이러한 DNA 복제 과정이 한 사이클을 이루며

풀이 PCR 과정에서 한 사이클은 이중 가닥의 DNA를 2 개의 단일 가닥으로 분리하는 것으로 시작한다. 이중 가닥 DNA 특이 염료(㉠)는 새로 생성된 이중 가닥 표적 DNA에 결합하여 발색한다. 또 형광 표식 탐침(㉡)은 이중 가닥 DNA가 형성되는 과정 중에 표적 DNA와의 결합이 끊어지고 분해되어 형광 물질과 소광 물질의 분리가 일어나면 형광 물질이 발색된다. 따라서 ㉠과 ㉡은 모두 한 사이클의 시작 시점에 발색 반응이 일어나지 않는다.

→ 적절하지 않음!

㉠은 ㉡과 달리

⑤ ㉠과 ㉡은 모두 이중 가닥 표적 DNA에 결합하는 물질이다.

풀이 이중 가닥 DNA 특이 염료(㉠)는 이중 가닥 표적 DNA에 결합하여 발색한다. 반면 형광 표식 탐침(㉡)은 이중 가닥 DNA가 단일 가닥으로 되면 표적 DNA에 결합하고, 이후 DNA 중합 효소에 의해 이중 가닥 DNA가 형성되는 과정에서 표적 DNA와의 결합이 끊어진다. 따라서 ㉡은 ㉠과 달리 이중 가닥 표적 DNA에 결합하는 물질이 아니다.

→ 적절하지 않음!

1등급 문제

**070** 반응의 적절성 판단 - 적절한 것 고르기 2022학년도 6월 모평 16번
정답률 45%, 매력적 오답 ① 15% ② 15% ⑤ 20% | 정답 ④

**어느 바이러스 감염증의 진단 검사에 PCR를 이용하려고 한다. 윗글을 읽고 이해한 반응으로 가장 적절한 것은?**

① 전통적인 PCR로 진단 검사를 할 때, 시료에 바이러스의 양이 적은 감염 초기에는 감염 여부를 진단할 수 없겠군.

근거 ❶-2 염기 서열을 아는 DNA가 한 분자라도 있으면 이를 다량으로 증폭할 수 있는 길을 열었기 때문, ❷-3~5 (PCR 과정은) 일정한 시간 동안 진행되는 이러한 DNA 복제 과정이 한 사이클을 이루며, 사이클마다 표적 DNA의 양은 2 배씩 증가한다. 그리고 DNA의 양이 더 이상 증폭되지 않을 정도로 충분히 사이클을 수행한 후 PCR를 종료한다. 전통적인 PCR는 PCR의 최종 산물에 형광 물질을 결합시켜 발색을 통해 표적 DNA의 증폭 여부를 확인한다.

풀이 윗글에서 멀리스가 PCR의 개발로 노벨 화학상을 수여받은 이유는 염기 서열을 아는 DNA가 '한 분자라도 있으면' 이를 다량으로 증폭할 수 있는 길을 열었기 때문이라고 하였다. PCR 과정은 DNA 복제 사이클을 거쳐 표적 DNA의 양을 증폭시킨다. 전통적인 PCR는 DNA의 양이 더 이상 증폭되지 않을 정도로 충분히 사이클을 수행한 후 PCR의 최종 산물에 발색하여 표적 DNA의 증폭 여부를 확인한다. 이러한 윗글의 내용을 바탕으로 전통적인 PCR로 진단 검사를 할 때, 시료에 바이러스의 양이 적다고 하더라도, 증폭을 통해 감염 여부를 진단할 수 있을 것이라는 점을 알 수 있다.

→ 적절하지 않음!

② 전통적인 PCR로 진단 검사를 할 때, DNA 증폭 여부 확인에 발색 물질이 필요 없으니 비용이 상대적으로 싸겠군.

근거 ❷-5 전통적인 PCR는 PCR의 최종 산물에 형광 물질을 결합시켜 발색을 통해 표적 DNA의 증폭 여부를 확인한다.

풀이 전통적인 PCR는 PCR의 최종 산물에 형광 물질을 결합시켜 발색을 통해 표적 DNA의 증폭 여부를 확인한다. 따라서 전통적인 PCR로 진단 검사를 할 때 DNA 증폭 여부 확인에 발색 물질이 필요 없다는 반응은 적절하지 않다.

→ 적절하지 않음!

확인할 방법이

③ 전통적인 PCR로 진단 검사를 할 때, 실시간 증폭 여부를 확인할 필요가 없어 진단에 걸리는 시간을 줄일 수 있겠군.

근거 ❷-4~5 (PCR 과정은) DNA의 양이 더 이상 증폭되지 않을 정도로 충분히 사이클을 수행한 후 PCR를 종료한다. 전통적인 PCR는 PCR의 최종 산물에 형광 물질을 결합시켜 발색을 통해 표적 DNA의 증폭 여부를 확인한다, ❸-2 실시간 PCR는 … 사이클마다 발색 반응이 일어나도록 하여 누적되는 발색을 통해 표적 DNA의 증폭을 실시간으로 확인할 수 있다, ❻-2 실시간 PCR를 이용하면 바이러스의 감염 여부를 초기에 정확하고 빠르게 진단할 수 있다.

풀이 전통적인 PCR는 DNA의 양이 더 이상 증폭되지 않을 정도로 충분히 사이클을 수행한 후 PCR의 최종 산물에 형광 물질을 결합시켜 발색을 통해 표적 DNA의 증폭 여부를 확인하므로, 사이클마다 발색 반응이 일어나도록 하여 표적 DNA의 증폭을 실시간으로 확인할 수 있는 실시간 PCR에 비해 진단에 걸리는 시간이 더 길다.

→ 적절하지 않음!

④ 실시간 PCR로 진단 검사를 할 때, 표적 DNA의 염기 서열이 알려져 있어야 감염 여부를 분석할 수 있겠군.

근거 ❶-2 염기 서열을 아는 DNA가 한 분자라도 있으면 이를 다량으로 증폭할 수 있는, ❶-3 PCR는 주형 DNA, 프라이머, DNA 중합 효소, 4 종의 뉴클레오타이드가 필요하다, ❶-5 프라이머는 표적 DNA의 일부분과 동일한 염기 서열로 이루어진 짧은 단일 가닥 DNA로, 2 종의 프라이머가 표적 DNA의 시작과 끝에 각각 결합한다.

풀이 PCR 과정에는 프라이머가 필요한데, 프라이머는 표적 DNA의 일부분과 '동일한 염기 서열'로 이루어진 짧은 단일 가닥 DNA이다. 즉 표적 DNA의 염기 서열이 알려져 있어야 이와 동일한 염기 서열로 이루어진 프라이머를 결합시킬 수 있다. 따라서 실시간 PCR로 진단 검사를 할 때, 표적 DNA의 염기 서열이 알려져 있어야 감염 여부를 분석할 수 있다.

→ 적절함!

⑤ 실시간 PCR로 진단 검사를 할 때, 감염 여부는 PCR가 끝난 후에야 알 수 있지만 실시간 증폭은 확인할 수 있겠군.

근거 ❷-4~5 DNA의 양이 더 이상 증폭되지 않을 정도로 충분히 사이클을 수행한 후 PCR를 종료한다. 전통적인 PCR는 PCR의 최종 산물에 형광 물질을 결합시켜 발색을 통해 표적 DNA의 증폭 여부를 확인한다, ❸-2 실시간 PCR는 전통적인 PCR와 동일하게 PCR를 실시하지만, 사이클마다 발색 반응이 일어나도록 하여 누적되는 발색을 통해 표적 DNA의 증폭을 실시간으로 확인할 수 있다, ❻-2 실시간 PCR를 이용하면 바이러스의 감염 여부를 초기에 정확하고 빠르게 진단할 수 있다.

풀이 전통적인 PCR는 DNA의 양이 더 이상 증폭되지 않을 정도로 충분히 사이클을 수행하고 PCR가 끝난 후 발색을 통해 표적 DNA의 증폭 여부를 확인한다. 반면 실시간 PCR는 사이클마다 발색 반응이 일어나도록 하여 표적 DNA의 증폭을 실시간으로 확인할 수 있다. 이런 실시간 PCR를 이용하면 바이러스의 감염 여부를 초기에 진단할 수 있다. 따라서 실시간 PCR로 진단 검사를 할 때 표적 DNA의 증폭을 실시간으로 확인할 수 있으며, 사이클 수행 중에 일정 수준의 발색도에 도달하면 감염 여부도 확인할 수 있다.

→ 적절하지 않음!

1등급 문제

**071** 구체적인 사례에 적용 - 적절한 것 고르기 2022학년도 6월 모평 17번
정답률 25%, 매력적 오답 ① 20% ③ 30% ④ 10% ⑤ 15% | 정답 ②

**[A]를 바탕으로 〈보기 1〉의 실험 상황을 가정하고 〈보기 2〉와 같이 예상 결과를 추론하였다. ㉮~㉰에 들어갈 말로 적절한 것은?** 3점

| 보기 1 |

표적 DNA의 농도를 알지 못하는 ⓐ 미지 시료와, 이와 동일한 표적 DNA를 포함하지만 그 농도를 알고 있는 ⓑ 표준 시료가 있다. 각 시료의 DNA를 주형 DNA로 하여 같은 양의 시료로 동일한 조건에서 실시간 PCR를 실시한다.

| 보기 2 |

만약 ⓐ가 ⓑ보다 표적 DNA의 초기 농도가 높다면,

⬇

표적 DNA가 증폭되는 동안, 사이클이 진행됨에 따라 시간당 시료의 표적 DNA의 증가량은 ⓐ가 ( ㉮ ).

⬇

실시간 PCR의 Ct값에서의 발색도는 ⓐ가 ( ㉯ ).

⬇

따라서 실시간 PCR의 Ct값은 ⓐ가 ( ㉰ ).

㉮

**근거** ❷-3 일정한 시간 동안 진행되는 이러한 DNA 복제 과정이 한 사이클을 이루며, 사이클마다 표적 DNA의 양은 2 배씩 증가한다.

**풀이** PCR 과정에서 일정한 시간 동안 진행되는 한 사이클마다 표적 DNA의 양은 2 배씩 증가한다. <보기>에서 ⓐ와 ⓑ의 시료 양이 같고 ⓐ가 ⓑ보다 표적 DNA의 초기 농도가 높다고 하였으므로, ⓐ가 ⓑ보다 시료에 포함된 표적 DNA의 양이 많다는 것을 알 수 있다. 따라서 한 사이클이 진행된 후 처음의 2 배로 증가한 표적 DNA 양도 초기 농도가 더 높은 ⓐ가 ⓑ보다 많을 것이다. 사이클마다 표적 DNA의 양은 2 배씩 증가하므로, 표적 DNA가 증폭되는 동안, 사이클이 진행됨에 따라 시간당 시료의 표적 DNA의 증가량도 초기 농도가 더 높은 ⓐ가 ⓑ보다 많다.

㉯

**근거** ❺-1~2 일정 수준의 발색도에 도달하는 데 필요한 사이클은 표적 DNA의 초기 양에 따라 달라진다. … 표적 DNA를 검출했다고 판단하는 발색도에 도달하는 데 소요된 사이클을 Ct값이라 한다.

**풀이** 발색도는 일정한 양의 표적 DNA를 검출했다고 판단하는 기준이고, Ct값은 표적 DNA를 검출했다고 판단하는 발색도에 도달하는 데 소요된 사이클을 뜻한다. ⓐ와 ⓑ는 농도의 차이가 있지만 동일한 표적 DNA를 포함한다. 따라서 ⓐ와 ⓑ의 Ct값은 서로 다르겠지만, Ct값에서 증폭된 표적 DNA의 양, 즉 검출했다고 판단할 수 있는 표적 DNA의 양은 같으며, 이때 표적 DNA의 양이 같으므로 발색도 또한 같을 것이다. 예를 들어 표적 DNA의 양이 16이 될 때 충분한 양의 표적 DNA가 있음을 뜻하는 발색도가 나타난다고 가정하면, 표적 DNA의 양이 16이 되는 Ct값은 ⓐ와 ⓑ가 다르지만, 검출했다고 판단할 수 있는 표적 DNA의 양이 16으로 같으므로 발색도 또한 같을 것이다. 따라서 Ct값에서의 발색도는 ⓐ와 ⓑ가 같다.

㉰

**근거** ❺-1~2 일정 수준의 발색도에 도달하는 데 필요한 사이클은 표적 DNA의 초기 양에 따라 달라진다. … 표적 DNA를 검출했다고 판단하는 발색도에 도달하는 데 소요된 사이클을 Ct값이라 한다, ❷-3 사이클마다 표적 DNA의 양은 2 배씩 증가한다.

**풀이** 일정 수준의 발색도에 도달하는 데 필요한 사이클은 표적 DNA의 초기 양에 따라 달라진다. <보기>에서 ⓐ와 ⓑ의 시료 양이 같고 ⓐ가 ⓑ보다 표적 DNA의 초기 농도가 높다고 하였으므로, ⓐ가 ⓑ보다 시료에 포함된 표적 DNA의 양이 많다는 것을 알 수 있다. 사이클마다 표적 DNA의 양이 2 배씩 증가하므로, 사이클을 수행할수록 ⓐ의 표적 DNA의 증가량이 ⓑ보다 많으며, ⓑ보다 빨리 일정 수준의 발색도에 도달할 것이다. 즉 ⓐ는 ⓑ보다 적은 사이클로 표적 DNA를 검출했다고 판단하는 발색도에 도달할 수 있다. 예를 들어 표적 DNA의 양이 16이 될 때 적절한 발색도가 나타나며 ⓐ에 포함된 표적 DNA의 양은 2, ⓑ에 포함된 표적 DNA의 양은 1이라고 가정해 보자. PCR을 진행하면 ⓐ에 포함된 표적 DNA의 양은 2 → 4 → 8 → 16으로 변하므로 ⓐ의 Ct값은 3이다. 반면 ⓑ에 포함된 표적 DNA의 양은 1 → 2 → 4 → 8 → 16으로 변하므로 ⓑ의 Ct값은 4이다. 따라서 실시간 PCR의 Ct값은 ⓐ가 ⓑ보다 작다.

| | ㉮ | ㉯ | ㉰ | |
|---|---|---|---|---|
| ① | ⓑ보다 많겠군 | ⓑ보다 높겠군 | ⓑ보다 크겠군 | |
| ② | ⓑ보다 많겠군 | ⓑ와 같겠군 | ⓑ보다 작겠군 | → 적절함! |
| ③ | ⓑ와 같겠군 | ⓑ보다 높겠군 | ⓑ보다 작겠군 | |
| ④ | ⓑ와 같겠군 | ⓑ와 같겠군 | ⓑ보다 작겠군 | |
| ⑤ | ⓑ와 같겠군 | ⓑ보다 높겠군 | ⓑ보다 크겠군 | |

**[072~075] 다음 글을 읽고 물음에 답하시오.**

**1** [1]질병을 **유발하는**(誘發−, 일어나게 하는) **병원체**(病原體, 사람 또는 동식물의 체내에 침입하여 감염성 질병을 일으키는 생물체)에는 **세균**(細菌, Bacteria, 생물체 중 가장 작고 가장 하등에 속하는 단세포 생활체로, 다른 생물체에 기생하여 병을 일으키거나, 발효나 부패 작용을 하는 등 생태계의 물질 순환에 중요한 역할을 함), **진균**(眞菌, 곰팡이, 효모, 버섯 등을 포함하는 미생물군으로 농작물과 나무에 큰 피해를 주기도 하고, 사람에게 무좀, 칸디다증 등 질병을 일으키기도 함), **바이러스**(Virus, 세균보다 훨씬 작은 전염성 병원체인 미생물로, 동물, 식물, 세균 등 살아 있는 세포에 기생하고, 세포 안에서만 증식이 가능함) 등이 있다. [2]생명체의 기본 구조에 속하는 **세포막**(細胞膜, 세포질을 둘러싸고 있는 막)은 **지질**(脂質, 생체를 구성하는 물질 중에서 물에는 녹지 않고 유기용매에 잘 녹는 것으로, 에너지를 저장하고, 세포막을 구성하고, 호르몬을 만드는 데 이용됨)을 **주성분**(主成分, 중심이 되는 성분)으로 하는 **이중층**(二重層, 두 개의 층이 연속적으로 겹쳐 있는 것)이다. [3]세균과 진균은 일반적으로 세포막 바깥 부분에 **세포벽**(細胞壁, 세포를 외부로부터 보호하고 세포의 모양을 유지하도록 하는 벽)이 있고, 바이러스의 표면은 세포막 대신 캡시드라고 부르는 단백질로 이루어져 있다. [4]바이러스의 종류에 따라 캡시드 외부가 지질을 주성분으로 하는 **피막**(皮膜, 얇은 막)으로 덮인 경우도 있다. [5]한편 진균과 일부 세균은 다른 병원체에 비해 건조, 열, 화학 물질에 **저항성**(抵抗性, 자신에게 해로운 상황으로부터 자신을 지키려고 하는 성질)이 강한 **포자**(胞子, 무성 생식을 하기 위하여 형성하는 생식 세포)를 만든다.

→ 병원체의 종류와 성질

**2** [1]생활 환경에서 병원체의 수를 억제하고 **전염병**(傳染病, 남에게 옮아가는 '전염성'을 가진 병들로, 병원체가 다른 생물체에 옮아 집단적으로 유행하는 병을 말함)을 예방하기 위한 목적으로 사용하는 **방역용**(防疫用, 전염병이 발생하거나 유행하는 것을 미리 막는 용도의) 화학 물질을 '항(抗)(대항하다 항)미생물 화학제'라 한다. [2]항미생물 화학제는 다양한 병원체가 공통으로 갖는 구조를 구성하는 성분들에 화학 작용을 일으키므로 **광범위한**(廣範圍−, 넓은 범위의) **살균**(殺菌, 세균, 진균, 바이러스 등의 미생물을 죽여 없애는) 효과가 있다. [3]그러나 병원체의 구조와 성분은 병원체의 종류에 따라 완전히 같지는 않으므로, 동일한 항미생물 화학제라도 그 살균 효과는 다를 수 있다.

→ 항미생물 화학제의 개념과 효과

**3** [1]항미생물 화학제 중 ㉠ 멸균제는 포자를 포함한 모든 병원체를 파괴한다. [2]㉡ 감염방지제는 포자를 제외한 병원체를 **사멸시키는**(死滅−, 죽여 없애는) 화합물로 병원, 공공시설, 가정의 방역에 사용된다. [3]감염방지제 중 독성이 약해 사람의 피부나 상처 소독에도 사용이 가능한 항미생물 화학제를 ㉢ 소독제라 한다. [4]사람의 세포막도 지질 성분으로 이루어져 있어 소독제라 하더라도 사람의 세포를 죽일 수 있으므로, 눈이나 호흡기 등의 **점막**(粘膜, 외부와 직접 맞닿아 있는 호흡 기관, 소화 기관, 비뇨 생식 기관의 내벽을 이루는 부드러운 조직)에 접촉하지 않도록 주의해야 한다. [5]따라서 항미생물 화학제는 병원체에 대한 최대의 방역 효과와 인체 및 환경에 대한 최고의 안전성을 확보할 수 있도록 종류별 사용법을 지켜야 한다.

→ 항미생물 화학제의 종류 및 사용상 주의 사항

**4** [1]항미생물 화학제의 **작용기제**(作用機制, 작용하는 원리)는 크게 병원체의 표면을 손상시키는 방식과 병원체 내부에서 **대사**(代謝, 생물체 내에서 생명을 유지하기 위해 일어나는 화학 반응) 기능을 **저해하는**(沮害−, 막아서 못 하도록 해치는) 방식으로 나눌 수 있지만, 많은 경우 **두 기제**(병원체의 표면을 손상시키는 방식과 병원체 내부에서 대사 기능을 저해하는 방식)가 함께 작용한다. [2]**고농도**(高濃度, 혼합물에 녹아 있거나 섞여 있는 성분의 비율이 높은) 에탄올 등의 알코올 화합물은 세포막의 기본 성분인 지질을 **용해시키고**(溶解−, 녹이고) 단백질을 **변성시키며**(變性−, 변화를 일으키게 하며), **병원성**(病原性, 병을 일으키는 원인이 되는 성질) 세균에서는 세포벽을 **약화시킨다.**(弱化−, 약해지게 만든다.) [3]또한 알코올 화합물은 지질 피막이 없는 바이러스보다 지질 피막이 있는 병원성 바이러스에서 방역 효과가 크다. [4]지질 피막은 병원성 바이러스가 사람을 감염시키는 과정에서 중요한 역할을 하기 때문에, 지질을 손상시키는 기능을 가진 항미생물 화학제만으로도 병원성 바이러스에 대한 방역 효과가 있다. [5]지질 피막의 **유무**(有無, 있음과 없음)와 관계없이 다양한 바이러스의 감염 예방을 위해서는 하이포염소산 소듐 등의 **산화제**(酸化劑, 산화 환원 반응에서 자신은 환원되면서 다른 물질을 산화시키는 물질)가 널리 사용된다. [6]병원성 바이러스의 방역에 사용되는 산화제는 바이러스의 공통적인 표면 구조를 이루는 캡시드를 손상시키는 기능이 있어 바이러스를 파괴하거나 바이러스의 **감염력**(感染力, 병원체가 감염을 일으키는 힘)을 잃게 한다.

→ 항미생물 화학제의 작용기제 ① : 병원체 표면을 손상시키는 방식

**5** [1]병원체의 표면에 생긴 약간의 손상이 병원체를 사멸시키는 데 충분하지 않더라도, 항미생물 화학제가 내부로 **침투하면**(浸透−, 들어오면) 살균 효과가 증가한다. [2]**알킬화제**(alkyl化劑, 단백질 혹은 핵산을 알킬화하는 화합물)와 산화제는 병원체의 내부로 침투하면 **필수적인**(必須的−, 꼭 해야 하는) 물질 대사를 정지시킨다. [3]글루타르 알데하이드와 같은 알킬화제가 알킬 작용기를 단백질에 **결합시키면**(結合−, 하나가 되게 하면) 단백질을 변성시켜 기능을 상실하게 하고, 핵산의 염기에 결합시키면 핵산을 비정상 구조로 변화시켜 **유전자 복제**(遺傳子複製, 유전 물질이 새로운 세포로 복제되는 과정)와 **발현**(發現, 유전자에 담긴 서열 정보로부터 단백질을 만들어 내는 과정)을 **교란한다.**(攪亂−, 어지럽고 혼란하게 한다.) [4]산화제인 하이포염소산 소듐은 병원체 **내**(內, 안)에서 **불특정한**(不特定−, 특별히 정해져 있지 않은) 단백질들을 **산화시켜**(酸化−, 산소와 화합하게 하거나 수소를 잃게 하여) 단백질로 이루어진 효소들의 기능을 **비활성화하고**(非活性化−, 원래 가지고 있는 기능을 억제하고) 병원체를 사멸에 이르게 한다.

→ 항미생물 화학제의 작용기제 ②
: 병원체 내부에서 대사 기능을 저해하는 방식

Ⅲ
과
학

■지문 이해

〈항미생물 화학제의 종류와 작용기제〉

**❶ 병원체의 종류와 성질**
- 병원체의 종류 : 세균, 진균, 바이러스 등
- 세균과 진균은 세포막 바깥 부분에 세포벽이 있으며, 진균과 일부 세균은 포자를 만듦
- 바이러스 표면은 캡시드(단백질)로 이루어져 있으며, 캡시드 외부가 피막으로 덮인 경우도 있음

**❷ 항미생물 화학제의 개념과 효과**
- 항미생물 화학제의 개념 : 생활 환경에서 병원체 수 억제와 전염병 예방을 목적으로 사용하는 방역용 화학 물질
- 항미생물 화학제의 효과 : 다양한 병원체에 광범위한 살균 효과가 있으나, 병원체에 따라 살균 효과는 다를 수 있음

**❸ 항미생물 화학제의 종류 및 사용상 주의 사항**
- 멸균제 : 포자를 포함한 모든 병원체를 파괴함
- 감염방지제 : 포자를 제외한 병원체를 사멸시키며, 병원, 공공시설, 가정 방역에 사용됨
- 소독제 : 독성이 약해 사람의 피부나 상처 소독에도 사용 가능하나, 점막에 접촉하지 않도록 주의해야 함
- 항미생물 화학제 사용상 주의사항 : 병원체에 대한 최대의 방역 효과와 인체 및 환경에 대한 최고의 안전성을 확보할 수 있도록 종류별 사용법을 지켜야 함

**❹ 항미생물 화학제의 작용기제 ① : 병원체 표면을 손상시키는 방식**
- 고농도 에탄올 : 알코올 화합물
  - 지질을 용해시키고 단백질을 변성시키며 병원성 세균의 세포벽을 약화시킴
  - 지질 피막이 있는 병원성 바이러스에서 방역 효과가 큼
- 하이포염소산 소듐 : 산화제
  - 지질 피막의 유무와 관계없이 다양한 바이러스의 감염 예방을 위해 사용됨
  - 바이러스 표면의 캡시드를 손상시켜 바이러스를 파괴하거나 감염력을 잃게 함

**❺ 항미생물 화학제의 작용기제 ② : 병원체 내부에서 대사 기능을 저해하는 방식**
- 알킬화제, 산화제가 병원체 내부로 침투하면 필수적인 물질 대사를 정지시킴
- 글루타르 알데하이드 : 알킬화제
  - 알킬 작용기를 단백질에 결합시키면 단백질을 변성시켜 기능을 상실하게 함
  - 알킬 작용기를 핵산의 염기에 결합시키면 핵산을 비정상 구조로 변화시켜 유전자 복제와 발현을 교란함
- 하이포염소산 소듐 : 산화제
  - 병원체 내에서 불특정한 단백질들을 산화시켜 효소들의 기능을 비활성화하고 병원체를 사멸시킴

**072** | 세부 정보 이해 - 적절하지 않은 것 고르기 2021학년도 9월 모평 34번 | 정답률 75% | 정답 ①

### 윗글에서 답을 찾을 수 있는 질문에 해당하지 않는 것은?

**① 병원성 세균은 어떤 작용기제로 사람을 감염시킬까?**

풀이 윗글에서 병원성 세균이 어떤 작용기제로 사람을 감염시키는지는 이야기하지 않았다.

→ 적절하지 않음!

**② 알코올 화합물은 병원성 세균의 살균에 효과가 있을까?**

근거 ❹-2 고농도 에탄올 등의 알코올 화합물은 세포막의 기본 성분인 지질을 용해시키고 단백질을 변성시키며, 병원성 세균에서는 세포벽을 약화시킨다.

→ 적절함!

**③ 바이러스와 세균의 표면 구조는 어떤 차이가 있을까?**

근거 ❶-3 세균과 진균은 일반적으로 세포막 바깥 부분에 세포벽이 있고, 바이러스의 표면은 세포막 대신 캡시드라고 부르는 단백질로 이루어져 있다.

→ 적절함!

**④ 병원성 바이러스 감염 예방을 위한 방역에 사용되는 물질에는 무엇이 있을까?**

근거 ❹-3 알코올 화합물은 지질 피막이 없는 바이러스보다 지질 피막이 있는 병원성 바이러스에서 방역 효과가 크다. ❹-5 지질 피막의 유무와 관계없이 다양한 바이러스의 감염 예방을 위해서는 하이포염소산 소듐 등의 산화제가 널리 사용된다.

→ 적절함!

**⑤ 항미생물 화학제가 병원체에 대해 광범위한 살균 효과를 나타내는 이유는 무엇일까?**

근거 ❷-2 항미생물 화학제는 다양한 병원체가 공통으로 갖는 구조를 구성하는 성분들에 화학 작용을 일으키므로 광범위한 살균 효과가 있다.

→ 적절함!

1등급 문제

**073** | 세부 정보 이해 - 적절하지 않은 것 고르기 2021학년도 9월 모평 35번 | 정답률 55%, 매력적 오답 ③ 10% ④ 15% ⑤ 15% | 정답 ②

### 윗글을 읽고 이해한 내용으로 적절하지 않은 것은?

**① 고농도 에탄올은 지질 피막이 있는 바이러스에 방역 효과가 있다.**

근거 ❹-2~3 고농도 에탄올 등의 알코올 화합물은 세포막의 기본 성분인 지질을 용해시키고 단백질을 변성시키며, 병원성 세균에서는 세포벽을 약화시킨다. 또한 알코올 화합물은 지질 피막이 없는 바이러스보다 지질 피막이 있는 병원성 바이러스에서 방역 효과가 크다.

→ 적절함!

**② 하이포염소산 소듐은 병원체의 내부가 아니라 표면의 단백질을 손상시킨다.** (내부와 표면에서)

근거 ❹-5~6 하이포염소산 소듐 등의 산화제가 널리 사용된다. 병원성 바이러스의 방역에 사용되는 산화제는 바이러스의 공통적인 표면 구조를 이루는 캡시드를 손상시키는 기능이 있어, ❺-4 산화제인 하이포염소산 소듐은 병원체 내에서 불특정한 단백질들을 산화시켜 단백질로 이루어진 효소들의 기능을 비활성화하고 병원체를 사멸에 이르게 한다.

풀이 하이포염소산 소듐과 같은 산화제는 바이러스의 표면 구조를 이루는 캡시드라는 단백질을 손상시키는 기능이 있다. 또한 하이포염소산 소듐은 병원체 내부에서 불특정한 단백질들을 손상시켜 병원체를 사멸에 이르게 한다. 따라서 하이포염소산 소듐은 병원체의 표면만이 아니라 내부와 표면 모두에서 단백질을 손상시킨다.

→ 적절하지 않음!

**③ 진균의 포자는 바이러스에 비해서 화학 물질에 대한 저항성이 더 강하다.**

근거 ❶-5 진균과 일부 세균은 다른 병원체에 비해 건조, 열, 화학 물질에 저항성이 강한 포자를 만든다.

→ 적절함!

**④ 알킬화제는 병원체 내 핵산의 염기에 알킬 작용기를 결합시켜 유전자의 발현을 방해한다.**

근거 ❺-3 알킬화제가 알킬 작용기를 … 핵산의 염기에 결합시키면 핵산을 비정상 구조로 변화시켜 유전자 복제와 발현을 교란한다.

→ 적절함!

**⑤ 산화제가 다양한 바이러스를 사멸시키는 것은 그 산화제가 바이러스의 공통적인 구조를 구성하는 성분들에 작용하기 때문이다.**

근거 ❹-6 병원성 바이러스의 방역에 사용되는 산화제는 바이러스의 공통적인 표면 구조를 이루는 캡시드를 손상시키는 기능이 있어 바이러스를 파괴하거나 바이러스의 감염력을 잃게 한다.

→ 적절함!

**074** | 핵심 개념 이해 - 적절한 것 고르기 2021학년도 9월 모평 36번 | 정답률 75%, 매력적 오답 ④ 10% | 정답 ③

### ㉠~㉢에 대한 설명으로 적절한 것은?

㉠ 멸균제 ㉡ 감염방지제 ㉢ 소독제

**① ㉠과 ㉡은 모두, 질병의 원인이 되는 진균의 포자와 바이러스를 사멸시킬 수 있다.** (㉠은)

근거 ❸-1~2 항미생물 화학제 중 멸균제는 포자를 포함한 모든 병원체를 파괴한다. 감염방지제는 포자를 제외한 병원체를 사멸시키는 화합물

풀이 멸균제(㉠)는 포자를 포함한 모든 병원체를 파괴한다고 하였으므로, 진균의 포자와 바이러스를 사멸시킬 수 있다. 그러나 감염방지제(㉡)는 포자를 제외한 병원체를 사멸시킨다고 하였으므로, 진균의 포자를 사멸시킬 수 없다.

→ 적절하지 않음!

ⓒ은
② ㉠과 ㉢은 모두, 생활 환경의 방역뿐 아니라 사람의 상처 소독에 적용 가능하다.

**근거** ❷-1 생활 환경에서 병원체의 수를 억제하고 전염병을 예방하기 위한 목적으로 사용하는 방역용 화학 물질을 '항(抗)미생물 화학제'라 한다. ❸-1 항미생물 화학제 중 멸균제, ❸-3 독성이 약해 사람의 피부나 상처 소독에도 사용이 가능한 항미생물 화학제를 소독제라 한다.

**풀이** 멸균제(㉠)와 소독제(㉢)는 모두 생활 환경의 방역에 사용되는 '항미생물 화학제'의 한 종류이다. 이 중 소독제(㉢)는 생활 환경의 방역뿐 아니라 사람의 피부나 상처 소독에도 사용이 가능하다.

→ 적절하지 않음!

③ ㉡과 ㉢은 모두, 바이러스의 종류에 따라 살균 효과가 달라질 수 있다.

**근거** ❷-3 병원체의 구조와 성분은 병원체의 종류에 따라 완전히 같지는 않으므로, 동일한 항미생물 화학제라도 그 살균 효과는 다를 수 있다.

→ 적절함!

㉠과 ㉡은 모두 과
④ ㉠은 ㉡과 달리, 세포막이 있는 병원성 세균은 사멸시킬 수 있으나 피막이 있는 병원성 바이러스는 사멸시킬 수 없다.
를 있다

**근거** ❸-1~2 항미생물 화학제 중 멸균제는 포자를 포함한 모든 병원체를 파괴한다. 감염방지제는 포자를 제외한 병원체를 사멸시키는 화합물

**풀이** 멸균제(㉠)는 포자를 포함한 모든 병원체를 파괴하며, 감염방지제(㉡)는 포자를 제외한 병원체를 사멸시킨다. 따라서 멸균제(㉠)와 감염방지제(㉡)는 모두 세포막이 있는 병원성 세균과 피막이 있는 병원성 바이러스를 사멸시킬 수 있다.

→ 적절하지 않음!

㉡과 ㉢은 모두
⑤ ㉡은 ㉢과 달리, 인체에 해로우므로 사람의 점막에 직접 닿아서는 안 된다.

**근거** ❸-3~4 감염방지제 중 독성이 약해 사람의 피부나 상처 소독에도 사용이 가능한 항미생물 화학제를 소독제라 한다. 사람의 세포막도 지질 성분으로 이루어져 있어 소독제라 하더라도 사람의 세포를 죽일 수 있으므로, 눈이나 호흡기 등의 점막에 접촉하지 않도록 주의해야 한다.

**풀이** 사람의 세포막은 지질 성분으로 이루어져 있으므로, 감염방지제(㉡) 중 독성이 약한 소독제(㉢)라 하더라도 사람의 점막에 접촉하지 않도록 주의해야 한다고 하였다. 따라서 감염방지제(㉡)와 소독제(㉢) 모두 사람의 점막에 직접 닿아서는 안 된다.

→ 적절하지 않음!

1등급 문제

**075** | 구체적인 사례에 적용 - 적절하지 않은 것 고르기 2021학년도 9월 모평 37번 | 정답률 50%, 매력적 오답 ② 10% ④ 25% ⑤ 10% | 정답 ③

**<보기>는 윗글을 읽은 학생이 '가상의 실험 결과'를 보고 추론한 내용이다. [가]에 들어갈 말로 적절하지 않은 것은?** [3점]

| 보기 |

ㅇ [1]가상의 실험 결과

[2]항미생물 화학제로 사용되는 알코올 화합물 A를 변환시켜 다음과 같은 결과를 얻었다.
[3]**[결과 1]** A에서 지질을 손상시키는 기능만을 약화시켜 B를 얻었다.
[4]**[결과 2]** A에서 캡시드를 손상시키는 기능만을 강화시켜 C를 얻었다.
[5]**[결과 3]** B에서 캡시드를 손상시키는 기능만을 강화시켜 D를 얻었다.

ㅇ [6]학생의 추론 : 화합물들의 방역 효과와 안전성을 비교해 보면, [가] 고 추론할 수 있어.

([7]단, 지질 손상 기능과 캡시드 손상 기능은 서로 독립적이며, 화합물 A, B, C, D의 비교 조건은 모두 동일하다고 가정함.(假定-, 임시로 사실인 것처럼 정함.))

**풀이** 알코올 화합물 A를 기준으로 하여 화합물 A, B, C, D의 지질을 손상시키는 기능의 강하고 약한 정도와 캡시드를 손상시키는 기능의 강하고 약한 정도를 비교해 보면 다음과 같다.

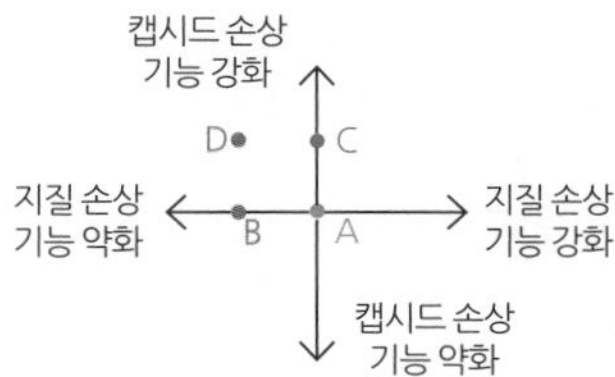


① B는 A에 비해 지질 피막이 있는 바이러스에 대한 방역 효과는 작고, 인체에 대한 안전성은 높다

**근거** <보기>-3 **[결과 1]** A에서 지질을 손상시키는 기능만을 약화시켜 B를 얻었다, ❶-4 바이러스의 종류에 따라 캡시드 외부가 지질을 주성분으로 하는 피막으로 덮인 경우도 있다, ❸-4 사람의 세포막도 지질 성분으로 이루어져 있어

**풀이** B는 A에서 지질을 손상시키는 기능만 약화시켜 얻은 알코올 화합물이므로, A보다 지질 피막이 있는 바이러스에 대한 방역 효과가 작을 것이다. 한편 사람의 세포막도 지질 성분으로 이루어져 있다. B는 A에서 지질을 손상시키는 기능을 약화시킨 것이므로, 인체에 대한 안전성이 A보다 높을 것이다.

→ 적절함!

② C는 A에 비해 지질 피막이 없는 바이러스에 대한 방역 효과는 크고, 인체에 대한 안전성은 같다

**근거** <보기>-4 **[결과 2]** A에서 캡시드를 손상시키는 기능만을 강화시켜 C를 얻었다, ❶-2~3 세포막은 지질을 주성분으로 하는 이중층이다. … 바이러스의 표면은 세포막 대신 캡시드라고 부르는 단백질로 이루어져 있다, ❸-4 사람의 세포막도 지질 성분으로 이루어져 있어

**풀이** 지질 피막이 없는 바이러스의 표면은 캡시드로 이루어져 있다. C는 A에서 캡시드를 손상시키는 기능만을 강화시킨 것이므로, 지질 피막이 없는 바이러스에 대한 방역 효과가 A보다 클 것이다. 한편 사람의 세포막은 지질 성분으로 이루어져 있다. C는 A에서 캡시드를 손상시키는 기능만을 강화시킨 것이므로, 지질을 손상시키는 기능은 C와 A가 같다. 따라서 인체에 대한 안전성은 C와 A가 같을 것이다.

→ 적절함!

③ C는 B에 비해 지질 피막이 있는 바이러스에 대한 방역 효과는 크고, 인체에 대한 안전성은 같다
낮다

**근거** <보기>-3 **[결과 1]** A에서 지질을 손상시키는 기능만을 약화시켜 B를 얻었다, <보기>-4 **[결과 2]** A에서 캡시드를 손상시키는 기능만을 강화시켜 C를 얻었다, ❶-4 바이러스의 종류에 따라 캡시드 외부가 지질을 주성분으로 하는 피막으로 덮인 경우도 있다, ❸-4 사람의 세포막도 지질 성분으로 이루어져 있어

**풀이** A에서 지질을 손상시키는 기능만을 약화시킨 것이 B이고, A에서 캡시드를 손상시키는 기능만을 강화시킨 것이 C이므로, B는 C보다 지질을 손상시키는 기능이 약하다. 따라서 지질 피막이 있는 바이러스에 대한 방역 효과는 C가 B보다 클 것이다. 한편 사람의 세포막도 지질 성분으로 이루어져 있다. C는 B보다 지질을 손상시키는 기능이 강하므로, 인체에 대한 안전성은 C가 B보다 낮을 것이다.

→ 적절하지 않음!

④ D는 A에 비해 지질 피막이 없는 바이러스에 대한 방역 효과는 크고, 인체에 대한 안전성은 높다

**근거** <보기>-3 **[결과 1]** A에서 지질을 손상시키는 기능만을 약화시켜 B를 얻었다, <보기>-5 **[결과 3]** B에서 캡시드를 손상시키는 기능만을 강화시켜 D를 얻었다, ❶-2~3 세포막은 지질을 주성분으로 하는 이중층이다. … 바이러스의 표면은 세포막 대신 캡시드라고 부르는 단백질로 이루어져 있다, ❸-4 사람의 세포막도 지질 성분으로 이루어져 있어

**풀이** 지질 피막이 없는 바이러스의 표면은 캡시드로 이루어져 있다. D는 A와 캡시드를 손상시키는 기능이 같은 B에서 캡시드를 손상시키는 기능만을 강화시킨 것이므로, 지질 피막이 없는 바이러스에 대한 방역 효과는 A보다 클 것이다. 한편 사람의 세포막은 지질 성분으로 이루어져 있다. D는 A에 비해 지질을 손상시키는 기능이 약화된 것이므로, 인체에 대한 안전성이 A보다 높을 것이다.

→ 적절함!

⑤ D는 B에 비해 지질 피막이 없는 바이러스에 대한 방역 효과는 크고, 인체에 대한 안전성은 같다

**근거** <보기>-5 **[결과 3]** B에서 캡시드를 손상시키는 기능만을 강화시켜 D를 얻었다, ❶-2~3 세포막은 지질을 주성분으로 하는 이중층이다. … 바이러스의 표면은 세포막 대신 캡시드라고 부르는 단백질로 이루어져 있다, ❸-4 사람의 세포막도 지질 성분으로 이루어져 있어

**풀이** 지질 피막이 없는 바이러스의 표면은 캡시드로 이루어져 있다. D는 B에서 캡시드를 손상시키는 기능만을 강화시켜 얻은 화합물이므로, 지질 피막이 없는 바이러스에 대한 방역 효과는 B보다 클 것이다. 한편 사람의 세포막은 지질 성분으로 이루어져 있다. D는 B에서 캡시드를 손상시키는 기능만을 강화시킨 것이므로, 지질을 손상시키는 기능은 D와 B가 같다. 따라서 인체에 대한 안전성은 D와 B가 같을 것이다.

→ 적절함!

**[076~081] 다음 글을 읽고 물음에 답하시오.**

1 [1]우리는 한 대의 자동차는 개체(個體, 하나하나의 낱개)라고 하지만 바닷물을 개체라고 하지는 않는다. [2]어떤 부분들이 모여 하나의 개체를 ⓐ 이룬다고 할 때 이를 개체라고 부를 수 있는 조건은 무엇일까? [3]일단 부분들 사이의 유사성(類似性, 서로 비슷한 성질)은 개체성(個體性, 하나의 독립된 생명체가 가지고 있는 성질)의 조건이 될 수 없다. [4]가령(假令, 예를 들어) 일란성 쌍둥이(一卵性雙―, 하나의 난자와 하나의 정자가 결합하여 생긴 쌍생아로, 한 개의 수정란이 발생 초기에 둘로 갈라져 자란 것)인 두 사람은 DNA 염기 서열(DNA 鹽基序列, 유전 형질을 구성하는 염기들을 순서대로 나열해 놓은 것)과 외모도 같지만 동일한 개체는 아니다. [5]그래서 부분들의 강한 유기적(有機的, 전체를 구성하고 있는 각 부분들이 서로 아주 가깝게 관련을 가지고 있어서 뗄 수 없는) 상호작용(相互作用, 생물체 부분들의 기능 사이에서 이루어지는 일정한 작용)이 그('개체'라고 부를 수 있는) 조건으로 흔히 제시된다. [6]하나의 개체를 구성하는 부분들은 외부 존재가 개체에 영향을 주는 것과는 비교할 수 없이 강한 방식으로 서로 영향을 주고받는다.

→ 개체성의 조건 ①

2 [1]상이한(相異―, 서로 다른) 시기에 존재하는 두 대상을 동일한 개체로 판단하는 조건도 물을 수 있다. [2]그것(상이한 시기에 존재하는 두 대상을 동일한 개체로 판단하는 조건)은 두 대상 사이의 인과성(因果性, 원인과 결과로 맺어지는 관계)이다. [3]과거의 '나'와 현재의 '나'를 동일하다고 볼 수 있는 것은 강한 인과성이 존재하기 때문이다. [4]과거의 '나'와 현재의 '나'는 세포 분열(細胞分裂, 하나의 세포가 핵분열과 세포질 분열에 의해 둘 이상의 세포로 나뉘는 현상)로 세포가 교체되는 과정을 통해 인과적으로 연결되어 있다. [5]또 '나'가 세포 분열을 통해 새로운 개체를 생성할 때도 '나'와 '나의 후손(後孫, 자신의 세대에서 여러 세대가 지난 뒤의 자손)'은 인과적으로 연결되어 있다. [6]비록 '나'와 '나의 후손'은 동일한 개체는 아니지만 '나'와 다른 개체들 사이에 비해 더 강한 인과성으로 연결되어 있다.

→ 개체성의 조건 ②

3 [1]개체성에 대한 이러한 철학적 질문은 생물학에서도 중요한 연구 주제가 된다. [2]생명체(生命體, 생명이 있는 물체)를 구성하는 단위는 세포이다. [3]세포는 생명체의 고유한(固有―, 처음부터 가지고 있는 자신만의 특별한) 유전 정보가 담긴 DNA를 가지며 이를 복제하여(複製―, 처음의 것과 똑같은 것을 만들어) 증식하고(增殖―, 세포 분열을 하여 그 수를 늘려 가고) 번식하는(繁殖―, 붇고 늘어서 많이 퍼지는) 과정을 통해 자신(세포)의 DNA를 후세(後世, 다음 세대)에 전달한다. [4]세포는 사람과 같은 진핵생물(眞核生物, 세포 안에 막으로 싸인 핵과 세포 소기관들을 가진 생물체)의 진핵세포와, 박테리아(bacteria, 세균)나 고세균(古細菌, 세포벽에 펩티도글리칸을 포함하지 않은 세균)과 같은 원핵생물(原核生物, 대부분 단세포로 되어 있는, 원핵이라고 불리는 원시적인 세포핵을 가지는 생물. DNA가 막으로 둘러싸이지 않고, 분자 상태로 세포질 내에 존재하며, 미토콘드리아 등의 구조체가 없는 것이 특징)의 원핵세포로 구분된다. [5]진핵세포는 세포질에 막으로 둘러싸인 핵이 ⓑ 있고 그 안에 DNA가 있지만, 원핵세포는 핵이 없다. [6]또한 진핵세포의 세포질에는 막으로 둘러싸인 여러 종류의 세포 소기관이 있으며, 그(막으로 둘러싸인 세포 소기관)중 미토콘드리아는 세포 활동에 필요한 생체 에너지(生體energy, 생물의 몸속 에너지)를 생산하는 기관이다. [7]대부분의 진핵세포는 미토콘드리아를 필수적으로 ⓒ 가지고 있다.

〈참고 그림〉

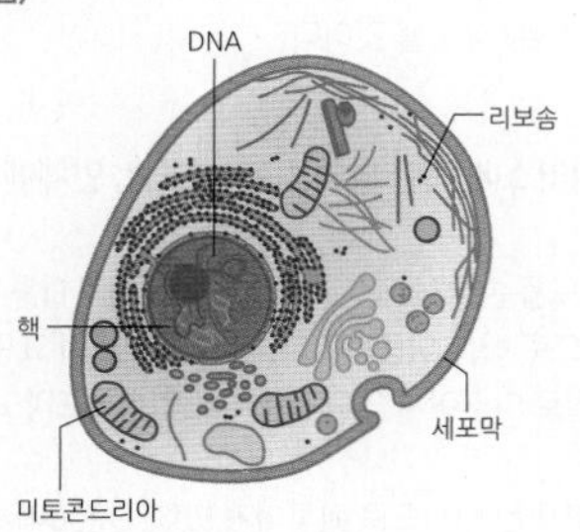


❸-5~6 진핵세포는 세포질에 막으로 둘러싸인 핵이 있고 그 안에 DNA가 있지만, 원핵세포는 핵이 없다. 또한 진핵세포의 세포질에는 미토콘드리아처럼 막으로 둘러싸인 여러 종류의 세포 소기관이 있다.

→ 세포의 역할과 구분

4 [1]이러한 미토콘드리아가 원래 박테리아의 한 종류인 원생미토콘드리아였다는 이론이 20 세기 초에 제기되었다. [2]공생발생설 또는 세포 내 공생설이라고 불리는 이(미토콘드리아가 원래 원생미토콘드리아였다는) 이론에서는 두 원핵생물 간의 공생 관계가 지속되면서 진핵세포를 가진 진핵생물이 탄생했다고 설명한다. [3]공생(共生, 함께 공생 살다 생)은 서로 다른 생명체가 함께 살아가는 것을 말하며, 서로 다른 생명체를 가정하는(假定―, 임시로 사실인 것처럼 정하는) 것은 어느 생명체의 세포 안에서 다른 생명체가 공생하는 '내부 공생'에서도 마찬가지이다. [4]㉠ 공생발생설은 한동안 생물학계로부터 인정받지 못했다. [5]미토콘드리아의 기능과 대략적인(大略的―, 기본적인) 구조, 그리고 생명체 간 내부 공생의 사례(事例, 실제로 일어난 예)는 이미 알려졌지만 미토콘드리아가 과거에 독립된 생명체였다는 것을 쉽게 믿을 수 없었기 때문이었다. [6]그리고 한 생명체가 세대를 이어 가는 과정 중에 돌연변이(突然變異, 생물체에서 유전자와 염색체의 구조상 변화로 인해 부모 계통에 없던 새로운 형질이 갑자기 출현하는 현상)와 자연선택(自然選擇, 어떤 생물에 생긴 유전적 변이 개체 중 자연의 생활 조건에서 생존에 유리한 개체가 살아남는 것)이 일어나고, 이(한 생명체가 세대를 이어 가는 과정에서 돌연변이와 자연선택이 일어나는 것)로 인해 종(種, 생물 분류의 기초 단위)이 진화하고(進化―, 점점 변하고) 분화한다고(分化―, 기능이나 형태에 맞게 특수화된다고) 보는 전통적인 유전학에서 두 원핵생물의 결합은 주목받지 못했다. [7]그러다가 전자 현미경(電子顯微鏡, 전자를 사용한 현미경으로, 광학 현미경보다 기능이 훨씬 뛰어남)의 등장으로 미토콘드리아의 내부까지 세밀히(細密―, 자세하고 꼼꼼하게) 관찰하게 되고, 미토콘드리아 안에는 세포핵의 DNA와는 다른 DNA가 있으며 단백질을 합성하는(여러 가지 아미노산을 이용하여 단백질을 만드는) 자신만의 리보솜(ribosome, 단백질을 합성하는 세포 소기관)을 가지고 있다는 사실이 ⓓ 밝혀지면서 공생발생설이 새롭게 부각되었다.

→ 공생발생설의 등장과 부각

5 [1]공생발생설에 따르면 진핵생물은 원생미토콘드리아가 고세균의 세포 안에서 내부 공생을 하다가 탄생했다고 본다. [2]고세균의 핵의 형성과 내부 공생의 시작 중 어느 것이 먼저인지에 대해서는 논란이 있지만, 고세균은 세포질에 핵이 생겨 진핵세포가 되고 원생미토콘드리아는 세포 소기관인 미토콘드리아가 되어 진핵생물이 탄생했다는 것이다. [3]미토콘드리아가 원래 박테리아의 한 종류였다는 근거는 여러 가지가 있다. [4]박테리아와 마찬가지로 새로운 미토콘드리아는 이미 존재하는 미토콘드리아의 '이분 분열(二分分裂, 한 개체가 몸체를 갈라 자신과 비슷한 크기의 2 개 개체로 증식하는 것)'을 통해서만 ⓔ 만들어진다. [5]미토콘드리아의 막에는 진핵세포막의 수송단백질(輸送蛋白質, 세포막을 통한 물질의 이동을 담당하는 단백질)과는 다른 종류의 수송 단백질인 포린이 존재하고 박테리아의 세포막에 있는 카디오리핀이 존재한다. [6]또 미토콘드리아의 리보솜은 진핵세포의 리보솜보다 박테리아의 리보솜과 더 유사하다.(類似―, 서로 비슷하다.)

〈참고 그림〉

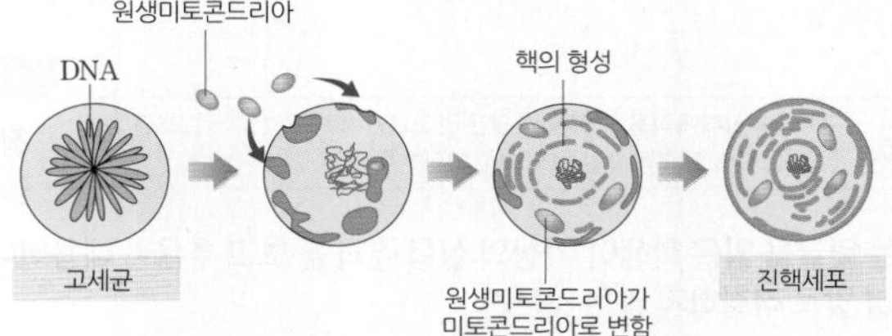


❺-1~2 공생발생설에 따르면 진핵생물은 원생미토콘드리아가 고세균의 세포 안에서 내부 공생을 하다가 탄생했다고 본다. 고세균은 세포질에 핵이 생겨 진핵세포가 되고 원생미토콘드리아는 세포 소기관인 미토콘드리아가 되어 진핵생물이 탄생했다는 것이다.

→ 공생발생설에 따른 진핵생물의 발생 과정

6 [1]미토콘드리아는 여전히 고유한 DNA를 가진 채 복제와 증식이 이루어지는데도, 미토콘드리아와 진핵세포 사이의 관계를 공생 관계로 보지 않는 이유는 무엇일까? [2]두 생명체가 서로 떨어져서 살 수 없더라도 각자의 개체성을 잃을 정도로 유기적 상호작용이 강하지 않다면 그 둘은 공생 관계에 있다고 보는데, 미토콘드리아와 진핵세포 간의 유기적 상호작용은 둘을 다른 개체로 볼 수 없을 만큼 매우 강하기 때문이다. [3]미토콘드리아가 개체성을 잃고 세포 소기관이 되었다고 보는 근거는, 진핵세포가 미토콘드리아의 증식을 조절하고, 자신을 복제하여 증식할 때 미토콘드리아도 함께 복제하여 증식시킨다는 것이다. [4]또한 미토콘드리아의 유전자의 많은 부분이 세포핵의 DNA로 옮겨 가 미토콘드리아의 DNA 길이가 현저히(顯著―, 뚜렷이 드러날 정도로) 짧아졌다는 것이다. [5]미토콘드리아에서 일어나는 대사(代謝, 생물체 안에서 일어나는 모든 물질의 변화) 과정에 필요한 단백질은 세포핵의 DNA로부터 합성되고, 미토콘드리아의 DNA에 남은 유전자 대부분은 생체 에너지를 생산하는 역할을 한다. [6]예컨대(例―, 예를 들자면) 사람의 미토콘드리아는 37 개의 유전자만 있을 정도로 DNA 길이가 짧다.

→ 미토콘드리아와 진핵세포의 관계를 공생 관계로 보지 않는 이유와, 미토콘드리아가 개체성을 잃었다고 보는 근거

문제편 p.208

■지문 이해

**<개체성의 조건과 공생발생설에 따른 진핵생물의 발생 과정>**

**❶~❷ 개체성의 조건**

- 부분들이 모여 하나의 개체를 이룰 때 : 부분들 사이의 강한 유기적 상호작용
- 상이한 시기에 존재하는 두 대상 : 두 대상 사이의 강한 인과성

**❸ 세포의 역할과 구분**

- 세포의 역할 : 생명체의 고유한 유전 정보가 담긴 DNA를 복제하여 증식·번식하는 과정을 통해 자신의 DNA를 후세에 전달함
- 세포의 구분
  - 진핵세포 : 세포질에 막으로 둘러싸인 핵과 세포 소기관이 있음, 핵 안에는 DNA가 있음
  - 원핵세포 : 핵이 없음

**❹ 공생발생설의 등장과 부각**

- 공생발생설(세포 내 공생설) : 미토콘드리아가 원래 박테리아의 한 종류인 원생미토콘드리아였다는 이론
- 미토콘드리아가 과거에 독립된 생명체였다는 것을 쉽게 믿을 수 없었으며, 공생발생설이 당시 유전학 이론에 어긋났기 때문에, 공생발생설은 한동안 생물학계로부터 인정받지 못함
  → 미토콘드리아 안에 세포핵의 DNA와는 다른 DNA가 있으며, 단백질을 합성하는 자신만의 리보솜을 가지고 있다는 사실이 밝혀지면서 공생발생설이 부각됨

**❺ 공생발생설에 따른 진핵생물의 발생 과정**

- 진핵생물은 원생미토콘드리아가 고세균의 세포 안에서 내부 공생을 하다가 탄생 → 고세균은 세포질에 핵이 생겨 진핵세포가 되고, 원생미토콘드리아는 세포 소기관인 미토콘드리아가 되어 진핵생물이 탄생했다고 봄
- 미토콘드리아가 원래 박테리아의 한 종류였다는 근거
  - 박테리아와 마찬가지로 새로운 미토콘드리아는 이미 존재하는 미토콘드리아의 '이분 분열'을 통해서만 만들어짐
  - 미토콘드리아의 막에는 진핵세포막의 수송 단백질과는 다른 종류의 수송 단백질인 포린이 존재하고, 박테리아의 세포막에 있는 카디오리핀이 존재함
  - 미토콘드리아의 리보솜은 진핵세포의 리보솜보다 박테리아의 리보솜과 더 유사함

**❻ 미토콘드리아와 진핵세포의 관계를 공생 관계로 보지 않는 이유와, 미토콘드리아가 개체성을 잃었다고 보는 근거**

- 미토콘드리아와 진핵세포의 관계를 공생 관계로 보지 않는 이유 : 미토콘드리아와 진핵세포 간의 유기적 상호작용은 둘을 다른 개체로 볼 수 없을 만큼 매우 강함
- 미토콘드리아가 개체성을 잃고 세포 소기관이 되었다고 보는 근거
  - 진핵세포가 미토콘드리아의 증식을 조절하고, 자신을 복제하여 증식할 때 미토콘드리아도 함께 복제하여 증식시킴
  - 미토콘드리아의 유전자의 많은 부분이 세포핵의 DNA로 옮겨 가 미토콘드리아의 DNA 길이가 현저히 짧아졌음

**076** 글의 서술 방식 파악 - 적절한 것 고르기 2020학년도 6월 모평 37번 정답률 75% | 정답 ③

## 윗글의 내용 전개 방식으로 가장 적절한 것은?

근거 ❶-2 어떤 부분들이 모여 하나의 개체를 이룬다고 할 때 이를 개체라고 부를 수 있는 조건은 무엇일까?, ❶-5 부분들의 강한 유기적 상호작용이 그 조건으로 흔히 제시된다, ❷-1~2 상이한 시기에 존재하는 두 대상을 동일한 개체로 판단하는 조건도 물을 수 있다. 그것은 두 대상 사이의 인과성이다, ❺-1~2 공생발생설에 따르면 진핵생물은 원생미토콘드리아가 고세균의 세포 안에서 내부 공생을 하다가 탄생했다고 본다. … 고세균은 세포질에 핵이 생겨 진핵세포가 되고 원생미토콘드리아는 세포 소기관인 미토콘드리아가 되어 진핵생물이 탄생했다는 것, ❻-1~2 미토콘드리아와 진핵세포 사이의 관계를 공생 관계로 보지 않는 이유는 무엇일까? … 미토콘드리아와 진핵세포 간의 유기적 상호작용은 둘을 다른 개체로 볼 수 없을 만큼 매우 강하기 때문, ❻-3~4 미토콘드리아가 개체성을 잃고 세포 소기관이 되었다고 보는 근거는, 진핵세포가 미토콘드리아의 증식을 조절하고, 자신을 복제하여 증식할 때 미토콘드리아도 함께 복제하여 증식시킨다는 것이다. 또한 미토콘드리아의 유전자의 많은 부분이 세포핵의 DNA로 옮겨 가 미토콘드리아의 DNA 길이가 현저히 짧아졌다는 것이다.

풀이 윗글은 먼저 개체성의 두 조건을 제시한 후 공생발생설에 따라 원생미토콘드리아가 진핵세포의 세포 소기관인 미토콘드리아가 된 과정을 설명하고, 미토콘드리아와 진핵세포 사이의 매우 강한 유기적 상호작용을 근거로 이 둘을 공생 관계로 보지 않는다는 것을 설명하였다. 마지막으로 미토콘드리아가 개체성을 잃고 세포 소기관이 되었다고 보는 두 가지 근거를 제시하고 있다. 따라서 정답은 ③번이다.

**① 개체성과 관련된 예를 제시한 후 공생발생설에 대한 다양한 견해를 비교하고 있다.**

풀이 개체성의 조건을 설명하면서 자동차와 바닷물, 일란성 쌍둥이 등을 예로 들고 있지만, 공생발생설에 대한 다양한 견해를 비교한 내용은 나오지 않는다.

**② 개체에 대한 *정의를 제시한 후 세포의 생물학적 개념이 **확립되는 과정을 서술하고 있다.** *定義, 명백히 밝혀 규정한 뜻 **確立-, 흔들리거나 변하지 않도록 굳게 이루어지는

풀이 어떤 대상을 개체라고 부를 수 있는 조건을 설명하고 있으나, 개체의 정의를 제시하지는 않았다. 또한 세포의 생물학적 개념이 확립되는 과정은 이야기하지 않았다.

**③ 개체성의 조건을 제시한 후 세포 소기관의 개체성에 대해 공생발생설을 중심으로 설명하고 있다.**

→ 적절함!

**④ 개체의 유형을 분류한 후 세포의 소기관이 분화되는 과정을 공생발생설을 중심으로 설명하고 있다.**

풀이 윗글에서 개체의 유형을 분류하지 않았으며, 공생발생설에 따라 원생미토콘드리아가 진핵세포의 세포 소기관인 미토콘드리아가 된 과정을 설명하고 있으나 세포의 소기관이 분화되는 과정을 설명하지는 않았다.

**⑤ 개체와 관련된 개념들을 설명한 후 세포가 하나의 개체로 변화하는 과정을 인과적으로 서술하고 있다.**

1등급 문제

**077** 세부 정보 이해 - 적절하지 않은 것 고르기 2020학년도 6월 모평 38번 정답률 45%, 매력적 오답 ③ 15% ⑤ 30% | 정답 ④

## 윗글에 대한 이해로 적절하지 않은 것은?

**① 유사성은 아무리 강하더라도 개체성의 조건이 될 수 없다.**

근거 ❶-3 부분들 사이의 유사성은 개체성의 조건이 될 수 없다.

→ 적절함!

**② 바닷물을 개체라고 말하기 어려운 이유는 유기적 상호작용이 약하기 때문이다.**

근거 ❶-1~2 우리는 한 대의 자동차는 개체라고 하지만 바닷물을 개체라고 하지는 않는다. 어떤 부분들이 모여 하나의 개체를 이룬다고 할 때 이를 개체라고 부를 수 있는 조건은 무엇일까?, ❶-5 부분들의 강한 유기적 상호작용이 그 조건으로 흔히 제시된다.

→ 적절함!

**③ 새로운 미토콘드리아를 복제하기 위해서는 세포 안에 미토콘드리아가 반드시 있어야 한다.**

근거 ❺-4 박테리아와 마찬가지로 새로운 미토콘드리아는 이미 존재하는 미토콘드리아의 '이분 분열'을 통해서만 만들어진다.

풀이 새로운 미토콘드리아는 이미 존재하는 미토콘드리아의 이분 분열을 통해서만 만들어진다고 하였다. 즉 새로운 미토콘드리아를 복제하기 위해서는 세포 안에 미토콘드리아가 이미 존재해야만 한다.

→ 적절함!

세포질에서 미토콘드리아로

**④ 미토콘드리아의 대사 과정에 필요한 단백질은 미토콘드리아의 막을 통과하여 세포질로 이동해야 한다.**

근거 ❸-5 진핵세포는 세포질에 막으로 둘러싸인 핵이 있고 그 안에 DNA가 있지만, ❻-4~5 미토콘드리아의 유전자의 많은 부분이 세포핵의 DNA로 옮겨 가 … 미토콘드리아에서 일어나는 대사 과정에 필요한 단백질은 세포핵의 DNA로부터 합성되고,

풀이 미토콘드리아의 유전자의 많은 부분이 세포핵의 DNA로 옮겨 가, 미토콘드리아의 대사 과정에 필요한 단백질은 세포핵의 DNA로부터 합성된다고 하였다. 따라서 미토콘드리아의 대사 과정에 필요한 단백질은 미토콘드리아의 막을 통과하여 세포질로 이동하는 것이 아니라, 세포질에서 미토콘드리아로 이동할 것이다.

→ 적절하지 않음!

**⑤ 진핵세포가 되기 전의 고세균이 원생미토콘드리아보다 진핵세포와 더 강한 인과성으로 연결되어 있다.**

근거 ❷-5~6 '나'가 세포 분열을 통해 새로운 개체를 생성할 때도 '나'와 '나의 후손'은 인과적으로 연결되어 있다. 비록 '나'와 '나의 후손'은 동일한 개체는 아니지만 '나'와 다른 개체들 사이에 비해 더 강한 인과성으로 연결되어 있다, ❺-2 고세균은 세포질에 핵이 생겨 진핵세포가 되고 원생미토콘드리아는 세포 소기관인 미토콘드리아가 되어 진핵생물이 탄생했다는 것

풀이 고세균의 세포질에 핵이 생겨 새로운 개체인 진핵세포가 되었다. 따라서 고세균과 고세균의 후손인 진핵세포는 동일한 개체는 아니지만, 다른 개체들에 비해 더 강한 인과성으로 연결되어 있다. 따라서 미토콘드리아가 된 원생미토콘드리아(다른 개체)보다 진핵세포(나의 후손)가 되기 전의 고세균(나)이 진핵세포와 더 강한 인과성으로 연결되어 있다고 볼 수 있다.

→ 적절함!

**078** 추론의 적절성 판단 – 적절한 것 고르기 2020학년도 6월 모평 39번
정답률 65%, 매력적 오답 ③ 15% | 정답 ⑤

**윗글을 참고할 때, ㉠의 이유로 가장 적절한 것은?**

㉠ 공생발생설은 한동안 생물학계로부터 인정받지 못했다.

**① 진핵세포가 세포 소기관을 가지고 있다는 사실을 알지 못했기 때문이다.**

근거 ❸-6 진핵세포의 세포질에는 막으로 둘러싸인 여러 종류의 세포 소기관이 있으며, 그중 미토콘드리아는 세포 활동에 필요한 생체 에너지를 생산하는 기관, ❹-5 미토콘드리아의 기능과 대략적인 구조, 그리고 생명체 간 내부 공생의 사례는 이미 알려졌지만

풀이 공생발생설이 제기되었을 때 진핵세포의 세포 소기관 중 하나인 미토콘드리아의 기능과 구조가 이미 알려져 있었다고 하였으므로, 진핵세포가 세포 소기관을 가지고 있다는 사실을 알지 못했다고 보기는 어렵다.

→ 적절하지 않음!

**② 공생발생설이 당시의 유전학 이론에 어긋난다는 근거가 부족했기 때문이다.**

근거 ❹-2 공생발생설 또는 세포 내 공생설이라고 불리는 이 이론에서는 두 원핵생물 간의 공생 관계가 지속되면서 진핵세포를 가진 진핵생물이 탄생했다고 설명, ❹-6 한 생명체가 세대를 이어 가는 과정 중에 돌연변이와 자연선택이 일어나고, 이로 인해 종이 진화하고 분화한다고 보는 전통적인 유전학에서 두 원핵생물의 결합은 주목받지 못했다.

풀이 공생발생설은 두 원핵생물 간의 공생관계가 지속되면서 진핵생물이 탄생했다고 설명하였고, 이는 한 세대를 이어 가는 과정 중 돌연변이와 자연선택이 일어남으로 인해 종이 진화하고 분화한다고 본 당시 전통적 유전학 이론에 어긋나는 견해였다.

→ 적절하지 않음!

**③ 한 생명체가 다른 생명체의 세포 속에서 살 수 있다는 근거가 부족했기 때문이다.**

근거 ❹-3 어느 생명체의 세포 안에서 다른 생명체가 공생하는 '내부 공생', ❹-5 생명체 간 내부 공생의 사례는 이미 알려졌지만

풀이 공생발생설이 제기될 무렵 이미 생명체 간 내부 공생의 사례는 알려져 있었다.

→ 적절하지 않음!

**④ 미토콘드리아가 진핵세포의 활동에 중요한 기능을 한다는 사실을 알지 못했기 때문이다.**

근거 ❹-5 미토콘드리아의 기능과 대략적인 구조, 그리고 생명체 간 내부 공생의 사례는 이미 알려졌지만

풀이 공생발생설이 제기될 무렵 미토콘드리아의 기능은 이미 알려져 있었다.

→ 적절하지 않음!

**⑤ 미토콘드리아가 자신의 고유한 유전 정보를 전달할 수 있다는 것을 알지 못했기 때문이다.**

근거 ❹-5 미토콘드리아가 과거에 독립된 생명체였다는 것을 쉽게 믿을 수 없었기 때문, ❹-7 그러다가 전자 현미경의 등장으로 미토콘드리아의 내부까지 세밀히 관찰하게 되고, 미토콘드리아 안에는 세포핵의 DNA와는 다른 DNA가 있으며 단백질을 합성하는 자신만의 리보솜을 가지고 있다는 사실이 밝혀지면서 공생발생설이 새롭게 부각, ❸-3 세포는 생명체의 고유한 유전 정보가 담긴 DNA를 가지며 이를 복제하여 증식하고 번식하는 과정을 통해 자신의 DNA를 후세에 전달한다.

풀이 공생발생설은 한동안 생물학계로부터 인정받지 못했는데, 이는 미토콘드리아가 과거에 독립된 생명체였다는 것을 쉽게 믿을 수 없었기 때문이었다. 그러다가 전자 현미경이 등장하면서, 미토콘드리아 안에 세포핵의 DNA와는 다른 DNA가 있다는 사실이 밝혀지고, 공생발생설이 생물학계에서 새롭게 부각되었다. DNA에는 자신의 고유한 유전 정보가 담겨 있다고 하였으므로, 결국 공생발생설은 미토콘드리아가 자신의 고유한 유전 정보를 전달할 수 있는 DNA를 가졌다는 것이 밝혀지면서 인정받게 된 것이다.

→ 적절함!

1등급 문제

**079** 세부 정보 이해 – 적절한 것 고르기 2020학년도 6월 모평 40번
정답률 50%, 매력적 오답 ① 15% ③ 15% ④ 15% | 정답 ②

**<보기>는 진핵세포의 세포 소기관을 연구한 결과들이다. 윗글을 바탕으로 할 때, 각각의 세포 소기관이 박테리아로부터 비롯되었다고 판단할 수 있는 것만을 <보기>에서 고른 것은?**

| 보기 |
ㄱ. 세포 소기관이 자신의 DNA를 가지고 있다는 것과 이분 분열을 한다는 것을 확인하였다.
ㄴ. 세포 소기관이 자신의 DNA를 가지고 있다는 것과 진핵세포의 리보솜을 가지고 있다는 것을 확인하였다.
ㄷ. 세포 소기관이 막으로 둘러싸여 있다는 것과 막에는 수송 단백질이 있는 것을 확인하였다.
ㄹ. 세포 소기관이 막으로 둘러싸여 있다는 것과 막에는 다량의 카디오리핀이 있는 것을 확인하였다.

**ㄱ. 세포 소기관이 자신의 DNA를 가지고 있다는 것과 이분 분열을 한다는 것을 확인하였다.** (○)

근거 ❹-7 미토콘드리아 안에는 세포핵의 DNA와는 다른 DNA가 있으며, ❸-3 세포는 생명체의 고유한 유전 정보가 담긴 DNA를 가지며 이를 복제하여 증식하고 번식하는 과정을 통해 자신의 DNA를 후세에 전달, ❺-4 박테리아와 마찬가지로 새로운 미토콘드리아는 이미 존재하는 미토콘드리아의 '이분 분열'을 통해서만 만들어진다.

박테리아의 리보솜과 유사한 리보솜을
**ㄴ. 세포 소기관이 자신의 DNA를 가지고 있다는 것과 진핵세포의 리보솜을 가지고 있다는 것을 확인하였다.** (×)

근거 ❺-6 미토콘드리아의 리보솜은 진핵세포의 리보솜보다 박테리아의 리보솜과 더 유사하다.

풀이 윗글에서 세포 소기관인 미토콘드리아가 원래 박테리아의 한 종류였다는 근거로 미토콘드리아의 리보솜이 진핵세포의 리보솜보다 박테리아의 리보솜과 더 유사하다는 점을 제시하고 있다. 따라서 세포 소기관이 진핵세포의 리보솜을 가지고 있다는 연구 결과는 세포 소기관이 박테리아로부터 비롯되었다고 판단할 수 있는 근거로 적절하지 않다.

진핵세포막의 수송 단백질과는 다른 종류의 수송 단백질이
**ㄷ. 세포 소기관이 막으로 둘러싸여 있다는 것과 막에는 수송 단백질이 있는 것을 확인하였다.** (×)

근거 ❸-6 진핵세포의 세포질에는 막으로 둘러싸인 여러 종류의 세포 소기관이 있으며, 그중 미토콘드리아, ❺-5 미토콘드리아의 막에는 진핵세포막의 수송 단백질과는 다른 종류의 수송 단백질인 포린이 존재

풀이 진핵세포막에도 수송 단백질이 존재하므로 세포 소기관의 막에 수송 단백질이 있음을 확인한 것만으로는 세포 소기관이 박테리아로부터 비롯되었다고 판단할 수 없다. 수송 단백질의 종류가 진핵세포막의 수송 단백질과 다른 종류임을 확인할 수 있어야 한다.

**ㄹ. 세포 소기관이 막으로 둘러싸여 있다는 것과 막에는 다량의 카디오리핀이 있는 것을 확인하였다.** (○)

근거 ❸-6 진핵세포의 세포질에는 막으로 둘러싸인 여러 종류의 세포 소기관이 있으며, 그중 미토콘드리아, ❺-5 미토콘드리아의 막에는 … 박테리아의 세포막에 있는 카디오리핀이 존재한다.

① ㄱ, ㄷ ② ㄱ, ㄹ → 적절함!
③ ㄴ, ㄷ ④ ㄴ, ㄹ ⑤ ㄷ, ㄹ

1등급 문제

**080** | 구체적인 상황에 적용 - 적절하지 않은 것 고르기 2020학년도 6월 모평 41번 정답률 15%, 매력적 오답 ② 15% ③ 20% ④ 15% ⑤ 35% | 정답 ①

**윗글을 바탕으로 <보기>를 이해한 내용으로 적절하지 않은 것은?** [3점]

| 보 기 |

ㅇ [1]복어는 테트로도톡신이라는 신경 독소(神經毒素, 뇌와 척수, 우리 몸 각 부분 사이에 필요한 정보를 서로 전달하는 구실을 하는 신경 계통에 작용하는, 강한 독성 물질)를 가지고 있지만 테트로도톡신을 스스로 만들지 못하고 체내(體內, 몸 안)에서 서식하는(棲息-, 사는) 미생물(微生物, 눈으로 볼 수 없는 아주 작은 생물)이 이(테트로도톡신)를 생산한다. [2]복어는 독소를 생산하는 미생물에게 서식처(棲息處, 사는 곳)를 제공하는 대신 포식자(捕食者, 다른 동물들을 먹이로 하는 동물)로부터 자신을 방어할 수 있는 무기를 갖게 되었다. [3]만약 복어의 체내에 있는 미생물을 제거하면 복어는 독소를 가지지 못하나 생존(生存, 살아남음)에는 지장(支障, 방해가 되는 장애)이 없었다. → 공생 관계

ㅇ [4]실험실의 아메바(amoeba, 단세포 원생동물)가 병원성(病原性, 감염하여 병이 생길 수 있는 원인이 되는 성질을 가진) 박테리아에 감염되어 대부분의 아메바가 죽고 일부 아메바는 생존하였다. [5]생존한 아메바의 세포질에서 서식하는 박테리아는 스스로 복제하여 증식할 수 있었고 더 이상 병원성을 지니지는 않았다. [6]아메바에게는 무해하지만(無害-, 해로움이 없지만) 박테리아에게는 치명적인(致命的-, 생명을 위협하는) 항생제(抗生劑, 미생물이나 세균이 자라고 번식하는 것을 억제하는 물질로 만든 약제. 다른 미생물이나 생물 세포를 선택적으로 죽임)를 아메바에게 투여하면(投與-, 약을 먹게 하거나 주사를 놓으면) 박테리아와 함께 아메바도 죽었다. → 공생 관계

▶ 지문 핵심 개념 정리

| 공생 관계 |
|---|
| • 공생은 서로 다른 생명체가 함께 살아가는 것을 말하며, 어느 생명체의 세포 안에서 다른 생명체가 공생하는 '내부 공생'에서도 마찬가지임(❹-3)<br>• 두 생명체가 서로 떨어져서 살 수 없더라도 각자의 개체성을 잃을 정도로 유기적 상호작용이 강하지 않다면 그 둘은 공생 관계에 있다고 봄(❻-2)<br>• 진핵세포가 미토콘드리아의 증식을 조절하고, 자신을 복제하여 증식할 때 미토콘드리아도 함께 복제하여 증식시킴 ← 미토콘드리아가 개체성을 잃고 세포 소기관이 되었다는 근거(❻-3) |

풀이 '복어'와 '독소를 생산하는 미생물'은 서로 다른 생명체가 함께 살아가면서도, 복어의 체내에 있는 미생물을 제거해도 복어가 생존할 수 있다는 점에서 개체성을 잃지 않는 공생 관계이다. '아메바'와 '아메바의 세포질에서 서식하는 박테리아' 역시 서로 다른 생명체가 함께 살아가면서도, 박테리아가 스스로 복제하여 증식한다는 점에서 개체성을 잃지 않는 공생 관계이다.

**① 병원성을 잃은 '아메바의 세포질에서 서식하는 박테리아'는 세포 소기관으로 변한 것이겠군.**

근거 <보기>-5~6 생존한 아메바의 세포질에서 서식하는 박테리아는 스스로 복제하여 증식할 수 있었고 더 이상 병원성을 지니지는 않았다. 아메바에게는 무해하지만 박테리아에게는 치명적인 항생제를 아메바에게 투여하면 박테리아와 함께 아메바도 죽었다.

풀이 윗글에서 미토콘드리아가 개체성을 잃고 진핵세포의 세포 소기관이 되었다고 보는 근거로 진핵세포가 미토콘드리아의 증식을 조절하고, 자신을 복제하여 증식할 때 미토콘드리아도 함께 복제하여 증식시킨다는 점을 들었다. 그러나 <보기>의 '아메바의 세포질에서 서식하는 박테리아'는 스스로 복제하여 증식한다고 하였으므로, 박테리아가 개체성을 잃고 아메바의 세포 소기관이 되었다고 보기 어렵다. 또한 <보기>에서 아메바에게는 무해하지만 박테리아에게는 치명적인 항생제를 아메바에게 투여하면 박테리아와 함께 아메바도 죽었다고 하였는데, 윗글에서는 두 생명체가 서로 떨어져서 살 수 없다고 하더라도, 각자의 개체성을 잃을 정도로 유기적 상호작용이 강하지 않다면 그 둘은 공생 관계에 있다고 하였다. 즉 박테리아가 죽으면 아메바도 함께 죽는다고 하더라도, 각자의 개체성을 잃을 만큼 이들의 유기적 상호작용이 강하지는 않으므로 '아메바의 세포질에서 서식하는 박테리아'와 '아메바'는 공생 관계에 있음을 알 수 있다. 따라서 '아메바의 세포질에서 서식하는 박테리아'가 '아메바'의 세포 소기관으로 변한 것으로 볼 수 없다.

→ 적절하지 않음!

**② 복어의 '체내에서 서식하는 미생물'은 '복어'와의 유기적 상호작용이 강해진다면 개체성을 잃을 수 있겠군.**

근거 ❶-2 어떤 부분들이 모여 하나의 개체를 이룬다고 할 때 이를 개체라고 부를 수 있는 조건은 무엇일까?, ❶-5 부분들의 강한 유기적 상호작용이 그 조건으로 흔히 제시된다.

풀이 복어의 '체내에서 서식하는 미생물'이 '복어'와 유기적 상호작용이 강해진다면, 복어의 '체내에서 서식하는 미생물'과 '복어'는 서로 다른 각각의 독립적 개체가 아니라 하나의 개체를 이룰 수 있는 조건이 갖춰진다. 즉 복어의 '체내에서 서식하는 미생물'은 개체성을 잃고 '복어'라는 개체를 구성하는 부분이 될 수 있는 것이다.

→ 적절함!

**③ 복어의 세포가 증식할 때 복어의 체내에서 '독소를 생산하는 미생물'의 DNA도 함께 증식하는 것은 아니겠군.**

근거 <보기>-1~3 복어는 … 테트로도톡신을 스스로 만들지 못하고 체내에서 서식하는 미생물이 이를 생산한다. 복어는 독소를 생산하는 미생물에게 서식처를 제공하는 대신 포식자로부터 자신을 방어할 수 있는 무기를 갖게 되었다. 만약 복어의 체내에 있는 미생물을 제거하면 복어는 독소를 가지지 못하나 생존에는 지장이 없었다.

풀이 복어는 독소를 생산하는 미생물에게 서식처를 제공하고 독소를 생산하는 미생물은 복어의 체내에 살면서 복어에게 테트로도톡신을 제공하면서 함께 살아간다. 그리고 복어의 체내에 있는 미생물을 제거하면 복어는 독소를 만들지 못하지만 생존할 수는 있다. 이로 미루어 보아 '복어'와 복어 체내의 '독소를 생산하는 미생물'은 각각의 개체이므로, 복어의 세포가 증식할 때 복어의 체내에서 '독소를 생산하는 미생물'의 DNA도 함께 증식하는 것은 아니다.

→ 적절함!

**④ '아메바의 세포질에서 서식하는 박테리아'가 개체성을 잃었다면 '아메바의 세포질에서 서식하는 박테리아'의 DNA 길이는 짧아졌겠군.**

근거 ❻-3~4 미토콘드리아가 개체성을 잃고 세포 소기관이 되었다고 보는 근거는 … 미토콘드리아의 유전자의 많은 부분이 세포핵의 DNA로 옮겨 가 미토콘드리아의 DNA 길이가 현저히 짧아졌다는 것이다.

풀이 만약 '아메바의 세포질에서 서식하는 박테리아'가 개체성을 잃었다면 '아메바의 세포질에서 서식하는 박테리아'는 유전자의 많은 부분이 아메바의 세포핵의 DNA로 옮겨 가, DNA 길이가 현저히 짧아졌을 것이다.

→ 적절함!

**⑤ '아메바의 세포질에서 서식하는 박테리아'와 '아메바' 사이의 관계와 '복어'와 '독소를 생산하는 미생물' 사이의 관계는 모두 공생 관계이겠군.**

근거 <보기>-1~3 복어는 … 테트로도톡신을 스스로 만들지 못하고 체내에서 서식하는 미생물이 이를 생산한다. 복어는 독소를 생산하는 미생물에게 서식처를 제공하는 대신 포식자로부터 자신을 방어할 수 있는 무기를 갖게 되었다. 만약 복어의 체내에 있는 미생물을 제거하면 복어는 독소를 가지지 못하나 생존에는 지장이 없었다, <보기>-5~6 생존한 아메바의 세포질에서 서식하는 박테리아는 스스로 복제하여 증식할 수 있었고 더 이상 병원성을 지니지는 않았다. 아메바에게는 무해하지만 박테리아에게는 치명적인 항생제를 아메바에게 투여하면 박테리아와 함께 아메바도 죽었다.

풀이 복어는 독소를 생산하는 미생물에게 서식처를 제공하고 독소를 생산하는 미생물은 복어의 체내에 살면서 복어에게 테트로도톡신을 제공한다는 점(서로 다른 생명체가 함께 살아가는 것), 복어의 체내에 있는 미생물을 제거하면 복어는 독소를 만들지 못하지만 생존할 수 있는 점(개체성을 잃지 않음)을 통해 '복어'와 '독소를 생산하는 미생물'은 공생 관계임을 알 수 있다.

'아메바의 세포질에서 서식하는 박테리아'와 '아메바'의 경우에도 박테리아가 아메바의 세포질에 서식하지만(서로 다른 생명체가 함께 살아가는 것), 스스로 복제하여 증식한다는 점(개체성을 잃지 않음)을 통해 이들이 공생 관계임을 알 수 있다. 아메바에게는 무해하지만 박테리아에게는 치명적인 항생제를 아메바에게 투여하면 박테리아와 함께 아메바도 죽는다는 점에서 이들이 공생 관계가 아니라고 오해할 수 있으나, 윗글에서 '두 생명체가 서로 떨어져서 살 수 없더라도 각자의 개체성을 잃을 정도로 유기적 상호작용이 강하지 않다면 그 둘은 공생 관계에 있다'고 하였다. 따라서 '아메바의 세포질에서 서식하는 박테리아'와 '아메바'는 두 생명체가 서로 떨어져 살 수 없지만 각자의 개체성을 잃을 정도로 유기적 상호작용이 강하지 않은 공생 관계에 있음을 알 수 있다.

→ 적절함!

**081** | 문맥적 의미 파악 - 적절하지 않은 것 고르기 2020학년도 6월 모평 42번 정답률 85% | 정답 ④

**문맥상 ⓐ~ⓔ와 바꿔 쓰기에 적절하지 않은 것은?**

ⓐ 이룬다고 ⓑ 있고 ⓒ 가지고 ⓓ 밝혀지면서 ⓔ 만들어진다

Ⅲ 과학

**① ⓐ : 구성(構成)한다고**

**풀이** ⓐ에서 쓰인 '이루다'는 '몇 가지 부분이나 요소들을 모아 일정한 성질이나 모양을 가진 존재가 되게 하다'의 의미를 지닌 말로, '몇 가지 부분이나 요소들을 모아서 일정한 전체를 짜 이루다'의 뜻을 지닌 '구성(構 얽다 구 成 이루다 성)하다'로 바꾸어 써도 문맥상 의미가 달라지지 않는다.

→ 적절함!

**② ⓑ : 존재(存在)하고**

**풀이** ⓑ에서 쓰인 '있다'는 '사람, 동물, 물체 따위가 실제로 존재하는 상태이다'의 의미를 지닌 말로, '실제로 있다'의 뜻을 지닌 '존재(存 있다 존 在 있다 재)하다'로 바꾸어 써도 문맥상 의미가 달라지지 않는다.

→ 적절함!

**③ ⓒ : 보유(保有)하고**

**풀이** ⓒ에서 쓰인 '가지다'는 '자기 것으로 하거나 지니다'의 의미를 지닌 말로, '가지고 있거나 간직하고 있다'의 뜻을 지닌 '보유(保 지키다 보 有 가지다 유)하다'로 바꾸어 써도 문맥상 의미가 달라지지 않는다.

→ 적절함!

**④ ⓓ : 조명(照明)되면서**

**풀이** ⓓ에서 쓰인 '밝혀지다'는 '드러나지 않거나 알려지지 않은 사실, 내용, 생각 따위가 드러나 알려지다'의 의미를 지닌 말이다. 한편 '조명(照 비치다 조 明 밝히다 명)되다'는 '어떤 대상이 일정한 관점으로 바라보이다'의 의미를 지닌 말이다. 문맥상 ⓓ는 '조명되면서'가 아니라, '어떤 사실이 판단되어 분명하게 밝혀지다'의 의미를 지닌 '판명(判 판단하다 판 明 밝히다 명)되면서'로 바꿔 쓰는 것이 더 적절하다.

→ 적절하지 않음!

**⑤ ⓔ : 생성(生成)된다**

**풀이** ⓔ에서 쓰인 '만들어지다'는 '생겨나게 되다'의 의미를 지닌 말로, '사물이 생겨나다'의 뜻을 지닌 '생성(生 나다 생 成 이루다 성)되다'로 바꾸어 써도 문맥상 의미가 달라지지 않는다.

→ 적절함!

**[082~085] 다음 글을 읽고 물음에 답하시오.**

1 [1]건강 상태를 **진단하거나**(診斷-, 병의 상태를 판단하거나) 범죄의 현장에서 **혈흔**(血痕, 피가 묻은 자국)을 조사하기 위해 검사용 **키트**(kit, 기구, 장치)가 널리 이용된다. [2]키트 제작에는 다양한 과학적 원리가 적용되는데, 적은 비용으로 쉽고 빠르고 정확하게 검사할 수 있는 키트를 제작하는 것이 요구된다. [3]이러한 필요에 따라 **항원-항체 반응**(항원과 항체 사이에서 일어나는 특이한 반응)을 **응용하여**(應用-, 이용하여) **시료**(試料, 검사에 쓰는 물질)에 존재하는 성분을 분석하는 다양한 형태의 키트가 개발되고 있다. [4]항원-항체 반응은 **항원**(抗原, 몸 안에 침입하여 항체를 만들게 하는 원인 물질)과 그 항원에만 **특이적으로**(特異的-, 특별히 다르게) 반응하는 **항체**(抗體, 몸 안에 병원체나 독소와 같은 다른 종류의 단백질이 침입할 때 여기에 맞서서 형성되는 단백질)가 결합하는 **면역 반응**(免疫反應, 면역에 관계되는 세포가 항원에 대해 일으키는 반응)을 말한다. [5]항체 **제조**(製造, 만듦) 기술이 발전하면서 **휴대성이 높고**(손에 들거나 몸에 지니고 다니기 쉽고) 분석 시간이 짧은 측면 유동면역분석법(LFIA)을 이용한 다양한 종류의 키트가 개발되고 있다.

→ 검사용 키트의 용도와 측면유동면역분석법(LFIA)을 이용한 키트의 개발

2 [1]LFIA 키트를 이용하면 키트에 나타나는 선을 통해, **액상**(液狀, 액체로 되어 있는 상태)의 시료에서 **검출하고자**(檢出-, 검사하여 가려내려고) 하는 목표 성분의 **유무**(有無, 있음과 없음)를 간편하게 확인할 수 있다. [2]LFIA 키트는 가로로 긴 납작한 막대 모양인데, 시료 패드, 결합 패드, 반응막, 흡수 패드가 순서대로 나란히 **배열된**(配列-, 일정한 차례로 늘어놓아진) 구조로 되어 있다. [3]시료 패드로 흡수된 시료는 결합 패드에서 복합체와 함께 반응막을 지나 **여분**(餘分, 나머지)의 시료가 흡수되는 흡수 패드로 이동한다. [4]결합 패드에 있는 복합체는 **금-나노 입자**(gold-nano particle, 금의 입자 크기가 나노미터인 것으로, 불규칙한 모양으로 되어 있으며 각각의 모양과 크기에 따라 상태와 색깔이 다름) 또는 **형광 비드**(fluorescence bead, 입자 크기가 아주 작은 구슬 모양의 물질을 형광 염색하여 표지 물질로 사용하는 것) 등의 **표지**(標識, 다른 것과 구별되게 하는 표시) 물질에 특정 물질이 붙어 이루어진다. [5]표지 물질은 **발색 반응**(發色反應, 특정 시료에 대하여 색이 변하는 반응)에 의해 색깔을 내는데, 이 표지 물질에 붙어 있는 특정 물질은 키트 방식에 따라 종류가 다르다. [6]일반적으로 한 가지 목표 성분을 검출하는 키트의 반응막에는 항체들이 띠 모양으로 두 가닥 고정되어 있는데, 그중 시료 패드와 가까운 쪽에 있는 가닥이 검사선이고 다른 가닥은 표준선이다. [7]표지 물질이 검사선이나 표준선에 놓이면 발색 반응에 의해 반응선이 나타난다. [8]검사선이 발색되어 나타나는 반응선을 통해서는 목표 성분의 유무를 **판정할**(判定-, 판단하여 결정할) 수 있다. [9]표준선이 발색된 반응선이 나타나면 검사가 **정상적으로**(正常的-, 특별한 문제없이 제대로) 진행되었음을 알 수 있다.

<참고 그림>

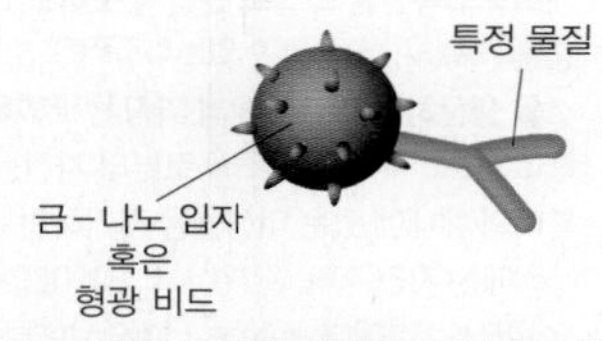


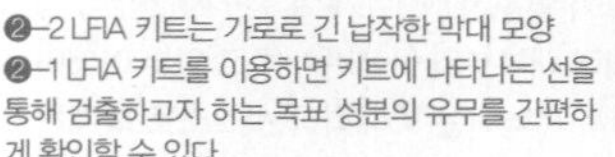

❷-2 LFIA 키트는 가로로 긴 납작한 막대 모양
❷-1 LFIA 키트를 이용하면 키트에 나타나는 선을 통해 검출하고자 하는 목표 성분의 유무를 간편하게 확인할 수 있다.

❷-4 결합 패드에 있는 복합체는 금-나노 입자 또는 형광 비드 등의 표지 물질에 특정 물질이 붙어 이루어진다.

→ LFIA 키트의 구조와 원리

3 [1]LFIA 키트는 주로 ㉠ 직접 방식 또는 ㉡ 경쟁 방식으로 제작되는데, 방식에 따라 검사선의 **발색 여부**(발색이 되었는지, 되지 않았는지)가 의미하는 바가 다르다. [2]직접 방식에서 복합체에 포함된 특정 물질은 목표 성분에 결합할 수 있는 항체이다. [3]시료에 목표 성분이 포함되어 있다면 목표 성분은 이 항체와 **일차적**(一次的, 첫 번째)으로 결합하고, 이후 검사선의 고정된 항체와 결합한다. [4]따라서 검사선이 발색되면 시료에서 목표 성분이 검출되었다고 판정한다. [5]한편 경쟁 방식에서 복합체에 포함된 특정 물질은 목표 성분에 대한 항체가 아니라 목표 성분 자체이다. [6]만약 시료에 목표 성분이 포함되어 있으면 시료의 목표 성분과 복합체의 목표 성분이 서로 검사선의 항체와 결합하려 경쟁한다. [7]이때 시료에 목표 성분이 충분히 많다면 시료의 목표 성분은 복합체의 목표 성분이 검사선의 항체와 결합하는 것을 방해하므로 검사선이 발색되지 않는다. [8]직접 방식은 세균이나 **분자량**(分子量, 분자의 질량)이 큰 단백질 등을 검출할 때 이용하고, 경쟁 방식은 **항생 물질**(抗生物質, 미생물에 의하여 만들어진 물질로서 다른 미생물의 성장이나 생활을 막는 물질)처럼 목표 성분의 크기가 작은 경우에 이용한다.

<참고 그림> 직접 방식과 경쟁 방식의 비교

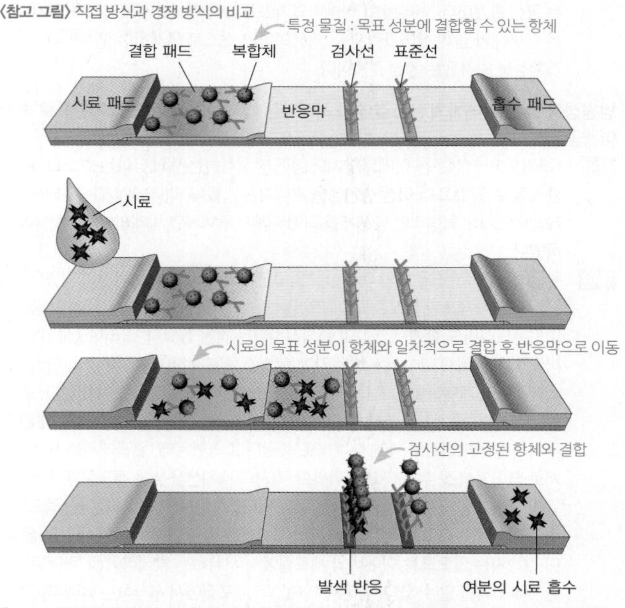


❸-2~4 직접 방식에서 시료에 목표 성분이 포함되어 있다면 목표 성분은 복합체에 포함된 특정 물질인 항체와 일차적으로 결합하고, 이후 검사선의 고정된 항체와 결합한다. 따라서 검사선이 발색되면 시료에서 목표 성분이 검출되었다고 판정한다.

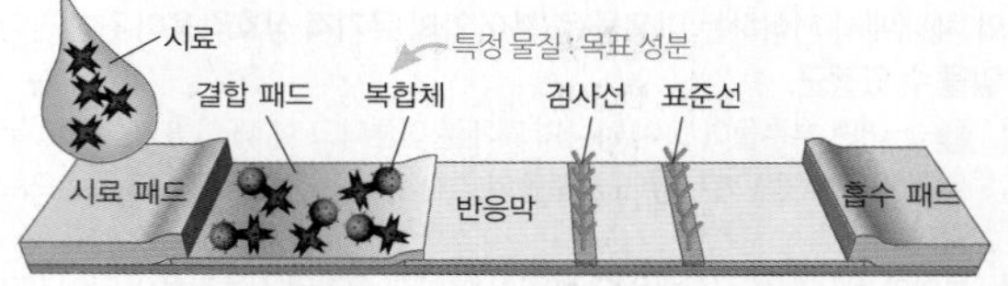

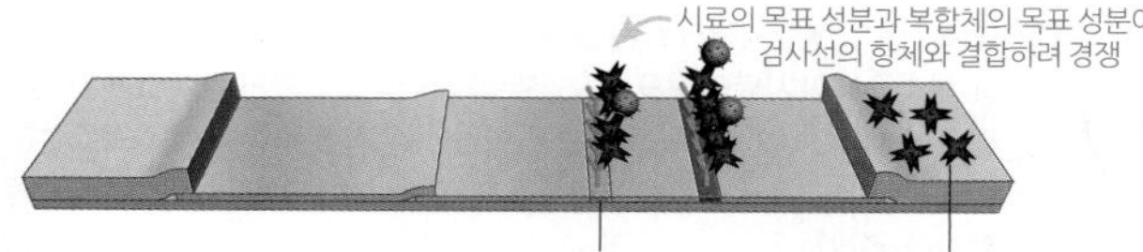
시료의 목표 성분과 복합체의 목표 성분이 검사선의 항체와 결합하려 경쟁
발색 반응 ×
여분의 시료 흡수

❸-5~7 경쟁 방식에서 만약 시료에 목표 성분이 포함되어 있으면 시료의 목표 성분과 복합체에 포함된 특정 물질인 목표 성분이 서로 검사선의 항체와 결합하려 경쟁한다. 이때 시료에 목표 성분이 충분히 많다면 시료의 목표 성분은 복합체의 목표 성분이 검사선의 항체와 결합하는 것을 방해하므로 검사선이 발색되지 않는다.

→ LFIA 키트의 검사 방식 : 직접 방식과 경쟁 방식

4 [1]한편, 검사용 키트는 휴대성과 신속성(迅速性, 매우 빠른 성질) 외에 정확성도 중요하다. [2]키트의 정확성을 측정하기 위해서는 키트를 이용해 여러 번의 검사를 실시하고 그 결과를 분석한다. [3]키트가 시료에 목표 성분이 들어있다고 판정하면 이를 양성(陽 드러내다 양 性 성질 성, 검사 결과 특정 반응이 나타나는 것)이라고 한다. [4]이때 시료에 목표 성분이 실제로 존재하면 진(眞 참 진)양성, 시료에 목표 성분이 없다면 위(僞 거짓 위)양성이라고 한다. [5]반대로 키트가 시료에 목표 성분이 들어 있지 않다고 판정하면 음성(陰 어둡다 음 性 성질 성, 검사 결과 반응을 보이지 않거나 기준 이하의 반응을 나타내는 것)이라고 한다. [6]이 경우 실제로 목표 성분이 없다면 진음성, 목표 성분이 있다면 위음성이라고 한다. [7]현실에서 위양성이나 위음성을 배제할(排除-, 제외할) 수 있는 키트는 없다.

→ LFIA 키트의 검사 결과

5 [1]여러 번의 검사 결과를 통해 키트의 정확도를 구하는데, 정확도란 시료를 분석할 때 올바른 검사 결과를 얻을 확률이다. [2]정확도는 민감도와 특이도로 나뉜다. [3]민감도는 시료에 목표 성분이 존재하는 경우에 대해 키트가 이를 양성으로 판정한 비율이다. [4]특이도는 시료에 목표 성분이 없는 경우에 대해 키트가 이를 음성으로 판정한 비율이다. [5]민감도와 특이도가 모두 높아 정확도가 높은 키트가 가장 이상적(理想的, 생각할 수 있는 범위 안에서 가장 완전하다고 생각되는 것)이지만 현실에서는 그렇지 않은 경우가 많아서 상황에 따라 민감도나 특이도를 고려하여(考慮-, 생각하여) 키트를 선택해야 한다.

→ LFIA 키트의 정확도

■지문 이해

<LFIA 키트>

**❶ 검사용 키트의 용도와 측면유동면역분석법(LFIA)을 이용한 키트의 개발**

- 검사용 키트의 용도 : 건강 상태 진단, 범죄 현장의 혈흔 조사
- 항원-항체 반응을 응용한 다양한 키트 개발 → 항체 제조 기술이 발전하면서 측면유동면역분석법(LFIA)을 이용한 다양한 키트 개발

**❷ LFIA 키트의 구조와 원리**

- 구조 : 시료 패드, 결합 패드, 반응막, 흡수 패드의 순서로 나란히 배열된 납작한 막대 모양
- 원리

| 시료 패드 | 시료 흡수 |
|---|---|
| 결합 패드 | 복합체(표지 물질 + 특정 물질)와 시료가 반응막으로 이동 |
| 반응막 | - 한 가지 목표 성분 검출 키트는 항체들이 띠 모양으로 두 가닥 고정되어 있음<br>- 표지 물질이 반응막의 검사선이나 표준선에 놓이면 반응선이 나타남<br>→ 검사선 발색 : 목표 성분의 유무 판정<br>→ 표준선 발색 : 검사가 정상 진행됨을 의미 |
| 흡수 패드 | 여분의 시료 흡수 |

**❸ LFIA 키트의 검사 방식**

| 직접 방식 | 경쟁 방식 |
|---|---|
| 복합체의 특정 물질은 목표 성분에 결합할 수 있는 항체 | 복합체의 특정 물질은 목표 성분 자체, 시료의 목표 성분과 복합체의 목표 성분이 서로 검사선 항체와 결합하려 경쟁 |
| 검사선이 발색되면 시료에서 목표 성분이 검출되었다고 판정 | 시료에 목표 성분이 충분히 많다면 검사선이 발색되지 않음 |
| 세균이나 분자량이 큰 단백질 검출에 이용 | 항생 물질처럼 목표 성분의 크기가 작은 경우에 이용 |

**❹ LFIA 키트의 검사 결과**

- 양성 : 시료에 목표 성분이 들어 있다고 판정
  → 시료에 목표 성분이 실제로 존재하면 진양성, 없으면 위양성
- 음성 : 시료에 목표 성분이 들어 있지 않다고 판정
  → 시료에 목표 성분이 실제로 없으면 진음성, 있으면 위음성

**❺ LFIA 키트의 정확도**

- 정확도 : 시료 분석 시 올바른 검사 결과를 얻을 확률
  - 민감도 : 시료에 목표 성분이 존재하는 경우, 키트가 이를 양성으로 판정한 비율
  - 특이도 : 시료에 목표 성분이 없는 경우, 키트가 이를 음성으로 판정한 비율

1등급 문제

**082** 세부 정보 이해 - 적절하지 않은 것 고르기 2019학년도 6월 모평 35번
정답률 50%, 매력적 오답 ② 10% ④ 15% ⑤ 20%
정답 ③

**윗글을 읽고 알 수 있는 내용으로 적절하지 않은 것은?**

**① LFIA 키트에서 시료 패드와 흡수 패드는 모두 시료를 흡수하는 역할을 한다.**

근거 ❷-3 시료 패드로 흡수된 시료는 결합 패드에서 복합체와 함께 반응막을 지나 여분의 시료가 흡수되는 흡수 패드로 이동한다.

→ 적절함!

**② LFIA 키트를 통해 검출하려고 하는 목표 성분은 항원-항체 반응의 항원에 해당한다.**

근거 ❶-3~5 항원-항체 반응을 응용하여 시료에 존재하는 성분을 분석하는 다양한 형태의 키트가 개발되고 있다. 항원-항체 반응은 항원과 그 항원에만 특이적으로 반응하는 항체가 결합하는 면역 반응 … 항체 제조 기술이 발전하면서 … 측면유동면역분석법(LFIA)을 이용한 다양한 종류의 키트가 개발되고 있다. ❷-6 일반적으로 한 가지 목표 성분을 검출하는 키트의 반응막에는 항체들이 띠 모양으로 두 가닥 고정되어 있는데

풀이 LFIA 키트는 항원-항체 반응을 응용한 키트 중 하나이다. 일반적으로 한 가지 목표 성분을 검출하는 키트의 반응막에는 항체들이 띠 모양으로 고정되어 있다고 하였다. 따라서 검출하려는 목표 성분은 항원-항체 반응으로 이 항체들과 결합하는 항원에 해당한다.

→ 적절함!

**③ LFIA 키트를 사용할 때 정상적인 키트에서 검사선이 발색되지 않으면 표준선도 발색되지 않는다.** (않아도 / 이 발색될 수 있다)

근거 ❷-8~9 검사선이 발색되어 나타나는 반응선을 통해서는 목표 성분의 유무를 판정할 수 있다. 표준선이 발색된 반응선이 나타나면 검사가 정상적으로 진행되었음을 알 수 있다.

풀이 정상적인 키트에서, 검사가 정상적으로 진행되었다면 검사선의 발색 여부와 상관없이 표준선은 발색된다. 시료에 목표 성분이 들어 있지 않다면 검사선이 발색되지 않지만, 검사는 정상적으로 진행되었기 때문에 표준선이 발색되는 것이다.

→ 적절하지 않음!

**④ LFIA 키트에 표지 물질이 없다면 시료에 목표 성분이 있더라도 이를 시각적으로 확인할 수 없다.**

근거 ❷-5 표지 물질은 발색 반응에 의해 색깔을 내는데, ❷-7~8 표지 물질이 검사선이나 표준선에 놓이면 발색 반응에 의해 반응선이 나타난다. 검사선이 발색되어 나타나는 반응선을 통해서는 목표 성분의 유무를 판정할 수 있다.

풀이 표지 물질은 발색 반응에 의해 색깔을 나타내므로, 키트에 이러한 표지 물질이 없다면 검사선이 발색되지 않아 시료의 목표 성분 유무를 시각적으로 확인할 수 없다.

→ 적절함!

**⑤ LFIA 키트를 이용하여 검사할 때, 시료에 목표 성분이 포함되어 있지 않더라도 검사선이 발색될 수 있다.**

근거 ❸-4 (직접 방식에서) 검사선이 발색되면 시료에서 목표 성분이 검출되었다고 판정한다, ❹-3~4 키트가 시료에 목표 성분이 들어있다고 판정하면 이를 양성이라고 한다. 이때 시료에 목표 성분이 실제로 존재하면 진양성, 시료에 목표 성분이 없다면 위양성이라고 한다.

풀이 LFIA 키트를 이용하여 검사할 때, 시료에 목표 성분이 없을 경우에도 키트가 시료에 목표 성분이 들어있다고 판정하는 경우가 있다. 이를 '위양성'이라고 한다. 따라서 직접 방식으로 제작된 LFIA 키트의 경우, 시료에 목표 성분이 포함되어 있지 않더라도 검사선이 발색되는 '위양성' 판정이 있을 수 있다.

→ 적절함!

Ⅲ 과학

1등급 문제

**083** | 세부 정보 이해 – 적절한 것 고르기 2019학년도 6월 모평 36번 | 정답 ①
정답률 40%, 매력적 오답 ③ 10% ④ 25% ⑤ 10%

**㉠과 ㉡에 대한 이해로 가장 적절한 것은?**

㉠ 직접 방식　㉡ 경쟁 방식

**① ㉠은 ㉡과 달리, 시료에 들어 있는 목표 성분은 검사선에 *도달하기 이전에 항체와 결합을 하겠군.** *到達-, 다다르기

근거 ❷-2 LFIA 키트는 … 시료 패드, 결합 패드, 반응막, 흡수 패드가 순서대로 나란히 배열된 구조, ❷-4 결합 패드에 있는 복합체, ❷-6 반응막에는 항체들이 띠 모양으로 두 가닥 고정되어 있는데, 그중 시료 패드와 가까운 쪽에 있는 가닥이 검사선, ❸-2 직접 방식에서 복합체에 포함된 특정 물질은 목표 성분에 결합할 수 있는 항체, ❸-5~6 경쟁 방식에서 복합체에 포함된 특정 물질은 목표 성분에 대한 항체가 아니라 목표 성분 자체이다. 만약 시료에 목표 성분이 포함되어 있으면 시료의 목표 성분과 복합체의 목표 성분이 서로 검사선의 항체와 결합하려 경쟁한다.

풀이 LFIA 키트는 시료 패드-결합 패드-반응막-흡수 패드가 순서대로 나란히 배열되어 있다. LFIA 키트의 복합체는 결합 패드에 있고, 검사선은 반응막에 있다. ㉠(직접 방식)의 LFIA 키트는 복합체의 특정 물질에 항체가 포함되어 있으므로, 시료의 목표 성분이 검사선에 도달하기 전에 결합 패드에서 항체와 먼저 결합한 뒤, 반응막에 있는 검사선에 고정된 항체와 결합한다. 반면 ㉡(경쟁 방식)의 경우에는 복합체에 항체가 없으며, 시료의 목표 성분과 복합체의 목표 성분이 검사선의 항체와 결합하기 위해 경쟁한다고 하였으므로, 시료의 목표 성분은 검사선에 도달하기 전에 항체와 결합할 수 없다.

→ 적절함!

㉠과 ㉡은 모두

**② ㉠은 ㉡과 달리, 시료에서 목표 성분을 검출했다면 검사선에서 항체와 목표 성분의 결합이 존재하지 않겠군.**
존재하겠군

근거 ❸-3 (직접 방식에서) 시료에 목표 성분이 포함되어 있다면 목표 성분은 이(복합체에 포함된 특정 물질인) 항체와 일차적으로 결합하고, 이후 검사선의 고정된 항체와 결합한다, ❸-6 (경쟁 방식에서) 만약 시료에 목표 성분이 포함되어 있으면 시료의 목표 성분과 복합체의 목표 성분이 서로 검사선의 항체와 결합하려 경쟁한다.

풀이 ㉠(직접 방식)과 ㉡(경쟁 방식) 모두 검사선에서 항체와 시료의 목표 성분이 결합한다.

→ 적절하지 않음!

㉠과 ㉡은 모두

**③ ㉡은 ㉠과 달리, 시료가 표준선에 도달하기 이전에 검사선에 먼저 도달하겠군.**

근거 ❷-6 시료 패드와 가까운 쪽에 있는 가닥이 검사선이고 다른 가닥은 표준선이다.

풀이 시료 패드와 가까운 쪽에 있는 가닥이 검사선이고 먼 쪽에 있는 가닥이 표준선이므로, ㉠(직접 방식)과 ㉡(경쟁 방식) 모두 시료가 표준선에 도달하기 전에 검사선에 먼저 도달한다.

→ 적절하지 않음!

㉠과 ㉡은 모두

**④ ㉡은 ㉠과 달리, 정상적인 검사로 시료에서 목표 성분을 검출했다면 반응막에 아무런 반응선도 나타나지 않았겠군.**
표준선이 발색된 반응선이 나타났겠군

근거 ❷-8~9 검사선이 발색되어 나타나는 반응선을 통해서는 목표 성분의 유무를 판정할 수 있다. 표준선이 발색된 반응선이 나타나면 검사가 정상적으로 진행되었음을 알 수 있다.

풀이 시료에서 목표 성분을 검출하였다면 ㉠(직접 방식)의 검사선은 발색되어 반응선이 나타나고, ㉡(경쟁 방식)의 검사선은 발색되지 않을 것이다. 한편 표준선은 검사가 정상적으로 진행되었는지 여부를 알려 주는 것이므로 정상적인 검사가 이루어졌다면 ㉠(직접 방식)과 ㉡(경쟁 방식) 모두 표준선이 발색된 반응선이 나타날 것이다.

→ 적절하지 않음!

**⑤ ㉠과 ㉡은 모두 시료에 들어 있는 목표 성분이 표지 물질과 항원-항체 반응으로 결합하겠군.**

근거 ❷-4~5 결합 패드에 있는 복합체는 금-나노 입자 또는 형광 비드 등의 표지 물질에 특정 물질이 붙어 이루어진다. 표지 물질은 발색 반응에 의해 색깔을 내는데, 이 표지 물질에 붙어 있는 특정 물질은 키트 방식에 따라 종류가 다르다, ❸-2~3 직접 방식에서 복합체에 포함된 특정 물질은 목표 성분에 결합할 수 있는 항체이다. 시료에 목표 성분이 포함되어 있다면 목표 성분은 이 항체와 일차적으로 결합하고, 이후 검사선의 고정된 항체와 결합한다, ❸-5~6 경쟁 방식에서 복합체에 포함된 특정 물질은 목표 성분에 대한 항체가 아니라 목표 성분 자체이다. 만약 시료에 목표 성분이 포함되어 있으면 시료의 목표 성분과 복합체의 목표 성분이 서로 검사선의 항체와 결합하려 경쟁한다.

풀이 LFIA 키트의 복합체에서 표지 물질은 특정 물질과 결합되어 있으며, 발색 반응에 의해 색깔을 내어 시료의 목표 성분 유무를 시각적으로 확인할 수 있게 해 주는 역할을 한다. ㉠(직접 방식)에서 목표 성분은 특정 물질과 항원-항체 반응으로 결합하고, ㉡(경쟁 방식)에서 목표 성분은 복합체가 아닌 검사선의 항체와 항원-항체 반응으로 결합한다. 따라서 ㉠(직접 방식)과 ㉡(경쟁 방식)은 모두 시료에 들어있는 목표 성분이 표지 물질과 결합하지 않는다.

→ 적절하지 않음!

1등급 문제

**084** | 추론의 적절성 판단 – 적절한 것 고르기 2019학년도 6월 모평 37번 | 정답 ④
정답률 45%, 매력적 오답 ① 25% ② 10% ③ 10%

**윗글을 참고할 때, 〈보기〉의 A와 B에 들어갈 말을 올바르게 짝지은 것은?**

| 보기 |
검사용 키트를 가지고 여러 번의 검사를 실시하여 키트의 정확성을 측정하였을 때, 검사 결과 (　A　)인 경우가 적을수록 민감도는 높고, (　B　)인 경우가 많을수록 특이도는 높다.

근거 ❹-3~6 키트가 시료에 목표 성분이 들어있다고 판정하면 이를 양성이라고 한다. 이때 시료에 목표 성분이 실제로 존재하면 진양성, 시료에 목표 성분이 없다면 위양성이라고 한다. 반대로 키트가 시료에 목표 성분이 들어 있지 않다고 판정하면 음성이라고 한다. 이 경우 실제로 목표 성분이 없다면 진음성, 목표 성분이 있다면 위음성이라고 한다, ❺-3~4 민감도는 시료에 목표 성분이 존재하는 경우에 대해 키트가 이를 양성으로 판정한 비율이다. 특이도는 시료에 목표 성분이 없는 경우에 대해 키트가 이를 음성으로 판정한 비율이다.

풀이 민감도는 시료에 목표 성분이 존재하는 경우 키트가 이를 양성으로 판정한 비율을 뜻한다. 따라서 목표 성분이 존재하는데도 음성으로(들어 있지 않다고) 판정하는 '위음성'인 경우가 적을수록 민감도가 높다. 한편 특이도는 시료에 목표 성분이 없는 경우 키트가 이를 음성으로 판정한 비율을 뜻한다. 따라서 목표 성분이 들어 있지 않다고(없다고) 판정하는 음성 중에서도 실제로 목표 성분이 없는 '진음성'인 경우가 많을수록 특이도가 높다. 따라서 정답은 ④번이다.

| | A | B | |
|---|---|---|---|
| ① | 진양성 | 진음성 | |
| ② | 진양성 | 위음성 | |
| ③ | 위양성 | 위음성 | |
| ④ | 위음성 | 진음성 | → 적절함! |
| ⑤ | 위음성 | 위양성 | |

1등급 문제

**085** | 구체적인 사례에 적용 – 적절하지 않은 것 고르기 2019학년도 6월 모평 38번 | 정답 ②
정답률 35%, 매력적 오답 ③ 15% ④ 20% ⑤ 20%

**윗글을 바탕으로 〈보기〉를 이해한 반응으로 적절하지 않은 것은?** [3점]

| 보기 |
직접 방식 이용
[1]살모넬라균은 집단 식중독을 일으키는 대표적인 병원성 세균이다. [2]기존의(旣存-, 이미 있는) 살모넬라균 분석법은 정확도는 높으나 3~5 일의 시간이 소요되어(所要-, 걸려서) 질병 발생 시 신속한 진단 및 예방에 어려움이 있었다. [3]살모넬라균은 감염 속도가 빠르므로 다량(多量, 많은 분량)의 시료 중 오염이 의심되는 시료부터 신속하게 골라낸 후에 이(골라낸) 시료만을 대상으로 더 정확한 방법으로 분석하여 오염 여부를 확정 짓는 것이 효과적이다. [4]최근에 기존 방법보다 정확도는 낮으나 저렴한(低廉-, 값이 싼) 비용(費用, 돈)으로 살모넬라균만을 신속하게 검출할 수 있는 ⓐ LFIA 방식의 새로운 키트가 개발되었다고 한다.
목표 성분 = 항원 = 살모넬라균

**① ⓐ를 개발하기 전에 살모넬라균과 결합하는 항체를 제조하는 기술이 개발되었겠군.**

근거 ❶-5 항체 제조 기술이 발전하면서 휴대성이 높고 분석 시간이 짧은 측면유동면역분석법(LFIA)을 이용한 다양한 종류의 키트가 개발되고 있다.

풀이 항체 제조 기술이 개발되어 발전하면서 LFIA를 이용한 다양한 종류의 키트가 개발되고 있다고 하였으므로, ⓐ를 개발하기 전에 살모넬라균과 결합하는 항체를 제조하

는 기술이 먼저 개발되었을 것이다. 또한 살모넬라균과 결합하는 항체를 제조하는 기술이 먼저 개발되어야 항원-항체 반응을 응용한 ⓐ를 통해 살모넬라균을 검출할 수 있다.

→ 적절함!

**② ⓐ의 결합 패드에는 표지 물질에 살모넬라균이 붙어 있는 복합체가 들어 있겠군.** (항체가)

근거 〈보기〉-1 살모넬라균은 … 병원성 세균, ❸-8 직접 방식은 세균이나 분자량이 큰 단백질 등을 검출할 때 이용, ❸-2 직접 방식에서 복합체에 포함된 특정 물질은 목표 성분에 결합할 수 있는 항체이다.

풀이 ⓐ는 살모넬라균을 검출하는 키트이므로, 살모넬라균은 목표 성분에 해당한다. 살모넬라균은 병원성 '세균'이므로, 직접 방식을 이용한다. 직접 방식에서 복합체에 포함된 특정 물질은 '항체'이다. 따라서 ⓐ의 결합 패드에는 표지 물질에 항체가 붙어 있는 복합체가 들어 있을 것이다.

→ 적절하지 않음!

**③ ⓐ를 이용하여 음식물의 살모넬라균 오염 여부를 검사하려면 시료를 액체 상태로 만들어야겠군.**

근거 ❷-1 LFIA 키트를 이용하면 … 액상의 시료에서 검출하고자 하는 목표 성분의 유무를 간편하게 확인할 수 있다.

풀이 LFIA 키트는 액상의 시료에서 검출하려는 목표 성분 유무를 확인하는 것이므로, ⓐ를 이용하여 음식물의 살모넬라균 오염 여부를 검사하려면 시료를 액체 상태로 만들어야 한다.

→ 적절함!

**④ ⓐ를 이용하여 현장에서 살모넬라균 오염 의심 시료를 선별하기 위해서는 특이도보다 민감도가 높은 것이 더 효과적이겠군.**

근거 ❺-3~4 민감도는 시료에 목표 성분이 존재하는 경우에 대해 키트가 이를 양성으로 판정한 비율이다. 특이도는 시료에 목표 성분이 없는 경우에 대해 키트가 이를 음성으로 판정한 비율이다.

풀이 살모넬라균 오염 의심 시료, 즉 살모넬라균이 들어 있는 시료를 선별하기 위해서는 시료에 목표 성분인 살모넬라균이 들어 있는 경우 이를 양성으로 판정하는 민감도가 높은 것이 더 효과적이다.

→ 적절함!

**⑤ ⓐ를 이용하여 살모넬라균이 검출되었다고 키트가 판정한 경우에도 기존의 분석법으로는 균이 검출되지 않을 수 있겠군.**

근거 〈보기〉-4 기존 방법보다 정확도는 낮으나 저렴한 비용으로 살모넬라균만을 신속하게 검출할 수 있는 LFIA 방식의 새로운 키트, ❹-3~4 키트가 시료에 목표 성분이 들어있다고 판정하면 이를 양성이라고 한다. 이때 시료에 목표 성분이 실제로 존재하면 진양성, 시료에 목표 성분이 없다면 위양성이라고 한다.

풀이 〈보기〉에서 ⓐ는 기존의 방법보다 정확도가 낮다고 하였다. ⓐ를 이용하여 살모넬라균이 검출되었다고 키트가 판정한 경우 이를 양성이라고 하는데, 여기에는 시료에 실제로는 목표 성분이 없는데도 있다고 판정한 '위양성'도 있을 수 있다. ⓐ의 판정이 위양성일 경우, 더 정확한 기존의 분석법으로는 균이 검출되지 않을 수 있다.

→ 적절함!

**[086~089] 다음 글을 읽고 물음에 답하시오.**

1 [1]탄수화물은 사람을 비롯한 동물이 생존하는(生存-, 살아가는) 데 필수적인 에너지원이다. [2]탄수화물은 섬유소와 비섬유소로 구분된다. [3]사람은 체내(體內, 몸의 안)에서 합성한(合成-, 만든) 효소(酵素, 몸 안에서 이루어지는 화학 반응이 빠르게 일어나도록 돕는 물질)를 이용하여 곡류의 녹말과 같은 비섬유소를 포도당으로 분해하고 이(포도당)를 소장에서 흡수하여 에너지원으로 이용한다. [4]반면, 사람은 풀이나 채소의 주성분인 셀룰로스와 같은 섬유소를 포도당으로 분해하는 효소를 합성하지 못하므로, 섬유소를 소장에서 이용하지 못한다. [5]㉠ 소, 양, 사슴과 같은 반추(反芻, 되새김질) 동물도 섬유소를 분해하는 효소를 합성하지 못하는 것은 마찬가지이지만, 비섬유소와 섬유소를 모두 에너지원으로 이용하며 살아간다.

〈참고 그림〉

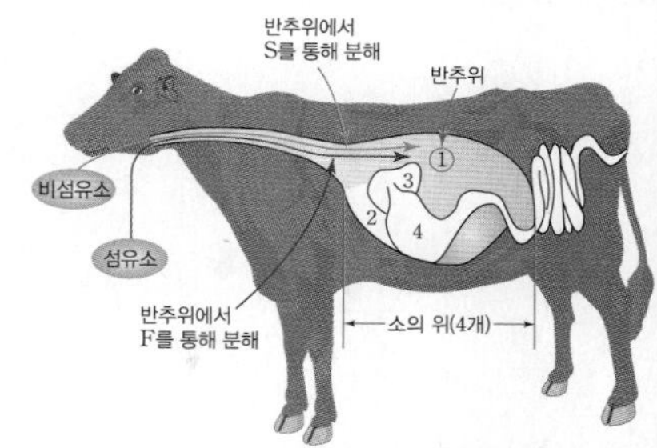


→ 탄수화물 분해에 관한 사람과 반추 동물의 특성

2 [1]위(胃)가 넷으로 나누어진 반추 동물의 첫째 위인 반추위에는 여러 종류의 미생물(微生物, 사람의 눈으로는 볼 수 없는 아주 작은 생물)이 서식하고(棲息-, 머물러 살고) 있다. [2]반추 동물의 반추위에는 산소가 없는데, 이 환경(산소가 없는 곳)에서 왕성하게(旺盛-, 활발하게) 생장하는(生長-, 생기고 자라는) 반추위 미생물들은 다양한 생리적 특성(생명을 유지하는 기능이나 현상)을 가지고 있다. [3]그중 ⓐ 피브로박터 숙시노젠(F)은 섬유소를 분해하는 대표적인 미생물이다. [4]식물체에서 셀룰로스는 그것을 둘러싼 다른 물질과 복잡하게 얽혀 있는데, F가 가진 효소 복합체는 이 구조를 끊어 셀룰로스를 노출시킨 후 이를 포도당으로 분해한다. [5]F는 이 포도당을 자신의 세포 내에서 대사 과정을 거쳐 에너지원으로 이용하여 생존을 유지하고 개체 수를 늘림으로써 생장한다. [6]이런 대사 과정에서 아세트산, 숙신산 등이 대사산물(代謝産物, 대사 과정에서 생긴 것)로 발생하고 이를 자신의 세포 외부로 배출한다.(排出-, 안에서 밖으로 밀어 보낸다.) [7]반추위에서 미생물들이 생성한 아세트산은 반추 동물의 세포로 직접 흡수되어 생존에 필요한 에너지를 생성하는 데 주로 이용되고 체지방을 합성하는 데에도 쓰인다. [8]한편 반추위에서 숙신산은 프로피온산을 대사산물로 생성하는 다른 미생물의 에너지원으로 빠르게 소진된다.(消盡-, 점점 줄어들어 다 없어진다.) [9]이 과정에서 생성된 프로피온산은 반추 동물이 간(肝)에서 포도당을 합성하는 대사 과정에서 주요 재료로 이용된다.

〈참고 그림〉 피브로박터 숙시노젠(F)의 섬유소(셀룰로스) 분해 과정

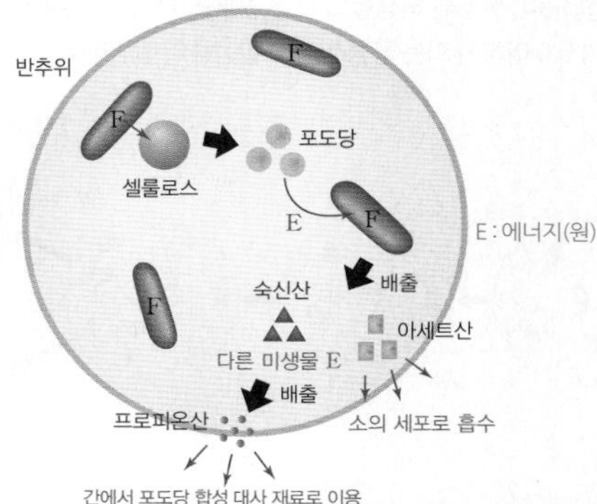


→ 피브로박터 숙시노젠(F)의 대사 과정

3 [1]반추위에는 비섬유소인 녹말을 분해하는 ⓑ 스트렙토코쿠스 보비스(S)도 서식한다. [2]이 미생물(스트렙토코쿠스 보비스)은 반추 동물이 섭취한 녹말을 포도당으로 분해하고, 이 포도당을 자신의 세포 내에서 대사 과정을 통해 자신에게 필요한 에너지원으로 이용한다. [3]이때 S는 자신의 세포 내의 산성도(酸性度, 산성의 세기를 나타내는 정도)에 따라 세포 외부로 배출하는 대사산물이 달라진다. [4]산성도를 알려 주는 수소 이온 농도 지수(pH)가 7.0 정도로 중성이고 생장 속도가 느린 경우에는 아세트산, 에탄올 등이 대사산물로 배출된다. [5]반면 산성도가 높아져 pH가 6.0 이하로 떨어지거나 녹말의 양이 충분하여 생장 속도가 빠를 때는 젖산이 대사산물로 배출된다. [6]반추위에서 젖산은 반추 동물의 세포로 직접 흡수되어 반추 동물에게 필요한 에너지를 생성하는 데 이용되거나 아세트산 또는 프로피온산을 대사산물로 배출하는 다른 미생물의 에너지원으로 이용된다.

〈참고 그림〉 스트렙토코쿠스 보비스(S)의 비섬유소(녹말) 분해 과정

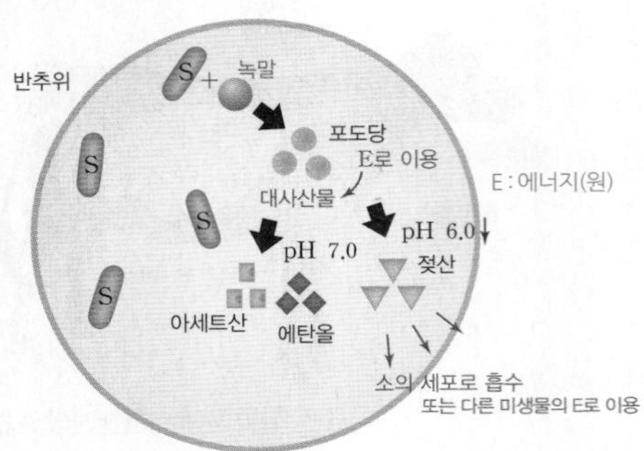


→ 스트렙토코쿠스 보비스(S)의 대사 과정

4 [1]그런데 S의 과도한 생장(지나치게 자라나는 것)이 반추 동물에게 악영향(惡影響, 좋지 않은 영향)을 끼치는 경우가 있다. [2]반추 동물이 짧은 시간에 과도한 양의 비섬유소를 섭취하면 S의 개체 수가 급격히 늘고 과도한 양의 젖산이 배출되어 반추위의 산성도가 높아진다. [3]이에 따라 산성의 환경에서 왕성히 생장하며 항상 젖산을 대사산물로 배출하는 © 락토바실러스 루미니스(L)와 같은 젖산 생성 미생물들의 생장이 증가하며 다량의 젖산을 배출하기 시작한다. [4]F를 비롯한 섬유소 분해 미생물들은 자신의 세포 내부의 pH를 중성으로 일정하게 유지하려는 특성이 있는데, 젖산 농도의 증가로 자신의 세포 외부의 pH가 낮아지면(산성도가 높아지면) 자신의 세포 내의 항상성(恒常性, 늘 같은 상태를 유지하려는 성질)을 유지하기 위해 에너지를 사용하므로 생장이 감소한다. [5]만일 자신의 세포 외부의 pH가 5.8 이하로 떨어지면 에너지가 소진되어 생장을 멈추고 사멸하는(死滅-, 죽어 없어지는) 단계로 접어든다. [6]이와 달리 S와 L은 상대적으로 산성에 견디는 정도가 강해 자신의 세포 외부의 pH가 5.5 정도까지 떨어지더라도 이에 맞춰 자신의 세포 내부의 pH를 낮출 수 있어 자신의 에너지를 세포 내부의 pH를 유지하는 데 거의 사용하지 않고 생장을 지속하는 데 사용한다. [7]그러나 S도 자신의 세포 외부의 pH가 그 이하로 더 떨어지면(산성도가 더 높아지면) 생장을 멈추고 사멸하는 단계로 접어들고, 산성에 더 강한 L을 비롯한 젖산 생성 미생물들이 반추위 미생물의 많은 부분을 차지하게 된다. [8]그렇게 되면 반추위의 pH가 5.0 이하가 되는 급성 반추위 산성증이 발병한다.

〈참고 그림〉

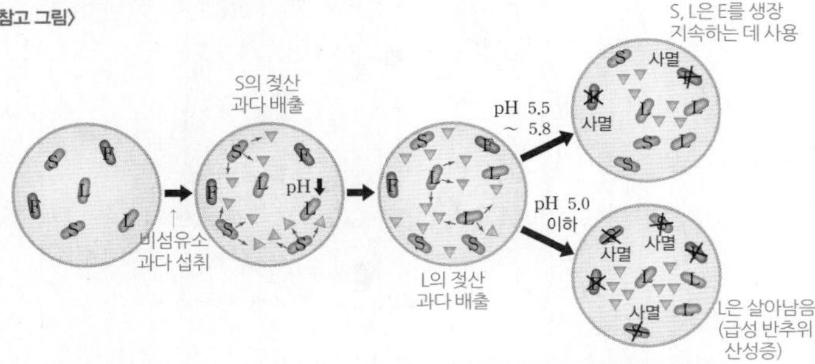


→ 급성 반추위 산성증 발병 과정

■지문 이해

〈반추 동물의 탄수화물 분해 과정〉

**❶ 탄수화물 분해에 관한 사람과 반추 동물의 특성**

• 탄수화물 : ① 동물 생존에 필수적인 에너지원, ② 섬유소와 비섬유소로 구분됨

| 사람 | 반추 동물 |
|---|---|
| • 체내에서 합성한 효소를 이용하여 비섬유소를 포도당으로 분해 → 소장에서 흡수하여 에너지원으로 사용<br>• 섬유소 분해 효소 합성 X | • 섬유소 분해 효소 합성 X<br>• 비섬유소와 섬유소를 모두 에너지원으로 사용 |

**반추 동물의 탄수화물 분해 과정**

| ❷ 피브로박터 숙시노젠(F)의 대사 과정 | ❸ 스트렙토코쿠스 보비스(S)의 대사 과정 |
|---|---|
| • 섬유소(셀룰로스)를 분해하는 미생물<br>• 대사 과정<br>① F가 가진 효소 복합체가 다른 물질과 얽혀 있는 셀룰로스의 구조를 끊어 셀룰로스를 노출시킴<br>② 셀룰로스를 포도당으로 분해함<br>③ 포도당이 세포 내에서 대사 과정을 거침 → F가 에너지원으로 이용<br>• 대사산물 : 아세트산, 숙신산 등<br>- 아세트산 : 반추 동물 세포로 직접 흡수, 생존에 필요한 에너지 생성, 체지방 합성<br>- 숙신산 : 프로피온산(간에서 포도당을 합성하는 주요 재료)을 대사산물로 생성하는 다른 미생물의 에너지원으로 빠르게 소진 | • 비섬유소(녹말)를 분해하는 미생물<br>• 대사 과정<br>① 녹말을 포도당으로 분해<br>② 포도당이 세포 내에서 대사 과정을 거침 → S가 에너지원으로 이용<br>• 대사산물 : 아세트산, 에탄올, 젖산 등<br>- 아세트산, 에탄올 : 세포 내 산성도가 중성, 생장 속도 느린 경우<br>- 젖산 : 세포 내 산성도가 산성, 생장 속도 빠른 경우 → 반추 동물의 세포로 직접 흡수, 에너지 생성이나 아세트산 또는 프로피온산을 대사산물로 배출하는 다른 미생물의 에너지원으로 이용 |

**❹ 급성 반추위 산성증 발병 과정**

① 과도한 양의 비섬유소를 섭취하여 S가 과도하게 생장
② 과도한 양의 젖산이 배출되어 반추위의 산성도↑
③ 락토바실러스 루미니스(L)가 왕성히 생장하여 다량의 젖산 배출
④ F와 같은 섬유소 분해 미생물의 생장 감소, 사멸(pH 5.8 이하)
⑤ S가 생장을 멈추고 사멸(pH 5.5 이하)
⑥ L을 비롯한 젖산 생성 미생물들이 많은 부분을 차지하게 됨
⑦ 반추위의 pH가 5.0 이하가 되는 급성 반추위 산성증 발병

**086** 세부 정보 이해 - 적절한 것 고르기 2017학년도 수능 33번 정답률 75% | 정답 ⑤

### 윗글을 읽고 알 수 있는 내용으로 가장 적절한 것은?

**① 섬유소는 사람의 소장에서 포도당의 공급원으로 사용된다.** (사용되지 않는다)

근거 ❶-4 사람은 풀이나 채소의 주성분인 셀룰로스와 같은 섬유소를 포도당으로 분해하는 효소를 합성하지 못하므로, 섬유소를 소장에서 이용하지 못한다.

풀이 사람은 섬유소를 포도당으로 분해하는 효소를 합성하지 못하므로, 소장에서 이용하지 못한다. 따라서 섬유소는 소장에서 포도당의 공급원으로 사용될 수 없다.

→ 적절하지 않음!

**② 반추 동물의 세포에서 합성한 효소는 셀룰로스를 분해한다.** (피브로박터 숙시노젠(F)이 가진 효소 복합체)

근거 ❶-4~5 사람은 … 셀룰로스와 같은 섬유소를 포도당으로 분해하는 효소를 합성하지 못하므로, 섬유소를 소장에서 이용하지 못한다. 소, 양, 사슴과 같은 반추 동물도 섬유소를 분해하는 효소를 합성하지 못하는 것은 마찬가지, ❷-3~4 피브로박터 숙시노젠(F)은 섬유소를 분해하는 대표적인 미생물 … F가 가진 효소 복합체는 이 구조를 끊어 셀룰로스를 노출시킨 후 이를 포도당으로 분해

풀이 사람과 마찬가지로 반추 동물도 셀룰로스와 같은 섬유소를 분해하는 효소를 합성하지 못한다. 반추 동물의 세포에서 합성한 효소가 아니라, 반추위의 첫째 위에서 서식하는 미생물 중 하나인 피브로박터 숙시노젠(F)이 가진 효소 복합체가 셀룰로스를 분해한다.

→ 적절하지 않음!

**③ 반추위 미생물은 산소가 없는 환경에서 생장을 멈추고 사멸한다.** (왕성하게 생장한다)

근거 ❷-2 반추 동물의 반추위에는 산소가 없는데, 이 환경에서 왕성하게 생장하는 반추위 미생물들은 다양한 생리적 특성을 가지고 있다.

→ 적절하지 않음!

**④ 반추 동물의 과도한 섬유소 섭취는 급성 반추위 산성증을 유발한다.** (비섬유소)

근거 ❹-2 반추 동물이 짧은 시간에 과도한 양의 비섬유소를 섭취하면 S의 개체 수가 급격히 늘고 과도한 양의 젖산이 배출되어 반추위의 산성도가 높아진다, ❹-8 반추위의 pH가 5.0 이하가 되는 급성 반추위 산성증이 발병한다.

문제편 p.212

**풀이** 급성 반추위 산성증을 유발하는 것은 섬유소가 아니라 비섬유소의 과도한 섭취이다.

→ 적절하지 않음!

**⑥ 피브로박터 숙시노젠(F)은 자신의 세포 내에서 포도당을 에너지원으로 이용하여 생장한다.**

**근거** ❷-5 F는 이 포도당을 자신의 세포 내에서 대사 과정을 거쳐 에너지원으로 이용하여 생존을 유지하고 개체 수를 늘림으로써 생장한다.

→ 적절함!

1등급 문제

**087** 반응의 적절성 판단 - 적절하지 않은 것 고르기 2017학년도 수능 34번
정답률 60%, 매력적 오답 ② 15% ③ 10%
정답 ④

**윗글로 볼 때, ⓐ~ⓒ에 대한 이해로 적절하지 않은 것은?**

ⓐ 피브로박터 숙시노젠(F) ⓑ 스트렙토코쿠스 보비스(S)
ⓒ 락토바실러스 루미니스(L)

**① ⓐ와 ⓑ는 모두 급성 반추위 산성증에 걸린 반추 동물의 반추위에서는 생장하지 못하겠군.** (pH 5.0 이하)

**근거** ⓐ : ❹-5 (F는) 세포 외부의 pH가 5.8 이하로 떨어지면 에너지가 소진되어 생장을 멈추고 사멸하는 단계로 접어든다.
ⓑ : ❹-7~8 그러나 S도 자신의 세포 외부의 pH가 그(5.5) 이하로 더 떨어지면 생장을 멈추고 사멸하는 단계로 접어들고, 산성에 더 강한 L을 비롯한 젖산 생성 미생물들이 반추위 미생물의 많은 부분을 차지하게 된다. 그렇게 되면 반추위의 pH가 5.0 이하가 되는 급성 반추위 산성증이 발병한다.

**풀이** 급성 반추위 산성증은 반추위의 pH가 5.0 이하일 때 발병한다. 이때 ⓐ(F)와 ⓑ(S)는 생장을 멈추고 사멸한다.

→ 적절함!

**② ⓐ와 ⓑ는 모두 반추위에서 반추 동물의 체지방을 합성하는 물질을 생성할 수 있겠군.** (아세트산)

**근거** ⓐ : ❷-6~7 이런(F와 관련된) 대사 과정에서 아세트산, 숙신산 등이 대사산물로 발생하고 이를 자신의 세포 외부로 배출한다. 반추위에서 미생물들이 생성한 아세트산은 반추 동물의 세포로 직접 흡수되어 생존에 필요한 에너지를 생성하는 데 주로 이용되고 체지방을 합성하는 데에도 쓰인다.
ⓑ : ❸-3~4 (S는) 산성도를 알려 주는 수소 이온 농도 지수(pH)가 7.0 정도로 중성이고 생장 속도가 느린 경우에는 아세트산, 에탄올 등이 대사산물로 배출된다.

**풀이** ⓐ(F)와 ⓑ(S) 모두 체지방을 합성하는 데 사용되는 대사산물인 아세트산을 배출한다.

→ 적절함!

**③ 반추위의 pH가 6.0일 때, ⓐ는 ⓒ보다 자신의 세포 내의 산성도를 유지하는 데 더 많은 에너지를 쓰겠군.**

**근거** ⓐ : ❹-4 F를 비롯한 섬유소 분해 미생물들은 자신의 세포 내부의 pH를 중성으로 일정하게 유지하려는 특성이 있는데, 젖산 농도의 증가로 자신의 세포 외부의 pH가 낮아지면 자신의 세포 내의 항상성을 유지하기 위해 에너지를 사용하므로 생장이 감소한다.
ⓒ : ❹-6 이와 달리 S와 L은 상대적으로 산성에 견디는 정도가 강해 자신의 세포 외부의 pH가 5.5 정도까지 떨어지더라도 이에 맞춰 자신의 세포 내부의 pH를 낮출 수 있어 자신의 에너지를 세포 내부의 pH를 유지하는 데 거의 사용하지 않고 생장을 지속하는 데 사용한다.

**풀이** pH가 6.0이라면 중성(pH 7.0) 이하로 떨어져 산성도가 높아진 상태이므로, ⓐ(F)는 항상성 유지를 위해 에너지 사용이 많아져 생장이 감소하게 된다. 이와 달리 ⓒ(L)는 에너지를 세포 내부의 pH 유지에 거의 사용하지 않고 생장을 지속하는 데 사용한다. 따라서 pH가 6.0일 때 ⓐ가 ⓒ보다 세포 내 산성도 유지를 위해 더 많은 에너지를 쓴다고 볼 수 있다.

→ 적절함!

**④ ⓑ와 ⓒ는 모두 반추위의 산성도에 따라 다양한 종류의 대사산물을 배출하겠군.**

**근거** ⓑ : ❸-3~5 S는 자신의 세포 내의 산성도에 따라 세포 외부로 배출하는 대사산물이 달라진다. 산성도를 알려 주는 수소 이온 농도 지수(pH)가 7.0 정도로 중성이고 생장 속도가 느린 경우에는 아세트산, 에탄올 등이 대사산물로 배출된다. 반면 산성도가 높아져 pH가 6.0 이하로 떨어지거나 녹말의 양이 충분하여 생장 속도가 빠를 때는 젖산이 대사산물로 배출된다.
ⓒ : ❹-3 항상 젖산을 대사산물로 배출하는 락토바실러스 루미니스(L)

**풀이** ⓑ(S)는 중성인 경우와 산성인 경우에 따라 각각 다른 대사산물을 배출한다. 하지만 ⓒ(L)는 항상 젖산을 대사산물로 배출한다.

→ 적절하지 않음!

**⑤ 반추위에서 녹말의 양과 ⓑ의 생장이 증가할수록, ⓐ의 생장은 감소하고 ⓒ의 생장은 증가하겠군.**

**근거** 녹말의 양과 ⓑ의 생장이 증가할 경우 : ❶-3 곡류의 녹말과 같은 비섬유소, ❹-2 반추 동물이 짧은 시간에 과도한 양의 비섬유소를 섭취하면 S의 개체 수가 급격히 늘고 과도한 양의 젖산이 배출되어 반추위의 산성도가 높아진다.
ⓐ : ❹-4 F를 비롯한 섬유소 분해 미생물들은 … 젖산 농도의 증가로 자신의 세포 외부의 pH가 낮아지면 자신의 세포 내의 항상성을 유지하기 위해 에너지를 사용하므로 생장이 감소한다.
ⓒ : ❹-3 산성의 환경에서 왕성히 생장하며 항상 젖산을 대사산물로 배출하는 락토바실러스 루미니스(L)와 같은 젖산 생성 미생물들의 생장이 증가하며 다량의 젖산을 배출하기 시작한다.

**풀이** 비섬유소인 녹말의 양과 ⓑ(S)의 생장이 증가할수록 반추위의 산성도는 높아지므로, ⓐ(F)의 생장은 감소하고 ⓒ(L)의 생장은 증가한다.

→ 적절함!

1등급 문제

**088** 추론의 적절성 판단 - 적절한 것 고르기 2017학년도 수능 35번
정답률 40%, 매력적 오답 ② 10% ④ 35% ⑤ 10%
정답 ①

**윗글을 바탕으로 ㉠이 가능한 이유를 진술한다고 할 때, 〈보기〉의 ㉮, ㉯에 들어갈 말로 가장 적절한 것은?** 3점

㉠ 소, 양, 사슴과 같은 반추 동물도 섬유소를 분해하는 효소를 합성하지 못하는 것은 마찬가지이지만, 비섬유소와 섬유소를 모두 에너지원으로 이용하며 살아간다.

| 보 기 |
반추 동물이 섭취한 섬유소와 비섬유소는 반추위에서 ( ㉮ ), 이를 이용하여 생장하는 ( ㉯ )은 반추 동물의 에너지원으로 이용되기 때문이다.

**근거** ㉮ : ❷-3~5 피브로박터 숙시노젠(F)은 섬유소를 분해하는 대표적인 미생물이다. … 이를 포도당으로 분해한다. F는 이 포도당을 자신의 세포 내에서 대사 과정을 거쳐 에너지원으로 이용하여 생존을 유지하고 개체 수를 늘림으로써 생장한다, ❸-1~2 반추위에는 비섬유소인 녹말을 분해하는 스트렙토코쿠스 보비스(S)도 서식한다. 이 미생물은 반추 동물이 섭취한 녹말을 포도당으로 분해하고, 이 포도당을 자신의 세포 내에서 대사 과정을 통해 자신에게 필요한 에너지원으로 이용
㉯ : ❷-6~7 (피브로박터 숙시노젠(F)의) 대사 과정에서 아세트산, 숙신산 등이 대사산물로 발생하고 이를 자신의 세포 외부로 배출한다. 반추위에서 미생물들이 생성한 아세트산은 반추 동물의 세포로 직접 흡수되어 생존에 필요한 에너지를 생성하는 데 주로 이용되고, ❸-5~6 (S 세포 내의) 산성도가 높아져 pH가 6.0 이하로 떨어지거나 녹말의 양이 충분하여 생장 속도가 빠를 때는 젖산이 대사산물로 배출된다. 반추위에서 젖산은 반추 동물의 세포로 직접 흡수되어 반추 동물에게 필요한 에너지를 생성하는 데 이용되거나

**풀이** 반추위 미생물인 F는 섬유소를 포도당으로 분해하여 이를 자신에게 필요한 에너지원으로 이용한다고 하였다. S도 비섬유소인 녹말을 포도당으로 분해하여 자신에게 필요한 에너지원으로 이용한다고 하였다. 따라서 ㉮에는 섬유소와 비섬유소가 반추위 미생물의 에너지원이 된다는 설명이 적절하다. 한편 F는 섬유소를 포도당으로 분해하고, S는 비섬유소인 녹말을 포도당으로 분해한다고 하였으므로, '포도당으로 합성'된다는 내용은 ㉮에 들어갈 수 없으므로 ③, ④, ⑤번은 정답이 아님을 확인할 수 있다.
반추위 미생물들의 대사 과정에서 배출된 대사산물은 반추 동물의 세포로 직접 흡수되어 반추 동물에게 필요한 에너지를 생성하는 에너지원으로 이용된다고 하였으므로, ㉯에는 '반추위 미생물'이 대사 과정을 통해 생성한 '대사산물'이라는 내용이 적절하다. 따라서 정답은 ①번이다.

① ㉮ : **반추위 미생물의 에너지원이 되고**
㉯ : **반추위 미생물이 대사 과정을 통해 생성한 대사산물**
→ 적절함!

② ㉮ : **반추위 미생물의 에너지원이 되고**
㉯ : **반추위 미생물이 대사 과정을 통해 생성한 포도당**

Ⅲ 과학

③ ㉮ : 반추위 미생물에 의해 합성된 포도당이 되고
㉯ : 반추 동물이 대사 과정을 통해 생성한 포도당

④ ㉮ : 반추위 미생물에 의해 합성된 포도당이 되고
㉯ : 반추위 미생물이 대사 과정을 통해 생성한 대사산물

⑤ ㉮ : 반추위 미생물에 의해 합성된 포도당이 되고
㉯ : 반추위 미생물이 대사 과정을 통해 생성한 포도당

**089** 핵심 개념 이해 - 적절하지 않은 것 고르기 2017학년도 수능 36번 정답률 80% | 정답 ③

**윗글로 볼 때, 반추위 미생물에서 배출되는 숙신산과 젖산에 대한 설명으로 적절하지 않은 것은?**

**① 숙신산이 많이 배출될수록 반추 동물의 간에서 합성되는 포도당의 양도 늘어난다.**

근거 ❷-8~9 반추위에서 숙신산은 프로피온산을 대사산물로 생성하는 다른 미생물의 에너지원으로 빠르게 소진된다. 이 과정에서 생성된 프로피온산은 반추 동물이 간(肝)에서 포도당을 합성하는 대사 과정에서 주요 재료로 이용된다.

→ 적절함!

**② 젖산은 반추 동물의 세포로 직접 흡수되어 반추 동물의 에너지원으로 이용될 수 있다.**

근거 ❸-6 반추위에서 젖산은 반추 동물의 세포로 직접 흡수되어 반추 동물에게 필요한 에너지를 생성하는 데 이용되거나

→ 적절함!

**③ 숙신산과 젖산은 반추위가 산성일 때보다 중성일 때 더 많이 배출된다.**

근거 ❸-5 반면 산성도가 높아져 pH가 6.0 이하로 떨어지거나 녹말의 양이 충분하여 생장 속도가 빠를 때는 젖산이 대사산물로 배출된다, ❷-6 (F의) 대사 과정에서 아세트산, 숙신산 등이 대사산물로 발생하고, ❹-4 F를 비롯한 섬유소 분해 미생물들은 자신의 세포 내부의 pH를 중성으로 일정하게 유지하려는 특성이 있는데, 젖산 농도의 증가로 자신의 세포 외부의 pH가 낮아지면 자신의 세포 내의 항상성을 유지하기 위해 에너지를 사용하므로 생장이 감소한다.

풀이 F는 세포 외부(반추위)의 pH가 산성일 때 세포 내 항상성 유지를 위해 생장이 감소한다. 따라서 F의 대사산물로 발생하는 숙신산은 산성일 때보다 중성일 때 더 많이 배출될 것이다. 하지만 젖산은 산성도가 높아질 때 더 많이 배출된다고 하였다.

→ 적절하지 않음!

**④ 숙신산과 젖산은 반추위 미생물의 세포 내에서 대사 과정을 거쳐 생성된다.**

근거 ❷-6 이런 대사 과정에서 아세트산, 숙신산 등이 대사산물로 발생하고 이를 자신의 세포 외부로 배출한다, ❸-5 산성도가 높아져 pH가 6.0 이하로 떨어지거나 녹말의 양이 충분하여 생장 속도가 빠를 때는 젖산이 대사산물로 배출된다.

→ 적절함!

**⑤ 숙신산과 젖산은 프로피온산을 대사산물로 배출하는 다른 미생물의 에너지원으로 이용되기도 한다.**

근거 ❷-8 반추위에서 숙신산은 프로피온산을 대사산물로 생성하는 다른 미생물의 에너지원으로 빠르게 소진된다, ❸-6 반추위에서 젖산은 … 아세트산 또는 프로피온산을 대사산물로 배출하는 다른 미생물의 에너지원으로 이용된다.

→ 적절함!

**[090~091] 다음 글을 읽고 물음에 답하시오.**

1 [1]우유는 인간에게 양질(良質, 좋은 품질)의 영양소를 공급하는 식품이다. [2]하지만 아무런 처리를 하지 않은 우유, 즉 원유를 가공하지 않고 그대로 유통하게 되면 부패나 질병을 유발하는 유해 미생물이 빠르게 증식할(增殖-, 많아질) 위험이 있다. [3]그렇기 때문에 평소에 우리가 마시는 우유는 원유를 열처리하여(熱處理-, 가열이나 냉각을 통해 성질을 변화시켜) 미생물을 제거한 것이다.

→ 원유를 열처리하는 이유

2 [1]원유를 열처리하게 되면 원유에 포함되어 있는 미생물의 개체 수가 줄어드는데, 일반적으로 가열 온도가 높을수록 가열 시간이 길수록 그 수는 더 많이 감소한다. [2]그런데 미생물의 종류에 따라 미생물을 제거하는 데 필요한 시간과 온도가 다르기 때문에 적절한 열처리 조건을 알아야 한다. [3]이때 D값과 Z값을 이용한다. [4]D값은 어떤 미생물을 특정 온도에서 열처리할 때 그 개체 수를 1/10로 줄이는 데 걸리는 시간을 말한다. [5]만약 같은 온도에서 개체 수를 1/100로 줄이고자 한다면 D값의 2 배의 시간으로 처리하면 된다. [6]Z값은 특정 D값의 1/10 만의 시간에 개체 수를 1/10로 줄이는 데 추가적으로 높여야 하는 온도를 말한다. [7]그렇기 때문에 열에 대한 저항성이 큰(높은 온도에서도 오래 살아남는) 미생물일수록 특정 온도에서의 D값과 Z값이 크다. [8]예를 들어, 어떤 미생물 100 개를 63 °C에서 열처리한다고 하자. [9]이때 360 초 후에 남아 있는 개체 수가 10 개라면 D값은 360 초가 된다. [10]만약 이 D값의 1/10인 36 초 만에 미생물의 개체 수를 100 개에서 10 개로 줄이고자 할 때의 온도가 65 °C라면 Z값은 2 °C가 된다.

→ 원유의 열처리 시간과 온도에 따른 미생물의 개체 수 - D값과 Z값의 개념

3 [1]이러한 D값과 Z값의 원리에 기초하여 원유를 열처리하는 여러 가지 방법이 개발되었다. [2]먼저, 원유를 63 °C에서 30 분간 열처리하여 그 안에 포함된 미생물을 99.999 % 이상 제거하는 '저온살균법'이 있다. [3]저온살균법은 미생물을 제거하는 데는 효과적이나 시간이 오래 걸린다는 단점이 있다. [4]이를 보완하기 위해 개발된 방법이 '저온순간살균법'이다. [5]저온순간살균법은 원유를 75 °C에서 15 초간 열처리하는 방법이다. [6]이 방법은 미생물 제거 효과가 저온살균법과 동일하지만 우유의 대량 생산을 위해 열처리 온도를 높여서 열처리 시간을 단축시킨 것이다.

→ 원유의 열처리 방법 : ① 저온살균법, ② 저온순간살균법

4 [1]저온살균법이나 저온순간살균법으로 처리한 우유의 유통 기간은 냉장 상태에서 5 일 정도이다. [2]만약 우유의 유통 기간을 늘리려면, 저온살균법이나 저온순간살균법으로 처리해도 죽지 않는 미생물까지도 제거해야 한다. [3]열에 대한 저항성이 큰 종류의 미생물까지 제거하기 위해서는 134 °C에서 2 ~ 3 초간 열처리하는 '초고온처리법'을 사용한다. [4]이렇게 처리된 우유를 멸균(滅菌, 미생물을 죽임)포장하면 상온(常溫, 가열하거나 냉각하지 않은 자연 그대로의 기온. 보통 15 °C)에서 1 개월 이상의 장기 유통이 가능하다.

→ 원유의 열처리 방법 ③ 초고온처리법

■지문 이해

〈원유의 열처리 방법〉

| ❶ 원유를 열처리하는 이유 |
|---|
| • 원유를 가공하지 않을 경우 유해 미생물이 빠르게 증식할 위험이 있음 |

| ❷ 원유의 열처리 시간과 온도에 따른 미생물의 개체 수 |
|---|
| • D값 = 어떤 미생물을 특정 온도에서 열처리할 때 그 개체 수를 1/10로 줄이는 데 걸리는 시간<br>• Z값 = 특정 D값의 1/10 만의 시간에 개체 수를 1/10로 줄이는 데 추가적으로 높여야 하는 온도 |

| ❸~❹ 원유의 열처리 방법 | | |
|---|---|---|
| ① 저온살균법 | ② 저온순간살균법 | ③ 초고온처리법 |
| 원유를 63 °C에서 30 분간 열처리하여 그 안에 포함된 미생물을 99.999 % 이상 제거<br>→ 열처리 시간이 오래 걸려 대량 생산이 어려움 | 원유를 75 °C에서 15 초간 열처리, 미생물 제거 효과가 저온살균법과 동일<br>→ 열처리 시간이 단축되나 유통 기간이 짧음 | 열에 대한 저항성이 큰 종류의 미생물까지 제거하기 위해서 134 °C에서 2~3 초간 열처리<br>→ 장기 유통이 가능함 |

**090** | 세부 정보 이해 - 적절하지 않은 것 고르기 2015학년도 6월 모평A 26번 정답률 90% | 정답 ⑤

**윗글을 통해 알 수 있는 내용으로 적절하지 않은 것은?**

=빠르게 증식
**① 원유는 부패나 질병을 유발하는 유해 미생물이 성장하기에 좋은 조건을 가지고 있다.**

근거 ❶-2 원유를 가공하지 않고 그대로 유통하게 되면 부패나 질병을 유발하는 유해 미생물이 빠르게 증식할 위험

→ 적절함!

=1 개월 이상의 장기 유통
**② 우유의 유통 기간을 1 개월 이상으로 늘리려면 원유를 초고온처리법으로 열처리해야 한다.**

근거 ❹-3~4 열에 대한 저항성이 큰 종류의 미생물까지 제거하기 위해서는 134 °C에서 2~3 초간 열처리하는 '초고온처리법'을 사용한다. 이렇게 처리된 우유를 멸균포장하면 상온에서 1 개월 이상의 장기 유통이 가능

→ 적절함!

가열 온도가 높을수록, 가열 시간이 길수록
**③ 열처리 시간이 같다면 원유에서 더 많은 수의 미생물을 제거하기 위해서는 열처리 온도를 높여야 한다.**

근거 ❷-1 원유를 열처리하게 되면 원유에 포함되어 있는 미생물의 개체 수가 줄어드는데, 일반적으로 가열 온도가 높을수록 가열 시간이 길수록 그 수는 더 많이 감소

→ 적절함!

=99.999 % 이상 / 초고온처리법을 사용해야 함
**④ 원유를 저온살균법으로 열처리하면 대부분의 미생물은 제거되지만 열에 대한 저항성이 큰 미생물은 제거되지 않는다.**

근거 ❸-2 미생물을 99.999 % 이상 제거하는 '저온살균법', ❹-3 열에 대한 저항성이 큰 종류의 미생물까지 제거하기 위해서는 134 ℃에서 2~3 초간 열처리하는 '초고온처리법'을 사용

→ 적절함!

**⑤ 초고온처리법을 사용하면 저온순간살균법을 사용할 때보다 원유를 열처리한 후 제거되지 않고 남는 미생물의 개체 수가 많다.**
적다

근거 ❹-2~3 우유의 유통 기간을 늘리려면, 저온살균법이나 저온순간살균법으로 처리해도 죽지 않는 미생물까지도 제거해야 한다. 열에 대한 저항성이 큰 종류의 미생물까지 제거하기 위해서는 134 °C에서 2~3 초간 열처리하는 '초고온처리법'을 사용

→ 적절하지 않음!

**091** | 구체적인 사례에 적용 - 적절한 것 고르기 2015학년도 6월 모평A 27번 정답률 70%, 매력적 오답 ⑤ 10% | 정답 ①

**윗글을 고려할 때, 〈보기〉와 같은 조건에서의 열처리에 대한 설명으로 적절한 것은?** [3점]

| 보 기 |

같은 양의 원유가 담긴 세 개의 병이 있다. 이 중 한 병에는 미생물 A, 또 다른 병에는 미생물 B, 나머지 한 병에는 미생물 C가 각각 1,000 개씩 들어 있다고 가정하자. 각 미생물의 열처리 온도 및 그 온도에서의 D값과 Z값은 다음과 같다.

A : 60 °C에서의 D값은 50 초이고, Z값은 10 °C
B : 60 °C에서의 D값은 50 초이고, Z값은 5 °C
C : 65 °C에서의 D값은 50 초이고, Z값은 5 °C

D값 : 개체 수를 1/10로 줄이는 데 걸리는 시간
Z값 : 특정 D값의 1/10 만의 시간에 개체 수를 1/10로 줄이는 데 추가적으로 높여야 하는 온도

▶ 지문 핵심 개념 정리

| | |
|---|---|
| D값 | • 어떤 미생물을 특정 온도에서 열처리할 때 그 개체 수를 1/10로 줄이는 데 걸리는 시간(❷-4)<br>• 같은 온도에서 개체 수를 1/100로 줄이고자 한다면 D값의 2 배의 시간으로 처리(❷-5) |
| Z값 | • 특정 D값의 1/10 만의 시간에 개체 수를 1/10로 줄이는 데 추가적으로 높여야 하는 온도(❷-6) |

**① A, B가 들어 있는 원유를 60 °C에서 100 초 동안 열처리하면, A와 B의 남은 개체 수는 각각 10 개씩 된다.**

풀이
A 1,000 개 —60 °C, 50초→ 100 개 —60 °C, 50초→ 10 개
B 1,000 개 —50초→ 100 개 —50초→ 10 개

100 초(D값의 2 배의 시간) 동안 열처리하였으므로 개체 수가 1/100인 10 개가 된다.

→ 적절함!

A : 65 ℃는 Z값을 더한 온도에 미치지 않으므로, B만큼 개체 수가 줄지 않음
B : 65 ℃가 Z값을 더한 온도이므로, 5 초 만에 100 개로 줆
**② A, B가 들어 있는 원유를 65 °C에서 같은 시간 동안 열처리하면, A의 개체 수는 B의 개체 수보다 더 적다.**
많다

풀이 Z값은 특정 D값의 1/10 만의 시간에 미생물의 개체 수를 1/10로 줄이는 데 추가적으로 높여야 하는 온도이므로, Z값이 클수록 열에 대한 저항성이 크다. A의 Z값이 B의 Z값보다 크므로 A의 열에 대한 저항성이 B의 열에 대한 저항성보다 크다. 따라서 65 °C에서 같은 시간 동안 열처리할 경우 A의 남은 개체 수가 B의 남은 개체 수보다 더 많다.

→ 적절하지 않음!

**③ A, B가 들어 있는 원유를 70 °C에서 열처리하면, B는 A에 비해 더 오랜 시간 견딜 수 있다.**
없다
A : 70 ℃가 Z값을 더한 온도이므로, 5 초 만에 100 개로 줆
B : 70 ℃는 Z값을 더한 것보다 더 높은 온도이므로, A보다 개체 수가 더 줄어듦

풀이 Z값은 특정 D값의 1/10 만의 시간에 미생물의 개체 수를 1/10로 줄이는 데 추가적으로 높여야 하는 온도이므로, Z값이 클수록 열에 대한 저항성이 크다. A의 Z값이 B의 Z값보다 크므로 A의 열에 대한 저항성이 B의 열에 대한 저항성보다 크다. 따라서 70 °C에서 같은 시간 동안 열처리할 경우 A의 남은 개체 수가 B의 남은 개체 수보다 더 많다.

→ 적절하지 않음!

**④ A, C가 들어 있는 원유를 70 °C에서 5 초 동안 열처리하면, A의 개체 수는 C의 개체 수보다 더 적다.**
와 같다

풀이
A 1,000 개 —70 °C, 5초→ 100 개
C 1,000 개 —5초→ 100 개

A를 60 °C에서 열처리할 때 Z값은 10 °C이다. C를 65 °C에서 열처리할 때 Z값은 5 °C이다. 두 경우 모두 D값이 50 초이고 Z값을 더한 열처리 온도가 70 °C이다. 따라서 A, C가 들어 있는 원유를 70 °C에서 D값의 1/10인 5 초 동안 열처리할 경우 A와 C의 개체 수는 100 개로 같을 것이다.

→ 적절하지 않음!

B의 Z값을 더한 온도 / C의 Z값을 더한 온도
**⑤ B가 들어 있는 원유를 65 °C에서 5 초 동안, C가 들어 있는 원유를 70 °C에서 5 초 동안 열처리하면, B와 C의 남은 개체 수는 각각 10 개씩 된다.**
100 개

풀이 B 1,000 개 —65 °C, 5초→ 100 개, C 1,000 개 —70 °C, 5초→ 100 개

B와 C 모두 Z값을 적용하여 D값의 1/10만큼(5 초) 가열하였으므로 개체 수는 1/10인 100 개가 된다.

→ 적절하지 않음!

**[092~094] 다음 글을 읽고 물음에 답하시오.**

1 [1]동물은 다양한 방식으로 중요한 장소의 위치를 기억하고 이를 활용하여 자신의 은신처(隱身處, 몸을 숨기는 곳)까지 길을 찾아올 수 있다. [2]동물의 길찾기 방법에는 '장소기억', '재정위', '경로적분' 등이 있다. [3]'장소기억'은 장소의 몇몇 표지(標識, 다른 장소와 구별되는 특징)만을 영상 정보로 기억해 두었다가 그 영상과의 일치 여부를 확인하며 길을 찾는 방법이다. [4]기억된 영상은 어떤 각도에서 바라보는지에 따라 달라지기에, 이 방법을 활용하는 꿀벌은 특정 장소를 특정 각도에서 본 영상으로 기억해 두었다가 다시 그곳으로 갈 때는 자신이 보는 영상과 기억된 영상이 일치하도록 비행한다. [5]장소기억은 곤충과 포유류를 비롯한 많은 동물이 길찾기에 활용한다.
→ 동물의 길찾기 방법 ① 장소기억

**2** [1]'재정위'는 방향 기억이 헝클어진 상황에서도 장소의 **기하학적**(幾何學的, 도형 및 공간적인 특성과 관련이 있는) 특징을 활용하여 방향을 다시 찾는 방법이다. [2]예를 들어, 직사각형 방에 갇힌 배고픈 흰쥐에게 특정 장소에만 먹이를 두고 찾게 하면, 긴 벽이 오른쪽에 있었는지와 같은 공간적 정보만을 활용하여 먹이를 찾는다. [3]이런 정보는 흰쥐의 **방향 감각을 혼란시킨**(방향을 헷갈리게 만든) 상황에서도 **보존되는데**(保存-, 없어지지 않는데), 흰쥐는 재정위 과정에서 장소기억 관련 정보를 **무시한다.**(활용하지 않는다.) [4]하지만 최근 연구에 따르면, 원숭이는 재정위 과정에서 벽 색깔과 같은 장소기억 정보도 함께 활용한다는 점이 밝혀졌다.

→ 동물의 길찾기 방법 ② 재정위

**3** [1]'경로적분'은 곤충과 새의 가장 기본적인 길찾기 방법으로 이를 활용하는 능력은 타고나는 것으로 알려졌다. [2]예를 들어 먹이를 찾아 길을 나선 ㉠ 사하라 사막의 사막개미는 집 근처를 이리저리 탐색하다가 일단 먹이를 찾으면 집을 향해 거의 일직선으로 돌아온다. [3]사막개미는 장소기억 능력이 있지만 눈에 띄는 **지형지물**(地形地物, 땅의 생김새와 땅 위에 있는 물체)이 거의 없는 사막에서는 장소기억을 사용할 수 없기 때문에 경로적분을 활용한다. [4]사막개미의 이러한 놀라운 집찾기는 집을 출발하여 먹이를 찾아 이동하면서 자신의 위치에서 집 방향을 계속하여 다시 계산함으로써 가능하다. [5]가령, 그림에서 이동 경로를 따라 A에 도달한 사막개미가 먹이를 찾았다면 그때 파악한 집 방향 $\overrightarrow{AN}$으로 집을 향해 갈 것이다. [6]만약 A에서 먹이를 찾지 못해 B로 한 걸음 이동했다고 가정하자. [7]이때 사막개미는 A에서 B로의 이동 방향과 거리에 근거하여 새로운 집 방향 $\overrightarrow{BN}$을 계산한다. [8]사막개미는 먹이를 찾을 때까지 이러한 과정을 반복하여 매 위치에서의 집 방향을 파악한다.

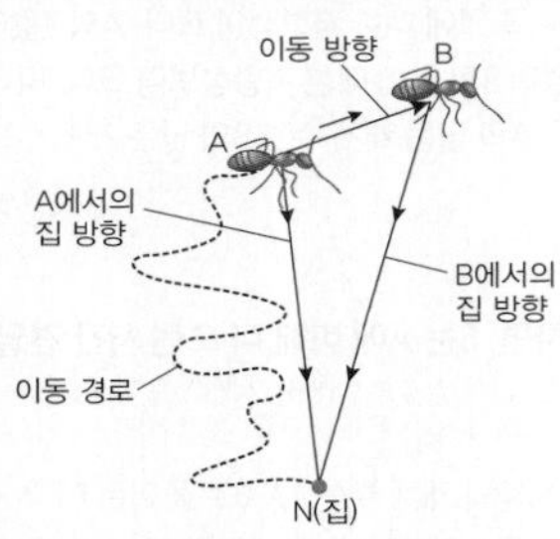


→ 동물의 길찾기 방법 ③ 경로적분

**4** [1]한편, 이동 경로상의 매 지점에서 사막개미가 방향을 결정하기 위해서는 기준이 있어야 한다. [2]이 기준을 정하기 위해 사막개미는 태양의 위치와 **산란된**(散亂-, 여러 방향으로 흩어진) 햇빛을 함께 이용한다. [3]태양의 위치는 태양이 높이 떠 있거나 구름에 가려 보이지 않을 때는 유용하지 않다. [4]이때 결정적 도움을 주는 것이 **산란된 햇빛**(대기를 통과해 들어오다가 공기 등의 입자를 만나 사방으로 흩어져 퍼진 햇빛) 정보이다. [5]사막개미는 마치 하늘을 망원경으로 관찰하는 천문학자처럼 하늘을 끊임없이 관찰하고 있는 셈이다.

→ 경로적분의 기준

■ 지문 이해

〈동물의 길찾기〉

| 동물의 길찾기 방법 | | |
|---|---|---|
| ❶ 장소기억 | ❷ 재정위 | ❸ 경로적분 |
| 장소의 몇몇 표지만을 영상 정보로 기억해 두었다가 그 영상과의 일치 여부를 확인하며 길을 찾는 방법 | 방향 기억이 헝클어진 상황에서도 장소의 기하학적 특징을 활용하여 방향을 다시 찾는 방법 | 곤충과 새의 가장 기본적 길찾기 방법, 타고나는 능력, 이동 경로상의 매 지점에서 방향을 찾기 위해 계속해서 계산하는 방법 |

| ❹ 경로적분의 기준 |
|---|
| 사막개미는 경로적분의 기준으로 태양의 위치와 산란된 햇빛을 사용함 |

**092** 세부 정보 이해 - 적절한 것 고르기 2014학년도 9월 모평A 16번
정답률 80%, 매력적 오답 ⑤ 10% | 정답 ④

### 윗글에 대한 이해로 가장 적절한 것은?

기본적인 길찾기 방법으로 활용한다

① **곤충은 길찾기 과정에서 경로적분을 사용하지 않는다.**

근거 ❸-1 '경로적분'은 곤충과 새의 가장 기본적인 길찾기 방법

→ 적절하지 않음!

경로적분

② **새는 길찾기 과정에서 장소기억을 기본적으로 사용한다.**

근거 ❸-1 '경로적분'은 곤충과 새의 가장 기본적인 길찾기 방법

→ 적절하지 않음!

장소의 기하학적 특징(공간적 정보)을

③ **흰쥐는 재정위 과정에서 산란된 햇빛 정보를 활용한다.**

근거 ❷-1~2 '재정위'는 방향 기억이 헝클어진 상황에서도 장소의 기하학적 특징을 활용하여 방향을 다시 찾는 방법이다. 예를 들어, 직사각형 방에 갇힌 배고픈 흰쥐에게 특정 장소에만 먹이를 두고 찾게 하면, 긴 벽이 오른쪽에 있었는지와 같은 공간적 정보만을 활용하여 먹이를 찾는다, ❹-2 (경로적분의 기준을 정하기 위해) 사막개미는 태양의 위치와 산란된 햇빛을 함께 이용

풀이 산란된 햇빛 정보는 경로적분 과정에서 사막개미가 기준으로 활용하는 것이다. 흰쥐는 재정위 과정에서 산란된 햇빛 정보를 활용하는 것이 아니라, 장소의 기하학적 특징을 활용한다.

→ 적절하지 않음!

④ **원숭이는 재정위 과정에서 기하학적 정보도 활용한다.**

근거 ❷-1 '재정위'는 방향 기억이 헝클어진 상황에서도 장소의 기하학적 특징을 활용하여 방향을 다시 찾는 방법이다.

풀이 재정위 과정 자체가 기하학적 정보를 활용하는 것이다.

→ 적절함!

특정

⑤ **꿀벌은 특정 장소를 여러 각도에서 바라본 영상을 기억하여 길을 찾는다.**

근거 ❶-4 꿀벌은 특정 장소를 특정 각도에서 본 영상으로 기억해 두었다가 다시 그곳으로 갈 때는 자신이 보는 영상과 기억된 영상이 일치하도록 비행

풀이 꿀벌은 여러 각도에서 바라본 영상을 통해 입체적으로 공간을 인식하는 것이 아니라, '특정 각도'에서 본 영상과 일치하도록 비행한다.

→ 적절하지 않음!

1등급 문제

**093** 추론의 적절성 판단 - 적절한 것 고르기 2014학년도 9월 모평A 17번
정답률 45%, 매력적 오답 ⑤ 45% | 정답 ③

### 윗글을 바탕으로 할 때, ㉠의 길찾기에 대한 추론으로 가장 적절한 것은?

㉠ 사하라 사막의 사막개미 — 경로적분, 방향 결정 기준 : 태양의 위치, 산란된 햇빛

태양의 위치와 산란된 햇빛을 이용해

① **사막개미는 암흑 속에서도 집 방향을 계산할 수 있겠군.**

근거 ❹-2 이(방향을 결정하기 위한) 기준을 정하기 위해 사막개미는 태양의 위치와 산란된 햇빛을 함께 이용

→ 적절하지 않음!

타고난

② **사막개미의 경로적분 능력은 학습을 통해 얻어진 것이겠군.**

근거 ❸-1 '경로적분'은 곤충과 새의 가장 기본적인 길찾기 방법으로 이를 활용하는 능력은 타고나는 것

→ 적절하지 않음!

③ **지형지물이 많은 곳에서 사막개미는 장소기억을 활용하겠군.**

근거 ❸-3 사막개미는 장소기억 능력이 있지만 눈에 띄는 지형지물이 거의 없는 사막에서는 장소기억을 사용할 수 없기 때문에 경로적분을 활용

→ 적절함!

일직선으로

④ **사막개미가 먹이를 찾은 후 집으로 되돌아갈 때는 왔던 경로를 따라 가겠군.**

근거 ❸-2 먹이를 찾아 길을 나선 사하라 사막의 사막개미는 집 근처를 이리저리 탐색하다가 일단 먹이를 찾으면 집을 향해 거의 일직선으로 돌아온다.

풀이 왔던 경로를 따라 되돌아가는 게 아니라, 일직선으로 돌아간다.

→ 적절하지 않음!

집 방향을

⑤ **사막개미는 한 걸음씩 이동하면서 그때마다 집까지의 직선거리를 다시 계산하겠군.**

근거 ❸-4 집을 출발하여 먹이를 찾아 이동하면서 자신의 위치에서 집 방향을 계속하여 다시 계산함으로써 가능, ❸-8 사막개미는 먹이를 찾을 때까지 이러한 과정(새로운 집 방향 계산)을 반복하여 매 위치에서의 집 방향을 파악한다.

풀이 사막개미는 이동할 때마다 현재 위치에서 파악되는 '자신의 집 방향'을 다시 계산하는 것이지, '집까지의 직선거리'를 계산하는 것이 아니다.

→ 적절하지 않음!

**094** 구체적인 상황에 적용 - 적절한 것 고르기 2014학년도 9월 모평A 18번 정답률 65%, 매력적 오답 ① 15% | 정답 ③

**윗글을 바탕으로 할 때, <보기>의 상황에서 병아리가 보일 행동에 대한 추론으로 가장 적절한 것은?** [3점]

| 보기 |

[1]병아리가 재정위 과정에서 기하학적 특징만을 활용한다고 가정하자. [2]아래 그림의 직사각형 모양의 상자에서 먹이는 A에만 있다. [3]병아리가 A, B, C, D를 모두 탐색하여 먹이가 어디에 있는지 학습하게 한 후, 상자에서 꺼내 방향을 혼란시킨 다음 병아리를 상자 중앙에 놓고 먹이를 찾도록 한다. [4]이와 같은 실험을 여러 번 수행하여 병아리가 A, B, C, D를 탐색하는 빈도(頻度, 반복 횟수)를 측정한다.

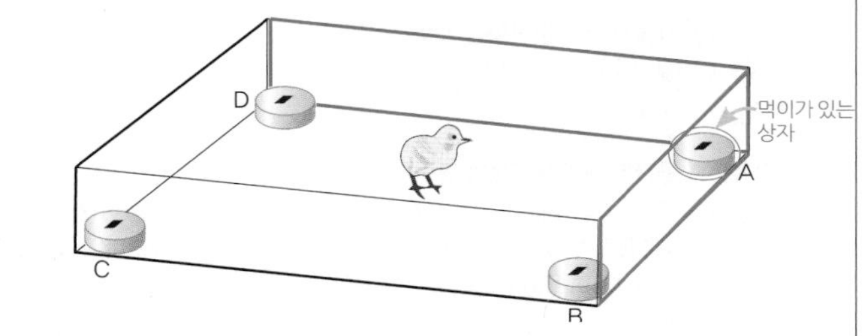


▶ 지문 핵심 개념 정리

| 재정위 | 방향 기억이 헝클어진 상황에서도 장소의 기하학적 특징을 활용하여 방향을 다시 찾는 방법(❷-1)<br>예 직사각형 방에 갇힌 배고픈 흰쥐에게 특정 장소에만 먹이를 두고 찾게 하면, 긴 벽이 오른쪽에 있었는지와 같은 공간적 정보만을 활용하여 먹이를 찾음(❷-2) |
|---|---|

**근거** <보기>-1 재정위 과정에서 기하학적 특징만을 활용한다고 가정, <보기>-2 먹이는 A에만 있다.

**풀이** <참고 그림>

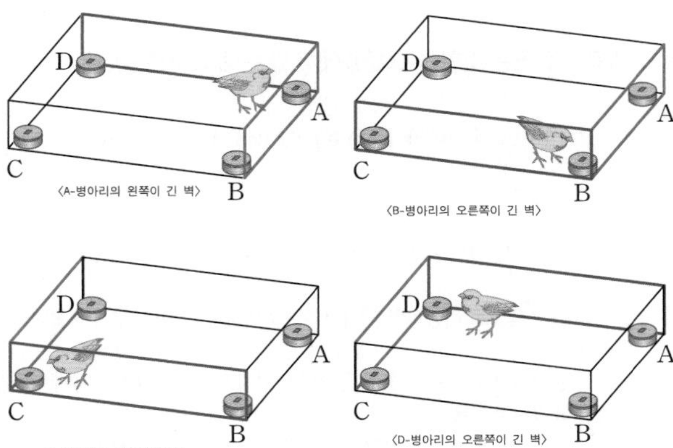


<보기>의 상황에서 병아리가 활용할 수 있는 기하학적 정보는 벽의 길이이다. 먹이가 있는 A 주변의 기하학적 특징은 '왼쪽에 긴 벽이 있고, 오른쪽에 짧은 벽이 만나는 모서리'이다. 이에 해당하는 특징을 지니는 장소는 A와 C이므로 이 두 곳을 비슷하게 높은 빈도로 탐색할 것이고, 기하학적 특징이 일치하지 않는 B, D는 낮은 빈도로 탐색할 것임을 알 수 있다. 따라서 정답은 ③번이다.

**① A를 높은 빈도로 탐색하고 B, C, D를 비슷한 정도의 낮은 빈도로 탐색한다.**

**② A, B를 비슷한 정도의 높은 빈도로 탐색하고 C, D를 비슷한 정도의 낮은 빈도로 탐색한다.**

**③ A, C를 비슷한 정도의 높은 빈도로 탐색하고 B, D를 비슷한 정도의 낮은 빈도로 탐색한다.**
→ 적절함!

**④ A, D를 비슷한 정도의 높은 빈도로 탐색하고 B, C를 비슷한 정도의 낮은 빈도로 탐색한다.**

**⑤ A, B, C, D를 비슷한 정도의 빈도로 탐색한다.**

**[095~097] 다음 글을 읽고 물음에 답하시오.**

1 [1]일반적으로 대기 중에서 만들어질 수 있는 물기둥의 최대 높이는 10 m 정도이다. [2]그런데 지구상의 나무 중에는 그 높이가 110 m를 넘는 것들도 있다. [3]어떻게 뿌리에서 흡수된 물이 높이 110 m의 나무 꼭대기에까지 전달될 수 있는 것일까?

→ 물이 높은 나무 꼭대기까지 전달되는 현상에 대한 의문

2 [1]대기 중의 수분 농도(濃度, 어떤 성질이나 성분이 포함된 정도)는 잎의 수분 농도보다 낮기 때문에 물이 잎의 표피(表皮, 겉을 둘러싼 부분)에 있는 기공(氣孔, 식물의 잎이나 줄기의 겉껍질에 있는 숨구멍)을 통하여 대기 중으로 확산(수분 농도가 높은 잎에서 낮은 대기로 물이 이동)되는데, 이를 증산 작용이라고 한다. [2]기공을 통해 물이 빠져나가면 물의 통로가 되는 조직인 물관부 내부에 물을 끌어올리는 장력(張力, 당기거나 당겨지는 힘)이 생기며, 이에 따라 물관부의 물기둥이 위로 끌려 올라가게 된다.(뿌리에 있는 물이 줄기 → 잎으로 이동하게 된다.) [3]이때 물기둥이 끊어지지 않고 끌려 올라갈 수 있는 것은 물의 강한 응집력(凝集力, 물체를 이루게 하는 서로 끌어당기는 힘) 때문이다. [4]물의 응집력이 물관부에서 발생하는 장력보다 크기 때문에 물기둥이 뿌리에서부터 잎까지 끊어지지 않고 마치 끈처럼 연결되어 올라가는 것이다. [5]물관부에서 물 수송이 이루어지도록 하는 이러한 작용을 '증산—장력—응집력' 메커니즘(mechanism, 작용 원리나 구조)이라 한다.

<참고 그림>

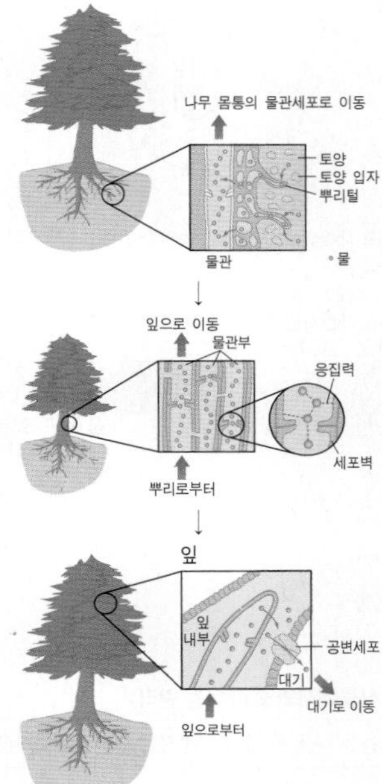


❷-4~5 물의 응집력이 물관부에서 발생하는 장력보다 크기 때문에 물기둥이 뿌리에서부터 잎까지 끊어지지 않고 마치 끈처럼 연결되어 올라간다. 이러한 작용을 '증산-장력-응집력' 메커니즘이라 한다.

→ 증산 작용의 개념과 '증산—장력—응집력' 메커니즘

3 [1]㉠ 이 메커니즘은 수분 퍼텐셜로 설명할 수 있다. [2]수분 퍼텐셜은 토양이나 식물체가 포함하고 있는 물의 양을 에너지 개념으로 바꾼 것으로, 물이 이동할 수 있는 능력을 나타낸다. [3]단위로는 파스칼(Pa, 1 MPa = $10^6$ Pa)을 사용한다. [4]물은 수분 퍼텐셜이 높은 쪽에서 낮은 쪽으로 별도의 에너지 소모 없이 이동한다. [5]순수한 물의 수분 퍼텐셜은 0 MPa인데, 압력이 낮아지거나 용질*이 첨가되어 이온 농도가 높아지면 수분 퍼텐셜이 낮아진다. [6]토양의 수분 퍼텐셜은 -0.01 ~ -3 MPa, 대기의 수분 퍼텐셜은 -95 MPa 정도이다. [7]일반적으로 토양에서 뿌리, 줄기, 잎으로 갈수록 수분 퍼텐셜이 낮아지고, 그에 따라 물은 뿌리에서 줄기를 거쳐 잎에 도달한 후 기공을 통해 대기 중으로 확산된다.

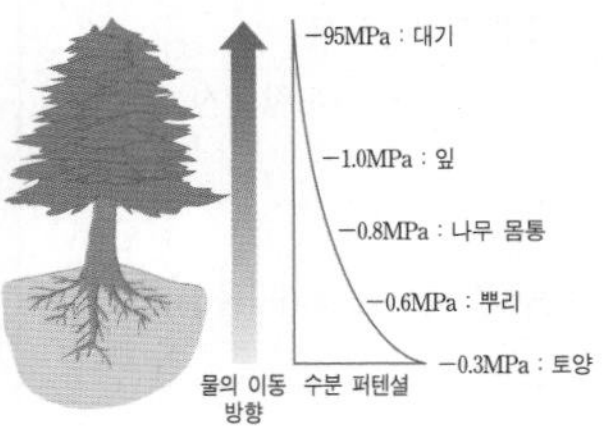


<참고 그림>
❸-7 토양에서 뿌리, 줄기, 잎으로 갈수록 수분 퍼텐셜이 낮아지고, 그에 따라 물은 뿌리, 줄기를 거쳐 잎에 도달한 후 기공을 통해 대기 중으로 확산된다.

→ 수분 퍼텐셜에 따른 물의 이동과 확산

4 [1]기공의 개폐는 잎 표면에 있는 한 쌍의 공변세포(孔邊細胞, 식물의 기공을 이루고 있는 두 개의 세포)에 의해 이루어진다. [2]빛의 작용으로 공변세포 내부의 이온 농도가 높아지면 수분 퍼텐셜이 낮아지고, 그에 따라 물이 공변세포로 들어와 기공이 열린다.(증산 작용이 일어난다.) [3]그러면 식물은 대기 중의 이산화탄소를 흡수하여 광합성(光合成, 식물이 태양 에너지를 이용하여 이산화탄소와 물에서 유기물(포도당)을 합성하고 산소를 대기 중에 방출하는 과정)을 통해 포도당을 생산할 수 있다. [4]문제는 식물이 이산화탄소를 흡수하기 위해 기공을 열면 물이 손실되고, 반대로 물 손실을 막기 위해 기공을 닫으면 이산화탄소를 포기해야 하는 데 있다. [5]물과 포도당이 모두 필요한 식물은, 이러한 딜레마(dilemma, 어느 쪽을 선택해도 바람직하지 못한 결과가 나오게 되는 곤란한 상황)를 해결하기 위해 광합성에 필요한 햇빛이 있는 낮에는 기공을 열고 그렇지 않은 밤에는 기공을 닫아서 이산화탄소의 흡수와 물의 배출을 조절하는 시스템을 만들어 냈다. [6]그 결과 기공의 개폐는 일정한 주기(이산화탄소의 흡수와 물의 배출을 조절하는 일정한 흐름)를 가지게 된다.

〈참고 사진〉 공변세포(나뭇잎 뒤편)

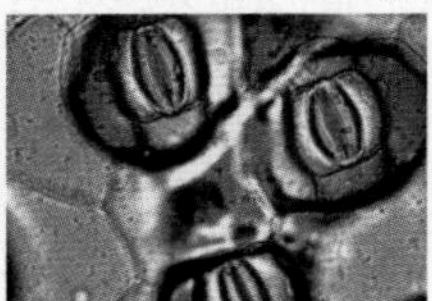

〈참고 그림〉

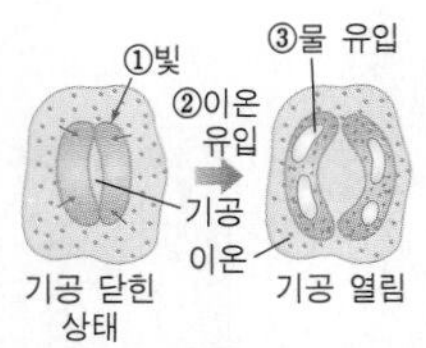


❹–2 빛의 작용으로 공변세포 내부의 이온 농도가 높아지면 수분 퍼텐셜이 낮아지고, 그에 따라 물이 공변세포로 들어와 기공이 열린다.

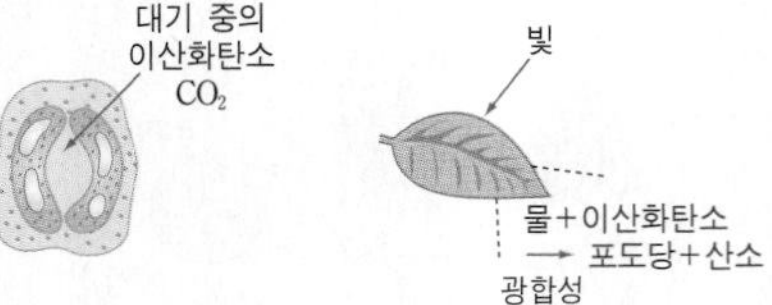


❹–3 그러면 식물은 대기 중의 이산화탄소를 흡수하여 광합성을 통해 포도당을 생산할 수 있다.

→ 기공의 개폐가 일정한 주기를 갖는 이유

* 용질 : 용액에 녹아 있는 물질

■지문 이해

〈수분 퍼텐셜에 따른 식물에서의 물의 이동 원리〉

**❶ 물이 높은 나무 꼭대기까지 전달되는 현상에 대한 의문**

**❷ 증산 작용의 개념과 '증산—장력—응집력' 메커니즘**

- 대기 중의 수분 농도는 잎의 수분 농도보다 낮기 때문에 잎의 수분이 대기 중으로 확산되는 증산 작용이 일어남
- 물이 빠져나가면 식물의 물관부 내부에서 장력이 생겨 물기둥이 위로 올라감
- 물기둥이 끊어지지 않는 이유는 물의 응집력이 물관부의 장력보다 크기 때문
- 이러한 작용이 '증산—장력—응집력' 메커니즘

**❸ 수분 퍼텐셜에 따른 물의 이동과 확산**

- 수분 퍼텐셜은 물이 이동할 수 있는 능력
- 물은 수분 퍼텐셜이 높은 쪽에서 낮은 쪽으로 에너지 소모 없이 이동
- 토양에서 뿌리, 줄기, 잎으로 갈수록 수분 퍼텐셜이 낮아짐
- 뿌리부터 줄기, 잎을 통해 대기 중으로 물이 확산

**❹ 기공의 개폐가 일정한 주기를 갖는 이유**

- 빛 + 낮아진 수분 퍼텐셜 + 이산화탄소 흡수 —(광합성)→ 포도당 생산
- 기공 열림 : 이산화탄소 흡수, 물 손실
- 기공 닫힘 : 물 손실 ×, 이산화탄소 흡수 ×
- 물과 포도당이 모두 필요하므로 낮에는 기공을 열고, 밤에는 기공을 닫아 이산화탄소의 흡수와 물의 배출을 조절

**095** 세부 정보 이해 - 적절하지 않은 것 고르기 2013학년도 6월 모평 23번 정답률 90% 정답 ③

**윗글의 내용과 일치하지 않는 것은?**

**① 기공의 개폐는 빛의 영향을 받는다.** (햇빛이 있는 낮에 열림)

근거 ❹-5 햇빛이 있는 낮에는 기공을 열고 그렇지 않은 밤에는 기공을 닫아서

→ 적절함!

**② 광합성의 결과로 포도당이 만들어진다.**

근거 ❹-3 식물은 대기 중의 이산화탄소를 흡수하여 광합성을 통해 포도당을 생산

→ 적절함!

**③ 기공이 열리면 식물 내부의 이산화탄소가 손실된다.** (이산화탄소 → 물이)

근거 ❹-4 식물이 이산화탄소를 흡수하기 위해 기공을 열면 물이 손실

→ 적절하지 않음!

**④ 증산 작용으로 물관부 내의 물기둥에 장력이 발생한다.**

근거 ❷-1~2 대기 중의 수분 농도는 잎의 수분 농도보다 낮기 때문에 물이 잎의 표피에 있는 기공을 통하여 대기 중으로 확산되는데, 이를 증산 작용이라고 한다. 기공을 통해 물이 빠져나가면 물의 통로가 되는 조직인 물관부 내부에 물을 끌어올리는 장력이 생기며

→ 적절함!

**⑤ 물의 응집력으로 인해 물관부 내의 물기둥이 끊어지지 않는다.**

근거 ❷-3 물기둥이 끊어지지 않고 끌려 올라갈 수 있는 것은 물의 강한 응집력 때문

→ 적절함!

**096** 핵심 개념 이해 - 적절한 것 고르기 2013학년도 6월 모평 24번 정답률 80% 정답 ④

**㉠의 내용으로 옳은 것만을 〈보기〉에서 있는 대로 고른 것은?**

㉠ 이('증산—장력—응집력') 메커니즘은 수분 퍼텐셜로 설명할 수 있다.

| 보기 |

ⓐ 뿌리의 수분 퍼텐셜이 토양의 수분 퍼텐셜보다 낮아 물이 토양에서 뿌리로 이동한다.

ⓑ 줄기의 물이 잎으로 이동하면 줄기의 수분 퍼텐셜이 낮아져 뿌리의 물이 줄기로 이동한다.

ⓒ 증산 작용으로 잎의 수분이 공기 중으로 빠져나가면 잎의 수분 퍼텐셜이 낮아져 줄기의 물이 잎으로 이동한다.

ⓓ 광합성이 일어나는 동안에는 잎의 수분 퍼텐셜이 대기의 수분 퍼텐셜보다 낮아진다.

**ⓐ 뿌리의 수분 퍼텐셜이 토양의 수분 퍼텐셜보다 낮아 물이 토양에서 뿌리로 이동한다.**

근거 ❸-4 물은 수분 퍼텐셜이 높은 쪽에서 낮은 쪽으로 별도의 에너지 소모 없이 이동, ❸-7 토양에서 뿌리, 줄기, 잎으로 갈수록 수분 퍼텐셜이 낮아지고, 그에 따라 물은 뿌리에서 줄기를 거쳐 잎에 도달한 후 기공을 통해 대기 중으로 확산

**ⓑ 줄기의 물이 잎으로 이동하면 줄기의 수분 퍼텐셜이 낮아져 뿌리의 물이 줄기로 이동한다.**

근거 ❸-4 물은 수분 퍼텐셜이 높은 쪽에서 낮은 쪽으로 별도의 에너지 소모 없이 이동한다, ❸-7 일반적으로 토양에서 뿌리, 줄기, 잎으로 갈수록 수분 퍼텐셜이 낮아지고, 그에 따라 물은 뿌리에서 줄기를 거쳐 잎에 도달한 후 기공을 통해 대기 중으로 확산

풀이 잎보다 수분 퍼텐셜이 높은 줄기에서 잎으로 물이 이동하면 줄기의 수분 퍼텐셜이 낮아지므로, 줄기보다 수분 퍼텐셜이 높은 뿌리의 물이 줄기로 이동하게 된다.

**ⓒ 증산 작용으로 잎의 수분이 공기 중으로 빠져나가면 잎의 수분 퍼텐셜이 낮아져 줄기의 물이 잎으로 이동한다.**

근거 ❸-7 물은 뿌리에서 줄기를 거쳐 잎에 도달한 후 기공을 통해 대기 중으로 확산

풀이 잎의 물이 공기 중으로 빠져나가면 수분 퍼텐셜이 줄어들게 된다. 따라서 상대적으로 수분 퍼텐셜이 높은 줄기의 물이 잎으로 이동하게 된다.

= 기공이 열린 동안 = 물이 대기 중으로 확산되는 동안 높다

ⓓ **광합성이 일어나는 동안에는 잎의 수분 퍼텐셜이 대기의 수분 퍼텐셜보다 낮아진다.**

근거 ❹-2~3 빛의 작용으로 공변세포 내부의 이온 농도가 높아지면 수분 퍼텐셜이 낮아지고, 그에 따라 물이 공변세포로 들어와 기공이 열린다. 그러면 식물은 대기 중의 이산화탄소를 흡수하여 광합성을 통해 포도당을 생산

풀이 물은 수분 퍼텐셜이 높은 쪽에서 낮은 쪽으로 이동한다. 광합성이 일어나는 동안에는 기공이 열려 잎의 물이 대기 중으로 확산되므로, 잎의 수분 퍼텐셜이 대기의 수분 퍼텐셜보다 높다는 것을 알 수 있다.

① ⓐ, ⓑ

② ⓐ, ⓓ

③ ⓒ, ⓓ

④ ⓐ, ⓑ, ⓒ → 적절함!

⑤ ⓑ, ⓒ, ⓓ

1등급 문제

**097** 자료 해석의 적절성 판단 - 적절한 것 고르기 2013학년도 6월 모평 25번 정답률 50%, 매력적 오답 ③ 20% 정답 ②

### 일출부터 일몰까지의 '잎'의 수분 퍼텐셜을 나타낸 그래프로 윗글의 내용에 부합하는 것은?

근거 ❸-7 일반적으로 토양에서 뿌리, 줄기, 잎으로 갈수록 수분 퍼텐셜이 낮아지고, 그에 따라 물은 뿌리에서 줄기를 거쳐 잎에 도달한 후 기공을 통해 대기 중으로 확산, ❹-2 빛의 작용으로 공변세포 내부의 이온 농도가 높아지면 수분 퍼텐셜이 낮아지고, 그에 따라 물이 공변세포로 들어와 기공이 열린다, ❹-5 광합성에 필요한 햇빛이 있는 낮에는 기공을 열고 그렇지 않은 밤에는 기공을 닫아서 이산화탄소의 흡수와 물의 배출을 조절하는 시스템

풀이 일출 시간부터 일몰 시간까지는 햇빛이 있기 때문에 기공이 열려 수분 퍼텐셜이 낮아지게 되고 광합성 작용이 일어나게 된다. 그러다가 일몰 시간이 되면 햇빛이 없기 때문에 기공이 닫히고 수분 퍼텐셜이 높아지게 된다. 하지만 토양의 수분 퍼텐셜은 잎보다 높기 때문에 어떤 시간이라도 잎의 수분 퍼텐셜이 토양의 수분 퍼텐셜보다 같거나 높아질 수는 없다.

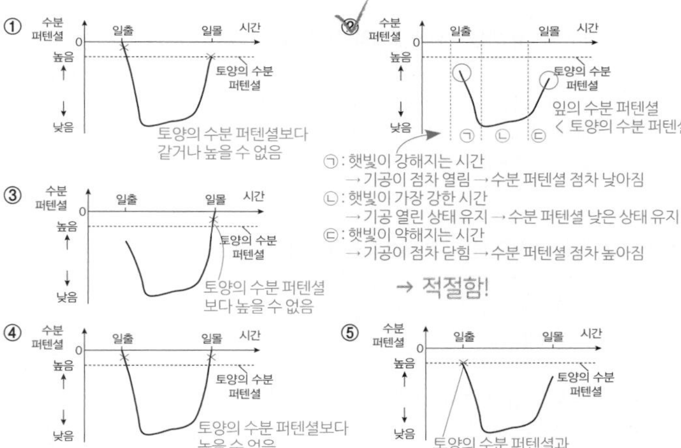


평가원 이의 신청 답변

이 문항의 출제 의도는 지문을 이해하고 지문의 내용과 일치하는 그래프를 찾는 데 있습니다. 이의 제기의 주된 내용은 일출과 일몰 때의 수분 퍼텐셜의 위치라고 요약할 수 있습니다.

지문에서 용질이 첨가되면 수분 퍼텐셜이 낮아진다고 설명하고 있습니다. 낮 동안에는 잎에서 빛에 의해 광합성이 진행되므로 광합성 작용에 의해 수분 퍼텐셜이 낮아진다는 것을 알 수 있습니다. 그러므로 광합성이 일어나기 전인 일출보다 빛에 의해 광합성 작용이 일어난 후인 일몰에서 잎의 수분 퍼텐셜이 더 낮음을 알 수 있습니다.

또한 지문에서 순수한 물의 수분 퍼텐셜은 0이고, 잎의 수분 퍼텐셜은 토양보다 낮다고 명시되어 있습니다. 따라서 일출과 일몰 때의 잎의 수분 퍼텐셜은 토양보다 낮은 수분 퍼텐셜에 위치합니다. 그러므로 잎의 수분 퍼텐셜이 0이 되거나 잎의 수분 퍼텐셜과 토양의 수분 퍼텐셜이 같을 수 없습니다.

따라서 이 문항의 정답에는 이상이 없습니다.

## [098~102] 다음 글을 읽고 물음에 답하시오.

**1** [1]1582년 10월 4일의 다음날이 1582년 10월 15일이 되었다. [2]10 일이 사라지면서 혼란이 예상되었으나 교황청은 과감한 조치(措置, 대책)를 단행했던(斷行-, 결단을 내려서 실행으로 옮겼던) 것이다. [3]이로써 ㉠ 그레고리력이 시행된(施行-, 실제로 행해진) 국가에서는 이듬해 춘분(春分, 24절기의 하나, 낮과 밤의 길이가 같아지는 시기)인 3월 21일에 밤과 낮의 길이가 같아졌다. [4]그레고리력은 코페르니쿠스의 지동설(地動說, 지구가 자전하며 태양을 돈다는 설)이 무시당하고 여전히 천동설(天動說, 모든 천체가 지구 주위를 돈다는 설)이 지배적이었던 시절에 부활절을 정확하게 지키려는 필요에 의해 제정되었다.(制定-, 법으로 정해졌다.)

→ 교황청의 그레고리력 제정

**2** [1]그 전까지 유럽에서는 ㉡ 율리우스력이 사용되고 있었다. [2]카이사르가 제정한 태양력(太陽曆, 지구가 태양의 둘레를 한 바퀴 도는 데 걸리는 시간을 1년으로 정한 역법)의 일종인 율리우스력은 제정 당시에 알려진 1 년 길이의 평균값인 365 일 6 시간에 근거하여 평년은 365 일, 4 년마다 돌아오는 윤년(閏年, 태양력에서 오차를 보정하기 위해 여분의 하루인 2월 29일을 추가하여 1 년이 366 일이 되는 해)은 366 일로 정했다. [3]율리우스력의 4 년은 실제보다 길었기에 절기(節氣, 1 년을 24 개의 주기로 나눈 것, 계절의 표준이 됨)는 조금씩 앞당겨져 16 세기 후반에는 춘분이 3월 11일에 도래했다. [4]이것은 춘분을 지나서 첫 보름달이 뜬 후 첫 번째 일요일을 부활절로 정한 교회의 전통적 규정에서 볼 때, 부활절을 정확하게 지키지 못하는 문제를 낳았다. [5]그것이 교황 그레고리우스 13세가 역법 개혁을 명령한 이유였다.

→ 그레고리우스의 역법 개혁의 배경

**3** [1]그레고리력의 기초를 놓은 인물은 릴리우스였다. [2]그는 당시 천문학자들의 생각처럼 복잡한 천체(天體, 우주에 존재하는 모든 물체들) 운동을 반영하여 역법을 고안하면(考案-, 새로 만들어 내면) 일반인들이 어려워할 것이라 보고, 율리우스력처럼 눈에 보이는 태양의 운동만을 근거로 1 년의 길이를 정할 것을 제안했다. [3]그런데 무엇을 1 년의 길이로 볼 것인가가 문제였다. [4]릴리우스는 반세기 전에 코페르니쿠스가 지구의 공전 주기인(지구가 태양을 한 바퀴 도는 데 걸리는 기간인) 항성년을 1 년으로 본 것을 알고 있었다.

→ 그레고리력의 기초가 된 릴리우스의 역법 고안

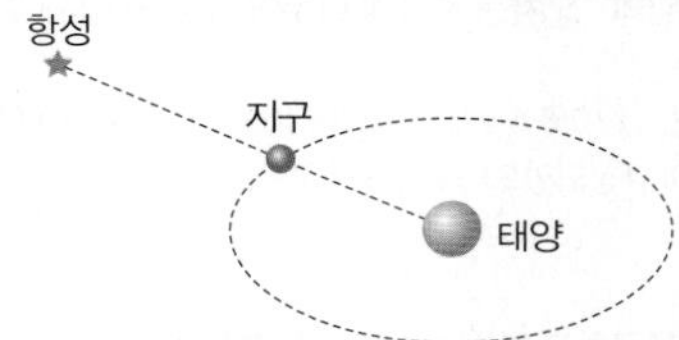


**4** [A] [1]항성년은 위의 그림처럼 태양과 지구와 어떤 항성이 일직선에 놓였다가 다시 그렇게 될 때까지의 시간이다. [2]그러나 릴리우스는 교회의 요구에 따라 절기에 부합하는(符合-, 들어맞는) 역법을 창출하고자(創出-, 새로 만들어내고자) 했기에 항성년을 1 년의 길이로 삼을 수 없었다. [3]그는 춘분과 다음 춘분 사이의 시간 간격인 회귀년이 항성년보다 짧다는 것을 알고 있었기 때문이었다. [4]항성년과 회귀년의 차이는 춘분 때의 지구 위치가 공전 궤도상에서 매년 조금씩 달라지는 현상 때문에 생긴다.

→ 절기에 부합하지 않아 1 년 길이로 삼을 수 없었던 항성년

**5** [1]릴리우스는 이 현상의 원인에 관련된 논쟁을 접어 두고, 당시 가장 정확한 천문 데이터를 모아 놓은 알폰소 표에 제시된 회귀년 길이의 평균값을 채택하자고 했다.(선택하자고 했다.) [2]그 값은 365 일 5 시간 49 분 16 초였고, 이 값을 채용하면(採用-, 사용하게 되면) 새 역법은 율리우스력보다 134 년에 하루가 짧아지게 되어 있었다. [3]릴리우스는 연도가 4의 배수인 해를 ⓐ 윤년으로 삼아 하루를 더하는 율리우스력의 방식을 받아들이되, 100의 배수인 해는 평년으로, 400의 배수인 해는 다시 윤년으로 하는 규칙을 추가할 것을 제안했다. [4]이것은 1만 년에 3 일이 절기와 차이가 생기는 정도였다. [5]이리하여 그레고리력은 과학적 논쟁에 휘말리지 않으면서도 절기에 더 잘 들어맞는 특성을 갖게 되었다. [6]그 결과 새 역법은 종교적 필요(절기를 맞춰 부활절을 정확하게 지키는 것)를 떠나 일상생활의 감각과도 잘 맞아서 오늘날까지 널리 사용되고 있다.

→ 절기에 부합하면서도 일상에서 널리 사용하게 된 그레고리력

■지문 이해

<역법 개혁의 배경과 그레고리력>

| ❶ 교황청의 그레고리력 제정 |
|---|
| • 천동설이 지배적이었던 시절, 부활절을 정확하게 지키려는 필요에 의해 제정 |

| ❷ 그레고리우스의 역법 개혁의 배경 |
|---|
| • 율리우스력 : 평년 365 일, 윤년 366 일(4 년마다)<br>→ 실제보다 길어 절기(춘분)가 앞당겨지고, 부활절을 정확하게 지키지 못하는 문제 발생<br>→ 역법 개혁 : 그레고리력의 제정 |

| ❸ 그레고리력의 기초가 된 릴리우스의 역법 고안 |
|---|
| • 태양의 운동으로 1 년의 길이를 정할 것을 제안<br>→ 문제 : 무엇을 1 년의 길이로 볼 것인가? |

| ❹ 절기에 부합하지 않아 1 년 길이로 삼을 수 없었던 항성년 |
|---|
| • 항성년 : 태양, 지구, 항성이 일직선에 놓이는 주기<br>• 회귀년보다 길어 절기에 부합하지 않음 → 1 년의 길이로 사용할 수 없게 됨 |

| ❺ 절기에 부합하면서도 일상에서 널리 사용하게 된 그레고리력 |
|---|
| • 회귀년의 평균값 채택<br>• 율리우스력보다 134 년에 하루 짧아짐<br>• 100의 배수인 해는 평년, 400의 배수인 해는 다시 윤년으로 하는 규칙 추가<br>→ 절기에 부합, 일상에서 오늘날까지 사용함 |

**098** 세부 정보 이해 - 적절한 것 고르기 2011학년도 수능 32번
정답률 80%
정답 ③

## 윗글의 내용과 일치하는 것은? 1점

① 두 역법 사이의 10 일의 *오차는 조금씩 나누어 몇 년에 걸쳐 수정되었다. (과감한 조치로 삭제) *誤差, 관측, 측정한 값과 정확한 값의 차이

근거 ❶-1~2 1582년 10월 4일의 다음날이 1582년 10월 15일이 되었다. 10 일이 사라지면서 혼란이 예상되었으나 교황청은 과감한 조치를 단행

→ 적절하지 않음!

② 과학계의 반대(알 수 없음)에도 불구하고 역법 개혁안이 권력에 의해 강제되었다.

풀이 교황청의 역법 개혁에 대해 과학계가 반대를 한다는 내용은 윗글에 나오지 않는다.

→ 적절하지 않음!

③ 릴리우스는 교회의 요구에 부응하여 역법 개혁안을 마련했다.

근거 ❹-2 릴리우스는 교회의 요구에 따라 절기에 부합하는 역법을 창출하고자 했기에

→ 적절함!

④ 릴리우스는 천문 현상의 원인 *구명에 큰 관심을 가졌다. (원인에 관련된 논쟁을 접어 두었다) *究明, 연구해서 밝힘

근거 ❺-1 릴리우스는 이 현상(회귀년이 항성년보다 짧다는 것)의 원인에 관련된 논쟁을 접어 두고

→ 적절하지 않음!

⑤ 그레고리력이 선포된 시점에는 지동설(천동설)이 지배적이었다.

근거 ❶-4 그레고리력은 코페르니쿠스의 지동설이 무시당하고 여전히 천동설이 지배적이었던 시절에 부활절을 정확하게 지키려는 필요에 의해 제정

→ 적절하지 않음!

1등급 문제

**099** 반응의 적절성 판단 - 적절하지 않은 것 고르기 2011학년도 수능 33번
정답률 45%, 매력적 오답 ① 10% ④ 15% ⑤ 25%
정답 ③

## 윗글과 <보기>를 함께 읽은 후의 반응으로 적절하지 않은 것은?

> | 보 기 |
>
> [1]보름달이(=달의 모양) 돌아오는 주기를 기준으로 하여 만든 역법인 음력에서는 30 일과 29 일이 든 달을 번갈아 써서, 평년은 한 해가 열두 달로 354 일이다. [2]그런데 이것은 지구의 공전 주기와 많이 다르므로, 윤달을 추가하여 열세 달이 한 해가 되는 윤년을 대략 19 년에 일곱 번씩 두게 된다. [3]전통적으로 동양에서는 이런 방식으로 역법을 만들고 대략 15 일 간격의 24 절기를 태양의 움직임에 따라 정해 놓음으로써 계절의 변화를 쉽게 알 수 있게 했다. [4]이러한 역법을 '태음태양력'이라고 한다.

▶ 지문 핵심 개념 정리

| 율리우스력 |
|---|
| • 카이사르가 제정한 태양력의 일종(❷-2)<br>• 평년 365 일, 4 년 주기 윤년 366 일(❷-2)<br>→ 부활절(춘분 지나서 첫 보름달이 뜬 후 첫 번째 일요일)을 정확하게 지키지 못하는 문제(❷-4) |

⇩

| 그레고리력 |
|---|
| • 태양의 운동을 근거로 1 년의 길이를 정할 것을 제안(❸-2)<br>• 회귀년 길이의 평균값을 채택(365 일 5 시간 49 분 16 초)(❺-1~2)<br>• 율리우스력의 방식 + 100의 배수인 해를 평년, 400의 배수인 해는 다시 윤년으로 삼는 규칙 추가(❺-3)<br>→ 종교적 필요에 부합하면서도 일상에서도 잘 맞아 오늘날까지 널리 사용(❺-6) |

① 부활절(춘분을 지나 첫 보름달이 뜬 후 첫 번째 일요일)을 정할 때는 음력처럼(보름달이 돌아오는 주기를 기준으로) 달의 모양을 고려했군.

근거 <보기>-1 보름달이 돌아오는 주기를 기준으로 하여 만든 역법인 음력

풀이 부활절을 정할 때에는 보름달이 뜨는 때를 기준으로 하므로 보름달이 돌아오는 주기를 고려하는 음력과 마찬가지로 달의 모양을 고려했다.

→ 적절함!

② 동서양 모두 역법을 만들기 위해 천체(달, 태양)의 운행을 고려했군.

근거 <보기>-1 보름달이 돌아오는 주기를 기준으로 하여 만든 역법인 음력, <보기>-2 이것은 지구의 공전 주기와 많이 다르므로, 윤달을 추가

풀이 달과 태양 모두 천체에 포함되는데, 동서양 모두 달과 태양의 운행을 고려하여 역법을 만들었음을 알 수 있다.

→ 적절함!

③ 서양의 태양력에서도 보름달이 돌아오는 주기를 고려했군. (눈에 보이는 태양의 운동을 근거로)

풀이 보름달이 돌아오는 주기를 고려한 동양과 달리, 서양의 태양력은 태양의 운동을 기준으로 삼고자 하였다.

→ 적절하지 않음!

④ 그레고리력의 1 년은(약 365 일) 태음태양력의 열두 달과(354 일) 일치하지 않는군.

근거 <보기>-1 음력에서는 30 일과 29 일이 든 달을 번갈아 써서, 평년은 한 해가 열두 달로 354 일, <보기>-2 윤달을 추가하여 열세 달이 한 해가 되는 윤년을 대략 19 년에 일곱 번씩 두게 된다, <보기>-4 이러한 역법을 '태음태양력'

풀이 그레고리력의 1 년은 약 365 일인 반면 태음태양력의 열두 달은 354 일이다.

→ 적절함!

⑤ 윤달이 첨가된 태음태양력의 윤년은(354 일 + 한 달) 율리우스력의 윤년보다(366 일) 길겠군.

근거 <보기>-1 음력에서는 30 일과 29 일이 든 달을 번갈아 써서, 평년은 한 해가 열두 달로 354 일, <보기>-2 윤달을 추가하여 열세 달이 한 해가 되는 윤년을 대략 19 년에 일곱 번씩 두게 된다.

풀이 윤달이 첨가된 태음태양력의 윤년은 354 일인 평년에 한 달(29 혹은 30 일)이 추가되는 것으로, 366 일인 율리우스력의 윤년보다 길다.

→ 적절함!

1등급 문제

**100** | 핵심 개념 이해 - 적절한 것 고르기 2011학년도 수능 34번
정답률 60%, 매력적 오답 ③ 15% ④ 10% | 정답 ②

## ㉠과 ㉡을 비교한 설명으로 적절한 것은?

㉠ 그레고리력　㉡ 율리우스력

| ▶ ㉠(그레고리력)과 ㉡(율리우스력) 비교 | ㉠ | ㉡ |
|---|---|---|
| 서기 1700년은 윤년이다. | | ○ |
| 더 정확한 관측치를 토대로 제정되었다. | ○ | |
| 윤년이 더 자주 돌아온다. | | ○ |
| 절기에 더 잘 들어맞는다. | ○ | |
| 나중에 제정되었지만 더 보편적으로 쓰인다. | ○ | |

**① ㉠과 ㉡에서 서기 1700년은 모두 윤년이다.**

근거 ❷-2 (율리우스력은) 4 년마다 돌아오는 윤년은 366 일로 정했다, ❺-3 (그레고리력은) 연도가 4의 배수인 해를 윤년으로 삼아 하루를 더하는 율리우스력의 방식을 받아들이되, 100의 배수인 해는 평년으로, 400의 배수인 해는 다시 윤년으로 하는 규칙을 추가

풀이 서기 1700년은 4의 배수이기는 하나, 400의 배수가 아닌 100의 배수인 해이므로, ㉠에서는 평년, ㉡에서만 윤년이다.

→ 적절하지 않음!

**② ㉠은 ㉡보다 더 정확한 관측치를 토대로 제정되었다.**

근거 ❷-2 율리우스력은 제정 당시에 알려진 1 년 길이의 평균값인 365 일 6 시간에 근거, ❷-3~4 율리우스력의 4 년은 실제보다 길었기에 … 부활절을 정확하게 지키지 못하는 문제를 낳았다, ❺-1 (그레고리력은) 당시 가장 정확한 천문 데이터를 모아 놓은 알폰소 표에 제시된 회귀년 길이의 평균값을 채택, ❺-4~5 (그레고리력은) 1만 년에 3 일이 절기와 차이가 생기는 정도 … 절기에 더 잘 들어맞는 특성

→ 적절함!

**③ ㉠을 쓰면 ㉡을 쓸 때보다 윤년이 더 자주 돌아온다.**

근거 ❷-2 (율리우스력은) 평년은 365 일, 4 년마다 돌아오는 윤년은 366 일로 정했다, ❺-3 (그레고리력은) 율리우스력의 방식을 받아들이되, 100의 배수인 해는 평년으로, 400의 배수인 해는 다시 윤년으로 하는 규칙을 추가

풀이 ㉡은 4의 배수인 해가 모두 윤년이나 ㉠은 100의 배수인 해(400의 배수인 해는 제외)는 평년이므로 ㉡을 쓸 때 윤년이 더 자주 돌아온다.

→ 적절하지 않음!

**④ ㉡은 ㉠보다 절기에 더 잘 들어맞는다.**

근거 ❷-4 (율리우스력은) 부활절을 정확하게 지키지 못하는 문제를 낳았다, ❺-5 그레고리력은 과학적 논쟁에 휘말리지 않으면서도 절기에 더 잘 들어맞는 특성

→ 적절하지 않음!

**⑤ ㉡은 ㉠보다 나중에 제정되었지만 더 보편적으로 쓰인다.**

근거 ❷-1 그(그레고리력 시행) 전까지 유럽에서는 율리우스력이 사용, ❺-6 새 역법(그레고리력)은 종교적 필요를 떠나 일상생활의 감각과도 잘 맞아서 오늘날까지 널리 사용되고 있다.

→ 적절하지 않음!

**101** | 자료 해석의 적절성 판단 - 적절한 것 고르기 2011학년도 수능 35번
정답률 70%, 매력적 오답 ② 10% ④ 10% | 정답 ⑤

## [A]를 이해하기 위해 <보기>를 활용할 때 ㉮~㉰에 해당하는 것은?

| 보기 |

[1]○○시에 있는 원형 전망대 식당은 그 식당의 중심을 축으로 조금씩 회전한다. [2]㉮ 철수는 창밖의 폭포에 가장 가까운 창가 식탁에서 일어나 전망대의 회전 방향과 반대 방향으로 창가를 따라 걸었다. [3]철수가 한 바퀴를 돌아 그 식탁으로 돌아오는 데 ㉯ 57 초가 걸렸는데, 폭포에 가장 가까운 창가 위치까지 돌아오는 데에는 ㉰ 60 초가 걸렸다.

〈참고 그림〉

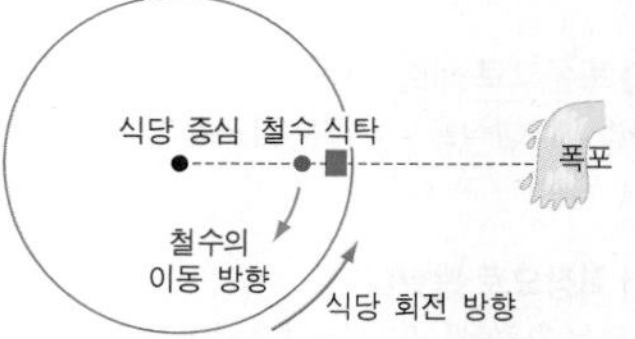

〈보기〉-2 철수는 창밖의 폭포에 가장 가까운 창가 식탁에서 일어나 전망대의 회전 방향과 반대 방향으로 창가를 따라 걸었다.

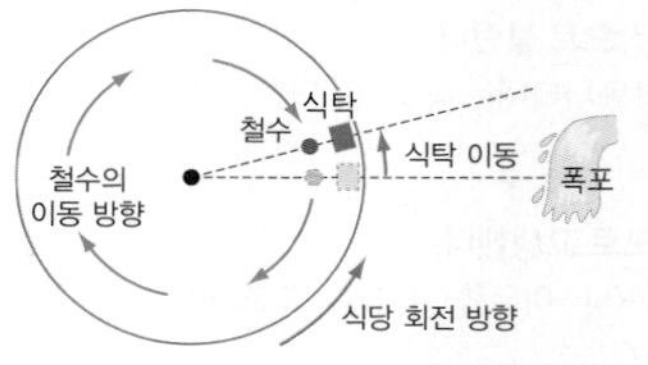

〈보기〉-3 철수가 한 바퀴를 돌아 그 식탁으로 돌아오는 데 57 초가 걸렸다.

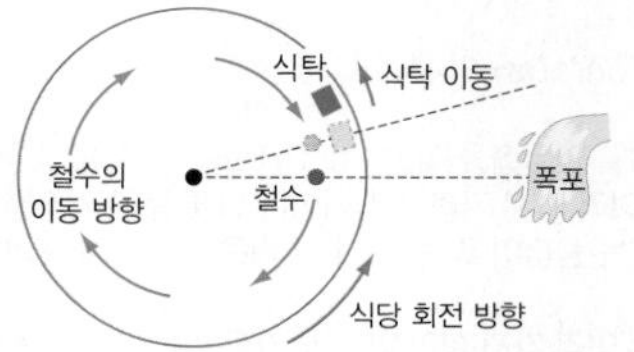

〈보기〉-3 철수가 폭포에 가장 가까운 창가 위치까지 돌아오는 데에는 60 초가 걸렸다.

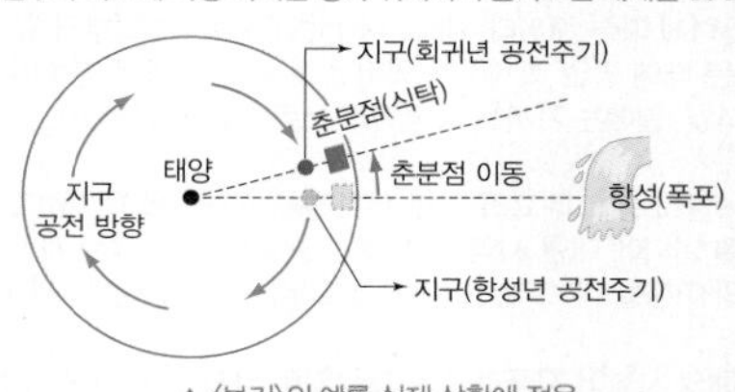

▲ 〈보기〉의 예를 실제 상황에 적용

▶ 지문 핵심 개념 정리

| 항성년 VS 회귀년 |
|---|
| • 율리우스력처럼 눈에 보이는 태양의 운동만을 근거(❸-2)<br>• 회귀년이 항성년보다 짧음(❹-3)<br>↳ 춘분 때의 지구 위치가 공전 궤도상에서 매년 조금씩 달라지기 때문(❹-4) |

풀이 그레고리력은 율리우스력처럼 태양력에 기초하여 지구의 공전 주기를 1 년의 길이로 활용한다. 따라서 <보기>에서의 식당의 중심은 태양이 되고, 이 주위를 도는 철수는 지구임을 알 수 있다. 또한 회귀년이 항성년보다 짧다고 했으므로 식탁으로 돌아오는 데 걸린 57 초를 회귀년, 창가 위치까지 돌아오는 데 걸린 60 초를 항성년으로 볼 수 있다. 따라서 정답은 ⑤번이다.

| | ㉮ | ㉯ | ㉰ |
|---|---|---|---|
| ① | 항성 | 항성년 | 회귀년 |
| ② | 항성 | 회귀년 | 항성년 |
| ③ | 지구 | 회귀년 | 회귀년 |
| ④ | 지구 | 항성년 | 회귀년 |
| ⑤ | 지구 | 회귀년 | 항성년 → 적절함! |

Ⅲ 과학

| 102 | 단어의 의미 파악 - 적절한 것 고르기 2011학년도 수능 36번<br>정답률 70%, 매력적 오답 ② 15% | 정답 ③ |
|---|---|---|

**ⓐ의 '으로'와 쓰임이 가장 가까운 것은?**

4의 배수인 해를 ⓐ 윤년으로 삼아

**풀이** ⓐ의 '으로'는 지위나 신분 또는 자격을 나타내는 격 조사이다.

**① 이 안경테는 플라스틱으로 만들어서 가볍다.**

**풀이** 어떤 물건의 재료나 원료를 나타내는 격 조사이다.

→ 적절하지 않음!

**② 그 문제는 가능하면 토론으로 해결하자.**

**풀이** 어떤 일의 방법이나 방식을 나타내는 격 조사이다.

→ 적절하지 않음!

**③ 그가 동창회의 차기 회장으로 뽑혔다.**

**풀이** 지위나 신분 또는 자격을 나타내는 격 조사이다.

→ 적절함!

**④ 사장은 간부들을 현장으로 불렀다.**

**풀이** 움직임의 방향을 나타내는 격 조사이다.

→ 적절하지 않음!

**⑤ 지난겨울에는 독감으로 고생했다.**

**풀이** 어떤 일의 원인이나 이유를 나타내는 격 조사이다.

→ 적절하지 않음!

**tip** · 만우절(April Fool's Day)의 유래

서양에서는 4월 1일 만우절을 April Fool's Day라고 부른다. '4월 바보의 날'이라는 뜻이다. 이 날에는 여러 가지 가벼운 장난이나 그럴 듯한 거짓말로 다른 사람을 속이거나 헛걸음치게 하는 풍습이 있는데, 이 날 속은 사람을 '4월 바보(April fool)'라고 부른다.

그 기원에 대해서 여러 가지 설이 있는데, 가장 일반적인 설은 다음과 같다. 옛날 유럽에서는 3월 25일을 새해의 첫날로 간주했다. 율리우스 카이사르가 기원전 46 년에 제정한 율리우스력에 따른 것이다. 새해가 시작되는 3월 25일부터 일주일 간 새해 축제를 벌였다. 춘분 때에 벌인 축제라는 의미로 훗날 '춘분제'로 명칭이 바뀌었다. 축제의 마지막 날인 4월 1일에는 가까운 사람끼리 서로 선물을 교환하는 전통이 이어져 내려왔다.

1582년 10월 4일 교황 그레고리오 13 세가 율리우스력을 폐지하고 새로운 역법을 만들었다. 부활절 날짜에 대한 지역 간의 의견 충돌을 막기 위한 개정이었다. 교황 그레고리오 13 세의 이름을 따 그레고리력이라고 부른다. 오늘날 전 세계가 통용하고 있는 달력이다.

그에 따라 새해의 시작이 지금과 같은 1월 1일로 바뀌었다. 신년제 축제도 1월 1일부터 7일까지로 바뀌었다. 그 사실을 모르고 4월 1일에 신년제 선물을 내어놓는 사람을 유럽에서는 '4월 바보'라고 불렀다. 신년제가 아닌 줄 알면서도 신년제라고 속여 선물을 강요하는 일도 벌어졌다. 여기에 당한 사람들 역시 4월 바보이다. 세상 바뀐 줄 모르고 멍청하게 살아가는 사람이라는 뜻이다. 이것이 만우절의 시초라는 설이다.

프랑스 일부 지방에서는 만우절을 '푸아송 다브릴(Poisson d'avril)'이라고 부른다. '4월의 물고기'라는 뜻이다. 4월이 되면 태양이 천체의 물고기자리에서 떠난다. 그 사실을 모르고 태양이 계속 물고기자리에 머물러 있는 줄로 생각하는 바보들을 조롱하는 의미에서 '4월의 물고기'라는 표현이 나왔다. 또한 '4월의 물고기'라 불리는 고등어의 프랑스어 'maquereau'에는 '호객꾼'이라는 의미도 있는데, 4월은 사람을 속이는 호객꾼이 많은 달이기 때문에 그 이름이 생겨났다고도 한다.

한편 만우절이 동양에서 먼저 만들어져 서양으로 건너갔다는 설도 있다. 동양 기원설에서의 발상지는 인도이다. 고대인도 불교에서는 춘분부터 3월 31일까지 수행을 하는 전통이 있었던 것으로 전해진다. 수행 중에는 득도한 것처럼 보였던 사람들이 수행이 끝나자마자 다시 속인으로 돌아가는 모습에서 유래했다는 것이다. 그날이 바로 4월 1일이다.

# 기 술 | 1. 생활 속 디지털 기술

[001~004] 다음 글을 읽고 물음에 답하시오.

1 [1]문장이나 영상, 음성을 만들어 내는 인공 지능 생성 모델 중 확산(擴散, 흩어져 널리 퍼짐) 모델은 영상의 복원(復元, 원래대로 회복함), 생성 및 변환(變換, 다르게 하여 바꿈)에 뛰어난 성능을 보인다. [2]확산 모델의 기본 발상(發想, 생각)은, 원본(原本, 베끼거나 고친 것에 대하여 근본이 되는 것) 이미지에 노이즈를 점진적으로(漸進的-, 조금씩) 추가하였다가 그(추가한) 노이즈를 다시 제거해 나가면 원본 이미지를 복원할 수 있다는 것이다. [3]노이즈는 불필요하거나 원하지 않는 값을 의미한다. [4]원하는 값만 들어 있는 원본 이미지에 노이즈를 단계별로 더하면 노이즈가 포함된 확산 이미지가 되고, 여러 단계를 거치면 결국 원본 이미지가 어떤 이미지였는지 전혀 알아볼 수 없는 노이즈 이미지가 된다. [5]역으로(逆-, 반대로), 단계별로 더해진 노이즈를 알 수 있다면 노이즈 이미지에서 원본 이미지를 복원할 수 있다. [6]확산 모델은 노이즈 생성기, 이미지 연산기, 노이즈 예측기로 구성되며, 순(逆 따르다 순)확산 과정과 역(逆 거스르다 역)확산 과정 순으로 작동한다.

→ 확산 모델의 기본 원리와 구성 및 작동 순서

2 [1]순확산 과정은 이미지에 노이즈를 추가하면서 노이즈 예측기를 학습시키는 과정이다. [2]첫 단계에서는, 노이즈 생성기에서 노이즈를 만든 후 이미지 연산기가 이(노이즈 생성기에서 만든) 노이즈를 원본 이미지에 더해서 노이즈가 포함된 확산 이미지를 출력한다. [3]다음 단계부터는 노이즈 생성기에서 만든 노이즈를 이전 단계에서 출력된 확산 이미지에 더한다. [4]이러한 단계를 충분히 반복하면 최종적으로 노이즈 이미지가 출력된다. [5]이때 더해지는 노이즈는 크기나 분포(分布, 일정한 범위에 흩어져 퍼져 있음) 양상(樣相, 모양이나 상태) 등 그 특성이 단계별로 다르다. [6]따라서 노이즈 예측기는 단계별로 확산 이미지를 입력받아 이미지에 포함된 노이즈의 특성을 추출하여(抽出-, 뽑아내어) 수치(數値, 계산하여 얻은 값)들로 표현하고, 이 수치들을 바탕으로 노이즈를 예측한다.(豫測-, 미리 헤아려 짐작한다.) [7]노이즈 예측기 내부의 이러한 수치들을 잠재(潛在, 겉으로 드러나지 않고 속에 잠겨 있거나 숨어 있음) 표현이라고 한다. [8]노이즈 예측기는 잠재 표현을 구하고 노이즈를 예측하는 방식을 학습한다.

→ 순확산 과정

3 [1]노이즈 예측기의 학습 방법은 기계 학습 중에서 지도 학습에 해당한다. [2]지도 학습은 학습 데이터에 정답이 주어져 출력과 정답의 차이가 작아지도록 모델을 학습시키는 방법이다. [3]노이즈 예측기를 학습시킬 때는 노이즈 생성기에서 만들어 넣어 준 노이즈가 정답에 해당하며 이 노이즈와 예측된 노이즈 사이의 차이가 작아지도록 학습시킨다.

→ 노이즈 예측기의 학습 방법

4 [1]역확산 과정은 노이즈 이미지에서 노이즈를 제거하여 원본 이미지를 복원하는 과정이다. [2]노이즈를 제거하려면 이미지에 단계별로 어떤 특성의 노이즈가 더해졌는지 알아야 하는데 노이즈 예측기가 이 역할을 한다. [3]노이즈 이미지 또는 중간 단계에서의 확산 이미지를 노이즈 예측기에 입력하면 이미지에 포함된 노이즈의 특성을 추출하여 잠재 표현을 구하고 이를 바탕으로 노이즈를 예측한다. [4]이미지 연산기는 입력된 확산 이미지로부터 이(노이즈 예측기가 예측한) 노이즈를 빼서 현 단계(現段階, 현재의 과정)의 노이즈를 제거한 확산 이미지를 출력한다. [5]확산 이미지에 이런 단계를 반복하면 결국 노이즈가 대부분 제거되어 원본 이미지에 가까운 이미지만 남게 된다.

→ 역확산 과정

5 [1]한편, 많은 종류의 이미지를 학습시킨 후 학습된 이미지의 잠재 표현에 고유 번호(固有番號, 개개의 특정한 사물을 다른 것들과 구별하기 위해 붙이는 번호)를 붙이면 역확산 과정에서 이미지를 선택하여 생성할 수 있다. [2]또한 잠재 표현의 수치들을 조정하면(調整-, 어떤 기준이나 실제 사정에 맞도록 조절하여 정돈하면) 다른 특성의 노이즈가 생성되어 여러 이미지를 혼합하거나(混合-, 섞거나) 실재하지(實在-, 실제로 존재하지) 않는 이미지를 만들어 낼 수도 있다.

→ 학습된 이미지의 잠재 표현을 활용하는 방법

■지문 이해

<인공 지능 생성 모델 중 확산 모델의 작동 과정>

**❶ 확산 모델의 기본 원리와 구성 및 작동 순서**

- 확산 모델의 원리 : 원본 이미지에 노이즈를 점진적으로 추가하였다가 그 노이즈를 다시 제거해 나가면 원본 이미지를 복원할 수 있다는 것
- 확산 모델의 구성 : 노이즈 생성기, 이미지 연산기, 노이즈 예측기
- 확산 모델의 작동 순서 : 순확산 과정 → 역확산 과정

**❷ 순확산 과정**

- 순확산 과정 : 이미지에 노이즈를 추가하면서 노이즈 예측기를 학습시키는 과정
  - 노이즈 생성기에서 노이즈를 만듦 → 이미지 연산기가 이 노이즈를 '원본 이미지'에 더함 → '노이즈가 포함된 확산 이미지'를 출력함
  - 노이즈 생성기에서 노이즈를 만듦 → 이미지 연산기가 이 노이즈를 '이전 단계에서 출력된 확산 이미지'에 더함 → 충분히 반복 → 최종적으로 '노이즈 이미지'가 출력됨
  - 노이즈 예측기는 단계별로 확산 이미지를 입력받아 이미지에 포함된 노이즈의 특성을 추출하여 잠재 표현을 구하고, 이를 바탕으로 노이즈를 예측함 ← 학습

**❸ 노이즈 예측기의 학습 방법**

- 노이즈 예측기의 학습(지도 학습) : 노이즈 생성기에서 만들어 넣어 준 노이즈(정답)와 예측된 노이즈(출력) 사이의 차이가 작아지도록 학습시킴

**❹ 역확산 과정**

- 역확산 과정 : 노이즈 이미지에서 노이즈를 제거해 원본 이미지를 복원하는 과정
  - 노이즈 이미지 또는 중간 단계의 확산 이미지를 노이즈 예측기에 입력함 → 노이즈 예측기가 잠재 표현을 구하고 노이즈를 예측함 → 이미지 연산기는 입력된 확산 이미지로부터 '노이즈 예측기가 예측한 노이즈'를 뺌 → 현 단계의 노이즈를 제거한 '확산 이미지'를 출력함 → 충분히 반복 → 노이즈가 대부분 제거되어 원본 이미지에 가까운 이미지만 남음

**❺ 학습된 이미지의 잠재 표현을 활용하는 방법**

- 많은 종류의 이미지를 학습시킨 후, 학습된 이미지의 잠재 표현에 고유 번호를 붙이면 역확산 과정에서 이미지를 선택하여 생성할 수 있음
- 잠재 표현의 수치를 조정하면 다른 특성의 노이즈가 생성되어 여러 이미지를 혼합하거나 실재하지 않는 이미지를 만들 수 있음

**001** 독서 방법의 적절성 - 적절하지 않은 것 고르기 2025학년도 수능 10번 정답률 70%, 매력적 오답 ② 15% | 정답 ③

**학생이 윗글을 읽은 방법으로 적절하지 않은 것은?**

**① 확산 모델이 지도 학습을 사용한다는 점에 주목하고, 지도 학습 방법이 확산 모델에 어떻게 적용되는지 확인하며 읽었다.**

근거 ❸-1~3 노이즈 예측기의 학습 방법은 기계 학습 중에서 지도 학습에 해당한다. 지도 학습은 … 방법이다. 노이즈 예측기를 학습시킬 때는 … 차이가 작아지도록 학습시킨다.

→ 적절함!

**② 확산 모델이 두 가지 과정으로 이루어진다는 점에 주목하고, 두 과정 중 어느 과정이 *선행되어야 하는지 살피며 읽었다.** *先行-, 앞서 행해져야

근거 ❶-6 확산 모델은 … 순확산 과정과 역확산 과정 순으로 작동한다, ❷-1 순확산 과정은 … , ❹-1 역확산 과정은 … .

→ 적절함!

**③ 확산 모델에서 노이즈의 중요성을 파악하고, 사용되는 노이즈의 종류가 모델의 성능에 미치는 영향을 이해하며 읽었다.**

풀이 윗글에서 노이즈의 의미에 대해서는 설명하고 있지만, 확산 모델에서 사용되는 노

Ⅳ 기술

이즈의 종류나 노이즈의 종류가 모델 성능에 미치는 영향에 대해서는 설명하지 않았다. 따라서 학생이 사용되는 노이즈의 종류가 모델의 성능에 미치는 영향을 이해하는 것은 윗글을 읽은 방법으로 적절하지 않다.

→ 적절하지 않음!

**④ 잠재 표현의 개념을 파악하고, 그 개념을 바탕으로 확산 모델이 노이즈를 예측하고 제거하는 원리를 이해하며 읽었다.**

근거 ❷-6~8 노이즈 예측기는 단계별로 확산 이미지를 입력받아 이미지에 포함된 노이즈의 특성을 추출하여 수치들로 표현하고, … 노이즈 예측기 내부의 이러한 수치들을 잠재 표현이라고 한다. 노이즈 예측기는 잠재 표현을 구하고 노이즈를 예측하는 방식을 학습한다.

→ 적절함!

**⑤ 확산 모델의 구성 요소를 파악하고, 그 구성 요소가 노이즈 처리 과정에서 어떤 기능을 하는지 확인하며 읽었다.**

근거 ❶-6 확산 모델은 노이즈 생성기, 이미지 연산기, 노이즈 예측기로 구성되며, ❷-2 노이즈 생성기에서 … , ❷-6 노이즈 예측기는 … , ❹-4 이미지 연산기는 … .

→ 적절함!

1등급 문제

**002** | 세부 정보 이해 - 적절한 것 고르기 2025학년도 수능 11번 정답률 55%, 매력적 오답 ③ 20% ④ 15% | 정답 ①

### 윗글을 이해한 내용으로 가장 적절한 것은?

**① 노이즈 생성기는 순확산 과정에서만 작동한다.**

근거 ❷-1~2 순확산 과정은 이미지에 노이즈를 추가하면서 노이즈 예측기를 학습시키는 과정이다. 첫 단계에서는, 노이즈 생성기에서 노이즈를 만든 후, ❹-1~2 역확산 과정은 노이즈 이미지에서 노이즈를 제거하여 원본 이미지를 복원하는 과정이다. 노이즈를 제거하려면 이미지에 단계별로 어떤 특성의 노이즈가 더해졌는지 알아야 하는데 노이즈 예측기가 이 역할을 한다.

풀이 순확산 과정은 이미지에 노이즈를 추가하면서 노이즈 예측기를 학습시키는 과정으로, 노이즈 생성기에서 노이즈를 만든 후 이미지 연산기가 이 노이즈를 원본 이미지에 더해서 노이즈가 포함된 확산 이미지를 출력한다. 한편 역확산 과정은 노이즈 이미지에서 노이즈를 제거하여 원본 이미지를 복원하는 과정으로, 노이즈 예측기가 잠재 표현을 구하고 노이즈를 예측하며, 이미지 연산기는 입력된 확산 이미지로부터 해당 노이즈를 빼서 현 단계의 노이즈를 제거한 확산 이미지를 출력한다. 따라서 노이즈 생성기가 이미지에 노이즈를 추가하는 순확산 과정에서만 작동한다는 설명은 적절하다.

→ 적절함!

순확산

**② 확산 모델에서의 학습은 역확산 과정에서 이루어진다.**

근거 ❷-1 순확산 과정은 이미지에 노이즈를 추가하면서 노이즈 예측기를 학습시키는 과정이다.

→ 적절하지 않음!

이미지 연산기는

**③ 이미지 연산기와 노이즈 예측기는 모두 확산 이미지를 출력한다.**

근거 ❷-2 이미지 연산기가 이 노이즈를 원본 이미지에 더해서 노이즈가 포함된 확산 이미지를 출력한다, ❷-6 노이즈 예측기는 단계별로 확산 이미지를 입력받아 이미지에 포함된 노이즈의 특성을 추출하여 수치들로 표현하고, 이 수치들을 바탕으로 노이즈를 예측한다, ❷-8 노이즈 예측기는 잠재 표현을 구하고 노이즈를 예측하는 방식을 학습한다, ❹-4 이미지 연산기는 입력된 확산 이미지로부터 이 노이즈를 빼서 현 단계의 노이즈를 제거한 확산 이미지를 출력한다.

풀이 순확산 과정에서 이미지 연산기는, 노이즈 생성기에서 만든 노이즈를 원본 이미지에 더해서 노이즈가 포함된 확산 이미지를 출력한다. 또한 역확산 과정에서 이미지 연산기는 입력된 확산 이미지로부터 노이즈를 빼서 현 단계의 노이즈를 제거한 확산 이미지를 출력한다. 따라서 이미지 연산기가 확산 이미지를 출력한다는 설명은 적절하다. 한편 노이즈 예측기는 확산 이미지를 입력받아 이미지에 포함된 노이즈의 특성을 추출하여 잠재 표현을 구하고 노이즈를 예측한다. 따라서 노이즈 예측기가 확산 이미지를 출력한다는 설명은 적절하지 않다.

→ 적절하지 않음!

노이즈 생성기에서 만들어 넣어 준 노이즈

**④ 노이즈 예측기를 학습시킬 때는 예측된 노이즈가 정답으로 사용된다.**

근거 ❸-3 노이즈 예측기를 학습시킬 때는 노이즈 생성기에서 만들어 넣어 준 노이즈가 정답에 해당하며

→ 적절하지 않음!

**⑤ 역확산 과정에서 단계가 반복될수록 출력되는 확산 이미지는 원본 이미지와의 *유사성이 줄어든다.** *類似性, 서로 비슷한 성질

높아진다

근거 ❹-1 역확산 과정은 노이즈 이미지에서 노이즈를 제거하여 원본 이미지를 복원하는 과정, ❹-5 이런 단계를 반복하면 결국 노이즈가 대부분 제거되어 원본 이미지에 가까운 이미지만 남게 된다.

→ 적절하지 않음!

**003** | 핵심 개념 파악 - 적절하지 않은 것 고르기 2025학년도 수능 12번 정답률 65%, 매력적 오답 ③ 15% | 정답 ⑤

### 잠재 표현에 대한 설명으로 적절하지 않은 것은?

**① 잠재 표현의 수치들을 조정하면 여러 이미지를 혼합할 수 있다.**

근거 ❺-2 잠재 표현의 수치들을 조정하면 다른 특성의 노이즈가 생성되어 여러 이미지를 혼합하거나 실재하지 않는 이미지를 만들어 낼 수도 있다.

→ 적절함!

**② 역확산 과정에서 잠재 표현이 다르면 예측되는 노이즈가 다르다.**

근거 ❹-3 노이즈 이미지 또는 중간 단계에서의 확산 이미지를 노이즈 예측기에 입력하면 이미지에 포함된 노이즈의 특성을 추출하여 잠재 표현을 구하고 이를 바탕으로 노이즈를 예측한다.

풀이 역확산 과정에서 노이즈 예측기는 입력된 이미지에 포함된 노이즈의 특성을 추출하여 잠재 표현을 구하고 이를 바탕으로 노이즈를 예측한다. 따라서 노이즈 예측기에서 구한 잠재 표현이 다르면, 이를 바탕으로 예측되는 노이즈 또한 다를 것이다.

→ 적절함!

**③ 확산 모델의 학습에는 잠재 표현을 구하는 방식이 포함되어 있다.**

근거 ❷-1 (확산 모델의) 순확산 과정은 이미지에 노이즈를 추가하면서 노이즈 예측기를 학습시키는 과정, ❷-8 노이즈 예측기는 잠재 표현을 구하고 노이즈를 예측하는 방식을 학습한다.

풀이 확산 모델의 순확산 과정에서는 이미지에 노이즈를 추가하면서 노이즈 예측기를 학습시키는 과정이 이루어진다. 이때 노이즈 예측기는 잠재 표현을 구하고 노이즈를 예측하는 방식을 학습한다. 따라서 확산 모델의 학습에는 잠재 표현을 구하는 방식이 포함되어 있다는 설명은 적절하다.

→ 적절함!

= 노이즈의 특성

**④ 잠재 표현은 이미지에 더해진 노이즈의 크기나 분포 양상에 따라 다른 값들이 얻어진다.**

근거 ❷-5~7 더해지는 노이즈는 크기나 분포 양상 등 그 특성이 단계별로 다르다. 따라서 노이즈 예측기는 단계별로 확산 이미지를 입력받아 이미지에 포함된 노이즈의 특성을 추출하여 수치들로 표현하고, 이 수치들을 바탕으로 노이즈를 예측한다. 노이즈 예측기 내부의 이러한 수치들을 잠재 표현이라고 한다.

풀이 잠재 표현은 노이즈 예측기가 입력받은 이미지에 포함된 노이즈의 크기나 분포 양상 등의 특성을 추출하여 수치들로 표현한 것이다. 따라서 잠재 표현은 이미지에 포함된 노이즈의 크기, 분포 양상 등의 특성에 따라 다른 값들이 얻어진다는 설명은 적절하다.

→ 적절함!

단계별로 확산 이미지를

**⑤ 잠재 표현은 노이즈 예측기가 원본 이미지를 입력받아 노이즈의 특성을 추출한 결과이다.**

근거 ❷-6~7 노이즈 예측기는 단계별로 확산 이미지를 입력받아 이미지에 포함된 노이즈의 특성을 추출하여 수치들로 표현하고, 이 수치들을 바탕으로 노이즈를 예측한다. 노이즈 예측기 내부의 이러한 수치들을 잠재 표현이라고 한다.

→ 적절하지 않음!

문제편 p.221

1등급 문제

**004** 구체적인 사례에 적용 - 적절하지 않은 것 고르기 2025학년도 수능 13번
정답률 45%, 매력적 오답 ② 10% ④ 20% ⑤ 20% | 정답 ③

**윗글을 바탕으로 <보기>를 이해한 내용으로 적절하지 않은 것은?** [3점]

| 보기 |
A 단계는 확산 모델 과정 중 한 단계이다. ㉠은 원본 이미지이고, ㉡은 확산 이미지 중의 하나이며, ㉢은 노이즈 이미지이다. (가)는 이미지가 A 단계로 입력되는 부분이고, (나)는 이미지가 A 단계에서 출력되는 부분이다.

(가) ⇨ A 단계 ⇨ (나)
입력 출력

㉠ 
원본 이미지

㉡ 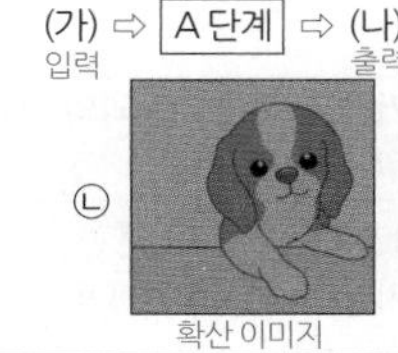
확산 이미지

㉢ 
노이즈 이미지

**① (가)에 ㉠이 입력된다면, A 단계의 이미지 연산기에서는 ㉠에 노이즈를 더하겠군.**

근거 ❷-2 노이즈 생성기에서 노이즈를 만든 후 이미지 연산기가 이 노이즈를 원본 이미지에 더해서 노이즈가 포함된 확산 이미지를 출력한다.

→ 적절함!

**② (나)에 ㉢이 출력된다면, A 단계의 노이즈 생성기에서 생성된 노이즈가 이미지 연산기에서 확산 이미지에 더해졌겠군.**

근거 ❷-2~4 노이즈 생성기에서 노이즈를 만든 후 이미지 연산기가 이 노이즈를 원본 이미지에 더해서 노이즈가 포함된 확산 이미지를 출력한다. 다음 단계부터는 노이즈 생성기에서 만든 노이즈를 이전 단계에서 출력된 확산 이미지에 더한다. 이러한 단계를 충분히 반복하면 최종적으로 노이즈 이미지가 출력된다.

풀이 노이즈 생성기에서 생성된 노이즈는 이미지 연산기에서 원본 이미지에 더해져 확산 이미지로 출력되고, 그 다음 단계부터는 노이즈 생성기에서 생성된 노이즈가 이미지 연산기에서 '이전 단계에서 출력된 확산 이미지'에 더해진다. 이러한 단계가 충분히 반복되면 최종적으로 ㉢과 같은 노이즈 이미지가 출력된다. 따라서 (나)에서 노이즈 이미지(㉢)가 출력된다면, A 단계의 노이즈 생성기에서 생성된 노이즈가 이미지 연산기에서 확산 이미지에 더해졌을 것이라는 이해는 적절하다.

→ 적절함!

(노이즈 생성기에서 만든)

**③ 순확산 과정에서 (가)에 ㉡이 입력된다면, A 단계의 노이즈 예측기에서 예측한 노이즈가 이미지 연산기에 입력되겠군.**

근거 ❷-3 노이즈 생성기에서 만든 노이즈를 이전 단계에서 출력된 확산 이미지에 더한다.

풀이 순확산 과정은 이미지에 노이즈를 추가하면서 노이즈 예측기를 학습시키는 과정이다. 먼저 노이즈 생성기에서 노이즈를 만든 후, 이미지 연산기가 이 노이즈를 입력받아 원본 이미지에 더해서 '노이즈가 포함된 확산 이미지'를 출력한다. 다음 단계부터는 노이즈 생성기에서 만든 노이즈를 이전 단계에서 출력된 확산 이미지에 더한다. 이러한 단계를 충분히 반복하면 최종적으로 노이즈 이미지가 출력된다. 따라서 순확산 과정에서는 (가)에 어떤 이미지가 입력되든 A 단계의 노이즈 생성기에서 만든 노이즈가 이미지 연산기에 입력될 것이다.

→ 적절하지 않음!

**④ 역확산 과정에서 (가)에 ㉢이 입력된다면, A 단계의 이미지 연산기에서는 ㉢에서 노이즈를 빼겠군.**

근거 ❹-1 역확산 과정은 노이즈 이미지에서 노이즈를 제거하여 원본 이미지를 복원하는 과정이다, ❹-3~4 노이즈 이미지 또는 중간 단계에서의 확산 이미지를 노이즈 예측기에 입력하면 … 노이즈를 예측한다. 이미지 연산기는 입력된 확산 이미지로부터 이 노이즈를 빼서 현 단계의 노이즈를 제거한 확산 이미지를 출력한다.

풀이 역확산 과정은 노이즈 이미지에서 노이즈를 제거하여 원본 이미지를 복원하는 과정이다. 노이즈 이미지 또는 확산 이미지가 노이즈 예측기에 입력되면 노이즈 예측기는 노이즈를 예측하고, 이미지 연산기는 입력된 노이즈 이미지나 확산 이미지로부터 '노이즈 예측기가 예측한 노이즈'를 빼서 현 단계의 노이즈를 제거한 확산 이미지를 출력한다. 따라서 역확산 과정에서 (가)에 노이즈 이미지(㉢)가 입력된다면, A 단계의 이미지 연산기에서는 입력된 노이즈 이미지(㉢)로부터 노이즈 예측기가 예측한 노이즈를 뺀 확산 이미지를 출력할 것이다.

→ 적절함!

**⑤ 역확산 과정에서 (나)에 ㉡이 출력된다면, A 단계의 노이즈 예측기에서 예측한 노이즈가 이미지 연산기에 입력되었겠군.**

근거 ❹-3~4 노이즈 이미지 또는 중간 단계에서의 확산 이미지를 노이즈 예측기에 입력하면 이미지에 포함된 노이즈의 특성을 추출하여 잠재 표현을 구하고 이를 바탕으로 노이즈를 예측한다. 이미지 연산기는 입력된 확산 이미지로부터 이 노이즈를 빼서 현 단계의 노이즈를 제거한 확산 이미지를 출력한다.

풀이 역확산 과정은 노이즈 이미지에서 노이즈를 제거하여 원본 이미지를 복원하는 과정이다. 노이즈 이미지 또는 확산 이미지가 노이즈 예측기에 입력되면 노이즈 예측기는 노이즈를 예측하고, 이미지 연산기는 입력된 노이즈 이미지나 확산 이미지로부터 '노이즈 예측기가 예측한 노이즈'를 빼서 현 단계의 노이즈를 제거한 확산 이미지를 출력한다. 즉 역확산 과정에서 (나)에 확산 이미지(㉡)가 출력된다면, 이것은 (가) 단계에서 입력된 '노이즈 이미지 또는 확산 이미지'에 대해, A 단계에서 '노이즈 예측기에서 예측한 노이즈'를 이미지 연산기에서 빼서 현 단계의 노이즈를 제거한 '확산 이미지'를 (나) 단계에서 출력한 것에 해당한다. 따라서 A 단계의 노이즈 예측기에서 예측한 노이즈가 이미지 연산기에 입력되었을 것이라는 이해는 적절하다.

→ 적절함!

**[005~008] 다음 글을 읽고 물음에 답하시오.**

1 [1]블록체인 기술은 데이터를 블록이라는 단위로 묶어 체인 형태로 연결한 것을 여러 대의 컴퓨터에 중복 저장하는 기술이다. [2]체인 형태로 연결된 블록의 집합을 블록체인이라 하고, 블록체인을 저장하는 컴퓨터를 노드라고 한다. [3]새로 생성된 블록은 노드들에 전파된다.(傳播-, 전하여 널리 퍼뜨려진다.) [4]노드들은 블록에 포함된 내용이 블록체인의 다른 블록에 있는 내용과 상충되지(相衝-, 서로 어긋나게 되지) 않는지, 동일한 내용이 블록체인의 다른 블록에 이중으로(二重-, 두 번 거듭되어) 포함되어 있지 않은지 검증한다.(檢證-, 검사하여 증명한다.) [5]검증이 끝난 블록을 블록체인에 연결할지 여부는 모든 노드들이 참여하는 승인(承認, 마땅하다고 받아들임) 과정을 통해 정해진다. [6]승인이 완료된 블록은 블록체인에 연결되고, 이 블록체인은 노드들에 저장된다. [7]승인 과정에는 합의(合意, 서로 의견이 일치함) 알고리즘이 사용되고, 합의 알고리즘의 예로 '작업증명'이 있다.

→ 블록체인 기술의 개념 및 새로 생성된 블록이 노드들에 저장되는 과정

2 [1]블록체인 기술의 성능(性能, 성질이나 기능)은 블록체인에 데이터가 저장되는 속도로 정의되며(定義-, 뜻이 명백히 밝혀져 규정되며), 단위 시간당 블록체인에 저장되는 데이터의 양으로 계산될 수 있다. [2]블록체인 기술은 공개형과 비공개형으로 구분된다. [3]비공개형은 공개형과 달리 노드 수에 제한(制限, 일정한 한도를 정하거나 그 한도를 넘지 못하게 막음)을 두고, 일반적으로 공개형에 비해 합의 알고리즘의 속도가 빠르다. [4]따라서 비공개형은 승인 과정에 걸리는 시간이 짧기 때문에 성능이 높다.

→ 블록체인 기술의 성능과 구분

3 [1]데이터가 무단(無斷, 사전에 허락이 없음)으로 변경되기 어렵다는 성질을 무결성(無 없다 무 缺 부족하다 결 性 성질 성)이라 하는데 무결성은 블록체인 기술의 대표적인 장점이다. [2]특정 노드에 저장되어 있는 일부 데이터가 변경되면 변경된 블록과 그 이후의 블록들은 블록체인과의 연결이 끊어진다. [3]끊어진 모든 블록을 다시 연결하는 것은 승인 과정을 필요로 하기 때문에 연결을 복구하는(復舊-, 이전의 상태로 회복하는) 것은 어렵다. [4]즉 블록과 블록체인의 연결을 유지하면서 블록체인에 포함된 데이터를 변경하는 것이 어려우므로 블록체인 데이터는 무결성이 높다. [5]무단 변경과 달리, 일부 데이터가 지워져도 승인된 원래의 데이터로 복원할(復元-, 원래대로 회복함) 때는 승인 과정이 필요하지 않다. [6]따라서 ㉠ 블록체인에 포함된 데이터는 일부가 지워지더라도 복원이 용이하다.(容易-, 어렵지 않고 매우 쉽다.)

→ 블록체인 기술의 장점 : 무결성

4 [1]블록체인 기술에서 고려해야(考慮-, 생각하고 헤아려 봐야) 할 세 가지 특성이 있다. [2]보안성은 데이터의 무단 변경이 어려울 뿐 아니라 동일한 내용의 데이터가 블록체인의 서로 다른 블록에 또는 단일(單一, 단 하나로 되어 있음) 블록에 이중으로 포함되는 것이 어렵다는 성질이다. [3]승인 과정에 걸리는 시간이 줄거나 노드 수가 감소하면(減少-, 줄면) 보안성은 낮아진다. [4]탈(脫, '그것을 벗어남'의 뜻을 더하는 접두사)중앙성은 승인 과정에 다수(多數, 수효가 많음)의 노드들이 참여하고, 특정 노드가 승인 과정을 주도하지(主導-, 앞장서서 이끌지) 않는다는 성질이다. [5]노드 수가 감소하면 탈중앙성은 낮아진다. [6]확장성은 블록체인 기술이 목표로 하는 응용(應用, 어떤 이론이나 이미 얻은 지식을 구체적인 개개의 사례나 다른 분야의 일에 적용하여 이용함) 분야(分野, 여러 갈래로 나누어진 범위나 부분)에 적용(適用, 알맞게 이용하거나 맞추어 씀) 가능할 만큼 성능이 높고, 노드 수가 증가해도 서비스 유지가 가능하다는 성질이다. [7]노드 수가 증가하면 성능이 저하되므로(低下-, 떨어져 낮아지므로), 확장성이 높다는 것은 노드 수가 증가하

Ⅳ 기술

더라도 성능 저하가 크지 않다는 것을 의미한다. [8]그래서 기술 변화 없이 확장성을 높이고자 할 때 노드 수를 제한하는 방법이 사용되기도 한다. [9]노드 수를 제한하면 성능 저하를 막을 수 있기 때문이다. [10]아직까지 블록체인 기술은 보안성, 탈중앙성, 확장성을 함께 높일 수 있는 방법이 없어 **대규모**(大規模, 넓고 큰 범위나 크기)로 **채택되지**(採擇-, 뽑혀 쓰이지) 못하고 있다.

→ **블록체인 기술에서 고려할 세 가지 특성과 블록체인 기술의 한계**

■지문 이해

**〈블록체인 기술의 특성과 한계〉**

**❶ 블록체인 기술의 개념 및 새로 생성된 블록이 노드들에 저장되는 과정**

- 블록체인 기술 : 블록체인을 여러 노드들에 중복 저장하는 기술
- 새로 생성된 블록이 노드들에 전파됨 → 노드들이 블록에 포함된 내용의 중복·상충 여부를 검증함 → 모든 노드들이 참여하는 승인 과정(합의 알고리즘 사용)을 통해 연결 여부를 정함 → 블록이 블록체인에 연결됨 → 블록체인이 노드들에 저장됨

**❷ 블록체인 기술의 성능과 구분**

- 블록체인 기술의 성능 : 데이터가 저장되는 속도로 정의되고, 시간당 저장되는 데이터의 양으로 계산됨
- 블록체인 기술의 구분
  - 비공개형 : 노드 수에 제한을 둠, 합의 알고리즘 속도가 빠름 → 승인 과정에 걸리는 시간이 짧아 성능이 높음
  - 공개형 : 노드 수에 제한 없음, 합의 알고리즘 속도가 느림

**❸ 블록체인 기술의 장점 : 무결성**

- 무결성 : 데이터가 무단으로 변경되기 어렵다는 성질
- 블록과 블록체인의 연결을 유지하면서 블록체인에 포함된 데이터를 변경하는 것이 어려우므로 블록체인 데이터는 무결성이 높음
- 블록체인에 포함된 데이터는 일부가 지워져도 복원이 용이함

**❹ 블록체인 기술에서 고려할 세 가지 특성과 블록체인 기술의 한계**

- 보안성
  - 무단 변경이 어렵고 동일한 내용의 데이터가 이중으로 포함되는 것이 어렵다는 성질
  - 승인 과정에 걸리는 시간이 줄거나 노드 수가 감소하면 보안성이 낮아짐
- 탈중앙성
  - 승인 과정에 다수의 노드들이 참여하고, 특정 노드가 승인 과정을 주도하지 않는다는 성질
  - 노드 수가 감소하면 탈중앙성이 낮아짐
- 확장성
  - 응용 분야에 적용 가능할 만큼 성능이 높고, 노드 수가 증가해도 서비스 유지가 가능하다는 성질
  - 노드 수가 증가하면 성능이 낮아짐
- 블록체인 기술의 한계 : 보안성, 탈중앙성, 확장성을 함께 높일 방법이 없어 대규모로 채택되지 못함

**005** 글의 서술 방식 파악 및 세부 정보 이해 - 적절하지 않은 것 고르기 2025학년도 9월 모평 8번
정답률 70%, 매력적 오답 ② 10% | 정답 ④

## 다음은 윗글을 읽은 학생에게 제공된 학습지의 일부이다. 학생의 '판단 결과'로 적절하지 않은 것은?

※ 아래를 읽고 맞으면 ○, 틀리면 × 표시를 하시오.

| 판단할 내용 | 판단 결과 | |
|---|---|---|
| **블록체인 기술의 특성과 한계를 살펴보고 있다.** | ○ | …① |

**근거** ❶-1 블록체인 기술은 … 기술이다, ❷-1 블록체인 기술의 성능은 … 계산될 수 있다, ❸-1 무결성은 블록체인 기술의 대표적인 장점이다, ❸-6 블록체인에 포함된 데이터는 … 복원이 용이하다, ❹-10 아직까지 블록체인 기술은 보안성, 탈중앙성, 확장성을 함께 높일 수 있는 방법이 없어 대규모로 채택되지 못하고 있다.

**풀이** 윗글에서는 블록체인 기술의 개념과 장점 및 특성을 설명하고, 그 한계를 밝히고 있다. 따라서 해당 내용에 대해 학생이 맞다고 판단한 것은 적절하다.

→ 적절함!

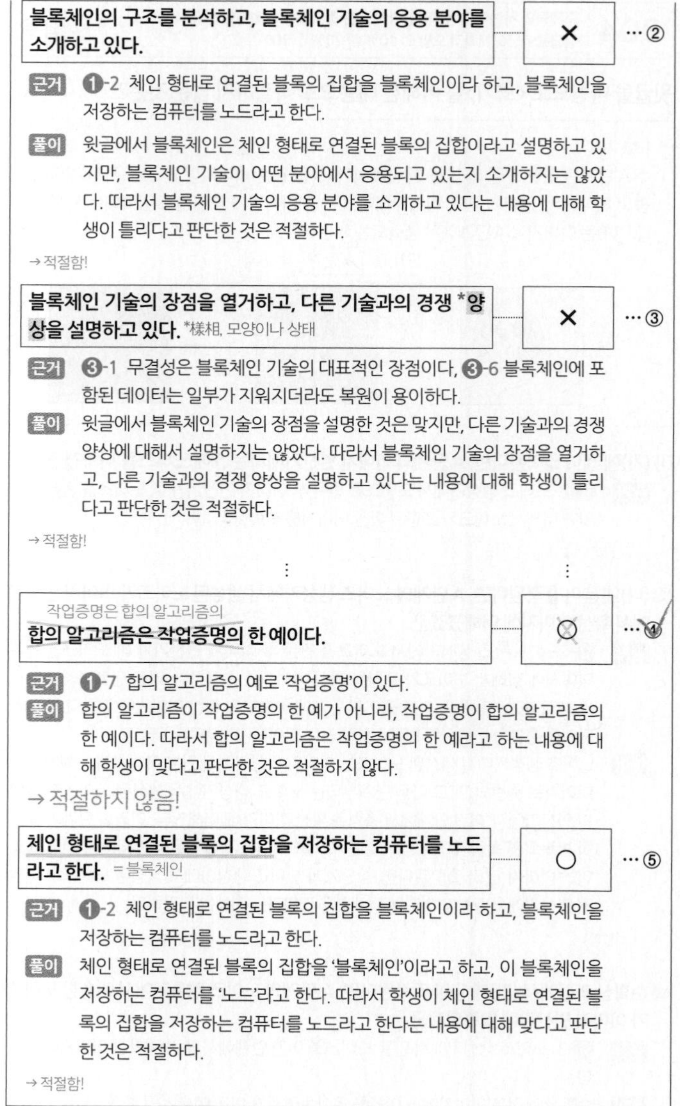

| 판단할 내용 | 판단 결과 | |
|---|---|---|
| **블록체인의 구조를 분석하고, 블록체인 기술의 응용 분야를 소개하고 있다.** | × | …② |

**근거** ❶-2 체인 형태로 연결된 블록의 집합을 블록체인이라 하고, 블록체인을 저장하는 컴퓨터를 노드라고 한다.

**풀이** 윗글에서 블록체인은 체인 형태로 연결된 블록의 집합이라고 설명하고 있지만, 블록체인 기술이 어떤 분야에서 응용되고 있는지 소개하지는 않았다. 따라서 블록체인 기술의 응용 분야를 소개하고 있다는 내용에 대해 학생이 틀리다고 판단한 것은 적절하다.

→ 적절함!

| 판단할 내용 | 판단 결과 | |
|---|---|---|
| **블록체인 기술의 장점을 열거하고, 다른 기술과의 경쟁 *양상을 설명하고 있다.** *樣相, 모양이나 상태 | × | …③ |

**근거** ❸-1 무결성은 블록체인 기술의 대표적인 장점이다, ❸-6 블록체인에 포함된 데이터는 일부가 지워지더라도 복원이 용이하다.

**풀이** 윗글에서 블록체인 기술의 장점을 설명한 것은 맞지만, 다른 기술과의 경쟁 양상에 대해서 설명하지는 않았다. 따라서 블록체인 기술의 장점을 열거하고, 다른 기술과의 경쟁 양상을 설명하고 있다는 내용에 대해 학생이 틀리다고 판단한 것은 적절하다.

→ 적절함!

⋮

| 판단할 내용 | 판단 결과 | |
|---|---|---|
| 작업증명은 합의 알고리즘의<br>**합의 알고리즘은 작업증명의 한 예이다.** | ○ | …④ |

**근거** ❶-7 합의 알고리즘의 예로 '작업증명'이 있다.

**풀이** 합의 알고리즘이 작업증명의 한 예가 아니라, 작업증명이 합의 알고리즘의 한 예이다. 따라서 합의 알고리즘은 작업증명의 한 예라고 하는 내용에 대해 학생이 맞다고 판단한 것은 적절하지 않다.

→ 적절하지 않음!

| 판단할 내용 | 판단 결과 | |
|---|---|---|
| **체인 형태로 연결된 블록의 집합을 저장하는 컴퓨터를 노드라고 한다.** = 블록체인 | ○ | …⑤ |

**근거** ❶-2 체인 형태로 연결된 블록의 집합을 블록체인이라 하고, 블록체인을 저장하는 컴퓨터를 노드라고 한다.

**풀이** 체인 형태로 연결된 블록의 집합을 '블록체인'이라고 하고, 이 블록체인을 저장하는 컴퓨터를 '노드'라고 한다. 따라서 학생이 체인 형태로 연결된 블록의 집합을 저장하는 컴퓨터를 노드라고 한다는 내용에 대해 맞다고 판단한 것은 적절하다.

→ 적절함!

1등급 문제

**006** 세부 정보 이해 - 적절한 것 고르기 2025학년도 9월 모평 9번
정답률 60%, 매력적 오답 ② 20% | 정답 ⑤

## 윗글에 대한 이해로 가장 적절한 것은?

**① 승인 과정에 참여할 노드를 결정하기 위해 합의 알고리즘이 사용된다.**

**근거** ❶-5 검증이 끝난 블록을 블록체인에 연결할지 여부는 모든 노드들이 참여하는 승인 과정을 통해 정해진다, ❶-7 승인 과정에는 합의 알고리즘이 사용되고

**풀이** 윗글에 따르면 승인 과정에는 '모든 노드들'이 참여한다. 즉 승인 과정에서 합의 알고리즘이 사용되는 것은 맞지만, 합의 알고리즘이 '승인 과정에 참여할 노드를 결정하기 위해' 사용되는 것은 아니다.

→ 적절하지 않음!

변경된 블록과 그 이후의 블록들

**② 일부 블록체인 데이터가 변경되면 전체 노드의 모든 블록은 승인 과정을 다시 거쳐야 한다.**

**근거** ❸-2~3 특정 노드에 저장되어 있는 일부 데이터가 변경되면 변경된 블록과 그 이후의 블록들은 블록체인과의 연결이 끊어진다. 끊어진 모든 블록을 다시 연결하는 것은 승인 과정을 필요로 하기 때문에

**풀이** 특정 노드에 저장된 일부 데이터가 변경되면 변경된 블록과 그 이후의 블록들은 블록체인과의 연결이 끊어지고, 이를 다시 연결하기 위해서는 승인 과정이 필요하다. 따라서 일부 블록체인 데이터가 변경되었을 때 승인 과정을 다시 거쳐야 하는 것은 '전체 노드의 모든 블록'이 아니라, '변경된 블록과 그 이후의 블록들'이다.

→ 적절하지 않음!

③ 블록과 블록체인의 연결을 유지하면서 블록체인 데이터를 삭제할 수 있으면 보안성이 높다.

근거 ❸-1 데이터가 무단으로 변경되기 어렵다는 성질을 무결성이라 하는데 무결성은 블록체인 기술의 대표적인 장점, ❸-4 블록과 블록체인의 연결을 유지하면서 블록체인에 포함된 데이터를 변경하는 것이 어려우므로 블록체인 데이터는 무결성이 높다, ❹-2 보안성은 데이터의 무단 변경이 어려울 뿐 아니라 동일한 내용의 데이터가 블록체인의 서로 다른 블록에 또는 단일 블록에 이중으로 포함되는 것이 어렵다는 성질

풀이 보안성은 데이터의 무단 변경이 어려울 뿐 아니라 동일한 내용의 데이터가 블록체인의 서로 다른 블록 또는 단일 블록에 이중으로 포함되는 것이 어렵다는 성질을 뜻한다. 이때 데이터의 무단 변경이 어렵다는 것은 데이터가 '무결성'을 갖는다는 것을 의미하며, 윗글에 따르면 블록체인 데이터는 블록과 블록체인의 연결을 유지하면서 블록체인에 포함된 데이터를 변경하는 것이 어려워 무결성이 높다. 블록과 블록체인의 연결을 유지하면서 블록체인 데이터를 삭제할 수 있다면 해당 데이터는 무결성이 높다고 볼 수 없으므로, 보안성 또한 높다고 보기 어렵다.

→ 적절하지 않음!

④ 공개형 블록체인 기술은 같은 양의 데이터가 저장되는 데 걸리는 시간이 짧을수록 성능이 낮아진다.

높아진다

근거 ❷-1 블록체인 기술의 성능은 블록체인에 데이터가 저장되는 속도로 정의되며,

풀이 블록체인 기술의 성능은 블록체인에 데이터가 저장되는 속도로 정의된다. 따라서 공개형과 비공개형 모두 같은 양의 데이터가 저장되는 데 걸리는 시간이 짧을수록 성능이 높아진다.

→ 적절하지 않음!

⑤ 블록이 블록체인에 연결되기 위해서는 블록의 데이터가 블록체인의 다른 데이터와 비교되어야 한다.

근거 ❶-4~5 노드들은 블록에 포함된 내용이 블록체인의 다른 블록에 있는 내용과 상충되지 않는지, 동일한 내용이 블록체인의 다른 블록에 이중으로 포함되어 있지 않은지 검증한다. 검증이 끝난 블록을 블록체인에 연결할지 여부는 모든 노드들이 참여하는 승인 과정을 통해 정해진다.

풀이 블록이 블록체인에 연결되기 위해서는 먼저 블록의 데이터가 블록체인의 다른 데이터와 상충되거나 중복되지 않는지에 대한 노드들의 검증이 이루어지고, 그 후 검증이 끝난 블록을 블록체인에 연결할지 여부를 정하는 승인 과정을 거쳐야 한다.

→ 적절함!

1등급 문제

**007** 추론의 적절성 판단 - 적절한 것 고르기 2025학년도 9월 모평 10번
정답률 50%, 매력적 오답 ④ 30% | 정답 ②

### ㉠의 이유로 가장 적절한 것은?

㉠ 블록체인에 포함된 데이터는 일부가 지워지더라도 복원이 용이하다.

근거 ❶-1~2 블록체인 기술은 데이터를 블록이라는 단위로 묶어 체인 형태로 연결한 것을 여러 대의 컴퓨터에 중복 저장하는 기술이다. 체인 형태로 연결된 블록의 집합을 블록체인이라 하고, 블록체인을 저장하는 컴퓨터를 노드라고 한다, ❸-5 무단 변경과 달리, 일부 데이터가 지워져도 승인된 원래의 데이터로 복원할 때는 승인 과정이 필요하지 않다.

풀이 블록체인 기술은 블록 단위로 묶은 데이터를 체인 형태로 연결한 '블록체인'을 여러 대의 컴퓨터, 즉 '여러 노드들'에 중복 저장하는 기술을 말한다. 이렇게 블록체인은 여러 노드들에 중복 저장되어 있기 때문에, 블록체인에 포함된 데이터의 일부가 지워지더라도 다른 노드에 중복 저장되어 있던 '승인된 원래의 데이터'를 별도의 승인 과정을 거치지 않고 복원할 수 있다. 즉 블록체인에 포함된 데이터의 일부가 지워지더라도 복원이 용이한 이유는 블록체인이 여러 노드들에 중복 저장되기 때문이다. 따라서 정답은 ②번이다.

① 블록체인에 포함된 데이터는 변경이 쉽기 때문이다.

근거 ❸-1 데이터가 무단으로 변경되기 어렵다는 성질을 무결성이라 하는데 무결성은 블록체인 기술의 대표적인 장점이다.

풀이 블록체인에 포함된 데이터는 무단으로 변경되기 어려우며, ㉠의 이유와도 관련이 없다.

② 블록체인이 여러 노드들에 중복 저장되기 때문이다.

→ 적절함!

③ 승인 과정에 참여하는 노드 수에 제한이 있기 때문이다.

근거 ❶-5 검증이 끝난 블록을 블록체인에 연결할지 여부는 모든 노드들이 참여하는 승인 과정을 통해 정해진다.

풀이 검증이 끝난 블록을 블록체인에 연결할지 여부를 정하는 승인 과정에는 모든 노드들이 참여하므로 승인 과정에 참여하는 노드 수에 제한이 있다는 내용은 적절하지 않으며, ㉠의 이유도 될 수 없다.

④ 데이터가 블록체인에 포함되기 위해서는 승인 과정을 필요로 하기 때문이다.

근거 ❶-5 검증이 끝난 블록을 블록체인에 연결할지 여부는 모든 노드들이 참여하는 승인 과정을 통해 정해진다, ❸-5 일부 데이터가 지워져도 승인된 원래의 데이터로 복원할 때는 승인 과정이 필요하지 않다.

풀이 새로 생성된 블록이 블록체인에 포함되기 위해서는 승인 과정이 필요하다. 그러나 ㉠은 이미 승인된 데이터가 일부 지워진 경우에 해당한다. 블록체인의 일부 데이터가 지워져도 승인된 원래의 데이터로 복원할 때는 승인 과정이 필요하지 않다고 하였으므로, '승인 과정을 필요로 하기 때문'이라는 것은 ㉠의 이유로 적절하지 않다.

⑤ 동일한 데이터가 블록체인에 연결된 서로 다른 블록에 이중으로 포함되어 있기 때문이다.

근거 ❶-4 노드들은 블록에 포함된 내용이 블록체인의 다른 블록에 있는 내용과 상충되지 않는지, 동일한 내용이 블록체인의 다른 블록에 이중으로 포함되어 있지 않은지 검증한다.

풀이 새로 생성된 블록이 노드들에 전파되면 노드들은 동일한 내용이 블록체인의 다른 블록에 이중으로 포함되어 있지 않은지 검증을 거친 뒤 승인 과정을 진행한다. 따라서 동일한 데이터가 블록체인에 연결된 서로 다른 블록에 이중으로 포함되어 있다고 보기 어려우며, ㉠의 이유와도 관련이 없다.

**008** 구체적인 사례에 적용 - 적절한 것 고르기 2025학년도 9월 모평 11번
정답률 65%, 매력적 오답 ② 15% | 정답 ③

### 윗글을 바탕으로 <보기>를 이해한 내용으로 가장 적절한 것은? [3점]

| 보기 |

[1]노드 수가 10개로 고정된 블록체인 기술을 사용하고 있는 A 업체는 이전에 사용하던 작업증명 대신 속도가 더 빠른 합의 알고리즘을 개발해, 유통 분야에서 요구되는 성능을 초과(超過, 일정한 수나 한도를 넘음) 달성했다(達成-, 이루었다.) [2]한편 B 업체는 최근 A 업체보다 데이터의 위조(僞造, 속일 목적으로 꾸며 진짜처럼 만듦) 불가능성을 향상시킨(向上-, 더 높인) 블록체인 기술을 개발했다. [3]이 기술은 노드 수에 제한이 없지만 현재는 200개의 노드가 참여하고 있다. [4]승인 과정에는 작업증명을 사용한다.

(비공개형 / 승인 과정에 걸리는 시간 / 응용 분야에 적용 가능할 만큼 성능이 높음 / 무결성 / 공개형)

확장성이

① A 업체의 블록체인 기술은 이전보다 확장성과 보안성이 모두 높아졌겠군.

근거 ❶-7 승인 과정에는 합의 알고리즘이 사용되고, 합의 알고리즘의 예로 '작업증명'이 있다, ❹-3 승인 과정에 걸리는 시간이 줄거나 노드 수가 감소하면 보안성은 낮아진다, ❹-6 확장성은 블록체인 기술이 목표로 하는 응용 분야에 적용 가능할 만큼 성능이 높고, 노드 수가 증가해도 서비스 유지가 가능하다는 성질

풀이 보안성은 승인 과정에 걸리는 시간이 줄거나 노드 수가 감소하면 낮아진다. <보기>에서 A 업체는 노드 수가 10개로 고정된 블록체인 기술을 사용하고 있어 노드 수는 감소하지는 않았지만, 작업증명 대신 속도가 더 빠른 합의 알고리즘을 개발해 승인 과정에 걸리는 시간이 줄었다. 따라서 A 업체의 블록체인 기술은 이전보다 보안성이 낮아졌다고 볼 수 있다. 한편 확장성은 블록체인 기술이 목표로 하는 응용 분야에 적용 가능할 만큼 성능이 높고, 노드 수가 증가해도 서비스 유지가 가능하다는 성질을 뜻한다. <보기>에서 A 업체의 블록체인 기술은 유통 분야에서 요구되는 성능을 초과 달성했다고 하였으므로, 이전보다 확장성이 높아졌다고 볼 수 있다. 따라서 A 업체의 블록체인 기술은 이전보다 확장성이 높아졌다고 볼 수 있지만, 보안성은 높아졌다고 볼 수 없다.

→ 적절하지 않음!

보안성이

② B 업체의 블록체인 기술은 노드 수가 증가할수록 보안성과 확장성이 모두 높아지겠군.

근거 ❹-3 승인 과정에 걸리는 시간이 줄거나 노드 수가 감소하면 보안성은 낮아진다, ❹-7 노드 수가 증가하면 성능이 저하되므로, 확장성이 높다는 것은 노드 수가 증가하더라도 성능 저하가 크지 않다는 것을 의미한다.

풀이 노드 수가 감소하면 보안성은 낮아진다고 하였으므로, 노드 수가 증가하면 보안성

이 높아질 것임을 추론할 수 있다. 한편 윗글에 따르면 노드 수가 증가하면 성능은 저하되므로, 현재에서 기술의 변화 없이 노드 수만 증가한다면 B 업체의 블록체인 기술은 확장성이 낮아진다고 볼 수 있다. 따라서 B 업체의 블록체인 기술은 노드 수가 증가할수록 보안성은 높아지고 확장성은 낮아질 것이다.

→ 적절하지 않음!

③ **B 업체의 블록체인 기술은 노드 수가 감소하면 성능은 높아지고 탈중앙성이 낮아지겠군.**

근거 ❹-5 노드 수가 감소하면 탈중앙성은 낮아진다, ❹-7 노드 수가 증가하면 성능이 저하되므로, 확장성이 높다는 것은 노드 수가 증가하더라도 성능 저하가 크지 않다는 것을 의미한다.

풀이 윗글에서 노드 수가 감소하면 탈중앙성은 낮아지고, 노드 수가 증가하면 성능이 저하된다고 하였다. 따라서 B 업체의 블록체인 기술은 노드 수가 감소하면 성능은 높아지고, 탈중앙성은 낮아질 것이다.

→ 적절함!

④ **A 업체의 블록체인 기술은 B 업체와 달리 공개형이고, B 업체보다 탈중앙성이 낮겠군.** (비공개형)

근거 ❷-3 비공개형은 공개형과 달리 노드 수에 제한을 두고, ❹-5 노드 수가 감소하면 탈중앙성은 낮아진다.

풀이 <보기>에서 A 업체는 노드 수가 10 개로 고정된 블록체인 기술을 사용하고 있다. 이는 노드 수에 제한을 둔 비공개형 블록체인 기술에 해당한다. 한편 B 업체가 개발한 블록체인 기술은 노드 수에 제한이 없으므로 공개형에 해당한다. 또한 윗글에서 노드 수가 감소하면 탈중앙성은 낮아진다고 하였으므로, 노드 수가 10 개인 A 업체가 노드 수가 200 개인 B 업체보다 탈중앙성이 낮다.

→ 적절하지 않음!

⑤ **A 업체의 블록체인 기술은 B 업체와 승인 과정이 다르고, B 업체보다 무결성이 높겠군.** (낮겠군)

근거 <보기>-1 A 업체는 이전에 사용하던 작업증명 대신 속도가 더 빠른 합의 알고리즘을 개발, <보기>-2 B 업체는 최근 A 업체보다 데이터의 위조 불가능성을 향상시킨 블록체인 기술을 개발, <보기>-4 (B 업체는) 승인 과정에는 작업증명을 사용, ❶-7 승인 과정에는 합의 알고리즘이 사용되고, 합의 알고리즘의 예로 '작업증명'이 있다, ❸-1 데이터가 무단으로 변경되기 어렵다는 성질을 무결성이라 하는데

풀이 <보기>에서 A 업체는 작업증명 대신 속도가 더 빠른 합의 알고리즘을 개발해 사용하고, B 업체는 승인 과정에 작업증명을 사용한다. 즉 A 업체의 블록체인 기술과 B 업체의 블록체인 기술은 서로 다른 합의 알고리즘을 사용하므로, 승인 과정이 서로 다르다. 한편 무결성은 데이터가 무단으로 변경되기 어렵다는 성질을 뜻한다. <보기>에서 B 업체는 A 업체보다 데이터의 위조 불가능성을 향상시킨 블록체인 기술을 개발했다고 하였으므로, B 업체의 블록체인 기술의 무결성이 A 업체보다 높다.

→ 적절하지 않음!

**[009~012] 다음 글을 읽고 물음에 답하시오.**

**1** [1]최근의 3D 애니메이션(3차원의 입체 공간에서 3차원 모델이나 캐릭터를 등장시켜 움직임을 재현한 것. 3D는 3차원을 뜻하는 Three Dimension의 약자임)은 섬세한 입체 영상을 구현하여(具現–, 구체적으로 나타나게 하여) 실물(實物, 실제로 있는 물건이나 사람)을 촬영한 것 같은 느낌을 준다. [2]실물을 촬영하여 얻은 자연 영상을 그대로 화면에 표시할 때와 달리 3D 합성 영상을 생성(生成, 생겨 이루어지게 함), 출력하기(出力–, 입력된 내용을 나오게 하기) 위해서는 모델링과 렌더링을 거쳐야 한다.

→ 3D 합성 영상의 생성과 출력을 위한 모델링과 렌더링

**2** [1]모델링은 3차원(三次元, 상하, 좌우, 전후의 세 방향으로 이루어진) 가상 공간(假想空間, 컴퓨터에 의해 만들어진, 현실이 아닌 공간)에서 물체의 모양과 크기, 공간적인 위치, 표면(表面, 사물의 가장 바깥쪽) 특성 등과 관련된 고유(固有, 처음부터 가지고 있는 특유한 것)의 값을 설정하거나 수정하는 단계이다. [2]모양과 크기를 설정할 때 주로 3 개의 정점(定點, 장소, 위치 따위를 정해 놓은 일정한 점)으로 형성되는(形成–, 이루어지는) 삼각형을 활용한다. [3]작은 삼각형의 조합(組合, 여럿을 한데 모아 한 덩어리로 짬)으로 이루어진 그물과 같은 형태로 물체 표면을 표현하는 방식이다. [4]이 방법으로 복잡한 굴곡(屈曲, 이리저리 굽어 꺾여 있음)이 있는 표면도 정밀하게(精密–, 아주 정교하고 치밀하여 빈틈이 없고 자세하게) 표현할 수 있다. [5]이때 삼각형의 꼭짓점들은 물체의 모양과 크기를 결정하는 정점이 되는데, 이 정점들의 개수는 물체가 변형되어도(變形–, 모양이나 형태가 달라져도) 변하지 않으며, 정점들의 상대적(相對的, 서로 비교되는 관계에서의) 위치는 물체 고유의 모양이 변하지 않는 한 달라지지 않는다. [6]물체가 커지거나 작아지는 경우에는 정점 사이의 간격이 넓어지거나 좁아지고, 물체가 회전하거나 이동하는 경우에는 정점들이 간격을 유지하면서 회전축(回轉軸, 회전의 중심이 되는 직선)을 중심으로 회전하거나 동일(同一, 똑같은) 방향으로 동일 거리만큼 이동한다. [7]물체 표면을 구성하는 각 삼각형 면에는 고유의 색과 질감(質感, 재료가 가진 성질의 차이에서 받는 느낌) 등을 나타내는 표면 특성이 하나씩 지정된다.(指定–, 가리켜져 확실하게 정해진다.)

**〈참고 사진〉**

❷-3~4 모델링은 작은 삼각형의 조합으로 이루어진 그물과 같은 형태로 물체 표면을 표현하는 방식이다. 이 방법으로 복잡한 굴곡이 있는 표면도 정밀하게 표현할 수 있다.

→ 모델링의 개념과 과정

**3** [1]공간에서의 입체에 대한 정보인 이 데이터(모델링 데이터)를 활용하여, 물체를 어디에서 바라보는가를 나타내는 관찰 시점을 기준으로 2차원(二次元, 상하, 좌우의 두 방향으로 이루어진 평면)의 화면을 생성하는 것이 렌더링이다. [2]전체 화면을 잘게 나눈 점이 화소(畫 그림 화 素 바탕 소)인데, 정해진 개수의 화소로 화면을 표시하고 각 화소별로 밝기나 색상 등을 나타내는 화솟값이 부여된다.(賦與–, 나뉘어 주어진다.) [3]렌더링 단계에서는 화면 안에서 동일 물체라도 멀리 있는 경우는 작게, 가까이 있는 경우는 크게 보이는 원리를 활용하여 화솟값을 지정함으로써 물체의 원근감(遠近感, 멀고 가까운 거리에 대한 느낌)을 구현한다. [4]표면 특성을 나타내는 값을 바탕으로, 다른 물체에 가려짐이나 조명에 의해 물체 표면에 생기는 명암(明 밝다 명 暗 어둡다 암), 그림자 등을 고려하여 화솟값을 정해 줌으로써 물체의 입체감(立體感, 3차원의 공간적 부피를 가진 물체를 보는 것과 같은 느낌)을 구현한다. [5]화면을 구성하는 모든 화소의 화솟값이 결정되면 하나의 프레임(frame, 연속된 영상을 구현하는 한 장면 한 장면의 정지 영상)이 생성된다. [6]이(생성된 프레임)를 화면출력장치를 통해 모니터에 표시하면 정지 영상이 완성된다.

→ 렌더링의 개념과 과정

**4** [1]모델링과 렌더링을 반복하여 생성된 프레임들을 순서대로 표시하면 동영상이 된다. [2]프레임을 생성할 때, 모델링과 관련된 계산을 완료한 후 그 결과를 이용하여 렌더링을 위한 계산을 한다. [3]이때 정점의 개수가 많을수록, 해상도(解像度, 영상의 가로와 세로가 몇 개의 점으로 구성되어 있는지를 뜻하는 말로, 화면에서 그림이나 글씨가 어느 정도 정밀하게 표현되는지를 나타냄)가 높아 출력 화소의 수가 많을수록 연산(演算, 식이 나타난 일정한 규칙에 따라 계산함) 양이 많아져 연산 시간이 길어진다. [4]컴퓨터의 중앙처리장치(CPU)는 데이터 연산을 하나씩 순서대로 수행하기(遂行–, 일을 해내기) 때문에 과도한(過度–, 정도에 지나친) 양의 데이터가 집중되면 미처 연산되지 못한 데이터가 차례를 기다리는 병목 현상(甁目現象, 도로의 폭이 병목처럼 갑자기 좁아진 곳에서 일어나는 교통 정체 현상. 여기서는 많은 양의 데이터를 순식간에 내보내더라도 메모리가 이를 제대로 소화하지 못해 성능이 떨어지는 현상을 의미함)이 생겨 프레임이 완성되는 데 오랜 시간이 걸린다. [5]CPU의 그래픽 처리 능력을 보완하기 위해 개발된 ㉠ 그래픽처리장치(GPU)는 연산을 비롯한 데이터 처리를 독립적으로 수행할 수 있는 장치인 코어(core, 컴퓨터 프로세서 내부의 핵심 연산 장치)를 수백에서 수천 개씩 탑재하고(搭載–, 가지고) 있다. [6]GPU의 각 코어는 그래픽 연산에 특화된(特化–, 전문화된) 연산만을 할 수 있고 CPU의 코어에 비해서 저속(低速, 느린 속도)으로 연산한다. [7]하지만 GPU는 동일한 연산을 여러 번 수행해야 하는 경우, 고속(高速, 매우 빠른 속도)으로 출력 영상을 생성할 수 있다. [8]왜냐하면 GPU는 한 번의 연산에 쓰이는 데이터들을 순차적으로(順次的–, 순서를 따라 차례대로) 각 코어에 전송한 후, 전체 코어에 하나의 연산 명령어를 전달하면, 각 코어는 모든 데이터를 동시에 연산하여 연산 시간이 짧아지기 때문이다.

→ 프레임 생성 과정에서 그래픽처리장치(GPU)의 활용

■지문 이해

〈3D 합성 영상의 생성, 출력을 위한 모델링과 렌더링〉

**❶ 3D 합성 영상의 생성과 출력을 위한 모델링과 렌더링**

• 자연 영상을 그대로 화면에 표시할 때와 달리 3D 합성 영상을 생성, 출력하기 위해서는 모델링과 렌더링을 거쳐야 함

**❷ 모델링의 개념과 과정**

• 모델링 : 3차원 가상 공간에서 물체의 모양과 크기, 공간적 위치, 표면 특성 등과 관련된 고유의 값을 설정하거나 수정하는 단계
• 3 개의 정점으로 형성되는 삼각형을 활용하여 모양과 크기를 설정함
• 정점
  - 물체가 변형되어도 개수가 변하지 않으며, 물체 고유의 모양이 변하지 않는 한 상대적 위치도 달라지지 않음
  - 물체가 커지거나 작아지는 경우 간격이 넓어지거나 좁아짐
  - 물체가 회전하거나 이동하는 경우 회전축을 중심으로 회전하거나 동일 방향으로 동일 거리만큼 이동함
• 물체 표면을 구성하는 각 삼각형 면에는 표면 특성이 하나씩 지정됨

**❸ 렌더링의 개념과 과정**

• 렌더링 : 모델링 데이터를 활용하여, 물체를 관찰하는 시점을 기준으로 2차원의 화면을 생성하는 것
• 정해진 개수의 화소로 화면을 표시하고 각 화소별로 화솟값이 부여됨
• 화솟값 지정을 통해 물체의 원근감과 입체감을 구현함
• 화면을 구성하는 모든 화소의 화솟값이 결정되면 하나의 프레임이 생성되고, 이를 화면출력장치를 통해 모니터에 표시하면 정지 영상이 완성됨

**❹ 프레임 생성 과정에서 그래픽처리장치(GPU)의 활용**

• 모델링과 렌더링을 반복하여 생성된 프레임들을 순서대로 표시하면 동영상이 됨
• 프레임 생성 시 CPU의 그래픽 처리 능력을 보완하기 위해 GPU가 개발됨
• GPU
  - 데이터 처리를 독립적으로 수행할 수 있는 장치인 코어가 수백에서 수천 개씩 탑재되어 있음
  - 각 코어는 그래픽 연산에 특화된 연산만 할 수 있고, CPU 코어에 비해 저속으로 연산함
  - 동일 연산을 반복 수행할 경우 고속으로 출력 영상을 생성할 수 있음

1등급 문제

**009** 세부 정보 이해 - 적절하지 않은 것 고르기 2021학년도 수능 34번 정답률 55%, 매력적 오답 ③ 20% ⑤ 10% | 정답 ②

## 윗글에 대한 이해로 적절하지 않은 것은?

**① 자연 영상은 모델링과 렌더링 단계를 거치지 않고 생성된다.**

근거 ❶-2 자연 영상을 그대로 화면에 표시할 때와 달리 3D 합성 영상을 생성, 출력하기 위해서는 모델링과 렌더링을 거쳐야 한다.

풀이 3D 합성 영상을 생성, 출력하기 위해서는 '자연 영상을 그대로 화면에 표시할 때와 달리' 모델링과 렌더링을 거쳐야 한다고 하였으므로, 자연 영상을 그대로 화면에 표시할 때는 모델링과 렌더링 단계를 거치지 않음을 알 수 있다.

→ 적절함!

**② 렌더링에서 사용되는 물체 고유의 표면 특성은 화솟값에 의해 결정된다.**

근거 ❷-1 모델링은 3차원 가상 공간에서 물체의 모양과 크기, 공간적인 위치, 표면 특성 등과 관련된 고유의 값을 설정하거나 수정하는 단계, ❷-3 작은 삼각형의 조합으로 이루어진 그물과 같은 형태로 물체 표면을 표현하는 방식, ❷-7 물체 표면을 구성하는 각 삼각형 면에는 고유의 색과 질감 등을 나타내는 표면 특성이 하나씩 지정된다, ❸-3~4 렌더링 단계에서는 … 화솟값을 지정함으로써 물체의 원근감을 구현한다. … 화솟값을 정해 줌으로써 물체의 입체감을 구현한다.

풀이 물체 고유의 표면 특성은 렌더링 단계가 아니라 모델링 단계에서 지정된다. 또한 화솟값은 물체의 원근감과 입체감을 구현하는 데 활용되는 것으로, 표면 특성과는 관련이 없다.

→ 적절하지 않음!

**③ 물체의 원근감과 입체감은 관찰 시점을 기준으로 구현한다.**

근거 ❸-1 물체를 어디에서 바라보는가를 나타내는 관찰 시점을 기준으로 2차원의 화면을 생성하는 것이 렌더링이다, ❸-3~4 렌더링 단계에서는 … 원근감을 구현한다. … 화솟값을 정해 줌으로써 물체의 입체감을 구현한다.

풀이 물체의 원근감과 입체감의 구현은 렌더링 단계에서 이루어지는데, 렌더링은 관찰 시점을 기준으로 한다.

→ 적절함!

**④ 3D 영상을 재현하는 화면의 해상도가 높을수록 연산 양이 많아진다.**

근거 ❹-3 해상도가 높아 출력 화소의 수가 많을수록 연산 양이 많아져 연산 시간이 길어진다.

→ 적절함!

**⑤ 병목 현상은 연산할 데이터의 양이 처리 능력을 *초과할 때 발생한다.** *超過-. 일정한 한도를 넘을

근거 ❹-4 컴퓨터의 중앙처리장치(CPU)는 데이터 연산을 하나씩 순서대로 수행하기 때문에 과도한 양의 데이터가 집중되면 미처 연산되지 못한 데이터가 차례를 기다리는 병목 현상이 생겨 프레임이 완성되는 데 오랜 시간이 걸린다.

→ 적절함!

**010** 핵심 개념 이해 - 적절한 것 고르기 2021학년도 수능 35번 정답률 80% | 정답 ②

## 모델링에 대한 설명으로 가장 적절한 것은?

**① 다른 물체에 가려져 보이지 않는 부분에 있는 삼각형의 정점들의 위치는 계산하지 않는다.**

근거 ❷-1 모델링은 3차원 가상 공간에서 물체의 모양과 크기, 공간적인 위치, 표면 특성 등과 관련된 고유의 값을 설정하거나 수정하는 단계, ❷-5 삼각형의 꼭짓점들은 물체의 모양과 크기를 결정하는 정점이 되는데,

풀이 모델링은 3차원 가상 공간에서 물체 고유의 값을 설정·수정하는 단계이고, 이때 삼각형의 정점들은 물체의 모양과 크기를 결정한다고 하였으므로, 모델링 단계에서는 그 물체에 해당하는 모든 정점들의 위치를 계산한다. 다른 부분에 가려져 보이지 않는 부분을 고려하는 것은 관찰 시점을 기준으로 화면을 생성하는 렌더링과 관련된 내용이다.

→ 적절하지 않음!

**② 삼각형들을 조합함으로써 물체의 복잡한 곡면을 *정교하게 표현할 수 있다.** *精巧-. 정밀하고 교묘하게

근거 ❷-3~4 작은 삼각형의 조합으로 이루어진 그물과 같은 형태로 물체 표면을 표현하는 방식이다. 이 방법으로 복잡한 굴곡이 있는 표면도 정밀하게 표현할 수 있다.

→ 적절함!

**③ 하나의 작은 삼각형에 다양한 색상의 표면 특성들을 함께 부여한다.** (고유한, 하나씩)

근거 ❷-7 물체 표면을 구성하는 각 삼각형 면에는 고유의 색과 질감 등을 나타내는 표면 특성이 하나씩 지정된다.

→ 적절하지 않음!

**④ 공간상에 위치한 정점들을 2차원 평면에 존재하도록 배치한다.** (렌더링)

근거 ❸-1 공간에서의 입체에 대한 정보인 이 데이터를 활용하여, 물체를 어디에서 바라보는가를 나타내는 관찰 시점을 기준으로 2차원의 화면을 생성하는 것이 렌더링이다.

풀이 공간에서의 입체에 대한 정보를 2차원 평면에 생성하는 것은 모델링이 아니라 렌더링에 대한 설명이다.

→ 적절하지 않음!

**⑤ 다양하게 변할 수 있는 관찰 시점을 순차적으로 저장한다.** (렌더링)

근거 ❸-1 물체를 어디에서 바라보는가를 나타내는 관찰 시점을 기준으로 2차원의 화면을 생성하는 것이 렌더링이다.

풀이 관찰 시점을 기준으로 하는 것은 모델링이 아니라 렌더링에 대한 설명이다.

→ 적절하지 않음!

1등급 문제

**011** 추론의 적절성 판단 - 적절한 것 고르기 2021학년도 수능 36번
정답률 40%, 매력적 오답 ② 15% ③ 15% ⑤ 25%
정답 ④

## ㉠에 대한 추론으로 적절한 것은?

㉠ 그래픽처리장치(GPU)

▶ 지문 핵심 개념 정리

| 그래픽처리장치(GPU) |
|---|
| • GPU에 탑재된, 데이터 처리를 독립적으로 수행할 수 있는 장치인 코어는 그래픽 연산에 특화된 연산만을 할 수 있고 CPU의 코어에 비해서 저속으로 연산함(❹-5~6)<br>• 동일한 연산을 여러 번 수행해야 하는 경우, 고속으로 출력 영상 생성 가능 ← 한 번의 연산에 쓰이는 데이터들을 순차적으로 각 코어에 전송한 후, 전체 코어에 하나의 연산 명령어를 전달하면, 각 코어는 모든 데이터를 동시에 연산하여 연산 시간이 짧아지기 때문(❹-7~8) |

**① 동일한 개수의 정점 위치를 연산할 때, 동시에 연산을 수행하는 코어의 개수가 많아지면 총 연산 시간이 길어진다.**
짧아진다

풀이 전체 코어에 하나의 연산 명령어를 전달했을 때 같은 연산 명령어를 전달받은 코어들은 데이터를 동시에 연산하므로, 동시에 연산을 수행하는 코어의 개수가 많아지면 총 연산 시간이 짧아진다.

→ 적절하지 않음!

**② 정점의 위치를 구하기 위한 10 개의 연산을 10 개의 코어에서 동시에 진행하려면, 10 개의 연산 명령어가 필요하다.**
하나

풀이 정점의 위치를 구하기 위한 10 개의 연산을 10 개의 코어에서 동시에 진행하려면, 연산에 쓰이는 데이터들을 순차적으로 각 코어에 전송한 후 10 개의 코어에 하나의 연산 명령어를 전달하면 각 코어는 모든 데이터를 동시에 연산할 수 있다.

→ 적절하지 않음!

**③ 1 개의 코어만 작동할 때, 정점의 위치를 구하기 위한 연산 시간은 1 개의 코어를 가진 CPU의 연산 시간과 같다.**
보다 느리다

풀이 GPU의 각 코어는 CPU의 코어에 비해서 저속으로 연산한다고 하였으므로, 1 개의 코어만 작동할 때 GPU의 연산 시간은 CPU의 연산 시간보다 느리다.

→ 적절하지 않음!

**④ 정점 위치를 구하기 위한 각 데이터의 연산을 하나씩 순서대로 처리해야 한다면, 다수의 코어가 작동하는 경우 총 연산 시간은 1 개의 코어만 작동하는 경우의 총 연산 시간과 같다.**

풀이 GPU는 한 번의 연산에 쓰이는 데이터들을 순차적으로 각 코어에 모두 전송한 후, 전체 코어에 하나의 연산 명령어를 전달하면 각 코어가 모든 데이터를 동시에 연산하여 연산 시간이 짧아진다. 그러나 각 데이터의 연산을 하나씩 순서대로 처리해야 한다면, 하나의 코어에서 하나의 데이터에 대한 연산이 이루어진 후 다음 코어에서 그 다음 데이터에 대한 연산이 순차적으로 이루어지게 된다. 즉 다수의 코어가 작동한다고 하더라도 다수의 코어가 동시에 연산하는 경우가 아니므로, 다수의 코어가 작동할 때와 1 개의 코어만 작동할 때의 총 연산 시간은 같다.

→ 적절함!

**⑤ 정점 위치를 구하기 위해 연산해야 할 10 개의 데이터를 10 개의 코어에서 처리할 경우, 모든 데이터를 모든 코어에 전송하는 시간은 1 개의 데이터를 1 개의 코어에 전송하는 시간과 같다.**
보다 길다

풀이 GPU는 한 번의 연산에 쓰이는 데이터들을 순차적으로 각 코어에 전송한다고 하였으므로, 10 개의 데이터를 10 개의 코어에 전송하는 시간은 1 개의 데이터를 1 개의 코어에 전송하는 시간보다 길다.

→ 적절하지 않음!

1등급 문제

**012** 구체적인 사례에 적용 - 적절하지 않은 것 고르기 2021학년도 수능 37번
정답률 40%, 매력적 오답 ① 25% ③ 10% ⑤ 20%
정답 ④

## 다음은 3D 애니메이션 제작을 위한 계획의 일부이다. 윗글을 바탕으로 할 때 적절하지 않은 것은? [3점]

| | [장면 구상] | [장면 스케치] |
|---|---|---|
| 장면 1 | 주인공 '네모'가 얼굴을 정면으로 향한 채 입에 아직 불지 않은 풍선을 물고 있다. | |
| 장면 2 | '네모'가 바람을 불어 넣어 풍선이 점점 커진다. | |
| 장면 3 | 풍선이 더 이상 커지지 않고 모양을 유지한 채, '네모'는 풍선과 함께 하늘로 날아올라 점점 멀어지는 모습이 보인다. | |

**① 장면 1의 렌더링 단계에서 풍선에 가려 보이지 않는 입 부분의 삼각형들의 표면 특성은 화솟값을 구하는 데 사용되지 않겠군.**

근거 ❸-1 물체를 어디에서 바라보는가를 나타내는 관찰 시점을 기준으로 2차원의 화면을 생성하는 것이 렌더링

풀이 렌더링은 물체를 바라보는 관찰 시점을 기준으로 2차원의 화면을 생성하는 것이다. 장면 1은 주인공의 얼굴을 정면으로 바라보는 관찰 시점을 기준으로 하는데, 이때 풍선에 가려 보이지 않는 입 부분은 2차원의 화면에 생성되지 않으므로, 보이지 않는 입 부분의 삼각형들의 표면 특성은 화솟값을 구하는 데 사용되지 않는다.

→ 적절함!

**② 장면 2의 모델링 단계에서 풍선에 있는 정점의 개수는 유지되겠군.**

근거 ❷-5 (모델링 단계에서) 삼각형의 꼭짓점들은 물체의 모양과 크기를 결정하는 정점이 되는데, 이 정점들의 개수는 물체가 변형되어도 변하지 않으며

풀이 모델링 단계에서 정점의 개수는 물체가 변형되어도 변하지 않는다. 따라서 '네모'가 바람을 불어 넣어 풍선이 커진다고 하더라도, 풍선에 있는 정점의 개수는 변하지 않을 것이다.

→ 적절함!

**③ 장면 2의 모델링 단계에서 풍선에 있는 정점 사이의 거리가 멀어지겠군.**

근거 ❷-5~6 (모델링 단계에서) 삼각형의 꼭짓점들은 물체의 모양과 크기를 결정하는 정점이 되는데, … 물체가 커지거나 작아지는 경우에는 정점 사이의 간격이 넓어지거나 좁아지고

풀이 모델링 단계에서 물체가 커지는 경우 정점 사이의 간격이 넓어진다. 따라서 '네모'가 바람을 불어 넣어 풍선이 점점 커지면, 정점 사이의 간격이 넓어질 것이다.

→ 적절함!

**④ 장면 3의 모델링 단계에서 풍선에 있는 정점들이 이루는 삼각형들이 작아지겠군.**

근거 ❷-1 모델링은 3차원 가상 공간에서 물체의 모양과 크기, 공간적인 위치, 표면 특성 등과 관련된 고유의 값을 설정하거나 수정하는 단계, ❷-5 (모델링 단계에서) 삼각형의 꼭짓점들은 물체의 모양과 크기를 결정하는 정점이 되는데, … 정점들의 상대적 위치는 물체 고유의 모양이 변하지 않는 한 달라지지 않는다, ❸-3 렌더링 단계에서는 화면 안에서 동일 물체라도 멀리 있는 경우는 작게, 가까이 있는 경우는 크게 보이는 원리를 활용하여 화솟값을 지정함으로써 물체의 원근감을 구현한다.

풀이 모델링은 물체의 모양과 크기, 공간적인 위치, 표면 특성 등과 관련된 고유의 값을 설정하거나 수정하는 단계이다. 장면 3에서 풍선의 크기는 '더 이상 커지지 않고 모양을 유지한다'고 하였으므로, 모델링 단계에서 풍선에 있는 정점들이 이루는 삼각형들의 크기는 달라지지 않을 것이다. 한편 장면 3에서 '네모'가 풍선과 함께 하늘로 날아올라 점점 멀어지는 원근감은 모델링 단계가 아니라 렌더링 단계에서 구현한다. 따라서 장면 3의 모델링 단계에서 풍선에 있는 정점들이 이루는 삼각형들이 작아질 것이라는 설명은 적절하지 않다.

→ 적절하지 않음!

**⑤ 장면 3의 렌더링 단계에서 전체 화면에서 화솟값이 부여되는 화소의 개수는 변하지 않겠군.**

**근거** ❸-2 전체 화면을 잘게 나눈 점이 화소인데, 정해진 개수의 화소로 화면을 표시하고 각 화소별로 밝기나 색상 등을 나타내는 화솟값이 부여된다.

**풀이** 전체 화면을 잘게 나눈 점이 화소이며, 정해진 개수의 화소로 표시한다고 하였다. 따라서 장면 3의 렌더링 단계에서 전체 화면의 화소의 개수는 변하지 않는다.

→ 적절함!

**[013~017] 다음 글을 읽고 물음에 답하시오.**

1 [1]디지털 통신 시스템은 송신기(送信機, 데이터를 보내는 장치), 채널(channel, 전송 통로), 수신기(受信機, 데이터를 받아 정보를 얻는 장치)로 구성되며, ⓐ 전송할 데이터를 빠르고 정확하게 전달하기 위해 부호화(符號化, 정보를 표준화된 형태로 변환하는) 과정을 거쳐 전송한다. [2]영상, 문자 등인 데이터는 ⓑ 기호 집합에 있는 기호들의 조합(組合, 여럿을 모아 하나로 짠 덩어리)이다. [3]예를 들어 기호 집합 {a, b, c, d, e, f}에서 기호들을 조합한 add, cab, beef 등이 데이터이다. [4]정보량은 어떤 기호가 발생했다는 것을 알았을 때 얻는 정보의 크기이다. [5]어떤 기호 집합에서 특정 기호의 발생 확률이 높으면 그 기호의 정보량은 적고, 발생 확률이 낮으면 그 기호의 정보량은 많다. [6]기호 집합의 평균 정보량*을 기호 집합의 엔트로피라고 하는데 모든 기호들이 동일한(同一, 똑같은) 발생 확률을 가질 때 그 기호 집합의 엔트로피는 최댓값을 갖는다.

→ 디지털 통신 시스템의 구성 및 관련 용어

2 [1]송신기에서는 소스 부호화, 채널 부호화, 선 부호화를 거쳐 기호를 ⓒ 부호로 변환한다.(變換-, 바꾼다.) [2]소스 부호화는 데이터를 압축하기 위해 기호를 0과 1로 이루어진 부호로 변환하는 과정이다. [3]어떤 기호가 110과 같은 부호로 변환되었을 때 0 또는 1을 비트라고 하며 이 부호의 비트 수는 3이다. [4]이때 기호 집합의 엔트로피는 기호 집합에 있는 기호를 부호로 표현하는 데 필요한 평균 비트 수의 최솟값이다. [5]전송된 부호를 수신기에서 원래의 기호로 ⓓ 복원하려면 부호들의 평균 비트 수가 기호 집합의 엔트로피보다 크거나 같아야 한다. [6]기호 집합을 엔트로피에 최대한 가까운 평균 비트 수를 갖는 부호들로 변환하는 것을 엔트로피 부호화라 한다. [7]그중 하나인 '허프만 부호화'에서는 발생 확률이 높은 기호에는 비트 수가 적은 부호를, 발생 확률이 낮은 기호에는 비트 수가 많은 부호를 할당한다.(割當-, 나누어 준다.)

→ 송신기의 부호 변환 과정 ①: 소스 부호화

3 [1]채널 부호화는 오류를 검출하고(檢出-, 검사하여 찾아내고) 정정하기(訂正-, 잘못을 고쳐 바로잡기) 위하여 부호에 잉여(剩餘, 나머지) 정보를 추가하는 과정이다. [2]송신기에서 부호를 전송하면 채널의 잡음으로 인해 오류가 발생하는데 이 문제를 해결하기 위해 잉여 정보를 덧붙여 전송한다. [3]채널 부호화 중 하나인 '삼중 반복 부호화'는 0과 1을 각각 000과 111로 부호화한다. [4]이때 수신기에서는 수신한 부호에 0이 과반수(過半數, 절반이 넘는 수)인 경우에는 0으로 판단하고, 1이 과반수인 경우에는 1로 판단한다. [5]즉 수신기에서 수신된 부호가 000, 001, 010, 100 중 하나라면 0으로 판단하고, 그 이외에는 1로 판단한다. [6]이렇게 하면 000을 전송했을 때 하나의 비트에서 오류가 생겨 001을 수신해도 0으로 판단하므로 오류는 정정된다. [7]채널 부호화를 하기 전 부호의 비트 수를, 채널 부호화를 한 후 부호의 비트 수로 나눈 것을 부호율이라 한다. [8]삼중 반복 부호화의 부호율은 약 0.33이다.

→ 송신기의 부호 변환 과정 ②: 채널 부호화

4 [1]채널 부호화를 거친 부호들을 채널을 통해 전송하려면 부호들을 전기 신호로 변환해야 한다. [2]0 또는 1에 해당하는 전기 신호의 전압을 결정하는 과정이 선 부호화이다. [3]전압의 ⓔ 결정 방법은 선 부호화 방식에 따라 다르다. [4]선 부호화 중 하나인 '차동 부호화'는 부호의 비트가 0이면 전압을 유지하고 1이면 전압을 변화시킨다. [5]차동 부호화를 시작할 때는 기준 신호가 필요하다. [6]예를 들어 차동 부호화 직전의 기준 신호가 양(+)의 전압이라면 부호 0110은 '양, 음, 양, 양'의 전압을 갖는 전기 신호로 변환된다. [7]수신기에서는 송신기와 동일한 기준 신호를 사용하여, 전압의 변화가 있으면 1로 판단하고 변화가 없으면 0으로 판단한다.

• ❹-6 보충 설명

| 부호 | 0110 | | | |
|---|---|---|---|---|
| 전기 신호 변환<br>기준 신호 : 양(+) | 0<br>(전압 유지)<br>양 | 1<br>(전압 변화)<br>음 | 1<br>(전압 변화)<br>양 | 0<br>(전압 유지)<br>양 |

→ 송신기의 부호 변환 과정 ③: 선 부호화

* 평균 정보량 : 각 기호의 발생 확률과 정보량을 서로 곱하여 모두 더한 것

■ 지문 이해

〈디지털 통신 시스템의 부호화 과정〉

**❶ 디지털 통신 시스템의 구성 및 관련 용어**

- 디지털 통신 시스템 : 송신기, 채널, 수신기로 구성되며, 부호화 과정을 거쳐 데이터를 전송함
- 데이터 : 기호 집합에 있는 기호들의 조합
- 정보량 : 특정 기호의 발생 확률이 높으면 정보량은 적고, 발생 확률이 낮으면 정보량은 많음
- 기호 집합의 엔트로피 : 기호 집합의 평균 정보량. 모든 기호들이 동일한 발생 확률을 가질 때 그 기호 집합의 엔트로피는 최댓값을 가짐

**❷ 송신기의 부호 변환 과정 ① : 소스 부호화**

- 소스 부호화 : 데이터 압축을 위해 기호를 0, 1로 이루어진 부호로 변환하는 과정
- 엔트로피 부호화 : 기호 집합을 엔트로피에 최대한 가까운 평균 비트 수를 갖는 부호들로 변환하는 것
  - 허프만 부호화 : 발생 확률이 높은 기호에는 비트 수가 적은 부호를, 발생 확률이 낮은 기호에는 비트 수가 많은 부호를 할당함

**❸ 송신기의 부호 변환 과정 ② : 채널 부호화**

- 채널 부호화 : 오류를 검출하고 정정하기 위해 부호에 잉여 정보를 추가하는 과정
  - 삼중 반복 부호화 : 0과 1을 각각 000, 111로 부호화하여, 수신된 부호에 0이 과반수인 경우에는 0으로, 1이 과반수인 경우에는 1로 판단함 → 하나의 비트에 오류가 생겨도 오류가 정정됨
- 부호율 : $\frac{\text{채널 부호화 전 부호의 비트 수}}{\text{채널 부호화 후 부호의 비트 수}}$

**❹ 송신기의 부호 변환 과정 ③ : 선 부호화**

- 선 부호화 : 부호들을 전기 신호로 변환하기 위해 0 또는 1에 해당하는 전기 신호의 전압을 결정하는 과정
  - 차동 부호화 : 기준 신호에 따라 부호의 비트가 0이면 전압 유지, 1이면 전압 변화

**013** 세부 정보 이해 - 적절한 것 고르기 2018학년도 수능 38번 정답률 75% **정답 ②**

**윗글에서 알 수 있는 내용으로 적절한 것은?**

**① 영상 데이터는 채널 부호화 과정에서 압축된다.** (소스 부호화)

**근거** ❷-2 소스 부호화는 데이터를 압축하기 위해 기호를 0과 1로 이루어진 부호로 변환하는 과정이다.

**풀이** 영상 데이터 압축은 채널 부호화가 아니라 소스 부호화 과정에서 이루어진다.

→ 적절하지 않음!

**② 수신기에는 부호를 기호로 복원하는 기능이 있다.**

**근거** ❷-5 전송된 부호를 수신기에서 원래의 기호로 복원하려면 부호들의 평균 비트 수가 기호 집합의 엔트로피보다 크거나 같아야 한다.

**풀이** 전송된 부호를 수신기에서 원래의 기호로 복원한다.

→ 적절함!

**③ 잉여 정보는 데이터를 압축하기 위해 추가한 정보이다.** (오류 발생 문제 해결을 위해)

**근거** ❸-1~2 채널 부호화는 오류를 검출하고 정정하기 위하여 부호에 잉여 정보를 추가하는 과정이다. 송신기에서 부호를 전송하면 채널의 잡음으로 인해 오류가 발생하는데 이 문제를 해결하기 위해 잉여 정보를 덧붙여 전송한다.

Ⅳ 기술

**풀이** 잉여 정보는 부호 전송 과정에서 채널의 잡음으로 인한 오류 발생 문제를 해결하기 위해 추가한 정보이다.

→ 적절하지 않음!

**④ 영상을 전송할 때는 잡음으로 인한 오류가 발생하지 않는다.**

**근거** ❶-2 영상, 문자 등인 데이터, ❷-2 데이터를 압축하기 위해 기호를 … 부호로 변환, ❸-2 송신기에서 부호를 전송하면 채널의 잡음으로 인해 오류가 발생하는데 이 문제를 해결하기 위해 잉여 정보를 덧붙여 전송한다.

**풀이** 영상 데이터를 압축하여 부호로 변환한 것을 전송할 때, 채널의 잡음으로 인해 오류가 발생한다.

→ 적절하지 않음!

**⑤ 소스 부호화는 전송할 기호에 정보를 추가하여 오류에 대비하는 과정이다.**

**근거** ❸-1 채널 부호화는 오류를 검출하고 정정하기 위하여 부호에 잉여 정보를 추가하는 과정, ❷-2 소스 부호화는 데이터를 압축하기 위해 기호를 0과 1로 이루어진 부호로 변환하는 과정

**풀이** 잉여 정보를 추가하여 오류에 대비하는 것은 소스 부호화가 아니라 채널 부호화 과정에서 이루어진다.

→ 적절하지 않음!

| 014 | 추론의 적절성 판단 - 적절하지 않은 것 고르기 2018학년도 수능 39번<br>정답률 70%, 매력적 오답 ④ 10% | 정답 ② |
|---|---|---|

**윗글을 바탕으로, 2 가지 기호로 이루어진 기호 집합에 대해 이해한 내용으로 적절하지 않은 것은?**

**① 기호들의 발생 확률이 모두 1/2인 경우, 각 기호의 정보량은 동일하다.**

**근거** ❶-5 기호 집합에서 특정 기호의 발생 확률이 높으면 그 기호의 정보량은 적고, 발생 확률이 낮으면 그 기호의 정보량은 많다.

**풀이** 각 기호의 발생 확률이 모두 같다면, 정보량 또한 동일할 것이다.

→ 적절함!

**② 기호들의 발생 확률이 각각 1/4, 3/4인 경우의 평균 정보량이 최댓값이다.**

**근거** ❶-6 기호 집합의 평균 정보량을 기호 집합의 엔트로피라고 하는데 모든 기호들이 동일한 발생 확률을 가질 때 그 기호 집합의 엔트로피는 최댓값을 갖는다.

**풀이** 기호 집합의 평균 정보량인 기호 집합의 엔트로피는 모든 기호들이 동일한 발생 확률을 가질 때 최댓값을 갖는다고 하였으므로, 기호의 발생 확률이 각각 1/4, 3/4으로 서로 동일하지 않은 경우 그 기호 집합의 엔트로피는 최댓값이 아니다.

→ 적절하지 않음!

**③ 기호들의 발생 확률이 각각 1/4, 3/4인 경우, 기호의 정보량이 더 많은 것은 발생 확률이 1/4인 기호이다.**

**근거** ❶-5 어떤 기호 집합에서 특정 기호의 발생 확률이 높으면 그 기호의 정보량은 적고, 발생 확률이 낮으면 그 기호의 정보량은 많다.

**풀이** 기호 집합에서 특정 기호의 발생 확률이 낮으면 그 기호의 정보량이 많다고 하였으므로, 발생 확률이 1/4인 경우가 3/4인 경우보다 기호의 정보량이 더 많다.

→ 적절함!

**④ 기호들의 발생 확률이 모두 1/2인 경우, 기호를 부호화하는 데 필요한 평균 비트 수의 최솟값이 최대가 된다.**

**근거** ❶-6 모든 기호들이 동일한 발생 확률을 가질 때 그 기호 집합의 엔트로피는 최댓값을 갖는다, ❷-4 이때(기호를 부호로 변환할 때) 기호 집합의 엔트로피는 기호 집합에 있는 기호를 부호로 표현하는 데 필요한 평균 비트 수의 최솟값이다.

**풀이** 기호 집합에 있는 기호를 부호화하는 데 필요한 평균 비트 수의 최솟값인 '기호 집합의 엔트로피'는 모든 기호들이 동일한 발생 확률을 가질 때 최댓값을 갖는다. 따라서 기호들의 발생 확률이 모두 1/2로 동일할 경우, 기호 집합의 엔트로피는 최대가 된다.

→ 적절함!

**⑤ 기호들의 발생 확률이 각각 1/4, 3/4인 기호 집합의 엔트로피는 발생 확률이 각각 3/4, 1/4인 기호 집합의 엔트로피와 같다.**

**근거** ❶-5~6 어떤 기호 집합에서 특정 기호의 발생 확률이 높으면 그 기호의 정보량은 적고 … 기호 집합의 평균 정보량을 기호 집합의 엔트로피라고 하는데

**풀이** 기호 집합의 엔트로피는 기호 집합의 평균 정보량으로, 평균 정보량은 각 기호의 발생 확률과 정보량을 서로 곱하여 모두 더한 것이다. 기호들의 발생 확률은 정보량과 반비례하므로, 기호들의 발생 확률이 각각 1/4, 3/4인 기호 집합과 3/4, 1/4인 기호 집합의 평균 정보량은 서로 같다. 따라서 엔트로피 또한 같을 것이다.

→ 적절함!

1등급 문제

| 015 | 세부 정보 이해 - 적절한 것 고르기 2018학년도 수능 40번<br>정답률 60%, 매력적 오답 ① 15% ② 10% | 정답 ⑤ |
|---|---|---|

**윗글의 '부호화'에 대한 내용으로 적절한 것은?**

**① 선 부호화에서는 수신기에서 부호를 전기 신호로 변환한다.**

**근거** ❷-1 송신기에서는 소스 부호화, 채널 부호화, 선 부호화를 거쳐 기호를 부호로 변환한다, ❹-1~2 채널 부호화를 거친 부호들을 채널을 통해 전송하려면 부호들을 전기 신호로 변환해야 한다. 0 또는 1에 해당하는 전기 신호의 전압을 결정하는 과정이 선 부호화이다.

**풀이** 선 부호화는 데이터를 전송하는 '송신기'의 부호화 과정 중 일부이다.

→ 적절하지 않음!

**② 허프만 부호화에서는 정보량이 많은 기호에 상대적으로 비트 수가 적은 부호를 할당한다.**

**근거** ❷-7 '허프만 부호화'에서는 발생 확률이 높은 기호에는 비트 수가 적은 부호를, 발생 확률이 낮은 기호에는 비트 수가 많은 부호를 할당한다, ❶-5 어떤 기호 집합에서 특정 기호의 발생 확률이 높으면 그 기호의 정보량은 적고, 발생 확률이 낮으면 그 기호의 정보량은 많다.

**풀이** 정보량이 많은 기호는 발생 확률이 낮다. 허프만 부호화에서는 발생 확률이 낮은 기호에 비트 수가 많은 부호를 할당한다.

→ 적절하지 않음!

**③ 채널 부호화를 거친 부호들은 채널로 전송하기 전에 잉여 정보를 제거한 후 선 부호화한다.**

**근거** ❸-1~2 채널 부호화는 오류를 검출하고 정정하기 위하여 부호에 잉여 정보를 추가하는 과정이다. 송신기에서 부호를 전송하면 채널의 잡음으로 인해 오류가 발생하는데 이 문제를 해결하기 위해 잉여 정보를 덧붙여 전송한다, ❹-1~2 채널 부호화를 거친 부호들을 채널을 통해 전송하려면 부호들을 전기 신호로 변환해야 한다. 0 또는 1에 해당하는 전기 신호의 전압을 결정하는 과정이 선 부호화이다.

**풀이** 채널 부호화는 부호에 잉여 정보를 덧붙여 전송하는 과정이다. 선 부호화에서는 채널 부호화를 거쳐 잉여 정보가 덧붙은 부호들을 채널을 통해 전송하기 위해 전기 신호로 변환한다.

→ 적절하지 않음!

**④ 채널 부호화 과정에서 부호에 일정 수준 이상의 잉여 정보를 추가하면 부호율은 1보다 커진다.**

**근거** ❸-7 채널 부호화를 하기 전 부호의 비트 수를, 채널 부호화를 한 후 부호의 비트 수로 나눈 것을 부호율이라 한다.

**풀이** 채널 부호화 과정에서 부호에 잉여 정보를 추가할 경우 채널 부호화를 한 후 부호의 비트 수가 채널 부호화를 하기 전 부호의 비트 수보다 커지므로, 부호율은 1보다 작다.

→ 적절하지 않음!

**⑤ 삼중 반복 부호화를 이용하여 0을 부호화한 경우, 수신된 부호에서 두 개의 비트에 오류가 있으면 오류는 정정되지 않는다.**

**근거** ❸-3~4 '삼중 반복 부호화'는 0과 1을 각각 000과 111로 부호화한다. 이때 수신기에서는 수신한 부호에 0이 과반수인 경우에는 0으로 판단하고, 1이 과반수인 경우에는 1로 판단한다.

**풀이** 삼중 반복 부호화를 이용하여 0을 부호화했을 때 수신된 부호에서 두 개의 비트에 오류가 있을 경우, 즉 두 개의 비트가 0이 아니라 1로 부호화한 경우에는 과반수가 1이 되므로 수신기에서는 1로 판단하게 된다. 따라서 이 경우 오류는 정정되지 않는다.

→ 적절함!

1등급 문제

**016** | 구체적인 사례에 적용 - 적절한 것 고르기 2018학년도 수능 41번
정답률 45%, 매력적 오답 ① 10% ③ 15% ⑤ 25% | 정답 ④

## 윗글을 바탕으로 <보기>를 이해한 내용으로 적절한 것은? [3점]

| 보기 |

[1]날씨 데이터를 전송하려고 한다. [2]날씨는 '맑음', '흐림', '비', '눈'으로만 분류하며, 각 날씨의 발생 확률은 모두 같다. [3]엔트로피 부호화를 통해 '맑음', '흐림', '비', '눈'을 각각 00, 01, 10, 11의 부호로 바꾼다.

비트 수 : 2

**① 기호 집합 {맑음, 흐림, 비, 눈}의 엔트로피는 2보다 크겠군.** (2이군)

근거 ❷-3~4 어떤 기호가 110과 같은 부호로 변환되었을 때 0 또는 1을 비트라고 하며 이 부호의 비트 수는 3이다. 이때 기호 집합의 엔트로피는 기호 집합에 있는 기호를 부호로 표현하는 데 필요한 평균 비트 수의 최솟값이다, ❶-6 모든 기호들이 동일한 발생 확률을 가질 때 그 기호 집합의 엔트로피는 최댓값을 갖는다.

풀이 <보기>의 기호 집합은 각 기호를 비트 수가 2인 부호로 변환하고 있다. 이때 이 기호 집합의 엔트로피는 평균 비트 수의 최솟값이라고 하였는데, <보기>의 경우 모든 부호의 비트 수가 같으므로 기호 집합의 엔트로피도 2가 된다. 또한 <보기>에서 각 날씨의 발생 확률이 모두 같다고 하였으므로, 이 기호 집합의 엔트로피 2는 최댓값에 해당한다. 따라서 기호 집합 {맑음, 흐림, 비, 눈}의 엔트로피는 2보다 클 수 없다.

→ 적절하지 않음!

**② 엔트로피 부호화를 통해 4 일 동안의 날씨 데이터 '흐림비맑음흐림'은 '01001001'로 바뀌겠군.** (01100001)

근거 ❷-6 기호 집합을 엔트로피에 최대한 가까운 평균 비트 수를 갖는 부호들로 변환하는 것을 엔트로피 부호화라 한다, <보기>-3 엔트로피 부호화를 통해 '맑음', '흐림', '비', '눈'을 각각 00, 01, 10, 11의 부호로 바꾼다.

풀이 데이터 '흐림비맑음흐림'을 비트 수가 2인 부호로 변환하면 '01100001'이 된다.

→ 적절하지 않음!

**③ 삼중 반복 부호화를 이용하여 전송한 특정 날씨의 부호를 '110001'과 '101100'으로 각각 수신하였다면 서로 다른 날씨로 판단하겠군.** (같은)

근거 ❸-3~4 '삼중 반복 부호화'는 0과 1을 각각 000과 111로 부호화한다. 이때 수신기에서는 수신한 부호에 0이 과반수인 경우에는 0으로 판단하고, 1이 과반수인 경우에는 1로 판단한다.

풀이

| 수신 부호 | 110 001 | 101 100 |
|---|---|---|
| ↓ | ↓ | ↓ |
| 판단 | 1 0 (비) | 1 0 (비) |

삼중 반복 부호화를 이용한 부호는 0이 과반수일 경우 0으로, 1이 과반수일 경우 1로 판단한다. 수신한 '110001'과 '101100'은 모두 '10'으로 판단되므로, 두 부호의 날씨는 서로 같다.

→ 적절하지 않음!

**④ 날씨 '비'를 삼중 반복 부호화와 차동 부호화를 이용하여 부호화하는 경우, 기준 신호가 양(+)의 전압이면 '음, 양, 음, 음, 음, 음'의 전압을 갖는 전기 신호로 변환되겠군.**

근거 ❸-3 '삼중 반복 부호화'는 0과 1을 각각 000과 111로 부호화한다, ❹-4 '차동 부호화'는 부호의 비트가 0이면 전압을 유지하고 1이면 전압을 변화시킨다, ❹-6 차동 부호화 직전의 기준 신호가 양(+)의 전압이라면 부호 0110은 '양, 음, 음, 양'의 전압을 갖는 전기 신호로 변환된다.

풀이

| 부호 | 1 0 (비) | | | | | |
|---|---|---|---|---|---|---|
| ↓ | | | | | | |
| 삼중 반복 부호화 | 111 000 | | | | | |
| ↓ | | | | | | |
| 전기 신호 변환 기준 신호 : 양(+) | 1 | 1 | 1 | 0 | 0 | 0 |
| | (전압 변화) | (전압 변화) | (전압 변화) | (전압 유지) | (전압 유지) | (전압 유지) |
| | 음 | 양 | 음 | 음 | 음 | 음 |

날씨 '비'의 부호 '10'을 삼중 반복 부호화를 이용해 부호화하면 '111000'이 된다. 차동 부호화를 이용해 전압을 결정하면 비트가 0이면 전압을 유지하고, 비트가 1인 경우 전압을 변화시킨다고 하였으므로, 기준 신호가 양(+)일 때 '111000'은 '음, 양, 음, 음, 음, 음'의 전압을 갖는 전기 신호로 변환된다.

→ 적절함!

**⑤ 삼중 반복 부호화와 차동 부호화를 이용하여 특정 날씨의 부호를 전송할 경우, 수신기에서 '음, 음, 음, 양, 양, 양'을 수신했다면 기준 신호가 양(+)의 전압일 때 '흐림'으로 판단하겠군.** (맑음)

근거 ❸-3 '삼중 반복 부호화'는 0과 1을 각각 000과 111로 부호화한다, ❹-4 '차동 부호화'는 부호의 비트가 0이면 전압을 유지하고 1이면 전압을 변화시킨다, ❹-6 차동 부호화 직전의 기준 신호가 양(+)의 전압이라면 부호 0110은 '양, 음, 음, 양'의 전압을 갖는 전기 신호로 변환된다.

풀이

| 수신 전기 신호 기준 신호 : 양(+) | 음 | 음 | 음 | 양 | 양 | 양 |
|---|---|---|---|---|---|---|
| | (전압 변화) | (전압 유지) | (전압 유지) | (전압 변화) | (전압 유지) | (전압 유지) |
| | 1 | 0 | 0 | 1 | 0 | 0 |
| ↓ | | | | | | |
| 삼중 반복 부호화 | 100 100 | | | | | |
| ↓ | | | | | | |
| 부호 | 0 0 (맑음) | | | | | |

기준 신호가 양(+)일 때 수신기에서 '음, 음, 음, 양, 양, 양'을 수신한 경우, 삼중 반복 부호화를 이용해 수신된 부호는 '100100'에 해당한다. 100은 과반수가 0이므로 데이터가 0으로 판단된다. 따라서 '100100'은 채널 부호화를 하기 전 부호가 '00'에 해당하며, 이는 날씨 '맑음'에 해당한다.

→ 적절하지 않음!

**017** | 단어의 의미 관계 파악 - 적절하지 않은 것 고르기 2018학년도 수능 42번
정답률 80% | 정답 ④

## 문맥을 고려할 때, 밑줄 친 말이 ⓐ ~ ⓔ의 동음이의어가 아닌 것은?

ⓐ 전송 ⓑ 기호 ⓒ 부호 ⓓ 복원 ⓔ 결정

풀이 동음이의어는 소리는 같으나 뜻이 서로 다른 단어를 말한다.

**① ⓐ : 공항에서 해외로 떠나는 친구를 전송(餞送)할 계획이다.**

풀이 ⓐ의 '전송(電 전류 전 送 보내다 송)'은 '글이나 사진 따위를 전류나 전파를 이용하여 먼 곳에 보냄'의 의미이고, ①의 '전송(餞 보내다 전 送 보내다 송)'은 '서운하여 잔치를 베풀고 보낸다'는 뜻으로, '예를 갖추어 떠나보냄'을 이르는 말이다. 따라서 ⓐ와 ①은 동음이의어이다.

→ 적절함!

**② ⓑ : 대중의 기호(嗜好)에 맞추어 상품을 개발한다.**

풀이 ⓑ의 '기호(記 기록하다 기 號 부호 호)'는 '어떠한 뜻을 나타내기 위하여 쓰이는 부호, 문자, 표지 따위를 통틀어 이르는 말'을 뜻하고, ②의 '기호(嗜 즐기다 기 好 좋다 호)'는 '즐기고 좋아함'의 의미이다. 따라서 ⓑ와 ②는 동음이의어이다.

→ 적절함!

**③ ⓒ : 나는 가난하지만 귀족이나 부호(富豪)가 부럽지 않다.**

풀이 ⓒ의 '부호(符 기호 부 號 부호 호)'는 '일정한 뜻을 나타내기 위하여 따로 정하여 쓰는 기호'를 뜻하고, ③의 '부호(富 부유하다 부 豪 귀한 사람 호)'는 '재산이 넉넉하고 세력이 있는 사람, 부자'를 뜻한다. 따라서 ⓒ와 ③은 동음이의어이다.

→ 적절함!

**④ ⓓ : 한번 금이 간 인간관계를 복원(復原)하기는 어렵다.**

풀이 ⓓ와 ④의 '복원(復 회복하다 복 原 원래 원)'은 모두 '원래대로 회복함'의 뜻으로, 동음이의어가 아니라, 같은 단어이다.

→ 적절하지 않음!

**⑤ ⓔ : 이 작품은 그 화가의 오랜 노력의 결정(結晶)이다.**

풀이 ⓔ의 '결정(決 결정하다 결 定 정하다 정)'은 '행동이나 태도를 분명하게 정함, 또는 그렇게 정해진 내용'을 뜻하는 말이고, ⑤의 '결정(結 맺다 결 晶 빛나다 정)'은 '애써 노력하여 보람 있는 결과를 이루는 것을 비유적으로 이르는 말'을 뜻한다. 따라서 ⓔ와 ⑤는 동음이의어이다.

→ 적절함!

Ⅳ 기술

**[018~022] 다음 글을 읽고 물음에 답하시오.**

1 [1]DNS(도메인 네임 시스템) 스푸핑(spoofing, '속이다'의 뜻을 지닌 'spoof'에서 나온 말)은 인터넷 사용자가 어떤 사이트에 접속하려 할 때 사용자를 위조(僞造, 속일 목적으로 꾸며 진짜처럼 만든) 사이트로 접속시키는 행위를 말한다. [2]이(사용자를 위조 사이트로 접속시키는 행위)는 도메인 네임을 IP 주소로 변환해(變換-, 바꾸어) 주는 과정에서 이루어진다.

→ DNS 스푸핑의 개념

2 [1]인터넷에 연결된 컴퓨터들이 서로를 식별하고(識別-, 분별해서 알아보고) 통신하기(通信-, 데이터를 주고받기) 위해서 각 컴퓨터들은 IP(인터넷 프로토콜)에 따라 ㉠ 만들어지는 고유(固有, 원래 가지고 있는) IP 주소를 가져야 한다. [2]프로토콜은 컴퓨터들이 연결되어 서로 데이터를 주고받기(통신하기) 위해 사용하는 통신 규약(規約, 서로 지키도록 정한 규칙)으로 소프트웨어나 하드웨어로 구현된다.(具現-, 구체적으로 드러난다.) [3]현재 주로 사용하는 IP 주소는 '***.126.63.1'처럼 점으로 구분된 4 개의 필드에 숫자를 사용하여 ㉡ 나타낸다. [4]이 주소(4 개의 필드에 숫자를 사용하는 IP 주소)를 중복(重複, 겹치게) 지정하거나 임의로(任意-, 일정하지 않고 마음대로) 지정해서는 안 되고 공인(公認, 국가나 공공 단체가 인정한) IP 주소를 부여받아야(賦與-, 받아야) 한다.

→ 프로토콜과 IP 주소의 개념

3 [1]공인 IP 주소에는 동일한(同一-, 같은) 번호를 지속적으로(持續的-, 계속) 사용하는 고정(固定, 정한 대로 변경하지 않음) IP 주소와 번호가 변경되기도 하는 유동(流動, 흘러 움직임) IP 주소가 있다. [2]유동 IP 주소는 DHCP라는 프로토콜에 의해 부여된다. [3]DHCP는 IP 주소가 필요한 컴퓨터의 요청을 받아 주소를 할당해(割當-, 나누어) 주고, 컴퓨터가 IP 주소를 사용하지 않으면 주소를 반환받아(返還-, 되돌려 받아) 다른 컴퓨터가 그 주소를 사용할 수 있도록 해 준다. [4]한편, 인터넷에 직접 접속은 안 되고 내부 네트워크에서만 서로를 식별할 수 있는 사설(私設, 개인이 만들어 운영하는) IP 주소도 있다.

→ IP 주소의 종류

4 [1]인터넷은 공인 IP 주소를 기반(基盤, 기초가 되는 바탕)으로 동작하지만 우리가 인터넷을 사용할 때는 IP 주소 대신 사용하기 쉽게 'www.***.***' 등과 같이 문자로 ㉢ 이루어진 도메인(domain, 인터넷 주소) 네임을 이용한다. [2]따라서 도메인 네임을 IP 주소로 변환해 주는 DNS가 필요하며 DNS를 운영하는 장치를 네임서버라고 한다. [3]컴퓨터에는 네임서버의 IP 주소가 기록되어 있어야 하는데, 유동 IP 주소를 할당받는 컴퓨터에는 IP 주소를 받을 때 네임서버의 IP 주소가 자동으로 기록되지만, 고정 IP 주소를 사용하는 컴퓨터에는 사용자가 네임서버의 IP 주소를 직접 기록해 놓아야 한다. [4]인터넷 통신사는 가입자들이 공동으로 사용할 수 있는 네임서버를 운영하고 있다.

→ 도메인 네임과 네임서버의 개념

5 [1]㉮ 사용자가 어떤 사이트에 정상적으로 접속하는 과정을 살펴보자. [2]웹 사이트에 접속하려고 하는 컴퓨터를 클라이언트(client)라 한다. [3]사용자가 방문하고자 하는 사이트의 도메인 네임을 주소창에 직접 입력하거나 포털 사이트에서 그 사이트를 검색해 클릭하면 클라이언트는 기록되어 있는 네임서버에 도메인 네임에 해당하는 IP 주소를 물어보는 질의 패킷(質疑packet, 묻는 데이터. 패킷은 데이터 통신, 교환 시스템에서 다루어지는 데이터의 기본 단위를 뜻함)을 보낸다. [4]네임서버는 해당 IP 주소가 자신의 목록에 있으면 클라이언트에 이(방문하고자 하는 사이트의 도메인 네임에 해당하는) IP 주소를 알려 주는 응답 패킷(應答packet, 답하는 데이터)을 보낸다. [5]응답 패킷에는 어느 질의 패킷에 대한 응답인지가 적혀 있다. [6]만일 해당 IP 주소가 목록에 없으면 네임서버는 다른 네임서버의 IP 주소를 알려 주는 응답 패킷을 보내고, 클라이언트는 다시 그 네임서버에 질의 패킷을 보내는 단계로 돌아가 같은(질의 패킷을 보내고 네임서버가 해당 IP 주소를 목록에 가지고 있으면 이 IP 주소를 알려 주는 응답 패킷을 보내고, 가지고 있지 않으면 다른 네임서버의 IP 주소를 알려 주는) 과정을 반복한다. [7]클라이언트는 이렇게 ㉣ 알아낸 IP 주소로 사이트를 찾아간다. [8]네임서버와 클라이언트는 UDP라는 프로토콜에 ㉤ 맞추어 패킷을 주고받는다. [9]UDP는 패킷의 빠른 전송 속도를 확보하기(確保-, 확실히 가지고 있기) 위해 상대에게 패킷을 보내기만 할 뿐 도착 여부(도착했는지 하지 않았는지)는 확인하지 않으며, 특정 질의 패킷에 대해 처음 도착한 응답 패킷을 신뢰하고 다음에 도착한 패킷은 확인하지 않고 버린다. [10]DNS 스푸핑은 UDP의 이런(상대에게 패킷을 보내지만 도착 여부를 확인하지 않는 것과, 처음 도착한 응답 패킷만 신뢰하는) 허점(虛點, 허술한 점)들을 이용한다.

→ 정상적인 사이트 접속 과정과 UDP 프로토콜의 허점

6 [1]㉯ DNS 스푸핑이 이루어지는 과정을 알아보자. [2]악성 코드(惡性code, 컴퓨터 사용자에게 피해를 주기 위하여 만들어 낸 프로그램)에 감염되어 DNS 스푸핑을 행하는 컴퓨터를 공격자라 한다. [3]클라이언트가 네임서버에 특정 IP 주소를 묻는 질의 패킷을 보낼 때, 공격자에도 패킷(특정 IP 주소를 묻는 내용)이 전달되고 공격자는 위조 사이트의 IP 주소가 적힌 응답 패킷을 클라이언트에 보낸다. [4]공격자가 보낸 응답 패킷(위조 사이트의 IP 주소)이 네임서버가 보낸 응답 패킷(사용자가 원하는 사이트의 IP 주소)보다 클라이언트에 먼저 도착하고 클라이언트는 공격자가 보낸 응답 패킷을 옳은 패킷으로 인식하여 위조 사이트로 연결된다.

→ DNS 스푸핑이 이루어지는 과정

■지문 이해

**<DNS 스푸핑이 일어나는 과정>**

| ❶ DNS 스푸핑의 개념 |
|---|
| • DNS 스푸핑 : 인터넷 사용자가 어떤 사이트에 접속하려 할 때 위조 사이트로 접속시키는 행위 |

| ❷ 프로토콜과 IP 주소의 개념 |
|---|
| • 프로토콜 : 컴퓨터들이 데이터를 주고받기 위해 사용하는 통신 규약<br>• IP 주소 : 4 개의 필드에 숫자를 사용하여 나타내며, 공인 IP 주소를 부여받아야 함 |

| ❸ IP 주소의 종류 |
|---|
| • 공인 IP 주소<br>- 고정 IP : 동일한 번호를 지속적으로 사용<br>- 유동 IP : DHCP 프로토콜에 의해 IP 주소가 부여되며, 번호가 변경되기도 함<br>• 사설 IP 주소 : 인터넷 직접 접속은 안 되고 내부 네트워크에서만 서로를 식별함 |

| ❹ 도메인 네임과 네임서버의 개념 |
|---|
| • 도메인 네임 : IP 주소 대신 사용하기 쉬운 문자로 나타낸 것<br>• DNS : 도메인 네임을 IP 주소로 변환해 주는 시스템<br>• 네임서버 : DNS를 운영하는 장치 |

| ❺ 정상적인 사이트 접속 과정과 UDP 프로토콜의 허점 |
|---|
| • 정상적인 사이트 접속 과정<br>① 사용자가 방문하려는 사이트 도메인 네임을 입력 또는 검색<br>② 클라이언트가 해당 IP 주소를 묻는 질의 패킷을 네임서버로 보냄<br>③ 네임서버가 응답 패킷을 보냄<br>㉠ 해당 IP 주소가 목록에 있으면 클라이언트에 IP 주소를 알려 줌<br>㉡ 해당 IP 주소가 목록에 없으면 다른 네임서버의 IP 주소를 알려 줌<br>④ ③-㉡ 응답 패킷을 받은 클라이언트는 다시 그 네임서버와 ②~③의 과정을 반복하여 알아낸 IP 주소로 사이트를 찾아감<br>• UDP 프로토콜의 허점 : 빠른 전송 속도 확보를 위해 패킷 도착 여부는 확인하지 않으며, 처음 도착한 응답 패킷만 신뢰함 → DNS 스푸핑에 이용됨 |

| ❻ DNS 스푸핑이 이루어지는 과정 |
|---|
| ① 클라이언트가 특정 IP 주소를 묻는 질의 패킷을 네임서버로 보낼 때 공격자에도 패킷이 전달됨<br>② 공격자는 위조 사이트의 IP 주소가 적힌 응답 패킷을 클라이언트에 보냄<br>③ 클라이언트에 먼저 도착한 '공격자가 보낸 응답 패킷'이 옳은 패킷으로 인식되어 위조 사이트로 연결됨 |

**018** 세부 정보 이해 - 적절하지 않은 것 고르기 2018학년도 6월 모평 30번 정답률 80% | 정답 ④

**윗글의 '프로토콜'에 대한 설명으로 적절하지 않은 것은?**

**① 컴퓨터 사이의 통신을 위한 규약으로서 저마다 정해진 기능이 있다.**

근거 ❷-2 프로토콜은 컴퓨터들이 연결되어 서로 데이터를 주고받기 위해 사용하는 통신 규약, ❷-1 각 컴퓨터들은 IP(인터넷 프로토콜)에 따라 만들어지는 고유 IP 주소를 가져야 한다, ❸-2 유동 IP 주소는 DHCP라는 프로토콜에 의해 부여된다, ❺-8 네임서버와 클라이언트는 UDP라는 프로토콜에 맞추어 패킷을 주고받는다.

→ 적절함!

**② IP에 따르면 현재 주로 사용하는 IP 주소는 4개의 필드에 적힌 숫자로 구성된다.**

근거 ❷-3 현재 주로 사용하는 IP 주소는 '***.126.63.1'처럼 점으로 구분된 4개의 필드에 숫자를 사용하여 나타낸다.

→ 적절함!

**③ DHCP를 이용하는 컴퓨터는 IP 주소를 요청해야 IP 주소를 부여받을 수 있다.**

근거 ❸-2~3 유동 IP 주소는 DHCP라는 프로토콜에 의해 부여된다. DHCP는 IP 주소가 필요한 컴퓨터의 요청을 받아 주소를 할당해 주고

→ 적절함!

유동 IP 주소를 할당받음 / 가 자동으로 기록된다

**④ DHCP를 이용하는 컴퓨터에는 네임서버의 IP 주소를 사용자가 기록해야 한다.**

근거 ❸-2 유동 IP 주소는 DHCP라는 프로토콜에 의해 부여된다, ❹-3 컴퓨터에는 네임서버의 IP 주소가 기록되어 있어야 하는데, 유동 IP 주소를 할당받는 컴퓨터에는 IP 주소를 받을 때 네임서버의 IP 주소가 자동으로 기록되지만, 고정 IP 주소를 사용하는 컴퓨터에는 사용자가 네임서버의 IP 주소를 직접 기록해 놓아야 한다.

풀이 DHCP를 이용하는 컴퓨터는 유동 IP 주소를 받는다. 유동 IP 주소를 할당받는 컴퓨터에는 IP 주소를 받을 때 네임서버의 IP 주소가 자동으로 기록된다. 네임서버의 IP 주소를 사용자가 기록해야 하는 것은 고정 IP 주소를 사용하는 경우에 해당한다.

→ 적절하지 않음!

**⑤ UDP는 패킷 전송 속도를 높이기 위해 패킷이 목적지에 제대로 도착했는지 확인하지 않는다.**

근거 ❺-9 UDP는 패킷의 빠른 전송 속도를 확보하기 위해 상대에게 패킷을 보내기만 할 뿐 도착 여부는 확인하지 않으며

→ 적절함!

1등급 문제

| 019 | 핵심 개념 이해 - 적절한 것 고르기 2018학년도 6월 모평 31번<br>정답률 45%, 매력적 오답 ② 15% ④ 15% ⑤ 15% | 정답 ③ |
|---|---|---|

**<보기>는 ㉮ 또는 ㉯에서 이루어지는 클라이언트의 동작을 나타낸 것이다. 이에 대한 이해로 적절한 것은?** [3점]

㉮ 사용자가 어떤 사이트에 정상적으로 접속하는 과정
㉯ DNS 스푸핑이 이루어지는 과정

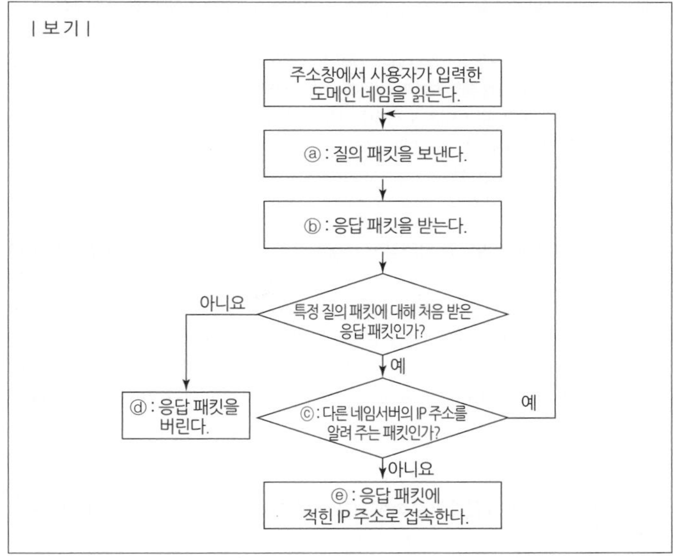


▶ 지문 핵심 개념 정리

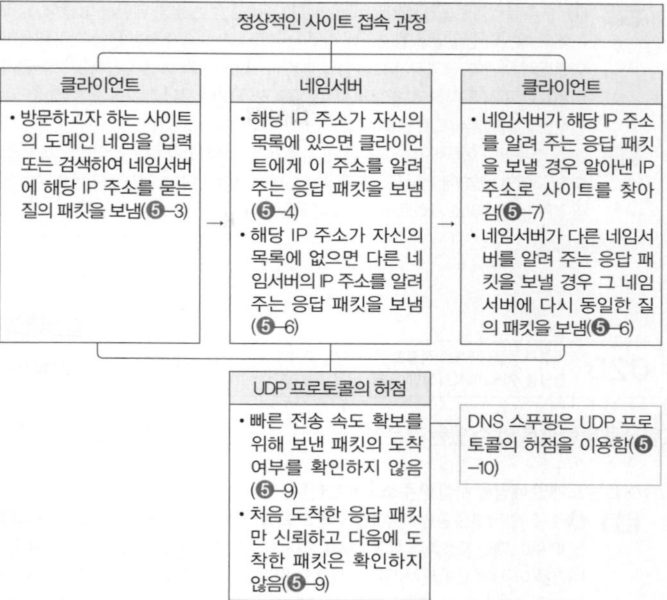


은 서로 다르다

**① ㉮ : ⓐ가 두 번 동작했다면, 두 질의 내용이 동일하고 패킷을 받는 *수신 측도 동일하다.** *受信側. 통신을 받은 쪽

풀이 정상적인 사이트 접속 과정에서 ⓐ가 두 번 동작했다는 것은, 클라이언트의 첫 번째 질의 패킷에 대한 네임서버의 응답 패킷에서 해당 IP 주소를 받지 못했다는 뜻이다. 즉 첫 번째 ⓐ가 동작할 때, 도메인 네임에 해당하는 IP 주소를 물어보는 질의 패킷을 받은 네임서버가 자신의 목록에 해당 IP 주소가 없어서 다른 네임서버의 IP 주소를 응답 패킷으로 보낸 것이며, 클라이언트가 다른 네임서버에 다시 동일한 질의 패킷을 보내어 두 번째 ⓐ가 동작하게 된 것이다. 따라서 클라이언트의 두 질의 내용은 동일하며, ⓐ의 패킷을 받는 수신 측은 서로 다른 네임서버이다.

→ 적절하지 않음!

서로 다르다

**② ㉮ : ⓑ가 두 번 동작했다면, 두 응답 내용이 서로 다르고 패킷을 보낸 *송신 측은 동일하다.** *送信側. 통신을 보낸 쪽

풀이 정상적인 사이트 접속 과정에서 ⓑ가 두 번 동작했다는 것은, 클라이언트의 첫 번째 질의 패킷에 대한 네임서버의 응답 패킷에서 해당 IP 주소를 받지 못했고, 두 번째 네임서버의 응답 패킷에서 해당 IP 주소를 받았다는 뜻이다. 첫 번째 네임서버는 클라이언트의 요구에 대한 IP 주소가 자신의 목록에 없었기 때문에 ⓑ에서 다른 네임서버 주소를 알려 주는 응답 패킷을 보냈고, 클라이언트가 다른 네임서버에 같은 내용의 질의 패킷을 보내어 ⓑ에서 해당 IP 주소를 알려 주는 응답 패킷을 받고 해당 IP 주소로 사이트를 찾아가게 된 것이다. 따라서 클라이언트의 질의 패킷에 대한 두 네임서버는 응답의 내용도 서로 다르고, 패킷을 보낸 송신 측도 서로 다르다.

→ 적절하지 않음!

**③ ㉮ : ⓒ는 ⓐ에서 질의한 도메인 네임에 해당하는 IP 주소를 네임서버가 찾았는지 여부를 확인하는 절차이다.**

풀이 정상적인 사이트 접속 과정에서 네임서버는 클라이언트가 보내는 질의 패킷에 대해 해당 IP 주소를 알려 주는 응답 패킷을 보내거나 다른 네임서버의 IP 주소를 알려 주는 응답 패킷을 보낸다. ⓒ에서 '예'라고 답할 경우, 네임서버의 목록에 해당 IP 주소가 없어 다른 네임서버의 IP 주소를 알려 주는 응답 패킷을 보낸 것이고, ⓒ에서 '아니요'라고 답할 경우, 해당 IP 주소를 알려 주는 응답 패킷을 보낸 것이다.

→ 적절함!

네임서버가 보낸

**④ ㉯ : ⓓ의 응답 패킷에는 공격자가 보내 온 IP 주소가 포함되어 있다.**

근거 ❺-9 UDP는 … 특정 질의 패킷에 대해 처음 도착한 응답 패킷을 신뢰하고 다음에 도착한 패킷은 확인하지 않고 버린다, ❻-4 공격자가 보낸 응답 패킷이 네임서버가 보낸 응답 패킷보다 클라이언트에 먼저 도착하고 클라이언트는 공격자가 보낸 응답 패킷을 옳은 패킷으로 인식하여 위조 사이트로 연결된다.

풀이 DNS 스푸핑이 이루어지는 과정에서, 클라이언트가 IP 주소를 묻는 질의 패킷을 보내면 공격자는 위조 사이트의 IP 주소가 적힌 응답 패킷을 클라이언트에 보낸다. UDP 프로토콜은 먼저 도착한 응답 패킷만 신뢰하므로, 클라이언트는 먼저 도착한 공격자가 보낸 IP 주소를 옳은 패킷으로 인식하고, 다음에 도착한 네임서버가 보낸 응답 패킷은 확인하지 않고 버린다(ⓓ).

→ 적절하지 않음!

IV 기술

위조 사이트의

⑤ ㉯ : ⓔ의 IP 주소는 ⓐ에서 질의한 도메인 네임에 해당하는 IP 주소이다.

**근거** ❻-3~4 클라이언트가 네임서버에 특정 IP 주소를 묻는 질의 패킷을 보낼 때, 공격자에도 패킷이 전달되고 공격자는 위조 사이트의 IP 주소가 적힌 응답 패킷을 클라이언트에 보낸다. 공격자가 보낸 응답 패킷이 네임서버가 보낸 응답 패킷보다 클라이언트에 먼저 도착하고 클라이언트는 공격자가 보낸 응답 패킷을 옳은 패킷으로 인식하여 위조 사이트로 연결된다.

**풀이** DNS 스푸핑이 이루어지는 과정에서, 사용자가 방문하고자 하는 사이트(ⓐ에서 질의한 도메인 네임)에 해당하는 IP 주소는 ⓓ에서 버려진다. ⓔ에서 접속한 IP 주소는 공격자가 보낸 위조 사이트의 IP 주소에 해당한다.

→ 적절하지 않음!

1등급 문제

| 020 | 추론의 적절성 판단 - 적절한 것 고르기 2018학년도 6월 모평 32번<br>정답률 40%, 매력적 오답 ① 10% ③ 15% ④ 20% ⑤ 15% | 정답 ② |
|---|---|---|

## 윗글을 바탕으로 알 수 있는 것은?

공인

① DNS는 도메인 네임을 사설 IP 주소로 변환한다.

**근거** ❹-1~2 인터넷은 공인 IP 주소를 기반으로 동작하지만 우리가 인터넷을 사용할 때는 IP 주소 대신 사용하기 쉽게 'www.***.***' 등과 같이 문자로 이루어진 도메인 네임을 이용한다. 따라서 도메인 네임을 IP 주소로 변환해 주는 DNS가 필요하며 DNS를 운영하는 장치를 네임서버라고 한다, ❷-4 (IP 주소는) 중복 지정하거나 임의로 지정해서는 안 되고 공인 IP 주소를 부여받아야 한다, ❸-4 인터넷에 직접 접속은 안 되고 내부 네트워크에서만 서로를 식별할 수 있는 사설 IP 주소

**풀이** DNS는 도메인 네임을 사설 IP 주소가 아니라 공인 IP 주소로 변환한다.

→ 적절하지 않음!

② 동일한 내부 네트워크에 연결된 컴퓨터들의 사설 IP 주소는 서로 달라야 한다.

**근거** ❷-4 (IP 주소는) 중복 지정하거나 임의로 지정해서는 안 되고, ❸-4 인터넷에 직접 접속은 안 되고 내부 네트워크에서만 서로를 식별할 수 있는 사설 IP 주소

**풀이** 사설 IP 주소는 내부 네트워크에서 서로를 식별할 수 있어야 하므로, IP 주소가 서로 달라야 한다.

→ 적절함!

없다

③ 유동 IP 주소 방식의 컴퓨터들에는 동시에 동일한 공인 IP 주소를 할당할 수 있다.

**근거** ❷-1 각 컴퓨터들은 … 고유 IP 주소를 가져야 한다, ❷-4 이 주소를 중복 지정하거나 임의로 지정해서는 안 되고, ❸-2~3 유동 IP 주소는 DHCP라는 프로토콜에 의해 부여된다. DHCP는 IP 주소가 필요한 컴퓨터의 요청을 받아 주소를 할당해 주고, 컴퓨터가 IP 주소를 사용하지 않으면 주소를 반환받아 다른 컴퓨터가 그 주소를 사용할 수 있도록 해 준다.

**풀이** 각 컴퓨터들은 고유의 IP 주소를 가져야 하며, 중복 지정해서는 안 된다고 하였다. 또한 컴퓨터가 유동 IP 주소를 사용하지 않으면 주소를 반환받아 다른 컴퓨터가 그 주소를 사용하게 한다고 하였으므로, 동시에 동일한 IP 주소를 할당받을 수는 없다는 것을 알 수 있다.

→ 적절하지 않음!

없다

④ 고정 IP 주소 방식의 컴퓨터들에는 동시에 동일한 공인 IP 주소를 부여할 수 있다.

**근거** ❷-1 각 컴퓨터들은 … 고유 IP 주소를 가져야 한다, ❷-4 이 주소를 중복 지정하거나 임의로 지정해서는 안 되고 공인 IP 주소를 부여받아야 한다.

**풀이** 각 컴퓨터들은 고유한 IP 주소를 가져야 하며, 중복 지정할 수 없으므로 동시에 동일한 IP 주소를 부여할 수는 없다.

→ 적절하지 않음!

가 같을 수 있다

⑤ IP 주소가 서로 다른 컴퓨터들은 각각에 기록되어 있는 네임서버의 IP 주소도 서로 달라야 한다.

**근거** ❹-4 인터넷 통신사는 가입자들이 공동으로 사용할 수 있는 네임서버를 운영하고 있다.

**풀이** 인터넷 통신사에서 공동으로 사용하는 네임서버를 운영하고 있으므로, IP 주소가 서로 다른 컴퓨터들도 공동의 네임서버 IP 주소를 사용할 수 있다.

→ 적절하지 않음!

1등급 문제

| 021 | 구체적인 상황에 적용 - 적절한 것 고르기 2018학년도 6월 모평 33번<br>정답률 50%, 매력적 오답 ③ 15% ④ 20% | 정답 ⑤ |
|---|---|---|

## 윗글과 <보기>를 참고할 때, DNS 스푸핑을 피하기 위한 방법으로 적절한 것은?

> | 보 기 |
>
> [1]DNS가 고안되기(考案-. 연구하여 새로운 방법이 나오기) 전에는 특정 컴퓨터의 사용자가 'hosts'라는 파일에 모든 도메인 네임과 그(도메인 네임)에 해당하는 IP 주소를 적어 놓았고, 클라이언트들은 이('hosts') 파일을 복사하여 사용하였다. [2]네임서버를 사용하는 현재에도 여전히 클라이언트는 질의 패킷을 보내기 전에 hosts 파일의 내용을 확인한다. [3]클라이언트가 이('hosts') 파일에서 원하는 도메인 네임의 IP 주소를 찾으면 그 주소로 바로 접속하고, IP 주소를 찾지 못했을 때 클라이언트는 네임서버에 질의 패킷을 보낸다.

▶ 지문 핵심 개념 정리

| DNS 스푸핑 |
|---|
| • DNS 스푸핑 : 인터넷 사용자가 어떤 사이트에 접속하려 할 때 사용자를 위조 사이트로 접속시키는 것으로, 도메인 네임을 IP 주소로 변환해 주는 과정에서 이루어짐(❶-1~2)<br>• DNS 스푸핑이 이루어지는 과정 : 클라이언트가 네임서버에 특정 IP 주소를 묻는 질의 패킷을 보낼 때, 공격자에도 패킷이 전달되고 공격자는 위조 사이트의 IP 주소가 적힌 응답 패킷을 클라이언트에 보냄(❻-3) → 클라이언트는 공격자가 보낸 응답 패킷을 옳은 패킷으로 인식하여 위조 사이트로 연결됨(❻-4) |

① 클라이언트에서 사용자가 hosts 파일을 찾아 삭제하면 되겠군.

**근거** ❹-2 도메인 네임을 IP 주소로 변환해 주는 DNS가 필요하며 DNS를 운영하는 장치를 네임서버라고 한다, <보기>-2~3 네임서버를 사용하는 현재에도 여전히 클라이언트는 질의 패킷을 보내기 전에 hosts 파일의 내용을 확인한다. 클라이언트가 이 파일에서 원하는 도메인 네임의 IP 주소를 찾으면 그 주소로 바로 접속하고, IP 주소를 찾지 못했을 때 클라이언트는 네임서버에 질의 패킷을 보낸다.

**풀이** 클라이언트는 네임서버에 질의 패킷을 보내기 전에 먼저 hosts 파일에 저장된 도메인 네임과 해당 IP 주소를 확인하여 원하는 주소를 찾으면 네임서버를 거치지 않고 바로 주소에 접속한다. 사용자가 hosts 파일을 삭제하면 파일에 저장된 주소를 찾을 수 없으므로 네임서버에 질의 패킷을 보낼 수밖에 없게 된다. 따라서 hosts 파일을 삭제하기 전보다 오히려 더 DNS 스푸핑에 노출된다고 할 수 있다.

→ 적절하지 않음!

방문하고자 하는 사이트의 도메인 네임과 IP 주소를

② 클라이언트의 IP 주소를 사용자가 클라이언트의 hosts 파일에 적어 놓으면 되겠군.

**근거** ❺-2 웹 사이트에 접속하려고 하는 컴퓨터를 클라이언트라 한다, <보기>-1 'hosts'라는 파일에 모든 도메인 네임과 그(도메인 네임)에 해당하는 IP 주소를 적어 놓았고, 클라이언트들은 이('hosts') 파일을 복사하여 사용

**풀이** 클라이언트는 웹 사이트에 접속하려고 하는 컴퓨터를 이르는 말이다. DNS 스푸핑을 피하기 위해서는 hosts 파일에 클라이언트의 IP 주소가 아니라, 방문하고자 하는 사이트의 도메인 네임과 이에 해당하는 IP 주소를 저장해 두어야 한다.

→ 적절하지 않음!

③ 클라이언트에 hosts 파일이 없더라도 사용자가 주소창에 도메인 네임만 입력하면 되겠군.

**근거** <보기>-3 클라이언트가 이('hosts') 파일에서 원하는 도메인 네임의 … IP 주소를 찾지 못했을 때 클라이언트는 네임서버에 질의 패킷을 보낸다.

**풀이** hosts 파일이 없을 경우, 클라이언트는 네임서버에 질의 패킷을 보내게 되고, 이때 DNS 스푸핑이 일어날 수 있다. 따라서 DNS 스푸핑을 피하기 위한 방법으로 적절하지 않다.

→ 적절하지 않음!

방문하고자 하는 사이트의

④ 네임서버의 도메인 네임과 IP 주소를 사용자가 클라이언트의 hosts 파일에 적어 놓으면 되겠군.

**근거** <보기>-1 'hosts'라는 파일에 모든 도메인 네임과 그(도메인 네임)에 해당하는 IP 주소를 적어 놓았고, 클라이언트들은 이('hosts') 파일을 복사하여 사용

**풀이** DNS 스푸핑을 피하기 위해서는 hosts 파일에 네임서버의 도메인 네임과 IP 주소가 아니라, 방문하고자 하는 사이트의 도메인 네임과 이에 해당하는 IP 주소를 저장해 두어야 한다.

→ 적절하지 않음!

⑤ 접속하려는 사이트의 도메인 네임과 IP 주소를 사용자가 클라이언트의 hosts 파일에 적어 놓으면 되겠군.

**근거** <보기>-2~3 네임서버를 사용하는 현재에도 여전히 클라이언트는 질의 패킷을 보내기 전에 hosts 파일의 내용을 확인한다. 클라이언트가 이 파일에서 원하는 도메인 네임의 IP 주소를 찾으면 그 주소로 바로 접속

**풀이** 접속하려는 사이트의 도메인 네임과 IP 주소를 hosts 파일에 적어 놓으면 네임서버에 질의 패킷을 보내기 전에 접속하려는 사이트의 IP 주소를 찾을 수 있다. 따라서 네임서버에 질의 패킷을 보내지 않아도 된다. 즉 네임서버가 운영하는 DNS를 이용하지 않게 되므로, DNS 스푸핑을 피할 수 있다.

→ 적절함!

**022** | 문맥적 의미 파악 - 적절한 것 고르기 2018학년도 6월 모평 34번 | 정답률 75%, 매력적 오답 ① 10% | 정답 ②

### 문맥상 ㉠~㉤과 바꿔 쓰기에 가장 적절한 것은?

IP(인터넷 프로토콜)에 따라 ㉠ 만들어지는 고유 IP 주소
4 개의 필드에 숫자를 사용하여 ㉡ 나타낸다.
문자로 ㉢ 이루어진 도메인 네임을 이용한다.
클라이언트는 이렇게 ㉣ 알아낸 IP 주소로 사이트를 찾아간다.
UDP라는 프로토콜에 ㉤ 맞추어 패킷을 주고받는다.

**① ㉠ : 제조(製造)되는**

**풀이** ㉠의 '만들어지다'는 '없던 것이 새로 생기다'의 의미이다. 한편 '제조(製 만들다 제 造 만들다 조)되다'는 '공장에서 큰 규모로 물건이 만들어지다, 원료에 인공이 가해져 정교한 제품이 만들어지다'의 의미이다. ㉠을 '제조되는'으로 바꿔 쓸 경우 문맥상 의미가 달라지므로, 바꿔 쓰기에 적절하지 않다. ㉠은 '사물이 생겨나다'의 뜻을 지닌 '생성(生 만들다 생 成 이루다 성)되다'와 바꿔 쓰는 것이 더 적절하다.

→ 적절하지 않음!

**② ㉡ : 표시(標示)한다**

**풀이** ㉡의 '나타내다'는 '겉으로 드러내다'의 의미이고, '표시(標 겉 표 示 보이다 시)되다'는 '겉으로 드러내 보이다'의 의미이다. 따라서 ㉡을 '표시한다'로 바꿔 써도 문맥상 의미가 달라지지 않는다.

→ 적절함!

**③ ㉢ : 발생(發生)된**

**풀이** ㉢의 '이루어지다'는 '몇 가지 부분이나 요소가 모여 일정한 성질이나 모양을 가진 전체가 되다'의 의미이다. 한편 '발생(發 나타나다 발 生 나다 생)되다'는 '어떤 일이나 사물이 생겨나게 되다'의 의미이다. ㉢을 '발생된'으로 바꿔 쓸 경우 문맥상 의미가 달라지므로, 바꿔 쓰기에 적절하지 않다. ㉢은 '몇 가지 부분이나 요소들이 모여 일정한 전체가 짜여 이루어지다'의 의미를 가진 '구성(構 얽다 구 成 이루다 성)되다'와 바꿔 쓰는 것이 더 적절하다.

→ 적절하지 않음!

**④ ㉣ : 인정(認定)한**

**풀이** ㉣의 '알아내다'는 '몰랐던 것을 알 수 있게 되다'의 의미이다. 한편 '인정(認 알다 인 定 정하다 정)하다'는 '확실히 그렇다고 여기다'의 의미이다. ㉣을 '인정한'으로 바꿔 쓸 경우 문맥상 의미가 달라지므로, 바꿔 쓰기에 적절하지 않다.

→ 적절하지 않음!

**⑤ ㉤ : 비교(比較)해**

**풀이** ㉤의 '맞추다'는 '기준이나 정도에 맞게 하다'의 의미이다. 한편 '비교(比 견주다 비 較 비교하다 교)하다'는 '둘 이상의 사물을 견주어 보다'의 의미이다. ㉤을 '비교해'로 바꿔 쓸 경우 문맥상 의미가 달라지므로, 바꿔 쓰기에 적절하지 않다.

→ 적절하지 않음!

## [023~025] 다음 글을 읽고 물음에 답하시오.

**1** [1]온라인(컴퓨터 데이터를 이용하는 상태)을 통한 통신, 금융, 상거래(금전적인 정보나 개인 정보를 주고받는 일) 등은 우리에게 편리함을 주지만 보안상의 문제(다른 사람에 의해서 금전적인 피해가 발생하거나 개인 정보가 알려지는 문제)도 안고 있는데, 이런 문제를 해결하기 위하여 암호(暗號, 비밀 유지를 위해 다른 사람이 알 수 없도록 약속한 기호) 기술이 동원된다.(動員-, 목적 달성을 위해 사용된다.) [2]예를 들어 전자 화폐의 일종인 비트코인은 해시 함수(Hash Function)를 이용하여 화폐 거래의 안전성(보안)을 유지한다. [3]해시 함수란 입력 데이터 x에 대응하는 하나의 결과 값을 일정한 길이의 문자열로 표시하는 수학적 함수이다. [4]그리고 입력 데이터 x에 대하여 해시 함수 H를 적용한 수식을 H(x) = k라 할 때, k를 해시 값이라 한다. [5]이때 해시 값은 입력 데이터의 내용에 미세한(微細-, 아주 작은) 변화만 있어도 크게 달라진다. [6]현재 여러 해시 함수가 이용되고 있는데, 해시 값을 표시하는 문자열의 길이는 각 해시 함수마다 다를 수 있지만 특정 해시 함수에서의 그 길이는 고정되어 있다.(특정 해시 함수는 입력 데이터가 다르더라도 해시 값의 문자열 길이가 같다.)



[해시 함수의 입 · 출력 동작의 예]

→ 해시 함수의 정의 및 특성

**2** [1]이러한 특성을 갖고 있기 때문에 해시 함수는 데이터의 내용이 변경되었는지 여부(입력된 데이터 값이 바뀌었는지 바뀌지 않았는지)를 확인하는 데 이용된다. [2]가령, 상호 간에(데이터를 입력하는 사람과 그 데이터를 받는 사람이) 동일한 해시 함수를 사용한다고 할 때, 전자 문서와 그 문서의 해시 값을 함께 전송하면 상대방은 수신한 전자 문서에 동일한 해시 함수를 적용하여 결과 값을 얻은 뒤 전송받은 해시 값과 비교함으로써 문서가 변경되었는지 확인할 수 있다.

→ 데이터 변경 여부를 확인할 수 있는 해시 함수

**3** [1]그런데 해시 함수가 ㉠ 일방향성과 ㉡ 충돌회피성을 만족시키면 암호 기술로도 활용된다. [2]일방향성이란 주어진 해시 값에 대응하는 입력 데이터의 복원(復原, 원래대로 회복)이 불가능하다는 것을 말한다. [3]특정 해시 값 k가 주어졌을 때 H(x) = k를 만족시키는 x를 계산하는 것이 매우 어렵다는 것이다. [4]그리고 충돌회피성이란 특정 해시 값을 갖는 서로 다른 데이터를 찾아내는 것(하나의 해시 값을 갖는 둘 이상의 데이터를 찾아내는 것)이 현실적으로 불가능하다는 것을 의미한다. [5]서로 다른 데이터 x, y에 대해서 H(x)와 H(y)가 각각 도출한(導出-, 이끌어 낸) 값이 동일하면 이것을 충돌이라 하고, 이때의 x와 y를 충돌쌍이라 한다. [6]충돌회피성은 이러한 충돌쌍(같은 해시 값을 갖는 둘 이상의 데이터)을 찾는 것이 현재 사용할 수 있는 모든 컴퓨터의 계산 능력을 동원하더라도 그것을 완료하기가 사실상 불가능하다는 것이다.

→ 보안 문제를 해결할 수 있는 일방향성과 충돌회피성

**4** [가] [1]해시 함수는 온라인 경매(금전적인 정보나 개인 정보가 드러나지 않아야 한다.)에도 이용될 수 있다. [2]예를 들어 ○○ 온라인 경매 사이트에서 일방향성과 충돌회피성을 만족시키는(암호 기술로 활용이 가능한) 해시 함수 G가 모든 경매 참여자와 운영자에게 공개되어 있다고 하자. [3]이때 각 입찰 참여자는 자신의 입찰가를 감추기 위해 논스*의 해시 값과, 입찰가에 논스를 더한 것의 해시 값을 함께 게시판에 게시한다. [4]해시 값 게시 기한이 지난 후 각 참여자는 본인의 입찰가와 논스를 운영자에게 전송하고 운영자는 최고 입찰가를 제출한 사람을 낙찰자로 선정한다. [5]이로써 온라인 경매 진행 시 발생할 수 있는 다양한 보안상의 문제를 해결할 수 있다.(금전적인 정보의 유출로 인한 피해를 없앨 수 있고, 개인 정보를 보호할 수 있다.)

→ 보안 문제를 해결하는 해시 함수의 예

* 논스 : 입찰가를 추측할 수 없게 하기 위해 입찰가에 더해지는 임의의 숫자

■지문 이해

<해시 함수의 특성과 이용>

**❶ 해시 함수의 정의 및 특성**

- 온라인을 통한 보안상의 문제를 해결할 수 있음
- 해시 함수 : 입력 데이터에 대응하는 하나의 결과 값을 일정한 길이의 문자열로 표시하는 수학적 함수
- 해시 값은 입력 데이터 내용에 미세한 변화만 있어도 크게 달라짐
- 특정 해시 함수에서 해시 값의 길이는 고정되어 있음

**❷ 데이터 변경 여부를 확인할 수 있는 해시 함수**

- 데이터 내용이 변경되었는지 여부를 확인하는 것에 이용됨
- 전송받은 해시 값과 문서에 동일한 해시 함수를 적용하여 얻은 해시 값을 비교하여 문서 변경 여부 확인 가능

**❸ 보안 문제를 해결할 수 있는 일방향성과 충돌회피성**

- 암호 기술 활용을 위한 조건
  ① 일방향성 : 주어진 해시 값에 대응하는 입력 데이터의 복원이 불가능
  ② 충돌회피성 : 특정 해시 값을 갖는 서로 다른 데이터를 찾아내기가 현실적으로 불가능
  - 충돌 : 서로 다른 데이터에 대해 도출한 해시 값이 동일한 경우
  - 현재 사용할 수 있는 모든 컴퓨터의 계산 능력을 동원하더라도 충돌쌍(충돌하는 데이터)을 찾는 것은 사실상 불가능

**❹ 보안 문제를 해결하는 해시 함수의 예**

- 온라인 경매에서 활용 가능
  ㉠ 일방향성과 충돌회피성을 만족시키는 해시 함수
  ㉡ 입찰 참여자가 논스의 해시 값, 입찰가에 논스를 더한 것의 해시 값을 게시
  ㉢ 해시 값 게시 기한 후에 입찰가와 논스를 운영자에게 전송
  ㉣ 최고 입찰가 제출자를 낙찰자로 선정

**023** | 세부 정보 이해 - 적절하지 않은 것 고르기 2016학년도 9월 모평A 16번 정답률 90% | 정답 ③

**윗글의 '해시 함수'에 대한 이해로 적절하지 않은 것은?**

**① 전자 화폐를 사용한 거래의 안전성을 위해 해시 함수가 이용될 수 있다.**

근거 ❶-2 전자 화폐의 일종인 비트코인은 해시 함수를 이용하여 화폐 거래의 안전성을 유지한다.

→ 적절함!

= 대응되는 하나의 결과 값

**② 특정한 해시 함수는 하나의 입력 데이터로부터 두 개의 서로 다른 해시 값을 도출하지 않는다.**

근거 ❶-3 해시 함수란 입력 데이터 x에 대응하는 하나의 결과 값을 일정한 길이의 문자열로 표시하는 수학적 함수이다.

→ 적절함!

**③ 입력 데이터 x를 서로 다른 해시 함수 H와 G에 적용한 H(x)와 G(x)가 도출한 해시 값은 언제나 동일하다.**

서로 다르다

근거 ❶-6 해시 값을 표시하는 문자열의 길이는 각 해시 함수마다 다를 수 있지만 특정 해시 함수에서의 그 길이는 고정되어 있다.

풀이 사용하는 해시 함수가 달라지면 문자열의 길이가 달라질 수 있다는 내용을 통해 같은 입력 데이터를 적용하더라도 도출된 해시 값이 '언제나 동일하다'고 볼 수 없음을 알 수 있다.

→ 적절하지 않음!

**④ 입력 데이터 x, y에 대해 특정한 해시 함수 H를 적용한 H(x)와 H(y)가 도출한 해시 값의 문자열의 길이는 언제나 동일하다.**

= 고정되어 있다

근거 ❶-6 특정 해시 함수에서의 그(문자열) 길이는 고정되어 있다.

→ 적절함!

= 상호 간에 동일한 해시 함수를 사용

**⑤ 발신자가 자신과 특정 해시 함수를 공유하는 수신자에게 어떤 전자 문서와 그 문서의 해시 값을 전송하면 수신자는 그 문서의 변경 여부를 확인할 수 있다.**

근거 ❷-2 상호 간에 동일한 해시 함수를 사용한다고 할 때, 전자 문서와 그 문서의 해시 값을 함께 전송하면 상대방은 수신한 전자 문서에 동일한 해시 함수를 적용하여 결과 값을 얻은 뒤 전송받은 해시 값과 비교함으로써 문서가 변경되었는지 확인할 수 있다.

→ 적절함!

**024** | 추론의 적절성 판단 - 적절한 것 고르기 2016학년도 9월 모평A 17번 정답률 80% | 정답 ①

**윗글의 ㉠과 ㉡에 대하여 추론한 내용으로 가장 적절한 것은?**

㉠ 일방향성 ㉡ 충돌회피성

**① ㉠을 지닌 특정 해시 함수를 전자 문서 x, y에 각각 적용하여 도출한 해시 값으로부터 x, y를 복원할 수 없다.**

= 복원이 불가능하다

근거 ❸-2 일방향성이란 주어진 해시 값에 대응하는 입력 데이터의 복원이 불가능하다는 것

→ 적절함!

**② 입력 데이터 x, y에 특정 해시 함수를 적용하여 도출한 문자열의 길이가 같은 것은 해시 함수의 ㉠ 때문이다.**

근거 ❶-6 해시 값을 표시하는 문자열의 길이는 각 해시 함수마다 다를 수 있지만 특정 해시 함수에서의 그 길이는 고정되어 있다, ❸-2 일방향성이란 주어진 해시 값에 대응하는 입력 데이터의 복원이 불가능하다는 것

풀이 ㉠(일방향성)은 입력 데이터의 복원이 불가능하다는 것을 의미한다. 특정 해시 함수에서 도출된 해시 값은 ㉠과 상관없이 문자열 길이가 같다.

→ 적절하지 않음!

**③ ㉡을 지닌 특정 해시 함수를 전자 문서 x, y에 각각 적용하여 도출한 해시 값의 문자열의 길이는 서로 다르다.**

같다

근거 ❶-6 해시 값을 표시하는 문자열의 길이는 각 해시 함수마다 다를 수 있지만 특정 해시 함수에서의 그 길이는 고정되어 있다, ❸-4 충돌회피성이란 특정 해시 값을 갖는 서로 다른 데이터를 찾아내는 것이 현실적으로 불가능하다는 것

풀이 ㉡(충돌회피성)은 같은 해시 값을 갖는 서로 다른 데이터를 찾기 어렵다는 의미이다. ㉡과 상관없이 동일한 특정 해시 함수를 사용하면 도출된 해시 값은 서로 다르지만, 문자열 길이는 같다.

→ 적절하지 않음!

= 충돌

**④ 입력 데이터 x, y에 특정 해시 함수를 적용하여 도출한 해시 값이 같은 것은 해시 함수의 ㉡ 때문이다.**

근거 ❸-5 서로 다른 데이터 x, y에 대해서 H(x)와 H(y)가 각각 도출한 값이 동일하면 이것을 충돌이라 하고, ❸-4 충돌회피성이란 특정 해시 값을 갖는 서로 다른 데이터를 찾아내는 것이 현실적으로 불가능하다는 것

풀이 입력 데이터 x, y에 특정 해시 함수를 적용하여 도출한 해시 값이 같은 것을 충돌이라 한다. ㉡(충돌회피성)은 같은 해시 값을 갖는 서로 다른 데이터를 찾아내는 것이 사실상 불가능하다는 의미이다. 따라서 충돌이 일어나는 것이 ㉡ 때문이라는 설명은 적절하지 않다.

→ 적절하지 않음!

같은

**⑤ 입력 데이터 x, y에 대해 ㉠과 ㉡을 지닌 서로 다른 해시 함수를 적용하였을 때 도출한 결과 값이 같으면 이를 충돌이라고 한다.**

동일한 해시 함수를 적용함

근거 ❸-5 서로 다른 데이터 x, y에 대해서 H(x)와 H(y)가 각각 도출한 값이 동일하면 이것을 충돌이라 하고, 이때의 x와 y를 충돌쌍이라 한다.

풀이 서로 다른 데이터를 '서로 다른 해시 함수'가 아니라 '같은 해시 함수'에 적용하였을 때 도출한 결과 값이 같으면 충돌이라고 한다.

→ 적절하지 않음!

**025** 구체적인 상황에 적용 - 적절한 것 고르기 2016학년도 9월 모평A 18번 정답률 85% | 정답 ②

**[가]에 따라 <보기>의 사례를 이해한 내용으로 가장 적절한 것은?** [3점]

| 보기 |

[1]온라인 미술품 경매 사이트에 회화 작품 △△이 출품되어 A와 B만이 경매에 참여하였다. [2]A, B의 입찰가와 해시 값은 다음과 같다. [3]단, 입찰 참여자는 논스를 임의로 선택한다.

| 입찰 참여자 | 입찰가 | 논스의 해시 값 | '입찰가 + 논스'의 해시 값 |
|---|---|---|---|
| A | a | r | m |
| B | b | s | n |

▶ 지문 핵심 개념 정리

| 온라인 경매에서 해시 함수 활용 | | | |
|---|---|---|---|
| ① 일방향성과 충돌 회피성을 만족시키는 해시 함수 공개(❹-2) | ② 입찰 참여자는 논스 해시 값과, 입찰가에 논스를 더한 것의 해시 값을 함께 게시판에 게시(❹-3) | ③ 게시 기한 후 본인의 입찰가와 논스를 운영자에게 전송(❹-4) | ④ 최고 입찰가를 제출한 사람을 낙찰자로 선정(❹-4) |

**① A는 a, r, m 모두를 게시 기한 내에 운영자에게 전송해야 한다.**

풀이 참여자는 게시 기한 내에 논스의 해시 값인 r과, 입찰가에 논스를 더한 것의 해시 값인 m을 전송한다. 입찰가인 a는 게시 기한이 지난 후에 전송한다.

→ 적절하지 않음!

= 게시 기한이 마감되어 참여자가 입찰가를 전송하기 전까지는

**② 운영자는 해시 값을 게시하는 기한이 마감되기 전에 최고가 입찰자를 알 수 없다.**

근거 ❸-2 일방향성이란 주어진 해시 값에 대응하는 입력 데이터의 복원이 불가능하다는 것

풀이 일방향성을 만족시키는 함수이므로 주어진 값을 가지고 대응되는 입력 데이터인 입찰가의 복원이 불가능하다. 따라서 운영자는 게시 기한이 마감되어 참여자가 입찰가를 전송하기 전까지는 최고가 입찰자가 누구인지 알 수 없다.

→ 적절함!

**③ m과 n이 같으면 r과 s가 다르더라도 A와 B의 입찰가가 같다는 것을 의미한다.**

풀이

| m | = | a | + | A의 논스(r) |
|---|---|---|---|---|
| ‖ | | ∦ | | ∦ |
| n | = | b | + | B의 논스(s) |

해시 값이 같다는 것은 입력 데이터가 같다는 말이다. <보기>에서 해시 값 m과 n이 같다는 것은 입찰가가 아니라 '입찰가에 논스를 더한 값'이 서로 같다는 뜻이 된다. 또한 논스의 해시 값인 r과 s가 다르다는 것은 A와 B의 논스가 서로 같지 않다는 뜻이다. A의 논스와 B의 논스가 서로 다를 때 m과 n의 값이 서로 같으려면 A의 입찰가인 a와 B의 입찰가인 b는 같은 값일 수 없다.

→ 적절하지 않음!

**④ A와 B 가운데 누가 높은 가격으로 입찰하였는지는 r과 s를 비교하여 정할 수 있다.**

풀이 논스는 입찰가를 추측할 수 없게 하기 위해 더해지는 임의의 숫자이다. 따라서 r과 s만으로는 누가 높은 가격을 입찰하였는지 알 수 없다.

→ 적절하지 않음!

**⑤ B가 게시판의 m과 r을 통해 A의 입찰가 a를 알아낼 수도 있으므로 게시판은 비공개로 운영되어야 한다.**

근거 ❸-2 일방향성이란 주어진 해시 값에 대응하는 입력 데이터의 복원이 불가능하다는 것

풀이 B가 입찰가와 논스를 더한 해시 값인 m과 r을 알았다 할지라도, 여기에 사용된 해시 함수 G는 일방향성을 갖고 있으므로, A의 입력 데이터인 입찰가를 복원하여 알아낼 수는 없다.

→ 적절하지 않음!

**[026~028] 다음 글을 읽고 물음에 답하시오.**

1 [1]지문(指紋)은 손가락의 진피(眞皮, 피부 바로 아래에 있는 섬유 조직)로부터 땀샘이 표피로 융기되어(隆起-, 일어나 들떠져서) 일정한 흐름 모양으로 만들어진 것으로 솟아오른 부분을 융선, 파인 부분을 골이라고 한다. [2]지문은 진피 부분이 손상되지 않는 한 평생 변하지 않는다. [3]이 때문에(평생 변하지 않기 때문에) 홍채, 정맥(적외선을 투영해 정맥의 형태를 파악하여 정맥의 선이 갈라지는 위치와 끝선, 정맥 선들의 갈라지는 각도 등의 특징을 추출해 수치화, 암호화한다. 주로 손등, 손가락 등의 정맥을 이용한다.), 목소리 등과 함께 지문은 신원(身元, 개인의 신분)을 확인하기 위한 중요한 생체 정보(살아 있는 몸의 정보)로 널리 사용되고 있다.

〈참고 그림〉

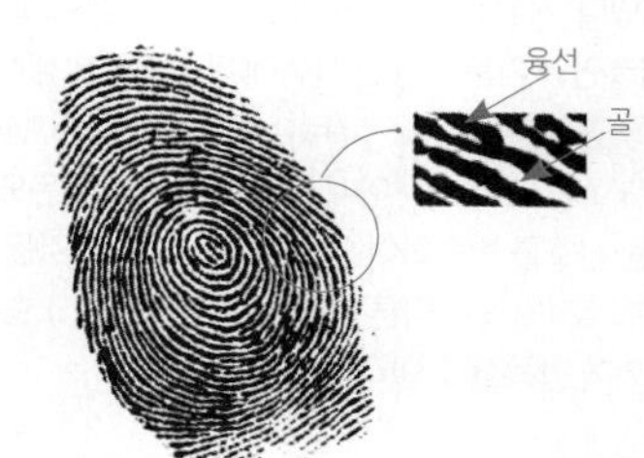


❶-1 지문(指紋)은 손가락의 진피로부터 땀샘이 표피로 융기되어 일정한 흐름 모양으로 만들어진 것으로, 솟아오른 부분을 융선, 파인 부분을 골이라고 한다.

→ 신원 인식에 이용되는 생체 정보, 지문

2 [1]지문 인식 시스템은 등록된 지문과 조회하는(照會-, 인적 사항을 확인하는) 지문이 동일한지 판단함으로써 신원을 확인하는 생체 인식 시스템이다. [2]지문을 등록하거나 조회하기 위해서는 지문 입력 장치를 통해 지문의 융선과 골이 잘 드러나 있는 지문 영상을 얻어야 한다. [3]지문 입력 장치는 손가락과의 접촉을 통해 정보를 얻는데, 이때(손가락이 지문 입력 장치에 접촉할 때) 지문의 융선은 접촉면과 닿게 되고 골은 닿지 않는다. [4]따라서 지문 입력 장치의 융선과 골에 대응하는 빛의 세기, 전하량(電荷量, 가지고 있는 전기의 양), 온도와 같은 물리량에 차이가 발생한다.

→ 지문 인식 시스템의 원리

3 [1]㉠ 광학식(光學式, 빛의 성질과 현상을 이용한 방식의) 지문 입력 장치는 조명 장치(빛을 비추어 주는 장치), 프리즘(빛을 굴절시키거나 분산시키는 유리 등으로 만들어진 부품), 이미지 센서로 구성되어 있다. [2]프리즘의 반사면(反射面, 빛을 받아 반사하는 면)에 손가락을 고정시키면 융선 부분에 묻어 있는 습기나 기름이 반사면에 얇은 막을 형성한다. [3]조명에서 나와 얇은 막에 입사된(入射-, 도달된) 빛은 굴절되거나(屈折-, 방향이 바뀌거나) 산란되어(散亂-, 여기저기로 흩어져) 약해진 상태로 이미지 센서에 도달한다.(到達-, 이르게 된다.) [4]골 부분은 반사면에 닿아 있지 않으므로 빛이 굴절, 산란되지 않고 반사되어 센서에 도달한다. [5]이미지 센서는 빛의 세기를 디지털 신호(0과 1이라는 전기적인 상태로만 표현되는 신호)로 변환하여(變換-, 바꾸어서) 지문 영상을 만든다. [6]이 장치(광학식 지문 입력 장치)는 지문이 있는 부위에 땀이나 기름기가 적은 건성 지문인 경우에는 온전한 지문 영상을 획득하기 어렵다.(융선 부분에 습기나 기름이 적어서 반사면에 얇은 막을 형성하기 어렵기 때문)

〈참고 그림〉

프리즘
렌즈
조명장치
이미지센서

◀ 광학식 지문 입력 장치

→ 광학식 지문 입력 장치

4 [1]㉡ 정전형(靜電型, 정전기를 이용한) 센서식 지문 입력 장치는 미세한(微細-, 분간하기 어려울 정도로 아주 작은) 정전형 센서들을 촘촘하게 배치한 판을 사용한다. [2]이 판에는 전기가 흐르고 각 센서마다 전하가 일정하게 충전되어 있다. [3]판에 손가락이 닿으면 전하가 방전되어(放電-, 외부로 흘러나가) 센서의 전하량이 줄어든다. [4]이때 융선이 접촉된 센서와 그렇지 않은 센서는 전하량에 차이가 생기는데, 각 센서의 전하량을 변환해 지문 영상을 얻는다.

IV 기술

〈참고 그림〉

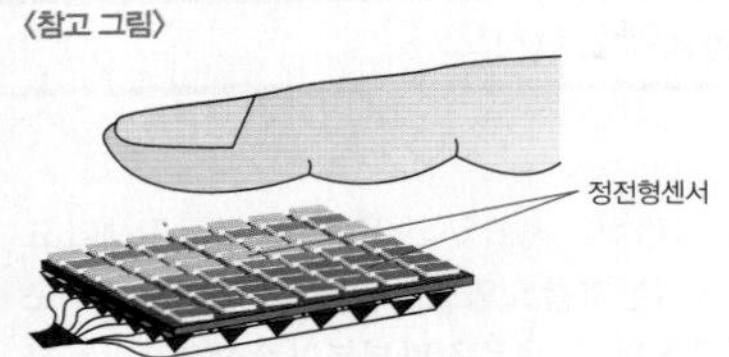


◀ 정전형 센서식 지문 입력 장치

→ 정전형 센서식 지문 입력 장치

5 [1]ⓒ 초전형(焦電型, 온도의 변화에 따라 전하가 발생하는 현상을 이용한) 센서식 지문 입력 장치는 인체의 온도 변화를 감지하는 여러 개의 작은 초전형 센서를 손가락의 폭에 해당하는 길이만큼 일렬로 배치해서 사용한다. [2]이 센서는 온도가 변할 때에만 신호가 발생하는 특성이 있다. [3]센서가 늘어선 방향과 직각 방향으로 손가락을 접촉시킨 채 이동시키면, 접촉면과 지문의 융선 사이에 마찰열이 발생하여 융선과 골에 따라 센서의 온도가 달라진다.(융선에서는 마찰열에 의해 온도가 올라가고, 골에서는 온도의 변화가 없어서 둘 사이에 온도 차가 발생한다.) [4]이때 발생하는 미세한 온도 변화를 센서가 감지하고 이에 해당하는 신호를 변환하여 연속적으로 저장해 지문 영상을 얻는다. [5]이 장치(초전형 센서식 지문 입력 장치)는 다른 지문 입력 장치보다 소형화할 수 있어 스마트폰과 같은 작은 기기에 장착할 수 있다.(달 수 있다.)

〈참고 그림〉

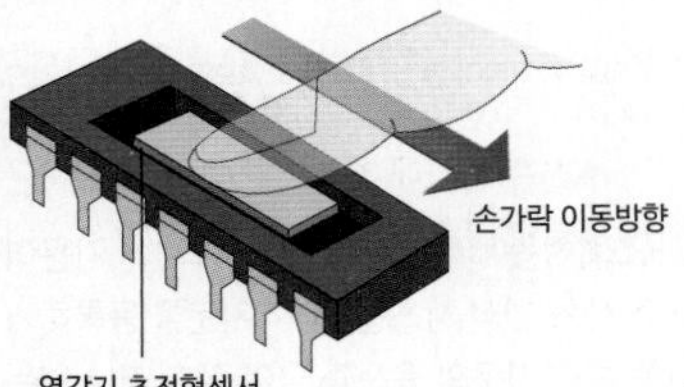


◀초전형 센서식 지문 입력 장치

→ 초전형 센서식 지문 입력 장치

6 [1]ⓐ 일반적으로 생체 인식 시스템에서는 '생체 정보 수집', '전처리', '특징 데이터 추출', '정합'의 과정을 거치는데 지문 인식 시스템도 이를 따른다. [2]생체 정보 수집 단계는 지문 입력 장치를 사용하여 지문 영상을 얻는 과정에 해당한다. [3]전처리(前處理, 어떤 조작을 하기 전에 그 조작에 맞게 알맞은 상태로 준비하는 것) 단계에서는 지문 형태와 무관한(無關-, 관련이 없는) 영상 정보를 제거하고(除去-, 없애고) 지문 형태의 특징이 부각되도록(浮刻-, 잘 드러나도록) 지문 영상을 보정한다.(補正-, 모자라거나 잘못된 것을 고쳐 바르게 한다.) [4]특징 데이터 추출 단계에서는 전처리 단계에서 보정된 영상으로부터 각 지문이 가진 고유한 특징 데이터를 추출한다.(抽出-, 뽑아낸다.) [5]특징 데이터로는 융선의 분포 유형(퍼져 있는 형태), 융선의 위치와 연결 상태 등이 사용된다. [6]정합(整合, 들어맞음) 단계에서는 사전에(事前-, 미리) 등록되어 있는 특징 데이터와 지문 조회를 위해 추출된 특징 데이터를 비교하여 유사도(類似度, 서로 비슷한 정도)를 계산한다. [7]이 값(특징 데이터의 비교를 통한 유사도)이 기준치보다 크면 동일한 사람의 지문으로 판정한다.

→ 생체 인식 시스템의 작동 과정

■지문 이해

〈지문 인식 시스템의 종류와 특징〉

**❶ 신원 인식에 이용되는 생체 정보, 지문**

- 지문 : 손가락 진피의 땀샘이 표피로 융기되어 일정한 흐름을 나타내는 부분(신원 확인을 위한 중요한 생체 정보)
- 표피가 융기되어 솟아오른 부분을 '융선', 파인 부분을 '골'이라고 함

**❷ 지문 인식 시스템의 원리**

- 지문 인식 시스템 : 등록된 지문과 조회하는 지문이 동일한지 판단해 신원 확인
- 지문 입력 장치의 융선과 골에 대응하는 빛의 세기, 전하량, 온도와 같은 물리량에 차이가 발생함

**지문 입력 장치의 종류와 특징**

| | |
|---|---|
| ❸ 광학식 지문 입력 장치 | • 구성 : 조명 장치, 프리즘, 이미지 센서<br>① 프리즘 반사면에 손가락 고정<br>② 융선: 반사면에 닿아 습기, 기름이 얇은 막을 형성하기 때문에 빛이 산란, 굴절되어 약해진 상태로 센서에 도달함 / 골: 반사면에 닿지 않아 막이 없기 때문에 빛이 산란, 굴절 없이 센서에 도달함<br>③ 이미지 센서에 도달하여 빛의 세기에 따라 디지털 신호로 변환하여 지문 영상 획득<br>• 한계 : 건성 지문인 경우에는 온전한 지문 영상을 획득하기 어려움 |
| ❹ 정전형 센서식 지문 입력 장치 | • 구성 : 미세한 정전형 센서들을 촘촘하게 배치한 판<br>① 배치한 판에 손가락(융선)이 닿으면서 센서의 전하량이 감소함<br>② 손가락(융선)과 접촉한 센서와 그렇지 않은 센서의 전하량을 변환하여 지문 영상 획득 |
| ❺ 초전형 센서식 지문 입력 장치 | • 구성 : 온도 변화를 감지하는 여러 개의 초전형 센서를 손가락 폭에 해당하는 길이만큼 일렬로 배치<br>① 접촉면에서 융선과 마찰하면서 열이 발생할 때, 변화하는 온도를 센서가 감지하여 신호로 변환<br>② 연속적 저장을 통해 지문 영상을 획득<br>• 소형화가 가능하여 스마트폰과 같은 작은 기기에 장착 가능함 |

**❻ 생체 인식 시스템의 작동 과정**

- 지문 인식 시스템의 작동 과정
  - ① 생체 정보 수집 : 지문 입력 장치를 사용하여 지문 영상을 획득
  - ② 전처리 : 불필요한 영상 정보를 제거하고, 지문 형태의 특징이 부각되도록 지문 영상을 보정
  - ③ 특징 데이터 추출 : 보정된 영상으로부터 지문이 가진 고유한 특징 데이터(융선 분포 유형, 위치, 연결 상태 등)를 추출
  - ④ 정합 : 사전에 등록된 특징 데이터와 지문 조회를 위해 추출된 특징 데이터를 비교하여 유사도 계산
  - ⑤ 유사도의 값이 기준치보다 크면 동일한 사람의 지문으로 판정

**026** | 세부 정보 이해 - 적절한 것 고르기 2016학년도 6월 모평A 16번 정답률 95% | 정답 ①

**윗글의 내용과 일치하는 것은?**

**① 광학식 지문 입력 장치에는 프리즘이 필요하다.**

근거 ❸-1 광학식 지문 입력 장치는 조명 장치, 프리즘, 이미지 센서로 구성되어 있다.

→ 적절함!

**② 정맥은 지문과 달리 신원 확인을 위한 생체 정보로 활용할 수 없다.** (있다)

근거 ❶-3 홍채, 정맥, 목소리 등과 함께 지문은 신원을 확인하기 위한 중요한 생체 정보로 널리 사용되고 있다.

→ 적절하지 않음!

**③ 정전형 센서식 지문 입력 장치가 초전형 센서식 지문 입력 장치보다 소형화에 더 유리하다.**

근거 ❺-5 이 장치(초전형 센서식 지문 입력 장치)는 다른 지문 입력 장치보다 소형화할 수 있어 스마트폰과 같은 작은 기기에 장착할 수 있다.

풀이 정전형 센서식 지문 입력 장치보다 초전형 센서식 지문 입력 장치가 소형화에 더 유리하다.

→ 적절하지 않음!

**④ 광학식 지문 입력 장치에서 반사면에 융선 모양의 얇은 막이 형성되지 않아야 온전한 지문 영상을 얻을 수 있다.** (않으면 / 없다)

근거 ❸-2 (광학식 지문 입력 장치는) 프리즘의 반사면에 손가락을 고정시키면 융선 부분에 묻어 있는 습기나 기름이 반사면에 얇은 막을 형성한다, ❸-6 지문이 있는 부위에 땀이나 기름기가 적은 건성 지문인 경우에는 온전한 지문 영상을 획득하기 어렵다.

풀이 광학식 지문 입력 장치는 습기나 기름으로 인해 생기는 얇은 막을 활용한 지문 입력

장치이므로, 얇은 막이 형성되지 않을 경우 온전한 지문 영상을 얻을 수 없다.

→ 적절하지 않음!

⑤ **초전형 센서식 지문 입력 장치에서 *양호한 지문을 얻기 위해서는 손가락을 센서에 접촉시킨 후 움직이지 않아야 한다.** *良好-, 상태가 좋은

움직여 온도를 변화시켜야 한다

근거 ❺-3~4 (초전형 센서식 지문 입력 장치는) 센서가 늘어선 방향과 직각 방향으로 손가락을 접촉시킨 채 이동시키면, 접촉면과 지문의 융선 사이에 마찰열이 발생하여 융선과 골에 따라 센서의 온도가 달라진다. 이때 발생하는 미세한 온도 변화를 센서가 감지하고 … 지문 영상을 얻는다.

풀이 손가락을 움직여야 센서의 온도가 달라지고, 이를 통해 지문 영상을 얻을 수 있다.

→ 적절하지 않음!

**027** 추론의 적절성 판단 - 적절한 것 고르기 2016학년도 6월 모평A 17번 정답률 90% | 정답 ③

**㉠~㉢을 사용해 정상적인 '지문 영상'을 얻었다고 할 때, 각 센서에 감지되는 물리량에 대한 설명으로 가장 적절한 것은?**

㉠ 광학식 지문 입력 장치
㉡ 정전형 센서식 지문 입력 장치
㉢ 초전형 센서식 지문 입력 장치

① **㉠에서는, 융선의 위치에서 반사되어 센서에 도달한 빛의 세기가 골의 위치에서 반사되어 센서에 도달한 빛의 세기보다 강하겠군.**

약하겠군

근거 ❸-3~4 (광학식 지문 입력 장치의) 조명에서 나와 얇은 막에 입사된 빛은 굴절되거나 산란되어 약해진 상태로 이미지 센서에 도달한다. 골 부분은 반사면에 닿아 있지 않으므로 빛이 굴절, 산란되지 않고 반사되어 센서에 도달한다.

풀이 융선 부분은 빛이 약해진 상태로, 골 부분은 바로 반사되어 센서에 도달하기 때문에 융선 부분보다 골 부분의 빛의 세기가 더 강하다.

→ 적절하지 않음!

다르겠군

② **㉡에서는, 융선에 대응하는 센서의 전하량이 골에 대응하는 센서의 전하량과 같겠군.**

근거 ❹-4 (정전형 센서식 지문 입력 장치의) 융선이 접촉된 센서와 그렇지 않은 센서는 전하량에 차이가 생기는데, 각 센서의 전하량을 변환해 지문 영상을 얻는다.

→ 적절하지 않음!

접촉면과 닿음 → 전하 방전 → 센서의 전하량↓

③ **㉡에서는, 융선에 대응하는 센서의 전하량이 골에 대응하는 센서의 전하량보다 적겠군.**

접촉면과 닿지 않음 → 전하량이 줄지 않음

근거 ❷-3 지문 입력 장치는 손가락과의 접촉을 통해 정보를 얻는데, 이때 지문의 융선은 접촉면과 닿게 되고 골은 닿지 않는다, ❹-3~4 (정전형 센서식 지문 입력 장치의) 판에 손가락이 닿으면 전하가 방전되어 센서의 전하량이 줄어든다. 이때 융선이 접촉된 센서와 그렇지 않은 센서는 전하량에 차이가 생기는데

풀이 접촉면과 닿게 되는 융선 부분은 센서의 전하량이 줄어들지만, 접촉면과 닿지 않는 골 부분은 센서의 전하량이 줄지 않는다.

→ 적절함!

다르겠군

④ **㉢에서는, 융선에 대응하는 센서의 온도가 골에 대응하는 센서의 온도와 같겠군.**

근거 ❺-3 (초전형 센서식 지문 입력 장치는) 센서가 늘어선 방향과 직각 방향으로 손가락을 접촉시킨 채 이동시키면, 접촉면과 지문의 융선 사이에 마찰열이 발생하여 융선과 골에 따라 센서의 온도가 달라진다.

풀이 융선에서는 마찰열이 발생하고 골에서는 발생하지 않으므로 각 센서의 온도는 각각 다르다.

→ 적절하지 않음!

높겠군

⑤ **㉢에서는, 융선에 대응하는 센서의 온도가 골에 대응하는 센서의 온도보다 낮겠군.**

근거 ❺-3 (초전형 센서식 지문 입력 장치는) 센서가 늘어선 방향과 직각 방향으로 손가락을 접촉시킨 채 이동시키면, 접촉면과 지문의 융선 사이에 마찰열이 발생하여 융선과 골에 따라 센서의 온도가 달라진다.

풀이 융선과 접촉면 사이에 마찰열이 발생하므로, 마찰열이 발생하지 않는 골 부분보다 융선 부분 센서의 온도가 높을 것이다.

→ 적절하지 않음!

**028** 구체적인 상황에 적용 - 적절하지 않은 것 고르기 2016학년도 6월 모평A 18번 정답률 80% | 정답 ④

**ⓐ에 따라 <보기>의 정보를 활용한 홍채 인식 시스템을 설계한다고 할 때, 단계별 고려 사항으로 적절하지 않은 것은?** [3점]

ⓐ 일반적으로 생체 인식 시스템에서는 '생체 정보 수집', '전처리', '특징 데이터 추출', '정합'의 과정을 거치는데

| 보기 |

[1]홍채는 각막(角膜, 눈동자 겉을 둘러 싼 얇은 막)과 수정체(水晶體, 눈에 들어온 빛을 굴절시키는 기관) 사이에 있는 근육 막으로, 빛을 통과시키는 구멍인 동공을 둘러싸고 있다. [2]홍채 근육은 빛의 양을 조절하기 위해 수축하거나 이완하여(줄어들거나 늘어나면서) 동공의 크기를 조절한다. [3]홍채에는 불규칙한 무늬가 있는데, 두 사람의 홍채 무늬가 같을 확률은 대략 20억분의 1 정도로 알려져 있다.

〈참고 그림〉

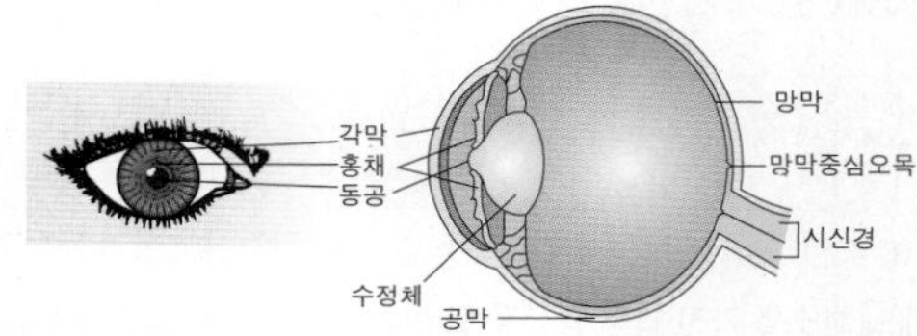


▲ 홍채는 동공 주위 조직으로서 눈으로 들어오는 빛의 양을 조절하는 조리개 역할을 하는데, 생후 18개월 이후 완성된 뒤 평생 변하지 않는 특성이 있다. 홍채 인식 기술은 사람마다 각기 다른 홍채의 특성, 즉 모양과 색깔, 망막 모세혈관의 형태 등을 분석해 사람을 식별하는 기술이다.

① **[생체 정보 수집] 홍채의 바깥에 각막이 있으므로 홍채 정보를 수집할 때에는 지문 입력 장치와 달리, 홍채 입력 장치와 홍채가 직접 닿지 않게 하는 방식을 고려해야겠군.**

근거 <보기>-1 홍채는 각막과 수정체 사이에 있는 근육 막, ❻-2 생체 정보 수집 단계는 지문 입력 장치를 사용하여 지문 영상을 얻는 과정에 해당한다.

→ 적절함!

② **[전처리] 생체 정보 수집 단계에서 얻은 영상에서 홍채의 불규칙한 무늬가 나타난 부분만을 분리하는 과정이 필요하겠군.**

근거 <보기>-3 홍채에는 불규칙한 무늬가 있는데, 두 사람의 홍채 무늬가 같을 확률은 대략 20억분의 1 정도로 알려져 있다, ❻-3 전처리 단계에서는 지문 형태와 무관한 영상 정보를 제거하고 지문 형태의 특징이 부각되도록 지문 영상을 보정한다.

풀이 홍채의 불규칙한 무늬가 같을 확률은 매우 낮다. 따라서 홍채의 무늬를 제외한 부분을 제거하는 작업이 필요하다.

→ 적절함!

③ **[전처리] 홍채의 불규칙한 무늬가 선명하게 드러날 수 있도록 생체 정보 수집 단계에서 얻은 영상을 보정해야겠군.**

근거 <보기>-3 홍채에는 불규칙한 무늬가 있는데, 두 사람의 홍채 무늬가 같을 확률은 대략 20억분의 1 정도로 알려져 있다, ❻-3 전처리 단계에서는 지문 형태와 무관한 영상 정보를 제거하고 지문 형태의 특징이 부각되도록 지문 영상을 보정한다.

풀이 불규칙한 무늬가 수집해야 할 생체 정보이므로 선명하게 보정해야 한다.

→ 적절함!

의 불규칙한 무늬가 생체 정보라는

④ **[특징 데이터 추출] 홍채 근육에 의해 동공의 크기가 달라진다는 점을 고려하여 홍채에서 동공이 차지하는 비율을 특징 데이터로 추출해야 하겠군.**

의 불규칙한 무늬를

근거 ❻-4~5 특징 데이터 추출 단계에서는 전처리 단계에서 보정된 영상으로부터 각 지문이 가진 고유한 특징 데이터를 추출한다. 특징 데이터로는 융선의 분포 유형, 융선의 위치와 연결 상태 등이 사용된다.

풀이 홍채에서 추출해야 할 생체 정보는 불규칙한 무늬이다. 따라서 고유한 특징 데이터를 추출하기 위해서는 동공의 비율이 아니라 홍채의 불규칙한 무늬를 추출해야 한다.

→ 적절하지 않음!

⑤ **[정합] 등록된 홍채의 특징 데이터와 조회하려는 홍채의 특징 데이터 사이의 유사도를 판정하는 단계이므로 유사도의 기준치가 정해져 있어야 하겠군.**

근거 ❻-6~7 정합 단계에서는 사전에 등록되어 있는 특징 데이터와 지문 조회를 위해 추출된 특징 데이터를 비교하여 유사도를 계산한다. 이 값이 기준치보다 크면 동일한 사람의 지문으로 판정한다.

→ 적절함!

## [029~031] 다음 글을 읽고 물음에 답하시오.

1 [1]디지털 영상은 **2차원 평면**(점과 선으로 이루어진 곳)에 **격자**(格子, 바둑판처럼 가로세로를 일정한 간격으로 직각이 되게 짠 구조) 모양으로 **화소**(畵素, 화면을 전기적으로 분해한 최소의 단위 면적)를 배열하고 각 화소의 밝기인 화솟값을 데이터로 저장한 것이다. [2]화솟값은 0에서 255 사이의 값으로 나타내는데 0일 때 검은색으로 가장 어둡고 255일 때 흰색으로 가장 밝다. [3]화소들 사이의 밝기 차이를 명암 대비라 하며 명암 대비가 강할수록 영상은 선명하게 보인다. [4]해상도란 디지털 영상을 구성하는 화소수를 말하며 '가로 × 세로'의 화소수로 나타낸다.

〈참고 그림〉

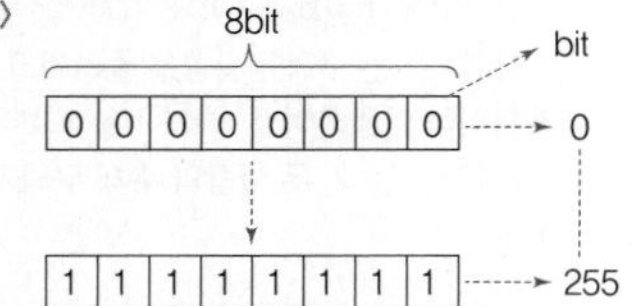


❶–2 화솟값은 0에서 255 사이의 값으로 나타내는데 0일 때 검은색으로 가장 어둡고 255일 때 흰색으로 가장 밝다.

> 지문에서 설명한 화솟값은 8bit 해상도에서의 색상 정보를 뜻한다. 8bit 해상도는 0에서 255까지 총 256 가지 색상에 대한 정보를 저장할 수 있다. 각각의 비트는 0 또는 1의 2 가지 경우의 수를 가진다. 따라서 $2(\text{경우의 수})^{8(\text{bit 수})} = 256$, 즉 256 종류의 정보를 나타낼 수 있다.

→ 디지털 영상과 해상도의 개념

2 [1]n × n 개의 화소를 가진 입력 영상을 모니터에 나타내면, 모니터에 있는 n × n 개의 화소에 입력 영상의 화소들이 일대일로 대응된다. [2]하지만 모니터에 입력 영상을 확대하거나 축소하여 나타낼 때는 **일대일 대응이 되지 않는다.**(화소가 부족하거나 남는다.) [3]이를 해결하기 위해 모니터에서 영상이 표시될 영역의 화소와 일대일 대응하는 '가상 영상'을 만들고 입력 영상의 화솟값을 이용하여 가상 영상의 화솟값을 모두 채운 다음 가상 영상을 모니터에 표시한다.

→ 모니터에 입력 영상을 표시하는 방법

3 [1]예를 들어 n × n의 영상을 가로세로 방향으로 각각 두 배씩 확대해서 모니터에 표시하려면 2n × 2n의 가상 영상을 만들어 다음과 같이 화솟값을 채운다. [2]〈그림〉처럼 입력 영상의 화소 A의 값을 가상 영상의 $A_0 \sim A_3$의 4 개 화소에 그대로 복사한다. [3]나머지 화소도 **이와 같이 처리하면**(4 개 화소에 그대로 복사하면) 입력 영상을 확대한 가상 영상을 얻을 수 있다. [4]이러한 ㉠ '확대 복사 방법'은 간단하지만 $A_0 \sim A_3$ 모두가 같은 밝기로 표시되므로 윤곽선 부분의 격자 모양이 두드러져 보이는 '모자이크 효과'가 발생한다. [5]**확대율이 높아질수록**(복사된 화소가 많아질수록) **이러한 현상**(격자 모양이 두드러져 보이는 현상)은 더욱 심해진다.

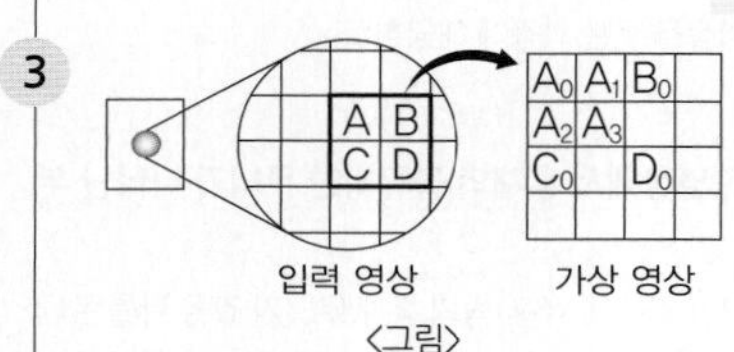


〈그림〉

→ 확대 복사 방법의 원리와 특징

4 [1]이러한 현상을 개선한 방법이 ㉡ '선형 보간법'이다. [2]이는 입력 영상의 화소 가운데 A ~ D는 각각 **$A_0, B_0, C_0, D_0$ 위치에만**(하나씩만) 복사하고 나머지 화소들은 **인접한**(隣接-, 이웃하여 있는) 화소들을 이용하여 화솟값을 채우는 방법이다. [3]〈그림〉에서 $A_3$의 화솟값을 $A_3$과 인접한 $A_0, B_0, C_0, D_0$의 평균값으로 채우고, $A_1$은 $A_0$과 $B_0$의 평균값으로, $A_2$는 $A_0$과 $C_0$의 평균값으로 채우는 것이다. [4]이렇게 하면 빈 화소의 값이 인접 화소의 평균값으로 채워지기 때문에 인접 화소들 사이의 명암 대비가 약해져서 **모자이크 효과가 감소한다.**(격자 모양이 두드러지는 현상을 줄일 수 있다.) [5]하지만 이 방법은 화솟값을 구하기 위해 평균값을 계산해야 하므로 처리 시간이 늘어나는 단점이 있다.

〈참고 그림〉

| A | B |
|---|---|
| C | D |

➡

| $A_0$ | $\frac{(A_0+B_0)}{2}$ | $B_0$ | … |
|---|---|---|---|
| $\frac{(A_0+C_0)}{2}$ | $\frac{(A_0+B_0+C_0+D_0)}{4}$ | $\frac{(B_0+D_0)}{2}$ | … |
| $C_0$ | $\frac{(C_0+D_0)}{2}$ | $D_0$ | … |
| … | … | … | … |

❹–1~3 '선형 보간법'은 입력 영상의 화소 가운데 A ~ D는 각각 $A_0, B_0, C_0, D_0$ 위치에만 복사하고 나머지 화소들은 인접한 화소들의 평균값으로 채우는 방법이다. $A_3$의 화솟값을 $A_3$과 인접한 $A_0, B_0, C_0, D_0$의 평균값으로 채우고, $A_1$은 $A_0$과 $B_0$의 평균값으로, $A_2$는 $A_0$과 $C_0$의 평균값으로 채운다.

→ 선형 보간법의 원리와 특징

5 [1]반면, n × n의 영상을 가로세로 방향으로 각각 절반으로 축소해서 모니터에 표시하려면 $\frac{n}{2} \times \frac{n}{2}$의 가상 영상을 만들고 화솟값을 채운다. [2]이때 입력 영상의 화소들 중에서 가로세로 방향으로 한 칸씩 **건너뛰면서**(줄이면서) 화소를 선택해 가상 영상의 화소에 복사한다. [3]이러한 '선택 복사 방법'을 쓰면 입력 영상의 화소 중 **표시되지 않는 부분이 생기기 때문에**(삭제된 화소가 있기 때문에) 영상이 **왜곡되어**(歪曲–, 사실과 다르게) 보인다. [4]특히 글자와 같이 가로세로 방향으로 흑백의 영역이 뚜렷이 구별되는 영상의 경우에는 글자 모양이 변한다. [5]따라서 입력 영상의 인접한 4 개의 화솟값의 평균값으로 가상 영상의 하나의 화솟값을 채우는 '영역 축소 방법'을 주로 사용한다. [6]그러나 이 방법은 **연산량**(演算量, 계산하는 양)이 많아져 처리 시간이 늘어나고, 화솟값을 평균값으로 채우기 때문에 명암 대비가 강한 영상의 경우 명암 대비가 약해지는 단점이 있다.

〈참고 그림〉

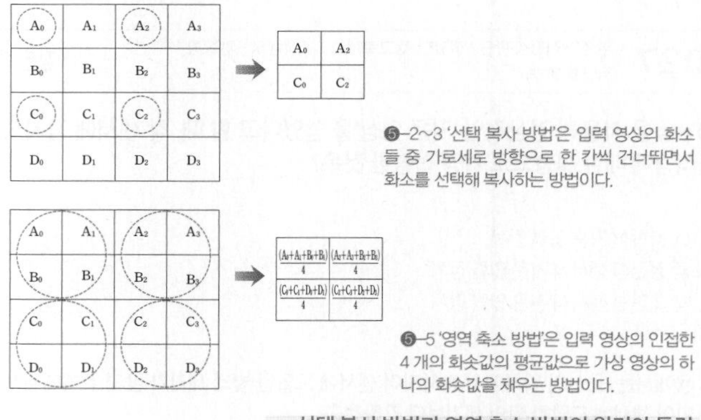


❺–2~3 '선택 복사 방법'은 입력 영상의 화소들 중 가로세로 방향으로 한 칸씩 건너뛰면서 화소를 선택해 복사하는 방법이다.

❺–5 '영역 축소 방법'은 입력 영상의 인접한 4 개의 화솟값의 평균값으로 가상 영상의 하나의 화솟값을 채우는 방법이다.

→ 선택 복사 방법과 영역 축소 방법의 원리와 특징

■ 지문 이해

### 〈디지털 영상의 원리와 특징〉

**❶ 디지털 영상과 해상도의 개념**

- 디지털 영상
  - 2차원 평면에 격자 모양으로 화소 배열
  - 각 화소의 밝기인 화솟값을 데이터로 저장
    - → 0일 때 가장 어둡고 255일 때 가장 밝음
- 명암 대비 : 화소들 사이의 밝기 차이로, 강할수록 영상이 선명하게 보임
- 해상도 : 디지털 영상을 구성하는 화소수, '가로 × 세로'의 화소수

**❷ 모니터에 입력 영상을 표시하는 방법**

- n × n 개의 화소에 입력 영상의 화소들이 일대일로 대응
- 입력 영상을 확대하거나 축소할 때는 일대일 대응 × → 일대일 대응하는 '가상 영상을 만들어 표시

**모니터에 입력 영상 확대** / **모니터에 입력 영상 축소**

| ❸ 확대 복사 방법의 원리와 특징 | ❹ 선형 보간법의 원리와 특징 | ❺-1 선택 복사 방법의 원리와 특징 | ❺-2 영역 축소 방법의 원리와 특징 |
|---|---|---|---|
| • 입력 영상의 화솟값을 그대로 복사<br>• 장점 : 간단함<br>• 단점 : 복사된 가상 영상이 모두 같은 밝기로 표시되기 때문에 윤곽선 부분의 격자 모양이 두드러져 보이는 '모자이크 효과' 발생 | • 입력 영상의 화솟값을 하나씩만 복사<br>• 나머지 화소들은 인접한 화소들의 평균값을 이용<br>• 장점 : 명암 대비가 약해져 '모자이크 효과' 감소<br>• 단점 : 처리 시간이 늘어남 | • 입력 영상 화소들 중에서 가로세로 방향으로 한 칸씩 건너뛰며 화소를 선택하여 복사<br>• 단점<br>- 표시되지 않는 부분이 생겨 영상이 왜곡<br>- 글자 모양 변함 | • 입력 영상의 인접한 4 개 화솟값의 평균값으로 가상 영상 하나의 화솟값 채우기<br>• 단점<br>- 연산량이 많아 처리 시간이 늘어남<br>- 명암 대비가 약해짐 |

문제편 p.233

029 | 세부 정보 이해 - 적절하지 않은 것 고르기 2015학년도 수능A 20번 정답률 85% | 정답 ③

**윗글에 대한 이해로 적절하지 않은 것은?**

= 각 화소의 밝기

**① 디지털 영상의 화솟값은 밝기에 대한 정보를 담고 있다.**

근거 ❶-1~2 (디지털 영상은) 각 화소의 밝기인 화솟값을 데이터로 저장한 것이다. 화솟값은 … 0일 때 검은색으로 가장 어둡고 255일 때 흰색으로 가장 밝다.

→ 적절함!

**② 디지털 영상의 해상도는 가로 × 세로의 화소수로 나타낸다.**

근거 ❶-4 해상도란 디지털 영상을 구성하는 화소수를 말하며 '가로 × 세로'의 화소수로 나타낸다.

→ 적절함!

**③ 입력 영상의 화소들이 밝을수록 가상 영상의 화소수는 많아진다.**

근거 ❶-2 화솟값은 0에서 255 사이의 값으로 나타내는데 0일 때 검은색으로 가장 어둡고 255일 때 흰색으로 가장 밝다, ❸-1 n × n의 영상을 가로세로 방향으로 각각 두 배씩 확대해서 모니터에 표시하려면 2n × 2n의 가상 영상을 만들어, ❺-1 반면, n × n의 영상을 가로세로 방향으로 각각 절반으로 축소해서 모니터에 표시하려면 $\frac{n}{2} \times \frac{n}{2}$의 가상 영상을 만들고

풀이 윗글을 통해 화솟값이 높을수록 화소가 밝아지고, 화솟값이 낮을수록 화소가 어두워짐을 알 수 있다. 또한 입력 영상을 확대할수록 가상 영상의 화소수가 많아지고, 입력 영상을 축소할수록 가상 영상의 화소수가 적어진다고 하였다. 그러나 화소의 밝기와 화소수의 관계는 윗글에 나타나지 않는다.

→ 적절하지 않음!

**④ 디지털 영상에서 두 화소의 화솟값 차이가 클수록 명암 대비가 강해진다.**

근거 ❶-1 각 화소의 밝기인 화솟값, ❶-3 화소들 사이의 밝기 차이를 명암 대비라 하며 명암 대비가 강할수록 영상은 선명하게 보인다.

= 화소들 사이의 밝기 차이

→ 적절함!

**⑤ 영상을 확대, 축소할 때 입력 영상은 가상 영상으로 변환되어 모니터에 표시된다.**

근거 ❷-2~3 모니터에 입력 영상을 확대하거나 축소하여 나타낼 때는 일대일 대응이 되지 않는다. 이를 해결하기 위해 모니터에서 영상이 표시될 영역의 화소와 일대일 대응하는 '가상 영상'을 만들고 입력 영상의 화솟값을 이용하여 가상 영상의 화솟값을 모두 채운 다음 가상 영상을 모니터에 표시한다.

→ 적절함!

030 | 자료 해석의 적절성 판단 - 적절하지 않은 것 고르기 2015학년도 수능A 21번 정답률 80% | 정답 ②

**윗글의 <그림>에 ㉠, ㉡을 적용했을 때, 그 결과로 적절하지 않은 것은?**

㉠ '확대 복사 방법' ㉡ '선형 보간법'

= A값 = B값

**① ㉠을 적용하면 A값과 B값의 차이가 없을 때, $A_1$값과 $B_0$값은 차이가 없다.**

근거 ❸-2~3 입력 영상의 화소 A의 값을 가상 영상의 $A_0$ ~ $A_3$의 4 개 화소에 그대로 복사한다. 나머지 화소도 이와 같이 처리

풀이 확대 복사 방법(㉠)을 적용하면 $A_1$의 값은 A의 값과 같다. $B_0$의 값은 B의 값과 같다. 따라서 A와 B의 값이 같다면, $A_1$값과 $B_0$값도 같다.

→ 적절함!

있더라도 = A값 = A값 없다

**② ㉠을 적용하면 A값과 C값의 차이가 2보다 클 때, $A_0$값과 $A_2$값은 차이가 있다.**

근거 ❸-2 입력 영상의 화소 A의 값을 가상 영상의 $A_0$ ~ $A_3$의 4 개 화소에 그대로 복사

풀이 확대 복사 방법(㉠)을 적용하면 $A_0$값과 $A_2$값은 C값과 상관없이 A의 값과 같다.

→ 적절하지 않음!

$A_0 = C_0$ = A값 $\frac{A_0 + C_0}{2}$ = A값

**③ ㉡을 적용하면 A값과 C값의 차이가 없을 때, $A_0$값과 $A_2$값은 차이가 없다.**

근거 ❹-2~3 A ~ D는 각각 $A_0$, $B_0$, $C_0$, $D_0$ 위치에만 복사하고 … $A_2$는 $A_0$과 $C_0$의 평균값으로 채우는 것

풀이 선형 보간법(㉡)을 적용하면 A값과 C값에 차이가 없을 때 $A_0$값과 $C_0$값도 같게 되고, $A_0$값과 $C_0$값의 평균값인 $A_2$의 값도 같게 된다. 즉, $A_0 = A_2 = C_0$이 된다.

→ 적절함!

= A값 $\frac{A_0 + B_0}{2}$ ≠ A값

**④ ㉡을 적용하면 A값과 B값의 차이가 2보다 클 때, $A_0$값과 $A_1$값은 차이가 있다.**

근거 ❹-2~3 A ~ D는 각각 $A_0$, $B_0$, $C_0$, $D_0$ 위치에만 복사하고 … $A_1$은 $A_0$과 $B_0$의 평균값

풀이 선형 보간법(㉡)을 적용하면 A값을 2, B값을 6이라고 가정할 때, $A_0$값은 2가 되고 $B_0$값은 6이 되므로 $A_1$값은 2와 6의 평균값인 4가 된다. 따라서 $A_0$값과 $A_1$값은 차이가 있다.

→ 적절함!

= $A_0$ ~ $D_0$ 값이 모두 같음 $\frac{A_0 + B_0 + C_0 + D_0}{4}$

**⑤ ㉡을 적용하면 A값 ~ D값이 모두 같을 때, $A_3$값은 인접한 화소의 화솟값과 차이가 없다.**

근거 ❹-3 $A_3$의 화솟값을 $A_3$과 인접한 $A_0$, $B_0$, $C_0$, $D_0$의 평균값으로 채우고

풀이 모든 값이 같게 되면 평균값도 같게 된다. 따라서 $A_3$값은 인접한 화소의 화솟값과 차이가 없다.

→ 적절함!

031 | 구체적인 사례에 적용 - 적절하지 않은 것 고르기 2015학년도 수능A 22번 정답률 85% | 정답 ③

**윗글을 바탕으로 <보기>의 ⓐ, ⓑ를 설명한 것으로 적절하지 않은 것은?** [3점]

| 보 기 |

100 × 100 개의 화소를 가진 입력 영상의 중앙에는 밑변이 50 개의 화소로 구성된 검은색의 정삼각형이 있고 입력 영상의 바탕색은 흰색이다. 이 입력 영상을 ⓐ 가로세로 방향으로 각각 두 배 확대한 가상 영상을 만들어 모니터에 표시하고, ⓑ 가로세로 방향으로 각각 절반으로 축소한 가상 영상을 만들어 모니터에 표시하였다.

**① ⓐ에서 '확대 복사 방법'을 이용하면 입력 영상에 비해 모자이크 효과가 강하게 나타난다.**

근거 ❸-4 (확대 복사 방법은) 윤곽선 부분의 격자 모양이 두드러져 보이는 '모자이크 효과'가 발생

→ 적절함!

**② ⓐ에서는 '선형 보간법'을 이용하는 것이 '확대 복사 방법'을 이용할 때보다 처리 시간이 길다.**

근거 ❹-5 이 방법(선형 보간법)은 화솟값을 구하기 위해 평균값을 계산해야 하므로 처리 시간이 늘어나는 단점

→ 적절함!

약해진다

**③ ⓑ에서 '영역 축소 방법'을 이용하면 정삼각형의 윤곽선 부분은 명암 대비가 강해진다.**

근거 ❺-6 (영역 축소 방법은) 명암 대비가 강한 영상의 경우 명암 대비가 약해지는 단점

풀이 정삼각형의 윤곽선 부분은 명암 대비가 약해지게 된다.

→ 적절하지 않음!

= 표시되지 않는 부분이 생김

**④ ⓑ에서 '선택 복사 방법'을 이용하면 입력 영상의 화소들 중 일부가 표시되지 않는다.**

근거 ❺-3 '선택 복사 방법'을 쓰면 입력 영상의 화소 중 표시되지 않는 부분이 생기기 때문에 영상이 왜곡

→ 적절함!

2n × 2n

**⑤ ⓐ와 ⓑ에서 각각 만들어지는 가상 영상들의 화소수는 서로 다르다.**

$\frac{n}{2} \times \frac{n}{2}$

근거 ❸-1 n × n의 영상을 가로세로 방향으로 각각 두 배씩 확대해서 모니터에 표시하려면 2n × 2n의 가상 영상을 만들어 다음과 같이 화솟값을 채운다, ❺-1 n × n의 영상을 가로세로 방향으로 각각 절반으로 축소해서 모니터에 표시하려면 $\frac{n}{2} \times \frac{n}{2}$의 가상 영상을 만들고 화솟값을 채운다.

→ 적절함!

IV 기술

[032~034] 다음 글을 읽고 물음에 답하시오.

1 [1]CD 드라이브는 디스크 표면에 조사된(디스크에 쏜) 레이저 광선이 반사되거나 산란되는(散亂-, 흩어지는) 효과를 이용해 정보를 판독한다.(判讀-, 읽어낸다.) [2]CD의 기록면 중 광선이 흩어짐 없이 반사되는 부분을 랜드, 광선의 일부가 산란되어 빛이 적게 반사되는 부분을 피트라고 한다. [3]CD에는 나선 모양(소라 껍데기 모양)으로 돌아나가는 단 하나의 트랙이 있는데 트랙을 따라 일렬로 랜드와 피트가 번갈아 배치되어 있다.(일정한 간격으로 놓여있다.) [4]피트를 제외한 부분, 즉 이웃하는 트랙과 트랙 사이도 랜드에 해당한다.

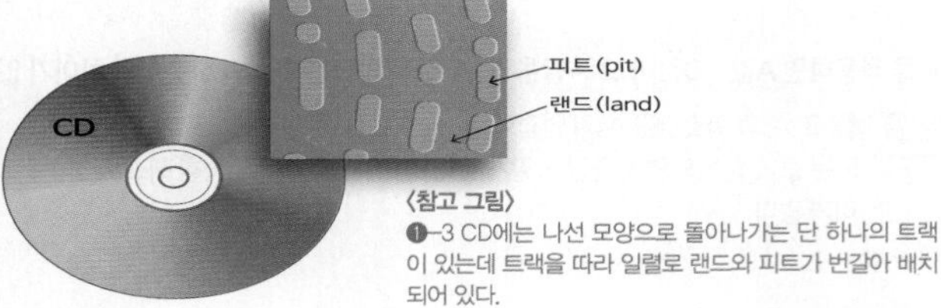


〈참고 그림〉
❶-3 CD에는 나선 모양으로 돌아나가는 단 하나의 트랙이 있는데 트랙을 따라 일렬로 랜드와 피트가 번갈아 배치되어 있다.

→ CD의 구조

2 [1]CD 드라이브는 디스크 모터, 광 픽업 장치, 광학계 구동 모터로 구성된다. [2]디스크 모터는 CD를 회전시킨다. [3]CD 아래에 있는 광 픽업 장치는 레이저 광선을 발생시켜 CD 기록면에 조사하고(照射-, 쪼이고), CD에서 반사된 광선은 광 픽업 장치 안의 광 검출기가 받아들인다. [4]광선의 경로상에 있는(광선이 지나가는 길 중간에 있는) 포커싱 렌즈는 광선을 트랙의 한 지점에 모으고, 광 검출기는 반사된 광선의 양을 측정하여 랜드와 피트의 정보를 읽어 낸다. [5]이때 CD의 회전 속도에 맞춰 트랙에 광선이 조사될 수 있도록 광학계 구동 모터가 광 픽업 장치를 CD의 중심부에서 바깥쪽으로 서서히 직선으로 이동시킨다.

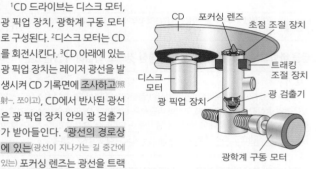

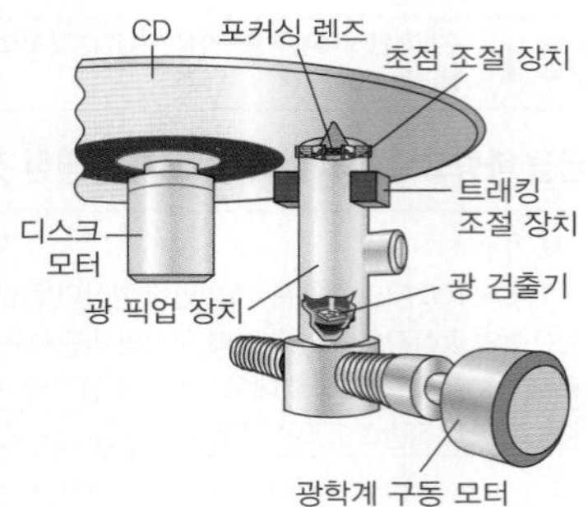


→ CD 드라이브의 구조와 작동 원리

3 [1]CD의 고속 회전 등으로 진동이 생기면 광선의 위치가 트랙을 벗어나거나 초점이 맞지 않아 데이터를 잘못 읽을 수 있다. [2]이를 막으려면 트래킹 조절 장치와 초점 조절 장치를 제어해(制御-, 제대로 작동하도록 조절해) 실시간으로 편차(偏差, 벗어난 정도)를 보정해야(補正-, 바로잡아야) 한다. [3]편차 보정에는 광 검출기가 사용된다. [4]광 검출기는 가운데를 기준으로 전후좌우의 네 영역으로 분할되어 있는데, 트랙의 방향과 같은 방향으로 전후 영역이, 직각 방향으로 좌우 영역이 배치되어 있다. [5]이때 각 영역에 조사되는 빛의 양이 많아지면 그 영역의 출력값도 커지며 네 영역의 출력값의 합을 통해 피트와 랜드를 구별한다.

→ 편차 보정이 필요한 이유와 편차 보정의 원리

4 [1]레이저 광선이 트랙의 중앙에 초점이 맞은 상태로 정확히 조사되면 광 검출기 네 영역의 출력값은 모두 동일하다. [2]그런데 광선이 피트에 해당하는 지점에 조사될 때 트랙의 중앙을 벗어나 좌측으로 치우치면, 피트 왼편에 있는 랜드에서 반사되는 빛이 많아져 광 검출기의 좌 영역의 출력값이 우 영역보다 커진다. [3]이 경우 두 출력값의 차이에 대응하는 만큼 트래킹 조절 장치를 작동하여 광 픽업 장치를 오른쪽으로 움직여서 편차를 보정한다. [4]우측으로 치우쳐 조사된 경우에도(오른쪽으로 치우쳐서 광선이 쏘아진 경우에도) 비슷한 과정을 거쳐 편차를 보정한다.

→ 트래킹 조절 장치를 이용한 편차 보정

5 [1]한편 광 검출기에 조사되는 광선의 모양은 초점의 상태에 따라 전후나 좌우 방향으로 길어진다. [2]CD 기록면과 포커싱 렌즈 간의 거리가 가까워져 광선의 초점이 맞지 않으면, 조사된 모양이 전후 영역으로 길어지고 출력값도 상대적으로 커진다. [3]반면 둘 사이의 거리가 멀어지면, 좌우 영역으로 길어지고 출력값도 상대적으로 커진다. [4]이때 광 검출기의 전후 영역 출력값의 합과 좌우 영역 출력값의 합을 구한 후, 그 둘의 차이에 해당하는 만큼 초점 조절 장치를 이용해 포커싱 렌즈의 위치를 CD 기록면과 가깝게 또는 멀게 이동시켜 초점이 맞도록 한다.

→ 초점 조절 장치를 이용한 편차 보정

■지문 이해

〈CD 드라이브의 정보 판독 원리〉

| ❶ CD의 구조 |
|---|
| • 랜드 : 광선이 흩어짐 없이 반사되는 부분<br>• 피트 : 광선의 일부가 산란되어 빛이 적게 반사되는 부분 |

| ❷ CD 드라이브의 구조와 작동 원리 |
|---|
| • 디스크 모터, 광 픽업 장치, 광학계 구동 모터로 구성<br>• 디스크 모터 : CD를 회전시킴<br>• 광 픽업 장치 : 레이저 광선을 CD 기록면에 쪼임, 반사된 광선은 광 검출기가 받아들임 → 포커싱 렌즈가 광선을 트랙의 한 지점으로 모음 → 광 검출기가 반사된 광선의 양 측정, 랜드와 피트의 정보 읽음<br>• 광학계 구동 모터 : CD의 회전 속도에 맞춰 트랙에 광선이 조사될 수 있도록 광 픽업 장치를 CD 중심부에서 밖으로 서서히 직선 이동시킴 |

| ❸ 편차 보정이 필요한 이유와 편차 보정의 원리 |
|---|
| • 이유 : 광선의 위치가 트랙을 벗어나거나 초점이 맞지 않아 데이터를 잘못 읽을 수 있음<br>• 원리 : 광 검출기는 가운데를 기준으로 전후좌우 네 영역의 출력값의 합을 통해 피트와 랜드 구별 |

| ❹ 트래킹 조절 장치를 이용한 편차 보정 | ❺ 초점 조절 장치를 이용한 편차 보정 |
|---|---|
| 광선이 트랙 중앙에서 벗어나면 광 검출기 네 영역의 출력값의 차이에 대응하는 만큼 작동 → 광 픽업 장치를 움직여 편차 보정 | 광 검출기 전후 영역 출력값의 합과 좌우 영역 출력값의 합을 구함 → 차이에 해당하는 만큼 포커싱 렌즈의 위치를 가깝게 또는 멀게 이동시켜 초점 조절 |

1등급 문제

**032** | 세부 정보 이해 - 적절하지 않은 것 고르기 2014학년도 수능A 28번 | 정답률 60%, 매력적 오답 ③ 15% | 정답 ④

### 윗글에 나타난 여러 장치에 대한 설명으로 적절하지 않은 것은?

**① 초점 조절 장치는 포커싱 렌즈의 위치를 이동시킨다.**

근거 ❺-4 초점 조절 장치를 이용해 포커싱 렌즈의 위치를 CD 기록면과 가깝게 또는 멀게 이동시켜 초점이 맞도록 한다.

→ 적절함!

**② 포커싱 렌즈는 레이저 광선을 트랙의 한 지점에 모아 준다.**

근거 ❷-4 포커싱 렌즈는 광선을 트랙의 한 지점에 모으고

→ 적절함!

**③ 광 검출기의 출력값은 트래킹 조절 장치를 제어하는 데 사용된다.**

근거 ❹-2~3 피트 왼편에 있는 랜드에서 반사되는 빛이 많아져 광 검출기의 좌 영역의 출력값이 우 영역보다 커진다. 이 경우 두 출력값의 차이에 대응하는 만큼 트래킹 조절 장치를 작동하여 광 픽업 장치를 오른쪽으로 움직여서 편차를 보정한다.

→ 적절함!

CD의 중심부에서 바깥쪽으로 직선 이동하도록

**④ 광학계 구동 모터는 광 픽업 장치가 CD를 따라 회전할 수 있도록 해 준다.**

근거 ❷-5 CD의 회전 속도에 맞춰 트랙에 광선이 조사될 수 있도록 광학계 구동 모터가 광 픽업 장치를 CD의 중심부에서 바깥쪽으로 서서히 직선으로 이동시킨다.

→ 적절하지 않음!

**⑤ 광 픽업 장치에는 레이저 광선을 발생시키는 부분과 반사된 레이저 광선을 검출하는 부분이 있다.**

근거 ❷-3 광 픽업 장치는 레이저 광선을 발생시켜 CD 기록면에 조사하고, CD에서 반사된 광선은 광 픽업 장치 안의 광 검출기가 받아들인다.

→ 적절함!

문제편 p.235

1등급 문제

**033** 추론의 적절성 판단 - 적절하지 않은 것 고르기 2014학년도 수능A 29번
정답률 45%, 매력적 오답 ② 15% ③ 25% | 정답 ④

### 윗글을 이해한 내용으로 적절하지 않은 것은?

**① CD에 기록된 정보는 중심에서부터 바깥쪽으로 읽어야 하겠군.**

근거 ❷-3 CD에서 반사된 광선은 광 픽업 장치 안의 광 검출기가 받아들인다, ❷-5 CD의 회전 속도에 맞춰 트랙에 광선이 조사될 수 있도록 광학계 구동 모터가 광 픽업 장치를 CD의 중심부에서 바깥쪽으로 서서히 직선으로 이동

풀이 CD 드라이브는 디스크 표면에 조사된 레이저 광선이 반사되거나 산란되는 효과를 이용해 정보를 판독하는 것이다. CD에서 반사된 광선은 광 픽업 장치 안의 광 검출기가 받아들이는데, 광 픽업 장치가 중심에서 바깥쪽으로 이동하므로 정보를 읽을 때에도 중심에서부터 바깥쪽으로 읽어야 함을 알 수 있다.

→ 적절함!

**② 레이저 광선은 CD 기록면을 향해 아래에서 위쪽으로 조사되겠군.**

근거 ❷-3 CD 아래에 있는 광 픽업 장치는 레이저 광선을 발생시켜 CD 기록면에 조사

→ 적절함!

**③ 광 검출기에서 네 영역의 출력값의 합은 피트를 읽을 때보다 랜드를 읽을 때 더 크게 나타나겠군.**

근거 ❶-2 CD의 기록면 중 광선이 흩어짐 없이 반사되는 부분을 랜드, 광선의 일부가 산란되어 빛이 적게 반사되는 부분을 피트, ❷-3 CD에서 반사된 광선은 광 픽업 장치 안의 광 검출기가 받아들인다, ❸-5 각 영역에 조사되는 빛의 양이 많아지면 그 영역의 출력값도 커지며 네 영역의 출력값의 합을 통해 피트와 랜드를 구별

풀이 피트에서는 광선이 적게 반사되는 반면 랜드에서는 광선이 흩어짐 없이 반사되므로, 반사되는 빛의 양은 피트보다 랜드에서 더 많다. 따라서 광 검출기의 출력값도 피트를 읽을 때보다 랜드를 읽을 때 더 클 것이다.

→ 적절함!

전후 영역 출력값의 합과 좌우 영역 출력값의 합의

**④ 렌즈의 초점이 맞지 않으면 광 검출기의 전 영역과 후 영역의 출력값의 차이를 이용하여 보정하겠군.**

근거 ❺-4 광 검출기의 전후 영역 출력값의 합과 좌우 영역 출력값의 합을 구한 후, 그 둘의 차이에 해당하는 만큼 초점 조절 장치를 이용해 포커싱 렌즈의 위치를 CD 기록면과 가깝게 또는 멀게 이동시켜 초점이 맞도록 한다.

→ 적절하지 않음!

**⑤ CD의 고속 회전에 의한 진동으로 인해 광 검출기에 조사된 레이저 광선의 모양이 길쭉해질 수 있겠군.**

근거 ❸-1 CD의 고속 회전 등으로 진동이 생기면 광선의 위치가 트랙을 벗어나거나 초점이 맞지 않아 데이터를 잘못 읽을 수 있다, ❺-1 광 검출기에 조사되는 광선의 모양은 초점의 상태에 따라(초점이 맞지 않으면) 전후나 좌우 방향으로 길어진다.

→ 적절함!

1등급 문제

**034** 자료 해석의 적절성 판단 - 적절한 것 고르기 2014학년도 수능A 30번
정답률 50%, 매력적 오답 ② 20% ④ 15% | 정답 ⑤

### 윗글을 바탕으로 <보기>에 대해 설명한 내용으로 적절한 것은? [3점]

| 보기 |

다음은 CD 기록면의 피트 위치에 레이저 광선이 조사되었을 때 <상태 1>과 <상태 2>에서 얻은 광 검출기의 출력값이다.

| 영역 | 전 | 후 | 좌 | 우 | 네 영역 출력값의 합 |
|---|---|---|---|---|---|
| 상태 1의 출력값 | 2 | 2 | 3 | 1 | 8 |
| 상태 2의 출력값 | 5 | 5 | 3 | 3 | 16 |

좌 영역의 출력값이 우 영역보다 큼 ⇒ 트래킹 조절 장치 작동해 편차 보정

조사된 모양이 전후 영역으로 길어짐 ⇒ 초점 조절 장치 이용해 초점 맞춤

▶ 지문 핵심 개념 정리

**광 검출기를 이용한 편차 보정**

가운데를 기준으로 전후좌우 네 영역의 출력값의 합을 통해 피트와 랜드 구별(❸-4~5)

레이저 광선이 트랙의 중앙에 초점이 맞은 상태로 정확히 조사되면 광 검출기 네 영역의 출력값은 모두 동일(❹-1)

| 트래킹 조절 장치의 원리 | 초점 조절 장치의 원리 |
|---|---|
| 광선이 피트에 해당하는 지점에 조사될 때 트랙의 중앙을 벗어나 좌측으로 치우치면, 피트 왼편에 있는 랜드에서 반사되는 빛이 많아져 광 검출기의 좌 영역의 출력값이 우 영역보다 커짐(❹-2)<br>→ 광 검출기 두 출력값의 차이에 대응하는 만큼 작동하여 편차 보정(❹-3) | CD 기록면과 포커싱 렌즈 간의 거리가 가까워져 광선의 초점이 맞지 않으면, 조사된 모양이 전후 영역으로 길어지고 출력값도 상대적으로 커짐(❺-2)<br>→ 광 검출기 전후 영역 출력값의 합과 좌우 영역 출력값의 합을 구함<br>→ 차이에 해당하는 만큼 초점 조절(❺-4) |

풀이 각 영역에 조사되는 빛의 양이 많아지면 그 영역의 출력값도 커진다. <보기>의 <상태 1>은 좌 영역의 출력값이 우 영역의 출력값보다 커졌으므로 광선이 해당 지점에 조사될 때 트랙의 중앙을 벗어나 좌측으로 치우친 경우에 해당한다. <상태 2>는 좌우 영역에 비해 전후 영역의 출력값이 상대적으로 커졌으므로 CD 기록면과 포커싱 렌즈 간의 거리가 가까워진 경우에 해당한다. 따라서 <상태 1>은 트래킹 조절 장치를 작동하여 광 픽업 장치를 오른쪽으로 움직여서 편차를 보정해야 하며, <상태 2>는 초점 조절 장치를 이용해 포커싱 렌즈의 위치를 멀게 이동시켜 초점이 맞도록 조절해야 한다. 따라서 정답은 ⑤번이다.

8 16 크다

**① 광 검출기에 조사되는 레이저 광선의 총량은 <상태 1>보다 <상태 2>가 작다.**

트래킹 조절 장치 / 초점 조절 장치가 구동되어야 한다

**② <상태 1>에서는 초점 조절 장치가 구동되어야 하지만, <상태 2>에서는 구동될 필요가 없다.**

<상태 2> / <상태 1>

**③ <상태 1>에서는 트래킹 조절 장치가 구동될 필요가 없지만, <상태 2>에서는 구동되어야 한다.**

왼쪽

**④ <상태 1>에서는 레이저 광선이 트랙의 오른쪽에 치우쳐 조사되고, <상태 2>에서는 가운데 조사된다.**

**⑤ <상태 1>에서는 포커싱 렌즈와 CD 기록면 사이의 거리를 조절할 필요가 없지만, <상태 2>에서는 멀게 해야 한다.**

→ 적절함!

**[035~037] 다음 글을 읽고 물음에 답하시오.**

**1** [1]플래시 메모리는 수많은 스위치들로 이루어지는데, 각 스위치에 0 또는 1을 저장한다. [2]디지털 카메라에서 사진 한 장은 수백만 개 이상의 스위치를 켜고 끄는 방식으로(0과 1로) 플래시 메모리에 저장된다. [3]메모리에서는 1 비트의 정보를 기억하는(0 또는 1을 저장하는) 이 스위치를 셀이라고 한다. [4]플래시 메모리에서 셀은 그림과 같은 구조의 트랜지스터(transistor, 전류의 흐름과 전압을 조절해 스위치 역할을 하는 전자 회로) 1 개로 이루어져 있다. [5]플로팅 게이트에 전자가 들어있는 상태를 1, 들어 있지 않은 상태를 0이라고 정의한다.

→ 플래시 메모리의 구조

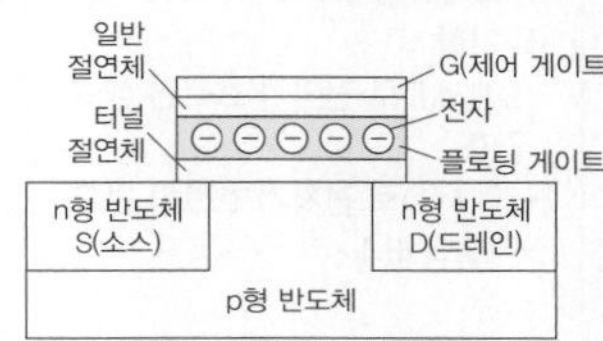


**2** [1]플래시 메모리에서 데이터(data, 정보)를 읽을 때는 그림의 반도체 D에 3 V의 양(+)의 전압을 가한다. [2]그러면 다른 한쪽의 반도체인 S로부터 전자들이 D 쪽으로 이끌리게 된다. [3]플로팅 게이트에 전자가 들어 있을 때는 S로부터 오는 전자와 플로팅 게이트에 있는 전자가 마치 자석의 같은 극처럼 서로 반발하기 때문에(서로 밀어내기 때문에) 전자가 흐르기 힘들다.(S로부터 D쪽으로 전자가 흐르지 않는다.) [4]한편 플로팅 게이트에 전자가 없는 상태에서는 S와 D 사이에 전자가 흐르기 쉽다. [5]이렇게 전자의 흐름 여부, 즉 S와 D 사이에 전류가 흐르는가로 셀의 값이 1인

지 0인지를 판단한다.(S에서 D로 전자가 흐르면 0, 흐르지 않으면 1이 된다.)

〈참고 그림〉

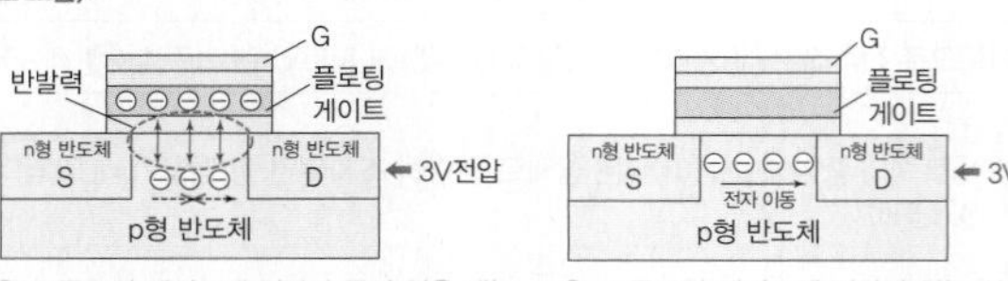


❷-3 플로팅 게이트에 전자가 들어 있을 때는 S로부터 오는 전자와 플로팅 게이트에 있는 전자가 마치 자석의 같은 극처럼 서로 반발하기 때문에 전자가 흐르기 힘들다.

❷-4 플로팅 게이트에 전자가 없는 상태에서는 S와 D 사이에 전자가 흐르기 쉽다.

→ 플래시 메모리의 데이터 읽기

3 [1]플래시 메모리에서는 두 가지 과정을 거쳐 데이터가 저장된다. [2]일단 데이터를 지우는 과정이 필요하다. [3]데이터 지우기는 여러 개의 셀이 연결된 블록 단위로(여러 개의 셀을 한 덩어리로 묶어서) 이루어진다. [4]블록에 포함된 모든 셀마다(블록을 이루고 있는 하나하나의 셀마다) G에 0 V, p형 반도체에 약 20 V의 양의 전압을 가하면, 플로팅 게이트에 전자가 있는 경우(플로팅 게이트의 상태가 1인 경우), 그 전자가 터널 절연체를 넘어 p형 반도체로 이동한다. [5]반면 전자가 없는 경우(플로팅 게이트의 상태가 0인 경우)는 플로팅 게이트에 변화가 없다. [6]따라서 해당 블록의 모든 셀은 0의 상태(데이터가 없는 상태)가 된다. [7]터널 절연체는 전류 흐름을 항상 차단하는 일반 절연체와는 다르게 일정 이상의 전압이 가해졌을 때(G에 0 V, p형 반도체에 20 V의 전압을 줬을 때)는 전자를 통과시킨다.

→ 플래시 메모리의 데이터 저장 ①: 데이터 지우기

4 [1]이와 같은 과정을 거친 후에야(데이터를 지운 후에야) 데이터 쓰기가 가능하다. [2]데이터를 저장하려면 1을 쓰려는 셀의 G에 약 20 V, p형 반도체에는 0 V의 전압을 가한다. [3]그러면 p형 반도체에 있던 전자들이 터널 절연체를 넘어 플로팅 게이트로 들어가 저장된다. [4]이것이 1의 상태이다.

→ 플래시 메모리의 데이터 저장 ②: 데이터 쓰기

5 [1]플래시 메모리는 EPROM과 EEPROM의 장점을 취하여(取-, 가져와) 만든 메모리이다. [2]EPROM은 한 개의 트랜지스터로 셀을 구성하여 셀 면적(面積, 크기)이 작은 반면, 데이터를 지울 때 칩을 떼어 내어 자외선으로 소거해야(消去-, 지워야) 한다는 단점이 있다. [3]EEPROM은 전기를 이용하여 간편하게 데이터를 지울 수 있지만, 셀 하나당 두 개의 트랜지스터가 필요하다.(셀 면적이 넓다.) [4]플래시 메모리는 한 개의 트랜지스터로 셀을 구성하며(셀 면적이 작으며), 전기적으로 데이터를 쓰고 지울 수 있다.(전기를 이용하여 간편하게 데이터를 쓰고 지울 수 있다.) [5]한편 메모리는 전원 차단 시에 데이터의 보존 유무(전원이 꺼졌을 때 데이터를 유지하느냐 못 하느냐)에 따라 휘발성과 비휘발성 메모리로 구분되는데, 플래시 메모리는 플로팅 게이트가 절연체로 둘러싸여 있기 때문에 전원을 꺼도 1이나 0의 상태가 유지되므로(데이터를 유지하므로) 비휘발성 메모리이다. [6]이런 장점 때문에 휴대용 디지털 장치는 주로 플래시 메모리를 이용하여 데이터를 저장한다.

→ 플래시 메모리의 장점

■지문 이해

〈플래시 메모리의 구조와 작동 원리〉

| ❶ 플래시 메모리의 구조 |
|---|
| • 플로팅 게이트에 전자가 들어있는 상태 : 1<br>• 플로팅 게이트에 전자가 들어 있지 않은 상태 : 0 |

| 플래시 메모리의 작동 원리 | | |
|---|---|---|
| ❷ 데이터 읽기 | 데이터 저장 | |
| • 반도체 D에 3 V의 양(+)의 전압을 가함<br>- S에서 D로 전자가 흐르면 셀의 값 0<br>- S에서 D로 전자가 흐르지 않으면 셀의 값 1 | ❸ 데이터 지우기<br>블록에 포함된 모든 셀마다 G에 0 V, p형 반도체에 약 20 V의 양의 전압을 가함<br>→ 모든 셀은 0의 상태가 됨 | ❹ 데이터 쓰기<br>1을 쓰려는 셀의 G에 약 20 V, p형 반도체에 0 V 전압을 가함<br>→ 1의 상태 |

| ❺ 플래시 메모리의 장점 |
|---|
| • 한 개의 트랜지스터로 셀을 구성하여 셀 면적이 작음<br>• 전기를 이용해 간편하게 데이터를 쓰고 지울 수 있음<br>• 전원 차단 시에 데이터를 보존(비휘발성 메모리) |

**035** | 글의 서술 방식 파악 - 적절한 것 고르기 2014학년도 6월 모평A 19번 정답률 95% | 정답 ①

**윗글에 대한 설명으로 가장 적절한 것은?**

**① 대상의 구조를 바탕으로 작동 원리를 설명하고 있다.**

풀이 ❶문단에서 플래시 메모리의 구조를 제시한 뒤, ❷~❹문단에서 플래시 메모리의 데이터 읽기와 저장이 어떠한 원리로 이루어지는지 설명하고 있다.

→ 적절함!

**② 대상의 장점을 설명한 뒤 사용 방법을 알려 주고 있다.**

풀이 플래시 메모리의 장점은 글의 마지막 부분에서 설명하고 있지만(❺-4~5) 사용 방법을 알려 주지는 않는다.

→ 적절하지 않음!

**③ 대상의 크기를 기준으로 자세한 기능을 설명하고 있다.**

풀이 ❷~❹문단에서 플래시 메모리의 데이터 읽기 및 저장 기능이 어떤 과정으로 이루어지는지에 대해 설명하고 있지만 크기에 대해서는 이야기하지 않았다.

→ 적절하지 않음!

**④ 대상의 구성 요소를 설명한 뒤 제작 원리를 알려 주고 있다.**

풀이 ❶문단에서 플래시 메모리의 구성 요소를 제시하고 있지만 제작 원리에 대해 설명하지는 않았다.

→ 적절하지 않음!

**⑤ 대상의 단점을 나열하고 새로운 방식의 필요성을 제기하고 있다.**

풀이 플래시 메모리의 장점을 나열한 뒤 이러한 장점들 때문에 휴대용 디지털 장치의 데이터 저장 장치로 플래시 메모리가 사용됨을 밝히고 있다(❺-4~6). 하지만 플래시 메모리의 단점과 새로운 방식의 필요성에 대해서는 이야기하지 않았다.

→ 적절하지 않음!

**036** | 추론의 적절성 판단 - 적절한 것 고르기 2014학년도 6월 모평A 20번 정답률 80% | 정답 ②

**윗글의 '플래시 메모리'에 대하여 추론한 내용으로 옳은 것은?**

플래시 메모리의 데이터를 읽을 수 있다

**① D에 3 V의 양의 전압을 가하면 플로팅 게이트의 전자가 사라진다.**

근거 ❷-1 플래시 메모리에서 데이터를 읽을 때는 그림의 반도체 D에 3 V의 양(+)의 전압을 가한다, ❷-3~4 플로팅 게이트에 전자가 들어 있을 때는 S로부터 오는 전자와 플로팅 게이트에 있는 전자가 마치 자석의 같은 극처럼 서로 반발하기 때문에 전자가 흐르기 힘들다. 한편 플로팅 게이트에 전자가 없는 상태에서는 S와 D 사이에 전자가 흐르기 쉽다.

풀이 D에 3 V의 전압을 주는 것은 플래시 메모리의 데이터를 읽기 위해서이다. 플로팅 게이트에 전자가 있을 때는 S에서 D로 전자가 흐르지 않지만 전자가 없을 때는 S에서 D로 전자가 흐른다. 전자가 흐르는가 흐르지 않는가를 통해 데이터가 0인지 1인지를 읽어내는 것이지, 3 V의 전압을 가한다고 플로팅 게이트의 전자가 사라지는 것은 아니다.

→ 적절하지 않음!

**② 터널 절연체 대신에 일반 절연체를 사용하면 데이터를 반복해서 지우고 쓸 수 없다.**

근거 ❸-4~5 블록에 포함된 모든 셀마다 G에 0 V, p형 반도체에 약 20 V의 양의 전압을 가하면, 플로팅 게이트에 전자가 있는 경우, 그 전자가 터널 절연체를 넘어 p형 반도체로 이동한다. 반면 전자가 없는 경우는 플로팅 게이트에 변화가 없다, ❸-7 터널 절연체는 전류 흐름을 항상 차단하는 일반 절연체와는 다르게 일정 이상의 전압이 가해졌을 때는 전자를 통과시킨다.

풀이 p형 반도체에 20 V의 전압을 가했을 때 플로팅 게이트의 전자가 p형 반도체로 이동해 데이터를 지울 수 있다. 또한 G에 20 V의 전압을 가하면 p형 반도체에 있던 전자가 플로팅 게이트로 들어가 데이터를 쓸 수 있다. 하지만 일반 절연체는 전류의 흐름을 항상 차단하기 때문에 플로팅 게이트의 전자가 이동할 수 없어 데이터를 지울 수 없고, 다시 쓸 수도 없다.

→ 적절함!

전기를 이용해 쉽게

**③ 데이터 지우기 과정에서 자외선에 노출해야 데이터를 수정할 수 있다.**

근거 ❺-2 (EPROM은) 데이터를 지울 때 칩을 떼어 내어 자외선으로 소거해야 한다는 단점, ❺-4 (플래시 메모리는) 전기적으로 데이터를 쓰고 지울 수 있다.

풀이 데이터를 지울 때 자외선에 노출해야 하는 것은 플래시 메모리가 아니라 EPROM이다. 플래시 메모리는 이런 단점을 보완하여 전기를 이용해 쉽게 데이터를 쓰고 지울 수 있다.

→ 적절하지 않음!

장점을 취하여

④ **EEPROM과 비교되는 EPROM의 단점을 개선하여 셀 면적을 더 작게 만들었다.**

**근거** ❺-2 EPROM은 한 개의 트랜지스터로 셀을 구성하여 셀 면적이 작은 반면, ❺-3~4 EEPROM은 전기를 이용하여 간편하게 데이터를 지울 수 있지만, 셀 하나당 두 개의 트랜지스터가 필요하다. 플래시 메모리는 한 개의 트랜지스터로 셀을 구성

**풀이** 셀 면적이 더 작은 것은 EEPROM이 아니라 EPROM이다. 플래시 메모리는 EPROM의 장점을 취하여 한 개의 트랜지스터로 셀을 구성해 EEPROM보다 셀 면적이 작다.

→ 적절하지 않음!

전력이 공급되지 않아도 된다

⑤ **데이터를 유지하기 위해서는 전력을 계속 공급해 주어야 한다.**

**근거** ❺-5 플래시 메모리는 플로팅 게이트가 절연체로 둘러싸여 있기 때문에 전원을 꺼도 1이나 0의 상태가 유지

**풀이** 플래시 메모리는 전원을 꺼도(= 전력이 공급되지 않아도) 데이터를 유지한다.

→ 적절하지 않음!

1등급 문제

**037** 구체적인 사례에 적용 - 적절한 것 고르기 2014학년도 6월 모평A 21번 정답률 45%, 매력적 오답 ① 40% 정답 ③

**윗글과 <보기>에 따라 플래시 메모리의 데이터 < 1 0 >을 < 0 1 >로 수정하려고 할 때, 단계별로 전압이 가해질 위치가 옳은 것은?** [3점]

| 보 기 |

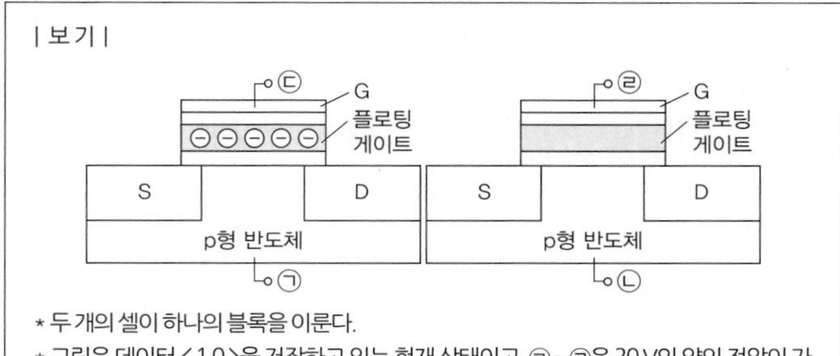


* 두 개의 셀이 하나의 블록을 이룬다.
* 그림은 데이터 < 1 0 >을 저장하고 있는 현재 상태이고, ㉠~㉣은 20 V의 양의 전압이 가해지는 위치이다.

▶ 지문 핵심 개념 정리

| 데이터의 저장 | | |
|---|---|---|
| | 1단계 : 데이터 지우기 | 블록에 포함된 모든 셀마다 G에 0 V, p형 반도체에 약 20 V의 양의 전압을 가하기(❸-4) |
| | 2단계 : 데이터 쓰기 | 1을 쓰려는 셀의 G에 약 20 V, p형 반도체에는 0 V의 전압을 가하기(❹-2) |

**근거** ❸-1~2 플래시 메모리에서는 두 가지 과정을 거쳐 데이터가 저장된다. 일단 데이터를 지우는 과정이 필요하다, ❸-4 블록에 포함된 모든 셀마다 G에 0 V, p형 반도체에 약 20 V의 양의 전압을 가하면, 플로팅 게이트에 전자가 있는 경우, 그 전자가 터널 절연체를 넘어 p형 반도체로 이동한다, ❹-1~3 이와 같은 과정을 거친 후에야 데이터 쓰기가 가능하다. 데이터를 저장하려면 1을 쓰려는 셀의 G에 약 20 V, p형 반도체에는 0 V의 전압을 가한다. 그러면 p형 반도체에 있던 전자들이 터널 절연체를 넘어 플로팅 게이트로 들어가 저장된다.

**풀이** <참고 그림>

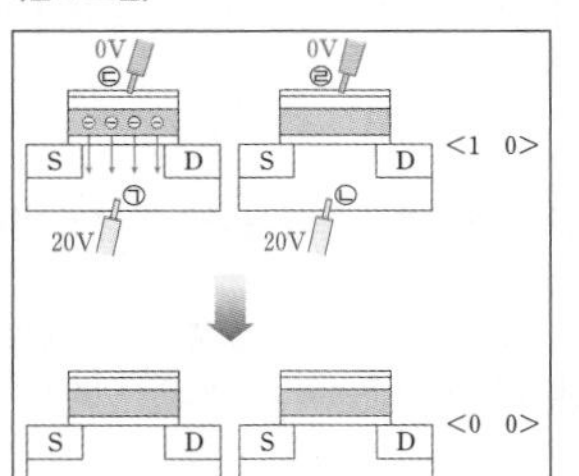


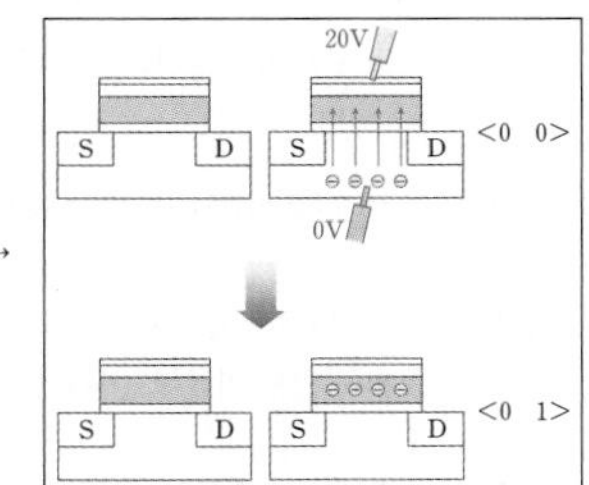


데이터를 저장하기 위해서는 두 단계를 거쳐야 한다. 1단계에서는 블록에 포함된 모든 셀의 p형 반도체에 20 V의 전압을 가해 데이터를 지운다. 2단계에서는 1을 쓰려는 셀의 G에 20 V의 전압을 가해 데이터를 저장한다. 즉, 1단계에는 두 셀의 p형 반도체(㉠, ㉡) 모두에 20 V의 전압을 가해 데이터를 지우고, 2단계에서는 1을 써야 하는 셀의 G(㉣)에 20 V의 전압을 가해야 한다. 따라서 정답은 ③번이다.

| | 1단계 | 2단계 |
|---|---|---|
| ① | ㉠ | ㉣ |
| ② | ㉢ | ㉡ |
| ③ | ㉠과 ㉡ | ㉣ |
| ④ | ㉡과 ㉢ | ㉣ |
| ⑤ | ㉢과 ㉣ | ㉡ |

→ 적절함!

Ⅳ 기술

# 2. 컴퓨터 정보 처리 방법

**[038~041] 다음 글을 읽고 물음에 답하시오.**

1 [1]인터넷 검색 엔진(檢索 engine, 인터넷에서 사이트들을 검색하기 위한 프로그램으로, 검색어를 입력하면 그와 일치하거나 비슷한 사이트를 찾아 줌)은 검색어(檢索語, 찾아야 하거나 찾은 말)를 포함하는 웹 페이지를 찾아 화면에 보여 준다. [2]웹 페이지가 화면에 나타나는 순서를 정하기 위해 검색 엔진은 수백 개가 ⓐ 넘는 항목을 고려한 다양한 방식을 사용한다. [3]대표적인 항목으로 중요도와 적합도가 있다.

→ 검색 엔진이 웹 페이지 순서를 정하기 위해 고려하는 대표적 항목 : 중요도와 적합도

2 [1]검색 엔진은 빠른 시간 내에 검색 결과를 보여 주기 위해 웹 페이지들의 데이터를 수집하여 인덱스를 미리 작성해(作成–, 만들어) 놓는다. [2]인덱스란 단어를 알파벳 순으로 정리한 목록으로, 여기에는 각 단어가 등장하는 웹 페이지와 단어의 빈도수(頻度數, 같은 일이 반복되는 횟수) 등이 저장된다. [3]이때 각 웹 페이지의 중요도가 함께 기록된다.

→ 검색 엔진에서 활용하는 인덱스의 개념

3 [1]㉠ 중요도는 웹 페이지의 중요성을 값으로 나타낸 것으로 링크 분석 기법으로 측정할(測定–, 양이나 크기를 잼) 수 있다. [2]기본적인 링크 분석 기법에서 웹 페이지 A의 값은 A를 링크한(link–, 인터넷상에서 지정한 다른 웹 페이지나 파일로 이동할 수 있도록 연결한) 각 웹 페이지들로부터 받는 값의 합이다. [3]이렇게 받은 A의 값은 A가 링크한 다른 웹 페이지들에 균등하게(均等–, 고르게) 나눠진다. [4]즉 A의 값이 4이고 A가 두 개의 링크를 통해 다른 웹 페이지로 연결된다면, A의 값은 유지되면서(維持–, 그대로 변함없이 계속되면서) 두 웹 페이지에는 각각 2가 보내진다.

→ 중요도의 개념과 측정법

4 [1]하지만 두 웹 페이지가 실제로 받는 값은 2에 댐핑 인자를 곱한 값이다. [2]댐핑 인자는 사용자들이 웹 페이지를 읽다가 링크를 통해 다른 웹 페이지로 이동하지 않는 비율을 반영한 값으로 1 미만의(1보다 작은) 값을 가진다. [3]댐핑 인자는 모든 링크에 동일하게 적용된다. [4]가령 그(웹 페이지 A를 읽다가 링크를 통해 다른 웹 페이지로 이동하지 않는) 비율이 20 %이면 댐핑 인자는 0.8(이동하지 않는 비율 20 %를 뺀 80 %, 즉 0.8)이고 두 웹 페이지는 A로부터 각각 1.6(2 × 0.8 = 1.6)을 받는다. [5]웹 페이지로 연결된 링크를 통해 받는 값을 모두 반영했을 때의 값이 각 웹 페이지의 중요도이다. [6]웹 페이지들을 연결하는 링크들은 변할 수 있기 때문에 검색 엔진은 주기적으로(週期的–, 일정한 간격을 두고 되풀이하여) 웹 페이지의 중요도를 갱신한다.(更新–, 바뀌어 달라지게 된 사실에 따라 새롭게 고친다.)

→ 댐핑 인자의 개념과 댐핑 인자를 반영한 중요도 값

5 [1]사용자가 검색어를 입력하면 검색 엔진은 인덱스에서 검색어에 적합한 웹 페이지를 찾는다. [2]㉡ 적합도는 단어의 빈도, 단어가 포함된 웹 페이지의 수, 웹 페이지의 글자 수를 반영한 식을 통해 값이 정해진다. [3]해당 검색어가 많이 나올수록, 그 검색어를 포함하는 다른 웹 페이지의 수가 적을수록, 현재 웹 페이지의 글자 수가 전체 웹 페이지의 평균 글자 수에 비해 적을수록 적합도가 높아진다. [4]검색 엔진은 중요도와 적합도, 기타(其他, 그 밖의 또 다른) 항목들을 적절한 비율로 합산하여(合算–, 합하여 계산하여) 화면에 나열되는(羅列–, 죽 벌여지는) 웹 페이지의 순서를 결정한다.

→ 적합도 값을 정하는 방법과 적합도가 높아지는 조건

■지문 이해

**<검색 엔진에서 화면에 나타나는 웹 페이지 순서를 정하기 위한 항목 : 중요도, 적합도>**

**❶ 검색 엔진이 웹 페이지 순서를 정하기 위해 고려하는 대표적 항목 : 중요도와 적합도**

**❷ 검색 엔진에서 활용하는 인덱스의 개념**
- 검색 엔진은 인덱스를 미리 작성해 놓음
- 인덱스
  - 단어를 알파벳순으로 정리한 목록
  - 각 단어가 등장하는 웹 페이지와 단어의 빈도수 등이 저장됨
  - 각 웹페이지의 중요도가 함께 기록됨

**❸ 중요도의 개념과 측정법**
- 중요도 : 웹 페이지의 중요성을 값으로 나타낸 것 ← 링크 분석 기법으로 측정
- 링크 분석 기법에서 웹 페이지의 값 : 그 페이지를 링크한 각 웹 페이지들로부터 받는 값의 합
  → 받은 값은 그 페이지가 링크한 다른 웹 페이지들에 균등하게 나눠짐

**❹ 댐핑 인자의 개념과 댐핑 인자를 반영한 중요도 값**
- 링크를 통해 연결된 웹 페이지가 실제로 받는 값은 보내진 값에 댐핑 인자를 곱한 값임
- 댐핑 인자
  - 사용자들이 링크를 통해 다른 웹 페이지로 이동하지 않는 비율을 반영한 값
  - 모든 링크에 동일하게 적용됨
- 웹 페이지의 중요도 : 웹 페이지로 연결된 링크를 통해 받는 값을 모두 반영했을 때의 값

**❺ 적합도 값을 정하는 방법과 적합도가 높아지는 조건**
- 적합도
  - 단어의 빈도, 단어가 포함된 웹 페이지의 수, 웹 페이지의 글자 수를 반영한 식을 통해 값이 정해짐
  - 해당 검색어가 많이 나올수록, 검색어를 포함하는 다른 웹 페이지 수가 적을수록, 현재 웹 페이지의 글자 수가 전체 웹 페이지의 평균 글자 수에 비해 적을수록 높아짐

⇒ 검색 엔진은 중요도, 적합도, 기타 항목들을 적절한 비율로 합산하여 화면에 나열되는 웹 페이지의 순서를 결정함

1등급 문제

**038** | 세부 정보 이해 - 적절한 것 고르기 2023학년도 9월 모평 14번
정답률 30%, 매력적 오답 ③ 20% ④ 20% ⑤ 30% | 정답 ②

**윗글을 통해 알 수 있는 내용으로 가장 적절한 것은?**

① 인덱스는 사용자가 검색어를 입력한 직후에 작성된다. (입력하기 전에 미리)

근거 ❷-1 검색 엔진은 빠른 시간 내에 검색 결과를 보여 주기 위해 웹 페이지들의 데이터를 수집하여 인덱스를 미리 작성해 놓는다.

→ 적절하지 않음!

② 사용자가 링크를 따라 다른 웹 페이지로 이동하는 비율이 높을수록 댐핑 인자가 커진다.

근거 ❹-2 댐핑 인자는 사용자들이 웹 페이지를 읽다가 링크를 통해 다른 웹 페이지로 이동하지 않는 비율을 반영한 값, ❹-4 가령 그 비율이 20 %이면 댐핑 인자는 0.8이고

풀이 윗글에서 사용자들이 웹 페이지를 읽다가 링크를 통해 다른 웹 페이지로 이동하지 않는 비율이 20 %이면 댐핑 인자는 0.8이라고 하였다. 이를 바꿔 말하면, 웹 페이지를 읽다가 링크를 통해 다른 웹 페이지로 이동하는 비율이 80 % 라면 댐핑 인자 값은 0.8이 된다. 또 만약 링크를 통해 다른 웹 페이지로 이동하는 비율이 90 %라면, 댐핑 인자 값은 0.9가 된다. 따라서 댐핑 인자는 사용자가 링크를 따라 다른 웹 페이지로 이동하는 비율이 높을수록 그 값이 커진다.

→ 적절함!

③ 링크 분석 기법은 웹 페이지 사이의 링크를 분석하여 웹 페이지의 적합도를 값으로 나타낸다. (중요도)

근거 ❸-1 중요도는 웹 페이지의 중요성을 값으로 나타낸 것으로 링크 분석 기법으로 측정할 수 있다.

→ 적절하지 않음!

④ 웹 페이지의 중요도는 다른 웹 페이지에서 받는 값과 다른 웹 페이지에 나눠 주는 값의 합이다. (을 모두 반영했을 때의)

근거 ❹-5 웹 페이지로 연결된 링크를 통해 받는 값을 모두 반영했을 때의 값이 각 웹 페이지의 중요도이다.

→ 적절하지 않음!

⑤ 사용자가 검색어를 입력하면 검색 엔진은 검색한 결과를 인덱스에 정렬된 순서대로 화면에 나타낸다.

근거 ❺-1 사용자가 검색어를 입력하면 검색 엔진은 인덱스에서 검색어에 적합한 웹 페이지를 찾는다, ❺-4 검색 엔진은 중요도와 적합도, 기타 항목들을 적절한 비율로 합산하여 화면에 나열되는 웹 페이지의 순서를 결정한다.

풀이 사용자가 검색어를 입력하면 검색 엔진은 인덱스에서 검색어에 적합한 웹 페이지를 찾아, 중요도와 적합도, 기타 항목들을 적절한 비율로 합산하여 화면에 나열되는 웹 페이지의 순서를 결정한다.

→ 적절하지 않음!

1등급 문제

**039** 핵심 개념 파악 - 적절한 것 고르기 2023학년도 9월 모평 15번
정답률 55%, 매력적 오답 ② 20% ③ 10% ④ 10% | 정답 ⑤

**㉠, ㉡을 고려하여 검색 결과에서 웹 페이지의 순위를 높이기 위한 방안으로 가장 적절한 것은?**

㉠중요도 ㉡적합도

① 화제가 되고 있는 검색어들을 웹 페이지에 최대한 많이 나열하여 ㉠을 높인다.

근거 ❺-2~3 적합도는 단어의 빈도, 단어가 포함된 웹 페이지의 수, 웹 페이지의 글자 수를 반영한 식을 통해 값이 정해진다. 해당 검색어가 많이 나올수록 … 적합도가 높아진다.

풀이 화제가 되고 있는 검색어들을 웹 페이지에 최대한 많이 나열하여 단어의 빈도를 높이는 것은 '적합도(㉡)'를 높이는 방안과 관련된 내용이다.

→ 적절하지 않음!

② 사람들이 많이 접속하는 유명 검색 사이트로 연결하는 링크를 웹 페이지에 많이 포함시켜 ㉠을 높인다.

근거 ❸-2 기본적인 링크 분석 기법에서 웹 페이지 A의 값은 A를 링크한 각 웹 페이지들로부터 받는 값의 합, ❹-5 웹 페이지로 연결된 링크를 통해 받는 값을 모두 반영했을 때의 값이 각 웹 페이지의 중요도

풀이 중요도(㉠)는 다른 웹 페이지들로부터 해당 웹 페이지로 연결된 링크를 통해 '받는 값'을 모두 반영한 값을 뜻한다. 따라서 해당 웹 페이지에서 유명 검색 사이트로 '보내 주는' 링크를 많이 포함시키는 것은 중요도(㉠)를 높이는 방안과 관련이 없다.

→ 적절하지 않음!

③ 알파벳순으로 앞 순서에 있는 단어들을 웹 페이지 첫 부분에 많이 포함시켜 ㉡을 높인다.

근거 ❺-3 해당 검색어가 많이 나올수록, 그 검색어를 포함하는 다른 웹 페이지의 수가 적을수록, 현재 웹 페이지의 글자 수가 전체 웹 페이지의 평균 글자 수에 비해 적을수록 적합도가 높아진다.

풀이 알파벳순으로 앞 순서에 있는 단어들을 웹 페이지 첫 부분에 많이 포함시키는 것은 적합도(㉡)를 높이는 방안과 관련이 없다.

→ 적절하지 않음!

④ 다른 많은 웹 페이지들이 링크하도록 웹 페이지에서 여러 주제를 다루고 전체 글자 수를 많게 하여 ㉡을 높인다.

근거 ❸-1~2 중요도는 웹 페이지의 중요성을 값으로 나타낸 것으로 링크 분석 기법으로 측정할 수 있다. 기본적인 링크 분석 기법에서 웹 페이지 A의 값은 A를 링크한 각 웹 페이지들로부터 받는 값의 합, ❺-3 현재 웹 페이지의 글자 수가 전체 웹 페이지의 평균 글자 수에 비해 적을수록 적합도가 높아진다.

풀이 다른 많은 웹 페이지들로부터 링크를 통해 해당 웹 페이지로 연결되도록 하는 것은 적합도(㉡)가 아니라 중요도(㉠)의 값을 높이는 방안에 해당한다. 한편 현재 웹 페이지의 글자 수가 전체 웹 페이지의 평균 글자 수에 비해 적을수록 적합도가 높아진다고 하였으므로, 웹 페이지에서 여러 주제를 다루고 전체 글자 수를 많게 하는 것 또한 적합도(㉡)를 높이는 방안이라고 볼 수 없다.

→ 적절하지 않음!

⑤ 다른 웹 페이지에서 흔히 다루지 않는 주제를 간략하게 설명하되 주제와 관련된 단어를 자주 사용하여 ㉡을 높인다.

근거 ❺-3 해당 검색어가 많이 나올수록, 그 검색어를 포함하는 다른 웹 페이지의 수가 적을수록, 현재 웹 페이지의 글자 수가 전체 웹 페이지의 평균 글자 수에 비해 적을수록 적합도가 높아진다.

풀이 윗글에 따르면 해당 검색어가 많이 나올수록, 그 검색어를 포함하는 다른 웹 페이지의 수가 적을수록, 현재 웹 페이지의 글자 수가 전체 웹 페이지의 평균 글자 수에 비해 적을수록 적합도(㉡)가 높아진다. 다른 웹 페이지에서 흔히 다루지 않는 주제를 설명한다는 것은 그 검색어를 포함하는 다른 웹 페이지의 수가 적다는 것을 의미한다. 또한 그 주제를 간략하게 설명하면 현재 웹 페이지의 글자 수가 전체 웹 페이지의 평균 글자 수에 비해 적어진다. 그리고 주제와 관련된 단어를 자주 사용하면 해당 검색어가 많이 나오게 된다. 따라서 다른 웹 페이지에서 흔히 다루지 않는 주제를 간략하게 설명하되 주제와 관련된 단어를 자주 사용하는 것은 적합도(㉡)를 높이는 적절한 방안으로 볼 수 있다.

→ 적절함!

1등급 문제

**040** 구체적인 사례에 적용 - 적절한 것 고르기 2023학년도 9월 모평 16번
정답률 30%, 매력적 오답 ② 15% ③ 30% ④ 25% | 정답 ⑤

**<보기>는 웹 페이지들의 관계를 *도식화한 것이다. 윗글을 바탕으로 <보기>를 이해한 내용으로 적절한 것은?** *圖式化-, 그림으로 만든 [3점]

| 보기 |

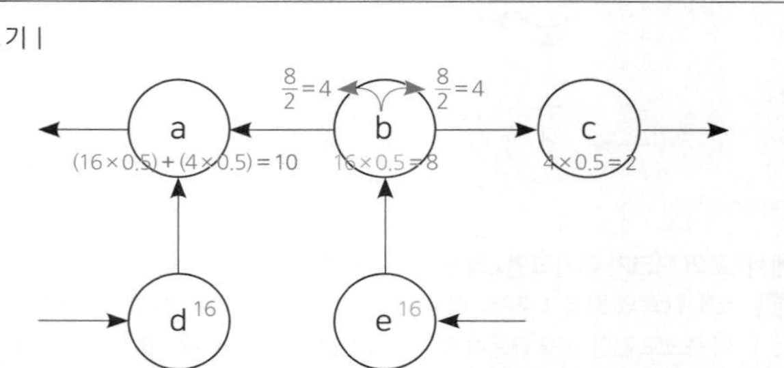


원은 웹 페이지이고, 화살표는 웹 페이지에서 링크를 통해 화살표 방향의 다른 웹 페이지로 연결됨을 뜻한다. 댐핑 인자는 0.5이고, d와 e의 중요도는 16으로 고정된 값이다.

(단, 링크와 댐핑 인자 외에 웹 페이지의 중요도에 영향을 주는 다른 요소는 고려하지 않음.)

▶지문 핵심 개념 정리

| 링크 분석 기법으로 측정하는 웹 페이지의 중요도 |
|---|
| • 웹 페이지 A의 값 : A를 링크한 각 웹 페이지들로부터 받는 값의 합(❸–2)<br>• A가 받은 값에 댐핑 인자를 곱한 값이 A가 링크한 다른 웹 페이지들에 균등하게 나눠짐(❸–3, ❹–1)<br>• 댐핑 인자는 모든 링크에 동일하게 적용됨(❹–3)<br>⇒ 웹 페이지의 중요도 : 웹 페이지로 연결된 링크를 통해 받는 값을 모두 반영한 값(❹–5) |

① a의 중요도는 16이다. (10)

풀이 a와 연결된 화살표를 살펴보면, a는 b와 d에서 각각 링크를 통해 연결된다. 즉 a의 중요도는 b와 d에서 연결된 링크를 통해 받는 값을 더한 값이다. 먼저 b는 e에서 링크를 통해 연결된다. e의 중요도는 16이고, 댐핑 인자는 0.5이므로, b가 받는 값은 e의 값에 댐핑 인자를 곱한 값인 8($16\times0.5$)이다. b는 두 개의 링크를 통해 a와 c로 각각 연결되므로, e에서 받은 값인 8을 균등하게 나눈 값 4($\frac{8}{2}$)를 a와 c로 보내게 된다. 이때 a가 b로부터 받는 값은 b가 보낸 값 4에 댐핑 인자를 곱한 값인 2($4\times0.5$)이다. 한편 d의 중요도는 16이고, 댐핑 인자는 0.5이므로, d에서 연결된 링크를 통해 a가 받는 값은 d의 값에 댐핑 인자를 곱한 값인 8($16\times0.5$)이다. 따라서 a의 중요도는 a로 연결된 링크를 통해 받은 값을 모두 더한 값인 10($2+8$)이다.

→ 적절하지 않음!

② a가 b와 d로부터 각각 받는 값은 같다. (다르다)

풀이 먼저 b는 e에서 링크를 통해 연결된다. e의 중요도는 16이고, 댐핑 인자는 0.5이므로, b가 받는 값은 e의 값에 댐핑 인자를 곱한 값인 8(16×0.5)이다. b는 두 개의 링크를 통해 a와 c로 각각 연결되므로, e에서 받은 값인 8을 균등하게 나눈 값 4($\frac{8}{2}$)를 a와 c로 보내게 된다. 이때 a가 b로부터 받는 값은 b가 보낸 값 4에 댐핑 인자를 곱한 값인 2(4×0.5)이다. 한편 d의 중요도는 16이고, 댐핑 인자는 0.5이므로, d에서 연결된 링크를 통해 a가 받는 값은 d의 값에 댐핑 인자를 곱한 값인 8(16×0.5)이다. 즉 a가 b로부터 받는 값은 2, d로부터 받는 값은 8로 각각 다르다.

→ 적절하지 않음!

③ b에서 a로의 링크가 끊어지면 b와 c의 중요도는 같다. (다르다)

풀이 b를 링크한 e의 중요도가 16이고, 댐핑 인자가 0.5이므로, b가 받은 값은 8(16×0.5)이다. b에서 a로의 링크가 끊어지면 b는 받은 값 8을 모두 c에게 보내게 되며, c는 b가 보낸 값에 댐핑 인자를 곱한 값인 4(8×0.5)를 받게 된다. 따라서 b에서 a로의 링크가 끊어지면 b의 중요도는 8, c의 중요도는 4로 각각 다른 값을 가지게 된다.

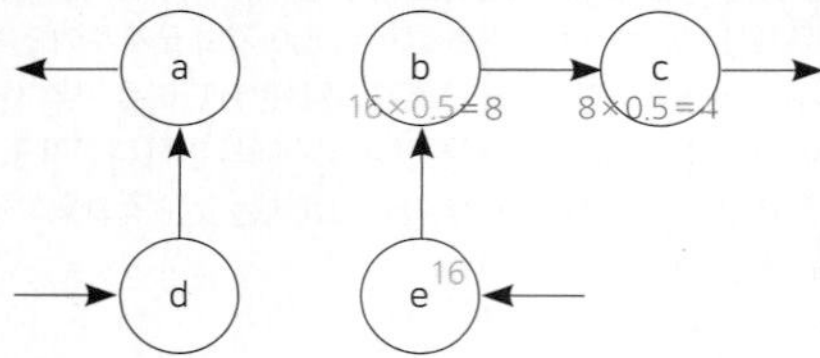


→ 적절하지 않음!

④ e에서 a로의 링크가 추가되면 b의 중요도는 6이다. (4)

풀이 e에서 a로의 링크가 추가되면 e는 두 개의 링크를 통해 a와 b로 각각 연결되므로, e의 중요도 값인 16을 균등하게 둘로 나눈 값 8($\frac{16}{2}$)을 a와 b로 보내게 된다. 이때 댐핑 인자가 0.5이므로, a와 b는 e가 보낸 값에 댐핑 인자를 곱한 값인 4(8×0.5)를 각각 받게 된다. 따라서 e에서 a로의 링크가 추가되면 b의 중요도는 6이 아니라 4이다.

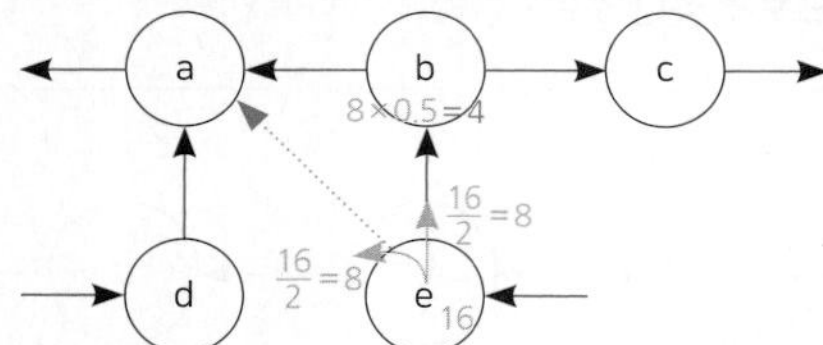


→ 적절하지 않음!

⑤ e에서 c로의 링크가 추가되면 c의 중요도는 5이다.

풀이 e에서 c로의 링크가 추가되면 e는 두 개의 링크를 통해 b와 c로 각각 연결되므로, e의 중요도 값인 16을 균등하게 둘로 나눈 값인 8($\frac{16}{2}$)을 b와 c로 보내게 된다. 이때 댐핑 인자가 0.5이므로, b와 c는 e가 보낸 값에 댐핑 인자를 곱한 값인 4(8×0.5)를 각각 받게 된다. 한편 c는 b로부터도 링크로 연결된다. b는 두 개의 링크를 통해 a와 c로 각각 연결되므로, e로부터 받은 값 4를 균등하게 둘로 나눈 값인 2($\frac{4}{2}$)를 a와 c로 각각 보낸다. 이때 댐핑 인자가 0.5이므로, a와 c는 b가 보낸 값에 댐핑 인자를 곱한 값인 1(2×0.5)을 받게 된다. 따라서 e에서 c로의 링크가 추가되었을 때 c의 중요도는 e에서 받은 값인 4와 b에서 받은 값인 1을 모두 반영한 값인 5가 된다.

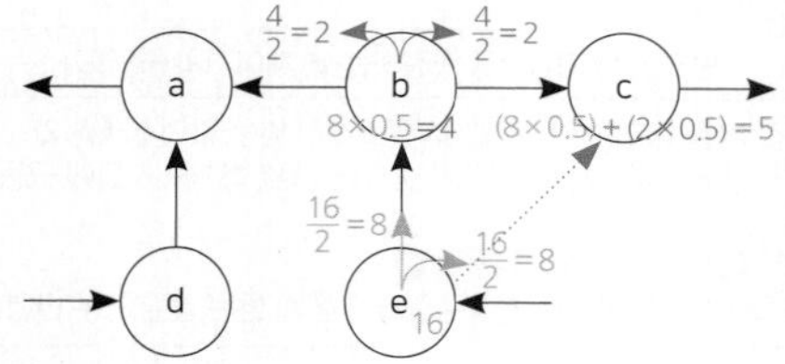


→ 적절함!

틀리기 쉬운 문제

**041** 문맥적 의미 파악 - 적절한 것 고르기 2023학년도 9월 모평 17번
정답률 55%, 매력적 오답 ⑤ 35% | 정답 ①

**문맥상 ⓐ의 의미와 가장 가까운 것은?**

검색 엔진은 수백 개가 ⓐ 넘는 항목을 고려한 다양한 방식을 사용한다.

풀이 ⓐ는 문맥상 '일정한 시간, 시기, 범위 따위에서 벗어나 지나다'의 의미로 쓰였다.

① 공부를 하다 보니 시간은 자정이 넘었다.

풀이 '일정한 시간, 시기, 범위 따위에서 벗어나 지나다'의 의미이다.

예문 오늘 기온은 30℃를 훨씬 넘은 것 같다.

→ 적절함!

② 그들은 큰 산을 넘어서 마을에 도착했다.

풀이 '높은 부분의 위를 지나가다'의 의미이다.

예문 도둑은 부엌의 창문을 넘어서 들어온 것이 틀림없다.

→ 적절하지 않음!

③ 철새들이 국경선을 넘어서 훨훨 날아갔다.

풀이 '경계를 건너 지나다'의 의미이다.

예문 난민들은 국경선을 넘었다.

→ 적절하지 않음!

④ 선수들은 가까스로 어려운 고비를 넘었다.

풀이 '어려움이나 고비 따위를 겪어 지나다'의 의미이다.

예문 우리 남매는 수많은 난관을 넘어 여기까지 왔다.

→ 적절하지 않음!

⑤ 갑자기 냄비에서 물이 넘어서 좀 당황했다.

풀이 '일정한 곳에 가득 차고 나머지가 밖으로 나오다'의 의미이다.

예문 장마로 강물이 넘어서 온 동네가 물바다가 되었다.

→ 적절하지 않음!

**[042~045] 다음 글을 읽고 물음에 답하시오.**

1 [1]인간의 신경 조직(神經組織, 몸의 안과 밖의 정보를 받아들이고 종합, 분석해 세포의 활동을 조절하여 신체 활동을 조절하고 통제하는 조직)을 수학적으로 모델링하여(modeling–, 모델로 삼아 흉내 내어) 컴퓨터가 인간처럼 기억·학습·판단할 수 있도록 구현한(具顯–, 구체적으로 나타낸) 것이 인공 신경망 기술이다. [2]신경 조직의 기본 단위는 뉴런(neuron, 전신에 분포하는, 신경계를 이루는 구조적·기능적 기본 단위)인데, ⓐ 인공 신경망에서는 뉴런의 기능을 수학적으로 모델링한 퍼셉트론(perceptron)을 기본 단위로 사용한다.

〈참고 그림〉

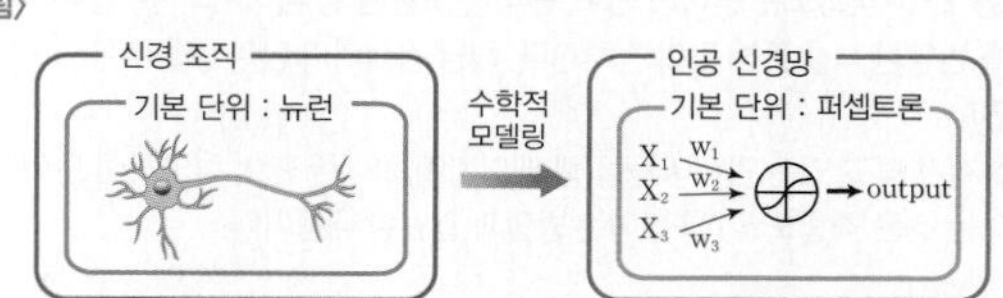


❶–2 신경 조직의 기본 단위는 뉴런인데, 인공 신경망에서는 뉴런의 기능을 수학적으로 모델링한 퍼셉트론을 기본 단위로 사용한다.

→ 신경 조직을 수학적으로 모델링한 인공 신경망 기술

2 [1]ⓑ 퍼셉트론은 입력값들을 받아들이는 여러 개의 ⓒ 입력 단자와 이 값을 처리하는 부분, 처리된 값을 내보내는 한 개의 출력 단자로 구성되어 있다. [2]퍼셉트론은 각각의 입력 단자에 할당된(割當–, 주어진) ⓓ 가중치(加重値, 두 개 이상의 값이 있을 때, 각각의 값에 곱해져 각 값의 상대적 중요도를 나타내는 수치)를 입력값에 곱한 값들을 모두 합하여 가중합을 구한 후, 고정된 ⓔ 임계치(臨界値, 특정 기준을 만족하는 고정된 수치)보다 가중합이 작으면 0, 그렇지 않으면 1과 같은 방식으로 ⓕ 출력값을 내보낸다.

〈참고 그림〉

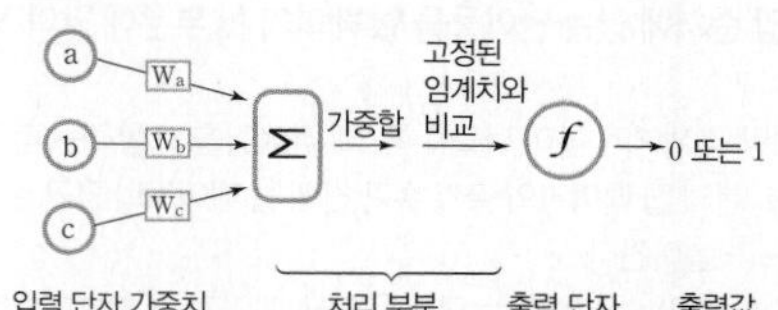


→ 퍼셉트론의 작동 과정

3 [1]이러한 퍼셉트론은 출력값에 따라 두 가지(임계치보다 가중합이 작은지 큰지)로만 구분하여 입력값들을 판정할 수 있을 뿐이다. [2]이에 비해 복잡한 판정을 할 수 있는 인공 신경망은 다수(多數, 여러 개)의 퍼셉트론을 여러 계층으로 배열하여 한 계층에서 출력된 신호(출력값)가 다음 계층에 있는 모든 퍼셉트론의 입력 단자에 입력값으로 입력되는 구조로 이루어진다. [3]이러한 인공 신경망에서 가장 처음에 입력값을 받아들이는 퍼셉트론들을 입력층, 가장 마지막에 있는 퍼셉트론들을 출력층이라고 한다.

〈참고 그림〉

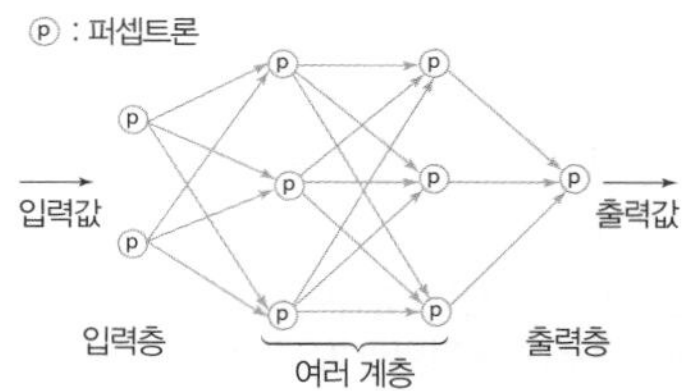


→ 인공 신경망의 구조

4 [1]㉠ 어떤 사진 속 물체의 색깔과 형태로부터 그 물체가 사과인지 아닌지를 구별할 수 있도록 인공 신경망을 학습시키는 경우를 생각해 보자. [2]먼저 학습을 위한 입력값들 즉 학습 데이터를 만들어야 한다. [3]학습 데이터를 만들기 위해서는 사과 사진을 준비하고 사진에 나타난 특징인 색깔과 형태를 수치화해야(數値化–, 계산하여 얻은 값으로 나타내야) 한다. [4]이 경우 색깔과 형태라는 두 범주를 수치화하여 하나의 학습 데이터로 묶은 다음, '정답'에 해당하는 값과 함께 학습 데이터를 인공 신경망에 제공한다. [5]이때 같은 범주에 속하는 입력값은 동일한(同一–, 같은) 입력 단자를 통해 들어가도록 해야 한다. [6]그리고 사과 사진에 대한 학습 데이터를 만들 때에 정답인 '사과이다'에 해당하는 값을 '1'로 설정하였다면 출력값 '0'은 '사과가 아니다'를 의미하게 된다.

→ 인공 신경망 학습 과정의 예

5 [1]인공 신경망의 작동은 크게 학습 단계와 판정 단계로 나뉜다. [2]학습 단계는 학습 데이터를 입력층의 입력 단자에 넣어 주고 출력층의 출력값을 구한 후, 이 출력값과 정답에 해당하는 값의 차이(오차)가 줄어들도록 가중치를 갱신하는(更新–, 다시 새롭게 고치는) 과정이다. [3]어떤 학습 데이터가 주어지면 이때의 출력값을 구하고 학습 데이터와 함께 제공된 정답에 해당하는 값에서 출력값을 뺀 값 즉 오차 값(정답 값 – 출력값 = 오차 값)을 구한다. [4]이 오차 값의 일부가 출력층의 출력 단자에서 입력층의 입력 단자 방향으로 되돌아가면서 각 계층의 퍼셉트론별로 출력 신호를 만드는 데 관여한(關與–, 관련을 맺고 참여한) 모든 가중치들에 더해지는 방식으로 가중치들이 갱신된다. [5]이러한 과정을 다양한 학습 데이터에 대하여 반복하면 출력값들이 각각의 정답 값에 수렴하게(정답 값과 가까워지게) 되고 판정 성능이 좋아진다. [6]오차 값이 0에 근접하게 되거나 가중치의 갱신이 더 이상 이루어지지 않게 되면 학습 단계를 마치고 판정 단계로 전환한다.(轉換–, 바꾼다.) [7]이때 판정의 오류를 줄이기 위해서는 학습 단계에서 대상들의 변별적 특징(辨別的特徵, 서로 구별되는 특별한 점)이 잘 반영되어 있는 서로 다른 학습 데이터를 사용하는 것이 좋다.

〈참고 그림〉

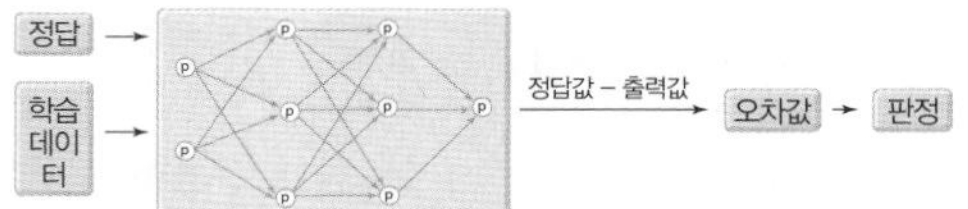


❺-3 어떤 학습 데이터가 주어지면 이때의 출력값을 구하고 학습 데이터와 함께 제공된 정답에 해당하는 값에서 출력값을 뺀 값 즉 오차 값을 구한다.

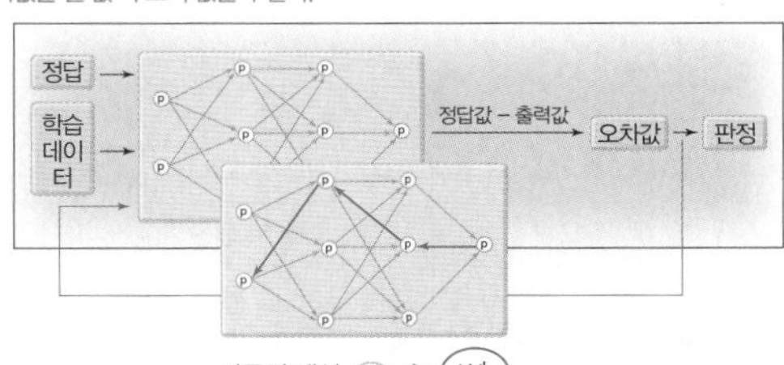


❺-4 오차 값의 일부가 출력층의 출력 단자에서 입력층의 입력 단자 방향으로 되돌아가면서 각 계층의 퍼셉트론별로 출력 신호를 만드는 데 관여한 모든 가중치들에 더해지는 방식으로 가중치들이 갱신된다.

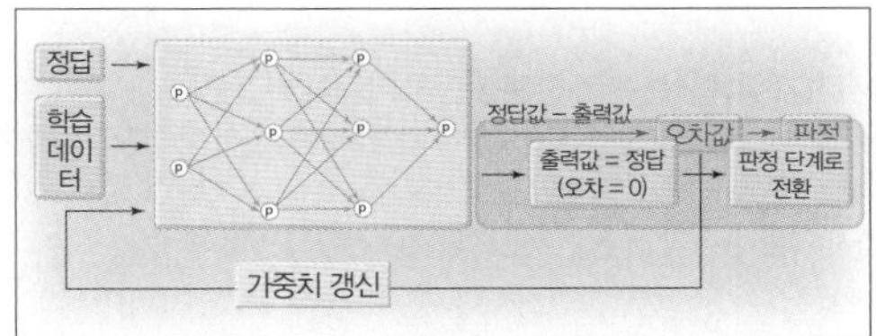


❺-5~6 이러한 과정을 다양한 학습 데이터에 대하여 반복하면 출력값들이 각각의 정답 값에 수렴하게 되고 판정 성능이 좋아진다. 오차 값이 0에 근접하게 되거나 가중치의 갱신이 더 이상 이루어지지 않게 되면 학습 단계를 마치고 판정 단계로 전환한다.

→ 인공 신경망 작동의 단계별 과정

■지문 이해

〈인공 신경망의 구조와 학습·판정 원리〉

**❶ 신경 조직을 수학적으로 모델링한 인공 신경망 기술**

• 퍼셉트론 : 뉴런의 기능을 수학적으로 모델링한 인공 신경망의 기본 단위

**❷ 퍼셉트론의 작동 과정**

• 구성 : 입력값을 받아들이는 여러 개의 입력 단자, 입력값을 처리하는 부분, 처리된 값을 내보내는 하나의 출력 단자
• 가중합 : '각 입력 단자에 할당된 가중치 × 입력값'의 합
• 출력값 : ① 가중합 < 임계치 ➡ 0 ② 가중합 ≥ 임계치 ➡ 1

**❸ 인공 신경망의 구조**

• 다수의 퍼셉트론을 여러 계층으로 배열 → 한 계층에서 출력된 신호가 다음 계층의 모든 퍼셉트론의 입력 단자에 입력값으로 입력되는 구조

**❹ 인공 신경망 학습 과정의 예**

① 사과의 색깔과 형태를 수치화하여 하나의 학습 데이터로 묶음
② '정답'에 해당하는 값과 함께 학습 데이터를 인공 신경망에 제공
③ 같은 범주에 속하는 입력값은 동일한 입력 단자를 통해 들어가도록 함
④ '사과이다 = 1'이면 '사과가 아니다 = 0'

**❺ 인공 신경망 작동의 단계별 과정**

• 학습 단계와 판정 단계로 나뉨
① 학습 데이터가 주어지면 출력값과 오차 값을 구함
② 오차 값의 일부가 출력 단자에서 입력 단자로 되돌아감
③ 오차 값이 모든 가중치들에 더해지는 방식으로 가중치들이 갱신됨
④ ① ~ ③을 반복하여 오차 값이 0에 근접하게 되거나 가중치의 갱신이 더 이상 이루어지지 않게 되면 판정 단계로 전환

**042** 세부 정보 이해 - 적절하지 않은 것 고르기 2017학년도 6월 모평 16번 정답률 80% | 정답 ③

**윗글에 따를 때, ⓐ~ⓕ에 대한 설명으로 적절하지 않은 것은?**

ⓐ 인공 신경망　ⓑ 퍼셉트론　ⓒ 입력 단자
ⓓ 가중치　ⓔ 임계치　ⓕ 출력값

**① ⓑ는 ⓐ의 기본 단위이다.**

근거 ❶-2 인공 신경망(ⓐ)에서는 뉴런의 기능을 수학적으로 모델링한 퍼셉트론(ⓑ)을 기본 단위로 사용한다.

→ 적절함!

**② ⓒ는 ⓑ를 구성하는 요소 중 하나이다.**

근거 ❷-1 퍼셉트론(ⓑ)은 입력값들을 받아들이는 여러 개의 입력 단자(ⓒ)와 이 값을 처리하는 부분, 처리된 값을 내보내는 한 개의 출력 단자로 구성되어 있다.

→ 적절함!

고정된 값 변하지 않는다

**③ ⓓ가 변하면 ⓔ도 따라서 변한다.**

근거 ❷-2 퍼셉트론은 각각의 입력 단자에 할당된 가중치(ⓓ)를 입력값에 곱한 값들을 모두 합하여 가중합을 구한 후, 고정된 임계치(ⓔ)보다 가중합이 작으면 0, 그렇지 않으면 1과 같은 방식으로 출력값을 내보낸다.

풀이 ⓔ는 고정된 값이다. 따라서 ⓓ가 변하더라도 ⓔ는 변하지 않는다.

→ 적절하지 않음!

**④ ⓔ는 ⓕ를 결정하는 기준이 된다.**

근거 ❷-2 고정된 임계치(ⓔ)보다 가중합이 작으면 0, 그렇지 않으면 1과 같은 방식으로 출력값(ⓕ)을 내보낸다.

→ 적절함!

**⑤ ⓐ가 학습하는 과정에서 ⓕ는 ⓓ의 변화에 영향을 미친다.**

근거 ❺-3~4 (인공 신경망(ⓐ)의 학습 단계에서) 정답에 해당하는 값에서 출력값(ⓕ)을 뺀 값 즉 오차 값을 구한다. 이 오차 값의 일부가 출력층의 출력 단자에서 입력층의 입력 단자 방향으로 되돌아가면서 각 계층의 퍼셉트론별로 출력 신호를 만드는 데

관여한 모든 가중치(ⓐ)들에 더해지는 방식으로 가중치들이 갱신된다.

풀이 인공 신경망의 학습 단계에서는 정답에 해당하는 값에서 출력값을 뺀 값인 오차 값이 입력 단자로 되돌아가 가중치에 더해진다고 했다. 출력값의 크기에 따라 오차 값이 달라질 것이므로, 이에 따라 갱신된 가중치의 값도 다를 것이다.

→ 적절함!

**043** | 세부 정보 이해 - 적절하지 않은 것 고르기 2017학년도 6월 모평 17번 | 정답률 65%, 매력적 오답 ② 10% | 정답 ⑤

**윗글에 대한 이해로 적절하지 않은 것은?**

**① 퍼셉트론의 출력 단자는 하나이다.**

근거 ❷-1 퍼셉트론은 … 처리된 값을 내보내는 한 개의 출력 단자로 구성되어 있다.

→ 적절함!

**② 출력층의 출력값이 정답에 해당하는 값과 같으면 오차 값은 0이다.**

근거 ❺-3 정답에 해당하는 값에서 출력값을 뺀 값 즉 오차 값

풀이 정답 값에서 출력값을 뺀 값이 오차 값이라고 하였으므로, 출력값과 정답 값이 같으면 오차 값은 0이 된다.

→ 적절함!

**③ 입력층 퍼셉트론에서 출력된 신호는 다음 계층 퍼셉트론의 입력값이 된다.**

근거 ❸-2 인공 신경망은 다수의 퍼셉트론을 여러 계층으로 배열하여 한 계층에서 출력된 신호가 다음 계층에 있는 모든 퍼셉트론의 입력 단자에 입력값으로 입력되는 구조로 이루어진다.

→ 적절함!

**④ 퍼셉트론은 인간의 신경 조직의 기본 단위의 기능을 수학적으로 모델링한 것이다.**

근거 ❶-2 신경 조직의 기본 단위는 뉴런인데, 인공 신경망에서는 뉴런의 기능을 수학적으로 모델링한 퍼셉트론을 기본 단위로 사용한다.

→ 적절함!

출력층의 출력 단자에서 입력층의 입력 단자 방향으로

**⑤ 가중치의 갱신은 입력층의 입력 단자에서 출력층의 출력 단자 방향으로 진행된다.**

근거 ❺-4 오차 값의 일부가 출력층의 출력 단자에서 입력층의 입력 단자 방향으로 되돌아가면서 각 계층의 퍼셉트론별로 출력 신호를 만드는 데 관여한 모든 가중치들에 더해지는 방식으로 가중치들이 갱신된다.

풀이 가중치의 갱신은 출력층의 출력 단자에서 입력층의 입력 단자 방향으로 진행된다.

→ 적절하지 않음!

1등급 문제

**044** | 추론의 적절성 판단 - 적절하지 않은 것 고르기 2017학년도 6월 모평 18번 | 정답률 60%, 매력적 오답 ① 15% ② 10% | 정답 ③

**윗글을 바탕으로 ㉠에 대해 추론한 것으로 적절하지 않은 것은?**

㉠ 어떤 사진 속 물체의 색깔과 형태로부터 그 물체가 사과인지 아닌지를 구별할 수 있도록 인공 신경망을 학습시키는 경우

**① 학습 데이터를 만들 때는 색깔이나 형태가 다른 사과의 사진을 선택하는 것이 좋겠군.**

근거 ❹-4 색깔과 형태라는 두 범주를 수치화하여 하나의 학습 데이터로 묶은 다음, ❺-7 판정의 오류를 줄이기 위해서는 학습 단계에서 대상들의 변별적 특징이 잘 반영되어 있는 서로 다른 학습 데이터를 사용하는 것이 좋다.

→ 적절함!

색깔과 형태

**② 학습 데이터에 두 가지 범주가 제시되었으므로 입력층의 퍼셉트론은 두 개의 입력 단자를 사용하겠군.**

근거 ❹-5 같은 범주에 속하는 입력값은 동일한 입력 단자를 통해 들어가도록 해야 한다.

→ 적절함!

하나의

**③ 색깔에 해당하는 범주와 형태에 해당하는 범주를 분리하여 각각 서로 다른 학습 데이터로 만들어야 하겠군.**

근거 ❹-4 색깔과 형태라는 두 범주를 수치화하여 하나의 학습 데이터로 묶은 다음, '정답'에 해당하는 값과 함께 학습 데이터를 인공 신경망에 제공한다.

→ 적절하지 않음!

= 가중치의 갱신이 더 이상 이루어지지 않는

**④ 가중치가 더 이상 변하지 않는 단계에 이르면 '사과'인지 아닌지를 구별하는 학습 단계가 끝났다고 볼 수 있겠군.**

근거 ❺-6 오차 값이 0에 근접하게 되거나 가중치의 갱신이 더 이상 이루어지지 않게 되면 학습 단계를 마치고 판정 단계로 전환한다.

→ 적절함!

**⑤ 학습 데이터를 만들 때 사과 사진의 정답에 해당하는 값을 0으로 설정하였다면, 출력층의 출력 단자에서 0 신호가 출력되면 '사과이다'로, 1 신호가 출력되면 '사과가 아니다'로 해석해야 되겠군.**

근거 ❹-6 사과 사진에 대한 학습 데이터를 만들 때에 정답인 '사과이다'에 해당하는 값을 '1'로 설정하였다면 출력값 '0'은 '사과가 아니다'를 의미하게 된다.

풀이 정답에 해당하는 값을 0으로 설정할 경우, 정답과 같은 0이 출력되면 정답이므로 '사과이다'로, 1이 출력되면 정답이 아니므로 '사과가 아니다'로 해석할 수 있다.

→ 적절함!

1등급 문제

**045** | 구체적인 사례에 적용 - 적절한 것 고르기 2017학년도 6월 모평 19번 | 정답률 45%, 매력적 오답 ④ 20% ⑤ 15% | 정답 ③

**윗글을 바탕으로 <보기>를 이해한 내용으로 가장 적절한 것은?** [3점]

| 보 기 |

[1]아래의 [A]와 같은 하나의 퍼셉트론을 [B]를 이용해 학습시키고자 한다.

[A]

○ [2]입력 단자는 세 개 (a, b, c)

○ [3]a, b, c의 현재의 가중치는 각각 $W_a = 0.5$, $W_b = 0.5$, $W_c = 0.1$

○ [4]가중합이 임계치 1보다 작으면 0을, 그렇지 않으면 1을 출력

= (입력값 × 가중치)들의 합
= (1 × 0.5) + (0 × 0.5) + (1 × 0.1) = 0.6

[B]

○ [5]a, b, c로 입력되는 학습 데이터는 각각 $I_a = 1$, $I_b = 0$, $I_c = 1$

○ [6]학습 데이터와 함께 제공되는 정답 = 1

<참고 그림> [B]로 한 번 학습시켰을 때

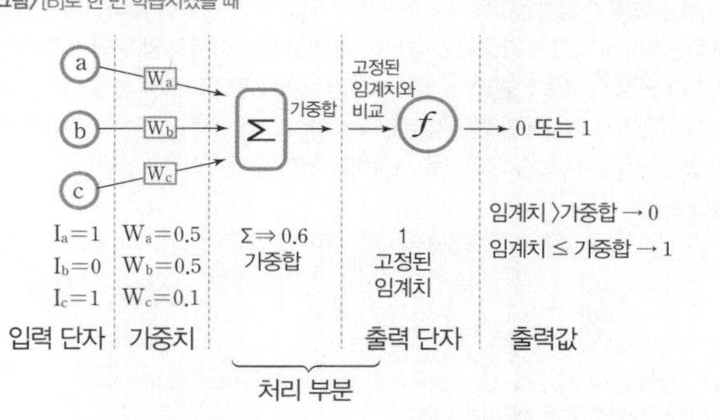


▶ 지문 핵심 개념 정리

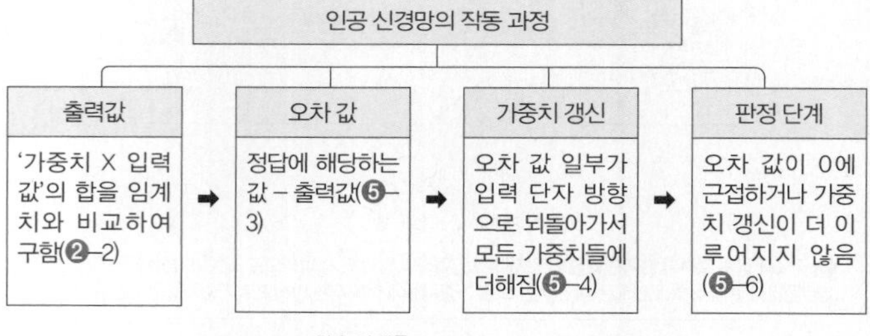


학습 단계를

**① [B]로 학습시키기 위해서는 판정 단계를 먼저 거쳐야 하겠군.**

근거 ❺-6 오차 값이 0에 근접하게 되거나 가중치의 갱신이 더 이상 이루어지지 않게 되면 학습 단계를 마치고 판정 단계로 전환한다.

풀이 학습 단계를 먼저 거친 다음에 판정 단계로 전환하는 것이다.

→ 적절하지 않음!

작지 않았기

**② 이 퍼셉트론이 1을 출력한다면, 가중합이 1보다 작았기 때문이겠군.**

근거 <보기>-4 가중합이 임계치 1보다 작으면 0을, 그렇지 않으면 1을 출력

→ 적절하지 않음!

**③ [B]로 한 번 학습시키고 나면 가중치 $W_a$, $W_b$, $W_c$가 모두 늘어나 있겠군.**

**근거** ❷-2 퍼셉트론은 각각의 입력 단자에 할당된 가중치를 입력값에 곱한 값들을 모두 합하여 가중합을 구한 후, 고정된 임계치보다 가중합이 작으면 0, 그렇지 않으면 1과 같은 방식으로 출력값을 내보낸다, ❺-3~4 어떤 학습 데이터가 주어지면 이때의 출력값을 구하고 학습 데이터와 함께 제공된 정답에 해당하는 값에서 출력값을 뺀 값 즉 오차 값을 구한다. 이 오차 값의 일부가 출력층의 출력 단자에서 입력층의 입력 단자 방향으로 되돌아가면서 각 계층의 퍼셉트론별로 출력 신호를 만드는 데 관여한 모든 가중치들에 더해지는 방식으로 가중치들이 갱신된다.

**풀이** [B]로 한 번 학습시키게 되면 a, b, c의 학습 데이터와 현재 가중치를 먼저 곱해야 한다. 그 값은 각각 0.5, 0, 0.1이 되고, 이들을 더한 값인 0.6이 가중합이 된다. 여기에서 가중합이 임계치 1보다 작으므로 출력값은 0이 된다. 이때 오차 값은 학습 데이터와 함께 제공된 정답 1에서 0을 뺀 1이 된다. 이 오차 값 1의 일부가 입력 단자의 a, b, c의 가중치에 각각 더해지므로, 학습 이후의 가중치 $W_a$, $W_b$, $W_c$는 조금씩 늘어나 있게 된다.

→ 적절함!

**④ [B]로 여러 차례 반복해서 학습시키면 퍼셉트론의 출력값은 ~~0~~(1)에 수렴하겠군.**

**근거** ❺-5 이러한(가중치 갱신) 과정을 다양한 학습 데이터에 대하여 반복하면 출력값들이 각각의 정답 값에 수렴하게 되고

**풀이** 학습 과정에서 가중치 갱신이 반복되면 출력값은 정답 값에 수렴하게 된다고 하였으므로, <보기>의 경우 정답 값인 1에 수렴하게 된다.

→ 적절하지 않음!

**⑤ [B]의 학습 데이터를 한 번 입력했을 때 그에 대한 퍼셉트론의 출력값은 ~~1~~(0)이겠군.**

**근거** ❷-2 퍼셉트론은 각각의 입력 단자에 할당된 가중치를 입력값에 곱한 값들을 모두 합하여 가중합을 구한 후, 고정된 임계치보다 가중합이 작으면 0, 그렇지 않으면 1과 같은 방식으로 출력값을 내보낸다.

**풀이** [B]로 한 번 학습시키게 되면 a, b, c의 학습 데이터와 현재 가중치를 각각 곱한 값인 0.5, 0, 0.1을 모두 더한 0.6이 가중합이 된다. 가중합이 임계치 1보다 작으므로 출력값은 1이 아니라 0이 된다.

→ 적절하지 않음!

**평가원 이의 신청 답변**

이 문항은 지문에서 설명한 내용을 바탕으로 <보기>의 상황에 대해 가장 적절하게 이해한 것이 무엇인지 묻고 있습니다.

이의 신청의 주된 내용은 정답지 ③도 적절하지 않다는 것입니다.

그러나 정답지 ③의 진술은 적절한 이해에 해당합니다. 지문에서는 가중합을 구하는 원리를 "각각의 입력 단자에 할당된 가중치를 입력값에 곱한 값들을 모두 합하여"(둘째 단락)라고 규정하였습니다. 또한 지문에서는 가중치 갱신의 원리를 "어떤 학습 데이터가 주어지면 (중략) 정답에 해당하는 값에서 출력값을 뺀 값 즉 오차 값을 구한다. 이 오차 값의 일부가 (중략) 출력 신호를 만드는 데 관여한 모든 가중치들에 더해지는 방식으로"(다섯째 단락)라고 규정하였습니다. 지문에서 설명한 이 두 가지 원리를 종합하면 가중치 $W_b$도 일정한 오차 값이 더해져 늘어나는바, 정답지 ③은 적절한 이해입니다.

이의 신청에서는 입력값이 0일 경우에는 그에 해당하는 가중치가 출력에 관여하지 않는다고 주장하고 있으나, 지문에서 규정한 출력값 계산 방법은 '가중치와 입력값의 곱의 합'과 '임계치'를 비교하는 방식이므로 모든 가중치는 항상 출력값 계산에 관여하고 있습니다.

또한 이의 신청에서는 지문에 제시되지 않은 정보를 임의로 인용하여 가중치 갱신 양을 판단하고 있는데, 이러한 판단도 오차 값에 입력값을 곱하지 않고 오차 값의 일부만 가중치 갱신에 이용하는 것으로 설명하는 지문의 진술에 비추어볼 때 합당하지 않습니다. 이의 신청자가 인용한 학습 방법은 델타 규칙(Delta Rule)으로서 가중치 갱신 양을 '학습률 × 오차 값 × 입력값'으로 정의하고 있습니다. 델타 규칙은 인공 신경망이 개발되던 초기에 단층 퍼셉트론에서 가중치 갱신을 위해 사용되던 방법입니다. 초기에는 수학적 증명 없이 사용되었으나, 인공지능 분야 권위자인 민스키(Minsky)에 의해 델타 규칙으로는 해결할 수 없는 문제가 존재한다는 것이 증명되었습니다. 또한 델타 규칙을 사용하기 위해서는 오차 값이 '출력값과 정답 간의 차이의 제곱'으로 정의되어야 하며, 활성 함수는 '미분 가능한 연속 함수'로 정의되어야 한다는 것이 전제 조건입니다. 하지만 지문에서는 오차 값을 출력값과 정답 값 간의 차이의 제곱이 아니라 정답에 해당하는 값에서 출력값을 뺀 값으로 정의하고 있고 활성 함수는 미분 가능한 연속 함수가 아니라 임계치에 의해 0과 1로 구분되는, 미분 불가능한 함수로 정의하고 있습니다. 이처럼 이의 신청자가 인용한 학습방법은 퍼셉트론의 여러 학습 방법 중 하나이기는 하나, 지문에서는 이와 다른 학습 방법을 설명하고 있으므로 이의 신청에서 인용한 가중치 갱신 방법을 그대로 적용할 수 없습니다.

이 문항에 대한 이의 신청은 국어 시험의 성격과 목적에 맞춰 작성된 독서 지문의 성격과 내용을 이해하지 못한 채, 지문 밖의 지식을 단편적으로 이해하여 제기한 것입니다. 수능 국어 시험 중 독서 영역은 지문을 이해하고 문제를 해결하는 능력을 측정하기 위한 영역이므로 지문 밖의 지식을 임의로 끌어들여 독서 영역 문항을 해결하려는 방식은 적절하지 않습니다.

따라서 이 문항의 정답에는 이상이 없습니다.

## [046~048] 다음 글을 읽고 물음에 답하시오.

**1** [1]하드 디스크는 고속으로 회전하는 디스크의 표면에 데이터를 저장한다. [2]데이터는 동심원(同心圓, 하나의 중심을 가진, 크기가 다른 여러 개의 원)으로 된 트랙에 저장되는데, 하드 디스크는 트랙을 여러 개의 섹터(sector, 디스크에서 동심원의 각 트랙을 같은 길이로 나눈 부분의 하나)로 미리 구획하고(區劃-, 경계를 지어 가르고), 트랙을 오가는 헤드를 통해 섹터 단위로 읽기와 쓰기를 수행한다. [3]하드 디스크에서 데이터 입출력 요청을 완료하는 데 걸리는 시간을 접근 시간이라고 하며, 이는 하드 디스크의 성능을 결정하는 기준 중 하나가 된다. [4]접근 시간은 원하는 트랙까지 헤드가 이동하는 데 소요되는(所要-, 걸리는) 탐색 시간과, 트랙 위에서 해당 섹터가 헤드의 위치까지 회전해 오는 데 걸리는 대기 시간의 합이다. [5]하드 디스크의 제어기는 '디스크 스케줄링'을 통해 접근 시간이 최소가 되도록 한다.

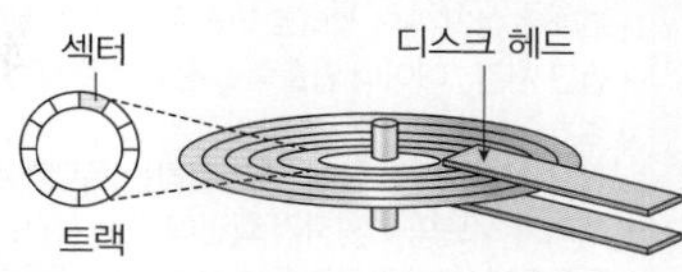


→ 하드 디스크의 입출력과 디스크 스케줄링

**2** [1]㉠ 200 개의 트랙이 있고 가장 안쪽의 트랙이 0번인 하드 디스크를 생각해 보자. [2]현재 헤드가 54번 트랙에 있고 대기 큐*에는 '99, 35, 123, 15, 66' 트랙에 대한 처리 요청이 들어와 있다고 가정하자. [3]요청 순서대로 데이터를 처리하는 방법을 FCFS 스케줄링이라 하며, 이때 헤드는 '54 → 99 → 35 → 123 → 15 → 66'과 같은 순서로 이동하여 데이터를 처리하므로 헤드의 총 이동 거리는 356이 된다.

→ FCFS 스케줄링의 원리

**3** [1]만일 헤드가 현재 위치로부터 이동 거리가 가장 가까운 트랙 순서로 이동하면 '54 → 66 → 35 → 15 → 99 → 123'의 순서가 되므로, 이때 헤드의 총 이동 거리는 171로 줄어든다. [2]이러한 방식을 SSTF 스케줄링이라 한다. [3]이 방법을 사용하면 FCFS 스케줄링에 비해 헤드의 이동 거리가 짧아 탐색 시간이 줄어든다. [4]하지만 현재 헤드 위치로부터 가까운 트랙에 대한 데이터 처리 요청이 계속 들어오면 먼 트랙에 대한 요청들의 처리가 계속 미뤄지는 문제가 발생할 수 있다.

→ SSTF 스케줄링의 원리와 특징

**4** [1]이러한 SSTF 스케줄링의 단점(먼 트랙에 대한 데이터 처리가 미뤄지는 것)을 개선한(改善-, 부족한 점을 고쳐 더 좋게 만든) 방식이 SCAN 스케줄링이다. [2]SCAN 스케줄링은 헤드가 디스크의 양 끝을 오가면서 이동 경로(經路, 지나는 길) 위에 포함된 모든 대기 큐에 있는 트랙에 대한 요청을 처리하는 방식이다. [3]위의 예에서 헤드가 현재 위치에서 트랙 0번 방향으로 이동한다면 '54 → 35 → 15 → 0 → 66 → 99 → 123'의 순서로 처리되며, 이때 헤드의 총 이동 거리는 177이 된다. [4]이 방법을 쓰면 현재 헤드 위치에서 멀리 떨어진 트랙이라도 최소한 다음 이동 경로에는 포함되므로 처리가 지나치게 늦어지는 것을 막을 수 있다. [5]SCAN 스케줄링을 개선한 LOOK 스케줄링은 현재 위치로부터 이동 방향에 따라 대기 큐에 있는 트랙의 최솟값과 최댓값 사이에서만 헤드가 이동함으로써 SCAN 스케줄링에서 불필요하게 양 끝까지 헤드가 이동하는 데 걸리는 시간을 없애 탐색 시간을 더욱 줄인다.

→ SCAN 스케줄링과 LOOK 스케줄링의 원리와 특징

* 대기 큐 : 하드 디스크에 대한 데이터 입출력 처리 요청을 임시로 저장하는 곳

■지문 이해

〈디스크 스케줄링의 종류와 원리〉

**❶ 하드 디스크의 입출력과 디스크 스케줄링**

- 트랙을 여러 개의 섹터로 미리 구획하고, 섹터 단위로 읽기와 쓰기를 수행
- 접근 시간 : 데이터 입출력 요청을 완료하는 데 걸리는 시간 → 디스크 성능을 결정
- 접근 시간 계산 : 탐색 시간(원하는 트랙까지 헤드 이동 시간) + 대기 시간(해당 섹터가 헤드의 위치까지 회전해 오는 시간)
- 하드 디스크 제어기는 '디스크 스케줄링'을 통해 접근 시간이 최소가 되도록 함

| ❷ FCFS 스케줄링의 원리 | ❸ SSTF 스케줄링의 원리와 특징 | ❹-1 SCAN 스케줄링의 원리와 특징 | ❹-2 LOOK 스케줄링의 원리와 특징 |
|---|---|---|---|
| • 요청 순서대로 데이터를 처리하는 방법 | • 현재 위치로부터 이동 거리가 가장 가까운 트랙 순서로 이동<br>• 장점 : FCFS 스케줄링에 비해 헤드 이동 거리가 짧아 탐색 시간이 단축<br>• 단점 : 가까운 트랙의 데이터 처리 요청이 계속 들어오면 먼 트랙에 대한 요청의 처리가 계속 미루어짐 | • 헤드가 디스크 양 끝을 오가면서 이동 경로 위에 포함된 모든 대기 큐에 있는 트랙의 요청 처리<br>• 현재 헤드 위치에서 멀리 떨어진 트랙이라도 최소한 다음 이동 경로에는 포함되므로 처리가 지나치게 늦어지는 것을 막을 수 있음 | • 현재 위치로부터 이동 방향에 따라 대기 큐에 있는 트랙의 최솟값과 최댓값 사이에서만 헤드가 이동<br>• SCAN 스케줄링에서 불필요하게 양 끝까지 헤드가 이동하는 데 걸리는 시간을 줄여 탐색 시간이 단축 |

**046** | 세부 정보 이해 - 적절하지 않은 것 고르기 2013학년도 6월 모평 44번 | 정답률 65%, 매력적 오답 ④ 20% | 정답 ①

**윗글의 내용과 일치하지 않는 것은?**

**① 데이터에 따라 트랙당 섹터의 수가 결정된다.** (데이터와 관계없이 / 정해져 있다)

근거 ❶-2 하드 디스크는 트랙을 여러 개의 섹터로 미리 구획하고, 트랙을 오가는 헤드를 통해 섹터 단위로 읽기와 쓰기를 수행

풀이 하드 디스크에는 데이터와 관계없이 이미 일정한 수의 섹터가 정해져 있다.

→ 적절하지 않음!

**② 헤드의 이동 거리가 늘어나면 탐색 시간도 늘어난다.**

근거 ❶-4 원하는 트랙까지 헤드가 이동하는 데 소요되는 탐색 시간, ❸-3 헤드의 이동 거리가 짧아 탐색 시간이 줄어든다.

풀이 헤드가 이동하는 데 걸리는 시간이 '탐색 시간'이므로, 헤드의 이동 거리가 늘어나면 '탐색 시간'도 늘어난다.

→ 적절함!

**③ 디스크 스케줄링은 데이터들의 처리 순서를 결정한다.**

근거 ❷-3 요청 순서대로 데이터를 처리하는 방법을 FCFS 스케줄링, ❸-2 이러한(헤드가 현재 위치로부터 이동 거리가 가장 가까운 트랙 순서로 이동하는) 방식을 SSTF 스케줄링, ❹-2 SCAN 스케줄링은 헤드가 디스크의 양 끝을 오가면서 이동 경로 위에 포함된 모든 대기 큐에 있는 트랙에 대한 요청을 처리하는 방식, ❹-5 LOOK 스케줄링은 현재 위치로부터 이동 방향에 따라 대기 큐에 있는 트랙의 최솟값과 최댓값 사이에서만 헤드가 이동

→ 적절함!

**④ 대기 시간은 하드 디스크의 회전 속도에 영향을 받는다.**

근거 ❶-4 트랙 위에서 해당 섹터가 헤드의 위치까지 회전해 오는 데 걸리는 대기 시간 (= 하드 디스크의 회전 속도)

→ 적절함!

**⑤ 접근 시간은 하드 디스크의 성능을 평가하는 척도 중 하나이다.**

근거 ❶-3 하드 디스크에서 데이터 입출력 요청을 완료하는 데 걸리는 시간을 접근 시간이라고 하며, 이는 하드 디스크의 성능을 결정하는 기준 중 하나

→ 적절함!

1등급 문제

**047** | 자료 해석의 적절성 판단 - 적절한 것 고르기 2013학년도 6월 모평 45번 | 정답률 60%, 매력적 오답 ② 20% | 정답 ③

**〈보기〉는 주어진 조건에 따라 ㉠에서 헤드가 이동하는 경로를 나타낸 것이다. (가), (나)에 해당하는 스케줄링 방식으로 적절한 것은?**

㉠ 200 개의 트랙이 있고 가장 안쪽의 트랙이 0번인 하드 디스크

| 보 기 |

조건 1. 대기 큐에 있는 요청 트랙 : 98, 183, 37, 122, 14

조건 2. 헤드는 50번 트랙의 작업을 마치고 현재 53번 트랙의 작업을 진행하는 중

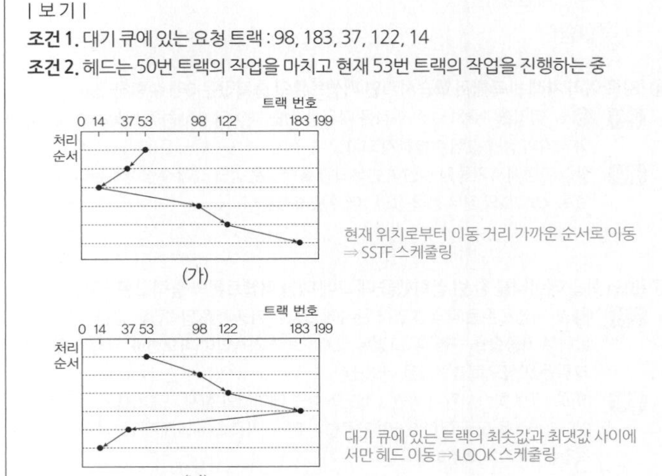


(가)

근거 ❸-1 헤드가 현재 위치로부터 이동 거리가 가장 가까운 트랙 순서로 이동, ❸-2 이러한 방식을 SSTF 스케줄링

풀이 53번 트랙에서 가장 가까운 트랙은 37번 트랙이다. 그 다음 트랙도 가장 가까운 순서로 이동하고 있다. 따라서 (가)는 SSTF 스케줄링 방식이다.

(나)

근거 ❹-5 LOOK 스케줄링은 현재 위치로부터 이동 방향에 따라 대기 큐에 있는 트랙의 최솟값과 최댓값 사이에서만 헤드가 이동

풀이 (나)는 50번 트랙에서 53번 트랙으로 이동하여 현재 이동 방향을 따라 대기 큐의 최댓값인 183번 방향으로 이동하며 요청 트랙을 처리한 뒤, 대기 큐의 최솟값인 14번 방향으로 이동하고 있다. 따라서 (나)는 LOOK 스케줄링 방식이다. 트랙의 양 끝인 0과 199까지 오가지는 않았으므로, SCAN 스케줄링 방식은 아니다.

| | (가) | (나) |
|---|---|---|
| ① | FCFS | SSTF |
| ② | SSTF | SCAN |
| ③ | SSTF | LOOK → 적절함! |
| ④ | SCAN | LOOK |
| ⑤ | LOOK | SCAN |

1등급 문제

**048** | 추론의 적절성 판단 - 적절한 것 고르기 2013학년도 6월 모평 46번 | 정답률 55%, 매력적 오답 ③ 15% ④ 15% | 정답 ①

**헤드의 위치가 트랙 0번이고 현재 대기 큐에 있는 요청만을 처리한다고 할 때, 각 스케줄링의 탐색 시간의 합에 대한 비교로 옳은 것은?** [3점]

**① 요청된 트랙 번호들이 *내림차순이면, SSTF 스케줄링과 LOOK 스케줄링에서 탐색 시간의 합은 같다.** *큰 숫자부터 배열

근거 ❸-1~2 헤드가 현재 위치로부터 이동 거리가 가장 가까운 트랙 순서로 이동 … 이러한 방식을 SSTF 스케줄링, ❹-5 LOOK 스케줄링은 현재 위치로부터 이동 방향에 따라 대기 큐에 있는 트랙의 최솟값과 최댓값 사이에서만 헤드가 이동

**풀이** 제시된 상황에서 SSTF 스케줄링과 LOOK 스케줄링은 모두 헤드가 0에서 출발하여 요청된 트랙 번호의 최솟값에서 최댓값까지 오름차순으로 이동한다. 예를 들어 요청된 대기 큐를 '100, 80, 60'이라고 가정하면, SSTF 스케줄링은 '0 → 60 → 80 → 100'의 순서로 처리하므로 탐색 시간의 합이 100이다. LOOK 스케줄링은 60에 간 후에 60과 100 사이를 헤드가 이동하기 때문에 '0 → 60 → 80 → 100'의 순서로 처리하게 되며, 탐색 시간의 합은 100이다. 따라서 두 스케줄링의 탐색 시간의 합은 같다.

→ 적절함!

**② 요청된 트랙 번호들이 내림차순이면, FCFS 스케줄링이 SSTF 스케줄링보다 탐색 시간의 합이 작다.** (크다)

**근거** ❷-3 요청 순서대로 데이터를 처리하는 방법을 FCFS 스케줄링, ❸-1 (SSTF 스케줄링은) 헤드가 현재 위치로부터 이동 거리가 가장 가까운 트랙 순서로 이동, ❸-3 이 방법(SSTF 스케줄링)을 사용하면 FCFS 스케줄링에 비해 헤드의 이동 거리가 짧아 탐색 시간이 줄어든다.

**풀이** 제시된 상황에서 FCFS 스케줄링은 헤드가 0에서 요청된 트랙 번호의 최댓값으로 이동한 뒤 최댓값에서 최솟값까지 내림차순으로 이동한다. SSTF 스케줄링은 헤드가 0에서 출발하여 요청된 트랙 번호의 최솟값에서 최댓값까지 오름차순으로 이동한다. 예를 들어 대기 큐를 '100, 80, 60'이라고 가정하면, FCFS 스케줄링은 '0 → 100 → 80 → 60' 순으로 처리하므로 탐색 시간의 합이 140이다. 반면 SSTF 스케줄링은 '0 → 60 → 80 → 100' 순서로 처리하기 때문에 탐색 시간의 합이 100이다. 따라서 SSTF 스케줄링보다 FCFS 스케줄링의 탐색 시간의 합이 더 크다.

→ 적절하지 않음!

**③ 요청된 트랙 번호들이 *오름차순이면, FCFS 스케줄링과 LOOK 스케줄링에서 탐색 시간의 합은 다르다.** (같다) *작은 숫자부터 배열

**근거** ❷-3 요청 순서대로 데이터를 처리하는 방법을 FCFS 스케줄링, ❹-5 LOOK 스케줄링은 현재 위치로부터 이동 방향에 따라 대기 큐에 있는 트랙의 최솟값과 최댓값 사이에서만 헤드가 이동

**풀이** 제시된 상황에서 FCFS 스케줄링과 LOOK 스케줄링은 모두 헤드가 0에서 출발하여 요청된 트랙 번호의 최솟값에서 최댓값까지 오름차순으로 이동한다. 예를 들어 대기 큐를 '60, 80, 100'이라고 가정하면, FCFS 스케줄링은 '0 → 60 → 80 → 100' 순으로 처리하므로 탐색 시간의 합이 100이다. LOOK 스케줄링은 헤드가 60에 간 후에 60과 100 사이를 이동하며 요청을 처리하기 때문에 결과적으로 '0 → 60 → 80 → 100'의 순서로 처리하므로 탐색 시간의 합이 100이다. 따라서 두 스케줄링의 탐색 시간의 합이 같다.

→ 적절하지 않음!

**④ 요청된 트랙 번호들이 오름차순이면, FCFS 스케줄링이 SCAN 스케줄링보다 탐색 시간의 합이 크다.** (과 / 같다)

**근거** ❷-3 요청 순서대로 데이터를 처리하는 방법을 FCFS 스케줄링, ❹-2 SCAN 스케줄링은 헤드가 디스크의 양 끝을 오가면서 이동 경로 위에 포함된 모든 대기 큐에 있는 트랙에 대한 요청을 처리하는 방식

**풀이** 제시된 상황에서 FCFS 스케줄링과 SCAN 스케줄링은 모두 헤드가 0에서 출발하여 요청된 트랙 번호의 최솟값에서 최댓값까지 오름차순으로 이동한다. 예를 들어 대기 큐를 '60, 80, 100'이라고 가정하면, FCFS 스케줄링은 '0 → 60 → 80 → 100' 순으로 처리하므로 탐색 시간의 합이 100이다. SCAN 스케줄링은 디스크 양 끝을 오가며 처리하기 때문에 '0 → 60 → 80 → 100' 순으로, 탐색 시간의 합이 100이다. SCAN 스케줄링의 경우 요청된 트랙 번호의 최댓값이 디스크 끝에 있는지 여부와 상관없이 마지막 트랙의 요청을 처리함과 동시에 탐색 시간 측정이 종료되므로 두 스케줄링의 탐색 시간의 합이 같다.

→ 적절하지 않음!

**⑤ 요청된 트랙 번호들에 끝 트랙이 포함되면, LOOK 스케줄링이 SCAN 스케줄링보다 탐색 시간의 합이 크다.** (과 / 같다)

**근거** ❹-2 SCAN 스케줄링은 헤드가 디스크의 양 끝을 오가면서 이동 경로 위에 포함된 모든 대기 큐에 있는 트랙에 대한 요청을 처리하는 방식, ❹-5 SCAN 스케줄링을 개선한 LOOK 스케줄링은 현재 위치로부터 이동 방향에 따라 대기 큐에 있는 트랙의 최솟값과 최댓값 사이에서만 헤드가 이동

**풀이** 두 스케줄링의 차이는 헤드가 양쪽 끝으로 가느냐 가지 않느냐의 차이이다. 현재 헤드의 위치가 트랙 0번이므로, 요청 트랙 번호에 끝 트랙이 포함되면 두 스케줄링 모두 트랙의 양 끝을 오가게 된다. 따라서 두 스케줄링에서 탐색 시간의 합은 같아지게 된다.

→ 적절하지 않음!

## [049~050] 다음 글을 읽고 물음에 답하시오.

**1** [1]소프트웨어 개발에서 자료 관리를 위한 구조로는 '배열'과 '연결 리스트'가 흔히 사용된다. [2]이 구조를 가진 저장소가 실제 컴퓨터 메모리에 구현된(具現-, 구체적으로 나타난) 위치(자료의 주소)를 '포인터'라고 한다.

→ 소프트웨어 자료 관리를 위한 구조 - '배열'과 '연결 리스트'

**2** [1]㉠ 배열은 물리적으로 연속된 저장소들을 사용한다. [2]배열에서는 흔히 <그림 1>과 같이 자료의 논리적 순서(논리에 따른 순서, 여기서는 가나다순)와 실제 저장 순서가 일치하도록 자료가 저장된다. [3]이때 원하는 자료의 논리적인 순서만 알면 해당 포인터 값을 계산할 수 있으므로(해당 포인터를 바로 찾을 수 있으므로), 바로 접근하여 읽기와 쓰기를 할 수 있다. [4]그런데 <그림 1>에서 자료 '지리'를 삭제하려면 '한라'를 한 칸 당겨야 하고, 가나다순에 따라 '소백'을 삽입하려면(揷入-, 끼워 넣으려면) '지리'부터 한 칸씩 밀어야 한다. [5]따라서 삽입하거나 삭제하는 자료의 순번이 빠를수록 나머지 자료의 재정렬 시간이 늘어난다.(삽입하거나 삭제하는 자료의 이후 순번 자료들을 더 많이 밀고 당겨야 하므로, 포인터를 할당하는 시간이 늘어난다.)

| 포인터 : | 저장소 |
|---|---|
| 0000 : | 산 이름 |
| 1000 : | 백두 |
| 1001 : | 설악 |
| 1002 : | 지리 |
| 1003 : | 한라 |
| 1004 : | |
| ⋮ | |

<그림 1> 배열

| 포인터 : | 저장소 | |
|---|---|---|
| 0000 : | 산 이름 | 다음 포인터 |
| 1000 : | 백두 | 1008 |
| 1002 : | ⓐ | ⓑ |
| 1004 : | 지리 | 1006 |
| 1006 : | 한라 | ---- |
| 1008 : | 설악 | ⓒ 1004 |
| ⋮ | | |

<그림 2> 연결 리스트

→ 배열 구조의 자료 저장 방식

**3** [1]㉡ 연결 리스트는 저장될 자료와 다음에 올 자료의 포인터인 '다음 포인터'를 한 저장소에 함께 저장한다. [2]이 구조에서는 <그림 2>와 같이 '다음 포인터'의 정보를 담을 공간이 더 필요하지만, 이 정보에 의해 물리적 저장 위치에 상관없이(자료가 컴퓨터 메모리상에 연속적인 포인터로 존재하지 않아도) 자료의 논리적 순서를 유지할 수 있다. [3]또한 자료의 삽입과 삭제는 '다음 포인터'의 내용 변경으로 가능하므로 상대적으로 간단하다.(배열에 비해 간단하다.) [4]예를 들어 <그림 2>에서 '소백'을 삽입하려면 빈 저장소의 ⓐ에 '소백'을 쓰고 ⓑ와 ⓒ에 논리적 순서에 따라 다음에 올 포인터 값('지리'와 '소백'의 포인터 값)인 '1004'와 '1002'를 각각 써 주면 된다. [5]하지만 특정 자료를 읽으려면 접근을 시작하는 포인터부터 그 자료까지 저장소들을 차례로 읽어야 하므로 자료의 논리적 순서에 따라 접근 시간에 차이가 있다.(접근을 시작하는 포인터가 백두(1000)일 때, 설악(1008)을 읽으려면 한 단계를 거치지만(1000 → 1008), 지리(1004)를 읽으려면 두 단계를 거쳐야 하므로(1000 → 1008 → 1004) 접근 시간에 차이가 있다.)

→ 연결 리스트 구조의 자료 저장 방식

**4** [1]한편 '다음 포인터'뿐만 아니라 논리순으로 앞에 연결된 저장소의 포인터를 하나 더 저장하는(다음 포인터 + 이전에 위치한 정보의 포인터) ㉢ '이중 연결 리스트'도 있다. [2]이 구조에서는 현재 포인터에서부터 앞뒤 어느 방향으로도 연결된 자료에 접근할 수 있어 연결 리스트보다 자료 접근이 용이하다.

**<참고 그림>** 이중 연결 리스트

| 포인터 | 저장소 | | |
|---|---|---|---|
| 0000 | 산이름 | 이전 포인터 | 다음 포인터 |
| 1000 | 백두 | 0000 | 1008 |
| 1004 | 지리 | 1008 | 1006 |
| 1006 | 한라 | 1004 | – |
| 1008 | 설악 | 1000 | 1004 |

<이중 연결 리스트>

연결 리스트에서 '백두'에서 '설악'으로 접근하려면 [백두 | 1008] → [설악 | 1004]의 순서로 접근하면 되지만, 역으로 '설악'에서 '백두'로 한 번에 접근할 수는 없다.

반면 이중 연결 리스트에서 '백두'에서 '설악'으로 접근하려면 [0000 | 백두 | 1008] → [1000 | 설악 | 1004]의 순서로 접근하고 역으로 '설악'에서 '백두'로 접근할 때에도 [0000 | 백두 | 1008] ← [1000 | 설악 | 1004]의 순서로 쉽게 이동할 수 있다.

→ 이중 연결 리스트 구조의 자료 저장 방식

IV 기술

■지문 이해

〈소프트웨어 자료 관리를 위한 '배열'과 '연결 리스트'〉

**❶ 소프트웨어 자료 관리를 위한 구조**
- '배열'과 '연결 리스트'가 흔히 사용됨
- 포인터 : '배열'과 '연결 리스트'가 컴퓨터 메모리에 구현된 위치

**❷ 배열 구조의 자료 저장 방식**
- 물리적으로 연속된 저장소 사용
- 자료의 논리적 순서와 실제 저장 순서 일치
- 바로 접근하여 읽기, 쓰기 가능
- 자료의 삽입, 삭제가 번거로움 : 재정렬 필요

**❸ 연결 리스트 구조의 자료 저장 방식**
- '다음 포인터'를 한 저장소에 함께 저장
- 실제 저장 위치에 상관없이 자료의 논리적 순서 유지
- 자료의 삽입과 삭제가 간단 : 다음 포인터의 내용 변경
- 자료의 논리적 순서에 따라 접근 시간에 차이

**❹ 이중 연결 리스트 구조의 자료 저장 방식**
- '다음 포인터' + 앞에 연결된 저장소의 포인터도 저장
- 연결 리스트보다 자료 접근에 용이 (앞뒤 어느 방향으로도 연결된 자료에 접근 가능)

**049** | 세부 정보 이해 - 적절하지 않은 것 고르기 2011학년도 수능 25번 | 정답률 65%, 매력적 오답 ④ 15% ⑤ 10% | 정답 ③

## 윗글을 통해 알 수 있는 사실로 옳지 않은 것은?

**① 저장된 자료에 접근할 때는 포인터를 이용한다.**

근거 ❷-3 원하는 자료의 논리적인 순서만 알면 해당 포인터 값을 계산할 수 있으므로, 바로 접근, ❸-5 특정 자료를 읽으려면 접근을 시작하는 포인터부터 그 자료까지 저장소들을 차례로 읽어야

→ 적절함!

**② 자료 접근 과정은 사용하는 자료 관리 구조에 따라 달라진다.**

근거 ❶-1 소프트웨어 개발에서 자료 관리를 위한 구조로는 '배열'과 '연결 리스트'가 흔히 사용된다, ❷-3 (배열에서는) 원하는 자료의 논리적인 순서만 알면 해당 포인터 값을 계산할 수 있으므로, 바로 접근하여 읽기와 쓰기를 할 수 있다, ❸-5 (연결 리스트에서는) 특정 자료를 읽으려면 접근을 시작하는 포인터부터 그 자료까지 저장소들을 차례로 읽어야 하므로 자료의 논리적 순서에 따라 접근 시간에 차이가 있다.

풀이 자료를 관리하는 구조로는 '배열'과 '연결 리스트'가 흔히 사용되는데, 각각의 방식에 따라 자료에 접근하는 과정도 달라진다.

→ 적절함!

**③ '배열'에서는 자료의 논리적 순서에 따라 자료 접근 시간이 달라진다.**

연결 리스트

근거 ❸-5 (연결 리스트에서) 특정 자료를 읽으려면 접근을 시작하는 포인터부터 그 자료까지 저장소들을 차례로 읽어야 하므로 자료의 논리적 순서에 따라 접근 시간에 차이가 있다.

풀이 자료의 논리적 순서에 따라 자료 접근 시간이 달라지는 것은 '배열'이 아니라 '연결 리스트'이다. '배열'은 자료의 논리적 순서만 알면 해당 포인터 값을 계산할 수 있으므로 바로 접근이 가능하다.

→ 적절하지 않음!

**④ '연결 리스트'는 저장되는 전체 자료의 개수가 자주 변할 때 편리하다.**

근거 ❸-3 자료의 삽입과 삭제는 '다음 포인터'의 내용 변경으로 가능하므로 (배열에 비해) 상대적으로 간단

풀이 '연결 리스트'는 자료의 개수가 자주 변하더라도 '다음 포인터'를 통해 간단하게 내용 변경이 가능하므로 '배열'에 비해 삭제와 삽입이 편리하다.

→ 적절함!

**⑤ '이중 연결 리스트'의 한 저장소에는 세 가지 다른 정보가 저장된다.**

근거 ❹-1~2 '다음 포인터'뿐만 아니라 논리순으로 앞에 연결된 저장소의 포인터를 하나 더 저장하는 '이중 연결 리스트'도 있다. 이 구조에서는 현재 포인터에서부터 앞뒤 어느 방향으로도 연결된 자료에 접근할 수 있어 연결 리스트보다 자료 접근이 용이

풀이 '이중 연결 리스트'에는 저장하고자 하는 자료(정보①)와 '다음 포인터'(정보②), 그리고 앞에 연결된 저장소의 포인터(정보③)를 하나 더 저장하므로 총 세 가지의 정보가 저장된다.

→ 적절함!

**050** | 자료 해석의 적절성 판단 - 적절한 것 고르기 2011학년도 수능 26번 | 정답률 75% | 정답 ①

## ㉠~㉢에 대해 〈보기〉의 실험을 한 후 얻은 결과로 옳은 것은? [3점]

㉠ 배열 ㉡ 연결 리스트 ㉢ '이중 연결 리스트'

| 보 기 |

동일 수의 자료를 논리순이 유지되도록 메모리에 저장한 다음 읽기, 삽입, 삭제를 동일 횟수만큼 차례로 실행하였다.

* 단, 충분히 많은 양의 자료로 충분한 횟수만큼 실험을 하되, 자료를 무작위로 선택하고(모든 자료를 동등한 확률로 발생하도록 선택하고) 자료의 논리순이 유지되도록 함

▶ 지문 핵심 개념 정리

| | ❷ 배열(㉠) | ❸ 연결 리스트(㉡) | ❹ 이중 연결 리스트(㉢) |
|---|---|---|---|
| 삽입과 삭제 | 복잡하다 ← | 간단하다 | |
| 읽기(접근) 시간 | 짧다 → | 길다 | |
| | | 길다 ← | 짧다 |
| 메모리 사용량 | 적음 | → | 많음 |

**① ㉠은 ㉡에 비해 삭제 실험에 걸리는 총시간이 길었다.**

풀이 ㉠은 삭제를 하는 과정에서 나머지 자료들을 재정렬해야 하므로 '다음 포인터'의 내용만 변경하는 ㉡에 비해 삭제 실험에 걸리는 총시간이 길 것이다.

→ 적절함!

**② ㉠은 ㉢에 비해 저장 실험의 메모리 사용량이 많았다.** (적었다)

풀이 ㉢은 저장할 자료와 '다음 포인터', 그리고 앞에 연결된 저장소의 포인터를 더 추가한 형태이므로, 저장 실험의 메모리 사용량이 가장 많을 것이다. 배열과 달리 연결 리스트와 이중 연결 리스트에서는 각각 이전 포인터, 이전 포인터와 다음 포인터를 별도로 저장하는 메모리가 추가로 필요하게 되므로, 메모리(저장소) 사용량은 '배열 < 연결 리스트 < 이중 연결 리스트' 순으로 많아진다.

→ 적절하지 않음!

**③ ㉡은 ㉠에 비해 삽입 실험에 걸리는 총시간이 길었다.** (짧았다)

풀이 ㉡은 '다음 포인터'의 내용만 변경하면 삽입이 쉽게 이루어질 수 있으므로, ㉠에 비해 삽입 실험에 걸리는 시간이 더 짧을 것이다.

→ 적절하지 않음!

**④ ㉡은 ㉢에 비해 저장 실험의 메모리 사용량이 많았다.** (적었다)

풀이 ㉡에 비해 ㉢에는 앞에 연결된 저장소의 포인터가 더 추가되므로, ㉢보다 ㉡의 메모리 사용량이 더 적을 것이다.

→ 적절하지 않음!

**⑤ ㉢은 ㉡에 비해 읽기 실험에 걸리는 총시간이 길었다.** (짧았다)

풀이 ㉢은 포인터에서부터 앞뒤 어느 방향으로도 연결된 자료에 접근할 수 있어 ㉡에 비해 읽기에 걸리는 총시간이 더 짧을 것이다.

→ 적절하지 않음!

Ⅳ 기술

# 3. 산업 및 기계 기술의 이론과 원리

**[051~054] 다음 글을 읽고 물음에 답하시오.**

1 [1]저울은 흔히 지렛대의 원리를 이용하거나 전기 저항(抵抗, 도체에 전류가 흐르는 것을 방해하는 작용) 변화를 측정하여 질량을 잰다. [2]그렇다면 초정밀(超精密, 매우 세밀하여 빈틈이 없고 정확함) 저울은 기체 분자나 DNA와 같은 미세(微細, 구별하기 어려울 정도로 아주 작음) 물질의 질량을 어떻게 잴까? [3]이에 답하기 위해서는 압전(壓 누르다 압 電 전기 전) 효과에 대한 이해가 필요하다.

→ 초정밀 저울은 어떻게 질량을 측정할까?

2 [1]압전 효과에는 재료에 기계적 변형(變形, 달라짐)이 생기면 재료에 전압이 발생하는 1차 압전 효과와, 재료에 전압을 걸면 재료에 기계적 변형이 생기는 2차 압전 효과가 있다. [2]두 압전 효과가 모두 생기는 재료를 압전체라 하며, 수정이 주로 쓰인다.

→ 압전 효과의 종류와 압전체의 개념

3 [1]압전체로 사용하는 수정은 특정 방향으로 절단(切斷, 자르거나 베어서 끊음) 및 가공하여(加工−, 인공적으로 처리하여) 납작한 원판 모양으로 만든다. [2]이후 원판의 양면(兩面, 두 면)에 전극(電極, 전기가 드나드는 곳)을 만든 후 (+)와 (−)극이 교대로(交代−, 나누어 차례에 따라) 바뀌는 전압을 가하면(加−, 더하면) 수정이 진동한다. [3]이때(수정이 진동할 때) 전압의 주파수*를 수정의 고유 주파수와 일치시켜 수정이 큰 폭으로 진동하도록 하여 진동을 측정하기 쉽게 만든 것이 ㉠ 수정 진동자(振動子, 아주 작은 진동체)이다. [4]고유 주파수란 어떤 물체가 갖는 고유한 진동 주파수인데, 같은 재료의 압전체라도 압전체의 모양과 크기에 따라 달라진다. [5]수정 진동자에 어떤 물질이 달라붙어 질량이 증가하면 고유 주파수에서 진동하던 수정 진동자의 주파수가 감소한다. [6]수정 진동자의 주파수는 매우 작은 질량 변화에 민감하게(敏感−, 쉽게 영향을 받아) 변하므로 기체 분자나 DNA와 같은 미세한 물질의 질량을 측정할 수 있다. [7]진동자에서 질량 민감도(敏感度, 민감한 정도)는 주파수의 변화 정도를 측정된 질량으로 나눈 값인데, 수정 진동자의 질량 민감도는 매우 크다.

→ 수정을 압전체로 사용한 초정밀 저울의 질량 측정 원리

4 [1]수정 진동자로 질량을 측정하는 원리를 응용하면(應用−, 적용하여 이용하면) 특정 기체의 농도를 감지할(感知−, 느껴 알) 수 있다. [2]수정 진동자를 특정 기체가 붙도록 처리하면, 여기에 특정 기체가 달라붙으며 질량 변화가 생겨(질량이 증가하여) 수정 진동자의 주파수는 감소한다. [3]일정 시점이 되면 수정 진동자의 주파수가 더 감소하지 않고 일정한 값을 유지한다. [4]이렇게 일정한 값을 유지하는 이유는 특정 기체가 일정량 이상 달라붙지 않기 때문이다. [5]혼합 기체(混合氣體, 두 가지 이상이 혼합된 기체)에서 특정 기체의 농도가 클수록 더 작은 주파수에서 주파수가 일정하게 유지된다. [6]특정 기체가 얼마나 빨리 수정 진동자에 붙어서 주파수가 일정한 값이 되는가의 척도(尺度, 평가나 측정의 기준)를 반응 시간이라 하는데, 반응 시간이 짧을수록 특정 기체의 농도를 더 빨리 잴 수 있다.

→ 수정 진동자로 질량을 측정하는 원리를 응용한 기체 농도 측정 방법 ①

5 [1]그런데 측정 대상이 아닌 기체가 함께 붙으면 측정하려는 대상 기체의 정확한 농도 측정이 어렵다. [2]또한 대상 기체만 붙더라도 그 기체의 농도를 알 수는 없다. [3]이 때문에 대상 기체의 농도에 따라 수정 진동자의 주파수 변화를 미리 측정해 놓아야 한다. [4]그 후 대상 기체의 농도를 모르는 혼합 기체에서 주파수 변화를 측정하면 대상 기체의 농도를 알 수 있다. [5]수정 진동자의 주파수 변화 정도를 농도로 나누면 농도에 대한 민감도를 구할 수 있다.

→ 수정 진동자로 질량을 측정하는 원리를 응용한 기체 농도 측정 방법 ②

* 주파수 : 진동이 1 초 동안 반복하는 횟수 또는 전압의 (+)와 (−)극이 1 초 동안, 서로 바뀌고 다시 원래대로 되는 횟수

■지문 이해

**〈압전 효과를 이용해 미세 물질의 질량을 측정하는 원리와 이를 응용한 기체 농도 측정 방법〉**

**❶ 초정밀 저울은 어떻게 질량을 측정할까?**

**❷ 압전 효과의 종류와 압전체의 개념**

- 1차 압전 효과 : 재료에 기계적 변형이 생기면 → 전압 발생
- 2차 압전 효과 : 재료에 전압을 걸면 → 기계적 변형 발생
- 압전체 : 두 압전 효과가 모두 생기는 재료로, 수정이 주로 쓰임

**❸ 수정을 압전체로 사용한 초정밀 저울의 질량 측정 원리**

- 수정 진동자 : 납작한 원판 모양의 수정(압전체)의 양면에 전극을 만든 후 수정의 고유 주파수와 일치하는 주파수의 전압을 가하여 수정이 큰 폭으로 진동하도록 하여 진동 측정을 쉽게 만든 것
- 수정 진동자에 어떤 물질이 달라붙어 질량이 증가하면 수정 진동자의 주파수가 감소함
- 수정 진동자의 주파수는 질량 민감도가 매우 큼 → 미세한 물질의 질량을 측정할 수 있음
- 수정 진동자의 질량 민감도 = $\frac{\text{주파수의 변화 정도}}{\text{질량}}$

**❹ 수정 진동자로 질량을 측정하는 원리를 응용한 기체 농도 측정 방법 ①**

- 수정 진동자에 특정 기체가 달라붙으면 질량 변화가 생겨 주파수가 감소하다가 일정한 값을 유지함
  - 특정 기체의 농도가 클수록 더 작은 주파수에서 주파수가 일정하게 유지됨
  - 반응 시간이 짧을수록 특정 기체의 농도를 더 빨리 잴 수 있음
  - 반응 시간 : 특정 기체가 얼마나 빨리 수정 진동자에 붙어서 주파수가 일정한 값이 되는가의 척도

**❺ 수정 진동자로 질량을 측정하는 원리를 응용한 기체 농도 측정 방법 ②**

- 대상 기체의 농도에 따라 수정 진동자의 주파수 변화를 미리 측정함 → 대상 기체의 농도를 모르는 혼합 기체에서 주파수 변화를 측정함 → 대상 기체의 농도를 알 수 있음
- 수정 진동자의 농도에 대한 민감도 = $\frac{\text{주파수의 변화 정도}}{\text{농도}}$

**051** 글의 서술 방식 파악 - 적절한 것 고르기 2024학년도 9월 모평 8번 정답률 75% **정답 ⑤**

### 윗글에 대한 설명으로 가장 적절한 것은?

근거 ❷-1~2 압전 효과에는 … 두 압전 효과가 모두 생기는 재료를 압전체라 하며, 수정이 주로 쓰인다, ❸-1 압전체로 사용하는 수정은 … , ❸-5~6 수정 진동자에 어떤 물질이 달라붙어 질량이 증가하면 … 미세한 물질의 질량을 측정할 수 있다, ❹-1 수정 진동자로 질량을 측정하는 원리를 응용하면 특정 기체의 농도를 감지할 수 있다, ❺-3~4 대상 기체의 농도에 따라 … 미리 측정해 놓아야 한다. … 측정하면 대상 기체의 농도를 알 수 있다.

풀이 윗글은 먼저 ❷문단에서 압전 효과와 압전체의 개념을 설명하고, ❸문단에서 수정을 압전체로 사용한 초정밀 저울의 질량 측정 원리를 설명하였다. 또 ❹~❺문단에서는 이를 응용하여 특정 기체의 농도를 측정하는 방법을 소개하였다. 따라서 정답은 ⑤번이다.

**① 압전체의 제작 방법을 소개하고 제작 시 *유의점을 나열하고 있다.** *留意點, 마음에 새겨 두어 조심하며 관심을 가져야 할 점

근거 ❸-1~3 압전체로 사용하는 수정은 특정 방향으로 절단 및 가공하여 납작한 원판 모양으로 만든다. … 진동을 측정하기 쉽게 만든 것이 수정 진동자이다.

풀이 윗글의 ❸문단에서 압전체로 사용하는 물질인 '수정'을 절단 및 가공한 후 전압을 가해 수정 진동자를 만드는 방법을 설명하고 있지만, 압전체를 제작하는 방법이나, 압

Ⅳ 기술

전체를 제작할 때의 유의점을 나열하지는 않았다.

② 압전 효과의 개념을 정의하고 압전체의 장단점을 분석하고 있다.

근거 ❷-1 압전 효과에는 재료에 기계적 변형이 생기면 재료에 전압이 발생하는 1차 압전 효과와, 재료에 전압을 걸면 재료에 기계적 변형이 생기는 2차 압전 효과가 있다.

풀이 윗글의 ❷문단에서 압전 효과의 개념을 1차 압전 효과와 2차 압전 효과로 나누어 설명하고 있지만, 압전체의 장단점을 분석하지는 않았다.

③ 압전 효과의 종류를 분류하고 그 분류에 따른 압전체의 구조를 비교하고 있다.

근거 ❷-1 압전 효과에는 재료에 기계적 변형이 생기면 재료에 전압이 발생하는 1차 압전 효과와, 재료에 전압을 걸면 재료에 기계적 변형이 생기는 2차 압전 효과가 있다.

풀이 윗글의 ❷문단에서 압전 효과를 1차 압전 효과와 2차 압전 효과로 분류하고 있지만, 그 분류에 따라 압전체의 구조를 비교하지는 않았다.

④ 압전체의 유형을 구분하는 기준을 제시하고 초정밀 저울의 작동 과정을 단계별로 설명하고 있다.

근거 ❸-1~6 압전체로 사용하는 수정 … 원판의 양면에 전극을 만든 후 … 전압의 주파수를 수정의 고유 주파수와 일치시켜 수정이 큰 폭으로 진동하도록 하여 진동을 측정하기 쉽게 만든 것이 수정 진동자이다. … 수정 진동자에 어떤 물질이 달라붙어 질량이 증가하면 고유 주파수에서 진동하던 수정 진동자의 주파수가 감소한다. … 기체 분자나 DNA와 같은 미세한 물질의 질량을 측정할 수 있다.

풀이 윗글의 ❸문단에서 초정밀 저울의 작동 과정을 단계별로 설명하고 있지만, 압전체의 유형을 구분하는 기준을 제시하지는 않았다.

⑤ 압전 효과에 *기반한 초정밀 저울의 작동 원리를 설명하고 이 원리가 적용된 기체 농도 측정 방법을 소개하고 있다. *基盤-. 바탕을 둔

→ 적절함!

| 052 | 세부 정보 이해 - 적절하지 않은 것 고르기 2024학년도 9월 모평 9번<br>정답률 75% | 정답 ④ |
|---|---|---|

윗글을 통해 알 수 있는 내용으로 적절하지 않은 것은?

① 수정 이외에도 압전 효과를 보이는 재료가 존재한다.

근거 ❷-2 두 압전 효과(1차 압전 효과와 2차 압전 효과)가 모두 생기는 재료를 압전체라 하며, 수정이 주로 쓰인다.

풀이 윗글에서 압전체로 수정이 주로 쓰인다고 하였으므로, 이를 통해 수정 이외에도 압전 효과를 보이는 다른 재료가 있음을 알 수 있다.

→ 적절함!

② 수정을 절단하고 가공하여 미세 질량 측정에 사용한다.

근거 ❸-1~3 압전체로 사용하는 수정은 특정 방향으로 절단 및 가공하여 … 진동을 측정하기 쉽게 만든 것이 수정 진동자이다, ❸-6 수정 진동자의 주파수는 매우 작은 질량 변화에 민감하게 변하므로 … 미세한 물질의 질량을 측정할 수 있다.

풀이 윗글의 설명에 따르면 수정을 특정 방향으로 절단 및 가공하고 여기에 주파수가 수정의 고유 주파수와 일치하는 전압을 가해 수정 진동자를 만들고, 이 수정 진동자의 주파수 변화를 통해 미세 물질의 질량을 측정할 수 있다. 따라서 수정을 절단하고 가공하여 미세 질량 측정에 사용한다는 설명은 윗글을 이해한 내용으로 적절하다.

→ 적절함!

③ 전기 저항 변화를 이용하여 물체의 질량을 측정하는 경우가 있다.

근거 ❶-1 저울은 흔히 지렛대의 원리를 이용하거나 전기 저항 변화를 측정하여 질량을 잰다.

→ 적절함!

④ 같은 방향으로 절단한 수정은 크기가 달라도 고유 주파수가 서로 같다.

근거 ❸-4 고유 주파수란 어떤 물체가 갖는 고유한 진동 주파수인데, 같은 재료의 압전체라도 압전체의 모양과 크기에 따라 달라진다.

풀이 같은 재료의 압전체라도 그 모양과 크기에 따라 고유 주파수가 달라진다. 따라서 같은 방향으로 절단한 수정이라도 그 모양이나 크기가 다르다면 고유 주파수는 서로 다를 것이다.

→ 적절하지 않음!

⑤ 진동자의 주파수 변화 정도를 측정된 질량으로 나누면 질량에 대한 민감도를 구할 수 있다.

근거 ❸-7 진동자에서 질량 민감도는 주파수의 변화 정도를 측정된 질량으로 나눈 값

→ 적절함!

| 053 | 추론의 적절성 판단 - 적절하지 않은 것 고르기 2024학년도 9월 모평 10번<br>정답률 65%, 매력적 오답 ② 15% ④ 10% | 정답 ⑤ |
|---|---|---|

㉠에 대한 이해로 적절하지 않은 것은?

㉠ 수정 진동자

① ㉠에는 1차 압전 효과를 보일 수 있는 재료가 있다.

근거 ❷-2 두 압전 효과(1차 압전 효과와 2차 압전 효과)가 모두 생기는 재료를 압전체라 하며, 수정이 주로 쓰인다, ❸-1~3 압전체로 사용하는 수정은 … 진동을 측정하기 쉽게 만든 것이 수정 진동자이다.

풀이 수정 진동자(㉠)는 수정을 특정 방향으로 절단 및 가공하고, 여기에 주파수가 수정의 고유 주파수와 일치하는 전압을 가하여 만든다. 수정 진동자(㉠)를 만드는 데 쓰인 수정은 1차 압전 효과와 2차 압전 효과가 모두 생기는 재료인 압전체이므로, 수정 진동자(㉠)에 1차 압전 효과를 보일 수 있는 재료가 있다는 설명은 적절하다.

→ 적절함!

② ㉠에서는 전압에 의해 압전체의 기계적 변형이 일어난다. (2차 압전 효과)

근거 ❷-1 압전 효과에는 … 재료에 전압을 걸면 재료에 기계적 변형이 생기는 2차 압전 효과가 있다, ❸-2~3 원판의 양면에 전극을 만든 후 (+)와 (-)극이 교대로 바뀌는 전압을 가하면 수정이 진동한다. 이때 전압의 주파수를 수정의 고유 주파수와 일치시켜 수정이 큰 폭으로 진동하도록 하여 진동을 측정하기 쉽게 만든 것이 수정 진동자이다.

풀이

| 2차 압전 효과 | 재료에 | 전압을 걸면 | 재료에 | 기계적 변형이 생김 |
|---|---|---|---|---|
| ㉠ | 원판의 양면에 | 전압을 가하면 | 수정이 | 큰 폭으로 진동 |

수정 진동자(㉠)는 납작한 원판 모양 수정의 양면에 전극을 만들어 여기에 수정의 고유 주파수와 일치하는 주파수의 전압을 가하여 수정이 큰 폭으로 진동하도록 한 것이다. 수정이 진동하는 것은 수정에 기계적 변형이 일어난 것이므로 이는 2차 압전 효과에 해당한다. 따라서 수정 진동자(㉠)에서 전압에 의해 압전체의 기계적 변형이 일어난다는 설명은 적절하다.

→ 적절함!

③ ㉠에는 전극이 양면에 있는 원판 모양의 수정이 사용된다.

근거 ❸-1~3 압전체로 사용하는 수정은 특정 방향으로 절단 및 가공하여 납작한 원판 모양으로 만든다. 이후 원판의 양면에 전극을 만든 후 (+)와 (-)극이 교대로 바뀌는 전압을 가하면 수정이 진동한다. 이때 전압의 주파수를 수정의 고유 주파수와 일치시켜 수정이 큰 폭으로 진동하도록 하여 진동을 측정하기 쉽게 만든 것이 수정 진동자이다.

→ 적절함!

④ ㉠에서는 전극에 가하는 전압의 주파수를 수정의 고유 주파수에 맞춘다.

근거 ❸-3 전압의 주파수를 수정의 고유 주파수와 일치시켜 수정이 큰 폭으로 진동하도록 하여 진동을 측정하기 쉽게 만든 것이 수정 진동자이다.

→ 적절함!

⑤ ㉠의 전극에 가해지는 특정 주파수의 전압은 압전체의 고유 주파수 값을 더 크게 만든다. (수정 / 진동 폭)

근거 ❸-3~4 전압의 주파수를 수정의 고유 주파수와 일치시켜 수정이 큰 폭으로 진동하도록 하여 진동을 측정하기 쉽게 만든 것이 수정 진동자이다. 고유 주파수란 어떤 물체가 갖는 고유한 진동 주파수인데, 같은 재료의 압전체라도 압전체의 모양과 크기에 따라 달라진다.

풀이 수정 진동자(㉠)는 전극에 가해지는 전압을 수정의 고유 주파수와 일치시켜, '수정이 큰 폭으로 진동하도록' 하여 진동을 측정하기 쉽게 만든 것이다. 즉 ㉠의 전극에 가해지는 전압이 가지는 특정 주파수는 압전체인 수정의 고유 주파수와 값이 같은데, 이는 압전체의 고유 주파수 값을 더 크게 만드는 것이 아니라 압전체의 진동 폭을 더 크게 만든다. 압전체의 고유 주파수 값은 가해진 전압이 아닌 압전체의 재료, 크기, 모양에 따라 달라진다.

→ 적절하지 않음!

문제편 p.245

1등급 문제

**054** 구체적인 사례에 적용 - 적절한 것 고르기 2024학년도 9월 모평 11번
정답률 40%, 매력적 오답 ① 25% ③ 15% ④ 15%
정답 ②

**윗글을 바탕으로 <보기>를 탐구한 내용으로 가장 적절한 것은?** [3점]

| 보기 |
알코올 감지기 A와 B를 이용하여 어떤 밀폐된(密閉-, 샐 틈이 없이 꼭 막히거나 닫힌) 공간에 있는 혼합 기체의 알코올 농도를 측정하였다. 이때 A와 B는 모두 진동자에 알코올이 달라붙을 수 있도록 처리되어 있다. A와 B 모두, 시간이 흐름에 따라 주파수가 감소하다가 더 이상 감소하지 않고 일정하게 유지되었다.
(단, 측정하는 동안 밀폐된 공간의 상황은 변동 없음.)

알코올의 농도에 따른 수정 진동자의 주파수 변화를

**① A의 진동자에 있는 압전체의 고유 주파수를 알코올만 있는 기체에서 미리 측정해 놓으면, 혼합 기체에서의 알코올의 농도를 알 수 있겠군.**

근거 ❺-3~4 대상 기체의 농도에 따라 수정 진동자의 주파수 변화를 미리 측정해 놓아야 한다. 그 후 대상 기체의 농도를 모르는 혼합 기체에서 주파수 변화를 측정하면 대상 기체의 농도를 알 수 있다.

→ 적절하지 않음!

**② B에 달라붙은 알코올의 양은 변하지 않고 다른 기체가 함께 달라붙은 후 진동자의 주파수가 일정하게 유지된다면, 이때 주파수의 값은 알코올만 붙었을 때보다 더 작겠군.**

근거 ❸-5 수정 진동자에 어떤 물질이 달라붙어 질량이 증가하면 고유 주파수에서 진동하던 수정 진동자의 주파수가 감소한다, ❹-2~3 수정 진동자를 특정 기체가 붙도록 처리하면, 여기에 특정 기체가 달라붙으며 질량 변화가 생겨 수정 진동자의 주파수는 감소한다. 일정 시점이 되면 수정 진동자의 주파수가 더 감소하지 않고 일정한 값을 유지한다.

풀이 B에 달라붙은 알코올의 양은 변하지 않고 다른 기체가 함께 달라붙었다면, 진동자는 다른 기체가 더 달라붙은 만큼의 질량이 증가하였을 것이다. 윗글에서 수정 진동자에 어떤 물질이 달라붙어 질량이 증가하면 수정 진동자의 주파수가 감소한다고 하였다. 이를 바탕으로 B의 진동자에 다른 기체가 더 달라붙어 알코올만 달라붙었을 때보다 질량이 더 증가하였다면 그 진동자의 주파수 값은 알코올만 붙었을 때보다 더 감소하였을 것임을 알 수 있다.

→ 적절함!

알코올의 농도를 측정하기 위한 것

**③ A와 B에서 알코올이 달라붙도록 진동자를 처리한 것은 알코올이 달라붙음에 따라 진동자가 최대한 큰 폭으로 진동할 수 있게 하려는 것이겠군.**

근거 ❹-1~2 수정 진동자로 질량을 측정하는 원리를 응용하면 특정 기체의 농도를 감지할 수 있다. 수정 진동자를 특정 기체가 붙도록 처리하면, 여기에 특정 기체가 달라붙으며 질량 변화가 생겨 수정 진동자의 주파수는 감소한다, ❺-3~4 대상 기체의 농도에 따라 수정 진동자의 주파수 변화를 미리 측정해 놓아야 한다. 그 후 대상 기체의 농도를 모르는 혼합 기체에서 주파수 변화를 측정하면 대상 기체의 농도를 알 수 있다.

풀이 수정 진동자에 특정 기체가 붙도록 처리하면 수정 진동자에 특정 기체가 달라붙으며 질량 변화가 생겨 수정 진동자의 주파수가 감소하고, 이러한 주파수 변화를 측정하여 특정 기체의 농도를 알 수 있다. <보기>의 A와 B에서 알코올이 달라붙도록 진동자를 처리한 것은 진동자가 최대한 큰 폭으로 진동할 수 있게 하려는 것이 아니라, 알코올의 농도를 측정하기 위한 것이다.

→ 적절하지 않음!

**④ A가 B에 비해 동일한 양의 알코올이 달라붙은 후에 생기는 주파수 변화 정도가 크다면, A가 B보다 알코올 농도에 대한 민감도가 더 작다고 할 수 있겠군.**

크다고

근거 ❺-5 수정 진동자의 주파수 변화 정도를 농도로 나누면 농도에 대한 민감도를 구할 수 있다.

풀이 윗글에서 수정 진동자의 농도에 대한 민감도는 주파수 변화 정도를 농도로 나누어 구할 수 있다고 하였다. <보기>의 A가 B에 비해 동일한 양의 알코올이 달라붙은 후에 생기는 주파수 변화 정도가 크다면 A가 B보다 알코올 농도에 대한 민감도가 더 크다고 볼 수 있다.

→ 적절하지 않음!

**⑤ B가 A보다 알코올이 일정량까지 달라붙는 시간이 더 짧더라도 알코올이 달라붙은 양이 서로 같다면, A와 B의 반응 시간은 서로 같겠군.**

B의 반응 시간이 A의 반응 시간보다 더 짧겠군

근거 ❹-3~4 일정 시점이 되면 수정 진동자의 주파수가 더 감소하지 않고 일정한 값을 유지한다. 이렇게 일정한 값을 유지하는 이유는 특정 기체가 일정량 이상 달라붙지 않기 때문이다, ❹-6 특정 기체가 얼마나 빨리 수정 진동자에 붙어서 주파수가 일정한 값이 되는가의 척도를 반응 시간이라 하는데

풀이 윗글에 따르면 반응 시간이란 일정량의 특정 기체가 '얼마나 빨리' 진동자에 붙어 주파수가 일정한 값이 되는가의 척도를 말한다. 따라서 B가 A보다 알코올이 일정량까지 달라붙는 시간이 더 짧다면, 반응 시간은 B가 A보다 더 짧다.

→ 적절하지 않음!

## [055~058] 다음 글을 읽고 물음에 답하시오.

**1** [1]㉠ 주사 터널링 현미경(STM)에서는 끝이 첨예한(尖銳-, 뾰족하고 날카로운) 금속(金屬, 쇠붙이로 된) 탐침(探針, 관찰하고자 하는 재료를 살펴보고 분석할 수 있도록 하는 침 모양의 장비)과 도체(導體, 열이나 전기를 잘 전달하는 물체) 또는 반도체(半導體, 전기를 전달하는 성질이 도체와 부도체의 중간 정도인 물질로, 낮은 온도에서는 전기가 거의 통하지 않지만 높은 온도에서는 전기가 잘 통함) 시료(試料, 시험, 검사, 분석에 쓰는 물질) 표면 간에 적당한 전압을 걸어 주고 둘 간(금속 탐침과 시료 표면 사이)의 거리를 좁히게 된다. [2]탐침과 시료의 거리가 매우 가까우면 양자 역학적 터널링(量子力學的 Tunneling, 전자가 진공의 에너지 장벽을 꿰뚫고 통과하는) 효과에 의해 둘이 접촉하지(接觸-, 맞붙어 닿지) 않아도 전류가 흐른다. [3]이때(전류가 흐를 때) 탐침과 시료 표면 간의 거리가 원자(原子, 물질을 이루는 기본 단위로 중심에는 원자핵이 있고 주변에는 전자가 있음) 단위 크기에서 변하더라도 전류의 크기는 민감하게(敏感-, 날카롭고 빠르게 반응하며) 달라진다. [4]이(탐침과 시료 표면 간의 거리가 원자 단위 크기에서 변하더라도 전류의 크기가 민감하게 달라지는) 점을 이용하면 시료 표면의 높낮이를 원자 단위에서 측정할(測定-, 잴) 수 있다. [5]하지만 전류가 흐를 수 없는 시료의 표면 상태는 STM을 이용하여 관찰할 수 없다. [6]이렇게(시료 표면의 높낮이를 원자 단위에서 측정할 수 있을 정도로) 민감한 STM도 진공 기술(기체 압력을 대기압보다 낮은 상태로 만드는 기술)의 뒷받침이 있었기에 널리 사용될 수 있었다.

**<참고 그림>**

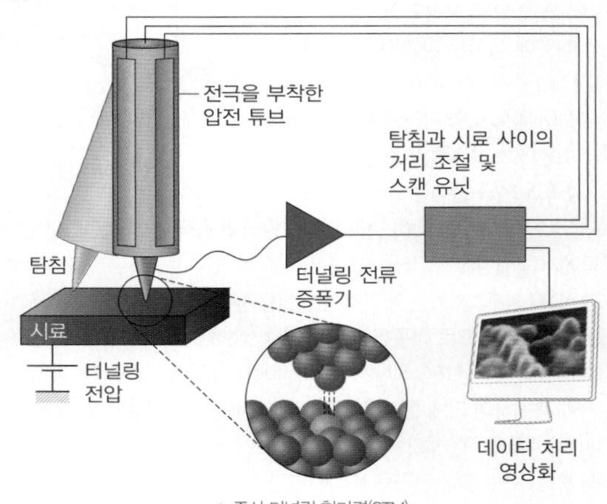

▲ 주사 터널링 현미경(STM)

→ STM의 특징

**2** [1]STM은 대체로 진공 통 안에 설치되어 사용되는데 그 이유는 무엇일까? [2]기체 분자(分子, 몇 개의 원자가 모여 만들어진 독립성을 가진 화학 물질의 가장 작은 알갱이. 예를 들어 물분자는 산소 원자 1 개와 수소 원자 2 개로 이루어짐)는 끊임없이 떠돌아다니다가 주변과 충돌한다. [3]이때(기체 분자가 주변과 충돌할 때) 일부 기체 분자들은 관찰하려는 시료의 표면에 붙어 표면과 반응하거나(反應-, 화학적 변화가 일어나거나) 표면을 덮어 시료 표면의 관찰을 방해한다. [4]따라서 용이한(容易-, 쉬운) 관찰을 위해 STM을 활용한 실험에서는 관찰하려고 하는 시료와 기체 분자의 접촉을 최대한 차단할(遮斷-, 막을) 필요가 있어 진공이 요구되는(要求-, 필요한) 것이다. [5]진공이란 기체 압력(氣體壓力, 기체가 특정한 평면에 미치는 힘의 크기)이 대기압(大氣壓, 일상적인 기체 압력)보다 낮은 상태를 통칭하며(統稱-, 통틀어 가리키며) 기체 압력이 낮을수록 진공도(眞空度, 진공의 정도)가 높다고 한다. [6]진공 통 내부의 온도가 일정하고(一定-, 변함이 없고) 한 종류의 기체 분자만 존재할(存在-, 있을) 경우, 기체 분자의 종류와 상관없이 통 내부의 기체 압력은 단위(單位, 기준이 되는) 부피당 떠돌아다니는 기체 분자의 수에 비례한다.(단위 부피당 떠돌아다니는 기체 분자의 수가 많을수록 진공 통 내부의 기체 압력은 높아진다.) [7]따라서 기체 분자들을 진공 통에서 뽑아내거나(기체 분자의 수를 줄이거나) 진공 통 내부에서 움직이지 못하게 고정하면(떠돌아다니지 못하게 하면) 진공 통 내부의 기체 압력을 낮출 수 있다.

Ⅳ
기술

→ STM이 진공 통 안에 설치되는 이유와 진공 통 내부의 기체 압력을 낮추는 방법

**3** [1]STM을 활용하는 실험에서 어느 정도의 진공도가 요구되는지를 이해하기 위해서는 '단분자층 형성 시간'의 개념을 이해할 필요가 있다. [2]진공 통 내부에서 떠돌아다니던 기체 분자들이 관찰하려는 시료의 표면에 달라붙어 한 층의 막을 형성하기까지(形成–, 만들어 내기까지) 걸리는 시간을 단분자층 형성 시간이라 한다. [3]이(단분자층 형성) 시간은 시료의 표면과 충돌한 기체 분자들이 표면에 달라붙을 확률이 클수록, 단위 면적당 기체 분자의 충돌 빈도가 높을수록 짧다. [4]또한 기체 운동론(氣體運動論, 온도나 압력 등을 기체의 속력이나 운동과 연관시키려는 이론)에 따르면 고정된 온도에서 기체 분자의 질량이 크거나 기체의 압력이 낮을수록 단분자층 형성 시간은 길다. [5]가령(假令, 예를 들어) 질소의 경우 20 ℃, 760 토르* 대기압에서 단분자층 형성 시간은 $3 \times 10^{-9}$ 초이지만, 같은 온도에서 압력이 $10^{-9}$ 토르로 낮아지면 대략 2,500 초로 증가한다.(增加–, 늘어난다.) [6]이런(압력이 낮아지면 단분자층 형성 시간이 증가하는) 이유로 STM에서는 시료의 관찰 가능 시간을 확보하기(確保–, 확실하게 갖기) 위해 통상(通常, 보통) $10^{-9}$ 토르 이하의 초고진공(超高眞空, 진공도가 더할 수 없을 정도로 높은 상태)이 요구된다.

→ 단분자층 형성 시간의 개념과 STM에서 초고진공이 요구되는 이유

**4** [1]초고진공을 얻기 위해서는 ㉡ 스퍼터 이온 펌프가 널리 쓰인다. [2]스퍼터 이온 펌프는 진공 통 내부의 기체 분자가 펌프 내부로 유입되도록(流入–, 흘러들도록) 진공 통과 연결하여 사용한다. [3]스퍼터 이온 펌프는 영구 자석(永久磁石, 한번 자석의 성질을 띤 다음에는 그 성질을 영원히 가지는 자석), 금속 재질의 속이 뚫린 원통 모양 양극(陽極, 두 개의 전극 사이에 전류가 흐를 때 전기적 위치 에너지가 높은 쪽의 극으로, 전자를 받아들임), 타이타늄으로 만든 판 형태의 음극(陰極, 두 개의 전극 사이에 전류가 흐를 때 전기적 위치 에너지가 낮은 쪽의 극으로, 전자를 내보냄)으로 구성되어 있다. [4]자석 때문에 생기는 자기장(磁氣場, 자석이 어떤 물체를 끌어당기는 힘이 작용하는 공간)이 원통 모양 양극의 축(軸, 대칭의 기준이 되는 선) 방향으로 걸려 있고, 양극과 음극 간에는 2 ~ 7 kV의 고전압(高電壓, 높은 전압)이 걸려 있다. [5]양극과 음극 간에 걸린 고전압의 영향으로 음극에서 방출된(放出–, 내보내진) 전자(電子, 원자를 이루는 물질로 원자핵 주변을 도는 물질, (–)의 성질을 가지고 있음)는 자기장의 영향을 받아 복잡한 형태의 궤적(軌跡, 지나간 자국)을 그리며 양극으로 이동한다. [6]이(음극에서 방출된 전자가 자기장의 영향을 받아 복잡한 형태의 궤적을 그리며 양극으로 이동하는) 과정에서 음극에서 방출된 전자는 주변의 기체 분자와 충돌하여 기체 분자를 그것(기체 분자)의 구성 요소인 양이온(陽ion, 전자를 방출하여 양전하를 띤 이온. 전기적으로 중성인 원자가 전자를 잃으면 양전하를, 전자를 얻게 되면 음전하를 가진 이온이 됨)과 전자로 분리시킨다. [7]여기서 자기장은 전자가 양극까지 이동하는 거리를 자기장이 없을 때보다 증가시켜 주어 전자와 기체 분자와의 충돌 빈도(頻度, 횟수)를 높여 준다. [8]이(음극에서 방출된 전자가 주변의 기체 분자와 충돌하여 기체 분자를 양이온과 전자로 분리시키는) 과정에서 생성된(生成–, 만들어진) 양이온은 전기력(電氣力, 전기를 띠고 있는 물체 사이에 작용하는 전기의 힘)에 의해 음극으로 당겨져 음극에 박히게 되어 이동 불가능한 상태가 된다. [9]이(양이온이 음극으로 당겨져 음극에 박히게 되어 이동 불가능한 상태가 되는) 과정이 1차 펌프 작용이다. [10]또한 양이온이 음극에 충돌하면 타이타늄이 떨어져 나와 충돌 지점 주변에 들러붙는다. [11]이렇게(충돌 지점 주변에) 들러붙은 타이타늄은 높은 화학 반응성(화학 반응이 잘 일어나는 성질) 때문에 여러 기체 분자와 쉽게 반응하여, 떠돌아다니던 기체 분자를 흡착한다.(吸着–, 달라붙게 한다.) [12]이(타이타늄이 여러 기체 분자와 반응하여 떠돌아다니던 기체 분자를 흡착하는 것)는 떠돌아다니는 기체 분자의 수를 줄이는 효과가 있으므로 이(타이타늄이 떠돌아다니던 기체 분자를 흡착하여 떠돌아다니는 기체 분자의 수를 줄이는 것)를 2차 펌프 작용이라 부른다. [13]이렇듯 1, 2차 펌프 작용을 통해 스퍼터 이온 펌프는 초고진공 상태를 만들 수 있다.

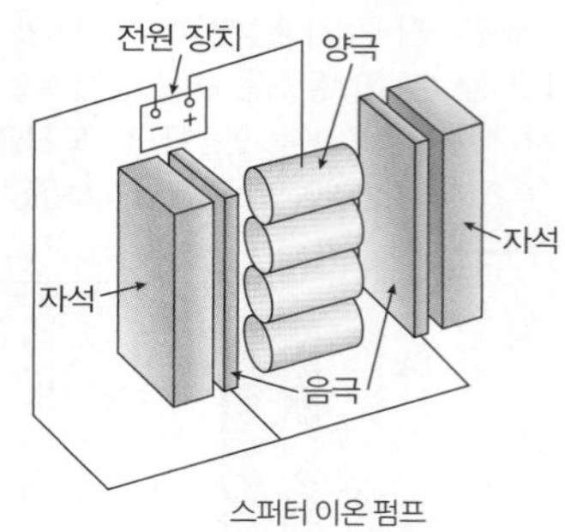

스퍼터 이온 펌프

〈참고 그림〉

❹–5~9 양극과 음극 간에 걸린 고전압의 영향으로 음극에서 방출된 전자는 자기장의 영향을 받아 양극으로 이동하고, 주변의 기체 분자와 충돌하여 기체 분자를 양이온과 전자로 분리시킨다. 기체 분자에서 분리된 양이온은 음극에 박히게 되어 이동 불가능한 상태가 된다. 이 과정이 1차 펌프 작용이다.

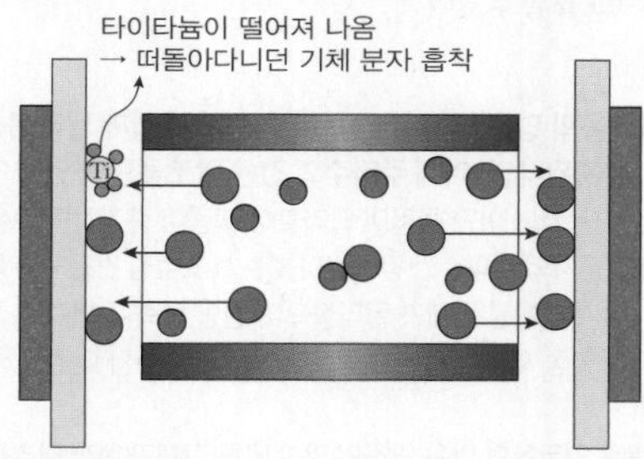


❹–10~12 양이온이 음극에 충돌하면 타이타늄이 떨어져 나와 충돌 지점 주변에 들러붙은 후 떠돌아다니던 기체 분자를 흡착한다. 이를 2차 펌프 작용이라 부른다.

→ 초고진공을 얻기 위한 스퍼터 이온 펌프의 사용

* 토르(torr) : 기체 압력의 단위

■지문 이해

**〈주사 터널링 현미경(STM) 활용을 위한 진공 기술〉**

**❶ STM의 특징**

- 금속 탐침과 시료 간 전압을 걸고 거리가 가까워지면 양자 역학적 터널링 효과에 의해 전류가 흐름(전류가 흐를 수 없는 시료는 관찰 불가능)
- 시료 표면의 높낮이를 원자 단위에서 측정 가능

**❷ STM이 진공 통 안에 설치되는 이유와 진공 통 내부의 기체 압력을 낮추는 방법**

- STM이 진공 통 안에 설치되는 이유 : 떠돌아다니는 기체 분자들이 시료 표면에 붙어 관찰을 방해하는 것을 차단해야 함
- 진공 통 내부의 기체 압력을 낮추는 방법 : 기체 분자들을 진공 통에서 뽑아내거나 움직이지 못하게 고정

**❸ 단분자층 형성 시간의 개념과 STM에서 초고진공이 요구되는 이유**

- 단분자층 형성 시간
  - 진공 통의 기체 분자들이 시료에 한 층의 막을 형성하는 데 걸리는 시간
  - 시료의 표면과 충돌한 기체 분자들이 표면에 달라붙을 확률, 단위 면적당 기체 분자의 충돌 빈도, 고정된 온도에서 기체 분자의 질량, 기체의 압력에 따라 달라짐
- 초고진공이 요구되는 이유 : 시료 관찰 가능 시간을 확보하기 위해

**❹ 초고진공을 얻기 위한 스퍼터 이온 펌프의 사용**

- 1차 펌프 작용 : 기체 분자들을 진공 통 내부에서 움직이지 못하게 고정
  음극에서 전자 방출 → 전자가 양극으로 이동하며 기체 분자와 충돌 → 기체 분자를 양이온과 전자로 분리 → 양이온은 전기력에 의해 음극에 박힘(고정)
- 2차 펌프 작용 : 떠돌아다니는 기체 분자 수를 줄임
  양이온이 음극에 충돌 → 타이타늄이 떨어져 나와 충돌 지점 주변에 들러붙음 → 여러 기체 분자와 반응하는 타이타늄이 기체 분자 흡착

**055** 세부 정보 이해 - 적절한 것 고르기 2019학년도 9월 모평 29번 정답률 80% | 정답 ②

**윗글의 내용과 일치하는 것은?**

높은
**① 대기압보다 진공도가 낮은 상태가 진공이다.**

근거 ❷-5 진공이란 기체 압력이 대기압보다 낮은 상태를 통칭하며 기체 압력이 낮을수록 진공도가 높다고 한다.

풀이 기체 압력이 낮을수록 진공도가 높다고 하였다. 진공이란 대기압보다 기체 압력이 낮은 상태를 말하므로, 진공 상태일 때의 진공도는 대기압보다 높다.

→ 적절하지 않음!

**② 스퍼터 이온 펌프는 초고진공을 만드는 역할을 한다.**

근거 ❹-1 초고진공을 얻기 위해서는 스퍼터 이온 펌프가 널리 쓰인다, ❹-13 이렇듯 1, 2차 펌프 작용을 통해 스퍼터 이온 펌프는 초고진공 상태를 만들 수 있다.

→ 적절함!

길수록
**③ 단분자층 형성 시간이 짧을수록 STM을 이용한 관찰이 용이하다.**

근거 ❷-3~4 일부 기체 분자들은 관찰하려는 시료의 표면에 붙어 … 시료 표면의 관찰을 방해한다. 따라서 용이한 관찰을 위해 STM을 활용한 실험에서는 관찰하려고 하는 시료와 기체 분자의 접촉을 최대한 차단할 필요가 있어 진공이 요구되는 것, ❸-2 진공 통 내부에서 떠돌아다니던 기체 분자들이 관찰하려는 시료의 표면에 달라붙어 한 층의 막을 형성하기까지 걸리는 시간을 단분자층 형성 시간이라 한다.

풀이 기체 분자들이 시료의 표면에 달라붙어 단분자층을 형성하게 되면 STM을 이용한 관찰이 방해받는다고 하였으므로, 단분자층 형성 시간이 짧을수록 더 빨리 단분자층이 형성되어 STM을 이용한 관찰이 더 어렵게 될 것이다.

→ 적절하지 않음!

**④ 일정한 온도와 부피의 진공 통 안에서 떠돌아다니는 기체 분자의 수는 기체 압력에 반비례한다.**
비례

근거 ❷-6 진공 통 내부의 온도가 일정하고 한 종류의 기체 분자만 존재할 경우, 기체 분자의 종류와 상관없이 통 내부의 기체 압력은 단위 부피당 떠돌아다니는 기체 분자의 수에 비례한다.

→ 적절하지 않음!

**⑤ 단분자층 형성 시간은 시료 표면과 충돌한 기체 분자들이 표면에 달라붙을 확률과 무관하게 결정된다.**

근거 ❸-3 이(단분자층 형성) 시간은 시료의 표면과 충돌한 기체 분자들이 표면에 달라붙을 확률이 클수록, 단위 면적당 기체 분자의 충돌 빈도가 높을수록 짧다.

→ 적절하지 않음!

**056** 핵심 개념 이해 - 적절한 것 고르기 2019학년도 9월 모평 30번 정답률 70%, 매력적 오답 ④ 15% | 정답 ③

**㉠에 대한 이해로 가장 적절한 것은?**

㉠ 주사 터널링 현미경(STM)

있다
**① 시료 표면의 높낮이를 원자 단위까지 측정할 수 없다.**

근거 ❶-4 (STM을 이용하여) 이(탐침과 시료 표면 간의 거리가 원자 단위 크기에서 변하더라도 전류의 크기가 민감하게 달라지는) 점을 이용하면 시료 표면의 높낮이를 원자 단위에서 측정할 수 있다.

→ 적절하지 않음!

**② 시료의 전기 *전도 여부에 관계없이 시료를 관찰할 수 있다.** *傳導, 이동

근거 ❶-5 전류가 흐를 수 없는 시료의 표면 상태는 STM을 이용하여 관찰할 수 없다.

→ 적절하지 않음!

**③ 시료의 관찰 가능 시간을 늘리려면 진공 통 안의 기체 압력을 낮추어야 한다.**

근거 ❸-5~6 질소의 경우 20 ℃, 760 토르 대기압에서 단분자층 형성 시간은 $3 \times 10^{-9}$ 초이지만, 같은 온도에서 압력이 $10^{-9}$ 토르로 낮아지면 대략 2,500 초로 증가한다. 이런 이유로 STM에서는 시료의 관찰 가능 시간을 확보하기 위해 통상 $10^{-9}$ 토르 이하의 초고진공이 요구된다.

풀이 같은 온도에서 압력이 낮아지면 단분자층 형성 시간이 증가하고, 그만큼 시료의 관찰 가능 시간을 더 확보할 수 있다.

→ 적절함!

**④ 시료 표면의 관찰을 위해서는 시료 표면에 기체의 단분자층 형성이 필요하다.**

근거 ❷-2~3 기체 분자는 끊임없이 떠돌아다니다가 주변과 충돌한다. 이때 일부 기체 분자들은 관찰하려는 시료의 표면에 붙어 표면과 반응하거나 표면을 덮어 시료 표면의 관찰을 방해한다, ❸-2 진공 통 내부에서 떠돌아다니던 기체 분자들이 관찰하려는 시료의 표면에 달라붙어 한 층의 막을 형성하기까지 걸리는 시간을 단분자층 형성 시간이라 한다.

풀이 시료 표면에 기체의 단분자층이 형성되면, 즉 떠돌아다니던 기체 분자가 관찰하려는 시료의 표면에 달라붙어 한 층의 막을 형성하면 시료 표면의 관찰을 방해한다. 따라서 시료 표면의 관찰을 위해서는 시료 표면에 기체의 단분자층 형성이 필요하지 않으며, 기체의 단분자층 형성 시간이 최대한 길어지도록 해야 한다.

→ 적절하지 않음!

**⑤ 양자 역학적 터널링 효과를 이용하여 탐침을 시료 표면에 접촉시킨 후 흐르는 전류를 측정한다.**

근거 ❶-1~2 주사 터널링 현미경(STM)에서는 끝이 첨예한 금속 탐침과 도체 또는 반도체 시료 표면 간에 적당한 전압을 걸어 주고 둘 간의 거리를 좁히게 된다. 탐침과 시료의 거리가 매우 가까우면 양자 역학적 터널링 효과에 의해 둘이 접촉하지 않아도 전류가 흐른다.

풀이 양자 역학적 터널링 효과에 의하면 탐침과 시료 표면이 접촉하지 않아도 전류가 흐른다.

→ 적절하지 않음!

**057** 추론의 적절성 판단 - 적절하지 않은 것 고르기 2019학년도 9월 모평 31번 정답률 65%, 매력적 오답 ② 15% | 정답 ①

**㉡의 '음극'에 대한 설명으로 적절하지 않은 것은?**

㉡ 스퍼터 이온 펌프

**① 고전압과 전자의 상호 작용으로 자기장을 만든다.**

근거 ❹-4 자석 때문에 생기는 자기장, ❹-5 양극과 음극 간에 걸린 고전압의 영향으로 음극에서 방출된 전자는 자기장의 영향을 받아 복잡한 형태의 궤적을 그리며 양극으로 이동

풀이 ㉡(스퍼터 이온 펌프)에서 자기장은 자석 때문에 생긴다. 고전압의 영향으로 ㉡(스퍼터 이온 펌프)의 '음극'에서 방출된 전자는 자기장의 영향을 받아 양극으로 이동한다. 따라서 고전압과 전자의 상호 작용으로 자기장을 만든다는 설명은 ㉡의 '음극'에 대한 설명으로 적절하지 않다.

→ 적절하지 않음!

= 타이타늄
**② 떠돌아다니던 기체 분자를 흡착하는 물질을 내놓는다.**

근거 ❹-3 스퍼터 이온 펌프는 … 타이타늄으로 만든 판 형태의 음극으로 구성되어 있다, ❹-10~11 양이온이 음극에 충돌하면 타이타늄이 떨어져 나와 충돌 지점 주변에 들러붙는다. 이렇게 들러붙은 타이타늄은 높은 화학 반응성 때문에 여러 기체 분자와 쉽게 반응하여, 떠돌아다니던 기체 분자를 흡착한다.

풀이 ㉡(스퍼터 이온 펌프)에서 양이온이 음극에 충돌하면 타이타늄이 떨어져 나와 떠돌아다니던 기체 분자를 흡착하게 된다. 따라서 ㉡의 '음극'이 떠돌아다니던 기체 분자를 흡착하는 물질인 타이타늄을 내놓는다는 설명은 적절하다.

→ 적절함!

**③ 기체 분자에서 분리된 양이온을 전기력으로 끌어당긴다.**

근거 ❹-6 음극에서 방출된 전자는 주변의 기체 분자와 충돌하여 기체 분자를 그것의 구성 요소인 양이온과 전자로 분리시킨다, ❹-8 이(음극에서 방출된 전자가 주변의 기체 분자와 충돌하여 기체 분자를 양이온과 전자로 분리시키는) 과정에서 생성된 양이온은 전기력에 의해 음극으로 당겨져

풀이 ㉡(스퍼터 이온 펌프)의 음극에서 방출된 전자에 의해 주변의 기체 분자는 양이온과 전자로 분리되고, 분리된 양이온은 전기력에 의해 음극으로 끌어당겨진다.

→ 적절함!

**④ 전자와 기체 분자의 충돌로 만들어진 양이온을 고정시킨다.**

근거 ❹-8 이(음극에서 방출된 전자가 주변의 기체 분자와 충돌하여 기체 분자를 양이온과 전자로 분리시키는) 과정에서 생성된 양이온은 전기력에 의해 음극으로 당겨져 음극에 박히게 되어 이동 불가능한 상태가 된다.

Ⅳ 기술

**풀이** ⓒ(스퍼터 이온 펌프)의 음극은 기체 분자에서 분리된 양이온을 전기력으로 당겨 이동 불가능한 상태로 고정시킨다.

→ 적절함!

**⑤ 기체 분자를 양이온과 전자로 분리시키는 전자를 방출한다.**

**근거** ❹-6 음극에서 방출된 전자는 주변의 기체 분자와 충돌하여 기체 분자를 그것의 구성 요소인 양이온과 전자로 분리시킨다.

→ 적절함!

1등급 문제

**058** 구체적인 상황에 적용 - 적절하지 않은 것 고르기 2019학년도 9월 모평 32번 정답률 50%, 매력적 오답 ② 10% ③ 15% ④ 20% 정답 ⑤

**윗글을 바탕으로 할 때, 〈보기〉에 대한 설명으로 옳지 않은 것은?** [3점]

| 보 기 |

[1]STM을 사용하여 규소의 표면을 관찰하는 실험을 하려고 한다. [2]동일한(同一-. 서로 똑같은) 사양(仕樣, 설계 구조)의 STM이 설치된, 동일한 부피의 진공 통 A ~ E가 있고, 각 진공 통 내부에 있는 기체 분자의 정보는 다음 표와 같다. [3]진공 통 A 안의 기체 압력은 $10^{-9}$ 토르이며, 모든 진공 통의 내부 온도는 20 ℃이다. ([4]단, 기체 분자가 규소 표면과 충돌하여 달라붙을 확률은 기체의 종류와 관계없이 일정하며, 제시되지 않은 모든 조건은 각 진공 통에서 동일하다. [5]*N*은 일정한 자연수이다.)

| 진공 통 | 기체 | 분자의 질량 (amu*) | 단위 부피당 기체 분자 수(개 / $cm^3$) |
|---|---|---|---|
| A | 질소 | 28 | 4*N* |
| B | 질소 | 28 | 2*N* |
| C | 질소 | 28 | 7*N* |
| D | 산소 | 32 | *N* |
| E | 이산화 탄소 | 44 | *N* |

* amu : 원자 질량 단위

**① A 내부에서의 단분자층 형성 시간은 대략 2,500 초이겠군.**

**근거** ❸-5 질소의 경우 20 ℃, 760 토르 대기압에서 단분자층 형성 시간은 $3 \times 10^{-9}$ 초이지만, 같은 온도에서 압력이 $10^{-9}$ 토르로 낮아지면 대략 2,500 초로 증가한다, 〈보기〉-3 진공 통 A 안의 기체 압력은 $10^{-9}$ 토르이며, 모든 진공 통의 내부 온도는 20 ℃이다.

**풀이** 진공 통 A 내부의 기체 압력은 $10^{-9}$ 토르이고 내부 온도는 20 ℃이다. 이와 같은 조건에서 질소의 단분자층 형성 시간은 대략 2,500 초이다.

→ 적절함!

**② B 내부의 기체 압력은 $10^{-9}$ 토르보다 낮겠군.**

**근거** ❷-6 진공 통 내부의 온도가 일정하고 한 종류의 기체 분자만 존재할 경우, 기체 분자의 종류와 상관없이 통 내부의 기체 압력은 단위 부피당 떠돌아다니는 기체 분자의 수에 비례한다, 〈보기〉-3 진공 통 A 안의 기체 압력은 $10^{-9}$ 토르이며, 모든 진공 통의 내부 온도는 20 ℃이다.

**풀이** 〈보기〉의 단위 부피당 기체 분자 수를 보면, 진공 통 A는 4*N*이고, 진공 통 B는 2*N*이다. 단위 부피당 떠돌아다니는 기체 분자 수와 통 내부의 기체 압력은 비례하므로, 단위 부피당 기체 분자의 수가 A보다 적은 B 내부의 기체 압력은 A의 기체 압력인 $10^{-9}$ 토르보다 낮을 것이다.

→ 적절함!

**③ C 내부의 진공도는 B 내부의 진공도보다 낮겠군.**

**근거** ❷-5~6 기체 압력이 낮을수록 진공도가 높다고 한다. 진공 통 내부의 온도가 일정하고 한 종류의 기체 분자만 존재할 경우, 기체 분자의 종류와 상관없이 통 내부의 기체 압력은 단위 부피당 떠돌아다니는 기체 분자의 수에 비례한다.

**풀이** 단위 부피당 기체 분자 수를 보면, 진공 통 B는 2*N*이고, 진공 통 C는 7*N*이다. 따라서 단위 부피당 기체 분자 수가 큰 C의 기체 압력이 B보다 더 높을 것이다. 기체 압력이 낮을수록 진공도가 높다고 하였으므로, C보다 기체 압력이 낮은 B의 진공도가 C보다 높을 것이다. 다시 말해, C의 진공도는 B의 진공도보다 낮을 것이다.

→ 적절함!

**④ D 내부에서의 단분자층 형성 시간은 A의 경우보다 길겠군.**

**근거** ❷-6 진공 통 내부의 온도가 일정하고 한 종류의 기체 분자만 존재할 경우, 기체 분자의 종류와 상관없이 통 내부의 기체 압력은 단위 부피당 떠돌아다니는 기체 분자의 수의 비례한다, ❸-4 또한 기체 운동론에 따르면 고정된 온도에서 기체 분자의 질량이 크거나 기체의 압력이 낮을수록 단분자층 형성 시간은 길다.

**풀이** A 내부 기체 분자의 질량은 28이고, D 내부 기체 분자의 질량은 32이므로 D의 기체 분자의 질량이 더 크다. 또한 A 내부 단위 부피당 기체 분자 수는 4*N*이고, D 내부 단위 부피당 기체 분자 수는 *N*이므로 D의 기체 압력이 더 낮다. 두 진공 통의 온도가 20 ℃로 동일하므로 기체 분자의 질량이 크고 기체의 압력이 낮은 D가 A보다 단분자층 형성 시간이 길 것이다.

→ 적절함!

낮겠군

**⑤ E 내부의 시료 표면에 대한 단위 면적당 기체 분자의 충돌 빈도는 D의 경우보다 높겠군.**

**근거** ❸-3~4 이(단분자층 형성) 시간은 시료의 표면과 충돌한 기체 분자들이 표면에 달라붙을 확률이 클수록, 단위 면적당 기체 분자의 충돌 빈도가 높을수록 짧다. 또한 기체 운동론에 따르면 고정된 온도에서 기체 분자의 질량이 크거나 기체의 압력이 낮을수록 단분자층 형성 시간은 길다, 〈보기〉-4 기체 분자가 규소 표면과 충돌하여 달라붙을 확률은 기체의 종류와 관계없이 일정하며

**풀이** 제시된 정보를 통해 D와 E의 단분자층 형성 시간을 파악한 후 그것으로 충돌 빈도를 추론해 보는 순서로 풀어야 한다. 우선 〈보기〉에 제시된 기체 분자의 질량을 통해 D와 E의 단분자층 형성 시간을 파악할 수 있는데, 단분자층 형성 시간은 기체 분자의 질량이 클수록 길다. 따라서 기체 분자의 질량이 44인 E가 32인 D보다 단분자층 형성 시간이 길다. 이를 통해 충돌 빈도를 추론해 보면, 단분자층 형성 시간은 단위 면적당 기체 분자의 충돌 빈도가 높을수록 짧다고 하였으므로, 단분자층 형성 시간이 더 짧은 D가 단위 면적당 기체 분자의 충돌 빈도가 더 높다는 것을 알 수 있다.

→ 적절하지 않음!

**[059~061] 다음 글을 읽고 물음에 답하시오.**

**1** [1]1895년에 발견된 X선(독일의 물리학자 뢴트겐이 발견하였으며, 뢴트겐은 이에 대한 공로로 제1대 노벨 물리학상을 수상하였다. 발견 당시 이것이 무엇인지 알 수 없어 'X'라고 불렀는데, 아직까지도 X선이라고 불리고 있다.)은 진단의학의 혁명을 일으켰다. [2]이후 X선 사진 기술은 단면(斷面, 잘라낸 면) 촬영을 통해 입체 영상 구성이 가능한 CT(컴퓨터 단층촬영장치)로 진화하면서 해부를 하지 않고 인체 내부를 정확하게 진단하는 기술로 발전하였다.

→ X선 사진 기술과 CT

**2** [1]X선 사진은 X선을 인체에 조사하고(照射-, 빛이나 방사선을 비추어 쬐고), 투과된(透過-, 인체를 통과한) X선을 필름에 감광시켜(感光-, 빛에 반응시켜 변화하게 하여) 얻어낸 것이다. [2]조사된 X선의 일부는 조직에서 흡수·산란되고(스며들거나 흩어지고) 나머지는 조직을 투과하여 반대편으로 나오게 된다. [3]X선이 투과되는 정도를 나타내는 투과율은 공기가 가장 높으며 지방, 물, 뼈의 순서로 낮아진다.(통과율이라고 이해하면 쉽다. 공기는 통과하기 쉽고, 뼈는 통과하기 힘들다.) [4]또한 투과된 X선의 세기는 통과한 조직의 투과율이 낮을수록, 두께가 두꺼울수록 약해진다. [5]이런 X선의 세기에 따라 X선 필름의 감광 정도가 달라져 조직의 흑백 영상을 얻을 수 있다. [6]그렇지만 X선 사진에서는 투과율이 비슷한 조직들 간의 구별이 어려워서, X선 사진은 다른 조직과의 투과율 차이가 큰 뼈나 이상 조직의 검사에 주로 사용된다. [7]이러한 X선 사진의 한계를 극복한 것이 CT이다.

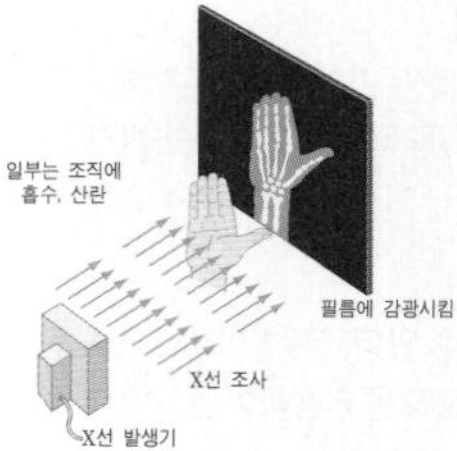


〈참고 그림〉
❷-2~6 인체에 X선을 투과하여 조직의 투과율에 따른 필름의 감광 정도 차이로 조직의 흑백 영상을 얻을 수 있다. X선 사진은 다른 조직과의 투과율 차이가 큰 뼈나 이상 조직의 검사에 주로 사용된다.

→ X선 사진의 원리와 한계

**3** [1]CT는 인체에 투과된 X선의 분포를 통해 인체의 횡단면(橫斷面, 가로로 잘라서 생긴 면)을 영상으로 재구성한다. [2]CT 촬영기 한쪽 편에는 X선 발생기가 있고 반대편에는 여러 개의 X선 검출기(X선의 존재를 알아내기 위해 사용하는 기기)가 배치되어 있다. [3]CT 촬영기 중심에, 사람이 누운 침대가 들어가면 X선 발생기에서 나온 X선이 인체를 투과한 후 맞은편 X선 검출기에서 검출된다.

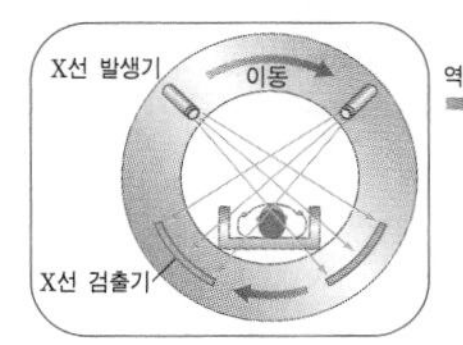

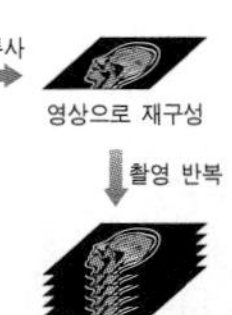


〈참고 그림〉
❸-1 CT는 인체에 투과된 X선의 분포를 통해 횡단면을 영상으로 재구성한다.
❻-2 CT 촬영기가 움직이면서 인체의 여러 단면에 대한 촬영을 반복하면 연속적 단면 영상을 얻을 수 있고, 이 단면 영상을 조합하여 입체 영상도 얻을 수 있다.

→ CT 촬영기의 구조와 작동 원리

4 [1]X선 검출기로 인체를 투과한 X선의 세기를 검출하는데, 이때 공기를 통과하며 감쇄된(減殺-. 줄어 없어진) 양을 빼고, 인체 조직만을 통과하면서 감쇄된 X선의 총량(總量. 전체의 양)을 구해야 한다. [2]이것은 공기만을 통과한 X선 세기와 조직을 투과한 X선 세기의 차이를 계산하면 얻을 수 있고, 이를 환산값이라고 한다. [3]즉, 환산값은 특정 방향에서 X선이 인체 조직을 통과하면서 산란되거나 흡수되어 감쇄된 총량을 의미한다. [4]이 값을 여러 방향에서 구하기 위해 CT 촬영기를 회전시킨다. [5]그러면 동일 단면에 대한 각 방향에서의 환산값을 구할 수 있고, 이를 활용하여 컴퓨터가 단면 영상을 재구성한다.

→ '환산값'의 정의와 활용 방법

5 [1]CT에서 영상을 재구성하는 데에는 역투사(back projection) 방법이 이용된다. [2]역투사는 어떤 방향에서 X선이 진행했던 경로(經路. 지나는 길)를 거슬러 진행하면서 경로상에 환산값을 고르게 분배하는 방법이다. [3]CT 촬영기를 회전시키며 얻은 여러 방향의 환산값을 경로별로 역투사하여 더해 나가는데, 이처럼 여러 방향의 환산값들이 더해진 결과가 역투사 결괏값이다. [4]역투사를 하게 되면 뼈와 같이 감쇄를 많이 시키는 조직에서는 여러 방향의 값들이 더해지게 되고, 그 결과 다른 조직에서보다 더 큰 결괏값이 나오게 된다.

→ '역투사'의 개념과 CT의 영상 재구성

6 [1]역투사 결괏값들을 합성하면 투과율의 차이에 따른 조직의 분포를 영상으로 재구성할 수 있다. [2]CT 촬영기가 조금씩 움직이면서 인체의 여러 단면에 대하여 촬영을 반복하면 연속적인 단면 영상을 얻을 수 있고, 필요에 따라 이 단면 영상들을 조합하여 입체 영상도 얻을 수 있다.

→ 역투사 결괏값의 합성을 통한 입체 영상

■ 지문 이해

〈CT 촬영 기술〉

**❶ X선 사진 기술과 CT**
X선 사진 기술의 발전과 CT의 등장

| ❷ X선 사진의 원리와 한계 | ❸ CT 촬영기의 구조와 작동 원리 |
|---|---|
| • 원리 : 투과된 X선으로 조직의 흑백 영상을 얻음<br>• 한계 : 투과율이 비슷한 조직 간 구별이 어려움 | • 작동 원리 : X선 분포로 인체의 횡단면 영상 재구성<br>• 구조 : X선 발생기와 X선 검출기 |

**❹ 환산값의 정의와 활용 방법**
• 특정 방향에서 X선이 인체 조직을 통과하면서 산란되거나 흡수되어 감쇄된 총량
• 동일 단면에 대한 각 방향의 환산값을 활용하여 단면 영상으로 재구성

**❺ 역투사의 개념과 CT의 영상 재구성**
• X선의 진행 경로를 거슬러 환산값을 고르게 분배하는 방법

**❻ 역투사 결괏값의 합성을 통한 입체 영상**
• 투과율의 차이에 따른 조직의 분포를 영상으로 재구성

**059** 세부 정보 이해 - 적절하지 않은 것 고르기 2014학년도 9월 모평A 19번 정답률 85% 정답 ④

**윗글에 대한 이해로 적절하지 않은 것은?**

**① CT 촬영을 할 때 X선 발생기와 X선 검출기는 회전한다.**

근거 ❸-2 CT 촬영기 한쪽 편에는 X선 발생기가 있고 반대편에는 여러 개의 X선 검출기가 배치, ❹-4 (환산값을) 여러 방향에서 구하기 위해 CT 촬영기를 회전

풀이 CT 촬영기는 X선 발생기와 X선 검출기로 구성되어 있는데, CT 촬영을 할 때 CT 촬영기를 회전시키므로 촬영 시에 X선 발생기와 X선 검출기가 회전할 것임을 알 수 있다.

→ 적절함!

**② X선 사진에서는 비슷한 투과율을 가진 조직들 간의 구별이 어렵다.**

근거 ❷-6 X선 사진에서는 투과율이 비슷한 조직들 간의 구별이 어려워서

→ 적절함!

**③ CT에서의 환산값은 통과한 조직에서 감쇄된 X선의 총량을 나타낸다.**

근거 ❹-3 환산값은 특정 방향에서 X선이 인체 조직을 통과하면서 산란되거나 흡수되어 감쇄된 총량

→ 적절함!

**④ 조직에서 흡수·산란된 X선의 세기는 그 조직을 투과한 X선 세기와 항상 같다.**
(조사된 X선은 / 되거나 / 하여 반대편으로 나온다)

근거 ❷-2 조사된 X선의 일부는 조직에서 흡수·산란되고 나머지는 조직을 투과하여 반대편으로 나오게 된다.

풀이 X선을 인체에 조사할 때, 조직에서 흡수·산란되는 X선의 양이 많을수록 조직을 투과하는 X선의 세기는 약해지고, 흡수·산란되는 양이 적을수록 조직을 투과하는 X선의 세기는 강해진다.

→ 적절하지 않음!

**⑤ 조직의 투과율이 높을수록, 조직의 두께가 얇을수록 X선은 더 많이 투과된다.**

근거 ❷-4 투과된 X선의 세기는 통과한 조직의 투과율이 낮을수록, 두께가 두꺼울수록 약해진다.
(↕ 조직의 투과율이 높을수록, 두께가 얇을수록 세진다)

→ 적절함!

**060** 핵심 개념 이해 - 적절하지 않은 것 고르기 2014학년도 9월 모평A 20번 정답률 85% 정답 ②

**역투사에 대한 설명으로 적절하지 않은 것은?**

**① X선 사진의 흑백 영상을 만드는 과정에서 역투사는 필요하지 않다.**
(→ CT 영상 재구성에 필요함)

근거 ❷-5 X선의 세기에 따라 X선 필름의 감광 정도가 달라져 조직의 흑백 영상을 얻을 수 있다, ❺-1 CT에서 영상을 재구성하는 데에는 역투사(back projection) 방법이 이용

풀이 역투사는 X선 사진의 흑백 영상이 아니라 CT에서 영상을 재구성하는 데 필요한 것이다.

→ 적절함!

**② 역투사 결괏값은 조직이 없고 공기만 있는 부분에서 가장 크다.**
(작다)

근거 ❷-3 투과율은 공기가 가장 높으며 지방, 물, 뼈의 순서로 낮아진다, ❹-3 환산값은 특정 방향에서 X선이 인체 조직을 통과하면서 산란되거나 흡수되어 감쇄된 총량, ❺-3~4 여러 방향의 환산값들이 더해진 결과가 역투사 결괏값이다. 역투사를 하게 되면 뼈와 같이 감쇄를 많이 시키는 조직에서는 여러 방향의 값들이 더해지게 되고, 그 결과 다른 조직에서보다 더 큰 결괏값이 나오게 된다.

풀이 역투사 결괏값은 환산값이 클수록 커진다. 그런데 '조직이 없고 공기만 있는 부분'은 투과율이 높기 때문에(❷-3), X선이 감쇄된 양이 적을 것이다. 환산값은 감쇄된 총량과 비례하므로 공기만 있는 부분의 환산값도 작을 것이다. 이에 따라 역투사 결괏값 역시 작을 것임을 알 수 있다.

→ 적절하지 않음!

**③ 역투사 결괏값들을 활용하여 조직의 분포에 대한 영상을 얻을 수 있다.**
(= 합성하면)

근거 ❻-1 역투사 결괏값들을 합성하면 투과율의 차이에 따른 조직의 분포를 영상으로 재구성할 수 있다.

→ 적절함!

**④ X선 투과율이 낮은 조직일수록 그 위치에 대응하는 역투사 결괏값은 커진다.**
(= 환산값이 큰)

Ⅳ 기술

**근거** ❹-3 환산값은 특정 방향에서 X선이 인체 조직을 통과하면서 산란되거나 흡수되어 감쇄된 총량, ❺-3 여러 방향의 환산값들이 더해진 결과가 역투사 결괏값

**풀이** 투과율이 낮으면 감쇄되는 X선이 많아 환산값이 커질 것이다. 역투사 결괏값은 환산값의 합이므로 X선 투과율이 낮을수록 역투사 결괏값은 커질 것임을 알 수 있다.

→ 적절함!

**⑤ 역투사 결괏값은 CT 촬영기에서 구한 환산값을 컴퓨터에서 처리하여 얻을 수 있다.**

**근거** ❹-5 이(동일 단면에 대한 각 방향에서의 환산값)를 활용하여 컴퓨터가 단면 영상을 재구성, ❺-3 CT 촬영기를 회전시키며 얻은 여러 방향의 환산값을 경로별로 역투사하여 더해 나가는데, 이처럼 여러 방향의 환산값들이 더해진 결과가 역투사 결괏값

→ 적절함!

1등급 문제

**061** | 구체적인 사례에 적용 - 적절한 것 고르기 2014학년도 9월 모평A 21번
정답률 40%, 매력적 오답 ② 20% ③ 10% ④ 10% ⑤ 20% | 정답 ①

**윗글을 바탕으로 <보기>와 같은 실험을 했을 때, B에 해당하는 그래프로 알맞은 것은?** 3점

| 보기 |

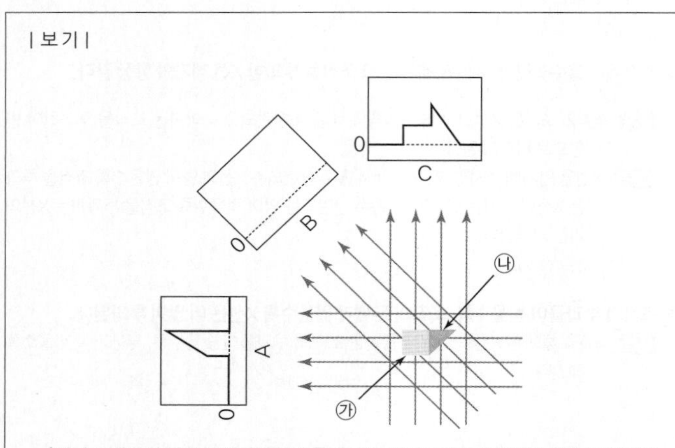


[1]위의 그림처럼 단면이 정사각형인 물체 ㉮와 직각이등변삼각형인 물체 ㉯가 연결된 ◪ 를 CT 촬영기 안에 넣고 촬영하여 A, B, C 방향에서 구한 환산값의 크기를 그래프로 나타냈다. [2]이때 ㉮의 투과율은 ㉯의 2 배이다.

=X선이 조직을 통과하면서 산란되거나 흡수되어 감쇄된 총량

㉮의 환산값 < ㉯의 환산값

* X선은 화살표와 같이 평행하게 진행함
* 물체 ◪ 의 밑면을 기준으로 A는 0° 방향, B는 45° 방향, C는 90° 방향의 위치에 있음

▶ 지문 핵심 개념 정리

| | |
|---|---|
| 환산값 | 특정 방향에서 X선이 인체 조직을 통과하면서 산란되거나 흡수되어 감쇄된 총량(❹-3) |
| 투과율 | X선이 투과되는 정도(❷-3)<br>투과된 X선의 세기는 통과한 조직의 투과율이 낮을수록, 두께가 두꺼울수록 약해짐(❷-4) |

**근거** <보기>-2 ㉮의 투과율은 ㉯의 2 배

**풀이** <참고 그림>

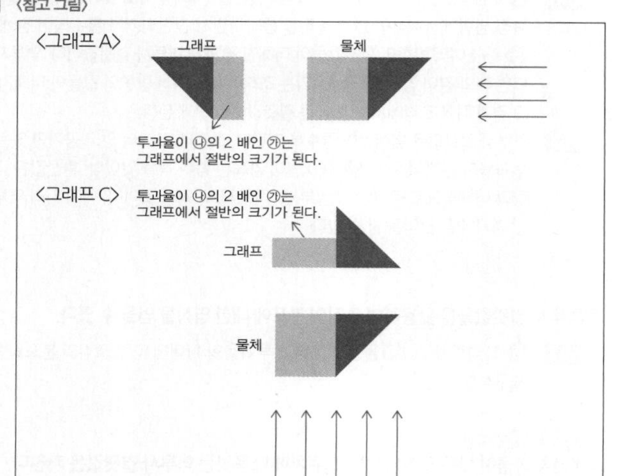


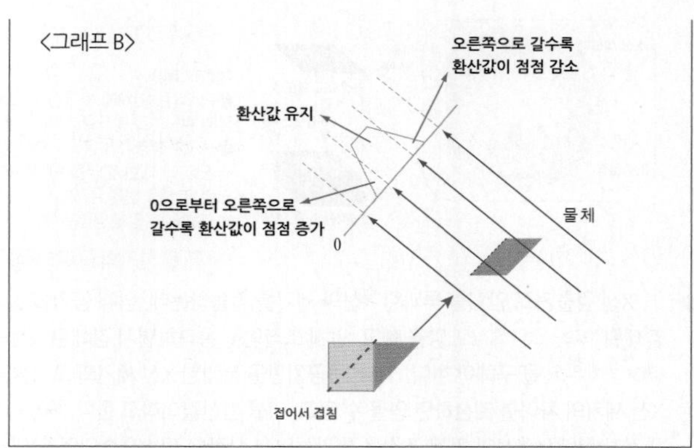


투과율이 높다는 것은 감쇄량이 적다는 것이고, 이는 환산값이 작다는 것을 의미한다. 반대로 투과율이 낮으면 감쇄량은 많아지고 환산값이 커진다. B의 그래프에는 'B 방향에서 구한 환산값의 크기'가 순서대로 반영되어야 하는데, ㉮의 투과율이 ㉯의 2 배이므로 환산값은 ㉯가 ㉮의 2 배가 될 것임을 알 수 있다. 또한 A와 C를 통해 공기 중의 환산값은 0임을 확인할 수 있다.

㉮를 ▨ 의 점선을 따라 삼각형 모양으로 접어서 두 겹으로 겹치면 (  ) ㉯의 두께와 같아지고 환산값도 2 배가 되므로 ㉯와 환산값이 같아질 것이다.

결과적으로 물체 ◪ 의 환산값은 ▰ 모양의 환산값과 같게 된다. 먼저 물체의 왼쪽은 공기만 투과되는 구간으로, 환산값은 0이다. 이후 물체가 점점 두꺼워지므로 환산값도 점차 증가하고, ▰ 의 평평한 부분을 지날 때에는 환산값이 일정하게 유지되다가 물체의 두께가 점점 얇아지면서 환산값도 점점 감소하게 된다. 마지막으로 물체의 오른쪽은 다시 공기만 투과되는 구간이므로 환산값이 0이 된다. 이 과정을 그래프에 대응시키면 '0 → 높아짐 → 유지 → 낮아짐 → 0'의 형태의 그래프가 그려진다. 따라서 정답은 ①번이다.

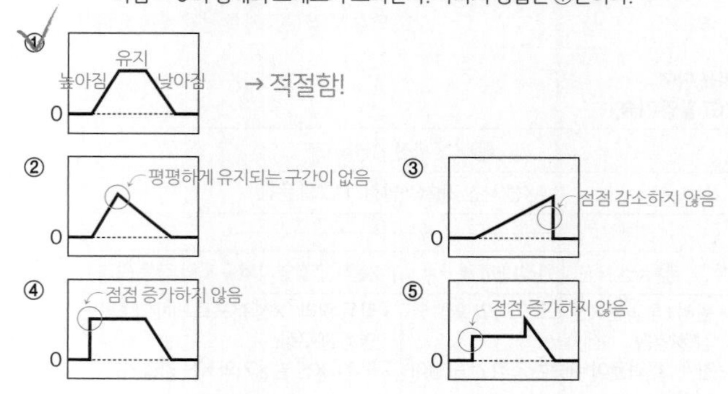


**[062~064] 다음 글을 읽고 물음에 답하시오.**

1 [1]자동차의 에너지 효율은 연료량 대비 운행 거리의 비율인 연비로 나타내며, 이는 자동차의 성능을 평가하는 중요한 잣대(판단 기준)이다. [2]이러한 자동차의 연비는 엔진의 동력(動力, 에너지)이 어떤 조건에서 발생되느냐에 따라 큰 차이를 보인다.

→ 자동차 연비의 개념과 연비가 차이 나는 이유

2 [1]엔진의 동력은 흡기, 압축, 폭발, 배기의 4 행정(行程, 과정)을 순차적으로 거쳐 생산된다. [2]흡기(吸氣, 기체를 빨아들임) 행정에서는 흡기 밸브를 열고 피스톤을 상사점(上死點, 피스톤이 가장 높이 올라간 위치)에서 하사점(下死點, 피스톤이 가장 낮게 내려간 위치)으로 이동시킨다. [3]이때 실린더 내부 압력이 대기압보다 낮아져 공기가 유입되는데, 흡입되는 공기에 연료를 분사하여(噴射-, 뿜어) 공기와 함께 연료를 섞어 넣는다. [4]압축 행정에서는 ㉠ 실린더를 밀폐시키고(密閉-, 샐 틈 없이 꼭 막고) 피스톤을 다시 상사점으로

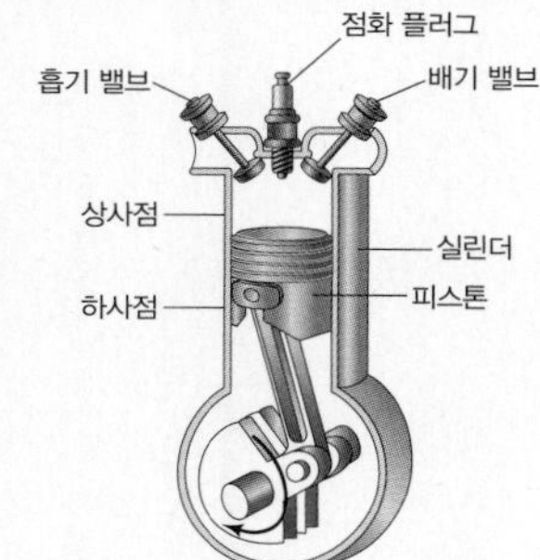

밀어 공기와 연료의 혼합 기체를 압축한다. [5]폭발 행정에서는 피스톤이 상사점에 이를 즈음에 점화 플러그에 불꽃을 일으켜 압축된 혼합 기체를 연소시킨다.(燃燒-, 태운다.) [6]압축된 혼합 기체가 폭발적으로 연소되면서 실린더 내부 압력이 급격히 높아지고, 외부 대기압과의 압력 차이에 의해 피스톤이 하사점으로 밀리면서 동력이 발생한다. [7]배기(排氣, 공기를 밖으로 뽑아냄) 행정에서는 배기 밸브가 열리고 남아 있는 압력에 의해 연소 가스가 외부로 급격히 빠져나간다. [8]피스톤이 다시 상사점으로 움직이면 흡기 때와는 반대로 부피가 줄면서 대기압보다 내부 압력이 높아지므로 잔류(殘留, 남아 있는) 가스가 모두 배출된다.(排出-, 밖으로 내보내진다.)

〈참고 그림〉

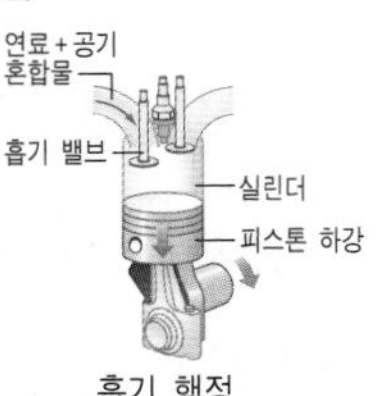


흡기 행정

❷-2~3 흡기 밸브를 열고 피스톤을 상사점에서 하사점으로 이동시킨다. 이때 실린더 내부 압력이 대기압보다 낮아져 공기가 유입되는데, 흡입되는 공기에 연료를 분사하여 공기와 함께 연료를 섞어 넣는다.

압축 행정

❷-4 실린더를 밀폐시키고 피스톤을 다시 상사점으로 밀어 공기와 연료의 혼합 기체를 압축한다.

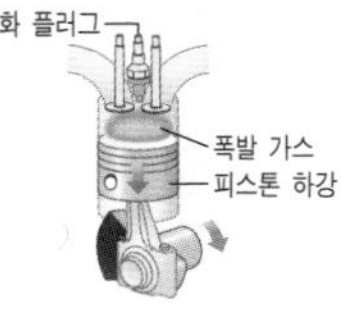


폭발 행정

❷-5~6 피스톤이 상사점에 이를 즈음에 점화 플러그에 불꽃을 일으켜 압축된 혼합 기체를 연소시킨다. 폭발적 연소로 압력 차에 의해 피스톤이 밀리면서 동력이 발생한다.

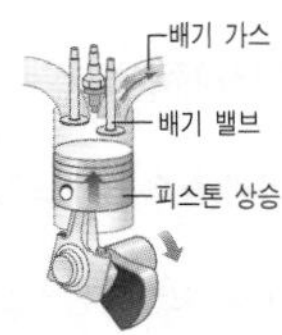


배기 행정

❷-7~8 배기 밸브가 열리고 남아 있는 압력에 의해 연소 가스가 외부로 급격히 빠져나간다. 피스톤이 다시 상사점으로 움직이면 흡기 때와는 반대로 부피가 줄면서 대기압보다 내부 압력이 높아지므로 잔류 가스가 모두 배출된다.

→ 자동차 엔진의 동력 생산 과정

3 [1]이러한 엔진의 동력 발생 주기(週期, 같은 현상이나 특징이 한 번 나타나고 다음에 되풀이되기까지의 시간)에서 흡입되는 공기와 분사되는 연료의 혼합비를 어떻게 유지해 주느냐에 따라 자동차의 연비가 크게 달라진다. [2]일정 질량의 연료를 완전 연소시키는 데 필요한 산소의 질량은 일정하다. [3]한편 실린더 안에서 피스톤의 이동으로 흡입될 수 있는 공기의 부피는 정해져 있으므로, 공기의 밀도가 변하지 않으면 한 주기 동안 완전 연소 가능한 연료량의 최대치는 일정하다. [4]즉 최대 출력을 얻을 수 있는 공기와 연료의 적정한 혼합비는 이론적으로는 일정하다. [5]혼합비가 적절하지 않으면 출력이 떨어지면서 유해(有害, 해로운) 가스의 배출량이 늘어나는데, 적정 혼합비보다 혼합 기체에 포함된 연료의 비율이 높아지면 산소가 부족하여 일산화탄소, 탄화수소가 증가한다. [6]반대로 연료의 비율이 낮아지면 공기 과잉(過剩, 지나침)으로 질소산화물이 늘어나고 배기가스에 산소가 잔류한다.

→ 자동차 연비가 달라지는 조건

4 [1]이론과 달리 실제 환경에서의 적정 혼합비는 상황에 따라 조금씩 달라진다. [2]이는 대기압, 엔진의 회전수 등 여러 요인에 의해 실린더에 흡입되는 공기의 질량이 변하기 때문이다. [3]따라서 자동차의 연비를 향상시키려면 엔진의 운행 상태를 실시간으로 감지하여 혼합비를 지속적으로 제어해야 한다.

→ 자동차 연비를 향상시키는 방법

■지문 이해

〈자동차 엔진과 연비〉

**❶ 자동차 연비의 개념과 연비가 차이 나는 이유**
- 연비 : 연료량 대비 운행 거리의 비율 → 자동차 성능을 평가하는 중요한 잣대
- 자동차 엔진의 동력이 어떤 조건에서 발생되느냐에 따라 큰 차이를 보임

**❷ 자동차 엔진의 동력 생산 과정**
- 동력 생산 과정 : 4 행정을 순차적으로 거침
  - ① 흡기 행정 : 흡기 밸브를 열고 피스톤을 상사점에서 하사점으로 이동 → 실린더 내부 압력이 대기압보다 낮아져 공기가 유입 → 흡입되는 공기에 연료를 분사하여 공기와 함께 연료를 섞어 넣음
  - ② 압축 행정 : 실린더를 밀폐시키고 피스톤을 다시 상사점으로 밀어 공기와 연료의 혼합 기체를 압축
  - ③ 폭발 행정 : 피스톤이 상사점에 이를 즈음에 점화 플러그에 불꽃을 일으켜 압축된 혼합 기체를 연소시킴 → 압축된 혼합 기체가 폭발적으로 연소되면서 실린더 내부 압력이 급격히 높아짐 → 외부 대기압과의 압력 차이에 의해 피스톤이 하사점으로 밀리면서 동력 발생
  - ④ 배기 행정 : 배기 밸브가 열리고 남아 있는 압력에 의해 연소 가스가 외부로 급격히 빠져나감 → 피스톤이 다시 상사점으로 움직여 부피가 줄면서 대기압보다 내부 압력이 높아짐 → 잔류 가스가 모두 배출

**❸ 자동차 연비가 달라지는 조건**
- 엔진의 동력 발생 주기에서 흡입되는 공기와 분사되는 연료의 혼합비를 어떻게 유지하는지에 따라 연비가 달라짐
- 최대 출력을 얻을 수 있는 공기와 연료의 적정 혼합비는 이론적으로 일정함
- 혼합비가 적절하지 않으면 출력이 떨어지면서 유해 가스의 배출량 증가
  - 연료의 비율↑ : 산소 부족 → 일산화탄소, 탄화수소 증가
  - 연료의 비율↓ : 공기 과잉 → 질소산화물 증가, 배기가스에 산소 잔류

**❹ 자동차 연비를 향상시키는 방법**
- 실제 환경에서의 적정 혼합비는 상황에 따라 조금씩 달라짐
- 연비 향상 방법 : 엔진의 운행 상태를 실시간으로 감지하여 혼합비를 지속적으로 제어해야 함

**062** | 세부 정보 이해 - 적절하지 않은 것 고르기 2011학년도 6월 모평 36번 정답률 75% | 정답 ②

**윗글의 내용과 일치하지 않는 것은?**

흡기 —— 압축 —— 폭발 —— 배기
(피스톤 ↓) (피스톤 ↑) (피스톤 ↓) (피스톤 ↑)
1 회 왕복 2 회 왕복

**① 4 행정의 동력 발생 주기를 완료하면 피스톤은 실린더를 2 회 왕복한 것이 된다.**

근거 ❷-2 흡기 행정에서는 흡기 밸브를 열고 피스톤을 상사점에서 하사점으로 이동, ❷-4 압축 행정에서는 실린더를 밀폐시키고 피스톤을 다시 상사점으로 밀어, ❷-6 (폭발 행정에서는) 외부 대기압과의 압력 차이에 의해 피스톤이 하사점으로 밀리면서 동력이 발생, ❷-8 (배기 행정에서) 피스톤이 다시 상사점으로 움직이면

풀이 흡기 행정에서 피스톤을 상사점에서 하사점으로 이동시키고, 압축 행정에서 다시 상사점으로 밀어 피스톤이 1 회 왕복한 상태에서 폭발 행정에서 다시 피스톤이 하사점으로 밀리고, 배기 행정에서 상사점으로 움직이므로 4 행정의 주기 동안 피스톤은 실린더를 2 회 왕복한 것이 된다.

→ 적절함!

폭발적으로 연소되는 폭발 행정

**② 자동차 엔진은 실린더 내부에서 가스가 외부로 배출되는 단계에서 동력을 얻는다.**

근거 ❷-6~7 (폭발 행정에서는) 압축된 혼합 기체가 폭발적으로 연소되면서 실린더 내부 압력이 급격히 높아지고, 외부 대기압과의 압력 차이에 의해 피스톤이 하사점으로 밀리면서 동력이 발생한다. 배기 행정에서는 배기 밸브가 열리고 남아 있는 압력에 의해 연소 가스가 외부로 급격히 빠져나간다.

풀이 가스가 외부로 배출되는 단계는 배기 행정 단계이고, 동력을 얻는 단계는 폭발 행정 단계이다.

→ 적절하지 않음!

= 연비가 향상된다

**③ 엔진의 운행 상태를 실시간으로 점검하고 제어하면 자동차의 에너지 효율이 높아진다.**

근거 ❶-1 자동차의 에너지 효율은 연료량 대비 운행 거리의 비율인 연비로 나타내며, ❹-3 자동차의 연비를 향상시키려면 엔진의 운행 상태를 실시간으로 감지하여 혼합비를 지속적으로 제어해야 한다.

→ 적절함!

실린더 내부 압력 < 대기압

④ **혼합 기체의 흡입과 연소 가스의 배출은 실린더 내부와 외부의 압력 차에 의해 발생한다.**

실린더 내부 압력 > 대기압

근거 ❷-3 이때(피스톤이 상사점에서 하사점으로 이동할 때) 실린더 내부 압력이 대기압보다 낮아져 공기가 유입, ❷-8 흡기 때와는 반대로 부피가 줄면서 대기압보다 내부 압력이 높아지므로 잔류 가스가 모두 배출

→ 적절함!

⑤ **실제 환경에서 엔진의 회전수는 혼합 기체의 적정 혼합비에 영향을 주는 요인 중 하나이다.**

근거 ❹-1~2 실제 환경에서의 적정 혼합비는 상황에 따라 조금씩 달라진다. 이는 대기압, 엔진의 회전수 등 여러 요인에 의해 실린더에 흡입되는 공기의 질량이 변하기 때문이다.

→ 적절함!

**063** 자료 해석의 적절성 판단 - 적절한 것 고르기 2011학년도 6월 모평 37번
정답률 75%, 매력적 오답 ⑤ 10% | 정답 ②

**다음 그래프는 엔진이 작동할 때의 실린더 내부 압력과 피스톤의 위치 및 이동 방향을 나타낸 것이다. 윗글의 ㉠에 해당하는 구간은?**

> ㉠ 실린더를 밀폐시키고 피스톤을 다시 상사점으로 밀어 공기와 연료의 혼합 기체를 압축한다. ← 압축 행정

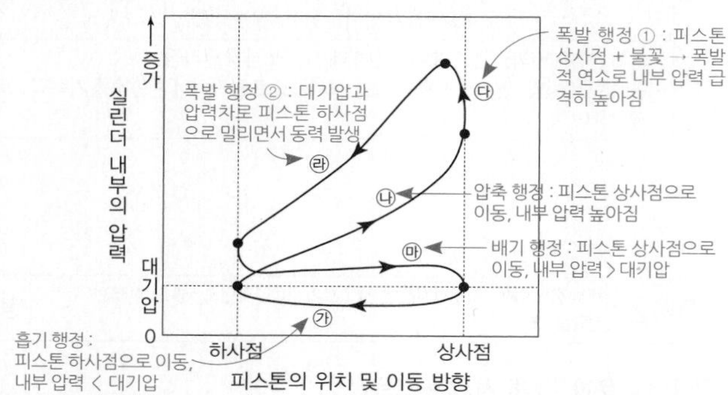


풀이 ㉠은 압축 행정에 해당한다. 압축 행정에서는 흡기 행정에서 하사점으로 이동한 피스톤이 다시 상사점으로 이동해야 하므로, 화살표의 방향이 '하사점 → 상사점'으로 향하는 ㉯와 ㉲를 우선적으로 고를 수 있다. 또한 압축 행정은 공기와 연료의 혼합 기체가 압축되는 단계로, 실린더 내부의 압력이 점차 증가할 것임을 알 수 있으므로 ㉯가 ㉠에 해당하는 구간이다. 따라서 정답은 ②번이다.

① ㉮ ② ㉯ → 적절함! ③ ㉰
④ ㉱ ⑤ ㉲

**064** <보기>와 내용 비교 - 적절한 것 고르기 2011학년도 6월 모평 38번
정답률 65%, 매력적 오답 ④ 20% | 정답 ①

**<보기>의 밑줄 친 부분에 해당하는 것은?**

> | 보 기 |
> 해발 고도가 5,000 m 정도인 고원 지역에서는 대기압과 공기의 밀도가 해수면 인접 지역에 비해 절반 정도로 줄어든다. 이로 인해 해수면 인접 지역에서 에너지 효율이 최고가 되도록, 한 주기 동안 분사되는 연료량을 고정시킨 자동차를 고원 지역에서 운행하면 여러 가지 현상이 나타난다. 그러므로 오늘날의 자동차 엔진은 흡입 공기의 압력을 감지하여 공기와 연료의 혼합비가 적절하게 유지되도록 설계한다.
>
> 흡기 행정 : 공기의 흡입량이 해수면 인접 지역에서보다↓
>
> 연료량은 같은데 공기량이 줄었으므로, 적정 혼합비보다 연료의 비율이 높음 ⇒ 산소 부족, 일산화탄소·탄화수소 증가

▶ 지문 핵심 개념 정리

| 공기와 연료의 적정 혼합비 | 최대 출력을 얻을 수 있는 공기와 연료의 적정한 혼합비(❸-4) |
|---|---|
| 적정 혼합비보다 혼합 기체에 포함된 연료 비율이 높아진 경우 | 산소가 부족 → 일산화탄소, 탄화수소 증가(❸-5) |
| 적정 혼합비보다 혼합 기체에 포함된 연료 비율이 낮아진 경우 | 공기 과잉으로 질소산화물이 증가 → 배기가스에 산소 잔류(❸-6) |

풀이 <보기>에서 해발 고도 5,000 m의 고원 지역에서는 대기압과 공기의 밀도가 해수면 인접 지역에 비해 절반 정도 줄어든다고 하였고, 해수면 인접 지역에서 에너지 효율이 최고가 되도록 연료량을 고정시킨 자동차를 고원 지역에서 운행한다고 했다. 자동차 엔진 동력이 생산되는 첫 단계에 해당하는 흡기 행정에서는 실린더 내부의 압력이 대기압보다 낮아져 공기가 유입되는데, 고원 지역의 대기압과 공기의 밀도가 해수면 인접 지역보다 낮으므로 흡기 행정에서의 공기의 흡입량 역시 해수면 인접 지역에 비해 낮을 것임을 알 수 있다. 그런데 공기와 연료의 적정 혼합비보다 연료의 비율이 높아지면, 혼합 기체는 산소가 부족하여 일산화탄소와 탄화수소가 증가하게 된다. 따라서 정답은 ①번이다.

① **탄화수소의 발생량이 증가한다.** → 적절함!

= 연비 / 낮아진다

② **엔진의 에너지 효율이 높아진다.**

빨라진다

③ **배기가스의 배출 속도가 느려진다.**

적정 혼합비보다 연료 비율이 낮을 때

④ **배기가스에서 잔류 산소가 검출된다.**

작아진다

⑤ **동일 양의 연료에서 얻는 출력이 커진다.**

문제편 p.251

Ⅳ 기술 

# 4. 우리 주변의 생활 속 기술 원리들

**[065~068] 다음 글을 읽고 물음에 답하시오.**

1 [1]주차하거나 좁은 길을 지날 때 운전자를 돕는 장치들이 있다. [2]이 중 차량 전후좌우에 장착된(裝着-, 붙은) 카메라로 촬영한 영상을 이용하여 차량 주위 360°의 상황을 위에서 내려다본 것 같은 영상을 만들어 차 안의 모니터를 통해 운전자에게 제공하는 장치가 있다. [3]운전자에게 제공되는 영상이 어떻게 만들어지는지 알아보자.

→ 운전자에게 차량 주위 360°의 상황을 위에서 내려다본 것 같은 영상을 제공하는 장치

영상이 만들어지는 과정 ①

2 [1]먼저 차량 주위 바닥에 바둑판 모양의 격자판을 펴 놓고 카메라로 촬영한다. [2]이 장치에서 사용하는 광각(廣角, 넓은 각도) 카메라는 큰 시야각(視野角, 볼 수 있는 각도)을 갖고 있어 사각지대(死角地帶, 어느 위치에 섰을 때 사물이 보이지 않게 되는 각도)가 줄지만 빛이 렌즈를 ⓐ 지날 때 렌즈 고유의(固有-, 원래부터 가지고 있는 특유한) 곡률(曲率, 곡선이나 곡면의 각 점에서의 구부러진 정도를 나타내는 값)로 인해 영상이 중심부는 볼록하고 중심부에서 멀수록 더 휘어지는 현상, 즉 렌즈에 의한 상(像, 물체의 형상)의 왜곡(歪曲, 실제의 정확한 형태와 다르거나 비례가 맞지 않는 현상)이 발생한다. [3]이 왜곡에 영향을 주는 카메라 자체의 특징을 내부 변수(變數, 변할 수 있는 요소)라고 하며 왜곡 계수(係數, 물질의 종류에 따라 달라지는 비례 상수)로 나타낸다. [4]이(왜곡 계수로 나타내는 내부 변수)를 알 수 있다면 왜곡 모델을 설정하여 왜곡을 보정할(補正-, 오차를 없애고 정확한 실제에 가깝게 바로잡을) 수 있다. [5]한편 차량에 장착된 카메라의 기울어짐 등으로 인해 발생하는 왜곡의 원인을 외부 변수라고 한다. [6]㉠ 촬영된 영상과 실세계(實世界, 실제의 세계) 격자판을 비교하면 영상에서 격자판이 회전한 각도나 격자판의 위치 변화를 통해 카메라의 기울어진 각도 등을 알 수 있으므로 왜곡을 보정할 수 있다. 영상이 만들어지는 과정 ②

→ 영상이 만들어지는 과정 : 영상 촬영과 왜곡 보정

영상이 만들어지는 과정 ③

3 [1]왜곡 보정이 끝나면 영상의 점들에 대응하는(對應-, 서로 짝이 되는) 3차원(三次元, 상하, 좌우, 전후의 세 방향으로 이루어진 공간을 세 개의 숫자로 나타낼 수 있음을 이르는 말) 실세계의 점들을 추정하여(推定-, 미루어 생각하여 결정하여) 이로부터 원근(遠近, 멀고 가까움) 효과가 제거된 영상을 얻는 시점(視點, 카메라의 렌즈와 같은 위치에서 화면을 대할 때, 화면과 시선이 직각으로 만나는 점) 변환(變換, 다르게 하여 바꿈)이 필요하다. [2]카메라가 3차원 실세계를 2차원 영상으로 투영하면(投影-, 옮기면) 크기가 동일한 물체라도 카메라로부터 멀리 있을수록 더 작게 나타나는데, 위에서 내려다보는 시점의 영상에서는 거리에 따른 물체의 크기 변화가 없어야 하기 때문이다.

→ 영상이 만들어지는 과정 : 시점 변환이 필요한 이유

4 [1]㉡ 왜곡이 보정된 영상에서의 몇 개의 점과 그에 대응하는 실세계 격자판의 점들의 위치를 알고 있다면, 영상의 모든 점들과 격자판의 점들 간의 대응 관계를 가상의(假想-, 존재하지 않는 것을 실제로 있는 것처럼 가정하여 나타낸) 좌표계를 이용하여 기술할(記述-, 기록하여 서술할) 수 있다. [2]이(영상의 모든 점들과 격자판의 점들 간의) 대응 관계를 이용해서 영상의 점들을 격자의 모양과 격자 간의 상대적인(相對的-, 서로 비교되는 관계에 있는) 크기가 실세계에서와 동일하게 유지되도록 한 평면에 놓으면 2차원 영상으로 나타난다. [3]이때 얻은 영상이 ㉢ 위에서 내려다보는 시점의 영상이 된다. [4]이와 같은 방법으로 구한 각 방향의 영상을 합성하면(合成-, 둘 이상의 것을 합쳐서 하나를 이루면) 차량 주위를 위에서 내려다본 것 같은 영상이 만들어진다. 영상이 만들어지는 과정 ④

→ 영상이 만들어지는 과정 : 시점 변환 방법 및 영상의 합성

〈참고 그림〉 차량 주위 360°의 상황을 위에서 내려다본 것 같은 영상을 만드는 과정

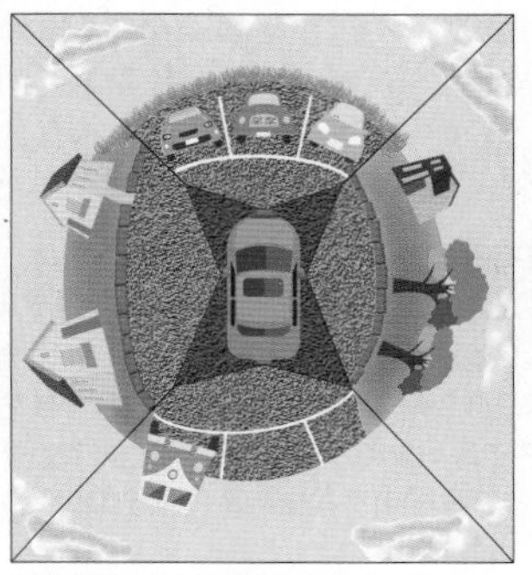
① 차량 전후좌우에 장착된 카메라로 촬영

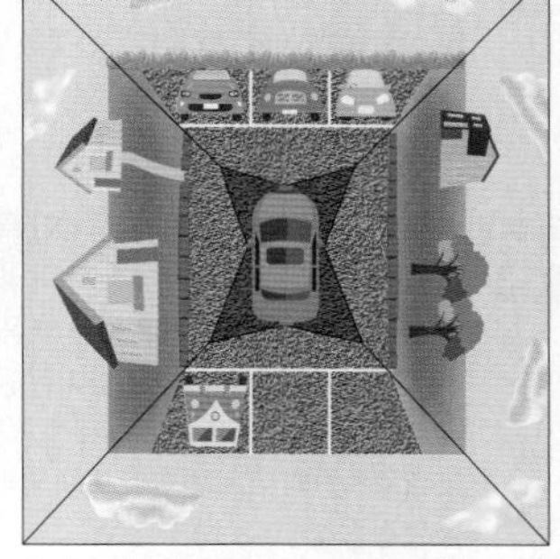
② 내부 변수와 외부 변수로 인해 발생한 왜곡을 보정

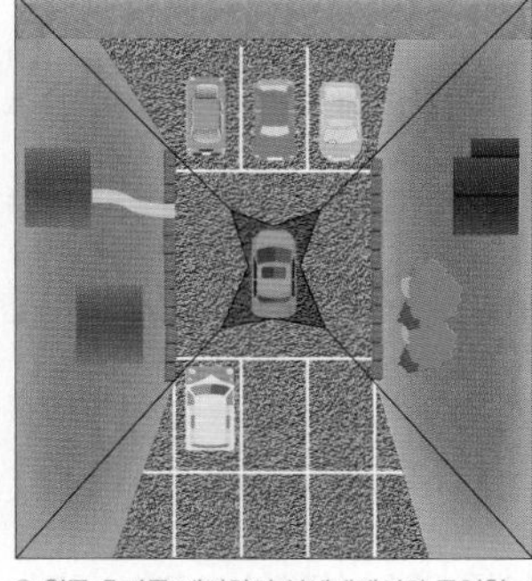
③ 원근 효과를 제거하여 실세계에서와 동일한 크기로 위에서 내려다보는 시점의 영상을 만듦

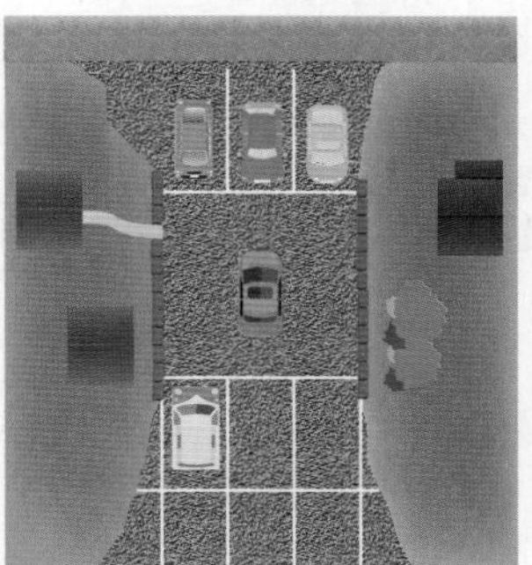
④ 각 방향의 영상을 합성

■지문 이해

**〈차량 주위 360°의 상황을 위에서 내려다본 것 같은 영상이 만들어지는 과정〉**

❶ 운전자에게 차량 주위 360°의 상황을 위에서 내려다본 것 같은 영상을 제공하는 장치

영상이 만들어지는 과정

❷ 영상 촬영과 왜곡 보정

- 차량 주위 바닥에 격자판을 펴 놓고 광각 카메라로 촬영한다.
  - 렌즈에 의한 상의 왜곡 발생 : 내부 변수에 의한 왜곡
  - 카메라의 기울어짐 등으로 인한 왜곡 발생 : 외부 변수에 의한 왜곡
- 내부 변수는 왜곡 계수로 나타내며, 왜곡 모델을 설정하여 왜곡을 보정할 수 있음
- 외부 변수로 인한 왜곡은 촬영된 영상과 실세계 격자판을 비교하여 보정할 수 있음

❸ 시점 변환이 필요한 이유

- 왜곡 보정이 끝나면 원근 효과가 제거된 영상을 얻는 시점 변환이 필요함
- 영상에서는 크기가 동일한 물체라도 카메라로부터 멀리 있을수록 더 작게 나타나는데, 위에서 내려다보는 시점의 영상에서는 거리에 따른 물체 크기 변화가 없어야 하기 때문

❹ 시점 변환 방법 및 영상의 합성

- 왜곡이 보정된 영상의 점들과 실세계 격자판의 점들 간의 대응 관계를 이용해 영상의 점들을 격자의 모양과 격자 간의 상대적인 크기가 실세계에서와 동일하게 유지되도록 한 평면에 놓아 위에서 내려다보는 시점의 영상을 얻음
- 각 방향의 영상을 합성하여 차량 주위를 위에서 내려다본 것 같은 영상을 만듦

**065** 세부 정보 이해 - 적절한 것 고르기 2022학년도 수능 14번 정답률 75% | 정답 ④

**윗글의 내용과 일치하는 것은?**

차량 전후좌우에 장착된 카메라
① **차량 주위를 위에서 내려다본 것 같은 영상은 360°를 촬영하는 카메라 하나를 이용하여 만들어진다.**

근거 ❶-2 차량 전후좌우에 장착된 카메라로 촬영한 영상을 이용하여 차량 주위 360°의 상황을 위에서 내려다본 것 같은 영상을 만들어 차 안의 모니터를 통해 운전자에게 제공하는 장치

→ 적절하지 않음!

내부 변수
② **외부 변수로 인한 왜곡은 카메라 자체의 특징을 알 수 있으면 쉽게 해결할 수 있다.**

근거 ❷-3~6 왜곡에 영향을 주는 카메라 자체의 특징을 내부 변수라고 하며 왜곡 계수로 나타낸다. 이를 알 수 있다면 왜곡 모델을 설정하여 왜곡을 보정할 수 있다. 한편 차량에 장착된 카메라의 기울어짐 등으로 인해 발생하는 왜곡의 원인을 외부 변수라고 한다. 촬영된 영상과 실세계 격자판을 비교하면 영상에서 격자판이 회전한 각도나 격자판의 위치 변화를 통해 카메라의 기울어진 각도 등을 알 수 있으므로 왜곡을 보정할 수 있다.

풀이 외부 변수로 인한 왜곡은 촬영된 영상과 실세계 격자판을 비교하여 보정할 수 있다. 카메라 자체의 특징으로 인한 왜곡은 외부 변수가 아니라 내부 변수에 해당한다.

→ 적절하지 않음!

왜곡을 보정하고 시점을 변환한 후 각 방향의 영상을 합성
③ **차량의 전후좌우 카메라에서 촬영된 영상을 하나의 영상으로 합성한 후 왜곡을 보정한다.**

근거 ❷-1 먼저 차량 주위 바닥에 바둑판 모양의 격자판을 펴 놓고 카메라로 촬영한다, ❸-1 왜곡 보정이 끝나면 … 시점 변환이 필요하다, ❹-3~4 이때 얻은 영상이 위에서 내려다보는 시점의 영상이 된다. 이와 같은 방법으로 구한 각 방향의 영상을 합성하면 차량 주위를 위에서 내려다본 것 같은 영상이 만들어진다.

풀이 차량의 전후좌우 카메라에서 촬영된 영상의 왜곡을 보정하고, 시점을 변환한 후 각 방향의 영상을 하나로 합성한다.

→ 적절하지 않음!

④ **영상이 중심부로부터 멀수록 크게 휘는 것은 왜곡 모델을 설정하여 보정할 수 있다.**

근거 ❷-2~4 이 장치에서 사용하는 광각 카메라는 … 렌즈 고유의 곡률로 인해 영상이 중심부는 볼록하고 중심부에서 멀수록 더 휘어지는 현상, 즉 렌즈에 의한 상의 왜곡이 발생한다. 이 왜곡에 영향을 주는 카메라 자체의 특징을 내부 변수라고 하며 왜곡 계수로 나타낸다. 이를 알 수 있다면 왜곡 모델을 설정하여 왜곡을 보정할 수 있다.

풀이 영상이 중심부로부터 멀수록 크게 휘는 것은 광각 카메라 렌즈 고유의 곡률로 인한 것으로, 렌즈에 의해 발생한 상의 왜곡이다. 이는 내부 변수에 해당하며, 왜곡 모델을 설정하여 보정할 수 있다.

→ 적절함!

⑤ **위에서 내려다보는 시점의 영상에 있는 점들은 카메라 시점의 영상과는 달리 3차원 좌표로 표시된다.**

근거 ❸-2 카메라가 3차원 실세계를 2차원 영상으로 투영하면, ❹-2~3 한 평면에 놓으면 2차원 영상으로 나타난다. 이때 얻은 영상이 위에서 내려다보는 시점의 영상이 된다.

풀이 위에서 내려다보는 시점의 영상과 카메라 시점의 영상은 모두 2차원이므로, 두 시점의 영상에 있는 점들은 모두 3차원 좌표로 표시되지 않는다.

→ 적절하지 않음!

1등급 문제

**066** 핵심 개념 파악 - 적절한 것 고르기 2022학년도 수능 15번 정답률 25%, 매력적 오답 ③ 45% ④ 15% ⑤ 10% | 정답 ②

**㉠~㉢을 이해한 내용으로 가장 적절한 것은?**

㉠ 촬영된 영상 ㉡ 왜곡이 보정된 영상 ㉢ 위에서 내려다보는 시점의 영상

① **㉠에서 광각 카메라를 이용하여 확보한 시야각은 ㉡에서는 작아지겠군.**

근거 ❷-1~6 차량 주위 바닥에 바둑판 모양의 격자판을 펴 놓고 카메라로 촬영한다. 이 장치에서 사용하는 광각 카메라는 큰 시야각을 갖고 있어 사각지대가 줄지만 … 렌즈에 의한 상의 왜곡이 발생한다. 이 왜곡에 영향을 주는 카메라 자체의 특징 … 왜곡을 보정할 수 있다. 한편 차량에 장착된 카메라의 기울어짐 등으로 인해 발생하는 왜곡 … 보정할 수 있다.

풀이 윗글을 통해 촬영된 영상(㉠)의 왜곡 보정은 렌즈의 곡률로 인한 상의 왜곡과 카메라의 기울어짐 등으로 인해 발생하는 왜곡을 보정하는 작업이라는 것을 알 수 있다. 촬영된 영상에서의 '시야각'이 왜곡이 보정된 영상(㉡)에서 작아진다는 설명은 윗글에서 찾을 수 없다.

→ 적절하지 않음!

② **㉡에서는 ㉠과 마찬가지로 렌즈와 격자판 사이의 거리가 멀어질수록 격자판이 작아 보이겠군.**

근거 ❸-1~2 왜곡 보정이 끝나면 영상의 점들에 대응하는 3차원 실세계의 점들을 추정하여 이로부터 원근 효과가 제거된 영상을 얻는 시점 변환이 필요하다. 카메라가 3차원 실세계를 2차원 영상으로 투영하면 크기가 동일한 물체라도 카메라로부터 멀리 있을수록 더 작게 나타나는데,

풀이 왜곡 보정이 끝나면 크기가 동일한 물체라도 카메라로부터 멀리 있을수록 더 작게 나타나는 원근 효과가 제거된 영상을 얻는 시점 변환 작업을 하게 된다. 시점 변환이 이루어지기 전인, 촬영된 영상(㉠)과 왜곡이 보정된 영상(㉡)에서는 원근 효과가 제거되지 않아, 크기가 같은 격자판이라도 카메라로부터 멀리 있을수록 더 작게 나타날 것이다. 따라서 ㉡에서는 ㉠과 마찬가지로 렌즈와 격자판 사이의 거리가 멀어질수록 격자판이 작아 보일 것이다.

→ 적절함!

렌즈 고유의 곡률로 인해
③ **㉡에서는 ㉠에서 렌즈와 격자판 사이의 거리에 따른 렌즈의 곡률 변화로 생긴 휘어짐이 보정되었겠군.**

근거 ❷-1~2 차량 주위 바닥에 바둑판 모양의 격자판을 펴 놓고 카메라로 촬영한다. 이 장치에서 사용하는 광각 카메라는 큰 시야각을 갖고 있어 사각지대가 줄지만 빛이 렌즈를 지날 때 렌즈 고유의 곡률로 인해 영상이 중심부는 볼록하고 중심부에서 멀수록 더 휘어지는 현상, 즉 렌즈에 의한 상의 왜곡이 발생한다.

풀이 촬영된 영상(㉠)이 휘어져 보이는 것은 렌즈와 격자판 사이의 거리에 따른 렌즈의 곡률 변화로 생긴 것이 아니라, 렌즈 고유의 곡률로 인해 생긴 왜곡이다.

→ 적절하지 않음!

㉠ ㉡
④ **㉡과 실세계 격자판을 비교하여 격자판의 위치 변화를 보정한 ㉢은 카메라의 기울어짐에 의한 왜곡을 바로잡은 것이겠군.**

근거 ❷-5~6 한편 차량에 장착된 카메라의 기울어짐 등으로 인해 발생하는 왜곡의 원인을 외부 변수라고 한다. 촬영된 영상과 실세계 격자판을 비교하면 영상에서 격자판이 회전한 각도나 격자판의 위치 변화를 통해 카메라의 기울어진 각도 등을 알 수 있으므로 왜곡을 보정할 수 있다.

풀이 윗글에 따르면 차량에 장착된 카메라의 기울어짐 등으로 인해 촬영된 영상(㉠)에 왜곡이 발생한다. 이를 바로잡기 위해 촬영된 영상(㉠)과 실세계의 격자판을 비교하여 격자판의 위치 변화를 보정하면 왜곡이 보정된 영상(㉡)을 얻을 수 있다.

→ 적절하지 않음!

크기가 같은 물체라도 카메라로부터 멀리 있을수록 더 작게 나타나는 원근 효과
⑤ **㉡에서 렌즈에 의한 상의 왜곡 때문에 격자판의 윗부분으로 갈수록 격자 크기가 더 작아 보이던 것이 ㉢에서 보정되었겠군.**

근거 ❷-2~4 렌즈에 의한 상의 왜곡이 발생한다. 이 왜곡에 영향을 주는 카메라 자체의 특징을 내부 변수라고 하며 왜곡 계수로 나타낸다. 이를 알 수 있다면 왜곡 모델을 설정하여 왜곡을 보정할 수 있다, ❸-1~2 왜곡 보정이 끝나면 영상의 점들에 대응하는 3차원 실세계의 점들을 추정하여 이로부터 원근 효과가 제거된 영상을 얻는 시점 변환이 필요하다. 카메라가 3차원 실세계를 2차원 영상으로 투영하면 크기가 동일한 물체라도 카메라로부터 멀리 있을수록 더 작게 나타나는데

풀이 렌즈에 의한 상의 왜곡은 내부 변수에 해당하며, 이를 알 수 있다면 왜곡 모델을 설정하여 왜곡을 보정할 수 있다. 이러한 왜곡 보정 작업을 거쳐 왜곡이 보정된 영상(㉡)을 얻을 수 있다. 따라서 렌즈에 의한 상의 왜곡은 위에서 내려다보는 시점의 영상(㉢)에서 보정되는 것이 아니다. 한편 격자판의 윗부분으로 갈수록 격자 크기가 더 작아 보이는 것은 렌즈에 의한 상의 왜곡 때문에 나타나는 현상이 아니라, 카메라가 3차원 실세계를 2차원 영상으로 투영하면서 나타나는 원근 효과로 인한 것이다. 따라서 ㉡에서 격자판의 윗부분으로 갈수록 격자 크기가 더 작아 보이던 것은 원근 효과가 제거된 영상을 얻는 시점 변환을 통해 보정되어, ㉢에서는 거리에 따른 크기 변화가 나타나지 않는다.

→ 적절하지 않음!

**067** 구체적인 사례에 적용 - 적절한 것 고르기 2022학년도 수능 16번
정답률 30%, 매력적 오답 ① 10% ② 15% ③ 25% ⑤ 20%
정답 ④

## 윗글을 바탕으로 <보기>를 탐구한 내용으로 가장 적절한 것은? [3점]

| 보기 |

[1]그림은 장치가 장착된 차량의 운전자에게 제공된 영상에서 전방(前方. 향하고 있는 방향과 일치하는 쪽. 앞쪽) 부분만 보여 준 것이다. [2]차량 전방의 바닥에 그려진 네 개의 도형이 영상에서 각각 A, B, C, D로 나타나 있고, C와 D는 직사각형이고 크기는 같다. [3]p와 q는 각각 영상 속 임의의(任意-. 일정하게 정하지 않은) 한 점이다.

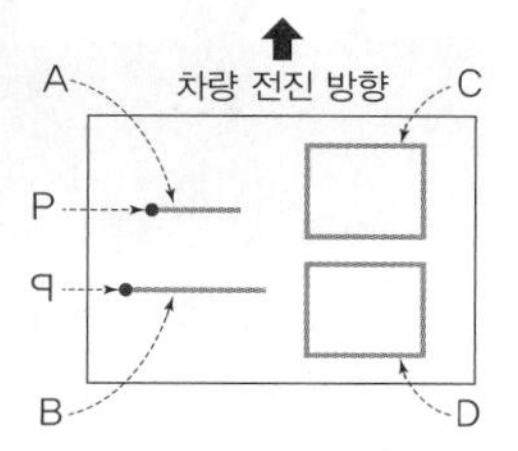


〈참고 그림〉 시점 변환 전 영상

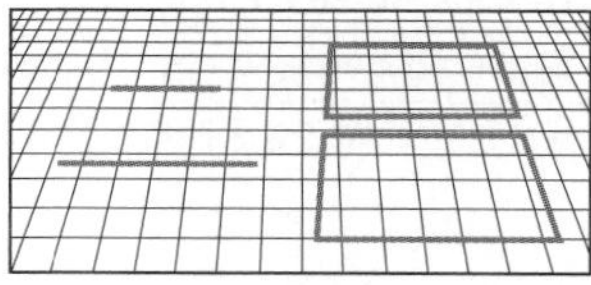

▶ 지문 핵심 개념 정리

| 시점 변환의 필요성 및 시점 변환의 방법 |
|---|
| • 왜곡 보정이 끝나면 영상의 점들에 대응하는 3차원 실세계의 점들을 추정하여 이로부터 원근 효과가 제거된 영상을 얻는 시점 변환이 필요함(❸-1) ← 영상에서는 크기가 동일한 물체라도 카메라로부터 멀리 있을수록 더 작게 나타나는데, 위에서 내려다보는 시점의 영상에서는 거리에 따른 물체 크기 변화가 없어야 하기 때문(❸-2)<br>• 왜곡이 보정된 영상의 점들과 실세계 격자판의 점들 간의 대응 관계를 가상의 좌표계를 이용해 기술할 수 있고, 이 대응 관계를 이용해 영상의 점들을 격자의 모양과 격자 간의 상대적인 크기가 실세계에서와 동일하게 유지되도록 한 평면에 놓으면 2차원 영상으로 나타남(❹-1~2) → 위에서 내려다보는 시점의 영상이 됨(❹-3) |

= 시점 변환 / 짧은

**① 원근 효과가 제거되기 전의 영상에서 C는 윗변이 아랫변보다 긴 사다리꼴 모양이다.**

근거 <보기>-2 C와 D는 직사각형

풀이 카메라가 3차원 실세계를 2차원 영상으로 투영하면, 크기가 같은 물체라도 카메라로부터 멀리 있을수록 더 작게 나타난다. 그래서 촬영한 영상의 왜곡 보정이 끝나면, 카메라로부터 멀리 있을수록 더 작게 나타나는 물체 크기 변화가 없도록 원근 효과가 제거된 영상을 얻는 시점 변환을 거쳐 차량 주위를 위에서 내려다본 것 같은 영상을 만든다. <보기>에서 C는 직사각형이라고 하였다. C의 윗변이 차량에 장착된 카메라로부터 아랫변보다 더 멀리 있으므로, 원근 효과가 제거되기 전의 영상에서는 윗변이 아랫변보다 더 작게 나타났을 것이다. 따라서 원근 효과가 제거되기 전 영상에서 C는 윗변이 아랫변보다 긴 사다리꼴 모양이 아니라, 윗변이 아랫변보다 짧은 사다리꼴 모양일 것이다.

→ 적절하지 않음!

큰

**② 시점 변환 전의 영상에서 D는 C보다 더 작은 크기로 영상의 더 아래쪽에 위치한다.**

근거 <보기>-2 C와 D는 직사각형이고 크기는 같다.

풀이 카메라가 3차원 실세계를 2차원 영상으로 투영하면, 크기가 같은 물체라도 카메라로부터 멀리 있을수록 더 작게 나타난다. 그래서 촬영한 영상의 왜곡 보정이 끝나면, 카메라로부터 멀리 있을수록 더 작게 나타나는 물체 크기 변화가 없도록 원근 효과가 제거된 영상을 얻는 시점 변환을 거쳐 차량 주위를 위에서 내려다본 것 같은 영상을 만든다. <보기>에서 C와 D는 크기가 같다고 하였다. 하지만 C가 D보다 카메라로부터 더 멀리 있으므로, 시점 변환 전의 영상에서는 카메라로부터 더 먼 C가 D보다 더 작게 나타났을 것이다. 따라서 시점 변환 전의 영상에서 D는 C보다 더 클 것이다.

→ 적절하지 않음!

**③ A와 B는 p와 q 간의 대응 관계를 이용하여 바닥에 그려진 도형을 크기가 유지되도록 한 평면에 놓은 것이다.**

풀이 A와 B는 p와 q 간의 대응 관계를 이용한 것이 아니라, p, q와 그에 대응하는 실세계 격자판의 점들의 위치를 통해 p, q와 격자판 점들 간의 대응 관계를 가상의 좌표계를 이용해 기술하고, 이 대응 관계를 이용하여 A와 B의 크기가 실세계에서와 동일하게 유지되도록 한 평면에 놓은 것이다.

→ 적절하지 않음!

**④ B에 대한 A의 상대적 크기는 가상의 좌표계를 이용하여 시점을 변환하기 전의 영상에서보다 더 커진 것이다.**

근거 <보기>-1 그림은 장치가 장착된 차량의 운전자에게 제공된 영상

풀이 카메라가 3차원 실세계를 2차원 영상으로 투영하면, 물체가 카메라로부터 멀리 있을수록 더 작게 나타난다. 이 때문에 차량 주위를 위에서 내려다본 것 같은 영상을 만들기 위해서는 촬영한 영상에서 카메라로부터 멀리 있을수록 더 작게 나타나는 물체 크기 변화가 없도록 하는 시점 변환이 필요하며, 이 시점 변환은 가상의 좌표계를 이용해 이루어진다.

<보기>의 그림은 차량의 운전자에게 제공된 것으로, 시점 변환이 이루어진 이후의 영상이다. 그림에서 A는 B보다 카메라로부터 더 멀리 있으며, B에 비해 상대적으로 크기가 작다. 시점을 변환하기 전의 영상에서는 원근 효과가 제거되지 않아 물체가 카메라로부터 멀리 있을수록 더 작게 나타나므로, 이때의 A는 그림 A보다 더 작게 나타나 있었을 것이다. 따라서 그림의 B에 대한 A의 상대적 크기는 가상의 좌표계를 이용하여 시점을 변환하기 전의 영상에서보다 더 커진 것이라는 설명은 적절하다.

→ 적절함!

**⑤ p가 A 위의 한 점이라면 A는 p에 대응하는 실세계의 점이 시점 변환을 통해 선으로 나타난 것이다.**

풀이 시점 변환은 원근 효과가 제거된 영상을 얻는 것으로, 영상의 점들과 격자판의 점들 간의 대응 관계를 이용해 영상의 점들을 격자의 모양과 상대적인 크기가 실세계에서와 동일하게 유지되도록 한 평면에 놓는 방법을 통해 이루어진다. p가 A 위의 한 점이라면 A는 p와 그에 대응하는 실세계 격자판의 점의 위치, 그리고 영상의 다른 점들과 그에 대응하는 실세계 격자판의 점들의 위치를 이용해 실세계와 동일한 모양과 크기로 한 평면에 나타낸 것이다. 영상의 시점 변환이 이루어진다고 해도, 영상의 한 점에 대응하는 실세계의 한 점이 시점 변환을 통해 '선'으로 나타나지는 않는다.

→ 적절하지 않음!

**068** 문맥적 의미 파악 - 적절한 것 고르기 2022학년도 수능 17번
정답률 85%, 매력적 오답 ④ 10%
정답 ①

## 문맥상 ⓐ의 의미와 가장 가까운 것은?

빛이 렌즈를 ⓐ 지날 때

풀이 ⓐ에서 '지나다'는 문맥상 '어디를 거치어 가거나 오거나 하다'의 의미로 쓰였다.

**① 그때 동생이 탄 버스는 교차로를 지나고 있었다.**

풀이 '어디를 거치어 가거나 오거나 하다'의 의미이다.

예문 전철은 막 한강 위를 지나고 있었다.

→ 적절함!

**② 그것은 슬픈 감정을 지나서 아픔으로 남아 있다.**

풀이 '어떠한 상태나 정도를 넘어서다'의 의미이다.

예문 그의 변명에 화가 나는 감정을 지나 미움으로까지 변했다.

→ 적절하지 않음!

**③ 어느새 정오가 훌쩍 지나 식사할 시간이 되었다.**

풀이 '시간이 흘러 그 시기에서 벗어나다'의 의미이다.

예문 봄이 지나 여름이 되었다.

→ 적절하지 않음!

**④ 물의 온도가 어는점을 지나 계속 내려가고 있다.**

풀이 '어떤 시기나 한도를 넘다'의 의미이다.

예문 자동차가 제한 속도를 지나서 과속으로 달리고 있다.

→ 적절하지 않음!

**⑤ 가장 힘든 고비를 지나고 나니 마음이 가뿐하다.**

풀이 '어떤 시기나 한도를 넘다'의 의미이다.

예문 힘든 시간을 지나고 나니 언제 그랬냐는 듯 아무렇지도 않다.

→ 적절하지 않음!

IV 기술

**[069~072] 다음 글을 읽고 물음에 답하시오.**

1 [1]'메타버스(metaverse)'는 '초월(超越, 어떤 한계나 표준을 뛰어넘음)'이라는 의미의 '메타(meta)'와 '세계'를 뜻하는 '유니버스(universe)'의 합성어로, 현실 세계와 가상 공간(假想空間, 컴퓨터에 의해 현실이 아닌 허상으로 만들어진 공간)이 적극적으로 상호 작용하는(相互作用-, 서로 영향을 주고받는) 공간을 의미한다. [2]감각(感覺, 눈, 코, 귀, 혀, 살갗을 통하여 바깥의 어떤 자극을 알아차림) 전달 장치는 메타버스 속에서 사용자를 대신하는 아바타가 보고 만지는 것으로 설정된 감각을 사용자에게 전달하는 장치이다. [3]사용자는 이(감각 전달 장치)를 통하여 가상 공간을 현실감(現實感, 현재 실제로 존재하는 느낌) 있게 체험하면서 메타버스에 몰입하게(沒入-, 깊이 파고들어 빠지게) 된다.

→ '메타버스'의 의미와 감각 전달 장치의 효과

2 [1]시각(視覺, 눈을 통해 빛의 자극을 받아들이는 감각 작용)을 전달하는 장치인 HMD(Head Mounted Display)*는 사용자의 양쪽 눈에 가상 공간을 표현하는, 시차(視 보다 시 差 다르다 차)*가 있는 영상을 전달한다. [2]전달된 영상을 뇌에서 조합하는(組合-, 한데 모아 한 덩어리로 짜는) 과정에서 사용자는 공간과 물체의 입체감(立體感, 위치와 넓이, 길이, 두께를 가진 물건에서 받는 느낌이나 삼차원의 공간적 부피를 가진 물체를 보는 것과 같은 느낌)을 느낄 수 있다. [3]가상 공간에서 물체를 접촉하는 것처럼 사용자의 손에 감각 반응을 직접 전달하는 장치로는 가상 현실 장갑이 있다. [4]가상 현실 장갑은 가상 공간에서 아바타가 만지는 가상 물체의 크기, 형태, 온도 등을 사용자가 느낄 수 있도록 설계되어 있다. [5]이 외에도 가상 현실 장갑은 사용자의 손가락 및 팔의 움직임에 따라 아바타를 움직이게 할 수 있다.

→ 감각 전달 장치 : HMD와 가상 현실 장갑

〈참고 사진〉 HMD와 가상 현실 장갑

3 [1]한편 사용자의 움직임을 아바타에게 전달하는 공간 이동 장치를 이용하면, 사용자는 몰입도(沒入度, 깊이 빠져들거나 빠지는 정도) 높은 메타버스 체험을 할 수 있다. [2]공간 이동 장치인 가상 현실 트레드밀은 일정한 공간에 설치되어 360도 방향으로 사용자의 이동이 가능하도록 바닥의 움직임을 지원한다.

→ 공간 이동 장치 : 가상 현실 트레드밀

4 [A] [1]가상 현실 트레드밀과 함께 사용되는 모션 트래킹 시스템은 사용자의 동작(動作, 몸이나 손발 따위를 움직임)에 따라 아바타가 동일하게 움직일 수 있도록 동기화하는 시스템으로, 동작 추적(追跡, 자취를 더듬어 감) 센서, 관성 측정(慣性測定, 이동 물체의 속도, 방향, 중력, 가속도를 잼) 센서, 압력 센서 등으로 구성된다. [2]동작 추적 센서는 사용자의 동작을 파악하며, 관성 측정 센서는 사용자의 이동 속도 변화율 및 회전 속도를 측정한다. [3]압력 센서는 서로 다른 물체 간에 작용하는 압력을 측정한다. [4]만약 바닥에 압력 센서가 부착된(附着-, 붙은) 신발을 사용자가 신고 뛰면, 압력 센서는 지면(地面, 땅의 표면)과 발바닥 사이의 압력을 감지하여(感知-, 느껴 알아) 사용자가 뛰는 힘을 파악할 수 있다. [5]모션 트래킹 시스템이 사용자의 동작 정보를 컴퓨터에 전달하면, 컴퓨터는 사용자가 움직이는 방향과 속도에 ⓐ 맞춰 트레드밀의 바닥을 제어한다.(制御-, 알맞게 움직이도록 조절한다.) [6]이와 같이 사용자의 이동 동작에 따라 트레드밀의 움직임이 변경되기도 하지만, 아바타가 존재하는 가상 공간의 환경 변화에 따라 트레드밀 바닥의 진행 속도 및 방향, 기울기 등이 변경되기도 한다. [7]또한 사용자의 움직임이나 트레드밀의 작동 변화에 따라 HMD에 표시되는 가상 공간의 장면이 변경되어 사용자는 더욱 현실감 높은 체험을 할 수 있다.

→ 모션 트래킹 시스템의 구성과 역할

〈참고 사진〉 모션 트래킹 시스템을 적용한 가상 현실 트레드밀

* HMD : 머리에 쓰는 3D(삼차원) 디스플레이의 한 종류
* 시차 : 한 물체를 서로 다른 두 지점에서 보았을 때 방향의 차이

■지문 이해

**〈메타버스 사용자의 몰입도를 높이는 여러 가지 기술〉**

**❶ '메타버스'의 의미와 감각 전달 장치의 효과**

- 메타버스(metaverse) : 현실 세계와 가상 공간이 적극적으로 상호 작용하는 공간
- 감각 전달 장치
  - 메타버스 속에서 아바타의 감각을 사용자에게 전달하는 장치
  - 사용자가 가상 공간을 현실감 있게 체험하면서 메타버스에 몰입하게 함

**❷ 감각 전달 장치 : 'HMD'와 '가상 현실 장갑'**

- 시각 전달 장치 'HMD'
  - 사용자의 양쪽 눈에 가상 공간을 표현하는, 시차가 있는 영상을 전달
  - 사용자가 공간, 물체의 입체감을 느낄 수 있음
- 사용자의 손에 감각 반응을 직접 전달하는 장치 '가상 현실 장갑'
  - 가상 공간에서 아바타가 만지는 가상 물체를 사용자가 접촉하는 것처럼 느낄 수 있도록 설계됨
  - 사용자의 손가락, 팔의 움직임에 따라 아바타를 움직이게 할 수 있음

**❸ 공간 이동 장치 : '가상 현실 트레드밀'**

- 공간 이동 장치
  - 사용자의 움직임을 아바타에게 전달 → 몰입도↑
- '가상 현실 트레드밀'
  - 360도 방향으로 사용자의 이동이 가능하도록 바닥 움직임을 지원함

**❹ '모션 트래킹 시스템'의 구성과 역할**

- 모션 트래킹 시스템
  - 가상 현실 트레드밀과 함께 사용되어 사용자의 동작에 따라 아바타가 동일하게 움직일 수 있도록 동기화하는 시스템
  - 사용자의 동작 정보를 컴퓨터에 전달 → 이에 맞춰 트레드밀의 바닥을 제어함
- 모션 트래킹 시스템의 구성
  - 동작 추적 센서 : 사용자의 동작을 파악
  - 관성 측정 센서 : 사용자의 이동 속도 변화율, 회전 속도를 측정
  - 압력 센서 : 서로 다른 물체 간에 작용하는 압력을 측정(사용자의 뛰는 힘 파악)
- 사용자의 이동 동작이나 가상 공간의 환경 변화에 따라 트레드밀의 움직임이 변경되며, 사용자의 움직임, 트레드밀의 작동 변화에 따라 HMD에 표시되는 가상 공간 장면이 변경됨 → 사용자는 더욱 현실감 높은 체험을 할 수 있음

**069** | 세부 정보 이해 - 적절하지 않은 것 고르기 2022학년도 9월 모평 14번 | 정답률 70%, 매력적 오답 ② 10% | 정답 ⑤

### 윗글의 내용과 일치하지 않는 것은?

**① 감각 전달 장치와 공간 이동 장치는 사용자가 메타버스에 몰입할 수 있게 한다.**

근거 ❶-2~3 감각 전달 장치는 메타버스 속에서 사용자를 대신하는 아바타가 보고 만지는 것으로 설정된 감각을 사용자에게 전달하는 장치이다. 사용자는 이를 통하여 가상 공간을 현실감 있게 체험하면서 메타버스에 몰입하게 된다, ❸-1 공간 이동 장치를 이용하면, 사용자는 몰입도 높은 메타버스 체험을 할 수 있다.

→ 적절함!

**② 공간 이동 장치는 현실 세계 사용자의 움직임을 메타버스의 아바타에게 전달한다.**

근거 ❶-2 메타버스 속에서 사용자를 대신하는 아바타, ❸-1 사용자의 움직임을 아바타

에게 전달하는 공간 이동 장치

→ 적절함!

③ **HMD는 사용자가 시각을 통해 메타버스의 공간과 물체의 입체감을 느끼도록 한다.**

근거 ❷-1~2 시각을 전달하는 장치인 HMD는 사용자의 양쪽 눈에 가상 공간을 표현하는, 시차가 있는 영상을 전달한다. 전달된 영상을 뇌에서 조합하는 과정에서 사용자는 공간과 물체의 입체감을 느낄 수 있다.

→ 적절함!

④ **감각 전달 장치는 아바타가 느끼는 것으로 설정된 감각을 사용자에게 전달하는 장치이다.**

근거 ❶-2 감각 전달 장치는 메타버스 속에서 사용자를 대신하는 아바타가 보고 만지는 것으로 설정된 감각을 사용자에게 전달하는 장치

→ 적절함!

⑤ **가상 현실 장갑을 착용하면 사용자와 아바타는 상호 간에 감각 반응을 주고받을 수 있다.**

근거 ❷-3~5 가상 공간에서 물체를 접촉하는 것처럼 사용자의 손에 감각 반응을 직접 전달하는 장치로는 가상 현실 장갑이 있다. 가상 현실 장갑은 가상 공간에서 아바타가 만지는 가상 물체의 크기, 형태, 온도 등을 사용자가 느낄 수 있도록 설계되어 있다. 이 외에도 가상 현실 장갑은 사용자의 손가락 및 팔의 움직임에 따라 아바타를 움직이게 할 수 있다.

풀이 가상 현실 장갑은 가상 공간에서 아바타의 감각 반응을 사용자가 느낄 수 있도록 사용자의 손에 직접 전달하는 장치이다. 가상 현실 장갑을 사용하여 사용자의 움직임에 따라 아바타를 움직이게 할 수는 있지만, 사용자의 감각 반응을 아바타가 느낄 수 있도록 전달하는 것은 아니다. 즉 가상 현실 장갑을 착용하면 사용자는 아바타에게서 감각 반응을 전달받을 수 있지만, 사용자의 감각 반응을 아바타에게 전달할 수는 없다. 따라서 가상 현실 장갑을 착용함으로써 사용자와 아바타가 상호 간에 감각 반응을 '주고받을 수 있다'는 설명은 적절하지 않다.

→ 적절하지 않음!

| 070 | 세부 정보 이해 – 적절한 것 고르기 2022학년도 9월 모평 15번<br>정답률 80% | 정답 ③ |
|---|---|---|

## [A]에 대한 이해로 적절한 것은?

① **관성 측정 센서는 사용자의 이동 속도와 뛰는 힘을 측정할 수 있다.**

근거 ❹-2 관성 측정 센서는 사용자의 이동 속도 변화율 및 회전 속도를 측정한다, ❹-4 바닥에 압력 센서가 부착된 신발을 사용자가 신고 뛰면, 압력 센서는 지면과 발바닥 사이의 압력을 감지하여 사용자가 뛰는 힘을 파악할 수 있다.

풀이 관성 측정 센서는 사용자의 이동 속도 변화율과 회전 속도를 측정한다. 사용자의 뛰는 힘을 파악하는 것은 관성 측정 센서가 아니라 압력 센서이다.

→ 적절하지 않음!

② **HMD에 표시되는 가상 공간 장면의 변경에 따라 HMD는 가상 현실 트레드밀을 제어한다.**

근거 ❹-7 사용자의 움직임이나 트레드밀의 작동 변화에 따라 HMD에 표시되는 가상 공간의 장면이 변경되어

풀이 HMD가 가상 현실 트레드밀을 제어하는 것이 아니라, 사용자의 움직임이나 트레드밀의 작동 변화에 따라 HMD에 표시되는 가상 공간의 장면이 변경된다.

→ 적절하지 않음!

③ **가상 공간에서 아바타가 *경사로를 만나면 가상 현실 트레드밀 바닥의 기울기가 변경될 수 있다.** *傾斜路, 기울어진 길

근거 ❹-6 아바타가 존재하는 가상 공간의 환경 변화에 따라 트레드밀 바닥의 진행 속도 및 방향, 기울기 등이 변경되기도 한다.

풀이 트레드밀 바닥의 진행 속도, 방향, 기울기 등은 아바타가 존재하는 가상 공간의 환경 변화에 따라 변경될 수 있다. 따라서 가상 공간에서 아바타가 경사로를 만나면, 트레드밀 바닥의 기울기가 변경될 수 있다.

→ 적절함!

④ **모션 트래킹 시스템은 아바타의 동작에 따라 사용자가 동일하게 움직일 수 있도록 동기화한다.**

근거 ❹-1 모션 트래킹 시스템은 사용자의 동작에 따라 아바타가 동일하게 움직일 수 있도록 동기화하는 시스템

→ 적절하지 않음!

⑤ **아바타가 이동 방향을 바꾸면 가상 현실 트레드밀 바닥의 진행 방향이 변경되어 사용자의 이동 방향이 바뀌게 된다.**

근거 ❸-1~2 사용자의 움직임을 아바타에게 전달하는 공간 이동 장치 … 공간 이동 장치인 가상 현실 트레드밀, ❹-5~6 모션 트래킹 시스템이 사용자의 동작 정보를 컴퓨터에 전달하면, 컴퓨터는 사용자가 움직이는 방향과 속도에 맞춰 트레드밀의 바닥을 제어한다. 이와 같이 사용자의 이동 동작에 따라 트레드밀의 움직임이 변경되기도 하지만, 아바타가 존재하는 가상 공간의 환경 변화에 따라 트레드밀 바닥의 진행 속도 및 방향, 기울기 등이 변경되기도 한다.

풀이 가상 현실 트레드밀은 '사용자의 움직임을 아바타에게 전달하는' 공간 이동 장치이다. 윗글의 설명에 따르면 사용자가 이동 방향을 바꾸면 모션 트래킹 시스템이 사용자의 동작 정보를 컴퓨터에 전달하고, 컴퓨터가 사용자의 이동 방향에 맞춰 가상 현실 트레드밀의 바닥을 제어하여 트레드밀의 움직임이 변경된다. 가상 현실 트레드밀의 움직임은 이렇게 '사용자의 이동 동작에 따라' 변경되기도 하고, 또 아바타가 존재하는 '가상 공간의 환경 변화에 따라' 변경되기도 한다. 그러나 '아바타의 이동 방향에 따라' 가상 현실 트레드밀 바닥의 진행 방향이 변경되어 사용자의 이동 방향이 바뀌게 되지는 않는다.

→ 적절하지 않음!

1등급 문제

| 071 | 구체적인 사례에 적용 – 적절하지 않은 것 고르기 2022학년도 9월 모평 16번<br>정답률 55%, 매력적 오답 ③ 10% ④ 20% | 정답 ① |
|---|---|---|

## 윗글을 바탕으로 〈보기〉를 이해한 내용으로 적절하지 않은 것은? [3점]

| 보기 |

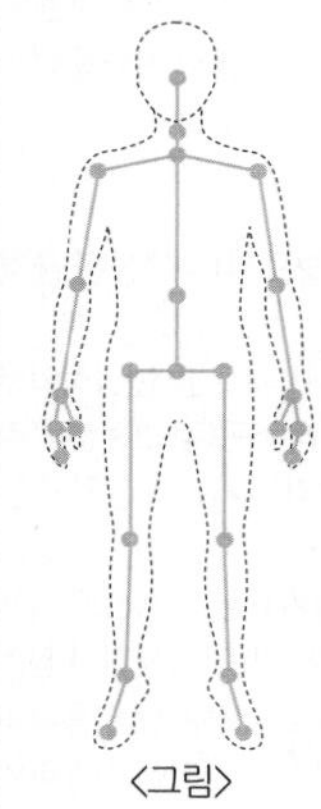

〈그림〉

[1]동작 추적 센서의 하나인 키넥트 센서는 적외선(赤外線, 가시광선보다 파장이 긴 전자기파) 카메라와 RGB(Red, Green, Blue, 빛의 삼원색인 빨간색, 녹색, 파란색을 이용하여 색을 표시하는 방식) 카메라 등으로 구성된다. [2]적외선 카메라는 광원(光源, 태양이나 별처럼 스스로 빛을 내는 물체)에서 발산된(發散–, 사방으로 퍼져 나간) 적외선이 피사체(被寫體, 사진을 찍는 대상이 되는 물체)의 표면(表面, 가장 바깥쪽)에서 반사되어(反射–, 부딪혀 나아가던 방향이 반대로 바뀌어) 수신되기까지(受信–, 받아질 때까지) 걸리는 시간을 측정하여, 피사체의 입체 정보를 포함하는 저해상도(低解像度, 이미지의 정밀도를 나타내는 '해상도'가 낮음) 단색(單色, 한 가지 색) 이미지를 제공한다. [3]반면 RGB 카메라는 피사체의 고해상도(高解像度, 해상도가 높음) 컬러 이미지를 제공한다. [4]키넥트 센서는 저해상도 입체 이미지를 고해상도 컬러 이미지에 투영하여(投影–, 비추어) 사용자가 검출되는(檢出–, 존재의 유무가 밝혀지는) 경우, 〈그림〉과 같이 신체 부위에 대응되는(對應–, 서로 짝이 이루어지는) 25 개의 연결점을 선으로 이은 3D 골격 이미지를 제공한다.

① **키넥트 센서는 가상 공간에 있는 물체들 간의 거리를 측정하여 입체감을 *구현할 수 있다.** *具現–, 구체적인 사실로 나타나게 함

근거 〈보기〉-1 동작 추적 센서의 하나인 키넥트 센서, 〈보기〉-2 적외선 카메라는 광원에서 발산된 적외선이 피사체의 표면에 반사되어 수신되기까지 걸리는 시간을 측정하여, 피사체의 입체 정보를 포함, 〈보기〉-4 키넥트 센서는 … 3D 골격 이미지를 제공, ❹-1~2 모션 트래킹 시스템은 사용자의 동작에 따라 아바타가 동일하게 움직일 수 있도록 동기화하는 시스템으로, 동작 추적 센서, 관성 측정 센서, 압력 센서 등으로 구성된다. 동작 추적 센서는 사용자의 동작을 파악하며

풀이 키넥트 센서는 모션 트래킹 시스템의 구성에 포함되는 동작 추적 센서의 하나로, 사용자의 동작을 파악하는 장치이다. 〈보기〉에 따르면 키넥트 센서는 적외선 카메라와 RGB 카메라로 구성되어 있으며, 사용자의 동작을 파악하고 그 입체 정보를 3D 골격 이미지로 제공한다. 이때 적외선 카메라는 발산된 적외선이 피사체, 즉 사용자의 표면에 반사되어 수신되기까지 걸리는 시간을 측정하여 사용자의 입체 정보를 구성한다. 따라서 키넥트 센서는 가상 공간에 있는 물체들 간의 거리가 아니라 키넥트 센서와 사용자 간의 거리를 측정하여 사용자의 동작을 파악하고, 이를 3D 골격 이미지로 제공함으로써 입체감을 구현할 수 있다.

→ 적절하지 않음!

② **키넥트 센서가 확보한, 사용자의 춤추는 동작 정보를 바탕으로 아바타의 춤추는 동작이 구현될 수 있다.**

근거 〈보기〉-1 동작 추적 센서의 하나인 키넥트 센서, ❹-1~2 모션 트래킹 시스템은 사용자의 동작에 따라 아바타가 동일하게 움직일 수 있도록 동기화하는 시스템으로, 동작 추적 센서, 관성 측정 센서, 압력 센서 등으로 구성된다. 동작 추적 센서는 사용

자의 동작을 파악하며

**풀이** <보기>에서 키넥트 센서는 동작 추적 센서라고 하였다. 윗글을 통해 모션 트래킹 시스템은 사용자의 동작에 따라 아바타가 동일하게 움직일 수 있도록 동기화하는 시스템이며, 사용자의 동작을 파악하는 동작 추적 센서는 모션 트래킹 시스템의 구성 중 하나임을 알 수 있다. 따라서 동작 추적 센서인 키넥트 센서가 확보한, 사용자의 춤추는 동작 정보를 바탕으로 아바타의 춤추는 동작이 구현될 수 있다는 설명은 적절하다.

→ 적절함!

**③ 키넥트 센서와 관성 측정 센서를 이용하여 사용자의 걷는 자세 및 이동 속도 변화율을 파악할 수 있다.**

**근거** <보기>-1 동작 추적 센서의 하나인 키넥트 센서, ❹-2 동작 추적 센서는 사용자의 동작을 파악하며, 관성 측정 센서는 사용자의 이동 속도 변화율 및 회전 속도를 측정한다.

**풀이** 키넥트 센서는 동작 추적 센서의 하나이다. 윗글에서 동작 추적 센서는 사용자의 동작을 파악한다고 하였고, 관성 측정 센서는 사용자의 이동 속도 변화율을 측정한다고 하였다. 따라서 키넥트 센서와 관성 측정 센서를 이용하여 사용자의 걷는 자세(동작) 및 이동 속도 변화율을 파악할 수 있다는 설명은 적절하다.

→ 적절함!

**④ 연결점의 수와 위치의 *제약 때문에 사용자의 골격 이미지로는 사용자의 얼굴 표정 변화를 아바타에게 전달할 수 없다.** *制約, 제한된 조건

**근거** <보기>-4 <그림>과 같이 신체 부위에 대응되는 25 개의 연결점을 선으로 이은 3D 골격 이미지를 제공한다.

**풀이** 키넥트 센서는 신체 부위에 대응되는 25 개의 연결점을 선으로 이은 3D 골격 이미지를 제공한다. <보기>의 <그림>을 살펴보면 사용자의 얼굴에는 연결점이 하나뿐이며, 연결점을 선으로 이은 골격 이미지에 얼굴 표정은 포함되지 않는다는 것을 알 수 있다. 따라서 이러한 사용자의 골격 이미지로는 사용자의 얼굴 표정 변화를 아바타에게 전달할 수 없다는 설명은 적절하다.

→ 적절함!

**⑤ 적외선 카메라의 입체 이미지와 RGB 카메라의 컬러 이미지 정보로부터 생성된 골격 이미지가 사용자의 동작 정보를 파악하는 데 사용된다.**

**근거** <보기>-1 동작 추적 센서의 하나인 키넥트 센서, <보기>-4 키넥트 센서는 (적외선 카메라에서 제공된) 저해상도 입체 이미지를 (RGB 카메라에서 제공된) 고해상도 컬러 이미지에 투영하여 … 골격 이미지를 제공, ❹-2 동작 추적 센서는 사용자의 동작을 파악하며

**풀이** 키넥트 센서는 동작 추적 센서의 하나로, 적외선 카메라에서 제공된 저해상도 입체 이미지를 RGB 카메라에서 제공된 고해상도 컬러 이미지에 투영하여 사용자가 검출되는 경우 사용자의 골격 이미지를 제공한다. 윗글에서 동작 추적 센서는 사용자의 동작을 파악한다고 하였으므로, 동작 추적 센서인 키넥트 센서가 적외선 카메라의 입체 이미지와 RGB 카메라의 컬러 이미지 정보로부터 생성된 골격 이미지를 사용해 사용자의 동작 정보를 파악한다는 설명은 적절하다.

→ 적절함!

## 072

문맥적 의미 파악 – 적절한 것 고르기 2022학년도 9월 모평 17번
정답률 75%, 매력적 오답 ③ 15% | 정답 ①

**문맥상 의미가 ⓐ와 가장 가까운 것은?**

컴퓨터는 사용자가 움직이는 방향과 속도에 ⓐ 맞춰 트레드밀의 바닥을 제어한다.

**풀이** ⓐ에서 '맞추다'는 문맥상 '어떤 기준이나 정도에 어긋나지 아니하게 하다'의 의미로 쓰였다.

**① 그 연주자는 피아노를 언니의 노래에 정확히 맞추어 쳤다.**

**풀이** '어떤 기준이나 정도에 어긋나지 아니하게 하다'의 의미이다.

**예문** 그는 대학 선택을 점수보다는 자신의 적성에 맞추기로 했다.

→ 적절함!

**② 아내는 집 안에 있는 물건들의 색깔을 조화롭게 맞추었다.**

**풀이** '서로 어긋남이 없이 조화를 이루다'의 의미이다.

**예문** 그는 항상 자신의 의견을 동생의 의견과 맞추려고 노력한다.

→ 적절하지 않음!

**③ 우리는 다음 주까지 손발을 맞추어 작업을 마치기로 했다.**

**풀이** '서로 어긋남이 없이 조화를 이루다'의 의미이다.

**예문** 우리는 합숙을 하면서 서로 마음을 맞추었다.

→ 적절하지 않음!

**④ 그 동아리는 신입 회원을 한 명 더 뽑아 인원을 맞추었다.**

**풀이** '일정한 수량이 되게 하다'의 의미이다.

**예문** 학생들은 인원을 맞추어 게임을 시작했다.

→ 적절하지 않음!

**⑤ 동생은 중간고사를 보고 나서 친구와 답을 맞추어 보았다.**

**풀이** '둘 이상의 일정한 대상들을 나란히 놓고 비교하여 살피다'의 의미이다.

**예문** 우리들은 다음 달 일정을 맞추어 보고 나서 여행 계획을 짜기로 했다.

→ 적절하지 않음!

## [073~077] 다음 글을 읽고 물음에 답하시오.

1 [1]충전(充電, 전류를 흘려서 전기 에너지를 모아 쌓는 일)과 방전(放電, 전기를 가지고 있는 물체에서 전기가 외부로 흘러나오는 현상)을 ⓐ 통해 반복적으로 사용할 수 있는 충전지는 충전기(充電器, 충전지를 충전하는 데 쓰는 장치)를 ⓑ 통해 충전하는데, 충전기는 적절한 전류(電流, 전하의 흐름)와 전압(電壓, 도체 안에 있는 두 점 사이의 전기적인 위치 에너지의 차이)을 제어하기(制御–, 알맞은 작용을 하도록 조절하기) 위한 충전 회로(回路, 전류가 흐르는 통로)를 가지고 있다. [2]충전지는 양극(陽極, 두 개의 전극 사이에 전류가 흐를 때 전위가 높은 쪽의 극. 전류가 전자 기기로 흘러 들어가는 전극)에 사용되는 금속 산화 물질(金屬酸化物質, 산소와 결합한 금속 화합물)에 따라 납 충전지, 니켈 충전지, 리튬 충전지로 나눌 수 있다. [3]충전지가 방전될 때 양극 단자(端子, 회로의 끝부분)와 음극(陰極, 두 개의 전극 사이에 전류가 흐를 때 전위가 낮은 쪽의 극. 전자 기기로부터 전류가 흘러나오는 전극) 단자 간(間, 사이)에 전위차(電位差, 전기장 안의 두 점 사이의 전위의 차. 전위는 전기장 안에서 단위 전하가 갖는 위치 에너지를 뜻함), 즉 전압이 발생하는데, 방전이 진행되면서 전압이 감소한다. [4]이렇게 변화하는 단자 전압의 평균을 공칭(公 공평하다 공 稱 부르다 칭) 전압이라 한다. [5]충전지를 크게 만들면 충전 용량(容量, 가질 수 있는 에너지의 양)과 방전 전류 세기를 증가시킬 수 있으나 전극의 물질을 바꾸지 않는 한 공칭 전압은 변하지 않는다. [6]납 충전지의 공칭 전압은 2 V, 니켈 충전지는 1.2 V, 리튬 충전지는 3.6 V이다.

→ 충전지의 개념과 종류 및 공칭 전압의 개념

2 [1]충전지는 최대 용량까지 충전하는 것이 효율적이며(效率的–, 들인 노력에 비해 얻는 결과가 크며) 이러한 상태를 만(滿 가득 차다 만)충전이라 한다. [2]최대 용량을 넘어서 충전하는 과(過 지나치다 과)충전이나 방전 하한(下限, 일정한 범위의 아래쪽 한계) 전압 이하까지 방전시키는 과방전으로 인해 충전지의 수명(壽命, 사용에 견디는 기간)이 줄어들기 때문에 충전 양을 측정(測定, 크기를 잼)·관리(管理, 상태를 변함없이 간수하거나 나쁜 점을 더 좋게 고치는 등의 일을 맡아 함)하는 것이 중요하다. [3]특히 과충전 시에는 발열(發熱, 열을 냄)로 인해 누액(漏液, 액체가 샘)이나 폭발(爆發, 불이 일어나며 갑작스럽게 터짐)의 위험이 있다. [4]니켈 충전지의 일종(一種, 한 종류)인 니켈카드뮴 충전지는 다른 충전지와 달리 메모리 효과가 있어서 일부만 방전한 후 충전하는 것을 반복하면 충·방전할 수 있는 용량이 줄어든다.

→ 충전지의 효율적인 충전 용량

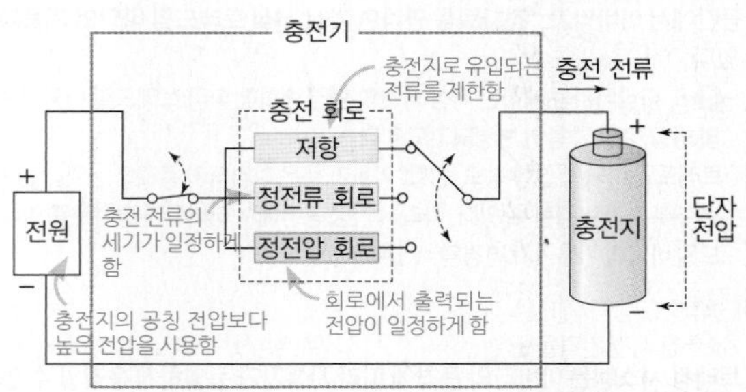


3 [1]충전에 사용하는 충전기의 전원(電源, 전력을 공급하는 장치의) 전압은 충전지의 공칭 전압보다 높은 전압을 사용하고 충전지로 유입되는(流入–, 들어오는) 전류를 저항(抵抗, 전류의 흐름을 방해하는 것)으로 제한한다.(制限–, 일정하게 정한 한도를 넘지 못하게 막

문제편 p.254

는다.) [2]그러나 충전이 이루어지면서 충전지의 단자 전압이 상승하여 유입되는 전류의 세기가 점점 줄어들게 된다. [3]그러므로 이를 막기 위해 충전기에는 충전 전류의 세기가 일정하도록 하는 정(定, 정해지다 정)전류 회로가 사용된다. [4]또한 정전압 회로를 사용하기도 하는데, 이는 회로에 입력되는 전압이 변해도 출력되는 전압이 일정하도록 해 준다. [5]리튬 충전지를 충전할 경우, 정전류 회로를 사용하여 충전하다가 만충전 전압에 이르면 정전압 회로로 전환하여(轉換-, 바꾸어) 정해진 시간 동안 충전지에 공급하는(供給-, 내어주는) 전압을 일정하게 유지함으로써 충전지 내부에 리튬 이온(ion, 원자가 전자를 잃거나 얻어서 전하를 띤 입자)이 고르게 분포될(分布-, 흩어져 퍼져 있을) 수 있게 한다.

→ 충전기의 정전류 회로와 정전압 회로의 역할

4 [1]충전지의 ㉠ 만충전 상태를 추정하여(推定-, 이미 알려진 것을 통해 비추어 생각하여) 충전을 중단하는(中斷-, 도중에 멈추는) 방식에는 몇 가지가 있다. [2]최대 충전 시간 방식에서는, 충전이 시작된 후 완전 방전에서 만충전될 때까지 소요될(所要-, 걸릴) 것으로 추정되는 시간이 경과하면(經過-, 지나면) 무조건 충전 전원을 차단한다.(遮斷-, 끊어서 통하지 못하게 한다.) [3]전류 적산(積算, 측정한 값을 차례로 더함) 방식에서는 일정한 시간 간격으로 충전 전류의 세기를 측정하여, 각각의 값에 측정 시간 간격을 곱한 것을 모두 더한 값이 충전지의 충전 용량에 이르면 충전 전원을 차단한다. [4]충전 상태 검출(檢出, 검사하여 찾아냄) 방식에서는 충전지의 단자 전압과 충전지 표면의 온도를 측정하여 만충전 여부(滿充電與否, 만충전 상태인지 아닌지)를 판정한다.(判定-, 판단하고 구별하여 결정한다.) [5]충전지에 충전 전류가 유입되면 충전이 시작되어 단자 전압과 온도가 서서히 올라간다. [6]충전 양이 만충전 용량의 약 80 %에 이르면 발열량이 많아져 단자 전압과 온도가 급격히 올라간다. [7]만충전 상태에 가까워지면 단자 전압이 다소(多少, 어느 정도) 감소하는데 일정 수준으로 감소한 시점을 만충전에 도달했다고(到達-, 이르렀다고) 추정하여 충전 전원을 차단한다. [8]니켈카드뮴 충전지의 경우는 단자 전압의 강하(降下, 낮아짐)를 검출할 수 있으나 다른 충전지들의 경우는 이러한 전압 강하가 검출이 가능할 만큼 크게 나타나지 않기 때문에 최대 단자 전압, 최대 온도, 온도 상승률 등의 기준을 정하고 측정된 값이 그 기준들을 넘어서지 않도록 하여 과충전을 방지한다.(防止-, 막는다.)

→ 충전지의 만충전 상태를 추정하여 충전을 중단하는 세 가지 방식

■지문 이해

<충전기를 통한 충전지의 충전과 충전 중단 방식>

**❶ 충전지의 개념과 종류 및 공칭 전압의 개념**

- 충전지
  - 충전과 방전을 통해 반복적으로 사용할 수 있으며, 충전기를 통해 충전함
  - 납 충전지, 니켈 충전지, 리튬 충전지가 있음
- 공칭 전압
  - 방전이 진행될 때 변화하는 단자 전압의 평균
  - 전극의 물질을 바꾸지 않는 한 변하지 않음

**❷ 충전지의 효율적인 충전 용량**

- 만충전 : 충전지를 최대 용량까지 충전한 효율적 상태
- 과충전 : 충전지를 최대 용량을 넘어서 충전하는 것으로, 발열로 인한 누액이나 폭발 위험이 있음
- 과방전 : 충전지를 방전 하한 전압 이하까지 방전시키는 것
- 니켈카드뮴 충전지를 일부만 방전한 후 충전하는 것을 반복할 경우 메모리 효과로 인해 충·방전 용량이 줄어듦

**❸ 충전기의 정전류 회로와 정전압 회로의 역할**

- 정전류 회로 : 충전지로 유입되는 전류의 세기가 줄어드는 것을 막기 위해 충전 전류의 세기가 일정하도록 함
- 정전압 회로 : 회로에 입력되는 전압이 변해도 출력되는 전압이 일정하도록 함

**❹ 충전지의 만충전 상태를 추정하여 충전을 중단하는 세 가지 방식**

- 최대 충전 시간 방식 : 충전이 시작된 후 완전 방전에서 만충전될 때까지 소요될 것으로 추정되는 시간이 경과하면 충전 전원을 차단함
- 전류 적산 방식 : 일정한 시간 간격으로 충전 전류의 세기를 측정하여, 각각의 값에 측정 시간 간격을 곱한 것을 모두 더한 값이 충전지의 충전 용량에 이르면 충전 전원을 차단함
- 충전 상태 검출 방식 : 충전지의 단자 전압과 충전지 표면의 온도를 측정하여 만충전 여부를 판정하고 충전 전원을 차단함

**073** 세부 정보 이해 - 적절한 것 고르기 2022학년도 예시문항 30번 | 정답 ②

**윗글의 내용과 일치하는 것은?**

끼친다

**① 과충전은 충전지의 수명에 영향을 끼치지 않는다.**

근거 ❷-2 최대 용량을 넘어서 충전하는 과충전이나 방전 하한 전압 이하까지 방전시키는 과방전으로 인해 충전지의 수명이 줄어들기 때문에

→ 적절하지 않음!

**② 방전 시 충전지의 단자 전압은 공칭 전압보다 낮을 수 있다.**

근거 ❶-3~4 방전이 진행되면서 전압이 감소한다. 이렇게 변화하는 단자 전압의 평균을 공칭 전압이라 한다.

풀이 변화하는 단자 전압의 평균을 공칭 전압이라 한다. 방전이 진행되면서 전압이 감소하여 단자 전압의 평균 이하로 방전될 경우, 충전지의 단자 전압은 공칭 전압보다 낮아진다.

→ 적절함!

변해도 일정하다

**③ 정전압 회로에서는 입력되는 전압이 변하면 출력되는 전압이 변한다.**

근거 ❸-4 정전압 회로를 사용하기도 하는데, 이는 회로에 입력되는 전압이 변해도 출력되는 전압이 일정하도록 해 준다.

→ 적절하지 않음!

바꾸지 않으면

**④ 전극의 물질을 바꾸어도 충전지의 평균적인 단자 전압은 변하지 않는다.**

근거 ❶-4~5 변화하는 단자 전압의 평균을 공칭 전압이라 한다. … 전극의 물질을 바꾸지 않는 한 공칭 전압은 변하지 않는다.

풀이 충전지의 평균적인 단자 전압인 공칭 전압은 전극의 물질을 바꾸지 않으면 변하지 않는다.

→ 적절하지 않음!

반복하면

**⑤ 니켈카드뮴 충전지는 일부만 방전한 후 충전하기를 반복해도 방전할 수 있는 용량이 줄어들지 않는다.**

줄어든다

근거 ❷-4 니켈카드뮴 충전지는 … 일부만 방전한 후 충전하는 것을 반복하면 충·방전할 수 있는 용량이 줄어든다.

→ 적절하지 않음!

Ⅳ 기술

**074** 세부 정보 이해 - 적절하지 않은 것 고르기 2022학년도 예시문항 31번 | 정답 ②

**다음은 리튬 충전지의 사용 설명서 중 일부이다. 윗글에서 근거를 찾을 수 없는 것은?**

유의 사항

- ㅇ 충전지에 표시된 전압보다 전원 전압이 높은 충전기를 사용해야 합니다. ············ ①
- ㅇ 충전지에 표시된 충전 *허용 전류보다 충전 전류의 세기가 강하면 충전지의 수명이 줄어듭니다. *許容, 허락하여 받아들임 ············ ②
- ㅇ 충전지의 온도가 *과도하게 상승하면 충전을 중지해야 합니다. *過度-, 알맞은 한도를 넘어 정도가 심하게 ············ ③
- ㅇ 충전지를 사용하다가 *수시로 충전해도 **무방합니다. *隨時-, 아무 때나 늘 **無妨-, 괜찮습니다. ············ ④
- ㅇ 과도하게 방전시키면 충전지의 수명이 줄어듭니다. ············ ⑤

**① 충전지에 표시된 전압보다 전원 전압이 높은 충전기를 사용해야 합니다.**

근거 ❸-1 충전기의 전원 전압은 충전지의 공칭 전압보다 높은 전압을 사용하고

→ 적절함!

어떻게 풀까? 윗글에서 '충전지에 표시된 전압'이 '공칭 전압'이라는 내용을 확인할 수 없으므로 ①번의 내용도 논란의 소지가 있다. 그러나 윗글에서 충전지와 관련된 전압은 '공칭 전압'과 '전원 전압'의 개념만 나오고, 선지에 '전원 전압'이 등장하므로 '충전지에 표시된 전압'이 '공칭 전압'이라는 것을 유추하여 문제를 풀어야 한다.

② 충전지에 표시된 충전 허용 전류보다 충전 전류의 세기가 강하면 충전지의 수명이 줄어듭니다.

풀이 윗글에서 충전지의 '충전 허용 전류'와 관련된 설명은 찾을 수 없다.

→ 적절하지 않음!

③ 충전지의 온도가 과도하게 상승하면 충전을 중지해야 합니다.

근거 ❷-3 과충전 시에는 발열로 인해 누액이나 폭발의 위험이 있다.

풀이 충전지의 온도가 과도하게 상승하면 발열로 인해 누액이나 폭발의 위험이 있으므로, 충전을 중지해야 한다.

→ 적절함!

④ 충전지를 사용하다가 수시로 충전해도 무방합니다.

근거 ❷-4 니켈 충전지의 일종인 니켈카드뮴 충전지는 다른 충전지와 달리 메모리 효과가 있어서 일부만 방전한 후 충전하는 것을 반복하면 충·방전할 수 있는 용량이 줄어든다.

풀이 윗글에서 니켈카드뮴 충전지의 경우 다른 충전지와 달리 일부만 방전한 후 충전하는 것을 반복하면 충·방전할 수 있는 용량이 줄어든다고 하였다. '다른 충전지'에 해당하는 리튬 충전지의 경우에는 일부만 방전 후 충전하는 것을 반복하더라도 충·방전할 수 있는 용량이 줄어들지 않으므로, 수시로 충전해도 문제가 없다.

→ 적절함!

⑤ 과도하게 방전시키면 충전지의 수명이 줄어듭니다.

근거 ❷-2 방전 하한 전압 이하까지 방전시키는 과방전으로 인해 충전지의 수명이 줄어들기 때문에

→ 적절함!

**075** | 추론의 적절성 판단 - 적절하지 않은 것 고르기 2022학년도 예시문항 32번 | 정답 ②

**<보기>는 윗글을 읽은 발명 동아리 학생들이 새로운 충전기 개발을 위해 진행한 회의의 일부이다. ㉠에 대한 의견으로 적절하지 않은 것은?**

㉠ 만충전 상태를 추정하여 충전을 중단하는 방식

| 보기 |

부 장 : 충전기에 적용할(適用-, 맞추어 쓸) 수 있는 충전 중단 방식이 지닌 장점에 대한 의견 잘 들었습니다. 이제 각 방식을 사용할 경우 발생할 수 있는 문제점을 생각해 보시고 의견을 말씀해 주십시오.

부원 1 : 최대 충전 시간 방식을 사용할 경우, 완전 방전이 되지 않은 상태에서 충전을 시작하면 과충전 상태에 이르는 한계가 있습니다.

부원 2 : 전류 적산 방식을 사용할 경우, 충전 전류가 변할 때보다 충전 전류가 일정할 경우에, 추정한 충전 양과 실제 충전 양의 차이가 커질 수 있다는 단점이 있습니다.

부 장 : 충전 상태 검출 방식에 대한 의견을 말씀해 주십시오.

부원 3 : 충전 상태 검출 방식 중 전압 강하를 검출하는 방식은 여러 종류의 충전지를 두루 충전하는 충전기에 사용하기에는 적절하지 않습니다.

부원 4 : 충전 상태 검출 방식 중 온도로 상태를 파악하는 방식에서는 주변 환경이 충전지 표면 온도에 영향을 준다면 충전 완료 시점을 정확하게 추정하기 어렵습니다.

부원 5 : 지금까지 논의한(論議-, 서로 의견을 내어 토의한) 방식은 모두 충전 전원을 차단하는 장치가 없다면 과충전을 방지할 수 없다는 한계가 있습니다.

▶지문 핵심 개념 정리

| 만충전 상태를 추정하여 충전을 중단하는 방식 |
|---|
| • 최대 충전 시간 방식<br>– 충전이 시작된 후 완전 방전에서 만충전될 때까지 소요될 것으로 추정되는 시간이 경과하면 무조건 충전 전원을 차단함(❹–2)<br>• 전류 적산 방식<br>– 일정한 시간 간격으로 충전 전류의 세기를 측정하여, 각각의 값에 측정 시간 간격을 곱한 것을 모두 더한 값이 충전지의 충전 용량에 이르면 충전 전원을 차단함(❹–3)<br>• 충전 상태 검출 방식<br>– 충전지의 단자 전압과 충전지 표면의 온도를 측정하여 만충전 여부를 판정함(❹–4)<br>– 니켈카드뮴 충전지의 경우 전압 강하를 검출할 수 있지만 다른 충전지들은 불가능함(❹–8) |

① 부원 1의 의견

풀이 최대 충전 시간 방식에서는 완전 방전에서 만충전될 때까지 걸리는 시간을 추정하여, 이 시간이 넘으면 충전 전원을 차단한다. 만약 완전 방전이 되지 않은 상태에서 충전을 시작하면, 만충전될 때까지 걸리는 시간은 완전 방전에서 만충전될 때까지 걸리는 시간보다 더 적을 것이다. 따라서 완전 방전이 되지 않은 상태에서 충전을 시작할 경우, 만충전이 된 이후에도 충전 전원이 차단되지 않아 과충전 상태에 이를 수 있는 위험이 있다.

→ 적절함!

② 부원 2의 의견

풀이 전류 적산 방식에서는 일정한 시간 간격으로 충전 전류의 세기를 측정하고, 그 값에 측정 시간 간격을 곱하여 나온 값들을 모두 더하여 충전 양을 추정한다. 만약 충전 전류가 일정하다면, 일정한 시간 간격으로 측정한 전류의 세기에 측정 시간 간격을 곱한 값으로 추정한 충전 양과 실제 충전 양은 같을 것이다. 반면 충전 전류가 변한다면, 일정한 시간 간격 안에서도 전류의 세기가 일정하지 않고 들쭉날쭉할 것이므로, 측정한 충전 양과 실제 충전 양의 오차가 커질 수 있다. 따라서 부원 2의 의견은 적절하지 않다.

→ 적절하지 않음!

③ 부원 3의 의견

풀이 니켈카드뮴 충전지의 경우 단자 전압의 강하를 검출할 수 있으므로, 충전 상태 검출 방식 중 전압 강하를 검출하는 방식을 사용할 수 있다. 그러나 그 외 다른 충전지들의 경우 전압 강하가 검출 가능할 만큼 크게 나타나지 않으므로 다른 방식을 사용한다. 따라서 충전 상태 검출 방식 중 전압 강하를 검출하는 방식은 니켈카드뮴 충전지 이외의 여러 종류의 충전지를 충전하는 충전기에 사용하기에는 적합하지 않다.

→ 적절함!

④ 부원 4의 의견

풀이 충전 상태 검출 방식 중 온도로 상태를 파악하는 방식은 충전지 표면의 온도를 측정하여 만충전 여부를 판정하는 것이다. 따라서 충전지 표면 온도에 영향을 주는 요소들이 있다면, 만충전 여부 판정에도 영향을 받게 되므로 충전 완료 시점을 정확하게 추정하기 어렵다.

→ 적절함!

⑤ 부원 5의 의견

근거 ❹-2~3 최대 충전 시간 방식에서는 … 충전 전원을 차단한다. 전류 적산 방식에서는 … 충전 전원을 차단한다, ❹-7 (충전 상태 검출 방식에서는) … 충전 전원을 차단한다.

풀이 <보기>에서 논의된 최대 충전 시간 방식, 전류 적산 방식, 충전 상태 검출 방식에서는 모두 충전 전원을 차단하여 과충전을 방지한다.

→ 적절함!

**076** | 자료 해석의 적절성 판단 - 적절하지 않은 것 고르기 2022학년도 예시문항 33번 | 정답 ③

**다음은 어떤 충전지를 충전할 때의 단자 전압과 충전 전류를 나타낸 그래프이다. 윗글을 참고할 때, ㉮~㉲에 대한 이해로 적절하지 않은 것은?** [3점]

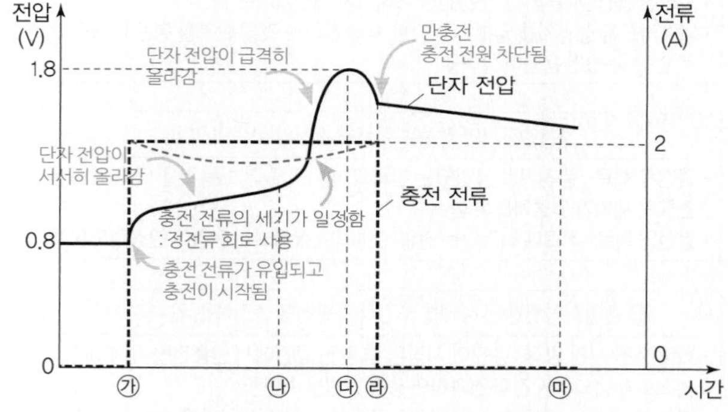


① ㉮ : 단자 전압이 공칭 전압 이하인 상태에서 충전이 시작되는군.

근거 ❶-4 변화하는 단자 전압의 평균을 공칭 전압이라 한다.

풀이 공칭 전압은 변화하는 단자 전압의 평균을 말한다. 그래프에서 단자 전압이 0.8 V와 1.8 V 사이에서 변화하므로, 공칭 전압은 0.8 V와 1.8 V 사이의 어느 값일 것이다. ㉮에서는 충전 전류가 유입되고 충전이 시작되는데, 이때 단자 전압이 0.8 V이므로,

공칭 전압 이하인 상태에서 충전이 시작된다는 설명은 적절하다.

→ 적절함!

② ㉯ : **충전 전류에 의해 온도가 상승하고 정전류 회로가 작동하고 있군.**

근거 ❸-2~3 충전이 이루어지면서 충전지의 단자 전압이 상승하여 유입되는 전류의 세기가 점점 줄어들게 된다. 그러므로 이를 막기 위해 충전기에는 충전 전류의 세기가 일정하도록 하는 정전류 회로가 사용된다, ❹-5 충전지에 충전 전류가 유입되면 충전이 시작되어 단자 전압과 온도가 서서히 올라간다.

풀이 그래프에서 ㉮에서 ㉱ 사이의 충전 전류의 세기는 2 A로 일정하다. 이는 해당 충전기에 충전 전류의 세기가 일정하도록 하는 정전류 회로가 사용되었기 때문이다. 한편 충전지에 충전 전류가 유입되면 충전이 시작되어 온도가 서서히 올라간다. 그래프의 ㉯ 지점에서 단자 전압이 서서히 올라가고 있는 것을 보아 충전이 시작된 것을 알 수 있으며, 온도도 상승하였을 것임을 알 수 있다. 따라서 ㉯ 지점에서 온도가 상승하고, 정전류 회로가 작동하고 있다는 설명은 적절하다.

→ 적절함!

③ ㉰ : **단자 전압이 최대에 도달했으므로 만충전에 이르렀군.**

근거 ❹-5~7 충전지에 충전 전류가 유입되면 충전이 시작되어 단자 전압과 온도가 서서히 올라간다. 충전 양이 만충전 용량의 약 80 %에 이르면 발열량이 많아져 단자 전압과 온도가 급격히 올라간다. 만충전 상태에 가까워지면 단자 전압이 다소 감소하는데 일정 수준으로 감소한 시점을 만충전에 도달했다고 추정

풀이 충전이 시작되면 단자 전압이 서서히 올라가고, 충전 양이 만충전 용량의 80 %에 이르면 단자 전압이 급격히 올라가다가 만충전 상태에 가까워지면 단자 전압이 다시 감소한다. 따라서 그래프에서 단자 전압이 최대인 ㉰ 지점을 만충전에 이른 시점이라고 볼 수 없다.

→ 적절하지 않음!

④ ㉱ : **정전류 회로가 작동을 멈추고 전원이 차단되었군.**

근거 ❸-3 충전기에는 충전 전류의 세기가 일정하도록 하는 정전류 회로가 사용된다, ❹-7 만충전 상태에 가까워지면 단자 전압이 다소 감소하는데 일정 수준으로 감소한 시점을 만충전에 도달했다고 추정하여 충전 전원을 차단한다.

풀이 그래프에서 ㉮에서 ㉱ 사이의 충전 전류의 세기가 2 A로 일정한 것은 해당 충전기에 정전류 회로가 작동하였기 때문이다. 그런데 ㉱에 이르면 충전 전류가 유입되지 않는다. 따라서 ㉱ 지점에서는 정전류 회로가 작동을 멈추었음을 알 수 있다.
한편 ㉰까지 급격히 올라가던 단자 전압은 ㉰를 지나면서 감소한다. 이는 만충전 상태에 가까워진 것으로 볼 수 있으며, ㉱ 지점에서 충전 전류가 더 이상 유입되지 않는 것을 보아 ㉱ 지점에서는 만충전에 도달하였다고 추정하여 충전 전원이 차단되었음을 알 수 있다.

→ 적절함!

⑤ ㉲ : **충전 전류가 흐르지 않는 상태에서 방전이 되고 있군.**

근거 ❶-3 방전이 진행되면서 전압이 감소한다.

풀이 ㉱ 지점에서 충전 전류의 유입이 차단되어, ㉲ 지점에서는 충전 전류가 흐르지 않는 상태에서 전압이 감소하고 있다. 윗글에서 방전이 진행되면서 전압이 감소한다고 하였으므로, ㉲에서는 방전이 진행되고 있음을 알 수 있다.

→ 적절함!

## 077 | 문맥적 의미 파악 - 적절한 것 고르기 2022학년도 예시문항 34번 | 정답 ⑤

### ⓐ, ⓑ의 의미로 쓰인 예가 바르게 짝지어진 것은?

충전과 방전을 ⓐ 통해 반복적으로 사용할 수 있는 충전지는 충전기를 ⓑ 통해 충전하는데

풀이 ⓐ에서 쓰인 '통(通 통하다 통)하다'는 '어떤 과정이나 경험을 거치다'의 의미이고, ⓑ에서 쓰인 '통하다'는 '어떤 사람이나 물체를 매개(媒介, 둘 사이에서 양편의 관계를 맺어 줌)로 하거나 중개하게(仲介-, 일에 직접적인 관계가 없는 제삼자가, 직접적인 관계가 있는 두 당사자 사이에서 일이 잘 되어 가도록 여러 가지 방법으로 힘을 쓰게) 하다'의 의미이다.

① ⓐ : **그 사람에게 그런 식은 안 통한다.**
ⓑ : **전깃줄에 전류가 통한다.**

풀이 ⓐ에서 쓰인 '통하다'는 '어떤 행위가 받아들여지다'의 의미이고, ⓑ에서 쓰인 '통하다'는 '어떤 곳에 무엇이 지나가다'의 의미이다.

→ 적절하지 않음!

② ⓐ : **그와 나는 서로 통하는 면이 있다.**
ⓑ : **청년기를 통해 노력의 중요성을 익혔다.**

풀이 ⓐ에서 쓰인 '통하다'는 '마음 또는 의사나 말 따위가 다른 사람과 소통되다'의 의미이고, ⓑ에서 쓰인 '통하다'는 '일정한 공간이나 기간에 걸치다'의 의미이다.

→ 적절하지 않음!

③ ⓐ : **이 길은 바다로 가는 길과 통해 있다.**
ⓑ : **모두 비상구를 통해 안전하게 빠져나갔다.**

풀이 ⓐ에서 쓰인 '통하다'는 '어떤 곳으로 이어지다'의 의미이고, ⓑ에서 쓰인 '통하다'는 '어떤 길이나 공간 따위를 거쳐서 지나가다'의 의미이다.

→ 적절하지 않음!

④ ⓐ : **이곳은 바람이 잘 통해 빨래가 잘 마른다.**
ⓑ : **그런 얄팍한 수는 나에게 통하지 않는다.**

풀이 ⓐ에서 쓰인 '통하다'는 '막힘이 없이 들고 나다'의 의미이고, ⓑ에서 쓰인 '통하다'는 '어떤 행위가 받아들여지다'의 의미이다.

→ 적절하지 않음!

⑤ ⓐ : **철저한 실습을 통해 이론을 확실히 익힌다.**
ⓑ : **망원경을 통해 저 멀리까지 내다보았다.**

풀이 ⓐ에서 쓰인 '통하다'는 '어떤 과정이나 경험을 거치다'의 의미이고, ⓑ에서 쓰인 '통하다'는 '어떤 사람이나 물체를 매개로 하거나 중개하게 하다'의 의미이다.

→ 적절함!

## [078~081] 다음 글을 읽고 물음에 답하시오.

1 [1]일반 사용자가 디지털 카메라를 들고 촬영하면 손의 미세한(微細-, 아주 작은) 떨림으로 인해 영상이 번져 흐려지고, 걷거나 뛰면서 촬영하면 식별하기(識別-, 구별하여 알아보기) 힘들 정도로 영상이 흔들리게 된다. [2]흔들림에 의한 영향을 최소화하는 기술이 영상 안정화(安定化, 변화에 흔들리지 않고 평안한 상태를 유지하는) 기술이다.

〈참고 사진〉

❶-2 흔들림에 의한 영향을 최소화하는 기술이 영상 안정화 기술이다.

→ 영상 안정화 기술의 개념

2 [1]영상 안정화 기술에는 빛을 이용하는 광학적(光 빛 광 學 학문 학 的 ~의 적) 기술과 소프트웨어(software, 컴퓨터를 통제하거나 컴퓨터에 명령을 내려서 작업을 수행하게 하는 프로그램)를 이용하는 디지털(digital, 정보를 숫자로 변환하여 데이터를 한 자리씩 끊어서 다루는 방식) 기술 등이 있다. [2]광학 영상 안정화(OIS) 기술을 사용하는 카메라 모듈(module, 제품을 구성하고 있는 한 단위의 덩어리 부품)은 렌즈 모듈, 이미지 센서, 자이로 센서(gyro sensor, 지구의 회전과 관계없이 항상 처음에 설정한 방향을 유지하는 성질을 이용해, 물체의 방향을 기준으로 한 위치 변화를 측정하는 센서), 제어(制御, 목적에 알맞은 작용을 하도록 조절하는) 장치, 렌즈를 움직이는 장치로 구성되어 있다. [3]렌즈 모듈은 보정용(補正用, 부족한 부분을 보태고 잘못된 것을 바르게 고치는 용도의) 렌즈들을 포함한 여러 개의 렌즈들로 구성된다. [4]일반적으로 카메라는 렌즈를 통해 들어온 빛이 이미지 센서에 닿아 피사체(被射體, 빛을 비추는 대상이 되는 물체)의 상(像, 모양)이 맺히고(똑같이 뜨고), 피사체의 한 점에 해당하는 위치인 화소(畫素, 화면을 전기적으로 분해한 최소의 단위 면적)마다 빛의 세기에 비례하여(比例-, 한쪽의 양이 증가하는 만큼 다른 쪽의 양도 증가하여) 발생한 전기 신호가 저장 매체에 영상으로 저장된다. [5]그런데 카메라가 흔들리면 이미지 센서 각각의 화소에 닿는 빛의 세기가 변한다. [6]이때(카메라가 흔들려서 이미지 센서 각각의 화소에 닿는 빛의 세기가 변할 때) OIS 기술이 작동되면 자이로 센서가 카메라의 움직임을 감지하여(感知-, 느껴서 알게 되어) 방향과 속도를 제어 장치에 전달한다. [7]제어 장치가 렌즈를 이동시키면 피사체의 상이 유지되면서 영상이 안정된다.

→ 영상 안정화 기술 ① : 광학 영상 안정화(OIS) 기술

3 [1]렌즈를 움직이는 방법 중에는 보이스코일 모터(voice coil motor, 스피커의 원리를 응용한 것으로, 자석과 코일을 이용해 진동을 일으키는 장치)를 이용하는 방법이 많이 쓰인다. [2]보이스코일 모터를 포함한 카메라 모듈은 중앙에 위치한 렌즈 주위에 코일(coil, 나사 모양으로 여러 번 감은, 원통 모양의 전류가 통하는 쇠 줄)과 자석이 배치되어(配置-, 일정한 자리에 알맞게 나뉘어 놓여) 있다. [3]카메라가 흔들리면 제어 장치에 의해 코일에 전류가 흘러서 자기장(磁氣場, 자석, 전류 등의 주위에 자기력이 작용하는 공간)과 전류의 직각 방향으로 전류의 크기에 비례하는 힘이 발생한다. [4]이(카메라가 흔들릴 때 자기장과 전류의 직각 방향으로 발생하는) 힘이 렌즈를 이동시켜 흔들림에 의한 영향이 상쇄되고(相殺-, 없어지고) 피사체의 상이 유지된다. [5]이(렌즈를 움직이는 방법)외에도 카메라가 흔들릴 때 이미지 센서를 움직여 흔들림을 감쇄하는(減殺-, 줄여 없애는) 방식도 이용된다.

〈참고 그림〉

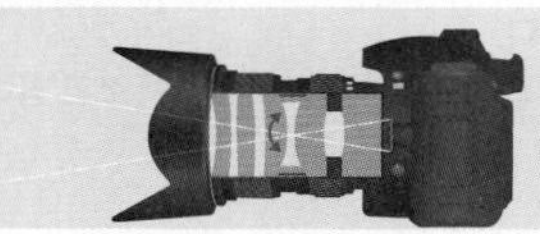

▲ 렌즈를 움직이는 방식

▲ 이미지 센서를 움직이는 방식

❷-6~7 OIS 기술이 작동되면 자이로 센서가 카메라의 움직임을 감지하여 방향과 속도를 제어 장치에 전달한다. 제어 장치가 렌즈를 이동시키면 피사체의 상이 유지되면서 영상이 안정된다. ❸-5 이외에도 카메라가 흔들릴 때 이미지 센서를 움직여 흔들림을 감쇄하는 방식도 이용된다.

→ 광학 영상 안정화(OIS) 기술 : 렌즈를 움직이는 방법과 이미지 센서를 움직이는 방법

4 [1]OIS 기술이 손 떨림을 훌륭하게 보정해 줄 수는 있지만 렌즈의 이동 범위에 한계가 있어 보정할 수 있는 움직임의 폭이 좁다.(렌즈가 이동할 수 있는 범위 안에서만 보정이 가능하다.) [2]디지털 영상 안정화(DIS) 기술은 촬영 후에 소프트웨어를 사용해 흔들림을 보정하는 기술로 역동적인(力動的-, 힘차고 활발하게 움직이는) 상황에서 촬영한 동영상에 적용할 때 좋은 결과를 얻을 수 있다. [3]이 기술(디지털 영상 안정화(DIS) 기술)은 촬영된 동영상을 프레임(frame, 연속적으로 바뀌면서 변화하는 동영상에서 한 순간 화면에 완전히 나타나는 상) 단위로 나눈 후 연속된 프레임 간(間, 사이의) 피사체의 움직임을 추정한다.(推定-, 이미 알려진 것으로 다른 것을 비추어 보아 생각하고 판정한다.) [4]움직임을 추정하는 한 방법은 특징점(特徵點, 다른 것과 구별되어 특별히 눈에 띄는 부분)을 이용하는 것이다. [5]특징점으로는 피사체의 모서리처럼 주위와 밝기가 뚜렷이 구별되며 영상이 이동하거나 회전해도 그(주위와 뚜렷이 구별되는) 밝기 차이가 유지되는 부분이 선택된다.

〈참고 사진〉 한국관광공사 제공

❹-5 특징점으로는 피사체의 모서리처럼 주위와 밝기가 뚜렷이 구별되며 영상이 이동하거나 회전해도 그 밝기 차이가 유지되는 부분이 선택된다.

→ 영상 안정화 기술 ② : 디지털 영상 안정화(DIS) 기술

5 [1]먼저 k 번째 프레임에서 특징점들을 찾고, 다음 k + 1 번째 프레임에서 같은 특징점들을 찾는다. [2]이 두 프레임(k 번째 프레임과 k + 1 번째 프레임) 사이에서 같은 특징점이 얼마나 이동하였는지 계산하여 영상의 움직임을 추정한다. [3]그리고 흔들림이 발생한 곳으로 추정되는 프레임에서 위치 차이만큼 보정하여 흔들림의 영향을 줄이면 보정된 동영상은 움직임이 부드러워진다. [4]그러나 특징점의 수가 늘어날수록 연산(演算, 특징점의 두 프레임 사이의 이동 거리 계산)이 더 오래 걸린다. [5]한편 영상을 보정하는 과정에서 영상을 회전하면 프레임에서 비어 있는 공간이 나타난다. [6]비어 있는 부분이 없도록 잘라내면 프레임들의 크기가 작아지는데, 원래의 프레임 크기를 유지하려면 화질(畫質, 화면에 맺힌 상의 밝기나 뚜렷함의 질)은 떨어진다.

→ 디지털 영상 안정화(DIS) 기술 : 특징점을 이용한 움직임 추정 방법

■지문 이해

〈영상 안정화 기술〉

**❶ 영상 안정화 기술의 개념**
- 영상 안정화 기술 : 디지털 카메라로 촬영 시 흔들림에 의한 영향을 최소화하는 기술

**❷ 영상 안정화 기술 ① : 광학 영상 안정화(OIS) 기술**
- 카메라가 흔들릴 때 이미지 센서 각각의 화소에 닿는 빛의 세기가 변함 → OIS 기술이 작동되면 자이로 센서가 카메라의 움직임을 감지하여 방향과 속도를 제어 장치에 전달함 → 제어 장치가 렌즈를 이동시키면 피사체의 상이 유지되고 영상이 안정됨
- 한계 : 렌즈의 이동 범위에 한계가 있어 보정 가능한 움직임의 폭이 좁음(❹)

**❹ 영상 안정화 기술 ② : 디지털 영상 안정화(DIS) 기술**
- 촬영 후 소프트웨어를 사용해 흔들림을 보정하는 기술
- 촬영된 동영상을 프레임 단위로 나눠 연속된 프레임 간 피사체의 움직임을 추정함
- 특징점 : 피사체의 모서리처럼 주위와 밝기가 뚜렷이 구별되며 영상의 이동, 회전에도 밝기 차이가 유지되는 부분이 선택됨

**❸ 렌즈를 움직이는 방법과 이미지 센서를 움직이는 방법**
- 보이스코일 모터를 이용하여 렌즈를 움직이는 방법 : 카메라가 흔들리면 제어 장치에 의해 코일에 전류가 흘러 발생하는 힘이 렌즈를 이동시켜 흔들림을 상쇄하고 피사체의 상이 유지됨
- 카메라가 흔들릴 때 이미지 센서를 움직여 흔들림을 감쇄하는 방식도 이용됨

**❺ 특징점을 이용한 움직임 추정 방법**
- 연속되는 두 프레임 사이에서 같은 특징점이 얼마나 이동하였는지 계산하여 영상의 움직임을 추정함
- 흔들림이 발생한 곳으로 추정되는 프레임에서 위치 차이만큼 보정하여 흔들림의 영향을 줄임
- 특징점의 수가 늘어날수록 연산이 오래 걸림
- 비어 있는 부분이 없도록 잘라내면 프레임들의 크기가 작아지며, 원래의 프레임 크기를 유지하려면 화질이 떨어짐

1등급 문제

**078** | 세부 정보 이해 - 적절하지 않은 것 고르기 2021학년도 6월 모평 25번
정답률 60%, 매력적 오답 ② 15% ③ 10% ④ 10% | 정답 ①

**윗글을 이해한 내용으로 적절하지 않은 것은?**

**① 디지털 영상 안정화 기술은 소프트웨어를 이용하여 이미지 센서를 이동시킨다.**

근거 ❹-2 디지털 영상 안정화(DIS) 기술은 촬영 후에 소프트웨어를 사용해 흔들림을 보정하는 기술, ❸-5 (광학 영상 안정화(OIS) 기술에서는) 카메라가 흔들릴 때 이미지 센서를 움직여 흔들림을 감쇄하는 방식도 이용된다.

풀이 디지털 영상 안정화 기술은 소프트웨어를 이용하여 흔들림의 영향을 줄인다. 이미지 센서를 움직여 영상의 흔들림을 줄이는 것은 디지털 영상 안정화 기술이 아니라 광학 영상 안정화 기술에 해당하는 내용이다.

→ 적절하지 않음!

**② 광학 영상 안정화 기술을 사용하지 않는 디지털 카메라에도 이미지 센서는 필요하다.**

근거 ❷-4 일반적으로 카메라는 렌즈를 통해 들어온 빛이 이미지 센서에 닿아 피사체의 상이 맺히고, 피사체의 한 점에 해당하는 위치인 화소마다 빛의 세기에 비례하여 발생한 전기 신호가 저장 매체에 영상으로 저장된다.

풀이 광학 영상 안정화 기술을 사용하지 않더라도, 일반적인 카메라는 렌즈를 통해 들어온 빛이 이미지 센서에 닿아 피사체의 상이 맺힌다. 따라서 광학 영상 안정화 기술을 사용하지 않는 디지털 카메라에도 이미지 센서는 필요하다.

→ 적절함!

**③ 연속된 프레임에서 동일한 피사체의 위치 차이가 작을수록 동영상의 움직임이 부드러워진다.**

근거 ❹-3 이(디지털 영상 안정화(DIS)) 기술은 촬영된 동영상을 프레임 단위로 나눈 후 연속된 프레임 간 피사체의 움직임을 추정한다, ❺-3 흔들림이 발생한 곳으로 추정되는 프레임에서 위치 차이만큼 보정하여 흔들림의 영향을 줄이면 보정된 동영상은 움직임이 부드러워진다.

풀이 디지털 영상 안정화 기술은 촬영된 동영상의 연속된 프레임 간 피사체의 움직임을 추정하는데, 흔들림이 발생한 곳으로 추정되는 프레임에서 '위치 차이만큼' 보정하여 흔들림의 영향을 줄이면 보정된 동영상의 움직임이 부드러워진다. 즉 연속된 프레임 간 피사체의 위치 차이를 줄여 움직임을 부드러워지게 보정하는 것이다. 따라서 위치 차이가 작을수록 동영상의 움직임은 부드러워진다는 설명은 적절하다.

→ 적절함!

**④ 디지털 카메라의 저장 매체에는 이미지 센서 각각의 화소에서 발생하는 전기 신호가 영상으로 저장된다.**

근거 ❷-4 일반적으로 카메라는 렌즈를 통해 들어온 빛이 이미지 센서에 닿아 피사체의 상이 맺히고, 피사체의 한 점에 해당하는 위치인 화소마다 빛의 세기에 비례하여 발생한 전기 신호가 저장 매체에 영상으로 저장된다.

→ 적절함!

**⑤ 보정 기능이 없다면 손 떨림이 있을 때 이미지 센서 각각의 화소에 닿는 빛의 세기가 변하여 영상이 흐려진다.**

근거 ❶-1 일반 사용자가 디지털 카메라를 들고 촬영하면 손의 미세한 떨림으로 인해 영상이 번져 흐려지고, ❷-5 카메라가 흔들리면 이미지 센서 각각의 화소에 닿는 빛의 세기가 변한다.

풀이 디지털 카메라로 촬영할 때 손 떨림으로 인해 카메라가 흔들리면 이미지 센서 각각의 화소에 닿는 빛의 세기가 변하여 영상이 흐려진다.

→ 적절함!

**079** | 핵심 개념 파악 - 적절하지 않은 것 고르기 2021학년도 6월 모평 26번 | 정답률 65%, 매력적 오답 ⑤ 15% | 정답 ②

### 윗글의 'OIS 기술'에 대한 설명으로 적절하지 않은 것은?

**① 보이스코일 모터는 카메라 모듈에 포함되는 장치이다.**

근거 ❸-2 보이스코일 모터를 포함한 카메라 모듈

→ 적절함!

카메라 움직임의 방향과 속도를

**② 자이로 센서는 이미지 센서에 맺히는 영상을 제어 장치로 전달한다.**

근거 ❷-6 OIS 기술이 작동되면 자이로 센서가 카메라의 움직임을 감지하여 방향과 속도를 제어 장치에 전달한다.

→ 적절하지 않음!

**③ 보이스코일 모터에 흐르는 전류에 의해 발생한 힘으로 렌즈의 위치를 조정한다.**

근거 ❸-3~4 카메라가 흔들리면 제어 장치에 의해 코일에 전류가 흘러서 자기장과 전류의 직각 방향으로 전류의 크기에 비례하는 힘이 발생한다. 이 힘이 렌즈를 이동시켜

→ 적절함!

**④ 자이로 센서가 카메라 움직임을 정확히 알려도 렌즈 이동의 범위에는 한계가 있다.**

근거 ❷-6 OIS 기술이 작동되면 자이로 센서가 카메라의 움직임을 감지하여 방향과 속도를 제어 장치에 전달, ❹-1 OIS 기술이 손 떨림을 훌륭하게 보정해 줄 수는 있지만 렌즈의 이동 범위에 한계가 있어

→ 적절함!

**⑤ 흔들림에 의해 피사체의 상이 이동하면 원래의 위치로 돌아오도록 렌즈나 이미지 센서를 이동시킨다.**

근거 ❷-6~7 OIS 기술이 작동되면 … 제어 장치가 렌즈를 이동시키면 피사체의 상이 유지되면서 영상이 안정된다, ❸-1~5 렌즈를 움직이는 방법 중에는 보이스코일 모터를 이용하는 방법이 많이 쓰인다. … 이 힘이 렌즈를 이동시켜 흔들림에 의한 영향이 상쇄되고 피사체의 상이 유지된다. 이외에도 카메라가 흔들릴 때 이미지 센서를 움직여 흔들림을 감쇄하는 방식도 이용된다.

풀이 흔들림에 의해 피사체의 상이 이동할 때, OIS 기술에서는 렌즈를 이동시키거나 이미지 센서를 움직이는 방식을 이용하여 흔들림의 영향을 없애고 피사체의 상이 유지되도록 한다.

→ 적절함!

**080** | 세부 정보 이해 - 적절한 것 고르기 2021학년도 6월 모평 27번 | 정답률 80% | 정답 ②

### 윗글을 참고할 때, <보기>의 A~C에 들어갈 말을 바르게 짝지은 것은?

| 보기 |

특징점으로 선택되는 점들과 주위 점들의 밝기 차이가 ( A ), 영상이 흔들리기 전의 밝기 차이와 후의 밝기 차이 변화가 ( B ) 특징점의 위치 추정이 유리하다. 그리고 특징점들이 많을수록 보정에 필요한 ( C )이/가 늘어난다.

근거 ❹-5 특징점으로는 피사체의 모서리처럼 주위와 밝기가 뚜렷이 구별되며 영상이 이동하거나 회전해도 그 밝기 차이가 유지되는 부분이 선택된다, ❺-4 특징점의 수가 늘어날수록 연산이 더 오래 걸린다.

풀이 특징점으로 선택되는 점들은 주위와 밝기 차이가 뚜렷이 구별되는 것이 선택된다고 하였으므로, A에는 '클수록'이 들어가는 것이 적절하다. 또 영상이 이동하거나 회전해도 밝기 차이가 유지되는, 즉 밝기 차이의 변화가 작은 부분이 선택된다고 하였으므로, B에는 '작을수록'이 들어가는 것이 적절하다. 한편 특징점의 수가 늘어날수록 연산이 더 오래 걸린다고 하였으므로, C에는 '시간'이 들어가는 것이 적절하다. 따라서 정답은 ②번이다.

| | A | B | C |
|---|---|---|---|
| ① | 클수록 | 클수록 | 프레임의 수 |
| ② | 클수록 | 작을수록 | 시간 |
| ③ | 클수록 | 작을수록 | 프레임의 수 |
| ④ | 작을수록 | 클수록 | 시간 |
| ⑤ | 작을수록 | 작을수록 | 프레임의 수 |

→ 적절함!

1등급 문제

**081** | 구체적인 사례에 적용 - 적절한 것 고르기 2021학년도 6월 모평 28번 | 정답률 40%, 매력적 오답 ① 10% ③ 35% ④ 10% | 정답 ②

### 윗글을 읽고 <보기>를 이해한 반응으로 가장 적절한 것은? [3점]

| 보기 |

[1]새로 산 카메라의 성능을 시험해 보고 싶어서 OIS 기능을 켜고 동영상을 촬영했다. [2]빌딩을 찍는 순간, 바람에 휘청하여 들고 있던 카메라가 기울어졌다. [3]집에 돌아와 촬영된 영상을 확인하고 소프트웨어로 보정하려 한다.

= ㉠, ㉡ 모두 OIS 기능으로 손떨림을 보정한 프레임

움직임의 폭이 큰 흔들림 발생

촬영 후 소프트웨어를 사용해 흔들림을 보정하는 DIS 기능 사용

[촬영한 동영상 중 연속된 프레임]

㉠ k 번째 프레임

㉡ k + 1 번째 프레임

피사체

**① ㉠에서 프레임의 모서리 부분으로 특징점을 선택하는 것이 움직임을 추정하는 데 유리하겠군.**

근거 ❹-5 특징점으로는 피사체의 모서리처럼 주위와 밝기가 뚜렷이 구별되며 영상이 이동하거나 회전해도 그 밝기 차이가 유지되는 부분이 선택된다.

풀이 '프레임'의 모서리가 아니라 '피사체'의 모서리 부분으로 특징점을 선택하는 것이 움직임을 추정하는 데 유리하다.

→ 적절하지 않음!

**② ㉡을 DIS 기능으로 보정하고 나서 프레임 크기가 변했다면 흔들림은 보정되었으나 원래의 영상 일부가 *손실되었겠군.** *損失-, 줄어들거나 잃어버려 손상을 입었겠군.

근거 ❺-5~6 영상을 보정하는 과정에서 영상을 회전하면 프레임에서 비어 있는 공간이 나타난다. 비어 있는 부분이 없도록 잘라내면 프레임들의 크기가 작아지는데, 원래의 프레임 크기를 유지하려면 화질은 떨어진다.

풀이 윗글에서 디지털 영상 안정화(DIS) 기술을 통해 영상을 보정하는 과정에서 영상을

회전하면 프레임에서 비어 있는 공간이 나타나, 이 부분을 잘라내면 프레임들의 크기가 작아진다고 하였다. ⓒ을 DIS 기능으로 보정하고 나서 프레임 크기가 변했다는 것은 영상을 보정하는 과정에서 비어 있는 부분을 잘라내어 프레임들의 크기가 작아졌다는 것을 뜻한다. 원래의 영상에서 잘라낸 부분이 생겼으므로, 원래의 영상 일부가 손실되었다는 설명은 적절하다.

영상을 회전하면 프레임에 비어 있는 공간이 나타남

비어 있는 부분이 없도록 잘라내면 프레임의 크기가 작아지고 화질이 떨어짐

→ 적절함!

**③ ㉠에서 빌딩 모서리들 간의 차이를 특징점으로 선택하고 그 차이를 계산하여 ㉡을 보정하겠군.**

근거 ❺-1~3 먼저 k 번째 프레임에서 특징점들을 찾고, 다음 k + 1 번째 프레임에서 같은 특징점들을 찾는다. 이 두 프레임 사이에서 같은 특징점이 얼마나 이동하였는지 계산하여 영상의 움직임을 추정한다. 그리고 흔들림이 발생한 곳으로 추정되는 프레임에서 위치 차이만큼 보정

풀이 ㉠에서 빌딩 모서리들 간의 차이를 특징점으로 선택하고 그 차이를 계산하여 ㉡을 보정하는 것이 아니라, 먼저 ㉠에서 특징점들을 찾고, ㉡에서 같은 특징점들을 찾아 ㉠과 ㉡ 사이에서 같은 특징점이 얼마나 이동하였는지 계산하여 영상의 움직임을 추정한 뒤, 흔들림이 발생한 곳으로 추정되는 프레임에서 위치 차이만큼 보정한다.

▲ ㉠과 ㉡ 사이에서 같은 특징점이 얼마나 이동하였는지 계산하여 영상의 움직임을 추정

→ 적절하지 않음!

**④ ㉠은 OIS 기능으로 손 떨림을 보정한 프레임이지만, ㉡은 OIS 기능으로 보정해야 할 프레임이겠군.** (㉠과 ㉡은 모두 / DIS)

근거 ❹-1~2 OIS 기술이 손 떨림을 훌륭하게 보정해 줄 수는 있지만 렌즈의 이동 범위에 한계가 있어 보정할 수 있는 움직임의 폭이 좁다. 디지털 영상 안정화(DIS) 기술은 촬영 후에 소프트웨어를 사용해 흔들림을 보정하는 기술, <보기>-1 OIS 기능을 켜고 동영상을 촬영, <보기>-3 집에 돌아와 촬영된 영상을 확인하고 소프트웨어로 보정

풀이 <보기>에서 OIS 기능을 켜고 동영상을 촬영했다고 하였으므로, ㉠과 ㉡은 모두 OIS 기능으로 손 떨림을 보정한 프레임이다. 또한 <보기>에서 집에 돌아와 촬영된 영상을 소프트웨어로 보정하려 한다고 하였으므로, 촬영 후 소프트웨어를 사용해 흔들림을 보정하는 DIS 기술을 사용할 것임을 뜻한다. 따라서 ㉡은 OIS 기능이 아니라 DIS 기능으로 보정해야 할 프레임이라고 보는 것이 더 적절하다.

→ 적절하지 않음!

**⑤ ㉡을 보면 ㉠이 촬영된 직후 카메라가 크게 움직여 DIS 기능으로는 완전히 보정되지 않았다는 것을 알 수 있겠군.** (OIS)

근거 ❹-1 OIS 기술이 손 떨림을 훌륭하게 보정해 줄 수는 있지만 렌즈의 이동 범위에 한계가 있어 보정할 수 있는 움직임의 폭이 좁다, <보기>-1~3 OIS 기능을 켜고 동영상을 촬영했다. 빌딩을 찍는 순간, 바람에 휘청하여 들고 있던 카메라가 기울어졌다. … 촬영된 영상을 확인하고 소프트웨어로 보정하려 한다.

풀이 <보기>에서 ㉠과 ㉡은 모두 OIS 기능을 켜고 촬영한 것임에도 ㉠에 비해 ㉡의 피사체가 많이 기울어져 있다. 이를 통해 ㉠이 촬영된 직후 카메라가 바람에 크게 흔들려 OIS 기능으로는 카메라의 움직임이 완전히 보정되지 않았음을 알 수 있다. 또한 <보기>에서 촬영된 영상을 확인하고 소프트웨어로 '보정하려 한다'고 하였는데, 이것은 아직 DIS 기능을 통한 보정은 이루어지지 않았음을 뜻한다. 따라서 'DIS 기능으로는 완전히 보정되지 않았다는 것을 알 수 있다'는 설명은 적절하지 않다.

→ 적절하지 않음!

## [082~085] 다음 글을 읽고 물음에 답하시오.

**1** [1]스마트폰은 다양한 위치 측정 기술을 활용하여 여러 지형(地形, 땅의 생긴 모양) 환경에서 위치를 측정한다. [2]위치에는 절대(絶對, 그 자체로서 아무런 조건이 붙지 않는 상태) 위치와 상대(相對, 다른 것과 비교되는 관계에 있는 것) 위치가 있다. [3]절대 위치는 위도(緯度, 지구 위에 있는 위치를 나타내는 좌표축 중 가로로 된 것), 경도(經度, 지구 위에 있는 위치를 나타내는 좌표축 중 세로로 된 것) 등으로 표시된 위치이고, 상대 위치는 특정한 위치를 기준으로 한 상대적인(相對的-, 서로 비교되는 관계에 있는) 위치이다.

→ 스마트폰의 위치 측정 방식 및 절대 위치와 상대 위치의 개념

**2** [1]실외(室外, 바깥)에서는 주로 스마트폰 단말기(端末機, 중앙 컴퓨터와 통신망으로 연결되어 자료를 입력하거나 출력하는 장치)에 내장된(內裝-, 속에 갖춰진) GPS(위성항법장치)나 IMU(관성측정장치)를 사용한다. [2]GPS는 위성(衛星, 지구 등의 행성 둘레를 돌도록 로켓을 이용하여 쏘아 올린 인공의 장치로, 기상 관측이나 과학 관측, 통신 중계 따위에 사용됨)으로부터 오는 신호를 이용하여 절대 위치를 측정한다. [3]GPS는 위치 오차(誤差, 실제 측정한 값과 정확한 값의 차이)가 시간에 따라 누적되지(累積-, 쌓이지) 않는다. [4]그러나 전파 지연(傳播遲延, 입력에서 출력에 이르기까지 걸리는 시간이 늦추어짐) 등으로 접속 초기에 짧은 시간 동안이지만 큰 오차가 발생하고 실내나 터널 등에서는 GPS 신호를 받기 어렵다. [5]IMU는 내장된 센서(sensor, 감지기)로 가속도와 속도를 측정하여 위치 변화를 계산하고 초기 위치를 기준으로 하는 상대 위치를 구한다. [6]단기간(短期間, 짧은 기간) 움직임에 대한 측정 성능이 뛰어나지만 센서가 측정한 값의 오차가 누적되기 때문에 시간이 지날수록 위치 오차가 커진다. [7]이 두 방식(GPS, IMU)을 함께 사용하면 서로의 단점을 보완하여 오차를 줄일 수 있다.

→ 실외에서 스마트폰의 위치 측정 방식

**3** [1]한편 실내에서 위치 측정에 사용 가능한 방법으로는 블루투스(bluetooth, 가까운 거리에서 데이터를 무선으로 주고받을 수 있는 무선 통신 기술) 기반(基盤, 기초가 되는 바탕)의 비콘을 활용하는 기술이 있다. [2]비콘은 실내에 고정 설치되어 비콘마다 정해진 식별 번호(識別番號, 다른 것과 구별하여 알아볼 수 있게 만든 번호)와 위치 정보가 포함된 신호를 주기적으로(週期的-, 일정한 간격을 두고 되풀이하여) 보내는 기기이다. [3]비콘들은 동일한 세기의 신호를 사방(四方, 동서남북의 주위 지역 전부)으로 보내지만 비콘으로부터 거리가 멀어질수록, 벽과 같은 장애물이 많을수록 신호의 세기가 약해진다. [4]단말기가 비콘 신호의 도달(到達, 닿을 수 있는) 거리 내로 진입하면 단말기 안의 수신기가 이 신호를 인식한다. [5]이 신호(비콘 신호)를 이용하여 2차원 평면(二次元平面, 두 개의 실수로 나타낼 수 있는, 상하좌우 두 방향의 평평한 표면)에서의 위치를 측정하는 방법으로는 다음과 같은 것들이 있다.

→ 실내에서 스마트폰의 위치 측정 방식

**4** [1]근접성 기법은 단말기가 비콘 신호를 수신하면 해당(該當, 바로 그) 비콘의 위치를 단말기의 위치로 정한다. [2]여러 비콘 신호를 수신했을 경우에는 신호가 가장 강한 비콘의 위치를 단말기의 위치로 정한다.

→ 비콘 신호를 이용한 2차원 평면 위치 측정 방법 ① : 근접성 기법

**5** [1]삼변측량 기법은 3 개 이상의 비콘으로부터 수신된 신호 세기를 측정하여 단말기와 비콘 사이의 거리로 환산한다.(換算-, 고쳐 셈한다.) [2]각 비콘을 중심으로 이 거리(수신된 신호 세기를 환산한 단말기와 비콘 사이의 거리)를 반지름으로 하는 원을 그리고, 그(각 원의) 교점(交點, 서로 만나는 점)을 단말기의 현재 위치로 정한다. [3]교점이 하나로 모이지 않는 경우에는 세 원에 공통으로 속한 영역의 중심점을 단말기의 위치로 측정한다.

→ 비콘 신호를 이용한 2차원 평면 위치 측정 방법 ② : 삼변측량 기법

**6** [1]㉠ 위치 지도 기법은 측정 공간을 작은 구역들로 나누어 각 구역마다 기준점을 설정하고 그(기준점) 주위에 비콘들을 설치한다. [2]그러고 나서 비콘들이 송신하여(送信-, 신호를 보내어) 각 기준점에 도달하는 신호의 세기를 측정한다. [3]이(비콘들이 송신하여 각 기준점에 도달하는) 신호 세기와 비콘의 식별 번호, 기준점의 위치 좌표(座標, 평면에 있는 점의 위치를 나타내는 수나 수의 짝)를 서버(server, 정보를 제공하고 작업을 수행하는 컴퓨터 시스템)에 있는 데이터베이스(database, 통합 관리되는 자료들의 집합)에 위치 지도로 기록해 놓는다. [4]이 작업을 모든 기준점에서 수행한다. [5]특정한 위치에 도달한 단말기가 비콘 신호를 수신하면(受信-, 받으면) 신호 세기를 측정한 뒤 비콘의 식별 번호와 함께 서버로 전송한다.(傳送-, 보낸다.) [6]서버는 수신된 신호 세기와 가장 가까운 신호 세기를 갖는 기준점을 데이터베이스에서 찾아 이(수신된 신호 세기와 가장 가까운 신

호 세기를 갖는) 기준점의 위치를 단말기에 알려 준다.
→ 비콘 신호를 이용한 2차원 평면 위치 측정 방법 ③ : 위치 지도 기법

■지문 이해
〈스마트폰에서 활용되는 다양한 위치 측정 기술〉

❶ 스마트폰의 위치 측정 방식 및 절대 위치와 상대 위치의 개념
• 스마트폰은 다양한 위치 측정 기술을 활용함
• 절대 위치 : 위도, 경도 등으로 표시된 위치
• 상대 위치 : 특정한 위치를 기준으로 한 상대적인 위치

| ❷ 실외에서 스마트폰의 위치 측정 방식 | ❸ 실내에서 스마트폰의 위치 측정 방식 |
|---|---|
| • GPS<br>- 위성으로부터 오는 신호를 이용해 절대 위치를 측정함<br>- 접속 초기에 짧은 시간 동안 큰 오차가 발생하고, 실내, 터널 등에서는 신호를 받기 어려움<br>• IMU<br>- 내장된 센서로 위치 변화를 계산해 초기 위치를 기준으로 하는 상대 위치를 구함<br>- 측정값의 오차가 누적되어 시간이 지날수록 위치 오차가 커짐<br>→ 두 방식을 함께 사용하여 오차를 줄일 수 있음 | • 블루투스 기반의 비콘<br>- 실내에 고정 설치되어 정해진 식별 번호와 위치 정보가 포함된 신호를 주기적으로 보내는 기기<br>- 거리가 멀어질수록, 장애물이 많을수록 신호의 세기가 약해짐 |

비콘 신호를 이용한 2차원 평면 위치 측정 방법

| ❹ 근접성 기법 | ❺ 삼변측량 기법 | ❻ 위치 지도 기법 |
|---|---|---|
| • 단말기가 수신한 비콘의 위치를 단말기의 위치로 정함<br>• 여러 비콘 신호를 수신했을 경우, 신호가 가장 강한 비콘의 위치를 단말기의 위치로 정함 | • 3개 이상의 비콘으로부터 수신된 신호 세기를 측정하여 단말기와 비콘 사이의 거리로 환산하고, 이 거리를 반지름으로 하는 원을 그려 그 교점이나 세 원에 공통으로 속한 영역의 중심점을 단말기의 현재 위치로 정함 | • 서버의 데이터베이스에 위치 지도를 기록해 놓음<br>• 특정 위치의 단말기가 비콘 신호를 수신하면 신호 세기, 식별 번호를 서버로 전송함<br>• 서버는 수신된 신호 세기와 가장 가까운 신호 세기를 갖는 기준점을 데이터베이스에서 찾아 기준점의 위치를 단말기에 알려 줌 |

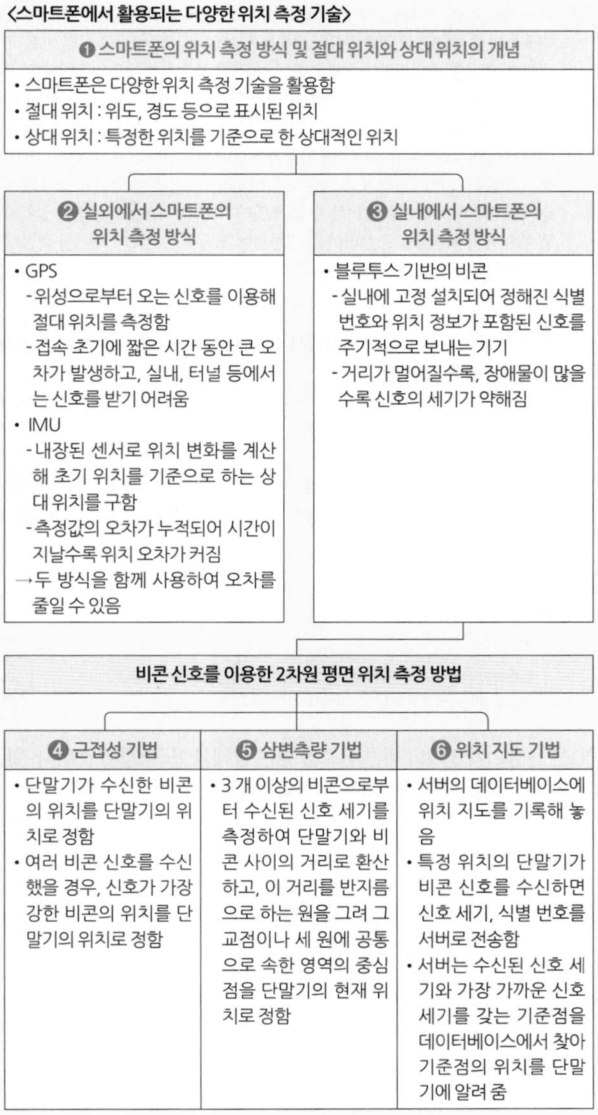

1등급 문제

**082** | 세부 정보 이해 - 적절한 것 고르기 2020학년도 9월 모평 38번
정답률 60%, 매력적 오답 ③ 20% | 정답 ⑤

## 윗글의 내용과 일치하는 것은?

**① GPS를 이용하여 측정한 위치는 기준이 되는 위치가 어디냐에 따라 달라진다.**

근거 ❶-3 절대 위치는 위도, 경도 등으로 표시된 위치이고, 상대 위치는 특정한 위치를 기준으로 한 상대적인 위치이다, ❷-2 GPS는 위성으로부터 오는 신호를 이용하여 절대 위치를 측정한다.

풀이 GPS는 절대 위치를 측정하므로 GPS를 이용하여 측정한 위치는 기준이 되는 위치가 어디냐에 따라 달라지지 않는다.

→ 적절하지 않음!

동일한
**② 비콘들이 서로 다른 세기의 신호를 송신해야 단말기의 위치를 측정할 수 있다.**

근거 ❸-3 비콘들은 동일한 세기의 신호를 사방으로 보내지만

풀이 윗글에서 비콘들은 동일한 세기의 신호를 송신한다고 설명하고 있다.

→ 적절하지 않음!

단말기의 위치
**③ 비콘이 전송하는 식별 번호는 신호가 도달하는 단말기를 구별하기 위한 정보이다.**

근거 ❸-2 비콘은 실내에 고정 설치되어 비콘마다 정해진 식별 번호와 위치 정보가 포함된 신호를 주기적으로 보내는 기기, ❸-4~5 단말기가 비콘 신호의 도달 거리 내로 진입하면 단말기 안의 수신기가 이 신호를 인식한다. 이 신호를 이용하여 2차원 평면에서의 위치를 측정

풀이 비콘은 정해진 식별 번호와 위치 정보가 담긴 신호를 주기적으로 보내는데, 단말기가 특정 비콘 신호의 도달 거리 안에 들어오면 단말기 안의 수신기가 이 신호를 인식하고, 이 신호를 이용하여 위치를 측정하게 된다. 따라서 비콘이 전송하는 식별 번호는 신호가 도달하는 단말기를 구별하기 위한 정보가 아니라, 단말기의 '위치'를 구별하기 위한 정보이다.

→ 적절하지 않음!

비콘
**④ 비콘은 실내에서 GPS 신호를 받아 주위에 위성 식별 번호와 위치 정보를 전송하는 장치이다.**

근거 ❸-1~2 실내에서 위치 측정에 사용 가능한 방법으로는 블루투스 기반의 비콘을 활용하는 기술이 있다. 비콘은 실내에 고정 설치되어 비콘마다 정해진 식별 번호와 위치 정보가 포함된 신호를 주기적으로 보내는 기기, ❷-4 실내나 터널 등에서는 GPS 신호를 받기 어렵다.

풀이 비콘은 실내에서 활용하는 블루투스 기반의 위치 측정 기기이다. 비콘은 실내에 고정 설치되어, 'GPS 신호를 받아 주위에 전송하는' 것이 아니라 '비콘마다 정해진 식별 번호와 위치 정보가 포함된 신호를' 주기적으로 전송한다. 또한 윗글에서 실내에서는 GPS 신호를 받기 어렵다고 하였으므로, 실내에서 GPS 신호를 받는다는 설명도 적절하지 않다.

→ 적절하지 않음!

**⑤ IMU는 단말기가 초기 위치로부터 얼마나 떨어져 있는지를 계산하여 단말기의 위치를 구한다.**

근거 ❷-5 IMU는 내장된 센서로 가속도와 속도를 측정하여 위치 변화를 계산하고 초기 위치를 기준으로 하는 상대 위치를 구한다.

풀이 IMU는 단말기의 위치 변화를 계산하고, 초기 위치를 기준으로 단말기가 얼마나 떨어져 있는지의 상대 위치를 구하는 장치이다.

→ 적절함!

**083** | 추론의 적절성 판단 - 적절한 것 고르기 2020학년도 9월 모평 39번
정답률 75% | 정답 ⑤

## 오차에 대해 이해한 내용으로 적절한 것은?

센서가 측정한 값의 오차가 누적되기 때문에
**① IMU는 시간이 지날수록 전파 지연으로 인한 오차가 커진다.**

근거 ❷-4 (GPS는) 전파 지연 등으로 접속 초기에 짧은 시간 동안이지만 큰 오차가 발생하고, ❷-6 (IMU는) 센서가 측정한 값의 오차가 누적되기 때문에 시간이 지날수록 위치 오차가 커진다.

풀이 IMU가 시간이 지날수록 위치 오차가 커지는 것은 맞지만, 그 이유는 전파 지연이 아니라 센서가 측정한 값의 오차가 누적되기 때문이다. 전파 지연으로 인한 오차가 발생하는 것은 IMU가 아니라 GPS이다.

→ 적절하지 않음!

IMU 스마트폰 단말기
**② GPS는 사용 시간이 길어질수록 위성의 위치를 파악하는 데 오차가 커진다.**

근거 ❷-4 (GPS는) 전파 지연 등으로 접속 초기에 짧은 시간 동안이지만 큰 오차가 발생하고, ❷-6 (IMU는) 센서가 측정한 값의 오차가 누적되기 때문에 시간이 지날수록 위치 오차가 커진다.

풀이 시간이 지날수록 위치 오차가 커지는 것은 GPS가 아니라 IMU이다. GPS는 전파 지연 등으로 인해 초기에 짧은 시간 동안 큰 오차가 발생한다.

→ 적절하지 않음!

**③ IMU는 *순간적인 오차가 발생하지만 시간이 지날수록 정확한 위치 측정이 가능해진다.** *瞬間的-. 아주 짧은 동안에 있는

근거 ❷-4 (GPS는) 전파 지연 등으로 접속 초기에 짧은 시간 동안이지만 큰 오차가 발생하고, ❷-6 (IMU는) 센서가 측정한 값의 오차가 누적되기 때문에 시간이 지날수록 위치 오차가 커진다.

풀이 IMU는 시간이 지날수록 위치 오차가 커진다고 하였으므로, 시간이 지날수록 정확한 위치 측정이 가능해진다는 설명은 적절하지 않다. 순간적인 오차가 발생한다는 설명 또한 IMU가 아니라 GPS에 해당하는 설명이다.

→ 적절하지 않음!

IV 기술

④ **GPS는 단말기가 터널에 진입 시 발생한 오차를 터널을 통과하는 동안 *보정할 수 있다.** *補正-. 오차를 없애고 참값에 가까운 값을 구함

근거 ❷-2 GPS는 위성으로부터 오는 신호를 이용하여 절대 위치를 측정한다, ❷-4 (GPS는) 실내나 터널 등에서는 GPS 신호를 받기 어렵다.

풀이 GPS는 위성으로부터 오는 신호를 받아 위치를 측정하는데, 터널에서는 신호를 받기 어렵다고 하였다. 따라서 터널을 통과하는 동안 오차를 보정할 수 없다.

→ 적절하지 않음!

⑤ **IMU의 오차가 커지는 것은 가속도와 속도를 측정할 때 생기는 오차가 누적되기 때문이다.**

근거 ❷-5~6 IMU는 내장된 센서로 가속도와 속도를 측정하여 위치 변화를 계산하고 초기 위치를 기준으로 하는 상대 위치를 구한다. 단기간 움직임에 대한 측정 성능이 뛰어나지만 센서가 측정한 값의 오차가 누적되기 때문에 시간이 지날수록 위치 오차가 커진다.

풀이 IMU는 내장된 센서가 가속도와 속도를 측정하여 위치 변화를 계산하여 상대 위치를 구하는데, 이 센서가 측정한 값의 오차가 누적되기 때문에 시간이 지날수록 위치 오차가 커진다.

→ 적절함!

1등급 문제

**084** 핵심 개념 파악 - 적절하지 않은 것 고르기 2020학년도 9월 모평 40번
정답률 45%, 매력적 오답 ② 15% ④ 25% | 정답 ③

**㉠에 대한 이해로 적절하지 않은 것은?**

㉠ 위치 지도 기법

① **측정 공간을 더 많은 구역으로 나눌수록 기준점이 많아진다.**

근거 ❻-1 위치 지도 기법은 측정 공간을 작은 구역들로 나누어 각 구역마다 기준점을 설정

풀이 위치 지도 기법(㉠)은 측정 공간을 나눈 각 구역마다 기준점을 설정한다고 하였으므로, 측정 공간을 더 많은 구역으로 나눌수록 기준점이 더 많아진다는 설명은 적절하다.

→ 적절함!

② **단말기가 측정 공간에 들어오기 전에 데이터베이스가 미리 구축되어 있어야 한다.**

근거 ❻-3~6 이(기준점 주위의 비콘들이 송신하여 각 기준점에 도달하는) 신호 세기와 비콘의 식별 번호, 기준점의 위치 좌표를 서버에 있는 데이터베이스에 위치 지도로 기록해 놓는다. … 특정한 위치에 도달한 단말기가 비콘 신호를 수신하면 … 서버로 전송한다. 서버는 수신된 신호 세기와 가장 가까운 신호 세기를 갖는 기준점을 데이터베이스에서 찾아 이 기준점의 위치를 단말기에 알려 준다.

풀이 위치 지도 기법(㉠)에서는 먼저 기준점 주위의 비콘들이 송신하여 각 기준점에 도달하는 신호 세기와 비콘 식별 번호, 기준점의 위치 좌표를 서버의 데이터베이스에 위치 지도로 기록해 놓는다. 특정 위치에 단말기가 도달하면 단말기가 수신한 비콘 신호와 식별 번호를 서버로 전송하고, 서버는 수신된 신호 세기와 가장 가까운 신호 세기를 갖는 기준점을 미리 구축된 데이터베이스에서 찾는다. 따라서 단말기가 측정 공간에 들어오기 전에 데이터베이스가 미리 구축되어 있어야 한다는 설명은 적절하다.

→ 적절함!

③ **측정된 신호 세기가 서버에 저장된 값과 가장 가까운 비콘의 위치가 단말기의 위치가 된다.** (기준점)

근거 ❻-5~6 특정한 위치에 도달한 단말기가 비콘 신호를 수신하면 신호 세기를 측정한 뒤 비콘의 식별 번호와 함께 서버로 전송한다. 서버는 수신된 신호 세기와 가장 가까운 신호 세기를 갖는 기준점을 데이터베이스에서 찾아 이 기준점의 위치를 단말기에 알려 준다.

풀이 특정 위치에 도달한 단말기가 수신한 비콘 신호의 세기와 식별 번호를 서버로 전송하면 서버는 수신된 신호 세기와 가장 가까운 신호 세기를 갖는 기준점을 저장되어 있던 데이터베이스에서 찾아 이 기준점의 위치를 단말기에 알려 준다. 따라서 측정된 신호 세기가 서버에 저장된 값과 가장 가까운 '비콘'의 위치가 아니라 '기준점'의 위치가 단말기의 위치가 된다.

→ 적절하지 않음!

④ **비콘을 이동하여 설치하면 정확한 위치 측정을 위해 데이터베이스를 *갱신할 필요가 있다.** *更新-. 바뀌어 달라진 내용에 따라 바꾸어 새롭게 고침

근거 ❻-1~3 위치 지도 기법은 측정 공간을 작은 구역들로 나누어 각 구역마다 기준점을 설정하고 그 주위에 비콘들을 설치한다. 그리고 나서 비콘들이 송신하여 각 기준점에 도달하는 신호의 세기를 측정한다. 이 신호 세기와 비콘의 식별 번호, 기준점의 위치 좌표를 서버에 있는 데이터베이스에 위치 지도로 기록해 놓는다, ❻-6 서버는 수신된 신호 세기와 가장 가까운 신호 세기를 갖는 기준점을 데이터베이스에서 찾아 이 기준점의 위치를 단말기에 알려 준다.

풀이 위치 지도 기법(㉠)에서는 각 구역에 설정한 기준점의 주위에 비콘들을 설치하고, 그 비콘들이 송신하여 각 기준점에 도달하는 신호의 세기와 비콘의 식별 번호, 기준점의 위치 좌표를 데이터베이스에 기록해 놓고, 특정 위치에 도달한 단말기가 수신한 신호 세기와 가장 가까운 신호 세기를 가진 기준점을 데이터베이스에서 찾아 이 기준점의 위치를 단말기에 알려 준다. 이때 기준점 주위에 설치된 비콘을 이동하여 설치하게 되면, 그 비콘이 송신하여 기준점에 도달하는 신호의 세기와 비콘의 식별 번호가 이동하기 전과 달라지고, 기존 데이터베이스에 기록된 정보와 맞지 않게 되어 정확한 단말기의 위치를 알려줄 수 없게 된다. 따라서 비콘을 이동하여 설치하면 바뀐 위치에서 비콘들이 송신하여 각 기준점에 도달하는 신호의 세기를 측정해서 데이터베이스를 새로 기록해야 한다.

→ 적절함!

⑤ **위치 지도는 측정 공간 안의 특정 위치에서 수신된 신호 세기와 식별 번호 등을 데이터베이스에 기록해 놓은 것이다.**

근거 ❻-3 이(기준점 주위의 비콘들이 송신하여 각 기준점에 도달하는) 신호 세기와 비콘의 식별 번호, 기준점의 위치 좌표를 서버에 있는 데이터베이스에 위치 지도로 기록해 놓는다.

풀이 위치 지도는 측정 공간 안의 기준점 주위에 설치된 비콘들이 송신하여 각 기준점에 도달하는 신호의 세기와 비콘의 식별 번호, 기준점의 위치 좌표를 데이터베이스에 기록해 놓은 것이다.

→ 적절함!

1등급 문제

**085** 구체적인 상황에 적용 - 적절한 것 고르기 2020학년도 9월 모평 41번
정답률 40%, 매력적 오답 ② 15% ④ 25% ⑤ 20% | 정답 ③

**<보기>는 단말기가 3개의 비콘 신호를 받은 상태를 *도식화한 것이다. 윗글을 바탕으로 <보기>를 이해한 내용으로 적절한 것은?** *圖式化-. 그림으로 나타낸 [3점]

| 보 기 |

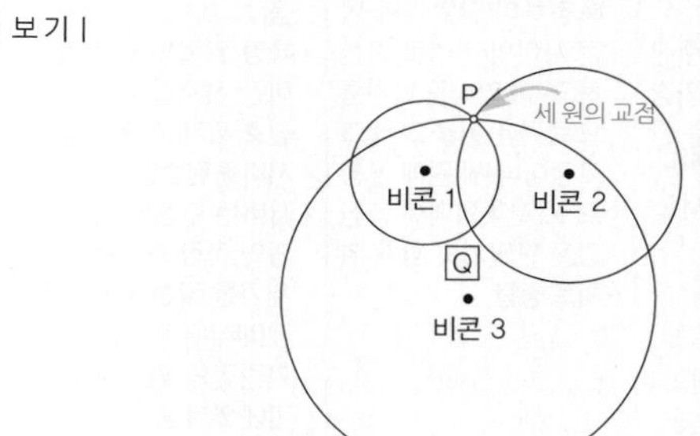


* [1]각 원의 반지름은 신호 세기로 환산한 비콘과 단말기 사이의 거리이다.
  (반지름이 크다 = 비콘과 단말기 사이의 거리가 멀다 = 신호의 세기가 약하다)
* [2]신호 세기에 영향을 미치는 장애물이 Q의 위치에 있다.
  (장애물이 있으면 신호의 세기가 약해진다)

([3]단, 세 원에 공통으로 속한 영역이 항상 존재한다고 가정하며, 신호 세기에 영향을 미치는 다른 요소는 고려하지 않음)

▶ 지문 핵심 개념 정리

| 삼변측량 기법 |
|---|
| • 3개 이상의 비콘으로부터 수신된 신호 세기를 측정하여 단말기와 비콘 사이의 거리로 환산함(❺-1)<br>• 각 비콘을 중심으로 이 거리를 반지름으로 하는 원을 그리고, 그 교점을 단말기의 현재 위치로 정함(❺-2)<br>• 교점이 하나로 모이지 않는 경우에는 세 원에 공통으로 속한 영역의 중심점을 단말기의 위치로 측정함(❺-3) |

① **근접성 기법과 삼변측량 기법으로 측정한 단말기의 위치는 동일하겠군.** (서로 다르겠군)

근거 <보기>-1 각 원의 반지름은 신호 세기로 환산한 비콘과 단말기 사이의 거리이다, ❹-2 (근접성 기법에서는) 여러 비콘 신호를 수신했을 경우에는 신호가 가장 강한 비콘의 위치를 단말기의 위치로 정한다.

풀이 <보기>에서 각 원의 반지름은 측정된 신호 세기로 환산한 비콘과 단말기 사이의 거리라고 하였으므로, 반지름이 클수록 비콘과 단말기 사이의 거리가 멀다는 것을 뜻하며, 신호의 세기가 약하다는 것을 뜻함을 알 수 있다. 근접성 기법에서는 신호가

가장 강한 비콘의 위치를 단말기의 위치로 정한다고 하였으므로, <보기>의 경우 원의 반지름이 가장 작은 비콘 1의 위치를 단말기의 위치로 정할 것이다. 한편 삼변측량 기법에서는 각 비콘으로부터 수신된 신호 세기로 단말기와 비콘 사이의 거리를 환산하여, 이 거리를 반지름으로 하는 세 원의 교점을 단말기의 현재 위치로 정한다고 하였다. 즉 <보기>의 경우 세 원의 교점인 P를 단말기의 현재 위치로 정할 것이다. 따라서 근접성 기법과 삼변측량 기법으로 측정한 단말기의 위치는 동일하지 않다.

→ 적절하지 않음!

② **측정된 신호 세기를 약한 것부터 나열하면 비콘 1, 비콘 2, 비콘 3의 신호 순이겠군.** (비콘 3, 비콘 2, 비콘 1)

근거 ❸-3 비콘들은 동일한 세기의 신호를 사방으로 보내지만 비콘으로부터 거리가 멀어질수록, 벽과 같은 장애물이 많을수록 신호의 세기가 약해진다, <보기>-1 각 원의 반지름은 신호 세기로 환산한 비콘과 단말기 사이의 거리이다.

풀이 <보기>에서 각 원의 반지름은 측정된 신호 세기로 환산한 비콘과 단말기 사이의 거리라고 하였으므로, 반지름이 클수록 비콘과 단말기 사이의 거리가 멀다는 것을 알 수 있다. 윗글에서 비콘으로부터 거리가 멀어질수록 신호의 세기가 약해진다고 하였으므로, <보기> 그림의 반지름이 클수록, 즉 비콘과 단말기 사이의 거리가 멀수록 신호의 세기가 약하다는 것을 알 수 있다. 따라서 측정된 신호의 세기는 비콘 3이 가장 약하고, 비콘 2, 비콘 1의 순으로 측정된 신호 세기가 강해진다.

→ 적절하지 않음!

③ **실제 단말기의 위치는 삼변측량 기법으로 측정된 위치에 비해 비콘 3에 더 가까이 있겠군.**

근거 ❸-3 비콘들은 동일한 세기의 신호를 사방으로 보내지만 비콘으로부터 거리가 멀어질수록, 벽과 같은 장애물이 많을수록 신호의 세기가 약해진다.

풀이 삼변측량 기법은 비콘으로부터 수신된 신호 세기를 측정하여 단말기와 비콘 사이의 거리로 환산하고, 이 거리를 반지름으로 하는 각각의 원을 그려 그 교점을 단말기의 현재 위치로 정하는 방법이다. 이때 비콘들은 동일한 세기의 신호를 송신하지만, 장애물이 있으면 신호의 세기가 약해진다고 하였다. <보기>에서 비콘 3과 단말기 사이의 거리를 반지름으로 하는 원 안에 장애물이 Q의 위치에 있다. 이는 비콘 3과 단말기 사이에 장애물이 있다는 것을 의미하며, 이 장애물의 영향으로 비콘 3으로부터 수신된 신호의 세기가 약해졌을 것이라고 추론할 수 있다. 즉 장애물의 영향을 배제하였을 때, 비콘 3으로부터 수신된 신호의 세기는 장애물의 영향으로 약해진 신호의 세기보다 더 강할 것이고, 비콘 3을 중심으로 하는 원의 크기는 장애물의 영향을 받은 <보기>의 원의 크기보다 더 작을 것이다. 따라서 실제 단말기의 위치는 삼변측량 기법으로 측정된 위치에 비해 비콘 3에 더 가까이 있을 것이다.

→ 적절함!

④ **Q의 위치에 있는 장애물이 제거된다면, 삼변측량 기법으로 측정되는 단말기의 위치는 현재 측정된 위치에서 P 방향으로 이동하겠군.** (P / 비콘 3 방향으로)

근거 ❸-3 비콘들은 동일한 세기의 신호를 사방으로 보내지만 비콘으로부터 거리가 멀어질수록, 벽과 같은 장애물이 많을수록 신호의 세기가 약해진다.

풀이 <보기>에서 각 원의 반지름은 측정된 신호 세기로 환산한 비콘과 단말기 사이의 거리라고 하였으므로, 반지름이 클수록 비콘과 단말기 사이의 거리가 멀다는 것을 뜻하며, 신호의 세기가 약하다는 것을 뜻함을 알 수 있다. 장애물이 제거된다면 비콘 3으로부터 수신된 신호의 세기가 더 강해질 것이고, 비콘 3을 중심으로 하는 원의 반지름이 작아질 것이다. 이 경우 단말기의 위치인 세 원의 교점이나 세 원에 공통으로 속한 영역의 중심점은 아래 그림과 같이, 현재 측정된 위치에서 P 방향이 아니라 비콘 3의 방향으로 이동한다.

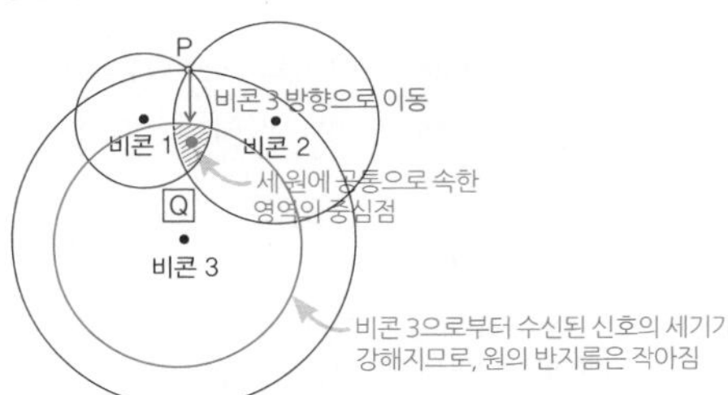


→ 적절하지 않음!

⑤ **단말기에서 측정되는 비콘 2의 신호 세기만 약해진다면, 삼변측량 기법으로 측정되는 단말기의 위치는 현재 측정된 위치에서 비콘 2 방향으로 이동하겠군.** (P / 보다 비콘 2 방향에서 멀어지겠군)

풀이 <보기>에서 각 원의 반지름은 측정된 신호 세기로 환산한 비콘과 단말기 사이의 거리라고 하였으므로, 반지름이 클수록 비콘과 단말기 사이의 거리가 멀다는 것을 뜻하며, 신호의 세기가 약하다는 것을 뜻함을 알 수 있다. 즉 비콘 2의 신호 세기만 약해진다면, 비콘 2를 중심으로 하는 원의 반지름이 커질 것이다. 이 경우 단말기의 위치인 세 원의 교점이나 세 원에 공통으로 속한 영역의 중심점은 아래 그림과 같이, 현재 측정된 위치보다 비콘 2 방향에서 멀어질 것이다.

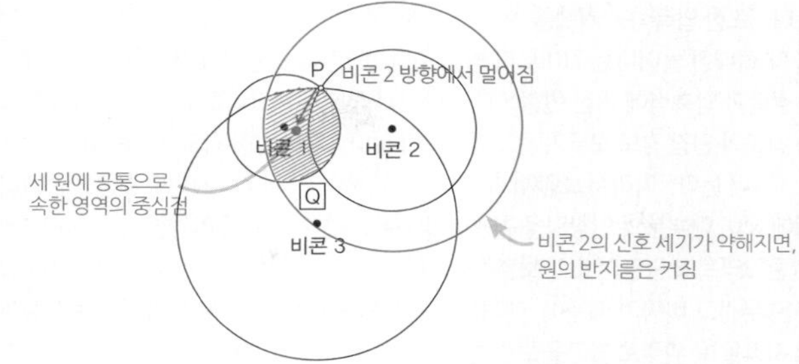


→ 적절하지 않음!

## [086~091] 다음 글을 읽고 물음에 답하시오.

**1** [1]'콘크리트'는 건축 재료로 다양하게 사용되고 있다. [2]일반적으로 콘크리트가 근대(近代, 중세와 현대 사이의 시대) 기술의 ㉠ 산물로 알려져 있지만 콘크리트는 이미 고대 로마 시대에도 사용되었다. [3]로마 시대의 탁월한(卓越-, 높고 뛰어난) 건축미(建築美, 건축물이 지니고 있는 아름다움)를 보여 주는 판테온은 콘크리트 구조물인데, 반구형(半球形, 구를 절반으로 나눈 모습)의 지붕인 돔(dome)은 오직 콘크리트로만 이루어져 있다. [4]로마인들은 콘크리트의 골재 배합(骨材配合, 재료로 사용되는 모래나 자갈을 섞어서 합치는 비율)을 달리하면서 돔의 상부(上部, 윗부분)로 갈수록 두께를 점점 줄여 지붕을 가볍게 할 수 있었다. [5]돔 지붕이 지름 45 m 남짓의 넓은 원형 내부 공간과 이어지도록 하였고, 지붕의 중앙에는 지름 9 m가 넘는 ㉡ 원형의 천창(天窓, 지붕에 낸 창문)을 내어 빛이 내부 공간을 채울 수 있도록 하였다.

<참고 사진>

▲ 판테온

→ 고대 로마 시대에도 사용되었던 콘크리트

**2** [1]콘크리트는 시멘트에 모래와 자갈 등의 골재(骨材, 콘크리트를 만드는 재료)를 섞어 물로 반죽한 혼합물이다. [2]콘크리트에서 결합재(結合材, 서로 합치는 데 쓰는 재료) 역할을 하는 시멘트가 물과 만나면 ㉢ 점성을 띠는 상태가 되며, 시간이 지남에 따라 수화 반응(水和反應, 시멘트와 물이 만났을 때 화학 반응이 일어나 굳어지고 단단해지는 현상)이 일어나 골재, 물, 시멘트가 결합하면서 굳어진다. [3]콘크리트의 수화 반응은 상온(常溫, 자연 그대로의 온도, 보통 15 ℃)에서 일어나기 때문에 작업하기에도 좋다. [4]반죽 상태의 콘크리트를 거푸집(만들려는 물건의 모양대로 속이 비어서 공간에 쇠붙이나 콘크리트를 붓도록 되어 있는 틀)에 부어 경화시키면(硬化-, 단단히 굳게 만들면) 다양한 형태와 크기의 구조물을 만들 수 있다. [5]콘크리트의 골재는 종류에 따라 강도(強度, 단단하고 센 정도)와 밀도(密度, 빽빽한 정도)가 다양하므로 골재의 종류와 비율을 조절하여 콘크리트의 강도와 밀도를 다양하게 변화시킬 수 있다. [6]그리고 골재들 간의 접촉을 높여야(서로 맞붙어 닿는 정도를 높여야) 강도가 높아지기 때문에, 서로 다른 크기의 골재를 배합하는 것이 효과적이다.

→ 콘크리트의 제작 과정과 특성

**3** [1]콘크리트가 철근 콘크리트로 발전함에 따라 건축은 구조적으로 더욱 견고해지고(堅固-, 굳고 단단해지고), 형태 면에서는 더욱 다양하고 자유로운 표현이 가능해졌다. [2]일반적으로 콘크리트는 누르는 힘인 압축력에는 쉽게 부서지지 않지만 당기는 힘인 인장력(引 당기다 인 張 벌이다 장 力 힘 력)에는 쉽게 부서진다. [3]압축력이나 인

장력에 재료가 부서지지 않고 그 힘에 견딜 수 있는, 단위 면적당 최대의 힘을 각각 압축 강도와 인장 강도라 한다. [4]콘크리트의 압축 강도는 인장 강도보다 10 배 이상 높다. [5]또한 압축력을 가했을(加-, 주었을) 때 최대한 줄어드는 길이는 인장력을 가했을 때 최대한 늘어나는 길이보다 훨씬 길다. [6]그런데 철근이나 철골과 같은 철재는 인장력과 압축력에 의한 변형(變形, 형태 변화) 정도가 콘크리트보다 작은 데다가 압축 강도와 인장 강도 모두가 콘크리트보다 높다. [7]특히 인장 강도는 월등히(越等-, 뛰어나게) 더 높다. [8]따라서 보강재(補強材, 강도를 높이기 위해 쓰이는 재료)로 철근을 콘크리트에 넣어 대부분의 인장력을 철근이 받도록 하면 인장력에 취약한(脆弱-, 무르고 약한) 콘크리트의 단점이 크게 보완된다.(補完-, 모자라거나 부족한 것이 보충된다.) [9]다만 철근은 무겁고 비싸기 때문에, 대개는 인장력을 많이 받는 부분을 정확히 계산하여 그 지점을 ⓔ 위주로 철근을 보강한다.(補強-, 보충해서 더 튼튼하게 한다.) [10]또한 가해진 힘의 방향에 수직인 방향으로 재료가 변형되는 정도 고려해야 하는데, 이때 필요한 것이 포아송 비이다. [11]철재는 콘크리트보다 포아송 비가 크며, 대체로 철재의 포아송 비는 0.3, 콘크리트는 0.15 정도이다.

→ 콘크리트를 보완한 철근 콘크리트

**4** [1]강도가 높고 지지력(支持力, 버티는 힘)이 좋아진 철근 콘크리트를 건축 재료로 사용하면서, 대형 공간을 축조하고(築造-, 쌓아서 만들고) 기둥의 간격도 넓힐 수 있게 되었다. [2]20 세기에 들어서면서부터 근대 건축에서 철근 콘크리트는 예술적 ⓕ 영감을 줄 수 있는 재료로 인식되기 시작하였다. [3]기술이 예술의 가장 중요한 근원(根源, 본바탕)이라는 신념(信念, 굳은 믿음)을 가졌던 르 코르뷔지에는 철근 콘크리트 구조의 장점을 사보아 주택에서 완벽히 구현하였다.(具現-, 구체적인 모습으로 나타냈다.) [4]사보아 주택은, 벽이 건물의 무게를 지탱하는(支撐-, 버티는) 구조로 설계된 건축물과는 달리 기둥만으로 건물 본체의 하중(荷重, 무게)을 지탱하도록 설계되어 건물이 공중에 떠 있는 듯한 느낌을 준다. [5]2층 거실을 둘러싼 벽에는 수평으로 긴 창이 나 있고, 건축가가 '건축적 산책로'라고 이름 붙인 경사로(傾斜路, 기울어진 길)는 지상(地上, 땅 위)의 출입구에서 2층의 주거 공간(住居空間, 머물러 사는 곳)으로 이어지다가 다시 테라스로 나와 지붕까지 연결된다. [6]목욕실 지붕에 설치된 작은 천창을 통해 하늘을 바라보면 이 주택이 자신을 중심으로 펼쳐진 또 다른 소우주(小宇宙, 우주의 일부이면서도 그 자체가 하나의 독립된 우주로 여겨지는 것)임을 느낄 수 있다. [7]평평하고 넓은 지붕에는 정원이 조성되어(造成-, 만들어져), 여기서 산책하다 보면 대지(大地, 넓고 큰 땅)를 바다 삼아 항해하는(航海-, 바다 위를 떠다니는) 기선(汽船, 배)의 갑판(甲板, 큰 배 위에 나무나 철판 따위를 깔아 놓은 넓고 평평한 바닥)에 서 있는 듯하다.

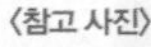
〈참고 사진〉

▲ 사보아 주택 – 기둥만으로 건물 무게를 지탱하도록 설계

▲ 일반 주택 – 벽이 건물 무게를 지탱하도록 설계

→ 철근 콘크리트를 활용한 건물의 예 : 사보아 주택

**5** [1]철근 콘크리트는 근대 이후 가장 중요한 건축 재료로 널리 사용되어 왔지만 철근 콘크리트의 인장 강도를 높이려는 연구가 계속되어 프리스트레스트(prestressed, 속에 철근을 넣어 압축 응력을 받은) 콘크리트가 등장하였다. [2]프리스트레스트 콘크리트는 다음과 같이 제작된다. [3]먼저, 거푸집에 철근을 넣고 철근을 당긴 상태에서 콘크리트 반죽을 붓는다. [4]콘크리트가 굳은 뒤에 당기는 힘을 제거하면(除去-, 없애면), 철근이 줄어들면서 콘크리트에 압축력이 작용하여 외부의 인장력에 대한 저항성(抵抗性, 버티는 성질)이 높아진 프리스트레스트 콘크리트가 만들어진다. [5]킴벨 미술관은 개방감(開放感, 열린 느낌)을 주기 위하여 기둥 사이를 30 m 이상 벌리고 내부의 전시 공간을 하나의 층으로 만들었다. [6]이 간격(30 m 이상 벌어진 기둥 사이)은 프리스트레스트 콘크리트 구조를 활용하였기에 구현할 수 있었고, 일반적인 철근 콘크리트로는 구현하기 어려웠다. [7]이(프리스트레스트 콘크리트) 구조로 이루어진 긴 지붕의 틈새로 들어오는 빛이 넓은 실내를 환하게 채우며 철근 콘크리트로 이루어진 내부를 대리석처럼 빛나게 한다.

〈참고 그림〉 프리스트레스트 콘크리트 제작 과정

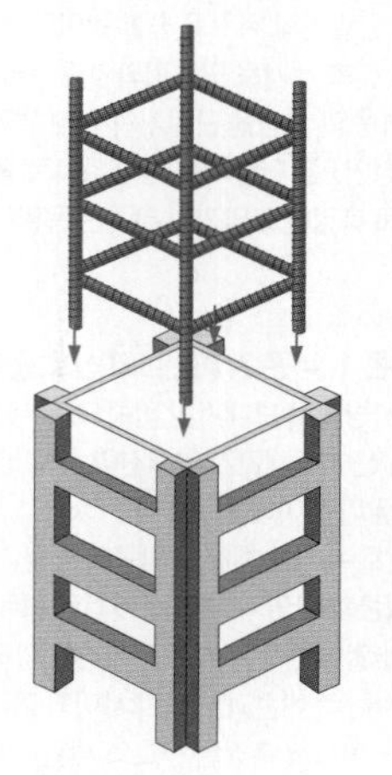
① 거푸집에 철근을 넣는다.

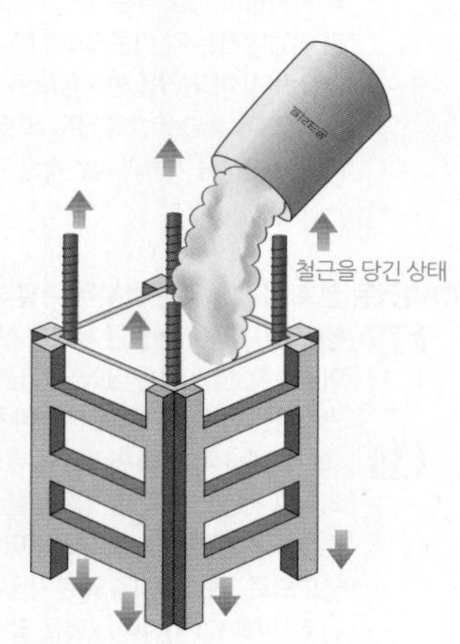

② 철근을 당긴 상태에서 콘크리트 반죽을 넣는다.

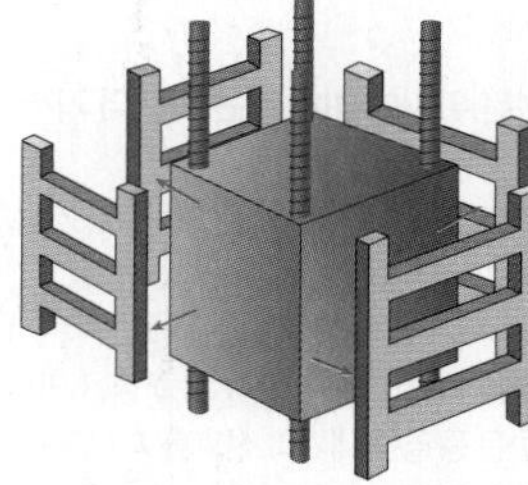

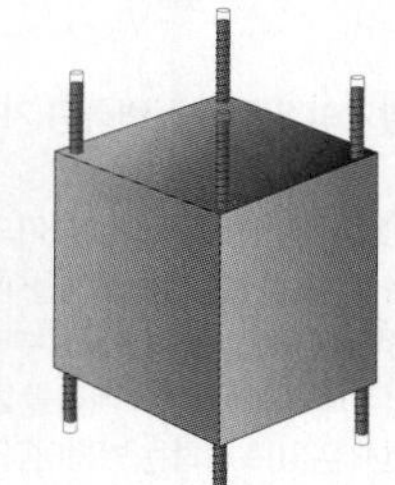
③ 콘크리트가 굳은 뒤에(이때 거푸집을 떼어 낸다.) 당기는 힘을 제거하면 철근이 줄어들면서 저항성이 높아진 프리스트레스트 콘크리트가 만들어진다.

〈참고 사진〉 킴벨 미술관

❺-5~6 킴벨 미술관은 개방감을 주기 위하여 프리스트레스트 콘크리트 구조를 활용해 기둥 사이를 30 m 이상 벌리고 내부의 전시 공간을 하나의 층으로 만들었다.

→ 프리스트레스트 콘크리트의 특징과 활용한 건물의 예 : 킴벨 미술관

**6** [1]이처럼 건축 재료에 대한 기술적 탐구는 언제나 새로운 건축 미학(建築美學, 건축물을 아름답게 꾸미고 배치하기 위하여 연구하는 학문)의 원동력(原動力, 밑바탕이 되는 힘)이 되어 왔다. [2]특히 근대 이후에는 급격한 기술의 발전으로 혁신적인(革新的-, 이전에는 볼 수 없었던 완전히 새로운) 건축 작품들이 탄생할 수 있었다. [3]건축 재료와 건축 미학의 유기적인(有機的-, 서로 밀접하게 관련을 맺고 있어 뗄 수 없는) 관계는 앞으로도 지속될(持續-, 오래 계속될) 것이다.

→ 건축 재료 기술 발달과 건축 미학의 관계 전망

■ 지문 이해

**〈콘크리트를 통해 살펴본 건축 재료와 건축 미학의 관계〉**

❶ 고대 로마 시대에도 사용되었던 콘크리트

❷ 콘크리트의 제작 과정과 특성

- 콘크리트 제작 과정
  ① 시멘트에 골재(모래, 자갈 등)를 섞어 물로 반죽
  ② 시간이 지나면서 수화 반응이 일어나 굳어짐
  ③ 반죽 상태의 콘크리트를 거푸집에 부어 경화시키면 다양한 구조물을 만들 수 있음
- 골재의 종류와 비율을 조절해 강도와 밀도 변화 가능
- 서로 다른 크기의 골재를 배합하는 것이 강도를 높이는 데 효과적

| ③ 콘크리트를 보완한 철근 콘크리트 | ⑤-1 프리스트레스트 콘크리트의 특징 |
|---|---|
| • 철근 콘크리트의 특징<br>- 건축이 구조적으로 견고해지고 형태는 더욱 다양하고 자유로워짐<br>- 콘크리트보다 압축 강도와 인장 강도가 높음<br>- 철근은 무겁고 비싸 인장력을 많이 받는 지점 위주로 보강<br>• 포아송 비 : 가해진 힘의 방향에 수직 방향으로 재료가 변형되는 점을 고려할 때 필요한 수치<br>⇒ 철재는 0.3, 콘크리트는 0.15 | • 프리스트레스트 콘크리트<br>: 철근 콘크리트의 인장 강도를 높임<br>• 제작 과정<br>① 거푸집에 철근을 넣음<br>② 철근을 당긴 상태에서 콘크리트 반죽을 부음<br>③ 콘크리트가 굳은 뒤에 당기는 힘을 제거<br>④ 철근이 줄어들면서 콘크리트에 압축력이 작용<br>⑤ 외부의 인장력에 대한 저항성이 높아진 프리스트레스트 콘크리트 제작 |

| ④ 철근 콘크리트를 활용한 건물의 예 : 사보아 주택 | ⑤-2 프리스트레스트 콘크리트를 활용한 건물의 예 : 킴벨 미술관 |
|---|---|
| • 철근 콘크리트의 장점을 구현<br>- 기둥만으로 건물 본체의 하중을 지탱하도록 설계 → 공중에 떠 있는 느낌<br>- 2층 벽에는 수평으로 긴 창이 있음<br>- 경사로는 출입구 → 2층 주거 공간 → 테라스 → 지붕까지 연결<br>- 목욕실 지붕에 천창을 설치<br>- 평평하고 넓은 지붕에 정원이 조성되어 있음 | • 프리스트레스트 콘크리트 활용<br>- 기둥 사이를 30 m 이상 벌리고 내부 전시 공간을 하나의 층으로 만듦 → 개방감을 확보함<br>- 긴 지붕의 틈새로 들어오는 빛이 넓은 실내를 환하게 채움 → 건물 내부가 대리석처럼 빛나게 됨 |

| ⑥ 건축 재료 기술 발달과 건축 미학의 관계 전망 |
|---|
| • 건축 재료 기술의 발전으로 혁신적 건축 작품 탄생 가능 : 건축 미학의 원동력<br>• 건축 재료와 건축 미학의 유기적 관계는 앞으로도 지속될 것 |

**086** | 글의 서술 방식 파악 - 적절한 것 고르기 2017학년도 9월 모평 25번 정답률 90% | 정답 ①

**윗글에 대한 설명으로 가장 적절한 것은?**

**① 건축 재료의 특성과 발전을 서술하면서 각 건축물들의 공간적 특징을 설명하고 있다.**

근거 ❶-3 판테온은 콘크리트 구조물인데, … 콘크리트로만 이루어져 있다, ❷-1~4 콘크리트는 시멘트에 모래와 자갈 등의 골재를 섞어 물로 반죽한 혼합물이다. … 다양한 형태와 크기의 구조물을 만들 수 있다, ❸-2 일반적으로 콘크리트는 누르는 힘인 압축력에는 쉽게 부서지지 않지만 당기는 힘인 인장력에는 쉽게 부서진다, ❹-1 강도가 높고 지지력이 좋아진 철근 콘크리트를 건축 재료로 사용하면서, 대형 공간을 축조하고 기둥의 간격도 넓힐 수 있게 되었다, ❹-4 사보아 주택은, … 기둥만으로 건물 본체의 하중을 지탱하도록 설계되어 건물이 공중에 떠 있는 듯한 느낌을 준다, ❺-1 프리스트레스트 콘크리트가 등장하였다, ❺-5~6 킴벨 미술관은 개방감을 주기 위하여 기둥 사이를 30 m 이상 벌리고 내부의 전시 공간을 하나의 층으로 만들었다. 이 간격은 프리스트레스트 콘크리트 구조를 활용하였기에 구현할 수 있었고, 일반적인 철근 콘크리트로는 구현하기 어려웠다.

→ 적절함!

**② 건축 재료의 특성에 기초하여 건축물들의 특징에 대한 *상반된 평가를 제시하고 있다.** *相反-. 서로 반대되는

근거 ❶-3 판테온은 콘크리트 구조물, ❹-3 철근 콘크리트 구조의 장점을 사보아 주택에서 완벽히 구현하였다, ❺-5~6 킴벨 미술관은 개방감을 주기 위하여 기둥 사이를 30 m 이상 벌리고 내부의 전시 공간을 하나의 층으로 만들었다. 이 간격은 프리스트레스트 콘크리트 구조를 활용하였기에 구현할 수 있었고, 일반적인 철근 콘크리트로는 구현하기 어려웠다.

풀이 건축 재료의 특성에 기초한 건축물들의 특징은 설명하고 있지만, 이에 대한 상반된 평가를 제시하지는 않았다.

→ 적절하지 않음!

**③ 건축 재료의 *기원을 검토하여 다양한 건축물들의 미학적 특성과 한계를 평가하고 있다.** *起源. 처음으로 생긴 근본

근거 ❶-3 로마 시대의 탁월한 건축미를 보여 주는 판테온은 콘크리트 구조물인데, 반구형의 지붕인 돔은 오직 콘크리트로만 이루어져 있다, ❹-7 평평하고 넓은 지붕에는 정원이 조성되어, 여기서 산책하다 보면 대지를 바다 삼아 항해하는 기선의 갑판에 서 있는 듯하다, ❺-7 이 구조로 이루어진 긴 지붕의 틈새로 들어오는 빛이 넓은 실내를 환하게 채우며 철근 콘크리트로 이루어진 내부를 대리석처럼 빛나게 한다.

풀이 콘크리트가 로마 시대부터 사용되었다는 기원과 다양한 건축물들의 미학적 특성은 제시되지만 건축물들의 미학적 한계를 평가하지는 않았다.

→ 적절하지 않음!

**④ 건축 재료의 시각적 특성을 설명하면서 각 재료와 건축물들의 경제적 가치를 탐색하고 있다.**

근거 ❷-5 콘크리트의 골재는 종류에 따라 강도와 밀도가 다양하므로 골재의 종류와 비율을 조절하여 콘크리트의 강도와 밀도를 다양하게 변화시킬 수 있다, ❹-1 강도가 높고 지지력이 좋아진 철근 콘크리트를 건축 재료로 사용하면서, ❺-1 철근 콘크리트의 인장 강도를 높이려는 연구가 계속되어 프리스트레스트 콘크리트가 등장하였다.

풀이 건축 재료의 '강도'를 중심으로 설명하고 있지만, 건축 재료의 시각적 특성이나 각 재료와 건축물들의 경제적 가치에 대해서는 이야기하지 않았다.

→ 적절하지 않음!

**⑤ 건축물들의 특징에 대한 평가가 시대에 따라 달라진 원인을 제시하고 건축 재료와의 관계를 설명하고 있다.**

풀이 시대의 흐름에 따라 개발된 건축 재료별 건축물의 특성을 설명하고 있지만, 시대에 따라 달라진 평가와 그 원인, 건축 재료와의 관계는 설명하지 않았다.

→ 적절하지 않음!

**087** | 세부 정보 이해 - 적절하지 않은 것 고르기 2017학년도 9월 모평 26번 정답률 80% | 정답 ⑤

**윗글의 내용에 대한 이해로 적절하지 않은 것은?**

**① 판테온의 돔에서 상대적으로 더 얇은 부분은 상부 쪽이다.**

근거 ❶-4 돔의 상부로 갈수록 두께를 점점 줄여 지붕을 가볍게 할 수 있었다.

→ 적절함!

**② 사보아 주택의 지붕은 여유를 즐길 수 있는 공간으로도 활용되었다.**

근거 ❹-7 (사보아 주택의) 평평하고 넓은 지붕에는 정원이 조성되어, 여기서 산책하다 보면 대지를 바다 삼아 항해하는 기선의 갑판에 서 있는 듯하다.

→ 적절함!

**③ 킴벨 미술관은 철근 콘크리트의 인장 강도를 높이는 방법을 이용하여 넓고 개방된 내부 공간을 확보하였다.**

근거 ❺-1 철근 콘크리트의 인장 강도를 높이려는 연구가 계속되어 프리스트레스트 콘크리트가 등장하였다, ❺-5~6 킴벨 미술관은 개방감을 주기 위하여 기둥 사이를 30 m 이상 벌리고 내부의 전시 공간을 하나의 층으로 만들었다. 이 간격은 프리스트레스트 콘크리트 구조를 활용하였기에 구현할 수 있었고, 일반적인 철근 콘크리트로는 구현하기 어려웠다.

풀이 킴벨 미술관은 철근 콘크리트의 인장 강도를 높이려는 연구 결과로 나온 프리스트레스트 콘크리트를 재료로 사용하였다.

→ 적절함!

**④ 판테온과 사보아 주택은 모두 천창을 두어 빛이 위에서 들어올 수 있도록 하였다.**

근거 ❶-5 (판테온의) 지붕의 중앙에는 지름 9 m가 넘는 원형의 천창을 내어 빛이 내부 공간을 채울 수 있도록 하였다, ❹-6 (사보아 주택의) 목욕실 지붕에 설치된 작은 천창을 통해 하늘을 바라보면 이 주택이 자신을 중심으로 펼쳐진 또 다른 소우주임을 느낄 수 있다.

→ 적절함!

2층

**⑤ 사보아 주택과 킴벨 미술관은 모두 층을 구분하지 않도록 구성하여 개방감을 확보하였다.**

근거 ❹-5 (사보아 주택의) 2층 거실을 둘러싼 벽에는 수평으로 긴 창이 나 있고, … 경사로는 지상의 출입구에서 2층의 주거 공간으로 이어지다가 다시 테라스로 나와 지붕까지 연결된다, ❺-5 킴벨 미술관은 개방감을 주기 위하여 … 내부의 전시 공간을 하나의 층으로 만들었다.

풀이 사보아 주택은 2층의 주거 공간을 구분하였고, 킴벨 미술관은 내부의 전시 공간을

Ⅳ 기술

하나의 층으로 만들었다.

→ 적절하지 않음!

**088** | 추론의 적절성 판단 - 적절한 것 고르기 2017학년도 9월 모평 27번 정답률 80% | 정답 ④

## 윗글을 바탕으로 추론한 내용으로 가장 적절한 것은?

=인장력

**① 당기는 힘에 대한 저항은 철근 콘크리트가 철재보다 크다.**

근거 ❸-2 (콘크리트는) 당기는 힘인 인장력에는 쉽게 부서진다, ❸-6 철근이나 철골과 같은 철재는 인장력과 압축력에 의한 변형 정도가 콘크리트보다 작은 데다가 압축 강도와 인장 강도 모두가 콘크리트보다 높다, ❸-8 보강재로 철근을 콘크리트에 넣어 대부분의 인장력을 철근이 받도록 하면 인장력에 취약한 콘크리트의 단점이 크게 보완된다.

풀이 인장 강도는 콘크리트보다 철재가 더 높다. 철근 콘크리트는 인장 강도를 높이기 위해 콘크리트에 철근을 보강재로 넣은 것으로, 철재보다 당기는 힘에 대한 저항이 크다고 볼 수 없다.

→ 적절하지 않음!

인장력

**② 일반적으로 철근을 콘크리트에 보강재로 사용할 때는 압축력을 많이 받는 부분에 넣는다.**

근거 ❸-8~9 보강재로 철근을 콘크리트에 넣어 대부분의 인장력을 철근이 받도록 하면 인장력에 취약한 콘크리트의 단점이 크게 보완된다. 다만 철근은 무겁고 비싸기 때문에, 대개는 인장력을 많이 받는 부분을 정확히 계산하여 그 지점을 위주로 철근을 보강한다.

풀이 압축력을 많이 받는 부분이 아니라 인장력을 많이 받는 부분을 위주로 철근을 보강한다.

→ 적절하지 않음!

**③ 프리스트레스트 콘크리트에서는 철근의 인장력으로 높은 강도를 얻게 되어 수화 반응이 일어나지 않는다.**

근거 ❷-2 콘크리트에서 결합재 역할을 하는 시멘트가 물과 만나면 점성을 띠는 상태가 되며, 시간이 지남에 따라 수화 반응이 일어나 골재, 물, 시멘트가 결합하면서 굳어진다, ❺-3~4 거푸집에 철근을 넣고 철근을 당긴 상태에서 콘크리트 반죽을 붓는다. 콘크리트가 굳은 뒤에 당기는 힘을 제거하면, 철근이 줄어들면서 콘크리트에 압축력이 작용하여 외부의 인장력에 대한 저항성이 높아진 프리스트레스트 콘크리트가 만들어진다.

풀이 수화 반응은 시멘트가 물과 만나 굳어지는 현상을 말한다. 프리스트레스트 콘크리트 또한 콘크리트가 굳는 과정에서 수화 반응이 일어난다.

→ 적절하지 않음!

**④ 프리스트레스트 콘크리트는 철근이 *복원되려는 성질을 이용하여 콘크리트에 압축력을 줌으로써 인장 강도를 높인 것이다.** *復元-, 원래대로 돌아가려는

근거 ❺-3~4 거푸집에 철근을 넣고 철근을 당긴 상태에서 콘크리트 반죽을 붓는다. 콘크리트가 굳은 뒤에 당기는 힘을 제거하면, 철근이 줄어들면서 콘크리트에 압축력이 작용하여 외부의 인장력에 대한 저항성이 높아진 프리스트레스트 콘크리트가 만들어진다.

풀이 프리스트레스트 콘크리트의 제작 과정을 살펴보면 '철근을 당긴 상태'에서 콘크리트를 굳힌 후 당기는 힘을 제거하여 '철근이 원래대로 줄어드는 성질'을 활용해 인장 강도를 높인다.

→ 적절함!

**⑤ 콘크리트의 강도를 높이는 데에는 크기가 다양한 자갈을 사용하는 것보다 *균일한 크기의 자갈만 사용하는 것이 효과적이다.** *均一-, 고른

근거 ❷-6 (콘크리트는) 골재들 간의 접촉을 높여야 강도가 높아지기 때문에, 서로 다른 크기의 골재를 배합하는 것이 효과적이다.

→ 적절하지 않음!

1등급 문제

**089** | 자료 해석의 적절성 판단 - 적절하지 않은 것 고르기 2017학년도 9월 모평 28번 정답률 40%, 매력적 오답 ① 10% ② 15% ③ 20% ⑤ 15% | 정답 ④

## 윗글을 바탕으로 <보기>에 대해 탐구한 내용으로 적절하지 않은 것은?

| 보기 |

압축 인장 변형 후

[1]철재만으로 제작된 원기둥 A와 콘크리트만으로 제작된 원기둥 B에 힘을 가하며 변형을 관찰하였다. [2]A와 B의 윗면과 아랫면에 수직인 방향으로 압축력을 가했더니 높이가 줄어들면서 지름은 늘어났다. [3]또, A의 윗면과 아랫면에 수직인 방향으로 인장력을 가했더니 높이가 늘어나면서 지름이 줄어들었다. [4]이때 지름의 변화량의 절댓값을 높이의 변화량의 절댓값으로 나누어 포아송 비를 구하였더니, 일반적으로 알려진 철재와 콘크리트의 포아송 비와 동일하게(同一-, 같게) 나왔다. [5]그리고 A와 B의 포아송 비는 변형 정도에 상관없이 그 값이 변하지 않았다. (단, 힘을 가하기 전 A의 지름과 높이는 B와 동일하다.)

〈참고 그림〉

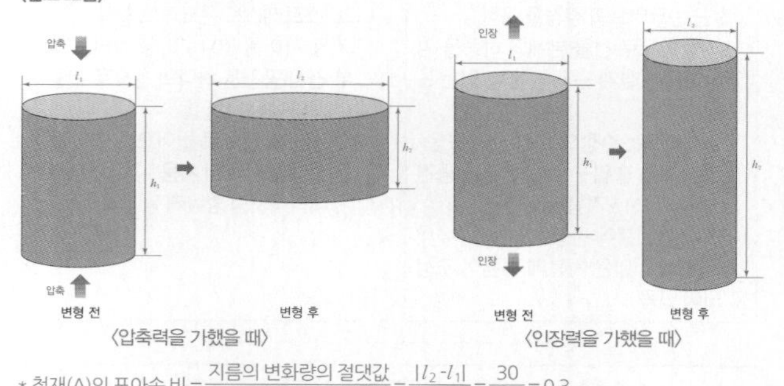


* 철재(A)의 포아송 비 $= \dfrac{\text{지름의 변화량의 절댓값}}{\text{높이의 변화량의 절댓값}} = \dfrac{|l_2 - l_1|}{|h_2 - h_1|} = \dfrac{30}{100} = 0.3$

* 콘크리트(B)의 포아송 비 $= \dfrac{\text{지름의 변화량의 절댓값}}{\text{높이의 변화량의 절댓값}} = \dfrac{|l_2 - l_1|}{|h_2 - h_1|} = \dfrac{15}{100} = 0.15$

**① 동일한 압축력을 가했다면 B는 A보다 높이가 더 줄어들었을 것이다.**

근거 〈보기〉-1 철재만으로 제작된 원기둥 A와 콘크리트만으로 제작된 원기둥 B, ❸-6 철근이나 철골과 같은 철재는 인장력과 압축력에 의한 변형 정도가 콘크리트보다 작은 데다가 압축 강도와 인장 강도 모두가 콘크리트보다 높다.

풀이 압축력을 가하면 높이가 줄어든다. 동일한 압축력에서 높이가 더 줄어든다는 것은 압축력에 의한 변형 정도가 더 크다는 의미이다. 철재의 압축력에 의한 변형 정도가 콘크리트보다 작다고 하였으므로, 압축력을 가했을 때 A(철재)보다 B(콘크리트)의 높이가 더 줄어들었을 것이다.

→ 적절함!

**② A에 인장력을 가했다면 높이의 변화량의 절댓값은 지름의 변화량의 절댓값보다 컸을 것이다.**

근거 〈보기〉-4 지름의 변화량의 절댓값을 높이의 변화량의 절댓값으로 나누어 포아송 비를 구하였더니, 일반적으로 알려진 철재와 콘크리트의 포아송 비와 동일하게 나왔다, ❸-11 철재는 콘크리트보다 포아송 비가 크며, 대체로 철재의 포아송 비는 0.3, 콘크리트는 0.15 정도이다.

풀이 A(철재)의 포아송 비는 0.3이므로, 분모에 해당하는 높이의 변화량의 절댓값(10)이 분자에 해당하는 지름의 변화량의 절댓값(3)보다 크다.

→ 적절함!

**③ B에 압축력을 가했다면 지름의 변화량의 절댓값은 높이의 변화량의 절댓값보다 작았을 것이다.**

근거 〈보기〉-4 지름의 변화량의 절댓값을 높이의 변화량의 절댓값으로 나누어 포아송 비를 구하였더니, 일반적으로 알려진 철재와 콘크리트의 포아송 비와 동일하게 나왔다, ❸-11 철재의 포아송 비는 0.3, 콘크리트는 0.15 정도이다.

풀이 B(콘크리트)의 포아송 비는 0.15이므로, 분자에 해당하는 지름의 변화량의 절댓값(15)이 분모에 해당하는 높이의 변화량의 절댓값(100)보다 작다.

→ 적절함!

A B

**④ A와 B에 압축력을 가했을 때 줄어든 높이의 변화량이 같았다면 B의 지름이 A의 지름보다 더 늘어났을 것이다.**

근거 〈보기〉-4 지름의 변화량의 절댓값을 높이의 변화량의 절댓값으로 나누어 포아송 비를 구하였더니, 일반적으로 알려진 철재와 콘크리트의 포아송 비와 동일하게 나왔다, ❸-11 철재는 콘크리트보다 포아송 비가 크며, 대체로 철재의 포아송 비는

0.3, 콘크리트는 0.15 정도이다.

풀이 높이의 변화량이 같다는 것은 포아송 비에서 분모에 해당하는 높이의 변화량의 절댓값이 같다는 의미이다. 포아송 비는 A인 철재가 B인 콘크리트보다 크므로, 분자에 해당하는 지름의 변화량의 절댓값은 A가 B보다 더 클 것이다. 따라서 지름이 더 늘어난 것은 A이다.

→ 적절하지 않음!

**⑤ A와 B에 압축력을 가했을 때 늘어난 지름의 변화량이 같았다면 A의 높이가 B의 높이보다 덜 줄어들었을 것이다.**

근거 〈보기〉-4 지름의 변화량의 절댓값을 높이의 변화량의 절댓값으로 나누어 포아송 비를 구하였더니, 일반적으로 알려진 철재와 콘크리트의 포아송 비와 동일하게 나왔다, ❸-11 철재는 콘크리트보다 포아송 비가 크며, 대체로 철재의 포아송 비는 0.3, 콘크리트는 0.15 정도이다.

풀이 지름의 변화량이 같다는 것은 포아송 비에서 분자에 해당하는 지름의 변화량의 절댓값이 같다는 의미이다. 포아송 비는 A인 철재가 B인 콘크리트보다 크므로, 분모에 해당하는 높이의 변화량의 절댓값은 B가 A보다 더 클 것이다. 따라서 높이가 덜 줄어든 것은 A이다.

→ 적절함!

**090** 구체적인 사례에 적용 - 적절하지 않은 것 고르기 2017학년도 9월 모평 29번 정답률 80% 정답 ④

**윗글과 〈보기〉를 읽고 추론한 내용으로 적절하지 않은 것은?** [3점]

| 보기 |

1 [1]철골은 매우 높은 강도를 지닌 건축 재료로, 규격화된(規格化-, 일정한 표준에 맞춰진) 직선의 형태로 제작된다. [2]철근 콘크리트 대신 철골을 사용하여 기둥을 만들면 더 가는 기둥으로도 간격을 더욱 벌려 세울 수 있어 훨씬 넓은 공간 구현이 가능하다. [3]하지만 산화되어 녹이 슨다는 단점이 있어 내식성(耐蝕性, 부식을 잘 견디는 성질) 페인트를 칠하거나 콘크리트를 덧입히는 등 산화 방지 조치를 하여 사용한다.

2 [1]베를린 신국립미술관은 철골의 기술적 장점을 미학적으로 승화시킨 건축물이다. [2]거대한 평면 지붕은 여덟 개의 십자형 철골 기둥만이 떠받치고 있고, 지붕과 지면 사이에는 가벼운 유리벽이 사면(四面, 전후좌우의 모든 방향)을 둘러싸고 있다. [3]최소한의 설비(設備, 시설) 외에는 어떠한 것도 천장에 닿아 있지 않고 내부 공간이 텅 비어 있어 지붕은 공중에 떠 있는 느낌을 준다. [4]미술관 내부에 들어가면 넓은 공간 속에서 개방감을 느끼게 된다.

〈참고 사진〉 베를린 신국립미술관

▶ 지문 핵심 개념 정리

콘크리트의 기술 발전이 적용된 건축물

| 철근 콘크리트를 활용 | 프리스트레스트 콘크리트를 활용 |
|---|---|
| • 사보아 주택 : 철근 콘크리트 활용(❹-3)<br>- 기둥만으로 건물 본체의 하중을 지탱하도록 설계 → 공중에 떠 있는 느낌(❹-4)<br>- 2층 벽에는 수평으로 긴 창이 있음(❹-5)<br>- 경사로는 테라스로 나와 지붕까지 연결(❹-5)<br>- 목욕실 지붕에 천창을 설치(❹-6)<br>- 평평하고 넓은 지붕에 정원이 조성되어 있음(❹-7) | • 킴벨 미술관 : 프리스트레스트 콘크리트 활용(❺-6)<br>- 기둥 사이를 30 m 이상 벌리고 내부 전시 공간을 하나의 층으로 만듦 → 개방감을 확보함(❺-5)<br>- 긴 지붕의 틈새로 들어오는 빛이 넓은 실내를 환하게 채움 → 건물 내부가 대리석처럼 빛나게 됨(❺-7) |

**① 베를린 신국립미술관의 기둥에는 산화 방지 조치가 되어 있겠군.**

근거 〈보기〉-❶-2~3 철골을 사용하여 기둥을 만들면 … 산화되어 녹이 슨다는 단점이 있어 … 산화 방지 조치를 하여 사용한다, 〈보기〉-❷-1~2 베를린 신국립미술관은 … 십자형 철골 기둥만이 떠받치고 있고

→ 적절함!

**② 휘어진 곡선 모양의 기둥을 세우려 할 때는 대체로 철골을 재료로 쓰지 않겠군.**

근거 〈보기〉-❶-1 철골은 … 규격화된 직선의 형태로 제작된다.

→ 적절함!

**③ 베를린 신국립미술관은 철골을, 킴벨 미술관은 프리스트레스트 콘크리트를 활용하여 개방감을 구현하였겠군.**

근거 〈보기〉-❷-1 베를린 신국립미술관은 철골의 기술적 장점(더 가는 기둥으로도 간격을 더욱 벌려 세울 수 있어 훨씬 넓은 공간 구현이 가능함)을 미학적으로 승화시킨 건축물이다, 〈보기〉-❷-4 미술관 내부에 들어가면 넓은 공간 속에서 개방감을 느끼게 된다, ❺-5~6 킴벨 미술관은 개방감을 주기 위하여 기둥 사이를 30 m 이상 벌리고 내부의 전시 공간을 하나의 층으로 만들었다. 이 간격은 프리스트레스트 콘크리트 구조를 활용하였기에 구현할 수 있었고

→ 적절함!

**④ 가는 기둥들이 넓은 간격으로 늘어선 건물을 지을 때 기둥의 재료로는 철골보다 철근 콘크리트가 더 적합하겠군.** (철골이)

근거 〈보기〉-❶-2 철근 콘크리트 대신 철골을 사용하여 기둥을 만들면 더 가는 기둥으로도 간격을 더욱 벌려 세울 수 있어 훨씬 넓은 공간 구현이 가능하다.

풀이 가는 기둥으로 간격을 더 넓게 구현할 수 있는 건축 재료는 철근 콘크리트가 아니라 철골이다.

→ 적절하지 않음!

**⑤ 베를린 신국립미술관의 지붕과 사보아 주택의 건물이 공중에 떠 있는 느낌을 주는 것은 벽이 아닌 기둥이 구조적으로 중요한 역할을 하고 있기 때문이겠군.**

근거 〈보기〉-❷-2~3 거대한 평면 지붕은 여덟 개의 십자형 철골 기둥만이 떠받치고 있고, … 최소한의 설비 외에는 어떠한 것도 천장에 닿아 있지 않고 내부 공간이 텅 비어 있어 지붕은 공중에 떠 있는 느낌을 준다, ❹-4 사보아 주택은, 벽이 건물의 무게를 지탱하는 구조로 설계된 건축물과는 달리 기둥만으로 건물 본체의 하중을 지탱하도록 설계되어 건물이 공중에 떠 있는 듯한 느낌을 준다.

→ 적절함!

**091** 어휘의 적절성 판단 - 적절하지 않은 것 고르기 2017학년도 9월 모평 30번 정답률 90% 정답 ②

**㉠~㉤을 사용하여 만든 문장으로 적절하지 않은 것은?**

㉠ 산물 ㉡ 원형 ㉢ 점성 ㉣ 위주 ㉤ 영감

**① ㉠ : 행복은 성실하고 꾸준한 노력의 산물이다.**

풀이 ㉠과 ①의 '산물(産 생기다 산 物 만물 물)'은 '어떤 것에 의하여 생겨나는 사물이나 현상을 비유적으로 이르는 말'이라는 뜻으로 쓰였다.

→ 적절함!

**② ㉡ : 이 건축물은 후대 미술관의 원형이 되었다.**

풀이 ㉡에서 '원형(圓 둥글다 원 形 모양 형)'은 문맥상 중앙에 있는 천장의 지붕 모양을 나타내는데, 이는 '둥근 모양'을 뜻한다. 반면 ②에서 쓰인 '원형(原 원래 원 型 본보기 형)'은 '같거나 비슷한 여러 개가 만들어져 나온 본바탕'을 뜻하는 말이다.

→ 적절하지 않음!

**③ ㉢ : 이 물질은 점성 때문에 끈적끈적한 느낌을 준다.**

풀이 ㉢과 ③의 '점성(粘 끈끈하다 점 性 성질 성)'은 '차지고 끈끈한 성질'이라는 뜻으로 쓰였다.

→ 적절함!

**④ ㉣ : 그녀는 채소 위주의 식단을 유지하고 있다.**

풀이 ㉣과 ④의 '위주(爲 삼다 위 主 우두머리 주)'는 '으뜸으로 삼음'이라는 뜻으로 쓰였다.

→ 적절함!

**⑤ ㉤ : 그의 발명품은 형의 조언에서 영감을 얻은 것이다.**

풀이 ㉤과 ⑤의 '영감(靈 정신 영 感 생각하다 감)'은 '창조적인 일의 계기가 되는 기발한 착상이나 자극'이라는 뜻으로 쓰였다.

→ 적절함!

## [092~094] 다음 글을 읽고 물음에 답하시오.

1 [1]광통신(光通信, 빛을 통해서 정보를 주고받는 통신 방식)은 빛을 이용하기 때문에 정보의 전달은 매우 빠를 수 있지만, 광통신 케이블(cable, 선)의 길이가 증가함에 따라 빛의 세기가 감소하기 때문에 원거리(遠距離, 거리가 먼) 통신의 경우 수신되는 광신호는 매우 약해질 수 있다. [2]빛은 광자(光子, 빛을 이루는 가장 작은 물질)의 흐름이므로 빛의 세기가 약하다는 것은 단위 시간당 수신기에 도달하는 광자의 수가 적다는 뜻이다. [3]따라서 광통신에서는 적어진 수의 광자를 검출하는(檢出-, 존재 유무를 확인하는) 장치가 필수적이며, 약한 광신호를 측정이 가능한 크기의 전기 신호로 변환해 주는(變換-, 바꾸어 주는) 반도체 소자(반도체의 특성을 이용하여 전자 회로 등에 사용되는 부품)로서 애벌랜치 광다이오드가 널리 사용되고 있다.

〈참고 사진〉

◀ 애벌랜치 광다이오드(❶-3)

→ 광통신의 특징과 애벌랜치 광다이오드

2 [1]애벌랜치 광다이오드는 크게 흡수층, ㉠ 애벌랜치 영역, 전극으로 구성되어 있다. [2]흡수층에 충분한 에너지를 가진 광자가 입사되면(入射-, 들어오면) 전자(-)와 양공(+) 쌍이 생성될 수 있다. [3]이때 입사되는 광자 수 대비 생성되는 전자-양공 쌍의 개수를 양자 효율이라 부른다. [4]소자의 특성과 입사광(入射光, 들어오는 광자)의 파장(波長, 파동이 1 주기 동안에 진행하는 길이)에 따라 결정되는 양자 효율은 애벌랜치 광다이오드의 성능에 영향을 미치는 중요한 요소 중 하나이다.

→ 애벌랜치 광다이오드의 구성

3 [1]흡수층에서 생성된 전자와 양공은 각각 양의 전극과 음의 전극으로 이동하며(전자는 (-)전기를 띠므로 양(+)의 전극으로 이동하고, 양공은 (+)전기를 띠게 되어 음(-)의 전극으로 이동한다), 이 과정에서 전자는 애벌랜치 영역을 지나게 된다. [2]이곳(애벌랜치 영역)에는 소자의 전극에 걸린 역방향 전압으로 인해 강한 전기장(電氣場, 전기력이 작용하는 공간)이 존재하는데, 이 전기장은 역방향 전압이 클수록 커진다.(역방향 전압과 비례 관계이다.) [3]이(강한 전기장이 존재하는 애벌랜치) 영역에서 전자는 강한 전기장 때문에(전기력을 받아) 급격히 가속되어 큰 속도를 갖게 된다. [4]이후 충분한 속도를 얻게 된 전자는 애벌랜치 영역의 반도체 물질을 구성하는 원자(原子, 물질을 구성하는 기본 입자)들과 충돌하여 속도가 줄어들며 새로운 전자-양공 쌍을 만드는데, 이 현상을 충돌 이온화라 부른다. [5]새롭게 생성된 전자와 기존의 전자가 같은 원리로 전극에 도달할 때까지 애벌랜치 영역에서 다시 가속되어 충돌 이온화를 반복적으로 일으킨다. [6]그 결과(반복적인 충돌 이온화로 인해서) 전자의 수가 크게 늘어나는 것을 '애벌랜치 증배'라고 부르며 전자의 수가 늘어나는 정도, 즉 애벌랜치 영역으로 유입된 전자당 전극으로 방출되는(放出-, 내보내지는) 전자의 수를 증배 계수라고 한다. [7]증배 계수는 애벌랜치 영역의 전기장의 크기가 클수록, 작동 온도가 낮을수록 커진다.(전기장과는 비례 관계이고, 작동 온도와는 반비례 관계이다.) [8]전류의 크기는 단위 시간당 흐르는 전자의 수에 비례한다. [9]이러한 일련의 과정을 거쳐 광신호의 세기는 전류의 크기로 변환된다.(전류 신호로 바뀌어 측정이 가능해진다.)

〈참고 그림〉

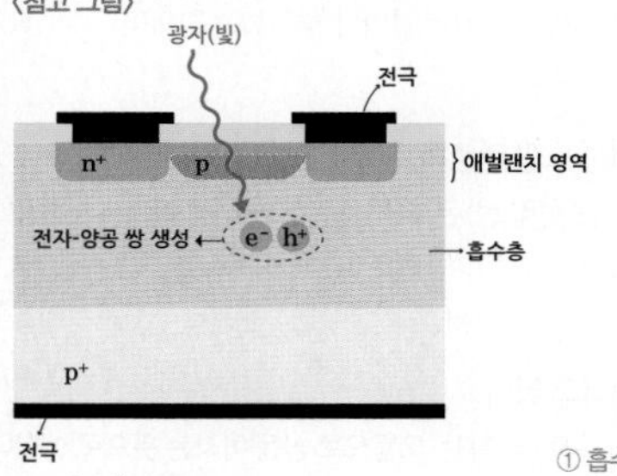


① 흡수층에 충분한 에너지를 가진 광자의 입사로 전자-양공 쌍 생성(❷-2)

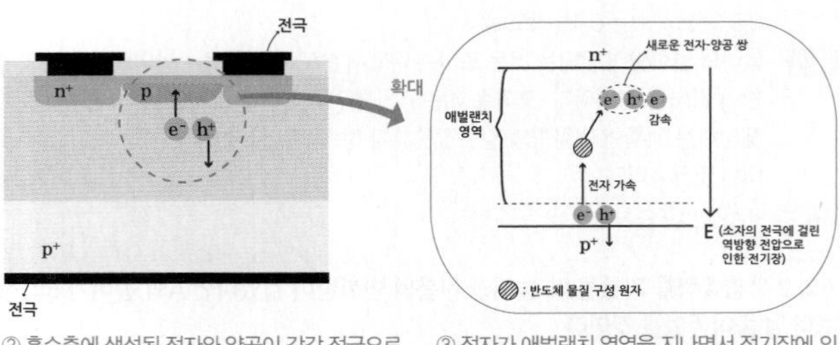


② 흡수층에 생성된 전자와 양공이 각각 전극으로 이동(❸-1)

③ 전자가 애벌랜치 영역을 지나면서 전기장에 의해 급격히 가속되고, 반도체 물질 구성 원자와 충돌하여 속도가 줄어들며 새로운 전자-양공 쌍 형성(충돌 이온화)(❸-1~4)

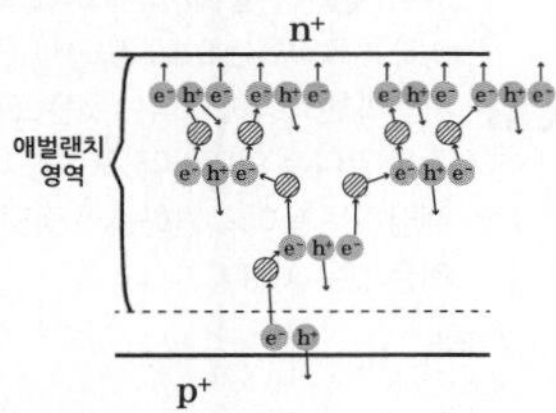


④ 충돌 이온화가 반복되어 전자 수 증가(애벌랜치 증배)(❸-5~6)

→ 애벌랜치 광다이오드의 작동 원리

4 [1]한편 애벌랜치 광다이오드는 흡수층과 애벌랜치 영역을 구성하는 반도체 물질에 따라 검출이 가능한 빛의 파장 대역(帶域, 범위)이 다르다. [2]예를 들어 실리콘은 300 ~ 1,100 nm*, 저마늄은 800 ~ 1,600 nm 파장 대역의 빛을 검출하는 것이 가능하다. [3]현재 다양한 사용자의 요구와 필요를 만족시키기 위해 여러 종류의 애벌랜치 광다이오드가 제작되어 사용되고 있다.

→ 애벌랜치 광다이오드의 사용 현황

* nm : 나노미터. 10억 분의 1 미터

■ 지문 이해

**〈애벌랜치 광다이오드의 작동 원리〉**

**❶ 광통신의 특징과 애벌랜치 광다이오드**

- 장점 : 빛을 이용하여 정보 전달이 빠름
- 단점 : 케이블 길이 증가로 빛의 세기 감소 → 원거리 통신의 경우 광신호 약해짐
  → 약한 광신호를 측정 가능한 크기의 전기 신호로 변환해 주는 반도체 소자인 애벌랜치 광다이오드 사용

**❷ 애벌랜치 광다이오드의 구성**

- 흡수층, 애벌랜치 영역, 전극으로 구성
- 흡수층에 입사되는 광자를 통해 전자(-)와 양공(+) 쌍 생성
  → 양자 효율 : 입사 광자당 생성되는 전자(-)와 양공(+) 쌍의 개수
  ① 소자의 특성과 입사광의 파장에 따라 결정됨
  ② 애벌랜치 광다이오드 성능에 영향을 미치는 중요한 요소

**❸ 애벌랜치 광다이오드의 작동 원리**

흡수층

- 전자와 양공이 각각 양의 전극과 음의 전극으로 이동
- 전자는 애벌랜치 영역을 지남

애벌랜치 영역

- 역방향 전압으로 강한 전기장 존재 → 전자 가속됨 → 가속된 전자가 원자와 충돌해 감속되면서 새로운 전자-양공 쌍 생성(충돌 이온화) → 전극에 도달할 때까지 반복 → 전자 수 증가(애벌랜치 증배)
- 증배 계수 : 애벌랜치 영역으로 유입된 전자당 전극으로 방출되는 전자의 수
  → 애벌랜치 영역의 전기장의 크기가 클수록, 작동 온도가 낮을수록 커짐
- 전류는 단위 시간당 흐르는 전자 수가 늘어날수록 증가

→ 흡수층과 애벌랜치 영역을 거쳐 광신호의 세기는 전류의 크기로 변환됨

**❹ 애벌랜치 광다이오드의 사용 현황**

- 흡수층과 애벌랜치 영역을 구성하는 반도체 물질에 따라 검출이 가능한 빛의 파장 대역이 다름
  - 실리콘 : 300 ~ 1,100 nm
  - 저마늄 : 800 ~ 1,600 nm
- 현재 다양한 요구와 필요에 따라 여러 종류의 애벌랜치 광다이오드가 제작되어 사용되고 있음

**092** | 세부 정보 이해 - 적절한 것 고르기 2016학년도 수능A 19번 정답률 85% | 정답 ②

## 윗글의 내용과 일치하는 것은?

**① 애벌랜치 광다이오드는 전기 신호를 광신호로 변환해 준다.**

근거 ❶-3 약한 광신호를 측정이 가능한 크기의 전기 신호로 변환해 주는 반도체 소자로서 애벌랜치 광다이오드가 널리 사용되고 있다.

풀이 애벌랜치 광다이오드는 전기 신호를 광신호로 변환하는 게 아니라 광신호를 전기 신호로 변환하는 반도체 소자이다.

→ 적절하지 않음!

**② 애벌랜치 광다이오드의 흡수층에서 전자-양공 쌍이 발생하려면 광자가 입사되어야 한다.**

근거 ❷-2 흡수층에 충분한 에너지를 가진 광자가 입사되면 전자(-)와 양공(+) 쌍이 생성될 수 있다.

→ 적절함!

역방향 전압에 의해 형성되는 강한 전기장

**③ 입사된 광자의 수가 크게 늘어나는 과정은 애벌랜치 광다이오드의 작동에 필수적이다.**

근거 ❸-3~6 전자는 강한 전기장 때문에 급격히 가속되어 큰 속도를 갖게 된다. 이후 충분한 속도를 얻게 된 전자는 애벌랜치 영역의 반도체 물질을 구성하는 원자들과 충돌하여 속도가 줄어들며 새로운 전자-양공 쌍을 만드는데, 이 현상을 충돌 이온화라 부른다. 새롭게 생성된 전자와 기존의 전자가 같은 원리로 전극에 도달할 때까지 애벌랜치 영역에서 다시 가속되어 충돌 이온화를 반복적으로 일으킨다. 그 결과 전자의 수가 크게 늘어나는 것을 '애벌랜치 증배'라고 부르며

풀이 애벌랜치 광다이오드 작동에 필수적인 것은 '강한 전기장'이다. 한편 입사된 광자가 전극에 도달할 때 '전자의 수'가 크게 늘어나는 것은 애벌랜치 광다이오드의 작동 결과이다.

→ 적절하지 않음!

800 ~ 1,600 nm

**④ 저마늄을 사용하여 만든 애벌랜치 광다이오드는 100 nm 파장의 빛을 검출할 때 사용 가능하다.**

근거 ❹-2 저마늄은 800 ~ 1,600 nm 파장 대역의 빛을 검출하는 것이 가능

→ 적절하지 않음!

전자는

**⑤ 애벌랜치 광다이오드의 흡수층에서 생성된 양공은 애벌랜치 영역을 통과하여 양의 전극으로 이동한다.**

근거 ❸-1 흡수층에서 생성된 전자와 양공은 각각 양의 전극과 음의 전극으로 이동하며, 이 과정에서 전자는 애벌랜치 영역을 지나게 된다.

풀이 양공은 음의 전극으로 이동한다. 양의 전극으로 이동하는 것은 양공이 아니라 전자이다.

→ 적절하지 않음!

평가원 이의 신청 답변

이 문항은 애벌랜치 광다이오드 소자에 대한 지문의 설명 내용에 비추어 일치하는 것이 무엇인지를 묻고 있습니다.

이의 제기의 주된 내용은 첫째, 지문의 특정 문장으로부터 정답지 ②가 논리적으로 추론될 수 없으므로 정답이 아니라는 것입니다. 둘째, 지문에서 설명하지 않은 과학적 정보로 볼 때 정답지 ②는 사실과 다르므로 정답이 될 수 없다는 것입니다. 셋째, 지문에서는 '충분한 에너지를 가진 광자'라 하였는데 정답지 ②에서는 '광자'라고만 하였으므로 정답이 될 수 없다는 것입니다.

우선, 첫 번째 이의 제기는 타당하지 않습니다. 이 문항은 지문에 설명된 전체 내용을 이해하여 답지를 판단하는 문항인바, 특정 문장에만 주목하여 답지를 논리적으로 추론할 수 없다고 판단하는 것은 타당하지 않습니다. 이의 제기한 바와는 달리, 지문의 전체 내용을 고려하면 정답지 ②가 타당함을 알 수 있습니다. 지문 첫째 단락에서 설명한 바처럼, 광통신에서 애벌랜치 광다이오드는 "적어진 수의 광자를 검출하는 장치"이자 "약한 광신호를 측정이 가능한 크기의 전기 신호로 변환해 주는 반도체 소자"란 점을 알 수 있고, 둘째 단락 이하의 내용을 통해 애벌랜치 광다이오드의 기본적인 작동 원리를 알 수 있습니다. 이러한 내용에 비추어 볼 때 정답지 ②는 애벌랜치 광다이오드가 작동하는 과정에서 기본 전제 조건임을 알 수 있습니다.

두 번째 이의 제기도 타당하지 않습니다. 이의 제기에서 언급한 정보는 지문에서 설명한 애벌랜치 광다이오드의 기본적인 작동 원리에서 벗어나는 정보입니다. 지문에서 설명한 기본적인 작동 원리 외의 다른 상황까지 가정하여 정답지 ②를 판단하는 것은 이 지문과 문항의 맥락을 고려하여 읽지 않은 것입니다.

세 번째 이의 제기도 타당하지 않습니다. 지문에서 언급한 '충분한 에너지를 가진'이라는 내용을 정답지 ②에서는 언급하지 않았다고 해서 오류라는 이의 제기는 광자의 입사가 전자-양공 쌍을 발생시키는 조건임을 이해하지 못한 것입니다. 첫 번째 문단에서 애벌랜치 광다이오드는 약한 광신호를 측정하기 위한 소자로서 이용되고 있다고 소개한 후, 두 번째와 세 번째 문단에서 입사된 광신호가 전기 신호로 변환되는 과정을 설명하고 있습니다. 특히 첫 번째 문단에 '약한 광신호를 측정이 가능한 전기 신호로 변환해 주는 반도체 소자'라는 내용은 결국 광자의 입사가 애벌랜치 광다이오드의 작동에 필요한 조건임을 알 수 있습니다. 이런 점에서 정답지 ②의 진술은 적절합니다.

그러므로 이 문항의 정답에는 이상이 없습니다.

**093** | 핵심 개념 이해 - 적절하지 않은 것 고르기 2016학년도 수능A 20번 정답률 65%, 매력적 오답 ⑤ 15% | 정답 ③

## ㉠에 대한 이해로 적절하지 않은 것은?

㉠ 애벌랜치 영역

강한 전기장 존재

**① ㉠에서 전자는 역방향 전압의 작용으로 속도가 증가한다.**

근거 ❸-2~3 이곳(애벌랜치 영역)에는 소자의 전극에 걸린 역방향 전압으로 인해 강한 전기장이 존재하는데, 이 전기장은 역방향 전압이 클수록 커진다. 이(애벌랜치) 영역에서 전자는 강한 전기장 때문에 급격히 가속되어 큰 속도를 갖게 된다.

→ 적절함!

**② ㉠에 형성된 강한 전기장은 충돌 이온화가 일어나는 데 필수적이다.**

근거 ❸-3~5 전자는 강한 전기장 때문에 급격히 가속되어 큰 속도를 갖게 된다. 이후 충분한 속도를 얻게 된 전자는 애벌랜치 영역의 반도체 물질을 구성하는 원자들과 충돌하여 속도가 줄어들며 새로운 전자-양공 쌍을 만드는데, 이 현상을 충돌 이온화라 부른다. 새롭게 생성된 전자와 기존의 전자가 같은 원리로 전극에 도달할 때까지 애벌랜치 영역에서 다시 가속되어 충돌 이온화를 반복적으로 일으킨다.

→ 적절함!

흡수층에서

**③ ㉠에 유입된 전자가 생성하는 전자-양공 쌍의 수는 양자 효율을 결정한다.**

근거 ❷-2~4 흡수층에 충분한 에너지를 가진 광자가 입사되면 전자(-)와 양공(+) 쌍이 생성될 수 있다. 이때 입사되는 광자 수 대비 생성되는 전자-양공 쌍의 개수를 양자 효율이라 부른다. 소자의 특성과 입사광의 파장에 따라 결정되는 양자 효율은 애벌랜치 광다이오드의 성능에 영향을 미치는 중요한 요소 중 하나이다.

→ 적절하지 않음!

**④ ㉠에서 충돌 이온화가 많이 일어날수록 전극에서 측정되는 전류가 증가한다.**

근거 ❸-4~6 충분한 속도를 얻게 된 전자는 애벌랜치 영역의 반도체 물질을 구성하는 원자들과 충돌하여 속도가 줄어들며 새로운 전자-양공 쌍을 만드는데, 이 현상을 충돌 이온화라 부른다. … 충돌 이온화를 반복적으로 일으킨다. 그 결과 전자의 수가 크게 늘어나, ❸-8 전류의 크기는 단위 시간당 흐르는 전자의 수에 비례

풀이 충돌 이온화가 반복되면서 전자의 수는 늘어난다고 하였다. 전류의 크기는 단위 시간당 흐르는 전자의 수에 비례하므로, 충돌 이온화가 많이 일어날수록(= 전자 수가 늘어날수록) 전류는 증가할 것이다.

→ 적절함!

**⑤ 흡수층에서 ㉠으로 들어오는 전자의 수가 늘어나면 충돌 이온화의 발생 횟수가 증가한다.**

근거 ❸-4~5 충분한 속도를 얻게 된 전자는 애벌랜치 영역의 반도체 물질을 구성하는 원자들과 충돌하여 속도가 줄어들며 새로운 전자-양공 쌍을 만드는데, 이 현상을 충돌 이온화라 부른다. 새롭게 생성된 전자와 기존의 전자가 같은 원리로 전극에 도달할 때까지 애벌랜치 영역에서 다시 가속되어 충돌 이온화를 반복적으로 일으킨다.

→ 적절함!

**094** | 구체적인 사례에 적용 - 적절하지 않은 것 고르기 2016학년도 수능A 21번 | 정답률 80% | 정답 ③

**윗글을 바탕으로 〈보기〉의 '본 실험' 결과를 예측한 것으로 적절하지 않은 것은?** [3점]

| 보 기 |

1 **예비 실험** : [1]일정한 세기를 가지는 800 nm 파장의 빛을 길이가 1 m인 광통신 케이블의 한쪽 끝에 입사시키고, 다른 쪽 끝에 실리콘으로 만든 애벌랜치 광다이오드를 설치하여 전류를 측정하였다. [2]이때 100 nA의 전류가 측정되었고 증배 계수는 40이었다. [3]작동 온도는 0 °C, 역방향 전압은 110 V였다. [4]제품 설명서에 따르면 750 ~ 1,000 nm 파장 대역에서는 파장이 커짐에 따라 양자 효율이 작아진다.

〈참고 그림〉 0 ℃, 110 V

1m

800 nm 파장의 빛

애벌랜치 광다이오드

(전류) = 100 nA

(증배 계수) = 40

2 **본 실험** : [1]동일한 애벌랜치 광다이오드를 가지고 작동 조건을 하나씩 달리하며 성능을 시험한다. [2]이때 나머지 작동 조건은 예비 실험과 동일하게 유지한다.

▶ 지문 핵심 개념 정리

**광통신의 특징과 애벌랜치 광다이오드의 작동 과정**

- 광통신의 특징
  - 장점 : 빛을 이용하여 정보 전달이 빠름(❶-1)
  - 단점 : 케이블 길이의 증가에 따라 빛의 세기 감소(❶-1) → 원거리 통신의 경우 광신호가 약해짐(❶-1)
- 애벌랜치 광다이오드의 작동 과정

| 흡수층 | | 애벌랜치 영역 |
|---|---|---|
| - 전자와 양공이 각각 양의 전극과 음의 전극으로 이동(❸-1)<br>- 전자는 애벌랜치 영역을 지남(❸-1) | → | - 역방향 전압으로 강한 전기장 존재(전기장은 역방향 전압의 크기와 비례)(❸-2)<br>- 전자는 강한 전기장으로 급격히 가속되어 큰 속도 갖게 됨(❸-3)<br>- 충돌 이온화 : 전자가 원자와 충돌하여 새로운 전자-양공 쌍을 만들어 내는 것(❸-4)<br>- 전극에 도달할 때까지 다시 가속되어 충돌 이온화 반복(❸-5)<br>- 애벌랜치 증배 : 전자의 수가 크게 늘어나는 것(❸-6)<br>- 증배 계수 : 애벌랜치 영역으로 유입된 전자당 전극으로 방출되는 전자의 수(❸-6)<br>- 증배 계수는 전기장의 크기가 클수록, 작동 온도가 낮을수록 커짐(❸-7)<br>- 전류 크기는 단위 시간당 흐르는 전자의 수에 비례(❸-8) |

→ 흡수층과 애벌랜치 영역을 거쳐 광신호의 세기는 전류의 크기로 변환됨(❸-9)

**① 역방향 전압을 100 V로 바꾼다면 증배 계수는 40보다 작아지겠군.**

근거 ❸-2 이(애벌랜치 영역에 존재하는) 전기장은 역방향 전압이 클수록 커진다, ❸-7 증배 계수는 애벌랜치 영역의 전기장의 크기가 클수록, 작동 온도가 낮을수록 커진다.

풀이 역방향 전압이 낮아지면 전기장이 작아지므로, 증배 계수도 작아지게 된다.

→ 적절함!

**② 역방향 전압을 120 V로 바꾼다면 더 약한 빛을 검출하는 데 유리하겠군.**

근거 ❶-3 광통신에서는 적어진 수의 광자를 검출하는 장치가 필수적이며, 약한 광신호를 측정이 가능한 크기의 전기 신호로 변환해 주는 반도체 소자로서 애벌랜치 광다이오드가 널리 사용, ❸-2 이(애벌랜치 영역에 존재하는) 전기장은 역방향 전압이 클수록 커진다.

풀이 역방향 전압이 높아지면 전기장도 높아지므로, 더 약한 빛도 검출할 수 있다.

→ 적절함!

줄어들겠군

**③ 작동 온도를 20 °C로 바꾼다면 단위 시간당 전극으로 방출되는 전자의 수가 늘어나겠군.**

근거 ❸-6~7 애벌랜치 영역으로 유입된 전자당 전극으로 방출되는 전자의 수를 증배 계수라고 한다. 증배 계수는 애벌랜치 영역의 전기장의 크기가 클수록, 작동 온도가 낮을수록 커진다.

풀이 온도가 올라가면 증배 계수는 작아진다. 따라서 전극으로 방출되는 전자의 수는 줄어들 것이다.

→ 적절하지 않음!

**④ 광통신 케이블의 길이를 100 m로 바꾼다면, 측정되는 전류는 100 nA보다 작아지겠군.**

근거 ❶-1 광통신 케이블의 길이가 증가함에 따라 빛의 세기가 감소하기 때문에 원거리 통신의 경우 수신되는 광신호는 매우 약해질 수 있다.

→ 적절함!

**⑤ 동일한 세기를 가지는 900 nm 파장의 빛이 입사된다면 측정되는 전류는 100 nA보다 작아지겠군.**

근거 〈보기〉-❶-1~2 일정한 세기를 가지는 800 nm 파장의 빛을 길이가 1 m인 광통신 케이블의 한쪽 끝에 입사시키고, 다른 쪽 끝에 실리콘으로 만든 애벌랜치 광다이오드를 설치하여 전류를 측정하였다. 이때 100 nA의 전류가 측정되었고 증배 계수는 40, 〈보기〉-❶-4 제품 설명서에 따르면 750 ~ 1,000 nm 파장 대역에서는 파장이 커짐에 따라 양자 효율이 작아진다.

풀이 800 nm보다 파장이 커졌기 때문에 양자 효율은 더 작아진다. 따라서 측정되는 전류는 100 nA보다 작아질 것이다.

→ 적절함!

## [095~097] 다음 글을 읽고 물음에 답하시오.

1 [1]일상생활에서 흔히 사용하는 컴퓨터, 스마트폰 등에는 반도체 소자(반도체를 이루는 작은 부품)가 핵심 부품으로 사용되는데 반도체 소자는 수십에서 수백 나노미터 크기의 패턴(pattern, 모양, 무늬)으로 이루어져 있다. [2]반도체 소자의 크기는 패턴의 크기에 달려 있기 때문에 패턴의 크기를 줄여 반도체 소자의 집적도를 높이는 것(반도체에 많은 소자가 들어가게 하는 것)이 반도체 생산 공정(만들어 내는 과정)에서는 매우 중요하다. [3]반도체 소자의 집적도는 매년 꾸준하게 증가하였으며 여기에 가장 핵심적인 역할을 한 것이 바로 포토리소그래피(photo, 빛 + lithography, 석판 인쇄)이다.

→ 반도체 소자 집적도 증가에 핵심적인 역할을 한 포토리소그래피

2 [1]포토리소그래피는 반도체 기판(반도체를 만들 때 바탕이 되는 판) 위에 패턴을 형성하는(어떤 모양을 만드는) 기술을 의미하는데 이는 판화를 만들어 내는 과정과 유사성이 있다.(비슷하다.) [2]원판(原版, 복사, 복제할 때 기본이 되는 원래의 판)으로부터 수없이 많은 판화를 종이 위에 찍어 낼 수 있듯이 포토리소그래피의 경우 마스크라는 하나의 원판을 제작한 후, 빛을 사용하여 같은 모양의 패턴을 기판 위에 반복 복사하여 패턴을 대량으로 만든다. [3]판화의 원판은 조각칼을 이용하여 만드는 데 비해, 포토리소그래피의 경우 마스크 패턴의 크기가 매우 작기 때문에 레이저를 이용하여 만든다.

→ 포토리소그래피의 원리 - 판화 제작 과정과 유사

3 [1]포토리소그래피는 아래 그림과 같이 진행된다.

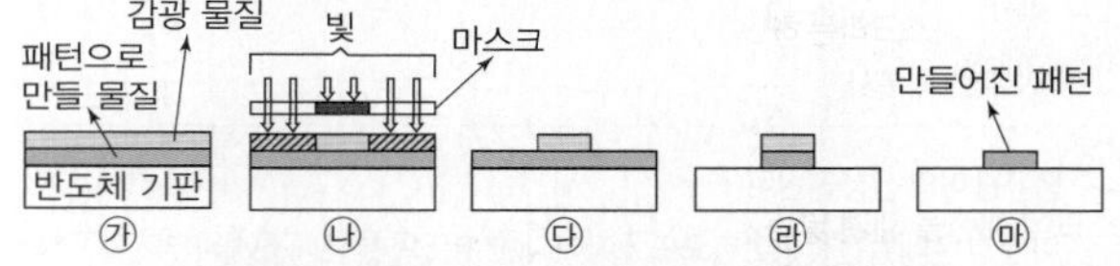


[2]먼저 ㉮와 같이 패턴으로 만들 물질이 코팅된(패턴이 될 물질이 씌워져 있는) 반도체 기판 위에 감광 물질을 고르게 바른다. [3]감광 물질이란 빛을 받으면 화학적 성질이 변하는(원자의 배열이나 결합 상태가 변하는) 물질을 말한다. [4]두 번째로, ㉯와 같이 마스크 위에서 빛을 쏘여 준다. [5]마스크에는 패턴이 새겨져 있는데, 빛은 마스크의 패턴을 제외한 부분만을 통과할 수 있다.(마스크의 패턴으로 덮이지 않은 부분만 빛을 받게 된다.) [6]따라서 마스크의 패턴과 동일한(同一, 똑같은) 크기와 모양의 그림자가 감광 물질에 드리우게(뒤덮이게) 되며, 이때 빛을 받은 부분의 감광 물질만 화학적 성질이 변하게 된다. [7]세 번째로, ㉯에서 빛을 받은 부분만을 현상액(現像液, 사진을 현상할 때 쓰는 액체, 여기서는 코팅된 물질을 제거하는 역할)으로 제거하면 ㉰와 같이 된다. [8]이렇게 빛을 받은 부분만을 현상액으로 제거할 때 사용하는 감광 물질을 양성 감광 물질이라 한다. [9]이와 반대로 빛을 받지 않은 부분만을 현상액으로 제거할 수도 있는데 이때 쓰는 감광 물질을 음성 감광 물질이라고 한다. [10]네 번째로, ㉰에 남아 있는 감광 물질을 보호층으로 활용하여(감광 물질이 덮인 부분은 남겨 두고) 감광 물질이 덮여 있지 않은 부분만을 제거하면 ㉱와 같은 모양이 된다. [11]마지막으로, 더 이상 필요가 없는 감광 물질을 제거하면 반도체 기판에는 ㉲와 같이 마스크에 있던 것과 동일한 패턴이 만들어진다.

→ 포토리소그래피 기술로 반도체 패턴을 만드는 과정

**4** [1]한편, 반도체 기판 위에 새길 수 있는 패턴의 크기는 빛의 파장(빛이 한 주기 동안 이동하는 거리)이 짧을수록 작게 만들 수 있기 때문에, ㉠ 짧은 파장의 광원(光源, 빛을 내는 물체)을 포토리소그래피에 이용하려는 노력과 짧은 파장의 광원에 반응하는 새로운 감광 물질을 개발하려는 연구가 진행되고 있다. [2]이와 더불어 더욱 정교하고 미세하게(꼼꼼하고 자세하게) 마스크에 패턴을 만드는 기술의 개발 또한 진행되고 있다.

→ 반도체의 집적도와 정교함을 향상시키려는 노력

■지문 이해

**<반도체의 집적도를 높이는 포토리소그래피 기술>**

| ❶ 반도체 소자 집적도 증가에 핵심적인 역할을 한 포토리소그래피 |
|---|

| ❷ 포토리소그래피의 원리 |
|---|
| • 포토리소그래피 : 반도체 기판 위에 패턴을 형성하는 기술<br>• 마스크(원판) 제작 → 패턴 반복 복사 → 대량 생산 ⇨ 판화 제작 과정과 유사 |

| ❸ 포토리소그래피 기술로 반도체 패턴을 만드는 과정 |
|---|
| ① 패턴으로 만들 물질이 코팅된 반도체 기판 위에 감광 물질 바름<br>② 마스크 위에 빛을 쏘여 줌<br>③ 빛을 받은 부분만 현상액으로 제거<br>④ 감광 물질이 덮여 있지 않은 부분만 제거<br>⑤ 더 이상 필요 없는 감광 물질 제거<br>→ 반도체 기판에는 마스크에 있던 것과 동일한 패턴이 만들어짐 |

| ❹ 반도체의 집적도와 정교함을 향상시키려는 노력 |
|---|
| • 짧은 파장의 광원을 포토리소그래피에 이용하려는 노력, 짧은 파장의 광원에 반응하는 새로운 감광 물질을 개발하려는 연구<br>• 정교하고 미세하게 마스크에 패턴을 만드는 기술의 개발 |

**095** | 세부 정보 이해 - 적절하지 않은 것 고르기 2013학년도 9월 모평 17번 | 정답률 80%, 매력적 오답 ⑤ 15% | 정답 ④

**윗글에 대한 이해로 적절하지 않은 것은?**

**① 반도체 기판 위에 수백 나노미터 크기의 패턴을 만드는 것이 가능하다.**

근거 ❶-1 반도체 소자는 수십에서 수백 나노미터 크기의 패턴으로 이루어져 있다.

→ 적절함!

**② 포토리소그래피에 쓰이는 마스크는 반복 사용이 가능하다.**

근거 ❷-2 마스크라는 하나의 원판을 제작한 후, 빛을 사용하여 같은 모양의 패턴을 기판 위에 반복 복사

→ 적절함!

**③ 마스크에 패턴을 새겨 넣는 레이저는 판화의 조각칼과 유사한 역할을 한다.**

근거 ❷-3 판화의 원판은 조각칼을 이용하여 만드는 데 비해, 포토리소그래피의 경우 마스크 패턴의 크기가 매우 작기 때문에 레이저를 이용하여 만든다.

→ 적절함!

**④ 마스크에 새겨진 패턴의 크기는 기판 위에 만들어지는 패턴의 크기보다 작다.** (와 같다)

근거 ❷-2 포토리소그래프의 경우 마스크라는 하나의 원판을 제작한 후, 빛을 사용하여 같은 모양의 패턴을 기판 위에 반복 복사하여 패턴을 대량으로 만든다, ❸-11 (반도체 기판에는) 마스크에 있던 것과 동일한 패턴이 만들어진다.

풀이 포토리소그래피는 마스크의 패턴과 같은 모양의 패턴을 기판 위에 반복 복사하여 대량으로 만들어내는 기술이므로, 마스크에 새겨진 패턴의 크기와 기판 위에 만들어지는 패턴의 크기는 서로 같다.

→ 적절하지 않음!

**⑤ 사용하는 빛의 파장에 따라 쓰이는 감광 물질이 달라진다.**

근거 ❹-1 짧은 파장의 광원에 반응하는 새로운 감광 물질을 개발하려는 연구가 진행

풀이 짧은 파장의 광원에 반응하는 새로운 감광 물질이 필요하다는 것은, 빛의 파장에 따라 쓰이는 감광 물질이 서로 다름을 의미한다.

→ 적절함!

**096** | 자료 해석의 적절성 판단 - 적절한 것 고르기 2013학년도 9월 모평 18번 | 정답률 80% | 정답 ③

**<보기>의 모든 공정을 수행했을 때, 반도체 기판 위에 형성될 패턴으로 적절한 것은?** [3점]

| 보 기 |

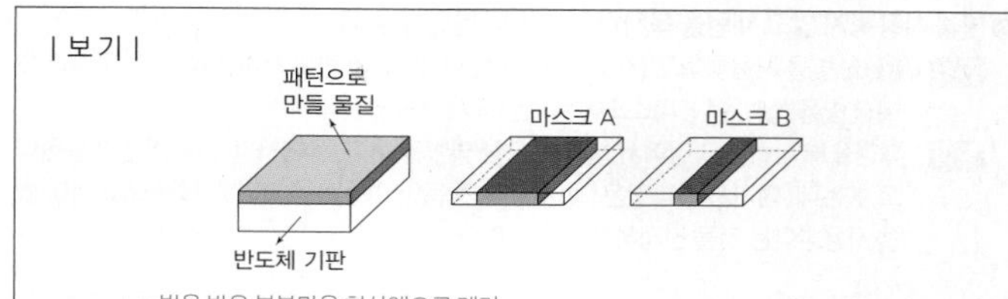


(빛을 받은 부분만을 현상액으로 제거)
양성 감광 물질을 패턴으로 만들 물질 위에 바르고 마스크 A를 이용하여 포토리소그래피 공정을 수행하여 패턴을 얻은 후, 그 위에 음성 감광 물질을 바르고 마스크 B를 이용하여 포토리소그래피 공정을 수행하였다. (빛을 받지 않은 부분만을 현상액으로 제거)

▶ 지문 핵심 개념 정리

| 포토리소그래피 공정 | | | |
|---|---|---|---|
| 패턴으로 만들 물질 위에 감광 물질 바르기(❸-2)<br>↓<br>패턴이 새겨진 마스크를 대고 위에서 빛을 쏘임<br>: 빛은 마스크의 패턴을 제외한 부분만 통과(❸-4~5) | | | |
| 양성 감광 물질 | | 음성 감광 물질 | |
| 빛을 받은 부분만 현상액으로 제거<br>(❸-8) | | 빛을 받지 않은 부분만 현상액으로 제거<br>(❸-9) | |
| 마스크의 패턴 부분이 남고 나머지 부분 제거 | | 마스크의 패턴 부분이 제거 | |

풀이

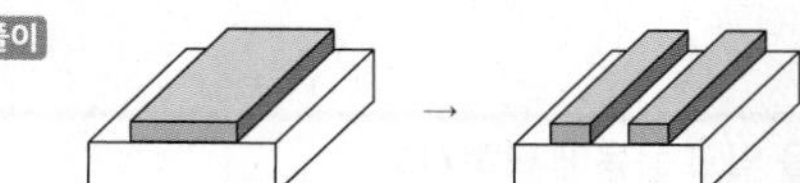

먼저 양성 감광 물질이 사용되었으므로, A 마스크의 패턴 부분이 남은 모양(불룩하게 올라온 모양)이 되어야 한다. 그 후 양성 감광 물질로 인해 만들어진 A 마스크의 패턴 위에 음성 감광 물질을 발랐으므로, B 마스크의 패턴 부분이 제거된 모양(움푹 들어간 모양)이 되어야 한다. 따라서 정답은 ③번이다.

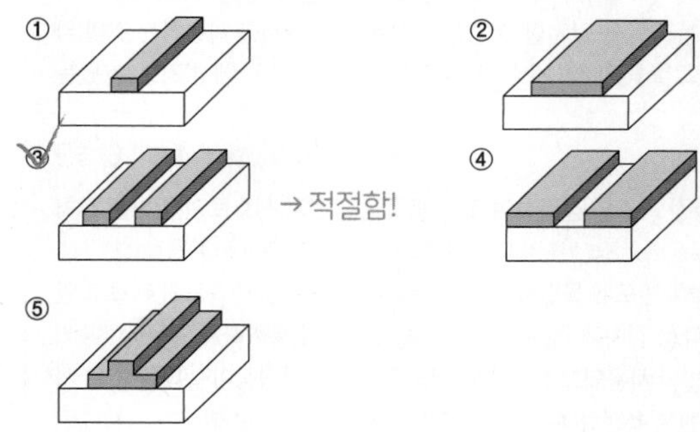


**097** | 추론의 적절성 판단 - 적절한 것 고르기 2013학년도 9월 모평 19번 | 정답률 90% | 정답 ②

**㉠의 이유로 가장 적절한 것은?**

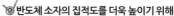

㉠ 짧은 파장의 광원을 포토리소그래피에 이용하려는 노력
→ 패턴의 크기를 작게 만들 수 있음 → 반도체 소자의 집적도를 높일 수 있음

**① 감광 물질 없이 패턴을 형성하기 위해**

근거 ❹-1 짧은 파장의 광원에 반응하는 새로운 감광 물질을 개발하려는 연구가 진행

풀이 짧은 파장을 이용하는 경우에도 감광 물질 없이 패턴을 형성할 수는 없다.

→ 적절하지 않음!

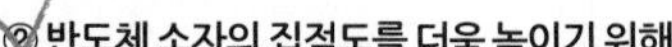

**② 반도체 소자의 집적도를 더욱 높이기 위해**

근거 ❹-1 반도체 기판 위에 새길 수 있는 패턴의 크기는 빛의 파장이 짧을수록 작게 만들 수 있기 때문에, ❶-2 패턴의 크기를 줄여 반도체 소자의 집적도를 높이는 것

풀이 빛의 파장이 짧을수록 패턴의 크기를 작게 만들 수 있고, 패턴의 크기가 줄면 반도체 소자의 집적도를 높일 수 있으므로 짧은 파장의 광원을 이용하려고 하는 것이다.

→ 적절함!

③ 빛을 사용하지 않고 패턴을 복사하는 방법의 발명을 위해

근거 ❷-2 빛을 사용하여 같은 모양의 패턴을 기판 위에 반복 복사, ❸-4~5 마스크 위에서 빛을 쏘여 준다. 마스크에는 패턴이 새겨져 있는데

풀이 패턴을 복사하는 과정에서 빛은 중요한 역할을 한다. ㉠에서 짧은 파장을 이용한다고 했는데, 여기서의 파장은 '빛이 한 주기 동안 이동하는 거리'를 말하므로 이미 빛을 사용한다는 것을 전제하고 있는 것이다.

→ 적절하지 않음!

④ 한 개의 마스크를 사용하여 다양한 반도체 소자를 생산하기 위해

근거 ❷-2 마스크라는 하나의 원판을 제작한 후, 빛을 사용하여 같은 모양의 패턴을 기판 위에 반복 복사하여 패턴을 대량으로 만든다, ❸-11 (반도체 기판에는) 마스크에 있던 것과 동일한 패턴이 만들어진다.

풀이 마스크를 이용해서는 반도체 소자를 구성하는 '같은 모양의 패턴'을 대량으로 만드는 것이지, 반도체 소자를 '다양하게' 만드는 것은 아니다. 짧은 파장을 이용하는 경우도 마찬가지이다.

→ 적절하지 않음!

⑤ 반도체 소자 생산을 위한 포토리소그래피 공정의 단계를 줄이기 위해

근거 ❹-1 반도체 기판 위에 새길 수 있는 패턴의 크기는 빛의 파장이 짧을수록 작게 만들 수 있기 때문에, ❶-2 패턴의 크기를 줄여 반도체 소자의 집적도를 높이는 것

풀이 짧은 파장의 광원을 이용하려는 것은 패턴의 크기를 작게 만들어 반도체 소자의 크기를 줄이고 반도체 소자의 집적도를 높이기 위해서이다. 짧은 파장의 광원을 이용하면 포토리소그래피의 공정 단계가 줄어든다는 설명은 윗글에 나오지 않는다.

→ 적절하지 않음!

## [098~100] 다음 글을 읽고 물음에 답하시오.

**1** [1]우리는 생활에서 각종 유해 가스에 노출될 수 있다. [2]인간은 후각이나 호흡 기관을 통해 위험 가스의 존재를 인지할 수는 있으나, 그 종류를 감각으로 판별하기는(判別-, 판단해서 구별하기는) 어려우며, 미세한 농도의 감지는 더욱 불가능하다. [3]따라서 가스의 종류나 농도 등을 감지할 수 있는 고성능 가스 센서를 사용하는 것이 위험 가스로 인한 사고를 미연(未然, 아직 어떤 일이 일어나지 않은 상태)에 방지할 수 있는 길이다.

→ 고성능 가스 센서 사용의 필요성

**2** [1]가스 센서란 특정 가스를 감지하여 그것을 적당한 전기 신호로 변환하는 장치의 총칭(總稱, 전부를 두루 일컫는 이름)이다. [2]각종 가스 센서 가운데 산화물(酸化物, 산소와 다른 원소와의 화합물) 반도체 물질을 이용한 저항형 센서는 감지 속도가 빠르고 안정성이 높으며 휴대용 장치에 적용할 수 있도록 소형화가 용이하기 때문에(작게 만들기가 쉽기 때문에) 널리 사용되고 있다. [3]센서 장치에서 ㉠ 안정성이 높다는 것은 시간이 지남에 따라 반복 측정하여도 동일 조건하에서는 센서의 출력(出力, 일정한 입력이 기계적으로 처리되어 정보로 나타나는 일)이 거의 일정하다는 뜻이다.

→ 가스 센서의 개념과 저항형 센서의 장점

**3** [1]저항형 가스 센서는 두께가 수백 나노미터($10^{-9}$ m)에서 수 마이크로미터($10^{-6}$ m)인 산화물 반도체 물질이 두 전극 사이를 연결하는 방식으로 되어 있다. [2]가스가 센서에 다다르면 시간이 지남에 따라 산화물 반도체 물질에 흡착*되는 가스의 양이 늘어나다가 흡착된 가스의 양이 일정하게 유지되는 정상 상태(定常狀態)(시간이 흘러도 변하지 않고 일정하게 유지되는 상태)에 도달하여 일정한 저항값을 나타내게 된다. [3]정상 상태에 도달하는 동안 이산화질소와 같은 산화 가스(물질을 산화시키는 가스, 산화 : 물질이 산소와 화합하는 것, 일반적으로는 전자를 빼앗기는 변화)는 산화물 반도체로부터 전자를 받으면서 흡착하여 산화물 반도체의 저항값을 증가시킨다. [4]반면에 일산화탄소와 같은 환원 가스(물질을 환원시키는 가스, 환원 : 물질이 산소를 잃어버리는 것, 일반적으로는 전자를 얻는 변화)는 산화물 반도체 물질에 전자를 주면서 흡착하여 산화물 반도체의 저항값을 감소시킨다. [5]이러한 저항값 변화로부터 가스를 감지하고 농도를 산출하는 것이 센서의 작동 원리이다.

〈참고 그림〉

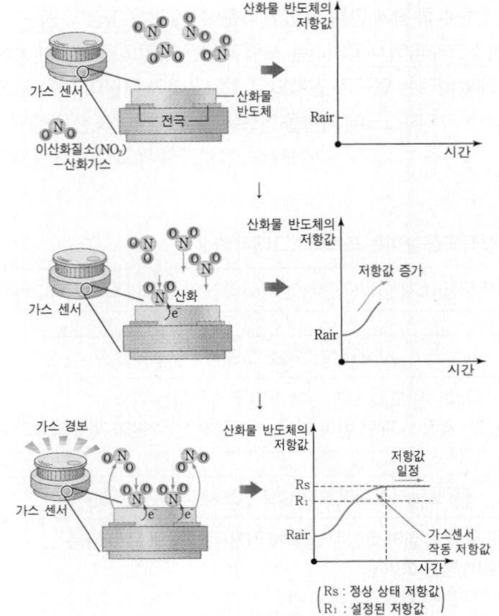


▲ 산화 가스의 경우

❸-3 이산화질소와 같은 산화 가스는 산화물 반도체로부터 전자를 받으면서 흡착하여 산화물 반도체의 저항값을 증가시킨다.

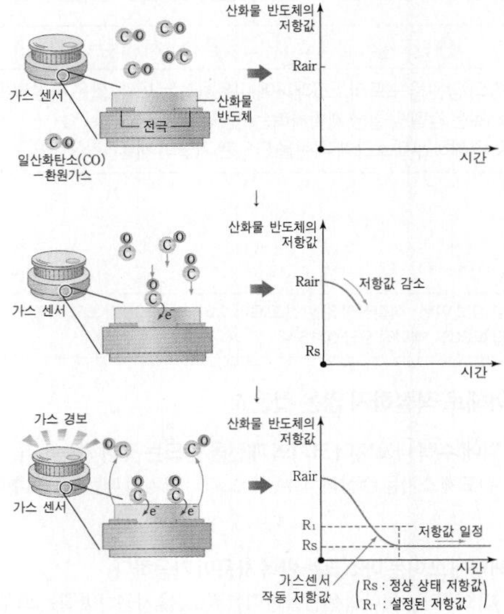


▲ 환원 가스의 경우

❸-4 일산화탄소와 같은 환원 가스는 산화물 반도체 물질에 전자를 주면서 흡착하여 산화물 반도체의 저항값을 감소시킨다.

→ 저항형 가스 센서의 작동 원리

**4** [1]저항형 가스 센서의 성능을 평가하는 주된 요소는 응답 감도(感度, 외부 자극이나 작용에 대해 반응하는 정도), 응답 시간, 회복 시간이다. [2]응답 감도는 특정 가스가 존재할 때 가스 센서의 저항이 얼마나 민감하게 변하는가에 대한 정도이며, 일정하게 유지되는 정상 상태 저항값($R_s$)과 특정 가스 없이 공기 중에서 측정된 저항값($R_{air}$)으로부터 도출된다.(導出-, 판단이나 결론이 나온다.) [3]이는 $R_s$와 $R_{air}$의 차이를 $R_{air}$로 나누어 백분율로 나타낸 것(응답 감도= $\frac{|R_s - R_{air}|}{R_{air}} \times 100(\%)$)으로, 이 값이 클수록 가스 센서는 감도가 좋다고 할 수 있다. [4]또한 가스 센서가 특정 가스를 얼마나 빨리 감지하고 반응하느냐의 척도인 응답 시간은 응답 감도 값의 50 % 혹은 90 % 값에 도달하는 데 걸리는 시간으로 정의된다. [5]한편, 센서는 반복적으로 사용해야 하기 때문에 산화물 반도체 물질에 정상 상태로 흡착돼 있는 가스를 가능한 한 빠른 시간 내에 탈착*시켜 처음 상태로 되돌려야 한다. [6]따라서 흡착된 가스가 공기 중에서 탈착되는 데 필요한 시간인 회복 시간 역시 가스 센서의 성능을 평가하는 중요한 요소로 꼽힌다.

→ 저항형 가스 센서의 성능 평가 요소 : 응답 감도, 응답 시간, 회복 시간

* 흡착 : 고체 표면에 기체나 액체가 달라붙는 현상
* 탈착 : 흡착된 물질이 고체 표면으로부터 떨어지는 현상

■지문 이해
〈저항형 가스 센서의 작동 원리와 성능 평가 요소〉

**❶ 고성능 가스 센서 사용의 필요성**
- 인간은 가스의 종류 판별 및 미세 농도 감지 불가능
- 고성능 가스 센서를 사용하면 위험 가스로 인한 사고를 미연에 방지

**❷ 가스 센서의 개념과 저항형 센서의 장점**
- 가스 센서 : 특정 가스를 감지하여 적당한 전기 신호로 변환하는 장치의 총칭
- 저항형 센서의 장점 : 감지 속도 빠름, 안정성(반복 측정해도 동일 조건하에서는 출력 일정), 소형화 용이

**❸ 저항형 가스 센서의 작동 원리**
- 원리

가스가 센서에 다다르면서 산화물 반도체에 흡착되는 가스의 양이 늘어남 → 흡착된 가스의 양이 정상 상태에 도달하여 일정한 저항값을 나타냄 → 저항값 변화를 통해 가스를 감지하고 농도를 산출함

- 산화 가스는 산화물 반도체로부터 전자를 받아 흡착하여 산화물 반도체의 저항값을 증가시킴
- 환원 가스는 산화물 반도체에 전자를 주면서 흡착하여 산화물 반도체의 저항값을 감소시킴

**❹ 저항형 가스 센서의 성능 평가 요소**

| • 응답 감도 | • 응답 시간 | • 회복 시간 |
|---|---|---|
| - 특정 가스가 존재할 때 가스 센서의 저항이 얼마나 민감하게 변하는가에 대한 정도<br>- 일정하게 유지되는 정상 상태 저항값과 특정 가스 없이 공기 중에서 측정된 저항값으로부터 도출 | - 가스 센서가 특정 가스를 얼마나 빨리 감지하고 반응하느냐의 척도<br>- 응답 감도 값의 50 % 혹은 90 % 값에 도달하는 데 걸리는 시간 | - 반복적으로 사용해야 하는 센서는 산화물 반도체 물질에 정상 상태로 흡착된 가스를 가능한 한 빠른 시간 내에 탈착시켜 처음 상태로 되돌려야 함<br>- 흡착 가스가 공기 중에서 탈착되는 데 필요한 시간 |

1등급 문제

**098** | 세부 정보 이해 - 적절한 것 고르기 2011학년도 9월 모평 48번 | 정답률 55%, 매력적 오답 ⑤ 30% | 정답 ①

### 윗글의 내용과 일치하는 것은?

**① 산화물 반도체 물질은 가스 흡착 시 전자를 주거나(환원 가스) 받을(산화 가스) 수 있다.**

근거 ❸-3 산화 가스는 산화물 반도체로부터 전자를 받으면서 흡착, ❸-4 환원 가스는 산화물 반도체 물질에 전자를 주면서 흡착

→ 적절함!

**② 인간은 후각(=감각)을 이용하여 유해 가스 농도를 수치로 나타낼 수 있다(없다).**

근거 ❶-2 인간은 후각이나 호흡 기관을 통해 위험 가스의 존재를 인지할 수는 있으나, 그 종류를 감각으로 판별하기는 어려우며, 미세한 농도의 감지는 더욱 불가능

→ 적절하지 않음!

**③ 회복 시간이 길어야(짧아야) 산화물 반도체 가스 센서를 오래 사용할 수 있다.**

근거 ❹-5 센서는 반복적으로 사용해야 하기 때문에 산화물 반도체 물질에 정상 상태로 흡착돼 있는 가스를 가능한 한 빠른 시간 내에 탈착시켜 처음 상태로 되돌려야 한다.

→ 적절하지 않음!

**④ 산화물 반도체 물질에 흡착되는 가스의 양은 시간이 지남에 따라 계속 늘어난다(늘어나다가 일정하게 유지된다).**

근거 ❸-2 시간이 지남에 따라 산화물 반도체 물질에 흡착되는 가스의 양이 늘어나다가 흡착된 가스의 양이 일정하게 유지되는 정상 상태(定常狀態)에 도달

→ 적절하지 않음!

**⑤ 저항형 가스 센서는 가스의 탈착(흡착) 전후에 변화한 저항값으로부터 가스를 감지한다.**

근거 ❸-3 산화 가스는 산화물 반도체로부터 전자를 받으면서 흡착하여 산화물 반도체의 저항값을 증가, ❸-4 환원 가스는 산화물 반도체 물질에 전자를 주면서 흡착하여 산화물 반도체의 저항값을 감소, ❸-5 이러한 저항값 변화로부터 가스를 감지하고 농도를 산출하는 것이 센서의 작동 원리

풀이 가스의 탈착 전후가 아닌 가스의 흡착 전후로 나타나는 저항값의 변화로부터 가스를 감지하는 것이다.

→ 적절하지 않음!

**099** | 핵심 개념 이해 - 적절한 것 고르기 2011학년도 9월 모평 49번 | 정답률 80% | 정답 ⑤

### ㉠에 해당하는 예로 가장 적절한 것은?

㉠ 안정성이 높다

근거 ❷-3 센서 장치에서 안정성이 높다는 것은 시간이 지남에 따라 반복 측정하여도 동일 조건하에서는 센서의 출력이 거의 일정하다는 뜻이다.

**① 어제 잠자리에 들기 전 음악을 듣고 마음의 안정을 찾았다.**

풀이 일회적인 사건이므로 반복 측정한 것으로 보기 어렵다.

→ 적절하지 않음!

**② 체육 시간에 안정적인 자세로 물구나무를 서서 박수를 받았다.**

풀이 일회적인 사건이므로 반복 측정한 것으로 보기 어렵다.

→ 적절하지 않음!

**③ 모형 항공기가 처음에는 맞바람에 요동쳤으나 곧 안정되어 활강하였다.**

풀이 일회적인 사건이므로 반복 측정한 것으로 보기 어렵다.

→ 적절하지 않음!

**④ 자세를 여러 가지로 바꾸어 가며 공을 던졌으나 50 m 이상 날아가지 않았다.**

풀이 자세를 여러 가지로 바꾼 것은 동일 조건이라고 보기 어렵다.

→ 적절하지 않음!

**⑤ 매일 아침 운동장을 열 바퀴 걸은 직후 맥박을 재어 보니 항상 분당 128~130 회였다.**

풀이 매일 맥박을 재는 것은 시간이 지나면서 반복 측정하는 것이고, 운동장 열 바퀴 걷기는 동일 조건에 해당하며, 항상 분당 128~130 회라는 것은 출력이 거의 일정하다는 뜻이므로, '안정성이 높은' 적절한 예에 해당한다.

→ 적절함!

**100** | 자료 해석의 적절성 판단 - 적절하지 않은 것 고르기 2011학년도 9월 모평 50번 | 정답률 65%, 매력적 오답 ② 20% | 정답 ③

### 산화물 반도체 물질 A와 B를 각각 이용한 두 센서를 가지고 같은 조건에서 실험하여 〈보기〉와 같은 그래프를 얻었다. 이에 대한 해석으로 적절하지 않은 것은? [3점]

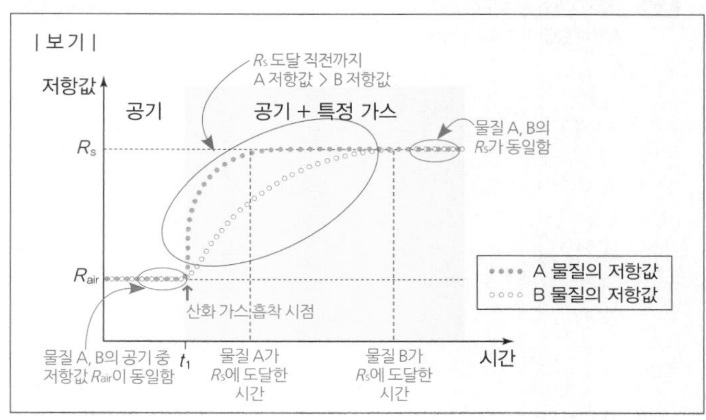

▶ 지문 핵심 개념 정리

저항형 가스 센서 성능 평가 요소

| 응답 감도 | 응답 시간 | 회복 시간 |
| --- | --- | --- |
| • 특정 가스가 존재할 때 가스 센서의 저항이 얼마나 민감하게 변하는가에 대한 정도(❹-2)<br>• 일정하게 유지되는 정상 상태 저항값과 특정 가스 없이 공기 중에서 측정된 저항값으로부터 도출(❹-2)<br>• $\frac{\lvert R_S - R_{air} \rvert}{R_{air}} \times 100$이 클수록 센서 감도가 좋음(❹-3) | • 가스 센서가 특정 가스를 얼마나 빨리 감지하고 반응하느냐의 척도(❹-4)<br>• 응답 감도 값의 50 % 혹은 90 % 값에 도달하는 데 걸리는 시간(❹-4) | • 반복적으로 사용해야 하는 센서는 산화물 반도체 물질에 정상 상태로 흡착된 가스를 가능한 한 빠른 시간 내에 탈착시켜 처음 상태로 되돌려야 함(❹-5)<br>• 흡착 가스가 공기 중에서 탈착되는 데 필요한 시간(❹-6) |

저항값을 증가시킴

**① 실험에 사용된 가스는 산화 가스이다.**

근거 ❸-3 산화 가스는 산화물 반도체로부터 전자를 받으면서 흡착하여 산화물 반도체의 저항값을 증가

→ 적절함!

**② 응답 감도는 A를 이용한 센서와 B를 이용한 센서가 같다.**

근거 ❹-3 (응답 감도는) $R_S$와 $R_{air}$의 차이를 $R_{air}$로 나누어 백분율로 나타낸 것으로, 이 값이 클수록 가스 센서는 감도가 좋다고 할 수 있다.

풀이 <보기>에서 A와 B의 $R_S$ 및 $R_{air}$ 값이 같으므로, A와 B는 응답 감도가 같은 센서라고 할 수 있다.

→ 적절함!

각각 다르다

**③ 응답 시간은 A를 이용한 센서와 B를 이용한 센서가 같다.**

근거 ❹-4 응답 시간은 응답 감도 값의 50 % 혹은 90 % 값에 도달하는 데 걸리는 시간으로 정의

풀이 〈참고 그래프〉

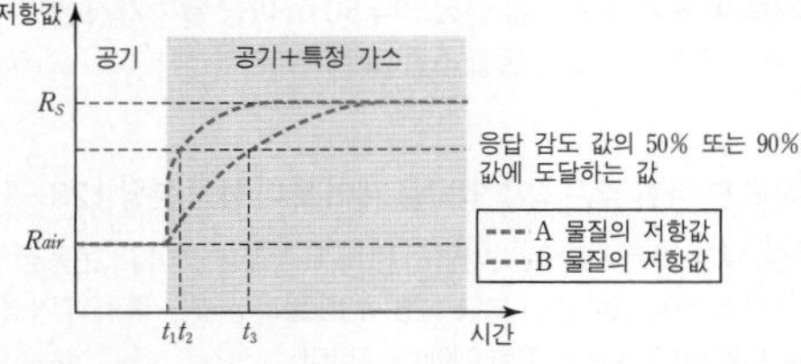


정상 상태 저항값인 $R_S$에 도달하는 시간이 B보다 A가 빠르므로, 응답 감도 값의 50 % 혹은 90 % 값에 도달하는 데 걸리는 시간도 A가 빠를 것임을 알 수 있다.

→ 적절하지 않음!

$= t_1$ 이전

**④ 특정 가스가 흡착하기 전에는 공기 중에서 A와 B의 저항값이 같다.**

풀이 <보기>를 보면 $t_1$ 이전에는 저항값이 같기 때문에 특정 가스 흡착 전에는 공기 중에서 A와 B의 저항값이 같다.

→ 적절함!

$= R_S$

**⑤ $t_1$ 직후부터 정상 상태에 도달하기 직전까지는 A의 저항값이 B의 저항값보다 크다.**

풀이 <보기>의 $t_1$ 시점부터 $R_S$에 도달하기 직전까지 A와 B의 저항값을 서로 비교해 보면, A의 저항값이 B의 저항값보다 크다.

→ 적절함!

# 예 술 | 1. 시각 예술에 대한 이해



**[001~006] 다음 글을 읽고 물음에 답하시오.**

(가)

1 [1]리얼리즘(realism, 사실주의, 객관적 사물을 있는 그대로 정확하게 재현하려는 창작 태도) 영화 이론가 앙드레 바쟁에 따르면 영화는 '세상을 향해 열린 창'이다. [2]창을 통해 세상을 인식하는(認識-, 구별하여 가르고 판단하여 아는) 것처럼, 관객(觀客, 관람하는 사람)은 영화를 통해 현실을 객관적으로 인식할 수 있다. [3]영화가 담아내고자 하는 현실은 물리적(物理的, 구체적인 형태를 가지고 존재하는 대상과 관련이 있는 것) 시·공간이 분할되지(分割-, 나뉘어 쪼개지지) 않는 하나의 총체(總體, 있는 것들을 모두 하나로 합친 전체)로, 그 의미가 미리 정해지지 않은 미결정의 상태이다. [4]바쟁은 영화가 현실의 물리적 연속성과 미결정성을 있는 그대로 드러내야 한다고 생각했다.

→ 리얼리즘 영화 이론가 바쟁

2 [1]바쟁은 영화감독을 '이미지를 믿는 감독'과 '현실을 믿는 감독'으로 분류했다. [2]영화의 형식을 중시한 '이미지를 믿는 감독'은 다양한 영화적 기법으로 현실을 변형하여 ⓐ 새로운 의미를 창조하는 데 주력한다.(注力-, 온 힘을 기울인다.) [3]몽타주(montage, 각각 따로 촬영한 화면을 적절하게 떼어 붙여 하나의 긴밀하고도 새로운 장면이나 내용으로 만드는 것)의 대가(大家, 전문 분야에서 뛰어나 권위를 인정받는 사람)인 예이젠시테인이 대표적이다. [4]몽타주는 추상적(抽象的, 직접 경험하거나 지각할 수 있는 일정한 형태와 성질을 갖추고 있지 않은 것)이거나 상징적(象徵的, 추상적인 개념이나 사물을 구체적인 사물로 나타내는 것)인 이미지를 통해 관객이 익숙한 대상을 낯설게 받아들이게 한다. [5]또한 짧은 숏(shot, 한 번의 연속 촬영으로 찍은 장면)들을 불규칙적으로 편집해서 영화가 재현한(再現-, 다시 나타낸) 공간이 불연속적으로(不連續的-, 중간중간에 끊어져) 연결된 듯한 느낌을 만들어 낸다. [6]바쟁은 몽타주가 현실의 연속성을 ⓑ 깨뜨릴 뿐만 아니라 감독의 의도(意圖, 무엇을 하고자 하는 생각이나 계획)에 따라 관객이 현실을 하나의 의미로만 해석하게(解釋-, 판단하고 이해하게) 할 우려(憂慮, 근심, 걱정)가 있는 연출 방식이라고 생각했다.

→ 이미지를 믿는 감독

3 [1]바쟁은 '현실을 믿는 감독'을 지지했다.(支持-, 뜻을 같이 하여 이를 위해 힘썼다.) [2]이들(현실을 믿는 감독)은 '이미지를 믿는 감독'과 달리 영화의 내용, 즉 현실을 더 중요하게 생각하기에 변형되지 않은 현실을 객관적으로 보여 주고자 한다. [3]디프 포커스와 롱 테이크는 이(변형되지 않은 현실을 객관적으로 보여 주는 것)를 가능하게 해 주는 영화적 기법이다. [4]디프 포커스는 근경(近景, 가까이 있는 대상)에서 원경(遠景, 멀리 있는 대상)까지 숏 전체를 선명하게 초점(焦點, 대상의 영상이 가장 똑똑하게 나타나게 되는 점)을 맞춰 촬영하는 기법으로, 원근감이 느껴지도록 공간감(空間感, 공간적인 부피를 느끼게 하는 감각)을 표현할 수 있다. [5]롱 테이크는 하나의 숏이 1~2 분 이상 끊김 없이 길게 진행되도록 촬영하는 기법이다. [6]영화 속 사건이 지속되는 시간과 관객의 영화 체험 시간이 일치하여 현실을 ⓒ 마주하는 듯한 효과를 낳는다. [7]바쟁에 따르면, 디프 포커스와 롱 테이크를 혼용하여(混用-, 섞어) 연출한 장면은 관객이 그 장면에 담긴 인물이나 사물을 자율적으로(自律的-, 자기 스스로의 원칙에 따라) 선택하여 응시하면서(凝視-, 눈길을 모아 한곳을 똑바로 바라보면서) 화면 속 공간 전체와 사건의 전개를 지켜볼 수 있게 해 준다.

→ 현실을 믿는 감독

4 [1]바쟁은 현실의 공간에서 자연광(自然光, 램프나 전구 등 인공적인 광원에서 나오는 빛이 아닌, 태양 등의 천연의 빛)을 이용해 촬영하거나, 연기 경험이 없는 일반인을 배우로 ⓓ 쓰는 등 다큐멘터리처럼 강한 현실감을 만들어 내는 연출 방식에 찬사(讚辭, 칭찬하거나 찬양하는 말이나 글)를 보냈다. [2]또한 정교하게(精巧-, 정확하고 치밀하게) 구조화된(構造化-, 부분적 요소나 내용이 서로 관련되어 통일된 조직을 이루는) 서사(敍事, 일정한 목적, 내용, 체재에 맞추어 사상, 감정, 지식 등을 글이나 그림으로 표현한 것)를 통해 의미를 명확하게 제시하는 영화보다는 열린 결말을 통해 의미를 확정적으로(確定的-, 확실하고 틀림없이 정해진 것으로) 제시하지 않는 영화를 선호했다.(選好-, 여럿 가운데서 특별히 가려서 좋아했다.) [3]이러한 영화가 미결정 상태의 현실을 있는 그대로 드러낸다고 생각했기 때문이다.

→ 연출 방식과 결말의 방식에 대한 바쟁의 견해

(나)

1 [1]정신분석학적(精神分析學的, 무의식에 관계되는 행동을 관찰하고 분석한 '정신분석학'의 개념을 통해 설명하고자 하는) 영화 이론에 따르면 ㉠ 관객이 영화에서 느끼는 현실감은 상상적인 것이며 환영(幻影, 사실이 아닌 것을 사실처럼 여기는 현상)이다. [2]영화와 관객의 심리(心理, 마음의 작용과 의식의 상태) 사이의 관계를 다루는 정신분석학적 영화 이론은 영화와 관객 사이에 발생하는 동일시(同一視, 다른 개인이나 집단의 특징을 자신의 것과 동일하게 여기는 것) 현상에 주목한다. [3]이런 동일시 현상은 영화 장치로 인해 발생한다. [4]이때 영화 장치는 카메라, 영화의 서사, 영화관의 환경 등을 아우르는 개념이다. [5]가장 대표적인 동일시 현상은 관객이 영화의 등장인물에 자신을 일치시키는 것이다. [6]이런 동일시는 극영화(劇映畫, 허구의, 일정한 줄거리를 가진 각본에 따라 배우의 연기로 이루어지는 영화)뿐 아니라 다큐멘터리 영화(documentary映畫, 실제 상황이나 자연 현상을 사실 그대로 찍은 영화)에서도 발생한다. [7]그런데 관객이 보고 있는 인물과 사물은 영화가 상영되는(上映-, 영상으로 보여지는) 그 시간과 장소에는 존재하지 않는다. [8]그 인물과 사물의 부재(不在, 그곳에 있지 않음)를 채우는 역할은 관객의 몫이다. [9]관객은 상상적 작업을 통해, 영화가 보여 주는 세계의 중심에 자신을 위치시킴으로써, 허구적(虛構的, 사실에 없는 일을 사실처럼 꾸며 만드는 성질을 띤) 세계와 현실 사이의 간극(間隙, 사이의 틈, 차이)을 ⓔ 없앤다. [10]따라서 정신분석학적 영화 이론에서 영화는 일종의 몽상(夢想, 실현성이 없는 헛된 생각)이다.

→ 관객이 영화에서 느끼는 현실감과 동일시 현상

2 [1]정신분석학적 영화 이론에 따르면 관객의 시점(視點, 바라보는 위치)은 카메라의 시점과 동일시된다. [2]관객은 카메라에 의해 기록된 것만을 볼 수 있다. [3]따라서 관객은 자신이 영화를 보는 시선의 주체라고 생각하지만 그 시선은 카메라에 의해 이미 규정된(規定-, 제한되어 정해진) 시선이다. [4]또한 영화는 촬영과 편집 과정에서 특정한(特定-, 특별히 정해진) 의도에 따라 선택과 배제(排除, 받아들이지 않고 제외함)가 이루어지지만, 관객은 제작 과정에서 무엇이 배제되었는지 알 수 없다. [5]관객은 자신이 현실 세계를 보고 있다고 믿지만, 사실은 인위적으로(人爲的-, 자연의 힘이 아닌 사람의 힘으로) 만들어진 세계를 보고 있다는 것이 정신분석학적 영화 이론가들의 주장이다.

→ 카메라로 인해 발생하는 동일시

3 [1]영화관의 환경은 관객이 영화가 환영임을 인식하기 어렵게 만든다. [2]영화에 몰입한(沒入-, 깊이 파고들거나 빠진) 관객은 플라톤이 말한 '동굴의 비유' 속 죄수(플라톤의 『국가론』에 나오는 비유로, 동굴 안에서 입구 쪽으로 등을 돌리고 벽면만 볼 수 있도록 고정되어 묶인 죄수는 등 뒤에 있는 불빛에 의하여 앞면 벽에 비치는 사람이나 동물의 그림자를 '실재'라고 생각하게 된다는 것)처럼 스크린에 비친 허구적 세계를 현실이라고 착각한다. [3]이때 영화는 꿈에 빗대진다.(비유된다.) [4]정신분석학적 영화 이론은 영화가 은폐하고(隱蔽-, 덮어 감추거나 가려 숨기고) 있는 특정한 이념(理念, 어떤 것을 이상적인 것으로 여기는 생각이나 견해)을 관객이 의심하지 않고 자신의 것으로 받아들일 위험이 있다고 경고한다. [5]이는 관객이 비판적(批判的, 옳고 그름을 판단하여 밝히거나 잘못된 점을 지적하는) 거리를 유지하면서 영화를 볼 수 있도록, 영화가 환영임을 영화 스스로 폭로하는(暴露-, 알려지지 않았거나 감춰져 있던 사실을 드러내는) 설정이 담겨 있는 대안적(代案的, 대신하거나 바꾸는 것)인 영화가 필요하다는 주장으로 이어진다.

→ 영화관의 환경으로 인해 발생하는 동일시

■지문 이해

(가)

<바쟁의 영화 이론>

| ❶ 리얼리즘 영화 이론가 바쟁 |
|---|
| • 바쟁 : 영화를 '세상을 향해 열린 창'에 비유함<br>→ 관객은 영화를 통해 현실을 객관적으로 인식할 수 있음<br>• 영화가 담아내려는 현실은 하나의 총체, 미결정의 의미 상태 : 영화는 현실을 그대로 드러내야 함 |

| ❷ 이미지를 믿는 감독 | ❸ 현실을 믿는 감독 |
|---|---|
| • 영화의 형식을 중시함<br>• 다양한 영화적 기법으로 현실을 변형하여 새로운 의미를 창조하는 데 주력함<br>• 몽타주, 짧은 숏들의 불규칙적 편집<br>→ 현실의 연속성을 깨뜨리며 감독의 의도에 따라 관객이 현실을 하나의 의미로만 해석하게 할 우려가 있음 | • 영화의 내용(현실)을 더 중요하게 생각함<br>• 변형되지 않은 현실을 객관적으로 보여 주고자 함<br>• 디프 포커스, 롱 테이크<br>→ 관객이 장면에 담긴 인물이나 사물을 자율적으로 선택하여 응시, 화면 속 공간 전체와 사건 전개를 지켜볼 수 있게 해 줌 |

**❹ 연출 방식과 결말의 방식에 대한 바쟁의 견해**

- 강한 현실감을 만들어 내는 연출 방식에 찬사를 보냄
- 정교하게 구조화된 서사를 통해 의미를 명확하게 제시하는 영화보다 열린 결말을 통해 의미를 확정적으로 제시하지 않는 영화를 선호함 ← 미결정 상태의 현실을 있는 그대로 드러내기 때문

(나)

**〈정신분석학적 영화 이론〉**

**❶ 관객이 영화에서 느끼는 현실감과 동일시 현상**

- 관객이 영화에서 느끼는 현실감은 상상적인 것이며 환영임
- 영화 장치로 인해 발생하는 동일시 현상에 주목함
  - 동일시 현상 : 관객이 등장인물에 자신을 일치시키는 것
  - 극영화, 다큐멘터리 영화에서 모두 발생함
  - 관객은 상상적 작업을 통해 영화 속 세계의 중심에 자신을 위치시켜 허구적 세계와 현실의 간극을 없앰
  → 영화는 일종의 몽상임

**❷ 카메라로 인해 발생하는 동일시**

- 관객의 시점은 카메라의 시점과 동일시됨
- 관객의 시선은 카메라에 의해 이미 규정된 시선으로, 관객이 시선의 주체×
- 관객은 촬영과 편집 과정에서 특정 의도에 따라 이루어진 선택과 배제를 인식할 수 없음
  → 관객은 현실 세계를 보고 있다고 믿지만, 사실은 인위적으로 만들어진 세계를 보고 있는 것

**❸ 영화관의 환경으로 인해 발생하는 동일시**

- 영화관의 환경은 영화가 환영임을 인식하기 어렵게 만듦
- 영화가 은폐하는 특정 이념을 관객이 의심하지 않고 받아들일 위험이 있음 → 관객이 비판적 거리를 유지하면서 영화를 볼 수 있는 대안적 영화가 필요함

1등급 문제

| 001 | 세부 정보 이해 - 적절한 것 고르기 2025학년도 9월 모평 12번<br>정답률 55%, 매력적 오답 ② 10% ③ 25% | 정답 ① |
|---|---|---|

**(가)와 (나)에서 모두 답을 찾을 수 있는 질문으로 가장 적절한 것은?**

**① 영화는 무엇에 비유될 수 있는가?**

근거 (가)-❶-1 리얼리즘 영화 이론가 앙드레 바쟁에 따르면 영화는 '세상을 향해 열린 창'이다, (나)-❶-10 영화는 일종의 몽상이다, (나)-❸-3 영화는 꿈에 빗대진다.

→ 적절함!

**② 영화의 내용과 형식 중 무엇이 중요한가?**

근거 (가)-❸-1~2 바쟁은 '현실을 믿는 감독'을 지지했다. 이들은 '이미지를 믿는 감독'과 달리 영화의 내용, 즉 현실을 더 중요하게 생각하기에

풀이 (가)에서 바쟁은 '현실을 믿는 감독'을 지지하였고, 이때 현실을 믿는 감독은 영화의 형식보다 내용을 더 중요시했다는 점을 밝히고 있다. 그러나 (나)에서는 영화의 내용과 형식 중 무엇이 중요한가에 대해 이야기하지 않았다.

→ 적절하지 않음!

**③ 영화에 관객의 심리는 어떻게 반영되는가?**

근거 (가)-❶-2 관객은 영화를 통해 현실을 객관적으로 인식할 수 있다, (나)-❶-2 영화와 관객의 심리 사이의 관계를 다루는 정신분석학적 영화 이론은 영화와 관객 사이에 발생하는 동일시 현상에 주목, (나)-❶-5 가장 대표적인 동일시 현상은 관객이 영화의 등장인물에 자신을 일치시키는 것

풀이 (가)와 (나)에서는 모두 관객이 영화를 통해 어떠한 영향을 받는지 언급하고 있지만, '영화에 관객의 심리가 어떻게 반영되는지'를 이야기하지는 않았다.

→ 적절하지 않음!

**④ 영화 이론의 시기별 *변천 **양상은 어떠한가?** *變遷, 세월의 흐름에 따라 바뀌고 변함 **樣相, 모양이나 상태

풀이 (가)와 (나)에서 모두 이야기하지 않았다.

→ 적절하지 않음!

**⑤ 영화관 환경은 관객에게 어떤 영향을 주는가?**

근거 (나)-❸-1 영화관의 환경은 관객이 영화가 환영임을 인식하기 어렵게 만든다.

풀이 (나)에서 영화관의 환경은 관객이 영화가 환영임을 인식하기 어렵게 만든다고 이야기하고 있다. 그러나 (가)에서는 영화관 환경이 관객에게 주는 영향에 대해 이야기하지 않았다.

→ 적절하지 않음!

| 002 | 세부 정보 이해 - 적절하지 않은 것 고르기 2025학년도 9월 모평 13번<br>정답률 80% | 정답 ③ |
|---|---|---|

**(가)를 바탕으로 할 때, 영화적 기법의 효과에 대한 이해로 적절하지 않은 것은?**

**① 몽타주를 활용하여 *대립 관계의 두 세력이 충돌하는 상황을 상징적 이미지로 표현한 장면에서, 관객은 **생소한 느낌을 받을 수 있다.** *對立, 의견이나 처지가 서로 반대되거나 모순됨 **生疏-, 친숙하지 못하고 낯이 선

근거 (가)-❷-4 몽타주는 추상적이거나 상징적인 이미지를 통해 관객이 익숙한 대상을 낯설게 받아들이게 한다.

→ 적절함!

**② 몽타주를 활용하여 서로 다른 공간을 짧은 숏으로 불규칙하게 *교차시킨 장면에서, 관객은 영화 속 공간이 불연속적으로 재구성되었다는 인상을 받을 수 있다.** *交叉-, 서로 엇갈리게 한

근거 (가)-❷-5 (몽타주는) 짧은 숏들을 불규칙적으로 편집해서 영화가 재현한 공간이 불연속적으로 연결된 듯한 느낌을 만들어 낸다.

→ 적절함!

**③ 디프 포커스를 활용하여 주인공과 주인공 뒤로 펼쳐진 배경을 하나의 숏으로 촬영한 장면에서, 관객은 배경이 흐릿하게 인물은 선명하게 보이는 느낌을 받을 수 있다.**
배경과 인물 전체가 선명하게

근거 (가)-❸-4 디프 포커스는 근경에서 원경까지 숏 전체를 선명하게 초점을 맞춰 촬영하는 기법으로, 원근감이 느껴지도록 공간감을 표현할 수 있다.

풀이 (가)에 따르면 디프 포커스는 근경에서 원경까지 숏 전체를 선명하게 초점을 맞춰 촬영하는 기법을 말한다. 따라서 디프 포커스를 활용하여 주인공과 주인공 뒤로 펼쳐진 배경을 하나의 숏으로 촬영한 장면에서, 관객은 배경과 인물 모두 전체가 선명하게 보이는 느낌을 받을 것이다.

→ 적절하지 않음!

**④ 롱 테이크를 활용하여 사자가 사슴을 사냥하는 모든 과정을 하나의 숏으로 길게 촬영한 장면에서, 관객은 실제 상황을 마주하는 듯한 느낌을 받을 수 있다.**

근거 (가)-❸-5~6 롱 테이크는 하나의 숏이 1~2분 이상 끊김 없이 길게 진행되도록 촬영하는 기법이다. 영화 속 사건이 지속되는 시간과 관객의 영화 체험 시간이 일치하여 현실을 마주하는 듯한 효과를 낳는다.

→ 적절함!

**⑤ 디프 포커스와 롱 테이크를 활용하여 광장의 *군중을 촬영한 장면에서, 관객은 자율적으로 인물이나 배경에 시선을 옮기며 사건의 전개를 지켜볼 수 있다.** *群衆, 수많은 사람

근거 (가)-❸-7 디프 포커스와 롱 테이크를 혼용하여 연출한 장면은 관객이 그 장면에 담긴 인물이나 사물을 자율적으로 선택하여 응시하면서 화면 속 공간 전체와 사건의 전개를 지켜볼 수 있게 해 준다.

→ 적절함!

**003** | <보기>와 내용 비교 - 적절한 것 고르기 2025학년도 9월 모평 14번 | 정답률 65%, 매력적 오답 ② 10% ③ 10% ④ 10% | 정답 ⑤

## <보기>의 입장에서 (가)의 '바쟁'에 대해 비판한 내용으로 가장 적절한 것은?

| 보기 |

[1]관객은 특별한 예술 교육을 받지 않아도 작품을 해석할 수 있다. [2]또한 감독의 의도대로 작품을 해석하는 존재가 아니다. [3]따라서 감독은 영화를 통해 관객을 계몽하려(啓蒙-, 가르쳐서 깨우치려) 할 필요가 없다. [4]관객은 작품과 상호 작용하며 의미를 생산하는 능동적(能動的, 다른 것에 이끌리지 않고 스스로 일으키거나 움직이는) 존재이다. [5]감독과 관객은 수평적인(水平的-, 대등하거나 평등한 관계로 이루어진) 위치에 있다.

**① 바쟁은 열린 결말의 영화를 관객이 이해하도록 돕는 예술 교육의 필요성을 *간과하고 있다.** *看過-, 놓치고

근거 <보기>-1 관객은 특별한 예술 교육을 받지 않아도 작품을 해석할 수 있다.

풀이 <보기>에서는 관객이 특별한 예술 교육을 받지 않아도 작품을 해석할 수 있다고 보았다. 따라서 <보기>의 관점에서는 바쟁에 대해 '예술 교육의 필요성'을 간과하고 있다고 비판하지 않았을 것이다.

→ 적절하지 않음!

**② 바쟁은 정교하게 구조화된 서사의 영화를 통해 관객을 계몽하는 것을 영화의 목적이라고 *오인하고 있다.** *誤認-, 잘못 생각하고

근거 (가)-❹-2 (바쟁은) 정교하게 구조화된 서사를 통해 의미를 명확하게 제시하는 영화보다는 열린 결말을 통해 의미를 확정적으로 제시하지 않는 영화를 선호했다.

풀이 바쟁은 정교하게 구조화된 서사의 영화를 선호하지 않았으며, 관객을 계몽하는 것을 영화의 목적이라고 보지 않았다. 따라서 <보기>의 입장에서 바쟁을 비판한 내용으로 적절하지 않다.

→ 적절하지 않음!

**③ 바쟁이 감독의 연출 *역량을 기준으로 감독의 유형을 나눈 것은 영화와 관객의 상호 작용을 무시한 구분에 **불과하다.** *力量, 어떤 일을 해낼 수 있는 힘 **不過-, 지나지 않는다.

근거 (가)-❷-1~2 바쟁은 영화감독을 '이미지를 믿는 감독'과 '현실을 믿는 감독'으로 분류했다. 영화의 형식을 중시한 '이미지를 믿는 감독'은 다양한 영화적 기법으로 현실을 변형하여 새로운 의미를 창조하는 데 주력, (가)-❸-1~2 바쟁은 '현실을 믿는 감독'을 지지했다. 이들은 '이미지를 믿는 감독'과 달리 영화의 내용, 즉 현실을 더 중요하게 생각하기에 변형되지 않은 현실을 객관적으로 보여 주고자 한다.

풀이 (가)의 설명에 따르면 바쟁은 '감독의 연출 역량'이 아니라 '영화의 형식과 내용 중 무엇을 더 중요하게 생각하느냐'에 따라 영화감독을 이미지를 믿는 감독과 현실을 믿는 감독으로 구분하였다. 따라서 감독의 연출 역량을 기준으로 감독의 유형을 나누었다는 것은 바쟁에 대한 비판의 내용으로 적절하지 않다.

→ 적절하지 않음!

**④ 바쟁이 변형된 현실을 통해 생성한 의미를 관객에게 전달하는 것을 중시한다는 점에서 관객의 능동적인 작품 해석 능력을 과소평가하고 있다.**

근거 (가)-❷-2 영화의 형식을 중시한 '이미지를 믿는 감독'은 다양한 영화적 기법으로 현실을 변형하여 새로운 의미를 창조하는 데 주력, (가)-❸-1 바쟁은 '현실을 믿는 감독'을 지지

풀이 바쟁은 영화감독을 '이미지를 믿는 감독'과 '현실을 믿는 감독'으로 구분하고, 현실을 믿는 감독을 지지하였다. 변형된 현실을 통해 새로운 의미를 창조하고 이를 관객에게 전달하는 것은 '이미지를 믿는 감독'에 해당하므로, 바쟁이 이를 중시하였다고 보기 어렵다. 따라서 바쟁에 대한 비판의 내용으로 적절하지 않다.

→ 적절하지 않음!

**⑤ 바쟁은 감독의 연출 방식에 따라 영화 작품에 대한 관객의 이해가 달라질 수 있다고 본다는 점에서 감독이 관객보다 *우위에 있다고 **간주하고 있다.** *優位, 남보다 나은 위치나 수준 **看做-, 여기고

근거 <보기>-2 (관객은) 감독의 의도대로 작품을 해석하는 존재가 아니다, <보기>-4 관객은 작품과 상호 작용하며 의미를 생산하는 능동적 존재이다, (가)-❷-6 바쟁은 몽타주가 … 감독의 의도에 따라 관객이 현실을 하나의 의미로만 해석하게 할 우려가 있는 연출 방식이라고 생각, (가)-❸-2~3 (현실을 믿는 감독은) 영화의 내용, 즉 현실을 더 중요하게 생각하기에 변형되지 않은 현실을 객관적으로 보여 주고자 한다. 디프 포커스와 롱 테이크는 이를 가능하게 해 주는 영화적 기법

풀이 <보기>에서는 관객을 감독의 의도대로 작품을 해석하는 존재가 아니며, 작품과 상호 작용하며 의미를 생산하는 능동적 존재라고 보았다. 한편 바쟁은 몽타주 기법을 사용한 연출 방식은 관객이 감독의 의도에 따라 현실을 하나의 의미로만 해석하게 할 우려가 있으며, 디프 포커스와 롱 테이크 기법을 사용한 연출 방식은 관객에게 현실을 객관적으로 보여줄 수 있게 한다고 보았다. 이러한 점을 통해 바쟁은 <보기>와 달리 관객을 감독의 의도대로 작품을 이해하는 존재라고 인식하고 있음을 알 수 있다. 따라서 <보기>의 입장에서 바쟁에 대해 '감독이 관객보다 우위에 있다고 간주하고 있다'는 점을 들어 비판하는 것은 적절하다.

→ 적절함!

1등급 문제

**004** | 추론의 적절성 판단 - 적절한 것 고르기 2025학년도 9월 모평 15번 | 정답률 60%, 매력적 오답 ④ 15% | 정답 ①

## 정신분석학적 영화 이론을 바탕으로 할 때, ㉠의 이유로 가장 적절한 것은?

㉠ 관객이 영화에서 느끼는 현실감은 상상적인 것이며 환영이다.

**① 관객은 영화 장치의 영향을 받기 때문이다.**

근거 (나)-❶-2~4 정신분석학적 영화 이론은 영화와 관객 사이에 발생하는 동일시 현상에 주목한다. 이런 동일시 현상은 영화 장치로 인해 발생한다. 이때 영화 장치는 카메라, 영화의 서사, 영화관의 환경 등을 아우르는 개념이다, (나)-❶-10 정신분석학적 영화 이론에서 영화는 일종의 몽상이다, (나)-❷-1 정신분석학적 영화 이론에 따르면 관객의 시점은 카메라의 시점과 동일시된다, (나)-❸-1 영화관의 환경은 관객이 영화가 환영임을 인식하기 어렵게 만든다.

풀이 정신분석학적 영화 이론에서는 관객이 영화에서 현실감을 느끼는 것과 관련하여 영화와 관객 사이에 발생하는 동일시 현상에 주목하면서, 이러한 동일시 현상은 영화 장치로 인해 발생한다고 보았다. 즉 관객의 동일시 현상은 카메라, 영화의 서사, 영화관의 환경 등 영화 장치에 영향을 받아 발생하는 것이므로, 영화에서 느끼는 현실감은 진짜 현실이 아니라 상상적인 것이고 환영일 뿐인 것이다.

→ 적절함!

**② 현실의 의미는 미리 정해져 있지 않기 때문이다.**

근거 (나)-❶-1 정신분석학적 영화 이론에 따르면 관객이 영화에서 느끼는 현실감은 상상적인 것이며 환영이다, (나)-❶-9 관객은 상상적 작업을 통해, 영화가 보여 주는 세계의 중심에 자신을 위치시킴으로써, 허구적 세계와 현실 사이의 간극을 없앤다.

풀이 현실의 의미가 미리 정해지지 않은 미결정의 상태라는 것은 리얼리즘 영화 이론가 바쟁의 견해로 (가)에서 언급된 내용이지, 정신분석학적 영화 이론을 설명한 (나)에서는 언급되지 않았다. 관객이 영화에서 느끼는 현실감이 상상적인 것은, 현실의 의미가 미리 정해져 있지 않기 때문이 아니라, 관객이 상상적 작업을 통해 영화가 보여 주는 세계에 자신을 위치시켜 허구적 세계와 현실 사이의 틈을 없애기 때문이다. 따라서 현실의 의미가 미리 정해져 있지 않기 때문이라는 것은 ㉠의 이유로 적절하지 않다.

→ 적절하지 않음!

**③ 영화가 현실을 불연속적으로 *파편화하여 드러내기 때문이다.** *破片化-, 깨거나 부숴 여러 조각으로 나누어

근거 (나)-❶-5~6 가장 대표적인 동일시 현상은 관객이 영화의 등장인물에 자신을 일치시키는 것이다. 이런 동일시는 극영화뿐 아니라 다큐멘터리 영화에서도 발생한다.

풀이 영화가 현실을 불연속적으로 파편화하여 드러낸다는 것은 몽타주 기법의 효과로 (가)에서 언급된 내용이지, 정신분석학적 영화 이론을 설명한 (나)에서는 언급되지 않았다. 정신분석학적 영화 이론에서는 관객이 영화에서 현실감을 느끼는 것과 관련하여 영화와 관객 사이에 발생하는 동일시 현상에 주목하였다. 이때 가장 대표적인 동일시 현상은 관객이 영화의 등장인물에 자신을 일치시키는 것이며, 이러한 동일시는 극영화뿐 아니라 다큐멘터리 영화에서도 발생한다고 하였다. 다큐멘터리 영화는 현실을 불연속적으로 파편화하여 드러내는 것이 아니라 실제 상황이나 자연현상을 사실 그대로 찍은 것이므로, 다큐멘터리 영화에서의 동일시 현상이 '현실을 불연속적으로 파편화하여 드러내기 때문'에 발생하는 것이라고 볼 수 없다. 따라서 영화가 현실을 불연속적으로 파편화하여 드러내기 때문이라는 것은 ㉠의 이유로 적절하지 않다.

→ 적절하지 않음!

**④ 관객은 영화의 은폐된 이념을 그대로 받아들일 위험이 있기 때문이다.**

근거 (나)-❸-2 영화에 몰입한 관객은 … 스크린에 비친 허구적 세계를 현실이라고 착각한다, (나)-❸-4 정신분석학적 영화 이론은 영화가 은폐하고 있는 특정한 이념을 관객이 의심하지 않고 자신의 것으로 받아들일 위험이 있다고 경고한다.

풀이 정신분석학적 영화 이론에서는 영화에 몰입한 관객이 영화 속 허구적 세계를 현실이라고 착각하여 영화가 은폐하고 있는 특정한 이념을 의심하지 않고 그대로 받아들일 위험이 있다고 경고한다. 즉 관객이 영화의 은폐된 이념을 그대로 받아들일 위험이 있다는 것은 ㉠의 이유가 아니라, ㉠으로 인해 발생할 수 있는 문제점에 해당한

다.

→ 적절하지 않음!

⑤ **관객은 영화의 제작 과정에서 배제된 것들을 인식할 수 있기 때문이다.**

**근거** (나)-❷-4 영화는 촬영과 편집 과정에서 특정한 의도에 따라 선택과 배제가 이루어지지만, 관객은 제작 과정에서 무엇이 배제되었는지 알 수 없다.

**풀이** (나)에서 관객은 영화의 제작 과정에서 무엇이 선택되고 배제되었는지 알 수 없다고 하였다. 따라서 관객이 영화의 제작 과정에서 배제된 것들을 인식할 수 있기 때문이라는 것은 ㉠의 이유로 적절하지 않다.

→ 적절하지 않음!

1등급 문제

| **005** | 구체적인 사례에 적용 - 적절한 것 고르기 2025학년도 9월 모평 16번<br>정답률 60%, 매력적 오답 ② 15% ③ 10% ④ 15% | 정답 ⑤ |
|---|---|---|

## 다음은 학생이 작성한 영화 감상문이다. 이에 대해 (가)의 바쟁(A)의 관점과 (나)의 정신분석학적 영화 이론(B)의 관점에서 설명한 내용으로 가장 적절한 것은? [3점]

[1]최근 영화관에서 본 두 편의 영화가 기억에 남는다. [2]㉮ 첫째 번 영화는 고단하게(처지가 좋지 못해 몹시 힘들게) 살아가는 한 가족의 일상(日常, 날마다 반복되는 생활)을 표현한 작품이다. [3]다큐멘터리라는 착각이 들 정도로 사실적인 영화였다. [4]작품에 대해 더 찾아보니 거리에서 인공조명 없이 촬영되었고, 주인공은 연기 경험이 없는 일반인이었다고 한다. [5]마지막에 아버지가 아들의 손을 꼭 잡아 줄 때, 마치 내 손을 잡아 주는 것처럼 느껴져 감동적이었다. [6]열린 결말이라서 주인공 가족이 앞으로 어떻게 살아갈지 궁금했다.

[7]㉯ 둘째 번 영화는 초인적(超人的, 보통 사람으로는 생각할 수 없을 만큼 뛰어난) 주인공이 외계(外界, 지구 밖의 세계)의 침략자(侵略者, 정당한 이유 없이 쳐들어온 사람)를 물리치는 내용이다. [8]영화 후반부(後半部, 전체를 둘로 나눈 것에서 뒤의 절반 부분)까지 사건 전개를 예측하지(豫測–, 미리 헤아려 짐작하지) 못할 정도로 반전(反轉, 일이 되어가는 형편이 뒤바뀜)을 거듭하는 이야기와 실재라고 착각할 정도로 뛰어난 컴퓨터 그래픽 화면은 으뜸이었지만 뻔한 결말은 아쉬웠다. [9]그래도 주인공이 침략자를 무찌르는 장면에서는 내가 주인공이 되어 세상을 구하는 것 같아서 쾌감(快感, 상쾌하고 즐거운 느낌)이 느껴졌다. [10]그런데 영화가 끝나고 생각해 보니 왜 세계의 평화는 서구인(西歐人, 서양 여러 나라의 사람)이 지키고, 특정 나라에서 일어나는 사건이 인류의 위기인지 의아했다.(疑訝–, 의심스럽고 이상했다.)

① **A의 관점에서 보면, 학생이 ㉮에서 궁금함을 떠올린 것은 '이미지를 믿는 감독'이 열린 결말을 통해 현실을 있는 그대로 ㉮에 담았기 때문이다.** ('현실을 믿는 감독')

**근거** <보기>-6 열린 결말이라서 주인공 가족이 앞으로 어떻게 살아갈지 궁금했다, (가)-❷-2 영화의 형식을 중시한 '이미지를 믿는 감독'은 다양한 영화적 기법으로 현실을 변형하여 새로운 의미를 창조하는 데 주력, (가)-❸-1~2 바쟁은 '현실을 믿는 감독'을 지지했다. 이들은 '이미지를 믿는 감독'과 달리 영화의 내용, 즉 현실을 더 중요하게 생각하기에 변형되지 않은 현실을 객관적으로 보여 주고자 한다, (가)-❹-2~3 (바쟁은) 열린 결말을 통해 의미를 확정적으로 제시하지 않는 영화를 선호했다. 이러한 영화가 미결정 상태의 현실을 있는 그대로 드러낸다고 생각했기 때문

**풀이** 바쟁의 관점에서는, ㉮와 같은 열린 결말의 영화는 의미를 확정적으로 제시하지 않아 미결정 상태의 현실을 있는 그대로 드러낸다고 보았다. 또한 바쟁의 관점에 따르면 열린 결말을 통해 현실을 있는 그대로 담은 것은 '이미지를 믿는 감독'이 아니라 '현실을 믿는 감독'에 해당한다.

→ 적절하지 않음!

② **A의 관점에서 보면, 학생이 ㉯에서 사건의 전개를 예측하지 못한 것은 ㉯에는 의미가 미리 정해져 있지 않은 미결정 상태의 현실이 담겨 있기 때문이다.**

**근거** <보기>-8 뻔한 결말은 아쉬웠다, (가)-❹-2~3 (바쟁은) 열린 결말을 통해 의미를 확정적으로 제시하지 않는 영화를 선호했다. 이러한 영화가 미결정 상태의 현실을 있는 그대로 드러낸다고 생각했기 때문

**풀이** 바쟁은 열린 결말을 통해 의미를 확정적으로 제시하지 않는 영화가 미결정 상태의 현실을 있는 그대로 드러낸다고 생각하여 이를 선호했다. 그런데 <보기>에서 학생은 ㉯의 뻔한 결말이 아쉬웠다고 하였으므로, ㉯는 열린 결말의 영화라고 보기 어렵다. 따라서 ㉯에 의미가 미리 정해져 있지 않은 미결정 상태의 현실이 담겨 있다는 것은 바쟁의 관점에 따른 설명으로 볼 수 없다.

→ 적절하지 않음!

③ **A의 관점에서 보면, 학생이 ㉮와 ㉯에서 착각하는 듯한 인상을 받은 것은 ㉮와 ㉯가 강한 현실감을 만들어 내는 연출 방식으로 촬영되었기 때문이다.** (㉮에서 / ㉮가)

**근거** <보기>-3 다큐멘터리라는 착각이 들 정도로 사실적인 영화, <보기>-4 거리에서 인공조명 없이 촬영되었고, 주인공은 연기 경험이 없는 일반인이었다, (가)-❹-1 현실의 공간에서 자연광을 이용해 촬영하거나, 연기 경험이 없는 일반인을 배우로 쓰는 등 다큐멘터리처럼 강한 현실감을 만들어 내는 연출 방식, <보기>-8 실재라고 착각할 정도로 뛰어난 컴퓨터 그래픽 화면

**풀이** 바쟁의 관점에서 보았을 때, 거리에서 인공조명 없이, 연기 경험이 없는 일반인을 주인공으로 써서 촬영된 ㉮는 강한 현실감을 만들어 내는 연출 방식으로 촬영된 영화에 해당한다. 그러나 학생이 ㉯에서 실재라고 착각하는 듯한 인상을 받은 것은 뛰어난 컴퓨터 그래픽 화면에 의한 것으로, 바쟁의 관점에서 설명한, 강한 현실감을 만들어 내는 연출 방식에는 해당하지 않는다.

→ 적절하지 않음!

④ **B의 관점에서 보면, 학생이 ㉯에서 의아함을 떠올린 것은 ㉯가 관객으로 하여금 비판적 거리를 유지하며 영화를 볼 수 있도록 하는 대안적인 영화이기 때문이다.**

**근거** <보기>-10 영화가 끝나고 생각해 보니 … 의아했다, (나)-❸-5 관객이 비판적 거리를 유지하면서 영화를 볼 수 있도록, 영화가 환영임을 영화 스스로 폭로하는 설정이 담겨 있는 대안적인 영화가 필요하다는 주장

**풀이** 정신분석학적 영화 이론에 따르면, 영화가 환영임을 영화 스스로 폭로하는 설정이 담겨 있는 대안적인 영화는 관객이 비판적 거리를 유지하면서 영화를 볼 수 있도록 한다. 그런데 <보기>에서 학생이 ㉯에서 의아함을 떠올린 것은 영화가 끝나고 난 후이지, 영화를 보는 동안 비판적 거리를 유지한 것이 아니다. 또한 ㉯에는 영화가 환영임을 영화 스스로 폭로하는 설정이 없다. 따라서 정신분석학적 영화 이론의 관점에서 ㉯가 관객으로 하여금 비판적 거리를 유지하며 영화를 볼 수 있도록 하는 대안적인 영화라고 보기는 어렵다.

→ 적절하지 않음!

⑤ **B의 관점에서 보면, 학생이 ㉮에서 감동을 받은 것과 ㉯에서 쾌감을 느낀 것은 상상적 작업을 통해 허구적 세계의 중심에 자신을 위치시켰기 때문이다.**

**근거** <보기>-5 아버지가 아들의 손을 꼭 잡아 줄 때, 마치 내 손을 잡아 주는 것처럼 느껴져 감동적이었다, <보기>-9 주인공이 침략자를 무찌르는 장면에서는 내가 주인공이 되어 세상을 구하는 것 같아서 쾌감이 느껴졌다, (나)-❶-5 가장 대표적인 동일시 현상은 관객이 영화의 등장인물에 자신을 일치시키는 것이다, (나)-❶-9 관객은 상상적 작업을 통해, 영화가 보여 주는 세계의 중심에 자신을 위치시킴으로써, 허구적 세계와 현실 사이의 간극을 없앤다.

**풀이** 정신분석학적 영화 이론에서 볼 때, 영화와 관객 사이에서 동일시 현상이 발생하며, 가장 대표적인 동일시 현상은 관객이 영화의 등장인물에 자신을 일치시키는 것이다. 이때 관객은 상상적 작업을 통해 영화가 보여 주는 세계의 중심에 자신을 위치시킴으로써 허구적 세계와 현실 사이의 간극을 없앤다. <보기>에서 학생은 ㉮에서 아버지가 아들의 손을 꼭 잡아 줄 때, '마치 내 손을 잡아 주는 것처럼 느껴져' 감동을 받았고, ㉯에서 주인공이 침략자를 무찌르는 장면에서는 '내가 주인공이 되어 세상을 구하는 것 같아서' 쾌감을 느꼈다. 이는 정신분석학적 영화 이론에서 말하는, '영화의 등장인물에 자신을 일치시키는 동일시'에 해당한다고 볼 수 있다. 따라서 정신분석학적 영화 이론의 관점에서 보면, 학생이 ㉮에서 감동을 받은 것과 ㉯에서 쾌감을 느낀 이유가 상상적 작업을 통해 허구적 세계의 중심에 자신을 위치시켰기 때문이라는 설명은 적절하다.

→ 적절함!

| **006** | 문맥적 의미 파악 - 적절하지 않은 것 고르기 2025학년도 9월 모평 17번<br>정답률 90% | 정답 ① |
|---|---|---|

## 문맥상 ⓐ~ⓔ와 바꿔 쓰기에 적절하지 않은 것은?

ⓐ 새로운　ⓑ 깨뜨릴　ⓒ 마주하는　ⓓ 쓰는　ⓔ 없앤다

① **ⓐ : 개선(改善)된**

**풀이** ⓐ에서 쓰인 '새롭다'는 '지금까지 있은 적이 없다'의 뜻이다. 한편 '개선(改 고치다 개 善 좋다 선)되다'는 '잘못된 것이나 부족한 것, 나쁜 것 따위가 고쳐져 더 좋게 되다'의 의미로, ⓐ와 바꿔 쓸 경우 해당 문장의 의미가 달라진다. 따라서 ⓐ를 '개선된'으로 바꿔 쓰는 것은 적절하지 않다.

→ 적절하지 않음!

② **ⓑ : 파괴(破壞)할**

풀이 '파괴(破 깨뜨리다 파 壞 무너뜨리다 괴)하다'는 '조직, 질서, 관계 따위를 와해하거나 무너뜨리다'의 뜻으로, ⓑ에서 쓰인 '깨뜨리다'와 바꿔 써도 문맥상 의미가 달라지지 않는다. 따라서 ⓑ를 '파괴할'로 바꿔 쓰는 것은 문맥상 적절하다.

→ 적절함!

**③ ⓒ : 대면(對面)하는**

풀이 '대면(對 마주하다 대 面 얼굴 면)하다'는 '서로 얼굴을 마주 보고 대하다'의 뜻으로, ⓒ에서 쓰인 '마주하다'와 바꿔 써도 문맥상 의미가 달라지지 않는다. 따라서 ⓒ를 '대면하는'으로 바꿔 쓰는 것은 문맥상 적절하다.

→ 적절함!

**④ ⓓ : 기용(起用)하는**

풀이 '기용(起 일어나다 기 用 쓰다 용)하다'는 '인재를 높은 자리에 올려 쓰다'의 뜻으로, ⓓ에서 쓰인 '쓰다'와 바꿔 써도 문맥상 의미가 달라지지 않는다. 따라서 ⓓ를 '기용하는'으로 바꿔 쓰는 것은 문맥상 적절하다.

→ 적절함!

**⑤ ⓔ : 해소(解消)한다**

풀이 '해소(解 풀다 해 消 없애다 소)하다'는 '어려운 일이나 문제가 되는 상태를 해결하여 없애 버리다'의 뜻으로, ⓔ에서 쓰인 '없애다'와 바꿔 써도 문맥상 의미가 달라지지 않는다. 따라서 ⓔ를 '해소한다'로 바꿔 쓰는 것은 문맥상 적절하다.

→ 적절함!

**[007~010] 다음 글을 읽고 물음에 답하시오.**

1 [1]미술관에서 오랫동안 움직이지 않고 서 있는 관광객 차림(옷차림)의 부부를 본다면 사람들은 다시 한 번 바라볼 것이다. [2]그리고 그것(오랫동안 움직이지 않고 서 있는 관광객 차림의 부부)이 미술 작품이라는 것을 알면 놀랄 것이다. [3]이처럼 현실에 존재하는 것을 실재라고 믿을 수 있도록 재현하는(再現-, 다시 나타내는) 유파(流派, 예술적 경향이 비슷한 사람들끼리 만든 무리)를 하이퍼리얼리즘(Hyperrealism)이라고 한다.

→ 하이퍼리얼리즘의 개념

2 [1]관광객처럼 우리 주변(현실)에서 흔히 볼 수 있는 것을 대상으로 고르면 ㉠ 현실성이 높다고 하고, 그 대상을 시각적 재현(눈으로 볼 수 있는 방법으로 다시 나타내는 것)에 ⓐ 기대어 실재와 똑같이 표현하면 ㉡ 사실성이 높다고 한다. [2]대상의 현실성과 표현의 사실성을 모두 추구한(追求-, 목적을 이루기 위해 좇아 구하는) 하이퍼리얼리즘은 같은 리얼리즘 경향(傾向, 사상 등의 방향)에 ⓑ 드는 팝아트와 비교하면 그 특성이 잘 드러난다. [3]이들(하이퍼리얼리즘과 팝아트)은 1960년대 미국에서 발달하여 현재까지 유행하고 있는 유파로, 당시 자본주의 사회의 일상의 모습을 대상으로 삼은(현실성을 추구한) 점에서는 공통적이다. [4]팝아트는 대상을 함축적으로 변형했지만(變形-, 달라지게 했지만) 하이퍼리얼리즘은 대상을 정확하게 재현하려고 하였다. [5]그래서 팝아트는 주로 대상의 현실성을 추구하지만, 하이퍼리얼리즘은 대상의 현실성뿐만 아니라 트롱프뢰유*의 흐름을 ⓒ 이어 표현의 사실성도 추구한다. [6]팝아트는 대상의 정확한 재현(사실성)보다는 대중과 쉽게 소통할 수 있는(대중이 쉽게 미술 작품을 접할 수 있는) 인쇄 매체를 주로 활용한 반면에, 하이퍼리얼리즘은 새로운 재료나 기계적인 방식을 적극 사용하여 대상을 정확히 재현하는 방법(대상의 사실성)을 추구하였다.

→ 하이퍼리얼리즘과 팝아트의 공통점과 차이점

3 [1]자본주의 일상을 사실적으로 표현한 하이퍼리얼리즘의 대표적인 작가에는 핸슨이 있다. [2]그의 작품 ㉢「쇼핑 카트를 밀고 가는 여자」(1969)는 물질적 풍요함 속에 매몰되어(埋沒-, 파묻혀) 살아가는 당시 현대인을 비판적 시각에서 표현한 작품으로 해석할 수 있다. [3]이 작품(핸슨의 「쇼핑 카트를 밀고 가는 여자」)의 대상은 상품이 가득한 쇼핑 카트(물질적 풍요함)와 여자(물질적 풍요함 속에 매몰되어 살아가는 현대인)이다. [4]그녀는 욕망의 주체(主體, 행동을 하는 사람)이며 물질에 대한 탐욕(貪慾, 지나친 욕심)을 상징하고 있고, 상품이 가득한 쇼핑 카트는 욕망의 객체(客體, 행동을 일으키는 대상)이며 물질을 상징하고 있다. [5]그래서 여자가 상품이 넘칠 듯이 가득한 쇼핑 카트를 밀고 있는 구도는 물질적 풍요 속에서의 과잉(過剩, 지나친) 소비 성향을 보여 준다.

〈참고 작품〉
듀안 핸슨(Duane Hanson), 〈쇼핑 카트를 밀고 가는 여자(Supermarket Lady)〉(1969). © Duane Hanson/Licensed by VAGA at ARS, New York/(SACK, Korea)

→ 하이퍼리얼리즘의 대표적인 작가 핸슨의 「쇼핑 카트를 밀고 가는 여자」

4 [1]이 작품(핸슨의 「쇼핑 카트를 밀고 가는 여자」)의 기법(技法, 표현 기술과 방법)을 ⓓ 보면, 생활공간(미술관이 아닌 일상적인 공간)에 전시해도 자연스럽도록 작품을 전시 받침대 없이 제작하였다. [2]사람을 보고 찰흙으로 형태를 만드는 방법 대신 사람에게 직접 석고를 덧발라 형태를 뜨는 실물 주형 기법을 사용하여 사람의 형태와 크기를 똑같이 재현하였다. [3]또한 기존 입체 작품의 재료인 청동의 금속재 대신에 합성수지, 폴리에스터, 유리 섬유 등을 사용하고 에어브러시(압축 공기로 색을 칠할 수 있는 미술 도구)로 채색하여(彩色-, 색을 칠해서) 사람 피부의 질감(質感, 재질의 느낌)과 색채를 똑같이 재현하였다. [4]여기에 오브제*인 가발, 목걸이, 의상 등을 덧붙이고 쇼핑 카트, 식료품 등을 그대로 사용하여 사실성을 ⓔ 높였다.

→ 「쇼핑 카트를 밀고 가는 여자」의 표현 기법

5 [1]리얼리즘 미술의 가장 큰 목적은 현실을 포착하고(捕捉-, 알아차리고) 그것(포착한 현실)을 효과적으로 전달하는 것이다. [2]작가가 포착한 현실을 전달하는 표현 방법은 다양하다. [3]하이퍼리얼리즘과 팝아트 등의 리얼리즘 작가들은 대상들을 그대로 재현하거나 함축적으로 변형하는 등 자신만의 방법으로 현실을 전달하여 감상자와 소통하고 있다.

→ 리얼리즘 미술의 목적

* 트롱프뢰유(trompe-l'oeil) : '속임수 그림'이란 말로 감상자가 실물처럼 착각할 정도로 정밀하게 재현하는 것
* 오브제(objet) : 일상 용품이나 물건을 본래의 용도로 쓰지 않고 예술 작품에 사용하는 기법 또는 그 물체

■지문 이해

**〈하이퍼리얼리즘의 특징과 주요 기법〉**

**❶ 하이퍼리얼리즘의 개념**

- 하이퍼리얼리즘 : 현실에 존재하는 것을 실재라고 믿을 수 있도록 미술 작품으로 재현하는 유파

**❷ 하이퍼리얼리즘과 팝아트의 공통점과 차이점**

- 공통점 : 1960년대 미국에서 발달하여 현재까지 유행하는 유파로, 당시 자본주의 사회의 일상의 모습을 대상으로 삼음
- 차이점

| 하이퍼리얼리즘 | 팝아트 |
|---|---|
| • 대상을 정확하게 재현하려 함<br>• 대상의 현실성, 표현의 사실성을 추구<br>• 새로운 재료나 기계적인 방식을 적극 사용하여 대상을 정확히 재현 | • 대상을 함축적으로 변형함<br>• 대상의 현실성을 추구<br>• 대중과 쉽게 소통할 수 있는 인쇄 매체를 주로 활용 |

**❸ 하이퍼리얼리즘의 대표적인 작가 핸슨의 「쇼핑 카트를 밀고 가는 여자」**

- 물질적 풍요함 속에 매몰되어 살아가는 당시 현대인을 비판적 시각에서 표현한 작품

**❹ 「쇼핑 카트를 밀고 가는 여자」의 표현 기법**

- 전시 받침대 없이 제작 : 생활공간에 전시해도 자연스럽도록 함
- 실물 주형 기법을 사용 : 사람의 형태와 크기를 똑같이 재현함
- 합성수지, 폴리에스터, 유리 섬유 등을 사용하고 에어브러시로 채색 : 피부의 질감과 색채를 재현함
- 가발, 목걸이, 의상 등 오브제를 덧붙이고 쇼핑 카트, 식료품 등을 그대로 사용 : 사실성을 높임

| ❺ 리얼리즘 미술의 목적 |
| --- |
| • 현실을 포착하고 그것을 효과적으로 전달하는 것 |

**007** 핵심 개념 이해 - 적절한 것 고르기 2018학년도 9월 모평 16번 정답률 90% **정답 ①**

**㉠과 ㉡을 중심으로 윗글을 이해한 내용으로 적절한 것은?**

㉠ 현실성　㉡ 사실성

**① 팝아트와 하이퍼리얼리즘은 모두 당시 자본주의의 일상을 대상으로 삼아 ㉠을 높였다.**

근거 ❷-1 우리 주변에서 흔히 볼 수 있는 것을 대상으로 고르면 현실성이 높다고 하고, ❷-3 이들(팝아트와 하이퍼리얼리즘)은 … 당시 자본주의 사회의 일상의 모습을 대상으로 삼은 점에서는 공통적이다.

풀이 팝아트와 하이퍼리얼리즘은 모두 우리 주변에서 흔히 볼 수 있는 것, 즉 일상의 모습을 대상으로 삼았다. 따라서 ㉠(현실성)이 높다고 볼 수 있다.

→ 적절함!

**② 팝아트는 대상을 함축적으로 변형했다는 점에서 하이퍼리얼리즘과 달리 ㉡이 높다고 할 수 있다.** 낮다고

근거 ❷-1 대상을 시각적 재현에 기대어 실재와 똑같이 표현하면 사실성이 높다고 한다, ❷-4 팝아트는 대상을 함축적으로 변형했지만 하이퍼리얼리즘은 대상을 정확하게 재현하려고 하였다.

풀이 팝아트는 대상을 정확하게 재현하지 않고 함축적으로 변형하였다고 하였다. 따라서 대상을 시각적 재현에 기대어 실재와 똑같이 표현하는 ㉡(사실성)이 높다고 볼 수 없다.

→ 적절하지 않음!

**③ 하이퍼리얼리즘이 팝아트와 달리 트롱프뢰유의 전통을 이은 것은 ㉠을 추구하기 위해서이다.** ㉡

근거 ❷-5 팝아트는 주로 대상의 현실성을 추구하지만, 하이퍼리얼리즘은 대상의 현실성뿐만 아니라 트롱프뢰유의 흐름을 이어 표현의 사실성도 추구한다.

→ 적절하지 않음!

**④ 팝아트와 하이퍼리얼리즘이 주로 인쇄 매체를 활용한 것은 ㉡을 추구하기 위한 것이다.** 대중과 쉽게 소통하기

근거 ❷-6 팝아트는 대상의 정확한 재현보다는 대중과 쉽게 소통할 수 있는 인쇄 매체를 주로 활용한 반면에, 하이퍼리얼리즘은 새로운 재료나 기계적인 방식을 적극 사용하여 대상을 정확히 재현하는 방법을 추구하였다.

풀이 인쇄 매체를 주로 활용한 것은 팝아트이다. 하이퍼리얼리즘은 새로운 재료나 기계적 방식을 사용하였다. 또한 ㉡(사실성)을 추구하였다는 것은 하이퍼리얼리즘에만 해당하는 설명이다.

→ 적절하지 않음!

**⑤ 팝아트와 하이퍼리얼리즘은 모두 ㉠과 ㉡을 동시에 추구한다는 점에서 리얼리즘 유파에 해당한다.** 현실을 포착하여 전달한다

근거 ❷-5 팝아트는 주로 대상의 현실성을 추구하지만, 하이퍼리얼리즘은 대상의 현실성뿐만 아니라 … 표현의 사실성도 추구한다, ❺-1~3 리얼리즘 미술의 가장 큰 목적은 현실을 포착하고 그것을 효과적으로 전달하는 것이다. 작가가 포착한 현실을 전달하는 표현 방법은 다양하다. 하이퍼리얼리즘과 팝아트 등의 리얼리즘 작가들

풀이 팝아트와 하이퍼리얼리즘 모두 작가가 포착한 현실을 효과적으로 전달하고자 하는 리얼리즘 유파에 해당하지만, 팝아트는 주로 ㉠(현실성)을 추구하고, 하이퍼리얼리즘은 ㉠(현실성)과 ㉡(사실성)을 동시에 추구한다.

→ 적절하지 않음!

**008** 세부 정보 이해 - 적절하지 않은 것 고르기 2018학년도 9월 모평 17번 정답률 85% **정답 ⑤**

**㉢에 대한 설명으로 적절하지 않은 것은?**

㉢「쇼핑 카트를 밀고 가는 여자」(1969)

**① 재현한 인체에 실제 사물인 오브제를 덧붙이고 받침대 없이 전시하여 실재처럼 보이게 하였다.**

근거 ❹-1~4 작품을 전시 받침대 없이 제작하였다. … 사람의 형태와 크기를 똑같이 재현하였다. … 사람 피부의 질감과 색채를 똑같이 재현하였다. … 여기에 오브제인 가발, 목걸이, 의상 등을 덧붙이고 쇼핑 카트, 식료품 등을 그대로 사용하여 사실성을 높였다.

→ 적절함!

**② 찰흙으로 원형을 만들지 않고 사람에게 석고를 덧발라 외형을 뜨는 기법을 사용하여 형태를 정확히 재현하였다.**

근거 ❹-2 사람을 보고 찰흙으로 형태를 만드는 방법 대신 사람에게 직접 석고를 덧발라 형태를 뜨는 실물 주형 기법을 사용하여 사람의 형태와 크기를 똑같이 재현하였다.

→ 적절함!

**③ 현실을 효과적으로 전달하기 위해 욕망의 주체는 실물과 똑같은 크기로, 욕망의 객체는 실재 그대로 제시하였다.**

근거 ❸-4 그녀는 욕망의 주체이며 물질에 대한 탐욕을 상징하고 있고, 상품이 가득한 쇼핑 카트는 욕망의 객체이며 물질을 상징하고 있다, ❹-2 사람의 형태와 크기를 똑같이 재현하였다, ❹-4 쇼핑 카트, 식료품 등을 그대로 사용하여 사실성을 높였다.

→ 적절함!

**④ 인체의 피부 질감을 재현할 수 있었던 것은 합성수지, 폴리에스터, 유리 섬유 따위의 신재료를 사용했기 때문이다.**

근거 ❹-3 기존 입체 작품의 재료인 청동의 금속재 대신에 합성수지, 폴리에스터, 유리 섬유 등을 사용하고 에어브러시로 채색하여 사람 피부의 질감과 색채를 똑같이 재현하였다.

→ 적절함!

**⑤ 당시 자본주의 사회에서의 합리적인 소비 성향을 반영하기 위해 주변에서 흔히 볼 수 있는 소비자와 상품을 제시하였다.** 과잉 소비 성향을 비판

근거 ❸-2 물질적 풍요함 속에 매몰되어 살아가는 당시 현대인을 비판적 시각에서 표현한 작품, ❸-5 물질적 풍요 속에서의 과잉 소비 성향을 보여 준다.

→ 적절하지 않음!

**009** <보기>와 내용 비교 - 적절한 것 고르기 2018학년도 9월 모평 18번 정답률 85% **정답 ③**

**윗글의 '핸슨'의 작품과 〈보기〉의 작품을 바탕으로 할 때, 작가들이 자신의 입장에서 상대를 비평하는 말로 가장 적절한 것은?** [3점]

| 보 기 |

쿠넬리스, 「무제」

코수스, 「하나, 그리고 세 개의 의자」



[1]쿠넬리스는 주변에서 흔히 볼 수 있는 살아 있는 말 12 마리를 화랑 벽에 매어 놓고, 감상자가 화랑이라는 환경 안에 놓인 실제 말들의 존재와 말들의 온기와 냄새, 그리고 소리를 체험해서 다양하게 작품의 의미를 만들도록 하였다.

[2]코수스는 '의자의 사진', '실제 의자', '의자의 언어적인 개념' 세 가지 모두를 한 공간에 배치하여, 대상을 나타내는 여러 가지 방식이 존재할 수 있음을 보여 주었다.

▶ 지문 핵심 개념 정리

핸슨과 〈보기〉 작가들의 표현 기법

| 핸슨 | 쿠넬리스 | 코수스 |
|---|---|---|
| • 특징<br>– 전시 받침대 없음(❹–1)<br>– 실물 주형 기법 : 사람의 형태와 크기를 똑같이 재현함(❹–2)<br>– 합성수지, 폴리에스터, 유리 섬유 등을 사용하고 에어브러시로 채색 : 피부의 질감과 색채를 똑같이 재현함(❹–3)<br>– 쇼핑 카트, 식료품을 그대로 사용 : 사실성을 높임(❹–4) | • 특징<br>– 흔히 볼 수 있는 실제 대상을 전시(〈보기〉–1)<br>– 실제 존재의 온기와 냄새, 소리를 체험해서 다양한 의미를 만들어 냄(〈보기〉–1) | • 특징<br>– '의자의 사진', '실제 의자', '의자의 언어적인 개념'을 한 공간에 배치함 (〈보기〉–2)<br>– 대상을 나타내는 여러 가지 방식이 존재할 수 있음을 보여 줌(〈보기〉–2) |

① 핸슨이 쿠넬리스에게 : 미술은 시각적인 체험뿐만 아니라 청각, 후각 등 다양한 체험이 감상의 기준이 되어야 한다.

**근거** 〈보기〉-1 (쿠넬리스는) 실제 말들의 존재와 말들의 온기와 냄새, 그리고 소리를 체험해서 다양하게 작품의 의미를 만들도록 하였다.

**풀이** 청각, 후각 등 다양한 체험을 감상의 기준으로 제시한 작가는 핸슨이 아니라 쿠넬리스이다. 따라서 이는 쿠넬리스가 핸슨에게 할 수 있는 비평이다.

→ 적절하지 않음!

② 핸슨이 코수스에게 : 미술에서 대상은 일상적이고 평범한 것이 아니라 역사적으로나 정치적으로 가치 있어야 한다.

**근거** ❸-1 하이퍼리얼리즘의 대표적인 작가에는 핸슨이 있다, ❶-3 현실에 존재하는 것을 실재라고 믿을 수 있도록 재현하는 유파를 하이퍼리얼리즘

**풀이** 핸슨은 우리 주변에서 흔히 볼 수 있는 일상적 사물을 대상으로 한 하이퍼리얼리즘의 대표적 작가이므로, 미술에서 대상은 일상적이고 평범한 것이 아니라는 것은 핸슨의 입장으로 적절하지 않다. 또한 핸슨이나 코수스가 생각한 미술에서 대상의 역사적, 정치적 가치에 대한 입장은 윗글이나 〈보기〉를 통해 알 수 없다.

→ 적절하지 않음!

③ 쿠넬리스가 핸슨에게 : 미술에서 재현의 가장 효과적인 방법은 실물 주형의 기법보다 대상을 그대로 제시하는 것이어야 한다.

**근거** ❹-2 (핸슨은) 실물 주형 기법을 사용하여 사람의 형태와 크기를 똑같이 재현하였다, 〈보기〉-1 (쿠넬리스는) 살아 있는 말 12 마리를 화랑 벽에 매어 놓고, 감상자가 화랑이라는 환경 안에 놓인 실제 말들의 존재와 말들의 온기와 냄새, 그리고 소리를 체험해서 다양하게 작품의 의미를 만들도록 하였다.

**풀이** 핸슨은 실제 사람을 그대로 제시한 것이 아니라 실물 주형 기법으로 똑같이 재현한 작품을 제시하였다. 반면에 쿠넬리스는 실제 말을 그대로 제시하여 이들의 존재를 통해 작품의 의미를 감상하도록 하였다. 따라서 쿠넬리스가 핸슨에게 할 수 있는 적절한 비평이다.

→ 적절함!

④ 쿠넬리스가 코수스에게 : 미술에서 작품의 의미는 감상자가 실제 대상을 대면해서 만들어지는 것이 아니라 작가에 의해서 만들어지는 것이어야 한다.

**근거** 〈보기〉-1 (쿠넬리스는) 살아 있는 말 12 마리를 화랑 벽에 매어 놓고, 감상자가 화랑이라는 환경 안에 놓인 실제 말들의 존재와 말들의 온기와 냄새, 그리고 소리를 체험해서 다양하게 작품의 의미를 만들도록 하였다.

**풀이** 감상자가 실제 말의 존재를 대면함으로써 다양하게 작품의 의미를 만들도록 한 것으로 보아, 작품의 의미가 작가에 의해 만들어진다는 것은 쿠넬리스의 입장으로 적절하지 않다.

→ 적절하지 않음!

⑤ 코수스가 쿠넬리스에게 (쿠넬리스가 코수스에게) : 미술에서 대상을 재현할 때는 대상의 이미지보다 그 대상 자체만을 제시해야 한다.

**근거** 〈보기〉-1 쿠넬리스는 주변에서 흔히 볼 수 있는 살아 있는 말 12 마리를 화랑 벽에 매어 놓고

**풀이** 대상의 이미지보다 그 대상 자체만을 제시한 작가는 코수스가 아니라 쿠넬리스이다. 따라서 이는 쿠넬리스가 코수스에게 할 수 있는 비평이다.

→ 적절하지 않음!

**010** 문맥적 의미 파악 - 적절한 것 고르기 2018학년도 9월 모평 19번 정답률 90% | 정답 ②

**문맥상 ⓐ ~ ⓔ와 가장 가까운 의미로 쓰인 것은?**

ⓐ 기대어 ⓑ 드는 ⓒ 이어 ⓓ 보면 ⓔ 높였다

① ⓐ : 누나가 그린 그림을 벽면 한쪽에 기대어 놓았다.

**풀이** '몸이나 물건에 의지하면서 비스듬히 대다'라는 의미로, '남의 힘에 의지하다'라는 의미의 ⓐ와 가까운 의미로 보기 어렵다.

→ 적절하지 않음!

② ⓑ : 그때는 언니도 노래를 잘 부르는 축에 들었다.

**풀이** '어떤 범위나 기준에 속하거나 포함되다'라는 의미로, ⓑ와 문맥상 의미가 유사하다.

→ 적절함!

③ ⓒ : 1학년이 출발한 데 이어 2학년도 바로 출발했다.

**풀이** '뒤를 잇따르다'라는 의미로, '끊어지지 않게 계속하다'라는 의미의 ⓒ와 가까운 의미로 보기 어렵다.

→ 적절하지 않음!

④ ⓓ : 사무실에는 회계를 보는 직원만 혼자 들어갔다.

**풀이** '어떤 일을 맡아 하다'라는 의미로, '대상의 내용이나 상태를 알기 위하여 살피다'라는 의미의 ⓓ와 가까운 의미로 보기 어렵다.

→ 적절하지 않음!

⑤ ⓔ : 그는 이번 조치에 대해 비판의 목소리를 높였다.

**풀이** '어떤 의견을 다른 의견보다 더 강하게 내다'라는 의미로, '품질, 수준, 능력, 가치 따위를 더 높은 수준으로 만들다'라는 의미의 ⓔ와 가까운 의미로 보기 어렵다.

→ 적절하지 않음!

**[011~014] 다음 글을 읽고 물음에 답하시오.**

1 [1]사진은 19 세기 초까지만 해도 근대 문명이 만들어 낸 기술적 도구이자 현실 재현의 수단으로 인식되었다. [2]하지만 점차 여러 사진작가들이 사진을 연출된 형태로 찍거나 제작함으로써 자기의 주관을 표현하고자 하는 시도를 하였다. [3]이들은 빛의 처리, 원판(原板, 카메라로 직접 촬영한 필름)의 합성 등의 기법으로 회화적 표현을 모방하여 예술성 있는 사진을 추구하였다. [4]이러한 흐름 속에서 만들어진 사진 작품들을 회화주의 사진이라고 부른다.

→ 회화주의 사진의 등장

2 [1]스타이컨의 ㉠ 〈빅토르 위고와 생각하는 사람과 함께 있는 로댕〉(1902년)은 회화주의 사진을 대표하는 것으로 평가된다. [2]이 작품에서 피사체(被寫體, 사진에 찍히는 대상)들은 조각가 '로댕'과 그의 작품인 〈빅토르 위고〉와 〈생각하는 사람〉이다. [3]스타이컨은 로댕을 대리석상 〈빅토르 위고〉 앞에 두고 찍은 사진과, 청동상 〈생각하는 사람〉을 찍은 사진을 합성하여 하나의 사진 작품으로 만들었다. [4]이렇게 제작된 사진의 구도에서 어둡게 나타난 근경(近景, 가까이 보이는 대상)에는 로댕이 〈생각하는 사람〉과 서로 마주 보며 비슷한 자세로 앉아 있고, 반면 환하게 보이는 원경(遠景, 멀리 보이는 대상)에는 〈빅토르 위고〉가 이들을 내려다보는 모습으로 배치되어 있다. [5]단순히 근경과 원경을 합성한 것이 아니라, 두 사진의 피사체들이 작가가 의도한 바에 따라 하나의 프레임(frame, 틀) 속에서 자리 잡을 수 있도록 당시로서는 고난도인 합성 사진 기법을 동원한 것이다. [6]또한 인화 과정에서는 피사체의 질감이 억제되는(抑制–, 드러나지 않도록 억눌리는) 감광액을 사용하였다.

→ 스타이컨의 〈빅토르 위고와 생각하는 사람과 함께 있는 로댕〉의 특징

3 [1]스타이컨은 1901년부터 거의 매주 로댕과 예술적 교류를 하며 그의 작품들을 촬영했다. [2]로댕은 사물의 외형만을 재현하려는 당시 예술계의 경향에서 벗어나 생명력과 표현성을 강조하는 조각을 하고 있었는데, 스타이컨은 이를 높이 평가하고 깊이 공감하였다. [3]스타이컨은 사진이나 조각이 작가의 주관과 감정을 표현할 수 있으며 문학 작품처럼 해석의 대상도 될 수 있다고 생각했는데, 로댕 또한 이에 동감하여 기꺼이 사진 작품의 모델이 되어 주기도 하였다.

→ 스타이컨과 로댕의 예술적 사상

4 [1]이 사진에서는 피사체들의 질감이 뚜렷이 ㉡ 살지 않게 처리하여 모든 피사체들이 사람인 듯한 느낌을 주고자 하였다. [2]대문호(大文豪, 세상에 널리 알려진 매우 뛰어난 작가) <빅토르 위고>가 내려다보고 있는 가운데 로댕은 <생각하는 사람>과 마주하여 자신도 <생각하는 사람>이 된 양, 같은 자세로 묵상하는(默想-, 말없이 마음속으로 생각하는) 모습을 취하고 있다. [3]원경에서 희고 밝게 빛나는 <빅토르 위고>는 근경에 있는 로댕과 <생각하는 사람>의 어두운 모습에 대비되어 창조의 영감(靈感, 동기가 되는 생각이나 자극)을 발산하는 모습으로 나타난다. [4]이러한 구도는 로댕의 작품도 문학 작품과 마찬가지로 창작의 고뇌 속에서 이루어진 것이라는 메시지를 주고 있다.

→ 사진의 구도가 주는 메시지

5 [1]이처럼 스타이컨은 명암 대비(明暗對比, 밝고 어두움의 차이)가 뚜렷이 드러나도록 촬영하고, 원판을 합성하여 구도를 만들고, 특수한 감광액으로 질감에 변화를 주는 등의 방식으로 사진이 회화와 같은 방식으로 창작되고 표현될 수 있는 예술임을 보여 주고자 하였다.

→ 스타이컨의 의도

■지문 이해

**<스타이컨의 회화주의 사진>**

**❶ 회화주의 사진의 등장**
- 19 세기 초 사진은 근대 문명이 만들어 낸 기술적 도구이자 현실 재현의 수단으로 인식됨
- 시간이 지나면서 사진작가들이 사진 연출을 통해 자신의 주관을 표현하고자 시도함
- 다양한 기법을 이용하여 회화적 표현을 모방함으로써 예술성 있는 사진(회화주의 사진)을 추구함

**❷ 스타이컨의 <빅토르 위고와 생각하는 사람과 함께 있는 로댕>의 특징**
- 조각가 '로댕'과 그의 작품인 <빅토르 위고>, <생각하는 사람>을 피사체로 이용함
- 사진의 구도(어둡게 표현한 근경과 밝게 표현한 원경)를 통해 두 사진의 피사체를 작가의 의도에 따라 하나의 프레임으로 구성(고난도의 합성 사진 기법 사용)
- 인화 과정에서 피사체의 질감 억제를 위해 감광액을 사용함

**❸ 스타이컨과 로댕의 예술적 사상**
- 로댕은 사물의 외형만을 재현하려는 당시 경향에서 벗어나 생명력과 표현성을 강조하는 조각을 함
- 스타이컨은 사진이나 조각이 작가의 주관과 감정을 표현할 수 있으며 문학 작품처럼 해석의 대상이 될 수 있다고 생각함

**❹ 사진의 구도가 주는 메시지**
- 피사체의 질감을 억제함으로써 모든 피사체가 사람인 듯한 느낌을 주고자 함
- 어두운 근경과 밝은 원경의 대비를 통해 창조의 영감을 발산하는 모습을 나타냄
- 로댕의 작품도 문학 작품과 마찬가지로 창작의 고뇌 속에서 이루어진 것이라는 메시지를 담고 있음

**❺ 스타이컨의 의도**
- 사진도 회화와 같은 방식으로 창작되고 표현될 수 있는 예술임을 보여 주고자 함

| 011 | 세부 정보 이해 - 적절한 것 고르기 2016학년도 9월 모평AB 27번<br>정답률 85% | 정답 ① |
|---|---|---|

**윗글에 대한 이해로 가장 적절한 것은?**

**① 로댕은 사진 작품, 조각 작품, 문학 작품 모두 해석의 대상이 된다고 여겼다.**

근거 ❸-3 스타이컨은 사진이나 조각이 작가의 주관과 감정을 표현할 수 있으며 문학 작품처럼 해석의 대상도 될 수 있다고 생각했는데, 로댕 또한 이에 동감

→ 적절함!

(로댕의 작품)

**② 빅토르 위고는 사진과 조각을 모두 해석의 대상이라고 생각하여 그것들을 내려다보고 있었다.**

근거 ❷-2 이 작품(<빅토르 위고와 생각하는 사람과 함께 있는 로댕>)에서 피사체들은 조각가 '로댕'과 그의 작품인 <빅토르 위고>와 <생각하는 사람>이다.

풀이 '빅토르 위고'는 스타이컨의 사진 작품 속 피사체인 로댕의 조각상이다. 윗글에서는 빅토르 위고의 생각을 찾을 수 없다.

→ 적절하지 않음!

(회화적 표현을 모방하여 예술성 있는 사진을 추구하였다는)

**③ 스타이컨의 사진은 대상을 그대로 보여 준다는 점에서 회화주의 사진의 대표적 작품으로 평가된다.**

근거 ❶-1 사진은 19 세기 초까지만 해도 근대 문명이 만들어 낸 기술적 도구이자 현실 재현의 수단으로 인식되었다, ❶-3~4 이들(19 세기 초반 이후 여러 사진작가들)은 빛의 처리, 원판의 합성 등의 기법으로 회화적 표현을 모방하여 예술성 있는 사진을 추구하였다. 이러한 흐름 속에서 만들어진 사진 작품들을 회화주의 사진이라고 부른다.

풀이 회화주의 사진은 대상을 그대로 보여 주는 사진이 아니라 회화적 표현을 모방하여 예술성을 추구하는 사진이다.

→ 적절하지 않음!

(사물의 외형만을 재현하는 것이 아니라 생명력과 표현성을 강조해야 한다고)

**④ 로댕과 스타이컨은 조각의 역할이 사물의 형상을 충실히 재현하는 것으로 한정되어야 한다고 보았다.**

근거 ❸-2 로댕은 사물의 외형만을 재현하려는 당시 예술계의 경향에서 벗어나 생명력과 표현성을 강조하는 조각을 하고 있었는데, 스타이컨은 이를 높이 평가하고 깊이 공감하였다.

→ 적절하지 않음!

(명암 대비가 뚜렷이 드러나도록 촬영함으로써 / 특수한 감광액을 사용함으로써)

**⑤ 스타이컨의 작품에서 명암 효과는 합성 사진 기법으로 구현되었고 질감 변화는 피사체의 대립적인 구도로 실현되었다.**

근거 ❺-1 스타이컨은 명암 대비가 뚜렷이 드러나도록 촬영하고, 원판을 합성하여 구도를 만들고, 특수한 감광액으로 질감에 변화를 주는 등의 방식으로 사진이 회화와 같은 방식으로 창작되고 표현될 수 있는 예술임을 보여 주고자 하였다.

풀이 스타이컨의 작품에서 명암 효과는 명암 대비가 뚜렷이 드러나도록 촬영하여 나타낸 것이며, 질감 변화는 특수한 감광액 사용으로 나타낸 것이다.

→ 적절하지 않음!

| 012 | 추론의 적절성 판단 - 적절하지 않은 것 고르기 2016학년도 9월 모평AB 28번<br>정답률 75%, 매력적 오답 ③ 10% | 정답 ④ |
|---|---|---|

**㉠과 관련하여 추론할 수 있는 스타이컨의 의도로 적절하지 않은 것은?** [3점]

㉠ <빅토르 위고와 생각하는 사람과 함께 있는 로댕>

(= 작가가 의도한 바에 따라 하나의 프레임 속에서 자리 잡을 수 있도록)

**① 고난도의 합성 사진 기법을 쓴 것은 촬영한 대상들을 하나의 프레임에 담기 위해서였다.**

근거 ❷-5 단순히 근경과 원경을 합성한 것이 아니라, 두 사진의 피사체들이 작가가 의도한 바에 따라 하나의 프레임 속에서 자리 잡을 수 있도록 당시로서는 고난도인 합성 사진 기법을 동원한 것

→ 적절함!

(희고 밝게 빛남 / 어두운 모습)

**② 원경이 밝게 보이도록 한 것은 <빅토르 위고>와 로댕 간의 명암 대비 효과를 내기 위해서였다.**

근거 ❹-3 원경에서 희고 밝게 빛나는 <빅토르 위고>는 근경에 있는 로댕과 <생각하는 사람>의 어두운 모습에 대비되어, ❺-1 이처럼 스타이컨은 명암 대비가 뚜렷이 드러나도록 촬영

→ 적절함!

(= 로댕의 작품도 창작의 고뇌 속에서 이루어진 것이라는 메시지)

**③ 로댕이 <생각하는 사람>과 마주 보며 같은 자세로 있게 한 것은 고뇌하는 모습을 보여 주기 위해서였다.**

근거 ❹-2 대문호 <빅토르 위고>가 내려다보고 있는 가운데 로댕은 <생각하는 사람>과 마주하여 자신도 <생각하는 사람>이 된 양, 같은 자세로 묵상하는 모습을 취하고 있다, ❹-4 이러한 구도는 로댕의 작품도 문학 작품과 마찬가지로 창작의 고뇌 속에서 이루어진 것이라는 메시지를 주고 있다.

→ 적절함!

→ 원경의 빅토르 위고와 근경의 로댕을 함께 촬영하였음

④ **원경의 대상을 따로 촬영한 것은 인물과 청동상을 함께 찍은 근경의 사진과 합칠 때 대비 효과를 얻기 위해서였다.**

근거 ❷-3 스타이컨은 로댕을 대리석상 〈빅토르 위고〉 앞에 두고 찍은 사진과, 청동상 〈생각하는 사람〉을 찍은 사진을 합성하여 하나의 사진 작품으로 만들었다. ❹-3 원경에서 희고 밝게 빛나는 〈빅토르 위고〉는 근경에 있는 로댕과 〈생각하는 사람〉의 어두운 모습에 대비

풀이 이 사진에 원경과 근경의 명암 대비 효과가 나타나고 있지만, 원경에 있는 〈빅토르 위고〉는 따로 촬영한 것이 아니라 근경의 로댕과 함께 찍은 사진이다.

→ 적절하지 않음!

= 모든 피사체들이 사람인 듯한 느낌을 주고자

⑤ **대상들의 질감이 잘 살지 않도록 인화한 것은 대리석상과 청동상이 사람처럼 보이게 하는 효과를 얻기 위해서였다.**

근거 ❷-6 인화 과정에서는 피사체의 질감이 억제되는 감광액을 사용, ❹-1 피사체들의 질감이 뚜렷이 살지 않게 처리하여 모든 피사체들이 사람인 듯한 느낌을 주고자 하였다.

→ 적절함!

**평가원 이의 신청 답변**

이 문항은 스타이컨의 사진에 대한 설명 내용을 바탕으로 스타이컨의 의도를 적절하게 추론할 수 있는지를 묻고 있습니다.

이의 제기의 주된 내용은 오답지 ①, ③도 적절하지 않아 정답이 될 수 있다는 것입니다. 그러나 ①은 지문의 둘째 단락 "단순히 근경과 ~ 동원한 것이다."에 제시된 정보들을 재구성하여 스타이컨의 의도를 적절하게 추론한 것입니다. 따라서 ①에 대한 이의 제기는 타당하지 않습니다.

또한 지문 넷째 단락 '이러한 구도'의 의미가 모호하여 ③이 답이 될 수 있다는 의견도 타당하지 않습니다. '이러한 구도'는 둘째 단락의 '사진의 구도'와 마찬가지로 근경과 원경을 모두 포함한, 사진 전체의 구도를 일관되게 지칭하기 때문입니다.

그러므로 이 문항의 정답에는 이상이 없습니다.

## 013 세부 정보 이해 - 적절하지 않은 것 고르기 2016학년도 9월 모평AB 29번

정답률 85%, 매력적 오답 ③ 10% | 정답 ④

**다음은 학생이 쓴 감상문의 일부이다. 윗글을 바탕으로 할 때, ⓐ~ⓔ 중 적절하지 않은 것은?**

> 학습활동 스타이컨의 작품을 감상하고 글을 써 보자.
>
> 예전에 나는, 사진은 사물을 있는 그대로 재현하는 도구에 지나지 않는다고 생각했고, 사진이 예술 작품이 된다고 생각해 본 적이 없었다. 그런데 스타이컨의 〈빅토르 위고와 생각하는 사람과 함께 있는 로댕〉을 보고, ⓐ 사진도 예술 작품으로서 작가의 생각을 표현하는 창작 활동이라는 스타이컨의 생각에 동감하게 되었다. 특히 ⓑ 회화적 표현을 사진에서 실현시키려 했던 스타이컨의 노력은 그 예술사적 가치를 인정받아야 할 것이다. 하지만 아쉬운 점도 없지 않다. 당시의 상황에서는 ⓒ 스타이컨이 빅토르 위고와 같은 위대한 문학가를 창작의 영감을 주는 존재로 표현할 수밖에 없었을 것이다. 그래도 ⓓ 스타이컨이 로댕의 조각 예술이 문학에 종속되는 것으로 표현할 것까지는 없었다고 생각한다. 그렇더라도 ⓔ 기술적 도구로 여겨졌던 사진을 예술 행위의 수단으로 활용한 스타이컨의 창작열은 참으로 본받을 만하다.

근거 ❸-3 스타이컨은 사진이나 조각이 작가의 주관과 감정을 표현할 수 있으며 문학 작품처럼 해석의 대상도 될 수 있다고 생각했는데, 로댕 또한 이에 동감하여 기꺼이 사진 작품의 모델이 되어 주기도 하였다.

풀이 스타이컨은 사진이나 조각이 문학 작품처럼 해석의 대상이 될 수 있다고 생각하였다. 이는 사진, 조각, 문학 작품을 대등하게 생각한 것이며 조각 예술을 문학에 종속되는 것으로 생각한 것이 아니다. 따라서 정답은 ④번이다.

① ⓐ

② ⓑ

③ ⓒ

④ ⓓ → 적절하지 않음!

⑤ ⓔ

## 014 문맥적 의미 파악 - 적절한 것 고르기 2016학년도 9월 모평AB 30번

정답률 95% | 정답 ①

**Ⓛ의 문맥적 의미와 가장 가까운 것은?**

> Ⓛ 살지

풀이 Ⓛ의 '살다'는 '본래 가지고 있던 색깔이나 특징 따위가 그대로 있거나 뚜렷이 나타나다'라는 의미이다.

① **이 소설가는 개성이 살아 있는 문체로 유명하다.**

풀이 '본래 가지고 있던 색깔이나 특징 따위가 그대로 있거나 뚜렷이 나타나다'라는 의미이다.

→ 적절함!

② **아궁이에 불씨가 살아 있으니 장작을 더 넣어라.**

풀이 '불 따위가 타거나 비치고 있는 상태에 있다'라는 의미이다.

→ 적절하지 않음!

③ **어제까지도 살아 있던 손목시계가 그만 멈춰 버렸다.**

풀이 '작동하다'라는 의미이다.

→ 적절하지 않음!

④ **흰긴수염고래는 지구에 살고 있는 동물 중 가장 크다.**

풀이 '어느 곳에 거주하거나 거처하다'라는 의미이다.

→ 적절하지 않음!

⑤ **부부가 행복하게 살려면 서로를 존중하고 사랑해야 한다.**

풀이 '어떤 사람과 결혼하여 함께 생활하다'라는 의미이다.

→ 적절하지 않음!

## [015~018] 다음 글을 읽고 물음에 답하시오.

1 [1]전통적 의미에서 영화적 재현(再現, 다시 나타냄, 표현)과 만화적 재현의 큰 차이점 중 하나는 움직임의 유무일 것이다. [2]영화는 사진에 결여되었던(缺如-, 빠져있거나 모자랐던) 사물의 운동, 즉 시간을 재현한 예술 장르이다. [3]반면 만화는 공간이라는 차원만을 알고 있다.(만화에는 시간의 흐름이 없고 공간만이 있다.) [4]정지된 그림이 의도된 순서에 따라 공간적으로 나열된 것이 만화이기 때문이다. [5]만일 만화에도 시간이 존재한다면 그것은 읽기의 과정에서 독자에 의해 사후(事後, 일이 끝난 뒤)에 생성된(生成-, 만들어진) 것이다. [6]독자는 정지된 이미지에서 상상을 통해 움직임을 끌어낸다. [7]그리고 인물이나 물체의 주변에 그어져 속도감을 암시하는(暗示-, 은근히 나타내는) 효과선은 독자의 상상을 더욱 부추긴다.

→ 영화적 재현과 만화적 재현의 차이

2 [1]만화는 물리적 시간의 부재(시간을 나타낼 수 없음)를 공간의 유연함(柔軟-, 고정되어 있지 않고 다양하게 활용할 수 있음)으로 극복한다. [2]영화 화면의 테두리인 프레임과 달리, 만화의 칸은 그 크기와 모양이 다양하다. [3]또한 만화에는 한 칸 내부에 그림뿐 아니라, ⓐ 말풍선과 인물의 심리나 작중 상황(作中狀況, 작품 속에서 일이 진행되는 모습)을 드러내는 언어적·비언어적 정보(言語的情報, 말 자체에 담겨 있는 메시지, 非言語的情報, 행동, 표정, 옷차림 등 말 외의 요소에 담겨 있는 메시지)를 모두 담을 수 있는 자유로움이 있다. [4]그리고 그것이 독자의 읽기 시간에 변화를 주게 된다. [5]하지만 영화에서는 이미지를 영사하는(映寫-, 비추어 보여 주는) 속도가 일정하여 감상의 속도가 강제된다.(강제로 정해진 속도, 즉 보여 주는 속도로 감상할 수밖에 없다.)

〈참고 그림〉
❶-7 인물, 물체의 주변에 그어져 속도감을 암시하는 효과선은 독자의 상상을 더욱 부추긴다.
❷-1~2 만화는 크기와 모양이 다양한 칸, 즉 공간의 유연함으로 물리적 시간의 부재를 극복한다.

→ 만화가 시간의 부재를 극복하는 방법

3 [1]영화와 만화는 그 이미지(image, 눈으로 보이는 모습)의 성격에서도 대조적(對照的, 서로 매우 다름)이다. [2]영화가 촬영된 이미지라면 만화는 수작업(手作業, 손으로 직접 한

일)으로 만들어진 이미지이다. [3]빛이 렌즈를 통과하여 필름에 착상되는(着床–. 형상이 붙는) 사진적 원리(寫眞的原理. 사진을 찍는 방법 혹은 법칙)에 따른 영화의 이미지 생산 과정은 기술적으로 자동화되어(自動化–. 사람의 힘이 크게 들어가지 않고 저절로 이루어지게 되어) 있다. [4]그렇기에 영화 이미지 내에서 감독의 체취(體臭. 몸에서 나는 냄새. 여기서는 '흔적'의 의미)를 발견하기란 쉽지 않다. [5]그에 비해 만화는 수작업의 과정에서 자연스럽게 세계에 대한 작가의 개인적인 해석(작가가 세상을 바라보는 시각과 세상에 대한 작가의 의견)을 드러내게 된다. [6]이것은 그림의 스타일과 터치 등으로 나타난다. [7]그래서 만화 이미지는 '서명된(署名–. 작가의 것이라고 표시된) 이미지'이다.

→ 영화 이미지의 성격과 만화 이미지의 성격 차이

4 [1]촬영된 이미지와 수작업에 따른 이미지는 영화와 만화가 현실과 맺는 관계를 다르게 규정한다.(영화와 현실의 관계, 만화와 현실의 관계를 다르게 만든다.) [2]영화는 실제 대상과 이미지가 인과 관계(因果關係. 원인과 결과로 연결된 필연적인 사이)로 맺어져 있어 본질적으로 사물에 대한 사실적인 기록이 된다.(영화의 본래 성질은 사물을 사실적으로 기록하는 것이다.) [3]이 기록의 과정에는 촬영장의 상황이나 촬영 여건(與件. 주어진 조건)과 같은 제약(制約. 제한된 조건)이 따른다. [4]그러나 최근에는 촬영된 이미지들을 컴퓨터상에서 합성하거나 그래픽 이미지(graphic image. 그림, 도형 등. 여기서는 컴퓨터 그래픽을 말함)를 활용하는 ㉠ 디지털 특수 효과의 도움을 받는 사례가 늘고 있는데, 이를 통해 만화에서와 마찬가지로 실재하지(實在–. 실제로 존재하지) 않는 대상이나 장소도 만들어 낼 수 있게 되었다.

〈참고 사진〉

▲ 실제 촬영 과정(컴퓨터 그래픽 처리 전)

▲ 영화 속 장면(컴퓨터 그래픽 처리 후)

❹–4 최근 영화는 디지털 특수 효과로 실재하지 않는 대상이나 장소도 만들어낼 수 있게 되었다.

→ 영화 이미지의 성격

5 [1]만화의 경우는 구상(構想. 떠올린 생각)을 실행으로 옮기는 단계가 현실을 매개로 하지 않는다.(촬영 등의 방법으로 현실 세계를 활용하지 않고 이루어진다.) [2]따라서 만화 이미지는 그 제작 단계가 작가의 통제(統制. 어떤 동작을 시키거나 제한하는 것)에 포섭되어(包攝–. 완전히 들어가) 있는 이미지이다. [3]이 점은 만화적 상상력의 동력(動力. 근본이 되는 힘)으로 작용한다. [4]현실과 직접적으로 대면하지(對面–. 마주 보고 대하지) 않기에 작가의 상상력에 이끌려 만화적 현실로 향할 수 있는 것이다.

〈참고 애니메이션〉
하울의 움직이는 성(Howl's Moving Castle, 2004)
❺–1, 4 만화는 현실을 매개로 하지 않으므로 작가의 상상력에 이끌려 만화적 현실로 향할 수 있다.

→ 만화 이미지의 성격

■지문 이해

〈영화와 만화〉

| | 영화 | 만화 |
|---|---|---|
| 재현 방법 | ❶ 시간 재현, 움직임 있음 | ❶ 정지된 그림, 공간적 나열<br>❷ 만화가 시간의 부재를 극복하는 방법<br>• 공간의 유연함 : 칸의 크기, 모양이 다양<br>• 다양한 정보 표현 : 그림 + 언어적·비언어적 정보<br>→ 독자의 읽기 시간 조절 |
| 이미지의 성격 | ❸ 촬영된 이미지, 자동화<br>❹ 사실적인 기록<br>→ 디지털 특수 효과의 발전으로 최근에는 시공간의 제약에서 벗어날 수 있게 됨 | ❸ 서명된 이미지, 작가의 흔적<br>❺ 현실을 매개로 하지 않음, 작가의 상상력으로 구성 |

**015** 세부 정보 이해 - 적절한 것 고르기 2013학년도 수능 25번 정답률 90% 정답 ①

**윗글의 내용과 일치하는 것은?**

**① 영화는 사물의 움직임을 재현한 예술이다.**

근거 ❶-2 영화는 사진에 결여되었던 사물의 운동, 즉 시간을 재현한 예술 장르
→ 적절함!

**② 만화는 물리적 시간 재현이 영화보다 충실하다.**

근거 ❷-1 만화는 물리적 시간의 부재를 공간의 유연함으로 극복
→ 적절하지 않음!

**③ 영화에서 이미지를 영사하는 속도는 일정하지 않다.** (일정하다)

근거 ❷-5 영화에서는 이미지를 영사하는 속도가 일정
→ 적절하지 않음!

**④ 만화 이미지는 사진적 원리에 따라 만들어진다.**

근거 ❸-3 빛이 렌즈를 통과하여 필름에 착상되는 사진적 원리에 따른 영화의 이미지 생산 과정
→ 적절하지 않음!

**⑤ 만화는 사물을 영화보다 더 사실적으로 기록한다.**

근거 ❹-2 영화는 실제 대상과 이미지가 인과 관계로 맺어져 있어 본질적으로 사물에 대한 사실적인 기록, ❺-1 만화의 경우는 구상을 실행으로 옮기는 단계가 현실을 매개로 하지 않는다.
→ 적절하지 않음!

**016** 반응의 적절성 판단 - 적절한 것 고르기 2013학년도 수능 26번 정답률 90% 정답 ④

**㉠에 대한 반응으로 적절한 것은?**

㉠ 디지털 특수 효과의 도움을 받는 사례가 늘고 있는데

**① 제작 주체가 이미지를 의도대로 만들기가 더 어려워지겠군.** (쉬워지겠군)

근거 ❹-4 이(디지털 특수 효과)를 통해 만화에서와 마찬가지로 실재하지 않는 대상이나 장소도 만들어 낼 수 있게 되었다.
→ 적절하지 않음!

**② 영화 촬영장의 물리적 환경이 미치는 영향이 더 커지겠군.** (작아지겠군)

근거 ❹-4 이(디지털 특수 효과)를 통해 만화에서와 마찬가지로 실재하지 않는 대상이나 장소도 만들어 낼 수 있게 되었다.
→ 적절하지 않음!

**③ 촬영된 이미지에만 의존하는 제작 방식의 비중이 늘겠군.** (줄어들겠군)

근거 ❹-4 촬영된 이미지들을 컴퓨터상에서 합성하거나 그래픽 이미지를 활용하는 디지털 특수 효과
→ 적절하지 않음!

(실재하지 않는 대상이나 장소도 만들어낼 수 있음)

**④ 실제 대상과 영화 이미지 간의 인과 관계가 약해지겠군.**

근거 ❹-2 영화는 실제 대상과 이미지가 인과 관계로 맺어져 있어 본질적으로 사물에 대한 사실적인 기록, ❹-4 최근에는 … 디지털 특수 효과의 도움을 받는 … 실재하지 않는 대상이나 장소도 만들어 낼 수 있게 되었다.

풀이 영화 이미지는 본래 실제 대상을 그대로 촬영해서 제작한 것이므로 실제 대상과 영화 이미지 간의 인과 관계가 강했다. 그러나 디지털 특수 효과는 실제 대상에서 멀어진 영화 이미지를 제작할 수 있게 하므로, 실제 대상과 영화 이미지 간의 인과 관계가 약해질 것이다.
→ 적절함!

**⑤ 영화에 만화적 상상력을 도입하기가 더 힘들어지겠군.** (쉬워지겠군)

근거 ❺-4 (만화의 경우는) 현실과 직접적으로 대면하지 않기에 작가의 상상력에 이끌려 만화적 현실로 향할 수 있는 것, ❹-4 이(디지털 특수 효과)를 통해 만화에서와 마찬가지

지로 실재하지 않는 대상이나 장소도 만들어낼 수 있게 되었다.

풀이 디지털 특수 효과를 사용하는 것은 영화에서도 만화적 상상력, 즉 현실에 얽매이지 않는 자유로운 상상력을 표현할 수 있게 해 준다. 따라서 영화에 만화적 상상력을 도입하기가 더 쉬워진다고 할 수 있다.

→ 적절하지 않음!

**017** 구체적인 상황에 적용 - 적절하지 않은 것 고르기 2013학년도 수능 27번 정답률 85% 정답 ③

**윗글을 바탕으로 <보기>에 대해 설명할 때, 적절하지 않은 것은?**

| 보 기 |

① 칸 1부터 칸 6에 이르기까지 각 칸에 독자의 시선이 머무는 시간은 유동적이다. (= 읽기 시간에 변화를 주게 된다.)

근거 ❷-2 만화의 칸은 그 크기와 모양이 다양, ❷-4 독자의 읽기 시간에 변화

→ 적절함!

② 칸 2는 언어적·비언어적 정보를 모두 활용하여 작중 상황을 부각하고 있다. (= 드러내고)

근거 ❷-3 만화에는 한 칸 내부에 그림뿐 아니라, 말풍선과 인물의 심리나 작중 상황을 드러내는 언어적·비언어적 정보를 모두 담을 수 있는 자유로움이 있다.

풀이 칸 2에서는 언어적 정보와 비언어적 정보를 통해 인물이 넘어진 상황을 부각하고 있다. '꽈당'은 언어적 정보이고, 인물의 넘어진 자세와 인물 머리 위의 별은 비언어적 정보이다.

→ 적절함!

③ 칸 4에서 효과선을 지우면 인물의 움직임을 상상하게 하는 요소가 모두 사라진다. (더라도 언어적·비언어적 정보를 통해 인물의 움직임을 상상할 수 있다)

근거 ❶-6~7 독자는 정지된 이미지에서 상상을 통해 움직임을 끌어낸다. 그리고 인물이나 물체의 주변에 그어져 속도감을 암시하는 효과선은 독자의 상상을 더욱 부추긴다.

풀이 효과선은 독자의 상상을 부추기는 역할을 할 뿐, 인물의 움직임을 상상하게 하는 유일한 요소는 아니다. 비언어적 정보인 인물의 자세와 '다다다'라는 언어적 정보를 통해서도 인물이 뛰고 있다고 상상할 수 있다.

→ 적절하지 않음!

④ 인물들의 얼굴과 몸의 형태를 통해 만화 이미지가 '서명된 이미지'임을 확인할 수 있다. (= 그림의 스타일과 터치)

근거 ❸-5~7 만화는 수작업의 과정에서 자연스럽게 세계에 대한 작가의 개인적인 해석을 드러내게 된다. 이것은 그림의 스타일과 터치 등으로 나타난다. 그래서 만화 이미지는 '서명된 이미지'

풀이 만화 속 인물들의 얼굴과 몸의 형태는 실제의 사람과는 매우 다르며, 작가만의 그림 스타일과 터치라고 할 수 있다. 따라서 <보기>의 만화 이미지는 작가의 개인적인 해석이 반영된 '서명된 이미지'이다.

→ 적절함!

⑤ 다양한 크기와 모양의 칸을 통해 영화의 프레임과 차별화된 만화 칸의 유연함을 알 수 있다. (= 공간의 유연함)

근거 ❷-2 영화 화면의 테두리인 프레임과 달리, 만화의 칸은 그 크기와 모양이 다양

→ 적절함!

**018** 단어의 구성 - 적절한 것 고르기 2013학년도 수능 28번 정답률 95% 정답 ③

**<보기>를 바탕으로 할 때, 윗글의 ⓐ와 같은 방식으로 이루어진 것은?** [1점]

ⓐ 말풍선

| 보 기 |

ⓐ는 '만화에서 주고받는 대사를 써넣은 풍선 모양의 그림'을 뜻한다. 원래 '풍선'에는 공기만이 담길 수 있을 뿐, '말'은 담길 수 없다. 따라서 ⓐ는 서로 담고 담길 수 없는 것들이 한데 묶인 단어이다.

① 국그릇

풀이 그릇에는 국을 담을 수 있다.

→ 적절하지 않음!

② 기름통

풀이 통에는 기름을 담을 수 있다.

→ 적절하지 않음!

③ 꾀주머니

풀이 꾀와 주머니는 서로 담고 담길 수 없는 것들이다.

→ 적절함!

④ 물병

풀이 병에는 물을 담을 수 있다.

→ 적절하지 않음!

⑤ 쌀가마니

풀이 가마니에는 쌀을 담을 수 있다.

→ 적절하지 않음!

**[019~022] 다음 글을 읽고 물음에 답하시오.**

1 [1]서양 건축 예술의 역사는 성당 건축을 빼놓고는 이해할 수 없다. [2]여러 시대에 걸쳐 유럽의 성당은 다양한 ⓐ 양식으로 변화해 왔다. [3]하지만 그 기본은 바실리카 형식에서 크게 벗어나지 않았다. [4]평면도상 긴 직사각형 모양을 하고 있는 이 형식은 고대 로마 제국 시대에서 비롯된 것으로 원래는 시장이나 재판소와 같은 ⓑ 공공 건축물에 쓰였던 것이다. [5]4 세기경부터 출현한 바실리카식 성당은 이후 평면 형태의 부분적 변화를 겪으면서(모양이 조금씩 변하면서) 중세 시대에 ⓒ 절정을 이루었다.

→ 유럽 성당의 기본 형식인 바실리카식 성당

2 [1]바실리카식 성당의 평면을 살펴보면, 초기에는 동서 방향으로 긴 직사각형의 모습을 하고 있다. [2]서쪽 끝부분에는 일반인들의 출입구와 현관이 있는 나르텍스가 있다. [3]나르텍스를 지나면 일반 신자들이 예배에 참여하는 네이브가 있고, 네이브의 양 옆에는 복도로 활용되는 아일이 붙어 있다. [4]동쪽 끝부분에는 신성한 제단(祭壇, 제사를 지내는 곳)이 자리한 앱스가 있는데, 이곳은 오직 성직자만이 들어갈 수 있다. [5]이처럼 나르텍스로부터 네이브와 아일을 거쳐 앱스에 이르는 공간은 세속에서 신의 영역에 이르기까지의 ⓓ 위계를 보여 준다.

→ 세속에서 신에 이르는 위계를 보여 주는 바실리카식 성당의 구조

3 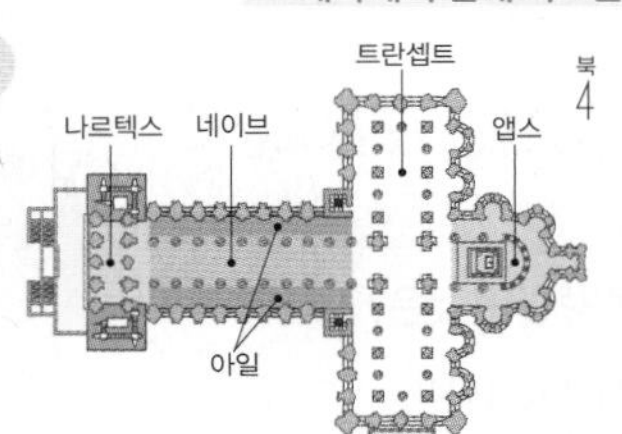


[1]시간이 흐르면서 성직자의 위상(位相, 권위, 힘)이 점차 높아지고 종교 의식이 확대됨에 따라 예배를 진행하기 위한 추가적인 공간이 필요하게 되었다. [2]이에 따라 바실리카식 성당은 앱스 앞을 가로지르는 남북 방향의 트란셉트라는 공간이 추가되어 ㉠ 열십자 모양(+)의 건물이 되었다. [3]이때부터 건물은 더욱 웅대하고 화려해졌는데, 네이브의 폭도 넓어지고 나르텍스에서 앱스까지의 길이도 늘어났으며 건물의 높이도 높아졌다.

→ 공간이 추가돼 더욱 웅장하고 화려해진 바실리카식 성당

4 [1]절정기(絕頂期, 가장 발전한 때)의 바실리카식 성당은 외부에서 보면 기둥이나 창 등을 통해 하늘을 향한 수직선이 강조된 ⓔ 인상을 준다. [2]이는 신에게 가까이 가려는 인간의 욕망이 표현된 것이다. [3]출입구 쪽의 외벽과 기둥에는 신이나 성인의 모습을 새겨 넣기도 하고, 실내의 벽과 천장에는 천국과 지옥 이야기 등을 담은 그림을 채워 넣기도 하였다. [4]특히 벽면에는 스테인드글라스(stained glass, 색유리를 이어 붙이거나 유리에 색을 칠하여 무늬나 그림을 나타낸 장식용 판유리)로 구성된 커다란 창을 사람의 키보다 높게 설치하여 창을 통과한 빛이 다양한 색채로 건물 내부 공간에 풍부하게 퍼지도록 하였다. [5]이는 서양의 중세인들이 모든 미의 원천(아름다움이 시작된 곳)을 신이라고 보고 빛은 신의 속성을 상징한다고 보았던 것(빛이 신의 모습을 보여준다고 생각했던 것)과 관련되어 있다. [6]이처럼 바실리카식 성당은 기능적 공간(어떠한 목적을 가진 곳)으로만 존재한 것이 아니라, 건축을 중심으로 조각, 회화, 공예 등이 한데 어우러져 당대의 미의식(美意識, 아름다움)을 표현한 종합예술로서의 성격을 지니고 있다.

〈참고 사진〉 바실리카식 성당

❹-1~4 외부에서 보면 수직선이 강조된 인상을 준다. 실내의 벽과 천장에는 그림을 채워 넣기도 하였다. 벽면에는 스테인드글라스로 구성된 커다란 창을 사람의 키보다 높게 설치하였다.

→ 기능적 공간이면서 종합예술인 바실리카식 성당

■지문 이해

〈바실리카식 성당의 구조와 종합예술로서의 성격〉

❶ 유럽 성당의 기본 형식인 바실리카식 성당
• 바실리카 형식 : 고대 로마 제국 시대의 시장이나 재판소 → 중세 시대에 절정

❷ 세속에서 신에 이르는 위계를 보여 주는 바실리카식 성당의 구조
초기 - 동서 방향으로 긴 직사각형
나르텍스 → 네이브, 아일 → 앱스
세속 → 신의 영역

❸ 공간이 추가돼 더욱 웅장하고 화려해진 바실리카식 성당
앱스 앞을 가로지르는 트란셉트 추가

❹ 기능적 공간이면서 종합예술인 바실리카식 성당

| 019 | 세부 정보 이해 - 적절하지 않은 것 고르기 2013학년도 9월 모평 40번 정답률 90% | 정답 ③ |
|---|---|---|

**바실리카식 성당에 대한 설명으로 적절하지 않은 것은?**

**① 서양 건축 예술의 역사를 이해하는 데 중요한 건축물이다.**
근거 ❶-1 서양 건축 예술의 역사는 성당 건축을 빼놓고는 이해할 수 없다.
→ 적절함!

**② 4 세기경에 출현하여 이후 부분적 변화를 겪었다.**
근거 ❶-5 4 세기경부터 출현한 바실리카식 성당은 이후 평면 형태의 부분적 변화를 겪으면서
→ 적절함!

**③ 종교적 기능을 가진 로마 시대의 건축에서 유래했다.**
근거 ❶-4 이(바실리카) 형식은 고대 로마 제국 시대에서 비롯된 것으로 원래는 시장이나 재판소와 같은 공공 건축물에 쓰였던 것
→ 적절하지 않음!

**④ 성직자의 위상이 높아지면서 웅대해지고 화려해졌다.**
근거 ❸-1 성직자의 위상이 점차 높아지고 종교 의식이 확대됨에 따라 예배를 진행하기 위한 추가적인 공간이 필요, ❸-3 이때부터 건물은 더욱 웅대하고 화려해졌는데
→ 적절함!

= 천국과 지옥 이야기 등을 담은 그림
**⑤ 실내의 벽과 천장을 종교적 예술 작품으로 장식하였다.**
근거 ❹-3 실내의 벽과 천장에는 천국과 지옥 이야기 등을 담은 그림을 채워 넣기도 하였다.
→ 적절함!

| 020 | 핵심 개념 이해 - 적절한 것 고르기 2013학년도 9월 모평 41번 정답률 95% | 정답 ③ |
|---|---|---|

**㉠의 실내 공간을 이해한 것으로 적절한 것은?**

㉠ 열십자 모양의 건물

복도로 활용
**① 아일은 현관문으로 건물의 출입구 역할을 한다.**
근거 ❷-3 네이브의 양 옆에는 복도로 활용되는 아일이 붙어 있다.
→ 적절하지 않음!

네이브
**② 나르텍스는 일반 신자들이 예배에 참여하는 곳이다.**
근거 ❷-2~3 서쪽 끝부분에는 일반인들의 출입구와 현관이 있는 나르텍스가 있다. 나르텍스를 지나면 일반 신자들이 예배에 참여하는 네이브가 있고
→ 적절하지 않음!

**③ 트란셉트는 종교 의식이 확대되면서 추가된 공간이다.**
근거 ❸-1~2 종교 의식이 확대됨에 따라 예배를 진행하기 위한 추가적인 공간이 필요하게 되었다. 이에 따라 바실리카식 성당은 앱스 앞을 가로지르는 남북 방향의 트란셉트라는 공간이 추가
→ 적절함!

성직자만 들어갈 수 있다
**④ 앱스는 사람들이 예배를 보기 위해서 다니는 통로이다.**
근거 ❷-4 동쪽 끝부분에는 신성한 제단이 자리한 앱스가 있는데, 이곳은 오직 성직자만이 들어갈 수 있다.
→ 적절하지 않음!

앱스
**⑤ 네이브는 제단이 놓인 곳으로 성당 내에서 제일 신성한 곳이다.**
근거 ❷-3 일반 신자들이 예배에 참여하는 네이브, ❷-4 동쪽 끝부분에는 신성한 제단이 자리한 앱스
→ 적절하지 않음!

| 021 | 반응의 적절성 판단 - 적절한 것 고르기 2013학년도 9월 모평 42번 정답률 85% | 정답 ⑤ |
|---|---|---|

**윗글과 〈보기〉를 통해 이끌어 낸 수 있는 반응으로 가장 적절한 것은?**

| 보기 |
[1]고대 그리스인들은 인간을 미의 원천으로 인식했다. [2]그리스 파르테논 신전은 긴 직사각형 모양으로 건물 각 부분의 공간 구성에는 인체 비례가 적용되었고, 지붕에 있는 신들의 조각에도 마찬가지였다. [3]건물 외부는 대리석으로 만들어져 빛의 방향에 따라 다양한 색채를 띠며, 길게 뻗은 기단 등을 주로 활용하여 수평선을 강조한 인상을 준다.

▶ 지문 핵심 개념 정리

|  |  |
|---|---|
| 바실리카식 성당 | 파르테논 신전 |
| • 열십자 모양(❸–2)<br>• 기둥이나 창이 수직선의 인상(❹–1)<br>• 외벽과 기둥에 신이나 성인의 모습 조각(❹–3)<br>• 벽과 천장에 천국과 지옥 이야기를 담은 그림(❹–3)<br>• 스테인드글라스를 통과한 다양한 색채의 빛이 건물 내부에 퍼짐(❹–4)<br>• 서양의 중세인들은 모든 미의 원천을 신으로, 빛은 신의 속성을 상징한다고 보았음(❹–5), 당대의 미의식을 표현한 종합예술(❹–6) | • 긴 직사각형 모양(〈보기〉–2)<br>• 길게 뻗은 기단 등을 주로 활용하여 수평선을 강조한 인상(〈보기〉–3)<br>• 지붕에 있는 신들의 조각(〈보기〉–2)<br>• 건물 외부는 대리석으로 만들어져 빛의 방향에 따라 다양한 색채(〈보기〉–3)<br>• 고대 그리스인들은 인간을 미의 원천으로 인식(〈보기〉–1), 건물 각 부분의 공간 구성에는 인체 비례가 적용(〈보기〉–2) |

지붕에 신들의 조각이 있음

**① 파르테논 신전은 바실리카식 성당과는 달리 건물에 조각 장식을 새겨 넣지 않았군.**

수평선

**② 파르테논 신전은 바실리카식 성당과는 달리 외부에서 보면 수직선이 강조된 인상을 주는군.**

빛을 통해 건물 외부를 강조

**③ 파르테논 신전과 바실리카식 성당은 모두 빛을 통해 건물의 내부를 강조했군.**

**④ 파르테논 신전과 바실리카식 성당은 모두 평면의 형태가 열십자 모양을 하고 있군.**

**⑤ 파르테논 신전과 바실리카식 성당은 모두 당대의 미의식이 건물의 공간 구성에 영향을 주었군.**

고대 그리스 : '인간'을 미의 원천으로 생각
바실리카식 성당 : '신'을 미의 원천으로 생각

풀이 고대 그리스인들은 인간을 미의 원천으로 생각하는 미의식을 지니고 있었으며 공간 구성에 인체 비례를 활용했다. 바실리카식 성당은 미의 원천을 신으로 보고 신의 속성을 상징하는 빛으로 성당을 꾸몄다. 이는 모두 당대의 미의식이 건물 공간을 구성하는 데에 영향을 미친 것으로 볼 수 있다.

→ 적절함!

**022** | 단어의 의미 파악 - 적절하지 않은 것 고르기 2013학년도 9월 모평 43번 정답률 85% | 정답 ④

**ⓐ~ⓔ의 사전적 의미로 적절하지 않은 것은?** 1점

ⓐ 양식 ⓑ 공공 ⓒ 절정 ⓓ 위계 ⓔ 인상

**① ⓐ : 시대나 부류에 따라 각기 독특하게 지니는 문학, 예술 따위의 형식.**

풀이 '양식(樣 모양 양 式 규정 식)'은 '시대나 부류에 따라 각기 독특하게 지니는 문학, 예술 따위의 형식'을 뜻한다.

→ 적절함!

**② ⓑ : 국가나 사회의 구성원에게 두루 관계되는 것.**

풀이 '공공(公 공평하다 공 共 함께 공)'은 '국가나 사회의 구성원에게 두루 관계되는 것'을 뜻한다.

→ 적절함!

**③ ⓒ : 사물의 진행이나 발전이 최고의 경지에 달한 상태.**

풀이 '절정(絶 끊다 절 頂 꼭대기 정)'은 '사물의 진행이나 발전이 최고의 경지에 달한 상태'를 뜻한다.

→ 적절함!

**④ ⓓ : 존경할 만한 위세가 있어 점잖고 엄숙한 태도나 기세.**

풀이 '위계(位 자리 위 階 계단 계)'는 '지위나 계층 따위의 등급'을 뜻한다. '존경할 만한 위세가 있어 점잖고 엄숙한 태도나 기세'를 뜻하는 말은 '위엄(威 위엄 위 嚴 엄숙하다 엄)'이다.

→ 적절하지 않음!

**⑤ ⓔ : 어떤 대상에 대하여 마음속에 새겨지는 느낌.**

풀이 '인상(印 도장 인 象 모양 상)'은 '어떤 대상에 대하여 마음속에 새겨지는 느낌'을 뜻한다.

→ 적절함!

**[023~027] 다음 글을 읽고 물음에 답하시오.**

1 [1]회화적 재현(繪畫的再現, 여러 가지 선이나 색으로 형상을 그려 다시 나타냄)이 성립하려면(成立–, 제대로 이루어지려면), 즉 하나의 그림이 어떤 대상의 그림이 되기 위해서는 그림과 대상이 닮아야 할까? [2]입체주의의 도래(到來, 어떤 시기나 기회가 닥쳐옴)를 알리는 〈아비뇽의 아가씨들〉을 그리기 한 해 전, 피카소는 시인인 스타인을 그린 적이 있었는데, 완성된 그림을 보고 사람들은 놀라움을 금치 못했다.(놀라지 않을 수 없었다.) [3]**스타인의 초상화**가 그녀를 닮지 않았던 것이다. [4]이에 대해 피카소는 "앞으로 닮게 될 것이다."라고 말했다고 한다. [5]이 에피소드는 미술사의 차원과 철학적 차원에서 회화적 재현에 대해 생각해 볼 계기를 제공한다.

〈참고 그림〉
파블로 피카소(Pablo Picasso), '거트루드 스타인의 초상(Portrait of Gertrude Stein)'(1906), © 2024 – Succession Pablo Picasso – SACK (Korea)

〈참고 사진〉
거트루드 스타인(Gertrude Stein)의 사진

→ 회화적 재현에 대한 고찰의 계기가 된 피카소의 스타인의 초상화

2 [1]우선 어떻게 닮지 않은 그림이 대상의 재현일 수 있는지를 알아보기 위해서는 당시 피카소와 브라크가 중심이 되었던 입체주의의 예술적 실험과 그것을 가능케 한 미술사의 흐름을 고려해 보아야 한다. [2]르네상스 시대의 화가들은 원근법(遠近法, 물체와 공간을 멀고 가까움을 느낄 수 있도록 표현하는 기법)을 사용하여 **'세상을 향한 창'**과 같은 사실적인 그림을 그렸다. [3]현대 회화를 출발시켰다고 평가되는 인상주의자들이 의식적으로 추구한 것도 이러한 사실성이었다. [4]그들은 모든 대상을 빛이 반사되는 물체로 간주하고 망막에 맺힌 대로 그리는 것을 회화의 목표로 삼았다. [5]따라서 빛을 받는 대상이면 무엇이든 주제가 될 수 있었고, 대상의 고유한 색 같은 것은 부정되었다. [6]햇빛의 조건에 따라 다르게 그려진 모네의 낟가리(낟알이 붙은 곡식을 쌓은 더미) 연작(聯作, 한 작가가 그린 주제나 소재가 연관된 여러 작품)이 그 예이다.

〈참고 그림〉
클로드 모네(Claude Monet), '낟가리' 연작
❷–6 햇빛의 조건에 따라 다르게 그려진 모네의 낟가리 연작

→ 르네상스 시대의 화가들과 인상주의자들

3 [1]그러나 세잔의 생각은 달랐다. [2]"모네는 눈뿐이다."라고 평했던 그는 그림의 사실성이란 우연적 인상(偶然的印象, 인과 관계 없이 생겨나 마음속에 새겨지는 느낌)으로서의 사물의 외관(外觀, 겉모양)보다는 '그 사물임'을 드러낼 수 있는 본질이나 실재에 더 다가감으로써 ⓐ 얻게 되는 것이라고 생각하였다. [3]세잔이 그린 과일 그릇이나 사과를 보면 대부분의 형태는 실물보다 훨씬 단순하게 그려져 있고, 모네의 그림에서는 볼 수 없었던 부자연스러운 윤곽선이 둘러져 있으며, 원근법조차도 정확하지 않다. [4]이는 어느 한순간 망막에 비친 우연한 사과의 모습 대신 사과라는 존재를 더 잘 드러낼 수 있는 모습을 포착하려(捕捉–, 붙잡으려) 했던 세잔의 문제의식을 보여주는 것이다.

〈참고 그림〉
폴 세잔(Paul Cézanne), '정물, 탁자 위의 항아리와 과일들(Still life, jug and fruit on a table)'
❸-3 실물보다 훨씬 단순한 그림, 부자연스러운 윤곽선, 정확하지 않은 원근법

→ 사물의 본질과 실재를 중시한 세잔

**4** [1]이를 계승하여(繼承-, 물려받아) 한 발 더 나아간 것이 바로 입체주의이다. [2]입체주의는 대상의 실재를 드러내기 위해 여러 시점에서 본 대상을 한 화면에 결합하는 방식을 택했다. [3]비록 스타인의 초상화는 본격적인 입체주의 그림은 아니지만, 세잔에서 입체주의로 이어지는 실재의 재현이라는 관심이 반영된 작품으로 볼 수 있는 것이다.

→ 대상의 실재를 드러내고자 한 입체주의

**5** [1]하지만 여전히 의문인 것은 '닮게 될 것'이라는 말의 의미이다. [2]실제로 세월이 지난 후 피카소의 예언대로 사람들은 결국 스타인의 초상화가 그녀를 닮았다는 것을 발견하게 되었다고 한다. [3]어떻게 그럴 수 있었을까? [4]이를 설명하려면 회화적 재현에 대한 철학적 차원의 논의가 필요한데, 곰브리치와 굿맨의 이론이 주목할 만하다.

→ 스타인의 초상화에 대한 의문점

**6** [1]이들은 대상을 '있는 그대로' 보는 '순수한 눈' 같은 것은 없으며, 따라서 객관적인 사실성이란 없고, 사실적인 그림이란 결국 한 문화나 개인에게 익숙한 재현 체계를 따른 그림일 뿐(익숙하게 보아오거나 경험해 온 것들에 따라 그려진 그림을 사실적이라고 인식하게 된다는 것)이라고 주장한다. [2]㉠ 이 이론에 따르면 지각(知覺, 알아서 깨달음)은 우리가 속한 관습과 문화, 믿음 체계, 배경지식의 영향을 받아 구성된다고 한다. [3]예를 들어 우리가 작가와 작품에 대해 사전 지식을 가지고 있다면 이러한 믿음은 그 작품을 어떻게 지각하느냐에까지도 영향을 준다는 것이다. [4]이것이 사실이라면, 피카소의 경우에 대해서도, '이 그림이 피카소가 그린 스타인의 초상'이라는 우리의 지식이 종국(終局, 마지막)에는 그림과 실물 사이의 닮음을 발견하는 방식으로 우리의 지각을 형성해 냈을 것이라는 설명이 가능하다. [5]사실성이라는 것이 과연 재현 체계에 따라 상대적인지는 논쟁의 여지가 많지만 피카소의 수수께끼 같은 답변과 자신감 속에는 회화적 재현의 본성에 대한 이러한 통찰(洞察, 예리한 관찰력으로 사물을 꿰뚫어 봄)이 깔려 있었다고도 볼 수 있다.

→ 곰브리치와 굿맨의 이론

■ 지문 이해
〈회화적 재현의 본성에 대한 통찰〉

| ❶ 회화적 재현에 대한 고찰의 계기가 된 피카소의 스타인의 초상화 |
|---|
| • 회화적 재현 : 하나의 그림이 어떤 대상의 그림이 되는 것<br>• 스타인과 닮지 않은 〈스타인의 초상화〉 : 피카소는 "앞으로 닮게 될 것"이라고 말함 |

| 회화적 재현의 고찰을 위한 미술사의 흐름 파악 | |
|---|---|
| ❷ 르네상스 시대의 화가들과 인상주의자들 | ❸ 사물의 본질과 실재를 중시한 세잔 |
| • 르네상스 시대의 화가들<br>- 원근법을 사용하여 사실적인 그림을 그림<br>• 인상주의 화가들<br>- 사실성을 의식적으로 추구<br>- 빛이 반사되어 망막에 맺힌 대로 그리는 것을 추구함<br>- 대상이 가진 고유한 색을 부정함 | • 세잔 : 사실성이란 우연적 인상이 아니라 생각함<br>• 사물의 외관보다 본질, 실재를 중시함<br>• 사물의 존재를 더 잘 드러낼 수 있는 모습을 포착하고자 함<br>❹ 대상의 실재를 드러내고자 한 입체주의<br>• 세잔의 생각을 계승함<br>• 대상의 실재 재현을 위해 여러 시점에서 본 대상을 한 화면에 결합하는 방식을 택함 |

| ❺ 스타인의 초상화에 대한 의문점<br>❻ 곰브리치와 굿맨의 이론 |
|---|
| • 회화적 재현에 대한 철학적 논의 필요 : ❻ 곰브리치와 굿맨의 이론<br>→ 사실적 그림이란 한 문화나 개인에게 익숙한 재현 체계를 따른 그림<br>• 지각은 우리가 속한 관습, 문화, 믿음 체계, 배경지식의 영향을 받아 구성됨 |

**023** 추론의 적절성 판단 - 적절한 것 고르기 2011학년도 6월 모평 23번 정답률 85% | 정답 ①

## 스타인의 초상화와 관련된 피카소의 의도를 이해한 것으로 적절한 것은?

근거 ❹-3 스타인의 초상화는 본격적인 입체주의 그림은 아니지만, 세잔에서 입체주의로 이어지는 실재의 재현이라는 관심이 반영된 작품으로 볼 수 있는 것, ❸-2 (세잔은) 그림의 사실성이란 우연적 인상으로서의 사물의 외관보다는 '그 사물임'을 드러낼 수 있는 본질이나 실재에 더 다가감으로써 얻게 되는 것이라고 생각

풀이 스타인을 그린 피카소의 의도에는 세잔이 생각하는 회화적 재현의 방식이 반영되어 있음을 알 수 있다. 그림을 그릴 당시의 스타인의 외양이 아니라 그녀의 본질이나 실재를 재현하고자 한 작품이라고 할 수 있는 것이다.

= 우연적 인상으로서의 외관보다는 '그 사물임'을 드러낼 수 있는 본질이나 실재에 더 다가감
**① 어느 한순간의 스타인의 외양이 아니라 그녀의 본질을 재현하려 했다.**
→ 적절함!

지식을 통해 그림과 실물 사이의 닮음을 발견하는 방식으로 지각을 형성하도록 의도하려
**② 현재의 모습이 아니라 훗날 변하게 될 스타인의 모습을 나타내려 했다.**
근거 ❻-4 '이 그림이 피카소가 그린 스타인의 초상'이라는 우리의 지식이 종국에는 그림과 실물 사이의 닮음을 발견하는 방식으로 우리의 지각을 형성해 냈을 것

**③ 고전적인 미의 기준에 맞추어 스타인을 이상화된 모습으로 나타내려 했다.**

**④ 눈으로 관찰할 수 있는 스타인의 모습을 가감 없이 정확히 *모사하려 했다.**
*摸寫-, 그대로 그리려

**⑤ 정지된 모습이 아니라 역동적으로 움직이는 스타인의 모습을 재현하려 했다.**

**024** 자료 해석의 적절성 판단 - 적절한 것 고르기 2011학년도 6월 모평 24번 정답률 90% | 정답 ③

## 윗글을 바탕으로 〈보기〉를 바르게 이해한 것은?

| 보 기 |

(가) 인상주의 / (나) / (다) 입체주의

모네(1891) 〈늦여름 아침의 낟가리〉 / 세잔(1899) 〈사과와 오렌지〉 / 피카소(1907) 〈아비뇽의 아가씨들〉

© 2024 – Succession Pablo Picasso – SACK (Korea)

(나)는
**① (가)와 (나)는 모두 뚜렷한 윤곽선이 특징인 그림이군.**
근거 ❸-3 세잔이 그린 과일 그릇이나 사과를 보면 대부분의 형태는 실물보다 훨씬 단순하게 그려져 있고, 모네의 그림에서는 볼 수 없었던 부자연스러운 윤곽선이 둘러져 있으며, 원근법조차도 정확하지 않다.
풀이 윤곽선이 뚜렷한 것은 (나)에만 해당된다.
→ 적절하지 않음!

(가)는
**② (나)와 (다)는 모두 대상이 빛에 따라 달라지는 모습을 그린 그림이군.**
근거 ❷-6 햇빛의 조건에 따라 다르게 그려진 모네의 낟가리 연작
풀이 빛을 중시하며 빛에 따라 달라지는 모습을 그린 그림은 (가)이다.
→ 적절하지 않음!

= 원근법조차도 정확하지 않다.
**③ (가)와 달리 (나)는 원근법이 잘 지켜지지 않고 있는 그림이군.**
근거 ❷-2 르네상스 시대의 화가들은 원근법을 사용, ❸-3 세잔이 그린 과일 그릇이나 사과를 보면 대부분의 형태는 실물보다 훨씬 단순하게 그려져 있고, 모네의 그림에서는 볼 수 없었던 부자연스러운 윤곽선이 둘러져 있으며, 원근법조차도 정확하지 않다.
→ 적절함!

(가)는
**④ (가)와 달리 (다)는 사물의 고유색을 인정하지 않고 있는 그림이군.**
근거 ❷-5~6 빛을 받는 대상이면 무엇이든 주제가 될 수 있었고, 대상의 고유한 색 같은

것은 부정되었다. 햇빛의 조건에 따라 다르게 그려진 모네의 낟가리 연작

풀이 사물의 고유색을 인정하지 않은 것은 (가)이다.

→ 적절하지 않음!

**⑤ (가), (나), (다)는 모두 '세상을 향한 창'이 되고자 하는 목표에서 나온 그림이군.** (가)는

근거 ❷-2~3 르네상스 시대의 화가들은 원근법을 사용하여 '세상을 향한 창'과 같은 사실적인 그림을 그렸다. … 인상주의자들이 의식적으로 추구한 것도 이러한 사실성

풀이 '세상을 향한 창'과 같은 사실적 그림을 목표로 한 것은 르네상스 시대의 화가들이며, 사실성을 의식적으로 추구한 인상주의자들 역시 같은 목표를 추구한다고 볼 수 있으므로 (가)만 해당한다.

→ 적절하지 않음!

| 025 | 추론의 적절성 판단 - 적절한 것 고르기 2011학년도 6월 모평 25번<br>정답률 75% | 정답 ③ |
|---|---|---|

### 곰브리치와 굿맨이 인상주의자들에게 할 수 있는 말로 가장 적절한 것은?

근거 ❻-1~2 이들(곰브리치와 굿맨)은 대상을 '있는 그대로' 보는 '순수한 눈' 같은 것은 없으며, 따라서 객관적인 사실성이란 없고, 사실적인 그림이란 결국 한 문화나 개인에게 익숙한 재현 체계를 따른 그림일 뿐이라고 주장한다. 이 이론에 따르면 지각은 우리가 속한 관습과 문화, 믿음 체계, 배경지식의 영향을 받아 구성된다, ❷-3~5 인상주의자들이 의식적으로 추구한 것도 이러한 사실성이었다. 그들(인상주의자들)은 모든 대상을 빛이 반사되는 물체로 간주하고 망막에 맺힌 대로 그리는 것을 회화의 목표로 삼았다. 따라서 빛을 받는 대상이면 무엇이든 주제가 될 수 있었고, 대상의 고유한 색 같은 것은 부정되었다.

풀이 '곰브리치와 굿맨'은 객관적 사실성이란 없고, 사실적 그림이란 결국 한 문화나 개인에게 익숙한 재현 체계를 따른 그림일 뿐이라고 주장한다. 한편 '인상주의자'들은 '세상을 향한 창'과 같은 사실적인 그림을 그리고자 하며, 모든 대상을 망막에 맺힌 대로 그리는 것을 회화의 목표로 삼았다. 그러므로 '곰브리치와 굿맨'은 '인상주의자들'에게 아무리 있는 그대로의 사물을 그리려고 노력해도 객관적 사실성을 얻을 수 없다고 말할 것이다. 따라서 정답은 ③번이다.

**① 망막에 맺힌 상은 오히려 '순수한 눈'을 왜곡할 수 있다.**

**② 객관적인 사실성은 의식적인 노력의 결과라기보다는 우연의 산물이다.**

**③ 망막에 맺힌 상을 그대로 그린다고 하더라도 객관적인 사실성은 얻을 수 없다.**
→ 적절함!

**④ 대상의 숨어 있는 실재를 지각하기 위해서는 눈 이외의 감각 기관이 필요하다.**

**⑤ 인상주의의 재현 체계는 다른 유파의 재현 체계에 비해 사실성을 얻기가 어렵다.**

| 026 | 근거의 적절성 판단 - 적절한 것 고르기 2011학년도 6월 모평 26번<br>정답률 90% | 정답 ⑤ |
|---|---|---|

### ㉠을 뒷받침하는 근거로 적절한 것은?

㉠ 이 이론(곰브리치와 굿맨의 이론) ← 지각은 우리가 속한 관습과 문화, 믿음 체계, 배경지식의 영향을 받아 구성됨

근거 ❻-1~2 이들(곰브리치와 굿맨)은 대상을 '있는 그대로' 보는 '순수한 눈' 같은 것은 없으며, 따라서 객관적인 사실성이란 없고, 사실적인 그림이란 결국 한 문화나 개인에게 익숙한 재현 체계를 따른 그림일 뿐이라고 주장한다. 이 이론에 따르면 지각은 우리가 속한 관습과 문화, 믿음 체계, 배경지식의 영향을 받아 구성된다고 한다.

**① 서양 사람이라도 동양의 수묵화나 사군자화를 감상하는 데 어려움이 없다.**

풀이 서양 사람은 자신이 속하지 않은 동양의 관습과 문화, 믿음 체계, 배경지식의 영향을 받지 않으므로, 동양의 그림을 감상하는 데에 어려움이 따를 것이다.

→ 적절하지 않음!

**② 그림에 재현된 대상이 무엇인지 알아보는 능력은 서로 다른 문화에 속한 사람들 간에도 크게 다르지 않다.**

풀이 문화에 따라 대상을 다르게 파악할 것이다.

→ 적절하지 않음!

**③ 대상의 그림자까지 묘사한 그림이 그렇지 않은 그림보다 공간감과 깊이를 더 사실적으로 나타낼 수 있듯이 재현 체계는 발전할 수 있다.**

풀이 '곰브리치와 굿맨'은 사실적 그림이란 익숙한 그림일 뿐이라고 주장했다.

→ 적절하지 않음!

**④ 그림에서 대상을 알아보는 능력은 선천적이어서 생후 일정 기간 그림을 보지 않고 자란 아이들도 처음 그림을 대하자마자 자신들이 알고 있는 대상을 그림에서 알아본다.**

풀이 '곰브리치와 굿맨'은 지각이 관습과 문화, 믿음 체계 등의 영향을 받아 구성된다고 하였는데, 선천적인 능력을 강조하고 있으므로 적절하지 않다.

→ 적절하지 않음!

**⑤ 나무를 그린 소묘 속의 불분명한 연필 자국은 나무를 보게 될 것이라는 우리의 사전 지식(=배경지식)으로 인해 나무로 보이고, 소 떼 그림에 있는 비슷한 연필 자국은 소로 보인다.**
→ 적절함!

틀리기 쉬운 문제

| 027 | 문맥적 의미 파악 - 적절한 것 고르기 2011학년도 6월 모평 27번<br>정답률 45%, 매력적 오답 ① 15% ④ 20% | 정답 ⑤ |
|---|---|---|

### 문맥상 ⓐ와 바꾸어 쓸 수 있는 것은? 1점

본질이나 실재에 더 다가감으로써 ⓐ 얻게 되는 것

풀이 ⓐ의 '얻다'는 '구하거나 찾아서 가지다'의 의미이다.

**① 습득(習得)하게**

풀이 '습득(習 익히다 습 得 얻다 득)하다'는 '학문이나 기술을 배워서 자기 것으로 하다'의 의미이다.

예문 컴퓨터 사용 방법을 습득하다.

→ 적절하지 않음!

**② 체득(體得)하게**

풀이 '체득(體 몸소 체 得 얻다 득)하다'는 '몸소(직접 몸으로) 체험하여 알다'의 의미이다.

예문 싸우는 것보다 참는 것이 낫다는 것을 경험으로 체득했다.

→ 적절하지 않음!

**③ 취득(取得)하게**

풀이 '취득(取 가지다 취 得 얻다 득)하다'는 '자기 것으로 만들어 가지다'의 의미이다.

예문 그녀는 외국에서 학위를 취득했다.

→ 적절하지 않음!

**④ 터득(攄得)하게**

풀이 '터득(攄 펴다 터 得 얻다 득)하다'는 '깊이 생각하여 이치를 깨달아 알아내다'의 의미이다.

예문 인생이란 살아가면서 스스로 터득하게 되는 것이다.

→ 적절하지 않음!

**⑤ 획득(獲得)하게**

풀이 '획득(獲 얻다 획 得 얻다 득)하다'는 '얻어 내거나 얻어 가지다'의 의미이다.
→ 적절함!

V 예술

# 2. 그 밖의 예술 이야기

**[028~033] 다음 글을 읽고 물음에 답하시오.**

(가)

1 [1]**미학**(美 아름답다 미 學 학문 학)은 예술과 **미적**(美的, 아름다움에 관한) 경험에 관한 개념과 **이론**(理論, 사물이나 현상의 이치를 논리적으로 일반화한 체계)에 대해 **논의하는**(論議–, 서로 의견을 내어 토의하는) **철학**(哲學, 인간과 세계에 대한 원리와 삶의 본질 등을 연구하는 학문)의 한 분야로서, 미학의 문제들 가운데 하나가 바로 예술의 **정의**(定義, 뜻을 명백히 밝혀 규정함)에 대한 문제이다. [2]예술이 자연에 대한 **모방**(模倣, 다른 것을 본뜨거나 본받음)이라는 아리스토텔레스의 말에서 비롯된 모방론은, 대상과 그 대상의 **재현**(再現, 다시 나타냄)이 닮은꼴이어야 한다는 재현의 투명성 이론을 ⓐ **전제한다.**(前提–, 먼저 내세운다.) [3]그러나 예술가의 **독창적인**(獨創的–, 다른 것을 모방하지 않고 새로운 것을 처음 생각해 내는) 감정 표현을 중시하는 한편 외부 세계에 대한 **왜곡된**(歪曲–, 사실과 다르게 해석되거나 잘못된) 표현을 허용하는 낭만주의 **사조**(思潮, 한 시대의 일반적인 사상의 흐름)가 18 세기 말에 등장하면서, 모방론은 많이 **쇠퇴했다.**(衰退–, 세력이 약해져 전보다 못하여 갔다.) [4]이제 모방을 **필수**(必須, 꼭 있어야 하는) 조건으로 삼지 않는 낭만주의 예술가의 작품을 예술로 **인정해**(認定–, 확실히 그렇다고 여겨) 줄 수 있는 새로운 이론이 필요했다.

예술의 정의에 대한 미학 이론① →

→ '예술의 정의'에 대한 모방론의 견해와 새로운 이론의 필요성 대두

2 [1]20 세기 초에 **콜링우드**는 진지한 **관념**(觀念, 견해나 생각)이나 감정과 같은 예술가의 마음을 예술의 조건으로 **규정하는**(規定–, 밝혀 정하는) 표현론을 제시하여 **이**('예술의 정의'에 대한 새로운 이론의 필요성) 문제를 해결하였다. [2]**그**(콜링우드)에 따르면, 진정한 예술 작품은 물리적 소재를 통해 구성될 필요가 없는 정신적 대상이다. [3]또한 **이**(콜링우드가 표현론을 제시한 것)와 비슷한 ⓑ 시기에 외부 세계나 작가의 내면보다 작품 자체의 **고유**(固有, 처음부터 가지고 있는 특별한) 형식을 중시하는 형식론도 발전했다. [4]벨의 형식론은 예술 감각이 있는 **비평가**(批評家, 어떤 대상에 대해 아름다움과 추함, 옳음과 그름, 선함과 악함 등을 논하고 평가하는 것을 직업으로 하는 사람)들만이 **직관적**(直觀的, 판단이나 추리를 거치지 않고 대상을 직접적으로 파악하는 것)으로 **식별할**(識別–, 구별하여 알아볼) 수 있고 정의는 불가능한 어떤 성질을 일컫는 '의미 있는 형식'을 통해 **그**(예술 감각이 있는) 비평가들에게 미적 정서를 **유발하는**(誘發–, 일어나게 하는) 작품을 예술 작품이라고 보았다.

예술의 정의에 대한 미학 이론② →

예술의 정의에 대한 미학 이론③ →

→ 20 세기 초 콜링우드의 표현론과 벨의 형식론

3 [1]20 세기 중반에, 뒤샹이 변기를 가져다 전시한 「샘」이라는 작품은 예술 작품으로 인정되지만 **그것**(뒤샹의 「샘」)과 형식적인 면에서 차이가 없는 일반적인 변기는 예술 작품으로 인정되지 않는 이유를 설명하지 못하게 되자 두 가지 **대응**(對應, 맞추어 태도를 취함) 이론이 나타났다. [2]하나는 우리가 흔히 예술 작품으로 **분류하는**(分類–, 종류에 따라 가르는) 미술, 연극, 문학, 음악 등이 서로 **이질적이어서**(異質的–, 성질이 달라서) **그것들**(예술 작품으로 분류하는 미술, 연극, 문학, 음악 등) 전체를 아울러 예술이라 정의할 수 있는 공통된 요소를 갖지 않는다는 웨이츠의 예술 정의 **불가**(不可, 가능하지 않음)론이다. [3]**그의 이론**(웨이츠의 예술 정의 불가론)은 예술의 정의에 대한 기존의 이론들이 겉보기에는 명제의 형태를 취하고 있으나 사실은 참과 거짓을 **판정할**(判定–, 판단하고 구별하여 결정할) 수 없는 **사이비**(似而非, 겉으로는 비슷하지만 본질은 완전히 다른 가짜) 명제이므로, 예술의 정의에 대한 논의 자체가 불필요하다는 **견해**(見解, 의견, 생각)를 **대변한다.**(代辯–, 대표적으로 나타낸다.)

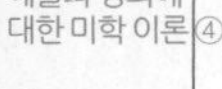

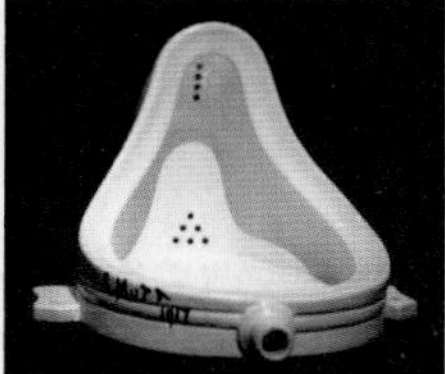

〈참고 사진〉
마르셀 뒤샹(Marcel Duchamp), '샘(Fountain)'(1917),
© Association Marcel Duchamp / ADAGP, Paris – SACK, Seoul, 2024

→ 20 세기 중반 웨이츠의 예술 정의 불가론

4 [1]다른 하나는 **예술계**(藝術界, 예술과 관련된 사람들의 사회)라는 어떤 사회 제도에 속하는 한 사람 또는 여러 사람에 의해 감상의 후보 자격을 **수여받은**(授與–, 받은) **인공물**(人工物, 사람이 만든 물질)을 예술 작품으로 규정하는 **디키**의 제도론이다. [2]하나의 작품이 어떤 **특정한**(特定–, 특별히 정해진) 기준에서 훌륭하므로 예술 작품이라고 부를 수 있다는 **평가적**(評價的, 가치나 수준 등을 평가하는) ⓒ 이론들과 달리, 디키의 견해는 일정한 절차와 **관례**(慣例, 예부터 전해 온 사례나 관습)를 거치기만 하면 모두 예술 작품으로 볼 수 있다는 분류적 이론이다. [3]예술의 정의와 관련된 **이**(모방론, 표현론, 형식론, 예술 정의 불가론, 제도론 등의) 논의들은 예술로 분류할 수 있는 작품들의 공통된 **본질**(本質, 처음부터 가지고 있는 그 자체의 성질이나 모습)을 찾는 시도이자 예술의 **필요충분조건**(必要充分條件, 어떤 명제가 성립하는 데 필요하고 충분한 조건. 두 개의 명제 'A이면 B이다.'와 'B이면 A이다.'가 모두 참일 때, A에 대한 B, B에 대한 A를 이르는 말로 명제 A와 명제 B가 근본적으로 같다는 뜻임)을 찾는 시도이다.

← 예술의 정의에 대한 미학 이론⑤

→ 20 세기 중반 디키의 제도론 및 예술의 정의에 관한 논의들이 지닌 의미

(나)

1 [1]예술 작품을 어떻게 감상하고 비평해야 하는지에 대해 다양한 논의들이 있다. [2]예술 작품의 의미와 **가치**(價値, 지니고 있는 쓸모)에 대한 **해석**(解釋, 내용을 판단하고 이해하는 일)과 판단은 작품을 비평하는 목적과 태도에 따라 달라진다. [3]예술 작품에 대한 주요 비평 방법으로는 맥락주의 비평, 형식주의 비평, 인상주의 비평이 있다.

→ 예술 작품의 감상과 비평에 대한 다양한 논의들

2 [1]㉠ 맥락주의 비평은 주로 예술 작품이 창작된 사회적·역사적 배경에 관심을 갖는다. [2]비평가 **텐**은 예술 작품이 창작된 당시 예술가가 살던 시대의 환경, 정치·경제·문화적 상황, 작품이 사회에 미치는 효과 등을 예술 작품 비평의 중요한 ⓓ 근거로 삼는다. [3]그 이유는 예술 작품이 예술가가 속해 있는 문화의 **상징**(象徵, 추상적인 개념이나 사물을 구체적인 사물로 나타냄)과 믿음을 **구체화하며**(具體化–, 좀 더 구체적인 것으로 나타나게 만들며), 예술가가 속한 사회의 특성들을 **반영한다고**(反映–, 영향을 받아 나타낸다고) 보기 때문이다. [4]또한 맥락주의 비평에서는 작품이 창작된 시대적 상황 외에 작가의 심리적 상태와 **이념**(理念, 이상적으로 여겨지는 생각이나 견해)을 포함하여 가급적 많은 자료를 바탕으로 작품을 **분석하고**(分析–, 복잡한 것을 풀어서 개별적 요소나 성질로 나누고) 해석한다.

← 예술 작품에 대한 비평 방법①

→ 맥락주의 비평

3 [1]그러나 객관적 자료를 중심으로 작품을 비평하려는 맥락주의는 자칫 작품 외적인 요소에 치중하여 작품의 핵심적 본질을 **훼손할**(毁損–, 상하게 하여 망가뜨릴) **우려**(憂慮, 근심과 걱정)가 있다는 비판을 받는다. [2]이러한 맥락주의 비평의 문제점을 극복하기 위한 방법으로는 형식주의 비평과 인상주의 비평이 있다. [3]형식주의 비평은 예술 작품의 외적 **요인**(要因, 조건이 되는 요소) 대신 작품의 형식적 요소와 **그**(작품의 형식적) 요소들 **간**(間, 사이의) **구조적**(構造的, 부분이나 요소가 모여 된 전체와 관계된) **유기성**(有機性, 따로 떼어 낼 수 없을 만큼 서로 매우 가깝게 연관되어 있는 성질)의 분석을 중요하게 생각한다. [4]**프리드**와 같은 형식주의 비평가들은 작품 속에 표현된 사물, 인간, 풍경 같은 내용보다는 선, 색, 형태 등의 **조형**(造形, 여러 가지 재료를 이용하여 구체적인 형태나 형상을 만듦) 요소와 비례, 율동, 강조 등과 같은 조형 원리를 예술 작품의 우수성을 판단하는 기준이라고 주장한다.

← 예술 작품에 대한 비평 방법②

→ 맥락주의 비평에 대한 비판과 형식주의 비평

4 [1]㉡ 인상주의 비평은 모든 분석적 비평에 대해 **회의적인**(懷疑的–, 의심을 품는) ⓔ 시각을 가지고 있어 예술을 어떤 규칙이나 객관적 자료로 판단할 수 없다고 본다. [2]"훌륭한 비평가는 **대작**(大作, 뛰어난 작품)들과 자기 자신의 영혼의 모험들을 관련시킨다."라는 비평가 **프랑스**의 말처럼, 인상주의 비평은 비평가가 다른 **저명한**(著名–, 세상에 이름이 널리 드러나 있는) 비평가의 관점과 상관없이 자신의 생각과 느낌에 대하여 **자율성**(自律性, 자기 스스로의 원칙에 따라 결정하고 행동하는 특성)과 **창의성**(創意性, 새로운 것을 생각해 내는 특성)을 가지고 비평하는 것이다. [3]즉, 인상주의 비평가는 작가의 **의도**(意圖, 무엇을 하고자 하는 생각이나 계획)나 그 밖의 외적인 요인들을 **고려할**(考慮–, 생각하고 헤아려 볼) 필요 없이 비평가의 **자유 의지**(自由意志, 외부의 제한을 받지 않고 스스로 목적한 행동을 자유롭게 할 수 있는 의지)로 무한대의 상상력을 가지고 작품을 해석하고 판단한다.

← 예술 작품에 대한 비평 방법③

→ 인상주의 비평

■지문 이해

(가)

<예술의 정의에 대한 미학 이론>

**❶ '예술의 정의'에 대한 모방론의 견해와 새로운 이론의 필요성 대두**

- 모방론 : 예술이 자연에 대한 모방이라는 아리스토텔레스의 말에서 비롯되었으며, 재현의 투명성 이론을 전제함
  → 모방을 필수 조건으로 삼지 않는 낭만주의 사조의 등장으로 모방론이 쇠퇴하고, 새로운 이론이 필요해짐

**❷ 20 세기 초 콜링우드의 표현론과 벨의 형식론**

- 콜링우드의 표현론
  - 진지한 관념, 감정 등 예술가의 마음을 예술의 조건으로 규정함
  - 진정한 예술 작품은 물리적 소재를 통해 구성될 필요가 없는 정신적 대상이라고 봄
- 벨의 형식론
  - 외부 세계나 작가의 내면보다 작품 자체의 고유 형식을 중시함
  - 예술 작품은 '의미 있는 형식'을 통해 예술 감각이 있는 비평가들에게 미적 정서를 유발하는 작품이라고 봄

**❸ 20 세기 중반 웨이츠의 예술 정의 불가론**

- 20 세기 중반, 뒤샹의 「샘」은 예술 작품으로 인정되지만 일반적인 변기는 예술 작품으로 인정되지 않는 이유를 설명하지 못하게 됨 → 두 가지 대응 이론이 나타남 : 예술 정의 불가론, 제도론
- 웨이츠의 예술 정의 불가론
  - 우리가 예술 작품으로 분류하는 미술, 음악 등은 전체를 아울러 예술이라 정의할 수 있는 공통된 요소를 갖지 않는다고 봄
  - 예술의 정의에 대한 논의 자체가 불필요하다는 견해를 대변함

**❹ 20 세기 중반 디키의 제도론 및 예술의 정의에 관한 논의들이 지닌 의미**

- 디키의 제도론
  - 예술계에 속하는 사람(들)에 의해 감상의 후보 자격이 주어진 인공물을 예술 작품으로 규정함
  - 일정한 절차와 관례를 거치기만 하면 모두 예술 작품으로 볼 수 있다는 분류적 이론
- 예술의 정의에 관한 논의들은 예술로 분류할 수 있는 작품들의 공통된 본질을 찾는 시도이자 예술의 필요충분조건을 찾는 시도임

(나)

<예술 작품에 대한 주요 비평 방법>

**❶ 예술 작품의 감상과 비평에 대한 다양한 논의들**

- 예술 작품의 의미와 가치에 대한 해석과 판단은 작품을 비평하는 목적과 태도에 따라 달라짐

**❷ 맥락주의 비평**

- 예술 작품이 창작된 사회적·역사적 배경에 관심을 가짐
- 텐 : 예술 작품은 예술가가 속한 문화의 상징, 믿음을 구체화하며, 예술가가 속한 사회의 특성을 반영한다고 봄 → 작품 창작 당시의 환경, 상황, 작품이 사회에 미치는 효과 등을 예술 작품 비평의 중요한 근거로 삼음
- 가급적 많은 자료를 바탕으로 작품을 분석하고 해석함

**❸ 맥락주의 비평에 대한 비판과 형식주의 비평**

- 맥락주의 비평은 작품 외적 요소에 치중하여 작품의 핵심적 본질을 훼손할 우려가 있다는 비판을 받음 → 맥락주의 비평의 문제점을 극복하기 위한 방법 : 형식주의 비평과 인상주의 비평
- 형식주의 비평
  - 예술 작품의 형식적 요소와 요소들 간 구조적 유기성의 분석을 중요하게 생각함
  - 프리드 등 형식주의 비평가들은 작품 속에 표현된 '내용'보다 '조형 요소'와 '조형 원리'를 우수성의 판단 기준이라고 주장함

**❹ 인상주의 비평**

- 모든 분석적 비평에 회의적 시각을 가지고, 예술을 규칙이나 객관적 자료로 판단할 수 없다고 봄
- 비평가가 자신의 생각, 느낌을 자율적이고 창의적으로 비평
- 인상주의 비평가는 작가의 의도, 외적 요인을 고려하지 않고 비평가 자유 의지로 상상력을 가지고 작품을 해석, 판단함

1등급 문제

**028** | 글의 서술 방식 파악 - 적절한 것 고르기 2021학년도 9월 모평 20번 | 정답률 60%, 매력적 오답 ③ 15% ⑤ 20% | 정답 ④

### (가)와 (나)의 공통적인 내용 전개 방식으로 가장 적절한 것은?

**근거** **(가)** : (가)-❶-1~4 미학의 문제들 가운데 하나가 바로 예술의 정의에 대한 문제이다. 예술이 자연에 대한 모방이라는 아리스토텔레스의 말에서 비롯된 모방론은 … 그러나 … 낭만주의 사조가 18 세기 말에 등장하면서, … 새로운 이론이 필요했다, (가)-❷-1 콜링우드는 … 표현론을 제시하여 이 문제를 해결하였다, (가)-❷-3~4 형식론도 발전했다. 벨의 형식론은 … , (가)-❸-1~2 뒤샹이 변기를 가져다 전시한 「샘」이라는 작품 … 이유를 설명하지 못하게 되자 두 가지 대응 이론이 나타났다. 하나는 … 웨이츠의 예술 정의 불가론, (가)-❹-1 다른 하나는 … 디키의 제도론
**(나)** : (나)-❶-3 예술 작품에 대한 주요 비평 방법으로는 맥락주의 비평, 형식주의 비평, 인상주의 비평이 있다, (나)-❷-1 맥락주의 비평은 … , (나)-❸-1~3 그러나 … 맥락주의는 … 비판을 받는다. 이러한 맥락주의 비평의 문제점을 극복하기 위한 방법으로는 형식주의 비평과 인상주의 비평이 있다. 형식주의 비평은 … , (나)-❹-1 인상주의 비평은

**풀이** (가)에서는 '예술의 정의에 대한 문제'를 화제로, 이에 대한 모방론의 관점을 설명하고 낭만주의 사조의 등장으로 인해 새로운 이론이 필요하다는 문제점을 제시한 뒤, 이 문제를 해결하는 미학 이론으로 콜링우드의 표현론과 벨의 형식론을 소개하고 있다. 이어서 뒤샹의 작품 「샘」은 예술 작품으로 인정되지만 일반적 변기는 예술 작품으로 인정되지 않는 이유를 설명하지 못하는 문제점을 제시하고, 이에 대응하는 웨이츠의 예술 정의 불가론과 디키의 제도론을 소개하였다. (나)에서는 '예술 작품에 대한 비평 방법'을 화제로 하여 먼저 맥락주의 비평을 소개한 뒤, 맥락주의 비평이 작품 외적인 요소에 치중하여 작품의 핵심적 본질을 훼손할 우려가 있다는 비판을 받는다는 문제점을 제시하고 있다. 이어서 이러한 맥락주의 비평의 문제점을 극복하기 위한 방법으로 형식주의 비평과 인상주의 비평이 있다고 소개하고, 이들 각각의 비평 방법을 설명하고 있다. 즉 (가)와 (나)는 공통적으로 화제와 관련된 관점의 문제점을 제시하고, 그 문제를 해결할 수 있는 대안적 관점들을 소개하고 있다. 따라서 정답은 ④번이다.

① *대립되는 관점들이 **수렴되어 가는 역사적 과정을 밝히고 있다. *對立-, 서로 반대되는 **收斂-, 여럿으로 나뉘어 있는 것이 하나로 모여 정리되어

② *화제에 대한 이론들을 평가하여 종합적 결론을 **도출하고 있다. *話題, 이야기할 만한 재료 **導出-, 이끌어내고

③ 화제가 사회에 미치는 영향들을 분석하여 서로 간의 차이를 밝히고 있다.

④ 화제와 관련된 관점의 문제점을 제시하고 *대안적 관점을 소개하고 있다. *代案的, 대신하거나 바꾸는

→ 적절함!

⑤ 화제와 관련된 하나의 *사례를 중심으로 다양한 이론을 **시대순으로 ***나열하고 있다. *事例, 이전에 실제로 일어난 예 **時代順-, 시대가 앞서는 것부터 나중 것까지 차례로 ***羅列-, 죽 벌여 놓고

**풀이** (가)에서 뒤샹의 「샘」이라는 작품을 예로 들고 있지만 이는 ❸문단 일부에 해당하는 내용이지 글 전체 내용을 하나의 사례를 중심으로 서술하고 있지는 않다. 또한 (나)에서는 예술 작품에 대한 주요 비평 방법을 나열하고 있지만, 하나의 사례를 중심으로 하거나 시대순으로 나열하지 않았다. 따라서 (가)와 (나)의 공통적인 내용 전개 방식으로 적절하지 않다.

**029** | 세부 정보 이해 - 적절한 것 고르기 2021학년도 9월 모평 21번 | 정답률 80% | 정답 ①

### (가)의 형식론에 대한 이해로 가장 적절한 것은?

'의미 있는 형식'

① 미적 정서를 유발할 수 있는 어떤 성질을 근거로 *예술 작품의 여부를 판단한다. *예술 작품이라고 볼 수 있는지 없는지

**근거** (가)-❷-4 벨의 형식론은 예술 감각이 있는 비평가들만이 직관적으로 식별할 수 있고 정의는 불가능한 어떤 성질을 일컫는 '의미 있는 형식'을 통해 그 비평가들에게 미적 정서를 유발하는 작품을 예술 작품이라고 보았다.

**풀이** 형식론에서는 미적 정서를 유발할 수 있는 '의미 있는 형식'을 근거로 예술 작품의 여부를 판단한다.

→ 적절함!

예술 감각이 있는 비평가들만이

② 모든 관람객이 직관적으로 식별할 수 있는 형식을 통해 예술 작품의 여부를 판단한다.

근거 (가)-❷-4 예술 감각이 있는 비평가들만이 직관적으로 식별할 수 있고

풀이 형식론에서는 모든 관람객이 아니라, 예술 감각이 있는 비평가들만이 식별할 수 있는 형식을 통해 예술 작품 여부를 판단한다.

→ 적절하지 않음!

콜링우드의 표현론

**③ 감정을 표현하는 모든 작품은 그 작품이 정신적 대상이더라도 예술 작품이라고 주장한다.**

근거 (가)-❷-2 그(콜링우드)에 따르면, 진정한 예술 작품은 물리적 소재를 통해 구성될 필요가 없는 정신적 대상이다.

풀이 벨의 형식론이 아니라, 콜링우드의 표현론에 해당하는 설명이다.

→ 적절하지 않음!

**④ 외부 세계의 형식적 요소를 작가 내면의 관념으로 표현하는 것을 예술의 조건이라고 주장한다.**

근거 (가)-❷-3 외부 세계나 작가의 내면보다 작품 자체의 고유 형식을 중시하는 형식론

풀이 형식론에서는 외부 세계나 작가의 내면보다 작품 자체의 고유 형식을 중시한다.

→ 적절하지 않음!

디키의 제도론

**⑤ 특정한 사회 제도에 속하는 모든 예술가와 비평가가 자격을 부여한 작품을 예술 작품으로 판단한다.**

근거 (가)-❹-1 예술계라는 어떤 사회 제도에 속하는 한 사람 또는 여러 사람에 의해 감상의 후보 자격을 수여받은 인공물을 예술 작품으로 규정하는 디키의 제도론

풀이 벨의 형식론이 아니라, 디키의 제도론과 관련된 설명이다.

→ 적절하지 않음!

1등급 문제

| 030 | 세부 정보 이해 - 적절하지 않은 것 고르기 2021학년도 9월 모평 22번<br>정답률 55%, 매력적 오답 ④ 20% ⑤ 15% | 정답 ① |
|---|---|---|

## (가)에 등장하는 이론가와 예술가들이 상대의 견해나 작품을 평가할 수 있는 말로 적절하지 않은 것은?

= '모방'이 아니라

**① 모방론자가 뒤샹에게 : 당신의 작품 「샘」은 변기를 닮은 것이 아니라 변기 그 자체라는 점에서 예술 작품이 되기 위한 필요충분조건을 갖추고 있습니다.**

근거 (가)-❶-2 예술이 자연에 대한 모방이라는 아리스토텔레스의 말에서 비롯된 모방론은, 대상과 그 대상의 재현이 닮은꼴이어야 한다는 재현의 투명성 이론을 전제한다, (가)-❸-1 뒤샹이 변기를 가져다 전시한 「샘」이라는 작품

풀이 모방론은 예술이 자연에 대한 '모방'이라는 아리스토텔레스의 말에서 비롯되었으며, 대상과 대상의 재현이 닮은꼴이어야 한다고 보았다. 뒤샹의 작품에 대해 당신의 작품은 '변기를 닮은 것이 아니라' 변기 그 자체라고 평가하는 것은 뒤샹의 작품이 '모방이 아니라고' 말하는 것과 같다. 따라서 예술을 '모방'으로 보는 모방론의 입장에서 평가하는 말로 적절하지 않다.

→ 적절하지 않음!

모방론자의 견해 / 낭만주의 예술가의 견해

**② 낭만주의 예술가가 모방론자에게 : 대상을 재현하기만 하면 예술가의 감정을 표현하지 않은 작품도 예술 작품으로 인정하는 당신의 견해는 받아들일 수 없습니다.**

근거 (가)-❶-2~3 예술이 자연에 대한 모방이라는 아리스토텔레스의 말에서 비롯된 모방론은, 대상과 그 대상의 재현이 닮은꼴이어야 한다는 재현의 투명성 이론을 전제한다. 그러나 예술가의 독창적인 감정 표현을 중시하는 한편 외부 세계에 대한 왜곡된 표현을 허용하는 낭만주의 사조

풀이 낭만주의 사조는 예술가의 독창적인 감정 표현을 중시한다. 따라서 낭만주의 예술가는, 예술은 자연에 대한 모방이며, 대상과 대상의 재현이 닮은꼴이어야 한다고 보는 모방론자에게 대상을 재현하기만 하면 예술가의 감정을 표현하지 않은 작품도 예술 작품으로 인정하는 견해를 받아들일 수 없다고 평가할 것이다.

→ 적절함!

표현론자의 견해

**③ 표현론자가 낭만주의 예술가에게 : 당신의 작품은 예술가의 마음을 표현했으니 대상을 있는 그대로 표현하지 않았더라도 예술 작품입니다.**

낭만주의 예술가의 작품

근거 (가)-❷-1 진지한 관념이나 감정과 같은 예술가의 마음을 예술의 조건으로 규정하는 표현론, (가)-❶-3 예술가의 독창적인 감정 표현을 중시하는 한편 외부 세계에 대한 왜곡된 표현을 허용하는 낭만주의 사조

풀이 표현론자들은 예술가의 마음을 예술의 조건으로 규정한다. 따라서 표현론자들은 예술가의 독창적 감정 표현을 중시하고 대상을 있는 그대로 표현하지 않는 낭만주의 예술가의 작품에 대해 예술가의 마음을 표현했으니 대상을 있는 그대로 표현하지 않았더라도 예술 작품이라고 평가할 것이다.

→ 적절함!

제도론자의 견해

**④ 뒤샹이 제도론자에게 : 예술계에서 일정한 절차와 관례를 거치면 예술 작품이라는 당신의 주장은 저의 작품 「샘」 외에 다른 변기들도 예술 작품이 될 수 있음을 인정하는 것입니다.**

근거 (가)-❹-2 디키의 견해는 일정한 절차와 관례를 거치기만 하면 모두 예술 작품으로 볼 수 있다는 분류적 이론, (가)-❸-1 뒤샹이 변기를 가져다 전시한 「샘」이라는 작품은 예술 작품으로 인정되지만 그것과 형식적인 면에서 차이가 없는 일반적인 변기는 예술 작품으로 인정되지 않는 이유를 설명하지 못하게 되자

풀이 제도론자들은 일정한 절차와 관례를 거치기만 하면 모두 예술 작품으로 볼 수 있다고 주장하였다. 이러한 제도론자의 견해에 대해 뒤샹은, 일정한 절차와 관례를 거치기만 하면 모두 예술 작품으로 볼 수 있다면, 일반적인 변기들도 일정한 절차와 관례만 거치면 모두 예술 작품이 될 수 있을 것이라고 평가할 것이다.

→ 적절함!

표현론자의 견해

**⑤ 예술 정의 불가론자가 표현론자에게 : 당신이 예술가의 관념을 예술 작품의 조건으로 규정할 때 사용하는 명제는 참과 거짓을 판단할 수 없기 때문에 받아들일 수 없습니다.**

예술 정의 불가론자의 견해

근거 (가)-❷-1~2 콜링우드는 진지한 관념이나 감정과 같은 예술가의 마음을 예술의 조건으로 규정하는 표현론을 제시하여 이 문제를 해결하였다. 그에 따르면, 진정한 예술 작품은 물리적 소재를 통해 구성될 필요가 없는 정신적 대상이다, (가)-❸-3 그의 이론(웨이츠의 예술 정의 불가론)은 예술의 정의에 대한 기존의 이론들이 겉보기에는 명제의 형태를 취하고 있으나 사실은 참과 거짓을 판정할 수 없는 사이비 명제이므로, 예술의 정의에 대한 논의 자체가 불필요하다는 견해를 대변한다.

풀이 예술 정의 불가론은 예술의 정의에 대한 기존 이론들의 명제들이 사실은 참과 거짓을 판정할 수 없는 것이라고 보았다. 따라서 예술 정의 불가론자의 입장에서는 표현론이 예술가의 관념이나 감정을 예술의 조건으로 규정하면서 제시한 '진정한 예술 작품은 물리적 소재를 통해 구성될 필요가 없는 정신적 대상이다.'라는 명제에 대해 참과 거짓을 판정할 수 없는 것이라고 평가할 것이다.

→ 적절함!

| 031 | 구체적인 사례에 적용 - 적절하지 않은 것 고르기 2021학년도 9월 모평 23번<br>정답률 70%, 매력적 오답 ③ 15% | 정답 ② |
|---|---|---|

## 다음은 비평문을 쓰기 위해 미술 전람회에 다녀온 학생이 (가)와 (나)를 읽은 후 작성한 메모의 일부이다. 메모의 내용이 적절하지 않은 것은? [3점]

■ 작품 정보 요약

- 작품 제목 : 「그리움」
- 팸플릿(pamphlet, 간단한 설명을 위해 만든 작은 책자)의 설명
  - 화가 A가, 화가였던 자기 아버지가 생전(生前, 살아 있는 동안)에 신던 낡고 색이 바랜 신발을 보고 그린 작품임.
  - 화가 A의 예술가 정신은 궁핍하게(窮乏-, 몹시 가난하게) 살면서도 예술혼(藝術魂, 예술을 소중히 여기는 예술가의 정신)을 잃지 않고 작품 활동을 했던 아버지의 삶에서 영향을 받았음.
- 작품 전체에 따뜻한 계열(系列, 서로 유사한 점이 있어 한 갈래로 이어지는 계통)의 색이 주로 사용됨.

■ 비평문 작성을 위한 착안점(着眼點, 문제 해결의 실마리가 되는 점)

예술가의 감정

**○ 콜링우드의 관점을 적용하면, 화가 A가 낡은 신발을 그린 것에서 아버지에 대한 그리움을 갖고 있었으리라는 점을 제시할 수 있겠군. ················ ①**

근거 (가)-❷-1 콜링우드는 진지한 관념이나 감정과 같은 예술가의 마음을 예술의 조건으로 규정하는 표현론을 제시

풀이 콜링우드는 예술가의 감정을 예술의 조건으로 규정하는 표현론을 제시하였다. 따라서 콜링우드의 관점을 적용하면, 낡은 신발을 그린 「그리움」이라는 작품에서 화가 A가 아버지에 대한 그리움의 감정을 가지고 있었으리라는 점을 제시하면서 작품에 대해 비평할 수 있을 것이다.

→ 적절함!

**○ 디키의 관점을 적용하면, 평범한 신발이 특별한 이유는 신발의 원래 주인이 화가였다는 사실에 있음을 언급하여 이 그림을 예술 작품으로 평가할 수 있겠군. ················ ②**

근거 (가)-❹-1~2 예술계라는 어떤 사회 제도에 속하는 한 사람 또는 여러 사람에 의해 감상의 후보 자격을 수여받은 인공물을 예술 작품으로 규정하는 디키의 제도론 … 디키의 견해는 일정한 절차와 관례를 거치기만 하면 모두 예술 작품으로 볼 수 있다는 분류적 이론

풀이 디키는 예술계에 속하는 사람(들)에 의해 감상의 후보 자격을 수여받은 인공물을 예술 작품으로 규정하는 제도론을 주장하였다. 디키의 제도론에 따르면 일정한 절차와 관례를 거치기만 하면 모두 예술 작품으로 볼 수 있다. 따라서 디키의 관점에서 이 그림을 예술 작품으로 평가하기 위해서는, 「그리움」이라는 작품(인공물)이 어떤 사람(들)에 의해 감상의 후보 자격을 수여받았는지, 즉 이 작품이 어떤 절차와 관례를 거쳤는지를 언급하여야 한다. '평범한 신발이 특별한 이유'를 분석하는 것은 「그리움」이라는 작품이 감상의 후보 자격을 수여받았다거나 절차와 관례를 거쳤다는 것과는 관련이 없으므로, 디키의 관점을 적용한 내용으로 적절하지 않다.

→ 적절하지 않음!

작품이 상징을 구체화함

○ **텐의 관점을 적용하면, 이 작품에서 아버지의 낡은 신발은 화가 A가 *추구하는 예술가 정신의 상징임을 팸플릿 정보를 근거로 해석할 수 있겠군.** *追求–. 목적을 이룰 때까지 좇아 구하는 ······ ③

근거 (나)-❷-2~4 비평가 텐은 예술 작품이 창작된 당시 예술가가 살던 시대의 환경, 정치·경제·문화적 상황, … 등을 예술 작품 비평의 중요한 근거로 삼는다. 그 이유는 예술 작품이 예술가가 속해 있는 문화의 상징과 믿음을 구체화하며, 예술가가 속한 사회의 특성들을 반영한다고 보기 때문이다. 또한 맥락주의 비평에서는 작품이 창작된 시대적 상황 외에 작가의 심리적 상태와 이념을 포함하여 가급적 많은 자료를 바탕으로 작품을 분석하고 해석한다.

풀이 텐은 예술 작품이 예술가가 속한 문화의 상징을 구체화한다고 보고, 작품이 창작된 당시 예술가의 환경, 상황 등을 비평의 중요한 근거로 삼았다. 또한 맥락주의 비평에서는 작품이 창작된 시대적 상황, 작가의 심리적 상태, 이념 등 많은 자료를 바탕으로 작품을 분석하고 해석한다. 이러한 맥락주의 비평과 텐의 관점에 따르면, 학생은 팸플릿 자료를 통해 「그리움」이라는 작품은 화가 A가 화가였던 아버지의 낡은 신발을 보고 그린 작품이며, 화가 A의 예술가 정신이 궁핍하게 살면서도 예술혼을 잃지 않았던 아버지의 삶에서 영향을 받았다는 정보를 얻을 수 있고, 이를 근거로 화가 A가 작품에서 그린 아버지의 낡은 신발은 화가 A가 추구하는 예술가 정신의 상징이라고 해석할 수 있을 것이다.

→ 적절함!

조형 요소와 요소들 간 구조적 유기성

○ **프리드의 관점을 적용하면, 따뜻한 계열의 색들을 유기적으로 구성한 점에서 이 그림이 우수한 작품임을 언급할 수 있겠군.** ······ ④

근거 (나)-❸-3~4 형식주의 비평은 예술 작품의 외적 요인 대신 작품의 형식적 요소와 그 요소들 간 구조적 유기성의 분석을 중요하게 생각한다. 프리드와 같은 형식주의 비평가들은 … 선, 색, 형태 등의 조형 요소와 비례, 율동, 강조 등과 같은 조형 원리를 예술 작품의 우수성을 판단하는 기준이라고 주장

풀이 프리드와 같은 형식주의 비평가들은 선, 색, 형태와 같은 조형 요소를 예술 작품의 우수성을 판단하는 기준으로 보았다. 따라서 프리드의 관점을 적용하면, 따뜻한 계열의 색들을 유기적으로 구성한 점에서 이 그림이 우수한 작품이라고 판단할 수 있을 것이다.

→ 적절함!

○ **프랑스의 관점을 적용하면, 그림 속의 낡고 색이 바랜 신발을 보고, 지친 나의 삶에서 편안함과 여유를 느꼈음을 서술할 수 있겠군.** ······ ⑤

자신의 생각과 느낌

근거 (나)-❹-2 "훌륭한 비평가는 대작들과 자기 자신의 영혼의 모험들을 관련시킨다."라는 비평가 프랑스의 말처럼, 인상주의 비평은 비평가가 다른 저명한 비평가의 관점과 상관없이 자신의 생각과 느낌에 대하여 자율성과 창의성을 가지고 비평하는 것

풀이 프랑스는, 훌륭한 비평가는 대작들과 자기 자신의 영혼의 모험들을 관련시킨다고 말하였다. 이는 비평가가 작품에 대한 자신의 생각과 느낌을 토대로 작품을 비평하여야 한다는 뜻으로 해석할 수 있다. 따라서 프랑스의 관점을 적용하면, 작품의 낡고 색이 바랜 신발을 보면서 학생이 '나의 삶에서 편안함과 여유를 느꼈음'을 서술할 수 있을 것이다.

→ 적절함!

**032** 구체적인 사례에 적용 - 적절하지 않은 것 고르기 2021학년도 9월 모평 24번 정답률 80%, 매력적 오답 ④ 10% | 정답 ③

**피카소의 「게르니카」에 대해 <보기>의 A는 ㉠의 관점, B는 ㉡의 관점에서 비평한 내용이다. (나)를 바탕으로 A, B를 이해한 내용으로 적절하지 않은 것은?**

㉠ 맥락주의 비평 ㉡ 인상주의 비평

| 보기 |

피카소, 「게르니카」



A : 1937년 히틀러가 바스크 산악 마을인 '게르니카'에 30여 톤의 폭탄을 퍼부어 수많은 인명(人命, 사람의 목숨)을 살상한(殺傷–, 사람을 죽이거나 상처를 입힌) 비극적 사건의 참상(慘狀, 비참하고 끔찍한 상황)을, 울부짖는 말과 부러진 칼 등의 상징적 이미지를 사용하여 전 세계에 고발한 기념비적인(紀念碑的–, 오래도록 잊지 않을 만한 가치가 있는) 작품이다.

B : 뿔 달린 동물은 슬퍼 보이고, 아이는 양팔을 뻗어 고통을 호소하고(呼訴–, 남에게 강한 표현으로 하소연하고) 있다. 우울한 색과 기괴한(奇怪–, 괴상하고 이상한) 형태들이 나를 그 속으로 끌어들이는 듯하다. 그러나 빛이 보인다. 고통과 좌절감이 느껴지지만 희망을 갈구하는(渴求–, 간절히 바라며 구하는) 훌륭한 작품이다.

▶ 지문 핵심 개념 정리

| 맥락주의 비평(㉠) | 인상주의 비평(㉡) |
|---|---|
| • 예술 작품이 창작된 사회적·역사적 배경에 관심을 가짐((나)–❷–1)<br>• 작품이 창작된 당시 예술가가 살던 시대의 환경, 정치·경제·문화적 상황, 작품이 사회에 미치는 효과 등을 예술 작품 비평의 중요한 근거로 삼음((나)–❷–2)<br>• 작품이 창작된 시대적 상황, 작가의 심리적 상태와 이념 등 가급적 많은 자료를 바탕으로 작품을 분석하고 해석함((나)–❷–4) | • 모든 분석적 비평에 회의적 시각을 가지고, 예술을 어떤 규칙이나 객관적 자료로 판단할 수 없다고 봄((나)–❹–1)<br>• 비평가가 자신의 생각과 느낌에 대하여 자율성과 창의성을 가지고 비평하는 것((나)–❹–2)<br>• 비평가는 작가의 의도나 외적인 요인들을 고려할 필요 없이 자유 의지로 상상력을 가지고 작품을 해석하고 판단함((나)–❹–3) |

① **A에서 '1937년'에 '게르니카'에서 발생한 사건을 언급한 것은 역사적 정보를 바탕으로 작품을 해석하기 위한 것이겠군.**

풀이 맥락주의 비평은 작품이 창작된 사회적·역사적 배경 등의 자료를 바탕으로 작품을 분석하고 해석한다고 하였다. 따라서 A에서 '1937년'에 '게르니카'에서 발생한 사건을 언급한 것은 역사적 정보를 바탕으로 작품을 해석하기 위한 것이라고 볼 수 있다.

→ 적절함!

② **A에서 비극적 참상을 '전 세계에 고발'하였다고 서술한 것은 작품이 사회에 미치는 효과를 드러내고자 한 것이겠군.**

풀이 맥락주의 비평은 예술 작품이 사회에 미치는 효과를 예술 작품 비평의 중요한 근거로 삼는다고 하였다. 따라서 A에서 비극적 참상을 '전 세계에 고발'하였다고 서술한 것은 작품이 사회에 미치는 효과를 드러내고자 한 것이라고 볼 수 있다.

→ 적절함!

비평가 자신의 생각과 느낌을

③ **B에서 '슬퍼 보이고'와 '고통을 호소하고'라고 서술한 것은 작가의 심리적 상태를 표현하려는 것이겠군.**

풀이 인상주의 비평은 작가의 의도나 그 밖의 외적인 요인을 고려할 필요 없이 비평가 자신의 생각과 느낌에 대해 자율성과 창의성을 가지고 비평한다고 하였다. 따라서 B에서 '슬퍼 보이고'와 '고통을 호소하고'라고 서술한 것은 작가의 심리적 상태를 표현하려는 것이 아니라, 비평가의 생각과 느낌을 자율적이고 창의적으로 표현한 것으로 볼 수 있다.

→ 적절하지 않음!

④ **B에서 '우울한 색과 기괴한 형태'를 언급한 것은 비평가의 주관적 인상을 반영하기 위**

한 것이겠군.

풀이 인상주의 비평은 비평가가 자신의 생각과 느낌에 대해 자율성과 창의성을 가지고 비평하는 것이라고 하였다. 따라서 B에서 '우울한 색', '기괴한 형태'와 같이 언급한 것은 비평가 자신의 주관적 생각과 느낌을 반영하여 비평한 것으로 볼 수 있다.

→ 적절함!

**⑤ B에서 '희망을 갈구하는'이라고 서술한 것은 비평가의 자유로운 상상력이 반영된 것이겠군.**

풀이 인상주의 비평가는 자신의 자유 의지로 무한대의 상상력을 가지고 작품을 해석하고 판단한다고 하였다. 따라서 B에서 비평가가 '희망을 갈구하는' 작품이라고 표현한 것은 비평가의 자유로운 상상력을 통해 작품을 해석한 것으로 볼 수 있다.

→ 적절함!

tip • 피카소의 「게르니카」 관련 EBS 영상 - 인권화가 피카소

– https://www.youtube.com/watch?v=gKMyrh8Qbr4 (유튜브 홈페이지에 '인권화가 피카소' 검색!)

**033** 문맥적 의미 파악 - 적절한 것 고르기 2021학년도 9월 모평 25번 정답률 90% 정답 ③

**문맥을 고려할 때, 밑줄 친 말이 ⓐ~ⓔ의 *동음이의어인 것은?** *同音異義語, 소리는 같지만 뜻이 서로 다른 단어

ⓐ 전제 ⓑ 시기 ⓒ 이론 ⓓ 근거 ⓔ 시각

**① ⓐ : 모든 인간은 평등하다고 전제(前提)해야 한다.**

풀이 ⓐ와 '모든 인간은 평등하다고 전제해야 한다.'에서 쓰인 '전제(前 먼저 전 提 제시하다 제)'는 모두 '어떠한 사물이나 현상을 이루기 위하여 먼저 내세우는 것'이라는 뜻을 가진 말이다.

예문 이것은 당신이 약속을 지키는 것을 전제로 해야 가능한 일입니다.

→ 적절하지 않음!

**② ⓑ : 가을은 오곡백과가 무르익는 시기(時期)이다.**

풀이 ⓑ와 '가을은 오곡백과가 무르익는 시기이다.'에서 쓰인 '시기(時 때 시 期 기약하다 기)'는 모두 '어떤 일이나 현상이 진행되는 시점'이라는 뜻을 가진 말이다.

예문 그때 그는 가장 고통스러운 시기를 보내고 있었다.

→ 적절하지 않음!

**③ ⓒ : 이 문제에 대해서는 이론(異論)의 여지가 없다.**

풀이 ⓒ에서 쓰인 '이론(理 이치 이 論 논의하다 론)'은 '사물의 이치나 지식 따위를 해명하기 위하여 논리적으로 정연하게 일반화한 명제의 체계'라는 뜻을 가진 말이다. 한편 '이 문제에 대해서는 이론의 여지가 없다.'에서 쓰인 '이론(異 다르다 이 論 논의하다 론)'은 '다른 이론(理論)이나 의견'이라는 뜻을 가진 말이다. 따라서 ⓒ에서 쓰인 '이론(理論)'과 예문에서 쓰인 '이론(異論)'은 소리는 같지만 뜻이 서로 다른 동음이의어이다.

예문 그는 대학을 졸업하고 최신 경제 이론(理論)을 공부하러 미국으로 유학을 갔다.
생명과 자유와 행복의 추구를 인간의 기본적 권리로 내세운 것에는 이론(異論)이 없을 것이다.

→ 적절함!

**④ ⓓ : 이 소설은 사실을 근거(根據)로 하여 쓰였다.**

풀이 ⓓ와 '이 소설은 사실을 근거로 하여 쓰였다.'에서 쓰인 '근거(根 근본 근 據 근거 거)'는 모두 '어떤 일이나 의논, 의견에 그 근본이 됨. 또는 그런 까닭'이라는 뜻을 가진 말이다.

예문 무슨 근거로 그렇게 주장하는 겁니까?

→ 적절하지 않음!

**⑤ ⓔ : 청소년의 시각(視角)으로 이 문제를 살펴보자.**

풀이 ⓔ와 '청소년의 시각으로 이 문제를 살펴보자.'에서 쓰인 '시각(視 보다 시 角 각도 각)'은 모두 '사물을 관찰하고 파악하는 기본적인 자세'라는 뜻을 가진 말이다.

예문 다른 의견에 대해 편협한 시각을 벗고 폭넓은 관점을 갖는 것이 필요하다.

→ 적절하지 않음!

**[034~037] 다음 글을 읽고 물음에 답하시오.**

1 [1]근대 초기의 합리론은 이성(理性, 개념적으로 생각하는 능력)에 의한 확실한 지식만을 중시하여(重視-, 중요하게 여겨) 미적 감수성(美的感受性, 아름다움을 느끼는 성질)의 문제를 거의 논외(論外, 논의 밖, 논의에서 제외)로 하였다. [2]미적 감수성은 이성과는 달리 어떤 원리도 없는 자의적인(恣意的-, 제멋대로인) 것이어서 '세계의 신비'를 푸는 데 거의 기여하지(寄與-, 도움을 주지) 못한다고 ㉠ 여겼기 때문이다. [3]이러한 근대 초기의 합리론에 맞서 칸트는 미적 감수성을 '미감적 판단력(미적인 감각을 바탕으로 한 판단 능력)'이라 부르면서, 이 또한 어떤 원리에 의거하며(依據-, 근거하며) 결코 이성에 못지않은 위상(位相, 위치)과 가치를 지닌다는 주장을 ㉡ 펼친다. [4]이러한 작업에서 핵심 역할을 하는 것이 그의 취미 판단 이론이다.

→ 취미 판단 이론의 등장

2 [A] [1]취미 판단이란, 대상의 미·추(美·醜, 아름다움·추함)를 판정하는, 미감적 판단력의 행위이다. [2]모든 판단은 'S는 P이다.'라는 명제 형식으로 환원되는데(還元-, 바꿀 수 있는데), 그 가운데 이성이 개념을 통해 지식이나 도덕 준칙(準則, 기준이 되는 규칙)을 구성하는 '규정적 판단'에서는 술어 P가 보편적 개념(모든 것에 공통적으로 널리 미치는 개념)에 따라 객관적 성질(개인의 관점, 주관을 벗어나 누가 보아도 그러한 성질)로서 주어 S에 부여된다(附與-, 주어진다). [3]이와 유사하게 취미 판단에서도 P, 즉 '미' 또는 '추'가 마치 객관적 성질인 것처럼 S에 부여된다. [4]하지만 실제로 취미 판단에서의 P는 오로지 판단 주체의 쾌(快, 쾌감, 상쾌하고 즐거운 느낌) 또는 불쾌(不快, 못마땅하여 즐겁지 않은 기분)라는 '주관적 감정(개인의 관점, 주관에 의한 느낌, 기분)에 의거한다. [5]또한 규정적 판단은 명제의 객관적이고 보편적인 타당성을 지향하므로(누가 보아도 공통적으로 마땅한 성질을 향해 가므로) 하나의 개별 대상뿐 아니라 여러 대상이나 모든 대상을 묶은 하나의 단위에 대해서도 이루어진다. [6]이와 달리, 취미 판단은 오로지 하나의 개별 대상에 대해서만 이루어진다. [7]즉 복수(複數, 둘 이상)의 대상을 한 부류로 묶어 말하는 것은 이미 개념적 일반화(개별 대상들을 묶어 하나의 개념으로 만듦)가 되기 때문에 취미 판단이 될 수 없는 것이다. [8]한편 취미 판단은 오로지 대상의 형식적 국면(외부로 보이는 측면)을 관조하여(觀照-, 고요히 살펴) 그것이 일으키는 감정에 따라 미·추를 판정하는 것 이외의 어떤 다른 목적도 배제하는(排除-, 물리쳐 제외하는) 순수한 태도, 즉 미감적 태도(미적 감각으로 순수하게 미적인 측면만 판단하는 태도)를 전제로 한다. [9]취미 판단에는 대상에 대한 지식뿐 아니라, 실용적 유익성(실제로 유용하게 쓰이는 것), 교훈적 내용 등 일체의 다른 맥락(미감적 태도에 따른 미·추의 판정 이외의 것)이 ㉢ 끼어들지 않아야 하는 것이다.

→ 취미 판단의 개념과 특성

3 [1]중요한 것은 취미 판단이 기본적으로 공동체적 차원의 것이라는 점이다. [2]순수한 미감적 태도를 취할 때, 취미 판단의 주체들은 미감적 공동체를 이루고 있다고 할 수 있다. [3]왜냐하면 그 구성원들 간에는 '공통감'이라 불리는 공통의 미적 감수성이 전제로 작용하고 있기 때문이다. [4]이때 공통감은 취미 판단의 미적 규범 역할(아름다움에 관한 기준 역할)을 한다. [5]즉 공통감으로 인해 취미 판단은 규정적 판단의 객관적 보편성과 구별되는 '주관적 보편성'을 ㉣ 지니는 것으로 설명된다. [6]따라서 어떤 주체가 내리는 취미 판단은 그가 속한 공동체의 공통감을 예시한다.(豫示-, 미리 보여 준다.)

→ 취미 판단에서의 공통감

4 [1]이러한 분석을 통해 칸트가 궁극적으로(窮極的-, 결과적으로) 지향한 것은 인간의 총체적인 자기 이해(이성과 미적 감수성에 의해 인간의 모든 것을 종합적으로 이해하는 것)이다. [2]그에 따르면 '인간은 무엇인가?'라는 물음에 대한 충실한 답변을 얻고자 한다면, 이성뿐 아니라 미적 감수성에 대해서도 그 고유한 원리를 설명해야 한다. [3]게다가 객관적 타당성은 이성의 미덕인 동시에 한계가 되기도 한다. [4]'세계'는 개념으로는 낱낱이 밝힐 수 없는 무한한 것이기 때문이다. [5]반면 미적 감수성은 대상을 개념적으로 규정할 수는 없지만 역으로 개념으로부터의 자유를 통해 세계라는 무한의 영역에 더 가까이 다가갈 수 있다.(개념으로는 밝힐 수 없는 부분에도 다가갈 수 있다.) [6]오늘날에는 미적 감수성을 심오한(深奧-, 깊고 오묘한) 지혜의 하나로 보는 견해가 ⓜ 펴져 있는데, 많은 학자들이 그 이론적 단초(端初, 단서, 실마리)를 칸트에게서 찾는 것은 그의 이러한 논변(論辯, 옳고 그름을 논리적으로 밝히어 말함) 때문이다.

→ 취미 판단 이론의 지향점과 의의

■지문 이해
〈칸트의 취미 판단 이론〉

**❶ 취미 판단 이론의 등장**

| 근대 초기의 합리론 | | 취미 판단 이론 |
|---|---|---|
| • 이성에 의한 확실한 지식만을 중시<br>• 미적 감수성의 문제는 논외로 함 | ⇔ | • 미적 감수성은 '미감적 판단력'<br>• 이성 못지않은 위상과 가치를 지님 |

**❷ 취미 판단의 개념과 특성**

• 취미 판단 : 대상의 미·추를 판정하는, 미감적 판단력의 행위

모든 판단 : S(주어)는 P(술어)이다.

| 규정적 판단 | 취미 판단 |
|---|---|
| • P가 보편적 개념에 따라 객관적 성질로서 S에 부여됨<br>• 명제의 객관적·보편적 타당성 지향<br>• 복수의 대상 단위에도 적용 | • P(미·추)가 객관적 성질인 것처럼 S에 부여됨<br>• P는 판단 주체의 주관적 감정에 의거<br>• 개별 대상에만 적용 |
| | ⇩ |
| | • 형식적 국면을 관조해 감정에 따라 미·추를 판정<br>• 이외의 다른 목적은 배제하는 순수한 미감적 태도를 전제로 함 |

**❸ 취미 판단에서의 공통감**

• 취미 판단의 주체들은 미감적 공동체를 구성, '공통감'을 전제로 함
• 공통감은 취미 판단의 미적 규범의 역할 → 어떤 주체의 취미 판단은 공동체의 공통감을 예시

**❹ 취미 판단 이론의 지향점과 의의**

• 칸트의 궁극적 지향점 : 인간의 총체적인 자기 이해
• 취미 판단 이론의 의의 : 미적 감수성을 심오한 지혜로 보는 학자들에게 이론적 단초를 제공

**034** | 세부 정보 이해 - 적절한 것 고르기 2015학년도 수능AB 27번 | 정답률 80% | 정답 ⑤

**윗글에 대한 이해로 가장 적절한 것은?**

위상이나 가치는 대등하지만 서로 다르다고

**① 칸트는 미감적 판단력과 규정적 판단력이 동일하다고 보았다.**

근거 ❶-3 이(미감적 판단력) 또한 어떤 원리에 의거하며 결코 이성에 못지않은 위상과 가치를 지닌다는 주장, ❷-3 이(규정적 판단력)와 유사하게 취미 판단에서도 P, 즉 '미' 또는 '추'가 마치 객관적 성질인 것처럼 S에 부여

풀이 칸트는 미감적 판단력이 이성에 의한 규정적 판단력에 못지않은 위상과 가치를 지니고 있으며, 판단 방식에 있어서도 유사한 점이 있지만 이들을 동일하다고 보지는 않았다. 오히려 윗글에서는 미감적 판단력과 규정적 판단력의 차이점을 위주로 설명하고 있다.

→ 적절하지 않음!

**② 칸트는 이성에 의한 지식이 개념의 한계로 인해 객관적 타당성을 *결여한다고 보았다.** *缺如-, 빠져서 없거나 모자라다고

근거 ❷-2 이성이 개념을 통해 지식이나 도덕 준칙을 구성하는 '규정적 판단', ❷-5 규정적 판단은 명제의 객관적이고 보편적인 타당성을 지향, ❹-3~4 (칸트에 따르면) 객관적 타당성은 이성의 미덕인 동시에 한계가 되기도 한다. '세계'는 개념으로는 낱낱이 밝힐 수 없는 무한한 것이기 때문

풀이 취미 판단 이론은 이성이 개념을 통해 지식을 구성하며 이러한 규정적 판단은 객관적인 타당성을 지님을 전제로 한다. 또한 칸트는 객관적 타당성이 이성의 미덕이자 한계라고 하였으므로, 이성이 객관적 타당성을 가진다고 본 것이다. 따라서 이성에 의한 지식이 객관적 타당성을 결여한다는 서술은 적절하지 않다. 한편 개념이 '세계'를 낱낱이 밝힐 수 없는 한계를 지니는 것은 맞으나, 이는 이성의 객관적 타당성 충족 여부와 무관하다.

→ 적절하지 않음!

= 개념으로부터의 자유

**③ 칸트는 미적 감수성이 비개념적 방식으로 세계에 대한 객관적 지식을 *창출한다고 보았다.** *創出-, 새로 만들어낸다고

근거 ❹-5 미적 감수성은 대상을 개념적으로 규정할 수는 없지만 역으로 개념으로부터의 자유를 통해 세계라는 무한의 영역에 더 가까이 다가갈 수 있다.

풀이 칸트는 미적 감수성이 비개념적 방식으로 세계를 이해하는 데에 도움을 준다고 보았지만, 이를 통해 객관적 지식을 창출한다고 보지는 않았다. 객관적 지식을 창출할 수 있는 것은 개념적인 방식으로 세계를 이해하고자 하는 이성이다.

→ 적절하지 않음!

비판하였다

**④ 칸트는 미감적 판단력을 본격적으로 규명하여 근대 초기의 합리론을 *선구적으로 이끌었다.** *先驅的-, 앞장서서

근거 ❶-3 근대 초기의 합리론에 맞서 칸트는 미적 감수성을 '미감적 판단력'이라 부르면서, 이 또한 어떤 원리에 의거하며 결코 이성에 못지않은 위상과 가치를 지닌다는 주장

풀이 칸트의 미감적 판단력은 근대 초기의 합리론에 '맞서' 등장한 것이다.

→ 적절하지 않음!

**⑤ 칸트는 미적 감수성의 원리에 대한 설명이 인간의 총체적 자기 이해에 기여한다고 보았다.**

근거 ❹-1~2 칸트가 궁극적으로 지향한 것은 인간의 총체적인 자기 이해이다. 그에 따르면 '인간은 무엇인가?'라는 물음에 대한 충실한 답변을 얻고자 한다면, 이성뿐 아니라 미적 감수성에 대해서도 그 고유한 원리를 설명해야 한다.

→ 적절함!

**035** | 핵심 개념 이해 - 적절하지 않은 것 고르기 2015학년도 수능AB 28번 | 정답률 75%, 매력적 오답 ② 10% | 정답 ④

**[A]에 제시된 '취미 판단'에 대한 이해로 적절하지 않은 것은?**

**① '이 장미는(S) 아름답다(P).'는 취미 판단에 해당한다.**

근거 ❷-1 취미 판단이란, 대상의 미·추를 판정하는, 미감적 판단력의 행위, ❷-2 모든 판단은 'S는 P이다.'라는 명제 형식으로 환원, ❷-3 취미 판단에서도 P, 즉 '미' 또는 '추'

풀이 술어인 'P'가 '미(아름답다)'이므로 취미 판단이다.

→ 적절함!

실용적 유익성

**② '유용하다'는 취미 판단 명제의 술어가 될 수 없다.**

근거 ❷-9 취미 판단에는 대상에 대한 지식뿐 아니라, 실용적 유익성, 교훈적 내용 등 일체의 다른 맥락이 끼어들지 않아야 하는 것

풀이 유용하다는 판단은 '실용적 유익성'이라는 맥락이 끼어든 것이므로 취미 판단으로 볼 수 없다.

→ 적절함!

≠ 하나의 개별 대상

**③ '모든 예술'은 취미 판단 명제의 주어가 될 수 없다.**

근거 ❷-6~7 취미 판단은 오로지 하나의 개별 대상에 대해서만 이루어진다. 즉 복수의 대상을 한 부류로 묶어 말하는 것은 이미 개념적 일반화가 되기 때문에 취미 판단이 될 수 없는 것

풀이 '모든 예술'은 복수의 대상으로 개념적 일반화가 이루어졌기 때문에 취미 판단 명제의 주어가 될 수 없다.

→ 적절함!

교훈적 내용

**④ '이 영화의 주제는 권선징악이어서 아름답다.'는 취미 판단에 해당한다.**

근거 ❷-9 취미 판단에는 대상에 대한 지식뿐 아니라, 실용적 유익성, 교훈적 내용 등 일체의 다른 맥락이 끼어들지 않아야 하는 것

풀이 주제를 권선징악으로 판단한 것은 '교훈적 내용'이라는 맥락이 끼어든 것이므로 취미 판단으로 볼 수 없다.

→ 적절하지 않음!

대상에 대한 지식

**⑤ '이 소설은 액자식 구조로 이루어져 있다.'는 취미 판단에 해당하지 않는다.**

근거 ❷-9 취미 판단에는 대상에 대한 지식뿐 아니라, 실용적 유익성, 교훈적 내용 등 일체의 다른 맥락이 끼어들지 않아야 하는 것, ❷-3 취미 판단에서도 P, 즉 '미' 또는 '추', ❷-4 취미 판단에서의 P는 오로지 판단 주체의 쾌 또는 불쾌라는 주관적 감정에 의거한다.

풀이 어떤 소설이 액자식 구조로 이루어졌다는 판단은 '대상에 대한 지식'이다. 쾌 또는 불쾌라는 감정에 의거하여 미 또는 추를 판정한 것이 아니므로 취미 판단으로 볼 수 없다.

→ 적절함!

036 추론의 적절성 판단 - 적절하지 않은 것 고르기 2015학년도 수능AB 29번 정답률 75% | 정답 ①

**윗글을 통해 추론한 내용으로 적절하지 않은 것은?** [3점]

**① 개념적 규정은 예술 작품에 대한 취미 판단을 가능하게 한다.** (규정적)

근거 ❷-4 취미 판단에서의 P는 오로지 판단 주체의 쾌 또는 불쾌라는 주관적 감정에 의거, ❷-2 이성이 개념을 통해 지식이나 도덕 준칙을 구성하는 '규정적 판단', ❷-5 규정적 판단은 명제의 객관적이고 보편적인 타당성을 지향

풀이 개념적 규정은 취미 판단이 아닌 규정적 판단을 가능하게 한다.

→ 적절하지 않음!

**② 공통감은 미감적 공동체에서 예술 작품의 미를 판정할 보편적 규범이 될 수 있다.** (=취미 판단의 미적 규범)

근거 ❸-2~4 순수한 미감적 태도를 취할 때, 취미 판단의 주체들은 미감적 공동체를 이루고 있다고 할 수 있다. 왜냐하면 그 구성원들 간에는 '공통감'이라 불리는 공통의 미적 감수성 … 공통감은 취미 판단의 미적 규범 역할을 한다.

→ 적절함!

**③ 특정 예술 작품에 대한 사람들의 취미 판단이 일치하는 것은 우연으로 볼 수 없다.** (공통감이 작용한 것)

근거 ❸-2~3 순수한 미감적 태도를 취할 때, 취미 판단의 주체들은 미감적 공동체를 이루고 있다고 할 수 있다. 왜냐하면 그 구성원들 간에는 '공통감'이라 불리는 공통의 미적 감수성이 전제로 작용하고 있기 때문이다.

→ 적절함!

**④ 예술 작품에 대한 나의 취미 판단은 내가 속한 미감적 공동체의 미적 감수성을 보여 준다.** (=공동체의 공통감)

근거 ❸-6 어떤 주체가 내리는 취미 판단은 그가 속한 공동체의 공통감을 예시

→ 적절함!

**⑤ 예술 작품에 대해 순수한 미감적 태도를 취하지 못하면 그 작품에 대한 취미 판단이 가능하지 않다.**

근거 ❷-8 취미 판단은 오로지 대상의 형식적 국면을 관조하여 그것이 일으키는 감정에 따라 미·추를 판정하는 것 이외의 어떤 다른 목적도 배제하는 순수한 태도, 즉 미감적 태도를 전제

→ 적절함!

037 어휘의 적절성 판단 - 적절하지 않은 것 고르기 2015학년도 수능AB 30번 정답률 75%, 매력적 오답 ② 20% | 정답 ④

**문맥상 ㉠~㉤과 바꿔 쓰기에 적절하지 않은 것은?**

㉠ 여겼기 ㉡ 펼친다 ㉢ 끼어들지 ㉣ 지니는 ㉤ 퍼져

**① ㉠ : 간주했기**

풀이 '간주(看 보다 간 做 만들다 주)하다'는 '상태·모양·성질 따위가 그와 같다고 보거나 그렇다고 여기다'의 의미이다. 따라서 ㉠을 '간주했기'로 바꿔 써도 문맥상 의미가 달라지지 않는다.

→ 적절함!

**② ㉡ : 피력한다**

풀이 ㉡의 '펼치다'는 '생각 따위를 전개하거나 발전시키다'의 의미이고, '피력(披 펴다 피 瀝 나타내다 력)하다'는 '생각하는 것을 털어놓고 말하다'의 의미이다. 따라서 ㉡을 '피력한다'로 바꿔 써도 문맥상 의미가 달라지지 않는다.

→ 적절함!

**③ ㉢ : 개입하지**

풀이 '개입(介 끼다 개 入 간여하다 입)하다'는 '자신과 직접적인 관계가 없는 일에 끼어들다'의 의미이다. 따라서 ㉢을 '개입하지'로 바꿔 써도 문맥상 의미가 달라지지 않는다.

→ 적절함!

**④ ㉣ : 소지하는**

풀이 ㉣의 '지니다'는 '바탕으로 갖추고 있다'의 의미이다. 한편 '소지(所 것 소 持 가지다 지)하다'는 '물건 등을 가지고 있다'의 의미이다. ㉣을 '소지하는'으로 바꿔 쓸 경우 문맥상 의미가 달라지므로, 바꿔 쓰기에 적절하지 않다.

→ 적절하지 않음!

**⑤ ㉤ : 확산되어**

풀이 '확산(擴 넓히다 확 散 흩어지다 산)되다'는 '흩어져 널리 퍼지게 되다'의 의미이다. 따라서 ㉤을 '확산되어'로 바꿔 써도 문맥상 의미가 달라지지 않는다.

→ 적절함!

## [038~040] 다음 글을 읽고 물음에 답하시오.

1 [1]선암사(仙巖寺) 가는 길에는 독특한 미감(美感, 아름다운 느낌)을 자아내는 돌다리인 승선교(昇仙橋)가 있다. [2]승선교는 번잡한(煩雜-, 번거롭고 어수선한) 속세(俗世, 세상)와 경건한(敬虔-, 공경하며 조심스럽고 엄숙한) 세계의 경계(境界, 구분이 되는 한계)로서 옛사람들은 산사(山寺, 산 속에 있는 절)에 이르기 위해 이 다리를 건너야 했다. [3]승선교는 가운데에 무지개 모양의 홍예(虹霓)를 세우고 그 좌우에 석축(石築, 돌로 쌓은 옹벽)을 쌓아 올린 홍예다리로서, 계곡을 가로질러 산길을 이어 준다.

→ 승선교의 의미와 구조

2 [1]홍예는 위로부터 받는 하중(荷重, 무게)을 좌우의 아래쪽으로 효과적으로 분산시켜(分散-, 흩어지게 하여) 구조적 안정성을 얻을 수 있기 때문에 예로부터 동서양에서 널리 ㉠ 활용되었다. [2]홍예를 세우는 과정은 홍예 모양의 목조로 된(나무로 만들어진) 가설틀(임시로 설치한 틀)을 세우고, 그 위로 홍예석을 쌓아 올려 홍예가 완전히 세워지면, 가설틀을 해체하는 순으로 이루어진다. [3]홍예는 장대석(長臺石)(길게 다듬어 만든 돌)의 단면(斷面, 자른 면)을 사다리꼴로 잘 다듬어, 바닥에서부터 상부(上部, 위쪽 부분) 가운데를 향해 차곡차곡 반원형으로 쌓아 올린다. [4]모나고 단단한 돌들이 모여 반원형의 구조물로 탈바꿈함으로써 부드러운 곡선미를 형성한다. [5]또한 홍예석들은 서로를 단단하게 지지해 주기 때문에 특별한 접착 물질로 돌과 돌을 이어 붙이지 않았음에도 ㉡ 견고하게 서 있다.

〈참고 그림〉 홍예를 세우는 과정

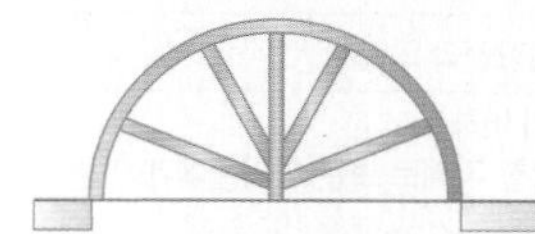

❷-2 홍예 모양의 목조로 된 가설틀을 세운다.

❷-2~3 가설틀 위로 장대석의 단면을 사다리꼴로 잘 다듬어 홍예석을 쌓아 올린다.

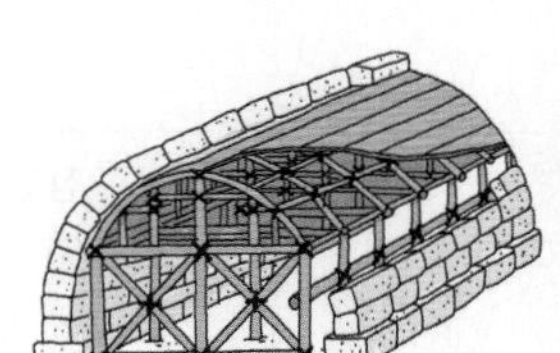

❷-3 사다리꼴의 돌을 바닥에서부터 상부 가운데를 향해 차곡차곡 반원형으로 쌓아 올린다.

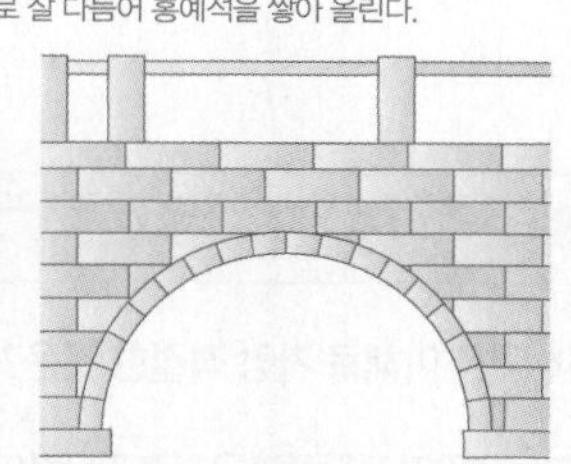

❷-2 홍예가 완전히 세워지면, 가설틀을 해체한다. ❷-5 홍예석들은 서로를 단단하게 지지해 주어 접착 물질로 이어 붙이지 않아도 견고하게 서 있다.

→ 홍예를 세우는 과정과 홍예의 특징

3 [1]승선교는 이러한 홍예와 더불어, 홍예 좌우와 위쪽 일부에 주위의 막돌(쓸모없이 아무렇게나 생긴 돌)을 쌓아 올려 석축을 세웠는데 이로써 승선교는 온전한 다리의 형상(形象, 모양)을 갖게 되고 사람이 다닐 수 있는 길의 일부가 된다. [2]층의 구분이 없이 무질서하게 쌓인 듯 보이는 석축은 잘 다듬어진 홍예석과 대비가 되면서 전체적으로는 변화감 있는 조화미(調和美, 조화를 이루어서 보이는 아름다움)를 이룬다. [3]한편 승선교의 홍예 천장에는 용머리 모양의 장식 돌이 물길을 향해 ㉢ 돌출되어 있다. [4]이런 장식은 용이 다리를 건너는 사람들이 물로부터 화를 입는 것을 ㉣ 방지한다고 여겨 만든 것이다.

→ 승선교 석축과 장식 돌

4 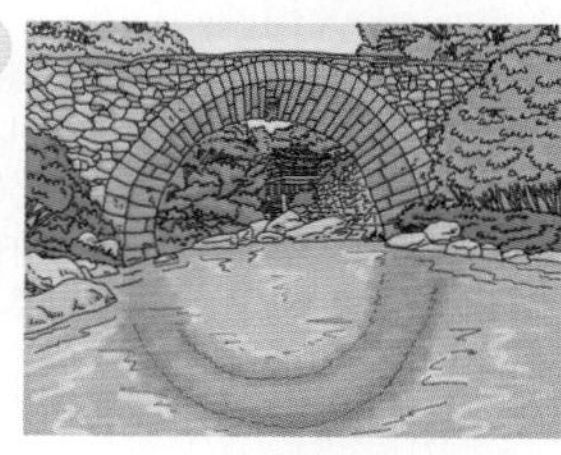

[1]계곡 아래쪽에서 멀찌감치 승선교를 바라보자. [2]계곡 위쪽에 있는 강선루(降仙樓)와 산자락이 승선교 홍예의 반원을 통해 초점화되어 보인다.(홍예다리 아래쪽 반원의 중심에 강선루와 산자락이 집중되어 보인다.) [3]또한 녹음(綠陰, 푸른 잎이 우거진 나무나 수풀)이 우거지고 물이 많은 계절에는 다리의 홍예가 잔잔

하게 흐르는 물 위에 비친 홍예 그림자와 이어져 원 모양을 이루고 주변의 수목들의 그림자도 수면에 비친다. [4]이렇게 승선교와 주변 경관은 서로 어우러지며 극적인 합일을 이룬다.(극을 보는 것 같은 감동을 불러일으키며 하나가 된다.) [5]승선교와 주변 경관이 만들어 내는 아름다움은 계절마다 그 모습을 바꿔 가며 다채롭게(다양하게) 드러난다.

→ 주변 경관과 잘 어우러지는 승선교의 미감

5 [1]승선교는 뭇사람(많은 사람)들이 산사로 가기 위해 계곡을 건너가는 길목에 세운 다리다. [2]그러기에 호사스러운(豪奢-, 화려하고 사치스러운) 치장이나 장식을 할 까닭은 없었을 것이다. [3]그럼에도 이 다리가 아름다운 것은 주변 경관과의 조화를 중시하는 옛사람들의 자연스러운 미의식(美意識, 아름다움에 대한 의식)이 반영된 덕택이다. [4]승선교가 오늘날 세사의 번잡함에 지친 우리에게 자연의 소박하고 조화로운 미감을 ⓔ 선사하는 것은 바로 이 때문이다.

→ 승선교에 드러난 옛사람들의 미의식

■지문 이해

**<선암사 승선교에 담긴 미의식>**

**❶ 승선교의 의미와 구조**
- 번잡한 속세와 경건한 세계의 경계
- 무지개 모양의 홍예와 좌우 석축을 쌓아 올린 홍예다리

**❷ 홍예를 세우는 과정과 홍예의 특징**
- 과정
  : 홍예 모양의 목조 가설틀 세움 → 그 위에 홍예석 쌓음 → 가설틀 해체
- 특징
  - 부드러운 곡선미
  - 특별한 접착 물질 없이 견고하게 서 있음

**❸ 승선교 석축과 장식 돌**
- 석축 : 홍예 좌우에 막돌을 쌓아 올려 만듦 → 홍예석과 변화감 있는 조화미 이룸
- 장식 돌 : 홍예 천장에 용머리 모양의 장식 돌이 돌출되어 있음 → 물로부터 화를 입는 것을 방지한다고 여겨서 만듦

**❹ 주변 경관과 잘 어우러지는 승선교의 미감**
- 홍예의 반원과 물 위에 비친 홍예 그림자(반원)가 원 모양을 이루고, 주변 경관과 합일을 이룸
- 계절마다 다채로운 아름다움을 드러냄

**❺ 승선교에 드러난 옛사람들의 미의식**
- 주변 경관과의 조화를 중시하는 옛사람들의 자연스러운 미의식 반영 → 다리에 호사스러운 치장이나 장식을 하지 않음

**038** | 세부 정보 이해 - 적절한 것 고르기 2014학년도 수능A 19번 | 정답률 75% | 정답 ②

**윗글을 통해 알 수 있는 내용으로 가장 적절한 것은?**

**① 홍예석들은 접착제로 이어 붙여서 서로를 단단하게 지지한다.**

근거 ❷-5 홍예석들은 서로를 단단하게 지지해 주기 때문에 특별한 접착 물질로 돌과 돌을 이어 붙이지 않았음에도 견고하게 서 있다.

→ 적절하지 않음!

**② 홍예와 그 물그림자가 어우러져 생긴 원은 승선교의 *미감을 형성한다.** *아름다움을 느끼게 한다. = 승선교와 주변 경관이 만들어 내는 아름다움

근거 ❹-3~4 녹음이 우거지고 물이 많은 계절에는 다리의 홍예가 잔잔하게 흐르는 물 위에 비친 홍예 그림자와 이어져 원 모양을 이루고 주변의 수목들의 그림자도 수면에 비친다. 이렇게 승선교와 주변 경관은 서로 어우러지며 극적인 합일을 이룬다.

→ 적절함!

**③ 홍예는 조상들의 미의식이 잘 드러나는 우리나라 특유의 건축 구조이다.** (동서양에서 널리 활용된)

근거 ❷-1 홍예는 위로부터 받는 하중을 좌우의 아래쪽으로 효과적으로 분산시켜 구조적 안정성을 얻을 수 있기 때문에 예로부터 동서양에서 널리 활용되었다.

→ 적절하지 않음!

**④ 홍예는 사다리꼴 모양의 목조로 된 가설틀을 활용하여 홍예석을 쌓아 만든다.** (무지개)

근거 ❶-3 무지개 모양의 홍예, ❷-2~3 홍예를 세우는 과정은 홍예 모양(무지개 모양)의 목조로 된 가설틀을 세우고, 그 위로 홍예석을 쌓아 올려 홍예가 완전히 세워지면, 가설틀을 해체하는 순으로 이루어진다. 홍예는 장대석(長臺石)의 단면을 사다리꼴로 잘 다듬어, 바닥에서부터 상부 가운데를 향해 차곡차곡 반원형으로 쌓아 올린다.

→ 적절하지 않음!

**⑤ 승선교의 하중은 상부 홍예석에 집중됨으로써 그 구조적 안정성이 확보된다.** (좌우 아래쪽으로 분산시킴)

근거 ❷-1 홍예는 위로부터 받는 하중을 좌우의 아래쪽으로 효과적으로 분산시켜 구조적 안정성을 얻을 수 있기 때문에

→ 적절하지 않음!

**평가원 이의 신청 답변**

이 문항은 지문의 내용을 적절히 이해하고 있는가를 묻고 있습니다.

이의 제기의 주된 내용은 답지 ④가 적절하다는 것입니다. 그러나 "홍예 모양의 목조로 된 가설틀"이라는 표현에서, 가설틀의 모양은 '무지개 모양'의 반원 형태임을 알 수 있습니다. '사다리꼴'은 장대석의 단면 모양입니다. 그러므로 ④는 적절하지 않은 이해입니다. 따라서 이 문항의 정답에는 이상이 없습니다.

1등급 문제

**039** | <보기>와 내용 비교 - 적절하지 않은 것 고르기 2014학년도 수능A 20번 | 정답률 50%, 매력적 오답 ③ 15% ④ 20% | 정답 ⑤

**윗글의 '승선교'와 <보기>의 '옥천교'에 대한 이해로 적절하지 않은 것은?** 3점

| 보 기 |

[1]옥천교(玉川橋)는 창경궁(昌慶宮)의 궁궐 정문과 정전 사이에 인위적으로(人爲的-, 자연이 아닌 사람의 힘으로) 조성한(造成-, 만든) 금천(禁川) 위에 놓여 있다. [2]이 다리는 지엄한(至嚴-, 매우 엄한) 왕의 공간과 궁궐 내의 일상적 공간을 구획하는(區劃-, 나누는) 경계였고 임금과 임금에게 허락받은 자들만이 건널 수 있었다. [3]옥천교는 두 개의 홍예를 이어 붙이고 홍예와 석축은 모두 미려하게(美麗-, 아름답고 곱게) 다듬은 돌로 쌓았다. [4]또 다리 난간에는 갖가지 조각을 장식해 전체적으로 장중한(莊重-, 무게감 있는) 화려함을 드러내었다. [5]두 홍예 사이의 석축에는 금천 바깥의 사악한 기운이 다리를 건너 안으로 침범하는(侵犯-, 침입하여 해를 끼치는) 것을 막기 위해 도깨비 형상을 조각했다.

〈참고 사진〉

〈보기〉-3 옥천교는 두 개의 홍예를 이어 붙이고 미려하게 다듬은 돌로 쌓았다.

〈보기〉-5 두 홍예 사이의 석축에 도깨비 형상을 조각했다.

▶ 지문 핵심 개념 정리

| 승선교 | 번잡한 속세와 경건한 세계의 경계(❶-2)<br>뭇사람들이 산사로 가기 위해 계곡을 건너가는 길목에 세운 다리(❺-1) |
|---|---|
| 홍예 | 위로부터 받는 하중을 좌우의 아래쪽으로 효과적으로 분산시킴(❷-1)<br>특별한 접착 물질이 없어도 서로 단단하게 지지해 줌(❷-5) |
| 석축 | 홍예 좌우와 위쪽 일부에 주위의 막돌을 쌓아 세움(❸-1) |
| 장식 돌 | 홍예 천장의 용머리 모양 장식 돌 → 용이 다리를 건너는 사람들이 물로부터 화를 입는 것을 방지한다고 여겼기 때문(❸-3~4) |
| 미의식 | 주변 경관과의 조화를 중시하는 옛사람들의 미의식 반영(❺-3) → 자연의 소박하고 조화로운 미감 선사(❺-4) |

| ▶ 승선교와 옥천교의 비교 | 승선교 | 옥천교 |
|---|---|---|
| 위치 | 자연 계곡 | 인공 금천 |
| 경계 | 세속과 경건한 세계의 경계 | 왕의 공간과 궁궐 내 일상적 공간을 구분 |
| 통행 대상 | 뭇사람들(제약×) | 임금과 임금에게 허락받은 자들(제약 ○) |
| 재료 | 주위의 막돌 | 미려하게 다듬은 돌 |

| 재앙을 막는 장식 | 용머리 장식 돌 | 도깨비 형상 조각 |
|---|---|---|
| 미적 요소 | 주변 경관과의 조화 → 소박하고 조화로운 미감 | 두 개의 홍예, 갖가지 조각 장식 → 장중한 화려함 |

묫사람들이 통행

① **승선교와 달리 옥천교는 통행할 수 있는 대상에 제약이 있었던 것으로 보아, 권위적인 영역으로 진입하는 통로이겠군.**

근거 <보기>-2 이 다리(옥천교)는 지엄한 왕의 공간과 궁궐 내의 일상적 공간을 구획하는 경계였고 임금과 임금에게 허락받은 자들만이 건널 수 있었다.

→ 적절함!

주위의 막돌 사용

② **승선교와 달리 옥천교는 다듬은 돌만을 재료로 사용하고 난간에 조각 장식을 더한 것으로 보아, 장엄함을 드러내려는 의도가 반영된 것이겠군.**

근거 <보기>-3~4 옥천교는 두 개의 홍예를 이어 붙이고 홍예와 석축은 모두 미려하게 다듬은 돌로 쌓았다. 또 다리 난간에는 갖가지 조각을 장식해 전체적으로 장중한 화려함을 드러내었다.

→ 적절함!

인위적 금천 위에 놓임 = 계곡을 가로질러 산길을 이어 줌

③ **옥천교와 달리 승선교는 계곡 사이를 이어 통행로를 만든 것으로 보아, 자연의 *난관을 해소하기 위한 것이겠군.** *難關, 어려움

근거 <보기>-1 (옥천교는) 인위적으로 조성한 금천(禁川) 위에 놓여 있다, ❶-2~3 옛사람들은 산사에 이르기 위해 이 다리(승선교)를 건너야 했다. 승선교는 … 계곡을 가로질러 산길을 이어 준다.

→ 적절함!

옥천교 : 왕의 공간 - 일상적 공간
승선교 : 속세 - 산사

④ **옥천교와 승선교는 모두 서로 다른 성격의 두 공간 사이에 놓인 것으로 보아, *이질적인 공간의 경계이겠군.** *異質的-, 다른

근거 ❺-1 승선교는 뭇사람들이 산사로 가기 위해 계곡을 건너가는 길목에 세운 다리다, ❶-2 승선교는 번잡한 속세와 경건한 세계의 경계, <보기>-2 이 다리(옥천교)는 지엄한 왕의 공간과 궁궐 내의 일상적 공간을 구획하는 경계

→ 적절함!

옥천교 : 도깨비 형상
승선교 : 용머리 장식
재앙을 방지하기 위한 목적

⑤ **옥천교와 승선교는 모두 재앙을 막기 위한 장식을 덧붙인 것으로 보아, *세속을 구원하고자 하는 종교적 의식이 반영된 것이겠군.** *世俗, 세상

근거 ❸-3~4 승선교의 홍예 천장에는 용머리 모양의 장식 돌이 물길을 향해 돌출되어 있다. 이런 장식은 용이 다리를 건너는 사람들이 물로부터 화를 입는 것을 방지한다고 여겨 만든 것, <보기>-5 두 홍예 사이의 석축에는 금천 바깥의 사악한 기운이 다리를 건너 안으로 침범하는 것을 막기 위해 도깨비 형상을 조각

풀이 세속을 구원하려는 것이 아니라 재앙을 방지하려는 목적에서 장식을 덧붙인 것이다.

→ 적절하지 않음!

**040** 어휘의 적절성 판단 - 적절하지 않은 것 고르기 2014학년도 수능A 21번 정답률 90% | 정답 ④

### 문맥상 ㉠~㉤을 바꿔 쓰기에 적절하지 않은 것은?

㉠ 활용되었다 ㉡ 견고하게 ㉢ 돌출되어 ㉣ 방지한다고 ㉤ 선사하는

**① ㉠ : 쓰였다**

풀이 ㉠의 '활용(活 살다 활 用 쓰다 용)되다'는 '충분히 잘 이용되다'의 의미이고, '쓰이다'는 '이용되다'의 의미이다. 따라서 ㉠을 '쓰였다'로 바꿔 써도 문맥상 의미가 달라지지 않는다.

→ 적절함!

**② ㉡ : 튼튼하게**

풀이 ㉡의 '견고(堅 굳다 견 固 굳다 고)하다'는 '굳고 단단하다'의 의미이고, '튼튼하다'는 '단단하고 굳세다'의 의미이다. 따라서 ㉡을 '튼튼하게'로 바꿔 써도 문맥상 의미가 달라지지 않는다.

→ 적절함!

**③ ㉢ : 튀어나와**

풀이 '돌출(突 갑자기 돌 出 나다 출)되다'는 '갑자기 쑥 나오다'의 의미이고, '튀어나오다'는 '겉으로 툭 비어져 나오다'의 의미이다. 따라서 ㉢을 '튀어나와'로 바꿔 써도 문맥상 의미가 달라지지 않는다.

→ 적절함!

**④ ㉣ : 그친다고**

풀이 '방지(防 막다 방 止 그치다 지)하다'는 '어떤 일이 일어나지 못하게 막다'의 의미이고, '그치다'는 '움직임이 멈추거나 끝나다'의 의미이다. ㉣을 '그친다고'로 바꿔 쓸 경우 문맥상 의미가 달라지므로, 바꿔 쓰기에 적절하지 않다. ㉣은 '막아준다고'와 바꿔 쓰는 것이 더 적절하다.

→ 적절하지 않음!

**⑤ ㉤ : 주는**

풀이 '선사(膳 선물 선 賜 주다 사)하다'는 '남에게 선물을 주다'의 의미이고, '주다'는 '남에게 건네어 갖게 하다'의 의미이다. 따라서 ㉤을 '주는'으로 바꿔 써도 문맥상 의미가 달라지지 않는다.

→ 적절함

**[041~043] 다음 글을 읽고 물음에 답하시오.**

1 [1]베토벤의 교향곡은 서양 음악사에 한 획을 그은 걸작(傑作, 매우 훌륭한 작품)으로 평가된다. [2]그 까닭은 음악 소재를 개발하고 그것을 다채롭게(다양하게) 처리하는 창작 기법의 탁월함(卓越-, 뛰어남)으로 설명될 수 있다. [3]연주 시간이 한 시간 가까이 되는 제3번 교향곡 '영웅'에서 베토벤은 으뜸화음을 펼친 하나의 평범한 소재를 모티브(motif, 음악 작품에서 반복적으로 전개되는 주제)로 취하여 다양한 변주(變奏, 어떤 주제를 바탕으로, 선율·리듬·화성 따위를 여러 가지로 바꾸는 것)와 변형 기법을 통해 통일성을 유지하면서도 가락을 다채롭게 들리게 했다. [4]이처럼 단순한 소재에서 착상하여(着想-, 실마리를 잡아) 이를 다양한 방식으로 가공함(加工-, 변형하여 만들어 냄)으로써 성취해 낸 복잡성은 후대(後代, 뒤 시대) 작곡가들이 본받을 창작 방식의 전형(典型, 본보기)이 되었으며, 유례없이(類例-, 비슷한 예가 없이) 늘어난 교향곡의 길이는 그들이 넘어서야 할 산이었다.(이겨내야 할 과제였다.)

→ 음악적으로 탁월한 베토벤 교향곡

2 [1]그렇다면 오로지 작품의 내적인 원리만이 베토벤의 교향곡을 19 세기의 중심 레퍼토리(repertory, 연주곡 목록)로 자리매김하게(자리 잡게) 했을까? [2]베토벤의 신화를 이해하기 위해서는 19 세기 초 음악사의 중심에 서고자 했던 독일 민족의 암묵적 염원(겉으로 소리 내어 말하지는 않지만 많은 사람들이 공통적으로 원하는 것)을 들여다볼 필요가 있다. [3]그것은 1800년을 전후하여 뚜렷하게 달라진 빈(Wien)(오스트리아의 수도, 베토벤과 모차르트 등 유명한 음악가들을 배출한 음악의 도시)의 청중의 음악관(음악에 대한 생각), 음악에 대한 독일 비평가들의 새로운 관점, 그리고 당시 유행한 천재성 담론(談論, 이야기)에 반영되었다.

→ 베토벤 신화의 작품 외적 원인

3 [1]빈의 ㉠ 새로운 청중의 귀는 유럽의 다른 지역 청중과는 달리 순수 기악을 향해 열려 있었다. [2]순수 기악이란 악기에서 나오는 소리 외에는 다른 어떤 것과도 연합되지 않는(서로 합쳐지지 않은) 음악을 뜻한다. [3]당시 청중은 언어가 순수 기악이 주는 의미를 담기에 부족하다고 생각했기 때문에 제목이나 가사 등의 음악 외적 단서를 원치 않았다. [4]그들이 원했던 것은 말로 형용할(形容-, 설명할) 수 없는, 무한을 향해 열려 있는 '음악 그 자체'였다.

→ 빈 청중의 새로운 음악관

4 [1]또한 당시 음악 비평가들은 음악을 앎의 방식으로 이해하기를 원했다. [2]이는 음악을 정서의 촉발자(감정을 일으키는 연결고리)로 본 이전 시대와 달리 음악을 감상자가 능동적으로(能動的-, 스스로) 이해해야 할 대상으로 인식하기 시작했음을 뜻한다. [3]슐레겔은 모든 순수 기악이 철학적이라고 보았으며, 호프만은 베토벤의 교향곡이 '보편적 진리를 향한 문'이라고 주장하였다. [4]요컨대 당시의 빈의 청중과 독일의 음악 비평가들은 베토벤의 교향곡이 음악의 독립적 가치를 극대화한(極大化-, 아주 크게 만든) 음악이자 독일 민족의 보편적 가치를 실현해 주는 순수 기악의 정수(精髓, 핵심)라 여겼다.

→ 당시 독일 음악 비평가들의 관점

5 [1]더욱이 당시 독일 지역에서 유행한 천재성 담론도 베토벤의 교향곡이 특별한 지위를 얻는 데 한몫했다. [2]그 시대가 요구하는 천재상(天才像, 천재의 가장 바람직한 모습)은 타고난 재능으로 기존의 관습(이미 있는 사회의 습관)에서 벗어나 새로운 전통을 창조하는 자였다. [3]베토벤은 이전의 교향곡의 전통을 수용하면서도(受容-, 받아들이면서도) 자신만의 독창적인 색채를 더하여 교향곡의 새로운 지평(地平, 가능성)을 열었

문제편 p.284

다고 여겨졌다. [4]베토벤이야말로 이러한 천재라는 인식이 널리 받아들여지면서 그의 교향곡은 더욱 주목받았다.

→ 당시 유행한 천재성 담론

■지문 이해

〈베토벤 교향곡이 서양 음악사의 걸작으로 평가되는 이유〉

| ❶ 음악적으로 탁월한 베토벤 교향곡 |
|---|
| • 창작 기법의 탁월함 - 평범한 소재의 다채로운 변주와 변형 → 후대 작곡가들이 본받을 창작 방식의 전형이 됨 |

| ❷ 베토벤 신화의 작품 외적 원인 |
|---|
| • 19 세기 초 음악사의 중심에 서고자 했던 독일 민족의 암묵적 염원 |

| ❸ 빈 청중의 새로운 음악관 | ❹ 당시 독일 음악 비평가들의 관점 | ❺ 당시 유행한 천재성 담론 |
|---|---|---|
| • 언어는 순수 기악이 주는 의미를 담기에 부족함, '음악 그 자체'를 원함 | • 슐레겔 : 모든 순수 기악은 철학적<br>• 호프만 : 베토벤 교향곡은 보편적 진리를 향한 문 | • 당시 천재상 : 기존의 관습에서 벗어나 새로운 전통을 창조하는 자<br>• 베토벤 : 이전 교향곡에 자신만의 독창적 색채를 더하여 새로운 지평을 엶 |
| → 베토벤의 교향곡은 순수 기악의 정수 | | |

**041** 세부 정보 이해 - 적절하지 않은 것 고르기 2014학년도 수능B 28번 정답률 80% 정답 ⑤

**윗글의 내용과 일치하지 않는 것은?**

① **베토벤 신화 형성 과정에는 독일 민족의 *음악적 이상이 **반영되었다.** (= 19 세기 초 음악사의 중심에 서고자 했던 독일 민족의 암묵적 염원) *음악에 대한 가치와 바람 **反映-, 영향을 받아 나타났다.

근거 ❷-2 베토벤의 신화를 이해하기 위해서는 19 세기 초 음악사의 중심에 서고자 했던 독일 민족의 암묵적 염원을 들여다볼 필요가 있다, ❹-4 베토벤의 교향곡이 음악의 독립적 가치를 극대화한 음악이자 독일 민족의 보편적 가치를 실현해 주는 순수 기악의 정수라 여겼다.

→ 적절함!

② **베토벤 교향곡의 확대된 길이는 후대 작곡가들이 *극복해야 할 과제였다.** (= 넘어서야 할 산) *克服-, 이겨 내야

근거 ❶-4 유례없이 늘어난 교향곡의 길이는 그들(후대 작곡가들)이 넘어서야 할 산이었다.

→ 적절함!

③ **베토벤 교향곡에서 복잡성은 단순한 모티브를 다양하게 가공하는 창작 방식에 *기인한다.** (= 단순한 소재에서 착상하여 이를 다양한 방식으로 가공함으로써 성취) *起因-, 에서 비롯된다.

근거 ❶-4 단순한 소재에서 착상하여 이를 다양한 방식으로 가공함으로써 성취해 낸 복잡성

→ 적절함!

④ **베토벤 교향곡 '영웅'의 변주와 변형 기법은 통일성 속에서도 다양성을 *구현하게 해 주었다.** (= 통일성을 유지하면서도 가락을 다채롭게 들리게) *具現-, 나타내게

근거 ❶-3 '영웅'에서 베토벤은 으뜸화음을 펼친 하나의 평범한 소재를 모티브로 취하여 다양한 변주와 변형 기법을 통해 통일성을 유지하면서도 가락을 다채롭게 들리게 했다.

→ 적절함!

⑤ **베토벤의 천재성은 기존의 음악적 관습을 부정하고 교향곡이라는 새로운 장르를 *창시한 데에서 비롯된다.** (이전의 교향곡 전통을 수용하면서도 / 자신의 독창성을 더해 교향곡의 새 지평을 연) *創始-, 만든

근거 ❺-3 베토벤은 이전의 교향곡의 전통을 수용하면서도 자신만의 독창적인 색채를 더하여 교향곡의 새로운 지평을 열었다고 여겨졌다.

풀이 베토벤은 기존 교향곡의 전통을 받아들이면서 거기에 자신만의 새로운 색깔을 더했다. 기존의 관습을 부정하고 새로운 장르를 창시한 것이 아니다.

→ 적절하지 않음!

**042** 핵심 개념 이해 - 적절한 것 고르기 2014학년도 수능B 29번 정답률 80%, 매력적 오답 ② 10% 정답 ④

**㉠의 관점에 가장 가까운 것은?**

㉠ 새로운 청중 ← 순수 기악, 음악 그 자체를 원함 / 언어는 순수 기악이 주는 의미를 담기에 부족하다고 생각

① **음악은 소리를 다양하게 변형시켜 그것을 듣는 인간의 정서를 *순화시킨다.** *純化-, 순수하게 만든다.

근거 ❸-4 그들(19 세기 초 빈의 새로운 청중들)이 원했던 것은 말로 형용할 수 없는, 무한을 향해 열려 있는 '음악 그 자체', ❹-2 음악을 정서의 촉발자로 본 이전 시대와 달리

풀이 음악을 '정서'와 연결 짓는 것은 19 세기 초가 아니라, 이전의 음악관이다.

→ 적절하지 않음!

② **음악은 인간의 구체적인 감정을 전달하는 수단이라는 점에서 그 자체가 언어이다.**

근거 ❸-3~4 당시(19 세기 초 빈의) 청중은 언어가 순수 기악이 주는 의미를 담기에 부족하다고 생각했기 때문에 제목이나 가사 등의 음악 외적 단서를 원치 않았다. 그들이 원했던 것은 말로 형용할 수 없는, 무한을 향해 열려 있는 '음악 그 자체'였다, ❹-2 음악을 정서의 촉발자로 본 이전 시대와 달리

풀이 당시 청중은 언어가 음악의 의미를 담기에는 부족하다고 생각했다. 또한 음악을 정서와 연결 짓지 않고 음악 그 자체의 의미를 중요시했다. 따라서 '음악이 인간의 구체적 감정을 전달하는 수단'이라는 것도 틀린 설명이고, '음악은 그 자체가 언어'라는 것도 틀린 설명이다.

→ 적절하지 않음!

③ **가사는 가락을 통해 전달되는 메시지라는 점에서 언어는 음악의 *본질적 요소이다.** *本質的要素, 본래 지니고 있는 성분

근거 ❸-3 당시(19 세기 초 빈의) 청중은 언어가 순수 기악이 주는 의미를 담기에 부족하다고 생각했기 때문에 제목이나 가사 등의 음악 외적 단서를 원치 않았다.

→ 적절하지 않음!

④ **음악은 언어가 표현할 수 없는 것을 보여 준다는 점에서 언어를 *초월하는 예술이다.** (= 언어는 순수 기악이 주는 의미를 담기에 부족하다) *超越-, 넘어서는

근거 ❸-3~4 당시(19 세기 초 빈의) 청중은 언어가 순수 기악이 주는 의미를 담기에 부족하다고 생각했기 때문에 제목이나 가사 등의 음악 외적 단서를 원치 않았다. 그들이 원했던 것은 말로 형용할 수 없는, 무한을 향해 열려 있는 '음악 그 자체'였다.

풀이 언어가 음악의 의미를 담기에는 부족하다는 말은 음악이 언어보다 더 많은 의미를 담고 있다는 뜻이다. 따라서 당시 청중은 음악은 언어가 표현하지 못하는 것을 보여 줄 수 있고, 언어를 넘어서는 예술이라고 생각했을 것이다.

→ 적절함!

⑤ **창작 당시의 시대상이 음악에 반영된다는 점에서 음악 외적 상황은 음악 이해에 중요한 단서가 된다.** (= 음악 외적 단서)

근거 ❸-3 당시(19 세기 초 빈의) 청중은 … 음악 외적 단서를 원치 않았다.

→ 적절하지 않음!

**043** 반응의 적절성 판단 - 적절한 것 고르기 2014학년도 수능B 30번 정답률 75% 정답 ①

**〈보기〉와 윗글을 이해한 내용으로 가장 적절한 것은?** [3점]

| 보 기 |

[1]로시니는 베토벤과 동시대인으로 당대(當代, 그 시대) 최고의 인기를 누리던 오페라 작곡가였다. [2]당시 순수 기악이 우세했던(優勢-, 상대편보다 힘이나 세력이 셌던) 빈과는 달리 이탈리아와 프랑스에서는 오페라가 여전히 음악의 중심에 있었다. [3]당대의 소설가이자 음악 비평가인 스탕달은 로시니가 빈의 현학적인(衒學的-, 학문과 지식을 자랑하는) 음악가들과는 달리 유려한(流麗-, 물 흐르듯 부드럽고 아름다운) 가락에 능하다는(能-, 뛰어나다는) 이유를 들어 그를 최고의 작곡가로 평가하였다.

▶ 지문 핵심 개념 정리

| 빈의 청중 | 독일 음악 비평가들 |
|---|---|
| • 순수 기악 선호<br>– 언어는 순수 기악이 주는 의미를 담기에 부족함(❸–3)<br>– 말로 나타낼 수 없는 '음악 그 자체'를 추구(❸–4) | • 음악을 앎의 방식으로 이해(❹–1)<br>– 음악은 정서 촉발자 ×, 감상자가 능동적으로 이해해야 할 대상(❹–2)<br>– 슐레겔 : 모든 순수 기악은 철학적(❹–3)<br>– 호프만 : 베토벤 교향곡은 '보편적 진리를 향한 문'(❹–3) |
| → 베토벤 교향곡은 음악의 독립적 가치를 극대화한 음악이자 독일 민족의 보편적 가치를 실현해 주는 순수 기악의 정수(❹–4) | |

독일 음악 비평가

**① 슐레겔은 로시니를 '순수 기악의 정수'를 보여 준 베토벤만큼 높이 평가하지 않았겠군.**

오페라 작곡가

근거 <보기>-1 로시니는 베토벤과 동시대인으로 당대 최고의 인기를 누리던 오페라 작곡가

풀이 슐레겔은 독일의 음악 비평가로, 당시 독일 비평가들은 순수 기악 음악을 높이 평가했다. 따라서 슐레겔은 순수 기악이 아닌, '가사가 있는' 오페라를 작곡한 로시니에 대해서는 베토벤만큼 높이 평가하지 않았을 것이다.

→ 적절함!

독일 음악 비평가 　 = 오페라

**② 호프만은 당시의 이탈리아와 프랑스에서 유행하던 음악이 '새로운 전통'을 창조했다고 보았겠군.**

근거 <보기>-2 순수 기악이 우세했던 빈과는 달리 이탈리아와 프랑스에서는 오페라가 여전히 음악의 중심

풀이 호프만은 독일의 음악 비평가로, 순수 기악의 정수인 베토벤의 교향곡을 극찬했던 인물이다. 이탈리아와 프랑스에서 '여전히' 유행하고 있던 오페라에 대해 '새로운' 전통을 창조한 음악이라고 평가하지는 않았을 것이다.

→ 적절하지 않음!

독일 음악 비평가들 　 교향곡은 오페라보다

**③ 음악을 '앎의 방식'으로 보는 관점을 가진 사람들에게 오페라는 교향곡보다 *우월한 장르로 평가받았겠군.** *優越–, 더 나은

풀이 음악을 '앎의 방식'으로 보는 관점을 가진 사람들은 당시 독일의 음악 비평가들이다. 그들은 순수 기악을 높이 평가하는 입장이었으므로, 오페라보다는 교향곡을 더 나은 장르로 평가했을 것이다.

→ 적절하지 않음!

유려한 가락에 능함

**④ 스탕달에 따르면, 로시니의 음악은 베토벤이 세운 '창작 방식의 전형'을 따름으로써 빈의 현학적인 음악가들을 뛰어넘은 것이겠군.**

근거 <보기>-3 스탕달은 로시니가 빈의 현학적인 음악가들과는 달리 유려한 가락에 능하다는 이유를 들어 그를 최고의 작곡가로 평가하였다.

풀이 스탕달은 로시니가 빈의 현학적인 음악가들과는 '다르다'고 평가하였다. 따라서 베토벤의 창작 방식을 따랐다는 말은 틀린 설명이다.

→ 적절하지 않음!

이탈리아, 프랑스 　 독일

**⑤ 당시 오페라가 여전히 인기를 얻을 수 있었던 것은 음악을 '정서의 촉발자'가 아닌 '능동적 이해의 대상'으로 보려는 청중의 견해 때문이었겠군.**

근거 <보기>-2 순수 기악이 우세했던 빈과는 달리 이탈리아와 프랑스에서는 오페라가 여전히 음악의 중심

풀이 음악을 정서의 촉발자가 아니라 능동적 이해의 대상으로 보기 시작했다는 설명은 독일의 비평가들에 대한 내용이다. 오페라가 인기 있었던 지역은 독일이 아니라 이탈리아와 프랑스였다.

→ 적절하지 않음!

**[044~047] 다음 글을 읽고 물음에 답하시오.**

1 [1]서양 음악에서 기악(器樂, 악기를 사용하여 연주하는 음악)은 르네상스 말기에 탄생하였지만 바로크 시대에 이르면 악기의 발달과 함께 다양한 장르를 형성하면서 비약적인(飛躍的–, 지위나 수준이 갑자기 빠른 속도로 높아지는) 발전을 이루게 된다. [2]하지만 가사가 있는 성악에 익숙해져 있던 사람들에게 기악은 내용 없는 공허한(空虛–, 텅 빈) 울림에 지나지 않았다. [3]이러한 비난을 면하기 위해 기악은 일정한 의미를 가져야 하는 과제를 안게 되었다.

→ 바로크 시대의 기악의 발전과 과제

2 [1]바로크 시대의 음악가들은 이러한 과제에 대한 해결의 실마리를 '정서론'과 '음형론'에서 찾으려 했다. [2]이 두 이론은 본래 성악 음악을 배경으로 태동하였으나(胎動–, 생겨났으나) 점차 기악 음악에도 적용되었다. [3]정서론에서는 웅변가가 청중의 마음을 움직이듯 음악가도 청자들의 정서를 움직여야 한다고 본다. [4]그렇게 하기 위해서는 한 곡에 하나의 정서만이 지배적이어야 한다. [5]그것은 연설에서 한 가지 논지(論旨, 말이나 글의 취지나 목적)가 일관되게 견지되어야(堅持–, 지켜져야) 설득력이 있는 것과 같은 이유에서였다.

→ 일관된 정서를 강조한 '정서론'

3 [1]한편 음형론에서는 가사의 의미에 따라 그에 적합한 음형을 표현 수단으로 삼는데, 르네상스 후기 마드리갈이나 바로크 초기 오페라 등에서 그 예를 찾을 수 있다. [2]바로크 초반의 음악 이론가 부어마이스터는 마치 웅변에서 말의 고저나 완급(緩急, 느림과 빠름), 장단 등이 호소력을 이끌어 내듯 음악에서 이에 상응하는(相應–, 걸맞은) 효과를 낳는 장치들에 주목하였다. [3]예를 들어, 가사의 뜻에 맞춰 가락이 올라가거나, 한동안 쉬거나, 음들이 딱딱 끊어지게 ㉠ 연주하는 방식 등이 이에 해당한다.

→ 가사의 의미에 따라 적합한 음형을 표현 수단으로 삼는 '음형론'

4 [1]바로크 후반의 음악 이론가 마테존 역시 수사학(修辭學, 사상이나 감정을 효과적이고 아름답게 표현할 수 있도록 문장과 언어의 사용법을 연구하는 학문) 이론을 끌어들여 어느 정도 객관적으로 소통될 수 있는 음 언어에 대해 설명하였다. [2]또한 기존의 정서론을 음악 구조에까지 확장하며 당시의 음조(音調)(소리의 높낮이와 강약, 빠르고 느린 것 따위의 정도)를 특정 정서와 연결하였다. [3]마테존에 따르면 다장조는 기쁨을, 라단조는 경건하고(敬虔–, 위엄있고 정중하고) 웅장함(雄壯–, 규모가 크고 으리으리함)을 유발한다.

→ 마테존의 음 언어 설명

5 [1]그러나 마테존의 진정한 업적은 음악을 구성적 측면에서 논의한 데 있다. [2]그는 성악곡인 마르첼로의 아리아를 논의하면서 그것이 마치 기악곡인 양 가사는 전혀 언급하지 않은 채, 주제 가락의 착상(着想, 어떤 일이나 창작의 실마리가 되는 생각이나 구상)과 치밀한 전개 방식 등에 집중하였다. [3]이는 가락, 리듬, 화성과 같은 형식적 요소가 중시되는 순수 기악 음악의 도래(到來, 어떤 시기나 기회가 닥쳐옴)가 멀지 않았음을 의미하는 것이었다. [4]실제로 한 세기 후 음악 미학자 한슬리크는 음악이 사람의 감정을 묘사하거나 표현하는 것이 아니라, 음들의 순수한 결합 그 자체로 깊은 정신세계를 보여 주는 것이라 주장하기에 이른다.

→ 음악을 구성적 측면에서 논의한 마테존의 업적

■지문 이해

〈바로크 시대의 음악, 정서론과 음형론〉

**❶ 바로크 시대의 기악의 발전과 과제**
- 바로크 시대의 기악의 발전 : 악기의 발달과 함께 다양한 장르를 형성하면서 비약적인 발전을 이룸
- 과제 : 가사가 없는 기악은 '내용 없는 공허한 울림'이라는 비난을 면하기 위해 일정한 의미를 가져야 하는 과제를 안게 됨

| ❷ 일관된 정서를 강조한 '정서론' | ❸ 가사의 의미에 따라 적합한 음형을 표현 수단으로 삼는 '음형론' |
|---|---|
| • 웅변가가 청중의 마음을 움직이듯 음악가도 청자들의 정서를 움직여야 함<br>→ 연설에서 한 가지 논지가 일관적으로 견지되어야 설득력을 얻는 것처럼, 한 곡에 하나의 정서만이 지배적이어야 함 | • 가사의 의미에 따라 그에 적합한 음형을 표현 수단으로 삼음<br>• 부어마이스터 : 마치 웅변에서 말의 고저나 완급, 장단 등이 호소력을 이끌어 내듯 음악에서 이에 상응하는 효과를 낳는 장치들에 주목 |

**❹ 마테존의 음 언어 설명**
- 수사학 이론을 끌어들여 어느 정도 객관적으로 소통될 수 있는 음 언어에 대해 설명
- 기존의 정서론을 음악 구조에까지 확장하며 당시의 음조를 특정 정서와 연결 → 다장조는 기쁨, 라단조는 경건하고 웅장함

**❺ 음악을 구성적 측면에서 논의한 마테존의 업적**
- 마르첼로의 아리아(성악곡)에 대한 논의 : 마치 기악곡인 것처럼 가사는 전혀 언급하지 않은 채, 주제 가락의 착상과 치밀한 전개 방식 등에 집중
- 한슬리크 : 음악이 사람의 감정을 묘사하거나 표현하는 것이 아니라, 음들의 순수한 결합 그 자체로 깊은 정신세계를 보여 주는 것이라 주장

틀리기 쉬운 문제

**044** 글의 서술 방식 파악 - 적절한 것 고르기 2012학년도 수능 43번
정답률 45%, 매력적 오답 ④ 50% | 정답 ③

### 윗글의 내용 전개 방식으로 가장 적절한 것은? [1점]

근거 ❶문단 : 바로크 시대의 기악의 발전과 과제
❷문단 : 일관된 정서를 강조한 '정서론'
❸문단 : 가사의 의미에 따라 적합한 음형을 표현 수단으로 삼는 '음형론'
❹문단 : 마테존의 음 언어 설명
❺문단 : 음악을 구성적 측면에서 논의한 마테존의 업적

풀이 이 글은 ❶문단에서 바로크 시대의 기악은 의미를 가져야 하는 과제를 안게 되었다고 언급하며 문제 상황을 제시한 후, ❷~❺문단에서 바로크 시대 음악가들이 그에 대한 해결의 실마리를 찾고자 한 '정서론'과 '음형론'에 대해 설명하고 있다. 이어서 음악가들이 기악에 일정한 의미를 부여하고자 시도했던 이론들을 다루고 있다. 즉 '기악이 성악보다 추상적'이라는 인식에 대해 기악곡에서 의미를 찾을 수 있어야 한다는 문제 상황(과제)을 소개하고 이를 해결하는 과정을 제시하고 있는 것이다. 따라서 정답은 ③번이다.

**① 구체적 증거를 활용하여 *통념이 잘못된 것임을 증명하고 있다.** *通念, 일반적으로 널리 통하는 생각

**② 비유적인 예를 통하여 문제를 제기하고 이를 반박하고 있다.**

바로크 시대 기악의 과제 : 의미를 가져야 함

**③ 문제 상황을 소개하고 이를 해결하는 과정을 제시하고 있다.**
→ 적절함! ('정서론'과 '음형론' → 마테존의 이론)

**④ 어떤 이론이 다양하게 *분화하는 과정을 보여 주고 있다.** *分化-, 단순한 것에서 복잡한 것이나 다른 것으로 변하는

풀이 어떤 이론이 다양하게 분화하는 과정이 나타나려면, 한 이론을 뿌리로 하여 여러 이론들이 파생되어 발전하는 과정이 제시되어야 한다. 윗글에서 정서론, 음형론, 수사학 이론에 기반한 마테존의 이론 등 다양한 이론이 제시된 것은 맞으나, 이들은 바로크 시대의 음악가들과 마테존이 각각 주장한 이론들일 뿐, 한 이론에서 분화되었다는 내용은 언급되지 않았다.

**⑤ 문답 형식으로 화제에 대해 구체적으로 설명하고 있다.**

**045** 세부 정보 이해 - 적절하지 않은 것 고르기 2012학년도 수능 44번
정답률 80% | 정답 ④

### 윗글의 내용과 일치하지 않는 것은?

**① 바로크 시대의 기악은 악기가 발달하고 다양한 장르가 형성되면서 발전하였다.**

근거 ❶-1 서양 음악에서 기악은 르네상스 말기에 탄생하였지만 바로크 시대에 이르면 악기의 발달과 함께 다양한 장르를 형성하면서 비약적인 발전을 이루게 된다.

→ 적절함!

= 본래 성악 음악을 배경으로 태동

**② 정서론과 음형론은 성악을 배경으로 출현하였으나 점차 기악으로 확대 적용되었다.**

근거 ❷-2 이 두 이론('정서론'과 '음형론')은 본래 성악 음악을 배경으로 태동하였으나 점차 기악 음악에도 적용되었다.

→ 적절함!

**③ 부어마이스터는 언어와 음악의 관련성을 강조하며 음형론의 실제적인 예들을 보여 주었다.**

근거 ❸-2~3 바로크 초반의 음악 이론가 부어마이스터는 마치 웅변에서 말의 고저나 완급, 장단 등이 호소력을 이끌어 내듯 음악에서 이에 상응하는 효과를 낳는 장치들에 주목하였다. 예를 들어, 가사의 뜻에 맞춰 가락이 올라가거나, 한동안 쉬거나, 음들이 딱딱 끊어지게 연주하는 방식 등이 이에 해당한다.

→ 적절함!

마치 기악곡인 양 가사는 전혀 언급하지 않은 채

**④ 마테존은 아리아를 분석하면서 가사의 의미와 악곡의 전개 방식들의 관계에 대하여 논의하였다.**

근거 ❺-2 그(마테존)는 성악곡인 마르첼로의 아리아를 논의하면서 그것이 마치 기악곡인 양 가사는 전혀 언급하지 않은 채, 주제 가락의 착상과 치밀한 전개 방식 등에 집중하였다.

풀이 마테존은 아리아가 마치 기악곡인 것처럼 가사는 전혀 언급하지 않았다고 하였으므로, 가사의 의미와 악곡 전개 방식의 관계에 대해 논의했다고 볼 수 없다.

→ 적절하지 않음!

= 음들의 순수한 결합 그 자체 / 순수 기악 음악

**⑤ 한슬리크는 음들의 결합 그 자체가 만들어 내는 형식적 원리를 강조하였다.**

근거 ❺-3~4 가락, 리듬, 화성과 같은 형식적 요소가 중시되는 순수 기악 음악의 도래가 멀지 않았음을 의미하는 것이었다. 실제로 한 세기 후 음악 미학자 한슬리크는 음악이 사람의 감정을 묘사하거나 표현하는 것이 아니라, 음들의 순수한 결합 그 자체로 깊은 정신세계를 보여 주는 것이라 주장하기에 이른다.

→ 적절함!

**046** 자료 해석의 적절성 판단 - 적절하지 않은 것 고르기 2012학년도 수능 45번
정답률 75%, 매력적 오답 ③ 10% | 정답 ④

### 윗글을 바탕으로 〈보기〉를 이해한 내용으로 적절하지 않은 것은?

**① ⓐ : 경건하고 웅장한 분위기 설정을 위한 것이겠군.**

근거 ❹-3 마테존에 따르면 다장조는 기쁨을, 라단조는 경건하고 웅장함을 유발한다.

→ 적절함!

**② ⓑ : 뚝뚝 떨어지는 '눈물'을 묘사한 것이겠군.**

근거 ❸-3 가사의 뜻에 맞춰 가락이 올라가거나, 한동안 쉬거나, 음들이 딱딱 끊어지게 연주하는 방식 등

→ 적절함!

**③ ⓒ : '하늘'이 높다는 의미를 염두에 둔 것이겠군.**

근거 ❸-3 가사의 뜻에 맞춰 가락이 올라가거나, 한동안 쉬거나, 음들이 딱딱 끊어지게 연주하는 방식 등

→ 적절함!

가사의 의미를

**④ ⓓ : 말의 장단을 음악적으로 표현한 것이겠군.**

근거 ❸-3 가사의 뜻에 맞춰 가락이 올라가거나, 한동안 쉬거나, 음들이 딱딱 끊어지게 연주하는 방식 등

풀이 '온쉼표'는 '아무 말 없네'라는 가사의 뒤에 이어지는 부분이므로, 부어마이스터의 견해와 연결하면 가사의 뜻에 맞춰 '말이 없는 상황'을 표현하기 위한 것이다. 즉, '말의 장단'이 아닌 '가사의 의미'를 음악적으로 표현한 것이다.

→ 적절하지 않음!

**⑤ ⓔ : 기쁨을 표현하고자 한 것이겠군.**

근거 ❹-3 마테존에 따르면 다장조는 기쁨을, 라단조는 경건하고 웅장함을 유발한다.

→ 적절함!

| 047 | 어휘의 적절성 판단 - 적절한 것 고르기 2012학년도 수능 46번<br>정답률 80%, 매력적 오답 ④ 10% | 정답 ① |
|---|---|---|

**㉠과 관련하여 <보기>의 A, B에 들어갈 말로 가장 적절한 것은?**

㉠ 연주하는 방식

| 보 기 |
그녀가 손가락으로 가야금을 (  A  ) 시작하자, 그는 채로 장구를 (  B  ) 시작했다.

풀이 가야금은 현을 퉁겨서 연주하는 악기인 탄현 악기의 한 종류이므로 '뜯다', '타다', '퉁기다'와 호응하고, 장구는 두드려서 소리를 내는 악기인 타악기의 한 종류이므로 '치다', '두드리다'와 호응한다.

| | A | B | |
|---|---|---|---|
|  ① | 뜯기 | 치기 | → 적절함! |
| ② | 치기 | 켜기 | |

풀이 켜다 : 현악기의 줄을 활 따위로 문질러 소리를 내다.

③ 타기 퉁기기

풀이 타다 : 악기의 줄을 퉁기거나 건반을 눌러 소리를 내다.
퉁기다 : 기타, 하프 따위의 현을 당겼다 놓아 소리가 나게 하다.

④ 켜기 두드리기

⑤ 퉁기기 타기

문제편 p.288

# Ⅵ 복합 지문

[001~006] 다음 글을 읽고 물음에 답하시오.

(가)

1 [1]춘추 전국 시대(春秋戰國時代, 중국의 춘추 시대와 그 다음의 전국 시대를 아울러 이르는 말)의 논쟁(論爭, 서로 다른 의견을 가진 사람들이 각각 자신의 주장을 말이나 글로 옳고 그름을 따져 다툼) 주제 중 하나였던 음악은 진나라(秦-, 전국 시대 이후 중국 최초로 통일을 완성한 국가) 때 저작(著作, 책)인 ㉠『여씨춘추』에서도 비중 있게 다뤄졌다. [2]이 저작(『여씨춘추』)에서는 음악을 인간의 자연스러운 감정이 표출되어(表出-, 겉으로 나타나) 형성된(形成-, 이루어진) 것이자 백성 교화(敎化, 가르치고 이끌어서 좋은 방향으로 나아가게 함)의 수단(手段, 목적을 이루기 위한 도구)으로 인식하면서도(認識-, 구별하고 판단하여 알면서도) 즐거움을 주는 욕구(欲求, 무엇을 얻고자 하거나 무슨 일을 하고자 하는 바람)의 대상으로 보는 것에 주안점(主眼點, 특히 중점을 두어 살피는 점)을 두었다. [3]지배층의 사치스러운 음악 향유(享有, 누리어 가짐)를 거론하며(擧論-, 토론 거리로 문제를 내어놓으며) 음악을 아예 거부하는 묵자(墨子, 춘추 전국 시대의 사상가, 묵가 사상을 처음 내세운 사람)에 대해 이(음악을 아예 거부하는 것)는 인간의 자연적 욕구를 거스르는 것이라 비판하고, 좋은 음악이란 신분(身分, 사회적 위치나 계급, 자격), 연령(年齡, 나이) 등을 막론하고(莫論-, 이것저것 따지고 가려 말하지 않고) 모든 사람들에게 즐거움을 주는 것이라고 주장하였다.

→ 음악을 비중 있게 다룬 진나라 때 저작『여씨춘추』

2 [1]이전까지는 음악이 모든 사람에게 동일한 영향을 미친다고 여겼지만, 『여씨춘추』에서는 음악을 듣는 주체(감상자)의 수준과 감성에 따라 동일한 음악이라도 상이한(相異-, 서로 다른) 느낌과 결과를 유발한다고(誘發-, 일어나게 한다고) 보았다. [2]인간이 감정을 가진 것처럼 음악에도 감정이 담겨 있다고 전제하고(前提-, 먼저 내세우고), 음악을 통해 감정을 적절히 해소하거나(解消-, 해결하여 없애 버리거나) 표현하면 결과적으로 장수할(長壽-, 오래도록 살) 수 있다고 주장하였다. [3]음악을 통해 감정의 표현이 적절해지면 사람의 마음은 편안해지며, 생명 연장(延長, 본래보다 길게 늘림)까지도 가능하다고 본 것이다.

→ 음악이 주는 영향에 대한『여씨춘추』의 견해

3 [1]『여씨춘추』에 따르면, 천지(天地, 하늘과 땅, 세상, 우주의 뜻으로 쓰임)를 채운 기(氣)(기운 기)가 음악을 통해 균형을 이루는데, 음악의 조화로운(調和-, 서로 잘 어울리는) 소리가 자연의 기와 공명하여(共鳴-, 공감하여 함께하려는 생각을 갖고) 천지의 조화에 기여할(寄與-, 도움이 되도록 힘을 쓸) 수 있고, 인체 내에서도 기의 원활한 순환(循環, 되풀이하여 도는 과정)을 돕는다. [2]음악은 우주 자연의 근원(根源, 본바탕)에서 비롯되어(처음으로 시작되어) 음양(陰 그늘 음 陽 볕 양)의 작용에 따라 자연에서 생겨나지만, 조화로운 소리는 적절함을 위해 인위적(人爲的, 자연의 힘이 아닌 인간 활동에 의해 이루어지는) 과정을 거쳐야 한다고 지적하고, 좋은 음악은 소리의 세기와 높낮이가 적절해야 한다고 주장하였다.

→ 음악의 조화로운 소리에 대한『여씨춘추』의 견해

4 [1]음악에 대한 『여씨춘추』의 입장은 인간의 선천적(先天的, 태어날 때부터 지니고 있는) 욕구의 추구(追求, 뒤좇아 구함)를 인정하면서도(認定-, 확실히 그렇다고 여기면서도) 음악을 통한 지나친 욕구의 추구는 적절히 통제되어야(統制-, 일정한 한도를 넘지 못하게 막아야) 한다는 것이라 할 수 있다. [2]이러한 입장은 『여씨춘추』의 '생명을 귀하게 여긴다.'는 '귀생(貴生)(귀하다 귀, 나다 생)'의 원칙을 통해 분명하게 확인할 수 있다. [3]이('귀생(貴生)') 원칙에 따르면, 인간은 자연적인 욕구에 따라 음악을 즐기면서도 그것(음악)이 생명에 도움이 되는지의 여부(생명에 도움이 되는지 도움이 되지 않는지)에 따라 그것의 좋고 나쁨을 판단하고 취사선택해야(取捨選擇-, 여럿 가운데 쓸 것은 쓰고 버릴 것은 버려야) 한다. [4]이에 따라 『여씨춘추』에서는 개인적인 욕구에 따른 일차적인(一次的-, 근본적이고 원초적인) 자연적 음악보다 인간의 감정과 욕구를 절도(節度, 일맞은 정도를 지키게 하는 기준) 있게 표현한 선왕(先王)(먼저 선, 임금 왕 : 조상 세대의 임금)들의 음악을 더 중시하였다. [5]그리고 선왕들의 음악이 민심(民心, 백성의 마음)을 교화하는 도덕적 기능이 있다고 지적하였다.

→ '귀생'의 원칙을 통해 확인할 수 있는, 음악에 대한『여씨춘추』의 입장

(나)

1 [1]음악적 아름다움의 본질(本質, 처음부터 가지고 있는 본바탕의 성질)은 무엇인가? [2]19세기 미학자(美學者, 자연과 예술 등에 담긴 아름다움의 현상이나 가치 등을 연구하는 학자) 한슬리크는 "㉡ 음악의 아름다움은 외부의 어떤 것에도 의존하지(依存-, 기대어 존재하지) 않고, 오로지 음과 음의 결합에 의해 이루어진다."라고 주장했다. [3]예를 들면, 모차르트의 '교향곡 제40번 사단조'는 '사' 음을 으뜸음(-音, 음계의 첫 음)으로 하는 단음계(短音階, 서양 음악에서 한 옥타브가 다섯 개의 온음과 두 개의 반음으로 이루어진 온음계의 하나)로 작곡된(作曲-, 음악 작품이 창작된) 조성(調性, 으뜸음을 중심으로 여러 음이 질서와 통일을 이루고 있는) 음악으로, 여기에는 제목이나 가사 등 음악 외적인(外的-, 속하지 않는) 어떤 것도 개입하지(介入-, 끼어들지) 않는다. [4]다만 7 개의 음을 사용하여 음계(音階, 일정한 음정의 순서로 음을 차례로 늘어놓은 것)를 구성하고, 으뜸, 딸림(서양 음계의 다섯 번째 음), 버금딸림(서양 음계의 네 번째 음) 등 각각의 기능에 따라 규칙적인 화성(和聲, 높낮이가 서로 다른 여러 음이 동시에 울려서 나타나는 음의 흐름) 진행을 한다. [5]조성 음악의 체계는 17 세기 이후 지속된 서양 음악의 구조적 기본틀(基本-, 기본이 되는 형식)이었다.

→ 음악의 아름다움에 대한 전통적 개념

2 [1]그러나 20 세기 초 서양 음악은 전통적인 아름다움의 개념을 거부하고 새로운 미적 가치(美的價値, 아름다움에 대하여 평가하는 태도나 견해)를 추구하였다. [2]불협화음(不協和音, 둘 이상의 음이 같이 날 때, 서로 어울리지 않아 조화롭지 않게 들리는 음)이 반드시 협화음(協和音, 둘 이상의 음이 같이 날 때, 잘 어울려서 듣기 좋은 음)으로 해결되어야 한다는 기존의 조성 음악으로부터의 탈피(脫皮, 완전히 벗어남)를 보여 주는 대표적인 음악들 중의 하나가 표현주의 음악이다. [3]표현주의는 20 세기 초반에 나타난 예술 사조(思潮, 한 시대에 나타나는 공통적이고 일반적인 사상의 흐름)로서 미술에서 시작하여 음악과 문학 등 예술의 제(諸, 여러) 분야에 영향력을 미쳤다. [4]표현주의 예술은 소외된 인간 내면(內面, 속마음)의 주관적인(主觀的-, 자기의 의견, 생각하는 방향과 태도를 기초로 하는) 감성을 충실하게 표현하려는 사조이다. [5]표현주의 음악의 주된 특성은 조성 음악의 체계가 상실된(喪失-, 없어진) 것이며, 이(조성 음악 체계의 상실)는 곧 '무조(無調, 뚜렷한 조성이 없어서 장조나 단조 등의 조에 따르지 않는) 음악'의 탄생으로 이어졌다. [6]당시 쇤베르크가 발표한 음악 프로그램 노트에는 이렇게 적혀 있다. [7]"처음으로 나는 지난 시기 미학의 모든 울타리를 부숴 버렸으며, 사명(使命, 맡겨진 임무)을 띠고 한 이념을 부르짖는다."

→ 20 세기 초 등장한 표현주의 음악과 무조 음악

3 [1]무조 음악은 12 개의 음을 자유롭게 사용하며, 다양한 불협화음을 다룬다. [2]대표적인 예는 쇤베르크가 1912년에 발표한 작품 '㉢ 달에 홀린 피에로'이다. [3]이 작품(쇤베르크의 '달에 홀린 피에로')은 상징주의 시인인 지로가 발표한 연시집(連詩集, 하나의 주제를 두고 내용상 관련이 있게 여러 개 쓴 것을 하나로 만든 '연작시'를 수록한 시집)에 수록된(收錄-, 실린) 50 편의 시 중에서 21 편을 가사로 삼아 작곡한 성악곡(聲樂曲, 사람의 목소리로 하는 음악인 '성악'을 위해 만들어진 곡)이다.

→ 무조 음악의 대표적인 예 : 쇤베르크의 '달에 홀린 피에로'

Rezitation
Fin-stre, schwar-ze Rie-sen fal - ter tö-tet-en der Son - ne Glanz.

4 [1]이 곡(쇤베르크의 '달에 홀린 피에로')의 성악 성부(聲部, 소프라노, 알토, 테너, 베이스 등으로 구성되는 다성 음악의 각 부분)는 새로운 성악 기법으로 주목을 받았다. [2]즉 악보에 음표를 표기하기는(表記-, 적어서 나타내기는) 하였으나, 모든 음표에 ×표를 하여 연주할 때에는 음높이를 정확하게 드러내지 않고 '말하는 선율(旋律, 소리의 높낮이가 길이나 리듬과 어울려 나타나는 음의 흐름)'로 연주하도록 하였다. [3]피에로로 분장한 낭송자(朗誦者, 크게 소리를 내어 글을 읽거나 외우는 사람)가 날카로운 사회 비판과 풍자(諷刺, 사회의 부정적인 현상이나 이치에 맞지 않는 일 등을 빗대어 비웃으며 비판함)를 담은 가사를 읊는다. [4]또한 기악(器樂, 악기를 사용하여 연주하는 음악) 성부는 다양한 악기 배합(配合, 일정한 비율로 섞음)과 주법(奏法, 악기를 연주하는 방법)을 통해 새로운 음향(音響, 소리와 울림)을 창출한다.(創出-, 만들어낸다.) [5]이 곡(쇤베르크의 '달에 홀린 피에로')은 무조적 짜임새를 기본으로

하여, 낭송조(朗誦調, 크게 소리를 내어 글을 읽거나 외우는 말투)의 표현적 측면을 강조한 새로운 성악 기법과, 새로운 연주 기법을 시도한 색채적(色彩的, 화려하게 표현한) 음향 등을 통해 표현주의 음악의 특징을 드러내는 작품이라고 볼 수 있다.

→ 쇤베르크의 '달에 홀린 피에로'가 가진 특징

■지문 이해

(가)

**<『여씨춘추』에서 말하는 음악>**

| ❶ 음악을 비중 있게 다룬 진나라 때 저작 『여씨춘추』 |
|---|
| • 음악 : 인간의 자연스러운 감정이 표출되어 형성된 것이자 백성 교화 수단, 즐거움을 주는 욕구의 대상<br>• 좋은 음악은 신분, 연령을 막론하고 모든 사람들에게 즐거움을 주는 것이라고 주장함 |

| ❷ 음악이 주는 영향에 대한 『여씨춘추』의 견해 | |
|---|---|
| 이전까지의 견해 | 『여씨춘추』의 견해 |
| • 음악은 모든 사람에게 동일한 영향을 미친다고 여김 | • 감상자의 수준, 감성에 따라 동일한 음악도 다른 느낌과 결과를 유발한다고 봄<br>• 음악에도 감정이 담겨 있으며, 음악을 통해 감정을 해소하거나 표현할 수 있다고 봄 |

| ❸ 음악의 조화로운 소리에 대한 『여씨춘추』의 견해 |
|---|
| • 천지를 채운 기(氣)가 음악을 통해 균형을 이룬다고 봄<br>• 음악은 우주 자연의 근원에서 비롯되지만 조화로운 소리는 인위적 과정을 거쳐야 하며, 좋은 음악은 소리의 세기와 높낮이가 적절해야 한다고 주장함 |

| ❹ '귀생'의 원칙을 통해 확인할 수 있는, 음악에 대한 『여씨춘추』의 입장 |
|---|
| • 인간은 자연적 욕구에 따라 음악을 즐기면서도, 생명에 도움이 되는지의 여부에 따라 음악의 좋고 나쁨을 판단하고 취사선택해야 한다고 봄<br>• 민심을 교화하는 도덕적 기능이 있는 선왕(先王)들의 음악을 중시함 |

(나)

**<20 세기 초 새롭게 등장한 표현주의 음악>**

| ❶ 음악의 아름다움에 대한 전통적 개념 |
|---|
| • 음악적 아름다움의 본질을 음악 내부에서 찾음 : 제목, 가사 등 음악 외적인 것을 개입시키지 않음<br>• 조성 음악<br>- 7 개의 음을 사용하여 음계를 구성하고 규칙적인 화성 진행을 함<br>- 불협화음이 반드시 협화음으로 해결되어야 한다고 봄(❷)<br>• 조성 음악 체계는 17 세기 이후 지속된 서양 음악의 구조적 기본틀 |

⇕

| ❷ 20 세기 초 등장한 표현주의 음악과 무조 음악 |
|---|
| • 표현주의 음악<br>- 기존의 조성 음악으로부터 탈피하고자 함<br>- 인간 내면의 주관적 감성을 충실히 표현하려 함<br>- 조성 음악 체계의 상실 → 무조 음악의 탄생 |

| ❸~❹ 무조 음악의 대표적인 예 : 쇤베르크의 '달에 홀린 피에로' |
|---|
| • 무조 음악 : 12 개의 음을 자유롭게 사용하며, 다양한 불협화음을 다룸<br>• 쇤베르크의 '달에 홀린 피에로'<br>- 무조적 짜임새를 기본으로 함<br>- 새로운 성악 기법 : 음높이를 정확하게 드러내지 않고 말하는 선율로 연주함<br>- 새로운 연주 기법 : 다양한 악기 배합과 주법을 통해 색채적 음향을 창출함<br>⇒ 표현주의 음악의 특징이 드러나는 작품 |

**tip** • 시카고 심포니 오케스트라가 연주한 쇤베르크 '달에 홀린 피에로' 유튜브 동영상

https://www.youtube.com/watch?v=bd2cBUJmDr8&feature=youtu.be
→ 유튜브에서 'Schoenberg's Pierrot lunaire'를 검색!

**001** 글의 서술 방식 파악 - 적절한 것 고르기 2022학년도 예시문항 16번 **정답 ②**

**다음은 (가), (나)를 읽고 학생이 작성한 활동지의 일부이다. ⓐ~ⓒ에 대한 평가를 바르게 짝지은 것은?**

| 공통점 | ○ 음악에 대한 *견해를 설명하기 위해 그 견해와 **대비되는 견해를 ***제시함. *見解, 자신의 의견이나 생각 **對比-, 서로 비교되어 차이가 드러나는 ***提示-, 나타내어 보임 ········ ⓐ<br>⋮ |
|---|---|
| 차이점 | ○ (가)와 달리 (나)는 특정 음악 작품을 예로 제시함. ········ ⓑ<br>○ (나)와 달리 (가)는 음악을 다른 예술 갈래와 비교함. ········ ⓒ<br>⋮ |

**근거** (가)-❷-1 이전까지는 음악이 모든 사람에게 동일한 영향을 미친다고 여겼지만, 『여씨춘추』에서는 음악을 듣는 주체의 수준과 감성에 따라 동일한 음악이라도 상이한 느낌과 결과를 유발한다고 보았다, (나)-❶-5 조성 음악의 체계는 17 세기 이후 지속된 서양 음악의 구조적 기본틀이었다, (나)-❷-1 그러나 20 세기 초 서양 음악은 전통적인 아름다움의 개념을 거부하고 새로운 미적 가치를 추구하였다, (나)-❶-3 예를 들면, 모차르트의 '교향곡 제40번 사단조'는, (나)-❸-2 대표적인 예는 쇤베르크가 1912년에 발표한 작품 '달에 홀린 피에로'이다.

**풀이** (가)에서는 음악에 대한 이전까지의 견해와 『여씨춘추』에서의 견해를 대비하여 제시하고 있고, (나)에서는 19 세기까지 조성 음악으로 대표되는, 음악적 아름다움의 본질에 대한 전통적인 견해와 20 세기 이후 표현주의 음악으로 대표되는, 새롭게 등장한 음악에 관한 견해를 대비하여 제시하였다. 따라서 ⓐ는 적절하다. 또 (가)에서는 특정 음악 작품을 예로 제시하지 않았지만, (나)에서는 모차르트의 '교향곡 제40번 사단조'나 쇤베르크의 '달에 홀린 피에로'를 예로 들어 설명하고 있으므로, ⓑ는 적절하다. 한편 (가)와 (나)에서 음악을 다른 예술 갈래와 비교한 내용을 찾을 수 없으므로 ⓒ는 적절하지 않다. 따라서 정답은 ②번이다.

| | ⓐ | ⓑ | ⓒ |
|---|---|---|---|
| ① | 적절 | 적절 | 적절 |
| ② | 적절 | 적절 | 부적절 |
| ③ | 적절 | 부적절 | 적절 |
| ④ | 부적절 | 적절 | 적절 |
| ⑤ | 부적절 | 부적절 | 부적절 |

→ 적절함!

**002** 세부 정보 이해 - 적절하지 않은 것 고르기 2022학년도 예시문항 17번 **정답 ⑤**

**㉠에 제시된 음악에 대한 견해와 *부합하는 진술로 적절하지 않은 것은?** *符合-, 꼭 들어맞는

㉠『여씨춘추』

**① 너무 큰 소리와 너무 작은 소리로 이루어진 음악은 적절하지 않은 음악이 된다.**

**근거** (가)-❸-2 좋은 음악은 소리의 세기와 높낮이가 적절해야 한다고 주장

→ 적절함!

**② 훌륭한 음악은 *군주와 신하, 아버지와 자식, 어른과 어린아이 모두에게 즐거움을 주는 것이다.** *君主, 왕

**근거** (가)-❶-3 좋은 음악이란 신분, 연령 등을 막론하고 모든 사람들에게 즐거움을 주는 것이라고 주장

→ 적절함!

**③ 사람이 음악을 즐기는 것은 선천적인 욕구에 따른 것이니 음악은 사람이 억지로 *부정할 수 있는 것이 아니다.** *否定-, 그렇지 않다고 단정하거나 옳지 않다고 반대함

**근거** (가)-❶-2~3 이 저작(『여씨춘추』)에서는 음악을 … 즐거움을 주는 욕구의 대상으로 보는 것에 주안점을 두었다. … 음악을 아예 거부하는 묵자에 대해 이는 인간의 자연적 욕구를 거스르는 것이라 비판, (가)-❹-1 음악에 대한 『여씨춘추』의 입장은 인간의 선천적 욕구의 추구를 인정

→ 적절함!

문제편 p.289

④ 음악에 감정이 있다는 것은 사람에게 감정이 있는 것과 같으니 음악을 듣고 감정을 적절히 해소하면 마음이 *쾌적해진다. *快適-. 상쾌하고 즐거워진다.

근거 (가)-②-2~3 인간이 감정을 가진 것처럼 음악에도 감정이 담겨 있다고 전제하고, 음악을 통해 감정을 적절히 해소하거나 표현하면 결과적으로 장수할 수 있다고 주장하였다. 음악을 통해 감정의 표현이 적절해지면 사람의 마음은 편안해지며, 생명 연장까지도 가능하다고 본 것

→ 적절함!

⑤ 쾌활한 사람이든지 우울한 사람이든지 막론하고 슬픈 *곡조의 음악을 들으면 누구나 슬픈 감정의 상태에 이르는 법이다. *曲調. 음악의 가락

근거 (가)-②-1 이전까지는 음악이 모든 사람에게 동일한 영향을 미친다고 여겼지만, 『여씨춘추』에서는 음악을 듣는 주체의 수준과 감성에 따라 동일한 음악이라도 상이한 느낌과 결과를 유발한다고 보았다.

풀이 슬픈 음악을 들으면 '누구나' 슬픈 감정에 이른다는 것은, 『여씨춘추』가 아니라 음악이 모든 사람에게 동일한 영향을 미친다고 본 이전까지의 견해에 해당한다. 『여씨춘추』에서는 음악을 듣는 주체의 감성에 따라 같은 음악도 서로 다른 느낌과 결과를 불러일으킨다고 하였으므로, 슬픈 음악을 듣더라도 사람에 따라 느끼는 감정이 다를 것이다.

→ 적절하지 않음!

## 003 | <보기>와 내용 비교 - 적절하지 않은 것 고르기 2022학년도 예시문항 18번 | 정답 ④

**(가)를 참고할 때, <보기>에 대한 반응으로 적절하지 않은 것은?** 3점

| 보 기 |

[1]노자(老子)(춘추 전국 시대의 사상가. 도가 사상을 처음 내세운 사람)는 인간의 자연스러운 본성(本性. 사람이 태어날 때부터 가진 성질)을 실현하는(實現-. 실제로 이루는) 데 욕구가 방해가 된다고 보고, 현실 속 음악을 거부하였다. [2]그(노자)에게 최고의 음악은 우주의 근원인 도(道)의 모습을 닮아 거의 들리지 않는 음악이었다. [3]욕구가 일어나지 않는 마음 상태를 이상적으로 본 장자(莊子)(춘추 전국 시대의 사상가. 도가 사상의 중심인물)는 노자와 같이 음악을 우주 자연의 근원에서 비롯되었다고 전제하면서 음악을 천지 만물(萬物. 세상에 있는 모든 것)의 조화와 결부하여(結付-. 서로 연관시켜) 설명하였다. [4]음악이 인간의 삶에서 결여될(缺如-. 빠져서 없음) 수 없다고 주장한 그(장자)는 의미 있는 음악이란 사람의 자연스러운 감정에 근본을 두면서도 형식화되어야 함을 지적하고, 선왕(先王)들이 백성들을 위해 제대로 된 음악을 만들었다고 보았다.

| ▶ 노자, 장자, 『여씨춘추』의 견해 비교 | 노자 | 장자 | 『여씨춘추』 |
|---|---|---|---|
| 인위적인 음악에 대해 부정적임 | ○ | | |
| 우주 자연의 근원에서 음악이 비롯되었다는 데 긍정적임 | ○ | ○ | ○ |
| 선왕들의 음악에 대해 긍정적임 | | ○ | ○ |
| 음악에 대한 묵자의 태도에 대해 부정적임 | | ○ | ○ |
| 만물의 조화를 중심으로 음악을 보는 것에 대해 긍정적임 | | ○ | ○ |

① 노자는 『여씨춘추』와 달리 인위적인 음악에 대해 부정적이었겠군.

근거 (가)-③-2 (『여씨춘추』에 따르면) 조화로운 소리는 적절함을 위해 인위적 과정을 거쳐야 한다고 지적하고, <보기>-1 노자(老子)는 … 현실 속 음악을 거부

풀이 『여씨춘추』에서는 조화로운 소리는 적절함을 위해 인위적 과정을 거쳐야 한다고 지적하였다. 반면 노자는 현실 속에서 인위적으로 만든 음악을 거부하였다.

→ 적절함!

② 노자는 『여씨춘추』와 같이 우주 자연의 근원에서 음악이 비롯되었다는 데 긍정적이었겠군.

근거 (가)-③-2 (『여씨춘추』에 따르면) 음악은 우주 자연의 근원에서 비롯되어, <보기>-3 장자(莊子)는 노자와 같이 음악을 우주 자연의 근원에서 비롯되었다고 전제하면서

풀이 노자, 장자, 『여씨춘추』는 모두 우주 자연의 근원에서 음악이 비롯되었다고 보았다.

→ 적절함!

③ 장자는 『여씨춘추』와 같이 선왕들의 음악에 대해 긍정적이었겠군.

근거 (가)-④-4 『여씨춘추』에서는 … 선왕(先王)들의 음악을 더 중시, <보기>-4 그(장자)는 … 선왕(先王)들이 백성들을 위해 제대로 된 음악을 만들었다고 보았다.

→ 적절함!

④ 장자는 『여씨춘추』와 달리 음악에 대한 묵자의 태도에 대해 부정적이었겠군. (마찬가지로)

근거 (가)-①-3 (『여씨춘추』에서는) 지배층의 사치스러운 음악 향유를 거론하며 음악을 아예 거부하는 묵자에 대해 이는 인간의 자연적 욕구를 거스르는 것이라 비판하고, <보기>-4 음악이 인간의 삶에서 결여될 수 없다고 주장

풀이 『여씨춘추』에서는 음악을 아예 거부하는 묵자에 대해 비판하였다. 장자는 음악이 인간의 삶에서 없어서는 안 된다고 보았으므로, 장자 또한 묵자의 태도에 대해 부정적이었을 것이다.

→ 적절하지 않음!

⑤ 장자는 『여씨춘추』와 같이 만물의 조화를 중심으로 음악을 보는 것에 대해 긍정적이었겠군.

근거 (가)-③-1 『여씨춘추』에 따르면, 천지를 채운 기(氣)가 음악을 통해 균형을 이루는데, 음악의 조화로운 소리가 자연의 기와 공명하여 천지의 조화에 기여할 수 있고, 인체 내에서도 기의 원활한 순환을 돕는다, <보기>-3 (장자는) 음악을 천지 만물의 조화와 결부하여 설명

→ 적절함!

## 004 | 세부 정보 이해 - 적절한 것 고르기 2022학년도 예시문항 19번 | 정답 ①

**한 이념의 실천 내용으로 가장 적절한 것은?**

근거 (나)-②-1~2 20 세기 초 서양 음악은 전통적인 아름다움의 개념을 거부하고 새로운 미적 가치를 추구하였다. … 대표적인 음악들 중의 하나가 표현주의 음악, (나)-②-6~7 당시 쇤베르크가 발표한 음악 프로그램 노트에는 이렇게 적혀 있다. "처음으로 나는 지난 시기 미학의 모든 울타리를 부숴 버렸으며, 사명을 띠고 한 이념을 부르짖는다."

풀이 쇤베르크가 말하는 '지난 시기 미학'은 '조성 음악 체계'로 대표되는 아름다움에 대한 전통적 관점에 해당하며, 한 이념은 20 세기 초 새로운 미적 가치의 추구로 등장한 표현주의 음악, 무조 음악과 관련된다. 따라서 '한 이념의 실천 내용'은 표현주의 음악과 무조 음악의 특징 및 이를 잘 드러내 주는 쇤베르크의 작품 '달에 홀린 피에로'와 관련된 내용을 찾으면 된다.

① 조성에서 벗어난 무조적 짜임새로 표현하는 것

근거 (나)-②-5 표현주의 음악의 주된 특성은 조성 음악의 체계가 상실된 것이며, 이는 곧 '무조 음악'의 탄생으로 이어졌다, (나)-④-5 이 곡(쇤베르크의 '달에 홀린 피에로')은 무조적 짜임새를 기본으로 하여

→ 적절함!

② 음계를 구성하는 7 개의 음을 사용한 화음들로 표현하는 것 (조성 음악 체계)

근거 (나)-①-4 (모차르트의 '교향곡 제40번 사단조'는) 7 개의 음을 사용하여 음계를 구성하고, 으뜸, 딸림, 버금딸림 등 각각의 기능에 따라 규칙적인 화성 진행을 한다, (나)-③-1 무조 음악은 12 개의 음을 자유롭게 사용하며, 다양한 불협화음을 다룬다.

풀이 음계를 구성하는 7 개의 음을 사용한 화음들로 표현하는 것은 '조성 음악'으로, 서양 음악의 아름다움에 대한 전통적인 관점에 해당한다. 20 세기 초반에 나타난 표현주의 음악은 조성 음악 체계의 상실을 특성으로 하며, 이는 12 개의 음을 자유롭게 사용하며 다양한 불협화음을 다루는 무조 음악의 탄생으로 이어진다. 따라서 음계를 구성하는 7 개의 음을 사용한 화음들로 표현하는 것은 '한 이념'의 실천 내용으로 적절하지 않다.

→ 적절하지 않음!

③ 사회 비판과 풍자를 가사에 담아 정확한 음높이로 표현하는 것 (말하는 선율로 연주)

근거 (나)-④-2~3 악보에 음표를 표기하기는 하였으나, 모든 음표에 ×표를 하여 연주할 때에는 음높이를 정확하게 드러내지 않고 '말하는 선율'로 연주하도록 하였다. 피에로로 분장한 낭송자가 날카로운 사회 비판과 풍자를 담은 가사를 읊는다.

풀이 쇤베르크의 작품 '달에 홀린 피에로'는 사회 비판과 풍자를 가사에 담고 있지만, 음높이를 정확하게 드러내지 않고 '말하는 선율'로 연주한다.

→ 적절하지 않음!

④ 불협화음을 사용할 경우에 반드시 협화음으로 해결하여 표현하는 것 (조성 음악 체계)

근거 (나)-②-2 불협화음이 반드시 협화음으로 해결되어야 한다는 기존의 조성 음악으로부터의 탈피를 보여 주는 대표적인 음악들 중의 하나가 표현주의 음악, (나)-③-1 무조 음악은 … 다양한 불협화음을 다룬다.

풀이 불협화음을 반드시 협화음으로 해결하여 표현한다는 것은 '조성 음악'에 해당하는 설명으로, 서양 음악의 아름다움에 대한 전통적인 관점에 해당한다. 무조 음악은 기

존의 조성 음악으로부터 탈피하여 다양한 불협화음을 다루므로, 불협화음을 반드시 협화음으로 해결하여 표현하는 것은 '한 이념'의 실천 내용으로 적절하지 않다.

→ 적절하지 않음!

주관적 감성을 충실하게

**⑤ 전통적인 아름다움을 거부하고 감정이 드러나지 않도록 표현하는 것**

근거 (나)-❷-1 20 세기 초 서양 음악은 전통적인 아름다움의 개념을 거부하고 새로운 미적 가치를 추구, (나)-❷-4 표현주의 예술은 소외된 인간 내면의 주관적인 감성을 충실하게 표현하려는 사조

풀이 당시 쇤베르크는 기존의 전통적인 관점에서 벗어나 표현주의 음악과 무조 음악을 추구하고자 하였으므로, 전통적인 아름다움을 거부하였다는 것은 적절한 설명이다. 그러나 표현주의 예술은 주관적 감성을 충실하게 표현하려 하였으므로, 감정이 드러나지 않도록 표현하는 것은 '한 이념'의 실천 내용으로 적절하지 않다.

→ 적절하지 않음!

## 005 | 추론의 적절성 판단 - 적절한 것 고르기 2022학년도 예시문항 20번 | 정답 ②

**㉡의 관점에서 ㉢을 *비평한 내용으로 가장 적절한 것은?** *批評, 옳고 그름, 선하고 악함, 아름다움과 아름답지 않음 등을 평가하여 의견을 말함

"㉡ 음악의 아름다움은 외부의 어떤 것에도 의존하지 않고, 오로지 음과 음의 결합에 의해 이루어진다." → 19 세기 미학자 한슬리크의 견해
'㉢ 달에 홀린 피에로' → 20 세기 초 쇤베르크의 표현주의 음악 작품

**① ×표로 표시된 말하는 성악 선율은 주관적인 감성을 제대로 표현하지 못하므로 바람직하지 않다.**

근거 (나)-❷-4 표현주의 예술은 소외된 인간 내면의 주관적인 감성을 충실하게 표현하려는 사조

풀이 ㉡은 19 세기 미학자 한슬리크의 견해로, 음악적 아름다움의 본질을 오로지 음악 안에서 찾고 있다. 한편 인간의 '주관적인 감성'을 표현하는 것은 20 세기 초 기존의 전통적 아름다움의 개념을 거부하고 나타난 새로운 예술 사조인 '표현주의 예술'의 특성에 해당한다. 따라서 ㉡의 관점에서 ㉢을 '주관적인 감성을 제대로 표현하지 못하므로 바람직하지 않다'고 비평하지 않을 것이다.

→ 적절하지 않음!

**② 피에로 분장을 한 낭송자가 가사를 낭송하는 것은 음악 외적인 것이 개입하므로 적절하지 않다.**

근거 (나)-❶-2 음악의 아름다움은 외부의 어떤 것에도 의존하지 않고, (나)-❶-3 여기에는 제목이나 가사 등 음악 외적인 어떤 것도 개입하지 않는다, (나)-❹-3 피에로로 분장한 낭송자가 날카로운 사회 비판과 풍자를 담은 가사를 읊는다.

풀이 ㉡의 관점에서는 음악의 아름다움을 제목이나 가사 등 음악 외적인 어떤 것도 개입하지 않고, 오로지 음악 내부에서 찾는다. ㉢ 작품은 피에로로 분장한 낭송자가 사회 비판과 풍자를 담은 가사를 읊어 낭송조로 표현한다. ㉡의 관점에서 ㉢의 가사는 음악 외적인 것에 해당하므로, 음악 외적인 것의 개입이 적절하지 않다고 비평할 것이다.

→ 적절함!

**③ 다양한 악기의 배합과 새로운 연주 기법을 시도한 것은 색채적 음향으로 무조적 *경향을 깨뜨리므로 바람직하지 않다.** *傾向, 일정한 방향성

근거 (나)-❹-4~5 기악 성부는 다양한 악기 배합과 주법을 통해 새로운 음향을 창출한다. 이 곡(쇤베르크의 '달에 홀린 피에로')은 무조적 짜임새를 기본으로 하여, … 새로운 연주 기법을 시도한 색채적 음향 등을 통해 표현주의 음악의 특징을 드러내는 작품

풀이 ㉢은 무조적 짜임새를 바탕으로 다양한 악기의 배합과 새로운 연주 기법을 시도한 작품이다. 다양한 악기의 배합과 새로운 연주 기법을 시도한 것이 '무조적 경향을 깨뜨린다'는 설명 자체가 적절하지 않으므로, ㉡의 관점에서 ㉢을 비평한 내용으로 적절하지 않다.

→ 적절하지 않음!

**④ 규칙적인 화성 진행을 따르는 것은 12 개의 음을 자유롭게 사용하는 조성 음악의 체계에서 벗어나므로 적절하지 않다.**

근거 (나)-❷-5 표현주의 음악의 주된 특성은 조성 음악의 체계가 상실된 것이며, 이는 곧 '무조 음악'의 탄생으로 이어졌다, (나)-❸-1~2 무조 음악은 12 개의 음을 자유롭게 사용하며, 다양한 불협화음을 다룬다. 대표적인 예는 쇤베르크가 1912년에 발표한 작품 '달에 홀린 피에로', (나)-❹-5 이 곡(쇤베르크의 '달에 홀린 피에로')은 … 표현주의 음악의 특징을 드러내는 작품

풀이 12 개의 음을 자유롭게 사용하는 것은 조성 음악이 아니라 무조 음악에 해당하는 설명이다. 또한 무조 음악의 대표적 예로 다루어진 ㉢은 규칙적인 화성 진행을 따르지 않는다. ㉢이 규칙적인 화성 진행을 따른다고 보거나, 조성 음악 체계가 12 개의 음을 자유롭게 사용한다고 보는 것은 모두 적절하지 않은 해석이므로, ㉡의 관점에서 ㉢을 비평한 내용으로 적절하지 않다.

→ 적절하지 않음!

**⑤ 지로가 발표한 연시집 중 일부만을 가사로 사용한 것은 전체 작품의 줄거리를 이해하기 어렵게 하므로 바람직하지 않다.**

근거 (나)-❶-2 음악의 아름다움은 외부의 어떤 것에도 의존하지 않고, (나)-❶-3 여기에는 제목이나 가사 등 음악 외적인 어떤 것도 개입하지 않는다.

풀이 ㉡의 관점에서는 음악의 아름다움을 제목이나 가사 등 음악 외적인 어떤 것도 개입하지 않고, 오로지 음악 내부에서 찾는다. 따라서 ㉢이 연시집 중 일부만을 가사로 사용하여 전체 작품의 줄거리를 이해하기 어렵게 한다는 비평은 ㉡의 관점으로 보기 어렵다.

→ 적절하지 않음!

## 006 | 재구성의 적절성 판단 - 적절한 것 고르기 2022학년도 예시문항 21번 | 정답 ④

**다음은 학생의 독서 활동 과정이다. 학생이 재구성하기 단계에서 쓴 글로 가장 적절한 것은?** 3점

| 단계 | 내용 |
|---|---|
| 질문하기 | 좋은 곡을 작곡하기 위해 어떤 노력이 필요할까? |
| 탐색하기 | 음악에 대한 이해를 돕는 글 찾기 |
| 분석적 읽기 | (가), (나)를 읽고 주제, 관점, 내용 등을 비교하여 종합하기 |
| 재구성하기 | 분석 내용을 바탕으로 질문에 대한 답을 재구성하여 글로 쓰기 |

**① 두 글은 모두 음악이 구조적인 기본틀을 제대로 갖추어야 아름다움을 느낄 수 있다고 제시하였다. 다양한 음악 작품의 구조를 분석해 보고 내가 작곡할 때에도 적용해 보아야겠다.**

근거 (나)-❶-5 조성 음악의 체계는 17 세기 이후 지속된 서양 음악의 구조적 기본틀, (나)-❷-1 그러나 20 세기 초 서양 음악은 전통적인 아름다움의 개념을 거부하고 새로운 미적 가치를 추구, (나)-❷-5 표현주의 음악의 주된 특성은 조성 음악의 체계가 상실된 것

풀이 (가)에서는 음악이 구조적인 기본틀을 갖추어야 한다는 설명을 찾을 수 없다. 한편 (나)에서는 조성 음악 체계가 19 세기까지 서양 음악의 구조적 기본틀이었지만, 20 세기 초 서양 음악이 새로운 미적 가치를 추구하면서 조성 음악의 체계를 상실하였다고 밝히고 있다. (가), (나)를 분석한 내용이 적절하지 않으므로, 재구성하기 단계에서 쓴 글로 적절하지 않다.

→ 적절하지 않음!

**② 두 글은 *창작자와 **감상자가 각각의 입장에 따라 음악의 가치를 서로 다르게 판단한다고 제시하였다. 감상하는 사람뿐만 아니라 연주하는 사람에게도 인정받을 수 있는 음악을 작곡할 수 있도록 노력해야겠다.** *創作者, 예술 작품을 창의적이고 독창적으로 새롭게 만들어낸 사람 **鑑賞者, 예술 작품의 아름다움을 이해하여 즐기고 평가하는 사람

근거 (가)-❷-1 『여씨춘추』에서는 음악을 듣는 주체의 수준과 감성에 따라 동일한 음악이라도 상이한 느낌과 결과를 유발한다고 보았다.

풀이 (가)에서 음악을 듣는 주체, 즉 감상자의 수준과 감성에 따라 같은 음악도 서로 다른 느낌과 결과를 유발한다고 이야기하였지만, 창작자와 감상자가 각각의 입장에 따라 음악의 가치를 서로 다르게 판단한다고 설명하지는 않았다. 또한 (나)에서도 창작자와 감상자가 각각의 입장에 따라 음악의 가치를 판단한다는 내용은 나오지 않는다. (가), (나)를 분석한 내용이 적절하지 않으므로, 재구성하기 단계에서 쓴 글로 적절하지 않다.

→ 적절하지 않음!

**③ 두 글은 좋은 음악으로 인정받기 위한 조건으로 도덕적 기능이 있어야 한다는 것을 공통적으로 제시하였다. 사람들의 정서에 긍정적인 영향을 끼쳐서 세상을 아름답게 가꾸는 데 기여할 수 있는 음악을 만들어야겠다.**

근거 (가)-❹-3~5 인간은 자연적인 욕구에 따라 음악을 즐기면서도 그것이 생명에 도움이 되는지의 여부에 따라 그것의 좋고 나쁨을 판단하고 취사선택해야 한다. 이에 따라 『여씨춘추』에서는 … 선왕(先王)들의 음악을 더 중시하였다. 그리고 선왕들의 음악이 민심을 교화하는 도덕적 기능이 있다고 지적

풀이 (가)의 『여씨춘추』에서는 음악은 생명에 도움이 되는지 여부에 따라 좋고 나쁨이 있다고 보았으며, 도덕적 기능이 있는 선왕들의 음악을 중시하였다고 설명하고 있다. 그러나 (나)에서는 음악의 도덕적 기능과 관련된 내용을 찾을 수 없다. (가), (나)를 분석한 내용이 적절하지 않으므로, 재구성하기 단계에서 쓴 글로 적절하지 않다.

→ 적절하지 않음!

**④ 두 글은 동서양을 막론하고 음악이 감정을 표현하는 도구로 쓰였지만, 음악에 대한 인식이 고정되어 있는 것이 아님을 보여 주었다. 작곡을 할 때 한 가지 기준이나 방법만 고집할 것이 아니라 다양한 시도를 해 보아야겠다.**

근거 (가)-❷-1~2 이전까지는 음악이 모든 사람에게 동일한 영향을 미친다고 여겼지만, 『여씨춘추』에서는 음악을 듣는 주체의 수준과 감성에 따라 동일한 음악이라도 상이한 느낌과 결과를 유발한다고 보았다. 인간이 감정을 가진 것처럼 음악에도 감정이 담겨 있다고 전제하고, 음악을 통해 감정을 적절히 해소하거나 표현하면, (나)-❶-2 19세기 미학자 한슬리크는 "음악의 아름다움은 외부의 어떤 것에도 의존하지 않고, 오로지 음과 음의 결합에 의해 이루어진다."라고 주장, (나)-❷-1 그러나 20세기 초 서양 음악은 전통적인 아름다움의 개념을 거부하고 새로운 미적 가치를 추구, (나)-❷-4 표현주의 예술은 소외된 인간 내면의 주관적인 감성을 충실하게 표현하려는 사조

풀이 (가)의 『여씨춘추』에서는 음악에 감정이 담겨 있고, 인간은 음악을 통해 감정을 해소하거나 표현할 수 있다고 이야기하였다. (나)에서는 20세기 초 서양 음악에서 새롭게 등장한 표현주의 사조가 인간의 주관적 감성을 충실히 표현하고자 하였음을 설명하고 있다. 또한 (가)와 (나)에서는 모두 음악에 관한 견해가 이전과 달라졌음을 밝히고 있다. 따라서 첫 번째 문장은 두 글을 읽고 비교하여 종합한 내용으로 적절하다. 두 번째 문장에서는 이와 같은 분석 내용을 바탕으로, '좋은 곡을 작곡하기 위해 어떤 노력이 필요할까?'라는 질문에 대해 음악에 대한 인식을 고정하여 한 가지 기준이나 방법만 고집할 것이 아니라 다양한 시도를 해야겠다는 답을 작성하고 있다. 첫 번째 문장에서 두 글을 분석한 내용이 적절하며, 이를 바탕으로 하여 두 번째 문장에서 질문에 대한 답 또한 적절히 작성하였으므로, 학생이 재구성하기 단계에서 쓴 글로 가장 적절하다.

→ 적절함!

**⑤ 두 글은 시대적 상황이 음악에 영향을 끼친다는 것을 보여 주었다. 역사에 대한 배경지식이 부족하여 글을 이해하기 힘들었는데, 글을 제대로 이해하는 데 필요한 배경지식을 갖출 수 있도록 다양한 책 읽기를 실천해야겠다.**

근거 (나)-❷-3 표현주의는 20세기 초반에 나타난 예술 사조로서 미술에서 시작하여 음악과 문학 등 예술의 제 분야에 영향력을 미쳤다.

풀이 (나)는 20세기 초반에 나타난 예술 사조인 표현주의가 음악에도 영향을 끼쳐 새로운 미적 가치를 추구하게 되었음을 이야기하고 있다. 그러나 (가)에서 시대적 상황이 음악에 영향을 끼친다는 내용은 찾을 수 없다. (가), (나)를 분석한 내용이 적절하지 않으며, '좋은 곡을 작곡하기 위해 어떤 노력이 필요할까?'라는 질문에 대한 답 또한 제시되지 않았으므로, 재구성하기 단계에서 쓴 글로 적절하지 않다.

→ 적절하지 않음!

## [007~012] 다음 글을 읽고 물음에 답하시오.

**1** [1]과거는 지나가 버렸기 때문에 역사가(歷史家, 역사를 전문으로 연구하는 사람)가 과거의 사실과 직접 만나는 것은 불가능하다. [2]역사가는 사료(史料, 역사 연구에 재료가 되는 문헌, 유물, 문서, 기록, 건축, 조각 등)를 매개(媒介, 중간에서 두 편의 관계를 맺어 주는 수단)로 과거와 만난다. [3]사료는 과거를 그대로 재현하는(再現-, 다시 나타내는) 것은 아니기 때문에 불완전하다. [4]사료의 불완전성은 역사 연구의 범위를 제한하지만(制限-, 한도를 정해 넘지 못하게 하지만), 그 불완전성 때문에 역사학이 학문이 될 수 있으며 역사는 끝없이 다시 서술된다.(敍述-, 적힌다.) [5]매개를 거치지 않은 채 손실되지 않은(잃어버리지 않은. 여기서는 '그대로 재현되는'의 의미) 과거와 ⓐ 만날 수 있다면 역사학이 설 자리가 없을 것이다. [6]역사학은 전통적으로 문헌(文獻, 책이나 문서) 사료를 주로(主-, 기본으로 삼아) 활용해 왔다. [7]그러나 유물(遺物, 앞선 세대가 남긴 물건), 그림, 구전(口傳, 말로 전해 내려 옴) 등 과거가 남긴 흔적은 모두 사료로 활용될 수 있다. [8]역사가들은 새로운 사료를 발굴하기(發掘-, 찾아 밝혀내기) 위해 노력한다. [9]알려지지 않았던 사료를 찾아내기도 하지만, 중요하지 않게 ⓑ 여겨졌던 자료를 새롭게 사료로 활용하거나 기존의 사료를 새로운 방향에서 파악하기도 한다. [10]평범한 사람들의 삶의 모습을 중점적인 주제로 다루었던 미시사(微視史, 역사의 전체적인 흐름이 아니라 개인이나 작은 집단의 삶 등 아주 작은 사실의 역사) 연구에서 재판 기록, 일기, 편지, 탄원서(歎願書, 억울하거나 딱한 사정을 하소연하여 도와주기를 바라는 뜻으로 올리는 글), 설화집(說話集, 신화, 전설 등의 이야기들을 모은 것) 등의 이른바(세상에서 흔히 말하는) '서사적(敍事的, 사건이나 상황을 시간의 흐름에 따라 서술한)' 자료에 주목한 것도 사료 발굴을 위한 노력의 결과이다.

→ 사료를 매개로 한 역사 연구

**2** [1]시각 매체(視覺媒體, 시각적 이미지나 인상을 통해 정보를 전달하는 매체)의 확장은 사료의 유형을 더욱 다양하게 했다. [2]이(시각 매체의 확장에 따른 사료 유형의 다양화)에 따라 역사학에서 영화를 통한 역사 서술에 대한 관심이 일고(생기고), 영화를 사료로 파악하는 경향도 ⓒ 나타났다. [3]역사가들이 주로 사용하는 문헌 사료의 언어는 대개(大槪, 대부분) 지시 대상(指示對象, 가리키는 목표물)과 물리적·논리적 연관이 없는 추상화된(抽象化-, 직접 경험하거나 지각할 수 있는 일정한 형태와 성질을 갖추고 있지 않은) 상징적(象徵的, 추상적인 개념을 구체적인 것으로 나타낸) 기호이다. [4]반면 영화는 카메라 앞에 놓인 물리적 현실을 이미지화하기(image化-, 감각적인 인상으로 사람의 마음에 떠오르게 하기) 때문에 그(영화) 자체로 물질성(物質性, 물질로서의 성질)을 띤다. [5]즉, 영화의 이미지는 닮은꼴로 사물을 지시하는 도상적(圖像的, 대상을 그림 이미지로 표현하는) 기호가 된다. [6]광학적(光學的, 빛의 현상이나 성질과 관련된) 메커니즘(mechanism, 작용 원리, 체제)에 따라 피사체(被寫體, 사진을 찍는 대상이 되는 물체)로부터 비롯된 영화의 이미지는 그 피사체가 있었음을 지시하는 지표적(指標的, 방향, 목적, 기준 등을 나타내는 표시나 특징과 관련된) 기호이기도 하다. [7]예를 들어 다큐멘터리 영화(documentary映畫, 실제 상황이나 자연 현상을 사실 그대로 찍은 영화)는 피사체와 밀접한 연관성(聯關性, 일정한 관계를 맺는 특성이나 성질)을 갖기 때문에 피사체의 진정성(眞情性, 진실하고 참된 성질)에 대한 믿음을 고양하여(高揚-, 더욱 높여) 언어적 서술에 비해 호소력(呼訴力, 강한 인상을 주어 마음을 사로잡을 수 있는 힘) 있는 서술로 비춰지게 된다.

→ 문헌 사료와 영화의 기호적 특징

**3** [1]그렇다면 영화는 역사와 어떻게 관계를 맺고 있을까? [2]역사에 대한 영화적 독해(讀解, 읽어 뜻을 이해함)와 영화에 대한 역사적 독해는 영화와 역사의 관계에 대한 두 축(軸, 중심)을 ⓓ 이룬다. [3]역사에 대한 영화적 독해는 영화라는 매체로 역사를 해석하고 평가하는 작업과 연관된다. [4]영화인(映畫人, 영화 산업에 종사하는 사람)은 자기 나름의 시선(視線, 주의 또는 관심)을 서사(敍事, 사건이나 상황을 시간의 흐름에 따라 있는 그대로 적음)와 표현 기법으로 녹여내어(어우러지게 담아내어) 역사를 비평할(批評-, 옳고 그름, 아름다움과 추함, 좋고 나쁨, 선하고 악함 등의 가치를 평가하여 말할) 수 있다. [5]역사를 소재로 한 역사 영화는 역사적 고증(考證, 예전에 있던 사물들의 시대, 의미, 가치 등을 증거를 찾아 이론적으로 밝힘)에 충실한 개연적(蓋然的, 그럴 가능성이 있는) 역사 서술 방식을 취할(取-, 가질) 수 있다. [6]혹은 역사적 사실을 자원으로 삼되 상상력에 의존하여 가공의(架空-, 상상으로 꾸며 낸) 인물과 사건을 덧대는 상상적 역사 서술 방식을 취할 수도 있다. [7]그러나 비단(非但, 오직) 역사 영화만이 역사를 재현하는 것은 아니다. [8]모든 영화는 명시적이거나(明示的-, 내용을 분명히 드러내 보이거나) 우회적인(迂廻的-, 돌려서 말하는) 방법으로 역사를 증언한다. [9]영화에 대한 역사적 독해는 영화에 담겨 있는 역사적 흔적과 맥락(脈絡, 서로 이어진 관계)을 검토하는 것과 연관된다. [10]역사가는 영화 속에 나타난 풍속(風俗, 그 시대의 유행과 습관), 생활상(生活相, 생활하는 모습) 등을 통해 역사의 외연(外延, 범위)을 확장할 수 있다. [11]나아가 제작 당시 대중(大衆, 수많은 사람들)이 공유하던(共有-, 함께 가지던) 욕망, 강박(強迫, 어떤 생각이나 감정에 사로잡혀 심리적으로 심하게 압박을 느끼는 일), 믿음, 좌절 등의 집단적 무의식(集團的無意識, 태어날 때 누구에게나 이미 갖추어져 있는, 원초적이고 보편적인 무의식)과 더불어 이상(理想, 생각할 수 있는 범위 안에서 가장 완전한 상태), 지배적(支配的, 매우 세력이 강하고 주도적인) 이데올로기(Ideologie, 개인이나 사회 집단의 생각과 행동을 이끄는 관념이나 신념의 체계) 같은 미처 파악하지 못했던 가려진 역사를 끌어내기도 한다.

→ 역사에 대한 영화적 독해와 영화에 대한 역사적 독해

**4** [1]영화는 주로 허구(虛構, 사실에 없는 일을 사실처럼 만들어 낸 이야기)를 다루기 때문에 역사 서술과는 거리가 있다고 보는 사람도 있다. [2]왜냐하면 역사가들은 일차적으로(一次的-, 근본적으로) 사실을 기록한 자료에 기반해서(基盤-, 바탕을 두고) 연구를 ⓔ 펼치기 때문이다. [3]또한 역사가는 ㉠ 자료에 기록된 사실이 허구일지도 모른다는 의심을 버리지 않고 이를 확인하고자 한다. [4]그러나 문헌 기록을 바탕으로 하는 역사 서술에서도 허구가 배격되어야(排擊-, 물리쳐져야) 할 대상만은 아니다. [5]역사가

는 ㉮ 허구의 이야기 속에서 그 안에 반영된 당시 시대적 상황을 발견하여 사료로 삼으려고 노력하기도 한다. [6]지어낸 이야기는 실제 있었던 사건에 대한 기록이 아니지만 사고방식과 언어, 물질문화(物質文化, 인간이 자연환경에 적응하여 생활하기 위해 만들어 낸 사물), 풍속 등 다양한 측면을 반영하며, 작가의 의도와 상관없이 혹은 작가의 의도 이상으로 동시대(同時代, 같은 시대)의 현실을 전달해 주기도 한다. [7]어떤 역사가들은 허구의 이야기에 반영된 사실을 확인하는 것에서 더 나아가 ㉯ 사료에 직접적으로 나타나지 않은 과거를 재현하기 위해 허구의 이야기를 활용하여 사료에 기반한 역사적 서술을 보완하기도(補完-, 부족한 것을 보충하여 완전하게 하기도) 한다. [8]역사가가 허구를 활용하는 것은 실제로 존재했던 과거에 접근하고자 하는 고민의 결과이다.

→ 역사가의 허구 활용

5 [A] [1]영화는 허구적 이야기에 역사적 사실을 담아냄으로써 새로운 사료의 원천(源泉, 본바탕)이 될 뿐 아니라, 대안적(代案的, 대신하거나 바꿀 수 있는) 역사 서술의 가능성까지 지니고 있다. [2]영화는 공식(公式, 국가적·사회적으로 인정된) 제도(制度, 관습, 도덕, 법률 등의 규범과 체계)가 배제했던(排除-, 제외했던) 역사를 사회에 되돌려주는 '아래로부터의 역사'의 형성에 기여한다. [3]평범한 사람들의 회고(回顧, 지나간 일을 돌이켜 생각함)나 증언, 구전 등의 비공식적(非公式的, 국가적·사회적으로 인정되지 않고 개인과 관련된) 사료를 토대로 영화를 만드는 작업은 빈번하게 이루어지고 있다. [4]그리하여 영화는 하층 계급(下層階級, 사회적 신분이나 생활 수준이 낮은 사람들), 피정복(被征服, 힘으로 복종당한) 민족처럼 역사 속에서 주변화된(周邊化-, 어떤 사회나 집단에 속해 있으면서도 그 속에 어울리지 못하고 겉도는) 집단의 묻혀 있던 목소리를 표현해 낸다. [5]이렇듯 영화는 공식 역사의 대척점(對蹠點, 반대되는 지점)에서 활동하면서 역사적 의식(意識, 사회적·역사적으로 만들어지는, 사물이나 일에 대한 개인적·집단적 감정, 견해, 사상) 형성에 참여한다는 점에서 역사 서술의 한 주체(主體, 주도해 나가는 세력)가 된다.

→ 역사 서술의 한 주체로서의 영화의 가능성

■지문 이해

〈새로운 사료이자 대안적 역사 서술의 가능성을 제시하는 영화〉

**❶ 사료를 매개로 한 역사 연구**

- 역사가는 불완전성을 지닌 사료를 매개로 과거와 만남
- 역사학은 전통적으로 문헌 사료를 주로 활용해 왔으나, 역사가들은 새로운 사료의 발굴을 위해 노력함

**❷ 문헌 사료와 영화의 기호적 특징**

- 시각 매체의 확장으로, 역사학에서 영화를 통한 역사 서술에 대한 관심과 영화를 사료로 파악하는 경향이 나타남
- 문헌 사료의 언어 : 지시 대상과 물리적·논리적 연관이 없는 추상화된 상징적 기호
- 영화의 이미지 : 닮은꼴로 사물을 지시하는 도상적 기호, 피사체가 있었음을 지시하는 지표적 기호

**❸ 역사에 대한 영화적 독해와 영화에 대한 역사적 독해**

| | 역사에 대한 영화적 독해 | 영화에 대한 역사적 독해 |
|---|---|---|
| 주체 | 영화인 | 역사가 |
| 의미 | 영화로 역사를 해석하고 평가하는 작업 | 영화에 담겨 있는 역사적 흔적과 맥락을 검토하는 것 |
| 방법 | • 역사적 고증에 충실한 개연적 역사 서술 방식<br>• 역사적 사실에 가공의 인물과 사건을 덧대는 상상적 역사 서술 방식 | • 영화 속 풍속, 생활상 검토 → 역사의 외연 확장 가능<br>• 제작 당시 대중의 집단적 무의식, 이상, 지배적 이데올로기 같은 가려진 역사를 끌어냄 |

**❹ 역사가의 허구 활용**

- 허구의 이야기 속에 반영된 당시 시대적 상황을 발견하여 사료로 삼으려고 노력함
- 사료에 직접적으로 나타나지 않은 과거를 재현하기 위해 허구의 이야기를 활용해 사료에 기반한 역사적 서술을 보완함
  → 역사가의 허구 활용은 실제 존재했던 과거에 접근하고자 하는 고민의 결과임

**❺ 역사 서술의 한 주체로서의 영화의 가능성**

- 새로운 사료의 원천이자 대안적 역사 서술의 가능성도 지님
- 공식 제도가 배제한 역사를 사회에 되돌려주는 '아래로부터의 역사' 형성에 기여함
- 역사 속에서 주변화된 집단의 묻혀 있던 목소리를 표현해 냄
  → 영화는 공식 역사의 대척점에서 역사적 의식 형성에 참여한다는 점에서 역사 서술의 한 주체가 됨

**007** | 글의 서술 방식 파악 - 적절한 것 고르기 2020학년도 9월 모평 21번 정답률 90% | 정답 ④

### 윗글의 내용 전개 방식으로 가장 적절한 것은?

근거 ❷-2 역사학에서 영화를 통한 역사 서술에 대한 관심이 일고, 영화를 사료로 파악하는 경향도 나타났다, ❷-5~6 영화의 이미지는 … 도상적 기호가 된다. … 영화의 이미지는 … 지표적 기호이기도 하다, ❸-1~2 영화는 역사와 어떻게 관계를 맺고 있을까? 역사에 대한 영화적 독해와 영화에 대한 역사적 독해는 영화와 역사의 관계에 대한 두 축을 이룬다, ❹-8 역사가가 허구를 활용하는 것은 실제로 존재했던 과거에 접근하고자 하는 고민의 결과, ❺-1~2 영화는 … 대안적 역사 서술의 가능성까지 지니고 있다. 영화는 … '아래로부터의 역사'의 형성에 기여한다, ❺-5 영화는 공식 역사의 대척점에서 활동하면서 역사적 의식 형성에 참여한다는 점에서 역사 서술의 한 주체가 된다.

풀이 윗글에서는 도상적 기호이자 지표적 기호인 영화 이미지의 특징을 설명하고, 이러한 특징을 지닌 영화를 사료로 파악하는 경향이 나타났음을 밝히고 있다. 또 영화와 역사의 관계를 설명하고, 역사 서술에 있어 한 주체가 될 수 있는 영화가 지닌 가능성에 대해 설명하고 있다. 따라서 정답은 ④번이다.

① 역사의 개념을 밝히면서 영화와 역사 간의 공통점과 차이점을 비교하고 있다.

② 영화의 *변천 과정을 **통시적으로 밝혀 사료로서 영화가 지닌 의의를 강조하고 있다. *變遷, 세월의 흐름에 따라 바뀌고 변한 **通時的-, 시간의 흐름에 따라 나타나는 변화와 관련하여

③ 역사에 대한 서로 다른 견해를 *대조하여 사료로서 영화가 지닌 한계를 비판하고 있다. *對照-, 서로 맞대어 같고 다름을 분석하여 따지어

④ 영화의 사료로서의 특성을 밝히면서 역사 서술로서 영화가 지닌 가능성을 제시하고 있다.
→ 적절함!

⑤ 다양한 영화의 유형별 장단점을 분석하여 영화가 역사 서술의 대안이 될 수 있는지에 대해 평가하고 있다.

**008** | 세부 정보 이해 - 적절한 것 고르기 2020학년도 9월 모평 22번 정답률 85% | 정답 ③

### 윗글에 대한 이해로 가장 적절한 것은?

① 개인적 기록은 사료로 활용하기에 적절하지 않다.

근거 ❶-7 유물, 그림, 구전 등 과거가 남긴 흔적은 모두 사료로 활용될 수 있다, ❶-10 평범한 사람들의 삶의 모습을 중점적인 주제로 다루었던 미시사 연구에서 재판 기록, 일기, 편지, 탄원서, 설화집 등의 이른바 '서사적' 자료에 주목한 것도 사료 발굴을 위한 노력의 결과

풀이 일기, 편지 등의 개인적 기록도 서사적 자료로서 사료로 활용될 수 있다.

→ 적절하지 않음!

② 역사가가 활용하는 공식적 문헌 사료는 매개를 거치지 않은 과거의 사실이다.

근거 ❶-1~2 과거는 지나가 버렸기 때문에 역사가가 과거의 사실과 직접 만나는 것은 불가능하다. 역사가는 사료를 매개로 과거와 만난다.

→ 적절하지 않음!

③ 기존의 사료를 새로운 방향에서 파악하는 것은 사료의 발굴이라고 할 수 있다.

근거 ❶-8~9 역사가들은 새로운 사료를 발굴하기 위해 노력한다. 알려지지 않았던 사료를 찾아내기도 하지만, 중요하지 않게 여겨졌던 자료를 새롭게 사료로 활용하거나 기존의 사료를 새로운 방향에서 파악하기도 한다.

→ 적절함!

다큐멘터리 영화의 이미지는 문헌 사료의 언어에 비해

**④ 문헌 사료의 언어는 다큐멘터리 영화의 이미지에 비해 지시 대상에 대한 지표성이 강하다.**

근거 ❷-3 역사가들이 주로 사용하는 문헌 사료의 언어는 대개 지시 대상과 물리적·논리적 연관이 없는 추상화된 상징적 기호이다, ❷-6 영화의 이미지는 그 피사체가 있었음을 지시하는 지표적 기호이기도 하다.

풀이 문헌 사료의 언어는 추상화된 상징적 기호이고, 영화의 이미지는 지표적 기호이다. 따라서 다큐멘터리 영화의 이미지가 문헌 사료의 언어에 비해 지시 대상에 대한 지표성이 더 강할 것이다.

→ 적절하지 않음!

도상적

**⑤ 카메라를 매개로 얻어진 영화의 이미지는 지시 대상과 닮아 있다는 점에서 상징적 기호이다.**

근거 ❷-5 영화의 이미지는 닮은꼴로 사물을 지시하는 도상적 기호가 된다.

→ 적절하지 않음!

**009** 구체적인 사례에 적용 - 적절한 것 고르기 2020학년도 9월 모평 23번
정답률 70%, 매력적 오답 ④ 15% | 정답 ①

**㉮, ㉯의 사례로 적절한 것만을 <보기>에서 있는 대로 찾아 바르게 짝지은 것은?**

㉮ 허구의 이야기 속에서 그 안에 반영된 당시 시대적 상황을 발견하여 사료로 삼으려고 노력하기도 한다.
㉯ 사료에 직접적으로 나타나지 않은 과거를 재현하기 위해 허구의 이야기를 활용하여 사료에 기반한 역사적 서술을 보완하기도 한다.

| 보기 |

ㄱ. 조선 후기 유행했던 판소리를 자료로 활용하여 당시 음식 문화의 실상(實狀, 실제의 상태나 내용)을 파악하고자 했다.
ㄴ. B. C. 3 세기경에 편찬된 것으로 알려진 경전(經典, 성현이 지은, 또는 성현의 말이나 행실을 적은 책)의 일부에 사용된 어휘를 면밀히(綿密-, 자세하고 빈틈없이) 분석하여, 그 경전의 일부가 후대(後代, 뒷시대)에 첨가되었을 가능성을 검토했다.
ㄷ. 중국 명나라 때의 상거래(商去來, 상업상의 거래) 관행(慣行, 오래전부터 내려오던 관습에 따라 하는 일)을 연구하기 위해 명나라 때 유행한 다양한 소설들에서 상업 활동과 관련된 내용을 모아 공통된 요소를 분석했다.
ㄹ. 17 세기의 사건 기록에서 찾아낸 한 평범한 여성의 삶에 대한 역사서를 쓰면서 그 여성의 심리를 묘사하기 위해 같은 시대에 나온 설화집의 여러 곳에서 문장을 차용했다.(借用-, 빌려서 썼다.)

| | ㉮ | ㉯ |
|---|---|---|
| ① | ㄱ, ㄷ | ㄹ |
| ② | ㄱ, ㄹ | ㄴ |
| ③ | ㄴ, ㄷ | ㄱ |
| ④ | ㄷ | ㄴ, ㄹ |
| ⑤ | ㄹ | ㄱ, ㄴ |

→ 적절함!

허구의 이야기 / 그 안에 반영된 당시 시대적 상황

**ㄱ. 조선 후기 유행했던 판소리를 자료로 활용하여 당시 음식 문화의 실상을 파악하고자 했다.** → ㉮

풀이 판소리는 허구의 이야기로, 조선 후기 유행했던 판소리를 자료로 하여 그 당시의 시대적 상황(음식 문화의 실상)을 파악하려 한 것은 ㉮의 사례에 해당한다.

공식적 자료

**ㄴ. B. C. 3 세기경에 편찬된 것으로 알려진 경전의 일부에 사용된 어휘를 면밀히 분석하여, 그 경전의 일부가 후대에 첨가되었을 가능성을 검토했다.**

풀이 경전에 사용된 어휘를 분석하여 그 경전의 편찬 시기를 검토한 것은 허구를 활용한 것에 해당하지 않으므로, ㉮와 ㉯의 사례에 해당하지 않는다.

허구의 이야기

**ㄷ. 중국 명나라 때의 상거래 관행을 연구하기 위해 명나라 때 유행한 다양한 소설들에서 상업 활동과 관련된 내용을 모아 공통된 요소를 분석했다.** → ㉮

그 안에 반영된 당시 시대적 상황

풀이 소설은 허구의 이야기로, 명나라 때 유행한 다양한 소설을 활용하여 그 속에 담긴 당시의 시대적 상황(상업 활동)과 관련된 내용을 분석하여 명나라 때의 상거래 관행을 연구하고자 하는 것은 ㉮의 사례에 해당한다.

사료에 직접적으로 나타나지 않은 과거의 재현

**ㄹ. 17 세기의 사건 기록에서 찾아낸 한 평범한 여성의 삶에 대한 역사서를 쓰면서 그 여성의 심리를 묘사하기 위해 같은 시대에 나온 설화집의 여러 곳에서 문장을 차용했다.** → ㉯

허구의 이야기를 활용

풀이 '17 세기의 사건 기록에서 찾아낸 한 평범한 여성의 심리 묘사'는 사료에 직접적으로 나타나지 않은 과거의 재현에 해당한다. 이를 위해 '같은 시대에 나온 설화집'을 활용해 설화집의 문장을 차용한 것은 허구의 이야기를 활용해 역사적 서술을 보완한 것에 해당한다. 따라서 ㉯의 사례에 해당한다.

**010** 반응의 적절성 판단 - 적절한 것 고르기 2020학년도 9월 모평 24번
정답률 75%, 매력적 오답 ④ 15% | 정답 ⑤

**㉠에 나타난 역사가의 관점에서 [A]를 비판한 내용으로 가장 적절한 것은?**

㉠ 자료에 기록된 사실이 허구일지도 모른다는 의심을 버리지 않고 이를 확인하고자 한다.

**① 영화는 많은 사실 정보를 담고 있기 때문에 사료로서의 가능성을 가지고 있다.**

근거 ❺-1 영화는 허구적 이야기에 역사적 사실을 담아냄

풀이 영화는 허구적 이야기에 역사적 사실을 담아낸 것이므로, 자료가 허구일지도 모른다는 의심을 버리지 않고 자료의 사실 여부를 확인하고자 하는 ㉠의 관점에서 영화가 많은 사실 정보를 담고 있다고 보지는 않을 것이다.

→ 적절하지 않음!

**② 하층 계급의 역사를 서술하기 위해서는 영화와 같이 허구를 포함하는 서사적 자료에 주목해야 한다.**

풀이 ㉠에서는 자료의 기록이 사실인지 아닌지를 의심하여 사실 여부를 확인해야 한다고 보았다. 자료의 사실성을 중요시하는 ㉠의 관점에서는 '허구를 포함하는' 서사적 자료에 주목해야 한다고 말하지 않을 것이다.

→ 적절하지 않음!

**③ 영화가 늘 공식 역사의 대척점에 있는 것은 아니며, 공식 역사의 입장에서 지배적 이데올로기를 선전하는 수단으로 활용되곤 한다.**

풀이 영화가 공식 역사의 입장에서 지배적 이데올로기를 선전하는 수단으로 활용될 수 있다는 내용은 ㉠의 관점과 관련이 없다.

→ 적절하지 않음!

**④ 주변화된 집단의 목소리는 그 집단의 *이해관계를 반영하기 때문에 그것에 바탕을 둔 영화는 **주관에 ***매몰된 역사 서술일 뿐이다.** *利害關係, 서로 이익과 손해에 영향을 미치는 관계 **主觀, 자기만의 관점 ***埋沒-, 파묻힌

풀이 ㉠에서는 역사가가 자료에 기록된 내용이 사실인지 허구인지를 의심하며, 자료 내용의 사실 여부를 확인해야 한다고 보았다. 따라서 ㉠의 관점에서는 주변화된 집단의 목소리에 바탕을 둔 영화가 주관에 매몰된 역사 서술임을 비판하기보다는, 주변화된 집단의 목소리에 담긴 '내용이 사실인지 허구인지'를 확인해야 한다고 비판할 것이다.

→ 적절하지 않음!

**⑤ 기억이나 *구술 증언은 거짓이거나 변형될 가능성이 있기 때문에 다른 자료와 비교하여 **진위 여부를 검증한 후에야 사료로 사용이 가능하다.** *口述, 입으로 말한 **眞僞與否, 참인지 거짓인지

근거 ❺-1 영화는 허구적 이야기에 역사적 사실을 담아냄, ❺-3 평범한 사람들의 회고나 증언, 구전 등의 비공식적 사료를 토대로 영화를 만드는 작업

풀이 [A]에서 영화는 허구적 이야기에 역사적 사실을 담아내며, 평범한 사람들의 회고, 증언, 구전 등 비공식적 자료를 토대로 만들어진 영화가 역사적 의식 형성에 참여할 수 있다고 보았다. 한편 ㉠에서는 역사가가 자료에 기록된 내용이 사실인지 허구인지를 의심하며, 자료 내용의 사실 여부를 확인해야 한다고 보았다. 따라서 ㉠의 관점에서는 [A]에서 말하는 회고, 증언, 구전 등의 자료에 기록된 사실이 허구일지도 모른다는 의심을 갖고 진위 여부를 검증한 후 사료로 사용해야 한다고 비판할 것이다.

→ 적절함!

**011** | 구체적인 사례에 적용 - 적절하지 않은 것 고르기 2020학년도 9월 모평 25번 정답률 75% | 정답 ②

## 윗글을 바탕으로 <보기>를 이해한 내용으로 적절하지 않은 것은? [3점]

| 보 기 |

[1]1982년 작(作, 만들어진 작품) 영화 「마르탱 게르의 귀향」은 16 세기 중엽 프랑스 농촌의 보통 사람들 간의 사건에 관한 재판 기록을 토대로 한다. [2]당시 사건의 정황(情況, 일의 사정과 상황)과 생활상에 관한 고증을 맡은 한 역사가는 영화 제작 이후 재판 기록을 포함한 다양한 문서들을 근거로 동명(同名, 같은 이름)의 역사서를 출간했다. [3]1993년, 영화 「마르탱 게르의 귀향」은 19 세기 중엽 미국을 배경으로 하여 허구적 인물과 사건으로 재구성한(再構成-, 다시 새롭게 구성한) 영화 「서머스비」로 탈바꿈되었다. [4]두 작품(「마르탱 게르의 귀향」과 「서머스비」)에서는 여러 해 만에 귀향한(歸鄕-, 고향으로 돌아온) 남편이 재판 과정에서 가짜임이 드러난다. [5]전자(前者, 먼저 말한 것. 여기서는 「마르탱 게르의 귀향」을 말함)는 당시 생활상을 있는 그대로 복원하는(復元-, 원래대로 되돌리는) 데 치중했다.(置重-, 특히 가장 중요하게 여겼다.) [6]반면 후자(後者, 뒤에 말한 것. 여기서는 「서머스비」를 말함)는 가짜 남편을 마을에 바람직한 변화를 가져온 지도자로 묘사하면서 미국 근대사를 긍정적으로 평가하고자 하는 대중의 욕망을 반영했다.

**① 「서머스비」에 반영된, 미국 근대사를 긍정적으로 평가하려는 대중의 욕망은 영화가 제작된 당시 사회의 집단적 무의식에 해당하는군.**

근거 <보기>-6 후자(「서머스비」)는 … 미국 근대사를 긍정적으로 평가하고자 하는 대중의 욕망을 반영, ❸-11 제작 당시 대중이 공유하던 욕망, 강박, 믿음, 좌절 등의 집단적 무의식

풀이 윗글에서 대중의 욕망, 강박, 믿음, 좌절 등을 집단적 무의식으로 설명하고 있다. 따라서 <보기>의 「서머스비」에 반영된, 제작 당시 대중의 욕망이 집단적 무의식에 해당한다는 설명은 적절하다.

→ 적절함!

**② 실화에 바탕을 둔 영화 「마르탱 게르의 귀향」을 가공의 인물과 사건으로 재구성한 「서머스비」에서는 영화에 대한 역사적 독해를 *시도하기 어렵겠군.** *試圖-, 이루어 보려고 계획하고 행동하기

근거 <보기>-3 1993년, 영화 「마르탱 게르의 귀향」은 19 세기 중엽 미국을 배경으로 하여 허구적 인물과 사건으로 재구성한 영화 「서머스비」로 탈바꿈되었다, <보기>-6 후자(「서머스비」)는 … 미국 근대사를 긍정적으로 평가하고자 하는 대중의 욕망을 반영, ❸-9~11 영화에 대한 역사적 독해는 영화에 담겨 있는 역사적 흔적과 맥락을 검토하는 것과 연관된다. 역사가는 영화 속에 나타난 풍속, 생활상 등을 통해 역사의 외연을 확장할 수 있다. 나아가 제작 당시 대중이 공유하던 욕망, 강박, 믿음, 좌절 등의 집단적 무의식과 더불어 이상, 지배적 이데올로기 같은 미처 파악하지 못했던 가려진 역사를 끌어내기도 한다.

풀이 <보기>의 영화 「서머스비」는 「마르탱 게르의 귀향」을 가공의 인물과 사건으로 재구성한 작품이지만, 19 세기 중엽 미국을 배경으로 하였으며, 그 안에 대중의 욕망을 반영한 내용을 담고 있다. 윗글에서 영화에 대한 역사적 독해는 영화 속에 나타난 풍속과 생활상을 통해 역사의 외연을 확장하거나 제작 당시의 집단적 무의식을 끌어내는 것이라고 설명하고 있다. 영화 「서머스비」에서도 영화 속에 나타난 19 세기 중엽 미국의 풍속과 생활상을 통해 역사의 외연을 확장하거나 미국 근대사를 긍정적으로 평가하고자 하는 대중의 욕망이라는 제작 당시의 집단적 무의식을 끌어낼 수 있다. 즉 「서머스비」에서도 영화에 대한 역사적 독해를 시도할 수 있다.

→ 적절하지 않음!

**③ 영화 「마르탱 게르의 귀향」은 실제 사건의 재판 기록을 토대로 제작됐지만, 그 속에도 역사에 대한 영화인 나름의 시선이 표현 기법으로 나타났겠군.**

근거 <보기>-1 1982년 작 영화 「마르탱 게르의 귀향」은 16 세기 중엽 프랑스 농촌의 보통 사람들 간의 사건에 관한 재판 기록을 토대로 한다, ❸-4 영화인은 자기 나름의 시선을 서사와 표현 기법으로 녹여내어 역사를 비평할 수 있다.

풀이 윗글에서 영화인은 영화에 자기 나름의 시선을 서사와 표현 기법으로 녹여내어 역사를 비평할 수 있다고 하였으므로, 실제 사건의 재판 기록을 토대로 제작된 영화 「마르탱 게르의 귀향」에서도 역사에 대한 영화인 나름의 시선이 서사와 표현 기법으로 나타났을 것이다.

→ 적절함!

**④ 영화 「마르탱 게르의 귀향」은 역사적 고증에 바탕을 두고 당시 사건과 생활상을 충실히 재현하기 위해 노력했다는 점에서 개연적 역사 서술 방식에 가깝겠군.**

근거 <보기>-1~2 영화 「마르탱 게르의 귀향」은 16 세기 중엽 프랑스 농촌의 보통 사람들 간의 사건에 관한 재판 기록을 토대로 한다. 당시 사건의 정황과 생활상에 관한 고증을 맡은 한 역사가는 …, <보기>-5 전자(「마르탱 게르의 귀향」)는 당시 생활상을 있는 그대로 복원하는 데 치중, ❸-5 역사를 소재로 한 역사 영화는 역사적 고증에 충실한 개연적 역사 서술 방식을 취할 수 있다.

풀이 16 세기 중엽 프랑스 농촌의 보통 사람들 간의 사건에 관한 재판 기록을 토대로 당시 사건의 정황과 생활상에 관해 고증하고, 있는 그대로 복원하는 데 치중한 영화 「마르탱 게르의 귀향」은 역사적 고증에 충실한 개연적 역사 서술 방식을 취한 것으로 볼 수 있다.

→ 적절함!

**⑤ 역사서 『마르탱 게르의 귀향』은 16 세기 프랑스 농촌의 평범한 사람들의 삶의 모습을 서사적 자료에 근거하여 다루었다는 점에서 미시사 연구의 방식을 취했다고 볼 수 있군.**

근거 <보기>-1~2 영화 「마르탱 게르의 귀향」은 16 세기 중엽 프랑스 농촌의 보통 사람들 간의 사건에 관한 재판 기록을 토대로 한다. 당시 사건의 정황과 생활상에 관한 고증을 맡은 한 역사가는 영화 제작 이후 재판 기록을 포함한 다양한 문서들을 근거로 동명의 역사서를 출간했다, ❶-10 평범한 사람들의 삶의 모습을 중점적인 주제로 다루었던 미시사 연구에서 재판 기록, 일기, 편지, 탄원서, 설화집 등의 이른바 '서사적' 자료에 주목한 것

풀이 16 세기 중엽 프랑스 농촌의 평범한 사람들의 삶의 모습을 다룬 영화 「마르탱 게르의 귀향」의 고증을 맡은 역사가가 재판 기록과 다양한 문서를 근거로 출간한 역사서 『마르탱 게르의 귀향』은 재판 기록 등의 '서사적 자료'에 근거하였으며, 평범한 사람들의 삶의 모습을 중점적으로 다룬 '미시사 연구'의 방식을 취했다고 볼 수 있다.

→ 적절함!

**012** | 문맥적 의미 파악 - 적절하지 않은 것 고르기 2020학년도 9월 모평 26번 정답률 95% | 정답 ④

## 문맥상 ⓐ~ⓔ와 바꿔 쓰기에 적절하지 않은 것은?

ⓐ 만날　ⓑ 여겨졌던　ⓒ 나타났다　ⓓ 이룬다　ⓔ 펼치기

**① ⓐ : 대면(對面)할**

풀이 ⓐ의 '만나다'는 문맥상 '어떤 사실이나 사물을 눈앞에 대하다'의 의미로 쓰였다. '대면(對 마주하다 대 面 얼굴 면)하다'는 '서로 얼굴을 마주 보고 대하다'의 의미를 가진 단어로, 문맥상 ⓐ의 '만나다'와 바꿔 쓰기에 적절하다.

예문 두 사람은 처음으로 대면했지만 편안한 느낌이 들었다.

→ 적절함!

**② ⓑ : 간주(看做)되었던**

풀이 ⓑ의 '여겨지다'는 '마음속으로 그러하다고 인정하거나 생각하다'의 의미를 가진 '여기다'의 피동형이다. '간주(看 보다 간 做 짓다 주)되다'는 '상태, 모양, 성질 따위가 그와 같다고 여겨지다'의 의미를 가진 단어로, 문맥상 ⓑ의 '여겨지다'와 바꿔 쓰기에 적절하다.

예문 중세 시대에는 지구가 평평하다고 간주되었지만 지금은 그렇지 않다.

→ 적절함!

**③ ⓒ : 대두(擡頭)했다**

풀이 ⓒ의 '나타나다'는 문맥상 '어떤 새로운 현상이나 사물이 발생하거나 생겨나다'의 의미로 쓰였다. '대두(擡 들다 대 頭 머리 두)하다'는 머리를 쳐든다는 뜻에서 나온 말로, '어떤 세력이나 현상이 새롭게 나타나다'의 의미를 가진 단어이다. 따라서 문맥상 ⓒ의 '나타나다'와 바꿔 쓰기에 적절하다.

예문 새로운 예술 경향이 대두하였다.

→ 적절함!

**④ ⓓ : 결합(結合)한다**

풀이 ⓓ의 '이루다'는 문맥상 '몇 가지 부분이나 요소들을 모아 일정한 성질이나 모양을 가진 존재가 되게 하다'의 의미로 쓰였다. 한편 '결합(結 맺다 결 合 합하다 합)하다'는 '둘 이상의 사물이나 사람이 서로 관계를 맺어 하나가 되다'의 의미를 가진 단어로, ⓓ의 '이루다'와 바꿔 쓰기에 적절하지 않다. ⓓ의 '이루다'는 문맥상 '결합하다'가 아니라 '몇 가지 부분이나 요소들을 모아서 일정한 전체를 짜 이루다'의 의미를 가진 '구성(構 얽다 구 成 이루다 성)하다'로 바꿔 쓰는 것이 더 적절하다.

예문 여러 중소 도시가 수도권 안에서 하나의 도시망을 구성하고 있다.

→ 적절하지 않음!

**⑤ ⓔ : 전개(展開)하기**

풀이 ⓔ의 '펼치다'는 문맥상 '생각 따위를 진행시키거나 발전시키다'의 의미로 쓰였다. '전개(展 펴다 전 開 열다 개)하다'는 '내용을 진전시켜 펴 나가다'의 의미를 가진 단어로,

문맥상 ⓔ의 '펼치다'와 바꿔 쓰기에 적절하다.

예문 주제에 맞도록 글의 내용을 전개한다.

→ 적절함!

**[013~018] 다음 글을 읽고 물음에 답하시오.**

1 [1]16 세기 전반에 서양에서 태양 중심설을 지구 중심설의 대안(代案, 대신하거나 바꿀 만한 생각)으로 제시하며 시작된 천문학(天文學, 우주와 천체를 연구하는 학문) 분야의 개혁(改革, 새롭게 뜯어고침)은 경험주의(經驗主義, 이성적인 생각을 통해 얻은 지식보다 감각적인 경험을 통해 얻은 지식을 중시하는 이론)의 확산(擴散, 널리 퍼짐)과 수리 과학(數理科學, 주로 수학을 이용하여 연구하는 분야)의 발전을 통해 형이상학(形而上學, 사물의 본질, 존재의 근본 원리를 감각, 경험, 연상, 판단, 추리 등의 '사유'나 대상을 직접적으로 파악하는 '직관'에 의하여 탐구하는 학문)을 뒤바꾸는 변혁(變革, 급격하게 바꾸어 아주 달라지게 함)으로 이어졌다. [2]서양의 우주론이 전파되자(傳播-, 전해져서 널리 퍼뜨려지자) 중국에서는 중국과 서양의 우주론을 회통하려는(會通-, 조화롭게 하려는) 시도가 전개되었고(展開-, 나타나 펼쳐졌고), 이 과정에서 자신(중국)의 지적 유산(知的遺産, 앞 세대가 물려준 지식과 지성에 대한 가치 있는 문화)에 대한 관심이 제고되었다.(提高-, 높아졌다.)

→ 16 세기 전반 서양의 천문학 개혁과 서양 우주론의 전파에 따른 중국의 움직임

2 [1]복잡한 문제를 단순화하여 푸는 수학적 전통을 이어받은 코페르니쿠스는 천체(天體, 우주에 존재하는 모든 물체)의 운행(運行, 궤도를 따른 천체의 운동)을 단순하게 기술할(記述-, 있는 그대로 기록하여 서술할) 방법을 찾고자 하였고, 그것(천체 운행의 단순한 기술)이 ⓐ 일으킬 형이상학적 문제에는 별 관심이 없었다. [2]고대의 아리스토텔레스와 프톨레마이오스는 우주의 중심에 고정되어 움직이지 않는 지구의 주위를 달, 태양, 다른 행성(行星, 중심이 되는 별의 둘레를 각자의 궤도에 따라 돌면서, 자신은 빛을 내지 못하는 천체)들의 천구(天球, 관측자를 중심으로 반지름이 무한대인 구면을 가정하여 모든 천체를 그곳에 투영해서 나타내는 가상의 구)들과, 항성(恒星, 태양처럼 스스로 빛과 열을 내며 한자리에 머물러 있어서 전혀 움직이지 않는 것처럼 보이는 별)들이 붙어 있는 항성 천구가 회전한다는 지구 중심설을 내세웠다. [3]그(아리스토텔레스와 프톨레마이오스가 내세운 지구 중심설)와 달리 코페르니쿠스는 태양을 우주의 중심에 고정하고 그 주위를 지구를 비롯한 행성들이 공전하며(公轉-, 다른 천체의 둘레를 주기적으로 돌며) 지구가 자전하는(自轉-, 고정된 축을 중심으로 스스로 회전하는) 우주 모형을 ⓑ 만들었다. [4]그러자 프톨레마이오스보다 훨씬 적은 수의 원으로 행성들의 가시적인(可視的-, 눈으로 볼 수 있는) 운동을 설명할 수 있었고 행성이 태양에서 멀수록 공전 주기가 길어진다는 점에서 단순성이 충족되었다.(充足-, 모자람이 없이 충분히 채워졌다.) [5]그러나 아리스토텔레스의 형이상학을 고수하는(固守-, 굳게 지키는) 다수(多數, 많은 수의) 지식인(知識人, 일정 수준의 지식과 교양을 갖춘 사람)과 종교 지도자들은 그(코페르니쿠스)의 이론을 받아들이려 하지 않았다. [6]왜냐하면 그것(코페르니쿠스의 이론)은 지상계(地上界, 사람들이 살고 있는 땅 위의 세계)와 천상계(天上界, 신들이 살고 있는 하늘 위의 세계)를 대립시키는(對立-, 서로 맞서게 하는) 아리스토텔레스의 이분법적(二分法的, 대상 전체를 둘로 나누는) 구도(構圖, 짜임새)를 무너뜨리고, 신의 형상(形象, 생긴 모양)을 ⓒ 지닌 인간을 한갓(겨우) 행성의 거주자(居住者, 머물러 사는 사람)로 전락시키는(轉落-, 가치를 떨어뜨리는) 것으로 여겨졌기 때문이다.

→ 서양 우주론의 정립 과정 ①: 코페르니쿠스의 모형

3 [1]16 세기 후반에 브라헤는 코페르니쿠스 천문학의 장점은 인정하면서도 아리스토텔레스 형이상학과의 상충(相衝, 서로 어긋남)을 피하고자 우주의 중심에 지구가 고정되어 있고, 달과 태양과 항성들은 지구 주위를 공전하며, 지구 외의 행성들은 태양 주위를 공전하는 모형을 제안하였다.(提案-, 의견으로 내놓았다.) [2]그러나 케플러는 우주의 수적(數的, 수를 기준으로 하는) 질서를 신봉하는(信奉-, 옳다고 믿고 받드는) 형이상학인 신플라톤주의에 매료되었기(魅了-, 마음이 완전히 사로잡혔기) 때문에, 태양을 우주 중심에 배치하여 단순성을 추구한 코페르니쿠스의 천문학을 받아들였다. [3]하지만 그(케플러)는 경험주의자였기에 브라헤의 천체 관측치(天體觀測値, 천체의 상태, 변화 등 관찰하고 측정하여 얻은 값)를 활용하여 태양 주위를 공전하는 행성의 운동 법칙들을 수립할(樹立-, 만들어 세울) 수 있었다. [4]우주의 단순성을 새롭게 보여 주는 이(케플러가 수립한) 법칙들은 아리스토텔레스 형이상학을 더 이상 온존할(溫存-, 고치지 않고 그대로 둘) 수 없게 만들었다.

→ ②: 16 세기 후반 브라헤의 모형과 케플러의 행성 운동 법칙

4 [A] [1]17 세기 후반에 뉴턴은 태양 중심설을 역학적으로(力學的-, 물체 사이에 작용하는 힘과 운동의 관계를 연구하는 학문에 근거하여) 정당화하였다.(正當化-, 이치에 맞아 올바르고 마땅한 것으로 만들었다.) [2]그(뉴턴)는 만유인력 가설(假說, 어떤 사실을 설명하려고 임시로 세운 이론)로부터 케플러의 행성 운동 법칙들을 성공적으로 연역했다.(演繹-, 추론 규칙에 따라 결론을 이끌어 내었다.) [3]이때(뉴턴이 케플러의 행성 운동 법칙들을 연역할 때) 가정된(假定-, 임시로 사실이라고 정해진) 만유인력은 두 질점*이 서로 당기는 힘으로, 그(만유인력의) 크기는 두 질점의 질량의 곱에 비례하고 거리의 제곱에 반비례한다. [4]지구를 포함하는 천체들이 밀도가 균질하거나(均質-, 차이가 없이 골고루 같거나) 구 대칭*을 이루는 구라면 천체가 그 천체 밖 어떤 질점을 당기는 만유인력은, 그 천체를 잘게 나눈 부피 요소들 각각이 그 천체 밖 어떤 질점을 당기는 만유인력을 모두 더하여 구할 수 있다. [5]또한 여기에서 지구보다 질량이 큰 태양과 지구가 서로 당기는 만유인력이 서로 같음을 증명할 수 있다. [6]뉴턴은 이(만유인력) 원리를 적용하여 달의 공전 궤도와 사과의 낙하 운동 등에 관한 실측값(實測-, 실제로 잰 치수)을 연역함으로써 만유인력의 실재(實在, 실제로 존재함)를 입증하였다.(立證-, 증거를 내세워 증명하였다.)

→ ③: 17 세기 후반 뉴턴의 만유인력 가설

5 [1]16 세기 말부터 중국에 본격(本格, 적극적으로) 유입된(流入-, 들어오게 된) 서양 과학은, 청 왕조가 1644년 중국의 역법(曆法)(천체의 주기적 현상을 기준으로 한 해의 달, 계절에 따른 때를 정한 방법)을 기반으로(基盤-, 토대로) 서양 천문학 모델과 계산법을 수용한(受容-, 받아들인) 시헌력(時憲曆, 중국 명나라 때, 선교사 아담 샬이 태음력에 태양력의 원리를 적용하여 이십사절기와 하루의 시간을 정밀하게 계산하여 만든 역법)을 공식 채택함(국가에서 제도를 공적으로 인정하여 씀)에 따라 그 위상(位相, 다른 사물과의 관계 속에서 가지는 위치)이 구체화되었다.(具體化-, 보다 구체적인 것으로 나타나게 되었다.) [2]브라헤와 케플러의 천문 이론을 차례대로 수용하여 정확도를 높인 시헌력이 생활 리듬으로 자리 잡았지만, 중국 지식인들은 서양 과학이 중국의 지적 유산에 적절히 연결되지 않으면 아무리 효율적이더라도 불온한(不穩-, 알맞지 않은) 요소로 ⓓ 여겼다. [3]이(서양 과학이 중국의 지적 유산에 적절히 연결되지 않으면 불온한 요소로 여기는 중국 지식인들의 인식)에 따라 서양 과학에 매료된 학자들도 어떤 방식으로든 ㉠ 서양 과학과 중국 전통 사이의 적절한 관계 맺음을 통해 이 문제를 해결하고자 하였다.

→ 서양 우주론의 전파에 따른 중국의 움직임 ①: 16 세기 말 중국에 유입된 서양 과학과 시헌력의 채택

6 [1]17 세기 웅명우와 방이지 등은 중국 고대 문헌(古代文獻, 옛 시대의 서적이나 문서)에 수록된(收錄-, 기록된) 우주론에 대해서는 부정적 태도를 견지하면서(堅持-, 굳게 지니면서) 성리학적 기론(氣論)(기의 원리를 통해 자연, 인간, 사회의 존재와 운동을 설명하는 성리학의 이론 체계)에 입각하여(立脚-, 근거를 두어) 실증적인(實證的-, 경험적 사실의 관찰과 실험에 따라 증명하는) 서양 과학을 재해석한(再解釋-, 새로운 관점에서 다시 해석한) 독창적(獨創的, 다른 것을 본받거나 따라하지 않고 새로운 것을 처음으로 생각해 내는) 이론을 제시하였다. [2]수성과 금성이 태양 주위를 회전한다는 그들(웅명우와 방이지 등)의 태양계 학설(學說, 학문과 기술의 문제에 대해 주장하는 이론 체계)은 브라헤의 영향이었지만, 태양의 크기에 대한 서양 천문학 이론에 의문을 제기하고 기(氣)와 빛을 결부하여(結付-, 서로 연관시켜) 제시한 광학 이론은 그들(웅명우와 방이지 등)이 창안한(創案-, 처음으로 생각해 낸) 것이었다.

→ ②: 17 세기 웅명우와 방이지 등의 이론

7 [1]17 세기 후반 왕석천과 매문정은 서양 과학의 영향을 받아 경험적 추론(경험적 판단을 근거로 다른 판단을 이끌어 냄)과 수학적 계산을 통해 우주의 원리를 파악하고자 하였다. [2]그러면서 서양 과학의 우수한(優秀-, 뛰어난) 면은 모두 중국 고전(古典, 옛날 서적)에 이미 ⓔ 갖추어져 있던 것인데 웅명우 등이 이(서양 과학의 우수한 면이 중국 고전에 이미 갖추어져 있었던 것)를 깨닫지 못한 채 성리학 같은 형이상학에 몰두했다고(沒頭-, 온 정신을 다 기울였다고) 비판했다. [3]매문정은 고대 문헌에 언급된(言及-, 말하여진), 하늘이 땅의 네 모퉁이를 가릴 수 없을 것이라는 증자(曾子, 중국 춘추 시대의 유학자)의 말을 땅이 둥글다는 서양 이론과 연결하는 등 서양 과학의 중국 기원론(그 근원이 중국에 있다는 이론)을 뒷받침하였다.

→ ③: 17 세기 후반 왕석천과 매문정의 입장

8 [1]중국 천문학을 중심으로 서양 천문학을 회통하려는 매문정의 입장은 18 세기 초를 기점(起點, 처음 시작되는 지점)으로 중국의 공식 입장으로 채택되었으며, 이(중국 천문학을 중심으로 서양 천문학을 회통하려는) 입장은 중국의 역대(歷代, 그동안) 지식 성과물(成果物, 결과로 얻어진 것)을 망라한(網羅-, 널리 받아들여 모두 포함한) 총서(叢書, 일정하게 통일된 형식이나 체제로 간행된, 같은 종류의 책들)인 『사고전서』에 그대로 반영되었다.(反映-,

영향을 받아 나타났다.) [2]이 총서(『사고전서』)의 편집자(編輯者, 책을 만드는 일을 하는 사람)들은 고대부터 당시까지 쏟아진 천문 관련 문헌들을 정리하여 수록하였다. [3]이와 같이 고대 문헌에 담긴 우주론을 재해석하고 확인하려는 경향(傾向, 일정한 방향성)은 19세기 중엽까지 주(主, 주요하거나 기본이 되는 것)를 이루었다.

→ ④ : 18세기 초 중국의 공식 입장과 19세기 중엽까지 이어진 경향

* 질점 : 크기가 없고 질량이 모여 있다고 보는 이론상의 물체
* 구 대칭 : 어떤 물체가 중심으로부터 모든 방향으로 같은 거리에서 같은 특성을 갖는 상태

■지문 이해

〈서양 우주론의 정립 과정 및 중국과 서양의 우주론을 회통하려는 중국의 움직임〉

**❶ 16세기 전반 서양의 천문학 개혁과 서양 우주론의 전파에 따른 중국의 움직임**

- 16세기 전반 서양 천문학의 개혁
  - 태양 중심설
  - 경험주의 확산, 수리 과학 발전 → 형이상학을 뒤바꾸는 변혁
- 서양 우주론의 전파에 따른 중국의 움직임
  - 중국과 서양의 우주론을 회통하려는 시도 → 지적 유산에 대한 관심 제고

**서양 우주론의 정립 과정**

**❷ 코페르니쿠스의 모형**

- 천체의 운행을 단순하게 기술하려 함 → 태양을 우주의 중심에 고정하고 그 주위를 지구를 비롯한 행성들이 공전하며, 지구가 자전하는 우주 모형을 만듦
- 아리스토텔레스의 형이상학을 고수하는 지식인과 종교 지도자들은 받아들이지 않음

**❸ 16세기 후반 브라헤의 모형과 케플러의 행성 운동 법칙**

- 브라헤의 모형 : 코페르니쿠스 천문학의 장점을 인정하면서, 아리스토텔레스 형이상학과의 상충을 피하려는 모형을 제안함
- 케플러의 행성 운동 법칙 : 브라헤의 천체 관측치를 활용해 태양 주위를 공전하는 행성의 운동 법칙을 수립함 → 아리스토텔레스 형이상학이 온존할 수 없게 만듦

**❹ 17세기 후반 뉴턴의 만유인력 가설**

- 뉴턴은 태양 중심설을 역학적으로 정당화하고, 만유인력 가설로부터 케플러의 행성 운동 법칙을 연역함
- 만유인력
  - 두 질점이 서로 당기는 힘
  - 힘의 크기는 두 질점의 질량의 곱에 비례, 거리의 제곱에 반비례함
  - 천체가 그 천체 밖 어떤 질점을 당기는 만유인력은 그 천체를 잘게 나눈 부피 요소들 각각이 그 천체 밖 어떤 질점을 당기는 만유인력을 모두 더해 구할 수 있음

**서양 우주론의 전파에 따른 중국의 움직임**

**❺ 16세기 말 중국에 유입된 서양 과학과 시헌력의 채택**

- 중국에 유입된 서양 과학은 시헌력의 공식 채택으로 그 위상이 구체화됨
- 중국 지식인들은 서양 과학이 중국의 지적 유산에 적절히 연결되지 않으면 불온한 요소로 여김 → 서양 과학과 중국 전통을 연결하여 문제를 해결하려 함

**❻ 17세기 웅명우와 방이지 등의 이론**

- 중국 고대 문헌의 우주론에 대해 부정적 태도를 견지함
- 성리학적 기론에 입각해 실증적 서양 과학을 재해석함 → 광학 이론 창안

**❼ 17세기 후반 왕석천과 매문정의 입장**

- 경험적 추론과 수학적 계산을 통해 우주 원리를 파악하고자 함
- 서양 과학의 우수한 면은 모두 중국 고전에 이미 갖춰져 있던 것이라고 봄
- 매문정 : 서양 과학의 중국 기원론을 뒷받침함

**❽ 18세기 초 중국의 공식 입장과 19세기 중엽까지 이어진 경향**

- 매문정의 입장은 18세기 초 중국의 공식 입장으로 채택, 『사고전서』에 반영됨
- 고대 문헌의 우주론을 재해석하고 확인하려는 경향이 19세기 중엽까지 주를 이룸

**013** | 세부 정보 이해 - 적절하지 않은 것 고르기 2019학년도 수능 27번
정답률 65%, 매력적 오답 ④ 10% ⑤ 10% | 정답 ②

**다음은 윗글을 읽은 학생의 독서 기록 중 일부이다. 윗글을 참고할 때, '점검 결과'로 적절하지 않은 것은?**

ㅇ읽기 계획 : 1문단을 훑어보면서 뒷부분을 예측하고 질문 만들기를 한 후, 글을 읽고 점검하기

| 예측 및 질문 내용 | 점검 결과 |
|---|---|
| ㅇ서양의 우주론에 태양 중심설과 지구 중심설의 개념이 소개되어 있을 것이다. | 예측과 같음 ·························· ① |
| 근거 ❷-2~3 우주의 중심에 고정되어 움직이지 않는 지구의 주위를 달, 태양, 다른 행성들의 천구들과, 항성들이 붙어 있는 항성 천구가 회전한다는 지구 중심설을 내세웠다. 그와 달리 코페르니쿠스는 태양을 우주의 중심에 고정하고 그 주위를 지구를 비롯한 행성들이 공전하며 지구가 자전하는 우주 모형을 만들었다.<br>→ 적절함! | |
| ㅇ서양의 우주론의 영향으로 변화된 중국의 우주론이 소개되어 있을 것이다. | 예측과 다름 (같음) ·························· ② |
| 근거 ❺-1 16세기 말부터 중국에 본격 유입된 서양 과학은 … 시헌력을 공식 채택함에 따라 그 위상이 구체화, ❻-1 17세기 웅명우와 방이지 등은 … 성리학적 기론(氣論)에 입각하여 실증적인 서양 과학을 재해석한 독창적 이론을 제시, ❼-1 17세기 후반 왕석천과 매문정은 서양 과학의 영향을 받아 … 우주의 원리를 파악하고자 하였다.<br>→ 적절하지 않음! | |
| ㅇ서양에서 태양 중심설을 제기한 사람은 누구일까? | 질문의 답이 제시됨 ·················· ③ |
| 근거 ❷-3 코페르니쿠스는 태양을 우주의 중심에 고정하고 그 주위를 지구를 비롯한 행성들이 공전하며 지구가 자전하는 우주 모형을 만들었다.<br>→ 적절함! | |
| ㅇ중국에서 서양의 우주론을 접하고 회통을 시도한 사람은 누구일까? | 질문의 답이 제시됨 ·················· ④ |
| 근거 ❽-1 중국 천문학을 중심으로 서양 천문학을 회통하려는 매문정의 입장<br>→ 적절함! | |
| ㅇ중국에 서양의 우주론을 전파한 서양의 인물은 누구일까? | 질문의 답이 언급되지 않음 ········ ⑤ |
| 근거 ❺-1 16세기 말부터 중국에 본격 유입된 서양 과학<br>풀이 윗글에 16세기 말부터 중국에 서양 과학이 본격적으로 유입된다는 내용은 나오지만, 중국에 서양의 우주론을 전파한 서양의 인물이 누구인지는 언급되지 않는다.<br>→ 적절함! | |

1등급 문제

**014** 세부 정보 이해 - 적절하지 않은 것 고르기 2019학년도 수능 28번
정답률 45%, 매력적 오답 ③ 15% ④ 25%
정답 ⑤

## 윗글에 대한 이해로 적절하지 않은 것은?

**① 서양과 중국에서는 모두 우주론을 정립하는 과정에서 형이상학적 사고에 대한 재검토가 이루어졌다.**

근거 ❶-1 16 세기 전반에 서양에서 태양 중심설을 지구 중심설의 대안으로 제시하며 시작된 천문학 분야의 개혁은 … 형이상학을 뒤바꾸는 변혁으로 이어졌다, ❷-5 그러나 아리스토텔레스의 형이상학을 고수하는 다수 지식인과 종교 지도자들은 그의 이론을 받아들이려 하지 않았다, ❸-4 우주의 단순성을 새롭게 보여 주는 이 법칙들은 아리스토텔레스 형이상학을 더 이상 온존할 수 없게 만들었다, ❻-1 성리학적 기론(氣論)에 입각하여 실증적인 서양 과학을 재해석, ❼-2 서양 과학의 우수한 면은 모두 중국 고전에 이미 갖추어져 있던 것인데 웅명우 등이 이를 깨닫지 못한 채 성리학 같은 형이상학에 몰두했다고 비판했다.

→ 적절함!

**② 서양 천문학의 *전래는 중국에서 **자국의 우주론 전통을 ***재인식하는 ****계기가 되었다.** *傳來, 외국에서 전하여 들어옴 **自國, 자기 나라 ***再認識-, 원래의 인식을 고쳐 새롭게 인식하는 ****契機, 결정적 원인이나 기회

근거 ❶-2 서양의 우주론이 전파되자 중국에서는 중국과 서양의 우주론을 회통하려는 시도가 전개되었고, 이 과정에서 자신의 지적 유산에 대한 관심이 제고되었다, ❼-2~3 서양 과학의 우수한 면은 모두 중국 고전에 이미 갖추어져 있던 것 … 매문정은 고대 문헌에 언급된, 하늘이 땅의 네 모퉁이를 가릴 수 없을 것이라는 증자의 말을 땅이 둥글다는 서양 이론과 연결하는 등 서양 과학의 중국 기원론을 뒷받침하였다, ❽-3 고대 문헌에 담긴 우주론을 재해석하고 확인하려는 경향은 19 세기 중엽까지 주를 이루었다.

→ 적절함!

**③ 중국에 서양의 천문학적 성과가 자리 잡게 된 데에는 국가의 역할이 작용하였다.**

근거 ❺-1 16 세기 말부터 중국에 본격 유입된 서양 과학은, 청 왕조가 1644년 중국의 역법(曆法)을 기반으로 서양 천문학 모델과 계산법을 수용한 시헌력을 공식 채택함에 따라 그 위상이 구체화되었다.

→ 적절함!

**④ 중국에서는 18 세기에 자국의 고대 우주론을 긍정하는 입장이 *주류가 되었다.** *主流, 중심이 되는 흐름이나 경향

근거 ❽-1 중국 천문학을 중심으로 서양 천문학을 회통하려는 매문정의 입장은 18 세기 초를 기점으로 중국의 공식 입장으로 채택, ❽-3 고대 문헌에 담긴 우주론을 재해석하고 확인하려는 경향은 19 세기 중엽까지 주를 이루었다.

→ 적절함!

**⑤ 서양에서는 중국과 달리 경험적 추론에 기초한 우주론이 제기되었다.**

근거 ❸-3 (케플러는) 경험주의자였기에 브라헤의 천체 관측치를 활용하여 태양 주위를 공전하는 행성의 운동 법칙들을 수립, ❹-6 뉴턴은 이(만유인력) 원리를 적용하여 달의 공전 궤도와 사과의 낙하 운동 등에 대한 실측값을 연역함으로써 만유인력의 실재를 입증하였다, ❼-1 17 세기 후반 왕석천과 매문정은 서양 과학의 영향을 받아 경험적 추론과 수학적 계산을 통해 우주의 원리를 파악하고자 하였다.

→ 적절하지 않음!

1등급 문제

**015** 핵심 개념 이해 - 적절한 것 고르기 2019학년도 수능 29번
정답률 45%, 매력적 오답 ① 10% ③ 15% ⑤ 25%
정답 ④

## 윗글에 나타난 서양의 우주론에 대한 설명으로 가장 적절한 것은?

**① 항성 천구가(지구) 고정되어 있다고 보는 아리스토텔레스의 우주론은 천상계와 지상계를 대립시킨 형이상학을 *토대로 한 것이었다.** *土臺-, 바탕으로

근거 ❷-2 고대의 아리스토텔레스와 프톨레마이오스는 우주의 중심에 고정되어 움직이지 않는 지구의 주위를 … 항성 천구가 회전한다는 지구 중심설을 내세웠다, ❷-6 지상계와 천상계를 대립시키는 아리스토텔레스의 이분법적 구도

풀이 아리스토텔레스는 이분법적 형이상학을 토대로 지구가 고정되어 있고, 항성 천구는 지구 주위를 회전한다고 보았다.

→ 적절하지 않음!

**② 많은(적은) 수의 원을 써서 행성의 가시적 운동을 설명한 프톨레마이오스의(코페르니쿠스) 우주론은 행성이 태양에서 멀수록 공전 주기가 길어진다는 점에서 단순성을 갖는 것이었다.**

근거 ❷-3~4 코페르니쿠스는 태양을 우주의 중심에 고정하고 그 주위를 지구를 비롯한 행성들이 공전하며 지구가 자전하는 우주 모형을 만들었다. 그러자 프톨레마이오스보다 훨씬 적은 수의 원으로 행성들의 가시적인 운동을 설명할 수 있었고 행성이 태양에서 멀수록 공전 주기가 길어진다는 점에서 단순성이 충족되었다.

풀이 행성이 태양에서 멀수록 공전 주기가 길어진다는 점에서 단순성을 갖는 것은 프톨레마이오스의 우주론이 아니라, 코페르니쿠스의 우주론에 해당한다.

→ 적절하지 않음!

**③ 지구와 행성이 태양 주위를 공전한다는 코페르니쿠스의 우주론은 이전의 지구 중심설보다 단순할 뿐 아니라 아리스토텔레스의 형이상학과 *양립이 가능한(불가능한) 것이었다.**
*兩立, 두 가지가 동시에 따로 성립함

근거 ❷-5~6 아리스토텔레스의 형이상학을 고수하는 다수 지식인과 종교 지도자들은 그(코페르니쿠스)의 이론을 받아들이려 하지 않았다. 왜냐하면 그것(코페르니쿠스의 이론)은 지상계와 천상계를 대립시키는 아리스토텔레스의 이분법적 구도를 무너뜨리고, 신의 형상을 지닌 인간을 한갓 행성의 거주자로 전락시키는 것으로 여겨졌기 때문

→ 적절하지 않음!

= 지구 외의 행성들은 태양 주위를 공전

**④ 지구가 우주 중심에 고정되어 있고 다른 행성을 거느린 태양이 지구 주위를 돈다는 브라헤의 우주론은 아리스토텔레스의 형이상학에서 자유롭지 못한 것이었다.**

근거 ❸-1 브라헤는 코페르니쿠스 천문학의 장점은 인정하면서도 아리스토텔레스 형이상학과의 상충을 피하고자 우주의 중심에 지구가 고정되어 있고, 달과 태양과 항성들은 지구 주위를 공전하며, 지구 외의 행성들은 태양 주위를 공전하는 모형을 제안

→ 적절함!

**⑤ 태양 주위를 공전하는 행성의 운동 법칙들을 관측치로부터 수립한 케플러의 우주론은 신플라톤주의(브라헤의 천체 관측치)에서 경험주의적 근거를 찾은 것이었다.**

근거 ❸-2~3 케플러는 우주의 수적 질서를 신봉하는 형이상학인 신플라톤주의에 매료되었기 때문에, 태양을 우주 중심에 배치하여 단순성을 추구한 코페르니쿠스의 천문학을 받아들였다. 하지만 그는 경험주의자였기에 브라헤의 천체 관측치를 활용하여 태양 주위를 공전하는 행성의 운동 법칙들을 수립할 수 있었다.

풀이 케플러가 태양을 우주 중심에 배치하는 코페르니쿠스의 천문학을 받아들이는 데에 신플라톤주의가 영향을 미친 것은 맞으나, 그가 수립한 행성의 운동 법칙은 경험에 의해 얻어진 수치인 브라헤의 천체 관측치를 직접적인 근거로 한 것이다.

→ 적절하지 않음!

1등급 문제

**016** 세부 정보 이해 - 적절하지 않은 것 고르기 2019학년도 수능 30번
정답률 50%, 매력적 오답 ③ 15% ④ 20%
정답 ⑤

## ㉠에 대한 이해로 적절하지 않은 것은?

> ㉠ 서양 과학과 중국 전통 사이의 적절한 관계 맺음

**① 중국에서 서양 과학을 수용한 학자들은 자국의 지적 유산에 서양 과학을 *접목하려 하였다.** *椄木-, 둘 이상의 다른 현상을 알맞게 조화시키려

근거 ❺-2~3 중국 지식인들은 서양 과학이 중국의 지적 유산에 적절히 연결되지 않으면 아무리 효율적이더라도 불온한 요소로 여겼다. 이에 따라 서양 과학에 매료된 학자들도 어떤 방식으로든 서양 과학과 중국 전통 사이의 적절한 관계 맺음을 통해 이 문제를 해결하고자 하였다.

→ 적절함!

**② 서양 천문학과 관련된 내용이 중국의 역대 지식 성과를 *집대성한 『사고전서』에 수록되었다.** *集大成-, 여러 가지를 모아 하나의 체계를 이루어 완성한

근거 ❽-1~2 중국 천문학을 중심으로 서양 천문학을 회통하려는 매문정의 입장은 18 세기 초를 기점으로 중국의 공식 입장으로 채택되었으며, 이 입장은 중국의 역대 지식 성과물을 망라한 총서인 『사고전서』에 그대로 반영되었다. 이 총서의 편집자들은 고대부터 당시까지 쏟아진 천문 관련 문헌들을 정리하여 수록

→ 적절함!

**③ 방이지는 서양 우주론의 영향을 받았지만 서양의 이론과 구별되는 새 이론의 수립을 시도하였다.**

근거 ❻-2 수성과 금성이 태양 주위를 회전한다는 그들(웅명우와 방이지 등)의 태양계 학설은 브라헤의 영향이었지만, 태양의 크기에 대한 서양 천문학 이론에 의문을 제기하고 기(氣)와 빛을 결부하여 제시한 광학 이론은 그들이 창안한 것

→ 적절함!

④ **매문정은 중국 고대 문헌에 나타나는 천문학적 전통과 서양 과학의 수학적 방법론을 모두 활용하였다.**

근거 ❼-1 17 세기 후반 왕석천과 매문정은 서양 과학의 영향을 받아 경험적 추론과 수학적 계산을 통해 우주의 원리를 파악하고자 하였다, ❼-3 매문정은 고대 문헌에 언급된, 하늘이 땅의 네 모퉁이를 가릴 수 없을 것이라는 증자의 말을 땅이 둥글다는 서양 이론과 연결하는 등 서양 과학의 중국 기원론을 뒷받침하였다.

→ 적절함!

= 웅명우와 방이지 등 　　성리학적 기론

⑤ **성리학적 기론을 긍정한 학자들은 중국 고대 문헌의 우주론을 근거로 서양 우주론을 받아들여 새 이론을 창안하였다.**

= 광학 이론

근거 ❻-1~2 17 세기 웅명우와 방이지 등은 중국 고대 문헌에 수록된 우주론에 대해서는 부정적 태도를 견지하면서 성리학적 기론(氣論)에 입각하여 실증적인 서양 과학을 재해석한 독창적 이론을 제시 … 태양의 크기에 대한 서양 천문학 이론에 의문을 제기하고 기(氣)와 빛을 결부하여 제시한 광학 이론

풀이 성리학적 기론을 긍정한 학자들, 즉 웅명우와 방이지 등은 중국 고대 문헌의 우주론에 대해 부정적 태도를 가졌으며, 성리학적 기론을 근거로 서양 과학을 재해석한 이론, 즉 성리학적 기(氣)와 서양 과학의 빛을 결부시킨 광학 이론을 창안하였다.

→ 적절하지 않음!

1등급 문제

**017** | 자료 해석의 적절성 판단 - 적절하지 않은 것 고르기 2019학년도 수능 31번 | 정답률 20%, 매력적 오답 ① 15% ③ 20% ④ 30% ⑤ 15% | 정답 ②

## 〈보기〉를 참고할 때, [A]에 대한 이해로 적절하지 않은 것은? [3점]

| 보기 |

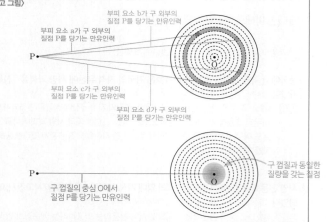

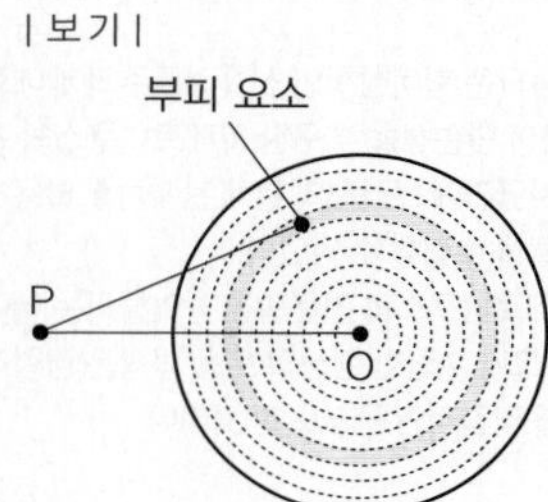


[1]구는 무한히 작은 부피 요소들로 이루어져 있다. [2]그 부피 요소들이 빈틈없이 한 겹으로 배열되어 구 껍질을 이루고, 그런 구 껍질들이 구의 중심 O 주위에 반지름을 달리하며 양파처럼 겹겹이 싸여 구를 이룬다. [3]이때 부피 요소는 그것의 부피와 밀도를 곱한 값을 질량으로 갖는 질점으로 볼 수 있다.

(1) [4]같은 밀도의 부피 요소들이 하나의 구 껍질을 구성하면, 이 부피 요소들이 구 외부의 질점 P를 당기는 만유인력들의 총합은, 그 구 껍질과 동일한 질량을 갖는 질점이 그 구 껍질의 중심 O에서 P를 당기는 만유인력과 같다. → 한 겹의 구 껍질을 볼 때

〈참고 그림〉

부피 요소 b가 구 외부의 질점 P를 당기는 만유인력
부피 요소 a가 구 외부의 질점 P를 당기는 만유인력
부피 요소 c가 구 외부의 질점 P를 당기는 만유인력
부피 요소 d가 구 외부의 질점 P를 당기는 만유인력

구 껍질과 동일한 질량을 갖는 질점
구 껍질의 중심 O에서 질점 P를 당기는 만유인력

부피 요소들이 구 외부의 질점 P를 당기는 만유인력들의 총합(부피 요소 a가 구 외부의 질점 P를 당기는 만유인력 + 부피 요소 b가 구 외부의 질점 P를 당기는 만유인력 + 부피 요소 c가 구 외부의 질점 P를 당기는 만유인력 + 부피 요소 d가 구 외부의 질점 P를 당기는 만유인력 + … ) = 구 껍질과 동일한 질량을 갖는 질점이 그 구 껍질의 중심 O에서 P를 당기는 만유인력

(2) [5](1)에서의 구 껍질들이 구를 구성할 때, 그 동심의(同心-. 같은 중심을 갖는) 구 껍질들이 P를 당기는 만유인력들의 총합은, 그 구와 동일한 질량을 갖는 질점이 그 구의 중심 O에서 P를 당기는 만유인력과 같다. → 여러 겹의 구 껍질이 모인 구를 볼 때

〈참고 그림〉

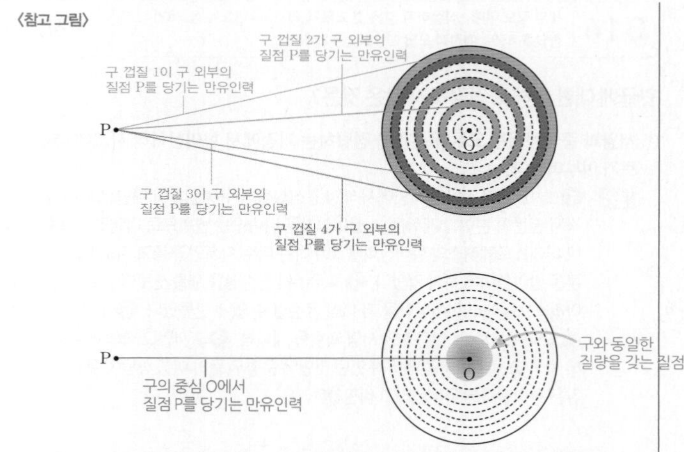


구와 동일한 질량을 갖는 질점
구의 중심 O에서 질점 P를 당기는 만유인력

구 껍질들이 구 외부의 질점 P를 당기는 만유인력들의 총합(구 껍질 1이 구 외부의 질점 P를 당기는 만유인력 + 구 껍질 2가 구 외부의 질점 P를 당기는 만유인력 + 구 껍질 3이 구 외부의 질점 P를 당기는 만유인력 + 구 껍질 4가 구 외부의 질점 P를 당기는 만유인력 + … ) = 구와 동일한 질량을 갖는 질점이 그 구의 중심 O에서 P를 당기는 만유인력

[6](1), (2)에 의하면, 밀도가 균질하거나 구 대칭인 구를 구성하는 부피 요소들이 P를 당기는 만유인력들의 총합은, 그 구와 동일한 질량을 갖는 질점이 그 구의 중심 O에서 P를 당기는 만유인력과 같다.

근거 ❹-4 지구를 포함하는 천체들이 밀도가 균질하거나 구 대칭을 이루는 구라면 천체가 그 천체 밖 어떤 질점을 당기는 만유인력은, 그 천체를 잘게 나눈 부피 요소들 각각이 그 천체 밖 어떤 질점을 당기는 만유인력을 모두 더하여 구할 수 있다.

풀이 〈보기〉와 [A]는 공통적으로 물체를 이루는 부피 요소들의 밀도가 균질하거나, 구 대칭을 이루는 구라는 조건이 충족된 상황에서 두 질점이 서로를 당기는 힘, 즉 만유인력을 구하는 과정을 보여 준다. 〈보기〉와 [A]의 내용을 정리하면 다음과 같다.

| | |
|---|---|
| 〈보기〉 | 구의 외부에 있는 질점에 대해 구를 구성하는 각각의 부피 요소들의 만유인력의 총합 = 구와 동일한 질량을 갖는, 구의 중심에 위치한 하나의 질점에서 작용하는 만유인력 |
| [A] | 구의 외부에 있는 질점에 대해 구에서 작용하는 만유인력 = 그 구를 구성하는 부피 요소들의 만유인력의 총합 |

뉴턴은 만유인력의 가설로부터 케플러의 행성 운동 법칙들을 연역하는 과정에서 천체들이 밀도가 균질하거나 구 대칭을 이루는 구임을 가정하였으므로, 다음 선지들에서 만유인력의 측정과 관련된 비례 관계를 적용할 수 있다.

① **밀도가 균질한 하나의 행성을 구성하는 동심의 구 껍질들이 같은 두께일 때, 하나의 구 껍질이 태양을 당기는 만유인력은 그 구 껍질의 반지름이 클수록 커지겠군.**

근거 〈보기〉-3 부피 요소는 그것의 부피와 밀도를 곱한 값을 질량으로 갖는 질점으로 볼 수 있다, ❹-3 (만유인력의) 크기는 두 질점의 질량의 곱에 비례

풀이 구 껍질을 구성하는 부피 요소는 그것의 부피와 밀도를 곱한 값을 질량으로 갖는다. 따라서 구 껍질의 밀도가 일정할 때, 반지름이 커지면 부피가 커지므로 질량도 증가한다. 만유인력의 크기는 두 질점의 질량의 곱에 비례한다고 하였으므로 구 껍질의 반지름이 클수록 만유인력도 커질 것이다.

→ 적절함!

② **태양의 중심에 있는 질량이 m인 질점이 지구 전체를 당기는 만유인력은, 지구의 중심에 있는 질량이 m인 질점이 태양 전체를 당기는 만유인력과 크기가 같겠군.**

보다 　　작겠군

근거 ❹-3 (만유인력의) 크기는 두 질점의 질량의 곱에 비례하고 거리의 제곱에 반비례, ❹-5 지구보다 질량이 큰 태양

풀이 만유인력의 크기에 영향을 미치는 요소는 두 질점의 질량과 두 질점 사이의 거리이다. 이 경우 태양의 중심에 위치하는 질점과, 지구의 중심에 위치하는 질점의 질량은 m으로 동일하고, 태양과 지구의 거리는 일정하므로 결과적으로 고려해야 하는 요소는 태양과 지구의 질량이다. 윗글에서 태양의 질량은 지구보다 크다고 하였으므로 태양의 중심에 있는 질량이 m인 질점이 지구 전체를 당길 때의 만유인력은 지구의 중심에 있는 질량이 m인 질점이 태양 전체를 당길 때의 만유인력보다 작다.

〈참고 그림〉

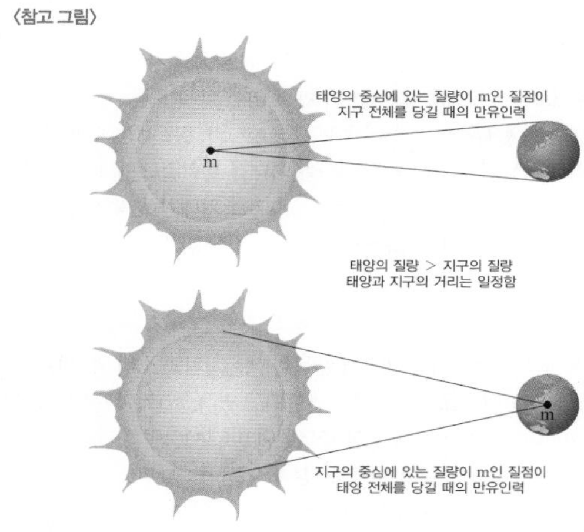


→ 적절하지 않음!

어떻게 풀까? ④-5에서 '지구보다 질량이 큰 태양과 지구가 서로 당기는 만유인력이 같음을 증명할 수 있다'고 하여 ②번 선지를 옳은 것으로 착각할 수 있다. 하지만 윗글의 내용과 선지의 내용을 비교해 보면 각자 다른 조건에서의 만유인력을 묻는 문제임을 알 수 있다.

윗글에서는 태양 '전체'와 지구 '전체'가 서로 당기는 만유인력이 같다고 하였다. 태양 '전체'와 지구 '전체'가 서로 당기는 만유인력은 태양과 동일한 질량을 갖는 질점과 지구와 동일한 질량을 갖는 질점 간의 만유인력을 말하는 것이다. 그러나 선지에서는 질량이 m인 질점이 '각각' 태양과 지구 '전체'를 당긴다고 하였다. 이는 질량이 m인 질점과 태양 간의 만유인력, 질량이 m인 질점과 지구 간의 만유인력을 말하는 것이다. ④-5에 나온 만유인력과 선지에서 말하는 만유인력이 서로 다른 것을 의미하므로, ②번 선지는 적절하지 않다.

**③ 질량이 $M$인 지구와 질량이 m인 달은, 둘의 중심 사이의 거리만큼 떨어져 있으면서 질량이 $M$, m인 두 질점 사이의 만유인력과 동일한 크기의 힘으로 서로 당기겠군.**

근거 ④-3 만유인력은 두 질점이 서로 당기는 힘으로, 그 크기는 두 질점의 질량의 곱에 비례하고 거리의 제곱에 반비례, 〈보기〉-6 구를 구성하는 부피 요소들이 P를 당기는 만유인력들의 총합은, 그 구와 동일한 질량을 갖는 질점이 그 구의 중심 O에서 P를 당기는 만유인력과 같다.

풀이 질량이 $M$인 지구와 질량이 m인 달 사이의 만유인력의 크기는, 동일한 거리로 떨어져 있는 질량이 $M$인 질점과 질량이 m인 질점 사이의 만유인력의 크기와 같다.

→ 적절함!

**④ 태양을 구성하는 하나의 부피 요소와 지구 사이에 작용하는 만유인력은, 지구를 구성하는 모든 부피 요소들과 태양의 그 부피 요소 사이에 작용하는 만유인력들을 모두 더하면 구해지겠군.**

근거 ④-4 천체가 그 천체 밖 어떤 질점을 당기는 만유인력은, 그 천체를 잘게 나눈 부피 요소들 각각이 그 천체 밖 어떤 질점을 당기는 만유인력을 모두 더하여 구할 수 있다.

풀이 윗글에서 천체가 그 천체 밖 어떤 질점을 당기는 만유인력은, 그 천체를 잘게 나눈 부피 요소들 각각이 그 천체 밖 어떤 질점을 당기는 만유인력을 모두 더하여 구할 수 있다고 하였다. 따라서 태양을 구성하는 하나의 부피 요소와 지구 사이에 작용하는 만유인력은, 지구를 잘게 나눈 부피 요소들 각각이 태양을 구성하는 하나의 부피 요소를 당기는 만유인력을 모두 더하면 구할 수 있다.

→ 적절함!

**⑤ 반지름이 $R$, 질량이 $M$인 지구와 지구 표면에서 높이 h에 중심이 있는 질량이 m인 구슬 사이의 만유인력은, $R$ + h의 거리만큼 떨어져 있으면서 질량이 $M$, m인 두 질점 사이의 만유인력과 크기가 같겠군.**

근거 ④-3 (만유인력의) 크기는 두 질점의 질량의 곱에 비례하고 거리의 제곱에 반비례, 〈보기〉-6 구를 구성하는 부피 요소들이 P를 당기는 만유인력들의 총합은, 그 구와 동일한 질량을 갖는 질점이 그 구의 중심 O에서 P를 당기는 만유인력과 같다.

풀이 먼저 질량의 크기를 비교해 보면, 지구와 구슬의 질량은 $M$, m, 두 질점의 질량은 각각 $M$과 m으로 동일하다. 그리고 거리를 비교해 보면, 지구의 중심에서 구슬의 중심까지의 거리는 '지구의 반지름 + 지구의 표면부터 구슬 중심까지의 높이', 즉 $R$ + h이다. 두 질점 사이의 거리는 선지에서 $R$ + h라고 제시하였으므로 결국 거리도 같다는 것을 알 수 있다. 질점과 거리가 모두 동일하므로, 지구와 구슬 사이의 만유인력은 두 질점 사이의 만유인력과 크기가 같다.

〈참고 그림〉

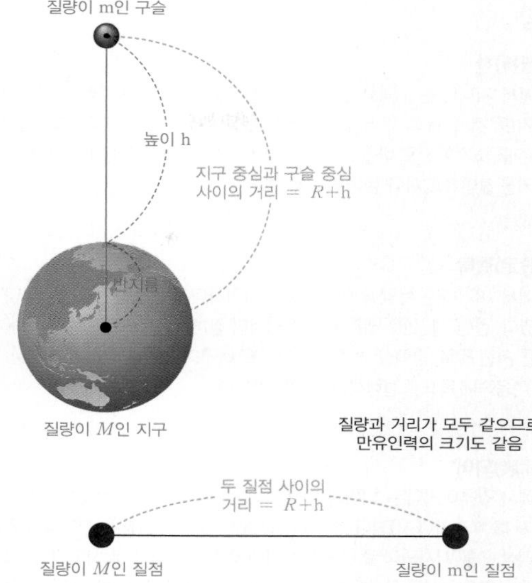


→ 적절함!

**평가원 이의 신청 답변**

본 문항은 질점 사이에서 정의된 만유인력을 설명하는 <보기>에 근거하여 지문의 [A]의 내용을 설명하는 답지 중에서 옳지 않은 것을 찾는 문항입니다.

이의 제기의 주된 내용은 크게 다음의 두 가지입니다. (1) 답지 ②가 옳은 진술이므로 정답이 아니다. (2) 답지 ⑤도 틀린 진술이므로 복수 정답이 되어야 한다.

(1)의 주장은, 태양과 지구의 중심에 있는 질점이란 태양과 지구의 질량과 같은 질량을 갖는 질점이어야 하므로 답지 ②의 진술이 옳다는 것입니다. 답지 ②에서 '태양의 중심에 있는 질량이 m인 질점', '지구의 중심에 있는 질량이 m인 질점'이라고 하였으므로 '태양의 중심'과 '지구의 중심'은 질점의 위치를 표시한 것이며, 질점의 질량은 태양이나 지구의 질량이 아닌 m입니다. 이러한 질점과 상대 천체 사이에 작용하는 만유인력은, 두 질점의 질량이 같고 각 질점과 상대 천체 사이의 거리가 같다 하더라도 상대 천체가 질량이 다르기 때문에 같을 수 없으므로 답지 ②는 틀린 진술입니다.

(2)의 주장은 답지 ⑤에서 구슬의 크기, 모양, 밀도 분포를 서술하지 않았기 때문에 진위가 확정되지 않거나 옳지 않은 진술이라는 것입니다. 문두에서 요구하고 있는 바에 따라, 답지들을 판단하기 위해서는 모두 [A]의 내용을 이해하기 위한 사고 과정을 추론하여야 합니다. 그러므로 답지의 '구슬'은 지문에 나와 있는 지상계의 물체의 사례인 '사과'의 낙하 운동에 대응하여 <보기>에 나온 대로 구의 형태와 균질한 밀도를 갖는 대상으로 제시된 것입니다. 구슬은 지구에 비하여 그 크기가 매우 작기 때문에 그러한 물체의 운동을 기술하는 과정에서 구슬이 가질 수 있는 모양이나 밀도의 변이가 무시되어 질점으로 취급이 가능합니다. 그러므로 구슬의 중심과 지구 중심 사이의 만유인력은 <보기>의 진술대로 구슬 중심의 높이 h와 지구의 반지름 R의 간격만큼 떨어진 두 질점 사이의 만유인력으로 상정할 수 있기에 답지 ⑤는 옳은 진술입니다.

따라서 이 문항은 오류가 없습니다.

**018** 문맥적 의미 파악 - 적절한 것 고르기 2019학년도 수능 32번
정답률 70%, 매력적 오답 ③ 15% | 정답 ②

**문맥상 ⓐ~ⓔ와 바꿔 쓴 것으로 가장 적절한 것은?**

ⓐ 일으킬 ⓑ 만들었다 ⓒ 지닌 ⓓ 여겼다 ⓔ 갖추어져

**① ⓐ : 진작(振作)할**

풀이 ⓐ에서 '일으키다'는 문맥상 '어떤 사태나 일을 벌이거나 터뜨리다'의 의미로 쓰였다. 한편 '진작(振 떨치다 진 作 만들다 작)하다'는 '떨쳐 일어나다', '떨쳐 일으키다'의 의미를 지닌 말로, 문맥상 ⓐ를 '진작할'로 바꾸어 쓰기에 적절하지 않다. '진작하다'는 '분위기를 진작하다', '애국심을 진작하다' 등과 같이 쓰인다.

→ 적절하지 않음!

**② ⓑ : 고안(考案)했다**

풀이 ⓑ에서 '만들다'는 문맥상 '새로이 작성하거나 창작하다'의 의미로 쓰였다. '고안(考 생각하다 고 案 안건 안)하다'는 '연구하여 새로운 안을 생각해 내다'의 의미를 지닌

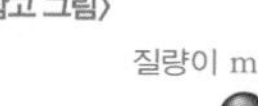

말로, 문맥상 ⓑ를 '고안했다'로 바꾸어 쓰기에 적절하다.

→ 적절함!

**③ ⓒ : 소지(所持)한**

**풀이** ⓒ에서 '지니다'는 문맥상 '본래의 모양을 그대로 간직하다'의 의미로 쓰였다. 한편 '소지(所 것 소 持 가지다 지)하다'는 '물건을 지니고 있다'의 의미를 지닌 말로, 문맥상 ⓒ를 '소지한'으로 바꾸어 쓰기에 적절하지 않다. '소지하다'는 '여권을 소지하다', '무기를 불법 소지하다' 등과 같이 쓰인다.

→ 적절하지 않음!

**④ ⓓ : 설정(設定)했다**

**풀이** ⓓ에서 '여기다'는 문맥상 '마음속으로 그러하다고 인정하거나 생각하다'의 의미로 쓰였다. 한편 '설정(設 세우다 설 定 정하다 정)하다'는 '새로 만들어 정해 두다'의 의미를 지닌 말로, 문맥상 ⓓ를 '설정했다'로 바꾸어 쓰기에 적절하지 않다. '설정하다'는 '마음속에 목표를 설정하다'와 같이 쓰인다.

→ 적절하지 않음!

**⑤ ⓔ : 시사(示唆)되어**

**풀이** ⓔ에서 '갖추어지다'는 '있어야 할 것이 가져지다'의 의미로 쓰였다. 한편 '시사(示 보다 시 唆 부추기다 사)되다'는 '미리 암시되어 넌지시 알려지다'의 의미를 지닌 말로, 문맥상 ⓔ를 '시사되어'로 바꾸어 쓰기에 적절하지 않다. '시사되다'는 '그의 말을 통해 회사의 매각설이 시사되었다', '정부의 발표에서 시사되었듯이' 등과 같이 쓰인다.

→ 적절하지 않음!

## [019~024] 다음 글을 읽고 물음에 답하시오.

1 [1]근대(近代, 중세와 현대 사이의 시대) 도시의 삶의 양식(오랜 시간이 지나면서 자연히 정하여진, 사람들이 살아가는 방식)은 많은 학자들의 관심을 끌어 왔다. [2]오랫동안 지배적인(支配的−, 압도적인 우위를 차지하는) 관점(觀點, 생각하는 태도나 방향)으로 받아들여진 것은 삶의 양식 중 노동 양식에 주목하는(注目−, 관심을 가지고 주의 깊게 살피는) ㉠ 생산학파의 견해(見解, 의견, 생각)였다. [3]생산학파는 산업 혁명을 통해 근대 도시 특유의(特有−, 특별히 가진) 노동 양식이 형성되는 점에 관심을 기울였다. [4]그들(생산학파)은 우선 새로운 테크놀로지(technology, 기술)를 갖춘 근대 생산 체제가 대규모(大規模, 넓고 큰 범위)의 노동력을 각지(各地, 여러 곳)로부터 도시로 끌어 모으는 현상에 주목했다. [5]또한 다양한 습속(習俗, 습관이 된 풍속)을 지닌 사람들이 어떻게 대규모 기계의 리듬에 맞추어 획일적으로(劃一的−, 모두 한결같아서 다름이 없이) 움직이는 노동자가 되는지 탐구했다. [6]예를 들어, 미셸 푸코는 노동자를 집단 규율(規律, 질서나 제도를 유지하기 위해 정해 놓은 규칙이나 법칙)에 맞춰 금욕(禁慾, 욕구나 욕망을 억누르고 참음) 노동을 하는 유순한(柔順−, 부드럽고 순한) 몸으로 만들어 착취하기(搾取−, 부당하게 가로채거나 빼앗기) 위해 어떤 훈육(訓育, 가르쳐 기름) 전략이 동원되었는지(動員−, 사용되었는지) 연구하였다. [7]또한 생산학파는 노동자가 기계화된 노동으로 착취당하는 동안 감각(感覺, 눈, 코, 귀, 혀, 살갗 등 신체 기관을 통하여 자극을 느낌)과 감성(感性, 신체 기관을 통하여 느낀 자극을 직관적으로 인식하여 이미지를 떠올림)으로 체험하는 내면세계(內面世界, 겉으로 드러나지 않는 마음속의 감정이나 심리)를 상실하고(喪失−, 잃어버리고) 사물로 전락했다고(轉落−, 나쁜 상태에 빠졌다고) 고발하였다.(告發−, 드러내어 알렸다.) [8]이렇게 보면 근대 도시는 어떠한 쾌락(快樂, 유쾌하고 즐거운 감정)과 환상(幻想, 현실적이지 않은 생각이나 공상)도 끼어들지 못하는 거대한 생산 기계인 듯하다.

→ 근대 도시의 삶의 양식 : 생산학파의 견해

2 [1]이(근대 도시의 삶의 양식에 대한 생산학파의 견해)에 대하여 ㉡ 소비학파는 근대 도시인이 내면세계를 상실한 사물로 전락한 것은 아니라고 하면서 생산학파를 비판하기(批判−, 옳고 그름을 판단하여 밝히고 잘못된 점을 지적하기) 시작했다. [2]예를 들어, 콜린 캠벨은 금욕주의(禁慾主義, 정신적, 육체적 욕망이나 욕구, 세속적 명예, 이익 등의 모든 욕심을 억누르고 종교나 도덕에서 이상을 이루려는 사상) 정신을 지닌 청교도(淸教徒, 16 세기 후반에 생긴 개신교의 교파 중 하나)들조차 소비 양식에서 자기 환상적 쾌락주의(快樂主義, 쾌락을 가장 가치 있는 인생의 목적이라고 생각하고 모든 행동의 목적이 쾌락이라고 생각하는 사상)를 가지고 있었다고 주장하였다. [3]결핍(缺乏, 있어야 할 것이 없어지거나 모자람)을 충족시키려는(充足−, 채워 모자람이 없게 하려는) 욕망과 실제로 욕망이 충족된 상태 사이에는 시간적 간극(間隙, 차이)이 존재할 수밖에 없다. [4]그런데 근대 도시에서는 이(결핍을 충족시키려는 욕망과 실제로 욕망이 충족된 상태 사이의) 간극이 좌절(挫折, 마음이나 기운이 꺾임)이 아니라 오히려 욕망이 충족된 미래 상태에 대한 주관적 환상을 자아낸다. [5]생산학파와 달리 캠벨은 새로운 테크놀로지의 발달 덕분에 이런(욕망이 충족된 미래 상태에 대한 주관적) 환상이 단순한 몽상(夢想, 실제로 이루어질 가능성이 없는 헛된 생각)이 아니라 실현(實現, 실제 이루어짐) 가능한 현실이 될 것이라는 기대를 불러일으킨다고 보았다. [6]그(캠벨)는 이런(주관적 환상이 실현 가능한 현실이 될 것이라는) 기대가 쾌락을 유발하여(誘發−, 불러일으켜) 근대 소비 정신을 북돋웠다고(더욱 높여 주었다고) 긍정적으로 평가했다.

→ 근대 도시의 삶의 양식 : 소비학파의 견해

3 [1]근래(近來, 가까운 요즈음) 들어 노동 양식에 주목한 생산학파와 소비 양식에 주목한 소비학파의 입장을 ⓐ 아우르려는 연구가 진행되고 있다. [2]일찍이 근대 도시의 복합적(複合的, 두 가지 이상이 합쳐 있는) 특성에 주목했던 발터 벤야민은 이러한(생산학파와 소비학파의 입장을 아우르려는) 연구의 선구자(先驅者, 다른 사람보다 앞선 사람) 중 한 명으로 재발견되었다. [3]그(벤야민)는 새로운 테크놀로지의 도입(導入, 끌어들임)이 노동의 소외(疏外, 꺼리며 따돌림. 여기서는 노동자가 대규모 기계의 리듬에 맞추어 움직이게 되어, 스스로의 의지에 따라 직접 행동하는 존재로서의 지위를 잃게 되는 인간 소외 현상을 말함)를 심화한다는(深化−, 점점 깊어지게 한다는) 점은 인정하였다.(認定−, 확실히 그렇다고 생각하였다.) [4]하지만 소비 행위의 의미가 자본가(資本家, 많은 돈을 가지고 노동자를 고용하여 기업을 경영함으로써 이윤을 내는 사람)에게 이윤(利潤, 장사 등을 하여 남은 돈)을 ⓑ 가져다주는 구매 행위로 축소될(縮小−, 줄어서 작게 될) 수는 없다고 생각했다. [5]소비는 그(자본가에게 이윤을 가져다주는 구매 행위)보다 더 복합적인 체험을 가져다주기 때문이다. [6]벤야민은 이런 사실을 근대 도시에 대한 탐구를 통해 설명한다. [7]근대 도시에서는 옛것과 새것, 자연적인 것과 인공적인(人工的−, 사람의 힘으로 만든) 것 등 서로 다른 것들이 병치되고(竝置−, 나란히 놓이고) 뒤섞이며 빠르게 흘러간다. [8]환상을 자아내는 다양한 구경거리도 근대 도시 곳곳에 등장했다. [9]철도 여행은 근대 이전에는 정지된 이미지로 체험되었던 풍경을 연속적으로 이어지는 파노라마(panorama, 사방의 모든 경치를 담아내는 사진이나 그림)로 체험하게 만들었다. [10]또한 유리와 철을 사용하여 만든 상품 거리인 아케이드(arcade, 아치형의 지붕이 있고 양쪽에 상점이 있는 통로)는 안과 밖, 현실과 꿈의 경계(境界, 어떤 기준에 의해 나누어지는 범위)가 모호해지는(模糊−, 분명하지 않아지는) 체험을 가져다주었다. [11]벤야민은 이러한(풍경이 연속적으로 이어지고 안과 밖, 현실과 꿈의 경계가 모호해지는) 체험이 근대 도시인에게 충격을 가져다준다고 보았다. [12]또한 이러한 충격 체험을 통해 새로운 감성과 감각이 일깨워진다고 말했다.

→ 생산학파와 소비학파의 입장을 아우르는 벤야민의 견해

4 [1]벤야민은 근대 도시의 복합적 특성이 영화라는 새로운 예술 형식에 드러난다고 주장했다. [2]19 세기 말에 등장한 신기한 구경거리였던 영화는 벤야민에게 근대 도시의 작동 방식과 리듬에 상응하는(相應−, 어울리는) 매체(媒體, 어떤 것을 한쪽에서 다른 쪽으로 전달하는 수단)다. [3]영화는 조각난 필름들이 일정한 속도로 흘러가면서 움직임을 만들어 낸다는 점에서 공장에서 컨베이어 벨트(conveyor belt, 물건을 연속적으로 이동·운반하는 띠 모양의 장치)가 만들어 내는 기계의 리듬을 ⓒ 떠올리게 한다. [4]또한 관객이 아닌 카메라라는 기계 장치 앞에서 연기를 해야 하는 배우나 자신의 전문 분야에만 참여하는 스태프는 작품의 전체적인 모습을 파악하기 어렵다. [5]분업화(分業化, 일을 여럿이 나누어 맡아 하게 됨)로 인해 노동으로부터 소외되는 근대 도시인의 모습이 영화 제작 과정에서도 드러나는 것이다. [6]하지만 동시에 영화는 일종의 충격 체험을 통해 근대 도시인에게 새로운 감성과 감각을 불러일으키는 매체이기도 하다. [7]예측(豫測, 미리 헤아려 짐작함) 불가능한 이미지의 연쇄(連鎖, 이어짐)로 이루어진 영화를 체험하는 것은 이질적인(異質的−, 서로 다른) 대상들이 복잡하고 불규칙하게 뒤섞인 근대 도시의 일상 체험과 유사하다.(類似−, 서로 비슷하다.) [8]서로 다른 시·공간의 연결, 카메라가 움직일 때마다 변화하는 시점, 느린 화면과 빠른 화면의 교차(交叉, 번갈아 제시됨) 등 영화의 형식 원리는 ㉮ 정신적 충격을 발생시킨다. [9]영화는 보통 사람의 육안(肉眼, 사물을 직접 보는 맨눈)이라는 감각적 지각(感覺的知覺, 감각 기관을 통한 대상 인식)의 정상적 범위를 넘어선 체험을 가져다준다. [10]벤야민은 이러한 충격 체험을 환각(幻覺, 감각 기관을 자극하는 외부 자극이 없는데도 마치 어떤 사물이 있는 것처럼 지각함), 꿈의 체험에 ⓓ 빗대어 '시각적 무의식'이라고 불렀다. [11]관객은 영화가 제공하는 시각적 무의식을 체험함으로써 일상적 공간에 대해 새로운 의미를 발견하게 된다. [12]영화관에 모인 관객은 이런(영화가 제공하는 시각적 무의식 체험을 통해 일상적 공간에 대해 새로운 의미를 발견하는) 체험을 집단적으로 공유하면서(共有−, 함께 하면서) 동시에 개인적인 꿈의 세계를 향유한다.(享有−, 마음껏 즐긴다.)

→ 영화를 통해 근대 도시의 복합적 특성을 설명한 벤야민

**5** [1]근대 도시와 영화의 체험에 대한 벤야민의 견해는 생산학파와 소비학파를 포괄할(包括-. 범위 안에 모두 끌어 넣어 하나로 묶을) 수 있는 이론적 단초(端初. 실마리)를 제공한다. [2]벤야민은 근대 도시인이 사물화된(事物化-. 사물처럼 취급당하게 된) 노동자이지만 그 자체로 내면세계를 지닌 꿈꾸는 자(者. 사람)이기도 하다는 사실을 보여 준다. [3]벤야민이 말한 근대 도시는 착취의 사물 세계와 꿈의 주체(主體. 현실을 인식하고 체험하는 의지적 존재의) 세계가 교차하는 복합 공간이다. [4]이렇게 벤야민의 견해는 근대 도시에 대한 일면적인(一面的-. 한 측면으로만 치우치는) 시선(視線. 주의, 관심)을 ⓔ 바로잡는 데 도움을 준다.

→ 벤야민 견해의 의의

■지문 이해
**<근대 도시의 삶의 양식에 대한 생산학파와 소비학파의 견해와 이를 아우르는 벤야민의 견해>**

| ❶ 근대 도시의 삶의 양식 : 생산학파의 견해 | | ❷ 근대 도시의 삶의 양식 : 소비학파의 견해 |
|---|---|---|
| • 근대 도시의 노동자는 기계화된 노동 속에서 내면세계를 상실하고 사물로 전락했다고 봄 | ↔ | • 근대 도시인들은 새로운 테크놀로지의 발달로 인해 결핍된 욕망이 충족될 것이라는 기대 속에서 살아간다고 봄 |

**❸ 생산학파와 소비학파의 입장을 아우르는 벤야민의 견해**
- 새로운 테크놀로지의 도입이 노동의 소외를 심화함을 인정함
- 소비 행위가 복합적인 체험을 가져다주며, 이러한 체험이 주는 충격을 통해 새로운 감성과 감각이 일깨워진다고 봄

**❹ 영화를 통해 근대 도시의 복합적 특성을 설명한 벤야민**
- 근대 도시의 복합적 특성이 영화에 드러난다고 주장함
- 컨베이어 벨트 같은 필름의 움직임, 작품의 전체적인 모습을 파악하는 것이 어려운 배우와 스태프 → 기계화된 생산 체제, 노동으로부터 소외된 도시인들의 모습과 유사
- 예측 불가능한 이미지들의 연쇄, 육안의 지각 범위를 넘어선 충격 체험('시각적 무의식') → 복잡하고 불규칙한 일상 체험, 꿈의 세계를 향유하는 도시인들의 모습과 유사

**❺ 벤야민 견해의 의의**
- 생산학파와 소비학파를 포괄하는 이론적 단초를 제공함
- 근대 도시인은 사물화된 노동자이지만 내면세계를 지닌 꿈꾸는 자이기도 하다는 사실을 보여 줌 → 근대 도시에 대한 일면적 시선을 바로잡는 데 도움을 줌

| **019** | 글의 서술 방식 파악 - 적절한 것 고르기 2019학년도 9월 모평 33번<br>정답률 90% | 정답 ⑤ |
|---|---|---|

## 윗글의 내용 전개 방식으로 가장 적절한 것은?

근거 ❶-1~2 근대 도시의 삶의 양식은 많은 학자들의 관심을 끌어 왔다. … 삶의 양식 중 노동 양식에 주목하는 생산학파의 견해, ❷-1 소비학파는 근대 도시인이 내면세계를 상실한 사물로 전락한 것은 아니라고 하면서 생산학파를 비판, ❸-2 근대 도시의 복합적 특성에 주목했던 발터 벤야민, ❹-1 벤야민은 근대 도시의 복합적 특성이 영화라는 새로운 예술 형식에 드러난다고 주장, ❺-4 벤야민의 견해는 근대 도시에 대한 일면적인 시선을 바로잡는 데 도움을 준다.

풀이 윗글에서는 먼저 근대 도시의 삶의 양식에 대한 생산학파와 소비학파의 서로 다른 견해를 소개한 뒤, 두 학파의 입장을 아우르는 벤야민의 견해를 소개하고 있다. 벤야민은 근대 도시가 복합적 특성을 지닌다고 보았으며, 이러한 근대 도시의 복합적 특성은 영화라는 새로운 예술 형식에 드러난다고 주장하였다. 따라서 정답은 ⑤번이다.

**① 근대 도시의 삶의 양식에 대한 벤야민의 주장을 기준으로, 근대 도시의 산물인 영화를 유형별로 분류하고 있다.**

**② 근대 도시와 영화의 개념을 정의한 후, 근대 도시의 복합적 특성을 밝힌 벤야민의 견해에 대해 그 의의와 한계를 평가하고 있다.**

**③ 근대 도시의 삶의 양식에 대한 벤야민의 관점을 활용하여, 근대 도시의 기원과 영화의 탄생 간에 공통점과 차이점을 비교하고 있다.**

**④ 근대 도시의 복합적 특성에 따른 영화의 변화 양상을 *통시적으로 살펴본 후, 근대 도시와 영화의 체험에 대한 벤야민의 주장을 비판하고 있다.** *通時的-. 시간의 흐름에 따라

**⑤ 근대 도시의 삶의 양식에 대한 서로 다른 견해를 소개한 후, 근대 도시와 영화에 대한 벤야민의 견해가 근대 도시의 복합적 특성을 드러냄을 밝히고 있다.**
→ 적절함!

| **020** | 핵심 개념 이해 - 적절한 것 고르기 2019학년도 9월 모평 34번<br>정답률 85% | 정답 ④ |
|---|---|---|

## ㉠, ㉡에 대한 이해로 가장 적절한 것은?

㉠ 생산학파 ㉡ 소비학파

**① ㉠은 근대 도시를 근대 도시인이 지닌 환상에 의해 작동되는 생산 기계라고 본다.**

근거 ❶-7~8 생산학파(㉠)는 노동자가 기계화된 노동으로 착취당하는 동안 감각과 감성으로 체험하는 내면세계를 상실하고 사물로 전락했다고 고발하였다. 이렇게 보면 근대 도시는 어떠한 쾌락과 환상도 끼어들지 못하는 거대한 생산 기계인 듯하다.

→ 적절하지 않음!

**② ㉠은 새로운 테크놀로지의 발달로 성립된 근대 생산 체제가 욕망과 충족의 간극을 해소할 수 있다고 본다.**
(㉡ / 있을 것이라는 기대를 불러일으킨다고)

근거 ❷-3~5 결핍을 충족시키려는 욕망과 실제로 욕망이 충족된 상태 사이에는 시간적 간극이 존재할 수밖에 없다. 그런데 근대 도시에서는 이 간극이 좌절이 아니라 오히려 욕망이 충족된 미래 상태에 대한 주관적 환상을 자아낸다. 생산학파(㉠)와 달리 캠벨(㉡)은 새로운 테크놀로지의 발달 덕분에 이런 환상이 단순한 몽상이 아니라 실현 가능한 현실이 될 것이라는 기대를 불러일으킨다고 보았다.

풀이 욕망과 충족의 시간적 간극이라는 개념을 제시하여 근대 도시의 삶의 양식을 설명한 학파는 ㉠(생산학파)이 아니라 ㉡(소비학파)이다. 한편 ㉡(소비학파)은 새로운 테크놀로지의 발달이 욕망과 충족의 간극을 해소할 수 있을 것이라는 기대를 불러일으킨다고 했지, 실제로 해소할 수 있을 것이라 보았는지는 윗글에 언급되어 있지 않다.

→ 적절하지 않음!

**③ ㉡은 근대 도시인의 소비 정신이 금욕주의 정신에 의해 만들어졌다고 본다.**

근거 ❷-2 (소비학파인) 캠벨은 금욕주의 정신을 지닌 청교도들조차 소비 양식에서 자기 환상적 쾌락주의를 가지고 있었다고 주장

풀이 ㉡(소비학파)은 금욕주의 정신을 지닌 청교도들조차 소비 양식에서는 쾌락주의를 가지고 있었다고 주장하였지만, 근대 도시인의 소비 정신이 금욕주의 정신에 의해 만들어졌다고 보지는 않았다.

→ 적절하지 않음!

**④ ㉡은 근대 도시인이 사물로 전락한 대상이 아니라 실현 가능한 미래에 대한 기대를 가진 존재라고 본다.**

근거 ❷-1 소비학파(㉡)는 근대 도시인이 내면세계를 상실한 사물로 전락한 것은 아니라고 하면서 생산학파를 비판, ❷-5 새로운 테크놀로지의 발달 덕분에 이런(욕망이 충족된 미래 상태에 대한 주관적) 환상이 단순한 몽상이 아니라 실현 가능한 현실이 될 것이라는 기대를 불러일으킨다고 보았다.

→ 적절함!

**⑤ ㉠과 ㉡은 모두 소비가 노동자에 대한 집단 규율을 *완화하여 유순한 몸을 만든다고 본다.** *緩和-. 느슨하게 하여

근거 ❶-6 (생산학파의) 미셸 푸코는 노동자를 집단 규율에 맞춰 금욕 노동을 하는 유순한 몸으로 만들어 착취하기 위해 어떤 훈육 전략이 동원되었는지 연구

풀이 노동자가 집단 규율에 맞춰 노동하는 유순한 몸이 되어 착취당한다고 본 ㉠(생산학파)의 견해가 제시되고 있지만, 소비가 노동자에 대한 집단 규율을 완화한다는 견해는 제시되지 않았다.

→ 적절하지 않음!

## 021 세부 정보 이해 - 적절하지 않은 것 고르기 2019학년도 9월 모평 35번 정답률 80% 정답 ②

㉮에 대한 이해로 적절하지 않은 것은?

㉮ 정신적 충격

① 관객에게 새로운 감성과 감각을 불러일으킨다.
근거 ❹-6 영화는 일종의 충격 체험을 통해 근대 도시인에게 새로운 감성과 감각을 불러일으키는 매체
→ 적절함!

② 영화가 다루고 있는 독특한 주제에서 발생한다.
풀이 윗글에서 영화의 주제와 관련된 벤야민의 견해는 제시되지 않았다.
→ 적절하지 않음!

③ 근대 도시의 일상 체험에서 *유발되는 충격과 유사하다. *誘發-, 일어나는
근거 ❹-7 영화를 체험하는 것은 이질적인 대상들이 복잡하고 불규칙하게 뒤섞인 근대 도시의 일상 체험과 유사하다.
풀이 벤야민은 영화 체험이 근대 도시의 일상 체험과 유사하다고 하였으므로, 영화에서의 충격은 근대 도시의 일상 체험에서의 충격과 유사하다는 설명은 적절하다.
→ 적절함!

④ 촬영 기법이나 편집 등 영화의 형식적 요소에 의해 관객에게 유발된다.
근거 ❹-8 서로 다른 시·공간의 연결, 카메라가 움직일 때마다 변화하는 시점, 느린 화면과 빠른 화면의 교차 등 영화의 형식 원리는 정신적 충격을 발생시킨다.
→ 적절함!

⑤ 육안으로 지각 가능한 범위를 넘어서는 영화적 체험으로부터 발생한다.
근거 ❹-9 영화는 보통 사람의 육안이라는 감각적 지각의 정상적 범위를 넘어선 체험을 가져다준다.
→ 적절함!

## 022 구체적인 사례에 적용 - 적절하지 않은 것 고르기 2019학년도 9월 모평 36번 정답률 65%, 매력적 오답 ② 10% 정답 ①

윗글을 바탕으로 〈보기〉를 이해한 내용으로 적절하지 않은 것은? [3점]

| 보기 |

[1]베르토프의 〈카메라를 든 사나이〉는 1920년대의 근대 도시를 소재(素材, 말하고자 하는 바를 나타내기 위해 선택한 재료)로 한 다큐멘터리 영화다. [2]베르토프는 다중 화면(多重畫面, 한 화면 틀 안에 두 개 이상의 독립된 영상이 포함된 화면), 화면 분할(畫面分割, 하나의 화면을 두 개 이상으로 나누어 표시하는 것) 등 다양한 영화 기법(技法, 기술, 방법)을 도입하여 도시의 일상적 공간을 새롭게 재구성하고(再構成-, 다시 새롭게 구성하고) 있다. [3]이 영화(베르토프의 〈카메라를 든 사나이〉)는 억압(抑壓, 자유로이 행동하지 못하도록 억지로 억누름)의 대상이던 노동자를 생산의 주체이자 새로운 시대의 주인공으로 묘사한다. [4]영화인(映畫人, 영화와 관계된 일을 하는 사람)도 노동자 중 한 사람이라고 생각했던 베르토프는 영화 속에서 주체적이고(主體的-, 남에게 의지하거나 남의 간섭을 받지 않고 자기 스스로 결정하며) 자율적으로(自律的-, 자신의 원칙에 따라 일하고 스스로 자신을 통제하고 절제하여) 영화를 제작하는 영화인의 모습을 보여 준다. [5]베르토프는 짧은 이미지들의 빠른 교차를 통해 영화가 편집의 예술임을 확인시켜 준다. [6]또한 영화관에서 신기한 장면에 즐겁게 반응하는 관객들의 모습을 영화 속에서 보여 줌으로써 영화가 상영되는(上映-, 영상으로 보여지는) 과정을 드러낸다.

① 베르토프의 영화는 분업화로 인해 영화 제작 과정에서 소외된 영화인의 모습을 보여 주는군. (주체적이고 자율적인)
근거 〈보기〉-4 영화인도 노동자 중 한 사람이라고 생각했던 베르토프는 영화 속에서 주체적이고 자율적으로 영화를 제작하는 영화인의 모습을 보여 준다.
풀이 〈보기〉의 베르토프의 영화에서 영화인은 주체적이고 자율적으로 영화를 제작한다. 따라서 영화인이 분업화로 인해 영화 제작 과정에서 소외되었다고 설명하는 것은 적절하지 않다.
→ 적절하지 않음!

② 베르토프의 영화에 등장하는 노동자의 모습은 생산학파가 묘사하는 훈육된 노동자의 모습과는 다르군.
근거 〈보기〉-3 이 영화(베르토프의 〈카메라를 든 사나이〉)는 억압의 대상이던 노동자를 생산의 주체이자 새로운 시대의 주인공으로 묘사, ❶-6~7 미셸 푸코는 노동자를 집단 규율에 맞춰 금욕 노동을 하는 유순한 몸으로 만들어 착취하기 위해 어떤 훈육 전략이 동원되었는지 연구하였다. 또한 생산학파는 노동자가 기계화된 노동으로 착취당하는 동안 감각과 감성으로 체험하는 내면세계를 상실하고 사물로 전락했다고 고발
→ 적절함!

③ 베르토프가 다양한 영화 기법을 통해 일상 공간을 재구성한 것은 벤야민이 말하는 시각적 무의식을 유발하겠군.
근거 〈보기〉-2 베르토프는 다중 화면, 화면 분할 등 다양한 영화 기법을 도입하여 도시의 일상적 공간을 새롭게 재구성, ❹-8 서로 다른 시·공간의 연결, 카메라가 움직일 때마다 변화하는 시점, 느린 화면과 빠른 화면의 교차 등 영화의 형식 원리는 정신적 충격을 발생시킨다, ❹-10 벤야민은 이러한 충격 체험을 환각, 꿈의 체험에 빗대어 '시각적 무의식'이라고 불렀다.
풀이 〈보기〉의 영화에서 베르토프는 다양한 영화 기법을 도입하여 일상 공간을 재구성하였다. 벤야민은 이러한 영화의 형식 원리가 '시각적 무의식'이라고 불리는 정신적 충격을 발생시킨다고 하였다.
→ 적절함!

④ 베르토프가 사용한 짧은 이미지들의 빠른 교차는 벤야민이 말하는 예측 불가능한 이미지의 연쇄를 보여 주는군.
근거 〈보기〉-5 베르토프는 짧은 이미지들의 빠른 교차를 통해 영화가 편집의 예술임을 확인시켜 준다, ❹-7 예측 불가능한 이미지의 연쇄로 이루어진 영화
풀이 짧은 이미지들의 빠른 교차는 관객들에게 이어지는 이미지를 예측하기 어렵게 하므로, 예측 불가능한 이미지의 연쇄를 보여 주는 것이라고 할 수 있다.
→ 적절함!

⑤ 베르토프의 영화에 등장하는 관객의 모습은 영화관에서 신기한 구경거리인 영화를 즐기는 근대 도시인을 보여 주는군.
근거 〈보기〉-6 영화관에서 신기한 장면에 즐겁게 반응하는 관객들의 모습을 영화 속에서 보여 줌, ❹-2 19세기 말에 등장한 신기한 구경거리였던 영화
→ 적절함!

## 023 추론의 적절성 판단 - 적절하지 않은 것 고르기 2019학년도 9월 모평 37번 정답률 85% 정답 ④

벤야민이 말한 근대 도시를 이해한 내용으로 적절하지 않은 것은?

① 생산의 공간과 꿈꾸는 공간이 교차하는 공간이다.
근거 ❺-2~3 벤야민은 근대 도시인이 사물화된 노동자이지만 그 자체로 내면세계를 지닌 꿈꾸는 자이기도 하다는 사실을 보여 준다. 벤야민이 말한 근대 도시는 착취의 사물 세계와 꿈의 주체 세계가 교차하는 복합 공간이다.
풀이 벤야민은 근대 도시인이 근대 생산 체제 아래에서 착취당하는 사물화된 노동자이며 동시에 꿈꾸는 자라고 하였다. 즉 근대 도시는 노동자가 착취당하는 생산의 공간이자 꿈꾸는 공간이다.
→ 적절함!

② 소비 행위가 노동자에게 복합 체험을 가져다주는 공간이다.
근거 ❸-5 소비는 그(자본가에게 이윤을 가져다주는 구매 행위)보다 더 복합적인 체험을 가져다주기 때문, ❺-2 벤야민은 근대 도시인이 사물화된 노동자이지만 그 자체로 내면세계를 지닌 꿈꾸는 자이기도 하다는 사실을 보여 준다.
풀이 벤야민은 근대 도시에서 소비 행위가 복합적인 체험을 가져다준다고 하였다. 즉 근대 도시는 소비 행위가 사물화된 노동자이자 내면세계를 지닌 꿈꾸는 자인 근대 도시인에게 복합적인 체험을 가져다주는 공간인 것이다.
→ 적절함!

③ 이질적인 것이 병치되고 뒤섞이며 빠르게 흘러가는 공간이다.
근거 ❸-7 근대 도시에서는 옛것과 새것, 자연적인 것과 인공적인 것 등 서로 다른 것들이 병치되고 뒤섞이며 빠르게 흘러간다.
→ 적절함!

④ 새로운 테크놀로지의 도입을 통해 노동의 소외가 *극복된 공간이다. (심화된) *克服-, 사라진
근거 ❸-3 그(벤야민)는 새로운 테크놀로지의 도입이 노동의 소외를 심화한다는 점은 인정하였다.
→ 적절하지 않음!

**⑤ 집단 규율을 따라 노동하는 노동자도 내면세계를 가지고 있는 공간이다.**

근거 ❶-6~7 (생산학파의) 미셸 푸코는 노동자를 집단 규율에 맞춰 금욕 노동을 하는 유순한 몸으로 만들어 착취하기 위해 어떤 훈육 전략이 동원되었는지 연구하였다. 또한 생산학파는 노동자가 기계화된 노동으로 착취당하는 동안 감각과 감성으로 체험하는 내면세계를 상실하고 사물로 전락했다고 고발하였다, ❺-2 벤야민은 근대 도시인이 사물화된 노동자이지만 그 자체로 내면세계를 지닌 꿈꾸는 자이기도 하다는 사실을 보여 준다.

풀이 생산학파는 근대 도시에서 노동자가 집단 규율에 맞춰 노동하는 사물로 전락했다고 보았다. 그러나 벤야민은 이러한 노동자도 그 자체로 내면세계를 가지고 있다고 보았다.

→ 적절함!

**024** 문맥적 의미 파악 - 적절한 것 고르기 2019학년도 9월 모평 38번 정답률 90% 정답 ③

**문맥상 ⓐ~ⓔ와 바꿔 쓰기에 가장 적절한 것은?**

ⓐ아우르려는 ⓑ가져다주는 ⓒ떠올리게 ⓓ빗대어 ⓔ바로잡는

**① ⓐ : 봉합(縫合)하려는**

풀이 ⓐ의 '아우르다'는 '여럿을 모아 한 덩어리나 한 판이 되게 하다'의 의미이다. 한편 '봉합(縫 꿰매다 봉 合 합하다 합)하다'는 '수술을 하려고 절단한 자리나 외상으로 갈라진 자리를 꿰매어 붙이다'의 의미이다. ⓐ를 '봉합하려는'으로 바꿔 쓸 경우 문맥상 의미가 달라지므로, 바꿔 쓰기에 적절하지 않다.

→ 적절하지 않음!

**② ⓑ : 보증(保證)하는**

풀이 ⓑ의 '가져다주다'는 '어떤 상태나 결과를 낳게 하다'의 의미이다. 한편 '보증(保 지키다 보 證 증거 증)하다'는 '어떤 사물이나 사람에 대하여 책임지고 틀림이 없음을 증명하다'의 의미이다. ⓑ를 '보증하는'으로 바꿔 쓸 경우 문맥상 의미가 달라지므로, 바꿔 쓰기에 적절하지 않다.

→ 적절하지 않음!

**③ ⓒ : 연상(聯想)하게**

풀이 ⓒ의 '떠올리다'는 '다시 생각나게 하거나 기억이 되살아나게 하다'의 의미이고, '연상(聯 이어져 맞닿다 연 想 생각 상)하다'는 '다른 대상으로 말미암아 머릿속에 떠올리다'의 의미이다. 따라서 ⓒ를 '연상하게'로 바꿔 써도 문맥상 의미가 달라지지 않는다.

→ 적절함!

**④ ⓓ : 의지(依支)하여**

풀이 ⓓ의 '빗대다'는 '곧바로 말하지 않고 빙 둘러서 말하다'의 의미이다. 한편 '의지(依 기대다 의 支 버티다 지)하다'는 '다른 것에 몸을 기대다'의 의미이다. ⓓ를 '의지하여'로 바꿔 쓸 경우 문맥상 의미가 달라지므로, 바꿔 쓰기에 적절하지 않다.

→ 적절하지 않음!

**⑤ ⓔ : 개편(改編)하는**

풀이 ⓔ의 '바로잡다'는 '그릇된 일을 바르게 만들거나 잘못된 것을 올바르게 고치다'의 의미이다. 한편 '개편(改 고치다 개 編 엮다 편)하다'는 '책이나 과정 따위를 고쳐 다시 엮다'의 의미이다. ⓔ를 '개편하는'으로 바꿔 쓸 경우 문맥상 의미가 달라지므로, 바꿔 쓰기에 적절하지 않다.

→ 적절하지 않음!

**[025~030] 다음 글을 읽고 물음에 답하시오.**

1 [1]고전 역학(古典力學, 뉴턴의 3 법칙인 관성의 법칙, 운동 방정식, 작용·반작용의 원리에 따라 만든 운동에 관한 법칙을 연구하는 학문 체계)에 ⓐ 따르면, 물체의 크기에 관계없이 초기 운동 상태를 정확히 알 수 있다면 일정한 시간 후의 물체의 상태는 정확히 측정될 수 있으며, 배타적인(排他的-, 두 가지가 서로 모순되어 동시에 일어날 수 없는) 두 개의 상태가 공존할(共存-, 함께 존재할) 수 없다. [2]하지만 20 세기에 등장한 양자 역학(量子力學, 입자 및 입자 집단을 다루는 현대 물리학의 기초 이론)에 의해 미시 세계(微視世界, 물체의 크기가 매우 작은 원자나 분자와 같은 아주 작은 세계)에서는 상호(相互, 서로) 배타적인 상태들이 공존할 수 있음이 알려졌다.

→ 상호 배타적 상태들의 공존에 대한 고전 역학과 양자 역학의 견해

2 [1]미시 세계에서의 상호 배타적인 상태의 공존을 이해하기 위해, 거시 세계(巨視世界, 확대경 같은 도구 없이 맨눈으로도 볼 수 있을 만큼 충분히 큰 현상이나 물체들로 이루어진 세계)에서 회전하고 있는 반지름 5 cm의 팽이를 생각해 보자. [2]그 팽이는 시계 방향 또는 반시계 방향 중 한쪽으로 회전하고 있을 것이다. [3]팽이의 회전 방향은 관찰하기 이전에 이미 정해져 있으며, 다만 관찰을 통해 ⓑ 알게 되는 것뿐이다. [4]이와 달리 미시 세계에서 전자만큼 작은 팽이 하나가 회전하고 있다고 상상해 보자. [5]이 팽이의 회전 방향은 시계 방향과 반시계 방향의 두 상태가 공존하고 있다. [6]하나의 팽이에 공존하고 있는 두 상태는 관찰을 통해서 한 가지 회전 방향으로 결정된다. [7]두 개의 방향 중 어떤 쪽이 결정될지는 관찰하기 이전에는 알 수 없다.(관찰이 물체의 상태를 결정한다.) [8]거시 세계와 달리 양자 역학이 지배하는 미시 세계에서는, 우리가 관찰하기 이전에는 상호 배타적인 상태가 공존하는 것이다. [9]배타적인 상태의 공존과 관찰 자체가 물체의 상태를 결정한다는 개념을 받아들이기 힘들었기 때문에, 아인슈타인은 ㉠ "당신이 달을 보기 전에는 달이 존재하지 않는 것인가?"라는 말로 양자 역학의 해석에 회의적인(懷疑的-, 의심을 품는) 태도를 취하였다.(取-, 가졌다.)

→ 미시 세계에서의 상호 배타적 상태들의 공존

3 [1]최근에는 상호 배타적인 상태의 공존을 적용함으로써 초고속(超高速, 더할 수 없을 정도로 빠른 속도) 연산(演算, 규칙에 따른 계산)을 수행하는(遂行-, 적절히 해내는) 양자 컴퓨터(量子computer, 양자 역학의 원리에 따라 작동되는 미래형 첨단 컴퓨터)에 대한 연구가 진행되고 있다. [2]이는 양자 역학에서 말하는 상호 배타적인 상태의 공존이 현실에서 실제로 구현될(具現-, 구체적인 사실로 나타날) 수 있음을 잘 보여 주는 예라 할 수 있다. [3]미시 세계에 대한 이러한 연구 성과는 거시 세계에 대해 우리가 자연스럽게 ⓒ 지니게 된 상식적인(常識的-, 보통 사람들이 일반적으로 가지고 있는) 생각들에 근본적인 의문을 ⓓ 던진다. [4]이와 비슷한 의문은 논리학에서도 볼 수 있다.

→ 상호 배타적 상태의 공존을 현실에 적용한 양자 컴퓨터 연구

4 [1]고전 논리는 '참'과 '거짓'이라는 두 개의 진리치(眞理値, 참과 거짓을 따질 수 있는 문장이 갖는 값)만 있는 이치(二値, 두 개의 값. 여기서는 '참'과 '거짓' 각각의 판단을 말함) 논리이다. [2]그리고 고전 논리에서는 어떠한 진술(陳述, 자세한 이야기)이든 '참' 또는 '거짓'이다. [3]이는 우리의 상식적인 생각과 잘 ⓔ 들어맞는다. [4]그러나 프리스트에 따르면, '참'인 진술과 '거짓'인 진술 이외에 '참인 동시에 거짓'인 진술이 있다. [5]이를 설명하기 위해 그는 '거짓말쟁이 문장'을 제시한다. [6]거짓말쟁이 문장을 이해하기 위해 자기 지시적 문장과 자기 지시적이지 않은 문장을 구분해 보자. [7]자기 지시적 문장은 말 그대로 자기 자신을 가리키는 문장을 말한다. [8]예를 들어 "이 문장은 모두 열여덟 음절(音節, 한 번에 소리 낼 수 있는 말의 최소 단위)로 이루어져 있다."라는 '참'인 문장은 자기 자신을 가리키며 그것이 몇 음절로 이루어져 있는지 말하고 있다. [9]반면(反面, 반대로) "페루의 수도는 리마이다."라는 '참'인 문장은 페루의 수도가 어디인지 말할 뿐 자기 자신을 가리키는 문장은 아니다.(자기 지시적이지 않은 문장이다.)

→ 진리치에 대한 고전 논리와 프리스트의 견해

5 [1]"이 문장은 거짓이다."는 거짓말쟁이 문장이다. [2]이는 '이 문장'이라는 표현이 문장 자체를 가리키며 그것이 '거짓'이라고 말하는 자기 지시적 문장이다. [3]그렇다면 프리스트는 왜 거짓말쟁이 문장에 '참인 동시에 거짓'을 부여해야('참인 동시에 거짓'이라는 진리치를 가지게 해 줘야) 한다고 생각할까? [4]이에 답하기 위해 우선 거짓말쟁이 문장이 '참'이라고 가정해(假定-, 임시로 사실이라고 정해) 보자. [5]그렇다면 거짓말쟁이 문장은 '거짓'이다. [6]왜냐하면 거짓말쟁이 문장은 자기 자신을 가리키며 그것이 '거짓'이라고 말하는 문장이기 때문이다. [7]반면 거짓말쟁이 문장이 '거짓'이라고 가정해 보자. [8]그렇다면 거짓말쟁이 문장은 '참'이다. [9]왜냐하면 그것이 바로 그 문장이 말하는 바이기 때문이다. [10]프리스트에 따르면 어떤 경우에도 거짓말쟁이 문장은 '참인 동시에 거짓'인 문장이다. [11]따라서 그는 거짓말쟁이 문장에 '참인 동시에 거짓'

을 부여해야 한다고 본다. [12]그는 거짓말쟁이 문장 이외에 '참인 동시에 거짓'인 진리치가 존재함을 뒷받침하는 다양한 사례를 제시한다. [13]특히 그는 양자 역학에서 상호 배타적인 상태의 공존은 이 점을 시사하고(示唆-, 미리 간접적으로 넌지시 알려 주고) 있다고 본다.

- 거짓말쟁이 문장이 '참'이라고 가정할 경우 → 이 거짓말쟁이 문장은 '거짓'이 됨(거짓말쟁이 문장은 자기 자신을 '거짓'이라고 말하는 문장인데, 자신을 '거짓'이 아니라 '참'이라고 가정하므로) ⇒ '참'인 동시에 '거짓'
- 거짓말쟁이 문장이 '거짓'이라고 가정할 경우 → 이 거짓말쟁이 문장은 '참'이 됨(거짓말쟁이 문장은 자기 자신을 '거짓'이라고 말하는 문장인데, 자신을 '거짓'이라고 옳게 말하고 있으므로) ⇒ '거짓'인 동시에 '참'

→ 프리스트의 '참인 동시에 거짓'인 진리치

6 [1]고전 논리에서는 '참인 동시에 거짓'인 진리치를 지닌 문장을 다룰 수 없기 때문에 프리스트는 그것도 다룰 수 있는 비고전 논리 중 하나인 LP*를 제시하였다. [2]그런데 LP에서는 직관적으로(直觀的-, 판단이나 추리 등의 생각 과정을 거치지 않고 직접적으로 파악할 수 있는) 호소력(呼訴力, 강한 인상을 주어 마음을 사로잡을 수 있는 힘) 있는 몇몇 추론 규칙이 성립하지(成立-, 만들어지지) 않는다. [3]전건 긍정 규칙을 예로 들어 생각해 보자. [4]고전 논리에서는 전건 긍정 규칙이 성립한다. [5]이는 ⓒ "P이면 Q이다."라는 조건문과 그것의 전건(前件, 논리에서 판단의 가정이 되는 조건이나 이유를 표시한 부분)인 P가 '참'이라면 그것의 후건(後件, 논리에서 결론에 해당하는 부분)인 Q도 반드시 '참'이 된다는 것이다. [6]이와 비슷한 방식으로 LP에서 전건 긍정 규칙이 성립하려면, 조건문과 그것의 전건인 P가 모두 '참' 또는 '참인 동시에 거짓'이라면 그것의 후건인 Q도 반드시 '참' 또는 '참인 동시에 거짓'이어야 한다. [7]그러나 LP에서 조건문의 전건은 '참인 동시에 거짓'이고 후건은 '거짓'인 경우, 조건문과 전건은 모두 '참인 동시에 거짓'이지만 후건은 '거짓'이 된다. [8]비록 전건 긍정 규칙이 성립하지는 않지만, LP는 고전 논리에 대한 근본적인 의문들에 답하기 위한 하나의 시도로서 의의가 있다.

- 고전 논리에서 전건 긍정 규칙의 예
  만일 물에 100℃ 이상의 열이 가해지면 물이 끓는다.(→ 조건문이 '참')
  물에 100℃ 이상의 열이 가해지고 있다.(→ 전건이 '참')
  따라서 물이 끓는다.(→ 후건이 반드시 '참')

→ '참인 동시에 거짓'인 진리치를 다룰 수 있는 LP

* LP : '역설의 논리(Logic of Paradox)'의 약자

■ 지문 이해

〈상호 배타적 상태가 공존하는 양자 역학과 비고전 논리〉

| ❶ 상호 배타적 상태들의 공존에 대한 고전 역학과 양자 역학의 견해 | |
|---|---|
| • 고전 역학 : 물체의 크기에 관계없이 배타적인 두 개의 상태가 공존할 수 없음 | • 양자 역학 : 미시 세계에서는 상호 배타적인 상태들이 공존할 수 있음 |

| ❷ 미시 세계에서의 상호 배타적 상태들의 공존 | |
|---|---|
| • 거시 세계 : 회전하는 팽이의 회전 방향은 관찰하기 이전에 이미 정해져 있으며, 관찰을 통해 알게 되는 것뿐임<br>→ 고전 역학이 지배함 | • 미시 세계 : 관찰하기 이전에는 상호 배타적인 상태가 공존하며, 관찰이 물체의 상태를 결정함<br>→ 양자 역학이 지배함 |

| ❸ 상호 배타적 상태의 공존을 현실에 적용한 양자 컴퓨터 연구 |
|---|
| • 양자 역학에서의 상호 배타적 상태의 공존이 현실에서 실제로 구현될 수 있음을 보여 주는 예 → 논리학에서도 비슷한 사례를 볼 수 있음 |

| ❹ 진리치에 대한 고전 논리와 프리스트의 견해 | |
|---|---|
| • 고전 논리 : '참'과 '거짓'의 진리치만 있는 이치 논리로, 어떤 진술이든 '참' 또는 '거짓'임 | • 프리스트 : '참'과 '거짓' 이외에 '참인 동시에 거짓'인 진술이 있음 → '거짓말쟁이 문장'<br>• 자기 지시적 문장 : 자기 자신을 가리키는 문장 |

| ❺ 프리스트의 '참인 동시에 거짓'인 진리치 |
|---|
| • 거짓말쟁이 문장 예 "이 문장은 거짓이다." → 자기 자신을 가리켜 그것이 '거짓'이라고 말하는 문장<br>ㄴ 거짓말쟁이 문장이 '참'이라고 가정 → 거짓말쟁이 문장은 '거짓'이 됨<br>ㄴ 거짓말쟁이 문장이 '거짓'이라고 가정 → 거짓말쟁이 문장은 '참'이 됨<br>∴ 어떤 경우에도 거짓말쟁이 문장은 '참인 동시에 거짓'인 문장 |

| ❻ '참인 동시에 거짓'인 진리치를 다룰 수 있는 LP | |
|---|---|
| 고전 논리 | LP(비고전 논리) |
| • '참인 동시에 거짓'인 진리치를 지닌 문장을 다룰 수 없음<br>• 전건 긍정 규칙이 성립함 | • '참인 동시에 거짓'인 진리치를 지닌 문장을 다룰 수 있음<br>• 전건 긍정 규칙이 성립하지 않음<br>• 고전 논리에 대한 근본적 의문들에 답하기 위한 하나의 시도로서 의의가 있음 |

**025** 추론의 적절성 판단 - 적절한 것 고르기 2018학년도 9월 모평 27번
정답률 75%, 매력적 오답 ④ 15%
정답 ③

## 문맥을 고려할 때 ㉠의 의미를 추론한 내용으로 가장 적절한 것은?

㉠ "당신이 달을 보기 전에는 달이 존재하지 않는 것인가?"

근거 ❷-9 배타적인 상태의 공존과 관찰 자체가 물체의 상태를 결정한다는 개념을 받아들이기 힘들었기 때문에, 아인슈타인은 "당신이 달을 보기 전에는 달이 존재하지 않는 것인가?"라는 말로 양자 역학의 해석에 회의적인 태도를 취하였다.

풀이 ㉠은 양자 역학의 주장을 받아들이기 어려웠던 고전 역학의 입장을 대변한다. 따라서 이는 '물체의 존재 상태를 결정할 때 물체의 크기는 관계가 없고, 배타적인 상태가 공존할 수 없으며, 관찰 자체가 물체의 상태를 결정할 수 없다'는 주장을 기반으로 해야 한다. ㉠은 '달의 크기가 어떻든, 달이 존재하는 동시에 존재하지 않는 상태는 있을 수 없으며, 관찰에 의해 달의 존재 상태가 결정되지 않는다'는 의미이다. 즉 ㉠은 '달(물체)'의 존재 상태는 '보는 일(관찰)'을 하기 전에도 이미 정해져 있는 것이지, 보는 일을 통해 결정되는 것이 아니라는 의미로 해석될 수 있다. 따라서 정답은 ③번이다.

**① 많은 사람들이 항상 달을 관찰하고 있으므로 달이 존재한다.**

풀이 관찰에 의해 달의 존재 상태가 결정된다는 주장은 ㉠의 의미와 맞지 않는다.

**② 달은 질량이 매우 큰 거시 세계의 물체이므로 관찰 여부와 상관없이 존재한다.**

근거 ❶-2 양자 역학에 의해 미시 세계에서는 상호 배타적인 상태들이 공존할 수 있음이 알려졌다, ❷-8 거시 세계와 달리 양자 역학이 지배하는 미시 세계에서는, 우리가 관찰하기 이전에는 상호 배타적인 상태가 공존하는 것

풀이 양자 역학에서는 거시 세계와 달리, 미시 세계에서는 상호 배타적 상태가 공존할 수 있으며 관찰을 통해 물체의 상태가 결정된다고 이야기하고 있다. 다시 말해, 미시 세계에서만 물체의 존재 상태가 관찰에 의해 결정된다는 것이지, 거시 세계에서는 기존의 고전 역학과 같은 입장을 취하는 것이다. 따라서 달이 거시 세계의 물체이므로 관찰 여부와 상관없이 존재한다는 말은 양자 역학을 받아들이는 입장에 해당한다.

**③ 달은 관찰 여부와 상관없이 존재하므로 누군가 달을 관찰하기 이전에도 존재한다.**

→ 적절함!

**④ 달은 원래부터 있었지만 우리가 관찰하지 않으면 존재 여부에 대해 말할 수 없다.**

풀이 관찰에 의해 달의 존재 여부가 결정된다는 주장은 ㉠의 의미와 맞지 않는다.

**⑤ 달이 있을 가능성과 없을 가능성이 반반이므로 관찰 이후에 달이 있을 가능성은 반이다.**

풀이 관찰에 의해 달의 존재 가능성이 결정된다는 주장은 ㉠의 의미와 맞지 않는다.

1등급 문제

**026** | 구체적인 상황에 적용 - 적절한 것 고르기 2018학년도 9월 모평 28번 정답률 60%, 매력적 오답 ③ 15% | 정답 ④

**윗글을 바탕으로, 〈보기〉의 '양자 컴퓨터'와 '일반 컴퓨터'에 대해 이해한 내용으로 적절한 것은?**

| 보기 |

1 [1]양자 컴퓨터는 여러 개의 이진수들을 단 한 번에 처리함으로써 일반 컴퓨터보다 훨씬 빠른 속도로 연산을 수행한다. [2]연산 속도에 영향을 미치는 다른 요소들을 배제하면(排除-. 제외하면), 이진수를 처리하는 횟수가 적어질수록 연산 결과를 빨리 얻을 수 있기 때문이다.

2 [1]n 자리 이진수를 나타내기 위해서는 n 비트*가 필요하고 n 자리 이진수는 모두 $2^n$개 존재한다. [2]일반 컴퓨터는 한 개의 비트에 0과 1 중 하나만을 담을 수 있어, 두 자리 이진수인 00, 01, 10, 11을 2 비트를 이용하여 연산할 때 네 번에 걸쳐 처리한다. [3]하지만 공존의 원리를 이용하는 양자 컴퓨터는 0과 1을 하나의 비트에 동시에 담아 정보를 처리할 수 있어 두 자리 이진수를 2 비트를 이용하여 연산할 때 단 한 번에 처리가 가능하다. [4]양자 컴퓨터는 처리할 이진수의 자릿수가 커질수록 연산 속도에서 압도적인(壓倒的-. 더 뛰어난 힘으로 남을 눌러 꼼짝 못 하게 하는) 위력(威力. 강한 힘)을 발휘한다.(發揮-. 나타낸다.)

* 비트(bit) : 컴퓨터가 0과 1을 이용하는 이진법으로 연산을 수행하기 위해 사용하는 최소의 정보 저장 단위

① **양자 컴퓨터는 상태의 공존을 이용함으로써 연산에 필요한 비트의 수를 늘릴 수 있다.** (연산 처리 횟수를 줄일)

근거 ❸-1 상호 배타적인 상태의 공존을 적용함으로써 초고속 연산을 수행하는 양자 컴퓨터, 〈보기〉-❶-1 양자 컴퓨터는 여러 개의 이진수들을 단 한 번에 처리함으로써 일반 컴퓨터보다 훨씬 빠른 속도로 연산을 수행

풀이 양자 컴퓨터가 상태의 공존을 이용하는 것은 맞지만, 연산에 필요한 비트의 수를 늘리는 것이 아니라 연산 처리 횟수를 줄임으로써 빠른 연산을 수행하는 것이다.

→ 적절하지 않음!

② **3 비트를 사용하여 세 자리 이진수를 모두 처리하려고 할 때 양자 컴퓨터는 일반 컴퓨터보다 속도가 6 배 빠르다.** (8)

근거 〈보기〉-❷-3 양자 컴퓨터는 … 두 자리 이진수를 2 비트를 이용하여 연산할 때 단 한 번에 처리가 가능

풀이 〈보기〉에서 일반 컴퓨터는 이진수의 개수만큼, 즉 $2^n$ 번의 연산 횟수가 필요함을 알 수 있다. 3 비트를 사용하여 세 자리 이진수를 모두 처리할 때, 일반 컴퓨터는 3 비트를 이용하여 $2^3$ 개의 세 자리 이진수를 여덟 번에 걸쳐 처리한다. 반면 양자 컴퓨터는 두 자리 이진수를 2 비트를 이용하여 연산할 때 단 한 번에 처리가 가능하다고 하였으므로, 세 자리 이진수를 3 비트를 이용하여 연산할 때도 단 한 번에 처리가 가능할 것임을 알 수 있다. 따라서 이 경우 여덟 번에 걸쳐 처리하는 일반 컴퓨터에 비해 양자 컴퓨터의 속도가 8 배 빠르다.

→ 적절하지 않음!

③ **한 자리 이진수를 모두 처리하기 위해 1 비트를 사용한다고 할 때, 일반 컴퓨터와 양자 컴퓨터의 정보 처리 횟수는 같다.** (2 번 / 1 번 / 다르다)

풀이 한 자리 이진수를 처리하기 위해 일반 컴퓨터는 한 자리 이진수의 개수와 같은 $2^1$ 번, 즉 2 번의 연산 횟수가 필요하다. 반면 양자 컴퓨터의 경우에는 단 한 번에 처리가 가능하다.

→ 적절하지 않음!

④ **양자 컴퓨터의 각각의 비트에는 0과 1이 공존하고 있어 4 비트로 한 번에 처리할 수 있는 네 자리 이진수의 개수는 모두 16 개이다.**

풀이 양자 컴퓨터는 네 자리 이진수 $2^4$ 개, 즉 16 개의 연산을 단 한 번에 처리할 수 있다.

→ 적절함!

⑤ **3 비트의 양자 컴퓨터가 세 자리 이진수를 모두 처리하는 속도는 6 비트의 양자 컴퓨터가 여섯 자리 이진수를 모두 처리하는 속도보다 2 배 빠르다.** (와 같다)

근거 〈보기〉-❷-3 양자 컴퓨터는 … 두 자리 이진수를 2 비트를 이용하여 연산할 때 단 한 번에 처리가 가능

풀이 양자 컴퓨터는 n 자리 이진수를 n 비트를 이용하여 연산할 때 단 한 번에 처리가 가능하므로, 세 자리 이진수를 3 비트를 이용하여 연산할 때와 여섯 자리 이진수를 6 비트를 이용하여 연산할 때 처리하는 속도는 같을 것이다.

→ 적절하지 않음!

**027** | 세부 정보 이해 - 적절한 것 고르기 2018학년도 9월 모평 29번 정답률 65%, 매력적 오답 ④ 10% | 정답 ②

**자기 지시적 문장에 대해 이해한 내용으로 적절한 것은?**

① **"붕어빵에는 붕어가 없다."는 자기 지시적 문장이다.**

근거 ❹-7 자기 지시적 문장은 말 그대로 자기 자신을 가리키는 문장을 말한다, ❹-9 반면 "페루의 수도는 리마이다."라는 '참'인 문장은 페루의 수도가 어디인지 말할 뿐 자기 자신을 가리키는 문장은 아니다.

풀이 "붕어빵에는 붕어가 없다."는 문장은 자기 자신을 가리키는 '자기 지시적 문장'이 아니라, 붕어빵에 붕어가 없다는 것을 말하는 문장일 뿐이다.

→ 적절하지 않음!

② **"이 문장은 자기 지시적이다."라는 자기 지시적 문장은 '거짓'이 아니다.**

근거 ❹-7 자기 지시적 문장은 말 그대로 자기 자신을 가리키는 문장을 말한다.

풀이 "이 문장은 자기 지시적이다."라는 문장은 자기 자신을 가리키고 있으므로 자기 지시적 문장에 해당한다. 따라서 '이 문장'이 '자기 지시적'이라는 문장의 내용은 '참'이 된다.

→ 적절함!

③ **"이 문장은 거짓이다."는 이치 논리에서 자기 지시적인 문장이 될 수 없다.** (진리치를 부여받을 수 없다)

근거 ❹-1 고전 논리는 '참'과 '거짓'이라는 두 개의 진리치만 있는 이치 논리이다, ❹-7 자기 지시적 문장은 말 그대로 자기 자신을 가리키는 문장을 말한다, ❺-1~2 "이 문장은 거짓이다."는 거짓말쟁이 문장이다. 이는 '이 문장'이라는 표현이 문장 자체를 가리키며 그것이 '거짓'이라고 말하는 자기 지시적 문장이다, ❺-10 프리스트에 따르면 어떤 경우에도 거짓말쟁이 문장은 '참인 동시에 거짓'인 문장이다.

풀이 "이 문장은 거짓이다."는 거짓말쟁이 문장에 해당한다. 거짓말쟁이 문장은 '참인 동시에 거짓'인 문장이므로, '참'과 '거짓'의 두 개의 진리치만 가지는 이치 논리에서는 진리치를 가질 수 없는 문장이다. 그러나 "이 문장은 거짓이다."가 이치 논리에서 자기 지시적 문장이 될 수 없는 것은 아니다. 진리치를 가질 수 없긴 하지만, '자기 자신을 가리키는' 자기 지시적 문장은 맞기 때문이다.

→ 적절하지 않음!

④ **고전 논리에서는 어떠한 자기 지시적 문장에도 진리치를 부여하지 못한다.**

근거 ❹-1 고전 논리는 '참'과 '거짓'이라는 두 개의 진리치만 있는 이치 논리이다, ❹-7~8 자기 지시적 문장은 말 그대로 자기 자신을 가리키는 문장을 말한다. 예를 들어 "이 문장은 모두 열여덟 음절로 이루어져 있다."라는 '참'인 문장은 자기 자신을 가리키며 그것이 몇 음절로 이루어져 있는지 말하고 있다.

풀이 윗글의 자기 지시적 문장을 예로 들어 설명하면, "이 문장은 모두 열여덟 음절로 이루어져 있다."라는 문장은 자기 자신을 가리키는 문장이며 열여덟 음절로 이루어진 것이 맞으므로, '참'인 동시에 자기 지시적 문장이 된다. 반면 "이 문장은 열여덟 음절로 이루어져 있다."라는 문장이 있다면, 이 문장은 실제로는 열여섯 음절로 이루어져 있으므로, '거짓'인 동시에 자기 지시적 문장이 된다. 고전 논리에서는 '참'과 '거짓'의 진리치가 존재하므로, 예로 든 두 자기 지시적 문장도 고전 논리에서 진리치를 부여받을 수 있다. 따라서 고전 논리에서는 어떠한 자기 지시적 문장에도 진리치를 부여하지 못한다는 설명은 적절하지 않다.

→ 적절하지 않음!

⑤ **비고전 논리에서는 모든 자기 지시적 문장에 '참인 동시에 거짓'을 부여한다.** (거짓말쟁이)

근거 ❺-10~11 프리스트에 따르면 어떤 경우에도 거짓말쟁이 문장은 '참인 동시에 거짓'인 문장이다. 따라서 그는 거짓말쟁이 문장에 '참인 동시에 거짓'을 부여해야 한다고 본다, ❹-8 "이 문장은 모두 열여덟 음절로 이루어져 있다."라는 '참'인 문장은 자기 자신을 가리키며 그것이 몇 음절로 이루어져 있는지 말하고 있다.

풀이 비고전 논리를 주장한 프리스트는 어떤 경우에도 거짓말쟁이 문장은 '참인 동시에 거짓'인 문장이라고 하였다. 그러나 "이 문장은 모두 열여덟 음절로 이루어져 있다."처럼 모든 자기 지시적 문장이 거짓말쟁이 문장인 것은 아니다. 따라서 비고전 논리에서 모든 자기 지시적 문장에 '참인 동시에 거짓'을 부여한다는 설명은 적절하지 않다.

→ 적절하지 않음!

1등급 문제

**028** 추론의 적절성 판단 - 적절한 것 고르기 2018학년도 9월 모평 30번
정답률 55%, 매력적 오답 ② 10% ③ 20% | 정답 ⑤

## 윗글을 통해 ㉢에 대해 적절하게 추론한 것은?

㉢ "P이면 Q이다."

조건문 : "P이면 Q이다."(=㉢)
전 건 : P
후 건 : Q

**① LP에서 P가 '참인 동시에 거짓'이고 Q가 '거짓'이면, ㉢은 '거짓'이다.**

근거 ❻-7 LP에서 조건문의 전건은 '참인 동시에 거짓'이고 후건은 '거짓'인 경우, 조건문과 전건은 모두 '참인 동시에 거짓'이지만 후건은 '거짓'이 된다.

풀이 LP에서 ㉢의 전건(P)이 '참인 동시에 거짓'이고 후건(Q)은 '거짓'이면, 조건문(㉢)은 '참인 동시에 거짓'이다.

→ 적절하지 않음!

**② LP에서 ㉢과 P가 '참인 동시에 거짓'이면, Q도 반드시 '참인 동시에 거짓'이다.**

근거 ❻-7 LP에서 조건문의 전건은 '참인 동시에 거짓'이고 후건은 '거짓'인 경우, 조건문과 전건은 모두 '참인 동시에 거짓'이지만 후건은 '거짓'이 된다.

풀이 LP에서 조건문(㉢)과 전건(P)이 모두 '참인 동시에 거짓'일 때, 후건(Q)은 '거짓'이다.

→ 적절하지 않음!

**③ LP에서 ㉢과 P가 '참' 또는 '참인 동시에 거짓'이면, Q도 반드시 '참' 또는 '참인 동시에 거짓'이다.**

근거 ❻-6 LP에서 전건 긍정 규칙이 성립하려면, 조건문과 그것의 전건인 P가 모두 '참' 또는 '참인 동시에 거짓'이라면 그것의 후건인 Q도 반드시 '참' 또는 '참인 동시에 거짓'이어야 한다, ❻-8 (LP는) 비록 전건 긍정 규칙이 성립하지는 않지만

풀이 만약 LP에서 전건 긍정 규칙이 성립한다면 LP에서 조건문(㉢)과 전건(P)이 '참' 또는 '참인 동시에 거짓'이면, 후건(Q)도 반드시 '참' 또는 '참인 동시에 거짓'이 될 것이다. 그러나 윗글에서 전건 긍정 규칙은 LP에서 성립하지 않는다고 하였으므로, 이는 적절하지 않은 추론이다.

→ 적절하지 않음!

**④ 고전 논리에서 ㉢과 P가 각각 '거짓'이 아닐 때, Q는 '거짓'이다.**

근거 ❻-4~5 고전 논리에서는 전건 긍정 규칙이 성립한다. 이는 "P이면 Q이다."라는 조건문과 그것의 전건인 P가 '참'이라면 그것의 후건인 Q도 반드시 '참'이 된다는 것이다, ❹-1 고전 논리는 '참'과 '거짓'이라는 두 개의 진리치만 있는 이치 논리이다.

풀이 고전 논리는 '참'과 '거짓'의 두 개의 진리치만 존재하므로, '거짓'이 아니라는 것은 '참'임을 뜻한다. 고전 논리에서 조건문(㉢)과 전건(P)이 '거짓'이 아닐 때, 즉 모두 '참'일 때, 후건(Q)은 반드시 '참'이 된다.

→ 적절하지 않음!

**⑤ 고전 논리에서 ㉢과 P가 '참'이면서 Q가 '거짓'인 것은 불가능하다.**

근거 ❻-4~5 고전 논리에서는 전건 긍정 규칙이 성립한다. 이는 "P이면 Q이다."라는 조건문과 그것의 전건인 P가 '참'이라면 그것의 후건인 Q도 반드시 '참'이 된다는 것이다.

풀이 고전 논리에서 조건문(㉢)과 전건(P)이 '참'일 때, 후건(Q)은 반드시 '참'이 되므로, ㉢과 전건(P)이 '참'이면서 후건(Q)이 '거짓'인 것은 불가능하다.

→ 적절함!

1등급 문제

**029** 구체적인 사례에 적용 - 적절하지 않은 것 고르기 2018학년도 9월 모평 31번
정답률 40%, 매력적 오답 ② 15% ③ 30% | 정답 ⑤

## 윗글을 바탕으로 <보기>를 이해한 내용으로 적절하지 않은 것은? [3점]

| 보기 |

A는 고전 논리를 받아들이고, B는 LP를 받아들일 뿐 아니라 양자 역학에서 상호 배타적인 상태의 공존이 시사하는 바에 대한 프리스트의 입장도 받아들인다.
A와 B는 아래의 (ㄱ)~(ㄹ)에 대하여 토론을 하고 있다.

(ㄱ) 전자 e는 관찰하기 이전에 S라는 상태에 있다.
(ㄴ) 전자 e는 관찰하기 이전에 S와 배타적인 상태에 있다. — 미시 세계, 관찰하기 이전
(ㄷ) 반지름 5 cm의 팽이가 시계 방향으로 회전한다.
(ㄹ) 반지름 5 cm의 팽이가 반시계 방향으로 회전한다. — 거시 세계

(단, (ㄱ)과 (ㄴ)의 전자 e는 동일한 전자이고 (ㄷ)과 (ㄹ)의 팽이는 동일한 팽이이다.)

▶ 지문 핵심 개념 정리

| 양자 역학에서 상호 배타적 상태의 공존 |
|---|
| • 거시 세계에서 시계 방향 또는 반시계 방향 중 한쪽으로 회전하고 있는 팽이는 관찰하기 이전에 이미 회전 방향이 정해져 있으며, 다만 관찰을 통해 알게 되는 것일 뿐임(❷-1~3)<br>• 거시 세계와 달리 양자 역학이 지배하는 미시 세계에서는, 우리가 관찰하기 이전에는 상호 배타적인 상태가 공존함(❷-8) |

| A | B |
|---|---|
| • 고전 논리 : '참'과 '거짓'이라는 두 개의 진리치만 있는 이치 논리(❹-1)<br>• 어떠한 진술이든 '참' 또는 '거짓'임(❹-2)<br>• '참인 동시에 거짓'인 진리치를 지닌 문장을 다룰 수 없음(❻-1) | • 프리스트 : 양자 역학에서 상호 배타적 상태의 공존은 '참', '거짓' 이외에 '참인 동시에 거짓'인 진리치가 존재한다는 점을 시사한다고 봄(❺-12~13) |

**① A는 (ㄱ)이 '참'이 아니라면 '거짓'이고, '참', '거짓' 외에 다른 진리치를 가질 수 없다고 주장할 것이다.**

풀이 A는 고전 논리를 받아들이므로, 어떠한 진술이든 '참'과 '거짓'이라는 두 개의 진리치 외의 다른 진리치를 가질 수 없다고 주장할 것이다.

→ 적절함!

**② B는 (ㄱ)은 '참인 동시에 거짓'일 수 있다고 주장하지만, (ㄷ)은 '참'이 아니라면 '거짓'이라고 주장할 것이다.**

풀이 B는 프리스트의 입장을 받아들이므로, '참인 동시에 거짓'인 진리치가 존재한다고 볼 것이다. 또 (ㄱ)은 미시 세계의 관찰 이전 상태에 해당하므로, B는 (ㄱ)이 상호 배타적 상태가 공존한다고 볼 것이다. 따라서 B는 (ㄱ)이 '참인 동시에 거짓'일 수 있다고 주장할 것이다. 반면 (ㄷ)은 양자 역학에서의 상호 배타적 상태의 공존과는 관련이 없는 '거시 세계'에 해당하며, 거시 세계에서는 관찰하기 이전에 이미 회전 방향이 정해져 있다. 따라서 B는 (ㄷ)에 대해 '참'이거나 '거짓'인 진술이라고 주장할 것이다.

→ 적절함!

**③ A와 B는 모두 (ㄷ)이 '참'일 때 (ㄹ)도 '참'이 되는 것은 불가능하다고 주장할 것이다.**

풀이 (ㄷ)과 (ㄹ)은 모두 '거시 세계'에 해당하므로, 상호 배타적 상태가 공존할 수 없다. 따라서 A와 B 모두 (ㄷ)이 '참'인 동시에 (ㄹ)도 '참'이 되는 것은 불가능하다고 주장할 것이다.

→ 적절함!

**④ A는 B와 달리 (ㄴ)이 '참인 동시에 거짓'이 될 수 없다고 주장할 것이다.**

풀이 A는 어떠한 진술이든 '참'과 '거짓'이라는 두 개의 진리치 외의 다른 진리치를 가질 수 없다는 고전 논리를 받아들이므로, (ㄴ)이 '참인 동시에 거짓'이 될 수 없다고 주장할 것이다. 반면 B는 프리스트의 입장을 받아들이므로, '참인 동시에 거짓'인 진리치가 존재한다고 볼 것이다. (ㄴ)은 미시 세계에서의 관찰 이전 상태에 해당하므로, B는 (ㄴ)이 '참인 동시에 거짓'일 수 있다고 주장할 것이다.

→ 적절함!

**⑤ B는 A와 달리 (ㄹ)이 '참'이 아니라면 '참인 동시에 거짓'이라고 주장할 것이다.**

풀이 A는 '참'과 '거짓'이라는 두 개의 진리치 외의 다른 진리치를 가질 수 없다는 고전 논리를 받아들이므로, (ㄹ)이 '참'이거나 '거짓'이라고 주장할 것이다. B는 '참인 동시에 거짓'인 진리치가 존재한다는 프리스트의 입장을 받아들이지만, 이는 '미시 세계의 관찰 이전의 상태'에 해당하는 내용이다. (ㄹ)은 미시 세계가 아니라 '거시 세계'에 해당하는 내용으로, 팽이의 회전 방향은 관찰 이전에 이미 정해져 있다. 따라서 B 또한

(ㄹ)이 '참'이거나 '거짓'이라고 주장할 것이다.

→ 적절하지 않음!

**030** 문맥적 의미 파악 - 적절하지 않은 것 고르기 2018학년도 9월 모평 32번 정답률 90% | 정답 ③

**문맥상 ⓐ~ⓔ와 바꾸어 쓸 수 있는 말로 적절하지 않은 것은?**

ⓐ따르면 ⓑ알게 ⓒ지니게 ⓓ던진다 ⓔ들어맞는다

**① ⓐ: 의거(依據)하면**

풀이 ⓐ의 '따르다'는 '어떤 경우, 사실이나 기준 따위에 근거하다'의 의미이다. 한편 '의거(依 따르다 의 據 근거 거)하다'는 '어떤 사실이나 원리 따위에 근거하다'의 의미이다. 따라서 ⓐ를 '의거하면'으로 바꿔 써도 문맥상 의미가 달라지지 않는다.

→ 적절함!

**② ⓑ: 인지(認知)하게**

풀이 ⓑ의 '알다'는 '정보나 지식을 갖추다, 몰랐던 것을 알게 되다'의 의미이다. 한편 '인지(認 알다 인 知 알다 지)하다'는 '어떤 사실을 인정하여 알다'의 의미이다. 따라서 ⓑ를 '인지하게'로 바꿔 써도 문맥상 의미가 달라지지 않는다.

→ 적절함!

**③ ⓒ: 소지(所持)하게**

풀이 ⓒ의 '지니다'는 '바탕으로 가지고 있다'의 의미이고, '소지(所 것 소 持 가지다 지)하다'는 '물건을 가지고 있다'의 의미이다. ⓒ를 '소지하게'로 바꿔 쓸 경우 문맥상 의미가 달라지므로, 바꿔 쓰기에 적절하지 않다. ⓒ는 '가지고 있거나 간직하고 있다'의 뜻을 지닌 '보유(保 지키다 보 有 가지다 유)하다'로 바꿔 쓰는 것이 더 적절하다.

→ 적절하지 않음!

**④ ⓓ: 제기(提起)한다**

풀이 ⓓ의 '던지다'는 '어떤 문제 따위를 내어놓다'의 의미이다. 한편 '제기(提 제시하다 제 起 일으키다 기)하다'는 '의견이나 문제를 내어놓다'의 의미이다. 따라서 ⓓ를 '제기하다'로 바꿔 써도 문맥상 의미가 달라지지 않는다.

→ 적절함!

**⑤ ⓔ: 부합(符合)한다**

풀이 ⓔ의 '들어맞다'는 '정확히 맞다'의 의미이다. 한편 '부합(符 들어맞다 부 合 맞다 합)하다'는 '서로 꼭 정확히 맞다'의 의미이다. 따라서 ⓔ를 '부합한다'로 바꿔 써도 문맥상 의미가 달라지지 않는다.

→ 적절함!

**[031~036] 다음 글을 읽고 물음에 답하시오.**

1 [1]음악은 소리로 이루어진 예술이다. [2]예술이 아름다움을 추구한다면(追求-, 목적으로 한다면) 음악 또한 아름다움을 추구해야 할 것이다. [3]그렇다면 아름다운 음악 작품은 듣기 좋은 소리만으로 만들어질 수 있는 것일까? [4]음악적 아름다움은 어떻게 구현되는(具現-, 구체적인 모습으로 나타나는) 것일까?

→ 음악적 아름다움은 어떻게 구현되는 것일까?

2 [1]음악에서 사용하는 소리라고 해도 대부분의 사람들은 피아노 소리가 심벌즈 소리보다 듣기 좋다고 생각한다. [2]이 중 전자(前者, 앞의 것. 여기서는 '피아노 소리'를 의미함)를 고른음, 후자(後者, 뒤의 것. 여기서는 '심벌즈 소리'를 의미함)를 시끄러운음이라고 한다. [3]고른음은 주기성(週期性, 일정한 간격을 두고 되풀이하여 진행하거나 나타나는 성질)을 갖지만 시끄러운음은 주기성을 갖지 못한다. [4]일반적으로 음악에서 '음(音 소리 음)'이라고 부르는 것은 고른음을 지칭한다.(指稱-, 가리킨다.) [5]고른음은 주기성을 갖기 때문에 동일한(同一-, 똑같은) 파형(波形, 진동이 물질을 따라 퍼져 나가는 현상인 파동의 모양)이 주기적으로 반복된다. [6]이때 같은 파형이 1 초에 몇 번 반복되는가를 진동수라고 한다. [7]진동수가 커지면 음높이 즉, 음고(音高, 음의 높음과 낮음)가 높아진다. [8]고른음 중에서 파형이 사인파(파형을 그래프로 나타낼 때 물결 모양을 삼각함수의 한 종류인 사인(sine) 곡선으로 표시하는 파동)인 음파(音波, 소리의 파동)를 단순음이라고 한다. [9]사인파의 진폭(振幅, 진동하는 물체가 정지 위치로부터 수직 방향으로 이동한 최대의 거리)이 커질수록 단순음은 소리의 세기가 커진다. [10]대부분의 악기에서 나오는 음은 사인파보다 복잡한 파형을 갖는데 이런 파형은 진동수와 진폭이 다른 여러 개의 사인파가 중첩된(重疊-, 거듭 겹쳐지거나 포개어진) 것으로 볼 수 있다. [11]이런 소리를 복합음이라고 하고 복합음을 구성하는 단순음을 부분음이라고 한다. [12]부분음 중에서 가장 진동수가 작은 것을 기본음이라 하는데 귀는 복합음 속의 부분음들 중에서 기본음의 진동수를 복합음의 진동수로 인식한다.(認識-, 판단하여 안다.)

〈참고 그림〉

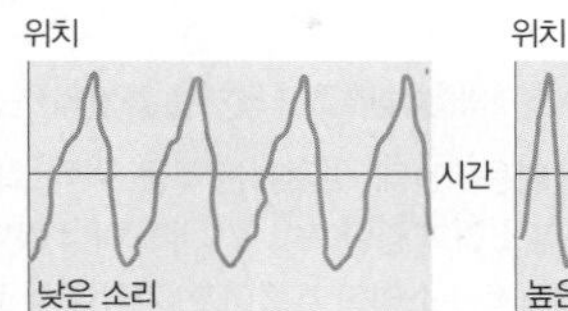


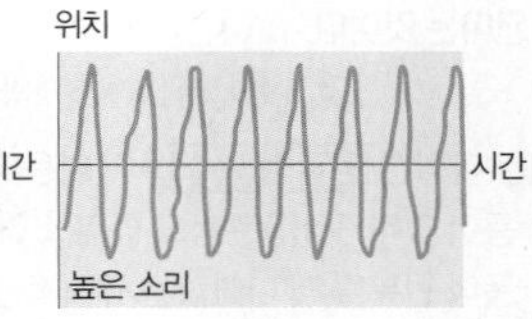


❷-7 진동수가 커지면 음높이 즉, 음고가 높아진다.

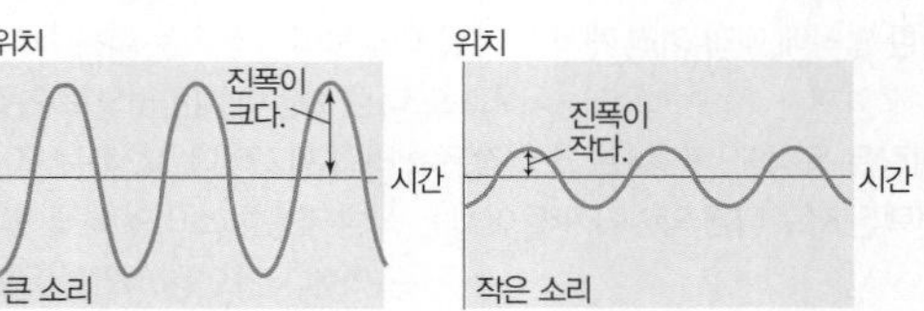


❷-9 사인파의 진폭이 커질수록 단순음은 소리의 세기가 커진다.

→ 음악에서 사용하는 소리(음)

3 [1]악기가 ㉠ 내는 소리의 식별(識別, 분별하여 알아봄) 가능한 독특성(獨特性, 특별하게 다른 성질)인 음색(音色, 음의 높낮이가 같아도 사람이나 악기에 따라 달리 나타나는 소리의 특질이나 맵시)은 부분음들로 구성된 복합음의 구조, 즉 부분음들의 진동수와 상대적 세기에 의해 결정된다. [2]현악기(絃樂器, 가야금, 거문고, 첼로, 바이올린, 하프 등 줄을 타거나 켜서 소리를 내는 악기)나 관악기(管樂器, 트럼펫, 플루트, 리코더, 클라리넷 등 입으로 불어서 관 안의 공기를 진동시켜 소리를 내는 악기)에서 발생하는(發生-, 생겨나는) 고른음은 기본음 진동수의 정수배(整數倍, 두 배, 세 배와 같은 정수 단위의 곱절)의 진동수를 갖는 부분음들로 이루어져 있지만, 타악기(打樂器, 실로폰, 북, 트라이앵글, 심벌즈, 캐스터네츠 등 손이나 채로 두드리거나 흔들어 소리 내는 악기) 소리는 부분음들의 진동수가 기본음 진동수의 정수배를 이루지 않는다. [3]이러한 소리의 특성을 시각적으로 보여주는 소리 스펙트럼은 복합음을 구성하는 단순음 성분들의 세기를 진동수에 따라 그래프로 나타낸 것이다. [4]고른음의 소리 스펙트럼은 〈그림〉처럼 일정한 간격으로 늘어선 세로 막대들로 나타나는 반면에 시끄러운음의 소리 스펙트럼에서는 막대 사이 간격이 일정하지 않다.

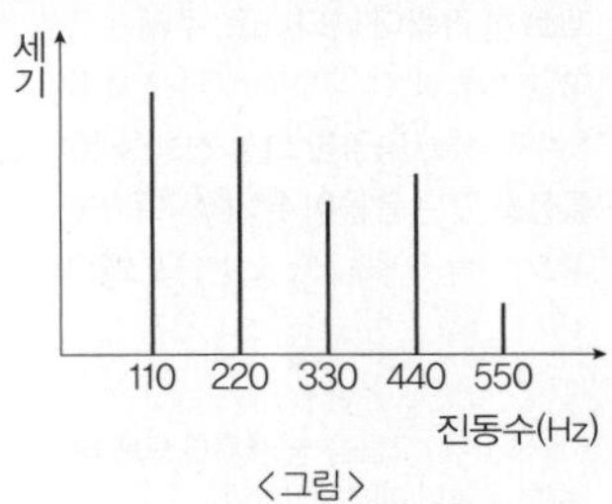


〈그림〉

→ 부분음들의 진동수, 상대적 세기에 따른 음색 및 소리 스펙트럼

4 [A] [1]두 음이 동시에 울리거나 연이어 울릴 때, 음의 어울림, 즉 협화도(協 화합하다 협 和 화하다 화 度 법도 도)는 음정에 따라 달라진다. [2]여기에서 음정이란 두 음의 음고 간의 간격을 말하며 높은 음고의 진동수를 낮은 음고의 진동수로 나눈 값으로 표현된다. [3]가령, '도'와 '미' 사이처럼 장3도('도, 레, 미' 세 개의 음이 있으므로 3도이며, 반음이 없으므로 성질은 장(長, Major)이다.) 음정은 5/4('도'와 '미'의 진동수 비 = 4 : 5(440 Hz : 550 Hz))이고, '도'와 '솔' 사이처럼 완전5도('도, 레, 미, 파, 솔' 다섯 개의 음이 있으므로 5도이며, '미, 파'의 반음 하나를 포함하므로 성질은 완전(完全, Perfect)이다.) 음정은 3/2('도'와 '솔'의 진동수 비 = 2 : 3(440 Hz : 660 Hz))이다. [4]그러므로(5/4가 3/2보다 작으므로) 장3도는 완전5도보다 좁은 음정이다. [5]일반적으로 음정을 나타내는 분수를 약분했을 때 분자와 분모에 들어가는 수가 커질수록 협화도는 작아진다고 본다. [6]가령, 음정이 2/1인 옥타브(옥타브는 높은 음의 진동수가 낮은 음의 진동수의 2 배가 되는 음정이다.), 3/2인 완전5도, 5/4인 장3도, 6/5인 단3도(세 개의 음이 있으므로 3도이며, 반음을 포함하므로 성질은 단(短, minor)이다.)의 순서로 협화도가 작아진다. [7]서로 잘 어울리는 두 음의 음정을 협화 음정이라고 하고 그렇지 않은 음정을 불협화 음정이라고 하는데 16 세기의 음악 이론가인 차를리노는 약분된 분수의 분자와 분모가 1, 2, 3, 4, 5, 6으로만 표현되는 음정은 협화 음정, 그 외의 음정은 불협화 음정으로 보았다.

→ 음정에 따라 달라지는 협화도와 협화·불협화 음정

5 [1]아름다운 음악은 단순히 듣기 좋은 소리를 연이어 배열한다고(配列-, 일정한 차례나 간격에 따라 벌여 놓는다고) 해서 만들어지지 않는다. [2]음악은 다양한 음이 조직적으로(組織的-, 체계나 질서가 있게) 연결되고 구성된 형태로, 음악의 매체인 소리가 시간의 진행 속에 구체화된 것이라 할 수 있다. [3]19 세기 음악 평론가인 ⓐ 한슬리크에 따르면, 음악의 독자적인(獨自的-, 다른 것과 구별되어 그 자체로 특유한) 아름다움은 음들이 '울리면서 움직이는 형식'에서 비롯되는데, 음악을 구성하는 음악적 재료들이 움직이며 만들어 ⓒ 내는 형식 그 자체를 말한다. [4]따라서 음악의 가치는 음악이 환기하는(喚起-, 불러일으키는) 기쁨이나 슬픔과 같은 특정한 감정이나 정서에서 찾으려 해서는 안 된다는 것이다.

→ 음악과 음(소리)의 관계와 한슬리크가 말하는 음악의 아름다움

6 [1]음악에는 다양한 음악적 요소들이 사용되는데, 여기에는 리듬, 가락, 화성, 셈여림, 음색 등이 있다. [2]리듬은 음고 없이 소리의 장단(長短, 길고 짧음)이나 강약(強弱, 강하고 약함) 등이 반복될 때 나타나는 규칙적인 소리의 흐름이고, 가락은 서로 다른 음의 높낮이가 지속(持續, 오래 계속되거나 유지됨) 시간을 가지는 음들의 흐름이다. [3]화성은 일정한 법칙에 따라 여러 개의 음이 동시에 울려서 생기는 화음(和音, 높이가 다른 둘 이상의 음이 함께 울릴 때 어울리는 소리)과 또 다른 화음이 시간적으로 연결된 흐름이고, 셈여림은 음악에 나타나는 크고 작은 소리의 세기이며, 음색은 바이올린, 플루트 등 선택된 서로 다른 악기가 만들어 내는 식별 가능한 소리의 특색이다.

→ 음악에 사용되는 다양한 음악적 요소

7 [1]작곡가는 이러한 음악적 요소들을 활용해서 음악 작품을 만든다. [2]어떤 음악 작품에서 자주 반복되거나 변형되면서(變形-, 모양이나 형태가 달라지면서) 등장하는 소재(素材, 재료)인 가락을 그 음악 작품의 주제라고 하는데, 작곡가는 자신의 음악적 아이디어를 주제로 구현하고 다양한 음악적 요소들을 사용해서 음악 작품을 완성한다. [3]예컨대 조성 음악*에서는 정해진 박자 내에서 질서를 가지고 반복적으로 움직이는 리듬이 음표나 쉼표의 진행으로 나타나고, 어떤 조성(調性, 으뜸음이 선율이나 화성의 중심으로 작용하고, 다른 음이 거기에 종속적으로 관계되고 있는 경우, 그 음악은 조성을 지닌다고 한다.)의 음계(音階, 음악에 쓰이는 음을 높이에 따라 차례대로 배열한 음의 층계) 음들을 소재로 한 가락이 나타나고, 주제는 긴장(緊張, 정신을 바짝 차려 마음을 조이고 있는 상태)과 이완(弛緩, 바짝 조였던 정신의 나사를 풀어 마음 상태를 느긋하게 하는 것)을 유발하는(誘發-, 불러일으키는) 다양한 화성 진행을 통해 반복되고 변화한다. [4]이렇듯 음악은 다양한 특성을 갖는 음들이 유기적으로(有機的-, 서로 긴밀하게 연관되어 떼어 낼 수 없이) 결합한(結合-, 서로 관계를 맺어 하나가 된) 소리의 예술이라고 볼 수 있다.

→ 소리의 예술, 음악

* 조성 음악 : 으뜸음 '도'가 다른 모든 음계 음들을 지배하는 음악으로 17 세기 이후 대부분의 서양 음악이 이에 해당한다.

■ 지문 이해

〈소리에 관한 과학적 분석과 음악의 아름다움〉

**❶ 음악적 아름다움은 어떻게 구현되는 것일까?**

- 음악은 소리로 이루어진 예술(음악과 예술 모두 아름다움을 추구함)

**❷ 음악에서 사용하는 소리(음)**

- 고른음 : 일반적으로 음악에서 '음'이라고 부르는 것, 주기성을 지님 → 동일한 파형이 주기적으로 반복됨
- 진동수 : 1 초당 같은 파형이 반복되는 수(진동수↑ ⇒ 음높이(음고)↑)
- 단순음 : 고른음 중 파형이 사인파인 음파(사인파 진폭↑ ⇒ 단순음의 소리 세기↑)
- 복합음 : 진동수와 진폭이 다른 여러 개의 사인파가 중첩된 것
- 기본음 : 복합음을 구성하는 단순음(부분음) 중 가장 진동수가 작은 것

**❸ 부분음들의 진동수, 상대적 세기에 따른 음색 및 소리 스펙트럼**

- 음색 결정 → 부분음의 진동수, 상대적 세기
  - 고른음(현악기, 관악기) 부분음들의 진동수 = 기본음 진동수 × 정수배
  - 타악기 부분음들의 진동수 ≠ 기본음 진동수 × 정수배
- 소리 스펙트럼 : 복합음을 구성하는 단순음 성분들의 세기를 진동수에 따라 그래프로 나타낸 것
  - 고른음의 소리 스펙트럼 : 일정한 간격으로 늘어선 세로 막대들로 나타남
  - 시끄러운음의 소리 스펙트럼 : 막대 사이 간격이 일정하지 않음

**❹ 음정에 따라 달라지는 협화도와 협화·불협화 음정**

- 협화도 : 두 음이 동시에 울리거나 연이어 울릴 때, 음의 어울림
- 음정 : 두 음의 음고 간의 간격(= $\frac{\text{높은 음고의 진동수}}{\text{낮은 음고의 진동수}}$)
- 음정을 나타내는 약분된 분수의 분자와 분모에 들어가는 수↑ ⇒ 협화도↓
- 차를리노의 견해 : 약분된 분수의 분자와 분모가 1, 2, 3, 4, 5, 6으로만 표현되는 음정은 협화 음정(서로 잘 어울리는 두 음의 음정), 그 외의 음정은 불협화 음정

**❺ 음악과 음(소리)의 관계와 한슬리크가 말하는 음악의 아름다움**

- 음악 : 다양한 음이 조직적으로 연결되고 구성된 형태(소리가 시간의 진행 속에 구체화)
- 음악 평론가 한슬리크의 견해 : 음악의 독자적인 아름다움은 음악적 재료들이 움직이며 만들어 내는 형식 그 자체 → 음악이 환기하는 특정한 감정이나 정서에서 음악의 가치를 찾으려 해서는 안 됨

**❻ 음악에 사용되는 다양한 음악적 요소**

- 리듬 : 음고 없이 소리의 장단이나 강약 등이 반복될 때 나타나는 규칙적인 소리의 흐름
- 가락 : 서로 다른 음의 높낮이가 지속 시간을 가지는 음들의 흐름
- 화성 : 일정한 법칙에 따라 여러 개의 음이 동시에 울려서 생기는 화음과 또 다른 화음이 시간적으로 연결된 흐름
- 셈여림 : 음악에 나타나는 크고 작은 소리의 세기
- 음색 : 선택된 서로 다른 악기가 만들어 내는 식별 가능한 소리의 특색

**❼ 소리의 예술, 음악**

- 음악 : 다양한 특성을 갖는 음들이 유기적으로 결합한 소리의 예술

**031** 글의 서술 방식 파악 - 적절한 것 고르기 2017학년도 6월 모평 28번 | 정답률 70%, 매력적 오답 ③ 15% | 정답 ④

**윗글에 대한 설명으로 가장 적절한 것은?**

풀이 윗글은 ❶문단에서 음악적 아름다움은 어떻게 구현되는 것인지 질문을 던지며 시작하고 있다. ❷문단에서는 주기성을 갖는 고른음을 중심으로, 진동수라는 과학적 개념을 활용하여 분석하고 있다. ❸문단에서는 기본음 진동수의 정수배의 진동수를 갖는 부분음들로 이루어진 고른음과 그렇지 못한 시끄러운음을 구분하고 이러한 소리의 특성을 보여주는 소리 스펙트럼을 설명하고 있다. ❹문단에서는 높은 음고의 진동수를 낮은 음고의 진동수로 나눈 값으로 표현되는 음정과 협화도의 관계에 대해 설명하고 있다. 또한 협화 음정과 불협화 음정에 대한 차를리노의 견해를 덧붙였다. ❺문단에서는 음악과 음(소리)의 관계에 대해 설명하고 한슬리크가 음악의 아름다움을 음들이 울리면서 움직이는 형식으로 보았음을 언급했다. ❻문단에서는 음악에 사용되는 다양한 음악적 요소들에 대해 설명하였고 ❼문단에서는 음악이 다양한 특성을 갖는 음들이 유기적으로 결합한 소리의 예술이라고 언급하며 마무리하고 있다. 따라서 정답은 ④번이다.

① 소리에 대한 감각이 음악 감상에 미치는 영향을 살피고 있다.

② *미적 본성에 대한 과학적 탐색과 음악적 탐색을 비교하고 있다. *美的本性, 인간이 본능적으로 가진, 아름다움에 대한 추구

③ 소리를 구분하고 그것을 근거로 하여 음악의 형식을 분류하고 있다.

④ 음악의 아름다움을 소리에 관한 과학적 분석과 관련지어 탐구하고 있다.
→ 적절함!

⑤ 듣기 좋은 소리와 그렇지 않은 소리가 음악에서 하는 역할을 분석하고 있다.

1등급 문제

**032** 핵심 개념 이해 - 적절하지 않은 것 고르기 2017학년도 6월 모평 29번 정답률 60%, 매력적 오답 ② 15% 정답 ①

**음악적 요소에 대한 이해로 적절하지 않은 것은?**

가지지 않는

**① 리듬은 음높이를 가지는 규칙적인 소리의 흐름으로, 음악에서 질서를 가진 음표나 쉼표의 진행에 활용되는 요소이다.**

근거 ❻-2 리듬은 음고 없이 소리의 장단이나 강약 등이 반복될 때 나타나는 규칙적인 소리의 흐름, ❼-3 조성 음악에서는 … 리듬이 음표나 쉼표의 진행으로 나타나고

→ 적절하지 않음!

**② 가락은 서로 다른 음높이가 지속 시간을 가지는 음들의 흐름으로, 음악에서 자주 반복되거나 변형되면서 등장하는 소재로 활용되는 요소이다.**

근거 ❻-2 가락은 서로 다른 음의 높낮이가 지속 시간을 가지는 음들의 흐름, ❼-2 어떤 음악 작품에서 자주 반복되거나 변형되면서 등장하는 소재인 가락

→ 적절함!

**③ 화성은 화음과 또 다른 화음이 연결된 흐름으로, 음악에서 긴장과 이완을 유발하는 진행에 활용되는 요소이다.**

근거 ❻-3 화성은 일정한 법칙에 따라 여러 개의 음이 동시에 울려서 생기는 화음과 또 다른 화음이 시간적으로 연결된 흐름, ❼-3 긴장과 이완을 유발하는 다양한 화성 진행

→ 적절함!

**④ 셈여림은 소리의 세기로, 음악에서 크고 작은 소리가 나타나도록 하는 데 활용되는 요소이다.**

근거 ❻-3 셈여림은 음악에 나타나는 크고 작은 소리의 세기

→ 적절함!

**⑤ 음색은 식별 가능한 소리의 특색으로, 음악에서 바이올린, 플루트 등 서로 다른 종류의 악기를 선택하는 데 활용되는 요소이다.**

근거 ❻-3 음색은 바이올린, 플루트 등 선택된 서로 다른 악기가 만들어 내는 식별 가능한 소리의 특색

→ 적절함!

**033** 구체적인 사례에 적용 - 적절한 것 고르기 2017학년도 6월 모평 30번 정답률 70% 정답 ④

**음악 작품을 만들기 위한 계획들 중, ⓐ의 입장을 가장 잘 반영한 것은?**

ⓐ 한슬리크 → 음악의 가치를 특정한 감정이나 정서에서 찾으려 해서는 안 됨

특정한 감정, 정서

**① 장3도로 기쁨을, 단3도로 슬픔을 나타내는 정서적인 음악을 만든다.**

풀이 '기쁨, 슬픔'은 특정한 감정이나 정서이다.

→ 적절하지 않음!

특정한 감정, 정서를 환기

**② 플루트의 *청아한 가락으로 상쾌한 아침의 **정경을 ***연상시키는 음악을 만든다.**

*淸雅-, 맑고 아름다운 **情景, 정서를 자아내는 경치 ***聯想-, 머릿속에 떠오르게 하는

풀이 '상쾌함'은 특정한 감정이나 정서이다.

→ 적절하지 않음!

특정한 감정, 정서를 환기

**③ 낮은 음고의 음들을 여러 번 사용하여 *내면의 불안감을 **조성하는 음악을 만든다.**

*內面, 마음 **造成-, 만드는

풀이 '불안감'은 특정한 감정이나 정서이다.

→ 적절하지 않음!

**④ 첫째 음과 둘째 음의 간격이 완전5도가 되는 음들을 조직적으로 연결하여 주제가 명확한 음악을 만든다.**

근거 ❺-2 음악은 다양한 음이 조직적으로 연결되고 구성된 형태, ❺-3 한슬리크에 따르면, 음악의 독자적인 아름다움은 음들이 '울리면서 움직이는 형식'에서 비롯되는데, 음악을 구성하는 음악적 재료들이 움직이며 만들어 내는 형식 그 자체를 말한다.

풀이 한슬리크는 음들이 울리면서 움직이는 형식에서 음악의 아름다움이 비롯된다고 보았으므로 완전5도가 되는 음들을 조직적으로 연결한다는 계획은 적절하다.

→ 적절함!

특정한 감정, 정서

**⑤ 오페라의 남자 주인공이 화들짝 놀라는 장면에 들어갈 매우 강한 시끄러운음이 울리는 음악을 만든다.**

풀이 '놀람'은 특정한 감정이나 정서이다.

→ 적절하지 않음!

1등급 문제

**034** 자료 해석의 적절성 판단 - 적절한 것 고르기 2017학년도 6월 모평 31번 정답률 60%, 매력적 오답 ② 15% 정답 ③

**윗글의 <그림>에 대한 이해로 적절한 것은?**

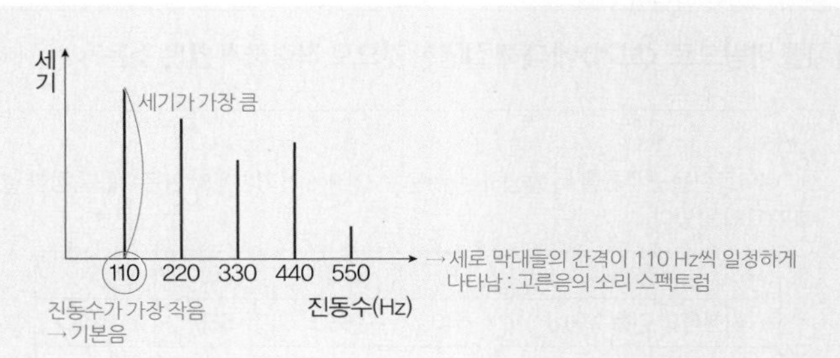


▶ 지문 핵심 개념 정리

| 음악에서 사용하는 소리(음) |
|---|
| • 대부분의 사람들은 피아노 소리가 심벌즈 소리보다 듣기 좋다고 생각함(❷-1)<br>• 심벌즈 소리 → 시끄러운음 → 주기성×(❷-2~3)<br>• 피아노 소리 → 고른음 → 주기성 ○(❷-2~3) → 동일한 파형이 주기적으로 반복됨(❷-5)<br>  └ 일반적으로 음악에서 '음'이라고 부르는 것(❷-4)<br>• 진동수 : 같은 파형이 1 초에 몇 번 반복되는가(❷-6) / 커지면 → 음높이(음고) 높아짐(❷-7)<br>• 고른음 중에서 파형이 사인파인 음파 = 단순음(❷-8) / 사인파의 진폭이 커질수록 → 단순음은 소리의 세기가 커짐(❷-9)<br>• 대부분의 악기에서 나오는 음 : 사인파보다 복잡한 파형 = 진동수와 진폭이 다른 여러 개의 사인파가 중첩된 것(❷-10) = 복합음(❷-11)<br>귀는 기본음의 진동수를 복합음의 진동수로 인식(❷-12)<br>복합음(❷-11) → 복합음을 구성하는 단순음 = 부분음(❷-11) → 부분음 중에서 가장 진동수가 작은 것 = 기본음(❷-12) |

| 부분음들의 진동수, 상대적 세기에 따른 음색 및 소리 스펙트럼 |
|---|
| • 부분음들의 진동수, 상대적 세기 → 음색(악기가 내는 소리의 식별 가능한 독특성) 결정(❸-1)<br>• 현악기, 관악기의 고른음을 이루는 부분음들의 진동수 = 기본음 진동수 × 정수배(❸-2)<br>• 타악기 소리를 이루는 부분음들의 진동수 ≠ 기본음 진동수 × 정수배(❸-2)<br>• 소리 스펙트럼 : 복합음을 구성하는 단순음 성분들의 세기를 진동수에 따라 그래프로 나타낸 것(❸-3)<br>  – 고른음의 소리 스펙트럼 : 일정한 간격으로 늘어선 세로 막대들로 나타남(❸-4)<br>  – 시끄러운음의 소리 스펙트럼 : 막대 사이 간격이 일정하지 않음(❸-4) |

**① <그림>은 심벌즈의 소리 스펙트럼이다.**

풀이 심벌즈 소리는 고른음이 아니라 시끄러운음이므로, 소리 스펙트럼이 <보기>와 같이 일정한 간격의 세로 막대로 나타나지 않는다.

→ 적절하지 않음!

110

**② <그림>에 표현된 복합음의 진동수는 550 Hz로 인식된다.**

풀이 귀는 복합음의 부분음들 중 기본음의 진동수를 복합음의 진동수로 인식한다고 하였고, 기본음은 부분음 중 진동수가 가장 작은 것이라고 하였다. 따라서 <그림>에 표현된 복합음의 진동수, 즉 기본음의 진동수는 550 Hz가 아니라 110 Hz로 인식된다.

→ 적절하지 않음!

**③ <그림>에 표현된 소리의 부분음 중 기본음의 세기가 가장 크다.**

풀이 부분음 중에서 가장 진동수가 작은 것을 기본음이라고 하는데, <그림>에서 기본음 110 Hz의 세기가 가장 큰 것을 확인할 수 있다.

→ 적절함!

복합음을 구성하는 부분음들의 세기

**④ <그림>은 시간의 경과에 따른 부분음의 세기의 변화를 나타낸다.**

풀이 <그림>은 시간의 경과에 따른 부분음의 세기 변화가 아니라 복합음을 구성하는 단

순음(= 부분음)들의 세기를 진동수에 따라 그래프로 나타낸 것이다.

→ 적절하지 않음!

⑤ <그림>에서 220 Hz에 해당하는 막대가 사라져도 음색은 변하지 않는다.

풀이 음색은 부분음들의 진동수와 상대적 세기에 의해 결정되므로 220 Hz에 해당하는 막대가 사라지면 음색이 변한다.

→ 적절하지 않음!

1등급 문제

035 구체적인 사례에 적용 - 적절하지 않은 것 고르기 2017학년도 6월 모평 32번
정답률 60%, 매력적 오답 ④ 15% ⑤ 10% | 정답 ②

## [A]를 바탕으로 <보기>에 대해 설명한 것으로 적절하지 않은 것은? 3점

| 보기 | 현악기, 고른음(부분음들의 진동수 = 기본음 진동수의 정수배)

[1]바이올린을 연주했을 때 발생하는 네 음 P, Q, R, S의 기본음의 진동수를 측정한 결과가 표와 같았다.

| 음 | P | Q | R | S |
|---|---|---|---|---|
| 기본음의 진동수(Hz) | 440 | 550 | 660 | 880 |

▶ 지문 핵심 개념 정리

**음정에 따라 달라지는 협화도와 협화 · 불협화 음정**

- 협화도 : 두 음이 동시에 울리거나 연이어 울릴 때, 음의 어울림 → 음정에 따라 달라짐(④–1)
- 음정 : 두 음의 음고 간의 간격을 말하며 높은 음고의 진동수를 낮은 음고의 진동수로 나눈 값으로 표현됨(④–2) → 장3도(음정 5/4)는 완전5도(음정 3/2)보다 좁은 음정(④–3~4)
- 음정을 나타내는 분수를 약분했을 때 분자와 분모에 들어가는 수가 커질수록 협화도는 작아짐(④–5) → 협화도의 크기 : 음정이 2/1인 옥타브 > 3/2인 완전5도 > 5/4인 장3도 > 6/5인 단3도(④–6)
- 협화 음정(서로 잘 어울리는 두 음의 음정) ↔ 불협화 음정(④–7)
- 음악 이론가 차를리노의 견해 : 약분된 분수의 분자와 분모가 1, 2, 3, 4, 5, 6으로만 표현되는 음정은 협화 음정, 그 외의 음정은 불협화 음정(④–7)

풀이 음정은 높은 음고의 진동수를 낮은 음고의 진동수로 나눈 값으로 표현된다.

① P와 Q 사이의 음정은 장3도이다.

근거 ④-3 장3도 음정은 5/4

풀이 '550 ÷ 440 = 5/4'가 되므로 P와 Q 사이의 음정은 장3도이다.

→ 적절함!

② P와 Q 사이의 음정은 Q와 R 사이의 음정보다 좁다.

풀이 P와 Q 사이의 음정은 '550 ÷ 440 = 5/4'가 되고 Q와 R 사이의 음정은 '660 ÷ 550 = 6/5'이 된다. 따라서 P와 Q 사이의 음정은 Q와 R 사이의 음정보다 넓다.

→ 적절하지 않음!

③ P와 R 사이의 음정은 협화 음정이라고 할 수 있다.

풀이 '660 ÷ 440 = 3/2'인데, 차를리노에 따르면 약분된 분수의 분자와 분모가 1, 2, 3, 4, 5, 6으로만 표현될 때 협화 음정으로 보았으므로 P와 R 사이의 음정은 협화 음정이라고 할 수 있다.

→ 적절함!

④ P와 S의 부분음 중에는 진동수가 서로 같은 것이 있다.

근거 <보기>-1 바이올린을 연주했을 때, ③-2 현악기나 관악기에서 발생하는 고른음은 기본음 진동수의 정수배의 진동수를 갖는 부분음들로 이루어져 있지만, ②-12 부분음 중에서 가장 진동수가 작은 것을 기본음

풀이 P는 기본음 진동수 440 Hz에서 정수배인 (440 × 2) Hz, (440 × 3) Hz, (440 × 4) Hz … 등의 진동수를 갖는 부분음들을 추론할 수 있고 S는 기본음 진동수 880 Hz에서 정수배인 (880 × 2) Hz, (880 × 3) Hz, (880 × 4) Hz … 등의 진동수를 갖는 부분음들을 추론할 수 있다. 즉, P의 부분음 (440 × 2) Hz와 S의 부분음 880 Hz(= 부분음 중에서 가장 진동수가 작은 기본음) 진동수가 서로 같고 P의 기본음에 2의 배수를 곱한 부분음 중에 S의 부분음과 진동수가 같은 것이 또 있을 수 있다.

→ 적절함!

⑤ P와 S 사이의 음정은 Q와 R 사이의 음정보다 협화도가 크다.

풀이 P와 S 사이의 음정은 '880 ÷ 440 = 2/1'이고 Q와 R 사이의 음정은 '660 ÷ 550 = 6/5'이다. 일반적으로 음정을 나타내는 분수를 약분했을 때 분자와 분모에 들어가는 수가 커질수록 협화도는 작아진다고 보았으므로 P와 S 사이의 음정(= 2/1)은 Q와 R 사이의 음정(= 6/5)보다 협화도가 크다.

→ 적절함!

틀리기 쉬운 문제

036 문법 - 적절한 것 고르기 2017학년도 6월 모평 33번
정답률 60%, 매력적 오답 ⑤ 10% | 정답 ④

## <보기>를 바탕으로 할 때, ㉠과 쓰임이 유사한 것은?

악기가 ㉠ 내는 소리 (음악적 재료들이) 만들어 ㉡ 내는 형식

| 보기 |

윗글의 ㉠은 문장에서 자립적으로(自立的–, 홀로) 쓰여 서술어(敍述語, 주어의 동작, 상태, 성질 따위를 풀이하는 기능을 하는 문장 성분) 기능을 한다. 그러나 ㉡은 혼자서는 쓰이지 못하고 반드시 다른 용언(用言, 문장에서 서술어의 기능을 하는 동사, 형용사를 통틀어 이르는 말)의 뒤에 붙어서 의미를 더하여 주는 '보조 용언' 기능을 한다.

풀이 ㉠은 문장에서 '악기가 소리를 내다'와 같이 자립적으로 쓰여 서술어 기능을 한다. 그러나 ㉡은 앞의 용언 '만들어' 없이 혼자 쓰이면 '(음악적 재료들이) 내는 형식'이 되어 비문법적인 문장이 된다. ㉡은 '완료'의 의미를 더하여 주는 보조 용언이다.

① 그 일을 다 해 버리니 속이 시원하다.

풀이 '버리니'는 다른 용언 '해'의 뒤에 붙어 '앞말의 행동이 이루어진 결과 말하는 이가 부담을 덜게 되었음'의 의미를 더하는 보조 용언이다. 또한 '그 일을 다 버리니 속이 시원하다'처럼 혼자 쓰였을 때 어법에 맞지 않으므로 ㉡과 쓰임이 유사하다.

→ 적절하지 않음!

② 그는 친구들의 고민을 잘 들어 주었다.

풀이 '주었다'는 다른 용언 '들어'의 뒤에 붙어 '앞말의 행위가 다른 사람의 행위에 영향을 미침'의 의미를 더하는 보조 용언이다. 또한 '그는 친구들의 고민을 잘 주었다'처럼 혼자 쓰였을 때 어법에 맞지 않으므로 ㉡과 쓰임이 유사하다.

→ 적절하지 않음!

③ 내일 경기를 위해 잘 먹고 잘 쉬어 둬라.

풀이 '둬라'는 다른 용언 '쉬어'의 뒤에 붙어 '앞말의 행동을 끝내고 그 결과를 유지함'의 의미를 더하는 보조 용언이다. 또한 '내일 경기를 위해 잘 먹고 잘 둬라'처럼 혼자 쓰였을 때 어법에 맞지 않으므로 ㉡과 쓰임이 유사하다.

→ 적절하지 않음!

④ 그는 내일까지 돈을 구해 오겠다고 큰소리를 쳤다.

풀이 위의 문장은 인용절 '내일까지 돈을 구해 오겠다고'를 안은 문장이다. 인용절은 '내일까지 돈을 구하겠다.'와 '내일까지 오겠다.'가 이어진 문장이다. 즉, '오겠다'는 자립적으로 쓰여 서술어의 기능을 한다. 따라서 ㉠과 쓰임이 유사하다.

→ 적절함!

⑤ 일을 *추진하기 전에 **득실을 꼼꼼히 계산해 보고 시작하자. *推進–, 목표를 향하여 밀고 나아가기 **得失, 이익과 손해

풀이 '보고'가 앞의 용언 '계산해' 없이 혼자 쓰이면 '일을 추진하기 전에 득실을 꼼꼼히 보고'가 된다. 이때 '득을 보다'는 '이익을 얻다'의 의미, '손실(–실)을 보다'는 '손해를 보다'의 의미이므로, '일을 추진하기 전에 이익과 손해를 보고 시작하자'가 되어 원래 문장의 의미와 달라진다. 원래 문장의 '보다'는 '시행'의 의미를 더해 주는 보조 용언이다. 따라서 ㉡과 쓰임이 유사하다.

→ 적절하지 않음!

문제편 p.304

# 1회 미니모의고사

**[001~005] 다음 글을 읽고 물음에 답하시오.**

1 [1]동양에서 '천(天)(하늘 천)'은 그 함의(含意, 포함한 의미)가 넓다. [2]모든 존재의 근거가 그것으로부터 말미암지(시작되지) 않는 것이 없다는 면에서 하나의 표본(標本, 본보기)이었고, 모든 존재들이 자신의 생존을 영위하고(營爲-, 꾸려 나가고) 그 존재 가치와 의의를 실현하는(實現-, 실제로 이루는) 데도 그것의 이치와 범주(範疇, 범위)를 벗어날 수 없다는 면에서 하나의 기준이었다. [3]그래서 현실 세계 안에서 인간의 삶을 모색하는(摸索-, 찾는) 데 관심을 두었던 동양에서는 인간이 천을 어떻게 이해하느냐에 따라 삶의 길이 달리 설정되었을 만큼 천에 대한 이해가 다양하였다.

→ 동양에서의 천(天)의 다양한 의미

2 [1]천은 자연현상 가운데 인간에게 가장 크게 영향을 미치는 것이자 가장 크고 뚜렷하게 파악되는 현상으로 여겨졌다. [2]농경(農耕, 논밭을 갈아 농사를 지음)을 주로 하는 문화적 특성상 자연현상과 기후의 변화를 파악하는 것이 중시된 만큼 천의 표면적인(表面的-, 겉으로 나타나는) 모습 외에 작용 면(현상이 일어나거나 영향을 미치는 측면)에서 천을 파악하려는 경향이 ⓐ 짙었다. [3]그래서 천은 자연적 현상과 작용 등을 포괄하는(包括-, 포함하는) '자연천(自然天)' 개념으로 자리를 잡았다.

→ 천(天)의 개념 ① : 자연천(自然天)

3 [1]이러한 천 개념하에서(관련된 조건에서) 인간은 도덕적 자각(自覺, 스스로 깨달음)이 없었을 뿐만 아니라 자연 변화의 원인과 의지도 알 수 없었다. [2]이에 따라 천은 신성한(神聖-, 성스럽고 거룩한) 대상으로 숭배되었고(崇拜-, 떠받들어졌고), 여러 자연신 가운데 하나로 생각되었다. [3]특히 상제(上帝)(하늘의 신)와 결부됨으로써(結付-, 연결됨으로써) 모든 것을 주재하는(主宰-, 도맡아 처리하는) 절대적인 권능(權能, 세력과 능력)을 가진 '상제천(上帝天)' 개념이 자리 잡았다. [4]길흉화복(吉凶禍福, 운수의 좋고 나쁨)을 주재하고 생사여탈권(삶과 죽음, 주고 빼앗는 것을 다스리는 권리)까지 관장하는(管掌-, 도맡아 다스리는) 종교적인 의미로 그 성격이 변화한 것이다. [5]가치중립적이었던(가치 판단에 치우치지 않던) 천이 의지를 가진 절대적 권능의 존재로 수용되면서(受容-, 받아들여지면서) 정치적인 개념으로 '천명(天命)(하늘의 명령)'이 등장하였다. [6]그리고 통치자들은 천의 명령을 통해 통치권을 부여받았고, 천의 의지인 천명은 제사 등을 통해 통치자만 알 수 있는 것으로 규정되었다. [7]그리하여 천명은 통치자가 권력을 행사하고, 정권의 정통성(정치적 권리가 정당하게 통함. 정당성)을 보장하는 근거가 되었다.

→ 천(天)의 개념 ② : 상제천(上帝天)

4 [1]그러나 독점적(獨占的, 독차지함)이고 배타적(排他的, 남을 배제함)인 천명에 근거한 권력 행사는 부작용을 가져왔다. [2]도덕적 경계심(도덕적으로 조심하고 주의함)이 결여된(缺如-, 빠진) 통치자의 권력 행사는 백성에 대한 억압의 계기(契機, 원인)로 작용하였다. [3]통치(統治, 다스림)의 부작용이 심화됨(深化-, 깊어짐)에 따라 천에 대한 반성이 제기되었고, 도덕적 반성을 통해 천명 의식은 수정되었다. [4]그리고 '천은 명을 주었다가도 통치자가 정치를 잘못하면 언제나 그 명을 박탈해(剝奪-, 빼앗아) 간다.', '천은 백성들이 원하는 것을 들어준다.'는 생각이 현실화되었다. [5]천명은 계속 수용되었지만, 그것의 불변성(不變性, 변하지 않는 성질), 독점성, 편파성(偏頗性, 한쪽으로 치우쳐 공정함을 잃는 성질) 등은 수정되었고, 그 기저(基底, 밑바탕)에는 도덕적 의미로서 '의리(사람으로서 마땅히 지켜야 할 도리. 예의)천(義理天)' 개념이 자리하였다.

→ 천(天)의 개념 ③ : 의리천(義理天)

5 [1]천명 의식의 변화와 맞물려 천 개념은 복합적으로(複合的-, 여러 가지 성질이 합쳐져) 수용되었다. [2]상제로서의 천 개념이 개방되면서 주재적 측면이 도덕적 측면으로 수용되었고, '의리천' 개념은 더욱 심화되어 천은 인간의 도덕성과 규범(規範, 마땅히 따라야 할 법칙과 원리)의 근거로 받아들여졌다. [3]천을 인간 내면으로 끌어들여 인간 본성을 자연한 것이자 도덕적인 것으로 간주하였다.(看做-, 여겼다.) [4]천이 도덕 및 인간 본성과 결부됨에 따라 인간 내면에 있는 천으로서의 본성을 잘 발휘하면 도덕을 실현함은 물론, 천의 경지에 도달할 수 있다고 여겨졌다. [5]내면화된(內面化-, 마음속에 자리 잡은) 천은 비도덕적 행위에 대한 제어(制御, 막거나 누름) 장치 역할을 하는 양심의 근거로도 수용되어 천의 도덕적 의미는 더욱 강조되었다. [6]천명 의식의 변화와 확장된(擴張-, 넓어진) 천 개념의 결합에 따라 천은 초월성(超越性, 한계를 뛰어넘는 성질)과 내재성(內在性, 내면화하는 성질)을 가진 존재로서 받아들여졌고, ㉠ 인간 행위의 자율성(自律性, 자기 스스로의 원칙에 따라 어떤 일을 하거나 자기 스스로 자신을 통제하여 절제하는 성질이나 특성)과 타율성(他律性, 자신의 의지와 관계없이 정해진 원칙과 규율에 따라 움직이는 성질)을 이끌어 내는 기반이 되어 인간 삶의 중요한 근거로서 그 위상이 강화되었다.(지위가 높아졌다.)

→ 인간 삶의 중요한 근거로서 위상이 강화된 천(天) 개념

■ 지문 이해

**<동양에서의 '천(天)' 개념의 변천 과정>**

| ❶ 동양에서의 천(天)의 다양한 의미 |
|---|
| • 모든 존재의 표본이자 기준<br>• 천(天)에 대한 다양한 이해 존재 |

| ❷ 자연천(自然天) | ❸ 상제천(上帝天) | ❹ 의리천(義理天) |
|---|---|---|
| • 인간에게 가장 큰 영향을 미치는 자연현상 + 작용을 포괄하는 개념<br>• 가치중립적 존재 | • 신성한 대상으로 숭배, '상제'와 결부<br>• 모든 것을 주재하는 절대적 권능을 지니는 존재<br>• 종교적 의미(길흉화복, 생사여탈권 관장)<br>• 정치적 의미의 천명(天命) 등장 : 권력 행사 및 정권의 정통성 보장 근거 | • 등장 배경 : 도덕적 경계심이 결여된 권력 행사의 부작용 심화(백성에 대한 억압의 계기)<br>• 도덕적 반성을 통한 천명 의식의 수정<br>• 불변성, 독점성, 편파성 수정<br>• 도덕적 의미의 의리천 |

| ❺ 인간 삶의 중요한 근거로서 위상이 강화된 천(天) 개념 |
|---|
| • 천명 의식의 변화와 함께한 '천' 개념의 복합적 수용<br>• 상제천이 도덕적 측면으로 수용, 의리천의 개념 심화(도덕성과 규범의 근거)<br>• 천 개념은 초월성과 내재성(내면화된 천)을 가진 존재로 수용<br>→ 인간의 자율성과 타율성을 이끌어 내는 기반이 되어 그 위상이 강화됨 |

**001** | 세부 정보 이해 - 적절한 것 고르기 2010학년도 9월 모평 13번 정답률 70% | 정답 ④

**윗글의 내용과 일치하는 것은?**

① 천명 의식은 농경 생활의 경험에서 비롯되었다.
('상제천' 개념이 자리 잡은 이후 / '자연천')

근거 ❷-2 농경을 주로 하는 문화적 특성상 자연현상과 기후의 변화를 파악하는 것이 중시, ❷-3 자연적 현상과 작용 등을 포괄하는 '자연천(自然天)' 개념으로 자리를 잡았다, ❸-3 '상제천(上帝天)' 개념, ❸-5 가치중립적이었던 천이 의지를 가진 절대적 권능의 존재로 수용되면서 정치적인 개념으로 '천명(天命)'이 등장

풀이 농경 문화의 특성과 관련된 천은 '자연천' 개념이다. '천명'이 등장한 것은 '자연천'이 아니라 '상제천' 개념이 자리 잡은 다음이다.

→ 적절하지 않음!

② 천은 초월적인 세계 안에서 인간 삶의 표본이었다.

근거 ❶-2 모든 존재의 근거가 그것(천)으로부터 말미암지 않는 것이 없다는 면에서 하나의 표본, ❺-6 천명 의식의 변화와 확장된 천 개념의 결합에 따라 천은 초월성과 내재성을 가진 존재

풀이 천이 인간 존재의 표본이 되기도 하고, 천의 의미가 확장되어 초월성을 지니기도 한다는 설명은 있었지만 초월적 세계 안에서의 천의 의미에 대한 설명은 없었다.

→ 적절하지 않음!

③ 자연으로서의 천 개념에는 작용에 대한 인식이 없었다.
(작용 면도 포괄한다)

근거 ❷-2~3 천의 표면적인 모습 외에 작용 면에서 천을 파악하려는 경향이 짙었다. 그

래서 천은 자연적 현상과 작용 등을 포괄하는 '자연천(自然天)' 개념으로 자리를 잡았다.

풀이 자연으로서의 천 개념은 자연적 현상뿐만 아니라 작용 면도 포괄한다.

→ 적절하지 않음!

**④ 천은 인간에게 자연현상이자 도덕적 가치의 근원이었다.**

근거 ❷-1 천은 자연현상 가운데 인간에게 가장 크게 영향을 미치는 것이자 가장 크고 뚜렷하게 파악되는 현상, ❺-2 상제로서의 천 개념이 개방되면서 주재적 측면이 도덕적 측면으로 수용되었고, '의리천' 개념은 더욱 심화되어 천은 인간의 도덕성과 규범의 근거로 받아들여졌다.

→ 적절함!

비도덕적 행위에 대한 양심의 근거로도 수용되었다

**⑤ 내면화된 천은 통치자의 배타적 권력 행사의 기반이었다.**

근거 ❹-1 독점적이고 배타적인 천명에 근거한 권력 행사는 부작용을 가져왔다, ❺-5 내면화된 천은 비도덕적 행위에 대한 제어 장치 역할을 하는 양심의 근거로도 수용되어 천의 도덕적 의미는 더욱 강조

풀이 배타적 권력 행사의 부작용('상제천')으로 인해 천의 도덕적 의미가 강조되는 '의리천'의 개념이 등장한 것이다.

→ 적절하지 않음!

〈참고 그림〉

❷-3 (농경 사회에서) 천은 자연적 현상과 작용 등을 포괄하는 '자연천(自然天)' 개념으로 자리를 잡았다.

❸-3, 5~6 천이 상제와 결부되면서 의지를 가진 절대적 권능의 존재로 수용되었고, 통치자들은 천명을 통해 통치권을 부여받아 권력을 행사했다. ❹-2 이는 백성에 대한 억압의 계기로 작용하였다.

❺-1~2 천명 의식의 변화로 천 개념은 도덕적 측면으로 수용되었고, 천은 인간의 도덕성과 규범의 근거로 받아들여졌다.

**002** 중심 화제 파악 - 적절한 것 고르기 2010학년도 9월 모평 14번 정답률 80% **정답 ②**

**〈보기〉의 ㉮~㉲ 중, 윗글에서 중점적으로 다루고 있는 것은?** [1점]

| 보기 |
특정한 사상의 개념을 이해하기 위해서는 그 ㉮ 개념의 어원에서 출발하여 ㉯ 개념의 의미 변천, ㉰ 해당 개념에 대한 주요 사상가의 견해, 그리고 ㉱ 현대적 적용 양상을 폭넓게 다룰 필요가 있다. 특히 개념에 대해 더욱 풍부하게 이해하기 위해서는 ㉲ 사상사 속에서 드러나는 주요한 쟁점이 표출하는 다양한 의식의 층위도 고찰해야 한다.

근거 ❶-3 천에 대한 이해가 다양, ❷-3 자연적 현상과 작용 등을 포괄하는 '자연천(自然天)' 개념, ❸-3 상제(上帝)와 결부됨으로써 모든 것을 주재하는 절대적인 권능을 가진 '상제천(上帝天)' 개념, ❹-5 도덕적 의미로서 '의리천(義理天)' 개념

풀이 윗글은 자연천 - 상제천 - 의리천에 걸쳐서 '천(天)'이라는 개념의 의미가 어떻게 변천되어 왔는가를 설명하고 있다. 따라서 정답은 ②번이다.

① ㉮

② ㉯ → 적절함!

③ ㉰

④ ㉱

⑤ ㉲

1등급 문제

**003** 핵심 개념 이해 - 적절하지 않은 것 고르기 2010학년도 9월 모평 15번 정답률 60%, 매력적 오답 ③ 10% ④ 15% **정답 ①**

**㉠에 대한 설명으로 적절하지 않은 것은?**

㉠ 인간 행위의 자율성과 타율성

도덕적 자각이 없음

**① '자연천'에서는 인간 행위의 자율성이 *부각된다.** *浮刻-. 두드러지게 나타난다.

근거 ❸-1 이러한 천 개념(자연천)하에서 인간은 도덕적 자각이 없었을 뿐만 아니라 자연 변화의 원인과 의지도 알 수 없었다.

풀이 자율성이란 결국 도덕적 자각에 근거한다. 자연천의 개념 아래에서 인간은 스스로의 도덕적 자각이 없었기 때문에, 스스로의 원칙에 따라 자신을 통제하고 움직이는 자율성을 가지기 힘들었을 것이다.

→ 적절하지 않음!

통치자가 권력 행사, 백성에 대한 억압

**② '상제천'에서 인간 행위의 타율성이 나타나기 시작한다.**

근거 ❸-7 천명은 통치자가 권력을 행사하고, 정권의 정통성을 보장하는 근거, ❹-2 도덕적 경계심이 결여된 통치자의 권력 행사는 백성에 대한 억압의 계기로 작용

풀이 상제천의 개념에서 등장하는 '천명(天命)'은 통치자의 권력 행사에 힘을 실어 주게 되고, 이로 인해 인간은 억압을 받는 타율적 존재가 된다.

→ 적절함!

= 인간 내면에 있는 천으로서의 본성을 잘 발휘하면

**③ '의리천'에서 인간 행위의 자율성이 잘 발휘되면 천의 경지에 도달할 수 있다.**

근거 ❺-4 천이 도덕 및 인간 본성과 결부됨에 따라 인간 내면에 있는 천으로서의 본성을 잘 발휘하면 도덕을 실현함은 물론, 천의 경지에 도달할 수 있다고 여겨졌다.

풀이 인간 내면에 있는 천으로서의 본성은 인간 행위의 자율성에 의한 것으로, 이것이 잘 발휘가 되면 천의 경지에 도달할 수 있다고 하였다.

→ 적절함!

'의리천'

**④ 천 개념의 개방에 따라 인간 행위의 자율성이 인정되는 방향으로 나갔다.**

근거 ❺-2 상제로서의 천 개념이 개방되면서 주재적 측면이 도덕적 측면으로 수용되었고, '의리천' 개념은 더욱 심화되어 천은 인간의 도덕성과 규범의 근거로 받아들여졌다, ❺-5 내면화된 천은 비도덕적 행위에 대한 제어 장치 역할을 하는 양심의 근거로도 수용되어 천의 도덕적 의미는 더욱 강조

풀이 천 개념이 개방되면서 천은 인간의 도덕성과 양심, 규범의 근거가 되어 인간의 행위가 점점 더 자율성을 띨 수 있게 하였다.

→ 적절함!

⑤ 천명 의식이 달라짐에 따라 인간 행위의 자율성과 타율성의 양상이 변화하였다. (타율성 → 자율성)

**근거** ❺-6 천명 의식의 변화와 확장된 천 개념의 결합에 따라 천은 초월성과 내재성을 가진 존재로서 받아들여졌고, 인간 행위의 자율성과 타율성을 이끌어 내는 기반이 되어 인간 삶의 중요한 근거로서 그 위상이 강화

**풀이** 천명 의식은 인간 행위의 자율성과 타율성을 이끌어 내는 기반이 되었고, 천명 의식의 변화에 따라 자율성과 타율성의 양상도 달라져 왔다(타율성 → 자율성).

→ 적절함!

| 004 | 구체적인 사례에 적용 - 적절한 것 고르기 2010학년도 9월 모평 16번<br>정답률 65%, 매력적 오답 ① 10% | 정답 ④ |
|---|---|---|

### 윗글의 천 개념에 해당하는 예를 <보기>에서 골라 바르게 묶은 것은?

| 보기 |

ㄱ. 천은 크기로 보면 바깥이 없고, 운행이 초래하는 변화는 다함이 없다. ⇒ 자연천 (크기: 자연현상, 운행: 자연현상)

ㄴ. 만물의 생성과 변화를 살피면 그와 같이 되도록 주재하고 운용하는 존재가 있는 것으로 생각된다. ⇒ 상제천 (절대적 권능)

ㄷ. 인심이 돌아가는 곳은 곧 천명이 있는 곳이다. 그러므로 사람을 거스르고 천을 따르는 자는 없고, 사람을 따르고 천을 거스르는 자도 없다. ⇒ 의리천 (인심: 도덕적 의미)

ㄹ. 이 세상 사물 가운데 털끝만큼 작은 것들까지 천이 내지 않은 것이 없다고들 한다. 대체 하늘이 어떻게 하나하나 명을 낸단 말인가? 천은 텅 비고 아득하여 아무런 조짐도 없으면서 저절로 되어 가도록 맡겨 둔다. ⇒ 자연천 (자연 변화의 원인과 의지 알 수 없음, 가치중립적 존재)

▶ 지문 핵심 개념 정리

| ❷ 자연천(自然天) | ❸ 상제천(上帝天) | ❹ 의리천(義理天) |
|---|---|---|
| • 인간에게 가장 큰 영향을 미치는 자연현상이자 뚜렷하게 파악되는 현상<br>• 표면적인 모습 + 작용을 포괄하는 개념<br>• 가치중립적 존재 | • 신성한 대상으로 숭배, '상제'와 결부<br>• 모든 것을 주재하는 절대적 권능을 지니는 존재<br>• 종교적 의미(길흉화복, 생사여탈권 관장)<br>• 정치적 의미의 천명(天命) 등장 : 통치자들의 권력 행사 및 정권의 정통성 보장 근거 | • 도덕적 반성을 통한 천명 의식의 수정<br>• 불변성, 독점성, 편파성 수정, 도덕적 의미 강화<br>• 초월성 + 내재성을 가진 존재, 자율성과 타율성을 이끌어 내는 기반(❺) |

**풀이**

| | | | |
|---|---|---|---|
| ㄱ | 천 = 자연현상 | → | 자연천 |
| ㄴ | 천 = 만물을 주재하고 운용하는 존재 | → | 상제천 |
| ㄷ | 도덕적 의미 강조 | → | 의리천 |
| ㄹ | 천 = 자연적 현상, 가치중립적 | → | 자연천 |

| | 자연천 | 상제천 | 의리천 |
|---|---|---|---|
| ① | ㄱ | ㄴ, ㄹ | ㄷ |
| ② | ㄴ | ㄱ | ㄷ, ㄹ |
| ③ | ㄹ | ㄴ | ㄱ, ㄷ |
| ④ | ㄱ, ㄹ | ㄴ | ㄷ → 적절함! |
| ⑤ | ㄱ, ㄹ | ㄷ | ㄴ |

| 005 | 단어의 의미 파악 - 적절한 것 고르기 2010학년도 9월 모평 17번<br>정답률 90% | 정답 ① |
|---|---|---|

### ⓐ와 가장 가까운 뜻으로 쓰인 것은?

천을 파악하려는 경향이 ⓐ 짙었다.

**풀이** ⓐ 짙다 : 드러나는 기미, 경향, 느낌 따위가 보통 정도보다 뚜렷하다.

① 폭우가 내릴 가능성이 짙어 건물 외벽을 점검했다.

**풀이** '폭우가 내릴 가능성이 짙다'에서의 '짙다'는 '드러나는 기미, 경향, 느낌 따위가 보통 정도보다 뚜렷하다'라는 의미로, ⓐ에서와 같은 의미로 쓰였다.

→ 적절함!

② 짙게 탄 커피를 마시면 잠이 잘 안 온다.

**풀이** '짙게 탄 커피'에서의 '짙다'는 '액체 속에 어떤 물질이 많이 들어 있어 진하다'라는 의미이다.

→ 적절하지 않음!

③ 철수는 짙은 안개 속에서 길을 잃었다.

**풀이** '짙은 안개'에서의 '짙다'는 '안개나 연기 따위가 자욱하다'라는 의미이다.

→ 적절하지 않음!

④ 정원에서 꽃향기가 짙게 풍겨 온다.

**풀이** '꽃향기가 짙게 풍기다'에서의 '짙다'는 '일정한 공간에 냄새가 가득 차 보통 정도보다 강하다'라는 의미이다.

→ 적절하지 않음!

⑤ 해가 지고 어둠이 짙게 깔렸다.

**풀이** '어둠이 짙게 깔리다'의 '짙다'는 '그림자나 연기 같은 것이 아주 뚜렷하거나 빛깔에 아주 검은색이 있다'라는 의미이다.

→ 적절하지 않음!



**[006~008] 다음 글을 읽고 물음에 답하시오.**

1 [1]정부는 조세를 부과해(세금을 매기어) 재정 사업(財政事業, 돈이 들어가는 일)을 위한 재원(財源, 돈이 나오는 곳)을 마련한다. [2]그런데 조세 정책(租稅政策, 국가가 세금을 부과하고 거두어들이는 정책)의 원칙 중 하나가 공평 과세, 즉 조세 부담(租稅負擔, 세금을 내야 하는 책임)의 공평한 분배(고르게 나누는 것)이기 때문에 누구에게 얼마의 조세를 부과할 것인가는 매우 중요하다. [3]정부는 특정 조세에 대한 납부자(納付者, 세금을 내는 사람)를 결정하게 되면 조세법(租稅法, 세금을 부과하고 거둬들이는 일과 관련된 법)을 통해 납부 의무를 지운다.(세금을 내야 하는 의무를 지게 한다.) [4]그러나 실제로는 납부자의 조세 부담이 타인에게 전가되는(轉嫁-, 넘어가는) 현상이 흔히 발생하는데, 이를 '조세전가(租稅轉嫁)'라고 한다.

→ 조세전가의 개념

2 [A] [1]정부가 볼펜에 자루당 100 원의 물품세(物品稅, 특정 물품에 매기는 세금)를 생산자에게 부과한다고 하자. [2]세금 부과 전에 자루당 1,500 원에 100만 자루가 거래되고 있었다면 생산자는 총 1억 원의 세금을 납부해야 할 것이다. [3]이로 인해 손실을 입게 될 생산자는 1,500 원이라는 가격에 불만을 갖게 되므로 가격을 100 원 더 올리려고 한다. [4]생산자가 불만을 갖게 되면 가격이 상승하기 시작한다. [5]그러나 가격이 한없이 올라가는 것은 아니다. [6]가격 상승으로 생산자의 불만이 누그러지지만 반대로 소비자의 불만이 증가하기 때문이다. [7]결국 시장의 가격 조정 과정(알맞은 가격을 찾는 과정)을 통해 양측의 상반된 힘이 균형을 이루는 지점(가격을 올리려는 생산자와 이에 불만을 품은 소비자 모두가 만족할 수 있는 지점)에 이르게 되며, 1,500 원 ~ 1,600 원 사이에서 새로운 가격이 형성된다. [8]즉 생산자는 법적 납부자(조세법에 의해 납부 의무를 진 납부자)로서 모든 세금을 납부하겠지만 가격이 상승하기 때문에 자루당 실제 부담하는 세금을 그만큼(상승한 가격만큼) 줄이게 되는 셈이다. [9]반면에 소비자는 더 높은 가격을 지불하게 되므로 가격이 상승한 만큼 세금을 부담하는 셈이 된다.

→ 조세전가의 사례 (생산자 → 소비자)

3 [1]한편, 조세전가가 한 방향으로만 발생하는 것(조세전가가 생산자에서 소비자에게로만 나타나는 것)은 아니다. [2]동일한 세금(볼펜 한 자루당 100 원의 세금)을 소비자에게 부과한다고 하자. [3]소비자는 자루당 1,500 원을 생산자에게 지불해야 하므로 실제로는 1,600 원을 지출해야 한다. [4]이에 대해 소비자는 불만을 가질 수밖에 없다. [5]소비자의 불만이 시장에 반영되면 시장의 가격 조정 기능이 작동하여 가격이 하락하게 되며, 최종적으로 소비자는 가격 하락 폭만큼 세금 부담을 덜 수 있게 된다. [6]즉 정부가 소비자에게 세금을 부과한다 해도 생산자에게 조세가 전가된다.

→ 조세전가의 사례 (소비자 → 생산자)

4 [1]그렇다면 양측의 실제 부담 비중(조세 부담을 지는 비율)은 어떻게 결정될까? [2]이는 소비자나 생산자가 제품 가격의 변화에 어떤 반응을 보이는가에 따라 달라진다. [3]예를 들어 가격 변화에도 불구하고 소비자가 구입량을 크게 바꾸지 못하는 경우(꼭 필요한 물건이나 서비스이기 때문에 구입량을 줄이지 못하는 경우. 예를 들어 수술 전에 '마취'가 필요한데, 마취 가격이 5만 원이 올랐다고 해서 마취를 하지 않고 수술을 하는 사람은 없을 것이다.), 어느 측에 세금을 부과하든 ㉠ 소비자가 더 많은 세금을 부담하게 된다. [4]생산자에게 세금을 부과할 때에는 가격 상승 요구가 더욱 강하게 반영되어 새로운 가격은 원래보다 훨씬 높은 수준에서 형성될 것이다. [5]즉 생산자의 세금이 소비자에게 많이 전가된다. [6]그러나 소비자에게 세금을 부과할 때에는 가격 하락 요구가 잘 반영되지 않아 가격이 크게 떨어지지 않는다. [7]그로 인해 소비자가 대부분의 세금을 부담하게 된다. [8]한편, 가격 변화에도 불구하고 생산자가 생산량을 크게 바꾸지 못하는 경우(과일이나 채소와 같이 신선도가 중요한 상품이나 이미 제작을 마친 유행에 민감한 상품의 경우를 예로 들 수 있다.)에는 누구에게 세금이 부과되든 ㉡ 생산자가 더 많은 세금을 부담하게 될 것이다. [9]이러한 조세전가 현상으로 인해 정부는 누가 진정한 조세 부담자인지를 파악하는 데 어려움을 겪을 수밖에 없다.

→ 생산자와 소비자의 실제 조세 부담 비중

■지문 이해

〈조세전가의 개념과 양상〉

| ❶ 조세전가의 개념 |
|---|
| • 납부자의 조세 부담이 타인에게 전가되는 현상 |

| ❷ 조세전가의 사례 (생산자 → 소비자) | ❸ 조세전가의 사례 (소비자 → 생산자) |
|---|---|
| ① 생산자에게 조세 부과<br>② 생산자에 의한 가격 상승 → 소비자의 불만 증가 → 가격 조정 과정에 의해 새로운 가격 형성<br>③ 소비자는 더 높은 가격을 지불하게 되므로 가격이 상승한 만큼 생산자의 세금을 부담하게 됨 | ① 소비자에게 조세 부과<br>② 소비자의 지출 증가 → 소비자의 불만 증가 → 가격 조정 기능에 의해 가격 하락<br>③ 생산자는 가격 하락 폭만큼 소비자의 세금을 부담하게 됨 |

| ❹ 생산자와 소비자의 실제 조세 부담 비중 |
|---|
| • 가격 변화에도 불구하고 소비자가 구입량을 크게 바꾸지 못하는 경우 → 어느 측에 세금을 부과하든 소비자가 더 많은 세금을 부담<br>• 가격 변화에도 불구하고 생산자가 생산량을 크게 바꾸지 못하는 경우 → 누구에게 세금이 부과되든 생산자가 더 많은 세금을 부담 |

**006** 핵심 개념 이해 - 적절한 것 고르기 2009학년도 6월 모평 43번
정답률 75%, 매력적 오답 ③ 10% | 정답 ①

**'조세전가'에 대해 이해한 내용으로 적절한 것은?**

**① 소비자나 생산자가 제품 가격의 변화에 어떤 반응을 보이는가에 따라 조세 부담 비중이 달라진다.**

근거 ❹-1~2 양측의 실제 부담 비중은 어떻게 결정될까? 이는 소비자나 생산자가 제품 가격의 변화에 어떤 반응을 보이는가에 따라 달라진다.

→ 적절함!

**② 누구에게 세금이 부과되든 소비자와 생산자가 동시에 조세전가의 혜택을 누린다.**

근거 ❷-8~9 생산자는 법적 납부자로서 모든 세금을 납부하겠지만 가격이 상승하기 때문에 자루당 실제 부담하는 세금을 그만큼 줄이게 되는 셈이다. 반면에 소비자는 더 높은 가격을 지불하게 되므로 가격이 상승한 만큼 세금을 부담하는 셈, ❸-5~6 소비자의 불만이 시장에 반영되면 시장의 가격 조정 기능이 작동하여 가격이 하락하게 되며, 최종적으로 소비자는 가격 하락 폭만큼 세금 부담을 덜 수 있게 된다. 즉 정부가 소비자에게 세금을 부과한다 해도 생산자에게 조세가 전가

풀이 조세전가의 혜택은 소비자가 누릴 수도 있고 생산자가 누릴 수도 있다. 하지만 조세전가란 납부자의 조세 부담이 타인에게 전가되는 현상이므로, 소비자와 생산자가 동시에 조세전가의 혜택을 누릴 수는 없다.

→ 적절하지 않음!

**③ 조세전가가 발생하면 그에 따라 물품세의 단위당 조세액이 달라질 수밖에 없다.** (은 같다)

근거 ❷문단 전체

풀이 물품세의 단위당 조세액이 결정된 뒤(❷-1), 물품의 가격 조정이 이루어지고(❷-2~7) 이로 인해 조세전가가 발생하게 된다(❷-8~9). 조세액은 같되 부담 비율이 달라지는 것이다.

→ 적절하지 않음!

**④ 생산자에게 조세가 부과될 경우 결국 소비자가 세금을 전액 부담하게 된다.** (일부)

근거 ❷-8~9 생산자는 법적 납부자로서 모든 세금을 납부하겠지만 가격이 상승하기 때문에 자루당 실제 부담하는 세금을 그만큼 줄이게 되는 셈이다. 반면에 소비자는 더 높은 가격을 지불하게 되므로 가격이 상승한 만큼 세금을 부담하는 셈이 된다.

풀이 생산자가 부담해야 할 조세의 '일부'가 소비자에게 전가되기도 한다.

→ 적절하지 않음!

**⑤ 조세전가가 발생하면 시장의 가격 조정 기능이 상실된다.** (작동하여 새로운 가격이 형성된다)

근거 ❷-7 결국 시장의 가격 조정 과정을 통해 양측의 상반된 힘이 균형을 이루는 지점에 이르게 되며, 1,500 원 ~ 1,600 원 사이에서 새로운 가격이 형성, ❸-5 소비자의 불만이 시장에 반영되면 시장의 가격 조정 기능이 작동하여 가격이 하락하게 되며, 최종적으로 소비자는 가격 하락 폭만큼 세금 부담을 덜 수 있게 된다.

풀이 조세전가가 발생하면 시장의 가격 조정 기능에 의해 새로운 가격이 형성된다.

→ 적절하지 않음!

1등급 문제

**007** 자료 해석의 적절성 판단 - 적절하지 않은 것 고르기 2009학년도 6월 모평 44번
정답률 55%, 매력적 오답 ② 25% ④ 10% | 정답 ③

**[A]를 〈보기〉와 같이 그래프로 그렸다. 이를 이해한 내용으로 적절하지 않은 것은?**

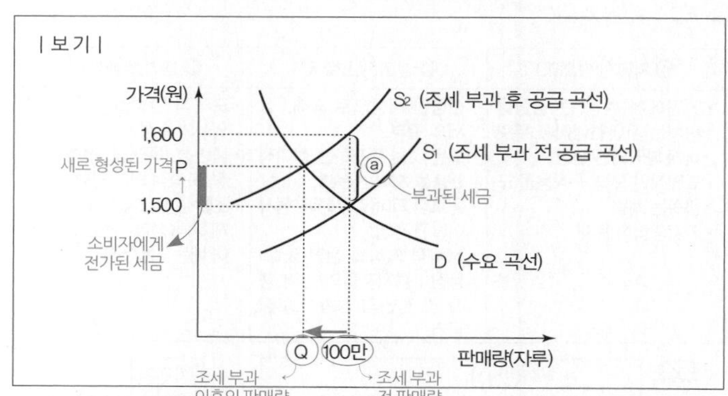


▶ 지문 핵심 개념 정리

| 생산자에게 물품세가 부과되었을 때의 조세전가 |
|---|
| ① 정부가 생산자에게 조세 부과(❷-1)<br>② 생산자에 의한 가격 상승(❷-4) → 소비자의 불만 증가(❷-6) → 가격 조정 과정에 의해 새로운 가격 형성(❷-7)<br>③ 생산자 : 모든 세금을 납부하지만 가격이 상승하기 때문에 실제 부담하는 세금은 가격이 상승한 만큼 줄이게 됨(❷-8)<br>소비자 : 더 높은 가격을 지불하게 되므로 가격이 상승한 만큼 세금을 부담하게 됨(❷-9) |

풀이 [A]는 생산자에게 물품세가 부과되었을 때를 예로 들어 조세전가에 대해 설명하고 있는 부분이다. 물품세가 부과되기 전 1,500 원에 100만 자루가 판매되던 볼펜이, 물품세가 부과된 뒤 손실을 입게 될 생산자의 불만으로 가격이 올라가게 된다. 가격이 오르게 되면 소비자의 불만이 생기게 돼, 시장의 가격 조정 과정을 통해 새로운 가격(P)이 형성된다. 그 결과 생산자가 부담해야 할 조세 부담(ⓐ) 중 일부(P - 1,500)를 소비자가 부담하게 된다.

**① 조세 부과 후 소비자는 P를 자루당 가격으로 지불한다.**

근거 ❷-7 시장의 가격 조정 과정을 통해 양측의 상반된 힘이 균형을 이루는 지점에 이르게 되며, 1,500 원 ~ 1,600 원 사이에서 새로운 가격이 형성

풀이 조세 부과 후 시장의 가격 조정 과정을 통해 새로운 가격(P)이 형성되고, 소비자는 P를 물품의 가격으로 지불하게 된다.

→ 적절함!

**② 조세 부과 후 생산자는 ⓐ를 자루당 조세액으로 납부한다.**

근거 ❷-8 생산자는 법적 납부자로서 모든 세금을 납부

풀이 생산자는 법적 납부자로서 자신에게 부과된 세금 100 원(ⓐ)을 모두 납부한다. 단 가

격 상승으로 인한 조세 부담의 일부가 소비자에게 전가되므로, 납부하는 ⓐ 모두를 생산자가 부담하는 것은 아니다.

→ 적절함!

**③ 조세를 100 원에서 50 원으로 줄이면 공급 곡선 $S_1$이 오른쪽 아래로 이동한다.** ($S_2$가)

풀이 조세를 100 원에서 50 원으로 줄인다는 것은 세금 부담이 줄어드는 것을 의미한다. 따라서 조세 부과 전 공급 곡선인 $S_1$이 아니라, 조세 부과 후 공급 곡선인 $S_2$가 오른쪽 아래로 이동하게 된다.

→ 적절하지 않음!

**④ 소비자의 자루당 세금 부담액은 P에서 1,500 원을 뺀 것이다.**

근거 ❷-9 소비자는 더 높은 가격을 지불하게 되므로 가격이 상승한 만큼 세금을 부담하는 셈

풀이 소비자의 세금 부담액은 원래 가격(1,500 원)에서 상승한 가격(P)만큼이므로, P에서 1,500 원을 뺀 금액이 된다.

→ 적절함!

**⑤ 조세 부과로 판매량이 100만 자루에서 Q로 줄어들게 된다.**

근거 ❷-6~7 가격 상승으로 생산자의 불만이 누그러지지만 반대로 소비자의 불만이 증가하기 때문이다. 결국 시장의 가격 조정 과정을 통해 양측의 상반된 힘이 균형을 이루는 지점에 이르게 되며, 1,500 원 ~ 1,600 원 사이에서 새로운 가격이 형성된다.

풀이 조세를 부과하면 가격이 상승하여 물품의 판매량은 줄어들게 된다. 조세 부과 후 공급 곡선 $S_2$와 수요 곡선 D가 만나는 지점의 가로축이 조세 부과 후 판매량에 해당된다. 따라서 물품의 판매량은 100만 자루에서 Q로 줄어들게 된다.

→ 적절함!

| 008 | 구체적인 사례에 적용 - 적절한 것 고르기 2009학년도 6월 모평 45번<br>정답률 65%, 매력적 오답 ③ 10% ④ 15% | 정답 ⑤ |
|---|---|---|

**㉠, ㉡에 해당하는 사례로 가장 적절한 것은?**

㉠ 소비자가 더 많은 세금을 부담하게 된다.
└ 가격 변화에도 불구하고 소비자가 구입량을 크게 바꾸지 못하는 경우

㉡ 생산자가 더 많은 세금을 부담하게 될 것이다.
└ 가격 변화에도 불구하고 생산자가 생산량을 크게 바꾸지 못하는 경우

근거 ❹-3 가격 변화에도 불구하고 소비자가 구입량을 크게 바꾸지 못하는 경우, 어느 측에 세금을 부과하든 소비자가 더 많은 세금을 부담, ❹-8 가격 변화에도 불구하고 생산자가 생산량을 크게 바꾸지 못하는 경우에는 누구에게 세금이 부과되든 생산자가 더 많은 세금을 부담

풀이 가격의 변화에도 불구하고 소비자가 구입량을 줄이지 못하는 경우 소비자가 더 많은 세금을 부담하게 되고, 가격 변화에도 불구하고 생산자가 생산량을 줄이지 못하는 경우 생산자가 더 많은 세금을 부담하게 된다.

**① ㉠ : 바나나 가격이 오르면 곧 오렌지를 구매하는 소비자** (가격이 변하면 다른 상품 구입)

풀이 상품의 가격이 오르면 다른 상품을 구입하므로 조세 부담이 크지 않다.

→ 적절하지 않음!

**② ㉠ : 커피 가격이 오르면 커피 구입을 쉽게 줄이는 소비자** (가격이 변하면 구입량 바꿈)

풀이 가격 변화에 의해 소비자가 구입량을 쉽게 바꿀 수 있으므로, 가격 변화에 따른 조세 부담이 크지 않다.

→ 적절하지 않음!

**③ ㉠ : 상표와 상관없이 가장 저렴한 샴푸를 구매하는 소비자** (가격이 변하면 다른 상품 구입)

풀이 늘 가장 싼 제품을 구입하는 소비자이므로, 상품의 가격이 오르면 조세 부담을 지지 않고 더 저렴한 다른 상품을 구입할 것이다.

→ 적절하지 않음!

**④ ㉡ : 사과를 오래 보관할 수 있는 시설을 소유한 농장주** (생산량 조절이 가능)

풀이 사과를 오래 보관할 수 있는 시설을 소유하고 있어 생산량을 조절할 수 있으므로, 많은 조세 부담을 떠안지 않아도 된다.

→ 적절하지 않음!

**⑤ ㉡ : 유행이 바뀌어 재고를 처분해야 하는 액세서리 생산자** (생산량을 바꾸지 못함)

풀이 유행이 바뀌어 재고를 처분해야 하는 생산자는 제품의 생산량을 바꿀 수 없다. 따라서 이 경우 생산자가 더 많은 세금을 부담하게 된다.

→ 적절함!

## [009~011] 다음 글을 읽고 물음에 답하시오.

**1** [1]일반적인 청력(聽力, 듣는 능력) 검사는 검사 받는 사람의 협조(協助, 참여하여 도와줌)가 없으면 시행하기(施行-, 실제로 행하기) 힘들다. [2]이러한 문제에 대한 해결책의 하나로 '귀의 소리(otoacoustic emissions)'를 활용하는 기술이 있다. [3]이 기술은 1978년 데이비드 켐프에 의해 귀에서 소리를 방출한다는(放出-, 내보낸다는) 놀라운 사실이 발견되면서 발달하였다.

→ '귀의 소리'를 활용하는 청력 검사

**2** [1]특정 소리에 귀를 기울인다는 의식적인 행동(意識的인 行動, 알고 하는 행동)은 생리학적으로 내이(內耳)의 달팽이관(귀의 가장 안쪽인 내이에 위치하며 듣기를 담당하는 청각 기관) 안에 있는 청세포(聽細胞, 달팽이관에서 진동을 전기적 신호로 바꾸어 청신경으로 전달하는 세포)의 역할로 설명할 수 있다. [2]포유동물의 청세포는 외부의 소리를 감지하는 역할을 하면서, 수축(收縮, 오그라듦)과 이완(弛緩, 풀려서 느슨해짐)을 통해 특정 음파의 소리에 대한 민감도를 증가시키기도(특정한 파동의 소리를 더 잘 듣게 하기도) 한다. [3]이 과정에서 '귀의 소리'가 발생하는데 ㉠ 이는 청세포가 능동적으로(能動的-, 스스로) 내는 소리이다. [4]과거에는 '귀의 소리'를 외부 소리에 대한 '달팽이관의 메아리'로 여겼다. [5]하지만 주어진 외부 자극 소리로 발생하는 메아리보다 음압(音壓, 매질 속을 지나는 음파에 의해 생기는 압력, 즉 소리의 세기를 나타내는 양. 단위는 dB 데시벨)이 더 큰 경우가 있기 때문에, '귀의 소리'를 단순한 메아리로 설명하기는 어렵다. [6]오른쪽 귀에만 외부 소리 자극을 가했는데 왼쪽 귀에서도 '귀의 소리'가 발생한다는 점 역시 마찬가지이다.

→ '귀의 소리'의 발생

**3** [1]이러한 '귀의 소리'는 청세포에서 발생하여 기저막(基底膜, 결합조직과 상피, 근육, 신경 조직이 맞닿는 곳에 있는 경계막)을 따라 난원창(卵圓窓, 달팽이관에 있는 막으로 쌓인 작은 구멍으로 진동을 달팽이관으로 전달함)으로, 다시 청소골(聽小骨, 중이에 위치한, 관절로 이어진 3 개의 작은 뼈)을 통해 고막과 외이도(外耳道, 고막 바깥쪽으로 향하는 통로)로 전달된다. [2]이 소리는 두 종류의 외부 소리를 이용하여 청세포를 자극한 후 특정한 주파수(周波數, 1 초에 지나가는 파동의 수. 음높이를 결정. 단위는 Hz 헤르츠) 대역(帶域, 어느 지점에서 다른 지점까지의 영역)에서 측정할 수 있다. [3]소리 자극으로는 여러 주파수가 섞인 복합음이나 두 주파수($f_1$과 $f_2$, $f_1 < f_2$)만으로 이루어진 조합음을 이용한다. [4]전자(前者, 앞에 말한 것. 여기에서는 여러 주파수가 섞인 복합음을 이용한 소리 자극)에서 발생하는 '귀의 소리'는 4 kHz 이하의 주파수 대역에서 측정되는데, 그 소리는 개인마다 차이를 보이지만 개인별로는 일정한 패턴을 유지한다. [5]후자(後者, 뒤에 말한 것. 여기에서는 두 주파수만으로 이루어진 조합음을 이용한 소리 자극)에서 발생하는 '귀의 소리'는 수학적으로 계산되는 여러 주파수 대역에서 측정되며, 특정 주파수 대역($f_x = 2f_1 - f_2$, $x$ = 최대 '귀의 소리')에서 가장 크다.

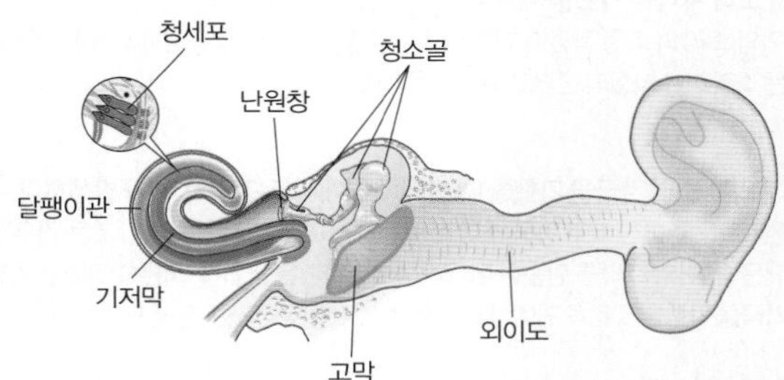


→ '귀의 소리'의 전달 경로와 측정

**4** [1]청세포는 작업장의 소음과 같은 특정 주파수나 약물 등에 반복 노출되면 손상될 수 있다. [2]청세포가 손상되기 시작하면, 청력 손실(損失, 잃음)이 일어나고 '귀의 소리'도 감소한다. [3]청세포 손상이 진행되어 30 dB 이상의 청력 손실이 발생한 경우 '귀의 소리'도 사라진다.

→ 청력과 '귀의 소리'의 관계

1회 미니모의고사

5 [1]'귀의 소리'는 조용한 환경에서 마이크로폰(microphone, 흔히 말하는 마이크. 음파를 받아서 그 진동을 전기 신호로 바꾸는 장치)을 외이도에 장착하여(裝着-, 붙이거나 착용하여) 측정한다. [2]㉡ '귀의 소리' 측정 기술을 활용하면 검사 받는 사람의 협조 없이도 청력을 객관적으로 측정할 수 있다. [3]이 기술은 몇몇 국가에서 신생아의 청력 이상을 조기(早期, 이른 시기, 빠른 시기)에 발견하기 위한 선별 검사(選別檢査, 가려내는 검사)에 이용되고 있다.

→ '귀의 소리'의 활용

■지문 이해

<'귀의 소리'의 개념과 측정, 활용>

| ❶ '귀의 소리'를 활용하는 청력 검사 |
|---|
| • 1978년 데이비드 켐프가 귀에서 소리를 방출한다는 사실 발견 |

| ❷ '귀의 소리'의 발생 |
|---|
| • '귀의 소리' : 달팽이관 안에 있는 청세포의 수축과 이완 과정에서 청세포가 능동적으로 내는 소리<br>≠메아리<br>- 주어진 외부 자극 소리로 발생하는 메아리보다 음압이 더 큰 경우가 있음<br>- 오른쪽 귀에만 외부 소리 자극을 가했는데 왼쪽 귀에서도 발생함 |

| ❸ '귀의 소리'의 전달 경로와 측정 |
|---|
| • '귀의 소리' 전달 경로<br>- 청세포 → 기저막 → 난원창 → 청소골 → 고막과 외이도<br>• '귀의 소리'의 측정<br>- 여러 주파수가 섞인 복합음을 이용하여 청세포 자극 → '귀의 소리'는 4 kHz 이하의 주파수 대역에서 측정됨<br>- 두 주파수로 이루어진 조합음을 이용하여 청세포 자극 → '귀의 소리'가 여러 주파수 대역에서 측정되며, 특정 주파수 대역에서 가장 큼 |

| ❹ 청력과 '귀의 소리'의 관계 |
|---|
| • 청력 손실 → '귀의 소리' 감소<br>• 30 dB 이상의 청력 손실 발생 → '귀의 소리' 사라짐 |

| ❺ '귀의 소리'의 활용 |
|---|
| • 검사 받는 사람의 협조 없이도 청력을 객관적으로 측정 가능<br>• 신생아의 청력 이상을 조기에 발견하기 위한 검사 등에 이용 |

**009** | 근거의 적절성 판단 - 적절한 것 고르기 2010학년도 6월 모평 20번 | 정답률 80% | 정답 ②

**㉠과 같이 말할 수 있는 근거로 적절한 것은?**

㉠ 이('귀의 소리')는 청세포가 능동적으로 내는 소리이다.

**① 외부에서 소리 자극을 가했을 때 귀에서 소리가 측정된다.**

풀이 '귀의 소리'의 측정 과정에 대한 이야기일 뿐, '귀의 소리'가 '청세포가 능동적으로 내는 소리'라는 사실의 근거가 되지는 못한다.

→ 적절하지 않음!

**② 한쪽 귀에 외부 소리 자극을 가했을 때 반대쪽 귀에서도 '귀의 소리'가 발생한다.**

근거 ❷-5~6 주어진 외부 자극 소리로 발생하는 메아리보다 음압이 더 큰 경우가 있기 때문에, '귀의 소리'를 단순한 메아리로 설명하기는 어렵다. 오른쪽 귀에만 외부 소리 자극을 가했는데 왼쪽 귀에서도 '귀의 소리'가 발생한다는 점 역시 마찬가지

→ 적절함!

**③ '귀의 소리'는 청세포에서 기저막을 따라 난원창으로, 다시 청소골을 통해 고막과 외이도로 전달된다.**

풀이 '귀의 소리'의 전달 경로일 뿐, '귀의 소리'가 능동적인 소리라는 것의 근거가 되지는 못한다.

→ 적절하지 않음!

**④ '귀의 소리'는 다양한 주파수 대역에서 측정된다.**

풀이 '귀의 소리'의 측정 범위에 대한 설명이다.

→ 적절하지 않음!

**⑤ '귀의 소리'는 개인마다 차이를 보이지만, 개인별로는 일정한 패턴을 유지한다.**

풀이 '귀의 소리'의 특징을 말하고 있으나, '귀의 소리'가 개인차를 보인다는 내용만으로는 능동적인 소리인지를 알 수 없다.

→ 적절하지 않음!

1등급 문제

**010** | 자료 해석의 적절성 판단 - 적절하지 않은 것 고르기 2010학년도 6월 모평 21번 | 정답률 40%, 매력적 오답 ③ 35% ④ 10% | 정답 ①

**<보기>는 두 주파수의 조합음을 이용하여 '귀의 소리'를 측정하는 장치를 그린 그림이다. 윗글을 바탕으로 <보기>를 이해한 내용으로 적절하지 않은 것은?**

| 보기 |

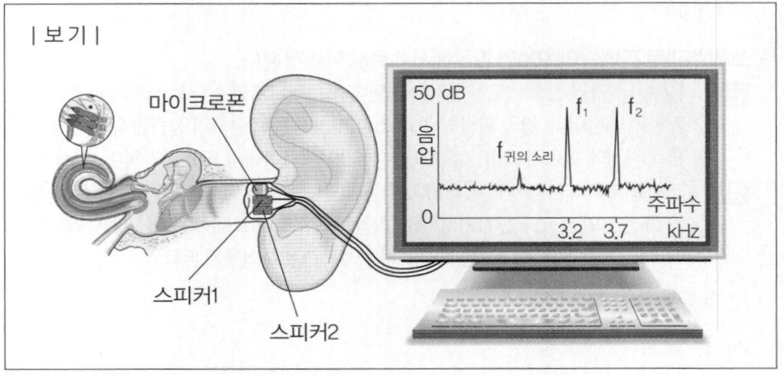


**① '귀의 소리'는 $f_1$, $f_2$ 자극 소리보다 빨리 감지될 것이다.**

근거 ❸-2 이 소리('귀의 소리')는 두 종류의 외부 소리를 이용하여 청세포를 자극한 후 특정한 주파수 대역에서 측정할 수 있다.

풀이 '귀의 소리'는 외부 소리 자극에 대한 청세포의 반응이므로, '귀의 소리'가 자극 소리보다 먼저 발생할 수는 없다. 또한 소리를 감지하는 마이크로폰과 소리 자극을 주는 스피커가 나란히 붙어 있으므로, 당연히 마이크로폰은 스피커에서 나는 자극 소리 $f_1$, $f_2$를 먼저 감지할 것이다. <보기>의 그래프를 얼핏 보면, x축을 '시간' 축으로 착각하고 '귀의 소리'가 $f_1$, $f_2$ 소리보다 빨리 감지된다고 해석하는 실수를 저지르기 쉽다. 그러나 <보기>의 그래프에서 x축은 '시간'이 아니라 '주파수'를 나타낸다.

→ 적절하지 않음!

**② 외이도가 막혔을 경우 '귀의 소리' 측정이 어려울 수 있다.**

근거 ❸-1 '귀의 소리'는 청세포에서 발생하여 기저막을 따라 난원창으로, 다시 청소골을 통해 고막과 외이도로 전달된다, ❺-1 '귀의 소리'는 조용한 환경에서 마이크로폰을 외이도에 장착하여 측정한다.

풀이 외이도는 '귀의 소리'의 전달 경로이며, 마이크로폰을 설치하는 위치이다. 따라서 외이도가 막혔다면 '귀의 소리'를 측정하기 어려울 것이다.

→ 적절함!

**③ 마이크로폰을 통해서 감지되는 소리는 자극 소리, 메아리 소리, '귀의 소리'이다.**

근거 ❷-2 청세포는 외부의 소리를 감지하는 역할, ❷-3 이 과정(청세포가 수축과 이완을 통해 외부 소리에 대한 민감도를 증가시키는 과정)에서 '귀의 소리'가 발생, ❷-5 주어진 외부 자극 소리로 발생하는 메아리

풀이 우선 자극 소리가 감지되고, 귀의 울림으로 인한 메아리 소리, 반응 소리인 '귀의 소리'가 그 후에 감지될 것이다.

→ 적절함!

어떻게 풀까? 윗글에서 '메아리 소리'에 대한 내용을 확인하기가 쉽지 않으므로 ③번의 내용도 논란의 소지가 있다. 그러나 이의 신청을 하더라도 중복 답안이 인정되는 경우는 극히 드물다. 따라서 애매하게 틀린 내용을 정답으로 고르기보다는 명확하게 틀린 내용을 찾아낼 수 있는, 상대적으로 더 나은 답을 골라야 한다.

**④ $f_1$이 3.2 kHz, $f_2$가 3.7 kHz일 때 발생하는 '귀의 소리'의 음압은 2.7 kHz에서 가장 크다.**

근거 ❸-5 후자(두 주파수만으로 이루어진 조합음을 이용한 소리 자극)에서 발생하는 '귀의 소리'는 수학적으로 계산되는 여러 주파수 대역에서 측정되며, 특정 주파수 대역($f_x = 2f_1 - f_2$, $x$ = 최대 '귀의 소리')에서 가장 크다.

**풀이** '귀의 소리'가 가장 크게 발생하는 주파수 구하는 방법 $= 2f_1 - f_2$
$= 2 \times 3.2 - 3.7$
$= 2.7$

→ 적절함!

**⑤ 스피커를 통하여 두 주파수의 소리 자극을 가하고, 마이크로폰을 통하여 감지되는 소리를 측정한다.**

**근거** ❸-2~3 이 소리('귀의 소리')는 두 종류의 외부 소리를 이용하여 청세포를 자극한 후 특정한 주파수 대역에서 측정할 수 있다. 소리 자극으로는 여러 주파수가 섞인 복합음이나 두 주파수($f_1$과 $f_2$, $f_1 < f_2$)만으로 이루어진 조합음을 이용한다, ❺-1 '귀의 소리'는 조용한 환경에서 마이크로폰을 외이도에 장착하여 측정한다.

→ 적절함!

평가원 이의 신청 답변

이의 제기의 요지는 다음과 같습니다.

첫째, 측정되는 소리의 순서를 알 수 없다. 따라서 답지 ①은 정답이 될 수 없다.

둘째, "30 dB 이상의 청력 손실이 발생한 경우 '귀의 소리'도 사라진다."는 지문 내용을 고려할 때, <보기>의 '$f_{귀의 소리}$'는 30 dB 이하이므로 마이크로폰에 '귀의 소리'가 감지될 수 없다. 따라서 답지 ③도 정답이 될 수 있다.

셋째, <보기>의 장치를 통해 음압을 측정한 것이지 소리를 측정한 것이 아니다. 따라서 답지 ⑤도 정답이 될 수 있다.

넷째, 측정하는 마이크로폰의 위치에 따라 '귀의 소리'가 감지될 수도 있고 안 될 수도 있으므로 문제에 오류가 있다.

이에 대한 답변은 다음과 같습니다.

첫째, 지문의 셋째 문단을 보면 외부의 소리 자극에 따라 청세포가 반응하여 '귀의 소리'가 발생함을 알 수 있으므로, '귀의 소리'는 $f_1$, $f_2$ 자극 소리보다 늦게 감지됩니다. 따라서 답지 ①이 정답입니다.

둘째, 넷째 문단의 "30 dB 이상의 청력 손실이 발생한 경우 '귀의 소리'도 사라진다."는 진술로 미루어 볼 때, <보기>의 그래프에서 '$f_{귀의 소리}$'가 측정이 되었다는 사실은 검사 받는 사람에게 30 dB 이상의 청력 손실은 없다는 것을 보여 줍니다. <보기>의 그래프에 나타난 '귀의 소리'의 음압이 20 dB이라 하더라도, 이는 '귀의 소리'의 음압이지 청력 손실의 정도를 의미하는 것은 아닙니다. '30 dB 이상의 청력 손실'이란, 30 dB 이하의 소리를 듣지 못하는 것이 아니라 정상적인 상태와 비교해서 30 dB 이상 청력이 감소하였다는 것입니다. 따라서 답지 ③은 정답이 아닙니다.

셋째, 소리는 주파수, 음압 등의 다양한 방법으로 측정됩니다. <보기>의 그래프에서 '$f_{귀의 소리}$'는 특정 주파수 대역에서 음압으로 측정됨이 명확히 나와 있습니다. 따라서 답지 ⑤는 정답이 아닙니다.

넷째, 지문과 <보기>의 그림에는 '귀의 소리'를 측정하기 위한 마이크로폰이 고막의 외측, 즉 외이도에 위치하고 있음이 명확하게 나타나 있습니다. 따라서 이 문제에는 오류가 없습니다.

1등급 문제

**011** 핵심 개념 이해 - 적절하지 않은 것 고르기 2010학년도 6월 모평 22번
정답률 45%, 매력적 오답 ③ 30%
정답 ⑤

### ㉡을 활용할 수 있는 사례로 보기 어려운 것은?

㉡ '귀의 소리' 측정 기술

**① 쥐를 이용한 실험에서 청력 측정을 할 경우**

**근거** ❺-2 '귀의 소리' 측정 기술을 활용하면 검사 받는 사람의 협조 없이도 청력을 객관적으로 측정

**풀이** '귀의 소리' 측정 기술은 검사 받는 사람의 협조 없이도 청력을 측정할 수 있으므로, 쥐의 청력도 측정할 수 있다.

→ 적절함!

**② 일부러 안 들리는 척하는 사람을 찾아내려 할 경우**

**근거** ❺-2 '귀의 소리' 측정 기술을 활용하면 검사 받는 사람의 협조 없이도 청력을 객관적으로 측정

**풀이** '귀의 소리' 측정 기술은 검사 받는 사람의 협조 없이도 청력을 측정할 수 있으므로, 일부러 안 들리는 척하는 사람의 청력도 객관적으로 측정할 수 있다.

→ 적절함!

**③ 청력 측정을 통해 개인을 *식별하는 기계를 만들 경우** *識別-, 분별하여 알아보는

**근거** ❸-4 그 소리(여러 주파수가 섞인 복합음을 이용한 소리 자극으로 발생하는 '귀의 소리')는 개인마다 차이를 보이지만 개인별로는 일정한 패턴을 유지

**풀이** 여러 주파수가 섞인 복합음을 이용한 소리 자극을 주었을 때 각 개인에게서 발생하는 '귀의 소리'는 개인마다 차이가 있으므로, 이를 활용하여 지문 인식, 홍채 인식 기계처럼 개인을 식별하는 기계를 만들 수 있다.

→ 적절함!

**④ *소음성 난청이 있는 사람의 청세포 손상 여부를 판단할 경우** *騷音性難聽, 시끄러운 소리로 인해 청세포가 손상되어 잘 들리지 않게 된 상태

**근거** ❹-1~3 청세포는 작업장의 소음과 같은 특정 주파수나 약물 등에 반복 노출되면 손상될 수 있다. 청세포가 손상되기 시작하면, 청력 손실이 일어나고 '귀의 소리'도 감소한다. 청세포 손상이 진행되어 30 dB 이상의 청력 손실이 발생한 경우 '귀의 소리'도 사라진다.

**풀이** 청세포 손상이 일어날 경우 '귀의 소리'가 감소되므로, '귀의 소리' 측정 기술을 활용하여 청세포 손상 여부를 판단할 수 있다.

→ 적절함!

**⑤ 청세포가 파괴되어 인공 달팽이관 이식을 받은 사람의 청력을 평가할 경우**

**근거** ❷-1 달팽이관 안에 있는 청세포, ❷-3 '귀의 소리'가 발생하는데 이는 청세포가 능동적으로 내는 소리

**풀이** '귀의 소리'는 청세포가 능동적으로 내는 소리이다. 청세포가 파괴된 사람의 경우 '귀의 소리'가 발생하지 않으므로, '귀의 소리' 측정 기술을 활용할 수 없다.

→ 적절하지 않음!

1회 미니모의고사

**[012~013] 다음 글을 읽고 물음에 답하시오.**

1 [1]가위, 바위, 보! [2]무엇을 내느냐에 따라 서로의 승패는 확연히 갈리지만 이 게임의 묘미(妙味, 미묘한 재미)는 영원한 승자도, 영원한 패자도 없다는 데 있다. [3]이렇게 서로 끝없이 물고 물리는 가위바위보의 관계가 생물 다양성(生物多樣性, 생물들이 각자의 다양한 특성을 유지하면서 살아가는 것)을 설명하기 위한 모델이 될 수 있다는 연구가 있어 눈길을 끈다.

→ 생물 다양성을 설명할 수 있는 가위바위보 관계 모델

2 [A] [1]한 연구팀은 동물의 장내에 서식하는(棲息-, 사는) 대장균 중 서로 다른 세 집단 간의 증식(增殖, 수나 양이 늘어남) 경쟁에서 가위바위보의 관계를 관찰했다. [2]'집단 C'는 콜리신이라는 독소(毒素, 해로운 성분)를 생산하고, '집단 S'는 다른 집단에 비해 빠른 속도로 증식하지만 콜리신에 의해 증식이 억제된다.(抑制-, 억눌러서 못하게 된다.) [3]'집단 R'은 '집단 C'보다 빠르고 '집단 S'보다 느린 증식 속도를 가진 반면 콜리신에 저항성(抵抗性, 버티는 성격, 버틸 수 있는 힘)을 지닌다. [4]세 집단 중 두 집단씩을 각각 섞어 배양하면(培養-, 기르면) 증식 속도의 차이로 인해 집단 간 증식 경쟁에 따른 승패가 확실하다.(두 집단 중 어느 한쪽이 더 잘 증식하므로, 둘 중 어느 집단이 우세한 집단인지 확실하다.) [5]반면 세 집단을 서로 인접시켜(隣接-, 옆에 나란히 붙여) 배양하면, 각 두 집단 간의 경계에서는 일방적으로 영역을 침범하는(侵犯-, 남의 영역을 넘어가는) 현상이 나타나지만, 결과적으로 가위바위보의 관계처럼 서로 물고 물리는 삼자(三者, 세 사람, 세 집단) 간의 공존 관계(共存關係, 함께 존재하는 관계)가 관찰된다.

→ 인접해서 배양했을 때, 세 대장균의 삼자 공존 관계

3 [1]다른 연구팀은 생쥐들의 장내에 세 대장균 집단을 투여한(投與-, 넣은) 후 각 집단 간의 증식 경쟁을 살폈다. [2]그 결과 한 시점에는 생쥐 개체별로 어느 한 집단이 우세했지만(생쥐마다 어느 한 집단의 대장균이 가장 빨리 증식했지만), 시간이 지나면서 우세한 집단이 일정한 순서로 계속 바뀌는 것을 발견했다. [3]이는 서로 격리된(隔離-, 따로 떨어뜨려진) 여러 공간에서 세 집단이 동시에 우세 집단으로 존재할 수 있음을 의미하기도 한다.

→ 생쥐의 장내에 투여했을 때, 세 대장균의 삼자 공존 관계

4 [1]위 사례는 생태계에서 절대 강자(絶對强者, 언제나 가장 강한 것)가 없을 수도 있음을 보여 주는 좋은 본보기로 거론된다.(擧論-, 이야기된다.) [2]생물 간 경쟁을 설명하는 방식 중 승패가 명확한 양자(兩者, 두 사람, 두 집단) 간의 관계에 비해, 삼자의 병존(竝存, 함께 존재함) 가능성을 보여 주는 가위바위보의 관계는 생물 다양성의 설명에 보다 적합한 모델이 될 수 있다.

→ 가위바위보 관계 모델이 생물 다양성 설명에 적합한 이유

■지문 이해

〈생물 다양성을 설명하는 가위바위보 모델〉

❶ 생물 다양성을 설명할 수 있는 가위바위보 관계 모델

❷ 인접해서 배양했을 때, 세 대장균의 삼자 공존 관계

집단 C : 콜리신이라는 독소를 생산, 증식 속도 제일 느림
집단 S : 증식 속도 제일 빠름, 콜리신에 의해 증식 억제
집단 R : 증식 속도 중간, 콜리신에 저항성 가짐

- 두 집단씩 섞어서 배양하면 승패가 확실
- 세 집단을 인접시켜 배양하면, 가위바위보처럼 공존 관계 형성

❸ 생쥐의 장내에 투여했을 때, 세 대장균의 삼자 공존 관계

- 한 시점에는 세 집단 중 어느 한 집단이 우세
- 일정한 순서로 우세한 집단이 계속 바뀜
- 격리된 여러 공간에서는 세 집단이 동시에 우세 집단으로 존재할 수 있음

❹ 가위바위보 관계 모델이 생물 다양성 설명에 적합한 이유

- 절대 강자가 없을 수도 있음, 병존 가능성을 보여 줌

1등급 문제

**012** | 자료 해석의 적절성 판단 - 적절한 것 고르기 2010학년도 6월 모평 36번
정답률 55%, 매력적 오답 ② 15% ③ 15% | 정답 ①

**[A]의 내용을 〈보기〉와 같이 그렸을 때, ㉠~㉢과 ⓐ, ⓑ에 들어갈 내용이 바르게 짝지어진 것은?** 3점

| 보기 |

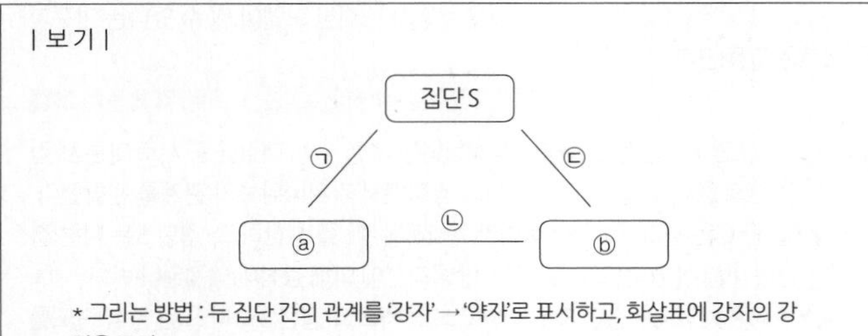


* 그리는 방법 : 두 집단 간의 관계를 '강자' → '약자'로 표시하고, 화살표에 강자의 강점을 표기

근거 ❷-2~3 '집단 C'는 콜리신이라는 독소를 생산하고, '집단 S'는 다른 집단에 비해 빠른 속도로 증식하지만 콜리신에 의해 증식이 억제된다. '집단 R'은 '집단 C'보다 빠르고 '집단 S'보다 느린 증식 속도를 가진 반면 콜리신에 저항성을 지닌다.

풀이 세 집단의 관계에서 두 집단씩 묶어서 우열 관계를 알아보도록 한다. 집단 S와 R을 비교하면 집단 S가 증식 속도가 더 빠르므로 집단 R보다 우위에 있다. 집단 R과 집단 C 중에는 집단 R이 증식 속도가 빠르다. 집단 C가 콜리신을 생산하기는 하지만 집단 R은 콜리신 저항성이 있어서 영향을 받지 않으므로 증식 속도에 의해 집단 R이 우위를 점하게 된다. 집단 C와 집단 S를 비교하면, 증식 속도는 집단 S가 더 빠르지만 집단 C가 생산하는 콜리신에 의해 집단 S의 증식이 억제되므로 집단 C가 우위에 있다. 이 세 집단의 관계를 표로 정리하면 다음과 같다.

〈관계표〉

| 비교 집단 | 우세 | 열세 | 우세한 이유 |
|---|---|---|---|
| S-R | S | R | S의 증식 속도 > R의 증식 속도 |
| R-C | R | C | R의 증식 속도 > C의 증식 속도<br>C : 콜리신 생산, R : 콜리신 저항성 |
| C-S | C | S | C가 생산하는 콜리신이 집단 S의 증식을 억제 |

표로 정리한 내용을 〈보기〉에 대입하면 아래와 같이 정리할 수 있다.

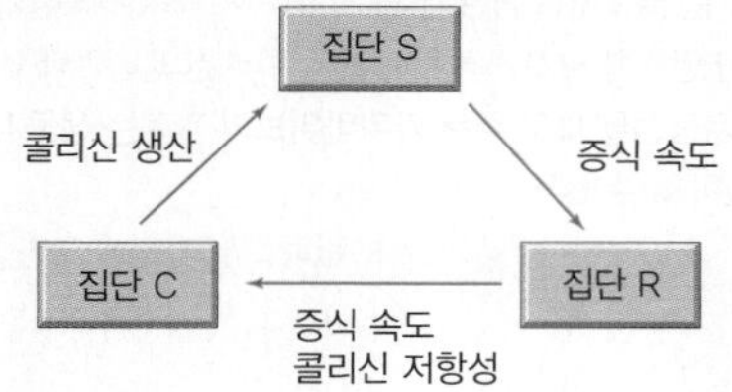


따라서 정답은 ①번이다.

| | 화살표의 방향 설정 | 강점 | 집단 |
|---|---|---|---|
| ① | 모두 시계 방향 | ㉠ : 콜리신 생산 | ⓑ : 집단 R |
| ② | 모두 시계 방향 | ㉠ : 증식 속도 | ⓐ : 집단 C |
| ③ | 모두 시계 방향 | ㉡ : 저항성 및 증식 속도 | ⓐ : 집단 R |
| ④ | 모두 반시계 방향 | ㉡ : 콜리신 생산 | ⓑ : 집단 C |
| ⑤ | 모두 반시계 방향 | ㉢ : 증식 속도 | ⓐ : 집단 C |

→ 적절함!

1등급 문제

**013** | 추론의 적절성 판단 - 적절하지 않은 것 고르기 2010학년도 6월 모평 37번
정답률 50%, 매력적 오답 ② 15% ④ 15% ⑤ 10% | 정답 ①

**윗글의 대장균에 대한 실험 결과를 검토하여 해석한 내용으로 적절하지 않은 것은?**

알 수 없음

**① 대장균 세 집단을 동일한 비율로 섞어서 배양한다면, 콜리신을 생산하는 집단이 가장 먼저 우세하게 나타나는 집단이 되겠군.**

근거 ❸-2 한 시점에는 생쥐 개체별로 어느 한 집단이 우세했지만, 시간이 지나면서 우세한 집단이 일정한 순서로 계속 바뀌는 것을 발견

풀이 한 시점에 개체별로 한 집단이 우세했다는 것은 어떤 생쥐에서는 집단 S가 우세하고, 다른 생쥐에서는 집단 R이 우세하며, 또 다른 생쥐에서는 집단 C가 우세했다는 것이다. 따라서 세 집단을 동일한 비율로 섞어서 배양할 때, 세 집단 중 어느 하나가 가장 먼저 우세할 것인지 윗글을 통해서는 알 수 없다.

→ 적절하지 않음!

= 새로운 집단이 생겨남 → 생물 다양성 증가

**② 독소의 생산에 따른 저항성 집단의 출현이 *필연적이라면, 독소의 생산은 생물 다양성을 증가시키는 요인이 된다고 할 수 있겠군.** *必然的, 반드시 그렇게 될 수밖에 없는 것

풀이 독소의 생산이 그 독소에 저항성을 가진 집단을 필연적으로 만들게 된다고 가정하면, 독소의 생산은 새로운 집단을 만들게 되는 것이고, 이것은 생물의 종을 한 가지 늘리는 것이다. 따라서 독소의 생산은 생물 다양성을 증가시킨다고 볼 수 있다.

→ 적절함!

포유동물

**③ 생쥐 실험 내용이 다른 포유동물의 경우에도 적용된다면, 토끼 등을 이용해 동일한 실험을 반복하더라도 비슷한 결과를 얻을 수 있겠군.**

풀이 토끼도 포유동물이므로, 생쥐 실험 내용이 다른 포유동물에도 적용되는 것이라면 토끼 등을 이용해 실험할 경우 비슷한 결과가 나올 것이다.

→ 적절함!

표본 수 증가

**④ 생쥐를 이용한 실험에서 생쥐의 수를 늘려 실험한다면, 각 대장균 집단의 우세가 균등하게 분포하는지의 여부를 판단할 수 있겠군.**

풀이 생쥐 수가 적을 때는 표본이 적기 때문에 대장균 집단의 우세가 균등하게 분포하는지 여부를 구분할 수 없다. 그러나 생쥐 수가 늘어나면 대장균 집단의 우세 분포 여부를 명확하게 알 수 있다.

→ 적절함!

**⑤ 생쥐 내장이란 격리된 공간에서 우세한 집단이 일정한 순서로 바뀐다면, 그 변화 순서는 가위바위보의 관계로부터 예측이 가능하겠군.**

풀이 세 대장균을 가위바위보의 관계로 정리하면 집단 S가 우세한 후에는 콜리신으로 집단 S를 억제할 수 있는 집단 C가 우세해지고, 그 후에는 증식 속도가 집단 C보다 우월하면서 콜리신 저항성이 있는 집단 R이 우세해진다. 그 후에는 다시 집단 S가 증식 속도로 집단 R을 밀어내면서 우세해진다. 따라서 우세한 집단이 일정한 순서로 바뀐다고 가정할 때, 가위바위보의 관계로부터 변화 순서를 예측할 수 있다는 설명은 적절하다.

→ 적절함!

## [014~017] 다음 글을 읽고 물음에 답하시오.

1 [1]일반적으로 영화는 구체적인 대상을 재현하는(再現-, 그대로 똑같이 그려내는) 데에는 그 어떤 예술보다 강하지만, 대사나 자막을 이용하지 않고서는 정신적인 의미를 표현하는 데 약하다. [2]그런데 영화의 출발이 시각 예술이라는 것을 감안하면(勘案-, 참고하여 생각하면), 언어적 요소에 의존하는(대사나 자막과 같이 언어를 이용하여 의미를 전달하는) 것은 영화 본연(本然, 본래 그대로)의 방식이라고 보기 어렵다. [3]따라서 영화가 독자적인(獨自的-, 다른 것과 달리 그 자체로 특별한) 예술이 되기 위해서는 기본적으로 순수하게 시각적인 방식으로(언어 표현을 활용하지 않고 시각적 이미지만 활용하여) 추상적인 의미 표현에 이를 수 있어야 한다.

→ 독자적 시각 예술로서의 영화

2 [1]에이젠슈테인은 여기서 한자의 구성 원리에 주목한다. [2]한자의 육서(六書)(한자를 만들고 실제로 응용하는 여섯 가지 대원칙 : 지사, 상형, 형성, 회의, 전주, 가차) 중 그가 주목한 것은 상형 문자와 회의 문자다. [3]상형 문자는 사물의 형태를 본뜬 문자다. [4]그러나 눈으로 볼 수 있는 것은 형태를 본떠서 재현할 수 있지만, 눈으로 볼 수 없는 것은 재현하기 어렵다. [5]예를 들어 '휴식'과 같이 추상적인 개념은 상형 문자로 표현할 수 없다. [6]이때 이를 표현할 수 있는 것이 회의 문자다. [7]회의 문자 '쉴 휴(休)'는 '사람 인(人)'과 '나무 목(木)'이 결합된 문자다. [8]이 두 문자를 결합하면 '휴식'이라는 추상적 의미가 만들어진다. [9]하지만 '휴식'이란 말의 의미는 '人'에도 '木'에도 들어 있지 않다. [10]㉠ 두 개의 문자가 결합되면서 두 문자의 단순한 총합이 아닌 새로운 차원이 열리며(두 문자의 의미를 합친 것이 아닌, 전혀 다른 의미가 만들어지며), 이를 통해 추상적인 의미를 표현할 수 있다는 것이 바로 에이젠슈테인이 회의 문자에서 주목한 지점이다.

〈참고 그림〉
쉴 휴(休) = 사람 인(人) + 나무 목(木)
❷-7~10 회의 문자 '쉴 휴(休)'는 '사람 인(人)'과 '나무 목(木)'이 결합된 문자이지만, '휴식'이란 말의 의미는 '人'에도 '木'에도 들어 있지 않다. 두 문자가 결합되면서 단순한 총합이 아닌 추상적 의미를 표현할 수 있다.

→ 에이젠슈테인이 주목한 상형 문자와 회의 문자

3 [1]이러한 원리가 영화의 시각적인 의미 표현에 어떻게 적용될 수 있을까? [2]여기서 중요한 것은 회의 문자를 이루는 요소들이 상형 문자라는 점이다. [3]묘사적(描寫的, 대상을 그림으로 그려 놓은 듯함)이고 단일(單一, 복잡하지 않음)하며 가치중립적(價値中立的, 가치관이나 태도에 치우침이 없음)인 상형 문자의 특성은 영화의 개별 장면(shot)들의 특성에 상응한다.(相應-, 서로 어울린다.) [4]회의 문자를 이루는 각각의 문자는 따로 떼어 놓고 보면 사물이나 사실에 대응되지만(對應-, 짝을 이루지만), 그 조합은 개념에 대응된다.(추상적인 의미를 나타낸다.) [5]이와 마찬가지로 ㉡ 영화의 개별 장면들은 사물이나 사실에 대응되지만, 이들을 특정하게 결합시키면 그 조합은 개념에 대응된다. [6]따라서 회의 문자의 구성 원리를 이용하면 눈에 보이지 않는 것, 묘사할 수 없는 것, 추상적인 것을 순수하게 시각적인 방식으로 표현할 수 있다는 결론이 나온다.

• ❸-3~5 보충 설명

| 상형 문자 | + … + | 상형 문자 | → | 회의 문자 |
|---|---|---|---|---|
| 개별 장면 | + … + | 개별 장면 | → | 개별 장면의 결합 |

• 상형 문자는 영화의 개별 장면과 대응되고, 회의 문자는 영화의 개별 장면의 결합과 대응됨
- 상형 문자와 개별 장면 : 묘사적이고 단일하며 가치중립적
- 회의 문자와 개별 장면의 결합 : 개념에 대응됨(추상적인 의미를 나타냄)

→ 추상적인 것을 순수하게 시각적 방식으로 표현하는 방법

4 [1]그러나 개별 장면들의 시간적 병치(時間的竝置, 시간 순서를 정해서 나란히 둠)를 통해서 이루어 낸 추상적 의미는 영화를 보는 관객의 머릿속에서만 존재한다. [2]따라서 이런 방식(구체적이고 시각적인 장면들을 이어서 추상적인 의미를 만들어내는 방식)으로 만들어진 영화를 보면서 거기에 담긴 의미를 구성해 내는 것은 관객의 몫으로 남게 된다.(예를 들어 화장대, 옷장의 옷, 시계, 구두, 가방을 연속으로 보여 주면 관객은 외출 준비 장면임을 짐작할 수 있다.)

→ 개별 장면의 시간적 병치를 활용한 기법의 특징 - 의미 구성은 관객의 몫

■지문 이해
〈회의 문자의 구성 원리를 활용한 영화〉

**❶ 독자적 시각 예술로서의 영화**
• 영화의 출발은 시각 예술
: 언어적 요소에 의존하지 않아야 함
• 독자적인 예술이 되려면 순수하게 시각적인 방식으로 추상적 의미를 표현해야 함

**❷ 에이젠슈테인이 주목한 상형 문자와 회의 문자**
• 상형 문자 : 사물의 형태를 본뜸
• 회의 문자 : 추상적 개념 표현
↳ 상형 문자A + 상형 문자B → 추상적 의미

적용 →

**❸ 추상적인 것을 순수하게 시각적 방식으로 표현하는 방법**
• 회의 문자의 구성 원리 이용
• 상형 문자 = 개별 장면(shot)
• 회의 문자 = 개별 장면의 결합
↳ 장면A + 장면B → 추상적 의미

**❹ 개별 장면의 시간적 병치**
• 추상적 의미 구성은 관객의 몫

tip • 세르게이 에이젠슈테인(Sergei Eisenstein)의 영화 '전함 포템킨(Bronenosets Potemkin)'

❸-5 영화의 개별 장면들은 사물이나 사실에 대응되지만, 이들을 특정하게 결합시키면 그 조합은 개념에 대응된다.

유모차를 끌던 여인이 군인의 총에 맞아 쓰러지면서, 여인이 끌던 유모차는 계단을 굴러 떨어진다. 구르는 유모차와 총을 든 군인들의 모습을 교차시켜 보여 줌으로써 군인의 잔혹함을 드러낸다.

– 전함 포템킨의 명장면 (https://www.youtube.com/watch?v=OoX3B2HEQLc)
→ 유튜브에서 '전함 포템킨 계단'을 검색!

포탄이 터지는 장면에서 갑자기 잠자는 사자상, 깨어난 사자상, 일어난 사자상을 연속으로 보여 줌으로써 관객의 분노와 저항 의식을 불러일으킨다.

1등급 문제

**014** | 세부 정보 이해 - 적절한 것 고르기 2010학년도 6월 모평 47번 | 정답률 30%, 매력적 오답 ② 35% ③ 15% ④ 10% | **정답 ⑤**

**윗글의 내용에 *부합하는 것은?** *符合-, 꼭 들어맞는

언어적 요소를 배제한 시각적 방식으로 추상적 의미 표현에 이를 때

**① 영화는 구체적인 대상의 재현을 통해 독자적인 예술이 된다.**

근거 ❶-3 영화가 독자적인 예술이 되기 위해서는 기본적으로 순수하게 시각적인 방식으로 추상적인 의미 표현에 이를 수 있어야 한다.

풀이 영화는 언어적 요소를 배제한 시각적 방식만으로 추상적인 의미 표현에 이를 때 독자적인 예술이 된다. 구체적인 대상을 재현하는 것만으로는 독자적 예술을 이루기에 부족하다.

→ 적절하지 않음!

상형 문자

**② 영화의 개별 장면과 회의 문자 사이에 구조적 유사성이 있다.**

근거 ❸-3 묘사적이고 단일하며 가치중립적인 상형 문자의 특성은 영화의 개별 장면(shot)들의 특성에 상응

풀이 영화의 개별 장면과 구조적 유사성이 있는 것은 회의 문자가 아니라 상형 문자이다. 상형 문자가 결합한 회의 문자가 추상적인 의미를 나타내는 것처럼 영화의 개별 장면이 결합하여 추상적 의미를 나타낸다.

→ 적절하지 않음!

=개념=추상적 의미 / 특정한 결합을 통해 표현할 수 있다

**③ 영화의 정신적인 의미는 개별 장면들의 특성으로 환원될 수 있다.**

=사물이나 사실

근거 ❸-5 영화의 개별 장면들은 사물이나 사실에 대응되지만, 이들을 특정하게 결합시키면 그 조합은 개념에 대응

풀이 영화의 정신적인 의미는 개별 장면 하나하나의 특성과 다르며 개별 장면들의 조합으로 인해 형성된다.

→ 적절하지 않음!

의존해서는 안 된다

**④ 영화는 추상적인 의미를 표현하기 위해 언어적 요소를 풍부하게 이용해야 한다.**

근거 ❶-2~3 영화의 출발이 시각 예술이라는 것을 감안하면, 언어적 요소에 의존하는 것은 영화 본연의 방식이라고 보기 어렵다. 따라서 영화가 독자적인 예술이 되기 위해서는 기본적으로 순수하게 시각적인 방식으로 추상적인 의미 표현에 이를 수 있어야 한다.

→ 적절하지 않음!

한자의 구성 / 순수하게 시각적인 방식으로 추상적 의미 표현

**⑤ 영화 외의 영역에서도 영화가 독자적인 예술이 되기 위한 원리를 끌어낼 수 있다.**

근거 ❶-3 영화가 독자적인 예술이 되기 위해서는 기본적으로 순수하게 시각적인 방식으로 추상적인 의미 표현에 이를 수 있어야 한다, ❸-5 (영화의 개별 장면들을) 특정하게 결합시키면 그 조합은 개념에 대응된다, ❸-6 회의 문자의 구성 원리를 이용하면 눈에 보이지 않는 것, 묘사할 수 없는 것, 추상적인 것을 순수하게 시각적인 방식으로 표현할 수 있다는 결론

풀이 윗글은 영화 외의 영역인 한자의 구성에서 영화가 순수하게 시각적인 방식으로 추상적인 의미를 표현할 수 있는 방법을 찾는다. 상형 문자들을 특정하게 결합하여 추상적인 의미를 표현하는 회의 문자를 만드는 것과 같이, 영화도 개별적인 장면들을 특정하게 결합하여 추상적인 의미 표현에 이를 수 있다는 것이다.

→ 적절함!

1등급 문제

| 015 | 글의 서술 방식 파악 - 적절하지 않은 것 고르기 2010학년도 6월 모평 48번<br>정답률 60%, 매력적 오답 ② 15% ③ 10% | 정답 ④ |
|---|---|---|

**<보기>가 윗글의 필자가 택한 글쓰기 전략이라고 할 때, 글에 구현되지 않은 것은?**

| 보기 |
- 목표 설정 : 영화의 특성을 심층적으로 살필 수 있는 이론을 소개한다. ············ ①
- 예상 독자 설정 : 영화에 관심이 많고, 일정 수준의 교양을 갖춘 독자를 대상으로 한다. ············ ②
- 내용 선정 : 시각 예술로서 영화의 특질을 보여 줄 수 있는 핵심 내용을 선정한다. ··· ③
- 자료 수집 : 소개하고자 하는 이론의 특성이 잘 드러나는 작품을 폭넓게 수집한다. ············ ④
- 논지 전개 : 핵심 논제를 제기하고, 이론을 요약 소개하며 그에 대한 답을 제시한다. ············ ⑤

**① 목표 설정 : 영화의 특성을 심층적으로 살필 수 있는 이론을 소개한다.**

풀이 영화의 본질적 특성이 시각 예술이라는 점을 살필 수 있는 이론으로서, 회의 문자의 구성 원리를 영화에 활용하는 기법을 소개하고 있다.

→ 적절함!

**② 예상 독자 설정 : 영화에 관심이 많고, 일정 수준의 교양을 갖춘 독자를 대상으로 한다.**

풀이 영화의 본질적 특성, 영화의 기법을 설명하므로 영화에 관심이 많은 독자를 대상으로 했다고 볼 수 있다. 또한 한자의 구성 원리 등을 배경지식으로 알고 있을 것으로 가정했으므로 일정 수준의 교양을 갖춘 독자를 기대하고 있다.

→ 적절함!

**③ 내용 선정 : 시각 예술로서 영화의 특질을 보여 줄 수 있는 핵심 내용을 선정한다.**

풀이 영화의 본질적 특성이 시각 예술이라는 점을 살필 수 있는 이론으로서, 회의 문자의 구성 원리를 영화에 활용하는 기법을 핵심 내용으로 선정하였다.

→ 적절함!

**④ 자료 수집 : 소개하고자 하는 이론의 특성이 잘 드러나는 작품을 폭넓게 수집한다.**

풀이 특정 작품이 언급되거나 예시로 사용되지 않았으므로, 이론의 특성이 잘 드러나는 작품을 폭넓게 수집했는지는 윗글에서 알 수 없다.

→ 적절하지 않음!

**⑤ 논지 전개 : 핵심 논제를 제기하고, 이론을 요약 소개하며 그에 대한 답을 제시한다.**

풀이 핵심 논제는 영화가 독자적인 예술이 되기 위해서는 순수하게 시각적인 방식으로 추상적인 의미 표현에 이를 수 있어야 한다는 것이다. 그리고 회의 문자의 구성 원리를 이용한 영화 제작 이론을 소개하고, 이 이론을 통해 핵심 논제가 실현 가능하다는 것을 결론으로 삼는다.

→ 적절함!

틀리기 쉬운 문제

| 016 | 관용 표현 - 적절하지 않은 것 고르기 2010학년도 6월 모평 49번<br>정답률 35%, 매력적 오답 ② 15% ③ 35% ⑤ 10% | 정답 ① |
|---|---|---|

**문맥상 ㉠과 같은 방법으로 만들어진 표현이 아닌 것은?**

㉠ 두 개의 문자가 결합되면서 두 문자의 단순한 총합이 아닌 새로운 차원이 열리며

**① 선생님은 얼굴을 익히려고 그 학생을 유심히 바라보았다.**

풀이 '얼굴을 익숙하게 알게 하다'라는 뜻으로, '익히다'는 '여러 번 겪어 익숙하게 하다'라는 본래 뜻 그대로 쓰였다. 따라서 '얼굴'과 '익히다' 각 단어의 뜻이 달라져 새로운 의미로 변한 것은 아니다.

→ 적절하지 않음!

**② 나불거리는 아이들의 입방아 때문에 정신이 없었다.**

풀이 '입'과 '방아'가 결합하여 '방아를 찧듯이 입을 놀려 이러쿵저러쿵 수다를 떤다'는 새로운 의미로 쓰였다.

→ 적절함!

**③ 네 이야기는 모순이 있어 잘 이해할 수가 없다.**

풀이 모(矛)는 창, 순(盾)은 방패를 의미한다. '창'과 '방패'가 결합하여 '말의 앞뒤가 맞지 않음'을 나타낸다.

→ 적절함!

■ '모순(矛盾)'의 어원 고사

중국 초나라의 상인이 창과 방패를 팔면서, 그가 파는 창은 어떤 방패로도 막지 못하는 창이라 하고, 그가 파는 방패는 어떤 창으로도 뚫지 못하는 방패라 하였다. 어떤 사람이 그 상인이 파는 창과 방패가 싸우면 어찌 되느냐고 묻자 상인은 대답하지 못하였다. 여기에서 '모순(矛盾)'이 '말의 앞뒤가 맞지 않음'을 나타내게 되었다.

**④ 그 이야기를 듣자 모두들 배꼽을 쥐었다.**

풀이 '배꼽'과 '쥐다'가 결합하여 '크게 웃다'라는 새로운 의미로 쓰였다.

→ 적절함!

**⑤ 그는 개밥에 도토리 신세가 되었다.**

풀이 개는 도토리를 먹지 않으므로 밥 속에 도토리가 섞여 있어도 밥만 먹고 도토리는 남긴다. 여기에서 '개밥'과 '도토리'가 결합하여 '무리 속에 섞이지 못하는 외톨이'라는 새로운 의미로 쓰였다.

→ 적절함!

**017** 구체적인 사례에 적용 - 적절한 것 고르기 2010학년도 6월 모평 50번 정답률 70% 정답 ⑤

**<보기 2>는 <보기 1>의 영화를 보고 나눈 대화의 일부이다. ㉡을 바탕으로 할 때, <보기 2>의 ⓐ에 들어갈 내용으로 가장 적절한 것은?**

㉡ 영화의 개별 장면들은 사물이나 사실에 대응되지만, 이들을 특정하게 결합시키면 그 조합은 개념에 대응된다.

| 보기 1 |

- 스탠리 큐브릭 감독, 「2001년, 스페이스 오디세이」에서 -

| 보기 2 |

철수 : 영화는 좋았는데, 한 대목이 이해가 안 되네. 원시인이 소 정강이뼈를 하늘 높이 던지는 장면 있잖아. 그리고 아무 설명 없이 원시 시대에서 갑자기 우주 시대로 바뀌고 공간도 완전히 바뀌는데, 어떻게 장면을 그런 식으로 연결할 수 있지?
영희 : 맞아, 두 장면의 연결이 충격적이지. 근데 그 앞부분 내용은 기억나니?
철수 : 응, 한 원시인이 우연히 소 정강이뼈를 만지작거리게 되잖아. 그리고 그 뼈로 자기보다 더 큰 동물을 잡고, 다른 힘센 부족과 싸움도 벌이지. 그 뼈 덕분에 승리를 거두고 나서 그것을 하늘로 던지는 장면이 나오지.
영희 : 정확히 기억하네. 여기서 그 뼈와 우주선을 연결시키는 어떤 개념이 없다면 이 연결은 설명이 안 돼. 뼈와 우주선을 연결하면 그 개념이 나오지.
철수 : 좀 더 자세히 설명해 줘.
영희 : (                    ⓐ                    )

**① 원시의 황야와 우주 공간이 이어지니까, 여기서 '거대한 공간과 싸우는 인간'이라는 개념을 만들어 낼 수 있지.**

풀이 앞선 발언에서 영희는 '원시의 황야'와 '우주 공간'이 아니라 '뼈'와 '우주선'을 연결한다고 설명했다.

→ 적절하지 않음!

**② 인류는 개인의 힘은 약하지만 집단을 이루어 우주를 개척할 수 있었어. 여기서 '인간의 사회성'이라는 개념을 추론할 수 있지.**

풀이 '뼈'와 '우주선'을 연결해서 나온 개념이 아니다.

→ 적절하지 않음!

**③ 우주 개척 시대는 뛰어난 지도력과 관계가 깊고 그 덕분에 새로운 시대가 열린 것이니까, 여기서 '정치'라는 개념이 부각되지.**

풀이 '뼈'와 '우주선'을 연결해서 나온 개념이 아니다.

→ 적절하지 않음!

**④ 원시인이 기쁨에 차서 뼈를 던지고 이것이 우주선의 경쾌한 운동과 이어지잖아. 여기서 '유희적 인간'이라는 개념을 도출할 수 있지.**

풀이 <보기>에서 원시인이 '뼈'를 던지는 이유는 언급되지 않았으며, 영화에서 '뼈'가 쓰인 모습을 고려할 때 적절하지 않다. '우주선'이 경쾌하게 움직이고 있는지도 알 수 없다.

→ 적절하지 않음!

**⑤ 정교한 우주선도 결국 동물 뼈와 같은 초보적인 도구가 발달하여 만들어진 거잖아. 여기서 '도구의 사용'이라는 개념을 이끌어 낼 수 있지.**

풀이 큰 동물을 잡거나 다른 힘센 부족과 싸움을 벌일 때 '뼈'를 무기, 즉 도구로 이용함을 알 수 있으므로, '뼈'와 '우주선'을 연결하여 이와 같은 개념을 이끌어 낼 수 있다.

→ 적절함!

# 2회 미니모의고사

**[001~005] 다음 글을 읽고 물음에 답하시오.**

1 [1]전국 시대(戰國時代)의 사상계(思想界, 지식인들의 세계)가 양주(楊朱)와 묵적(墨翟)의 사상(思想, 생각)에 ⓐ 경도되어 유학의 영향력이 약화되고 있다고 판단한 맹자(孟子)는 유학의 수호자를 자임하면서(自任-, 임무를 스스로 맡으면서) 공자(孔子)의 사상을 계승하는(繼承-, 물려받아 이어가는) 한편, 다른 학파의 사상적 도전에 맞서 유학 사상의 이론화 작업을 전개하였다.(유학 사상을 이론적으로 더욱 설득력 있게 만들고자 하였다.) [2]그는 공자의 춘추 시대(春秋時代)에 비해 사회 혼란이 ⓑ 가중되는 시대적 환경 속에서 사회 안정을 위해 특히 '의(義)'의 중요성을 강조하였다.

→ '의'의 중요성을 강조한 맹자

2 [1]맹자가 강조한 '의'는 공자가 제시한 '의'에 대한 견해를 강화한 것이었다. [2]공자는 사회 혼란을 치유하는 방법을 '인(仁)(남을 사랑하고 어질게 행동하는 일)'의 실천에서 찾고, '인'의 실현에 필요한 객관 규범으로서('인'을 실제로 나타내기 위한 객관적인 기준으로서) '의'를 제시하였다. [3]공자가 '인'을 강조한 이유는 자연스러운 도덕 감정인 '인'을 사회 전체로 확산했을 때 비로소 사회가 안정될 것이라고 보았기 때문이다. [4]이때 공자는 '의'를 '인'의 실천에 필요한 합리적(合理的, 이치나 논리에 맞는) 기준으로서 '정당함'을 의미한다고 보았다.

→ 공자가 생각한 '인'과 '의'

3 [1]맹자는 공자와 마찬가지로 혈연관계에서 자연스럽게 드러나는 도덕 감정인 '인'의 확산이 필요함을 강조하면서도, '의'의 의미를 확장하여 '의'를 '인'과 대등한 지위로 격상하였다.(格上-, 등급을 높였다.) [2]그는 부모에게 효도하는 것은 '인'이고, 형을 공경하는 것은 '의'라고 하여 '의'를 가족 성원 간에도 지켜야 할 규범이라고 규정하였다. [3]그리고 나의 형을 공경하는 것에서 시작하여 남의 어른을 공경하는 것으로 나아가는 유비적(類比的, 비슷한 것에 기초하여 다른 것으로 나아가는) 확장을 통해 '의'를 사회 일반의 행위 규범(사회 구성원들이 일반적으로 행해야 할 것)으로 정립하였다. [4]나아가 그는 '의'를 개인의 완성 및 개인과 사회의 조화를 위해 필수적인 행위 규범으로 설정하였고, 사회 구성원으로서 개인은 '의'를 실천하여 사회 질서 수립과 안정에 기여해야 한다고 주장하였다.

→ 맹자가 생각한 '인'과 '의'

4 [1]또한 맹자는 '의'가 이익의 추구와 구분되어야 한다고 주장하였다. [2]이러한 입장에서 그는 사적인(私的-, 개인의) 욕망으로부터 비롯된 이익의 추구는 개인적으로는 '의'의 실천을 가로막고, 사회적으로는 혼란을 야기한다고 보았다. [3]특히 작은 이익이건 천하의 큰 이익이건 '의'에 앞서 이익을 내세우면 천하는 필연적으로 상하 질서의 문란(紊亂, 도덕, 질서, 규범 따위가 어지러움)이 초래될(招來-, 어떤 결과를 가져오게 될) 것이라고 역설하였다. [4]그래서 그는 사회 안정을 위해 사적인 욕망과 ⓒ 결부된 이익의 추구는 '의'에서 ⓓ 배제되어야 한다고 주장하였다.

→ 맹자의 '의' ① : 이익과 구분되어야 하는 '의'

5 [1]맹자는 '의'의 실현을 위해 인간에게 도덕적 행위를 할 수 있는 근거와 능력이 있음을 밝히는 데에도 관심을 기울였다. [2]그는 인간이라면 누구나 도덕 행위를 할 수 있는 선한 마음이 선천적으로(先天的-, 태어날 때부터) 내면에 갖춰져 있다는 일종의 ㉠ 도덕 내재주의를 주장하였다. [3]그는, 인간은 자기의 행동이 옳지 못함을 부끄러워하고 남이 착하지 못함을 미워하는 마음을 본래 가지고 있는데, 이러한 마음이 의롭지 못한 행위를 하지 않도록 막아 주는 동기로 작용한다고 보았다. [4]아울러 그는 어떤 것이 옳고 그른 것인지 판단할 수 있는 능력도 모든 인간의 마음에 갖춰져 있다고 하여 '의'를 실천할 수 있는 도덕적 역량(力量, 어떤 일을 해낼 수 있는 힘)이 내재화되어 있음을 제시하였다.

(수치심)

→ 맹자의 '의' ② : 누구나 가지고 있는 '의'의 실천 가능성

6 [1]맹자는 '의'의 실천을 위한 근거와 능력이 인간에게 갖추어져 있음을 제시한 바탕 위에서, 이 도덕적 마음을 현실에서 실천하는 노력이 필요하다고 ⓔ 역설하였다. [2]그는 본래 갖추고 있는 선한 마음의 확충(擴充, 늘려서 넓힘)과 더불어 욕망의 절제(節制, 적절히 조절하고 제한함)가 필요하다고 보았으며, 특히 생활에서 마주하는 사소한 일에서도 '의'를 실천해야 함을 강조하였다. [3]나아가 그는 목숨과 '의'를 함께 얻을 수 없다면 "목숨을 버리고 의를 취한다."라고 주장하여 '의'를 목숨을 버리더라도 실천해야 할 가치로 부각하였다.(浮刻-, 두드러지게 하였다.)

→ 맹자의 '의' ③ : 현실에서 실천해야 할 '의'

■지문 이해

<맹자가 강조한 '의'의 실천>

**❶ '의'의 중요성을 강조한 맹자**
- 공자의 춘추 시대에 비해 사회 혼란이 가중되는 시대적 환경 속에서 사회 안정을 위해 '의(義)'의 중요성을 강조

**❷ 공자가 생각한 '인'과 '의'**
- 사회 혼란을 치유하는 방법을 '인(仁)'의 실천에서 찾고, '인'의 실현에 필요한 규범으로 '의'를 제시
- 자연스러운 도덕 감정인 '인'을 사회 전체로 확산했을 때 사회가 안정될 것
- '의'는 '인'의 실천에 필요한 합리적 기준으로서 '정당함'을 의미

**❸ 맹자가 생각한 '인'과 '의'**
- '인'의 확산이 필요함을 강조하면서도, '의'의 의미를 확장하여 '의'를 '인'과 대등한 지위로 격상
- '의'를 가족 성원 간에도 지켜야 할 규범으로 규정 → 사회 일반의 행위 규범으로 정립
- '의'를 개인의 완성 및 개인과 사회의 조화를 위해 필수적인 행위 규범으로 설정하고, 사회 구성원인 개인은 '의'를 실천하여 사회 질서 수립과 안정에 기여해야 한다고 주장

| ❹ 맹자의 '의' ① : 이익과 구분되어야 하는 '의' | ❺ 맹자의 '의' ② : 누구나 가지고 있는 '의'의 실천 가능성 | ❻ 맹자의 '의' ③ : 현실에서 실천해야 할 '의' |
|---|---|---|
| • 사적인 욕망으로부터 비롯된 이익의 추구는 개인적으로는 '의'의 실천을 가로막고, 사회적으로는 혼란을 야기함<br>• 사회 안정을 위해 사적인 욕망과 결부된 이익의 추구는 '의'에서 배제되어야 함 | • 인간이라면 누구나 도덕 행위를 할 수 있는 선한 마음이 선천적으로 내면에 갖춰져 있다는 도덕 내재주의를 주장 | • 본래 갖추고 있는 선한 마음의 확충과 더불어 욕망의 절제가 필요하며, 생활의 사소한 일에서도 '의'를 실천해야 함을 강조<br>• '의'를 목숨을 버리더라도 실천해야 할 가치로 부각 |

**001** 글의 서술 방식 파악 - 적절한 것 고르기 2015학년도 9월 모평B 17번 정답률 95% **정답 ⑤**

**윗글에 대한 설명으로 가장 적절한 것은?**

풀이 ❶~❷문단에서는 공자의 시대와 대비되는 맹자의 시대에 '의'가 강조된 배경(형성 배경)을 설명하였고, ❸~❻문단에서는 맹자가 생각하는 '의'(내용)에 대해 자세히 설명하고 있다. 따라서 정답은 ⑤번이다.

① 맹자의 '의' 사상에 대한 사회적 *통념을 비판하고 있다. *通念, 일반적으로 널리 통하는 개념

② 맹자의 '의' 사상이 가지는 한계에 대해 분석하고 있다.

③ 맹자의 '의' 사상에 대한 상반된 관점들을 비교하고 있다.

④ 맹자의 '의' 사상이 가지는 현대적 의의를 재조명하고 있다.

⑤ 맹자의 '의' 사상의 형성 배경과 내용에 대해 설명하고 있다.

공자의 춘추 시대에 비해 사회 혼란이 가중

1. 이익의 추구와 구분되어야 함
2. 누구나 '의'를 실천할 수 있음
3. '의'를 실천하려는 노력이 필요함

→ 적절함!

**002** | 중심 화제 파악 - 적절하지 않은 것 고르기 2015학년도 9월 모평B 18번 정답률 95% | 정답 ④

## 윗글의 '맹자'에 대한 이해로 적절하지 않은 것은?

**① 일상생활에서 '의'를 실천하는 것이 중요하다고 보았다.**

근거 ❻-1~2 맹자는 '의'의 실천을 위한 근거와 능력이 인간에게 갖추어져 있음을 제시한 바탕 위에서, 이 도덕적 마음을 현실에서 실천하는 노력이 필요하다고 역설하였다. 그는 본래 갖추고 있는 선한 마음의 확충과 더불어 욕망의 절제가 필요하다고 보았으며, 특히 생활에서 마주하는 사소한 일에서도 '의'를 실천해야 함을 강조

→ 적절함!

**② '의'의 실천은 목숨을 바칠 만큼 가치가 있다고 보았다.**

근거 ❻-3 그(맹자)는 목숨과 '의'를 함께 얻을 수 없다면 "목숨을 버리고 의를 취한다."라고 주장하여 '의'를 목숨을 버리더라도 실천해야 할 가치로 부각

→ 적절함!

**③ 가정 내에서 '인'과 더불어 '의'도 실천해야 한다고 보았다.**

근거 ❸-2 그(맹자)는 부모에게 효도하는 것은 '인'이고, 형을 공경하는 것은 '의'라고 하여 '의'를 가족 성원 간에도 지켜야 할 규범이라고 규정

→ 적절함!

**④ '의'의 의미 확장보다는 '인'의 확산이 더 필요하다고 보았다.**

근거 ❸-1 맹자는 공자와 마찬가지로 혈연관계에서 자연스럽게 드러나는 도덕 감정인 '인'의 확산이 필요함을 강조하면서도, '의'의 의미를 확장하여 '의'를 '인'과 대등한 지위로 격상, ❸-3 나의 형을 공경하는 것에서 시작하여 남의 어른을 공경하는 것으로 나아가는 유비적 확장을 통해 '의'를 사회 일반의 행위 규범으로 정립

풀이 '인'의 확산이 필요함을 강조하면서도 '의'의 의미를 확장하여 '의'를 '인'과 대등한 지위로 격상하였다.

→ 적절하지 않음!

**⑤ 사회 규범으로서 '의'는 '인'과 대등한 지위를 지닌다고 보았다.**

근거 ❸-1 맹자는 공자와 마찬가지로 혈연관계에서 자연스럽게 드러나는 도덕 감정인 '인'의 확산이 필요함을 강조하면서도, '의'의 의미를 확장하여 '의'를 '인'과 대등한 지위로 격상, ❸-4 그(맹자)는 '의'를 개인의 완성 및 개인과 사회의 조화를 위해 필수적인 행위 규범으로 설정하였고, 사회 구성원으로서 개인은 '의'를 실천하여 사회 질서 수립과 안정에 기여해야 한다고 주장

→ 적절함!

**003** | 핵심 개념 이해 - 적절한 것 고르기 2015학년도 9월 모평B 19번 정답률 90% | 정답 ①

## ㉠에 해당하는 것으로 가장 적절한 것은?

㉠ 도덕 내재주의

근거 ❺-2 그(맹자)는 인간이라면 누구나 도덕 행위를 할 수 있는 선한 마음이 선천적으로 내면에 갖춰져 있다는 일종의 도덕 내재주의를 주장하였다.

**① 세상의 올바른 이치가 모두 나의 마음속에 갖추어져 있으니, 수양을 통해 이것을 깨달으면 이보다 큰 즐거움은 없다.** ← ❺-4 어떤 것이 옳고 그른 것인지 판단할 수 있는 능력도 모든 인간의 마음에 갖춰져 있다.

풀이 이미 올바른 이치가 나의 마음속에 갖추어져 있다고 하였기에, 선한 마음이 선천적으로 내면에 갖춰져 있는 도덕 내재주의에 해당한다.

→ 적절함!

**② 바른 도리를 행하려면 분별이 있어야 하니, 분별에는 직분이 중요하고, 직분에는 사회에서 통용되는 예의가 중요하다.**

풀이 바른 도리를 행하려면 사회에서 통용되는 예의가 있어야 한다는 내용이므로, 도덕 내재주의와는 거리가 멀다.

→ 적절하지 않음!

**③ 인간이 지켜야 할 도덕은 지혜와 덕이 매우 뛰어난 성인들이 만든 것이지 인간의 성품으로부터 생겨난 것이 아니다.**

풀이 인간이 지켜야 할 도덕을 인간의 성품으로부터 생겨난 것으로 보아야 도덕 내재주의에 해당하는 내용이 된다.

→ 적절하지 않음!

**④ 군자에게 용기만 있고 의로움이 없으면 어지러움을 일으키게 되고, 소인에게 용기만 있고 의로움이 없으면 남의 것을 훔치게 된다.**

풀이 군자든 소인이든 선천적으로 의로움을 갖추고 있다는 도덕 내재주의와 거리가 먼 내용이다.

→ 적절하지 않음!

**⑤ 저 사람이 어른이기 때문에 내가 그를 어른으로 대우하는 것이지, 나에게 어른으로 대우하고자 하는 마음이 원래부터 있어서 그런 것이 아니다.**

풀이 '어른으로 대우하고자 하는 마음이 원래부터 있어서 그런 것이 아니다.'라는 말은 도덕 내재주의와 반대되는 내용이다.

→ 적절하지 않음!

**004** | <보기>와 내용 비교 - 적절하지 않은 것 고르기 2015학년도 9월 모평B 20번 정답률 90% | 정답 ②

## 윗글의 '맹자'와 〈보기〉의 '묵적'을 이해한 내용으로 적절하지 않은 것은? [3점]

| 보기 |

[1]묵적은 인간이 이기적인 존재이기 때문에 자기 자신과 자기 집단만의 이익을 추구하여 개인 간의 갈등과 사회의 혼란이 생긴다고 보았다. [2]그는 '의'를 개인과 사회 전체의 이익을 충족하는 것으로 보아, '의'를 통해 이러한 개인과 사회의 혼란을 해결할 수 있다고 하였다. [3]모든 사람을 차별 없이 똑같이 서로 사랑하면 '의'가 실현되어 사회의 혼란이 해소될 것이라고 본 것이다. [4]아울러 그는 이러한 '의'의 실현이 만물을 주재하는 하늘의 뜻이라고 하여 '의'를 실천해야 할 당위성(當爲性, 마땅히 그렇게 해야 할 성질)을 강조하였다.

▶지문 핵심 개념 정리

| 맹자 | 묵적 |
|---|---|
| • '의'를 개인의 완성 및 개인과 사회의 조화를 위한 필수적인 행위 규범으로 설정(❸-4)<br>• '의'가 이익의 추구와 구분되어야 한다고 주장(❹-1)<br>• 사적인 욕망으로부터 비롯된 이익의 추구는 개인적으로는 '의'의 실천을 가로막고, 사회적으로는 혼란을 야기함(❹-2)<br>• 자기의 행동이 옳지 못함을 부끄러워하는 마음이 의롭지 못한 행위를 하지 않도록 막아주는 동기로 작용(❺-3) | • '의'를 개인과 사회 전체의 이익을 충족하는 것으로 보아, '의'를 통해 개인과 사회의 혼란을 해결할 수 있다고 함(〈보기〉-2)<br>• '의'의 실현은 만물을 주재하는 하늘의 뜻 → '의'를 실천해야 할 당위성 강조(〈보기〉-4) |

**① '맹자'와 '묵적'은 모두 '의'라는 개념을 사용하지만, 그 의미를 다르게 보았다.**

풀이 맹자는 '의'를 개인의 완성 및 개인과 사회의 조화를 위한 필수적인 행위 규범으로 보았고, 묵적은 개인과 사회 전체의 이익을 충족하는 것으로 보았다.

→ 적절함!

**② '맹자'는 '의'와 이익이 밀접하게 관련된다고 보았고, '묵적'은 '의'와 이익을 명확히 구분되는 것으로 보았다.**

풀이 맹자는 '의'가 이익의 추구와 구분되어야 한다고 주장했지만, 묵적은 '의'를 개인과 사회 전체의 이익을 충족하는 것으로 보았다.

→ 적절하지 않음!

**③ '맹자'는 이익의 추구를 사회 혼란의 원인이라고 보았고, '묵적'은 이익의 충족을 통해 사회 혼란을 해결할 수 있다고 보았다.**

풀이 맹자는 사적인 욕망으로부터 비롯된 이익의 추구는 개인적으로는 '의'의 실천을 가로막고, 사회적으로는 혼란을 야기한다고 보았다. 그러나 묵적은 개인과 사회 전체의 이익을 충족하는 '의'를 통해 개인과 사회의 혼란을 해결할 수 있다고 보았다.

→ 적절함!

**④ '맹자'는 인간의 잘못에 대한 수치심을 '의'를 실천하게 하는 동기로 보았고, '묵적'은 '의'의 실천을 하늘의 뜻에 따르는 것으로 보았다.** (수치심 ← 자기 행동의 옳지 못함을 부끄러워함)

풀이 맹자는 인간은 자기의 행동이 옳지 못함을 부끄러워하고 남이 착하지 못함을 미워하는 마음을 본래 가지고 있는데, 이러한 마음이 의롭지 못한 행위를 하지 않도록 막아 주는 동기로 작용해 '의'를 실천할 가능성을 가지고 있다고 보았다. 그러나 묵적은 '의'의 실현이 만물을 주재하는 하늘의 뜻이라고 생각한다.

→ 적절함!

⑤ '맹자'는 '의'의 실천이 개인과 사회의 조화를 위해 필요하다고 보았고, '묵적'은 '의'의 실천이 개인과 사회의 이익을 충족하는 데 필요하다고 보았다.

풀이 맹자는 '의'를 개인의 완성 및 개인과 사회의 조화를 위해 필수적인 행위 규범으로 설정하였고, 묵적은 '의'를 개인과 사회 전체의 이익을 충족하는 것으로 보아, '의'를 통해 개인과 사회의 혼란을 해결할 수 있다고 하였다.

→ 적절함!

**005** | 단어의 의미 파악 - 적절하지 않은 것 고르기 2015학년도 9월 모평B 21번 정답률 80% | 정답 ①

**ⓐ~ⓔ의 사전적 의미로 적절하지 않은 것은?**

ⓐ 경도 ⓑ 가중 ⓒ 결부 ⓓ 배제 ⓔ 역설

**① ⓐ : 잘못 보거나 잘못 생각함.**

풀이 '경도(傾 기울어지다 경 倒 넘어지다 도)'는 '온 마음을 기울여 사모하거나 열중함'의 의미이다. '잘못 보거나 잘못 생각함'은 '오인(誤 그르치다 오 認 인식하다 인)'의 사전적 의미이다.

→ 적절하지 않음!

**② ⓑ : 책임이나 부담 등을 더 무겁게 함.**

풀이 '가중(加 더하다 가 重 무겁다 중)'은 '책임이나 부담 등을 더 무겁게 함'의 의미이다.

→ 적절함!

**③ ⓒ : 일정한 사물이나 현상을 서로 연관시킴.**

풀이 '결부(結 맺다 결 付 주다 부)'는 '일정한 사물이나 현상을 서로 연관시킴'의 의미이다.

→ 적절함!

**④ ⓓ : 받아들이지 아니하고 물리쳐 제외함.**

풀이 '배제(排 밀치다 배 除 없애다 제)'는 '받아들이지 아니하고 물리쳐 제외함'의 의미이다.

→ 적절함!

**⑤ ⓔ : 자기의 뜻을 힘주어 말함.**

풀이 '역설(力 힘 력 說 말하다 설)'은 '자기의 뜻을 힘주어 말함'의 의미이다.

→ 적절함!

**[006~010] 다음 글을 읽고 물음에 답하시오.**

1 [A] [1]언론 보도(言論報道, 대중 매체를 통해 많은 사람들에게 소식을 알림)로 명예가 훼손되는(사회적 평가가 떨어지는) 경우 피해를 구제(救濟, 보상)받으려면 어떻게 해야 할까? [2]우리 민법(民法, 사람 사이의 관계·재산 관계·가족 관계에서 지켜야 할 규칙을 정해놓은 법)은 명예 훼손으로 인한 피해를 구제받기 위해 손해 배상(賠償, 남의 권리를 침해한 사람이 그 손해를 물어 주는 일)과 같은 금전적인 구제(돈으로 피해를 보상받는 제도)와 아울러(동시에 함께) 비금전적인 구제(돈을 제외한 다른 방법으로 피해를 보상받는 제도)를 청구할(請求-, 요구할) 수 있다고 규정하고(規定-, 정하고) 있다. [3]이러한 비금전적인 구제 방식의 하나가 '반론권'이다. [4]반론권은 언론의 보도로 피해를 입었다고 주장하는 당사자(當事者, 직접 관계가 있는 사람)가 문제가 된 언론 보도 내용 중 순수한 의견(언론사의 주관적인 주장)이 아닌 사실적 주장(사실에 관한 보도 내용)에 대해 해당(명예를 훼손하는 보도를 한) 언론사를 상대로 지면(紙面, 신문 기사와 같은 인쇄물)이나 방송으로 반박할(反駁-, 방송 내용에 반대하는 말을 할) 수 있는 권리이다. [5]반론권은 일반적으로(一般的-, 보통) 반론 보도(反論報道, 명예가 훼손된 방송 내용에 대해 반박을 하는 방송)를 통해 실현되는데(實現-, 이루어지는데), 이는 정정 보도나 추후 보도와는 다르다. [6]정정 보도는 보도 내용이 사실과 달라 잘못된 사실을 바로잡는 것이며, 추후 보도는 형사상의 조치(법적 처벌)를 받은 것으로 보도된 당사자의 무혐의(無嫌疑, 범죄를 저질렀을 가능성이 없음)나 무죄 판결(無罪判決, 법적으로 죄가 되지 않거나 범죄 사실의 증거가 없다고 선고하는 재판)에 대한 내용을 보도해 주는 것이다.

개념 정의

→ 반론권의 개념

2 [1]반론권 제도는 세계적으로 약 30 개 국가에서 시행되고(施行-, 실제로 행해지고) 있는데, 우리나라의 반론권 제도는 의견에도 반론권을 적용하는 프랑스식 모델이 아닌 사실적 주장에 대해서만 반론권을 부여하는(附與-, 주는) 독일식 모델을 따르고 있다. [2]우리나라 반론권 제도의 특징은 정부가 반론권 제도를 도입하면서(導入-, 들여오면서) 이를 언론중재위원회를 통하여 행사하도록(行使-, 시행하도록) 했다는 것이다. [3]반론권 도입 당시 우리 정부는 언론중재위원회를 통한 반론권 행사가 언론에는 신뢰도 하락(언론사에 대한 믿음이 떨어지는 것)과 같은 부담을 주지 않고, 개인에게는 신속히 피해를 구제받을 기회를 주기 때문에 효율적(效率的, 효과가 큰 것)이라고 주장하였다. [4]이에 대해 언론사와 일부 학자들은 법정 기구(法定機構, 법으로 정해서 만든 단체)인 언론중재위원회를 통해 반론권을 행사하도록 하는 것이 언론의 편집 및 편성권(어떤 내용을 어떤 형식으로 보도할 것인가에 대해 언론사가 자유롭게 결정할 수 있는 권리)을 침해하여(侵害-, 해쳐서) 궁극적으로 언론 자유의 본질(언론이 아무런 참견을 받지 않고 보도를 할 수 있는 자유)을 훼손할(毁損-, 깨뜨릴) 수 있다는 우려(憂慮, 걱정)를 나타냈다.

반론권 도입을 비판하는 주장

→ 우리나라 반론권 제도의 특징과 문제점

3 [1]그러나 헌법재판소(憲法裁判所, 특정한 법이 헌법에 어긋나는지 아닌지를 심판하는 특별재판소)는 반론권 존립 여부(반론권을 그대로 유지할 것인가 없앨 것인가)에 대해 판단하면서, 반론권은 잘못된 사실을 진실에 맞게 수정하는 권리가 아니라 피해를 입은 자(者, 사람)가 문제가 되는 기사에 대해 자신의 주장을 게재하는(揭載-, 글로 싣는) 권리로서 합헌적인(合憲的-, 헌법에 어긋나지 않는) 구제 장치라고 보았다. [2]또한 대법원은 반론권 제도를 이른바 ㉠ 무기대등원칙(武器對等原則)에 부합하는(符合-, 들어맞는) 것으로 판단하였다. [3]즉 사회적 강자(사회적으로 힘이 센 세력)인 언론을 대상으로 일반인이 동등한(同等-, 같은 정도의) 공격과 방어를 할 수 있도록 균형 유지 수단(언론과 일반인의 세력이 어느 한쪽으로 치우치지 않도록 하는 방법)을 제공하는 것이므로 정당하다(正當-, 공평하다)는 것이다.

반론권 도입의 정당성 주장

→ 반론권의 정당성에 대한 헌법재판소의 판단

4 [1]반론권 청구는 언론중재위원회 또는 법원에 할 수 있으며, 두 기관에 동시에 신청할 수도 있다. [2]이때 반론권은 해당(명예를 훼손하는 보도를 한) 언론사의 잘못이나 기사 내용의 진실성 여부(진실인지 아닌지)에 상관없이 청구할 수 있다. [3]언론 전문가들은 일부 학자들의 비판적인 시각(반론권 제도에 대한 문제 제기)에도 불구하고 언론과 관련된 분쟁(紛爭, 다툼)은 법정(法廷, 법원에서 재판을 하는 곳) 밖에서 해결하는 것이 가장 바람직하다는 측면에서 언론중재위원회를 통한 반론권 제도의 중요성을 인정하고 있다. [4]그러나 그 효율성을 제고하기(提高-, 높이기) 위해서는 당사자(當事者, 언론과 언론의 보도로 인해 피해를 본 사람)가 모두 ㉡ 만족할 수 있도록 중재의 합의율(언론과 언론 보도로 인해 피해를 본 사람 사이의 의견을 조정하여 화해하도록 하는 비율)과 질적 수준(합의의 질)을 높여야 할 것이다.

글쓴이의 견해

→ 반론권의 청구와 반론권 제도의 효율성 제고 방안

■ 지문 이해

<반론권 제도의 특징과 의의>

**❶ 반론권의 개념**

- 반론권 : 언론의 보도로 피해를 입었다고 주장하는 당사자가 문제가 된 언론 보도 내용 중 순수한 의견이 아닌 사실적 주장에 대해 해당 언론사를 상대로 지면이나 방송으로 반박할 수 있는 권리

**❷ 우리나라 반론권 제도의 특징과 문제점**

- 특징 : 사실적 주장에 대해서만 반론권을 부여, 언론중재위원회를 통하여 행사
- 문제점 : 법정 기구인 언론중재위원회를 통해 반론권을 행사하도록 하는 것이 언론의 편집 및 편성권을 침해하여 궁극적으로 언론 자유의 본질을 훼손할 수 있음

**❸ 반론권의 정당성에 대한 헌법재판소의 판단**

- 피해를 입은 자가 문제가 되는 기사에 대해 자신의 주장을 게재하는 권리로서 합헌적인 구제 장치
- 사회적 강자인 언론을 대상으로 일반인이 동등한 공격과 방어를 할 수 있도록 균형 유지 수단을 제공하는 것이므로 정당함

**❹ 반론권의 청구와 반론권 제도의 효율성 제고 방안**

- 반론권 청구 : 언론중재위원회 또는 법원 → 언론사의 잘못이나 내용의 진실성 여부에 상관없이 청구 가능
- 당사자가 모두 만족할 수 있도록 중재의 합의율과 질적 수준을 높여야 할 것

**tip** · ❸-2 무기대등원칙(= 무기 평등의 원칙, 당사자 대등주의)

수사 절차에서 피고인은 개인이고 수사기관은 국가기관이기 때문에 지위가 다르다. 피고인 또는 피의자는 법에 대해서 잘 모른다. 또한 범죄의 혐의를 받고 있기 때문에, 심리적 열등감 또는 신체의 구속 등으로 아주 열등한 지위에 있게 되어 검사와 대등하게 맞설 수 없고, 자신에게 불리한 재판 진행에 대해서 충분히 방어할 능력을 갖지 못한다. 반면 기소자인 검사는 전문적인 법률 지식을 가지고 있을 뿐만 아니라 국가기관으로서의 권위와 강력한 수사권을 가지고 피고인을 상대한다.

이와 같은 점을 고려하여 피고인에게 법률적 지식을 가진 변호사를 선임할 수 있게 해, 양 당사자의 지위를 평등하게 하여 검사와 서로 대등하게 싸울 수 있게 하는 것을 무기 대등의 원칙이라 한다. 피고인 또는 피의자가 경제적 빈곤 등으로 사선 변호인을 선임할 수 없을 때는 국가가 변호인을 선임하여 변호권을 실질적으로 보장하기 위한 국선 변호인 제도를 활용할 수 있다.

**006** | 글의 서술 방식 파악 - 적절한 것 고르기 2010학년도 6월 모평 38번 | 정답률 85% | 정답 ④

### 윗글의 논지 전개 방식으로 적절한 것은? [1점]

**근거** ❶-4 반론권은 언론의 보도로 피해를 입었다고 주장하는 당사자가 문제가 된 언론 보도 내용 중 순수한 의견이 아닌 사실적 주장(사실에 관한 보도 내용)에 대해 해당 언론사를 상대로 지면이나 방송으로 반박할 수 있는 권리, ❷-4 언론사와 일부 학자들은 법정 기구인 언론중재위원회를 통해 반론권을 행사하도록 하는 것이 언론의 편집 및 편성권을 침해하여 궁극적으로 언론 자유의 본질을 훼손할 수 있다는 우려, ❸-1 (헌법재판소는) 반론권은 잘못된 사실을 진실에 맞게 수정하는 권리가 아니라 피해를 입은 자가 문제가 되는 기사에 대해 자신의 주장을 게재하는 권리로서 합헌적인 구제 장치, ❹-4 (반론권의) 효율성을 제고하기 위해서는 당사자가 모두 만족할 수 있도록 중재의 합의율과 질적 수준을 높여야 할 것

**풀이** 이 글은 ❶문단에서 반론권의 개념을 정의한 후 ❷문단에서는 반론권 도입을 비판하는 언론사와 일부 학자들의 주장을, ❸문단에서는 반론권 도입의 정당성을 주장하는 헌법재판소의 판단을 소개하고 있다. 마지막 ❹문단에서는 반론권의 효율성 제고를 위한 글쓴이의 생각을 제시하고 있다. 따라서 정답은 ④번이다.

**① 외국의 사례를 열거하여 공통적인 *논지를 **도출한다.** *論旨, 논의의 목적, 의도 **導出-, 이끌어낸다.

**근거** ❷-1 우리나라의 반론권 제도는 의견에도 반론권을 적용하는 프랑스식 모델이 아닌 사실적 주장에 대해서만 반론권을 부여하는 독일식 모델을 따르고 있다.

**풀이** 반론권에 대한 프랑스와 독일의 사례를 제시하고 있지만 이들과 우리나라 반론권 제도와의 공통점을 이끌어내고 있지는 않다.

**② 일반인의 *상식을 제시한 후 이를 **논리적으로 비판한다.** *常識, 일반적인 사람들이 가지고 있는 지식 **타당한 근거를 들어

**③ 새로운 이론을 통해 기존의 주장을 *반박하고 **재해석한다.** *反駁-, 반대하여 논리적으로 따지고 **再解釋-, 새로운 시각으로 다시 의미를 풀이한다.

**④ 개념을 정의한 후 대립되는 주장을 소개하고 필자의 견해를 밝힌다.**

→ 적절함!

**⑤ 현상이나 사실을 설명한 뒤 필자의 생각과 반대되는 견해의 장단점을 분석한다.**

**근거** ❷-4 언론사와 일부 학자들은 법정 기구인 언론중재위원회를 통해 반론권을 행사하도록 하는 것이 언론의 편집 및 편성권을 침해하여 궁극적으로 언론 자유의 본질을 훼손할 수 있다는 우려, ❸-1 (헌법재판소는) 반론권은 잘못된 사실을 진실에 맞게 수정하는 권리가 아니라 피해를 입은 자가 문제가 되는 기사에 대해 자신의 주장을 게재하는 권리로서 합헌적인 구제 장치, ❹-4 효율성을 제고하기 위해서는 당사자가 모두 만족할 수 있도록 중재의 합의율과 질적 수준을 높여야 할 것

**풀이** 필자는 '반론권'에 대한 서로 반대되는 주장을 소개한 뒤 자신의 의견을 전개하고 있다. 필자의 생각과 반대되는 견해를 제시하고 장단점을 분석한 것은 아니다.

**007** | 세부 정보 이해 - 적절한 것 고르기 2010학년도 6월 모평 39번 | 정답률 70%, 매력적 오답 ④ 15% | 정답 ②

### 윗글을 통해서 확인할 수 있는 것은?

**① 반론권 제도는 프랑스에서 가장 먼저 도입하였다.**

**근거** ❷-1 우리나라의 반론권 제도는 의견에도 반론권을 적용하는 프랑스식 모델이 아닌 사실적 주장에 대해서만 반론권을 부여하는 독일식 모델을 따르고 있다.

**풀이** ❷문단을 통해 프랑스의 반론권 제도의 특징은 알 수 있지만 반론권 제도가 프랑스에서 가장 먼저 도입되었는지는 확인할 수 없다.

→ 적절하지 않음!

= 진실성 여부에 상관없이

**② 보도 내용이 진실한 경우에도 반론권을 청구할 수 있다.**

**근거** ❹-2 반론권은 해당 언론사의 잘못이나 기사 내용의 진실성 여부에 상관없이 청구할 수 있다.

→ 적절함!

**③ 피해자는 반론 보도와 정정 보도를 동시에 청구할 수 있다.**

**근거** ❶-5 반론권은 일반적으로 반론 보도를 통해 실현되는데, 이는 정정 보도나 추후 보도와는 다르다.

**풀이** 반론 보도와 정정 보도가 서로 다르다는 점은 알 수 있으나, 이 둘을 동시에 청구할 수 있는지는 확인할 수 없다.

→ 적절하지 않음!

**④ 반론권은 개인은 물론이고 법인이나 단체, 조직도 행사할 수 있다.**

**근거** ❶-4 반론권은 언론의 보도로 피해를 입었다고 주장하는 당사자가 문제가 된 언론 보도 내용 중 순수한 의견이 아닌 사실적 주장(사실에 관한 보도 내용)에 대해 해당 언론사를 상대로 지면이나 방송으로 반박할 수 있는 권리, ❷-3 반론권 도입 당시 우리 정부는 언론중재위원회를 통한 반론권 행사가 언론에는 신뢰도 하락과 같은 부담을 주지 않고, 개인에게는 신속히 피해를 구제받을 기회를 주기 때문에 효율적이라고 주장, ❸-3 사회적 강자인 언론을 대상으로 일반인이 동등한 공격과 방어를 할 수 있도록 균형 유지 수단을 제공하는 것

**풀이** 반론권은 언론의 보도로 피해를 입었다고 주장하는 당사자가 언론 보도 내용 중 순수한 의견이 아닌 사실적 주장에 대해 해당 언론사를 상대로 지면이나 방송으로 반박할 수 있는 권리이다. 이때 이 당사자에 대한 설명으로 ❷문단에서는 개인, ❸문단에서는 일반인을 들고 있다. 법인이나 단체, 조직이 당사자가 될 수 있는지에 대한 설명은 나오지 않는다.

→ 적절하지 않음!

**⑤ 반론권은 문제가 된 보도와 같은 분량의 지면이나 방송으로 행사되어야 한다.**

**근거** ❶-4 반론권은 언론의 보도로 피해를 입었다고 주장하는 당사자가 문제가 된 언론 보도 내용 중 순수한 의견이 아닌 사실적 주장(사실에 관한 보도 내용)에 대해 해당 언론사를 상대로 지면이나 방송으로 반박할 수 있는 권리

**풀이** 반론권은 지면이나 방송을 통해 반박할 수 있는 권리라는 설명은 나오지만, 그 분량에 대한 설명은 나오지 않는다.

→ 적절하지 않음!

**tip** · 언론중재위원회(http://www.pac.or.kr)에서 제공하는 언론 피해 관련 안내 자료

- 잘못된 보도의 유형
  - 인명, 지명, 통계 수치 등을 잘못 기록한 보도
  - 거짓을 사실인 것처럼 꾸민 허위 보도
  - 기사 내용과 관련 없는 사진을 보도하여 피해를 준 경우
  - 필자의 허락을 받지 않고 글을 고쳐 필자의 의도와 다르게 표현된 보도
  - 사실을 그릇되게 과장한 보도
  - 전체 사실 중 일부분만을 부각하여 나쁜 인상을 심어준 왜곡·과장 보도
  - 한쪽의 주장만을 전달한 편파 보도
  - 범죄 혐의자나 범인으로 보도되었으나 수사 결과 혐의가 없는 것으로 밝혀진 경우
  - 승낙 또는 정당한 이유 없이 개인의 초상, 음성, 사생활, 성명을 보도한 경우
  - 개인의 사회적 평가를 저하시키는 명예 훼손 보도
- 잘못된 보도로 인한 피해의 종류
  - 명예 훼손 : 사회적 평가를 저하시키는 구체적인 사실을 적시한 경우
  - 음성권 침해 : 동의 없이 음성을 비밀로 녹음해 보도한 경우
  - 초상권 침해 : 얼굴이나 신체적 특징을 동의 없이 촬영, 보도한 경우
  - 성명권 침해 : 익명 처리해야 하는 개인의 성명을 동의 없이 실명으로 보도한 경우
  - 사생활 침해 : 사적 영역에서 이루어지는 생활을 본인의 의사에 반해 무단 공개한 경우
  - 재산권 침해 : 보도로 인해 개인이나 회사 등의 재산상 손해가 발생한 경우
- 피해 회복 방법

  보도로 인해 피해를 입은 당사자는 언론중재위원회에 정정 보도나 반론 보도, 추후 보도, 손해 배상 등을 구하는 조정 및 중재 신청을 하여 피해를 구제받을 수 있다.
  - 정정 보도 청구 : 언론 보도가 진실하지 아니한 경우 해당 언론사가 스스로 기사 내용이 잘못되었음을 밝히는 정정 기사를 게재(또는 방송)해 줄 것을 요구하는 권리

- 반론 보도 청구 : 언론 보도로 인하여 피해를 입은 사람이 언론 보도 내용에 대한 자신의 입장을 보도해 달라고 요구하는 권리
- 추후 보도 청구 : 언론에 의하여 범죄 혐의가 있거나 형사상의 조치를 받았다고 보도된 이후 무죄판결 등 혐의가 없는 것으로 밝혀진 경우 해당 언론사에게 자신이 무죄라는 취지의 내용을 게재(또는 방송)해 줄 것을 요구하는 권리
- 손해 배상 청구 : 언론 보도로 인하여 피해가 발생한 경우 피해에 대한 금전적인 배상을 요구하는 권리

1등급 문제

**008** 구체적인 사례에 적용 - 적절한 것 고르기 2010학년도 6월 모평 40번
정답률 50%, 매력적 오답 ③ 20% ④ 15% ⑤ 10% | 정답 ②

**[A]에 근거하여 볼 때, 반론 보도문의 성격에 가장 잘 맞는 것은?**
→ 피해 당사자가 사실적 주장에 대해 언론사를 상대로 지면으로 반박

**① 본지는 2008년 1월 1일자 3면에서 공무원 A 씨가 횡령 혐의로 체포되었다고 보도하였습니다. 그러나 A 씨는 2009년 4월 20일 대법원에서 무죄 판결이 났음을 알려 드립니다.** → 추후 보도

근거 ❶-6 추후 보도는 형사상의 조치를 받은 것으로 보도된 당사자의 무혐의나 무죄 판결에 대한 내용을 보도해 주는 것

풀이 횡령 혐의로 인해 체포라는 형사상의 조치를 받은 A 씨가 무죄 판결이 났다는 내용을 보도해 준 것이므로 추후 보도에 해당한다.

→ 적절하지 않음!

**② ○○ 연구소의 B 소장은 '경제 회복 당분간 어렵다'는 취지의 본지 인터뷰 기사 내용에 대해, 이는 인터뷰 내용 중 일부 대목만을 인용하여 '경기 부양에 적절한 조치가 필요하다'라는 자신의 견해를 확대 해석한 결과라고 밝혀 왔습니다.**
(피해 당사자 / 반박 / 인터뷰 내용은 사실임)

근거 ❶-4 반론권은 언론의 보도로 피해를 입었다고 주장하는 당사자가 문제가 된 언론 보도 내용 중 순수한 의견이 아닌 사실적 주장(사실에 관한 보도 내용)에 대해 해당 언론사를 상대로 지면이나 방송으로 반박할 수 있는 권리

풀이 B 소장은 '경제 회복 당분간 어렵다'는 보도에 대해 '경기 부양에 적절한 조치가 필요하다'는 자신의 견해를 확대 해석한 것이라고 반박하고 있다. 따라서 반론권을 행사한 사례로 가장 적절하다고 할 수 있다.

→ 적절함!

**③ C 기업은 해당 기업에서 제작한 핵심적 기계 장치의 안전성이 우려된다는 본지의 보도로 인하여 많은 손해를 보았다고 전해 왔습니다. 사실 관계를 확인한 결과 기계 자체가 아닌 사용상의 문제인 것으로 드러나 관련 기업과 독자 여러분께 사과드립니다.** → 정정 보도
(보도 내용이 사실과 다름)

근거 ❶-6 정정 보도는 보도 내용이 사실과 달라 잘못된 사실을 바로잡는 것

풀이 사실 관계를 확인한 결과 기계 자체가 아닌 사용상의 문제인 것으로 드러났다고 하였으므로, 보도 내용이 사실과 달라 이를 바로잡은 정정 보도에 해당한다.

→ 적절하지 않음!

**④ 본지는 D 병원장의 예를 들어 병원들이 보험료를 부풀려 신청한다는 보도를 한 바 있습니다. 이에 대해 D 병원장은 기사에서 지적된 사람은 자신이 아니라고 알려 왔으며, 확인 결과 기사의 D 병원장은 E 병원장의 *오기(誤記)로 드러났음을 알려 드립니다.**
(보도 내용이 사실과 다름)
*잘못 기록한 것 → 정정 보도

근거 ❶-6 정정 보도는 보도 내용이 사실과 달라 잘못된 사실을 바로잡는 것

풀이 보도된 D 병원장이 E 병원장의 오기라고 밝히고 있다. 이는 잘못된 사실을 바로잡은 정정 보도에 해당한다.

→ 적절하지 않음!

**⑤ 본지는 F 금융공사가 미국보다 비싼 학자금 대출 금리로 부당한 이익을 남긴다고 보도한 바 있습니다. 이에 대해 F 금융공사는 미국에서 가장 널리 이용되는 학자금 대출 상품의 금리보다 자사의 금리가 더 낮다고 주장하였습니다. 이는 사실로 확인되었으므로 해당 내용을 수정합니다.** → 정정 보도
(보도 내용이 사실과 다름)

근거 ❶-6 정정 보도는 보도 내용이 사실과 달라 잘못된 사실을 바로잡는 것

풀이 F 금융공사의 학자금 대출 금리가 미국보다 높다는 보도 내용이 잘못된 것으로, 잘못된 사실을 수정하는 정정 보도에 해당한다.

→ 적절하지 않음!

**009** 구체적인 사례에 적용 - 적절한 것 고르기 2010학년도 6월 모평 41번
정답률 70%, 매력적 오답 ③ 10% | 정답 ①

**㉠의 취지를 가장 잘 반영하는 것은?**

㉠ 무기대등원칙(武器對等原則)

근거 ❸-2~3 대법원은 반론권 제도를 이른바 무기대등원칙(武器對等原則)에 부합하는 것으로 판단하였다. 즉 사회적 강자인 언론을 대상으로 일반인이 동등한 공격과 방어를 할 수 있도록 균형 유지 수단을 제공하는 것이므로 정당하다는 것

풀이 무기대등원칙이란, 두 주체가 대립할 경우 그 두 주체의 힘이 현격히 차이날 때, 약자를 보호하기 위한 제도이다. 즉 여기에서는 사회적 강자인 언론과 사회적 약자인 일반인이 동등한 공격 또는 방어를 할 수 있도록 하는 수단이 된다.

**① *피의자가 자신에게 불리한 **진술을 거부할 수 있도록 허용한다.** *被疑者, 국가에 의해 고발당한, 범죄 혐의가 있는 사람 **陳述, 일이나 상황에 대해 이야기하는 것

풀이 경찰·검찰 등 사회적 강자인 국가 기관에 대해 사회적 약자인 피의자(개인)가 동등하게 방어를 할 수 있도록 불리한 진술 거부를 허용한 것이므로, 무기대등원칙의 취지를 반영한 사례라고 볼 수 있다.

→ 적절함!

**② 모성 보호를 위해 산모에게 일정 기간 *유급 휴가를 제공한다.** *有給休暇, 급여가 제공되는 휴가

풀이 정부가 사회적 약자인 산모를 보호하기 위해 시행한 제도로, 대립 주체가 없으므로 무기대등원칙의 취지와는 거리가 멀다.

→ 적절하지 않음!

**③ 저소득층 자녀들을 위해 구청에서 무료로 놀이방을 운영한다.**

풀이 지방자치단체가 사회적 약자인 저소득층 자녀를 배려하기 위해 시행한 제도로, 대립 주체가 없으므로 무기대등원칙의 취지와는 거리가 멀다.

→ 적절하지 않음!

**④ 만 65 세 이상의 *고령자에게 지하철을 무료로 이용할 수 있도록 한다.** *高齡者, 나이가 많은 사람

풀이 정부가 사회적 약자인 고령자를 배려하기 위해 시행한 제도로, 대립 주체가 없으므로 무기대등원칙의 취지와는 거리가 멀다.

→ 적절하지 않음!

**⑤ 청소년 보호를 위해 정부에서 지상파 방송 광고에 대해 사전 *심의를 실시한다.** *審議, 심사와 토의

풀이 정부가 사회적 약자인 청소년을 보호하기 위해 시행한 제도로, 대립 주체가 없으므로 무기대등원칙의 취지와는 거리가 멀다.

→ 적절하지 않음!

들리기 쉬운 문제

**010** 단어의 의미 파악 - 적절하지 않은 것 고르기 2010학년도 6월 모평 42번
정답률 55%, 매력적 오답 ② 15% ④ 15% ⑤ 10% | 정답 ③

**밑줄 친 단어 중, ㉡의 의미를 포함하지 않는 것은?**

㉡ 만족할

근거 ❹-4 효율성을 제고하기 위해서는 당사자가 모두 만족할 수 있도록 중재의 합의율과 질적 수준을 높여야 할 것

풀이 밑줄 친 ㉡은 '마음에 들다'라는 주관적 의미를 가진 단어이다.

**① 선을 본 사람이 마음에 차지 않았다.**

풀이 '차다'는 '대상이 마음에 들다'라는 주관적 의미를 가진 단어이다.

예문 그 정도의 성과는 눈에 차지도 않는다.
엄마는 꿀물만으론 성이 안 찼던지 곱게 빻아두었던 인삼가루를 듬뿍 한 숟갈 꿀물에다 탔다.

→ 적절함!

**② 엊그제 비가 흡족히 와서 가뭄이 해소되었다.**

풀이 '흡족히'는 '모자람이 없을 정도로 넉넉하여 마음에 들다'라는 주관적 의미를 가진 단어이다.

**예문** 그는 흡족한 미소를 띠었다.
시어머니는 며느릿감이 마음에 흡족하였다.

→ 적절함!

③ **그는 자기 능력에 상당한 대우를 받고 기뻐했다.**

**풀이** '상당(相 서로 상 當 마땅하다 당)한'은 '어느 정도에 알맞다'의 의미로, 비교할 대상이 있을 때 객관적, 양적 의미로 쓰이는 단어이다. 예를 들어 교통사고의 피해자에게 사고로 인해 출근하지 못한 날짜만큼의 월급에 '상당하는' 보상을 하였을 경우, 이는 피해자가 '만족할' 만큼의 보상은 아닐 수 있다.

**예문** 이번에 옮긴 회사는 내 이력에 상당한 대우를 해 줘서 흡족하다.

→ 적절하지 않음!

**④ 철수는 그 자리에 있는 것이 별로 달갑지 않았다.**

**풀이** '달갑지'는 '불만 없이 마음에 들어 만족스럽다'라는 주관적 의미를 가진 단어이다.

**예문** 아내는 왠지 달갑지 않은 표정이다.
운전수는 별로 달갑지 않은 눈치였지만, 군소리 없이 차를 돌렸다.

→ 적절함!

**⑤ 형의 말을 들은 삼촌의 얼굴이 그리 탐탁해 보이지 않는다.**

**풀이** '탐탁해'는 '마음에 들어 만족스럽다'라는 주관적 의미를 가진 단어이다.

**예문** 나는 그의 일솜씨가 그리 탐탁하지 않았다.
나는 네가 새로 사귄 친구가 별로 탐탁지 않아.

→ 적절함!

**[011~013] 다음 글을 읽고 물음에 답하시오.**

1 ¹신기루는 그 자리에 없는 어떤 대상이 마치 있는 것처럼 보이는 현상을 말한다. ²그러나 신기루는 환상이나 눈속임이 아니라 원래의 대상이 공기층의 온도 차 때문에 다른 곳에 보이게 되는 현상이다. ³찬 공기층은 밀도가 크고(공기 입자가 빽빽하게 모여 있고) 따뜻한 공기층은 밀도가 작다.(공기 입자들 사이의 거리가 넓어 멀리 퍼져 있다.) ⁴이러한 밀도 차이는 빛이 공기를 통과하는 시간을 변화시키는데, 밀도가 클수록 시간이 더 걸리게 된다.(공기층의 온도가 낮을수록 빛이 통과하는 시간이 길어진다.) ⁵이때 공기층을 지나는 빛은 밀도가 다른 경계 면을 통과하면서 굴절한다.(屈折-, 꺾인다.) ⁶따라서 신기루는 지표면 공기와 그 위 공기 간의 온도 차가 큰(밀도의 차이가 큰) 사막이나 극지방(極地方, 남극·북극과 가까운 지역)에서 쉽게 관찰할 수 있다.

→ 신기루의 정의와 형성 원리

2 ¹뜨거운 여름, 사막의 지표면은 쉽게 햇볕을 받아 가열되고, 지표면 공기는 그 위층의 공기에 비해 쉽게 뜨거워진다. ²뜨거운 공기는 차가운 공기에 비해 밀도가 작은데, 이러한 밀도 차이에 의해 빛이 굴절하게 된다. ³나무 한 그루가 사막 위에 있다고 가정하자. ⁴나무의 윗부분에서 나온 빛의 일부는 직진하여 사람 눈에 곧바로 도달하므로(到達-, 다다르므로) 우리 눈에는 똑바로 선 나무가 보인다. ⁵그러나 그 빛의 일부는 아래로 가다가 밀도가 큰 공기층을 지나며(차가운 공기층을 지나며) 계속 굴절되어 다시 위로 올라가고, 나무의 아랫부분에서 출발한 빛은 계속 굴절되면서 더 위쪽으로 올라간다. ⁶이렇게 두 빛의 위치가 바뀌기 때문에 사람에게는 나무가 거꾸로 서 있는 것처럼 보인다. ⁷이를 '아래 신기루'라고 한다. ⁸따라서 멀리서 볼 때는 바로 선 나무와 그 밑에 거꾸로 선 나무의 영상이 동시에 보이는 것이다.

**사막의 아래 신기루**

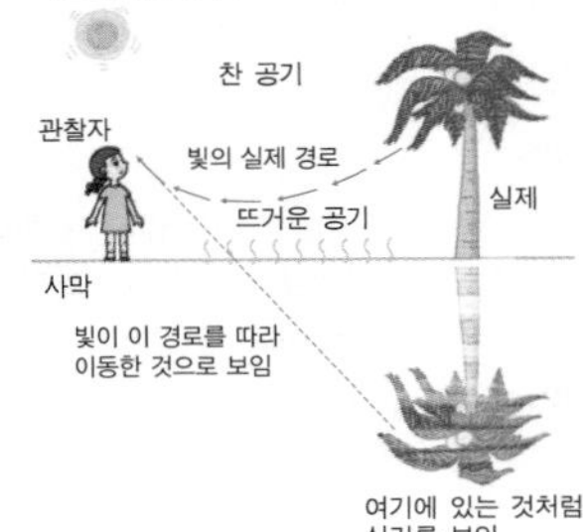


〈참고 그림〉
❷-4~5 나무의 윗부분에서 나온 빛의 일부는 직진하여 사람 눈에 곧바로 도달하므로 똑바로 선 나무가 보인다. 그러나 빛의 일부는 아래로 가다가 밀도가 큰 공기층을 지나며 계속 굴절되어 다시 위로 올라가고, 나무의 아랫부분에서 출발한 빛은 계속 굴절되면서 더 위쪽으로 올라간다.

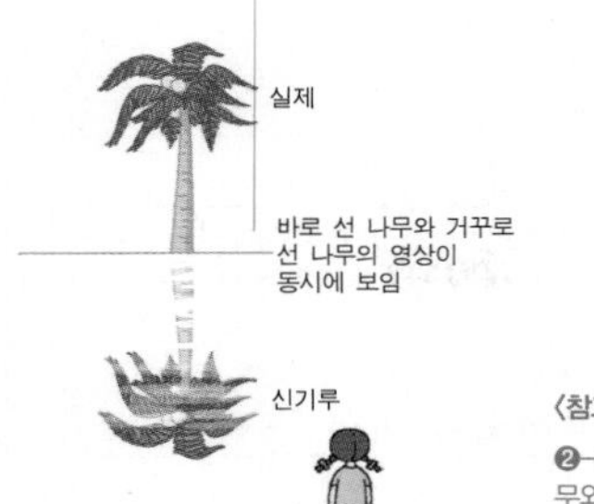


〈참고 그림〉
❷-7~8 '아래 신기루'는 멀리서 볼 때 바로 선 나무와 그 밑에 거꾸로 선 나무의 영상이 동시에 보인다.

야자수로부터 나오는 빛은 처음에는 찬 공기 지역의 아래쪽으로 휜다. 그런데 아래쪽으로는 뜨거운 공기가 있다. 그러면 이 빛은 다시 차가운 위쪽으로 휘면서 우리 눈으로 들어온다. 사람은 빛이 아래쪽에서 온 것처럼 느낀다(야자수로부터 온 빛이 그림과 같이 사선의 경로를 따라 이동한 것처럼 보인다). 이 경우 야자수는 위아래가 모두 우리 눈에 들어오게 된다.

→ 신기루의 종류 ① 사막 : 아래 신기루

3 ¹매우 추운 지역에서도 신기루는 일어난다. ²극지방의 눈 덮인 지표면 공기는 늘 그 상공(上空, 공중)의 공기보다 훨씬 차다. ³찬 공기층의 밀도는 크고, 따뜻한 공기층의 밀도는 작다. ⁴이러한 밀도 차이에 의해 빛은 밀도가 큰(공기가 찬) 지표면 쪽으로 굴절되어 우리 눈에 들어오게 된다. ⁵따라서 극지방에 있는 산봉우리는 실제보다 위에 있는 것처럼 보인다. ⁶이러한 현상을 ㉠ '위 신기루'라고 부른다.

〈참고 그림〉

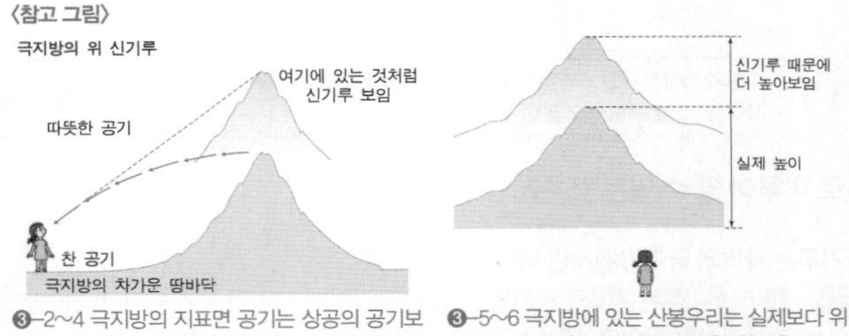


❸-2~4 극지방의 지표면 공기는 상공의 공기보다 차갑다. 밀도 차이에 의해 빛은 밀도가 큰 지표면 쪽으로 굴절된다.

❸-5~6 극지방에 있는 산봉우리는 실제보다 위에 있는 것처럼 보이는데, 이러한 현상을 '위 신기루'라고 부른다.

산봉우리 쪽에서 나오는 빛은 차갑고 밀도가 큰 지표면 쪽으로 굴절되어 우리 눈에 들어오게 된다. 사람에게는 산봉우리로부터 온 빛이 그림처럼 위에서 아래, 즉 사선 방향으로 내려오는 경로를 따라 이동한 것처럼 보인다. 이 경우 산봉우리는 실제보다 높은 곳에 있는 것처럼 우리 눈에 들어오게 된다.

→ 신기루의 종류 ② 극지방 : 위 신기루

4 ¹신기루가 나타나는 상황은 다양하다. ²더운 여름철 오후에는 지표면 온도가 쉽게 높아진다. ³이때 가열된 아스팔트 도로 위를 차로 달리면, 전방의 도로 면에 물웅덩이가 있는 것처럼 보일 때가 있다. ⁴그런데 차가 접근하면 이는 곧 사라지고 얼마쯤 앞에 물웅덩이가 또 나타나게 된다. ⁵이러한 현상은 지표면과 그 위 공기 간에 온도 차이(밀도 차이)가 생겨서 하늘에서 오는 빛이 굴절되어 내 눈에 들어오기 때문에 일어나는 것이다. ⁶㉡ 아지랑이도 신기루의 일종이다. ⁷날씨가 갑자기 따뜻해지는 봄날, 지표면 부근의 가열된 공기는 상승·하강하면서 불규칙적인 밀도 변화를 일으킨다. ⁸이러한 변화는 빛의 굴절 차이를 일으키게 되는데 이로 인해 아지랑이가 발생한다. ⁹이 경우 물체의 위치는 변하지 않고, 아지랑이 때문에 물체가 그 자리에서 어른거리는 것처럼 보인다.

→ 신기루가 나타나는 상황과 신기루의 한 종류인 아지랑이

■지문 이해

〈신기루의 형성 원리와 종류〉

| ❶ 신기루의 정의와 형성 원리 |
|---|
| • 정의 : 원래의 대상이 공기층의 온도 차 때문에 다른 곳에 보이게 되는 현상<br>• 형성 원리 : 공기층의 밀도 차이에 따라 빛이 공기를 통과하는 시간이 다르기 때문에 형성<br>- 찬 공기 (밀도 ↑) : 빛이 공기를 통과하는 시간이 길다 ┐두 공기층을<br>- 따뜻한 공기 (밀도 ↓) : 빛이 공기를 통과하는 시간이 짧다 ┘지나며 굴절 |

| ❷~❸ 신기루의 종류 | |
|---|---|
| ① 사막 : 아래 신기루 | ② 극지방 : 위 신기루 |
| • 뜨거운 지표면의 공기와 차가운 위층 공기의 밀도 차이에 의해 생기는 신기루 | • 차가운 지표면의 공기와 뜨거운 위층 공기의 밀도 차이에 의해 생기는 신기루 |

| ❹ 신기루가 나타나는 상황과 신기루의 한 종류인 아지랑이 |
|---|
| • 신기루가 나타나는 상황 : 여름철 지표면과 그 위 공기 간의 온도 차이에 의해 도로 면에 물웅덩이가 있는 것처럼 보이는 현상<br>• 아지랑이 : 봄날 지표면 부근 가열된 공기의 불규칙적인 밀도 변화에 의해 발생 |

### 011 | 추론의 적절성 판단 - 적절한 것 고르기 2009학년도 6월 모평 13번 | 정답률 75%, 매력적 오답 ④ 15% | 정답 ③

**윗글로 미루어 알 수 있는 것은?**

외의 다양한 상황에서도

**① 신기루는 사막과 극지방에서만 나타난다.**

근거 ❶-6 신기루는 지표면 공기와 그 위 공기 간의 온도 차가 큰 사막이나 극지방에서 쉽게 관찰할 수 있다, ❹-1 신기루가 나타나는 상황은 다양하다.

풀이 신기루는 공기층 간의 온도 차가 큰 사막이나 극지방에서 쉽게 관찰할 수 있지만 그 외의 다양한 상황에서도 나타날 수 있다.

→ 적절하지 않음!

다른 경계 면을 통과하면서

**② 빛은 밀도가 작은 쪽에서만 굴절하는 속성이 있다.**

근거 ❶-5 공기층을 지나는 빛은 밀도가 다른 경계 면을 통과하면서 굴절

풀이 빛은 밀도가 작은 쪽에서만 굴절하는 것이 아니라 밀도 차이가 나는 경계 면에서 굴절한다.

→ 적절하지 않음!

= 원래의 대상

**③ 신기루가 나타나려면 그 부근에 대상이 있어야 한다.**

근거 ❶-2 신기루는 환상이나 눈속임이 아니라 원래의 대상이 공기층의 온도 차 때문에 다른 곳에 보이게 되는 현상

풀이 빛의 굴절에 의해 대상이 다른 곳에 보이게 되려면 신기루가 나타나는 부근에 원래의 대상이 있어야 한다.

→ 적절함!

로 인해 생긴다

**④ 공기층의 밀도 차이가 없어도 신기루가 생길 수 있다.**

근거 ❶-3~5 찬 공기층은 밀도가 크고 따뜻한 공기층은 밀도가 작다. 이러한 밀도 차이는 빛이 공기를 통과하는 시간을 변화시키는데, 밀도가 클수록 시간이 더 걸리게 된다. 이때 공기층을 지나는 빛은 밀도가 다른 경계 면을 통과하면서 굴절한다.

풀이 신기루는 공기층의 밀도 차이에 따라 빛이 공기를 통과하는 시간이 달라지기 때문에 발생한다. 따라서 신기루는 공기층에 밀도 차이가 나야 생길 수 있다.

→ 적절하지 않음!

공기층의 밀도차가

**⑤ 도로에서 굴절 현상이 일어나려면 주변에 물이 있어야 한다.**

근거 ❹-5 이러한(더운 여름철 오후 가열된 아스팔트의 도로 면에 물웅덩이가 나타나는) 현상은 지표면과 그 위 공기 간에 온도 차이가 생겨서 하늘에서 오는 빛이 굴절되어 내 눈에 들어오기 때문에 일어나는 것

풀이 도로에서 굴절 현상이 일어나는 것은 지표면과 그 위 공기 간의 온도 차이에 의해 물웅덩이가 '있는 것처럼' 보이는 것이므로, 주변에 물이 있어야 한다는 진술은 적절하지 않다.

→ 적절하지 않음!

평가원 이의 신청 답변

13번 문항은 지문에 제시된 정보를 토대로 이끌어낼 수 있는 내용을 묻고 있습니다. 지문을 보면, '신기루'는 '환상이나 눈속임이 아니라 원래의 대상이 공기층의 온도 차 때문에 다른 곳에 보이게 되는 현상'입니다. 즉 어떤 대상이 기상 현상에 따른 빛의 굴절 효과로 다른 곳에 보이거나 왜곡되어 보이는 것으로 신기루를 설명하고 있습니다.

13번 문항에 대한 이의 제기는 크게 두 가지입니다.

첫째, '물웅덩이'와 관련한 신기루 현상에 대한 이의 제기입니다.

지문에서는 '물웅덩이가 있다'가 아니라 '물웅덩이가 있는 것처럼 보인다'고 하였습니다. 물웅덩이가 있는 것처럼 보이는 것에 대해서는 지문에서 "이러한 현상은 …… 하늘에서 오는 빛이 굴절되어 내 눈에 들어오기 때문에 일어난다."라고 하였습니다. 이를 통해 도로면에 물웅덩이가 있는 것처럼 보이는 신기루 현상은 전방의 도로면 근처의 하늘 빛이 굴절되어 운전자에게 도달하기 때문에 일어남을 알 수 있습니다.

둘째, 아지랑이의 대상이 없다는 이의 제기입니다.

이에 대해서는 지문에 '아지랑이 때문에 물체가 그 자리에서 어른거리는 것처럼 보인다'고 제시하였습니다. 이 문장의 의미로 볼 때 아지랑이의 대상은 물체임을 알 수 있습니다.

### 012 | 구체적인 상황에 적용 - 적절하지 않은 것 고르기 2009학년도 6월 모평 14번 | 정답률 85% | 정답 ④

**윗글을 바탕으로 〈보기〉를 이해한 내용으로 적절하지 않은 것은?**

| 보기 |

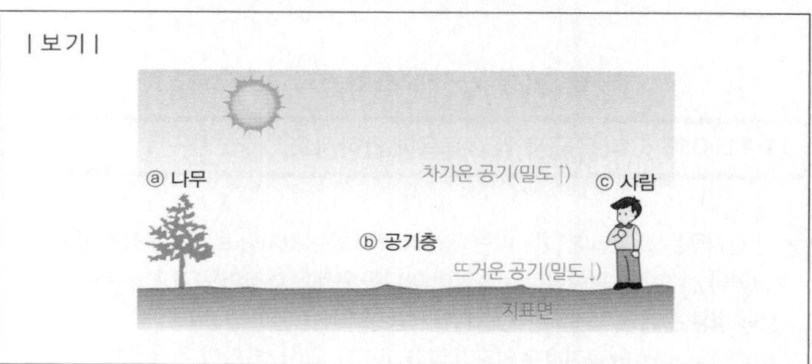


▶ 지문 핵심 개념 정리

| 아래 신기루 |
|---|
| • 사막의 지표면이 햇볕을 받아 가열 → 뜨거운 지표면의 공기와 차가운 위층 공기의 밀도 차이에 의해 빛이 굴절(❷-1~2)<br>• 빛의 일부는 아래로 가다가 밀도가 큰 공기층을 지나며 계속 굴절되어 다시 위로 올라가고, 나무의 아랫부분에서 출발한 빛은 계속 굴절되면서 더 위쪽으로 올라감. 이렇게 두 빛의 위치가 바뀌기 때문에 사람에게는 나무가 거꾸로 서 있는 것처럼 보임(❷-5~6) |

뜨거운 지표면의 공기와 차가운 위층 공기의 밀도 차에 의해 빛이 굴절됨

**① ⓐ는 뜨거운 사막에서 거꾸로도 보인다.**

근거 ❷-5~6 그(나무의 윗부분에서 나온) 빛의 일부는 아래로 가다가 밀도가 큰 공기층을 지나며 계속 굴절되어 다시 위로 올라가고, 나무의 아랫부분에서 출발한 빛은 계속 굴절되면서 더 위쪽으로 올라간다. 이렇게 두 빛의 위치가 바뀌기 때문에 사람에게는 나무가 거꾸로 서 있는 것처럼 보인다.

→ 적절함!

= 산봉우리 = 실제보다

**② ⓐ는 극지방의 산 정상에 있다면 본래 위치보다 위에 있는 것처럼 보인다.**

근거 ❸-3~5 찬 공기층의 밀도는 크고, 따뜻한 공기층의 밀도는 작다. 이러한 밀도 차이에 의해 빛은 밀도가 큰 지표면 쪽으로 굴절되어 우리 눈에 들어오게 된다. 따라서 극지방에 있는 산봉우리는 실제보다 위에 있는 것처럼 보인다.

→ 적절함!

= 밀도 차이 × = 빛의 굴절 ×

**③ ⓐ는 ⓑ의 온도가 일정하면 ⓒ에게 똑바로 보인다.**

근거 ❶-3~5 찬 공기층은 밀도가 크고 따뜻한 공기층은 밀도가 작다. 이러한 밀도 차이는 빛이 공기를 통과하는 시간을 변화시키는데, 밀도가 클수록 시간이 더 걸리게 된다. 이때 공기층을 지나는 빛은 밀도가 다른 경계 면을 통과하면서 굴절한다.

풀이 ⓑ의 온도가 일정하다면 ⓑ의 밀도가 같으므로 신기루가 생기지 않는다. 따라서 ⓐ는 ⓒ에게 똑바로 보일 것이다.

→ 적절함!

뜨거워짐 = 밀도 작아짐 작아진다

**④ ⓑ는 뜨거운 사막의 지표면에 가까워질수록 밀도가 더 커진다.**

근거 ❷-1~2 뜨거운 여름, 사막의 지표면은 쉽게 햇볕을 받아 가열되고, 지표면 공기는 그 위층의 공기에 비해 쉽게 뜨거워진다. 뜨거운 공기는 차가운 공기에 비해 밀도가 작은데

→ 적절하지 않음!

= 아랫부분의 밀도가 윗부분보다 작으면 → 빛이 굴절되어 위로 올라감

**⑤ ⓑ의 아랫부분이 윗부분보다 온도가 높으면 빛은 굴절되어 ⓒ에게 간다.**

근거 ❷-5 빛의 일부는 아래로 가다가 밀도가 큰 공기층을 지나며 계속 굴절되어 다시 위로 올라가고, 나무의 아랫부분에서 출발한 빛은 계속 굴절되면서 더 위쪽으로 올라간다.

풀이 ⓑ의 아랫부분이 윗부분보다 온도가 높으면 밀도 차이로 인해 빛이 굴절되어 위로 올라가 ⓒ에게 전달된다.

→ 적절함!

1등급 문제

**013** 핵심 개념 이해 - 적절한 것 고르기 2009학년도 6월 모평 15번
정답률 40%, 매력적 오답 ③ 25% ④ 15%
정답 ①

**㉠과 ㉡에 대한 설명으로 적절한 것은?**

매우 추운 지역에서 빛이 밀도가 큰 지표면 쪽으로 굴절되어 물체가 실제보다 위에 있는 것처럼 보임

㉠ '위 신기루' ㉡ 아지랑이

봄날 지표면 부근 공기의 불규칙적 밀도 변화로 빛의 굴절 차이가 일어나 물체가 그 자리에서 어른거리는 것처럼 보임

늘

**① ㉠은 ㉡에 비해 오랫동안 지속된다.**

날씨가 갑자기 따뜻해지는 봄날

근거 ❸-1~2 매우 추운 지역에서도 신기루는 일어난다. 극지방의 눈 덮인 지표면 공기는 늘 그 상공의 공기보다 훨씬 차다, ❹-7~8 날씨가 갑자기 따뜻해지는 봄날, 지표면 부근의 가열된 공기는 상승·하강하면서 불규칙적인 밀도 변화를 일으킨다. 이러한 변화는 빛의 굴절 차이를 일으키게 되는데 이로 인해 아지랑이가 발생

풀이 극지방은 늘 지표면의 공기가 상공의 공기보다 차다고 하였으므로 ㉠이 일어날 조건이 지속적으로 갖추어져 있다고 볼 수 있다. 반면 ㉡은 날씨가 갑자기 따뜻해지는 봄날이라는 제한된 조건에서만 일어난다. 따라서 ㉠이 ㉡보다 오랫동안 지속된다고 볼 수 있다.

→ 적절함!

늘

**② ㉠은 흐린 날에, ㉡은 맑은 날에 보인다.**

풀이 지표면 부근의 온도 상승으로 인해 공기층의 온도 변화가 생기고 이로 인해 신기루가 일어나므로, ㉡은 맑은 날에 잘 일어날 것이다. 한편 극지방의 지표면 공기는 '늘' 상공의 공기보다 훨씬 차다고 하였으므로, ㉠은 날씨와 상관없이 늘 보일 것이다.

→ 적절하지 않음!

지표면 쪽으로

**③ ㉠에서는 상공을 향해 빛의 굴절이 일어난다.**

근거 ❸-4 밀도 차이에 의해 빛은 밀도가 큰 지표면 쪽으로 굴절

→ 적절하지 않음!

**④ ㉠은 가까이 다가가도 사라지지 않지만, ㉡은 사라진다.**

풀이 ㉠과 ㉡이 가까이 다가가면 사라지는지는 윗글을 통해 알 수 없다. 다만 대상에 가까이 다가가면 굴절에 의한 빛의 경로를 느끼기 어렵기 때문에 ㉠의 경우에 가까이 다가가면 사라질 수 있을 것이다.

→ 적절하지 않음!

물체의 위치는 변하지 않는다

**⑤ ㉠은 물체가 실제보다 위로 보이고, ㉡은 아래로 보인다.**

근거 ❸-3~5 찬 공기층의 밀도는 크고, 따뜻한 공기층의 밀도는 작다. 이러한 밀도 차이에 의해 빛은 밀도가 큰 지표면 쪽으로 굴절되어 우리 눈에 들어오게 된다. 따라서 극지방에 있는 산봉우리는 실제보다 위에 있는 것처럼 보인다, ❹-9 이(아지랑이가 발생하는) 경우 물체의 위치는 변하지 않고, 아지랑이 때문에 물체가 그 자리에서 어른거리는 것처럼 보인다.

풀이 ㉠은 물체가 실제보다 위로 보이지만, ㉡의 경우 물체의 위치는 변하지 않는다.

→ 적절하지 않음!

**[014~017] 다음 글을 읽고 물음에 답하시오.**

**1** [1]매일 쏟아지는 수많은 우편물들은 발송 지역별로 분류되어야 한다. [2]우편물 분류 작업은 우편번호 숫자를 인식함으로써 자동화될 수 있다. [3]이때 자동분류기는 환경과의 상호 작용에 기반한 경험적인 데이터로부터 스스로 성능을 향상시킬 수 있는 학습 능력을 갖춰야 한다. [4]㉠ 학습은 상호 작용의 정도에 따라 경험하는 데이터가 달라지고, 이러한 학습 데이터에 따라 자동분류기의 성능이 달라지게 된다.(학습 데이터가 자동분류기의 성능을 결정하게 된다.) [5]즉, 자동분류기는 단순히 데이터를 기억하는 것이 아니라, 다양한 경험에서 새로운 정보를 추론하여(推論-. 어떤 판단을 근거로 다른 판단을 이끌어 내어) 스스로 분류할 수 있는 능력을 갖춰야 한다.

→ 학습을 통한 우편번호 자동분류기의 성능 변화

| | 학습 데이터 | | | | 실험 데이터 |
|---|---|---|---|---|---|
| 필기체 숫자 | 5 | 5 | 0 | 0 | 5 |
| 입력 특징 | | | | | |
| 목표치 | 5 | 5 | 0 | 0 | |

**2** [1]**우편번호 자동분류기**가 학습하기 위해서는, 먼저 우편번호 숫자를 하나씩 분할하고(分割-. 나누어 쪼개고), 0부터 9까지를 잘 구별할 수 있는 입력 특징을 찾아야 한다. [2]위 그림은 필기체 숫자를 가로, 세로 8 등분하여 연필이 지나간 자리를 1, 그렇지 않으면 0의 값을 주어, 입력 특징을 추출한 것이다.

→ 우편번호 자동분류기의 입력 특징 추출

**3** [1]다음으로, 추출된 특징으로 학습할 때 분류기에 목표치를 제공함으로써 학습을 감독할 수 있다. [2]즉, 입력 특징에 대한 목표치가 제시되면 분류기는 데이터를 제시된 목표치로 분류하도록 학습한다. [3]이렇게 목표치를 이용하는 학습을 ㉡ 감독학습이라 한다. [4]숫자 분류기에 0부터 9까지 각각의 숫자에 대한 목표치가 제공되면, 분류기는 감독학습을 수행한다. [5]위의 그림에서 분류기는 네 개의 학습 데이터에 대한 입력 특징과 목표치를 통해 학습한다. [6]이 학습을 통해 두 개의 '5'와 두 개의 '0'을 각각 같은 숫자로 인식하면서, 동시에 '5'와 '0'을 서로 다른 숫자로 분류해 내는 함수를 만든다. [7]감독학습을 통해 올바르게 학습하였다면, 그림의 실험 데이터는 숫자 '5'로 인식된다.

→ 목표치를 이용한 분류기의 학습 : 감독학습

**4** [1]그러면, 목표치를 주는 것이 어려운 경우에는 어떻게 학습할까? [2]목표치가 없을 때는 학습 데이터로 주어진 입력 특징들의 유사성을 찾아 군집화한다.(群集化-. 하나의 무리로 모은다.) [3]이와 같이 목표치가 제시되지 않는 학습을 무감독학습이라고 한다. [4]예컨대 위 그림에서 네 개의 필기체 숫자에 대한 입력 특징만 주어지면, 무감독학습은 비슷한 입력 특징을 가진 숫자들을 ⓐ 모아 '5' 또는 '0'에 대해 군집화하는 함수를 만든다. [5]무감독학습을 통해 올바르게 학습하였다면, 실험 데이터는 '5'의 군집과 유사한 것으로 인식된다.

→ 목표치가 없는 경우 분류기의 학습 : 무감독학습

**5** [1]이렇게 학습된 자동분류기는 실험 데이터를 정확하게 분류하였는지에 따라 그 성능이 평가된다. [2]이러한 과정을 통해 우편번호 자동분류기는 우편물을 지역별로 분류할 수 있게 된다.

→ 자동분류기의 성능 평가 : 데이터의 정확성

■지문 이해
〈우편번호 자동분류기의 정보 처리 원리〉

| ❶ 학습을 통한 우편번호 자동분류기의 성능 변화 |
|---|
| • 자동분류기의 학습 능력 : 환경과의 상호 작용에 기반한 경험적인 데이터로부터 스스로 성능을 향상시키는 것<br>• 학습<br>- 상호 작용의 정도에 따라 경험 데이터가 달라짐<br>- 학습 데이터에 따라 자동분류기의 성능이 달라짐<br>• 자동분류기는 단순히 데이터를 기억하는 것이 아니라, 다양한 경험에서 새로운 정보를 추론하여 스스로 분류할 수 있는 능력을 갖추어야 함 |

| ❷ 우편번호 자동분류기의 입력 특징 추출 |
|---|
| • 입력 특징을 찾고 그 특징을 추출해 내야 자동분류기의 학습이 가능함 |

| ❸ 목표치를 이용한 분류기의 학습 : 감독학습 | ❹ 목표치가 없는 경우 분류기의 학습 : 무감독학습 |
|---|---|
| • 입력 특징에 대한 목표치 제시 → 제시된 목표치로 데이터를 분류하도록 학습 → 학습을 통해 함수를 생성 | • 학습 데이터로 주어진 입력 특징들의 유사성을 찾아 군집화<br>• 입력 특징만 주어지면 비슷한 입력 특징을 군집화하는 함수를 생성 |

| ❺ 자동분류기의 성능 평가 : 데이터의 정확성 |
|---|
| • 실험 데이터를 정확하게 분류하였는지에 따라 그 성능이 평가됨 |

**014** | 세부 정보 이해 - 적절한 것 고르기 2010학년도 9월 모평 36번 | 정답률 80% | 정답 ⑤

**윗글의 '우편번호 자동분류기'에 대한 설명으로 적절한 것은?**

① 자동분류기의 성능은 학습 데이터의 양에 영향을 받지 않는다. (받는다)
근거 ❶-4 학습 데이터에 따라 자동분류기의 성능이 달라지게 된다.
→ 적절하지 않음!

② 우리나라 우편번호 자동분류기는 총 6 종류의 목표치를 이용한다. (10 종류)
근거 ❸-4 숫자 분류기에 0부터 9까지 각각의 숫자에 대한 목표치가 제공
풀이 목표치는 0부터 9까지의 10 종류이다.
→ 적절하지 않음!

③ 자동분류기의 학습은 일정한 종류의 필기체 숫자를 기억하는 것이다. (다양한 경험에서 새로운 정보를 추론해 스스로 분류할 수 있도록)
근거 ❶-5 자동분류기는 단순히 데이터를 기억하는 것이 아니라, 다양한 경험에서 새로운 정보를 추론하여 스스로 분류할 수 있는 능력을 갖춰야 한다.
→ 적절하지 않음!

④ 자동분류기는 0부터 9까지의 차이를 최소화하는 입력 특징을 사용한다. (최대화)
근거 ❷-1 우편번호 숫자를 하나씩 분할하고, 0부터 9까지를 잘 구별할 수 있는 입력 특징을 찾아야 한다.
풀이 차이를 최소화하는 입력 특징이 아니라 최대화하여 숫자를 잘 구별할 수 있는 입력 특징을 사용한다.
→ 적절하지 않음!

⑤ 자동분류기의 학습은 필기체 숫자의 목표치가 없으면, 유사한 입력 특징을 가진 것끼리 모은다. (= 주어진 입력 특징들의 유사성을 찾아 군집화한다)
근거 ❹-2 목표치가 없을 때는 학습 데이터로 주어진 입력 특징들의 유사성을 찾아 군집화한다.
→ 적절함!

1등급 문제

**015** | 핵심 개념 이해 - 적절하지 않은 것 고르기 2010학년도 9월 모평 37번 | 정답률 55%, 매력적 오답 ② 20% ④ 10% | 정답 ①

**휴대 전화의 기능을 소개하는 문구 중, ㉠의 기능을 담은 예로 적절하지 않은 것은?** [3점]

㉠ 학습

근거 ❶-3 자동분류기는 환경과의 상호 작용에 기반한 경험적인 데이터로부터 스스로 성능을 향상시킬 수 있는 학습 능력을 갖춰야 한다, ❶-5 자동분류기는 단순히 데이터를 기억하는 것이 아니라, 다양한 경험에서 새로운 정보를 추론하여 스스로 분류할 수 있는 능력을 갖춰야 한다.

① 전화가 걸려 오면 등록된 수신 거부 목록과 일일이 대조하여, 목록에 있는 번호이면 수신을 거부한다.
풀이 이미 등록되어 있는 데이터인 수신 거부 목록을 단순 조회하는 사례이다. 환경(전화 수신)과의 상호 작용(목록 대조, 수신 거부)이 나타나기는 하나, 단순히 데이터를 기억하는 경우이며 새로운 정보를 추론하는 모습은 나타나지 않으므로 '학습'에 해당하는 사례로 보기 어렵다.
→ 적절하지 않음!

② 휴대 전화를 든 손으로 등록된 단축 번호를 공중에 쓰면, 전화기가 숫자를 인식하여 자동으로 전화를 건다.
풀이 환경(휴대 전화의 움직임)과의 상호 작용(숫자 인식, 전화 발신)에 기반한 데이터로 숫자의 종류를 스스로 추론하여 분류하였으므로 '학습'의 사례에 해당한다.
→ 적절함!

③ 사용자의 음성 특징을 추출하여 사용자와 타인의 음성을 분류하면, 사용자의 음성으로만 휴대 전화를 사용할 수 있다.
풀이 환경(사람의 음성)과의 상호 작용(음성 특징 추출, 전화 사용 제한)에 기반한 데이터로 음성의 종류를 스스로 추론하여 분류하였으므로 '학습'의 사례에 해당한다.
→ 적절함!

④ 휴대 전화에 닿는 형태를 유형화하여 접촉과 비접촉을 구별하면, 전화벨이 울리는 중에 휴대 전화에 손이 접촉할 경우 진동으로 전환된다.
풀이 환경(신체 접촉)과의 상호 작용(접촉 형태 유형화, 진동 전환)에 기반한 데이터로 접촉 여부를 스스로 추론하여 분류하였으므로 '학습'의 사례에 해당한다.
→ 적절함!

⑤ 휴대 전화의 카메라로 촬영한 얼굴 영상들에서 색상 값과 얼굴 형태 정보를 이용하여 얼굴과 얼굴이 아닌 것으로 분류하면, 사람이 움직여도 얼굴을 중심으로 촬영한다.
풀이 환경(영상 촬영)과의 상호 작용(색상 값, 형태 정보 인식, 얼굴 중심 촬영)에 기반한 데이터로 사람의 얼굴을 스스로 추론하여 분류하였으므로 '학습'의 사례에 해당한다.
→ 적절함!

1등급 문제

**016** | 자료 해석의 적절성 판단 - 적절한 것 고르기 2010학년도 9월 모평 38번 | 정답률 60%, 매력적 오답 ③ 10% | 정답 ④

**㉡을 이용한 필기체 숫자 분류기의 구성도로 옳은 것은?**

㉡ 감독학습

▶ 지문 핵심 개념 정리

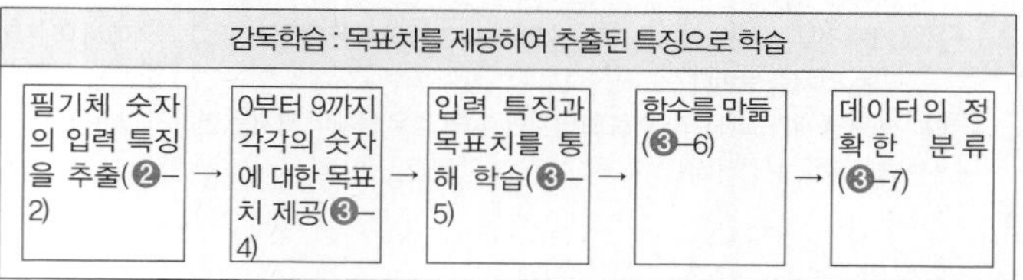


①
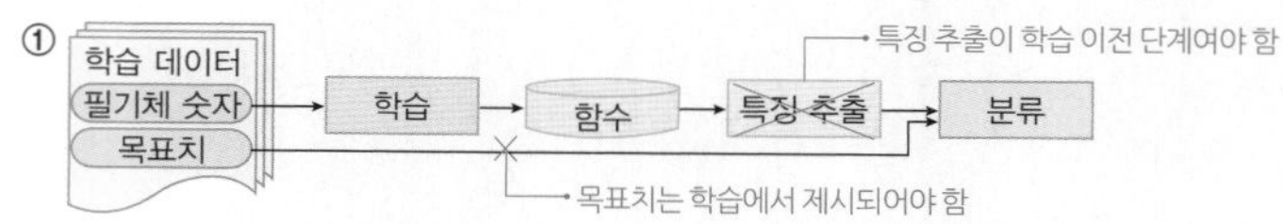

근거 ❸-1 추출된 특징으로 학습할 때 분류기에 목표치를 제공함으로써 학습을 감독
풀이 학습 이전에 먼저 특징을 추출해야 한다. 또한 목표치는 학습 단계에 제공되어야 하므로 적절하지 않다.

→ 적절하지 않음!

②
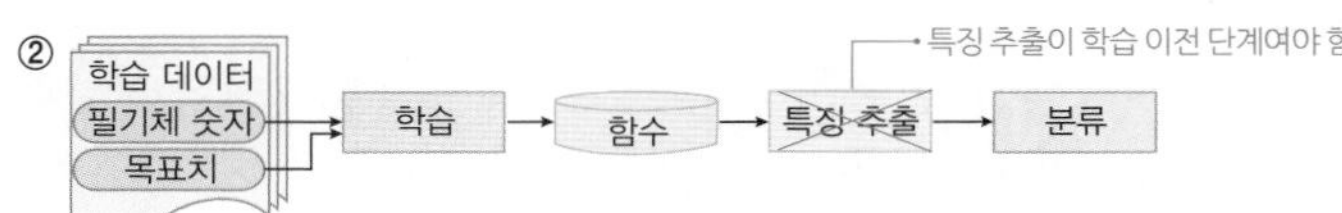


근거 ❸-1 추출된 특징으로 학습할 때 분류기에 목표치를 제공함으로써 학습을 감독
풀이 학습 이전에 먼저 특징을 추출해야 하므로 적절하지 않다.

→ 적절하지 않음!

③
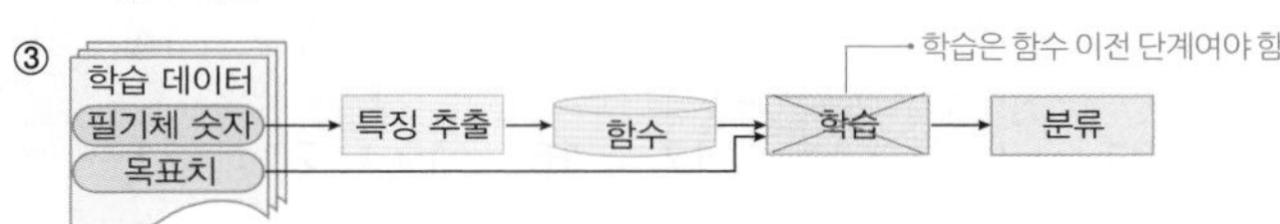


근거 ❸-6 학습을 통해 … 함수를 만든다.
풀이 함수는 학습을 통해 만들어지므로, 적절하지 않다.

→ 적절하지 않음!

④
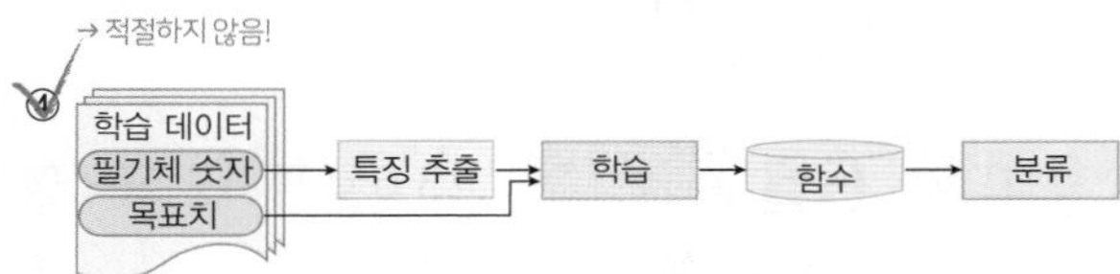


근거 ❸-1 추출된 특징으로 학습할 때 분류기에 목표치를 제공함으로써 학습을 감독, ❸-6 학습을 통해 … 함수를 만든다.
풀이 특징을 추출한 후 학습을 통해 함수를 생성한다. 또한 학습 단계에서 목표치를 제공하고 있으므로 적절하다.

→ 적절함!

⑤
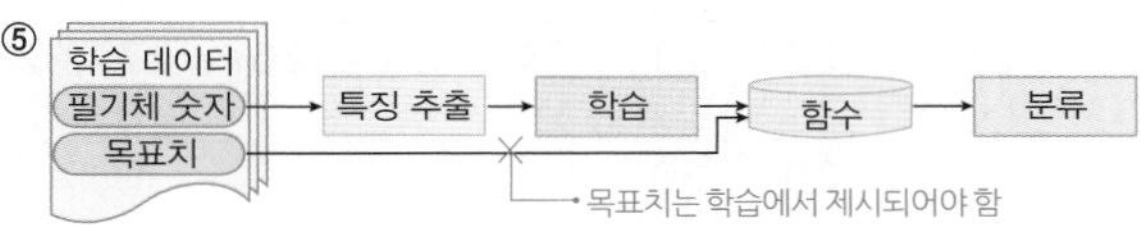


근거 ❸-1 분류기에 목표치를 제공함으로써 학습을 감독
풀이 목표치는 학습 과정에서 활용되어야 하므로, 적절하지 않다.

→ 적절하지 않음!

틀리기 쉬운 문제

**017** 문맥적 의미 파악 - 적절한 것 고르기 2010학년도 9월 모평 39번
정답률 50%, 매력적 오답 ③ 25% ④ 15% | 정답 ①

### 문맥상 ⓐ와 바꾸어 쓸 수 있는 한자어로 가장 적절한 것은?

비슷한 입력 특징을 가진 숫자들을 ⓐ 모아

풀이 ⓐ는 '흩어져 있는 것을 한데 합치다'는 의미이다.

**① 취합(聚合)하여**

풀이 '취합(聚 모으다 취 合 합하다 합)하다'는 '흩어져 있는 것을 모아 합치다'의 의미이다.
예문 의견을 취합하였다.

→ 적절함!

**② 융합(融合)하여**

풀이 '융합(融 녹다 융 合 합하다 합)하다'는 '다른 종류의 것이 녹아서 서로 구별이 없게 하나로 합하여지다'의 의미이다.
예문 수소와 산소가 일정 비율로 융합하면 물이 된다.

→ 적절하지 않음!

**③ 조합(組合)하여**

풀이 '조합(組 짜다 조 合 합하다 합)하다'는 '여럿을 한데 모아 한 덩어리로 짜다'의 의미이다.
예문 여러 개의 부품을 조합하여 시계를 만든다.

→ 적절하지 않음!

**④ 규합(糾合)하여**

풀이 '규합(糾 얽히다 규 合 합하다 합)하다'는 '어떤 일을 꾸미려고 세력이나 사람을 모으다'의 의미이다.
예문 여러 세력을 규합하여 신당을 창립하였다.

→ 적절하지 않음!

**⑤ 결합(結合)하여**

풀이 '결합(結 맺다 결 合 합하다 합)하다'는 '둘 이상의 사물이나 사람이 서로 관계를 맺어 하나가 되다'의 의미이다.
예문 원자들이 결합하면 분자를 형성한다.

→ 적절하지 않음!

# 2025 CALENDAR

세상에서 가장 소중한 당신을 응원합니다!

## 1월

| 일 | 월 | 화 | 수 | 목 | 금 | 토 |
|---|---|---|---|---|---|---|
| | | | 1 새해 | 2 | 3 | 4 |
| 5 | 6 | 7 | 8 | 9 | 10 | 11 |
| 12 | 13 | 14 | 15 | 16 | 17 | 18 |
| 19 | 20 | 21 | 22 | 23 | 24 | 25 |
| 26 | 27 | 28 | 29 설날 | 30 | 31 | |

## 2월

| 일 | 월 | 화 | 수 | 목 | 금 | 토 |
|---|---|---|---|---|---|---|
| | | | | | | 1 |
| 2 | 3 | 4 | 5 | 6 | 7 | 8 |
| 9 | 10 | 11 | 12 | 13 | 14 | 15 |
| 16 | 17 | 18 | 19 | 20 | 21 | 22 |
| 23 | 24 | 25 | 26 | 27 | 28 | |

## 3월 고3 전국연합 학력평가

| 일 | 월 | 화 | 수 | 목 | 금 | 토 |
|---|---|---|---|---|---|---|
| | | | | | | 1 삼일절 |
| 2 | 3 대체 휴일 | 4 | 5 | 6 | 7 | 8 |
| 9 | 10 | 11 | 12 | 13 | 14 | 15 |
| 16 | 17 | 18 | 19 | 20 | 21 | 22 |
| 23 | 24 | 25 | 26 | 27 | 28 | 29 |
| 30 | 31 | | | | | |

## 4월

| 일 | 월 | 화 | 수 | 목 | 금 | 토 |
|---|---|---|---|---|---|---|
| | | 1 | 2 | 3 | 4 | 5 |
| 6 | 7 | 8 | 9 | 10 | 11 | 12 |
| 13 | 14 | 15 | 16 | 17 | 18 | 19 |
| 20 | 21 | 22 | 23 | 24 | 25 | 26 |
| 27 | 28 | 29 | 30 | | | |

## 5월 고3 전국연합 학력평가

| 일 | 월 | 화 | 수 | 목 | 금 | 토 |
|---|---|---|---|---|---|---|
| | | | | 1 | 2 | 3 |
| 4 | 5 어린이날 부처님 오신 날 | 6 대체 휴일 | 7 | 8 | 9 | 10 |
| 11 | 12 | 13 | 14 | 15 | 16 | 17 |
| 18 | 19 | 20 | 21 | 22 | 23 | 24 |
| 25 | 26 | 27 | 28 | 29 | 30 | 31 |

## 6월 고3 6월 평가원 모의평가

| 일 | 월 | 화 | 수 | 목 | 금 | 토 |
|---|---|---|---|---|---|---|
| 1 | 2 | 3 | 4 | 5 | 6 현충일 | 7 |
| 8 | 9 | 10 | 11 | 12 | 13 | 14 |
| 15 | 16 | 17 | 18 | 19 | 20 | 21 |
| 22 | 23 | 24 | 25 | 26 | 27 | 28 |
| 29 | 30 | | | | | |

## 7월 고3 전국연합 학력평가

| 일 | 월 | 화 | 수 | 목 | 금 | 토 |
|---|---|---|---|---|---|---|
| | | 1 | 2 | 3 | 4 | 5 |
| 6 | 7 | 8 | 9 | 10 | 11 | 12 |
| 13 | 14 | 15 | 16 | 17 | 18 | 19 |
| 20 | 21 | 22 | 23 | 24 | 25 | 26 |
| 27 | 28 | 29 | 30 | 31 | | |

## 8월

| 일 | 월 | 화 | 수 | 목 | 금 | 토 |
|---|---|---|---|---|---|---|
| | | | | | 1 | 2 |
| 3 | 4 | 5 | 6 | 7 | 8 | 9 |
| 10 | 11 | 12 | 13 | 14 | 15 광복절 | 16 |
| 17 | 18 | 19 | 20 | 21 | 22 | 23 |
| 24 | 25 | 26 | 27 | 28 | 29 | 30 |
| 31 | | | | | | |

## 9월 고3 9월 평가원 모의평가

| 일 | 월 | 화 | 수 | 목 | 금 | 토 |
|---|---|---|---|---|---|---|
| | 1 | 2 | 3 | 4 | 5 | 6 |
| 7 | 8 | 9 | 10 | 11 | 12 | 13 |
| 14 | 15 | 16 | 17 | 18 | 19 | 20 |
| 21 | 22 | 23 | 24 | 25 | 26 | 27 |
| 28 | 29 | 30 | | | | |

## 10월 고3 전국연합 학력평가

| 일 | 월 | 화 | 수 | 목 | 금 | 토 |
|---|---|---|---|---|---|---|
| | | | 1 | 2 | 3 개천절 | 4 |
| 5 | 6 추석 | 7 | 8 대체 휴일 | 9 한글날 | 10 | 11 |
| 12 | 13 | 14 | 15 | 16 | 17 | 18 |
| 19 | 20 | 21 | 22 | 23 | 24 | 25 |
| 26 | 27 | 28 | 29 | 30 | 31 | |

## 11월 대학수학능력시험

| 일 | 월 | 화 | 수 | 목 | 금 | 토 |
|---|---|---|---|---|---|---|
| | | | | | | 1 |
| 2 | 3 | 4 | 5 | 6 | 7 | 8 |
| 9 | 10 | 11 | 12 | 13 2026학년도 수능일 | 14 | 15 |
| 16 | 17 | 18 | 19 | 20 | 21 | 22 |
| 23 | 24 | 25 | 26 | 27 | 28 | 29 |
| 30 | | | | | | |

## 12월

| 일 | 월 | 화 | 수 | 목 | 금 | 토 |
|---|---|---|---|---|---|---|
| | 1 | 2 | 3 | 4 | 5 | 6 |
| 7 | 8 | 9 | 10 | 11 | 12 | 13 |
| 14 | 15 | 16 | 17 | 18 | 19 | 20 |
| 21 | 22 | 23 | 24 | 25 성탄절 | 26 | 27 |
| 28 | 29 | 30 | 31 | | | |

※시험 일정은 추후 변경될 수 있습니다.

# 정답표

## Ⅰ. 인문, 독서

### 1. 그는 어떤 사상을 가졌었나?

001 ③ 002 ① 003 ④ 004 ④ 005 ⑤
006 ④ 007 ③ 008 ① 009 ⑤ 010 ⑤
011 ③ 012 ① 013 ① 014 ③ 015 ④
016 ① 017 ② 018 ③ 019 ① 020 ③
021 ④ 022 ③ 023 ② 024 ③ 025 ②
026 ④ 027 ⑤ 028 ⑤ 029 ⑤ 030 ③
031 ② 032 ③ 033 ⑤ 034 ② 035 ③
036 ① 037 ② 038 ① 039 ② 040 ②
041 ③ 042 ④ 043 ④ 044 ④ 045 ③
046 ③ 047 ④ 048 ④ 049 ⑤ 050 ①
051 ④ 052 ⑤ 053 ① 054 ④

### 2. 어떤 방식으로 논증할 수 있을까?

055 ④ 056 ⑤ 057 ④ 058 ① 059 ①
060 ② 061 ② 062 ④ 063 ⑤ 064 ⑤
065 ② 066 ⑤ 067 ⑤ 068 ③ 069 ②
070 ① 071 ⑤ 072 ① 073 ⑤ 074 ⑤
075 ① 076 ⑤ 077 ① 078 ④ 079 ④
080 ⑤ 081 ② 082 ④ 083 ④ 084 ①
085 ①

### 3. 참이란 무엇인가?

086 ② 087 ② 088 ④ 089 ⑤ 090 ②
091 ① 092 ② 093 ③ 094 ④ 095 ④
096 ① 097 ⑤ 098 ③

### 4. 우리는 어떤 존재인가?

099 ① 100 ③ 101 ① 102 ② 103 ③
104 ④ 105 ⑤ 106 ④ 107 ⑤ 108 ④
109 ⑤ 110 ① 111 ① 112 ④ 113 ③
114 ③ 115 ⑤ 116 ① 117 ① 118 ④
119 ⑤ 120 ③ 121 ②

### 5. 그 밖의 인문학적 이야기들

122 ④ 123 ⑤ 124 ③ 125 ② 126 ①
127 ② 128 ④ 129 ⑤ 130 ③ 131 ⑤
132 ⑤ 133 ① 134 ④ 135 ⑤ 136 ③
137 ② 138 ⑤ 139 ② 140 ③ 141 ④
142 ④ 143 ② 144 ② 145 ① 146 ①
147 ④ 148 ⑤ 149 ③ 150 ④ 151 ③
152 ① 153 ④ 154 ② 155 ④ 156 ⑤
157 ④ 158 ② 159 ④ 160 ③ 161 ③
162 ② 163 ⑤ 164 ④ 165 ⑤ 166 ⑤
167 ④ 168 ② 169 ④ 170 ① 171 ④
172 ⑤

### 6. 독서는 어떻게 이루어지나?

173 ③ 174 ④ 175 ⑤ 176 ④ 177 ⑤
178 ② 179 ⑤ 180 ② 181 ② 182 ⑤
183 ③ 184 ① 185 ② 186 ③ 187 ③
188 ② 189 ⑤ 190 ① 191 ④ 192 ⑤
193 ① 194 ① 195 ④ 196 ① 197 ①
198 ⑤ 199 ④ 200 ② 201 ⑤ 202 ①
203 ① 204 ③ 205 ⑤ 206 ⑤ 207 ①
208 ③ 209 ④ 210 ④ 211 ⑤ 212 ④
213 ③

## Ⅱ. 사회

### 1. 경제에 대한 기초적 이해

001 ① 002 ⑤ 003 ④ 004 ② 005 ②
006 ⑤ 007 ⑤ 008 ④ 009 ① 010 ③
011 ④ 012 ⑤ 013 ⑤ 014 ③ 015 ②
016 ④ 017 ② 018 ③ 019 ① 020 ③
021 ④ 022 ③

### 2. 정부는 시장경제에 어떻게 관여하고 있을까?

023 ② 024 ⑤ 025 ④ 026 ③ 027 ③
028 ④ 029 ③ 030 ① 031 ③ 032 ②
033 ① 034 ⑤ 035 ① 036 ④ 037 ③
038 ② 039 ① 040 ⑤ 041 ① 042 ⑤
043 ④ 044 ③ 045 ⑤ 046 ④ 047 ⑤
048 ② 049 ② 050 ③ 051 ①

### 3. 법과 소송에 대한 기초적 이해

052 ③ 053 ⑤ 054 ④ 055 ① 056 ④
057 ⑤ 058 ② 059 ⑤ 060 ⑤ 061 ①
062 ⑤ 063 ④ 064 ③ 065 ③ 066 ②
067 ① 068 ③ 069 ⑤ 070 ③ 071 ④
072 ⑤ 073 ① 074 ④ 075 ① 076 ⑤
077 ① 078 ⑤ 079 ⑤ 080 ② 081 ①
082 ③ 083 ⑤ 084 ② 085 ④ 086 ⑤
087 ④ 088 ① 089 ① 090 ④

### 4. 우리는 법의 울타리 안에서 어떤 보호를 받을 수 있는가?

091 ④ 092 ④ 093 ③ 094 ① 095 ②
096 ④ 097 ② 098 ④ 099 ⑤ 100 ③
101 ① 102 ④ 103 ② 104 ⑤ 105 ⑤
106 ② 107 ③ 108 ① 109 ③ 110 ⑤
111 ① 112 ③ 113 ①

### 5. 그 밖의 사회, 문화 관련 이야기들

114 ① 115 ② 116 ② 117 ③ 118 ①
119 ⑤ 120 ② 121 ① 122 ⑤ 123 ③
124 ② 125 ② 126 ② 127 ④ 128 ⑤
129 ⑤ 130 ② 131 ③ 132 ② 133 ①
134 ③ 135 ⑤ 136 ③ 137 ⑤ 138 ④
139 ② 140 ③ 141 ④ 142 ① 143 ①
144 ② 145 ③ 146 ③ 147 ③ 148 ②
149 ④ 150 ③ 151 ③ 152 ⑤ 153 ③
154 ② 155 ③ 156 ① 157 ① 158 ②
159 ① 160 ⑤ 161 ① 162 ⑤ 163 ④
164 ① 165 ② 166 ① 167 ⑤ 168 ⑤
169 ③

## Ⅲ. 과학

### 1. 인간의 몸에서는 어떤 일들이 일어나나?

001 ⑤ 002 ① 003 ③ 004 ① 005 ⑤
006 ② 007 ④ 008 ① 009 ③ 010 ⑤
011 ③ 012 ②

### 2. 우주와 지구에 대한 이해

013 ⑤ 014 ④ 015 ② 016 ④ 017 ⑤
018 ③ 019 ③ 020 ②

### 3. 물리학의 기초적 이해

021 ⑤ 022 ② 023 ④ 024 ④ 025 ⑤
026 ④ 027 ⑤ 028 ④ 029 ③ 030 ④

| 031 ⑤ 032 ① 033 ⑤ 034 ① |
|---|

4. 화학과 관련된 탐구와 이론

| 035 ④ 036 ① 037 ③ 038 ③ 039 ② |
|---|
| 040 ① 041 ④ 042 ③ 043 ① 044 ② |
| 045 ④ 046 ③ 047 ⑤ 048 ② 049 ⑤ |
| 050 ④ 051 ④ 052 ③ 053 ④ 054 ② |
| 055 ① 056 ① 057 ⑤ 058 ⑤ 059 ② |

5. 그 밖의 과학 이야기

| 060 ③ 061 ① 062 ⑤ 063 ② 064 ③ |
|---|
| 065 ④ 066 ④ 067 ① 068 ① 069 ② |
| 070 ④ 071 ② 072 ① 073 ② 074 ③ |
| 075 ③ 076 ③ 077 ④ 078 ⑤ 079 ② |
| 080 ① 081 ④ 082 ③ 083 ① 084 ④ |
| 085 ② 086 ⑤ 087 ④ 088 ① 089 ③ |
| 090 ⑤ 091 ① 092 ④ 093 ③ 094 ③ |
| 095 ③ 096 ④ 097 ② 098 ③ 099 ③ |
| 100 ② 101 ⑤ 102 ③ |

## Ⅳ. 기술

1. 생활 속 디지털 기술

| 001 ③ 002 ① 003 ⑤ 004 ③ 005 ④ |
|---|
| 006 ⑤ 007 ② 008 ③ 009 ② 010 ② |
| 011 ④ 012 ④ 013 ② 014 ② 015 ⑤ |
| 016 ④ 017 ④ 018 ④ 019 ③ 020 ② |
| 021 ⑤ 022 ② 023 ③ 024 ① 025 ② |
| 026 ① 027 ③ 028 ④ 029 ③ 030 ② |
| 031 ③ 032 ④ 033 ④ 034 ⑤ 035 ① |
| 036 ② 037 ③ |

2. 컴퓨터 정보 처리 방법

| 038 ② 039 ⑤ 040 ⑤ 041 ① 042 ③ |
|---|
| 043 ⑤ 044 ③ 045 ③ 046 ① 047 ③ |
| 048 ① 049 ③ 050 ① |

3. 산업 및 기계 기술의 이론과 원리

| 051 ⑤ 052 ④ 053 ⑤ 054 ② 055 ② |
|---|
| 056 ③ 057 ① 058 ⑤ 059 ④ 060 ② |
| 061 ① 062 ② 063 ② 064 ① |

4. 우리 주변의 생활 속 기술 원리들

| 065 ④ 066 ② 067 ④ 068 ① 069 ⑤ |
|---|
| 070 ③ 071 ① 072 ① 073 ② 074 ② |
| 075 ② 076 ③ 077 ⑤ 078 ① 079 ② |
| 080 ② 081 ② 082 ⑤ 083 ⑤ 084 ③ |
| 085 ③ 086 ① 087 ⑤ 088 ④ 089 ④ |
| 090 ④ 091 ② 092 ② 093 ③ 094 ③ |
| 095 ④ 096 ③ 097 ② 098 ① 099 ⑤ |
| 100 ③ |

## Ⅴ. 예술

1. 시각 예술에 대한 이해

| 001 ① 002 ③ 003 ⑤ 004 ① 005 ⑤ |
|---|
| 006 ① 007 ① 008 ⑤ 009 ③ 010 ② |
| 011 ① 012 ④ 013 ④ 014 ① 015 ① |
| 016 ④ 017 ③ 018 ③ 019 ③ 020 ③ |
| 021 ⑤ 022 ④ 023 ① 024 ③ 025 ③ |
| 026 ⑤ 027 ⑤ |

2. 그 밖의 예술 이야기

| 028 ④ 029 ① 030 ① 031 ② 032 ③ |
|---|
| 033 ③ 034 ⑤ 035 ④ 036 ① 037 ④ |
| 038 ② 039 ⑤ 040 ④ 041 ⑤ 042 ④ |
| 043 ① 044 ③ 045 ④ 046 ④ 047 ① |

## Ⅵ. 복합 지문

| 001 ② 002 ⑤ 003 ④ 004 ① 005 ② |
|---|
| 006 ④ 007 ④ 008 ③ 009 ① 010 ⑤ |
| 011 ② 012 ④ 013 ② 014 ⑤ 015 ④ |
| 016 ⑤ 017 ② 018 ② 019 ⑤ 020 ④ |
| 021 ② 022 ① 023 ④ 024 ③ 025 ③ |
| 026 ④ 027 ② 028 ⑤ 029 ⑤ 030 ③ |
| 031 ④ 032 ① 033 ④ 034 ③ 035 ② |
| 036 ④ |

## 미니모의고사

1회

| 001 ④ 002 ② 003 ① 004 ④ 005 ① |
|---|
| 006 ① 007 ③ 008 ⑤ 009 ② 010 ① |
| 011 ⑤ 012 ① 013 ① 014 ⑤ 015 ④ |
| 016 ① 017 ⑤ |

2회

| 001 ⑤ 002 ④ 003 ① 004 ② 005 ① |
|---|
| 006 ④ 007 ② 008 ② 009 ① 010 ③ |
| 011 ③ 012 ④ 013 ① 014 ⑤ 015 ① |
| 016 ④ 017 ① |